DICTIONNAIRE HISTORIQUE

DE LA

LANGUE FRANÇAISE.

PARIS. — TYPOGRAPHIE DE FIRMIN-DIDOT ET Cⁱᵉ, RUE JACOB, 56.

DICTIONNAIRE HISTORIQUE

DE LA

LANGUE FRANÇAISE

COMPRENANT

L'ORIGINE, LES FORMES DIVERSES, LES ACCEPTIONS SUCCESSIVES DES MOTS,
AVEC UN CHOIX D'EXEMPLES TIRÉS DES ÉCRIVAINS LES PLUS AUTORISÉS,

PUBLIÉ PAR L'ACADÉMIE FRANÇAISE

TOME TROISIÈME.

PARIS,

LIBRAIRIE DE FIRMIN-DIDOT ET Cⁱᵉ.

IMPRIMEURS DE L'INSTITUT DE FRANCE,

RUE JACOB, 56.

1888.

DICTIONNAIRE HISTORIQUE

DE

LA LANGUE FRANÇAISE.

A

ALMANACH, s. m. (Mot d'origine arabe.)

Nous ne connûmes en Allemagne et en France le cours des astres que par le moyen de ces mêmes Arabes. Le mot seul d'*almanach* en est un témoignage.

VOLTAIRE, *Essai sur les mœurs.* Introduction, c. 7.

Calendrier qui contient tous les jours de l'année, les fêtes, les lunaisons, les éclipses, les signes dans lesquels le soleil entre, et quelquefois de prétendus pronostics du beau et du mauvais temps :

L'on dit que vous faites imprimer des *almanachs* particuliers, où vous faites doubler les quatre temps et les vigiles.

MOLIÈRE, *l'Avare,* III, 1.

Après vous m'apprendrez l'*almanach,* pour savoir quand il y a de la lune et quand il n'y en a pas.

LE MÊME, *le Bourgeois Gentilhomme,* II, 4.

Si j'étois de ces gens qui ont besoin de lire l'*almanach* pour sçavoir quand et comment ils doivent aimer leurs amis.

J.-B. ROUSSEAU, *Lettres;* 20 janvier 1724.

Parmi les libraires de Suisse et de Genève, il y en a de riches qui n'impriment que de gros livres de bibliothèque ; il y en a de pauvres qui ne débitent que des *almanachs.*

VOLTAIRE, *Lettres;* 18 novembre 1777.

Nous savons ce qui doit arriver ici-bas,
Et je m'instruis pour faire un jour des *almanachs.*

REGNARD, *Démocrite,* I, 2.

Voilà Sénèque. — Lis. — Que je lise Sénèque ?
— Oui, ne sais-tu pas lire ? — Hé ! vous n'y pensez pas ;
Je n'ai lu de mes jours que dans des *almanachs.*

REGNARD, *le Joueur,* IV, 10.

... Tel est le sublime siège,
D'où, flanqué des trente-deux vents,
L'auteur de l'*Almanach* de Liège
Lorgne l'histoire du beau temps,
Et fabrique, avec privilège,
Ses astronomiques romans.

GRESSET, *la Chartreuse.*

Et quand vous écrivez sur l'*Almanach* de Liège,
Ne parlez des saisons qu'avec un privilège.

VOLTAIRE, *Épitres,* 100.

L'*almanach* est payen ; nous comptons nos journées
Par le seul nom des dieux que Rome avait connus :
C'est Mars et Jupiter, c'est Saturne et Vénus
Qui président au temps, qui font nos destinées.

LE MÊME, *Apologie de la Fable.*

ALMANACH se dit particulièrement de certains livres qui sont publiés annuellement et qui contiennent, outre l'Almanach, beaucoup d'autres indications d'un intérêt général, telles que le tableau

III.

1

des diverses administrations et la liste des personnes qui y sont attachées, des documents statistiques, des notions sur les monnaies, sur les poids et mesures, etc.; quelquefois même des morceaux de littérature, des pièces de poésie.

Ainsi, on a appelé *Almanach spirituel*, un calendrier où toutes les fêtes et toutes les dévotions particulières de chaque église étaient marquées.

Almanach du palais, un calendrier où étaient indiqués les jours où l'on ne plaidait point, les fêtes du palais.

Almanach des Muses, un calendrier suivi d'un recueil de poésies de l'année.

A cette classe d'ouvrages se rapportent des titres tels que les suivants : *Almanach royal, Almanach impérial, Almanach de France, Almanach de Gotha, Almanach des villes et des campagnes, Almanach du bon jardinier*, etc.

J'avais toujours cru que M. de Fargès était intendant du commerce. J'en croyais l'*Almanach royal*, le seul livre, dit-on, qui contienne des vérités; mais si l'*Almanach royal* m'a trompé, à qui faudra-t-il jamais croire?
        Voltaire *Lettres*; 29 mai 1776.

D'autres plantes sont ordonnées aux vents, aux saisons et aux heures du jour avec tant de précision, que Linnæus en avoit formé des *almanachs* et des horloges botaniques.
        Bernardin de Saint-Pierre, *Études de la nature*, I.

Almanach a donné lieu à un certain nombre de manières de parler figurées.

On a dit d'une personne qui, à tous les changements de temps, se ressent de quelque infirmité : Son corps est un *almanach*. On dit aujourd'hui, plus volontiers : C'est un baromètre.

Les goutteux pronostiquent ordinairement le changement de temps, comme pluye, neige, ou quelque autre temps nubileux : tellement qu'ils portent avec eux un *almanach* qui leur sert toute leur vie.
        A. Paré, *Œuvres* liv. XVIII, c. 12.

On a dit d'une chose qui n'a plus d'utilité, plus d'intérêt, que c'est un *almanach de l'autre année, de l'an passé*.

Ces ouvrages (faits par les gens de parti) ont cela de particulier qu'ils ne méritent ni le cours prodigieux qu'ils ont pendant un certain temps, ni le profond oubli où ils tombent, lorsque le feu et la division venant à s'éteindre, ils deviennent des *almanachs de l'autre année*.
        La Bruyère, *Caractères*, c. 1.

On désigne figurément par le mot d'Almanach, les conjectures plus ou moins hasardeuses qui se font sur les choses à venir, de là ces expressions : *Faire, composer des almanachs; un faiseur d'almanachs :*

Je croyois que le son de ces cloches (à la mort de Marie Stuart) seroit un tauxin, et les feux un flambeau de guerre qui s'espandroit quelque jour par toute l'Angleterre : toutesfois le temps m'a depuis enseigné que j'estois un très mauvais *faiseur d'almanachs*.
        Est. Pasquier, *Recherches de la France*, VI, 15.

Il ne faut point *faire d'almanachs*, mais si les ennemis ont pris Haguenau, comme on dit, la carte nous apprend que cela n'est pas bon.
        Mᵐᵉ de Sévigné, *Lettres*; 16 août 1675.

De tels événements doivent un peu décréditer les *faiseurs d'almanachs* politiques.
        D'Alembert, *Éloge de la Chapelle*.

Prendre, ou ne pas prendre des almanachs de quelqu'un; avoir foi, ou n'avoir pas foi en ses almanachs, etc.

Mais, pour sa fille, si elle vouloit *prendre de mes almanachs*, je défierois bien un régiment de pères de la garder.
        Dancourt, *la Maison de campagne*, I.

Mon cher maître, me dit alors Scipion, dans l'excès de la joie, *prendrez-vous une autre fois de mes almanachs?*
        Le Sage, *Gil Blas*, II, 1.

L'Indien, en écoutant ces leçons, fera bien de dire à son conducteur qu'il ne *prendra pas de ses almanachs*.
        Voltaire, *Dictionnaire philosophique*, art. Almanach.

Ce que vous a mandé M. C*** ne doit point vous retenir; car, outre que je n'ai *pas grand'foi à ses almanachs*, vous devez toujours parler du parlement avec le plus grand respect, et même avec considération de l'avocat général.
        J.-J. Rousseau, *Lettres*; à M. Moulton, 10 août 1762.

Monsieur, une autre fois, ou bien ne parlez pas,
Ou *prenez*, s'il vous plaît, *de meilleurs almanachs.*
REGNARD, *les Ménechmes*, I, 5.

Prends de mes almanachs, et tiens pour assuré
Que le bonheur de l'autre est fort aventuré.
PIRON, *la Métromanie*, I, 1.

Aux emplois figurés du mot *Almanach* on peut encore rapporter l'expression que donnent les passages suivants :

Cette journée doit être marquée dans notre *almanach* comme une journée bien heureuse.
MOLIÈRE, *les Précieuses ridicules*, sc. 2.

Quel moyen de prévoir ces orages et de conjurer la tempête? Il n'y en a aucun; point de bons *almanachs* pour prédire ce mauvais temps.
FÉNELON, *le Fantasque.*

ALOÈS, s. m. (Des mots grecs et latins ἀλόη, *aloe, aloa.*)

Plante de l'Afrique et de l'Asie, dont on tire une résine fort amère qui est employée en médecine comme tonique et purgative. On a dit, faussement, qu'il y en avait une espèce qui ne fleurissait que tous les cent ans, et qui faisait un bruit comme un coup de pistolet, en s'épanouissant.

Des vins de Languedoc, on n'en sçauroit parler au vray, car ils les brouillent et sophistiquent ordinairement avec des parfums... bien est vray qu'ils y mettent d'*aloès* pour leur donner goût et couleur.
DU PINET, trad. de l'*Histoire naturelle* de Pline, XIV, 6.

Un nerf, un tendon d'animal, des fils d'*aloès* ou l'écorce souple d'une plante ligneuse ont servi aux hommes de corde pour réunir les deux extrémités d'une branche élastique dont ils ont fait leur arc.
BUFFON, *Époques de la nature.*

L'*aloès* de rocher a ses feuilles creusées en échoppes, l'*aloès* d'eau les a pleines.
BERNARDIN DE SAINT-PIERRE, *Études de la nature*, XI.

Dans les vers suivants, il a été fait allusion à l'amertume du suc de l'*aloès :*

Fiez-vous y ; ce rimeur si sucré
Devient amer, quand le cerveau lui tinte,
Plus qu'*aloès* ni jus de coloquinte.
J.-B. ROUSSEAU, *Épîtres*, I, 3.

ALOÈS se dit aussi d'Un arbre des Indes dont le bois est odoriférant.

ALOI, s. m. (Autrefois *Loi*, par abréviation, du latin *Lex*. D'autres le font venir de l'italien *Lega*, qui signifie Union, alliage.)

ALOI a le sens d'Alliage dans le passage suivant :

Il eut trouvé en une vieille muraille un pot de fer, auquel y avoit grande quantité de pièces antiques de monnoye, les unes d'argent, les autres d'*aloy*, desquelles il ne sçavoit la valeur.
BONAVENTURE DES PERRIERS, *Contes ou nouvelles.*

On entend par *Aloi*, qu'on a encore écrit ALLOI, ALOY, ALLOY, le Titre, c'est-à-dire le degré de fin, la proportion d'alliage que l'or et l'argent doivent avoir selon les lois et les règlements :

Ils vouloient que le roi de France fist là forger florins et monnoie, de tel prix et *alloi* sans nulle exception que on forgeoit à Paris.
FROISSART, *Chroniques*, liv. I, IIᵉ part., c. 351.

Pour reconnoître au juste l'*aloi* ou le titre de l'or, il faut donc faire deux opérations.
BUFFON, *Histoire naturelle*, Minéraux, de l'Or.

De là ces expressions *bon aloi, mauvais aloi, bas aloi*, etc. :

Comme il y a un art pour reconnoistre les pièces qui sont de *bon* ou de *mauvais aloi*, il y en a un de mesme pour connoistre les hommes.
PERROT D'ABLANCOURT, trad. de Lucien, *le Parasite.*

Cet argent est de *bas alloy*, et de plus notablement mêlé de pièces fausses.
CHARDIN, *Journal du Voyage en Perse*, Iʳᵉ partie, page 6.

Quand Christophe Colomb découvrit les îles Lucayes et les Antilles, il trouva bien chez les insulaires de l'or de *mauvais aloi*, qui provenoit du commerce qu'ils avoient avec les habitants de la terre ferme ; mais il n'y en avoit point de mines dans leur territoire.
BERNARDIN DE SAINT-PIERRE, *Études de la nature*, X.

Vous y orrez de Dieu la pure loy
Plus clair sonner qu'argent de *fin alloy.*
CL. MAROT, *Épître au roy sur la trad. des Psalmes.*

ALOI se dit figurément de la valeur, de la bonté des choses :

Nous recevons les avis par civile authorité et ordonnance, si bien que les escoles n'ont qu'un patron et pareille institution et discipline circonscripte; on ne regarde plus ce que les monnoies poisent et valent; mais chacun à son tour les reçoit selon le prix que l'approbation commune et le cours leur donne : on ne plaide pas de l'*alloy*, mais de l'usage.

MONTAIGNE, *Essais*, II, 12.

De toutes les grandes entreprises de la noblesse gauloise, nous n'en avons presque cognoissance que par emprunt, et encore par histoires qui nous sont prestées en monnoye de si bas *aloy* qu'il nous eust esté quelquefois plus utile ne recevoir tels plaisirs que de voir publier nos victoires avecques tels masques.

EST. PASQUIER, *Recherches de la France*, I, 1.

La beauté qui ne donne aucun chagrin, comme la vôtre, n'est pas une chose à oublier. S'il (M. de Grignan) la détruit, tenez-vous pour dit que sa tendresse n'est pas de bon *aloi*.

Mᵐᵉ DE SÉVIGNÉ, *Lettres*; 5 janvier 1672.

Il faut avoir un peu de ce bon *aloi* que nous regrettons, pour sentir cette perte (celle de l'archevêque d'Arles, oncle de M. de Grignan) comme nous la sentons.

LA MÊME, même ouvrage, 18 mars 1689.

Ces bijoux, dit-il, après les avoir considérés attentivement, me paroissent de *bon aloi*.

LE SAGE, *Gil Blas*, II, 4.

Il en sortit par me dire qu'avec toutes mes défenses, et qui n'étoient d'*aloi* que pour moi seul, il vouloit bien me dire que Pontchartrain étoit seulement en un péril très-grand.

SAINT-SIMON, *Mémoires*, 1711.

Quant aux autres misères que vous avez vues dans le portefeuille d'un de vos amis (M. d'Argental), je puis vous assurer qu'il n'y en a peut-être pas une qui soit de bon *aloi*; et si vous voulez m'en envoyer copie, je les corrigerai.

VOLTAIRE, *Lettres*; 4 juin 1739.

En fin de compte, un homme est bien en peine
Quand du devoir la règle souveraine
Requiert de lui, comme elle fait de moi,
Un compliment qui soit de bon *alloi*.

SAINT-AMANT, *Épîtres*.

Laissons là ces lourdauds contre qui tu déclames,
Et me dis seulement si tu connois ces dames.

— Non, cette marchandise est de trop bon *aloi*,
Ce n'est point là gibier à des gens comme moi.

P. CORNEILLE, *le Menteur*, I, 1.

C'est que votre noblesse est encor toute neuve.
— Et de très-bon *aloi*.

DESTOUCHES, *le Médisant*, II, 12.

ALOI s'est dit figurément même en parlant des personnes :

Vous êtes de tel *alloi*, que, etc...

A. CHARTIER, *Œuvres*, p. 699.

Transféré à l'archevêché de Sens (Languet) par des voies peu correctes, il y trouva les suffragants d'un autre *aloi* que lui.

SAINT-SIMON, *Mémoires*, 1719.

Seigneurs, pas n'estes d'autre *aloy*
Que le pauvre peuple commun.

MESCHINOT, f. v. 27.

Cela sent le bourgeois du plus méchant *aloy*.

BOURSAULT, *les Mots à la mode*, sc. 3.

Un poëte, à la cour, est de bien mince *aloi*.

PIRON, *la Métromanie*, IV, 4.

ALONGE, ALONGEMENT, ALONGER. (Voyez ALLONGE, ALLONGEMENT, ALLONGER.)

ALOPÉCIE, s. f. (Des mots grecs et latins ἀλωπεκία, *Alopecia*, et, par ce mot, de ἀλώπηξ, renard.)

Terme de Médecine. Chute des cheveux et quelquefois des sourcils, de la barbe, etc., avec dénudation de la peau.

L'*alopecie* est cheute du poil de la teste, et quelquefois des sourcils, barbe, et autres parties, dicte vulgairement la Pelade. Elle est ainsi appellée des médecins comme maladie des renards, parce qu'ils sont sujets à telle indisposition, pour certaine galle qui leur survient en leur vieillesse.

A. PARÉ, *Œuvres*, liv. XVII, c. 1.

Quant à la pelade, que certains politiques m'ont voulu improperer m'accusant que la saincte Cere ou la Loue... me l'avoyent donnée... ce n'est que certaine chaleur de foye que les médecins appellent *alopecie*, à laquelle moy et les miens sommes sujets.

Satyre Ménippée, Harangue de Monsieur le lieutenant.

ALORS, adverbe de temps. (De Lors [*voyez* ce mot], formé de l'article et du mot *Ors, Ore,* lequel vient du latin *Hora.*)

On a dit anciennement, *jusques à ores,* où nous disons *jusqu'alors :*

Dieu si vous a tant aidé *jusques à ores* en toutes vos besongnes.
FROISSART, *Chroniques,* liv. I, Iʳᵉ part., c. 166.

L'étymologie ne paraît pas moins dans *à l'heure,* qu'on a dit autrefois pour *Alors.*

Mesmement, *à l'heure* qu'il estoit tout à l'entour enfermé.
AMYOT, trad. de *Théagène et Chariclée.*

Antres et prez, et vous forests, *à l'heure,*
Je vous suppli, ne me dédaignez pas.
RONSARD, *Amours,* I, 62.

ALORS, que Robert Estienne (*Dictionnaire françois latin*) a traduit, comme, après lui, beaucoup d'autres, par *ad illam horam,* signifie En ce temps-là, qu'il s'agisse du passé, du présent, de l'avenir.

ALORS, en parlant de choses passées :

Le duc d'Yorck, maintenant un roi si fameux, malheureux *alors.*
BOSSUET, *Oraison funèbre de la reine d'Angleterre.*

La France le vit *alors* accompli par ces derniers traits.
LE MÊME, *Oraison funèbre du prince de Condé.*

Alors que ne vit-on pas ?
LE MÊME, même ouvrage.

L'amour de Madame de la Vallière, qui fut d'abord un mystère, donna lieu à de fréquentes promenades à Versailles, petit château de cartes *alors.*
SAINT-SIMON, *Mémoires,* 1715.

On pensoit *alors* (au temps des rois de Rome), dans les républiques d'Italie, que les traités qu'elles avoient faits avec un roi ne les obligeoit point envers son successeur.
MONTESQUIEU, *Grandeur des Romains,* c. 1.

L'Espagne *alors* eut recours à ces mêmes Hollandais.
VOLTAIRE, *Siècle de Louis XIV,* c. 9.

On vit *alors* un objet digne d'une éternelle pitié.
BERNARDIN DE SAINT-PIERRE, *Paul et Virginie.*

Que sais-je ? de moi-même étois-je *alors* le maître ?
La fureur m'emportoit...
J. RACINE, *Andromaque,* III, 1.

Que faisiez-vous *alors ?* Pourquoi, sans Hippolyte,
Des héros de la Grèce assembla-t-il l'élite ?
LE MÊME, *Phèdre,* II, 5.

La vertu n'étoit point sujette à l'ostracisme,
Ni ne s'appeloit point *alors* un jansénisme.
BOILEAU, *Épîtres,* XI.

Ton sang valoit *alors* qu'on daignât le répandre.
DE LA FOSSE, *Manlius,* IV, 4

ALORS, en parlant des choses présentes :

Ils abordent sans peur, ils ancrent, ils descendent
Et courent se livrer aux mains qui les attendent ;
Nous nous levons *alors.*
P. CORNEILLE, *le Cid,* IV, 3.

... Quand il faut railler, j'ai ce que je souhaite,
Alors, certes, *alors* je me connois poëte.
BOILEAU, *Satires,* VII.

Alors, alors il faut oublier ces plaisirs ;
L'âme en soi le ramène...
LA FONTAINE, *le Quinquina,* I.

ALORS, en parlant de choses futures :

Mais, de retour, enfin que prétendez-vous faire ?
— *Alors,* cher Cynéas, victorieux, contents,
Nous pourrons rire à l'aise, et prendre du bon temps.
BOILEAU, *Épîtres,* I.

Ce qui se dit du temps pouvant, par une extension naturelle, se dire de la circonstance, ALORS signifie quelquefois, Quand il en est ainsi, S'il en est ainsi, Dans ce cas, D'après cela, etc.

Nous autres jolies femmes (car j'ai été de ce nombre), personne n'a plus d'esprit que nous quand nous en avons un peu ; les hommes ne savent plus *alors* la valeur de ce que nous disons : en nous écoutant parler ils nous regardent, et ce que nous disons profite de ce qu'ils voient.
MARIVAUX, *la Vie de Marianne,* Iʳᵉ part.

Alors comme alors, Quand on sera dans ce temps-là, dans cette conjoncture-là, on avisera à ce qu'il faudra faire :

Alors comme alors ; car y deussé-je perdre la vie, il faut que me repariez ce tort.
EST. PASQUIER, *Lettres ;* XV, 18.

J'ay dessein d'y faire une construction qui sera une des magnifiques de Paris, voire peut-estre de l'Europe, sans quelle vous couste rien, et m'asseure que quand vous en verrez les trois costez achevez, que pour laisser parache-ver le quatriesme, vous ferez vous-mesmes desmolir ce que l'on y aura basty pour les ouvriers. Or bien, dit le Roy, *alors comme alors.*

Sully, Œconomies royales, c. 25, p. 291.

Travaillez à vous rendre un père favorable.
—Mais s'il me rebutoit, dois-je..?—*Alors comme alors,*
Pour vous on emploira toutes sortes d'efforts.

Molière, le Dépit amoureux, I, 2.

Alors est quelquefois précédé de la préposition *de.* On dit les usages, les manières, les modes, etc., *d'alors,* les hommes *d'alors.*

Les gens *d'alors* étoient d'autres gens que les nôtres :
On ne vivoit pas comme on vit.

La Fontaine, Contes, la Coupe enchantée.

Alors que, pour *Lorsque,* qu'a condamné Vau-gelas, est resté d'usage, surtout dans le style éle-vé et dans les vers :

Ma fille vous prie de vous mander le mariage de M. de Nevers : ce M. de Nevers si difficile à ferrer, ce M. de Ne-vers si extraordinaire qui glisse des mains *alors qu'*on y pense le moins.

Mme de Sévigné, Lettres; au comte de Grignan, 10 décembre 1670.

Attale doit régner ; Rome l'a résolu ;
Et puisqu'elle a partout un pouvoir absolu,
C'est aux rois d'obéir, *alors qu'*elle commande.

P. Corneille, Nicomède, II, 3.

... Devez-vous pas savoir
Qu'il étoit fort petit *alors* qu'il l'a pu voir.

Molière, l'Étourdi, IV, 1.

Je n'aime point Thalie, *alors que,* sur la scène,
Elle prend gauchement l'habit de Melpomène.

Voltaire, les Deux Siècles.

Jusqu'alors, c'est Jusqu'à ce temps-là, jusqu'à ce moment-là. Il exprime un temps passé anté-rieurement à un autre temps.

Ces vieilles bandes vallones, italiennes, espagnoles qu'on n'avoit pu rompre *jusqu'alors.*

Bossuet, Oraison funèbre du prince de Condé.

ALOSE, s. f. (Du latin *Alausa, Alosa.*)
Poisson de mer qui remonte ordinairement au printemps dans les rivières :

De figure et de goût il (le vesugo) tient du maquereau et de l'*alose.*

Saint-Simon, Mémoires, 1722.

S'il m'étoit permis de commencer par raisonner, je vous dirois que cette barque appartient à quelques pêcheurs qui pêchent dans cette rivière les meilleures *aloses* du monde.

Florian, trad. de Don Quichotte, c. 26.

Nous avons la murène, la dorade, la vive, le xiphias, le pagre, l'*alose* et des thons en abondance.

Barthélemy, Voyage d'Anacharsis, c. 26.

ALOUETTE, s. f. (Du mot latin, d'origine gauloise, *Alauda.*)
On y est arrivé par une grande variété de mots : Alaude, Aloue, Aloe, Aloy, etc. ; de là les dimi-nutifs Alouete, Aloueste, Aloeté, etc. (Voyez le *Glossaire* de Sainte-Palaye et les exemples ci-après.)
Petit oiseau dont le chant est agréable et qui fait son nid à terre dans les champs.

Entre prime et tierce se commença le jour à réchauffer et le soleil à luire et à monter, et les *aloés* à chanter.

Froissard, Chroniques, liv. II, c. 17.

Leurs bouyaulx sont gras et sans ordure, car *aloés* ne menguent fors pierrettes et sablon.

Le Ménagier de Paris, 2e distinction, art. 5.

Je portoye maintenant ung espervier parmy ceste prae-rie, et tant que le gectay après une *aloe.*

Lancelot du Lac, t. II, fol. 98, v°, col. 1. (Cité par Sainte-Palaye.)

Il y a peu d'animaux qui soyent huppez et crestez, si ce ne sont oiseaux... les faisans ont de petites cornes de plumes ; les mesanges ou nonnettes y ont une certaine coïffe : au lieu de quoy les *aloüettes* ont une creste droite. Aussi César nommoit les compaignies françoises *aloüettes,* à cause de leurs mourions pointus.

Du Pinet, trad. de l'Histoire naturelle de Pline, liv. XI, c. 37.

Jules César, au rapport de Suétone,... estant es Gaules dressa une nouvelle légion à laquelle il donna le nom gaulois d'*Alouette*, parce que, comme dit Pline... elle portoit une creste sur son armet, comme l'*allouette* sur sa teste.

Est. Pasquier, *Recherches de la France*, liv. VIII.

Comme nous allons à la chasse des bestes ainsi vont les tigres et les lyons à la chasse des hommes, et ont un pareil exercice les uns sur les autres : les chiens sur les lièvres, les brochets sur les tanches, les arondelles sur les cigales, les esperviers sur les merles et sur les *allouettes*.

Montaigne, *Essais*, II, 12.

On peut demander comment les Romains appelaient une *alouette* avant de lui avoir donné un nom gaulois ; ils l'appelaient Galerita. Une légion de César fit bientôt oublier ce nom.

Voltaire, *Dictionnaire philosophique*, art. Alouette.

L'*alouette* chante rarement à terre, où néanmoins elle se tient toujours quand elle ne vole point ; car elle ne se perche jamais sur les arbres.

Buffon, *Histoire naturelle*, Oiseaux, l'Alouette.

Nos diverses sortes d'*alouettes* sont réparties à différents sites, aux bois, aux prés, aux bruyères, aux terres labourées et aux rivages de la mer.

Bernardin de Saint-Pierre, *Études de la nature*, XI.

L'*alouette* qui fait son nid dans nos blés, et qui aime à s'y élever à perte de vue, se fait entendre en l'air lors même qu'on ne l'aperçoit plus.

Le même, même ouvrage, XII.

Veux-tu donc déjà me quitter ? Le jour n'est pas encore près de paraître ; c'est le rossignol, et non l'*alouette* dont les sons perçants ont pénétré ton oreille inquiète ; toute la nuit il chante là-bas sur ce grenadier. Crois-moi, cher amour, c'était le rossignol. — C'est l'*alouette* qui proclame le matin, et non le rossignol.

Le Tourneur, trad. de Shakspeare, *Roméo et Juliette*, III, 5.

Bacon a comparé la philosophie spéculative à l'*alouette*, qui s'élève jusqu'aux cieux et redescend sans rien rapporter de sa course, et la philosophie expérimentale au faucon, qui s'élève aussi haut, mais revient avec sa proie.

Mme de Staël, *De l'Allemagne*, IIIe part., c. 10.

Car plus doit redouter felon
Que l'*aloe* l'esmerillon.

Anc. poet. fr. mss. av. 1300, t. II, p. 734. (Cité par Sainte-Palaye.)

Aussi fuient Rollant comme *aloe* esprevier.

Fierabas, v. 3279.

Gardez-vous de fortune, seigneur, je le vous aloe.
Quand fortune a fait homme haut chanter comme *aloe*,
Et il cuide mieux estre assis dessus la roe,
Lors retorne fortune, si le geste en le boe.

Moniot, *Le dit de Fortune.*

Les biens mondains, les honneurs et les gloires,
Qu'on aime tant, desire, prise, loue,
Ne sont qu'abus et choses transitoires,
Plustost passans que le vol d'une *aloue.*

Alain Chartier, *le Régime de Fortune.*

Hé Dieu ! que je porte envie
Aux plaisirs de ta douce vie,
Alouette, qui de l'amour
Caquettes dès le point du jour.
. . . .
Tu dis en l'air de si doux sons,
Composez de ta tirelire,
Qu'il n'est amant qui ne desire,
T'oyant chanter au renouveau,
Comme toy devenir oyseau.

Ronsard, *Gayetez et épigrammes*, l'Alouette.

La gentille *alouette* avec son tire-lire,
Tire l'ire à l'iré, et tire-lirant tire
Vers la voute du ciel ; puis son vol vers ce lieu
Vire, et désire dire : Adieu Dieu, adieu Dieu.

Du Bartas, *La Ire semaine*, 5e jour.

Les *alouettes* font leur nid
Dans les blés quand ils sont en herbe.

La Fontaine, *Fables*, IV, 22.

Un manant au miroir prenoit des oisillons,
Le fantôme brillant attire une *alouette*.

Le même, même ouvrage, VI, 15.

Autour de cet amas de viandes entassées
Régnoit un long cordon d'*alouettes* pressées.

Boileau, *Satires*, III.

L'*alouette* a donné lieu à un assez grand nombre de proverbes et de locutions proverbiales.

Ainsi elle a été, dans les anciens temps de la langue, un terme de comparaison fort usité en parlant de choses dont on doit faire, dont on fait peu de cas, d'actions suivies de peu d'effet, etc. :

On ne doit tenir entre eux compte de vies d'hommes, ni avoir pitié non plus que de arondeaulx ou de *allouettes* qu'on prend en la saison pour manger.

Froissart, *Chroniques*, liv. II, c. 101.

... Il ne les prisa une *aloe* plumée.

Doon de Maience, v. 8580.

Mais onques n'i forfist une *aloe* plumée.
Gaufrey, v. 603.

Alors, huyt faulcons, non pas dix,
N'y eussent pas prins une *alloue.*
VILLON, *Grand testament,* LXXXVI.

Dans un recueil de proverbes donné en 1616, sous forme de comédie, se trouve cette expression : *Grande jambe d'alouette,* désignant sans doute une jambe longue et menue :

Il m'a tendu sa *grande jambe d'alouette,* et m'a fait donner du nez en terre.
LE COMTE DE CRAMAIL, *la Comédie des proverbes,* II.

On a dit, par allusion à la ruse dont se servent les alouettes pour détourner les chasseurs du lieu où sont leurs petits : *Donner la bourde de l'alouette,* donner le change, détourner adroitement quelqu'un des vues qu'il peut avoir, en lui présentant une chose pour une autre. (Voyez le *Dictionnaire* de COTGRAVE et le *Glossaire* de SAINTE-PALAYE.)

On a dit qu'*il ne faut fumer les vignes que de fumier d'alouette,* pour faire entendre qu'il ne faut point les fumer du tout. (Voyez le *Dictionnaire de l'Académie,* édition de 1694.)

Terres à alouettes se dit, communément, des Terres sablonneuses.

Si le ciel tombait, il y aurait bien des alouettes de prises, se dit Pour se moquer d'une supposition absurde, en y répondant par une autre encore plus absurde.

Si le ciel tomboit, il y auroit bien allouettes prises.
LE COMTE DE CRAMAIL, *la Comédie des Proverbes,* I, 3.

On peut regarder comme des allusions plus ou moins directes à ce dicton proverbial, les passages suivants :

Si les nuës tomboient, esperoit prendre les *alouëttes.*
RABELAIS, *Gargantua,* I, 11.

On dit que les *alouettes* grandement redoubtent la ruine des cieulx ; car les cieulx tumbant, toutes seroient prises.
LE MÊME, *Pantagruel,* IV, 17.

N'esperez doresnavant prendre les *alouettes* à la chute

du ciel ; car il ne tombera de vostre eage, sur mon honneur.
RABELAIS, *Pantagrueline prognostication,* c. 9.

On m'écrit cent fagots de nouvelles de Paris, une prophétie de Nostradamus qui est étrange, et un combat d'oiseaux en l'air, dont il en demeure vingt-deux mille sur la place : voilà bien des *alouettes prises.*
Mme DE SÉVIGNÉ, *Lettres;* 11 mars 1676.

Il attend que les alouettes lui tombent toutes rôties dans le bec, lui tombent toutes rôties, se dit D'un paresseux qui voudrait avoir les choses sans peine :

Saincte Migorce, nous sommes nées coiffées ; il ne faut plus que des *alouëttes roties* nous tomber *au bec.*
LE COMTE DE CRAMAIL, *la Comédie des proverbes,* II, 4.

Le pigeonneau farci, l'*alouette rotie,*
Nous *tombent* ici-bas du ciel comme la pluye.
LE GRAND, *le Roy de Cocagne,* I, 2.

S'éveiller, se lever au chant de l'alouette, S'éveiller, se lever de très bon matin,

ALOURDIR, v. a. (De *Lourd.*)

Quelquefois écrit ALLOURDIR, (voyez les exemples ci-après) ; autrefois ALOURDER.

Rendre lourd, appesantir.

Il est pris figurément dans les passages suivants :

Il n'en est pas ainsi d'un art où le moindre intervalle mal ménagé fait un trou, où une figure trop éloignée ou trop rapprochée des deux autres *allourdit* ou rompt une masse.
DIDEROT, *Salon de* 1767. Lagrénée.

O la belle chose ! mais on le compare malheureusement avec un Vernet, qui en *alourdit* le ciel... qui accuse les eaux de fausseté.
LE MÊME, même ouvrage. Lautherbourg.

De là, sans vous laisser, importuns, ils vous suivent,
Vous *alourdent* de vers, d'allegresse vous privent.
REGNIER, *Satires,* 2.

On l'emploie aussi avec le pronom personnel, *S'alourdir,* Devenir lourd.

ALOURDI, IE. Participe.

ALOYAU, s. m.

Terme de boucherie, et de cuisine. Pièce de bœuf coupée le long du dos :

> Madame, je suis votre serviteur, je vais souper à la place Royale, où nous devons attaquer un *alloyau* dans les formes.
>> Regnard, *la Critique du Légataire universel*, I, 4.

De telles étymologies, ainsi avérées, doivent être admises. Mais quand un professeur arabe veut absolument qu'*aloyau* vienne de l'arabe, il est difficile de le croire.
>> Voltaire, *Dictionnaire philosophique*, Alouette.

Les *aloyaux* que les Anglais appellent rost-beef valent bien la poule au pot.
>> Le même, *Lettres*; 3 mai 1776.

D'autres se sont signalés en appelant les *alloyaux* des rost-beef, et en se piquant d'avoir à leur table du rost-beef de mouton.
>> Le même, *Lettre à l'Académie française*, 25 août 1776.

> Adieu, belles rotisseries,
> De moy si vainement chéries,
> Où j'ay veu fumer d'*aloyaux*,
> Qui plus valoient que les joyaux
> Qui décoroient le Pont au Change.
>> Saint-Amant, *le Poète croté*.

Il est pris figurément et proverbialement dans le passage suivant :

> Vous savez que le marquis de Marialva s'étoit d'abord senti du goût pour Narcissa mon épouse, il avoit même déjà pris jour pour venir manger de mon *aloyau*, lorsque l'artificieuse Estelle trouva moyen de rompre la partie, et d'attirer chez elle ce seigneur portugais.
>> Le Sage, *Gil Blas*, VII, 11.

ALPESTRE, adj. des deux genres. (Du latin *Alpestris*, et, par ce mot, d'*Alpes*.)
Qui est propre, qui appartient aux Alpes, qui tient de la nature des Alpes et, en général, des montagnes :

> Que faites-vous icy... en ces lieux *alpestres* et inhabitables ?
>> *Les Facétieuses Nuits de Straparole*, IV.

ALPINE, adj. f. (Du latin *Alpina*.)
Terme de botanique.

III.

Il se dit des plantes que l'on ne trouve que sur le sommet des hautes montagnes :

> On trouve, sur le Montanvert et au bord du glacier, plusieurs belles plantes *alpines*.
>> Saussure, *Voyage dans les Alpes*, t. II, c. 13, § 618.

ALPHA, s. m.
La première lettre de l'alphabet grec, dont le nom s'emploie figurément dans cette locution : l'*Alpha et l'Oméga*, le Commencement et la fin.

> Je suis l'*Alpha et l'Oméga*, le principe et la fin, dit le Seigneur Dieu, qui est, qui étoit, et qui doit venir, le tout-puissant.
>> Le Maistre de Saci, trad. de l'*Apocalypse*, I, 8.

ALPHABET, s. m. (Du nom des deux premières lettres grecques, *Alpha, Béta*, comme Abécé [voyez ce mot, t. I, p. 116] des trois premières lettres françaises).
Réunion de toutes les lettres d'une langue rangées dans l'ordre établi pour cette langue :

> Aristote dit que de toute ancienneté il y avoit dix-huit lettres en l'*alphabet* grec.
>> Du Pinet, trad. de l'*Histoire naturelle* de Pline, liv. VII, c. 57.

> Je voy Chilperic, l'un de nos rois, avoir de son temps esté si curieux, de transplanter dans nostre *alphabet* toutes les lettres doubles des Grecs... chose qui fut en usage tant qu'il régna... mais après sa mort s'esvanouit par non-chalance. Les rois n'ont en telles matières tant de puissance que l'usage commun du peuple.
>> Est. Pasquier, *Recherches de la France*, VIII, 63.

> Je suppose un nombre infini de combinaisons des lettres de l'*alphabet*, formées successivement par le hazard... Or est-il que l'Iliade d'Homère n'est qu'une combinaison de lettres. L'Iliade d'Homère est donc renfermée dans ce recueil infini de combinaisons des caractères de l'*alphabet*.
>> Fénelon, *De l'Existence de Dieu*, Ire part., c. 3. Réponse aux objections des Épicuriens.

> Il ne connoissoit presque pas une lettre de son *alphabet*, bien qu'il eût un précepteur depuis quinze mois.
>> Le Sage, *Gil Blas*, V, 1.

> Les Grecs avaient été civilisés si tard qu'ils furent obligés d'apprendre l'*alphabet* de Tyr, quand les Phéniciens vinrent commercer chez eux et y bâtir des villes.
>> Voltaire, *Lettres*; 20 avril 1783.

La découverte la plus honorable peut-être à l'esprit humain, est l'invention de l'*alphabet,* c'est-à-dire des éléments dont l'écriture est formée.

D'Alembert, *Éloge de Dangeau.*

Même *alfabet* fait comédie,
Même *alfabet* fait tragédie.

J.-A. de Baïf, *les Mimes,* II.

Un certain Grec disoit à l'empereur Auguste,
Comme une instruction utile autant que juste,
Que lorsqu'une aventure en colère nous met,
Nous devons, avant tout, dire notre *alphabet,*
Afin que dans ce temps la bile se tempère.

Molière, l'*École des femmes,* II, 4.

Préparez-vous, Monsieur ; voici des demoiselles
Qui savent les beaux mots comme leur *alphabet.*

Boursault, *les Mots à la mode,* sc. 3.

De l'auguste raison les sombres ennemis
Se plaignent quelquefois de l'inventeur utile
Qui fondit en métal un *alphabet* mobile,
L'arrangea sous la presse, et sut multiplier
Tout ce que notre esprit peut transmettre au papier.

Voltaire, *Épîtres,* au roi de Danemark.

Alphabet se dit aussi d'un petit livre qui contient les lettres de l'Alphabet, et les premières leçons qu'on donne lorsqu'on enseigne à lire :

Je lui parus si éveillé, qu'il résolut de cultiver mon esprit ; il m'acheta un *alphabet,* et entreprit de m'apprendre lui-même à lire.

Le Sage, *Gil Blas,* I, 1.

Alphabet a pu s'appliquer, par une extension naturelle, aux signes du langage d'action :

Je laisse à part ce que particulièrement la nécessité en apprend (du langage d'action) soudain à ceux qui en ont besoin, et les *alphabets* des doigts et grammaires en gestes.

Montaigne, *Essais,* II, 12.

Il a pu s'appliquer aussi par figure à d'autres collections de signes :

Il (Leibnitz) a parlé en quelque endroit d'un *alphabet* des pensées humaines qu'il méditoit. Selon toutes les apparences, cet *alphabet* avoit rapport à sa langue universelle. Après l'avoir trouvé, il eût fallu, quelque commode et quelque utile qu'il eût été, trouver l'art de persuader aux différents peuples de s'en servir, et ce n'eût pas été là le moins difficile : ils ne s'accordent qu'à ne point entendre leurs intérêts.

Fontenelle, *Éloge de Leibnitz*

On en a fait, par un emploi analogue, une sorte de synonyme métaphorique de Dictionnaire :

Je connais le poète à ces marques sublimes,
Non dans un *alphabet* de pédantesques rimes.

Voltaire, *Lettres en vers et en prose,* à M. de Formont, 1738.

Trop bien sut-il graver en sa mémoire
Tout l'*alphabet* des bateliers de Loire.

Gresset, *Ver-Vert,* III.

De Livre élémentaire, d'Éléments :

Il (saint Bernard) écrit toujours au pied de la croix lisant, contemplant et étudiant ce grand livre ; ce livre fut son premier *alphabet* dans sa tendre enfance ; ce même livre fut tout son conseil dans sa sage et vénérable vieillesse.

Bossuet, *Panégyrique de saint Bernard.*

On appelait ces livres (de sorcellerie) grimoires en France, et ailleurs l'*alphabet* du diable.

Voltaire, *Dictionnaire philosophique,* Bouc.

Pour tes adorateurs c'est trop de récompense...
L'*alphabet* que j'en tiens à chacun rend justice ;
Et, selon les degrés du mérite qu'il a,
Pour ne confondre rien, je lui fais un *nota.*

Th. Corneille, *le Galant double,* IV, 2.

J'ai lu dans l'*alphabet* d'amour
Qu'un galant près d'une personne
N'a toujours le temps comme il veut ;
Qu'il le prenne donc comme il peut.

La Fontaine, *Contes,* Nicaise.

Lettres d'avis, libelles anonymes,
Recours grossier et toujours sans effet,
Mais des brouillons l'ordinaire *alphabet.*

J.-B. Rousseau, *Épîtres,* I, 1.

De là certaines locutions usuelles ;
On dit figurément et familièrement :
N'en être qu'à l'Alphabet d'une science, d'un art. N'en avoir que les premières notions ; *N'en pas connaître l'Alphabet,* etc. :

On auroit alors un chapitre entier de cette immense et sublime histoire de la nature dont *nous ne connoissons pas encore l'alphabet.*

Bernardin de Saint-Pierre, *Études de la nature.*

Renvoyer à l'Alphabet, en parlant d'un homme

qui n'a pas les premières notions de la chose dont on parle.

ALPHABET s'est prêté encore à d'autres applications métaphoriques telles que les suivantes :

Il seroit essentiel d'avoir en botanique un *alphabet* de couleurs, de saveurs, d'odeurs, de formes et d'agrégations, tiré de nos plantes les plus communes.
BERNARDIN DE SAINT-PIERRE, Études de la nature, XI.

Aimables enfans, sortez dans les campagnes... les prairies seront votre école, les fleurs vos *alphabets*, et Flore votre institutrice.
LE MÊME, Harmonies de la nature, liv. I. La leçon de botanique.

On a dit *par Alphabet* pour Dans l'ordre de l'Alphabet :

Que Jacquin vive ici, dont l'adresse funeste
A plus causé de maux que la guerre et la peste,
Qui de ses revenus écrits *par alphabet,*
Peut fournir aisément un calepin complet.
BOILEAU, Satires, I.

Ma plume ici traçant ces mots *par alphabet*
Pourroit d'un nouveau tome augmenter Richelet.
LE MÊME, même ouvrage, X.

La raison par Alphabet a été le premier titre du Dictionnaire philosophique de Voltaire.

ALPHABÉTIQUE, adj. des deux genres, qui est selon l'ordre de l'Alphabet :

Le traité universel des drogues simples est la base de la pharmacopée universelle. C'est un recueil *alphabétique* de toutes les matières minérales, végétales, animales, qui entrent dans les remèdes reçus.
FONTENELLE, Éloge de Lémery.

Nos dictionnaires ont été longtemps pour la plupart des archives *alphabétiques* du mensonge.
VOLTAIRE, Essai sur les mœurs.

Il y a... deux manières de ranger les mots dans un dictionnaire : l'une, de les mettre tous, de quelque nature qu'ils soient, dans un ordre *alphabétique;* l'autre, de les disposer par racine, c'est-à-dire de n'observer l'ordre de l'alphabet que pour les mots primitifs, et de placer sous chaque primitif tous les mots qui en dérivent.
D'OLIVET, Histoire de l'Académie.

Chacune de ces méthodes n'est qu'un dictionnaire où l'on trouve les noms rangés dans un ordre relatif à cette idée, et par conséquent aussi arbitraire que l'ordre *alphabétique.*
BUFFON, Manière de traiter l'histoire naturelle. Discours 1.

Si vous pensez, mon ami, que parmi cette multitude innombrable d'hommes qui tracent des caractères *alphabétiques* sur le papier, il n'y en a pas un qui n'ait sa manière d'écrire...
DIDEROT, Salon de 1765. Les Graveurs.

De là cette expression, fort usitée, *Par ordre alphabétique :*

Je suis absorbé dans un compte que je me rends à moi-même, *par ordre alphabétique,* de tout ce que je dois penser sur ce monde-ci et sur l'autre, le tout pour mon usage et peut-être, après ma mort, pour celui des honnêtes gens.
VOLTAIRE, Lettres; à Mme du Deffand, 18 février 1760.

Un nouveau poison fut inventé, depuis quelques années, dans la basse littérature : ce fut l'art d'outrager les vivants et les morts *par ordre alphabétique.*
LE MÊME, Mélanges de littérature.

Je tiens un registre fidèle,
Où, chaque heure du jour, j'écris quelque nouvelle :
Fable, histoire, aventure, enfin quoi que ce soit
Par ordre alphabétique est mis en son endroit.
BOURSAULT, le Mercure galant, IV, 6.

Je ne puis oublier l'appétit méthodique
De Géta qui mangeait *par ordre alphabétique.*
BERCHOUX, la Gastronomie, I.

Il est fait allusion à cette expression, *Ordre alphabétique,* dans le passage suivant :

On peut citer le dictionnaire de chimie de M. Macquer comme très-méthodique et très-bien ordonné malgré le désordre *alphabétique.*
MORELLET, Prospectus d'un Dictionnaire du Commerce.

Écriture alphabétique se dit de l'Écriture au moyen des lettres de l'alphabet, par opposition à *Écriture hiéroglyphique :*

Les Chaldéens, les Syriens, les Persans, les Phéniciens, les Égyptiens, les Indiens devaient nécessairement avoir commerce ensemble ; et l'écriture *alphabétique* devait faciliter ce commerce.

VOLTAIRE, Défense de mon oncle, c. 21.

Ensuite le génie ayant inventé l'art plus simple d'appliquer les signes aux sons, dont le nombre est limité, et de peindre la parole au lieu des pensées, l'écriture *alphabétique* fit tomber en désuétude les peintures hiéroglyphiques.

VOLNEY, les Ruines.

ALPHABÉTIQUEMENT, adv.

Dans l'ordre alphabétique.

ALTE, s. f. (Voyez HALTE.)

ALTERCATION, s. f. (Du latin *Altercatio*, et, par ce mot, d'*Altercari*.)

D'*Altercari*, Disputer, se Quereller, on avait fait le verbe ALTERQUER, qui n'est pas resté dans l'usage.

Il *alterquoit* contre ou avec Vatinius ;
Ils *alterquent* ensemble comme femmes.

R. ESTIENNE, Dictionnaire françois-latin, répété
par J. THIERRY et NICOT.

Il advient… que la vérité en *altercant* est perdue, et la charité destruite.

CALVIN, Institution chrestienne, liv. I,
c. 18, § 3.

ALTERQUER, que donnent encore les *Dictionnaires* de MONET et de COTGRAVE, mais non ceux qui ont suivi, peut être considéré comme un archaïsme dans le passage suivant :

Il n'y avoit pas moyen d'*alterquer* beaucoup là-dessus devant le tiers qui nous écoutoit.

J.-J. ROUSSEAU, la Nouvelle Héloïse, IVe part.

D'*Altercator* on avait fait ALTERCATEUR, s. m., recueilli également par R. ESTIENNE, J. THIERRY, NICOT, MONET, COTGRAVE.

On a dit autrefois, au sens de Débat, contestation entre deux ou plusieurs personnes :

ALTERQUE, s. f.

Afin qu'il n'y ait *alterque* entre eux.

Contes de Cholières, fol. 247, v^o. (Cité par Sainte-
Palaye.)

ALTERCAS, s. m. Qui s'est maintenu davantage, surtout dans les vers familiers, dans le style marotique :

Il y a *altercas* et diversité de rapports et d'opinions.

Nouveau Coutumier général, t. III, p. 377,
col. 1.

Pensez un peu à votre cas,
Et vous verrez, sans *altercas*,
Qu'aurez grand tort d'ainsi parler.

Moralité nouvelle contenant
Comment Envie au temps de maintenant
Fait que les frères que bon amour assemble
Sont ennemys et ont discord ensemble.

(Voyez Ancien théâtre françois, Bibliothèque elzé-
virienne, t. III, p. 100.)

Adonc le Roy, oyant leur *altercas*,
Leur respondit : J'entends bien vostre cas.

J. MAROT, le Voyage de Gênes.

Minos le juge est de cela soingneux,
Qui devant luy, pour entendre le cas,
Faict dechiffrer telz noysifz *altercas*
Par ces crieurs.

CL. MAROT, l'Enfer.

Quoi qu'il en soit, cet *altercas*
Mit en combustion la salle et la cuisine.

LA FONTAINE, Fables, XII, 8.

Grand *altercas*, grand bruit dans le ménage :
L'amant s'enfuit ; le dieu mugit de rage.

J.-B. ROUSSEAU, Allégories, I, 7. Le temps.

On ne dit plus guère, au même sens, que ALTERCATION :

Sur lesquelles choses, après plusieurs *altercations* eues sur ce… avons finablement accordé avec nostre dit père par la manière qui s'ensuit.

FROISSART, Chroniques, liv. I, part. II, c. 127.

S'il y eut grande *altercation* entre les deux juges à qui prononceroit la sentence.

Le Loyal serviteur, c. 10.

Ces grandes et longues *altercations* de la meilleure forme de société… sont *altercations* propres seulement à l'exercice de notre esprit.

MONTAIGNE, Essais, III, 9.

Un homme d'honneur, qui doit sentir un desmenty et une offense jusques au cœur… qu'il évite le progrez des *altercations* contentieuses.

LE MÊME, même ouvrage, III, 10.

Jusques icy, je ne vous ay compté que noises et *altercations* entre personnes de basse estoffe.

Est. Pasquier, Recherches de la France,
IX, 31.

Les *altercations* et les accommodements des protestants nous feront voir en quoi ils ont mis de part et d'autre l'essentiel de la religion et le nœud de la dispute.

Bossuet, Histoire des variations des églises pro-
testantes, n° 28, Préface.

Les *altercations* de l'école, la chaleur des disputes, la variété des opinions et des doctrines l'ont-elles jamais fait sortir de ce caractère modeste et vrai?

Massillon, Panégyriques, pour le jour de Saint
Thomas d'Aquin.

Madame du Maine voulut prendre des cassettes. Ancenis s'y opposa. Elle réclama au moins ses pierreries : *altercations* fort hautes d'une part, fort modestes de l'autre ; mais il fallut céder.

Saint-Simon, Mémoires, 1718.

Dans nos *altercations,* vous avez toujours été l'agresseur.

J.-J. Rousseau, Lettres; à Diderot, 1757.

Hier au soir j'ai eu quelque *altercation* ou dispute avec un officier de cavalerie.

Sedaine, le Philosophe sans le savoir, III, 5.

Assez y ot oppinions
Entr'eus et *altercations*
En la cause aux frères du Temple.

Godefroy de Paris, Chron. Metr., v. 6008.

ALTÉRER, v. a. (Du latin *Alter*.)

Au propre, Rendre une chose autre, Changer l'état d'une chose :

Qu'est-ce qu'on veut *altérer?* Il y a cent ans que mon fief ne paye que tant, et on demande davantage.

De la Noue, Discours politiques et militaires, XI.

Ils sont sauvages de mesme que nous appelons sauvages les fruicts que nature de soy et de son progrez ordinaire a produicts : là où, à la vérité, ce sont ceulx que nous *avons altérez* par nostre artifice, et destournez de l'ordre commun que nous devrions appeler plutost sauvages.

Montaigne, Essais, I, 30.

Luther avoit toujours enseigné que le corps de Jésus-Christ étoit présent dès qu'on avoit dit les paroles, et qu'il demeuroit présent jusqu'à ce que les espèces *fussent altérées.*

Bossuet, Histoire des variations des églises
protestantes, liv. IV, n° 26.

Dieu s'est réservé ces deux extrêmes de pouvoir : anéantir et créer sont les attributs de la toute-puissance ; *altérer,* changer... sont les seuls droits qu'il a voulu céder.

Buffon, De la Nature.

La nature, pour nous intéresser sur la scène, doit y *être* toujours embellie ; tantôt chargée, tantôt adoucie, presque toujours *altérée*; mais toujours à son avantage.

D'Alembert, Éloge de la Motte.

Dans l'usage ordinaire, Changer l'état d'une chose de bien en mal, Détériorer.

Dans un sens physique :

Son discours ressemble à un miroir fidèle, qui rend les objets tels qu'il les reçoit, et n'en *altère* rien, ni en la forme, ni en la matière, ni en la couleur.

Perrot d'Ablancourt, trad. de Lucien, Comment il
faut écrire l'histoire.

Le temps, qui *altère* sans cesse les ouvrages de l'homme, ne fait qu'accroître la beauté de ceux de la nature.

Bernardin de Saint-Pierre, Études de la
nature, XIII.

Tyr n'*altéra* jamais la blancheur de ses laines.

Delille, trad. des Géorgiques, II.

Cette manière de s'exprimer est d'un usage très ordinaire en parlant des Traits du visage, du teint, du tempérament, de la santé, etc. :

La frayeur, la cholère, la honte et autres passions *altèrent* le teint de nostre visage.

Montaigne, Essais, II, 12.

Le corps vide de nourriture en a besoin, et l'âme aussi la désire ; le corps est *altéré* par ce besoin, et l'âme ressent aussi la douleur pressante de la faim.

Bossuet, De la connoissance de Dieu et de soi-
même, c. 3.

Les aliments trop peu digérés mettent dans la masse du sang d'un homme des parties hétérogènes qui l'*altèrent* au lieu de le conserver.

Le même, Lettre sur l'éloquence, III.

La crainte est comme les remèdes violents qu'on emploie dans les maladies extrêmes, ils purgent, mais ils *altèrent* le tempérament et usent les organes.

Fénelon, Éducation des filles, c. 5.

Nous avons lieu d'espérer que la peine du Roi (de la perte de la bataille d'Hœchstet) n'*altérera* pas sa santé.

Mme de Maintenon, Lettres; au cardinal de
Noailles, 24 août 1704.

Les années, les fatigues de la guerre ont bien *altéré* nos traits.

         Destouches, *l'Amour usé*, II, 3.

Le souvenir fâcheux d'un si perfide tour
Altéroit fort la beauté de Joconde.

         La Fontaine, *Contes*.

La maladie *altère* un beau visage;
La pauvreté change encor davantage.

         Voltaire, *l'Enfant prodigue*, III, 2.

Dans un sens moral, en des cas sans nombre; Par exemple en parlant de la religion, de l'ordre, des États, des lois, des relations publiques et privées, etc. :

Il y a eu des philosophes qui ont escrit des causes qui *altèrent* et changent les Estats.

         De la Noue, *Discours politiques et militaires*, I.

Cela ne fait qu'*altérer* le repos de la ville que j'ay fait et fais ce que je puis pour entretenir.

         Henri IV, *Lettres*; septembre 1583.

Il est bien croyable que la révolte vint de ce que les Romains *avoient altéré* quelque chose aux loix et aux cérémonies de cette nation.

         Coeffeteau, *Histoire romaine*, liv. X.

Il témoigna par une déclaration publique que son absence ne seroit pas longue, et qu'elle n'*altéreroit* rien dans l'Estat.

         Perrot d'Ablancourt, trad. de Tacite, *Annales*, liv. XV, 7.

La valeur de M. le Prince qui estoit M. le Duc en ce temps-là; fit que la mort du roi n'*altéra* pas l'estat des affaires.

         Cardinal de Retz, *Mémoires*.

On disoit qu'il s'étoit coulé dans l'Église beaucoup de traditions humaines, par lesquelles la saine doctrine et la droite administration des sacrements *étoit altérée*.

         Bossuet, *Histoire des variations des églises protestantes*, liv. XV, n° 8.

Son frère s'étoit emparé de la royauté et *avoit altéré* par un gouvernement injuste les meilleures lois du pays.

         Fénelon, *Télémaque*.

Cette même religion que les hommes défendent avec chaleur et avec zèle contre ceux qui en ont une toute contraire, ils l'*altèrent* eux-mêmes dans leur esprit par des sentiments particuliers.

         La Bruyère, *Caractères*, c. 16.

Si l'amitié subsiste si rarement entre des égaux, si tant de faux rapports, tant de petites jalousies, tant de faiblesses auxquelles nous sommes sujets, *altèrent* entre les particuliers cette liaison que l'on nomme amitié, combien est-il plus aisé de perdre celle d'un roi!...

         Voltaire, *Supplément du Siècle de Louis XIV*, II° partie.

N'appréhendez-vous point que je ne sois d'humeur
A dire à mon mari cette galante ardeur,
Et que le prompt avis d'un amour de la sorte
Ne pût bien *altérer* l'amitié qu'il vous porte?

         Molière, *Tartufe*, III, 3.

En parlant du Caractère, de l'humeur, des sentiments, du jugement, des mœurs, etc. :

Tels personnages vivent comme ceux qui, ayant le cerveau gasté, cherchent à *altérer* celui des autres.

         P. Larivey, *le Laquais*, Prologue.

Pensez-vous qu'ils s'en puissent resjouïr (les criminels conduits au lieu de leur supplice par un agréable chemin et bien traités dans le voyage), et que la finale intention de leur voyage leur estant ordinairement devant les yeulx, ne leur *ayt altéré* et affadé le goust à toutes ces commoditez.

         Montaigne, *Essais*, I, 19.

On pria des principaux de la noblesse de se retirer, de peur que leurs propos n'*altérassent* la volonté des autres.

         De la Noue, *Discours politiques et militaires*, XXVI.

D'autant que les dieux ordonnent que les plus grands contentements des hommes *soient* le plus aisément *altérés*, et se perdent le plus facilement, ce bonheur ne me dura guères.

         D'Urfé, *l'Astrée*, II° part., liv. IV.

Il faut que de ces sept (juges) il n'y en ait aucun qui ait été offensé par le criminel, de peur que la passion n'*altère* ou ne corrompe son jugement.

         Pascal, *Provinciales*, XIV.

Mme de Longueville, qui tâchoit par mille soins de changer son esprit, *avoit* déjà *altéré* celui de Madame la princesse.

         Mme de Motteville, *Mémoires*.

J'avois commencé à m'appercevoir que M. de La Rochefoucault *avoit* fort *altéré* les bons sentiments de madame de Longueville pour moi.

         Cardinal de Retz, *Mémoires*.

La fraude, l'ambition, l'intérêt, vices encore naissants et

peu connus, avaient à peine commencé d'*altérer* la bonne foi et l'heureuse simplicité de nos pères.

FLÉCHIER, *Oraison funèbre de M. de Lamoignon.*

De combattre directement ces créances en certains lieux et devant certaines personnes, ce seroit les scandaliser, les aigrir, et *altérer* notablement la charité.

FLEURY, *Discours sur l'histoire ecclésiastique,* 1.

L'humilité n'*altéroit* point en lui (le duc de Beauvilliers) la dignité.

SAINT-SIMON, *Mémoires,* 1714.

A mon âge on commence à sentir les infirmités, et les infirmités du corps *altèrent* l'esprit.

LE SAGE, *Gil Blas,* VII, 3.

Les affaires les plus graves, que Léon X savait traiter en maître, ne dérobèrent rien à ses plaisirs délicats. La conspiration même de plusieurs cardinaux contre sa vie, et le châtiment sévère qu'il en fit, n'*altérèrent* point la gaieté de sa cour.

VOLTAIRE, *Essai sur les mœurs,* c. 127.

Ce repos dont je jouissois avec passion n'étoit troublé que par l'inquiétude de le perdre ; mais cette inquiétude alloit au point d'en *altérer* la douceur.

J.-J. ROUSSEAU, *les Confessions,* liv. XII.

Le public est presque toujours un juge de beaucoup d'esprit quand les circonstances passagères n'*altèrent* pas son opinion.

Mᵐᵉ DE STAEL, *De l'Allemagne,* c. 25.

J'ai changé mon humeur, *altéré* ma nature.

RÉGNIER, *Satires,* II.

... Rien ne peut pour vous *altérer* mon estime.

MOLIÈRE, *l'École des maris;* III, 8.

Loin du monde élevé, de tous les dons des cieux
Il est orné dès sa naissance,
Et du méchant l'abord contagieux
N'*altère* point son innocence.

J. RACINE, *Athalie,* II, 9.

En parlant de la Vérité des choses, de l'exactitude des textes ; du sens, du caractère, des paroles, des discours ; de la pureté du langage, de celle du dessin, etc. :

La Saincte Escriture mesme voulant exprimer un grand mal, quand la parole de Dieu *est* falsifiée, *altérée,* meslée et corrompuë, elle use de ce mot Cauponari.

BOUCHET, *Sérées,* I, 1.

Les fines gens remarquent bien plus curieusement et plus de choses ; mais ils les glosent, et pour faire valoir leur interprétation, ils ne se peuvent garder d'*altérer* un peu l'histoire.

MONTAIGNE, *Essais,* I, 30.

Mon langage françois *est altéré,* et en la prononciation, et ailleurs, par la barbarie de mon creu.

LE MÊME, même ouvrage, II, 17.

Elle (la rhétorique) a du fard et des déguisements pour *altérer* la pureté des choses.

BALZAC, *Lettres;* IV, 3.

Au lieu de raffiner l'or de ses paroles (de l'Écriture)... ils en *altèrent* la substance, ils en corrompent la pureté.

LE MÊME, *Socrate chrétien,* disc. VII.

Nous rapportons les choses comme nous les avons reçues, sans y rien *altérer.*

VAUGELAS, trad. de Quinte-Curce, *Histoire d'Alexandre,* VII, 8.

Je ne voy pas ce que peut avoir de commun le vin avec la philosophie, si ce n'est que les philosophes, comme les cabaretiers, *altèrent* et brouillent leur marchandise, et vendent à faux poids et à fausse mesure.

PERROT D'ABLANCOURT, trad. de Lucien, *Hermotime.*

Ce terme (consubstantialité), qui n'étoit point dans l'Écriture, fut jugé nécessaire pour éloigner les dangereuses interprétations de ceux qui *altéroient* la simplicité de la parole de Dieu.

BOSSUET, *Histoire des variations des églises protestantes,* liv. III, nᵒ 16.

Quelques-uns de ceux qui ont lu un ouvrage en rapportent certains traits dont ils n'ont pas compris le sens, et qu'ils *altèrent* encore par tout ce qu'ils y mettent du leur.

LA BRUYÈRE, *Caractères,* c. 1.

L'usage... a *altéré* les terminaisons anciennes.

LE MÊME, même ouvrage, c. 14.

Il est souvent impossible de faire passer les métaphores dans une autre langue sans en *altérer* toutes les grâces.

ROLLIN, *Traité des Études,* II, 1, 3.

L'homme qui écrit, répond le diable, est un greffier qui, pour obliger un tuteur très-reconnoissant, *altère* un arrêt rendu en faveur d'un pupille.

LE SAGE, *le Diable boiteux,* c. 3.

La différence du siècle d'Homère et du nôtre m'a obligé

à beaucoup de ménagement pour ne point trop *altérer* mon original.

DE LA MOTTE, *Discours sur Homère.*

Les copistes et les commentateurs *ont altéré* le texte dans tous les temps.

VOLTAIRE, *Lettres;* 15 juin 1759.

La crainte de tous les parlements du royaume ne me ferait pas *altérer* un fait vrai.

LE MÊME, même ouvrage; 8 mai 1763.

L'esprit de parti, obligé d'avouer les faits, en *altère* les circonstances et les modifie.

LE MÊME, *Histoire de Pierre le Grand.*

J'avertis encore que la topographie *est* grossièrement *altérée* en plusieurs endroits.

J.-J. ROUSSEAU, *la Nouvelle Héloïse,* Préface.

Je m'étonne que vous puissiez croire qu'un homme qui prend tant de mesures pour que son ouvrage ne *soit* point *altéré* après sa mort, le laisse mutiler durant sa vie.

LE MÊME, *Lettres;* 5 juin 1762.

Lorsque c'étoit de la prose, je n'exigeois pas qu'il les récitât mot à mot; au contraire, j'aimois mieux qu'il changeât l'expression, pourvu qu'il n'*altérat* pas le sens.

CONDILLAC, *Grammaire.*

Il suffit d'avoir l'esprit juste pour discerner les constructions qui *altèrent* la liaison des idées.

LE MÊME, *Art d'écrire.*

Pourquoi lui reprocherois-je *d'avoir altéré* le dessin de Raphaël? De plus habiles que lui en ont bien fait autant.

DIDEROT, *Salon de* 1765, Strange, graveur.

Les courtisans se placent d'ordinaire entre le prince et la nation comme un écho trompeur qui *altère* ce qu'il répète.

Mme DE STAEL, *Considérations sur la Révolution française,* Ire part., c. 20.

Cet âge est innocent. son ingénuité
N'*altère* point encor la simple vérité.

J. RACINE, *Athalie,* II, 7.

Plusieurs des applications qui peuvent être faites d'*Altérer,* en un sens physique et en un sens moral, sont réunies dans le passage suivant :

Un suppot de Bacchus
Altéroit sa santé, son esprit et sa bourse.

LA FONTAINE, *Fables,* III, 7.

On dit, en sens particulier, *Altérer* les monnaies, pour Les falsifier par un alliage illégal, excessif :

C'est véritablement une honte qu'il y ait des loix contre ceux qui *altèrent* la monnoye et qui falsifient les marchandises, et qu'on permette impunément de corrompre la philosophie et l'éloquence.

BALZAC, *Lettres;* IV, 25.

Il y avoit quatre chefs d'accusation contre lui (Enguerrand de Marigny), d'avoir chargé les peuples d'impôts, d'avoir *altéré* les monnoyes...

BUSSY-RABUTIN, *Discours à ses enfants.*

ALTÉRER a eu quelquefois pour régime un nom de personne, ou un mot qui désigne la personne.
On l'a ainsi employé en divers sens;
Au sens de Modifier, changer :

Tel homme au fond et en lui-même ne se peut définir : trop de choses qui sont hors de lui l'*altèrent,* le changent, le bouleversent.

LA BRUYÈRE, *Caractères,* c. 11.

L'homme seul, quand il n'a point *été altéré* par les vices de la société, porte sur son visage l'empreinte d'une origine céleste.

BERNARDIN DE SAINT-PIERRE, *Études de la nature,* XII.

Au sens de Maltraiter, mécontenter, indisposer, rendre hostile, ennemi :

Bien se deffendit comme vaillant homme d'armes qu'il estoit; mais la force fut sur luy si grande, qu'il ne la put surmonter, et là *fut* tant *altéré* qu'il fut occis en armes.

FROISSART, *Chroniques,* vol. IV, p. 347. (Cité par Sainte-Palaye.)

A ceste heure te hascheray ie comme chair à pastez ; jamais tu ne *altéreras* les pauvres gens.

RABELAIS, *Pantagruel,* II, 29.

Les contradictions des jugements ne m'offensent ny m'*altèrent ;* elles m'esveillent seulement et m'exercent.

MONTAIGNE, *Essais,* III, 8.

Si j'osois vous montrer une preuve assurée
Que son cœur... non, votre âme en *seroit altérée.*

MOLIÈRE, *le Dépit amoureux,* I, 3.

Quel sujet inconnu vous trouble et vous *altère?*

BOILEAU, *Satires,* III.

On a dit *Altérer* une personne *contre* une autre, La changer à l'égard de cette personne, la lui rendre contraire :

Cela servit à *altérer* ceux de la Dace et de Hongrie *contre* Ferdinand, et avancer les affaires de Soliman.

AGR. D'AUBIGNÉ, *Histoire universelle*, t. I, liv. I, c. 14.

Il avoit descouvert què cela procédoit de l'astuce et finesse de vos ennemis communs, et du reste des mauvais François qui estoient encore en France, lesquels ne taschoient qu'à vous *altérer* l'un *contre* l'autre.

SULLY, *Œconomies royales*, c. 18.

ALTÉRER s'emploie avec le pronom personnel, et se dit en parlant Des choses soit physiques, soit morales, qui sont susceptibles de changement, qui éprouvent quelque changement;

Des choses physiques :

La santé du prince commençoit de *s'altérer*.

PERROT D'ABLANCOURT, trad. de Tacite, *Annales*, 1.

Dans le même âge, dans le même état, on change sans savoir pourquoi; le sang s'émeut, le corps *s'altère*, l'humeur varie.

BOSSUET, *Traité de la Concupiscence*, c. 29.

Elle (la duchesse de Lorge) étoit délicate, et sa poitrine *s'altéroit*.

SAINT-SIMON, *Mémoires*, 1714.

Le premier animal, le premier cheval par exemple, a été le modèle extérieur et le moule intérieur sur lequel tous les chevaux qui sont nés, tous ceux qui existent, et tous ceux qui naîtront, ont été et seront formés; mais ce modèle, dont nous ne connaissons que les copies, a pu *s'altérer* ou se perfectionner en communiquant sa forme et en se multipliant.

BUFFON, *Histoire naturelle*, le Cheval.

Monsieur, votre visage en un moment *s'altère*, Et je ferai bien mieux peut-être de me taire.

MOLIÈRE, *l'Étourdi*, III, 2.

Des choses morales :

Le langage escoule tous les jours de nos mains, et depuis que je vis *s'est altéré* de moitié.

MONTAIGNE, *Essais*, III, 9.

Estimant que l'affection qui a esté des vostres envers ma maison et le service de mes prédécesseurs ne *se sera* pas *altéré* en vostre endroit... je n'ay voulu despécher le sieur de Duras... sans le charger expressément communiquer de cœur avecques vous.

HENRI IV, *Lettres*; au doyen des cardinaux, 3 octobre 1572.

III.

Les meilleures actions *s'altérent* par la manière dont on les fait.

LA BRUYÈRE, *Caractères*, c. 9.

La douceur de notre union *s'altéreroit*.

MARIVAUX, *le Legs*, sc. 14.

Cette administration, qui s'étaitformée insensiblement, *s'altéra* de même en plusieurs pays, et fut détruite entièrement dans d'autres.

VOLTAIRE, *Essai sur les mœurs*, c. 98. De la Noblesse.

Le roi réduisit l'éclat de ce commerce à un fonds d'estime et d'amitié qui ne *s'altéra* jamais.

LE MÊME, *Siècle de Louis XIV*, c. 25.

La conscience *s'altère* et se modifie insensiblement dans chaque siècle, dans chaque peuple, dans chaque individu, selon l'inconstance et la variété des préjugés.

J.-J. ROUSSEAU, *la Nouvelle Héloïse*, IIIe part.

Chez toutes les nations du monde la langue suit les vicissitudes des mœurs, et se conserve ou *s'altère* comme elles.

LE MÊME, *Émile*.

Toute chose, en vivant, avec l'âge *s'altère*.

RÉGNIER, *Satires*, V.

On dit que depuis peu votre bon sens *s'altère*.

AUTREAU, *Démocrite prétendu fou*, II, 8.

Et sa grande âme ne *s'altère* Ni des triomphes de Tibère, Ni des disgraces de Varus.

J.-B. ROUSSEAU, *Odes*, II, 6.

Ce n'est point que pour vous mon amitié *s'altère :* Il n'est point d'intérêt que mon cœur vous préfère.

VOLTAIRE, *Oreste*, I, 5.

S'Altérer s'est dit quelquefois, en parlant des personnes, pour S'émouvoir, s'offenser, se blesser, s'irriter :

Les janissayres *s'estoient* fort *altérez* et à demi mutinez, pour l'amour qu'ils portent à Sultan Moustapha.

M. DE MORVILLIERS, à Henri II, 12 et 18 mars, 7 et 10 avril 1550. (Voyez *Négociation de la France dans le Levant*, t. II, p. 110.)

Sans vous mouvoir, courroucer, eschauffer, ny *altérer* (car le temps est dangereux), respondez-moy, si bon vous semble.

RABELAIS, *Gargantua*, I, 9.

Qui fait bien, principalement pour sa propre satisfaction, ne *s'altère* guère pour voir les hommes juger de ses actions contre son mérite.

MONTAIGNE, *Essais*, III, 10.

Le Roy *s'est* aussi *altéré* de quoy l'on le traite à l'esgal du roy d'Angleterre.

> VILLEROY, *Lettre; au* Président Jeannin, 13 juin 1607.
> (Voyez *Négociations de M. Jeannin*, p. 69.)

La légèreté des hommes est ordinairement telle, mais surtout celle des courtisans françois, que comme ils *s'altèrent* facilement pour un rien, aussi s'appaisent-ils tout de-mesme pour fort peu de chose.

> SULLY, *OEconomies royales*, c. 81.

Passant au fond de la pièce, le cercueil du malheureux don Carlos s'offrit à notre vue : « Pour celui-là, dis-je, on sait bien pourquoi et de quoi il est mòrt. » A cette parole, le gros moine *s'altéra*.

> SAINT-SIMON, *Mémoires*, 1721.

Comme on a dit *Altérer contre,* on a dit aussi *S'Altérer contre :*

S'altérer contre les femmes.

> DE VIEILLEVILLE, *Mémoires*, t. I, p. 483.

ALTÉRER signifie aussi Causer de la soif :

Je ne suis gueres subject à *estre altéré* ny sain, ny ma-lade.

> MONTAIGNE, *Essais,* III, 3.

Comme il rentra, il demanda aussitôt à boire, pour ce qu'il *estoit altéré* de la chasse et du bain.

> COEFFETEAU, *Histoire romaine*, liv. XII, p. 61.

Les plaisirs simples sont toujours bienfaisants, au lieu que les autres plaisirs sont comme les vins frelatés, qui plai-sent d'abord plus que les naturels, mais qui *altèrent* et qui nuisent à la santé.

> FÉNELON, *De l'Éducation des filles*, c. 5.

Effectivement le vin m'*avoit* fort *altéré;* tout autre que San-grado se seroit défié de la soif qui me pressoit, et des grands coups d'eau que j'avalois.

> LE SAGE, *Gil Blas,* II, 4.

ALTÉRER, en ce sens, s'emploie aussi avec le pro-nom personnel :

La Rancune qui *s'étoit altéré* à force de boire, ne faisoit autre chose que remplir deux verres qui étoient vidés en même temps.

> SCARRON, *Roman comique.*

ALTÉRÉ, ÉE, participe.

Il s'emploie, quelquefois adjectivement, dans les divers sens du verbe ;

Pour Modifié, changé :

Ainsi qu'à l'homme toutes choses luy sont naturelles à quoy il se nourrit et accoustume; mais seulement luy est naïf à quoy sa nature simple et non *altérée* l'appelle : ainsi la première raison de la servitude volontaire, c'est la cous-tume.

> LA BOÉTIE, *Discours de la Servitude*
> *volontaire.*

... Le dit prince (d'Aversperg), par les habitudes qu'il a à Rome, pourra facilement faire confronter avec le cardi-nal Rospigliosi s'il y a une seule syllable *d'altérée* ou de changée entre les dites lettres et leurs copies.

> LOUIS XIV, au chevalier de Gremonville, 6 février
> 1668. (Voyez *Négociations relatives à la succes-*
> *sion d'Espagne*, t. II, p. 455.)

Pour Changé de bien en mal, détérioré ; Soit en parlant de choses physiques, comme par exemple la voix, l'air, le ton :

Ah ! lui dis-je... nos cœurs n'ont jamais cessé de s'en-tendre ! Il est vrai, dit-elle d'une voix *altérée,* mais que ce soit la dernière fois qu'ils auront parlé sur ce ton.

> J.-J. ROUSSEAU, *la Nouvelle Héloïse.*

Vous avez l'air et le ton bien *altérés.*

> BEAUMARCHAIS, *le Mariage de Figaro,* II, 12.

... Il me semble
Que vous me répondez d'un ton fort *altéré.*

> MOLIÈRE, *Don Garcie de Navarre,* I, 5.

Soit en parlant de choses morales ; Par exemple, Du gouvernement, de la justice, etc. :

Son gouvernement est la plus fidèle image de l'ancien gouvernement celte et gothique, corrigé ou *altéré* partout ailleurs.

> VOLTAIRE, *Histoire de Charles XII,* liv. II.

Au lieu de la raison gouverne l'insolence,
Et le droit *altéré* n'est qu'une violence.

> RÉGNIER, *Épîtres,* I.

De L'esprit, du caractère, des sentiments, etc. :

Souvent on ne tient plus l'un à l'autre que par devoir tout au plus, ou par une estime sèche, ou par une amitié *altérée* et sans goût.

> BOSSUET, *Sermons,* Sur les obligations de l'état
> religieux.

La convoitise du mal reste en nous, et nous avons à la combattre toute notre vie. Mais la tenons-nous abattue, *altérée* et anéantie?

> Bossuet, *Discours sur la vie cachée en Dieu.*

Mais j'y trouvai (auprès de Mirabeau) un tel changement par rapport à moi, et une telle impossibilité d'en découvrir la cause, que ma tête, déjà *altérée* par l'air sombre de l'Angleterre, s'affectoit davantage de plus en plus.

> J.-J. Rousseau, *Lettres;* 23 novembre 1770.

De **La vérité, des faits, des discours, des écrits, de la langue,** etc. :

Il y a des vérités auxquelles nous pouvons bien ne penser pas; mais tant que nous y serons véritablement attentifs, nous les verrons teujours de même, jamais *altérées* ni diminuées.

> Bossuet, *De la connoissance de Dieu et de soi-même,* c. 3, n° 13.

Il se trouve aujourd'hui que c'est son libraire qui débite ce manuscrit tronqué, *altéré,* méconnaissable.

> Voltaire, *Lettres;* 23 janvier 1754.

On a imprimé Tancrède entièrement *altéré.*

> Le même, même ouvrage, 29 mars 1761.

Pour **Ému, agité, troublé, exaspéré,** en parlant des personnes :

Auriez-vous eu quelque altercation? Vous me paroissez tous trois un peu *altérés.*

> Destouches, *la Fausse Agnès,* II.

Un tel discours n'a rien dont je sois *altéré,*
A tout événement le sage est préparé.

> Molière, *les Femmes savantes,* V, 1.

Dans le passage suivant, où il s'agit des provinces d'un État, il est pris en un sens analogue :

Par les autres provinces, on ne s'est pas reposé, et les a-on vuës *altérées* et ensanglantées aussi des contentions et meurtres des nobles.

> De la Noue, *Discours politiques et militaires,* XII.

Altéré, dans ces diverses acceptions, a été quelquefois déterminé par un complément formé de la préposition *de* et de son régime :

En lisant, le sang lui monta et le cueur luy frémist, et devint tout *altéré de* manière et *de* couleur.

> *Les cent Nouvelles nouvelles,* XXVI.

Isabeau de Bavière eut la régence de son mary, Charles VI estant *altéré de* son bon sens.

> Brantôme, *Marguerite de France.*

Charles VI se trouvant *altéré de* bon sens, l'on remettoit les fautes qui estoient commises plustost sur ses gouverneurs que sur luy.

> Est. Pasquier, *Recherches de la France,* IV, 2.

Notre volonté, toujours *altérée d'*une soif ardente, toujours agitée de désirs, d'empressements et d'inquiétudes pour le bien qu'elle ne possède pas, ne peut souffrir sans beaucoup de peine que l'esprit s'arrête quelque temps à des vérités abstraites.

> Malebranche, *Recherche de la vérité,* liv. III, part. I, c. 4.

Autre que moi.....
Ne fut plus *altéré d'*humeur.

> Villon, *Petit Testament,* VII.

Au lieu d'*Altéré de sens,* on a dit simplement *Altéré* pour Aliéné, fou :

Le suppliant entra en une maladie, telement que il devint tout *altéré,* et tout ainsi comme hors de sens.

> *Lettres de rémission* de 1379. (Voyez Ducange, *Glossaire, Alteratus.*)

Si elles (les femmes) parlent à vous incontinent, vous estimez qu'elles meurent d'amour : si elles ne vous disent rien, vous pensez qu'elles sont fantastiques, *altérées.*

> Bouchet, *Serées,* I, 8.

Altéré veut encore dire Qui a soif :

Tantôt la bouche *altérée* de cet homme dormant poursuit une eau fugitive.

> Fénelon, *Télémaque,* XIX.

Jamais voyageur *altéré*
N'y fit servir sa main de tasse.

> Saint-Amant, *la Solitude.*

Les divins voyageurs, *altérés* de leur course,
Mêloient au vin grossier le cristal d'une source.

> La Fontaine, *Philémon et Baucis.*

Telle est l'allégresse rustique
De ces vendangeurs *altérés.*

> J.-B. Rousseau, *Odes.*

Altéré se prend, en ce sens, au figuré :

Altérées sont les pierres imparfaites, comme la craye, le

plastre et toutes pierres légères, ausquelles l'eau a defailly auparavant leur parfaite décoction.

> BERNARD PALISSY, *Explication des mots les plus difficiles.*

Hélas, et nous irons sans demourée
Vers le pays d'Afrique l'*altérée.*

> CL. MAROT, Iʳᵉ *églogue de Virgile.*

Les plus chauds astres éthérez
Ramènent les jours *altérez*
En ce mois pour nous faire boire.

> RONSARD, *Odes,* II, 22.

Alors dans nos champs *altérez*
Ta grâce ouvrant le sein des humides nüages
Rend l'éclat à nos fleurs et l'émail à nos prez.

> GODEAU, *Psaumes,* 103.

Je sais des officiers de justice *altérés*
Qui sont pour de tels coups de vrais délibérés...
Et du plus innocent toujours à leur profit
La bourse est criminelle et paye son délit.

> MOLIÈRE, *l'Étourdi,* IV, 9.

Et ce sont vrais satans dont la gueule *altérée*
De l'honneur féminin cherche à faire curée.

> LE MÊME, *l'École des femmes,* III, 1.

Pour eux la fertile rosée
Tombant sur la terre embrasée
Rafraîchit son sein *altéré.*

> J.-B. ROUSSEAU, *Odes,* I, 13.

A ce lys *altéré* versez l'eau qu'il implore.

> DELILLE, *l'Homme des champs,* IV.

Et le fer *altéré* boit son sang virginal.

> LE MÊME, trad. de l'*Énéide,* XI.

Dans cette dernière acception, ALTÉRÉ reçoit souvent un complément formé de la préposition *de* et d'un régime qui fait connaître de quoi l'être dont il s'agit est altéré ;

Au propre :

Le tigre... quoique rassasié de chair, semble toujours être *altéré de* sang.

> BUFFON, *Histoire naturelle,* le Tigre.

Au figuré :

Je ne vois icy que des estrangers passionnez, abboyans après nous, et *altérez de* nostre sang et de nostre substance.

> *Satire Ménippée,* Harangue de M. d'Aubray.

Cet esprit, *altéré de* la sagesse, l'alla chercher dans le Lycée, dans l'Académie et dans le Portique.

> MASCARON, *Oraison funèbre de Pierre Séguier.*

Le livre dont vous me parlez ne mérite rien moins que l'opinion que vous en témoignez... le principal est que Dieu en soit content, et que nous sachions pour notre consolation qu'il a l'approbation des gens de bien et qu'il y a des âmes *altérées de* la vérité auxquelles il n'a pas été inutile.

> RANCÉ, *Lettres ;* 12 mai 1685.

... Jamais d'humeur (l'abbé de Tenon), jamais de goût qui le détournât le moins du monde, mais d'une ambition démesurée, surtout *altérée d*'or.

> SAINT-SIMON, *Mémoires,* 171

Sylla, dit Plutarque, se conduisit dans cette occasion en jeune homme avide et *altéré de* gloire.

> ROLLIN, *Histoire ancienne,* IIᵉ part., c. 2.

Jesabel *altérée* et puis yvre de sang.

> AGR. D'AUBIGNÉ, *Tragiques,* Vengeances, liv. VI.

Le ciel entre nos mains a mis le sort de Rome,
Et son salut dépend de la perte d'un homme,
Si l'on doit le nom d'homme à qui n'a rien d'humain,
A ce tigre *altéré de* tout le sang romain.

> P. CORNEILLE, *Cinna,* I, 3.

Des biens des nations ravisseurs *altérés*
Le bruit de nos trésors les a tous attirés.

> J. RACINE, *Mithridate,* III, 1.

ALTÉRÉ, dans plusieurs de ces acceptions, a été pris substantivement :

Pour Malheureux :

Ainsi s'adresse à la parfin ce pauvre *altéré* à son confesseur et luy dit...

> BONAVENTURE DES PÉRIERS, *Contes ou nouvelles,* Nouvelle C. *Les joyeux propos que tenoit celuy qu'on menoit pendre au gibet de Montfaucon.*

Pour Ayant soif ;

Au propre :

Vous en eussiez veu à vingtaines de pavres *alterez* qui venoient au derrière de celluy qui la distribuoit à quelcun (l'eau bénite).

> RABELAIS, *Pantagruel,* II, 2.

Je crois que l'umbre de monseigneur Pantagruel engendre les *alterez* comme la lune fait les catharres.

> LE MÊME, même ouvrage, II, 14.

Au figuré :

Les rois de France et de Polongne, accompagnez du roi de Navarre, du chevalier et du duc de Guise, sous couleur de porter un mommon, entrent chez Nantouillet, mettent tout par place jusques à rompre les coffres, piller la vaisselle, et l'argent monnoié au proffit de quelques *alterez* qui les suivoient.

AGR. D'AUBIGNÉ, *Histoire universelle*, t. II, liv. II, c. 1

D'ALTÉRER se sont formés un assez grand nombre de mots, qui ne sont pas tous restés dans l'usage, les adjectifs ALTÉRANT, ANTE ; ALTÉRATIF, IVE ; ALTÉRABLE ; les substantifs ALTÉRATEUR, TRICE ; ALTÈRES, ALTÉRATION.

ALTÉRANT, ANTE, adj.
Qui altère, qui cause de la soif.

Il s'est dit substantivement, en médecine, de certains remèdes ou médicaments, auxquels on attribue la propriété de produire à la longue et d'une manière insensible quelque changement avantageux dans l'état des solides et des liquides :

L'eau de chaux, pour produire de bons effets dans ces maladies, veut être continuée longtemps, comme tous les autres *altérants*.

BURLET, *Mémoires de l'Académie des sciences*, 1700, p. 131.

ALTÉRATIF, IVE, adj.
D'usage autrefois au même sens qu'*Altérant* :

Ce que voyants ses capitaines... goustarent des dictes drogues pour esprouver si elles estoient tant *altératives*.

RABELAIS, *Pantagruel*, II, 28.

Employé autrefois, comme *Altérant*, substantivement, en termes de médecine :

L'eau de chaux est un des meilleurs *altératifs* qu'il y ait dans la nature.

BURLET, *Mémoires de l'Académie des sciences*, 1700, p. 122.

ALTÉRABLE, adj. des deux genres.
Qui peut être altéré :

La connoissance de certaines vérités ne dépend d'aucune disposition changeante, et n'est pas, comme la sensation, attachée à un organe *altérable*.

BOSSUET, *De la connoissance de Dieu et de soi-même*, c. 3, art. 13.

La nature humaine connoît que ce Dieu qui préside à tous les corps et qui les meut à sa volonté, ne peut pas être un corps : autrement il seroit changeant, mobile, *altérable*, et ne seroit point la raison éternelle et immuable par qui tout est fait.

LE MÊME, même ouvrage, c. 6, art. 6.

Les métaux sont de toutes les substances les moins *altérables*.

MORELLET, *Prospectus d'un dictionnaire de commerce*.

De là INALTÉRABLE. Voyez ce mot.
ALTÉRATEUR, TRICE, s. m. et f.
Qui altère, qui modifie, qui change :

Le grand *altérateur*, le seul minéralisateur primitif est donc le feu...

BUFFON, *Histoire naturelle*.

Comme les mots de même forme on l'a employé adjectivement :

Cet esprit communique à la matière des cordons une faculté *altératrice*, ensuite une qualité formatrice, enfin une qualité augmentatrice.

BUFFON, *Histoire naturelle*.

ALTÈRE, s. m. et f.
Ce vieux mot que donnent nos anciens dictionnaires et même la première édition du dictionnaire de l'Académie, était employé autrefois au sens de Vive émotion, trouble d'esprit, transport, passion :

Je ne vous saurois dire la peine et l'*altère* où elle fut l'espace d'un quart d'heure.

BRANTÔME, *Dames galantes*, t. I.

Lorsque son sein haletant
Ira tout esmu sentant
D'amour quelque douce *altère*.

EST. PASQUIER, *Œuvres mêlées*, p. 384.

Et laissant les autres amours
Qui tenoient mon âme en *altère*,

J'ayme un garçon depuis trois jours,
Plus beau que celui de Cythère.

VOITURE, *Poésies.* Stances sur sa maîtresse
rencontrée en habit de garçon.

Il était aussi d'usage, dans les mêmes acceptions et construit de même, au pluriel :

Le jeune homme compta si bien son piteux cas à Françoise qu'elle ne pouvoit accorder et si n'osoit refuser ce que son amy demandoit, tellement qu'il cogneut qu'elle estoit bien fort aux *altères*.

LA REINE DE NAVARRE, *Heptaméron,* XLIV.

Soudain que nous fusmes logez, ils sonnent le tocsin, et trainent l'artillerie par les rues, et la bracquèrent contre mon logis... et nous tindrent toute la nuict en ces *altères*.

MARGUERITE DE VALOIS, *Mémoires.*

J'ay ouy dire et conter à plusieurs amans avanturiers et bien fortunés, qu'ils ont veu plusieurs dames demeurées ainsi esvanouyes et pasmées estans en ces doux *altères* de plaisir.

BRANTÔME, *Des Dames,* II⁰ partie. Discours sur ce qu'il ne faut jamais mal parler des dames.

Je me sens moins esperdu que jadis ces bons Pères lorsqu'ils entroient ès *altères* pour prophétiser aux passants.

EST. PASQUIER, *Œuvres mêlées,* p. 300.

Quelquefois dans une mesme ville se trouvoit confusions de l'un et de l'autre party, les Guelphes favorisans le party des papes Grégoire et Innocent, et les Gibelins celuy de l'empereur Frédéric ; et, comme l'Italie estoit en ces *altères*, après la mort de Frédéric et de Conrad son fils, il y eut une forme d'interrègne d'empire l'espace de vingt ans dedans l'Allemagne.

LE MÊME, *Recherches de la France,* VIII, 56.

L'approche de l'ennemi a mis le royaume en de grandes *altères*.

RICHELET, *Dictionnaire.*

On trouve ALTÈRES chez Rabelais avec le sens particulier que les anciens donnaient aux mots Ἀλτήρ, *Halter,* désignant ainsi des masses de plomb qui servaient de balancier pour sauter :

Et pour galentir les nerfs, on luy avoit faict deux grosses saulmones de plomb, chascunè du poix de huict mille sept cent quintaulx, lesquelles il nommoit *altères.*

RABELAIS, *Gargantua,* I, 23.

ALTÉRATION, s. f.

Ce mot, de grand usage, a des acceptions qui répondent à celles d'*Altérer*.

Ainsi, il signifie au propre, Changement dans l'état d'une chose :

Il n'est pas possible de regarder l'intelligence comme une suite de l'*altération* qui sera faite dans le corps, ni par conséquent l'entendement comme attaché à un organe corporel dont il suive le mouvement.

BOSSUET, *De la connoissance de Dieu et de soimême,* c. 3, art. 13.

Dieu bénisse l'imprimeur qui a mis les altercations de la comète au lieu d'*altérations.*

VOLTAIRE, *Lettres;* 19 août 1759.

Avant que l'habitude du corps soit acquise, on lui donne celle que l'on veut sans danger ; mais quand une fois il est dans la consistance, toute *altération* lui seroit périlleuse.

J.-J. ROUSSEAU, *Émile.*

Les animaux sauvages et libres sont peut-être, sans même en excepter l'homme, de tous les êtres vivants les moins sujets aux *altérations,* aux changements, aux variations de tout genre.

BUFFON, *Histoire naturelle,* les Animaux sauvages.

Là où ces couches manquent, il est aisé de voir qu'elles ont été détruites par le temps ; les couches mêmes horizontales, contre lesquelles elles sont appuyées, ont souffert en bien des endroits des *altérations* considérables.

SAUSSURE, *Voyages dans les Alpes,* c. 7, § 236.

Plus ordinairement, Changement du bien au mal dans l'état d'une chose.

Dans un sens physique :

Peut-estre aussi que par une révolution fatale des choses du monde, le luxe estoit arrivé à son période, et que les mœurs, aussi bien que les temps et les saisons, ont leur *altération* et leur changement.

PERROT D'ABLANCOURT, trad. de Tacite, *Annales,* III, 18.

Il m'arrive souvent de voir sur certains objets certaines couleurs ou certaines taches qui ne proviennent point des objets mêmes, mais du milieu à travers lequel je les regarde, ou de l'*altération* de mon organe.

BOSSUET, *De la connoissance de Dieu et de soimême,* c. 1, art. 7.

Je pense que tout au plus une comète marque l'*altéra-*

tion des saisons, et qu'elle peut ainsi causer la peste ou la famine.

BUSSY-RABUTIN, *Lettres*; à Mme de Sévigné, 11 janvier 1681.

Cette manière de s'exprimer est, comme l'emploi d'*Altérer* auquel elle correspond, d'un usage très ordinaire en parlant des traits du visage, du teint, du tempérament, de la santé, etc. :

Et puis, n'est-ce rien d'aller au moins jusque-là (la pensée de la mort) sans *altération* et sans fiebvre?

MONTAIGNE, *Essais*, I, XIX.

Quant à ce qu'il dit de soy-mesme (Pison), ce furent toutes choses pleines de modération et d'humilité, sans faire paroistre aucune *altération*, ny aucun changement en sa contenance ny en son visage.

COEFFETEAU, *Histoire romaine*, liv. VI.

Je jouis d'une santé qui n'a pas la moindre *altération*.

BUSSY-RABUTIN, *Lettres*; à Mme de Sévigné, 19 octobre 1675.

Nous imaginons les passions des hommes par les couleurs qu'elles peignent sur leurs visages et par l'*altération* qu'elles portent dans leurs traits.

VOLTAIRE, *Dictionnaire philosophique*.

Dans un sens moral :

Par exemple, comme dans *Altérer*, en parlant de religion, de l'ordre, des États, des relations publiques et privées, etc. :

Ce sont tous commencements et comme avant-coureurs d'une *altération* de la paix publique.

HENRI IV, *Lettres*; 21 décembre 1576.

Cela pensa causer de grandes *altérations* du costé d'Angleterre, des Provinces unies et des princes d'Allemagne alliez de la France.

SULLY, *OEconomies royales*, c. 11.

A quoi les philosophes sont-ils parvenus, et quelles *altérations* n'ont-ils pas faites dans la créance plus ancienne et plus sûre du simple peuple?

DUGUET, *Explication de l'ouvrage des six jours*.

Mais si les *altérations* qu'ils faisoient à la loi de Dieu leur ont attiré une diminution si visible de leur puissance, leur dernière désolation qui dure encore, devoit être la punition d'un plus grand crime.

BOSSUET, *Discours sur l'histoire universelle*.

Lorsque la famille de Noë se répandit en différentes contrées, la diversité de langage et de demeure fut bientôt suivie de l'*altération* du culte.

ROLLIN, *Traité des Études*, liv. VI, Ire part., c. 1, art. 1.

La forme du gouvernement établie par Thésée avoit éprouvé des *altérations* sensibles.

BARTHELÉMY, *Voyage d'Anacharsis*, Introduction, IIe part.

Les grandes catastrophes dans l'ordre politique accompagnent toujours les grandes *altérations* dans l'ordre religieux; tant il est vrai que la religion est le vrai fondement des empires !

CHATEAUBRIAND, *De la monarchie selon la charte*, IIe part., c. 46.

En parlant du caractère, de l'humeur, des sentiments, du jugement, des mœurs, etc. :

Dieu permit qu'il (Charles VI) tombast en *altération* de son bon sens.

EST. PASQUIER, *Recherches de la France*, VI, 2.

Dès lors on pourroit apercevoir des *altérations* sensibles dans les mœurs et les usages du peuple romain.

BOSSUET, *Discours sur l'histoire universelle*.

L'accord de Wittemberg ne subsista guère; c'étoit une erreur de s'imaginer qu'une si grande opposition dans la doctrine, avec une si grande *altération* dans les esprits, pût être surmontée par des équivoques.

LE MÊME, *Histoire des variations des églises protestantes*, liv. VI, n° 1.

Je vois bien qu'il y a un peu d'*altération* dans notre sympathie.

BUSSY-RABUTIN, *Lettres*; à Mme de Sévigné, 9 juin 1668.

Il (M. le prince de Conti) rendoit tout ce que les princes du sang doivent, et qu'ils ne rendent plus; il s'en expliquoit même sur leurs usurpations et sur l'histoire des usages et de leurs *altérations*.

SAINT-SIMON, *Mémoires*, 1709.

Ce n'est pas l'affaire d'un moment de corrompre des affections saines qui n'ont reçu nulle *altération* précédente.

J.-J. ROUSSEAU, *Émile*.

Je crains pour mon amour quelque *altération* ;
La belle est en courroux...

REGNARD, *le Distrait*, IV, 7.

En parlant de la vérité des choses, de l'exactitude des textes, du sens, du caractère des paroles, des discours, de la pureté du langage, etc. :

Mais il y a des *altérations* dans le texte ; les anciennes versions ne s'accordent pas.

       Bossuet, *Discours sur l'histoire universelle*, II, 13.

Elles (les précieuses) usent de tours et de phrases plutôt que de prononcer de certains noms ; et, s'ils leur échappent, c'est du moins avec quelque *altération* du mot et après quelques façons qui les rassurent.

       La Bruyère, *Caractères*, c. 5.

Démétrius de Phalère commença... à faire sentir quelque *altération* dans la pureté du goût attique.

       La Harpe, *Cours de littérature*.

Altération a souvent le sens d'Émotion, Trouble d'esprit :

J'en ay cogneu une (dame), laquelle ayant été trouvée avec son amy par son mary, il n'en dit rien ny à l'un ny à l'autre, mais s'en alla courroucé, et la laissa là dedans avec son amy, fort pantoise et désolée, et en *altération*.

       Brantôme, *Des Dames*, IIe partie. Discours sur les dames qui font l'amour.

Cela fut cause qu'un jour elle m'en parla avec quelque sorte d'*altération*.

       D'Urfé, *l'Astrée*, IIe part., liv. IV.

Le Roy, quelque despit et mutiné que devint son esprit à la première parole de telles impertinences, ne témoigna néantmoins aucun courroux ny *altération*.

       Sully, *Œconomies royales*, c. 60.

J'avois fort observé le roi lorsqu'il fut question de son éducation ; je ne remarquai en lui aucune sorte d'*altération*.

       Saint-Simon, *Mémoires*, 1718.

Altération, en parlant des monnaies, signifie La falsification des monnaies par l'excès de l'alliage :

Jean, dès le commencement de son règne, avait augmenté l'*altération* de la monnaie, déjà altérée du temps de son père.

       Voltaire, *Essai sur les mœurs*, c. 14.

Altération signifie encore Grande soif :

C'estoit pitoyable cas de voir le travail des humains, pour se garantir de cette horrifique *altération*.

       Rabelais, *Pantagruel*, II, 2.

Je ne l'ay persé (mon tonneau) que pour vous gens de bien... ne me parlez... des caphars... quoy que tous soient... guarnis de *altération* inextinguible et manducation insatiable...

       Rabelais, *Pantagruel*, III, Prologue.

Après le repas ils remetent sur la table des verres pleins et y font deux ou trois services de plusieurs choses qui esmeuvent l'*altération*.

       Montaigne, *Voyages*.

Le patient sent une douleur poignante et mordante avec une grande *altération* et soif extrême.

       A. Paré, *Œuvres*, liv. XVII, c. 62.

Ce que vous scavez advenir naturellement des richesses, qu'elles sont comme l'eau que boit l'hydropique, qui tant plus lui laisse d'*altération* que plus il boit.

       H. Estienne, *Dialogues du nouveau langage français italianizé*, II.

Ceux qui sont blessez de l'aspic nommé Dipsas ont une *altération* perpétuelle, par la force du venin qui s'espand en toutes les veines et seiche la masse du sang.

       Ant. Arnauld, *Plaidoyer pour l'Université*, 1594.

Quelques-uns, avertis par ceux du païs, avoient fait provision d'eau, qui pour quelque temps appaisa leur soif ; mais la chaleur venant à croistre, l'*altération* se ralluma de telle sorte, qu'on fut contraint de leur apporter tout ce qu'il y avoit de vin et d'huile.

       Vaugelas, trad. de Quinte-Curce, *Histoire d'Alexandre*, VII, 5.

Qu'as-tu besoin de boire, n'ayant plus de corps ? Car ce qui avoit faim et soif est enterré en Lydie, et l'âme n'a pas besoin de boire ny de manger.

Tantale. C'est mon supplice, Menippe, que mon âme ait la mesme *altération* que mon corps.

       Perrot d'Ablancourt, trad. de Lucien, *Dialogue de Menippe et de Tantale*.

Altération, en ce sens, peut être employé au figuré, dans des passages tels que le suivant :

Il (l'avare) se vante de la plus douce fraischeur du monde, et tient que son *altération* insatiable est une soif naturelle et suave.

       Saint François de Sales, *Introduction à la vie dévote*, III, 14.

ALTERNER, v. n. (Du latin *Alternare*.)
Il se dit de personnes qui font successivement, et l'une après l'autre, une même chose ; d'objets qui se succèdent tour à tour, et avec régularité.

Le plus ordinairement il est modifié par un complément formé de la préposition *avec* et de son régime :

Après lui venait le roi de France sans aucune concurrence : la Castille, l'Aragon, le Portugal, la Sicile *alternaient avec* l'Angleterre, puis venaient l'Écosse, la Hongrie, la Navarre, Chypre, la Bohême et la Pologne.

VOLTAIRE, *Essai sur les mœurs.* Usages des xv⁰ et xvi⁰ siècles, c. 121.

Rien de plus délicieux que ces champs d'or et de pourpre qui *alternent avec* de magnifiques bouquets de bois.

J.-J. ROUSSEAU, *la Nouvelle Héloïse.*

Vers l'équinoxe de septembre, le nord-ouest commence à souffler plus souvent et plus fort : il rend l'air sec, clair, piquant... il dure jusqu'en novembre, c'est-à-dire environ cinquante jours, *alternant* surtout *avec* le vent d'est.

VOLNEY, *Voyage en Syrie et en Égypte,* c. 1, § 10.

ALTERNER signifie, en Agriculture, Faire produire alternativement à un champ des blés et des fourrages.

Dans ces divers sens il est quelquefois actif :

Ils (les Rohan) avoient par leur baronnie le second rang en Bretagne, et puis ils l'*alternèrent avec* les barons de Vitré.

SAINT-SIMON, *Mémoires*, 1698.

Le principe d'*alterner* les cultures ne doit point être regardé comme un principe général. On n'*alterne* point la culture de la vigne ; on n'*alterne* point la culture des cannes à sucre, du manioc.

L'ABBÉ ROZIER, *Cours complet d'agriculture.*

ALTERNÉ, ÉE, participe, quelquefois pris adjectivement :

Et cet air en couplets *alternés.*

LA HARPE, *Cours de littérature.*

Il se dit, dans le Blason, des pièces qui se correspondent.

ALTERNATION, s. f. (Du latin *Alternatio*.)
Ce mot, autrefois en usage, et que donne encore le dictionnaire français-latin de Danet, signifiait : Action d'alterner, retour régulier, vicissitude :

III.

Entre les éléments ne sera symbolisation, *alternation*, ne transmutation aulcune. Car l'ung ne sera obligé à l'autre ; il ne luy aura rien presté.

RABELAIS, *Pantagruel*, III, 3.

Les invasions et incursions contraires, *alternations* et vicissitudes de la fortune, autour de moy, ont jusqu'à cette heure plus exaspéré qu'amolly l'humeur du pays.

MONTAIGNE, *Essais*, III, 9.

Il n'y a rien de plus divertissant que la diversité des temps et les *alternations* de la fortune.

DANET, *Dictionnaire françois-latin.*

De là cette locution, *Par alternations :*

Par alternations, l'ung après l'autre, chascun sa fois, ou à son tour.

Par alternations et changemens d'ans.

ROB. ESTIENNE, *Dictionnaire français-latin.*

On a employé, dans le même sens, et les dictionnaires donnent encore :

ALTERNAT, s. m. Succession régulière de personnes dans la même fonction.

ALTERNATIF, IVE, adj.
Il se dit proprement de deux choses qui se produisent continuellement et tour à tour :

Aille maintenant se vanter... Pompéie Plautine avecques sa robbe toûte couverte d'esmeraudes et marguarites, en tissure *alternative.*

RABELAIS, *Pantagruel*, V, 42.

Quand nous descendions du batteau aux rivages du Nil pour entrer ès villages, nous entendions les Mores chanter en leurs mosquées, c'est-à-dire églises, qui se respondent les uns aux autres de voix *alternatives*, à la manière des prestres latins.

PIERRE BELON, *Observations de plusieurs singularitez et choses mémorables de divers pays estranges*, II, 32.

La sagesse et la folie auront prou à faire, à m'estayer et secourir par offices *alternatifs*, en ceste calamité d'usage.

MONTAIGNE, *Essais*, III, 5.

La concupiscence, c'est-à-dire l'amour des plaisirs, est toujours changeant... Aussi qu'est-ce autre chose que la vie des sens, qu'un mouvement *alternatif* de l'appétit au dégoût, et du dégoût à l'appétit ?

ROSSUET, *Sermons*, Sur l'amour des plaisirs.

Du temps de nos pères, la valeur étoit *alternative* entre les Espagnols et nous, et toujours la fougue étoit de leur côté.
Bussy-Rabutin, Lettres; 13 juin 1674.

Parlons de sa goutte (de l'archevêque d'Arles) et de sa fièvre; il me paroît que cela devient *alternatif:* sa goutte en fièvre, ou sa fièvre en goutte, il peut choisir.
Mme de Sévigné, Lettres; 30 novembre 1689.

Ils n'ont d'ailleurs d'autre engagement entre eux que la rime, la succession *alternative* des rimes masculines et des rimes féminines et la loi de ne point enjamber les uns sur les autres.
La Motte, Réflexions sur la critique.

Alternatif se dit aussi des charges, des offices où se succèdent des personnes qui entrent en exercice tour à tour :

Si j'étais plus jeune, je lui conseillerais (au prince de Prusse) de songer à l'Empire, et à le rendre au moins *alternatif* entre les protestants et les catholiques.
Voltaire, Lettres; au marquis d'Argenson, 2 mai 1739.

On l'a dit, en ce sens, des personnes elles-mêmes :

... Encores qu'il semblast trouver mauvais de quoy on avoit fait les officiers de judicature *alternatifs.*
Bouchet, Serées, II, 13.

En logique, une *proposition alternative* est une proposition qui contient deux parties opposées, dont l'une doit nécessairement être admise.

En grammaire, on appelle *particules alternatives* les mots : Ou, sinon.

ALTERNATIVE, s. f.

Changement alternatif :

On ne pourroit comparer sans beaucoup d'erreur ou d'incertitude les transpirations de différents temps... Une *alternative* irrégulière d'intempérance et de sobriété brouilleroit tout.
Fontenelle, Éloge de Dodart.

L'esprit, aussi bien que la terre, a besoin pour conserver sa force et sa vigueur, d'une *alternative* réglée de travail et de repos.
Rollin, Traité des Études, liv. VIII, 1re part., art. 11.

A des siècles de politesse succèdent des siècles de barbarie; cette barbarie est ensuite chassée, puis elle reparaît; c'est l'*alternative* continuelle du jour et de la nuit.
Voltaire, Dictionnaire philosophique, Miracles.

On ne travaille que pour jouir; cette *alternative* de peines et de jouissance est notre véritable vocation.
J.-J. Rousseau, la Nouvelle Héloïse, IVe part.

On combattit à l'autre aile avec une *alternative* à peu près égale de succès et de revers.
Barthélemy, Voyage d'Anacharsis, c. 13.

Souvent on prend pour une politique profonde ce qui n'est que l'*alternative* de l'ambition et de la faiblesse.
Mme de Staël, De l'Allemagne, liv. I, c. 6.

Une bataille se compose d'une *alternative* de combats et de marches.
Napoléon, Mémoires, t. II, p. 183.

On l'emploie souvent, en ce sens, au pluriel :

Nous sommes accoutumés à la variété des temps, aux *alternatives* de la fortune.
Le Sage, Gil Blas, IV, 11.

Ces ambassadeurs commencèrent par faire construire une chapelle publique dans la ville capitale, nommée Mécao; ils furent chassés, et la persécution redoubla; il y eut longtemps des *alternatives* de cruauté et d'indulgence.
Voltaire, Essai sur les mœurs, c. 196, Du Japon au XVIIe siècle.

Alternative signifie le plus souvent, Option nécessaire entre deux choses, condition en vertu de laquelle de deux choses une doit nécessairement arriver, être faite, être choisie :

L'*alternative* que la princesse d'Orange donne au prince de Danemark est extraordinaire. Pour moi, je n'aurois pas été embarrassé à choisir, si on m'avoit proposé de sortir de la Cour ou d'entrer à la Bastille.
Bussy-Rabutin, Lettres; au marquis de Termes, 29 juillet 1691.

Mais nous à qui la foi découvre au delà des peines ou des récompenses éternelles, nous qui devons arriver à la mort incertains sur cette terrible *alternative*...
Massillon, Sermons, Sur la mort.

Les exemples des princes et des grands roulent sur cette *alternative* inévitable; ils ne sauroient ni se perdre ni se sauver tout seuls.
Le même, Petit-Carême, Des exemples des grands.

Messieurs les bourgeois, quand il arrive des troupes réglées, c'est à vous d'évacuer la place; ainsi, choisissez de la porte ou de la fenêtre, et remerciez-nous de vous laisser l'*alternative*.

DANCOURT, *le Diable boiteux*, sc. 8.

Combien, lui dis-je, voulez-vous le vendre (un habit)? Soixante ducats, répondit-il; je les ai refusés ou je ne suis pas un honnête homme. L'*alternative* étoit convaincante.

LE SAGE, *Gil Blas*, I, 15.

A quelle *alternative* me réduisez-vous, s'il faut que je vous refuse le seul secours que vous voulez accepter, ou que je blesse mon devoir en vous l'accordant?

PRÉVOST, *Manon Lescaut*, Iʳᵉ part.

L'*alternative* du cachot où de sa main m'avoit guéri radicalement du peu d'inclination qui me restoit pour elle.

MARIVAUX, *le Paysan parvenu*, Iʳᵉ part.

J'ai peur que, dans ce monde, on ne soit réduit à être enclume ou marteau : heureux qui échappe à l'*alternative*.

VOLTAIRE, *Dictionnaire philosophique*, Tyrannie.

Dans cette *alternative*, ou d'être esclave du roi qu'ils avaient élu, ou d'être ravagés par Charles XII justement outragé, ils ne formèrent qu'un cri contre la guerre, qu'ils crurent déclarée à eux-mêmes plus qu'à la Suède.

LE MÊME, *Histoire de Charles XII*, liv. II.

Ils m'ont réduit à la triste *alternative* de les fuir ou de les haïr.

J.-J. ROUSSEAU, *Lettres*; 31 décembre 1777.

Il faut s'aveugler ou s'irriter; être un méchant ou un sot : tâchons d'éviter cette *alternative*.

LE MÊME, *Émile*, IV.

On leur faisoit envisager cette *alternative*, ou que les dépouilles des Athéniens seroient transportées à Thèbes, ou que celles des Thébains deviendroient le partage des Macédoniens.

BARTHÉLEMY, *Voyage d'Anacharsis*, c. 82.

L'étrange *alternative*! un ami la propose! Ne puis-je, avant d'opter, en demander la cause?

PIRON, *la Métromanie*, III, 9.

ALTERNATIVEMENT, adv.

Tour à tour, L'un après l'autre :

Devant la porte du chasteau estoit une tour bastie de gros chevrons de larix, lassez l'ung sur l'autre *alternativement* comme une pile de bois.

RABELAIS, *Pantagruel*, III, 49.

Et luy donna une grosse chaisne... en laquelle... estoyent gros diamans, rubiz, esmeraudes, turquoises... *alternativement* enchassés.

RABELAIS, même ouvrage, IV, 4.

Je voudrois bien que le petit continuât à jouer au mail : qu'on le fasse plutôt jouer à gauche *alternativement*, que de le désaccoutumer de jouer à droite.

Mᵐᵉ DE SÉVIGNE, *Lettres*; à Mᵐᵉ de Grignan, 6 octobre 1679.

Elle (la princesse de Savoie) s'éveilla à midi, prit sa robe de chambre, vint se coiffer et manger un pain au pot; elle se frise et se poudre elle-même, elle mange en même temps; les mêmes doigts tiennent *alternativement* la houppe et le pain au pot.

Mᵐᵉ DE GRIGNAN, *Lettres*; à Mˡˡᵉ de Simiane. 5 janvier 1697.

Nous montions ma mule *alternativement*, et nous arrivâmes de cette manière à Mérida.

LE SAGE, *Gil Blas*, V, 1.

Les anciens ont écrit que l'hyène était mâle et femelle *alternativement*.

BUFFON, *Histoire naturelle*, l'Hyène.

Dans la femelle (du zèbre) les bandes sont *alternativement* noires et blanches.

LE MÊME, même ouvrage, le Zèbre.

Vous verrez, en continuant de jeter les yeux sur les suites de cette révolution, l'accord bizarre, mais pacifique, par lequel le traité de Westphalie a rendu cet évêché d'Osnabruk *alternativement* catholique et luthérien.

VOLTAIRE, *Essai sur les mœurs*. De Calvin et de Servet, c. 1340.

Ces diètes se doivent tenir, par les lois du royaume, *alternativement* en Pologne et en Lithuanie.

LE MÊME, *Histoire de Charles XII*, liv. II.

Je formai le projet d'une feuille périodique intitulée Le Persifleur, que nous devions faire *alternativement* Diderot et moi.

J.-J. ROUSSEAU, *les Confessions*, II, 7.

A ce spectacle, Virginie, fondant en larmes, pressoit *alternativement* les mains de sa mère et celles de Marguerite contre sa bouche et contre son cœur.

BERNARDIN DE SAINT-PIERRE, *Paul et Virginie*.

Deux seaux *alternativement* Puisoient le liquide élément.

LA FONTAINE, *Fables*, XI, 6.

ALTERNE, adj. des deux genres. (Du latin *Alternus*.)

Ce mot, qui aurait dû être la racine de tous les autres de la même famille, ne s'est produit qu'en dernier, et n'a été admis que tardivement dans les dictionnaires.

C'est un terme didactique qui se dit, en Géométrie, des angles formés par deux droites parallèles avec les côtés opposés d'une même sécante :

Quand je prouve que tous les angles au sommet et les angles *alternes* sont égaux à deux droits, c'est raisonner en matière certaine, universelle et nécessaire.

> Bossuet, *De la connoissance de Dieu et de soi-même; c. 1, art. 13.*

ALTERNE se dit aussi, en Botanique, des feuilles qui croissent des deux côtés de la tige et des branches, et qui ne sont pas en face les unes des autres, à la différence des feuilles qu'on appelle Opposées, et qui naissent de points correspondants :

Ce sont elles (les branches) qui lui donnent la figure (au corps de l'arbre); elles sont ou *alternes* ou opposées ou verticellées.

> J.-J. Rousseau, *Fragment pour un Dictionnaire des termes d'usage en botanique.* Branche.

ALTESSE, s. f. (De l'italien ou de l'espagnol *Altezza*, et, par ce mot, du latin *Altissimus, Altus.*) Titre d'honneur qui se donne à différents princes, en parlant et en écrivant.

On le dit du titre même, *le titre d'Altesse, l'Altesse :*

On ne s'est pas même contenté des anciens titres ; on en a créé de nouveaux. L'Italie, fertile en ces sortes de productions, nous a donné l'*altesse*, qui étoit inconnue en France, il n'y a pas cent ans.

> De Callières, *les Mots à la mode,* 1692.

A moi, votre grandeur ! Ma foi, s'il va jusqu'à l'*altesse*, il aura toute la bourse.

> Molière, *le Bourgeois gentilhomme,* II, 5.

... Heureusement ce mot de seigneuresse
Rime fort bien à ceux de princesse et d'*altesse*.

> Poisson, *le Poète basque,* sc. 9.

Ce monde est un grand bal, où des fous déguisés,
Sous les risibles noms d'éminence et d'*altesse*,
Pensent enfler leur être et hausser leur bassesse.

> Voltaire, *Discours en vers sur l'homme,* I. De l'égalité des conditions.

On le dit des personnes qui portent ce titre :

Les voix que vous avez eues n'ont regardé que vous ; vous avez un mérite qui pourroit se passer de la protection des *altesses*, et la protection de ces *altesses* pourroit bien, à mon avis, faire recevoir l'homme du monde le moins recommandable.

> Bussy-Rabutin, *Lettres ;* à La Bruyère, 16 décembre 1691.

Ne croyez pas, poursuivit-elle, avoir fait la conquête d'une *altesse.*

> Le Sage, *Gil Blas,* III, 7.

Parmi ses familiers sont nommés tour à tour
Le général en chef, l'*altesse*, l'excellence.

> Delille, *la Conversation,* II.

De là ces locutions : *Altesse impériale, royale, électorale; Altesse sérénissime :*

Ce n'est qu'un peu avant l'année 1630 que les petits princes d'Italie ont été traités d'*altesse*. En ce temps-là il n'y avoit que le duc de Florence à qui l'on donnoit ce titre. Ensuite (1611) il se fit donner celui d'*altesse royale*, pour se distinguer des autres princes. Le prince de Condé arbora l'*altesse sérénissime*, laissant l'altesse simple aux princes naturalisés.

> Ménage, *Anti-Baillet,* t. I, c. 77.

L'usage de ce titre (*altesse royale*) a commencé en 1633, lorsque le cardinal-infant passa par l'Italie pour aller aux Pays-Bas ; car, se voyant sur le point d'être environné d'une multitude d'*altesses*, avec lesquelles il étoit chagrin d'être confondu, il fit en sorte que le duc de Savoie convint de le traiter d'*altesse royale* et de n'en recevoir que l'*altesse*. — Gaston de France, duc d'Orléans, qui étoit alors à Bruxelles, ne voulant pas souffrir qu'il y eût de distinction entre ce cardinal et lui, puisqu'ils étoient tous deux fils et frères de rois, prit aussitôt la même qualité. Les fils et petits-fils des rois, en France, en Angleterre et dans le Nord, ont aussi pris ce titre. Le prince de Condé est le premier qui ait pris, dans le même temps, le titre d'*altesse sérénissime.*

> Moreri, *Dictionnaire.*

De là encore, avec ou sans qualificatif, cette manière de parler : *Son Altesse, Votre Altesse, Vos Altesses,* ou, par abréviation : *S. A., V. A. :*

Il (le comte de Zinzendorff) a prié *Son Altesse* (l'électeur de Mayence) de vouloir dire ses sentiments à Sa Majesté impériale et de lui conseiller comme son bon ami ce qu'elle avoit à faire en ce rencontre.

L'ABBÉ DE GRAVEL, à M. de Lionne, 17 juin 1667.
(Voyez MIGNET, *Négociations relatives à la succes-sion d'Espagne*, t. II, p. 174.)

Votre Altesse sérénissime trouvera bon, s'il lui plaît, que je ne suive point ici le style de ces messieurs-là.

MOLIÈRE, *Amphitryon*, Épître dédicatoire à Monseigneur le Prince.

Ces soins regardent maintenant *Vos Altesses royales*.

BOSSUET, *Oraison funèbre de la reine d'Angleterre*.

J'usai donc de la liberté d'interrompre *Son Altesse royale*.

SAINT-SIMON, *Mémoires*, 1718.

C'est mon cœur pénétré qui parle à *Votre Altesse royale*.

VOLTAIRE, *Lettres*; au prince royal de Prusse, décembre 1736.

Les États même ne lui donnèrent point le titre de Majesté : il était nouveau pour les rois. Il y a encore beaucoup de lettres du sire de Bourdeilles, dans lesquelles on appelle Henry III *Votre Altesse*.

LE MÊME, *Essai sur les mœurs*, c. 170, De la France sous François II.

Il est fait allusion à ces manières de parler dans des passages tels que les suivants :

Ah ! monsieur l'ours... épargnez-moi...
Monseigneur, tout doux s'il vous plaît...
Que *Votre Altesse* est jolie et bien faite !

MOLIÈRE, *la Princesse d'Élide*, Ier intermède, sc. 3.

Son Altesse turque m'honore trop, et je lui souhaite toutes sortes de prospérités.

LE MÊME, *le Bourgeois gentilhomme*, IV, 6.

J'oserois bien jurer ma foi
Que *ton Altesse* maritime
De mon présent feroit estime.

SCARRON, *Virgile travesti*.

On dit traiter quelqu'un *d'Altesse*, et, avec une nuance d'ironie, *donner l'Altesse* ou *de l'Altesse* à quelqu'un, etc. :

L'altesse en France est due aux princes du sang; on *la* donne, per cortesia, aux princes étrangers sortis de maisons souveraines quand on leur écrit, et elle demeure en-

fermée dans les maisons de certains princes prétendus qui ne la reçoivent que de leurs domestiques.

DE CALLIÈRES, *Des Mots à la mode*, 1692.

Étant (Albert Valstein) fait prince de l'Empire et duc de Meckelbourg, il veut *être traité d'Altesse*.

SARAZIN, *Conspiration de Valstein*.

Le cardinal *lui donna de l'Altesse* pour le rendre suspect aux États.

TALLEMANT DES RÉAUX, *Historiettes*, Le prince d'Orange le père.

Il (M. de Savoie devenu roi de Sicile) avoit un fils et une fille de Mme de Vérue, et les avoit légitimés; ils étoient demeurés jusqu'alors dans cet état simple; il voulut que toute sa cour *leur donnât de l'Altesse*.

SAINT-SIMON *Mémoires*, 1713.

ALTHÆA, s. m. (Du latin *Althæa*, et par ce mot, du grec Ἀλθαία.)

Plante, espèce de guimauve.

L'une apporte, pour la toux, des sirops de jujube, d'*althæa*.

LE SAGE, *le Diable boiteux*, c. 6.

ALTIER, **IÈRE**, adj. (De l'italien *Altiero*, et, par ce mot, du latin *Altus*.)

Superbe, qui a de la fierté, ou qui marque de la fierté.

En parlant des personnes :

M. de la Villette est populaire en conservant néantmoins son authorité; M. de Launay est un peu plus *altier*, et se communique avec plus de réserve.

COLBERT DE TERRON, à Colbert, 17 septembre 1665.
(Voyez DEPPING, *Correspondance administrative sous Louis XIV*, t. I, p. 767.)

A un homme vain, indiscret... impétueux, *altier*, entreprenant... il ne lui manque plus, pour être adoré de bien des femmes, que de beaux traits et la taille belle.

LA BRUYÈRE, *Caractères*, c. 3.

Il est vrai qu'elle (la reine d'Espagne) étoit *altière* et qu'elle s'offensoit fort aisément.

SAINT-SIMON, *Mémoires*, 1701.

Le roi, d'autant plus *altier* qu'il était malheureux, regardait comme le plus sensible des affronts qu'un sujet osât l'envoyer chercher.

VOLTAIRE, *Histoire de Charles XII*, liv. VII.

Je le souhaite ainsi plus que je ne l'espère;
Don Diègue est trop *altier*, et je connois mon père.
P. CORNEILLE, *le Cid*, II, 3.

Sans doute on t'a conté la récente disgrace
De l'*altière* Vasthi dont j'occupe la place.
J. RACINE, *Esther*, I, 1.

Souvent l'auteur *altier* de quelque chansonnette
Au même instant prend droit de se dire poëte.
BOILEAU, *Art poétique*, II.

Le prélat sur le banc de son rival *altier*
Deux fois le reportant l'en couvrit tout entier.
LE MÊME, *le Lutrin*, I.

Ou chez le riche *altier* apportant ses douleurs,
Il mange un pain amer tout trempé de ses pleurs.
A. CHÉNIER, *Idylles*, le Mendiant.

En parlant des choses.
Par exemple, du caractère, de l'esprit, des sentiments, etc. :

Quoy que mon courage *altier* refusast de tourner mes
yeux sur un homme de si peu.
D'URFÉ, *l'Astrée*, IIe part., liv. VI.

Il ne laissa pas, quelque temps après, de donner des
marques d'un courage *altier* et invincible.
PERROT D'ABLANCOURT. trad. de Tacite, *Annales*,
liv. II, 5.

Il y a de ces esprits *altiers*, et tellement préoccupés de
tout ce qu'ils pensent, qu'ils se croient en quelque sorte
impeccables.
BOURDALOUE, *Caractère de l'humilité*.

Son humeur *altière* et son extrême avarice l'avoient fait
détester en Pologne (la femme de J. Sobieski.)
SAINT-SIMON, *Mémoires*, 1714.

Leurs mœurs sont à la fois féroces, *altières* et efféminées.
VOLTAIRE, *Essai sur les mœurs*. État de la
Grèce sous le joug des Turcs, c. 93.

En général les Japonais sont de forte complexion... ils
sont d'un naturel fort *altier*, aguerris, adroits.
BUFFON, *De l'homme*. Variétés dans l'espèce
humaine.

L'orgueil d'un gentilhomme est *altier*, mais franc; celui
d'un paysan est insolent, mais naïf.
BERNARDIN DE SAINT-PIERRE. *Études de la nature*,
XIV.

Il faut venir à bout de cette humeur *altière*.
P. CORNEILLE, *la Toison d'Or*, II, 1.

Ou bien de certaines parties du corps où se marquent les sentiments, de L'expression du visage,
de l'attitude, etc. :

Estant à la procession, marchant à son grand rang, le
visage tout descouvert, elle parut plus belle encore, et portant en sa main sa palme... d'une royale majesté, d'une
grâce moitié *altière* et moitié douce.
BRANTÔME, *Marguerite de France*.

L'autre (Bétis), d'une mine non seulement asseurée, mais
rogue et *altière*, se tint sans mot dire à ces menaces.
MONTAIGNE, *Essais*, I, 1.

En abattant ces têtes *altières* qui s'élevoient au-dessus des
nues... vous agissez en maître et en souverain.
MASSILLON, *Paraphrases*, Ps. IX.

C'étoit (la duchesse de Roquelaure) une personne extrêmement haute, impérieuse, intrigante, dont le grand air
altier rebroussoit tout le monde.
SAINT-SIMON, *Mémoires*, 1710.

Lève, Jérusalem, lève ta tête *altière*.
J. RACINE, *Athalie*, III, 7.

Ce perruquier superbe est l'effroi du quartier
Et son courage est peint sur son visage *altier*.
BOILEAU, *le Lutrin*, I.

De quelle œillade *altière*, impérieuse,
La Duménil rabattit mon orgueil!
VOLTAIRE, *Satires*, le Pauvre diable.

Ou bien encore de certains objets, de certaines
abstractions personnifiées :

Lucile le premier osa la faire voir (la satire),
. . . .
Vengea l'humble vertu de la richesse *altière*
Et l'honnête homme à pied du faquin en litière.
BOILEAU, *Art poétique*, II.

La colère est superbe et veut des mots *altiers*.
LE MÊME, même ouvrage, III.

Au théâtre d'Eschyle, avant que Melpomène
Sur son cothurne *altier* vint parcourir la scène.
VOLTAIRE, *Contes en vers*, Les trois manières.

O colosses du Nil, séjour pompeux du deuil...
Devant vos fronts *altiers* s'abaissent les montagnes.
DELILLE, *l'Imagination*, III.

Le Dictionnaire français-latin de Danet et quelques autres lexiques donnent l'adverbe
ALTIÈREMENT.
D'une manière *Altière*.

ALTO, s. m. (De l'italien *Alto,* et, par ce mot, du latin *Altus.*)
Terme de musique, sorte de violon plus grand qu'un violon ordinaire, et monté à une quinte au-dessous :

Un orchestre est un petit monde, et on y trouve, comme dans la société, des personnages à la voix sonore, au verbe impérieux, des gens modestes à la voix contenue, au timbre soumis. Tandis que le violon s'élance en gammes retentissantes... que le cuivre éclate en fanfares... un instrument discret promène à petit bruit le murmure de sa sonorité voilée. Si ce murmure échappe à l'auditeur vulgaire ou inattentif, il charme l'oreille délicate et exercée, qui le suit curieusement dans ses contours. L'*alto,* c'est le nom de cet instrument modeste...

> Fr. Halevy, *Éloge de Blouet.* (Voyez *Souvenirs et portraits,* p. 188.)

ALUDE, s. f. (Du provençal *Aluda,* et, par ce mot, du latin *Aluta,* peau molle, cuir tendre.)
Autrefois ALUE, employé au sens d'*Aluta;*

Bourse d'*alue.*
> Étienne Boileau, *Livre des métiers,* titre LXXVII.

Basane colorée dont on couvre les livres.

ALUDEL, s. m. (Peut-être du latin *Lutum.*)
Autrefois ALUTEL.
Terme de Chimie. Il se dit d'une espèce de pots ou chapiteaux qui sont ouverts par leurs parties supérieure et inférieure, et qui peuvent s'emboîter les uns dans les autres de manière à former un tuyau plus ou moins long.

Je vois maintes fois que tu plores
Cum alambic sus *alutel.*
> *Roman de la Rose,* v. 6406.

ALUINE, s. f.
Synonyme d'Absinthe. (Voyez ce mot.)

Vin d'*Aluine.*
> Rob. Estienne, *Dictionnaire français-latin.*

On peut prendre de l'*aluyne* hachée, et posée sur une pelle chaude, et l'appliquer dessus entre deux linges.
> A. Paré, *Œuvres,* liv. XII, c. 15.

ALUMELLE, s. f. (Autrement ALEMELLE, de *Lamelle,* et, par ce mot, de *Lamella,* diminutif de *Lamina.*)
Quelquefois écrit ALLUMELLE.
Vieux mot signifiant toute espèce de lame, de couteau, d'épée, etc. :

Et ont Irlandois couteaux aigus devant à large *allumelle* à deux taillans.
> Froissart, *Chroniques,* III, iv, 42.

Fers et *allumelles.*
> Rabelais, *Pantagruel,* V, 10.

Il n'y a cousteau ny *alumelle* qu'ils n'ayent forgée, émouluë et esguisée, pour l'offenser.
> Matthieu, *Histoire des derniers troubles de France,* liv. V.

Vous luy baillastes vostre hallebarde dont l'*allumelle* estoit rompue.
> Sully, *Œconomies royales,* c. 33.

Il faut... que l'*alumelle* de ces serpettes soit d'une médiocre longueur.
> La Quintinie, *Instruction pour les jardins fruitiers,* IV, c. 10.

Entre ses mains tint li dus son espié
Dont l'*alumelle* avoit bien demi-pié.
> *Garin le Loherain,* t. II, p. 232.

Quant si veist Dido la belle
Sor la pointe de l'*alemele...*
> *Roman de la Rose,* v. 13411.

De maulx couteaulx et d'*alemelles*
Puist estre tes corps detranchiez.
> Eust. Deschamps, *Le dit du jeu des dés,* p. 178.

C'est monseigneur par sa vertu loyalle
Esleu en chef de l'armee royalle :
Où l'on a vu de guerre maintz esbatz,
Advanturiers esmouvoir gros combatz,
Pour leur plaisir sur petites querelles
Glaives tirer, et briser *alumelles.*
> Cl. Marot, *Épîtres,* I, 3.

ALUMELLE se dit, en termes de Marine, de Lames ou petites plaques de fer dont on garnit intérieurement la mortaise du gouvernail d'un cabestan, etc., pour empêcher qu'elle ne soit usée ou déformée par le jeu et la pression de la barre.

ALUN, s. m. (Du latin *Alumen*.)

On a écrit ALUM. (Voyez *Dictionnaire de l'Académie*, édition de 1694.)

Sel de saveur astringente, de grande utilité dans les arts :

Courée d'*alun* (corroyé au moyen de l'alun).
  ÉTIENNE BOILEAU, *le Livre des métiers*, titre LXXVII.

Veines et minières d'*alun*.
  ROB. ESTIENNE, *Dictionnaire françois-latin*.

Le nitre est un sel, le vitriol est un sel, l'*alun* est un sel.
  BERNARD PALISSY, *Des sels divers*.

Ici ne m'alleguez... la tour de bois en Pirée, laquelle L. Sylla ne peut oncques faire brusler; pour ce que Archelaüs, gouverneur de la ville pour le roi Mithridates, l'avoit toute enduicte d'*alun*.
  RABELAIS, *Pantagruel*, III, 49.

Tous les cabaretiers falsifient et frelatent ici leurs vins avec de l'*alun*.
  J.-J. ROUSSEAU, *Lettres;* 17 mars 1769.

Quatre boîtes d'onguent, une d'*alun* brûlé.
  RÉGNIER, *Satires*, XI.

Alun de plume; Alun naturel, mais impur, en petits filaments réunis et blanchâtres :

Ici ne m'alleguez l'*alun de plume*...
  RABELAIS, *Pantagruel*, III, 49.

Il s'y trouve encore une mine d'*alun de plume*, qui est la pierre appelée *Damiantlus*.
  TAVERNIER, *Voyage de Perse*, liv. II, c. 6.

D'ALUN se sont formés un grand nombre de mots, entre autres :

ALUNIÈRE, s. f.
Lieu d'où l'on tire de l'alun.

ALUNATION, s. f.

Terme de Chimie. Opération par laquelle on forme l'alun.

ALUNER, v. a.
Tremper dans une dissolution d'alun, imprégner d'alun.

ALUNÉ, ÉE, participe.

ALUNAGE, s. m.
Terme de teinturier. Opération qui consiste à tremper une étoffe dans une dissolution d'alun, afin que les couleurs dans lesquelles on la plonge ensuite puissent s'y fixer.

D'ALUN, sous la forme ALUM, sont venus ALUMINE, ALUMINEUX, EUSE.

ALUMINE, s. f.
Terme de Chimie. Sorte de terre ainsi appelée parce qu'elle fait la base de l'alun, et qui, sans usage à l'état de pureté, est la plus utile de toutes les terres quand elle se trouve unie à des acides ou à de la silice.

ALUMINEUX, EUSE, adj.
Terme de Chimie. Qui contient de l'alun ou qui est imprégné d'alun.

Celles (les eaux) qui passent par des veines *alumineuses* ou salpêtreuses, ne peuvent amener sinon la substance salsitive par où elles passent.
  BERNARD PALISSY, *Des eaux et fontaines*.

Galien loue fort l'eau *alumineuse*.
  A. PARÉ, *OEuvres*, XI, 6.

ALUMINIUM, s. m.
Terme de Chimie. Métal qui est le radical de l'alumine.

ALVÉOLE, s. m. (Du latin *Alveolus*, diminutif d'*Alveus*.)
Petite cellule où l'abeille dépose ses œufs et son miel.

Les abeilles vont recueillir la cire sur les fleurs, la pétrissent et en forment les rayons et les *alvéoles*.
  MARALDI, *Mémoires de l'Académie des sciences*, 1712, p. 301.

Une abeille fait son *alvéole* hexagonale avec autant de géométrie que Newton ; mais elle ne fera jamais d'autres figures géométriques.

> BERNARDIN DE SAINT-PIERRE, *Harmonies de la nature*, liv. V.

> Les unes de leurs toits font sortir leur jeunesse
> Aux rayons du soleil, et dans les champs fleuris
> Épaississent le miel, ou dans leurs *alvéoles*
> De ce nectar si doux amassent les trésors.
>
> MALFILATRE, trad. de Virgile, *Géorgiques*, IV.

ALVÉOLE se dit aussi des cavités de l'os maxillaire dans lesquelles les dents sont enchâssées.

> La cause de la douleur des dents vient de cause antécédente ou de primitive : d'antécédente, comme rheume et de fluxion chaude ou froide, tombant sur icelles, qui remplit l'*alvéole* de façon qu'elle pousse la dent au dehors.
>
> A. PARÉ, *Œuvres*, XVII, 25.

> Le germe des dents est d'abord contenu dans l'*alvéole*.
>
> BUFFON, *Histoire naturelle*, Mammifères.

> Les unes (les dents des poissons) sont retenues presque immobiles dans des *alvéoles* osseux ou du moins très-durs.
>
> LACEPÈDE, *Poissons*.

ALVÉOLE sert enfin à désigner une gaine ou capsule qui contient le fruit dans quelques plantes.

ALVÉOLAIRE, adj. des deux genres.
Terme d'Anatomie. Qui appartient aux Alvéoles.
On dit *Les nerfs, les artères alvéolaires.*

ALVIN, **INE**, adj. (Du latin *Alvinus*, et, par ce mot, d'*Alvus*.)
Terme de Médecine. Qui a rapport au bas-ventre.
On l'emploie surtout au féminin, et dans ces locutions : *Évacuations, déjections alvines.*

AMABILITÉ. (Voyez T. II, p. 523.)

AMADIS, s. m.
Sorte de manche de Chemise, de robe, ou d'autre vêtement, qui s'applique exactement sur le bras, et se boutonne sur le poignet, sans bouffer ni faire de plis. On dit *un Amadis*, une *manche en Amadis.*

III.

Selon Ménage (*Origines*), les manches que portaient les acteurs dans l'opéra d'*Amadis* ont donné lieu à cette dénomination.

AMADOU, s. m. (Selon quelques-uns, d'*Amadouer*, dont l'origine est d'ailleurs fort controversée et demeure incertaine.)
Préparation de certaines substances végétales qui ont la propriété de prendre facilement feu et de brûler lentement. (Voyez AGARIC.)
On dit, proverbialement, Prendre feu comme de l'*Amadou.*

AMADOUER, v. a.
Caresser, séduire, gagner.

> Il n'estoit mestier d'attiser le feu, ou bien nous faire croupir en nos ordures en *amadouant* nostre paresse.
>
> CALVIN, *Institution chrestienne*, liv. II, c. 8, § 58.

> Les exemples de sa douceur et de sa clémence (de César) envers ceux qui l'avoient offensé... desquels il fait luy mesme assez sentir par ses escrits, qu'il se servoit pour *amadouer* ses ennemis, et leur faire moins craindre sa future domination et sa victoire.
>
> MONTAIGNE, *Essais*, II, 34.

> L'Evesque de Valence *amadoua* si bien de beau langage M. le Prince, qu'il lui redoubla le désir d'entrer en bon accord.
>
> DE LA NOUE, *Discours politiques et militaires*, XXVI.

> Quant au duc de Mayenne, il (le roi) l'*amadouoit* par caresses et par plusieurs bons traitements.
>
> HARDOUIN DE PEREFIXE, *Histoire de Henri le Grand*, IIᵉ part., année 1590.

> Qu'on *est* aisément *amadoué* par ces diantres d'animaux-là !
>
> MOLIÈRE, *le Bourgeois gentilhomme*, III, 10.

> A propos, où est Malin... je le trouve admirable pour faire une ressource, pour écarter les créanciers, *amadouer* des usuriers, persuader des marchands de meubler une maison en un tour de main.
>
> REGNARD, *le Retour imprévu*, I, 6.

> Je suis comme l'Arétin en commerce avec toutes les têtes couronnées ; mais il s'en faisait payer pour les mordre, et je ne leur demande rien pour les *amadouer.*
>
> VOLTAIRE, *Lettres*; 25 juin 1745.

Si le suisse de mon juge m'a barré dix fois sa porte,
pressé que je suis d'entrer, m'accuserez-vous d'être un cor-
rupteur pour *avoir amadoué* le cerbère avec deux gros écus?

BEAUMARCHAIS, Mémoires.

Quant à Vulcain, elle (Vénus) le flatte, le supplie, l'implore, l'*amadoue.*

BERNARDIN DE SAINT-PIERRE, l'Arcadie,
Préambule.

Les femmes bien souvent sont causes que nous sommes
Inconstants et légers, *amadouans* les hommes
D'un espoir enchanteur.

RONSARD, Amours, II, Élégie à son livre.

Quand l'*amadoüant* peu à peu
Tu le rendras amy de toy.

JODELLE, l'Eugène, I, 1.

On le caresse, on l'*amadoue,*
Notre roi le baise à la joue.

SCARRON, Virgile travesti, II.

Il l'*amadoue,* elle le flatte.

LA FONTAINE, Fables, II, 18, la Chatte
métamorphosée en femme.

Il faut l'*amadouer,* j'ai besoin de ses soins.

REGNARD, les Folies amoureuses, I, 3.

Son père sort, il faut un peu l'*amadouer.*

J.-B. ROUSSEAU, le Flatteur, II, 5.

Tâche d'*amadouer* ce dangereux lutin.

DESTOUCHES, l'Homme singulier, II, 1.

On trouve, dans le passage suivant, *Amadouer*
construit avec le pronom personnel :

C'est par ce seul endroit que les grands *s'amadouent.*
Ils ne souffrent près d'eux que des gens qui les louent.

BOURSAULT, Ésope à la cour, III, 4.

AMADOUÉE, ÉE, participe.

Glorieux de me voir si hautement loué,
Je devins aussi fier qu'un chat *amadoué.*

REGNIER, Satires, VIII.

On trouve, chez Est. Pasquier, le participe présent *Amadouant* employé comme adjectif verbal
dans cette locution : *Paroles amadouantes.*

Cet empereur usa non seulement de paroles *amadouantes,*
ains pleines d'aigreur, accompagnées d'un œil farouche et
sourcilleux.

EST. PASQUIER, Recherches de la France, II,
14.

On a dit AMADOUEMENT, AMADOUEUR. (Voyez ROB.
ESTIENNE, J. THIERRY, NICOT, MONET, COTGRAVE,
FURETIÈRE, <i>Dictionnaires.</i>)

L'autre plus ordinaire est par flatterie et *amadouement.*

CHARRON, De la Sagesse, III, 4.

J'ay cent fois espreuvé les remèdes d'Ovide,
Cent fois je les espreuve encore tous les jours...
Mais cet *amadoueur* (l'Amour) qui me tient à la bride...

RONSARD, Pièces retranchées des Amours, I.

AMAIGRIR. (Du simple *Maigrir,* et, par ce
mot, du latin *Macrescere, Macer.*)
Rendre maigre :

Rondibilis baillant bon courage à nostre hoste, luy respond qu'il estoit bien plus facile d'*amaigrir* un corps gras
que d'en engraisser un maigre.

BOUCHET, Serées, liv. III, 26.

Tous fourmages salez *amaigrissent* la personne : au contraire les fourmages tendres sont nutritifs.

DU PINET, trad. de Pline l'Ancien, XXVIII, 9.

Le lait d'ânesse qui engraisse tout le monde, m'*amaigrit*
et me jaunit tous les jours.

Mlle D'ARMENTIÈRES, Lettres; à Bussy, 12 février 1667.
(Voyez BUSSY-RABUTIN, Correspondance.)

Bien qu'il soit infiniment sensible à la misère et aux
plaintes de son peuple, il n'a pu néanmoins s'empêcher de
l'*amaigrir.*

BALZAC, le Prince, c. 17.

Vous n'avez pas donné la préférence à Tronchin, qui engraisse les dames, sur des eaux chaudes qui les *amaigrissent.*

VOLTAIRE, Lettres.

C'est ce qui la pel t'*amegroie.*

Roman de la Rose, v. 4623.

AMAIGRIR est aussi verbe neutre, et signifie Devenir maigre :

Oisons mis en mue, si ils sont bien petits, ils engressent
jusques au neuvième jour, et après *ameigrissent.*

Le Ménagier de Paris, 2e distinction, 5e art.

Au lieu d'*amaigrir* pour le jeune de caresme, elle estoit plus belle et plus fraische qu'à caresme prenant.

La Reine de Navarre, *Heptaméron,* Nouvelles, XXXV.

Les os... s'augmentans, tout le corps pareillement s'augmente, encores que peut-estre il *amaigrisse.*

A. Paré, *Œuvres,* I, 12.

Il n'y a pas longtemps que j'avois un enfant à nourrice, lequel me sembloit deperir et *amaigrir* tous les jours.

Bouchet, *Serées,* II, 24.

Je sents bien mon ventre enfler, et le visage *m'ameigrir.*

Herberay des Essarts, *Amadis de Gaule,* II, 22.

Je suis affligée que vous *soyez amaigrie,* je crains sur cela l'air de Grignan.

Mme de Sévigné, *Lettres ;* à sa fille, 18 octobre 1688.

Molt i a de tes homes malades et destrois,
Cheval *sont amaigri* et mul et palefrois.

Chanson des Saxons, t. I, p. 148.

... Icel gent si font lor vis
Ameigrir, ce dit l'Évangile,
Por avoir loz parmi la ville.

Roman de la Rose, v. 435.

S'il *amegrist* n'est pas merveille,
Riens ne menjue et toz jors veille.

Méon, *Fabl. et cont. anc.,* IV, 448.

Au monde aussi bien j'*amaigris,*
M'anuye est trop dure et trop fine.

Cl. Marot, *Épigrammes,* III, 9.

Comme depuis sa mort sa face *est amaigrie!*

Molière, *l'Étourdi,* II, 4.

Le bonheur du prochain vous cause de l'ennui
Et vous *amaigrissez* de l'embonpoint d'autrui.

Destouches, *le Philosophe marié,* II, 2.

Amaigrir s'emploie aussi avec le pronom personnel, dans le même sens :

Ne *vous amaigrissez* point, ne vous creusez point les yeux et l'esprit.

Mme de Sévigné, *Lettres ;* 13 octobre 1688.

Dessous un front joyeux avoir le cœur transi,
Avoir la larme à l'œil, *s'amaigrir* de souci ;
Voilà les fruits qu'Amour de son arbre nous donne.

Ronsard, *les vers d'Eurymedon et Callirée.*

Comme moi, de mon mal mes troupeaux *s'amaigrissent.*

Régnier, *Dialogue.*

Moi, jaloux ! Dieu m'en garde, et d'être assez badin
Pour *m'aller amaigrir* avec un tel chagrin !

Molière, *le Dépit amoureux,* I, 2.

Amaigrir est d'usage dans quelques acceptions figurées.

Comme on dit une terre *maigre,* on dit aussi *amaigrir* une terre :

Finalement, tous ceux qui savent le mestier de l'agriculture, défendent de semer du millet parmi la vigne, ny entre les arbres fruitiers ; car ils ont opinion qu'il *amaigrit* fort la terre.

Du Pinet, trad. de Pline l'Ancien, XVIII, 10.

Le cheval et la plupart des autres animaux *amaigrissent,* en peu d'années, les meilleures prairies.

Buffon, *Histoire naturelle,* le Bœuf.

Le bœuf répare le pâturage, et le cheval l'*amaigrit.*

Le même, même ouvrage, le Cheval.

Car l'avoine et le lin *amaigrissent* les champs.

Segrais, trad. des *Géorgiques,* I.

On dit aussi que les plantes *s'amaigrissent :*

Les plantes étrangères s'amaigrissent dans des serres mal entretenues.

Fontenelle, *Éloge de Du Fay.*

En termes de sculpture, *Cette figure s'est amaigrie,* se dit D'une figure de terre glaise qui s'est réduite en séchant.

En termes d'architecture, *Amaigrir une pierre, une pièce de charpente,* En diminuer l'épaisseur, pour l'ajuster à la place qu'elle doit occuper. Dans ce sens, on dit aussi *Démaigrir.*

Amaigri, ie, participe.

Ainsi vivant, quant au corps, de vie bestiale, et quant à l'esprit, de vie angélique, passoit son temps en lecture, contemplations, prières et oraisons, ayant un esprit joyeux et content dedans un corps *amaigry* et demy mort,

La Reine de Navarre, *Heptaméron,* LXVII.

Enfin, je vis dans le lointain quelques spectres à demi nus qui écorchaient avec des bœufs aussi décharnés qu'eux un sol encore plus *amaigri.*

Voltaire, *Dictionnaire philosophique,* Fertilisation.

EMMAIGRIR, EMMAIGRI, IE,
Ont été aussi en usage :

Les ciches *emmaigrissent* la serre.
> OLIVIER DE SERRES, *Théâtre d'agriculture.*

Je crains déjà que vous ne soyez *emmaigrie* et dévorée :
ah! plût à Dieu que votre air fût comme celui-ci qui est
parfait!
> Mme DE SÉVIGNÉ, *Lettres*; 24 avril 1689.

D'AMAIGRIR, on a fait RAMAIGRIR, RAMAIGRIE, IE.

AMAIGRISSEMENT, s. m.
État d'une personne qui passe de l'embonpoint
à la maigreur :

L'atrophie, ou *amaigrissement*, vient d'avoir trop longtemps tenu la partie en repos, et aussi pour l'avoir tenu
liée.
> A. PARÉ, *Œuvres*, XVI, 59.

Votre mal de gorge et votre *amaigrissement* me déplai-
sent beaucoup.
> VOLTAIRE, *Lettres*; 25 novembre 1765.

AMALGAME, s. m. (Selon les uns, de ἅμα,
ensemble, et γαμεῖν, marier, joindre; selon d'autres, de μάλαγμα, ramollissement.)
Terme de Chimie, combinaison du mercure
avec un autre métal :

Amalgame est appelé par les alchimistes l'or, quand il
est dissous et entre-meslé avec le vif argent.
> BERNARD PALISSY, *Explication des mots les plus
> difficiles.*

L'or est... de tous les métaux celui qui a la plus grande
affinité avec le mercure, et on a employé très-utilement le
moyen de l'*amalgame* pour séparer ce métal précieux de
toutes les matières étrangères avec lesquelles il se trouve
mêlé dans les mines... Cette grande affinité du mercure
avec l'or et l'argent sembleroit indiquer qu'il doit se trouver dans le sein de la terre des *amalgames* naturels de ces
métaux.
> BUFFON, *Histoire naturelle*, Minéraux, du
> Mercure.

AMALGAME se dit figurément et familièrement
d'Un mélange de choses ou de personnes qui ne
semblent guère propres à s'allier. Cette acception
ne paraît que tardivement dans les dictionnaires,
et les exemples en sont peu anciens.

Je conviens avec vous que le plaisant et le tendre sont
difficiles à allier. Cet *amalgame* est le grand œuvre.
> VOLTAIRE, *Lettres*; 5 juin 1744.

Ce monstrueux *amalgame* du tragique et du comique
sera toujours réprouvé par la nature et le goût.
> LA HARPE, *Cours de littérature.*

Jamais aucun *amalgame* politique n'a pu s'opérer que par
le mélange de différents éléments qui, s'étant d'abord cho-
qués, ont fini par se pénétrer.
> J. DE MAISTRE, *Du Pape*, liv. II, c. 1.

AMALGAMER, v. a.
Terme de Chimie. Combiner, unir le mercure
avec un autre métal.

Pour *amalgamer* promptement l'or ou d'autres métaux,
il faut les réduire en feuilles minces ou en poudre, et les
mêler avec le mercure par la trituration.
> BUFFON, *Histoire naturelle*, Minéraux, du
> Mercure.

AMALGAMER signifie, figurément et familièrement, Rapprocher et unir des choses différentes :

Le mot chatouiller, qu'on n'auroit jamais cru pouvoir
se trouver dans une scène tragique, ose néanmoins paraître avec avantage et même avec noblesse dans un vers
d'Iphigénie, à la faveur des expressions heureuses auxquelles le poëte a su joindre ce mot, et, si l'on peut parler
ainsi, l'*amalgamer*.
> D'ALEMBERT, *Éloge de La Motte.*

Il s'emploie avec le pronom personnel,
Au propre :

Tous les métaux *s'amalgament*, hormis le cuivre et le fer.
> LEMERY, *Discours de la Chimie en général.*

L'or *s'amalgame* avec le mercure par le simple contact.
> BUFFON, *Histoire naturelle*, Minéraux, du
> Mercure.

Au figuré :

Il la vit (Fénelon, Mme Guyon), leur esprit se plut l'un à
l'autre, leur sublime *s'amalgama*.
> SAINT-SIMON, *Mémoires*, 1695.

Il (Pontchartrain) s'étoit bassement mis sous la protection du maréchal de Besons dont il réclamoit la parenté et
d'Effiat par lui, à qui Besons *s'étoit* de longue main *amalgamé*.
> LE MÊME, même ouvrage, 1715.

AMALGAMÉ, ÉE, participe.

Il se prend, comme le verbe, au propre et au figuré.

Au propre :

Depuis qu'on recherche et recueille des minéraux, à peine a-t-on un exemple d'or natif *amalgamé*.

BUFFON, *Histoire naturelle,* Minéraux, du Mercure.

Au figuré :

Une autre fortune commença cette année... à poindre grandement, conduite et soutenue par l'esprit,.... l'art et la capacité de deux frères également unis et *amalgamés* ensemble.

SAINT-SIMON, *Mémoires,* 1709.

AMALGAMATION, s. f.

Opération métallurgique qui consiste à extraire l'or et l'argent de leurs gangues par le moyen du mercure.

AMANDE, s. f. (Du mot de la basse latinité *Amandala* (Capitul. 70), venu lui-même du latin *Amygdala,* et, par ce mot, du grec ἀμυγδάλη.) Fruit que donne l'amandier et qui est d'une substance blanche et compacte, d'une saveur douce ou amère, selon la nature de l'arbre, et d'une forme oblongue ; ce fruit est enfermé dans une coque revêtue d'une écale verte.

On dit la *Coque d'une amande, amande douce, amande amère ; huile, lait d'amande ; pâte d'amandes,* etc.

Quiconques est huiliers à Paris, il peut faire *huile* de olives, de *amandes,* de nois, de chenevis et de pavoz...

EST. BOILEAU, *Livre des mestiers,* titre LXIII, des huiliers.

Ces glandules sont de grandeur et figure d'une *amande,* et pour ceste cause sont dites amydales.

A. PARÉ, *Œuvres,* VI, 6.

On appelle *Amandes lissées* des Dragées faites d'amandes couvertes de sucre ; *Amandes à la praline, amandes pralinées,* ou *pralines,* des amandes cuites dans du sucre brûlant.

AMANDE se dit aussi de toute graine contenue dans un noyau :

Les loriots mangent la chair des cerises, et les gros-becs cassent les noyaux et en mangent l'*amande.*

BUFFON, *Histoire naturelle,* Oiseaux.

La nature... leur présente sous l'Équateur... des onctueux échauffants dans les *amandes* du badamier.

BERNARDIN DE SAINT-PIERRE, *Harmonies de la nature,* 1.

Par allusion à la forme de l'amande, on a donné le nom d'AMANDE à certains objets, par exemple aux morceaux de cristal suspendus autour d'un lustre, à une certaine partie de la garde d'une épée, etc.

On dit *En amande,* pour En forme d'amande :

Les Arabes ont les yeux grands et coupés *en amande.*

CHATEAUBRIAND, *Itinéraire de Paris à Jérusalem.*

AMANDÉ, s. m.

Lait d'amande, sorte de boisson, faite avec du lait et des amandes broyées et passées.

AMANDIER, s. m.

Arbre qui porte les amandes : il appartient à la famille des rosacées :

Les endroicts où croissent les arbres et lieux humides entre les petites montaignes, produisent des arbres fruictiers, comme figuiers, noïers, *amandiers,* et quelque peu d'oliviers.

PIERRE BELON, *Singularitez et choses mémorables de divers pays estranges,* liv. I, c. 26.

Estant l'*amandier* arbre primerain, aussi sera-t-il mis des premiers en terre.

OLIVIER DE SERRES, *Théâtre d'agriculture.*

Regarde l'*amandier* refleurir tous les ans.

DELILLE, trad. des *Géorgiques,* 1.

On a dit autrefois : AMANDRIER, AMANDELIER, ALEMANDIER, etc. :

J'apperceu aussi le froment, et autres bleds, ausquels le Souverain avoit donné sapience de vestir leur fruit... semblablement le noyer, *allemandier*, et plusieurs autres especes d'arbres fructiers.

> BERNARD PALISSY, *Recepte véritable.*

Les vergers sont pour la plupart plantez d'*amandiers*, oliviers, grenadiers, jujubiers, figuiers, et autres telz arbres fruictiers.

> PIERRE BELON, *Singularitez et choses mémorables de divers pays estranges*, I, 5.

La dedens descendirent sous un *amandelier*.

> *Fierabras*, v. 3898.

Alemandier y ot planté.

> *Roman de la Rose*, v. 1345.

Un lieu planté d'amandiers s'est autrefois appelé

AMANDAIE, s. f.

Es olivetes, *amandaies* et coudraies, cinq ou six toises d'entre-fossé satisferont.

> OLIVIER DE SERRES, *Théâtre d'agriculture.*

AMANT, ANTE. (Voyez T. II, p. 523.)

AMARANTE, s. f., et, par exception, masculin dans un des exemples qui suivent. (Du latin *Amarantus*, formé sur le grec Ἀμάραντος, et, par ce mot, de ἀ privatif et de μαραίνω; flétrir.)

C'est sans égard à l'étymologie qu'on l'a écrit longtemps AMARANTHE. (Voyez les *Dictionnaires* de ROB. ESTIENNE, J. THIERRY, NICOT, COTGRAVE, le *Dictionnaire de l'Académie*, éditions de 1694, 1718, 1740.)

Fleur d'automne, qui est ordinairement d'un rouge de pourpre velouté.

On la nomme vulgairement Passe-velours, fleur d'amour.

L'*amarante* ne flétrit jamais, et de là prend son nom grec.

> MONET, *Dictionnaire.*

Julie de Gonzague... avoit une *amarante* que les herboristes appellent fleur d'Amour, avec ce mot : *Non moritura*.

> BOUHOURS, *Entretiens d'Ariste et d'Eugène*, VI.

Des fontaines, coulant avec un doux murmure sur des prés semés d'*amarantes* et de violettes, formaient en divers lieux des bains aussi purs et aussi clairs que le cristal.

> FÉNELON, *Télémaque*, 1.

AMARANTE se dit, en Botanique, du genre de plantes auquel appartient l'Amarante, et dont les différentes espèces portent des fleurs disposées en forme de panache ou en grappe.

La blette est une espèce d'*amarante*, est du genre des *amarantes*.

> *Dictionnaire de l'Académie*, 1835.

L'*Amarante* est, chez les poètes, par allusion à la qualité que lui attribue son étymologie, un symbole d'immortalité.

> Chaste Cypris, vouons à ton autel
> Avec le lys l'*amarante* immortel.
>
> JOACH. DU BELLAY, *Deux amans à Vénus.*

> Ta louange dans mes vers
> D'*amarante* couronnée,
> N'aura sa fin terminée
> Qu'en celle de l'univers.
>
> MALHERBE, *Au roi Henri le grand, sur l'heureux succès du voyage de Sedan*, Ode.

L'AMARANTE n'était pas oubliée dans la *guirlande de Julie*, et y figurait avec le nom d'immortelle :

> Je suis la fleur d'amour qu'*amarante* on appelle,
> Et qui vient de Julie adorer les beaux yeux :
> Roses, retirez-vous, j'ay le nom d'immortelle ;
> Il n'appartient qu'à moy de couronner les dieux.
>
> GOMBAUD, *La Guirlande de Julie.*

Amarante est aussi adjectif des deux genres, et il se dit des choses qui sont de couleur d'Amarante :

> De la couleur de cette fleur nous disons une étoffe, un drap *amarante*.
>
> MÉNAGE, *Origines.*

Sur un carrosse de couleur *amarante* donné à une dame de ses amies.

> . . . .
> Et quand tu vois ce beau carrosse...
> Ne dis plus qu'il est *amarante*,
> Dis plutôt qu'il est de ma rente.
>
> MOLIÈRE, *les Femmes savantes*, III, 2.

On dit l'*Amarante*, pour la couleur amarante :

> Pour vous sa fantaisie, en nos vergers errante,
> Forme le gris de lin, l'orange, l'*amarante*.
>
> THÉOPHILE, *Au Roy*, Estreine.

AMARANTE est, dans certains ouvrages d'imagination, romans ou poésies, un nom propre :

> Tircis disoit un jour à la jeune *Amarante...*
> LA FONTAINE, *Fables,* VIII, 13.

On voit dans les *Origines* de Ménage que ce nom, qui répondait à Immortelle, fut, en 1653, pris, dans une fête, par la reine de Suède, Christine, et qu'un ordre de chevalerie institué par elle à cette occasion, fut appelé *Ordre de l'Amarante.*

AMARINER, v. a. (De *Marin.*)

Terme de Marine. Envoyer des gens pour remplacer l'équipage d'un bâtiment pris sur l'ennemi.

> Il (le vaisseau anglais) se rendit à la fin, et nous les *amarinâmes* tous trois, de façon à se défendre s'il en étoit besoin.
> DUGUAY-TROUIN, *Mémoires.*

> Je laissai au sieur de Lamonerie, capitaine de l'escadre de M. Duguay, le soin d'*amariner* le vaisseau que je venois de prendre.
> FORBIN, *Mémoires.*

AMARINER signifie aussi Accoutumer, habituer à la mer.

AMARINÉ, ÉE, participe.

Il se prend dans les deux sens du verbe :

On dit un vaisseau *Amariné,* c'est-à-dire dont on a remplacé l'équipage.

Un matelot *Amariné,* c'est-à-dire qui n'éprouve plus le mal de mer, qui a le pied marin.

AMARINAGE, s. m.

Terme de Marine. Action d'amariner, c'est-à-dire de remplacer l'équipage d'un bâtiment pris sur l'ennemi.

AMARRE, s. f. (De *à* et du néerlandais *Marren,* amarrer.)

Terme de Marine. Cordage servant à arrêter un bâtiment à terre ou à l'attacher à un autre bâtiment, et, en général, Tout cordage qu'on emploie à attacher divers objets dans un navire.

On dit qu'un bâtiment *est sur ses amarres,* pour dire qu'il est à l'ancre; qu'un bâtiment a *sanci sous ses amarres,* c'est-à-dire a coulé bas étant à l'ancre.

AMARRER, v. a. (D'*Amarre.*)

Terme de Marine. Lier, attacher avec une amarre.

Il se construit souvent, au moyen de la préposition *à,* avec un régime indirect :

> Le vaisseau que je veux brûler est dans le port, *amarré* à quatre amarres, et par conséquent hors d'état de manœuvrer.
> FORBIN, *Mémoires.*

> Tout à coup il aperçoit une petite barque... *amarrée* à un tronc d'arbre.
> FLORIAN, *Don Quichotte,* II, 26

> Ils *amarroient* leurs bâtiments *aux* extrémités des glaces mouvantes.
> LACÉPÈDE, *Cétacés.*

Souvent aussi il ne reçoit qu'un régime direct :

> Dans les mois d'avril et de mai, les vents du nord feroient courir quelques dangers aux navires si on négligeoit de les *amarrer.*
> RAYNAL, *Histoire philosophique des deux Indes.*

Enfin on le dit absolument, ainsi que DEMARRER, (Voyez ce mot) qui s'en est formé.

> Il conviendroit les diz marchanz et leurs gens *amarrer* en la ville de Leure et illecques leurs danréez, marchandises descharger.
> *Ordonnances des Rois de France,* t. III, p. 579.

> Les gros vaisseaux ne peuvent *amarrer* dans ce port, pour n'être pas assez profond.
> MONET, *Dictionnaire.*

> Là où le vent ne le laisse *amarrer*
> Et ne le seuffre aussi pas *démarrer.*
> AMYOT, trad. de Plutarque, *Œuvres morales,* De la tranquillité de l'âme, vers traduits d'Horace.

Il est fait, dans le passage suivant, une allusion plaisante au sens du verbe AMARRER :

> Que vous êtes aise de parler marine ! Il faut bien s'y accoutumer, et je dis à mon valet de chambre : *Amarrez* mon colet.
> L'ABBÉ DE CHOISY, *Voyages,* 9.

AMARRER se construit avec le pronom personnel, *S'Amarrer.*

AMARRÉ, ÉE, participe.

Nous aperçûmes tout à coup la mer et notre bateau *amarré* au pied d'un rocher.

CHATEAUBRIAND, *Itinéraire de Paris à Jérusalem.*

AMARRÉ est employé par figure dans le passage suivant :

Aux pans de la montagne les mélèzes végètent sur les arêtes vives du roc; *amarrés* par leurs racines, ils résistent au choc des tempêtes.

CHATEAUBRIAND, *Mémoires*, août 1832.

AMARRAGE, s. m.

Terme de Marine. Action d'amarrer un bâtiment.

Il signifie aussi l'Union, la jonction de deux cordages par un autre plus petit qui fait plusieurs tours symétriques.

On dit : *Faire un amarrage, des amarrages.*

On appelle *ligne d'amarrage,* et non *Amarre,* le cordage qui sert à faire cette espèce de liaison :

Les galères hivernèrent à Rouen, et celui qui les y avoit amenées devoit naturellement les préserver des accidents dont elles étoient menacées dans ce séjour étranger; aussi imagina-t-il une nouvelle sorte d'*amarrage.*

FONTENELLE, *Éloge de Chazelles.*

AMARYLLIS, s. f.

Terme de Botanique. Plante de la famille des Narcisses.

AMARYLLIS est dans la poésie pastorale, notamment dans les traductions de Théocrite et de Virgile, le nom propre d'une Nymphe, d'une bergère :

Plût au ciel, *Amarillis,* que je fusse une petite abeille!...

FONTENELLE, trad. de Théocrite, III, *Discours sur la nature de l'églogue.*

Du nom d'*Amarillis* vous charmez ces forêts.

GRESSET, trad. des *Églogues* de Virgile, I.

AMAS, s. m. (De *Mosse,* et, par ce mot, du latin *Massa.*)

Assemblage de plusieurs choses réunies, accumulées, comme en une seule masse.

Son entrée de Carcassonne lui fut empeschée par un merveilleux *amas* de nege, dont il fut assiégé dix jours.

AGR. D'AUBIGNÉ, *Histoire universelle,* liv. IV, c. 5.

Tu céderas... Alger... tes maisons ne sont plus qu'un *amas* de pierres.

BOSSUET, *Oraison funèbre de Marie-Thérèse.*

Ces *amas* de pierres qui font croire que l'Égypte a été peuplée de géants.

LA FONTAINE, *Songe de Vaux.*

Un *amas* fortuit d'atomes.

LA BRUYÈRE, *Caractères,* c. 16.

... Confusion qui ne nous présente d'autre image que celle d'un *amas* de débris et d'un monde en ruines.

BUFFON, *Théorie de la Terre.*

L'*amas* de ses rubans a-t-il su vous charmer?

MOLIÈRE, *le Misanthrope,* II, 1.

Il se dit dans un sens analogue en parlant de choses liquides, comme en latin, *Cumulus,* dans ce vers de Virgile :

Insequitur *cumulo* præruptus aquæ mons.

En ce lieu, Lignon estoit très-profond et très-impétueux, car c'estoit un *amas* de l'eau, et un regorgement que le rocher luy faisoit faire contre mont.

D'URFÉ, *l'Astrée,* Ire part., liv. I.

Elles ne doivent pas être regardées comme des golfes de l'Océan, mais comme des *amas* d'eau formés par les grands fleuves dans l'intérieur des terres.

BUFFON, *Histoire naturelle.*

Ensuite les eaux... entraînèrent peu à peu les parties les plus légères, et purgèrent les vallées de ces *amas* de boues et de débris...

SAUSSURE, *Voyages dans les Alpes,* t. I, c. 6, § 210.

Il se dit en parlant de Vapeurs :

Dans cet ouvrage il ne prend les comètes que pour des générations fortuites, pour des *amas* d'exhalaisons fournies par la terre et par les astres.

FONTENELLE, *Éloge de Cassini.*

Au sens propre d'*Amas* s'ajoute souvent l'idée de rassemblement, d'approvisionnement, d'emmagasinement, etc. De là ces expressions :

Amas d'Argent, de Munitions, de Vivres, de Fourrage, etc.

Lorsque les courtisans de Rome vouloient, sous fausses enseignes, faire un grand *amas* de deniers, on faisoit publier une croisade contre les Turcs.

EST. PASQUIER, *Recherches de la France,* VI, 25.

C'étoit le valet du tripot qui avoit battu le charretier sans dire gare, parce que ses bœufs et sa jument usoient trop librement d'un *amas* de foin qui étoit devant la porte.

SCARRON, *Roman comique*, I, 1.

Il depescha à Calais Champlastreux qui servoit d'intendant dans son armée, et luy marqua ce qu'il devoit faire pour les *amas* des munitions et des vivres.

SARRAZIN, *Siège de Dunkerque.*

L'armée se trouva complète, belle, leste, de la plus grande volonté. Jamais armée fournie avec plus d'abondance, ni d'*amas* de toutes les sortes.

SAINT-SIMON, *Mémoires*, 1708.

Et vous, pour vous armer, suivez-moi dans ces lieux
Où se garde, caché loin des profanes yeux,
Ce formidable *amas* de lances et d'épées,
Qui du sang philistin jadis furent trempées.

J. RACINE, *Athalie*, III, 7.

Amas de matériaux :

Voilà ce fou et cet insensé qui avoit commencé un beau bâtiment et qui ne l'a pas achevé ; il a fait un grand *amas de matériaux;* il a posé tous les fondements d'un grand et superbe édifice, et, ses fondements étant mis, tout d'un coup il quitte l'ouvrage.

BOSSUET, *Sermons,* Sur la parole de Dieu.

Amas se dit, par extension figurée, en parlant de choses réunies en grand nombre, Meubles, livres, curiosités, etc. :

Sur la fin de ses jours... il est devenu fort pompeux et triumphant roy en sa maison et feit grans *amatz* de beaux meubles, bagues et vaisselles, pour parer sa maison.

COMMINES, *Mémoires*, VI, 12.

De là il (Sévère) passa en Égypte... fit un grand *amas* de tous les livres curieux qu'il y peust trouver.

COEFFETEAU, *Histoire romaine*, liv. XIII.

M. le Duc,... a laissé 2,400,000 livres de rente sans le portefeuille qui est demeuré ignoré, et un *amas* prodigieux de raretés de toutes espèces.

SAINT-SIMON, *Mémoires*, 1709.

Qu'on cesse de livrer aux flammes, au pillage
Ces archives des lois, ce vaste *amas* d'écrits,
Tous ces fruits du génie, objet de vos mépris.

VOLTAIRE, *l'Orphelin de la Chine*, II, 6.

AMAS se dit de cette manière d'un grand nombre d'édifices fort rapprochés les uns des autres, et sert le plus souvent à en marquer la confusion :

Le labyrinthe... n'étoit pas tant un seul palais qu'un ma-

gnifique *amas* de douze palais disposés régulièrement, et qui communiquoient ensemble.

BOSSUET, *Discours sur l'histoire universelle*, III, 3.

Que diroit-on d'un architecte qui ne sentiroit aucune différence entre un grand palais dont tous les bâtiments seroient proportionnés pour former un tout dans le même dessein, et un *amas* confus de petits édifices qui ne feroient point un vrai tout quoiqu'ils fussent les uns auprès des autres?

FÉNELON, *Lettre à l'Académie.*

Jaffa ne présente qu'un méchant *amas* de maisons rassemblées en rond, et disposées en amphithéâtre sur la pente d'une côte élevée.

CHATEAUBRIAND, *Itinéraire de Paris à Jérusalem.*

On a dit de même d'un grand nombre de vaisseaux rassemblés, un *Amas de vaisseaux :*

Et fit faire grand *amas* de naves et *de vaisseaux*, et bien pourvoir et étoffer de ce qu'il appartenoit.

FROISSART, *Chroniques*, liv. I, 1ʳᵉ part., c. 202.

Ils font levée de gens au royaume de Naples, et au duché de Milan, et grand *amas de galères,* sous prétexte de vouloir défendre ceste coste de l'invasion des Turcs.

LE CARDINAL D'OSSAT, *Lettres;* liv. II, 55.

AMAS se dit aussi de L'assemblage, du concours de beaucoup de personnes :

Le roi Philippus fit un *amas* des plus meschants hommes et incorrigibles qu'il peut trouver, et les logea tous en une ville qu'il leur fist bâtir, et qui en portoit le nom.

MONTAIGNE, *Essais*, III, 8.

Enfin, l'*amas* de la procession, qui se faisoit au Pré-aux-Clercs, estoit encores auprès de Saint-Sulpice, que la teste estoit à la dernière reposée que fit le bon saint quand il porta sa teste à Saint-Denis.

AGR. D'AUBIGNÉ, *les Aventures du baron de Fæneste,* IV, 13.

Ce gros *amas* de tant de personnes de qualité... l'emporta sur la troupe séditieuse.

Mᵐᵉ DE MOTTEVILLE, *Mémoires.*

Je me mis à le suivre, plein d'une extrême envie de trouver quelque presse ou quelque *amas* de monde en quelque rue.

CHAPELAIN, *le Gueux, ou la vie de Guzman d'Alpharache,* Iʳᵉ part.

Par mépris pour cet *amas* confus d'aventuriers d'une origine basse et honteuse.

ROLLIN, *Histoire romaine*, I, 2, 2.

Le peuple à gros *amas* aux places ameuté.

AGR. D'AUBIGNÉ, *Tragiques*, Misères, liv. I.

... J'entends déjà le bruit
De l'*amas* insolent d'un peuple qui me suit ;
Je vois le lieu fatal où ma mort se prépare.

P. Corneille, *l'Illusion comique*, IV, 7.

Mais n'examinons point ces questions fâcheuses,
Et si c'est un sénat qu'un *amas* de bannis
Que cet asyle ouvert sous vous a réunis.

Le même, *Sertorius*, III, 2.

Crois-tu.........
Que, toujours insensible aux discours enchanteurs
D'un idolâtre *amas* de jeunes séducteurs,
Sa sagesse jamais ne deviendra folie ?

Boileau, *Satires*, 10.

D'un vil *amas* de peuple attirer les huées.

Le même, *Art poétique*, III.

Est-ce cet *amas* de princes,
De peuples et de provinces,
Dont le sort est dans tes mains ?

J.-B. Rousseau, *Odes*, IV, 1.

A cette manière de parler peut se rapporter le passage suivant :

A mesme temps il se fit un *amas* de corbeaux qui allèrent voler à l'entour du lieu où il (Cicéron) estoit.

Coeffeteau, *Histoire romaine*, liv. I.

Amas, dans cette acception, s'est dit particulièrement d'un Rassemblement de gens de guerre. Faire un amas, faire son amas de gens d'armes, c'était Réunir son armée ; on disait l'*amas* d'un général, un *amas*, pour Son armée, une armée :

Le duc de Normandie, qui avoit fait son assemblée et son *amas* de gens d'armes en la cité d'Angiers, se hâta tant qu'il put.

Froissart, *Chroniques*, liv. I, part. I, c. 209.

Et là faisoit son *amas* et son mandement de chevaliers et d'écuyers de toutes parts là où il les pensoit avoir par prière.

Le même, même ouvrage, part. II, c. 18.

(Louis XI) avoit envoyé deux ambassadeurs au Lyege pour les solliciter contre ledit duc ; lesquels ambassadeurs avoient si bien diligenté qu'ils avoient jà fait un grand *amatz*, et vindrent d'emblée les Lyegeois prendre la ville de Thongre.

Commines, *Mémoires*, II, 71.

Il presta lors sa ville à Timoléon pour y faire son *amas*.

Amyot, trad. de Plutarque, *Vie de Timoléon*, 14.

La ville de Maubeuge... en laquelle avoient accoustumé les ennemis de faire leur *amas*, quand ils vouloient faire entreprinse en France.

Martin du Bellay, *Mémoires*, liv. X.

Si par aventure aujourd'huy se trovoit estrange qu'à un *amas* de gens de guerre, nos Roys avec grande difficulté lèvent trente ou quarante mil hommes, et que les anciens Gaulois comptoient leurs armées par cent et deux cens mille, je responds que l'occasion de cela procède de la diversité des polices.

Est. Pasquier, *Recherches de la France*, I, 3.

Anglois font grand *amast* de gens.

Le Mystère du siège d'Orléans, v. 5605.

Amas se prend figurément :

Les hommes ayant tout essayé, tout sondé, et n'ayant trouvé en cet *amas* de science et provision de tant de choses diverses, rien de massif et de ferme, et rien que vanité, ils ont renoncé à leur présomption, et recongneu leur condition naturelle.

Montaigne, *Essais*, II, 12.

Comme en un concert d'instruments, on n'oit pas un luth, une espinette, et la fluste : on oit une harmonie en globe, l'assemblage et le fruict de tout cet *amas*.

Le même, même ouvrage, III, 8.

Quelqu'un pourroit dire de moy, que j'ay seulement fait icy un *amas* de fleurs estrangères, n'y ayant fourni du mien que le filet à les lier.

Le même, même ouvrage, III, 12.

Faisant *amas* de plusieurs expériences, pour être après la matière de mes raisonnements...

Descartes, *Discours de la Méthode*, II.

Entretenez seulement la curiosité de l'enfant, et faites dans sa mémoire un *amas* de bons matériaux.

Fénelon, *De l'Éducation des filles*, c. V.

L'infini, c'est-à-dire l'*amas* d'un nombre infini de substances, à proprement parler n'est pas un tout.

Leibnitz, *Théodicée, De la bonté de Dieu*, II° part., § 195.

Elles (les règles) ne sont autre chose qu'un *amas* d'observations prises dans la raison même, et fondées sur l'expérience de ceux qui ont le mieux réussi.

D'Olivet, *Histoire de l'Académie*.

Un long *amas* d'honneur rend Thésée excusable.

J. Racine, *Phèdre*, I, 1.

Ce long *amas* d'ayeux que vous diffamez tous
Sont autant de témoins qui parlent contre vous.

Boileau, *Satires*, V.

Ainsi dans cet *amas* de nobles fictions
Le poëte s'égaie en mille inventions.

Le même, *Art poétique*, III.

Amas, employé au figuré, se prend souvent en mauvaise part :

Toute opinion que les hommes conçoivent de leur sens quant aux mystères de Dieu, combien qu'elle n'apporte point toujours un si grand *amas* d'erreurs, ne laisse pas pourtant d'en estre mère.

CALVIN, *Institution chrestienne*, liv. I, c. 5, § 12.

Amas d'incertitude, gloire et rebut de l'univers.

PASCAL, *Pensées*.

Son dessein (de Montaigne) n'étoit pas de parler raisonnablement, mais de faire un *amas* confus de tout ce qu'on peut dire contre les hommes.

Logique de Port-Royal, III, 20.

L'homme est un grand prodige et un *amas* confus de choses contraires et mal assorties.

BOSSUET, 2ᵉ *Sermon*, Sur la passion de J.-C.

De quel œil, à votre avis, pensez-vous que je puisse voir cet *amas* d'actions indignes?

MOLIÈRE, *le Festin de Pierre*, IV, 4.

Que peut faire une amitié sous cet *amas* d'épines?

Mᵐᵉ DE SÉVIGNÉ, *Lettres;* 19 février 1672.

Depuis que la justice gémit sous un *amas* des lois et des formalités embarrassées, et qu'on s'est fait un art de se ruiner les uns les autres par la chicane... les rois n'ont pu suffire à cette fonction.

FLÉCHIER, *Oraison funèbre de M. de Lamoignon.*

Ils croyent avoir tout fait, pourvu qu'ils aient fait un *amas* de grands mots et de pensées vagues.

FÉNELON, *Dialogues sur l'éloquence*, II.

J'avoue que, si nous jettions à la hâte et sans choix, dans notre langue, un grand nombre de mots étrangers, nous ferions du français un *amas* grossier et informe des autres langues d'un génie tout différent.

LE MÊME, *Lettre à l'Académie*, III.

Amas d'épithètes, mauvaises louanges.

LA BRUYÈRE, *Caractères*, c. 1.

Au lieu que vous, après une vie entière de travail, et un *amas* inutile de connoissances et de lumières, n'aurez peut-être pour partage que les ténèbres éternelles.

MASSILLON, *Carême*, 1ᵉʳ dimanche, Sur la parole de Dieu.

Dans cet *amas* confus et immense de faits, il démêle un ordre et des liaisons délicates qui n'y sont que pour lui.

FONTENELLE, *Éloge de Leibnitz.*

S'il décrit les voyages des dieux, c'est avec un *amas* de circonstances qui impatiente le lecteur.

DE LA MOTTE, *Discours sur Homère.*

Il y a un certain *amas* de connoissances prescrites par l'usage, qu'ils apprennent imparfaitement.

DUCLOS, *Considérations sur les mœurs*, c. 11.

Il (le sage) voit ce que l'Olympe a de plus merveilleux;

. . . .

Et voit comme fourmis marcher nos légions
Dans ce petit *amas* de poussière et de boue,
Dont notre vanité fait tant de régions.

RACAN, *Ode sur la mort de M. de Termes.*

Mille et mille douceurs y semblent attachées
Qui ne sont qu'un *amas* d'amertumes cachées.

P. CORNEILLE, *Héraclius*, I, 1.

Vous voulez que toujours je l'aye à mon service
Pour mettre incessamment mon oreille au supplice,
Pour rompre toute loi d'usage et de raison,
Par un barbare *amas* de vices d'oraison.

MOLIÈRE, *les Femmes savantes*, II, 7.

De cet *amas* d'honneurs la douceur passagère
Fait sur mon cœur à peine une atteinte légère.

J. RACINE, *Esther*, II, 1.

Et tout ce vain *amas* de superstitions
Qui ferment votre temple aux autres nations.

LE MÊME, *Athalie*, II, 4.

Tous ces pompeux *amas* d'expressions frivoles
Sont d'un déclamateur amoureux de paroles

BOILEAU, *Art poétique*, III.

AMAS, qui, dans les exemples qui précèdent, est toujours dit, soit au propre, soit au figuré, de ce qui est Amassé, a signifié quelquefois l'action même d'amasser:

Il travailla utilement pour les deux fins à quoy il tendoit le plus, sçavoir le soulagement de ses peuples et l'*amas* des finances.

HARDOUIN DE PÉRÉFIXE, *Histoire de Henri le Grand*, IIᵉ part., année 1598.

Il lui fera succéder un dissipateur qui, se trouvant tout d'un coup dans de si grands biens, dont l'*amas* ne lui a coûté aucune peine, se jouera des sueurs d'un père insensé qui se sera damné pour le laisser riche.

BOSSUET, *Sermons*, 4ᵉ dimanche de Carême, IIIᵉ part.

Borne tous tes désirs à ce qu'il te faut faire,
Ne les porte plus trop vers l'*amas* du savoir.

P. CORNEILLE, *l'Imitation*, I, 2.

AMASSER, v. a.

Faire amas, faire un tas, un monceau, amonceler, entasser.

Par moy-mesmes, à l'exemple du Phœnix, seroit le bois sec *amassé*, et le feu allumé, pour en icelui me brusler.

RABELAIS, *Pantagruel*, IV, Dédicace.

Le sable que les ondes de la mer y *amassoient* et entassoient.

AMYOT, trad. de Plutarque, *Vie de Marius.*

Il prendra le van en mains ; il nettoyera son aire, il *amassera* le blé dans son grenier, et il brûlera la paille dans un feu qui ne s'éteindra jamais.

LE MAÎTRE DE SACY, trad. du *Nouveau Testament,* Saint Luc, c. 3.

J'*amassai* quelques feuilles pour me coucher.

FÉNELON, *Télémaque,* XV.

Les fleuves… qui ont traversé à découvert les plaines et les campagnes, n'y portent d'ordinaire que des eaux bourbeuses, et traînent toujours après eux les débris, les cadavres, le limon qu'ils ont *amassé* sur leur route.

MASSILLON. *Carême,* 4° dimanche, Sur l'Aumône.

Au sens propre d'AMASSER, comme au sens propre d'*Amas,* s'ajoute l'idée de Rassemblement, d'approvisionnement. Il équivaut à Faire provision de :

Ceux qui s'attendent d'avoir le siége dans une ville *amassent* et serrent tout ce qui leur y peut servir.

AMYOT, trad. de Plutarque, *Œuvres morales.* Comment il fault refrener la cholere.

Qu'il établisse des officiers dans toutes les provinces, qui, pendant les sept années de fertilité qui vont venir, *amassent* dans les greniers publics la cinquième partie des fruits de la terre.

LE MAÎTRE DE SACY, trad. de l'*Ancien Testament,* Genèse, v. 34.

Il y establit sous luy une garnison de douze cens hommes et de cent chevaux, et luy laissa une instruction pour faire continuellement venir au camp les grains, les foins et les pailles qu'on *avoit amassez* à ce dessein.

SARRAZIN, *Siège de Dunkerque.*

J'*amassai* dans chaque place des blés, des farines, des fourrages, de la poudre, des boulets, des canons et toutes les autres choses dont le manquement auroit pu retarder la marche ou les entreprises de mon armée.

Mémoires de Louis XIV.

Il (David) désigna par ordre de Dieu le lieu du temple… Il en *amasse* les riches et précieux matériaux.

BOSSUET, *Discours sur l'histoire universelle,* II, 4.

Il demeura ainsi tranquillement plusieurs jours, *amassant* quantité de fourrages.

SAINT-SIMON, *Mémoires,* 1697.

Si vont querre vitaille dont poi ont *amassé;*
Mais ne treuvent point d'erbe, et si n'ont point de blé.

Chanson d'Antioche, III, v. 251.

Et qu'elle *amasse,* au milieu des chaleurs,
Ce miel si doux, tiré du suc des fleurs.

J.-B. ROUSSEAU, *Épitres,* I, 1.

On s'en est servi en parlant d'une récolte :

Ils marquoient leurs vaisseaux d'escriteaux, par lesquels on pouvoit juger de l'usage du vin, et sous quels consuls il *avoit esté amassé.*

BOUCHET, *Serées,* I. Du Vin.

En parlant de collections :

Tout le monde a voulu *amasser* des coquilles et des pétrifications.

VOLTAIRE, *Lettres;* 5 janvier 1759.

AMASSER se dit particulièrement en parlant du bien, pour S'appliquer à acquérir. *Amasser* du bien, des richesses, des trésors, etc. :

Il savoit et étoit informé que le grand trésor que le duc son frère *avoit amassé* de long temps étoit là enfermé.

FROISSART, *Chroniques,* liv. I, Ire part., c. 148.

Et est bien une praticque que ces roys d'Angleterre font quant ils veullent *amasser* argent, que faire semblant d'aller en Écosse ou en France et faire armées.

COMMINES, *Mémoires,* XV, 1.

Ta grande richesse et tes comblés trésors sont bien vains, lesquelz soubz périlleuses adventures, ou peines dures et sueurs, tu as *amassé* et amoncelé, et pour lesquelz tout ton temps as despendu et usé.

Les Cent Nouvelles nouvelles, C.

Je sçay, Monsieur, que tels seigneurs que vous, qui avez pères rudes et avaricieux, avez souvent plus faulte d'argent que nous, qui par petit train et bon mesnage ne pensons que d'en *amasser.*

LA REINE DE NAVARRE, *Heptaméron,* XXVI.

Ayant *amassé* quelque chose en servant les comédiens, il s'étoit mêlé de loger en chambre garnie.

SCARRON, *Roman comique,* I, 18.

N'as-tu pas de honte… de faire une honteuse dissipation du bien que tes parents t'ont *amassé* ?

MOLIÈRE, *l'Avare,* II, 3.

Comme dit sagement l'Ecclésiastique, la vieillesse ne trouve pas ce que la jeunesse n'a pas *amassé.*

BOSSUET, 4° *Sermon,* pour la Circoncision.

Il leur sauve la peine d'*amasser* de l'argent.

LA BRUYÈRE, *Caractères,* c. 5.

Oui, pour les ladres comme vous qui ne connoissent d'autre bonheur que celui d'*amasser* du bien, et de faire travailler leur argent à gros et très-gros intérêt.

REGNARD, *la Sérénade,* sc. 1.

Voulez-vous prendre, au denier quatorze, cinq mille francs qu'un honnête serrurier de ma connoissance *a amassés par son travail et par ses épargnes?* — Oui, oui, cela est bon. Je lui ferai ce plaisir-là.

LE SAGE, *Turcaret*, III, 9.

Chascuns pense de glainer sa moisson.
Et *d'amasser* joiaulx, or et finance.

EUST. DESCHAMPS, *Ballades*, 28.

Gens avides de bien, et sûrs d'en *amasser.*

BOURSAULT, *les Mots à la mode*, sc. 8.

Faites saisir sans aucune remise
Stances, rondeaux, et vers de toute guise :
Ce sont nos biens, les doctes nourrissons
N'amassent rien, si ce n'est des chansons.

LA FONTAINE, *M... ayant dit que je lui devois donner pension... j'envoyai quelque temps après cette lettre-ci à M...*

On a dit de même *Amasser* une somme, pour La rassembler, la réunir :

Il faut, Scapin,... que tu te mettes à sa place, jusqu'à ce que j'*aie amassé* la somme.

MOLIÈRE, *les Fourberies de Scapin*, II, 15.

Je trouverai donc une grosse somme d'argent qu'il *aura amassée?*

REGNARD, *le Retour imprévu*, I, 11.

César *avoit amassé* pour son expédition des sommes immenses.

MONTESQUIEU, *Grandeur des Romains*, c. 12.

Je quêterai pour vous ; je vous remettrai demain ce que j'*aurai amassé.*

MARIVAUX, *la Vie de Marianne*, IIIᵉ part.

A cette manière de parler se rapportent les passages suivants, où il est question de Dot, de présent :

De quel ennuy pensé-je estre tourmenté un bon et pauvre père de famille qui, ayant... deux ou trois filles à marier, ne les peut pourveoir sans grandement s'incommoder. Le soin qu'il a *d'amasser* leur mariage ne l'afflige seulement, mais de leur trouver mary qui en moins de quatre mois ne mange tout.

P. LARIVEY, *les Escholiers*, II, 1.

Le premier d'octobre Sabatar revint amenant une sauvegarde du Turc pour son château et pour toutes ses terres. Il fut sur pied toute la nuit *à amasser* le présent qu'il devoit porter.

CHARDIN, *Journal du Voyage en Perse*, Iʳᵒ part.

Amasser un trésor, des trésors de..., est une expression fort usitée dans le langage de la chaire :

Est-ce là le fruit du travail dont vous vous êtes consumés sous le soleil, vous *amassant un trésor de* haine et de colère éternelle au juste jugement de Dieu?

BOSSUET, *Oraison funèbre de Michel Le Tellier.*

Digne d'être reçue dans le ciel, où elle se présente accompagnée de ses bonnes œuvres, et chargée *des trésors d'honneur et de grâce qu'elle a amassés.*

FLÉCHIER, *Oraison funèbre de M*ᵐᵉ *de Montausier.*

Quel *trésor de* colère, et quels charbons de feu cet infortuné *n'amassoit*-il pas sur sa tête?

MASSILLON, *Discours*. De la Vocation à l'état ecclésiastique.

AMASSER s'emploie fréquemment sans régime, avec le sens de Thésauriser :

On ne sait pas pour qui on *amasse.*

COTGRAVE, *Dictionnaire.*

Celui qui n'est point avec moi est contre moi ; et celui qui *n'amasse* point avec moi, dissipe au lieu *d'amasser.*

LE MAÎTRE DE SACY, trad. du *Nouveau Testament*, Saint Luc, c. 2.

Il y a le temps *d'amasser*, et le temps de répandre.

BOSSUET, *Politique tirée de l'Écriture sainte.*

L'homme mondain se fatigue, il s'épuise pour *amasser* et pour thésauriser ; mais son malheur est de ne savoir pas même pour qui il *amasse*, ni qui profitera de ses travaux.

BOURDALOUE, *Sermons*, Sur la Mort.

Il (le cardinal de Bouillon) avoit eu soin de beaucoup épargner et *amasser* pendant son exil.

SAINT-SIMON, *Mémoires*, 1715.

C'est le Panurge de Rabelais, qui avoit quinze mille moyens *d'amasser*, et trente mille de dépenser.

DIDEROT, *Salon de 1765*, Servandoni.

Cil qui s'efforce *d'amasser*
Et des richeces assambler
Sovent grand travail en aura.
. . . .
Si tu puez assez *amasser*,
Penses de volontiers donner.

MÉON, *Fabliaux et Contes anciens*, II, 139.

C'est en vain que pour *amasser*,
Un avare inquiet se lève avant l'aurore.

P. CORNEILLE, *Psaumes*, CXXVI.

Et que sert *d'amasser* à moins qu'on ne jouisse?

BOURSAULT, *Ésope à la cour*, IV, 5.

La vieillesse chagrine incessamment *amasse.*

BOILEAU, *Art poétique*, III.

... A mon sens le plaisir *d'amasser*
Surpasse infiniment celui de dépenser.

DESTOUCHES, *le Dissipateur*, III, 3

Il eut l'art d'*amasser* et de garder du bien
En travaillant beaucoup et ne dépensant rien.
VOLTAIRE, *la Femme qui a raison*, I, 3.

Ma fortune, mon fils, est moins considérable
Qu'on ne la croit : je suis dans un poste honorable,
Où l'on n'*amasse* point.
LA CHAUSSÉE, *la Gouvernante*, I, 3.

AMASSER, sans régime, peut être pris dans un sens plus général :

Ils n'*amassent* dans le cabinet que pour répandre dans le public.
J.-J. ROUSSEAU, *Nouvelle Héloïse*, I, lettre 12.

Je ne vous dirai pas. . . . .
Que, par mon propre bras, elle (Rome) *amassoit* pour
[lui (Attale).
P. CORNEILLE, *Nicomède*, IV, 2.

AMASSER se dit aussi en parlant des personnes :

Si entendit le dessus dit que cil Lombard *étoit amassé* en un petit châtel en la marche de Calais.
FROISSARD, *Chroniques*, liv. I, IIe part., c. 4.

A l'heure il s'en alla *amasser* tout le chapitre.
LA REINE DE NAVARRE, *Heptaméron*, XXII.

Auguste, se voyant abandonné d'Antoine, dissimula son courroux, et continua à *amasser* ses forces pour soustenir tout seul le faix de cette guerre.
COEFFETEAU, *Histoire romaine*, liv. I.

C'est ce qui lui attiroit cette grande réputation, et *amassoit* tant de monde autour de lui.
BOSSUET, *Méditations sur l'Évangile*.

AMASSER s'emploie figurément en parlant des choses morales :

Je doiz bien mauldire l'eure et le jour qu'onques j'euz vostre accointance ; car il n'est pas possible au monde d'*amasser* plus de douleurs, regretz et d'amers plaisirs au cueur d'ung povre amoureux que j'en trouve aujourduy, dont le mien est environné et assiégé.
Les Cent Nouvelles nouvelles, XXXIII.

Joseph contre Appius, *amasse* plusieurs tesmoignages mémorables des plus anciens escrivains.
CALVIN, *Institution chrestienne*, liv. I, c. 8, § 4.

Les curieux, en recueillant et *amassant* de tous costez les faultes et imperfections, non des vers ny des poèmes, mais des vies des hommes, font de leur mémoire une archive fort malplaisante.
AMYOT, trad. de Plutarque, *Œuvres morales*, De la Curiosité.

Je tachois d'*amasser* des forces pour ce grand dessein.
P. CORNEILLE, *Épître dédicatoire d'Héraclius*.

... Cette sagesse insensée... qui, par beaucoup de raisonnements et de grands efforts, ne fait que se consumer inutilement en *amassant* des choses que le vent emporte.
BOSSUET, *Oraison funèbre de la duchesse d'Orléans*.

Que sert d'*amasser* beaucoup de non-êtres? De tout cela en fera-t-on autre chose qu'un non-être?
LE MÊME, *Traité de la Concupiscence*, c. 12.

On appelle pédants ceux qui... *amassent* sans jugement et sans discernement des apophthegmes et des traits d'histoire pour prouver, ou pour faire semblant de prouver des choses qui ne se peuvent prouver que par des raisons.
MALEBRANCHE, *Recherche de la vérité*, liv. II, IIIe part., c. 5.

Amassons des vérités de mathématiques et de physique au hasard de ce qui en arrivera ; ce n'est pas risquer beaucoup.
FONTENELLE, *Sur l'utilité des mathématiques et de la physique*. Préface.

Le temps que nous laissons si souvent dérober par surprise, arracher par importunité, échapper par négligence, il a su de bonne heure le recueillir, le ménager, l'*amasser*.
D'AGUESSEAU, *Mercuriales*.

Faisons donc tant, que la fleur de nostre aage
Ne suyve point de tristesse l'oultrage :
Car temps perdu, et jeunesse passée
Estre ne peult par deux foys *amassée*.
CL. MAROT, *Élégies*, liv. I, 4.

Ainsi disant, il se pâme
Sur le corps qui trespassoit,
Et les reliques de l'âme
De ses lèvres *amassoit*.
RONSARD, *Odes*, IV, 10.

Si vous manquez d'attraits pour plaire et pour charmer,
Amassez des vertus qui vous fassent aimer.
BOURSAULT, *Ésope à la cour*, III, 6.

Vous les verrez bientôt, féconds en impostures,
Amasser contre vous des volumes d'injures.
BOILEAU, *Satires*, IX.

AMASSER s'emploie avec le pronom personnel; Au propre, en parlant des choses :

Tu verrois sous ma main les tomes s'*amasser*.
BOILEAU, *Satires*, X.

Par extension, en parlant des personnes :

Le roi y donna et scella franchises si grands que chacun s'y vint *amasser* volontiers.
FROISSART, *Chroniques*, liv. I, 1re part., c. 323.

Les ordres s'*amassoient* tous les ans à certain jour.
COEFFETEAU, *Histoire romaine*, liv. I.

Dès la pointe du jour, il retourna au temple, où tout le peuple *s'amassa* autour de lui; et, s'étant assis, il commença à les instruire.

LE MAÎTRE DE SACY, trad. du *Nouveau Testament*, Saint Jean, c. 8.

Dès que je parus sur le balcon, tout ce qui étoit dans la place *s'amassa* sous les fenêtres et se mit à crier : *Señor, tauro! tauro!* C'étoit le peuple qui me demandoit d'obtenir une fête de taureaux.

SAINT-SIMON, *Mémoires*, 1721.

Partout où se pose la reine des abeilles, la ruche *s'amasse;* il arrive quelque chose de semblable aux princes, là où ils établissent leur cour, il se forme de grandes villes.

DE BONALD, *Pensées.*

Que de phantosmes vains en ces rives *s'amassent!*

RACAN, *les Bergeries*, III, 4.

Autour de votre fils tout le peuple *s'amasse.*

ROTROU, *Venceslas*, V, 6.

Au figuré, en parlant de choses de l'ordre moral :

Il n'y a nulle autre passion qui face une si manifeste naissance, ne si évidente croissance, quand elle *s'amasse* et se remue comme fait la cholère.

AMYOT, trad. de Plutarque, *Œuvres morales.*

Quelle étendue doivent avoir les vastes champs de la mémoire, pour contenir un nombre infini de connoissances et de sensations de toute espèce qui *s'y amassent* pendant une longue suite d'années?

ROLLIN, *Traité des Études*, liv. II, c. 3.

Des trésors de colère *se sont amassés* contre nous tous, et vous ne l'ignorez pas.

VOLTAIRE, *Lettres;* 8 juillet 1765.

En cent lieux contre lui les cabales *s'amassent.*

BOILEAU, *Épîtres*, VII.

Dans des passages tels que les suivants, S'AMASSER est pour Amasser à soi :

Nous differons l'un d'avec l'autre en cest article, que chacun *s'amasse* quelque erreur particulier.

CALVIN, *Institution chrestienne*, liv. I, c. 5, § 11.

Ils *s'amassent* des charbons de feu sur leur tête.

MASSILLON, *Paraphrases*, Ps. VII.

AMASSER s'est pris longtemps au sens de *Ramasser*, pour Relever de terre ce qui est tombé :

S'il chiet à la dame une espille, il l'*amassera*, car elle se pourroit affoler ou blecer.

Les Quinze Joyes de mariage, III.

Mercure feut prompt à leur apporter coignées, à chascun offrant la sienne perdue, une aultre d'or et une tierce d'argent; tous choisissoyent celle qui estoit d'or et l'*amassoyent.*

RABELAIS, *Pantagruel*, IV, Nouveau prologue.

La bastine de son cheval tomba à terre toute ensanglantée, et un page de celuy qui l'avoit frappé l'*amassa.*

AMYOT, trad. de Plutarque, *Vie d'Artaxerce.*

Nous sçavons des nations entières... où le plus chétif citoyen de la ville n'eust daigné baisser le bras pour *amasser* une bourse d'escus.

MONTAIGNE, *Essais*, I, 22.

Qui sçauroit le poids d'un sceptre, ne daigneroit l'*amasser* quand il le trouveroit à terre.

LE MÊME, même ouvrage, I, 42.

Au premier sentiment de cette nouvelle (de la mort de son fils), il (Xénophon) jeta sa couronne à terre; mais, par la suite du propos, entendant la forme d'une mort très-valeureuse, il l'*amassa* et remit sur sa teste.

LE MÊME, même ouvrage, III, 4.

Un de nos voisins, lequel se lève tousjours de bonne heure, pour trouver quelque chose mal serrée du soir, *amassa* une bourse un de ces matins.

BOUCHET, *Serées*, II, 15.

Estant jardinier en ses beaux jardins de Montbrison, ainsi que son père toute sa vie l'avoit esté, lorsqu'on y menoit promener Galathée, il la prenoit bien souvent entre ses bras, et luy alloit *amassant* les fleurs qu'elle vouloit.

D'URFÉ, *l'Astrée*, Ire part., liv. IX.

Il lui alla mettre le coude dans le creux de l'estomac, l'accablant de tout son corps, et avançant l'autre bras hors du lit, comme on fait quand on veut *amasser* quelque chose qui est à terre.

SCARRON, *Roman comique*, I, 6.

Cela appaisa le peuple, et luy fit quitter les pierres qu'il avoit *amassées* pour le lapider.

PERROT D'ABLANCOURT, trad. de Lucien, *Demonax.*

Alors j'*amassay* sa flûte qui estoit tombée dans la frayeur.

LE MÊME, même ouvrage, *Dialogue de Jupiter et de Mercure.*

Une dame de la cour dira : *Amassez* ma coëffe, *amassez* mon masque.

MÉNAGE, *Observations.*

L'un se baissoit déjà pour *amasser* la proie.

LA FONTAINE, *Fables*, IX, 9.

AMASSÉ, ÉE, participe.

Je m'imaginai voir toutes les richesses du monde *amassées* dans un même lieu.

LE SAGE, *Gil Blas*, III, 9.

Il arrivoit quelquefois, tandis que l'on tourmentoit des martyrs, que la populace, *amassée* à ce spectacle, prenoit leur parti malgré eux.

> FLEURY, *Mœurs des chrétiens*, § 30, 4.

> Le peuple entour lui *amassé*
> L'ot une heure pour trespassé.
> > G. GUIART, *Royaux Lignages*, t, II, v. 641.

> Il nous convient avoir nos gens
> Qui leans sont mors ès fossez;
> Y sont de trois à quatre cent
> L'un sur l'autre tous *amassez*.
> > *Le Mistère du siège d'Orléans*, v. 2303.

> Comme douleurs de nouvel *amassées*
> Font souvenir de liesses passées;
> Ainsi plaisir de nouvel *amassé*
> Faict souvenir du mal qui est passé.
> > CL. MAROT, *l'Enfer*.

> Moi qui, tremblant encor du naufrage passé,
> Du bris de mon navire au rivage *amassé*
> Bâtissois un autel aux dieux légers des ondes.
> > RÉGNIER, *Élégies*, 5.

> Mais ne voyez-vous pas quelques gens *amassez*
> Qui desjà vers le bourg se sont fort advancez?
> > RACAN, *les Bergeries*, V, 4.

> Un vieux valet restoit, seul chéri de son maître,
> Que toujours il servit, et qu'il avoit vu naître,
> Et qui de quelque somme *amassée* au bon temps
> Vivoit encor chez eux, partie à ses dépens.
> > BOILEAU, *Satires*, X.

> Que de moissons de gloire en courant *amassées!*
> > LE MÊME, *Art poétique*, IV.

> Il s'est fait apporter ces archives célèbres,
> Où les faits de son règne, avec soin *amassés*,
> Par de fidèles mains chaque jour sont tracés.
> > J. RACINE, *Esther*, II, 1.

> Un trésor. . . . .
> Par votre roi David autrefois *amassé*.
> > LE MÊME, *Athalie*, V, 2.

> Certain pasteur dit au peuple *amassé*.
> > J.-B. ROUSSEAU, *Épigrammes*, IV, 44.

Du verbe AMASSER s'étaient formés plusieurs substantifs :

AMASSÉE, s. f.

> Ausi cum dessevra Sanson
> Par force la gule al lïun
> Desseverrai lor *amassée*.
> > BENOIT, *Chronique des ducs de Normandie*, t. I, v. 9416.

AMASSEUR, s. m.

> Mieux vaut bon gardeur que bon *amasseur*.
> > H. ESTIENNE, *la Précellence du langage françois*.

> A père *amasseur* fils gaspilleur.
> > COTGRAVE, *Dictionnaire*.

> Le vrai Jupiter même n'est-il pas appelé, dans les fables, le tranquille et le serein, aussi bien que le foudroyant et l'*amasseur* de nuées.
> > BALZAC, *Dissertations critiques*, I.

> Tout à coup les uns tuent les *amasseurs* de noix, les autres saisissent les armes.
> > AGR. D'AUBIGNÉ, *Histoire universelle*, t. III, liv. IV, c. 16.

> Ne prisant rien que l'avare *amasseur*.
> > CL. MAROT, *Psaumes de David*, 10.

AMATEUR. (Voyez Tome II, p. 526.)

AMATIR, v. a. (Du simple *Matir*, autrement MATER, et, par ce mot, de *Mat*.)

AMATIR était usité dans notre vieille langue avec le sens général d'Affaiblir, et ceux qui s'en déduisaient par extension, par figure, Abattre, humilier, flétrir, etc. :

> La force Deu *amatid* les Philistiens.
> > *Les Quatre livres des Rois*, 1, VII, 13.

> Le royaume des Assyriens fut le flael que Dieu appareilla pour *amatir* son peuple d'Israël.
> > ALAIN CHARTIER, *De l'Espérance*, p. 295.

> Lesquels Liegeois... demeurèrent en leur pays très dolens et *amatiz* de la douleur qui leur estoit advenue.
> > MONSTRELET, *Chronique*, II, 50.

> Comme les jeunes et tendres fleurettes se sèchent et *amatissent*, quand aucun accident leur advient.
> > *Les Cent Nouvelles nouvelles*

> ... Mais la nuit close
> Flour et bouton et rose *est amatie*.
> > EUSTACHE DESCHAMPS, *Poésies mss.*, p. 255, col. 3. (Cité par Sainte-Palaye.)

Ces deux exemples font comprendre comment *Amatir* est resté d'usage dans la langue des orfèvres, où il signifie : Rendre mat l'or ou l'argent, en leur ôtant le poli.

AMAZONE, s. f. (Du latin *Amazon*, et, par ce mot, du grec Ἀμαζών.)

Nom donné par les anciens à des femmes guerrières, qu'ils croyaient avoir habité la Thrace, la
Scythie, les bords du Thermodon, etc. :

> Aucuns disent qu'en cent batailles il y eut des *amazones*
> qui combattirent du costé des barbares, estans descendues
> des montagnes qui sont au long du fleuve de Thermodon.
>   Amyot, trad. de Plutarque, *Pompée*, LIII.

> Dans une chambre elle (Psyché) étoit représentée en
> *amazone.*
>   La Fontaine, *Psyché*, 1.

> Ce qui les distingue de tous les autres peuples, c'est
> qu'ils ne souffraient jamais de femmes dans leurs peu-
> plades, comme on prétend que les *amazones* ne souffraient
> point d'hommes chez elles.
>   Voltaire, *Histoire de Pierre le Grand*, Ire part., c. 1.

> Il (Thésée) triompha, dit-on, des *amazones*, et sur les
> bords du Thermodon, et dans les plaines de l'Attique.
>   Barthélemy, *Voyage d'Anacharsis*, Introduction.

> Ce fils qu'une *amazone* a porté dans son flanc,
> Cet Hippolyte...
>   J. Racine, *Phèdre*, I, 3.

Amazone est employé adjectivement dans le passage suivant :

> C'est peu qu'avec son lait une mère *amazone*
> M'ait fait sucer encor cet orgueil qui t'étonne...
>   J. Racine, *Phèdre*, I, 1.

Amazone est un terme de comparaison fort usité
pour caractériser des femmes d'un mâle courage,
ou, par plaisanterie, des femmes de caractère
ou d'aspect trop viril.

> L'une (des précieuses bel esprit) étoit d'une taille qui
> approchoit un peu de celle des anciens géans, et son visage
> n'étant pas proportionné à sa taille, elle avoit la figure
> d'une laide *amazone.*
>   Fléchier, *Mémoires sur les grands jours de 1665.*

> Si vous aviez été nourrie dans la pensée que votre hon-
> neur consistoit à tuer les hommes, comme vous l'avez été
> dans celle qui consiste seulement à ne les pas aimer, je
> suis assuré que vous seriez aussi brave qu'une *amazone.*
>   Bussy-Rabutin, *Lettres* ; à Mme de Sévigné, 28 octobre 1683.

> Madame de Mimeure a soutenu l'opération avec un cou-
> rage d'*amazone.*
>   Voltaire, *Lettres* ; à Mme de Bernières, octobre 1724.

De là la qualification d'*Amazone*, avec le sens
de femme guerrière, courageuse, par une figure
dont on trouve l'antécédent chez Virgile disant
de Camille :

III.

> At medias inter cædes exsultat *amazon.*
>   Æn. XI, 648.

> Le vertueux Bayard et vous, brave *amazone*,
> La honte des Anglais et le soutien du trône.
>   Voltaire, *la Henriade*, c. 7.

> L'*amazone* surtout, signalant son courage,
> Triomphe et s'applaudit au milieu du carnage.
>   Delille, trad. de l'*Énéide*, XI, 648.

Habit d'amazone, ou, absolument, *Amazone*,
robe longue que les femmes portent pour monter
à cheval.

> Moi qui monte si bien à cheval, qui ai un si joli *habit
> d'amazone.*
>   Picard, *les Filles à marier*, I, 10.

> En *habit d'amazone*, au fond de nos déserts,
> Je te vois arriver plus belle et plus brillante
> Que la divinité qui naquit sur les mers.
>   Voltaire, *Épître*, à Mme de Saint-Julien.

On dit de même *Être vêtue en amazone.*

La Fontaine a appliqué le mot d'*amazone* à ses
Deux Chèvres se hasardant ensemble sur un pont
très étroit :

> D'ailleurs, l'onde rapide et le ruisseau profond
> Devoient faire trembler de peur ces *amazones.*
>   La Fontaine, *Fables*, XII, 4.

Montaigne a tiré d'*Amazone*, ou peut-être du
latin *Amazonius*, l'adjectif

AMAZONIEN, ENNE.

> Il faut laisser à la licence *amazonienne* les traicts pareils
> à cettuy-ci.
>   Montaigne, *Essais*, III, 5.

Un vieux trouvère désigne les *Amazones* par
cette expression :

> Cestes dames *amazoneises.*
>   Benoît, *Chronique des ducs de Normandie*, v. 439.

AMBAGES, s. f. pl. (Du latin *Ambages*.)

Il est masculin et pris au sens physique de Détours dans le passage suivant :

> Lesquelles (artères), de la senestre armoire du cœur pre-
> noyent leur origine, et les esperitz vitaulx affluoyent en
> longs *ambages* pour estre faicts animaux.
>   Rabelais, *Pantagruel*, III, 3.

AMBAGES ne s'emploie ordinairement qu'au figuré et signifie Circuit et Embarras de paroles :

Que chacun soit averti de... ne se point laisser mener à travers champs par leurs *ambages*.
CALVIN, *Contre l'astrologie judiciaire.*

Tu vas rondement en besoigne. Sans exception ne *ambages* tu m'as apertement dissolu toute crainte qui me povoit intimider.
RABELAIS, *Pantagruel,* III, 26.

Comme ce seigneur l'eut interrogé quel précepteur il donneroit à son fils, il répondit par *ambages*, à la façon des Oracles, Pythagore et Homère.
PERROT D'ABLANCOURT, trad. de Lucien, *Alexandre, ou le faux prophète.*

Point d'*ambages*, de circonlocutions.
MOLIÈRE, *le Mariage forcé,* sc. 6.

Je lui recommandai (à Desmarets)... surtout de bien confirmer Chamillart à le nommer nettement et fortement sans se cacher sous des *ambages*.
SAINT-SIMON, *Mémoires,* 1708.

Car que sert tant de langages
Entremeslez d'obscurité ?
Qui veut dire la vérité
Ne doit point chercher d'*ambages*.
Satire Ménippée, Nouvelles des régions de la lune, c. 8.

Dans le passage suivant, le mot est employé par Saint-Simon au singulier :

L'*ambage* de ses discours (du duc de Noailles) me fit entrevoir ce qu'il se proposoit.
SAINT-SIMON, *Mémoires,* 1711.

On a dit autrefois au même sens, AMBAGEOIS :

Luy en jettoit puis çà puis là un mot à la vollée et par *ambageois*, dont elle estoit bien esbahye.
Arresta Amorum, p. 184. (Cité par Sainte-Palaye.)

Ne point parler par *ambageois*, mais dire clerement la pure vérité, sans *ambageois*.
ROB. ESTIENNE, J. THIERRY, NICOT, *Dictionnaires.*

Par ambageois signifie Par adresse, dans les vers suivants :

Maistre Francoys, debvez le croire,
Emprunta deux grans brocs de boys,
Disant qu'il estoit nécessaire
D'avoir du vin *par ambagoys*.
La repeue de Villon et de ses compaignons.
La manière d'avoir du vin.

On trouve chez un de nos vieux poètes l'adjectif AMBAGIQUE, traduction singulière de *Cyclicus* (*Scriptor*).

Et ne feras un exorde si vain
Comme jadis l'*ambagique* écrivain.
PELETIER DU MANS, trad. de l'*Art poétique* d'Horace.

Et, dans le dictionnaire de Cotgrave, l'adjectif AMBAGIEUX.

AMBASSADE, s. f. (On le tire généralement du mot de la basse latinité *Ambactia, Ambascia, Ambaxia,* Service, emploi, mission, que l'on rattache à *Ambactus,* Serviteur, compagnon, mot que nous connaissons par César (*Comm.* VI) et par Festus.)

On l'a écrit AMBAXADE, EMBASSADE (voyez le *Glossaire* de Sainte-Palaye). On trouve chez Froissart (*Chroniques*), AMBASSADERIE, et chez le Laboureur (*Histoire de Louys de France*), AMBAXERIE.

AMBASSADE désigne l'Emploi, la fonction d'un homme envoyé par un prince ou par un État souverain, à un autre prince ou État souverain, avec le caractère de représentant :

Le roi de France y envoie aussi un ambassadeur, Jacques Amyot, plus connu par sa naïve traduction de Plutarque que par cette *ambassade*.
VOLTAIRE, *Essai sur les mœurs,* c. 172, du Concile de Trente.

Comme le chevalier de Chaumont étoit déjà nommé ambassadeur, l'abbé de Choisy lui fut adjoint avec le titre, jusqu'alors inconnu, de coadjuteur d'*ambassade*.
D'ALEMBERT, *Éloge de l'abbé de Choisy.*

On a dit en ce sens l'*Ambassade de* quelqu'un, son *Ambassade, ses Ambassades.*

Sethon qui arrive fraichement de son *ambassade*.
LA BRUYÈRE, *Caractères,* c. 5.

Il (M. de Fontaine-Martel)... s'étoit fait... une grande réputation dans ses *ambassades*.
SAINT-SIMON, *Mémoires,* 1692.

Il se ruina si bien dans ses *ambassades*, qu'il n'avoit pas de quoi se faire enterrer quand il mourut.
LE SAGE, *le Diable boiteux,* c. 12.

Je suis charmé que vous ne partiez pas sitôt pour Gênes; votre *ambassade* m'a la mine d'être pour vous un bénéfice simple.
VOLTAIRE, *Lettres;* à M. de la Faie, 1716.

Voilà donc le succès qu'aura votre *ambassade*,
Oreste ravisseur.
J. RACINE, *Andromaque*, III, 1.

C'est toi dont l'*ambassade*, à tous les deux fatale,
L'a fait, pour son malheur, pencher vers ma rivale.
LE MÊME, même ouvrage, V, 3.

On dit, dans un sens absolu, *La carrière des ambassades,* ou, simplement, *Les ambassades :*

C'étoit (madame de Pomponne) une femme pieuse, retirée, qui aimoit ses écus, et qui n'avoit jamais fait grande figure dans *les ambassades*.
SAINT-SIMON, *Mémoires*, 1712.

La maison de Solar, voulant courir *la carrière des ambassades...* auroit été bien aise de se former d'avance un sujet qui eût du mérite et des talents.
J.-J. ROUSSEAU, *les Confessions*, I, 3.

AMBASSADE se dit de la députation elle-même, de la personne ou des personnes à qui une mission diplomatique est confiée :

Ce n'est pas chose trop seure de tant d'allées et venues d'*ambassades*, car bien souvent se traictent de mauvaises choses.
COMMINES, *Mémoires*, c. 8.

Ce général (Annibal) songeoit à tout. De secrètes *ambassades* l'avoient assuré des Gaulois d'Italie.
BOSSUET, *Discours sur l'histoire universelle*, I, VIII.

Tous les princes de la religion catholique envoient au Pape, à leur avènement, des *ambassades* qu'on nomme d'obédience.
VOLTAIRE, *Siècle de Louis XIV*, État de l'Europe avant Louis XIV, c. 2.

Recevoir *ambassade* en qualité de reine.
P. CORNEILLE, *Nicomède*, III, 1.

On dit *Envoyer, aller en ambassade :*

Et pour certaines matières, icellui et autres avec lui avons *envoié en ambaxade* auprès de nostre très-cher et très-amé frère le roy d'Écosse.
CHARLES VII, *Lettres*. (Voir *Chronique de la Pucelle*, édit. de Vallet de Viriville, p. 76.)

Ceux qui avoient accoustumé de voyager et aller en *ambassade* pour le roy.
MARTIN DU BELLAY, *Mémoires*.

AMBASSADE reçoit souvent un complément formé au moyen de la préposition *de* et de son régime, lequel fait connaître,

Soit la destination de l'Ambassade :

Avaray, bon militaire et rien de plus, fut choisi pour l'*ambassade de* Suisse.
SAINT-SIMON, *Mémoires*, 1716.

Mandez-moi comment va l'édition de l'abbé de Chaulieu, que vous préférez au secrétariat de l'*ambassade de* Vienne.
VOLTAIRE, *Lettres;* à Thieriot, octobre 1724.

L'*ambassade de* Venise est toujours assez oisive.
J.-J. ROUSSEAU, *les Confessions*, VII.

Soit la puissance par qui elle est envoyée :

Ce fut à Samarcande qu'il reçut, à l'exemple de Gengis, l'hommage de plusieurs princes de l'Asie, et l'*ambassade de* plusieurs souverains.
VOLTAIRE, *Essai sur les mœurs*, c. 88. De Tamerlan.

On dit, absolument, *L'ambassade :*

Le consul de France étoit resté chargé des affaires de l'*ambassade*.
J.-J. ROUSSEAU, *les Confessions*, VII.

AMBASSADE se dit, collectivement, de l'Ambassadeur et des personnes, gentilshommes, conseillers, secrétaires, etc., qui l'accompagnent.

Il se dit aussi de l'hôtel et des bureaux d'un ambassadeur. Être logé à l'*Ambassade*, aller à l'*Ambassade*.

AMBASSADE a été pris quelquefois pour le message même confié à l'ambassadeur :

Le président Viole se desmesla de l'*ambassade* qu'il avoit à porter, comme un homme qui en estoit fort honteux.
LE CARDINAL DE RETZ, *Mémoires*.

Nostre *ambassade* luy diron,
Et ce qui vers luy nous amayne.
Le Mistere du siege d'Orleans, v. 3675.

Devers vous je viens ceste part
Pour une *ambassade* jolye.
Même ouvrage, v. 7687.

Dans le langage familier, AMBASSADE se dit de certains messages entre particuliers :

Essayez un peu, par plaisir à m'envoyer des *ambassades...* Elle a reçu une *ambassade* de sa part. — Moi, j'ai reçu une *ambassade ?* — J'ai envoyé une *ambassade ?*
MOLIÈRE, *Georges Dandin*, I, 6.

Psyché de ce même pas s'en alla faire à son autre sœur la même *ambassade*.
LA FONTAINE, *Psyché*, II.

Je sentis à son discours et à son maintien l'extrême honte que lui donnoit sa misérable *ambassade*.

SAINT-SIMON, *Mémoires*, 1711.

La république a envoyé mon libraire en *ambassade* à Versailles.

VOLTAIRE, *Lettres; 20 avril 1770.*

Il me faudroit pour l'*ambassade*
Quelque discours prémédité.

MOLIÈRE, *Amphitryon*, I, 1.

Son frère arrive et lui fait l'*ambassade*.

LA FONTAINE, *Contes*, I, 1.

Faire une belle ambassade se dit, par plaisanterie, pour Être chargé d'une mauvaise commission, s'acquitter mal d'une mission, mal conduire une affaire :

Oh ! juste ciel ! *j'ai fait une belle ambassade.*

MOLIÈRE, *Amphitryon*, I, 2.

Ambassade a été autrefois employé au masculin avec le sens d'Ambassadeur :

Nous sommes appelés comme par un hérault et *ambassade* envoyé du ciel.

A. PARÉ, *Œuvres*, XXIV, 53.

Il veut pour *ambassade* avoir mon lieutenant général, afin d'envoyer cependant assaillir mon camp.

MARTIN DU BELLAY, *Mémoires*.

Verac... qui... venoit de porter argent, de négotiateur... passa pour *ambassade*, et fut laissé aller.

AGR. D'AUBIGNÉ, *Histoire universelle*, t. II, liv. I, c. 18.

Rome ne fut pas courtoise au commencement, aux premiers et seconds *ambassades*.

LE MÊME, même ouvrage, t. III, liv. IV, c. 9.

AMBASSADEUR, s. m. (Des mots de la basse latinité *Ambasciator, Ambaxiator*.)

On l'a écrit, AMBAXADEUR, AMBASSEUR, AMBAXEUR, etc.

Celui qui est envoyé en ambassade par un prince ou par un État souverain, avec le caractère de représentant.

Devoient les ambaxadeurs, qui ce message de par le roi de France feroient en Écosse, avoir sauf conduit allant et retournant parmi le royaume d'Angleterre.

FROISSART, *Chroniques*, liv. II, c. 216.

Plusieurs notables *ambaxadeurs*, par diverses fois, furent envoiez de France en Angleterre et d'Angleterre en France.

MONSTRELET, *Chronique*, I, 4.

Fut *ambassadeur* pour deux fois de cette matière le seigneur de Scalles, un très gentis chevalier.

COMMINES, *Mémoires*, IV, 2.

Le meurtre commis en la personne de Tatius, et semblablement des *ambassadeurs* qui avoient été occis.

AMYOT, trad. de Plutarque, *Vie de Romulus*, c. 37.

Sur ce temps, il se parla pour moy du mariage du roy de Portugal, qui envoya des *ambassadeurs* pour me demander.

MARGUERITE DE VALOIS, *Mémoires*.

Les *ambassadeurs* ont une charge plus libre... ils n'exécutent pas simplement, mais forment aussi et dressent par leur conseil la volonté du maistre.

MONTAIGNE, *Essais*, I, 16.

Vous envoyastes plusieurs fois diverses sortes d'*ambassadeurs* vers le roy, tant à Rouen qu'à Chartres.

Satire Ménippée, Harangue de M. d'Aubray.

La personne des *ambassadeurs* est sacrée et inviolable.

BOSSUET, *Sermons*, Sur la paix faite par Jésus-Christ.

Je vois bien, ajouta-t-il en quittant M. de Nemours, qu'il faudroit faire votre mariage comme on feroit celui de M. le Dauphin, et envoyer épouser la reine d'Angleterre par des *ambassadeurs*.

Mme DE LA FAYETTE, *la Princesse de Clèves*, IIe part.

Tout le raffinement d'un *ambassadeur*, et toute sa politique, tendent à tromper et à n'être point trompé.

LA BRUYÈRE, *Caractères*.

Vous *ambasseur* et messagier,
Qui alez par le monde, ès cours
Des grands princes, pour besongnier.

EUSTACHE DESCHAMPS, *Poés. mss.*, fol. 364, col. 3.

Monseigneur le Bastard vous prie
Que vous ne le retenez plus ;
Ung *ambassadeur* ne doit mye
Avoir aucun mal ne jus.

Le Mistere du siege d'Orleans, v. 11781.

Le rang d'*ambassadeur* doit être respecté.

P. CORNEILLE, *Nicomède*, I, 4.

... Sur le nom de son *ambassadeur*
J'avois dans ses projets conçu plus de grandeur.

J. RACINE, *Andromaque*, I, 2.

Par mes *ambassadeurs* mon cœur vous fut promis.

LE MÊME, même ouvrage, IV, 5.

Tout petit prince a des *ambassadeurs*.

LA FONTAINE, *Fables*, I, 3.

Que font vos légions ? Ces superbes vainqueurs
Ne combattent-ils plus que par *ambassadeurs* ?

CRÉBILLON, *Rhadamisthe et Zénobie*, II, 2.

On dit *Ambassadeur ordinaire, Ambassadeur extraordinaire.*

Le dessein que la cour forma de ménager la paix du Turc avec Venise, le fit nommer (d'Argenson) *ambassadeur extraordinaire* vers cette république.

FONTENELLE, *Éloge de d'Argenson.*

Ambassadeur, comme on le voit dans l'exemple précédent, est quelquefois construit avec des prépositions, *Vers, à, en, de :*

Nous avons suscité nos *ambassadeurs* d'Espagne de protester contre l'audience, et contre ce que le pape voudroit faire sur la prétendue conversion du Biarnois.

Satire Ménippée, Harangue de Monsieur le lieutenant.

Il fut toute sa vie *ambassadeur* à Rome ou *en* France, *en* Angleterre ou *en* Portugal.

LE SAGE, *le Diable boiteux,* c. 12.

Il députa Louis Raimond en qualité *d'ambassadeur vers* Bajazet.

VOLTAIRE, *Essai sur les mœurs,* c. 113. Ligue de Cambrai.

AMBASSADEUR se dit figurément et familièrement de Toute personne que l'on emploie à faire quelque message :

Ce monsieur le vicomte a bien choisi son monde, que de te prendre pour son *ambassadeur.*

MOLIÈRE, *Georges Dandin,* II, 1.

Ils n'approuvent point que vous envoyiez un *ambassadeur.*

Mme DE SÉVIGNÉ, *Lettres;* 10 novembre 1673.

Encore rebuté?
— Jamais *ambassadeur* ne fut moins écouté.

MOLIÈRE, *le Dépit amoureux,* IV, 2.

Mais tu perds le respect; je suis *ambassadeur.*

REGNARD, *le Distrait,* V, 1.

Je suis *ambassadeur*
Et de plus confident d'un jeune gentilhomme.

DESTOUCHES, *le Médisant,* I, 4.

AMBASSADEUR est encore pris figurément dans des passages tels que les suivants :

Je suis venu aux plus grans journées qui m'a esté possible, et ne fust le mauvais temps, pires chemins et vieillesse qui ne me permectent pas faire grand dilligence, je serois desja avecques vous, car la cause de mon voiage ne veut sesjour et requiert que moy-mesmes en soye *l'ambassadeur.*

VILLERS DE L'ILE-ADAM, *Lettres;* au maréchal de Montmorency. (Voyez *Négociations de la France dans le Levant,* t. I, p. 140.)

Cimaroste, qui, pour n'avoir encor acquis beaucoup de cognoissance en Rome, ne sçavoit comme se faire cognoistre au pape, délibera estre soi-mesme son *ambassadeur,* se présenter à Sa Sainteté, et luy remonstrer ce qu'il sçavoit faire.

Facétieuses Nuits de Straparole, VIIe nuit, fable 3.

Que Jésus-Christ soit l'*ambassadeur* du Père éternel et son *ambassadeur* pour traiter de la paix, toute l'Écriture nous le témoigne...

Dieu a aussi ses agents parmi les hommes, il y a ses *ambassadeurs.* Ces *ambassadeurs,* chrétiens, ce sont les ministres de ses Sacrements et les prédicateurs de son Évangile.

BOSSUET, *Sermons,* Sur la paix faite par Jésus-Christ.

Qu'est-ce qu'un prédicateur de l'Évangile à proprement parler, sinon un député et un *ambassadeur* que Dieu envoie vers les hommes, pour leur parler de sa part, pour leur expliquer ses intentions.

ROLLIN, *Traité des Études de l'éloquence de la Chaire, de l'étude de l'Écriture sainte,* I.

Aux rois épouvantés ils n'adressent leur voix
Que comme *ambassadeurs* du souverain des rois.

L. RACINE, *la Religion,* III.

Certaines fonctions sont désignées par ces titres: *Introducteur, sous-introducteur des Ambassadeurs :*

Saint-Laurent étoit un homme de peu, *sous-introducteur des ambassadeurs* chez Monsieur et de basse mine.

SAINT-SIMON, *Mémoires,* 1692.

AMBASSADRICE, s. f.

Ce mot sert, le plus ordinairement, à désigner la Femme d'un ambassadeur :

L'*ambassadrice* d'Angleterre, après avoir été longtemps malade, décéda hier matin.

MALHERBE, *Lettres;* CLXIX, 4 décembre 1614.

Ah! que j'aimerois à faire un voyage à Rome... mais ce seroit avec le visage et l'air que j'avois il y a bien des années... Il ne faut pas remuer les vieux os, surtout les femmes, à moins que d'être *ambassadrice.*

Mme DE SÉVIGNÉ, *Lettres;* à M. de Coulanges, 8 janvier 1690.

Madame de Prie avoit donc vu le grand monde françois et étranger; elle en avoit pris le ton et les manières en *ambassadrice.*

SAINT-SIMON, *Mémoires,* 1722.

Il est fait allusion à ce sens dans le passage suivant :

Suzon, dame du lieu, l'*ambassadrice* de poche.

BEAUMARCHAIS, *le Mariage de Figaro,* I, 2.

Femme envoyée en Ambassade, avec un caractère public :

Une telle dame fut envoyée *ambassadrice* en Pologne.
Dictionnaire de l'Académie, 1694.

La maréchale de Guebriant, la seule femme qui ait jamais eu le titre et fait les fonctions d'*ambassadrice* plénipotentiaire.
VOLTAIRE, *Siècle de Louis XIV*. Écrivains. Le Laboureur (Jean).

AMBASSADRICE est pris en ce sens dans le passage suivant :

L'abeille *ambassadrice* de sa nation représenta la douceur du miel qui est le nectar des hommes.
FÉNELON, *Fables*, XXVII.

AMBASSADRICE se dit, figurément et familièrement d'une femme chargée de quelque message :

Il embrassa avec emportement la bienheureuse *ambassadrice*.
SCARRON, *Roman comique*, II, 19.

Je suis une *ambassadrice* de joie.
MOLIÈRE, *le Bourgeois gentilhomme*, III, 8.

Elle me reçut d'un air riant, me fit asseoir auprès d'elle malgré moi, et, ce qui acheva de me ravir, elle dit à son *ambassadrice* de passer dans une autre chambre.
LE SAGE, *Gil Blas*, IV, 2.

La princesse (de Vermandois)... lui fit sentir (à Mme de Prie) qu'elle étoit indignée que son frère lui dépêchât une telle *ambassadrice*.
VOLTAIRE, *Siècle de Louis XV*, c. 3.

L'*ambassadrice* n'étoit pas mal choisie,... jeune et belle encore, elle avoit tous les talents nécessaires pour se bien tirer d'une négociation.
J.-J. ROUSSEAU, *les Confessions*, I, 3.

On trouve dans le passage suivant, de date ancienne, le verbe :

AMBASSADER.

Tant *ambassada* ledit duc Guillaume d'une partie et d'autre, qu'il fut conclud, etc.
ALAIN CHARTIER, *Histoire de Charles VII*.

AMBE, s. m. (Du latin *Ambo*.)

AMBE a été employé, dans les temps anciens de la langue, adjectivement, au sens d'*Ambo*, deux.

Si y ot, par ces dicts vaillants chevaliers et leurs gens, plusieurs besongnes entre Françoiz et Angloiz, où il ot pertes et gaignes, souventefoiz d'*ambe* les deux parties.
CHRISTINE DE PISAN, *Histoire de Charles V*, III, 25.

Ambes ses mains en levat cuntre-munt.
Chanson de Roland, v. 419.

Mez li baronz les firent d'*ambe* part accorder.
WACE, *Roman de Rou*, IIe part.

D'*ambes* par i fu granz l'asemblée.
BENOIT, *Chronique des ducs de Normandie*, t. II, p. 29, v. 16152.

D'*Ambo* et de *Duo* s'était formé, à la même époque, le mot composé *Ambedui*, *Ambedeus*, etc., et, par contraction, *Andui*, *Andeus*, etc., signifiant Tous deux. (Voyez le *Glossaire* de Sainte-Palaye.)

Et reprist une altre dame Achinoen de Jezrael ; e furent *ambes dous* ses muilliers.
Les quatre Livres des Rois, I, xxv, 43.

Clops fud de *ambedous* les piez.
Même ouvrage, II, ix, 13.

Jadis avint en Normandie
Une aventure mut oïe
De deus amanz qui s'entr'amèrent,
Par amur *ambedeus* finèrent.
MARIE DE FRANCE, *Lais des deux amanz*, I.

Ot *ambdeus* cousues ses manches.
Roman de la Rose, v. 564.

AMBE n'est plus d'usage que comme substantif, pour désigner la Combinaison de deux numéros pris ensemble à la loterie et sortis ensemble de la roue de fortune.

Il signifie également, au Loto, la sortie de deux numéros placés sur la même ligne horizontale, ou de la même couleur, dans le tableau que le joueur a devant lui, et sur lequel il marque.

AMBESAS, s. m. (Du vieux mot *Ambe* et de *As*.)

On l'a écrit AMBESSAS, AMBEZAS, etc. (Voyez le *Glossaire* de Sainte-Palaye.)

Terme de jeu. Coup de dés qui amène deux as : -

Ayant fait *ambezatz*, il se démasque.
BOUCHET, *Serées*, I, 3.

Lucrèce n'avoit pas encore achevé, quand sa tante rompit le jeu, et mesme un cornet qu'elle tenoit à la main, à cause d'un *ambezas* qui lui étoit venu le plus mal à propos du monde.
FURETIÈRE, *le Roman bourgeois*.

L'un des joueurs gecte *ambesas*.
EUST. DESCHAMPS, *Le dit du jeu des dés*, p. 174.

Au jeu de Trictrac, où ce terme était particulièrement en usage, on dit plus communément *Beset*.

AMBIANT, **ANTE**, adj. (Du latin *Ambiens*, participe présent d'*Ambire*.)

A la même origine se rapporte le vieux verbe Ambier, que donne Cotgrave.

Ambiant n'est que terme de Physique : il signifie Qui entoure, qui enveloppe, qui circule autour, et se dit de l'air, des gaz, etc. :

En esté... à raison de l'excessive chaleur de l'air ambiant, faut user de viandes froides et humides, pour corriger ceste chaleur excessive et comme febrile.
A. Paré, *Œuvres*, I, 17.

A demi-pied d'un mur, l'air moins *ambiant* et plus réfléchi vous porte une autre sensation au visage.
J.-J. Rousseau, *Émile*, II.

Ambiant est employé substantivement dans le passage suivant :

Tout corps fait effort pour agir au dehors, et agiroit notablement, si les efforts contraires des *ambiants* ne l'en empêchoient.
Leibnitz, *Lettre à Pellisson*, imprimée dans le traité *de la Tolérance des religions*, p. 68.

AMBIDEXTRE, adj. des deux genres. (Du latin *Ambidexter*, et, par ce mot, de *Ambo* et de *Dexter*.)

Qui se sert des deux mains avec une égale facilité :

Il vous révélera que Nemrod étoit gaucher, et Sésostris *ambidextre*.
La Bruyère, *Caractères*, c. 5.

Il a le même sens, mais est employé métaphoriquement dans cette phrase d'Amyot :

Où beaulté est, *ambidextre* je suis.
Amyot, trad. de Plutarque, *Œuvres morales*, Comment il faut lire les poëtes.

Il a pu être pris dans des sens figurés, comme *Ambidexter*, qui, d'après des textes rapportés à ce mot par Du Cange, s'est dit d'un homme propre à un double office, ou d'un juge recevant des deux parties.

On comprend comment il a pu s'appliquer à un voleur adroit :

Je n'eus pas sitôt dit à cet *ambidextre* que je consentois d'augmenter le nombre de ses camarades, qu'il me conduisit où ils étoient.
Le Sage, *Gil Blas*, V, 1.

D'Ambidextre on a fait Ambidextérité, s. f.

Il seroit à souhaiter qu'au lieu de corriger les enfants qui usent indifféremment de l'une ou de l'autre (main) on les accoutumât à se servir de leur *ambidextérité* naturelle.
Morin, *Mémoires de l'Académie des inscriptions et belles-lettres*, t. III, p. 64.

AMBIGU, **UË**, adj. (Du latin *Ambiguus*.)

Qui présente deux sens, peut être pris en deux sens, et, par suite, qui donne lieu de douter, qui met dans l'embarras.

Pour ung ou deux jugemens ainsi donnez à l'adventure, je ne m'esbahirois poinct, mesmement en matiere de soi *ambigués*, intricquées, perplexes et obscures.
Rabelais, *Pantagruel*, III, 41.

Sur tout leur preste beau jeu le parler obscur, *ambigu* et fantastique du jargon prophétique, auquel leurs autheurs ne donnent aucun sens clair, afin que la posterité y en puisse appliquer de tel qu'il luy plaira.
Montaigne, *Essais*, I, xi.

Il y a des formes mestises et *ambigués* entre l'humaine nature et la brutale.
Le même, même ouvrage, II, 12.

De là ils n'eurent que responces *ambigues*.
Agr. d'Aubigné, *Histoire universelle*, t. I, liv. IV, c. 21.

Il (Caligula) fit brusler un poète sur le théâtre, à cause d'un vers qu'il avoit fait un peu *ambigu*.
Coeffeteau, *Histoire romaine*, liv. III.

La reine se mit à sourire, mais d'une sorte de sourire *ambigu*.
Le cardinal de Retz, *Mémoires*.

Monsieur respondit au président de Novion, qui lui avoit esté député, d'une manière *ambiguë* et conforme à la conduite qu'il avoit résolue.
Le même, même ouvrage.

Un païen même disoit qu'il ne faut pas faire ce qui est douteux et *ambigu*.
Bossuet, *Politique tirée de l'Écriture sainte*.

Ce brutal ne survécut guère à Smerdis, son frère, qu'un songe *ambigu* lui fit tuer en secret.
Le même, *Discours sur l'histoire universelle*, I, 8.

Ces hérétiques cachoient leur venin sous des paroles ambiguës.

BOSSUET, *Discours sur l'histoire universelle*, I, 11.

Quel est l'homme sage et discret qui voudra une femme vaine, et dont la vertu paraît *ambiguë*, à en juger par son extérieur?

FÉNELON, *Avis à une dame sur l'éducation de sa fille.*

Je conviens qu'on ne doit jamais hasarder aucune locution *ambiguë*.

LE MÊME, *Lettre à l'Académie.*

Elle (Rome) donna donc une constitution *ambiguë* contre le jansénisme.

SAINT-SIMON, *Mémoires*, 1709.

Montaléon répliqua que... les réponses *ambiguës* n'entretenoient point l'amitié.

LE MÊME, même ouvrage, 1718.

Il (Auguste) en fit un (gouvernement) aristocratique par rapport au civil, et monarchique par rapport au militaire : gouvernement *ambigu*, qui, n'étant pas soutenu par ses propres forces, ne pouvoit subsister que tandis qu'il plairoit au monarque, et étoit entièrement monarchique par conséquent.

MONTESQUIEU, *Grandeur des Romains*, c. 13.

Un caractère *ambigu*, un mélange de vertus et de vices, un contraste perpétuel de bons sentiments et d'actions mauvaises.

PRÉVOST, *Manon Lescaut*, 2.

Cette différence de sentiments m'exposoit souvent, de la part de ma femme, à quelques propositions *ambiguës*, que je tâchois d'éluder.

MARIVAUX, *le Paysan parvenu*, VIIIᵉ part.

Aristote a dit que le phoque étoit d'une nature *ambiguë* et moyenne entre les animaux aquatiques et terrestres.

BUFFON, *Histoire naturelle.*

Quel motif si puissant nous enchaîne à cette existence *ambiguë* que nous voulons conserver, et que nous ne saurions définir?

MIRABEAU, *Discours du 23 janvier 1789.*

Martian n'a parlé qu'en termes *ambigus.*

P. CORNEILLE, *Othon*, I, 3.

Vos mines et vos cris aux ombres d'indécence
Que d'un mot *ambigu* peut avoir l'innocence.

MOLIÈRE, *le Misanthrope*, III, 5.

C'est à regret qu'on voit un auteur (Voiture) si charmant,
Et pour mille beaux traits vanté si justement,
Chez toi toujours cherchant quelque finesse aiguë,
Présenter au lecteur sa pensée *ambiguë*.

BOILEAU, *Satires*, XII, Sur l'équivoque.

On l'a quelquefois dit des personnes, pour marquer l'obscurité de leurs pensées et de leurs discours, la difficulté de les comprendre, de les connaître, leur incertitude sur le choix d'une croyance, d'une profession, sur un parti à prendre.

Mars... est un dieu fort traistre et *ambigu*, qui faict souvant bruncher lourdement ceux qui le suivent.

BRANTÔME, *Vies des Capitaines illustres.*

J'ay veu de mon temps mille hommes souples, mestis, *ambigus*, et que nul ne doutoit estre plus prudens mondains que moy, se perdre où je me suis sauvé.

MONTAIGNE, *Essais*, II, 16.

Ceux que l'honneur et la probité tenoient dans cet état violent parloient peu, balançoient entre les deux et demeuroient *ambigus*, sans se prononcer ni pour ni contre.

Mᵐᵉ DE MOTTEVILLE, *Mémoires.*

D'ailleurs, comme il (Tibère) estoit obscur et *ambigu* dans les choses les plus claires, soit par nature ou par habitude, maintenant qu'il employoit tout son esprit pour déguiser sa pensée, il estoit impossible de la pénétrer.

PERROT D'ABLANCOURT, trad. de Tacite, *Annales*, I.

Avant la mort de son frère on l'appeloit l'*Ambigu* (Jacques Davy du Perron), car il n'étoit ni d'église, ni de robe, ni d'épée, ni ignorant, ni savant.

TALLEMANT DES RÉAUX, *Historiettes*. Le cardinal Du Perron et son frère.)

J.-B. Rousseau l'a appliqué même à des Lieux où l'on est incertain de sa route :

Dans les routes *ambiguës*
Du bois le moins fréquenté,
Parmi les ronces aiguës
Il chemine en liberté.

J.-B. ROUSSEAU, *Odes*, I, 6.

AMBIGU, s. m.

Il n'est pas sans rapport avec le *Cœna dubia* des poètes latins (Terent., *Phorm.*, II, 2, 28; Horat., *Sat.*, II, 11, 74), et se dit d'Un repas où l'on sert à la fois les viandes et le dessert, et qui tient de la collation et du souper :

C'étoient des *ambigus* qui partoient... de France pour renchérir au milieu de Londres, sur les collations du roi.

HAMILTON, *Mémoires de Grammont*, c. 7.

Il se dit figurément d'un mélange de choses différentes, de qualités opposées :

L'air précieux n'a pas seulement infecté Paris; il s'est aussi répandu dans les provinces, et nos donzelles en ont humé leur bonne part. En un mot, c'est un *ambigu* de précieuse et de coquette que leur personne.

> MOLIÈRE, *les Précieuses ridicules*, sc. I.

C'est, dans son caractère, une espèce parfaite,
Un *ambigu* nouveau de prude et.de coquette.

> REGNARD, *le Joueur*, I, 6.

AMBIGUÏTÉ, s. f. (Du latin *Ambiguitas*.)

Il se dit généralement de ce qui met dans le doute, dans l'incertitude, dans l'embarras, et, plus particulièrement, d'un discours équivoque.

On remarquera que dans le premier des exemples suivants, il a le sens physique des mots : *Détours, Labyrinthes,* desquels il est rapproché :

Il y a tant de tours de souplesse entre ceux qui plaident, tant de destours, *ambiguitez*, labyrinthes et faux chemins, qu'il est bien difficile de parvenir au vrai temple de la Justice.

> *Les Caquets de l'accouchée.*

Les poursuites de l'esprit humain sont sans terme : son aliment est doubte, *ambiguité.*

> CHARRON, *De la Sagesse*, I, 15.

Il faut bien que Dieu soit cognu de nous plus familièrement, à ce que nous ne chancelions point tousjours en *ambiguité.*

> CALVIN, *Institution chrestienne*, liv. I, c. 14, § 1.

Il leur fist response en telle sage et douce *ambiguité* qu'ils n'eurent cause d'aucune suspicion.

> BRANTÔME, *Vies des Capitaines illustres*, disc. I.

Si vous avez envie d'éclaircir des *ambiguitez*, apprenez-nous que celui que le commun appelle heureux, ne l'est point.

> MALHERBE, *les Épitres de Sénèque*, XLV, III.

Tibère parla de cette action avec ses *ambiguitez* ordinaires.

> PERROT D'ABLANCOURT, trad. de Tacite. *Annales*, III, 18.

Le premier parti que je pris fut d'appuyer imperceptiblement les incertitudes et les *ambiguités* de M. le prince de Conti.

> CARDINAL DE RETZ, *Mémoires*, II° part., 1649.

Vous savez que cela ne réussit pas dans le monde. On y hait l'*ambiguité,* et surtout en matière de foi.

> PASCAL, *Provinciales*, 17.

Il n'y a là ni *ambiguité* ni équivoque.

> BOURDALOUE, *Sermons*. Sur le Pardon des injures.

III.

Ces paroles ne démentoient point l'*ambiguïté* et l'obscurité ordinaire des réponses que font les dieux.

> LA FONTAINE, *Psyché.*

C'était assez le style et l'usage de Turenne de s'exprimer toujours avec modération et *ambiguité.*

> VOLTAIRE, *Siècle de Louis XIV*, c. 12.

Dans les plus claires lois, ton *ambiguité*
Répandant son adroite et fine obscurité,
Aux yeux embarrassés des juges les plus sages
Tout sens devint douteux, tout mot eut deux visages.

> BOILEAU, *Satires*, XII. Sur l'Équivoque.

AMBIGUMENT, adv.

On l'a écrit AMBIGUEMENT, D'une manière ambiguë, avec ambiguïté.

Ils ne parlent pas sec, distinctement, clairement... mais *ambiguément* comme oracles.

> CHARRON, *De la Sagesse*, II. Préface, 2.

Il ne parla pas *ambiguément* comme la pluspart, pour se pouvoir expliquer après selon l'occasion, mais il se déclara d'abord.

> PERROT D'ABLANCOURT, trad. de Tacite. *Histoires*, III, 1.

Celui qui avoit fait des avances et qui ne vouloit pas être nommé, lui avoit parlé si *ambiguement* qu'elle (la Palatine) en étoit entrée en défiance.

> CARDINAL DE RETZ, *Mémoires*, II° part., 1650.

Un habile négociateur sait parler en termes clairs et formels : il sait encor mieux parler *ambigument*, d'une manière enveloppée, user de tours ou de mots équivoques.

> LA BRUYÈRE, *Caractères*, c. 10.

AMBITION, s. f. (Du latin *Ambitio*.)

Désir immodéré d'honneur, passion ardente de puissance, et, en général, de distinctions.

Il se prend tantôt en mauvaise part, tantôt en bonne.

Plusieurs vont à leur but sans nul choix des moyens, quelques-uns par de grandes choses et d'autres par les plus petites ; ainsi telle *ambition* est vice, telle vertu, telle vigueur d'esprit, telle égarement et bassesse.

> VAUVENARGUES, *Introduction à la connoissance de l'esprit humain*, liv. II, 25. De l'Ambition

AMBITION se prend absolument, l'*Ambition, Ambition :*

Ambitions est li première lechons que li dyables aprent as escoliers.

> *Le Mireoir du Monde*, ms. 7363, fol. 202, v°,c. 1.

8

L'ambition, qui est la plus vehemente passion de toutes celles dont les esprits des hommes sont travaillez.

   AMYOT, trad. de Plutarque. *Vie de Cicéron.*

Tenant le dos tourné à *l'ambition.*

   MONTAIGNE, *Essais,* III, 1.

L'ambition, qui est une faim d'honneurs, est une bien douce passion qui se coule aisément es esprits plus genereux et ne s'en tire qu'à peine.

   CHARRON, *De la Sagesse,* I, 21.

La pensée d'ouïr ma mère, Madame la baronne, occupoit agréablement mon esprit, et *l'ambition* s'emparoit peu à peu de ma jeune tête.

   SCARRON, *Roman comique,* II, 3.

On passe souvent de l'amour à *l'ambition;* mais on ne revient guères de *l'ambition* à l'amour.

   LA ROCHEFOUCAULD, *Maximes,* DXIV.

Non, non, ne le croyez pas, que la justice habite jamais dans les âmes où *l'ambition* domine.

   BOSSUET, *Oraison funèbre de M. Le Tellier.*

A la cour, bien loin de faire un crime de *l'ambition,* on s'en fait une vertu; ou si elle y passe pour un vice, du reste on la regarde comme le vice des grandes âmes, et on aime mieux les vices des grandes âmes que les vertus des simples et des petits.

   BOURDALOUE, *Carême.*

L'avarice et *l'ambition* sont plus mécontentes de ce qu'elles n'ont pas encore, qu'elles ne sont satisfaites de tout ce qu'elles possèdent.

   FÉNELON, *Réflexions pour tous les jours du mois.* XVIII° jour.

Le sage guérit de *l'ambition* par *l'ambition* même.

   LA BRUYÈRE, *Caractères,* c. 2.

L'ambition est aisée à reconnoître pour un ouvrage de l'imagination; elle en a le caractère : elle est inquiète, pleine de projets chimériques; elle va au-delà de ses souhaits dès qu'ils sont accomplis; elle a un terme qu'elle n'attrape jamais.

   FONTENELLE, *Dialogue des morts.*

L'ambition est pernicieuse dans une république; elle a de bons effets dans une monarchie, elle donne la vie à ce gouvernement, et on y a cet avantage qu'elle n'y est pas dangereuse, parce qu'elle y peut être sans cesse réprimée.

   MONTESQUIEU, *Esprit des lois,* III, 7.

Qui voudroit mettre bride et resne
Au grand cheval d'*ambition,*
Point n'y auroit sédition.

   CL. MAROT, *Épîtres,* II, 11.

Mais scais-tu, Freminet, ceux qui me blasmeront?

Ceux qui dedans mes vers leurs vices trouveront;
A qui *l'ambition* la nuict tire l'oreille.

   REGNIER, *Satires,* XII.

L'ambition déplaît quand elle est assouvie.

   P. CORNEILLE, *Cinna,* II, 1.

... L'aveugle et folle *ambition*
S'appela des grands cœurs la noble passion.

   BOILEAU, *Satires,* XII.

Deux démons à la fois partagent notre vie.
. . . .
Si vous me demandez leur état et leur nom,
J'appelle l'un Amour, et l'autre *Ambition.*

   LA FONTAINE, X, 9.

On dit *Par ambition :*

Le prince de Condé étoit populaire, non point par bassesse, mais par grandeur d'âme; non point par vanité, mais par charité; non point *par ambition,* mais par compassion.

   BOURDALOUE, *Oraison funèbre du prince de Condé.*

Toute femme est coquette, ou par raffinement,
Ou *par ambition,* ou par tempérament.

   DESTOUCHES, *le Philosophe marié,* II, 3.

Avoir de l'ambition :

Tous ceux qui *auront de l'ambition.*

   PASCAL, *Provinciales,* XII.

Ayez moins de foiblesse ou moins *d'ambition.*

   P. CORNEILLE, *Cinna,* IV, 4.

J'ai de l'ambition, et, soit vice ou vertu,
Mon cœur sous son fardeau veut bien être abattu.

   LE MÊME, *Pompée,* II, 1.

Habituellement c'est en mauvaise part que ce mot est employé :

Saint Jérosme se plaignoit... disant que les nouveaux religieux de son temps, par une *ambition* extraordinaire et irrégulière, se vouloient attribuer même tiltre que Dieu avoit donné à Dieu son père, quand il l'avoit appelé Abba... pater.

   EST. PASQUIER, *Recherches de la France,* III, 3.

Ce n'est pas une petite *ambition* aux provinciaux que de pouvoir dire quelquefois qu'ils ont vu en tel lieu et en tel temps des gens de la cour.

   SCARRON, *Roman comique,* II, 17.

Ce qui paroît générosité n'est souvent qu'une *ambition* déguisée qui méprise de petits intérêts pour aller à de plus grands.

   LA ROCHEFOUCAULD, *Maximes.*

Une vaine *ambition* vous a poussé jusqu'aux bords du précipice.
> FÉNELON, *Télémaque.*

Les princes ont dans leur vie des périodes d'*ambition*; après quoi d'autres passions et l'oisiveté même succèdent.
> MONTESQUIEU, *Grandeur des Romains*, c. 1.

Pompée avoit une *ambition* plus lente et plus douce que celle de César.
> LE MÊME, même ouvrage, c. 2.

L'indigne *ambition* que ton cœur se propose.
> P. CORNEILLE, *Cinna*, III, 4.

Et l'humble procédé de la dévotion
Souffre mal les éclats de cette *ambition.*
> MOLIÈRE, *Tartufe*, II, 2.

Il faut se trop peiner pour avoir de l'esprit :
C'est une *ambition* que je n'ai point en tête.
> LE MÊME, *les Femmes savantes*, III, 6.

AMBITION se prend aussi en bonne part, mais alors on en détourne le sens par une épithète ou par quelque chose d'équivalent :

Je n'ay point de désir plus ardent ny d'*ambition* plus légitime que de me maintenir au devoir d'un bon chrestien et d'un vray François.
> THÉOPHILE, *Apologie au Roy.*

Ne vous figurez pas de ces élévations soudaines que produit quelquefois dans les États l'heureuse *ambition* des sujets, ou l'aveugle faveur des princes.
> FLÉCHIER, *Oraison funèbre de M. Le Tellier.*

Il (le duc de Médina Sidonia) avait mis auprès d'elle (la duchesse de Bragance) des personnes habiles, qui lui avaient inspiré des sentiments pleins de cette *ambition* que l'on regarde dans le monde comme quelque chose de noble, et comme la première vertu des princes.
> VERTOT, *Révolutions de Portugal.*

AMBITION est souvent déterminé par un complément formé de la préposition *de* et de son régime, lequel fait connaître,

Soit la personne qui a de l'ambition, l'*ambition* d'une personne :

Ce roi (Louis XII), comme il estoit du tout adonné au soulagement de son pauvre peuple, estima qu'il ne le pouvoit mieux soulager que de mettre une taille sur l'*ambition des* plus riches en achetant les estats.
> EST. PASQUIER, *Recherches de la France*, IV, 17.

Qu'en dites-vous, Monsieur? — Qu'on ne peut voir aller plus loin l'*ambition d'*un homme mort.
> MOLIÈRE, *le Festin de Pierre*, III, 5.

La grande *ambition des* femmes est, croyez-moi, d'inspirer de l'amour.
> MOLIÈRE, *le Sicilien*, sc. VI.

Un jour, un jour viendra que, par toute la terre,
Rome se fera craindre à l'égal du tonnerre,
Et que tout l'univers tremblant dessous ses loix,
Ce grand nom deviendra l'*ambition des* rois.
> P. CORNEILLE, *Horace*, III, 5.

Vous *dont* j'ai pu laisser vieillir l'*ambition*
Dans les honneurs obscurs de quelque légion.
> J. RACINE, *Britannicus*, I, 2.

De ces hommes nouveaux c'est là l'*ambition*,
L'avarice est d'abord leur grande passion.
> DESTOUCHES, *le Glorieux*, III, 1.

Ou avec l'adjectif possessif, *Son ambition*, etc.

L'ordure de *sa* pestilente *ambition.*
> MONTAIGNE, *Essais*, II, 10.

Croyez-moy, mes amis, ceulx qui vous mettent cela en la teste se servent de vostre dos pour monter aux eschafauds de *leur ambition.*
> HENRI IV, *Lettres;* 22 mai 1589.

Celui-là seul est maître de ses volontés, qui saura modérer *son ambition.*
> BOSSUET, *Sermons.* Contre l'Ambition.

Chrysippe... aspiroit, il y a trente années, à se voir un jour deux mille livres de rente, pour tout bien; c'étoit le comble de ses souhaits et *sa* plus haute *ambition.*
> LA BRUYÈRE, *Caractères*, c. 6.

Un roi vous semble heureux, et sa condition
Est douce au sentiment de *votre ambition.*
> ROTROU, *Venceslas*, I, 1.

Ce qui, chez cette personne, marque, témoigne de l'*ambition :*

Je borne là l'*ambition de* mes souhaits.
> MOLIÈRE, *les Fâcheux.* Épître dédicatoire.

L'*ambition de* cette devise (celle de Fouquet : *Quò non ascendam*) ne servit pas à apaiser le monarque.
> VOLTAIRE, *Siècle de Louis XIV*, c. 25.

Un soupir, un regard, un mot de votre bouche,
Voilà l'*ambition d'*un cœur comme le mien.
> J. RACINE, *Bérénice*, II, 4.

Soit l'objet de l'*ambition :*

Nos aïeux ignoroient sans doute que l'*ambition du* repos exige autant d'activité que celle des conquêtes.
> BARTHÉLEMY, *Voyage d'Anacharsis*, c. 40.

Le plus ordinairement, dans cette dernière manière de parler, *de* a pour régime un verbe à l'infinitif :

Et afin que nul n'entende que nous soions venus pour quelque *ambicion* ou concupiscence d'avoir l'administracion et gouvernement de ce royaume,...

　　　　　　MONSTRELET, *Chronique*, c. 115.

Entre plusieurs grandes passions auxquelles il estoit subject de sa nature, *l'ambition de* vouloir avoir le dessuz estoit la plus forte.

　　　　　　AMYOT, trad. de Plutarque. *Vie d'Alcibiade*, c. 1.

L'aversion du mensonge est souvent une imperceptible *ambition de* rendre nos témoignages considérables.

　　　　　　LA ROCHEFOUCAULD, *Maximes*, LXIII.

Cette *ambition de* vous élever, que ne vous fait-elle pas prendre sur vous?

　　　　　　BOURDALOUE, *Sermons*. Sur l'Ascension de Jésus-Christ.

La seule *ambition de* pouvoir en personne
Mettre à vos pieds, seigneur, encore une couronne.

　　　　　　P. CORNEILLE, *Nicomède*, II, 2.

J'extravague en effet; car je veux qu'une femme
N'ait pas *l'ambition... de* plaire... au monde entier.

　　　　　　BARTHE, *les Fausses Infidélités*, sc. VI.

AMBITION peut être encore déterminé par un complément formé au moyen de la conjonction *que* :

Vraiment oui, ma fille, je vous la donne cette jolie écritoire... ce sera donc l'écritoire de la mère : elle est assez jolie pour me donner *l'ambition que* vous la nommiez ainsi.

　　　　　　Mme DE SÉVIGNÉ, *Lettres*; 1er décembre 1679.

AMBITION se rencontre quelquefois au pluriel :

Que n'ay-je point souffert d'eux et de *leurs* extravagantes fantaisies, *ambitions* desreglées et avarices insatiables?

　　　　　　SULLY, *OEconomies royales*, c. 11.

Beaucoup d'ambition, mais de ces *ambitions* vastes, fort au-dessus de son sexe (de Mme la princesse des Ursins) et de l'ambition ordinaire des hommes.

　　　　　　SAINT-SIMON, *Mémoires*, 1701.

Tant qu'il est vacant (le trône de France), toutes les *ambitions* royales peuvent le convoiter et se heurter.

　　　　　　J. DE MAISTRE, *Considérations sur la France*, c. 10.

AMBITION, dans une acception particulière commune aux mots de la même famille, se dit d'une recherche prétentieuse de pensées et de langage :

Au langage, la recherche des phrases nouvelles et des mots peu cogneus vient d'une *ambition* scholastique et puerile.

　　　　　　MONTAIGNE, *Essais*, I, 25:

AMBITIONNER, v. a.

Ce verbe, formé d'*Ambition*, signifie au propre Rechercher avec ardeur, avec empressement, les places, les dignités, les honneurs, les distinctions, etc.

Ambitionner. Il y a longtemps que l'on use de ce mot, mais ce n'est pas dans le bel usage; ceux qui font profession de parler et d'écrire purement, l'ont toujours condamné, et quoi que l'on ait fait pour l'introduire, c'a été avec si peu de succès qu'il y a peu d'apparence qu'il s'établisse à l'avenir.

　　　　　　VAUGELAS, *Remarques sur la langue françoise*.

Souffrez... que j'appende aujourd'hui à l'autel de vos charmes l'offrande de ce cœur qui ne respire et n'*ambitionne* autre gloire que d'être toute sa vie, mademoiselle, votre très-humble, très-obéissant, et très-fidèle serviteur et mari.

　　　　　　MOLIÈRE, *le Malade imaginaire*, II, 6.

Jésus-Christ, en qualité d'homme, leur pouvoit donner ces places honorables qu'ils *ambitionnoient*.

　　　　　　BOURDALOUE, *Sermons*. Sur l'Ambition.

C'étoit un homme affable, prévenant, obligeant, attentif à plaire et à servir, et qui *ambitionnoit* l'amour du bourgeois et de l'artisan.

　　　　　　SAINT-SIMON, *Mémoires*, 1697.

Nébride avait toujours évité de se faire connaître aux grands du monde, n'*ambitionnant* que l'obscurité d'une retraite paisible.

　　　　　　ROLLIN, *Traité des Études*, liv. VIII, IIe part., c. 4.

Ne parlons point de mon cœur, me dit-elle. Ah! repris-je, c'est le seul bien que j'*ambitionne*.

　　　　　　MARIVAUX, *le Paysan parvenu*, VIIe part.

Il *ambitionne* votre voix et encore plus votre suffrage.

　　　　　　VOLTAIRE, *Lettres*; 27 juillet 1754.

Cicéron, qui aimait tant la gloire, n'a pas *ambitionné* celle de vouloir paraître ce qu'il n'était pas.

　　　　　　LE MÊME, *Rome sauvée*. Préface.

J'ai longtemps *ambitionné* l'honneur d'être curé, je l'*ambitionne* encore.

　　　　　　J.-J. ROUSSEAU, *Émile*. Profession de foi du Vicaire Savoyard.

L'homme *ambitionne* la supériorité, même dans les plus petites choses.

　　　　　　DIDEROT, *Salon de 1767*. Vernet.

AMBITIONNER se construit aussi, au moyen de la préposition *de*, avec un verbe à l'infinitif :

S'il y a tant de péril à être grand, jugez ce que c'est de le vouloir être, et d'*ambitionner de* l'être.

BOURDALOUE, *Sermons*. Sur l'État de vie.

La duchesse de Mazarin, à qui l'on *ambitionnait de* plaire.

VOLTAIRE, *Siècle de Louis XIV*, c. 32.

Il restait aux Suédois une armée navale avec laquelle ils tenaient la mer. Pierre *ambitionnait* depuis longtemps *de* signaler la marine qu'il avait créée.

LE MÊME, *Histoire de Pierre le Grand*, II° part., c. 5.

Que si, comme devant, il vous faut encor suivre,
J'y consens, et mon cœur *n'ambitionnera*
Que *d'*être auprès de vous tout ce qu'il vous plaira.

MOLIÈRE, *l'Étourdi*, V, 2.

On se sert d'AMBITIONNER, par exagération, dans certaines formules de civilité, telles que : Ce que j'*ambitionne* le plus c'est l'honneur de, etc. :

Votre Excellence sait combien j'*ambitionne* l'honneur de me conformer à vos idées.

VOLTAIRE, *Lettres*; 14 novembre 1761.

AMBITIONNÉ, ÉE, participe.

On dit Passionné, qui est un très-bon mot; mais Passionner, actif, est très-mauvais... Pour Ambitionner, il est si mauvais que mesme il ne vaut rien au participe, et que ceux qui rejettent le verbe, rejettent aussi *Ambitionné*.

VAUGELAS, *Remarques sur la langue françoise*.

AMBITIEUX, EUSE, adj. (Du latin *Ambitiosus*.)

Qui a de l'ambition :

Le vieillard *ambitieux* (Maximien) quitta sa retraite, où il n'étoit qu'à regret, et tâcha en vain de retirer Dioclétien son collègue du jardin qu'il cultivoit à Salone.

BOSSUET, *Discours sur l'histoire universelle*, I, 10.

Il se perfectionna d'autant plus dans cette vertu (l'humilité) qu'il n'y trouva pas dans les commencements de sa vie les obstacles qu'y mettent ordinairement les pères passionnés de la fortune de leurs enfants et les mères *ambitieuses*.

FLÉCHIER, *Panégyrique de saint François de Paule*.

Il reçut cette nouvelle avec toute la joie que peut avoir un jeune homme *ambitieux* qui se voit porté au trône par sa seule réputation.

Mme DE LA FAYETTE, *la Princesse de Clèves*, 1re partie.

Le cas n'arrive guère où l'on puissse dire : J'étois *ambitieux*, on ne l'est point, ou on l'est toujours.

LA BRUYÈRE, *Caractères*, c. 4.

C'étoit (Gassion) un petit Gascon vif, *ambitieux*, ardent qui se sentoit encore plus qu'il ne valoit.

SAINT-SIMON, *Mémoires*, 1713.

Vous avez vécu *ambitieux*, vous mourrez sans que l'amour du monde et de ses vains honneurs meure dans votre cœur.

MASSILLON, *Carême*. Lundi de la 2° semaine.

Les Romains étaient *ambitieux* par orgueil, et les Carthaginois par avarice.

MONTESQUIEU, *Grandeur des Romains*, c. 4.

Cependant, en mourant, ô peuple *ambitieux*,
J'appellerai sur toi la colère des cieux.

MAIRET, *Sophonisbe*, V. Plainte de Massinisse.

Les honneurs sont vendus aux plus *ambitieux*.

P. CORNEILLE, *Cinna*, II, 1.

Ce n'est plus des Romains l'esclave *ambitieux*.

LE MÊME, *Nicomède*, V, 10.

Tantôt d'une Énéide *ambitieux* auteur.

BOILEAU, *Épîtres*, VIII.

Quoi! vous *ambitieux*? Je vois qu'un philosophe
Est fait comme un autre homme et de la mêm étoffe.

DESTOUCHES, *le Philosophe marié*, I, 4.

Je suis *ambitieux*; tout homme l'est, sans doute.

VOLTAIRE, *Mahomet*, II, 5.

On le construit avec la préposition *de* ayant pour régime,

Soit un nom :

Mes ennemis... ne sont poinct si religieux qu'*ambitieux* de l'Estat.

HENRI V, *Lettres*; du 20 janvier 1586.

Cependant quatre sénateurs conjurent sa perte... tous quatre prétoriens, *ambitieux du* consulat.

PERROT D'ABLANCOURT, trad. de Tacite. *Annales*, liv. IV, 31.

L'âme haute (Scipion) mais réglée, plus sensible à la gloire qu'*ambitieuse du* pouvoir.

SAINT-ÉVREMOND, *Réflexions sur les divers génies du peuple romain*.

Du titre de clément rendez-le *ambitieux*.

LA FONTAINE, *Élégies*. Aux Nymphes de Vaux.

Soit un verbe à l'infinitif :

Pitt étoit *ambitieux de* convaincre, tandis que les hommes médiocres n'aspirent qu'à commander.

Mme DE STAEL, *Considérations sur la Révolution française*, III° part., c. 14.

Dans le passage suivant, de date ancienne, Ambitieux est construit avec la préposition à :

Pourquoy faut-il que nous soyons si *ambitieux à* nostre
mal et que nous courions au devant?

> Du Vair, *De la Constance et consolation ex calamitez*
> *publiques.*

Ambitieux se dit non seulement des personnes,
mais de ce qui, dans leurs sentiments, leurs actes,
leurs œuvres, marque de l'ambition et de l'orgueil :

Grande et *ambitieuse* fut la contention de l'évesque de
Constantinople contre le Romain.

> Est. Pasquier, *Recherches de la France*, III, 1.

De souhaiter que notre Socrate fît la même chose, ce
seroit un souhait trop *ambitieux* et qui ne s'accompliroit
pas aisément en ce temps-ci.

> Balzac, *Socrate chrétien*. Avant-propos.

Où allez-vous cœurs égarés? Quoi! même pendant la
prière vous laissez errer votre imagination vagabonde! Vos
ambitieuses pensées vous reviennent devant Dieu!

> Bossuet, *Oraison funèbre de Marie-Thérèse d'Autriche.*

Il nous paroit, selon la promesse du Sage, dans « une
gloire immortelle »... pour avoir fait céder à la modestie
l'éclat *ambitieux* des grandeurs humaines.

> Le même, *Oraison funèbre de Michel Le Tellier.*

On s'imagine entrer dans les conseils *ambitieux* d'un
Alexandre ou d'un César.

> Le même, *Traité de la Concupiscence*, c. 8.

L'humeur *ambitieuse* de la reine lui faisoit trouver une
grande douceur à régner.

> Mme de La Fayette, *la Princesse de Clèves*, I.

O mon Dieu! quand est-ce que vous donnerez des cœurs
nouveaux... qui mettent leur joie à se détacher, à se priver
de plus en plus, comme les cœurs *ambitieux* et avares du
monde s'accoutument de plus en plus à étendre leurs désirs et leurs possessions?

> Fénelon, *Sermons*. Entretien sur la Vie religieuse.

Il a montré à tous les peuples son dessein *ambitieux* de
les mettre en esclavage.

> Le même, *Télémaque.*

M. Van den Berg lui proposa de songer à une place de
professeur dans l'Université de Leyde, et l'effraya par cette
proposition, qu'il jugea aussitôt trop téméraire et trop *ambitieuse* pour lui.

> Fontenelle, *Éloge de Boerhaave.*

Tous les gens qui avoient eu des projets *ambitieux*, avoient
travaillé à mettre une espèce d'anarchie dans la république.

> Montesquieu, *Grandeur des Romains*, c. 13.

Il favorisait par cette disposition les vues *ambitieuses* de
sa mère, Edwige-Éléonore de Holstein, veuve de Charles X.

> Voltaire, *Histoire de Charles XII*, liv. Ier.

Massonnons un palais, qui frappe *ambitieux*
Les abysmes du pied, de la teste les cieux.

> Du Bartas, *Babylone*, IIe partie du second jour de
> la seconde semaine.

Les lambeaux mal tissus de la robe grossière
Des plus brillants habits terniront la lumière,
Et les princes verront les chaumes préférés
Au faîte *ambitieux* de leurs palais dorés.

> P. Corneille, *l'Imitation*, I, 24.

Combien le trône tente un cœur *ambitieux*!

> J. Racine, *Bajazet*, V, 4.

La prison vous déplaît, vous cherchez le grand jour;
Et déjà chez Barbin, *ambitieux* libelles,
Vous brûlez d'étaler vos feuilles criminelles.

> Boileau, *Épitres*, X.

L'ode, avec plus d'éclat, et non moins d'énergie,
Élevant jusqu'au ciel son vol *ambitieux*,
Entretient dans ses vers commerce avec les dieux.

> Le même, *Art poétique*, II.

On dit, par figure, des Ornements *ambitieux*,
un style *ambitieux*, une phrase, une expression
ambitieuse, etc. :

La véritable éloquence n'a rien d'enflé ni d'*ambitieux*.

> Fénelon, *Dialogues sur l'Éloquence*, II.

On ne sait pas être sobre dans la recherche du beau; on
ignore l'art de s'arrêter tout court en deçà des ornements
ambitieux.

> Le même, *Lettre à l'Académie.*

Il n'y a rien de grand ni d'aimable où la simplicité n'est
pas; les arts *ambitieux* qui la fuient perdent leur éclat et
leurs charmes.

> Vauvenargues, *Réflexions sur divers sujets*, LI.

Il faut distinguer deux sortes de métaphysique : l'une,
ambitieuse, veut percer tous les mystères... l'autre, plus retenue, proportionne ses recherches à la faiblesse de l'esprit
humain.

> Condillac, *Essai sur l'origine des connoissances*
> *humaines.* Introduction.

Vous voulez qu'on évite un soin trop curieux,
Et des vains ornements l'effort *ambitieux*.

> La Fontaine, *Fables*, V, 1.

Il réprime des mots l'*ambitieuse* emphase.

> Boileau, *Art poétique*, I.

AMBITIEUX, dans quelques passages de date ancienne, semble offrir des sens un peu différents ; Celui de Séduisant pour l'ambition :

Le nom et tiltre de souverain, la monstre et le dehors est beau, plaisant et *ambitieux*; mais la charge et le dedans est dur, difficile et bien espineux.

CHARRON, *De la Sagesse*, I, 45.

Celui d'Affecté :

Les hypocrites qui, par une monstre *ambitieuse* de prières, cherchent d'être glorifiez et favorisez du peuple.

CALVIN, *Institution chrestienne*.

Celui d'Exagéré :

Les maux ne sont jamais si grands que nostre *ambicieuse* opinion nous les propose.

DU VAIR, *De la constance et consolation ès calamitez publiques*.

AMBITIEUX s'emploie substantivement ; Un *ambitieux* :

C'est un beau sujet de méditation que la mort du maréchal de Rochefort ; un *ambitieux* dont l'ambition est satisfaite, mourir à quarante ans !

Mᵐᵉ DE SÉVIGNÉ, *Lettres*; 1ᵉʳ juin 1676.

L'esclave n'a qu'un maître ; l'*ambitieux* en a autant qu'il y a de gens utiles à sa fortune.

LA BRUYÈRE, *Caractères*, c. 8.

Il n'y a point de grands travaux sans de grands motifs, et les savants sont des *ambitieux* de cabinet.

FONTENELLE, *Éloge de Tschirnhaus*.

Les députés de Berne vinrent remontrer à cet *ambitieux* que tout leur pays ne valait pas les éperons de ses chevaliers.

VOLTAIRE, *Essais sur les mœurs*. De la Bourgogne et des Suisses, c. 95.

Toute opinion est indifférente aux *ambitieux* pourvu qu'ils gouvernent.

BERNARDIN DE SAINT-PIERRE, *Paul et Virginie*.

Va trouver de ma part ce jeune *ambitieux*.

J. RACINE, *Phèdre*, III, 1.

L'ambitieux, les ambitieux :

Les serpens ne perdent pas leur venin pour estre engourdis par le froid, ni l'*ambitieux* ses vices pour les couvrir par une froide dissimulation.

CHARRON, *De la Sagesse*, I, 21.

Les grands *ambitieux* et les misérables qui n'ont rien à perdre aiment toujours le changement.

BOSSUET, *Discours sur l'histoire universelle*, III, 7.

Détruisons l'idole des *ambitieux*; qu'elle tombe anéantie devant ces autels.

LE MÊME, *Oraison funèbre du prince de Condé*.

L'*ambitieux* parle contre la paresse, et le paresseux contre l'ambition.

DUFRESNY, *Amusements sérieux et comiques*.

S'il est vrai que l'on soit pauvre par toutes les choses que l'on désire, l'*ambitieux* et l'avare languissent dans une extrême pauvreté.

LA BRUYÈRE, *Caractères*, c. 6.

Consultez tour à tour... l'envieux, l'*ambitieux*, le voluptueux, nul n'est heureux ici-bas.

MASSILLON, *Carême*. Mercredi de la Passion.

Le lâche a moins d'affronts à dévorer que l'*ambitieux*

VAUVENARGUES, *Réflexions et maximes*, DLXX.

De combien de noms glorieux pallie-t-on l'intrigue, la flatterie, la simonie, la perfidie et tous les vices qui marchent dans tous les états, à la suite de l'*ambitieux*!

BERNARDIN DE SAINT-PIERRE, *Études de la nature*, XIV.

AMBITIEUSEMENT, adv.
Avec ambition :

Ceste sacrée amitié (de Gargantua et de Picrochole) tant a emply ce ciel, que peu de gens sont aujourd'huy habitans par tout le continent et isles de l'Océan, qui n'ayent *ambitieusement* aspiré estre receus en icelle.

RABELAIS, *Gargantua*, I, 31.

Les favoris de nos roys désirans *ambitieusement* estre de cette Compagnie (la Chambre des Comptes), on y adjoustoit plusieurs extraordinaires.

EST. PASQUIER, *Recherches de la France*, II, 5.

Après la mort de Tibère, se voyant en possession de ce qu'il (Caligula) avoit si *ambitieusement* désiré, il fit mine devant le Sénat, et en présence de plusieurs de l'ordre des Chevaliers et du peuple, de vouloir partager l'authorité avec eux.

COEFFETEAU, *Histoire romaine*, III.

Les conquêtes n'avoient encore rien de noble ; ce n'étoit point un esprit de supériorité qui cherchât à s'élever *ambitieusement* au-dessus des autres.

SAINT-ÉVREMOND, *Réflexions sur les divers génies du peuple romain*, c. 11.

Les frères de Bohême s'éloignent de l'origine vaudoise;

et ce qui est *ambitieusement* recherché par les calvinistes, est rejeté par ceux-ci avec mépris.

> Bossuet, *Histoire des variations des églises pro-testantes*, liv. XI, n° 150.

Ambitieusement, dans une des acceptions d'*ambition* mentionnées plus haut, s'est dit pour Avec affectation :

> Il (le flatteur) se porte trop *ambitieusement* et chauldement en tout ce qu'il faict au sceu et veu du flatté, à louer, et s'offrir, et servir.
> Charron, *De la Sayesse*, III, 10.

> Il (Auguste) honoroit *ambitieusement* la mémoire des anciens capitaines qui avoient estendu la gloire de la république.
> Coeffeteau, *Histoire romaine*, I.

Comme *Ambition* et *Ambitieux*, *Ambitieusement* a servi à marquer la prétention dans les pensées et dans le langage :

> Il a retenu son style dans une juste médiocrité, sans lui permettre de s'élever trop *ambitieusement*.
> Pellisson, *Discours sur les œuvres de Sarrazin*, art. 2.

> C'est, à deux ou trois phrases près, un lieu commun *ambitieusement* délayé.
> La Harpe, *Correspondance*, t. IV, p. 14.

AMBLE, s. m. (Du latin *Ambulare*.)
On l'a quelquefois écrit **Emble**.

Sorte d'Allure d'un cheval, d'un âne, d'un mulet, etc., dans laquelle l'animal avance à la fois et alternativement les deux jambes d'un même côté :

> Le pas, le trot et le galop sont... les allures naturelles les plus ordinaires; mais il y a des chevaux qui ont naturellement une autre allure qu'on appelle *amble*.
> Buffon, *Histoire naturelle*. Le Cheval.

> Le pas de la girafe est un *amble*; elle porte ensemble le pied de derrière et celui de devant du même côté.
> Le même, même ouvrage. La Girafe.

On a dit aussi, autrefois, *les Ambles* :

> Par *les ambles* de mon mulet.
> Rabelais, *Pantagruel*, III, 30.

D'*Amble* se sont formées plusieurs locutions.
Bête d'amble, *Cheval d'amble*, etc. :

> C'est une *beste de* beau et joyeux *amble*.
> Rabelais, *Pantagruel*, II, 1.

> Plusieurs hacquenées et autres *bestes d'amble*.
> Du Bellay, *Mémoires*, liv. VI.

> Ce n'est de nécessité qu'on coupe la queuë des *mulets* et *mules* d'*amble*; ains de coutume inveterée sans autre raison.
> Olivier de Serres, *Théâtre d'agriculture*, IV° lieu, c. 12.

> Le Magnifique avoit un *cheval d'amble*,
> Beau, bien taillé, dont il faisoit grand cas;
> Il l'appeloit, à cause de son pas,
> La haquenée...
> La Fontaine, *Contes*. Le Magnifique.

Aller l'amble, ou, dans l'ancien langage, *les ambles* :

> Puis affin que toute sa vie feust bon chevaulcheur, l'on luy feit ung beau grand cheval de boys, lequel il faisoit penader, saulter, voltiger, ruer et danser tout ensemble; *aller* le pas, le trot, l'entrepas, le gualot, *les ambles*.
> Rabelais, *Gargantua*, I, 12.

> ... Vouloit ledit seigneur de Langey bailler audit Rincon un cheval d'Espagne fort aisé et *allant l'amble*.
> Martin du Bellay, *Mémoires*. (Voir *Négociations de la France dans le Levant*, t. I, p. 505.)

> Tu *vas l'emble*, comme une truye qui va aux vignes.
> Le comte de Cramail, *Comédie des Proverbes*, 1616.

> Les connoisseurs assurent que les chevaux qui naturellement *vont l'amble* ne trottent jamais, et qu'ils sont beaucoup plus foibles que les autres.
> Buffon, *Histoire naturelle*. Le Cheval.

> Il m'est permis de vous dire combien
> Elle me couste et quel *emble* elle va.
> Cl. Marot, *Épigrammes*, VII, 20. D'un cheval et d'une dame.

Marcher l'amble :

> Plus cet espace dont la jambe de derrière avance de plus que la jambe de devant est grand, mieux le cheval *marche l'amble*..
> Buffon, *Histoire naturelle*. Le Cheval.

Mettre à l'amble :

> Désirant *mettre à l'amble* le mulet ou la mule, pour doucement les faire marcher, ayans attaint le troisieme an de leur aage et non devant, les envoyerez à l'escole du maistre.
> Olivier de Serres, *Théâtre d'agriculture*, IV° lieu, c. 12.

Amble, *aller l'amble*, *mettre à l'amble*, ont été quelquefois employés figurément :

Tu *iras* maintenant le cours,
Maintenant le trot, et puis l'*amble*.

Le Conseil au nouveau marié. (Voyez *Ancien Thédtre françois, Bibliothèque elzévirienne*, t. I, p. 9.)

C'est verser l'eau dedans un crible,
Et pescher les poissons en l'air,
C'est courir les cerfs dans la mer,
De vouloir tirer cette beste
De l'*amble* qu'elle a dans la teste.

R. BELLEAU, *la Reconnue*, III, 1.

N'ay-je pas *mis* ma beste à l'*amble*
Doucement et sans la forcer.

LE MÊME, même ouvrage, III, 4.

Parmi d'autres emplois figurés du mot *Amble*, dont Sainte-Palaye donne des exemples, on remarque *Perdre les ambles*, recueilli par Cotgrave, et qu'il définit ainsi : Être hors de soi, perdre patience, faire effort au delà de sa portée :

Ce fut à chercher de toutes parts interprètes... qui y eussent rien entendu; Thaumaste et Panurge, avec l'art de Lulle, y *eussent perdu les ambles*.

Contes d'Eutrapel.

D'*Ambulare* se sont encore formés les mots suivants :

AMBLURE, AMBLÉURE, s. f.

Anciennement employé au sens d'*Amble :*

E li baron chevauchent *ambléure* et troton.

Chanson des Saxons, t. I, p. 39.

L'*ambléure* d'un palefroi.

BENOÎT, *Chronique des ducs de Normandie*, t. I, v. 7692.

Et va sor son cheval monter,
Et se remet en l'*ambléure*
Par la forest grant aléure.

Roman de Renart, v. 1918.

AMBLER, v. n.

Mot vieilli qui signifie, *Aller l'amble :*

Et s'en vont li baron ensemble ;
Diex! com la mule Grimbert *amble!*

Roman de Renart, v. 10921.

Qu'elles se gardent de trotter,
Car il fait molt meillor *ambler*.

Le Lai du trot, Avis as pucelles.

De là l'épithète *Amblant*, fort usitée dans nôtre ancienne langue :

III.

Adonc monta le roi anglois sur un petit palefroi moult bien *amblant*.

FROISSART, *Chroniques*, liv. I, Ire part., c. 93.

Après le fist monter sur un mulet *amblant*.

Chanson d'Antioche, VI, 131.

Et si me fault bien, s'il vous plest,
Quant je chevaucheray par rue,
Que j'aie ou cloque ou sambue,
Haguenée belle et *amblant*
Et selle de riche semblant.

EUST. DESCHAMPS, *Miroir de mariage*. Ed. Crapelet, p. 207.

On s'est aussi servi du participe passé, *Amblé :*

Envoyoit le Roy de Portugal... de beaux mulets blancs et bien *amblés*, et dont on eut grand'joie.

FROISSART, *Chroniques*, vol. III, p. 131. (Cité par Sainte-Palaye.)

AMBLEUR, s. m.

Est donné par les anciens dictionnaires comme le titre d'un officier de la petite écurie du roi.

AMBRE, s. m. (En provençal et en italien *Amba*, en espagnol *Ambar*, de l'arabe *Anbar*.)

On distingue deux sortes d'AMBRE, de nature très différente, l'*Ambre jaune* et l'*Ambre gris*.

Ambre jaune ou *succin*, substance solide, plus ou moins transparente, d'une couleur jaunâtre plus ou moins foncée et susceptible d'un beau poli :

L'*ambre jaune* ne se trouve ordinairement que dans la mer Baltique, sur les côtes de la Prusse.

FORMEY, *Mémoire* cité dans l'*Encyclopédie*. Art. Ambre.

Ambre gris, substance molle d'une couleur cendrée et d'une odeur très forte :

Notre homme parfume d'*ambre gris* les habillemens de la reine dans le psaume 44e, quoique la traduction de la Vulgate porte Nuphra, et gutta, et casia, et que pas un de ces trois mots ne puisse signifier l'*ambre gris*... cette précieuse odeur n'a point été connue de l'antiquité, non pas même de l'antiquité romaine.

BALZAC, *Socrate chrétien*, X. Remarques sur des sermons et sur des traités de controverse.

J'y ai vu une mer semée de perles, des rivages couverts d'*ambre gris*.

VOLTAIRE, *Fragments sur l'Inde*, art. XI. Suite de la connaissance des côtes de l'Inde.

9

Excusez notre pauvreté ; nous n'avons pour parfumer nos hôtes, suivant l'usage indien, ni *ambre* gris, ni bois d'aloès.

BERNARDIN DE SAINT-PIERRE, *la Chaumière indienne.*

Le plus souvent on se sert du mot AMBRE sans épithète qui distingue entre les deux sortes d'ambre :

Ainsi que le magès attire le fer, et *l'ambre* le festu,

A. PARÉ, *Œuvres,* liv. XXII, c. 24.

Ma fille, il y a des gens qui sont nés pour dépenser partout... Ils attirent le monde, la dépense, les plaisirs, comme *l'ambre* attire la paille.

Mᵐᵉ DE SÉVIGNÉ, *Lettres;* 11 septembre 1680.

Je crois à présent Votre Altesse Royale sur les bords où l'on ramasse ce bel *ambre* dont nous avons, grâces à vos bontés, des écritoires, des sonnettes, des boîtes de jeu.

VOLTAIRE, *Lettres;* à Frédéric.

L'ambre ne répand pas un parfum plus doux que les objets touchés par l'objet que l'on aime.

BERNARDIN DE SAINT-PIERRE, *Paul et Virginie.*

Dessoubs l'arbre où *l'ambre* dégoutte
La petite formis alla.

CL. MAROT, *Épigrammes,* V, 14. De la formis enclose en de l'ambre.

L'ambre délicieux, l'incorruptible myrrhe,
Parfument l'air voisin d'une divine odeur.

GODEAU, *Psaumes,* XLIV.

Moins promptement la paille vole à *l'ambre.*

VOLTAIRE, *la Pucelle,* XII.

L'AMBRE a souvent servi de terme de comparaison ;

Soit quant à la couleur de l'*Ambre jaune :*

Si nous voulions, par quelque bizarre fantaisie, trouver un mauvais melon, nous serions obligés de le faire venir de Paris ; il ne s'en trouve point ici ; les figues blanches et sucrées, les muscats comme des grains d'*ambre* que l'on peut croquer.

Mᵐᵉ DE SÉVIGNÉ, *Lettres;* à M. de Coulanges, 7 septembre 1674.

Parmi les oliviers aux feuilles toujours vertes,
On voit meurir la pourpre et *l'ambre* des raisins.

GODEAU, *Psaumes,* CIII.

Soit quant à l'odeur de l'*Ambre gris :*

Mes écrits sentent plus *l'ambre* et le musc que l'huile ni la sueur.

BALZAC, *Lettres;* I, 17.

Et plus olent que pomme d'*ambre.*

Roman de la Rose, v. 21009.

Après cent saubre-sauts nous vinmes en la chambre,
Qui n'avoit pas le goût de musc, civette ou d'*ambre.*

RÉGNIER, *Satires,* XI.

Quelle odeur sens-je en cette chambre,
Quel doux parfum de musc et d'*ambre*
Me vient le cerveau resjouir ?

SAINT-AMANT, *le Melon.*

Le singe approuva fort cette sévérité ;
Et flatteur excessif il loua la colère
Et la griffe du prince, et l'antre, et cette odeur :
Il n'étoit *ambre,* il n'étoit fleur,
Qui ne fût ail au prix....

LA FONTAINE, *Fables,* VII, 6.

On entend souvent par *Ambre* le parfum préparé avec cette substance :

L'ambre même qui étoit, il n'y a pas longtemps, l'odeur par excellence, le parfum le plus exquis et le plus noble, a perdu de sa vogue et n'est plus du goût de nos gens délicats.

BUFFON, *Histoire naturelle.* La Civette et le Zibet.

Quand je humois, en traversant un hameau, la vapeur d'une bonne omelette au cerfeuil ; quand j'entendois de loin le rustique refrain de la chanson des bisquières, je donnois au diable et le rouge, et les falbalas, et *l'ambre*

J.-J. ROUSSEAU, *Confessions,* II, 9.

Un dindon tout à l'ail, un seigneur tout à *l'ambre,*
A souper vous sont destinés.

VOLTAIRE, *Impromptu à* Mᵐᵉ *la duchesse de Luxembourg.*

AMBRE est souvent pris métaphoriquement :

Il faut quitter ces jardins toujours verts,
Que l'haleine des fleurs parfume de son *ambre.*

MAINARD, *Odes.*

... Flore à l'haleine d'*ambre*
Sema de fleurs toute la chambre.

LA FONTAINE, *Contes.* Le Tableau.

L'origine mythologique de l'Ambre est rappelée dans les vers suivants :

Cet *ambre* fut formé, dit-on,
Des larmes que jadis versèrent
Les sœurs du brillant Phaéton,
Lorsqu'en pins elles se changèrent.

VOLTAIRE, *Lettres;* à Frédéric.

Il y est fait allusion dans ce passage :

Elle raconta les métamorphoses des dieux et des hommes

les Héliades changées en peupliers, et l'*ambre* de leurs pleurs roulé par les flots de l'Éridan.

Chateaubriand, *les Martyrs*, II.

On dit proverbialement et figurément, d'un homme très pénétrant, fort délié, qu'il est *fin comme l'Ambre :*

C'étoit un gros Andalous... *fin comme l'ambre*, rusé voleur, et plus malin qu'un écolier.

Florian, *Don Quichotte*, I, c. 2.

D'Ambre on avait fait
Ambrin, ine, adj.

Mettez dedans en un petit drapelet délié le quart d'une once de saffran pour donner couleur *ambrine*.

Le Ménagier de Paris, II° distinction, 5° article.

Des mouchettes à miel les unes vont aux fleurs;
Les autres vont léchant les perlettes rosines
Des larmes de Narcisse et les gommes *ambrines*,
Afin de les confire en célestes liqueurs.

Remi Belleau, *la Bergerie*, Seconde journée. Baisers.

AMBRER, v. a.
Parfumer avec de l'Ambre.
Ambré, ée, participe.

Que diable! elle est (une lettre) cruellement *ambrée*.

Collé, *Dupuis et Desrouais*, II, 5.

Adjectivement : Qui a la couleur de l'Ambre jaune ou l'odeur de l'Ambre gris :

Si j'avois des cerises quand il gèle, et des melons *ambrés* au cœur de l'hiver, avec quel plaisir les goûterois-je!

J.-J. Rousseau, *Émile*, IV.

AMBROSIE, et, plus communément, **AMBROISIE**, s. f. (Du mot latin et grec *Ambrosia*, ἀμβροσία, et, par ce mot, de ἄμβροτος, ἄβροτος, immortel, de ἀ privatif et de βροτός, mortel.)

Suivant la fable, Nourriture d'un goût et d'un parfum délicieux, qui était destiné aux dieux de l'Olympe et donnait l'immortalité à ceux qui en goûtaient :

La dame ne mangea rien fors celeste *ambrosie*, rien ne beut que nectar divin.

Rabelais, *Pantagruel*, V, 23.

Cependant on avoit mis le couvert dans la salle la plus prochaine. Il y fut servi de l'*ambroisie* en toutes les sortes.

Quant au nectar, les Amours en furent les échansons. Psyché mangea peu.

La Fontaine, *Psyché*.

Tout ce qu'il (Nélée) boit devient nectar, tout ce qu'il mange devient *ambrosie*.

Fénelon, *Fables*, XXXII.

En baisant Vénus avec tendresse, il répandit une odeur d'*ambroisie* dont l'Olympe fut parfumé.

Le même, *Télémaque*, IX.

Un dieu mesme perdroit l'*ambrosie* immortelle,
Privé de déité, s'il estoit infidelle.

Jodelle, *Didon*, acte II.

Ils (Minos et Tantale) mangeoient à sa table (de Jupi-
[ter), avaloient l'*ambroisie*,]
Et des plaisirs du ciel soûloient leur fantaisie.

Régnier, *Satires*, XIV.

... Depuis qu'un mortel une fois a gousté
De ce manger divin en Olimpe appresté,
De ce mets précieux qu'on appelle *ambrosie*,
On peut asseurément croire sans frénesie
Qu'il est exempt d'aller en ces tristes manoirs
Où Charon a passé tant de fantômes noirs.

Saint-Amant, *Élégie à Damon*.

Je lui donne à présent congé d'être Sosie;
Je suis las de porter un visage si laid;
Et je m'en vais au ciel avec de l'*ambroisie*
M'en débarbouiller tout à fait.

Molière, *Amphitryon*, III, scène dernière.

Ambroisie est souvent pris, surtout en poésie, dans un sens figuré ;
Soit en parlant de choses de l'ordre physique :

Contente d'un mauvais souper
Que tu changeais en *ambroisie*.

Voltaire, *Épîtres*, XXVIII.

Et plus sa main avare épuise sa mamelle,
Plus sa douce *ambroisie* entre tes doigts ruisselle.

Delille, trad. des *Géorgiques*, III.

Soit en parlant de choses de l'ordre moral :

M. Amyot... le faisant (Plutarque) parler françois, luy a sceu donner ceste mesme gravité en la phrase françoise qu'il avoit en ses termes grecs, voire avec plus de grâce et de douceur, ce semble, l'ayant sursemé d'un certain miel délicieusement coulant, qui charme et l'esprit et l'oreille en cette amiable *ambroisie* dont il est plein.

Frederic Morel, *Vie de Plutarque*.

Qu'il est doux de se nourrir d'*ambroisie* quand l'envie
mange des couleuvres !

> VOLTAIRE, *Lettres;* 23 décembre 1760.

> Je pais mon cœur d'une telle *ambrosie,*
> Que je ne suis à bon droit envieux
> De celle-là dont le père des dieux
> Chez l'Océan sa bouche rassasie.
>
> RONSARD, *Amours,* I, 10.

> Jadis de vostre temps la vertu simple et pure...
> D'hommes vous faisant dieux, vous paissoit d'*ambroisie*
> Et donnoit place au ciel à votre fantaisie.
>
> RÉGNIER, *Satires,* V.

Au lieu d'AMBROSIE, on a dit autrefois AMBROISE :

> ... Aglaia, autre nymphe gentile
> Print du nectar et de l'*ambroise* utile
> Dont les hauts dieux sont au ciel maintenus.
>
> J. LE MAIRE, *Cupido et Atropos.*

C'est un des archaïsmes fréquents chez La
Fontaine :

> ... Tiennette est *ambroise,*
> Dit son époux; telle je la maintiens.
>
> LA FONTAINE, *Contes,* V, 3.Les Troqueurs.

D'AMBROSIE on avait fait l'adjectif
AMBROZIN, INE :

> Ces belles joues rosines
> Et ces levres *ambrozines.*
>
> G. DURANT, à la S. de Bonnefons, p. 77. (Cité par Sainte-
> Palaye.)

AMBROSIEN, IENNE, adj. (D'*Ambrosius,* nom propre.)

Il n'est guère usité que dans ces locutions : *Chant
ambrosien,* Chant de l'office divin, qui est attribué à saint Ambroise; *Messe ambrosienne,* Messe
selon le rit de l'Église de Milan, dont saint Ambroise fut évêque; *Bibliothèque ambrosienne,* Bibliothèque de Milan.

AMBULANT, ANTE, adj. (De notre vieux
verbe *Ambuler,* et, par ce mot, du verbe latin
Ambulare.)

Ambuler, conformément à son origine, signifiait Se promener, marcher, aller :

> Chascun *ambule* en sa vocacion
> Et soit content
> De son mestier, sans embrasser trestant.
>
> MARTIAL D'AUVERGNE, *Vigiles de Charles VII,* part. II.

Il a été reproduit, par imitation familière de
l'ancien langage, dans le passage suivant :

> Et n'osant *ambuler* botté,
> Dieu sait si je serois crotté.
>
> BOIS-ROBERT, *Épîtres,* X.

L'adjectif AMBULANT est opposé à Fixe, sédentaire. On le dit au propre des personnes; de là des
expressions fort usitées, telles que *Commis, Marchands, Comédiens, Musiciens, Chanteurs,* etc.,
ambulants.

AMBULANT s'est dit quelquefois, d'une manière
plus générale, d'un homme toujours en mouvement, toujours par voie et par chemin :

> De tous les malades, mon cher philosophe, le plus *am-
> bulant* c'est vous, et le plus sédentaire c'est moi.
>
> VOLTAIRE, *Lettres;* 23 novembre 1770.

C'est dans un sens analogue qu'on a dit un
Corps ambulant :

> Je donnerois tout au monde pour savoir la botanique;
> c'est la véritable occupation d'un *corps ambulant* et d'un
> esprit paresseux.
>
> J.-J. ROUSSEAU, *Lettres;* 26 août 1764.

Une *Vie ambulante :*

> Leur *vie* active et toujours *ambulante* (des religieux men-
> diants) ne leur donnoit pas le temps de les transcrire eux-
> mêmes (les livres).
>
> FLEURY, V^e discours sur l'*Histoire ecclésiastique,* § 13

> J'aime à marcher à mon aise, et m'arrêter quand il me
> plaît : la *vie ambulante* est celle qu'il me faut.
>
> J.-J. ROUSSEAU, *les Confessions,* I, 4.

Qu'on a même qualifié par cet adjectif des abstractions telles que *Manie, félicité,* etc. :

> Enfin l'idée d'un grand voyage flattoit ma *manie ambu-
> lante.*
>
> J.-J. ROUSSEAU, *les Confessions,* I, 2.

> La bourse légèrement garnie, mais le cœur saturé de
> joie, et ne songeant qu'à jouir de cette *ambulante félicité*
> à laquelle j'avois tout à coup borné mes brillants projets.
>
> LE MÊME, même ouvrage, I, 3.

Dans le langage familier et proverbial, on a souvent appliqué aux personnes ces expressions :

Machine ambulante, Cadavre ambulant, Spectre ambulant, et autres semblables :

A son premier aspect (Castellar), ma surprise fut grande, et mon étonnement encore plus dès la première conversation : c'étoit une *apoplexie ambulante.*

SAINT-SIMON, *Mémoires,* 1721.

Que feroit un malingre, un *cadavre ambulant* à la cour d'un jeune roi qui se porte bien et qui a de l'imagination et de l'esprit du soir au matin?

VOLTAIRE, *Lettres.*

Je ne suis plus qu'un être végétatif, une *machine ambulante.*

J.-J. ROUSSEAU, *Lettres;* juillet 1762.

AMBULANT a pu se dire d'une réunion de personnes, *Famille, Tribu,* etc. :

Saint Justin, qui a souffert le martyre un peu devant saint Irénée, compte, parmi ceux où la foi avoit pénétré, jusqu'à ces Scythes vagabonds et presque sauvages, qui traînoient sur des chariots leurs *familles* toujours *ambulantes.*

BOSSUET, II° *Instruction pastorale sur les promesses de l'Église.*

Vont-ils dans la Tartarie méditerranée suivre à cheval les *hordes ambulantes,* dont jamais étranger n'approche.

J.-J. ROUSSEAU, *Émile,* IV.

AMBULANT s'applique, par une extension figurée, aux choses mêmes qui se déplacent :

Eschyle est le véritable fondateur du théâtre grec, car les tréteaux *ambulants* de Thespis ne méritaient pas ce nom.

LA HARPE, *Cours de littérature.*

Ils (les Bohémiens) tâchent d'intéresser les voyageurs par le concert *ambulant* de leur famille errante.

Mme DE STAEL, *l'Allemagne,* I, 2.

Ses armées (de l'Autriche) sont pour elle comme des forteresses *ambulantes.*

LA MÊME, même ouvrage, I, 6.

On a dit d'un hôpital qui suit l'armée : *Un hôpital ambulant.*

C'est par une figure analogue, qu'en médecine on applique le mot *Ambulant* à certains maux dont le siège se déplace : *Érésipèle ambulant, dartre ambulante.*

A la même origine qu'*Ambulant,* se rapportent les mots suivants, dont deux seulement, AMBULATOIRE, AMBULANCE, sont restés dans l'usage.

AMBULATIF, IVE, adj.

Ulcère *ambulatif.*

COTGRAVE, *Dictionnaire.*

AMBULATOIRE, adj. des deux genres. (Du latin *Ambulatorius.*)

Il (Charlemagne) établit des écoles dans les principales villes de son empire, et même dans son palais, qui étoit comme une ville *ambulatoire.*

FLEURY, *Du choix des Études,* c. 5.

AMBULATOIRE se disait autrefois d'Une juridiction dont le siège n'était pas fixe, et qui se tenait tantôt dans un endroit, tantôt dans un autre :

Le parlement *ambulatoire,* comme j'ay dit, estoit composé, au-dessous des pairs, de plusieurs prélats, ducs, comtes et barons.

EST. PASQUIER, *Recherches de la France,* II, 3.

N'y avoit rien qui mieux ressemblast aux anciens parlemens *ambulatoires* de la France.

BERGIER, *Histoire des grands chemins de l'Empire romain,* III, 27.

Les parlements ont été rendus sédentaires, ils n'étoient auparavant qu'*ambulatoires.*

FURETIÈRE, *Dictionnaire.*

AMBULATOIRE, pris dans un sens moral, s'est dit proverbialement de la Volonté, pour faire entendre qu'elle est sujette à changer :

LE JUGE. — Avez-vous écrit cette promesse-là de votre main?
ARLEQUIN. — Apparemment que je ne l'ai pas écrite du pied.
LE JUGE. — Quand vous l'avez écrite, aviez-vous envie de l'épouser?
ARLEQUIN. — Quand le diable tente, sait-on ce qu'on fait? A cette heure, la volonté de l'homme est *ambulatoire.*
LE JUGE. — Cela étant, nous allons vous faire faire une petite promenade à la Grève.

L'avocat pour et contre, III, 7. (Voyez GHÉRARDI, *Théâtre italien,* t. I, p. 320-321.)

Les volontés de M. Fouquet sont si *ambulatoires,* qu'il ne

vaut pas la peine de rien faire avant qu'elles ne soient fixées.

MONTESQUIEU, *Lettres;* 21 décembre 1729.

La volonté de l'homme est bien *ambulatoire.*

. . . .
Sans avoir en mourant égard à ma prière,
Il a testamenté tout d'une autre manière.

REGNARD, *le Distrait,* V, scène dernière.

Mais comme son humeur est fort *ambulatoire,*
Ne perdez point de temps, si vous voulez me croire.

J.-B. ROUSSEAU, *le Capricieux,* III, 1.

AMBULATION, s. f. (Du latin *Ambulatio.*)

Apulée aussi escrit que la betoine est souveraine pour empescher les *ambulations* nocturnes.

BOUCHET, *Serées,* II, 16.

AMBULANCE, s. f.

Emploi d'un commis ambulant.

Sorte d'hôpital militaire qui suit une armée, ou un corps d'armée, pour en recueillir les malades et les blessés.

AME, s. f. (Du latin *Anima,* et, par ce mot, du grec ἄνεμος.)

Le passage d'*Anima* à AME est sensible dans ces anciennes formes ANEME, qui, dans la prononciation, ne comptait que pour une syllabe, comme on le voit dans des vers de date très ancienne ; ANME, et, par permutation de lettres, ARME, ALME, formes auxquelles peuvent être rapportées les manières très diverses dont s'est écrit autrefois le mot AME. (Voyez le *Glossaire* de Sainte-Palaye et quelques-uns des exemples ci-après.)

AME signifie au propre, ce qui anime, et, dans l'homme, le principe qui sent, pense et veut.

On s'est servi du mot AME en parlant des animaux ; de là cette expression, l'*Ame des bêtes :*

Un cheval... que nous voyons tremousser et fremir en dormant... comme s'il estoit en la meslée, il est certain qu'il conçoit en son *âme* un son de tambourin sans bruict, une armée sans armes et sans corps.

MONTAIGNE, *Essais,* II, 12.

Que si l'*âme* qu'on donne aux bêtes est distincte du corps, si elle est sans étendue et indivisible, il semble qu'on ne peut pas s'empêcher de la reconnoître comme spirituelle...

Et de là naît un autre inconvénient... nous retombons... dans l'erreur des platoniciens, qui mettoient toutes les âmes immortelles, tant celles des hommes que celles des animaux.

BOSSUET, *Connoissance de Dieu et de soi-même,* c. 5.

Si vous dites que les bêtes ont des *âmes* différentes de leurs machines, je vous demanderai aussitôt, de quelle nature sont ces *âmes* entièrement différentes des corps et attachées à eux.

FÉNELON, *De l'Existence de Dieu,* Ire part., c. 2.

... Ils disent donc
Que la bête est une machine ;
Qu'en elle tout se fait sans choix et par ressorts :
Nul sentiment, point d'*âme;* en elle tout est corps...

Pour moi si j'en étois le maître,
Je leur en donnerois aussi bien qu'aux enfants...
Je ferois notre lot infiniment plus fort ;
Nous aurions un double trésor :
L'un, cette *âme* pareille en tous tant que nous sommes,
Sages, fous, enfants, idiots,
Hôtes de l'univers sous le nom d'animaux ;
L'autre, encore une autre *âme,* entre nous et les anges
Commune en un certain degré.

LA FONTAINE, *Fables,* X, 1.

On s'en est même servi, par une extension plus forte, en parlant des plantes. De là cette expression : l'*Ame des plantes :*

La sensitive... a plus d'*âme,* ou une *âme* plus fine que toutes les autres plantes.

FONTENELLE, *Éloge de Fagon.*

Dans le sens propre et littéral du latin et des langues qui en sont dérivées, il (le mot *âme)* signifie ce qui anime ; ainsi on a dit, l'*âme* des hommes, des animaux, quelquefois *des plantes,* pour signifier leur principe de végétation et de vie.

Le jardinier prononce le mot d'*âme des plantes* et les cultive très bien sans savoir ce qu'il entend par ce terme.

VOLTAIRE, *Dictionnaire philosophique.*

L'*âme* de mille fleurs dans les Zéphirs semée.

A. CHÉNIER, *Élégies,* X.

On a appelé *Ame sensitive* le principe qui fait croître, mouvoir et sentir les animaux.

On a appelé *Ame végétative* le principe qui fait croître les plantes :

Or il y a trois manières de corps qui ont une âme, par laquelle ils vivent : le premier et le plus imparfaict est celuy des plantes ; le second, des bestes ; et le tiers des hommes. Les plantes vivent par l'*âme végétative*... les bestes par l'*âme sensitive;* et les hommes, outre ces deux, par l'âme raisonnable et intellectuelle.

A. PARÉ, *Œuvres*, XXIV, 11.

Toute l'école... en donnant la sensation aux animaux... leur donne une *âme sensitive* distincte du corps.

BOSSUET, *Connoissance de Dieu et de soi-même*, c. 5.

La philosophie d'Aristote, où la forme et la matière sont les grands principes, où les *âmes végétatives* et *sensitives* sont les êtres actifs de la nature.

BUFFON, *Histoire naturelle.*

Dans quelques philosophies de l'antiquité, l'*Ame du monde* était l'Esprit universel qu'elles supposaient répandu dans toutes les parties de l'univers. Dè là, même en dehors de ces doctrines philosophiques, l'emploi fréquent de ces expressions : *Ame du monde, Ame de l'univers, Ame de la nature*, etc. :

Suis-je bien plus heureux pour savoir ce que les philosophes m'apprennent de la nature de l'âme, de son siége, de sa durée? C'est un air disent-ils; c'est un feu; c'est une lumière; c'est une harmonie; c'est une quintessence; c'est un esprit; c'est une partie de l'*âme du monde.*

NICOLE, *De la Brièveté de la vie*, XIX⁰ réflexion,

... Ces philosophes... assuroient qu'elle étoit (l'âme) immortelle, et qu'après la mort de l'homme, elle retournoit à l'*âme de l'univers.*

BERNARDIN DE SAINT-PIERRE, *Études de la nature.*

L'*âme de la nature* se fait connoître à nous de toutes parts et sous mille formes diverses.

Mᵐᵉ DE STAEL, *De l'Allemagne*, II⁰ part., c. 13, § 15.

Encor tout esblouï en raisons je me fonde
Pour de mon âme voir la grande *âme du monde.*

AGR. D'AUBIGNÉ, *Tragiques.* Jugement.

C'est cet esprit divin, cette *âme universelle*
Qui, d'un souffle de vie animant tous les corps,
De ce vaste univers fait mouvoir les ressorts :
Qui remplit, qui nourrit de sa flamme féconde
Tout ce qui vit dans l'air, sur la terre et sous l'onde.

DELILLE, trad. de l'*Énéide*, VI, v. 726.

AME, pris dans son sens le plus ordinaire, c'est-à-dire entendu de l'âme de l'homme, de l'âme raisonnable, s'emploie souvent absolument, l'*Ame :*

Or que l'homme ait deux parties, assavoir le corps et l'*âme*, nous n'en devons faire nulle difficulté.

CALVIN, *Institution chrestienne*, liv. I, c. 15, § 2.

La philosophie est la seule médecine des infirmitez et maladies de l'*âme.*

AMYOT, trad. de Plutarque. *Œuvres morales:* Comment il faut nourrir les enfants.

La beauté du corps, spécialement du visage, doit selon raison démonstrer et tesmoigner une beauté en l'*âme.*

CHARRON, *De la Sagesse*, I, v, 7.

L'*âme*, par laquelle je suis ce que je suis, est entièrement distincte du corps.

DESCARTES, *Discours de la Méthode*, IV.

L'immortalité de l'*âme* est une chose qui nous importe si fort, qui nous touche si profondément, qu'il faut avoir perdu tout sentiment pour être dans l'indifférence de savoir ce qui en est.

PASCAL, *Pensées.*

Le dogme de l'immortalité de l'*âme* se divise en trois branches : celui de l'immortalité pure, celui du simple changement de demeure, celui de la métempsychose.

MONTESQUIEU, *Esprit des lois*, XXIV, 31.

On lui demandoit un jour (à Marivaux) ce que c'étoit que l'*âme* : « Je sais, répondit-il, qu'elle est spirituelle et immortelle, et n'en sais rien de plus. » Il faudra, lui dit-on, le demander à M. de Fontenelle. « Il a trop d'esprit, répliqua-t-il, pour en savoir là-dessus plus que moi. »

D'ALEMBERT, *Éloge de Marivaux.*

L'*âme* ne me parut qu'une faible étincelle
Que l'instant du trépas dissipe dans les airs.
Je suis vaincu, je cède, et l'*âme* est immortelle.

VOLTAIRE, *le Temple du Goût.*

Il y a encore d'autres manières de parler où *Ame* est pris dans un sens général : *Notre Ame, nos Ames, une Ame*, etc. :

Deu ne volt que nul *alme* périsse.

Les quatre Livres des Rois, II, XIV, 14.

Examinant les fonctions qui pouvoient en suite de cela être en ce corps, j'y trouvois exactement toutes celles qui peuvent être en nous sans que nous y pensions, ni par conséquent que *notre âme*, c'est-à-dire cette partie distincte du corps dont il a été dit ci-dessus que la nature n'est que de penser, y contribue.

DESCARTES, *Discours de la Méthode*, V.

Ne croyons pas que *notre âme* soit un air subtil, ni une vapeur déliée; le souffle que Dieu inspire, et qui porte en lui-même l'image de Dieu, n'est ni air ni vapeur.

BOSSUET, *Discours sur l'histoire universelle*, II, 1.

Platon définissoit l'homme en cette sorte : L'homme, dit-il, est *une âme se servant du corps.*

> BOSSUET, *De la connoissance de Dieu et de soi-même,* c. 3, nº 20.

En vérité, ces émotions sont si nécessaires de temps en temps à la campagne ; sans cela on oublieroit aisément qu'on a *une âme :* le repos est si grand, qu'il vise à la léthargie.

> Mᵐᵉ DE SÉVIGNÉ, *Lettres ;* 22 juillet 1690.

Je ne crois pas qu'*une âme* que Dieu a voulu remplir de l'idée de son être infini, doive être anéantie.

> LA BRUYÈRE, *Caractères.*

Notre âme n'a qu'une forme très simple, très générale, très constante; cette forme est la pensée; il nous est impossible d'apercevoir *notre âme* autrement que par la pensée. Cette forme n'a rien de divisible, rien d'étendu, rien de pénétrable, rien de matériel; donc le sujet de cette forme, *notre âme,* est indivisible et immatériel.

> BUFFON, *Histoire naturelle.* De la nature de l'homme.

La nature, féconde en bizarres portraits,
Dans *chaque âme* est marquée à de différents traits.

> BOILEAU, *Art poétique,* III.

Ame, où t'envoles-tu, sans espoir de retour ?

> LA FONTAINE, *le Poème du Quinquina.*

Oui, Platon, tu dis vrai, *notre âme* est immortelle.

> VOLTAIRE, trad. du *Caton* d'Addison.

AME s'emploie aussi très ordinairement dans un sens relatif : on dit l'*Ame de* quelqu'un, *Son âme, mon âme, ton âme :*

Si te plaist receif *ma aneme.*

> *Les quatre Livres des Rois,* III, XIX, 4.

Pour Dieu, mes amys, faictes moy porter en lieu où je puisse avoir conseil de *mon âme.*

> HERBERAY DES ESSARTS, *Amadis de Gaule,* I, 5.

Certes, mes discours sont bien coupez; aussy l'est *mon âme,* ne l'ayant (hormis mon amour) jamais eue plus traversée.

> HENRI IV, *Lettres ;* 19 avril 1593.

Mon âme, cette partie de moi qui pense et qui fait des réflexions sur tout et sur elle-même, ne se connoît non plus que le reste.

> PASCAL, *Pensées.*

Les enfants ont déjà de *leur âme* l'imagination et la mémoire, c'est-à-dire ce que les vieillards n'ont plus.

Le sot gagne à mourir, et, dans ce moment où les autres meurent, il commence à vivre : *son âme* alors pense, rai-

sonne, infère, conclut, juge, prévoit, fait précisément tout ce qu'elle ne faisoit point.

> LA BRUYÈRE, *Caractères.*

Tout le monde eût aperçu sa peine et sa honte, si la lyre de Mentor n'eût enlevé *l'âme de* tous les assistants.

> FÉNELON, *Télémaque.*

Jamais homme (le duc de Chevreuse) ne posséda *son âme* en paix comme celui-là.

> SAINT-SIMON, *Mémoires,* 1712.

Il faut qu'à chaque visite il quitte, en entrant, *son âme,* s'il en a une; qu'il en prenne une autre, aux couleurs de la maison, comme un laquais prend un habit de livrée.

> J.-J. ROUSSEAU, *la Nouvelle Héloïse,* IIᵉ part.

Asoldrai vus pur voz *anmes* guarir,

> *Chanson de Roland,* v. 1133.

Alme as, cele ne murra mie.

> BENOÎT, *Chroniques des ducs de Normandie,* t. I, v. 6255.

Vasthi régna longtemps dans *son âme* offensée !

> J. RACINE, *Esther,* I, 1.

Que *votre âme* et vos mœurs, peintes dans vos ouvrages,
N'offrent jamais de vous que de nobles images.

> BOILEAU, *Art Poétique,* IV.

Aux lèvres de Vénus *son âme* est suspendue.

> A. CHÉNIER, *Fragments de l'art d'aimer.*

Très ordinairement, surtout dans le langage poétique, ces expressions : *Mon âme, ton âme, son âme,* sont simplement une manière de désigner la personne et équivalent presque au pronom personnel Je, tu, il.

AME est souvent opposé au mot Corps :

En cet estat, je (Marguerite de Valois) vint de Saint-Jean-d'Angély à Angers, malade du *corps*, mais beaucoup plus malade de l'*âme.*

> MARGUERITE DE VALOIS, *Mémoires.*

Éloigné de moi, vous souffrez ce que souffre une *âme* qui est séparée de son *corps.*

> MOLIÈRE, *le Festin de Pierre,* I, 3.

Il y a un petit homme obscur qui dit que l'abbé Têtu serviroit fort bien d'*âme* à un grand *corps :* cela m'a paru plaisant.

> Mᵐᵉ DE SÉVIGNÉ, *Lettres ;* 21 octobre 1671.

Garde ton *cors,* pance de *t'âme.*

> MÉON, *Fabliaux et contes anciens,* III, 46,

Si comandons à Dieu nos *âmes* et nos *cors.*

> *Gui de Bourgogne,* v. 3873.

Sy prye au benoist filz de Dieu,
Qu'à tous mes besoings je reclame,
Que ma pauvre priere ayt lieu
Vers luy, de qui tiens *corps* et *âme*.

VILLON, Grand Testament, VII.

Trouve la santé de l'*âme*
Dans les souffrances du *corps*.

J.-B. ROUSSEAU, Odes, I, 15.

Vous avez fait un *corps* où je veux mettre une *âme*.

PIRON, la Métromanie, II, 2.

On trouve une opposition analogue dans des passages tels que le suivant :

Mais on lit à leurs yeux et dans leur contenance
Que la bouche ne parle ainsi que l'*âme* pense.

RÉGNIER, Satires, IV.

Souvent, en parlant de l'Ame on se sert, par figure, d'expressions qui conviendraient pour le corps :

C'est pourquoi, ceignant les reins de votre *âme*, et vivant dans la tempérance, attendez dans une espérance parfaite la grâce qui vous sera donnée à l'avènement de Jésus-Christ.

LE MAITRE DE SACY, trad. du Nouveau Testament.
Épître de saint Pierre, I, 13.

Il y a un certain courrier qui, depuis un an, donne la fièvre à mon *âme*.

Mlle DE LESPINASSE, Lettres; XIII, 8 août 1773.

Et son *âme*, étendant ses ailes,
Fut toute prête à s'envoler.

MALHERBE, Pour Alcandre, Stances.

Quoy! je verray des yeux de l'*âme*
Ces inhumains, ces criminels
Rompre des pactes solennels.

SAINT-AMANT, la Généreuse.

Qui porte sur son front la couleur de son *âme*.

MONTFLEURY, la Mort d'Asdrubal, I, 1.

Elle a fait voir tantôt son *âme* toute nue.

DESTOUCHES, le Médisant, V, 5.

C'est ainsi qu'on a dit : *Rougir dans l'âme :*

J'en rougis *dans mon âme*...

P. CORNEILLE, Nicomède, II, 1.

Ame se dit souvent par rapport à nos bonnes ou mauvaises qualités morales :

Le commerce continuel que j'ay avec les humeurs an-

III.

ciennes, et l'idée de ces riches *âmes* du temps passé, me degouste et d'autruy et de moy-mesme.

MONTAIGNE, Essais, II, 17.

Les plus foibles *âmes* sont les plus vindicatives.

CHARRON, De la Sagesse, I, XXIX, 1.

Je vous rends en mon cœur toute la gratitude dont une bonne *âme* est capable.

LE CARDINAL D'OSSAT, Lettres; liv. I, 6.

Chaque gentilhomme se cotisa pour les comédiens, selon qu'il eut l'*âme* libérale.

SCARRON, Roman comique, IIe part., c. 3.

Une *âme* guerrière est maitresse du corps qu'elle anime.

BOSSUET, Oraison funèbre du prince de Condé.

Son *âme* fut toujours égale.

FLÉCHIER, Oraison funèbre de Turenne.

Il y a des *âmes* sales, pétries de boue et d'ordure, éprises du gain et de l'intérêt, comme les belles *âmes* le sont de la gloire et de la vertu.

LA BRUYÈRE, Caractères, VI.

Vous avez donc l'*âme* mercenaire?

MARIVAUX, le Legs, sc. 14.

Ni la pauvreté ne peut avilir les *âmes* fortes, ni la richesse ne peut élever les *âmes* basses.

VAUVENARGUES, Supplément des Réflexions et Maximes, XXVI.

Que vous êtes heureux, vous autres belles *âmes* !

RÉGNIER, Satires, III.

Et dans ces grands tombeaux, où leurs *âmes* hautaines
Font encore les vaines,
Ils sont rongés des vers.

MALHERBE, Paraphrase du psaume CXLV.

Je suis jeune, il est vrai, mais aux *âmes* bien nées
La valeur n'attend pas le nombre des années.

P. CORNEILLE, le Cid, II, 2.

Nos deux *âmes*, seigneur, sont des *âmes* romaines.

LE MÊME, Cinna, V, 2.

Il ne s'abaisse point vers des *âmes* si hautes.

LE MÊME, l'Imitation.

Battre un homme à jeu sûr n'est pas d'une belle *âme*.

MOLIÈRE, Amphitryon, I, 2.

La peur d'un vain remords trouble cette grande *âme*

J. RACINE, Athalie, III, 1.

C'est d'une fort belle *âme* un fort vilain étui.

BOURSAULT, Ésope à la cour, IV, 1.

Vous avez le cœur haut, et l'*âme* délicate.

DESTOUCHES, le Glorieux, II, 4.

C'est l'esprit le plus faux, et l'*âme* la plus noire.

Gresset, le Méchant, I, 2.

Dans le langage familier, *Une bonne âme*, se dit d'une personne de bon caractère, n'ayant que de bons sentiments, point de malice :

Je ne sais si vous savez la mort de M. de Seignelai. Il prit, le 3 de ce mois, habilement son temps pour sortir de ce monde. Toutes *les bonnes âmes* étoient en prières pour le soulagement des morts, dont on faisoit la fête ; il aura apparemment espéré d'avoir sa part aux mérites de toutes les bonnes œuvres qui se firent à leur intention.

Bussy-Rabutin, Lettres; à l'abbé Dance, 5 novembre 1690.

Il faut que vous soyez *une bonne âme*, pour daigner vous souvenir d'un pauvre solitaire, au milieu des diètes de l'Allemagne et du brillant fracas des couronnements.

Voltaire, Lettres.

... Voici dans ma poche un écrit important
Qui vous enseignera l'office de la femme :
J'en ignore l'auteur, mais c'est *une bonne âme*.

Molière, l'École des femmes, III, 2.

Quelquefois la même expression est employée ironiquement et prend un tout autre sens :

Il y eut beau bruit, et le lendemain quelque *bonne âme* (ce fut mademoiselle de Ramburès) alla tout courant dire à Madame la Dauphine...

L'abbé de Choisy, Mémoires, V.

La *bonne âme !* Vous verrez que nous aurons encore tort.

Marivaux, la Méprise, sc. xix.

M'aimer, sans m'avoir vu, voilà de *bonnes âmes*.

Regnard, les Ménechmes, III, 11.

... Tout s'arrange avec les *bonnes âmes*.

Barthe, les Fausses Infidélités, sc. I.

Ame se dit également par rapport à nos bonnes ou nos mauvaises qualités morales, dans d'autres manières de parler, comme *Ame d'élite, Ame du commun*, etc. :

Tu n'es qu'un idiot, qu'une *âme du commun*.

Destouches, l'Ingrat, I, 6.

Ame de feu, Ame de bronze, Ame de chair et de sang, Ame de boue, etc. :

C'est au commun des hommes, c'est *aux âmes de chair et de sang*, à se laisser gagner par des périodes mesurées, et par des figures et des mouvements qui réveillent les passions.

Bussy-Rabutin, Lettres; au P. Bouhours, 4 avril 1675.

Je vous dis qu'il faut que vous ayez des *âmes de bronze*, si vous n'en êtes pas contents.

Voltaire, Lettres; 4 mai 1761.

Les paroles enfin ne sont que des paroles,
Que des sons parmi l'air vainement dispersés ;
Elles peuvent briser quelques *âmes de verre*,
Et ne tombent point sur la pierre
Que leurs traits n'en soient émoussés.

P. Corneille, l'Imitation, III, 46.

Mais qu'on me montre Achille, Achille, *âme de feu*.

Delille, l'Imagination, I.

L'âme d'un père :

Sous cet air brusque il a l'*âme d'un père*.

Voltaire, l'Enfant prodigue, I, 3.

A ces manières de parler correspondent d'autres expressions, comme *Élévation, douceur, bonté, bassesse*, etc., *d'âme :*

Ce qui lui fait tort dans votre esprit (à Jésus-Christ) est précisément ce qui rend son *élévation d'âme* plus étonnante et plus admirable.

J.-J. Rousseau, Lettres; à M..., 1769.

Les haines, dont M. de La Fayette est l'objet, n'ont jamais aigri son caractère et sa *douceur d'âme* parfaite.

Mme de Staël, Considérations sur la Révolution française, c. 3.

Il a reçu du ciel certaine *bonté d'âme*
Qui le soumet d'abord à ce que veut sa femme.

Molière, les Femmes savantes, I, 3.

M'accuser faussement ! Quelle *bassesse d'âme !*

Destouches, l'Ingrat, IV, 3.

Ame se dit aussi par rapport à la religion :

Son livre ne tend qu'à détourner les *âmes* de la voie étroite de l'Évangile.

Arnauld, De la fréquente communion. Préface.

Heureuse donc l'*âme* chrétienne, qui, suivant le précepte de Jésus-Christ, n'aime ni ce monde ni tout ce qui le compose.

Fléchier, Oraison funèbre de Mme d'Aiguillon.

De là plusieurs manières de parler, telles que *Soin, ministère des âmes :*

Le *ministère des âmes*, celui de tous le plus délicat et le plus sublime.

La Bruyère, Caractères, c. 3.

Cela seul a fait imaginer le spécieux et irrépréhensible prétexte du *soin des âmes*.

LA BRUYÈRE, *Caractères*, c. 9.

Charge d'âmes; bénéfice, emploi à charge d'âmes; avoir charge d'âmes :

Les cardinaux pouvant tenir pluralité des bénéfices qui n'*avoient charge d'âmes*...

EST. PASQUIER, *Recherches de la France*, III, 5.

Ce sont ces gens-là qu'il faudroit établir malgré eux dans les *emplois à charge d'âmes*.

FÉNELON, *Dialogues sur l'Éloquence*, III.

Quand on lui donna Lisieux, au lieu de Nantes, quelqu'un lui dit : Mais vous *aurez* bien plus grande *charge d'âmes*. Voire, répondit-il, les Normands n'ont point d'âmes.

TALLEMANT DES RÉAUX, *Historiettes*. M. de Lisieux.

Il est fait allusion à ces manières de parler dans le passage suivant :

Ne me parlez donc point d'un poste de précepteur; c'est un *bénéfice à charge d'âmes*; mais parlez-moi de l'emploi d'un laquais; c'est un bénéfice simple, qui n'engage à rien.

LE SAGE, *Gil Blas*.

Sauver, perdre, engager, etc., *son âme :*

La septime vertu qui doit estre en bailli, que il obeisse au commandement de son seigneur en toz ses commandements, excéptés les commandements par les quix il porroit *perdre s'ame* s'il les fesoit.

BEAUMANOIR, *Coutumes du Beauvoisis*, c. 1, 8.

Il *engageroit son âme* pour gangner. Il *engageroit son âme* au diable pour en avoir.

H. ESTIENNE, *La Précellence du langage françois*.

Moigne volt devenir e sa vie muer Por sa char justisier et por s'*alme salver*.

WACE, *Roman de Rou*, v. 2454.

AME se dit encore de L'âme considérée comme séparée du corps :

Le divin service fut faict pour l'*âme* de la dite dame par le cardinal du Mans.

BRANTÔME, *Anne de Bretagne*.

Je veux que vous soyez témoins de ce que je dis, et que Charon apporte devant vous le registre journal des *âmes* qu'il a passées aujourd'hui.

Mezzetin aux Enfers. (Voyez GHERARDI; *Théâtre italien*, t. II, p. 293.)

Morz est Rollanz, Deus en ad l'*anme* es ciels.

Chanson de Roland, v. 2397.

De sa mort ne fault plus parler, Seullement prier pour son *âme*.

Le Mistère du siège d'Orléans, v. 4371.

Quoi ! vous faites rentrer les *âmes* dans les corps : Il faut qu'apparemment vous sachiez la magie.

BOURSAULT, *Ésope à la ville*, III, 4.

On a dit *Le jour des âmes*, pour Le jour des morts :

Lequel traictié fut fait le dimenche *jour des âmes*.

MONSTRELET, *Chronique*, c. 166.

... Le jor des ames Est après le jor toz sains De ce soyez trestoil certains.

Fabl. ms. de R., nº 7218, fº 60, vº. col. 1. (Cité par Sainte-Palaye.)

A cette manière d'employer le mot AME se rapporte des formes de vœux fort usitées, et quelques-unes fort anciennes : *Dieu ait* ou *veuille avoir son âme, Devant Dieu soit son âme*, etc. :

Dieu en *ait l'âme* par sa sainte pitié et miséricorde.

FROISSART, *Chroniques*, liv. I, part. I, c. 214.

Cela, avec une estime réciproque, me fait aujourd'hui sentir sa mort plus que je n'aurois fait il y a vingt ans. *Dieu veuille avoir son âme.*

BUSSY-RABUTIN, *Lettres*; à Corbinelli, 17 septembre 1688.

Tutes vos *annes ait* Deus li glorius.

Chanson de Roland, v. 2196.

Dieu veuille avoir l'âme de luy, Et de touz noz autres amis !

Le Mistère du siège d'Orléans, v. 4879.

Le financier est mort, *Dieu veuille avoir son âme*.

MONTFLEURY, *le Gentilhomme de Beauce*, V.

De là aussi les expressions suivantes : *Ame bienheureuse :*

Êtes-vous déjà descendu dans le séjour des *âmes bienheureuses*, que les dieux récompensent de leurs vertus?

FÉNELON, *Télémaque*.

Ame en peine :

Je n'avois jamais vu jusqu'ici d'*âme en peine*, J'en vois une à présent.

ROTROU; *Don Bertran de Cigaral*, III, 10.

Ame damnée :

Ce vieil comédien devenu *âme damnée* devant le temps,
je veux dire amoureux devant sa mort...
Scarron, Roman comique, I, 19.

On voit par cet exemple, comme aussi par le
suivant, que *Ame damnée* s'est dit par figure d'une
personne fort malheureuse en cette vie :

Enfin tout dormoit dans la nature,... à la réserve de
quelques poètes qui avoient dans la tête des vers difficiles
à tourner, de quelques malheureux amants, de ceux qu'on
appelle *âmes damnées.*
Scarron, Roman comique, II, 1.

L'Ame damnée de quelqu'un se dit d'Un homme
tellement dévoué à un autre, qu'il se damnerait
pour lui, qu'il ferait pour lui complaire les choses
les plus criminelles :

Dans la suite ils (les frères Chavigny) devinrent les instruments de l'abbé Dubois en beaucoup de choses, puis ses
confidents, et ce que, en langue commune, on appeloit *ses
âmes damnées.*
Saint-Simon, Mémoires, 1710.

Dites un peu à *votre âme damnée,* à ce M. Raffle, qu'il
me traite un peu plus humainement.
Le Sage, Turcaret, III, 5.

Il ne m'aime pas, parce qu'il m'a cru *âme damnée* de M. de
Richelieu.
Voltaire, Lettres ; 2 novembre 1777.

Il n'en put gagner aucun autre que les deux ou trois qui
lui étoient déjà dévoués et qu'on appeloit *ses âmes damnées.*
J.-J. Rousseau, les Confessions, XII.

Le mot AME entre dans un grand nombre de
locutions qui s'expliqueront par les exemples.

Avoir de l'âme :

Il *avoit*... les yeux vifs, beaucoup de physionomie, beaucoup *d'âme* dans tout l'air de son visage.
Fontenelle, Éloge de Manfredi.

Ne pensant, ne voulant, n'étant rien d'elle-même,
Et n'*ayant d'âme* enfin que par celui qu'elle aime.
Gresset, le Méchant, I, 2.

*N'avoir point d'âme, manquer d'âme, être sans
âme :*

M. le cardinal Mazarin qui avoit beaucoup d'esprit, mais
qui *n'avoit point d'âme,* ne songea, dès que la paix fut faite,

qu'à se défendre, pour ainsi parler, des obligations qu'il
avoit à M. le prince, qui, à la lettre, l'avoit tiré de la potence.
Cardinal de Retz, Mémoires.

Le peuple n'a guère d'esprit, et les grands n'*ont point
d'âme.*
La Bruyère, Caractères, c. 9.

Celui qui est froid parce qu'il *manque d'âme* n'a pas de
quoi se corriger : on peut modérer son feu, on ne saurait
en acquérir.
Voltaire, Dictionnaire philosophique. Froid.

Qu'importe qu'en tous lieux on me traite d'infâme,
Dit ce fourbe sans foi, sans honneur et *sans âme!*
Boileau, Épîtres, V.

Avec ces façons de parler, on peut ranger celle
que donne ce passage :

Il (Nointel) s'excusa d'entrer en celui-ci (le travail d'un
nouvel édit), et fut imité par un des trois traitants, à qui
apparemment *il restoit encore quelque sorte d'âme.*
Saint-Simon, Mémoires, 1710.

Être tout âme :

Madame de Castries étoit une figure de tous points man-
quée pour la forme et pour la matière, mais *tout âme,* tout
esprit et charmant.
Saint-Simon, Mémoires, 1716.

Avoir dans l'âme :

Ces paroles ont été proférez avec une certaine véhémence,
qui m'a bien faict cognoistre qu'il disoit véritablement ce
qu'il *avoit en l'âme.*
D'Urfé, l'Astrée, Ire part., liv. IX.

Mon visage et mes paroles leur firent si bien voir ce que
j'*avois dans l'âme,* que leur grande affliction se modéra un
peu.
Scarron, Roman comique, Ire part., c. 18.

N'avez-vous pas eu tout le temps et toute la commodité
de lui conter vos raisons et de savoir ce qu'elle *a dans l'âme* ?
Dancourt, le Mari retrouvé, sc. II.

Encor faut-il que vos meilleurs amis
Sachent un peu ce qu'elle *a dedans l'âme.*
La Fontaine, Contes. Le Magnifique.

Dans l'âme :

Zélide avoit de surplus la peine d'être obligée de rire devant le monde, lorsqu'elle pleuroit *dans l'âme* des larmes
de sang.
Voiture, Histoire d'Alcidalis et de Zélide.

Le lâche! il vous flattoit, lorsqu'il trembloit *dans l'âme*.
P. Corneille, Héraclius, I, 1.

Dans l'âme elle est du monde, et ses soins tentent tout
Pour accrocher quelqu'un, sans en venir à bout.
Molière, le Misanthrope, III, 3.

Vois-tu ce libertin, en public intrépide,
Qui prêche contre un Dieu, que, *dans son âme*, il croit.
Boileau, Épîtres, III.

Dans le fond de l'âme :

Et tel, en vous lisant, admire chaque trait
Qui, *dans le fond de l'âme*, et vous craint et vous hait.
Boileau, Satires, VII.

Mais, malgré vous, je lis jusqu'*au fond de votre âme*.
Destouches, le Philosophe marié, V, 6.

Du meilleur de son âme :

... J'y souscris *du meilleur de mon âme*,
D'autant plus que par là je contredis ma femme.
Destouches, le Glorieux, II, 14.

J'aime beaucoup la foire ; — oh! j'y ris, sur ma foi !
Du meilleur de mon âme, et sans savoir pourquoi.
Boissy, le Babillard, sc. 10.

Ouvrir son âme :

Le plaisir le plus grand que vous me puissiez faire,
C'est de m'*ouvrir votre âme* et de ne me rien taire.
Boursault, Ésope à la cour, III, 3.

Gagner l'âme de quelqu'un :

Son maintien honnête et sa douceur m'*ont gagné l'âme*,
Molière, l'Avare, I, 4.

Je devins insensiblement le favori de mon maître, qui de son côté *me gagna l'âme* par les marques d'affection qu'il me donna.
Le Sage, Gil Blas, II, 8.

Je sens que bientôt vous m'*auriez gagné l'âme*,
Si vous ne médisiez jamais que de ma femme.
Destouches, le Médisant, V, 2.

N'avoir qu'une âme, ne faire qu'une âme :

Des armées (celles des Grecs)... si bien commandées et si souples aux ordres de leurs généraux, qu'on eût cru que les soldats *n'avoient* tous *qu'une même âme*, tant on voyoit de concert dans leurs mouvements.
Bossuet, Discours sur l'histoire universelle, III, 5.

Il ne sait pas l'amour qui vous parle pour lui,
Que vous et Bajazet vous *ne faites qu'une âme*.
J. Racine, Bajazet, IV, 3.

Le mot **Ame** entre dans certaines formules d'affirmation et de serment ;

Sur mon âme :

Ceulx qui apporteront lesdictes lectres seront tenus de jurer *sur leurs ames* et *sur les ames* de ceux qui les envoieront, qu'ils n'ont point laissé aucunes lectres de leurs diz privileges... frauduleusement.
Monstrelet, Chroniques, liv. I, c. 47.

Sur mon ame, dist le duc, puisque le me conseillez, je le feray.
Le Loyal-Serviteur, c. 4.

Bonnes gens j'ay perdu ma dâme,
Qui la trouvera, *sur mon ame*,
Combien qu'elle soit belle et bonne
De très bon cuer je la luy donne.
Octavien de Saint-Gelais, Rondeau.

Prendrons-nous tout ceci pour de l'argent comptant?
Mon front l'a, *sur mon âme*, eu bien chaude pourtant.
Molière, Sganarelle, sc. 22.

... Quand vous serez mari,
Ce sera, *sur mon âme*, un beau charivari.
Destouches, l'Ingrat, I, 6.

Par mon âme :

Vous criez ! — Cestes vous, *par m'ame*,
Qui ne parlez fors que de noise.
La Farce de Patelin.

Par m'ame, je ne donne rien.
Villon, Grand Testament, v. 138.

Par l'âme de mon père :

Par l'ame de mon père, je ne pense jamais à boire ni à manger tant comme tu vives.
Froissart, Chroniques, liv. I, IIe part., c. 20.

On trouve, dans le passage suivant,

Jurer son âme :

Je n'ay nulle assurance au capitaine La Barthe qui a par là une bonne troupe, et qui m'a cependant *juré son âme*.
Henri IV, Lettres ; 2 novembre 1587.

Ame se dit souvent pour la **Vie** :

L'*anme* de tes enemjs iert ruelée et turnée comme la pierre de fonde.
Les quatre Livres des Rois, I, xxv, 29.

Chascun, pour sauver sa vie et respirer une *âme* précaire, se faisoit bourreau de son compagnon.
Agr. d'Aubigné, Histoire universelle, II, 122.

Il (Hercule) s'écria... Philoctète recevra dans son sein
mon *âme* prête à s'envoler.

> FÉNELON, *Télémaque*, XII.

Od sun espiet l'*anime* li getet fors.

> *Chanson de Roland*, v. 1193.

Grant fu la noise e grant l'occise;
Maint *alme* i ont forz de cors mise.

> WACE, *Roman de Rou*, v. 13917.

Si irai-je ferir du glesve le premier
Si que je li feroi l'*âme* du corps vuidier.

> *Doon de Maience*, v. 8172.

Perdras-tu la raison jusqu'à te figurer
Que les morts reviennent en vie,
Et qu'on leur rende l'*âme* à force de pleurer.

> MALHERBE, *Consolation à M. le premier président
> de Verdun, sur la mort de sa femme.*

Dans cet embrassement dont la douceur me flatte,
Venez et recevez l'*âme* de Mithridate.

> L. RACINE, *Mithridate*, V, 5.

Quelle voix salutaire ordonne que je vive,
Et rappelle en mon sein mon *âme* fugitive?

> LE MÊME, *Esther*, II, 7.

Qu'à ce monstre, à l'instant, l'*âme* soit arrachée.

> LE MÊME, même ouvrage, III, 6.

Rendre l'âme, au sens d'*Expirer*, est une expression fort ancienne et fort usitée :

Quant il ot vent k'il ensi *avoit renduit ainrme*.

> SAINT BERNARD, *Sermons français*, mss., p. 208, 209.
> (Cité par Sainte-Palaye.)

Toute personne entroit en ladicte gallerie qui vouloit, et
le trouvoit-on couché (Charles VIII) sur une povre paillasse,
dont jamais il ne partit jusques à ce qu'il *eust rendu l'âme* :
et y fut neuf heures.

> COMINES, *Mémoires*, VIII, 25.

Cet hôte étoit alors dans une chambre à côté de la cuisine, prêt à *rendre l'âme*.

> SCARRON, *Roman comique*, II, 6.

Que leur contez-vous là? Peut-être ils *rendent l'âme*.

> J. RACINE, *les Plaideurs*, II, 12.

Ame signifie, dans certains cas, une personne,
soit homme, femme ou enfant :

Quelle raison y a-t-il qu'Esculapius ait été frappé du foudre, pour avoir ramené Hypolithus de mort à vie, et que
ses suyvants soyent absous, qui envoyent tant d'*âmes* de la
vie à la mort

> MONTAIGNE, *Essais*, II, 87.

J'ay perdu père et mère, et frères et mari,
Royaumes, libertez, tout mon bien est péri :
Rien ne m'est demeuré que ceste petite *âme*,
Que j'avois arraché de la Troyenne flamme.

> GARNIER, *la Troade*, act. II, 475.

La solitude effraie une *âme* de vingt ans.

> MOLIÈRE, *le Misanthrope*, V, 7.

Mardochée à ses yeux est une *âme* trop vile.

> J. RACINE, *Esther*, II, 1.

Il est souvent pris pour Qui que ce soit, soit
dans des phrases affirmatives ou interrogatives :

Quant il s'est trouvé léans, il demande à sa dame s'en sa
chambre y avoit *âme* qu'elle?

> *Les Cent Nouvelles nouvelles*, IV.

A il *âme* là?

> *Farce de Patelin.*

Je ne veulx pas que d'*âme* entendu soit,
Fors seulement de ma seule maistresse.

> CL. MAROT, *Élégies*, I, 17.

Soit dans des phrases de sens négatif, telles
que les suivantes, de date très ancienne :

Alez fumes as loges as Syriens, e n'i intruvames *aneme*,
mais chevals et adnes.

> *Les quatre Livres des Rois*, IV, VII, 10.

Il (l'agneau) ne blece *ame* ne de la dent, ne de la corne,
ne du pié.

> *Propriétés des choses*, liv. XVIII, c. 2 (ms. de la
> Bibl. imp., ouvrage écrit sous Charles V).

Se tu veux que ton esprevier soit seur et en bonne fain,
si t'en va a en un lieu ou *ame* ne te surviengne.

> *Le Livre du roi Modus et de la reine Racio.*

L'espie entra eins ès fossés... et regarda dessous et dessus et n'y onit ni ne vit *ame*.

> FROISSART, *Chroniques*, liv, II, c. 3.

Dans quelques-unes de ces manières de parler,
AME est accompagné des mots *vivante*, *qui vive*,
et, plus anciennement, *née* :
Ame née :

Por riens à *âme* qui fust *née*.

> MÉON, *Nouveau Recueil*, II, 337, 372.

Et quant je l'os en ma chambre admenée,
Où il n'avoit fors nous deux, *âme née*.

> EUST. DESCHAMPS, *Poésies*, mss., p. 281, col 1.
> (Cité par Sainte-Palaye.)

Ame vivante :

Je n'en ay parlé, ny n'en parleray jamais à *âme vivante.*
Le cardinal d'Ossat, *Lettres;* II, 74.

Je veux bien vous en transcrire ici vingt ou trente vers (de la Satire des femmes); mais c'est à la charge que, foi d'honnête homme, vous ne les montrerez à *âme vivante.*
Boileau, *Lettres;* 7 octobre 1692. A Racine.

. . . . . . 'Il n'est *âme vivante*
Qui ne pèche en ceci. . . . . .
La Fontaine, *Fables;* IX, 11,

Ame qui vive :

Ame qui vive ne s'aperçut de mon chagrin.
Le cardinal de Retz, *Mémoires.*

On a dit, au même sens, *Ame du monde :*

Puisque je suis certain que, dans ce lieu tranquille,
Ame du monde enfin n'était lors que nous deux.
Molière, *le Dépit amoureux,* II, 7.

Il est fait allusion à cet emploi du mot Ame, au sens de Personne, dans ce passage :

Reste-il ici, dist Panurge, ulle *âme* moutonnière? Où sont ceulx de Thibault l'Aignelet?
Rabelais, *Pantagruel,* IV, 8.

Ame, pour Personne, est fort d'usage dans les dénombrements :

Les archives des maisons de ville et les greffes des cours sont encor plains des procès, arrests et sentences de 7 ou 8,000 *ames* de tout sexe, aage et condition, trainez dans les feux et toutes sortes de supplices exquis pour avoir quité les erreurs et suivi la vérité.
Agr. d'Aubigné, *Histoire universelle,* t. III, liv. V, c. 2.

Vous venez de sauver un million d'*ames.*
Voiture, *Lettres,* LXVIII.

On dit aussi qu'il y a cent mille *ames* dans une ville, c'est-à-dire cent mille habitants.
Dumarsais, *les Tropes.*

Genève ne contient pas vingt-quatre mille *ames.*
J.-J. Rousseau, *Lettre à d'Alembert.*

Par gloire, ou pour braver au besoin courroux,
Vous trainez en tous lieux dix mille *ames* à vous.
P. Corneille, *Suréna,* III, 2.

Les prédicateurs s'adressent quelquefois à leurs auditeurs par ces expressions : *Ames chrétiennes, âmes saintes,* etc.

Ame se dit, figurément, de la personne à qui appartient plus particulièrement l'influence, l'action, dans une entreprise, dans une société, dans un corps :

Considérez que la royne mère est l'*âme* de l'Estat, elle qui est sans âme.
Agr. d'Aubigné, *Histoire universelle,* II, 10.

Une femme judicieuse, appliquée et pleine de religion, est l'*âme* de toute une grande maison.
Fénelon, *De l'Éducation des filles,* c. 1.

Caton le Censeur, quoique occupé des plus grandes affaires de l'État, chargé des plus importants emplois et l'*âme* des délibérations du sénat, voulut servir de précepteur à son fils.
Rollin, *Traité des Études,* liv. VIII, IIe part., c. 3.

Eh! dites-moi, je vous prie, répliqua l'écolier, quelles sont les fonctions de Flagel? Il est l'*âme* de la chicane et l'esprit du barreau, repartit le démon.
Le Sage, *le Diable boiteux,* c. 1.

Warnachère avoit été l'*âme* de la conjuration.
Montesquieu, *Esprit des lois,* XXXI, 1.

Il (le cardinal de Retz) avait été, à l'âge de vingt-trois ans, l'*âme* d'une conspiration contre la vie de Richelieu.
Voltaire, *Siècle de Louis XIV,* 4.

Elle (Émilie) est l'*âme* de toute la pièce (Cinna); et cependant elle inspire peu d'intérêt.
Le même, *Commentaire sur Corneille.*

Défenseur intrépide de la foi de l'Église, Bossuet n'étoit pas moins ardent pour en soutenir les droits. Il fut l'*âme* de cette fameuse assemblée du clergé en 1682.
D'Alembert, *Éloge de Bossuet.*

Innocent III fut l'*âme* de cette guerre (contre les Albigeois); Dominique en fut l'apôtre, le comte de Toulouse la victime, et Simon, comte de Montfort, le chef.
Hénault, *Abrégé chronologique de l'histoire de France,* Ire part.

Insensiblement je me trouvai isolé et seul dans cette maison dont auparavant j'étois l'*âme.*
J.-J. Rousseau, *les Confessions.*

Lorsqu'il se reposoit sur moi de tout l'État,
Que mon ordre au palais assembloit le sénat,
Et que derrière un voile, invisible et présente,
J'étois de ce grand corps l'âme toute-puissante.
J. Racine, *Britannicus,* I, 1.

Approche, cher appui du trône de ton maître,
Ame de mes conseils, et qui seul tant de fois

Du sceptre dans ma main as soulagé le poids.
RACINE, Esther, II, 5.

Pourquoi sont faits les dons de Flore,
Le Soleil couchant et l'Aurore
Pomone et ses mets délicats,
Bacchus, l'<i>âme</i> des bons repas.
LA FONTAINE, Psyché, II.

Mayenne, qui le guide au milieu des combats,
Est l'<i>âme</i> de la ligue, et l'autre en est le bras.
VOLTAIRE, la Henriade, III.

Vert-vert étoit l'<i>âme</i> de ce séjour.
GRESSET, Vert-vert, I.

AME se dit aussi, figurément, d'Une chose qui est le principal fondement d'une autre, qui la maintient, qui la fait principalement subsister et agir :

Il en fut fort esbahy, car il ne cuydoit point que il y eust plus <i>ame</i> de deffence.
COMMINES, Mémoires, I, 4.

A dire vray, religion non seulement est le chef de justice et vertu, mais est quasi l'<i>ame</i>, pour lui donner vigeur.
CALVIN, Institution chrestienne, liv. II, c. 8, § 2.

Pour descouvrir et scavoir quelle est la vraye preudhomie, il ne se faut arrester aux actions... il faut pénétrer au dedans, et scavoir le motif qui fait jouer les cordes, qui est l'<i>ame</i> et la vie, qui donne le mouvement à tout.
CHARRON, De la Sagesse, II, III, 2.

L'amitié est l'<i>ame</i> et la vie du monde, plus nécessaire, disent les sages, que le feu et l'eau.
LE MÊME, même ouvrage, III, VII, 1.

La charité, qui est l'<i>âme</i> et la vie de la grâce.
PASCAL, Provinciales, V.

Les passions qui doivent être l'<i>âme</i> de la tragédie.
P. CORNEILLE, Examen de Nicomède.

L'<i>âme</i> du sacrifice, c'est la prière qui déclare pourquoi on l'offre.
BOSSUET, Méditations sur l'Évangile.

La brèveté, qu'on peut fort bien appeler l'<i>âme</i> du conte, puisque sans elle il faut nécessairement qu'il languisse.
LA FONTAINE, Fables. Préface.

L'<i>âme</i> du christianisme, si on peut parler ainsi, est le mépris de cette vie et l'amour de l'autre.
FÉNELON, De l'Éducation des filles, c. 7.

La passion est l'<i>âme</i> de la parole.
LE MÊME, Discours de réception.

Le discours chrétien est devenu un spectacle ; cette tristesse évangélique, qui en est l'<i>âme</i>, ne s'y remarque plus.
LA BRUYÈRE, Caractères, c. 15.

Cet air facile, naturel et raisonnable, qui est le caractère de notre nation et comme l'<i>âme</i> de notre langue.
BOUHOURS, Entretiens d'Ariste et d'Eugène, II.

Si Dieu n'étoit pas avec vous, si l'orgueil plutôt que la justice et la piété étoit l'<i>âme</i> de vos entreprises, vous ne seriez pas un grand roi.
MASSILLON, Sermons, Sur la gloire humaine. Dimanche de la Passion.

La discipline militaire est comme l'<i>âme</i> de l'armée, qui en lie et unit ensemble toutes les parties.
ROLLIN, Traité des Études, liv. VI, IIIe part., c. 2.

Ouvre tes grands thrésors, ouvre ton sanctuaire,
Ame de tout, soleil qui aux astres esclaire.
AGR. D'AUBIGNÉ, Tragiques. Vengeances, liv. VI.

Vous vertus qui donnez aux feux du firmament
L'<i>âme</i> et le mouvement.
RACAN, Psaumes, CIII.

La louange agréable est l'<i>âme</i> des beaux vers.
BOILEAU, Épîtres, IX.

Surcroît de biens est l'<i>âme</i> d'un ménage.
VOLTAIRE, l'Enfant prodigue, I.

Tout languit, tout est mort sans la tracasserie ;
C'est le ressort du monde et l'<i>âme</i> de la vie.
GRESSET, le Méchant, II, 1.

On trouve dans le passage suivant cette expression :

L'âme de l'âme :

On considère que le Saint-Esprit habite dans tous les justes, qu'il les sanctifie par lui même, qu'il leur communique sa vie, qu'il les anime comme l'âme fait le corps, et qu'il est en quelque sorte, <i>âme de leur âme</i>.
NICOLE, De l'Incarnation de Jésus-Christ, c. 25.

Balzac a dit l'<i>Ame du fruit</i> de Ce qu'il y a de meilleur dans le fruit :

Je choisis les oiseaux qui sont engraissés de sucre et me nourris de l'<i>âme du fruit</i> et de la viande qu'on appelle la gelée.
BALZAC, Lettres, liv. II, 4.

Fontenelle a appelé le vent l'<i>Ame des vaisseaux</i> :

Les vaisseaux ont ce défaut essentiel qu'ils ne peuvent rien sans le vent : ce sont de grands corps absolument dépendants de cette *âme* étrangère inconstante, et qui les abandonne quelquefois entièrement.

Fontenelle, Éloge de M. de Chazelles.

Dans le jargon des Précieuses les violons sont l'*Ame des pieds :*

Ces messieurs ont voulu nous donner les *âmes des pieds.*

Molière, les Précieuses ridicules, sc. 13.

Figurément et proverbialement, on dit, en divers cas, *Un corps sans âme :*

Le pain commençoit à nous manquer, et notre outre étoit devenue *un corps sans âme.*

Le Sage, Gil Blas, VI, 1.

Une maison dont la maîtresse est absente est *un corps sans âme* qui bientôt tombe en corruption.

J.-J. Rousseau, Lettre à d'Alembert.

Gens sans argent ressemblent *corps sans ame.*

Jean-Meschinot, Ballades.

Ainsi qu'*un corps sans âme* et devenu perclus.

Boileau, Satires, III.

A l'emploi figuré du mot Ame appartiennent des expressions tendres, telles que : *Mon âme, ma chère âme, âme de mon âme, âme de ma vie,* etc. :

Oublions nos terreurs passées, *ma chère âme.*

L'abbé Prévost, Manon Lescaut.

Plus ne veux ouyr ces mots délicieux :
Ma vie, mon sang, *ma chère âme,* mes yeux.

Ronsard, Odes, V, xxxi.

Si quelque amant bien disant et matois
Vous croit payer en vous nommant *son âme,*
C'est du latin qui passe votre game ;
Vous n'entendez des termes si courtois.

Voiture, Poésies.

Ne vous entr'appeler que *mon âme* et ma vie,
C'est montrer que tous deux vous n'avez qu'une envie
Et que d'un même trait vos esprits sont blessés.

P. Corneille, la Veuve, I, 3.

Iras-tu, *ma chère âme,* et ce funeste honneur
Te plaît-il aux dépens de tout notre bonheur?

Le même, Horace, II, 5. (Premières éditions.)

Adieu, Gléanthis, *ma chère âme...*

Molière, Amphitryon, I, 4.

Toi, pour qui j'ai tout fait, toi l'*âme de ma vie.*

Voltaire, Alzire, II, 3.

III.

Vous qui vivez dans moi, vous l'*âme de mon âme.*

Voltaire, Pandore, sc. dernière.

Ame, pris au figuré, est d'un grand usage en parlant du plus ou moins de sentiment qu'on met dans un discours, dans un poème, dans la lecture, la récitation, le chant, l'exécution musicale, dans une œuvre d'art :

Par la musique, on donne le lustre ou bien (si ainsi voulez que je le die) l'*âme* à toutes sortes de vers.

Est. Pasquier, Recherches de la France, VI, 1.

La lecture des comédies et des tragédies conduit presque infailliblement au désir de les voir représenter par des acteurs qui y ajoutent de l'*âme* et de la vie.

Rollin, Traité des Études, liv. I, c. 2, art. 2, § 8.

Là pour nous enchanter tout est mis en usage ;
Tout prend un corps, une *âme,* un esprit, un visage.

Boileau, Art poétique, III.

A de simples couleurs mon art plein de magie
Sait donner du relief, de l'*âme,* de la vie.

La Fontaine, le Songe de Vaux, 2e fragment.

Ame se dit figurément des paroles qui servent à expliquer la figure représentée dans le corps d'une devise :

Aubigné, à qui son maistre avoit demandé ses estrennes, lui donna un bouquet d'olive, de laurier et de cyprès ; avec un sonnet qui servoit d'*âme* à cet emblème.

Agr. d'Aubigné, Histoire universelle, t. II, liv. II, c. 18.

Vous baillastes à Sa Majesté en corps de devise pour l'année 1590 un haut mont sur lequel il tomboit du ciel une couronne, et pour *âme* ces paroles : Constitutus Rex super Sion.

Sully, Œconomies royales, c. 11.

Au-dessus (d'un tableau) il y a cette inscription en langue grecque, qui sert d'*âme* à la figure : Bacchus docteur ou maistre d'eschole.

Balzac, Dissertations critiques, I.

On a donné à la figure le nom de corps, et aux paroles celui d'*âme,* parce que, comme le corps et l'âme joints ensemble font un composé naturel, certaines figures et certaines paroles étant unies font une devise.

Bouhours, Entretiens d'Ariste et d'Eugène, VI.

On avoit donné à Louis XIV là devise du soleil avec cette légende : *Nec pluribus impar ;* on prétendit que Van Bening s'étoit fait représenter avec un soleil, et ces mots pour *âme : In conspectu meo stetit sol;* à mon aspect le soleil s'est arrêté ; cette médaille n'exista jamais.

Voltaire, Siècle de Louis XIV, c. 10.

Ame s'emploie encore au figuré pour désigner certaines choses physiques, un mécanisme par exemple :

Nous avons plusieurs manufactures dans lesquelles les ouvriers donnent la qualification d'*âme* à leurs machines. Jamais on ne les entend disputer sur ce mot; il n'en est pas ainsi des philosophes.

Voltaire, *Dictionnaire philosophique*. Ame.

L'*âme* d'un instrument à cordes, c'est le petit morceau de bois qu'on met dans le corps de l'instrument, sous le chevalet, pour soutenir la table :

Le luthier pose, avance ou recule l'*âme* d'un violon sous le chevalet, dans l'intérieur des deux tables de l'instrument; un chétif morceau de bois de plus ou de moins lui donne ou lui ôte une *âme* harmonieuse.

Voltaire, *Dictionnaire philosophique*. Ame.

L'*âme* d'une figure, d'une statue, c'est l'espèce de massif, de noyau sur lequel on applique le stuc, le plâtre, etc., dont on forme une figure, une statue.

Il se dit également du Noyau sur lequel on coule une figure, une statue, et qu'on en retire après l'opération de la fonte. (Voyez Noyau.)

L'*âme* d'un canon, c'est le tube qui reçoit la poudre et le boulet.

L'*âme* d'un soufflet, c'est la soupape de cuir qui laisse entrer l'air dans un soufflet en se levant et qui l'y retient en s'abaissant :

Lorsque la languette ou la soupape d'un soufflet est dérangée, et que l'air qui est entré dans la capacité du soufflet en sort par quelque ouverture survenue à cette soupape, et qu'il n'est plus comprimé entre les deux palettes, qu'il n'est pas poussé avec violence vers le foyer qu'il doit allumer, les servantes disent : L'*âme* du soufflet est crevée.

Voltaire, *Dictionnaire philosophique*. Ame.

L'*âme* d'un fagot, c'est le menu bois, les menues branches, qui sont au milieu d'un fagot :

Nous disons de même en France, l'*âme d'un fagot*, pour dire le fond, le dedans d'un fagot.

Ménage, *Dictionnaire étymologique*. Amelette.

D'*âme* on a tiré le diminutif Amete, recueilli

par Cotgrave, et dont on peut citer l'exemple suivant :

Quand ces *ametes* naines et chétives s'en vont embahouynant.

Montaigne, *Essais*, III, 10.

Ronsard a traduit par Amelette *Animula*, dans les vers de l'empereur Hadrien.

Amé, ée, adj. (Du participe de notre ancien verbe *Amer*, aimer. Voyez Aimer.)

Vieux mot qui a été longtemps usité, en style de Chancellerie, dans les lettres et dans les ordonnances du roi :

Nous avons donné et donnons par la présente, écrite et signée de notre main, plein pouvoir au sieur archevêque d'Embrun, conseiller en notre conseil d'État, et notre ambassadeur extraordinaire en Espagne, de traiter en notre nom avec les commissaires qui seront députés munis d'un pareil pouvoir de notre très-chère et très-*amée* sœur et cousine la reine d'Espagne, tutrice de la personne et régente des États de notre très-cher et très-*amé* frère et cousin le roi d'Espagne.

Pouvoir de Louis XIV à l'archevêque d'Embrun, 28 septembre 1666. (Voir Mignet, *Négociations relatives à la succession d'Espagne*, t. I, p. 494.)

AMÉLIORER, v. a. Autrefois Ameillerer. (Du simple *Meliorer, Meilleurer*, et, par ce mot et *Meilleur*, du latin *Melior*.)

Meliorer, que donne encore le *Dictionnaire* de Furetière, n'était pas tout à fait sorti de l'usage au commencement du XVII° siècle.

Il signifiait, Rendre meilleur;

Soit en parlant des choses :

Afin de *meliorer* leur condition.

Sully, *OEconomies royales*, t. I, p. 182.

Soit en parlant des personnes :

Redresser et *meliorer* ceux que nous avons en notre gouvernement.

Cardinal d'Ossat, *Lettres*.

Améliorer, qui a prévalu, est lui-même fort ancien :

Améliorer une chose est, depuis longtemps, une manière de parler fort usitée :

Il est aisé à conclure, puisque la terre est *ameilleurée* par la marne l'espace de dix ou trente ans, que cela n'est pas cause de chaleur qui soit en elle.

BERNARD PALISSY, *De la Marne.*

L'eau meslée avec le vin l'augmente et *améliore.*

BOUCHET, *Serées*, II. De l'Eau.

Les cendres, quelles qu'elles soient, seroient d'un grand secours pour *améliorer* les terres, si on en avoit beaucoup.

LA QUINTINIE. *Iustruction pour les jardins fruitiers et potagers*, II⁰ part., c. 23.

Chacun, dans une vraie république, étant sûr de la propriété de ses biens et de sa personne, travaille pour soi-même avec confiance : et en *améliorant* sa condition, il *améliore* celle du public.

VOLTAIRE, *Idées républicaines*, XLV.

Il (M. Necker) souffroit constamment du renversement de ses projets pour *améliorer* le sort de la France.

Mᵐᵉ DE STAEL, *Considérations sur la Révolution française*, Iʳᵉ part., c. 12.

AMÉLIORER s'est dit aussi quelquefois, comme *meliorer*, au sujet des personnes :

... Deus nos a toz regardez,
Tant nos somes *amelliorez...*

BENOÎT, *Chronique des ducs de Normandie*, v. 14973.

AMÉLIORER se dit particulièrement en parlant des réparations faites à un bâtiment, des augmentations que reçoit un bien-fonds :

Le serf qui est privé de la faculté d'hypothéquer et de vendre son bien, n'a et ne peut avoir aucune espèce de crédit; il ne peut ni faire des emprunts pour *améliorer* ses terres, ni se livrer au commerce.

VOLTAIRE, *Extrait d'un mémoire pour l'entière abolition de la servitude en France.*

AMÉLIORER s'emploie avec le pronom personnel :

L'eau y charrie de la graisse tant fertile, que le fonds *s'en améliore* beaucoup,

OLIVIER DE SERRES, *Théâtre d'agriculture.*

Le cardinal Savelly est grandement malade, et a esté tenu pour déploré, mais à présent on dit qu'il commence à *s'améliorer.*

LE CARDINAL D'OSSAT, *Lettres*; V, 1.

AMÉLIORÉ, ÉE, participe.

AMÉLIORATION, s. f. (Du simple *Meliora-tion*, que donne encore le *Dictionnaire* de Furetière.)

Changement en mieux; meilleur état; progrès vers le bien :

Estants indigens et necessiteux au dedans, nostre essence estant imparfaite, et ayant continuellement besoin d'*amelioration*, c'est là à quoy nous devons travailler.

MONTAIGNE, *Essais*, II, 16.

Avant lui on n'avait nul système d'*amélioration* et de commerce. Il créa tout.

VOLTAIRE, *Diatribe à l'auteur des éphémérides*, 10 mai 1775.

Il se dit particulièrement, surtout au pluriel, de ce qu'on fait dans un fonds de terre ou dans une maison, pour les mettre en meilleur état et pour en augmenter le revenu :

Après avoir expliqué le motif, l'usage et la manière des labours, il faut faire la même chose à l'égard des amandements, qui ne signifient autre chose qu'une *amélioration* de terre; nous avons déjà dit que cette *amélioration* se peut faire avec toutes sortes de fumiers.

LA QUINTINIE. *Instruction pour les jardins fruitiers et potagers*, II⁰ part., c. 22.

J'ai fait de grandes *améliorations* à mes terres.

MONTESQUIEU, *Lettres.*

En termes de Droit, *Améliorations voluptuaires*, ou, selon quelques dictionnaires, *Voluptueuses*, Améliorations d'agrément. (*Dictionnaire de Trévoux, Grand Vocabulaire.*)

Dans le même sens se sont dits :

AMÉLIOREMENT, s. m. (Voyez *Dictionnaire* de Cotgrave.)

Le chaponner des coqs d'Inde estant d'aussi grande utilité que des autres et communs... en quoi, outre l'*améliorement* de la chair, ceste commodité se trouve en ce mesnage, que par le chastrer la furie de ces coqs est abattue.

OLIVIER DE SERRES, *Théâtre d'agriculture*, Vᵉ lieu, c. 3.

AMÉLIORISSEMENT, s. m.

Il était tiré d'*Améliorir*, dont on peut citer ces exemples :

Je vous dis l'année passée, Monsieur, le méchant état de mes affaires; vous jugez bien que le temps ne les *améliorit* pas.

BUSSY-RABUTIN, *Lettres*; au comte de Saint-Aignan, 4 mars 1681.

Je me suis occupé depuis que vous n'avez été ici, non pas à bâtir, car cela coûte trop, mais à des petits soins qui *améliorissent* ma terre de Chaseu.

LE MÊME, même ouvrage; à Mᵐᵉ de Sévigné, 19 décembre 1686.

Améliorissement est dit au lieu de *Amélioration* chez le même écrivain :

Il y a quelque *améliorissement* à ma conscience; mais il n'y a que Dieu qui s'en aperçoive, car la dévotion extérieure n'est pas de mon goût.

Bussy-Rabutin, *Lettres; au P.* Bouhours, 24 décembre 1682.

Améliorissement est donné, dans les anciens dictionnaires, comme un terme particulier à l'ordre de Malte, et signifiant la même chose qu'*Amélioration* :

Un commandeur ne sauroit passer d'une commanderie à une autre meilleure, s'il ne prouve qu'il a fait des *améliorissements* dans celle qu'il veut quitter.

Dictionnaire de l'Académie, édit. de 1740 et 1762.

AMEN.

Terme emprunté de la langue hébraïque, qui signifie, Ainsi soit-il, et qui termine la plupart des prières de l'Église :

Le peuple répondit *amen* comme aux autres oraisons.

Fleury, *Mœurs des chrétiens*, § 41.

Le prélat fait l'action de grâce, l'assistant répond *amen*.

Chateaubriand, *Génie du christianisme*, I, 8.

L'oroison dist apertement
Tybert, et le per omnia,
Devant l'autel s'agenoilla,
Et Renart respondi *amen*.

Roman de Renart, v. 21369.

Forme de consentement ou de souhait dans le langage familier :

Puisque... vostre couraige est à cela que d'en faire vostre mary, à moy ne tiendra il pas, et mauldit soit il qui ne s'en depeschera. Amen, dit-elle, à demain qui vouldra.

Les Cent Nouvelles nouvelles, LVII.

Dire Amen à une chose est aussi une locution familière fort usitée, dont on se sert en parlant d'un consentement facilement donné :

Il ne faut pas prendre cela comme l'opinion d'un seul homme, car tous *disent amen* après lui.

Calvin, *Institution chrestienne*, liv. I, c. 11, § 16.

M. de Turenne a bien envie de revenir, et de mettre l'armée de mon fils dans les quartiers d'hiver; tous les officiers *disent amen.*

Mᵐᵉ de Sévigné, *Lettres*; 20 novembre 1673.

J'ai été ravie que vous *ayez dit amen* sur toutes les bagatelles que je vous mandois.

Mᵐᵉ de Sévigné, *Lettres*; 14 mars 1689.

Amen s'emploie encore familièrement pour signifier, La fin d'un discours, d'une proposition, d'un récit :

Attendez jusqu'à *Amen.*

Dictionnaire de l'Académie, 1798.

Il m'a tout conté depuis *Pater* jusqu'à *Amen.*

Même ouvrage, 1835.

AMÉNAGER, v. a. (De *Ménage*, voyez ce mot.)

Il tenait de son origine divers sens, qui ne sont pas restés dans l'usage : il voulait dire, par exemple, selon Monet, Meubler un ménage, mettre en ménage, instruire des choses du ménage.

S'Aménager a le sens de Se mettre en ménage, dans le passage suivant :

Si ce gentil-homme retourne *s'amesnager* chez soy, et qu'il ait donné forme à une famille complette, il ne prisera pas, comme il le doit, sa femme et ses enfans.

La Noue, *Discours politiques et militaires*, VII.

Il a le sens de Se préparer, se disposer, s'établir, dans ces autres passages :

Quand messire Jean de Vienne, qui capitaine étoit de Calais, vit que le roi d'Angleterre *se* ordonnoit et *amenageoit* pour tenir le siège... il fit une ordonnance dedans la ville de Calais.

Froissart, *Chroniques*, liv. I, part. I, c. 297.

Si passèrent finablement tous la mer, et s'en vinrent *amenager* en la bonne cité de Londres.

Le même, même ouvrage, part. II, c. 139.

. Les François l'assiégèrent de tous côtés, fors que par la mer, et *se amenagerent* et pourvéirent pour demeurer sans partir devant qu'ils l'eussent pris.

Le même, même ouvrage, part. II, c. 391.

Il pourrait se traduire par S'administrer, se gérer, dans cette phrase :

Des prés qui sont regardés comme le bien qui rend le plus et qui *s'aménage* avec le moins de frais.

Vauban, *la Dixme royale.*

Aménager n'est plus depuis longtemps que terme

d'Eaux et forêts, et signifie Régler les coupes, le repeuplement et la réserve d'un bois, d'une forêt.

Aménager un arbre; c'est Le débiter en bois de charpente ou autrement.

AMÉNAGÉ, ÉE, participe.

AMÉNAGEMENT, s. m.

Terme d'Eaux et forêts. Action d'Aménager et le résultat de cette action :

Si l'usufruit comprend des bois taillis, l'usufruitier est tenu d'observer l'ordre et la quantité des coupes, conformément à l'*aménagement* ou à l'usage constant des propriétaires.
Code civil, art. 590.

Lorsqu'il s'agira de la conversion en bois et de l'*aménagement* de terrains en pâturages...
Code forestier, art. 90.

AMENDER, v. a. (Du latin *Emendare*, et, par ce mot, de *Mendum.*)

On a dit, ÉMENDER, qui s'est perpétué au palais, avec le sens de Réformer, en parlant d'un jugement revisé par de nouveaux juges; de là cette formule : « La cour émendant et corrigeant a dit, etc. »

AMENDER, quelquefois écrit, mal à propos, AMANDER, signifie, comme *Emendare*, Corriger; et, par cette acception générale, s'est prêté à beaucoup d'emplois divers, dont quelques-uns seulement sont restés dans l'usage.

On l'a dit, soit dans un sens physique, en parlant, par exemple, des ruines d'un édifice, pour Les restaurer :

Pur quei ne volez les ruines del temple nostre Seignur refaire e *amender.*
Les quatre Livres des Rois, IV, XII, 7.

En parlant d'une nourriture malfaisante, pour La rendre inoffensive :

Cume li prophetes *amendad* la viande mortele.
Les quatre Livres des Rois, IV, IV, 41.

Soit dans un sens moral, en parlant d'une faute, d'un tort, d'un dommage, pour Les réparer :

Mustrez si jo ai toleit à nul de vus son adne, u son boef...
Prest sui que je l'*amende.*
Les quatre Livres des Rois, I, XII, 3.

Leurs coureurs estoyent tous morts ou prins; si en furent moult courroucés, mais *amender* ne le purent.
FROISSART, *Chroniques*, vol. I, p. 319. (Cité par Sainte-Palaye.)

Deux grands princes qui se vouldroient bien entreaymer, ne se debvroient jamais voir, mais envoyer bonnes gens et saiges les ungz vers les aultres, et ceulx-là les entretiendroient ou *amenderoient* les faultês.
COMINES, *Mémoires*, I, 14.

Le roy s'enferma dans le chasteau de Sajecte, lequel estant inexpugnable, mais fort petit, peu de gens y purent entrer avecque luy, de façon que mille des nostres furent malheureusement esgorgez dans les masures de la ville. Pour *amender* cette faute, il résolut de ne rien hazarder.
MÉZERAY, *Histoire de France*. Saint Louis.

S'il a de rienz mefet, prest ert de l'*amender.*
WACE, *Roman de Rou*, t. I, v. 3848.

Mon service je l'ay fait loyaulment,
De cueur, de corps, de sens, d'entendement.
Se faulte y a, je offre que je l'*amende.*
OLIVIER DE LA MARCHE, 27e moralité.

Sont en terre establi li juges,
Por estre deffense et refuge
A cel cui li monde forfet,
Por faire *amender* le meffet.
Roman de la Rose, v. 5486.

AMENDER une mauvaise action c'était, quelquefois, la réparer par une expiation, une punition, en porter la peine, de quelque manière que ce fût :

Se chevaliers maine chevaliers, il ne les garantist pas, ne es<!-- -->cuiers, ains convient que çascuns *amende* le meffet en se personne.
BEAUMANOIR, *Coutumes de Beauvoisis*, XXX, 59.

Fust là entre eux la paix faite et confirmée, et dit le roy de Navarre qu'il fairoit *amender* à ceux de Paris la félonie qu'ils avoient faicte.
FROISSART, *Chroniques*, liv. I, part. II, c. 70.

Par saint François, vous l'*amenderez!* et fit semblant de tirer sa dague.
Les cent Nouvelles nouvelles, LX.

Amender une faute par peine de mort.
R. ESTIENNE, *Dictionnaire françois-latin*,

Le dommage que le public en souffre a été mal *amendé.*
MONET, *Dictionnaire françois et latin.*

AMENDER, c'était, dans une acception plus restreinte, Payer une amende :

Celes (les mesures) qu'il trouva petites, il contraint les taverniers qui y vendoient à ce qu'il *li fust amendé.*

BEAUMANOIR, *Coutumes du Beauvoisis*, XXVI, 15.

Monet et Furetière rapportent à cette acception ces formules de la langue du palais :

Si on delinque en ce cas, soudain on l'*amandera.*
Debouté de son appel et l'*amendera.*

Amender, dans ces diverses manières de parler, se construisait quelquefois, au moyen de la préposition *à*, avec un régime indirect faisant connaître à qui il était fait réparation :

Or vous agenoillés et *m'amendés* ce que vous y estes alés contre ma volonté.

JOINVILLE, *Histoire de saint Louis.*

Soit condampnez et contrains a euls rendre tous cout, despens et dommages... et aussi *à nous amender* selon la qualité et la quantité du meffait.

Recueil des ordonnances, t. I, p. 807.

AMENDER se rapproche de l'usage qui s'est maintenu, dans des passages anciens où se trouvent des expressions telles que *Amender* un défaut, *Amender* sa vie, *Amender* une parole ou, ce qui revient au même, la personne qui l'a dite :

Sire, sire, sauve soit votre grâce, je ne vous vueil reprendre de votre parole ; mais je la vueil un petit *amender.*

FROISSART, *Chroniques*, liv. I, part. II, c. 224.

Qui ne connoît ses défauts ne se soucie de les *amender.*

CHARRON, *De la Sagesse*, I, 1.

Cette remonstrance de Guyemans les touchant tous, leur fit advouer qu'ils avoient tort, et dire que pour *amender* leur faute, ils iroient chercher leur roi en quelque lieu du monde que ce fust

MÉZERAY, *Histoire de France.* Childéric.

Seignor, fet-il, or m'entendez,
Si je di mal, si m'*amendez.*

Roman de Renart, v. 14799.

Et tant set sagement parler,
Que nus ni set qu'*amender.*

Chanson française du XIIIe *siècle.* (Cité par Sainte-Palaye.)

Puis divulgay a tout chascun ce livre,
A celle fin que on advise a bien vivre,
Et *amender* sa vie désormais
Sans offenser le Créateur jamais.

LAURENT DESMOULINS, *Catholicon des mal advisés*, 1512.

J'espère avec usure *amender* mon défaut.

RÉGNIER, *Élégies*, IV.

AMENDER est resté fort usité dans un sens intimement lié aux précédents, Rendre meilleur, Améliorer.

En parlant des choses ; par exemple, ce qui est fort ordinaire, Une terre, un bien quelconque :

C'est bone seurté quant cil qui le coze prent y met toz jours du sien en *amendant* le lieu dusqu'à tant que ce vient au despouiller.

BEAUMANOIR, *Coutume du Beauvoisis*, XXXVIII, 12.

Quant les eauës se sont retirées, les laboureux du païs viennent labourer la terre après le cours de l'eauë... et sement là fromens, orges, ris, commins, et y viennent si bien, que on ne sauroit que *amender.*

JOINVILLE, *Histoire de saint Louis.*

Je t'ay esté bon père, car je ne t'ay pas empiré mon héritage ; mais l'ay bien accru et *amendé* et t'ay amassé des biens assez.

Les quinze Joyes de mariage, IX.

Les Gaulois *amendoient* leurs champs de cette terre argileuse qu'eux et les habitans de la Grande-Bretagne appelerent de la marne.

BERGIER, *Histoire des grands chemins de l'empire romain*, liv. II, c. 14, § 5.

Les médiocres terrains, et surtout les mauvais, ne pourront jamais *être amendés* par des fermiers.

VOLTAIRE, *Lettres; Dictionnaire philosophique.* Fertilisation.

Qu'un long repos *amende* une terre infertile.

SEGRAIS, trad. des *Géorgiques*, I.

Ou bien, dans un sens analogue, Un pays :

Mais depuis qu'elle a eu son cours,
Le royaume *est* fort *amendé.*

MARTIAL D'AUVERGNE, Sur la Pragmatique.

Par exemple, encore, Une mauvaise manière de vivre, une condition, une cause, une affaire, un ouvrage, etc. :

Mon frère, depuis le partement de Bussy, n'*avoit pas amendé* sa condition.

MARGUERITE DE VALOIS, *Mémoires*, année 1575.

Au lieu que cela *amendast* ses affaires, elles s'en empirèrent.

LA MÊME, même ouvrage, 1578.

Ces maistres icy... non seulement n'*amendent* point ce qu'on leur commet... mais l'empirent, et se font payer de l'avoir empiré.

> Montaigne, *Essais*, I, 24.

Ceux qui cherchent à troubler et changer l'estat de nostre police, sans se soucier s'ils l'*amenderont*.

> Le même, même ouvrage, I, 28.

Nostre cause en *est* d'aultant plus *amandée* et leur méchanceté entièrement descouverte.

> Henri IV, *Lettres*; 26 octobre 1585.

Moult en *a* son los *amendé*.

> Ph. Mouskes, ms., p. 156. (Cité par Sainte-Palaye.)

Amender un projet de loi, un arrêté, c'est-à-dire y faire des changements, des modifications, est une expression de grand usage dans les assemblées délibérantes.

Amender son marché se disait, proverbialement, pour Rendre sa condition meilleure :

Tu n'*amendes* point ton *marché*.
(Conditionem tuam deteriorem facis.)

> Danet, *Dictionnaire françois-latin*.

Le réveille-matin eut la gorge coupée.
Ce meurtre n'*amenda* nullement *leur marché*.

> La Fontaine, *Fables*, V, 6.

Amender avait le sens analogue de Gagner, bénéficier, dans une autre expression ancienne, qui s'est perpétuée au Palais :

Je n'ai rien *amendé* de ta libéralité.

> R. Estienne, *Dictionnaire françois-latin*.

De ce sien office il *amende* plus de mille escus chaque année.

> Monet, *Dictionnaire françois-latin*.

Cet héritier n'a rien *amendé* de cette succession.

> Danet, *Dictionnaire françois-latin*.

Ils jugèrent que les dettes seroient payées par tous les héritiers, à proportion de ce que chacun d'eux *amendoit de* la succession.

> Cochin, *Cause* 160.

Amender se dit souvent aussi des personnes, pour Les rendre meilleures ;
Dans un sens physique :

La joye que le malade (le roi de Navarre) receut après avoir veu M. le Grand Maistre, l'a tant *amendé*, que soudain il perdist deux ou trois signes qui me faisoient peur.

> La Reine de Navarre, *Lettres*; à François Ier, juin 1537.

A ce matin elle (sa fille) a pris de la rheubarbe, dont je la treuve *amendée*.

> La Reine de Navarre, *Lettres*; à François Ier, décembre 1537.

Dans un sens moral :

E iers sempres *amendez* et en un altre hume muez.

> Les quatre Livres des Rois, I, x, 6.

S'il est bien lettré et qu'il ait veu et leu, cela l'*amendera* ou empirera.

> Comines, *Mémoires*, c. 18.

Le juste repentir de l'avoir offensé (Dieu)
Me devroit *amander* le reste de ma vie.

> Racan, *Sonnet fait à la semaine sainte*.

Qu'y fait le mariage ? — Il a cette vertu
D'*amender* les gens de votre âge.

> La Chaussée, *l'École des mères*, IV, 1.

Amender, ainsi employé pour Améliorer, a quelquefois reçu un complément formé de la préposition *de* et de son régime :

Nous avons *amendé* nostre langage *du* fien de celuy de Rome, comme l'on disoit de Virgile à l'endroit d'Ennius.

> Est. Pasquier, *Recherches de la France*, VIII, 30.

Amender s'emploie aussi avec le pronom personnel en parlant des choses ;
Dans un sens physique :

Le médecin lui dict que son habitude *s'en* pourroit *amender*.

> Montaigne, *Essais*.

Dans un sens moral :

Il y a peu de paroles qui ne *se* puissent *amender*, mais la vie perdue ne se peut recouvrer.

> La Reine de Navarre, *Nouvelles*, X.

Faites entendre cela au roy... et luy dites que je porte impatiemment de voir à veüe d'œil empirer ses affaires, qui en un moment *se* pourroyent *amender*.

> Henri IV, *Lettres*; 5 mars 1585.

Il faut que nostre conscience *s'amende* d'elle-même, par renforcement de nostre raison, non par l'affoiblissement de nos appétits.

> Montaigne, *Essais*, III, 2.

En parlant des personnes ;
Dans un sens physique :

Vous asseurant, Monseigneur, que Madame *se* commence à *amender*...

> La Reine de Navarre, *Lettres*; à François Ier, 2 avril 1527.

Dans un sens moral :

On voit bien en somme qu'aucuns, au lieu de *s'être amendés*, en sont plutôt devenus pires.

CALVIN, Traité contre l'astrologie judiciaire.

Au lieu de *s'amender*, ils se sont endurcis.

BERNARD PALISSY, Recepte veritable. Au lecteur.

D'où il puisse advenir... qu'un esprit grossier et vulgaire puisse loger en soy, sans *s'amender*, les discours et les jugemens des plus excellens esprits que le monde ait portés, j'en suis encore en doute.

MONTAIGNE, Essais, I, 24.

Quand l'oppression est universelle et continue, alors Dieu haste ses jugemens qui destruisent, puisqu'on ne s'est voulu *amender* par ceux qui instruisent.

LA NOUE, Discours politiques et militaires, I.

Il y a des méchants qui *s'amenderont ;* mais il faut les attendre en patience.

BOSSUET, Sermons. IVe dimanche après la Pentecôte.

... Il (le président) exhorta l'accusé à *s'amender.*

FLÉCHIER, Mémoires sur les grands jours de 1665.

Sganarelle, il faut songer à *s'amender* pourtant.

MOLIÈRE, le Festin de Pierre, IV, 7.

... Or entendez,
Vous qui rime me demandez,
Comment je *me suis amendez*
De fame prendre.

RUTEBŒUF, Complainte.

S'il ne *s'amendent*
Et ce qu'il ont mal pris ne rendent.

Roman de la Rose, v. 5686.

Telle la mère fut; et telles
Les filles furent et seront,
De l'homme ennemies mortelles,
Et jamais ne *s'amenderont.*

MARTIN FRANC, Champion des dames.

Mais que serviroit-il maintenant de prétendre
S'amender par ceux-là qui nous viennent reprendre,
Si selon l'intérest tout le monde discourt.

RÉGNIER, Satires, XII.

De là le proverbe : *Mal vit qui ne s'amende :*

Et disois à part moi : *Mal vit qui ne s'amende.*

RÉGNIER, Satires, XIII.

On a dit *S'amender d'une chose :*

Repentez-vous-en, et ayez ferme propos de *vous en amender.*

SAINT FRANÇOIS DE SALES, Introduction à la vie dévote, part. II, c. 19.

AMENDER a été très employé autrefois, comme verbe neutre, pour S'amender. Il exprimait toute espèce d'amélioration, de progrès ;

Dans la qualité, en parlant des choses :

Beuvez du meilleur, attendants que l'aultre *amendera.*

RABELAIS, Pronostication pantagrueline, c. 10.

Va querir à boire entends-tu...
De celui que boit monseigneur..
Cependant l'aultre *amendera.*

Le Débat de la Nourrisse et de la Chamberière. (Voyez Ancien Théâtre françois. Bibliothèque elzévirienne, t. II, p. 430.)

Dans l'arrangement d'une affaire :

A l'heure que fut achevé le mariage dessus dit, leurs affaires n'en *amendoient* gueres.

COMINES, Mémoires, VI, 3.

J'oubliois à vous escrire que l'affaire de Monsieur de Bourges n'a rien *amendé* depuis la venue de Monsieur le cardinal de Florence.

LE CARDINAL D'OSSAT, Lettres ; V, 5.

Dans le développement physique :

Li enfès Samuel *amendout* e cresseit.

Les quatre Livres des Rois, I, 11, 26.

Mais il n'avoit enfant, ne oir,
Fors une fille solement,
Et cele ert ja de tel jovent
Tant creue, tant *amandée*,
Que bien pot estre mariée.

WACE, Roman de Brut, t. I, v. 2715.

Dans la santé :

Dieu mercy, je commence fort à *amander.*

Le Petit Jehan de Saintré.

Il faut que vous sçachiez que vous ne fustes pas à une lieue d'icy, qu'il se resveilla sans fièvre, et depuis est allé en *amendant* de sorte, que luy-mesme espère de se pouvoir lever dans deux ou trois jours.

D'URFÉ, l'Astrée, Ire part., liv. X.

Les médecins le purgèrent souvent (Mazarin), et comme il *amendoit* toujours par la purgation, on connut par là... que c'étoit humeur...

Mme DE MOTTEVILLE, Mémoires.

Dans la prospérité, la puissance :

David esforçout chascun jur e *amendout;* e Deus fud od lui.

Les quatre Livres des Rois, II, v, 10.

Willealme crut et *amenda.*

WACE, *Roman de Rou,* t. II, v. 8431.

Dans la moralité, le talent :

Qui se gouverna mieux les cinq premières années de l'Empire, que Néron, ennemy du genre humain? Et de ceste incertitude, le populaire a inventé force petits proverbes, comme quand il dit : Il est jeune, il peut aussi bien empirer qu'*amender.*

BOUCHET, *Serées,* II, 23.

Au lieu que je pensois que mes subjects du Mont de Marsan deussent avec le temps *amander,* ils empirent tous les jours.

HENRI IV, *Lettres;* 5 août 1583.

En général Fragonard a l'étoffe d'un habile homme, mais il ne l'est pas; il est fougueux, incorrect, et sa couleur est volatile. Il peut aussi facilement empirer qu'*amender.*

DIDEROT, *Salon de* 1767, Taraval.

On l'a, en ce sens, quelquefois modifié par un complément formé au moyen de la préposition *de* et de son régime.

Ce régime indiquant la personne ou la chose dont on avait tiré profit :

Elle descendit au particulier et vint parler comment, durant le temps que son mary avoit esté dehors, ung escuier avoit esté son lieutenant, *dont* elle avoit tant en or, en argent, que en bagues, beaucoup *amendé.*

Les cent Nouvelles nouvelles, LXXVIII.

Les mauvais empirent de beaucoup savoir et les bons *en amendent.*

COMINES, *Mémoires,* c. 18.

Tousjours en y a, en telles mutations, qui en ont joye et qui *en amendent.*

LE MÊME, même ouvrage, VIII, c. 24.

Si j'eusse été de la nature de ces pères rigoureux, je vous eusse désavoué pour fille, et jamais n'*eussiez amendé de* mon bien.

BONAVENTURE DESPERRIERS, *Nouvelles,* V.

Qui *ont amendé de* la mort du père de Roscius (quibus occidi patrem Sext. Roscii bono fuit).

R. ESTIENNE, *Dictionnaire françois-latin.*

La condition du roy en empireroit pour leur regard tant s'en faut qu'elle *en amendast.*

LE CARDINAL D'OSSAT, liv. IV, lettre CXXII.

III.

Pas n'est raison que pour les médisans
Je laisse à dire de Paris les hauts biens,
Où suis nourry, puis environ dix ans,
Sans que j'*amende de* mes parens en riens.

JEAN DIVRY, 1508.

Ou bien encore ce régime indiquant le profit lui-même :

... Les dictes villes et particuliers des dictz Suisses ont *amendé* de nostre roy *de* ung million de florins.

COMINES, *Mémoires,* V, 2.

Allez le trouver : et luy dictes que s'il ne va vistement rendre sur Laurencin ce qu'il a pris, que jamais de moy n'*amendera d'*ung denier.

Le Loyal Serviteur, c. 7.

A l'emploi d'AMENDER comme verbe neutre se rapporte un vieux proverbe donné par quelques dictionnaires :

Jamais cheval, ni mauvais homme,
N'*amenda* pour aller à Rome.

Il est fait allusion à ce proverbe dans les passages suivants :

Pas un de nous n'a cru que vous la voulussiez suivre (la duchesse de Chaulmes allant rejoindre son mari à Rome) en ce voyage, sachant, comme nous faisons, qu'un méchant homme n'*amende* point pour aller à Rome.

BUSSY, *Lettres;* à Mme de Sévigné, 6 janvier 1690.

Vous êtes amendé du voyage de Rome;
Et votre âme en ce lieu, réduite au repentir,
Fait mentir le proverbe en cessant de mentir.

P. CORNEILLE, *la Suite du Menteur,* I, 1.

Cliton a bientôt occasion de changer d'avis et de dire à Dorante retombé dans son habitude de mensonge :

Et c'est ainsi, Monsieur, que l'on *s'amende* à Rome!
Je me tiens au proverbe.

LE MÊME, même ouvrage, I, 6.

AMENDER, employé comme verbe neutre, a été d'usage et ne l'est plus guère au sens de Baisser de prix, devenir moins cher :

Le huitième jour d'aoust 1344, il fut ordonné par le bureau que les sergens ou autres qui, de là en avant, exploiteroient en vertu des ordonnances des sieurs des Comptes ou thresoriers, auroient chacun huit sols parisis par jour, pour la despense d'eux et de leurs chevaux, jusqu'à ce que les vivres fussent *amendez.*

EST. PASQUIER, *Recherches de la France,* II, 5.

12

Il avoit ramassé quantité de blé, pour le vendre bien cher, durant une année mauvaise : l'abondance ayant été universelle et le blé bien *amendé*, il fut si possédé de désespoir et si abandonné de Dieu, qu'il se voulut pendre.

Scarron, Roman comique, I, 13.

Un jour que M. de Meziriac, avec deux ou trois de ses amis, lui apporta un livre d'arithmétique d'un auteur grec nommé Diophante, que M. de Meziriac avoit commenté, et ses amis lui louant extraordinairement ce livre, comme un travail fort utile au public, M. de Malherbe leur demanda s'il feroit *amander* le pain et le vin.

Racan, Vie de Malherbe.

AMENDER est employé comme verbe impersonnel dans les passages suivants :

Or s'en vient le lendemain bien matin veoir la dame, et lui demande comment il luy est, et elle lui dit qu'il *lui est ung pou amendé* de vers le jour, mès que elle ne dormit de toute la nuit.

Les quinze Joyes de mariage, III.

Il y a la même différence entre un qui est parfaitement sage et un qui est après de l'être, que d'un homme sain, et d'un autre qui, relevé d'une longue et dangereuse maladie, pense être guéri, pour ce qu'il *lui est bien amendé*.

Malherbe, Épîtres de Sénèque, LXXII, ii.

AMENDÉ, ÉE, participe.

Or je vous voy, France que Dieu vous gard:
Depuis le temps que je ne vous ay veue,
Vous me semblez bien *amendée* et creue

Cl. Marot, Épîtres, I, 29.

D'*Amender* s'étaient formés un assez grand nombre de mots se rapportant aux divers sens du verbe : l'adjectif AMENDABLE ; les substantifs AMENDEUR, AMENDISE, AMENDENCE, AMENDACION, qui ne sont pas restés dans l'usage, AMENDEMENT, AMENDE, toujours usités.

AMENDABLE, adj. des deux genres.

Il s'est dit autrefois, en termes de droit féodal, d'actes dont on évitait le châtiment par le payement d'une certaine somme ; en termes de palais, de ce qui pouvait être sujet à l'amende : de là, par exemple, cette expression : Cas *amendable*.

Dans un sens plus général, il signifie : Qui peut être amendé, amélioré. On dit une terre, un sol *amendable*.

AMENDEMENT, s. m.

Il a eu le sens de Réparation, satisfaction, punition :

Quant aucuns se deut d'aucun tort qu'on li a fet, dont il veut avoir *amendement* par justice, il convient qu'il face...

Beaumanoir, Coutumes du Beauvoisis.

S'en traioient par devers le roi d'Angleterre... pour avoir vengeance et *amendement* de ce fait....

Froissart, Chroniques, liv. I, IIe part., c. 21.

Demander l'*amendement* d'aucun meffaict à l'encontre d'aucun (pœnas ab aliquo repetere).

R. Estienne, Dictionnaire françois-latin.

Après une heure de débat et de barguignage, l'un et l'autre abandonne sa parole et ses serments pour cinq sous d'*amendement*.

Montaigne, Essais.

L'acception générale d'AMENDEMENT, susceptible de beaucoup d'applications diverses qui ne sont pas toutes restées dans l'usage, c'est Correction de ce qui est mal, changement en mieux ;

Par exemple, dans un sens physique, en parlant de l'amélioration d'un sol, d'une terre :

Tout ainsi qu'en un menage l'on dit que la presence du maistre sert beaucoup pour l'*amendement* de son champ ; aussi l'œil que le sage roy a sur ses conseillers et ministres fait que les choses prennent un bon traict.

Est. Pasquier, Recherches de la France, II, 11.

La terre, quoyque maigre et légère, par culture et *amendement*, se rend de passable fertilité.

Olivier de Serres, Théâtre d'agriculture, IIe lieu, c. 1.

La marne est plus ou moins sèche, ou plus ou moins grasse ; il faut donc, avant de l'employer à l'*amendement* d'un terrain, reconnoître la quantité de craie contenue dans la marne qu'on y destine...

Si l'on répand les marnes sans y mêler du fumier, on perdra beaucoup sur le produit de la première et même de la seconde récolte, car le bon effet de l'*amendement* marneux ne se manifeste pleinement qu'à la troisième ou quatrième année.

Buffon, Histoire naturelle.

En termes d'Agriculture, les choses mêmes qui contribuent à l'amendement d'un terrain sont appelées des *Amendements*. On distingue entre les *Amendements naturels*, l'air, l'eau, la lumière, la chaleur, etc., et les *Amendements artificiels*, les labours, les sarclages, le mélange des terres, les engrais, etc.

Ou bien encore en parlant de changements favorables survenus dans un mauvais état de santé, dans une maladie, de progrès vers le rétablissement, la guérison :

Toutes les damoiselles et dames qui estoient presentes, leur demandèrent s'il y avoit de l'*amendement* en l'accouchée et si elle avoit encore la fièvre qui l'avoit tourmentée les jours precèdens.

Les Caquets de l'accouchée, III.

La peur que j'ay passée de Messieurs vos enfans... me contraint vous desclairer par le menu l'aise que j'ay de leur *amendement*.

LA REINE DE NAVARRE, *Lettres*; à François Iᵉʳ, janvier ou février 1526.

La fièvre la quitta tout à fait (la reine), et le soir de son *amendement*... comme je voulois toucher son pouls... elle me fit l'honneur de me donner sa main dans la mienne.

Mᵐᵉ DE MOTTEVILLE, *Mémoires*, 1647.

Il est fait allusion à cet emploi d'AMENDEMENT dans le passage suivant :

Platon... ne consent pas qu'on face violence au repos de son païs, pour le guarir, et n'accepte pas l'*amandement* qui trouble et hazarde tout et qui couste le sang et ruyne des citoyens.

MONTAIGNE, *Essais*, III, 12.

Dans un sens moral, en parlant de perfectionnement dans le gouvernement, l'administration :

Par cet *amendement* le roy moult amende le royaulme.
JOINVILLE, *Ordonnances du Louvre*, t. IX, p. 197.

De la revision, de la réforme d'un jugement :

Il voulut que l'on pût demander *amendement* des jugements rendus dans ses cours.
MONTESQUIEU, *Esprit des lois*, XXVIII, 29.

Ou, lorsqu'il est question des personnes, de leur progrès dans une meilleure voie :

Saint Bernard ne parle point mal en disant que le vouloir est en tous hommes : mais que vouloir le bien est d'*amendement*; vouloir le mal est de nostre défaut.
CALVIN, *Institution chrestienne*, II, c. 3, § 5.

Il n'y a meffaict ne crime qui ne se puisse amender, mais après la mort n'y a point d'*amendement*.
LA REINE DE NAVARRE, *Heptaméron*, XXXII.

Il faut en général recognoistre sa foiblesse, sa misère, et en venir à une reformation et *amendement* universel.
CHARRON, *De la Sagesse*.

S'il y a encore quelque espérance d'*amendement* en vous, avouez que vous m'avez beaucoup d'obligation; car je suis le premier qui vous ay appris comme les honnestes gens veulent estre traitez.
VAUGELAS, trad. de Quinte-Curce, VIII.

Il avertissoit ceux qui le venoient voir de ne point remettre de jour à autre l'*amandement* de leur vie, parce qu'on ne devoit point diférer à bien vivre.
PERROT D'ABLANCOUR, trad. de Lucien. *Nigrinus*.

Ceux qui récidivent, sans qu'on y voie aucun *amendement*.
PASCAL, *Provinciales*, 10.

La nature humaine sait que le châtiment répare l'ordre du monde blessé par l'injustice, et qu'une action injuste qui n'est point réparée par l'*amendement* ne le peut être que par le supplice.
BOSSUET, *Connoissance de Dieu et de soi-même*, c. 5, art. 6.

Ont promis as Dex humblement
De lor vies *amendement*.
WACE, *Roman de Brut*, v. 8729.

Des corrections faites à leurs discours :

Sire, dist-il, en moie foi,
Mult parolés avenamment ;
Nus n'i puet metre *amendement*.
WACE, *Roman de Brut*, v. 11191.

La pratique des assemblées délibérantes a donné lieu à l'emploi très fréquent d'AMENDEMENT, avec le sens particulier de : Changement de sens ou de rédaction fait dans un projet de loi, d'arrêté.

On a appelé *Sous-amendement*, une modification ou une addition faite à l'amendement lui-même :

Je demande en sous-amendement que tous les amendements soient renvoyés à M. de Brezé, grand maître des cérémonies.
MIRABEAU, *Discours*; 30 décembre 1789.

AMENDE, s. f.

Comme on a dit autrefois, conformément à l'étymologie, *Émender*, on a dit aussi *Émende*, qu'on lit, selon Ménage, dans plusieurs Coutumiers.

AMENDE s'est appliqué primitivement à toute espèce de réparation, de satisfaction, de punition :

La quarte *amende* fu telle, que frère Hugue de Joy, qui estoit marechal du Temple, fut envoié au Soudanc de Damas de par le Mestre du Temple.
JOINVILLE, *Histoire de saint Louis*.

Icelle bende (et enseigne du comte d'Armignac)... avoit esté baillée ou temps passé aux predecesseurs d'icellui conte, à la porter à tousjours lui et ses hoirs, pour la condamnation d'un pape en signe *d'amende* pour un forfait que les devant diz d'Armaignac avoient fait et commis contre l'Église.

MONSTRELET, *Chronique*, c. 119.

Ainsi le roy se condampna à ceste *amende*, congnoissant qu'il avoit trop parlé.

COMINES, *Mémoires*, IV, 10.

Qu'il soit condamné à cette *amende* de ne boire vin de vingt jours...

Condamner en *amende* de certain nombre de brebis ou de bœufs.

R. ESTIENNE, *Dictionnaire françois-latin*.

Qu'elle excusast l'Amour, qu'elle luy demandast tout ce qu'elle voudroit pour *amende* de cet outrage.

D'URFÉ, *l'Astrée*, IIe part., liv. XII.

Il n'est pas en luy de me rendre
Mon honneur qu'il m'a huy tollu,
Demourra donc mon corps perdu
Par force, sans *amende* avoir.

Moralité nouvelle d'ung empereur qui tua son nepveu, qui avoit prins une fille par force. (Voyez *Ancien Théâtre françois.* Bibliothèque elzévirienne, t. III, p. 150.)

On a, plus tard, distingué entre *Amende profitable, pécuniaire* (voyez Rob. Estienne, *Dictionnaire françois-latin*), et *Amende honoraire* ou *honorable,* c'est-à-dire, selon Monet, « aux dépens de l'honneur. »

Les autres furent condamnez en *l'amende* partie *honorable* et partie *profitable.*

CASTELNAU, *Mémoires.*

AMENDE est resté de grand usage au sens de Peine pécuniaire imposée par la justice, ou, par allusion, de punition analogue imposée par une personne à une autre :

Se cil qui est batus saine par le nés por la bature, par tel sanc *l'amende* ne croit de riens.

BEAUMANOIR, *Coutumes du Beauvoisis*, XXX, 17.

Je crois que si on apportoit quelque précaution à l'égard des véritables nobles, et quelque diminution de *l'amende* (imposée aux faux nobles) en considération du grand nombre qui se trouveroit enveloppé dans cette recherche, tout le monde seroit content.

L'ARCHEVÊQUE DE TOULOUSE, à Colbert, 14 janvier 1668. (Voyez *Correspondance administrative sous Louis XIV*, t. I, p. 235.)

La justice lui a volé plus de la moitié de ses profits en *amendes.*

DANCOURT, *la Femme d'intrigues*, IV, 14.

Le premier président, remis en place, prononça un arrêt sanglant contre Tencin, avec dépens et *amende*, qui est une flétrissure.

SAINT-SIMON, *Mémoires*, 1719

La plus sage précaution qu'il (le sénat de Venise) prit, fut que les *amendes* et les confiscations n'appartinssent pas aux inquisiteurs.

VOLTAIRE, *Essai sur les mœurs*, c. 140.

Tous les crimes, excepté la trahison envers la patrie, s'expioient par des *amendes.*

SAINT-FOIX, *Essais historiques sur Paris.* Mœurs et usages sous la première race.

Mais qu'à la petite Macée,
. . . .
L'amende soit bien mult taxée.

VILLON, *Grand Testament*, huit. 112.

... Cent mille francs. La faute
Mériteroit, sans doute, une *amende* plus haute.

DESTOUCHES, *le Dissipateur*, II, 2.

On appelait *Amendes coutumières* celles qui étaient taxées par la loi et la coutume du pays ; *Amendes arbitraires* celles qui étaient taxées par le juge.

On a dit *Lever, prendre amende :*

On n'en a pas uzé de *penre* ne *lever amende.*

BEAUMANOIR, *Coutumes du Beauvoisis*, XXX, 39.

... Pour *lever* ni *prendre amende.*

FROISSART, *Chroniques*, liv. II, c. 55.

Mettre à l'amende :

Quand il me fâche, je le *mets à l'amende*, et tu profites toujours de cet argent.

DANCOURT, *la Femme d'intrigues*, V.

Et s'il me plaisoit de dire,
Au lieu d'Anne, Sylvanire,
Et, pour messire Thomas,
Le grand druide Adamas,
Me *mettroit-on à l'amende?*

LA FONTAINE, *Contes.* Le Cas de conscience.

On avait dit *Mettre à amende :*

... Si on l'en veut *metre à amende...*

BEAUMANOIR, *Coutumes du Beauvoisis*, XXX, 30.

Et *Mettre en amende :*

Nous disons que le sage ne peut recevoir d'injure, et cependant si quelqu'un lui donne un coup de poing, il *sera mis en amende* comme outrageux.

MALHERBE, trad. du *Traité des bienfaits de Sénèque*, II, 35.

Condamner à une amende, à l'amende :

La cour obligea toute cette famille à se venir présenter, et la *condamna à une amende* considérable pour des gens d'un bien et d'une condition fort médiocres.

FLÉCHIER, *Mémoires sur les grands jours de* 1665.

Il faudroit, repartit froidement Gelaste, *condamner à une très-grosse amende* ceux qui font ces tragédies dont vous nous parlez.

LA FONTAINE, *Psyché*, I.

Les Éphores lui décernèrent une couronne pour honorer ses exploits, et le *condamnèrent à une amende* parce qu'il avoit combattu sans cuirasse et sans bouclier.

BARTHÉLEMY, *Voyage d'Anacharsis*, c. 13.

Un valet manque-t-il de rendre un verre net,
Condamnez-le à l'amende, ou, s'il le casse, au fouet.

J. RACINE, *les Plaideurs*, II, 13.

On a dit *Être en amende* envers quelqu'un, lui devoir des dommages-intérêts :

Il fut jugié que li taverniers *seroit en amende envers* Pierre.

BEAUMANOIR, *Coutumes du Beauvoisis*, XXVI, 15.

Faire amende, s'en acquitter, la payer.

A ce respondi li taverniers, qu'il ne voloit pas estre tenus à *fere amende*.

BEAUMANOIR, *Coutumes du Beauvoisis*, XXVI, 15.

On ne dit plus, depuis longtemps, que, *Payer l'amende :*

Callias, qui estoit l'un des plus riches de la ville, la demanda en mariage, offrant de *payer* du sien *l'amende*, en laquelle son père Miltiades avoit été condamné.

AMYOT, trad. de Plutarque. *Vie de Cimon.*

Je vous connois de longtemps, mes amis,
Et tous deux vous *pairez l'amende*.

LA FONTAINE, *Fables*, II, 3.

Sur nouveaux frais attrapons nos époux ;
Le moins bon tour *payera* quelque *amende*.

LE MÊME, *Contes*. La Gageure des trois commères.

On disait, proverbialement, par allusion à une disposition d'une ancienne coutume : *C'est la cou-*

tume de Lorris, les battus payent l'amende. On a dit depuis, simplement et très ordinairement : *Les battus payent l'amende :*

Quand un homme qui, au jugement du peuple, avoit bonne cause, toutes fois par malheur a esté mal traicté en justice, on dict en commun proverbe : Qu'il est des hommes de Lorry, *où le batu paye l'amende.*

EST. PASQUIER, *Recherches de la France*, VIII, 29.

Les Anglois ne peuvent pas mieux prouver leur amitié pour nous, dont on vouloit douter, qu'en battant bien les Hollandois comme ils viennent de faire. Je ne crois pas que les princes à qui ils ont prêté de l'argent s'embarquent à les secourir de peur de le perdre, car ils pourroient être battus aussi, et ce seroit alors qu'on auroit raison de dire que *les battus payent l'amende.*

BUSSY-RABUTIN, *Lettres ;* à Mᵐᵉ de Montmorency, 10 avril 1672.

Il y eut beaucoup de combats en champ clos dans toute l'Europe jusqu'au treizième siècle. C'est des lois de ces combats que viennent les proverbes : Les morts ont tort, *les battus paient l'amende.*

VOLTAIRE, *Essais sur les mœurs*. Des Duels, c. 100.

Eh quoi donc ! *les battus, ma foi, paîront l'amende.*

J. RACINE, *les Plaideurs*, II, 4.

On dit, Une *Amende* de telle somme :

Je paierai *amende* de soixante sous.

BEAUMANOIR, *Coutumes du Beauvoisis*, XXX, 27.

A Athènes, l'accusateur qui n'avoit point pour lui la cinquième partie des suffrages, payoit une *amende de* mille drachmes.

MONTESQUIEU, *Esprit des lois*, XII, 10.

Ou, encore, Telle somme *d'amende :*

Cil qui bat, s'il est hons de poeste, est à cinq sous *d'amende ;* et s'il est gentix hons, il est à dix sous.

BEAUMANOIR, *Coutumes du Beauvoisis*, XXX, 16.

Et l'on condamneroit à mille écus *d'amende.*

BOURSAULT, *les Mots à la mode*, sc. 15.

Souffrez que je demande.
Pour vous être trompé, dix mille francs *d'amende.*

VOLTAIRE, *les Finances.*

L'Amende honorable était une sorte de peine infamante qui était ordonnée par justice, et qui consistait à reconnaître publiquement son crime et à en demander pardon, *Faire amende honorable :*

En l'arrest qui fut donné par le grand conseil le 25 may 1453 contre Jacques Cœur, il estoit porté nommément qu'il *feroit amende honorable* sans chaperon ny ceinture.

> Est. Pasquier, *Recherches de la France*, IV, 10.

A six heures on l'a menée (la Brinvilliers), nue en chemise et la corde au cou, à Notre-Dame, *faire l'amende honorable.*

> Mᵐᵉ de Sévigné, *Lettres;* à Mᵐᵉ de Grignan, 17 juillet 1676.

Le moins qu'il puisse faire est *amende honorable,*
Tête nue, en chemise, avec la torche au poing.

> Boursault, *les Mots à la mode.*

Dans l'exemple suivant, *Amende honorable* est dit des paroles mêmes que le condamné devait prononcer :

A Notre-Dame, elle (la Voisin) ne voulut jamais prononcer l'*amende honorable.*

> Mᵐᵉ de Sévigné, *Lettres;* à Mᵐᵉ de Grignan, 23 février 1680.

Faire amende honorable, faire amende honorable à quelqu'un, faire amende honorable d'une chose, sont restées de grand usage, dans une acception figurée, pour S'avouer coupable de quelque chose et s'en excuser :

J'ai bien de l'impatience de la voir, afin d'abjurer entre ses mains mes mauvaises opinions, et, s'il est besoin, *faire amende honorable* devant elle de tous les blasphèmes que j'ai écrits autrefois contre le mariage.

> Balzac, *Lettres;* liv. V.

Vous avez tort, à votre tour, quand vous insultez un homme qui se condamne, et qui, après *vous avoir fait* une espèce d'*amende honorable,* badine avec vous.

> Bussy-Rabutin, *Lettres;* à Mᵐᵉ de Sévigné, 6 juin 1669.

La foule courut chez lui (le duc du Maine) avec le visage triste et une simple révérence, qui sentoit plus l'*amende honorable* que le compliment.

> Saint-Simon, *Mémoires,* 1710.

Pour les digressions, j'y retombe si souvent que j'en ai eu honte, et me suis cru obligé d'*en faire une amende honorable* dans un discours exprès.

> Palaprat, *Préface.*

Le zèle de madame Dacier s'échauffe en un endroit de son ouvrage; elle veut faire honte à l'Académie de ce que, par un bon arrêt, elle ne condamne pas tous les critiques d'Homère à une *amende honorable* publique.

> La Motte, *Réflexions sur la Critique.*

Vous devriez *faire amende honorable à* Mˡˡᵉ Angélique, car je prononce qu'elle a tout l'esprit qu'on peut avoir.

> Destouches, *la Fausse Agnès,* II.

Va, va-t-en *faire amende honorable au* Parnasse
D'avoir fait à tes vers estropier Horace.

> Molière, *les Femmes savantes,* III.

Surtout, de noirs remords mon esprit agité
Fait amende honorable au beau sexe irrité.

> Regnard, *Satire.* Le tombeau de M. B. D.

Faire amende de a le même sens dans le passage suivant :

Si celui qui aura été injurié use de supercherie pour le recouvrement de son honneur, le supérieur lui fera *faire amende de* sa lascheté.

> De la Noue, *Discours politiques et militaires,* XXII.

AMENER, v. a. (Du simple *Mener,* et, par ce mot, du latin *Minare.*)

On l'a écrit Admener, Amainer, Ameneir, Amenier, etc. (Voyez le *Glossaire* de Sainte-Palaye et les exemples ci-après.)

Amener se dit au propre; soit en parlant d'une personne, soit en parlant d'une chose, pour les Mener, les conduire à quelqu'un, ou en quelque lieu.

Il se construit conséquemment avec les prépositions *à, en,* et un certain nombre d'autres exprimant des rapports analogues.

Avec la préposition *à,* suivie d'un nom de personne ou, ce qui revient au même, avec les pronoms personnels *lui, leur, te, me, nous, vous :*

Tut Israel asemblerai, e *à* tei, mun seignur, l'*amerrerai* pur faire od tei pais e aliance.

> *Les quatre Livres des Rois,* II, iii, 21.

Mais celuy qui vous a retiré de la mort, s'il luy plest, vous *amenera à* ceux qui vous désirent.

> La Reine de Navarre, *Lettre* 27; à François Iᵉʳ, décembre 1525.

Nous sommes prous pour nous défendre, *amenez-nous de* quoi les battre (les ennemis.)

> Henri IV, *Lettres;* 8 juillet 1585.

Hé! ma femme, lui dit-il, qu'est-ce que ce petit enfant?
— C'est votre fils, répond-elle résolument, que je *vous amène,* et qui est bien joli.

> Saint-Simon, *Mémoires,* 1706.

L'empereur Moscovite, pénétré d'une joie qu'il ne se mettait pas en peine de dissimuler, recevait sur le champ de bataille les prisonniers qu'on *lui amenait* en foule, et demandait à tout moment : « Où est donc mon frère Charles ? »

VOLTAIRE, *Histoire de Charles XII*, IV.

Quatorze frégates et quarante vaisseaux de transport *amenaient au roi* un renfort de six mille hommes, avec du canon et des munitions pour achever le siège de Thorn.

LE MÊME, même ouvrage.

On li *amaine* un bon cheval de pris.

Garin le Loherain, t. II, p. 161.

Avec la préposition *à* suivie d'un nom de lieu :

Tous les enfants qui naquirent le même jour que Sésostris *furent amenés à* la cour par ordre du roi.

BOSSUET, *Discours sur l'histoire universelle*, III, 3.

Tessé lui fit la révérence à la descente de son carrosse (du czar), eut l'honneur de dîner avec lui et de *l'amener* le jour même *à* Paris.

SAINT-SIMON, *Mémoires*, 1717.

Au chatel *amenerent* Xiiij prisonniers.

Parise la duchesse, p. 174.

A cette manière de parler se rapporte l'expression proverbiale :

Amener l'eau *au* moulin.

COTGRAVE, *Dictionnaire*.

Avec la préposition *à* suivie d'un autre nom qu'un nom de personne ou un nom de lieu :

Non, je ne l'*aurai* point *amenée au* supplice.

J. RACINE. *Iphigénie*, IV, 4.

Vous amenez déjà vos parents *à* la noce.

DUFRESNY, *le Faux sincère*, III, 6.

Comme un séditieux *à* mes pieds *amené*.

VOLTAIRE, *Mahomet*, I, 5.

Avec la préposition *en* suivie d'un nom de lieu :

Il y avait encore par bonheur une mauvaise calèche qu'on avait *amenée* à tout hasard jusqu'*en* cet endroit.

VOLTAIRE, *Histoire de Charles XII*, IV.

Et je *fui amenée en* la cit de Paris.

Roman de Berte, XXX.

Avec la préposition *en* suivie d'un autre nom que d'un nom de lieu :

Aussitôt qu'un homme étoit mort (en Égypte) on l'*amenoit en* jugement.

BOSSUET, *Discours sur l'histoire universelle*, III, 3.

Avec la préposition *dans* suivie d'un nom de lieu :

Il les *amena dans* la terre promise.

BOSSUET, *Discours sur l'histoire universelle*.

Les habitants des Maldives font des pêches prodigieuses, en n'employant pour *amener* les poissons *dans* leurs réservoirs, qu'une corde qui flotte sur l'eau avec des bâtons.

BERNARDIN DE SAINT-PIERRE, *Études de la nature*, XI.

A cette dernière manière de parler se rapporte la locution figurée et adverbiale que donne le passage suivant :

Le ciel, l'un après l'autre, les *amène dans* mes filets.

MOLIÈRE, *les Fourberies de Scapin*, II, 10.

Avec la préposition *chez* suivie d'un nom de personne :

Après avoir parlé de ce qui l'*amenoit chez* moi.

PASCAL, *Provinciales*.

Monsieur le prince de Conti l'aîné, pour faire l'homme dégagé et montrer qu'il n'avoit pas la foiblesse d'être jaloux, *amenoit chez* Madame sa femme les jeunes gens de la cour les plus éveillés et les mieux faits.

Mme DE CAYLUS, *Souvenirs*.

Avec la préposition *devant* suivie d'un nom de personne :

Là furent pris ledit messire Hue, le père, et le comte d'Arondel, et *amenés* par *devant* la roine pour faire d'eux sa pure volonté.

FROISSART, *Chroniques*, liv. I, part. I, c. 20.

Faites vos iij barons *devant* vos *amener*.

Parise la duchesse, p. 91.

Moi-même j'ai voulu m'assurer de sa foi,
Et l'ai fait en secret *amener devant* moi.

J. RACINE, *Bajazet*, I, 3.

Avec la préposition *devant* suivie d'un nom de lieu :

Enfin la belle (Psyché) fut *amenée devant* le tribunal de Pluton.

LA FONTAINE, *Psyché*, II.

Avec la préposition *auprès* suivie d'un nom de personne :

Elle est enfin *amenée auprès* de la reine sa mère, pour faire sa consolation dans ses malheurs.

BOSSUET, *Oraison funèbre de la reine d'Angleterre*.

Avec les adverbes de lieu *ici, y, où :*

Une amie particulière nous a promis *d'amener ici* tous ces Messieurs du Recueil des pièces choisies.

> MOLIÈRE, *les Précieuses ridicules*, sc. 10.

Aucune dame ne venoit au petit couvert; j'y ai seulement vu très-rarement la maréchale de la Mothe qui avoit conservé cela *d'y avoir amené* les enfans de France, dont elle avoit été gouvernante.

> SAINT-SIMON, *Mémoires*, 1715.

L'amirail dites que sun host *i ameine*.

> *Chanson de Roland.*

Voilà donc le triomphe *où* j'étois *amenée?*

> J. RACINE, *Iphigénie*, II, 5.

Avec la préposition *de* suivie d'un régime marquant le point de départ, ou, ce qui revient au même, avec la particule relative *en :*

Ils trouverent les nefs et les vaisseaux tous prêts que on leur avoit *amenés d'Angleterre.*

> FROISSART, *Chroniques*, liv. I, part. I, c. 29.

Les colonies que Cécrops *amena d'Égypte.*

> BOSSUET, *Discours sur l'histoire universelle.*

... Cette jeune Ériphile
Que lui-même captivé *amena de* Lesbos.

> J. RACINE, *Iphigénie*, I, 1,

Après l'avoir *d'Argos amenée* en Aulide.

> LE MÊME, même ouvrage, III, 1.

Dans le passage suivant, la préposition *de* a pour régime un nom de personne :

Ainsi fut-elle *amenée de* Monseigneur Jean de Hainaut devers le comte Guillaume de Hainaut.

> FROISSART, *Chroniques*, liv. I, part. I, c. 15.

Dans cet autre passage, *en* marque un autre rapport qu'un rapport de lieu :

Il desfeit et meit en pièces dix mille barbares, et *en amena* très grande quantité de butin.

> AMYOT, trad. de Plutarque *Vie de Paul Émile.*

Le régime d'AMENER est souvent lié par apposition au mot *prisonnier; Amener, être amené prisonnier :*

Le messager qui avoit apporté les bulles devant dictes fut tellement poursuy, qu'il fut prins vers Lion sur le Rosne et *amené prisonnier* à Paris.

> MONSTRELET, *Chronique*, c. 41.

AMENER, ainsi employé au propre, a souvent pour sujet un autre nom qu'un nom de personne, et signifie alors Être la cause, l'occasion de la venue :

Rien *icy* ne me *ameine* sinon zele naturel.

> RABELAIS, *Pantagruel*, II, c. 29.

(Richard Hamilton) avoit eu une très-aimable figure et beaucoup de bonnes fortunes en Angleterre, *où* la catastrophe du roi Jacques II *l'avoit amené.*

> SAINT-SIMON, *Mémoires*, 1717.

Le plaisir de rêver m'a insensiblement *amenée ici.*

> MARIVAUX, *la Méprise*, sc. 5.

Il prononça intelligiblement ces paroles : Mes affaires *m'amènent au* parlement, Monsieur le chancelier expliquera ma volonté.

> VOLTAIRE, *Histoire du Parlement de Paris*, c. 54.

Les Maures vont descendre ; et le flux et la nuit
Dans une heure *à* nos murs les *amènent* sans bruit.

> P. CORNEILLE, *le Cid*, III, 6.

... Vous savez déjà qui m'*amène en* ces lieux.

> MOLIÈRE, *le Dépit amoureux*, III, 4.

Si c'est le seul motif qui *vers* moi vous *amène,*
C'est, à vous parler net, une visite vaine.

> BOURSAULT, *Ésope à la cour*, IV, 3.

Qui t'*amène en* ces lieux où l'on fuit ta présence?

> J. RACINE, *Andromaque*, V, 3.

Et dans ce champ d'honneur *où* le gain les *amène*
Osent chanter ton nom sans force et sans haleine.

> BOILEAU, *Discours au Roi.*

AMENER, employé au propre, se dit aussi absolument :

Ce qui chiet en ce fleuve l'eau *amène*, et les marchands le recueillent qui le nous vendent au pois.

> JOINVILLE, *Histoire de saint Louis.*

Ils vinrent jusqu'au portier, et lui dirent qu'ils avoient *amené* en grand paour bled, avoine et charbon.

> FROISSART, *Chroniques*, liv. I, part. I, c. 131.

Vous connoissez toutes vos brebis; vous savez celles qui sont venues, et celles qui sont encore à *amener.*

> BOSSUET, *Méditations sur l'Évangile.*

Aussitôt après sa naissance, une nouvelle étoile, figure de la lumière qu'il devoit donner aux Gentils, se fait voir en Orient, et *amène* au Sauveur encore enfant les prémices de la gentilité convertie.

> LE MÊME, *Discours sur l'histoire universelle*, II.

Vous aurez vu ce que La Garde vous conseille pour *amener* peu de gens; si vous *amenez* tout ce qui voudra venir, votre voyage de Paris sera comme celui de Madagascar; il faut se rendre léger, et garder le decorum pour la province.

Mme DE SÉVIGNÉ, *Lettres;* 29 janvier 1674.

Notre équipage nous *améneroit* fort bien par terre : c'est pour nous divertir que nous allons sur l'eau.

LA MÊME, *ibid.* ; 11 septembre 1675.

Les gardes, leurs officiers et le carrosse qui l'avoit *amenée* (la princesse des Ursins) s'en retournèrent.

SAINT-SIMON, *Mémoires,* 1715.

Dis blanches mules fist *amener* Marsilies.

Chanson de Roland, v. 89.

Les ostages ont *amenés.*

WACE, *Roman de Brut,* v. 4922.

Amaine mon cheval, *amaine.*

MÉON, *Fabliaux et contes anciens,* I, 212.

Hélas! qui peut savoir le dessein qui m'*amène?*

J. RACINE, *Andromaque,* I, 1.

Ma fille! qui vous dit qu'on la doit *amener?*

LE MÊME, *Iphigénie,* I, 2.

On dit familièrement : *Quel sujet, quel bon vent vous amène, qui vous amène,* c'est-à-dire Vous fait venir ici.

Le roy d'Angleterre fut fort esbahy de cette venue si soudaine, et lui demanda *qui l'amenoit* (le duc de Bourgogne).

COMMINES, *Mémoires,* IV, 8.

Dites-moi de bien loin *quel sujet vous amène.*

MOLIÈRE, *l'Étourdi,* II, 5.

On dit, par impatience, à l'abord d'une personne qui déplaît, *Qui m'a amené cet homme, cet importun, cet ennuyeux personnage?*

Qui m'amène cet impertinent?

MOLIÈRE, *le Festin de Pierre,* II, 3.

Qui diable amène ici cette sotte figure?

BOURSAULT, *le Mercure galant,* II, 7.

AMENER est employé absolument dans ce terme de Jurisprudence criminelle : *Mandat d'amener,* Ordre de faire comparaître quelqu'un devant le juge.

AMENER, dans cette locution *Amener à,* est pris souvent au figuré;

Soit lorsque le régime de la préposition *à* est un nom de personne :

III.

La fureur et la jalousie transportent les Juifs; ils font des complots terribles contre saint Paul, outrés principalement de ce qu'il prêche les Gentils et les *amène au* vrai Dieu.

BOSSUET, *Discours sur l'histoire universelle,* II:

L'auteur (du livre intitulé : *De l'action de Dieu sur les créatures*) s'appuyoit quelquefois du P. Malebranche, et l'*amenoit à* lui; mais celui-ci ne voulut ni le suivre où il avoit dessein de le mener, ni convenir qu'il s'égaroit quand ils n'alloient pas ensemble.

FONTENELLE, *Éloge du P. Malebranche.*

Soit, plus ordinairement, quand le régime de la préposition *à* est un nom de chose :

A ceu nos voloit-il *ameneir,* ke nos veissions nostre defaillement.

SAINT BERNARD, *Sermons français,* mss., p.331. (Cité par Sainte-Palaye.)

Dès s'enfance commença il à preschier et à oster les gens de pechiez, et eus *amener à* penitence.

BRUNETTO LATINI, *Li Livres dou tresor,* liv. I, part. I, c. 49.

Si demeura la chose en cet état, ni oneques il ne les put *amener à* ce, pour prières qu'il sçût faire, qu'ils y voulissent aller.

FROISSART, *Chroniques,* liv. I, IIe part., c. 339.

La clémence dont il (Henri IV) est naturellement doué, a suspendu l'effet d'une juste rigueur, d'autant que, par les moyens les plus doux dont il s'est peu aviser, il a toujours tasché l'*amener* (la ville de Paris) *à* ce point, que de luy faire recognoistre sa faute.

Satyre Ménippée, Brief traité des misères de la ville de Paris.

On ne se sert des hyperboles que pour *amener* par le mensonge *à* la vérité.

MALHERBE, trad. du *Traité des bienfaits de Sénèque,* VII, 26.

Ceux-là même qui savent régler leurs désirs sont *amenés au* repos par la nécessité de la nature.

BOSSUET, *Traité de la Concupiscence,* c. 4.

Il faut chercher seulement à penser et à parler juste, sans vouloir *amener* les autres *à* notre goût et *à* nos sentiments.

LA BRUYÈRE, *Caractères,* c. 1.

Pouvoit-il espérer d'*amener* un seul de ses collègues *à* son avis?

FONTENELLE, *Éloge de Boerhaave.*

Avec quel souverain empire la divine Providence dispose des volontés des hommes, qu'elle *amène* toujours *à* ses fins

ROLLIN, *Traité des Études,* liv. II, c. 1, art. 2.

A quel excès d'amour m'avez-vous *amenée?*

J. RACINE, *Bérénice,* IV 5.

13

Si *j'amène* votre oncle *au point où je le veux.*

DESTOUCHES, *le Philosophe marié,* IV, 4.

Dans cette manière de parler, *Amener à,* la préposition *à* a souvent pour régime un verbe à l'infinitif :

Prengent soi bien garde li Baillis et officiaux... que par menaces, espouvantemens, où chaudes machinations... il ne *amenient* aucun *à* offrir amande.

Recueil des Ordonnances, t. I, p. 73, col. 2.

L'on doit attraire et *amener* les enfans *à* faire leur devoir par bonnes paroles et douces remontrances.

AMYOT, trad. de Plutarque. *Œuvres morales :* Comment il faut nourrir les enfants, XXV.

Amener à, se dit aussi figurément, en parlant des choses, pour les faire arriver à un certain état :

D'*amener* de la prose *à* quelque point de perfection, il ne semble pas que ce soit chose fort malaisée.

LA FONTAINE, *Psyché.*

Le temps et les conjonctures *amènent* les choses... au point où on les souhaite.

LA BRUYÈRE, *Caractères,* c. 10.

Il avoit une facilité agréable de parler, et le don d'*amener* les matières abstraites *à* la portée de ses auditeurs.

FONTENELLE, *Éloge de Regis.*

Afin d'atteindre à cette rare perfection, on *amenoit* d'abord le marbre *à* sa plus juste coupe avec le ciseau.

CHATEAUBRIAND, *Itinéraire de Paris à Jérusalem.* Voyage en Grèce.

AMENER, construit avec l'adverbe *où,* a le même sens figuré :

Je vous aurois sans doute détourné cette inquiétude, et n'*aurois* point *amené* les choses *où* l'on voit qu'elles sont.

MOLIÈRE, *l'Avare,* IV, 1.

Un air froid et rêveur, quelques brusques paroles l'*amènent où* je veux.

DESTOUCHES, *le Glorieux,* I, 4.

Je fléchis mon orgueil ; j'allai trouver Pallas.
Son maître, chaque jour carressé dans mes bras,
Prit insensiblement dans les yeux de sa nièce
L'amour *où* je voulais *amener* sa tendresse.

J. RACINE, *Britannicus,* IV, 2.

AMENER signifie aussi, dans un sens voisin du sens propre, Tirer, attirer à soi.
Au sens physique :

Les forçats poussent avant la galère, en *amenant à* eux les avirons.

MONET, *Dictionnaire.*

Je sentis avec transport que j'*amenois* une pomme.

J.-J. ROUSSEAU, *les Confessions.*

Au sens moral :

Il faut, s'il se peut, nous accommoder avec elles (les règles du théâtre) et les *amener* jusqu'à nous.

P. CORNEILLE, Ier *Discours sur le poëme dramatique.*

De là, en termes de Marine, *Amener,* pour Abaisser, faire descendre :

Le Saint-Géran parut alors à découvert, avec son pont chargé de monde, ses vergues et ses mâts de hune *amenés* sur le tillac.

BERNARDIN DE SAINT-PIERRE, *Paul et Virginie.*

Amener son pavillon, ou, absolument, *Amener,* Baisser son pavillon, pour marquer qu'on se rend à l'ennemi :

Je fus fort étonné, en arrivant sur mon gaillard, de trouver *mon pavillon* bas, soit que la drisse en eût été coupée par une balle, soit qu'un malheureux poltron l'eût *amené.*

DUGUAY-TROUIN, *Mémoires.*

Amène! ordre d'amener son pavillon :

Les Portugais, aiant descouvert ceux-ci entre le cap Blanc et les Fortunées, ne creurent pas qu'ils osassent parler à eux jusques à ce qu'il crièrent *ameine!* à quoi il ne fut respondu que des injures.

AGR. D'AUBIGNÉ, *Histoire universelle,* t. II, liv. II, c. 23.

On dit encore, en termes de Marine, *Amener une terre, un vaisseau,* pour dire S'en approcher, expression analogue à *Éloigner la ville,* pour dire S'en éloigner.

AMENER, employé figurément, signifie souvent Introduire; soit en parlant d'un usage, d'une mode, d'une occupation, etc. :

Amener une nouvelle guise ou nouvelle coustume. Morem inducere.

ROB. ESTIENNE, *Dictionnaire françois-latin.*

Qui premier *a amené* ambition au sénat. Qui introduxit ambitionem in senatum.

LE MÊME, même ouvrage.

Si les hommes *ont amené* pour loy ces séditieux mots, mien et tien, qu'en avons-nous affaire ?

P. LARRIVEY, *la Veuve,* II, 3.

Ceux qui veulent *amener* sur les théâtres où Mars joue ses sanglantes tragédies, les jusnes, les breviaires et contemplations, s'exposent en risée.

LA NOUE, *Discours politiques et militaires*, XXIV.

Vous savez ce que dit Cicéron, que Socrate fut le premier qui tira la philosophie du ciel, et l'*amena* dans le commerce des hommes.

FLEURY, *Discours sur Platon*.

Anacréon *amenoit* à Samos les grâces et les plaisirs.

BARTHÉLEMY, *Voyage d'Anacharsis*.

Soit en parlant d'un sujet de conversation, de discussion :

Le sujet qui s'est offert, ou souvent qu'il a *amené* lui-même.

LA BRUYÈRE, *Caractères*, c. 5.

De l'esprit (la femme de Voysin), du sens, du manège, de l'adresse, de la conduite, surtout une insinuation naturelle, et l'art d'*amener* les choses sans qu'il y parût.

SAINT-SIMON, *Mémoires*, 1709.

Soit, lorsqu'il s'agit d'une œuvre littéraire, en parlant de certaines choses qu'on a préparées, qu'on a fait venir avec plus ou moins d'adresse, d'à-propos :

On fera remarquer aux jeunes gens que, dans les bons auteurs, les pensées ne sont point affectées ni recherchées et comme *amenées* par force.

ROLLIN, *Traité des Études*, liv. IV, c. 3, art. 2, § 1.

Je vous ai promis celle (l'histoire) d'une religieuse, mais ce n'est pas encore ici sa place, et ce que je vais raconter l'*amènera*.

MARIVAUX, *la Vie de Marianne*, Vᵉ partie.

L'un *amène* un chasseur, l'autre un pâtre, en sa fable.

LA FONTAINE, *Fables*, VI, 1.

Amener de loin se dit, en ce sens, de ce qui ne vient pas naturellement, d'une preuve forcée, d'une comparaison recherchée, etc.

AMENER, pour Alléguer, citer, a été autrefois de grand usage :

Ainsi doncques appert comment ledit proposant abuse de la Saincte Escripture, en tant qu'il s'efforce par manière d'argument icelle *amener* à son propos.

MONSTRELET, *Chronique*, I, 44, année 1408.

La doctrine est bien mauvaise, par laquelle les occisions anciennes *sont* prinses et *admenées* en exemple pour cause de soustenir icelle cruelle mort.

MONSTRELET, *Chronique*, I, 44, année 1408.

Monseigneur Thalebot... fist en sa vie deux jugements dignes d'*estre* recitez et en audience et mémoire perpétuelle *amenez*.

Les cent Nouvelles nouvelles, V.

Quand ce vient à parler de l'adoration, là ils *amenent* comment Jacob a adoré Pharaon et la verge de Joseph.

CALVIN, *Institution chrestienne*, liv. I, c. 11, § 15.

Amener pour preuve. In argumentum ducere.

ROB. ESTIENNE, *Dictionnaire françois-latin*.

... Et n'y a point de doute qu'on ne puisse *amener* plusieurs grandes considérations aussi bien d'une part que d'autre.

H. ESTIENNE, *Apologie pour Hérodote*, I, 10.

Je voudrois bien que, pour probation de leur dire, ils *amenassent* quelque passage de l'Escriture.

P. LARRIVEY, *les Jaloux*. Prologue.

La raison que certains personnages *amenent* est, que quand la pourriture a gasté un membre, il le faut coupper pour garantir le corps d'infection.

LA NOUE, *Discours politiques et militaires*, IV.

Je ne vous *amène* pas tous ces exemples pour exercer votre esprit, mais pour vous assurer contre ce qui vous fait le plus de peur.

MALHERBE, trad. des *Épîtres de Sénèque*, XXIV.

Puisque je vous ai promis de vous *amener* beaucoup de semblables exemples, je vous en vais dire encore un.

LE MÊME, même ouvrage, LXX.

... Ne porquant, s'il ne te grieve
Bien te puis par parole brieve
Des raisons *amener* aucune.

Roman de la Rose, v. 6351.

On a même dit *Amener* une personne, pour l'Alléguer :

Mais tels François me pourront-ils *amener*, que je les feray juges contre eux-mêmes.

H. ESTIENNE, *la Précellence du langage françois*.

Puisqu'on *amène* ici jusqu'aux Lombards...

BOSSUET, *Histoire des Variations des églises protestantes*, liv. XIII, n° 34.

AMENER se dit aussi, figurément, des choses qui sont immédiatement suivies d'une autre, ou qui ont tel ou tel résultat, telle ou telle conséquence ;

Dans l'ordre du temps :

Les troupes assistèrent aux fêtes de Bacchus, dont le dernier jour *amenoit* une cérémonie que les circonstances rendirent très-intéressante.

BARTHÉLEMY, *Voyage d'Anacharsis.*

Le temps vole, et bientôt *amènera* le jour
Où le nom des Hébreux doit périr sans retour.

J. RACINE, *Esther,* I, 3.

Quand il s'agit des choses de l'ordre physique :

Li autres principaus vens qui vient dou couchant, si fait esté et chace froit et yver, et *amaine* flors et fucilles et printens.

BRUNETTO LATINI, *Li Livres dou tresor,* liv. I, part. III, c. 107.

La nature n'est pas brusque, et sa méthode est d'*amener* tout par des degrés qui ne sont sensibles que dans les changements fort prompts et fort aisés.

FONTENELLE, *les Mondes,* VI° soir.

Il y gela dès le mois d'octobre, sans aucune de ces gradations insensibles qui *amènent* les saisons et en rendent le changement plus doux.

VOLTAIRE, *Histoire de Charles XII,* liv. Ier.

Sans que nous en puissions autre chose inférer
Que la nécessité de luire et d'éclairer,
D'*amener* les saisons, de mûrir les semences.

LA FONTAINE, *Fables,* II, 13.

Quand il s'agit des choses de l'ordre moral :

Pechié *amaine* tous maulx, et penitance tous biens.

GERSON, *Sermons français.* Sur les sept péchés capitaux. (Voyez Thèse de l'abbé Bonnet, 1858, p. 75.)

Il n'est rien qui nous *amène* les guerres, les séditions et les combats, que le corps et les cupidités qui procèdent d'icelui.

AMYOT, trad. de Plutarque. *Œuvres morales.*

Ceste question est réservée pour un autre temps, et demanderoit son traicté à part, ou plustost *ameineroit* quant et soy toutes les disputes politiques.

LA BOÉTIE, *la Servitude volontaire.*

On attend de jour à autre la prise de Rhinberghue : je ne sais ce que cela nous *amènera;* pour moi, je ne prévois que paix.

MALHERBE, *Lettres, à Peiresc,* 1, 1606.

Une méchante vie *amène* une méchante mort.

MOLIÈRE, *le Festin de Pierre,* I, 2.

A quoi sert une meilleure fortune, si elle *amène* avec soi le sérieux et la tristesse?

LA BRUYÈRE, *Caractères.*

Ah! madame, je ne m'accoutume point à ne plus espérer qu'aucun retour nous *amène* ce que nous regrettons avec tant de raison (Mme de Sévigné).

Mme DE COULANGES, *Lettres;* à Mme de Simiane, 14 septembre 1696.

Des années plus mûres *amèneront* des mœurs plus sérieuses.

MASSILLON, *Carême.* Sermon sur le petit nombre des élus.

La mort du vieux marquis de Lévi et le temps qui *amène* tout, avoient réconcilié son fils, le marquis de Charlus, avec sa sœur.

SAINT-SIMON, *Mémoires,* 1718.

Le temps *amènera* la fin de toutes choses.

MEYNARD, *Ode.*

L'âge *amènera* tout, et ce n'est pas le temps,
Madame, comme on sait, d'être prude à vingt ans.

MOLIÈRE, *le Misanthrope,* III, 3.

Un bien de ses ayeux qu'un héritage *amène.*

BOURSAULT, *le Mercure galant,* II, 4.

Chaque jour *amène* son pain.

LA FONTAINE, *Fables,* VIII, 2.

Mais enfin, l'indigence *amenant* la bassesse,
Le Parnasse oublia son antique noblesse.

BOILEAU, *Art poétique,* IV.

On dit, dans le même sens, qu'une chose *amène à* une autre chose :

Les plus hardis (des écoliers) s'en prennent aux sciences, et croient qu'il n'y en a point, ou qu'elles n'*amènent à* rien.

FLEURY, *Du Choix des études,* c. 15.

AMENER, en termes de jeu, signifie Faire venir un point par les dés ou les cartes :

Il voulut jouër en trois rafles avec un certain de la cour; mais de malheur il ne sceut *amener* qu'une rafle de quatre, et l'autre luy donna une rafle de cinq.

Les Caquets de l'accouchée, 2.

Il *amène* toujours rafle de quatre.

DANET, *Dictionnaire françois-latin.*

AMENER est quelquefois verbe pronominal, avec le sens passif de Être amené :

En suivant le fleuve on abonderoit de toutes provisions nécessaires qui s'*ameneroient* par icelui.

LA NOUE, *Discours politiques et militaires.*

Les choses... qui pourroient s'*amener* de loin, par degrés, avec adresse.

SAINT-SIMON, *Mémoires,* IV, 79.

AMENER a le sens d'Emmener, dans ce passage d'un ancien auteur :

Mes amys, vous pouvez *amener* les damoiselles que vous demandez quand il vous plaira, car je les metz en leur liberté.

       HERBERAY DES ESSARTS, *Amadis de Gaule*, liv. II.

Il est opposé à Remmener, dans cet autre passage :

Que ceux qui l'ont *amené* sans me consulter, le remmènent.

       - MARIVAUX, *les Fausses Confidences*, III, 7.

AMENÉE, ÉE, participe.

C'étoit le reste de ces Gondi (le fils de la duchesse de Lesdiguières) *amenés* en France par Catherine de Médicis.

       SAINT-SIMON, *Mémoires*, 1716.

Combien de choses heureusement *amenées* par la rime dans nos poëtes!

       DIDEROT, *Salon de 1767*. Vernet.

Il était pris substantivement dans ce terme de l'ancienne Jurisprudence criminelle : *Un amené sans scandale*, un Ordre d'amener quelqu'un devant le juge sans bruit, sans lui faire affront :

       Point de bruit,
Tout doux. *Un amené sans scandale* suffit.

       J. RACINE, *les Plaideurs*, II, 14.

D'AMENER s'étaient formés plusieurs substantifs qui ne sont pas restés dans l'usage :

AMENÉE, s. f.

Il est employé, dans le passage suivant, au sens que le langage de l'ancienne jurisprudence criminelle donnait au participe *Amené* pris substantivement :

... Sans qu'ils venissent par *amenée* de aucune desdites parties.

       Recueil des ordonnances, t. II, p. 397.

On trouve chez nos vieux poëtes l'expression de *grant amenée*, lorsqu'il est question d'un coup fortement asséné :

       Mès Gaufroy l'a ataint de si *grant amenée*
Que l'iaume li coupa...

       Gaufrey, v. 3853.

AMÈNEMENT, s. m.

Donné déjà par Rob. Estienne comme peu usité, et recueilli depuis par Cotgrave.

AMENAGE, s. m.

Qui a duré plus longtemps. Il en est encore fait mention dans les *Dictionnaires* de Danet, de Richelet, de Furetière ; dans la première édition du *Dictionnaire de l'Académie*, 1694, avec les sens de Action d'amener, de voiturer, frais de transport :

Les frais de l'*amenage* du sel sont par trop grands.

       BERNARD PALISSY, *Du sel commun*.

Vous me devez tant pour l'*amenage* de votre vin.

       RICHELET, *Dictionnaire*.

AMENABLE, adj. des deux genres, est un néologisme dont on peut citer cet exemple assez récent :

Si la souveraineté est *amenable* devant quelque tribunal, elle n'existe plus.

       J. DE MAISTRE, *Lettres et opuscules inédits*.

AMÉNITÉ, s. f. (Du latin *Amœnitas, Amœnus*.)

Ce mot, qui semblait nouveau et d'une légitimité contestable au XVIIe siècle, dont l'Académie a différé l'introduction dans son Dictionnaire jusqu'en 1718, est cependant de date ancienne. Herberay des Essarts, Rabelais, Montaigne, et autres du même temps, l'ont employé, comme on le verra par les exemples ci-après.

Ainsi que le latin *Amœnitas*, AMÉNITÉ signifie Agrément et s'est dit d'abord, particulièrement, d'un lieu, d'une situation agréable, d'un air doux et agréablement tempéré :

Et durant leur repas, voyans l'*aménité* de ce boys et des fontaines, commencèrent à ne trouver estrange que les dieux eussent aultrefois habandonné le ciel pour venir habiter les forestz.

       HERBERAY DES ESSARTS, *Amadis de Gaule*, liv. I, c. 36.

Monseigneur le cardinal du Bellay... pour recouvrement de santé après longue et fascheuse maladie, s'estoit retiré à Sainct-Maur : lieu, ou (pour mieulx et plus proprement dire) paradis de salubrité, *aménité*, sérénité, commodité, délices, et tous honnestes plaisirs d'agriculture et vie domestique.

       RABELAIS, *Pantagruel*, IV. Épître dédicatoire.

J'ai choisi jusques à cette heure, à m'arrêter et à me servir de celles (des eaux minérales) où il y avoit plus d'*aménité* de lieu, commodité de logis, de vivres et de compagnies, comme sont en France les bains de Bannières.

       MONTAIGNE, *Essais*, II, 37.

Il n'y a point de lieu au monde qui approche de *l'aménité* de Baies.

DACIER, trad. d'Horace. *Epist.*, I, 1.

Dacier, traduisant ainsi *Bais amœnis*, souligne le mot *Aménité*, sans doute comme de peu d'usage.

Vous pourrez jouir de *l'aménité* de la France que vous aimez.

MONTESQUIEU, *Lettres.*

Nous parcourûmes cet archipel de la Grèce, où *l'aménité* des rivages, l'éclat de la lumière, la douceur et les parfums de l'air, le disputent au charme des noms et des souvenirs.

CHATEAUBRIAND, *les Martyrs*, IV.

A cette première acception, l'Académie en ajoutait, en 1740, une autre qui est restée la plus usitée : Douceur accompagnée de politesse et de grâce.

En parlant du caractère, des mœurs, des manières, etc. :

Fréjus (l'évêque de Fréjus) écouta ces réflexions avec une paix profonde, et les paya de *l'aménité* d'un sourire tranquille et doux.

SAINT-SIMON, *Mémoires*, 1723.

Il (Sacy) joignoit à ces avantages la plus délicate probité, la plus douce *aménité* de mœurs.

D'ALEMBERT, *Éloge de Sacy.*

M. de Mirabaud avoit... une sérénité d'âme, une *aménité* de mœurs, qui faisoient disparoître la vieillesse.

BUFFON, *Réponse à M. Watelet le jour de sa réception à l'Académie françoise*, 19 janvier 1761.

M. P..., dont la société, pleine de douceur et d'*aménité*, me sera toujours regrettable.

J.-J. ROUSSEAU, *les Confessions*, liv. VIII.

Un peuple sauvage peut avoir de la douceur ; mais *l'aménité* n'appartient qu'à un peuple civilisé.

MARMONTEL, *Éléments de littérature.* Art. Aménité.

En parlant de la langue, du style, des discours, des ouvrages :

Elle (la langue latine) manque de certaines lettres... qui sont d'une extrême douceur, et qui, selon Quintilien, répandent dans le discours je ne sais quelle *aménité*.

ROLLIN, *Traité des Études*, c. 11, art. 2.

Marot en a fait quelques-unes (des épigrammes) où l'on retrouve toute *l'aménité* de la Grèce.

VOLTAIRE, *Dictionnaire philosophique.* Épigramme.

C'est Pétrarque qui, après le Dante, donna à la langue italienne cette *aménité* et cette grâce qu'elle a toujours conservée.

VOLTAIRE, *Discours de réception à l'Académie.*

On y désiroit (dans *l'Histoire de l'Académie*) un peu de mollesse et d'*aménité* dans le style.

D'ALEMBERT, *Éloge de d'Olivet.*

Il distinguera dans les ouvrages de Thucydide une mélodie austère, imposante, pleine de noblesse, mais la plupart du temps dénuée d'*aménité*.

BARTHÉLEMY, *Voyage d'Anacharsis.*

On a dit souvent des *Aménités*, comme on disait en latin *Amœnitates :*

Hérodote, dont les écrits ont paru aux yeux des anciens si remplis d'élégance et d'*aménités*.

CHARPENTIER. (Cité dans le *Dictionnaire de Trévoux.*)

Un païen (Quintilien) se plaignoit de ce que de son temps ces sortes de délices et d'*aménités* du style, qui doivent être réservées pour des matières moins graves et moins sérieuses, avoient fait une espèce de violence au bon sens et à la droite raison.

ROLLIN, *Traité des Études*, liv. V, c. 2, art. 1.

Ce qui passe chez vous pour des obscurités
Chez le monde poli sont des *aménités*.

BOURSAULT, *Ésope à la ville*, I, 6.

On a dit, traduisant certains titres latins où *Amœnitates* désigne ce qu'il y a de plus attrayant dans une science : les *Aménités du droit* de Ménage, les *Aménités botaniques* de Linnée. D. Liron a publié en 1717, un livre intitulé : *Les Aménités de la critique, ou Dissertations nouvelles sur divers points de l'antiquité ecclésiastique et profane.*

On appelle, par antiphrase, *Aménités littéraires* certaines violences de polémique.

AMENUISER, v. a. (Du simple *Menuiser*, et, par ce mot, du français *Menu* et du latin *Minutus*. A cette origine se rapportent aussi *Menuisier, Menuiserie.* Voyez ce mot.)

On a écrit AMENUISER, AMENUISIER, AMENUISSER, AMENUISSIER, AMENUSER, AMENUSIER. (Voyez le *Glossaire* de Sainte-Palaye.)

AMENUISER, que Richelet notait déjà comme vieilli, c'est Rendre plus menu :

Amenuiser le bout d'une lance.

MONET, *Dictionnaire.*

On l'a autrefois très fréquemment employé au figuré, avec le sens de Diminuer, réduire, affaiblir, etc. :

Ne ne souffreront noz droiz que il soient soustrait, ne osté, ne *amenuisié.*

> JOINVILLE, *Histoire de saint Louis.*

La Seignorie estoit mult *amenuisie.*

> *Grandes chroniques de France,* t. XII, p. 184.

Mais que le flé ne soit pas trop *amenuisié* (par des dons à ses serviteurs).

> *Recueil des Ordonnances,* t. I, p. 160.

Donnons pouvoir de mander et assembler gens d'armes et de pié, de les croistre et *amenuiser.*

> Même ouvrage, t. I, p. 574.

Quant hom fait pur eus orcisons,
Misses, e almone, e dons,
Lur tormenz sunt *amenusez*
Ou del' tut en sunt allegez.

> MARIE DE FRANCE, *Purgatoire.*

Amant ne me vuelent prisier,
Ains s'efforcent *d'amenuisier*
Mes biens, quant ge les lor depart.

> *Roman de la Rose,* v. 10298.

Si vouldroit-elle *amenuyser*
Sa renommée et son honneur
Par parole faire myneur.

> Même ouvrage, *Portrait de l'Envie.*

Bien que foible et débile (la Vertu) et que mal reconnue,
Son habit décousu la montre toute nue,
Qu'elle ait sèche la chair, le corps *amenuisé.*

> REGNIER, *Satires,* I.

AMENUISER s'emploie avec le pronom personnel :

L'expérience a appris que lorsqu'il (le cœur) s'enfle au dehors, il se resserre au dedans; et au contraire qu'il se dilate au dedans quand il *s'apetisse* et *s'amenuise* au dehors.

> BOSSUET, *De la connoissance de Dieu et de soi-même,* c. 2, n° 3.

Dans l'exemple suivant de *S'amenuiser, Se* est pour à soi :

Les princesses d'abord arrivèrent, puis les duchesses, les marquises et les baronnes; mais elles eurent beau toutes *s'amenuiser* les doigts, aucune ne put mettre la bague.

> CH. PERRAULT, *Peau-d'Ane.*

AMENUISER, comme la plupart de nos verbes actifs, a été quelquefois employé dans un sens neutre :

Einsi aloit li os *amenuisans* de jor en jor.

> VILLEHARDOIN, *Conqueste de Constantinoble,* LIV.

Quand ceux de Wanvich veirent qu'ils n'estoient confortés de nul costé, et que les vivres leur *amenuisoyent.*

> FROISSART, *Chroniques,* I, I, 53.

Une queue qui va en *amenuisant.*

> ROB. ESTIENNE, *Dictionnaire françois-latin.*

Amors defaut, amors decline;
Car tuit li bon vont defaillant;
Li cortois, li preu, li vaillant
Apeticent et *aminuisent.*

> (Voyez *Histoire littéraire de la France,* t. XXII, p. 873, *la Poire,* Bibliot. nat., n° 7995, f° 35, v°.)

AMENUISÉ, ÉE, participe.
D'AMENUISER on avait fait,
AMENUISANCE, s. f. :

Là euz n'ont trop chaut ne trop freit.
Ne rien qu'*amenuisance* seit.

> MARIE DE FRANCE, *Purgatoire.*

AMENUISEMENT, s. m. :

Si vous voiez aucun *amenuisement* à faire (d'un impôt), si le povez vous faire, se ne povez bonnement avoir la moitié.

> *Recueil des Ordonnances,* t. I, p. 371, notes, col. 2.

Lesquelles choses estoient ou grant grief et *amenuisement* de la chose publique.

> Même ouvrage, t. III, p. 559.

AMER, ÈRE, adj. (Du latin *Amarus.*)

Qui a une saveur rude, et ordinairement désagréable, telle que celle de l'absinthe ou de l'aloès :

Vielz hum sui de quatre vinz anz.... Ne me aperceif pru que est dul et que *amer.*

> *Les quatre Livres des Rois,* II, XIX, 35.

Considérez les abeilles sur le thym; elles y trouvent un suc fort *amer;* mais en le suçant elles le changent en miel.

> SAINT FRANÇOIS DE SALES, *Introduction à la vie dévote,* I, 2.

Guérissez-vous avec votre bonne pervenche bien verte, bien *amère.*

> Mme DE SÉVIGNÉ, *Lettres;* à Mme de Grignan, 16 novembre 1684.

L'herbe même y étoit *amère,* et les troupeaux qui la paissoient ne sentoient point la douce joie qui les fait bondir.

> FÉNELON, *Télémaque,* XVIII.

Là, dormant sur les rocs, nourri d'*amers* feuillages.

> DELILLE, trad. des *Géorgiques,* III.

Amer signifie quelquefois Apre, rude :

C'est le fumier qui resjouit, rechauffe, engraisse, amollit, adoucit, dompte, et rend aisées les terres faschées et lasses par trop de travail, celles qui de nature sont froides, maigres, dures, *amaires*, rebelles et difficiles à cultiver, tant il est vertueux.

    Olivier de Serres, *Théâtre d'agriculture*, IIe lieu, c. 3.

Amer, au sens propre, sert à qualifier une espèce particulière d'amande, *Amande amère*.

L'*Onde amère*, pour dire la Mer, est une expression poétique qui a été de grand usage :

Quand... les chevaux du soleil sortant de *l'onde amère*, répandront les flammes du jour.

    Fénelon, *Télémaque*, IV.

  Le dieu branlant ses cheveux blancs
  Tout dégoutant de *l'onde amère :*
  Taisez-vous, dit-il, insolents.

    Chapelle et Bachaumont, *Voyage*.

Amer se construit quelquefois en ce sens, et aussi on le verra, lorsqu'il est pris figurément, avec la préposition *à :*

Adieu douces fontaines, qui *me* futes si *amères*.

    Fénelon, *Télémaque*, XV.

Le sel est doux aux uns, le sucre *amer aux* autres.

    Régnier, *Satires*, V.

On dit, proverbialement, Ce qui est *amer à* la bouche est doux au cœur.

Par une extension naturelle, Amer est transporté de ce qui cause la sensation à ce qui la reçoit, dans ces expressions : *Avoir la bouche amère, rendre la bouche amère :*

    Si ai la bouche amere toute.
    Roman de Renart, v. 19500.

Amer, au sens propre, est quelquefois pris substantivement; on dit l'*amer* comme on dit le doux, et souvent par opposition à cette manière de parler:

Quant à ce que ces canailles demandent d'où et comment nous serons persuadez que l'Escriture est procédée de Dieu, si nous n'avons refuge au decret de l'Eglise : c'est autant comme si aucun s'enqueroit dont nous apprendrons à discerner la clarté des tenebres, le blanc du noir, le doux de l'*amer*.

    Calvin, *Institution chrestienne*, liv. I, c. 7.

Le sens est une puissance naturelle de discerner et cognoistre autant le blanc comme le noir, et non plus le doux

que l'*amer*... ou le mol et enfondrant comme le dur et le ferme.

    Amyot, trad. de Plutarque. *Vie de Démétrius*, I.

Voir les couleurs, ouïr les sons, goûter le doux ou l'*amer* sont autant de sensations différentes.

    Bossuet, *De la Connoissance de Dieu et de soi-même*, c. 1, art 1.

  Quant à ses qualités, principes de sa force,
  C'est l'âpre, c'est l'*amer*.

    La Fontaine, *le Quinquina*, II.

Amer, pris substantivement, se dit du Fiel de quelques animaux et principalement des poissons. — Un *Amer* de bœuf; l'*Amer* d'une carpe, d'un brochet :

Item, prenez une escuelle de lait et l'*amer* d'un lièvre, et meslez l'un parmy l'autre.

    Le Ménagier de Paris, Ire distinction, art. 7

En termes de Médecine, on appelle *Amers* certains médicaments. *Prendre des amers :*

Je crois les bouillons de chicorée fort bons, j'en prendrai : ne négligez point vos *amers*, c'est votre vie.

    Mme de Sévigné, *Lettres;* à Mme de Grignan, 4 février 1685.

Cette expression technique passe du sens propre au sens figuré, dans cet autre passage de Mme de Sévigné :

Comme on pense beaucoup dans ce pays, on avale quelquefois des *amers* moins agréables que les vôtres.

    Mme de Sévigné, *Lettres;* à Mme de Grignan, 4 février 1685.

Amer est d'un grand usage au figuré en parlant de certaines situations, de certaines affections, de certains modes d'expression.

Amer, employé par figure, est quelquefois associé à des mots pris eux-mêmes figurément, mais qui le rapprochent de sa signification propre, comme dans les expressions suivantes:

Larmes amères :

Je ne me contraignis point devant lui de répandre quelques *larmes* tellement *amères*, que je serois étouffée s'il avoit fallu me contraindre.

    Mme de Sévigné, *Lettres;* à Mme de Grignan, 20 septembre 1684.

Quoiqu'elle fût affligée elle-même, je crus qu'elle ne l'étoit pas assez; ses *larmes* n'étoient pas *amères;* il y entroit, ce me semble, beaucoup de facilité de pleurer.

    Marivaux, *la Vie de Marianne*, X^e partie.

Fruits amers :

Discord, qui est ennemy de tout bien, voyant une telle amitié entre eux et ne pouvant plus souffrir une si grande tranquillité, un jour s'y entremesla, et fit tant qu'ils commencerent à goûter ses *fruicts* apres et *amers*.

Facétieuses Nuits de Straparole, IIIe nuit, fable 4.

Ce siècle, autre en ses mœurs, demande un autre style ;
Cueillons les *fruits amers* desquels il est fertile.
D'AUBIGNÉ, Trogiques.

Médecine amère :

Avec tout cela, cette *médecine* ne laisse pas d'être *amère* à l'amour-propre. Il en prend le moins qu'il peut, et toujours avec dégoût, et souvent même avec un secret dépit contre ceux qui la lui présentent.
PASCAL, Pensées.

Pourquoi faire, de la doctrine du salut et du discours de piété, des *médecines amères* par la sécheresse et la dureté du style ?
FLEURY, IXe Discours sur l'histoire ecclésiastique, § 12.

Pilule amère :

Ce n'est pas assez de perdre l'espérance d'être à Éraste ; il faut encore me résoudre à devenir femme de M. Bolus. — La *pilule* est *amère* assurément.
LE SAGE, la Tontine, sc. 12.

Un tas d'originaux, d'ennuyeuses commères
Qui me font avaler cent *pilules amères*.
DESTOUCHES, le Philosophe marié, I, 2.

La même remarque peut s'appliquer à des passages tels que les suivants :

Mais enfin la raison surmontant le sentiment, et cette vérité, quoique *amère*, étant digérée, commence à agir et par son amertume même est la cause et le principe de la guérison.
BOURDALOUE, Sermons. IVe dimanche après Pâques.

Ce sont des larmes douces, dont la source n'est point *amère*.
Mme DE SÉVIGNÉ, Lettres; 19 novembre 1688.

Mon règne est fini, disait-il, ma vie ne l'est point encore. Et que sais-je si j'ai bu le plus *amer* de la coupe ?
BALLANCHE, Antigone.

Le plus souvent AMER est simplement métaphorique, comme dans ce très ancien passage :

Il sunt... de *amer* curage, si cume urs à ki sunt raviz si ursetel.
Les quatre Livres des Rois, II, xvii, 8.

Tantôt, en parlant de certaines situations, de certains chagrins, il signifie, Triste, pénible, douloureux :

De pour tremblout; e dist : Est se si aprestée *amère* mort.
Les quatre Livres des Rois, I, xv, 32.

A plusieurs pauvres la vie est plus joyeuse, et la mort moins *amère* qu'à beaucoup de riches.
BOUCHET, Serées, III, 31.

Nous sommes convaincus, par l'expérience de notre misère et de celle des autres, que rien n'est plus fâcheux ni plus *amer* que le souvenir de la mort pour un homme du monde.
BOURDALOUE, Sur la Crainte de la mort.

Quand elle vient en peu de temps, cette mort toujours *amère* et toujours cruelle, on n'a pas le loisir de la voir avec tout ce qu'elle a d'affreux.
FLÉCHIER, Oraison funèbre de Mme la Dauphine.

J'ai la tête à l'envers du déplaisir d'avoir quitté cette pauvre comtesse (Mme de Grignan); il y a des endroits dans la vie qui sont bien *amers* et bien rudes à passer.
Mme DE SÉVIGNÉ, Lettres; au comte de Bussy, 25 mai 1675.

Continuez de m'aimer, si vous voulez rendre ma vie heureuse ; car les peines que me donne cette amitié sont douces, tout *amères* qu'elles sont.
LA MÊME, même ouvrage ; à Mme de Grignan, 4 octobre 1684.

L'excès de ses plaisirs en augmente de jour en jour le vide, et plus il en goûte, plus ils deviennent tristes et *amers*.
MASSILLON, Petit Carême, IIIe dimanche.

Sa mort (de Nesmond, évêque de Bayeux) fut le désespoir des pauvres et l'affliction *amère* de tout son diocèse.
SAINT-SIMON, Mémoires, 1715.

Quand quelque membre de leur société paroissoit triste, tous les autres se réunissoient autour de lui, et l'enlevoient aux pensées *amères* plus par des sentiments que par des réflexions.
BERNARDIN DE SAINT-PIERRE, Paul et Virginie.

Car la nuit qu'ai passée ai trouvé moult *amère*.
Roman de Berte, p. 63.

Que te semble dés maux d'amer ?
Sunt-il trop dous ou trop *amer* ?
Roman de la Rose, v. 4247.

Mes la souffrance est trop *amère*.
MÉON, Fabliaux et contes anciens, I, 184.

Que puisse cheoir en ma main !
Elle morra de mort *amere*.
Le Mistère du siége d'Orléans, v. 20150.

Trop fort doubtant que l'amour de ma mère
Ne peust souffrir ceste nouvelle *amère*.
                    FRANÇOIS Iᵉʳ, *Épître à Mˡˡᵉ d'Heilli*.

N'est-ce pas toy, qui songeois nuict et jour
A le remettre en son privé séjour;
Et qui depuis, en prison si *amère*,
A ses enfants fis office de mère?
                    CL. MAROT, *Épitres*, XIV, à la reine Éléonor.

Ains sonneray la trompette bellique
Du grand Virgile, ou d'Homère ancien,
Pour célébrer les haultz faictz d'Anghien,
Lequel sera contre fortune *amère*
Nostre Achilles et Marot son Homère.
                    LE MÊME, à Monseigneur Francois de Bourbon.

L'aspre tourment ne m'est point si *amer*
Qu'il ne me plaise, et si n'ay pas envie
De me douloir, car je n'aime ma vie
Sinon d'autant qu'il te plaist de l'aimer.
                    RONSARD, *Amours*, I, VII.

Je ne goustois plus rien qui ne me fust *amer*.
                    THÉOPHILE, *Élégie*, à M. de Pesé.

Sa perte que je veux me deviendroit *amère*,
Si quelqu'un l'immoloit à d'autres qu'à mon père.
                    P. CORNEILLE, *Cinna*, I, 2.

Je ne décrirai point ni leur douleur *amère*,
Ni les pleurs de Psyché, ni les cris de sa mère.
                    LA FONTAINE, *Psyché*, liv. I.

Marineau, d'un Brébeuf à l'épaule blessé,
En sent par tout le bras une douleur *amère*.
                    BOILEAU, *le Lutrin*, V.

Par d'utiles dégoûts vous me rendiez *amères*
Ces mêmes voluptés à tant d'autres si chères.
                    L. RACINE, *la Grâce*, III.

Tantôt, appliqué à diverses manières d'exprimer ses sentiments, plaintes, reproches, railleries, rires, etc., il signifie, Aigre, dur, piquant, mordant, offensant, etc. :

Ils conclurent cette pièce par des termes entremeslez de doux et d'*amer*.
                    AGR. D'AUBIGNÉ, *Histoire universelle*, t. II, liv. III, c. 1.

Je n'eus pas la docilité de démonter mon esprit pour vous écrire ; je trempai ma plume dans mon fiel, et cela composa une sotte lettre *amère* dont je vous fais mille excuses.
                    Mᵐᵉ DE SÉVIGNÉ, *Lettres* ; au comte de Bussy, 1670.

Ma fille, ne lui faites point la guerre trop ouvertement sur tout ceci, les vérités sont *amères*, nous n'aimons pas à être découverts.
                    Mᵐᵉ DE SÉVIGNÉ, *Lettres* ; 1ᵉʳ septembre 1680.

Il chanta aussi la funeste mort du bel Adonis qu'un sanglier déchira et que Vénus, passionnée pour lui, ne put ranimer en faisant au ciel des plaintes *amères*.
                    FÉNELON, *Télémaque*.

Essuyer sa gravité, son ris *amer*.
                    LA BRUYÈRE, *Caractères*, c. 9.

Il n'a que des discours *amers* et piquants pour ceux que son crédit et sa fortune forcent d'avoir recours à lui.
                    MASSILLON, *Paraphrases*. Psaume IX.

Ayant fait cette apostrophe *amère*, il me recommanda le secret.
                    LE SAGE, *Gil Blas*, X, 12.

Valville, à ce discours, ne put se contenir, et la regarda avec un ris *amer* et moqueur.
                    MARIVAUX, *la Vie de Marianne*, VIIᵉ part.

La reine ayant soutenu ses droits avec fermeté mais avec modestie, et ayant décliné cette juridiction sans donner des armes contre elle par des plaintes trop *amères*, retirée à la campagne, laissa son lit et son trône à sa rivale.
                    VOLTAIRE, *Essais sur les mœurs*. Du roi Henri VIII, c. 135.

On a dit quelquefois, dans ce sens, un *Zèle amer* :

L'Évangile remplissoit les disciples de J.-C. d'un vrai zèle, non pas de ce *zèle amer* qui oppose l'aigreur à l'aigreur, les armes aux armes, et la force à la force.
                    BOSSUET, *Histoire des Variations des églises protestantes*, liv. I.

S'étant imaginé (un fou) que tous les prêtres qu'il voyoit célébrer étoient indignes de leur ministère,... il n'assistoit à aucune messe qu'il n'en sortît avec un *zèle amer*.
                    FLÉCHIER, *Mémoires sur les grands jours de 1665*.

Il y a un *zèle amer* qu'il faut corriger.
                    FÉNELON, *Sermons*. Sur les caractères de la piété.

Que ne voit-on pas dans un auteur, quand on le lit avec les yeux de la colère, de la vengeance, ou d'un *zèle* faux et *amer*, passion la plus aveugle de toutes !
                    D'OLIVET, *Histoire de l'Académie*.

AMER, employé figurément, ne se dit pas seulement des choses, mais encore des personnes :

Il est toujours assidu (M. de la Trousse), et elle (Mᵐᵉ de Coulanges) toujours dure, méprisante et *amère* ; leur conduite ne peut se concevoir.
                    Mᵐᵉ DE SÉVIGNÉ, *Lettres* ; 5 janvier 1680.

Parler et offenser, pour certaines gens, est précisément la même chose; ils sont piquants et *amers*.

> La Bruyère, *Caractères*, c. 5.

Quand un maître sera obligé de reprendre ses disciples, qu'il ne soit ni *amer* ni offensant.

> Rollin, *Traité des Études*, liv. VIII, Ire part., art. 4.

Toujours *amère* et provocante !

> Beaumarchais, *le Mariage de Figaro*, I, 4.

Fille, ce dist li rois, ressemblez vostre mère,
Ne soiez vers les povres ne sure ne *amère*.

> *Roman de Berte*, p. 9.

Amour trouva celle qui m'est *amère*.

> Cl. Marot, *Épigrammes*.

... Ce rimeur si sucré
Devient *amer*...

> J.-B. Rousseau, *Épttres*, 1, 3.

Il est amer de, suivi d'un infinitif, est une forme impersonnelle assez usitée :

Il est bien *amer* à un père *de* voir ses enfants révoltés contre lui.

> *Dictionnaire de l'Académie*, édition de 1718.

Cette expression familière, *Bêtise amère*, marque un excès de bêtise difficile à endurer.

Amer a été pris substantivement au figuré aussi bien qu'au propre. Il pourrait se traduire par *Amertume* dans ces anciens passages :

Or, suis icy venu deça la mer,
Pour vous servir de bon cueur sans *amer*.

> *Le Mistère du siége d'Orléans*, v. 937

Si j'eusse sceu
Ou apperceu
Que c'est d'aymer,
Pas n'eusse eu
N'au cueur receu
Un tel *amer*.

> Guill. Cretin ou Guill. Alexis, *le Loyer des folles amours*.

... Ce que l'affligé dit
En l'*amer* de son cœur, quand son cœur nous maudit,
Dieu l'entend, Dieu l'exauce...

> Agr. d'Aubigné, *Tragiques*. Misères, liv. I.

De cette manière de parler est très voisine celle que donnent les passages suivants :

Mès quant parlé m'avés d'amer,
Des dous maus ou tant a d'*amer*,

Ce m'est trop estrange matire.
Riens n'en scai fors par oïr dire,
Ne jamès n'en quier plus savoir.

> *Roman de la Rose*, v. 14813.

Pour Dieu, soyons bons et unys,
Et qu'en nous n'y ait point d'*amer*.

> *Le Mistère du siége d'Orléans*, v. 1543.

D'Amer s'était formé le participe Ameri, Rendu amer :

Or est bien la joie *amerie*
Que doulce amour avoit nourrie.

> Alain Chartier, *Œuvres*, p. 629.

AMÈREMENT, adv.

Il ne se dit qu'au figuré.

Quelquefois avec d'autres mots qui le rapprochent du sens propre, comme dans cette expression de tout temps fort usitée, *Pleurer amèrement* :

Por ceu *plorerent* li engele de paix *amerement*, et si disoient...

> Saint Bernard, *Sermons français*.

Chascun *plouroit* son amy plus *amèrement* c'onques mais.

> *Le Livre du chevaleureux comte d'Artois*, p. 120.

Le poure seigneur de Molart qui *ploroit amerement* la perte de son amy et voisin...

> *Le Loyal Serviteur*, c. 50.

Alexandre retira la javeline du corps pour s'en donner à luy mesme dedans la guorge; mais ses gardes luy prindrent les mains, et l'emportèrent malgré luy de là en sa chambre, où il passa toute la nuict et tout le jour ensuyvant à *plorer amèrement*.

> Amyot, trad. de Plutarque. *Vie d'Alexandre*, c. 14.

Ces choses estant rapportées à Alexandre, il y vint aussi tost, et voyant le corps de Darius, il se prit à *pleurer amèrement*.

> Vaugelas, trad. de Quinte-Curce, liv. V.

Me voici dans un lieu, ma fille, qui est le lieu du monde où j'ai *pleuré*, le jour de votre départ, le plus abondamment et le plus *amèrement*.

> Mme de Sévigné, *Lettres*; à Mme de Grignan, 29 janvier 1672.

Il est mort (le prince de Condé) regretté et *pleuré amèrement* de sa famille et de ses amis.

> La même, *Lettres*; 15 décembre 1686.

Alors cet homme (Patkul), qui avait bravé la mort dans tant de batailles, se trouvant seul avec un prêtre, et son courage n'étant plus soutenu par la gloire ni par la colère, sources de l'intrépidité des hommes, *répandit amèrement des larmes* dans le sein du chapelain.

> VOLTAIRE, *Histoire de Charles XII*, liv. III.

> Moy de grand deuil *pleurant amèrement*,
> Las! dis-je, mort est notre amy Clément,
> Morte doncque est françoise poësie.
>
> CHARLES DE SAINTE-MARTHE, *Sur le faux bruit de la mort de Clément Marot*.

Les acceptions figurées d'AMÈREMENT répondent à celles d'*Amer*.

Ainsi on le dit lorsqu'il est question d'Affections tristes, pénibles, douloureuses :

> Et il (le comte d'Artois) tint l'espée au poing; Dieu sut comment il la faisoit sentir *amèrement* à ses ennemis !
>
> *Le Livre du chevaleureux comte d'Artois*, p. 95.

> Quiconques eut joye de ce mariaige, il despleut au roy d'Angleterre *amerement*.
>
> COMINES, *Mémoires*, VI, 8.

> Ce bon orfèvre avoit ung serviteur qui estoit amoureux et jaloux très-*amèrement* de sa femme.
>
> *Les cent Nouvelles nouvelles*, LXXXV.

> Ce que le roy ayant entendu, s'en aigrit et courrouça si *amèrement* qu'il commanda incontinent qu'on luy tranchast la teste.
>
> AMYOT, trad. de Plutarque. *Vie d'Artaxerce*, 18.

> Cupidon indigné en soupire *amèrement*.
>
> FÉNELON, *Télémaque*, IV.

> Non, ce n'est point une peine qu'aimer,
> C'est un beau mal, et son feu doux amer
> Plus doucement qu'*amèrement* nous brusle.
>
> RONSARD, *Amours*, I, LXVII.

On le dit aussi lorsqu'il s'agit de Procédés ou de discours aigres, durs, piquants, mordants, offensants. De là cette expression de grand usage, *Se plaindre amèrement* :

> Aussi l'évêque de Cambray,... étoit à Paris de-lez le roi de France, et *se complaignoit* à lui,... trop *amèrement*.
>
> FROISSART, *Chroniques*, liv. I, Ire part., c. 100.

> Rien n'est plus ordinaire que d'entendre des gens du monde, qu'une longue expérience et de sérieuses réflexions ont instruits, *se plaindre amèrement* de ce que leur éducation a été négligée.
>
> ROLLIN, *Traité des Études*. Discours préliminaires, Ire part.

> Ils *se plaignirent amèrement* des soupçons outrageants que le roi concevait sur des personnes qui l'avaient si bien reçu et si bien traité.
>
> VOLTAIRE, *Histoire de Charles XII*.

AMERTUME, s. f.

En même temps qu'AMERTUME on disait, dans les anciens temps de la langue, AMARITUME.

On avait aussi tiré des substantifs latins *Amaror*, *Amaritas*, *Amaritudo*, ces synonymes d'A-MERTUME :

AMAREUR, AMARITEIT, AMARITUDE.

(Voyez, sur ces divers mots, les *Dictionnaires* de Nicot, de Monet, de Cotgrave, et le *Glossaire* de Sainte-Palaye) :

> Ensi que tu desormais faces par grant douzor... Ceu ke tu d'avant faisoies par *amariteit* et par force.
>
> SAINT BERNARD, *Sermons français*, mss., p. 189.
> (Cité par Sainte-Palaye.)

> Au monde n'a que toute *amaritude*.
>
> *Les Triomphes de la Noble Dame*, p. 306.
> (Cité par Sainte-Palaye.)

AMERTUME exprime, au propre, la Qualité, la saveur de ce qui est amer :

> Les fleuves qui se jettent dans le Pont... adoucissent l'*amertume* de ses eaux.
>
> BARTHÉLEMY, *Voyage d'Anacharsis*, c. 1.

> L'*amertume* rebute et ma soif et ma faim.
>
> P. CORNEILLE, *Psaume*, c. 1.

> Belle Aréthuse, ainsi ton onde fortunée
> Roule au sein furieux d'Amphitrite étonnée
> Un cristal toujours pur et des flots toujours clairs,
> Que jamais ne corrompt l'*amertume* des mers.
>
> VOLTAIRE, *la Henriade*, IX.

Amertume, employé par figure, est comme *Amer* et *Amèrement*, quelquefois lié à des mots, pris eux-mêmes figurément, qui le rapprochent de sa signification propre :

> Et s'y n'y ay point meslé (à mes maladies) l'*amertume* de leurs ordonnances.
>
> MONTAIGNE, *Essais*, II, 37.

> Il ne reste presque rien de fâcheux en tout cela, tant on a eu soin d'ôter toute l'*amertume* et toute l'aigreur d'un remède si salutaire.
>
> PASCAL, *Provinciales*, X.

> ... En effet tu n'y as point eu de contentement si plein qu'il ne fust détrompé de quelque *amertume*.
>
> CHAPELAIN, trad. de *Guzman d'Alpharache*, c. 7.

Vous, méchants endurcis, il n'y a plus pour vous de félicité, plus de danses, plus de banquets, plus de jeux ; venez boire toute l'*amertume* de la vengeance divine.

        Bossuet, *Sermons*. Sur la Providence.

Jésus-Christ leur apprend combien cette préséance leur doit coûter, et que, pour l'avoir, il faut boire un calice d'*amertume*.

        Bourdaloue, *Sermons*. Sur l'Ambition.

Après avoir entendu ce païen, que direz-vous de cette éloquence qui ne va qu'à plaire et qu'à faire de belles peintures, lorsqu'il faudroit, comme il le dit lui-même, brûler, couper jusqu'au vif, et chercher sérieusement la guérison par l'*amertume* des remèdes et par la sévérité du régime?

        Fénelon, *Dialogues sur l'Éloquence*, I.

Une perte si complète et si irréparable (celle de Mme de Sévigné) ne porte pas à chercher de consolation ailleurs que dans l'*amertume* des larmes et des gémissements.

        Mme de Grignan, *Lettres*; au président de Moulceau, 28 avril 1696.

Ces biens remplissent la capacité de notre esprit, jusqu'à ce que Dieu répande sur eux une certaine *amertume*, qui nous en donne du dégoût et de l'horreur.

        Malebranche, *Recherche de la vérité*, liv. II, c. 8, § 2.

Que lui aviez-vous fait (à Dieu), pour être ainsi préférés au reste des hommes et à tant d'infortunés qui ne se nourrissent que d'un pain de larmes et d'*amertume*?

        Massillon, *Petit Carême*, IIe dimanche.

La porte étoit ouverte à deux battans, et du salon on les voyoit tous pleurer avec *amertume*.

        Saint-Simon, *Mémoires*, 1700.

C'est à Paris qu'une bile noire rongeoit mon cœur, et l'*amertume* de cette bile ne se fait que trop sentir dans tous les écrits que j'ai publiés tant que j'y suis resté.

        J.-J. Rousseau, *Lettre Ire à M. de Malesherbes*.

Voulez-vous que je me mette marchand de sucre? il me semble que je n'étois pas trop appelé à ce métier; voulez-vous que je le mange? il en faudroit beaucoup, je l'avoue, pour adoucir les fleuves d'*amertume* qu'on me fait avaler depuis tant d'années; mais c'est une *amertume* mielleuse et traîtresse, qui ne sauroit s'allier avec la franche douceur du sucre.

        Le même, *Lettres*; à M. de Moultou, 9 janvier 1770.

Un cœur est trop cruel quand il trouve des charmes
Aux douceurs que corrompt l'*amertume* des larmes.

        P. Corneille, *Cinna*, I, 4.

J'avois tantôt rempli d'*amertume* et de fiel
Son cœur déjà saisi des menaces du ciel.

        J. Racine, *Athalie*, III, 3.

... Quand Juvénal de sa mordante plume
Faisoit couler des flots de fiel et d'*amertume*.

        Boileau, *Satires*, VII.

Amertume s'emploie au figuré avec le sens d'Affliction, déplaisir, peine d'esprit.

On dit l'*Amertume* d'une chose, *son Amertume* :

Pourtant quand ils jettoyent les yeux sur ceste éternité, en contennant l'*amertume* des calamitez présentes qu'ils voyoyent estres transitoires, ils se glorifioyent hardiment en ces paroles.

        Calvin, *Institution chrestienne*, liv. II, c. 10, § 17.

Je t'apportois de quoy adoucir l'*amertume* de ta condition.

        Perrot d'Ablancourt, trad. de Lucien. *Timon, ou le Misanthrope*.

Je fais ici des promenades qui me font sentir l'*amertume* de votre absence, plus tristement encore que vous ne pouvez sentir la mienne au milieu de votre république.

        Mme de Sévigné, *Lettres*; à Mme de Grignan, 26 juin 1680.

En vain nous livrons-nous quelquefois à toute l'*amertume* de la haine et de la vengeance; nous sentons bientôt que ce plaisir cruel n'est pas fait pour le cœur de l'homme.

        Massillon, *Carême*. Sermon du dimanche de la Passion,

Il est bien important d'abréger et de faciliter les éléments des langues qu'on apprend aux enfants et d'en adoucir l'*amertume* par tout ce qu'on y peut répandre d'agrément.

        Rollin, *Traité des Études*, liv. VIII, Ire part., art. 10.

Peut-être que vous pourrez, avec M. de Formont et avec le secours de M. Tressan, lui procurer (à Linant) quelque petit établissement de cette espèce, sans quoi il sera réduit à passer par l'*amertume* des emplois subalternes.

        Voltaire, *Lettres*; à M. de Cideville, 1732.

Ce jeune cœur se soulève; le premier sentiment de l'injustice y vient verser *sa* triste *amertume*.

        J.-J. Rousseau, *Émile*.

Sa douleur sera grande, à ce que je présume ;
Mais j'*en* saurai sur l'heure adoucir l'*amertume*.

        P. Corneille, *Rodogune*, IV, 4.

On a dit quelquefois, d'après une expression empruntée de l'Écriture sainte, l'*Amertume de l'âme*, l'*Amertume du cœur* :

Et tuz ces ki furent en anguisse, e ces ki furent travaillez pur dette qu'ils durent, e ki furent en *amertume de lur curage*, s'assemblèrent od David.

        Les quatre Livres des Rois, I, xxii, 2.

Por coi est doneie la lumière al dolent, et vie à ceuz ki en *amertume d'anrmes* sunt?

        Livre de Job (III, 20), à la suite des *Quatre Livres des Rois*. (Voir Le Roux de Lincy, p. 464.)

Pourquoi la lumière a-t-elle été donnée à un misérable, et la vie à ceux qui sont dans *l'amertume du cœur?*

> Le Maistre de Sacy, trad. de l'Ancien Testament. *Job, III, 20.*

Il se rendoit compte à lui-même de tous les jugements qu'il avoit rendus, et repassoit de temps en temps toutes les années de sa vie dans *l'amertume de son âme* pour s'exciter à la pénitence.

> Fléchier, *Oraison funèbre de M. Lamoignon.*

Je n'ai pu m'empêcher de vous dire tout cela dans l'intimité et dans *l'amertume de mon cœur*, parce que je le soulage en causant avec une fille dont la tendresse n'a point d'exemple.

> Mme de Sévigné, *Lettres*; à Mme de Grignan, 15 novembre 1684.

On a dit aussi, en parlant d'une personne éprouvée, affligée, *son Amertume :*

Il (Dieu) réserveroit toute la rigueur des ses jugements pour des infortunés qui n'avoient passé que des jours de deuil et des nuits laborieuses sur la terre, et qui avoient béni dans leur affliction et invoqué dans leur délaissement et *leur amertume.*

> Massillon, *Petit Carême*, IIe dimanche.

Ma plus grande amertume en ce funeste sort
Est de voir Alvarez prononcer notre mort.

> Voltaire, *Alzire*, V, 4.

Amertume est souvent aussi employé en ce sens d'une manière absolue :

Cils jors... envelopeiz soit *d'amertume.*

> Le *livre de Job* (III, 5), à la suite des *Quatre Livres des Rois.* (Voir Le Roux de Lincy, p. 456-459.)

Elle engendre en l'âme une mauvaise habitude, que l'on appelle cholère, laquelle finalement devient un feu d'ire soudain, une *amertume* vindicative.

> Amyot, trad. de Plutarque. *Œuvres morales :* Comment refrener la cholere, 6.

J'y ai à escient meslé (à la vie; c'est la nature qui parle) quelque peu *d'amertume*, pour vous empescher, voyant la commodité de son usage, de l'embrasser trop avidement et indiscrètement.

> Montaigne, *Essais*, I, 19.

Il est vrai, âmes mondaines, que les personnes dévotes trouvent beaucoup *d'amertume* dans l'exercice de la mortification; mais par l'usage, elles le changent en douceurs et en consolations.

> Saint François de Sales, *Introduction à la vie dévote*, I, 2.

Le regret est... une espèce de tristesse, laquelle a une particulière *amertume*, en ce qu'elle est toujours jointe à quelque désespoir et à la mémoire du plaisir que nous a donné la jouissance.

> Descartes, *les Passions de l'âme*, part. III, art. 209.

Cette perte est de celles dont on ne se console jamais, et qui laissent une *amertume* répandue dans tout le reste de la vie.

> Mme de La Fayette, *Histoire d'Henriette d'Angleterre*. Préface.

Que dites-vous de cette *amertume* qui vient troubler sa joie?

> Mme de Sévigné, *Lettres*; 1er mai 1680.

Les hommes peuvent-ils espérer pour eux-mêmes quelque douceur de vie, si leur plus étroite société, qui est celle du mariage, se tourne en *amertume?*

> Fénelon, *De l'Éducation des filles*, c. 1.

Rassemblez tous les amusements autour de vous; il s'y répandra toujours du fond de votre âme une *amertume* qui les empoisonnera.

> Massillon, *Petit Carême*, IIIe dimanche.

Cette injuste passion (l'ambition) tourne tout en *amertume.*

> Le même, même ouvrage; *ibid.*

Leur joie, qu'ils contraignirent au dehors, étoit sans pareille; la mienne étoit égale à la leur, mais elle ne fut pas sans *amertume.*

> Saint-Simon, *Mémoires*, 1710.

Je sentois souvent naître en moi des remords qui venoient de mon éducation, et qui mêloient une *amertume* à mes délices.

> Le Sage, *Gil Blas*, III, 12.

Sans la santé tout est *amertume.*

> Voltaire, *Lettres*; 22 février 1751.

Un jugement plus sévère, qu'il se crut obligé de rendre contre son propre fils, remplit *d'amertume* une vie si glorieuse.

> Le même, *Histoire de Pierre le Grand*, IIe part., c. 9.

Les choses ne sont rien en elles-mêmes; elles n'ont ni douceur ni *amertume* réelles : ce qui les fait ce qu'elles sont, c'est notre âme.

> Diderot, *Lettres*; à Mlle Volland, 31 juillet 1759.

Sçais-tu pas bien qu'amour a de coustume
D'entremesler ses plaisirs *d'amertume.*

> Cl. Marot, *Élégies*, IV.

L'amère mort rendra toute *amertume* esteinte.

> Agr. d'Aubigné, *Tragiques*, liv. IV. Les feux.

Adieu donc pour jamais plaisirs pleins *d'amertume.*

> Racan, *les Bergeries*, II, 4.

Tout au monde est mêlé d'*amertume* et de charmes :
La guerre a ses douceurs, l'hymen a ses alarmes.

La Fontaine, *Fables*, III, 1.

On dit, plus absolument encore, *l'Amertume* :

Cette âme (Louis XIII), accoutumée à *l'amertume*, n'avoit de la tendresse que pour sentir davantage ses douleurs et ses peines.

Mme de Motteville, *Mémoires*.

Une église autrefois si florissante, mais maintenant plongée dans *l'amertume* et accablée sous l'oppression de ses ennemis.

Bourdaloue, *Exhortations*.

Donne mille douceurs à *l'amertume* même.

P. Corneille, *l'Imitation*, III, 5.

Il trouve *l'amertume*
Au milieu des plaisirs.

J. Racine, *Esther*, II, 9.

Il meurt dans *l'amertume*, et son âme incertaine
Demande en soupirant si vous êtes chrétienne.

Voltaire, *Zaïre*, II, 5.

On a dit, absolument, *en Amertume* :

Le quers de chascun fud en anguisse, e en *amertume*.

Les quatre Livres des Rois, I, xxx, 6.

Ames mercenaires qui ne cherchent Dieu qu'autant qu'il est doux, et qui ne peuvent veiller une heure *en amertume* avec Jésus agonisant.

Fénelon, *Sermon pour la fête de sainte Thérèse*..

Amertume s'emploie encore, au figuré, en parlant de ce qu'il y a de piquant, de mordant, d'offensant dans les discours ou dans les écrits :

Voyez-vous, Monsieur, ce *quanquam O!* est dit dans mon esprit avec plus d'indignation et d'*amertume* qu'il n'est dans Virgile.

Voiture, *Lettres*; à M. Costar.

S'il faut faire la comparaison de ces deux hommes (Luther et Calvin), il n'y a personne qui n'aimât mieux essuyer la colère impétueuse et insolente de l'un, que la profonde malignité et l'*amertume* de l'autre.

Bossuet, *Histoire des Variations des églises protestantes*, liv. IX, n° 32.

On voit aujourd'hui des gens qui ont, au sujet de l'Église, un fonds de chagrin et d'*amertume* dont ils ne sçauroient se défendre.

Bourdaloue, *Sermons*, XX° dimanche après la Pentecôte.

L'*amertume* et le zèle d'Élie sur les scandales et l'idolâtrie d'Israël.

Massillon, *Carême*. La Passion.

On lui a souvent ouï parler de ces temps avec *amertume*.

Saint-Simon, *Mémoires*, 1715.

Vous avez dû juger à *l'amertume* avec laquelle je m'étais plaint à vous-même, combien vos procédés m'avaient affligé.

Voltaire, *Lettres*; à l'abbé Desfontaines, 14 novembre 1735.

Bien que Catherine voulût quelquefois tourner en ridicule cette forfanterie asiatique, on voyait, à *l'amertume* de ses railleries, qu'elle en conservait un vif et secret dépit.

Comte de Ségur, *Mémoires*.

Seigneur, trop d'*amertume* aigriroit vos reproches.

J. Racine, *Iphigénie*, III, 7.

Amertume est usité au pluriel, au propre et dans un sens physique, ce qui est rare :

Une multitude de plantes et de fruits, qui font aujourd'hui nos délices... ont des *amertumes* ou des goûts acerbes et insupportables, qu'ils ne perdent que par certaines préparations.

Bernardin de Saint-Pierre, *Harmonies de la nature*.
I, Harmonies végétales de l'homme.

Figurément, dans un sens moral, ce qui est très fréquent :

Dictes aux *amertumes* des remors de conscience qu'elles cessent, et au vent de Acquillon, c'est-à-dire à l'ennemy qui a esleu son siége en ce pays-là, qu'il s'enfuye.

Le Livre de l'Internelle consolacion, liv. II, c. 28.

Lui représentant que... sans cette vertu (l'amour) il n'y auroit point de plaisir en la vie, que c'estoit elle qui rendoit toutes les *amertumes* douces, et toutes les peines aysées.

D'Urfé, *l'Astrée*, II° part., liv. I.

Taschans par ce moien de resjouïr le peuple, et d'adoucir toutes ses *amertumes* passées.

Coeffeteau, *Histoire romaine*, liv. I.

Le cœur d'une grande reine, autrefois élevé par une si longue suite de prospérités, et puis plongé tout à coup dans un abîme d'*amertumes*, parlera assez haut.

Bossuet, *Oraison funèbre de la reine d'Angleterre*.

Après que ces deux grands hommes (Abraham et Isaac) ont donné au monde une image si vive et si belle de l'oblation de Jésus-Christ, et qu'ils ont goûté en esprit les *amertumes* de sa croix, ils sont jugés vraiment dignes d'être ses ancêtres.

Le même, *Discours sur l'histoire universelle*, II, 2.

Je reçois avec tendresse, ma chère enfant, ce que vous me dites pour fortifier mon cœur et mon esprit contre les *amertumes* de la vie.

Mme de Sévigné, *Lettres*; 30 octobre 1676.

Si la jeunesse connoissoit le prix de l'amitié et les *amertumes* de l'amour, il seroit banni de toute société raisonnable.

> BUSSY-RABUTIN, *Lettres;* à la marquise d'Époisses, 16 janvier 1670.

En diversifiant nos passions, nous ne faisons que diversifier nos *amertumes*.

> MASSILLON, *Carême.* Mercredi de la Passion.

Je trouve infiniment plus de douceurs que d'*amertumes* dans cette vie.

> VOLTAIRE, *Lettres;* 20 mai 1738.

Mille et mille douceurs y semblent attachées,
Qui ne sont qu'un amas d'*amertumes* cachées.
> P. CORNEILLE, *Héraclius,* I, 1.

D'AMERTUME on avait fait le verbe AMERTUMER, recueilli par Cotgrave : Donner de l'amertume, rendre amer :

Dieu pour ceste bonté vous bienheure tousjours
Et jamais le malheur n'*amertume* vos jours;
En vous seule, après luy, gist nostre confiance.
> ROB. GARNIER, *les Juifves*, act. II, v. 449.

AMÉTHYSTE, s. f. (Des mots grec et latin *Amethystus,* ἀμέθυστος, et, par ce dernier, soit de ἀ privatif et de μέθυ, vin, soit de ἀ privatif et de μέθη, ivresse; étymologies qui seront expliquées par les exemples.)

On a dit longtemps AMATHYSTE, comme on dit en italien et en espagnol *Amatista,* et cette forme donnée par d'anciens passages, constatée par le dictionnaire de Nicot, et dont on usait encore au temps de Ménage, est celle que, malgré son défaut de conformité avec l'origine du mot, il croit devoir préférer. Le *Dictionnaire de l'Académie* remarque, en 1694, que « quelques-uns disent AMATHYSTE. »

L'AMÉTHYSTE est une pierre précieuse de couleur violette :

Si tu trouves que les raisons y déduites ne soient de moindre efficace et vertu que les pierres que l'on appelle *améthystes,* que quelques-uns prennent et ses attachent autour du col pour se garder d'enyvrer en leurs banquets, où ils boivent d'autant.

> AMYOT, trad. de Plutarque. *Œuvres morales:* Comment il faut que les jeunes gens lisent les poëtes.

Quant à l'*améthyste,* tant l'herbe que la pierre qui en porte le nom, ceulx qui estiment qu'elles aient l'une et l'autre

esté ainsi nommées pour ce qu'elles empeschent l'yvresse, ils se mescontent, pour ce que l'une et l'autre a esté ainsi nommée pour la couleur, à cause que la feuille n'a pas la couleur vive, ains ressemblant à celle d'un vin passé et usé, ou qui est fort destrempé d'eau.

> AMYOT, trad. de Plutarque. *Œuvres morales:* Les Propos de table, III, 1, 3.

Quant aux *amathystes....* ce sont les plus clerettes de toutes... celles de la quatrième espèce tirent sur couleur de vin... Les magiciens disent que les *amathystes* gardent d'enyvrer, et que de là est venu leur nom.

> DU PINET, trad. de Pline l'Ancien. *Histoire naturelle,* l. XXXVII, c. 9.

L'*améthyste* est contraire à l'ébrieté, ainsi que le porte son nom.

> BOUCHET, *Serées,* I, 1.

Toutes les *améthystes* ne sont que des cristaux de roche teints de violet ou de pourpre.

> BUFFON, *Histoire naturelle.* Minéraux : Améthystes.

Un jour, ayant examiné au microscope des fleurs de thym, j'y distinguai, avec la plus grande surprise, de superbes amphores à long col, d'une matière semblable à l'*améthyste.*

> BERNARDIN DE SAINT-PIERRE, *Études de la nature.*

Pierres i ad, *ametistes* topazes.
> *Chanson de Roland,* v. 1661.

Semblablement, le soy Scotiste,
Qui demy-face eut ce dit-on,
Vermeille comme une *amathiste.*
> VILLON, *Grand Testament.* Ballade des seigneurs du temps jadis.

On donne à une espèce de saphir le nom d'*Améthyste orientale :*

Lorsque ce bleu se trouve mêlé de violet ou de pourpre, les lapidaires donnent à ce saphir le nom d'*améthyste orientale.*

> BUFFON, *Histoire naturelle.* Minéraux.

AMEUBLEMENT, s. m.

De *Meuble,* venu de *Mobilis,* on avait fait *Meubler* et ses composés *Ameubler* ou *Emmeubler,* que donnent Nicot, Monet, Cotgrave, etc., et même encore le *Dictionnaire de l'Académie,* éditions de 1674, 1718, 1740.

De là l'AMEUBLEMENT, signifiant soit l'Action de meubler, soit, plus ordinairement, la quantité et l'assortissement des meubles nécessaires pour garnir une chambre, un cabinet, etc., les meubles eux-mêmes :

Monsieur le connétable a mandé qu'on lui achète pour cent mille livres d'*ameublement* et de pierreries.

                MALHERBE, *Lettres;* 1613.

M. de Sully lui donna un *ameublement* de chambre de veloux cramoisi violet.

               LE MÊME, *Lettres;* à Peiresc, 1609.

Le duc de Tresmes, premier gentilhomme de la chambre en année, quand le roi mourut, eut gros aussi, parce que l'*ameublement* dans lequel le roi mourut étoit fort beau.

             SAINT-SIMON, *Mémoires,* 1715.

L'emprunteur, en voyant cet *ameublement,* crut être chez un jeune courtier d'agent de change.

         VOLTAIRE, *Précis du procès du comte de Morangiès.*

La main qui avoit donné ses soins à cet *ameublement* le rendoit à mes yeux d'un prix inestimable.

           J.-J. ROUSSEAU, *Confessions,* II, 9.

      Il faut quitter l'*ameublement*
      Qui nous cache pompeusement
Sous de la toile d'or le plâtre de ta chambre.

               MEYNARD, *Ode.*

Il vous cite son parc et son *ameublement.*

          DELILLE, *la Conversation,* II.

AMEUBLEMENT s'emploie souvent avec le même sens au pluriel :

Ne murmure pas en ton cœur en voyant les profusions de ces tables si délicates, ni la folle magnificence de ces *ameublements* somptueux.

         BOSSUET, *Sermons.* Sur nos dispositions à l'égard
         des nécessités de la vie.

Ma félicité étoit telle que le changement des habits et celui des *ameublements* ne me touchoient plus.

           LA FONTAINE, *Psyché,* II.

Entretenir de ses richesses, de ses revenus et de ses *ameublements* un homme qui n'a ni rentes, ni domicile.

           LA BRUYÈRE, *Caractères,* c. 5.

... Du luxe et de la vanité de ses *ameublements,* dont il ne lui restera que le drap lugubre qui va l'envelopper.

         MASSILLON, *Sermons.* Le Pécheur mourant.

Son logement communiquoit à celui du duc de Lerme et l'égaloit en magnificence, on auroit eu de la peine à distinguer par les *ameublements* le maître du valet.

           LE SAGE, *Gil Blas,* VIII, 4.

      ... Dans ces appartements
      Dont les pompeux *ameublements*
      N'ont rien qui n'enchante et ne flatte.

          P. CORNEILLE, *Psyché,* III, 2.

III.

AMEUBLIR, v. a.

C'est, avec une terminaison différente, le même verbe que *Ameubler ;* aussi l'a-t-on dit, comme *Ameubler,* pour *Meubler :*

Aussi ay-je appris par ladite première lettre, comme il plaist à Vostre Majesté, qu'après l'expédition de cette affaire je la serve icy, en attendant qu'elle y envoye un ambassadeur pour y résider, et m'envoye deux mil escus pour m'y préparer et m'*ameublir.*

        LE CARDINAL D'OSSAT, *Lettres;* liv. I, XXIII.

Il n'est d'usage que comme terme d'Agriculture et comme terme de Jurisprudence.

On le dit en parlant des terres qu'on rend plus meubles, plus légères :

Il faut *ameublir* la terre de ces caisses.

        LA QUINTINIE, *Instructions pour les jardins
        fruitiers et potagers,* Ire partie.

Il signifie aussi, Faire entrer dans la communauté conjugale tout ou partie des immeubles des époux par une convention formelle, comme les meubles y entrent par l'effet de la loi :

L'époux qui a *ameubli* un héritage a, lors du partage, la faculté de le retenir, en le précomptant sur sa part pour le prix qu'il vaut alors.

          Code civil, art. 1509.

AMEUBLI, IE, participe.

Lorsque l'immeuble ou les immeubles de la femme sont *ameublis* en totalité, le mari en peut disposer comme des autres effets de la communauté.

          Code civil, art. 1507.

AMEUBLISSEMENT, s. m.

Action d'*Ameublir,*

Il répond aux significations d'*Ameublir,* comme terme d'Agriculture et comme terme de Jurisprudence ;

Comme terme d'Agriculture :

Il en coûterait beaucoup pour l'*ameublissement* de ce terrain.

        Dictionnaire de l'Académie, 1835.

Comme terme de Jurisprudence :

Lorsque les époux ou l'un d'eux font entrer en communauté tout ou partie de leurs immeubles présents ou futurs cette clause s'appelle *ameublissement.*

         Code civil, art. 1505.

AMEUTER, v. a. (De *Meute*. Voyez ce mot.)

Au propre, Assembler des chiens en meute, les mettre en état de bien chasser ensemble :

On *ameute* les chiens courans, on en fait meute, troupe, pour leur faire courre la bête ensemble avec plus de seureté.

MONET, *Dictionnaire*.

Et, construit avec la préposition *à*, Joindre à une meute :

A l'heure faudra descoupler les vieux chiens les premiers, et quand ils auront dressé les routes ou voyes du cerf, *es-tans* bien *ameutés*, faut descoupler tous les jeunes chiens et les *ameuter à* eux.

DU FOUILLOUX, *la Vénerie*, c. 14.

On *ameute* les jeunes chiens *aux* vieux et exercés, à ce que les neufs se dressent avec les routiers.

MONET, *Dictionnaire*.

Figurément, Attrouper et animer plusieurs personnes, pour les faire agir d'une façon hostile :

Je ne crus pas debvoir nommer le Mazarin, afin de lui donner lieu à lui-mesme et au premier président de croire que ce mesnagement pouvoit estre l'effect de quelque arrière-pensée que j'avois peut-estre de me raccommoder avec lui plus facilement, après *avoir ameuté* et eschauffé contre lui le parti de Messieurs les princes.

LE CARDINAL DE RETZ, *Mémoires*.

On s'explique de sa peine avec des amis, on en fait part à des parents, on *ameute* toute une famille.

BOURDALOUE, *Exhortations*, II.

C'estoit elle apparemment qui *avoit ameuté* les parents, qui les avoit engagés à se remuer, pour se garantir de l'affront que Madame de Miran alloit leur faire en me mettant dans la famille.

MARIVAUX, *la Vie de Marianne*, VII° part.

Une vieille servante, seule, en voyant jeter son maître (Broussel) dans un carrosse par Comminges, lieutenant des gardes du corps, *ameute* le peuple.

VOLTAIRE, *Siècle de Louis XIV*, c. 4.

Voilà ce que c'est que de venir au monde à propos. Si le cardinal de Retz reparaissoit aujourd'hui, il n'*ameuterait* pas dix femmes dans Paris.

LE MÊME, *Lettres philosophiques*, VII.

Le foyer de l'effervescence passa bientôt à Neuf-Châtel, et surtout dans le Val-de-Travers, où, avant même que la classe eût fait aucun mouvement apparent, on avoit commencé d'*ameuter* le peuple par des pratiques souterraines.

J.-J. ROUSSEAU, *les Confessions*, II, 12.

On cabale à la cour, on *ameute*, on excite
Ces petits protecteurs sans place et sans mérite.

VOLTAIRE, *Satires*. Le Russe à Paris.

Courez les *ameuter* pour aller aux François
Sur ce qui s'y jouera faire éclater l'orage.

PIRON, *la Métromanie*, IV, 9.

On a dit *Ameuter à*, comme on dit Exciter à :

Ce qui partageoit les esprits et les eût la plupart *ameutez à* purger la Cour et l'Estat de la maison de Guise.

AGR. D'AUBIGNÉ, *Histoire universelle*, liv. II, t. I, c. 13.

On dit souvent *Ameuter contre* :

L'esclavage estoit connu de toutes les hordes *ameutées contre* le Capitole.

CHATEAUBRIAND, *Études historiques*, VI° discours, I° part.

La chronologie, l'histoire naturelle, l'astronomie, la physique, furent, pour ainsi dire, *ameutées contre* la religion.

J. DE MAISTRE, *Du Pape*, liv. IV. Conclusion.

Je cours chez nos parents, chez tous ; je vais *contre* elle *ameuter* l'univers.

BARTHE, *le Mari jaloux*, II, 2.

AMEUTER s'emploie quelquefois avec le pronom personnel ;

Soit au propre, en termes de Vénerie :

Parce que ceux qui sont nourris ensemble *s'entendent* et *ameutent* mieux que ne font pas chiens amassez.

DU FOUILLOUX, *la Vénerie*, c. 14.

Les chiens de même lieu et de connoissance *s'ameutent* mieux que les étrangers et de divers quartiers.

MONET, *Dictionnaire*.

Soit dans un sens figuré :

Le roi poursuivant sa dissimulation estoit après à faire esloigner les Guisards, quand la reine, monsieur et les principaux du conseil *s'ameutèrent* pour empescher cela.

AGR. D'AUBIGNÉ, *Histoire universelle*, t. II, liv. I, c. 1.

Je quitte la digression pour scavoir du Siamois pourquoi il s'est tant récrié en voyant un troupeau de femmes *s'ameuter* autour d'un bel homme.

DUFRESNY, *Amusements sérieux et comiques*, XI.

Une femme de soixante ans a épousé ce matin un cavalier de dix-sept. Tous les rieurs du quartier *se sont ameutés* pour célébrer ses noces par un concert bruyant de bassins, de poëles et de chaudrons.

LE SAGE, *le Diable boiteux*, c. 3.

Le parlement de Paris, les maîtres des requêtes, les autres cours, les rentiers *s'ameutèrent*.

VOLTAIRE, *Siècle de Louis XIV*, c. 4.

Je ris de ces peuples avilis qui, *se* laissant *ameuter* par des ligueurs, osent parler de liberté.

J.-J. ROUSSEAU, *Considérations sur le gouvernement de Pologne*, 6.

On a dit *S'Ameuter à* :

Les reformez, quoique tous esperdus par les divers combats, *s'ameutoient à* retirer le prince.

AGR. D'AUBIGNÉ, *Histoire universelle*, t. I, p. 216.

Tout cela r'asseura l'assemblée, tellement que tout *s'ameuta aux* remontrances, aux règlements, et surtout à l'extinction des refformez.

LE MÊME, même ouvrage, t. III, liv. I, c. 5.

Dans cet autre passage, du même écrivain, *S'Ameuter à* a le sens de Se joindre à :

Trois puissants fléaux de Dieu furent en mesme temps desploiez sur la France occidentale, car la famine et la peste *s'ameutèrent à* la guerre.

AGR. D'AUBIGNÉ, *Histoire universelle*, t. III, liv. I, c. 1.

S'Ameuter contre est une expression fort usitée :

Comme je vis que la compagnie s'eschauffoit et *s'ameustoit contre* le président de Mesme, je sortis soubs je ne sçais quel prétexte.

CARDINAL DE RETZ, *Mémoires*, II.

AMEUTER a pu être quelquefois employé absolument :

A la fin Chamillart l'emporta encore, mais il s'éreinta, et Bagnols quitta l'intendance et vint *ameuter* à Paris.

SAINT-SIMON, *Mémoires*, 1708.

La présence des troupes échauffera, *ameutera*, produira une fermentation universelle.

MIRABEAU, *Discours*, 9 juillet 1789.

AMEUTÉ, ÉE, participe.
On l'a employé adjectivement,
Au propre :

Je descouplay mes chiens et for-huant après,
Les nommant par leurs noms, il n'y eut ny forets,
Montagnes ny chemins, ny lande inhabitée,
Qui ne fissent un bruit sous ma chasse *ameutée*.

RONSARD, *le Bocage royal*, Songe. A luy-mesme.

Au figuré :

La vérité fut que ces audiences regardèrent Chamillart, comme on le verra bientôt, et toutes *ameutées* et procurées par madame de Maintenon.

SAINT-SIMON, *Mémoires*, 1709.

Celui (le parti) du duc du Maine vouloit rassembler les borgnes et les boiteux avec les forts et les sains, pour avoir force monde *ameuté* tout prêt à ses ordres.

LE MÊME, même ouvrage, 1715.

D'AMEUTER on a tiré :
AMEUTEMENT, s. m.

Donné par Monet comme terme de Vénerie, avec le sens de Assemblage en une meute, adjonction à une meute; et, par Furetière, comme correspondant au sens d'*Ameuter* :

Ces *ameutements*, en apparence contre les ducs, où le gros des ameutés furent les premiers trompés, ne furent en effet pratiqués que pour se fortifier contre les princes du sang.

SAINT-SIMON, *Mémoires*, 1718.

AMI, **AMIABLE**, **AMIABLEMENT.**(Voyez t. II, p. 528-542.)

AMIANTE, s. m. Écrit quelquéfois, à tort, AMIANTHE. (Des mots latin et grec, *Amiantus*, ἀμίαντος, et, par ce dernier, de ἀ privatif et de μιχίνω, souiller.)

Substance minérale naturelle à filaments nacrés et soyeux, incombustible et infusible :

Plusieurs ont cru que c'est dans un linceul fait d'*amiante* que l'on brûloit les corps des anciens, et que ce linceul n'étant pas consumé par le feu, les cendres du corps, par ce moyen, n'étoient pas mêlées avec celles du bûcher.

DE VERGY, *Addition au Dictionnaire étymologique* de Ménage.

L'asbeste... n'est que de l'*amiante* imparfait et moins doux au toucher... L'asbeste et l'*amiante* ne se brûlent ni ne se calcinent au feu; les anciens ont donné le nom de lin incombustible à l'*amiante* en longs filaments, et ils en faisoient des toiles qu'on jetoit au feu, au lieu de les laver pour les nettoyer.

BUFFON, *Histoire naturelle*, Minéraux. Amiante.

Plusieurs montagnes de ces contrées sont remplies de cet *amiante*, de ce lin incombustible dont ont fait tantôt de la toile, tantôt une espèce de papier.

VOLTAIRE, *Histoire de Pierre le Grand*, Ire part., c. 1.

En observant à la loupe cette stéatite avant de l'exposer à l'action du feu, on distinguoit dans son intérieur des fibres éparses d'asbeste et même d'*amianthe* soyeuse.

SAUSSURE, *Voyages dans les Alpes*, t. I, c. 4, § 18.

Devant la statue de la déesse (Minerve) est suspendue une lampe d'or... elle brûle jour et nuit... La mèche, qui est d'*amiante*, ne se consume jamais.

> BARTHÉLEMY, *Voyage d'Anacharsis*, XII. Description d'Athènes.

L'*amiante* aux longs fils, l'ardoise feuilletée.

> DELILLE, *les Trois Règnes*, IV.

L'*amiante* allongeant ses membranes soyeuses.

> LE MÊME, même ouvrage, VIII.

AMICAL, AMICALEMENT. (Voyez t. II, p. 542, 543.)

AMICT, s. m. (Du latin *Amictus, Amicire*.)

On l'a écrit, comme on le prononçait et comme on le prononce encore, AMIT, AMITS. (Voyez Borel, *Thrésor des recherches*, et les *Dictionnaires* de RICHELET et de FURETIÈRE.)

Sorte de linge bénit, que le prêtre catholique met sur sa tête ou sur ses épaules quand il s'habille pour dire la messe :

> Au plus tost que il pot venir,
> S'ala des vestemenz vestir,
> L'aube et l'*amist* tot sanz dangier,
> Et Renart li curut aidier.
>
> *Roman de Renart*, v. 3377.

AMIDON, s. m. (Des mots latin et grec *Amylum*, ἄμυλον, et, par ce dernier, de ἀ privatif et de μύλη, meule.)

Espèce de fécule qu'on retire particulièrement du blé, et qu'on fait sécher pour l'employer à différents usages :

> Fleur d'*amidon* ou ris.
>
> *Le Ménagier de Paris*, II, 5.

Faut prendre lait de tentimal et poudre d'encens incorporés avec un peu de fleur d'*amidon*.

> A. PARÉ, *Œuvres*, XV, 26.

Celuy qui auparavant et hier rejettoit avec horreur des œufs, de l'*amidon* et du pain le plus blanc du monde, aujourd'hui mange du pain bis.

> AMYOT, trad. de Plutarque, *Œuvres morales*. De la Tranquillité d'âme, 5.

Touchant l'*amidon*, il se fait de toutes sortes de bleds, mais principalement du bled de trois mois. La première invention de le faire vint de l'isle de Zio : et mesmes encore aujourd'hui le meilleur *amidon* en vient. Les Grecs l'appellent Amylon, pource que ceste farine se fait sans estre moulue.

> DU PINET, trad. de Pline. *Histoire naturelle*, XVIII, 7.

AMIDON, avec le sens de Poudre à poudrer la tête, est employé métaphoriquement pour Louange fausse, vain compliment, dans le passage suivant :

> Jouet oisif de son talent futile,
> N'en attendez rien de bon et d'utile ;
> Séduit surtout et gâté chaque jour
> Par l'*amidon* des parfumeurs de cour.
>
> J.-B. ROUSSEAU, *Épîtres*, II, 4.

D'AMIDON on a tiré le verbe AMIDONNER, employé avec le pronom personnel, et voulant dire Se poudrer, dans cet autre passage :

> Mais qu'un abbé tous les jours *s'amidonne*,
> . . . .
> C'est là ce qui m'étonne.
>
> PANARD, *Vaudeville*. Air : les Étonnements.

AMIDONNIER, s. m.

Faiseur et marchand d'*Amidon* :

> Les *amidonniers* employent la meilleure farine pour couvrir la tête de nos jeunes gens et de nos femmes.
>
> VOLTAIRE, *Dictionnaire philosophique*. Arbre à pain.

AMIGDALE, s. f. (Voyez AMYGDALE.)

A-MI-LA, terme de musique par lequel on désignait la note *La* :

> *A-mi-la* majeur est brillant.
> Pourquoi cet air joué en *a-mi-la* ne rend-il plus cette expression qu'il avoit au g-ré-sol ?
>
> J.-J. ROUSSEAU, *Dissertation sur la musique moderne*.

> J'aime les gens de l'art. Touchez là, touchez là.
> L'air que vous entendrez est fait en *a-mi-la* :
> C'est mon ton favori.
>
> REGNARD, *les Folies amoureuses*, II, 6.

> J'ai vu, par un destin bisarre,
> Les héros de ce pays-là
> Se desespérer en becarre
> Et rendre l'âme en *a-mi-la*.
>
> PANARD, *Chanson*. Description de l'Opéra.

AMINCIR. v. a. (De *Mince*. Voyez ce mot.)

Admis seulement en 1762 dans le *Dictionnaire de l'Académie*, il ne paraît pas d'un usage bien ancien.

Rendre plus mince ;

Au propre :

Amincir une pièce de bois.

> *Dictionnaire de l'Académie*, 1762.

Les corsets *amincissent* la taille,

> Même ouvrage, 1835.

Il se construit aussi avec le pronom personnel :

C'est ce ruban frisé qui va *s'amincissant*
Sur le rabot léger qui l'enlève en glissant.

> DELILLE, *l'Imagination*, VIII.

AMINCI, IE, participe.

J'ai les doigts enflés, l'esprit *aminci*, et je ne peux plus écrire.

> VOLTAIRE, *Lettres*, 9 mai 1755.

AMINCISSEMENT, s. m.

Action d'amincir. État de ce qui est aminci :

Cet effort opposé à celui de la dent relâche la gencive, et calme la douleur pour un instant; il contribue aussi à l'*amincissement* de la membrane de la gencive.

> BUFFON, *Histoire naturelle*. De l'Enfance.

AMIRAL, s. m. (De l'arabe *Emir, Amir*.)

C'est un de ces mots que nos relations avec les peuples musulmans, au moyen âge, ont introduits dans notre langue, comme dans les autres langues de l'Occident.

Il est fréquent, sous des formes très diverses, AMIRÉ, AMIRAUS, AMIRAUT, etc., et avec la signification non seulement de prince, de chef des Sarrasins, mais, en général, de prince, de chef, chez nos vieux romanciers et historiens.

C'est de l'expression arabe *Emir al bahr*, commandant de la mer, que paraît s'être formé notre mot AMIRAL, avec cette particularité singulière, que le mot *bahr*, la mer, dans lequel résidait précisément le sens spécial attaché à ce mot, en a été retranché.

AMIRAL s'est longtemps écrit, sans raison, *Admiral*. (Voyez les *Dictionnaires* de R. ESTIENNE, J. THIERRY, NICOT, COTGRAVE, etc.; et le *Dictionnaire de l'Académie*, éditions de 1694 et 1718, où l'on remarque que le D ne se prononce pas, et que quelques-uns écrivent AMIRAL.

AMIRAL s'est dit du chef suprême des forces navales d'un État, *Amiral de France, d'Espagne*, etc. :

Et sentoient sur mer l'*admirault de France* messire Jean de Vienne et l'*admiral d'Espaigne* avecques lui gisant à l'ancre à tout grands gens devant Chierbourch.

> FROISSART, *Chroniques*, liv. II, c. 27.

Combien que l'estat d'*admiral* soit grand, si ne l'ay-je voulu aggreger par cy devant avecques nos connétables, chanceliers, pairs, ducs et comtes, qui prennent leurs noms et origines d'un plus ancien estoc.

> EST. PASQUIER, *Recherches de la France*, II, 14 bis.

L'*admiral*, en France, est le nom de l'un des premiers magistrats de France, maistre et prince de la mer du royaume, comme Eghinard appelle Ruthland, qui estoit *admiral* du temps de Charlemagne.

> MATTHIEU, *Histoire des derniers troubles de France*, liv. II.

La marine fut presque oubliée en France après la mort de Charlemagne... Elle recommença à renaître sous saint Louis, le premier de nos rois qui ait eu un officier principal avec le titre d'*amiral*. La guerre avec l'Angleterre rendit la marine plus considérable sous Charles V, par les soins de son *amiral* Jean de Vienne.

> HÉNAULT, *Abrégé chronologique de l'histoire de France*. Année 1380.

Le roi (Louis XIII) supprime la charge d'*amiral*, dont il dédommage le duc de Montmorency.

> LE MÊME, même ouvrage. Année 1627.

Le roi (Louis XIV) donne au duc de Vermandois, son fils naturel, la charge d'*amiral*, que l'on fit revivre pour lui.

> LE MÊME, même ouvrage. Année 1669.

Le titre d'AMIRAL, dans le sens dont il s'agit, plus d'une fois supprimé et rétabli, n'existe plus en France depuis 1830.

AMIRAL s'est dit aussi de l'officier qui commandait une armée navale, une escadre, une flotte, quoiqu'il n'eût point la charge d'Amiral.

Li *ammiraus* des galies de Toldres Lascres si s'en parti d'Equise.

> VILLEHARDOUIN, *Conqueste de Constantinoble*.

Et lui-même (le roi d'Angleterre) prit l'enseigne de l'amiral le comte de Warvich, et voulut lui-même être *amiral* pour ce voyage.

> FROISSART, *Chroniques*, liv. I, Ire part., c. 265.

Pourtant ne veirent-ils pas volontiers Callicratidas à son arrivée, quand il vint pour luy succéder en l'office d'*admiral*.

> AMYOT, trad. de Plutarque. *Vie de Lysander*, c. 3.

Ce travail pénible dura plusieurs heures avant que la barque pût voguer librement. Les *amiraux* ennemis avaient

des ordres précis de ne point laisser sortir Charles de Stral-
sund, et de le prendre mort ou vif.

VOLTAIRE, *Histoire de Charles XII*, liv. VIII.

On a prétendu que le défaut de concert entre les deux
amiraux, car il y en avoit deux sur notre flotte, avoit été
la cause en partie de cette défaite (bataille de l'Écluse).

HÉNAULT, *Abrégé chronologique de l'histoire de
France.* Année 1336.

L'amiral de Brézé y fut tué (au siège d'Orbitello) à l'âge
de vingt-sept ans... On ne donne le titre *d'amiral* à M. de
Brézé que parce qu'il en faisoit les fonctions; car cette
charge, supprimée en 1627, ne fut recréée qu'en 1669, et
M. de Brézé avoit seulement le titre de surintendant des
mers.

LE MÊME, même ouvrage. Année 1646.

AMIRAL est aujourd'hui le titre le plus élevé dans
la marine militaire. En France, il répond à la dignité de maréchal.

Les grades qui viennent après cette dignité
sont désignés par les titres de VICE-AMIRAL et
CONTRE-AMIRAL.

VICE-AMIRAL est d'un usage assez ancien, comme
le montrent les passages suivants :

Les galères venoient tirer à bout touchant l'esquipage
de ce *vis-amiral* qui s'estonna moins que l'amiral.

AGR. D'AUBIGNÉ, *Histoire universelle*, II, 302.

Elle étoit veuve de M. Deportes, du nom de Budos, *vice-
amiral*, chevalier de l'ordre, tué au siège de Privas.

SAINT-SIMON, *Mémoires*, 1693.

AMIRAL s'emploie adjectivement dans cette expression, *le Vaisseau Amiral*, et, plus anciennement, *la Navire, la Galère Amirale*, le bâtiment
monté par un Amiral, le principal bâtiment d'une
escadre :

Cependant le roi de Suède avec dix-neuf navires, donna
le premier de juin sur les gardes, desquelles nous avons
parlé, prit *la navire amiralle* avec son amiral et deux grands
vaisseaux de Dannemarc.

AGR. D'AUBIGNÉ, *Histoire universelle*, liv. I, t. III, 25.

On dit aussi simplement l'*Amiral*, comme on
disait plus anciennement, par ellipse de substantifs féminins, l'*Amirale :*

Le feu du ciel brusla son *amirale* près de Catare.

AGR. D'AUBIGNÉ, *Histoire universelle*, I, 345.

Les ennemis s'en retournèrent qu'il estoit déjà grand
jour, sur les galères qu'ils avoient prises, et firent présent

à Velleda de l'*amirale*, qu'ils avoient remontée par la rivière de Lupe.

PERROT D'ABLANCOURT, trad. de Tacite. *Histoires*, V, 11.

L'amiral, où elle étoit, conduit par la main de celui qui
domine sur la profondeur de la mer et qui dompté ses flots
soulevés, fut repoussé aux ports de Hollande.

BOSSUET, *Oraison funèbre de la reine d'Angleterre.*

Le corps de bataille, composé à peu près de trente galères, parmi lesquelles étoient les trois *amirales* athéniennes,
étoient rangées sur une seule ligne.

ROLLIN, *Histoire ancienne.*

L'AMIRAL est aussi, dans les ports militaires, la
dénomination du Vaisseau disposé pour servir de
corps de garde principal, et sur lequel ont lieu
les revues des officiers entretenus par l'État, les
exécutions des conseils de guerre, etc. :

L'amiral a tiré le coup de canon de retraite.

Dictionnaire de l'Académie, 1835.

On a aussi appelé *Pavillon amiral*, le pavillon
arboré sur le vaisseau monté par l'Amiral :

Il ne seroit parlé que dans un article secret, et aux termes que je dirai ci-après, du consentement que Votre Majesté donne à ce que M. le duc d'York, venant à être obligé
de se retirer, celui qui commandera en son absence la flotte
angloise, et qui sera sur le vaisseau où sera arboré le *pavillon amiral* d'Angleterre, aura aussi sur l'escadre françoise le même pouvoir que ledit duc.

COLBERT, à Louis XIV, 11 avril 1670. (Voyez MIGNET, *Négociations relatives à la succession d'Espagne*, p. 166.)

Le féminin l'*Amirale* est souvent une qualification honorifique donnée à la femme d'un Amiral :

L'on croit que Madame l'*amirale* sera ici dans dix ou douze
jours.

MALHERBE, *Lettres;* CXXVI, 1613.

AMIRAL, en histoire naturelle, est le nom d'un
joli coquillage univalve qui se trouve sur les côtes
de la mer des Indes.

AMIRAUTÉ, s. f.
On l'a écrit ADMIRAUTÉ.
État et office d'Amiral, de grand Amiral :

Combien que je voye plusieurs doctes hommes nous avoir
parlé de l'*admirauté*, toutesfois je n'en voy un tout seul qui
nous die en quel temps cet estat fut premièrement introduit chez nous... Je suis contrainct d'attribuer le premier

plant de l'*admirauté* chez nous au règne de Philippe le Tiers, qui florissoit l'an 1284, et puis dire que sous nos roys, nous avons en cette France deux grands Estats s'avoisinans en plusieurs choses aucunement de la souveraineté, l'un de connestable sur la terre, l'autre d'admiral sur la mer.

> Est. Pasquier, *Recherches de la France*, II, 14 *bis*.

Le roi lui donna l'*amirauté*.

> Agr. d'Aubigné, *Histoire universelle*, III, 116.

Jusqu'au règne de Charles V les amiraux étoient institués par nos rois lorsqu'ils équippoient des armées navales, et destitués lorsqu'ils n'en avoient plus affaire. Et le premier qui exerça l'*amirauté* en titre d'office fut Amaury, vicomte de Narbonne.

> Caseneuve, *Additions au Dictionnaire étymologique* de Ménage.

Amirauté s'est dit, dans un sens analogue, de l'état et office d'officiers généraux préposés au gouvernement de certaines circonscriptions maritimes :

> L'*amirauté* de Guyenne s'étendoit depuis la rivière d'Andaye jusqu'au ras de Saint-Mahé ; celle de Bretagne, depuis le ras de Saint-Mahé jusqu'au mont Saint-Michel ; et celle de Normandie et de Picardie, qui étoit dite l'*amirauté de France*, se prenoit depuis le mont Saint-Michel jusqu'au Pas de Calais. La Provence avoit aussi son *amirauté* depuis la rivière de Gennes jusqu'en Roussillon, qu'on appeloit l'*amirauté* du Levant.
>
> P. Daniel, *Histoire de la milice françoise*, t. II, p. 681.

> M. de Chaulnes avoit depuis très-longtemps le gouvernement de Bretagne, et il y étoit adoré. A ce gouvernement l'*amirauté* de la province étoit unie, qui valoit extrêmement.
>
> Saint-Simon, *Mémoires*, 1695.

> Le roi jugea à Fontainebleau un très-ancien procès entre l'*amirauté* de France et la province de Bretagne, qui prétendoit avoir la sienne à part, indépendante en tout de celle de France.
>
> Le même, même ouvrage, 1700.

> Le roi (Louis XIV) donne le gouvernement de Bretagne à M. le comte de Toulouse, pour réunir dans sa personne les deux *amirautés*. Anciennement les gouverneurs des provinces maritimes étoient amiraux de leurs provinces, mais la seule province de Bretagne a conservé ce droit.
>
> Hénault, *Abrégé chronologique de l'histoire de France*. Année 1695.

Amirauté se disait aussi de la Juridiction, du Tribunal qui connaissait de toutes les affaires contentieuses relatives à la marine et à la navigation :

> Nous avons en cette France deux grandes juridictions con-

cernant les eaux : l'*admirauté* pour la marine, havres et ports maritimes ; les eaux et forests pour les rivières, isles communes et forests.

> Est. Pasquier, *Recherches de la France*, II, 14 *bis*.

> Le juge de l'*admirauté* de cette ville ayant une prétention contre les jurats, qui renverse entièrement un de leurs plus considérables privilèges, a trouvé moyen de faire intervenir M. l'admiral, pour oster au parlement, où est leur procez, la connoissance de cette affaire et l'attirer au conseil privé.
>
> Le maréchal d'Albret, à Colbert, 6 mars 1675. (Voyez Depping, *Correspondance administrative sous Louis XIV*, t. I, p. 856.)

Amirauté, en Angleterre, en Hollande, en Russie, en Amérique, etc., désigne proprement l'administration supérieure de la marine :

> Arrivé à Amsterdam, inscrit dans le rôle des charpentiers de l'*amirauté* des Indes, il y travailloit dans le chantier comme les autres charpentiers.
>
> Voltaire, *Histoire de Charles XII*, liv. I.

> La Hollande n'était plus une puissance maritime ; ses *amirautés* ne pouvaient pas alors mettre en mer vingt vaisseaux de guerre.
>
> Le même, *Précis du siècle de Louis XV*, c. 23.

Il y a de même, en France, un *Conseil d'Amirauté* présidé par le ministre de la marine.

AMITIÉ, s. f. (Voyez t. II, p. 542.)

AMNISTIE, s. f. (Du latin *Amnestia*, employé par Flavius Vopiscus ; du grec ἀμνηστία encore écrit en grec par Cicéron, Ire *Philippique*, et, par ce mot, de ἀ privatif et de μνάομαι.)

On l'a écrit Amnestie. (Voyez le *Dictionnaire* de Cotgrave et les exemples ci-après.)

Amnistie a été employé dans le sens primitif du mot chez les anciens, comme désignant une Loi d'oubli du passé portée à Athènes par Thrasybule, après l'expulsion des trente tyrans :

> Comme estoit l'*amnestie* des Atheniens, lors que feurent par la proesse et industrie du Trasibulus les tyrans exterminez.
>
> Rabelais, *Pantagruel*, III, 1.

> Ce feut un austre brave traict de Trasybulus, qu'après avoir pacifié les affaires et obtenu un fort grand crédit en la ville, il feit une ordonnance que personne ne seroit re-

cherché ny molesté pour les choses passées, et appela-on cela *amnestie* ou loy d'oubliance.

AMYOT, trad. de Plutarque. *Thrasybulus.*

Il (Claude) leur tesmoigna de bouche et par effet que, suivant l'exemple des Athéniens, il vouloit que l'*amnestie* et l'oubliance des injures fust introduite parmy eux.

COEFFETEAU, *Histoire romaine*, liv. IV.

AMNISTIE, dans son sens ordinaire, se dit d'un Pardon public et général que le souverain accorde principalement pour crime de rébellion et de désertion :

Le prince, résolu à l'*amnistie*, la commanda aussi à ses subjects.

AGR. D'AUBIGNÉ, *Histoire*, t. III, liv. IV, c. 3.

Il n'y a *amnistie* qui oublie la souvenance de ton ingratitude, il n'y a abolition qui efface ta félonnie.

MATHIEU, *Histoire des derniers troubles de France*, III.

Les principaux articles de la paix étoient qu'il y auroit une *amnistie* pour tout le parti.

LA ROCHEFOUCAULD, *Mémoires.*

Il (M. Deshéraux) prétendoit que tous ces crimes ayant été commis pendant les guerres civiles, ils avoient été abolis par l'*amnistie.*

FLÉCHIER, *Mémoires sur les grands jours de 1665.*

Ce Fornaro étoit un prétendu duc sicilien de beaucoup d'esprit, que M. de la Feuillade avoit ramené avec lui de Sicile, où il n'avoit osé retourner depuis l'*amnistie*, parce qu'il étoit accusé d'avoir empoisonné sa femme.

SAINT-SIMON, *Mémoires*, 1710.

Le droit d'*amnistie* est inhérent à la souveraineté... Telle est la nature de l'*amnistie*, que la simple promesse ne peut être rétractée sans péril et même sans honte... le pardon royal promis ou proposé, c'est le pardon lui-même, le pardon tout entier.

ROYER COLLARD, *Opinion sur la loi d'amnistie,* 1815.

Loi d'Amnistie est une expression fort usitée :

L'Université, fille aînée du roy, ne peut faire un service plus agréable à Sa Majesté, que d'observer religieusement la *loy d'amnistie*, à laquelle nous devons nostre repos présent et celui de l'avenir.

ARNAULD, *Plaidoyer pour l'Université,* 1594.

Il (Aurélien) fit aussi une *loi d'amnestie*, pour faire oublier tout ce qui s'estoit passé de plus aigre entre les citoyens sous son règne et sous celuy de ses prédécesseurs.

COEFFETEAU, *Histoire romaine*, liv. XVIII.

M. le duc de Ventadour ne veut point contrevenir à la déclaration du roy de l'année 1629, il ne veut point violer

la *loy d'amnestie* et d'oubliance si sainte et si nécessaire.

LE MAISTRE, *Plaidoyers*, XIX.

Amnistie se construit quelquefois avec la préposition *de* suivie d'un régime qui fait connaître le crime mis en oubli et pardonné :

L'on publia une *amnistie de* tout ce qui s'estoit faict et dict dans Paris pendant les assemblées de rentiers.

CARDINAL DE RETZ, *Mémoires.*

Amnistie s'est quelquefois appliqué, par extension et par figure, à des pardons d'une autre nature :

Dès que cet amant eut fait ses révérences, il dit à madame Vollichon : Hé bien, ma bonne maman, ne m'avez-vous pas donné une *généralle amnistie* de tout le passé? Qu'est-ce que vous me venez conter, lui répondit-elle brusquement, avec votre *amnistie?* Je veux dire, reprit Nicodème, que je crois que vous avez noyé toutes mes fautes dans le fleuve d'oubly.

FURETIÈRE, *le Roman bourgeois.*

Jésus-Christ envoie ses disciples par tout l'univers, pour y publier la paix, l'*amnistie*, l'abolition générale de tous les péchés.

BOSSUET, *Sermons.* Sur la paix faite par J.-C.

Ces jubilés substitués aux jeux séculaires... plongent les chrétiens dans la piscine du repentir, rajeunissent les consciences, et appellent les pécheurs à l'*amnistie* de la religion.

CHATEAUBRIAND, *Génie du christianisme*, IIIe part., liv. V, c. 6.

AMNISTIER, v. a.
Comprendre dans l'Amnistie.
AMNISTIÉ, ÉE, participe.
On l'emploie quelquefois substantivement.

AMODIER, v. a. (Du mot de la basse latinité *Admodium*, et, par ce mot, de *Ad* et *Modius.*)
Autrefois ADMODIER.

Il est employé, avec le sens de Réduire à une certaine mesure, dans le passage suivant :

Je m'y emploieray de bien bon cueur, et n'y espargneray du mien pour contemperer et *amodier* les conditions controverses entre les deux parties.

RABELAIS, *Pantagruel,* IV, 35.

Le sens ordinaire d'AMODIER est Affermer une terre en denrées, et quelquefois, par extension, en argent.

Il se construit avec la préposition *à* suivie d'un

régime qui fait connaître à quelle condition la terre est affermée :

Amodier ses terres à moisson, *à* certaine portion de fruits.
Amodier ses vignes *aux* deux tiers des fruits.
MONET, Dictionnaire.

Il *a amodié* sa terre *à* tant de blé.
MÉNAGE, Origines.

Quelquefois le régime de la préposition *à* fait connaître à quelle personne la terre est affermée :

La plupart des montagnes de la Suisse appartiennent à de riches propriétaires, ou à des communautés qui les *amodient à* des entrepreneurs.
SAUSSURE, Voyages dans les Alpes, t. I, c. 10, p. 234, § 293.

AMODIATEUR, s. m.

Autrefois ADMODIATEUR.

Ce mot, usité seulement dans quelques provinces, signifie Qui prend une terre à ferme.

AMODIATION, s. f.

Autrefois ADMODIATION.

Bail à ferme d'une terre en denrées, ou en argent.

AMOINDRIR, v. a. (De *Moindre.* Voyez ce mot.)

De *Menre, Mendre,* anciennes formes de Moindre, on avait fait AMENRIR, AMENDRIR, etc. (Voyez le *Glossaire* de SAINTE-PALAYE et les exemples ci-après.)

Rendre moindre, diminuer;

Au propre, quant au volume, à l'étendue, à la vitesse, à la quantité, à la qualité :

Je ne di mie que nous affoiblissions ni *amendrissions* l'héritage de monseigneur de Flandres.
FROISSART, Chroniques, II, II, 53. (Discours de Jean Lyon.)

Lors fist faire défense partout son ost que nul n'entrast en ladicte ville, sinon ceulx qui y estoient commis, afin que les vivres d'icelle ne *feussent* destruits ne *amendris.*
MONSTRELET, Chronique, c. 117.

Sire chevalier, *amoindrissez* vostre alleure, tant que j'aye parlé à vous.
PERCEFOREST, vol. II, f° 21, r°, col. 1. (Cité par Sainte-Palaye.)

Je croy que ce n'est autre chose qu'un fruit lapifié, et ce qui joue dedans est le noyau, qui estant *amoindry,* quand

III.

on secoue ladite pierre, ledit noyau frappe des deux costez d'icelle.
BERNARD PALISSY, Des Pierres.

Et s'il advenoit, par la permission de Dieu, que ledit Turcq fust deffaict avant la fin dudict temps, on pourra *amoindrir* la dépense selon que l'occasion conseillera.
Avis de l'Électeur Palatin sur la guerre contre les Turcs,
9 septembre 1532. (Voyez Négociations de la France dans le Levant, t. I, p. 222.)

Si vous la regardez bien, vous la trouverez parfaictement belle, combien que desja son mal luy *ayt amoindry* grande partie de sa beauté.
HERBERAY DES ESSARTS, Amadis de Gaule, II, 9.

Si bien fist en la duché avant son partement, qu'il *amendrit* les daxes et impositions de la tierce partie.
Le Loyal Serviteur, c. 12.

J'ay à vous remonstrer que je veux faire *amoindrir* le pain, qui est de vingt-quatre onces, à vingt.
MONTLUC, Commentaires, liv. III.

Es coutumes d'Anjou et du Maine, grand chemin peageau doit contenir quatorze pieds : et ceux qui ont plus, ne doivent *estre amoindris.*
BERGIER, Histoire des grands Chemins de l'empire romain, liv. III, c. 52, 6.

Dans un sens moral :

Si vostre pénitence *estoit amanrie.*
SAINT BERNARD, Sermons françois, 572.

Et répondirent d'une voix auxdits messagers qu'ils auroient plus cher à endurer et porter encore le grand meschef et misère où ils étoient, que le noble royaume de France *fut* ainsi *amoindri* ni deffraudé.
FROISSART, Chroniques, liv. I, II° part., c. 99.

Dont le nom de auctorité et bonne renommée de ladicte court *est amendrie.*
MONSTRELET, Chronique, c. 99.

Mal monstrez que soyés amis du Roy, quant son honneur laissiés ainsi *admendrir.*
Le Livre du chevaleureux comte d'Artois, p. 96.

Puisque nous entendons que le Seigneur veut l'honneur de son nom estre exalté en nos sermens, nous avons d'autant plus à nous garder qu'au lieu de l'honorer il n'y *soit* mesprisé ou *amoindri.*
CALVIN, Institution chrestienne, liv. II, c. 8, § 24.

Il est évident que c'est pour *amoindrir* la gloire, beauté et grandeur d'iceulx actes, si on leur oste la magnanimité, la diligence, la vertu.
AMYOT, trad. de Plutarque. Œuvres mêlées : De la malignité d'Hérodote, VIII.

Ce qui n'*amoindrist* pas la réputation que j'avois acquise.

MONTLUC, *Commentaires*, liv. IV.

Les rois de France reçoivent de bonne part les modifications de leurs ordonnances faites par les cours souveraines, et ne pensent pour cela leurs majestés en *estre amoindries* ains accreues.

EST. PASQUIER, *Recherches de la France*, XIX, 15.

Jusques icy les artiffices semblent *avoir amoindry* la force de la vérité.

HENRI IV, *Lettres*; 2 février 1585.

Puis qu'enfin il vous plaist que je renouvelle ces fascheux ressouvenirs, permettez-moi que j'abrege pour n'*amoindrir* en quelque sorte le bonheur où je suis, par la mémoire de mes ennuis passez.

D'URFÉ, *l'Astrée*, Iʳᵉ part., liv. VI.

En tout royaume, l'autorité du roi diminue celle des grands, comme aussi l'accroissement d'iceux *amoindrit* le pouvoir royal.

LE DUC DE ROHAN, *Discours sur le temps présent*, 1617.

Enfin la clarté du jour si désirée *amoindrit* l'horreur que la nuit donnoit à toutes choses.

VAUGELAS, trad de Quinte-Curce. *Histoire d'Alexandre*, liv. V.

Pétrarque a bien sa maistresse nommée
Sans *amoindrir* sa bonne renommée.

CL. MAROT. *Épigrammes*, liv. III, 11.

AMOINDRIR a quelquefois pour régime, à l'actif, et pour sujet, au passif, un nom de personne :

Nos ennemis de dehors ne *sont amoindris* en pouvoir, ni en volonté de nous nuire.

LE DUC DE ROHAN, *Discours sur la mort d'Henri le Grand*.

L'imagination grossit souvent les plus petits objets par une estimation fantastique jusques à en remplir notre âme, et par une insolence téméraire elle *amoindrit* les plus grands jusqu'à notre mesure.

PASCAL, *Pensées*, art. III, II.

Être amoindri reçoit quelquefois, au moyen de la préposition *de*, un complément qui fait connaître de combien la chose ou la personne est diminuée :

Ceux qui ont pris le gouvernement de mon dit seigneur et son royaume n'ont eu regard à la majesté royale; mais icelle du tout en tout ont mis en oubli, tellement que mon dit seigneur *est amoindri de* tout son estat et de ses richesses.

MONSTRELET, *Chronique*. Du duc de Bourgogne.

AMOINDRIR peut, comme la plupart des autres verbes actifs, être employé absolument, par ellipse de son régime :

Les lunettes qui *amoindrissent*.

PASCAL, *Pensées*.

AMOINDRIR s'emploie avec le pronom personnel :

Son obligation s'en *amoindrissoit* et luy en poisoit moins.

MONTAIGNE, *Essais*, I, 94.

Bien que la gloire de ceste clemence soit si grande, elle n'est toutefois semblable à ses autres royalles et belliqueuses louanges, qui *se* peuvent *amoindrir* de paroles, et aucunement departir avec plusieurs, de sorte qu'elles ne sont totalement siennes.

MATTHIEU, *Histoire des derniers troubles de France*, liv. V.

La douleur s'*amoindrit* quand elle est racontée.

ROB. GARNIER, *Porcie*, act. V, v. 88.

Il a été fort employé, au même sens, comme verbe neutre;

Au propre :

Les pourvéances de Brest commençoient à *amoindrir*, car ils étoient trop de gens.

FROISSART, *Chroniques*, liv. I, IIᵉ part., c. 362.

La fueille de l'extrémité est plus grande que les autres qui suivent; car elles viennent conséquemment en *amoindrissant* comme il advient à la fueille de rue.

PIERRE BELON, *Singularitez et choses mémorables de divers pays estranges*, II, 39.

Le plus souvent qu'il pouvoit se retiroit en sa maison, où tant de compaignie l'alloit veoir, que sa despense n'*amoindrissoit* guéres en son mesnage.

LA REINE DE NAVARRE, *Heptaméron*, LIX.

Si la langue pouvoit tirer quelque saveur d'une pièce d'or, je le puis asseurer qu'elle *amoindriroit* de poids, d'autant que la langue en auroit attiré.

BERNARD PALISSY, *de l'Or potable*.

Le seigneur admiral, congnoissant son camp *amoindrir* de jour en jour tant par faulte de vivres que de maladie qui couroit parmy ses gens, tint conseil avecques les cappitaines où pour le mieulx fut deliberé qu'on se retireroit.

Le Loyal Serviteur, c. 64.

Les forces de ce malade *amoindrissent* chaque jour. Son revenu *amoindrit* tous les ans.

FURETIÈRE, *Dictionnaire*.

Tout se gaste, tout *amenrit*.

EUSTACHE DESCHAMPS, *Poésies*, mss., p. 323, col. 4. (Cité par Sainte-Palaye.)

Croistre je voy d'un costé ta douleur
Et *amoindrir* d'un autre ta couleur.

Cl. Marot, Épitres, I, 35.

Dans un sens moral :

Il me semble que ma tristesse *amoindrist* quand je te voy.

Herberay des Essarts, Amadis de Gaule, II, 10.

Cela cessant, les dicts trafics et autres commoditez en *amoindriroyent*.

Matthieu, Histoire des derniers troubles de France, III.
(Réponse du roi Henri III à la cour du Parlement.)

Si de me voir mourir vous prenez quelque esmoy,
Il n'*amoindrira* pas quand vous saurez pourquoy.

Rob. Garnier, Hippolyte, IV, v. 73.

En parlant des personnes :

Le Roy et la Royne le veoient *amendrir* de force, pâlir de couleur de plus en plus fort.

Le Livre du chevaleureux comte d'Artois, p. 143.

On tient pour chose résoluë et asseurée, qu'à trois ans on a la moitié de sa grandeur ; et que quand on est parvenu à l'aage d'homme faict, on *amoindrit* de jour en jour.

Du Pinet, trad. de Pline. Histoire naturelle, VII, 16.

Amoindri, ie, participe.

La Déesse se trouva tout à coup *amoindrie* de la moitié de ses Nymphes.

D'Urfé, l'Astrée, Ire part., liv. II.

Quelle plus ambitieuse gloire pouvons-nous rechercher que de servir, selon nos conditions, à étayer, raffermir et augmenter son église penchante, foible et *amoindrie?*

Le duc de Rohan, Discours à l'Assemblée de Saumur.

La gloire du roi et sa dignité est la multitude du peuple : sa honte est de le voir *amoindri* et diminué par sa faute.

Bossuet, Politique tirée de l'Écriture sainte.

AMOINDRISSEMENT, s. m.

On a dit Amenrissement.

Au propre :

Elle (Sa Majesté très-chrétienne) n'oubliera rien (suivant le sieur Van Beuninghen),... pour leur susciter (aux Hollandais) des embarras et des ennemis, et le devenir peut-être elle-même ; surtout pour faire des liaisons avec d'autres princes tendant à la ruine ou au notable *amoindrissement* des profits de leur commerce.

Instructions données au marquis de Pomponne, 6 février 1669.
(Voyez Mignet, Négociations relatives à la succession d'Espagne, t. III, p. 566.)

Dans un sens moral :

(Le) fils de Deu... prent char,... por ceu que nos tuit

---

soiiens... magnifict de son *amanrissement* et de son incarnation.

Saint Bernard, Sermons françois, mss., p. 359, 360.
(Cité par Sainte-Palaye.)

L'on ne approuve pas beaucoup que le prince face guerre contre ceulx qu'il peult facilement (et à son honneur) attirer à amitié et service, attendu que faisant aultrement c'est bien souvent perte de gens, despence extresme et *amoindrissement* de auctorité.

Herberay des Essarts, Amadis de Gaule, III, 1.

L'*amoindrissement* et debilitation des principales forces de la chrestienté.

Martin du Bellay, Mémoires.

La fin du discours fut un jurement de fidélité entr'eus, et l'*amoindrissement* des Guisars.

Agr. d'Aubigné, Histoire universelle, I, 104.

AMOLLIR, v. a. (De *Mollir, mol*, et, par ces mots, du latin *Mollire, Mollis*.)

On a dit Amollier, Amolloier, Amouiller, etc. (Voyez le *Glossaire* de Sainte-Palaye et les exemples ci-après.)

Rendre Mou et maniable :

Avicenne recommande les aliments qui ont vertu d'*amollir* le ventre.

A. Paré, Œuvres, XVII, 65.

Plus, du vingt-quatrième, un petit clystère insinuatif, préparatif et remolliant pour *amollir*, humecter et rafraîchir les entrailles de Monsieur.

Molière, le Malade imaginaire, I, 1.

Les agents du gouvernement (de Catherine II) *amollissaient* les cachets.

Comte de Ségur, Mémoires.

Le fer, l'airain, le plomb, que les feux *amollissent*.

Voltaire, la Henriade, IV.

(Le feu) Dans la forge embrasée *amollit* les métaux.

Delille, l'Imagination, VI.

Amollir est d'un grand usage au figuré ;
Soit, dans un sens favorable, pour Modérer, adoucir, toucher, etc. :

Cet exemple *amollia* grandement le courage du roi d'Angleterre.

Froissart, Chroniques, liv I, Ire part., c. 320.

Néantmoins ne volt-il fleschir ne *amolier* son courage rigoreux.

Le Ménagier de Paris, Ire distinction, 6e art.

Vous pouvez penser... les remontrances que chacune luy

feit, voyant l'obstination, qui à l'heure *n'estoit amollie* par paroles que l'on luy dist.

LA REINE DE NAVARRE, Heptaméron, LXI.

Adoncques retourne vers Grandgousier, lequel trouva à genoulx, teste nuë, encliné en un petit coing de son cabinet, priant Dieu, qu'il voulsist *amollir* la cholere de Picrochole.

RABELAIS, Gargantua, I, 22.

Si un grand roy, comme estoit Alexandre,... a usé de leurs façons de vivre accoustumées, pour tousjours plus les guaigner, *amollir* la fierté de leur courage, et reconforter leur desplaisir, il y en a qui le blasment et le reprennent.

AMYOT, trad. de Plutarque. Œuvres morales : De la fortune ou vertu d'Alexandre.

Archelaüs prit la parole et le pria *d'amollir* son courroux.

LE MÊME, même ouvrage : Vie de Sylla, 30.

Il n'y a rien que Dieu et le ciel qui le puissent *amollir* (mon cœur) et le rendre tendre en le refaisant ou le refondant.

BRANTÔME, Dames illustres. La reine Marguerite.

La plus commune façon *d'amollir* les cœurs de ceulx qu'on a offensez, lorsqu'ayans la vengeance en main ils nous tiennent à leur mercy, c'est de les esmouvoir par submission à commisération et à pitié.

MONTAIGNE, Essais, I, 1.

Ainsi *amollit*... Artarxercès l'aspreté des lois anciennes de Perse.

LE MÊME, même ouvrage, II, 11.

J'ayme ces mots qui *amollissent* et moderent la temerité de nos propositions : A l'adventure, aulcunement, quelque, on dict, je pense, et semblables.

LE MÊME, même ouvrage, III, 11.

Ils envoient les pluies en leur saison pour arrouser la terre, donnent du mouvement à la mer par le moyen des vents, marquent les temps par la course des astres, *amollissent* les hivers et les étés avec une plus douce respiration.

MALHERBE, trad. du Traité des bienfaits de Sénèque, VII, 31.

Et qu'est-ce, à votre avis, *d'avoir amolli* d'abord et par sa seule présence (Jésus-Christ) un si opiniâtre endurcissement?...

BALZAC, Socrate chrétien, disc. I.

Ce spectacle si contraire à la fortune de Germanicus, et plus semblable à la prise d'une ville qu'à un camp victorieux, *amollit* le cœur des soldats.

PERROT D'ABLANCOURT, trad. de Tacite. Annales, liv. I, 5.

Que ne puis-je dompter cette impudence! Que ne puis-je *amollir* ce front d'airain !

BOSSUET, Sermons. Sur les vaines excuses des pécheurs.

Je suis bien malheureux que les longs services que j'ai

rendus, les longs châtiments que j'ai soufferts et ma conduite dans ma disgrâce n'aient point *amolli* le cœur du roi, ce cœur qui est naturellement si bon et si pitoyable.

BUSSY-RABUTIN, Lettres; au P. de la Chaise, 13 mars 1684.

Les Romains, encore grossiers, commencèrent à trouver de quoi *amollir* leur vertu rustique.

FÉNELON, Dialogues sur l'Éloquence, I.

Si quelque chose doit *amollir* son humeur, le rendre plus doux et plus sociable, c'est un peu de prospérité.

LA BRUYÈRE, Caractères, c. 5.

Vous avez pu vous endurcir contre ce qui étoit le plus capable d'attendrir une âme, de la gagner, et *d'amollir* les plus durs sentiments de votre cœur.

MASSILLON, Carême. Sermon pour le IIIe dimanche : Sur le Péché mortel.

Frontin, laisse-moi *amollir* la conscience de Madame.

DUFRESNY, le Chevalier joueur, II, 7.

Je sais qu'il n'est jamais permis de courber la règle, mais il est toujours louable, et souvent nécessaire, de *l'amollir* et de la rendre plus maniable.

ROLLIN, Traité des Études, VII, IIIe part., c. 2.

Qui plus est grant, plus doist estre *amolis.*

EUST. DESCHAMPS, Poésies, mss., p. 261, col. 2. (Cité par Sainte-Palaye.)

Mon doulx parler et mes humbles escriptz
N'eurent pouvoir *d'amollir* le sien cueur.

CL. MAROT, Temple de Cupido.

Là le peuple amassé *n'amolissoit* son cœur.

AGR. D'AUBIGNÉ, Tragiques. Chambre dorée, liv. III.

Pour *amollir* son cœur je n'ai rien négligé.

P. CORNEILLE, Polyeucte, V, 4.

Et le sort l'eût-il fait encor plus inhumaine,
Une larme d'un fils peut *amollir* sa haine.

LE MÊME, Rodogune, II, 4.

Oui, vous *amolliriez* le cœur le plus farouche.

VOLTAIRE, Alzire, I, 1.

Soit pris en mauvaise part, avec l'idée accessoire de relâchement, d'affaiblissement :

Platon défend à la jeunesse la musique ionique et lydienne, d'autant qu'elle *amollit* le cœur et effémine les hommes.

BOUCHET, Serées, I, 4.

La douceur de la terre et de l'air *amollit* leurs courages.

COEFFETEAU, Histoire romaine de L. Florus, III, 3.

Le cardinal de Bourbon... *ayant amolli* ce qu'il avoit de vigueur dans les délices, ressembloit bien à son frère Antoine de Bourbon.

MÉZERAY, Histoire de France.

Ne savons-nous pas que la trop grande subtilité du raisonnement *amollit* le courage et s'oppose souvent aux plus belles actions ?

LE CARDINAL DE RETZ, *Conjuration de Fiesque.*

Toute âme pudique fuit l'oisiveté, la nonchalance, la délicatesse, la trop grande sensibilité, les tendresses qui *amollissent* le cœur.

BOSSUET, *Traité de la Concupiscence,* 5.

Éloignez de vos esprits cette idée qu'on a d'ordinaire de la justice, qu'elle doit être toujours aveugle, toujours effrayante, toujours armée. Il la rendit, sans l'*amollir,* douce et traitable.

FLÉCHIER, *Oraison funèbre de M. Lamoignon.*

Les Lacédémoniens excluoient de la leur (leur musique) tous les instruments trop composés qui pouvoient *amollir* les cœurs.

FÉNELON, *Lettre à l'Académie.*

La religion n'abat et n'*amollit* point le cœur : elle l'anoblit et l'élève.

MASSILLON, *Carême.* Ier dimanche : Sur la Parole de Dieu.

Le mépris des choses humaines détourne les hommes de la vertu, en leur ôtant ou l'espérance ou l'estime de la gloire ; il décourage les jeunes gens, il afflige et dégoûte les vieillards, et, ne corrigeant aucun vice, il *amollit* toutes les vertus.

VAUVENARGUES, *Réflexions sur divers sujets,* XXXVI.

Et toutes foys Argus vaincre s'efforce
Le doulx sommeil *amollissant* sa force.

CL. MAROT, *la Métamorphose,* I, v. 1536.

AMOLLIR s'emploie de même au figuré, en parlant des personnes.

On dit *Amollir une personne,* pour l'Apaiser, l'adoucir, la toucher, etc. :

Et Cicéron... *amollissoit* le plus qu'il pouvoit Pompée.

AMYOT, trad. de Plutarque. *Vie de César,* 40.

Amollir un homme qui est en colère.
Il l'*amollit* par un humble gémissement.

DANET, *Dictionnaire françois-latin.*

Ces cheveux jà grisons, ces tettes nourricières,
Et ces tremblantes mains qui te faisoyent prières
N'ont peu donc t'*amolir?*

ROB. GARNIER, *Porcie,* act. V, v, 19.

On ne peut *amollir* cette fière beauté.

GOMBAULD, *Poésies.*

Désormais je renonce à l'espoir d'*amollir*
Un cœur que tant d'efforts ne font qu'enorgueillir.

P. CORNEILLE, *Pertharite,* II, 3.

Amollir une personne, c'est, plus ordinairement, La rendre molle, énervée, efféminée :

Si nous vivons ordinairement avec un homme délicat, sa conversation peu à peu nous énerve et nous *amollit.*

MALHERBE, trad. de Sénèque. *Épîtres,* VII, 3.

Platon et les sages législateurs du paganisme rejetoient loin de toute république bien policée les fables et les instruments de musique, qui pouvoient *amollir* une nation par le goût de la volupté.

FÉNELON, *Lettre sur l'Éloquence,* VI.

En parlant ainsi, le Babylonien pleuroit comme un homme lâche qui *a été amolli* par les prospérités.

LE MÊME, *Télémaque,* XVIII.

Tu crois que les arts *amollissent* les peuples.

MONTESQUIEU, *Lettres persanes,* CVI.

Les Romains sont-ils battus à Numance, Scipion Émilien les prive d'abord de tout ce qui les *avoit amollis.*

LE MÊME, *Grandeur des Romains.*

Ainsi périt, à l'âge de trente-six ans et demi, Charles XII, roi de Suède, après avoir éprouvé ce que la prospérité a de plus grand, et ce que l'adversité a de plus cruel, sans *avoir été amolli* par l'une, ni ébranlé un moment par l'autre.

VOLTAIRE, *Histoire de Charles XII,* liv. VIII.

Bientôt mes caresses *auront amolli* ces durs serviteurs d'un Dieu chaste.

CHATEAUBRIAND, *les Martyrs,* liv. VIII.

AMOLLIR, comme la plupart des autres verbes actifs, peut, en certains cas, être employé absolument, par ellipse de son régime :

La vertu donne la véritable politesse ; mais bientôt, si on n'y prend garde, la politesse *amollit* peu à peu.

FÉNELON, *Dialogues sur l'Éloquence,* I.

Tout ce qui plaît sans instruire amuse et *amollit.*

LE MÊME, même ouvrage, *ibid.*

AMOLLIR s'emploie avec le pronom personnel ;
Au propre :

Ce premier aage est tendre et apte à recevoir toute sorte d'impression que l'on luy veult bailler; et s'imprime facilement ce que l'on veut en leurs ames pendant qu'elles sont tendres, là où toute chose dure malaiséement *se peut amollir.*

AMYOT, trad. de Plutarque. *Œuvres morales :* Comment il faut nourrir les enfants.

Pline dict qu'en ce lieu-là se trouve certeine terre qui *s'amollit* par la chaleur et se sèche par les pluies ; je m'en enquis aus habitans qui n'en scavent rien.

MONTAIGNE, *Voyages.*

Ce bon dieu (Bacchus) qui redonne aux hommes la gayeté et la jeunesse aux vieillards, qui adoucit et amollit les passions de l'ame, comme le fer *s'amollit* par le feu.

MONTAIGNE, *Essais*, II, 2.

Prennent-ils (les oiseaux faisant leur nid) tantost de l'eau, tantost de l'argile, sans juger que la dureté *s'amollit* en l'humectant?

LE MÊME, même ouvrage, II, 12.

L'aliment commence premièrement à *s'amollir* dans la bouche par le moyen de certaines épreintes des glandes qui y aboutissent.

BOSSUET, *De la connoissance de Dieu et de soi-même*, c. 2, art. 10.

Rien sous le ciel ferme ne dure :
Telles loix la sage nature
Arresta dans ce monde, alors
Que Pyrrhe espandoit sur la terre
Nos ayeux, conceus d'une pierre
S'amolissante en nouveaux corps.

RONSARD, *Odes*, IV, 21.

Soit au figuré ;
Dans un sens favorable :

Son cueur ne *se admollit* jamais.

COMINES, *Mémoires*, IV, 13.

Ce courage barbare, au lieu de *s'amolir* par ces faveurs, se rend plus altier et insuportable.

D'URFÉ, *l'Astrée*, IIe part., liv. XII.

Je me levai donc pour l'aller prendre, et dans le trajet, qui n'étoit que de deux pas, ce cœur si fier *s'amollit*, mes yeux se mouillèrent, je ne sais comment, et je fis un grand soupir, ou pour moi, ou pour Valville, ou pour la robe ; je ne sais pour lequel des trois.

MARIVAUX, *la Vie de Marianne*, IIIe part.

Aujourd'hui, je sens toute la fermeté de mon cœur *s'amollir*, se fondre de reconnoissance et de plaisir, au plus léger éloge que j'entends faire de mon courage ou de mon honnêteté.

BEAUMARCHAIS, *Mémoires*.

Car onques pour prière son cuer ne *s'amoli*.

CUVELIER, *Chronique de Bertrand du Guesclin*, v. 12998.

Il (Danger) se set bien *amoloier*,
Par chuer et par soploier.

Roman de la Rose, v. 3147.

Sur mon premier avril, d'une amoureuse envie
J'adoray vos beautez, mais vostre fier orgueil
Ne *s'amollit* jamais pour larmes ny pour dueil.

RONSARD, *Sonnets pour Hélène*, II, 10.

Et le cœur le plus dur *s'amollit* à ses pleurs.

DELILLE, *la Pitié*; I.

Pris en mauvaise part :

Plus il (Nélée) goûte les plaisirs, plus il les souhaite ardemment : son esprit *s'amollit* et perd toute sa vigueur.

FÉNELON, *Fables*, XXXII.

Comment ose-t-il se vanter d'avoir fait tant d'actions merveilleuses, lui dont le cœur *s'amollit* lâchement par la volupté ?

LE MÊME, *Télémaque*, VII.

Étant certain qu'il faut qu'un pauvre magistrat ait l'âme d'une trempe bien forte, si elle ne *se* laisse quelquefois *amollir* par la considération de ses intérêts.

VOLTAIRE, *Supplément au siècle de Louis XIV*, IIIe part.

S'Amollir se dit aussi, au figuré, en parlant des personnes ;
Dans un sens favorable :

Il n'a pas le cœur si dur, ni si hautain que quand il nous verra en tel état, que il ne *se* doie humilier et *amollir*, et de son povre peuple il ne doie avoir merci.

FROISSART, *Chroniques*, II, 153.

L'auditeur qui ne *s'amollit* ny ne s'émeut pour ce qu'il oye, est fâcheux et insupportable.

AMYOT, trad. de Plutarque. *Œuvres morales*.

Voici les saints jours qui approchent où les plus durs *s'amollissent* en faveur des pauvres, et où le roi, qui est charitable dans tous les temps, leur fait encore de grandes libéralités.

BUSSY-RABUTIN, *Lettres* ; au P. de la Chaise, 13 mars 1686.

O ma femme ! — O ma sœur ! — Courage, ils *s'amollissent*.

P. CORNEILLE, *Horace*, II, 6.

Pris en mauvaise part :

Varicarville me manda que je devois cognoistre le terrein (le caractère de M. de Longueville), qui n'estoit jamais ferme ; mais que je serois informé à point nommé lorsqu'il *s'amolliroit* davantage.

CARDINAL DE RETZ, *Mémoires*.

Les hommes naturellement *se* laissent *amollir* par les plaisirs, ou affoiblir par la crainte et par la douleur.

BOSSUET, *Sermons*. IIIe, pour le jour de la Pentecôte.

On dit encore qu'Annibal fit une grande faute de mener son armée à Capoue où elle *s'amollit*.

MONTESQUIEU, *Grandeur des Romains*, c. 4.

Ainsi que d'autres verbes actifs, AMOLLIR a été quelquefois employé comme verbe neutre.

On a dit AMOLLIR au sens où s'emploie uniquement le simple *Mollir;*

Au propre :

> Les pierres lors vindrent à délaisser
> Leur deureté, et rudesse abaisser,
> A s'amollir, et en *amollissant*
> Figure humaine en elles fut yssant.
>> CL. MAROT, *la Métamorphose*, I.

> De l'hyver la triste froidure
> Va sa rigueur adoucissant,
> Et des eaux l'escorce tant dure
> Au doux Zéphire *amollissant*.
>> J. DU BELLAY, *le Retour du Printemps*.

Au figuré :

Le roi... regarda la bonne dame, sa femme, qui pleuroit à genoux moult tendrement; si lui *amollia* le cœur.
>> FROISSART, *Chroniques*, c. 322.

Quiconque, en lisant ces deux lettres, ne sent pas *amollir* et fondre son cœur dans l'attendrissement qui me les dicta, doit fermer le livre; il n'est pas fait pour juger les choses de sentiment.
>> J.-J. ROUSSEAU, *les Confessions*, II, 9.

> Moult a dur cueur qui n'*amolie*,
> Quant il trove qui l'en suplie.
>> *Roman de la Rose*, v. 3295.

AMOLLI, IE, participe.

Il se prend adjectivement ;

Au propre :

Ne plus ne moins que le fer *amoly* et fondu par la force du feu se rendurcit de rechef par le froid.
>> AMYOT, trad. de Plutarque. *Vie d'Alcibiade*, c. 3.

Les rochers *amolis* se changeoient en fontaines.
>> RACAN, *Psaumes*, XCV.

De la cire *amollie*.
>> *Dictionnaire de l'Académie*, 1835.

Au figuré;
En parlant des choses ou des animaux :

Le livre qu'il escrivit à l'encontre de Caton mort, ne monstra point apparence de cueur *amolly* ny addoulcy envers luy.
>> AMYOT, trad. de Plutarque. *Vie de César*.

Mais non seulement ses preuves (d'Isocrate dans l'éloge d'Hélène) sont foibles; de plus son style est tout fardé et *amolli*.
>> FÉNELON, *Dialogues sur l'Éloquence*, II.

Que reste-t-il à l'homme après une telle jeunesse? Un corps énervé, une âme *amollie*, et l'impuissance de se servir de tous deux.
>> BUFFON, *Histoire naturelle*. État de l'homme dans les différents âges de la vie.

> De là sont nés ces bruits reçus dans l'univers,
> Qu'aux accents dont Orphée emplit les monts de Thrace,
> Les tigres *amollis* dépouilloient leur audace.
>> BOILEAU, *Art poétique*, IV.

En parlant des personnes :

Jamais Caton ne leur voulut permettre, non plus que devant, qu'ils en acceptassent rien, encore qu'il apperceust bien qu'il y en avoit aucuns d'entre eux *amolliez* de désir et se plaignans de ce qu'il ne leur en laissoit prendre.
>> AMYOT, trad. de Plutarque. *Vie de Caton d'Utique*.

Les troupes d'Antiochus, *amollies* par les plaisirs et la bonne chère, ne purent tenir devant celles des Romains.
>> ROLLIN, *Traité des Études*, liv. VI, IIIe part., c. 2, art. 2, 3e morceau de l'histoire romaine.

Se rendant ainsi le tributaire des Anglais belliqueux qu'il craignait, pour aller attaquer les Italiens *amollis* qu'il ne craignait pas.
>> VOLTAIRE, *Essai sur les mœurs*, c. 107. Conquête de Naples par Charles VIII.

> Nous cuidiés-vous trouver tellement *amollis*
> Que nous rendons à vous sitost nos édifis?
>> CUVELIER, *Chronique de Bertrand du Guesclin*, v. 21696.

> Dangeau, qui dans le rang où notre roi t'appelle,
> Le vois toujours orné d'une gloire nouvelle,
> Et plus brillant par soi que par l'éclat des lis,
> Dédaigner tous ces rois dans la pourpre *amollis*.
>> BOILEAU, *Satires*, V.

Le participe présent *Amollissant* a été aussi quelquefois adjectif verbal :

Mauves et guimauves, pour leur vertu *amolissante* sont ainsi appelées des Grecs et des Latins.
>> OLIVIER DE SERRES, *Théâtre d'agriculture*, VIe lieu, c. 15.

AMOLLISSEMENT, s. m.

Action d'Amollir, état de ce qui est amolli.

AMONCELER, v. a. (De *Moncel, Monceau,* et, par ce mot, de *Mont,* venu de *Mons*.)

On l'a écrit AMONCELLER. (Voyez le *Dictionnaire de l'Académie*, éditions de 1694 et 1718.)

Au propre, Mettre en un monceau, entasser :

Amonceler le grain battu en l'aire.

MONET, *Dictionnaire.*

Le mouvement rapide, qui entraîne, *amoncelle* ou dissipe les parties de la matière.

BUFFON, *Histoire naturelle.* Quadrupèdes.

Le roi d'Ithaque fut réduit à sentir un mouvement de joie, en se couchant sur un lit de feuilles sèches qu'il *avait amoncelées* de ses propres mains.

CHATEAUBRIAND, *les Martyrs,* VII.

Li covertures des maisuns
E li lates et li chevruns,
El fossé *unt amuncelé.*

WACE, *Roman de Rou,* v. 9477.

On le dit, par extension, des personnes, pour Les rassembler en un même lieu, les réunir, les rapprocher :

Afin... qu'il (Emmanuel roi de Portugal) eust moyen de les *amonceler* touts (les juifs) à un lieu pour la plus grande commodité de l'exécution qu'il avoit destinée.

MONTAIGNE, *Essais,* I, 40.

Les préjugés de l'opinion renforçant l'effet des systèmes politiques, *amoncellent,* entassent les habitants de chaque pays sur quelque point du territoire.

J.-J. ROUSSEAU, *la Nouvelle Héloïse.*

Grant gent a là *amoncelée.*

G. GUIART, *Royaus Lignages,* t. II, v. 9436.

Car la douce parole les amis *amoncèle.*

Girart de Rossillon, v. 1278.

On l'emploie quelquefois au figuré, dans un sens moral :

Quel vice n'esveillent-elles et n'*amoncellent* (nos disputes), toujours régies et commandées par la cholère ?

MONTAIGNE, *Essais,* III, 8.

J'irrite l'humeur de ce costè là (du chagrin) : qui se nourrit aprez, et s'exaspere, de son propre bransle, attirant et *emmoncellant* une matiere sur aultre de quoy se paistre.

LE MÊME, même ouvrage, III, 9.

Il s'emploie, au propre et au figuré, avec le pronom personnel.

Au propre :

Qu'il est doux, à l'abri du toit qui me protège,
De voir à gros flocons s'*amonceler* la neige.

DELILLE, *les Trois Règnes,* I.

Par extension, en parlant des personnes :

Là s'*amoncelloit* la jeunesse
Des plus belliqueux de la Grèce.

RONSARD, *Odes,* V, 2.

Où des siècles humains que les temps renouvellent
Les générations en foule s'*amoncellent.*

DELILLE, *l'Imagination,* VII.

Au figuré :

L'apostat sentoit intérieurement que les haines publiques s'*amoncelaient* sur sa tête.

CHATEAUBRIAND, *les Martyrs,* liv. XX.

En termes de manège, s'AMONCELER, ou, employé comme verbe neutre, AMONCELER, se disait d'un cheval qui, en marchant, approche ses pieds de derrière de ses pieds de devant, qui est bien ensemble, bien sous lui.

Cet emploi particulier rappelle le *gressus glomerare superbos* de Virgile (*Georg.*, III, 117), et on y peut rapporter aussi certains passages de nos vieux poètes :

Dex! con cort cil chevaz les piez *amoncelez!*

Parise la duchesse, p. 163.

Com li cheval les portent les piez *amoncelez.*

Gui de Bourgogne, v. 475.

AMONCELÉ, ÉE, participe.

A l'expression *pieds amoncelés,* on peut ajouter les suivantes, elles-mêmes de date ancienne, et qui ne sont pas restées dans l'usage :

Cuisses *amoncelées, compacta crura.*

ROB. ESTIENNE, *Dictionnaire françois-latin.*

Il (l'homme en cholère) a le front refrongné, ridé et *amoncelé,* ses cheveux se hérissent et dressent, ses lèvres tremoussent et souvent les mord.

A. PARÉ, *OEuvres,* liv. I, c. 21.

Nous sommes tous contraints et *amoncelez* en nous, et avons la veuë raccourcie à la longueur de nostre nez.

MONTAIGNE, *Essais,* I, 25.

AMONCELLEMENT, s. m.

L'action d'Amonceler, ou le résultat de cette action, soit au propre, soit au figuré :

L'accusé n'aurait-il pas le droit d'indiquer d'autres témoins, et de demander qu'on les entendît, pour renforcer la preuve du fait par l'*amoncellement* des témoignages?

BEAUMARCHAIS, *Mémoires.*

On trouve dans le *Dictionnaire* de Monet, Amonceleur, s. m.

AMONT, adv. (De *Ad montem*.)

On l'a quelquefois écrit, conformément à l'étymologie, en deux mots, A mont. On trouve aussi Amunt. (Voyez les exemples ci-après.)

Amont s'est dit, dans un sens général, pour En haut; comme son corrélatif A val. Aval, pour En bas.

On trouve dans les *Dictionnaires* de Robert Estienne, de J. Thierry et de Nicot, ces expressions : *Être à mont, monter amont :*

Sire, nous n'avons pooir d'aler au roy parmi ceste gent, mais alons *amont*, et metons cest fossé que vous veez devant vous, entre nous et eulx.

Joinville, Histoire de saint Louis.

Le château de la nef du roi d'Angleterre consuivit le château de la nef espaignole par telle manière, que la force du mât le rompit *amont* sur le mât ou il seoit, et le renversa en la mer.

Froissart, Chroniques, liv. I, II° part., c. 3.

Ung garson.... les emporta *amont* ce mont.

J'ai trouvé deulx chevaliers tout *amont* ceste montagne.

Perceforest, vol. I, f°s 67, 79. (Cité par Sainte-Palaye.)

Lors lui oste elle-mesme l'escu de son col et le regarde *amont* et aval, et voit qu'il est fendu d'ung bout jusques à l'autre.

Lancelot du Lac.

A ceste heure fais bien à poinct l'arbre forchu, les pieds *à mont*, la teste en bas.

Rabelais, Pantagruel, IV, 19.

Quand la criminelle est descendue, on retire *à mont* l'eschelle.

Amyot, trad. de Plutarque. Vie de Numa.

Le moust bouillans dans un vaisseau poulse *à mont* tout ce qu'il y a dans le fond.

Montaigne, Essais, II, 12.

Coteau *amont* sur d'autres coteaux.

Monet, Dictionnaire.

Guardez *amunt* par devers les porz d'Aspre.

Chanson de Roland, v. 1108.

Guardet aval e si guardet *amunt*.

Même ouvrage, v. 2235.

Le coutel a saisi, si l'a *amont* levé.

Roman de Berte, XV.

III.

Où qu'il voit Danemont, .1. grant cop li dona
Amont desor son hiaume, qui grant clarté gita.

Gui de Bourgogne, v. 2531.

Et Bel-Acueil est en prison
Amont en la tor enserré.

Roman de la Rose, v. 3927.

Je vous prie que nous partions
Pour sercher *amont* et aval
Se nos anemis trouverrons.

Le Mistere du siege d'Orleans, v. 8477.

J'appelle aussi, et en bas et *amont*,
Loyal espoir; mais je pense qu'il dort...

Charles d'Orléans, Rondeau.

De là des expressions, entendues elles-mêmes dans un sens général et marquant, entre les choses ou entre les personnes, un rapport quant à l'élévation;

D'Amont :

Encuntreras les prophètes ki *d'amunt* vendrunt.

Les quatre Livres des Rois, I, x, 5.

Ils furent tous deux si dur rencontrés de deux pierres jetées *d'amont*, qu'ils en eurent leurs bassinets effrondés et les têtes toutes étonnées.

Froissart, Chroniques, liv. I, Ire part., c. 187.

Il tiroit à la butte, au papeguay, du bas en mont, *d'amont* en val, devant, de costé, en arriere.

Rabelais, Gargantua, I, 23.

En amont :

Li temples out del pié *en amunt* cent et vint aines de halt.

Les quatre Livres des Rois, III, vi.

Mès onques si bel armé ne vi : car il paroi de sur toute sa gent dès les espaules *en amont*.

Joinville, Histoire de saint Louis.

Quant au cœur, tous autres animaux l'ont au milieu de la poitrine, mais celui de l'homme seul est sous le tétin gauche, et est fait à mode de poire, s'eslargissant tousjours dès la pointe d'embas *en amont*.

Du Pinet, trad. de Pline. Histoire naturelle, XI, 37.

Par amont :

Puisque n'avions povoir de passer parmi telle foulle de Turcs, il nous valoit mieulx aller passer *par amont* au dessus d'eux.

Joinville, Histoire de saint Louis.

Ces termes, ainsi entendus, ont pu être pris quelquefois dans un sens figuré :

Sire, il y avoit plus à faire que je ne cuidoie ; il y avoit à faire et ceci et cela, et *d'amont* et d'aval.

> Le *Ménagier de Paris*, II° distinction, 3° art.

Je marche plus seur et plus ferme *à mont* qu'à val.

> MONTAIGNE, *Essais*, I.

AMONT se dit plus particulièrement en parlant de la partie haute d'un pays, par rapport à la partie basse : *Pays d'amont ; Pays d'aval.*

Il est surtout usité pour marquer le côté d'où vient une rivière :

> Sire, jà bévez vus *à munt*,
> De vus me vient kankes j'ai beu.
> MARIE DE FRANCE, *Fables*, II, 16.

> Qu'avois-tu, Mer, à t'enfuyr soudain ?
> Pourquoy *amont* l'eau du fleuve Jourdain
> Retourner fuz contrainte ?
> CL. MAROT, *Psaumes*, XLII.

Il est pris en ce sens et opposé à *Aval* dans le passage suivant, d'une date récente :

> Les langes trempés des plaies d'un hôpital, rencontrés par un grand fleuve, ne souillent que le flot qui passe... en aval et en *amont* le courant garde ou reprend sa limpidité.
> CHATEAUBRIAND, *Mémoires d'outre-tombe.*

A la même manière de parler se rapporte l'emploi figuré de *En amont*, dans cet autre passage :

> La tentative rétrograde de Julien, événement unique dans l'histoire ancienne, n'est pas sans exemple dans l'histoire moderne : toutes les fois qu'ils ont voulu rebrousser le cours du temps, ces navigateurs en *amont*, bientôt submergés, n'ont fait que hâter leur naufrage.
> CHATEAUBRIAND, *Études historiques*, II° discours, II° part.

A *En amont* répond une expression de formation analogue, *Contre-mont :*

> Contre *munt* la cuvient il querre.
> MARIE DE FRANCE, *Fables*, 96. La femme qui se noie.

On a dit, faisant d'*Amont*, aussi bien que d'*Aval*, une sorte de préposition, *Aller amont l'eau, Aller aval l'eau.* (Voyez le *Dictionnaire* de MONET.)

On dit *En amont de* et *En aval de*, *En amont, en aval de* la ville, *du* pont, etc., pour désigner le côté de la rivière, du fleuve, qui est au-dessus ou au-dessous de la ville, du pont, etc., dont on parle :

Je visite souvent Monte-Cavallo ; la solitude des jardins s'y accroît de la solitude de la campagne romaine que la vue va chercher par-dessus Rome, *en amont* de la rive droite du Tibre.

> CHATEAUBRIAND, *Mémoires d'outre-tombe.*

Vent d'amont se dit, sur les côtes, de Tout vent qui souffle de l'un des points compris entre le Nord-Est et le Sud-Est, passant par l'Est, surtout quand la terre est au Levant.

En termes de fauconnerie, *Mettre l'oiseau amont*, C'était le lancer ; *Venir amont, tenir amont*, se disait de L'oiseau se soutenant en l'air jusqu'au moment où il découvre quelque gibier.

AMORCE, s. f. (D'*Amors*, participe passé de l'ancien verbe *Amordre*, et, par le simple *Mordre*, du latin *Mordere, Morsus*.)

On l'a écrit AMORSE, conformément à son étymologie ; AMORCHE. (Voyez les exemples ci-après.)

On a dit aussi *Esmorce, esmorche.* (Voyez le *Dictionnaire* de COTGRAVE.)

AMORCE signifie, au propre, Appât pour prendre des oiseaux, des poissons :

> L'on doit faire une *amorse*... en la manière que nous l'avons devisé d'amordre les faisans.
> *Modus et Racio*, ms., f° 177, r°. (Cité par Sainte-Palaye.)

> C'est assez ; aussi bien notre *amorce* est trop précieuse pour la hazarder davantage, et le proverbe ne veut pas qu'on pesche avec un hameçon d'or, de peur de perdre plus qu'on ne peut gagner.
> PERROT D'ABLANCOURT, trad. de Lucien. *Le Pêcheur, ou la Vengeance.*

Il se dit figurément de Tout ce qui attire la volonté en flattant les sens ou l'esprit :

> Il la bailla (sa femme), du commencement, à Hortensius, comme une *amorche*, et la lui presta jeune en intention de la lui reprendre riche.
> AMYOT, trad. de Plutarque. *Vie de Caton d'Utique.*

> Encores que, par traitte de temps, quelques empereurs fissent contenance de n'exercer leurs cruautez contre nous, si est-ce que telles douceurs n'estoient qu'une *amorce* pour nous surprendre.
> EST. PASQUIER, *Recherches de la France*, III, 1.

> Vous fistes faire l'effigie du meurtrier... rechercher sa mère et ses parents, pour les enrichir d'annonces publiques, afin que cela fust un leurre et une *amorce* à d'autres qui

pourroyent entreprendre de faire encore un pareil coup au roy de Navarre.

Satire Ménippée, Épître du sieur d'Engoulevent à un sien ami.

Comme on a maintenant la sotte coustume de dépenser en meubles, présens et frais de nopces, la moitié de la dot d'une femme, et quelquefois le tout, ce ne fut pas une légère *amorce* pour Bedout de voir qu'il épargnoit toute cette dépense et ces frais.

FURETIÈRE, *le Roman bourgeois.*

La folie du système des finances contribua plus qu'on ne croit à rendre la paix à l'Église. Le public se jeta avec tant de fureur dans le commerce des actions, la cupidité des hommes excitée par cette *amorce* fut si générale, que ceux qui parlèrent ensuite de jansénisme et de bulle ne trouvèrent personne qui les écoutât.

VOLTAIRE, *Siècle de Louis XIV*, c. 37. Du Jansénisme.

Votre proposition m'a tout l'air de n'être qu'une vaine *amorce* pour voir si le vieux fou mordroit encore à l'hameçon.

J.-J. ROUSSEAU, *Lettres.*

Plus j'y vois de hazard, plus j'y trouve d'*amorce.*

MALHERBE, *Victoire de la constance.* Stances.

Les amours d'un vieillard sont d'une foible *amorce.*

P. CORNEILLE, *la Suivante*, III, 1.

Vous me haïssez trop pour ne me plus aimer.
— Non, vos charmes pour moi n'ont plus aucune *amorce.*

BOURSAULT, *Ésope à la cour*, II, 1.

A cette acception figurée se rapporte l'emploi qui a été fait autrefois d'AMORCE au sens de Piège, d'Embuscade :

Ledit seigneur se voulut venger, par quoy dressa une *amorse* à ceux de la ville.

MARTIN DU BELLAY, *Mémoires*, liv. II.

Peut-estre leur dresserons-nous une si bonne *amorce* que nous leur ferons maudire l'entreprise.

SULLY, *Œconomies royales*, t. I, c. 32, p. 135.

AMORCE se construit souvent avec la préposition *de*, qui fait connaître de quelle nature est l'attrait dont il s'agit :

Pensant que ce fussent les mêmes ruses et les mêmes *amorces de* bonne espérance et *de* belles paroles.

AMYOT, trad. de Plutarque. *Vie de Timoléon*, 16.

Plusieurs bons esprits de la France, picqués de l'*amorce du* gain présent, laissent bien souvent les bonnes lettres pour suivre le train du Palais.

EST. PASQUIER, *Recherches de la France*, II, 4.

Soyez extrememeht prompte à vous destourner de tous

les acheminemens et de toutes les *amorces* de la lubricité.

SAINT FRANÇOIS DE SALES, *Introduction à la vie dévote*, part. III, c. 12.

Il faut que cette *amorce du* plaisir qu'on prépare aux auditeurs soit comme enveloppée et cachée sous la solidité des pensées et sous la beauté des e*x*pressions.

ROLLIN, *Traité des Études*, liv. III, c. 3, art. 2, § 4.

Seuls, dans leurs doctes vers, ils pourront vous ap-
[prendre
Par quel art, sans bassesse, un auteur peut descendre...
Des plaisirs de l'amour vanter la douce amorce.

BOILEAU, *Art poétique*, II.

Fuyez d'un doux poison l'*amorce* enchanteresse.

VOLTAIRE, *la Henriade*, I.

AMORCE se construit encore avec la préposition *à*, qui fait connaître à qui s'adresse l'amorce :

On n'est pas peu embarrassé à inventer, dans toute une maison, une cache fidèle ; car, pour moi, les coffres-forts me sont suspects... je les tiens justement une franche *amorce à* voleurs, et c'est toujours la première chose que l'on va attaquer.

MOLIÈRE, *l'Avare*, I, 4.

AMORCE, ainsi pris figurément, se met souvent au pluriel :

Ce sont *amorces* pour escumer l'argent des bourses.

CALVIN, *Institution chrestienne.*

Il jette dedans nos cœurs des délectations et plaisirs spirituels comme des sacrées *amorces* par lesquelles il nous attire suavement à recevoir et gouster la douceur de sa doctrine.

SAINT FRANÇOIS DE SALES, *Traité de l'amour de Dieu*, liv. II, c. 12.

Il ne manqua dès son enfance ny d'*amorces*, ny d'exemples pour l'attirer à la gloire.

DU RYER, *Suppléments de Freinshemius sur Quinte-Curce*, liv. I, c. 1.

D'autres fois ils disposoient des *amorces* pour m'attraper.

CHAPELAIN, *le Gueux, ou la vie de Guzman d'Alpharache*, part. I, liv. II.

Les grossières *amorces* du vice ne pouvoient d'abord vous séduire.

J.-J. ROUSSEAU, *la Nouvelle Héloïse*, liv. II, lettre 27.

Sa grâce et sa vertu sont de douces *amorces.*

MOLIÈRE, *l'Étourdi*, III, 2.

Craignez d'un vain plaisir les trompeuses *amorces*,
Et consultez longtemps votre esprit et vos forces.

BOILEAU, *Art poétique*, I.

Fuyez, fuyez, mon fils, le monde et ses *amoroes*.
LA FONTAINE, *la Captivité de saint Malc.*

AMORCE employé par figure, soit au singulier, soit au pluriel, est rapproché de sa signification primitive et propre dans des locutions telles que;
Jeter une amorce :

Annibal ne manqua pas de profiter du caractère vif et bouillant de Varron, en *jetant* un appât et une *amorce* à sa témérité.
ROLLIN, *Traité des Études,* liv. VI, IIIᵉ part., c. 2.

Elle (Rome) qui de la paix ne *jette* les *amorces*
Que par le seul besoin de séparer vos forces.
P. CORNEILLE, *Sophonisbe,* I, 4.

Et l'infidèle appas de leur prédiction
A jeté trop *d'amorce* à notre ambition.
LE MÊME, *Attila,* V, 1.

Saisir, prendre, goûter une amorce, tenir à une amorce :

L'*amorce prise*, le chancelier représenta au roi qu'il étoit à propos de suspendre les plaidoiries qui alloient commencer sur la prétention d'Épernon.
SAINT-SIMON, *Mémoires,* 1711.

Nous négligeons souvent les hommes sur qui la nature nous donne ascendant, qui sont ceux qu'il faut attacher et comme incorporer à nous, les autres ne *tenant à* nos *amorces* que par l'intérêt, l'objet du monde le plus changeant.
VAUVENARGUES, *Réflexions,* 54.

Il a beau déguiser, il a *goûté* l'*amorce*.
P. CORNEILLE, *Mélite,* II, 6.

Et quand l'âme une fois a *goûté* son *amorce*.
LE MÊME, *Horace,* III, 4.

Non, au lieu de *goûter* ces grossières *amorces,*
Sa vertu combattue a redoublé ses forces.
LE MÊME, *Cinna,* V, 3.

Les libres habitans des rives du Permesse
Ont saisi quelquefois cette *amorce* traîtresse ;
Platon va raisonner à la cour de Denys.
VOLTAIRE, *Discours sur l'homme,* IV. Sur la Modération.

AMORCE se dit aussi, d'une manière générale, de ce qui sert à faire prendre feu :

Le bois du mûrier est pareillement chaud, aussi est celui du laurier et du lierre, et généralement tous bois dont on se sert en lieu d'*amorse*. Et de fait, l'invention de tirer du feu de certains bois est venue des espies qui vont de nuict de camp en camp, et des pasteurs aussi, lesquels n'ont tousjours des pierres et des fuzils à leur poste pour faire du feu quand ils en ont de besoin.
DU PINET, trad. de Pline. *Histoire naturelle,* XVI, 40.

Que sert d'avoir de l'esprit, du raisonnement, de la foi même, si tout cela n'est réveillé par l'attention? Autant que nous serviroient des flambeaux bien préparés dans notre coffre, mais sans *amorce*, sans feu.
BOSSUET, *Méditations sur l'Évangile.*

Il se dit particulièrement de la poudre avec laquelle on enflamme la charge d'un fusil, d'un canon, d'une mine, etc. :

Ce jeune homme et ses compagnons ne faillirent pas, dès qu'ils oïrent siffler l'*amorce* (de la mine), de prendre leur course.
AGR. D'AUBIGNÉ, *Histoire universelle,* II, 135.

Au lieu qu'on envoie communément quelques sergens et harquebusiers pour faire brusler l'*amorce*, à ce mestier furent employés trente gentils-hommes.
LE MÊME, même ouvrage, t. II, liv. III, c. 10.

S'agit-il d'exercer Émile au bruit d'une arme à feu? Je brûle d'abord une *amorce* dans un pistolet; cette flamme brusque et passagère, cette espèce d'éclair le réjouit.
J.-J. ROUSSEAU, *Émile.*

J'étois sur un vaisseau quand Ruyter fut tué,
Et j'ai même à sa mort le plus contribué.
J'allai chercher le feu que l'on mit à l'*amorce*
Du canon qui lui fit rendre l'âme par force.
BOURSAULT, *le Mercure galant,* IV, 6.

Allez, Cléon et lui sont d'une égale force,
Et si leurs pistolets avoient eu de l'*amorce,*
On auroit vu beau jeu.
LEGRAND, *le Mauvais Ménage,* sc. 23.

Ainsi la brillante fusée,
Est tranquille jusqu'au moment
Où par son *amorce* embrasée
Elle éclaire le firmament.
VOLTAIRE, *Épître* IV, au roi de Prusse.

Ne pas brûler une amorce, est une expression usitée pour, Ne pas combattre :

Il (Tessé)... se vit par là loin encore du bâton de maréchal de France, qu'il croyoit déjà tenir, quoiqu'il n'eût jamais vu d'action, ni peut-être *brûlé une amorce.*
SAINT-SIMON, *Mémoires,* 1701.

Dans l'exemple suivant, une expression analogue est employée avec un autre sens. Il s'agit d'un salut auquel on a manqué :

Je m'attendois au salut du canon: l'équipage nous reçut en haie, mais il n'y eut pas une *amorce* de *brûlée*.

J.-J. Rousseau, les Confessions, VII.

Amorce, dans ces dernières manières de parler, a pu être pris aussi au figuré :

Cette saison fut horrible de supplices ; mesmes pour donner plus d'*amorces* à ces embrasemens, les prestres firent mettre par les carrefours des villes, principalement de Paris, force images bien parées, fournies de cierges allumez tous jours.

Agr. d'Aubigné, Histoire universelle, t. I, liv. II, c. 14.

Nous avons descrit la fureur de Thoulouse, sans rechercher par la Gascogne plus que la loi de nostre abrégé ne portoit, les premières *amorces* d'un si grand feu.

Le même, même ouvrage, t. I, liv. III, c. 8.

Les uns doivent entamer, les autres appuyer ; l'*amorce* est déjà conduite, et la mine prête à jouer.

La Bruyère, Caractères, c. 8.

Me trouvant en tête une foule d'ennemis, ayant le choix des combattants, irais-je exprès me commettre avec les argousins de la troupe, ou *brûler une amorce* de préférence avec le sacristain de la compagnie ?

Beaumarchais, Mémoires.

Les *Dictionnaires* de Monet et de Cotgrave, et le *Glossaire* de Sainte-Palaye, donnent les substantifs :

Amorsure, Amorceur ;

Amorcement.

On trouve dans le passage suivant, amené par Amorce, le substantif Amorceur, dit, à ce qu'il semble, de ceux qui ont commencé le feu, qui ont attaqué :

Bien à propos la troupe oïant les pistolades reprit la charge : tant y a que cette *amorse* fut bruslée, et les *amorceux* deffaits.

Agr. d'Aubigné, Histoire universelle, t. II, liv. II, c. 13.

AMORCER, v. a.

Il signifie, au propre, Garnir d'amorce, par exemple un hameçon :

On prend aussi des canards sauvages au moyen d'hameçons *amorcés* de mou de veau.

Buffon, Histoire naturelle. Oiseaux.

On dit aussi *Amorcer l'eau,* pour Y jeter de l'amorce :

Quand le pêcheur *amorce l'eau,* le poisson vient et reste autour de lui sans défiance.

J.-J. Rousseau, Émile, IV.

Amorcer signifie encore, au propre, Attirer avec de l'amorce des poissons, des oiseaux :

Quelquefois à l'appât d'un hameçon perfide
J'*amorce* en badinant le poisson trop avide.

Boileau, Épîtres, VI.

Pris figurément, **Amorcer** signifie Attirer par des choses qui flattent les sens ou l'esprit : *Amorcer par,* ou, absolument, *Amorcer, Amorcer à,* etc. ;

Soit avec un nom de personne pour régime, à l'actif, ou pour sujet, au passif :

Si les Turcs n'*eussent esté amorcez* de la douceur de l'Europe, ils n'eussent peut-estre eu opinion de traverser l'Hellespont pour s'empiéter de la Grèce.

Est. Pasquier, Recherches de la France, I, 5.

Le connestable de Bourbon et le mareschal de Biron, tous deux grands capitaines et guerriers, *furent amorcez aux* entreprises qu'ils brassèrent, celuy-là par les appas du mariage de la sœur d'un empereur, et cestuy-cy sous l'espérance d'espouser la fille du duc de Savoie.

Le même, même ouvrage, VI, 14

A dix-neuf ans il *fut amorcé par* des nopces aussi illégitimes que funestes.

Sully, Œconomies royales, t. I, p. 600. Abrégé
des exployts... de Henry le Grand.

Monsieur le mareschal de Biron les voit venir, et, les *amorçant par* quelques légères escarmouches, leur donna opinion qu'il y faisoit bon pour eux.

Matthieu, Histoire des guerres entre les maisons
de France et d'Espagne.

Ils *étoient amorcés par* leurs propres convoitises soit d'honneur, soit de richesses.

Le duc de Rohan, Véritable discours de ce qui s'est passé
dans l'assemblée de Saumur, l'an 1611.

Granvelle.... sut bien l'y *amorcer par* des propositions conformes à son humeur.

Mézeray, Histoire de France.

Car tenant des discours pleins d'insolence et de folie, ils *amorcent par* les passions de la chair et les voluptés sensuelles ceux qui, peu de temps auparavant, s'étoient retirés des personnes infectées d'erreurs.

Le Maitre de Sacy, trad. du Nouveau Testament.
Épître de saint Pierre, II, 18.

Chacun est tenté, quand il *est* attiré et *amorcé par* sa propre concupiscence.

Leibnitz, Théodicée. De la bonté de Dieu, IIIe part., c. 278.

On *amorcera* un enfant *par* de petites récompenses, auxquelles cet âge est sensible.

Rollin, *Traité des Études*, liv. VIII, Iʳᵉ part., art. 10.

J'aperçus des dames titrées qui descendoient de leurs carrosses pour aller occuper ces loges qu'elles avoient fait retenir, et des aventurières qui alloient *amorcer* des dupes.

Le Sage, *Gil Blas*, liv. X, c. 5.

Ferai-je le métier de ceux qui *amorcent* des veuves avares *avec* des gâteaux et des fruits, et qui prennent au filet des vieillards, qu'ils mettent ensuite dans leurs volières.

Le Batteux, trad. d'Horace. *Épîtres*, I, 1.

Parfois on peut donner, pour les galands attraire ;
A ces petits présents je ne suis pas contraire,
Pourvu que ce ne soit que pour les *amorcer*.

Regnier, *Satires*, XIII.

Plus l'innocence est nue et plus elle a de force,
Et l'on nous veut tromper alors qu'on nous *amorce*.

Rotrou, *les Sosies*, IV, 4.

Soit régissant un nom abstrait qui désigne quelque passion, quelque affection de la personne :

L'ambition, l'avarice, la cruauté, la vengeance, n'ont point assez de propre et naturelle impétuosité ; *amorçons-les*, attisons-les par le glorieux tiltre de justice et de dévotion.

Montaigne, *Essais*, III, 12.

Annibal, ayant exprès laissé emporter un léger avantage à Sempronius pour *amorcer* sa témérité, lui donna lieu d'engager la bataille près la rivière de Trébie.

Rollin, *Traité des Études*, liv. VI, IIIᵉ part., c. 2, art. 2.

Le premier sang versé rend sa fureur plus forte ;
Il *l'amorce*, il l'acharne, il en éteint l'horreur.

P. Corneille, *Nicomède*, V, 4.

Amorcer c'est encore, dans le sens particulier par lequel *Amorce* s'applique à la production du feu, Mettre de l'amorce ;
Soit avec un régime :

Amorce le fusil, je suis mort sans remède.

Scarron, *D. Japhet d'Arménie*, IV, 5.

Soit employé absolument :

La poudre à canon ne vaut pas quinze sols l'oque à Erzeron ; aussi n'est-elle bonne que pour charger : il en faut de plus fine pour *amorcer*.

Tournefort, *Voyage du Levant*, t. III, p. 249.

Amorcé, ée, participe.
Au propre :

Lorsqu'on débande un pistolet bien *amorcé* dans la machine du vuide, l'expérience apprend que, faute d'air, l'amorce ne prend point feu, et qu'il est même très-difficile d'en remarquer quelque étincelle.

Malebranche, *Recherche de la vérité*, t. IV.

Au figuré :

La cruauté, *amorsée* et exercitée en de tels meurtres, passa oultre jusques au bœuf laboureur et au mouton qui nous vest, et au coq domestique.

Amyot, trad. de Plutarque. *Œuvres morales :* S'il est loisible de manger chair, II, 7.

Amorcés par l'intérêt ou contraints par la crainte, ils font semblant d'être convaincus par la raison.

J.-J. Rousseau, *Émile*.

Dedans la main avoit un pistolet
Bien *esmorcé*, la pierre bien assise.

Ronsard, *le Bocage royal*.

Que si mêmes un jour le lecteur curieux,
Amorcé par mon nom, sur vous tourne les yeux,
Pour m'en récompenser, mes vers, avec usure,
De votre auteur alors faites-lui la peinture.

Boileau, *Épîtres*, X.

Amorcé par le gain, notre fou s'en va faire
Même insulte à l'autre bourgeois.

La Fontaine, *Fables*, XII, 22.

AMORÇOIR, s. m.
Terme d'Arts mécaniques.
Outil dont l'artisan qui travaille en bois se sert pour commencer les trous, qu'il achève ensuite avec des outils plus gros. On dit plus communément Ébauchoir.

AMORTIR, v. a. (De *Mort*, et, par ce mot, du latin *Mors, Mortis*.)
On l'a écrit Admortir. (Voyez les exemples ci-après.)
Sa signification primitive et propre est, en raison de son étymologie, Mettre à mort, ou dans un état équivalent, analogue. Il a ce sens, mais est employé comme verbe neutre dans le premier des exemples suivants :

Quant il fud desenivrez, al demain, Abigaïl sa muiller li mustrad tut cest aventure, e sis quers li *amortid* cume pierre.

Les quatre Livres des Rois, I, xxv, 37.

Ele ne se pooit de ses membres aidier... et estoit avis la

dite Jehenne que les diz membres estoient ja ausi com *amortiz*.

Miracles de saint Louis, p. 479.

Or est aux champs ce mortel chariot,
Et n'y a bled, sauge, ne polliot,
Fleurs, ne boutons hors de la terre yssuz,
Qu'il n'*admortisse* en passant par dessus.

CL. MAROT, *Complaintes*, V.

On l'a dit autrefois, en ce sens, même des personnes :

Nostre gent i trouva dolente et *amortie*.

Chanson d'Antioche, c. 6, v. 814.

De là, par une extension plus ou moins figurée, qu'il s'agisse de l'ordre physique ou de l'ordre moral, le sens général de Retirer à une chose ce qu'elle a de vif, L'affaiblir, la diminuer, la modérer, etc.

Ainsi AMORTIR est de grand usage en parlant du feu, des matières embrasées ou ardentes, de la chaleur :

Comme donc les embrasements qui n'ont pas esté fidellement n'y curieusement *amortis*, renaissent et jettent une plus grande flamme : aussi ce prince... mit aux champs une armée plus puissante.

COEFFETEAU, *Histoire romaine de L. Florus*, III, 5.

Le feu divise ses flammes et les *amortit* quand cet ange du Seigneur va descendre dans la fournaise.

FLÉCHIER, *Panégyrique de saint François de Paule*.

Le feu ont *amorti* et mené à noient.

Doon de Maience, v. 1087.

Si la chaux vive est *amortie*.

SCARRON, *Virgile travesti*, I.

AMORTIR est très souvent joint aux mots *feu*, *flamme*, *flambeau*, etc., dans des phrases de sens métaphorique :

Les humeurs corrompuës, qui causoient la maladie de l'Estat, n'estoient si bien digérées qu'il n'y eust encores de quoy craindre une dangereuse recheute, qui advint trois ans après, lorsque les plus remuans r'allumèrent les feux, sinon esteints, pour le moins *amortis* à demy.

MATTHIEU, *Histoire des derniers troubles de France*, liv. I.

Cette herbe *amortit* le feu des plaies.

DANET, *Dictionnaire françois-latin*.

En effet, qu'est-ce que l'esprit dont les hommes paroissent si vains ? Si nous le considérons selon la nature, c'est

un feu qu'une maladie et qu'un accident *amortissent* sensiblement.

FLÉCHIER, *Oraison funèbre de M*ᵐᵉ *de Montausier*.

Les saints nourrissoient là (aux pieds du Crucifix) leur piété, y allumoient leur ferveur, y *amortissoient* le feu de leurs passions.

BOURDALOUE, *Exhortations*, II.

Horace se donne de grandes commodités pour la versification... pourquoi ne chercherions-nous pas de semblables soulagements, nous dont la versification est si gênante et si capable d'*amortir* le feu d'un bon poëte ?

FÉNELON, *Lettre à l'Académie*, V.

Quoy ! devant qu'*amortir* le flambeau de ta vie
Ne dis-tu point adieu à ta pauvre Porcie ?

ROB. GARNIER, *Porcie*, IV, v. 347.

Horace, tant de fois dans mes vers imité,
De vapeurs, en son temps, comme moi tourmenté,
Pour *amortir* le feu de sa rate indocile,
Dans l'encre quelquefois sut égayer sa bile.

BOILEAU, *Épîtres*, VIII.

Monsieur, par aventure, êtes-vous mon époux ?
— Il faut que cela soit, car je sens que pour vous,
Dans mon cœur, tout à coup, ma flamme *est amortie*,
Et fait en ce moment place à l'antipathie.

REGNARD, *Démocrite*, IV, 7.

On l'a dit, par une façon de parler analogue, en parlant du vent :

Il souffla un vent marin qui *amortit* le vent de terre.

AMYOT, trad. de Plutarque. *Vie de César*, XLIX.

AMORTIR est aussi fort usité, en parlant d'un coup, d'une blessure, pour, Leur faire perdre de leur force, en diminuer l'effet :

Son buffle plié en deux *amortit* le coup de la balle.

LA ROCHEFOUCAULD, *Mémoires*.

Sur lui les traits lancés fondent de toutes parts ;
Les uns sont repoussés par la divine armure,
Des autres Cythérée *amortit* la blessure.

DELILLE, trad. de l'*Énéide*, X.

Il se dit quelquefois en parlant des herbes, et signifie, Leur faire perdre de leur force, de leur âcreté, de leur amertume :

Il faut *amortir* ces herbes dans le vinaigre.

DANET, *Dictionnaire françois-latin*.

Dans cette acception, il s'emploie plus ordinairement comme neutre ; on dit, *Faire amortir des* herbes dans de l'eau bouillante, du cerfeuil sur une pelle rouge.

On s'en est servi quelquefois aussi en parlant de l'effet d'un contrepoison, d'un changement survenu dans une substance vénéneuse :

(Le médecin) *amortit* tout ou en partie le venin qu'il avoit pris et reçu.
FROISSART, Chroniques, II, ɔɪ, 70.

La contre-poison doit estre plus forte que la poison, afin qu'elle domine... Et en faut donner deux fois le jour, continuant tant que l'on verra le venin *estre amorty* et les accidens cessez.
A. PARÉ, Œuvres, XXI, 14.

On voit dans les pâturages l'hellébore blanc (veratrum album), respecté par les troupeaux, s'élever seul au-dessus des autres herbes, jusques à ce que les premières gelées de l'automne *amortissant* ses qualités vénéneuses, les vaches, devenues moins délicates par le défaut d'une meilleure nourriture, osent brouter ses sommités.
SAUSSURE, Voyages dans les Alpes, t. I, c. 15, § 364.

AMORTIR se dit également en parlant des couleurs, et signifie, En affaiblir de quelque manière la vivacité, l'éclat :

Mes yeux s'offensant de toute lueur esclatante... pour *amortir* la blancheur du papier... je couchois sur mon livre une pièce de verre, et m'en trouvois fort soulagé.
MONTAIGNE, Essais, III, 13.

A la lueur des flambeaux, l'ombre plus prononcée *amortit* la brillante uniformité du marbre.
Mme DE STAEL, Corinne, liv. II, c. 2.

Amortir est aussi employé, mais au figuré, dans ce passage :

M. le duc d'Orléans entra dans toutes les affaires ; il n'en sortit jamais qu'avec honte, parce qu'il n'avoit pas le courage de les soustenir. Cet ombrage *amortit* les couleurs mesme les plus vives et les plus gaies.
LE CARDINAL DE RETZ, Mémoires.

AMORTIR se dit des sons dans un sens analogue :

On garnit un sautereau d'épinette d'un morceau d'étoffe pour *amortir* le son de la corde.
FURETIÈRE, Dictionnaire.

Dans l'ordre moral, les applications figurées auxquelles se prête AMORTIR sont aussi très fréquentes. On s'en sert fort habituellement en par-

lant des passions, des affections, pour, Les rendre moins vives :

L'affection que je luy porte ne *sera admortie* par vostre audace.
HERBERAY DES ESSARTS, Amadis de Gaule, liv. II, c. 19.

Toutes ces envies, toutes ces haines et détractions à l'encontre de Marius, *furent* bientost après esteinctes et *amorties* par le grand danger qui survint à toute l'Italie du costé du ponent.
AMYOT, trad. de Plutarque. Vie de Marius, 16.

La lassitude du corps *amortissoit* l'aize et le contentement de l'esprit.
LE MÊME, même ouvrage. Vie d'Aratus, 27,

Thrasonidez, jeune homme grec, fut si amoureux de son amour, qu'il refusa, ayant gaigné le cœur d'une maistresse, d'en jouir, pour *n'amortir*, rassasier et alanguir par la jouissance ceste ardeur inquiete, de laquelle il se glorifioit et se paissoit.
MONTAIGNE, Essais, III, 5.

Faut que vous scachiez qu'après que les soucis de l'amour *furent amortis* par le mariage, afin qu'ils ne demeurassent oyseux, les affaires du mesnage commencèrent à naistre.
D'URFÉ, l'Astrée, Ire part., liv. VI.

Le temps *amortit* les afflictions et les querelles, parce qu'on change et qu'on devient comme une autre personne.
PASCAL, Pensées.

Elle sut enfin si bien ménager son esprit, qu'elle *amortit* pour quelque temps les fâcheuses agitations de son âme.
Mme DE MOTTEVILLE, Mémoires.

Vous m'en avez réveillé le goût (de la société), qui *étoit* assez *amorti*.
Mme DE MAINTENON, Lettres; au duc de Noailles, 3 août 1703.

Elle (la fille de Gaston) épousa, en 1661, Cosme de Médicis, grand-duc de Toscane, avec un esprit de retour que rien ne put *amortir*.
SAINT-SIMON, Mémoires, 1715.

Dans les pays chauds, où règne ordinairement le despotisme, les passions se font plus tôt sentir, et elles *sont* aussi plus tôt *amorties*.
MONTESQUIEU, Esprit des lois.

J'aurai sacrifié quelque temps... à la nécessité d'*amortir* l'envie, je donnerai le reste à l'amitié.
VOLTAIRE, Lettres; au maréchal de Richelieu, août 1750

Quand la fougue de la jeunesse *sera amortie*.
LE MÊME, Contes. L'Ingénu.

Et déjà son courroux *étoit* presque *amorti*.
ROTROU, Antigone, III, 7.

On se sert d'Amortir au sujet des choses de l'ordre moral, dans beaucoup d'autres occasions encore, et on l'a pu construire avec des régimes de toutes sortes :

En magnifiant nature tant qu'il leur est possible, ils tâchent d'*amortir* le nom de Dieu.
Calvin, *Institution chrestienne*, liv. I, c. 5, § 5.

Tant estoient toutes occasions de guerre et partout esteinctes et *amorties*.
Amyot, trad. de Plutarque. *Vie de Numa.*

Permettre en ceste cour qu'il y eust certains hommes qui n'eussent autre vacation qu'à procurer les affaires d'un estranger seroit, au lieu d'*amortir* les procez, les immortaliser à jamais.
Est. Pasquier, *Recherches de la France*, II, 4.

S'il naissoit quelque différent, tous les gentilshommes couroient pour l'*amortir*, comme à présent on le laisse croistre, pour avoir le plaisir de voir battre deux hommes.
La Noue, *Discours politiques et militaires*, XII.

Il ne se pouvoit pas faire que l'usage des masques n'*amortit* beaucoup la vivacité de l'action qui paroit principalement sur le visage.
Rollin, *Traité des Études*, liv. VIII, IIᵉ part., c. 2, art. 2.

L'action du sort *amortit* tout d'un coup les factions et les brigues des nations étrangères.
J.-J. Rousseau, *Considérations sur le gouvernement de Pologne.*

Ma virilité et vieillesse
Est *amortie;* le corps tremble.
Moralité nouvelle d'ung Empereur qui tua son nepveu, etc.
(Voyez *Ancien Théâtre françois, bibliothèque elzévirienne*, t. III, p. 132.)

Et le rosier de Maistre Jean de Meun,
Ayant sur soy mainte perle assortie,
Dont la valeur devoit estre *amortie*
Au premier ray du chauld soleil levant...
Bonaventure Desperriers, *Œuvres*, p. 69.

En pleine chaire il vient nous advertir
Qu'il jeûne bien, pour sa chair *amortir*,
Tout le caresme, en grand dévotion.
Cl. Marot, *Épigrammes*, IV, 14.

On peut, par politique, en prendre le parti
Quand de nos jeunes ans l'éclat est *amorti*.
Molière, *le Misanthrope*, III, 5.

Amortir s'emploie avec le pronom personnel, tant au propre qu'au figuré, dans un sens physique et dans un sens moral ;

III.

Dans un sens physique :

Sacrifiant aux dieux domestiques, les charbons ardens au lieu de s'embraser davantage, comme c'estoit la coustume, *s'amortirent* en un instant.
Coeffeteau, *Histoire romaine*, liv. XII.

(Le dieu d'amour) eust beau tirer ses flesches les mieux acérées, tous leurs coups *s'amortissoient* comme s'ils eussent été tirez contre une balle de laine.
Furetière, *le Roman bourgeois.*

Ce sont les flèches des Mexicains qui auroient pénétré le fer, et qui *s'amortissoient* contre les armures de laine.
Duclos, *Considérations sur les mœurs*, c. 8.

Dans un sens moral :

Pensant que sa gloire et son aucthorité s'alloit petit à petit anéantissant et *amortissant*, par trop demourer en paix sans rien faire, il cherchoit matières de nouvelles guerres.
Amyot, trad. de Plutarque. *Vie de Marius*, c. 9.

Tout ainsi que ces fiefs tombèrent sans aucune distinction ès mains du noble et non noble, du gendarme et du bourgeois : aussi commencèrent petit à petit à *s'amortir* entre nous les lois militaires.
Est. Pasquier, *Recherches de la France*, II, 15.

L'ardeur des croisades ne *s'amortissait* pas.
Voltaire, *Essai sur les mœurs*, c. 56.

Sa fermeté se lasse et son feu *s'amortit*.
P. Corneille, *Imitation de J.-C.*, c. 11.

Amortir se dit en matière de rentes, de pensions, de redevances de tout genre, et signifie, Les éteindre, les faire cesser, en remboursant le capital, en désintéressant le créancier :

Les privilèges que quelques-uns avoient de ne contribuer pas esgallement aux levées du pays, c'estoit que, par une somme une fois levée, ils vouloient *amortir* toutes ces choses.
Agr. d'Aubigné, *Histoire universelle*, I, 362.

Il s'est vanté diverses fois qu'il avoit donné mille écus à Girault pour *amortir* la pension d'une prébende du Mans qu'il lui avoit fait avoir.
Tallemant des Réaux, *Historiettes*. Ménage.

Amortir, dans notre ancien droit, se disait de l'acte par lequel le roi permettait qu'un bien devînt la propriété des gens de mainmorte :

Et s'appelle *admortir*, quand le roi ou autre seigneur, permet aux églises et communautés, que d'ancienneté on appeloit gens de main-morte, de tenir héritage.
Guy Coquille, *Origines*. (Cité par Ménage.)

18

Le roi seul peut *admortir* le fief du consentement de celui duquel il est tenu.

LAURIÈRE, *Glossaire du droit françois.*

AMORTI, IE, participe.

Au propre :

Quelquefois on trouve les vipères si surprises de froid, qu'elles demeurent toutes *amorties* et immobiles comme si elles étoient gelées.

A. PARÉ, *Œuvres,* XXIII, 6.

Au figuré :

Ceste paix estoit le seul remède pour... faire revivre la qualité et la gloire de la noblesse, quasi *amortie* en ses divisions.

MATTHIEU, *Histoire des derniers troubles de France,* liv. I.

Il (le soleil) va chez Téthys
Rallumer dans l'onde
Ses feux *amortis.*

Mme DESHOULIÈRES, *Idylles.* Les Moutons.

L'inimitié qui règne entre les deux partis
N'y rend point de l'honneur tous les droits *amortis.*

P. CORNEILLE, *Sertorius,* III, 2.

De mon génie usé la chaleur *amortie*
A leur gloire immortelle est trop mal assortie.

LE MÊME, *Au Roi,* sur son retour de Flandre.

Je vois de votre teint les roses *amorties.*

MOLIÈRE, *Psyché,* IV, 3.

AMORTI, en matière de rentes, d'héritages :

Pour la fondation et entretenement d'icelle (abbaye de Theleme) donna (Gargantua) à perpetuité vingt et trois cens soixante neuf mille cinq cens quatorze nobles à la rose, de rente fonciere, indemnez, *amortis* et solvables par chascun an à la porte de l'abbaye.

RABELAIS, *Gargantua,* I, 53.

Un héritage *admorti* peut retourner à sa première condition et nature; car il demeure *admorti* tant qu'il est tenu en main-morte; et s'il vient en main d'homme vivant et mourant, il laisse d'être *admorti.*

LAURIÈRE, *Glossaire du droit françois.*

AMORTISSABLE, adj. des deux genres.
Qui peut être amorti. Il ne se dit guère que des rentes.

AMORTISSEMENT, s. m.
Action d'Amortir.

Dans ce sens général il a pu correspondre aux diverses acceptions d'*Amortir* au propre et au figuré ;
Dans un sens physique :

Si cette emplâtre ne guérit pas, elle cause du moins l'*amortissement* de la douleur.

Sans l'*amortissement* du coup, il auroit été mortel.

FURETIÈRE, *Dictionnaire.*

Dans un sens moral :

Peu de temps après ils apperceurent bien que ce partage n'estoit point *amortissement* d'inimitié, ains plus tost commencement de querelles et de discussions entre eulx.

AMYOT, trad. de Plutarque. *Vie de Pyrrhus,* 23.

Mais parce que le roy de Navarre fit entendre à Sa Majesté que la paix ayant esté tant de fois interrompue, par surprises et guerres ouvertes, le terme de six ans avoit esté trop court pour l'exécution de l'édict, et *amortissement* des guerres, elle leur accorda ceste prolongation.

MATTHIEU, *Histoire des derniers troubles de France,* liv. I.

Il arrive ordinairement l'un de ces deux maux aux gens de guerre qui sont en plein repos : ou l'*amortissement* de force et de courage, ou les tumultes et séditions contre ceux qui leur commandent.

BERGIER, *Histoire des grands chemins de l'empire romain,* III, c. 11.

Madame de Saint-Simon, sans se compter elle-même pour rien, me représentoit doucement les suites dangereuses du parti que je voulois prendre : l'*amortissement* du dépit, l'ennui d'une vie désoccupée.

SAINT-SIMON, *Mémoires,* 1709.

AMORTISSEMENT est resté surtout terme de Finance et signifie le Rachat, l'extinction d'une pension, d'une rente, d'une redevance :

Je me suis résolu, pour prévenir tels inconvénients, d'entrer au rachat et *amortissement* des rentes.

HENRI IV, *Harangue,* prononcée à Paris le 26 février 1604.

Avec cette caisse disparaîtront toutes les objections que l'expérience a consacrées, et qui, jusqu'ici, n'ont imprimé sur tous les plans d'*amortissement* que le sceau de la légèreté ou du charlatanisme.

MIRABEAU, *Discours,* 6 novembre 1789.

Fonds d'amortissement se dit de la somme destinée à l'extinction d'une rente :

On a pris le parti de faire des *fonds d'amortissement* comme chez les Anglais : il a fallu adopter une partie de leur système de finance, ainsi que leur philosophie.

VOLTAIRE, *Siècle de Louis XIV*, c. 30.

M. Necker, afin d'assurer l'intérêt et le *fonds d'amortissement* nécessaires à la garantie des paiements, attachoit une réforme à chaque emprunt.

Mme de STAEL, *Considérations sur la Révolution française*, Ire part., c. 5.

On appelle *Caisse d'amortissement,* une Caisse établie pour l'amortissement graduel de la dette publique.

AMORTISSEMENT s'est dit, dans notre ancien droit, en parlant d'un bien qui tombait en mainmorte, et il signifiait, La faculté donnée par le roi pour faire que les gens de mainmorte pussent devenir propriétaires, à charge de ne pouvoir vendre le fonds amorti :

Lesquelz il renta moult richement par *amortissement* perpétuel.

CHRISTINE DE PISAN, *Histoire de Charles V*, III, 11.

Les églises et gens de mainmorte ne doivent tenir héritage à perpétuité, ne l'acquérir sans congé ou *admortissement.*

LAURIÈRE, *Glossaire du droit françois.*

De là plusieurs expressions autrefois usitées ; *Lettres d'amortissement :*

Il convient que les gens d'Église et autres de mainmorte ayent *lettres d'amortissement* en forme de chartre, tant du roi comme souverain, que de leur seigneur médiat.

LAURIÈRE, *Glossaire du droit françois.*

Droit d'amortissement :

Les communautez et autres gens de mainmorte sont obligez de payer au roy le *droit d'amortissement,* qui n'est autre chose qu'une indemnité.

LAURIÈRE, *Glossaire du droit françois.*

Dans quelques pays de l'Europe la considération des droits des seigneurs a fait établir, en leur faveur, un droit d'indemnité sur les immeubles acquis par les gens de mainmorte : l'intérêt du prince a fait exiger un *droit d'amortissement* dans le même cas.

MONTESQUIEU, *Esprit des Lois*, XXV.

Au lieu de *Lettres d'amortissement,* de *Droit d'amortissement,* on a dit quelquefois, *Amortisation.* (Voyez le *Glossaire* de Sainte-Palaye.)

AMORTISSEMENT, en termes d'Architecture, signifie, Ce qui termine, ce qui finit et surmonte le comble d'un bâtiment :

Dans les bâtiments, les *amortissements* des toits sont appelés acrotères.

CL. PERRAULT, trad. de *Vitruve*. Table, Acrotère.

Il se dit, par extension, de tous les ornements qui terminent des ouvrages d'architecture :

L'on se peut aussi ayder des figures de Gemini, soit pour les frizes, ou pour les *amortissements* des caducées et trophées de Mercure.

PHILIBERT DE L'ORME, *Architecture*, liv. VII, c. 18.

AMOUR, AMOURACHER, AMOURETTE, AMOUREUSEMENT, AMOUREUX. (Voyez **AIMER.**)

AMOVIBLE, adj. des deux genres. (Du latin *Amovere*, venu lui-même de *a* et *movere.*)

Qui peut être déplacé à volonté. C'est le contraire d'*inamovible,* qui s'en est formé et auquel il est souvent opposé.

On le dit des choses, d'un office, d'une place, etc. :

Voilà ce que c'est qu'*amovible,* qui emporte une dépendance continuelle et une instabilité absolue. Mais *amovible* ne se dit point des administrations limitées à certain temps, et qui expirent avec le temps qui leur est préfix.

PATRU, *Plaidoyers*, XVIII.

Nous avons un huissier de nostre assemblée, qui est un office *amovible.*

L'ARCHEVÊQUE DE TOULOUSE, à Colbert, 12 décembre 1664. (Voyez DEPPING, *Correspondance administrative sous Louis XIV*, t. I, p. 157.)

De cette puissance de suspendre tout effet de grandesse, les rois ont prétendu les grandesses mêmes *amovibles* à leur volonté.

SAINT-SIMON, *Mémoires*, 1721.

Quoique, par la loi, les fiefs fussent *amovibles,* ils ne se donnoient pourtant, ni ne s'ôtoient d'une manière capricieuse et arbitraire.

MONTESQUIEU, *Esprit des Lois*, XXXI, 1.

Dans la démocratie les offices sont *amovibles,* et les tribunaux ne sont fixes qu'autant qu'il plaît au peuple souverain de ne pas les déplacer.

DE BONALD, *Théorie du pouvoir politique et religieux.*

On le dit, le plus souvent, des personnes, de celles, particulièrement, qui occupent quelque emploi :

> Les juges du parlement, toujours nommés par le roi, toujours payés par lui, et toujours *amovibles*, n'avaient pu être réputés du corps des pairs du royaume.
> VOLTAIRE, *Histoire du parlement de Paris*, c. 8. Quels furent les pairs qui jugèrent à mort le roi Jean sans Terre.

Il faut que ce droit (d'arrestation arbitraire et temporaire) soit confié à des magistrats *amovibles*, car inamovibles et non responsables, ils pourraient commettre les abus les plus effrayants, et une autorité salutaire dégénérer en tyrannie.
> ROYER-COLLARD, *Opinion sur la loi de sûreté*, 1815.

Qui ne croirait que les juges ayant été *amovibles* jusqu'ici, il s'agit de leur imprimer pour la première fois le caractère de l'inamovibilité, avec cette restriction qui se fait à peine apercevoir, qu'ils ne sont néanmoins inamovibles qu'après un an.
> LE MÊME, *Opinion sur l'inamovibilité des juges*, 1815.

AMOVIBILITÉ, s. f.

Qualité de ce qui est amovible ;
Soit en parlant des personnes :

> Cette *amovibilité* ne peut pas s'étendre aux évêques.
> J.-J. ROUSSEAU, *Considérations sur le gouvernement de Pologne*, VII.

Les sociétés les plus faibles des temps modernes sont celles où l'on trouve l'*amovibilité* dans les personnes, la Pologne, la Turquie, la Chine, et les États populaires de Suisse et de Hollande.
> DE BONALD, *Législation primitive*. Discours préliminaire.

Soit en parlant des choses :

> Les maires du Palais n'eurent garde de rétablir l'*amovibilité* des charges et des offices.
> MONTESQUIEU, *Esprit des Lois*, XXXI, 7.

Quelle heureuse circonstance que celle où la capitale, en élevant sa municipalité sur les vrais principes d'une élection libre, faite par la fusion des trois ordres dans la commune, avec la fréquente *amovibilité* des Conseils et des emplois, peut offrir à toutes les villes du royaume un modèle à imiter.
> MIRABEAU, *Discours*, 23 juillet 1789.

L'inamovibilité du juge, ou l'indépendance du pouvoir judiciaire... a, dit-on, de fâcheuses conséquences... Quand on aura triomphé dans l'énumération de ces conséquences, il en faudra venir à examiner si l'*amovibilité* n'en a pas de plus terribles.
> ROYER-COLLARD, *Opinion sur l'inamovibilité des juges*, 1815.

AMPHIBIE, adj. des deux genres. (Du grec ἀμφίβιος, et, par ce mot, d'ἀμφὶ, des deux côtés, et βίος, vie.)

Qui a une double vie, qui vit de deux manières. Il se dit au propre des animaux qui vivent sur la terre et dans l'eau :

> Thevet dit, qu'il se voit en l'isle de Moluque une beste *amphibe*.
> BOUCHET, *Serées*, I, 8.

> Chaque castor agit : commune en est la tâche ;
> Le vieux y fait marcher le jeune sans relâche ;
> Maint maître d'œuvre y court, et tient haut le bâton.
>   La république de Platon
>   Ne seroit rien que l'apprentie
>   De cette famille *amphibie*.
> LA FONTAINE, *Fables*, X, 1.

Il se dit aussi de certaines plantes qui peuvent croître également dans l'eau et hors de l'eau. Il présente un sens analogue dans le passage suivant :

> Il y a des végétaux *amphibies* ; la nature les a disposés de manière qu'une partie de leur feuillage se dresse vers le ciel, et l'autre forme l'arcade et se penche vers la terre.
> BERNARDIN DE SAINT-PIERRE, *Études de la nature*, XI.

Il s'emploie substantivement en parlant des animaux :

> Entre les animaux terrestres et aquatiques sont les *amphibies* : comme sont les bièvres, loustres, tortues, cancres, escrevisses, camphur et crocodile.
> A. PARÉ, *Œuvres*, II, 21.

> Mais avant que le Phénix arrivast au lieu du spectacle, les poissons l'envoyèrent recevoir, à deux cents pas de la mer, par de petits poissons volans, suivis d'*amphibies*, pour montrer que leur jurisdiction s'étendoit sur la terre et dans l'air, aussi bien que dans les eaux.
> PERROT D'ABLANCOURT, trad. de Lucien. *Supplément de l'histoire véritable*.

> Ils (les phoques) sont les seuls animaux qui puissent vivre également et dans l'air et dans l'eau ; les seuls, par conséquent, qu'on dût appeler *amphibies*.
> BUFFON, *Histoire naturelle*. Quadrupèdes.

AMPHIBIE, substantif, est appliqué, par extension, à d'autres êtres qu'à des animaux dans ce passage :

> A moins que les habitants de Jupiter ne soient *amphibies*, et qu'ils ne vivent également sur la terre et dans l'eau, je ne sais pas trop bien ce qu'ils deviennent.
> FONTENELLE, *Entretiens sur la pluralité des mondes*, 6e soir.

AMPHIBIE s'applique, par une figure familière, aux personnes et aux choses.

On le dit d'Un homme qui fait à la fois deux choses différentes et disparates, deux rôles, deux personnages, qui est de deux conditions, de deux partis, de deux opinions, etc. :

A cette solennité se trouva un homme *amphibie*, qui estoit le matin advocat et le soir courtisan ; il portoit le matin la robe au palais pour plaider ou pour écouter, et le soir il portoit les grands canons et les glands d'or pour aller cajoller les dames.

FURETIÈRE, *le Roman bourgeois*, I.

Il est demeuré comme un *amphibie* entre la ville et la cour.

TALLLÉMANT DES RÉAUX, *Historiettes*. Belesbat.

Ils sont *amphibies*, ils vivent de l'église et de l'épée.

LA BRUYÈRE, *Caractères*, c. 8.

De là Sa Majesté l'envoya faire la campagne sur l'armée navale, espèce d'*amphibie* guerrier, qui partageoit sa vie et ses fonctions entre l'un et l'autre élément.

FONTENELLE, *Éloge de Renan*.

Il y a bientôt huit ans que je demeure dans le temple de l'amitié et de l'étude... J'y oublie les persécutions des ignorants en place, et la basse jalousie de certains animaux *amphibies* qui osent se dire gens de lettres.

VOLTAIRE, *Lettres*; 24 janvier 1740.

Je m'attendais à voir chez moi le chevalier ou la chevalière d'Éon... un gentilhomme anglais, qui était à Londres son intime ami, et qui n'avait vu en lui que Mademoiselle d'Éon... m'avait leurré de cette espérance. J'ai été privé de cette *amphibie*.

LE MÊME, même ouvrage, novembre 1777.

Ces faux *amphibies* qui ne tenant à la cour que par un fil très-foible, et aux lettres que par un autre fil plus imperceptible encore, voudroient jouir à la fois des avantages du rang et du mérite.

D'ALEMBERT, *Éloges*.

Souvent je bâille au tragique bourgeois,
Aux vains efforts d'un auteur *amphibie*,
Qui défigure et qui brave à la fois,
Dans son jargon, Melpomène et Thalie.

VOLTAIRE, *Satires*. Le Pauvre diable.

On le dit aussi d'Une chose qui appartient à deux genres différents :

Craignant cependant que l'événement ne démentît ce qu'il (Beretti) avoit écrit, il faisoit observer que la conduite de la république (de Hollande) étoit *amphibie*, et que sa politique tendoit à ne pas déplaire au roi d'Espagne sans se rendre suspecte aux autres puissances.

SAINT-SIMON, *Mémoires*, 1718.

Elle (la compilation connue sous le nom d'Établissements de saint Louis) formoit un code *amphibie* où l'on avoit mêlé la jurisprudence françoise avec la loi romaine.

MONTESQUIEU, *Esprit des Lois*, XXVIII, 38.

AMPHIBOLOGIE, s. m. (Du latin *Amphibologia*, et, par ce mot, des mots grecs ἀμφιβολία, ἀμφίβολος, formés de ἀμφὶ, des deux côtés, de βάλλω, jeter, et de λόγος, discours.)

On avait aussi tiré de ἀμφιβολία le substantif de sens pareil *Amphibolie*, recueilli dans le dictionnaire de Cotgrave :

Amphibolie vaut autant à dire comme douteux, douteuse.

Chroniques de Saint-Denys, t. II, f° 44, r°. (Cité par Sainte-Palaye.)

AMPHIBOLOGIE se dit d'un vice du discours qui le rend ambigu, qui peut le faire interpréter en deux sens différents et même contraires :

J'ai lieu qu'on temps passé les plus veritables et seurs oracles n'estoient ceulx que par escript on bailloit, ou par parolle on proferoit. Maintes foys y ont faict erreur, ceulx voire qui estoient estimez fins et ingenieux, tant à cause des *amphibologies*, equivocques et obscuritez des motz, que de la briefveté des sentences.

RABELAIS, *Pantagruel*, III, 19.

Il faut éviter ces phrases louches, ces *amphibologies* de construction.

VOLTAIRE, *Commentaire sur Corneille*.

AMPHIBOLOGIE a pu se dire, par figure, d'autres équivoques, d'autres obscurités que de celles du discours :

Ou je me trompe fort, ou il y a quelque *amphibologie* dans cette composition.

DIDEROT, *Salon de 1765*. Le Prince.

AMPHIBOLOGIQUE, adj. des deux genres.

On a dit au même sens, le tirant de ἀμφίβολος, AMPHIBOLE, recueilli dans le dictionnaire de Cotgrave. AMPHIBOLE est resté comme terme de minéralogie.

AMPHIBOLOGIQUE signifie, Qui présente une amphibologie, un double sens, ambigu, obscur :

Leurs paroles sont aucunes fois doubles, *amphibologiques*, à deux visaiges.

NICOLE ORESME. Cité dans la thèse de M. Meunier. .

Monsieur soutint la conversation par un discours *amphibologique* qui, dans la bouche de Gaston de Foix, eust paru un grand exploit, mais qui, dans celle de Gaston de France, ne me présagea qu'un grand rien.

CARDINAL DE RETZ, *Mémoires*.

De quelque manière qu'une phrase soit *amphibologique*, elle a l'espèce de vice la plus condamnable, puisqu'elle pèche contre la netteté, qui est, selon Quintilien et suivant la raison, la première qualité du discours.

BEAUZÉE, *Synonymes*.

En termes clairs et nets cette lettre s'explique,
Et le tour n'en est point trop *amphibologique*.

REGNARD, *le Bal*, sc. 18.

AMPHIBOLOGIQUEMENT, adv.

D'une manière amphibologique :

Il m'avoit parlé *amphibologiquement*.

LE CARDINAL DE RETZ, *Mémoires*.

Les oracles s'expliquoient *amphibologiquement*.

PERROT D'ABLANCOURT, trad. de Lucien.

AMPHICTYONS, s. f. pl. (Du grec 'Αμφικτύονες, et, par ce mot, de 'Αμφικτύων, Amphictyon, fils de Deucalion, à qui on faisait remonter l'institution du conseil des Amphictyons.)

Nom que les Grecs donnaient aux représentants des villes qui avaient droit de suffrage dans le conseil ou tribunal des États helléniques.

Amphictyon, troisième roi d'Athènes, procura une confédération de douze peuples, qui s'assembloient deux fois l'an aux Thermopyles, pour y faire des sacrifices communs, et pour y délibérer ensemble... Elle fut nommée l'Assemblée des *Amphictyons*.

ROLLIN, *Histoire ancienne*, liv. V, art. 4.

La loi dont je vais parler se trouve dans ce serment qui nous a été conservé par Eschines : Je jure que je ne détruirai jamais une ville des *amphictyons*.

MONTESQUIEU, *Esprit des Lois*, XXIX, 15.

A quelques stades des Thermopyles, nous trouvâmes le petit bourg d'Authela, célèbre par un temple de Cérès, et par l'assemblée des *amphictyons* qui s'y tient tous les ans... Suivant les uns, Amphictyon, qui régnoit aux environs, en fut l'auteur.

BARTHÉLEMY, *Voyage d'Anacharsis*, c. 23.

AMPHICTYONIE, s. f. (Du grec ἀμφικτυονία.)
Il se dit du droit que les principales villes de la

Grèce avaient d'envoyer un député au conseil des Amphictyons.

Il se dit encore d'assemblées particulières analogues au conseil des Amphictyons, existant en diverses contrées de la Grèce.

AMPHICTYONIDE, adj. f. (Du grec ἀμφικτυονίς.)

Il se dit des villes de la Grèce qui avaient le droit d'Amphictyonie : *Ville Amphictyonide*.

AMPHICTYONIQUE, adj. des deux genres. (Du grec ἀμφικτυονικός.)

Qui a rapport au conseil des Amphictyons.

La ligue fut cimentée par un serment qui s'est toujours renouvelé depuis : « Nous jurons, dirent les peuples associés, de ne jamais renverser les villes *amphictyoniques*. »

BARTHÉLEMY, *Voyage d'Anacharsis*, c. 35.

AMPHIGOURI, s. m.

On l'a écrit *Amfigouri*. (Voyez le *Dictionnaire de l'Académie*, édition de 1762.)

Discours, écrit burlesque et inintelligible, fait à dessein.

Amphigouri sur l'air du *Menuet de la Pupille* :

> Qu'il est beau de se défendre
> Quand le cœur ne s'est pas rendu !
> Mais qu'il est fâcheux de se rendre
> Quand le bonheur est suspendu !
> Par un discours sans suite et tendre
> Égarez un cœur éperdu ;
> Souvent par un mal entendu
> L'amant adroit se fait entendre.

COLLÉ, *Poésies* (*).

(*) On lit dans une notice sur Collé :

« Ce couplet a tant d'apparence d'avoir quelque sens, que Fontenelle, l'entendant chanter chez madame de Tencin, crut la comprendre un peu, et voulut le faire recommencer pour le comprendre mieux. Madame de Tencin interrompit le chanteur, et dit à Fontenelle : « Eh ! grosse bête, ne vois-tu pas que ce couplet n'est que du galimathias? » Il ressemble si fort à tous les vers que j'entends lire ou chanter ici, reprit malignement Fontenelle, qu'il n'est pas surprenant que je me sois mépris. »

Il se dit aussi d'un discours, d'un écrit dont les phrases, contre l'intention de la personne qui parle ou qui écrit, ne présentent que des idées sans suite, et n'ont aucun sens raisonnable :

Le tout aboutit à un *amphigouri* où l'on ne dit ni oui ni non, et auquel il est aussi peu possible de rien comprendre qu'aux deux plaidoyers de Rabelais.

J.-J. Rousseau, Lettres écrites de la Montagne, II.

Comme nous ne nous entendions point l'un l'autre, nos entretiens à ce sujet étoient autant d'énigmes et d'*amphigouris* plus que risibles.

Le même, les Confessions, II, 7.

AMPHIGOURIQUE, adj. des deux genres. Qui a le caractère de l'amphigouri.

AMPHITHÉATRE, s. m. (Des mots grec et latin, *Amphitheatrum*, ἀμφιθέατρον, et, par ce dernier, de ἀμφί, de l'un et de l'autre côté, tout autour, et θέατρον.) C'était, chez les Romains et chez les peuples soumis à leur domination, un grand édifice elliptique et quelquefois circulaire, dont le milieu était une arène destinée surtout aux combats de gladiateurs et de bêtes féroces, et dont la circonférence était formée de plusieurs rangs de gradins :

Et au chemin (Pantagruel) feit le pont du Guard et l'*amphitheatre* de Nismes en moins de troys heures, qui, toutesfoys, semble œuvre plus divin que humain.

Rabelais, Pantagruel, II, 5.

(Curion) fit deux théâtres de bois... qui se tournoient comme on vouloit... par le moyen d'un seul pivot... il faisoit tourner visages aux dits théâtres, et quant et quant les faisoit remettre à front... tellement qu'on pouvoit alors remarquer un colysée et un *amphithéâtre* parfait.

Du Pinet, trad. de Pline. Histoire naturelle, XXXVI, 15.

C'estoit aussi belle chose à voir, ces grands *amphithéâtres* encroutez de marbre au dehors, labourez d'ouvrages et statues, le dedans reluisant de rares enrichissements.

Montaigne, Essais, III, 6.

Quand Dieu enfin se ressouvint... des cris furieux dont tout le peuple romain, avide du sang chrétien, avoit si souvent fait retentir l'*amphithéâtre*.

Bossuet, Discours sur l'histoire universelle, III, 1.

Au lieu de ces sages lois qui gouvernaient la moitié de notre hémisphère, on ne trouve plus que des coutumes sauvages : les cirques, les *amphithéâtres* élevés dans toutes les provinces sont changés en masures couvertes de paille.

Voltaire, Essai sur les mœurs, c. 12. De la
décadence de Rome.

Si vous survivez à tant d'outrages, vous serez conduits à Rome : là, renfermés dans un *amphithéâtre*, on vous forcera de vous entre-tuer, pour amuser par votre agonie une populace féroce. Gaulois, il est une manière plus digne de vous de visiter Rome... On vous demande à l'*amphithéâtre* de Titus : partez! Obéissez aux illustres spectateurs qui vous appellent. Allez apprendre aux Romains à mourir, mais d'une tout autre façon qu'en répandant votre sang dans leurs fêtes.

Chateaubriand, les Martyrs, IX.

On l'a dit, par extension, d'autres édifices de disposition semblable, élevés ou supposés élevés à d'autres époques qu'à l'époque romaine :

Le milieu du cirque étoit une arène préparée pour les combattants; elle étoit bordée par un grand *amphithéâtre* d'un gazon frais, sur lequel étoit assis et rangé un peuple innombrable.

Fénelon, Télémaque, V.

On dressa autour de la lice un *amphithéâtre* de marbre, qui pouvait contenir cinq cent mille spectateurs.

Voltaire, Contes. La princesse de Babylonne, I.

On entend encore par Amphithéatre, la partie d'un théâtre antique garnie de gradins pour les spectateurs, et faisant face à la scène :

Le théâtre s'est ouvert à la pointe du jour... Rien de plus imposant que le premier coup d'œil : d'un côté la scène ornée de décorations exécutées par d'habiles artistes, de l'autre un vaste *amphithéâtre* couvert de gradins, qui s'élèvent les uns au-dessus des autres jusqu'à une grande hauteur.

Barthélemy, Voyage d'Anacharsis, c. 2.

Amphithéatre se dit par extension, par comparaison, quelquefois même par figure, de tout lieu circulaire ou semi-circulaire disposé naturellement en talus, en pente douce, et présentant la forme d'un Amphithéâtre scénique :

Regardant çà et là, l'on voit la campagne comme un *amphithéâtre*, car les haults monts l'entournent en façon de demie lune.

Pierre Belon, Singularitez et choses memorables de
divers pays estranges II, 107.

Peu à peu nous vîmes plus distinctement les côtes de cette isle, qui présentoient à nos yeux comme un *amphithéâtre*.

Fénelon, Télémaque, V.

Je serois porté à croire qu'il manque dans cette partie quelques-uns des gradins inférieurs du grand *amphithéâtre* des Alpes, et qu'ici le lac, qui est l'arène de cet *amphi-*

théâtre, occupe la place de ces marches, qui ont été détruites par quelque révolution.

SAUSSURE, *Voyages dans les Alpes*, t. I, c. 23, § 325.

Ce vaste enclos paraissoit de son centre comme un *amphithéâtre* de verdure, de fruits et de fleurs.

BERNARDIN DE SAINT-PIERRE, *Paul et Virginie*.

Dans le lointain s'élevoit l'*amphithéâtre* des montagnes de la Judée.

CHATEAUBRIAND, *Itinéraire de Paris à Jérusalem*. Voyage à Rhodes.

L'*amphithéâtre* tumultueux des montagnes se teignit d'une couleur rouge et ardente.

LA MÊME, même ouvrage.

En face d'un parterre au palais opposé
Est un *amphithéâtre* en rampes divisé.

LA FONTAINE, *Psyché*, I.

Le village au-dessus forme un *amphithéâtre*.

BOILEAU, *Épîtres*, VI.

En Amphithéâtre est une expression fort usitée :

La caravane n'entre point dans la ville, qui est bastie *en amphithéâtre* sur le penchant d'une montagne fort roide.

TAVERNIER, *Voyages de Perse*, II, 4.

L'aspect de la terre présente des collines qui fuient les unes derrière les autres *en amphithéâtre*, et dont les contours, couverts d'arbres en pyramides, se profilent avec majesté sur la voûte des cieux.

BERNARDIN DE SAINT-PIERRE, *Études de la nature*, V.

Un peuple immense était placé *en amphithéâtre* sur toutes les avenues.

MIRABEAU, *Discours*, 26 décembre 1789.

AMPHITHÉÂTRE désigne, dans quelques salles de spectacle modernes, des places qui sont, le plus ordinairement, entre le parterre et les loges :

Parterre, théâtre, *amphithéâtre*, loges hautes et basses, il n'y a point d'endroits où vous n'ayez été.

BARON, *l'Homme à bonnes fortunes*, IV, 7.

Elle (la duchesse de Berry) fut à l'Opéra dans l'*amphithéâtre*, dont on ôta plusieurs bancs. Elle s'y plaça sur une estrade, dans un fauteuil.

SAINT-SIMON, *Mémoires*, 1718.

Je ne fus pas arrivé, que je me trouvai sujet aux mêmes distractions ; cela me fit prendre la résolution de ne donner à la pièce qu'une attention superficielle, et de promener mes regards dans les loges, dans l'*amphithéâtre* et dans le parterre.

MARIVAUX, *le Paysan parvenu*, VIᵉ partie.

On appelle AMPHITHÉÂTRE, dans les écoles de chirurgie, de médecine et autres, le lieu où les auditeurs sont placés sur des gradins exhaussés les uns au-dessus des autres :

Ils (les étudiants) ne pouvoient tenir dans l'*amphithéâtre*.

MAIRAN, *Éloges*.

Quel appareil affreux qu'un *amphithéâtre* anatomique !

J.-J. ROUSSEAU, *Rêveries d'un promeneur solitaire*, VII.

AMPHITHÉÂTRE se dit quelquefois, par figure, des spectateurs ou auditeurs placés dans l'amphithéâtre :

J'ai vu autrefois, et dans ma première jeunesse, que ces endroits étoient clairs et intelligibles pour les acteurs, pour le parterre et pour l'*amphithéâtre*.

LA BRUYÈRE, *Caractères*, c. 1.

On occupera bientôt tout l'*amphithéâtre* d'un laquais qui siffle, d'un malade dans sa garde-robe, d'un homme ivre.

LA MÊME, même ouvrage, *ibid*.

Tout l'*amphithéâtre* se leva pour le mieux regarder... Il fait des contorsions qui excitent le rire de l'*amphithéâtre*.

VOLTAIRE, *la Princesse de Babylone*, I.

Dans le passage suivant, AMPHITHÉÂTRE est appliqué, par figure, à un objet de forme et de disposition analogues à celles d'un amphithéâtre :

Un buffet en gradins portait vingt mille plats d'or... deux autres *amphithéâtres* étaient chargés, l'un des fruits de toutes les saisons, l'autre d'amphores de cristal.

VOLTAIRE, *la Princesse de Babylone*, III.

AMPHITRYON, s. m.

Nom d'un prince thébain, employé dans le langage familier pour signifier, Le maître d'une maison où l'on dîne, celui qui donne à dîner, par allusion à ces vers :

Le véritable *amphitryon*
Est l'*amphitryon* où l'on dîne.

MOLIÈRE, *Amphitryon*, III, 5.

L'*amphitryon* du lieu. . . . .

DELILLE, *la Conversation*, I.

S'il est un rôle noble et bien digne d'envie,
Un agréable emploi dans le cours de la vie,
C'est celui d'un mortel qui fait dans sa maison
Les honneurs de sa table en digne *amphitryon*.

BERCHOUX, *la Gastronomie*, c. 3.

AMPHORE, s. f. (Du latin *Amphora*, et, par ce mot, du grec ἀμφορεὺς, pour ἀμφιφορεὺς, de ἀμφὶ, des deux côtés, et φέρειν, porter.) Terme d'Antiquité romaine.

Vase à deux anses dans lequel on conservait le vin et l'huile.

Ce mot a été blâmé par Bouhours dans certaines traductions du latin où il était fort à sa place :

Quels termes, bon Dieu ! qu'hidrie et *amphore*. A quel marché, à quelle foire de France vend-on des hidries et des *amphores* ? Une servante n'étonneroit-elle pas bien sa maîtresse, de lui dire : J'ai acheté une hidrie et une *amphore* ? Ce seroit bien pis que la servante de Molière.

BOUHOURS, *Remarques nouvelles sur la langue françoise*.

Il n'a pas laissé de s'établir et d'être employé, non seulement en parlant des vases que l'on désignait ainsi chez les Romains :

Des *amphores* pleines d'un vin de Chio, devenu un baume par le long travail des ans.

CHATEAUBRIAND, *les Martyrs*, XI.

mais par allusion à ces vases :

Deux autres amphithéâtres étoient chargés, l'un de fruits de toutes les saisons, l'autre d'*amphores* de cristal où brillaient tous les vins de la terre.

VOLTAIRE, *la Princesse de Babylone*, c. 3.

Un jour, ayant examiné au microscope des fleurs de thym, j'y distinguai, avec la plus grande surprise, de superbes *amphores* à long col, d'une matière semblable à l'améthyste, du goulot desquelles sembloient sortir des lingots d'or fondu.

BERNARDIN DE SAINT-PIERRE, *Études de la nature*, I.

Amphore se disait encore, chez les Romains, d'une mesure de capacité pour les liquides, et il se trouve employé en ce sens dans nos livres d'antiquités.

L'*amphore* tient deux urnes ou soixante dix onces de mesure, qui est la huictième partie d'un muyts de Paris qui tient deux cent quatre vingt huit pintes. Les anciens l'appelloyent aussi *Quadrantal*.

DU PINET, trad. de Pline, *Histoire universelle*. Des poids, mesures et dimensions des anciens.

AMPLE, adj. des deux genres. (Du latin *Amplus*.) Fort étendu en longueur, en largeur :

III.

Et vuidèrent la porte et la laissèrent toute *ample* ouverte.

FROISSART, *Chroniques*, liv. I, II° partie, c. 351.

Il leur convenoit tenir le plus *ample* chemin pour leur charroy.

LE MÊME, même ouvrage, II, 5.

Auquel lieu estoit une *ample* forest, de la longueur de trente et cinq lieues, et de largeur dix et sept, ou environ.

RABELAIS, *Gargantua*, I, 16.

Au dedans... estoyent belles gualeries longues et *amples*.

LE MÊME, même ouvrage, I, 55.

Soubs un grand et *ample* chastaignier leurs feut monstrée la maison de la vaticinatrice.

LE MÊME, *Pantagruel*, III, 17.

Feust le pavé de la salle couvert d'un *ample* piece de tapisserie veloutée.

LE MÊME, même ouvrage, V, 24.

Royaume (la Chine)... duquel l'histoire m'apprend combien le monde est plus *ample* et plus divers, que ny les anciens, ny nous, ne penetrons.

MONTAIGNE, *Essais*, III, 13.

Vous avez le ventre *ample* et spacieux.

Satire Ménippée.

Il déploye un *ample* mouchoir.

LA BRUYÈRE, *Caractères*, c. 6.

Son vêtement (de Joyeux, valet de chambre) étoit... toujours le même : grande perruque et grand rabat, habit brun fort *ample*.

SAINT-SIMON, *Mémoires*, 1760.

A dueil mourront par ces *amples* vallées.

Roman de Roncevaux.

Ce temps pendant à pasturer m'ordonne,
Et pour trouver plus d'herbe franche et bonne
M'a adressé au pré mieux fleurissant
De son royaume *ample*, large et puissant.

CL. MAROT, *Épîtres*, XXIV, au chancelier Duprat.

J'avois un lit fort *ample*, et d'un beau taffetas.

BOURSAULT, *le Mercure galant*, I, 3.

Ample est employé de même dans des passages tels que les suivants, où les mots auxquels il est joint sont pris au figuré :

Il aimoit la guerre, comme le plus *ample* champ et le subject le plus plantureux que la vertu scauroit pour s'exerciter.

AMYOT, trad. de Plutarque. *Vie de Philopœmen*.

Tout ce que nous voyons du monde n'est qu'un trait imperceptible dans l'*ample* sein de la nature.

PASCAL, *Pensées*.

Paulin, je me propose un plus *ample* théâtre.
                    J. Racine, *Bérénice*, II, 2.

Ample s'applique lui-même figurément à ce qu'on présente comme considérable, de quelque manière que ce soit, et se construit, en conséquence, avec des noms de diverses sortes;

Avec des noms de choses :

Tout le monde est plein de gens scavans, de precepteurs tres doctes, de librairies tres *amples*.
                    Rabelais, *Pantagruel*, II, 8.

Je vous supplie, dictes-moy quand c'est que l'on vous a veu mendier depuis cet *ample* legs qui fut faict à vostre ordre (des jésuites) par vostre évesque de Clairmont.
                    Est. Pasquier, *Recherches de la France*, III, 43.

Quelques considérations que ces Messieurs eussent pour M. de Turenne, ils condamnèrent son parent à une aumône fort *ample*.
                    Fléchier, *Mémoires sur les grands jours de 1665*.

Supposé... que l'emprunteur soit majeur, et d'une famille où le bien soit *ample*... on fera une bonne et exacte obligation par-devant un notaire.
                    Molière, *l'Avare*, II, 1.

Parlez à cet autre de la richesse des moissons, d'une *ample* récolte, d'une bonne vendange, il est curieux de fruits, vous n'articulez pas, vous ne vous faites pas entendre.
                    La Bruyère, *Caractères*, c. 13.

Il a laissé des herbiers fort *amples* et fort exacts, de grands amas de graines et quantité de mémoires curieux.
                    Fontenelle, *Éloge de M. Blondin*.

Et qu'au retour tantôt un *ample* déjeuné
Longtemps nous tienne à table et s'unisse au dîné.
                    Boileau, *le Lutrin*, IV.

La dot fut *ample ; ample* fut le douaire.
                    La Fontaine, *Contes*. La Coupe enchantée, I.

Faisant de cet ouvrage
Une *ample* comédie à cent actes divers,
Et dont la scène est l'univers.
                    Le même, *Fables*, V, 1.

Avec des noms abstraits :

L'honorable mort qu'il fit à la bataille de Pavie nous en servira d'une *ample* instruction.
                    Brantôme, *Vie des Capitaines illustres*, disc. XI.

Charles, auquel il pesoit d'avoir été fait un si *ample* massacre des siens, en un jour si grand et si dévot que celuy

de Pasques, et perdre par même moyen la Sicile, ne respiroit que la vengeance.
                    Est. Pasquier, *Recherches de la France*, III, 15.

J'ai souvent souhaité d'avoir... la mémoire aussi *ample* ou aussi présente que quelques autres.
                    Descartes, *Discours de la Méthode*, I.

Mme de Longueville parut sur le théâtre pour y fournir, par son ambition, une *ample* matière aux arrêts de la providence divine.
                    Mme de Motteville, *Mémoires*.

(Le garde des sceaux) trouvoit, dans la disposition où étoient les affaires, une matière bien *ample* à satisfaire son humeur, naturellement portée à l'intrigue.
                    Le cardinal de Retz, *Mémoires*, liv. III.

Aussi l'Académie n'en est-elle encore qu'à faire une *ample* provision d'observations et de faits bien avérés, qui pourront être un jour les fondements du système.
                    Fontenelle, *Préface sur l'utilité des mathématiques et de la physique et sur les travaux de l'Académie des sciences*.

Car la matière est large et *ample*.
                    Roman de Renart, supplément, v. 12.

Voici de son amour une preuve assez *ample*.
                    P. Corneille, *Sophonisbe*, V, 2.

La gent maudite aussitôt poursuivit
Tous les pigeons, en fit *ample* carnage.
                    La Fontaine, *Fables*, VII, 8.

Ample est d'un grand usage en parlant des discours et des écrits de toutes sortes :

Plus *ample* discours sur cette matière seroit mieux convenable à un autre traitté qu'à cestuy-ci.
                    Amyot, trad. de Plutarque. *Vie de Coriolan*, 15.

Je sais ce que c'est que la calomnie des cours; si je voulois, j'en ferois d'*amples* chapitres.
                    Bussy-Rabutin, *Lettres*; 3 mai 1671.

Nous nous sommes attachés à donner une exposition *ample* et distincte de toute cette matière.
                    Leibnitz, *Théodicée*, IIe part. De la Bonté de Dieu.

Mon fils aîné devoit s'en retourner incessamment à Paris. Par lui je fis à Bellisle une *ample* dépêche de tout ce que je viens d'expliquer.
                    Saint-Simon, *Mémoires*, 1722.

Un nouvel ennemi s'étoit déclaré, le P. du Tertre, jésuite, qui publia cette année une *ample* réfutation de tout son système.
                    Fontenelle, *Éloge de Malebranche*.

Je pris le parti d'écrire, dans un mémoire assez *ample*, les raisons de ma persuasion et de les soumettre au jugement d'un arbitre.

J.-J. ROUSSEAU, *les Confessions*, II, 12.

On le dit fréquemment aussi de certaines pièces telles que : *Pouvoirs, commissions, requêtes, remontrances*, etc. :

Et luy escripvit ledict duc une lettre de sa main (portant seureté d'aller et retourner) bien *ample*.

COMMINES, *Mémoires*, c. 5.

Vous suppliant, Monseigneur, regarder que mon sauf conduist est fort mesgre, et si vous voyez qu'il soit bon de l'avoir plus *ample*, le me faire tenir à Barcelone.

LA REINE DE NAVARRE, *Lettres*; à François Ier, 27 août 1725.

Cela fut donc changé en une requeste bien *ample*, signée de cinq gentilshommes et quelques autres.

AGR. D'AUBIGNÉ, *Histoire universelle*, t. II, liv. III, c. 6.

Si l'on m'eust baillé un pouvoir *ample* et suffisant pour toutes fins et occurences, l'on ne seroit pas maintenant en doute de la ratification.

SULLY, *OEconomies royales*, c. 23.

Un gentilhomme de ses voisins lui demandoit une attestation pour faire déclarer son frère fou : « Mais, Monsieur, lui disoit-il, donnez-la-moi bien *ample*. — Je vous la donnerai si *ample*, répondit Vandy, qu'elle pourra servir pour votre frère et pour vous. »

TALLEMANT DES RÉAUX, *Historiettes*. Vandy.

Leur pouvoir (aux Messieurs des grands jours) a été très-étendu, et leur commission très-*ample*.

FLÉCHIER, *Mémoires sur les grands jours de 1665*.

Il fut conclu (au conseil du pape) qu'il falloit envoyer à Vienne un cardinal, avec des facultés très-*amples* d'accorder à ce prince toutes les grâces qu'il demanderoit.

SAINT-SIMON, *Mémoires*, 1718.

Le premier président de Maupeou, avec plusieurs députés, porte au roi les remontrances les plus *amples* et les plus éloquentes qu'on eût encore faites sur le danger du schisme.

VOLTAIRE, *Histoire du Parlement de Paris*, c. 65.

Un plus ample informé est une expression consacrée dans le langage judiciaire et administratif.

AMPLE a pu se dire d'une collection de personnes :

La famille royale est tantôt si *ample*, qu'il y auroit de quoi faire une colonie très-considérable.

LA FONTAINE, *Psyché*, I.

Il ne s'est guère dit des personnes elles-mêmes.

Sainte-Palaye en cite les exemples suivants, empruntés à d'anciens textes :

Li frère, li mestre du Temple
Qui estoient rempli et *emple*
D'or et d'argent et de richece...

Histoire de France en vers.

... Salomon qui fut
Si *ample*, si très riche...

Geoffroi de Paris.

On le trouve encore employé d'une manière analogue dans ce vers d'un poète du XVIe siècle :

Je nomme à mes désirs un *ample* légataire.

REGNARD, *le Légataire universel*, V, 9.

D'AMPLE s'est formé AMPLISSIME, superlatif des deux genres.

Très ample.

Il est familier et inusité.

AMPLISSIME était un titre d'honneur donné au recteur de l'Université de Paris.

D'*Ample* et de plusieurs mots latins également tirés d'*Amplus*, se sont formés encore beaucoup d'autres mots : l'adverbe AMPLEMENT; des substantifs, dont deux sont restés, AMPLEUR et AMPLITUDE; les verbes AMPLIER, AMPLIFIER et leurs dérivés AMPLIATION, AMPLIATIF, AMPLIFICATION, AMPLIFICATEUR.

AMPLEMENT, adv.
D'une manière ample.

A la différence du mot *Ample*, dont il est tiré, il ne se prend guère dans un sens physique, on en trouve cependant quelques exemples :

Lorsqu'un carrosse fait de superbe manière,
Et comblé de laquais et devant et derrière,
S'est, avec un grand bruit devant nous arrêté,
D'où sortant un jeune homme *amplement* ajusté,
Mon importun et lui courant à l'embrassade
Ont surpris les passants de leur brusque incartade.

MOLIÈRE, *les Fâcheux*, I, 1.

Une robe de chambre étalée *amplement*,
Qui n'a point de ceinture et va nonchallamment.

BOURSAULT, *les Mots à la mode*, sc. 15.

Il a souvent le sens de Beaucoup, considérablement, plus que le nécessaire :

Il lui allégua sans doute l'exemple de cet évêque dont il

est parlé dans la vie de M. de Thou, qui ne pouvoit vivre s'il ne mangeoit *amplement* sept ou huit fois par jour.

TALLEMANT DES RÉAUX, *Historiettes.* Haute fantaisie.

Un Strélitz n'avait que quatre roubles par an de paie; mais des priviléges ou des abus le dédommageaient *amplement.*

VOLTAIRE, *Histoire de Charles XII,* liv. Ier.

Elle s'applaudira de cet illustre effet,
Et croira Nicomède *amplement* satisfait.

P. CORNEILLE, *Nicomède,* V. 4.

Votre cœur se croit vers ma flamme
Assez *amplement* acquitté?

MOLIÈRE, *Amphitryon,* II, 2.

Il est surtout d'usage en parlant de l'étendue donnée aux discours et aux écrits :

Ainsi que plus *amplement* ai chargé au dit Chambon vous escripre.

LOUIS XI, *Lettre.* (Voyez *Bibliothèque de l'École des Chartes,* IVe série, t. I, p. 21.)

A tant sceut d'icelle et theorique et practique, si bien que Tunstal, Anglois, qui en avoit *amplement* escript, confessa que vrayement, en comparaison de luy, il n'y entendoit que le haut alemant.

RABELAIS, *Gargantua,* I, 23.

Par un prisonnier de la garnison de Moneruyné qui retourna, fut *amplement* informé le bon chevalier comment domp Alonce se plaignoit outrageusement du mauvais traictement qu'il disoit luy avoir esté fait.

Le Loyal serviteur, c. 21.

Nous en avons plus *amplement* et plus diligemment escript ailleurs.

AMYOT, trad. de Plutarque. *Vie de Camille,* 35.

Jusques icy, je pense avoir assez *amplement* discouru comme, sans le consentement de nos roys, nul ne pouvoit estre évesque de France.

EST. PASQUIER, *Recherches de la France,* III, 37 *bis.*

J'entrepris seulement d'y exposer bien *amplement* ce que je concevois de la lumière.

DESCARTES, *Discours de la Méthode,* IV.

Il y en a beaucoup d'inutiles (des préceptes de rhétorique); vous les avez lus dans les livres où ils sont *amplement* exposés.

FÉNELON, *Dialogue sur l'Éloquence,* I.

Je médite un dessein digne de mon courage ;
Vous en serez tantôt instruits plus *amplement.*

J. RACINE, *Mithridate,* II, 2.

N'ai-je pas là-dessus écrit bien *amplement?*

QUINAULT, *la Mère coquette,* I.

La nature ordonna ces choses sagement :
J'en dirai quelque jour les raisons *amplement.*

LA FONTAINE, *Fables,* VII, 18.

Au lieu de *Un plus ample informé,* on dit encore *Un plus amplement informé.*

AMPLEUR, s. f.
Étendue de ce qui est ample.

Il ne se dit guère qu'au propre et dans un sens physique :

Le chien courant, le braque, le basset, le barbet, et même l'épagneul, ne diffèrent entr'eux que par la hauteur des jambes et par l'*ampleur* des oreilles.

BUFFON, *Histoire naturelle.* Le Chien.

On le trouve cependant employé au figuré en parlant des pensées et du style :

La manière dont Démosthène agrandit les objets ne tient jamais à l'imagination ; elle consiste à donner à ses raisonnements de l'*ampleur,* de la force et de la dignité.

MARMONTEL, *Éléments de littérature.* Amplification.

AMPLITUDE, s. f. (Du latin *Amplitudo.*)
On s'en est quelquefois servi avec la signification générale d'ampleur ;

Dans un sens physique :

Sus l'issuë de table feut rapporté ung pot pourry... et estoit de telle *amplitude* et grandeur, que la platine d'or, laquelle Pythius Bithynus donna au roy Daire, à peine l'eust couvert.

RABELAIS, *Pantagruel,* V, 23.

En cette commodité de logis que je cherche, je n'y mesle pas la pompe et l'*amplitude;* je la hay plustost, mais certaine propreté simple.

MONTAIGNE, *Essais,* III, 9.

Considérant à part moy les provinces selon leur *amplitude* ou petitesse, je jugeois que toute la France pourroit mettre aux champs environ deux mille cinq cens chevaux.

DE LA NOUE, *Discours politiques et militaires,* XI.

Entre ces ornements estoient l'*amplitude* et grandeurs des provinces.

BERGIER, *Histoire des grands chemins de l'empire romain,* liv. III, c. 19, 3.

Tout le monde visible n'est qu'un trait imperceptible dans l'*amplitude* et immensité de la nature.

PASCAL, *Pensées.*

Que la mer étoit pauvre dans la vaste *amplitude* de son sein!

BOSSUET, *Élévations sur les mystères*, 3e semaine. VIe Élévation.

Tandis que les dames vont les bras nus, la gorge découverte, et l'*amplitude* bouffante du panier ouverte à tous les vents!

VOLTAIRE, *Lettres*; 18 janvier 1752.

En place des statues dont on multiplioit les têtes et les bras pour exprimer la puissance et la force, on en fit où la force se montra par l'*amplitude* des muscles portée même au delà de la vérité.

D'HANCARVILLE, *Recherches sur l'origine et les progrès des arts de la Grèce*. Préface, p. 22.

La circonférence des plus gros palmiers n'a pas plus d'*amplitude* que celle de ses bras (de l'homme).

BERNARDIN DE SAINT-PIERRE, *Harmonies de la nature*, I.

Dans un sens moral :

Les évesques qui présidoient en ces trois villes (Constantinople, Milan et Ravenne) voulurent aussi faire leur profit de l'*amplitude* et dignité de leurs séjours (des empereurs et des exarques).

EST. PASQUIER, *Recherches de la France*, III, 1.

On lui répond à cela : que... le monde entier est leur temple (des dieux), et qu'il n'y en a point d'autre digne de leur *amplitude* et magnificence.

MALHERBE, trad. de Sénèque. *Traité des bienfaits*, VII, 7.

Il y a donc deux sortes d'esprits : l'une, de pénétrer vivement et profondément les conséquences des principes, et c'est là l'esprit de justesse ; l'autre, de comprendre un grand nombre de principes sans les confondre, et c'est là l'esprit de géométrie. L'un est force et droiture d'esprit, l'autre est *amplitude* d'esprit.

PASCAL, *Pensées*.

AMPLITUDE est d'un usage particulier dans certaines acceptions spéciales :

En termes de Géométrie, c'est la ligne droite comprise entre les deux extrémités de l'arc d'une parabole. On dit de même, en termes d'Artillerie, l'*Amplitude du jet,* la ligne droite comprise entre le point d'où part une bombe, et celui où elle va tomber.

En termes d'Astronomie, c'est l'arc compris, sur la sphère céleste, entre le point Est ou le point Ouest de l'horizon, et le point du même cercle dans lequel un astre se lève ou se couche à jour

donné : *Amplitude orientale* ou *ortive du soleil, Amplitude occidentale* ou *occase.*

AMPLIER, v. a. (Du latin *Ampliâre.*)

Ce verbe, depuis longtemps sorti de l'usage, exprimait l'idée générale de Rendre ample, d'augmenter, d'étendre, etc. :

Sont les choses favorables à *amplier* et les odieuses à restreindre.

Arresta amorum, p. 414.

On disait *Amplier* une grâce, un privilège, etc :

Item en *ampliant* notre dite grâce, avons ordonné et ordonnons que tous ceux qui... ont été bannis... soient remis et restitués franchement aux villes et lieux desquels ils ont été bannis.

FROISSART, *Chroniques*, II, 240.

Amplier un criminel (en latin, *reum ampliare*), c'était différer d'un certain nombre de jours le jugement d'un criminel. *Amplier un terme,* c'était le prolonger.

Au verbe AMPLIER se rattachent les substantifs AMPLIATEUR, donné par ROB. ESTIENNE, J. THIERRY, NICOT, avec le sens d'Augmentateur, et qui n'est pas resté dans l'usage, et AMPLIATION.

AMPLIATION, s. f. (Du latin *Ampliatio.*)

Au propre,

Augmentation :

Auction et *ampliation* ou augmentation des parties solides, en longueur, largeur et profondité.

A. PARÉ, *Œuvres*. Introduction, 9.

Il a exprimé en général l'idée de Confirmation, d'extension, de prolongation, etc., en parlant de conventions, de traités, d'instructions, etc. :

Sultan Sélim, père dudit sultan Soliman, après avoir subjugué à soy toute l'Égypte, leur confirma (aux Français et aux Catalans) ce privilége et seurté de traficq audit pays, tout ainsi qu'ils avoient et usoient du temps des Soldans, avec *ampliation* des articles concédés audit consul ainsin qu'il s'ensuit...

Confirmation par Soliman du traité fait antérieurement... avec les consuls de France à Alexandrie, l'an 1528. (Voyez *Négociations de la France dans le Levant*, t. I, p. 122.)

Fut très-aise d'avoir trouvé ceste eschappatoire pour s'excuser envers l'Empereur, qui tant le pressoit et incitoit d'entrer en ceste déclaration et *ampliation* de ligue.

DU BELLAY, *Mémoires*, liv. IV.

Il y a eu icy de la difficulté sur l'interprétation, ou plustôt *ampliation* de la trefve en ce qui touchoit la révocation des navires de guerre qui sont sur la coste d'Espagne.

JEANNIN, *Négociations,* Lettre au Roy du 2 juin 1607.

Combien que nous blasmions l'*ampliation* de la cessation d'armes pour les raisons que nous vous escrivons, toutesfois nous loüons ce conseil que vous avez pris, d'y faire resoudre la Zelande, pour les raisons que vous nous avez representées.

VILLEROY, *Lettre,* à Jeannin, du 15 juin 1667. (Voyez JEANNIN, *Négociations.*)

Vous-mêmes.... parûtes... convaincus..... de ne pouvoir raisonnablement demander au roi une réponse précise sur vos demandes qu'après que, par *ampliation* d'instructions qui vous seroit envoyée, vous auriez eu le moyen d'éclaircir Sa Majesté sur les questions que nous vous aurions faites.

DE LIONNE, *Lettres;* à MM. Van Beuninghen et Troost, 19 mars 1668. (Voyez *Négociations relatives à la succession d'Espagne,* t. II, p. 619.)

AMPLIATION n'est resté d'usage que dans certaines acceptions spéciales.

En termes d'ancienne Pratique, on entendait, par *Lettres d'ampliation,* des Lettres de chancellerie pour expliquer les moyens qu'on avait omis dans une requête civile.

En termes de Finance et d'Administration, on entend, par AMPLIATION, le double, la copie d'une pièce, d'un acte, tels que quittance, titre, décret, arrêté, etc.

On dit l'*Ampliation d'une quittance :*

Il faut donc, sans davantage contester, faire une bonne dépesche aux receveurs généraux, afin qu'ils envoyent un estat de ce qu'ils ont fourny à l'espargne avec l'*ampliation de leurs quittances.*

SULLY, *Œconomies royales,* t. I, c. 67, p. 390.

On écrit ordinairement, au bas de ces sortes de copies : *Pour ampliation,* et on les revêt d'une signature qui fait foi.

AMPLIATIF, IVE, adj.

Qui Augmente, qui ajoute.

Il ne se dit guère qu'en parlant des brefs et bulles, et autres lettres apostoliques, qui ajoutent quelque chose aux précédentes. *Le bref ampliatif* de Clément IX, *la bulle ampliative* de Paul III :

Et de là il est aisé de juger que tous ces induits sont plu-

tôt explicatifs qu'*ampliatifs;* sont plutôt des reconnoissances du droit de nos rois, que des privilèges ou des grâces du Vatican.

PATRU, XVIII⁰ plaidoyer.

AMPLIFIER, v. a. (Du latin *Amplificare.*)

Comme AMPLIER, il a signifié, en général, Rendre ample, augmenter, étendre.

Au propre, dans un sens physique :

Il faut que promptement le chirurgien *amplifie* la playe,

A. PARÉ, *Œuvres,* XI, 3.

Ayant Clovis *amplifié* les bornes de son royaume jusqu'à la rivière de Seine premièrement, puis celle de Loire, il donna à Aurelian le chasteau de Melun.

EST. PASQUIER, *Recherches de la France,* II, 15.

Il *amplifia* et accreut les murailles de Rome, comme nous avons dit.

COEFFETEAU, *Histoire romaine,* XVIII.

Ce temple estant venu en décadence par son antiquité, fut rebasti et *amplifié* de nouveau par Sylla.

BERGIER, *Histoire des grands chemins de l'empire romain,* liv. II, c. 23, 3.

Qui eust esté le citoyen si lasche et si peu courageux, qui n'eust pris valeureusement les armes en la main, pour défendre le païs, où les os de ceux qui l'avoient tant de fois conservé, *amplifié* estoient gisant en paix et en repos?

LE MÊME, même ouvrage, liv. II, c. 23, 7.

Cette ville, appellée autrefois Bizance, fust bastie par Pausanias, roy de Sparte ; quelques-uns disent qu'il ne la fit que rebastir, ou qu'il l'*amplifia* seulement.

THÉVENOT, *Voyage du Levant,* c. 15.

Au figuré, dans un sens moral :

Héraclides *amplifia* la nouvelle véritable de cette prise de Rome.

AMYOT, trad. de Plutarque. *Vie de Camille,* 39.

Tel commandement n'est point moins digne d'un bien grand monarque, que d'*amplifier* sa monarchie de grandes conquestes et dominations.

P. DE LA RAMÉE, *Grammaire.* Dédicace à la Royne, mère du Roy.

Plus nous *amplifions* nostre besoin et possession, d'autant plus nous engageons-nous aux coups de la fortune et des adversitez.

MONTAIGNE, *Essais,* III, 10.

On ne scauroit faire pour le jourd'huy rien par delà, qui plus affligeast Sa Saincteté et resjouist les Espagnols, que d'*amplifier* la licence que ces gens ont déjà.

CARDINAL D'OSSAT, *Lettres;* liv. III, 86.

C'est un prince dont la religion catholique a tiré trois insignes avantages, puisqu'il a servi à la relever, à l'*amplifier* et à l'honorer.

BOURDALOUE, *Oraison funèbre du prince de Condé.*

J'aime mieux cent fois être le père infortuné qui commit la faute et qui la pleure, que d'être le méchant qui la révèle, l'étend, l'*amplifie*, l'aggrave avec la plus maligne joie.

J.-J. ROUSSEAU, *Lettres;* à M. de Saint-Germain, 26 février 1770.

A cette acception générale se rapporte celle du verbe pronominal S'AMPLIFIER, employé quelquefois, surtout dans un sens moral, pour S'Accroître :

Depuis ce temps-là, les connestables commencèrent de *s'accroistre* et *amplifier* en grandeur.

EST. PASQUIER, *Recherches de la France*, II, 12.

S'ils (les Espagnols en Amérique) se fussent proposé d'estendre notre foy, ils eussent considéré que ce n'est pas en possession de terres qu'elle *s'amplifie*, mais en possession d'hommes.

MONTAIGNE, *Essais*, III, 6.

A mesure que la seigneurie des Romains *s'est* accreuë et *amplifiée* sur les peuples de l'Europe, de l'Asie et de l'Affrique, les citoyens de Rome se sont deschargez des tributs et péages, et en ont rejetté la charge sur les nations subjuguées.

BERGIER, *Histoire des grands chemins de l'empire romain,* liv. I, c. 12, 7.

Sans compter les rôles de la déclaration qui, par ce moyen, *s'amplifient* merveilleusement. Aussi disent-ils (les procureurs) que c'est la pièce la plus lucrative de leur mestier.

FURETIÈRE, *Roman bourgeois.*

On a dit au même sens, AMPLIFIER, l'employant comme verbe neutre :

Un corps pour *amplifier* en charnure ou gresse n'est pas dit s'augmenter.

A. PARÉ, *Œuvres.* Introduciion, 9.

AMPLIFIER n'est guère resté en usage qu'avec la signification d'Étendre, augmenter par le discours :

Pour au vray *amplifier* les perfections dung homme ne l'ay peu faire autrement.

Le Loyal Serviteur. Prologue.

Caton se présenta à eulx, il arresta ceulx qu'il rencontra par les rues criants et fuyants... leur disant que la perte n'estoit pas à l'advanture si grande comme on la faisoit, et que c'estoit là tousjours la coustume d'*amplifier* de paroles les maulvaises nouvelles.

AMYOT, trad. de Plutarque. *Vie de Caton d'Utique*, c. 17.

Ils ne vous representent jamais les choses pures... et pour donner credit à leur jugement et vous y attirer, prestent volontiers de ce costé là à la matiere, l'alongent et l'*amplifient*.

MONTAIGNE, *Essais*, I, 30.

Vous devez faire voir les choses en leur juste étendue, ou plutôt, comme vous les montrez de loin, les grossir et *amplifier*.

VOITURE, *Nouvelles Lettres;* à Monseigneur.

Cet homme étoit naturellement grand parleur : il *amplifia* cette conversation de quantité de paroles inutiles.

Mᵐᵉ DE MOTTEVILLE, *Mémoires.*

Nous n'avons encore veû personne se mesler d'enchérir sur une histoire, ou de l'*amplifier*, qui n'ait esté reconnu pour ce qu'il estoit.

BUSSY-RABUTIN, *Discours à ses enfants.* Instruction pour se conduire dans le monde.

Quelques personnes profèrent des paroles indiscrètes et violentes ; un domestique les répète, il les *amplifie*, il les enfuneste encore comme disent les Italiens ; un Chatel, un Ravaillac, un Damiens, les recueillent.

VOLTAIRE, *Pyrrhonisme de l'histoire*, c. 36.

AMPLIFIER est d'un usage particulier, comme terme de Rhétorique, pour Développer, étendre par le détail des circonstances, par les lieux communs.

On le dit absolument ;

Soit lorsqu'il est question de l'amplification oratoire :

Amplifier n'est pas donner aux objets une grandeur fictive, mais toute leur grandeur réelle.

MARMONTEL, *Éléments de littérature.* Amplification.

Soit avec la signification particulière d'Exagérer :

Je ne crains point d'*amplifier* ni d'exagérer quand j'ajoute que ses succès n'ont été que la moindre partie de sa gloire.

BOURDALOUE, *Oraison funèbre du prince de Condé.*

J'ai laissé dire votre procureur au reste; mais il *amplifie.*

MARIVAUX, *les Fausses Confidences*, III, 6.

Quand on dit ce qu'on doit dire, on n'*amplifie* pas ; et quand on l'a dit, si on *amplifie*, on dit trop.

VOLTAIRE, *Dictionnaire philosophique.* Amplification.

AMPLIFIÉ, ÉE, participe.

AMPLIFICATION, s. f. (Du latin *Amplificatio*.)

Il a participé à la signification générale d'*Amplifier*, et signifié Augmentation, accroissement :

Les anciens auteurs romains, poëtes principalement et orateurs... ont vaqué... plus pour leur estude et proufit particulier que pour le publicq, à l'*amplification* de leur langue.
JOACHIM DU BELLAY, *Illustration de la langue françoise.*

Place qui tient le milieu d'Italie, singulièrement propre à l'accroissement et *amplification* d'une ville.
BERGIER, *Histoire des grands chemins de l'empire romain,* liv. III, c. 14, 6.

Aussi ne crois-je rien diminuer de la prééminence des apôtres, quand je dis que Dieu a employé pour l'*amplification* de son église, saint François Xavier à faire un miracle non moins surprenant ni moins divin que tout ce que nous admirons dans ces glorieux fondateurs de la religion chrétienne.
BOURDALOUE, *Panégyriques.*

On l'a dit, particulièrement, de l'Étendue et de l'importance donnée aux choses par le discours :

Moy mesme... estant eschauffé, ou par la resistance d'un aultre, ou par la propre chaleur de ma narration, je grossis et enfle mon subject par voix, mouvements, vigueur et force de paroles, et encores par extension et *amplification*.
MONTAIGNE, *Essais,* III, 11.

En se promenant il vous réitéra, avec une grande *amplification*, tout ce qu'il vous avoit escrit touchant la feuë reine d'Angleterre.
SULLY, *Œconomies royales,* c. 14.

On vint à Gien donner au roi et à la reine nouvelle de la déroute des troupes du maréchal d'Hocquincourt avec *amplification*, et l'alarme y fut grande.
Mᵐᵉ DE MOTTEVILLE, *Mémoires.*

AMPLIFICATION est, comme l'était le latin *Amplificatio*, un terme de Rhétorique désignant le développement donné à un sujet :

Entre les moyens dont nous avons parlé, qui contribuent au sublime, il faut aussi donner rang à ce qu'ils appellent *amplification*... Je ne saurois approuver la définition que lui donnent les maîtres de l'art. L'*amplification*, disent-ils, est un discours qui augmente et qui agrandit les choses... L'*amplification*... pour en donner ici une idée générale, est un accroissement de paroles, que l'on peut tirer de toutes les circonstances particulières des choses, et de tous les lieux de l'oraison, qui remplit le discours et le fortifie, en appuyant sur ce qu'on a déjà dit.
BOILEAU, trad. de Longin. *Traité du Sublime,* c. 9 et 10.

On peut enfin compter pour le quatrième genre d'*ampli-*

fication un certain amas de pensées et d'expressions qui conspirent à faire sentir la même chose... Je sais que l'hyperbole peut aussi passer pour une espèce d'*amplification*. Et véritablement elle est fort propre, soit à amplifier les choses, soit à les exténuer.
GEDOYN, trad. de Quintilien. *De l'Institution de l'orateur,* liv. VIII, c. 4.

Il ne suffit pas d'avoir trouvé des preuves solides... il faut savoir les développer et leur donner une juste étendue pour en faire sentir tout le poids, et pour en tirer tout l'avantage possible. C'est ce qu'on appelle ordinairement *amplification*.
ROLLIN, *Traité des Études,* liv. III, c. 3, art. 2.

Observons... que, lorsque c'est l'enthousiasme ou la passion qui exagère, comme fait l'indignation, l'admiration, la douleur, l'*amplification* est encore sincère, quoiqu'elle excède la vérité... L'orateur n'est pas obligé d'être calme, impassible et modéré comme le juge : c'est à celui-ci à réduire l'*amplification* aux termes de la vérité.
MARMONTEL, *Éléments de littérature.* Amplification.

AMPLIFICATION se dit, dans les collèges, du discours que les écoliers font sur un sujet qu'on leur donne à développer. *Amplification latine, Amplification française :*

J'ai vu autrefois dans les collèges donner des prix d'*amplification*.
VOLTAIRE, *Dictionnaire philosophique.* Amplification.

Je ne crois pas qu'il soit question dans nos collèges d'exercices de vertu, si ce n'est pour faire à ce sujet quelques thèmes ou quelques *amplifications*.
BERNARDIN DE SAINT-PIERRE, *Études de la nature.*

On sent bien qu'il ne s'agit plus ici de dicter ce qu'on appelle des matières d'*amplification*.
LA HARPE, *Cours de littérature.*

On dit plus ordinairement aujourd'hui, *Discours latin, discours français*.

AMPLIFICATION se dit, pris en mauvaise part, de certains développements, de certaines exagérations par lesquels on étend un sujet au delà de sa mesure naturelle :

Elle (la princesse de Tarente) vient à Vitré; elle me fera sortir de ma simplicité pour entrer dans son *amplification*; je n'ai jamais vu un si plaisant style.
Mᵐᵉ DE SÉVIGNÉ, *Lettres ;* 6 mai 1680.

La description de la tempête, au premier livre de l'Énéide, n'est point une *amplification*; c'est une image vraie de tout ce qui arrive dans une tempête; il n'y a aucune idée répé-

tée, et la répétition est le vice de tout ce qui n'est qu'amplifié.

VOLTAIRE, *Dictionnaire philosophique*. Amplification.

AMPLIFICATEUR, s. m. (Du latin *Amplifi-cator*.)

Celui qui amplifie.

Il ne se dit qu'en mauvaise part.

AMPOULE, s. f. (Du latin *Ampulla*.)

On l'a écrit AMPOULLE, AMPOLLE, EMPOULE, EM-
POULLE, EMPOLLE. (Voyez le *Glossaire* de SAINTE-
PALAYE et les exemples ci-après.)

AMPOULE a été autrefois employé comme le mot
latin dont on l'a tiré, au sens propre de Fiole :

Au sommet de ce pillier estoit assise une *ampolle* en manière d'une pinte d'estain.

PERCEFOREST, f° 116, r°, col. 1 et 2. (Cité par Sainte-Palaye.)

En ce sens, il ne se dit plus que de la *sainte Am-
·poule,* fiole où l'on conservait l'huile qui servait à
l'onction des rois de France, dans la cérémonie
du sacre :

C'est de la *sainte ampoule* dont Monseigneur saint Rémi
consacra Clovis, premier roi chrétien qui fut en France.

FROISSART, *Chroniques*, liv. II, c. 74.

La *sainte ampoule* de Reims est en notre puissance, quand
nous en aurons affaire.

Satyre Ménippée. Harangue de M. le Lieutenant.

Ce ne fut que trois cents ans après Clovis que l'archevêque de Rheims Hincmar écrivit qu'au sacre de Clovis un
pigeon avoit apporté du ciel une fiole qu'on appelle la
sainte ampoule... Henri IV fut couronné à Chartres et oint
de *l'ampoule* de saint Martin, parce que les ligueurs étaient
maîtres de *l'ampoule* de saint Rémi.

VOLTAIRE, *Essai sur les mœurs*, c. 13.

... Lors, du ciel luy seront envoyez
Un oriflame, estendart pour la crainte
De ses haineux et *l'empoulle* très *sainte*
Huile sacré, onction de vos rois.

RONSARD, *la Franciade*, IV.

La *sainte Ampoule* est désignée par le diminutif AMPOULAITE, dans ces vers d'un ancien chroniqueur :

Une *ampoulaite* el biec tenoit,
Ki plaine de sainte oile estoit.

PH. MOUSKES, ms., p. 13. (Cité par Sainte-Palaye.)

III.

AMPOULE se dit aussi de ces petites Tumeurs formées par une certaine quantité de sérosité accu-
mulée sous l'épiderme :

... De peur qu'il ne survint des pustules ou *empoulles.*

A. PARÉ, *Œuvres*, IX, I°ᵉ discours.

Vous trouvastes Sa Majesté au lict, à cause qu'il s'estoit
fait estuver et oindre les pieds, qu'il avoit tous escorchez
et pleins *d'ampoulles* par dessous.

SULLY, *Œconomies royales*, c. 52.

On alla mettre l'arc entre les mains du roi des Indes : il
en eut des *ampoules* pour quinze jours.

VOLTAIRE, *Contes*. La princesse de Babylone.

Tel estoit Numitor, et ses pères romains
Qui avoient du labour les *empoulles* ès mains.

RONSARD, *le Bocage royal.*

Ses pauvres vers estropiez
Ont des *ampoulles* sous les piez
A force de courir les rues.

SAINT-AMANT, *Gazette du Pont-Neuf.*

Il ne paraît pas qu'AMPOULE ait été employé au
sens figuré donné à *Ampulla* dans le vers d'Horace : *Projicit* AMPULLAS *et sesquipedalia verba* (ad
Pison, v. 97). Ce sens figuré est, au contraire, le
seul qu'ait gardé le mot AMPOULE.

AMPOULÉ, ÉE, adj. (Soit du vieux verbe
Ampouler, et, par ce mot, du latin *Ampullari,* soit
du participe d'*Ampullari, Ampullatus.*)

On l'a écrit EMPOULÉ. (Voyez les exemples ci-
après.)

AMPOULER est dit en un sens physique, pour Produire, causer des ampoules, dans le passage suivant :

Tant les grands rois qui portent la couronne
Que les paisans qui *empoulent* leurs mains
A labourer. . . . .
. . . . Se doivent à la bière.

AMADIS JAMYN, *Poésies*, p. 190.

Dans cet autre passage, où il est pris au figuré,
il rappelle l'*Ampullatur* d'Horace : *An tragica de-
sævit et* AMPULLATUR *in arte* (Epist. I, III,) :

Tu vois que de telles épithètes sont plus pour *ampouler*
et farder les vers que pour besoin qu'il en soit.

RONSARD, *Abrégé de l'art poétique.*

20

AMPOULÉ, resté seul d'usage, s'est dit, dans un sens physique, pour Qui a contracté des ampoules :

> Je trouvai l'autre costé tout *empoullé*.
>> A. PARÉ, *Œuvres*, IX, 1er discours.

Il s'est dit aussi, dans une acception moins particulière, pour Gonflé :

> Quoy qu'on face, on ne peut destourner son passage ;
> Car *empoulé* de flots et bouillonnant de rage,
> Il rompt tous les objets et roule à son plaisir.
>> AMADIS JAMYN, *Poésies*, p. 190.
> Maintenant que l'hiver de vagues *empoulées*
> Orgueillit les torrents...
>> RONSARD, *Sonnets pour Hélène*, II, 36.

AMPOULÉ n'est plus depuis longtemps d'usage qu'en parlant de l'enflure dans le langage, dans le style :

> De là vient ce désespoir si *ampoulé* et si fleuri.
>> FÉNELON, *Lettre à l'Académie*.

Le premier président, à la tête de tous les présidents à mortier et d'une quarantaine de conseillers, alla aux Tuileries, où il lut au roi, en présence du régent, les remontrances fort *ampoulées* du parlement.
>> SAINT-SIMON, *Mémoires*, 1718.

L'esprit de servitude paraît naturellement *ampoulé*, comme celui de la liberté est nerveux, et celui de la vraie grandeur est simple.
>> VOLTAIRE, *Essai sur les mœurs*.

Balzac, en ce temps-là, donnait du nombre et de l'harmonie à la prose ; il est vrai que ses lettres étaient des harangues *ampoulées*.
>> LE MÊME, *Siècle de Louis XIV*, c. 32.

On appelle un style, un vers, un discours *ampoulé*, celui où on emploie de grands mots à exprimer de petites choses ; où la force de l'expression se déploie mal à propos ; où la parole excède la pensée, exagère le sentiment.
>> MARMONTEL, *Éléments de littérature*. Ampoulé.

> Si pour savoir former quatre vers *ampoullez*,
> Faire tonner des mots mal joints et mal collez,
> Amy, l'on estoit poète, on verroit (cas estranges)
> Les poëtes plus espois que mouches en vendanges.
>> RÉGNIER, *Satires*, IV.

> Mon esprit n'admet point un pompeux barbarisme,
> Ni d'un vers *ampoulé* l'orgueilleux solécisme.
>> BOILEAU, *Art poétique*, I.

> Que devant Troie en flamme Hécube désolée
> Ne vienne pas pousser une plainte *ampoulée*.
>> BOILEAU, *Art poétique*, III.

On le dit aussi, au même sens, en parlant des personnes :

> J'ai fort connu autrefois M. Brébeuf, petit-neveu de l'*ampoulé* traducteur de l'*ampoulé* Lucain.
>> VOLTAIRE, *Un chrétien contre six juifs*, XXX.

Des mots AMPOULE, AMPOULÉ on avait fait :

AMPOULÉMENT, adv.

D'une manière ampoulée ;

> Mots estranges, bouffis et enflés *ampoulément*.
>> NIC. PASQUIER, *Lettres*; VIII, 1.

> Je ne suis plus si grave en mes vers que j'estoy
> A mon commencement, quand l'humeur pindarique
> Enfloit *empoulément* ma bouche magnifique.
>> RONSARD, *Amours*, II. Élégie à son livre.

AMPUTER, v. a. (Du latin *Amputare*.)
Terme de Chirurgie. Enlever à l'aide d'instruments tranchants un membre ou une partie saillante du corps :

> Si on connoît par le contraire que ces tumeurs se puissent *amputer*, il y faut procéder comme il s'en suit.
>> A. PARÉ. *Œuvres*, V, 17.

AMPUTÉ, ÉE, participe.

Il se prend quelquefois substantivement. *Un amputé*, se dit d'un homme qui a subi une amputation.

AMPUTATION, s. f. (Du latin *Amputatio*.)
Terme de Chirurgie. L'Action d'amputer :

> Il ne suffit toutesfois de cognoistre qu'il est nécessaire d'amputer la partie mortifiée, mais faut scavoir le lieu où l'on doit commencer l'*amputation*.
>> A. PARÉ, *Œuvres*, XII, 29.

> Pour l'*amputation* faut endormir le malade.
>> LAURENS JOUBERT, *la Grande Chirurgie de M. Gui de Chauliac*. Indice du traitement de diverses maladies.

> C'est dans les plaies d'armes à feu que l'*amputation* paraît plus souvent nécessaire.
>> BOUCHER, *Mémoires de l'Académie royale de chirurgie*, 1753, t. II, p. 287.

Il a pu se dire, par figure, pour Retranchement, suppression :

S'il y a encore quelques *amputations* à faire, vous n'avez qu'à dire ; ce morceau-là a déjà été bien tailladé et le sera encore quand vous voudrez.

VOLTAIRE, *Lettres; 27 janvier 1739.*

AMULETTE, s. f. (Du latin *Amuletum.*)

Il se dit Des figures, des caractères, et de tout autre objet portatif, auquel on attache une confiance superstitieuse :

La frayeur croissoit avec les artifices exquis des voluptés, quand Monsieur le convertisseur y mit la main avec des *amulettes* plus puissantes.

AGR. D'AUBIGNÉ, *Confession de Saucy,* I, 7.

Tu me demandes ce que je pense de la vertu des *amulettes* et de la puissance des talismans.

MONTESQUIEU, *Lettres persanes.*

Tout berger était sorcier, et les *amulettes*, les anneaux constellés étaient en usage dans les villes.

VOLTAIRE, *Siècle de Louis XIV,* c. 31.

C'est une espèce d'*amulette* que les amants portent volontiers.

J.-J. ROUSSEAU, *la Nouvelle Héloïse,* II, 28.

Théophraste raconte que Périclès malade montrait à un de ses amis certaines *amulettes* que les femmes lui avoient attachées au cou.

P.-L. COURRIER, *Lettres.*

Mon hôte avait des *amulettes* suspendues au cou.

CHATEAUBRIAND, *Itinéraire de Paris à Jérusalem.*

AMUSER, v. a. (Du simple *Muser.*)

C'est, dit Nicot, « Tenir le museau tourné et fiché à quelque chose ; ainsi on dit Amuser un enfant, quand la nourrice l'occupe à regarder quelque jouët ou autre chose, qu'il ne pleure. » Divertir par des choses agréables, procurer de l'agrément :

Nous sommes si vains, que l'estime de cinq ou six personnes qui nous environnent nous *amuse* et nous contente.

PASCAL, *Pensées.*

Vos comédies doivent aussi vous divertir ; laissez-vous *amuser*, suivez le courant des plaisirs qu'on peut avoir en Provence.

Mme DE SÉVIGNÉ, *Lettres; 22 avril 1674.*

Mon fils nous lit des livres très-agréables et fort bons :

nous en avons un de dévotion, les autres d'histoire ; cela nous *amuse* et nous occupe.

Mme DE SÉVIGNÉ, *Lettres; 18 septembre 1689.*

Je ne souffre point dans ma république des gens oisifs qui *amusent* les autres.

FÉNELON, *Dialogues sur l'Éloquence,* I.

Les jeunes gens, à cause des passions qui les *amusent*, s'accommodent mieux de la solitude que les vieillards.

LA BRUYÈRE, *Caractères,* c. 11.

Deux mariages *amusèrent* la cour.

SAINT-SIMON, *Mémoires,* 1698.

Nous faisons ensemble toutes sortes de débauches. Cela m'*amuse;* cela me détourne de mal faire.

LE SAGE, *Crispin rival de son maître,* sc. 3.

Cette multitude de médiocres écrits, mal devenu nécessaire dans une ville immense, opulente et oisive, où une partie des citoyens s'occupe sans cesse à *amuser* l'autre.

VOLTAIRE, *Siècle de Louis XIV,* c. 32.

Je savois que les femmes, et surtout les grandes dames, veulent absolument *être amusées,* et qu'il vaudroit mieux les offenser que les ennuyer.

J.-J. ROUSSEAU, *les Confessions,* II, 10.

Damon, ce grand auteur, dont la muse fertile
Amusa si longtemps et la cour et la ville.

BOILEAU, *Satires,* I.

Le monde est vieux, dit-on ; je le crois : cependant
Il le faut *amuser* encor comme un enfant.

LA FONTAINE, *Fables,* VIII, 4.

Toute femme m'*amuse,* aucune ne m'attache.

GRESSET, *le Méchant,* II, 1.

AMUSER, en ce sens, est souvent déterminé par un complément formé d'une préposition et de son régime.

De la préposition *avec :*

Tant que nos espérances durent, nous ne voulons point quitter nos désirs : c'est un jouet *avec* lequel nature nous *amuse.*

CHARRON, *De la Sagesse,* I, 24.

De la préposition *par :*

Ainsi en usent à mon égard... ceux qui... se persuadant qu'un auteur écrit seulement pour les *amuser par* la satire, et point du tout pour les instruire par une saine morale... négligent dans un livre tout ce qui n'est que remarques solides.

LA BRUYÈRE, *Préface de son discours de réception à l'Académie,* 15 juin 1693.

Enfin, si vous survivez à tant d'outrages, vous serez conduits à Rome : là, renfermés dans un amphithéâtre, on vous forcera de vous entre-tuer, pour *amuser par* votre agonie une populace féroce.

CHATEAUBRIAND, *les Martyrs*, IX.

De la préposition *de :*

... Je *suis* occupée ou *amusée de* tout ce qui a rapport à vous de cent lieues loin...

Mᵐᵉ DE SÉVIGNÉ, *Lettres;* à sa fille, 29 septembre 1679.

Et, d'acteurs mal ornés chargeant un tombereau,
Amusa les passants *d'*un spectacle nouveau.

BOILEAU, *Art poétique*, III.

Que *de* son nom, chanté par la bouche des belles,
Benserade en tous lieux *amuse* les ruelles.

LE MÊME, même ouvrage, IV.

Ils *amusent* les sots *de* leurs tristes querelles.

ANDRIEUX, *Helvétius*, sc. 8.

De la préposition *à :*

Une figure (de style) qui nous surprend et qui nous *amuse à* la regarder.

Logique de Port-Royal, IIIᵉ part., c. 20.

J'*amuse* une vieille enfance *à* faire une petite collection de fruits et de grains.

J.-J. ROUSSEAU, *Lettres;* 21 septembre 1771.

AMUSER, toujours au même sens, a quelquefois pour régime direct, au lieu d'un nom de personne, un nom abstrait désignant indirectement la personne :

Quoique je sois persuadé par mon expérience, et surtout depuis cinq ou six ans, que l'ouvrage du salut est seul capable de contenter le cœur, il faut que j'*amuse* encore mon esprit.

BUSSY-RABUTIN, *Lettres;* à Mᵐᵉ de Sévigné, 2 décembre 1692.

On ne voit dans celui-ci (Isocrate) que des discours fleuris et efféminés, que des périodes faites avec un travail infini pour *amuser* l'oreille.

FÉNELON, *Dialogues sur l'Éloquence*, I.

Le livre d'Isaïe, lu dans un char par cet officier de la reine d'Éthiopie... *amusoit* son loisir, sans éclairer sa foi.

MASSILLON, *Carême.* Sermon sur la Parole de Dieu.

Hum! le vieux fou, qui pense amuser une fille de seize ans avec des ménétriers de village et des jeux d'enfant! Ce n'est ni l'esprit, ni les oreilles, c'est le cœur qu'il faut *amuser* à cet âge.

DANCOURT, *le Colin-Maillard*, sc. 4.

Les détails domestiques *amusent* seulement la curiosité.

VOLTAIRE, *Siècle de Louis XIV*, c. 25.

Ce ne sont pas là de ces événements frappants qui charment le commun des lecteurs, de ces intrigues de cour qui *amusent* la malignité.

LE MÊME, *Histoire de Pierre le Grand*, IIᵉ part., c. 11.

Attendant que pour toi l'âge ait mûri ma muse,
Sur de moindres sujets je l'exerce et l'*amuse.*

BOILEAU, *Discours au Roi.*

Chante : si ton esprit n'est point comme tes yeux,
Amuse notre ennui...

ANDRÉ CHÉNIER, *Idylles.* L'Aveugle.

AMUSER, avec les mêmes formes de construction, signifie encore très fréquemment, Arrêter, faire perdre le temps, distraire, donner le change :

Si nous les povons *amuser* jusques à mynuict, nous sommes eschappez.

COMMINES, *Mémoires*, II, 3.

Vends luy, si tu veulx : si tu ne veulx, ne l'*amuse* plus.

RABELAIS, *Pantagruel*, IV, 7.

Monseigneur lescuyer mon amy, allez vistement querir de noz gens pour garder ce pont, ou nous sommes tous perduz. Cependant je mettray peine de les *amuser* jusques à vostre venue.

Le Loyal Serviteur, c. 25.

Apprenons aux dames à se faire valoir, à s'estimer, à nous *amuser* et à nous pipper.

MONTAIGNE, *Essais*, III, 5.

Bernard, se tenant clos et couvert dedans son royaume d'Italie, pouvoit longuement *amuser* les forces de l'empereur.

EST. PASQUIER, *Recherches de la France*, V, 2.

Je ne vous *amuserai* point ni aux comettes qui parurent sur les armées, ni aux monstres naiz en Alemagne et à Florence, sur lesquels il y a plus à causer qu'à instruire.

AGR. D'AUBIGNÉ, *Histoire universelle*, t. III, liv. IV, c. 24, p. 425.

Il (le roi d'Espagne) s'est jetté à la traverse pour... nourrir et fomenter nos divisions... nous *amuser* à nous quereller, entrebattre et entretuer l'un l'autre...

Satyre Ménippée. Harangue de M. d'Aubray.

... Il conclut (Henri III), quant au roi de Navarre, qu'il le falloit attaquer vivement dans le Poitou, non seulement pour l'y *amuser*, de peur qu'il ne joignit les reitres, mais aussi pour le presser de telle sorte... qu'il délaissât la protection des religionnaires.

MÉZERAY, *Histoire de France*. Henri III.

Ces mêmes gents l'*amusoient* continuellement *par des né-gotiations.* -

CARDINAL DE RETZ, Mémoires.

Un paysan se mourant, son fils fut chercher le curé à demi-lieue, et fut trois heures à sa porte, crainte de l'éveiller. Le curé lui dit après : « Je n'y ai donc que faire, il sera mort à présent.—Oh ! nenni, monsieur, dit le paysan, Pierrot, mon voisin, m'a promis qu'il l'*amuseroit.* »

TALLEMANT DES RÉAUX, Suite des naïvetés et bons mots.

Montpellier est une ville de desbauche et de divertissementz, ce qui *amusera* nos députez, en sorte que les Estatz employeront plus de temps aux balz et aux comédies qu'à travailler à l'expédition de nos affaires.

L'ARCHEVÊQUE DE TOULOUSE, à Colbert, 20 août 1666. (Voyez
Correspondance administrative sous Louis XIV, t. I, p. 219.)

Si la reine en eût été crue ; si, au lieu de diviser les armées royales et de les *amuser*, contre son avis, aux sièges infortunés de Hall et de Glocester, on eût marché droit à Londres, l'affaire étoit décidée et cette campagne eût fini la guerre.

BOSSUET, Oraison funèbre de la reine d'Angleterre.

A quel propos chercher des ornements si déplacés dans un sujet si effrayant, et *amuser* l'auditeur par le récit profane de la douleur d'Artémise ?...

FÉNELON, Dialogues sur l'Éloquence, I.

L'incertitude de la mort nous *amuse* et en éloigne le souvenir de notre esprit.

MASSILLON, Sermon sur la Mort.

M. de Bavière eut la petitesse de faire écrire pour prier qu'on *amusât* ce courrier de l'ambassadeur, pour donner moyen au sien d'arriver avant lui à Madrid.

· SAINT-SIMON, Mémoires, 1697.

Ce qui me choque de ces beaux esprits, c'est qu'ils ne se rendent pas utiles à leur patrie, qu'ils *amusent* leurs talents à des choses inutiles.

MONTESQUIEU, Lettres persanes, 36.

Donnez-lui seulement votre belle main blanche pour l'*amuser* un peu.

MARIVAUX, le Jeu de l'amour et du hasard, II, 3.

Il contrefit l'insensé, s'avança en dansant au milieu de deux haies de janissaires entre lesquelles le Grand Seigneur allait passer ; il laissait tomber exprès quelques pièces d'argent de ses poches pour *amuser* les gardes.

VOLTAIRE, Histoire de Charles XII, VII.

Pison peut cependant *amuser* leur fureur.

P. CORNEILLE, Othon, V, 2.

Cependant à leurs vœux votre âme se refuse
Tandis qu'en ses liens Célimène l'*amuse.*

MOLIÈRE, le Misanthrope, I, 1.

A cette acception se rapporte la locution familière et proverbiale, *Amuser le tapis*, Parler d choses vaines et vagues pour faire passer le temps, dire beaucoup de paroles sans arriver au fait, etc. :

Malclerc avoit ordre de supplier le pape, en mon nom, d'*amuser le tapis*, afin de me donner le temps de me sauver.

LE CARDINAL DE RETZ, Mémoires.

Si la négociation doit se poursuivre, comme sans doute il est à propos de ne la point rompre tout à fait, mais d'*amuser le tapis* pour ne le point laisser entièrement libre à don Estevan de Gamarra, il arrivera assez de difficultés et de contestations dans l'affaire, qui l'accrocheront naturellement et la feront durer, sans qu'on s'aperçoive que le sieur d'Estrades contribue en rien aux longueurs qui s'y rencontrent.

Mémoire de Louis XIV au conte d'Estrades, 23 avril 1664.
(Voyez MIGNET, Négociations relatives à la succession d'Es-
pagne, t. I, p. 284.)

On trouve, dans les passages suivants, des expressions analogues : *Amuser le théâtre*, *Amuser la conversation :*

Tout cela ne regarde qu'une action épisodique qui ne doit pas *amuser le théâtre* quand la principale est finie.

P. CORNEILLE, Examen de Mélite.

A propos de gens taciturnes, il y en a de bien plus singuliers que ceux-là, et qui ont un talent bien extraordinaire. Ce sont ceux qui savent parler sans rien dire, et qui *amusent une conversation* pendant deux heures de temps, sans qu'il soit possible... de retenir un mot de ce qu'ils ont dit.

MONTESQUIEU, Lettres persanes, 82.

AMUSER, dans une acception très voisine de la précédente, signifie encore Repaître de vaines espérances :

Les soldats demandoient paye ; mais on les *amusa* sur l'arrivée de M. de Langey, qui portoit quelque argent.

MONTLUC, Mémoires, liv. II.

On fit mourir L. Vitellius, nonobstant les belles promesses dont on l'*avoit amusé.*

COEFFETEAU, Histoire romaine, VI.

Les a-t-il jamais *amusés* par des caresses quand ils ont attendu de lui des offices effectifs ?

FLÉCHIER, Oraison funèbre de M. de Montausier.

Tous ces désirs de changement qui vous *amusent*, vous *amuseront* jusqu'au lit de la mort.

MASSILLON, Carême. Sermon sur le petit nombre des Élus.

Je m'en débarrassois sur-le-champ par des défaites, ou bien je les *amusois* si longtemps que je leur faisois perdre patience.

                    Le Sage, *Gil Blas,* VIII, 10.

Je ne sais si son affaire réussira; il s'en flatte. Moi, je crains qu'on ne l'*amuse.*

        Mme du Deffand, *Lettres;* à H. Walpole, 8 juin 1777.

Le même tour d'esprit qui fait exceller une femme du monde dans l'art de tenir maison, fait exceller une coquette dans l'art d'*amuser* plusieurs soupirants.

                    J.-J. Rousseau, *Émile.*

Amuser répond enfin, d'une manière générale, aux mots Abuser, tromper, jouer, etc. :

Je ne veux passer soubs silence les artifices, ruses et inventions dont j'ay usé pour *amuser* et retenir le peuple.

            Satyre Ménippée. Harangue de M. le Lieutenant.

Qu'on ne me parle point de cette grossière imitation de piété qui ne cherche que des spectateurs, qui *amuse* le monde de mines.

                    Balzac, *le Prince,* c. 7.

Afin d'*amuser* le peuple, comme il avoit desja fait, il (Auguste) fit demonstration de vouloir tenir sa parole, et de rendre à la république sa première liberté.

                    Coeffeteau, *Histoire romaine,* I.

Les hommes ont une pente merveilleuse à s'imaginer qu'ils *amuseront* les autres par les mesmes moyens par lesquels ils sentent qu'ils peuvent *estre* eux-mesmes *amusés.*

                    Le cardinal de Retz, *Mémoires.*

Après les divers artifices que l'on avoit déjà pratiqués pour m'*amuser,* j'étois en droit de douter de tout.

                    Louis XIV, *Mémoires.*

On a longtemps *amusé* le monde en disant qu'à la vérité, l'Église n'étoit pas toujours dans l'éclat, mais qu'il y avoit du moins, dans tous les temps, quelque petite assemblée où la vérité se faisoit entendre.

    Bossuet, *Histoire des Variations des églises protestantes.* Préface, n° 21.

C'est pour lui faire accroire : il faut bien l'*amuser* avec cette feinte.

                    Molière, *le Bourgeois gentilhomme,* V, 7.

Prétendront-ils m'*amuser* par des contes?

                    Le même, *les Fourberies de Scapin,* I, 6.

Une fausse Ithaque se présentoit toujours au pilote pour l'*amuser,* tandis qu'il s'éloignoit de la véritable.

                    Fénelon, *Télémaque.*

Tantale altéré, qu'une onde trompeuse *amuse,* s'enfuyant de ses lèvres avides.

                    Fénelon, *Télémaque.*

Ce faiseur d'or-ci l'*amusa* et le trompa enfin comme les autres.

                    Saint-Simon, *Mémoires,* 1710.

Le duc, qui comprit bien que tout ce qu'on exigeoit de lui n'aboutiroit qu'à une comédie dont on vouloit *amuser* le peuple, consentit au cartel.

                    Vertot, *Révolutions de Portugal.*

Renart, bien te sés escuser
Et gent par parole *amuser.*

                    Roman de Renart, v. 14409.

... Devant vous il sait se déguiser,
Et son intention est de vous *amuser.*

                    Molière, *l'École des maris,* II, 11.

Vous venez m'*amuser* de vos belles paroles,
Et conservez sous main des espérances folles.

                    Le même, même ouvrage, II, 13.

Dans un sens analogue, Amuser, ayant pour régime un nom abstrait qui désigne une passion, une affection, signifie la Distraire de son objet, lui donner le change, la tromper :

Si le corps se soulage en se plaignant, qu'il le face... S'il lui semble que le mal s'évapore aulcunement... pour pousser hors la voix avecques plus grande violence, ou s'il en *amuse* son torment, qu'il crie tout à faict.

                    Montaigne, *Essais,* II, 37.

Par tels arguments, et forts et foibles, comme Cicero le mal de la vieillesse, j'essaye d'endormir et *amuser* mon imagination, et graisser ses playes. Si elles s'empirent demain, demain nous y pourvoyrons d'aultres eschappatoires.

                    Le même, même ouvrage, III, 13.

Il faut *amuser* le plus qu'on peut son affliction, et chercher des objets qui la trompent.

            Balzac, *Lettres;* XVIII, 21 (à Chapelain).

Donnez-moi des moyens de vous servir pour *amuser* ma tendresse.

    Mme de Sévigné, *Lettres;* à Mme de Grignan, 1er janvier 1672.

Je vous écris de Malicorne de quelle façon nous *amusions* les douleurs et la fièvre de mon pauvre fils.

    La même, même ouvrage; à Mme de Grignan, 30 octobre 1680.

Jusques à quand *amuserai-je* les inquiétudes secrètes de mon âme par de vains projets de pénitence?

            Massillon, *Carême.* Fausse confession.

La harpe d'un berger, loin d'*amuser* sa tristesse (de Saül), redouble sa fureur.

            Le même, *Petit carême,* III° dimanche.

Dis qu'un usurpateur doit *amuser* la haine
Des peuples mal domptés en épousant leur reine.
P. Corneille, *Pertharite*, I, 4.

Il suffit qu'avec toi j'*amuse* mon ennui.
Le même, *Suréna*, I, 1.

On dit absolument, Amuser, surtout au sens de Divertir, récréer, occuper agréablement :

Vous retrancheriez donc tous ceux (les exercices) qui ne serviroient qu'à *amuser*, et qui ne mettroient point l'homme en état de mieux supporter les travaux réglés de la paix et les fatigues de la guerre ?
Fénelon, *Dialogues sur l'Éloquence*, I.

Une seule scène (de Térence) *amuse* agréablement tout un jour.
Mme Dacier, trad. de Térence. Préface.

C'étoit (Richard Hamilton) un homme de beaucoup d'esprit, qui savoit, qui *amusoit*.
Saint-Simon, *Mémoires*, 1717.

On vous a regardé comme une farce qui n'*amuse* plus.
Marivaux, *la Méprise*, sc. 12.

Dans un roman frivole aisément tout s'excuse ;
C'est assez qu'en courant la fiction *amuse*.
Boileau, *Art poétique*.

Je tâche d'*amuser*, et je veux qu'on m'*amuse*.
Gresset, *le Méchant*, III, 3.

Vos discours pleins d'esprit *amusent*, intéressent.
Barthe, *les Fausses Infidélités*, sc. 6.

Amuser s'emplóie avec le pronom personnel, et signifie, Se distraire, se divertir. S'amuser se construit le plus souvent avec la préposition *à*, régissant soit un verbe à l'infinitif, soit un nom ;
Un verbe à l'infinitif :

Je fais mon compte que bestes, ne simples gens ne *s'amuseront* point *à* lire ces mémoires ; mais princes ou aultres gens de cour y trouveront de bons advertissements à mon advis.
Commines, *Mémoires*, III, 8.

Il se leva de grand matin, et, s'étant fait tirer du vin, *s'amusa à* boire, n'ayant rien de meilleur à faire.
Scarron, *Roman comique*, II, 2.

Cependant le roi *s'amuse à* prendre la Flandre, et Castel-Rodrigue *à* se retirer de toutes les villes que Sa Majesté veut avoir.
Mme de Sévigné, *Lettres*; à M. de Pomponne, 1667.

Les hommes ont besoin de quelque relâche... Auguste jouait ; Scipion et Lælius *s'amusaient* souvent *à* jeter des pierres plates sur l'eau.
La Fontaine, *Psyché*, liv. I.

Ils (le comte de Solre et sa femme) *s'amusèrent à* épargner et *à* plaider, *à* faire les princes dans leur maison sans y voir personne.
Saint-Simon, *Mémoires*, 1713.

René d'Anjou, roi de Sicile et de Jérusalem, duc de Lorraine, qui, ne possédant aucun de ces États, *s'amusait à* faire des vers et des tournois, fit de nouvelles lois pour ces combats.
Voltaire, *Essai sur les mœurs*, c. 99.

....Le plus sainct Italien
Eust esté prins en son lien,
S'à la veoir se fust *amusé*.
Cl. Marot, *Dialogue de deux amoureux*.

Les foibles déplaisirs *s'amusent à* parler,
Et quiconque se plaint cherche à se consoler.
P. Corneille, *Pompée*, V, 1.

Un nom de chose, ou son équivalent :

Ceulx qui escrivent les vies, d'autant qu'ils *s'amusent* plus *aux* conseils qu'*aux* événements... ceux-là me sont plus propres. Voilà pourquoi c'est mon homme que Plutarque.
Montaigne, *Essais*, II, 10.

Suivons le conseil que le père Léonard Lessius donnoit à son ami Juste Lipse : c'est assez faire l'enfant, et *s'amuser à* ce jeu de mots et de syllabes.
Balzac, *Socrate chrétien*, disc. X.

Il *s'amuse à* tout et ne se plait à rien.
La Rochefoucauld, Portrait du cardinal de Retz.

Vous me demandez où je suis, comment je me porte, et à quoi je m'*amuse*. Je suis à Paris, je me porte bien, et je m'*amuse à* des bagatelles.
Mme de Sévigné, *Lettres*; au comte de Bussy, 6 août 1675.

M. Sauveur ne faisoit guère cas que des mathématiques utiles... Il demandoit presque pardon de *s'être amusé aux* quarrés magiques, qu'il avoit poussés au dernier degré de spéculation.
Fontenelle, *Éloge de Sauveur*.

Les découvertes du chevalier Newton, qui lui ont fait une réputation si universelle, regardent le système du monde, la lumière, l'infini en géométrie, et enfin la chronologie, à laquelle il *s'est amusé* pour se délasser.
Voltaire, *Lettres philosophiques*, V.

On peut ajouter à ces passages d'autres, tels que les suivants. dans lesquels le complément de

s'amuser est remplacé par les adverbes *où* et *y;*
Par l'adverbe *où :*

Ceste mignardise de compliments communs et de révérences inutiles qui font aujourd'huy la plus grande partie
du discours des hommes, ce sont des superfluitez *où* je ne
m'amuse point.

THÉOPHILE, *Au lecteur.*

Favorisez les jeux *où* mon esprit *s'amuse.*
LA FONTAINE, *Fables*, VII. A Mme de Montespan.

Par l'adverbe *y :*

Non seulement je *m'y amusois* comme à un jeu, mais encore je m'y arrêtois comme à une chose sérieuse et véritable.
BOSSUET, *Discours sur la Vie cachée en Dieu.*

On peut *s'y amuser* (à l'histoire) quand l'imagination
baisse.
VOLTAIRE, *Lettres;* 2 juillet 1754.

S'amuser à, au même sens, a été quelquefois
suivi d'un nom de personne, ou de son équivalent :

De *s'amuser à* soy, il leur semble que c'est se plaire en
soy.
MONTAIGNE, *Essais,* II, 6.

La nuict passée *à* moy *s'est amusé*
Le dieu d'amours (au moins je le songeoye),
Lequel me dit, povre amant refusé,
D'un seul baiser prens reconfort et joye.
CL. MAROT, *Épigrammes,* III, 24.

Il en est de même dans le passage suivant, où
le complément de *S'amuser* est remplacé par l'adverbe *y :*

Il étoit bien en peine de scavoir si la femme de l'opéra-
teur avoit beaucoup de l'esprit... et si elle valoit la peine
qu'il *s'y amusât.*
SCARRON, *Roman comique,* I, 19.

S'amuser se construit aussi, mais moins ordinairement, avec la préposition *de,* régissant de
même soit un verbe à l'infinitif, soit un nom;
Un verbe à l'infinitif :

Que je suis enchanté que Votre Altesse royale ait été contente de cet Essai sur le feu que Madame du Chatelet *s'a-
musa de* composer, et qui, en vérité, est plutôt un chef-
d'œuvre qu'un essai.
VOLTAIRE, *Lettres;* au prince de Prusse, novembre 1738.

Un nom de chose, ou son équivalent :

Vous me ferez le plus grand plaisir du monde de me faire
connaitre M. l'abbé du Bac. J'estime fort un homme qui sait
faire de grandes choses et qui *s'amuse des* petites.
BUSSY-RABUTIN, *Lettres;* 8 septembre 1669.

Un homme n'est-il pas fou, qui croit être sage en ne *s'a-
musant* et ne se divertissant *de* rien?
Mme DE SÉVIGNÉ, *Lettres;* 10 février 1672.

Il (le marquis de Vardes) tâcha de *s'occuper* avec lui, ou
plutôt de *s'amuser de* la philosophie de Descartes.
FONTENELLE, *Éloge de Regis.*

Les princes, et plus ordinairement les princesses, *s'amusent* sans dégoût *de* ce qu'ils méprisent; l'habitude, l'empressement bas à leur plaire y jouit souvent de la bienveillance.
SAINT-SIMON, *Mémoires,* 1716.

Rien n'est si sage que de *s'amuser* paisiblement *de* ses
travaux.
VOLTAIRE, *Lettres;* 1er octobre 1757.

Vivent les sots pour *s'amuser de* tout!
SEDAINE, *la Gageure imprévue,* sc. 1.

Quand je n'y trouverois que *de* quoi *m'amuser,*
Oh! c'est le droit des gens, et je veux en user.
GRESSET, *le Méchant,* II, 1.

S'amuser de, est quelquefois suivi d'un nom de
personne. On dit, *S'amuser d'une* personne, pour
S'en moquer.

Au sens ordinaire de *S'amuser à,* s'ajoute très
fréquemment l'idée accessoire d'une perte de
temps, d'une occupation inutile, d'une méprise
fâcheuse.

Soit construit avec un verbe à l'infinitif :

Si ne *s'amusa* point (Romulus) *à* poursuivre des brigands
et des voleurs, ains conquit par force d'armes plusieurs
puissans peuples.
AMYOT, trad. de Plutarque. *Comparaison de Theseus
avec Romulus;* c. 4.

Ces propos le rendirent nonchalant (Pompée), de sorte
qu'il ne teint compte de faire ses préparatifs de guerre...
s'amusant à résister à César de paroles seulement.
LE MÊME, même ouvrage. *Vie de Jules César,* c. 38.

Je trouve qu'on *s'amuse* ordinairement *à* chastier aux enfants des erreurs innocentes, tres-mal à propos, et qu'on
les tourmente pour des actions temeraires, qui n'ont ny
impression ny suitte.
MONTAIGNE, *Essais,* I, 9.

Saint Hierosme, en son livre premier contre Jovinian, se

plaignoit qu'ès eslections des prélats on *s'amusoit* quelquefois plus *à* choisir des sages mondains que des gens de bien.
Est. Pasquier, Recherches de la France, III, 4.

Vocula ne sceut pas encore se servir de son avantage, et
au lieu de poursuivre sa victoire *s'amusa à* se fortifier,
comme s'il eust craint un second siége.
Perrot d'Ablancourt, trad. de Tacite. Histoires, liv. IV, 4.

Eux (les épicuriens) qui disoient que c'étoit lui faire injure (à Dieu) de l'implorer dans nos besoins, comme s'il
eût été capable de *s'amuser à* penser à nous.
Pascal, Provinciales, IV.

S'amuseroit-on *à* prouver qu'on n'est pas « porte d'enfer...?»
Le même, même ouvrage, XV.

Un misérable pirate qui *s'amusoit à* prendre des petites
barques du temps d'Alexandre passa pour un infâme voleur, et ce grand conquérant qui ravissoit les royaumes entiers est encore honoré comme un héros.
Le cardinal de Retz, Conjuration de Fiesque.

Ne *nous amusons* point *à* chercher l'homme hors de son
propre cœur.
Mascaron, Oraison funèbre de la reine d'Angleterre.

Morbleu! je suis bien sot de *m'amuser à* raisonner avec
vous.
Molière, le Festin de Pierre, III, 1.

Je ne *m'amuserai* pas aujourd'hui *à* vous dire combien je
vous aime.
Mme de Sévigné, Lettres; à Mme de Grignan, 20 juin 1672.

Vous voyez bien, ma très-belle, qu'il faut avoir bien du
loisir pour *s'amuser à* vous dire de telles bagatelles.
La même, même ouvrage; à Mme de Grignan, 24 juillet 1675.

Vous ne me faites pitié où vous êtes, que par les réflexions
que *vous vous amusez à* faire sur des morts, dont ici on ne
se souvient plus du tout.
Mme de Coulanges, Lettres; à Mme de Sévigné, 21 janvier 1695.

Je *m'amuse à* vous désirer toujours sans m'en pouvoir
empêcher.
La même, même ouvrage; à Mme de Sévigné, 8 juillet 1695.

Trouveriez-vous bon qu'un médecin qui vous traiteroit
s'amusât, dans l'extrémité de votre maladie, *à* débiter des
phrases élégantes et des pensées subtiles.
Fénelon, Dialogues sur l'Éloquence, I.

S'amusant à discuter de vains intérêts, quand il s'agissait de son existence, il (Philippe, roi de Macédoine) se rendit odieux et détestable à tous les Grecs.
Montesquieu, Grandeur des Romains, c. 5.

Je t'assure que je ne *m'amusai* point *à* faire des élégies
sur mon infortune.
Le Sage, Gil Blas, VIII, 7.

III

O mon luth, faut-il que je t'aie quitté pour *m'amuser à*
gouverner un royaume!
Fontenelle, Dialogues des morts.

Ne *vous amusez* point *à* vous plaindre; rien n'est moins
utile.
Vauvenargues, Conseil à un jeune homme.

Tu te plains, ami, grandement,
Qu'en mes vers j'ai loué Clément,
Et que je n'ai rien dit de toi.
Comment veux-tu que je *m'amuse*
A louer ni toi ni ta muse?
Tu le fais cent fois mieux que moi.
Mellin de Saint-Gelais, Épigrammes.

Ici, non plus qu'en France, on ne *s'amuse* pas
A discourir d'honneur quand on prend son repas.
Régnier, Satires, VI.

Croit-il qu'en cet affront je *m'amuse à* me plaindre?
S'il cesse de m'aimer, qu'il commence à me craindre:
P. Corneille, Médée, I, 5.

Ne *vous amusez* pas *à* vous mettre en colère;
Il n'en vaut pas la peine.
Quinault, la Mère coquette, V, 5.

Soit construit avec un nom :

Je dis qu'il me sembloit que le roy devoit tirer à son
chemin, et ne *se amuser à* ces folles offres qui ne scauroient
durer une sepmaine.
Commines, Mémoires, VIII, 11.

Le bon chevalier.... ne *s'amusa* gueres *aux* morceaulx
après le disner.
Le Loyal Serviteur, c. 3.

Pendant qu'ils *s'amusoient à* leur plaisir, l'ennemy ne dormit pas.
Martin du Bellay, Mémoires.

Et le medecin Philotimus, *à* un qui luy presentoit le doigt
à panser, auquel il recognoissoit, au visage et à l'haleine,
un ulcere aux poulmons : Mon amy, feit il, ce n'est pas à
cette heure le temps de *t'amuser à* tes ongles.
Montaigne, Essais, III, 9.

Ayant crié au comte qu'il... mit la main à l'épée... il
s'amusa à des satisfactions qui ne contentèrent pas le comte
de Nesle.
Malherbe, Lettres; 1er août 1611

Je regarde le cœur avec lequel mes amis m'assistent, sans
m'amuser au succès.
Bussy-Rabutin, Lettres; 16 janvier 1686.

Il (Démosthène) est trop vivement touché des intérêts de
sa patrie pour *s'amuser à* tous les jeux d'esprit d'Isocrate.
Fénelon, Dialogues sur l'Éloquence; I.

Vous estes grande assez, vous devriez être sage,
Et plustost projeter quelque bon mariage
Que de *vous amuser à* des folles amours.

RACAN, *les Bergeries*, I, 3.

Ne *nous amusons* point, ma fille, *à* ces discours.

MOLIÈRE, *Tartufe*, II, 2.

... Il broute, il se repose,
Il *s'amuse à* toute autre chose
Qu'à la gageure...

LA FONTAINE, *Fables*, VI, 10.

On dit de cette manière, proverbialement et familièrement, pour S'arrêter à des choses frivoles, inutiles :

S'amuser à la bagatelle :

Pendant qu'il *s'amusera à la bagatelle*, je déménagerai avec le solide.

LE SAGE, *Crispin rival de son maître*, sc. 20.

S'amuser à la moutarde :

Sans *s'amuser à la moutarde*,
Le bon maître Ænéas n'eut garde
De laisser ses gens refroidir.

SCARRON, *Virgile travesti*, V.

C'est encore ici le lieu de noter qu'on trouve des exemples de *S'amuser à*, suivi d'un nom de personne ou de ce qui en tient lieu :

Or, ce pendant qu'ilz *s'amusoient à moy*, le feu triomphoit, ne demandez comment, à prendre en plus de deux mille maisons.

RABELAIS, *Pantagruel*, II, 14.

Au lieu que toute nostre fiance doit estre enracinée en Dieu seul, ils le rejettent loin et *s'amusent à* eux ou *aux* créatures.

CALVIN, *Institution chrestienne*, liv. I, c. 4, § 4.

Ceste marchande sans *s'amuser à* luy... luy respond...

G. BOUCHET, *Serées*, III.

On trouve, au même sens, *S'amuser avec :*

Enfin, le jeudi, 26 septembre, ce fils de Harlay arriva à cinq heures du matin à Fontainebleau, après *s'être amusé* en chemin *avec* une fille qu'il trouva à son gré et du vin qui lui parut bon.

SAINT-SIMON, *Mémoires*, 1697.

S'amuser auprès, S'amuser après :

Hylas... n'estoit point retourné ; pour s'estre *amusé auprès*

---

de quelques bergères qu'il rencontra en allant au temple de la déesse Astrée.

D'URFÉ, *l'Astrée*, IIe part., liv. VIII.

M. Le Tellier osta à la reine ceste fantaisie de l'esprit, en lui escrivant que c'estoit un bonheur que la faction *s'amusast après* cette bagatelle (le mariage de M. de Mercaux avec Mlle Mancini).

LE CARDINAL DE RETZ, *Mémoires*.

Vous vous *amusez après* la vertu, comme si c'étoit une chose solide.

BUSSY-RABUTIN, *Lettres* ; à Mme de Sévigné, 16 juin 1654.

S'AMUSER est aussi verbe réciproque, et a le sens de Se tromper mutuellement :

Non, l'amitié n'est qu'un nom en l'air, dont les hommes *s'amusent* mutuellement.

BOSSUET, *Sermons*. Sur la Charité fraternelle.

On ne songeoit pas alors à *s'amuser* les uns les autres par des explications équivoques, comme on le fit depuis.

LE MÊME, *Histoire des Variations des églises protestantes*, liv. II, n° 45.

S'AMUSER s'emploie absolument ;
Soit au sens de Prendre du plaisir :

Cette belle eau aime tellement cette belle terre qu'elle se divise en mille branches, et fait une infinité d'isles et de détours afin de *s'y amuser* davantage.

BALZAC, *Lettres*, XV.

Il y a huit jours que je suis ici : je ne *m'y amuse* pas assurément.

Mme DE SÉVIGNÉ, *Lettres* ; 20 mai 1680.

À tout cela vous direz que je suis un fou, et il pourrait bien en être quelque chose ; mais je *m'amuse*, et qui *s'amuse* me paraît fort sage.

VOLTAIRE, *Lettres* ; 15 mai 1783.

Amusez-vous, Monsieur, je le désire, mais pas assez pour reculer le temps de votre retour ; car ce seroit *vous amuser* à mes dépens.

J.-J. ROUSSEAU, *Lettres* ; 28 février 1767.

Le jeu fut de tout temps permis pour *s'amuser*.

BOILEAU, *Satires*, X.

Ce qu'il dit, ce qu'il fait, n'est que pour *s'amuser*.

GRESSET, *le Méchant*, IV, 4.

Rien ne *m'amuse* plus. Il faut en convenir,
Je ne *me suis* jamais *amusé* de ma vie.

COLLIN D'HARLEVILLE, *le Vieux Célibataire*, II.

Soit au sens de Perdre le temps :

Toute la ville brusle et *nous nous amusons* icy.

            Rabelais, *Pantagruel*, II, 14.

Nous voila enfin en lieu de seureté, sans avoir perdu que trois soldats dans le premier fossé et le bastard Dauzan, qui *s'amusa* dans une maisonnette près l'église.

            Montluc, *Commentaires*, I.

Le roi (Louis XIV) *s'amusoit* peu au retour de la messe, et demandoit presque aussitôt le conseil.

            Saint-Simon, *Mémoires*, 1715.

     Va tost (Dizain) solliciter la somme,
     J'en ay besoing; pourquoy crains, et *t'amuses* ?

            Cl. Marot, *Épigrammes*, I, 44.

S'amuser, pris absolument, peut encore vouloir dire Se moquer :

Vous voulez *vous amuser*, je le vois bien.

            Voltaire, *Lettres*; 13 octobre 1759.

D'Amuser on avait fait le mot composé Amuse-fou, qu'on appliquait soit aux choses, soit aux personnes par lesquelles il n'est pas sage de se laisser arrêter, distraire, abuser :

Ce n'eust esté (la cérémonie de l'ancienne loi) que une bastelerie anciennement ou un *amuse-fol* (comme l'on dit), si la vertu de la mort et résurrection de Jésus-Christ n'y eust été monstrée.

            Calvin, *Institution chrestienne*, liv. II, c. 7, § 16.

Il y a des *amuse-fous* et qui font mine de parlementer; mais c'est pour venir à leur point.

            Montluc, *Commentaires*, II.

Amuse-coquin, divertissement des mauvais sujets, est un mot de la langue burlesque, dont s'est servi Scarron :

     Que ce ridicule Harlequin
     Est un grand *amuse-coquin* !

            Scarron, *la Foire Saint-Germain*.

Amusé, ée, participe.
Il est quelquefois pris adjectivement;.
Au sens de Diverti :

Ceux qui estoient dedans le chasteau, *amusez* à la pille, entendans le bruit, coururent aux tours et forteresses.

            Rabelais, *Gargantua*, I, 36.

     ... Monsieur, je fais des livres;
     On les vend au Palais, et les doctes du temps
     A les lire *amusez*, n'ont d'autre passe-temps.

            Régnier, *Satires*, II.

AMUSANT, ANTE, adj.
Qui amuse, qui divertit.
On le dit des choses et des personnes;
Des choses :

Une conversation (celle de la princesse des Ursins) délicieuse, intarissable, et d'ailleurs fort *amusante* par tout ce qu'elle avait vu et connu de pays et de personnes.

            Saint-Simon, *Mémoires*.

Ce n'est pas sans raison qu'on a nommé Hérodote le père de l'histoire. Toutes les histoires grecques, qui, à ce compte-là, sont ses filles, tiennent beaucoup de son génie : elles ont peu de vérité, mais beaucoup de merveilleux et de choses *amusantes*.

         Fontenelle, *Histoire des Oracles*, Irᵉ dissertation, c. 4.

Mes rivales ne me regardèrent pas longtemps, leur examen fut court, il n'étoit pas *amusant* pour elles, et l'on finit vite avec ce qui humilie.

            Marivaux, *la Vie de Marianne*, IIᵉ part.

Je voudrais pouvoir vous envoyer quelques bagatelles pour vous amuser; mais les ouvrages auxquels je travaille ne sont point du tout *amusants*.

            Voltaire, *Lettres*; 23 avril 1754.

Je voudrois, de tout mon cœur, rendre mes lettres *amusantes*.

            Mᵐᵉ du Deffand, *Lettres*; à H. Walpole, 13 juillet 1777.

L'ennui, ce fléau de la solitude aussi bien que du grand monde, force de recourir aux livres *amusants*.

            J.-J. Rousseau, *la Nouvelle Héloïse*. Seconde préface.

     Je n'observe jamais que le côté plaisant,
     J'élude l'ennuyeux, je saisis *l'amusant*.

            Dufresny, *la Réconciliation normande*, II, 2.

     De séduisants dehors, un babil *amusant*,
     Dans le monde, voilà ce qui fait l'homme aimable.

            Collin d'Harleville, *les Châteaux en Espagne*, II, 5.

Des personnes :

Madame d'O vivoit d'une autre sorte, elle avoit beaucoup d'esprit, plaisante, complaisante, toute à tous et *amusante*.

            Saint-Simon, *Mémoires*, 1696.

N'est-ce pas là un mari bien *amusant* ?

            Marivaux, *le Jeu de l'amour et du hasard*, I, 1.

Grégoire de Tours est notre Hérodote, à cela près que le tourangeau est moins *amusant*, moins élégant que le grec.

            Voltaire, *Essai sur les mœurs*, c. 52.

Ce Bâcle étoit un garçon très-*amusant*, très-gai, plein de saillies bouffonnes que son âge rendoit agréables.

            J.-J. Rousseau, *les Confessions*, I, 3.

Eh bien! es-tu toujours vif, joyeux, *amusant?*

GRESSET, *le Méchant,* III, 8.

AMUSABLE, adj. des deux genres.

Qui peut être amusé : .

Madame de Maintenon, aussi blasée pour lui (Louis XIV) qu'il l'étoit pour elle, cherchoit inutilement à lui procurer quelques dissipations... l'ennui surnageoit ; ce qui faisoit dire à madame de Maintenon : Quel supplice d'avoir à amuser un homme qui n'est plus *amusable!*

DUCLOS, *Mémoires secrets sur Louis XIV, la Régence,* etc.

J'ai peur qu'ayant beaucoup lu et beaucoup réfléchi, vous ne soyez guère *amusable* et que je ne sois pas du tout amusant.

VOLTAIRE, *Lettres;* à Mme du Deffand, 25 mai 1770.

Je conviens que je suis peu *amusable.*

Mme DU DEFFAND, *Lettres;* à Voltaire, 23 novembre 1770.

AMUSEMENT, s. m.

Les acceptions de ce mot répondent à celles du verbe Amuser; il signifie donc d'abord :

Ce qui divertit, distrait, occupe agréablement;

Soit au singulier :

Je ne cherche aux livres qu'à m'y donner du plaisir par un honneste *amusement.*

MONTAIGNE, *Essais,* II, 10.

Non, après ce que nous venons de voir, la santé n'est qu'un nom, la vie n'est qu'un songe, la gloire n'est qu'une apparence, les grâces et les plaisirs ne sont qu'un dangereux *amusement.*

BOSSUET, *Oraison funèbre de la duchesse d'Orléans.*

Je veux vous écrire tous les soirs, ma chère enfant; rien ne me peut contenter que cet *amusement.*

Mme DE SÉVIGNÉ, *Lettres;* à Mme de Grignan, 9 mai 1680.

Ils (les Neufchâtelois) aiment la chasse, moins par goût que parce que c'est un *amusement* noble; enfin jamais on ne vit des bourgeois si pleins de leur naissance.

J.-J. ROUSSEAU, *Lettres;* 20 janvier 1763.

Un lecteur sage fuit un vain *amusement,*
Et veut mettre à profit son divertissement.

BOILEAU, *Art poétique,* IV.

Il faut prendre l'amour comme un *amusement.*

DESTOUCHES, *l'Irrésolu,* II, 4.

Ne prétendez-vous donc qu'au triste *amusement*
De vous faire haïr universellement.

GRESSET, *le Méchant,* III, 1.

Soit au pluriel :

On dit que notre ami le cardinal de Retz ne bouge de chez madame de Bracciano. Cela n'est-il pas étrange, qu'il faille de ces *amusements*-là toute la vie?

BUSSY-RABUTIN, *Lettres;* 24 novembre 1678.

Que si l'on veut donner quelque chose à l'âge (des enfants), qu'on les laisse jouer et se divertir, et qu'on leur donne des *amusements* réjouissants.

FLEURY, *Du Choix des études,* c. 15.

Depuis que je me suis amusée à écrire et que j'ai osé rendre publics mes *amusements,* j'ai toujours eu l'ambition de pouvoir donner à notre siècle une traduction d'Homère.

Mme DACIER, trad. de l'*Iliade.* Préface.

J'ai donné aux idées qui me sont venues le nom d'*amusements;* ils seront sérieux ou comiques, selon l'humeur où je me suis trouvé en les écrivant.

DUFRESNY, *Amusements sérieux et comiques.* Préface.

Les jeux, les assemblées, les plaisirs sont devenus des *amusements* inévitables à l'ennui qui nous persécute. .

MASSILLON, *Carême.* Sermon sur la Prière.

Les *amusements* étoient de plus en plus fréquents les soirs chez madame de Maintenon, où rien ne pouvoit remplir le vide de la pauvre Dauphine.

SAINT-SIMON, *Mémoires,* 1713.

Elle (Mlle de la Vallière) fut deux ans l'objet caché de tous les *amusements* galants et de toutes les fêtes que le roi donnait.

VOLTAIRE, *Siècle de Louis XIV,* c. 25.

En marchant, nous disions que la journée avoit tort de finir; mais loin de nous plaindre qu'elle eût été courte, nous trouvâmes que nous avions eu le secret de la faire longue par tous les *amusements* dont nous avions su la remplir.

J.-J. ROUSSEAU, *les Confessions,* I, 4.

On doit tenir la bride aux grands empressements
Qu'on a de faire éclat de tels *amusements.*

MOLIÈRE, *le Misanthrope,* I, 2.

Es-tu contente à la fleur de tes ans?
As-tu des goûts et des *amusements?*

VOLTAIRE, *Contes en vers.* La Bégueule.

AMUSEMENT, par une application particulière, s'est dit d'une Liaison d'amour peu sérieuse, où le cœur n'est point intéressé :

Une femme galante veut qu'on l'aime : il suffit à une coquette d'être trouvée aimable et de passer pour belle. Celle-là cherche à engager; celle-ci se contente de plaire. La première passe successivement d'un engagement à un autre; la seconde a plusieurs *amusements* à la fois.

LA BRUYÈRE, *Caractères,* III, 3.

Je n'avois d'abord songé qu'à me donner un *amusement;*

je vis que j'avois plus fait, et que je m'étois donné une compagne.

> J.-J. ROUSSEAU, *les Confessions.*

C'est tout ce que je crains qu'un tel attachement,
Je passerois plutôt un simple *amusement.*

> COLLÉ, *Dupuis et Desronais,* I, 8.

AMUSEMENT reçoit souvent un complément formé de la préposition *de* et de son régime, lequel est, soit un nom de personne, soit un nom abstrait désignant indirectement les personnes;

Un nom de personne; l'*Amusement d'*une personne, *son amusement :*

Je le donnerois pour exemple à ceux qui, renversant l'ordre des choses, se font une occupation de *leurs amusements*, et qui ne donnent à leurs charges que les restes d'une oisiveté languissante.

> FLÉCHIER, *Oraison funèbre de M. de Lamoignon.*

Ces entreprises conduites avec tant de secret et de sagesse; ces victoires, ces succès... nous ne les regarderons plus alors que comme des scènes puériles et des *amusements d'*enfant.

> MASSILLON, *Sermons.* L'Assomption.

Il se forma une foule d'esprits agréables, dont on a une infinité de petits ouvrages délicats qui font l'*amusement des* honnêtes gens.

> VOLTAIRE, *Siècle de Louis XIV,* c. 32.

La Thessalie entière, ou vaincue ou calmée,
Lesbos même conquise en attendant l'armée,
De toute autre valeur éternels monuments,
Ne sont d'Achille oisif que les *amusements.*

> RACINE, *Iphigénie,* I, 2.

Le ridicule est fait pour *notre amusement.*

> GRESSET, *le Méchant,* I, 4.

Un nom abstrait désignant indirectement les personnes :

Allez vous cacher, vilaines... Et vous, qui êtes cause de leur folie... pernicieux *amusements des* esprits oisifs, romans, vers, chansons... puissiez-vous être à tous les diables!

> MOLIÈRE, *les Précieuses ridicules,* sc. dernière.

Il (Coulanges) alla plus d'une fois en Bretagne... jamais ne dit mal ni ne fit mal à personne, et fut avec estime et amitié l'*amusement* et les délices *de* l'élite de son temps, jusqu'à quatre-vingt-deux ans.

> SAINT-SIMON, *Mémoires,* 1716.

Le ciel a daigné me donner deux enfants... dont l'éducation va devenir l'*amusement de* mes vieux jours.

> LE SAGE, *Gil Blas,* XII, 14.

De ces yeux toujours remuants, toujours occupés à regarder, et qui cherchent de quoi fournir à l'*amusement d'*une âme vide et oisive, d'une âme qui n'a rien à voir en elle-même.

> MARIVAUX, *la Vie de Marianne,* Vᵉ partie.

J'ai eu la faiblesse, Madame, de laisser sortir de notre petit coin des Alpes cette femme, qui a raison. Si elle avait raison, elle n'aurait pas fait le voyage de Paris : c'est un *amusement de* société.

> VOLTAIRE, *Lettres;* 3 septembre 1758.

Les divers sols dans lesquels l'île, quoique petite, étoit partagée, n'offroient une suffisante variété de plantes pour l'étude ou plutôt l'*amusement de* toute ma vie.

> J.-J. ROUSSEAU, *les Confessions,* II, 12.

... Tes pompeux bâtiments
Du loisir d'un héros nobles *amusements.*

> BOILEAU, *Épîtres,* I.

Quelquefois, dans cette manière de parler, le régime de la préposition *de* marque Ce qui amuse :

Ils (les grands) se font un intérêt d'État de donner du crédit, par leur exemple, aux *amusements du* théâtre et aux vains spectacles du siècle.

> MASSILLON, *Petit-Carême,* IIᵉ dimanche.

Laissez aux gens grossiers, aux personnes vulgaires, Les bas *amusements de* ces sortes d'affaires.

> MOLIÈRE, *les Femmes savantes,* I, 1.

On dit *Faire, se faire un amusement d'*une chose :

Leur esprit toutefois se plaît dans son tourment,
Et *se fait de* sa peine un noble *amusement.*

> BOILEAU, *Épîtres,* XI.

Où les dames surtout ont un air si charmant,
Et *font de* leur beauté tout leur *amusement.*

> REGNARD, *Démocrite,* III, 3.

AMUSEMENT s'emploie aussi absolument :

On ne sauroit avoir trop de raretés, trop de livres curieux, sans avoir même le plus souvent envie de les lire : ce n'est qu'*amusement* et ostentation.

> BOSSUET, *Traité de la Concupiscence,* c. 8.

Tout est *amusement* dans la vie; la vertu seule mérite d'être appelée occupation.

> DUFRESNY, *Amusements sérieux et comiques.*

Rouzols... épousa la fille aînée de Croissy... elle avoit infiniment d'esprit, de grâces et d'*amusements* dans l'esprit.

> SAINT-SIMON, *Mémoires,* 1696.

C'était le jour de la fête la plus bruyante de l'année, à

la fin du carnaval, lorsqu'il prend au peuple romain comme une fièvre de joie, comme une fureur d'*amusement*.

Mᵐᵉ DE STAEL, *Corinne*, liv. IX, c. 1.

A cette manière de parler se rapporte la locution *par Amusement* :

C'est une conquête que j'ai faite par hasard, que je conserve *par amusement*, et dont je me déferai par caprice, ou par raison peut-être.

LE SAGE, *Turcaret*, IV, 2.

Les coquettes les plus belles
Ne touchent que foiblement :
On peut, *par amusement*,
Feindre de brûler pour elles.

LA FONTAINE, *Astrée*.

On dit plus absolument encore, *l'Amusement* :

Ce n'est pas *l'amusement* seul que l'homme cherche. Un amusement languissant et sans passion l'ennuiera.

PASCAL, *Pensées*.

La pente aux plaisirs qui est forte pendant la jeunesse, l'exemple des personnes du même âge qui sont plongées dans *l'amusement*, tout sert à faire craindre à une fille ignorante une vie réglée et laborieuse.

FÉNELON, *De l'Éducation des filles*, c. 2.

Je vous embrasse, et vous recommande sur toute chose *l'amusement* et la gaîté.

J.-J. ROUSSEAU, *Lettres*; 10 février 1768.

Amphitryon, c'est trop pousser *l'amusement*.

MOLIÈRE, *Amphitryon*, II, 2.

... *L'amusement* circule
Par les préventions, les torts, le ridicule.

GRESSET, *le Méchant*, IV, 7.

AMUSEMENT correspond aux autres acceptions d'*Amuser*. Ainsi il signifie quelquefois, Occupation inutile, perte de temps, délai, retardement :

Louys, ayant les plus grands du conseil à sa dévotion, balottoit Edoüard par divers délais et propositions tantost de conquérir le Pays-Bas à moitié, tantost de luy donner Boulogne, tantost de quelque autre *amusement*.

MÉZERAY, *Histoire de France*. Louis XI.

... Le fait dont il s'agit aujourd'hui n'est autre que de savoir si Sa Majesté... est aujourd'hui obligée de suspendre la poursuite de ses droits sur les *amusements* d'une négociation imaginaire...?

DE LIONNE, au marquis de la Fuente, 18 mai 1667. (Voyez MIGNET, *Négociations relatives à la succession d'Espagne*, t. II, pages 96 et 97.)

Prenez garde à *l'amusement*, j'oserai le dire, à la séduction des entretiens de piété qui n'aboutissent à rien : tournez tout à la pratique.

BOSSUET, *Méditations sur l'Évangile*.

On traite de folies les plus sages maximes de l'Évangile, et d'*amusements* frivoles les plus salutaires pratiques du christianisme.

BOURDALOUE, *Sermons*. Passion de Jésus-Christ.

Les devoirs même de la religion... qui avoient fait la plus sérieuse occupation de leur premier âge, ne leur paroissent plus bientôt que les *amusements* puérils de l'enfance.

MASSILLON, *Petit Carême*. Tentation des grands.

Ne sait-on pas que, pour l'ordinaire, le temps qui suit les études est emporté par le vain *amusement* des bagatelles et des plaisirs ou par l'occupation des affaires.

ROLLIN, *Traité des Études*. Discours préliminaire.

... Ah! que d'*amusement* !
Veux-tu parler ?

MOLIÈRE, *le Misanthrope*, IV, 4.

Mais plus d'*amusement*, et plus d'incertitude ;
Il faut vous expliquer nettement là dessus.

LE MÊME, même ouvrage, V, 2

Moi, je l'attends ici pour moins d'*amusement*.

LE MÊME, *Tartufe*, I, 3.

Le moindre *amusement* vous peut être fatal.

LE MÊME, même ouvrage, V, 6.

AMUSEMENT signifie encore, Distraction vaine, fausse espérance, prétexte, tromperie :

Ce ne sont point de véritables remèdes, ce sont de simples *amusements* de la douleur.

BALZAC, *Socrate chrétien*, disc. VIII.

Quel fruit lui en revint-il, sinon de connoître par expérience... les *amusements* des promesses, l'illusion des amitiés de la terre, qui s'en vont avec les années et les intérêts?

BOSSUET, *Oraison funèbre d'Anne de Gonzague*.

La haine entre les grands se calme rarement,
La paix souvent n'y sert que d'un *amusement*.

P. CORNEILLE, *Rodogune*, I, 7.

N'attendez point de moi de soupirs et de pleurs:
Ce sont *amusements* de légères douleurs.

LE MÊME, *Pertharite*, IV, 5.

Tu prends d'un feint courroux le vain *amusement*
Pour prévenir l'effet de mon ressentiment?

MOLIÈRE, *Sganarelle*, sc. 6.

Henriette, entre nous, est un *amusement*,
Un voile ingénieux, un prétexte, mon frère,
A couvrir d'autres feux dont je sais le mystère.

LE MÊME, *les Femmes savantes*, II, 3.

Faibles *amusements* d'une douleur si grande!

         J. RACINE, *Bérénice*, II, 2.

Et chercher le repos dans ces grands monuments
D'une âme qui se fuit trompeurs *amusements*.

         VOLTAIRE, *Sémiramis*, III, 1.

AMUSETTE, s. f.

Petit Amusement.

Au sens de Divertissement :

Le berger vient, le prend, l'encage bien et beau,
Le donne à ses enfants pour servir d'*amusette*.

         LA FONTAINE, *Fables*, II, 16.

Au sens d'Occupation vaine, de délai, de retardement :

Mme des Ursins composa une nouvelle junte; elle ne la laissoit s'occuper que des *amusettes* d'un bas conseil, tandis que les véritables affaires se délibéroient et se décidoient chez la reine.

         SAINT-SIMON, *Mémoires*, 1703.

AMUSOIRE, s. f.

Quelquefois AMUSOIR avec le genre masculin. On l'a pris aux mêmes sens que le mot précédent;

Pour Divertissement :

Je ne puis moins en faveur de cette chestifve condition où mon âge me poulse que de luy fournir de jouets et d'*amusoires* comme à l'enfance : aussi y retombons-nous.

         MONTAIGNE, *Essais*, III, 5.

Pour Occupation vaine :

Coustume très-inepte, que nous reparions nos testes rondes de bonnets quarrez : en quoy l'on peut dire que, par une grande bigearrerie, nous avons par hazard trouvé la quadrature du cercle, *amusoir* ancien des mathématiciens.

         EST. PASQUIER, *Recherches de la France*, IV, 15.

Carloman, Louys, Charles le Gros, Louys le Bègue, estimans qu'il n'appartenoit qu'à la lignée de Charlemagne de prendre le titre de roy, se liguèrent contre Bosson, qui leur fut un long *amusoir* de guerres, sans en rapporter grand profit.

         LE MÊME, même ouvrage, V, 4.

Le royaume de Naples, ancien et malheureux *amusoir* de l'ambition de nos princes.

         LE MÊME, même ouvrage, VI, 2

... Rien alors il (Neptune) ne faisoit
Et tout bonnement s'amusoit,
La mer étant calme pour l'heure,

Faute d'*amusoire* meilleure,
A faire en mer des ricochets.

         SCARRON, *Virgile travesti*, V.

Colonnes en vain magnifiques,
Sots prodiges des anciens,
Poinctus fastes égyptiens,
Tous griffonnez d'hiéroglyfiques;
Amusoirs de foux curieux.

         SAINT-AMANT, *la Rome ridicule*.

Pour Moyen de tromper, leurre :

Ce sont (quelques chetives reformations) *amusoires* de quoy on paist un peuple mal-mené, pour dire qu'on ne l'a pas du tout en oubly.

         MONTAIGNE, *Essais*, III, 9.

Ayans les papes recueilly leurs esprits, et pourpensé que cette dignité (du sénateur) n'estoit qu'un *amusoir* de peuple...

         EST. PASQUIER, *Recherches de la France*, III, 4.

AMUSEUR, s. m.

Celui qui amuse :

Platon par ses douceurs
Vous pourroit amuser un moment, je l'avoue;
C'est le plus grand des *amuseurs*.

         LA FONTAINE, *Lettres*, à M. de Harlay.

On a dit aussi AMUSEUSE :

(Mme de Chevreuse disait) que jusque-là je ne m'étois pas plaint, parce que l'on m'amusoit; mais qu'étant à la reine au point qu'elle étoit, elle ne lui celeroit pas que l'on ne pouvoit plus amuser l'*amuseuse*.

         CARDINAL DE RETZ, *Mémoires*.

AMYGDALE, s. f. (De *Amydala*, ἀμυγδάλη, amande.)

Terme d'anatomie. Chacune des deux glandes qui sont aux deux côtés de la gorge, sous la luette :

A l'entrée du destroit de la gorge, vers la racine de la langue, Nature a mis deux glandules vis-à-vis l'une de l'autre, de grandeur et figure d'une amande : pour ceste cause ces dites glandules sont dites *amygdales*.

         A. PARÉ, *Œuvres*, VIII, 6

Ce qu'on dit *amygdales* ès hommes, on l'appelle glandes ou glandules ès pourceaux.

         DU PINET, trad. de Pline l'Ancien, XI, 27.

Ah! ma chère enfant! vous avez été malade! c'est un mal fort sensible que d'avoir une *amygdale* enflée.

         Mme DE SÉVIGNÉ, *Lettres*; à Mme de Grignan, 8 octobre 1681.

AN, s. m. (Du latin *Annus*.)

An, comme *Année*, qui s'en est formé, signifie : Le temps que la terre met à faire sa révolution autour du soleil et qui comprend douze mois ;

Souvent aussi, Une durée de douze mois, sans égard à l'époque où elle commence ni à l'époque où elle finit :

Le propre vendredy devant la Penthecouste celui *an*, le roy fist crier que tous tirassent après lui le landemain, et que on allast droit en Egipte.

JOINVILLE, *Histoire de saint Louis.*

Nous devons savoir que l'*an* est en .ij. manières ; car li uns est selonc le cours du soleil... et li autres est selonc le cours de la lune...

BRUNETTO LATINI, *li Livres dou tresor*, liv. I, part. III, c. 118.

Si monseigneur de Flandres vouloit, il auroit tous les *ans* un grand profit sur les navieurs dont il n'a maintenant rien.

FROISSART, *Chroniques*, II, II, 52.

Sa Majesté lui fourniroit, par chacun *an* durant la guerre, la somme de quatre cent quatre vingt mille écus.

DE LIONNE, à M. Rousseau, 11 janvier 1669. (Voyez MIGNET, *Négociations relatives à la succession d'Espagne*, t. III, p. 276.)

Les *ans* coulent sans cesse, et jamais leur carrière
Non plus que les torrents ne retourne en arrière.

RACAN, *les Bergeries*, IV, 3.

Que vos traits sont changés ! C'est une chose étrange
Qu'un petit nombre d'*ans*, hélas ! si fort nous change !

DUFRESNY, *le Mariage fait et rompu*, III, 4.

C'est un de ces enfans dont la folle recrue
Dans les sociétés vient tomber tous les *ans*.

GRESSET, *le Méchant*, III, 1.

AN est très fréquemment accompagné d'un nom de nombre :

Li vingt *ans* passeront avant qu'il fust en aage par quoi on li peust demander.

BEAUMANOIR, *Coutumes du Beauvoisis*, c. 8.

Savez-vous bien qu'il y a cinquante *ans* que je parle, Madame ? — Il y a donc cinquante *ans* que vous ne savez ce que vous dites.

MARIVAUX, *les Fausses confidences*, III, 5.

Ces religieux se consacrent depuis six cents *ans* à briser les chaînes des chrétiens chez les Maures.

VOLTAIRE, *Essai sur les mœurs*, c. 139.

Oh ! dans trois ou quatre *ans*, je prédis que vous serez le plus grand petit vaurien !...

BEAUMARCHAIS, *le Mariage de Figaro*, I, 7.

Au-dessus de leur gloire un naufrage élevé,
Que Rome et quarante *ans* ont à peine achevé.

J. RACINE, *Mithridate*, II, 4.

Avec économie ayant toujours vécu,
J'ai depuis soixante *ans* mis écu sur écu.

BOURSAULT, *Ésope à la cour*, IV, 5.

Fiefs, terres et châteaux, sur l'aîné tout abonde,
Parce qu'un *an* plus tôt il arrive en ce monde.

DUFRESNY, *le Faux sincère*, V, 2.

Les loix devroient défendre à ces vieux opulents,
Qui ne sont bons à rien, de passer soixante *ans*.

DESTOUCHES, *le Dissipateur*, III, 2.

Et sans le temps, les pas, et les soins qu'il y faut,
J'aurois été poète onze ou douze *ans* plus tôt.

PIRON, *la Métromanie*, IV, 4.

On dit *Avoir* tel nombre d'*ans*, dix *ans*, vingt *ans*, etc. :

Ce fut uns Sarrasins qui cent *ans* ot passés.

Chanson d'Antioche, V, v. 843.

Eh ! n'as-tu pas cent *ans* ? Trouve-moi dans Paris
Deux mortels aussi vieux ; trouve-m'en dix en France.

LA FONTAINE, *Fables*, VIII, 1.

Vous *avez* cinquante *ans* et des mieux mesurez.

LE GRAND, *l'Aveugle clairvoyant*, sc. 29.

Je ne me souviens plus des outrages du temps :
J'aime, je suis aimé, je renais, j'*ai* vingt *ans*.

CASIMIR DELAVIGNE, *l'École des vieillards*, I, 1.

Une personne *de* tel nombre d'*ans*, de dix *ans*, de vingt *ans*, etc. :

La solitude effraye une âme *de* vingt *ans*.

MOLIÈRE, *le Misanthrope*, V, 7.

Toute vieille qui prend un mari *de* vingt *ans*
N'en peut rien obtenir qu'à beaux deniers comptans.

DESTOUCHES, *l'Irrésolu*, V, 1.

A dix *ans*, *à* vingt *ans*, etc. :

L'âge amènera tout, et ce n'est pas le temps,
Madame, comme on sait, d'être prude *à* vingt *ans*.

MOLIÈRE, *le Misanthrope*, III, 5.

Un homme *à* cinquante *ans* n'est pas ce qu'il vous faut.

BOURSAULT, *le Mercure galant*, III, 3.

A neuf *ans* elle étoit déjà coquette en herbe.

DUFRESNY, *la Coquette du village*, I, 1.

On est vieux à vingt *ans*, libertin à soixante.

COLLIN D'HARLEVILLE, *l'Optimiste*, III, 9.

An est encore très souvent déterminé par certains participes, certains adjectifs. C'est ainsi que l'on dit : *Un an entier, un an révolu, un an plein, tout un an*, etc. :

Carles li reis, nostre emperere magnes,
Set *ans* tuz *pleins* ad estet en Espaigne.

Chanson de Roland, v. 1.

Mon remède guérit par sa rare excellence
Plus de maux qu'on n'en peut nombrer en *tout un an*.

MOLIÈRE, *l'Amour médecin*, II, 7.

Ah ! si du fils d'Hector la perte étoit jurée,
Pourquoi d'un *an entier* l'avons-nous différée.

J. RACINE, *Andromaque*, I, 2.

Que l'on a dit fort anciennement, *Demi-an :*

C'est la cité (Paris) que jamais je visse environnée de meilleur pays et plus plantureux... Je y ay esté depuis ce temps là avec le roy Loys, *demy an* sans en bouger.

COMINES, *Mémoires*, I, 8.

Il advint environ *demi an* après que l'escuier, qui l'aimoit par amours, vint d'un voyaige et d'une armée où il avoit esté.

Le livre du chevalier de la Tour Landry, c. 33.

On dit encore,
L'an passé :

Et je sais que de moi tu médis *l'an passé*.

LA FONTAINE, *Fables*, I, 10.

A cette manière de parler se rapporte l'expression employée par deux de nos grands poètes dans ces passages :

Trois *ans* déjà *passés*, théâtre de la guerre,
J'exerce de deux chefs les funestes combats.

MALHERBE, *Stances*, I.

Huit *ans* déjà *passés*, une impie étrangère
Du sceptre de David usurpe tous les droits,
Se baigne impunément dans le sang de nos rois.

J. RACINE, *Athalie*, I, 1.

L'an suivant, l'an prochain :

Pour soy ayder à vivre *l'an suyvant*.

RABELAIS, *Pantagruel*, IV, 45.

Le nouvel an :

III.

Ce *nouvel an* pour estrène vous donne
Mon cueur blessé d'une nouvelle playe.

CL. MAROT, *Étrennes*, II.

Vingt têtes, vingt avis, *nouvel an*, nouveau goût,
Autre ville, autres mœurs, tout change, on détruit tout.

RULHIÈRES, *les Disputes*.

An neuf, An reneuf, dont Sainte-Palaye donne des exemples, sont une forme ancienne de la même expression :

Comment espérez-vous que le guy de *l'an neuf* vous puisse estre profitable, puisque c'est par luy que vous jurastes?

D'URFÉ, *l'Astrée*, IIᵉ part., liv. XI.

On dit du jour par lequel l'année commence, *Le premier jour de l'an*, ou simplement *Le jour de l'an :*

Le jour de l'an approchoit, où l'on a de coustume de se donner l'un à l'autre de petits présents, que nous nommons les estrènes.

D'URFÉ, *l'Astrée*, IIᵉ part., liv. VI.

On dit aussi, *Le dernier jour de l'an :*

Arrivant à Versailles *le dernier jour de l'an*, j'allai chez Maréchal.

SAINT-SIMON, *Mémoires*, 1709.

Le bout de l'an :

Il n'est pas possible à quelque belle personne que ce soit de le paroître avec cet accoutrement (la coiffure de veuve); et je ne sais pas comment une veuve qui seroit un peu galante et qui compte sur sa beauté, ne se remarie pas tout au plus tard au *bout de l'an*.

Mᵐᵉ DE VILLARS, *Lettres*; 15 décembre 1679.

Le loisir de la campagne fait des almanachs perpétuels et des *bouts de l'an* de tous les jours considérables.

Mᵐᵉ DE SÉVIGNÉ, *Lettres*; 25 août 1680.

Le service qu'on fait dans une église pour une personne, un an après sa mort, s'appelle *Service du bout de l'an*, ou, par abréviation, *bout de l'an*. *An* sert encore à former les locutions suivantes, *Par an :*

Je sais ce qu'un fermier nous doit rendre *par an*.

BOILEAU, *le Lutrin*, IV.

Chaque maison du bourg paye un écu *par an*.

BOURSAULT, *Ésope à la cour*, V, 3.

Tant de *fois l'an :*

22

Cette terre qui porte *deux fois l'an* les riches dons de Cérès.
> Fénelon, *Télémaque.*

Douze fois l'an sa plume en instruit l'univers.
> Piron, *la Métromanie*, II, 8.

On a dit autrefois, *D'an en an :*

Comme les tailles et subsides ont esté accreuz presque *d'an en an*, les officiers et procez sont multipliez.
> Guy Coquille, *Histoire de Nivernois.* De l'assiette et naturel du pays de Nivernois.

An et jour est un terme de Jurisprudence désignant douze mois plus un jour :

Dedans *l'an et le jor* qu'il fut revenus, il s'aparut encort por fere de demande.
> Beaumanoir, *Coutumes du Beauvoisis*, c. 8.

Les coustumes disent *l'an et jour* quelques fois, et aultres fois *l'an*, pour signifier qu'il faut seulement que l'an soit entier, sans y comprendre le jour duquel on commence à compter... et non aultre jour d'aventage.
> Pithou, *Coutume de Troyes*, p. 295.

Bon an et *mal an* se disaient d'une année heureuse ou malheureuse, de quelque manière que ce fût :

Aux champs, aux champs, braves, qu'on ne vous trousse :
Prenez harnoys, l'arc, la flèche, et la trousse,
Pour vous deffendre en Haynault, ou Milan,
Et gardez bien d'y empoigner *mal an*.
> Cl. Marot, *Rondeaux*, I, 9.

De là cette locution, *Bon an, mal an*, Compensation faite des mauvaises années avec les bonnes :

... Outre les revenus
Qui vont, *bon an, mal an*, à dix bons mille écus.
> Destouches, *le Dissipateur*, II, 2.

Il est fait d'ailleurs allusion à cette manière de parler dans le passage suivant :

Et l'on m'a assuré qu'elle portoit d'ordinaire sur elle, *bon an, mal an*, trente quintaux de chair.
> Scarron, *Roman comique*, II° part., c. 8.

Au lieu de *Bon an, mal an*, on a dit, fort anciennement, *An par autre :*

Dedans le clos... *an par autre*, y ont bien les Frères de cent à six vingts queues de vin.
> Froissart, *Chroniques*, t. III, p. 287. (Cité par Sainte-Palaye.)

Bon jour et bon an est une façon de parler proverbiale et familière, employée pour saluer les personnes la première fois qu'on les voit ou qu'on leur écrit, dans les premiers jours de l'année :

Bon jour et bon an, mon pauvre cousin.
> Mme de Sévigné, *Lettres*; à Bussy-Rabutin, 2 janvier 1681.

Bon jour, *bon an*, ma chère nièce, je vous souhaite de tout mon cœur une augmentation de piété, de raison et de santé.
> Fénelon, *Lettres*; à Mme de Lumbert.

Ne prenez à mauvais augure
De voir aujourd'hui ma figure;
Bon jour, bon an, Monsieur Esprit.
> Voiture, *Poésies diverses.* Étrennes de quatre animaux envoyés par une dame à M. Esprit.

On disait, *Donner le bon jour et le bon an :*

Nous commencerons ces mémoires de l'année 1602 par *le bon jour et le bon an* que vous allastes *donner* au roy le matin du premier jour de janvier.
> Sully, *Œconomies royales*, c. 9.

Le 12 après midy je fus au Palais *donner le bon an* au gouverneur.
> Chardin, *Journal du voyage en Perse*, Ire part.

An reçoit, au moyen de la préposition *de*, des compléments qui font connaître ce qui a duré pendant l'espace d'une ou de plusieurs années :

Je l'aime beaucoup, mais trois *ans d'*union rendent l'hymen si respectable !
> Beaumarchais, *le Mariage de Figaro*, V, 7.

... Quoi donc ! qui vous arrête,
Seigneur ? — Tout : Octavie, Agrippine, Burrhus,
Sénèque, Rome entière, et trois *ans de* vertus.
> J. Racine, *Britannicus*, II, 2.

Après mille *ans* et plus *de* guerre déclarée
Les loups firent la paix avecque les brebis.
> La Fontaine, *Fables*, III, 13.

Il avoit raison. C'est folie
De compter sur dix *ans de* vie.
> Le même, même ouvrage, VI, 19.

Nous touchons à la fin des deux *ans de* veuvage.
> Destouches, *le Dissipateur*, III, 4.

A cette manière de parler se rapporte l'expression *An de service :*

Vingt *ans d'*assidu *service*
N'en obtiennent rien pour nous,

Le moindre petit caprice
Nous attire leur courroux.
MOLIÈRE, *Amphitryon*, I, 1.

AN, avec un complément formé de la préposition *de* et de son régime, sert encore à marquer certaines périodes de temps :

L'an du monde, l'an de grâce, l'an du salut, l'an de Notre-Seigneur, l'an de l'Incarnation, sont des formules dont on se sert suivant qu'on suppute les temps par rapport à la création du monde ou à la naissance de Jésus-Christ :

Cette addition fut fete en *l'an de grace* mil cc.iiij...
EST. BOILEAU, *le Livre des métiers*, p. 360. *Ordonnances sur le commerce et les métiers*, VII.

An premier, an deux, an trois, etc., se disait particulièrement pour indiquer Les années de l'ère républicaine des Français, commencée le 22 septembre 1792. *La constitution de l'an III, de l'an VIII, le 16 floréal an IV* ou *de l'an IV.*

AN, au pluriel, est de grand usage dans le style soutenu et dans le langage poétique en parlant du cours du temps, de l'âge, de la vie en général, des diverses époques de la vie ;

En parlant du cours du temps :

Comme les *ans* viennent à bout de toutes choses, l'ais de ce tripot, où se faisoit la comédie, étoit fort pourri.
SCARRON, *Roman comique*, II, 17.

Leurs médailles... leurs statues déterrées, restes des *ans* et des barbares.
BOSSUET, *Oraison funèbre du prince de Condé.*

Que j'aime à voir la décadence
De ces vieux chasteaux ruinez,
Contre qui les *ans* mutinez
Ont desployé leur insolence.
SAINT-AMANT, *la Solitude.*

... Un vieux vase, autre injure des *ans.*
LA FONTAINE, *Philémon et Baucis.*

En parlant de l'âge, de la vie en général :

Ces *ans* d'Abraham et d'Isaac qui font paroître si courts ceux de Jacob, s'évanouissent auprès de la vie de Sem, que celle d'Adam et de Noé efface.
BOSSUET, *Discours sur l'histoire universelle.*

Bien que sur moi des *ans* vous ayez l'avantage.
MOLIÈRE, *l'École des maris*, I, 1.

Je puis choisir, dit-on, ou beaucoup d'*ans* sans gloire,
Ou peu de jours suivis d'une longue mémoire.
J. RACINE, *Iphigénie*, I, 2.

Approchez, je suis sourd, les *ans* en sont la cause.
LA FONTAINE, *Fables*, VII, 16.

Dans la nuit du tombeau les *ans* l'ont fait descendre.
VOLTAIRE, *Œdipe*, V, 2.

... Ma fin s'apprête,
Les *ans* se sont en foule entassés sur ma tête !
DUCIS, *le Roi Lear*, IV, 5.

De là ces expressions : *Chargé d'ans, le poids, le fardeau, le faix des ans, l'effort des ans :*

Il avoit porté les armes longtemps, et étoit enfin revenu dans son village *chargé d'ans* et de si peu de probité qu'on pouvoit dire qu'il en avoit encore moins que d'argent, quoiqu'il fût extrêmement pauvre.
SCARRON, *Roman comique*, II, 6.

Prince aveugle ! ou plutôt trop aveugle ministre,
Il te sied bien d'avoir en de si jeunes mains,
Chargé d'ans et d'honneur, confié tes desseins.
J. RACINE, *Bajazet*, IV, 7.

Sous le *faix* du fagot aussi bien que des *ans.*
LA FONTAINE, *Fables*, I, 16.

Pour peu que des époux séjournent sous leur ombre,
Ils s'aiment jusqu'au bout, malgré l'*effort des ans.*
LE MÊME, *Philémon et Baucis.*

Sous le *fardeau des ans* il n'est point affaissé.
DUCIS, *Œdipe chez Admète*, III, 2.

On dit *Les ans* d'une personne, pour *Sa vie,* son âge :

Pour qui compte les jours d'une vie inutile,
L'âge du vieux Priam passe celui d'Hector ;
Pour qui compte les faits, *les ans* du jeune Achille
L'égalent à Nestor.
J.-B. ROUSSEAU, *Odes*, II, 9.

On dit de même, *Mes ans, nos ans,* etc. :

Le cours de *nos ans* est borné,
Et quand notre heure aura sonné
Clothon ne voudra plus grossir notre fusée.
MAYNARD, *Ode.* Alcippe, reviens dans nos bois.

O destins trop cruels ! Que voulez-vous attendre
A couper de *mes ans* le filet malheureux !
RACAN, *les Bergeries*, II, 5.

Je sais bien que *nos ans* ne se rapportent guère.
MOLIÈRE, *l'École des maris*, I, 2.

De *nos ans* passagers le nombre est incertain.
J. RACINE, *Athalie*, II, 9.

Mes maux m'ont affaibli plus encor que *mes ans*.
VOLTAIRE, *Zaïre*, II, 3.

Es-tu contente à la fleur de *tes ans?*
LE MÊME, *Contes en vers*. La Bégueule.

Nos ans a le sens de Notre temps, dans le passage suivant :

Pradon comme un soleil en *nos ans* a paru.
BOILEAU, *Satires*, IX.

En parlant des diverses époques de la vie; *Premiers ans, jeunes ans, tendres ans,* se disent de la jeunesse :

Ah! Psyché, Psyché, je vois bien que cette passion (l'amour) et vos *jeunes ans* n'ont encore guère de commerce ensemble.
LA FONTAINE, *Psyché*, I.

On peut par politique en prendre le parti
Quand de nos *jeunes ans* l'éclat est amorti.
MOLIÈRE, *le Misanthrope*, III, 4.

Ah! de vos *premiers ans* l'heureuse expérience
Vous fait-elle, seigneur, haïr votre innocence?
J. RACINE, *Britannicus*, IV, 3.

Tu sais qu'ayant perdu père, mère et parents,
Et demeurant sans bien dès mes plus *tendres ans,*
Las de passer mes jours dans le fond d'une terre,
Je suivis à quinze ans le métier de la guerre.
REGNARD, *les Ménechmes*, I, 2.

Vieux ans se dit de la vieillesse :

Elle avoit les cheveux tous blancs de grand'vieillesse...
mais ses *ans vieux* ne lui avoient en rien amoindri les forces de son corps.
HERBERAY DES ESSARDS, *Amadis de Gaule*, III.

Ce peu que mes *vieux ans* m'ont laissé de vigueur
Se consume sans fruit à chercher ce vainqueur.
P. CORNEILLE, *le Cid*, III, 5.

ANNÉE, s. f. (Du français *An*, et, par ce mot, du latin *Annus*.)

Il ne diffère d'*An* que par la préférence de l'usage et du goût pour l'un ou pour l'autre mot, dans des occasions difficiles à déterminer toujours d'une manière absolue.

Il signifie donc, comme *An*, le Temps que la terre met à faire sa révolution autour du soleil et qui comprend douze mois, ou, en général, une Du-

rée de douze mois, sans égard à l'époque où elle commence, ni à l'époque où elle finit :

Tant comme la lune a d'aage à celui jour, tant seront les épactes de cele *année*.
BRUNETTO LATINI, *li Livres dou tresor*, liv. I, part. III, c. 119.

Je suis des *années* auxquelles nous comptions autrement.
MONTAIGNE, *Essais*, III, 10.

Dans un autre édit donné l'année d'après (1564) à Paris... il fut ordonné que l'*année*, qui jusques-là dans les affaires civiles avoit toujours pris commencement à Pâques, le prendroit de là en avant au premier jour de janvier, suivant l'usage de l'Église. On en usa ainsi dès l'année suivante dans le conseil du roi... mais le parlement... s'y opposa, et ne put être persuadé de suivre cette réforme qu'après l'assemblée de Moulins, scavoir en l'an 1567.
MÉZERAY, *Abrégé chronologique de l'histoire de France*. Charles IX, année 1563.

Les jeux olympiques, institués par Hercule, et longtemps discontinués, furent rétablis. De ce rétablissement sont venues les Olympiades, par où les Grecs comptoient les *années*.
BOSSUET, *Discours sur l'histoire universelle*, I, 6.

Ils (les Égyptiens) ont... les premiers réglé l'*année*.
LE MÊME, même ouvrage, III, 3.

Rien ne dure cette *année*, pas même la mort de M. Vallot, que je vous reprends, il se porte bien.
Mme DE SÉVIGNÉ, *Lettres;* à Mme de Grignan, 1671.

Lise a quarante ans accomplis, mais les *années* pour elle ont moins de douze mois, et ne la vieillissent point. Elle le croit ainsi.
LA BRUYÈRE, *Caractères*, c. 3.

Les *années* paroissent longues quand elles sont encore loin de nous; arrivées, elles disparoissent, elles nous échappent en un instant.
MASSILLON, *Sermons*. Sur la mort.

On sait assez quelle confusion ridicule les prêtres romains avaient introduite dans le comput de l'*année;* leurs bévues avaient été si grandes que leurs fêtes de l'été arrivaient en hiver.
VOLTAIRE, *Dictionnaire philosophique*. Art. Philosophie.

La différence de commencer l'*année* au mois de janvier ou à Pâques a mis quelquefois de la diversité dans les dates; les uns placent, par exemple, la conjuration d'Amboise en 1559 et les autres en 1560.
HÉNAULT, *Abrégé chronologique de l'histoire de France*. François II, 1560.

Il tient par les moissons registre des *années*.
RACAN, *Stances*.

Le ciel devint un livre où la terre étonnée
Lut en lettres de feu l'histoire de l'*année.*
Rosset, *l'Agriculture.*

Astres qui, poursuivant votre course ordonnée
Conduisez dans les cieux le cercle de l'*année.*
Delille, trad. des *Géorgiques,* I.

Année est, comme *An,* très fréquemment accompagné d'un nom de nombre :

Bien pooit le coze demander s'il li pleust, et il ne li demanda pas dedans les dix *anées.*
Beaumanoir, *Coutumes de Beauvoisis,* c. 8.

Au lieu des septante *années* prédites par Jérémie, il (Daniel) voit septante semaines, à commencer depuis l'ordonnance donnée par Artaxerce à la longue main, la vingtième *année* de son règne, pour rebâtir la ville de Jérusalem.
Bossuet, *Discours sur l'histoire universelle,* II, 4.

En sage philosophe on m'a vu, vingt *années,*
Contempler des maris les tristes destinées.
Molière, *l'École des femmes,* IV, 7.

Et, chassant les Romains de l'Asie étonnée,
Renverser en un jour l'ouvrage d'une *année.*
J. Racine, *Mithridate,* III, 1.

Avoir tel nombre d'*années,* dix *années,* vingt *années,* etc., se dit moins que *Avoir* tel nombre d'*ans,* dix *ans,* vingt *ans,* etc. :

Combien *aviez-*vous d'*années* lorsque nous fîmes connaissance?
Molière, *le Mariage forcé,* sc. 1.

On ne dit guère, Une personne de dix *années,* de vingt *années,* comme on dit de dix *ans,* de vingt *ans.* On a pu dire fort bien d'un magistrat n'exerçant qu'une fonction annuelle, magistrat d'une *année* :

Vous abusez beaucoup, magistrat d'une *année,*
De votre autorité passagère et bornée.
Voltaire, *Rome sauvée,* I, 5.

Année est très souvent déterminé par certains participes, certains adjectifs, les mêmes que pour *An.* C'est ainsi que l'on dit :

Une *année entière, accomplie, révolue,* etc. :

Il ne faut pas vingt *années accomplies* pour voir changer les hommes d'opinion.
La Bruyère, *Caractères.* Des jugements.

Le roi Henri VI avait des maladies de langueur qui le rendaient, pendant des *années entières,* incapable d'agir et de penser.
Voltaire, *Essai sur les mœurs,* c. 115.

L'année passée, l'année précédente :

Galathée, tournant les yeux et la parole vers moy, me demanda quel estoit son mal. Je croy, luy respondis-je, que c'est celuy des *années passées,* qui luy oste fort tout espoir de guérison.
D'Urfé, *l'Astrée,* Ire part., liv. IX.

Grand nombre de gens qui, les *années précédentes,* soulageoient les pauvres se trouvèrent réduits à subsister à grand'peine.
Saint-Simon, *Mémoires,* 1709.

L'année suivante, l'année prochaine :

J'eus recours à mon père, à qui je fis accroire que le roi, ayant fait un grand siège cette *année,* se reposerait la *prochaine.*
Saint-Simon, *Mémoires,* 1691.

L'année qui vient :

Nous voici donc à *l'année qui vient,* comme disoit M. de Montbazon.
Mme de Sévigné, *Lettres;* à Mme de Grignan, 1er janvier 1676.

J'ai été bien fâché de n'avoir point vu la bonne comtesse chez vous ou du moins chez moi, et je suis bien fâché encore que vous deviez aller *l'année qui vient* en Bretagne.
Bussy-Rabutin, *Lettres;* au comte de Tavannes,
28 décembre 1680.

La nouvelle année :

On dit *Le premier, le dernier jour de l'année,* aussi bien que *Le premier, le dernier jour de l'an,* mais on ne dit pas *Le jour de l'année,* comme on dit *Le jour de l'an.*

Le bout de l'année est autant d'usage que *le bout de l'an* :

Que gagnez-vous par an?—Par an! ma foi, Monsieur,
Dit avec un ton de rieur
Le gaillard savetier, ce n'est point ma manière
De compter de la sorte, et je n'entasse guère
Un jour sur l'autre : il suffit qu'à la fin
J'attrape *le bout de l'année;*
Chaque jour amène son pain.
La Fontaine, *Fables,* VIII, 2.

Par année, autant que *par an* :

L'éritage si sont cozes qui ne poent éstre mués et qui valent *par anées* as signeurs à qui el sont.

    BEAUMANOIR, *Coutumes du Beauvoisis*, XXIII, 3.

Vingt pistoles rapportent *par année* dix-huit livres.

    MOLIÈRE, *l'Avare*, I, 5.

On dit *Dans l'année,* et non pas *Dans l'an :*

Jamais il n'accomplit un serment à moins qu'il ne jurât par un morceau de bois qu'on appelait la croix de saint Lô ; il croyait avec le peuple que le parjure sur ce morceau de bois fesait mourir infailliblement *dans l'année.*

    VOLTAIRE, *Essai sur les mœurs*, c. 94. Louis XI.

Au tribunal de Dieu je t'attends *dans l'année.*

    RAYNOUARD, *les Templiers*, V, 8.

On dit *A l'année,* et non pas *A l'an :*

Les autres sont pris pour estre serviteurs domestiques pour servir *à l'année* et demourer à l'ostel.

    Le Ménagier de Paris, IIe distinction, 3e art.

D'année en année a remplacé *D'an en an,* autrefois d'usage :

Le naufrage ou la prise d'une seule felouque qui porteroit un simple courrier seroit capable de suspendre quatre mois entiers la négociation, et plusieurs pertes pareilles de la renvoyer *d'année en année.*

    LOUIS XIV au duc de Chaulnes, 26 décembre 1667. (Voyez MIGNET, *Négociations relatives à la succession d'Espagne*, t. II, p. 587.)

ANNÉE, lorsqu'il est question de la température, se joint souvent à des épithètes telles que : *Pluvieuse, sèche, froide, chaude, orageuse,* etc.

On dit aussi, par rapport aux produits de la terre, à la récolte en blés, en vins, etc., *Année fertile, abondante* ou *d'abondance, stérile, bonne, mauvaise, médiocre,* etc.

Année commune, année moyenne, compensation faite des mauvaises années avec les bonnes.

Demi-année, celle où la récolte n'est que la moitié de ce qu'elle doit être année commune

Aux anciennes expressions *Bon an, mal an,* correspondent *Bonne année, mauvaise année,* qui se disent également en parlant d'une année heureuse ou malheureuse, de quelque manière que ce soit :

Mais à présent tout fuit mes tristes destinées, Mes champs n'ont que du chaume aux *meilleures années.*

    RACAN, *les Bergeries*, IV, 2.

Et si l'*année* est *bonne* et fertile en trépas.

    BOURSAULT, *le Mercure galant*, II, 7.

Souhaiter une année heureuse, une bonne année, la bonne année, bonjour et bonne année, se disent des vœux qu'on s'adresse, en parlant ou en écrivant au premier jour de l'année, et a remplacé les anciennes expressions : *Donner le bonjour et le bon an, bonjour et bon an :*

Bonjour, Monsieur, et *bonne année.* Le ciel, comme disoit Voiture, vous rende celle-ci heureuse et fortunée.

    Mme DE SCUDÉRY, *Lettres;* à Bussy-Rabutin, 6 janvier 1676.

Je commence par vous *souhaiter une heureuse année,* mon cher cousin.

    Mme DE SÉVIGNÉ, *Lettres;* à Bussy-Rabutin, le jour des Rois 1689.

Bonjour, Monsieur, et *bonne année;* je vous assure que je vous la souhaite aussi heureuse qu'à moi-même, c'est-à-dire que nous la passions dans la grâce de Dieu et en bonne santé.

    BUSSY-RABUTIN, *Lettres;* à l'évêque d'Autun, 1er janvier 1690.

J'ai si peur que vous ne me *souhaitiez la bonne année* le premier, que je me dépêche de faire mon compliment; le voici : Bonjour et bon an, Monsieur, et tout ce qui s'ensuit.

    Mme DE SIMIANE, *Lettres;* à d'Héricourt, 29 décembre 1732.

ANNÉE reçoit comme *an,* au moyen de la préposition *de,* des compléments qui font connaître ce qui a duré pendant l'espace d'une ou de plusieurs années :

Tant d'*années* d'habitude étoient des chaînes qui me lioient à ces deux hommes.

    FÉNELON, *Télémaque.*

Année de deuil, année pendant laquelle on est obligé de porter un deuil.

Année de service, année pendant laquelle on s'est acquitté de quelque fonction. On dit aussi *An de service.*

Année d'exercice, année où l'on exerce actuellement une charge que plusieurs officiers ont droit d'exercer l'un après l'autre. De là ces expressions : *C'est son année, être en année, être d'année, entrer en année :*

Quoique vous alliez *entrer en année* vous ferez bien quelque petit tour à Paris.

BUSSY-RABUTIN, *Lettres;* au duc de Saint-Aignan, 26 novembre 1680.

Neuf jours après, son frère aîné, le duc de Créqui, l'a suivi. Ce fut hier matin, après une longue maladie, et trois heures après, le duc de Gèvres a eu son gouvernement de Paris. Il *est en année*, il a dit le premier cette nouvelle au roi, et il a obtenu le premier ce beau présent.

Mme DE SÉVIGNÉ, *Lettres;* à Bussy-Rabutin, 14 février 1687.

Le duc d'Aumont *étoit en année*, le duc de Tresmes servoit pour lui.

SAINT-SIMON, *Mémoires*, 1706.

On a dit aussi *Être hors d'année :*

M. le comte de la Rochefoucauld, qui alla voir M. de Guise incontinent après que l'affaire fut faite, a eu commandement de s'en aller chez lui : je crois qu'on ne lui a pas fait grand déplaisir, car il *est hors d'année* et étoit résolu de demander son congé.

MALHERBE, *Lettres;* à Peiresc, CX^e, 1613.

Année de grâce, année accordée comme par grâce au delà du terme probable ou raisonnable, en parlant de la durée de la vie ou de celle d'une fonction.

Année de probation, année pendant laquelle un religieux ou une religieuse fait son noviciat.

Grande année de s'est dit pour Année abondante en quelque chose :

Mais si (dit Panurge) ma femme me faisoit cocu, comme vous sçavez qu'il *en est grande année*, ce seroit assez pour me faire trespasser hors les gonds de patience.

RABELAIS, *Pantagruel*, III, 9.

> Tu verras les envieux
> Courir comme la Chananée
> En disant qu'il est *grand'année*
> D'amoureuses et d'amoureux,
> De dolentz et de langoureux,
> Qui meurent le jour quinze foys.

CL. MAROT, *Épîtres*, II, 8.

Grande année se dit encore lorsqu'il est question de Calculs, de systèmes de l'antiquité, d'après lesquels, au bout d'un certain nombre d'années, les astres devaient se trouver exactement au même point et une ère nouvelle commencer son cours :

Ils (les Égyptiens) ont trouvé cette *grande année* qui ramène tout le ciel à son premier point.

BOSSUET, *Discours sur l'histoire universelle*, III, 3.

Les Grecs, disciples des Égyptiens et des Orientaux, ont appelé *grande année* toutes les périodes qu'ils ont imaginées pour concilier les mouvements du soleil et de la lune.

BAILLY, *Histoire de l'Astronomie ancienne*, liv. IX, § 15.

ANNÉE reçoit plus souvent que *An* des qualificatifs qui font connaître sous quel rapport particulier l'année est considérée.

Année solaire, employé par les astronomes pour distinguer la révolution de la terre des révolutions périodiques des autres planètes, lesquelles s'expriment aussi quelquefois par le même substantif :

Dix-neuf *années solaires* forment environ deux cent trente-cinq mois lunaires.

LAPLACE, *Exposition du système du monde*, liv. I, c. 4.

Année lunaire, espace de douze et quelquefois de treize mois lunaires, c'est-à-dire de douze ou treize révolutions de la lune autour de la terre :

L'*année lunaire* est celle des Arabes et des Turcs.

Dictionnaire de l'Académie, 1835.

Année sidérale, *Année tropique*. (Voyez SIDÉRAL, TROPIQUE.)

Année astronomique, la durée exacte de la révolution de la terre autour du soleil, telle qu'on l'obtient par les observations astronomiques.

Année civile, la durée de cette même révolution bornée à un nombre entier de jours pour en faciliter l'application aux usages civils, sans s'écarter jamais sensiblement du cours du soleil :

L'*année civile* est de trois cent soixante-cinq jours, et l'*année astronomique* de trois cent soixante-cinq jours cinq heures quarante-neuf minutes.

Dictionnaire de l'Académie, 1762.

Les Égyptiens, comme beaucoup d'autres peuples, tentèrent la conciliation des mouvements du soleil et de la lune avec la forme de leur *année civile*.

BAILLY, *Histoire de l'Astronomie ancienne*, liv. VI, § 9.

Année bissextile, celle qui, dans notre calendrier, contient trois cent soixante-six jours, tandis que les années communes n'ont que trois cent soixante-cinq jours. On a dit aussi *An bissextil :*

L'an bissextil, l'année bissextile.

Dictionnaire de l'Académie, 1694. Bissextil.

L'intercalation la plus naturelle, et celle qui fut certainment pratiquée, est l'intercalation d'un jour tous les quatre ans, celle qui subsiste encore dans notre *année bissextile.*

BAILLY, *Histoire de l'Astronomie ancienne*, liv. III, § 8.

Année julienne, année déterminée par le calendrier qu'adopta Jules César.

Années grégoriennes, années écoulées depuis 1582, époque de la réformation du calendrier par Grégoire XIII.

Année républicaine, celle qui avait été adoptée sous la république française, et qui commençait à l'équinoxe d'automne.

Année climatérique (voyez CLIMATÉRIQUE), chaque septième année de la vie humaine, et particulièrement la soixante-troisième, qu'on appelle *la grande climatérique, la climatérique;* époque à laquelle on prétend qu'il arrive quelque changement important dans le tempérament des personnes :

Il est mort dans son *année climactérique.*
Dictionnaire de l'Académie, 1694. Climactérique.

Année climatérique s'est pris quelquefois au figuré ainsi que *An climatérique :*

Les Estats ont leurs *années climactériques* aussi bien que les hommes.
Dictionnaire de l'Académie, 1694. Climactérique.

Et mentiront les prophéties
De tous ces visages pâlis,
Dont le vain étude s'applique
A chercher l'*an climatérique*
De l'éternelle fleur de lis.
MALHERBE, *Odes.* A la reine Marie de Médicis.

Année sainte, celle où a lieu un jubilé :

1700. *Année sainte.* Ouverture du jubilé.
HÉNAULT, *Abrégé chronologique de l'histoire de France.*

Année scolastique ou *scolaire,* le temps qui s'écoule depuis la rentrée des classes jusqu'aux vacances.

Année théâtrale, le temps qui s'écoule depuis la rentrée de Pâques jusqu'à la clôture de la semaine sainte.

ANNÉE se dit de quelques livres qui contiennent des exercices de piété, pour tous les mois, toutes les semaines et tous les jours de l'année :
L'Année chrétienne, l'Année du chrétien.

ANNÉE se dit par extension de ce qu'on doit recevoir ou payer par année. On dit une *Année de* fermage, une *année de* gages, les *années d'une* pension; devoir, payer, toucher *une année, deux années,* etc. :

Je veux que vos *années* aient treize mois comme l'*année* de la liste civile en Angleterre.
CATHERINE II, *Lettres;* à Voltaire, 20 mars 1770.

ANNÉE, au pluriel, est, comme *An*, de grand usage dans le style soutenu et le langage poétique, en parlant du cours du temps, de l'âge, de la vie en général, des diverses époques de la vie;
1° En parlant du cours du temps :

Ses desseins, formés et conçus dans le sein immense de cette immuable éternité, ne dépendent ni des *années*, ni des siècles, qu'il voit passer devant lui comme des moments.
BOSSUET, *Sermons.* Sur la Providence.

Tout est vanité sous le soleil, c'est-à-dire tout ce qui est mesuré par les *années*, tout ce qui est emporté par la rapidité du temps.
LE MÊME, *Oraison funèbre de la duchesse d'Orléans.*

2° En parlant de l'âge, de la vie en général :

Elle croissoit au milieu des bénédictions de tous les peuples, et les *années* ne cessoient de lui apporter de nouvelles grâces... Qui eût pu seulement penser que les *années* eussent dû manquer à une jeunesse qui sembloit si vive?
BOSSUET, *Oraison funèbre de la duchesse d'Orléans.*

Rappelant, dans l'amertume de son âme, ces *années* qu'elle avoit passées dans les honneurs et dans la gloire : Je ne me plains pas de mourir, disoit-elle.
FLÉCHIER, *Oraison funèbre de Mme de Montausier.*

Les devoirs croissent avec *les années.*
BARTHÉLEMY, *Voyage d'Anacharsis.*

Que puissent leurs âmes bien nées
Posséder à longues *années*
Les fruits d'amour les plus délicieux.
RACAN, *les Bergeries*, IV, 5.

... Aux âmes bien nées
La valeur n'attend point le nombre des *années.*
P. CORNEILLE, *le Cid*, II, 2.

De là ces expressions : *Chargé d'années, le poids des années, le froid des années*, etc. :

> Un cœur déjà glacé par le *froid des années*.
>
>   J. RACINE, *Mithridate*, IV, 5.

On dit, Les *années* d'une personne :

> De quelque distinction que se flattent les hommes, ils ont tous une même origine, et cette origine est petite. Leurs *années* se poussent successivement comme des flots.
>
>   BOSSUET, *Oraison funèbre de la duchesse d'Orléans.*

On dit de même, Mes *années*, nos *années*, etc. :

> Un plus puissant démon veille sur vos *années*.
>
>   P. CORNEILLE, *Cinna*, II, 1.

> J'ai vu mes tristes journées
> Décliner vers leur penchant;
> Au midi de *mes années*
> Je touchois à mon couchant.
>
>   J.-B. ROUSSEAU, *Odes*, I, 10.

3° En parlant des diverses époques de la vie; *Premières années, jeunes années, tendres années, belles années*, etc., se disent de la jeunesse :

> Soyez, sire, dès vos *jeunes années*, le père de vos peuples!
>
>   OMER TALON, *Discours.*

> Et comme il ne perdit pas ses *jeunes années* dans la mollesse et la volupté, il n'a pas été contraint de passer les dernières dans l'oisiveté et dans la foiblesse.
>
>   FLÉCHIER, *Oraison funèbre.*

> Enfin la Providence avoit marqué la fin de sa vie (du chevalier de Grignan) dans les plus *belles années* de son âge.
>
>   Mme DE SÉVIGNÉ, *Lettres*; 10 février 1672.

> J'ai trop aimé le monde, mais il me semble que je n'ai pas perdu le temps que j'ai passé à m'en détromper; car il est certain que je préfère la vieillesse aux *belles années*, par la grande tranquillité dont elle me laisse jouir.
>
>   Mme DE COULANGES, *Lettres*; à Mme de Grignan, 12 septembre 1701.

> Quelques vieillards... touchés indifféremment de tout ce qui rappelle leurs *premières années*, n'aiment peut-être dans Œdipe que le souvenir de leur jeunesse.
>
>   LA BRUYÈRE, *Discours prononcé dans l'Académie française.*

> Regardez derrière vous : Où sont vos *premières années?*
>
>   MASSILLON, *Sermons.* Sur la Mort.

> Heureux si ses vertus l'une à l'autre enchaînées
> Ramènent tous les ans ses *premières années*.
>
>   J. RACINE, *Britannicus*, I, 2.

III.

ANNAL, LE, adj. (Du latin *Annalis*.)
Terme de Jurisprudence. Qui ne dure qu'un an, qui n'est valable que pendant un an :

> Toute prescription *annale*, ou moindre coutumière, court contre les absens et mineurs, sans espérance de restitution.
>
>   LOYSEL, *Institutes coutumières*, 721.

Possession annale, Possession paisible, publique, non interrompue, et à titre non précaire, pendant un an.

Il est employé au pluriel et construit avec un nom de personne dans le passage suivant :

> Aucuns parlèrent d'un dictateur perpétuel et de consuls *annaux*.
>
>   *Satyre Menippée.*

D'ANNAL proviennent des mots composés désignant certaines périodes de temps biennal, triennal, etc. (Voyez ces mots.)

ANNALES, s. f. pl. (Du latin *Annales*.)
Histoire qui rapporte les événements année par année :

> Un sec et triste faiseur d'*annales* ne connoît point d'autre ordre que celui de la chronologie.
>
>   FÉNELON, *Lettre à l'Académie.*

> Il est dit dans l'histoire généalogique de la maison de France, qu'Ansgarde, leur mère (de Louis III et de Carloman), étoit fille du comte Hardouin, et on cite les *Annales* de Saint-Bertin et Reginon.
>
>   HESNAULT, *Abrégé chronologique de l'histoire de France*, 879. Louis III et Carloman.

> Il s'est fait apporter ces *annales* célèbres
> Où les faits de son règne, avec soin amassés,
> Par de fidèles mains chaque jour sont tracés.
>
>   J. RACINE, *Esther*, II, 1.

Il a quelquefois, dans le style soutenu, la signification générale d'Histoire :

> Prenez vos plumes sacrées, vous qui composez les *annales* de l'Église.
>
>   BOSSUET, *Oraison funèbre de Michel Le Tellier.*

> Son nom sera écrit dans les *annales* de la postérité parmi les conquérants, mais il ne le sera pas parmi les bons rois.
>
>   MASSILLON, *Petit Carême*, IIe dimanche.

Les règnes oisifs forment un vide obscur dans nos *annales*.

MASSILLON, *Petit carême*, IIIe dimanche.

Le gouvernement politique de l'Église qui semblait devoir réunir toutes ces parties divisées, fut malheureusement la nouvelle source d'une confusion inouïe jusqu'alors dans les *annales* du monde.

VOLTAIRE, *Essai sur les mœurs*. De Léon X et de l'Église, c. 127.

Pour connoître parfaitement les Grecs, il est bon d'envisager quelquefois les fictions dont leurs *annales* sont embellies ou défigurées.

BARTHÉLEMY, *Voyage d'Anacharsis*, c. 3.

... En contant ces *annales*
Philémon regardoit Baucis par intervalles.

LA FONTAINE, *Philémon et Baucis*.

Le mot est employé au singulier dans ce passage d'un de nos poètes :

... Si on croit à nostre vieille *annale*,
Crète de Teucre est la terre natale.

RONSARD, *la Franciade*, III.

ANNALISTE, s. m.

Historien qui écrit des *Annales :*

Il faut voir les choses en grand, par cela même que l'esprit humain est petit, et qu'il s'affaisse sous le poids des minuties ; elles doivent être recueillies par les *annalistes*, et dans des espèces de dictionnaires où on les trouve au besoin.

VOLTAIRE, *Fragments sur l'histoire*, art. 28. A l'occasion du siècle de Louis XIV.

ANNALISTE peut être pris, comme *Annales*, dans un sens plus général :

Il (le père Quesnel) fut vendu, découvert et arrêté à Bruxelles la veille de la Pentecôte de cette année. J'en laisse le curieux détail aux *annalistes* jansénistes.

SAINT-SIMON, *Mémoires*, 1703.

ANNATE, s. f.

Revenu d'une année, que ceux qui ont obtenu des bénéfices payent à la Chambre apostolique en retirant leurs bulles :

Jean vingt-deuxiesme, successeur de Clément cinquiesme, introduisit sur les bénéfices les *annates :* qui estoit que, de tous les bénéfices vacquans en et au dedans le royaume de France, il prétendoit que le revenu de la première année luy estoit dû...

Boniface IX confirma les *annates* à toute sa postérité par une sentence décrétale.

EST. PASQUIER, *Recherches de la France*, III, 23.

Il ne se souloit prendre qu'une *annate* du bénéfice qu'on impétroit.

MARTIN DU BELLAY, *Mémoires*.

Suppliant très-humblement... que ceux qui seront nommez à l'advenir par V. M. ausdites abbayes et prélatures, obtiennent, comme ilz ont toujours faict, la confirmation de leur eslection de leur supérieur immédiat, régulier ou séculier, sans estre subject à impétrer des bulles de Rome ni payer aucune *annate*, ne soit que l'abbaye dépende immédiatement du Saint-Siège.

Requéte des États d'Artois au Roi, 1660.(Voyez DEPPING, *Correspondance administrative sous Louis XIV*, t. I, p. 564.)

Le roi (Henri VIII) se fit donner par son parlement les *annates* que prenaient les papes.

VOLTAIRE, *Essai sur les mœurs*, c. 135.

ANNATE a pu se dire, dans un sens particulier, de certains prélèvements analogues :

L'*annate* est un tribut qui se doit tous les ans (en Espagne) à cause de la grandesse.

SAINT-SIMON, *Mémoires*, 1721.

ANNIVERSAIRE, adj. des deux genres. (Du latin *Anniversarius*, et, par ce mot, de *Annus* et de *Vertere*.)

Il se dit d'une époque ou d'une cérémonie qui ramène le souvenir d'un événement arrivé à pareil jour une ou plusieurs années auparavant, et généralement de tout ce qui se reproduit régulièrement de cette manière :

La venue des arondeles est *anniversaire*.

MONET, *Dictionnaire*.

Toutes les femmes alors sont vêtues de noir en souvenir de la mort de Jésus-Christ, et il y a quelque chose de bien touchant dans ce deuil *anniversaire*, renouvelé tant de fois depuis tant de siècles.

Mme DE STAEL, *Corinne*, liv. X, c. 2.

Il s'emploie d'ordinaire comme substantif masculin.

Il se dit particulièrement du Service que l'on fait pour un mort au retour annuel du jour de son décès :

En depeschant nos matines et *anniversaires* on cueur, ensemble je fois des chordes d'arbaleste.

RABELAIS, *Gargantua*, I, 40.

Messes sans nombre, et force *anniversaires*,
C'est belle chose, et la façon j'en prise,
Si sont les chantz, cloches et luminaires;
Mais le mal est en l'avare presbstrise :
Car si tu n'as vaillant que ta chemise,
Tiens toy certain, qu'après le tien trespas,
Il n'y aura ne couvent ny eglise
Qui pour toy sonne, ou chante, ou face un pas.

Cl. Marot, Complaintes, V.

ANNUAIRE, s. m.

Sorte d'ouvrage que l'on publie chaque année, et qui contient le résumé des événements de l'année précédente, ou des renseignements sur l'industrie et la statistique, le résultat des observations astronomiques ou météorologiques.

Annuaire historique. L'annuaire du commerce maritime, l'annuaire du bureau des Longitudes.

ANNUEL, LE, adj. (Du latin *Annualis*.)

On a dit aussi autrefois, **ANNU, UE.** (Du latin *Annuus*.) Voyez les exemples ci-après.

Qui dure un an :

Amour adonc use de son office,
Faisant porter aux vrays amys le dueil :
Non point un dueil de sainctes larmes d'œil,
Non point un dueil de drap noir *annuel*;
Mais un dueil tainct d'ennuy perpétuel.

Cl. Marot, Complaintes, V.

Il se construit, en ce sens, avec des noms qui désignent certains offices :

Il fut un an prevost *annuel* de la ville d'Athènes.

Amyot, trad. de Plutarque. Vie d'Aristide, I.

L'état populaire se formoit alors parmi les Athéniens, et ils commencèrent à choisir les archontes *annuels*, dont le premier fut Créon.

Bossuet, Discours sur l'histoire universelle, I, 7.

Rome, ayant chassé les rois, établit des consuls *annuels*.

Montesquieu, Grandeur des Romains, c. 1.

Annuel se dit aussi de certaines choses qui arrivent, qui se font tous les ans :

Aussy ne la voyons nous qu'aux grandes festes *annuelles*.

Rabelais, Pantagruel, IV, 50.

Dussent-ils encore aux quatre festes *annuelles* recevoir quelque demi-douzaine de coups de baston.

De la Noue, Discours politiques et militaires.

Il n'oublia pas les hôpitaux, et fonda des services *annuels* dans plusieurs couvents.

Le Sage, Gil Blas, XII, 12.

Le chancelier de l'Hopital, sage et inutile médecin de cette frénésie universelle, cassa vainement l'arrêt qui ordonnait cette funeste cérémonie *annuelle*.

Voltaire, Histoire du parlement de Paris, c. 21.

A Eis esteie ad une feste *anel*.

Chanson de Roland, v. 2680.

Une chasuble en fut faite,
Qui ja du tresor vint hors traite
Se as grans festes *annues* non.

Tristan, vol. I, p. 143, v. 2958.

Annuel se dit particulièrement de ce qu'on touche ou qu'on perçoit, de ce qu'on paye ou qu'on acquitte chaque année :

Il vendoit tout à un coup tous les fruicts qu'il recueilloit de son revenu *annuel*.

Amyot, trad. de Plutarque. Vie de Périclès, 35.

Si, pour surmonter les difficultés que ledit abbé pourra rencontrer à faire signer ce traité audit électeur (de Mayence), il estime à propos d'y rendre favorable le sieur de Schönborn, son frère, par son intérêt particulier, Sa Majesté trouve bon qu'il l'engage à payer audit sieur de Schönborn une pension *annuelle* pendant le temps que ledit traité durera.

Louis XIV, à l'abbé de Gravel, 22 décembre 1666. (Voyez Mignet, Négociations relatives à la succession d'Espagne, t. II, p. 34.)

(Tékeli) et les autres chefs promirent 80,000 écus de tribut *annuel* au nom de la Hongrie, si les Turcs les vouloient assister puissamment.

Saint-Simon, Mémoires, 1713.

On n'osa imposer le dixième que dans l'année 1710; mais ce dixième, levé à la suite de tant d'autres impôts onéreux, parut si dur qu'on n'osa pas l'exiger avec rigueur : le gouvernement n'en retira pas 25 millions *annuels* à 40 francs le marc.

Voltaire, Siècle de Louis XIV, c. 130. Finances et règlements.

On appelle *plantes annuelles* celles qui ne vivent que l'espace d'un an, qui naissent, fructifient et meurent dans le cours d'une année :

Non seulement la Russie pourroit rassembler dans ses campagnes les arbres et les plantes des latitudes froides, mais un grand nombre de végétaux *annuels* qui croissent pendant le cours d'un été dans les latitudes chaudes et tempérées.

BERNARDIN DE SAINT-PIERRE, *Études de la nature*, XI.

En termes d'Astronomie, *le mouvement annuel du soleil*, c'est la révolution apparente du soleil d'un point du zodiaque au même point.

ANNUEL, s. m.

Messe que l'on fait dire tous les jours pendant une année pour une personne défunte, en commençant à compter du jour de sa mort.

ANNUELLEMENT, adv.

Par chaque année :

Un géant... *annuellement...* icy se transporte à la prime vere.

RABELAIS, *Pantagruel*, IV, 44.

Ces jeux se célèbreront *annuellement* au jour de son trespas.

AMYOT, trad. de Plutarque. *Vie de Timoléon*, 53.

Vous verrez, Mʳ, par deux estats séparés, la bénédiction que Dieu a donnée aux aumosnes que le roy fait *annuelle-ment*.

DE LA REYNIE, *Note sur quelques dons du roy*, 8 avril 1692.
(Voyez MIGNET, *Correspondance administrative sous Louis XIV*, t. II, p. 628.)

Barnabo Visconti assiège Bologne. Comment peut-on imprimer encore aujourd'hui que le Saint-Père, par un accommodement, promit de payer cent mille livres d'or *annuellement* pendant cinq années, pour être maître de Bologne ?

VOLTAIRE, *Annales de l'Empire*. Charles IV, 1360.

ANNUITÉ, s. f.

Sorte de payement selon laquelle le débiteur s'engage à faire annuellement, pendant un nombre d'années déterminé, un payement qui comprend les intérêts de la somme prêtée et le remboursement d'une partie de cette somme, en sorte qu'au terme indiqué le débiteur est entièrement libéré.

ANTAN, s. m. (Du latin *Annus* et *Ante*.)

Vieux mot, quelquefois pris adverbialement, par lequel on désignait l'année précédente :

Bien savons, et vous le savez, que Monseigneur fut *antan* à Toulouse.

FROISSART, *Chroniques*, III, IV, 23.

Hélas (disoit Panurge), voicy pis que *antan*.

RABELAIS, *Pantagruel*, IV, 83.

Mais où sont les neiges d'*antan* ?

VILLON, *Ballade des Dames*.

Avec trois brins de sauge, une figue d'*antan*.

RÉGNIER, *Satires*, XI.

ANA, s. m.

Terminaison empruntée aux adjectifs latins en *Anus* et ajoutée au nom d'un auteur, pour indiquer Un recueil de ses pensées détachées, de ses observations, de ses bons mots, ou des pensées, des anecdotes qu'il a recueillies :

Le titre de *Menagiana*, que porte cet ouvrage, est du même genre que les *Scaligerana*, *Perroniana*, *Thuana* et *Sorberiana*. Ceux à qui ils ne sont pas inconnus savent qu'ils contiennent les bons mots, les maximes de morale et les observations, soit historiques, soit d'érudition, qui ont été recueillis de Scaliger, du cardinal du Perron, de M. de Thou et de M. de Sorbière.

Menagiana. Avertissement.

C'est dommage qu'on n'ait pas fait un *Harleana* de tous ses dits qui caractériseroient ce cynique (Harlay).

SAINT-SIMON, *Mémoires*, 1707.

ANA s'emploie souvent isolé, pour désigner un recueil de ce genre, *Un ana, des ana*, etc. :

M. Wolflus a fait l'histoire des livres en *ana* dans sa préface des *Casauboniana*.

Dictionnaire de Trévoux.

Les *Scaligerana* sont le premier livre qui ait paru avec un titre en *ana*.

Même ouvrage.

De tous les *ana*, celui qui mérite le plus d'être mis au rang des mensonges imprimés, et surtout des mensonges insipides, est le *Segraisiana*. Il fut compilé par un copiste de Segrais, son domestique, et imprimé longtemps après la mort du maître. Le *Menagiana*, revu par La Monnoye, est le seul dans lequel on trouve des choses instructives.

VOLTAIRE, *Dictionnaire philosophique*. Art. Ana, Anecdotes.

Il savoit par cœur tous les petits traits des *ana*.

J.-J. ROUSSEAU, *les Confessions*, V.

De la préposition grecque ἀνά, marquant répétition, vient le mot ANA, employé dans les ordonnances des médecins, pour signifier que les drogues qu'il faut mêler ensemble doivent être en égale quantité.

ANABAPTISTE, s. et adj. des deux genres. (Du grec ἀναβαπτιστής, formé de ἀνά, de nouveau, βαπτιστής, qui plonge dans l'eau, et, par ce dernier mot, de βάπτειν, plonger dans l'eau.)

Nom d'une secte de chrétiens qui soutiennent qu'on ne doit pas baptiser les enfants avant l'âge de raison, qu'à cet âge il faut les rebaptiser.

On a vu les illusions des *anabaptistes*, et on sait que c'est en suivant les principes de Luther et des autres réformateurs qu'ils ont rejeté le baptême sans immersion et le baptême des enfants.

Bossuet, *Histoire des Variations des églises protestantes.*

Il y a eu des *anabaptistes* dans la primitive Église, c'est-à-dire des hérétiques, qui baptisoient une seconde fois... Ces anciens rebaptisans ne sont pas communément appelés *anabaptistes*... ceux qu'on appelle proprement *anabaptistes* sont une secte de protestants du XVIᵉ siècle.

Dictionnaire de Trévoux.

Ce sont les premiers enthousiastes dont on ait ouï parler dans ces temps-là ; ils voulaient qu'on rebaptisât les enfants, parce que le Christ avait été baptisé étant adulte ; c'est ce qui leur procura le nom d'*anabaptistes*.

Voltaire, *Essai sur les mœurs*, c. 131. Des Anabaptistes.

L'hérésie, la secte des *Anabaptistes* a été désignée par

ANABAPTISME, s. m. (Des mots latins et grec *Anabaptismus*, ἀναβάπτισμα ou ἀναβαπτισμός, second baptême.)

L'*anabaptisme* s'est insensiblement glissé dans toute l'Allemagne, hormis dans l'Autriche et dans les États de Bavière.

Dictionnaire de Trévoux.

ANACHORÈTE, s. m. (D'*Anachoreta*, ἀναχωρητής, et, par ce mot et ἀναχωρέω, de ἀνά, en arrière, χωρέω, se retirer.)

Ermite, religieux qui vit seul dans un désert. Il se dit par opposition aux religieux qui vivent en commun et qu'on appelle autrement Cénobites. (Voyez ce mot.)

Les persécutions poussèrent dans les plus affreux déserts les patriarches des *anachorètes*, saint Paul et saint Antoine.

Fénelon, *Sermons*. Entretien sur la Vie religieuse.

Anachorète est de grand usage dans des phrases où il est fait allusion à la vertu et à la manière de vivre des *Anachorètes* :

On l'a vu (saint Louis), au milieu de sa cour, vivre avec l'austérité et la mortification d'un *anachorète*.

Fléchier, *Panégyrique de saint Louis.*

Vous m'allez demander quel personnage fait mon fils dans tout cela : celui d'un *anachorète* au désespoir que la guerre vienne troubler son repos et sa solitude.

Mᵐᵉ de Sévigné, *Lettres ;* à Bussy-Rabutin, 26 mars 1689.

Ne craignez point que je devienne *anachorète ;* mon fils m'en empêchera bien, et mille gens qui doivent venir le voir, peut-être trop.

La même, *Lettres ;* des Rochers, à sa fille, 21 août 1689.

Ce ne sont d'ordinaire que de jeunes gens qui composent ces sortes d'assemblées (les bals)... où les beaux objets, les flambeaux, les violons et l'agitation de la danse échaufferoient des *anachorètes*.

Bussy-Rabutin, *Discours à ses enfants.* Instruction pour se conduire dans le monde.

Racontez-moi les austérités d'un *anachorète* qui a vécu dans les déserts comme un ange dans un corps mortel.

Fénelon, *Sermons*. Pour la fête d'un martyr.

Vous serez fort mal couchés, et je n'ai à vous offrir qu'un repas d'*anachorète*.

Le Sage, *Gil Blas*, IV, 9.

Je suivis Lamela dans la grotte, où j'aperçus sur un grabat un vieil *anachorète* tout étendu, pâle et mourant.

Le même, même ouvrage, V, 1.

L'empereur Julien fut sobre et chaste comme un *anachorète*.

Voltaire, *Fragments sur l'histoire*, art. 7.

Louis IX paraissait un prince destiné à réformer l'Europe... Sa piété, qui était celle d'un *anachorète*, ne lui ôta aucune vertu de roi.

Le même, *Essai sur les mœurs*, c. 58.

Ne joignez pas le souper au dîner en doublant la dose, c'est encore fort bien ; mais n'allez pas partir de là pour vivre en *anachorète*, et peser vos aliments comme Sanctorius.

J.-J. Rousseau, *Lettres ;* 19 juillet 1766.

Et je me trouve ici comme un *anachorète*.

Poisson, *le Poète basque*, sc. 2.

ANACHRONISME, s. m. (D'ἀνά, au-dessus, en arrière, et de χρόνος, temps.)

Faute contre la Chronologie. Il se dit principalement de la faute qui consiste à placer un fait avant sa date. L'erreur contraire s'appelle proprement PARACHRONISME; mais ce dernier mot est de peu d'usage, et l'on donne au premier la plus grande généralité.

Le fameux *anachronisme* de Virgile touchant Didon m'autorise et me garantit, et monstre assez autentiquement qu'il est permis d'en faire dans les poëmes héroïques.

SAINT-AMANT, *Lettres;* à Bochart.

... C'est ce qui s'appelle époque, d'un mot grec qui signifie s'arrêter, parce qu'on s'arrête là pour considérer comme d'un lieu de repos tout ce qui est arrivé devant ou après, et éviter par ce moyen les *anachronismes,* c'est-à-dire cette sorte d'erreur qui fait confondre les temps.

BOSSUET, *Discours sur l'histoire universelle.* Dessein général de cet ouvrage.

Il faut éviter les *anachronismes* qui brouillent l'ordre des affaires et laisser les savants disputer des autres.

LE MÊME, même ouvrage; I, 10.

ANACHRONISME se dit, par extension, de toute erreur qui consiste à attribuer aux hommes d'une époque les usages, les idées d'une autre :

Les peintres italiens ont fait beaucoup d'*anachronismes* dans le costume.

C'est un véritable *anachronisme* que de prêter des discours chevaleresques à un Athénien, à un Romain.

Dictionnaire de l'Académie, 1835.

ANACOLUTHE, s. f. (Du grec ἀκόλουθος, compagnon, précédé de l'ἀ privatif.)

Terme de grammaire désignant :

Soit une sorte d'ellipse, par laquelle on omet dans une phrase le mot, le terme qui est le corrélatif ordinaire de l'un des mots, des termes exprimés;

Soit l'oubli volontaire qui fait qu'ayant commencé par une construction on continue par une autre.

ANACOLUTHE ne s'emploie guère qu'en parlant des phrases grecques et latines.

ANACRÉONTIQUE, adj. des deux genres. (Du nom propre Ἀνακρέων.)

Qui est dans le genre, dans le goût des odes d'Anacréon. On peut inférer du premier des exemples suivants que ce mot a été introduit par La Motte.

J'ai tâché... de lui ressembler (à Anacréon) dans les odes que j'appelle *anacréontiques...* j'ai imité même jusqu'à sa morale et à ses passions, que je désavoue. J'avertis que, dans ces odes *anacréontiques,* je parle toujours pour un autre, et que je ne fais qu'y jouer le personnage d'un auteur, dont j'envierois beaucoup plus le tour et les expressions que les sentiments.

LA MOTTE, *Discours sur la poésie en général et sur l'ode en particulier.*

Que... quelques-uns de nos poëtes français... aient eu dans leurs chansons cet enjouement, ce tour élégant et facile, ce naturel, cet abandon aimable de la poésie *anacréontique,* on n'en est point surpris... Marot n'est pas le seul de nos poëtes qui ait pris le style *anacréontique,* quoique, à dire vrai, aucun ne l'ait eu comme lui... Au nom de Ronsard, on croit voir fuir les Grâces, et surtout les grâces *anacréontiques.* On va lire pourtant de ce Ronsard des morceaux, dont l'un me semble digne de Catulle, et l'autre d'Anacréon... Ce même Ronsard a fait aussi une jolie ode *anacréontique...*

MARMONTEL, *Éléments de littérature.* Anacréontique.

ANAGNOSTE, s. m. (D'*Anagnostes,* ἀναγνώστης, et, par ce mot, d'ἀναγινώσκειν tiré de ἀνὰ et γινώσκειν.)

Terme d'Antiquité. Nom que les Romains donnaient à celui de leurs esclaves qui faisait la lecture pendant les repas :

L'empereur Claude mit les *anagnostes* fort en crédit... les seigneurs, à son exemple, voulant avoir des *anagnostes.*

Dictionnaire de Trévoux.

C'est par allusion qu'*Anagnoste* est employé dans les passages suivants :

Alors me distes que de telles calumnies avoit esté le deffunt roy François d'éterne memoire, adverty : et curieusement ayant par la voix et pronunciation du plus docte et fidele *anagnoste* de ce royaulme, oüy et entendu lecture distincte d'iceulx livres miens... n'avoit trouvé passage aucun suspect.

RABELAIS, *Epistre au cardinal de Chastillon.*

Le roi, hier au soir, venant au cabinet de la reine, lui fit voir un paquet qu'il venoit de recevoir de M. de Boinville. Ce paquet fut à l'heure même ouvert, et dedans furent trouvées deux lettres, l'une au roi, l'autre à M. de Guise; en celle du roi, qui fut, et l'autre aussi, lue tout haut par Mme la princesse de Conty, *anagnoste* ordinaire du cabinet, il supplie le roi de lui permettre le combat avec le duc de Guise.

MALHERBE, *Lettres;* à Peiresc, 6 avril 1614.

ANAGOGIQUE, adj. des deux genres. (De *Anagogicus*, ἀναγωγικὸς, et, par ce mot, d'ἀνάγειν, de ἀνά, en haut, et ἄγειν, conduire.)

Terme de Théologie. Il ne se dit guère que dans ces locutions : Interprétation *anagogique*, sens *anagogique*, lorsque d'un sens naturel et littéral on s'élève à un sens spirituel et mystique :

Les interprètes de la Bible y trouvent des sens mystiques, *anagogiques*... et autres.

            FURETIÈRE, *Dictionnaire*.

Le *sens anagogique* de l'Écriture sainte est un sens mystique, qui élève l'esprit aux objets célestes et divins de la vie éternelle... Il faut suivre dans le sens allégorique et dans le *sens anagogique*, ce que la révélation nous en apprend, et s'appliquer surtout à l'intelligence du sens littéral, qui est la règle infaillible de ce que nous devons croire et pratiquer pour être sauvés.

     DU MARSAIS, *Des Tropes*, c. 3. Sens anagogique.

On trouve aussi, pour exprimer cette sorte d'interprétation,

ANAGOGIE, s. f. (D'*Anagoge*, ἀναγωγή.)

Il y a des commentaires de l'Écriture, des discours entiers, qui sont des *anagogies* perpétuelles. Ce n'est point là le sens naturel de ce passage de l'Écriture, c'est une *anagogie*. L'*anagogie* doit être fondée sur le sens littéral.

           Dictionnaire de Trévoux.

ANAGRAMME, s. f. (Du grec ἀνάγραμμα, et, par ce mot, de ἀνά, en arrière, et γράμμα, lettre.)

Transposition et nouvel arrangement des lettres qui composent un mot ou une phrase, de sorte qu'elles forment un ou plusieurs autres mots ayant un autre sens :

Les Bacchanales ont toujours esté celebrées par de bons yvrongnes : car par un gentil *anagramme*, ou inversion et transposition de lettres, c'est-à-dire par de bons vignerons.

          BOUCHET, *Serées*, I, 1.

Il fut détesté de ceux qui reveroyent la dignité royale, et en l'*anagramme* de son nom, frère Jacques Clément, furent trouvez ces mots : C'est l'enfer qui m'a créé.

   MATTHIEU, *Histoire des derniers troubles de France*, liv. V.

En notre langage, l'*anagramme* de Marie n'est autre chose qu'Aimer ; aimer, c'est Marie, Marie, c'est aimer.

   SAINT FRANÇOIS DE SALES, *Sermon* prononcé en 1602, le jour de l'Assomption, dans l'église de Saint-Jean-en-Grève.

Il chanta des chansons à boire et montra quantité d'*anagrammes* ; car d'ordinaire les rimailleurs, par de semblables productions de leur esprit mal fait, commencent à incommoder les honnêtes gens.

       SCARRON, *Roman comique*, I. 11.

C'est Daurat qui, sous le règne de Charles IX, s'avisa le premier de faire des *anagrammes*. Il prétendoit en avoir trouvé le plan dans le poëte Lycophron.

         FURETIÈRE, *Dictionnaire*.

Elle s'appelloit Phylippote en son nom ordinaire, et en son nom de roman elle se faisoit appeler Hyppolite, qui est l'*anagramme* du nom de Phylippote.

         LE MÊME, *le Roman bourgeois*.

En voici encore d'autres (*anagrammes*) fort heureuses pour le sens et pour le rapport des lettres : Louis de Boucherat, l'*anagramme* est : Est la bouche du Roi. M. de Boucherat étoit chancelier de France lorsque l'anagramme fut faite. Ces paroles : Est vir qui adest, sont l'*anagramme* de celles-ci, que Pilate dit à Jésus-Christ : Quid est veritas?

         Dictionnaire de Trévoux.

Qui pourroit rendre raison de la fortune de certains mots, et de la proscription de quelques autres? Ains a péri : la voyelle qui le commence, et si propre pour l'élision, n'a pu le sauver ; il a cédé à un autre monosyllabe, et qui n'est au plus que son *anagramme*.

      LA BRUYÈRE, *Caractères*, c. 14.

C'est encore une imitation de l'histoire de Méro et d'Enegu par Fontenelle : Méro étoit l'*anagramme* de Rome, et Enegu celle de Genève. Ce sont deux sœurs qui prétendent à la succession du royaume de leur père.

   VOLTAIRE, *Lettres philosophiques*, XXII (du doyen Swift).

Je vous avoue que j'éclatai de rire en voyant que le roi Yu était précisément le roi d'Égypte Menès, comme Platon était, chez Scarron, l'*anagramme* de Chopine.

     LE MÊME, *Lettres*; 9 d'Auguste 1760.

> J'aime mieux sans comparaison,
> Ménage, tirer à la rame,
> Que d'aller chercher la raison
> Dans les replis d'une *anagramme*...
> Et sur Parnasse nous tenons
> Que tous ces renverseurs de noms
> Ont la cervelle renversée.

     G. COLLETET, *Épigramme contre Montmaur*. (Voyez le *Menagiana*.)

D'**ANAGRAMME** s'étaient formés, au temps de la vogue des anagrammes, les mots suivants :

ANAGRAMMATISER, v. n.

S'occuper de l'anagramme des mots, et, employé comme verbe actif, Soumettre les mots, les phrases au procédé de l'anagramme :

Le poëte Daurat passoit pour un si grand devin en matière d'*anagrammes*, que des personnes illustres lui donnèrent leur nom à *anagrammatiser*.

FURETIÈRE, *Dictionnaire*.

Je ne veux pas faire comme certains escrivains, qui... retournent leurs noms, les escorchent ou les *anagrammatisent*.

LE MÊME, *le Roman bourgeois*.

Saint-Amand a dit, *Anagrammer* :

J'ai vu qu'un sonnet acrostiche,
Anagrammé par l'hémistiche,
Aussi bien que par les deux bouts,
Passoit pour miracle chez vous.

SAINT-AMANT, *le Poëte crotté*.

ANAGRAMMATISTE, s. m.

Celui qui fait des anagrammes :

Thomas Billon, gentilhomme provençal, est un fameux *anagrammatiste*.

RICHELET, *Dictionnaire*.

On trouve aussi :

ANAGRAMMATISME, s. m. (Du grec ἀναγραμματισμός.) Art de l'anagramme, anagramme :

Quant à l'inversion des lettres que les Grecs appellent ἀναγραμματισμός, l'interprete de Lycophron dit en sa vie : En ce tems là florissoit Lycophron, non tant pour la poësie, que pour ce qu'il faisoit des *anagrammatismes*. Exemple du nom du roy Ptolomée, Πτολομαῖος ἀπὸ μέλιτος, c'est à dire Emmiellé, ou de miel. De la royne Arsinoë, qui feut la femme dudit Ptolomée, Ἀρσινόη, Ἥρας ἴον, c'est à dire la violette de Juno. Artemidore aussi le Stoïque a laissé, en son livre des songes, un chapitre de l'*anagrammatisme* où il montre que par l'inversion des lettres on peut exposer les songes.

JOACHIM DU BELLAY, *Illustration de la langue françoise*, II, 8.

ANALEPTIQUE, adj. des deux genres. (Du grec ἀναληπτικός, et, par ce mot, de ἀνά, de nouveau, et λαμβάνειν, prendre.)

Terme de Médecine. Il se dit des remèdes ou des aliments propres à rendre les forces aux convalescents.

Il s'emploie aussi comme substantif : Un ana leptique.

On a dit aussi, en termes de médecine :

ANALEPSIE, s. f. (Du grec ἀνάληψις.)

Rétablissement des forces après une maladie.

ANALOGIE, s. f. (D'*Analogia*, ἀναλογία, et, par ce mot, de ἀνά, entre, et λόγος, raison, proportion, rapport.)

Il se dit d'une sorte de rapport, de ressemblance, de similitude qui existe à certains égards entre deux ou plusieurs choses différentes, soit de l'ordre physique, soit de l'ordre moral.

On dit l'*Analogie d'*une chose *avec* une autre, ou *à* une autre; l'*Analogie de* deux choses *entre* elles; ou, absolument, l'*Analogie*.

Du premier des exemples suivants on peut inférer qu'au XVIe siècle le mot était encore de peu d'usage :

(Ils) apprendront par iceluy (livre, l'*Apologie d'Hérodote*) à confronter les histoires anciennes avec les modernes, et l'*analogie*, si les oreilles françoises peuvent porter ce mot.

H. ESTIENNE, *Apologie d'Hérodote*. Epistre à un ami.

Si demandez comment, par couleur blanche, nature nous induict entendre joye et lyesse : je vous responds que l'*analogie* et conformité est telle.

RABELAIS, *Gargantua*, I, 10.

On appelle mouvement le transport des corps et les passions de l'âme, non que la raison qui répond à ce terme de mouvement soit une dans le corps et dans l'âme, mais à cause que ce qu'est au corps le mouvement qui l'approche de certains lieux, la passion l'est à l'âme qu'elle unit à ses objets. C'est sur cette *analogie* que sont fondées les comparaisons et les métaphores, comme quand on dit : Esprit lumineux, ténèbres de l'ignorance, campagne riante, et ainsi des autres.

BOSSUET, *Logique*, I, 48.

L'Amérique, ainsi que l'Afrique et l'Asie, produit des végétaux, des animaux qui ressemblent à ceux de l'Europe; et tout de même encore que l'Afrique et l'Asie, elle en produit beaucoup qui n'ont aucune *analogie à* ceux de l'ancien monde.

VOLTAIRE, *Essai sur les mœurs*.

Comme nous ne connaissons rien que par comparaison, dès que tout rapport nous manque, et qu'aucune *analogie* ne se présente, toute lumière fuit.

BUFFON, *Époques de la nature*.

C'est par l'*analogie* de ces parties et par leurs diverses

combinaisons que se déterminent les diverses familles du règne végétal.

J.-J. Rousseau, *Lettres sur la botanique*, I.

Au lieu de raisonner d'après de fausses hypothèses, on pourroit consulter l'expérience et l'*analogie*.

Condillac, *Logique*.

C'est dans ces occasions (les irrégularités de la construction figurée) que l'*analogie* est d'un grand usage. Ce n'est que par *analogie*, par imitation, et en allant du connu à l'inconnu, que nous pouvons concevoir ce qu'on nous dit.

Du Marsais, *Grammaire*.

C'est une des grandes preuves de la divinité de la religion chrétienne, que son *analogie* parfaite avec toutes nos facultés morales.

Mme de Stael, *De l'Allemagne*, part. IV, c. 4.

Que dirons-nous des *analogies* surprenantes qu'on remarque entre des langues séparées par le temps et l'espace?

J. de Maistre, *Soirées de Saint-Pétersbourg*, IIe entretien.

On dit : *Raisonner, conclure, juger par analogie*, c'est-à-dire en se fondant sur les rapports, les ressemblances d'une chose avec une autre.

Analogie est terme de Grammaire, comme l'était en latin *Analogia :*

Est-ce que les livres que C. César nous a donnés sur l'*analogie* ont rien diminué de la force de ses pensées et de son éloquence?

Gédoyn, trad. de Quintilien. *De l'Institution de l'Orateur*, 1, 7.

Il se dit, en grammaire, particulièrement :

Soit du rapport qu'ont entre elles les consonnes qui se prononcent avec la même partie de l'organe vocal;

Soit du rapport que divers mots d'une langue ont ou doivent avoir ensemble pour leur formation :

Or faut-il toujours avoir mémoire de ce que j'ai dict de la félicité de nostre langage, quant à faire recevoir à ses mots tel ply qu'il luy plaist leur donner; mais il en vient bien mieux à bout, quand il ne faut que suivre l'*analogie*.

H. Estienne, *la Précellence du langage françois*.

Par *analogie* abusive, nous forgeons des mots en notre langue vulgaire, à l'imitation de certains mots imaginaires, latins et grecs, et qui ne se trouvent point en l'original de ces langues-là.

Monet, *Dictionnaire*.

Ayant considéré les grands et notables abus qui se commettent aux inscriptions des enseignes... en ce que certains ignorants, compositeurs desdites inscriptions, renversent par une barbare, pernicieuse et détestable orthographe, toute sorte de sens et de raison, sans aucun égard d'étymologie, d'*analogie*...

Molière, *les Fâcheux*, III, 2. Placet au roi, de M. Caritidès.

Cette langue (la première)... auroit beaucoup d'irrégularités et d'anomalies; elle négligeroit l'*analogie grammaticale* pour s'attacher à l'euphonie, au nombre, à l'harmonie et à la beauté des sons.

J.-J. Rousseau, *Essai sur l'origine des langues*, c. 4.

Analogie se dit, en grammaire, d'une manière générale des ressemblances d'après lesquelles se règle l'emploi des mots et des tours :

Il faut sçavoir par quelle voye ceux que vous consulterez ainsi, s'esclairciront eux-mesmes du doute que vous leur demandez... Certainement ils ne s'en sçauroient esclaircir que par le moyen de l'*analogie*, que toutes les langues ont toujours appelée à leur secours au défaut de l'usage. Cette *analogie* n'est autre chose, en matières de langues, qu'un usage général et establiy que l'on veut appliquer en cas pareil à certains mots,... qui n'ont point encore leur usage déclaré, et par ce moyen on juge quel doit estre ou quel est l'usage particulier par la raison et par l'exemple de l'usage général; ou bien l'*analogie* n'est autre chose qu'un usage particulier qu'en cas pareil on infère d'un usage général qui est desja establiy.

Vaugelas, *Remarques sur la langue françoise*. Préface, IV.

Cette langue (la langue du raisonnement)... exige, pour être bien parlée, une étude et une pratique d'autant plus longue, que les langues vulgaires, dont elle est l'emploi le plus parfait, sont elles-mêmes plus éloignées de la perfection. Des langues où manque si souvent l'*analogie*, et qui ne sont que des débris de langues, ne doivent-elles pas gêner le raisonnement, qui n'est au fond que l'*analogie*.

Laromiguière, *Leçons de Philosophie*. Discours sur la langue du raisonnement.

Analogie, en parlant du raisonnement et du style, se dit de certaines convenances des idées entre elles, des expressions avec les idées, d'où résulte la suite et l'aisance du discours, l'unité de ton et de couleur :

Par l'*analogie* du style... on entend l'unité de ton et de couleur... Soit république ou monarchie, il y aura... pour tous les peuples cultivés des différences dans le langage populaire, noble, héroïque; et cette *analogie* de style avec le genre en fait la convenance et la propriété.

Marmontel, *Éléments de littérature*. Analogie du style.

Comme le sentiment de l'*analogie* ne les abandonne ja-

III.

mais, ils passent sans effort d'une idée à une autre idée, les pensées et les expressions qui sont actuellement dans leur esprit, se lient aux pensées et aux expressions dont elles dérivent, aux expressions qu'elles vont faire naître.

> LAROMIGUIÈRE, *Leçons de Philosophie*. Discours sur la langue du raisonnement.

ANALOGIQUE, adj. des deux genres. (Du grec ἀναλογικός.)

Qui a de l'analogie :

Quand nous parlons de l'union du Verbe de Dieu avec la nature humaine, nous devons nous contenter d'une connoissance *analogique*, telle que la comparaison de l'union de l'âme avec le corps est capable de nous la donner.

> LEIBNITZ, *Théodicée*. De la conformité de la foy, § 55.

Les idées d'une société sont *analogiques*, ou la société se dissout.

> CHATEAUBRIAND, *Études historiques*, IIᵉ discours, Iʳᵉ partie.

ANALOGIQUEMENT, adv.

D'une manière analogique :

u ne parles pas *analogiquement*, de tirer une conclusion d'agriculture d'une maxime de guerre.

> MONET, *Dictionnaire*.

A la même famille de mots se rapportent, dans les anciens dictionnaires :

ANALOGISME, s. m. (Du grec ἀναλογισμός.) Raisonnement par analogie ;

ANALOGISER, v. n. (Du grec ἀναλογίζομαι.) Raisonner par analogie.

On trouve chez Du Marsais, appliqué à certains grammairiens, le substantif

ANALOGISTE :

Sanctius et les autres *analogistes* ont recueilli un grand nombre d'exemples où cette figure (l'ellipse) est en usage.

> DU MARSAIS, *Grammaire*.

ANALOGUE, adj. des deux genres.

Qui a de l'analogie avec une autre chose.

On dit qu'une chose est analogue *à* une autre chose, *à l'égard* d'une autre chose, que deux choses sont *analogues entre elles*, ou simplement *analogues* :

Les Thomistes veulent que le mot d'être ne soit qu'*analogue à l'égard de* Dieu et de la création.

> RICHELET, *Dictionnaire*.

L'homme pourroit, comme l'animal, vivre de végétaux ; la chair, qui paroit être si *analogue à* la chair, n'est pas une nourriture meilleure que les graines ou le pain.

> BUFFON, *Histoire naturelle*. Aliments de l'homme.

Je les douai de caractères *analogues*, mais différents.

> J.-J. ROUSSEAU, *les Confessions*, II, 9.

La nature, la vérité, la solitude, le silence de ce cabinet, la lumière douce et tendre qui l'éclaire de la manière la plus *analogue à* la scène, *à* l'action, *aux* personnages.

> DIDEROT, *Salon de 1765*. Carles Vanloo.

Quand la parole exprime un objet qui, comme elle, affecte l'oreille, elle peut imiter les sons par les sons, la vitesse par la vitesse, et la lenteur par la lenteur, avec des nombres *analogues*. Les tons différents dont je parle sont à la langue ce que les divers modes sont à la musique : chaque mode a son système de sons *analogues entre eux ;* chaque style a, de même, un cercle de mots, de tours et de figures qui lui conviennent et dont plusieurs ne conviennent qu'à lui.

> MARMONTEL, *Éléments de littérature*. Analogie du style.

ANALOGUE s'emploie substantivement, au masculin :

On trouve dans le milieu des continents, dans les lieux les plus éloignés des mers, un nombre infini de coquilles, dont la plupart appartiennent aux animaux de ce genre actuellement existants dans les mers méridionales, et dont plusieurs autres n'ont aucun *analogue* vivant.

> BUFFON, *Époques de la nature. Histoire naturelle :* Supplément.

Ces deux coquilles fossiles augmentent la liste de celles dont les *analogues* vivans ne sont pas encore connus.

> SAUSSURE, *Voyages dans les Alpes*, t. I, c. 7, p. 193, § 244.

On ne peut se persuader que notre langue n'ait point des *analogues* propres à rendre une pensée que la langue espagnole a pu exprimer.

> *Mercure de France*, Cité par Féraud. *Dictionnaire critique.*

ANALYSE, s. f. (Du grec ἀνάλυσις, et, par ce mot, d'ἀναλύειν, résoudre, de ἀνά et λύειν.)

Décomposition d'un tout en ses parties, procédé de l'esprit opposé à celui qu'on appelle SYNTHÈSE.

Il y a deux sortes de méthode : l'une pour découvrir la vérité, qu'on appelle *analyse* ou méthode de résolution, et qu'on peut aussi appeler méthode d'invention ; et l'autre pour la faire entendre aux autres quand on l'a trouvée, qu'on appelle synthèse ou méthode de composition, et qu'on peut aussi appeler méthode de doctrine.

On ne traite pas d'ordinaire par *analyse* le corps entier d'une science, mais on s'en sert seulement pour résoudre quelque question.

Logique de Port-Royal, part. IV, c. 2.

On dit absolument, l'*Analyse :*

Voici ce qu'on peut dire généralement de l'*analyse*, qui consiste plus dans le jugement et dans l'adresse de l'esprit que dans des règles particulières.

Logique de Port-Royal, part. IV, c. 2.

L'*analyse* est, de toutes les opérations, celle dont on connoît le moins l'usage.

CONDILLAC, *Essai sur l'origine des connaissances humaines,* art. 1, sect. IV, c. 1.

Si l'intelligence de l'homme est l'ouvrage de l'*analyse*, que serait-elle sans des signes, instruments nécessaires de l'*analyse ?*

LAROMIGUIÈRE, *Leçons de Philosophie*. Discours sur la langue du raisonnement.

On dit aussi l'*Analyse* d'une chose, soit de l'ordre physique, soit de l'ordre moral.

1° L'*Analyse* d'une chose de l'ordre physique :

Faire l'*analyse* d'une plante.

Dictionnaire de l'Académie, 1694.

L'*analyse de* l'eau, *du* sang, *du* lait.

Même ouvrage, 1835.

Voilà l'*analyse* grossière *des* parties de la fleur.

J.-J. ROUSSEAU, *Lettres sur la botanique*, 1.

On a trouvé dans l'*analyse du* son les mêmes rapports que dans celle de la lumière.

LE MÊME, *Essai sur l'origine des langues*, c. 16.

2° L'*Analyse* d'une chose de l'ordre moral :

L'*analyse de* nos facultés. L'*analyse du* cœur humain, *des* sentiments, *des* passions.

Dictionnaire de l'Académie, 1835.

Lorsqu'il s'agit de faire entendre une langue à ceux à qui cette langue est inconnue, et surtout une langue morte, il est plus naturel et plus facile de faire d'abord l'*analyse* des pensées selon l'ordre de la relation des mots.

DU MARSAIS, *Grammaire*.

Le mot *Analyse* est encore déterminé par certaines épithètes, comme dans cette expression, l'*Analyse chimique*.

L'ANALYSE littéraire est celle qui considère successivement, pour en mieux saisir l'ordre et l'ensemble, les diverses parties d'un discours, d'une composition, d'un ouvrage. On dit, *En faire l'analyse :*

Faire réflexion sur un discours, en résoudre et examiner exactement les parties et en voir l'artifice, c'est *en faire l'analyse*.

Logique de Port-Royal, part. IV, liv. I.

Quoique cette lettre contienne autant de sottises, d'impudence, de folie, que de mots, on ne peut s'empêcher d'en faire quelque *analyse*.

SAINT-SIMON, *Mémoires*, 1710.

Voici le temps de lui apprendre à *faire l'analyse* d'un discours.

J.-J. ROUSSEAU, *Émile*, IV.

Dans un sens plus général, on entend par ANALYSE l'Extrait, le précis raisonné d'un ouvrage d'esprit :

Pour examiner à fond une comédie, et pour *en faire ce* qu'on appelle l'*analyse*... l'*analyse*, tu vois que j'ai de l'érudition...

DUFRESNY, *le Doublé veuvage*. Prologue.

Le défaut de méthode (de l'Esprit des lois) n'est qu'apparent, et l'*analyse* du livre faite par d'Alembert a prouvé qu'il ne manquoit ni de plan ni de liaison.

LA HARPE, *Cours de littérature*.

En termes de Grammaire, l'*Analyse grammaticale* est la décomposition d'une phrase en ses éléments grammaticaux, tels que le nom, l'article, le pronom, le verbe, etc. ; l'*Analyse logique*, la décomposition d'une proposition en ses parties, telles que le sujet, le verbe, l'attribut :

Celui qui lit ou qui écoute ne laisse pas d'entendre le sens de ce qu'on lui dit, parce que l'esprit rectifie l'irrégularité de l'énonciation, et place dans l'ordre de l'*analyse* les divers sens particuliers, et même le sens des mots qui ne sont pas exprimés.

DU MARSAIS, *Grammaire*.

Me voilà arrivé au but que je me suis proposé, de mettre toute personne qui étudie soit sa langue propre, soit une autre langue, quelle qu'elle puisse être, en état de reconnaître dans un discours la nature de tous les mots qui entrent dans sa composition, et les rapports dans lesquels sont entre eux, soit les mots d'une même proposition, soit les diverses propositions qui composent une phrase ou une période. Mon travail serait cependant imparfait si je ne donnais moi-même quelques exemples de l'*analyse* grammaticale.

SILVESTRE DE SACY, *Principes de grammaire générale,* c. 4. De l'Analyse.

En termes de Mathématique, l'ANALYSE est l'algèbre ; l'*Analyse transcendante* est le calcul différentiel et intégral. On appelle aussi quelquefois ANALYSE, l'application de l'algèbre à la géométrie ou géométrie générale :

J'avois un peu étudié, étant plus jeune, entre les parties de la philosophie, à la logique, et, entre les mathématiques, à l'*analyse* des géomètres et à l'algèbre, trois arts ou sciences qui sembloient devoir contribuer quelque chose à mon dessein.

DESCARTES, *Discours de la Méthode*, II.

La géométrie... a expliqué l'art de découvrir les vérités inconnues ; et c'est ce qu'elle appelle *analyse*.

PASCAL, *De l'Esprit géométrique*, II.

L'*analyse* ou l'algèbre spécieuse est assurément la plus belle, je veux dire, la plus féconde et la plus certaine de toutes les sciences.

MALEBRANCHE, *Recherche de la vérité*, IV, 11.

L'*analyse* est l'art d'employer les calculs de l'algèbre et de l'arithmétique à découvrir tout ce qu'on veut scavoir sur les grandeurs et sur leurs rapports.

LE MÊME, même ouvrage, VI, part. I, 5.

M. de l'Hopital résolut de communiquer sans réserve les trésors cachés de la nouvelle géométrie, et il le fit dans le fameux livre de l'*Analyse des infiniment petits*, qu'il publia en 1696.

FONTENELLE, *Éloge du marquis de l'Hopital*.

Je suis pénétré, Monsieur, de l'honneur que vous me faites de m'envoyer vos Essais *d'analyse*, et je m'en sens digne par ma sensibilité, quoique je le sois si peu par mon intelligence, trop bornée pour me mettre en état de lire cet ouvrage, que ma tête affoiblie ne me permettroit même plus de suivre, quand j'aurois les connoissances nécessaires pour cela.

J.-J. ROUSSEAU, *Lettres* ; à Condorcet, 1770.

En dernière analyse, loc. adv.
En dernier résultat :

Ne voyez-vous pas qu'*en dernière analyse* ces objections, que l'on présente comme si décisives, ne sont que cet ancien système des cours souveraines sur le droit d'enregistrement.

MIRABEAU, *Discours*, 9 janvier 1790.

En dernière analyse, il s'agit de savoir si le principe fondamental de l'égalité civile... est destiné à sommeiller.

ROYER-COLLARD, *Discours*. Loi du recrutement, 5 février 1818.

ANALYSER, v. a.

Procéder par voie d'analyse ; faire une analyse ; Soit pris absolument :

Le seul moyen d'acquérir des connaissances, c'est de remonter à l'origine de nos idées, d'en suivre la génération, et de les comparer sous tous les rapports possibles ; ce que j'appelle *analyser*.

CONDILLAC, *Essai sur l'origine des connoissances humaines*, part. I, sect. 2, c. 6.

La conversation du duc de Noailles vaut mieux que ses écrits ; car en voulant combiner ses écrits, à force d'*analyser*, il finit par faire tout évaporer.

DUCLOS, *Mémoires secrets sur Louis XIV, la Régence*, etc.

Soit construit avec un régime direct :

Pour achever l'histoire de notre giroflée, il ne faut pas l'abandonner après *avoir analysé* sa fleur.

J.-J. ROUSSEAU, *Lettres sur la botanique*, II

Il s'en faut bien que tous les peuples du monde se servent des mêmes mots et de la même méthode pour *analyser* leurs pensées et pour les communiquer aux autres.

DU MARSAIS, *Grammaire*.

Quand nous *analysons* nos sentiments, et que nous les rapportons à l'examen de notre esprit, les émotions sublimes qu'ils excitaient en nous s'évanouissent.

BERNARDIN DE SAINT-PIERRE, *Études de la nature*, XII.

La littérature cultivée devient si promptement factice, qu'il est bon de retourner quelquefois à l'origine de toute poésie, c'est-à-dire à l'impression de la nature sur l'homme avant qu'il *eût analysé* l'univers et lui-même.

Mme DE STAEL, *De l'Allemagne*, IIe part., c. 30.

Autant il est sûr que les langues ne font pas la pensée, autant il est incontestable qu'elles sont nécessaires pour la décomposer, ou pour l'*analyser*, ou pour la développer, et par conséquent qu'elles sont des moyens de développement, des moyens d'analyse.

LAROMIGUIÈRE, *Leçons de Philosophie*. Discours sur la langue du raisonnement.

ANALYSÉ, ÉE, participe.

ANALYSTE, s. m.
Celui qui est versé dans l'analyse mathématique :

Les arithméticiens et les *analystes* mêmes, qui ne considèrent que les choses abstraites, se servent très fort de leur imagination pour arrêter la vue de leur esprit sur leurs idées.

MALEBRANCHE, *Recherche de la vérité*, liv. V, c. 2.

ANALYTIQUE, adj. des deux genres. (Du grec ἀναλυτικός.)

Qui procède par voie d'analyse; Qui tient de l'analyse; ou Qui contient une analyse :

J'ay suivi la voie *analytique* dans mes méditations.
DESCARTES, *Rep.* 2.

De là ces expressions : *Méthode, examen, résumé analytique; Tables analytiques :*

Les regarder (les langues) comme de simples moyens d'analyse, ce serait ne les apprécier qu'à demi. Elles sont de vraies méthodes d'analyse, elles sont des *méthodes analytiques.*

* LAROMIGUIÈRE, *Leçons de Philosophie.* Discours sur la langue du raisonnement.

De là cette autre expression : *L'esprit analytique,* le genre de faculté qui fait que l'on procède facilement par la voie de l'analyse.

Esprit analytique se dit figurément de l'homme même qui est doué de cet esprit.

Les Analytiques est le titre d'un des ouvrages de logique d'Aristote.

ANALYTIQUEMENT, adv.

Par voie d'analyse; par analyse.

ANAMORPHOSE, s. f. (Du grec ἀναμόρφωσις, nouvelle conformation, et, par ce mot, de ἀνά et μορφή.)

Dessin, tableau fait de manière à ne présenter l'image régulière d'un objet qu'autant qu'on le regarde d'une certaine distance ou dans un miroir, etc., et qui n'offre, vu autrement, qu'une représentation monstrueuse et bizarre. A défaut du nom, la chose se trouve fort bien définie, dans cette comparaison d'un grand orateur :

Quand je considère en moi-même la disposition des choses humaines, confuse, inégale, irrégulière, je la compare souvent à de certains tableaux, que l'on montre assez ordinairement dans les bibliothèques des curieux comme un jeu de la perspective. La première vue ne vous montre que des traits informes et un mélange confus de couleurs, qui semble être ou l'essai de quelque apprenti, ou le jeu de quelque enfant, plutôt que l'ouvrage d'une main savante. Mais aussitôt que celui qui sait le secret vous les fait regarder par un certain endroit, aussitôt toutes les lignes inégales venant à se ramasser d'une certaine façon dans votre vue, toute la confusion se démêle, et vous voyez paroître un visage avec ses linéaments et ses proportions,

où il n'y avoit auparavant aucune apparence de forme humaine.

BOSSUET, *Sermons.* Sur la Providence, 1er point.

Les raccourcis dans le dessin, le tracé des figures dans les coupoles, sont des espèces d'*anamorphoses.*

Dictionnaire de l'Académie des Beaux-Arts. Anamorphose.

. ANAMORPHOSE se dit aussi de l'art de faire ces sortes de dessins, de tableaux.

ANANAS, s. m.

Le plus ancien livre où se rencontre ce mot est, dit-on, l'Histoire d'un voyage en la terre du Brésil, publiée en 1578 par J. de Léry.

On désigne par ANANAS Une plante originaire des Indes, qu'on élève en Europe dans des serres chaudes, et dont le fruit, appelé de même ANANAS, est très estimé pour sa saveur :

Les pays les plus peuplés furent sans doute les climats chauds, où l'homme trouva une nourriture facile et abondante dans les cocos, les dattes, les *ananas,* et dans le riz, qui croît de lui-même.

VOLTAIRE, *Essai sur les mœurs,* III. De l'antiquité des nations.

Vous voyez que vos beaux fruits de Babylone croissent entre nos montagnes de la Scythie; mais ce sont des *ananas* cultivés à l'ombre dans une serre, loin de votre brillant soleil.

LE MÊME, *Lettres,* 19 avril 1767.

Les riches ont fait venir de l'Arabie des jasmins, de la Chine des orangers, du Brésil des *ananas,* et une foule de plantes parfumées de toutes les parties de la zone torride.

BERNARDIN DE SAINT-PIERRE, *Études de la nature.*

Originaire du Brésil... l'*ananas* a été transplanté depuis longtemps aux Indes orientales et a produit des fruits qui le disputent en beauté et en saveur aux *ananas* du Brésil. Ainsi j'estime qu'on peut, avec quelque vraisemblance, chercher dans les langues de l'Orient l'origine du mot *ananas...* La ressemblance du fruit de l'*ananas* avec la pomme de pin a frappé les plus anciens botanistes qui ont écrit sur cette plante... J'ajouterai que cette ressemblance lui a fait donner aussi par les Anglais le nom de *pine-apple,* pomme de pin, et par les Espagnols celui de *piña.*

CH. POUGENS, *Trésor des origines.* Spécimen : Ananas.

On désigne encore par le mot ANANAS, une espèce de fraise qui en a la saveur.

ANAPESTE, s. m. (Comme le latin *Anapæstus,* du grec ἀνάπαιστος, dont on frappe la mesure

à rebours, et, par ce mot, de ἀνὰ et de παίζειν.)

Sorte de pied, dans la poésie grecque et dans la poésie latine, composé de deux brèves et une longue :

> Ceux (les pieds) de trois syllabes sont le dactyle, d'une longue et de deux brèves; l'*anapeste*, qui est au contraire de deux brèves et d'une longue.
>
> GEDOYN, trad. de Quintilien. *De l'Institution de l'Orateur*, IX, 4.

> Les Grecs, dont l'oreille avoit une sensibilité si délicate pour le nombre, avoient réservé l'*anapeste* aux poésies légères, comme le dactyle aux poèmes héroïques; et en effet, quoique ces deux mesures soient égales, le dactyle, frappé sur la première syllabe, a plus de gravité dans sa marche que l'*anapeste*, frappé sur la dernière.
>
> MARMONTEL, *Éléments de littérature*. Art. Anapeste.

ANAPESTIQUE, adj. (Du latin *Anapæsticus*.) Il se dit D'une sorte de vers dans lequel peut entrer l'anapeste, mais qui admet également le dactyle et le spondée à tous les pieds. *Vers anapestique, mètre anapestique.*

ANAPHORE, s. f. (Comme le latin *Anaphora*, du grec ἀναφορὰ, et, par ce mot, de ἀνὰ, de nouveau, et de φέρειν, porter.)

Figure de rhétorique qui consiste à répéter le même mot au commencement de plusieurs phrases ou des divers membres d'une période, comme dans la tirade de l'*Horace* de P. Corneille(IV, 5) qui commence par ces vers :

> Rome, l'unique objet de mon ressentiment!
> Rome, à qui vient ton bras d'immoler mon amant!
> Rome, qui t'a vu naître et que ton cœur adore!
> Rome enfin que je hais parce qu'elle t'honore!

ANAPHRODITE, adj. des deux genres. (Du grec ἀναφρόδιτος, et, par ce mot, de ἀ privatif et de Ἀφροδίτη.)

Terme de Médecine. Insensible à l'amour; impropre à la génération.

ANARCHIE, s. f. (Du grec ἀναρχία, et, par ce mot, de ἀ privatif et de ἀρχὴ, commandement.)

Ce mot est au nombre de ceux que Nicole Oresme a traduits du grec d'Aristote. (Voyez, à la fin de la traduction de la *Politique* d'Aristote, Vérard 1489, le vocabulaire de ces mots.)

État d'un peuple et d'une société quelconque qui n'a plus ni chef, ni autorité à laquelle on obéisse, ni lois auxquelles on soit soumis.

On dit, absolument, l'*Anarchie :*

> De ce que l'ordre est meilleur que la confusion, je conclus qu'il n'y a rien de meilleur à l'homme que d'être gouverné selon les lois, et qu'il n'y a rien de pire que l'*anarchie*, c'est-à-dire de vivre sans gouvernement et sans lois.
>
> BOSSUET, *De la connoissance de Dieu et de soi-même*, c. 1, art. 13.

> Il n'y a dans le fond rien de moins libre que l'*anarchie*, qui ôte d'entre les hommes toute prétention légitime et ne connoît d'autre droit que celui de la force.
>
> LE MÊME, *Politique tirée de l'Écriture sainte.*

> Le droit d'annuler par une seule voix (le *veto*) toutes les loix de la nation, est devenu la prérogative de l'*anarchie*.
>
> VOLTAIRE, *Histoire générale*. Pologne.

> C'est dans la vraie liberté que se trouve le remède le plus efficace contre l'*anarchie*.
>
> Mme DE STAEL, *Considérations sur la Révolution française*, Ire part., c. 11.

> S'il se rompt (l'équilibre) en faveur de la royauté, nous inclinons vers le pouvoir absolu; s'il se rompt en faveur du pouvoir populaire, nous inclinons vers l'*anarchie*.
>
> ROYER-COLLARD, *Discours*. Sur la loi des élections, 1815.

> La Hollande du joug en vain s'est affranchie,
> Sa liberté lui pèse et touche à l'*anarchie*.
>
> LEMIERRE, *Barnevelt*, I, 1.

On dit, Un *temps d'anarchie*, un *état d'anarchie:*

> Les Génevois disaient qu'un évêque n'a nul droit à la souveraineté, que les apôtres ne furent point des princes; que si, dans les *temps d'anarchie* et de barbarie, les évêques usurpèrent des provinces, les peuples, dans des temps éclairés, devaient les reprendre.
>
> VOLTAIRE, *Essai sur les mœurs*, c. 125.

> J'ai pensé, Messieurs, que, dans l'*état* malheureux *d'anarchie* où se trouve le royaume, rien ne serait peut-être plus dangereux qu'une telle conduite.
>
> MIRABEAU, *Discours*, 14 novembre 1789.

ANARCHIE est quelquefois déterminé par une épithète : L'*anarchie féodale.*

> Vous avez déjà observé que, dans les commencements de l'*anarchie féodale*, presque toutes les villes étaient peu-

plées plutôt de serfs que de citoyens, comme on le voit en-core en Pologne.
VOLTAIRE, *Essai sur les mœurs*, c. 83.

Quelquefois aussi, par un complément formé de la préposition *de* et de son régime : *L'anarchie d'*un pays, *d'*un peuple ; *son anarchie. L'anarchie de Pologne* est le titre d'un ouvrage de Rhulière.
On dit, *Une anarchie :*

L'empire de l'Inde, depuis l'irruption de Sha-Nadir, n'é-tait plus qu'*une anarchie*.
VOLTAIRE, *Siècle de Louis XV*, c. 34.

Et même, au pluriel, *Des anarchies :*

... Ils vivent sous le plus funeste des gouvernements ou plutôt des *anarchies*...
VOLTAIRE, *Lettres chinoises*, XII.

ANARCHIE est quelquefois employé, par exten-sion, par figure, avec le sens général de Désor-dre, confusion :

Il y avait (en Allemagne) une sorte d'*anarchie* douce et paisible en fait d'opinions littéraires et métaphysiques.
Mme DE STAËL, *De l'Allemagne*, liv. I, c. 2.

La facilité du divorce introduit dans les rapports de fa-mille une sorte d'*anarchie* qui ne laisse rien subsister dans sa vérité ni dans sa force.
LA MÊME, même ouvrage, liv. III, c. 19.

ANARCHIQUE, adj. des deux genres.
Qui tient de l'anarchie ; on dit, un *état anarchi-que*, un *temps anarchique :*

La guerre se fit toujours jusqu'à la paix de Vervins, comme dans les *temps anarchiques* de la décadence de la seconde race et du commencement de la troisième.
VOLTAIRE, *Essai sur les mœurs*, c. 171.

Il signifie aussi favorable à l'anarchie. On dit, des *opinions*, des *principes*, des *systèmes*, des *doc-trines*, etc., *anarchiques :*

Que les lois chez vous soient simples, uniformes, aisées à entendre de tout le monde. Que ce qui est vrai et juste dans une de vos villes ne soit pas faux et injuste dans une autre. Cette *contradiction anarchique* est intolérable.
VOLTAIRE, *Fragment des instructions pour le prince*, n° IV.

Elle (la licence) a accablé les parlements, qui osèrent à peine opposer quelques vains réquisitoires aux *doctrines anarchiques* du XVIIIe siècle.
ROYER-COLLARD, *Discours. Sur la loi de la Presse*, 18 décembre 1817.

Il est dit d'un peuple en état d'anarchie dans cet exemple :

Tu disais cependant, *anarchique* insulaire...
GILBERT, *Sur la victoire d'Ouessant*.

ANARCHISTE, s. des deux genres.
Partisan de l'anarchie, fauteur d'anarchie :

Cédant à des insinuations étrangères et à des préven-tions fomentées avec art, ceux-ci ont appelé les premiers feuillants, ensuite aristocrates ; les premiers ont appelé les seconds *anarchistes*.
VERGNIAUD. (Voyez *Choix de rapports, opinions et discours*, t. XI, p. 282.)

ANATHÈME, s. m. (D'*Anathema*, ἀνάθεμα, exécration, exécrable, et, par ce mot, de ἀνατιθέναι, formé lui-même de ἀνὰ et de τιθέναι.)
Au propre, Excommunication, retranchement de la communion de l'Église, et par extension, dans un sens religieux, réprobation, blâme solennel, soit en parlant des personnes, soit en parlant des choses :

Simon se fût bien garanti de l'*anathème* de saint Pierre, s'il eût été instruit de vos maximes.
PASCAL, *Provinciales*.

Après la mort d'Agathon, qui arriva durant le concile, le pape Léon II en confirma les décisions et en reçut tous les *anathèmes*.
BOSSUET, *Discours sur l'histoire universelle*, I, 11.

Luther le prenoit d'un ton si haut, et menaçoit tellement le monde de ses *anathèmes*, que les zuingliens ne l'appe-loient plus le nouveau pape et le nouvel antéchrist.
LE MÊME, *Histoire des Variations des églises protestantes*, liv. VI, n° 15.

La foiblesse nous arrache souvent des éloges, où le zèle devroit placer des *anathèmes* et des censures.
MASSILLON, *Carême*. Ier dimanche : Sur la parole de Dieu.

Voilà pourquoi la religion ne semble avoir des *anathèmes* que pour ceux qui reçoivent leur consolation en cette vie.
LE MÊME, *Carême*. IIe dimanche : Danger des prospérités.

Il veut que nous annonçions sans cesse un malheur et un *anathème* éternel à quiconque scandalise son frère.
LE MÊME, *Discours. Du zèle contre les scandales*.

La Sagesse incarnée n'est pas venue défendre à l'homme de penser, et n'ordonne point à ses disciples de s'aveugler eux-mêmes ; aussi réprouvons-nous ce zèle amer et ignorant qui crie d'abord à l'impiété, et qui se hâte toujours d'appeler la foudre et l'anathème.

LE P. GUÉNARD, Discours sur l'esprit philosophique.

De vains docteurs encore, ô prodige honteux!...
Viendront traiter d'erreur digne de l'anathème
L'indispensable loi d'aimer Dieu pour lui-même.

BOILEAU, Épîtres, XII.

Arnauld, qui, sur la grâce instruit par Jésus-Christ,
Combattant pour l'Église, a, dans l'Église même,
Souffert plus d'un outrage et plus d'un anathème.

LE MÊME, Épitaphe de M. Arnauld.

ANATHÈME, dans ces deux acceptions, a donné lieu à un assez grand nombre de locutions: *Prononcer, lancer, fulminer un anathème, des anathèmes :*

Qu'y a-t-il dans l'Évangile de plus souvent répété que ces malédictions et ces anathèmes fulminés par Jésus-Christ contre les mauvais chrétiens?

BOURDALOUE, Ier Avent. Sermon sur le Jugement dernier.

Je ne viens pas ici prononcer des anathèmes contre les grandeurs humaines.

MASSILLON, Petit Carême. Les vices et les vertus des grands.

Dire, crier anathème à quelqu'un ou à quelque chose :

Tous les Pères du Concile crièrent anathème à Nestorius.

Dictionnaire de l'Académie, 1694.

Ne pas désirer cet heureux moment pour un chrétien, et le craindre et le regarder même comme le plus grand des malheurs, c'est dire anathème à Jésus-Christ.

MASSILLON, Carême. Sermon sur la Mort.

Enfin vous avez dit anathème à Satan et à ses œuvres.

LE MÊME, Carême. Sur le petit nombre des élus.

Le bourreau l'éleva en l'air, se tournant gravement vers les quatre points cardinaux; ensuite il délia le prisonnier, il le déchira feuille à feuille ; il trempa chaque feuille dans de la poix bouillante, ensuite on versa le tout dans le bûcher et le peuple cria anathème aux jansénistes.

VOLTAIRE, Histoire du parlement de Paris, c. 64.

Frapper d'anathème :

Ils n'ont fait autre chose que prononcer ces paroles :
« Cette proposition est téméraire, impie, blasphématoire et hérétique, frappée d'anathème. »

PASCAL, Provinciales, III.

Le concile de Copronyme ne défendit pas de les honorer (les images), et il frappa d'anathème ceux qui refusoient d'avoir recours aux prières de la sainte Vierge et des saints.

BOSSUET, Discours sur l'histoire universelle, I, 11.

Je ne vous frappe pas d'anathème, comme il frappa Ananie et Saphire.

MASSILLON, Carême. IVe dimanche : Sur l'Aumône.

Tous ces dogmes affreux d'anathème frappés.

BOILEAU, Satires, XII.

Charger d'anathèmes :

Que nous dit Jésus?... N'aimez pas les concupiscences du monde, que j'ai chargées d'anathèmes par ma mort.

BOSSUET, Traité de la Concupiscence, c. 31.

Vous allez vous présenter à l'autel, chargé des anathèmes de tout le peuple.

MASSILLON, Discours. De la vocation à l'état ecclésiastique.

Lever un anathème :

On ose lever l'anathème que saint Paul prononce contre ceux qui n'aiment pas le Seigneur Jésus.

PASCAL, Provinciales, X.

ANATHÈME est quelquefois employé, par figure, autrement que dans un sens religieux :

Il se trouva qu'en effet Mestaier avoit apporté des anathèmes plutôt que des lettres contre les propositions qui avoient été faites.

LE CARDINAL DE RETZ, Mémoires.

Chez Malleville, il foula aux pieds, comme un monstre, une méchante pièce dont Malleville se divertissoit, et prononça anathème contre elle d'un ton de voix foudroyant.

TALLEMANT DES RÉAUX, Historiettes. L'Estoile et saint Thomas.

Les plus sages et les plus sensés des Spartiates, se tenant rigoureusement à la loi, furent d'avis d'écarter de la ville avec horreur l'anathème cet or et cet argent (que Lysandre avoit pris à Athènes) comme une peste fatale et une amorce dangereuse de tout mal.

ROLLIN, Traité des Études, liv. VI, IIIe part., c. 2, art. 1er. IIIe morceau tiré de l'histoire grecque.

ANATHÈME est aussi adjectif des deux genres, et signifie alors Excommunié, retranché de la communion des fidèles, ou, simplement, Frappé de réprobation, d'un blâme solennel :

Nous nous tromperions bien si nous les prenions pour ces zélés violents, qui veulent être anathèmes pour leurs frères, et qui demandent avec instance qu'on les efface **du** livre de vie et qu'on pardonne à la nation.

BALZAC, *Aristippe*, disc. V.

Il n'entrera rien dans votre maison qui vienne de l'idole, de peur que vous ne deveniez *anathème* comme l'idole même.

LE MAISTRE DE SACY, trad. de la Bible. *Deutéronome*, VII, 26.

Qui n'entend pas Dieu, c'est un aveugle ; qui le nie, qu'il soit *anathème* !

BOSSUET, *IV⁰ Sermon*. Pour le jour de Pâques.

Que cette ville soit *anathème* !

LE MÊME, *Politique tirée de l'Écriture sainte.*

Un païen eût cru par là renoncer à la religion qu'il professoit ; avec de telles pratiques, on l'eût, parmi des païens, traité *d'anathème*.

BOURDALOUE, *Carême*. Sermons sur la Religion et la Probité.

Paul souhaitoit d'être *anathème* pour ses frères.

MASSILLON, *Discours*. Du zèle contre les scandales.

Qu'il soit *anathème* celui qui souille par ses mœurs la pureté du nom chrétien ! Qu'il soit *anathème* celui qui n'approche plus de l'autel du vrai Dieu ! Qu'il soit *anathème* celui qui voit avec indifférence l'abomination de l'idolâtrie !

CHATEAUBRIAND, *les Martyrs*, IV.

ANATHÈME, ainsi employé en parlant des personnes, se prend quelquefois substantivement :

Ils ont mieux aimé abandonner la religion de leurs pères, passer pour des *anathèmes* dans le monde, que de relâcher d'un sentiment erroné et nouveau dont ils étoient préoccupés.

BOURDALOUE, *Exhortations*, II.

Vous serez jusqu'à la fin marqué d'un caractère de réprobation, et un *anathème* caché au milieu d'Israël.

MASSILLON, *Discours*. De la Vocation à l'état ecclésiastique.

ANATHÈME, dit des personnes et ainsi pris substantivement, reçoit quelquefois un complément formé au moyen de la préposition *de* et de son régime :

Vous n'êtes que l'*anathème du* ciel et le scandale de la terre.

MASSILLON, *Carême*. Mercredi de la II⁰ semaine.

Ces ennemis de Dieu n'ont paru sur la terre que pour être comme le rebut et l'*anathème de* tous les hommes.

LE MÊME, *Petit Carême*, II⁰ dimanche.

Il ne connoissoit point de mérite dans l'homme qui ne connoit point de Dieu, et l'impie, qui dit anathème au ciel, devenoit à l'instant pour lui l'*anathème de* la terre.

LE MÊME, *Oraison funèbre de Louis le Grand*.

III.

ANATHÉMATISER, v. a. (D'*Anathematizare*, ἀναθεματίζειν, et, par ce mot, d'ἀνάθεμα.)

Quelquefois écrit ANATHÉMATIZER.

Excommunier, rejeter, frapper d'un blâme solennel ;

Soit en parlant des personnes :

Théodose, évesque d'Amora, *anathematize* tous ceux qui ne veulent point qu'on adore les images.

CALVIN, *Institution chrestienne*, liv. I, c. 11, § 16.

Doibt à feu incontinent empereurs, roys, ducz, princes, republicques, et à sang mettre, qu'ilz transgresseront un iota de ses mandemens ; les spolier de leurs biens, les depposeder de leurs royaulmes, les proscrire, les *anathematizer*.

RABELAIS, *Pantagruel*, IV, 50.

Le concile de Chalcédoine, quatrième général, où ce grand pape tenoit la première place, autant par sa doctrine que par l'autorité de son siége, *anathématisa* Eutychès et Dioscore, patriarche d'Alexandrie, son protecteur.

BOSSUET, *Discours sur l'histoire universelle*, I, 11.

Puisque M. Burnet rejette Henri VIII de sa communion, il résulte d'abord de ce fait que l'auteur de la réformation anglicane est un homme également rejeté et *anathématisé* de tous les partis.

LE MÊME, *Histoire des Variations des églises protestantes*, liv. VII, n⁰ 3.

M. de Cambrai et ses amis n'eurent pas assez de voix ni de plumes pour se plaindre, et pour tomber sur M. de la Trappe, qui, de son désert, osoit *anathématiser* un évêque.

SAINT-SIMON, *Mémoires*, 1698.

Un Dieu unique étant adoré sur toute la terre connue, faut-il que ceux qui le reconnoissent pour leur père lui donnent toujours le spectacle de ses enfants qui se détestent, qui s'*anathématisent*, qui se poursuivent, qui se massacrent pour des arguments ?

VOLTAIRE, *Dictionnaire philosophique*. Adorer.

Soit en parlant des choses, doctrines, opinions, etc. :

N'est-ce pas votre opinion ? Non, me dit-il, nous l'*anathématisons*, comme hérétique et impie.

PASCAL, *Provinciales*, I.

Les jésuites... hasardèrent, par un livre de leur père Molina, une doctrine sur la grâce tout à fait opposée au système de saint Augustin, de saint Thomas, de tous les pères, des conciles généraux, des papes et de l'Église de Rome, qui, prête plusieurs fois à l'*anathématiser*, a toujours différé à la faire.

SAINT-SIMON, *Mémoires*, 1709.

25

Les décrets des papes, toujours sages et de plus toujours utiles à la chrétienté, dans ce qui ne concernait pas leurs intérêts personnels, *anathématisaient* ces combats; mais plusieurs évêques les permettaient.

VOLTAIRE, *Essai sur les mœurs, c.* 121. Usages des xvᵉ et xvıᵉ siècles.

Les mêmes esprits qui bouleversaient un État pour établir une opinion souvent absurde, *anathématisent* les plaisirs innocents nécessaires à une grande ville.

LE MÊME, *Siècle de Louis XIV, c.* 25.

ANATHÉMATISER a été, comme *Anathème,* quelquefois employé par figure, autrement que dans un sens religieux :

Nous *anathématisons* les plus légères irrégularités de la conduite, les plus secrètes complaisances des cœurs; nous tonnons contre les vices, contre des défauts condamnables il est vrai, mais qui troublent à peine la société.

VOLTAIRE, *Éloge funèbre des officiers morts dans la guerre de 1741.*

Il a pu même trouver place dans le langage de la plaisanterie :

Combien de fois m'a-t-il pris envie d'*anathématiser* vignes et vendanges.

PATRU, *Lettre* II, à Olinde.

Le prélat nous proposa de vous écrire et de vous mander, entre autres choses, qu'il vous *anathématiseroit* si vous veniez à Bourbilly.

BUSSY-RABUTIN, *Lettres;* à Mᵐᵉ de Sévigné, 9 août 1691.

D'ANATHÉMATISER, ANATHÉMATIZER, on avait fait : ANATHÉMATISATION, s. f.

Quelquefois écrit ANATHÉMATIZATION.

Action d'anathématiser :

Consentons être contraints... à observer et accomplir les choses dessus dittes... par voye d'excommunication ou *anathematisation*... et aultrement par la censure de l'Eglise.

Preuves du meurtre du duc de Bourgogne. (Cité par Sainte-Palaye.)

Cagots tiennent leurs grands jours, forces sessions, stations, perdonnances, confessions, fouettemens, *anathematizations.*

RABELAIS, *Pantagruel,* V, 29.

Aussi n'est survenu depuis chose qui me fournisse de matière, sinon que l'excommunication, *anathématisation,* et malédiction du seigneur Dom Cesare d'Este.

LE CARDINAL D'OSSAT, *Lettres;* liv. III, 118.

On a dit :

ANATHÉMATISME , s. m. Acte d'anathème :

Il y a des peines en la justice ecclésiastique, comme la prison, le jeusne, l'amende pécuniaire, applicable aux œuvres de piété, excommunication, *anathématisme,* et la dégradation, qui est la plus griefve.

Grand Coutumier de France, liv. IV,

Tout ce que les premiers conciles œcuméniques ont inséré dans leurs symboles ou dans leurs *anathématismes.*

BOSSUET, VIᵉ *Avertissement sur les lettres de Jurieu.*

Baronius dit que le pape Damase condamna l'erreur des Chiliastes, dans le concile qu'il tint contre Apollinaire en 373; mais il n'en est pas parlé dans les *anathématismes* de ce concile, rapportés par saint Grégoire de Nazianze et par Théodoret.

Dictionnaire de Trévoux.

ANATOMIE, s. f. (D'*Anatomia, Anatomica,* en grec ἀνατομή, ἀνατομική, et, par ces mots, de ἀνά et τέμνειν.)

Au propre, dissection; L'action ou l'art de disséquer un corps humain, un animal, ou un végétal, pour connaître le nombre, la forme, la situation, les rapports, les connexions et la structure des parties dont il est composé :

Anatomie donc, selon son étymologie, est une entière et parfaite division ou résolution artificielle du corps humain en ses parties, tant universelles que particulières, simples que composées.

A. PARÉ, *Œuvres,* liv. III. Préface.

De là ces expressions : *Anatomie humaine, Anatomie animale, Anatomie végétale; faire l'anatomie d'un* corps humain, *d'un* animal, *d'une* plante :

Les hespailliers de la nauf lanterniere amenerent le physetere lié en terre de l'isle prochaine, dicte Farouche, pour *en faire anatomie.*

RABELAIS, *Pantagruel,* IV, 35.

Tout près de là sont les livres d'*anatomie,* qui contiennent bien moins la description des parties du corps humain que les noms barbares qu'on leur a donnés; chose qui ne guérit ni le malade de son mal, ni le médecin de son ignorance.

MONTESQUIEU, *Lettres persanes,* CXXXV.

On a dit, *Faire une anatomie,* pour Faire une dissection :

Je pense qu'il soit aux escolles de médecine, où l'on *faict une anatomye*.

P. LARRIVEY, *les Escholliers*, III, 3.

Dans le passage suivant du même auteur, *Faire une anatomie de* est dit, d'une manière bouffonne, pour Tailler en pièces :

Je ne scay de quelle peine les punir... J'en veux *faire une telle anatomie* qu'un chirurgien n'en sauroit faire une pareille.

P. LARRIVEY, *les Jaloux*, v. 2.

C'est par une extension figurée qu'on a pu dire, *l'Anatomie de la lumière :*

L'objet perpétuel de l'optique de M. Newton est *l'anatomie de la lumière*, l'expression n'est point trop hardie ; ce n'est que la chose même.

FONTENELLE, *Éloge de Newton*.

On dit absolument, l'ANATOMIE, de l'ensemble des connaissances que l'on acquiert par la dissection, et plus particulièrement de la science qui a pour objet la structure du corps humain :

L'*anatomie* premier et principal fondement de la médecine.

A. PARÉ, *Œuvres*. Préface.

L'*anatomie* nous ouvre un admirable livre des secrets de Nature.

MONET, *Dictionnaire*.

Quoi !... j'aurois ignoré des choses importantes dans l'*anatomie* !...

Logique de Port-Royal, IIIᵉ part., c. 20.

L'étude des animaux n'est rien sans l'*anatomie* ; c'est par elle qu'on apprend à les classer, à distinguer les genres, les espèces.

J.-J. ROUSSEAU, *les Rêveries du promeneur solitaire*, VIIᵉ promenade.

Je me dis quelquefois à moi-même : « Quand vous êtes venu à la lumière, avez-vous étudié l'optique, pour savoir comment vous apercevriez les objets, et l'*anatomie*, pour apprendre à mouvoir votre corps et pour lui donner de l'accroissement ? »

BERNARDIN DE SAINT-PIERRE, *Études de la nature*. Récapitulation.

ANATOMIE, selon les applications diverses de cette science, est déterminé par certaines épithètes :

Anatomie chirurgicale, Science qui n'étudie les diverses parties du corps humain que pour y reconnaître les routes qu'il est le plus avantageux de faire parcourir aux instruments dans les opérations chirurgicales.

Anatomie pathologique, Science qui fait connaître les altérations auxquelles les maladies donnent lieu dans les diverses parties du corps humain.

Anatomie générale, Science qui recherche les rapports et les différences des tissus dont les parties du corps des animaux et des végétaux sont composées.

Anatomie comparée, Science qui établit les rapports et les différences qu'on découvre entre la structure de l'homme et celle des animaux :

Aussi excelloit-il dans *l'anatomie comparée*, qui est l'anatomie prise le plus en grand qu'il soit possible, et dans une étendue où peu de gens la peuvent embrasser.

FONTENELLE, *Éloge de Du Vernay*.

Il a été fait de cette expression, *Anatomie comparée,* un emploi figuré dans le passage suivant :

Il est dans l'étude de la grammaire, comme dans celle du corps humain, une espèce d'*anatomie comparée*.

D'ALEMBERT, *Éloge de Dangeau*.

ANATOMIE se dit, par extension, d'un corps disséqué, ou de quelqu'une de ses parties, lorsqu'on les a préparées de manière à pouvoir les conserver. Il se dit également de l'imitation qu'on en fait en plâtre, en cire, ou en quelque autre matière :

Je desireroye qu'ilz blamassent la curiosité d'Aristote, lequel nous enseignant les différences des animaulx, ne s'est contenté nous descrire leurs merques extérieures, ains observant les *anatomies* d'un chascun a voulu conter les costes des serpents, nombrer les boyaulx des poissons, des oyseaux, et parties des corps de tous animaulx.

PIERRE BELON, *Singularitez et choses memorables de divers pays estranges*, liv. I, c. 11.

Aucuns ont faict quelques ornements par dessus les triglyphes, et y ont mis des *anatomies* de teste de bœuf.

PHILIBERT DE L'ORME, *Architecture*, liv. V, c. 19.

Ainsi faisoient les Œgyptiens, qui, au milieu de leurs festins et parmy leur meilleure chère, faisoient apporter l'*anatomie* seche d'un homme, pour servir d'avertissement aux conviez.

MONTAIGNE, *Essais*, I, 19.

Plusieurs soldats m'ont dit, que les chirurgiens de l'armée (pour ce que c'estoit un fort bel homme) en firent une *anatomie*, et qu'ils avoient commencé à l'inciser, avant qu'il fust expiré.

AGR. D'AUBIGNÉ, *Histoire universelle*, t. II, liv. III, c. 9.

ANATOMIE, pris en ce sens, est employé par figure dans les passages suivants, où il est question de corps épuisés, de cadavres :

On vit... les hospitaux pleins de charognes des morts de faim, les rues bordées de languissans et pavées d'*anatomies*.

AGR. D'AUBIGNÉ, *Histoire universelle*, t. III, liv. III, c. 6.

Ceste injustice est bien plus déplorable aux charges insupportables qu'elle donne au pauvre peuple, et le rendent, non un pré tondu trois fois l'an, mais un corps escorché ou plustost une *anatomie*.

MATTHIEU, *Histoire des derniers troubles de France*, II.

A cette acception d'ANATOMIE se rapportent les expressions :

Pièce d'anatomie ;

Cabinet d'anatomie, Lieu où l'on conserve une collection de pièces d'anatomie.

On appelle *Amphithéâtre d'anatomie* un lieu destiné pour y faire des dissections et des démonstrations anatomiques.

ANATOMIE se dit figurément d'une analyse méthodique et exacte en quelque matière que ce soit :

L'autre (Théophile)... charge ses descriptions, s'appesantit sur les détails : il fait une *anatomie*.

LA BRUYÈRE, *Caractères*. Des ouvrages de l'esprit.

Il (Polybe) va au-delà des bornes d'un simple historien : il développe chaque événement dans sa cause ; c'est une *anatomie* exacte.

FÉNELON, *Lettre à l'Académie*.

Faire l'anatomie de a été une expression figurée de grand usage, même dans le style soutenu :

Prenant plaisir à *faire l'anatomie des* cœurs des jeunes gens.

BONAVENTURE DESPÉRIERS, *Contes*, LXVI.

Il va commencer à *faire* une *anatomie de* la teste d'une sienne voisine qui prend à louange quand on l'appelle mauvaise teste.

G. BOUCHET, *Serées*, III. Des femmes et des filles.

M. l'évesque de Commenges se leva de nouveau et dit... qu'il y avoit dans le nombre des grands-vicaires quantité de gens qui estoient contre les règlements, et commença à *faire l'anatomie de* huit grands-vicaires que nous avons dans

l'assemblée, sur tous lesquels il trouva quelque chose à dire.

L'ARCHEVÊQUE DE TOULOUSE, à Colbert, 7 décembre 1666. (Voyez DEPPING , *Correspondance administrative sous Louis XIV*, t. I, p. 224.)

(Sapho) exprime... si délicatement les sentiments les plus difficiles à exprimer, et elle sait si bien *faire l'anatomie d'*un cœur amoureux, s'il est permis de parler ainsi...

Mlle DE SCUDÉRY, *le Grand Cyrus*.

Oh ! qui me donneroit le loisir... de devenir l'interprète fidèle des sentiments de ce grand cœur ? Qui me donneroit des mains assez délicates et des yeux assez perçants pour *en faire l'anatomie*, vous en découvrir tous les replis ?

MASCARON, *Oraison funèbre d'Henriette d'Angleterre*.

Nous *fîmes une anatomie de* toute la Bretagne, pendant que la princesse prioit Dieu avec son petit troupeau.

Mme DE SÉVIGNÉ, *Lettres ;* 18 décembre 1675.

Si l'on *faisoit l'anatomie de* ces sortes de discours pleins de colère et de chagrin, on y trouveroit beaucoup de véritable tendresse et d'attachement.

LA MÊME, même ouvrage ; 6 août 1680.

Le chapitre deuxième *fait l'anatomie du* mal, et le divise, comme nous, en métaphysique, physique et moral.

LEIBNITZ, *Théodicée*. Remarques sur le livre de l'origine du mal.

Le prédicateur a *fait une anatomie des* passions du cœur humain qui égale les maximes de M. de la Rochefoucauld.

FÉNELON, *Dialogues sur l'Éloquence*, I.

Une courte *anatomie de* ce discours ne sera pas inutile par la suite.

SAINT-SIMON, *Mémoires*, 1710.

Il les décharnoit, si j'ose le dire, de telle manière, et il *en faisoit une anatomie* si exacte, que j'étois surpris et presque affligé de voir qu'il ne me restoit plus rien de mon travail.

D'AGUESSEAU, *Vie de son père*.

Mais pour voir si les vers quadrent à la matière, *Faisons-en*, vous et moi, *l'anatomie* entière.

BOURSAULT, *le Mercure galant*, V, 8.

ANATOMIQUE, adj. des deux genres. (D'*Anatomicus*, ἀνατομικός.)

Qui appartient à l'anatomie :

Ils se sont estudiés d'entendre son architecture admirable par dissection *anatomique*.

A. PARÉ, *Œuvres*. Préface.

M. Gaëtano Giulio Zuinbo, de Syracuse,... apporta à l'Académie des sciences en 1701 , une tête d'une certaine composition de cire, qui représentoit parfaitement une tête préparée pour une démonstration *anatomique.*

Académie des sciences, 1701. *Histoire,* p. 57.

Ruysch se destina à la médecine, et il commença par s'appliquer à la nature médicinale... aux dissections *anatomiques...* Sur cela Ruysch lui demande pourquoi donc il n'a pas vu telles et telles choses, pourquoi il a gâté ses tables *anatomiques* par des fautes qu'il lui marque.

FONTENELLE, *Éloge de Ruysch.*

S'il (Homère) décrit les blessures, c'est, selon la portée de son temps, avec une précision *anatomique* qui refroidit l'imagination.

LA MOTTE, *Discours sur Homère.*

Les descriptions *anatomiques* des blessures n'y sont pas plus longues (dans Homère) que dans Virgile.

Apologie d'Homère. Des descriptions.

Au reste, je vous avertis que le charme de cette science consiste surtout dans l'étude *anatomique* des plantes.

J.-J. ROUSSEAU, *Correspondance,* 29 avril 1765.

Au lieu de *Amphithéâtre d'anatomie,* on dit encore *Amphithéâtre anatomique,* et on a dit, anciennement, *Théâtre anatomique :*

Quel appareil affreux qu'un *amphithéâtre anatomique.*

J.-J. ROUSSEAU, *Rêveries d'un promeneur solitaire,* VII.

ANATOMIQUEMENT, adv.

D'une manière anatomique :

Pour un historien vous décrivez ces blessures trop *anatomiquement.*

Dictionnaire de l'Académie, 1740.

Homère décrit les blessures des combattants trop *anatomiquement.*

FÉRAUD, *Dictionnaire critique de la langue française.*

ANATOMISER, v. a.

Faire l'anatomie, la dissection ; on dit plus ordinairement Disséquer :

Ceux qui ont *anatomisé* et découpé les corps.

A. PARÉ, *Œuvres.* Préface.

Monseigneur de Nevers m'envoya querir pour *anatomiser* son fils mort.

LE MÊME, même ouvrage, liv. XXIV, c. 95.

Et permet (la Faculté) aux barbiers d'acheter un corps exposé au gibet pour l'*anatomiser* moyennant que l'anatomie fust faite par l'un des docteurs en médecine.

EST. PASQUIER, *Recherches de la France,* IX, 31.

Il a été fait d'ANATOMISER, par extension, par figure, les mêmes emplois que d'Anatomie.

Ainsi on l'a dit de l'analyse chimique de certaines matières :

Je m'en vay mettre la main à la plume, pour poursuivre... ce que j'en ay apris avec un bien grand labeur... en *anatomizant* la matrice de la terre.

BERNARD PALISSY, *Des Métaux et alchimie.* Au lecteur.

Ainsi, l'expression de Fontenelle, *l'Anatomie de la lumière,* a conduit à dire, *Anatomiser la lumière :*

Il viendra un homme... qui *anatomisera* un seul rayon de lumière avec plus de dextérité que le plus habile artiste ne dissèque le corps humain.

VOLTAIRE, *Lettres philosophiques,* XVI.

Ainsi on l'a appliqué à certaines décompositions philosophiques, littéraires, grammaticales :

J'entens assez ce que c'est que mort et volupté ; qu'on ne s'amuse pas à les *anatomizer.*

MONTAIGNE, *Essais,* II, 10.

Il a exactement *anatomisé* chaque point de la question.

MONET, *Dictionnaire.*

Ne vous avois-je pas dit (en parlant de Nicole) que c'étoit de la même étoffe que Pascal ; mais cette étoffe est si belle qu'elle me plaît toujours : jamais le cœur humain n'a été mieux *anatomisé* que par ces messieurs.

Mme DE SÉVIGNÉ, *Lettres ;* 19 août 1671.

Ce n'est plus qu'un esprit de chicane qui *anatomise* les syllabes.

LA MOTTE, *Réflexions sur la critique,* IVe part.

Il est inutile de tant *anatomiser* les sons.

D'OLIVET, *Prosodie françoise.*

ANATOMISÉ, ÉE, participe.

ANATOMISTE, s. m.

Celui qui s'occupe d'anatomie, qui est savant dans l'anatomie :

Les *anatomistes* le divisent communément en quatre parties.

A. PARÉ, *Œuvres,* I, 1.

Il avoit près de sa personne ce grand hypocratiste et *anatomiste...* André Vésalius...

BRANTÔME, *Vies des Capitaines illustres.* Charles-Quint.

M. Du Vernay fut assez longtemps le seul *anatomiste* de l'Académie, et ce ne fut qu'en 1684 qu'on lui joignit M. Mery.

FONTENELLE, *Éloge de Du Vernay.*

Pour lui, il persista à s'instruire dans plus d'un art, il allait de Sardam à Amesterdam travailler chez le célèbre *anatomiste* Ruysch.

VOLTAIRE, *Histoire de Pierre le Grand*, Iʳᵉ part., o. 9.

ANATOMISTE a participé, mais rarement, aux acceptions figurées d'ANATOMIE, d'ANATOMISER, et probablement aussi des autres mots de la même famille :

Dieu qui, dans la pensée de saint Paul, est le plus subtil et le plus pénétrant *anatomiste* de notre cœur; lui qui en sait si bien faire toutes les dissections, et qui entre jusque dans toutes les jointures, c'est-à-dire dans les plis et les replis de l'âme, pour en discerner les mouvements les plus cachés, débrouillera ce mélange de passion et de raison.

BOURDALOUE, Iᵉʳ Avent, *Sermons.* Sur le jugement dernier.

L'abbé de Dangeau étoit un excellent *anatomiste* de la langue françoise.

D'ALEMBERT, *Éloge de l'abbé de Dangeau.*

ANCÊTRES, s. m. pl. (Du latin *Antecessor*, et, par ce mot, de *antę* et de *cedere*.)

Autrefois, et concurremment dès les premiers temps de la langue, ANTECESSEUR, ANCESSEUR, ANCESSOR, ANCEISOR, etc., ANCESTRE, etc. (Voyez le *Glossaire* de SAINTE-PALAYE et les exemples ci-après.)

ANCÊTRES se dit au propre, surtout dans le style soutenu et quand il est question des maisons illustres, de Ceux de qui on descend, de ceux particulièrement qui sont au-dessus du degré de grand-père :

Et dit ainsi que la guerre a trop duré entre lui et ses *ancesseurs* au royaume de France, et que trop de vaillants hommes en sont morts.

FROISSART, *Chroniques*, III, iv, 41.

Mes *ancesseurs* ne se marièrent oncques par convoitise, fors à honnours et à bonté de femme ou par plaisance.

Le Livre du chevalier de la Tour-Landry pour l'enseignement de ses filles, c. 12.

Au pays de Turquie, n'y a aucune distinction de noblesse tirée de l'ancien estoc des *ancestres.*

EST. PASQUIER, *Recherches de la France*, II, 16.

Cette action redonne aux rois vos *ancêtres* autant de lustre que vous en avez reçu d'eux.

VOITURE, *Lettres*, XLI.

Il luy representoit la splendeur de ses *ancestres;* qu'il comptoit Auguste et Pompée entre ses ayeuls.

PERROT D'ABLANCOURT, trad. de Tacite. *Annales*, II, 3.

Nous n'avons part à la gloire de nos *ancêtres* qu'autant que nous nous efforçons de leur ressembler.

MOLIÈRE, *le Festin de Pierre*, IV, 6.

Que dirai-je de son attachement immuable à la religion de ses *ancêtres?*

BOSSUET, *Oraison funèbre de la reine d'Angleterre.*

Les enfants (en Égypte), en voyant les corps de leurs *ancêtres*, se souvenoient de leurs vertus, que le public avoit reconnues, et s'excitoient à aimer les lois qu'ils leur avoient laissées.

LE MÊME, *Discours sur l'histoire universelle*, III, 3.

Si son portrait étoit moins beau, je produirois ici ceux de ses *ancêtres.*

FLÉCHIER, *Oraison funèbre de Turenne.*

La distinction la moins exposée à l'envie est celle qui vient d'une longue suite d'*ancêtres.*

FÉNELON, *Télémaque.*

Leurs *ancêtres* ont travaillé pour eux.

MASSILLON, *Petit Carême.* Tentations des grands.

Un grand seigneur est un homme qui voit le roi, qui parle aux ministres, qui a des *ancêtres*, des dettes et des pensions.

MONTESQUIEU, *Lettres persanes*, LXXXVIII.

Le siècle de nos pères a touché au nôtre, nos aïeux les ont devancés, et nos *ancêtres* sont les plus reculés de nous.

GIRARD, *Synonymes françois.*

Delà unt tuit lur *anceisor*
Tenu e terres e honor...

BENOIT, *Chronique des ducs de Normandie*, t. I, v. 8472.

Ancois furent trestut de Perse mi *ansestre.*

Floovant, v. 2026.

Pauvre je suys de ma jeunesse
De pauvre et petite extrace.
Mon père n'eut oncq grand richesse
Ne son ayeul, nommé Erace.
Pauvreté tous nòus suyt et trace.
Sur les tumbeaulx de mes *ancestres*,
Les ames desquelz Dieu embrasse,
On n'y vòyt couronnes ne sceptres.

VILLON, *Grand testament*, XXXV.

Attale, étoit-ce ainsi que régnoient tes *ancêtres?*

P. CORNEILLE, *Nicomède*, IV, 4.

Et moi qui sur le trône ai suivi mes *ancêtres*,
Moi, fille, femme, sœur et mère de vos maîtres.

> J. RACINE, *Britannicus*, I, 2.

ANCÊTRES se dit aussi de tous ceux qui nous ont devancés, encore que nous ne soyons pas de leur race :

Nostres Sires, ki furmad Moysen e Aaron, e voz *ancestres* menad de Egypte.

> *Les quatre Livres des Rois*, I, XII, 6.

Vous savez comment anciennement toute la puissance de France envoyée du beau roi Philippe vint jusques à Courtray, et de nos *ancesseurs* ils furent là tous morts et déconfits.

> FROISSART, *Chroniques*, II, 188.

C'est moult belle chose et moult noble que de soy mirer ou mirouoir des anciens, et des anciennes histoires qui ont esté escriptes de nos *ancesseurs* pour nous monstrer bons exemples.

> *Le Livre du chevalier de Latour-Landry*

Nos *ancestres* estoient soucieux d'empescher qu'aucun ne feist son estat de vivre à la poursuite et solicitation des causes d'autruy.

> EST. PASQUIER, *Recherches de la France*, II, 4.

La ville de Troie, de laquelle les Romains croyoient que leurs *ancêtres* étoient descendus.

> BOSSUET, *Discours sur l'histoire universelle*.

Si nos *ancêtres* revenoient au monde, ils ne nous entendroient pas.

> BOUHOURS, *Entretiens d'Ariste et d'Eugène*, II.

Si nos *ancêtres* ont mieux écrit que nous, ou si nous l'emportons sur eux... c'est une question souvent agitée.

> LA BRUYÈRE, *Caractères*. De quelques usages.

Cunter l'ai oï à plusors
Ki l'oïrent de leur *ancessors*.

> ROB. WACE, *Roman de Rou*, v. 5478.

La venoient li *ancissor*
Por demander et por oïr
Del tans qui estoit à venir.

> LE MÊME, *Roman de Brut*, t. I, v. 646.

Onques si biel ne virent trestout no *ancissor*.

> *Roman d'Alexandre*, p. 452, v. 31.

Il nous convient passer par là,
Où noz *ancestres* ont passé.

> ROGER DE COLLERYE, *Dialogue de M. Dela et de M. Deça*.

Heureux ceux de qui l'art a ces traits inventés !
On ne connoissoit pas autrefois ces beautés.
Tous pères étoient vergers du temps de nos *ancêtres*.

> LA FONTAINE, *Psyché*, I.

ANCÊTRES a été appliqué, par figure, aux animaux dans le passage suivant :

Le lion d'Afrique s'éloigne en rugissant de la hutte du Hottentot ; il lui abandonne le terrain de ses *ancêtres*, et va chercher à régner dans des forêts et des rochers inconnus à l'homme.

> BERNARDIN DE SAINT-PIERRE, *Études de la nature*, X.

On a pu s'en servir figurément pour marquer un ordre de succession morale :

On voit si les protestants ont eu raison de compter les Vaudois, les Albigeois parmi leurs *ancêtres*.

> BOSSUET, *Histoire des Variations des églises protestantes*, liv. XI, n° 199.

L'erreur est toujours une nouveauté dans le monde ; elle est sans *ancêtres* et sans postérité.

> DE BONALD, *Pensées*, t. I, p. 256.

Il y a, contrairement à une règle, peut-être arbitrairement établie par les grammairiens Ménage, Th. Corneille, etc., des exemples, même de date récente, du mot employé au singulier :

N'eusmes ne père ne *ancestre*.

> ALAIN CHARTIER, *Œuvres*, p. 551.

Promects loyaument l'accompagner (Votre Sainteté) et ne l'abandonner tant que auray vie, et espère avec l'aide de Dieu avoir telle et semblable fortune que pape Léon, vostre prédécesseur, et Charles le Chauve, mon *ancestre*, eurent ensemble contre les infidèles.

> FRANÇOIS Ier, à Léon X, 16 décembre. (Voyez *Négociations de la France dans le Levant*, t. I, p. 44.)

Dieu créa une lumière qui, passant d'élu en élu, d'*ancêtre* en *ancêtre* de Mahomet, parvint enfin jusqu'à lui.

> MONTESQUIEU, *Lettres persanes*, XXXIX.

Le père, sous la figure d'un vieillard, *ancêtre* majestueux des temps, ou représenté comme une effusion de lumière, serait-il donc une peinture si inférieure à celles de la mythologie?

> CHATEAUBRIAND, *Génie du Christianisme*, part. I, liv. I, c. 0

Prenez Sissons, la grant cité de pris...
Moie doit estre, mes (mon) *ancestres* la tint...
Il puet bien estre, sire, ce dit Garins,
Mais mes *ancestres* avant lui la maintint.

> *Garin le Loherain*, t. I, p. 143.

Mais qu'importe-t-il qu'il puisse estre
Ny leur père ny leur *ancestre*.
Puis que vous êtes notre roy?

> MALHERBE, *Stances pour les Pairs de France*.

D'Ancesseurs, Ancessors, Anceisors, etc., et d'Ancestres, s'était formé le substantif féminin Ancesserie, Ancessorie, Anceserie, etc., Ancesterie.

Terme collectif exprimant dans leur ensemble les ancêtres, ainsi que les droits et l'honneur transmis par eux :

Je vous délivre, comme capitaine de Calais, par le consentement du povre peuple de cette ville, ces six bourgeois; et vous jure que ce sont et étoient aujourd'hui les plus honorables et notables de corps, de chevance et d'*ancesterie* de la ville de Calais.

> Froissart, *Chroniques*, liv. I, Ire part., c. 321.

Il vouloit vivre et mourir en défendant le royaume de France, et le devoit bien faire, car il en étoit extrait de père et de mère et de droite *ancesterie*.

> Le même, même ouvrage, part. II, c. 64.

Nous sommes juifs de droite *anceserie*.

> Ménard, *Histoire de Bertrand du Guesclin*.

Falsé li as li serement;
Radrece-t-en, e si li rent
La corogne et la seignorie,
Ke tu n'as pas d'*ancessorie*.

> Wace, *Roman de Rou*, t. II, v. 11912.

N'a riens en eux qui honnor blèce;
Car gentils sont d'*ancisserie*.

> *Cleomades*. (Cité par Sainte-Palaye.)

De Cordes et la signorie
Par droit et par *ancessorie*.

> *Athis*. (Cité par Sainte-Palaye.)

Qui maison a de grand *anciserie*
Et de long-temps dont il porte le nom;
Duchié, conté, royaume ou seigneurie,
Le bien garder et maintenir est bon.

> Eust. Deschamps, *Poésies*, mss., p. 3, col. 4. (Cité par Sainte-Palaye.)

Ce mot, par une extension naturelle, a pu exprimer l'ancien temps, les anciens usages. Sainte-Palaye en donne des exemples.

D'Ancestres on avait fait encore l'adjectif Ancestrel, lle.

Qui vient des ancêtres :

Hommage *ancestrel*.

> *Tenures de Littleton*, f° 32, v°.

ANCIEN, IENNE, adj. (Comme le provençal *Ancian*, l'espagnol *Anciano*, l'italien *Anziano*, peut-être par l'intermédiaire de *Anz, Ans, Ains*, du latin *Ante*.)

On l'a écrit Anchien, Antien, Ansien, etc. (Voyez le *Glossaire* de Sainte-Palaye et les exemples ci-après.)

On a aussi dit : Ancienor, Anchienor, Ancieneur, Ancianor, qui a quelquefois la valeur d'un comparatif. (Voyez Sainte-Palaye, *Glossaire*; Raynouard, *Journal des Savants*, mars 1828, p. 138.)

Qui est depuis longtemps;

Soit en parlant des choses :

Si firent entre eux, prévôt et jurés, selon leur usage *ancien*.

> Froissart, *Chroniques*, liv. I, Ire part., c. 146.

Mais lors l'aage *ancien* de vostre tante (Mme de Dampierre, tante de Brantôme) et mon enfantine jeunesse avoient plus de convenance, estant le naturel des vieilles gens d'aimer les petits enfants.

> Marguerite de Valois, *Mémoires*.

Ces médailles n'ont point de cours dans le monde, elles sont marquées à un coin trop *ancien*.

> Mascaron, *Oraison funèbre d'Henriette d'Angleterre*.

La moindre louange qu'on puisse lui donner, c'est d'être sorti de l'*ancienne* et illustre maison de Latour d'Auvergne.

> Fléchier, *Oraison funèbre de Turenne*.

S'ils (M. le prince et M. le duc) n'avoient pas fait d'*ancienne* provision de lauriers, ceux de cette année ne les mettroient pas à couvert.

> Mme de Sévigné, *Lettres*; à Mme de Grignan, 26 novembre 1673.

Peu de jours après mourut la Reynie, un des plus anciens conseillers d'État, des plus capables, des plus intègres, grand magistrat, et de l'*ancienne* roche.

> Saint-Simon, *Mémoires*, 1709.

Le soir, madame Voysin arriva, à petit bruit, droit chez madame de Caylus, son amie d'*ancien* temps.

> Le même, même ouvrage, *ibid*.

Quelque ridicule que soit une pensée, il ne faut que trouver moyen de la maintenir pendant quelque temps; la voilà qui devient *ancienne*, et elle est suffisamment prouvée.

> Fontenelle, *Histoire des Oracles*, Ire dissertation, c. 11.

Et je tiens, moi, qu'il faut suivre, en toute méthode,
Et la plus *ancienne*, et la plus à la mode.
Le parti d'un époux est le plus *ancien*
Et le plus usité, c'est pourquoi je m'y tien.

> Regnard, *les Folies amoureuses*, II, 2.

L'art de dissimuler, *ancien* comme le monde.

> DUFRESNY, *le Faux sincère*, V, 13.

Il est, dit-il, d'un maître tel que moi
De s'éloigner des routes *anciennes*.

> J.-B. ROUSSEAU, *Épîtres*, II, 2.

Soit en parlant des personnes :

Frere Jean, mon amy *ancien*. *Ancien*, dis-je, car de present je suis nul, vous estes nul.

> RABELAIS, *Pantagruel*, IV, 20.

Il est pourtant vrai que Basilly étoit gentilhomme *ancien*, de fort bon lieu, bien allié, lieutenant général de la province.

> SAINT-SIMON, *Mémoires*, 1710.

Plus on étoit suivi, *ancien*, outré en impiété et en débauche, plus il (le duc d'Orléans) considéroit cette sorte de débauchés.

> LE MÊME, même ouvrage, 1715.

Mes *anciens* camarades, qui autrefois, en me revoyant, auroient cru m'honorer s'ils m'eussent dit : Ah! te voilà, Jacob, bonjour; n'osoient plus me parler que par des transports de joie et des marques de respect.

> MARIVAUX, *le Paysan parvenu*, VIII° part.

N'avez-vous rien à dire à votre *ancien* ami?

> RAYNOUARD, *les Templiers*, V, 6.

ANCIEN s'est dit autrefois, de cette manière, par rapport à l'âge, dans le sens de Vieux :

Et ne retinrent que trois hommes, un prêtre et deux autres *anciens* hommes, bons coutumiers des lois et ordonnances de Calais.

> FROISSART, *Chroniques*, liv. I, Ire part., c. 322.

Jehan, duc de Berry, moult *ancien* et plein de ses jours, s'acoucha malade à Paris en son hostel de Nielle.

> MONSTRELET, *Chronique*, c. 157.

A tout viel homme ou *ancien*, l'en ly doit faire reverence selon ce que il appartient à son eage.

> NICOLE ORESME, trad. de l'*Éthique* d'Aristote.

Or estant ce roy Garinter *ancien*, pour contenter son esprit, prenoit plaisir à la venerie.

> HERBERAY DES ESSARTS, *Amadis de Gaule*, I, 1.

Le samedy j'avois envoyé prier le marquis, qu'il voulût user d'honnesteté envers les femmes *anciennes* et les enfans qui sortoient avec nous.

> MONTLUC, *Commentaires*, liv. III.

Ancien sont, de grant aage...
Dont furent paroles contées
Et anciennes acointances
D'escuz, d'espées et de lances...

> MÉON, *Fabliaux et contes anciens*, I, 178, 181.

III.

ANCIEN signifie aussi Qui a existé, qui a eu lieu autrefois;

Soit en parlant des choses :

Nourry ès *anciennes* guerres de France et d'Angleterre.

> COMINES, *Mémoires*, c. 2.

Bien que la lumière de ce siècle nous ait éclaircis de beaucoup de choses dont nos pères ont douté, il reste toujours quelque petit nuage de l'*ancienne* barbarie.

> BALZAC, *Socrate chrétien*, disc. XI.

La désolation de tant de campagnes dépouillées de leur *ancienne* beauté.

> MASSILLON, *Petit Carême*. Tentations des grands.

Des gens d'esprit et de lettres, et des vieillards de l'*ancienne* cour s'assembloient chez elle (la marquise d'Huxelles).

> SAINT-SIMON, *Mémoires*, 1712.

De toutes leurs *anciennes* conquêtes, ils (les Suédois) n'avoient conservé que Wismar.

> LE MÊME, même ouvrage, 1716.

Tout ce jardin (à Aranjuez) est dans l'*ancien* goût flamand, fait par des Flamands que Charles V fit venir exprès.

> LE MÊME, même ouvrage, 1722.

Les découvertes *anciennes* sont moins à leurs premiers auteurs qu'à ceux qui les rendent utiles.

> VAUVENARGUES, *Réflexions et Maximes*, CCCXXXIII.

Qui firent livres et escriz
Des nobles fez et des bons diz
Qui li barons et li seignor
Feirent de temps *ancianor*.

> WACE, *Roman de Rou*, Ire part.

Vus musterai une aventure
Ki en Bretaigne la menur,
Avint al tens *anciénur*.

> MARIE DE FRANCE, *lai de Gugemer*.

Au lieu de voir régner cette sévérité
Qui composoit si bien l'*ancienne* honnêteté,
La jeunesse, en ces lieux...

> MOLIÈRE, *l'École des Maris*, I, 3.

Soit en parlant des personnes :

Je trouve que le château de Grignan est parfaitement beau; il sent bien les *anciens* Adhémar.

> Mme DE SÉVIGNÉ, *Lettres*; à Mme de Grignan, 21 juin 1671.

Le service personnel des *anciens* chevaliers et écuyers ayant entièrement cessé...

> VOLTAIRE, *Essai sur les mœurs*. De la Noblesse, c. 98.

ANCIEN se dit, en ce sens, par opposition à *Nouveau* et à *Moderne*;

26

Soit que, comme il arrive souvent, les mots qui marquent cette opposition soient sous-entendus :

C'est des *anciens* services que j'ay toujours la mémoire la plus fraische.
HENRI IV, *Lettres ;* 16 décembre 1589.

C'est ainsi que l'on dit: les *Anciennes histoires,* les *Anciennes chartes,* etc. :

Les plus *anciennes histoires* nous en fournissent des exemples.
MASSILLON, *Petit Carême.* Tentations des grands.

De là vient que dans tant d'*anciennes chartes* on voit des échevins, des maires se qualifier bourgeois d'un comte, ou d'un évêque, bourgeois du roi.
VOLTAIRE, *Essai sur les mœurs.* De la Noblesse, c. 98.

Il est escrit en l'*ancienne* geste
Que Carles mandet humes de plusurs teres.
Chanson de Roland, v. 3742.

Ou bien encore, l'*Ancienne Grèce,* l'*Ancienne Rome,* etc. :

C'est ainsi que l'*ancienne Rome* viola la trève avec Carthage dans la dernière guerre punique.
VOLTAIRE, *Essai sur les mœurs.* Turcs et Grecs, c. 89.

L'invention des arts étant un droit d'aînesse,
Nous devons l'apologue à l'*ancienne Grèce.*
LA FONTAINE, *Fables,* III, 1.

Soit que ces mots *Moderne, Nouveau,* ou des mots analogues, soient exprimés :

Il n'y a point d'histoire *ancienne* où il ne paroisse des vestiges manifestes de la *nouveauté* du monde.
BOSSUET, *Discours sur l'Histoire universelle,* I, 2.

C'est la liberté qui est *ancienne* et le despotisme qui est *moderne.*
Mme DE STAEL, *Considérations sur la Révolution française,* Ire part., c. 2.

Il étoit là maintes filles savantes
Qui mot pour mot portoient dans leurs cerveaux
Tous les noëls *anciens* et *nouveaux.*
GRESSET, *Ver-vert.*

ANCIEN est de même quelquefois opposé à ses synonymes *Vieux* et *Antique,* ou à des mots analogues :

Mes enfants (c'est l'Église qui parle) respectez mes cheveux gris ; voyez cette *antiquité* vénérable ; je ne *vieillis* pas, parce que je ne meurs jamais, mais je suis *ancienne.*
BOSSUET, *Sermons.* Sur l'Église.

Je viens de vous dire qu'elle étoit âgée ; mais on ne remarquoit pas cela tout d'un coup, c'étoit de ces visages qui ont l'air plus *ancien* que *vieux.*
MARIVAUX, *la Vie de Marianne,* VIe part.

D'autres fois il les remplace :

Il cite les Grecs, les Romains, et même quelques modernes qui avoient des âmes *anciennes.*
J.-J. ROUSSEAU, *Polysynodie.*

ANCIEN se dit particulièrement, dans l'Administration forestière, des arbres réservés qui ont plus de trois fois l'âge du taillis dans lequel ils se trouvent, c'est-à-dire qui ont atteint ou passé cent ans ; par opposition à *Moderne,* qui se dit Des arbres de deux ou trois âges seulement :

Marquer en réserve les arbres *anciens,* les *modernes,* et les jeunes ou baliveaux de l'âge du taillis.
Dictionnaire de l'Académie, 1835.

En certains cas, ANCIEN s'applique aux Personnes qui ne sont plus en charge, qui ont cessé d'exercer une profession ; c'est ainsi qu'on dit : un *Ancien magistrat,* un *Ancien avocat,* etc.

ANCIEN s'emploie substantivement en parlant de Ceux qui ont vécu dans des temps fort éloignés de nous, et particulièrement de ceux qui ont laissé des écrits :

Ceux que nous appelons *anciens* étoient véritablement nouveaux en toutes choses, et formoient l'enfance des hommes proprement dite.
PASCAL, *Préface sur le Traité du vide.*

Dans une admiration si générale, les historiens ont pris aussitôt le même esprit de respect pour les *anciens.*
SAINT ÉVREMOND, *Réflexions sur les divers génies du peuple romain,* c. 3.

J'ai ouï dire, il y a longtemps, une parole d'un *ancien,* que j'ai toujours retenue.
MOLIÈRE, *les Fourberies de Scapin,* II, 8.

Nous lisons des *anciens,* Mademoiselle, que leur coutume étoit d'enlever par force de la maison des pères les filles qu'on menoit marier. — Les *anciens,* Monsieur, sont les *anciens,* et nous sommes les gens de maintenant.
LE MÊME, *le Malade imaginaire,* II, 7.

Hérille... veut citer les choses les plus communes... et qu'il est même capable de penser ; il veut les devoir aux *anciens,* aux Latins, aux Grecs.
LA BRUYÈRE, *Caractères.* Des Jugements.

De lur amur e de lur bien
Firent un lai li *auncien.*

MARIE DE FRANCE, *lai de Milon.*

Tous les noms des chercheurs de mondes inconnus
Qui n'en étoient pas revenus,
Et que depuis cent ans sous l'abîme avoient vus
Les *anciens* du vaste empire.

LA FONTAINE, *Fables,* VIII, 8.

Je vois les *anciens,* sans plier les genoux.

CH. PERRAULT, *Poëmes.* Le Siècle de Louis le Grand.

En ce sens, à cette expression *Les Anciens,* est souvent opposée cette autre expression, *Les Modernes :*

Quelques habiles prononcent en faveur des *anciens* contre les *modernes.*

LA BRUYÈRE, *Caractères.* Des ouvrages de l'esprit.

Nous, qui sommes si *modernes,* serons *anciens* dans quelques siècles.

LE MÊME, *Discours sur Théophraste.*

J'avoue que l'émulation des *modernes* seroit dangereuse, si elle tournoit à mépriser les *anciens* et à négliger de les étudier.

FÉNELON, *Lettre à l'Académie.*

Dans l'Écriture sainte, Dieu est quelquefois appelé l'*Ancien des jours :*

Daniel, après avoir vu en esprit, sous différents symboles, la succession et la ruine de tous les grands empires du monde, voit enfin le fils de l'homme s'avancer jusqu'à l'*Ancien des jours.*

ROLLIN, *Traité des Études,* liv. VI, IIe part., c. 1, art. 1.

ANCIEN, employé substantivement, est aussi un terme de dignité ;

Dans l'histoire du peuple juif :

Vous irez, vous et les *anciens,* vers le roi d'Égypte.

LE MAISTRE DE SACI, trad. de l'Ancien Testament. *Exode,* III, 18.

Dans toute la suite de l'Écriture, toutes les fois qu'il est parlé des assemblées et des affaires publiques, les *anciens* sont toujours mis au premier rang et quelquefois ils sont nommés seuls.

FLEURY, *Mœurs des Israélites,* XXIV.

Dans la hiérarchie des églises protestantes :

Le nombre des *anciens* étoit réglé. Le roi défendoit aux *anciens* du consistoire de souffrir aucun catholique romain dans leurs temples.

RICHELET, *Dictionnaire.*

Dans celle des couvents de femmes :

Mme de Talleyrand lui résigna son prieuré (à Mlle de Chalais),... les religieuses furent bien aises de cette résignation, l'acceptèrent avec joie et louèrent fort le choix de leur *ancienne.*

FLÉCHIER, *Mémoires sur les grands jours de* 1665.

Conseil des Anciens, désignait, sous la Constitution de l'an III, Celle des deux sections du Corps législatif à laquelle appartenait exclusivement le droit d'approuver ou de rejeter les résolutions du Conseil des Cinq-Cents, qui formait l'autre section.

ANCIEN se dit encore, tant adjectivement que substantivement, de Celui qui a été reçu avant un autre dans une charge, dans une compagnie, dans un corps :

Il ne devoit pas être d'un autre avis que *son ancien.*

MOLIÈRE, *l'Amour médecin,* II, 3.

J'ai ici *un ancien* de mes amis avec lequel je serai bien aise de consulter sa maladie... Vous me permettrez, Monsieur notre *ancien,* d'entrer en considération de la maladie dont il s'agit... Sur toute chose, ce qui me plait en lui, c'est qu'il s'attache aveuglément aux opinions de nos *anciens.*

LE MÊME, *le Malade imaginaire,* II, 5.

La duchesse de Rohan, qui suivoit la duchesse d'Halluyn... voulut la précéder... La dispute fut jugée et décidée en faveur de Mme d'Halluyn, comme l'*ancienne* de Mme de Rohan.

SAINT-SIMON, *Mémoires,* 1698.

Je les assurai que encore que M. d'Humières fût l'*ancien* de M. de Charost, il lui céderoit sans difficulté partout en une cause de pairie.

LE MÊME, même ouvrage, 1711.

Cela est directement contraire aux statuts de notre communauté. Malpeste ! J'aurois tous mes confrères à dos s'ils alloient découvrir qu'à mon âge j'eusse donné les mains à un accommodement. C'est tout ce que pourroit faire un de nos *anciens* à l'agonie, encore y regarderoit-il à deux fois.

Arlequin Grapignan. (Voyez GHERARDI, *Théâtre italien,* t. I, p. 47.)

Villars avait avec lui le maréchal de Boufflers, son *ancien.*

VOLTAIRE, *Siècle de Louis XIV.*

On dit quelquefois, familièrement, à un vieillard, l'*Ancien, mon Ancien :*

Notre ancien, qu'a donc fait l'Espagne ?

BÉRANGER, *Chansons.* Le Nouvel Ordre du jour.

ANCIENNEMENT, adv.
Autrefois, dans les siècles passés :

Et a cele partie par où l'on entroit avoit *anciennement* forteresse de murs, et de tours, et de fossés.

VILLEHARDOUIN, *Conqueste de Constantinoble*, CLXVII.

Le roi d'Angleterre, lui revenu en son pays, devoit regarder comment *anciennement* ses prédécesseurs, de ce qu'ils tenoient en Aquitaine et dont ils s'étoient appelés ducs, en avoient fait hommage.

FROISSART, *Chroniques*, liv. I, Ire part., c. 53.

Il vouloit vivre de son domaine, comme *anciennement* faisoient les roys.

COMINES, *Mémoires*, VIII, 25.

Toutes les roynes mères, *anciennement*, après le décès des roys leurs marys, vouloient estre nommées roynes blanches, par une honorable mémoire tirée du bon gouvernement de cette sage princesse (la mère de saint Louis).

EST. PASQUIER, *Recherches de la France*, II, 18.

Bien des personnes ont fait des efforts incroyables pour décréditer dans l'esprit des hommes, et pour faire tomber dans le mépris ce poëte si *anciennement* et si généralement estimé.

ROLLIN, *Traité des Études*, liv. III. De la lecture d'Homère.

Après la multitude des révolutions qui ont changé la face de la terre, les Chinois et les Indiens ont formé le corps de peuple le plus *anciennement* policé que nous connaissions.

VOLTAIRE, *Histoire de Pierre le Grand*, Ire part., c. 11.

Judas Machabeus nos dist *anchienement*
Que victoire n'est mie en grant masse d'argent.

RUTEBEUF, *De la vie du monde*.

Il avint *anciennement*,
Se l'escriture ne nos ment
Qui aferme le conte à voir.

Roman de Renart, v. 15323.

Venez çà; n'êtes-vous pas mieulx
Que vous étiez *anciennement*.

Farce nouvelle et moralisée de Gens nouveaux qui mangent le monde et le logent de mal en pis. (Voyez *Ancien Théâtre françois*. Bibliothèque elzévirienne, t. III, p. 243.)

ANCIENNETÉ, s. f.

Qualité de ce qui est ancien;
Soit en parlant des choses :

Je veux qu'au peu de vie qui me peut rester dedans une longue *ancienneté* de mon aage, chacun cognoisse que je luy rends le devoir auquel je suis obligé.

EST. PASQUIER, *Recherches de la France*, III, 43.

Je connois fort sa maison, et même son *ancienneté*. Pour sa personne, je ne la connois point.

BUSSY-RABUTIN, *Lettres*, 13 février 1675.

De toutes parts s'élèvent des édifices respectables par leur *ancienneté* ou par leur élégance.

BARTHÉLEMY, *Voyage d'Anacharsis*.

Il pue étrangement son *ancienneté*.

MOLIÈRE, *les Femmes savantes*, II, 7.

Soit en parlant des personnes :
Par une manière de parler, qui a vieilli, il se rapporte à l'âge dans l'exemple suivant :

L'enfance des princes, leur illégitimité, l'*ancienneté* de la royne, sans aucun soustien, luy facilitèrent la voye de son dessein.

EST. PASQUIER, *Recherches de la France*, X, 20.

On dit absolument, au même sens, l'*Ancienneté* :

La longue *ancienneté* nous a-t-elle fait perdre notre bon roman de la Rose?

EST. PASQUIER, *Lettres*, liv. II, 6.

Ils (les grands hommes du paganisme) n'auroient osé, avec toute leur réputation et leurs lumières, insulter tout haut un culte si insensé, mais que la majesté des lois de l'empire et l'*ancienneté* rendoient respectable.

MASSILLON, *Petit Carême*. IIe dimanche.

Les peuples, frappés du merveilleux de la chose, et avides de l'utilité qu'ils en espèrent, ne demandent qu'à voir naître des oracles en tous lieux ; et puis l'*ancienneté* survient à tous ces oracles, qui leur fait tous les biens du monde.

FONTENELLE, *Histoire des Oracles*, Ire dissertation, c. 11.

ANCIENNETÉ a été employé absolument dans le sens où l'on a dit, depuis, l'*Antiquité*. On en trouve de très fréquents exemples chez Est. Pasquier :

A Dieu ne plaise que je mette facilement nostre Ronsard au parangon du grand Virgile : car ce seroit blasphémer contre l'*ancienneté*.

EST. PASQUIER, *Recherches de la France*, VII, 10.

Rigaut, advocat au parlement de Paris, grandement nourri en l'*ancienneté*.

LE MÊME, même ouvrage, IX, 42.

L'*ancienneté* pensa faire quelque chose pour la grandeur divine, de l'apparier à l'homme, la vestir de ses facultez, et estrenner de ses belles humeurs et plus honteuses nécessitez.

MONTAIGNE, *Essais*, II, 2.

On a dit, dans un sens analogue, Une *Ancienneté* :

C'est une *ancienneté* qui mérite d'être remarquée, qu'entre tous les peuples de la Germanie, le François fut en telle estime qu'Agathie use fort souvent du mot de Germain pour François.

        Est. Pasquier, *Recherches de la France*, I, 6.

Robert de Louis... voulut ramener cette *ancienneté* en usage.

        Le même, même ouvrage, II, 5.

Des *Anciennetés* :

En l'an 1560, je mis en lumière le premier livre de ces miennes Recherches, et en 65 le second, dans lesquels je pense avoir esté le premier des nostres (je le diray par occasion non par vanterie) qui ay défriché plusieurs *anciennetez* obscures de ceste France... La vraysemblance doit quelquefois tenir lieu de vérité ès *anciennetez* où les livres nous défaillent.

        Est. Pasquier, *Recherches de la France*. Avant-propos, II, 10.

Ancienneté avait donné lieu à plusieurs locutions dont la dernière seule est restée en usage.

D'*Ancienneté* :

Gentil sire et gentil roi, véez-nous cy six, qui avons été d'*ancienneté* bourgeois de Calais et grands marchands.

        Froissart, *Chroniques*, liv. I, Ire part., c. 321.

Lesquelles (villes) d'*ancienneté* avoient esté ennemyes des ditz Suysses.

        Comines, *Mémoires*, V, 1.

Pleust à Dieu qu'il prist envie au roi de France, vostre père, de racquérir ce pays qui est sien d'*ancienneté*.

        Marguerite de Valois, *Mémoires*.

Le chien estant remply de si grande fidélité, que d'*ancienneté* il a tousjours esté receu à la table de son maistre.

        Bouchet, *Serées*, I, 7.

D'une longue *Ancienneté* :

L'usage de la poésie rimée est d'*une très-longue ancienneté*.

        Est. Pasquier, *Recherches de la France*, VII, 3.

Dès le temps d'*Ancienneté*, de tout temps et ancienneté. (Voyez R. Estienne, J. Thierry, Nicot, *Dictionnaires*.)

De toute *Ancienneté* :

De *toute mémoire* et ancienneté aviez, toy et tes peres, une amitié avecque luy et tous ses ancestres conceue.

        Rabelais, *Gargantua*, I, 34.

L'affection sincere que, de toute ancienneté, avez en nous cogneue.

        Le même, *Pantagruel*, III, 42.

En la ville de Paris y avoit deux citoyens de mediocre estat, l'un politic, et l'autre marchand de draps de soye : lesquels *de toute ancienneté* se portoient fort bonne affection, et se hantoient familièrement.

        La Reine de Navarre, *Heptaméron*, XXXXIV.

La dicte ville est, *de toute ancienneté*, de l'evesché de Grenoble et y a son official et sa court.

        Le Loyal Serviteur, c. 3.

De toute ancienneté et outre la memoire des vivants, ils ont toujours appartenu au gouvernement de Bourgongne.

        Amyot, *Lettres* ; au duc de Nivernoys, août 1589.

De toute ancienneté les armes et les lettres florissent en la Gaule.

        Monet, *Dictionnaire*.

Ancienneté se dit aussi de la Priorité de réception dans une compagnie, dans un corps :

Je le cède à Montmorency pour les honneurs, et non pour l'*ancienneté*.

        Bussy-Rabutin, *Lettres* ; à Mme de Sévigné, 1668.

Pour M. de Vivonne, il prendra son *ancienneté* du jour qu'il a été fait général des galères.

        Mme de Bussy-Rabutin, *Lettres* ; à Bussy-Rabutin, 2 août 1675.

Enfin le roi régla, pour l'utilité de son service, que les maréchaux de France s'obéiroient les uns aux autres par *ancienneté*, tellement que ces maréchaux en second n'étoient proprement à l'armée que des lieutenants-généraux.

        Saint-Simon, *Mémoires*, 1693.

Avançant en *ancienneté* parmi les présidents à mortier, il (M. de Mesmes) comprit qu'il étoit temps de fréquenter le palais un peu davantage.

        Le même, même ouvrage, 1712.

Aprenez, mon ami, que je suis l'ombre d'un ancien voleur, et que, par droit d'*ancienneté*, c'est à moi à voler cette bourse et non pas à vous.

        La matrone d'Éphèse, scène de l'Ombre. (Voyez Gherardi, *Théâtre italien*, t. I. p. 20.)

Il savait que quand les grades ne sont que la suite de l'*ancienneté*, l'émulation périt ; et qu'un officier, pour être plus ancien, n'est pas toujours meilleur.

        Voltaire, *Siècle de Louis XIV*, c. 18.

ANCRE, s. f. (Des mots, latin et grec, *Ancora*, ἄγκυρα.)

On l'a quelquefois fait au masculin et écrit *Anchre*, *encre*.

Instrument de fer qui a un de ses bouts terminé par un anneau, et l'autre par deux branches formant une espèce d'arc ou d'angle très-ouvert, et qu'on laisse tomber, à l'aide d'un câble, au fond de l'eau, où il s'enfonce et s'accroche de manière à retenir le bâtiment.

D'Ancre se sont formées un grand nombre de locutions qui ne sont pas toutes restées dans l'usage.

Plonger, poser, fixer ou *ficher l'ancre :*

Plongez toutes vos *ancres.*
>> Rabelais, *Pantagruel,* IV, 20.

Quelques Troyens... furent jettés par les vens en la coste de Thoscane, où ils *posèrent les ancres* près la rivière de Tybre.
>> Amyot, trad. de Plutarque. *Vie de Romulus,* I.

Alcibiades... s'en vint à cheval au camp des Atheniens pour remontrer aux capitaines les grandes fautes qu'ils faisoyent en ce qu'ils *avoyent posé l'anchre* et tenoyent leurs vaisseaux en une coste descouverte.
>> Le même, même ouvrage. *Vie de Lysandre,* c. 4.

L'*ancre* de mer *se fiche* au pré tout verd.
>> Cl. Marot, *la Métamorphose,* I.

Mouiller l'ancre, ou simplement *Mouiller :*

Quand les dauphins et marsouins sautent, et se decouvrent sur l'eau, c'est signe de grand orage et tempeste sur la mer : ce que voyans les mariniers, *mouillent l'anchre,* et donnent ordre à leurs vaisseaux.
>> A. Paré, *Œuvres,* liv. II, c. 11.

Elle eut le vent et la fortune favorable et revint *mouiller l'ancre* au port de Trutule après avoir couru toute la coste voisine.
>> Perrot d'Ablancourt, trad. de Tacite. *Vie d'Agricola.*

Jeter l'ancre, mettre à l'ancre :

Si se trairent chacun et *mirent à l'ancre.*
>> Froissart, *Chroniques,* liv. I, Ire part., c. 195.

Nous arrivâmes en peu de jours à Sainte-Hélène, le vaisseau *mit à l'ancre.*
>> L'Abbé Prevost, *Cleveland,* liv. III.

A l'ancre, être, demeurer, rester à l'ancre :

Ils... jurent toute nuit armés, leurs vaissiaus *à encres.*
>> Villehardouin, *Conqueste de Constantinoble,* CLXXI.

Le dict de Heraclides Tarentin ; que la navire *restant à l'ancre,* quand la necessité presse, il fault coupper la corde plus tost que perdre temps à la deslier.
>> Rabelais, *Pantagruel,* II, 24.

Ils (les Espagnols) en avoient chassé les habitants (de l'île de Crab), enlevé plusieurs bâtiments anglois, soit *à l'ancre,* soit en pleine mer.
>> Saint-Simon, *Mémoires,* 1718.

Démarer l'ancre :

Et cependant les rudes matelots,
Peuple farouche ennemy du repos,
D'un cry naval hors du rivage proche
Demarent l'anchre à la mâchoire croche.
>> Ronsard, *la Franciade,* I.

Relever, lever, tirer l'ancre :

Je dis à mes mariniers, que il *tirassent* leur *ancre,* et que nous en alissiens aval.
>> Joinville, *Histoire de saint Louis.*

Les voiles s'enflent : on *lève les ancres.*
>> Fénelon, *Télémaque,* XXIV.

Lui (notre amiral) et le maréchal de Cœuvres eurent, avant de partir, une longue conférence avec le maréchal de Tessé et Puységur, et tout au soir *levèrent les ancres.*
>> Saint-Simon, *Mémoires,* 1706.

L'*ancre est levée,* et le zéphire
Avec un mouvement léger
Enfle la voile et fait nager
Le lourd fardeau de la navire.
>> Théophile, *Contre une Tempeste.*

On dit d'un bâtiment qui entraîne ses ancres et leur fait labourer le fond, qu'il *chasse sur ses ancres.*

On dit, dans un sens analogue, d'une ancre qui ne tient pas le fond, qu'elle *chasse.*

On distingue la *grande ancre,* la *maîtresse ancre :* elle a été appelée *Ancre de miséricorde.*

D'Ancre et des locutions rappelées plus haut, où entre ce mot, on a souvent tiré des comparaisons, des figures, comme le remarque H. Estienne dans le premier des exemples suivants :

Nous accommodons le mot *ancre* à quelques usages, par translation, comme quand nous disons, *j'ay jetté l'ancre de mon espérance sur luy.* On dit aussi *jetter l'ancre de son repos.*
>> H. Estienne, *la Précellence du langage françois.*

Toute la contrée *estoit à l'ancre.*
>> Rabelais, *Pantagruel,* II, 32.

Pourveu qu'il ayt l'œil et l'entendement à cela qui le gouverne et luy serve d'une *anchre,* afin qu'il se puisse servir de tout port et de tout havre où il abordera.
>> Amyot, trad. de Plutarque. *Œuvres morales :*
Du Bannissement ou de l'exil.

Par le moyen de ceste couronne l'*ancre sacrée* de toute la chrestienté.

         Montluc, *Commentaires*, liv. I.

Il faut admonester ceux qui attachent leur félicité à ce qui est caduque, d'aller *ficher les anchres* de leur contentement aux biens qui sont solides.

         La Noue, *Discours politiques et militaires*, XXIII.

Les Estats, conseil de vostre roiaume, seul et salutaire, auquel vos majeurs ont toujours recouru, comme à l'*ancre sacré*.

         Agr. d'Aubigné, *Histoire universelle*, II, 248

La paroisse n'est que comme une dernière *ancre*.

         Patru, *Plaidoyers*, VIII.

Jetez au ciel votre espérance, laquelle sert à votre âme comme d'une *ancre* ferme et assurée.

         Bossuet, *IIIe Sermon*. Pour la Fête de tous les saints.

Quoiqué nous flottions encore ici-bas, l'espérance qui est l'*ancre* de notre âme nous donnera de la consistance, si nous la savons *jeter* dans le ciel.

         Le même, *Sermons*. Sur la Providence.

Rome étoit un vaisseau tenu par deux *ancres*, dans la tempête, la religion et les mœurs.

         Montesquieu, *Esprit des loix*, VIII. 13.

Je demeurois absorbé dans diverses spéculations entre lesquelles mon esprit étoit balancé, sans trouver d'*ancre* qui me fixât.

         Diderot, *Salon de 1767*. J. Vernet.

On ne *jette* point l'*ancre* dans le fleuve de la vie; il emporte également celui qui lutte contre son cours et celui qui s'y abandonne, le sage comme l'insensé.

         Bernardin de Saint-Pierre, *la Chaumière indienne*.

Il y a... un contrat éternel entre la politique et la religion. Tout État, si j'ose le dire, est un vaisseau mystérieux qui a ses *ancres* dans le ciel.

         Rivarol, *Discours préliminaire d'un Dictionnaire de la langue française*.

Le christianisme a été l'*ancre* qui a fixé tant de nations flottantes.

         Chateaubriand, *Génie du christianisme*, liv. III, part. III, c. 2.

     A ce *soit* nostre *ancre fichée*,
     Qui pas ne puisse estre asracée.

   Benoit, *Chronique des ducs de Normandie*, II, v. 8969.

       Ce néanmoins, Messieurs,
   L'*ancre* de vos bontés nous rassure. D'ailleurs
   Devant le grand Dandin l'innocence est hardie...

         J. Racine, *les Plaideurs*, III, 3.

Par l'*ancre* de la foi fortement arrêté.

         Ducis, *Épîtres*.

   Ainsi toujours poussés vers de nouveaux rivages,
   Dans la nuit éternelle emportés sans retour,
   Ne pourrons-nous jamais sur l'océan des âges
     Jeter l'*ancre* un seul jour?

         Lamartine, *Méditations poétiques*. Le Lac.

La locution *Être à l'ancre* est prise au figuré, mais en un sens physique, dans le passage suivant :

Les coquillages qui *sont* perpétuellement *à l'ancre* dans les détroits, comme les moules attachées aux cailloux par des fils, sont de la couleur du fond qu'ils habitent.

         Bernardin de Saint-Pierre, *Études de la nature*, X.

Ancre de salut est une expression figurée d'un fréquent usage. Elle se dit d'un Moyen de salut assuré, d'une ressource efficace et unique :

Nous ressouvenans de nos anciens conseils, nous pensasmes qu'il y falloit avoir recours comme à une *ancre de salut*.

         Est. Pasquier, *Recherches de la France*, III, 16.

Les Latins faisaient d'*ancora* le même emploi figuré.

Ancre est terme d'Architecture et de Serrurerie. Il désigne, par une extension figurée, une Barre de fer qu'on fait passer dans l'œil d'un tirant, pour empêcher soit l'écartement des murs, soit la poussée des voûtes, ou pour maintenir des tuyaux de cheminée fort élevés :

La cinquiesme commodité et espargne, provenant de nostre dicte invention, est aux ferrures et ferrements, desquels elle n'a besoin, comme les grands bastiments du jour d'huy ; lesquels, si vous considérez diligemment, combien y trouverez-vous de sortes d'*anchres* et barreaux de fer pour retenir les murailles?

         Philibert de l'Orme, *Architecture*, liv. XI. Inventions pour bien bastir, liv. II, c. 14.

ANCRER, v. n.

On l'a écrit et prononcé Aancrer, Aencrer. (Voyez les exemples ci-après.)
Employé comme verbe actif, il a signifié Arrêter, fixer un bâtiment au moyen de l'ancre, et, par extension, ceux qui sont à bord :

Cil des nés et des galies et vissiers pristrent port, et aancrèrent lor vaissials.

         Villehardoin, *Conqueste de Constantinoble*, c. 1.

ll me respondirent que je preisse lequel que je vourroie : ou il me menroient à terre, où il me *ancreroient* en mi le flum jusques à tant que li vens fust chois. Et je lour dis que j'amoie miex que il m'*ancrassent* en mi le flum.

JOINVILLE, *Histoire de saint Louis.*

Mult véissiez nés atorner,
Nès atachier, nés *aencrer.*

WACE, *Roman de Brut,* v. 11474.

Leur nés ont atachiez et les vont *aancrant.*

Gaufrey, v. 6149.

C'est un port à l'abry des tempestes du monde,
Où Dieu seul peut *ancrer* notre nef vagabonde.

RACAN, *Psaumes,* 72.

On a dit de même *S'ancrer,* en parlant soit du bâtiment, soit de ceux qui le montent :

Enki se *ancréerent* les nés, et les vissiers, et totes les galies.

VILLEHARDOUIN, *Conqueste de Constantinoble.*

Or quoy que l'admiral hollandois Martin Herpens Tromp, homme célèbre sur l'Océan, et duquel la vertu avoit élevé la fortune, fust venu par les ordres des Estats *s'ancrer* dans le canal de Dunkerque, avec dix navires de guerre...

SARAZIN, *le Siège de Dunkerque.*

Depuis longtemps ANCRER n'est plus guère employé que comme verbe neutre, au sens où l'on dit, plus ordinairement, MOUILLER.

Les premiers nés vindrent devant la ville et ci *ancrèrent.*

VILLEHARDOUIN, *Conqueste de Constantinoble.*

Li roys *ancra* ou bout d'un tertre que l'on appele la pointe de Limeson, et tuit li autre vessel entour li.

JOINVILLE, *Histoire de saint Louis.*

Et là *ancrèrent* et prirent terre, et issirent de leurs vaisseaux petit à petit et se logèrent.

FROISSART, *Chroniques,* liv. II, c. 28.

Une partie est jettée contre des isles bordées d'écueils et de sablons, qui sont à peine évitez que le retour du flot et du vent empesche d'*ancrer* et demeurer à la rade.

PERROT D'ABLANCOURT, trad. de Tacite. *Annales,* liv. II, 11.

J'ai toujours remarqué que dans les endroits où la côte est défendue par des rochers escarpés, la mer y est très-profonde, et qu'il est rare d'y pouvoir *ancrer.*

BUFFON, *Théorie de la Terre,* art. XIII.

Ils abordent sans peur, ils *ancrent,* ils descendent.

P. CORNEILLE, *le Cid,* IV, 3.

Ancrer au port est une ancienne locution donnée par les *Dictionnaires* de ROB. ESTIENNE, de J.

THIERRY, de NICOT, avec cette remarque : « Les mariniers disent surgir. »

Nostre capitaine, voyant le temps contraire, avoit proposé d'aller *anchrer au port* de Scala Nova.

THÉVENOT, *Voyage du Levant,* c. 70.

Comme ANCRE, ANCRER s'emploie figurément, soit pris absolument, soit avec un complément formé des prépositions *sur, dans,* et de leur régime :

Depuis, les Romains ayans desfaict Antiochus, commencèrent à *ancrer* de plus en plus *sur* la Grèce.

AMYOT, trad. de Plutarque. *Vie de Philopemen.*

Il trouva moyen d'*ancrer dedans* les affaires de la Macédoine par un tel moyen.

LE MÊME, même ouvrage. *Vie de Pyrrhus.*

Les subjects qui sont persuadez que leur roy... porte une vrayement royale affection à leur bien, ont grande occasion d'*ancrer* leur espérance *sur* ses paroles.

H. ESTIENNE, *Précellence du langage françois.* Épître au roi.

Au lieu de dire *jetter l'ancre,* pouvons nous servir de *ancrer,* et dire : *J'ay ancré mon espérance sur luy, j'ay ancré là mon repos ou ma félicité.*

LE MÊME, même ouvrage.

Celui qui les appelle biens (les honneurs, les richesses et faveurs de la fortune) et a mis en iceux le bien de l'homme, a bien attaché notre heur à un câble pourri, et *ancré* notre félicité *en* un sable mouvant.

CHARRON, *De la Sagesse,* liv. II, c. 7.

Bien *ancrer* l'état de sa famille.

MONET, *Dictionnaire.*

C'est surtout avec le pronom personnel qu'il est d'usage au figuré. *S'ancrer,* c'est s'établir, s'affermir quelque part, dans quelque situation :

Le mauvais bruit que quelques gens malins ont fait courir par la France est passé en Italie, et *s'est* fort *ancré* en ceste cour.

LE CARDINAL D'OSSAT, *Lettres;* IV, 149.

Le mareschal de Saint-André et le duc de Savoie s'ennuyant de la prison, pendant laquelle ils voyoient que leurs ennemis *s'ancroient* dans la faveur, s'efforçoient d'en sortir à quelque prix que ce fust.

MÉZERAY, *Histoire de France.* Henri II.

D'abord souple, respectueux, obséquieux, attaché à son

emploi, il (Saumery) tâcha de reconnoître un terrain si nouveau pour lui, après, de s'y *ancrer*.

SAINT-SIMON, *Mémoires*, 1709.

Elle (la princesse des Ursins) l'avoit mis dans plusieurs confidences (le duc de Médina Cœli), et, pour *s'ancrer*, il s'étoit rendu souple à ses volontés.

LE MÊME, même ouvrage, 1710.

Sa mort fut telle et si prompte, qu'il (Saint-Laurent, gouverneur du duc d'Orléans) n'eut pas le temps de penser en quelles mains il le laissoit, ni d'imaginer qui *s'y ancreroit* en titre.

LE MÊME, même ouvrage, 1715.

Et par un cri de joye anime vos courages
A *vous ancrer* au port en dépit des orages.

VAUQUELIN DE LA FRESNAYE, *Art poétique françois*, III.

Enfin chez son rival je *m'ancre* avec adresse.

MOLIÈRE, *l'Étourdi*, III, 5.

Je vois qu'il a, le traître, empaumé son esprit,
Qu'à ma suppression il *s'est ancré* chez elle.

LE MÊME, *l'École des femmes*, III, 5.

Le même écrivain cité plus haut, p. 207, qui a pris figurément, en un sens physique, la locution *Être à l'ancre*, a employé de même le verbe ANCRER :

La moule, taillée en bateau, *s'ancre* aux graviers avec des câbles plus sûrs que ceux de nos vaisseaux.

BERNARDIN DE SAINT-PIERRE, *Harmonies de la nature*, IV.
Harmonies terrestres des animaux.

ANCRÉ, ÉE, participe.

Il s'emploie adjectivement, et se dit d'un bâtiment retenu par ses ancres et de ceux qui montent ce bâtiment :

Et étoient là *ancrés* et arrêtés, au commandement du roi de France, pour attendre la revenue du roi d'Angleterre, car bien savoient qu'il devoit par là passer.

FROISSART, *Chroniques*, liv I, Iʳᵉ part., c. 120.

Li nés sunt à un port turnées
Tutes sunt ensemble *aanchrées*.

WACE, *Roman de Rou*, t. II, v. 11615.

Ils ont drecié lor voiles et Diex lor a doné
Tel vent que droit les maine, tant qu'il sont *ancré*
Desous Constantinoble, cele bone cité.

Chanson d'Antioche, c. 2, v. 54.

Adieu tormente, adieu tempeste, adieu,
Vous, flots cruels. . . . .
Ores *ancré* dedans le sein du port,

III.

En vœu promis j'appan dessus le bort
Aux dieux marins ma dépouille mouillée.

RONSARD, *Amours diverses*, X.

Au figuré, il signifie Bien établi, bien affermi ; Soit en parlant des choses :

Vous voyez toutesfois si j'ay eu la resolution aussi ferme qu'un bon roy doit pour le bien général de tous ses subjects, ce qui est tant *ancré* dans mon ame, que je ne respire rien plus que la conservation de l'honneur de mon Dieu et la votre.

MATTHIEU, *Histoire des derniers troubles de France*, liv. IV.
(Harangue de Henri III aux États.)

On peut desavouer et dedire les vices qui nous surprennent, et vers lesquels les passions nous emportent ; mais ceux qui par longue habitude sont enracinez et *ancrez* en une volonté forte et vigoureuse, ne sont subjects à contradiction.

MONTAIGNE, *Essais*, III, 2.

La vanité est si *ancrée* dans le cœur de l'homme qu'un... goujat, un cuisinier, un crocheteur se vante et veut avoir ses admirateurs : et les philosophes mêmes en veulent.

PASCAL, *Pensées*.

Comme nature est en péché *ancrée*
Par art d'enfer. . . . .

CL. MAROT, *Rondeaux*, 3.

Non, non, je ne fais pas de vos loix tant d'estime
Que pour les observer j'aille commettre un crime,
Et violle des dieux les préceptes sacrez
Qui naturellement sont en nos cœurs *encrez*.

ROB. GARNIER, *Antigone*, IV, v. 307.

Soit en parlant des personnes :

D'Antin n'étoit pas celui qui formoit les moins hautes pensées. *Ancré* par les facilités que lui donnoit sa charge, il ne bougeoit de l'intérieur des cabinets.

SAINT-SIMON, *Mémoires*, 1708.

Madame de Carignan, arrivée, *ancrée*, et point du tout oisive pour son intérêt, obtint un jeu à l'hôtel de Soissons qui lui valut extrêmement.

LE MÊME, même ouvrage, 1719.

A *Ancre*, terme d'Architecture, se rapporte l'emploi qui est fait d'ANCRER dans le passage suivant :

Que de tombeaux grecs et romains, dont les pierres *étaient ancrées* de fer, ont disparu !

BERNARDIN DE SAINT-PIERRE, *Études de la nature*, V.

ANCRAGE, s. m.

Terme de Marine désignant,

Soit l'Action d'ancrer :

Les *ancrages* contre les tempestes dépendent de la bonté du câble surtout.

AGR. D'AUBIGNÉ, *les Aventures du baron de Fæneste.*

Côte de bon *ancrage.*

COTGRAVE, *Dictionnaire.*

Soit un lieu propre et commode pour Ancrer.

On entend par *Droit d'ancrage,* le droit qu'on paye pour avoir la faculté de mouiller dans un port, dans une rade, d'y jeter l'ancre :

Monsieur le coronel a eu le Château-Trompette et le *droit d'ancrage* à Bordeaux, qui vaut deux mille cinq cens livres par an.

MALHERBE, *Lettres à Peiresc,* 2 février 1610.

Le mardy, neufiesme novembre, voyant que le temps se disposoit au beau, après avoir payé au consul une piastre *d'ancrage,* nous levasmes les ancres sur le midy.

THÉVENOT, *Voyage de Levant,* c. 12.

J'obtins du vice-roi (de Canton) pour l'*Amphitrite,* qu'il ne payeroit aucuns *droits,* pas même ceux de mesurage et *d'ancrage,* que tout vaisseau doit à l'empereur.

LE PÈRE BOUVET, *Lettres édifiantes,* 1699.

ANDANTÉ, adv. Quelques personnes prononcent l'*e* final comme un *e* muet, et disent ANDANTE.

Terme de Musique emprunté de l'italien. Il se met en tête d'un air, pour marquer que cet air doit être joué d'un mouvement modéré, ni trop vite, ni trop lentement :

Andante est le participe du verbe italien *Andare,* aller. Il caractérise un mouvement marqué sans être gai, et qui répond à peu près à celui qu'on désigne en français par le mot Gracieusement.

J.-J. ROUSSEAU, *Dictionnaire de musique.* Andante.

Il s'emploie aussi comme substantif masculin en parlant de l'Air même qui doit être joué de ce mouvement :

Il (Onslow) consacra cet ouvrage (son quinzième quintetto) au souvenir de la catastrophe (une blessure grave à la chasse), et donna aux différentes parties de la composition des noms qui, en les caractérisant, rappelaient aussi les phases de sa maladie : un des morceaux s'appelle la Douleur, un autre la Fièvre et le délire, l'*andante* se nomme la Convalescence, et le dernier finale, au mouvement rapide et animé, se nomme la Guérison.

FR. HALÉVY, *Souvenirs et Portraits.* Notice sur Georges Onslow, lue dans la séance publique de l'Académie des Beaux-Arts, le 6 octobre 1855.

Les ouvertures de ces deux partitions (Mitridate, Silla), conformément à une coutume qui déjà commençoit à vieillir, sont composées de trois petites parties, un allegro, un *andante,* un presto.

LE MÊME, *Derniers souvenirs et portraits.* Mozart.

Sur les modifications que le caractère de l'*Andanté* a reçues en dernier lieu, consulter le *Dictionnaire de l'Académie des beaux-arts,* art. ANDANTE, ANDANTINO.

ANDOUILLE, s. f. (Mot d'origine controversée, et venant probablement du bas latin *Inductilis,* mot par lequel est traduit Boudin dans un vieux glossaire allemand; de *Inducere,* induire, mettre dedans. (Voyez LITTRÉ, *Dictionnaire.*)

On l'a encore écrit autrefois, ANDOILLE, ENDOILLE, ENDOULLE, etc. (Voyez les *Dictionnaires* de J. THIERRY, de NICOT, de COTGRAVE, le *Glossaire* de DU CANGE, et les exemples ci-après.)

Boyau de porc, farci d'autres boyaux ou de la chair hachée du même animal :

A ceste fin, avoit ordinairement bonne munition de jambons de Magence et de Bayonne, force langues de bœuf fumées, abondance d'*andouilles* en la saison, et bœuf sallé à la moustarde.

RABELAIS, *Gargantua,* I, 3.

Mes par merveilleuse aventure
Une grande *andoille* ont trovée
Lez le chemin en une arée.

Roman de Renart, v. 2223.

J'ay le corps mieux faict qu'ung *andouille.*

Moralité des enfants de maintenant. (Voyez *Ancien Théâtre françois,* Bibliothèque elzévirienne, t. III, p. 25.)

Semblablement le gentil dieu Bacchus
M'y amena, accompaigné d'*andoilles,*
De gros jambons, de verres et gargoilles.

CL. MAROT, *Épîtres,* II, 15.

Rompre l'Andouille au genouil, était un ancien

proverbe auquel Rabelais fait allusion, et qui est expliqué ainsi dans un des appendices du *Dictionnaire* de NICOT :

« La nature différente des choses, porte que les unes se manient d'une sorte les autres d'une autre... Les andouilles... ne se peuvent rompre, et les faut coupper au cousteau. Ce proverbe donc apprend qu'en toutes nos actions nous ne pouvons parvenir à ce que nous prétendons, si ce n'est par les moyens ordinaires et à ce convenables. »

On a dit depuis : *Rompre l'Anguille au genou.* (Voyez OUDIN, *Curiosités françoises*.)

C'est probablement aussi à un ancien proverbe qu'il est fait allusion dans ce passage d'un de nos vieux poètes :

> Pourquoi ne doubtent cilz ces avoirs desloiaus,
> Où n'a de bon acquest qui vaille deux noiaus?
> Nuls ne puet bonne *endoille* faire de tels boiaus.
> J. DE MEUNG, Testament, v. 1160.

Cela s'en est allé en brouet d'Andouille, s'est dit, proverbialement et figurément, d'une chose qui promettait beaucoup et n'a abouti à rien :

> Son bien *s'en va en brouet d'andouille.*
> DANET, Dictionnaire françois-latin.

Rabelais, qui, dans Pantagruel (IV, 35-42), a personnifié et mêlé à son action burlesque les *Andouilles,* a tiré de ce mot les adjectifs ANDOUILLOIS, ANDOUILLIQUE.

ANDOUILLETTE, s. f.
Petite Andouille.

ANDOUILLER, s. m.
On l'a écrit ANDOILLER, ANDOILLIER, ANDOLIER, ANDOULLIER, etc., et plus anciennement ANTOILLIER. (Voyez les *Dictionnaires* de MONET, de COTGRAVE, le *Glossaire* de SAINTE-PALAYE, et les exemples ci-après.)
Terme de Vénerie. Espèce de petite corne qui vient au bois du cerf, du daim et du chevreuil :

> Les branches qui sont ès cornes du cerf sont appellées *andoulliers,* singulièrement ; et, en général, sont appellées *cors.*
> Le livre du roi Modus.

Le premier cor qui est emprès les mulles s'appelle *antoillier,* le secont *sur-antoillier,* les autres chevilleures ou cors.
GASTON PHEBUS, Chasse.

On congnoistra tousjours les vieux cerfs aux signes qui s'ensuyvent... Aussi, si le premier *andoiller* (que Phebus nomme *antoiller*) est gros, long et près de la meule, le *sur andouiller* assez près du premier, ce premier cors se nomme *andoiller,* le secon *sur andoiller*...
JACQ. DU FOUILLOUX, la Vénerie, c. 21.

Il tâche encore de défendre sa vie, et blesse souvent de coups d'*andouillers* les chiens et même les chevaux des chasseurs trop ardents.
BUFFON, Histoire naturelle. Le Cerf.

Je meurs aboyé par les dogues qui déchirent ce Delisle. Je sais qu'étant en curée, ils veulent me dévorer aussi, mais... je suis un vieux cerf plus que dix cors, et je leur donnerai de bons coups d'*andouillers* avant d'expirer sous leurs dents.
VOLTAIRE, Lettres; à d'Alembert, 9 mai 1777.

ANDROGYNE, s. m. (Des mots grecs ἀνήρ, ἀνδρός, et γυνή.)
Hermaphrodite, personne qui réunit les deux sexes, qui est mâle et femelle tout ensemble :

> Ceux qui sont nommés... *androgynes* disent que Vénus leur baille le don de prophétie.
> SALIAT, trad. d'Hérodote, liv. IV.

> Un grand nombre de rabins ont cru qu'Adam avoit été créé *androgyne,* c'est-à-dire mâle d'un côté et femelle de l'autre, et que Dieu ne fit que le diviser en deux pour former Ève. Dans les dialogues de Platon, il y a une fable de l'*androgyne* : il suppose que certains hommes naissoient doubles et avec les deux sexes ; et, parce que cette duplicité de tous les membres leur donnoit beaucoup de force et de vigueur, ils devinrent insolents jusqu'à déclarer la guerre aux dieux. Jupiter, pour réprimer leur audace, partagea ces *androgynes* en deux ; en sorte, pourtant, qu'il est toujours resté à ces deux moitiez divisées une forte passion de se réunir.
> FURETIÈRE, Dictionnaire.

> On imagina des *androgynes* qui, possédant les deux sexes à la fois, devinrent fort insolents et furent, pour leur châtiment, séparés en deux.
> VOLTAIRE, Dialogues et entretiens philosophiques, XXV.

ANDROGYNE est encore le nom de quelques représentations figurées. (Voyez le *Dictionnaire de l'Académie des beaux-arts,* art. Androgyne, où il est distingué d'Hermaphrodite.)

ANDROGYNE est employé par figure et adjectivement dans la manière de parler rappelée par le
passage suivant :

Les astrologues appellent planètes *androgynes* celles qui
sont tantôt chaudes, tantôt humides, comme Mercure.

RICHELET, *Dictionnaire*.

Il se dit adjectivement, en Botanique, d'une
plante qui a des fleurs mâles et des fleurs femelles
sur le même réceptacle, surtout lorsque ces fleurs
sont entremêlées comme dans les épis de quelques
carex.

Ces mots *androgyne* et *monoïque* signifient absolument
la même chose, excepté que dans le premier on fait plus
d'attention au différent sexe des fleurs, et dans le second,
à leur assemblage sur le même individu.

J.-J. ROUSSEAU, *Fragment pour un dictionnaire des termes
d'usage en botanique*. Androgyne.

On trouve, dans le *Dictionnaire* de Cotgrave,
l'adjectif

ANDROGYNÉ, ÉE.

ANDROMÈDE, s. f. (Du nom propre grec
Ἀνδρομέδη.)

Terme d'Astronomie. Constellation de l'hémisphère septentrional :

Non loin de Cassiopée, on voit errer le triste fantôme de
sa fille *Andromède*... Maintenant encore, et dans la nouvelle place qu'elle occupe, elle a les bras étendus; elle
porte des fers même au ciel, et des liens douloureux en-
chaîneront toujours ses mains.

Traduit d'Aratus, *Phénomènes*, v. 196.

ANE, s. m. (Du latin *Asinus*.)

On l'a longtemps écrit, conformément à son
étymologie, *Asne* (voyez, avec tous les anciens
dictionnaires, le *Dictionnaire de l'Académie*, éditions de 1694 et 1718); et, dans les anciens temps
de la langue, ADNE, AHNE, etc. (Voyez le *Glossaire*
de SAINTE-PALAYE et les exemples ci-après.)

Bête de somme, du genre cheval, à longues
oreilles :

Mustrez se jo ai toleit a nul de vus son *adne*, u son boef.

Les quatre Livres des Rois, I, XII, 3.

Quand on veut faire une grande ignominie à quelqu'un,
on le mene pourmener par toute la ville sur un *asne*.

BOUCHET, *Serées*, XI.

Le Seigneur prenant la parole lui dit : Hypocrites, y a-
t-il quelqu'un de vous qui ne délie pas son bœuf ou son
asne de la crèche le jour du sabbat et ne les mene boire?

LE MAISTRE DE SACI, trad. du Nouveau Testament.
Luc, XIII, 15.

Qui est celui d'entre vous qui, voyant son *asne* ou son
bœuf tombé dans un puits, ne l'en retire pas aussitôt le jour
même du sabbat?

LE MÊME, même ouvrage, XIV, 5.

Les *dnes* étaient la monture ordinaire (des Israélites) même
des riches. — Pour donner une grande idée de Jaïr, un des
juges qui gouvernèrent le peuple, l'Écriture dit qu'il avoit
trente fils, montés sur trente *ânes*, et chefs de trente villes.
Il est dit d'Abdon, un autre des juges, qu'il avoit quarante
fils, montés sur soixante-dix *ânes*. Et dans le cantique de
Débora, les chefs d'Israël sont décrits montés sur des *ânes*
polis et luisants.

FLEURY, *Mœurs des Israélites*, VIII.

Homère vient de comparer Ajax à un lion, pour louer le
courage de ce héros, qui même en fuyant sauve les Grecs;
et ici, pour louer sa patience, il le compare à l'*âne*, qui
est l'animal du monde le plus patient. Quelques critiques,
malheureusement délicats, ont condamné cette comparaison comme trop basse.

Mme DACIER, trad. d'Homère *Iliade*, XI, 558, 399.
Remarques.

Je n'ai rien à faire, me dit-il, et je ne suis pas paresseux,
j'irai partout avec vous. — Je baisse les oreilles comme un
âne qu'on charge trop.

DACIER, trad. d'Horace. *Satires*, t. IX.

L'*âne* ne laisse pas de différer matériellement du cheval
par la petitesse de la taille, la grosseur de la tête, la longueur des oreilles, la dureté de la peau, la nudité de la
queue, la forme de la croupe... par la voix, l'appétit, la
manière de boire... L'*âne* est donc un *âne*, et n'est point
un cheval dégénéré, un cheval à queue nue; il n'est ni
étranger, ni intrus, ni bâtard; il a comme tous les autres animaux, sa famille, son espèce et son rang; son
sang est pur; et, quoique sa noblesse soit moins illustre,
elle est tout aussi bonne, tout aussi ancienne que celle du
cheval. Pourquoi donc tant de mépris pour cet animal si
bon, si patient, si sobre, si utile ?

BUFFON, *Histoire naturelle*. L'Ane.

Plus bête que l'*âne* de la fable, je m'inquiétois beaucoup
pour savoir de quel maître j'aurois l'honneur de porter le
bât.

J.-J. ROUSSEAU, *les Confessions*, V.

Les tribus voyagent en caravane ; les chameaux cheminent à la file. Le chameau de tête est attaché par une corde de bourre de palmier au cou d'un *âne* qui est le guide de la troupe; celui-ci, comme chef, est exempt de tout fardeau et jouit de divers privilèges.

CHATEAUBRIAND, *Itinéraire de Paris à Jérusalem*, III° part.

> *Asnes* braient, chevaus heiiissent.
>
> G. GUIART, *Royaus Lignages*, t. II, v. 10644.

> Il n'a jument ni cheval,
> Il va à pied par faulte d'*asne*.
>
> VILLON, *les Franches Repues*.

> Des coups n'être point abattu,
> C'est d'un *âne* avoir la vertu.
>
> RÉGNIER, *Contre un amoureux transi*, stance 5.

> ... Nous n'oyions jamais passer devant chez nous
> Cheval, *âne* ou mulet, qu'elle ne prît pour vous.
>
> MOLIÈRE, *l'École des femmes*, I, 3.

> Quoi ! me prouverez-vous par ce discours profane
> Que l'homme, qu'un docteur, est au-dessous d'un *âne*?
> Un *âne*, le jouet de tous les animaux,
> Un stupide animal, sujet à mille maux;
> Dont le nom seul en soi comprend une satire !
> — Oui, d'un *âne*...
>
> BOILEAU, *Satires*, VIII.

> Un vieillard sur son *âne* aperçut en passant
>   Un pré plein d'herbe et fleurissant :
> Il y lâche sa bête, et le grison se rue
>   Au travers de l'herbe menue,
>   Se vautrant, grattant, et frottant,
>   Gambadant, chantant, et broutant,
>   Et faisant mainte place nette.
>
> LA FONTAINE, *Fables*, VI, 8.

> L'*âne* vint à son tour, et dit : J'ai souvenance
> Qu'en un pré de moines passant,
> La faim, l'occasion, l'herbe tendre, et, je pense,
> Quelque diable aussi me poussant,
> Je tondis de ce pré la largeur de ma langue.
>
> LE MÊME, *même ouvrage*, VII, 1.

> L'*âne* me plaît; son dos porte au marché
> Les fruits du champ que le rustre a bêché.
>
> VOLTAIRE, *le Pauvre diable*.

> A force de malheur l'*âne* est intéressant;
> Aussi le préjugé vainement le maltraite,
> En dépit de l'orgueil il aura son poète :
> Homère, qui chanta tant de héros divers,
> Auprès du grand Ajax le plaça dans ses vers.
> La fable le nomma le coursier de Silène.
>
> DELILLE, *les Trois Règnes*, VIII.

En dos d'âne, se dit en parlant De certaines choses qui sont ou qui semblent formées de deux parties réunies ensemble de manière à présenter une pente, un talus de chaque côté :

> Nous le conduisîmes d'abord à la porte d'Ali, qui touche le palais du roy. C'est la coutume que tous les ambassadeurs aillent saluer cette porte, à cause d'une pierre de marbre blanc faite en *dos d'asne* et qui sert de marche, laquelle on tient avoir esté anciennement aportée de l'Arabie où ce prophète faisoit sa demeure
>
> TAVERNIER, *Voyages de Perse*, liv. II, c. 5.

> La chaine la plus élevée et la plus voisine des Alpes, a eu originairement la forme d'un *dos d'âne*.
>
> SAUSSURE, *Voyages dans les Alpes*, t. I, c. 14.

L'*Ane* étant un terme de comparaison fort ordinaire, il en est résulté :

1° Des manières de parler usuelles, telles que *têtu, colère, dur comme un âne*, etc.

2° Des proverbes, des expressions proverbiales, rassemblés en fort grand nombre dans les recueils de proverbes, dans quelques lexiques, notamment celui de Cotgrave, celui de Sainte-Palaye, et dont quelques-uns se rencontrent chez nos anciens écrivains. Nous choisirons de préférence parmi ces derniers :

> Comment (dist Epistemon) tout le monde chevaulchera et *je meneray l'asne?* (Je n'aurai rien à faire.)
>
> RABELAIS, *Pantagruel*, II, 26.

> Il y aura icy *de l'asne*, je le prevoy (du mal-entendu.)
>
> LE MÊME, *même ouvrage*, IV, 36.

> Aultres *lavoient les testes des asnes*, et ny perdoient la *lexive*. (Contrairement à un proverbe qui disait qu'on y perdait la lessive, qu'on tentait l'impossible.)
>
> LE MÊME, *même ouvrage*, V, 22.

> Plusieurs bons esprits de la France... laissent bien souvent les bonnes lettres pour suivre le train du Palais, et s'assoupissant par cette voye, pendant que, comme *asnes vont au moulin*, ils consomment leur esprit à se charger de sacs au lieu de livres.
>
> EST. PASQUIER, *Recherches de la France*, II, 4.

> J'ay ouy dire qu'il est malaisé de *déguiser un asne en un coursier*.
>
> MARTIN DU BELLAY, *Mémoires*.

> Quant li baron l'entendent, chascuns s'est arrier trais,
> Tout ainsi com *li asnes qui regarde le fais*.
>
> *Chanson des Saxons*, XV.

> *Roy sans lettre est comme asne couronné*.
>
> EUST. DESCHAMPS, *Poésies*, mss., p. 338, col. 1.
> (Cité par Sainte-Palaye.)

J'ay paour, qu'il me soit reproché,
Qu'un asne mort j'ay escorché.
CL. MAROT, Épîtres, II, 12.

Asne avec le cheval n'atele.

A l'asne, l'asne semble très-beau.
J.-A. DE BAÏF, Mimes.

Je fus enfin contraint de ronger ma litière
Comme un asne affamé qui n'a chardons ni foin.
RÉGNIER, Satires, X.

On trouve chez Cotgrave, entre autres proverbes et expressions proverbiales :

Braire avec les asnes.
Brider l'asne par la queue.
Demander de la laine à un asne.
On y va comme asnes débastés.
Plus d'un asne, à la foire, a nom Martin.
Pour un poil Martin perdit son asne.

Autrement dans un ancien recueil (Proverbes amusants et vulgaires) : Pour un point perdit Gilbert son asne, forme qui a prévalu. Voir, sur les rédactions diverses et l'origine controversée de ce proverbe, COTGRAVE, Dictionnaire; MÉNAGE, Origines; SAINTE-PALAYE, Glossaire.

Et chez Danet :

On ne sauroit faire boire un asne s'il n'a soif.

Dans des dictionnaires plus récents :

L'âne du commun est toujours le plus mal bâté :

Les affaires d'une communauté, d'une société sont souvent négligées, aucun membre ne voulant prendre la peine de les soigner comme si elles étaient les siennes.

Il cherche son âne, et il est dessus.

Pont aux ânes est une expression proverbiale qui se dit d'une chose si triviale, si commune, que personne ne peut l'ignorer, si facile que tout le monde peut y réussir :

O qui pourra maintenant raconter comment se porta Pantagruel contre les trois cens géans? O ma muse, ma Calliope, ma Thalie, inspire moy à ceste heure!... car voicy le pont aux asnes de logicque, voicy le trebuchet, voicy la difficulté de pouvoir exprimer l'horrible bataille que fut faite.
RABELAIS, Pantagruel, II, 28.

La cinquième proposition d'Euclide est le pont aux asnes de la géométrie.
FURETIÈRE, Dictionnaire.

L'Ane de Buridan, autre expression proverbiale, rappelle un argument contre le libre arbitre d'un dialecticien du xve siècle, argument reproduit dans les vers suivants :

Connaissez-vous cette histoire frivole
D'un certain âne illustre dans l'école?
Dans l'écurie on vint lui présenter,
Pour son dîner, deux mesures égales,
De même forme, à pareils intervalles :
Des deux côtés l'âne se vit tenter
Également, et, dressant ses oreilles,
Juste au milieu des deux formes pareilles,
De l'équilibre accomplissant les lois,
Mourut de faim de peur de faire un choix.
VOLTAIRE, la Pucelle, XII.

Coq-à-l'âne (voyez ce mot) est un discours sans suite, sans liaison, sans raison. Cl. Marot a ainsi appelé ses satires : « Pour la variété inconstante des non cohérents propos, que les François expriment par le saut du coq-à-l'asne, » dit un contemporain, Th. Sebilet.

Peau-d'âne est le titre d'un vieux conte renouvelé par Ch. Perrault.

Nous sommes tous d'Athène en ce point, et moi-même,
Au moment que je fais cette moralité,
Si Peau-d'âne m'étoit conté,
J'y prendrois un plaisir extrême.
Le monde est vieux, dit-on : je le crois ; cependant
Il le faut amuser encor comme un enfant.
LA FONTAINE, Fables, VIII, 4.

Les Oreilles de l'âne ont été chez les anciens, comme elles sont chez nous, l'emblème de l'ignorance, de la stupidité :

Et s'il ne m'est permis de le dire au papier,
J'irai creuser la terre, et, comme ce barbier,
Faire dire aux roseaux par un nouvel organe :
Midas, le roi Midas a des oreilles d'âne.
BOILEAU, Satires, IX.

De là ce proverbe d'un vieil auteur :

Tous asnes n'ont pas grans oreilles.
JEAN MESCHINOT, Ballades.

De là aussi l'expression Oreilles d'âne, cornets de papier, imitant à peu près la forme d'une oreille d'âne, qu'on attache des deux côtés de la tête d'un enfant pour le punir d'une faute d'ignorance.

On dit, dans un sens analogue, *Bonnet d'âne* :

Il n'y a qu'un *bonnet d'âne* à mettre sur la tête d'un savant qui croit savoir bien ce que c'est que la dureté, la cohérence, etc.

Voltaire, Lettres; au roi de Prusse.

Ane se dit, figurément et très familièrement, d'un esprit lourd et grossier, d'un homme très ignorant :

Tu es bien *asne* si tu penses que la pierre de chaux aye ceste vertu (celle d'empêcher la putréfaction), sans qu'il y eust du sel.

Bernard Palissy, Recepte véritable.

Ne vous étonnez point si j'aimois mieux lire que d'écouter mon régent, car c'étoit le plus grand *âne* qui jamais monta en chaire.

Sorel, Francion, IV.

Je laisse braire les *ânes* sans me mêler de leur musique.

Voltaire, Lettres; 29 d'Auguste 1757.

Autrefois le titre d'homme de lettres s'acquérait à peu de frais, il suffisait de savoir lire et de chanter au lutrin. Foulques le Bon, comte d'Anjou, était du nombre de ces savants ; il écrivit à Louis d'Outremer, qui plaisantait sur son érudition : Sachez qu'un prince non lettré est un *âne* couronné.

Sainte-Foix, Essais historiques sur Paris. Couvents des
religieux mendiants.

Un gros *âne* pourvu de mille écus de rente.

Régnier, Satires, IV.

Je le trouve assez drôle, et je n'y suis pas *âne*.

Molière, les Fâcheux, I, 1.

Ma foi, de tels savants sont des *ânes* bien faits.

Le même, même ouvrage, III, 2.

Le plus *âne* des trois n'est pas celui qu'on pense.

La Fontaine, Fables, III, 1.

... Traitant d'*âne*
Quiconque est ignorant, d'esprit lourd, idiot.

Le même, même ouvrage, XI, 5.

On dit, au même sens, avec une addition qui l'aggrave, *Ane bâté :*

Des *asnes bastez* capables d'un pesant fardeau.

Danet, Dictionnaire, trad. de Plaute. Homines
clitellarii magni oneris.

Diantre soit de l'*âne bâté!*

Molière, le Bourgeois gentilhomme, II, 4.

Ane débâté, se dit d'un homme trop adonné aux femmes.

ANESSE, s. f.

On l'a longtemps écrit Asnesse.

La femelle de l'âne :

Et sa possession fut... cinc cenz jous de boès et cinc cenz *ahnesses.*

Le livre de Job, à la suite des Quatre Livres des Rois.
(Voyez Leroux de Lincy, p. 495.)

Balaam s'étant levé le matin, sella son *asnesse* et se mit en chemin.

Le Maistre de Sacy, trad. de l'Ancien Testament.
Nombres, XXII, 21.

Cette boisson ne se peut mieux comparer qu'au lait d'*ânesse* pour sa douceur.

Sorel, Francion, III.

Madame de la Fayette a passé ici l'après-dînée entière ; elle se trouve fort bien du lait d'*ânesse.*

Mme de Sévigné, Lettres; 30 octobre 1680.

Le lait d'*ânesse*... est un remède éprouvé et spécifique pour certains maux, et l'usage de ce remède s'est conservé depuis les Grecs jusqu'à nous.

Buffon, Histoire naturelle. L'Ane.

ANON, s. m.

On l'a longtemps écrit Asnon.

Le petit d'un âne :

Lorsqu'ils approchèrent de Jérusalem.... Jésus envoya deux de ses disciples et leur dit : Allez à ce village qui est devant vous, et vous y trouverez en arrivant une anesse liée et son *asnon* auprès d'elle, déliez-la et me l'amenez.

Le Maistre de Sacy, trad. du Nouveau Testament.
Matth., XXI, 1, 2.

Nous allâmes dès le lendemain à la quête avec l'*ânon* que je menois par le licou.

Le Sage, Gil Blas, X, 10.

Dites nos comment il a nom ;
Fot-il donques pelez *asnon.*

Roman du Renart, v. 12182.

Au travers d'un mien pré certain *ânon* passa,
S'y vautra, non sans faire un notable dommage,
Dont je formai ma plainte au juge du village.
Je fais saisir l'*ânon.* Un expert est nommé ;
A deux bottes de foin le dégât estimé.

J. Racine, les Plaideurs, I, 7.

Le sens figuré d'*Ane* s'est étendu à Anon :

On ne peut, sans rire de pitié, lire la manière dont Luther traite tous ses adversaires, et surtout le pape : « Petit pape, petit papelin, vous êtes un âne, un *ânon*. »

Voltaire, Essai sur les mœurs. De Luther et des Indulgences, c. 128.

D'Asnon on avait fait, autrefois, le diminutif Asnichon. (Voyez les *Dictionnaires* de Monet, de Cotgrave.)

Item y a deux petites estoiles au signe du cancer, que les mathématiciens appellent *asnichons* (*Aselli cœlestes*).

Du Pinet, trad. de Pline l'Ancien, liv. XVIII, c. 35.

D'Anon étaient venus aussi :

Anonner₂ v. a.
Autrefois Asnonner. (Voyez les *Dictionnaires* de Nicot, de Cotgrave, de Danet.)
Mettre bas, en parlant d'une ânesse, faire un ânon.

Anonnement, s. m.
Autrefois Asnonnement.
L'action de mettre bas, en parlant d'une *ânesse*.
Ces deux mots sont, depuis longtemps, employés dans un autre sens.

ANONNER, c'est Ne lire, ne réciter, ne parler qu'avec peine, qu'en hésitant :

Iceluy avec sa bouche d'asne ne fait qu'*asnoner*. Balde ne peut entendre son langage asnin.

Histoire macaronique, t. II, p. 276.

Un de ses neveux le vint voir une fois, après avoir été neuf ans au collége. Il lui voulut faire expliquer quelques vers d'Ovide, à quoi ce garçon se trouvoit bien empêché. Après l'avoir laissé *ânonner* un gros quart-d'heure, Malherbe lui dit : « Mon neveu, croyez-moi, soyez vaillant, vous ne valez rien à autre chose. »

Tallemant des Réaux, Historiettes. Malherbe.

Il est vrai que mes pauvres lettres n'ont de prix que celui que vous y donnez en les lisant comme vous faites ; car elles ont des tons, et ne sont pas supportables quand elles *sont ânonnées* ou épellées.

Mme de Sévigné, Lettres; 24 juillet 1691.

... Cela le déconcerte (le duc de Chaulnes); toutefois il se met à vouloir lire, il répète : Monsieur, il *ânonne*; bref,

il se démonte au point qu'il ne peut lire et qu'il demeure absolument court.

Saint-Simon, Mémoires, 1711.

Est-il vrai que la Dubois récite le rôle d'Atide comme une petite fille qui *ânonne* sa leçon ?

Voltaire, Lettres; 1er février 1761.

ANONNEMENT, c'est cette manière de lire, de réciter, de parler :

Je sentois que j'avois grand besoin de vous, et que l'*ânonnement* que je connois feroit une étrange pauvreté de toute cette lettre.

Mme de Sévigné, Lettres; 28 mai 1695.

D'Asne on avait tiré Asnesque, et d'*Asinus*, Asinesque, adjectifs recueillis, le premier par Cotgrave, le second par Oudin. Sainte-Palaye y a ajouté l'adverbe Asiniquement.

Un dérivé direct d'*Asinus*, encore subsistant, est :

ASINE, adj. f.
Autrement, Asinine, Asnine. (Voyez l'exemple ci-après et le *Glossaire* de Sainte-Palaye.)
Il ne s'emploie que dans cette locution peu usitée : *Bête asine*, un âne ou une ânesse :

La muletaille s'engendre de bestes chevalines et *asinines* accouplées ensemble.

Olivier de Serres, Théâtre d'agriculture.

D'après d'anciens textes cités par Sainte-Palaye et par Du Cange au mot *Azina*, on a dit *Somme asnine;* et, par ellipse de ce substantif ou de quelque autre analogue, *Azine,* en parlant de la charge d'un âne.

C'est le sens d'un mot qui s'est conservé longtemps dans les dictionnaires :

Anée, s. f.
On l'a écrit Asnée. On a dit aussi Asnie. (Voyez l'exemple ci-après.)

Et cil cui le platre aura esté livré, rabastra de chacune *asnée* que il aura eue, autant come, etc.

Est. Boileau, le Livre des Métiers, 109.

Avoit contraint ledit Renel de composer à lui à xx *asnées*, et ledit Gauvin à viii *asnées* de vin.

Du Cange, Glossaire. Asinata.

Bien suy a vilté
Tenue comme une servente ;
Je n'oseroye mectre en vente
Une seule *asnie* de blé.

EUSTACHE DESCHAMPS, Miroir du mariage.

ANIER , IÈRE , s. (Du latin *asinarius, a.*)
On l'a longtemps écrit ASNIER, ASNIÈRE.
Celui, celle qui conduit des ânes :

Octovian Auguste, second empereur de Romme, quelque jour rencontrant ung païsant nommé Eutyche, c'est-à-dire bien fortuné, qui menoit ung asne nommé Nicon, c'est en langue grecque Victorien, meu de la signification des noms, tant de l'*asnier* que de l'asne, se asseura de toute prosperité, felicité et victoire.

RABELAIS, Pantagruel, IV, 37.

Deux juifs, grands magiciens, rencontrèrent un jour un jeune *ânier* qui était fort embarrassé à conduire son âne.

VOLTAIRE, Pyrrhonisme de l'histoire, c. 22.

Un *ânier*, son sceptre à la main,
Menoit, en empereur romain,
Deux coursiers aux longues oreilles.

LA FONTAINE, Fables, II, 10.

ANIER a quelquefois participé au sens figuré d'*Ane*, et signifie Lourdaud, stupide, ignorant :

Qui faict en plusieurs pays le peuple rebelle et detravé, les paiges friants et maulvais, les escoliers badaulx et *asniers*? Leurs gouverneurs, leurs escuyers, leurs precepteurs n'estoient decretalistes.

RABELAIS, Pantagruel, IV, 53

Comme sera-ce que le peuple les estimera experts et sçavans, veu qu'eux mesmes s'entr'appellent ignorans et *asniers*?

G. BOUCHET, les Serées, I, 10.

Que voulez-vous que je vous die?
Je suis pour ung *asnyer* tenu...
Qui vouldra, pour moy estudie :
Trop tart je m'y suis entendu,
Es derreniers jours de ma vie.

CHARLES D'ORLÉANS, Ballades, XVI.

Il est pris en ce sens, mais employé adjectivement, dans les passages suivants :

Si quelqu'un estoit si curieux que d'en vouloir veoir quelques-unes (des étymologies phantastiques), il trouvera un assez bon nombre de telles en un livre de nostre maitre Perion. Je ne dis pas seulement de phantastiques, mais de sottes et ineptes, et si lourdes et *asnières*, que n'estoyent

III.

les autres tesmoignages que ce povre moine nous a laissez de sa lourderie et asnerie, on pourroit penser cest œuvre estre supposé.

H. ESTIENNE, Conformité du langage françois avec le grec, Ire édit.

Je ne m'esmeus pas une fois l'an des fautes de ceulx sur lesquels j'ay puissance : mais sur le point de la bêtise et opiniastreté de leurs allégations, excuses et défences *asnières* et brutales, nous sommes tous les jours à nous en prendre à la gorge.

MONTAIGNE, Essais, III, 8.

ASNIER a lui-même donné lieu à d'anciens proverbes :

A rude asne rude *asnier*.

H. ESTIENNE, La Precellence du langage françois.

A l'hospital les bons ouvriers, et en dignité les gros *asniers*.

COTGRAVE, Dictionnaire.

Contre vizeux asnon vizeux *asnier*.

Proverbes ruraux et vulgaires, ms.

Li *asniers* une chose pense
Et li asnes pensse tout el (le contraire).

MÉON, Fabliaux et contes anciens, III, 164.

ASNIÈRE, substantif féminin, s'est dit d'Un lieu où l'on élève les ânes. De là tant de villages en France nommés *Asnière*, et la coutume de dire d'un ignorant, par allusion à la stupidité de l'âne, qu'il était *logé à Asnières*, qu'il *avait étudié, fait son cours à Asnières :*

Je crois que tu as fait ton cours à *Asnières*.

La comédie des Proverbes.

ANERIE , s. f.
On l'a longtemps écrit *Asnerie*.
Selon D. CARPENTIER, additions au *Glossaire* de DU CANGE, il a signifié : « Droit seigneurial payé par les meûniers, qui reportaient la farine à ceux à qui elle appartenait. » Selon SAINTE-PALAYE, *Glossaire*, « exercice de la profession d'Anier. »
Depuis longtemps il n'a plus que le sens moral d'ignorance, de sottise, de maladresse :

Rheginon nous tesmoigne que deux légats du pape, estant retournez de France à Rome, reportèrent au pape Nicolas premier que jamais ils n'avoient trouvé tant d'*asnerie* que celle qui estoit lors en nostre église.

EST. PASQUIER, Recherches de la France, III, 1.

28

Sur cela, font des comptes à perte de vue, ou bien, pour demeurer dedans les termes du vieux proverbe françois, font des comptes de la peau d'asne, auxquels il n'y a rien que de l'*asnerie*.

Est. Pasquier, *Recherches de la France*, IX, 33.

Du vieux Zénon l'antique confrérie
Disoit tout vice être issu d'*ânerie*.

J.-B. Rousseau, *Épîtres*, I, 3.

On dit fréquemment *Une ânerie, des âneries*, etc. :

Qui fagotteroit suffisamment un amas des *âneries* de l'humaine sapience, il diroit des merveilles.

Montaigne, *Essais*, II, 12.

Hé bien, petit coquin, voilà encore de vos *âneries!*

Molière, *la Comtesse d'Escarbagnas*, sc. 12.

L'abbé Dubois, avec qui je n'étois pas bien... auroit, je crois, voulu m'embarquer dans quelque *ânerie*, me commettre avec le parlement, et le raccommoder avec le régent à mes dépens..

Saint-Simon, *Mémoires, 1720*.

J'ai reçu tant d'*âneries* de votre bonne ville de Paris, qu'il faut que vous me pardonniez de ne vous avoir pas répondu plus tôt.

Voltaire, *Lettres; 18 juillet 1760*.

ANÉANTIR, v. a. (De *A* et de *Néant*.)

On l'a écrit : Anneantir, Anientir, Aniantir, Anoiantir, etc. On a dit aussi Aneanter, Anienter, etc. (Voyez le *Glossaire* de Sainte-Palaye et les exemples ci-après.)

- Anéantir, c'est, proprement, Réduire au néant :

Les corps peuvent bien être dissous, leurs parcelles peuvent bien être séparées et jetées deçà et delà, mais pour cela ils ne sont point *anéantis*.

Bossuet, *De la Connoissance de Dieu et de soi-même*, c. 5, art. 13.

Avec de tels moyens, que ne peut la nature? Elle pourroit tout, si elle pouvoit *anéantir* et créer; mais Dieu s'est réservé ces deux extrêmes de pouvoir: *anéantir* et créer sont les attributs de la toute-puissance.

Buffon, *Histoire naturelle*. De la Nature.

Il n'est rien de plus sublime dans Homère que le combat d'Emmanuel contre les mauvais anges dans Milton, quand, les précipitant au fond de l'abîme, le Fils de l'homme retient à moitié sa foudre de peur de les *anéantir*.

Chateaubriand, *Génie du Christianisme*, liv. IV, c. 5.

Anéantir se dit, figurément et par exagération,

pour Détruire entièrement, et, en ce sens, il régit des noms de toutes sortes.

Des noms de choses de l'ordre physique :

Li sires puet acroistre ou apeticier ou tout *aneanter* le chatel, son serf.

Ancienne traduction du Digeste, fo 173, ro, c. 2.

Inventoyt art et moyen d'*anéantir* la gresle, supprimer les vents, destourner la tempeste.

Rabelais, *Pantagruel*, IV, 61.

Le mauvais ordre des finances, et la négligence invétérée du gouvernement avoient presque *anéanti* les fortifications les plus indispensables.

Fontenelle, *Éloge de Renau*.

Ce sont les ouvrages de sculpture qui transmettent à la postérité les progrès des beaux-arts chez une nation. Le temps *anéantit* tous les tableaux, la terre conserve les débris du marbre et du bronze.

Diderot, *Salon de 1765*. Sculpture : Berruer.

... Tous ses cors estoit sechiés
De viellece et *anoiantis*.

Roman de la Rose, v. 350.

Le port de Gravelingnes prennent;
Toute la ville *aneantissent*.

Guill. Guiart, *Royaus Lignages*, t. I, v. 5914.

Des noms abstraits :

Plusieurs des premiers hérétiques se sont jettez aux champs pour *anéantir* la gloire de Dieu par des resveries si énormes, que ce leur estoit assez d'esbranler et troubler les povres idiots.

Calvin, *Institution chrestienne*, liv. I, c. 13, § 22.

Il est en nous sinon d'*anéantir* la douleur, au moins de l'amoindrir par patience.

Montaigne, *Essais*, I, 40.

Je vous dis que vous *anéantissez* la morale chrétienne, en la séparant de l'amour de Dieu, dont vous dispensez les hommes.

Pascal, *Provinciales*, XVII.

Il (le cardinal de Richelieu) *anéantissoit* par son pouvoir et par son faste royal, la majesté personnelle du roi.

Le cardinal de Retz, *Mémoires*, liv. II.

Tout ce que peuvent faire non seulement la naissance et la fortune, mais encore les grandes qualités de l'esprit, pour l'élévation d'une princesse, se trouve rassemblé et puis *anéanti* dans la nôtre.

Bossuet, *Oraison funèbre de la duchesse d'Orléans*.

L'une des malédictions de Dieu dans l'Écriture, est d'*anéantir* jusqu'à la mémoire des princes réprouvés.

Bourdaloue, *Oraison funèbre du prince de Condé*.

L'autorité même du peuple *étoit anéantie.*
MONTESQUIEU, *Grandeur des Romains*, c. 13.

Cependant, si les lettres *étoient* maintenant *anéanties*, je serois privé du plaisir qui me reste : c'est dans leur sein que je me console de tous mes maux.
J.-J. ROUSSEAU, *Lettres; 10 septembre* 1755.

Leurs vains titres d'honneur *seront anéantis.*
RACAN, *Psaumes*, XXXVI.

Ainsi donc un perfide, après tant de miracles, Pourroit *anéantir* la foi de tes oracles!
J. RACINE, *Esther*, I, 4.

Des noms désignant des peuples, des États, des gouvernements, des corps, des lois, des coutumes, etc. :

La république romaine *avoit* été *anéantie* par Jules César.
LE CARDINAL DE RETZ, *Mémoires.*

Ces efforts (contre l'empereur) qui achevèrent d'épuiser inutilement l'Espagne, *anéantirent* sa marine, qui venoit de se relever.
LE MÊME, même ouvrage, 1718.

Rome *avoit* si bien *anéanti* tous les peuples, que, lorsqu'elle fut vaincue elle-même, il semble que la terre en eût enfanté de nouveaux pour la détruire.
MONTESQUIEU, *Grandeur des Romains*, c. 16.

Car France de sa mort *seroit aniéntie.*
Chronique de Bertrand du Guesclin, v. 27489.

Des noms de personne :

Que veut autre chose dire ceste sentence de sainct Cyprien, tant souvent alléguée de sainct Augustin : Il ne nous faut en rien glorifier, car il n'y a nul bien qui soit nostre? Certes elle *anéantit* du tout l'homme, afin de lui apprendre de cercher tout en Dieu.
CALVIN, *Institution chrestienne*, liv. II, c. 2, § 9.

L'inflexible Romain immole ses enfants au salut de la république... le père *est* absorbé et comme *anéanti* dans le consul.
D'AGUESSEAU, *Mercuriales.*

Le roi ne vouloit élever que ceux qu'il pouvoit *anéantir*, comme il les avoit créés.
DUCLOS, *Mémoires secrets sur Louis XIV, la Régence*, etc.

Dieu nous a placés à une distance convenable de sa majesté infinie; assez près pour l'entrevoir, assez loin pour n'en *être* pas *anéantis.*
BERNARDIN DE SAINT-PIERRE, *Études de la nature*, VIII.

Quarriaus et dars qui en l'air bruient Maint soudoier *aneantissent.*
G. GUIART, *Royaus Lignages*, t. II, v. 1170.

Ce temple l'importune, et son impiété , Voudroit *anéantir* le Dieu qu'il a quitté.
J. RACINE, *Athalie*, I, 1.

ANÉANTIR, régissant un nom de personne, est susceptible d'acceptions très variées, dont plusieurs doivent être distinguées. Il signifie par exemple :

Réduire à un état de grand abattement, de découragement, de confusion, etc. :

Pour mectre fin à ceste douleur qui ainsi vous *aneantist...*
Le Livre du chevaleureux comte d'Artois, p. 151.

Ce que je venois de dire le mit hors d'état de résister davantage, ma générosité le terrassa, l'*anéantit* devant moi; je ne vis plus qu'un homme rendu, qui ne faisoit plus mystère de sa honte.
MARIVAUX, *la Vie de Marianne*, VIIIᵉ part.

J'ai vu... des personnes que la frayeur de la mort a fait mourir en effet, des femmes surtout que la crainte de la douleur *anéantissoit.*
BUFFON, *Histoire naturelle*. Sur la Mort.

Pour un homme aussi honteux parler non-seulement en public, mais devant le sénat de Berne, et parler impromptu, sans avoir une seule minute pour me préparer, il y avoit là de quoi m'*anéantir.*
J.-J. ROUSSEAU, *les Confessions*, I, 4.

Réduire à un état de nullité, annuler :

Il y a telle femme qui *anéantit* et qui enterre son mari au point qu'il n'en est fait dans le monde aucune mention.
LA BRUYÈRE, *Caractères*. Des femmes.

La frivolité... *anéantit* les hommes qui s'y attachent.
VAUVENARGUES, *Discours sur les plaisirs.*

ANÉANTIR, avec le pronom personnel, est quelquefois verbe réciproque, et signifie Se détruire mutuellement :

Les ressorts qu'elle (la nature) emploie sont des forces vives... qui se balancent, qui se confondent, qui s'opposent sans pouvoir s'*anéantir.*
BUFFON, *Histoire naturelle*. De la Nature.

Le plus souvent S'ANÉANTIR est verbe réfléchi, et signifie Devenir à rien, ou presque à rien.

Il a, alors, pour sujets, comme *Anéantir* pour régimes,

Soit des noms de choses de l'ordre physique :

Nos corps, par la dernière résolution qui s'en fait dans le tombeau, se raccourcissent, s'abrègent presque jusqu'à *s'anéantir.*

> BOURDALOUE, *Carême.* Sermon sur les Cendres.

Soit des noms abstraits :

L'esprit même a besoin de quelque trêve, non pour *s'anéantir,* mais pour se relâcher.

> MALHERBE, trad. des *Épîtres* de Sénèque, XV.

Les bonnes actions *se* peuvent *anéantir* en quelque sorte par les mauvaises, et... les mauvaises se peuvent abolir par les bonnes.

> NICOLE, *Réflexions sur le traité de Sénèque de la Breveté de la vie.*

On vit ensuite peu à peu la nature *s'anéantir* en elle, ses forces diminuer, sa vie finir, et ses yeux commencèrent alors à se fermer pour jamais aux choses de la terre.

> Mᵐᵉ DE MOTTEVILLE, *Mémoires.*

L'avenir n'est point à nous, peut-être n'y sera-t-il jamais; et quand il y seroit, qu'en faudroit-il croire? Il vient, il s'approche, le voilà, il n'est déjà plus, il est tombé dans cet abîme du passé où tout s'engouffre et *s'anéantit.*

> FÉNELON, *Pour la Fête de tous les saints.*

Le présent qui s'enfuit est déjà bien loin, puisqu'il *s'anéantit* dans le moment que nous parlons.

> LE MÊME, *Télémaque,* XIX.

Il y a des choses qui occupent dans leur temps, et qui, vieillissant, *s'anéantissent.*

> SAINT-SIMON, *Mémoires,* 1720.

Les attributs infinis de l'Être suprême sont des abîmes où nos faibles lumières *s'anéantissent.*

> VOLTAIRE, *Lettres;* au prince royal de Prusse, octobre 1737.

Tout a donc été créé, et rien encore ne *s'est anéanti.*

> BUFFON, *Histoire naturelle.* De la nature : Première vue.

A ces exemples peuvent s'en ajouter d'autres, tels que les suivants, où *S'anéantir,* pris figurément, a le sens de Paraître un pur néant, c'est-à-dire de disparaître :

Le fini *s'anéantit* devant l'infini et devient un pur néant.

> PASCAL, *Pensées.*

Ainsi leurs grandeurs éclipsées
S'anéantiront à nos yeux.

> J.-B. ROUSSEAU, *Odes,* I, 4.

Des noms de personne :

Mon cher et grand philosophe, mon cher ami, je *m'anéantis* petit à petit sans souffrir beaucoup.

> VOLTAIRE, *Lettres;* 5 novembre 1770.

En termes de Dévotion, *S'anéantir devant Dieu, en présence de Dieu,* ou simplement *S'anéantir,* etc., C'est s'abaisser et s'humilier devant Dieu par la connaissance qu'on a de son néant :

Seigneur, toute lumière créée et qui n'est pas vous, quoiqu'elle vienne de vous, vous doit le sacrifice de *s'anéantir,* de disparoître en votre présence.

> BOSSUET, *Traité de la Concupiscence,* c. 32.

Il *s'anéantissoit* lui-même, tandis que tout l'univers lui applaudissoit.

> FLÉCHIER, *Panégyrique de saint François de Paule.*

François veut s'abaisser et *s'anéantir;* et Dieu, pour le relever, le tire de l'obscurité où il veut vivre.

> BOURDALOUE, *Sermon pour la fête de saint François de Paule.*

Hélas! qui de nous n'a pas de quoi se confondre et *s'anéantir* devant la justice divine?

> MARIVAUX, *la Vie de Marianne,* Vᵉ part.

S'ANÉANTIR a été employé de cette manière même en parlant de Jésus-Christ; selon l'Écriture, Jésus-Christ *s'est anéanti de lui-même,* il a renoncé à sa nature divine en se faisant homme :

Par le fil du texte il est aisé à recueillir que Jésus-Christ *s'est anéanti* en la vraye nature humaine.

> CALVIN, *Institution chrestienne,* liv. II, c. 12, § 2.

Il semble qu'il soit fait allusion à cette manière de parler dans le passage suivant :

Le roi lui demanda s'il étoit parent de MM. Le Tellier. Le père *s'anéantit* : « Moi, sire, répondit-il, parent de MM. Le Tellier! Je suis bien loin de cela. »

> SAINT-SIMON, *Mémoires,* 1709.

ANÉANTIR est lui-même quelquefois employé de même dans un sens religieux :

L'homme desgarni d'humaine science est d'autant plus apte à loger en soy la divine, *anéantissant* son jugement pour faire plus de place à la foy.

> MONTAIGNE, *Essais,* II, 12.

Il (Pascal) avoit accoutumé de dire... que la piété chrétienne *anéantit* le moi humain, et que la civilité humaine le cache et le supprime.

> *Logique de Port-Royal*, III° part., c. 20.

Elle aimoit mieux tempérer sa majesté et *l'anéantir* devant Dieu, que de la faire éclater devant les hommes.

> BOSSUET, *Oraison funèbre de Marie-Thérèse d'Autriche*.

Être clément et bon, *j'anéantis* ma foible raison devant ta justice.

> J.-J. ROUSSEAU, *Émile*.

ANÉANTIR, ainsi qu'autrefois la plupart des verbes actifs, a été employé comme verbe neutre pour *S'anéantir* :

Autrement ses pennes pourroient... *anientir*.

> *Modus et Racio*, ms., f° 128, r°. (Cité par Sainte-Palaye.)

ANÉANTI, IE, participe.

C'est cette lumière qui leur fait crier à Dieu avec le prophète : Mon être n'est qu'un néant devant vous... et qui, leur ôtant ainsi toute confiance en leur propre force et les rendant vils et *anéantis* devant leurs propres yeux, les remplit en même temps d'admiration de la puissance infinie de Dieu.

> NICOLE, *Traité de la foiblesse de l'homme*, c. 15.

Elle va descendre à ces sombres lieux, à ces demeures souterraines, pour y dormir dans la poussière avec les grands de la terre, comme parle Job, avec ces rois et ces princes *anéantis*.

> BOSSUET, *Oraison funèbre de la duchesse d'Orléans*.

Cet homme caché dans son désert, enveloppé dans sa vertu, et comme *anéanti* en lui-même, devint un des plus nobles instruments dont Dieu se soit servi dans son Église pour faire éclater sa puissance.

> FLÉCHIER, *Panégyrique de saint François de Paule*.

Les parlements et toute espèce de judicature, *anéantie* par les édits et par les évocations, se flattèrent, les premiers de figurer, les autres de se trouver affranchis (à la mort de Louis XIV).

> SAINT-SIMON, *Mémoires*, 1715.

Je ne compte point ces restes d'Égyptiens, adorateurs secrets d'Isis, qui ne subsistent plus aujourd'hui que dans quelques troupes vagabondes, bientôt pour jamais *anéanties*.

> VOLTAIRE, *Essai sur les mœurs*, c. 42.

Florence... contrée... à laquelle on doit la reproduction de plusieurs arts *anéantis* pendant des siècles et la création de quelques-uns.

> LA MÊME, *Siècle de Louis XIV*, c. 25.

De notre république à Rome *anéantie*,
On y voit refleurir la plus noble patrie.

> P. CORNEILLE, *Sertorius*, I, 1.

On le dit, par exagération, des personnes, en divers sens.

Pour Excédé de fatigue :

> Je suis *anéantie*,
> Je n'ai pas fermé l'œil; et vous criez si fort...
>> GRESSET, *le Méchant*, I, 3.

Pour Stupéfait, confondu :

A ce discours, pas un mot de ma part; j'étois *anéantie*.

> MARIVAUX, *la Vie de Marianne*, V° partie.

ANÉANTISSEMENT, s. m.

Dans ses divers sens, il se construit avec la préposition *de*, ou se prend absolument.

Il signifie, au propre, Réduction au néant,

Soit en parlant de choses de l'ordre physique :

Platon nous déchiffre les commoditez ou peines corporelles qui nous attendent encore après la ruine et *anéantissement de* nos corps, et les accommode au ressentiment que nous avons en cette vie.

> MONTAIGNE, *Essais*, II, 12.

Les anciens regardoient la mort comme un *anéantissement* qui les délivroit de tous leurs maux.

> FLEURY, *Mœurs des Chrétiens*, c. 3.

Épicure, qui étoit si persuadé de *l'anéantissement*, ne laissé pas d'être inquiet de ce qui se passera après lui.

> BAYLE, *Dictionnaire*.

Hélas! combien est-il d'impies.... qui la regardent (la mort) comme *l'anéantissement* entier *de* leur être?

> MASSILLON, *Carême*. Sermon sur la Mort.

(Le sommeil) n'est pas un *anéantissement;* c'est une manière d'être, une façon d'exister tout aussi réelle et plus générale qu'aucune autre.

> BUFFON, *Histoire naturelle*.

Dans la saison noire du froid et des frimas... tout présente l'idée de la langueur et de *l'anéantissement*.

> LE MÊME, même ouvrage.

Soit en parlant de choses de l'ordre moral :

Si on s'ébat de la parole de Dieu et qu'on la fasse servir de plaisanterie, pensons-nous que Dieu veuille souffrir un tel *anéantissement de* la vertu d'icelle?

> CALVIN, *Traité contre l'Astrologie judiciare et autres curiositez qui règnent aujourd'hui dans le monde*.

Combien devons-nous sentir de ravissement, d'aise et d'esbahissement, de voir en une belle, riche et véritable peincture d'éloquence, les establissemens des empires, ruines des monarchies, accroissemens ou *anéantissemens de royaumes!*

Amyot, trad. de Plutarque. *Vie des hommes illustres.* Aux lecteurs.

L'*anéantissement* de la noblesse lui étoit odieuse (au dauphin), et son égalité entre elle insupportable.

Saint-Simon, *Mémoires,* 1712.

Est-il une loi nouvelle qui n'emporte pas, ou textuellement, ou dans ses conséquences, l'*anéantissement* d'une loi ancienne?

Mirabeau, *Discours,* 29 juillet 1789.

La destruction du catholicisme ne pourrait s'opérer que de deux manières : ou par l'*anéantissement* de tout principe religieux, ou par l'établissement d'une religion nouvelle, qui deviendrait ainsi la religion de la majorité.

Royer-Collard, *Discours au conseil des Cinq-Cents,* 14 juillet 1797.

Soit en parlant de personnes, ou de choses personnifiées :

Il étoit facile de juger qu'un cœur ambitieux n'avoit pu souffrir cet *anéantissement* sans se venger.

Mme de Motteville, *Mémoires.*

Les provinces, au désespoir de leur ruine et de leur *anéantissement,* respirèrent et tressaillirent de joie!.... (à la mort de Louis XIV).

Saint-Simon, *Mémoires,* 1715.

Il soutient l'*anéantissement* de l'homme dans le commencement de l'ouvrage, et la permanence de l'âme à la fin.

Voltaire, *Un Chrétien contre six Juifs.*

Lorsqu'il est question des personnes, Anéantissement exprime souvent un état d'abattement et de faiblesse extrême, dans lequel l'exercice de toutes les facultés semble suspendu :

Ajoutez... l'impatience du malade, qui n'est pas accoutumé aux douleurs aiguës, et qui ne se plaignoit presque plus de cet *anéantissement* de langueur où le menoit sa propre foiblesse.

Balzac, *Lettres;* XXIV, 27.

Cependant, malgré l'*anéantissement* où je me sentois, j'étois étonnée des choses dont il m'entretenoit : je trouvois sa conversation singulière.

Marivaux, *la Vie de Marianne,* Iʳᵉ part.

Je suis assurément pénétré pour vous de reconnoissance, mais non pas jusqu'à vouloir ni pouvoir me tirer de mon *anéantissement* mental.

J.-J. Rousseau, *Lettres;* 9 juin 1767.

Il est, en ce sens, employé au pluriel dans le passage suivant :

Je vous ferai ma cour comme je pourrai dans les intervalles de mes *anéantissements.*

Voltaire, *Lettres;* au chevalier de l'Isle.

Anéantissement est, comme *Anéantir, S'anéantir,* terme de dévotion, et exprime L'abaissement dans lequel on se met devant Dieu :

Ainsi François de Paule se réduisit-il dans une espèce d'*anéantissement* et dans l'abnégation la plus parfaite.

Bourdaloue, *Sermon pour la fête de saint François de Paule.*

Anéantissement se dit, comme *S'anéantir,* en parlant de Jésus-Christ lui-même :

Notre ambition et notre orgueil qui montent toujours, contrarient, autant qu'ils le peuvent, les *anéantissements* de ce Dieu homme, et la sublime bassesse de sa croix et de ses souffrances.

Bossuet, *Sermons.* Sur la Haine des hommes pour la vérité.

Jésus, mon Sauveur, je m'unis à vos *anéantissements* et aux profondeurs de vos humiliations... je m'unis à votre croix et à tout ce que vous choisissez pour crucifier l'homme... consolez-moi, convertissez-moi, anéantissez-moi...

Le même, *Prière.*

Quel monstre qu'un chrétien ambitieux, qui fait profession d'adorer un Dieu humilié et anéanti, ou plutôt qui adore dans la personne de son Dieu les humiliations et l'*anéantissement,* et qui, dans sa propre personne, est idolâtre des honneurs du monde!

Bourdaloue, *Sermons.* Sur l'État de vie.

Il semble être fait allusion à cette acception mystique d'Anéantissement dans le passage suivant :

Peut-être qu'en vous persuadant par là que je vous aime plus que mon propre honneur, je trouverai quelque occasion qui vous obligera de me récompenser de mon *anéantissement.*

Bussy-Rabutin, *Lettre au Roi,* 15 septembre 1689.

D'*Anéantir,* on avait fait encore le substantif masculin,

Anéantisseur,

Que donne le *Dictionnaire* de Monet.

ANECDOTE, s. f. (Du grec ἀνέκδοτον, non publié, inédit, et, par ce mot, de ἀ privatif et de ἔκδοτος, venu lui-même de ἐκ et de δίδωμι.)

Ce mot, qui paraît tardivement dans les dictionnaires, à dater seulement du *Dictionnaire français-latin* de DANET, se dit au propre, conformément à son étymologie, d'une Particularité secrète d'histoire, qui avait été omise ou supprimée par les historiens précédents. De là son emploi primitif, surtout au pluriel, et son application à certains ouvrages renfermant des faits de ce genre ou à ces faits eux-mêmes :

Procope est le seul des anciens qui nous ait laissé des *anecdotes*, et qui ait montré les princes tels qu'ils étoient dans leur domestique.
DANET, Dictionnaire.

Varillas, à son imitation (de Procope), a fait les *anecdotes* de Florence, ou l'histoire secrète de la maison de Médicis.
RICHELET, Dictionnaire.

Il (le roi) fit le maréchal de Tallard duc vérifié ; de cette dernière grâce je n'en ai point su l'intrigue ni l'*anecdote*.
SAINT-SIMON, Mémoires, 1712.

J'ai regretté mille fois son incapacité radicale d'écrire ce qu'il (Lauzun) avoit vu et fait. C'eût été un trésor des plus curieuses *anecdotes*, mais il n'avoit nulle suite ni application.
LE MÊME, même ouvrage, 1723.

Les *anecdotes* sont un champ resserré où l'on glane après la vaste moisson de l'histoire ; ce sont de petits détails longtemps cachés, et de là vient le nom d'*anecdotes*. Ils intéressent le public quand ils concernent des personnes illustres... Les vies des grands hommes, dans Plutarque, sont un recueil d'*anecdotes* plus agréables que certaines : comment auroit-il eu des mémoires fidèles de la vie privée de Thésée et de Lycurgue ?
VOLTAIRE, Siècle de Louis XIV, c. 25.

Avant l'introduction de l'adjectif *Anecdotique*, ANECDOTE était employé adjectivement au sens propre du substantif :

Il apprenoit par eux les nouvelles les plus fraîches des académiciens, leurs réflexions sur ce qui paroissoit au jour, l'histoire *anecdote* des sciences.
FONTENELLE, Éloge de Montmort.

Ces faits *anecdotes*, qui font admirer davantage les hommes illustres.
DUBOS. (Cité par Féraud.)

Dans un sens plus général, ANECDOTE se dit du Récit, ordinairement court, de quelque trait ou fait particulier plus ou moins remarquable :

L'*anecdote* qu'on vous a contée de Mérope et de La Noue, est comme bien d'autres *anecdotes* : il n'y a pas un mot de vrai.
VOLTAIRE, Lettres; 25 octobre 1777.

Il est temps de rapporter l'*anecdote* fatale qui a mis le comble à mes désastres.
J.-J. ROUSSEAU, les Confessions, part. II, liv. XII.

Pendant que nous admirions ces ouvrages de sculpture... nos interprètes nous faisoient de longs récits, et nous racontoient des *anecdotes* relatives à ceux dont ils nous montroient les portraits.
BARTHÉLEMY, Voyage d'Anacharsis, c. 38.

ANECDOTIQUE, adj. des deux genres.

Qui tient de l'anecdote, qui a rapport aux anecdotes, qui contient des anecdotes. L'introduction de ce mot est assez récente ; elle est signalée en 1787, dans le *Dictionnaire critique* de FÉRAUD. On dit un *fait anecdotique*, une *histoire anecdotique*, une *pièce anecdotique*, celle dont une anecdote a fourni le sujet.

ANECDOTIER, s. m.

Celui qui a l'habitude de recueillir et de raconter des anecdotes, et, le plus souvent, des anecdotes fausses :

Je doute fort de cette dernière allégation. Il y a dans Paris des *anecdotiers* qui vous mettront au fait.
VOLTAIRE, Lettres; 31 août 1736.

Je suis très-fâché que vous enterriez votre génie dans une traduction de Suétone, auteur, à mon gré, assez aride, et *anecdotier* très-suspect.
LE MÊME, même ouvrage ; à la Harpe, 17 avril 1769.

ANÉMONE, s. f. (D'*Anémone*, ἀνεμώνη, et, par ce dernier mot, d'ἄνεμος, vent.)

Plante printanière dont la tige est une hampe droite, garnie ordinairement de trois feuilles formant une sorte de collerette. Sa fleur, qui porte le même nom, est inodore, mais remarquable par l'éclat et la variété de ses couleurs, dans ses espèces cultivées :

Leur fleur (des *anémones*) ne s'espanit jamais que le vent ne tire, aussi les appelle-t-on herbe du vent.
DU PINET, trad. de Pline l'Ancien. Histoire naturelle, XXI, 23.

L'inconstante fleur d'*anemone* y est transfigurée en plus de dix couleurs.

> PIERRE BELON, *Singularitez et choses memorables de divers pays estranges*, I, 18.

Florise parut d'abord, au milieu de toutes les autres, ce qu'une belle *anémone* paroîtroit parmi les soucis, ou ce qu'un oranger fleuri paroîtroit au milieu des buissons sauvages.

> FÉNELON, *Fables*, V. Histoire de Florise.

Un curieux de Paris, nommé M. Bachelier, apporta de ce pays-là (le Levant) en 1615, le premier marronnier d'Inde et les *anémones* doubles... On élève en Normandie des jonquilles doubles et de très-belles *anémones...*

> TOURNEFORT, *Voyage du Levant*, lettre XII.

La nature emploie quelquefois dans le sein des fleurs ou sur la peau des fruits des teintes fort différentes ; mais elle les pose les unes sur les autres, en sorte qu'elles font la gorge de pigeon. Tels sont les beaux pluchés qui garnissent la corolle de l'*anémone*.

> BERNARDIN DE SAINT-PIERRE, *Études de la nature*, XI.

J'herborise au tombeau de Cécilia Metella : le réséda ondé et l'*anémone* apennine font un doux effet sur la blancheur de la ruine et du sol.

> CHATEAUBRIAND, *Mémoires d'outre-tombe*.

La gentille *anémone* au lustre diapré.

> SAINT-AMANT, *Moyse*, IIe partie.

Je sais que dans Harlem plus d'un triste amateur
Au fond de ses jardins s'enferme avec sa fleur,
Pour voir sa renoncule avant l'aube s'éveille,
D'une *anémone* unique adore la merveille,
Ou d'un rival heureux enviant le secret,
Achète au poids de l'or les taches d'un œillet.

> DELILLE, *les Jardins*, III.

Griffe ou *patte d'Anémone*, la racine de l'*Anémone*, ainsi nommée parce qu'elle a quelque ressemblance avec la patte d'un animal.

ANETH, s. m. (Des mots latin et grec, *Anethum*, ἄνηθον.)

On l'a écrit sans *h*, *Anet*.

Terme de Botanique. Plante ombellifère dont la semence est employée en médecine :

> Ces herbes ne demeurent au plus que trois jours en terre. L'*anet* y demeure quatre. Le goust de l'ache, de l'*anet* et du fenoil est aigu et odorant.
>
> DU PINET, trad. de Pline l'Ancien. *Histoire naturelle*, XIX, 7.

Viens.... déjà les nymphes te présentent des corbeilles pleines de lis ; déjà une blanche naïade cueille pour toi la pâle violette, les superbes pavots, le narcisse et la fleur parfumée de l'*aneth*.

> MALFILATRE, *Génie de Virgile*. Bucol., II, 48.

ANÉVRISME, s. m. (D'*Aneurysma*, ἀνεύρυσμα, dérivé de ἀνὰ et εὐρύνω, je dilate, et, par ce mot, d'εὐρὺς, large.)

Quelquefois, conformément à l'étymologie, ANÉVRYSME.

Terme de Médecine. Il se dit proprement d'Une tumeur contre nature, causée par la dilatation d'une artère ; mais on a étendu ce nom à Diverses lésions des veines et des artères, ainsi qu'aux dilatations morbides du cœur :

> *Anevrisme* est une tumeur molle, qui obéist au toucher, engendrée de sang et d'esprit, espandus sous la chair par dilatation ou relaxation d'une artère.
>
> A. PARÉ, *Introduction à la vraye cognoissance de la chirurgie*, VII, 24.

Il eut encore deux chirurgiens domestiques qui se rendirent célèbres et riches : Bienaise, par l'invention de l'opération de l'*anévrisme* ou de l'artère piquée ; Arnaud, par celle des descentes.

> SAINT-SIMON, *Mémoires*, 1693.

ANÉVRISMAL, ALE, adj.

Terme de Médecine. Qui tient de l'Anévrisme, qui a rapport à l'Anévrisme.

ANFRACTUEUX, EUSE. (Du latin *Anfractuosus*, et, par ce mot, d'*Anfractus*.)

Plein de détours et d'inégalités :

> L'enfant tire et prend son nourrissement des mammelles par certains trous *anfractueux* et ambagieux du mamelon.
>
> A. PARÉ, *Introduction à la vraye cognoissance de la chirurgie*, II, 3.

> La superficie extérieure du cerveau est *anfractueuse*.
>
> LE MÊME, même ouvrage, III, 6.

> Il y a dans l'organe de l'ouïe un artifice bien sensible : c'est une hélice à tours *anfractueux* qui détermine les ondulations de l'air vers une coquille formée en entonnoir.
>
> VOLTAIRE, *Commentaire sur Malebranche*. Mécanique des sens.

Le Miracle des Ardents de Doyen n'est pas irrépréhensible de ce côté. La ligne de liaison y est *anfractueuse*, pliée, repliée, tortillée.

DIDEROT, *Salon de 1767*. Doyen.

ANFRACTUOSITÉ, s. f. (Du latin *Anfractus*, et, par ce mot, de *Frangere*.)

Il s'emploie surtout au pluriel, et signifie Détours et inégalités, cavités, enfoncements :

Nous aurons dès lors une idée du très-grand nombre de montagnes, de vallées, de cavernes et d'*anfractuosités* qui se sont formées dès le premier temps dans les couches extérieures de la terre.

BUFFON, *Époques de la nature*, IIe époque.

Je m'enfonçai dans les *anfractuosités* de la montagne.

J.-J. ROUSSEAU, *Rêveries d'un promeneur solitaire*, VII.

Les rochers ne nous paroissent des ruines que parce qu'ils ne sont ni équarris ni polis, comme les pierres de nos monuments; mais leurs *anfractuosités* sont nécessaires aux végétaux et aux animaux qui doivent y trouver leur nourriture et des abris.

BERNARDIN DE SAINT-PIERRE, *Études de la nature*, XII.

Il signifie, en termes d'Anatomie, les cavités inégales qui se trouvent à la surface de certains os. On dit, dans un sens analogue, *Les anfractuosités cérébrales*, Les enfoncements sinueux qui séparent les circonvolutions du cerveau :

Le cerveau a divers sinus et *anfractuosités*.

BOSSUET, *De la Connoissance de Dieu et de soi-même*, c. 2, n° 6.

ANGE, s. m. (Des mots latin et grec, *Angelus*, ἄγγελος, et, par ce dernier, d'ἀγγέλλω, j'annonce une nouvelle.)

On a dit ANGELE, ENGELE, ANGLE, et même ANGRE. (Voyez les exemples ci-après.)

Créature purement spirituelle, qu'on représente sous la figure humaine avec des ailes.

Ce mot, de grand usage, reçoit, soit au moyen d'un complément formé de la préposition *de* et de son régime, soit au moyen d'un adjectif, divers qualificatifs.

C'est ainsi qu'on dit fréquemment, *Ange de Dieu, Ange du Seigneur, Ange du ciel, Ange du paradis*, etc. :

Bien le sai que tu es prudum, e utle e profitables à mun

III.

os, (in oculis meis) si cum uns *angeles* Deu (sicut angelus Dei).

Les quatre Livres des Rois, I, XIX, 9.

Nos somes semblable à Dieu et à *ses angles* en ceste œvre de l'intellect, porce que Diex et *si angre* ont la plus noble œvre qui estre puisse, ce est la vie de l'intellect.

BRUNETTO LATINI, *Li Livres dou tresor*, liv. II, part. I, c. 44, § 1.

Et puis assez tôt elle rendit son esprit, lequel je crois fermement que les saints *angels de Paradis* ravirent et emportèrent à grand'joie en la gloire des cieux.

FROISSART, *Chroniques*, liv. I, IIe part., c. 288.

L'orgueil est premièrement monté dans le ciel, où est le trône de Dieu, et lui a débauché *ses anges*.

BOSSUET, *Sermons*. Sur la Vertu de la croix.

Angle de l'ciel i descendent a lui.

Chanson de Roland, v. 2374.

Et li *angre du chiel* l'esperit emporta
Comme d'un innocent, qui ainc mal ne pensa.

Doon de Maience, v. 349.

Un *ange du Seigneur* sous son aile sacrée
A donc conduit vos pas et caché votre entrée.

J. RACINE, *Esther*, I,

J'ignore si *de Dieu l'ange* se dévoilant
Est venu lui montrer un glaive étincelant.

LE MÊME, *Athalie*, II, 2.

On distingue les *bons* et les *mauvais Anges*, les *Anges de lumières* et les *Anges de ténèbres*, les *saints Anges*, les *Anges rebelles*, les *Anges déchus*, etc. :

Dit la Bible que au commencement fu devisée la clarté des tenebres; ce est à dire que Diex crea les *angles*, et des *buens* fist il la clarté, et des *mauvés* les tenebres.

BRUNETTO LATINI, *Li Livres dou tresor*, liv. I, part. I, c. 10.

viiij sont li ordre des bons *angles*, et tuit sont establi par degré et par dignité, et chascuns obeist à l'autre selonc son office. Cil ordre sont : angle, archange, trones, dominations, vertus, principaus, poestez, cherubin, seraphin.

LE MÊME, même ouvrage, liv. I, part. I, c. 12.

Bien tu le prouvas, o Lucifer, jadiz *angel tres bel*.

GERSON, *Sermons françois*. Pour la fête de la Purification, en 1394 ou 1395. (Voyez thèse de l'abbé BOURRET, p. 169.)

Fut cette onction envoyée de Dieu et des cieux par un *saint ange*.

FROISSART, *Chroniques*, liv. II, c. 1.

O Éternel! veillez sur elle; *anges saints*, rangez à l'entour vos escadrons invisibles, et faites la garde autour du berceau d'une princesse si grande et si délaissée.

BOSSUET, *Oraison funèbre de la reine d'Angleterre*.

Ces deux figures me firent peur, je les pris pour deux *mauvais anges* qui tâchoient de se déguiser en *anges de lumière.*

FLÉCHIER, *Mémoires sur les grands jours de 1665.*

Il n'est rien de plus sublime dans Homère, que le combat d'Emmanuel contre les *mauvais anges* dans Milton.

CHATEAUBRIAND, *Génie du christianisme*, IV, 4.

On dit encore, en désignant les anges par quelque fonction particulière, *Ange de paix*, *Ange de miséricorde*, etc., etc.

On dit *le bon Ange*, *le mauvais Ange* d'une personne, *son Ange tutélaire*, *son Ange gardien*, etc. :

Je vous respons qu'il sont à nous : *nostre bon ange* me le dit.

MONTLUC, *Commentaires*, liv. V.

Son mauvais ange le guidoit. Il ne sceut ny auparavant ny depuis prendre son parti pour se sauver ou se deffendre.

LE MÊME, même ouvrage, liv. VII.

Ce parti que *son bon ange* et le mien nous suggeroient...

J.-J. ROUSSEAU, *les Confessions*, V.

Que *mon bon ange* aussi me garde
De cet homme à prétention...

DELILLE, *la Conversation*, II.

On dit l'*Ange exterminateur*, l'*Ange de la mort*, etc. :

Ainsi le glaive fidèle
De l'*ange exterminateur*
Plongea dans l'ombre éternelle :
Un peuple profanateur.

J.-B. ROUSSEAU, *Odes*, III, 10. Sur la bataille de Peterwaradin.

Ange, qui conduisiez leur fureur et leur bras,
Ange exterminateur, âme de ces combats,
De quel héros enfin prites-vous la querelle?

VOLTAIRE, *la Henriade.*

Adorez et frappez, vos mains seront armées
Par l'*ange de la mort* et le Dieu des armées.

LE MÊME, *Mahomet*, III, 6.

ANGE, employé sans épithète, sans complément qui en détermine la signification, se dit généralement de tous les esprits bienheureux qui composent la hiérarchie céleste, les neuf chœurs des anges :

Jacob... vit une eschiele des la terre juske al ciel... et les *angeles* montanz et descendanz.

Commentaire sur le livre de Job, à la suite des *Quatre Livres des Rois*, p. 480.

Gloire soit à Deu... ce dient li *engeles.*

SAINT BERNARD, *Sermons françois*, à la suite des *Quatre Livres des Rois*, p. 543.

Je en averai une coronne es ciex plus que li *angre* qui le voient face à face.

JOINVILLE, *Histoire de saint Louis.*

Un enfant en guise d'un *angele* portoit un escu d'azur à trois fleurs de lys d'or.

A. CHARTIER, *Histoire de Charles VII.*

Nous lisons par toute l'Escriture que les *anges* sont esprits celestes, du ministère desquels Dieu se sert pour faire et exécuter sa volonté : et de là leur est aussi imposé le nom d'*anges*, d'autant que Dieu les fait ses messagiers envers les hommes, pour se manifester à eux.

CALVIN, *Institution chrestienne*, liv. I, c. 14, § 5.

Ils veulent se mettre hors d'eux, et eschapper à l'homme ; c'est folie : au lieu de se transformer en *anges*, ils se transforment en bestes ; au lieu de se hausser, ils s'abattent.

MONTAIGNE, *Essais*, III, 3.

Les *anges* que Dieu applique au gouvernement de l'univers, n'ont jamais été appelés des dieux dans les Écritures.

MASCARON, *Oraison funèbre de Pierre Séguier.*

Il expire en disant ces mots, et il continue avec les *anges* le sacré cantique.

BOSSUET, *Oraison funèbre de Michel Le Tellier.*

Elle savoit que les *anges*, tout spirituels et célestes qu'ils sont, ne sont pas assez purs en sa présence.

FLÉCHIER, *Oraison funèbre de Mme la Dauphine.*

Dieu a commis des *anges* pour ta sûreté, et ils te conduiront dans toutes voies.

BOURDALOUE, *Carême*. Sermon sur les Tentations.

Enoit m'avint par une avisiun d'*angle*
Qu'entre mes puigs me depeçout ma hanste.

Chanson de Roland, v. 836.

Lo premiers rois que Dieu tramist en France
Coronés fu par anuntion d'*angles.*

Histoire littéraire de la France, t. XXII, p. 481. Chansons de geste, *Couronnement du roi Looys*, ms. 7186, 3, f° 18.

Et sa main tient en liu de septre
La verge Aaron bien flourie.
Moult avoit bele compagnie
De virges, d'*angles* enpenés.

Même ouvrage, t. XVIII, p. 804. *Huon de Méri.*

Et vous, hôtes du ciel, saintes légions d'*anges*,
Qui du nom trois fois saint célébrez les louanges,
Sans interruption de vos sacrés concerts,
A son aveuglement tenez les cieux ouverts.

ROTROU, *Saint Genest*, IV, 4.

Qui voles sur l'aile des vents
Et dont le trône est porté par les *anges*.
J. RACINE, Esther, I, 5.

Prince aimable, dis-nous si quelque *ange*, au berceau,
Contre tes assassins prit soin de te défendre.
LE MÊME, Athalie, IV, 6.

Il se dit, particulièrement et proprement, des *Anges* qui sont du dernier chœur, au-dessous des *Archanges*. (Voyez ce mot.)

C'est dans les parvis de la cité sainte, et dans les champs qui l'environnent, que sont à la fois réunis et partagés les chœurs des chérubins et des séraphins, des *anges* et des *archanges*, des trônes et des dominations.
CHATEAUBRIAND, les Martyrs, III.

ANGE est un terme de comparaison fort ordinaire, pour marquer quelque perfection au physique ou au moral :

Il lui monta au visage un rouge qui la fit plus belle qu'un *ange*.
SCARRON, Roman comique, I, 13.

M. d'Autun a fait l'oraison funèbre de Madame la princesse de Conti, qui est morte d'apoplexie ; elle menoit la vie d'un *ange*.
Mme DE SCUDÉRY, à Bussy. (Voyez Correspondance de Bussy-Rabutin, 15 janvier 1672.)

Je connois encore des gens à la cour qui vivent dans les prospérités comme des *anges*, mais j'en connois fort peu.
BUSSY-RABUTIN, Discours à ses enfants sur le bon usage des adversités.

De là cette expression de grand usage : *Comme un Ange*, c'est-à-dire Fort bien, parfaitement :

M. d'Aumale... étoit dans la vérité en ce temps-là beau *comme un ange*.
LE CARDINAL DE RETZ, Mémoires, IIe part., 1650.

Madame votre femme est belle *comme un ange*, Madame votre femme vit *comme un ange*, et s'il plaît à Dieu elle accouchera heureusement d'un ange.
Mme DE SÉVIGNÉ, Lettres ; 12 septembre 1670.

Elle danse d'une grâce incomparable, elle chante *comme un ange*, et le clavecin n'est jamais mieux touché que par ses belles mains.
Portraits de Mademoiselle de Montpensier, VII ; la princesse d'Angleterre, par Mme la comtesse de Bregis.

... Bel *comme ung ange*
L'oyseau s'envole, et le cerf va au change.
A. CHARTIER, le Débat des deux fortunes d'amours.

A-t-elle de l'esprit, dites-moi ? — *Comme un ange*.
DESTOUCHES, le Philosophe marié, IV, 9.

ANGE se dit figurément pour signifier Une personne d'une piété extraordinaire, d'une grande vertu, d'une extrême douceur :

On peut dire que les Caligules, les Nérons, et les Vitellius, ont esté des *anges* en comparaison de ce diable incarné.
COEFFETEAU, Histoire romaine, XIV.

L'homme n'est ni *ange* ni bête, et le malheur veut que qui veut faire l'*ange* fait la bête.
PASCAL, Pensées.

Les Hilarion et les Antoine, ces hommes tout célestes et comme les *anges* de la terre, se sont condamnés aux veilles, aux abstinences, à toutes les rigueurs d'une vie pénible et austère.
BOURDALOUE, Carême. Sermon sur les Tentations.

Son gouverneur après tout ne sera pas un *ange*.
J.-J. ROUSSEAU, Émile, II.

A moins qu'une belle femme ne soit un *ange*, son mari est le plus malheureux des hommes.
LE MÊME, même ouvrage.

Il (le peuple) ne verroit dans l'augmentation qu'une vexation odieuse : la compagnie fût-elle composée d'*anges*, le peuple croira toujours qu'elle n'est composée que de fripons.
TURGOT, Lettres sur la liberté du commerce des grains, VIIe, 2 décembre 1770.

On ne peut changer sur-le-champ tout ce qu'il y a à changer : s'il en était autrement, nous ne serions pas des hommes, nous serions des *anges*.
MIRABEAU, Discours, 25 mars 1789.

En la terre icy bas il n'habite point d'*anges*.
REGNIER, Satires, XII.

Mais, Madame, après tout, je ne suis pas un *ange*.
MOLIÈRE, Tartufe, III, 3.

Combien n'a-t-on point vu de belles aux doux yeux,
Avant le mariage *anges* si gracieux,
Tout à coup se changeant en bourgeoises sauvages,
Vrais démons, apporter l'enfer dans leurs ménages !
BOILEAU, Satires, X.

On emploie de même, figurément, en parlant des personnes, les expressions mentionnées plus haut.

Ange de Dieu, Ange du paradis, etc. :

Écoute-moy, femme de Dieu ; je suis un *angle du Créateur*.
Les Cent Nouvelles nouvelles, XIV.

Je prins la hardiesse (combien que les jours fussent pé-

rilleux en ce temps-là) d'aller remonstrer à six des principaux juges et magistrats de ceste ville de Xaintes, qu'ils
avoyent emprisonné un prophète ou *ange de Dieu*, envoyé
pour annoncer sa parole (Philebert Hamelin).

> BERNARD PALISSY, *Recepte veritable.*

> Servans d'amours, regardez doulcement
> Aux eschaffaux *anges de paradis*,
> Lors jousterés fort et joyeusement,
> Et vous serez honnorez et chéris.

> EUST. DESCHAMPS, XLVIII° *Ballade*, édit. Crapelet.

Le bon Ange, le mauvais Ange de quelqu'un, *son Ange gardien, son Ange tutélaire, son Ange :*

> Vous devez être comme leurs gardiens et *leurs anges tu-*
> *télaires.*

> BOURDALOUE, *Sermons pour les dimanches.*

> Cette madame d'Heudicourt... que j'appelois le *mauvais
> ange de* Madame de Maintenon.

> SAINT-SIMON, *Mémoires*, 1718.

> Un bon maître est *l'ange gardien des* enfants.

> ROLLIN, *Traité des Études*, liv. VIII, II° part., c. 4.

> Je ne le dissimule point, il sera toujours *mon ange.*

> MARIVAUX, *la Vie de Marianne*, VII° part.

> Ah !... mon ami, tu seras *mon ange*, mon libérateur, mon
> dieu tutélaire.

> BEAUMARCHAIS, *le Barbier de Séville*, I, 4.

Ange de ténèbres :

> Tenez, dame Léonarde, dit un des cavaliers en me pré-
> sentant à ce bel *ange des ténèbres*, voici un jeune garçon
> que nous vous amenons.

> LE SAGE, *Gil Blas*, I, 4.

Mon Ange est un terme d'affection, de galanterie :

> Durant sa grande amour, Coulon, en allant à la messe
> pour y voir sa belle, demandoit aux gens : « N'avez-vous
> point vu *mon ange*? *Mon ange* est-il passé? *Mon ange* est-il
> allé à la messe? ».

> TALLEMANT DES RÉAUX, *Historiettes*. Mme Coulon.

> On me dit qu'à la fin toute chose se change,
> Et qu'avecque le temps les beaux yeux de *mon ange*
> Reviendront m'éclairer.

> MALHERBE, *Alcandre plaint la captivité de sa maîtresse.*
> Stances.

Ange de piété, de vertu, de douceur, de bonté,
etc., sont des qualifications fort usitées :

Ange de l'École, est un surnom donné à saint

Thomas, parce qu'il excelle entre les scolastiques :

> Il dit. — Thomas se lève à l'auguste parole,
> Thomas le jacobin, *l'ange de* notre *école,*
> Qui de cent argumens se tira toujours bien,
> Et répondit à tout sans se douter de rien.

> VOLTAIRE, *Satires. Les Systèmes.*

Le mot ANGE entre dans un certain nombre de
manières de parler figurées et proverbiales. Telles
sont entre autres, les suivantes, dont la première,
encore donnée par les dictionnaires, a vieilli :

Voir des Anges violets, Avoir des visions creuses.

Être aux Anges, Être dans un tel transport de
joie qu'on en paraît extasié.

Rire aux Anges, soit dans le même sens :

> Je riais *aux anges* en tapissant la scène de boucliers et
> de gonfanons.

> VOLTAIRE, *Lettres;* à Mme d'Argental, 18 juin 1759.

Soit en parlant De ceux qui rient seuls, niaise-
ment, sans sujet connu.

ANGE appartient à certains vocabulaires spéciaux.

En termes d'Artillerie, *Ange* est une sorte de
projectile formé d'un boulet coupé en deux, trois
ou quatre parties enchaînées ensemble, dont on
se servait autrefois, sur mer, pour rompre les
mâts et les cordages des vaisseaux ennemis.

En histoire naturelle, *Ange de mer* est le nom
d'un poisson du genre des squales, dont la peau
sert à polir les ouvrages de bois ou d'ivoire.

D'Ange, on avait fait les diminutifs :

ANGELOT, s. m.

ANGELETTE, s. f.

> Au soir, en souppant, ledict des Marays introduict ung
> sien jeune paige... nommé Eudemon, tant bien testonné,
> tant bien tiré, tant bien espoussele, tant honneste en son
> maintien, que trop mieulx ressembloit quelque petit *ange-*
> *lot* qu'ung homme.

> RABELAIS, *Gargantua*, I, 15.

Le changement de mœurs qu'on a observé et expérimenté en plusieurs, avec le changement d'aage, a donné
occasion de faire cest autre proverbe : De jeune *angelot*
vieux diable.

> H. ESTIENNE, *la Précellence du langage françois.*

> Où fuis-tu, mon *angelette*,
> Mon diamant, ma perlette?
>
> RONSARD, *Amours diverses*, XI.

ANGELOT est aussi le nom d'Une espèce de monnaie qui avait cours en France sous Philippe de Valois, et dont le type était un ange.

Les Anglais, maîtres de Paris, firent aussi frapper une monnaie de ce nom et de ce type :

> Panurge lui donna.... et cinquante beaux *angelotz*.
>
> RABELAIS, *Pantagruel*, III, 25.

> Les ducats, escus, philippus, *angelots*, portugaloises, sont diversement forgez d'or pur ou impur.
>
> PIERRE BELON, *Singularitez et choses memorables de divers pays estranges*, I, 50.

> L'espoir du grand butin et des *angelots* d'Angleterre anima tellement les reistres à suivre l'admiral que, pour faire diligence, ils laissèrent leur bagage à Orléans.
>
> MÉZERAY, *Histoire de France*. Charles IX.

> Qu'est-ce qu'a fait celui que l'on encoffre?
> Des *angelots* il avoit en son coffre.
> O le méchant! qu'en prison il soit mis.
>
> *Satire Ménippée*. Sur un trésorier mis à la Bastille.

ANGELOT est aussi le nom de petits fromages de Normandie, « d'un goût si exquis, dit Richelet, qu'on leur avait donné ce nom à cause de leur excellence. »

D'autres, il est vrai (voyez le *Dictionnaire étymologique* de Ménage), ont pensé qu'ANGELOT était pour *Augelot* et voulait dire du pays d'Auge.

Dans les passages suivants, il est fait honneur de ces fromages à la Brie :

> La Brie, entre autres, pour ses bons fourmages appellez *angelots*.
>
> OLIVIER DE SERRES, *Théâtre d'Agriculture*, IVe lieu, c. 8.

> O Brie! ô pauvre Brie! ô chétif *angelot*,
> Qu'autrefois j'exaltay...
>
> SAINT-AMAND, *le Cantal*.

ANGÉLIQUE, adj. des deux genres. (Des mots latin et grec, *Angelicus*, ἀγγελικός.)

Qui appartient à l'ange, qui est propre à l'ange :

> Comme le soleil que nous voyons esclaire l'air, l'eau et la terre d'un mesme rayon, ce soleil éternel embellit aussi l'entendement *angélique*, l'âme raisonnable et la matière.
>
> D'URFÉ, *l'Astrée*, IIe part., liv. II.

> Il a plu à notre grand Dieu, qui nous a formés à sa ressemblance, de laisser tomber sur nos âmes une étincelle de ce feu céleste qui brille dans les esprits *angéliques*.
>
> BOSSUET, *Sermons*. Pour la Circoncision.

> Dieu, dès l'origine et avant toute autre nature, en avoit fait une qui devoit être la plus belle et la plus parfaite de toutes; c'étoit la nature *angélique*.
>
> LE MÊME, *Traité de la Concupiscence*, c. 24.

> L'honneur du sanctuaire... est un état *angélique* et divin.
>
> MASSILLON, *Discours*. De l'Ambition des clercs.

> *Angéliques* cités d'où je me suis banni.
>
> LA FONTAINE, *la Captivité de saint Malc*.

La Salutation angélique se dit des paroles que l'ange dit à la sainte Vierge, en lui annonçant qu'elle serait mère de Notre-Seigneur, et de la prière plus ordinairement appelée *Ave Maria*, parce qu'elle commence par ces deux mots :

> Cromwel défendit d'enseigner dans l'Église anglicane la *salutation angélique*.
>
> MAUCROIX, *Schisme d'Angleterre*.

> Nous ne parlerons point de la *Salutation angélique*, véritablement pleine de grâce.
>
> CHATEAUBRIAND, *Génie du christianisme*, I, 3. Culte.

On trouve dans de vieux textes, au sens propre d'ANGÉLIQUE,

ANGELICAL, ANGELIAL, ANGELIEL, ANGELIN, etc. (Voyez le *Glossaire* de SAINTE-PALAYE.)

> L'alme de lui est, dotom mie,
> En l'*angelial* compagnie.
>
> BENOÎT, *Chronique des ducs de Normandie*, II, v. 26509.

> En l'*angeliel* compaignie
> S'en ala l'âme de Marie.
>
> *Vie de sainte Marie Égyptienne*, ms. (Cité par Sainte-Palaye.)

> S'aujourdhui venoit de Paradis
> Homme ou femme souz forme *angelical*
> Parlant entr'eulx, y penseroit on mal.
>
> EUSTACHE DESCHAMPS, *Poésies mss.*, p. 249, col. 2. (Cité par Sainte-Palaye.)

ANGÉLIQUE se dit figurément pour exprimer une Perfection extraordinaire, une qualité excellente :

> Le sang de Géorgie est le plus beau d'Orient, et je puis dire du monde; je n'ai pas remarqué un laid visage en ce païs là, parmi l'un et l'autre sexe : mais j'y en ay vu d'*angéliques*.
>
> CHARDIN, *Journal du voyage en Perse*, Ire part.

Cette modération, comparée à mon ton décidé, lui fît tort : il ne sembloit pas naturel de supposer d'un côté une audace aussi diabolique, et de l'autre une aussi *angélique* douceur.

J.-J. ROUSSEAU, *les Confessions*, I, 2.

Dictes, pourquoy vostre amytié s'efface,
O cueur ingrat, soubz *angelique* face?
Dictes-le-moy, car sçavoir ne le puis.

CL. MAROT, *Élégies*, I, 10.

Que ne diroy-je pas de sa voix *angélique*,
Qui chasse des esprits l'humeur mélancolique.

SAINT-AMAND, *Élégie à Damon*.

ANGÉLIQUE se dit quelquefois des personnes :

J'en deviendrai meilleur, si je suis heureux quelque temps, si je vis avec cette créature *angélique*, si j'ai l'honneur de protéger, de sauver une telle femme.

Mᵐᵉ DE STAEL, *Corinne*, VIII, 1.

Saint Thomas, qu'on désigne, comme il a été dit plus haut, par le nom d'*Ange de l'École*, est aussi appelé le *Docteur angélique :*

Ceux-là (les portraits des martyrs), nous disoit-il, sont ceux qui ont vécu dans la justice originelle, et qui, selon notre *docteur angélique*... Il nous alloit citer deux ou trois articles de saint Thomas, mais nous l'arrêtâmes.

FLÉCHIER, *Mémoires sur les grands jours de* 1665.

D'ANGÉLIQUE s'est formé l'adverbe peu usité :
ANGÉLIQUEMENT,
D'une manière angélique :

Vous n'avez mie veu cestescy (les decrétales) *angelicque-ment* escriptes.

RABELAIS, *Pantagruel*, IV, 49.

ANGÉLIQUE, s. f.
Plante ombellifère, dont on confit dans le sucre les tiges encore vertes, et qui fait aussi la base de plusieurs préparations liquides :

Angélique, tel nom a esté donné à ceste plante, à cause des vertus qu'elle a contre les venins. S'en trouve de deux sortes, l'une sauvage, l'autre domestique.

OLIVIER DE SERRES, *Théâtre d'Agriculture*, VIᵉ lieu, c. 15.

ANGÉLIQUE, autre s. f.
Ancien instrument de musique à cordes, sorte de composé du luth et du théorbe :

Elle sait jouer de la guitare, touche l'*angélique* d'une manière extraordinaire.

Mˡˡᵉ DE MONTPENSIER, *Portraits*. La marquise de Gouville.

ANGÉLUS, s. m.
Terme de Liturgie catholique. Prière qui commence par ces mots : *Angelus Domini nunciavit Mariæ*, en l'honneur du mystère de l'Incarnation, et qui se fait trois fois le jour, le matin, à midi et le soir, au son de la cloche des églises qui en avertit les fidèles. *Dire l'Angélus, entendre sonner l'Angélus.*

A cinq heures et demie on sonnera l'*angélus*.

BOSSUET, *Règle*.

ANGER, v. a. (Du latin *Angere*. Voyez *Angoisse*.)
Embarrasser, incommoder. Vieux mot qui se rencontre encore au XVIIᵉ siècle :

Votre père se moque-t-il de vouloir vous *anger* de son avocat de Limoges, Monsieur de Pourceaugnac.

MOLIÈRE, *Pourceaugnac*, I, 1.

ANGINE, s. f. (Du latin *Angină*, et, par ce mot, d'*Angere*.)
Terme de Médecine, par lequel on désignait autrefois Toute difficulté d'avaler ou de respirer. Il a maintenant une signification un peu moins étendue, et s'applique plus spécialement à l'inflammation des amygdales, de la membrane muqueuse, du voile du palais et du pharynx. ANGINE est synonyme d'*esquinancie*. (Voyez ce mot.)

Par le Pantagruelion on leur oppiloit les conduictz par lesquelz sortent les bons motz et entrent les bons morceaulx, et aussi plus villainement que ne feroit la male *angine*, et mortelle squinanche.

RABELAIS, *Pantagruel*, III, 49.

ANGINEUX, EUSE, adj.
Terme de Médecine. Qui est accompagné d'Angine.

ANGLAIS, s. m.

ANGLAISE, s. f. (Du latin *Angli*, *orum*.) Natif, native d'Angleterre.
On l'a longtemps écrit *Anglois* et, très anciennement, *Angleis :*

Ci commence à parler du roi Edouard d'Angleterre et de l'opinion des *Anglois*.

FROISSART, *Chroniques*, liv. I, part. I, c. 2.

Sur les *Angleis* turna la perte.

BENOÎT, *Chronique des ducs de Normandie*, t. I, v. 1168.

Au lieu de dire *Les Anglais,* on se sert souvent de cette expression collective, *L'Anglais :*

Je vois que de *l'Anglais* la race est peu chérie.

VOLTAIRE, *Adélaïde du Guesclin,* II, 1.

Les exactions exercées en France par les Anglais, au XIVᵉ siècle, peut-être leurs longues et persistantes prétentions à la possession de la France, avaient fait autrefois donner au mot ANGLAIS le sens figuré de créancier exigeant, incommode :

Quand le peuple, pour un créancier, appelle un homme *anglois,* qui est celuy auquel il ne tombe soudain en l'entendement que l'*Anglois* prétendoit avoir faict plusieurs convenances d'argent avec nous, qui ne luy avoient esté acquitées ? Par advanture, adviendra-t-il qu'à nos survivans ce terme ne sera plus en usage : mais tant y a qu'il a esté de nostre temps et devant.

EST. PASQUIER, *Recherches de la France,* VIII, 7.

Pasquier (même ouvrage, VIII, 27) cite de cette acception les exemples suivants, qui se rapportent au commencement du XVIᵉ siècle :

Et aujourd'huy je faictz soliciter
Tous mes *angloys,* pour les restes parfaire
Et le paiement entier leur satisfaire.

G. CRETIN, *Poésies,* p. 188.

Un bien petit de près me venez prendre
Pour vous payer et si debvez entendre
Que je n'euz onc *angloys* de vostre taille :
Car à tous coups vous criez, baille, baille,
Et n'ay dequoy contre vous me deffendre.

CL. MAROT, *Rondeaux,* I, 25.

On y peut joindre celui-ci, de date un peu plus récente :

Si faut-il que j'assemble ensemble
Guillaume et son *anglois* Matthieu.

JODELLE, *l'Eugène,* V, 3.

Les substantifs ANGLAIS, ANGLAISE, ont pu être quelquefois employés adjectivement, moins pour marquer la nationalité que le caractère, la manière d'être de la personne :

Il faut avouer aussi qu'elle (Madame la comtesse de Grammont) étoit souvent *angloise* insupportable.

Mᵐᵉ DE CAYLUS, *Souvenirs.*

On vient donc de jouer une tragédie anglaise à Paris ; je commence à croire que nous devenons trop *anglais* et qu'il nous siérait mieux d'être français.

VOLTAIRE, *Lettres;* au duc de Richelieu, 10 octobre 1769.

ANGLAIS, AISE, adj. des deux genres.

Qui se rapporte à l'Angleterre, le caractère *anglais,* la nation *anglaise.*

On le trouve souvent chez Est. Pasquier, sous cette forme à peu près anglaise, *Anglesche :*

Et est certes ceste vérité recognue mesmement par les histoires *anglesches.*

EST. PASQUIER, *Recherches de la France,* I, 10. (Voyez encore, II, 16 ; III, 7 ; IX, 23, etc.)

L'adjectif ANGLAIS est quelquefois pris, comme le substantif, dans un sens moral :

Il me semble que la mort du roi d'Angleterre devient plus philosophe et *angloise* que chrétienne et catholique.

Mᵐᵉ DE SÉVIGNÉ, *Lettres;* à Mᵐᵉ de Grignan, 7 mars 1685.

On a dit, par ellipse, *un anglais*, pour Un cheval anglais :

Il montait un *anglais* fort vite.

HAMILTON, *Mémoires de Grammont.*

On dit encore, en employant de même le mot substantivement, l'*anglais,* pour La langue anglaise, *en anglais,* pour En langue anglaise :

... Leighton m'est venu voir et m'a fait lire une lettre dont il m'avait parlé la veille à Whitehall ; cette lettre est en *anglais.*

COLBERT (de Croissy), à M. de Lionne, 18 mars 1669. (Voyez MIGNET, *Négociations relatives à la succession d'Espagne,* t. III, p. 77.)

Anglaise, pour Écriture anglaise.

A l'anglaise, pour A la manière anglaise :

Ce Lausanne est devenu un singulier pays. Il est peuplé d'Anglais et de Français philosophes, qui sont venus y chercher de la tranquillité et du soleil. On parle français, on y pense *à l'anglaise.*

VOLTAIRE, *Lettres;* 16 avril 1754.

ANGLAISE, s. f.

Espèce de danse d'un mouvement très vif. Airs sur lesquels on exécute cette danse.

ANGLAISER, v. a.

Couper la queue d'un cheval à l'anglaise.

Anglaisé, ée, participe.

ANGLICAN, ANE, adj.

Il ne se dit que de ce qui a rapport à la religion dominante en Angleterre :

Henri VIII se déclara chef de l'Église *anglicane*, tant au spirituel qu'au temporel : et c'est par là que commence la réformation *anglicane*.

Bossuet, Histoire des Variations des églises
protestantes, liv. VII, n° 1.

Luthériens, zuingliens, œcolampadiens, carlostadiens, calvinistes, presbytériens, puritains, haute église *anglicane*, petite église *anglicane*, tous sont désignés aujourd'hui sous ce nom (de Protestants).

Voltaire, Essai sur les mœurs. Suite du luthéranisme, c. 132.

> Irai-je, orateur mercenaire...
> Par une éloquence *anglicane*
> Saper et le trône et l'autel.

Gresset, la Chartreuse.

Il est aussi substantif, en parlant des personnes :

Dans tous ces anathèmes on ne spécifie ni les peuples de la confession d'Augsbourg, ni ceux de la communion de Zuingle et de Calvin, ni les *anglicans*.

Voltaire, Essai sur les mœurs, c. 172. Concile de Trente.

ANGLICISME, s. m.

Façon de parler particulière à la langue anglaise.

Il se dit aussi des façons de parler empruntées à la langue anglaise, et transportées dans une autre langue.

ANGLOMANE, adj. des deux genres.

Respecter à son dommage la foi donnée !... Vieux préjugé ! Notion *anglomane* ! Il est bien plus sûr de sauver ses dividendes que de liquider ses propriétés, ou de faire des appels pour satisfaire à ses engagements.

Mirabeau, Discours, octobre 1789.

Ce mot s'emploie souvent comme substantif.

Imitateur ou admirateur outré des coutumes, des manières, des mœurs anglaises. (Voyez l'article suivant.)

ANGLOMANIE, s. f.

Enthousiasme qui fait imiter ou admirer, avec un excès ridicule, tout ce qui appartient à l'Angleterre :

M. de Nedouchel est extrêmement anglomane. Hier il était à cheval à la portière de la voiture du roi qui allait à Choisi. Il avait fait de la pluie, et M. de Nedouchel trottant dans la boue, éclaboussait le roi, qui, mettant la tête à la portière, lui dit : M. de Nedouchel, vous me crottez ; oui, Sire, à l'anglaise, répondit, d'un air très-satisfait de lui-même, M. de Nedouchel, qui, au lieu du mot crottez, avait entendu vous trottez. Le roi, sans connaître cette erreur, s'est contenté de lever la glace, en disant avec une bonhomie très-aimable : voilà un trait d'*anglomanie* qui est un peu fort.

Mme de Genlis, Souvenirs de Félicie.

ANGLE, s. m. (Du latin *Angulus*.)

Ouverture de deux lignes qui se rencontrent en un point, degré d'inclinaison qu'elles ont l'une à l'égard de l'autre :

Les hommes ne sont pas nés pour employer leur temps à mesurer les *angles*, à considérer les divers mouvements de la matière.

Logique de Port-Royal, Discours Ier.

Imaginer le triangle, c'est s'en représenter un d'une mesure déterminée, et avec une certaine grandeur de ses *angles* et de ses côtés.

Bossuet, De la Connoissance de Dieu et de soi-même,
c. 1, art. 9.

Dès le matin j'allai voir l'église (à Tolède) ou plutôt les églises, car il s'en détache deux chapelles à *angle* égal, grandes comme des églises.

Saint-Simon, Mémoires, 1722.

Le jardinier, quelques jours après, tend un cordeau d'un *angle* à l'autre.

Voltaire, Dictionnaire philosophique. Géométrie.

Les montagnes composées de pierres calcaires ont certainement été construites dans cette mer ancienne, dont les différents courants les ont tout aussi certainement figurées par *angles* correspondants.

Buffon, Époques de la nature.

Avec l'*angle* d'une pierre il fit un petit trou sur une branche d'arbre bien sèche qu'il assujettit sous ses pieds.

Bernardin de Saint-Pierre.

Du mot Angle, joint à certaines épithètes caractéristiques, se sont formées des locutions de grand usage, telles que : *Angle droit, Angle aigu, Angle obtus, Angle saillant, Angle rentrant*, etc. :

Les naufz... se mirent en ordre et figure... telle que voyez observé par les grues en leur vol ; telle qu'est en un *angle acut*.

Rabelais, Pantagruel, IV, 83.

Je voyois bien que, supposant un triangle, il falloit que ses trois *angles* fussent égaux à deux *droits*, mais je ne voyois rien pour cela qui m'assurât qu'il y eût au monde aucun triangle.

Descartes, Discours de la Méthode, IV.

Le triangle peut se diviser selon les côtés ou selon les *angles*... Les *angles* sont ou tous trois aigus, et il s'appelle oxygone; ou deux seulement *aigus*, et alors le troisième est ou *droit*, et il s'appelle rectangle, ou *obtus*, et il s'appelle amblygone.

Logique de Port-Royal, IVe part., c. 9.

On ne connoît pas la hauteur d'une étoile, elle est, si j'ose ainsi parler, immensurable; il n'y a plus ni *angles*, ni sinus, ni parallaxes dont on puisse s'aider.

La Bruyère, Caractères, c. 16.

Les courants ont donné à toutes les collines et à toutes les montagnes de médiocre hauteur des directions correspondantes; en sorte que leurs *angles saillants* sont toujours opposés à des *angles rentrants*.

Buffon, Époques de la nature.

La nature de l'Angle est encore déterminée au moyen de la préposition *de* et de son régime. *Angle de tant de degrés, Angle d'incidence, Angle de réflexion*, etc. :

Pour les canaux inclinés, il ne faut qu'un peu plus de calcul, et, de plus, la connoissance de l'*angle d'inclinaison* du canal.

Fontenelle, Éloge de Guglielmini.

Si vous regardez dans ce miroir un objet qui est à côté de vous comme A, il arrive aux rayons partis de cet objet la même chose qu'à une balle qui rebondiroit en B, où est votre œil. C'est ce qu'on appelle l'*angle d'incidence*, égal à l'*angle de réflexion*.

Voltaire, Philosophie de Newton, IIe part., c. 4.

On admet généralement un *angle de quarante-cinq degrés* au-dessus de l'horizon pour la plus grande hauteur à donner à l'édifice.

Dictionnaire de l'Académie des Beaux-Arts : Angle visuel.

On dit, *Former un angle avec, faire angle avec*, etc. :

Regardez ce rayon qui tombe de l'air dans ce cristal. Vous savez comme il se brise. Ce rayon A E *fait un angle avec* cette perpendiculaire B E, en tombant sur la surface de ce cristal. Ce même rayon, réfracté dans ce cristal, *fait un* autre *angle avec* cette même perpendiculaire qui règle la réfraction.

Voltaire, Philosophie de Newton, IIe part., c. 6.

III.

Une autre fabrique, faisant *angle* en retour *avec* la précédente, montre une seconde arcade.

Diderot, Salon de 1767 : Robert.

La plupart des rivières qui se jettent dans le Rhône, *forment avec* ce fleuve rapide des *angles droits* pour modérer son cours.

Bernardin de Saint-Pierre, Études de la nature, IV.

On appelle *Angle optique* ou *Angle visuel* un angle fictif ayant pour sommet le centre optique du cristallin, et formé par les rayons qui partent des points extrêmes d'un objet :

Si cet aveugle, au moment qu'il eût ouvert les yeux, eût jugé des distances, des grandeurs et des situations, il eût été vrai que les *angles optiques*, formés tout d'un coup dans sa rétine, eussent été les causes immédiates de ses sentiments.

Voltaire, Philosophie de Newton, IIe part., c. 4.

A mesure que le lieu de la scène s'éloigne, l'*angle visuel* s'étend, et le champ du tableau peut s'accroître.

Diderot, Pensées détachées sur la peinture.

C'est de la distance qui sépare l'œil du spectateur des objets que sa vue doit embrasser, que dépend le degré d'ouverture de l'*angle visuel*.

Dictionnaire de l'Académie des Beaux-Arts : Angle visuel.

C'est de cet Angle qu'il est question dans les expressions que donnent les passages suivants : *Être sous le même angle, Se rompre sous différents angles, Voir les choses sous un plus grand angle,* et dans d'autres manières de parler analogues :

La lune me paroît plus grande vue à l'horizon, et plus petite quand elle est fort élevée, quoiqu'en l'une et en l'autre position elle doit *être* précisément *sous le même angle*.

Bossuet, De la connoissance de Dieu et de soi-même, c. 3, art. 8, V^e proposition.

On ne séparerait jamais les rayons primitifs, s'ils n'étoient de leur nature tels qu'en passant par le même lieu, par le même prisme de verre, ils se rompent *sous différents angles* et par là se démêlent.

Fontenelle, Éloge de Newton.

L'*Angle facial* est un angle formé par la réunion de deux lignes : l'une verticale, que l'on suppose passer par les dents incisives supérieures et par le point le plus saillant du front : l'autre horizontale, qu'on suppose tirée du conduit de l'oreille aux mêmes dents incisives :

3o

Nous avons à peu près suivi la même voie que Camper dans ses recherches sur les physionomies des différentes races d'hommes. Nous avons seulement cherché à décrire d'une manière plus rigoureuse les lignes principales. L'une, nommée horizontale... l'autre... faciale... L'angle intercepté entre ces deux lignes est l'*angle facial*. C'est principalement de cet angle que nous nous servons pour déterminer les genres.

ÉT. GEOFFROY SAINT-HILAIRE ET CUVIER, *Histoire naturelle des Orangs-Outangs*. (Magazin encyclopédique, 1795, t. III, p. 458.)

Le mot ANGLE et plusieurs des expressions qui s'en sont formées, sont de grand usage comme termes de Fortification :

Ayant un petit corps d'armée dans cette place, des meilleures troupes du royaume, ne manquant de rien, étant attaqué par des gens qu'on menoit par force aux attaques et par des gens malhabiles qui attaquoient parfois des *angles rentrants*, Calvo ne pouvoit pas moins faire que ce qu'il a fait.

BUSSY-RABUTIN, *Lettres*; 31 août 1676.

Dans une autre sortie, ils (les défenseurs de Lille) rechassèrent les assiégeants des *angles saillants* de la contrescarpe dont ils étoient maîtres depuis huit jours.

SAINT-SIMON, *Mémoires*, 1708.

J'ai vu de ces remparts l'étrangère structure,
Ces *angles*, ces fossés, ces hardis boulevards.

VOLTAIRE, *Alzire*, II, 6.

Les *Angles* d'un bataillon sont les coins d'un bataillon formé en carré.

La *pierre de l'angle* (*lapis... caput anguli*), est, dans l'Écriture et dans les écrits qui s'en inspirent, une expression métaphorique de fréquent usage :

Jésus ajouta : N'avez-vous jamais lu cette parole dans les Écritures : La pierre qui a été rejetée par ceux qui bâtissoient, est devenue la principale *pierre de l'angle*.

LE MAISTRE DE SACY, trad. du *Nouveau Testament: Matth. XI,* 42; cf. Marc, XII, 10; Luc, XX, 17.

C'est ici la *pierre de l'angle*, la pierre qui soutient et qui unit tout l'édifice.

BOSSUET, II° *Sermon*, Sur la Nativité de Notre-Seigneur.

Suivant les anciennes prophéties, Jésus-Christ étoit la *pierre de l'angle*.

LE MÊME, *Méditations sur l'Évangile*.

Il est encore fait d'ANGLE un emploi figuré dans des passages tels que les suivants :

L'on ne présente qu'un côté de l'objet, on met dans l'ombre toutes les autres faces; et, ordinairement, ce côté qu'on choisit est une pointe, un *angle* sur lequel on fait jouer l'esprit avec d'autant plus de facilité, qu'on l'éloigne davantage des grandes faces sous lesquelles le bon sens a coutume de considérer les choses.

BUFFON, *Discours de réception à l'Académie française*.

Louis XVIII n'apercevait pas loin les objets devant lui ni autour de lui; tout lui semblait beau ou laid d'après l'*angle* de son regard.

CHATEAUBRIAND, *Mémoires d'outre-tombe*.

Quoique le mot ANGLE marque avec précision ce que le mot *coin* exprime d'une manière plus vague, on l'a quelquefois, dans l'usage, substitué à ce dernier, comme on le voit par ces anciens passages auxquels répondent (on le verra plus loin) des exemples analogues du diminutif *Anglet :*

Et fist (li reis Achar) faire altels par tuz les *angles* de Jerusalem à Deable e par tutes les citez de Juda.

Les quatre Livres des Rois, IV, XVI, 19.

Il s'estoit repost en un *angle*
Par derriers, et nous aguetoit.

Roman de la Rose, v. 15024.

D'ANGLE se sont formés, outre TRIANGLE, RECTANGLE (voyez ces mots), le diminutif ANGLET, le verbe ANGLER, l'adjectif ANGLEUX. D'*Angulus*, les adjectifs ANGULAIRE, ANGULEUX.

ANGLET, s. m.
Petit angle, et, dans un sens moins précis, coin :

Un jour advint que après l'eure de midy ils se mussèrent en un *anglet* de ce jardin,

Le Ménagier de Paris, Ire distinction, 4° art.

Puis mettoit le poulce de la main gausche sus l'*anglet* de l'œil gausche.

RABELAIS, *Pantagruel*, II, 19.

Les feuilles de ceste herbe font des *anglets*.

ROB. ESTIENNE, *Dictionnaire françois-latin*.

En ung *anglet* où trop n'esclaire
Ains assez obscur et ombraige.

MARTIN FRANC, *le Champion des Dames*.

ANGLET, terme d'Architecture. Petite cavité en angle droit qui sépare les bossages, et dont le profil offre la figure d'un V couché (➤).

ANGLER, v. a.

Vieux mot, ainsi expliqué par Rob. Estienne (*Dictionnaire français-latin*) : « *Angler* une personne, serrer à l'estroict. »

Anglée, ée, participe.

En termes de blason, *Anglé de* se dit d'une croix des angles de laquelle sortent certaines figures :

La croix de Malte des François est *anglée de* quatre fleurs de lis.

Dictionnaire de Trévoux.

ANGULAIRE, adj. des deux genres.

Qui a des Angles, qui présente la forme d'un Angle :

En toute figure *angulaire* impare un angle tousjours est au milieu des deux autres trouvé intercalant.

Rabelais, *Pantagruel*, V, 43.

C'est ce que tant de fois repète Hippocrates... que la luxation orbiculaire de l'espine est moins dangereuse que l'*angulaire*.

A. Paré, *Introduction à la vraye cognoissance de la chirurgie*, XVI, 28.

Voilà donc l'intérieur de sa demeure : cet espace *angulaire* renfermé entre le bloc de granit, la terre et la muraille, forme la cuisine, la chambre à coucher, le cellier, la laiterie, en un mot tout le domicile du berger de Montanvert.

Saussure, *Voyages dans les Alpes*, c. 4, § 475.

Il se dit, en Architecture, de ce qui est à l'angle, à l'encognure d'un édifice. *Pierres angulaires, Poteau angulaire, Colonne ongulaire, Pilastre angulaire* :

L'Escarre dit... C'est moy qui conduis les *pierres angulaires* et principales du coin, sans lesquelles nul bastiment ne pourroit tenir.

Bernard Palissy, *Recepte veritable.*

Ces *colonnes angulaires* (placées aux angles d'un péristyle) doivent, selon Vitruve, ètre grossies d'un cinquantième de leur diamètre, parce que l'air qui les environne et le grand jour auquel elles sont plus exposées que celles du milieu, semblent les rendre plus menues à l'œil.

Dictionnaire de l'Académie des Beaux-Arts : Angulaire.

Pierre angulaire désigne quelquefois, plus particulièrement, la première pierre fondamentale qui fait l'angle d'un bâtiment. C'est dans ce sens que Jésus-Christ est appelé figurément dans l'Écriture, La *pierre angulaire,* ou, comme il a été dit plus haut, la *pierre de l'angle.* La mème expression se prête à d'autres emplois figurés analogues :

Jhesu-Criz... reçut la circoncision et lo baptisme, por ceu qu'il à l'une paroit (paroi) et à l'atre fust ahers (attaché) si cum *pière anglère.*

Saint Bernard, *Sermons françois,* mss., p. 220. (Cité par Sainte-Palaye.)

Je poserai dans les fondemènts de Sion une pierre, une pierre choisie et éprouvée, une *pierre angulaire.*

Bossuet, *Méditations sur l'Évangile.*

J'oubliois, Monsieur, que lo roi m'avoit dit que M. de Noyon pressoit fort pour donner l'évêché de Châlons à M. l'abbé de Tonnerre, afin qu'on vìt trois pairs de mème nom. Je priai le roi de préférer une bonne *pierre angulaire* à cette symmétrie.

Mme de Maintenon, *Lettres;* à M. le cardinal de Noailles, 29 août 1695.

En termes d'Anatomie, *Dents angulaires,* les dents canines, ainsi nommées parce qu'elles sont placées vers l'angle des lèvres. *Artère angulaire,* artère qui passe au grand angle de l'œil. *Veine angulaire,* veine qui, de l'angle interne de l'œil, vient aboutir à la jugulaire externe, etc.

D'Angulaire se sont formés des adjectifs composés, comme Triangulaire, Quadrangulaire.

ANGULEUX, EUSE, adj.

Qui offre à la vue plusieurs angles :

... Ici le trait est rond, là comme *anguleux.*

Diderot, *Salon de 1765 :* Essai sur la peinture.

Voulez-vous une preuve convaincante de ce mélange d'éléments polis et *anguleux* qui donne à l'Océan son amertume?

La Grange, trad. de Lucrèce : *De Natura rerum*, II, 471.

On a dit que la nature pouvoit bien avoir formé des corps d'une figure déterminée; que, par exemple, elle pouvoit produire les pierres aussi facilement rondes qu'*anguleuses.*

Saussure, *Voyages dans les Alpes*, c. 6, § 203.

Certaines formes *anguleuses* sont d'un fâcheux effet en architecture, en sculpture, en peinture.

Dictionnaire de l'Académie des Beaux-Arts : Anguleux.

Il est fait de ce mot un emploi figuré dans des passages tels que le suivant :

Ces greffes, ces confrontations, tous ces débats virils ne sont point faits pour des femmes... le terrain *anguleux* et dur de la chicane blesse leurs pieds délicats.

Beaumarchais, *Mémoires.*

ANGLEUX, EUSE, adj.

Il ne se dit guère que des noix, dont la substance est tellement renfermée en de certains petits angles ou coins, qu'il est difficile de l'en tirer.

ANGOISSE, s. f. (Du latin *Angustia*, venu lui-même, comme *Angustus*, d'*Angere*, en grec ἄγχειν, serrer.)

On l'a écrit très diversement : ANGOUOISSE, AN-GOESSE, ANGOUSSE, ANGOUSE, ANGUISSE, etc. (Voyez le *Glossaire* de SAINTE-PALAYE et les exemples ci-après.)

Dans un sens en partie physique, Anxiété extrême accompagnée d'un serrement douloureux à l'épigastre, d'oppression et de palpitation; employé d'une manière plus générale et plus vague, État de souffrance inquiète.

Dans ce sens, comme dans son acception morale, dont il sera question plus loin, il est de grand usage au pluriel, et quelquefois déterminé par un complément formé de la préposition *de* et de son régime. *Les angoisses de la mort :*

Ces ki morz ne furent, travaillez esteient d'itel *anguisse* de langur que la plainte et li criz munta devant Deu jesque al ciel.
Les quatre Livres des Rois, I, v, 12.

Le sire de Beaujeu (blessé dans un combat), de la grand *angoisse* qu'il eut, se tourna deux tours ou près, et puis s'arrêta sur son côté.
FROISSART, *Chroniques*, liv. I, II⁰ part., c. 8.

Il n'y eut jamais pas un des complices de Hermolaüs, quelque *angoisse* de tourments qu'on leur feist souffrir, pour leur faire dire qui estoyent leurs consorts, qui nommast Callisthènes.
AMYOT, trad. de Plutarque : *Vie d'Alexandre*, c. 14.

Nous la regardons (la mort) non seulement comme le plus grand malheur, mais encore comme un mal accompagné de la plus vive douleur et des plus pénibles *angoisses*.
BUFFON, *Histoire naturelle*. Addition à l'article de la description de l'homme, IV : *De la vieillesse et de la mort*.

De l'*angoisse* de faim estoit chascuns palis.
Chanson d'Antioche, II, v. 557.

Et en leurs lits trouvoit-on morts
Les gens par *angoisse* de froit.
GODEFROY DE PARIS, *Chronique métrique*, v. 1687.

D'*angoisse* gient et de destrece,
Et de la faim qui moult le blece.
Roman du Renart, v. 6509.

ANGOISSE signifie plus ordinairement, dans un sens moral, Grande affliction d'esprit, mêlée d'une vive inquiétude :

Pur co dès ore envoierai male e *anguisses* e travailz sur tei e sur ta maignée.
Les quatre Livres des Rois, III, xiv, 10.

Si nos atriublet la dolors et deguastet li *angoisse*.
Le livre de Job, à la suite des *quatre Livres des Rois*, Le Roux de Lincy, p. 459.

Ensi soufrirent ce travail et cele *angoisse*, jusques au cler jor.
VILLEHARDOUIN, *Conqueste de Constantinoble*, XCVI.

Vous devez savoir que le roi de France avoit grand'*angoisse* au cœur, quand il véoit ses gens ainsi déconfire et fondre l'un sur l'autre, par une poignée de gens que les Anglois étoient.
FROISSART, *Chroniques*, liv. I, Ire part., c. 289.

Las! quantes justes et paisibles créatures ont pourté la paine et *angoisse* de ceste guerre!
ALAIN CHARTIER, *l'Espérance*.

L'argent lui failloit souvent... et luy en falloit chercher ou emprunter, ou ses gens l'eussent laissé, qui est grant *angoisse* à ung prince qui ne l'a point accoustumé.
COMINES, *Mémoires*, VI, 13.

L'amour vray est un degré pour monter à l'amour parfaicte de Dieu, où nul ne peult monter facilement, qui n'ait passé par l'eschelle des tribulations, *angoisses* et calamitez de ce monde visible.
LA REINE DE NAVARRE, *Heptaméron*, XXXVI.

Voyons donc maintenant s'il seroit bon de fuyr et abhorrer les grandes seigneuries et richesses (pour lesquelles acquérir nous avons tant de travaulx et d'ennuys, et pour les garder innumerables *angoisses* et tristesses).
HERBERAY DES ESSARTS, *Amadis de Gaule*, I, 43.

Et se jetta dedans un bois fort espez, là où il passa la nuict en grande *angoisse*.
AMYOT, trad. de Plutarque. *Vie de Marius*, 65.

D'*angoisée* et del paor vont si membre tremblant.
Chanson d'Antioche, II, v. 719.

Nus n'a mal qui amors n'essaie;
Ne cuidiés pas que nus congnoisse,
S'il n'a amé, qu'est grant *angoisse*.
Roman de la Rose, v. 2974.

Ah! triste souvenir d'un bien sitôt passé!
Las! pourquoi ne la vois-je, ou pourquoi l'ai-je vue;

Ou pourquoi mon esprit d'*angoisses* oppressé,
Ne peut-il découvrir ce qu'elle est devenue?
Régnier, *Plainte.*

L'air résonne des cris qu'au ciel chacun envoie,
Albe en pousse d'*angoisse* et les Romains de joie.
P. Corneille, *Horace,* IV, 2.

Voltaire a écrit au sujet de ces derniers vers ·

On ne dit plus guère *angoisse.* Quel mot lui a-t-on substitué? Douleur, peine, affliction, ne sont pas des équivalents. *Angoisse* exprime la douleur pressante et la crainte à la fois.
Voltaire, *Commentaire sur Corneille : Horace,* IV, 2.

Il semble, en effet, que ce mot si expressif et si longtemps usité, on vient de le voir, ait couru le risque d'être abandonné au xviiᵉ siècle. C'est un de ceux dont, dans la *comédie des Académistes,* de Saint-Évremont, Mˡˡᵉ de Gournay réclame le maintien :

Otez moult et jaçoit, bien que mal à propos;
Mais laissez pour le moins blandice, *angoisse* et los.
Saint-Evremont, *Comédie des Académistes.*

Les dictionnaires le disent alors vieux et rare.

Il n'a pas laissé d'être employé par les bons écrivains, comme en témoignent, avec les vers de Corneille et l'observation de Voltaire, ces autres exemples :

Pourquoi cette agitation? C'est que la vérité leur parle. Pourquoi cette *angoisse?* C'est que la vérité les presse. Pourquoi cette fuite? C'est que la vérité les poursuit.
Bossuet, *Sermons.* Sur la Prédication évangélique.

Toute la consolation qu'on doit avoir en cette vie est celle d'exclure par la confiance, non-seulement le désespoir, mais encore le trouble et l'*angoisse.*
Le même, *Histoire des Variations des églises protestantes,* liv. XV, nᵒ 154.

Toute la terre est un lieu de tribulation et d'*angoisse* pour une mauvaise conscience.
Fénelon, *De la Paix intérieure,* XXXVIII.

Je demandai à M. le duc d'Orléans, avec un air d'*angoisse,* s'il ne prendroit point de parti, et s'il ne vouloit point envoyer demander à Madame de Maintenon audience pour le lendemain matin.
Saint-Simon, *Mémoires,* 1710.

Je suois d'*angoisse* de la captivité de mon transport, et cette *angoisse* même étoit d'une volupté que je n'ai jamais ressentie ni devant ni depuis ce beau jour.
Le même, même ouvrage, 1718.

Plonger un homme dans un cachot, l'y laisser seul en proie à son effroi et à son désespoir, l'interroger seul quand sa mémoire doit être égarée par les *angoisses* de la crainte et du trouble entier de sa machine; n'est-ce pas attirer un voyageur dans une caverne de voleurs pour l'y assassiner? C'est surtout la méthode de l'inquisition. Ce mot seul imprime l'horreur.
Voltaire, *Prix de la justice,* art. 23.

Pas un homme de lettres vivant, sans en excepter Voltaire, n'a eu des moments plus brillants que les miens, et cependant je vous proteste que depuis le moment que j'ai commencé de faire imprimer, ma vie n'a été que peine, *angoisse* et douleur de toute espèce.
J.-J. Rousseau, *Lettres*; 23 décembre 1761.

On trouve souvent, *Être en angoisse, dans d'extrêmes angoisses, dans des angoisses mortelles, dans les dernières angoisses,* et autres expressions analogues :

Le quers de chascun *fud en anguisse,* e en amertume, pur ses enfanz.
Les quatre Livres des Rois, I, 30, 6.

Oncques *ne furent* ni ne demeurèrent en si grand péril, ni *en telle angoisse* ni peur de mort
Froissart, *Chroniques,* liv. I, Iʳᵉ part., c. 31.

Si passèrent la nuit *en grand'angoisse* de cœur.
Le même, même ouvrage, liv. II, c. 49.

Si superstitieusement craindre les dieux et toujours *estre en angoisse* et en frayeur de ce que l'on raconte des enfers est mauvais, il ne faut pas inferer que pour en estre exempt et delivre, on soit incontinent bien-heureux.
Amyot, trad. de Plutarque. *Œuvres morales :* Que l'on ne sçauroit vivre joyeusement selon Epicurus.

Qui se trouvant *en telle angoisse* sans remède ne maudisse cent fois le jour de sa vie.
Du Vair, *De la Constance et consolation es calamitez publiques.*

Beauvilliers, *dans une grande angoisse,* demeura le dernier des ministres dans le cabinet.
Saint-Simon, *Mémoires,* 1709.

L'impossibilité, trop bassement éprouvée, d'obtenir la paix, et l'épuisement où étoit le royaume, jetèrent le roi dans les plus *cruelles angoisses.*
Le même, même ouvrage; 1710.

Cet ordre, que je n'avois point prévu, me fit frémir. Il rompoit toutes mes mesures, et rejetoit ma vanité dans toutes ses *angoisses.*
Marivaux, *la Vie de Marianne,* IIᵉ part.

Le passage suivant explique l'expression *Être à l'eau d'angoisse :*

Un des plus horribles abus de l'état monastique... c'est la licence que les supérieurs des couvents se donnent d'exercer la justice, et d'être chez eux lieutenants criminels : ils enferment pour toujours, dans des cachots souterrains, ceux dont ils sont mécontents ou dont ils se défient. Il y en a mille exemples en Italie, en Espagne ; il y en a eu en France. C'est ce que, dans le jargon des moines, ils appellent *être in pace, à l'eau d'angoisse* et au pain de tribulation.

Voltaire, *Essai sur les mœurs :* Des ordres.religieux, c. 139.

Poire d'angoisse, sorte de poire si âpre et si revêche au goût, qu'on a peine à l'avaler. Cette explication étymologique est généralement adoptée, malgré le sentiment de Ménage, qui, s'appuyant d'une chronique manuscrite de Geoffroy, prieur de Vigeois, ch. 27, pense que la *Poire d'angoisse* a été ainsi nommée du nom d'un village du Limousin, où elle aurait été découverte à l'état sauvage en 1094. Avec l'explication ordinaire s'accordent les expressions figurées et familières : *Avaler, faire avaler des poires d'angoisse,* Avoir, causer de grands déplaisirs, et d'autres expressions analogues :

Prenez des *poires d'angoisse* et les fendez en quatre quartiers.

Le *Ménagier de Paris,* IIe distinction, 5° art.

Le sousil et l'ancolie croistront plus que de coustume avecques abondance de *poyres d'angoisse.*

Rabelais, *Prognostication pantagruéline,* IV.

Je mangeai des fruits que vous avez plantés et des poires que j'aurois assurément trouvées fort bonnes à la cour, mais qui me parurent des *poires d'angoisse* en ce pays-ci.

Bussy-Rabutin, *Lettres ;* à la marquise de Thianges, 8 octobre 1670.

Je vous présente des poires de bon-chrétien, pour des *poires d'angoisse* que vos cruautés me font avaler tous les jours.

Molière, *la Comtesse d'Escarbagnas,* sc. 15.

Vous voyez bien que ma table n'est pas toujours chargée de *poires d'angoisse* pour les Trublet, les Chaumeix, les Fréron et les Le Franc de Pompignan.

Voltaire, *Lettres ;* 22 septembre 1760.

... Il n'a que *poires d'angoisse*
Au matin pour se desjeuner.

Charles d'Orléans. (Cité par Sainte-Palaye.)

Dieu mercy et Jacques Thibault,
Qui tant d'eau froide m'a fait boire,
En un bas lieu, non pas en haut,
Manger *d'angoisse* mainte *poire.*

Villon, *Grand Testament.*

De cent couleurs en une heure elle change,
En ses repas *poires d'angoisse* mange,
Et en son vin de larmes faict meslange.

Cl. Marot, *Chants divers,* VII.

Poire d'angoisse s'est dit aussi d'Un certain instrument de fer dont le passage suivant fait connaître l'origine, la forme et l'usage :

Il (le capitaine Gaucher) inventa une sorte de cadenats, faits en forme de poires, aussi les appelloit-il *poires d'angoisse;* il faisoit ouvrir les dents à ses prisonniers, et leur ayant fait retirer sous le palais cette machine avant retirer une clef qui estoit dedans, il en faisoit un tour qui grossissoit le morceau d'un travers de doigt, et par ainsi ne pouvoit plus sortir de la bouche que par l'aide de la même clef.

Agr. d'Aubigné, *Histoire universelle,* t. III, liv. IV, c. 15.

D'Angoisse s'étaient formés un assez grand nombre de mots, qui sont tous sortis de l'usage, comme Angoisseuseté, Anguserie, Angoissable, rarement employés et de bonne heure disparus ; Angoisseux, Angoisseusement, Angoisser, dont il y a plus d'exemples et qui ont duré plus longtemps.

ANGOISSEUX, EUSE, adj.

On l'a écrit Angoisseus, Angouseus, Anguissous, etc. (Voyez le *Glossaire* de Sainte-Palaye et les exemples ci-après.)

Qui cause de l'angoisse :

Dieu, donne-moy patience que je ne fine ma vie par désespoir ! Plaise-toy adoulcir ceste *angoisseuse* peine.

Le *livre du chevaleureux comte d'Artois,* p. 147.

Comment doncques est-il possible que ceulx qui portent si legerement et si aisement les *angoisseuses* douleurs du corps facent aucun compte des voluptez ?

Amyot, trad. de Plutarque. *Œuvres morales :* Que l'on ne sçauroit vivre joyeusement selon Epicurus.

Jusques aux portes d'une mort *très-angoisseuse.*

Montaigne, *Essais,* I, 20.

Je tiendrai à partir de grâce si me faites promptement mourir, plutôt que me laisser languir en ces *angoisseuses* misères.

Satire Ménippée : Harangue de D'Aubray.

Qui ressent de l'angoisse :

Sta sur mei, si m'oci, kar forment sui *anguissus;* mais
tute ma force est encore en mei.

Les quatre Livres des Rois, II, ɪ, 9.

Quand messire Robert se vit en ce parti, si fut moult *angoisseux* de cœur.

Froissart, *Chroniques,* liv. I, part. I, c. 54.

Cette nuit fut la royne bien *angoisseuse* quand l'en lui
dist qu'ils ne viendroient huy.

Lancelot du Lac, f° 108.

Sur tus les altres est Carles *anguissus.*

Chanson de Roland, v. 823.

Chescun est *angoisseux,* sis cheveuls trait en ront.

Wace, *Roman de Rou,* v. 2752.

Pensis esteit et *angusox.*

Marie de France, *Lai de Lanval,* v. 385.

En mon séant lores m'assis,
Moult *angoisseux* et moult pensis.

Roman de la Rose, v. 1785.

Or est vray qu'après plaingtz et pleurs,
Et *angoisseux* gemissemens...

Villon, *Grand Testament,* XII.

D'esprit triste et confus, de misère accablé,
En horreur à moi-même, *angoisseux* et troublé,
Je me jette à tes pieds, sois-moi doux et propice!

Desportes, *Sonnets.*

Ce vieux mot se rencontre à une date relativement bien récente dans ce passage :

Une de ces ressources inespérées que la Providence m'a
ménagées jusqu'ici dans les temps les plus *angoisseux* de
ma vie.

J.-B. Rousseau, *Lettres;* 29 juillet 1737.

ANGOISSEUSEMENT, adv.

On l'a écrit Angussusement, Angousseusement.
(Voyez les exemples ci-après.)

Avec angoisse :

La nuvele vint al rei, e il en fu *angussusement* marriz.

Les quatre Livres des Rois, II, ɪɪɪ, 28.

Il y en eut plusieurs morts et navrés et meshaignés *an-
goiseusement.*

Froissart, *Chroniques,* liv. I, II° part., c. 393.

Quant la contesse entendit ce dur et divers langaige, Dieu
scet qu'elle fu *angoisseusement* navrée de douleur.

Le Livre du très-chevaleureux comte d'Artois, p. 31.

La bisse (couleuvre) ke nafrée esteit,
Angousseusement se plaigneit...

De sa plaïe nul mal ne sent
Mut suspire *angusceusement.*

Marie de France, *Lai de Gugemer.*

ANGOISSER, v. a.

On l'a écrit Angousser, Angouscer, Angouscier,
Anguisser, etc.

Causer de l'angoisse :

Jo vus menai hors de Egypte, e getai hors de la poesté
as Egyptiens, et de la poesté as reis ki moult vus travail-
lèrent e *anguissèrent.*

Les quatre Livres des Rois, I, x, 18.

Li reis Asa en sa vieillesse enmaladid, e de poagre forment *fud anguissez.*

Même ouvrage, III, xv.

Et ç'a esté un tesmoignagne plus grand de l'amour incomparable qu'il nous portoit, quand il a soustenu de si
horribles assauts contre les tormens de la mort : et toutesfois *estant* ainsi *angoissé* n'a point eu d'esgard à soy, afin
de procurer nostre bien.

Calvin, *Institution chrestienne,* liv. II, c. 16, § 5.

La vue des angoisses d'autrui m'*angoisse* matériellement.
Un tousseur continuel irrite mon poumon et mon gosier.

Montaigne, *Essais,* I, 20.

Un chanteur, que l'exécution d'un air di bravura met à
la gêne, un violon qui se démène et se tourmente, m'*angoisse* et me chagrine.

Diderot, *Essai sur la peinture,* c. 5.

Oliviers sent que la mort mult l'*anguisset.*

Chanson de Roland, v. 2040.

Païen s'en fuient, e Franceis les *anguissent.*

Même ouvrage, v. 3634.

Et quant le mal plus m'*angoissoit*
Tant plus ma volonté croissoit.

Roman de la Rose, v. 1766.

Quand li mal t'*angoisseront* fort
Tu iras à li par confort.

Même ouvrage, v. 2705.

Ha, très doux Dieu de paradis,
Que ce mal me va *angoissant!*

La Vie et histoire du maulvais Riche. (Voyez *Ancien Théâtre
françois,* Bibliothèque elzévirienne, t. III, p. 278.)

Il a été employé comme verbe pronominal, pour
Se tourmenter d'une chose, s'en occuper avec empressement :

... Ces oysillons escoutant
Qui de chanter moult s'*engoissoient.*

Roman de la Rose, v. 104.

Angoissé, ée, participe.

L'homme est tourmenté par le présent, ennuyé du passé, angoissé par l'advenir.

CHARRON, *De la Sagesse*, I. 6.

Il semble que la justice... leur (aux personnes d'autorité) ait mis en main un plaisir qu'ils peuvent faire à tous également, qui est celui de prêter l'oreille avec patience, et de peser sérieusement toutes les raisons d'un cœur *angoissé* de cette peine cruelle de n'être pas entendu.

BOSSUET, *Sermons*. Sur la Justice.

Le malade est fort inquiet et *angoissé*.

TISSOT, *Avis au peuple sur sa santé*.

ANGORA, adj. des deux genres, quelquefois écrit à tort ANGOLA. (Voyez le *Dictionnaire* de Trévoux.)

Il se dit de certaines races d'animaux, tels que chats, lapins et chèvres, qui sont originaires d'Angora (ville de l'Asie Mineure, qui est l'Ancyre des anciens) et qui se distinguent par leurs poils longs et soyeux. *Un chat angora. Une chèvre angora.*

Il s'emploie substantivement en parlant du chat : *Un bel angora.*

Le passage suivant fait remonter à l'origine de cet adjectif :

Chats domestiques appelés chats d'*Angora*. Ces chats ont en effet été apportés d'*Angora*.

BUFFON, *Histoire naturelle*: Le Chat.

ANGUILLE, s. f. (Du latin *Anguilla*, diminutif d'*Anguis*.)

Poisson d'eau douce de la forme d'un serpent, et couvert d'une peau glissante :

Anguille est née de limon, et por ce avient que qui plus l'estraint, plus fuit.

BRUNETTO LATINI, *Li Livres dou tresor*, liv. I, part. V, c. 131.

A l'entour de Syracuse y a des marais qui reçoivent grande quantité d'eau doulce, tant des fontaines que des ruisseaux, lacs et rivières... s'y engendre et nourrit une quantité grande d'*anguilles*.

AMYOT, trad. de Plutarque : *Vie de Timoléon*, c. 8.

Il y a plusieurs années qu'un Irlandais, jésuite secret, nommé Needham, qui disait avoir d'excellents microscopes, crut s'apercevoir qu'il avait fait naître des *anguilles* avec de l'infusion de blé ergoté dans des bouteilles.

VOLTAIRE, *Défense de mon oncle*, c. 19.

... Vit la charrete chargée
Et d'*anguilles* et de lamproies.

Roman de la Rose, v. 783.

Si est là planté de poissons
Et li engin où nous peschons
Les *anguilles* et les barbiaus,
Et autres poissons bons et biaus.

Roman de la Rose, v. 1145.

Ce mot entre dans un assez grand nombre de locutions proverbiales et figurées, la plupart fort anciennes et de bonne heure recueillies dans les dictionnaires. (Voyez entre autres celui de Cotgrave.)

Il y a quelque anguille sous roche, manière de parler, le plus souvent prise en mauvaise part et qui signifie : Il y a, en cette affaire, quelque chose de caché, quelque mystère :

Je vouldrois veoir quelle fin prendra la maladie de Rustan-Bassa, avec lequel voz magniffiques s'entretiennent plus estroictement que jamais, jusques à me faire soupçonner qu'*il y ait quelque anguille sous roche*.

Lettre à l'évêque d'Acqs, 1561. (Voyez *Négociations de la France dans le Levant*, t. II, p. 646.)

La France jouist cinq ans de ce repos avec les deux religions : toutefois je me doubtois toujours qu'*il y avoit quelque anguille soubs roche*.

MONTLUC, *Commentaires*, liv. VI.

Ma foi, Madame, la curiosité m'a coûté quelque chose ; mais je crois qu'*il y a quelque anguille sous roche*, et ils parlent de quelque affaire où ils ne veulent pas que vous soyez.

MOLIÈRE, *le Bourgeois gentilhomme*, III, 7.

Le bonhomme (d'Aligre) fut si surpris d'être chancelier par dessus (il avait déjà été nommé garde des sceaux), qu'il crut qu'*il y avoit anguille sous roche*.

Mme DE SÉVIGNÉ, *Lettres*; 12 janvier 1674.

Un mauvais plaisant, mais qui raisonnait bien, dit qu'*il y avait là anguille sous roche*, et que la fausseté se découvrirait bientôt.

VOLTAIRE, *Défense de mon oncle*, c. 19.

Rompre l'anguille au genou (avec le genou), ou, comme on l'a dit aussi autrefois, *Rompre l'andouille au genou;* s'y prendre de manière à ne pas réussir.

Écorcher l'anguille par la queue; commencer par le plus difficile, par où il faudrait finir.

Tenir l'anguille sans l'écorcher; négliger une bonne occasion de profit :

Vous êtes un vrai gâte-maison, et vous avez bien la mine

de servir longtemps, puisque *vous n'écorchez pas l'anguille pendant que vous la tenez.*

LE SAGE, Gil Blas, VII, 15.

Il ressemble à l'anguille de Melun; il crie avant qu'on ne l'écorche; il a peur sans sujet, il se plaint avant de sentir le mal. C'est, selon Fleury de Bellingen, *Étymologie des proverbes français,* ce que fit un bourgeois de Melun, nommé L'Anguille. Il jouait dans une pièce de théâtre le personnage de saint Barthélemy; comme le bourreau s'approchait, le couteau à la main, pour faire semblant de l'écorcher, il fut pris de peur et se mit à pousser des cris, ce qui fit rire et donna lieu au proverbe.

Aultres escorchoient les anguilles par la queuë, et ne crioyent les dites anguilles *avant que d'estre escorchées comme font celles de Melun.*

RABELAIS, Pantagruel, V, 22.

Tu ressembles l'*anguille* de Melun, tu cries devant qu'on t'escorche.

LE COMTE DE CRAMAIL, Comédie des proverbes, I, 2.

Échapper, glisser, couler, etc., *comme une anguille;* se dérober à qui croit vous tenir :

Il échappe comme une anguille. (Anguilla est, elabitur.) Plaut. *Pseudol.* II, IV, 57.

DANET, Dictionnaire françois-latin.

(Plutus) que tu es léger et glissant! Tu *coules comme une anguille* quand on te presse;

PERROT D'ABLANCOURT, trad. de LUCIEN. Timon, ou le Misanthrope.

Il (Dubois) évita tant qu'il put d'entrer en matière... ce fut une *anguille* qui *glissa* sans cesse entre mes mains.

SAINT-SIMON, Mémoires, 1721.

A cette manière de parler se rapporte la comparaison développée dans les vers suivants :

... Jà fame tant ne saura,
Ne jà si ferme cuer n'aura,
Ne si loial, ne si méur,
Que jà puist estre homme aséur
De li tenir par nule paine,
Ne plus que s'il tenoit en Saine
Une <i>anguille</i> parmi la queuë.</div>

Roman de la Rose, v. 9935.

On peut ajouter à ces proverbes ou expressions

III.

proverbiales, rapportés la plupart par Cotgrave, deux que donne encore son dictionnaire :

A grand pescheur eschappe anguille.

Par trop presser l'anguille on la perd.

Toujours pâté d'anguille, répétition continuelle d'une chose qui fatigue par sa monotonie, tout excellente qu'elle est :

Eh quoi! toujours pâtés au bec!
Pas une <i>anguille</i> de rôtie,
Pâtés tous les jours de ma vie!
J'aimerois mieux du pain tout sec.

LA FONTAINE, Contes, IV, 11. Le Pâté d'anguille.

Le mot ANGUILLE, d'après certaines analogies, a été appliqué à d'autres animaux. C'est ainsi que l'on dit : *Anguille de bois, Anguille de haie, Anguille de buisson,* en parlant de serpents, de couleuvres.

D'ANGUILLE se sont formés plusieurs mots depuis longtemps de peu d'usage :

ANGUILLETTE, s. f.

Petite anguille :

S'il mouchoit, c'estoient *anguillettes* salées.

RABELAIS, Pantagruel, IV, 32.

ANGUILLIÈRE, s. f.

Lieu où l'on garde des anguilles vivantes :

A ce mesnage j'ajousterai l'*anguilière*, afin qu'aucun animal de service, se nourrissant dans l'eau, ne defaille au père de famille.

OLIVIER DE SERRES, Théâtre d'agriculture, V^e lieu, c. 13.

ANGUILLADE, s. f.

Fouet fait de peau d'anguille, et, par extension, toute autre sorte de fouet :

Je le renvoyerois bien d'où il est venu, à grands coups d'*anguillade.*

RABELAIS, Pantagruel, V, 16.

Coup que l'on donne avec une peau d'anguille, une lanière de cuir, un mouchoir tortillé, ou autre chose semblable :

Les petites *anguillades* à la saulce de nerfz bouvins ne seront espargnez sur vos espaules.

RABELAIS, Prognostication pantagrueline. Prologue.

Donner, bailler l'anguillade, des anguillades :

Le patissier luy *bailla l'anguillade,* si bien que sa peau
n'eust rien valu à faire cornemuses.
RABELAIS, Pantagruel, II, 30.

Quel heur ce m'eût été, si sortant de l'église,
Il m'eût conduit chez lui, et m'ôtant la chemise,
Ce beau valet, à qui ce beau maître parla,
M'*eût donné l'anguillade,* et puis m'eût laissé là !
RÉGNIER, Satires, VIII.

Pendant qu'on *donne* au maître *l'anguillade,*
Le mulet fait sur l'herbette gambade.
LA FONTAINE, Contes, IV, 12.

ANGUILLAIRE, adj. des deux genres.
Qui ressemble à l'anguille.

ANGUILLONEUX, EUSE, adj.
Cauteleux, selon Borel.

ANGUSTICLAVE, s. m. (De *angustus,* étroit,
et *clavus,* clou.)
Terme d'Antiquités romaines. Tunique que portaient les chevaliers romains, et qui était ornée
de bandes de pourpre étroites; tandis que les bandes du laticlave, tunique des sénateurs et des
magistrats, étaient fort larges.

ANGUSTIÉ, ÉE, adj.
Étroit, serré. Vieux mot qui ne se dit que d'un
chemin.
Il se rattache à des mots de même origine depuis longtemps disparus de l'usage :
ANGUST, adj. *angusteit, angustie,* substantifs
formés sur *angustus* et *angustia,* et ayant le même
sens,
Soit au propre, soit au figuré :

Ainsi pourray je dire que l'exces de vostre paternelle affection me range en ceste *angustie* et necessité qu'il me conviendra vivre et mourir ingrat.
RABELAIS, Pantagruel, IV, 4.

ANICROCHE, s. f. (De *ani* ou *hani,* dont le
sens est incertain, et de *croche, crochet.*)
On l'a écrit HANICROCHE.
C'est une sorte d'armes chez Rabelais :

Esguisoient vouges, picques, rancons, halebardes, *hanicroches.*
RABELAIS, Pantagruel, III. Prologue

Son sens ordinaire est : Embarras, difficulté :

La veuve de maître Paul est outrée ; il s'est trouvé une
anicroche à son mariage.
Mme DE SÉVIGNÉ, Lettres ; 2 juin 1672.

Quelle *anicroche* voulez-vous que votre remboursement
souffre !
DIDEROT, Lettres; à Mlle Voland, 22 novembre 1768.

Vous savez, mon très-cher ange, qu'il y a dans les plus
petites affaires, de même que dans les plus grandes, des
anicroches qui dérangent tout.
VOLTAIRE, Lettres; 4 janvier 1773.

A femelles d'amour esprises
Les *hanicroches* ne sont rien.
J.-A. DE BAÏF, la Rome ridicule, stance XCI.

Il se dit aussi de mauvaises difficultés que l'on
fait naître à dessein :

Il cherche quelque *anicroche* pour ne point tenir le marché.
... (Non tu illum vides
Quærere ansam, infectum ut faciat.)
Plaut. Pers. IV, 120.
DANET, Dictionnaire françois-latin.

Mais je vois bien, et soit dit sans reproche,
Qu'avez voulu me chercher *anicroche.*
Mme DESHOULIÈRES, Rondeau à M. le duc de Vivonne,

Tous ces gens-là sont faits de croche et d'*anicroche !*
REGNARD, le Bal, sc. X.

ANIMADVERSION, s. f. (Du latin *animad-
versio,* et, par ce mot, d'*animadvertere, animum
advertere.*)
ANIMADVERSION, au sens de Remarque, de note,
comme dans ce titre : *Animadversions sur Pétrone,*
et d'autres semblables, est la transcription litté-
rale d'un titre latin, *Animadversiones in...,* autrefois usité dans des livres de critique.

Il n'a été longtemps, avec le sens d'Improbation, de blâme, de censure, qu'une expression ju-
ridique ou empruntée, dans des cas analogues, à
la langue du palais :

Il fut ordonné... que les monastères, tant d'hommes que
de femmes, vivroient selon les reigles de leurs ordres, et,
s'ils refusoient de ce faire, que l'*animadversion* en demeureroit par devers l'evesque.
EST. PASQUIER, Recherches de la France, III, II.

Ce jour au soir me furent randus mes essais, chatiés selon l'opinion des docteurs moines. Le maestro del sacro
palasso n'en avoit peu juger que par le rapport d'aucun

frater françois, n'entendant nullemant notre langue, et se contantoit tant des excuses que je faisois sur chaque article d'*animadversion* que lui avoit laissé ce françois, qu'il remit à ma consciance de rabiller ce que je verrois être de mauvès goût.

> Montaigne, *Voyages*. Rome : Dimanche des Rameaux.

Ses propres avocats disent qu'elle n'auroit pu éviter l'*animadversion* de la cour.

> L'Évêque d'Autun, à Bussy, 24 juillet 1679. (Voyez *Correspondance de Bussy-Rabutin*, lettre, 1627,

Je pourrois dire, tout au plus, que je suis fâché qu'on ait pu tirer de mes écrits des prétextes pour me persécuter; mais jamais ce mot d'*animadversion* du conseil ne me conviendra, il faut iniquité et violation des lois. Je ne sais nommer les choses que par leur nom.

> J.-J. Rousseau, *Lettres*; 26 février 1763.

On en a fait ensuite, toujours avec le même sens, une application plus générale. On dit Encourir l'*Animadversion* d'une personne, d'une famille, *des* honnêtes gens, l'*Animadversion publique*, etc. :

D'une autre part, ces alliés du continent dont ils recherchaient les suffrages, sont devenus l'objet de leur *animadversion*.

> Chateaubriand, *Opinions et discours*. Sur l'emprunt de cent millions, 25 février 1823.

ANIMAL, s. m. (Du latin *animal*, et, par ce mot, d'*anima*.)

Être organisé et doué de sensibilité :

Cestui mot *animal* comprent homes, bestes, oisiaus et peissons.

> Brunetto Latini, *Li Livres dou tresor*, liv. III, part. I, c. 13.

Si mouvement propre est indice certain de chose animée, comme escript Aristoteles, et tout ce qui de soy se meut est dict *animal*.

> Rabelais, *Pantagruel*, III, 32.

De la description des corps inanimés et des plantes, je passai à celle des *animaux*, et particulièrement à celle des hommes.

> Descartes, *Discours de la Méthode*, V.

L'homme s'est égalé aux *animaux* insensés et leur a été rendu semblable.

> Bossuet, *Traité de la Concupiscence*, c. 3.

Un petit *animal* relégué en un coin de cet espace immense qu'on appelle le monde, prédit à quel point de leur course les astres se trouveront d'aujourd'hui en deux, en quatre mille ans.

> La Bruyère, *Caractères*.

L'homme change l'état naturel des *animaux*, en les forçant à lui obéir, en les faisant servir à son usage. Un *animal* domestique est un esclave dont on s'amuse, dont on se sert, dont on abuse, qu'on altère, qu'on dépayse, et que l'on dénature; tandis que l'*animal* sauvage n'obéissant qu'à la nature, ne connoît d'autres lois que celles du besoin et de la liberté.

> Buffon, *Histoire naturelle*. Les Animaux domestiques.

Pas plus de pitié des pauvres *animaux*... en vérité... que si c'étoient des hommes.

> Beaumarchais, *le Mariage de Figaro*, I, 3.

De tous les *animaux* qui s'élèvent dans l'air,
Qui marchent sur la terre, ou nagent dans la mer,
Le plus sot *animal*, à mon avis, c'est l'homme.

> Boileau, *Satires*, VIII.

Je me sers d'*animaux* pour instruire les hommes.

> La Fontaine, *Fables*; à Monseigneur le Dauphin.

Animal, appliqué à l'homme, est, le plus souvent, accompagné de l'épithète *raisonnable :*

Imaginer l'homme, c'est s'en représenter un de grande ou de petite taille, blanc ou basané, sain ou malade; et l'entendre, c'est concevoir seulement que c'est un *animal raisonnable*, sans s'arrêter à aucune de ces qualités particulières.

> Bossuet, *De la Connoissance de Dieu et de soi-même*, c. 1, art. 9.

Les Turcs ne croyent pas que les femmes aillent en paradis, et à peine les estiment-ils *animaux raisonnables*.

> Thévenot, *Voyage du Levant*, c. 42.

L'homme n'est point homme parce qu'il est *animal raisonnable*, mais parce qu'il est animal religieux.

> Bernardin de Saint-Pierre, *Études de la nature*, XII.

Quel courroux, ou plutôt quel prodige d'horreur!
Quand nul frein ne l'arrête il en est donc capable,
L'homme, l'être pensant, l'*animal raisonnable?*

> L. Racine, *Épîtres sur l'homme*, II.

On dit quelquefois l'*Animal*, pour désigner la partie matérielle de notre être :

A la mort toutes les peines de l'*animal* finissent, les besoins du corps, les maladies, les persécutions, les calomnies, les esclavages de toutes sortes.

> Bernardin de Saint-Pierre, *Études de la nature*, XII.

Animal est souvent employé, avec une intention morale, par ironie, par plaisanterie, dans certaines définitions, certains tableaux, certains portraits, où il s'agit de personnes humaines :

Je trouve encore plus de plaisir dans ma solitude avec ma famille et souvent bonne compagnie, que dans les petites villes où il faut vivre avec des *animaux* qui ressemblent à des hommes et avec qui on se divertit moins qu'avec les singes et les perroquets.

BUSSY-RABUTIN, *Lettres*; à Mⁿᵉ Dupré, 8 janvier 1692.

Un jour ce petit prince, en jouant avec Mademoiselle de Pisani, depuis Madame la marquise de Rambouillet, alors âgée de huit ans, la prit par la tête et la baisa. Le marquis, qui en fut averti, l'en fit châtier très-sévèrement, car les princes sont des *animaux* qui ne s'échappent que trop.

TALLEMANT DES RÉAUX, *Historiettes*. Le marquis de Pisani.

La reine a un huissier nommé La Valière, qui est le plus capricieux *animal* qui soit au monde.

LE MÊME, même ouvrage. Bois-Robert.

L'on voit certains *animaux* farouches, des mâles et des femelles, répandus par la campagne, noirs, livides, et tout brûlés du soleil, attachés à la terre, qu'ils fouillent et qu'ils remuent avec une opiniâtreté invincible; ils ont comme une voix articulée, et quand ils se lèvent sur leurs pieds, ils montrent une face humaine, et en effet ils sont des hommes.

LA BRUYÈRE, *Caractères*, c. 11.

Les créanciers sont des *animaux* d'un instinct admirable, ils sentent l'argent d'une lieue.

DUFRESNY, *le Chevalier joueur*, IV, 6.

Je perdis toute gaîté; je devins distrait et rêveur, en un mot, un sot *animal*.

LE SAGE, *Gil Blas*, VIII, 13.

... Personne ne s'émeut;
L'*animal* aux têtes frivoles (le peuple d'Athènes)
Étant fait à ces traits, ne daignoit l'écouter (Démade).

LA FONTAINE, *Fables*, VIII, 4.

Un intendant! Qu'est-ce que cette chose?
Je définis cet être, un *animal*,
Qui, comme on dit, sait pêcher en eau trouble;
Et plus le bien de son maître va mal,
Plus le sien croît, plus son profit redouble.

LE MÊME, *Contes*, V, 7. Belphégor.

Je sens qu'un glorieux est un sot *animal*.

DESTOUCHES, *le Glorieux*, II, 9.

Qu'un valet raisonneur est un sot *animal*!

PIRON, *la Métromanie*, I, 6.

- Cette manière de parler revient très fréquemment dans les comédies de Molière :

Ah! les étranges *animaux* à conduire que des comédiens!

MOLIÈRE, *l'Impromptu de Versailles*, sc. 1.

Sont-ce des hommes que de jeunes blondins, et peut-on s'attacher à ces *animaux*-là?

MOLIÈRE, *l'Avare*, II, 6.

Combien d'*animaux* ravissants par les griffes desquels il vous faudra passer : sergens, procureurs, avocats, greffiers, substituts, rapporteurs, juges, et leurs clercs.

LE MÊME, *les Fourberies de Scapin*, II, 8.

Qu'on est aisément amadoué par ces diantres d'*animaux*-là.

LE MÊME, *le Bourgeois gentilhomme*, III, 10.

... La femme est, comme on dit, mon maître,
Un certain *animal* difficile à connaître,
Et de qui la nature est fort encline au mal:
Et comme un *animal* est toujours *animal*,
Et ne sera jamais qu'*animal*...
La femme est toujours femme...

LE MÊME, *le Dépit amoureux*, IV, 2.

Dans le monde on fait tout pour ces *animaux*-là.

LE MÊME, *l'École des femmes*, V, 4.

Je suis dans une colère épouvantable de voir que cet auteur vous appelle des *animaux*.

LE MÊME, *la Critique de l'École des femmes*, sc. 6.

Animal d'habitude, est une qualification de ce genre très ordinaire :

Et puis d'ailleurs je suis *animal d'habitude*.

GRESSET, *le Méchant*, I, 1.

ANIMAL est dit de la même manière, mais de choses abstraites, dans les passages suivants :

De toutes ces causes conjointes ensemble avecques la mauvaise disposition que les longues guerres civiles ont engendrée, s'est formé le hideux *animal* qu'on nomme querelle.

DE LA NOUE, *Discours politiques et militaires*, disc. XII⁰.

En voyant votre Paris... je m'imagine voir un grand *animal*. Ces rues sont autant de veines où le peuple circule.

DUFRESNY, *Amusements sérieux et comiques*.

Par une figure analogue, *Animal* est devenu, dans le langage familier, un injurieux synonyme de Grossier, de Stupide :

Quelle peine il faut prendre pour instruire ces *animaux*-là (ses domestiques).

MOLIÈRE, *la Comtesse d'Escarbagnas*, sc. 11.

N'admirez-vous pas cet *animal*? Il vend volontiers à crédit aux hommes de qualité... il aime mieux hasarder avec eux que d'obliger un honnête bourgeois sans rien risquer.

LE SAGE, *Gil Blas*, VI, 1.

Il y a une heure... que je m'épuise en humilités pour cet *animal*-là !

MARIVAUX, *le Jeu de l'amour et du hasard*, III, 6.

Qui diable est l'*animal* qui heurte de la sorte?

BOURSAULT, *le Mercure galant*, II, 1.

Au lieu d'ANIMAL, on a dit autrefois ANIMANT, formé sur le latin *animans :*

Ainsi... nature... ains crea l'homme nud, tendre, fragile, sans armes ne offensives ne defensives, en estat d'innocence, et premier aage d'or : comme *animant*, non plante ; comme *animant*, dy-je, né à paix, non à guerre ; *animant* né à jouissance mirifieque de tous fruictz et plantes vegetables ; *animant* né à domination pacifique sus toutes bestes.

RABELAIS, *Pantagruel*, III, 8.

Zoroastes philosophe leur enseigna que le feu est un *animant* qui devore toutes choses.

PIERRE BELON, *Singularitez et choses memorables de divers pays estranges*, II, 47.

Rien sans âme et sans raison ne peut produire un *animant* capable de raison.

MONTAIGNE, *Essais*, II, 12.

Celuy vrayement estoit et sage et bien appris,
Qui cognoissant du feu la semence divine,
Estre des *animans* la premiere origine,
De substance de feu dist estre nos esprits.

JOACHIM DU BELLAY, *Les Regrets*, CIX.

Le monde est *animant* immortel...

AGR. D'AUBIGNÉ, *les Tragiques*. Jugement, liv. VII.

ANIMAL, ALE, adj. (De l'adjectif latin *animalis*.)

Qui appartient, qui est propre à l'animal.

Il entre dans un grand nombre d'expressions, telles que les suivantes :

La Vie animale :

Selon la *vie animale*, plus nous avançons dans l'âge, plus nous veillissons.

BOSSUET, *Sermons*. Sur la Pénitence.

Le P. Tournemine devait être confiné pour le reste de ses jours dans le donjon de Vincennes, avec tous les secours pour la *vie animale*, mais sans encre ni papier.

DUCLOS, *Mémoires secrets sur Louis XIV, la Régence*, etc.

La vie végétale diffère essentiellement de la *vie animale*.

BERNARDIN DE SAINT-PIERRE, *Harmonies de la nature*, V.

L'Économie animale :

Cette première division de l'*économie animale* me paroit naturelle, générale et bien fondée.

BUFFON, *Histoire naturelle*. Discours sur la nature des animaux.

La Machine animale :

Dans le premier état (l'état de mouvement, la veille) tous les ressorts de la *machine animale* sont en action.

BUFFON, *Histoire naturelle*. Discours sur la nature des animaux.

Les facultés, les fonctions, les actions, les relations animales; le développement, le mouvement animal, etc. :

Ce *mouvement*, que nous appelons *animal*, est le même qu'on nomme progressif, comme avancer, reculer, marcher de côté et d'autre.

BOSSUET, *De la Connoissance de Dieu et de soi-même*, c. 2, n° 1.

Les savants mêmes et ceux qui se piquent d'esprit, passent plus de la moitié de leur vie dans des *actions* purement *animales*.

MALEBRANCHE, *Recherche de la vérité*. Préface.

L'incubation, l'éducation, et toutes les périodes du *développement animal* sont abrégées en raison du degré de chaleur.

BUFFON, *Histoire naturelle*. Oiseaux : l'Étourneau.

L'homme sauvage, livré par la nature au seul instinct... commencera donc par les *fonctions* purement *animales*.

J.-J. ROUSSEAU, *Discours sur l'origine et les fondements de l'inégalité parmi les hommes*.

La connoissance de la mort et de ses terreurs est une des premières acquisitions que l'homme ait faites en s'éloignant de la *condition animale*.

LE MÊME, même ouvrage.

Si on connaissait les *relations animales* des plantes, nous aurions sur les instincts des bêtes bien des lumières que nous n'avons pas.

BERNARDIN DE SAINT-PIERRE, *Études de la nature*, XI.

On a fait longtemps un grand usage de cette expression, *Les esprits animaux :*

Lesquelles (artères)... les *esperitz* vitaulx affinoyent en longs embaiges, pour estre faicts *animaulx*.

RABELAIS, *Pantagruel*, III, 31.

L'*esprit animal* est mis et logé au cerveau.

A. PARÉ, *OEuvres*, I, 13.

Ce qu'il y a de plus remarquable en tout ceci, c'est la génération des *esprits animaux*, qui sont comme un vent très-subtil, ou plutôt comme une flamme très-pure et très-vive, qui, montant continuellement en grande abondance du cœur dans le cerveau, se va rendre de là par les nerfs dans les muscles et donne le mouvement à tous les membres.

DESCARTES, *Discours de la Méthode*, V.

Animal se dit souvent lorsqu'il est question de L'être matériel ou physique, par opposition à l'être intelligent, à l'âme :

Leurs connoissances ne changent point cette manière *animale* de ne concevoir les choses que par les sens.

NICOLE, *Essais de morale*.

Vous n'ignorez pas, chrétiens, que l'ancien peuple a été mené par des promesses terrestres, la nature infirme et *animale* ayant besoin de cet appât sensible et de ce foible rudiment.

BOSSUET, *Sermons*. Sur le Culte de Dieu.

Nous ne nous trompons pas d'attribuer seulement aux animaux ce que nous trouvons dans cette partie de nous-mêmes qui est *animale*.

LE MÊME, *De la Connoissance de Dieu et de soi-même*, c. 5, nº 3.

Il (Jésus-Christ) a le pouvoir d'arracher des âmes toutes les passions terrestres et *animales*, et d'y en substituer d'autres toutes spirituelles et toutes pures.

BOURDALOUE, *Sermons*. Sur la Tempérance chrétienne.

Ces discours touchants que d'Urfé met dans la bouche d'Astrée et de Céladon, n'appartiennent ni à l'amour *animal* ni à la raison savante.

BERNARDIN DE SAINT-PIERRE, *Études de la nature*, XII.

ANIMAL, dans le langage de l'Écriture sainte, signifie Sensuel, charnel, et est opposé à Spirituel. Dans ce langage, revient souvent l'expression, *L'homme animal* :

L'homme animal vieillit toujours, parce qu'il tend continuellement à la mort : au contraire, l'homme spirituel rajeunit toujours, parce qu'il tend continuellement à la vie, et à une vie immortelle.

BOSSUET, *Sermons*. Sur la Pénitence.

Quand l'apôtre distingue *l'homme animal* d'avec l'homme spirituel, il distingue celui qui agit par les sens d'avec celui qui agit par l'entendement et s'unit à Dieu.

LE MÊME, *De la Connoissance de Dieu et de soi-même*, c. 5, nº 13.

L'homme intérieur qui est en moi se mocquera de *l'homme animal* et terrestre que je porte.

MALEBRANCHE, *Recherche de la vérité*. Conclusion des trois premiers livres.

Il se rencontre d'autres exemples de l'adjectif ANIMAL, construit avec un nom de personne ou un pronom :

Il n'y a jamais rien eu de si brutal, de si *animal* que vous ; vous avez une sensualité infatigable.

TALLEMANT DES RÉAUX, *Historiettes*. Les Amours de l'auteur.

Elle ne connoît pas, tant elle est *animale*,
Combien entre elle et vous le rang met d'intervalle.

BOURSAULT, *les Mots à la mode*, sc. 9.

En termes d'Histoire naturelle, on entend par *Règne animal*, l'ensemble de tous les animaux ; Par *Espèces animales*, certaines parties de cet ensemble :

Si l'on fait attention aux mamelles noires des femmes samoyèdes et au tablier que la nature a donné aux Hottentotes, on aura quelque idée des variétés de notre *espèce animale*.

VOLTAIRE, *Histoire de Russie sous Pierre le Grand*, Ire part., c. 1.

Par *Matière, substance animale*, Toute matière, substance qui entre dans la constitution de l'animal ou qui provient des animaux. Les *huiles animales*, les *acides animaux* sont les huiles, les acides qu'on extrait des matières animales ; la *chimie animale* est celle qui s'occupe de l'analyse des matières animales.

D'ANIMAL se sont formés les mots ANIMALCULE, ANIMALISER, ANIMALISATION, ANIMALITÉ, qui appartiennent surtout au langage scientifique.

ANIMALCULE, s. m.

Petit animal.

Il ne se dit guère que des animaux qu'on ne peut voir qu'à l'aide du microscope, dans certains liquides. *Les Animalcules spermatiques, infusoires* :

Chaque année, les *animalcules* des madrépores... élèvent, au fond des eaux de l'Océan, de nouveaux lits de marbre.

BERNARDIN DE SAINT-PIERRE, *Harmonies de la nature*, V.

ANIMALITÉ. L'ensemble des attributs et des facultés qui distinguent l'animal, qui lui sont propres :

Les végétaux ne sont pas des animaux renversés, comme on l'a prétendu ; car ils n'ont point lès facultés ni les organes qui constituent l'*animalité*.

BERNARDIN DE SAINT-PIERRE, *Harmonies de la nature*, V.

Par ANIMALITÉ on peut entendre encore les caractères de l'animal par opposition à l'homme :

Dans l'état d'*animalité* dont il s'agit ici.

J.-J. ROUSSEAU, *Discours sur l'origine de l'Inégalité parmi les hommes*. Notes.

ANIMER, v. a. (Du latin *animare*, et, par ce mot, d'*anima*.)

Proprement, Mettre l'âme, le principe de la vie dans un corps organisé :

Si l'esprit est venu pour *animer* le corps, et qu'il soit venu des pays des morts, il faut aussi que, sortant de ceste vie, il s'en aille vers les morts.

THÉOPHILE, *Traité de l'immortalité de l'âme*.

Ainsi qu'on voit que les têtes, un peu après être coupées, se remuent encore et mordent la terre nonobstant qu'elles ne *soient* plus *animées*.

DESCARTES, *Discours de la Méthode*, V.

Le mot hébreu qui est traduit « étoit porté » ne signifie pas un mouvement violent et rapide, mais le mouvement léger d'un oiseau qui étend ses ailes sur ses petits pour les couvrir, ou même la manière dont il échauffe ses œufs pour les *animer* et les faire éclore.

DUGUET, *Explication de l'ouvrage des six jours*.

Trois fois il fut repoussé par le valeureux comte de Fontaines, qu'on voyoit porté dans sa chaise, et, malgré ses infirmités, montrer qu'une âme guerrière est maîtresse du corps qu'elle *anime*.

BOSSUET, *Oraison funèbre du prince de Condé*.

L'auteur de notre être *avoit* d'abord *animé* notre boue d'un souffle d'immortalité.

MASSILLON, *Sermons*. Sur la Mort.

Le rayon divin dont l'homme *est animé* l'ennoblit et l'élève au-dessus de tous les êtres matériels.

BUFFON, *Histoire naturelle*. Empire de l'homme sur les animaux.

On arrêta ma mort (miserable !) devant
Que je *fusse animé*, que je fusse vivant.

ROB. GARNIER, *Antigone*, act. I, v. 263.

Plus noble que mon corps un autre être *m'anime*.

L. RACINE.

De là ces expressions figurées : *Animer de son esprit* et autres semblables.

Ses armées, quoique éloignées de sa présence, *étaient* encore *animées de son esprit*.

VOLTAIRE, *Histoire de Charles XII*, liv. VII.

A cette manière de parler peuvent se rapporter les exemples suivants :

C'est pourquoi Jésus-Christ promet d'envoyer le Saint-Esprit pour fortifier ses apôtres, et *animer* éternellement le corps de l'Église.

BOSSUET, *Discours sur l'histoire universelle*, II, 7.

Chaque ordre semblait se rallier sous un étendard différent : ce qu'on appelle esprit de corps *anime* toutes les sociétés.

VOLTAIRE, *Essai sur les mœurs*, c. 139. Des Ordres religieux.

ANIMER, dans un sens figuré, encore très voisin du sens propre, signifie Donner de la vivacité, de l'action, du mouvement, une sorte de vie ;

Soit en parlant des personnes, régissant un nom de personne, un pronom, un nom, le plus souvent abstrait, désignant indirectement la personne.

Un nom de personne, un pronom :

Lorsque vous *êtes animée* dans une conversation dont la contrainte est bannie, tout ce que vous dites a tel charme et vous sied si bien, que vos paroles attirent les Ris et les Grâces autour de vous.

Mᵐᵉ DE LA FAYETTE, *Portrait de Mᵐᵉ de Sévigné*. (Voyez *Portraits de Mˡˡᵉ de Montpensier*, XXVI.)

Elle (Mˡˡᵉ Ribeyre) avoit de l'éclat, sans avoir du feu, et c'étoit une de ces beautés qui ont de la douceur, mais qui ne *sont* pas assez *animées*.

FLÉCHIER, *Mémoires sur les grands jours de 1665*.

Il faut remuer les bras, parce qu'on *est animé;* mais il ne faudroit pas, pour paroître animé, remuer les bras.

FÉNELON, *Dialogues sur l'Éloquence*, II.

La chaleur qui l'*anime* lui fait trouver des expressions et des figures qu'il n'auroit pu préparer dans son étude.

LE MÊME, même ouvrage, *ibid*.

Il fallut avaler le calice, et calmer les princes du sang qui *étoient* extrêmement *animés*.

SAINT-SIMON, *Mémoires*, 1698.

Voilà depuis un an le seul soin qui m'*anime*.

J. RACINE, *Andromaque*, II, 2.

Un nom le plus souvent abstrait désignant indirectement la personne :

C'est une paresse inouïe et que rien ne peut *animer :* elle vous aime, et ne peut vous écrire; elle a le toucher admirable pour le clavessin, et ne peut jouer...

    Mᵐᵉ DE MAINTENON, *Lettres*; à M. de Villette, 16 juillet 1684.

Il faut venger un père et perdre une maîtresse;
L'un m'*anime* le cœur, l'autre retient mon bras.

    P. CORNEILLE, *le Cid*, I, 10.

Le seul amour de Rome *a* sa main *animée*.

    LE MÊME, *Horace*, V, 3.

Pour *animer* leur verve et leur donner le ton.

    DESTOUCHES, *le Philosophe marié*, IV, 9.

Soit en parlant des choses :

L'eau se convertit en or et argent par les divers moulins qu'elle *anime*.

    OLIVIER DE SERRES, *Théâtre d'agriculture*.

... Je ne laisse pas de donner audience à un nombre infini de rossignols dont tous nos buissons *sont animés*.

    BALZAC, *Lettres*; XIX, 26, à Chapelain.

Il (Louis XIV) assemble dans un temple si célèbre ce que son royaume a de plus auguste, pour y rendre des devoirs publics à la mémoire de ce prince, et il veut que ma foible voix *anime* toutes ces tristes représentations et tout cet appareil funèbre.

    BOSSUET, *Oraison funèbre du prince de Condé*.

Un zéphyr léger se joue dans nos voiles, il *anime* tout le vaisseau et lui donne un doux mouvement.

    FÉNELON, *Télémaque*, IV.

Desséchons ces marais, *animons* ces eaux mortes, et, les faisant couler, formons-en des ruisseaux, des canaux.

    BUFFON, *Histoire naturelle*. La nature sauvage.

Ce dernier surtout (Benserade) avait un talent singulier pour ces pièces galantes, dans lesquelles il faisait toujours des allusions délicates et piquantes aux caractères des personnes, aux personnages de l'antiquité ou de la fable qu'on représentait, et aux passions qui *animaient* la cour.

    VOLTAIRE, *Siècle de Louis XIV*, c. 25. Particularités et anecdotes.

Il *anima* le commerce et les manufactures.

    D'ALEMBERT, *Éloge de Colbert*.

Son visage sévère (de Pierre Iᵉʳ) regarde le fleuve et semble encore *animer* cette navigation.

    J. DE MAISTRE, *Soirées de Saint-Pétersbourg*, I.

Dieu commande au soleil d'*animer* la nature.

    J. RACINE, *Athalie*, I, 4.

. C'est ainsi qu'on dit, *Animer* le teint, les yeux, les regards :

Tout l'amour en étoit effacé; je ne vis plus qu'embarras et qu'imposture; je ne trouvai plus qu'un visage froid et contraint, qu'il tachoit d'*animer* pour m'en cacher l'ennui, l'indifférence et la sécheresse.

    MARIVAUX, *la Vie de Marianne*, VIII,

Mon père, quel courroux *animoit* ses regards!

    J. RACINE, *Athalie*, II, 2.

ANIMER un ouvrage d'art, une statue, une peinture, etc., et par métonymie, le bronze, le marbre, la toile, etc.

Les sculpteurs et les peintres semblent *animer* les pierres, et faire parler les couleurs, tant ils représentent vivement les actions extérieures qui marquent la vie.

    BOSSUET, *De la Connoissance de Dieu et de soi-même*, c. 5, n° 10.

Pigal, mon cher ami, tout Pigal, tout Phidias qu'il est, ne pourra jamais *animer* le marbre comme vous animez la nature sur le théâtre.

    VOLTAIRE. *Lettres*; à Lekain, 25 avril 1770.

L'aiguille sous tes doigts n'*anime* plus les fleurs.

    ANDRÉ CHÉNIER, *Élégies*, V.

On le dit de même en parlant d'un ouvrage d'esprit, d'un discours, de la force et de la chaleur qu'on leur donne, soit par les traits vifs et brillants qu'on y jette, soit par la manière vive dont on les lit, dont on les prononce. ANIMER reçoit alors assez souvent, au moyen des prépositions *par* ou *de,* un régime indirect :

Sa douce et gracieuse humeur ne pouvoit concevoir des passions fortes et courageuses, et telles qu'il les faut pour *animer* une parfaicte oraison.

    DU VAIR, *De l'Éloquence françoise*.

L'air de leur visage, le ton de leur voix et le ton de leurs paroles *animant* leurs expressions, préparent ceux qui les écoutent... à se rendre attentifs.

    MALEBRANCHE, *Recherche de la vérité*, c. 1, § 6.

La parole *animée par* les vives images, *par* les grandes figures, *par* le transport des passions et *par* le charme de l'harmonie, fut nommée le langage des dieux.

    FÉNELON, *Lettre à l'Académie*.

Animer la conversation est une manière de parler analogue; cela veut dire La rendre plus vive, plus intéressante.

ANIMER signifie souvent Exciter, encourager;
Soit régissant un nom de personne, un pronom,

un nom abstrait désignant indirectement la personne :

Nuls accidents ne font tourner le dos à la vifve vertu; elle cherche les maulx et la douleur comme son aliment; les menaces des tyrans, les gehennes et les bourreaux l'*animent* et la vivifient.

MONTAIGNE, *Essais*, II, 3.

Voilà que, dans son silence, son nom même nous *anime*.

BOSSUET, *Oraison funèbre du prince de Condé.*

Quoique les louanges soient à craindre à cause de la vanité, il faut tâcher de s'en servir pour *animer* les enfants sans les enivrer.

FÉNELON, *De l'Éducation des filles,* c. 5.

Voulez-vous savoir ce qui me fait écrire des lettres qui vous plaisent? C'est que je sais que vous en connoissez le prix, et je vous avoue que cela m'*anime.*

BUSSY-RABUTIN, *Lettres;* à Mᵐᵉ de Scudéry, 25 juin 1671.

Soit régissant un nom de chose :

Ne manquez pas de relire souvent avec les enfants les endroits où Jésus-Christ promet de soutenir et d'*animer* l'Église.

FÉNELON, *De l'Éducation des filles,* c. 7.

ANIMER, en ce sens encore, reçoit souvent un régime indirect au moyen de diverses prépositions; De la préposition *à; Animer à.*

Animer à une chose :

Après avoir donc campé dans la plaine de Babylone, pour *animer* davantage ses gens *à* la guerre, il voulut faire reveuë de toutes ses forces.

VAUGELAS, trad. de Quinte-Curce, *Histoire d'Alexandre,* III.

Je me contente d'*animer* les modernes *à* une émulation que je crois nécessaire.

LA MOTTE, *Discours sur la poésie dramatique.*

Cet œil premier m'apprit que c'est d'aimer,
Il vint premier ma jeunesse *animer*
A la vertu...

RONSARD, *Amours,* I, 71.

Bientôt ressuscitant les héros des vieux âges,
Homère *aux* grands exploits *anima* les courages.

BOILEAU, *Art poétique,* IV.

Un poignard à la main, l'implacable Athalie
Au carnage *animoit* ses barbares soldats.

J. RACINE, *Athalie,* I, 2.

Animer à faire une chose :

Les amateurs du bon goût furent indignés de voir les anciens traités avec tant de mépris par un homme qui les con-

III.

noissoit si peu (Perrault). On *animoit* Boileau à lui répondre.

L. RACINE, *Mémoires sur J. Racine.*

De la préposition *par; Animer par :*

Un simple gentilhomme n'eust... pu assembler en si peu de temps une si grande multitude d'hommes, si son entreprise n'*eust été animée par* quelque autre puissance que celle de son crédit.

MÉZERAY, *Histoire de France:* Charles IX.

La simple observation du culte extérieur est inutile et nuisible, si elle n'*est* intérieurement *animée par* l'esprit d'amour et de religion.

FÉNELON, *De l'Éducation des filles,* c. 8.

Ce fut Gustave Vasa qui, en tirant les Suédois de l'obscurité, *anima* aussi les Danois *par* son exemple.

VOLTAIRE, *Essai sur les mœurs,* c. 117.

Une mouche survient, et des chevaux s'approche,
Prétend les *animer par* son bourdonnement,
Pique l'un, pique l'autre...

LA FONTAINE, *Fables,* VII, 9.

De la préposition *de; Animer de :*

Croyez, ma bonne, qu'il n'est pas possible d'aimer plus que je vous aime : je ne *suis animée que de* ce qui a quelque rapport à vous.

Mᵐᵉ DE SÉVIGNÉ, *Lettres;* à Mᵐᵉ de Grignan, 14 juin 1675.

L'Europe qui admiroit la divine ardeur *dont il étoit animé* dans les combats, s'étonna qu'il en fût le maître.

BOSSUET, *Oraison funèbre du prince de Condé.*

En disant ces mots, Arcésius paraissoit *animé d'*un feu divin.

FÉNELON, *Télémaque,* XIX.

Voyant que tout commençoit à s'ébranler, il (le duc d'Orléans) appeloit les officiers par leur nom, *animoit* les soldats *de* la voix, et mena lui-même les escadrons et les bataillons à la charge.

SAINT-SIMON, *Mémoires,* 1706.

Louis les *animant du* feu de son courage,
Se plaint de sa grandeur qui l'attache au rivage.

BOILEAU, *Épîtres,* IV.

Vous me verrez pourtant, dans ce champ glorieux,
Vous *animer* du moins *de* la voix et *des* yeux.

LE MÊME, *Art poétique,* IV.

Animer signifie souvent aussi Exciter, irriter, soulever;

Soit avec un régime direct seulement :

Ils dirent qu'il falloit *animer* la canaille, qu'il falloit aller au Palais-Royal enlever le roi.

Mᵐᵉ DE MOTTEVILLE, *Mémoires.*

Maximien qui les haïssoit (les chrétiens) et n'avoit jamais cessé de les tourmenter, *animoit* les magistrats et les bourreaux.

BOSSUET, *Discours sur l'Histoire universelle*, I, 10.

Le comte de Rieux eut une audience du régent, pour se justifier d'*avoir animé* la noblesse de Bretagne.

SAINT-SIMON, *Mémoires*, 1718.

Sept présidents et trente-deux conseillers allèrent au Louvre. On croyait que cette marche *animerait* le peuple.

VOLTAIRE, *Histoire du Parlement de Paris*, c. 4

Soit construit, en outre, avec la préposition *contre* :

Il faut avouer que le vôtre (votre père) *animeroit contre* sa vilainie le plus posé homme du monde.

MOLIÈRE, *l'Avare*, II, 1.

Marius, qui acheva de le vaincre (Jugurtha), ne put parvenir au commandement qu'en *animant* le peuple *contre* la noblesse.

BOSSUET, *Discours sur l'Histoire universelle*, I, 9.

Savoit-elle une famille opprimée, elle *animoit* la justice *contre* l'oppression.

FLÉCHIER, *Oraison funèbre de M*ᵐᵉ *d'Aiguillon.*

Lorsqu'il s'agit de soutenir la liberté mourante et d'*animer* toute la république *contre* Antoine son ennemi, vous ne le voyez plus (Cicéron) chercher des jeux d'esprit et des antithèses.

FÉNELON, *Dialogues sur l'Éloquence*, II.

Le roi d'Espagne, mécontent du pape, et qu'Albéroni ne cessoit d'*animer contre* Sa Sainteté, avoit ordonné aux réguliers ses sujets, étant à Rome, d'en sortir.

SAINT-SIMON, *Mémoires*, 1718.

Monsieur, de bonne part je viens d'être informé
Qu'Éraste *est contre* vous fortement *animé*.

MOLIÈRE, *le Dépit amoureux*, V, 3.

Que faites-vous, Madame, et quel mortel ennui
Contre tout votre sang vous *anime* aujourd'hui?

J. RACINE, *Phèdre*, I, 3.

ANIMER s'emploie avec le pronom personnel et se dit, dans les mêmes sens, des personnes et des choses.

S'Animer, c'est quelquefois Prendre de la vivacité, de la vie :

Je lui ai dit que j'étois venu ici pour vous la demander en mariage. Soudain, son visage a changé, son teint s'est éclairci, ses yeux *se sont animés*.

MOLIÈRE, *l'Amour médecin*, III, 6.

Les sculptures de Phidias, frappées horizontalement d'un rayon d'or, *s'animoient* et sembloient se mouvoir sur le marbre par la mobilité des ombres du relief.

CHATEAUBRIAND, *Itinéraire de Paris à Jérusalem : Voyage en Grèce.*

C'est S'inspirer d'un certain esprit :

Les vieux soldats venant à manquer, on donnoit la liberté aux esclaves pour en faire de nouveaux; et ces esclaves, devenus Romains, *s'animoient* du même esprit de leurs maîtres pour défendre une même liberté.

SAINT-EVREMONT, *Réflexions sur les divers génies du peuple romain*, c. 7.

C'est S'exciter, s'encourager :

Plus de gens *se animent* pour l'espérance de biens advenir, que pour les biens qu'ils ont jà receuz.

COMINES, *Mémoires*, c. 11.

Tous *s'animèrent* à sa perte, les uns par intérêt, et les autres par jalousie.

Mᵐᵉ DE MOTTEVILLE, *Mémoires.*

Déjà le roi de Perse est entre ses mains; à sa vue il *s'est animé*.

BOSSUET, *Oraison funèbre du prince de Condé.*

Je parle d'une hardiesse sage et réglée, qui *s'anime* à la vue des ennemis.

FLÉCHIER, *Oraison funèbre de Turenne.*

Tout le monde *s'animera* au travail.

FÉNELON, *Télémaque*, XII.

Quel bonheur, Sire, pour un siècle, pour un empire, pour les peuples, lorsque Dieu leur donne dans sa miséricorde des princes favorables à la piété! Par eux croissent et *s'animent* les talents utiles à l'Église.

MASSILLON, *Petit Carême*, IIᵉ dimanche.

Elle *s'animoit* elle-même du bruit de sa voix : son ton, quand il étoit brusque, engageoit son esprit à l'être aussi.

MARIVAUX, *la Vie de Marianne*, IIᵉ part.

C'est S'irriter :

Phillis oyant Astrée, ne faillit point, selon la coustume des personnes qui se voyent soustenuës en leur colère, de *s'animer* davantage *contre* le Berger.

D'URFÉ, *l'Astrée*, IIᵉ part., liv. XI.

Tout cela n'empêcha pas que le peuple, soulevé secrètement je ne sais par qui, ne *s'animât contre* moi par degrés jusqu'à la fureur

J.-J. ROUSSEAU, *les Confessions*, II, 12.

Contre ce cher époux Valère en vain *s'anime.*

P. CORNEILLE, *Horace,* V, 3.

On a dit ANIMER, dans un sens neutre, pour *s'A-nimer :*

Le vin nouveau faict *animer*
Plus l'esprit que vieille boisson.

CL. MAROT, *Épigrammes,* liv. VII, xxviii.

ANIMER, comme tous les verbes actifs, peut être employé absolument, par ellipse de son régime :

Le mouvement que la proposition de Viole fit dans les esprits est inconcevable; elle fit peur d'abord, elle réjouit ensuite, elle *anima* après.

LE CARDINAL DE RETZ, *Mémoires,* part. II, année 1648.

Je crus voir à Lambèse que la joie des Provençaux étoit *d'animer,* de brouiller, et de se rendre nécessaires.

Mme DE SÉVIGNÉ, *Lettres;* à Mme de Grignan, 7 janvier 1689.

Le peuple, à Paris, n'est pas comme ailleurs. Se querelle-t-on, il excite, il *anime;* veut-on se battre, il sépare. En d'autres pays, il laisse faire, parce qu'il continue d'être méchant.

MARIVAUX, *la Vie de Marianne,* IIe part.

ANIMÉ, ÉE, participe.

Il s'emploie adjectivement dans les divers sens du verbe ;

Au propre : ·

Elle (Psyché) fut longtemps sans pouvoir parler, immobile, changée en pierre, et plutôt statue que personne véritablement *animée.*

LA FONTAINE, *Psyché,* II.

Je suppose un œil *animé :* qu'on me permette cette supposition, toute bizarre qu'elle paroisse.

CONDILLAC, *Essai sur l'origine des connaissances humaines,* Ire part., sect. VI, § 11.

Mais ils ne sont aux yeux de la Divinité
Qu'un fragile roseau, qu'une boue *animée.*

GODEAU, *Psaumes,* 77.

Dans un sens figuré, très voisin du sens propre :

Me souvient aussi que Aristoteles maintient les paroles de Homere estre voltigeantes, volantes, mouvantes, et par consequent *animées.*

RABELAIS, *Pantagruel,* IV, 55.

On voit dans ses œuvres (de Ronsard) des parties naissantes et à demi *animées* d'un corps qui se forme et qui se fait, mais qui n'a garde d'être achevé.

BALZAC, *XXXIe Entretien.*

.:. Ne travaillant qu'à enrichir leur mémoire, ils semblent n'être plus que des dictionnaires *animés* et des répertoires parlants.

D'AGUESSEAU, *Instructions à son fils.*

La rouille des siècles qui commence à le couvrir (l'hôtel des Invalides) lui donne de nobles rapports avec ces vétérans, ruines *animées,* qui se promènent sous ses vieux portiques.

CHATEAUBRIAND, *Génie du christianisme,* IIIe part., liv. I, c. 6.

Au figuré,
En parlant des personnes :

Un coin du voile fut levé, les peuples *animés* voulurent juger ce qu'ils avaient adoré.

VOLTAIRE, *Essai sur les mœurs,* c. 128.

Doux et *animé,* modeste sans affectation... on disoit de lui qu'il étoit l'homme que la nation devoit montrer aux étrangers.

D'ALEMBERT, *Éloge de La Faye.*

En parlant des choses :

Nous avons en Jésus-Christ une loi vivante et *animée.*

BOSSUET, *Sermons:* Sur la nécessité des souffrances.

Les peintures fidèles et *animées* charment.

FÉNELON, *Dialogues sur l'Éloquence,* II.

Les sentiments de Scipion furent regardés comme des loix vivantes et *animées.*

SAINT-ÉVREMONT, *Réflexions sur les divers génies du peuple Romain,* c. 8.

Mme de Nemours étoit altière au dernier point, et avoit infiniment d'esprit avec une langue éloquente et *animée,* à qui elle ne refusoit rien.

SAINT-SIMON, *Mémoires,* 1707.

Que ne deviennent pas les yeux par la diversité des mouvements qu'on leur donne! *Animés,* languissants, fiers, menaçants, doux, rudes et terribles.

ROLLIN, *Traité des Études,* liv. VIII, IIe part., c. 2, art. 2.

Mme Dacier soutient... qu'on ne sauroit être bon traducteur sans un enthousiasme judicieux, pour trouver des tours vifs et des expressions *animées* qui rendent la force et les grâces de l'original.

LA MOTTE, *Discours sur Homère.*

Dancourt avait un grand fond de gaîté et de naturel... son dialogue est surtout très-*animé,* très-plaisant et rempli de saillies.

GRIMM, *Correspondance,* 1er juin 1756.

... Son cœur, agité par une passion combattue, donnoit

à son teint une couleur *animée*, et à sa voix des sons pleins d'émotion.

BERNARDIN DE SAINT-PIERRE, *Paul et Virginie.*

Unissez-vous ensemble et faites une armée
Pour combattre une main de la sorte *animée.*

P. CORNEILLE, *le Cid,* V, 7.

ANIMÉ se construit avec quelques prépositions;
Avec la préposition *par :*

Les Macédoniens *animez par* la présence de leur roy, venant à se rallier et à s'encourager les uns les autres.

VAUGELAS, trad. de Quinte-Curce, *Histoire d'Alexandre,* III.

On ne croyoit pas Luther innocent des troubles de l'Allemagne, puisqu'ils étoient commencés par des gens qui avoient suivi son évangile, et qui paroissoient *animés par* ses écrits.

BOSSUET, *Histoire des Variations des églises protestantes,* liv. II, nº 15.

Les manières de Corinne lui paraissaient charmantes, mais quelquefois un peu trop *animées par* le désir universel de plaire.

Mme DE STAEL, *Corinne,* VI, 3.

Et *par* l'espoir du gain votre muse *animée*
Vendroit au poids de l'or une once de fumée.

BOILEAU, *Satires,* IX.

Plus souvent avec la préposition *de :*

Leurs paroles étoient des actions, mais des actions *animées de* force et *de* courage.

BALZAC, *Socrate chrétien,* Avant-propos.

L'éloquence naturelle de saint Bernard, *animée de* l'esprit de Dieu, ravissoit bien plus puissamment les esprits que la vaine science des escoles.

MÉZERAY, *Histoire de France :* Louis VII.

La Brosse voyant qu'il n'y avoit plus que la reyne (Marie de Brabant) qui eust la liberté de parler contre luy, et craignant que ses persuasions *animées de* douces caresses ne le débusquassent à la fin...

LE MÊME, même ouvrage : Philippe le Hardi.

La reyne de Navarre, avec ces discours *animez d'*une grâce majestueuse et *d'*une héroïque résolution, effaça le regret de la perte reçue (du prince de Condé) et remit les courages dans leur première vigueur.

LE MÊME, même ouvrage : Charles IX.

Cette dame, naturellement libérale de douceurs, *animée de* ses propres désirs, n'oublia rien sans doute pour se faire aimer.

Mme DE MOTTEVILLE, *Mémoires.*

Il semble, à regarder ces arbres bienheureux,
Qu'ils vivent *animés d'*un esprit amoureux.

BERTAUT, *Élégie.*

*Animé d'*un regard, je puis tout entreprendre.

J. RACINE, *Andromaque,* I, 4.

On vous voit *de* colère et *de* haine *animée.*

LE MÊME, *Britannicus,* IV, 2.

Avec la préposition *à :*

... Déjà les deux armées
D'une égale chaleur *au* combat *animées*
Se menaçoient des yeux...

P. CORNEILLE, *Horace,* I, 3.

Il lassera ma haine *à* sa perte *animée.*

ROTROU, *les Sosies,* Prologue

A quoi bon d'une muse *au* carnage *animée,*
Échauffer ta valeur déjà trop allumée?

BOILEAU, *Épîtres,* I.

Avec la préposition *contre :*

C'est une maxime d'État au roi de France, de ne se montrer pas *animé contre* ses sujets de la religion, afin que les protestants ne se jettent en la protection d'Angleterre.

LE DUC DE ROHAN, *Discours sur le temps présent,* 1617.

... Des ennemis au dehors, des rebelles au dedans, la moitié de sa famille *animée contre* lui...

VOLTAIRE, *Histoire de Pierre le Grand,* II, 10.

Que peut *contre* le roc une vague *animée?*

PIRON, *la Métromanie,* III, 7.

D'ANIMÉ s'est formé INANIMÉ. On en avait encore tiré DÉSANIMÉ, qui n'est pas resté dans l'usage :

Que ses membres si beaux, étant *désanimés,*
Se changent au limon dont ils furent formés.

ROTROU, *l'Hypocondriaque,* IV.

On avait autrefois tiré du latin *Animosus,*

ANIMEUX, EUSE, avec le sens de Ardent, courageux. (Voyez le *Dictionnaire* de COTGRAVE.)

Je te suivray partout d'un cœur plus *animeux.*

ROB. GARNIER, *Hippolyte,* act. IV, v. 209.

Du médisant la langue est venimeuse,
Et du flatteur les propos emmiellez,
Et du mocqueur les propos enfielez,
Et du maling la poursuite *animeuse.*

PIBRAC, *Quatrains,* CVI.

D'ANIMEUX on avait fait ANIMEUSEMENT, Avec ardeur, avec courage :

Vous estes marry pourtant que le roy n'embrasse aussi *animeusement* que vous le prétexte de vostre ligue.

MATTHIEU, *Histoire des derniers troubles de France*, liv. III.

ANIMATION, s. f.

Terme de Didactique. Action d'Animer. Il se dit particulièrement de l'Union de l'âme au corps dans l'embryon humain :

L'*animation* du fœtus n'arrive qu'après quarante jours.

RICHELET, *Dictionnaire.*

On ne trouvera aucun texte qui condamne plus sévèrement celui qui donne la mort à un enfant déjà formé et animé, que celui qui se hâte de commettre un homicide en prévenant le temps de l'*animation*.

D'AGUESSEAU, *Essai sur l'état des personnes.*

C'est par un néologisme de date assez récente, qu'ANIMATION s'emploie figurément pour marquer, dans les personnes et dans les choses, un certain degré de vivacité, de mouvement, de chaleur.

ANIMOSITÉ, s. f. (Du latin *Animositas.*)

Sentiment de haine dont on poursuit une personne, qui porte à lui nuire.

Soit employé absolument :

(D'où) il appert clairement, qu'il y a plus d'*animosité* en ceste dénonciation et plus de passion que de vérité ny de justice.

AMYOT, *Apologie.*

Il leur renvoya tous les prisonniers sans rançon, pour faire voir que ce n'estoit qu'une émulation de gloire, et non pas une *animosité* qui l'avoit mis aux mains avec le plus vaillant peuple du monde.

VAUGELAS, trad. de Quinte-Curce, *Histoire d'Alexandre*, VII.

Un moment après, il ne resta plus rien du combat que beaucoup d'*animosité* qui paroissoit sur le visage des uns et des autres.

SCARRON, *Roman comique*, I, 3.

Cette façon d'agir est injuste, et marque une *animosité* étrange et qui n'est pas chrétienne.

PASCAL, *Provinciales* : Lettre au R. P. Annat.

La guerre recommence avec plus d'*animosité* que jamais.

VOLTAIRE, *Essai sur les mœurs*, c. 125.

Ses longues infortunes (de J.-B. Rousseau) eurent leur

source dans un amour-propre indomptable et trop mêlé de jalousie et d'*animosité*.

VOLTAIRE, *Siècle de Louis XIV*, c. 32.

Quelle est la manie de quelques hommes qui, sans aucune *animosité*, se font un devoir d'attaquer les grandes réputations !

VAUVENARGUES, *Maximes*, 59.

Ma situation cependant étoit alors la même, et pire encore par l'*animosité* de mes ennemis.

J.-J. ROUSSEAU, *les Confessions*, II, 12.

... J'ai banni toute *animosité*,
Je reviens seulement par curiosité.

DUFRESNY, *la Coquette de village*, II, 6.

Soit construit avec les prépositions *contre* et *entre* ;

Avec la préposition *contre* :

Leur *animosité* étoit grande *contre* le roi.

VAUGELAS, trad. de Quinte-Curce, *Histoire d'Alexandre*, VIII.

Un écrivain parlera avec quelque force contre une opinion qu'il croit dangereuse : on l'accusera sur cela de haine et d'*animosité contre* les auteurs qui l'ont avancée.

Logique de Port-Royal, III, 20.

Les Portugais, peu unis entre eux, sans généraux, sans troupes réglées, et sans autres forces que leur *animosité* naturelle *contre* les Castillans, furent défaits en différentes occasions.

VERTOT, *Histoire des Révolutions de Portugal.*

Avec la préposition *entre* :

Je vous réponds de la plus implacable *animosité entre* le roi de France et le roi de Prusse.

VOLTAIRE, *Lettres*; 2 mai 1759.

On dit au pluriel, en ce sens, *des Animosités* :

Cela rend les *animositez* plus apparentes.

AGR. D'AUBIGNÉ, *Histoire universelle*, t. II, liv. III, c. 12.

Toutes ces *animositez* les portèrent premièrement à mespriser ses commandements, et puis à conjurer contre luy pour luy oster enfin l'Empire et la vie.

COEFFETEAU, *Histoire romaine*, XII.

Rien n'est plus ordinaire que de vous entendre justifier vos *animosités* en nous disant que... il est difficile d'aimer un ennemi aussi acharné à vous nuire.

MASSILLON, *Carême*, Vendredi après les Cendres : Pardon des offenses.

Ces *animosités* inspirèrent dès lors à la nation un esprit

de violence et de tristesse, qui étouffa le germe des sciences et des arts à peine développé.

VOLTAIRE, *Essai sur les mœurs*, c. 179 : De l'Angleterre jusqu'à l'année 1641.

On a cité (M. Lafaye, *Dictionnaire des Synonymes de la langue française*) comme marquant curieusement la nuance qui distingue ANIMOSITÉ de quelques-uns de ses synonymes, qui y ajoute l'idée de Poursuite hostile, ce passage de J.-J. Rousseau :

La haine que les bons ont pour les méchants est une haine de répugnance et d'éloignement, d'horreur même et d'effroi, mais non pas d'*animosité :* elle fuit son objet, en détourne les yeux, dédaigne de s'en occuper. Mais la haine contre Jean-Jacques est active, ardente, infatigable ; loin de fuir son objet, elle le cherche avec empressement pour en faire à son plaisir.

J.-J. ROUSSEAU, *Rousseau juge de Jean-Jacques :* Dialogue.

ANIMOSITÉ se dit aussi d'Une chaleur excessive, d'une certaine violence dans un débat, dans une discussion verbale, dans une querelle de plume :

Mais comme il se glisse ordinairement un certain esprit d'*animosité* et d'aigreur entre ceux qui plaident... cette affaire changea de face.

FLÉCHIER, *Mémoires sur les grands jours de 1665.*

Plus je relis votre lettre, plus j'y trouve de colère et d'*animosité*.

J.-J. ROUSSEAU, *Lettres;* 24 novembre 1770.

ANIS, s. m. (Du mot latin et grec *Anisum,* ἄνισον.)

Plante ombellifère et odoriférante qui porte une graine de même nom, dont on se sert en médecine et dont on fait aussi de petites dragées, de l'Anisette, etc. :

Dieu vous gard, belles paquerettes,
Belles roses, belles fleurettes
De Mars, et vous, boutons cognus
Du sang d'Ajax et de Narcisse;
Et vous, thym, *anis* et melisse,
Vous soyez les bien revenus.

RONSARD, *Odes,* IV, 18.

Il se dit aussi de l'espèce de dragées que l'on fait avec de l'Anis.

ANISER, v. a.

Donner à une chose le goût de l'Anis en la parsemant de cette graine, ou en y mêlant quelque extrait d'Anis.

ANISÉ, ÉE, participe.

ANISETTE, s. f.
Liqueur spiritueuse, composée avec de l'essence d'Anis.

ANKYLOSE, s. f. (Du grec ἀγκύλωσις, courbure, venant lui-même d'ἀγκύλος, courbé.)
Terme de Médecine. Privation complète ou incomplète du mouvement dans les articulations, dans les jointures.
On a tiré de ce mot

ANKYLOSER, v. a.
Causer une ankylose.
Il est quelquefois employé avec le pronom personnel, *s'Ankyloser*, et signifie Contracter une Ankylose.
ANKYLOSÉ, ÉE, participe.
Affecté d'Ankylose : *Membre ankylosé.* C'est sous cette forme que le néologisme ANKYLOSER se produit le plus fréquemment.

ANNAL, ALE. adj. (Voyez ci-dessus, p. 157.)

ANNALES, s. f. pluriel. (Voyez ci-dessus, p. 157.)

ANNALISTE, s. m. (Voyez ci-dessus, p. 158.)

ANNATE, s. f. (Voyez ci-dessus, p. 158.)

ANNEAU, s. m. (Du latin *Annulus.*)
Il s'est autrefois écrit très diversement, ANEAU, ANNIAU, ANIAU ; ANNEL, ANEL, etc. (Voyez le *Glossaire* de SAINTE-PALAYE.)
Il se dit au propre, comme le latin *Annulus*, d'une Bague :

Et bailla le sire de Montfort son *anel*, qu'il tira du doy, à l'admiral des Sarrazins, en asseurance de tenir les treves.

JOINVILLE, *Histoire de saint Louis.*

Se uns sages hom avoit un *annel* de tel force que il ne peust estre veuz tant comme il le portast, jà, por ce, ne cuideroit il que il peust plus pecher que se il ne l'eust.

BRUNETTO LATINI, *Li Livres dou tresor,* liv. II, part. II, c. 114.

Lors trait un *annel* d'or de son doigt, et lui dit : Donnez-lui de par moi, il reconnoîtra bien ces enseignes qu'elles sont vraies.

> FROISSART, *Chroniques*, liv. I, II° part., c. 286.

Comme Philippes dormoit, il vit en songe le ventre d'Olympias cacheté d'un *anneau*, où il y avoit un lion gravé.

> DU RYER, trad. des *Suppléments* de Freinshemius sur Quinte-Curce, liv. I, c. 1.

Madame de Castries étoit un quart de femme, une espèce de biscuit manqué, extrêmement petite, mais bien prise, et auroit passé dans un médiocre *anneau*.

> SAINT-SIMON, *Mémoires*, 1696.

Ce fameux conte du Tonneau est une imitation de l'ancien conte des trois *anneaux* indiscernables qu'un père légua à ses enfants. Ces trois *anneaux* étaient la religion juive, la chrétienne et la mahométane.

> VOLTAIRE, *Lettres philosophiques* : XXII. Du doyen Swift.

Qui me rapportera l'*anneau* que je lui donne,
Recevra sur-le-champ ma main et ma couronne.

> P. CORNEILLE, *Don Sanche d'Aragon*, I, 3.

Est-ce le fer, le feu qui termine sa vie (d'Annibal)?
Il ébranla l'Europe, et l'Afrique et l'Asie,
Un *anneau* met un terme à de si grands destins!
Anneau vengeur de Canne et vengeur des Latins.

> THOMAS, trad. de Juvénal, *Satires*, X.

ANNEAU, pris dans son sens propre et ordinaire, a donné lieu à une manière de parler proverbiale qui signifie Se mettre dans une situation embarrassante dont on ne peut sortir, et qui a été recueillie par Cotgrave :

> Il a mis en son doigt anneau trop estroit.

Au sens propre et ordinaire d'ANNEAU se joint souvent une idée accessoire, l'anneau étant, en divers cas, un signe symbolique;

C'est, par exemple, le signe de la dignité royale ou de quelque autre dignité; de là ces expressions : *La pourpre et l'Anneau, l'Anneau royal, l'Anneau de chevalier*, etc. :

> Daniel, un des enfants de la captivité, reçoit, dans le palais d'un roi infidèle et dans un empire où il étoit captif, les honneurs de la *pourpre* et de l'*anneau* d'or.
>
> MASSILLON, *Carême* : Sermon sur le Respect humain.

> Pharaon dit... à Joseph : Je vous établis aujourd'hui pour commander à toute l'Égypte... en même temps, il ôta son *anneau* de sa main, et le mit en celle de Joseph.
>
> LE MAITRE DE SACY, trad. de l'Ancien Testament. *Genèse*, XLI, 41, 42.

Quand, après avoir quitté les marques qui vous distinguent, votre *anneau de chevalier*... vous sortez de chez vous... sous l'habit d'un vil esclave... croyez-vous n'être pas celui dont vous avez pris l'habit?

> DACIER, trad. d'Horace, *Satires*, II, 7.

> ... Avez-vous lu l'Astrate?
> C'est là ce qu'on appelle un ouvrage achevé, :
> Surtout l'*anneau royal* me semble bien trouvé.
>
> BOILEAU, *Satires*, III.

C'est très souvent le signe de l'Union conjugale; de là cette expression, *l'Anneau nuptial* :

> Moult la desiroit avoir par mariage : pour ce li envoiost son *anel*.
>
> *Chronique de Saint-Denis.* (Voyez *Recueil des historiens de France*, t. III, p. 168.)

> Lors les barons prindrent leur dame et à grant joie la menèrent à l'église, et là le marquis lui mist l'*anel* au doy et l'espousa selon l'ordonnance de saincte Eglise et usage du païs.
>
> *Le Ménagier de Paris*, I° distinction, 6° art.

> Acceptez, pour gage de ma foi, cet *anneau* que je vous donne.
>
> MOLIÈRE, *l'Amour médecin*, III, 6.

À cet emploi particulier du mot ANNEAU se rapportent d'anciennes manières de parler que donnent les passages suivants :

> A cause de sa beauté plusieurs grans seigneurs et gentilshommes cherchoient fort sa bonne grâce, les uns pour l'amour seulement, les autres pour l'*anneau*.
>
> LA REINE DE NAVARRE, *Heptaméron*, LIII.

> Le jour des espousailles venu, il print pour son compère de l'*anneau* Gasparin Boncy.
>
> JEAN LOUVEAU, trad. de Straparole, *Facétieuses Nuits*, II° nuit, fable IV.

> Un père... mariant sa fille, promit à son futur gendre une bonne somme d'argent, dans la bénédiction nuptiale... Le beau-père ne pouvant accomplir ce qu'il avoit promis de bailler à l'*anneau* fait tant que son gendre ne laisse à espouser sa fille.
>
> BOUCHET, *Serées*, I, 5.

Il semble qu'il soit fait allusion à l'Anneau nuptial dans ce passage :

> En signiffiance que vous estes celuy roy, lequel il ayme plus avoir en amour... et pour plus grande asseurance de ce, veez cy son *anel* qu'il vous envoye, qui est de fin or pur, et auquel est son nom escript; et d'icelui *anel* vous

espouse notre sire, et entend que desormais soiez tout à ung comme les doiz de la main.

> JOINVILLE, *Histoire de saint Louis*. (Message du prince de la Montagne.)

L'Anneau est encore le signe de l'Union d'un évêque avec son église, et de là aussi ces expressions : *Anneau épiscopal, Anneau pastoral, la crosse et l'Anneau :*

L'*anneau* est un gage de mariage spirituel de l'évêque avec son église.

Les rois de France et les empereurs investissoient anciennement les évêques et les archevêques, en leur donnant *la crosse et l'anneau.*

> FURETIÈRE, *Dictionnaire.*

Il (Mahomet II) laissa aux chrétiens vaincus la liberté d'élire un patriarche. Il l'installa lui-même avec la solennité ordinaire : il lui donna *la crosse et l'anneau.*

VOLTAIRE, *Essai sur les mœurs :* Prise de Constantinople, c. 91.

> L'archevesque Turpin son *anel* apresta,
> Des armes Damedieu se vesti et arma ;
> Quant les ot espousés, la messe leur canta.
> *Doon de Maience,* v. 7975.

L'Anneau du pêcheur, ainsi appelé parce qu'il porte l'effigie de saint Pierre, qui fut pêcheur, est le sceau apposé sur certaines expéditions de la cour de Rome :

> Par *l'anneau du pêcheur* autorisant ses lois,
> Au rang de ses enfants un prêtre met les rois.
> L. RACINE, *la Religion,* IV.

ANNEAU se dit, par extension, d'un cercle fait d'une matière dure et servant à attacher quelque chose. On dit : *Un Anneau de fer, de cuivre, d'argent, de corne,* etc. ; *les Anneaux d'un rideau, d'une chaîne ; l'Anneau d'une montre, d'une ancre,* etc.

ANNEAU, en ce sens, a été autrefois fort employé (au pluriel) en parlant de prisonniers, de malfaiteurs, pour Chaînes, fers, etc. :

Le moyen justicier peut avoir prison fermée, ceps, *anneaux,* pour mettre et tenir en seureté les malfaicteurs.
Coutume de Senlis. (Voir *Coutumier général,* t. I, p. 212.)

La coustume estoit telle que nul chevalier qui prison vouloit promettre, ne estoit mis en fer, ne en *anneaulx.*
LANCELOT DU LAC, t. III, f° 41, r°, col. 2. (Cité par Sainte-Palaye.)

> ... Il ne l'ocistrent
> Mais en *aneaux* de fer le mistrent.
> WACE, *Roman de Brut.* (Cité par Sainte-Palaye.)

> En Normandie erent chetif,
> Mis en *anels* et en geoles.
> WACE, *Roman de Rou,* t. II, v. 10097.

> Quant en la sale fu et il est desarmés,
> Avec ses compengnuns fu moult bien enserrés,
> Et les piés et les mains en bons *aniax* boutés.
> *Doon de Maience,* v. 9177.

> En telz *anneaux* sera rivez
> Que jamais, tant comme vivez,
> Ne le verrez aller par voye.
> *Roman de la Rose,* v. 15725.

Le pluriel ANNEAUX se dit figurément des boucles formées artificiellement ou naturellement par les cheveux :

Les beaux cheveux (d'Ulysse), tombant par gros *anneaux,* ombrageroient ses épaules.
> FÉNELON, *Télémaque,* XXI.

Il se dit, par une figure analogue, des courbes que forme en rampant le corps des reptiles :

> Sans être soupçonné, le perfide serpent
> Se traîne en longs *anneaux* et s'avance en rampant.
> DELILLE, *Paradis perdu,* IV.

ANNEAU se dit, dans les sciences naturelles, particulièrement d'une saillie, d'une marque ou d'une rangée circulaire :

Les cornes du bélier croissent tous les ans d'un *anneau.*
> BUFFON, *Histoire naturelle :* Le Mouton.

Les scolopendres ont des pattes à tous les *anneaux* de leurs corps. Le mâle de la tourterelle a une sorte *d'anneau* ou de collier noir autour du cou. Les feuilles du grateron forment autour de la tige des *anneaux* ou verticilles.
> *Dictionnaire de l'Académie,* 1835.

Il se dit, en termes d'Anatomie, des ouvertures circulaires qui servent principalement au passage de quelque organe : L'*Anneau ombilical,* l'*Anneau diaphragmatique,* etc.

En termes d'Astronomie, l'*Anneau de Saturne* est un corps lumineux en forme de cercle, qui environne à une certaine distance la planète de Saturne :

Cependant nos deux curieux (les deux habitants de Sirius et de Saturne) partirent ; ils sautèrent d'abord sur l'*anneau* qu'ils trouvèrent assez plat, comme l'a fort bien deviné un illustre habitant de notre petit globe; de là ils allèrent de lune en lune.

VOLTAIRE, *Contes : Micromégas*, c. 3.

Saturne a non seulement produit cinq satellites, mais encore un *anneau*, qui, d'après mon hypothèse, doit être parallèle à son équateur.

BUFFON, *Époques de la nature.*

L'*anneau de Saturne* est formé de deux anneaux concentriques d'une très-mince épaisseur.

LAPLACE, *Exposition du système du monde*, IV, 9.

On entend par *Anneau astronomique*, un Instrument propre à mesurer la hauteur des astres dont la lumière est capable de faire ombre sur la terre; par *Anneau solaire* ou *horaire*, une Espèce de petit cadran portatif.

ANNEAU est quelquefois, comme *chaîne*, pris figurément, dans un sens moral, en parlant de certaines choses liées entre elles :

Ici se forge le premier *anneau* de cette longue chaîne dont l'ordre social est formé.

J.-J. ROUSSEAU, *Émile*, I.

Aujourd'hui, comme autrefois, la volonté royale est le premier *anneau* de la chaîne immense qui suspend tout au trône.

ROYER-COLLARD, *Discours :* Loi sur les Journaux, 27 janvier 1817.

Au premier autel de Constantinople, autel qui fut chrétien, se rattache un des premiers *anneaux* de la chaîne de la nouvelle société.

CHATEAUBRIAND, *Études historiques*, II⁰ discours, Iᵣᵉ part.

ANNELER, v. a.

Mettre, poser un anneau.

Il en est fait un emploi particulier dans l'expression qu'explique le passage suivant :

Conviendra *anneler* les pourceaux, c'est-à-dire leur mettre des petits anneaux de fer au groin... car pour la douleur qu'ils sentent ainsi annelés désistent de fouiller.

OLIVIER DE SERRES, *Théâtre d'Agriculture*, VI⁰ lieù, c. 15.

On ne s'en sert guère que comme d'un synonyme de Friser, tourner en boucles les cheveux.

ANNELÉ, ÉE, participe.

Se dit adjectivement, surtout dans le langage poétique, des cheveux bouclés :

Il avoit .. le visage beau entre tous ceux de ceste con-

III.

trée, les cheveux blonds *annelez* et crepez de la nature qu'il portoit assez longs.

D'URFÉ, *l'Astrée*, Iᵣᵉ part., liv. II.

Ses cheveux étoient presque noirs, *annelés*, déliés, nets et brillants, son teint un peu brun, mais frais et coloré.

Mˡˡᵉ DE MONTPENSIER, *Portraits*, XXIX : Mᵐᵉ la comtesse d'Esche, sous le nom de Diane.

Ses cheveux *annelez* vaguent à filets d'or.

SAINT-AMANT, *la Généreuse.*

ANNELÉ se dit encore adjectivement, surtout dans les sciences naturelles, pour Qui a un anneau, des anneaux, qui est entouré d'un ou de plusieurs anneaux :

L'asne sera tel qu'il appartient, s'il est grand de corps, de poil mol, lissé et poli ; de couleur noire ou grise obscure, barré et *annellé* de noir, ès jarrets et sur les espaules.

OLIVIER DE SERRES, *Théâtre d'Agriculture*, IV⁰ lieu, c. 11.

Les guêpes à fond jaune, *annelées* de noir comme les tigres, et les cousins mouchetés de blanc sur un fond sombre, annoncent leurs approches par un bourdonnement aigu.

BERNARDIN DE SAINT-PIERRE, *Études de la nature*, VII.

ANNELET, s. m. (Du latin *Annulus*.)

Petit anneau :

Li *anelet* que il font doivent estre ouvré, aussi ouni et aussi net dedans comme dehors.

ESTIENNE BOILEAU, *le Livre des Mestiers*, p. 98.

Li cuens, comme fols et mal enseigniés, trait ung *anelet* de son doit, et rend à l'empereor la baillie de tout le roiaume de Salenyque, dont il estoit saisis par cet *anelet*.

HENRI DE VALENCIENNES, *Conqueste de Constantinoble*, XXII.

En y a aucuns qui se laissent perdre, tout à leur escient et de leur gré, certaines fermailles et de petis joyaulx, comme *annelés* d'or et autres choses.

LE CHEVALIER DE LA TOUR LANDRY, *Le Livre pour l'éducation de ses filles*, c. 63.

Petit cercle de fer ou de quelque autre métal :

Il seroit encores beaucoup meilleur, qui voudroit avoir la curiosité de bien faire, mettre entre lesdits aix ou pièces de bois, au droit des chevilles qui les entretiennent, de petites buches ou *annelets* de cuivre, quasi comme ceux des rideaux de licts, pour y faire quelque séparation, afin que le vent y puisse pénétrer.

PHILIBERT DE L'ORME, *Architecture*, liv. XI : Inventions pour bien bastir, liv. II, c. 13.

Robert Estienne le donne au sens d'Agrafe, de

33

maille, en parlant d'une cotte de maille ou d'une brigantine.

ANNELET qu'on met es habillements, *humus*.

Anneletz d'une cotte de maille, ou d'une brigantine, *squama*.
>   R. ESTIENNE, *Dictionnaire françois-latin*.

ANNELET n'est guère usité qu'en termes d'Architecture, et se dit de petits listels ou filets qui sont au chapiteau dorique.

On s'en est servi figurément comme d'*anneaux*, en parlant des boucles de la chevelure :

> Hélas! que sembloit-il? ses cheveux crespelez,
> Comme soye retorce en petits *anelets*,
> Luy blondissoyent la teste...
>   ROB. GARNIER, *Hippolyte*, act. III, v. 439.

ANNELURE, s. f.
Frisure des cheveux par anneaux, par boucles.

ANNULAIRE, adj. des deux genres. (Du latin *Annularis*.)
Qui est propre à recevoir un anneau, ou qui ressemble à un anneau.

Il n'est guère usité que dans les locutions suivantes :

Doigt annulaire, le quatrième doigt, celui où l'on met ordinairement l'anneau :

> Anciennement, si on demandoit pardon aux dieux de quelque parole dite à la volée, on se baisoit le doigt *annulaire*.
>   BOUCHET, *Serées*, II, 14.

Éclipse annulaire, terme d'Astronomie. Éclipse du soleil, pendant laquelle il reste sur les bords de cet astre un cercle ou anneau lumineux :

> Ils (les anciens) connoissoient les éclipses *annulaires*, puisqu'ils avoient remarqué que, dans les éclipses centrales, la lune ne cachoit pas toujours le soleil entier.
>   BAILLY, *Histoire de l'Astronomie ancienne*, liv. IX, § 10.

ANNEXE, s. f. (Du latin *Annexus, Adnexus*, participe passif d'*Annecto, Adnecto*.)
Il a été lui-même, sous ces formes, ANNEX, ADNEX, etc., participe, et s'est dit au sens de Joint, uni, des choses et même des personnes. Sainte-Palaye en cite les exemples suivants :

> Serfs sount *annex* a fraunk tenement le seigneur.
>   BRITTON, *Des Loix d'Angleterre*, f° 78, v°.

> Nobles fieux tenuz en haute et souveraine justice... sont adjoins, aunis, reservés et *annex* au droit, honneur, juridiction et seignourie entière de la couronne de France.
>   (Voyez *Recueil des Ordonnances*, t. III, p. 491.)

> Amors, se bien suis apensée,
> C'est maladie de pensée
> Entre deus personnes *annexes*,
> Franches entr'eus, de divers sexes.
>   *Roman de la Rose*, v. 4391.

Le substantif ANNEXE se dit généralement de toute chose unie à une chose principale, soit, le plus souvent, dans un sens physique, soit quelquefois aussi dans un sens moral ;

Dans un sens physique :

> Ces choses naturelles ont esté reduittes en nombre de sept, sans leurs *annexes*.
>   A. PARÉ, *Introduction à la cognoissance de la chirurgie*, I, 4.

On dit, en termes d'Anatomie, les *Annexes* de l'œil, de l'utérus, du cerveau, etc.

On dit aussi les *Annexes* d'un édifice, *d'*une terre, *d'*une propriété, *d'*un héritage :

> Les *annexes* qu'un testateur fait de son vivant à l'héritage qu'il a légué, sont comprises dans les legs.
>   PATRU. (Cité par Furetière.)

ANNEXE est de grand usage en parlant de provinces rattachées à un État :

> Pour entrer d'abord en matière, et satisfaire tout d'un coup la curiosité du conseil d'Espagne, le roi très-chrétien déclare qu'il prétend et demande pour la reine son épouse le duché de Brabant, avec toutes ses *annexes* qui seront ci-après expliquées...
>   *Traité des droits de la Reine*, 1667. (Voyez MIGNET, *Négociations relatives à la succession d'Espagne*, t. II, p. 77.)

> Le prince Charles de Luxembourg, marquis de Moravie, fils de Jean l'Aveugle, devenu veuf, épouse la nièce du duc de Schveidnitz qui fait hommage à la Bohême, et c'est une nouvelle confirmation que la Silésie est une *annexe* de la couronne de Bohême.
>   VOLTAIRE, *Annales de l'Empire* : Louis V de Bavière, 1344,1345.

ANNEXE se dit aussi fréquemment d'un établissement ecclésiastique qui relève d'un autre :

Une paroisse *annexe* d'une autre.
Danet, Dictionnaire françois-latin.

Le prieuré de Saint-Eloi est une *annexe de* l'archevêché de Paris.
Furetière, Dictionnaire.

Annexe a pu quelquefois être pris dans un sens moral :

Cette divine puissance de lier et de délier est une *annexe* nécessaire, et comme le dernier sceau de la prédication que Jésus-Christ a confiée aux évêques.
Bossuet, Sermons : Sur l'Unité de l'Église.

Quant au surplus, les fortunes humaines,
Les-biens, les maux, les plaisirs et les peines,
Bref, ce qui suit notre condition,
Fut une *annexe* à sa légation.
La Fontaine, Contes : Belphégor.

ANNEXER, v. a. (D'*Annexe.*)

Joindre, attacher.

Il s'est, dans l'origine, appliqué généralement aux choses, soit de l'ordre physique, soit de l'ordre moral ;

Aux choses de L'ordre physique :

Le péricarde *est annexé* par ses membranes avec la base du cœur.
A. Paré, Introduction à la cognoissance de la chirurgie, II, 10.

Nature *a* fort artistement *annexé,* attaché la main au bras, et les doigts à la main.
Monet, Dictionnaire.

Aux choses de L'ordre moral :

A la bonne et sincere amour *est* craincte perpetuellement *annexée.*
Rabelais, Pantagruel, IV, 3.

A la naissance de l'homme, toutes ces choses (les adversités) *sont annexées* et données pour ordinaires.
Charron, De la Sagesse, II, 7.

On l'a même dit des personnes :

Ilz *sont* si fort *annexez* qu'on ne les peult separer d'ensemble.
J. Palsgrave, l'Éclaircissement de la langue françoyse, p. 432.

(Jésus) Qui tant par grace s'apressa
De nous, qu'en lui nous *annexa*
Sanz jamais faire départie,
Dieu est home, c'est grant courtoisie.
J. de Meung, Testament, v. 1253.

Il s'est, depuis, restreint à des applications spéciales.

On s'en sert en parlant d'une terre, d'un droit, d'une prérogative jointe à une terre, à un bénéfice, à une charge :

Les premiers présidens se disent par privilége ancien *avoir annexé à* leurs offices l'estat de chevalier.
Est. Pasquier, Recherches de la France, II, 16.

Il y avoit à peine soixante ans jusqu'à Jésus-Christ, quand Hircan et Aristobule, enfants d'Alexandre Jannée, eurent guerre pour le sacerdoce, auquel la royauté *étoit annexée.*
Bossuet, Discours sur l'Histoire universelle, II, 18.

Est-il juste que le sacerdoce et ce qui lui *est annexé,* soit la récompense d'un service temporel et mondain ?
Bourdaloue, Sermons : Sur l'Ambition, 1re part.

Il est d'un fréquent usage en parlant d'une province ajoutée, rattachée à un État :

Au bout de six semaines toute la Franche-Comté fut soumise au roi ; elle est restée à la France et semble y *être* pour jamais *annexée.*
Voltaire, Siècle de Louis XIV, c. 11.

En termes de Diplomatie, d'Administration, de Pratique, on dit *Annexer* une pièce *à* une autre ou *à* plusieurs autres :

Tantôt messire Nicole Urswich mit avant la chartre de la trève *où* la commission *étoit annexée.*
Froissart, Chroniques, liv. I, part. II, c. 321.

Annexer, construit avec le pronom personnel, signifie, ou passivement, Être annexé, ou Annexer à soi, s'attacher.

Annexé, ée, participe.

Il est très fréquemment suivi de la préposition *à :*

La Regale est un droit *annexé à* la couronne de France, comme un de ses plus beaux fleurons.
Est. Pasquier, Recherches de la France, III, 35.

Lettres de commandement *annexées à* une requête.
Monet, Dictionnaire.

Tout le sang répandu et les trésors consommés ne pourroient être tenus par les plus critiques, que fort bien employés, quand on verroit *annexé à* cette couronne tout l'ancien royaume d'Austrasie, et les provinces entières dont la seule possession a donné autrefois moyen à des princes particuliers qui en étoient les maîtres, non seulement de résister à la France, mais de la travailler comme chacun sait.

Mazarin, Aux plénipotentiaires français à Munster, 20 janvier 1646. (Voyez Mignet, *Négociations relatives à la succession d'Espagne*, t. I, p. 178.)

Rien de plus différent que le gouvernement de la Castille et que celui de l'Aragon et des royaumes et provinces *annexées à* chacune de ces couronnes.

Saint-Simon, *Mémoires*, 1707.

Je distingue dans le règlement *annexé aux* lettres de convocation, le préambule et les articles.

Mirabeau, *Discours*, 13 mars, 1789.

Dans notre ancienne poétique, les vers liés entre eux, de telle sorte que la syllabe ou le mot qui finissent le premier commencent le second, étaient appelés vers *à rime annexée*.

ANNEXION, s. f.

Ce mot, assez récemment admis dans les dictionnaires, se dit de l'Action d'annexer.

ANNIHILER, v. a. (Du latin *Adnihilare*, et, par ce mot, de *ad* et *nihil*.)

On l'a écrit autrefois Adnichiler, Annichiler :

... Du temps barbare on prononçoit michi, nichil, au lieu de mihi, nihil... Nous en avons le mot françois *annichiler* au lieu duquel, si nous voulions maintenant dire *annihiler*, Dieu sait comment on crieroit après nous.

Jacques Peletier, *Dialogue de l'orthographe*.

Une autre trace de la prononciation qui a produit Adnichiler, Annichiler est, dans l'expression proverbiale *nichil-au-dos*, ainsi expliquée par H. Estienne, et plaisamment appliquée par Malherbe :

Bien est-il vray que le devant (du pourpoint) aussi avoit environ deux doigts de velours; et pour ce qu'il n'y en avoit aucunement à l'endroit du dos, on appelloit cette sorte de pourpoinct *nichil-au-dos*... et a esté appliqué ce mot generalement à toutes choses qui avoient une montre en l'exterieur à laquelle l'interieur ne répondoit point.

H. Estienne, *Apologie pour Hérodote*.

Il n'estimoit aucun des anciens poëtes françois qu'un peu Bertaut : encore disoit-il que ses stances étoient *nichil-au-*

dos, et que pour mettre une pointe à la fin, il faisoit les trois premiers vers insupportables.

Racan, *Vie de Malherbe*.

ANNIHILER, c'est Réduire à rien, mettre à néant, Anéantir :

Mais se me desprise et rameyne à neant... et me *anichile* ainsi comme vrayement je ne suys ne vaulx riens, vostre grace, Sire, me sera propice.

Le livre de l'Internelle consolacion, II, 8.

Sachiez que richesse, beaulté de corps et de viaire, lignaige et toutes les autres vertus *sont* péries et *anichillées* en femme qui a tache ou soupeçon contre l'une d'icelles vertus.

Le Ménagier de Paris, Ire distinction, 4e art.

Le dit (duc) de Bourgogne en venant contre son dit serement et sa promesse, pour vouloir briser et *adnichiler* la dicte paix par lui faicte et par nous jurée...

Monstrelet, *Chronique*, c. 116.

Pour abréger, les tesmoings et la chose bien débatue, l'évesque *adnichila* le mariage de la cordouennière au barbier, et enjoingnit au chapperon fourré qu'il la print comme sa femme.

Les Cent Nouvelles nouvelles, LXVII.

J'ay entendu que aucunes gens... poursuyvent envers le roy (Francois Ier) avoir noz commanderies et prétendent de deffaire la religion (l'ordre de Saint-Jean de Jérusalem). Je croy que le bon Seigneur, qui est protecteur nostre et roy christianissime, ne permettra que sa religion soit *anichillée*.

Villiers l'Isle Adam, au maréchal de Montmorency, 8 juillet 1523. (Voyez *Négociations de la France dans le Levant*, t. I, p, 108.)

Il m'a fallu faire ce proesme, à cause d'aucuns qui peuvent porter que la vertu de l'homme soit destruite et *annichilée*, pour edifier en lui celle de Dieu.

Calvin, *Institution chrestienne*, liv. II, c. 2, § 1.

Je ne m'esbays pas si ceux qui l'exercent se meslent d'autre vacation : car la leur *est* tant *anichilée*, et tant mise au bas par les medecins et chirurgiens, que les pauvres apoticaires n'y trouvent nul prouffit.

Bernard Palissy, *Épître au lecteur* en tête des *Abus des médecins*.

Ceux qui veulent *annichiler* le Saint-Siège allèguent la hardiesse de la cour, laquelle fugitive à Tours osa faire brusler les bulles de Sa Sainteté par un bourreau.

Agr. d'Aubigné, *Confession de Sancy*.

Mais Atropos si *anichile*
Ce que les deux peuvent filer.

Roman de la Rose, v. 20679.

Cil qui jadis *anichila* Carthaige
Courtoysement se meit au milieu d'eulx.
RABELAIS, *Fanfreluches antidotées.*

Arrière donc, royne Panthasilée :
Maintenant *est* ta gloire *annihilée.*
CL. MAROT, *Chants divers,* X, v. 33.

ANNIHILER se trouve aussi employé comme verbe
pronominal :

Leur force et leur dureté robuste, et paravant si terrible et si redoutable, *se* commença à amollir et *anichiler.*
J. LEMAIRE, *Illustration des Gaules,* liv. III, p. 306.

Finalement *s'est* cette manière de faire du tout *annichilée* entré nous.
EST. PASQUIER, *Recherches de la France,* II, 4.

ANNIHILER est surtout employé comme terme de
Pratique; on dit *Annihiler* un acte, une donation,
un testament, etc.

ANNIHILÉ, ÉE, participe.

Leur authorité et puissance (il s'agit des rois de Jérusalem) se trouve en tout *annichilée* par Saladin.
EST. PASQUIER, *Recherches de la France,* 1, 12.

ANNIHILATION, s. f.

Autrefois ADNICHILATION, ANNICHILATION.

Action d'annihiler, d'anéantir, anéantissement :

Les âmes, et généralement les substances simples, ne
sçauroient commencer que par la création ni finir que par
l'*annihilation.*
LIEBNITZ, *Théodicée :* De la Bonté de Dieu, Ire part., § 90.

Les idées de création, d'*annihilation,* d'ubiquité, d'éternité, de toute-puissance... comment se présenteront-elles
dans toute leur force à de jeunes esprits?
J.-J. ROUSSEAU, *Émile,* IV.

Le pouvoir exécutif se prévaut de sa propre *annihilation.*
MIRABEAU, *Discours,* 21 octobre 1789.

ANNIHILATION est, comme *Annihiler,* un ancien
terme de Pratique :

Si sur l'*adnichilation* du dit testament estoient ouys, lors
vaudroit la reproche; car le dit testament adnichilé, leur
don seroit nul.
BOUTEILLER, *Somme rurale,* titre 105.

ANNIVERSAIRE. (Voyez ci-dessus, p. 158.)

ANNONCER, v. a. (Du latin *Adnuntio, An-
nuntio,* et, par ce mot, de *Ad* et *nuntio.*)

On l'a écrit ADNONCER, ANONCIER, ANUNCIER,
ANUNCER, ENNUNCIER, etc. (Voyez le *Glossaire* de
SAINTE-PALAYE.)

Il signifie, au propre, Faire savoir une nouvelle, et se construit, conséquemment, non seulement avec un régime direct exprimant la chose
annoncée, mais fort souvent avec un régime indirect faisant connaître à qui on l'annonce :

Le setme jur murut li enfes, et li Serjant ourent pour
annuncier al rei la mort l'enfant.
(.... Timueruntque servi David nuntiare ei quod mortuus
esset parvulus.)
Les quatre Livres des Rois, II, XII, 18.

Si envoyèrent tantôt *annoncer* leur fait à Monseigneur
Louis de Navarre... comment ils avoient exploité et qu'ils
tenoient la Charité-sur-Loire.
FROISSART, *Chroniques,* liv. I, IIe part., c. 176.

Depuis le jour qu'on *nous annonça* la cruelle maladie, qui
à la fin nous l'a enlevée (Mme de Sévigné), nous avons perdu
toute sorte de repos.
COULANGES, *Lettres;* à Mme de Simiane, 25 avril 1696.

Je viens *vous annoncer* une grande nouvelle,
Nous l'avons, en dormant, Madame, échappé belle...
MOLIÈRE, *les Femmes savantes,* IV, 3.

J'ai rendu votre lettre et j'ai pris sa réponse...
Madame, vous verrez ce qu'elle *vous annonce.*
J. RACINE, *Bajazet,* IV, 1.

ANNONCER, dans une acception plus générale, est
synonyme de Donner connaissance, notifier, déclarer, etc.; on dit *Annoncer* un arrêt, un ordre,
un dessein, une paix, la guerre, etc. :

Et avecques eux (les admiraulx d'Egypte) renvoya le roy
le dit messire Jehan de Vallance... pour *adnoncer* de par
le roy le message aux admiraulx.
JOINVILLE, *Histoire de saint Louis.*

J'ai quitté l'Olympe pour t'*annoncer* les ordres de Jupiter.
FÉNELON, *Télémaque.*

Après ce préambule, dont je me serois peut-être bien passé, il faut *annoncer* mon dessein...
L'ABBÉ DE CHOISY, *Mémoires,* liv. I.

Il (le régent) se trouva en même temps assiégé de gens
qui vouloient être de ces conseils qu'il avoit *annoncés* au
parlement.
SAINT-SIMON, *Mémoires,* 1715.

Louis XII envoya un héraut d'armes *annoncer* la guerre
au doge.
VOLTAIRE, *Essai sur les mœurs :* Ligue de Cambrai, c. 113.

Trois prêtresses sont chargées du soin d'*annoncer* les décisions de l'oracle.

> BARTHÉLEMY, *Voyage d'Anacharsis*, c. 36.

Et même en ce moment, où ta bouche cruelle
Vient si tranquillement m'*annoncer* le trépas,
Ingrat, je doute encor si je ne t'aime pas.

> J. RACINE, *Andromaque*, IV, 5.

Eh bien! que nous fait-elle *annoncer* de sinistre?
Quel sera l'ordre affreux qu'apporte un tel ministre?

> LE MÊME, *Athalie*, III, 5.

Vous voulez doucement m'*annoncer* mon arrêt.

> COLLIN D'HARLEVILLE, *l'Optimiste*, III, 11.

ANNONCER, dans cette acception, a quelquefois pour régime un nom de personne :

Nos lévites, du haut de nos sacrés parvis,
D'Ochosias au peuple *ont annoncé* le fils.

> J. RACINE, *Athalie*, V, 6.

Tantôt le monde entier m'*annonce* à haute voix
Le maître que je cherche.

> L. RACINE, *la Religion*.

On dit de même, dans l'usage ordinaire, *Annoncer* une cérémonie, une fête, une vente, etc.

ANNONCER, c'est, quelquefois, avec un complément formé de la préposition *par* et de son régime, Rendre une chose sensible, manifester, témoigner, exprimer :

A peine a-t-il (l'enfant) la force nécessaire pour exister, et pour *annoncer par* des gémissements les souffrances qu'il éprouve.

> BUFFON, *Histoire naturelle*.

On diroit que la Grèce elle-même a voulu *annoncer par* son deuil le malheur de ses enfants.

> CHATEAUBRIAND, *Itinéraire de Paris à Jérusalem : Voyage en Grèce*.

ANNONCER a encore le sens de Publier, enseigner :

Tous les auteurs grecs et latins... conviennent que l'unité de Dieu, l'immortalité de l'âme, les peines et les récompenses après la mort, *étaient annoncées* dans ces cérémonies sacrées.

> VOLTAIRE, *Essai sur les mœurs*, c. 23.

En mille écrits fameux la sagesse tracée
Fut à l'aide des vers aux mortels *annoncée*.

> BOILEAU, *Art poétique*, IV.

On l'emploie de cette manière, très fréquemment, en parlant de la parole de Dieu, de l'Évangile :

Il n'y a rien de si odieux qu'un prédicateur de chambre qui *annonce* sa propre parole et dogmatise sans mission.

> BALZAC, *Lettres;* VII, 17.

Ses apôtres n'avoient pas encore achevé leur course, et saint Paul disoit déjà aux Romains que leur foi *étoit annoncée* dans tout le monde.

> BOSSUET, *Discours sur l'Histoire universelle*, II, 7.

Purgée par ses désastres des restes de l'idolâtrie, elle (Rome) ne subsiste plus que par le christianisme, qu'elle *annonce* à tout l'univers.

> LE MÊME, même ouvrage, III, 1.

Ce n'est point avec cette ostentation de paroles que saint Pierre *annonçoit* Jésus crucifié, dans ces sermons qui convertissoient tant de milliers d'hommes.

> FÉNELON, *Lettre à l'Académie*.

Quel avilissement pour nous... si nous empruntons le langage flatteur et rampant des cours, en venant leur *annoncer* la parole généreuse et sublime du Seigneur!

> MASSILLON, *Petit carême : Tentations des grands*.

Quelquefois ANNONCER se rapporte plus particulièrement à des choses futures, dont on fait connaître d'avance la venue, que l'on prédit :

Je vous écrirai encore d'ici une lettre que je vous *annonce*, et que vous aimerez.

> Mme DE SÉVIGNÉ, *Lettres;* à Mme de Grignan, 18 juin 1676.

Examinez ce qui se passe sur son visage lorsque, par zèle ou par indiscrétion, quelqu'un vient à lui *annoncer* que sa fin est prochaine en effet: vous le verrez changer comme celui d'un homme auquel on annonce une nouvelle imprévue.

> BUFFON, *Histoire naturelle : De l'Homme*.

Quand les hirondelles approchent du moment de leur départ, il y en a une qui s'envole la première pour *annoncer* le passage prochain des autres.

> CHATEAUBRIAND, *Mémoires d'outre-tombe*.

Croirai-je le bonheur que ta bouche m'*annonce*?

> J. RACINE, *Esther*, III, 2.

On dit *Annoncer* à quelqu'un la *visite* d'une autre personne, et même *annoncer* cette personne, pour Prévenir de son arrivée, de son entrée prochaine :

Le cardinal de Rohan la voyoit toutes les semaines (Mme de Maintenon à Saint-Cyr), le duc du Maine aussi, et passoit trois à quatre heures avec elle tête à tête. Tout lui rioit quand on le lui *annonçoit*.

SAINT-SIMON, Mémoires, 1719.

Je me tenois à la porte de la chambre, pour *annoncer* et introduire les personnes qui arrivoient.

LE SAGE, Gil Blas, liv. IV, 7.

De là l'expression, *se faire annoncer* :

Vous allez, Monsieur, épouser une jolie personne. *Se faire annoncer* sous un faux nom, se servir d'un faux seing pour tromper son père : tout cela n'est qu'un badinage pour elle.

SEDAINE, le Philosophe sans le savoir, I, 7.

Autrefois, à la fin du spectacle, un comédien donnait avis au public des pièces qui devaient être représentées le lendemain, il les *annonçait*. C'est à cet usage que se rapporte l'emploi fait d'*Annoncer* dans les passages suivants :

Je fais les amoureux, les affiches, j'*annonce*.

POISSON, le Baron de la Crasse, sc. 5.

Vous verrez, vous verrez quand on m'*annoncera*
Comme dans le parterre on se réjouira.

LE MÊME, le Poète basque, sc. 6.

ANNONCER signifie quelquefois, dans un sens analogue, Faire attendre, faire espérer, faire craindre :

Mademoiselle, repartit-il tout tremblant à son tour, de quoi s'agit-il? Que m'*annoncez*-vous par ce début?

MARIVAUX, la Vie de Marianne, IVe part.

Dans tous les exemples qui précèdent, ANNONCER a pour sujet un nom de personne, ou désignant de quelque manière la personne. Il se dit également des choses et signifie Faire connaître d'avance, faire pressentir ce qui doit arriver. C'est ainsi que le baromètre *annonce* le beau temps, le mauvais temps; que, dans une pièce de théâtre, telle scène *annonce* le dénouement.

Quelquefois ANNONCER, ainsi employé, signifie Être le signe, la marque, le symptôme de quelque chose, la promettre, la faire craindre :

Je répliquai que cette disposition du marquis de Castel Rodrigo *annonçoit* toutefois une déclaration de guerre pour le temps présent... ou dans un temps à venir.

L'ARCHEVÊQUE D'EMBRUN, à Louis XIV, 28 février 1665. (Voyez MIGNET, Négociations relatives à la succession d'Espagne, t. I, p. 337.)

Une grande naissance ou une grande fortune *annonce* le mérite et le fait plus tôt remarquer.

LA BRUYÈRE, Caractères : Des biens de fortune.

Mais cette majesté n'avoit rien de farouche, malgré son air grand et auguste qui tout seul *annonçoit* le souverain.

MASSILLON, Oraison funèbre de Louis XIV.

La clémence et la majesté peintes sur le front de cet auguste enfant, nous *annoncent* déjà la félicité de nos peuples.

LE MÊME, Petit carême : Sur l'humanité des grands envers le peuple.

Il est une simplicité qui sied bien à tout âge, et qui, sans rien diminuer du mérite de l'esprit, *annonce* une innocence de mœurs plus estimable que les qualités les plus brillantes.

ROLLIN, Traité des Études : Étude de la langue latine, c. 3, art. 4.

Ce début paroît *annoncer* un roman. Ce n'en est pourtant pas un que je raconte.

MARIVAUX, la Vie de Marianne, Ire part.

Mes pleurs ne concluoient rien de fâcheux pour lui, ils n'*annonçoient* ni haine ni indifférence, ils ne pouvoient signifier que de l'embarras.

LE MÊME, même ouvrage, IIe part.

Cette conspiration de la moitié du royaume (la ligue) n'avait rien qui *annonçât* la rébellion et la désobéissance au roi. La religion la rendait respectable et dangereuse.

VOLTAIRE, Histoire du Parlement de Paris, c. 19.

Aujourd'hui les spectacles journaliers, la foule des chars dorés, les milliers de fanaux qui éclairent pendant la nuit les grandes villes, forment un plus beau spectacle, et *annoncent* plus d'abondance que les plus brillantes cérémonies des monarques du seizième siècle.

LE MÊME, Essai sur les mœurs : Usages des XVe et XVIe siècles, c. 121.

Ce n'est point ce gazon fin qui semble faire le duvet de la terre, ce n'est point cette pelouse émaillée qui *annonce* sa brillante fécondité.

BUFFON, Histoire naturelle : Tableau de la nature sauvage.

Nous remercierons le Créateur de n'avoir pas rendu l'homme témoin de ces scènes effrayantes et terribles, qui ont précédé et, pour ainsi dire, *annoncé* la naissance de la nature intelligente et sensible.

LE MÊME, Époques de la nature, IV.

Et tout de Syracuse *annonçait* la ruine.

VOLTAIRE, Tancrède, I, 1.

Ce procédé m'*annonce* un affreux changement.

GRESSET, le Méchant, III, 1.

On le dit, en termes d'Art, de Ce qui est plus ou moins marqué, indiqué, exprimé :

Ce vêtement couvre trop le nu ; il faut l'échancrer davantage ; les charmes qu'il recèle doivent *être* mieux *annoncés*.

J.-J. ROUSSEAU, *Pygmalion* (en 1775).

On la croiroit modelée (une tête de jeune fille), tant les plans en *sont* bien *annoncés*.

DIDEROT, *Salon de 1765 :* Greuze.

ANNONCER se construit souvent avec la conjonction *que :*

Li angles Gabriel la salua et li *annonça que* Diex prendroit char en li.

BRUNETTO LATINI, *li Livres dou tresor*, liv. I, part. II, c. 65.

Je viens vous *annoncer* avec l'apôtre *que* tout finit, afin de vous ramener à Dieu qui ne finit point.

FLÉCHIER, *Oraison funèbre de Mme d'Aiguillon*.

Ils *annoncent* dédaigneusement *qu'*ils n'ont qu'un mot à dire et qu'un moment à parler.

LA BRUYÈRE, *Caractères*.

Il *annonce* au peuple *que* j'avois remporté le prix.

FÉNELON, *Télémaque*.

Dans le genre simple, on ne voit pas de ces figures étudiées qui montrent l'art à découvert, et qui semblent *annoncer que* l'orateur cherche à plaire.

ROLLIN, *Traité des Études*, liv. IV, c. 3, art. 1.

ANNONCER, avec le pronom personnel, signifie Se présenter, s'introduire, se déclarer, se faire connaître, se faire prévoir, etc. :

Soit employé absolument, *s'Annoncer :*

Il y a des caractères qui *s'annoncent* presque en naissant.

J.-J. ROUSSEAU, *la Nouvelle Héloïse*.

La décadence *s'annonce* de toutes parts.

VOLTAIRE, *Lettres ; 2 décembre 1767*.

Soit modifié par quelque complément, *s'Annoncer bien, s'Annoncer mal, s'Annoncer par, s'Annoncer dans*, etc. :

Les sciences *s'annonçoient* tous les jours *par* de nouvelles lumières, et les arts *par* de nouveaux progrès.

BARTHÉLEMY, *Voyage d'Anacharsis*.

L'ours blanc du nord *s'annonce* sur les neiges *par* des gémissements sourds, *par* la noirceur de son museau et de ses griffes et *par* une gueule et des yeux couleur de sang.

BERNARDIN DE SAINT-PIERRE, *Études de la nature*, X.

Les états généraux *s'annonçaient sous* les plus heureux auspices.

Mme DE STAEL, *Considérations sur la Révolution française*, Ire part., c. 14.

..... Je vois avec peine
Qu'il *se soit annoncé* par donner une scène.

GRESSET, *le Méchant*, IV, 7.

De l'Olympe souvent un songe est la réponse.
Dans tous ceux des amants la vérité s'annonce.

ANDRÉ CHÉNIER, *Élégies*, XXXVI.

ANNONCÉ, ÉE, participe.

Sous un nom étranger à Damis *annoncée*
Je pourrai m'éclaircir, le voir coeffe baissée.

DUFRESNY, *le Mariage fait et rompu*, II, 10.

ANNONCE, s. f.

Avis par lequel on fait savoir quelque chose au public, verbalement ou par écrit.

De là des expressions telles que les suivantes : *Annonce d'objets à vendre ; frais d'Annonce, feuille d'Annonces ; mettre, insérer une Annonce dans un journal ; faire une Annonce au prône ; faire l'Annonce de quelque chose*, etc. :

Jupiter eut jadis une ferme à donner ;
Mercure *en fit l'annonce*, et gens se présentèrent.

LA FONTAINE, *Fables*, VI, 4.

Faire l'Annonce se disait autrefois du comédien qui, avant la fin du spectacle, annonçait les pièces qu'on devait jouer le lendemain :

Le comédien, *faisant l'annonce*.

REGNARD, *la Critique du Légataire*, sc. 1.

Qui de vous, je vous prie, est le complimenteur ?
— C'est moi, Monsieur. — C'est vous ? — Moi-même.
[— Ergo menteur.
Celui qui *fait l'annonce*, et qui taille et qui coupe,
Est ordinairement le menteur de la troupe.

BOURSAULT, *Ésope à la ville*, V, 4.

ANNONCE se dit particulièrement Des publications de mariage qui se font chez les protestants, et que les catholiques appellent *bans :*

Elle incita et força quelques ecclésiastiques de proclamer ses *annonces*.

AGR. D'AUBIGNÉ, *Histoire universelle*, I, 258.

Les deux expressions sont présentées comme synonymes dans le passage suivant :

Pour oster les mariages clandestins, nous faisons faire par notre curé, en nos églises, les *bans* qui sont *annonces* publiques du mariage qui se traite entre les futurs espoux, afin que nul n'en prétende aucune cause d'ignorance.

Est. Pasquier, *Recherches de la France*, II, 15.

Comme on dit *annoncer une personne*, on dit aussi l'*annonce d'une personne*, pour l'Avis donné de sa venue :

Au bout d'une demi-heure, je m'en allai sur l'*annonce* du comte de Toulouse.

Saint-Simon, *Mémoires*, 1718.

ANNONCE se prend comme *annoncer* au figuré, et se dit des signes qui font prévoir une chose :

Si la passion pour un art indique souvent des dispositions à s'y distinguer, elle n'en est pas toujours l'*annonce* infaillible.

D'Alembert, *Éloge de Perrault.*

Cette apparente stupidité qui est l'*annonce* des âmes fortes.

J.-J. Rousseau, *Émile*, II.

Quelles mystérieuses *annonces* de l'homme et de sa double destinée, prédite à la fois par la douleur et par la joie de la femme qui l'enfante !

Chateaubriand, *Génie du christianisme*, 1re part., liv. I, c. 10.

On a dit ANNONCEMENT, ANNONCION, soit au sens général d'Annonce, soit avec l'acception particulière auquel l'usage a restreint le mot suivant.

ANNONCIATION, s. f. (Du latin *Annuntiatio*.)

Dans le passage suivant, où *annonciation* traduit littéralement le mot *annuntiatio* d'un document historique rédigé en latin, il est pris, par exception, pour Annonce :

Dans l'*annonciation* que Charles (le Chauve) fit au peuple de la partie de ce traité qui le concernoit...

Montesquieu, *Esprit des lois*, XXXI, 25.

Il se dit spécialement du Message de l'ange Gabriel à la Vierge, pour lui annoncer le mystère de l'Incarnation ; on appelle de même le jour où l'Église célèbre ce mystère.

ANNONCIADE, s. f.

III.

Il a été employé dans le sens spécial du mot *annonciation* :

La cruauté avoit été grande de la part des Siciliens (Vêpres siciliennes) contre la nation françoise, mesmes en un jour solennel de Pasques, selon les aucuns, ou selon les autres de l'*Annonciade*.

Est. Pasquier, *Recherches de la France*, III, 15.

De là le nom de certains ordres religieux ; on dit, Un religieux, une religieuse de l'ordre de l'*Annonciade*, et, par abréviation, en parlant d'une religieuse de cette sorte, *une annonciade*.

De là aussi le nom d'un ordre de chevalerie fondé très anciennement par un prince de la maison de Savoie, l'*ordre de l'Annonciade*.

ANNONCEUR, s. m.

Autrefois ANNONCIATEUR, ANNONCIÈRES.

Celui qui annonce ;

Soit d'une manière générale, comme dans ces anciens exemples :

J'ai opinion que, si durant le règne du roi François, quelqu'un fust venu à prédire ce qui depuis est avenu, qu'on l'eust assommé comme *annonceur* de mensonges.

La Noue, *Discours politiques et militaires*, II.

Ce capitaine maniant une picque d'argent, et la monstrant comme si elle luy eust esté envoyée du ciel, et d'ailleurs contrefaisant le Prophète, et l'*annonceur* d'oracles, avoit gaigné les cœurs et les affections de tout le monde.

Coeffeteau, *Histoire romaine de Florus*, II, 17.

Soit, à une époque plus rapprochée de nous, avec l'application spéciale qui en était faite au comédien chargé de faire, à la fin du spectacle, l'annonce des pièces qu'on devait jouer le lendemain :

Holà hô, monsieur l'*annonceur*, un petit mot, s'il vous plaist.

Regnard, *la Critique du Légataire*, sc. 2.

ANNOTER, v. a. (Du latin *Annotare*, *Adnotare*, et, par ce mot, de *ad* et *notare*.)

Faire des notes, des remarques sur un texte.

Il signifiait, dans la pratique ancienne, Dresser l'état et inventaire des biens saisis par autorité de justice sur un criminel ou sur un accusé :

34

... Leurs biens (des huissiers du parlement de Dijon, contre qui il y avoit prise de corps) *ont esté* saisis *et annotez*, et assignation à eux donnée à trois briefs jours par devant moy.

L'INTENDANT BOUCHU, à Colbert, 11 février 1665. (Voyez DEPPING, *Correspondance administrative sous Louis XIV*, t. II, p. 29.)

Quand l'accusé a pris la fuite, vous commencez par saisir et *annoter* tous ses biens, vous n'attendez pas seulement que la procédure soit achevée.

VOLTAIRE, *Commentaire sur le Livre des délits et des peines*, n° XXII : De la Procédure criminelle.

ANNOTÉ, ÉE, participe.

ANNOTATION, s. f. (Du latin *Annotatio, Adnotatio*.)

Il se dit des notes, des remarques faites sur un texte, pour en éclaircir des passages :

J'ai... noté... les propriétés et vertus de chacune plante, escrites au texte, sans les vouloir marquer par *annotation* au marge (sic) afin d'éviter telle importune reditte.

OLIVIER DE SERRES, *Théâtre d'agriculture*, VI° lieu, c. 15.

Il participait au sens judiciaire d'*annoter* et signifiait, dans la pratique ancienne, l'État et inventaire des biens saisis, par autorité de justice, sur un criminel ou sur un accusé :

S'il y avoit personnes ecclésiastiques auxquelles fust commise la charge de cette collecte, il les faudroit punir par saisie et *annotation* de leurs biens.

EST. PASQUIER, *Recherches de la France*, III, 24.

ANNOTATEUR, s. m. (Du latin *Annotator, Adnotator*.)

Celui qui fait des annotations, des remarques sur un texte.

ANNUAIRE. (Voyez ci-dessus, p. 159.)

ANNUEL, LLE. (Voyez ci-dessus, p. 159.)

ANNUELLEMENT. (Voyez ci-dessus, p. 160.)

ANNUITÉ. (Voyez ci-dessus, p. 160.)

ANNULAIRE. (Voyez ci-dessus, p. 258.)

ANNULER, v. a. (Du bas latin *Annullare, Adnullare*, et, par ce mot, de *ad* et *nullus*.)

On l'a écrit ADNULLER, ANNULLER, ANNULLIR, etc. (Voyez le *Glossaire* de Sainte-Palaye.)

Rendre Nul.

Il est surtout usité en parlant d'actes, de contrats, de traités, de lois, de procédures, de jugements :

Le premier mariage *fut* defait et *annulé* de cette dame qui en prison étoit.

FROISSART, *Chroniques*, liv. I, Ire part., c. 49.

Sozomène dit qu'il y avoit une foy générale en l'Église, qui vouloit tous actes *estre annulez*, qui s'estoient passez au desceu de l'évesque de Rome.

EST. PASQUIER, *Recherches de la France*, III, 1.

Le septième an arrive, où, selon la loi, toutes les obligations pour dettes *sont annulées*.

BOSSUET, *Politique tirée de l'Écriture sainte*.

On parloit d'un traité fort secret, signé par le prince Eugène et le maréchal de Villars... qui *annuloit* les renonciations du roi d'Espagne à la couronne de France.

SAINT-SIMON, *Mémoires*, 1716.

Il semble que dans tous les serments de ce temps-là il y ait toujours des clauses qui les *annulent*.

VOLTAIRE, *Annales de l'empire* : Louis le Débonnaire, 824.

Les chambres s'assemblent, on lit l'écrit signé du roi qui ordonne que les procédures contre Boitin seront *annulées*.

LE MÊME, *Histoire du Parlement de Paris*, c. 65.

Allez, mais en tout cas donnez-moi le contrat ;
Nous pourrons, s'il le faut, l'*annuler* sans éclat.

DUFRESNY, *le Mariage fait et rompu*, I, 9.

On l'emploie quelquefois d'une manière plus générale en lui donnant pour régime quelque nom abstrait, comme volonté, résistance, etc.

Il n'est nul si bon chevalier ou monde qui ne puist faire une faulte, voire si grande que tous les biens qu'il aura faiz devant *soient adnullez*.

MONSTRELET, *Chronique*, I, 39.

Ce monarque (Louis XIII), mal obéi pendant sa vie, se flatta de l'être mieux après sa mort; mais la première démarche de sa veuve, Anne d'Autriche, fut de faire *annuller* les volontés de son mari par arrêt du parlement de Paris.

VOLTAIRE, *Siècle de Louis XIV*, c. 3.

Ce droit royal (le lit de justice) manifestoit le despotisme de la couronne, en *annulant* la seule résistance que permit la constitution de l'État.

Mme DE STAEL, *Considérations sur la Révolution française*, Ire part., c. 9.

On a dit même *annuler* une personne, pour Rendre nulle son influence, son action :

Le capitaine luy demanda se il les cuidoit esbahir pour ses menaces et trouver si *anullez*.

MÉNARD, *Histoire de Bertrand du Guesclin*, p. 156.

En ce sens, il est quelquefois verbe pronominal: *s'annuler*, c'est se rendre nul, sans influence, sans action :

On trouve aussi *s'annuler* avec le sens passif de Être annulé :

Toutes les anciennes loix s'alteroient ou *s'annuloient* du tout.

AMYOT, trad. de Diodore.

ANNULÉ, ÉE, participe.

ANNULATION, s. f.

On l'a écrit ADNULLATION.

L'action d'annuler.

Usité surtout dans l'emploi particulier où il a été dit qu'*annuler* était le plus d'usage :

Lesqueles resolution et *adnullation* ils firent mettre à execution et effect.

Lettres de Charles VI, février 1401. (Voyez *Ordonnances des rois de France*, t. VIII, p. 484.)

Cela... se pourra mettre dans le traité simulé, et si l'*annulation* s'en fait par un autre acte, on pourra déclarer...

LOUIS XIV à Colbert, 2 novembre 1670. (Voyez MIGNET, *Négociations relatives à la succession d'Espagne*, t. III, p. 239.)

Comme *annuler*, ANNULATION a pu s'employer d'une manière plus générale, dans le sens de Destruction, ruine, perte, etc. :

Se fut ensuiviz *adnullation* et corruption de nostre ville; consequemment desolation et totale destruction de nostre... royaume.

MONSTRELET, *Chroniques*.

Comme *annuler* encore, ANNULATION a pu se dire en parlant des personnes :

Julius... a esté à l'encontre du bien commun, l'honneur et la franchise de la noble cité de Rome et *adnullation* des nobles hommes du pays.

Perceforet, vol. V, f° 15, col. 1. (Cité par Sainte-Palaye.)

On a dit autrefois, en même temps qu'*annulation*,

ANNULLEMENT,

D'abord écrit ADNULLEMENT :

Nous ne sommes pas tenus par si grant *adnullement* de petit courage, que nous ne veuillons combatre jusque à la mort pour justice.

MONSTRELET, *Chroniques*, I, 142.

En desheritement de nos subgiez, destruction et *adnullement* de nostre dicte ville.

Lettres de Charles VII, février 1460. (Voyez *Ordonnances des rois de France*, t. XIV, p. 516.)

On trouve dans le passage suivant, de date assez récente, employé comme substantif, le participe

ANNULANT :

Devreux m'a montré la lettre que vous lui avez écrite; elle est remplie d'amitié, mais la qualité de Mademoiselle que vous y avez placée, est une espèce d'*annulant*.

Mme DU DEFFAND, *Lettres*; à Mlle de Lespinasse, 15 février 1754.

On trouve aussi dans cet autre passage, de date bien antérieure, l'adjectif

ANNULATIF :

Le pape a mis au decret et en la bulle de l'absolution une clause *annulative* de l'absolution donnée par les prélats en France,

CHIVERNY, *Mémoires*, 1596.

ANOBLIR, v. a. (Des mots latins *ad* et *nobilis*.)

On l'a quelquefois écrit ANNOBLIR.

Faire noble, conférer la noblesse, en donner à quelqu'un le titre et les droits :

Les armes des Foulcres, c'est un escu mi-party: à gauche, une flur de lis d'azur en champ d'or; à drete, une flur de lis d'or à champ d'azur, que l'empereur Charles V leur a données en les *anoblissant*.

MONTAIGNE, *Voyages* : Ausbourg.

Auguste pour l'*annoblir* luy donna le privilège de porter l'anneau d'or.

COEFFETEAU, *Histoire romaine*, liv. I, p. 26.

Si un roi épouse une fille de basse extraction, elle devient reine. On en murmure quelque temps, mais on la reconnoît, et elle *est anoblie* par le mariage du prince.

BOSSUET, *Panégyrique de saint François d'Assise*.

... Elle voyoit dans la suite des ancêtres, non pas ce qui l'*anoblissoit* devant les hommes, mais ce qui pouvoit la sanctifier devant Dieu, dans le sein duquel elle alloit chercher sa fin et son origine.

FLÉCHIER, *Oraison funèbre de Marie-Thérèse*.

La fille d'un orfèvre! m'écriai-je d'un air dédaigneux... Eh! Monsieur, me repartit Scipion, ne le prenez point sur ce ton-là ! Songez que c'est le mâle qui *anoblit*, et ne soyez pas plus délicat que mille seigneurs que je pourrois vous citer.

Le Sage, Gil Blas, IX, 1.

Boulainvilliers m'a pourtant dit que ces Béthisy... *étoient anoblis*, mais pas trop anciennement.

Saint-Simon, Mémoires, 1721.

Les premiers présidents, Simon de Bussy-Brac, Dauvet, les chanceliers mêmes, Guillaume de Dormans et Arnaud de Corbie, furent obligés de se faire *anoblir*.

Voltaire, Histoire du Parlement de Paris, c. 5.

Les anciens peuples de l'Europe imaginèrent, pour porter les hommes à la vertu, d'*anoblir* les descendants de leurs citoyens vertueux.

Bernardin de Saint-Pierre, Études de la nature, XIII.

... Il falloit faire des preuves de plus de quatre siècles pour y être admis (à la cour), et ils *étoient* à peine *anoblis* depuis cinquante ans.

Mme de Stael, Considérations sur la Révolution
française, Ire part, c. 14.

Le cousin m'enrichit, j'*annoblis* le cousin.

Dufresny, le Faux sincère, V, 7.

Mais pour vous *annoblir,* il faut monsieur pour gendre.

Le même, la Coquette du village, III, 3.

Le ventre anoblit, se dit d'une noblesse qui peut se transmettre par les femmes :

Ne comptez-vous pour rien, mon gendre, l'avantage d'être allié à la maison de Sottenville? — Et à celle de la Prudoterie, dont j'ai l'honneur d'être issue ; maison où *le ventre anoblit,* et qui, par ce beau privilège, rendra vos enfants gentilshommes?

Molière, Georges Dandin, I, 4.

Ce fut, disent quelques auteurs, pour réparer la noblesse qui avoit péri (à la bataille de Fontenai en Bourgogne, le 25 juin 841), que les anciennes coutumes de Champagne établirent que désormais le *ventre,* c'est-à-dire la mère, *anobliroit* les enfants, quoique le père fût roturier.

Hénault, Abrégé chronologique de l'histoire de France,
840-1.

Philippe II fut très content de l'assassinat (du prince d'Orange) : il récompensa la famille de Gérard ; il lui accorda des lettres de noblesse, pareilles à celles que Charles VII donna à la famille de la Pucelle d'Orléans, lettres par lesquelles le *ventre annoblissait.*

Voltaire, Essai sur les mœurs, c. 164.

Anoblir n'a pas toujours pour régime un nom de personne. On dit *anoblir* sa famille, sa postérité, sa race, son nom, etc. :

D'autres ont un seul nom dissyllabe, qu'ils *anoblissent* par des particules.

La Bruyère, Caractères : De quelques usages.

Que vous dirai-je? L'un prête des millions dans un besoin pressant, et il devient comte ; l'autre achète une charge, et il efface son origine roturière en *anoblissant* sa postérité.

Marivaux, le Paysan parvenu, VIIIe part.

Ce raisonnement me parut singulier. Qui suis-je donc, me dis-je à moi-même, pour *anoblir* ma famille à ma volonté?

Le même, même ouvrage, ibid.

Ainsi vesquit, ainsi mourut Marie,
Qui des Thurins *anoblit* l'armoirie.

Cl. Marot, Cimetière, XXIII, v. 9.

Qu'un homme de finance *ait annobli* sa race,
En l'avouant pour père on croit lui faire grâce.

Boursault, Ésope à la cour, III, 7.

... Pour vous, ma chère fille,
Qui voulez, quoi qu'il coûte, *annoblir* la famille.

Destouches, l'Ingrat, III, 8.

Orgon à prix d'argent veut *anoblir* sa race.

Gilbert, Satires : Le Dix-huitième siècle.

Anoblir s'est dit quelquefois en parlant de certains biens auxquels étaient attachés les privilèges de la noblesse :

Les 57,000 livres restant ont esté retranchées des deniers de l'octroy, et comprises dans ladite imposition des debtes et affaires de la province, pour servir de fondz au payement de la taille des biens ruraux que S. M. veut *annoblir* dans la province.

Délibérations des États de Languedoc du 27 décembre 1632. (Voyez Depping, Correspondance
administrative sous Louis XIV, t. I, p. 42.)

Anoblir s'est pris souvent au figuré pour Donner de la noblesse, de l'élévation, de la dignité, du lustre, sens qui depuis 1690, 1694 (voyez le *Dictionnaire* de Furetière, le *Dictionnaire de l'Académie,* 1re édition), est spécialement attribué à Ennoblir (voyez ce mot) :

Or combien que je lui accorde qu'Adam ait porté l'image de Dieu, en tant qu'il estoit conjoint avec lui... toutesfois je di que l'image de Dieu ne se doit cercher sinon aux marques d'excellence dont Adam *a esté anobli* par dessus tous animaux.

Calvin, Institution chrestienne, liv. II, c. 12, § 6.

Il estimoit en son cœur ung gentil-homme parfait qui n'avoit que cent francs de rente autant que ung prince de cent mille, et avoit cela en son entendement que les biens n'*anoblissent* point le cueur.

> Le Loyal Serviteur, c. 66.

De là vient la gloire de tant de victoires dont cette nation *est anoblie*.

> Jacques Yver, *le Printemps d'Yver.*

Jettons les yeux sur les sciences... qui *annoblissent* notre sexe, etc.

> Recueil général des Caquets de l'accouchée, etc. VI° journée.

Longtemps après que saint Louys eust basty cette chapelle, elle fut, depuis, grandement *annoblie* par Charles V.

> Est. Pasquier, *Recherches de la France*, III, 38.

J'espère que ledit Rabi servira bien le roy; mais si ledit office eust esté à donner, comme la raison et le service du roy, et la réputation de nostre nation par deça le voudroit, nous eussions trouvé à le remplir de personnes qui l'*eussent* grandement honoré et *annobly*.

> Le cardinal d'Ossat, *Lettres*; liv. III, 108.

Le son de sa voix, accompagné de la dignité de ses gestes, *annoblit* les plus communes et les plus viles conceptions.

> Balzac, *Lettres*; VIII, 46.

La sagesse... pallie les défauts du corps, *anoblit* l'esprit.

> La Bruyère, *Caractères : Des femmes.*

On a vu des nobles déshonorer leur nom par des vices bas et rampants, et des roturiers illustrer et *anoblir* leur famille par leurs grandes qualités.

> Rollin, *Traité des Études*, liv. VI, Ire part., § 6.

Il (Bernard) avoit un orgueil extravagant qui, en quelque sorte, l'*anoblissoit*.

> Hénault, *Mémoires*, c. 4.

On a beau jeu avec un peuple naturellement porté vers les grandes et belles choses; il ne s'agit que d'*anoblir* adroitement ce qu'on veut faire réussir.

> Grimm, *Correspondance*, 15 juin 1753.

L'amour n'*anoblit*-il pas tous les sentiments?

> J.-J. Rousseau, *la Nouvelle Héloïse*, V, 13.

Par mon exil honteux la Trappe *est anoblie*.

> Boileau, *le Lutrin*, II. (C'est la Mollesse qui parle.)

Mais apprenez de moi qu'un ouvrage d'éclat *Anoblit* bien autant que le capitoulat.

> Piron, *la Métromanie*, V, 4.

Anoblir devient quelquefois verbe pronominal. *S'anoblir*, c'est s'acquérir la noblesse :

Paye-t-on à un auteur ce qu'il pense et ce qu'il écrit?... Se meuble-t-il, *s'anoblit-il*, à force de penser et d'écrire juste?

> La Bruyère, *Caractères : Des Jugements.*

Ainsi donc alors on *s'anoblissoit* soi-même, et on n'avoit besoin ni de lettres du prince, ni de posséder des offices pour obtenir la noblesse.

> Hénault, *Abrégé chronologique de l'histoire de France*, 1600.

C'est ainsi que je vins *m'annoblir* au village.

> Dufresny, *la Coquette du village*, I, 1.

S'anoblir a pu, comme **anoblir**, être employé au figuré :

Les lois prennent leur autorité de la possession et de l'usage; il est dangereux de les ramener à leur naissance; elles grossissent et *s'annoblissent* en roulant comme nos rivières.

> Montaigne, *Essais*, II, 12.

La volonté *s'anoblit* aimant les choses dignes et hautes, et s'avilit s'adonnant aux moindres et indignes, comme la femme selon le parti et le mari qu'elle prend.

> Charron, *De la Sagesse*, I, 19.

Anobli, ie, participe.

Au propre :

Il peignit les armoiries d'un vilain nouvellement *annobly*, où il y a tousjours à mettre et à oster.

> Bouchet, *Serées*, III, 28.

J'ai veu les nobles avilis
Abaissez d'estat et courage,
Estafiers en piètre équipage
Suivre les vilains *anoblis*.

> J.-A. de Baïf, *Mimes :* II. Les Moines.

Au figuré :

La poésie et toute sa sequelle, qui est scavoir et science *anoblie*...

> Bonaventure des Periers, *Œuvres*. (Édit. de Lyon, 1544, p. 76.)

Anobli est aussi substantif, et, alors, il signifie Celui qui a été fait noble depuis peu de temps :

Le titre de haut et puissant seigneur a été pris par des *anoblis*, par des roturiers qui avaient acheté chèrement des offices.

> Voltaire, *Histoire de Pierre le Grand*, II° part., c. 7.

On sent bien que l'anoblissement ne sauroit forcer la nature, ni rendre noble d'extraction celui qui n'est que roturier; et que, par conséquent, l'anoblissement n'a pas empêché la différence qu'il y aura toujours entre un *anobli* et un noble.

> Hénault, *Abrégé chronologique de l'histoire de France*, 1313.

Les *anoblis* qu'on voyoit marcher en grand nombre dans les rangs des nobles, portoient d'assez mauvaise grâce le panache et l'épée.

> Mᵐᵉ ᴅᴇ Sᴛᴀᴇʟ, *Considérations sur la Révolution française,* 1ʳᵉ part., c. 16.

ANOBLISSEMENT, s. m.

On l'a quelquefois écrit Aɴɴᴏʙʟɪssᴇᴍᴇɴᴛ.

Récompense, faveur du prince par laquelle on est anobli :

> Chaque grande famille, après avoir eu quelque personnage de nom qui, par sa prouesse et vertu, donna *anoblissement* à sa race, s'arresta à la commune devise de luy.
>
> Esᴛ. Pᴀsǫᴜɪᴇʀ, *Recherches de la France,* II, 16.

> Vendant (Henri III) pour mille escus pièce des lettres *d'anoblissement,* qu'à vrai dire on devroit nommer des lettres d'infamie perpétuelle pour ceux qui les prennent, puisqu'elles témoignent à la postérité que les acheteurs ne sont pas capables de les mériter.
>
> Mᴇᴢᴇʀᴀʏ, *Histoire de France :* Henri III.

> Cet *anoblissement* (par le ventre) rendoit les enfans capables de posséder des fiefs ; mais il restoit toujours une différence entre eux et les gentilshommes de parage, c'est-à-dire de par le père, en ce qu'ils ne pouvoient être chevaliers, comme les derniers.
>
> Hᴇɴᴀᴜʟᴛ, *Abrégé chronologique de l'histoire de France,* 840-1.

> Les premières lettres *d'annoblissement* sont de l'année 1271, sous le règne de Philippe-le-Hardi, fils de saint Louis.
>
> Sᴀɪɴᴛ-Fᴏɪx, *Essais historiques sur Paris, mœurs, usages et coutumes, jusqu'au règne de Louis XI.*

> Je crois les adoptions bien préférables aux *anoblissements* faits par l'État. Elles feroient revivre des familles illustres, dont les descendants languissent aujourd'hui dans la plus étroite pauvreté.
>
> Bᴇʀɴᴀʀᴅɪɴ ᴅᴇ Sᴀɪɴᴛ-Pɪᴇʀʀᴇ, *Études de la nature,* XIII.

ANODIN, INE, adj. (De ἀ privatif et de ὀδύνη, douleur.)

On l'a écrit, conformément à l'étymologie, *anodyn.*

Terme de Médecine. Il se dit des remèdes qui ont la propriété de calmer les douleurs et, quelquefois, de les faire cesser complètement :

> Si les medicamens peuvent obvier aux causes de douleur ou stupefier le sentiment du tact, ils seront appelez *anodyns,* desquels nous faisons trois differences. Les uns sont curatifs des maladies, *anodyns* generalement dicts.

Les autres propres *anodyns.* Les tiers sont stupefactifs ou narcotiques.

> A. Pᴀʀᴇ́, *Introduction à la connoissance de la chirurgie,* liv. XXIV, c. 19.

> Le médecin va respondre qu'il n'approuvoit point les receptes communes qui sont *anodines,* ne faisans qu'appaiser la douleur.
>
> Bᴏᴜᴄʜᴇᴛ, *Serées,* III, 27.

> Je lui viens d'appliquer un cataplasme *anodin* et résolutif sur une tumeur livide qu'il a sur les vertèbres du col.
>
> Sᴄᴀʀʀᴏɴ, *Roman comique,* I, 4.

> Plus, dudit jour, une potion *anodine* et astringente, pour faire reposer Monsieur.
>
> Mᴏʟɪᴇ̀ʀᴇ, *le Malade imaginaire,* I. 1.

Figurément, *remède anodin,* moyen peu efficace, à cause que, en médecine, les remèdes anodins adoucissent plutôt le mal qu'ils ne le guérissent :

> Il n'est... que trop vrai qu'on doit envoyer des troupes, et on a raison de le faire, car dans l'état où sont les choses, il ne faut pas des remèdes *anodins.*
>
> Mᵐᵉ ᴅᴇ Sᴇ́ᴠɪɢɴᴇ́, *Lettres ;* à Mᵐᵉ de Grignan, 24 juillet 1675.

Aɴᴏᴅɪɴ est quelquefois substantif masculin. On dit *des Anodins :*

> Nous avons eu de grandes terreurs ; Dieu merci, elles sont devenues paniques, et il (Charles de Sévigné) en sera quitte pour de petits *anodins.*
>
> Mᵐᵉ ᴅᴇ Sᴇ́ᴠɪɢɴᴇ́, *Lettres ;* 8 septembre 1680.

On dit figurément et par moquerie : *Des vers, des couplets anodins,* de vers, de couplets faibles, insignifiants, sans sel.

Aɴᴏᴅɪɴ, en ce sens, s'applique même quelquefois aux personnes.

ANOMAL, ALE, adj. (Du grec ἀνώμαλος, irrégulier, formé lui-même de ἀ privatif, et de ὁμαλὸς, égal, semblable.)

Terme didactique. Qui s'écarte de la règle, irrégulier

Il se dit, en Grammaire, des verbes qui ne suivent pas, dans leur conjugaison, la règle ordinaire des autres verbes :

> Et se feront ceste année plus de *sept* verbes *anomaulx,* si Priscian ne les tient de court.
>
> Rᴀʙᴇʟᴀɪs, *Prognostication Pantagrueline,* c. 2.

Il y a dans toutes les langues des verbes *anomaux*, des inflexions de voix *anomales*.

FURETIÈRE, *Dictionnaire*.

En Médecine, des maladies qui ne suivent point une marche régulière dans leurs périodes ; et aussi des maladies qu'on ne peut rapporter à aucune espèce connue.

En Zoologie, des animaux qui s'éloignent, par quelques caractères, de ceux dans la classe desquels ils sembleraient devoir être placés.

En Botanique, de certaines fleurs polypétales et de forme irrégulière et indéterminée : telles sont les fleurs de la violette, du réséda, de la balsamine, etc. :

Il se trouve toujours... un certain nombre de plantes *anomales*, dont l'espèce est moyenne entre deux genres.

BUFFON, *Manière de traiter l'histoire naturelle*, Discours I.

ANOMAL a pu être quelquefois employé dans un sens moral :

Tant *anomale* estre l'iniquité et corruptele tant evidente de ceulx qui de droict respondent en icelluy parlement.

RABELAIS, *Pantagruel*, III, 44.

ANOMALIE, s. m. (Du grec ἀνωμαλία, de même étymologie que ἀνώμαλος.)

Terme de Didactique, employé dans les mêmes cas qu'*anomal*, en grammaire, en médecine, en zoologie, en botanique, etc., et signifiant État de ce qui est *anomal*, irrégularité.

ANOMALIE, C'est, en termes d'Astronomie, la distance du lieu vrai ou moyen d'une planète à l'aphélie ou à l'apogée.

ANOMALIE s'emploie souvent dans un sens moral :

On ne peut admettre d'*anomalies* avant d'avoir essayé de plier ces phénomènes à la règle générale.

J. DE MAISTRE, *Du Pape*, I, 15.

ANOMALISTIQUE, adj.

Terme d'Astronomie. Il n'est usité que dans cette locution, *année anomalistique*, le temps que la terre emploie à revenir d'un point de son orbite au même point.

Suivant d'autres, *année anomalistique* signifie, le temps qui s'écoule entre l'instant où la terre

est aphélie, et celui où elle redevient aphélie l'année suivante, temps plus long que l'année sidérale, ou que l'*année anomalistique*, en prenant cette locution dans le premier sens.

ÂNON. (Voyez à la suite du mot ÂNE, p. 215.)

ÂNONNER. (Voyez p. 216.)

ÂNONNEMENT. (Voyez p. 216.)

ANONYME, adj. des deux genres. (Du grec ἀνώνυμος, et, par ce mot, de ἀ privatif, et ὄνυμα, ὄνομα, nom.)

Qui est sans nom, Il ne se dit guère que des auteurs dont on ne sait point le nom, et des écrits dont l'auteur n'est point connu :

Vous verrez par la lettre *anonyme* que je vous envoie, les plaintes que l'on me porte des désordres que cause le jeu de pharaon et de lansquenet dans la ville de Rennes.

LE CHANCELIER DE PONTCHARTRAIN, à la Heuse, procureur général au parlement de Rennes, 5 février 1714. (Voyez DEPPING, *Correspondance administrative sous Louis XIV*, t. II, p. 871.)

Il (le père de la Chaise) para bien des coups en sa vie, supprima bien des friponneries et des avis *anonymes* contre beaucoup de gens.

SAINT-SIMON, *Mémoires*, 1709.

Quelque temps après parut une feuille *anonyme* qui sembloit écrite, au lieu d'encre, avec l'eau du Phlégéton.

J.-J. ROUSSEAU, *les Confessions*, II, 12.

On mettra sur ton compte un libelle *anonyme*.

PIRON, *la Métromanie*, III, 7.

On l'a quelquefois employé, mais assez récemment, d'une manière plus générale, dans des cas où il n'était question ni d'auteurs ni d'écrits :

Dans les derniers temps (de Rome), la nation ne fut plus qu'une foule *anonyme*.

Mᵐᵉ DE STAËL, *Corinne*, liv. IV, c. 5.

... On ne parloit plus que de cet homme, qui devoit se mettre à la place de tous, et rendre l'espèce humaine *anonyme* en accaparant la célébrité pour lui seul.

LA MÊME, *Considérations sur la Révolution française*, part. IV, c. 11, § 6.

En termes de Commerce, une *Société anonyme* est une société qui n'est connue par le nom d'aucun associé et n'est qualifiée que par la désignation de son objet :

> La loi reconnaît trois espèces de Sociétés commerciales : la Société en nom collectif; la Société en commandite; la *Société anonyme.*
>
> *Code de Commerce*, art. 18.

Anonyme s'emploie quelquefois substantivement en parlant des personnes :

> L'*anonyme* qui a traité telle matière dit que...
>
> *Dictionnaire de l'Académie*, 1694.

> Ce vaudeville, cette brochure est d'un *anonyme.*
>
> Même ouvrage, 1835.

Il se dit encore substantivement Du secret que fait de son nom l'auteur d'un ouvrage d'esprit : de là des expressions telles que *garder l'anonyme, le voile de l'anonyme,* etc. :

> Pour vous, Monsieur, qui *gardiez*, par ménagement pour lui, *l'anonyme* qu'il vous reproche, nommez-vous puisqu'il le veut.
>
> J.-J. Rousseau, *Lettres;* 8 août 1765.

> Laissez-moi, quelque temps, *jouir de l'anonyme.*
>
> Piron, *la Métromanie*, III, 7.

ANORMAL, ALE, au pluriel, Anormaux, adj. (De l'*à* privatif et du latin *Norma;* selon d'autres, tiré par corruption d'Anomal. Voyez ce mot.)
Contraire à la règle.
Ce mot, aujourd'hui fort usité, est ancien dans la langue, comme l'établissent les exemples suivants :

> Par mon plaidoyé, je remonstray la profession *anormale* qui se trouvoit en eux.
>
> Est. Pasquier, *Recherches de la France*, III, 42.

> Et conferment lor euvres males
> Par exceptions *anormales.*
>
> *Roman de la Rose*, v. 19848.

> Conjugacions *anormales*
> Qui à décliner sont moult males.
>
> *Bataille des Sept arts.*

> Car s'on vivoit en paix, comme mestier,
> Rien ne vauldroit de ce lieu le mestier :
> Pour ce qu'il est de soy si *anormal,*
> Qu'il faut exprès, qu'il commence par mal.
>
> Cl. Marot, *l'Enfer*, v. 67.

ANSE, s. f. (Du latin *Ansa*.)
La partié de certains vases, de certains ustensiles, par laquelle on les prend pour s'en servir, et qui est ordinairement courbée en arc :

> Quatre grans paelles à *ance.*
>
> *Le Ménagier de Paris*, II, 4.

> Ces deux mots, *fistucis pavita*, signifient battus et frappez à coups de hie : c'est-à-dire, de cet instrument à deux *anses*, duquel les paveurs se servent à battre le pavé.
>
> Bergier, *Histoire des grands chemins de l'empire romain*, liv. II, c. 11, 5.

> Descendez dans cette cave que vous voiez, et garnissez-vous auparavant de ce qui est à vos piés : ce panier à *anse* vous aidera à le porter.
>
> La Fontaine, *Psyché*, II.

> Premierement, Colin Laurens,
> Girard Gossoyn et Jehan Marceau,
> Desprins de biens et de parens,
> Qui n'ont vaillant l'*anse* d'un cceau.
>
> Villon, *Petit Testament.*

Proverbialement et familièrement, *faire le pot à deux anses,* c'est comme le personnage dont Plaute a dit, *ansatus ambulat* (Persa, II, v. 7), mettre les mains sur les hanches en arrondissant les coudes.
C'est aussi donner le bras à deux dames à la fois.
Anse du panier, faire danser l'anse du panier, sont des expressions proverbiales et figurées dont on se sert, en parlant du profit que font les cuisinières sur leurs marchés :

> Quand à mesdames les servantes, elles n'auront plus la peine de se confesser du revenu de l'*ance du panier.*
>
> *Les Caquets de l'accouchée*, VIII.

Anse a pu, comme le latin *ansa*, être pris figurément, dans un sens moral :

> Les sciences mathématiques ne sont pas si proprement les *anses* de la philosophie comme vouloit dire Xenocratès, comme le sont les passions des jeunes gens.
>
> Amyot, trad. de Plutarque, *Œuvres morales :* De la Vertu morale, 29.

> Opimius, prenant cette *anse*, s'en esleva, et se meit à mouvoir et inciter le peuple d'en faire la vengeance.
>
> Le même, trad. de Plutarque, *Vies de Tiberius et de C. Gracchus*, 47.

Toutes choses ont deux *anses* et deux visages.

CHARRON, De la Sagesse, II, 2.

J'ai compris qu'il y avoit un certain art de souffrir les offenses, que la nature leur a donné des *anses* et des poignées, et que les sages, les prenant par là, n'en étoient point incommodés comme le vulgaire.

COSTAR, Apologie.

ANSE signifie aussi, Une très petite baie, qui s'enfonce dans les terres :

Du mesme costé de la ville où estoit le môle il y a un vieux château de peu de défense, au pied duquel la mer forme une petite *anse* où se viennent quelquefois retirer les galères du Grand Seigneur.

TAVERNIER, Voyages de Perse, liv. I, c. 7.

Le roi de Sardaigne, à la tête de vingt-cinq mille soldats, et le comte de Schulembourg avec un nombre presque égal d'Autrichiens, étaient retranchés dans une *anse* que forme le Tanaro vers son embouchure dans le Pô, entre Valence et Alexandrie.

VOLTAIRE, Précis du siècle de Louis XV, c. 19.

Il n'y a point de marin expérimenté qui ne sache qu'il n'y a guère d'*anse* qui n'ait son petit ruisseau.

BERNARDIN DE SAINT-PIERRE, Études de la nature, IV.

D'ANSE, on avait tiré autrefois le diminutif AN-SETTE, petite anse, les participes ANSÉ, ANSETÉ, qui a une ANSE.

ANSE, s. f. Ligue. (Voyez HANSE.)

ANSPESSADE, s. m.

H. Estienne, qui l'écrit (*Précellence de la langue françoise*) LANCESPESSADE OU LANCESPEZZADE, le fait venir de *lancia spezzata*, « lance despecée, mise en pièces, » et l'entend d'un cavalier démonté qui « venant se rendre parmi les gens de pied, estoit respecté, tant en ce qu'il avoit gages extraordinaires, qu'en ce qu'il n'estoit subject à tant de courvées que les autres. » Cette explication est citée et adoptée par Ménage, qui écrit *ancespessade*.

On lit dans les *Mémoires* de Vieilleville, liv. IV, c. 13, dans un passage où il parle des compagnies de gens de pied, levées en 1552 par Henri II : « Parmi lesquelles il se jecta ung grand nombre de jeunes gentilshommes qui n'avoient pas moyen de se mettre à cheval. Car il y avoit en ce temps-là, aux bandes françoises, des places pour hono-

III.

rer la noblesse quand elle se vouloit ranger avec les gens de pied pour faire leur apprentissage d'armes, savoir : douze *lancespassades* en chaque compagnie à 30 livres par moys chacune, et quatre payes royales à 40 livres par moys aussi chacune, qui estoit un assez honneste appointement pour entretenir et dresser beaucoup de braves gentilshommes... »

Le P. Daniel, dans son *Histoire de la milice françoise*, liv. IX, c. 10, donne les détails suivants sur l'origine, le nom, le service de cette espèce de bas officiers : « On dit aujourd'hui *anspessade*, mais on disoit autrefois *lanspessade*, comme on le voit par les ordonnances de François Ier et de Henri II. On parloit encore ainsi du temps de Henri IV. C'est ce que nous apprenons du Traité de la milice françoise de M. de Montgommeri, qui nous donne en même temps l'origine de ce mot, et nous apprend qui étoient autrefois ceux à qui l'on confioit ce grade de la milice. Voici ce qu'il dit à ce sujet : « *L'ancespesate* (c'est ainsi qu'il écrit ce nom) est un chevau-léger, lequel, après avoir perdu cheval et armes en quelque honorable occasion, se jette dans l'infanterie et prend une pique, attendant mieux. Cette coustume et ce nom viennent des guerres du Piémont. En ce temps-là le chevau-léger qui en un combat avoit rompu sa lance honorablement, cas avenant que son cheval fust tué, l'on le mettoit dans l'infanterie avec la paye de chevau-léger, attendant mieux, et le nommait-on *lance spezata*, comme qui diroit *lance rompue....* » Ce n'est plus aujourd'hui l'usage de prendre les *anspessades* dans la cavalerie ; on fait seulement d'ordinaire le choix d'un soldat brave et entendu ; car ce sont les *anspessades* qui enseignent l'exercice des armes aux nouveaux soldats, et en l'absence des autres officiers du corps de garde, ils vont poser les factionnaires la hallebarde à la main, ce qui les exempte de faction. L'*anspessade* reçoit l'ordre de son caporal... »

ANSPESSADE se disait donc autrefois d'un bas officier subordonné au caporal. On le rencontre quelquefois chez les auteurs des XVIe et XVIIe siècles.

Faire testament... à ceste heure... me semble acte autant importun et mal à propos, comme celuy des *lances pesades...* de Cæsar entrant en Gaule...

RABELAIS, *Pantagruel*, IV, 21.

Tout mon esprit se renverse quand je songe que Mme de Combalet et Mlle de Rambouillet ont quitté leur place à un ayde-de-camp ou à un sergent-major, et que vous aurez donné la mienne à quelque misérable anspessade.

VOITURE, *Lettre au cardinal de la Valette.*

ANTAGONISTE, s. m. (Du grec ἀνταγωνιστής, adversaire, et, par ce mot, de ἀντί, contre, et ἀγωνίζομαι, combattre, dérivé lui-même de ἀγών, combat.)

Soit au propre, en parlant de celui qui lutte contre un autre :

Que me sert qu'à la lutte et à coups de main je demeure maître de tous mes *antagonistes* si je me laisse vaincre à la colère ?

MALHERBE, trad. des *Épitres de Sénèque*, LXXXVIII, 2.

Soit, dans un sens moral, en parlant de celui qui soutient une lutte pour faire prévaloir ses prétentions, ses sentiments, ses opinions :

Cette contrebatterie mit mon *antagoniste* dans un tel embarras et son esprit si fort à la gêne, que les goutes d'eau tomboient de son visage sur un Crisostome manuscrit qu'il tenoit à la main.

AGR. D'AUBIGNÉ, *Mémoires.*

Comme il n'y a point de plaisir à jouër seul, ny à luitter contre son ombre, il vaudroit mieux avoir un *antagoniste*.

MATHIEU, *Histoire des derniers troubles de France.*

Comme on luy disoit donc que le peuple d'Athènes estoit son *antagoniste*, il disoit qu'il n'en avoit point d'autre que Démosthène.

PERROT D'ABLANCOURT, trad. de Lucien : *La louange de Démosthène.*

On peut remarquer qu'il fut assisté à la mort par trois *antagonistes*, M. de Meaux et l'abbé de Fénelon, qui écrivirent bientôt après l'un contre l'autre, et le père Caffaro, théatin, son confesseur.

SAINT-SIMON, *Mémoires*, 1694.

Le ministre le remercia poliment de son zèle et n'accepta point ses services. Vous trouverez donc bon, lui dit l'écrivain, que j'aille offrir mon secours à votre *antagoniste*, M. Pultney. Il y alla aussitôt, et fut éconduit de même.

VOLTAIRE, *Des Mensonges imprimés*, art. 17.

Il (Socrate) s'éleva contre les sophistes, comme Jésus contre les prêtres ; avec cette différence que Socrate imita souvent ses *antagonistes*, et que, si sa belle et douce mort

n'eût honoré sa vie, il eût passé pour un sophiste comme eux.

J.-J. ROUSSEAU, *Lettre ;* 15 janvier 1769.

Il laisse respirer son trop faible adversaire,
Prolonge, sans blessure, un combat sans colère ;
Dans son *antagoniste* épargne son ami.

DELILLE, *la Conversation,* III.

En termes d'Anatomie, *muscles antagonistes*, les muscles qui sont attachés à la même partie, et qui la tirent en sens inverse l'un de l'autre :

Les deux autres *muscles antagonistes*, c'est-à-dire qui leur sont contraires.

A. PARÉ, *Introduction à la cognoissance de la chirurgie*, XVIII, 28.

Il y a des muscles opposés et dont le jeu est contraire ; c'est-à-dire que, pendant que les uns se retirent, les autres s'allongent : on les appelle *antagonistes.*

BOSSUET, *De la Connoissance de Dieu et de soimême*, c. 2, art. 1.

Dans cette dénomination, ANTAGONISTE est adjectif. On dit de même, substantivement : *Chaque muscle a son antagoniste.*

ANTAGONISME, s. m. (Du grec ἀνταγώνισμα.) Ses sens répondent à ceux d'*antagoniste ;* il signifie donc

Lutte de deux forces, de deux puissances contraires ;

Opposition d'idées, de doctrines.

En termes d'Anatomie, Action des muscles qui agissent en sens inverse l'un de l'autre.

ANTAN. (Voyez ci-dessus, p. 160.)

ANTARCTIQUE, adj. des deux genres. (Du grec ἀνταρκτίκος, et, par ce mot, de ἀντί, à l'opposé, et ἄρκτος, ourse.)

Terme de Géographie et d'Astronomie. Qui est opposé au pôle arctique ou septentrional :

Quelquefois, quand les rois sont aux cabinets, les peuples croyent qu'ils parlent de changer le pôle arctique à l'*antarctique*, et le plus souvent ils prennent des mouches.

MALHERBE, *Lettres à Peiresc*, 1608.

Il seroit convenable peut-être d'appeler terres arctiques ou terres du nord, tout le pays qui s'étend depuis la mer Baltique jusqu'aux confins de la Chine, comme on donne le nom de terres australes à la partie du monde non moins vaste, située sous le pôle *antarctique*, et qui fait le contrepoids du globe.

VOLTAIRE, *Histoire de Pierre le Grand*, Ire part., c. 1.

Il est presque certain que les glaces ont envahi une plus grande étendue sous le pôle *antarctique,* et que leur circonférence s'étend peut-être beaucoup plus loin que celle des glaces du pôle arctique.

Buffon, Époques de la nature.

ANTÉCÉDENT, ENTE, adj. (Du latin *antecedens,* et, par ce mot, de *ante* et de *cedere.*)

Qui est auparavant, qui précède dans l'ordre du temps :

D'ond procedoit la folie *antecedente?* D'ond procede la sagesse subsequente?

Rabelais, Pantagruel, V, Prologue.

La cause *antecedente* est celle qui precede la maladie, et ne la fait encore actuellement, combien qu'elle en soit sur le point.

A. Paré, Introduction à la cognoissance de la
chirurgie, 19.

On a sujet de dire généralement que la volonté *antécédante* de Dieu va à la production du bien et à l'empêchement du mal.

Leibnitz, Théodicée. De la bonté de Dieu : Abrégé
de la Controverse, X^e observation.

ANTÉCÉDENT, s. m.

Il se dit d'un fait passé qu'on rappelle à propos d'un fait actuel, d'une circonstance présente :

Il est cette différence essentielle entre le métaphysicien, qui, dans la méditation du cabinet, saisit la vérité dans son énergique pureté, et l'homme d'État, qui est obligé de tenir compte des *antécédents,* des difficultés, des obstacles... que l'un ne songe qu'à ce qui est, et l'autre s'occupe de ce qui peut être.

Mirabeau, Discours, 15 juin 1789.

On dit *les antécédents* d'une personne, *avoir de bons, de mauvais antécédents.*

Antécédent, en termes de Logique, se dit de la première partie d'un argument qu'on appelle *enthymème,* et qui ne consiste qu'en une seule proposition dont on tire une conséquence.

Antécédent, en termes de Grammaire, se dit des noms et des pronoms, quand ils précèdent et régissent le relatif *qui.*

Antécédent, en termes de Mathématiques, se dit du premier des deux termes d'un rapport, par opposition à *conséquent,* qui désigne le second.

Antécédemment, adv.

Antérieurement, avant, dans l'ordre du temps. Il est peu usité.

ANTÉCESSEUR, s. m. (Du latin *antecessor.*)

Il a eu le sens général de Prédécesseur, et même d'Ancêtre.

On lit, dans le *Dictionnaire françois-latin* de Rob. Estienne : « Nos *Antecesseurs, majores nostri.* »

Il se disait autrefois d'un professeur en droit dans une université, parce qu'il précédait les autres professeurs par la dignité de son enseignement.

ANTÉCHRIST, s. m. (Des mots latin et grec, *antichristus,* ἀντίχριστος, et, par ce dernier mot, de ἀντὶ et χριστὸς.)

On l'a écrit, conformément à l'étymologie, antichrist.

Il se dit particulièrement d'un imposteur qui cherchera à établir une religion opposée à celle de Jésus-Christ, et qui, suivant l'opinion commune, viendra dans les derniers temps :

Scaiz tu pas bien que la fin du monde approche?.. L'*Antichrist* est desja né, ce m'a l'on dict.

Rabelais, Pantagruel, III, 26.

Tout esprit qui divise Jésus-Christ n'est point de Dieu, et c'est là l'*antechrist* dont vous avez entendu dire qu'il doit venir; et il est déjà maintenant dans le monde.

Le Maître de Sacy, trad. des Épîtres de saint Jean, IV, 3.

Jésus-Christ a prédit l'*antechrist,* et défendu de le suivre.

Pascal, Pensées.

L'expulsion des jésuites annonce la fin du monde, et nous allons voir incessamment paraître l'*antechrist.* Je me prépare pour cette grande révolution, puisque nous en avons déjà vu tant d'autres.

Voltaire, Lettres; à d'Alembert, 14 novembre 1771.

Et dame Astenance contrainte
Qui de faus semblans est enceinte,
Preste d'enfanter *antecrist.*

Roman de la Rose, v. 14947.

Dans une acception plus générale, antéchrist signifie Qui est opposé à Jésus-Christ, ennemi de Jésus-Christ :

L'électeur de Saxe et le landgrave publioient, dans leurs manifestes, que la guerre ne se faisoit que par la secrète instigation de l'*antechrist* romain et du concile de Trente.

BOSSUET, *Histoire des Variations des églises protestantes,* liv. VIII, n° 3.

On sait combien clairement le savant Grotius a démontré que le pape ne pouvoit être l'*antechrist.*

LE MÊME, même ouvrage, liv. XIII, n° 10.

Peut-on seulement songer aux lettres et aux sermons où saint Léon inspire encore aujourd'hui avec tant de force à ses lecteurs la foi en Jésus-Christ, et croire qu'un *antechrist* en ait été l'auteur?

LE MÊME, même ouvrage, liv. XIII, n° 20.

On dit, soit des précurseurs de l'antéchrist, soit en général des ennemis du Christ, des *Antéchrists :*

Molt i at à nostre tens des *antecriz.*

SAINT BERNARD, *Sermons français,* mss., p. 248. (Cité par Sainte-Palaye.)

Mes petits eufants, c'est ici la dernière heure, et comme vous avez entendu dire que l'*antéchrist* doit venir, il y a dès maintenant plusieurs *antechrists* ; ce qui nous fait connoître que nous sommes dans la dernière heure.

LE MAÎTRE DE SACY, *Épîtres de saint Jean,* II, 18.

Luther et Calvin avoient appelé saint Grégoire le dernier évêque de Rome : après, ce n'étoit que papes et *antechrists.*

BOSSUET, *Histoire des Variations des églises protestantes,* liv. XIII, n° 16.

ANTÉCHRIST est employé adjectivement, sous forme d'apposition, dans ce passage d'un de nos vieux trouvères :

Tu es de la semblance à la gent *antechrist.*

ADENEZ, *Roman de Berte,* XCII.

ANTÉDILUVIEN, IENNE, adj. (Des mots latins *ante* et *diluvium.*)

Qui a existé avant le déluge. Ce mot est d'un usage assez récent. Féraud, qui en fait la remarque en 1787, dans son *Dictionnaire critique de la langue françoise,* cite, comme exemple, cette expression de Bailly : « *L'astronomie antédiluvienne.* »

Pour une imagination vigoureuse c'était... une belle carrière à parcourir qu'un monde *antédiluvien.*

CHATEAUBRIAND, *Génie du Christianisme,* II.

ANTENNE, s. f. (Du latin *Antenna.*) On l'a écrit ANTEINE, ANTAINE. (Voyez le *Trésor* de Nicot

et le *Glossaire* de Sainte-Palaye; les *Dictionnaires* de J. Thierry, de Nicot, de Cotgrave.)

Terme de Marine. Longue pièce de bois, sorte de vergue longue et flexible, qui s'attache à une poulie vers le milieu ou vers le haut du mât, pour soutenir la voile triangulaire de certains bâtiments en usage dans la Méditerranée :

Il fist drecier les eschieles des *antaines* des nés.

VILLEHARDOUIN, *Conqueste de Constantinoble.*

Feit caller les boulingues, trinquet de prore, et trinquet de gabie, descendre le grand artemon, et de toutes les *antemnes* ne rester que les grizelles et coustieres.

RABELAIS, *Pantagruel,* IV, 18.

Icarus inventa les voiles : toutesfois le mast et les *antennes* furent de l'invention de Dedalus.

DU PINET, trad. de Pline l'Ancien, VII, 56.

Quand il y a trop de vent on baisse l'*antenne.*

MALHERBE, trad. des *Épîtres de Sénèque,* LXXVII.

Tu vas donc te remettre en mer, mon vaisseau... ne vois-tu pas que tous tes bancs sont sans rames, que ton mât est rompu par les vents, que tes *antennes* gémissent.

DACIER, trad. d'Horace : *Odes,* I, XIV, *ad Rempublicam.*

A tant Francus s'embarque en son navire;
Les avirons à double rang on tire.
Le vent poupier qui fortement souffla
Dedans la voile à plein ventre l'enfla,
Faisant sifler *antennes* et cordage.

RONSARD, *la Franciade,* I.

Si tost qu'il l'a permis, les vents courent les airs,
Arrachent des vaisseaux mats, *antennes* et voiles.

RACAN, *Psaumes,* CVI.

A l'arrivée, les *antennes* ailées
Par mille mains sont aussy-tost calées.

SAINT-AMANT, *Épistre diversifiée.*

Ces devoirs accomplis, le signal est donné,
Et les voiles, des vents appelant les haleines,
Tournent sur les longs bras de leurs longues *antennes.*

DELILLE, trad. de l'*Énéide,* III, 549.

ANTENNE se dit, en Entomologie, de Filaments mobiles et articulés que les insectes portent sur la tête, et que l'on croit être pour eux l'organe principal du tact :

Des nuées de papillons viennent opposer leurs couleurs et les formes de leurs ailes à celles des fleurs; le rouge au bleu, le blanc au rouge, des *antennes* à des étamines.

BERNARDIN DE SAINT-PIERRE, *Études de la nature,* X.

On s'est servi, par rapprochement, du mot *antenne,* en parlant des poissons :

Plusieurs poissons ont des barbillons et des *antennes,* comme les insectes.

       Bernardin de Saint-Pierre, *Études de la nature,* VI.

ANTÉPÉNULTIÈME, adj. des deux genres. (Du latin *antepenultimus,* et, par ce mot, de *ante* et *penultimus,* formé lui-même de *pene* et *ultimus.*)

Qui précède immédiatement le pénultième, l'a-vant-dernier :

Cette fameuse réponse se trouve presque mot à mot dans l'*antépénultième* chapitre du Koran.

       Voltaire, *Essai sur les mœurs.*

Il s'emploie aussi comme substantif féminin, pour signifier l'Antépénultième syllabe d'un mot :

Dans ce mot l'accent doit être sur l'*antépénultième.*

       Dictionnaire de l'Académie, 1694.

ANTÉRIEUR, EURE, adj. des deux genres. (Du latin *anterior.*)

Qui est avant, qui précède;

Soit par rapport au lieu :

Ce coffre est une des plus belles pièces de France pour sépulture antique : elle a sept pieds en longueur, quatre en largeur et autant en profondeur : elle est taillée à plein relief en sa face *antérieure.*

       Bergier, *Histoire des grands chemins de l'empire romain,* II, 37.

Les longues queues des chevaux et des taureaux sont opposées à la grosseur de leurs têtes et de leurs cous, et suppléent aux mouvements de ces parties *antérieures* trop pesantes, pour écarter les insectes de leurs corps.

       Bernardin de Saint-Pierre, *Études de la nature,* X.

Je crois qu'en procédant ainsi, on reconnaîtra que cette première chaîne de montagnes, a sa face *antérieure* ou orientale composée de couches qui s'élèvent en s'appuyant contre le corps même de la chaîne.

       Saussure, *Voyages dans les Alpes,* c. 14, § 332.

Soit par rapport au temps :

Les ordres *antérieurs* et itératifs de Sa Majesté catholique....

Le marquis de Villars, à Louis XIV, 20 janvier 1673. (Voyez Mignet, *Négociations relatives à la succession d'Espagne,* t. IV, p. 174.)

Ces monuments en supposent encore d'autres très-*antérieurs,* puisqu'il faut un grand nombre de siècles avant qu'on puisse seulement établir l'art de transmettre ses pensées par des signes durables, et qu'il faut encore une multitude de siècles précédents pour former un langage régulier.

       Voltaire, *Histoire de Pierre le Grand,* 1ʳᵉ part., c. 1.

En ce sens, Antérieur reçoit souvent un complément formé de la préposition *à* et de son régime :

C'est la messe (mosarabique) qui se disoit avant le huitième siècle, puisqu'elle est *antérieure à* la conquête d'une partie de l'Espagne par les Arabes.

       Saint-Simon, *Mémoires,* 1722.

Il y eut dès le temps de la reine Elisabeth une Compagnie des Indes, *antérieure* même *à* celle de Hollande, et on en forma encore une nouvelle du temps du roi Guillaume.

       Voltaire, *Essai sur les mœurs,* c. 182.

Que de choses ensevelies! Combien d'événements entièrement oubliés! Que de révolutions *antérieures à* la mémoire des hommes!

       Buffon, *Époques de la nature.*

Antérieur peut recevoir encore d'autres compléments au moyen des prépositions *de* et *en* :

Antérieur de plus *de* six mois, *d'*un an, *de* plus d'une année.

       Dictionnaire de l'Académie, 1835.

Je dois être colloqué le premier en ordre, car je suis *antérieur en* hypothèque.

       Même ouvrage, 1694.

En Grammaire, *prétérit antérieur* est un temps du verbe qui exprime une action passée, faite avant une autre également passée : *Quand j'eus fait cela, je partis.* On dit, dans un sens analogue, *futur antérieur.* (Voyez Futur.)

ANTÉRIEUREMENT, adv.

Précédemment, dans l'ordre du temps :

Ce premier président... eut à se reprocher de n'avoir pas été assez ferme, ou plutôt de ne se l'être pas montré autant qu'il l'étoit *antérieurement* là-dessus.

       Saint-Simon, *Mémoires,* 1710.

Comme on dit *antérieur à,* on dit aussi *antérieurement à.*

ANTÉRIORITÉ, s. f.

Priorité de temps.

ANTHOLOGIE, s. f. (Du mot grec ἀνθολογία, formé lui-même des mots ἄνθος, fleur, et de λέγειν, cueillir, rassembler.)

Il signifie, proprement, Collection ou choix de fleurs, et ne se dit guère que par figure, d'un recueil de petites pièces de poésies choisies, *l'Anthologie grecque*. On dit quelquefois absolument, *l'Anthologie* :

M. du Perrier a traduit en vers latins cette épigramme de *l'anthologie*.
                              MÉNAGE, *Ménagiana*.

Celles (les épigrammes) de *l'anthologie grecque* sont pour la plupart fines et gracieuses.
    VOLTAIRE, *Dictionnaire philosophique* : Épigramme.

ANTHROPOLOGIE, s. f. (Des mots grecs ἄνθρωπος, homme, et λόγος, discours.)

Histoire naturelle de l'homme ; étude de l'homme considéré principalement sous le point de vue physique :

Si vous croyez Raphaël Volaterran, au 21ᵉ livre de son *Anthropologie*, nous devons à Poge les institutions oratoires de Quintilien et les œuvres d'Asconius Pedianus.
          EST. PASQUIER, *Recherches de la France*, IX, 29.

ANTHROPOLOGIE se dit aussi quelquefois d'une figure par laquelle on attribue à Dieu des actions, des affections humaines :

Comme l'Écriture est faite pour tout le monde, pour les simples aussi bien que pour les savants, elle est pleine d'*anthropologies*.
          MALEBRANCHE, *Traité de la nature et de la grâce*,
                    Iᵉʳ discours, IIᵉ partie.

ANTHROPOMORPHISME, s. m. (Des mots grecs ἄνθρωπος, homme, et de μορφή, forme.)

Doctrine ou opinion de ceux qui attribuent à Dieu une figure humaine :

Je ne parle pas de cet *anthropomorphisme* grossier qui donne à la Divinité avec figure humaine, un visage, un corps, des bras, des mains... Je parle d'un *anthropomorphisme* plus subtil, fruit ordinaire de notre amour-propre, qui prête à Dieu, non pas notre figure extérieure, mais nos pensées, des sentiments tout humains, des vues, des inclinations, et quelquefois des passions à peu près semblables aux nôtres.
    LE P. ANDRÉ, *Discours sur l'idée de Dieu, développée
              par la raison et par la foi.*

Quoique Dieu soit déclaré dans l'Alcoran non engendreur et non engendré, il y a toujours un petit coin d'*anthropomorphisme*.
    VOLTAIRE, *Dictionnaire philosophique* : Anthropomorphites.

ANTHROPOMORPHITE, s. des deux genres.

La secte appelée des *anthropomorphites* ont figuré Dieu corporel en leur sens, pour ce que l'Escriture lui assigne souvent bouche, aureilles, des pieds et des mainz.
          CALVIN, *Institution chrestienne*, liv. I, c. 13, § 1.

Puisqu'il s'agit d'une image semblable à Dieu, ce n'est pas dans la figure extérieure, ni dans le corps, qu'il faut chercher cette ressemblance. L'idée grossière des *anthropomorphites* ne convient qu'à ceux qui ne pensent point.
          DUGUET, *Explication de l'Ouvrage des six jours.*

Nous sommes, pour la plupart, de vrais *anthropomorphites*.
                    J.-J. ROUSSEAU, *Émile*, IV.

ANTHROPOPHAGE, adj. des deux genres. (Des mots grecs ἄνθρωπος, homme, et de φαγεῖν, manger.)

Il se dit des hommes qui mangent de la chair humaine :

C'étoit dans ces terres stériles et glacées du Canada que les hommes étaient souvent *anthropophages ;* ils ne l'étaient point dans l'Acadie, pays meilleur, où l'on ne manque pas de nourriture ; ils ne l'étaient point le reste du continent, excepté dans quelques parties du Brésil, et chez les cannibales des îles Caraïbes.
    VOLTAIRE, *Essai sur les mœurs*, c. 151 : Des Possessions
                    françaises en Amérique.

Il est aussi substantif, *un anthropophage, des anthropophages.*

Il a pu quelquefois être employé figurément :

La levée ni le produit (de l'impôt du 10ᵉ) n'en furent pas tels à beaucoup près qu'on se l'étoit figuré dans ce bureau d'*anthropophages*.
          SAINT-SIMON, *Mémoires*, 1710.

ANTHROPOPHAGIE, s. f.

Habitude de manger de la chair humaine :

Mon ami, qui a toujours été leur ami (des hommes), ne pouvait croire autrefois à l'*anthropophagie*.
          VOLTAIRE, *Un Chrétien contre six Juifs.*

Un monstre ne vient-il pas de dévorer, presque sous vos yeux, un enfant avec des circonstances épouvantables ? Est-ce la faute du législateur ? Pouvait-il lui tomber dans la pensée de faire une loi pour prévenir *l'anthropophagie* unie à la débauche?

Chateaubriand, Discours et opinions : Sur la loi du
Sacrilège, 18 février 1825.

ANTI, préposition empruntée du grec ἀντὶ, et qui s'emploie en français dans plusieurs mots composés pour marquer Opposition, contrariété. (Voyez, plus loin, Antichrétien, Antichristianisme, etc.)

Anti se joint encore à plusieurs mots français dans le sens de la préposition *ante* des Latins, pour marquer antériorité de temps et de lieu. Telle est sa valeur, on le verra, dans les mots Antichambre, Antidate, etc.

On a vu plus haut, page 275, que, par une substitution contraire, *ante* est pour *anti* dans le mot Antéchrist.

ANTICHAMBRE, s. f. (Du latin *ante*, changé en *anti*, et de notre mot *chambre*.)

Celle des pièces d'un appartement qui est immédiatement avant la chambre :

Une grande antichambre précède cette galerie, où sont les hommes illustres à la guerre depuis le comte de Dunois.

Bussy-Rabutin, Lettres ; 24 août 1671.

Au premier mot de jugement rendu, *l'antichambre*, et tout aussitôt le reste de l'appartement, retentit de cris de joie et de battements de mains.

Saint-Simon, Mémoires, 1706.

Il me laissa dans *l'antichambre ;* il y revint un moment après, et me fit entrer dans la chambre de son maître.

Le Sage, Gil Blas, II, 7.

La porte du cabinet étoit ouverte, et le bruit qu'on avoit entendu dans *l'antichambre* avoit fort effrayé tous les courtisans.

Hénault, Mémoires, c. 13.

On a dit, *l'antichambre d'une personne, son antichambre :*

Les fiançailles (du marquis de Dangeau et de Mme de Leuwestein) se firent dans *l'antichambre* de Madame la Dauphine, en présence du roi.

L'abbé de Choisy, Mémoires, liv. V.

Ces autres dévotes que vous voyez dans *son antichambre* accourent avec des remèdes, sur le bruit de son indisposition.

Le Sage, le Diable boiteux, c. 6.

Souvent au sens propre d'antichambre se joint une idée accessoire de mépris ou de blâme pour les personnes de condition inférieure qui se tiennent dans cette sorte de pièces, ou pour celles qui, par servilité, y viennent et y séjournent :

Parbleu ! coquins, je vous apprendrai à laisser monsieur Dimanche dans une *antichambre.*

Molière, le Festin de Pierre, IV, 1.

Mademoiselle Choin étoit une fille à elle (la princesse de Conti), d'une laideur à se faire remarquer, d'un esprit propre à briller dans une *antichambre.*

Mme de Caylus, Souvenirs.

A la fin il (Bourgck) se fixa en Espagne, où il fut assez bien voulu de la princesse des Ursins, dont il avoit fréquenté les *antichambres* à Rome.

Saint-Simon, Mémoires, 1721.

Vous qu'on ne voit assis dans le sanctuaire du Dieu vivant que pour avoir été longtemps debout dans les *antichambres* des grands...

Massillon, Oraison funèbre de M. de Villeroy,
archevêque de Lyon.

Alaric se donna le plaisir de créer dans Rome un empereur nomme Attale, qui venait recevoir ses ordres dans son *antichambre.*

Voltaire, Essai sur les mœurs, c. 11 : Causes de la chute
de l'empire romain.

Je ne sais pourtant lequel est le plus utile à un État, ou un seigneur bien poudré qui sait précisément à quelle heure le roi se lève, à quelle heure il se couche, et qui se donne des airs de grandeur en jouant le rôle d'esclave dans l'*antichambre* d'un ministre, ou un négociant qui enrichit son pays, donne de son cabinet des ordres à Surate et au Caire, et contribue au bonheur du monde.

Le même, Lettres philosophiques, X^e lettre.

Il (M. d'Argenson) aimoit à voir les gens de la cour dans son *antichambre,* et ses flatteurs dans son cabinet.

Hénault, Mémoires, c. 21.

Apprenons à mentir, nos propos déguiser,
A trahir nos amis, nos ennemis baiser,
Faire la cour aux grands, et dans leurs *antichambres,*
Le chapeau dans la main, nous tenir sur nos membres.

Régnier, Satires, IV.

Ses vers, jetés d'abord sans tourner le feuillet,
Iroient dans *l'antichambre* amuser Pacolet.

Boileau, Épîtres, IX.

On dit, familièrement, *propos d'antichambre,*

propos de valets; *refrains d'antichambre*, propres à amuser les valets, etc. :

> Un faquin sans esprit, chansonnier des valets,
> De *refrains d'antichambre* habillant ses couplets,
> Compile lourdement de tristes facéties.
> M.-J. Chénier, *Épître sur la Calomnie.*

Faire antichambre, autre expression familière, ordinairement prise en mauvaise part et en parlant des gens qui sollicitent, signifie Attendre dans une antichambre le moment d'être introduit auprès du maître de la maison. De là, en parlant de celui-ci, cette autre expression : *Faire faire antichambre*.

ANTICHRÉTIEN, IENNE, adj. (Du grec ἀντὶ, et de *chrétien*. Voyez ce mot.)

Il se dit de ce qui est opposé à la religion chrétienne :

> Par malheur on ne trouve pas l'Église romaine assez corrompue dans ce temps-là (au sixième siècle) pour en faire une église *antichrétienne*.
> Bossuet, *Histoire des Variations des églises protestantes*, liv. XIII, n° 17.

> Ce fou vient de faire un ouvrage contre presque tous les gens de lettres illustres... il intitule sa rapsodie Antiphilosophique, elle l'est bien en effet; mais il pouvait l'intituler Antihumaine, *Antichrétienne*.
> Voltaire, *Pyrrhonisme de l'histoire*, c. 43.

De ce mot on a tiré le substantif Antichristianisme.

> Le docteur Hammond ne s'est pas moins attaché que Grotius à détruire les rêveries des protestants sur l'*antichristianisme* imputé au papé.
> Bossuet, *Histoire des Variations des églises protestantes*, liv. XIII, n° 10.

ANTICIPER, v. a. (Du latin *anticipare*, et, par ce mot, de *anti* pour *ante*, et de *capere*.)

Prévenir, devancer. Il ne se dit que du temps, et, par ellipse, des choses dont on prévient le temps :

> Homère nous donne bien à entendre, quel est ce qui arrive contre toute attente et espérance, quand il fait qu'Ulysse pleure pour la mort de son chien, et neantmoins, assis auprès de sa femme qui ploroit, il ne pleure point, d'autant qu'il estoit là venu ayant de longue main *anticipé* et domté par l'usage de la raison son affection.
> Amyot, trad. de Plutarque, *Œuvres morales : De la tranquillité de l'âme et repos de l'esprit.*

> Quel acquest y a-t-il, lui fut-il dit après Sénèque, d'*anticiper* les maux qui ne viendront que trop tost et qu'on ne peut éviter?
> Bouchet, *Serées*, II, 22.

> C'est grande simplesse d'alonger et *anticiper*, comme chacun fait, les incommoditez humaines.
> Montaigne, *Essais*, III, 5.

> Nous *anticipons* l'avenir comme trop lent à venir, comme pour hâter son cours; ou nous rappelons le passé, pour l'arrêter comme trop prompt.
> Pascal, *Pensées.*

> ... Bien qu'il y ait des mineurs qui, par le bonheur de leur naissance ou d'une sage institution, *anticipent* le temps ordinaire de la prudence, néanmoins...
> *Traité des droits de la Reine*, 1667. Mignet. (Voyez *Négociations relatives à la succession d'Espagne*, t. II, p. 72.)

> Le roy, par son autorité et au préjudice des privilèges de la province (de Bourgogne), a convoqué les Estats en janvier, quand ils n'auroient deu l'estre qu'au mois de may. S. M. sera suppliée d'agréer que l'ordre et le temps pour la tenue des Estats seront observés, et qu'ils ne pourront *estre anticipés*...
> *Remontrances des États de Bourgogne à Louis XIV*, 1668. (Voyez Depping, *Correspondance administrative sous Louis XIV*, t. I, p. 442.)

> J'*anticipe* ce remords; je raisonne avec moi-même, et je me demande : Quel fruit tirerai-je de ce péché?
> Bourdaloue, *Carême : Sermon sur l'Enfer.*

> Je ne veux point *anticiper* les choses désagréables; c'est bien assez de les supporter quand elles sont arrivées.
> Mᵐᵉ Du Deffand, *Lettre* LXXVI, à H. Walpole, 15 janvier 1770.

> Le cœur s'arrête à peine dans le présent, et *anticipe* les maux qui le menacent.
> Chateaubriand, *Génie du christianisme*, IIᵉ part., liv. II, c. 3.

> Mais elle n'aura pas plus longtemps l'avantage D'*anticiper* les droits d'un prétendu veuvage.
> Regnard, *Démocrite*, V, 1.

En termes de Pratique ancienne, *anticiper un appel*, c'était faire assigner devant le juge supérieur l'appelant qui différait de relever son appel.

Quelquefois, quand il s'agit de discours et d'écrits, **Anticiper** signifie Devancer le moment où il semblerait convenable de dire, d'exposer, de raconter une chose :

> Il vaut bien mieux *anticiper* quelques années... pour reprendre un fait important dès son origine.
> Fleury, *Discours sur l'histoire ecclésiastique*, Discours I.

J'anticiperai aussi Compiègne, pour parler de deux morts arrivées pendant que le roi y étoit, de M. de Chaulnes et du duc d'Estrées.

       SAINT-SIMON, *Mémoires*, 1698.

La délibération du choix d'un confesseur dura un mois : depuis le 20 janvier que mourut le père de la Chaise, jusqu'au 21 février que le père Tellier fut nommé... j'*anticipe* ici ce mois pour ne pas couper une matière si curieuse.

       LE MÊME, même ouvrage, 1709.

J'anticiperai ici un peu le temps, pour dire que quand Charles IX...

       VOLTAIRE, *Histoire du Parlement de Paris*, c. 24.

ANTICIPER a été quelquefois employé dans le sens de Prévenir, empêcher :

Les ligueurs se sont hâtés d'élire un roi ; les plus notables se sont offerts au duc de Guise ; c'est pourquoi je me suis résolu, après une mûre délibération, d'embrasser la religion romaine : par ce moyen, je me suis entièrement adjoint le tiers parti ; j'ai *anticipé* l'élection du duc de Guise.

       VOLTAIRE, *Essai sur les mœurs*, c. 174 : De Henri IV.

ANTICIPER s'emploie aussi comme verbe neutre, avec la préposition *sur*.

Anticiper sur se dit, comme l'actif *Anticiper*, du temps, et, par ellipse, des choses dont on prévient le temps :

L'ordonnance de Charles ne pouvoit tellement retarder nos jeunes roys, qu'ils ne peussent *anticiper sur* le terme préfix pour leurs sacres et couronnements.

       EST. PASQUIER, *Recherches de la France*, II, 18.

Jeune homme *anticipe sur* sa jeunesse quand il est sage avant le temps.

       LE MÊME, *Lettres*; VI, 8.

Vous *anticipez sur* nos espérances, et vous passez pardessus la possession de ce qu'on désire, pour y voir la séparation.

       Mᵐᵉ DE SÉVIGNÉ, *Lettres*; à Mᵐᵉ de Grignan, 22 septembre 1680.

Je ne veux pas *anticiper sur* vos travaux.

       MIRABEAU, *Discours*, 8 décembre 1789.

Je voudrais *anticiper sur* le jour des révélations, et me plonger dans l'infini.

       J. DE MAISTRE, *Soirées de Saint-Pétersbourg*, X.

Dans un sens particulier, *anticiper sur* signifie aussi, comme l'actif *anticiper*, Dire, exposer, raconter une chose plus tôt qu'on ne devoit s'y attendre :

III.

Mais la suite de cette histoire m'a fait *anticiper* ici *sur* les temps.

       J.-J. ROUSSEAU, *les Confessions*, II, x.

Mais sans *anticiper sur* un résultat qui, j'espère, acquerra quelque évidence nouvelle par cet ouvrage...

       Mᵐᵉ DE STAËL, *Considérations sur la Révolution française*, Iʳᵉ part., c. 6.

Anticiper sur des revenus, *sur* une somme, c'est Les dépenser par avance :

Il se logea, meubla comme un riche homme, Grosse maison, grand train, nombre de gens, *Anticipant* tous les jours *sur* la somme Qu'il ne devoit consumer qu'en dix ans.

       LA FONTAINE, *Contes* : Belphégor.

Anticiper sur marque souvent Empiètement, usurpation ;

Dans un sens physique :

Si la mer *anticipe sur* les plages de l'Occident, elle laisse à découvert celles de l'Orient.

       BUFFON, *De la Nature*, Iʳᵉ vue.

Dans un sens moral, *Anticiper sur* des droits :

Le parlement *anticipoit sur* les droits de l'autorité royale.

       Mᵐᵉ DE MOTTEVILLE, *Mémoires*.

La justice de Dieu ne prend jamais rien sur les droits de la bonté ; la bonté, au contraire, *anticipe sur* ceux de la justice. Car, par le pardon, elle s'étend même sur les péchés, qui sont le propre fonds sur lequel la justice travaille.

       BOSSUET, *Doctrine spirituelle* : Bonté et justice de Dieu.

ANTICIPER s'emploie quelquefois absolument :

Ainsi commençoit escamper de la chambre ; mais la vieille *anticipa*, tenant le fuseau en sa main, et sortit en un courtil ou vergier près sa maison.

       RABELAIS, *Pantagruel*, III, 17.

Tous les accès de ceste triple tierce *anticipoient*.

       A. PARÉ, *Introduction à la vraye cognoissance de la chirurgie*, XX, 33.

Ce seroit être bien cruelle à vous-même de ne pas profiter... du temps que notre petit homme est en repos, pour y être aussi de votre côté, au lieu d'*anticiper*, comme il paroît que vous faites.

       Mᵐᵉ DE SÉVIGNÉ, *Lettres*, à Mᵐᵉ de Grignan, 11 avril 1689.

ANTICIPÉE, ÉE, participe.

On l'a quelquefois dit des personnes, au sens de Devancé, prévenu, et même, conformément à l'étymologie, *ante captus*, Pris avant le temps :

       36

Le bon seigneur prévenu et *anticipé* fut tout esbahy en son couraige de ce que la bonne dame dist, combien que semblant n'en fist.

Les Cent Nouvelles nouvelles, C.

Puisque Atropos a ravy Driopée,
Contre humain cours prinse et *anticipée*,
Cupido! plus je ne vous servirai.

CHARLES D'ORLÉANS, *Rondeau*.

Il est employé d'une manière analogue dans le passage suivant :

Pour se préparer à cette révélation, il faut auparavant renoncer et chasser toutes les opinions et créances dont l'esprit est desja *anticipé*.

CHARRON, *De la Sagesse*, II, 11, § 6.

ANTICIPÉ se dit adjectivement de ce qui est prématuré, de ce qui devance le moment convenable :

La précipitation et le désespoir *anticipé* est très-vicieux, comme en Brutus et Cassius, qui, se tuant avant le temps et l'occasion, perdirent les reliques de la liberté romaine.

CHARRON, *De la Sagesse*, II, 11.

Toute excuse *anticipée* est et doit toujours estre suspecte.

CHAPELAIN, *le Gueux, ou la vie deGuzman d'Alpharache*, liv. I, c. 6.

Peut-être voudra-t-on dire de là que le roi mon beau-père ne sauroit conclure un pareil traité avec honneur, achetant une simple assistance par la perte réelle et *anticipée* des pays et places que vous aurez demandés.

Louis XIV, à l'archevêque d'Embrun, 14 février 1662. (Voyez MIGNET, *Négociations relatives à la succession d'Espagne*, t. I, p. 109.)

Je lui répondis... que vivre ainsi content de tout étoit un repos et une tranquillité *anticipés* hors de place, de temps et de saison.

SAINT-SIMON, *Mémoires*, 1709.

L'étude de l'histoire... nous procure en peu de temps, une prudence *anticipée* fort supérieure aux leçons des plus habiles maîtres.

ROLLIN, *Traité des Études*, liv. V, Avant-propos.

Je lui donnai jusqu'à la dernière pièce; ce qui pouvoit, ce me semble, passer pour une restitution *anticipée* que je faisois au vieux marchand dans la personne de son héritier.

LE SAGE, *Gil Blas*, X, 11.

Ils (les moines) vivent moins qu'ils ne meurent chaque jour par une mort *anticipée*, et ne s'éteignent pas en finissant de vivre, mais en achevant de mourir.

BUFFON, *Histoire naturelle : De l'homme*.

ANTICIPATION, s. f.
Action par laquelle on anticipe.

Il s'emploie dans des sens analogues à ceux du verbe, et se construit avec la préposition *de*, et, comme le verbe, avec la préposition *sur ;*
Avec la préposition *de* :

Par mémoire du passé et *anticipation de* l'avenir, nous ne pouvons faillir d'être misérables.

CHARRON, *De la Sagesse*, liv. I, c. 6.

Avec la préposition *sur* :

Cette *anticipation sur* les époques jette de l'obscurité et de la confusion dans le récit.

Dictionnaire de l'Académie, 1835.

Par anticipation est une locution fort usitée :

Tout ce qui fut nommé *par anticipation* pour l'éducation du roi futur (Louis XV), n'eut d'autre motif que l'intérêt des bâtards.

SAINT-SIMON, *Mémoires*, 1715.

Je dirai, *par anticipation*, pour épuiser l'article de M. d'Aguesseau, qu'il retourna à Fresnes, pour la deuxième fois.

HÉNAULT, *Mémoires*, c. 6.

Lettres d'anticipation se disait, en termes d'ancienne pratique, de Lettres qu'on prenait en chancellerie pour anticiper un appel.

ANTICIPATION se dit particulièrement de l'action de dépenser un revenu avant qu'il soit échu :

Louis XIV aurait pu se passer plus aisément de la ressource des traitants, à laquelle le réduisit l'*anticipation* qu'il fit presque toujours sur ses revenus.

VOLTAIRE, *Siècle de Louis XIV*.

Les *anticipations* ont fait de tout temps le malheur et la ruine de notre royaume.

MIRABEAU, *Discours*, 20 novembre 1789.

ANTICIPATION se dit également, en termes de Commerce, d'une avance de fonds sur une consignation de marchandises :

Tirer, accepter une traite par *anticipation*.

Dictionnaire de l'Académie, 1835.

ANTICIPATION signifie encore Empiètement, usurpation sur le bien ou sur les droits d'autrui :

C'est une *anticipation* sur mes droits, sur ma terre.

Dictionnaire de l'Académie, 1762.

ANTICIPATION est aussi le nom d'une figure de rhétorique par laquelle l'orateur réfute d'avance les objections qui pourront lui être faites :

La seconde espèce (de prolepse) est une pure *anticipation* qui consiste à prévenir l'auditeur sur une chose qu'il a dans l'esprit.

> GÉDOYN, trad. de Quintilien, *De l'Institution de l'orateur*, IX, 2.

ANTIDATE, s. f. (De *anti* pour *ante*, et de *date*. Voyez ce mot.)

Fausse date antérieure à la véritable :

> Nous pourrions bien... mettre ensuite quelques pièces de plus ancienne date, les *antidates* estant de peu d'importance en pareilles choses.
> BALZAC, *Lettres*; XXIII, 12, à Conrart.

ANTIDATER, v. a.

Mettre à un acte, à un fait, à un effet de commerce, etc... une date antérieure à la véritable :

> *Antidater* et postidater.
> R. ESTIENNE, *Dictionnaire françois-latin*.

ANTIDATÉ, ÉE, participe.

Il reçoit souvent un complément formé de la préposition *de* et de son régime, lequel fait connaître de combien la fausse date est antérieure à la véritable :

> Si les Samoyèdes, ou les Nazamons, ou les Esquimaux, venaient nous donner des annales *antidatées de* plusieurs siècles, remplies des plus étonnants faits d'armes, et d'une suite continuelle de prodiges qui étonnent la nature, ne se moquerait-on pas de ces pauvres sauvages?
> VOLTAIRE, *Essai sur les mœurs*, c. 52: Des premiers peuples qui écrivirent l'histoire

ANTIDOTE, s. m. (Du grec ἀντίδοτος; et, par ce mot, de ἀντὶ, contre, et δοτός, donné.)

Contrepoison; médicament auquel on attribue la propriété de prévenir ou de combattre les effets d'un poison, d'un venin, d'une maladie contagieuse :

> Le sage et advisé médecin, prévoyant les accidents d'une future maladie, choisit pour *antidot* et remède ce qu'il pense y estre contraire.
> J. LOUVEAU. trad. des *Facétieuses nuits de Straparole*, VIII, 11.

> Me suffira de vous dire, que les anciens, ou pour empescher l'ébriété, ou pour purger et corroborer l'estomac, ou

pour estre provoquez à bien boire, irritans le ventricule, prenoient un *antidote* avant le poison qu'ils appeloient Propomata.

> BOUCHET, *Serées*, I, 1.

> On dit que ce qui fit que le poison que prit Mithridate ne le tua pas, venoit de ce qu'il avoit tant pris de contrepoison, que son tempérament en étoit devenu à l'épreuve du poison. Mais on prétend que c'est une erreur, et qu'il est impossible de trouver un remède particulier qui puisse servir d'*antidote* général contre toutes les espèces de poison.
> ROLLIN, *Histoire ancienne*.

> On lui envoya même de Versailles (à la reine d'Espagne, femme de Charles II) de ce qu'on croit du contre-poison; précaution très-incertaine, puisque ce qui peut guérir une espèce de mal peut envenimer l'autre, et qu'il n'y a point d'*antidote* général : le contre-poison prétendu arriva après la mort.
> VOLTAIRE, *Siècle de Louis XIV*, c. 26.

> On attribue au sang (du canard) la vertu de résister au venin, même à celui de la vipère. Ce sang était la base du fameux *antidote* de Mithridate.
> BUFFON, *Histoire naturelle*. Oiseaux : le Canard.

ANTIDOTE s'emploie quelquefois figurément :

> Je ne craindrai plus la mort; car pourquoi la craindrois-je, si j'en ai toujours l'*antidote* (la communion).
> BOSSUET, *Méditations sur l'Évangile*.

> Démosthène... fait entrer dans l'âme de ses auditeurs comme une espèce de contre-poison et d'*antidote*, qui en chasse toutes les mauvaises impressions.
> BOILEAU, trad. du *Traité du Sublime* de Longin, c. 14.

> L'air, les raisins, le vin des bords de la Garonne et l'humeur des Gascons, sont d'excellents *antidotes* contre la mélancolie.
> MONTESQUIEU, *Lettres*; 1er août 1744.

> Si la nature ne m'avait pas donné deux *antidotes* excellents, l'amour du travail et la gaieté, il y a longtemps que je serais mort de désespoir.
> VOLTAIRE, *Lettres*; 1er avril 1767.

ANTIDOTER, v. a.

> *Antidoter* un homme, lui donner des préservatifs de paour du mauvais air ou de poison.
> P. THIERRY, *Dictionnaire françois-latin*. NICOT, *Trésor*.

> *Antidoter*, bailler antidote.
> MONET, *Dictionnaire*.

ANTIDOTÉ, participe.

Pourvu d'Antidote.

ANT

Maistre Janotus... bien *antidoté* l'estomac de coudignac (cotignac) de four.

Rabelais, Gargantua, I, 18.

Tres bien *antidoté* son haleine à force sirop vignolat.

Le même, même ouvrage, 21.

Nous instruisant par gracieux préceptes
Et par sermons de joie *antidotés*.

J.-B. Rousseau, Épîtres, III, 1, à Marot.

ANTIENNE, s. f. (Des mots, latin et grec, *antiphona*, ἀντίφωνα, et, par ce dernier mot, de ἀντὶ, contre, et φωνή, voix. Voyez, plus loin, Antiphonaire.)

L'antienne était, dans l'origine, le chant de deux chœurs faisant entendre, alternativement, les versets d'un psaume.

Il a signifié depuis, en termes de Liturgie catholique, Une sorte de verset que le chantre dit, en tout ou en partie, dans l'office de l'Église, avant un psaume ou un cantique, et qui se répète après tout entier.

On l'a quelquefois employé figurément :

... Dieu et raison
Vous recommandent cette antienne.

La Fontaine, Contes, IV, 11.

De là plusieurs manières de parler figurées et familières :

Chanter toujours la même antienne, Dire, répéter toujours la même chose.

Annoncer une triste, une fâcheuse antienne, Annoncer une triste, une fâcheuse nouvelle.

ANTILOGIE, s. f. (Du grec ἀντιλογία, et, par ce mot, de ἀντὶ, contre, et λόγος, discours.)

Terme didactique. Contradiction entre quelques idées d'un même discours.

· Faire indice des *antilogies* d'un livre.

Richelet, Dictionnaire.

ANTILOPE, s. f.

Terme d'Histoire naturelle. Genre de Mammifères de la famille des ruminants :

Antelu est une tres fiere beste que nus hom ne puet consuirre ne prenre par aucun enging.

Brunetto Latini, Li Livres dou Trésor, liv. I, part. V, c. 177 :
De l'*Antelu*, autrement dit *Antelop*.

La dixième gazelle est un animal très-commun en Barbarie et en Mauritanie, que les Anglois ont appelé *antilope*, et auquel nous conserverons ce nom... M. Pallas impose aux gazelles et aux chèvres sauvages le nom générique d'*antilopes*.

Buffon, Histoire naturelle : Les Gazelles.

ANTIMOINE, s. m. (Mot d'origine douteuse.) Métal dont on fait différentes préparations dans la pharmacie, telles que l'émétique, etc. :

Antimoine est un métal imparfait, commencement de plomb et d'argent.

Bernard Palissy, Explication des mots les plus difficiles.

Ceux auxquels le venin n'a encores occupé les facultez animales, il les convient grandement purger par médecines bien fortes. Et en cela il me semble que l'*antimoine* seroit profitable, d'autant qu'il provoque la sueur, flux de ventre et vomissement.

A. Paré, Introduction à la vraye cognoissance de la chirurgie, XXI, 21.

Je prends tous les matins trente grains d'*antimoine* et six yeux de ce poisson que vous sçavez.

Voiture, Lettres ; à Mme la marquise de Sablé.

Que je vous plains, ma très-belle, d'avoir pris une vilaine médecine plus noire que jamais! Ma petite poudre d'*antimoine* est la plus jolie chose du monde.

Mme de Sévigné, Lettres ; à Mme de Grignan, 6 mai 1676.

On voit dans cette ville des médecins, ou soi-disant tels, qui se sont attelés au char de triomphe de l'*antimoine*.

Le Sage, Gil Blas, X, 1.

Il compteroit plutôt combien, dans un printemps, Guenaud et l'*antimoine* ont fait mourir de gens.

Boileau, Satires, IV.

ANTIMONIAL, ALE, ou **ANTIMONIÉ, ÉE**, adj. On trouve aussi Antimonien :

Le dit vin *antimonien* fera tel effet que la poudre.

A. Paré, Introduction à la cognoissance de la chirurgie, c. 24.

ANTINOMIE, s. f. (Du grec ἀντινομία, et, par ce mot, de ἀντὶ, contre, et νόμος, loi.)

Contradiction, réelle ou apparente, entre deux lois :

Congnoissant les *antinomies* et contrariétés des loys.

Rabelais, Pantagruel, III, 4.

Les docteurs, pour l'ordinaire, se piquent de savoir fournir des *antinomies* et des solutions pour la réception d'un officier ou pour quelque autre dispute.

FLEURY, *Du choix des Études*, c. 41.

ANTIPAPE, s. m. (Du grec ἀντὶ, et de *pape*. Voyez ce mot.)

Celui qui se porte pape sans être légitimement et canoniquement élu :

Il y a très-grand lieu de croire que le premier fondement de cet usage vient de la confiance que les ecclésiastiques prirent en l'autorité royale, lorsque, étant maltraités par les *anti-papes* Clément VII, Benoît XIII et Jean XXIII, réfugiés à Avignon, ils eurent recours au roi.

VOLTAIRE, *Arbitrage entre M. de Voltaire et M. de Foncemagne*, n° 2.

ANTIPATHIE, s. f. (Du grec ἀντιπάθεια, et, par ce mot, de ἀντὶ, contre, et πάθος, affection, passion.)

Aversion, répugnance naturelle et non raisonnée qu'on a pour quelqu'un, pour quelque chose ; le contraire de *sympathie*, auquel il est quelquefois opposé :

Il y a plusieurs autres *antipathies* et sympathies cachées, desquelles la conjecture et pensée de l'humain entendement ne peut fureter et déclarer les causes ny les comprendre.

A. PARÉ, *Introduction à la cognoissance de la chirurgie*, liv. II, c. 21.

Le premier et luy avoient une telle *antipathie* et contrariété d'humeurs, qu'ils estoient tousjours en garde l'un contre l'autre.

SULLY, *Œconomies royales*, c. 64.

La foiblesse du roi d'Espagne ne nous servira pas de grand'chose. L'*antipathie* des nations nous empêche de profiter de leurs désordres.

BUSSY-RABUTIN, *Lettres*; 11 mars 1692.

Cette belle amitié de Quanto (Mme de Montespan) et de son amie qui voyage est une véritable aversion, depuis deux ans ; c'est une aigreur, c'est une *antipathie*, c'est du blanc, c'est du noir.

Mme DE SÉVIGNÉ, *Lettres*; 7 août 1675.

Vous en avez (des aversions) d'une nature que vous désapprouvez et que vous ne sauriez pourtant surmonter ; ce sont certaines *antipathies* invincibles.

Mlle DE MONTPENSIER, *Portraits*: XXIX. Mme la comtesse d'Esche sous le nom de Diane.

Il va trouver l'archevêque et lui dit d'un ton dolent qu'il

avoit une étrange infirmité : qu'à la seule vûe du poisson, tout son sang se tournoit, qu'il pâlissoit, frémissoit, tomboit en foiblesse ; que c'étoit une *antipathie* naturelle qu'il n'avoit jamais pu surmonter.

TALLEMANT DES RÉAUX, *Historiettes* : Haute-Fontaine.

Le seizième (discours) est de monsieur de Boissat, De l'amour des corps, où, par des raisons physiques, prises des sympathies et des *antipathies*, et de la conduite du monde, il veut faire savoir que l'amour des corps n'est pas moins divin que celui des esprits.

PELLISSON, *Histoire de l'Académie*.

Qu'un homme, de bonne heure, se soit étudié lui-même, pour connoître les plus secrets mouvements de son cœur ; que par les saintes violences il se soit rendu maître de ses inclinations et de ses *antipathies*, de ses désirs et de ses aversions ; alors il sera en état de distinguer quel esprit l'anime dans son zèle.

BOURDALOUE, *Carême* : Sermon sur le Zèle.

Les animaux produisent leurs semblables, et avec des vestiges semblables dans leur cerveau, lesquels sont cause que les animaux de même espèce ont les mêmes sympathies et *antipathies*, et qu'ils font les mêmes actions dans les mêmes rencontres.

MALEBRANCHE, *Recherche de la Vérité*, liv. II, Ire part., c. 6.

Il n'y a pas si loin de la haine à l'amitié, que de l'*antipathie*. Il semble qu'il est moins rare de passer de l'*antipathie* à l'amour qu'à l'amitié.

LA BRUYÈRE, *Caractères*, c. 4.

Vous êtes incompatible avec cette personne ; tout vous choque et vous déplaît en elle : c'est une *antipathie* dont vous n'êtes pas le maître.

MASSILLON, *Carême* : Sermon sur le Pardon des offenses.

Pouvez-vous bien, seigneur, balancer un moment,
A moins d'une secrète et forte *antipathie*
Qui vous montre un supplice en l'hymen d'Aristie?

P. CORNEILLE, *Sertorius*, I, 2.

Par une *antipathie* ou juste, ou naturelle,
Nous avons pris chacune une haine mortelle
Pour un nombre de mots, soit ou verbes ou noms,
Que mutuellement nous nous abandonnons.

MOLIÈRE, *les Femmes savantes*, III, 2.

Dans mon cœur tout-à-coup ma flamme est amortie
Et fait en ce moment place à l'*antipathie*.

REGNARD, *Démocrite*, IV, 7.

ANTIPATHIE se construit avec plusieurs prépositions, *entre, contre, pour*;

Avec la préposition *entre* :

Il y a une telle *antipathie* entre le cerf et le serpent, que le cerf passant par dessus le trou où se retire le serpent, s'arreste tout court, et par son haleine l'attire hors et le tue.

A. Paré, Introduction à la cognoissance de la chirurgie, liv. II, c. 21.

L'<i>antipathie</i> qui fut <i>entre</i> Jacob et Esaü dès le ventre de leur mère, ne peut avoir été plus grande que celle qui se trouva entre le comte et moi.

Scarron, Roman comique, I, 13.

L'union de deux sœurs ne me surprend pas ; cependant il y a tant d'<i>antipathie entre</i> madame de Thianges et madame de Montespan, que, sans un intérêt considérable, elles ne seroient pas amies.

Bussy-Rabutin, Lettres, 26 décembre 1677.

Mille manières, qui allument dans ceux-ci (les hommes) les grandes passions, forment <i>entre</i> elles (les femmes) l'aversion et l'<i>antipathie</i>.

La Bruyère, Caractères, c. 3.

A Rome, les nobles avoient mis entre le peuple et les honneurs une barrière que le mérite eut bien de la peine dans la suite à forcer. Il resta toujours quelque chose de cette opposition et de cette <i>antipathie entre</i> les deux ordres.

Rollin, Traité des Études, liv. VI, Ire part., § 6.

Ces deux nations (les Français et les Espagnols) quoique alliées, n'étaient pas toujours unies. L'<i>antipathie</i> ancienne se réveillait <i>entre</i> les peuples, quoique l'intelligence fût entre les rois.

Voltaire, Précis du siècle de Louis XV, c. 7.

Les hommes, qui tirent parti de tout pour leur amusement, ont bien su mettre en œuvre cette <i>antipathie</i> invincible que la nature a établie <i>entre</i> un coq et un coq.

Buffon, Histoire naturelle : Oiseaux ; le Coq.

La vieille <i>antipathie entre</i> Rome et Carthage
N'est pas prête à finir par un tel assemblage.

P. Corneille, Sophonisbe, IV, 5.

Avec la préposition <i>contre</i> :

Le père fit tout ce qu'il pust pour estouffer ces partialitez ; mais les esprits de ces deux jeunes princes avoient une telle <i>antipathie</i> l'un <i>contre</i> l'autre, que ses remontrances ne peurent rien gaigner sur eux.

Coeffeteau, Histoire romaine, XIII.

Avec la préposition <i>pour</i> :

A l'égard de ceux qui s'estiment à propos de rien, qui sont glorieux de leur rang ou de leurs richesses, gens insupportables et qui fâchent tout le monde, ils ne fâchoient point madame de Miran : elle ne les aimoit pas, voilà tout ; ou bien elle avoit <i>pour</i> eux une <i>antipathie</i> froide, tranquille et polie.

Marivaux, la Vie de Marianne, IVe partie.

Je m'étois senti de tout temps <i>pour</i> madame de Pompadour de l'<i>antipathie</i>.

J.-J. Rousseau, les Confessions, II, XI.

Nature a mis en eux de ces <i>antipathies</i>
Qu'on voit en quelques-uns <i>pour</i> les chats, les souris,
Et que les femmes ont souvent <i>pour</i> leurs maris.

Dufresny, la Réconciliation normande, I, 2.

Antipathie se dit quelquefois de certaines qualités exprimées par des termes abstraits, qui désignent indirectement les personnes :

Il y avoit une <i>antipathie</i> naturelle entre leurs humeurs et complexions.

Sully, OEconomies royales, c. 44.

Il se dit, enfin, même des choses inanimées :

Car posé qu'un arbre reprenne, en estans le franc et le sauvaige de contraire naturel... Si est-ce que telle <i>antipathie</i> ne leur permettra vivre longuement ensemble.

Olivier de Serres, Théâtre d'Agriculture, VIe lieu, c. 21.

De là vint... tant de vertus occultes, tant de sympathies et d'<i>antipathies</i>, tant de propriétés imaginaires de plantes ou d'animaux.

Fleury, Du Choix des études, c. 10.

On parlera des sympathies et des <i>antipathies</i> naturelles que les choses insensibles ont entre elles.

Danet, Dictionnaire françois-latin. Trad. de Pline l'Ancien.

Quelquefois on désigne, par le mot Antipathie, la personne même ou la chose qui sont un objet d'aversion :

L'éléphant, le rhinocéros, le lion, l'ours, les tigres, les léopards, les panthères, les dragons, les serpents, tous avec leurs <i>antipathies</i> à leurs pieds, y lancent des regards menaçants.

P. Corneille, la Toison d'or, III, 4, note.

J'y voulois du galant, c'est votre <i>antipathie</i>,
Ma sœur, car vous voulez par vertu de l'ennui.

Dufresny, le Mariage fait et rompu, I, 7.

ANTIPATHIQUE, adj. des deux genres.
Contraire, opposé.
On le prend surtout au sens moral :

Leurs humeurs sont <i>antipathiques</i>.

Danet, Dictionnaire françois-latin.

Il est le plus souvent suivi des prépositions <i>avec</i> et <i>à</i> :
De la préposition <i>avec</i> :

Le mystère m'inquiète toujours, il est par trop *antipathique avec* mon naturel ouvert jusqu'à l'étourderie.

J.-J. Rousseau, les Confessions, II, 11.

De la préposition *à* :

Tout cela n'étoit que des ridicules, mais les plus *antipathiques à* mon caractère.

J.-J. Rousseau, les Confessions, II, 9.

La froide Salamandre *au* chaud *antipathique*.

Regnier, Complainte.

On dit familièrement : Cet homme m'est *antipathique*, pour J'ai de l'antipathie, de l'aversion pour cet homme.

ANTIPHILOSOPHIQUE, adj. des deux genres. (De ἀντὶ, contre, et *philosophique*. Voyez ce mot.)

Il se dit de ce qui est opposé à la philosophie :

Il dit (le P. Nonnotte) qu'il s'occupe à un dictionnaire *anti-philosophique* qui doit paraître cette année.

Voltaire, les Honnêtetés littéraires, XXII.

On a dit des personnes,
Antiphilosophe :

Je parle contre ceux qui méritent plus d'estre appellez *antiphilosophes* que philosophes,

Bernard Palissy, Des métaux et alchimie.

ANTIPHONAIRE ou **ANTIPHONIER**, s. m. (Du bas latin *Antiphonarium*, et, par ce mot, d'*Antiphona*, duquel est venu *Antienne*. Voyez ce mot.)
Au lieu d'*Antienne* on a dit, primitivement *Antiphone* :

Durant la procession ils fredonnoyent entre les dens ne sçay quelles *antiphones*.

Rabelais, Pantagruel, V, 27.

On entend par Antiphonaire un Livre d'église, ou les antiennes, et autres parties de l'office, sont notées avec des notes de plain-chant :

Chez Barbe étoit un vieux *antiphonaire*,
Vieux graduel, ample et poudreux bouquin
Dont aux bons jours on paroit le lutrin.

Gresset, le Lutrin vivant.

ANTIPHRASE, s. f. (Du grec ἀντίφρασις, et,

par ce mot, de ἀντὶ, contre, et de φράσις, locution, manière de parler.)

Figure par laquelle on emploie un mot, une locution, une phrase, dans un sens contraire à sa véritable signification, à sa signification ordinaire :

Les aultres (plantes) ont leur nom par *antiphrase* et contrarieté : comme absynthe, au contraire de pynthe, car il est fascheux à boire.

Rabelais, Pantagruel, III, 50.

L'euphémisme et l'ironie ont donné lieu aux grammairiens d'inventer une figure qu'ils appellent *antiphrase*, c'est-à-dire contre-vérité; par exemple : la mer Noire, sujette à de fréquents naufrages, et dont les bords étaient habités par des hommes extrêmement féroces, étoit appelée Pont-Euxin, c'est-à-dire mer favorable à ses hôtes, mer hospitalière.

Dumarsais, Des Tropes, XVI.

ANTIPODE, s. m. (Du latin *antipodes*, et, par ce mot, du grec ἀντίπους, formé de ἀντὶ, contre, et de ποῦς, ποδός, pied.)

Celui qui habite dans un endroit de la terre que l'on considère par rapport à un autre endroit diamétralement opposé. Il se dit ordinairement, comme le mot latin *Antipodes*, au pluriel :

Je croy que c'est langage des *antipodes*, le diable n'y mordroit mye.

Rabelais, Pantagruel, II, 9.

On a estimé longtemps que l'isle de Samotra fust comme un autre monde : de sorte que plusieurs la prenoyent pour le monde des *antipodes*.

Du Pinet, trad. de Pline l'Ancien, Histoire
naturelle, VI, 22.

Le soleil donnoit à plomb sur nos *antipodes*, et ne prêtoit à sa sœur qu'autant de lumière qu'il lui en falloit pour se conduire dans une nuit fort obscure.

Scarron, Roman comique, II, 1.

Pythagore disoit que la terre étoit ronde, qu'elle étoit habitée en tous sens, et par conséquent qu'il y avoit des *antipodes* qui marchoient les pieds opposés aux nôtres.

Fénelon, Vies des anciens philosophes : Pythagore.

De là il est aisé de concevoir que les hommes qui habitent autour de ce globe, et ceux en particulier qui sont appelés *antipodes*, peuvent s'y soutenir sans peine, quelque position qu'on leur donne.

Barthélemy, Voyage d'Anacharsis.

Antipode est dit des hommes, mais pris figurément, à l'exemple d'un passage ancien, dans cette phrase :

Nous avons dans notre ville des *antipodes*, qui, comme dit Caton, n'ont jamais vu lever ni coucher le soleil.
DANET, *Dictionnaire françois-latin :* Trad. de Sénèque.

Par une figure familière, ANTIPODE sert quelquefois à marquer une complète opposition entre deux personnes, deux caractères, deux choses :

Nos philosophes sont les *antipodes* de ceux-là.
BALZAC, *Socrate chrétien,* Discours X.

Dès ce moment je me mis à respirer et à songer qu'il y avoit au monde l'*antipode* de notre beau-père, qui s'appeloit M. de Moulceau.
Mme DE SÉVIGNÉ, *Lettres;* au président de Moulceau, 1er mars 1684.

Dur, emporté (Desmarets), dominé par une humeur intraitable, et l'*antipode* de Chamillart, en ce que ce dernier avoit une qualité bien rare, d'être excellent ami et point du tout ennemi.
SAINT-SIMON, *Mémoires,* 1721.

Ces petits comités sont les *antipodes* de feu l'hôtel de Rambouillet et des assemblées de nos beaux esprits d'aujourd'hui.
Mme DU DEFFAND, *Lettres;* à Voltaire, 21 mars 1769.

On le passe pour l'*antipode*
Des esprits doux et raffinés:
MAYNARD, *Poésies.* (Cité par Richelet.)

Elle est l'*antipode* des prudes.
BENSERADE. (Cité par Richelet.)

Tournebroches par lui rendus communs en France,
Y font un corps à part, gens fuyant les hasards,
Peuple *antipode* des Césars.
LA FONTAINE, *Fables,* VIII, 24.

On dit, figurément et familièrement, qu'un homme est l'*antipode*, c'est-à-dire l'opposé du sens commun, de la raison :

Pour faire en sorte que tout ce qui est en nous ne soit qu'erreur, il faut que Dieu ait formé tout exprès de rien un être tout nouveau qui soit l'*antipode de la raison*.
FÉNELON, *Traité de l'Existence de Dieu,* II, 12.

Cette manière de parler, que l'usage a adoptée, est attribuée au style précieux dans ce passage des *Précieuses ridicules :*

Il faudroit être l'*antipode de la raison* pour ne pas confesser que Paris est le grand bureau des merveilles, le centre du bon goût, du bel esprit et de la galanterie.
MOLIÈRE, *les Précieuses ridicules,* sc. 9.

ANTIPODE se dit des lieux, par extension, tant au singulier qu'au pluriel :

A ceste heure congnoy je en verité que sommes en terre antichtone et *antipode*.
RABELAIS, *Pantagruel,* V, 27.

Bien louin au-dessus de nos testes nous voions un beau vilage, et sous nos pieds, come aux *antipodes*, un autre aiant chacun plusieurs commodités et diverses.
MONTAIGNE, *Voyages :* Foligno.

On dit familièrement : *Je voudrais que cet homme fût aux Antipodes,* c'est-à-dire fût bien loin.

ANTIQUE, adj. des deux genres. (Du latin *antiquus,* et, par ce mot, de *Ante.*)

On l'a écrit ANTICQUE.

On a dit, plus anciennement, ANTIF, ANTIVE, ANTIC.

ANTIQUE signifie Fort ancien. Il est opposé à Moderne et se dit, le plus ordinairement, en parlant des choses qui sont d'un temps fort reculé :

Enveiad sun fiz Joram al rei David, od (avec) riches presenz de vaiselle d'or et d'argent, et de areim, e de ovre *antive*.
Les quatre Livres des Rois, II, VIII, 10.

Lisez les histoires *anticques,* tant grecques que romaines.
RABELAIS, *Gargantua,* I, 1.

Geoffroy Thory, discourant sur les lettres *antiques* ou attiques, s'est estudié de nous enseigner quelques choses appartenantes à l'embellissement de nostre France.
EST. PASQUIER, *Recherches de la France,* IV, 22.

Là on voit une vaste forêt de cèdres *antiques,* qui paroissent aussi vieux que la terre où ils sont plantés.
FÉNELON, *Dialogues des morts.*

On a recueilli quelques malheureuses compositions de ce temps. C'est faire un amas de cailloux tirés d'*antiques* masures quand on est entouré de palais.
VOLTAIRE, *Essai sur les mœurs,* c. 82.

Tant mieux, sans doute, si la raison en politique est d'*antique* origine; mais fût-elle une parvenue, encore faudroit-il l'accueillir.
Mme DE STAEL, *Considérations sur la Révolution française,* 1re part., c. 1.

Que d'idées *antiques* et touchantes s'attachent à notre seul mot de foyer!...
CHATEAUBRIAND, *Génie du Christianisme,* Ire part., liv. II, c. 2.

Les murs e les palais *antifs*
Redrescerent par les pais.
BENOÎT, *Chronique des ducs de Normandie.*

Or fu li rois Pepins en la forest *antie*.
> Rôman de Berte.

Desuz une *antive* cité.
> Marie de France, *Lai de Gugemer*.

Rome n'a rien de son *antique* orgueil.
> Maynard, *Odes*.

Ils s'arrêtent non loin de ces tombeaux *antiques*
Où des rois ses ayeux sont les froides reliques.
> J. Racine, *Phèdre*, V, 6.

Je viens, selon l'usage *antique* et solennel,
Célébrer avec vous la fameuse journée
Où sur le mont Sina la loi nous fut donnée.
> Le même, *Athalie*, I, 1.

Il apprend qu'un héros, conduit par la victoire,
A de ses bords fameux flétri l'*antique* gloire.
> Boileau, *Épîtres*, IV.

Un époux noble, mais d'une noblesse *antique*.
> Dufresny, *le Dédit*, sc. 10.

Antique se dit aussi des choses dont l'usage, le goût ou la mode sont passés depuis longtemps, des choses vieillies, surannées :

Il ne faut pas souhaiter que les jeunes filles prennent l'extérieur *antique*.
> Fénelon, *De l'Éducation des filles*, c. 10.

Négliger vêpres comme une chose *antique*, garder sa place soi-même pour le salut... c'est... le plus bel effort de la dévotion du temps.
> La Bruyère, *Caractères*, c. 13.

Je lui trouve, entr'autres défauts, une prononciation trop affectée avec une voix tremblante qui donne un air *antique* et ridicule à sa déclamation.
> Le Sage, *Gil Blas*, III, 2.

De même qu'*ancien* (voyez ce mot) remplace quelquefois antique, antique, à son tour, se trouve quelquefois pour *ancien*, lorsqu'il s'agit simplement de ce qui était auparavant et a cessé d'être :

D'ond procedoit la folie antcedente? d'ond procede la sagesse subsequente? Pourquoy en ce temps, non plus tard, print fin l'*anticque* folie? Pourquoy, en ce temps, non plus tost, commencea la sagesse presente?
> Rabelais, *Pantagruel*, V. Prologue.

Toutesfois, Monseigneur, pour être de cet eaige (quarante ans) ne laissera à ramentevoir son *antique* affection et continuel désir de demeurer en vostre bonne grâce... votre très-humble Marguerite.
> La Reine de Navarre, *Lettres*; à François Ier, 1534.

III.

Le jour qui de leurs rois vit éteindre la race
Éteignit tout le feu de leur *antique* audace.
> J. Racine, *Athalie*, I, 1.

Dieu de Sion, rappelle,
Rappelle en sa faveur tes *antiques* bontés.
> Le même, même ouvrage, III, 7.

Le théâtre perdit son *antique* fureur;
La comédie apprit à rire sans aigreur.
> Boileau, *Art poétique*, III.

Le lion, terreur des forêts,
Chargé d'ans, et pleurant son *antique* prouesse.
> La Fontaine, *Fables*, III, 14.

Antique se joint quelquefois à des noms de pays, à des noms de peuples :

Uns bers fu jà, en l'*antif* pople Deu.
> Les quatre Livres des Rois, I, 1.

Gardez donc de donner, ainsi que dans Clélie,
L'air, ni l'esprit français à l'*antique* Italie.
> Boileau, *Art poétique*, III.

Il se joint aussi à des noms de personnes :

Devant les *antifs* hommes de mon pople et devant Israel.
> Les quatre Livres des Rois, I, xv, 30.

Elle eut de quoi satisfaire à sa noble fierté, quand elle vit quelle alloit unir la maison de France à la royale famille des Stuarts... qui descendoient de ces rois *antiques* dont l'origine se cache si avant dans l'obscurité des premiers temps.
> Bossuet, *Oraison funèbre de la reine d'Angleterre*.

Le marquis de Vence l'appelle (le maréchal de Richelieu) dans ses lettres, l'*antique* Alcibiade.
> Voltaire, *Lettres*; 24 novembre 1774.

De l'*antique* Jacob jeune postérité.
> J. Racine, *Esther*, I, 2.

Je veux que la valeur de ses aïeux *antiques*
Ait fourni de matière aux plus vieilles chroniques.
> Boileau, *Satires*, V.

De là, chez d'anciens écrivains, cette expression, *les antiques* :

Tu cerches un lieu montueux, pour y faire un jardin delectable. C'est une opinion contraire à celle de tous les *antiques* et modernes.
> Bernard Palissy, *Recepte veritable*.

... L'Inde riche n'enserre
Tant de perles et thesors,
Que la France dans son corps
Cache d'enfants poëtiques
Qui en sonnez et cantiques,

Qui en tragiques sangloz
Font revivre les *antiques*
Au seing de la mort enclos.

JOACH. DU BELLAY, *la Musagnœomachie.*

ANTIQUE est dit des personnes, mais simplement au sens d'*Ancien*, dans des passages tels que les suivants :

Icelluy (Ponocrates), pour le commencement, ordonna qu'il (Gargantua) feroit à sa maniere accoustumée, afin d'entendre par quel moyen, en si long temps, ses *antiques* precepteurs l'avoient rendu tant fat, niays et ignorant.

RABELAIS, *Gargantua,* I, 21.

Panurge s'adressa à Epistemon et luy dist : Compere, mon *antique* amy, vous voyez la perplexité de mon esperit.

LE MÊME, *Pantagruel,* III, 24.

Dans ces beaux lieux aux seuls héros promis,
Il cherche en vain ses *antiques* amis.

J.-B. ROUSSEAU, *Lettres; Allégories,* III, 3 : Le jugement de Pluton.

ANTIQUE se dit quelquefois des personnes avancées en âge :

Le 22 septembre 1514, le roi Louis XII, fort *antique* et débile, sortit de Paris pour aller au-devant de sa jeune femme la reine Marie.

LOUISE DE SAVOIE, *Journal.*

Dans cette acception, on l'emploie souvent par raillerie :

Une femme qui quitte Paris pour aller passer six mois à la campagne, en revient aussi *antique* que si elle s'y étoit oubliée trente ans.

MONTESQUIEU, *Lettres persanes,* XCIX.

Il faut voir en secret cette Silvie *antique.*

DUFRESNY, *le Mariage fait et rompu,* III, 3.

Très-rarement les *antiques* discrètes
Logeoient l'oiseau...

GRESSET, *Ver-vert.*

ANTIQUE se dit, dans un sens d'éloge, en parlant de certaines qualités, de certains mérites qu'on attribue à des temps éloignés :

Nous voyons que les Latins appellent la foy *antique* ce que nous disons la bonne foy.

H. ESTIENNE, *Apologie pour Hérodote,* liv. I, c. 3.

Un homme d'une vertu *antique* et nouvelle, qui a su joindre la politesse du temps à la bonne foi de nos pères.

FLÉCHIER, *Oraison funèbre de Montausier.*

Au milieu de cette pauvreté évangélique, je retrouvais les traditions du palais d'Auguste et de Mécènes, une politesse *antique*, un enjouement grave, une élocution simple et noble.

CHATEAUBRIAND, *les Martyrs,* IV.

On l'emploie en ce sens, particulièrement, pour exprimer un caractère de beauté semblable à celui que nous offrent les ouvrages de l'antiquité :

Tous (les écrivains du siècle de Louis XIV) ils ont eu le goût *antique.*

ROLLIN, *Traité des Études,* Dédicace.

La Fontaine a chanté toutes sortes de sujets sur tous les tons... Il y a dans ses vers je ne sais quoi d'*antique* et d'attique qui n'appartient qu'à eux.

BERNARDIN DE SAINT-PIERRE, *Harmonies de la nature,* liv. I : La leçon de Botanique.

Sur des pensers nouveaux faisons des vers *antiques.*.

A. CHÉNIER, *l'Invention.*

A cet emploi d'*Antique* se rapporte la locution *sentir son antique :*

Il sent son antique..

ROB. ESTIENNE, *Dictionnaire françois-latin,*

Chacun des ouvrages de Périclès, dans le moment même qu'il fut achevé, avoit une beauté qui *sentoit* déjà *son antique.*

ROLLIN, *Traité des Études,* liv. VI, IIIe part., c. 2, art. 1.

ANTIQUE s'emploie comme substantif masculin, sous cette forme absolue, *l'antique,* et signifie , Soit, d'une manière générale, tout ce qui appartient à l'antiquité :

Son grand génie embrassoit tout, *l'antique* comme le moderne, l'histoire, la philosophie, la théologie la plus sublime, et les arts avec les sciences.

BOSSUET, *Oraison funèbre du prince de Condé.*

Soit, dans un sens plus particulier, ce qui nous reste des anciens en productions des arts :

Il me semble qu'il faudroit étudier *l'antique,* pour apprendre à voir la nature.

DIDEROT, *Salon de 1765* : Sculpture.

ANTIQUE est aussi substantif féminin et se dit des monuments curieux qui nous sont restés de l'antiquité, comme statues, vases, médailles, etc. :

Il distribua à chascun d'iceulx tout le parement de son buffet, qui estoit au pois de dix huict cens mille quatorze bezans d'or, en grands vases d'*antique*, grands potz, grands bassins, grandes tasses.

RABELAIS, *Gargantua,* I, 51.

Il s'y trouve encore beaucoup d'*antiques*, dont la plus remarquable est ce magnifique amphithéâtre, qui est une des plus anciennes marques de la magnificence et somptuosité romaine.

> Le duc de Rohan, *Voyages.*

Ils (les savants) font gloire de ressembler à ces cabinets de curiosités et d'*antiques*, qui n'ont rien de riche ni de solide, et dont le prix ne dépend que de la fantaisie, de la passion et du hazard.

> Malebranche, *Recherche de la vérité*, Préface.

Ils (les élèves de l'école de Rome) sont instruits et entretenus aux frais du roi; ils y dessinent les *antiques.*

> Voltaire, *Siècle de Louis XIV*, c. 32.

D'antique s'est formée la locution adverbiale *à l'antique*, à la manière antique :

Soubdain Epistemon fait, au nom des neuf Muses, neuf belles broches de boys *à l'anticque.*

> Rabelais, *Pantagruel*, II, 26.

Les Rochelois aians retiré leur canon avec bien peu de difficulté, le prestèrent pour entreprendre sur Chisé, place fortifiée *à l'antique.*

> Agr. d'Aubigné, *Histoire universelle*, t. III, liv. I, c. 10.

Comme humme simple et qui vit *à l'antique.*

> La Fontaine, *Contes :* L'Oraison de saint Jullien.

Cette expression *à l'antique* est souvent prise dans un sens défavorable, employée avec une intention de raillerie :

Il est vray que faict *à l'antique* se dit aucunes fois sans mespris, selon la chose de laquelle on parle... mais plus communement par ceste façon de parler... nous voulons donner à entendre une chose estre faicte un peu lourdement.

> H. Estienne, *Apologie pour Hérodote.*

Cependant les nouvelles vindrent aux aureilles de Madame Silvie que les bourgeoises de la ville trouvoyent nouvelles façons d'habits pour honnorer la feste triomphante, tellement qu'elle revint imaginer que les vestemens qu'elle avoit fait faire n'estoyent plus bons ny convenables pour le temps, parce qu'ils étoyent faits *à l'antique.*

> J. Louveau, *les Facétieuses Nuits du seigneur Straparole.*

Ensuite parut un excellent musicien de l'Élide nommé Eumelé, qui ravit chacun en admiration; de sorte qu'il fut proclamé victorieux, quoyqu'il fust fort mal vestu et qu'il n'eust qu'une lyre *à l'antique.*

> Perrot d'Ablancourt, trad. de Lucien, *Contre un ignorant qui faisoit une bibliothèque.*

Que votre fraise *à l'antique* fera sur son esprit un effet admirable !

> Molière, *l'Avare*, II, 5.

ANTIQUITÉ, s. f. (Du latin *antiquitas.*)
Ancienneté reculée. On dit *l'antiquité d'*une chose, *son antiquité :*

De là, passant dans la Phénicie, il receut la ville de Biblos en son obéissance, puis vint à Sidon, ville fameuse pour *son antiquité*, et pour la renommée de ses fondateurs.

> Vaugelas, trad. de Quinte-Curce, *Histoire d'Alexandre*, liv. IV.

Il proposa ensuite d'exempter de tributs les habitants de l'île de Cos, et dit beaucoup de choses sur *l'antiquité de* leur origine. Les Byzantins desirèrent aussi d'être soulagés des impôts excessifs qu'ils payoient à la République, et representèrent *l'antiquité de* leur alliance.

> Perrot d'Ablancourt, trad. de Tacite, *Annales*, XII, 19.

Les prêtres qui composoient l'histoire d'Égypte de cette suite immense de siècles, qu'ils ne remplissoient que de fables et des généalogies de leurs dieux, le faisoient pour imprimer dans l'esprit des peuples *l'antiquité* et la noblesse *de* leur pays.

> Bossuet, *Discours sur l'Histoire universelle*, III, 3.

Sa sœur n'étoit pas moins folle que lui de *l'antiquité de* sa race.

> Le Sage, *le Diable boiteux*, c. 19.

Tel est le sort de toutes ces anciennnes fables où se perd l'origine de chaque peuple, qu'on respecte *leur antiquité* en riant de leur absurdité.

> Voltaire, *Essai sur la poésie épique*, c. 3.

On abattit un pin pour *son antiquité*,
Vieux palais d'un hibou.

> La Fontaine, *Fables*, XI, 9.

De nos arts, *de* nos lois l'auguste *antiquité.*

> Voltaire, *l'Orphelin de la Chine*, I, 1.

Antiquité est souvent déterminé d'une autre manière, soit par une épithète, soit au moyen d'une proposition conjonctive :

Cela fait un gentilhomme, le premier connu de sa race, (Gilles seigneur de Croï) et dans une *antiquité* fort ordinaire.

> Saint-Simon, *Mémoires*, 1713.

Il faut pardonner aux Manéthon, aux Hérodote, aux Diodore, aux Ératosthène et à tant d'autres, la prodigieuse *antiquité* qu'ils accordent tous au royaume d'Égypte; et cette *antiquité* devait être très-moderne en comparaison de celle des Chaldéens et des Syriens.

> Voltaire, *Essai sur les mœurs.*

Souvent *Antiquité* est dit absolument dans diverses manières de parler que feront connaître les exemples suivants :

Cette méthode convient bien davantage à ceux qui prêchent la religion ; car tout y est tradition, tout y est histoire, tout y est *antiquité*.

FÉNELON, *Dialogue sur l'Éloquence*, II.

La guerre a pour elle *l'antiquité*, elle a été dans tous les siècles.

LA BRUYÈRE, *Caractères*, c. 10.

Les idées et les mots de vérité et d'*antiquité*, de fausseté et de nouveauté, ont été liées les unes avec les autres. C'en est fait ; le commun des hommes ne les sépare plus.

MALEBRANCHE, *Recherche de la vérité*, liv. I, IIe part., c. 3.

Tout ce que des savants du premier ordre, et les plus originaux, ont donné sur cette matière, ce sont différentes combinaisons de ces matériaux d'*antiquité*.

FONTENELLE, *Éloge de Bianchini*.

Si l'on vouloit trouver de *l'antiquité* dans les races de ce pays, n'en doutez pas, me dit-elle, il faudroit quitter et Paris et la cour, et, en convoquant l'arrière-ban, il seroit encore nécessaire de bien trier.

MARIVAUX, *le Paysan parvenu*, VIIIe part.

De Normanz Normandie a cest non recovré,
Newstrie avoit non es tems d'*antiquité*.

WACE, *Roman de Rou*, v. 1188.

Si pourtant quelque endroit chez eux plein d'excellence
Peut entrer dans mes vers sans nulle violence,
Je l'y transporte et veux qu'il n'ait rien d'affecté,
Tâchant de rendre mien cet air d'*antiquité*.

LA FONTAINE, *Épître à Huet*.

Quelques-uns de ces exemples conduisent à l'ancienne locution adverbiale *d'antiquité :*

Lors s'en vait à la porte, qui fu d'*antiquité*.

Gui de Bourgogne, v. 1445.

En une sale grande *de viel antiquité*.

Doon de Maïence, v. 7861.

Bien sembloit l'ermitage *de viel antiquité*.

Roman de Berte, XLV.

A cette manière de parler se rapporte la locution usuelle *de toute antiquité :*

Et demanda promptement ses armes que l'on luy apporta, et s'armèrent le roy et ses deux filz, puis montant à cheval, entrèrent au lieu où *de toute antiquité* on avoit de coustume faire telz combats.

HERBERAY DES ESSARTS, *Amadis de Gaule*, I, 43.

Terres censuelles, dont le cens avoit *de toute antiquité* appartenu au roi.

MONTESQUIEU, *Esprit des Lois*, XXX, 15.

ANTIQUITÉ se dit, sous cette forme absolue, *l'an-*tiquité des siècles, des temps mêmes qui sont fort éloignés de nous, et, collectivement, des hommes qui y ont vécu :

Cette ode, qu'on peut opposer aux plus belles et aux plus achevées de *l'antiquité*.

BALZAC, *Socrate chrétien*, X.

Vos gens de *l'antiquité* profane sont bien plus licencieux et plus téméraires.

LE MÊME, *même ouvrage*, XI.

J'ay leu ses deux traités (d'Heinsius) de la satyre d'Horace... et ne pense pas avoir veu ensemble plus d'*antiquité* renouvellée, plus de raison continue, plus de subtilité appuyée de plus de force.

LE MÊME, *Lettres*, V, 18.

Je juge bien plus avantageusement de vous sur vos écrits, que sur ceux de Gronovius et de Jacobus Balde, que je trouve, au reste, fort beaux et représentans le caractère de la meilleure *antiquité*.

VOITURE, *Lettres ; à M. d'Avaux*.

Ceux qui ont eu à se plaindre de leur siècle, ont donné mille louanges à *l'antiquité*, dont ils n'avoient rien à souffrir.

SAINT-ÉVREMONT, *Réflexions sur les divers génies du peuple romain*, c. 3.

Vous êtes les délices du genre humain : *l'antiquité* vous auroit dressé des autels, et vous auriez assurément été déesse de quelque chose.

BUSSY-RABUTIN, *Lettres ; à Mme de Sévigné*, 7 octobre 1655.

Ainsi, dans les changements qui s'introduisoient tous les jours parmi les hommes, la sainte *antiquité* revivoit dans la religion et dans la conduite d'Abraham et de ses enfants.

BOSSUET, *Discours sur l'Histoire universelle*, II, 2.

Par cette simplicité si originale, et dont nous avons tant perdu le goût, ce poète (Homère) a beaucoup de rapport avec l'Écriture ; mais l'Écriture le surpasse autant qu'il a surpassé tout le reste de *l'antiquité* pour peindre naïvement les choses.

FÉNELON, *Dialogues sur l'Éloquence*, II.

Pierre Ier, czar de Moscovie, s'est fait avec justice un si grand nom chez lui et par toute l'Europe et l'Asie, que je n'entreprendrai pas de faire connaitre un prince si grand, si illustre, comparable aux plus grands hommes de *l'antiquité*.

SAINT-SIMON, *Mémoires*, 1717.

J'avoue mon goût pour les anciens ; cette *antiquité* m'enchante, et je suis toujours prêt à dire avec Pline : C'est à Athènes que vous allez, respectez les dieux.

MONTESQUIEU, *Pensées diverses*.

... Ce sont contes frivoles,
Dont se repaist le peuple, et dont *l'antiquité*
Se servit pour tromper nostre imbécilité.

RÉGNIER, Élégies, III.

ANTIQUITÉ se dit, plus particulièrement au pluriel, de l'ensemble des choses qui concernent un ancien temps, un ancien peuple, d'anciennes institutions, d'anciens établissements, etc. :

Au reguard des lettres d'humanité et congnoissance des *antiquités* et histoires, ilz en étoient chargés comme un crapaud de plumes.

RABELAIS, Pantagruel, II, 10.

Les mœurs antiques qu'Homère et Hésiode nous représentent, ne servent pas peu à nous faire entendre les *antiquités* beaucoup plus reculées et la divine simplicité de l'Écriture.

BOSSUET, Discours sur l'Histoire universelle, I, 25.

Platon, curieux observateur des *antiquités*, fait le royaume de Troie du temps de Priam une dépendance de l'empire des Assyriens.

LE MÊME, même ouvrage, III, 4.

Il (un religieux jacobin) nous dit d'abord mille *antiquités* de son ordre et de son établissement en Auvergne, et n'oublia rien de ce qui pouvoit nous donner du respect pour sa profession.

FLÉCHIER, Mémoires sur les grands jours de 1665.

On découvre tous les jours, dans les usages écrits des anciens monastères, des *antiquités* ecclésiastiques très-curieuses.

FLEURY, Mœurs des Chrétiens, § 54.

Une antiquité, des antiquités, se disent des monuments des arts que nous ont laissés les anciens :

Estant à Rome du temps de ma jeunesse, je mesurois les édifices et *antiquitez*, selon la toise et pied de roy.

PHILIBERT DE L'ORME, Architecture, V, 1.

On les mettoit entre les mains de certains menus officiers du temple, qui, sous prétexte de leur en montrer les *antiquités*, les statues, les peintures, les offrandes, avoient l'art de les faire parler sur leurs affaires.

FONTENELLE, Histoire des Oracles, Ire Dissertation, c. 14.

Clément XI lui donna par une bulle l'intendance générale sur toutes les *antiquités* de Rome, auxquelles il étoit défendu de toucher sans permission.

LE MÊME, Éloge de Bianchini.

Foucault, conseiller d'État, qui venoit de mourir, étoit un honnête homme, savant en *antiquités* et en médailles.

SAINT-SIMON, Mémoires, 1721.

On a l'honneur d'être roué tout le long, par la *via Flaminia*, qui est une des plus dures *antiquités* que je connoisse.

CH. DE BROSSES, Lettres écrites d'Italie, t. II, 292.

Nous trouvâmes ce bon vieillard (Muratori) avec ses quatre cheveux blancs et sa tête chauve, travaillant, malgré le froid extrême, sans feu et nu-tête, dans cette galerie glaciale (la bibliothèque de Modène), au milieu d'un tas d'*antiquités* ou plutôt de vieilleries italiennes; car en vérité je ne puis me résoudre à donner le nom d'*antiquité* à tout ce qui concerne ces vilains siècles d'ignorance.

LE MÊME, même ouvrage, t. II, p. 304.

ANTIQUITÉ signifie en outre, La connaissance de l'antiquité sous le rapport des usages, des langues, etc. De là cette expression, *Terme d'antiquité; ces titres d'ouvrages, Antiquités grecques, romaines*, etc.

De même qu'*Antique* a quelquefois signifié, Agé, vieux, on s'est servi quelquefois d'ANTIQUITÉ au sens de grand âge, vieillesse :

Je rends graces à Dieu, mon conservateur, de ce qu'il m'a donné pouvoir veoir mon *anticquité* chanue refleurir en ta jeunesse.

RABELAIS, Pantagruel, II, 8.

ANTIQUAILLE, s. f.

On l'a écrit ANTICQUAILLE, ANTICAILLE.

Il s'est pris autrefois dans un sens favorable, pour *Antiquité :*

Le Savoyard n'eut pas mauvaise grâce, lequel voulant donner la trousse à un sot et sottement curieux de telles choses, après s'estre bien faict faire la cour, en la fin, pour une belle *antiquaille*, lui monstra sa femme aagée de quatre-vingts ans.

H. ESTIENNE, Apologie pour Hérodote.

On dit *Nihil antiquius habui*, c'est-à-dire je n'ay eu rien en plus grande recommandation, et plus cher : voulans dire que les choses antiques sont mieux faictes que celles de ce temps, et aussi on voit qu'on les cerche, et qu'on les achepte bien chères, et pource qu'elles sont antiques, on les nomme *antiquailles*.

BOUCHET, Serées, III, 28.

Le 18 de avril, j'alai voir le dedans du palais du Sor Jan George Cesarin, où il y a infinies rares *anticailles* et notamment les vraies testes de Zenon, de Possidonius, Euripides et Carneades.

MONTAIGNE, Voyages : Rome.

Constantin y transporta (à Constantinople) de la ville de Rome plusieurs belles *antiquailles*.

EST. PASQUIER, Recherches de la France, III, 4.

Laissant à part ce qui restoit des vieilles *antiquailles* des druydes, lorsque les François arrivèrent ès Gaules, il y avoit deux autres religions ordinaires.

Est. Pasquier, *Recherches de la France*, III, 6.

Le docte Pierre Pithou, en la recherche de telles *antiquailles*, se rendit admirable.

Le même, même ouvrage, X, 22.

Es jeux de Pompée le Grand, le théâtre estoit tapissé de pièces et *anticailles* fort singulières, tant pour le suject d'icelles que pour raison des peintres et imageurs qui les avoyent faites.

Du Pinet, trad. de Pline l'Ancien, VII, 3.

Un jour qu'on parloit de je ne sais quelle *antiquaille*, M. de Longueville lui dit : Cela est tout autrement beau à voir à Rome; c'est une honte que vous ne l'ayez point vu.

Tallemant des Réaux, *Historiettes : Ruqueville.*

On trouve dans le passage suivant *l'Antiquaille* pour l'Antiquité :

Ils veulent déterrer les Grecs du monument,
Les Latins, les Hébreux, et toute *l'antiquaille,*
Et leur dire à leur nez qu'ils n'ont rien fait qui vaille.

Régnier, *Satires*, IX.

Antiquaille n'est plus, depuis longtemps, qu'un terme de mépris dont on se sert en parlant de certaines choses antiques de peu de valeur :

Je ne suis pas en peine de charmer le cœur d'Isabelle; et quand elle aura fait un tour dans ma bibliothèque, et que je lui aurai montré toutes mes antiquités, je suis sûr...
— Vous croyez donc qu'Isabelle soit d'humeur à se payer d'*antiquailles?*

Delosme de Monchenai, *la Cause des femmes*, scène de M. Tuetout et de Colombine. (Voyez Ghérardi, *Théâtre italien*, t. II, p. 45.)

Il se dit aussi de certaines choses usées et de peu de valeur, comme de vieux meubles :

Il est survenu tout à propos un fort honnête homme à qui nous avons affaire... il demande seulement le temps d'écrire à M. d'Agauri, en Dauphiné, pour avoir la permission d'attaquer la vieille *antiquaille* de cheminée.

Mme de Sévigné, *Lettres;* 18 octobre 1679.

Elle est allée à Saint-Paul rendre grâces à Dieu avec un manteau de chambre noir doublé de panne verte; c'est une *antiquaille* qu'elle a il y a longtemps.

Tallemant des Réaux, *Historiettes :* Mme Pilou.

Tous ces vieux ornements, traitez-les d'*antiquailles.*

P. Corneille, *Défense des Fables dans la poésie.*

Dans des passages tels que le suivant, Anti-

quailles a pu être appliqué par mépris, par plaisanterie, aux personnes :

Quoi! parce que je suis jeune, folâtre, enjouée, et que j'aime à voir compagnie, il faudra, pour être en bonne odeur parmi les vieilles critiques de mon voisinage, que j'aye toujours quelqu'une de ces *anticailles*-là à mes trousses ?

La Femme vengée, I, 1. (Voyez Ghérardi, *Théâtre italien*, t. II, p. 208.)

ANTIQUAIRE, s. m. (Du latin *antiquarius.*)
On l'a écrit quelquefois ANTICQUAIRE.

On l'a employé autrefois adjectivement au sens d'Antique :

Debtes, o chose rare et *antiquaire!*

Rabelais, *Pantagruel*, III, 3.

Sur la pouppe... estoit... une lanterne *anticquaire.*

Le même, même ouvrage, IV, 1.

Par ANTIQUAIRE, on entend Celui qui est savant dans la connaissance des monuments antiques, comme statues, vases, médailles, etc. :

On les mettoit entre les mains de certains menus officiers du temple, qui, sous prétexte de leur en montrer les antiquités, les statues, les peintures, les offrandes, avoient l'art de les faire parler sur leurs affaires. Ces *antiquaires*, pareils à ceux qui vivent aujourd'hui de ce métier en Italie, se trouvoient dans tous les temples un peu considérables.

Fontenelle, *Histoire des oracles*, Ire Dissertation, c. 14.

Il auroit fallu que je m'étendisse davantage à la fin de ce livre... Je suis comme cet *antiquaire* qui partit de son pays, arriva en Égypte, jeta un coup d'œil sur les pyramides et s'en retourna.

Montesquieu, *Esprit des Lois*, XXVIII, 45.

Les *antiquaires*, ceux qui croyoient l'être, ceux qui vouloient le paroître, s'empressèrent d'entrer en commerce avec lui : ils se flattoient d'être admis au nombre des savants, qu'ils pouvoient montrer une lettre de M. le comte de Caylus; c'étoit pour eux un brevet d'*antiquaire.*

Le Beau, *Éloge du comte de Caylus.* (Voir *Histoire de l'Académie des Inscriptions et belles-lettres*, t. XXXIV.)

Antiquaire d'une nouvelle espèce, il me fallut apprendre à la fois à restaurer ces monuments des révolutions passées et à en déchiffrer le sens.

Cuvier, *Discours sur les révolutions du globe.*

On substitue ordinairement aujourd'hui à Antiquaire le mot Archéologue. (Voyez ce mot.)

On trouve, pour exprimer la science de l'Antiquaire, le substantif, fort inusité,

Antiquariat.

Jamais la science de l'*antiquariat* n'avoit été cultivée comme elle l'est présentement.
Bayle, *Projet d'un Dictionnaire critique.*

De l'adverbe *antique* on avait fait **Antiquement,** donné, entre autres, par Cotgrave, et d'*Antiquare,* **Antiquer,** qui, comme le verbe latin, signifiait, en termes de Jurisprudence, Rendre ancienne et sans vigueur une coutume, une loi, l'abolir.

ANTISOCIAL, ALE, adj. (Du grec ἀντὶ, contre, et de notre mot *Social.*)

Contraire à la société, qui tend à la dissolution de la société : *Doctrine antisociale, principes antisociaux :*

L'impôt que l'on demande aux deux premiers ordres est précisément volontaire, non pour les individus, ce qui serait absurde et *antisocial,* mais pour la nation.
Mirabeau, *Discours.*

ANTISPASMODIQUE, adj. des deux genres. (De ἀντὶ, contre, et *spasmodique, spasme.* Voyez ces mots.)

Terme de Médecine. Il se dit des remèdes que l'on emploie contre les spasmes, les convulsions : *Potion antispasmodique, pilules antispasmodiques.*

Il s'emploie substantivement au masculin : C'est un bon *antispasmodique.*

ANTISTROPHE, s. f. (D'*antistrophe, antistropha,* ἀντιστροφὴ, et, par ce dernier mot, de ἀντὶ, marquant opposition, alternative, et de στροφὴ, conversion, retour.)

Nom que portait, chez les Grecs, une des stances des chœurs, dans les pièces dramatiques. C'était ordinairement la seconde, semblable pour la mesure et le nombre des vers à la première, qu'on nommait Strophe; la troisième se nommait Épode. Les passages suivants expliquent l'origine de ces divers noms :

Dans la tragédie grecque, les personnages qui composoient le chœur exécutoient une espèce de marche, d'abord à droite, et puis à gauche; et ces mouvements, qui figuroient, dit-on, ceux de la terre d'un tropique à l'autre, se terminoient par une station. Or la partie du chant qui ré-

pondoit au mouvement du chœur allant à droite, s'appeloit strophe ; la partie du chant qui répondoit à son retour s'appeloit *antistrophe,* et la troisième, qui répondoit à son repos, s'appeloit épode... il en étoit de même des chants religieux.
Marmontel, *Éléments de littérature :* Strophe.

Les vers qu'il (le chœur de la tragédie grecque) chante sont, comme ceux des odes, disposés en strophes, *antistrophes,* épodes, etc. ; chaque *antistrophe* répond à une strophe, soit pour la mesure et le nombre des vers, soit pour la nature du chant. Les choristes, à la première strophe, vont de droite à gauche ; à la première *antistrophe,* de gauche à droite, dans un temps égal, et répétant le même air sur d'autres paroles. Ils s'arrêtent ensuite, et, tournés vers les spectateurs, ils font entendre une nouvelle mélodie.
Barthélemy, *Voyage d'Anacharsis,* c. 70.

ANTITHÈSE, s. f. (D'*antithesis,* ἀντίθεσις, opposition, et, par ce dernier mot, de ἀντὶ, contre, et de θέσις, venu de τίθημι, action de poser, de placer.)

Figure par laquelle on oppose, dans une même période, des choses contraires les unes aux autres, soit par les pensées, soit par les termes :

Ceux qui font les *antithèses* en forçant les mots, imitent ceux qui font de fausses fenêtres pour la symétrie. Leur règle n'est pas de parler juste, mais de faire des figures justes.
Pascal, *Pensées.*

Les *antithèses* bien ménagées plaisent infiniment dans les ouvrages d'esprit. Elles y font à peu près le même effet que, dans la peinture, les ombres et les jours qu'un bon peintre à l'art de dispenser à propos ; ou, dans la musique, les voix hautes et les voix basses qu'un habile maître sait mêler ensemble.
Bouhours, *De la manière de bien penser dans les ouvrages d'esprit,* Dialogue II.

Il (l'abbé Testu) faisoit des vers médiocres, et son style étoit plein d'*antithèses* et de pointes.
Mme de Caylus, *Souvenirs.*

Ces *antithèses*-là sont naturelles, et font sans doute une beauté solide.
Fénelon, *Dialogues sur l'Éloquence,* II.

La variété que l'on a cherché à mettre par le moyen des contrastes, est devenue une symétrie et une vicieuse uniformité. Ceci ne se sent pas seulement dans des certains ouvrages de sculpture et de peinture, mais aussi dans le style de quelques écrivains, qui, dans chaque phrase, mettent toujours le commencement en contraste avec la fin par de continuelles *antithèses,* tels que saint Augustin et autres auteurs de la basse latinité, et quelques-uns de nos modernes, comme Saint-Évremont.

MONTESQUIEU, *Essai sur le Goût :* Des Contrastes.

L'*antithèse,* trop familière à Pline le Jeune et à Fléchier, paroît, dans leur éloquence, une figure étudiée, quoique peut-être elle leur soit venue sans étude et sans réflexion.

MARMONTEL, *Éléments de littérature :* Antithèse.

Un discours sans figure est un mets que j'abhorre :
Je veux de l'*antithèse* ou de la métaphore.

BOURSAULT, *Ésope à la cour,* I, 6.

... Ces subtiles fadaises,
Ces arguments émaillés d'*antithèses.*

J.-B. ROUSSEAU, *Épîtres.*

On se sert quelquefois d'ANTITHÈSE autrement qu'en parlant de pensées et de mots, dans le sens général d'Opposition :

Je ne ferai pas si tôt cette *antithèse* de la doctrine des thomistes et de celle de saint Thomas.

LE PÈRE DANIEL. (Cité par Féraud, *Dictionnaire critique de la langue françoise.*)

D'ANTITHÈSE Scarron a fait le verbe ANTITHÉSER :

Rimeur qui sait *antithéser*
Est ravi, quand il peut user
Ab hoc et ab hac d'antithèse.

SCARRON, *Virgile travesti,* III.

ANTITHÉTIQUE, adj. des deux genres.
Qui tient de l'Antithèse, où l'Antithèse abonde :
Phrase antithétique, style antithétique.

ANTONOMASE, s. f. (De *antonomasia,* ἀντονομασία, et, par ce dernier mot, de ἀντὶ, en place de, et ὄνομα, nom.)

On a dit d'abord, conformément à l'étymologie, ANTONOMASIE, forme que donne encore le *Dictionnaire* de RICHELET.

Figure qui consiste à mettre un nom commun ou une périphrase à la place d'un nom propre, ou un nom propre à la place d'un nom commun.

Je louerois beaucoup plus celuy de nostre temps, qui a esté si plaisant en sa vie, que par une *antonomasie* on l'a appelé le Plaisantin.

BONAVENTURE DES PÉRIERS, *les Contes ou nouvelles, récréations et joyeux devis.* (Édition de la Monnoye, in-12, t. I, p. 15.)

Entre autres choses je t'averty user souvent de la figure

antonomasie, aussi fréquente aux anciens poëtes, comme peu usitée, voire incongnue des Françoys.

JOACHIM DU BELLAY, *Deffence et illustration de la langue françoyse,* II, 9.

L'*antonomase* est un trope qui met un équivalent à la place du nom. Ce trope est très-familier aux poëtes, qui s'en servent diversement, tantôt par une épithète patronymique qui tient lieu du nom, comme lorsqu'ils disent *Tydides, Pelides...* par un attribut qui distingue la personne connue :

Le père des grands dieux et le roi des mortels,

... Tantôt enfin par une action qui désigne et marque celui de qui on parle :

Les armes qu'en partant le cruel a laissées.

Les orateurs n'en font pas un si grand usage, mais ils ne laissent pas de s'en servir...

GÉDOYN, trad. de Quintilien, *L'Institution de l'orateur,* VIII, 6.

Philosophe, orateur, poëte... sont des noms communs; cependant l'*antonomase* en fait des noms particuliers qui équivalent à des noms propres.

Quand les anciens disent le *Philosophe,* ils entendent Aristote.

Quand les Latins disent l'*Orateur,* ils entendent Cicéron.

Quand ils disent le *Poëte,* ils entendent Virgile...

Le destructeur de Carthage et de Numance signifie, par *antonomase,* Scipion Émilien...

La seconde espèce d'*antonomase* est lorsqu'on prend un nom propre pour un nom commun ou un adjectif...

Mécénas, favori de l'empereur Auguste, protégeoit les gens de lettres ; on dit aujourd'hui d'un seigneur qui leur accorde sa protection, *c'est un Mécénas.*

Mais sans *un Mécénas* à quoi sert un Auguste?

BOILEAU, *Satires,* I.

C'est-à-dire sans un protecteur.

DUMARSAIS, *les Tropes,* c. 5 : L'Antonomase.

ANTRE, s. m. (D'*antrum,* ἄντρον.)
Caverne, grotte naturelle :

Cerbère, que je traînai hors de son *antre* ténébreux.

FÉNELON, *Dialogues des morts :* Hercule et Thésée.

Je t'obéis, je pars, après avoir salué ces lieux. — Adieu, cher *antre;* adieu, nymphes de ces prés humides.

LE MÊME, *Télémaque,* XV. (Paroles de Philoctète.)

Elle parloit étant seule... alloit rêver au bord des fontaines, se plaindre aux rochers, consulter les *antres* sauvages.

LA FONTAINE, *Psyché,* I.

Les pays montagneux et pleins d'*antres,* étoient les plus abondants en oracles.

FONTENELLE, *Histoire des Oracles,* c. 12.

Ces *antres* ténébreux ne sont point sans danger.

RACAN, *les Bergeries,* V, 3.

Le dieu de ces rochers sur une urne penché
Goûte un morne repos en son *antre* couché.
LA FONTAINE, *Psyché,* I.

Derrière ce lutrin, ainsi qu'au fond d'un *antre,*
A peine sur son banc on discernoit le chantre.
BOILEAU, *le Lutrin,* I.

La main du Temps creusa les voûtes sombres
D'un *antre* noir, séjour des tristes ombres.
J.-B. ROUSSEAU, *Allégories,* II, 6 : La Vérité.

ANTRE se dit quelquefois par figure, dans une intention satirique :

Il est peu vraisemblable que la veuve Calas puisse tirer les pièces de l'*antre* du greffe de Toulouse.
VOLTAIRE, *Lettres:* 7 juillet 1762.

Sur ses pas au barreau la troupe s'achemine,
Et bientôt, dans le temple, entend, non sans frémir,
De l'*antre* redouté les soupiraux gémir.
BOILEAU, *le Lutrin,* V.

Après midi, dans l'*antre* de Procope...
Seul, en un coin, pensif et consterné,
Rimant une ode, et n'ayant point dîné,
Je m'accostai d'un homme à lourde mine,
Qui sur sa plume a fondé sa cuisine.
VOLTAIRE, *Satires :* Le Pauvre Diable.

On dit figurément, par allusion à une fable connue, *C'est l'antre du lion,* en parlant d'un lieu où il est dangereux d'entrer parce que l'on n'est pas sûr d'en sortir.

ANUITER (S'), verbe pronominal. (Du vieil adverbe *anuit,* à la nuit, dans la nuit, la nuit, cette nuit; et, par ce mot, de *nuit,* autrefois *nuict,* venu de *nox, noctis.*)

Ce verbe qu'on a écrit diversement, ANNUITER, ANNUITIER, ADNUICTER; ANNUITIR; ENNUITER; ENNUI-TIR, etc. (voyez le *Glossaire* de Sainte-Palaye, et quelques-uns des exemples ci-après), a été primitivement employé comme verbe actif, avec les sens de « Mettre à la nuict, A tarder jusqu'à ce qu'il soit nuict. » C'est ainsi que l'interprètent Rob. Estienne, J. Thierry, Nicot.

Au premier de ces deux sens appartient l'exemple suivant, où *Anuité* est dit du jour :

Quant li jours *fu anuytiez.*
Histoire des trois Maries, en vers, ms., p. 80. (Cité par Sainte-Palaye.)

III.

De là la forme impersonnelle que donnent ces autres passages :

Ensi s'empartirent, quant *il fu anuitié,* le petit pas.
VILLEHARDOUIN, *Conqueste de Constantinoble,* CXLV.

Là se tiendront... jusques à tant qu'il *fust anuyté,* mais quand la nuit fut noire...
Chroniques de Saint-Denys, t. I, f° 264, r°.

Et se conseillèrent, ce soir, que si très tôt que *il seroit anuité,* ils monteroient à cheval et passeroient la rivière de Somme à gué assez près de là.
FROISSART, *Chroniques,* liv. I, part. II, c. 87.

Il *estoit* jà moult *anuyté;* car il estoit ainsi que entre chien et leu.
Perceforest, vol. I, f° 67, v°, col. 2.

On l'a aussi employé comme verbe neutre :

Le soleil se print à *anuyter.*
Perceforest, vol. I, f° 132, r°, col. 1.

Te faudroit voir tous ces vieux romans et poètes françois où tu trouveras... un *anuicter,* pour faire nuict... et mil'autres bons mots que nous avons perdus par nostre négligence.
JOACHIM DU BELLAY, *Deffence et illustration de la langue françoyse,* c 6.

A Cambrai vint ains qu'il dut *anuitir.*
Garin le Loherain, t. I, p. 55.

Dès qu'au vespre *il anuita.*
WACE, *Roman de Brut,* ms., f° 23, v°, col. 1. (Cité par Sainte-Palaye.)

... Quand *il anuitera*
Et tote gent se dormira.
BENOIT, *Chronique des ducs de Normandie,* v. 23597.

... Et quant *il anuytoit,*
Le fier Énée en songe s'agitoit.
JOACHIM DU BELLAY, trad. de l'*Énéide,*

On disait substantivement l'*Anuitant,* l'*Anuiter,* le temps de la nuit.

L'*Anuitant :*

I est entrez vers l'*anuitant.*
BENOIT, *Chronique des ducs de Normandie,* v. 1065.

I pristrent part en l'*anuitant.*
LE MÊME, même ouvrage, v. 1204.

L'*Anuiter :*

Environ l'*anuiter,* ce jeudi au soir, vinrent les nouvelles à Bruges de la déconfiture de la bataille.
FROISSART, *Chroniques,* II, II, 199.

Li jour commença descliner,
Jà estoit près de *l'annuitier*.

Athis, ms., f° 124, r°, col. 1. (Cité par Sainte-Palaye.)

Povre hostel ot la dame, quant vint à *l'anuitier*.

Roman de Berte, XXXVIII.

Et adverbialement, *à l'Anuiter*, au temps de la nuit :

Or disons ainsi, que, *à l'anuitier*, revenimes de la perilleuse bataille desus dite.

JOINVILLE, *Histoire de saint Louis*.

S'en partirent *à l'anuitier* et chevauchièrent toute nuit.

MARTÈNE, *Continuation de Guillaume de Tyr*, t. V, col. 716.

De là le substantif ANUITEMENT ; *l'heure de l'Anuitement*, l'entrée de la nuit :

Se presenteront... tous les diz sergens de cheval et de pié, la nuit qu'ils auront à guetter... à *l'eure de l'anuitement*, et feront le dit guet toute nuit.

CHARLES V, *Lettres* ; 1367. (Voir les *Ordonnances des rois de France*, t. V, p. 98.)

A partir du xvii° siècle, ANUITER n'est plus que verbe pronominal. *S'Anuiter*, c'est, dans le langage familier, « Se mettre à la nuit, » dit Danet ; s'exposer à être surpris en chemin par la nuit :

Si vous m'en croyez ne *vous anuitez pas*.

Dictionnaire de l'Académie, 1694.

ANUITÉ, ÉE, participe.

ANUS, s. m. (Du latin *anus*.)
Terme d'Anatomie. Le fondement, l'ouverture extérieure par laquelle se termine l'intestin nommé *rectum*.

Ce mot, sans doute en raison du rapport d'*Anus* avec *Annulus, Anellus*, est écrit *Anel* dans ce vieux texte :

Faites cinc *anels* de fin or, après la furme de cele partie privée de voz cors ù li turmenz e li langur ad esté.
(*Quinque anos aureos facietis... facietis similitudines anorum vestrorum...*)

Les quatre Livres des Rois, I, vi, 5.

ANXIÉTÉ, s. f. (Venu, comme *angoisse*, du latin *anxietas*, et, par ce mot, d'*anxius* et d'*angere*.)
Ce mot, que donnent, les premiers, J. Thierry, Nicot, Cotgrave, a eu quelque peine à s'établir.

Les lexicographes du xvii° siècle, pour la plupart, ne l'admettent qu'avec défiance, le disant, les uns, comme par exemple Danet, un vieux mot ; les autres, comme Richelet, un mot de nouvelle date : il a depuis pris place définitivement dans l'usage. Il signifie, comme le mot latin dont on l'a tiré, Travail, peine, inquiétude, embarras d'esprit :

Ce seroit dommage de vous perdre ainsi, et ne puis présumer qui peult estre celle qui vous a réduit en telle *anxiété*.

HERBERAY DES ESSARTS, *Amadis de Gaule*, liv. II, c. 6.

Le légat de S. S. a proposé à ces S^rs *l'anxiété* d'esprit où Elle se retrouve, pour le trouble où elle voit les affaires de la chrestienté...

M. DE MORVILLIERS à Henri II, 7 et 27 janvier 1548. (Voyez *Négociations de la France dans le Levant*, t. II, p. 44.)

Souvenez-vous que c'est la coutume de la plupart des hommes d'être en une *anxiété* perpétuelle, encore qu'ils n'aient point de mal et que pour certain il ne leur en doive point arriver.

MALHERBE, trad. des *Épîtres* de Sénèque, XIII.

M. Necker alors proposa au roi d'ordonner au clergé et à la noblesse de délibérer avec le tiers, afin de leur sauver l'*anxiété* pénible dans laquelle ils se trouvoient.

Mme DE STAEL, *Considérations sur la Révolution française*, Ire part., c. 21.

Ne voyez-vous pas dans ce désordre de la nation elle-même, immobile et muette... suivre avec *anxiété* les mouvements des partis ?

ROYER-COLLARD, *Discours : Loi des Journaux*, 27 janvier 1817.

ANXIÉTÉ se dit, en Médecine, d'un malaise, accompagné d'un resserrement à l'épigastre et d'un besoin continuel de changer de position :

Je sens qu'il m'est impossible de vivre plusieurs heures dans de pareilles *anxiétés* ; hâtez-vous, cela ne peut durer.

Paroles de Mirabeau mourant à Cabanis. (Voyez L. PASSY : Frochot, préfet de la Seine, p. 76.)

AORISTE, s. m. (Du grec ἀόριστος, et, par ce mot, de ἀ privatif, et ὁρίζω, je borne.)
Comme le mot grec duquel on l'a tiré, il signifie Indéfini. Il se dit, dans la conjugaison grecque, d'un temps qui présente l'action comme passée, mais à un moment indéterminé : *aoriste premier, aoriste second, aoriste actif, aoriste passif, aoriste moyen* :

Ces deux *aoristes* (*l'aoriste premier* et *l'aoriste second*) renferment quelques idées du prétérit; mais nos plus habiles grammairiens ont bien de la peine à marquer les différences délicates qu'il y a entre le prétérit et ces deux *aoristes*.

L'ABBÉ DE DANGEAU, *Essais de Grammaire*, VIII, 5.

Plusieurs grammairiens modernes ont appliqué cette dénomination au temps des verbes français qu'on nomme ordinairement prétérit défini :

Nous avons... deux prétérits parfaits, desquels il m'a semblé autrefois que l'un se pouvoit rapporter au temps que les Grecs appellent *aoriste*, c'est-à-dire indéfini et non limité... *Je luy fei response; alors, adonc je fei response....* par ce prétérit nous ne limitons point l'espace du temps passé : ce qui autrefois m'a faict penser que (comme j'ai dict) il avoit accointence avec l'*aoriste grec*. Mais depuis, ayant considéré de plus près la nature de cest *aoriste*, et pesé les raisons d'une part et d'autre, je me suis doubté qu'il y avoit quelque autre secret caché soubs cest *aoriste*, quant à son nayf usage, et confesse que jusques à présent je n'en suis pas bien résolu.

H. ESTIENNE, *Traicté de la conformité du langage françois avec le grec*, liv. I, observation 6.

Il ne se dit que des inflexions des verbes et de celles-là seulement qui marquent indéfiniment le temps passé. *Je lus, je pensai*, etc. Toutes ces inflexions des verbes lire et penser sont à l'*aoriste*.

Dictionnaire de l'Académie, 1694-1762.

Dans la langue française il se dit du prétérit qu'on appelle simple, *je fus, je lus, j'aimai*, etc., par opposition au prétérit qu'on appelle composé, *j'ai été, j'ai lu, j'ai aimé*, etc.

Même ouvrage, 1798.

... Ce temps s'appelle en français *parfait défini*, et en grec *aoriste*.

Le mot *aoriste* vient du grec ἀόριστος, et signifie indéfini, indéterminé. Pourquoi donc le même temps s'appelle-t-il, en français *défini*, et en grec, *indéfini*? Le voici : En français, la dénomination de ce temps est tirée de l'emploi qu'on en fait. Or on ne s'en sert que quand l'époque est fixée par quelque terme accessoire, comme ici : « Je lus ce livre l'an dernier. »

En grec, au contraire, sa dénomination est tirée de sa nature même. Or, par sa nature, il est indéterminé; car si vous dites, *je lus ce livre*, on vous demandera, *quand?* Et c'est la réponse à cette question qui seule déterminera l'époque. *Je lus* n'offre donc par lui-même qu'une idée indéfinie, indéterminée, la dénomination d'*aoriste* est donc parfaitement juste.

J.-L. BURNOUF, *Méthode pour étudier la langue grecque*, § 60.

C'est de l'*aoriste* français qu'il est question dans ce passage :

Encore que je me serve quelquefois assez heureusement des figures de rhétorique, dont je ne scay pas le nom, c'est plus par hazard que par science, puisque je n'ay jamais seu comprendre la différence qu'il y avoit entre une comparaison et une métaphore, ny discerner le prétérit d'avec l'*aoriste*.

RACAN, *Lettres; à Chapelain*, 25 octobre 1654.

AORTE, s. f. (Du grec ἀορτή, vaisseau, vase.)

Terme d'Anatomie. Artère qui s'élève du ventricule gauche du cœur :

Immédiatement en sortant du cœur, l'*aorte* et la grande veine envoient une de leurs branches dans le cerveau.

BOSSUET, *De la connoissance de Dieu et de soi-même*, c. 2, art. 8.

Aorte... Grosse artère qui sort du ventricule dont l'épaisseur est la plus considérable; ce ventricule est situé du côté gauche dans l'homme. A raison de sa direction, l'*aorte* est ascendante ou descendante; à raison des régions où elle se trouve, elle est thoracique ou abdominale.

VICQ D'AZIR, *Traité d'anatomie et de physiologie*.

D'AORTE on a tiré :

AORTIQUE, adj. Qui est relatif à l'Aorte :

J'appelle le ventricule *aortique* celui que les anatomistes désignent sous le nom trop vague de ventricule gauche.

VICQ D'AZIR, *Traité d'anatomie et de physiologie*.

AOÛT, s. m. (Du latin *Augustus*.)

On l'a écrit AGUST, AOUST, AOST, AUST, OST, etc. (Voyez le *Glossaire* de Sainte-Palaye et quelques-uns des exemples ci-après.)

Août, qu'on prononce et qu'on écrit quelquefois *Oût*, désigne le huitième mois de notre année, le mois que les Romains, qui commençaient leur par le mois de mars, avaient appelé *Sextilis* avant qu'ils lui eussent donné le nom d'Auguste. Voltaire, par une innovation qu'il n'a pu faire adopter, a rappelé le mot à son étymologie trop effacée par ses diverses orthographes, en remplaçant, dans la date de ses lettres, Août par *Auguste*.

Il deceda le samedy pénultième jour d'*aoust*.

COMINES, *Mémoires*, c. 12.

Les Anglois ne trouvoient rien, fors les granges pleines de blé, car c'étoit après *aoust*.

FROISSART, *Chroniques*, liv. I, IIe part., c. 308.

Il est bien ridicule que d'*Augustus* on ait fait *aoust*.
Voltaire, Lettres; 7 auguste 1767.

Jà ert d'*aust* li meis passez.
Wace, Roman de Rou, v. 5674.

Je vos ferai un saut saillir
Uinz que voiez *aoust* venir.
Roman du Renart, v. 20069.

Je consens de bon cœur, pour punir ma folie,
Que tous les vins pour moi deviennent vins de Brie,
Qu'à Paris le gibier manque tous les hivers,
Et qu'à peine au mois d'*aoust* l'on mange des pois verts.
Boileau, Satires, III.

Août, par extension, signifie encore Moisson. On dit, *l'août, l'août de quelqu'un, son août, faire son août,* etc. :

Aust est et requerrai Deu qu'il face tuner et pluie enveit en terre, encuntre le usage de cest païs...
(*Numquid non messis tritici est hodie...?*)
Les quatre Livrés des Rois, I, xii, 17.

Le suppliant aloit au lieu Duchemin, en esperance de bailler son *aoust* à compaignons demourans illec.
Du Cange, Glossaire : Lettres de rémission de 1414.

J'ai fait mon *coust.*
Messem absolvi.
Nicot, Trésor.

Es parties septentrionales, plus froides que chaudes, les bleds ne sont couppez qu'en aoust; duquel mois, à telle cause, la cueillette en porte le nom, de luy, en tels endroits dite l'*aoust :* comme les semences du printemps sont appellées les mars, et de ce mois-là, auquel pour tout délais, elles sont jettées en terre.
Olivier de Serres, Théâtre d'Agriculture, IIᵉ lieu, c. 6.

Je vous pairai, lui dit-elle,
Avant l'*aoust,* foi d'animal,
Intérêt et principal.
La Fontaine, Fables, I, 1.

Remuez votre champ dès qu'on *aura fait l'aoust.*
Le même, Fables, V, 9.

Août s'applique encore au travail du moissonneur :

On a tant promis à ce valet pour son *août.*
Dictionnaire de l'Académie, 1694.

Faire son août s'est dit figurément d'un homme qui est dans une saison ou dans une affaire où il gagne beaucoup :

Cet homme a bien *fait son août* dans cette commission.
Les fermiers des entrées *font leur août* dans les mois de novembre, décembre et janvier.
Dictionnaire de Trévoux.

Je me levois avec le jour et m'en allois diligentement aux lieux de mercerie, tantost à la halle au pain, ores à la boucherie, où le matin pour tout le jour je *faisois mon aoust.*
Chapelain, le Gueux, ou la vie de Guzman d'Alpharache, Iʳᵉ part.

Août a donné lieu à d'assez nombreux proverbes; par exemple :

Ce sont faucilles après *aoust.*
Jeh. Miclot, Proverbes, xvᵉ siècle.

Qui dort en *aoust,* dort en son coust.
Gabr. Meurier, Trésor des Sentences, xviᵉ siècle.

La mi-août ou, comme on a encore dit, *la moyenne d'août* est le quinzième jour du mois d'Août. *Notre-Dame de la mi-août, Notre-Dame d'août.*

Quand la *moyenne d'août* dut approcher, le duc d'Anjou s'en vint devant la ville de Mousach.
Froissart, Chroniques, liv. I, IIᵉ part., c. 376.

Le jour de la Nostre Dame en *mi aoust...*
Le même, même ouvrage, II, iii, 6.

J'ai autrefois ouï dire à M. le premier président de Bellièvre, qu'il s'imaginoit entendre miauler des chats, quand il entendoit dire aux procureurs en l'audience, *la Notre-Dame de la mi-aoust...* Ce qui a trompé ceux qui prononçoient de la sorte, c'est qu'ils n'ont pas su que *aou* étoit une triphthongue qui n'a qu'un son simple. Il n'y a pas longtemps au reste que ce mot est monosyllabe parmi nous.
Ménage, Observations sur la langue françoise.

La procession accoutumée de *la Notre-Dame d'août* se fit à l'ordinaire.
Saint-Simon, Mémoires, 1720.

D'Août, Aoust se sont faits les mots suivants : Aoûter, Aouster, encore écrit autrefois Aoster, Auster, Oster, etc. :

Dans ce mot, contrairement à ce qui se fait pour *août,* l'usage est de prononcer l'*a.*

Il a été autrefois employé, comme verbe actif, avec le sens de faire l'Août, la moisson, et de Mûrir. (Voyez les *Dictionnaires* de J. Thierry et de Nicot.)

Au premier de ces deux sens se rapportent un

grand nombre d'exemples tels que les suivants, dont les trois derniers sont cités par Sainte-Palaye :

> Estienne Fusset... saichant que ledit Perret, en l'aoust derrein passé, s'en estoit alé *aouster* pour gaigner parmi son labour du blé pour lui, sa femme et enfans...
>
> Du Cange, *Glossaire :* Augustare. Lettres de rémission. de 1380.

> Comme ledit Estienne, sa femme et un jeune valeton... soiassent et *aoustassent* en une pièce de blé...
>
> Le même, même ouvrage : Augustus, 1394.

> Cinq gerbes de blef par lui prinses à diverses fois ès champs et aoust, quant il venoit de labourer et *aouster.*
>
> Le même, même ouvrage, 1400.

> Quand ils vendangent et *aoustent.*
>
> *Mirac.* mss. B. M. V. lib. II.

> Quand temps d'*auster* est en saison.
>
> *Histoire des trois Maries,* en vers, ms., p. 110

> En la saison que l'on *aoûste.*
>
> G. Guiart, ms., f° 134, v°.

Il est resté plus longtemps d'usage dans le sens de Mûrir :

> Il n'y a pas eu assez de chaud cet été pour *aoûter* les fruits.
>
> *Dictionnaire de Trévoux.*

Particulièrement au participe :

> Voilà un fruict qui est bien *aousté.*
>
> Nicot, *Trésor.*

Ce participe se dit non seulement des blés et des fruits, mais, en termes de Jardinage, des jeunes branches dont le bois s'est endurci avant l'hiver :

> Les bourgeons n'étant pas parvenus à ce degré de maturité que les jardiniers appellent *aoûté.*
>
> Buffon, *Exposé sur les végétaux,* IV° Mém.

Comme son synonyme Mûrir, Aoûter s'est dit au sens neutre :

> Voilà un fruit qui *aouste* bien.
>
> Nicot, *Trésor.*

Sainte-Palaye cite de *S'aouster,* au sens de Passer le mois d'août, le temps de la moisson, ces vers d'un vieux poète sur le grillon :

> Il vit aux champs, et quant s'est aousté,
> Il se retrait en aucune maison...
>
> Eustache Deschamps, *Poésies mss.,* p. 38, col. 4.

Aoûté, ée, participe.

AOUSTEUR, s. m.

Vieux mot, qui n'est pas resté dans l'usage, et que donne le passage suivant, où il a le sens de Moissonneur :

> Les autres *aousteurs,* qui estoient empres alerent au cri, et trouverent ledit enfant mort.
>
> Du Cange, *Glossaire,* Augustare : Lettres de rémission de 1478.

AOÛTERON, s. m.

On l'a écrit Aousteron, Austeron, Ousteron ; enfin, conformément à la prononciation qu'il a conservée Outeron.

Ouvrier loué pour les travaux de la campagne dans le mois d'août :

> La verdure jaunit, et Cerès espiée
> Tresbuchera bientost, par javelles liée,
> Sous l'*outeron* haslé, pour emplir le grenier.
>
> J.-A. de Baïf, *Le premier des Météores.*

A ces divers mots Sainte-Palaye ajoute, d'après Cotgrave, Aousteux, Qui est du mois d'août, mûr, en pleine maturité ; et le dictionnaire de Trévoux, d'après Borel, Aousterelle, Sauterelle :

> Je te rempliray d'hommes comme d'*aousterelles.*
>
> *Bible historiaux,* ms. (Cité par Borel, *Trésor des recherches et antiquités gauloises et françoises.)*

APAISER longtemps écrit appaiser, v. a. (Du français *pais,* paix, et, par ce mot, du latin *pax.*) On a dit également, autrefois, apaisier, apaisir, etc. Avec ces formes diverses ont concouru apaisanter, et d'après le verbe latin *pacare,* apaeer, apaier. (Voyez le *Glossaire* de Sainte-Palaye et quelques-uns des exemples ci-après.)

Apaiser c'est, comme traduit Rob. Estienne, *Ad pacem adducere,* Ramener à la paix, pacifier, calmer, au propre ou au figuré, en parlant des personnes ou des choses.

Il se dit au propre en parlant de personnes émues, troublées par quelque vive affection, la colère, la douleur, la crainte, etc. :

> Cume Jonathas out issi al rei parled, par ces paroles l'*out* tut apaié, si que li reis jurad si veirement cum Deu vit, David n'i murrad.
>
> *Les quatre Livres des Rois,* I, xix, 6.

Or sui *apaied* e fait ai ta volunted ; pur ço va e fai revenir Absalon.

Les quatre Livres des Rois, II, xiv, 21.

Dont ledit duc de Berry *fut* moult joieux et en son cuer *appaisié*.

MONSTRELET, *Chronique*, c. 48.

Et disant ces parolles ploroit si tres fort qu'on ne la povoit *appaiser*.

Le Loyal Serviteur, c. 55.

Après *avoir apaisé* le bon père, dont j'avois un peu troublé le discours par l'histoire de Jean d'Alba.

PASCAL, *Provinciales*.

Je suis aisée à fâcher, mais plus aisée encore à *apaiser*.

Mˡˡᵉ DE MONTPENSIER, *Portraits*, CXLV : Madame de Montatère.

La comtesse jura qu'elle ne verroit Vardes de sa vie ; mais que ne peut une violente inclination ? Vardes joua si bien la comédie, qu'il l'*apaisa*.

Mᵐᵉ DE LA FAYETTE, *Histoire d'Henriette d'Angleterre*.

Coriolan... ne put *être apaisé* que par sa mère.

BOSSUET, *Discours sur l'Histoire universelle*, I, 8.

On ne doit jamais se servir d'aucune feinte pour *apaiser* les enfants, ou pour leur persuader ce qu'on veut.

FÉNELON, *De l'Éducation des filles*, c. 3.

Mais quant mes oncles se prent à correcier,
Il n'en est mie légiers à *apaier*.

Raoul de Cambrai, p. 187.

... Li rois là les *apaisa*,
Si que li uns l'autre baisa.

Renart le Nouvel, v. 2495.

... Et les dieux *appaisez*
Oublieront pour jamais l'usage du tonnerre.

RACAN, *les Bergeries*, I, 11.

Dans le temple des juifs un instinct m'a poussée,
Et d'*apaiser* leur Dieu j'ai conçu la pensée ;
J'ai cru que des présents calmeroient son courroux,
Que ce Dieu, quel qu'il soit, en deviendroit plus doux.

J. RACINE, *Athalie*, II, 5.

Quelquefois c'est l'âme, l'ombre de la personne qu'il s'agit d'*apaiser* :

Pompeius Strabo, après avoir tout ruiné par la flamme et par le fer, ne cessa de tuer jusqu'à ce que, par la desolation d'Ascoli, il eut comme *appaisé* les ombres de tant de consuls, de tant d'armées et de tant de villes qui avoient esté destruites.

COEFFETEAU, *Histoire romaine* de L. Florus, III, 18.

Je n'ose pas dire... qu'il ne faille quelque exemple pour *apaiser* les âmes des morts et pour satisfaire le public.

BALZAC, *le Prince*, c. 3.

Pour *apaiser* mon sang et mon ombre plaintive,
Dis-lui qu'avec douceur il traite sa captive.

J. RACINE, *Phèdre*, V, 6.

Le plus souvent c'est l'affection même dont la personne est émue et troublée :

Dieu ne nous a-t-il pas assez frappés les uns et les autres... pour *apaiser* nos furies ?

HENRI IV, *Lettres* ; 4 mars 1589.

Cet état de ténèbres qu'ils se procurent leur est agréable et leur paroît commode pour *apaiser* les remords de leur conscience, et pour contenter librement leurs passions.

Logique de Port-Royal, Iᵉʳ discours.

Nous ne pouvons pas élever ou *apaiser* notre colère, comme nous pouvons ou remuer le bras ou le tenir sans action.

BOSSUET, *De la connoissance de Dieu et de soi-même*, c. 3, art. 19.

Il demanda aux dieux d'*apaiser* leur colère, en payant par sa mort pour tant de milliers d'hommes innocents.

FÉNELON, *Télémaque*, XIX.

Repose-toi, *apaie* t'ire.

WACE, *Roman de Brut*, v. 2796.

Ton cuer ne porras *apaier*.

Roman de la Rose, v. 2343.

Apaise ma Chimène, *apaise* ta douleur ;
Fais agir ta constance en ce coup de malheur.

P. CORNEILLE, *le Cid*, I, 3.

... *Apaisez* donc sa crainte,
Et calmez la douleur dont son âme est atteinte.

LE MÊME, *Polyeucte*, I, 1.

Son déplaisir n'est pas encor tout *apaisé*.

MOLIÈRE, *le Dépit amoureux*, III, 5.

Daignez d'un roi terrible *apaiser* le courroux.

J. RACINE, *Esther*, III, 5.

Je n'ay point de chagrin que son rire n'*appaise*.

AUTREAU, *Démocrite prétendu fou*, II, 4.

On le dit de même en parlant de ce qu'on personnifie ; par exemple, le ciel, la terre :

Oui, c'est moi, qui longtemps contre elle et contre vous
Ai cru devoir, Madame, affermir votre époux
. . . .
Et qui viens, puisqu'enfin le ciel *est apaisé*,
Réparer tout l'ennui que je vous ai causé.

RACINE, *Iphigénie*, V, 6.

Et que devant sa porte, au lieu de Mardochée,
Apaisant par sa mort et la terre et les cieux,
De mes peuples vengés il repaisse les yeux.
RACINE, Esther, III.

Par exemple encore, un peuple, une ville, une armée, un parti, etc. :

Germanicus, neveu de Tibère, *apaisa* les armées rebelles, refusa l'empire...
BOSSUET, Discours sur l'Histoire universelle, I, 10.

Le peuple, mécontent des patriciens, se retira sur le mont Sacré : on lui envoya des députés qui l'*apaisèrent*.
MONTESQUIEU, Grandeur des Romains, 8.

Le clergé, et surtout les chapitres, à qui on ôtait le droit de nommer leurs évêques, en murmurèrent; l'espérance d'obtenir des bénéfices de la cour les *apaisa*.
VOLTAIRE, Essai sur les mœurs, c. 138.

APAISER a souvent pour régimes des noms abstraits. C'est ainsi qu'on dit,

Apaiser la justice de Dieu, ou celle *des hommes :*

M. de la Mothe-Tintry, qui fut jugé le lendemain, fit encore connoître que la cour ne vouloit plus la mort du pécheur, et que *la justice étoit apaisée* par la première victime qu'elle avoit immolée à son arrivée.
FLÉCHIER, Mémoires sur les grands jours de 1665.

De là montent jusqu'au trône de doux parfums qui *apaisent la justice divine*.
FÉNELON, Sermons : Pour la Profession de foi d'une religieuse.

Par mes pleurs, par mes cris je taschois d'*apaiser*
Ta divine justice.
RACAN, Psaumes, XXXIV.

La discorde, le trouble, le tumulte, la guerre, une querelle, un différend, etc. :

La *guerre* entre deux grands princes est bien aysée à commencer, mais très-mauvaise à *apaiser*,
COMINES, Mémoires, c. 5.

Pour *apaiser la noise* et à son aise mieulx dire sa pensée, elle ouvrit l'uys.
Les Cent Nouvelles nouvelles, I.

Leur ayant faict des remontrances telles que le temps et l'affaire le requeroyent, en paisible audience, il *appaisa* en peu d'heures, entièrement, tout *le tumulte* qui s'estoit esmeu.
AMYOT, trad. de Plutarque, Vie de Caton d'Utique, c. 13.

Lorsqu'il sembloit que cette *querelle fust appaisée*, elle se renouvella de telle sorte, que l'on en vint de part et d'autre à des reproches et à des injures sanglantes.
DU RYER, trad. de Quinte-Curce, liv. X, Suppléments
de Frenshemius.

Il n'y avoit que lui qui pût *apaiser* dans le camp *la farouche discorde.*
FÉNELON, Télémaque.

On se menace de part et d'autre, le service est interrompu, l'église est remplie de tumulte. On *apaise* enfin ce *différend.*
VOLTAIRE, Essai sur les mœurs, c. 172.

Il restait encore des *factions* dans Bordeaux, mais elles *furent* bientôt *appaisées.*
LE MÊME, Siècle de Louis XIV, c. 5.

La *révolte* ne *fut apaisée* qu'au bout de sept jours.
LE MÊME, Fragment sur l'Inde, art. 15.

Il faut attendre que *la fermentation* de la fourmilière de Genève *soit* un peu *apaisée.*
LE MÊME, Lettres ; 29 novembre 1766.

Je m'en vais la presser d'*apaiser cette affaire.*
DESTOUCHES, le Médisant, IV, 3.

A cette manière de parler se rapporte l'usage qui était fait d'APAISER et de ses dérivés APAISEMENT, APAISEUR, en parlant de certaines satisfactions judiciaires. (Voyez à ce sujet le *Glossaire* de Sainte-Palaye.)

APAISER se dit enfin de choses de l'ordre physique;

Apaiser la tempête, l'orage, les flots, etc. :

Comme Neptune de son trident *apaise les flots* en courroux et les plus noires tempêtes.
FÉNELON, Télémaque.

La *mer* n'iert jà si *apaisie*,
Qu'el ne soit troble à poi de vent;
Amors si se change sovent.
Roman de la Rose, v. 3504.

Par mon art je courrouce et j'*apaise les mers.*
Mme DESHOULIÈRES, Zoroastre.

Apaiser l'orage est dit au figuré dans ce passage :

Je me contente de vous dire qu'il *apaisa* par sa conduite *l'orage* dont le royaume étoit agité.
FLÉCHIER, Oraison funèbre de Turenne.

Apaiser une contagion, la peste :

Ce grand pape (Grégoire le Grand) *apaise la peste* par ses prières.
BOSSUET, Discours sur l'Histoire universelle, I, 11.

Apaiser un trouble du corps, une maladie, et, par extension, la partie souffrante :

L'âme... peut aisément surmonter les moindres passions, mais non pas les plus violentes et les plus fortes, sinon après que l'*émotion* du sang et des esprits est *apaisée*.
> DESCARTES, *les Passions de l'âme*, part. I, art. 46.

Quelquefois on se représente si vivement un accident ou une maladie... que la *machine* en est tout émue, et qu'on a peine à l'*apaiser*.
> Mᵐᵉ DE SÉVIGNÉ, *Lettres ;* 16 novembre 1684.

Avec un peu de persévérance à faire ce qu'on ordonne, elle *apaiseroit ce sang* qu'on accuse de tous ses maux.
> LA MÊME, même ouvrage.

Conservons *nos jambes* tant que nous pouvons ; elles sont difficiles à *apaiser*, quand une fois elles sont fâchées.
> LA MÊME, même ouvrage.

Et l'éventail *appaisoit*, à coups redoublés, *le feu* qui lui étoit monté au visage.
> BEAUMARCHAIS, *Mémoires*.

Apaiser la faim :

Ce leur sera force et contrainte de se saouler et *apaiser leur faim*, de figues, raisins et autres fruits qu'ils trouveront autour du camp.
> G. DU BELLAY, *Mémoires*.

Dites-moy, je vous prie, ce qu'on servit au premier service pour *apaiser la grosse faim*.
> DANET, *Dictionnaire françois-latin*. (Trad. d'Horace.)

Vous savez que rien n'est plus doux que de paître dans une verte prairie émaillée de fleurs, pour *apaiser sa faim*.
> FÉNELON, *Fables*, XX : Le Loup et le jeune Mouton.

Apaiser la faim est dit figurément dans ce passage :

Ils ont tout sans rien avoir, car ce goût de lumière pure *apaise la faim de leur cœur*.
> FÉNELON, *Télémaque*, XIX.

APAISER se construit souvent avec un régime indirect au moyen de plusieurs prépositions ;
De la préposition *par*, comme on l'a déjà pu voir par quelques exemples :

Quelle plus grande rage et manie peut entrer en l'imagination, que de penser *apaiser* et gratifier Dieu *par* le massacre et sang des bêtes !
> CHARRON, *De la Sagesse*, I, 4.

Enfin, après avoir longtemps gémi, elle *fut apaisée par*

une place nouvelle de menin de Monseigneur donnée au marquis de Rochefort son fils, sans qu'elle l'eût demandée.
> SAINT-SIMON, *Mémoires*, 1696.

... *Par* quatre ou cinq pistoles
Il cherche à m'*apaiser*, à me calmer l'esprit.
> DESTOUCHES, *le Glorieux*, I, 4.

De la préposition *de* :

Appaiser de belles paroles.
> ROB. ESTIENNE, *Dictionnaire françois-latin*.

Irai-je sur le Phase, où j'ai trahi mon père,
Apaiser de mon sang les mânes de mon frère ?
> P. CORNEILLE, *Médée*, II, 3.

J'ai mendié la mort chez des peuples cruels
Qui n'*appaisoient* leurs dieux que *du* sang des mortels.
> J. RACINE, *Andromaque*, II, 2.

Apaiser de a un autre sens dans les passages suivants, de date ancienne :

Por co que li reis Roboam et li suen se humilierent devant nostre Seignur, alches (un peu) le *apaerent de* son maltalent.
> *Les quatre Livres des Rois*.

Sire, dit la royne, *appaisez-moi de* mon filz, ou jamais je n'auray lyesse.
> *Perceforest*, vol. II, fᵒ 150, vᵒ. (Cité par Sainte-Palaye.)

De la préposition *à* :

Mectz peine de avoir premièrement paix en toy, et lors tu pourras *appayser* les aultres *à* toy.
> *Le Livre de l'Internelle consolacion*, I, 2.

O saint et sacré estat, la servitude de religion, en laquelle l'homme *est* restitué esgal et pareil ès angelz, *appaisé à* Dieu, terrible aux ennemys et honoré entre tous chrestiens.
> Même ouvrage, II, 10.

Si je n'avois égard qu'aux lois de la justice,
Je m'*apaiserois* Rome, avec votre supplique.
> P. CORNEILLE, *Pompée*, III, 2.

Dans ce dernier passage, APAISER reçoit un double régime indirect au moyen de la préposition *à* et de la préposition *avec*.

APAISER s'emploie fréquemment avec le pronom personnel ;
En parlant des personnes :

Lors lui montra le scel, auquel il s'*apaisa* assez, car moult bien le reconnut.
> FROISSART, *Chroniques*, liv. I, IIᵉ part., c. 351.

C'est par foiblesse que l'on hait un ennemi, et... c'est par paresse que l'on *s'apaise* et qu'on ne se venge point.

LA BRUYÈRE, *Caractères* : Du Cœur.

Dieu ne *s'appaisera-t-il* point? Il y a tant de bonnes âmes qui le prient.

Mme DE MAINTENON, *Lettres*, CLXXXIII, à M. le cardinal de Noailles, 20 octobre 1704.

Mon Dieu! Marianne, me disoit-elle quand elle pouvoit placer un mot, on peut se tromper ; *apaisez-vous*, je suis fâchée de ce que j'ai dit.

MARIVAUX, *la Vie de Marianne*, Ire part.

Renars ses maris la blanda
Tant que la dame *s'apaisa*.

Renart le nouveau, v. 2929.

Sans raison d'heure en heure il s'émeut et *s'appaise*.

RÉGNIER, *Satires*, V.

En parlant de leur ombre :

Que son ombre *s'apaise* en voyant notre ennui.

P. CORNEILLE, *Pompée*, V, 4.

En parlant de leurs sentiments, de leur cœur :

Je le vois bien, tu crois que, prêt à l'excuser,
Mon cœur court après elle, et cherche à *s'apaiser*.

J. RACINE, *Andromaque*, II, 5.

En parlant d'un peuple, d'un État, d'une ville, d'une réunion d'hommes, etc. :

Et combien que la commune mutinée menast un fort grand bruit, toutefois quand elle le veit, elle *s'appaisa*, et luy donna paisible audience.

AMYOT, trad. de Plutarque, *Vie de Coriolan*, 6.

Rome en notre faveur facile à *s'apaiser*...

J. RACINE, *Mithridate*, III, 1.

En parlant de choses de l'ordre physique :

Les vents *s'appaisent*.

ROB. ESTIENNE, *Dictionnaire françois-latin*.

La tourmente, comme par miracle, *s'estoit* tout expressément *appaisée*, et estoit demourée la mer fort calme et tranquille.

AMYOT, trad. de Plutarque, *Vie de Timoléon*, 28.

Les vents étouffent leur souffle fatal et *s'apaisent*.

FLÉCHIER, *Panégyrique de saint François de Paule*.

En parlant de choses de l'ordre moral :

III.

Mais si ce fier honneur, toujours inexorable,
Ne *se* peut *apaiser* sans la mort du coupable...

P. CORNEILLE, *le Cid*, V, 8.

APAISER a été employé autrefois comme un verbe neutre pour *s'apaiser* :

Grant fu la guerre entre les Frans et les Grex, car ele n'*apaisa* mie : ainz elle crût adès, et efforça.

VILLEHARDOUIN, *Conqueste de Constantinoble*.

Ainsi les pelerins denigés s'enfuirent à travers la plante le beau trot, et *appaisa* la douleur.

RABELAIS, *Gargantua*, I, 38.

Faites donc *appaiser* cet horrible tonnerre
Qui semble menacer le ciel, l'onde et la terre.

RACAN, *les Bergeries*, II, 4.

APAISER est quelquefois dit absolument, par ellipse de son régime :

Ma deliberation n'est de provocquer, ains d'*appaiser*, d'assaillir, mais de deffendre.

RABELAIS, *Gargantua*, I, 29.

Ces difficiles tempéraments de menace qui étonne, de remontrance qui corrige, de douceur qui *apaise*, et de sévérité qui châtie.

FLÉCHIER, *Oraison funèbre de Le Tellier*.

D'APAISER on a fait,
RAPAISER :

Tout cela m'avoit mis en une extrême colère ; mais la douceur que vous m'avez envoyée m'a *rappaisé*.

VOITURE, *Lettres*; liv. VII, à Mlle de Rambouillet.

De quels ruisseaux de pleurs le *rapaiserez*-vous,
Pour faire détourner de vos coupables têtes
Les traits de son courroux?

RACAN, *Psaumes*, 2.

J'aurois mainte victime en cendre consumée,
Mais je say que cela n'est qu'un peu de fumée
Dont ton juste courroux ne se *rappaise* pas.

LE MÊME, même ouvrage, 150.

Ne m'importune plus, Philandre, je te prie :
Me *rappaiser* jamais passe ton industrie.

P. CORNEILLE, *Mélite*, V, 11.

APAISÉ, ÉE, participe.

Troubles *apaisés* cette année dans la Hollande, le Brabant et le Hainaut.

VOLTAIRE, *Annales de l'Empire* : Sigismond, 1418.

Arrêtez-vous, seigneur, et, d'une âme *apaisée*,
Souffrez que je vous livre une vengeance aisée.
                    CORNEILLE, *Polyeucte*, V, 6.

APAISEUR, s. m.

Autrefois écrit APPAISEUR.

Ce mot ancien, qui a depuis longtemps disparu des dictionnaires, n'est guère resté en usage que dans cette expression familière, *apaiseur de querelles.*

Il a eu autrefois, comme *Apaiser*, un sens judiciaire, qu'explique le passage suivant :

Amiable compositeur ou *apaiseur* est celuy qui, du consentement des parties, les met en accord.
                    BOUTEILLER, *Somme rurale*, p. 694. (Cité par Sainte-Palaye.)

APAISEMENT, s. m.

Autrefois écrit APPAISEMENT ; on a dit aussi APAIEMENT.

Autre mot ancien, également omis depuis longtemps par les dictionnaires et cependant resté de plus d'usage que le précédent. S'il a perdu le sens judiciaire qui lui était commun autrefois avec *Apaiseur* et *Apaiser* (voyez le *Glossaire* de Sainte-Palaye), il a été quelquefois employé, et l'est encore de notre temps, soit pris absolument, soit construit avec la préposition *de*, comme signifiant L'action d'apaiser, l'état de ce qui est apaisé.

L'action d'apaiser :

Les offrandes et les sacrifices et les *apaiemenz* qui se faisoient à Deu au temple.
                    Livres des Machabées, ms., fº 156, rº, col. 2. (Cité pat Sainte-Palaye.)

Si envoyerent à Ortais quatre hommes, lesquels étoient chargés du demourant du pays pour faire le *apaisement.*
                    FROISSART, *Chroniques*, II, III, 58.

Quant ils virent la dite noise, chacun s'employa à l'*apaisement* d'icelle.
                    Les Cent Nouvelles nouvelles, LXII.

Appaisement de l'ire de Dieu par sacrifices.
                    ROB. ESTIENNE, *Dictionnaire françois-latin.*

L'état de ce qui est apaisé :
Soit une personne :

Je pris cette faveur de Dieu pour un signe de son *apaisement.*
                    CHARDIN, *Journal du voyage en Perse*, Iʳᵉ part., p. 140.

Soit une chose :

... Je doibs à vostre bonne assistance et affection pour mes affaires l'*appaisement* du différent entre les sieurs de Courtomer et de Prédoge.
                    HENRI IV, *Lettres ;* 15 juin 1585.

Appaisement de courroux.
                    MONET, *Dictionnaire.*

Je sentis ici ce que j'ai mille fois éprouvé en entrant dans une église, un certain *apaisement* des troubles du cœur, pour parler le langage de nos vieilles bibles.
                    CHATEAUBRIAND, *Lettre sur Rome.*

APANAGE, s. m. (Venu, par le mot de la basse latinité *Apanagium*, du latin *Panis*.)

On l'a écrit APPANAGE, APPANNAGE, APPANNAIGE ; APPENAGE, APPENNAGE, APPENNAIGE ; EMPANAGE, EMPANNAGE, etc. (Voyez le *Glossaire* de Sainte-Palaye, et quelques-uns des exemples ci-après.)

C'était, dans une acception générale dont les anciennes coutumes offrent de fréquents exemples, ce qu'un père donnait, soit en terres, soit en argent, à ses fils puînés, et, après eux, à leurs héritiers, afin de pourvoir convenablement à leur subsistance, à leur entretien ; c'était aussi ce qu'il donnait à ses filles pour leur constituer une dot.

Dans un sens particulier, qui a prévalu, APANAGE a surtout désigné les parties du domaine royal ou les revenus équivalents assignés par nos rois à leurs frères, à leurs fils puînés, pour en jouir eux et leurs héritiers, mais, à dater d'une certaine époque, avec retour à la couronne après extinction de la descendance mâle :

Quant aux enfans du roy, on appelle les puisnez du titre ou nom de la seigneurie qui leur est baillée pour *appennage* dès leur naissance.
                    H. ESTIENNE, *Dialogues du nouveau langage françois italianisé*, I.

Les affaires de France sont pour ce jourd'huy réduites en tel train que les pays que l'on prétend avoir esté anciennement donnez en *apanage* aux enfans de France, soit en duchez ou comtez (defaillant l'hoir masle) retournent à leur première nature, je veux dire à la couronne, de laquelle ils sont sortiz.
                    EST. PASQUIER, *Recherches de la France*, II, 17.

Charles IV, père de M. de Vaudemont, lui avoit donné le comté de Vaudemont, dont son père portoit le nom, et qui a été souvent *apanage* des puinés des ducs de Lorraine.

SAINT-SIMON, *Mémoires*, 1707.

Charibert obtient de son frère (Dagobert Ier) une partie de l'Aquitaine, plutôt comme une espèce d'*apanage*, dont le nom ne fut connu que longtemps après, que comme un démembrement de la couronne.

HÉNAULT, *Abrégé chronologique de l'histoire de France*: Dagobert Ier, année 628.

Il faut remarquer que dans le même testament le roi (Louis VIII) dispose de la vocation de son cinquième fils Jean, et de ceux qui le suivront, en ordonnant qu'ils entreront dans la cléricature... c'étoit sans doute pour moins multiplier les *apanages*, ou plutôt pour ne point trop démembrer des portions du domaine dont les puinés avoient alors la propriété; car les *apanages* n'étoient pas alors trop connus.

LE MÊME, même ouvrage : Louis VIII, année 1225.

L'*apanage*, tel que nous le concevons aujourd'hui, ne commença à être dans toute sa force que sous Philippe le Bel, et avoit eu auparavant bien des variations. Sous les deux premières races, les enfants des rois partageoient également la couronne entre eux ; sous le commencement de la troisième, l'inconvénient de ces partages fit prendre le parti de démembrer quelque portion des terres, dont le fils puîné auroit la propriété.

L'inconvénient du démembrement d'une partie du domaine de la couronne s'étant fait sentir davantage, les partages ou *apanages*, dont l'apanagé pouvoit auparavant disposer comme de son bien, devinrent une espèce de majorat ou de substitution, et furent enfin chargés de retour à la couronne à défaut d'hoirs. C'est là véritablement où commencent les *apanages*.

HÉNAULT, *Abrégé chronologique de l'histoire de France* : Philippe III, année 1283.

C'est par un anachronisme de langage que le mot, tout moderne, d'APANAGE a été introduit dans ce passage d'une traduction de Tacite :

Vologesès, voyant l'occasion propre pour se saisir de l'Arménie, qui avoit esté possédée par ses ancestres, leva une puissante armée, sous prétexte d'en chasser un prince étranger, qui s'en estoit rendu maistre, et d'en investir son frère Tiridate, qui estoit sans *appanage*.

PERROT D'ABLANCOURT, trad. de Tacite, *Annales*, XII, 12.

Il est fait allusion au sens propre d'APANAGE dans de nombreux passages tels que les suivants :

Le duc d'York, s'étant persuadé qu'elle (Mlle Jennings) étoit de son *apanage*, se mit en tête de faire valoir ses pré-

tentions, par le même droit que le roi son frère s'étoit approprié les faveurs de Mlle Wells.

HAMILTON, *Mémoires de Grammont.*

C'est de tout temps, et chez tous les peuples qui font profession de poésie, que le Parnasse a jugé ceci de son *apanage*.

LA FONTAINE, *Fables*, Préface.

On représenta à Antiochus que cette réputation même qu'Annibal avoit acquise dans la guerre, et qui étoit comme son *apanage*, étoit trop grande pour un simple lieutenant.

ROLLIN, *Traité des Études*, liv. VI, IIIe part., c. 2, art. 2; IIIe morceau de l'Histoire romaine, c. 2 de ce morceau.

L'Ile fut lors donnée en *apanage*
A Lucifer; c'est sa maison des champs.

LA FONTAINE, *Contes*, IV, 5.

Soyez riche en vertus : c'est là votre *apanage*.

DESTOUCHES, *le Glorieux*, I, 9.

Le présent seul est de notre *apanage*.

VOLTAIRE, *Épîtres*, XLI.

APANAGE se dit, figurément, de ce qui est le propre de quelqu'un, soit en bien, soit en mal :

L'homme seul a le pleurer pour *appanage*.

DU PINET, trad. de Pline l'Ancien, liv. VII, Préface.

Notre esprit a une facilité naturelle de se répandre sur toutes sortes d'objets, de s'élever à ce qui est au-dessus de lui, d'aller rechercher les choses les plus cachées, de passer d'une connoissance à l'autre, et de faire toujours de nouvelles découvertes : c'est là un de ses plus beaux *apanages*.

BOURDALOUE, *Instruction sur la foi.*

On ne se met pas beaucoup en peine d'instruire les filles, comme si l'ignorance étoit l'*apanage* de leur sexe.

ROLLIN, *Traité des Études*, I, 2.

Cet air d'ingénuité qu'à la campagne les filles ont pour premier *apanage*, ces habillements qui paroissent sans art...

MARIVAUX, *le Paysan parvenu*, VIIIe part.

Pardonnez la lenteur aux vieillards, c'est leur *apanage*.

VOLTAIRE, *Lettres*; 3 novembre 1763.

L'homme a la force et la majesté. Les grâces et la beauté sont l'*apanage* de l'autre sexe.

BUFFON, *Histoire naturelle* : De l'Homme.

Le climat tempéré ne produit... que des choses tempérées : les herbes les plus douces, les légumes les plus sains, les fruits les plus suaves, les animaux les plus tranquilles, les hommes les plus polis, sont l'*apanage* de cet heureux climat.

LE MÊME, *Sur la nature des végétaux.*

Il semble que le ciel en ait fait l'*appanage*
Des personnes de qualité.
BOURSAULT, *Ésope à la ville*, IV, 4.

.... La sagesse est tout mon *appanage*.
REGNARD, *le Joueur*, IV, 6.

APANAGE se dit également des choses qui sont les suites et les dépendances d'une autre :

Vous sçavez que par institution de Nature, Pain avecques ses *apennaiges* luy (à Gastér) ha esté pour provision adjugé et aliment.
RABELAIS, *Pantagruel*, IV, 61.

Le mal et le soucy, qui sont des *appennages* de mariage, ne peuvent empescher que chacun ne se vueille marier et remarier.
BOUCHET, *Serées*, I, 5.

Qui craindroit toutes les injures du monde, et qui ne les souhaiteroit pas, puisque vous les prenez pour vous-même, et que vous en faites les *apanages* de votre adorable humanité ?
BOURDALOUE, *Sermons :* Sur le soufflet donné à Jésus-Christ.

L'un, touché des soucis, des longueurs, des traverses,
Qu'en *apanage* on voit aux procès attachés,
S'offrit de les juger sans récompense aucune.
LA FONTAINE, *Fables*, XII, 27.

APANAGE est dit d'une personne dans le passage suivant :

Ah ! malheureuse engeance ! *Appanage* du diable !
C'est toi qui m'as joué ce tour abominable.
REGNARD, *les Folies amoureuses*, I, II.

APANAGER, v. a.

On l'a écrit APPANAGER, APPANNAGER ; APPENNAGER ; on a dit aussi, par une forme plus voisine du mot *Panis*, d'où est venu APANAGE, APANER, APENNER.

APANAGER, c'est Donner un apanage, soit au sens général de ce mot, soit lorsqu'on le prend dans son acception particulière, qui le restreint à ce qui regarde les princes :

Je me tiendrai très-bien *appenné*, d'avoir ce que vous lui avez laissé.
HERBERAY DES ESSARTS, *Amadis de Gaule*, c. 1.

Par les uz et coustumes notoires de Bretagne.... l'aisné succédoit en tous les fiefs de quelque grandeur et noblesse qu'ils fussent, et estoit seulement tenu de faire provision

de vivres à ses frères puînez ou de les *apannager* à ses despens.
EST. PASQUIER, *Recherches de la France*, IV, 20.

APANAGER peut recevoir un régime indirect au moyen de la préposition *de* :

Ce prince *fut apanagé du* duché de...
Dictionnaire de l'Académie, 1762.

APANAGÉ, ÉE, participe.

Il s'emploie adjectivement et signifie Donné en apanage, pourvu d'un apanage, *bien apanagé, prince apanagé :*

Saint-Cloud avoit été une source de besoins à Monsieur si prodigieusement *apanagé.*
SAINT-SIMON, *Mémoires.*

APANAGER, ÈRE, adj.

Qui concerne les apanages, *législation apanagère, rentes apanagères.*

Il se prend quelquefois substantivement, en parlant d'une personne pourvue d'un apanage :

L'apanage retourne à la couronne, au cas que l'*apanager* meure sans enfans mâles.
RICHELET, *Dictionnaire.*

APANAGISTE, adj. et s. m.

Qui possède un apanage, *prince apanagiste, un apanagiste :*

Dans les apanages même, quand le cas du retour à la couronne n'est point arrivé, l'*apanagiste* peut disposer.
COCHIN, *Consultation*, LXI.

APARTÉ, s. m.

Encore écrit A-PARTÉ.

Mot pris du latin. Ce qu'un acteur prononce de manière à être entendu des spectateurs, mais sans l'être des autres acteurs qui sont en scène.

Il se dit, par extension, de ce que les entretiens réels du monde peuvent offrir d'analogue :

Je fais un *a parte*, bouchez-vous les oreilles,
Ou bien faites semblant d'abboyer aux corneilles.
LA CHAUSSÉE, *le Rapatriage*, sc. 8.

APARTÉ ne prend point l'*s* au pluriel :

Ses scènes (de Plaute) sont remplies de longs *aparté* hors de toute vraisemblance.
LA HARPE, *Cours de littérature.*

Il s'emploie aussi adverbialement :

Ce vers doit être dit *aparté.*

Dictionnaire de l'Académie, 1835.

APATHIE, s. f. (Du grec ἀπάθεια, et, par ce mot, de ἀ privatif, et de πάθος, affection, passion.) Dans un sens philosophique, État d'une âme qui n'est susceptible d'aucune émotion :

Les stoïciens réprouvent toutes les affections et approuvent leur *apathie*, c'est-à-dire n'estre point esmeu.

Bouchet, *Serées*, III, 30.

L'*apathie* du gnostique est le fait du retranchement total des désirs.

Bossuet, *Tradition des nouveaux mystiques.*

La position de Marc-Aurèle ne me déplaît pas; elle est simple et naturelle, mais son visage est sans expression ; il est bien sans douleur, sans commisération, dans toute l'*apathie* de sa secte.

Diderot, *Salon de 1765 :* Vien.

Apathie se prend, le plus communément, en mauvaise part, et signifie Insensibilité, nonchalance, indolence :

Une *apathie* bestiale des âmes basses et plattes du tout.

Charron, *De la Sagesse*, II.

Monseigneur fut un peu touché, mais au bout, aise de la joie d'autrui, son *apathie* ne fut point émue.

Saint-Simon, *Mémoires*, 1697.

La plupart d'entre eux vivent dans une molle *apathie.* Leur grande maxime, tirée de leurs anciens livres, est qu'il vaut mieux s'asseoir que de marcher, se coucher que de s'asseoir, dormir que de veiller, et mourir que de vivre.

Voltaire, *Fragments sur l'Inde*, art. 7 : Des Brames.

Je suis bien aise... que vous puissiez envisager, dans la sérénité de votre paisible *apathie*, les agitations et les traverses de ma vie.

J.-J. Rousseau, *Lettres;* 12 janvier 1765.

Des philosophes grecs ont trouvé le moyen de mettre presque de la dignité dans l'*apathie.*

Mᵐᵉ de Staël, *De l'Allemagne*, part. III, c. 4, § 12.

L'égoïsme en sursaut tout-à-coup se réveille ;
Et charmé de fixer l'attention d'autrui,
Revient à vous, par amitié pour lui,
Mais retombe bientôt dans sa molle *apathie.*

Delille, *la Conversation*, II.

APATHIQUE, adj. des deux genres. Qui est insensible à tout :

Dans une chose quelconque, son goût *apathique* le porte du côté où il y a le moins d'embarras, dût-il être le plus mauvais.

Mᵐᵉ de Tencin, *Lettre* du 22 juin 1743. (Voir *Lettres de Mesdames de Villars, de La Fayette et de Tencin;* Paris, 1823, in-12, p. 223.)

Si cela est, disons en même temps qu'il est plus doux... de dormir d'un sommeil *apathique* que d'ouvrir les yeux pour voir et pour sentir.

Buffon, *Histoire naturelle :* Sur l'âge d'or.

APERCEVOIR. (De notre verbe simple *percevoir*, et, par ce mot, du latin *percipere*, formé lui-même de *per* et de *capere*.) On l'a longtemps écrit Appercevoir (voyez les *Dictionnaires* de Rob. Estienne, Nicot, le *Dictionnaire de l'Académie*, éditions de 1694 et 1718). On trouve, antérieurement, Aparcevoir, Apparcevoir; Aparçoivre, Apparzoivre, etc. (voyez le *Glossaire* de Sainte-Palaye et quelques-uns des exemples ci-après.)

Commencer à voir, discerner, découvrir ; Soit une chose :

Si tost comme il porent *apercevoir* le jor, cueillirent leurs voiles et s'en allèrent.

Villehardouin, *Conqueste de Constantinoble*, CXLVIII.

Ce tourment cessa, et *aperçurent* les mariniers terre en Angleterre.

Froissart, *Chroniques*, liv. I, part. I, c. 18.

La grotte de la déesse étoit sur le penchant d'une colline. De là on *découvroit* la mer... on *apercevoit* de loin des collines et des montagnes qui se perdoient dans les nues.

Fénelon, *Télémaque.*

Il faut que ces vérités soient notre unique lumière pour juger dans la pratique, comme les rayons du soleil sont notre unique lumière pour *apercevoir* la figure et la couleur de tous les corps.

Le même, *Sur la Prière*, X.

Il n'y a nuls vices extérieurs, et nuls défauts du corps qui ne soient *apperçus* par les enfants.

La Bruyère, *Caractères*, c. 11.

Il marcha vers une lumière qu'il *aperçut* de loin, et qui, toute foible qu'elle étoit, lui servit de fanal dans une conjoncture si périlleuse.

Le Sage, *le Diable boiteux*, c. 1.

Si ma vue pouvait *apercevoir* la grandeur réelle du soleil, je ne pourrais voir aucun objet sur la terre.

Voltaire, *Lettres;* octobre 1787.

Uns chevaus vit herbe qui crut
Dedenz un pré ; mais *n'aperçut*
La haie dunt ert enclos li prez.
                    MARIE DE FRANCE, *Fables*, LIV.

Mais un canal, formé par une source pure,
    Se trouve en ces lieux écartés :
Il s'y voit, il se fâche ; et ses yeux irrités
Pensent *apercevoir* une chimère vaine.
                    LA FONTAINE, *Fables*, I, 11.

Soit une personne, un être animé :

Se logèrent tout environ, tellement que nul ne pouvoit
entrer en la garnison qu'il ne *fût aperçu*.
                    FROISSART, *Chroniques*, I.

Pour moi, quand je l'*ai aperçu* (Fouquet), les jambes
m'ont tremblé, et le cœur m'a battu si fort que je n'en
pouvois plus.
                    Mme DE SÉVIGNÉ, *Lettres*; à M. de Pomponne,
                    27 novembre 1664.

Dès que l'ambassadeur (turc) put *être aperçu* du roi, il
s'inclina très-profondément à l'orientale, sa main droite
sur sa poitrine.
                    SAINT-SIMON, *Mémoires*, 1721.

Une ourse a encontrée en une grant valée,
Qui vers li s'en venoit courant gueule baée ;
Quant Berthe *l'aperçut*, moult fu espoventée.
                    Roman de Berte, p. 67.

Li vileins a Renart véu,
Sitost con l'*a apercéu* :
Dex ! fet-il, quel beste est-ce là ?
                    Roman de Renart, v. 22885.

S'il avient que tu *aperçoives*
T'amie...
                    Roman de la Rose, v. 2403.

Quelque chose le trouble, ou je suis fort déçu,
Et je l'*aperçus* hier, sans en *être aperçu*,
Dans un recoin du bois où nul ne se retire.
                    MOLIÈRE, *le Dépit amoureux*, II, 6.

Quelquefois c'est non seulement la personne,
mais en même temps son action, son attitude,
qui est aperçue ; le nom, régime d'APERCEVOIR, est
alors modifié de diverses manières ;
    Soit par un verbe à l'infinitif dont il devient le
sujet :

... Il *fut apperceu* communiquer de nuit avec l'ambassadeur du dit roy de France.
                    H. ESTIENNE, *Apologie pour Hérodote*, part. II, c. 15.

Le maistre... l'*ayant apperceu* jetter la veüe sur dès bot-
tines qui estoient là pendues, luy demande s'il avoit envie d'en avoir une paire.
                    BONAVENTURE DES PERIERS, *Nouvelle* XCVI, *d'un bon compai-
                    gnon Hollandois qui fit courir après lui un cordonnier.*

.... J'*aperçoy* venir
Quelqu'un qui de sa part te vient entretenir.
                    P. CORNEILLE, *la Galerie du Palais*, I, 2.

Mais j'*aperçois* venir madame la comtesse
De Pimbesche. Elle vient pour affaire qui presse.
                    J. RACINE, *les Plaideurs*, I, 6.

Mais j'*aperçois* venir sa mortelle ennemie.
                    LE MÊME, *Phèdre*, V, 6.

Soit au moyen du relatif *qui*, par une proposition conjonctive :

Je l'*aperçois qui* vient en rêvant.
                    MARIVAUX, *le Legs*, sc. 6.

Et par quelque terme exprimant une circonstance particulière :

Je viens de vous *apercevoir aux* genoux de ma sœur.
                    MARIVAUX, *la Méprise*, sc. 12.

Il se dit figurément au sens moral,
Tantôt régissant un nom substantif :

Par la grandesce del pardon pués *aparzoyvre* la grandesce de la venjance.
                    SAINT BERNARD, *Sermons françois*, à la suite des *quatre
                    Livres des Rois*, p. 549.

La bonté de l'aigue tu puez *aperçoivre* se ele ne naist de
paluz ou de mauvais estauc.
                    BRUNETTO LATINI, *Li Livres dou tresor*, liv. I,
                    part. IV, c. 126.

Quant le bon comte de Hainaut *eut* ouï son frère, et *aperçu*
le grand désir qu'il avait de faire ce voyage...
                    FROISSART, *Chroniques*, liv. I, Ire part., c. 17.

Quant il fut adverti que son entreprinse *estoit apparceue*,
tantost manda ses gens de Saint-Marcel.
                    MONSTRELET, *Chronique*, c. 182.

Le prince *n'apperceut* la grandeur de son crime qu'après
l'avoir exécuté.
                    PERROT D'ABLANCOURT, trad. de Tacite, *Annales*, liv. XIV, I.

L'air du discours entre ordinairement dans l'esprit avant
les raisons, l'esprit étant plus prompt pour *apercevoir* cet
air qu'il ne l'est pour comprendre la solidité des preuves.
                    Logique de Port-Royal, IIIe part., c. 20.

Non, messieurs, je ne puis plus soutenir ces grandes paroles, par lesquelles l'arrogance humaine tâche de s'étourdir elle-même, pour ne pas *apercevoir* son néant.

  Bossuet, *Oraison funèbre de la duchesse d'Orléans.*

On ne peut nier qu'*apercevoir* les proportions, *apercevoir*
l'ordre et en juger, ne soit une chose qui passe les sens.

  Le même,'*De la Connoissance de Dieu et de soi-même*, c. 1,
  n° 8.

Elle *aperçoit* au travers de tant d'apparences trompeuses
le fond de la malignité du monde, et se prépare à le quitter.

  Fléchier, *Oraison funèbre de Mᵐᵉ d'Aiguillon.*

Les enfants sont bien plus pénétrants qu'on ne croit; et
dès qu'ils *ont aperçu* quelque finesse dans ceux qui les gouvernent, ils perdent la simplicité et la confiance qui leur
sont naturelles.

  Fénelon, *De l'Éducation des filles*, c. 5.

. Nous sommes trop choquées du manque de raison que
nous *apercevons* dans nos semblables.

  Mᵐᵉ de Maintenon, *Lettres*; à Mᵐᵉ de Glapion, 8 juin 1710.

Je n'*aperçus* nul vestige du duc d'Anjou (Philippe V), qu'il
me fallut chercher dans son visage fort allongé, changé.

  Saint-Simon, *Mémoires*, 1721.

La vertu eut assez de force, pendant quelques moments,
pour s'élever dans mon cœur contre ma passion, et j'*aperçus*, du moins dans cet instant de lumière, la honte et l'in-
dignité de mes chaînes.

  L'abbé Prévost, *Manon Lescaut*, Iʳᵉ part.

Il *aperçoit* à la fois un grand nombre d'idées, et, comme
il ne les a ni comparées ni subordonnées, rien ne le détermine à préférer les unes aux autres.

  Buffon, *Discours à l'Académie française.*

En elle j'*aperçois* des défauts chaque jour,
Qu'elle avoit avec art cachés à mon amour.

  Destouches, *le Philosophe marié*, I, 1.

Tantôt lié par la conjonction *que* à une proposition :

Cume la dame *aparchut* qu'ele fud enceinte, al rei le
mandad.

  Les quatre Livres des Rois, II, xi, 5.

Quand il *aperçut que* mourir le convenoit.

  Froissart, *Chroniques*, Iʳᵉ part., c. 49.

A tant son pere *apperceut que* vraiment il estudioit tres
bien, et y mettoit tout son temps; toutesfoys que en rien ne
prouffitoit.

  Rabelais, *Gargantua*, I, 15.

Les poëtes imitateurs de la nature, et dont le propre est
de rechercher dans le fond du cœur humain les sentiments
qu'elle y imprime, *ont aperçu que* les hommes recherchent

naturellement les causes de leurs désastres dans les crimes
de leurs ancêtres.

  Bossuet, *De la Connoissance de Dieu et de soi-même,*
  c. 4, art. 11.

Quand Erichton *aperçut que* l'argent corrompoit les peuples, comme il l'avoit prévu, il se retira de douleur sur
une montagne sauvage.

  Fénelon, *Télémaque*, XIX.

Quant li rois *a aparceu*
Que Renart l'avoit deçéu,
Corocié en fu et plain d'ire.

  Roman de Renart, v. 29767.

Dans des passages tels que le suivant, à cette
proposition équivaut un simple adjectif qui la ré-
sume :

C'est encore une grande consolation, quand on scait que
son mal n'est incurable, et qu'il y a remède pour le guérir, laquelle doit redoubler quand on l'*apperçoit* facile.

  La Nouz, *Discours politiques et militaires*, I.

APERCEVOIR avec le pronom personnel, signifie,
au propre, Commencer à se voir, comme lorsque
l'on dit, *s'apercevoir* dans une glace.

S'APERCEVOIR, pris toujours au sens propre, est
quelquefois verbe réciproque : *s'apercevoir l'un
l'autre.*

Pris dans un sens figuré, il signifie ordinairement Connaître, remarquer;

S'apercevoir de :

L'on ne *s'apperçoit* point *de* son partement (du duc d'A-
lençon) que sur les neuf heures du soir.

  Marguerite de Valois, *Mémoires.*

L'intention de celui qui blesse ne soulage point celui qui
est blessé. Il ne *s'aperçoit* point *de* cette direction secrète,
et il ne sent que celle du coup qu'on lui porte.

  Pascal, *Provinciales*, VII.

Je suis partie avec votre portrait dans ma poche, je le
regarde fort souvent : il seroit difficile de me le dérober
présentement sans que je *m'en aperçusse.*

  Mᵐᵉ de Sévigné, *Lettres*; à Mᵐᵉ de Grignan, 23 mai 1671.

Il y a quinze jours, mon amie, que je ne vous ai écrit;
je vous en avertis, de peur que vous ne *vous* en *aperceviez*
pas.

  Mᵐᵉ de Coulanges, *Lettres*; à Mᵐᵉ de Sévigné,
  19 novembre 1695.

Mᵐᵉ de Maintenon m'a dit que ses amis *s'appercevoient*

même *de* la place qu'ils avoient dans son cœur par celles que leurs portraits occupoient dans sa chambre.

Mᵐᵉ DE CAYLUS, *Souvenirs*.

Cicéron dit que le meilleur, presque toujours, est de le cacher (l'ordre), et d'y mener l'auditeur sans qu'il *s'en aperçoive*.

FÉNELON, *Dialogues sur l'Éloquence*, II.

C'étoient des femmes extrêmement parées; les unes assez laides, et qui s'en doutoient, car elles tâchoient d'avoir si bon air qu'on ne *s'en aperçût* pas; d'autres qui ne s'en doutoient point du tout, et qui, de la meilleure foi du monde, prenoient leur coquetterie pour un joli visage.

MARIVAUX, *la Vie de Marianne*, IIᵉ part.

Nous ne savons pas beaucoup de gré à nos amis d'estimer nos bonnes qualités, s'ils osent seulement *s'apercevoir de* nos défauts.

VAUVENARGUES, *Réflexions et Maximes*, CLXXV.

Lorsqu'il se sera fait un plan, lorsqu'une fois il aura rassemblé et mis en ordre toutes les pensées essentielles à son sujet, il *s'apercevra* aisément *de* l'instant auquel il doit prendre la plume.

BUFFON, *Discours à l'Académie française*.

S'apercevoir que :

Aperceurent sei *que* l'arche fud venue en l'ost.

Les quatre Livres des Rois, I, IV, 6.

Le matin truvai deled mei l'enfant mort; mais de plus près, al jur, l'esguardai, e bien *m'aperchui que* il ne fud pas miens.

Même ouvrage, III, III, 21.

S'ils n'ont soin de faire le valet, je ne *m'aperçois* point *que* je suis le maistre.

THÉOPHILE, *Lettre* XLIX.

Il n'étoit pas possible que les gens de guerre, qui avoient changé le gouvernement et établi les empereurs, fussent longtemps sans *s'apercevoir que* c'étoit eux qui en effet disposoient de l'empire.

BOSSUET, *Discours sur l'Histoire universelle*, III, 7.

Vous crûtes vous *apercevoir*, il y a quelques jours, *que* j'étois un peu rêveuse, me dit-elle, et moi je *m'aperçois* aujourd'hui *que* vous l'êtes beaucoup.

MARIVAUX, *la Vie de Marianne*, VIIᵉ part.

Je *m'aperçois*, depuis longtemps, *que* rien n'est si rare que de faire ce que l'on veut.

VOLTAIRE, *Lettres;* 10 octobre 1761.

Bien *s'aperçoit qu'*il est traiz.

Roman de Renart, v. 25254.

Afin qu'un même toit elle et moi nous assemble,
Sans *nous apercevoir que* nous logions ensemble.

DESTOUCHES, *le Glorieux*, I, 5.

On a dit autrefois, *apercevoir* au lieu de *s'apercevoir*, par ellipse du pronom *se :*

Si Dieu me donne jamais des biens, vous *en apercevrez*.

Le Loyal Serviteur, c. 3.

Croyez que la compagnie dont j'ay la charge fera aujourd'huy de l'honneur au roy et à nous, et tel service que *vous en apercevrez*.

Même ouvrage, c. 50.

Signor baron, fait-il, bien *sui aperceus*
Que tous cis siècles est et dampnes et perdus.

Roman d'Alexandre, v. 15.

Monseigneur, je feray devoir
Envers toute la seigneurie;
Vous en pourrez *apercevoir*.

Le Mistere du siége d'Orléans, v. 13814.

S'APERCEVOIR s'est quelquefois dit absolument à une époque fort ancienne :

il *s'aperchut*, mais ne fist semblant.

Les quatre Livres des Rois, I, X, 27.

Les guaites Saül *s'aperceurent*, ki esteient en Gabaa Benjamin.

Même ouvrage, I, XIV, 16.

Ains que Rolanz *se seit aperceüt*.

Chanson de Roland, CL.

S'APERCEVOIR a été quelquefois employé dans le sens passif de *être aperçu :*

Il ne se passe nuit que les morts ne *s'aperçoivent*... avec des formes étranges.

BALZAC, *le Prince*, c. 7.

Faire apercevoir est une locution usuelle qui se construit de double manière;

Soit avec la préposition *à :*

Un esprit médiocre *fera* quelquefois *apercevoir au* plus habile homme une méprise qu'il ne voyoit pas.

FÉRAUD, *Dictionnaire critique de la langue françoise*.

Soit avec la préposition *de*, dans une façon de parler qui n'est pas sans rapport avec l'emploi pronominal du verbe :

Il y a déjà longtemps que je me suis aperçue de cette inclination; mais je ne vous en ai pas voulu parler d'abord, de peur de *vous en faire apercevoir* vous-même.

Mme DE LA FAYETTE, *la Princesse de Clèves,* I.

APERCEVOIR, en termes de philosophie, se dit absolument pour Avoir des perceptions :

Le premier et moindre degré de connoissance est d'apercevoir.

CONDILLAC, *Essai sur l'origine des connoissances humaines,* part. I, sect. 2, c. 1, § 2.

On trouve, dans d'anciens textes, le participe présent *apercevant* employé adjectivement dans le sens de Perspicace, fin, avisé :

Le roy, qui estoit assez *appercevant,* leva amont le visaige, et veit venir... les deux chevaliers.

Perceforest, vol. 6, f° 106, v^o, col. 1.

De son temps ne vit-on onques mès si trez grant
Si sage, ne si preus, ne si *aperchevant,*
Ne tant bel a feitié, ne si sage parlant.

Doon de Maience, v. 432.

Ne trouvast on pas femme de si tres bel semblant,
Si sage, ne si preus, ne si *aperchevant.*

Même ouvrage, v. 3638.

La Mazange qui mult est saige
Apercevans è vesiée,
Un deci à lui envoiée.

MARIE DE FRANCE, *Fables,* XXII, 26.

APERÇU, UE, participe.

Il semble pris, comme *apercevant,* adjectivement, et en un sens analogue, dans ce passage d'un de nos vieux poètes :

Et maint autre grant homme, et sage et *apperceu.*

J. DE MEUNG, *Testament,* v. 1770.

Par une manière de parler, de date peu ancienne, qu'en 1787 Féraud, dans son *Dictionnaire critique de la langue françoise,* note comme nouvelle, APERÇU s'emploie comme substantif, et signifie Une première vue, une vue rapide jetée sur un objet :

Concluez de ce qu'une matière est vitrifiée, qu'elle est l'ouvrage du feu, et bâtissez sur cet *aperçu* un système du monde!

BERNARDIN DE SAINT-PIERRE, *Études de la nature.*

III.

Quant à moi, je vous abandonne
De tout mon cœur mes notes, mes journaux,
Pleins d'*aperçus* curieux et nouveaux.

DELILLE, *la Conversation,* I.

Il signifie également, en parlant de comptes, Une estimation au premier coup d'œil : *l'aperçu de la dépense,* etc. ; *par aperçu, cela montera à tant.*

Il signifie aussi, en termes de Barreau, Un exposé sommaire des principaux points d'une affaire : *cet avocat a donné au public un aperçu de la cause.*

APERCEVABLE, adj. des deux genres.

Autrefois écrit APPERCEVABLE. (Voyez les *Dictionnaires* de Monet et de Cotgrave.) Il ne paraît, et avec son orthographe actuelle, qu'en 1740, dans la troisième édition du *Dictionnaire de l'Académie.*

Qui peut être aperçu, soit dans un sens physique, soit dans un sens moral :

Choses plus sensibles et plus *apercevables.*

NICOLE ORESME. (Voyez MEUNIER, *Essai sur les ouvrages de Nicole Oresme,* p. 162.)

Il y a des corps qui ne sont point *apercevables* sans microscope

Dictionnaire de l'Académie, 1740.

APERCEVANCE, s. f.

Autrefois écrit APPERCEVANCE. (Voyez les *Dictionnaires* de Rob. Estienne, Nicot, etc.)

Ce vieux mot, repris par le *Dictionnaire de l'Académie* dans ses deux dernières éditions, se dit, soit au propre, soit au figuré, de la faculté de l'action d'*apercevoir :*

C'est le privilège des sens d'estre l'extrême borne de nostre *apercevance.*

MONTAIGNE, *Essais,* II, 12.

Cette vivacité du plaisir que ressent notre âme par l'*apercevance* de la vérité.

LA HARPE, *Cours de littérature,* liv. III, c. 2.

Mais tant forte est la decevance
Que trop est grief l'*appercevance.*

Roman de la Rose, v. 11798

Chien a grant legeresce et grant *apercevance.*

Chasse de Gaston Phebus, ms., p. 89. (Cité par Sainte-Palaye).

Quelquefois APERCEVANCE s'est dit de la chose aperçue :

Les *appercevences* y sont (extant vestigia).
>   Rob. Estienne, *Dictionnaire françois-latin.*

Les libraires vinrent se loger là auprès : ce dont nous avons encores veu de nostre temps quelques restes et *appercevances* en la rue Nostre-Dame.
>   Est. Pasquier, *Recherches de la France,* IX, 5.

On a dit, dans des sens analogues, APERCEVEMENT, APPERCEVEMENT; APARÇOYVEMENT; APERSURE, etc. (Voyez le *Glossaire* de Sainte-Palaye.)

A la même famille de mots appartiennent les mots de la langue philosophique APERCEPTION, APERCEPTIBLE.

APÉRITIF, IVE, adj. (du latin *aperitivus, apertivus,* et, par ce mot, d'*aperire,* ouvrir).

On l'a écrit APPÉRITIF. (Voyez les *Dictionnaires* de J. Thierry, Nicot, Cotgrave.)

Ce mot, qui dans son acception générale, dont il y a peu d'exemples, signifie Qui a la faculté d'ouvrir, est terme de Médecine. C'est le nom générique des médicaments propres à entretenir la liberté des voies biliaires, urinaires, etc. : *remède apéritif, tisane apéritive :*

Cinq ou six jours après on laissera les dites viandes, et en lieu d'icelles, on usera de temperées, et plustost humides que seiches : lesquelles seront esleuës selon qu'on les ordonne aux melancholiques, et mettra-on en leurs potages racines *aperitives,* lesquelles ont vertu de faire uriner.
>   A. Paré, *Introduction à la vraye cognoissance de la chirurgie,* liv. XXI, c. 21.

Le nouveau lait est tout à fait séreux; il doit presque être *apéritif,* pour purger les restes du méconium épaissi dans les intestins de l'enfant qui vient de naitre.
>   J.-J. Rousseau, *Émile.*

APÉRITIF s'emploie substantivement : on dit *un apéritif, des apéritifs,* etc. :

On fait usage des *apéritifs* dans les cas où les obstructions sont la cause ou l'effet de la maladie.
>   *Dictionnaire de Trévoux.*

APÉTALE, adj. (de ά privatif, et de πεταλον, feuille). Terme de Botanique. Sans *pétales,* sans corolle.

Les fleurs du saule, du noisetier, de l'amarante sont *apétales.*
>   *Dictionnaire de l'Académie,* 1835.

APETISSER, v. a. (de *petit*).

On l'a écrit longtemps APPETISSER. (Voyez les *Dictionnaires* de Monet, de Cotgrave, de Danet; le *Dictionnaire de l'Académie,* éditions de 1694 et de 1718.) On trouve aussi APETISER, APETISIER; APETICER, APETICIER, etc. (Voyez le *Glossaire* de Sainte-Palaye) et quelques-uns des exemples ci-après.

APETISSER depuis longtemps de peu d'usage, et auquel on substitue, en certaines occasions, RAPETISSER, et quelques autres mots, comme *diminuer, amoindrir,* etc., signifie Rendre plus petit, soit dans un sens physique, soit dans un sens moral :

Lonctens tenir mauvese coutume ne *apetize* pas pechié, ainz le croist.
>   *Li livres de Jostice et de Plet,* II : De Lois et de longue tenue, § 7.

De tant *apetices* (variante *apetises*) tu la grace comme tu i mez de demoure.
>   Brunetto Latini, *Li livres dou Tresor,* liv. II, part. II, c. 79.

Se tu veuls enrichir, tu ne dois acroistre ton chatel, mais *apeticier* (variante *apetiseir*) ta convoitise.
>   Le même, même ouvrage, liv. II, part. II, c. 101.

Ainsi en est-il du jugement des hommes... Au fond, je le sens bien, ce n'est qu'une lumière changeante, qui me prend tantôt d'un côté, tantôt d'un autre, allonge, *apetisse,* augmente, diminue cette ombre qui me suit (l'opinion d'autrui).
>   Bossuet, *Sur la vie cachée en Dieu.*

Par lui *n'est pas apeticiée*
La noise.
>   G. Guyart, *Royaus Lignages,* t. I, v. 4098.

Touz jors accroissoit les novelles,
Quant il n'ierent bonnes ne beles,
Et les bonnes *apetissoit.*
>   *Roman de la Rose,* v. 14785.

... Le poursuivant s'applique
A gagner celle où ses vœux s'adressoient.
Fêtes et bals, sérénades, musique,
Cadeaux, festins, fort bien *apetissoient,*
Altéroient fort le fonds de l'ambassade.
>   La Fontaine, *Contes,* V, 7 : Belphégor.

APE APH 315

APETISSER s'emploie avec le pronom personnel, dans le sens passif de Devenir plus petit :

Dans la systole le cœur *s'apetisse* et s'allonge.
> BOSSUET, *De la Connoissance de Dieu et de soi-même,* c. 2, art. 3.

L'objet ou se grossit, ou *s'apetisse*, ou se renverse, ou se redresse, ou se multiplie.
> LE MÊME, même ouvrage, c. 3, art. 4.

Son œil *s'étoit* considérablement *apetissé.*
> J. RACINE, *Histoire de Port-Royal.*

Il est aussi verbe neutre, avec le même sens :

Elle (la guerre) *n'apetisa* mie, ains crut plus et plus.
> VILLEHARDOUIN, *Conqueste de Constantinoble,* XCIX.

Et desiroit ledit duc d'Orleans estre secouru, parce que ses vivres *appetissoient.*
> COMMINES, *Mémoires,* VIII, 7.

Une étoffe qui *appetisse* à l'eau.
> *Dictionnaire de l'Académie,* 1718.

Après le solstice d'été les jours *apetissent.*
> Même ouvrage.

On dit plus communément, en parlant des jours, Raccourcir : *Les jours raccourcissent.*

APETISSER, employé de ces diverses manières, comme verbe actif, verbe pronominal, verbe neutre, s'est quelquefois dit en parlant des personnes :

Li saiges larges... despent... ce que il peut souffrir sans *apeticier.*
> BEAUMANOIR, *Coutumes de Beauvoisis,* p. 9.

APETISSÉ, ÉE, participe.

Et desiroient de voir *appetissé* (leur duc), pourveu qu'ilz n'en sentissent riens en leur pays.
> COMINES, *Mémoires,* V, 16.

APETISSEMENT, s. m.
On l'a écrit APPETISSEMENT, APETICEMENT, etc. Ce mot, peu usité, comme le verbe dont il est tiré, est synonyme de Diminution :

L'*apetissement* qui paroît dans les objets éloignez est une espèce de phénomène.
> PERROT, *Essais de physique,* t. III, p. 352. (Cité par Richelet.)

APHÉLIE, s. f. (de ἀφ', pour ἀπὸ, loin de, et ἥλιος, soleil).
Terme d'Astronomie. Le point de l'orbite d'une planète où elle se trouve à sa plus grande distance du soleil; point opposé à celui qu'on désigne par *périhélie :*

Quand on se rappelle la belle végétation et les charmants paysages que l'on a vus les jours précédens dans les basses vallées, on est tenté de croire qu'on a été subitement transporté dans un autre monde oublié par la nature, ou sur une comète dans son *aphélie.*
> SAUSSURE, *Voyages dans les Alpes,* t. II, c. 15, § 634.

Il est aussi adjectif des deux genres : *la terre est aphélie.*

APHÉRÈSE, s. f. (de ἀφαίρεσις, retranchement, venu lui-même, par ἀφαιρέω, de ἀπὸ et αἱρέω).
Écrit APHAIRÈSE dans le *Dictionnaire* de Cotgrave.
Figure de grammaire par laquelle on retranche une syllabe ou une lettre au commencement d'un mot.

APHONIE, s. f. (de ἀφωνία, et, par ce mot, de ἀ privatif, et de φωνή, voix).
Privation de la voix ; difficulté de produire des sons :

Toute langue particulière naît, comme l'animal, par voie d'explosion et de développement, sans que l'homme ait jamais passé de l'état d'*aphonie* à l'usage de la parole.
> J. DE MAISTRE, *Soirées de Saint-Pétersbourg,* IIe Entretien.

APHORISME, s. m. (de ἀφορισμὸς, distinction, séparation, et, par ce mot, de ἀφορίζω, séparer, définir, formé lui-même de ἀπὸ, marquant séparation, et ὁρίζω, borner).
Sentence ou maxime énoncée en peu de mots.
Emprunté au titre d'un ouvrage célèbre d'Hippocrate, *aphorisme* s'applique proprement à une sentence, une maxime médicale :

Ses écrits (d'Hippocrate) ont été regardés dans tous les temps comme autant d'oracles. Son petit livre d'*aphorismes*, si familier, si simple en apparence, passe néanmoins, a-t-on dit, la portée de l'esprit humain. C'est par là qu'il faut commencer l'étude de la médecine, c'est par là qu'il la faut achever.

Pellisson, *Mémoire sur quelques travaux à proposer aux gens de lettres.*

Malheur, disois-je, à ceux qui fréquentent ces tables pernicieuses où il faut sans cesse être en garde contre sa sensualité, de peur de trop charger son estomac! Pour peu que l'on mange, ne mange-t-on pas toujours assez? Je louois dans ma mauvaise humeur des *aphorismes* que j'avois jusqu'alors fort négligés.

Le Sage, *Gil Blas,* liv. VII, c. 5.

On a de Mahomet quelques *aphorismes* de médecine.

Voltaire, *Essai sur les mœurs,* c. 6.

Ne vaut-il pas bien mieux d'un membre se deffaire,
Qu'envoier laschement tout le corps au suaire?
Tel *aphorisme* est bon alors qu'il faut curer
Le membre qui se peut sans la mort séparer.

Agr. d'Aubigné, *Tragiques,* liv. II : Princes.

J'ai lu dans Hippocrate, il n'importe en quel lieu,
Un *aphorisme* sûr...

Regnard, *le Légataire universel,* II, 11.

De bonne heure la signification d'*aphorisme* s'est étendue à des sentences, des maximes de toutes sortes; il y a eu non seulement des *aphorismes de médecine,* mais des *aphorismes de droit,* des *aphorismes politiques,* etc. :

... D'entre lesquels ung pour lors tenoyt une mappemonde et la leur exposoit sommairement par petits *aphorismes.*

Rabelais, *Pantagruel,* V, 31.

Ne vaudroit-il pas mieux (si leur *aphorisme* est vrai...) aller peu à peu et de degré en degré...

Chapelain, trad. de *Guzman d'Alpharache,* Ire part., liv. II.

Tous les auteurs sont d'accord avec Paramo sur cet établissement de l'inquisition en Portugal : le seul Antoine de Sousa, dans ses *aphorismes des inquisiteurs* révoque en doute l'histoire de Saavedra.

Voltaire, *Dictionnaire philosophique :* Inquisition.

La langue grecque nous a donné, outre Aphorisme :

Aphoristique, adjectif des deux genres (de ἀφοριστικὸς, propre à distinguer, à définir).

On s'en est servi quelquefois pour dire : Qui appartient à l'aphorisme, qui a la forme d'aphorisme :

On auroit été au-devant de ces abus, si l'on avoit retenu

en médecine la manière d'écrire d'Hippocrate, dont le style *aphoristique,* simple et concis, n'a rien de superflu.

Journal des savants. (Cité dans le *Dictionnaire de Trévoux.*)

APHRODISIAQUE, adject. des deux genres (de ἀφροδισιακὸς, et, par ce mot, de Ἀφροδίτη, nom grec de Vénus).

Terme de Médecine. Il se dit des substances qu'on croit propres à exciter aux plaisirs de l'amour :

Rien n'est plus commun que d'entendre des hommes de trente ans se plaindre d'impuissance; c'est la maladie pour laquelle ils consultent davantage les Européens, en leur demandant du madjoun, c'est-à-dire des pilules *aphrodisiaques.*

Volney, *Voyage en Égypte et en Syrie :* Syrie, c. 40.

Il s'emploie aussi comme substantif masculin, *un dangereux aphrodisiaque.*

Aphte, s. m, (du grec ἄφθαι, venu peut-être de ἅπτω, enflammer).

Érosion qui vient habituellement dans la bouche. En termes de Médecine, il se dit plus exactement, au pluriel, d'une éruption pustuleuse, qu'on observe à l'intérieur de la bouche, du pharynx, et quelquefois d'une partie du canal intestinal : *avoir un aphte; les aphtes sont douloureux.*

API, s. m.

Sorte de pomme petite et ordinairement colorée en partie d'un rouge vif : *des pommes d'api; voilà de fort bel api; j'ai beaucoup d'api dans mon jardin :*

Les noms suivans, comme les plus remarquables de ce siècle et en ces climats-ci, nous serviront de guide : la *melle* ou *pomme appie,* ainsi ditte de Claudius Appius, qui du Peloponnese l'apporta à Rome.

Olivier de Serres, *Théâtre d'agriculture,* VI° lieu, c. 26.

Apitoyer, v. a. (de notre préposition *à,* et de notre substantif *pitié).*

On l'a écrit appitoyer, et autrefois, apiter, apitéer, de même qu'on disait pité.

Apitoyer, c'est Toucher de pitié :

Rien ne put l'*apitoyer* sur mon sort.
Dictionnaire de l'Académie, 1798.

Il s'emploie le plus souvent avec le pronom personnel et, dans le langage familier, signifie, Compatir, témoigner de la pitié :

Auxquelles paroles le duc *se appitoya*, si que on lui veoit les larmes aux yeux.
MONSTRELET, *Chroniques.*

On le construit le plus souvent avec la préposition *sur* :

Tel qui *s'appitoie sur* les maux où va nous précipiter la guerre, craint plus nos succès que nos revers.
CHATEAUBRIAND, *Discours et Opinion* : Loi de l'emprunt de 100 millions, 25 février 1823.

Pour vous *apitoyer sur* ses pertes passées,
Il tire un assignat de ses poches percées.
DELILLE, *la Conversation*, II.

On l'a employé autrefois comme verbe neutre :

N'estoit homme... à cui le cueur ne *apiteast*, en voyant le mystère de la passion Nostre-Seigneur au vif.
Journal de Paris sous Charles VI et Charles VII, p. 72.

Le cueur lors luy *appitoïa.*
Vigiles de Charles VII, p. 157.

APITOYÉ, ÉE, participe.

APLANIR, v. a. (comme *plain, plan,* du latin *planus*).

On l'a écrit APPLANIR, et, avec un ou deux *p* :

APLANER, APLANIER ; APLAIGNER, APLAIGNIER ; APLANOIER, etc.

(Voyez le *Glossaire* de Sainte-Palaye et quelques-uns des exemples ci-après.)

Rendre plan, uni ce qui était inégal :

Et si l'frai de Jérusalem cume fait l'ai de Samarie e del lignage Achab, si la destruirai e abaterai, e *aplanierai.*
Les quatre Livres des Rois, IV, XXI, 13.

Plusieurs ayans des bosses et terriers en leurs jardins se sont constituez en grands fraitz pour les *applanir.*
BERNARD PALISSY, *Recepte véritable.*

Et ayant la place en peu de jours esté nettoyée et *aplanie,* Timoléon y feit édifier des salles et auditoires à tenir la justice.
AMYOT, trad. de Plutarque, *Vie de Timoléon*, 32.

L'ignorance des fortificateurs de ce temps-là estoit de hausser les contr'escarpes et ne les *applanir* pas.
AGR. D'AUBIGNÉ, *Histoire universelle*, t. II, liv. II, c. 10.

Ce sera seulement avec la herce, rouleaux, rasteaux et semblables instruments qu'on *applanira* et unira la superficie du nouveau pré.
OLIVIER DE SERRES, *Théâtre d'Agriculture*, IVᵉ lieu, c. 1.

Or vous savez que le battement du flot *aplanit* une grève, et que quand elle est quelque temps sans être mouillée, elle se relaxe.
MALHERBE, trad. des *Épîtres de Sénèque*, Épître LV, I.

Or entr'autres ouvrages d'une peine et travail incroyable, ceste cy en estoit l'une, de faire de grandes chaussées à travers les campagnes, les forests et les lieux marescageux : trancher des montaignes, *applanir* des collines.
BERGIER, *Histoire des grands chemins de l'empire romain*, liv. I, c. 10.

Peu à peu les esprits animaux, par leur cours continuel, ouvrent et *applanissent* ces chemins ; en sorte qu'avec le temps ils n'y trouvent plus de résistance.
MALEBRANCHE, *De la Recherche de la vérité*, liv. II, Iʳᵉ part., c. 5.

Trente mille hommes précédèrent ou suivirent la marche du roi, les uns destinés à renforcer les garnisons des pays conquis, les autres à travailler aux fortifications, quelques-uns à *applanir* les chemins.
VOLTAIRE, *Siècle de Louis XIV*, c. 10.

Il alloit casser des roches çà et là dans les habitations pour en *aplanir* les chemins.
BERNARDIN DE SAINT-PIERRE, *Paul et Virginie.*

Après ont tout *aplanié,*
Fossé et mur égaillié ;
Puis passèrent tout plainement.
WACE, *Roman de Brut.*

Les fossés *font* tantost emplir et *aplaner.*
Doon de Maience, II, 235

Vous jurez d'*aplanir* les monts.
MAYNARD, *Poésies*, p. 103.

Desja ces montagnes s'abaissent,
Tous les sentiers *sont aplanis,*
Et sur ces flots si bien unis
Je voy des alcions qui naissent.
THÉOPHILE, *Sur une Tempeste*, Ode.

Tels que du haut des montagnes
Roulent à larges bouillons
Les flots qui dans les campagnes
Aplanissent les sillons.
RACAN, *Psaume*, 75.

O merveilles de l'harmonie !
L'onde orageuse *est aplanie*,
Le ciel devient riant et pur.

LEBRUN, *Odes*.

On peut joindre à ces passages le suivant, où *aplanir* est pris de même au propre, mais employé absolument :

S'il lui falloit toujours comme moi s'exercer,
Labourer, couper, fendre, *aplanir*, palisser.

BOILEAU, *Épîtres*, XI : A mon jardinier.

APLANIR, pris au propre, est de grand usage dans des phrases figurées telles que les suivantes :

Au moyen de quoy vous continuerez à battre le fer jusques à ce que vous l'*ayez aplany* et redressé en la forme qu'il convient pour servir à l'effet qui est nécessaire, employant à cette fin mon nom et authorité.

HENRI IV, *Lettre* du 13 juin 1607. (Voir *Négociations du président Jeannin*, p. 66.)

Vous me faites trop d'honneur de croire que je sois déjà si proche de la perfection où vous me voulez conduire... Je suis une terre pleine de ronces, d'épines, et de haut et bas, qu'il faut défricher et *aplanir* avant que d'y faire un parterre.

BUSSY-RABUTIN, *Lettres;* à Mlle de Portes, 17 juin 1674.

Tout ce qui avoit été exécuté en Catalogne *applanissoit* les voies du siége de Barcelonne.

SAINT-SIMON, *Mémoires*, 1694.

Horace, Pope, Addison, Lafontaine, Gesner ont *aplani* les rudes sentiers de la sagesse.

BERNARDIN DE SAINT-PIERRE, *Études de la nature*, II.

Phébus *a-t-il* pour vous *aplani* le Parnasse ?

BOILEAU, *Satires*, IX.

Du paradis pour elle il *aplanit* les routes.

LE MÊME, même ouvrage, X.

Vous avez su du trône *aplanir* le chemin.

VOLTAIRE, *Mérope*, I, 4.

On dit, figurément, *aplanir des difficultés, des obstacles, aplanir tout*, etc. :

Voilà doncques les differences qu'il y a entre... la temperance et la continence : car le remors, le regret et le contre-cœur n'ont point encore abandonné la continence, là où en l'âme temperante, *tout est applany*.

AMYOT, trad. de Plutarque, *OEuvres morales* : De la vertu morale.

Zenon veut que chacun prenne garde à ses songes, pour cognoistre quel il est : car si en songeant il prend plaisir à

quelque chose deshonneste, ou injuste, que la honte ou la crainte empeschent de jour, ce songe signifie que *nostre âme n'est* totalement *applanie* et régie par raison.

BOUCHET, *Serées*, II, 16.

Il y a d'autres personnes à consulter, qui sont bien plus accommodantes, qui ont des expédients pour passer doucement pardessus la loi... qui savent *applanir les difficultés* d'une affaire.

MOLIÈRE, *le Malade imaginaire*, I, 9.

On doit observer que ces premières peines que je demande qu'on prenne pour les enfants, *aplanissent des obstacles* qui deviennent insurmontables dans la suite d'une éducation moins exacte et plus rude.

FÉNELON, *De l'Éducation des filles*, c. 13.

Le cardinal d'Estrées, qui voyoit la faveur des Noailles, et qui en espéroit tout, acheva de sa bourse d'*applanir l'affaire*.

SAINT-SIMON, *Mémoires*, 1698.

Informez-vous d'eux si la grâce *aplanit tout*, facilite tout, si elle ne laisse plus rien à souffrir à l'amour-propre.

MASSILLON, *Avent* : Délai de la conversion.

Ce n'est pas là ce qui embarrassera, et *j'applanirai tout*.

MARIVAUX, *l'Épreuve*, sc. 18.

Fort bien ; ayez donc soin *d'applanir toutes choses*.

BOURSAULT, *Ésope à la ville*, IV, 18.

APLANIR, outre son régime direct, reçoit souvent un régime indirect, au moyen de la préposition *à* :

Sous un très-grand roi ceux qui tiennent les premières places n'ont que des devoirs faciles, l'activité et le génie du prince *leur aplanissent les chemins*.

LA BRUYÈRE, *Caractères*.

Ils (Homère et Pindare) ont eu sans doute avant eux d'autres poètes qui *leur* avoient *aplani* la voie, et qu'ils ont enfin surpassés.

FÉNELON, *Lettre à l'Académie*

La mort de François Ier n'*aplanit* pas *à* Charles-Quint le chemin vers cette mornachie universelle dont on lui imputait le dessein.

VOLTAIRE, *Essai sur les mœurs*, c. 126.

Mais ce n'est pas assez de m'avoir avertie ;
Il faut de ces périls *m'applanir* la sortie.

P. CORNEILLE, *Rodogune*, III, 1.

Son peuple aura par toi l'heureuse connoissance
Qu'il lui vient *applanir* les routes du salut.

LE MÊME, *Cantique de Zacharie*.

Tous ceux qui, comme toi, par de lâches adresses
Des princes malheureux nourrissent les foiblesses,
Les poussent au penchant où leur cœur est enclin,
Et *leur* osent du crime *aplanir* le chemin.

J. RACINE, *Phèdre*, IV, 6.

Dans les anciens temps de la langue, APLANIR a été employé, au propre, pour Caresser du plat de la main; au figuré, pour Flatter. Sainte-Palaye en donne, entre autres exemples, les suivants :

Quant le cheval... sentit sa main qui lui *aplanyoit* le dos.

Perceforest, vol. II, f° 45, v°, col. 2.

Comme ladite nourrisse eust respondu que c'estoit une fille... la déesse Hélène la print et lui *applania* le chef... puis la rendit à la nourrisse.

J. LEMAIRE DE BELGES, *Illustration des Gaules,* liv. II, p. 261.

Fist *aplanier* et grater et tirer le levrier par le collier... mais il ne se bougea.

Chasse de Gaston Phebus, ms., p. 91.

Il vint à son destrier qu'il *aplanioit* doucement, et mist le pied en l'estrief.

MENARD, *Histoire de Bertrand du Guesclin,* p. 370.

Espoir parfois le vient *applanier.*

ROGER DE COLLERYE, *Œuvres,* p. 166.

A ce dernier exemple on peut joindre le suivant, où le verbe, pris dans un sens analogue, a de même pour régime un nom de personne :

... En tous fais et en tous dis
Les puissans doit *aplanier*
Par souples mos et festier.

JEAN BRUYANT, *Chemin de poureté et de richesse,* dans le *Ménagier de Paris,* t. II, p. 26.

APLANIR s'emploie avec le pronom personnel. *S'aplanir* c'est, dans un sens passif, Devenir moins inégal, plus uni, plus facile ;

Au propre :

Du costé que les montaignes commencent à *s'applanir.*
(Qua se subducere colles incipiunt.)

ROB. ESTIENNE (VIRGIL. *Buc.;* IX, 7.), *Dictionnaire françois-latin.*

Une grande partie de la douleur de l'ame s'allege et s'émousse... quand le corps se sent gaillard, ne plus ne moins que les vagues vont... *s'applanissant* quand le temps est calme et serein.

AMYOT, trad. de Plutarque, *Œuvres morales :* Consolation envoyée à sa femme.

A demi-lieue de cette montagne où le pays commence à *s'applanir,* il y a une église sur un côtau.

TAVERNIER, *Voyages de Perse,* I, 3.

Les rivages d'Égypte s'enfuyoient loin de nous ; les collines et les montagnes *s'aplanissoient* peu à peu.

FÉNELON, *Télémaque.*

Lors la Beauce de s'*aplanir,*
De s'égaler, de devenir
Un terroir uni comme glace.

LA FONTAINE, *Lettres;* 3 septembre 1663. Voyage de Paris en Limousin.

Au figuré :

Faites un premier effort, passez le premier degré, vous verrez insensiblement le chemin *s'aplanir* et se faciliter devant vous.

BOSSUET, *IV° sermon :* Pour la Circoncision.

Je l'ai entendu raisonner sur les affaires présentes : il trouve que toutes ces grandes montagnes *s'aplanissent.*

Mᵐᵉ DE SÉVIGNÉ, *Lettres;* 23 février 1689.

Devant eux toutes les voies du crime *s'applanissent,* et tout ce qui leur plaît est bientôt possible.

MASSILLON, *Petit Carême :* Tentations des grands.

Stanhope régla les articles du traité ; les difficultés qui suspendoient son exécution *s'aplanirent.*

SAINT-SIMON, *Mémoires,* 1718.

Je me détermine enfin pour cette province ; et d'abord M. Hume arrange tout ; les embarras *s'aplanissent.*

J.-J. ROUSSEAU, *Lettres;* 10 juillet 1766.

Quelquefois *s'aplanir* est pour Aplanir à soi :

Songeons à nous, mon cher frère ; nous avançons en âge, nous devenons malsains ; *applanissons-nous* par une bonne vie le passage de la mort.

Mᵐᵉ DE MAINTENON, *Lettres;* 7 septembre.

Car de trouver une seule rebelle,
Ce n'est la mode à gens de qui la main
Par des présents *s'aplanit* le chemin.

LA FONTAINE, *Contes,* V, 7 : Belphégor.

APLANI, IE, participe.
Il s'emploie quelquefois adjectivement;
Soit au propre :

Les Romains, ayant campé en cet endroit, se rendirent maistres de la montagne voisine, dont le dos estroit, mais *applany,* s'étendoit jusqu'à un chasteau, où les ennemis s'estoient renfermez avec leurs femmes et leurs enfans.

PERROT D'ABLANCOURT, trad. de Tacite, *Annales,* liv. IV, 22.

Les eaux tranquilles, *aplanies* et riantes, s'étendent en

perdant insensiblement de leur transparence et s'éclairant insensiblement à leur surface, depuis le rivage jusqu'où l'horizon confine avec le ciel.

> DIDEROT, *Salon de 1765* : J. Vernet.

On apercevoit encore sur les vagues *aplanies* la trace blanchissante des vaisseaux que l'on ne voyoit plus.

> CHATEAUBRIAND, *les Martyrs*, XIX.

... L'un des arcs estoit de bois
Tout cornu et mal *aplané*,
Tout plain de neuds et mal tourné.

> *Roman de la Rose*, v. 925.

La lune nulle part n'a sa surface unie :
Montueuse en des lieux, en d'autres *aplanie*.

> LA FONTAINE, *Fables*, VII, 18 : Un animal dans la lune.

Soit au figuré :

Nulle voie si *aplanie* où il ne se trouve des embarras.

> BOSSUET, *Sermons* : Sur le danger des plaisirs des sens.

Il croit s'en voir par là les chemins *aplanis*.

> P. CORNEILLE, *Attila*, IV, 1.

APLANISSEMENT, s. m.

On l'a écrit APPLANISSEMENT.

Action d'aplanir, état de ce qui est aplani ;

Au propre :

Faites travailler vos soldats à la perfection des chemins par lesquels ils doivent marcher, à l'*applanissement* des montagnes qu'ils doivent gravir, aux ports où ils doivent s'embarquer, aux fortifications des villes qu'ils doivent défendre.

> VOLTAIRE, *Fragment des Instructions pour le Prince*, art. 1.

Au figuré :

Après l'*applanissement* de toutes les difficultés.

> DANET, *Dictionnaire françois-latin*.

APLANISSEUR, s. m.

On l'a écrit APPLANISSEUR. On a dit encore APPLANIEUR, APPLANEUR.

APPLANISSEUR et APPLANIEUR ont eu un sens spécial qu'explique le passage suivant :

Combien que ce nom soit commun à tous ceux qui applanissent toutes choses bossues, inégales, montueuses et rabboteuses, si est-ce qu'il est approprié en particulier à celuy qui avec chardons tire la bourre lanisse des draps... ce que ledit *applanisseur* fait, mouillant iceux draps esbarbez de leur plus haute toison, et après qu'ils sont sechez, leur tirant avec chardons la deuxiesme veleure de la laine...

Aucuns le nomment *aplanieur* ; ce qui est plus près du verbe françois.

> NICOT, *Trésor*.

APPLANISSEUR a pu être pris quelquefois dans un sens moral :

Dans cette anarchie d'un parlement factieux et méprisé, d'une ville divisée, d'une armée audacieuse, d'un roi fugitif et prisonnier, le même esprit qui animait depuis longtemps les indépendants saisit tout à coup plusieurs soldats de l'armée ; ils se nommèrent les *applanisseurs*, nom qui signifiait qu'ils vouloient tout mettre au niveau, et ne reconnaître aucun maître au-dessus d'eux, ni dans l'armée, ni dans l'État, ni dans l'Église.

> VOLTAIRE, *Essai sur les mœurs* : Des malheurs et de la mort de Charles Ier, c. 180.

La vie agitée que j'ai menée pendant si longtemps, et peut-être aussi le manque d'un bon *aplanisseur* (ce mot, comme vous voyez, n'appartient point à la langue primitive) m'ont toujours empêché d'y voir clair.

> J. DE MAISTRE, *Soirées de Saint-Pétersbourg*, II.

APLATIR, v. a. (de *plat*. Voyez ce mot).

On l'a écrit APPLATIR.

Rendre plat ;

Au propre :

Maupertuis fut peint et gravé, la tête affublée d'un bonnet d'ours et *aplatissant* le globe d'une main.

> DIDEROT, *Correspondance de Grimm*, 1er juin 1765

Au figuré :

Voudriez-vous savoir maintenant combien Locke étoit dominé par les préjugés de secte les plus grossiers, et jusqu'à quel point le protestantisme avoit *aplati* cette tête.

> J. DE MAISTRE, *Soirées de Saint-Pétersbourg*, VI.

Il s'emploie avec le pronom personnel ;

Au propre :

L'œil *s'aplatit* et s'allonge, selon que nous avons besoin de voir de loin ou de près.

> BOSSUET, *De la Connoissance de Dieu et de soi-même*, c. 2, n° 13.

Là, son occupation (de Psyché) est de soupirer et de répandre des larmes ; ses joues *s'aplatissent*, ses yeux se cavent.

> LA FONTAINE, *Psyché*, II.

Au figuré :

Les paroles que j'exprime au malheur, sont paroles de despit : mon courage se hérisse au lieu de *s'applatir*.

> MONTAIGNE, *Essais*, III, 9.

APLATI, IE, participe.

Il s'emploie quelquefois adjectivement;

Au propre, le plus souvent en parlant de la forme de la terre :

A Paris, vous vous figurez la terre faite comme un melon; à Londres, elle est *aplatie* des deux côtés.

    VOLTAIRE, *Lettres philosophiques*, XIVe.

Si la terre n'eût pas été fluide, il est évident que, malgré la rapidité de son mouvement de rotation, au lieu d'être un sphéroïde renflé sur l'équateur et *aplati* sous les pôles, elle seroit au contraire une sphère exacte.

    BUFFON, *Époques de la nature*.

Au figuré :

L'affaire des poisons est toute *aplatie*, on ne dit plus rien de nouveau.

    Mme DE SÉVIGNÉ, *Lettres*; 9 février 1680.

Les cris de cette petite femme, suffoqués et *aplatis* par le P. Morel, afin qu'il n'y eût rien que de chrétien dans cette sainte maison.

    LA MÊME, même ouvrage; 19 novembre 1688.

APLATISSEMENT, s. m.

On l'a écrit APPLATISSEMENT.

Action d'aplatir, état de ce qui est aplati ;

Au propre :

On envoie en 1672 des physiciens à la Cayenne faire des observations utiles. Ce voyage a été la première origine de la connaissance de l'*aplatissement* de la terre, démontré depuis par le grand Newton.

    VOLTAIRE, *Siècle de Louis XIV*, c. 31.

Le premier fait du renflement de la terre à l'équateur et de son *aplatissement* aux pôles, est mathématiquement démontré et physiquement prouvé par la théorie de la gravitation et par les expériences du pendule.

    BUFFON, *Époques de la nature*.

On trouve dans le passage suivant le substantif APLATISSEUR.

Il se rapporte à l'usage fait dans la science des mots APLATI et APLATISSEMENT :

Vous devez, mon cher *aplatisseur* de ce globe, avoir reçu une invitation de vous rendre à Berlin.

    VOLTAIRE, *Lettres*; à Maupertuis, 6 octobre 1741.

APLOMB, s. m. (de *à* et de *plomb*).

III.

Ligne perpendiculaire au plan de l'horizon, tirant son nom du fil à plomb, qui, dans certains métiers, sert à déterminer la verticalité.

La locution adverbiale *à plomb*, employée dans des phrases telles que celles-ci, que donne Nicot, *mettre une muraille à plomb; la muraille est bien à plomb*, est devenue, avec le temps, le substantif APLOMB. On a dit l'*aplomb d'un mur, d'un bâtiment, un aplomb*, etc. :

Quoique l'*aplomb* soit une condition indispensable de stabilité, on peut citer des monuments qui sont hors d'*aplomb* et ne sont pas en ruine : telle est la tour de Pise, et celle des Garizendi à Bologne.

    Dictionnaire de l'Académie des Beaux-Arts : Aplomb.

APLOMB, dans les arts du dessin, se dit de la pondération des figures. On dit qu'une figure manque d'*aplomb*, qu'un artiste pèche par les *aplombs*, etc. :

L'*aplomb* est absolument nécessaire à toute figure peinte ou sculptée; mais comme les mouvements peuvent être infiniment variés, il est impossible de donner des règles fixes pour déterminer leur pondération.

    Dictionnaire de l'Académie des Beaux-Arts : Aplomb.

Dans un exact *aplomb* les membres bien placés
Sur un centre commun seront tous balancés.

    WATELET, *l'Art de peindre*, III.

On dit dans un sens analogue, en termes d'Équitation, *les aplombs* d'un cheval.

APLOMB se dit, figurément, d'une certaine assurance dans la manière de se présenter, de parler, d'agir :

Ce jeune homme *manque d'aplomb*. Pour négocier de pareilles affaires il faut *avoir* du sang-froid et de l'*aplomb*. Cet homme *a de l'aplomb* dans toute sa conduite. Cet acteur *a de l'aplomb*.

    Dictionnaire de l'Académie, 1835.

D'APLOMB, locution adverbiale,

Signifie, comme *à plomb*, plus anciennement employé, Perpendiculairement. On dit d'une ligne qu'elle est tirée *d'aplomb*, qu'elle tombe *d'aplomb*; d'un mur, qu'il est ou n'est pas *d'aplomb*, etc. :

Le soleil s'élève, il faut gagner la forêt avant qu'il soit *d'aplomb* sur nos têtes.

    BERNARDIN DE SAINT-PIERRE, *l'Arcadie*.

Cette locution s'emploie dans les arts de la danse, de l'escrime, et signifie que le danseur, le tireur d'armes est assuré et ferme sur ses jambes, qu'il ne vacille point.

APOCALYPSE, s. f.

Quelques-uns le font masculin. (D'*apocalypsis*, en grec ἀποκάλυψις, révélation, venu lui-même de la préposition ἀπό, et de καλύπτω, voiler, cacher.)

On appelle ainsi le livre canonique qui contient les révélations faites à saint Jean l'Évangéliste dans l'île de Patmos :

Et vouloit ledit frère Jean toutes ces paroles prouver par l'*Apocalypse* et par les anciens livres des prophètes.

FROISSART, *Chroniques*, liv. I, II° part., c. 124.

Mystère que le Saint-Esprit a révélé à saint Jean, et que ce grand homme, apôtre, évangéliste et prophète, a expliqué dans l'*Apocalypse*.

BOSSUET, *Discours sur l'Histoire universelle*, III, 1.

C'était... un de ces théologiens qui, ayant expliqué l'*Apocalypse*, pensent être devenus prophètes.

VOLTAIRE, *Essai sur les mœurs*, c. 108 : De Savonarole.

Deux grands hommes, mais d'une grandeur fort différente, ont commenté l'*Apocalypse* dans le dix-septième siècle: Newton, à qui une pareille étude ne convenait guère ; Bossuet, à qui cette entreprise convenait davantage... Il est clair qu'il valait mieux respecter l'*Apocalypse* que la commenter.

LE MÊME, *Dictionnaire philosophique* : Apocalypse.

On dit, familièrement, d'un style obscur, *style d'Apocalypse*.

On a même fait quelquefois, par figure, du mot *Apocalypse* une sorte de synonyme d'obscurité :

Ton Phébus s'explique si bien
Que tes volumes ne sont rien
Qu'une éternelle *Apocalypse*.

MAYNARD, *Épigrammes*.

Dans un langage proverbial et populaire, *c'est le cheval de l'Apocalypse*, se dit d'un mauvais cheval, d'une haridelle efflanquée.

Cette expression est appliquée, dans le *Roman de la Rose*, à un de ses personnages allégoriques, *Abstinence contrainte* :

Et ressembloit la pute lice
Le cheval de l'Apocalypse.

Roman de la Rose, v. 12774.

Il a été fait d'autres allusions familières à l'*Apocalypse* :

Des monstres plus affreux que toutes les bêtes de l'*Apocalypse*.

HAMILTON, *Mémoires de Grammont*.

APOCALYPTIQUE, adj. des deux genres (d'ἀποκαλυπτικός).

Il se dit, familièrement, des discours, des écrits qui sont fort obscurs :

Il y a des figures claires et démonstratives ; mais il y en a d'autres... qui ne prouvent qu'à ceux qui sont persuadés d'ailleurs. Celles-là sont semblables aux *apocalyptiques*.

PASCAL, *Pensées*.

APOCO, s. m. (des mots italiens *ha*, troisième personne du présent de l'indicatif d'*avere*, avoir, et *poco*, peu ; qui a peu).

On se sert quelquefois de ce terme pour désigner un homme de peu d'esprit et de sens : *il parle comme un apoco*, on le traite d'*apoco*.

APOCOPE, s. f. (d'*apocopa*, *apocope*, en grec ἀποκοπή, coupure, retranchement, venu, par ἀποκόπτω, de la préposition ἀπό, et de κόπτω, couper).

Figure de grammaire, par laquelle on retranche une lettre ou une syllabe à la fin d'un mot :

Au lieu de dire, *parlare, insegnare, dichiarare, mostrare*, ils (les Italiens) disent *parlar, insegnar, dichiarar, mostrar*, ainsi que nous disons *parler, enseigner, déclarer, monstrer*, et font de mesme es autres. Et sont si bien accoustumez à ceste syncope, ou plustost *apocope* (que j'appelle retranchement), qu'ils en font quelquefois autant aux dissyllabes, qui n'en peuvent mais.

H. ESTIENNE, *la Précellence du langage françois*.

APOCRYPHE, adj. des deux genres (d'ἀπόκρυφος, caché, secret, inconnu ; venu, par ἀποκρύπτω, cacher, de la préposition ἀπό, et de κρύπτω).

Il n'est usité qu'en parlant des livres et des écrivains dont l'autorité est douteuse, et se dit, proprement, de certains livres que l'Église ne reçoit pas pour canoniques :

Si quelques chrétiens étoient bien capables de supposer des livres aux païens ou aux juifs, les hérétiques ne faisoient point de façon d'en supposer aux orthodoxes. Ce n'étoient que faux évangiles, fausses épîtres d'apôtres, fausses histoires de leurs vies ; et ce ne peut être que par un effet de la providence divine que la vérité s'est démêlée de tant d'ouvrages *apocryphes* qui l'étouffoient.

FONTENELLE, *Histoire des Oracles*, Iʳᵉ Dissertation, c. 4.

Il se dit, par extension, des historiens et des histoires dont l'autorité est suspecte, et, généralement, de tout ce qui prête au doute et au soupçon :

Chose *apocryphe* et sans grant foi.

CHRISTINE DE PISAN, *Histoire de Charles V*, liv. I, c. 6.

Alexandre (si cette anecdote n'est pas *apocryphe*) ayant obtenu en Égypte de l'hiérophante des mystères la permission de mander à sa mère le secret des initiés, la conjura en même temps de brûler la lettre après l'avoir lue, pour ne pas irriter les Grecs.

VOLTAIRE, *Essai sur les mœurs :* Introduction des mystères de Cérès Éleusine.

Ce qu'il y eut de plus *apocryphe* dans la primitive Église, c'est la prodigieuse quantité de vers attribués aux anciennes sibylles en faveur des mystères de la religion chrétienne.

LE MÊME, *Dictionnaire philosophique :* Apocryphe.

Je soupçonne la lettre de Ramsai d'être aussi *apocryphe* que celle du Gascon Sandras.

LE MÊME, *Lettres;* 21 octobre 1767.

Eusèbe de Césarée... ne s'avisa jamais de soupçonner que Sanchoniathon fût un auteur *apocryphe.*

LE MÊME, *Défense de mon oncle*, c. 21.

Si maints tableaux ne sont point *apocryphes.*

LA FONTAINE, *Contes*, IV, 5.

On dit une *nouvelle apocryphe,* d'une nouvelle à laquelle on ne peut guère ajouter foi :

Je vois... par les nouvelles qu'on me mande du pays, et que je traite souvent d'*apocryphes* avec raison, que je juge des choses dans mon désert plus sainement qu'on ne fait à la cour.

BUSSY-RABUTIN, *Lettres;* à Mᵐᵉ de Scudéry, 10 décembre 1670.

APODE, adj. (du grec ἄπους, ἄποδος, venu lui-même de ἀ privatif, et de πούς, ποδὸς, pied).

Terme scientifique, signifiant Qui est sans pieds. Il est pris au propre qnand on l'applique, par exemple, aux larves de certains insectes.

C'est par extension qu'il est appliqué spécialement aux poissons qui n'ont point de nageoires ventrales, telles que les anguilles : *les poissons apodes,* ou, substantivement, *les apodes.*

Il est employé, par une plus forte extension, en parlant d'oiseaux qui ont les pieds fort courts, dans ce passage d'un traducteur de Pline l'Ancien :

Les martinets, que les Grecs appellent *apodes* parce qu'ils ne se servent point de leurs pieds, ont l'aile fort bonne.

DU PINET, trad. de Pline l'Ancien, X, 39.

APOGÉE, s. m. (des mots grecs ἀπὸ, loin, et γαῖα, terre). A la même origine se rapportait l'adjectif latin *apogæus, apogeus,* qui vient de la terre. *Apogei venti,* vents de terre (Pline).

Le point où la lune se trouve à sa plus grande distance de la terre, point opposé à celui qu'on appelle périgée :

Le soleil, dont elle (la lune) s'approche ou s'éloigne à chaque instant, doit à chaque instant varier le cours de cette planète ; elle a son *apogée* et son périgée, sa plus grande et sa plus petite distance de la terre ; mais les points, les places de cet *apogée* et de ce périgée doivent changer.

VOLTAIRE, *Éléments de philosophie de Newton*, IIIᵉ part., c. 7.

Il est aussi adjectif des deux genres, *la lune est apogée.*

Par un emploi métaphorique contre lequel Bouhours a vainement réclamé, APOGÉE se dit du point le plus élevé où une chose puisse arriver :

Notre langue... ne peut supporter les métaphores trop hardies ; et nous ne sommes plus au temps du zénit de la vertu, du solstice de l'honneur et de l'*apogée* de la gloire.

BOUHOURS, *Entretiens d'Ariste et d'Eugène*, II.

Il (Charost) maria donc son fils, au commencement de 1637, à la fille unique du premier lit de M. Fouquet, qui était lors dans l'*apogée* du ministère et de la faveur.

SAINT-SIMON, *Mémoires*, 1711.

Une âme libre et dégagée
Des préjugés contagieux ;
Une fortune un peu rangée,
Un corps sain, un esprit joyeux,
Et quelque prose mélangée
De vers badins ou sérieux,
Me feront trouver l'*apogée*
De la félicité des dieux.

J.-B. ROUSSEAU, *Vers à Chaulieu.*

APOLLON, s. m. (des mots, latin et grec, *Apollo*, Ἀπόλλων).

Dieu du Parnasse, qui présidait aux beaux-arts, et particulièrement à la poésie.

Ce nom est d'un grand usage dans le langage figuré.

Ainsi les poètes ont été souvent appelés *les fils, les favoris d'Apollon.*

On dit, d'un versificateur sans talent, qu'il *fait des vers, qu'il rime en dépit d'Apollon.*

L'inspiration, le génie poétique sont communément représentés par ce nom d'APOLLON ou par celui des Muses.

J'avois une joie de lui obéir (à Votre Majesté), qui me valoit bien mieux qu'*Apollon* et toutes les Muses.

MOLIÈRE, *les Fâcheux :* Épître dédicatoire au roi.

Non, non, sur ce sujet pour écrire avec grâce,
Il ne faut point monter au sommet du Parnasse;
Et, sans aller rêver dans le double vallon,
La colère suffit et vaut un *Apollon.*

BOILEAU, *Satires,* I.

Les poètes parlent fréquemment de *leur Apollon :*

Mais je ne puis souffrir ces auteurs renommés,
Qui, dégoûtés de gloire et d'argent affamés,
Mettent *leur Apollon* aux gages d'un libraire.

BOILEAU, *Art poétique,* IV.

Le Mensonge flatteur, l'Orgueil et le Caprice
Sont *nos* seuls *Apollons.*

J.-B. ROUSSEAU, *Odes,* III, 1.

APOLOGIE, s. f. (du latin *apologia*, en grec ἀπολογία, venu lui-même de la préposition ἀπὸ, et, par λόγος, discours, de λέγω, parler).

Discours par écrit ou de vive voix, pour la justification, pour la défense de quelqu'un, de quelque action, de quelque ouvrage :

De faict toute la France estoit pleine de libelles et d'*apologies*, tout cela imprimé sans privilège.

AGR. D'AUBIGNÉ, *Histoire universelle*, t. I, liv. II, c. 13.

Je travaillois à une réponse courte, mais générale, que j'intitulai, *Apologie* de l'ancienne et légitime fronde.

LE CARDINAL DE RETZ, *Mémoires*, IIᵉ part., 1651.

Je ne sais pas pourquoi je m'embarque à tout ce discours. Il ne me paroit pas que j'aie besoin d'*apologie* auprès de vous.

Mᵐᵉ DE GRIGNAN, *Lettres*; 24 janvier 1675.

Je parle d'un homme sage qui ne sortoit jamais de ses devoirs, qui n'a besoin de grâce ni d'*apologie*, et en qui il n'y a point eu d'erreur à plaindre ni de faute à justifier.

FLÉCHIER, *Oraison funèbre de Montausier.*

L'opinion publique traite avec si peu de faveur l'évêque de Noyon, qu'il a malheureusement beaucoup plus besoin d'une *apologie* que d'un éloge.

D'ALEMBERT, *Éloge de M. de Clermont-Tonnerre.*

Je suis las de passer ma vie en continuelles *apologies.*

J.-J. ROUSSEAU, *Lettres*; 25 octobre 1766.

Faire une apologie, faire l'apologie de..., faire son apologie, sont des expressions fort usitées :

Vous avez pu apercevoir que je ne me suis pas appliqué à *faire mon apologie.*

LE CARDINAL DE RETZ, *Mémoires*, IIᵉ part., 1652.

Rien ne lui coûte tant que de *faire son apologie.*

FLÉCHIER, *Son portrait par lui-même.*

Il venoit recevoir des éloges comme on vient *faire des apologies.*

LE MÊME, *Oraison funèbre de Turenne.*

Nous nous *faisons*, à nous-mêmes, *l'apologie de* nos vices.

MASSILLON, *Carême*, Iᵉʳ dimanche : Sur la Parole de Dieu.

... Ses ministres (du duc de Savoie) étoient plus souvent occupés à *faire des apologies* qu'ils ne l'étoient à négocier.

SAINT-SIMON, *Mémoires*, 1718.

Après que le capitaine des voleurs eut *fait* ainsi l'*apologie de* sa profession.

LE SAGE, *Gil Blas*, I, 6.

Les princes ne devroient jamais *faire d'apologies*, ils sont toujours trop forts quand ils décident, et foibles quand ils disputent.

MONTESQUIEU, *Pensées diverses.*

Arnaud, le grand Arnaud, *fit mon apologie.*

BOILEAU, *Épîtres*, X.

APOLOGIE se dit, par extension, de tout ce qui est propre à justifier quelqu'un :

Les traductions qu'on en a faites (du Cid) en toutes les langues qui servent aujourd'hui à la scène, et chez tous les peuples où l'on voit des théâtres... sont d'assez glorieuses *apologies* contre tout ce qu'on en a dit.

P. CORNEILLE, *le Cid*, Avertissement.

Ils (les grands) sont ravis de trouver dans leurs imitateurs l'*apologie de* leurs vices.

MASSILLON, *Petit Carême :* Sur les Exemples.

Je répondis que, grâce à Dieu, le bien d'autrui ne me tentoit point; et j'accompagnai ce mensonge d'une grimace hypocrite qui me servit d'*apologie*.

LE SAGE, Gil Blas, X, 11.

Si ceux qui m'accusent ont tort, c'est à ma conduite à me justifier; toute autre *apologie* est inutile ou superflue.

J.-J. ROUSSEAU, Lettres; 4 octobre 1761.

APOLOGÉTIQUE, adj. des deux genres (de ἀπολογητικὸς). On a dit aussi *apologique*.

Qui contient une apologie :

Ce sont les jésuites eux-mêmes qui nous apprennent ces faits dans un de leurs mémoires *apologétiques*.

VOLTAIRE, Essai sur les mœurs, c. 154.

Il s'emploie substantivement au masculin, en parlant de l'Apologie de Tertullien pour les chrétiens :

Tibère, sur les relations qui lui venoient de Judée, proposa au sénat d'accorder à Jésus-Christ les honneurs divins. Ce n'est point un fait qu'on avance en l'air, et Tertullien le rapporte comme public et notoire dans son *Apologétique* qu'il présente au sénat au nom de l'Église.

BOSSUET, Discours sur l'Histoire universelle, II, 12.

Tertullien ne se borne pas, dans son *Apologétique*, à dire qu'il faut tolérer la religion chrétienne, il fait entendre en cent endroits qu'elle doit régner seule, qu'elle est incompatible avec les autres.

VOLTAIRE, De la paix perpétuelle, c. 11.

On dit encore, substantivement, l'*apologétique*, de la partie de la théologie qui a pour but de défendre la religion chrétienne contre les attaques.

APOLOGISTE, s. m.

Celui qui fait l'apologie de quelqu'un, de quelque chose :

Je viens de lire la réponse de votre *apologiste* à ma première lettre.

PASCAL, Provinciales.

Marc-Aurèle, malheureusement prévenu des calomnies dont on chargeoit le christianisme, fit mourir saint Justin, le philosophe et l'*apologiste* de la religion chrétienne.

BOSSUET, Discours sur l'Histoire universelle, I, 10.

Quel malheur pour les grands de trouver d'indignes *apo-logistes* de leurs vices parmi ceux qui en auroient dû être les censeurs!

MASSILLON, Petit Carême : Sur les Tentations des grands.

Dès ce moment, le plus honnête homme de la cour (Montausier) devint le protecteur et l'*apologiste* du plus caustique de tous les écrivains (Despréaux).

D'ALEMBERT, Éloge de Despréaux.

Il (Despréaux) fut toujours l'*apologiste* déclaré des spectacles.

LE MÊME, même ouvrage.

Il donna un volume d'odes.... qui bientôt après eurent beaucoup de censeurs, en conservant quelques *apologistes*.

LE MÊME, Éloge de La Motte.

Dans le passage suivant, de date plus ancienne, APOLOGISTE est remplacé par *apologue* :

Je ne suis *apologue* d'aucun des partis.

AGR. D'AUBIGNÉ, Histoire universelle, t. II, liv. V, c. 3.

On dit, absolument, *les apologistes*, de ceux qui se livrent à l'apologétique, qui défendent les dogmes du christianisme.

APOLOGUE, s. m. (de *apologus*, en grec ἀπόλογος, venu, par λόγος, discours, de λέγω).

Petit récit d'un fait vrai ou fabuleux dans lequel on a pour but de présenter, d'une manière indirecte, une vérité morale et instructive :

Jadis, estans par Phœbus tous les thesaurs es grands poetes despartis, trouva toutesfoys Æsope lieu et office d'*apologue*.

RABELAIS, Pantagruel, V, Prologue.

S'il m'est permis de mêler ce que nous avons de plus sacré parmi les erreurs du paganisme, nous voyons que la vérité a parlé aux hommes par paraboles; et la parabole est-elle autre chose que l'*apologue*, c'est-à-dire un exemple fabuleux, et qui s'insinue avec d'autant plus de facilité et d'effet qu'il est plus commun et plus familier?

LA FONTAINE, Fables, Préface.

Il seroit toujours heureusement imaginé d'avoir fait de l'inventeur de l'*apologue* un esclave, et de son maître un philosophe.

.LA MOTTE, Discours sur la Fable.

L'*apologue* est une espèce de petit drame : il a son exposition, son nœud, son dénouement.

FLORIAN, De la Fable.

Molière, dans chacune de ses pièces ramenant la peinture des mœurs à un objet philosophique, donne à la comédie la moralité de l'*apologue*; La Fontaine, transportant dans ses fables la peinture des mœurs, donne à l'*apologue* une des grandes beautés de la comédie, les caractères.

            CHAMFORT, *Éloge de La Fontaine.*

Cet état idéal d'innocence, de haute tempérance, d'abstinence de la chair, de tranquillité parfaite, de paix profonde, a-t-il jamais existé? N'est-ce pas un *apologue*, une fable, où l'on emploie l'homme comme un animal, pour nous donner des leçons ou des exemples.

        BUFFON, *Histoire naturelle :* Sur l'âge d'or.

Les fictions, qui ont un objet moral, s'appellent *apologues* ou fables, et... leur objet n'est ou ne doit être que d'envelopper des vérités utiles sous des formes sensibles et agréables.

      J.-J. ROUSSEAU, *les Rêveries du promeneur solitaire,* IV.

L'*apologue* est un don qui vient des immortels ;
Ou, si c'est un présent des hommes,
Quiconque nous l'a fait mérite des autels.

      LA FONTAINE, *Fables,* VII, à Mᵐᵉ de Montespan.

APOPHTEGME, s. m. (du grec ἀπόφθεγμα, et, par ce mot, de φθέγγομαι, parler).

Dit notable de quelque personne illustre :

Beaucoup de bons mots dits par plusieurs, comme sont ceux que le vieux Caton a ramassés, et qu'on appelle *apophthegmes.*
(Multa multorum facete dicta, ut ea quæ a sene Catone collecta sunt, quæ vocant ἀποφθέγματα. Cicero.)

        DANET, *Dictionnaire françois-latin.*

Quelques savants ne goûtent que les *apophtegmes* des anciens.

        LA BRUYÈRE, *Discours sur Théophraste.*

Diogène Laërce a écrit en dix livres les vies des philosophes, dont il rapporte avec soin les sentiments et les *apophtegmes.*

        ROLLIN, *Histoire ancienne.*

Il possédoit, depuis son jeune âge, cent dix-huit *apophthegmes* tirés des anciens qu'il employoit dans les occasions brillantes.

      MONTESQUIEU, *Lettres persanes,* LXXXVIII.

Je préfère... l'*apophthegme* de Montaigne : Ne regarde pas qui est le plus savant, mais bien qui est le mieux savant.

      VOLTAIRE, *Défense de mon oncle,* c. 26.

APOPHTEGME a quelquefois le sens général de Parole sentencieuse :

Soyez bref, tranchez-moi votre discours d'un *apophthegme* à la laconienne.

      MOLIÈRE, *le Mariage forcé,* sc. 6.

La mère (du maréchal de Villars) avoit des *apophthegmes* incomparables, et ne sembloit pas y toucher.

      SAINT-SIMON, *Mémoires,* 1706.

Parler par apophtegmes, ne parler que par apophtegmes, se dit, par dérision, d'un homme dont les discours abondent en sentences, en maximes :

      Au point qu'il alloit s'enhardir
      A lui *parler* par *apophthegmes.*

      SCARRON, *Virgile travesti.*

APOPHTEGME est assez souvent employé dans un sens ironique :

Jamais homme noble ne hayst le bon vin ; c'est un *apophthegme* monachal.

      RABELAIS, *Gargantua,* I, 27.

Je dis familièrement et en bonne amitié, à Madame de Chevreuse, que j'estois bien fasché que l'on m'eust réduit malgré moi dans une condition où je ne pouvois plus estre que chef de parti ou cardinal. M. Le Tellier rendit un très-fidèle compte de cet *apophthegme,* qui servit de thesme à l'opinion de M. le garde des sceaux.

      CARDINAL DE RETZ, *Mémoires,* IIᵉ part., 1650.

J'étois au bout de mes *apophthegmes,* si mon génie fertile en fictions ne m'en eût pas abondamment fourni.

      LE SAGE, *Gil Blas,* V, 1.

Le roi de Prusse dit au sujet de ma faveur et de ma fortune : Laissez faire ; on presse l'orange et on la jette quand on a avalé le jus. La Métrie ne manqua pas de me rendre ce bel *apophthegme* digne de Denys de Syracuse.

      VOLTAIRE, *Mémoires pour servir à la vie de M. de Voltaire.*

J'étois quelquefois admis à l'honneur de lui voir (Marcel) donner ses leçons (de danse) ; et je me souviens que, tout autant de profanes que nous étions là, sans excepter son écolière, nous ne pouvions nous tenir de rire à la gravité magistrale avec laquelle il prononçoit ses savants *apophthegmes.*

      J.-J. ROUSSEAU, *Lettres;* 1ᵉʳ mars 1763.

Du plus sévère il réchauffe le flegme ;
Ses quolibets passent pour *apophthegme.*

      J.-B. ROUSSEAU, *Épîtres,* II.

APOPLEXIE, s. f. (de *apoplexia,* en grec ἀποπληξία, venu de ἀπὸ, et de πλήσσω, frapper).

On le trouve écrit dans un vieux texte, qui sera rappelé ci-après, APOPELISIE.

Maladie causée par un épanchement de sang au

cerveau, et caractérisée par la perte plus ou moins complète du sentiment et du mouvement :

> Icellui Recullet se refroidi tant, que une maladie, appellée *apopelisie*... le print...
>> *Lettres de rémission* de 1453. (Voyez Du Cange, *Glossaire*, Apoplecticus.)

> Sire, la première nouvelle que j'entendiz en m'en revenant icy, de mon voiage, fust la mort du duc qui advint fort soubdainement d'une *apoplexie* dont, à l'issue de sa messe, il tomba en terre en sa chapelle.
>> De Selve, *Lettre* à Henri II, Venise, 3, 6 et 14 juin 1554. (Voyez *Négociations de la France dans le Levant*, t. II, p. 318-319.)

> L'on parla fort diversement du genre de la mort de ce grand roy. Aucuns la disoient d'un catarre ou *apoplexie*.
>> Brantôme, *Grands Capitaines françois* : Le roy Charles VIII.

> Cinq ou six heures après, il mourut d'une *apoplexie* que ce coup lui causa.
>> Montaigne, *Essais*, I, 19.

> Il est constant que le cerveau est attaqué dans les maladies où le corps est entrepris, telles que sont l'*apoplexie* et la paralysie.
>> Bossuet, *De la Connoissance de Dieu et de soi-même*, c. 2, art. 6.

> Vos morts subites m'effrayent aussi ; je n'avois point craint jusqu'ici de prendre l'*apoplexie* d'un autre, mais il me paroît qu'elle devient un mal contagieux à Paris.
>> Bussy-Rabutin, *Lettres;* 25 août 1669.

> La d'Escars a eu une manière d'*apoplexie*, qui a fait grand'peur à elle et à celles qui se portent un peu trop bien.
>> Mme de Sévigné, *Lettres ;* 1er mai 1671.

> La vieille Madame est morte d'une vieille *apoplexie* qui la tenoit depuis un an.
>> La même, même ouvrage; 6 avril 1672.

> M. d'Harcourt avoit eu pendant ce siège quelques soupçons d'*apoplexie*.
>> Saint-Simon, *Mémoires*, 1710.

> La plupart des auditeurs, comme s'ils eussent été aussi gagés pour l'examiner, se disoient tout bas : Voilà un sermon qui sent l'*apoplexie*.
>> Le Sage, *Gil Blas*, VII, 4.

> La paix ne paraît pas prochaine ; cependant elle peut arriver comme une *apoplexie*, tout d'un coup.
>> Voltaire, *Lettres ;* à Tronchin, 1764.

> Je fais courir le bruit que d'une *apoplexie*
> Le bonhomme surpris a quitté cette vie.
>> Molière, *l'Étourdi*, II, 1.

> Que l'on me donne à moi toujours du même vin
> Que celui que notre hôte a percé ce matin,

> Et je défie ici toux, fièvre, *apoplexie*,
> De pouvoir de cent ans attenter à ma vie.
>> Regnard, *les Folies amoureuses*, II, 3.

Apoplexie donne lieu à plusieurs locutions d'un fréquent usage,

Être frappé d'apoplexie :

> Le 1er février 1725, *il fut frappé d'apoplexie* et mourut le 3, sans avoir eu aucune connoissance dans tout cet espace de temps.
>> Fontenelle, *Éloge de Littré*.

Tomber en apoplexie :

> Madame de Lavardin, cette personne d'un si grand mérite, *est tombée* tout d'un coup *dans* une espèce d'*apoplexie*.
>> Mme de Sévigné, *Lettres;* 10 avril 1691.

> Nous eûmes une chaude alarme au palais épiscopal : l'archevêque *tomba en apoplexie*.
>> Le Sage, *Gil Blas*, VII, 4.

Attaque d'apoplexie est aussi une expression très usitée :

> Il a eu une atteinte, une *attaque d'apoplexie*.
>> Danet, *Dictionnaire françois-latin*.

D'apoplexie un écrivain facétieux a tiré l'adverbe apoplexiquement :

> ... Le bon-homme de Bélièvre,
> Le mesme jour, sans nulle fièvre,
> Et sans songer à testament,
> Mourut *apoplexiquement*.
>> Loret, *Muse historique*, 9 juillet 1650.

APOPLECTIQUE, adj. des deux genres (d'*apoplecticus*, en grec, ἀποπληκτικὸς).

Écrit apoplétique dans le *Dictionnaire* de Richelet.

Qui appartient à l'apoplexie, qui menace d'apoplexie. On dit, *état, disposition, complexion apoplectique; symptôme apoplectique*, etc.

Il signifie également Qui paraît menacé d'apoplexie, ou qui en a eu des attaques :

> Phélypeau, tout *apoplectique* qu'il étoit revenu des eaux, ne put rien gagner sur son neveu.
>> Saint-Simon, *Mémoires*, 1708.

> C'était un des excès de l'ignorante médecine de ces temps, médecine introduite par les juifs, de faire boire du sang d'un enfant aux vieillards *apoplectiques*, aux lépreux, aux épileptiques.
>> Voltaire, *Essais sur les mœurs*, c. 94.

Dans ce sens, on peut l'employer absolument et dire, *un apoplectique*.

APOSTASIE, s. f. (d'*apostasia*, en grec, ἀποστασία, ἀπόστασις, et, par ces mots, de ἀφίστημι, se séparer, venu lui-même de ἀπὸ, et de ἵστημι).

Abandon manifeste d'une religion pour une autre. Il se prend en mauvaise part et se dit, plus particulièrement, de l'abandon de la religion chrétienne :

Icellui Mahom donna audit moyne grant habundance de richesses mondaines, et il les receut par convoitise, qui lui fist faire l'*apostasie*, à la dampnacion perpétuelle de son âme.

MONSTRELET, *Chronique*, liv. I, c. 39.

Là paroît la révolte de Julien contre l'empereur, son *apostasie*, la mort de Constance...

BOSSUET, *Discours sur l'Histoire universelle*, I, 2.

Mais cette réprobation, après tout, ne fut pas l'effet nécessaire, ni du sacrilège de Judas, ni de son *apostasie*, ni de sa trahison.

BOURDALOUE, *Sermons :* Sur la trahison de Judas.

On entend aussi par APOSTASIE, l'action d'un religieux qui quitte son ordre avec scandale :

L'*apostasie* d'un moine est la suite ordinaire de son hérésie, de sa débauche.

FURETIÈRE, *Dictionnaire*.

On le dit par extension, et figurément, de l'abandon d'un devoir, d'un principe, d'une doctrine, d'un parti, etc. :

Que de chutes! que de foiblesses! que d'*apostasies*!

BOSSUET, *Sermons :* IIIe sermon pour le jour de la Pentecôte.

Rappeler le monde malgré des promesses solennelles faites à Dieu, c'est tomber dans une espèce d'*apostasie*.

FÉNELON, *De l'Éducation des filles*, c. 8.

Il semble que Dieu, indigné de leur *apostasie*, maudit ces âmes inconstantes et légères.

MASSILLON, *Carême*, Mercredi de la Ire semaine : Sur la Rechute.

Un prêtre est un ministre sacré... il se couvre et se flétrit de l'opprobre d'une espèce d'*apostasie* dès qu'il se fait d'autres soins.

LE MÊME, *Discours :* Du zèle contre les scandales.

Des casuistes rigides ont regardé comme une sorte d'a-

postasie la liberté que se sont donnée la plupart des poëtes chrétiens, d'employer dans leurs vers le nom des divinités païennes.

D'ALEMBERT, *Éloge de Bossuet.*

APOSTASIER, v. n.

Tomber dans l'apostasie. Il se dit, surtout, en parlant d'un chrétien qui renonce à la foi :

Tout ce qu'il y a de chrétiens qui perdent la foi et qui *apostasient*, sont comme les descendants et la postérité de Judas.

BOURDALOUE, *Sermons :* Sur la trahison de Judas.

Il se dit aussi d'un religieux qui quitte son ordre avec scandale :

Il *avoit* pris l'habit et fait profession dans un ordre fort austère et *apostasié* quelques années après.

LE SAGE, *Gil Blas*, I, 5.

APOSTASIER, comme *apostasie*, peut se dire par extension, et par figure, lorsqu'il s'agit de l'abandon d'un devoir, d'un principe, d'une doctrine, d'un parti :

Quoique engagé dans l'état ecclésiastique, l'abbé Abeille ne crut pas *apostasier* en travaillant pour le théâtre.

D'ALEMBERT, *Éloges.*

Au lieu d'APOSTASIER, on a dit autrefois APOSTATER, APOSTATIZER, formés sur les mots de la basse latinité *apostatare, apostatizare*. (Voyez les *Dictionnaires* de Rob. Estienne, Monet, Cotgrave, etc., et le *Glossaire* de Du Cange.) On trouve chez Monet ces locutions, *apostater de la foi, apostater d'un ordre religieux.*

APOSTAT, adj. m. (du latin *apostata*, en grec ἀποστάτης, venu lui-même, par ἀφίστημι, d'ἀπὸ et ἵστημι).

Quelques anciens *Dictionnaires*, ceux de Danet, de Richelet, de Furetière, le *Dictionnaire* de Trévoux, etc., donnent le féminin APOSTATE.

On a écrit, même au masculin, APOSTATE. (Voyez l'exemple ci-après.)

APOSTAT a le sens général et conforme à son origine, de *séparé de, éloigné de*, dans le passage suivant :

Pou en est qui de court veulent estre *apostate*.

J. DE MEUNG, Testament, v. 843.

Il n'est usité, au propre, que dans un sens particulier et signifie, Qui a quitté sa religion pour une autre. On le dit surtout d'un chrétien qui renonce à la foi :

> Dame convoitise est de tous maulx la racine... Elle a fait aucuns *apostas*.... les autres desloiaulx.

MONSTRELET, Chronique, I, 39.

> Desja nous avons dit, quelques subterfuges que les philosophes se soyent subtilement forgez, que cela n'est point pour les absoudre de crime, qu'ils n'ayent esté *apostats* en corrompant tous la vérité de Dieu.

CALVIN, Institution chrestienne, liv. I, c. 10, § 3.

> On les accusoit (les jansénistes) d'être non seulement hérétiques et schismatiques, mais *apostats* et infidèles.

PASCAL, Provinciales, III.

> Tout donne lieu de croire que l'histoire des anges *apostats*, ennemis des hommes, appliqués à leur nuire, opposés à leur bonheur et relégués pour toujours dans les enfers, n'était pas inconnue des anciens.

ROLLIN, Traité des Études : De la lecture d'Homère, liv. III, c. 2, art. 3, n° 5.

> Une simple interrogation le rend *apostat* et parjure.

MASSILLON, Carême, Vendredi saint.

> Nestorius, patriarche de Constantinople, qui eut d'abord un grand crédit sous Théodose second, obtint de cet empereur qu'on persécutât ceux qui pensaient qu'on devait rebaptiser les chrétiens *apostats* repentants.

— VOLTAIRE, Essai sur les mœurs, c. 51.

> Il ne me resta, de la démarche intéressée que je venois de faire, que le souvenir d'avoir été *apostat* et dupe tout à la fois.

J.-J. ROUSSEAU, les Confessions, I, 2.

APOSTAT se dit aussi d'un religieux qui quitte son ordre avec scandale :

> *Apostats*, ceux qui se départent et desvoyent du tout de la religion chrestienne, ceux qui, abandonnant l'ordre de religion duquel ils ont fait profession, se rendent fugitifs de leur abbaye.

BOUTEILLER, Somme rurale, liv. II, titre 12.

> On ne peut exprimer toutes les cruautés que ce religieux *apostat* (Mélier) exerça contre les chrétiens latins.

VERTOT, Histoire de l'ordre de Malte, II.

> On dit un moine *apostat* qui abbandonne et jette le froc.

NICOT, Trésor.

III.

Il se prend quelquefois substantivement dans l'une et dans l'autre de ces deux acceptions :

> On a reproché au Sauveur l'efficace toute-puissante de son baptême, où tous les crimes étoient également expiés, et Julien l'*apostat* a bien osé dire que c'étoit inviter le monde à mal.

BOSSUET, II° sermon : Sur la Nativité de Notre-Seigneur.

> Jusque dans le sacré collège des apôtres, il y a eu un *apostat* et un réprouvé.

BOURDALOUE, Pensées : De l'État religieux.

> L'*apostat*... n'eut en cette occasion que ce qu'il méritoit pour son apostasie et pour ses mauvaises plaisanteries sur les scapulaires.

LE SAGE, Gil Blas.

> Joad peut-il montrer trop d'horreur pour un lâche *apostat*?

LA HARPE, Cours de littérature : Poésie, part. II, liv. I, c. 3, sect. 9.

> Puis-je vivre et me voir en ce funeste état
> De la sœur d'un martyr femme d'un *apostat*?

ROTROU, Saint Genest, IV, 4.

APOSTAT a été quelquefois construit avec la préposition *de* :

> C'est cette nécessité ou de mourir pour la foi, en la déclarant, ou *d'en* être le prévaricateur et l'*apostat*, je ne dis pas en la désavouant, mais seulement même en la déguisant et en la cachant; c'est, dis-je, cette nécessité qui a produit tant de martyrs dans le christianisme.

BOURDALOUE, Sermons pour les dimanches : Sermon sur le Zèle pour la défense des intérêts de Dieu.

> Il y en a plusieurs parmi vous qui vivent en vrais *apostats de* la croix de Jésus-Christ.

LE MÊME, ibid : Sermon sur la Tempérance chrétienne.

> Cependant il est jugé lui-même avant ce grand jour; il devient un enfant de perdition, le premier *apostat du* christianisme.

MASSILLON, Discours : Du Zèle contre les vices.

APOSTAT peut être pris dans des sens figurés analogues à ceux d'*apostasie* et d'*apostasier* :

> ... Qu'on m'ose prôner des sophistes pesants,
> *Apostats* effrontés du goût et du bon sens;
> Alors, certes, alors ma colère s'allume.

GILBERT, Satires : Le Dix-huitième siècle.

APOSTÈME, s. m. (Voyez APOSTUME.)

APOSTER, v. a. (soit par *appositus*, du verbe latin *apponere*, par lequel les dictionnaires fran-

42

çais-latin le traduisent, soit directement, de *à* et de *poster*. Voyez ce mot).

On l'a écrit APPOSTER.

Il a le sens général de Placer, établir, dans le passage suivant, où il régit, ce qui est rare, un nom de chose :

L'un de mes souhaits, ce seroit de trouver un gendre qui sceust *apposter* commodément mes vieux ans et les endormir.
MONTAIGNE, *Essais*, III, 9.

APOSTER régit presque toujours un nom de personne et signifie, Mettre quelqu'un dans un poste pour observer ou pour exécuter quelque chose. Il se prend, le plus communément, en mauvaise part :

Mahomet attribuant son désastre au Géorgien renégat, et aiant résolu de le faire mourir, le fit venir en sa tente, *aiant aposté* des hommes pour lui sauter au collet.
AGR. D'AUBIGNÉ, *Histoire universelle*, t. II, liv. IV, c. 17.

M. d'Aumale.... *aposta* un filou nommé Grandmaisons pour m'assassiner.
CARDINAL DE RETZ, *Mémoires*, IIᵉ part., 1650.

Il *aposta* un courrier qui lui apporta la nouvelle de la mort de la duchesse Nicole.
SAINT-SIMON, *Mémoires*, 1697.

Appius *avoit aposté* un homme qui réclamoit devant lui Virginie comme son esclave.
MONTESQUIEU, *Grandeur des Romains*.

Il *aposta* des courriers qui venaient de Livourne sur des barques, et qui lui apportaient de prétendus paquets des puissances d'Europe et d'Afrique. On le prit pour un des plus grands princes de la terre ; il fut élu roi.
VOLTAIRE, *Précis du siècle de Louis XV*, c. 40 : De la Corse.

APOSTÉ, ÉE, participe.

On l'a construit, plus souvent que le verbe, avec un nom de chose et employé adjectivement au sens de Disposé, préparé, concerté, etc. :

Et luy, qui avoit les gouttes, se travailla tant de visiter les lieux réguliers, que environ l'heure de vespres (heure par luy *apostée*) se trouva au dortouër.
LA REINE DE NAVARRE, *Heptaméron*, XXII.

Quand sa femme luy fut présentée, elle voulut longuement soustenir qu'il n'estoit point son mary, mais que c'estoit chose *apostée*.
LA MÊME, même ouvrage, LX.

Polycrates, tyran de Samos, pour interrompre le cours de son continuel bonheur et le compenser, alla jetter en mer le plus cher et précieux joyau qu'il eust, estimant que par ce malheur *aposté* il satisfaisoit à la révolution et vicissitude de la fortune.
MONTAIGNE, *Essais*, II, 12.

Le jeune duc de Guise, qui estoit prisonnier à Tours, se sauva de la prison le quinzième jour d'aoust, s'estant glissé avec une corde du plus haut du chasteau où il estoit prisonnier, trouva ce qu'il luy falloit *aposté* de longue main, puis se retira vers le sieur de la Chastre.
MATHIEU, *Histoire des derniers troubles de France*, liv. V.

Le jour de l'assignation, l'empereur mène avecque soy le comte Berard, que Godefroy avoit chassé de ses terres. Celuy-cy s'estant plaint du Normand et outrageusement pour l'obliger à la querelle, prit sujet de la fière response qu'il en receut de mettre la main à l'espée, et le tuer ; mais cette querelle *apostée* ne colora point le parjure.
MÉZERAY, *Histoire de France :* Charles II, dit le Gros.

Quelques-uns crurent que c'estoit une pièce *apostée* par la reine-mère, afin d'estonner et d'affoiblir l'esprit du roy son fils.
HARDOUIN DE PÉRÉFIXE, *Histoire de Henri le Grand*, Iʳᵉ part., année 1575.

Je ne veux plus d'un cœur qu'un billet *aposté*
Peut résoudre aussitôt à la déloyauté.
P. CORNEILLE, *Mélite*, V, 3.

Depuis longtemps APOSTÉ ne se dit plus guère que des personnes :

Quelque paix qu'il y eust, j'estois toujours aux escoutes, et avois des gens *apostez* pour observer ce qui se faisoit en Béarn.
MONTLUC, *Commentaires*, liv. VI.

Hier au soir, le seigneur Ferdinando Vinta, secrétaire du grand duc, me vint trouver, et me dit qu'il venoit de recevoir une dépesche dudit grand duc par homme *aposté*.
LE CARDINAL D'OSSAT, *Lettres ;* II, 76.

Il avoit déjà fort animé le roy, quand faisant avancer ses gens *apostez*, il assiège son oreille d'un costé, et les faux tesmoins de l'autre.
VAUGELAS, trad. de Quinte-Curce, *Histoire d'Alexandre*, liv. X.

Ce pauvre vieillard (Samblançay), par le conseil de Duprat, qui estoit envieux de son autorité et de ses richesses, fut mis entre les mains de commissaires *apostez* qui le condamnèrent au gibet.
MÉZERAY, *Histoire de France :* François Iᵉʳ.

Les traîtres qui vendent les princes ont des gens *apostés* pour se faire louer devant eux.

BOSSUET, *Politique tirée de l'Écriture sainte.*

Ces actes étoient bien aussi publics que ceux qui se passent aujourd'hui... devant un tabellion de village, avec deux témoins *apostés.*

FLEURY, *Mœurs des Israélites,* § 25.

Elle (la marquise de Richelieu) lui proposa de donner, de concert avec lui, un rendez-vous chez elle au comte de Roucy, où M. le Prince auroit des gens *apostés* pour s'en défaire.

SAINT-SIMON, *Mémoires,* 1709.

Sitôt que ces sénateurs commençoient à parler, une troupe insolente de petit peuple, *apostée* par les tribuns, poussoit des cris confus.

VERTOT, *Révolutions romaines.*

On introduisit dans le clocher de la Procuratie de Saint-Marc, des hommes *apostés* qui avoient quelque habitude avec ceux qui y faisoient garde.

SAINT-RÉAL, *Conjuration contre Venise.*

Dans le temps qu'il seroit introduit par la femme maure, des gens *apostés* le surprendroient avec cette soubrette, qu'on lui feroit épouser par force.

LE SAGE, *le Diable boiteux,* c, 19.

Je vous crois même une personne *apostée* pour vous divertir à mes dépens, ou pour me nuire.

MARIVAUX, *la Méprise,* sc. 22.

Je me trouve moi-même fort ridicule d'avoir pris à cœur une pareille affaire; ce que je n'aurois pourtant pas fait, je vous jure, si je n'eusse été sûr que c'étoit un drôle *aposté.*

J.-J. ROUSSEAU, *Lettres*; 23 octobre 1768.

Avez-vous oublié que des gens *apostés*
Pour me perdre ont recours à mille faussetés?

DESTOUCHES, *l'Ingrat,* V, 3.

D'APOSTER on avait tiré le substantif, APOSTEMENT :

Il y avoit aussi le capitaine Bernardo, bon capitaine et bon François, et pour ce fut tué d'un coup de pistolet à Paris, par l'*appostement* et pourchas du duc Cosme de Florence.

BRANTÔME, *Capitaines françois*: Discours sur les couronnels.

À POSTERIORI. (Voyez POSTERIORI À).

APOSTILLE, s. f. (de *à* et du vieux mot *postille,* dans la basse latinité *postilla,* explication, note).

On l'a écrit APPOSTILLE, APOSTILE, APOSTIL, etc. (Voyez le *Glossaire* de Sainte-Palaye.)

Il semble dérivé d'*aposter,* et employé en un sens analogue à celui du participe de ce verbe, construit avec un nom de chose, c'est-à-dire signifiant Disposition, dans le passage suivant d'un ancien poëte :

En celluy temps aulcun noble homme
De Cremonne la bonne ville,
Avec une dame qu'on nomme
Au pays ma Dosne Camille,
Firent si bien leur *apostille,*
Que sans faire aulcun desarroy
Le chasteau fut rendu au roy.

J. MAROT, p. 149.

On entend par APOSTILLE, une Addition faite à la marge d'un écrit, au bas d'une lettre :

Suivant l'opinion du Moine de Saint-Denis, chaque monastère a voulu habiller Aimoin à sa guise, les uns par chapitres entiers, les autres par *apostilles* mises en marge.

EST. PASQUIER, *Recherches de la France,* X, 22.

Ce que j'ai lu dans l'*apostille* de votre lettre ne m'a pas extrêmement plu.

BALZAC, *Lettres*; VIII, 45.

Luther, dans les *apostilles* qu'il fit sur la bulle.

BOSSUET, *Histoire des Variations des églises protestantes.*

J'ai reçu votre dernière lettre, j'y ferai réponse l'un de ces jours; j'ai bien des choses à y répondre. Bon Dieu! quelles *apostilles* n'y ferai-je point!

Mme DE SÉVIGNÉ, *Lettres*; à Bussy-Rabutin, 1668.

Je vous ai montré des livres tout grecs dont les marges sont couvertes de ses *apostilles,* lorsqu'il n'avoit que quinze ans.

L. RACINE, *Mémoires sur J. Racine,* Préambule.

(Il) me donne une adresse, en cas, dit-il, que dans son *apostille* il ne la change pas, et dans l'*apostille* il la change.

Mme DU DEFFAND, *Lettres*; à H. Walpole, 12 juin 1773.

On dit fréquemment, *par apostille :*

Un petit mot de vostre main *par apostille* ne vous donera pas grand'peine.

MONTLUC, *Commentaires,* VII.

De peur qu'en icelles vous n'ayez adjousté les corrections que la susdit roy et son conseil y ont mis de la propre main du roy *par apostils,* il vous en envoye encore un autre du tout conforme à ce qu'ils me tesmoignerent lors estre de leur intention.

SULLY, *Œconomies royales,* c. 23.

Cette Paix auroit tout aussi bien fait de rester où elle

étoit, que de s'en venir d'un air aussi maussade, aussi dépourvu de grâce qu'elle l'est dans ce plat tableau, soit dit en passant et *par apostille*.

> Diderot, *Salon de 1767* : Le Prince.

> On pourroit, corrigeant ce mot *par apostille*,
> Mettre ici, veuve, dont le mari n'est pas mort.
>> Dufresny, *le Mariage fait et rompu*, I, 9.

En apostille est aussi une manière de parler fort usitée :

> Il y avoit deux lignes *en apostille*.
>> *Dictionnaire de l'Académie*, 1694.

Apostille se dit particulièrement des recommandations qu'on écrit à la marge ou au bas d'un mémoire, d'une pétition.

APOSTILLER, v. a.

On l'a écrit APPOSTILLER, APOSTILER, etc.

Il se trouve employé au sens de Disposer, comme *apostille*, on l'a vu plus haut, au sens de Disposition. Sainte-Palaye en cite un exemple du vieux poète Cretin.

Apostiller, c'est Mettre une apostille, des apostilles à la marge ou au bas d'un écrit, d'un mémoire, d'une pétition, etc. :

> La nappe levée, elle (Marie Stuart) repassa sur son testament, l'augmentant et diminuant selon le plus ou le moins du service des siens; et tout d'une suitte se fit rapporter l'inventaire de ses meubles, bagues et joyaux, l'*apostillant* en la marge des noms de ceux auxquels elle les destinoit.
>> Est. Pasquier, *Recherches de la France*, VI, 15.

> Feu Patru *apostilloit* tous les livres qu'il lisoit.
>> Richelet, *Dictionnaire*.

> Il (Chamillart) écrivoit toujours au roi à mi-marge, et le roi *apostilloit* à côté de sa main, et lui renvoyoit ainsi ses lettres.
>> Saint-Simon, *Mémoires*, 1707.

> Le régent lui répondit (à Stair) qu'il *avoit apostillé* chaque article du mémoire de sa propre main.
>> Le même, même ouvrage, 1718.

> Mon cher frère a probablement reçu une requête que la pauvre infortunée Calas doit présenter au roi, après l'avoir fait *apostiller*.
>> Voltaire, *Lettres*; 15 juin 1762.

Apostillé, ée, participe.

> Mon dit sieur de Sillery estoit desja en mon logis, quand

ledit seigneur Vestris y arriva, jeudy avec ladite minute ainsi corrigée et *apostillée* comme il a esté dit. Nous disputames assez longuement avec ledit sieur secrétaire sur quelques-unes desdites corrections et apostilles.
>> Le cardinal d'Ossat, *Lettres*; V, 29.

> Les placets étaient reçus d'abord par un maître des requêtes qui les rendait *apostillés*.
>> Voltaire, *Siècle de Louis XIV*, c. 19.

APOSTOLAT, Apostolique, Apostoliquement. (Voyez, plus loin, au mot Apôtre.)

APOSTROPHE, s. f. (du latin *apostropha*, *apostrophe*, en grec, ἀποστροφή, venu lui-même, par ἀποστρέφω, détourner, de ἀπό et στρέφω).

Figure de Rhétorique par laquelle on se détourne de ses auditeurs, pour adresser momentanément la parole à des personnes ou à des choses auxquelles ne s'adresse pas l'ensemble du discours :

> L'*apostrophe* est encore une figure fort vive et fort touchante, lorsque l'orateur, oubliant les juges pour un moment, tourne tout à coup son discours contre la partie adverse : « Car je vous prie, Tuberon, que prétendiez-vous en tirant l'épée à la bataille de Pharsale? etc. » Ou que, par manière d'invocation, il adresse la parole soit à d'illustres morts, soit même à des choses inanimées : « O vous, sacrés tombeaux des Albains! etc. » Ou qu'il implore le secours des lois, pour rendre encore plus odieux celui qui les a violées : « Saintes lois que Porcius et Sempronius ont si sagement établies, etc. »
>> Gédoyn, trad. de Quintilien, *De l'institution de l'orateur*, IX, 2.

> Énée, dans un récit, remarque que si on avoit été attentif à un certain événement, Troie n'auroit pas été prise.
> *Trojaque nunc stares, Priamique arx alta maneres.*
>> (*Énéide*, II, 56.)

> L'*apostrophe* fait sentir toute la tendresse d'un bon citoyen pour sa patrie. Changez une lettre, *staret, maneret*, ce sentiment disparoît.
>> Rollin, *Traité des Études*, liv. IV, c. 3, art. 2.

> L'*apostrophe*... qui s'adresse aux absents, aux morts, aux êtres invisibles ou inanimés peut être pathétique, lorsque le sujet la soutient et que la situation l'inspire... Sa place naturelle est la poésie passionnée... Rien de plus vif et de plus touchant que cette *apostrophe* de Don Diègue à son épée : « Et toi, de mes exploits glorieux instrument, etc... »
>> Marmontel, *Éléments de littérature* : Apostrophe.

Apostrophe se dit, dans une acception plus générale, d'une interpellation vive et surtout d'un trait mortifiant adressé à quelqu'un :

Le mareschal de la Meilleraye fit une *apostrophe* aux officiers des gardes, la plus touchante, la plus pathétique qui soit peut-être jamais sortie de la bouche d'un homme de guerre.

LE CARDINAL DE RETZ, *Mémoires.*

Voilà d'où me vint la belle *apostrophe* qu'elle me fit, dont elle me demanda très-sincèrement excuse.

MARIVAUX, *la Vie de Marianne*, Ire partie.

Je pousse le ménagement jusqu'à ne lui parler qu'en tierce personne, pour éviter, dans ce que j'avois à lui dire, la dureté des *apostrophes.*

J.-J. ROUSSEAU, *Lettres*; 8 janvier 1767.

Allez, vous méritez cette *apostrophe-là.*

PIRON, *la Métromanie*, V, 4.

APOSTROPHE désigne aussi une petite marque en forme de virgule, dont on se sert pour indiquer l'élision d'une voyelle. Ainsi, dans ces expressions, *l'Église, l'État, l'amitié, s'il est permis, d'où vient, quoi qu'il en soit,* le petit signe qu'on met en haut, entre la consonne et la voyelle, s'appelle APOSTROPHE :

Les Allemands, les Suédois, les Danois, les Polonois ni les Espagnols n'ont point d'*apostrophes*; mais les François et les Italiens en sont pleins.

RICHELET, *Dictionnaire.*

De là, sans doute, l'emploi figuré de ce mot, dans le langage familier, en parlant d'une marque laissée par un coup sur le visage ou toute autre partie du corps :

J'accours et je vous vois étendu sûr la place
Avec une *apostrophe* au milieu de la face.

REGNARD, *les Folies amoureuses*, II, 12.

Le Poitevin adresse une *apostrophe*
Droit au menton du superbe Christophe.

VOLTAIRE, *la Pucelle.*

APOSTROPHER, v. a.

C'est, quelquefois, Faire usage de la figure de rhétorique appelée *apostrophe :*

Il est une autre espèce de prosopopée, encore plus vive et plus hardie;... c'est lorsqu'on *apostrophe* des choses insensibles et inanimées.

ROLLIN, *Traité des Études*, liv. IV, c. 3, art. 2, § 5.

Malheureux enfant, dit le père, en *apostrophant* son fils qui ne sauroit l'entendre, combien de fois t'ai-je exhorté à renoncer au jeu !

LE SAGE, *le Diable boiteux*, c. 3.

Que l'orateur *apostrophe* ce qu'il lui plaira, il ne me trompe point. Je sais toujours qu'il parle à ses auditeurs.

LA MOTTE, *Réflexions sur la Critique*, IIe part.

APOSTROPHER, c'est, plus ordinairement, Adresser la parole à une personne, ou à une chose considérée comme si c'était une personne :

Il (le chancelier Séguier) la pria (la supérieure de Sainte-Marie de Saint-Antoine) de lui faire voir le cœur du bienheureux (saint François de Sales). Quand il fut à la grille, il se jeta à genoux, et fut plus d'un quart d'heure fondu en larmes, *apostrophant* ce cœur, lui demandant une étincelle du feu dont l'amour de Dieu l'avoit consumé.

Mme DE SÉVIGNÉ, *Lettres*; à M. de Pomponne, 24 novembre 1664.

Messieurs, dit-elle en *apostrophant* la foule qui s'étoit arrêtée devant la porte, je vous prends tous à témoin; vous voyez ce qui en est, il m'a battue.

MARIVAUX, *la Vie de Marianne*, IIe part.

Les uns *apostrophent* la ville sacrée dans le langage le plus pathétique, les autres restent muets d'étonnement, le regard attaché sur Jérusalem.

CHATEAUBRIAND, *les Martyrs*, liv. XVII.

Holà, Nymphes, holà ! Mes cris ne servent guères,
Et j'*apostrophe* en vain ces nymphes bocagères.

TH. CORNEILLE, *le Geôlier de soi-même*, I, 5.

Dans le langage familier, *apostropher quelqu'un*, c'est lui adresser la parole, pour lui dire quelque chose de désagréable :

... Il (M. de Metz) secouoit la tête, parloit tout haut, *apostrophoit* l'avocat général entre ses dents.

SAINT-SIMON, *Mémoires*, 1713.

A ces mots, le garde et son camarade insistèrent pour me persuader qu'il ne méritoit point de grâce, continuèrent de l'*apostropher* désagréablement; mais je leur imposai silence avec indignation.

MARIVAUX, *la Vie de Marianne*, X^e part.

Omer Talon rapporte qu'il entendit des conseillers appeler, en opinant, le cardinal premier ministre, faquin. Un conseiller, nommé Quatre-Sous, *apostropha* rudement le grand Condé en plein parlement.

VOLTAIRE, *Siècle de Louis XIV*, c. 5 : Suite de la Guerre civile.

Le parterre anglais était, dans mes jours d'exil, turbu-

lent et grossier; des matelots buvaient de la bière au parterre, mangeaient des pommes, *apostrophaient* les loges.

CHATEAUBRIAND, *Mémoires d'outre-tombe.*

Qui raille l'épouseur, l'insulte, l'*apostrophe.*

DUFRESNY, *le Dédit*, sc. 6.

APOSTROPHER, dans ces diverses acceptions, reçoit quelquefois, au moyen de la préposition *de,*
un régime indirect :

Vous allez de vos biens revêtir un nigaud,
Un pédant qu'à tous coups votre femme *apostrophe*
Du nom de bel esprit et de grand philosophe.

MOLIÈRE, *les Femmes savantes*, II, 9.

Ici Ver-vert, en vrai gibier de grève,
L'*apostropha d'*un : La peste te crève?

GRESSET, *Ver-vert*, c. 4.

Dans le style comique, *apostropher quelqu'un
d'un soufflet, d'un coup de bâton,* c'est lui donner un soufflet, un coup de bâton :

Un magister s'empressant d'étouffer
Quelque rumeur parmi la populace,
D'un coup dans l'œil se fit *apostropher,*
Dont il tomba faisant laide grimace.

J.-B. ROUSSEAU, *Épigrammes*, XII.

APOSTROPHER s'est dit, dans un sens grammati-
cal, pour Omettre ou retrancher une voyelle, ne
la pas prononcer, ne la pas marquer en écrivant :
APOSTROPHÉ, ÉE, participe.

APOSTUME ou **APOSTÈME**, s. m., employé
fort longtemps (voyez les exemples) comme s. f.
(du latin *apostema,* en grec, ἀπόστημα, venu par
ἀφίστημι, séparer, de ἀπό et ἵστημι).

Ces deux mots, qui signifient Abcès, mot aujourd'hui plus usité, ont vieilli. La médecine n'employait guère qu'APOSTÈME; dans le langage ordinaire, on disait communément APOSTUME :

Si lui prit une grosse *apostume* au corps.

FROISSART, *Chroniques*, II, III, 85.

Il (le dauphin) trespassa le jour de Pasques fleuryes. Et
avoit une *apostume* près de l'oreille, laquelle se creva dedens son corps et l'estrangla.

MONSTRELET, *Chroniques*, c. 163, année 1416.

Nous sçavons... que une playe ou concussion, qui par accident avenu engendrera *apostume* à la partie offensée, sera

plus chaude que de coustume, à cause de l'accident et de
putréfaction qui se fait.

BERNARD PALISSY, *De la Marne.*

Il sortit à ce bon roy une *apostume* fort vénéneuse au
genouil droict.

BRANTÔME, *Grands Capitaines estrangers :* Dom Phillipe,
roy d'Espaigne.

L'an mille cinq cens trente-huict, le roy estant à Compiègne, tomba malade d'une *apostume...* dont il fut en grand
danger de mort.

G. DU BELLAY, *Mémoires*, liv. VIII.

J'ai, dit la bête chevaline,
Une *apostume* sous le pied.
Mon fils, dit le docteur, il n'est point de partie
Susceptible de tant de maux.

LA FONTAINE, *Fables*, V, 8.

APOSTUME a pu être employé par figure dans des
passages tels que les suivants;
Soit dans le langage sérieux :

L'*apostume* se meurissoit de plus en plus aux cœurs des
deux princes.

EST. PASQUIER, *Recherches de la France*, IV, 10.

Ils estoient fort prochains de se voir tenir eux ou leurs
enfans comme pestes, gangrenes, tumeurs et *apostumes*
dans l'Estat.

SULLY, *Œconomies royales*, c. 10.

Quand on luy parloit d'Agrippa ou de ses filles, il sous-
piroit et s'escrioit : « A la mienne volonté que je ne me
fusse jamais marié, et que je fusse mort sans enfans! »
Aussi les appelloit-il ordinairement ses trois ulcères, ou
ses trois *apostumes...*

COEFFETEAU, *Histoire romaine*, liv. I.

Soit par plaisanterie :

... Un prestre portant une bourse, laquelle lui sembloit
avoir une grosse *apostume...*

H. ESTIENNE, *Apologie pour Hérodote*, t. I, IIe part., c. 15.

Ce vénérable billot fut adverti
De quelque argent que m'aviez départi
Et que ma bourse avoit grosse *apostume.*

CL. MAROT, *Épîtres*, I : Au Roi.

Figurément et proverbialement, *il faut que l'a-
postume crève,* se dit de quelque chose de secret,
d'une passion cachée, d'une conjuration qui doit
finir par éclater.

APOSTUMER, v. n.
On a dit aussi, se rapportant à la forme APOS-

тѐме : Apostemer. (Voyez le *Dictionnaire* de Cotgrave.)

Ce mot, qui a vieilli et qu'a remplacé *abcéder*, s'est dit, soit d'un abcès qui perce, qui suppure, soit d'une partie du corps où se forme un abcès :

Sa teste estoit *apostumée*.

Froissart, *Chroniques*, vol. III, p. 354. (Cité par Sainte-Palaye.)

Il se fit une apostème sur la gencive, qui se suppura à l'endroit de sa douleur, et peu de jours après sa dent tomba en pièces, qui monstre que les dents peuvent *apostumer*, et pourrir comme les autres os.

A. Paré, *Introduction à la cognoissance de la chirurgie*, XVII, 24.

Apostumer a pu, comme le mot dont on l'a tiré, être employé figurément :

Jà *est* cette détestable playe (le schisme) comme *apostumée* et tournée en accoustumance.

Christine de Pisan, *Histoire de Charles V*, III, 54.

Apostumé, ée, participe.

APOTHÉOSE, s. f. (du latin *apotheosis*, en grec, ἀποθέωσις, venu lui-même de ἀπὸ, et de θεὸς). Déification.

Juvénal, en se moquant des fréquentes *apothéoses*, plaignoit le pauvre Atlas, qui alloit succomber sous le fardeau de tant de dieux qu'on plaçoit tous les jours dans le ciel.

Bayle, cité par Furetière.

Il (Jupiter) témoigna qu'il apportoit son consentement à l'*apothéose*, par une petite inclination de tête qui ébranla légèrement l'univers.

La Fontaine, *Psyché*, II.

Momus applaudit au sentiment de Mercure ; mais quelques autres dieux et quelques déesses se révoltent contre la proposition d'une *apothéose* si nouvelle.

Le Sage, *le Diable boiteux*, c. 16.

Les *apothéoses* ne peuvent avoir été imaginées que très-longtemps après les premiers cultes. Il n'est pas naturel de faire d'abord un dieu d'un homme que nous avons vu naitre comme nous, souffrir comme nous les maladies, les chagrins, les misères de l'humanité, subir les mêmes besoins humiliants, mourir et devenir la pâture des vers.

Voltaire, *Essai sur les mœurs*, Introduction : De la religion des premiers hommes.

Les Grecs, et avant eux les Asiatiques, avoient appelé fils des dieux leurs défenseurs, et leurs législateurs, et même les ravisseurs conquérants. L'*apothéose*, dans tous les temps d'ignorance, a été prodiguée à quiconque instruisit, ou servit, ou écrasa le genre humain.

Voltaire, *Essai sur les mœurs*, c. 60 : De l'Orient et de Gengis-Kan.

Mais à parler sans fard de tant d'*apothéoses*,
L'effet est bien douteux de ces métamorphoses.

P. Corneille, *Polyeucte*, IV, 6.

... A peine eut-on ouï la chose
Qu'on se mit à crier : Miracle, *apothéose* !

La Fontaine, *Fables*, VIII, 14 : Les Obsèques de la lionne.

Il se dit quelquefois, par hyperbole, des honneurs extraordinaires, des témoignages d'admiration ou de respect rendus à un homme.

Soit en bonne part :

Monsieur le Prince est dans son *apothéose* de Chantilly ; il vaut mieux là que tous vos héros d'Homère.

Mᵐᵉ de Sévigné, *Lettres* ; à Mᵐᵉ de Grignan, 23 juillet 1677.

Il (Newton) a été révéré au point que la mort ne pouvoit plus lui produire de nouveaux honneurs ; il a vu son *apothéose*.

Fontenelle, *Éloge de Newton*.

Si l'*apothéose* est due à ceux qui ont délivré leur patrie, l'Espagne révère avec autant de raison Ferdinand que la France invoque saint Louis.

Voltaire, *Essai sur les mœurs*, c. 64 : De l'Espagne aux douzième et treizième siècles.

Une cinquantaine d'auditeurs se détacha de l'assemblée pour aller voir le tombeau de Henri IV ; ils se mirent à genoux autour du cercueil, ils répandirent des larmes, on entendit des exclamations : jamais il n'y eut de plus véritable *apothéose*.

Le même, même ouvrage, c. 174 : De Henri IV.

Soit en mauvaise part, avec une intention satirique :

Tel n'auroit pas fait l'*apothéose* de son auteur, s'il ne s'étoit imaginé comme enveloppé dans la même gloire.

Malebranche, *Recherche de la vérité*, IIᵉ part., liv. II, c. 6.

L'*apothéose* à laquelle il s'étoit élevé (le duc du Maine) avoit révolté le ciel et la terre.

Saint-Simon, *Mémoires*, 1716.

D'apothéose on a tiré le verbe fort inusité, Apothéoser :

Quintilius se fit ouvrir les veines et *fut apothéosé* par Aurélien, qui aima mieux lui accorder le nom de dieu que celui d'empereur.

Fleury, *Histoire ecclésiastique*, liv. IV.

APOTHICAIRE, s. m. (du latin *apotheca*, en grec, ἀποθήκη, boutique, venu lui-même, par ἀπο-τίθημι, de ἀπὸ et de τίθημι).

On l'a écrit APOTHIQUAIRE, APOTHECAIRE, etc. (Voyez le *Glossaire* de Sainte-Palaye et les exemples ci-après.)

Celui dont la profession est de préparer et de vendre des médicaments. Le mot de Pharmacien est aujourd'hui plus usité :

Silenes estoyent jadis petites boytes, telles que voyons de present ès boutiques des *apothicaires*.

RABELAIS, *Gargantua*, I, Prologue.

Le cent vingt et cinquiesme article de nostre coustume de Paris fait marcher d'un mesme pas les médecins, chirurgiens et *apoticaires* au faict des prescriptions.

EST. PASQUIER, *Recherches de la France*, IX, 81.

Je crois, Monsieur, que vous êtes le médecin à qui l'on est venu parler de ma part? — Non, Monsieur, ce n'est pas moi qui suis le médecin ; à moi n'appartient pas cet honneur, je ne suis qu'*apothicaire*, *apothicaire* indigne, pour vous servir.

MOLIÈRE, *Pourceaugnac*, I, 7.

Les anciens médecins, à commencer par Hypocrates, étoient médecins, *apothicaires* et chirurgiens.

FONTENELLE, *Éloge de Lemery*.

En vérité, Monsieur Trousse-Galant, vous êtes un habile homme. Depuis trente-cinq ans que je suis dans la pharmacie, foi d'*apothicaire*, je n'ai point vu de médecin qui raisonnât plus solidement que vous.

LE SAGE, *la Tontine*, sc. I.

... Entre nous,
Feu mon grand-père étoit mousquetaire à genoux.
— Quelle charge est-ce là? — C'est ce que le vulgaire
En langage commun appelle *apothicaire*.

BOURSAULT, *le Mercure galant*, I, 2.

Dès que j'eus mis en chant un certain rigodon,
Trois sages médecins venus dans la maison,
La garde, le malade, un vieil *apothicaire*
Qui venoit d'exercer son grave ministère,
Sans respect du métier, se prenant par la main,
Se mirent à danser jusques au lendemain.

REGNARD, *les Folies amoureuses*, II, 6.

On appelle les aides d'un APOTHICAIRE, *garçons apothicaires* :

Je suis tenté d'essayer de la botanique, non comme vous, Monsieur, en grand et comme une branche de l'histoire na-turelle ; mais tout au plus en *garçon apothicaire*, pour savoir faire ma tisane et mes bouillons.

J.-J. ROUSSEAU, *Lettres*; 11 novembre 1764.

On a dit, *les parties d'un apothicaire*, du mémoire des médicaments préparés et fournis par lui :

Ce qui me plaît de Monsieur Fleurant, mon *apothicaire*, c'est que *ses parties* sont toujours fort civiles.

MOLIÈRE, *le Malade imaginaire*, I, 1.

Des *parties d'apothicaires* sont des mémoires de frais ou de fournitures, dont il faut retrancher la moitié pour les payer raisonnablement.

FURETIÈRE, *Dictionnaire*.

On pouvoit appeler ce mémoire-là de vraies *parties d'a-pothicaire*.

LE SAGE, *Gil Blas*, liv. VII, c. 16.

On dit encore, proverbialement, d'un compte dans lequel il y a beaucoup à rabattre, *un mémoire d'apothicaire*. A ces manières de parler se rapporte l'expression, *langage d'apothicaire*, dans le passage suivant :

Vous ne me les avez mis dans les autres parties qu'à vingt sols; et vingt sols, *en langage d'apothiquaire*, c'est-à-dire dix sols.

MOLIÈRE, *le Malade imaginaire*, I, 1.

Le mot APOTHICAIRE a encore donné lieu à d'autres expressions proverbiales et figurées.

On a appelé certaines méprises, des *quiproquos d'apothicaire* :

Dieu nous guarde de *qui-pro-quo d'apothioquaire*.

H. ESTIENNE, *Apologie pour Hérodote*, p. 45.

Voylà comment le moyne sauva la vie au capitaine, ayant esté pris pour l'autre. Ce fut bien un *qui-proquo d'apotiquaire*.

BRANTÔME, *Grands Capitaines étrangers* : Don Juan d'Autriche.

On a dit d'un homme qui n'est pas fourni des choses qui appartiennent à sa profession, *un apothicaire sans sucre*.

On dit souvent d'un homme qui prend trop de remèdes, qu'il *fait de son corps une boutique d'apothicaire*.

Le féminin, aujourd'hui hors d'usage, *apothicairesse* (APOTHICARESSE, APOTHIQUARESSE, APOTHE-

CAIRESSE, etc.), a servi à désigner soit la femme d'un apothicaire, soit, plus ordinairement, une religieuse chargée dans son couvent de la préparation et de la garde des remèdes :

Mais que dira-t-on de l'*apotiquaresse* que chacun cognoist bien? dit la femme du notaire.
Les Caquets de l'accouchée, III.

APOTHICAIRERIE, s. f.

On l'a écrit diversement, comme le mot dont on l'a tiré, APOTHIQUEIRERIE, APOTIQUÈRERIE, etc.

Officine où se préparent, boutique où se débitent les médicaments ; ce qu'on désigne plus communément, aujourd'hui, par le mot Pharmacie :

La pluspart des habitans de ce lieu se tiennent là l'hiver, et y ont leurs boutiques, notammant d'*apotiquererie ;* car quasi tous sont apoliqueres.
MONTAIGNE, *Voyages :* Bagno della villa.

... Ces différentes nations, qui, soit par la différence des climats et des tempéraments, soit par d'anciennes modes, usent de différens remèdes, peuvent trouver dans ce livre, comme dans une grande *apothicairerie,* ceux qui leur conviendront.
FONTENELLE, *Éloge de Lemery,*

Il (le czar Pierre) admira beaucoup l'église, l'*apothicairerie* et l'infirmerie (aux Invalides).
SAINT-SIMON, *Mémoires,* 1717.

Ce qui est certain, c'est que son fils mourut dans son lit, le lendemain de l'arrêt, et que le czar avait à Moscou une des plus belles *apothicaireries* de l'Europe.
VOLTAIRE, *Anecdotes sur Pierre le Grand.*

APOTHICAIRERIE signifie l'Art de l'apothicaire : *Il s'est mis dans l'apothicairerie, il entend l'apothicairerie.*

APÔTRE, s. m. (du latin *apostolus,* en grec, ἀπόστολος, venu lui-même, par ἀποστέλλω, envoyer, de ἀπὸ et στέλλω).

On a dit APOSTOLE, APOSTOILE, APOSTOIRE, APOSTLE, et, très longtemps, écrit APOSTRE, forme à laquelle se rattachent les mots dont il sera question plus loin : APOSTOLAT, APOSTOLIQUE, APOSTOLIQUEMENT. Le Dictionnaire de l'Académie ne donne APÔTRE qu'à partir de l'édition de 1740.

APÔTRE, qui, en raison de son étymologie, signifie Envoyé, est le nom donné aux personnes que

III.

Notre-Seigneur choisit particulièrement, entre ses disciples, pour prêcher l'Évangile, et pour gouverner l'Église après lui.

Après la mort de Notre-Seigneur, on donna le nom d'APÔTRE à saint Matthias, qui fut mis à la place de Judas, et à saint Paul et à saint Barnabé, qui furent appelés de Dieu extraordinairement pour prêcher l'Évangile :

Une chose est totevoies où li *aposteles* et li engeles se concordent ki de la naissance de Crist parolent : c'est el nom del Salvaor.
SAINT BERNARD, *Sermons françois,* à la suite des Quatre Livres des Rois, p. 548.

Depuis le commencement jusqu'au jour où il fut élevé dans le ciel, après avoir instruit par le Saint-Esprit les *apostres* qu'il avoit choisis.
LE MAISTRE DE SACI, trad. des *Actes des apôtres,* I, 2.

Aussitôt ils les tirèrent au sort, et le sort tomba sur Matthias, et il fut associé aux onze *apostres.*
LE MÊME, même ouvrage, I, 26.

Paul, serviteur de Jésus-Christ, *apostre* par la vocation divine, choisi et destiné pour annoncer l'Évangile de Dieu...
LE MÊME, *Épîtres de saint Paul aux Romains,* I, 1.

Il appelle à sa compagnie et choisit pour *apostres,* des gens sans science, sans étude et sans crédit.
PASCAL, *Pensées.*

Les *apôtres* tiennent le concile de Jérusalem, où saint Pierre parle le premier, comme il fait partout ailleurs.
BOSSUET, *Discours sur l'Histoire universelle,* I, 10.

L'abbé nous fit considérer.... qu'elle (l'église de Saint-Allyre) étoit bâtie depuis plusieurs siècles, et que ç'avoit été la première retraite des premiers chrétiens d'Auvergne, peu de temps après les *apôtres.*
FLÉCHIER, *Mémoires sur les grands jours de 1665.*

Dès les *apostles* ne fut unc tels prophete.
Chanson de Roland, v. 2255.

L'un est Paul, des chrétiens d'abord si redouté,
Qui, frappé vers Damas par le ciel irrité,
Tombe persécuteur et se relève *apôtre.*
LE MIERRE, *les Fastes,* IX.

D'APÔTRE, pris dans son sens spécial, se sont formées plusieurs expressions consacrées :

Les princes des apôtres, saint Pierre et saint Paul.

L'apôtre des gentils, des nations, le grand apôtre, ou, simplement l'*Apôtre,* saint Paul :

43

Sans faire le sçavant en théologie, je me contente, avec *l'apostre*, de ne sçavoir que Jésus-Christ et iceluy crucifié.
THÉOPHILE, *Apologie.*

Les hommes prévenus vont devant eux avec une aveugle détermination, sans vouloir ni pouvoir entendre, comme dit *l'apôtre*, ni ce qu'ils disent eux-mêmes, ni les choses dont ils parlent avec assurance.
BOSSUET, *Histoire des Variations des églises protestantes,* liv. XIV, nº 53.

Je viens vous annoncer avec *l'apôtre* que tout finit, afin de vous ramener à Dieu qui ne finit point.
FLÉCHIER, *Oraison funèbre de Mme d'Aiguillon.*

> Cant j'oi de *l'apostle* parler,
> Lor sai bien que ce est saint Polz,
> Ki les bons cuers met à repoz.
>
> *Fabl. ms. de Turin,* fº 3, rº, col. 2. (Cité par Sainte-Palaye.)

Les Actes des apôtres, livre canonique écrit par saint Luc, et contenant une partie de l'histoire des apôtres.

Le Symbole des apôtres, formulaire admis dans les liturgies chrétiennes, qui contient les principaux articles de la foi prêchée par les apôtres.

Certains rapprochements avec les apôtres ont donné lieu à d'autres expressions dont quelques-unes de l'usage proverbial et familier, par exemple :

Prêcher en apôtre, comme un apôtre, Prêcher avec le zèle et l'autorité d'un apôtre.

Prier comme un apôtre :

> A la fin, deux méchants prévots,
> Fort grands voleurs et très-dévots,
> *Priant* Dieu *comme des apostres,*
> Mirent la main sur mon collet.
>
> THÉOPHILE, *Requeste au Roy.*

Une mine d'apôtre :

Voyez-vous ce vieux fou, ce vieux penard avec sa *mine d'apôtre !* A le voir, on le mettroit volontiers dans une niche.
MARIVAUX, *la Vie de Marianne,* IIIº part.

Bon apôtre, qui fait l'homme de bien, mais à qui il ne faut pas se fier ; *être bon apôtre, faire le bon apôtre :*

> Mais pour qui, je vous prie, un tel préparatif ?
> — Pour toi premièrement ; puis, pour ce *bon apôtre*
> Qui veut m'en donner d'une, et m'en jouer d'une autre.
>
> MOLIÈRE, *l'Étourdi,* IV, 7.

Tout Picard que j'étois, j'étois un *bon apôtre.*
J. RACINE, *les Plaideurs,* I, 1.

> Grippeminaud, le *bon apôtre,*
> Jetant des deux côtés la griffe en même temps,
> Mit les plaideurs d'accord en croquant l'un et l'autre.
>
> LA FONTAINE, *Fables,* VII, 16.

> Là, Cormoran, le *bon apôtre...*
> Vous les prenoit sans peine, un jour l'un, un jour l'autre.
>
> LE MÊME, *même ouvrage,* X, 4.

Mon maître quelque temps a fait le *bon apôtre.*
DESTOUCHES, *le Dissipateur,* I, 1.

APÔTRE se dit aussi de Tous ceux qui ont les premiers prêché la foi dans quelque pays. Saint Denis est *l'apôtre de Paris,* saint François-Xavier est *l'apôtre des Indes.*

An moyen âge, APÔTRE, sous ses formes APOSTOLE, APOSTOILE, APOSTOIRE, APOSTLE, APOSTRE, etc., s'est dit spécialement du pape.

Soit suivi des mots *de Rome :*

Lors pristrent li baron un conseil entr'els et distrent qu'il envoieroient à *l'apostole de Rome* et en France... por querre secors.
VILLEHARDOUIN, *Conqueste de Constantinoble.*

> Recleimet Deu e *l'apostle de Rume.*
> *Chanson de Roland,* v. 2998.

Soit dit absolument :

Si pensa en soy meismes d'envoier les en message à *l'apostolle.*
MARC POL, *le Livre,* c. 7.

Se ples est devant le dyen (doyen), on peut apeler à l'evesque, et de l'evesque à l'arcevesque, et de l'arcevesque à *l'apostole.*
BEAUMANOIR, *Coutumes du Beauvoisis,* c. 11, 30.

Ainsi fu nostre sires Jhesu Criz li premiers evesques et *apostoiles.*
BRUNETTO LATINI, *Li Livres dou Tresor,* liv. I, part. II, c. 86.

Gerberz, grant clercs et philosophes... esleus à l'archeveschie de Ravene... tint l'archeveschie jusques à tant que li *apostres* morut. Lors requist li poples de Rome que il leur fust donez, et ensi fu *apostres.*
Chronique de Saint-Denys. (Voyez *Recueil des Historiens de France,* t. X, p. 304.)

... Ils avoient esté seulement appellez evesques de Rome, puis papes : aussi, dès lors en avant, on commença de les appeller tantost *apostoles,* tantost *apostolics,* sans autre suite de paroles.
EST. PASQUIER, *Recherches de la France,* III.

L'*apostole* s'apreste pour la messe chanter.

> *Chanson des Saxons,* XIII.

Vint de par l'*apostole* en France
Uns abbés de blanche abbaïe.

> G. GUIART, *Royaus Lignages,* t. I, v. 3434.

APÔTRE peut s'appliquer d'une manière générale à tous ceux, quel que soit leur titre : évêques, prêtres, prédicateurs, ministres, pasteurs, etc., qui enseignent et prêchent la parole de Dieu :

Tous ministres de l'Église se peuvent nommer *apostres*, d'autant qu'ils sont envoyez de Dieu, et sont ses messagers.

> CALVIN, *Institution chrétienne.*

Et vous, saints évêques, interprètes du ciel, juges de la terre, *apôtres*, docteurs et serviteurs des Églises.

> BOSSUET, *Oraison funèbre de Le Tellier.*

L'orateur cherche par ses discours un évêché, l'*apôtre* fait des conversions, il mérite de trouver ce que l'autre cherche.

> LA BRUYÈRE, *Caractères,* c. 15.

Le fameux Calvin, que nous regardons comme l'*apôtre* de Genève, n'eut aucune part à ce changement.

> VOLTAIRE, *Essai sur les mœurs,* c. 133.

On a appliqué, par allusion, le nom d'APÔTRES à certaines personnes : par exemple, on appelle ainsi les enfants dont on lave les pieds, le jeudi saint, à la cérémonie de la Cène.

L'allusion a quelquefois été faite avec une liberté irrespectueuse, ou une intention satirique :

Laissons icy Pantagruel avecq ses *apostoles*, et parlons du roi Anarche et de son armée.

> RABELAIS, *Pantagruel,* II, 28.

... Il (le marquis de Canillac) entretenoit dans des tours douze scélérats dévoués à toutes sortes de crimes, qu'il appeloit ses douze *apôtres*.

> FLÉCHIER, *Mémoires sur les grands jours de 1665.*

Petits auteurs d'un fort mauvais journal
Qui d'Apollon vous croyez les *apôtres*.

> J.-B. ROUSSEAU, *Épigrammes,* II, 27.

On peut ajouter à ces passages le suivant, où il n'est pas question de personnes :

Et en avoit le roy d'Angleterre encore onze autres (canons) de ceste façon, et les appeloit ses douze *apôtres*.

> *Le Loyal serviteur.*

APÔTRE se dit figurément de Celui qui se voue à la propagation et à la défense d'une opinion, d'une doctrine, d'un système :

Ce saint Thomas de l'école n'auroit-il point été choisi pour être l'*apôtre* de la nation des Péripatéticiens, qui n'étoit pas encore bien assujetie et bien domptée.

> BALZAC, *Socrate chrétien,* V.

On l'emploie quelquefois ainsi dans un sens défavorable :

Il règne ici une secte de faiseurs de pointes, dont M. le chevalier de Chastelux est un des premiers *apôtres*.

> DIDEROT, *Salon de 1767 :* Hallé.

Nous devons quelque reconnoissance aux principes qui nous ont scandalisés dans le cours de la discussion ; le scandale qu'ils ont causé nous fait honneur, et bientôt il en dégoûtera les *apôtres*.

> MIRABEAU, *Discours,* 22 août 1789.

APÔTRE a eu autrefois un sens judiciaire que les anciens dictionnaires définissent ainsi :

Apostres et lettres que le juge duquel est appelé, baille à l'appelant, adressans au juge pardevant lequel ressortist l'appel, *Dimissoriæ litteræ.*

> ROB. ESTIENNE, J. THIERRY, NICOT, *Dictionnaires.*

Apostres, lettres dimissoires.
Provocationis indices et dimissionis testes litteræ.

> MONET, *Dictionnaire.*

D'APÔTRE, sous la forme APOSTOLE, on avait fait le verbe

APOSTOLIZER. (Voyez le *Dictionnaire* de Cotgrave) :

Si vostre autheur eust esté tant soit peu nourry en l'ancienneté de nostre religion, il eust trouvé que ce n'estoit pas *apostolizer*, mais apostatizer, que luy religieux voulust, comme les apostres, administrer les sacrements.

> EST. PASQUIER, *Recherches de la France,* III, 43.

APOSTOLAT, s. m. (du latin *apostolatus*).
Le ministère d'apôtre ;
Soit en parlant des apôtres eux-mêmes :

Et, se mettant en prières, ils dirent : Seigneur... montrez-nous lequel de ces deux vous avez choisi, afin qu'il entre dans ce ministère et dans l'*apostolat*, dont Judas est déchu par son crime.

> LE MAISTRE DE SACY, trad. des *Actes des apôtres,* I, 24, 25

Jésus-Christ Notre-Seigneur, par qui nous avons reçu la grâce et l'*apostolat*, pour faire obéir à la foi toutes les nations.

Le même, trad. des *Épîtres de saint Paul aux Romains*, I, 4, 5.

Saül étoit bien appelé à la royauté et Judas à l'*apostolat*, et néanmoins ils s'y perdent l'un et l'autre.

Nicole, *Essais de morale :* Sur l'Évangile du IVᵉ dimanche d'après l'Épiphanie, IX.

Judas... paroissoit devoir être assis un jour sur un des douze trônes destinés aux collègues de son *apostolat*.

Massillon, *Discours :* Du zèle contre les Vices.

Soit en parlant de ceux qu'on leur assimile, par exemple les propagateurs de la foi dans quelque pays, les missionnaires :

Une chose lui a manqué, c'est de joindre à la gloire de l'*apostolat* la couronne du martyre.

Bourdaloue, *Sermon pour la fête de saint François-Xavier.*

Par exemple encore, le pape, les évêques, les simples prêtres :

(Les papes) quand ils parloient de leurs actions, avoient accoustumé d'user de cette manière de parler : Nostre *apostolat* ordonne telle ou telle chose.

Est. Pasquier, *Recherches de la France*, III, 11.

Tel est l'esprit du sacerdoce et de l'*apostolat* qu'ils ont reçu.

Massillon, *Discours :* Du zèle contre les Scandales.

Des prélats nommés pour la plupart par le prince, et qui avoient acheté l'*apostolat* à prix d'argent ou à force de lâchetés, avoient enfin accoutumé les esprits à voir sans étonnement les abus les plus scandaleux.

Mably, *Observations sur l'Histoire de France*, liv. I, c. 5.

Qui voudra se dévouer aux fatigues de l'*apostolat*, si les prêtres, comme les parias des Indes, n'ont à espérer que la pauvreté et le mépris?

Chateaubriand, *Opinions et discours, sur la Résolution relative au clergé*, 10 février 1816.

Apostolat, ayant suivi dans ses acceptions les sens divers du mot *apôtre*, a pu, dans certains cas, se dire, par allusion, en parlant de Ceux qui se vouent à la propagation et à la défense d'une opinion, d'une doctrine, d'un système :

Mon *apostolat* n'a pas laissé de faire fortune parmi les honnêtes gens; c'est ce qui berce ma vieillesse.

Voltaire, *Lettres.*

On a dit, dans un des sens d'apostolat, dans le sens de papauté, apostolité. (Voyez les *Glossaires* de Du Cange et de Sainte-Palaye.)

APOSTOLIQUE, adj. des deux genres (du latin *apostolicus*, en grec, ἀποστολικός).

Qui concerne les apôtres, qui vient, qui procède des apôtres. De là un certain nombre d'expressions consacrées :

Siècle apostolique, temps apostolique, temps où ont vécu les apôtres, premier siècle de l'Église :

Voilà le premier évêque devenu prince. On conviendra sans peine que cette grandeur n'est pas des temps *apostoliques*.

Voltaire, *Fragments sur l'Histoire,* art. 21.

Mission apostolique, la mission des apôtres, et, par extension, celle de quiconque travaille à la propagation de la foi.

Foi apostolique, doctrine apostolique, apportée, enseignée par les apôtres; *tradition apostolique,* remontant aux apôtres.

Église apostolique, fondée par les apôtres :

Elle (l'Église) étoit catholique et universelle : elle embrassoit tous les temps; elle s'étendoit de tous côtés. Elle étoit *apostolique :* la suite, la succession, la chaire de l'unité, l'autorité primitive, lui appartenoient.

Bossuet, *Discours sur l'Histoire universelle*, II, 12.

Le siège apostolique, le Saint-Siège, celui des successeurs du premier des apôtres :

Encore que pour le jourd'huy nous appellions le siège de Rome *siège apostolic* (mot que nous n'approprions à nul autre), si est-ce que, comme j'ay dit ailleurs, tous les sièges du commencement, ausquels les apostres ou leurs disciples avoient présidé, estoient nommés apostolics.

Est. Pasquier, *Recherches de la France*, III, 8.

Apostolique signifie encore Qui tient des apôtres, qui les rappelle. On dit, par exemple,
Une vie apostolique :

C'étoit un homme qui ne sortoit presque jamais de son diocèse. Il menoit une vie tout à fait *apostolique*.

Saint-Simon, *Mémoires*, 1699.

Des travaux apostoliques :

Que, par une règle inviolable, ceux-là demeurent exclus

de l'épiscopat, qui ne veulent pas y arriver par *des travaux apostoliques*.

BossUET, *Oraison funèbre de Michel Le Tellier*.

En 1731, le pape donna le pallium à l'évêque de Marseille. Toute l'Église attendoit une plus grande récompense *des travaux apostoliques* de M. de Belzunce.

HÉNAULT, *Mémoires*, CXIV.

Une éloquence apostolique :

... Je souhaiterois qu'il n'y en eût point (de prêtre),... qui n'eût quelque rayon de cette *éloquence apostolique*, dont nous voyons dans saint Paul le parfait modèle.

FLEURY, *Du choix des Études*, c. 59.

Une sainteté, une simplicité, une tendresse, une vigueur, une ambition, etc., *apostoliques :*

Ce n'est pas qu'il n'y eût encore des évêques d'une *sainteté* et d'une *vigueur apostolique*...

FLEURY, *Mœurs des Chrétiens*, § 58.

Vous allez faire de la prédication un art tout humain, et la *simplicité apostolique* en sera bannie.

FÉNELON, *Dialogues sur l'Éloquence*, III.

Il n'en fallut pas davantage pour me mettre dans la tête l'*ambition apostolique* d'aller au bout du monde convertir un grand royaume (Siam).

CHOISY, *Mémoires*, liv. V.

... Cette *hospitalité apostolique*, dans un lieu où le premier des apôtres prêcha l'Évangile, me touchoit jusqu'au cœur.

CHATEAUBRIAND, *Itinéraire de Paris à Jérusalem* : Voyage à Rhodes.

On a fait quelquefois d'APOSTOLIQUE, employé en ce sens, une application ironique :

Il (le marquis de Canillac) leur avoit donné (aux scélérats qu'il appeloit ses douze apôtres) des noms fort *apostoliques*, appelant l'un Sans-Fiance, l'autre Brise-Tout, etc.

FLÉCHIER, *Mémoires sur les grands jours de 1665*.

Ce fut dans ma chambre, aux yeux de Manon, qu'il me fit cette harangue *apostolique*.

L'ABBÉ PREVOST, *Manon Lescaut*, Iʳᵉ part.

Tous deux fabriquent une pastorale en 1764, et séduisent l'archevêque jusqu'à lui faire signer de son nom cet écrit *apostolique* qui attaque tous les parlements du royaume.

VOLTAIRE, *les Honnêtetés littéraires*, XXIII.

On n'est pas accoutumé à voir aux philosophes une ferveur aussi *apostolique*; et les philosophes intolérants ne méritent pas plus d'indulgence que les dévots qui persécutent.

GRIM, *Correspondance*, 1ᵉʳ décembre 1758.

APOSTOLIQUE s'est même appliqué aux personnes elles-mêmes, dans cette expression, *homme apostolique :*

Saint Swibert, saint Willebrod et d'autres *hommes apostoliques* répandirent l'Évangile dans les provinces voisines.

BossUET, *Discours sur l'Histoire universelle*, I, 11.

Elle n'épargna rien pour préparer les voies à ces *hommes apostoliques* qui vont acquérir de nouveaux héritages à Jésus-Christ.

LE MÊME, *Oraison funèbre de Mᵐᵉ d'Aiguillon*.

L'on voit des clercs revenir de quelques provinces où ils n'ont pas fait un long séjour, vains des conversions qu'ils ont trouvées toutes faites, comme de celles qu'ils n'ont pu faire, se comparer déjà aux Vincents et aux Xaviers, et se croire des *hommes apostoliques*.

LA BRUYÈRE, *Caractères*, c. 15.

Les mœurs se corrompent tous les jours,... parce qu'il se trouve peu d'*hommes apostoliques* qui s'opposent, comme un mur d'airain, à ce triste débordement.

MASSILLON, *Discours : Du zèle contre les Scandales*.

Quelques anciens dictionnaires, et le *Dictionnaire de l'Académie,* dans ses premières éditions, donnent la locution proverbiale, alors usitée, *à l'apostolique :*

Il y a un petit jardin attaché à l'église, avec une cisterne dont l'eau est excellente, et dans ce mesme jardin il y a une statue sans teste faicte *à l'apostolique*.

THÉVENOT, *Voyage de Levant*, c. 69.

Des *souliers à l'apostolique* étaient des souliers dont la forme rappelait la chaussure avec laquelle les peintres ont représenté les apôtres.

On disait aussi *prêcher à l'apostolique*, c'est-à-dire avec onction et d'abondance de cœur, comme les apôtres.

APOSTOLIQUE se dit enfin de ce qui concerne le saint-siège, de ce qui en émane : *Bref apostolique; lettres apostoliques; la bénédiction apostolique; chambre, chancellerie apostolique; nonce apostolique,* etc. :

Tout ainsi qu'en cette université il y a un *conservateur apostolic,* aussi y en a-t-il un royal.

EST. PASQUIER, *Recherches de la France*, IX, 26.

Dans l'Église primitive tous les évêques étoient nommés *apostoliques;* mais, depuis, ce nom fut particulièrement appliqué aux sièges de Rome, d'Alexandrie, d'Antioche et de Jérusalem, parce que ces églises avoient été fondées par les apôtres. Les autres églises ne prennent le titre d'*a-postoliques*, qu'à cause de la conformité de leur doctrine avec celles des églises qui étoient *apostoliques* par leur fondation, et parce que les évêques se disoient tous les successeurs des apôtres. Cet usage a duré jusqu'au vii° siècle. Dans les siècles suivants, cette qualité fut restreinte au pape seul... Ainsi on dit le *siège apostolique;* le *nonce apostolique;* un *notaire apostolique;* un *bref apostolique;* la *chambre,* la *chancellerie apostolique...*

> FURETIÈRE, *Dictionnaire.*

Saint Grégoire, qui les avoit envoyés (le moine Augustin et ses compagnons), les instruisoit par des *lettres* vraiment *apostoliques.*

> BOSSUET, *Discours sur l'Histoire universelle,* I, ii.

Noble dame, n'ai-je pas bien fait de vous envoyer le *poulet apostolique* du saint-père à Madame de Chaulnes?

> Mᵐᵉ DE SÉVIGNÉ, *Lettres;* à Mᵐᵉ de Grignan,
> 18 décembre 1689.

Cet usage de mettre des emplois à l'encan venoit d'Italie : on a vendu longtemps à Rome les places de la *chambre apostolique,* et ce n'est que de nos jours que les papes ont aboli cette coutume.

> VOLTAIRE, *Essai sur les mœurs,* c. 110 : D'Alexandre VI
> et de Louis XII.

Notaires apostoliques, notaires qui, dans chaque diocèse, étaient autorisés à rédiger les actes en matière ecclésiastique.

APOSTOLIQUE, dans un sens plus général, se rapporte à l'Église, à sa constitution, à sa liturgie, etc. :

Elle écoute l'explication de ces saintes cérémonies, de ces prières *apostoliques,* qui, par une espèce de charme divin, suspendent les douleurs les plus violentes.

> BOSSUET, *Oraison funèbre de la duchesse d'Orléans.*

Les tribunaux séculiers ne retentissent que des affaires ecclésiastiques; on ne songe pas au don particulier qu'a reçu l'ordre *apostolique* pour les décider.

> LE MÊME, *Oraison funèbre de Michel Le Tellier.*

Au lieu d'APOSTOLIQUE on a dit autrefois,

APOSTOLIAL, ALE, adj. :

Ainsi tint sains Pierres la chaiere et la dignité *apostolial.*

> BRUNETTO LATINI, *li Livres dou Tresor,* liv. I, part. II, c. 87.

Ceste est l'*apostolial* vie
De Deu mult prochaine e amie.

> BENOÎT, *Chronique des ducs de Normandie,* v. 11217.

D'APOSTOLIQUE on avait fait

APOSTOLICITÉ, s. f.

Lequel peut signifier, en termes de théologie :

Conformité des mœurs avec celles des apôtres;

Conformité de la doctrine avec celle de l'Église catholique;

Autorité d'un caractère accordé par le saint-siège.

APOSTOLIQUEMENT, adv.

A la façon des apôtres :

Les evesques Ariens... recognoissoient l'Église romaine très-libérale envers tous, comme celle qui tousjours avoit vescu *apostoliquement.*

> EST. PASQUIER, *Recherches de la France,* III, 1.

Quel plus beau talent que celui de prêcher *apostoliquement,* et quel autre mérite mieux un évêché? Fénelon en étoit-il indigne?

> LA BRUYÈRE, *Caractères,* c. 15.

APOZÈME, s. m. (d'*apozema,* ἀπόζεμα, venu, par ἀποζέω, bouillir, de ἀπὸ et ζέω).

Terme de Médecine. Décoction de substances végétales, ordinairement très chargée et très composée :

Ceste herbe est fort recerchée pour l'abondance de ses vertus. Elle est emploiée aux *apozémes* purgatifs.

> OLIVIER DE SERRES, *Théâtre d'Agriculture,* VI° Lieu, c. 15.

Ils vont même jusqu'à mêler le kermès dans les *apozèmes* et en potions cordiales, et les voilà de pair avec les grands faiseurs en médecine.

> LE SAGE, *Gil Blas,* X, 1.

Ma boutique pour vous est fermée à jamais...
S'il lui falloit... — Monsieur... — Dans un péril extrême,
Le moindre lénitif, ou le moindre *apozéme,*
Une goutte de miel, ou de décoction...
Je le verrois crever comme un vieux mousqueton.

> REGNARD, *le Légataire universel,* II, 11.

Il est pris au figuré dans le passage suivant :

Tout le reste que vous faictes et ferez cy-après, ne sont et ne seront que de petits remèdes de peu d'efficace et de peu de durée, comme *aposèmes* et gargarismes pour refrigerer et entretenir la France malade, mais non pour la guérir et moins pour l'asseurer longuement.

> SULLY, *Œconomies royales,* c. 31.

APPARAÎTRE, v. n. (venu soit du verbe simple *paraître,* soit du latin *apparescere, apparere,* et, par ce mot, de *parere*).

On l'a longtemps écrit APPAROÎTRE, APPAROISTRE. On a dit aussi APPAROIR, et même APPARIR, APPA-RER. (Voyez le *Glossaire* de Sainte-Palaye et les exemples ci-après.)

Il se conjugue comme *paraître;* mais avec cette différence qu'APPARAÎTRE emploie les deux auxiliaires *être* et *avoir* avec le participe, au lieu que *paraître* n'emploie que l'auxiliaire *avoir.*

APPARAÎTRE, c'est, au propre, Devenir visible, se montrer. Il se dit, particulièrement, en parlant de certaines visions désignées par le mot *Apparition.* (Voyez ce mot.)

Vray est que Dieu s'est quelquefois monstré present sous certains signes, tellement que l'Ecriture dit, qu'on l'a veu face à face ; mais tous les signes qu'il a jamais choisis pour *apparoistre* aux hommes, estoyent propres pour enseigner et advertissoyent les hommes de son essence incomprehensible.

CALVIN, *Institution chrestienne,* liv. I, c. 11, § 3.

Il n'*apparoît* (Jésus-Christ) qu'à ses disciples, il ne se montre que dans les lieux solitaires et écartés.

MASSILLON, *Carême :* Sermon pour le jour de Pâques.

La fiole où je suis retenu n'est qu'une simple bouteille de verre, facile à briser; vous n'avez qu'à la prendre et qu'à la jeter par terre, j'*apparoîtrai* tout aussitôt en forme humaine.

LE SAGE, *le Diable boiteux,* c. 1.

Chaque Romain m'aura toujours devant les yeux; et, dans ses songes même, je lui *apparoîtrai* couvert de sang.

MONTESQUIEU *Dialogue de Scylla et d'Eucrate.*

La raison est toujours venue tard ; c'est une divinité qui n'*est apparue* qu'à peu de personnes.

VOLTAIRE, *Essai sur les mœurs,* c. 5.

Vous m'*êtes,* en dormant, un peu triste *apparu;* J'ai craint qu'il ne fût vrai; je suis vite accouru.

LA FONTAINE, *Fables,* VIII, 11.

APPARAÎTRE se dit, dans un sens plus général, soit des personnes, soit des choses ; Des personnes :

Benoiz soit cil ki venuiz est el nom nostre signor Deu li sires, et si *est apparuiz* à nos.

SAINT BERNARD, *Sermons,* à la suite des *Quatre Livres des Rois,* p. 562.

A peine n'*osoit* nul *apparoir* aux défenses pour la défendre.

FROISSART, *Chroniques,* liv. I, Ire part., c. 207.

Qui es-tu doncques qui te doubtes et as paour d'ung

homme mortel? Aujourd'huy il est, et demain il n'*apparoistra* pas, c'est-à-dire que on le ne sçaura où trouver.

Le Livre de l'Internelle consolacion, II, 36.

Ne pouvant plus rien faire que songer à Léonore, je voulus revoir le jardin où elle m'*apparut* la première fois.

SCARRON, *Roman comique,* I, 13.

Corbinelli est toujours un loup gris, comme vous savez, *apparoissant,* disparoissant, et ne pesant pas un grain.

Mme DE SÉVIGNÉ, *Lettres;* 22 avril 1676.

C'est vers Pâques que je compte vous *apparaître* comme Lazare sortant de son tombeau.

VOLTAIRE, *Lettres;* 20 janvier 1778.

Au banquet de la vie, infortuné convive, J'*apparus* un jour et je meurs.

GILBERT, *Stances.*

Des choses :

Eve de fontaine i *aparut,* e reveled sunt les fundemenz de la terre.

Les quatre Livres des Rois, II, XXII, 16.

Cestuy jour et les deux subsequens, ne leur *apparut* terre ne chose aultre nouvelle.

RABELAIS, *Pantagruel,* IV, 2.

Cet emploi d'APPARAÎTRE est fréquent chez nos anciens auteurs, lorsqu'il est question de certains phénomènes sensibles, comme le lever du soleil ou des étoiles :

Dès que le jour *apparut,* tout nostre ost s'assembla.

COMMINES, *Mémoires,* II, 1.

Ce que du ciel vous *apparoyt* et appellez phenomenes.

RABELAIS, *Pantagruel,* V, 48.

L'accusé estoit de meilleure condition, en ce que s'il n'estoit vaincu quand les estoilles *apparoissoient,* il étoit réputé le victorieux.

EST. PASQUIER, *Recherches de la France,* IV, 1.

Passet la noit, si *apert* li cler jor.

Chanson de Roland.

Li jors *apert* et li aube esclarcit.

Garin le Loherain, t. II, p. 5.

Li jours *est aparus,* bele est la matinée.

Fierabras, v. 3109.

Une esteile grant *aparut,* E quatorze jors resplendi.

WACE, *Roman de Rou,* v. 11461.

On le dit même très fréquemment, par figure, en parlant des choses abstraites :

Li benigniteiz et li humaniteiz de Deu nostre solvaor, ce dist li apostles, *est apparue*. Sa poxance *apparut* davant en la creation des choses, et sa sapience *apparoit* el governement des choses ki creeies estoient.

SAINT BERNARD, *Sermons françois* (à la suite des *Quatre Livres des Rois*, p. 536).

Le sage dit que le mesaise que le vaillant homme a en son cœur ne lui doit *apparoir* au visage.

JOINVILLE, *Histoire de saint Louis.*

Ne se trouvoient laiens que un petit de gens, et si ne leur *apparoit* secours de nul côté.

FROISSART, *Chroniques*, liv. I, IIe part., c. 194.

Lequel (Dieu), comme sçavez, veult souvent sa gloire *apparoistre* en l'hebetation des saiges, en la depression des puissans, et en l'erection des simples et humbles.

RABELAIS, *Pantagruel*, III, 43.

Soubdain *apparurent* deux miracles.

LE MÊME, même ouvrage : Nouveau prologue du IVe liv.

Selon la disposition de l'air, la vehemence du venin, le lieu de la morsure, la force de ceux qui sont mordus... les accidents *apparoissent* plus tost ou plus tard.

BOUCHET, *Serées*, I, 7.

Encor que la sagesse de l'homme reluise aux livres prophanes, si est-ce qu'elle est fort vaine en comparaison de la divine qui *apparoit* ès sainctes Escritures.

DE LA NOUE, *Discours politiques et militaires*, I.

Nous avons quelque expérience de la vie immortelle, lorsque quelque vérité illustre nous *apparoit*, et que, contemplant la nature, nous admirons la sagesse qui a tout fait dans un si bel ordre.

BOSSUET, *De la Connoissance de Dieu et de soi-même*, c. 5, art. 14.

Vous aurez dans cette image des traits immortels : je vous y verrai tel que vous étiez à ce dernier jour sous la main de Dieu, lorsque sa gloire sembla commencer à vous *apparoître.*

LE MÊME, *Oraison funèbre du prince de Condé.*

Mult grant domage li *est aparéut.*

Chanson de Roland.

Ainsi vostre beauté, seulement *apparue*
Quinze ou seize ans en France, est soudain disparue.

RONSARD, *les Poëmes*, I : Regret à Marie Stuart.

Ne faire qu'apparaître est une locution assez usitée, qui signifie Ne se montrer, ne passer que peu de temps dans un lieu, dans une société, dans un emploi, etc. :

M. de Massiat *ne fit qu'apparoître* dans la marine ; tout cela n'étoit qu'un sable mouvant.

HÉNAULT, *Mémoires*, c. 18.

Dans plusieurs des exemples qui précèdent, APPARAÎTRE pourrait être remplacé par *paraître*. Il en est tout à fait le synonyme dans des passages tels que les suivants, où il signifie simplement Se voir :

Il luy bailla de son fouet à travers les jambes, si rudement, que les noudz y *apparoissoient.*

RABELAIS, *Gargantua*, I, 25.

Le sixième (pèlerin) estoit dedans le plat, caché soubs une lectue, excepté son bourdon qui *apparoissoit* au dessus.

LE MÊME, même ouvrage, I, 38.

Le pertuys encores y *apparoist.*

LE MÊME, *Pantagruel*, II, 5.

APPARAÎTRE équivaut encore à *paraître*, mais avec le sens de Sembler, lorsqu'il est suivi, soit d'un adjectif, soit d'un verbe à l'infinitif ;

D'un adjectif :

Saint Grégoire dit que quant un chascun considère le grant nombre de ses défaulx et de ses péchiés, les peines et les tribulations qu'il sueffre lui en *appairent* plus petites.

Le Ménagier de Paris, Ire Distinction, 9e art.

Les colonnes corinthiennes... *apparoissent*, ou doivent *apparoir* beaucoup plus riches et déliées, plus mignonnes et mieux parées que les autres.

PHILIBERT DE L'ORME, *Architecture*, VI, 1.

Nous voyons qu'il n'est pas inconvenient qu'une mesme œuvre soit attribuée à Dieu, et au diable, et à l'homme. Mais la diversité qui est en l'intention et au moyen, fait que la justice de Dieu partout *apparoist* irreprehensible, et que la malice du diable et de l'homme se montre avec sa confusion.

CALVIN, *Institution chrestienne*, liv. II, c. 4, § 2.

D'un verbe à l'infinitif :

Il est si rare qu'une négociation finisse en ceste manière, que celle-là *m'apparut* n'estre pas indigne de l'histoire.

CARDINAL DE RETZ, *Mémoires.*

A ces diverses manières d'employer le mot APPARAÎTRE correspondent celles auxquelles se prête l'expression, assez usitée, *faire apparaître.*

Faire apparaître, c'est quelquefois, lorsqu'il s'agit de certaines visions, Évoquer :

Des imaginations frappées avoient vu en songe leurs amis mourants ou morts; les magiciens fesaient *apparaître* les morts.

VOLTAIRE, Essai sur les mœurs, c. 35 : De la Magie.

Dans un sens plus général, *faire apparaître,* C'est faire qu'une chose soit plus en vue, plus en relief, plus connue :

Pour abreger et gagner le temps, et pour plus soudain *faire apparoir* le secret que j'avois trouvé dudit esmail blanc.., je prins un potier commun..., afin qu'il me fist des vaisseaux selon mon ordounance.

BERNARD PALISSY, De l'art de terre.

Les autres font comme les peintres, qui, pour relever et *faire* plus *apparoistre* les choses luisantes et claires, les renforcent avec des obscures et ombrageuses qu'ils mettent auprès.

AMYOT, trad. de Plutarque, Œuvres morales : Comment on pourra discerner le flatteur d'avec l'amy.

Cela couvroit grandement cette deffectuosité, et, qui plus est, *faisoit* davantage *apparoir* la gentillesse de son courage.

LE MÊME, trad. de Plutarque, Vie d'Agésilas.

Comme *paraître,* quelquefois *faire apparaître* est suivi d'un adjectif sur lequel porte surtout l'action du verbe :

Ceux qui voyent bien de près et non pas de loing, ne prendront pas les lunettes si tost que ceux qui voyent de loing qui les prennent bientost : les lunettes *faisant apparoistre* toutes choses plus grosses qu'elles ne sont.

BOUCHET, Serées, II, 19.

Dieu, seigneur et maistre des exercites, luy donneroit... victoire, pour subvertir et *faire apparoistre* mensongers tous les devins et tels supersticieux et reprouvables pronosticateurs.

G. DU BELLAY, Mémoires.

Enfin, *faire apparaître* peut se construire avec la conjonction *que :*

Fais apparoir que tu es homme de bien.

ROB. ESTIENNE, Dictionnaire françois-latin.

Un gentilhomme venitien m'a dit que la seigneurie de Venise *avoit fait apparoir* au pape, *que* le comté de Rovigo, et le Polesin, et Este, et Lignago, et certains autres lieux qu'ils tiennent, avoient esté par eux pris sur sa maison d'Este.

LE CARDINAL D'OSSAT, Lettres; IV, 123.

On *fera* bien *apparoître,* dans le procès qui va être fait et parfait à ce perfide, *que* pour vendre plus cher sa denrée

III.

(les pièces diplomatiques qu'on lui confioit), il la falsifioit toute selon le goût de ceux à qui il croyoit plaire davantage.

M. DE LIONNE, au comte d'Estrades, 11 avril 1664. (Voyez MIGNET, Négociations relatives à la succession d'Espagne, t. I, p. 279.)

... Celle-là, de qui je cuydois estre Le bien aymé, m'a bien *faict apparoistre* Qu'au faict d'amour n'y a que fiction.

CL. MAROT, Rondeaux, liv. II, XI.

Dans la langue des affaires, *faire apparoir, faire apparoir de, faire apparoir que,* se sont dits longtemps en parlant de certaines justifications, notifications, productions de pièces, etc. :

Ceulx de Varsy... ont tousjours appartenu au gouvernement de Bourgogne... et disent avoir des pièces justificatives entre les mains de leur procureur Rougeault, par lesquelles ils le vous peuvent clairement *faire apparoir.*

AMYOT, Lettre au duc de Nivernoys, août 1589. (Voir DE BLIGNIÈRES, Essai sur Amyot, p. 343.)

Le premier meurtrier ou larron qui se disoit estre clerc, et sous ce titre demandoit son renvoy à l'official, il falloit qu'il fust renvoyé sur peine d'excomunication, encore qu'il n'eust esté pris en habit clérical, et qu'il *fist apparoir de* ses lettres de tonsure.

EST. PASQUIER, Recherches de la France, III, 33.

Voyant ce collége de médecine estre situé au lieu où estoit nostre première université, je croy que dès ce mesme temps la faculté de médecine y fust establie, sauf à changer de jugement, lorsqu'on me *fera apparoir de* pièces contraires.

LE MÊME, même ouvrage, IX, 12.

Le mareschal de Montmorency n'ignoroit pas la permission (d'avoir des gardes) que le roy avoit donnée au cardinal; mais, dans cette pointille, il prétendoit que c'estoit à l'autre à lui *en faire apparoir.*

MÉZERAY, Histoire de France : Charles IX.

Pour satisfaire à l'arrest de Sa Majesté, qui veut que les communautez et les particuliers *fassent apparoir des* titres de leurs droits sur les tiercies et levées.

LES MAGISTRATS DE LA VILLE DE NEVERS, à Colbert, 12 novembre 1665. (Voyez DEPPING, Correspondance administrative sous Louis XIV, t. I, p. 702.)

Faire apparoir du pouvoir qu'on a. Il *a fait apparoir de* son bon droit.

Dictionnaire de l'Académie, 1694-1718.

Ces dernières expressions se sont perpétuées dans les éditions suivantes avec les formes plus modernes *faire apparoître, faire apparaître.*

44

APPARAÎTRE s'emploie encore impersonnellement : *il apparaît, il apparut,* etc.

En parlant de visions :

L'on disoit qu'*il y apparoissoit* des fantosmes.

AMYOT, trad. de Plutarque, *Vie de Solon,* 19.

En parlant de la venue de certaines personnes :

Il apparoît de temps en temps sur la face de la terre des hommes rares, exquis, qui brillent par leur vertu et dont les qualités éminentes jettent un éclat prodigieux.

LA BRUYÈRE, *Caractères,* c. 2.

En parlant de la venue de certaines choses :

Ceux de la ville et du châtel d'Auberoche doutèrent leurs corps et leurs biens à perdre, et virent qu'*il* ne leur *apparoît* aucun confort de nul côté.

FROISSART, *Chroniques,* liv. I, Iʳᵉ part., c. 226.

On dit qu'*il apparut* à Remus six vaultours, et à Romulus douze.

AMYOT, trad. de Plutarque, *Vie de Romulus.*

Le pape..., leur répondit qu'*il apparoissoit* bien du crime, mais nullement de la pénitence, et qu'il n'avoit aucune assurance que le roi demandât d'être absous.

MÉZERAY, *Histoire de France :* Henri III.

Il apparaît, où, comme on a dit anciennement, *il apparoît, il appert,* a été souvent employé au sens de, Il paraît, il semble, il est évident, on voit, on peut voir, etc. :

Estoit moult hardi et vaillant homme en armes ; et bien y *apparut.*

FROISSART, *Chroniques,* liv. I, part. I, c. 86.

Bien estoit informé le roi d'Angleterre que son adversaire le roi de France le suivoit à tout son grand effort, et avoit grand désir de combattre à lui, si comme *il apparoît.*

LE MÊME, même ouvrage, liv. I, part. I, c. 282.

Il estoit, comme *il apparut,* non seulement frère à faulses enseignes, mais aussi philosophe à faux tiltre.

AMYOT, trad. de Plutarque, *Œuvres morales :* De l'Amitié fraternelle.

Cette expression a reçu divers compléments que feront connaître les exemples suivants :

Or ne sais-je pas combien qu'il en fut soupçonné d'aucunes gens, si ce fut voir, ou non ; mais bien *apparut en ce que,* après ce fait, il fut toujours de l'accord et conseil de messire Charles.

FROISSART, *Chroniques,* liv. I, IIᵉ part., c. 157.

M'en fauldra aler ou royaume dont je suis, sans avoir acointance de vous, comme j'ay eu et ay très-grand désir, ainsi qu'*il* vous *peut apparoir* et *appert* par mes dictes lectres générales.

MONSTRELET, *Chronique,* I, c. 2.

Afin qu'il vous *appare de ce,* nous vous envoions noz lectres scellées de nostre grant scel en nostre conseil.

LE MÊME, même ouvrage, c. 102.

Il vous *apperra quelles* mœurs et *quelle* puissance chascune gent estant soubz vostre gouvernement avoient dès lors.

R. GAGUIN, trad. des *Commentaires de César,* Prologue (à Charles VIII).

Or *combien* ceste vertu est propre à l'Escriture, *il apparoist en ce* que de tous humains escrits il n'y en a nul, de quelque artifice qu'il soit poli et orné, qui ait telle vigueur à nous esmouvoir.

CALVIN, *Institution chrestienne,* liv. I, c. 8, § 1.

Il appert par expériences. *Apparet rerum argumentis.*

ROB. ESTIENNE, *Dictionnaire françois-latin.*

Bien *aparoît quant* li dux Begons fiert
Par devant lui fait les rens claroier.

Garin le Loherain, t. I, p. 264.

On rencontre très souvent cette forme, *Il apparaît que* :

(D'où) *il appert* clairement *qu'*il y a plus d'animosité en ceste dénonciation et plus de passion que de vérité ny de justice.

AMYOT, *Apologie.*

Par ce que dit Ésaïe, *il apert qu'*il faut procéder sincèrement envers Dieu, et se corriger de fait, pour obtenir ses bénédictions.

DE LA NOUE, *Discours politiques et militaires,* I.

Quand le pape estoit à Ferrare dernièrement, le seigneur Francesco Lercaro, gentilhomme de Gênes, m'y vint voir plusieurs fois, et me fist voir des papiers, par lesquels *il apparoissoit que* ses ancestres avoient esté serviteurs de la couronne de France.

LE CARDINAL D'OSSAT, *Lettres* ; VI, 41.

Il apparoît donc que les commissaires des quartiers avoient leur exercice dans la ville ; et ceux des grands chemins aux champs par les régions d'Italie.

BERGIER, *Histoire des grands chemins de l'empire romain,* liv. I, c. v, 7.

A ces exemples on peut ajouter le suivant, où *il m'apparaît* équivaut, à peu près, à Il me semble :

Il m'aparoît que vous êtes là, et il me semble que je vous parle ; mais il n'est pas assuré que cela soit.

MOLIÈRE, *le Mariage forcé,* sc. 8.

Cette manière de parler est d'un usage particulier en termes de Palais. Ainsi on dit : *S'il vous apparaît que* cela soit, Si, après avoir fait les perquisitions nécessaires, vous trouvez que cela soit ainsi.

APPARAÎTRE construit, quoique verbe neutre, avec le pronom personnel, a été longtemps d'usage dans les diverses acceptions qui viennent d'être expliquées. Cette forme, de laquelle l'idée exprimée par le verbe reçoit quelque chose de plus actif, est donnée par tous les dictionnaires antérieurs à la première édition du *Dictionnaire de l'Académie,* et on peut en citer de très nombreux exemples.

Ainsi on disait fréquemment, en parlant de visions, *s'apparaître :*

De rechief *s'apparut* Deus en Silo.
> *Les quatre Livres des Rois,* I, III, 21.

La nuict, en dormant, la déesse Vesta *s'apparust* à luy.
> AMYOT, trad. de Plutarque, *Vie de Romulus,* 3.

Comme il (Thémistocle) dormoit un jour sur le midy, *s'apparut* à luy la mère des dieux.
> EST. PASQUIER, *Recherches de la France,* VI, 43.

A nostre retour de la cour, il faudra passer en vostre belle maison, et voir les endroits où les Muses *se sont apparües* à vous, et vous ont dicté les vers que nous admirons.
> BALZAC, *Lettres,* IV, 17 ; à Racan.

C'estoit celle-là mesme,... qui une autre fois *s'apparut* dans les roches de Rambouillet avec l'arc et le visage de Diane.
> VOITURE, *Lettres ;* au marquis de Rambouillet, 8 mars 1627.

La bonne déesse, qui ne jugeoit pas que ce fust son bien, *s'apparoissoit* souvent à elle et lui deffendoit de n'en espouser point qui ne fust de son pays et de sa race.
> RACAN, *Argument des Bergeries.*

Trois ans s'écoulèrent dans cette incertitude, pendant lesquels Ptolomée redoubla ses ambassades et ses présents, tant que le dieu *s'apparut* au roy de Pont, et le menaça de le perdre s'il tardoit plus longtemps à exécuter ses ordres.
> PERROT D'ABLANCOURT, trad. de Tacite, *Histoires,* IV, X.

Anchise plut si fort à Vénus qu'elle *s'apparut* à lui sous la forme d'une belle nymphe pour lui déclarer son amour.
> BAYLE, *Dictionnaire :* Anchise.

Pendant que je dormois un vénérable vieillard *s'apparut* à moi.
> GALLAND, *les Mille et une Nuits,* LIV.

L'âme de Patrocle *s'est apparue* à moi pendant mon sommeil.
> Mᵐᵉ DACIER, trad. de l'*Iliade,* liv. XXIII.

Diex *s'aparu* à lui dormant, en avison.
> *Chanson d'Antioche,* c. 4, v. 62.

Si *s'aparust* (l'amour) et sor mon chief
Me mist sa main.
> *Roman de la Rose,* v. 10347.

L'esprit pasle et sanglant du misérable Urie
Me comble nuit et jour de crainte et de furie;
Je pense à tout moment qu'il *s'apparoist* à moy.
> RACAN, *Psaumes,* 50.

C'est là qu'en cent façons, sous des fantômes vains,
S'apparoissoit à lui la vertu des Romains.
> CH. PERRAULT, *Épitre sur le Génie.*

S'APPARAÎTRE se disait aussi, dans une acception plus générale, pour APPARAÎTRE, Se montrer, en parlant des personnes et des choses ;

Des personnes :

La nuvele vint à Saül que David *se fud aparud* e li suen.
> *Les quatre Livres des Rois,* I, XXII, 6.

Il fu jugié que cil qui estoient ajorné por dette à la requeste d'autrui, en le manière devant dite, et partie ne *s'aparoit* contre eus, ne devoient point d'amende.
> BEAUMANOIR, *Coutume de Beauvoisis,* II, 22.

Toujours se tenoit le siége devant Vennes et aussi devant Nantes et devant Rennes, ainsi ce que aucunes gens *se apparussent* de par messire Charles de Blois pour lever le siége.
> FROISSART, *Chroniques,* liv. I, Iʳᵉ part., c. 208.

A peine ne s'osoit nul *apparoir,* s'il ne se vouloit mettre en aventure d'être mort, ou trop molement blessé.
> LE MÊME, même ouvrage, liv. I, Iʳᵉ part., c. 220.

Ledit prince de Gales fut couronné très-honnorablement par tous les princes et prélas du royaume d'Angleterre, et ne fut homme de quelque estat qu'il feust qui *s'apparust* pour le contredire.
> MONSTRELET, *Chronique,* c. 101.

Barberousse, le XVIᵉ de ce moys, *s'estoit apparu* près de l'isle de Cariste avecques octante-deux gallères.
> L'ÉVÊQUE DE MACON, au cardinal du Bellay, 28 juillet 1536.
> (Voyez *Négociations de la France dans le Levant,* t. I, p. 311.)

Des choses de l'ordre physique :

Tant d'heures se passèrent, tant en dormant comme autre chose faisant, que le jour *s'apparut.*
> *Les Cent Nouvelles nouvelles,* IX

Continuant ce propos, la nuict se passa et *s'apparut* le jour.

> Herberay des Essarts, *Amadis de Gaule*, liv. I, c. 19.

L'isle *s'est apparue* et monstrée.

> Rob. Estienne, *Dictionnaire françois-latin*.

Quant li jors *s'aparut* et pris à esclarcir.

> *Chanson d'Antioche*, V, v. 432.

Des choses de l'ordre moral :

En quoi *s'aparut* la grande fiance qu'eust l'empereur de sa suffisance, valeur et fidélité.

> Brantôme, *Vies des Capitaines illustres*, Disc. IX.

Alors *s'apparoît* à la nature humaine la belle et véritable idée d'une vie hors de cette vie, d'une vie qui se passe toute dans la contemplation de la vérité.

> Bossuet, *De la Connoissance de Dieu et de soi-même*, c. 5, n° 6.

Enfin, au lieu de *il apparaît, il apparut*, etc., on a dit impersonnellement, *il s'apparoît, il s'apparut*, etc. :

On dit qu'*il s'apparut* en l'air une grande flamme.

> Amyot, trad. de Plutarque, *Vie de Thémistocle*, 29.

Estant aussi éveillé que je suis, *il s'apparut* à moy un beau jeune homme vêtu de blanc qui me prit par la main et me mena dans les enfers.

> Perrot d'Ablancourt, trad. de Lucien, *le Menteur*.

Brutus mesme s'estant retiré la nuict de devant le combat, et selon sa coustume, lisant quelque chose à la chandelle, *il s'apparut* à lui un effroyable fantosme, qui estant interrogé de luy, qui il estoit, luy respondit brusquement : Je suis ton mauvais génie, Brutus.

> Coeffeteau, *Histoire romaine de L. Florus*, IV, 4.

Bien *s'appareit* que il l'amout.

> Marie de France, *Lai du Bisclaveret*, v. 184.

Le participe présent APPARAISSANT, sous ses anciennes formes APPAROISSANT, APPARESSANT, etc., a été autrefois pris adjectivement, dans quelques-uns des sens de l'adjectif APPARENT. (Voyez ce mot.) Pour Visible, évident :

En toutes batailles... doit justice bailler... lices *apparessantes* : c'est assavoir, à gens qui combattent de cheval, si fortes que les chevaulx ne puissent yssir; et à gens de pié, si apertes qu'ils les puissent veoir.

> *Ancienne coutume de Bretagne*, f° 71, r° et v°. (Cité par Sainte-Palaye.)

Seignors, fait-il, si vos or m'amez. Si l'me faites *aparissant*.

> Benoît, *Chronique des ducs de Normandie*, v. 9424.

Et, en parlant des personnes, pour Éminent, considérable :

Hircan-Tobie étoit moult *apparissant* homme.

> *Livres des Machabées*, ms. des Cordeliers, f° 181, r°, col, 2. (Cité par Sainte-Palaye.)

APPARU, UE, participe.

APPARENT, ENTE, adj. (du latin *apparens*, participe présent d'*apparere*).

Qui est visible, évident, manifeste ; Soit en parlant des choses de l'ordre physique :

A grand renfort de bezicles, praticant l'art dont on peut lire lettres non *apparentes*... la translatay (la généalogie de Gargantua).

> Rabelais, *Gargantua*, I, 1.

Comme c'est une beauté à laquelle je suis fort sensible que celle du nez, et qui est peu considérée dans les portraits d'aujourd'hui, quoiqu'elle soit la plus *apparente*, trouvez bon, Madame, que je commence par le vôtre.

> Mlle de Montpensier, *Portraits*, CLI : Mme l'abbesse de Caen,

... De ma fenestre Me sont les flots de la mer *apparens*.

> Cl. Marot, *Histoire de Leander et Hero*.

Soit, ce qui est très ordinaire, en parlant des choses de l'ordre moral :

Je me puis bien fere partie de ce où je voi mon damace *aparant*.

> Beaumanoir, *Coutumes du Beauvoisis*, XII, 12.

Il est requis que ce qu'on racontera s'accorde au temps, aus personnes, aus lieus, etc., et que les causes de chaque faict se treuvent *apparentes*.

> Amyot, *Projet de l'éloquence royale*.

Voyez combien les hazards de la guerre sont grands, et combien il est vilain de prendre la fuitte sans voir le danger *apparent*.

> Montluc, *Commentaires*, liv. III.

Entre le vice et la vertu, l'ignorance et le scavoir, il y a une contrariété toute *apparente*.

> De La Noue, *Discours politiques et militaires*, XXIII.

L'insolence qui accompagne toujours une extrême faveur étoit grande au maréchal d'Ancre, et le mépris de la reine-mère envers son fils trop *apparent*.

> Le duc de Rohan, *Mémoires*, I, 1.

Voilà la pauvre Filidas tant hors d'elle-mesme, qu'elle

ne pouvoit vivre sans Filandre, et luy faisoit des recherches si *apparentes*, qu'il en demeuroit tout estonné.

D'Urfé, l'*Astrée*, Iʳᵉ part., liv. VI.

Ce sont des hommes qui deviennent humbles pour pouvoir dominer, utiles afin de se rendre nécessaires, et qui,
jugeant de tout, et remuant mille ressorts dont la religion
est toujours le plus *apparent*, s'ils ne se font estimer par
leur vertu, du moins se font craindre par leur cabale.

Fléchier, *Oraison funèbre de M. de Lamoignon*.

Après que la sentence eut été rendue, ceux d'Ardée, dont
le droit étoit le plus *apparent*, indignés d'un jugement si
inique, étoient prêts à s'en venger par les armes.

Bossuet, *Discours sur l'Histoire universelle*, III, 6.

O que nos fortunes prospères
Ont un change bien *apparent*.

Malherbe, *Odes*, II, 4.

Écoutez donc, la chose est assez *apparente*.

Destouches, *le Dissipateur*, II, 6.

Soit, enfin, quelquefois, en parlant des personnes ;

Et que sont-ils doncques ces invisibles maistres qui leur
commandent ?... — Invisibles certes ne sont-ils pas, mais
fort *apparens*.

La Boetie, *la Mesnagerie de Xénophon*.

À ce sens d'apparent se rapporte cette locution
usuelle, *il est apparent que :*

Et *n'étoit* mie *apparent que* de la saison il en fist plus.

Froissart, *Chroniques*, liv. I, part. I, c. 227.

Si Dieu n'eust delaissé ledict duc, *il n'est* pas *apparent
qu'il* se fust mis en peril pour si peu de chose.

Commines, *Mémoires*, liv. V, c. 1.

Quelque *apparent* qu'il fût, vers les derniers temps de
Chamillart, *que* Voysin lui succéderoit, l'incertitude en dura
jusqu'à sa déclaration.

Saint-Simon, *Mémoires*, 1709.

Telle est aussi l'ancienne formule donnée par
ce passage :

Afin *qu'il soit apparant* et chose notable à chascun *de* ma
grace et honne voulunté et *de* mes lectres à vous envoiées,
et aussi *à qui* la faute et coulpe de ceste matière peut toucher, j'ay fait après insérer mes derrenières lectres à vous
envoiées.

Monstrelet, *Chronique*, I, c. 2.

On trouve, chez un de nos vieux écrivains,
l'expression adverbiale *par apparent :*

Ils cheminent *par apparent* ainsi que gens qui demandent bataille ; si l'auront, si le roi mon sire m'en veut
croire.

Froissart, *Chroniques*, liv. II, c. 66.

Apparent signifie également, Qui est fort en
vue, qui attire les regards, remarquable, considérable, etc.

En parlant des choses, soit de l'ordre physique,
soit de l'ordre moral :

Et ce jour ne cessa... de soy armer et housser de douze
paremens pour les douze jours, riches, frisques et *apparans*.

Ant. de la Sale, *le Petit Jehan de Saintré*.

Les catholiques faisoyent bien de ne sortir en gros qu'aux
occasions *apparentes*.

De La Noue, *Discours politiques et militaires*, XXVI.

En parlant des personnes :

Dieu vous a faict ceste grace,
D'estre yssue de bons parens,
Bien nez, riches et *apparens*.

Cl. Marot, *IIᵉ Colloque d'Érasme*, v. 104.

Au reste, elle est en danse, en festins et déduit,
Et rien fors le plaisir, indiscrète ; ne suit,
Pompeuse, superflue, et, pour estre *apparente*,
Elle a déjà vendu le meilleur de sa rente.

Ronsard, *le Bocage royal*, II, 4.

On dit que Jupiter, roi des dieux et des hommes,
Se promenant un jour en la terre où nous sommes,
Reçut en amitié deux hommes *apparents*,
Tous deux d'âge pareils, mais de mœurs différents.

Régnier, *Satires*, XIV.

Apparent est resté usité en ce sens particulièrement dans cette locution, *le plus apparent de :*
la maison *la plus apparente*, l'homme *le plus apparent de* la ville :

.... Aucuns des dessus dictz ostages... recongneurent la
grace que on leur avoit faicte, et menerent trois cens hommes *des plus apparans* et grans *de* la ville, en chemise,
les jambes nues et la teste, lesquelz apporterent au duc les
clefz de la cité.

Commines, *Mémoires*, II, 3.

Il en occit maintz *des plus apparans* de la troupe.

Herberay des Essarts, *Amadis de Gaule*, I, 22.

Il créa cent conseillers, *les plus apparents* et les plus gens
de bien *de* la ville, lesquelz il appela Patriciens.

Amyot, trad. de Plutarque, *Vie de Romulus*, c. 19.

Advint que de son temps il se fit un magnifique festin, où furent invitées les plus belles dames et *les plus apparentes de* la ville.

Les *facétieuses Nuits de Straparole,* II° Nuit, fable 1.

Les affaires ne se portent pas si bien à Toulouse ;... les ligueurs y parlent librement, et... *l'un des plus apparents* a tenu des propos fort suspects.

HENRI IV, *Lettres;* 30 mai 1585.

Une troupe de Nymphes la vint recevoir jusque par delà le perron, et après une inclination très-profonde, *la plus aparente* lui fit (à Psyché) une espèce de compliment.

LA FONTAINE, *Psyché,* I.

On a dit quelquefois, substantivement, *les plus apparents :*

... Eustache de Saint-Pierre, *l'un des plus* riches et *apparents.*

EST. PASQUIER, *Recherches de la France,* VI, 45.

Les plus apparents étoient de l'avis de Perdiccas.

VAUGELAS, trad. de Quinte-Curce, *Histoire d'Alexandre.*

En l'an 1160, Pierre Valdo, marchand de Lyon, dans une assemblée où il étoit, selon la coutume, avec les autres riches trafiquants, fut si vivement frappé de la mort subite d'*un des plus apparents* de la troupe, qu'il distribua aussitôt tout son bien, qui étoit grand, aux pauvres de cette ville.

BOSSUET, *Histoire des Variations des églises protestantes,* liv. XI, n° 78.

On a même dit, de cette manière, *les apparents :*

Ils font marcher devant le criminel un grand crucifix couvert d'un rideau noir, et à pied un grand nombre d'homes vetus et masqués de toile qu'on dict estre des gentilshomes et autres *apparans* de Rome, qui se vouent à ce service de accompaigner les criminels qu'on mène au supplice.

MONTAIGNE, *Voyages.*

Les autres voiant qu'il ne leur estoit pas permis de fuir, tournent teste à la parolle de Camar, et donnent si ferme qu'ils tuent toute la fleur de ces trouppes, celui qui les menoit, et quatre ou cinq des *apparens.*

AGR. D'AUBIGNÉ, *Histoire universelle,* t. I, liv. V. c. 28.

APPARENT signifie aussi Spécieux, c'est-à-dire qui semble vrai ou juste, clair, manifeste, évident :

Tousjours les grans seigneurs, au moins les saiges, veulent chercher quelque bonne couleur et ung peu *apparente.*

COMMINES, *Mémoires,* c. 1.

Si de ces choses tu ne me donnes des raisons bien *apparentes,* je ne croiray rien de tout ce que tu m'en as dit.

BERNARD PALISSY, *De l'Histoire naturelle.*

La demande est bien faicte sans doubte, et bien *apparente;* mais la response vous contentera.

RABELAIS, *Pantagruel,* II, 1.

Tigranes qui ne cherche autre chose que quelque occasion *apparente* de nous faire la guerre.

AMYOT, trad. de Plutarque, *Vie de Lucullus,* c. 26.

Lesdits sieurs Daudaux et de Damasan n'avoient pas faute de remontrances, ny moi de deffences, qu'estoient beaucoup plus *apparentes* que les leurs, comme les enfans eussent pu cognoistre.

MONTLUC, *Commentaires,* liv. VII.

Quiconque se laisse chatouiller à quelque espérance, quelque *apparente* et facile qu'elle soit, et quelque bon succès que ce qu'il se propose ait accoutumé d'avoir, il est impossible que jamais il ait ni l'âme nette, ni le courage bien assuré.

MALHERBE, trad. des *Épîtres de Sénèque,* XXIII.

Il y a quelque raison *apparente* de s'appliquer toute sa vie à l'étude de sa langue, puisqu'on en fait usage toute sa vie.

MALEBRANCHE, *Recherche de la vérité,* V, 2.

Le prétendant, pour parler un langage reçu, étoit à Bar, qui n'attendoit qu'une conjoncture un peu *apparente* pour passer la mer.

SAINT-SIMON, *Mémoires,* 1715.

C'est-à-dire encore, Qui n'est pas tel qu'il paraît, qui n'a rien de réel, de fondé :

Il y a bien de la différence entre les vraies vertus et celles qui ne sont qu'*apparentes.*

DESCARTES, *les Principes de la philosophie :* Épître dédicatoire à la princesse Élisabeth.

Le roy, dont l'esprit quelquefois se repaissoit plutost de choses vaines et *apparentes* que de solides et utiles considérations, s'opiniastra à garder Luxembourg.

MÉZERAY, *Histoire de France :* François Ier.

C'est, ce me semble, Messieurs, une image assez naturelle du monde, de sa confusion *apparente* et de sa justesse cachée.

BOSSUET, *Sermons :* Sur la Providence.

Il n'est rien de plus dangereux que ces âmes artificieuses qui, sous le voile d'une dévotion *apparente,* cachent ou le venin d'une doctrine corrompue, ou le déréglement d'une conduite criminelle.

BOURDALOUE, *Sermons :* Sur l'Hypocrisie.

Elle (Mme de Maintenon) ne pouvoit éviter de lui rendre (à Mme de Montespan), sinon d'anciens respects, au moins de grands égards, et des devoirs *apparents.*

SAINT-SIMON, *Mémoires,* 1715.

Son seul principe des lois de la gravitation rend raison

de toutes les inégalités *apparentes* dans le cours des globes célestes.

> Voltaire, *Lettres philosophiques*, XVe lettre.

Elle (la France) touchait à sa ruine au milieu de ces prospérités *apparentes*.

> Le même, *Siècle de Louis XIV*, c. 3.

En suivant le cours *apparent* du soleil, je trouve d'abord l'Inde ou l'Indoustan, contrée aussi vaste que la Chine.

> Le même, *Essai sur les mœurs*.

Il supporta (M. de Luxembourg) toutes ces pertes avec un courage *apparent*; mais son cœur ne cessa de saigner en dedans tout le reste de sa vie, et sa santé ne fit plus que décliner.

> J.-J. Rousseau, *les Confessions*, II, 11.

Je puis....
D'un mensonge *apparent* masquer la vérité.

> Racan, *Bergeries*, II, 2.

On a dit, en ce sens, substantivement, *l'apparent* :

La prudence est celle de toutes les vertus, sur laquelle le commun des hommes distingue moins l'essentiel de *l'apparent*.

> Le cardinal de Retz, *Mémoires*.

On pesa *l'apparent*, le douteux et le possible.

> Le même, même ouvrage.

APPAREMMENT, adv.

Il a signifié, autrefois, Manifestement, évidemment;

Dans un sens physique :

A donc purent voir *apparement* les fumières des hamelets et des villages qu'ils ardoient en vallées d'icelui pays.

> Froissart, *Chroniques*, liv. I, Ire part., c. 83.

Certain renard gascon, d'autres disent normand,
Mourant presque de faim, vit au haut d'une treille
Des raisins, mûrs *apparemment*,
Et couverts d'une peau vermeille.

> La Fontaine, *Fables*, III, 11.

Dans un sens moral :

Les injustices *apparemment* mauvaises ne sont guères commandées, si ce n'est par quelques-uns qui ont l'esprit et le cœur barbare.

> De La Noue, *Discours politiques et militaires*, X.

... Si la témérité de ces gens-là n'a pas toujours été malheureuse; s'ils sont arrivés au port, tenant une route qui, *apparemment*, les en éloignoit,... il ne faut pas se fier pourtant à cette félicité aveugle qui les a guidés.

> Balzac, *Aristippe*, II.

La place (Caiète) demeura comme investie, mais sans crainte, ce sembloit, d'estre plus assiégée, attendu les forces de deux grandes armées françoises qui, *apparemment*, devoient accabler l'ennemy de tous cotez.

> Mézeray, *Histoire de France : Louis XII*.

Ses amis lui firent considérer que la vengeance qu'il désiroit étoit *apparemment* impossible, à cause du crédit de sa partie.

> Tallemant des Réaux, *Historiettes : Malherbe*.

Il ne signifie plus, depuis longtemps, que Vraisemblablement, probablement :

Nous sommes descendus de ces gens-là, quoique *apparemment* ils ne dussent point laisser de postérité.

> Balzac, *Socrate chrétien*, Disc. III.

Ce prince (Téarcon, roi d'Éthiopie) pénétra jusqu'aux colonnes d'Hercule, *apparemment* le long de la côte d'Afrique, et passa jusqu'en Europe.

> Bossuet, *Discours sur l'Histoire universelle*, III, 3.

Il étoit (le vicomte de Canillac) convaincu par les témoignages, d'avoir attaqué et poursuivi assez longtemps son ennemi, et, de sa propre intention, lui avoir tiré un coup, dont *apparemment* il devoit mourir.

> Fléchier, *Mémoires sur les grands jours de 1665*.

La plupart des Pères, suivant le goût des peuples de ce temps, et *apparemment* le leur propre, s'en sont beaucoup servis (des interprétations allégoriques).

> Fénelon, *Dialogues sur l'Éloquence*, III.

Nous ne serons de retour à Versailles *apparemment* qu'à la fin de juillet.

> Mme de Maintenon, *Lettres*; 17 juin 1692.

Elle (la veuve de J. Sobieski) ne voulut point d'honneurs nulle part, de peur *apparemment* qu'ils ne fussent pas tels qu'elle les auroit souhaités.

> Saint-Simon, *Mémoires*, 1714.

En général, le nombre des hommes qui pensent est petit, et l'on pourroit dire que tout le genre humain ressemble au corps humain, où le cerveau, et *apparemment* une très-petite partie du cerveau, est tout ce qui pense.

> Fontenelle, *Éloge de Ressous*.

Vous, dont le goût est fin, exquis, *apparemment*
Vous avez fait un choix avec discernement.

> Dufresny, *le Dédit*, sc. 10.

Vous avez vos raisons *apparemment*, et moi
J'ai les miennes aussi; chacun juge pour soi.

> Gresset, *le Méchant*, IV, 6.

APPAREMMENT se prend encore pour En apparence, selon les apparences. (Voyez APPARENCE.)

Ils eurent encor quelques autres discours de compliments,

à la fin desquels ils se séparèrent (au moins *apparemment*) fort contents et satisfaits l'un de l'autre.

                  SULLY, *OEconomies royales*, c. 60.

Guyemans dissimuloit l'amitié qu'il avoit pour Childéric, et mesloit à ce mauvais conseil d'autres avis *apparemment* utiles.

                MÉZERAY, *Histoire de France :* Childéric.

En public elle me persécutait *apparemment* avec plus d'animosité que les autres.

                SCARRON, *Roman comique*, II, 14.

S'ils (les hypocrites) marchent tête levée, et jouissent *apparemment* de la liberté d'une bonne conscience, s'ils trompent le monde, et si Dieu dissimule avec eux, qu'ils ne pensent pas pour cela avoir échappé à ses mains. Il a son jour arrêté, il a son heure marquée qu'il attend avec patience.

              BOSSUET, *Sermons :* Sur le Jugement dernier.

Avec des expressions *apparemment* précises et décisives, les Bohémiens s'embarrassent ailleurs d'une si étrange manière, qu'ils semblent n'avoir rien tant appréhendé que de laisser un témoignage clair et certain de leur foi.

        LE MÊME, *Histoire des Variations des églises protestantes*, liv. XI, n° 187.

Ceux qui pour l'intérest m'aimoient *apparemment*.

                RACAN, *Psaume* 87.

O ciel, ta providence, *apparemment* prospère, Au gré de mes soupirs de deux fils m'a fait père.

              ROTROU, *Venceslas*, IV, 6.

APPARENCE, s. f. (dans le latin ecclésiastique *apparentia*. Tertull., *adv. Marc.*, liv. X).

Ce qui apparaît; l'Aspect, soit réel, soit mensonger, au physique ou au moral, sous lequel se montrent une chose, une personne.

On dit, absolument, dans un sens général, *l'apparence :*

Il faut que le contentement ait sa racine dans le cœur; autrement ce n'est que du fard sur le visage. Le moindre accident l'efface, et *l'apparence* tombe au premier rayon de la vérité.

              BALZAC, *Socrate chrétien*, VIII.

La vertu chrétienne n'étant pas pour la montre ni pour *l'apparence*, mais pour l'usage et pour le combat, tant qu'elle n'a pas combattu, elle ne se connoît pas elle-même.

        BOSSUET, *Sermons :* Sur la Nécessité des souffrances.

L'on voit constamment que c'est dans les plus grandes villes, chez les peuples les plus corrompus, qu'on apprend à mieux pénétrer dans les cœurs, à mieux observer les hommes... à mieux distinguer la réalité de *l'apparence*.

        J.-J. ROUSSEAU, *Lettres;* 15 juillet 1763.

Tousjours le fond du sac ne vient en évidence, Et bien souvent l'effet contredit *l'apparence*.

              RÉGNIER, *Satires*, II.

Connoissez mieux Paris, puisque vous en parlez. Paris est un grand lieu plein de marchands mêlés; L'effet n'y répond pas toujours à *l'apparence*.

          P. CORNEILLE, *le Menteur*, I, 1.

Confondre *l'apparence* avec la vérité.

            MOLIÈRE, *le Tartufe*, I, 5.

Mon âme en toute occasion, Développe le vrai caché sous *l'apparence*.

          LA FONTAINE, *Fables*, VII, 18.

Il ne faut point juger des gens sur *l'apparence*.

         LE MÊME, même ouvrage, XI, 7.

Ou bien encore, *les apparences :*

Cette nation (la nation espagnole) ayme le faste *des apparences*, et donne tout à la renommée.

         SARAZIN, *le Siège de Dunkerque*.

Il faut avouer aussi que ce même procédé le doit faire passer pour un homme fort habile dans la politique intéressée, en ce qu'il mit avec tant d'adresse *les apparences* de son côté.

        LE CARDINAL DE RETZ, *Conjuration de Fiesque*.

Il y a longtemps que je vous ai écrit, ma chère cousine. Cela me persuade plus que chose du monde qu'il ne faut point juger par *les apparences*, car je n'aime personne plus que vous.

        BUSSY-RABUTIN, *Lettres;* à Mme de Maisons, 11 décembre 1690.

C'est dans ce même esprit qu'il méprisa souverainement les bruits du vulgaire, et même, se renfermant dans ses bonnes intentions, il lui abandonna *les apparences*.

        FLÉCHIER, *Oraison funèbre de M. de Lamoignon*.

Les hommes ne pouvant guère compter les uns sur les autres pour la réalité en fait d'amitié, semblent être convenus de se contenter *des apparences*.

         LA BRUYÈRE, *Caractères*.

APPARENCE, soit au singulier, soit au pluriel, est encore employé absolument dans diverses manières de parler que feront connaître les exemples suivants :

Ne regarde pas seulement ce qu'il y a de reluisant et de renommé en ceux que tu admires, et que tu estimes tant heureux; mais, en te baissant, et entre-ouvrant un petit, par manière de dire, le rideau et le voile *d'apparence* et d'opinion qui les couvre, entre au dedans, et tu y verras de grands travaux et de grands ennuis.

        AMYOT, trad. de Plutarque, *OEuvres morales :* De la Tranquillité de l'âme.

Un honnette homme, nommé Monsieur d'Ainsi, fils du comte de Frezin, en estoit lors gouverneur (de Cambray), lequel en grace, en *apparence*, et en toutes belles parties requises à un parfaict cavalier, n'en debvoit rien à nos plus parfaits courtisans.

Marguerite de Valois, *Mémoires.*

Les faces des logis auroient beaucoup plus de majesté, et plus d'*apparence* et beauté, si au lieu des deux estages, où l'on fait deux ordres comme le dorique et ionique, vous n'en faisiez voir qu'un de tel ordre de colonne que vous voudriez.

Philibert de l'Orme, *Architecture*, VIII, 16.

Les parlements d'entre la noblesse devindrent à la fois fort suspects aux chefs catholiques, comme ceux de la paix, qui n'estoyent qu'*apparence*, le furent encor plus aux chefs de la religion.

De La Noue, *Discours politiques et militaires*, XXVI.

Ne se soutenant que d'*apparence*, et n'estant animée que de couleur, elle (la fausse éloquence) agit principalement sur l'esprit du peuple.

Balzac, *Dissertations critiques*, II.

La reyne, pour degouster le prince (de Condé) de l'admiral, avoit certaines mousches de cour, qui taschoient de luy faire croire qu'il l'avoit laschement abandonné à la bataille de Dreux, qu'il n'avoit point accoustumé de hazarder sa personne, et qu'il avoit beaucoup plus d'*apparence* et de vain raisonnement que de prudence, de vaillance et d'effet.

Mézeray, *Histoire de France :* Charles IX.

Non, après ce que nous venons de voir, la santé n'est qu'un nom, la vie n'est qu'un songe, la gloire n'est qu'une *apparence*.

Bossuet, *Oraison funèbre de la duchesse d'Orléans.*

Apparence est, le plus souvent, accompagné d'une épithète qui en détermine le sens particulier :

D'autant plus est ceci à noter, que tous indifféremment font honneur à Dieu, et bien peu le reverent : veu que tous monstrent belle *apparence*, mais bien peu s'y adonnent de cœur.

Calvin, *Institution chrestienne*, liv. I, c. 2, § 2.

... Ce seigneur, tout vieil qu'il estoit, monstroit bien une bonne grace et belle *apparence* en toutes ses actions.

Brantôme, *Vies des Capitaines illustres*, IV.

Guise fait ébranler l'avant-garde, et vient en teste avec une si grave démarche et une *apparence* si superbe, qu'on eust jugé à le voir qu'il estoit desja victorieux.

Mézeray, *Histoire de France :* Charles IX.

Je vois bien qu'on n'aime ici que la vaine *apparence*, qu'on n'y considère point la vertu toute nue.

Molière, *les Précieuses ridicules*, sc. 10.

III.

Elle aperçoit au travers de tant d'*apparences* trompeuses le fond de la malignité du monde, et se prépare à le quitter.

Fléchier, *Oraison funèbre de Mme d'Aiguillon.*

Enfin, ma chère fille, après bien des alarmes et de fausses *apparences*, nous avons perdu ce pauvre chevalier (de Grignan).

Mme de Sévigné, *Lettres;* à Mme de Grignan, 16 février 1672.

Cacher sa pauvreté d'une brave *apparence*.

J. Du Bellay, *Regrets*, LXXXVI.

Acante, c'est un Dieu qui, pour chasser la guerre, Sous l'humaine *apparence* habite cette terre.

Segrais, *Églogues*, VII : La Paix.

Vous voyez qu'en ce fait la plus forte *apparence* Peut jeter dans l'esprit une fausse créance.

Molière, *Sganarelle*, sc. 24.

Un bigot orgueilleux, qui, dans sa vanité, Croit duper jusqu'à Dieu par son zèle affecté, Couvrant tous ses défauts d'une sainte *apparence*, Damne tous les humains, de sa pleine puissance.

Boileau, *Satires*, IV.

Le sens particulier d'apparence est encore très souvent déterminé par un complément formé de la préposition de et de son régime :

Nul n'avoit contenance ni arroy en soi-même, mais fuyoient devant eux et s'enclouoient dedans les bonnes villes, et laissoient tous vagues hôtels et maisons, et n'y avoit autre *apparence de* défense.

Froissart, *Chroniques*, liv. I, Ire part., c. 301.

Chacun d'eux, à son endroit, avoit quelque grande *apparence de* raison au soustenement de son opinion.

Est. Pasquier, *Recherches de la France*, IV, 20.

L'art se cache donc en certaines occasions sous l'*apparence de* son contraire. Il imite le désordre et l'aventure.

Balzac, *Dissertations critiques*, I.

Il y a souvent des personnes qui cachent de grands vices sous une *apparence de* piété ; des libertins en concluent que toute la dévotion n'est qu'hypocrisie.

Logique de Port-Royal, IIIe part., c. 20.

Indocile à la flatterie, il en craignoit jusqu'à l'*apparence*.

Bossuet, *Oraison funèbre du prince de Condé.*

La nécessité d'être continuellement les uns avec les autres, oblige à avoir au moins toutes les *apparences des* vertus qui rendent la société commode.

Fleury, *Du choix des Études*, c. 13.

Si vous êtes alarmé de l'*apparence de* mon oubli, croyez, Monsieur, que c'est une fausse alarme.

Mme de Sévigné, *Lettres;* au président de Moulceau, 17 avril 1682.

Le monde récompense plus souvent les *apparences du mérite* que le mérite même.

LA ROCHEFOUCAULD, *Maximes*, CLXVI.

Il (Auguste) laissoit encore à Rome une si grande *apparence de* l'ancienne liberté de la république, qu'il ne vouloit point qu'on le nommât seigneur.

FÉNELON, *Lettre à l'Académie*, VI.

Toutes les *apparences d*'une entière liberté d'esprit dans les plus cruelles agitations.

SAINT-RÉAL, *Conjuration des Espagnols contre Venise*.

Le désordre lui-même n'y va plus (à la cour) la tête levée; il est réduit à se cacher ou à se couvrir des *apparences de* la sagesse.

MASSILLON, *Petit Carême : Exemples des grands*.

Ainsi les seules *apparences de* connaissances qu'ils eussent (les Moscovites) étaient des erreurs grossières.

VOLTAIRE, *Histoire de Charles XII*, liv. I.

Ils (les chats) n'ont que l'*apparence de* l'attachement.

BUFFON, *Histoire naturelle*.

Dans cette manière de parler, le régime de la préposition *de* est quelquefois un nom de personne, qui fait de même connaître la nature particulière de l'*apparence :*

On l'en fit sortir pour le mener à Troyes, avec toutes les rudes *apparences d*'un homme qu'on alloit mener à la mort.

Mme DE MOTTEVILLE, *Mémoires*.

Mes attachements me retinrent à Paris, mais si sevré et si modéré, que j'étudiois tout le jour, et que le peu que je paroissois laissoit toutes les *apparences d*'un bon ecclésiastique.

LE CARDINAL DE RETZ, *Mémoires*, I.

Je vous avoue sincèrement que de la manière dont je conçois l'amitié, je n'ai que d'agréables *apparences d*'amis.

Mme DE SCUDÉRY, *Lettres;* à Bussy-Rabutin, 27 février 1673.

Aussitôt le songe lui représente son mari sous la forme d'un jouvenceau de quinze à seize ans, beau comme l'amour et qui avoit l'*apparence d*'un dieu.

LA FONTAINE, *Psyché*, I.

Quelquefois le nom de personne, régime de la préposition *de*, indique seulement à quelle personne l'*apparence* dont on parle est attribuée. On dit *l'apparence, les apparences d*'une personne, *son apparence, ses apparences :*

J'ai eu des amies *dont les apparences* étoient aussi belles

que les vôtres, qui après que je les ai justement louées m'ont forcé de me dédire.

BUSSY-RABUTIN, *Lettres;* à Mme de Gauville, 5 juillet 1667.

Les grands, pour la plupart, sont masques de théâtre;
Leur *apparence* impose au vulgaire idolâtre.

LA FONTAINE, *Fables*, IV, 14.

Enfin le régime de la préposition *de* est assez souvent un verbe à l'infinitif :

Si monstrent grande *apparence de* résister et eulx défendre contre leurs ennemis.

MONSTRELET, *Chronique*, c. 91.

Ce n'est pas le tout que les hommes soyent ou ayent *apparence d*'estre bons; mais doyvent aussi avoir équipage passable, comme le cheval, les armes et les pistoles.

DE LA NOUE, *Discours politiques et militaires*, XI.

Les Guises, pensant obliger le peuple par une belle *apparence de* bien ménager les finances du roy, outragèrent les grands et la noblesse, spécialement par deux édits extrêmement offensants.

MÉZERAY, *Histoire de France :* François II.

L'espérance est une forte *apparence* ou opinion *d*'obtenir ce que l'on désire.

CH. LEBRUN, *Conférence tenue à l'Académie royale de peinture et sculpture*.

Ces *apparences de* pacification et *d*'assurer la tranquillité générale de l'Europe, n'empêchoient pas le régent de chercher encore d'autres moyens d'en assurer le repos.

SAINT-SIMON, *Mémoires*, 1778.

On peut joindre à ces exemples et à d'autres semblables le passage suivant, où la préposition *de* est sous-entendue :

Usant de mots synonymes, ou qui sont presque synonymes, souventesfoisil (notre langage) use d'un qu'il prend du latin et d'un autre qui ha *apparence estre* encore du langage gaulois.

H. ESTIENNE, *la Précellence du langage françois*.

A ces diverses manières d'employer le mot AP-PARENCE se rapportent un grand nombre de locutions particulières, dont quelques-unes sont fort usitées. On a dit,

Faire apparence de :

Se uns estranges areste en une vile un an ou deus, sans *fere aparance de* voloir y demorer.

BEAUMANOIR, *Coutumes du Beauvoisis*, LVI, 3.

Et là *font* comme *apparences d*'escarmoucher.

RABELAIS, *Pantagruel*, V, 25.

Avoir des apparences :

Marsillac partit de la cour, et passa par Moret, où étoit Vardes ; il ne voulut point d'éclaircissement avec lui, mais depuis ce temps-là ils *n'eurent* plus que *des apparences* l'un pour l'autre.

Mme DE LA FAYETTE, *Histoire d'Henriette d'Angleterre.*

Donner apparence de, donner des apparences, etc. :

Ils voyoient paroistre des drapeaux et des estendars sur les montagnes de la ville, qui *donnoient apparence de* légions, quoy que ce ne fust que de la populace ramassée.

PERROT D'ABLANCOURT, trad. de Tacite, *Histoires,* III, 11.

Il (le cardinal Mazarin) donna toutes *les apparences* nécessaires pour faire croire qu'on l'avoit forcé à cette résolution.

LE CARDINAL DE RETZ, *Mémoires.*

N'y a-t-il pas *des apparences à donner ?* N'y a-t-il pas même de l'effectif ?

LE MÊME, même ouvrage.

Votre méthode ordinaire d'accorder aux hommes ce qu'ils désirent et de *donner* à Dieu des paroles et *des apparences.*

PASCAL, *Provinciales.*

La politesse n'inspire pas toujours la bonté,... elle *en donne* du moins *les apparences*...

LA BRUYÈRE, *Caractères,* c. 5.

On dit fréquemment, *conserver, garder, ménager, sauver,* etc., *les apparences;*

Conserver les apparences :

Quoique le roi en eût une joie incroyable (de la mort de Richelieu), il voulut *conserver* toutes *les apparences.*

LE CARDINAL DE RETZ, *Mémoires,* I.

Le roi, dans cette extrémité, voulut au moins *conserver les apparences* de l'autorité royale.

VOLTAIRE, *Histoire de Charles XII,* liv. II.

Garder les apparences de :

Ces dangereux expédients où, semblable à un sépulcre blanchi, un juge artificieux ne *garde* que *les apparences de* la justice.

BOSSUET, *Oraison funèbre de Michel Le Tellier.*

Sauver les apparences de, sauver les apparences, sauver l'apparence :

Il (le cardinal de Richelieu) étoit homme de parole, où un grand intérêt ne l'obligeoit pas au contraire, et, en ce cas, il n'oublioit rien pour *sauver les apparences de* la bonne foi.

LE CARDINAL DE RETZ, *Mémoires,* II.

Pour vous, vous faites une de ces femmes qui pensent être les plus vertueuses personnes du monde, pourvu qu'elles *sauvent les apparences.*

MOLIÈRE, *l'Impromptu de Versailles,* sc. 1.

Elle (Madame de Montespan) a promis de bien vivre avec moi. Pour son honneur, elle devroit du moins *sauver les apparences.*

Mme DE MAINTENON, *Lettres;* 1680.

Elle *sauvait* tout, hors *les apparences,* et son mari la croyait très-coupable.

VOLTAIRE, *Contes :* Cosi-Sancta.

Et trouvent tout permis en *sauvant l'apparence.*

BOURSAULT, *Ésope à la cour,* II, 1.

De bonne, de belle, de grande, etc., *apparence,* sont des locutions fort en usage :

... Elle (la ville de Clermont) n'est pas fort percée, mais les rues en sont larges et les maisons y sont *d'assez belle apparence.*

FLÉCHIER, *Mémoires sur les grands jours de* 1665.

Les apostres ne le doulz Jhesu Crist
Ne portèrent draps *de grant apparence.*

EUST. DESCHAMPS, *XIIe Ballade.*

Messeigneurs, voicy, en présence,
La bombarde nouvelle faicte,
Qui est *de très-belle apparence.*

Le Mistere du siege d'Orleans, v. 3967.

Là-dessus un jambon *d'assez maigre apparence*
Arrive sous le nom de jambon de Mayence.

BOILEAU, *Satires,* III.

C'est un garçon d'esprit *d'assez belle apparence.*

PIRON, *la Métromanie,* II, 1.

On a dit autrefois, absolument, *d'apparence :*

Ville *d'apparence.*

ROB. ESTIENNE, J. THIERRY, NICOT, *Dictionnaires.*

Je ne le pouvois estimer dans mon cœur, pour ce qu'il n'avoit jamais vingt hommes *d'apparence* en sa compagnie : car il aimoit mieux un teston qu'un homme de bien.

MONTLUC, *Commentaires,* liv. III.

On trouve dans les *Dictionnaires françois-latin* de Rob. Estienne, J. Thierry, Nicot, *prima specie,* traduit par la locution *de première apparence.*

D'apparence s'est dit, d'une manière analogue

dans le sens de *en apparence*, locution dont il sera question plus loin :

> J'esquive doucement et m'en vais à grands pas,
> La queuë en loup qui fuit, et les yeux contre bas,
> Le cœur sautant de joie et triste *d'apparence*.
>> RÉGNIER, *Satires*, VIII, v. 219.

Beaucoup, assez, peu d'apparence sont encore des manières de parler fort ordinaires ;
Beaucoup d'apparence :

> La maison que j'occupe a *beaucoup d'apparence*.
>> BOURSAULT, *le Mercure galant*, I, 2.

Assez d'apparence :

> Sa maison est le long de la rivière et a *assez d'apparence*.
>> TAVERNIER, *Voyages de Perse*, II, 7.

Peu d'apparence :

> ... Sa table, de *peu d'apparence*,
> Sous le fardeau des plats ne gémira jamais.
>> SAINT-AMANT, *Stances*.

D'APPARENCE, régi par plusieurs prépositions, se sont formées les locutions suivantes :
Sous apparence de, sous l'apparence de, sous des apparences :

> ... Elle étoit si bien préparée, que la mort n'a pu la surprendre, encore qu'elle soit venue *sous l'apparence du* sommeil.
>> BOSSUET, *Oraison funèbre de la reine d'Angleterre.*

> Ainsi tous ces arts, *sous l'apparence du* plaisir, entroient dans les desseins les plus sérieux des anciens pour la morale et pour la religion.
>> FÉNELON, *Dialogues sur l'Éloquence*, I.

> On n'y songe qu'à soi (à Versailles) *sous l'apparence d'*être entraîné par le tourbillon des autres.
>> Mᵐᵉ DE SÉVIGNÉ, *Lettres ;* à Mᵐᵉ de Grignan, 1ᵉʳ juillet 1685.

> La nature parfois produit des ressemblances
> Dont quelques imposteurs ont pris droit d'abuser ;
> Mais il est hors de sens que, *sous ces apparences*,
> Un homme pour époux se puisse supposer.
>> MOLIÈRE, *Amphitryon*, III, 1.

Sur une apparence :

> Et *sur une apparence* égale à celle-ci.
>> BOURSAULT, *les Mots à la mode*, sc. 15.

Par apparence, par l'apparence :

> On s'apperceut qu'il n'appelloit aux affaires les confidens du païs que *par apparence.*
>> AGR. D'AUBIGNÉ, *Histoire universelle*, t. II, liv. III, c. 22.

> Ceux-là, *par l'apparence*, me pourront estimer comme aveugle, privé de tout bon jugement.
>> HENRI IV, *Lettres ;* 15 avril 1580.

Pour l'apparence :

> Je devins beaucoup plus réglé au moins *pour l'apparence.*
>> LE CARDINAL DE RETZ, *Mémoires.*

En apparence signifie, comme ces dernières locutions, Autant qu'on en peut juger par ce qu'on voit, mais est plus usité :

> L'édict de pacification fait devant Orléans avoit donné quasi à l'universel de la France beaucoup de contentement, tant *en apparence* qu'en effet.
>> LA NOUE, *Discours politiques et militaires*, XXVI.

> C'estoit une flotte belle *en apparence* (*præclara classis in speciem*), mais qui, en effet, estoit foible et dépourvue de tout.
>> DANET, *Dictionnaire françois-latin*, trad. de Cicéron.

> Isaac bénit Jacob au préjudice d'Ésaü son frère aîné ; et, trompé *en apparence*, en effet il exécuta les conseils de Dieu, et régla la destinée des deux peuples.
>> BOSSUET, *Discours sur l'Histoire universelle*, I, 3.

> On ne peut pas *en apparence* être moins fait pour l'amour qu'il l'étoit (M. le Duc) ; cependant il se donnoit continuellement comme un homme à bonnes fortunes.
>> Mᵐᵉ DE CAYLUS, *Souvenirs.*

> La noblesse de Bretagne écrivit une lettre au régent, soumise et respectueuse *en apparence* plus que forte en effet.
>> SAINT-SIMON, *Mémoires*, 1718.

> Le grand vizir, qui savait bien que le czar n'exécuterait pas ce traité, ne laissa pas de le signer ; et le sultan, content d'avoir *en apparence* imposé des lois aux Russes, resta encore à Andrinople.
>> VOLTAIRE, *Histoire de Charles XII*, VI.

> Il aimoit les lettres *en apparence* et en effet.
>> D'ALEMBERT, *Éloge du duc d'Estrées.*

> Hermione, seigneur, au moins *en apparence*,
> Semble de son amant dédaigner l'inconstance.
>> J. RACINE, *Andromaque*, I, 1.

> ... Riche *en apparence*,
> Je fais une figure égale à ma naissance.
>> DESTOUCHES, *le Glorieux*, IV, 7.

A la même manière de parler appartiennent des

passages tels que les suivants, où se reproduit, avec certaines additions, la locution *en apparence* :

Nous avons toujours esté *en apparence du monde* plus foible que nos ennemis.
HENRI IV, *Lettres;* 1er juillet 1582.

... *En apparence humaine*, je traverseray beaucoup leurs desseings, et leur taillerai bien de la besogne.
LE MÊME, même ouvrage ; 4 mars 1589.

APPARENCE signifie aussi Vraisemblance, probabilité, raison plausible :

Je vous envoye.... la response que j'ay faite à celles de leurs objections qui valent la peine qu'on les refute, et où j'ay cru voir le moindre éclat *d'apparence* qui pust éblouir les yeux des simples.
BALZAC, *Lettres;* V, 40.

Vous n'avez pu donner la moindre *apparence* à une accusation qu'il n'eût été permis d'avancer qu'avec des preuves invincibles.
PASCAL, *Provinciales*, XVI.

Je donnois par mes manières toutes les *apparences* possibles aux discours et aux soupçons de M. le Prince.
LE CARDINAL DE RETZ, *Mémoires.*

Peut-être qu'il (M. de Sanzei) a été tué loin des autres par ceux qui l'ont pris... Je trouve plus *d'apparence* à cette triste destinée, qu'à croire qu'il soit prisonnier.
Mme DE SEVIGNÉ, *Lettres;* à Mme de Grignan, 28 août 1675.

Je suis incommodé d'un rhumatisme, depuis près d'un an, qui augmente au lieu de diminuer, et d'espérer d'en guérir, je n'y vois guère *d'apparence.*
RANCÉ, *Lettres;* 14 septembre 1689.

M. le duc d'Orléans, qui ne vouloit pas demeurer sur sa mauvaise bouche d'Italie, et qui voyoit peu *d'apparence* d'y faire rentrer une armée, désira d'aller en Espagne.
SAINT-SIMON, *Mémoires,* 1707.

Je vois trop *d'apparence* à tout ce qu'il a dit.
MOLIÈRE, *le Dépit amoureux*, I, 4.

Ce discours *d'apparence* est si fort dépourvu.
LE MÊME, *l'École des maris*, III, 5.

... Et pourtant plus j'y pense,
Et moins à son discours je trouve *d'apparence.*
DESTOUCHES, *le Glorieux*, II, 1.

De là, aussi, un assez grand nombre de locutions diverses;

Dans l'apparence de :

Il (le czar Pierre) voulut aussi voir madame de Maintenon, qui, *dans l'apparence de* cette curiosité, s'étoit mise au lit, ses rideaux fermés, hors un qui ne l'étoit qu'à demi.
SAINT-SIMON, *Mémoires,* 1717.

Selon l'apparence, les apparences, toute apparence, toutes les apparences :

Et pour vray, *selon l'apparence* qu'on en povoit veoir, se la besogne se feust poursuye jusques à oultrance, les Arragonnois estoient en grant péril de en avoir le pire.
MONSTRELET, *Chronique*, I, 14.

On doit considérer, pour l'éducation d'une jeune fille, sa condition, les lieux où elle doit passer sa vie et la profession qu'elle embrassera *selon les apparences.*
FÉNELON, *De l'Éducation des filles*, c. 12.

Thucydide et Tite-Live ont de très-belles harangues ; mais, *selon les apparences*, ils les composent au lieu de les rapporter.
LE MÊME, *Lettre à l'Académie.*

Nous avons la rougeole bien près de nous, Monseigneur, et, *selon toutes les apparences*, elle emportera cette nuit M. le Dauphin.
Mme DE MAINTENON, *Lettres;* au cardinal de Noailles, 8 mars 1712.

Et cette guerre, Arcas, *selon toute apparence*,
Auroit dû plus longtemps prolonger son absence.
J. RACINE, *Iphigénie*, I, 1.

... *Selon toute apparence*,
Cet homme n'a pas fait fortune à l'intendance.
DESTOUCHES, *la Glorieux*, IV, 8.

Avec quelque apparence :

... Un roi qui naguère, *avec quelque apparence*,
De l'aurore au couchant portoit son espérance.
J. RACINE, *Mithridate*, III, 1.

Contre l'apparence, les apparences, toute apparence, toutes les apparences :

Ils n'étoient pas moins en admiration dans leur rétablissement fait *contre toute apparence.*
BOSSUET, *Discours sur l'Histoire universelle*, II, 5.

Ce fut dans ces révolutions que M. Le Tellier, *contre les apparences* et contre ses propres projets, fut rappelé de ses emplois pour entrer dans la charge de secrétaire d'État.
FLÉCHIER, *Oraison funèbre de M. Le Tellier.*

Croyois-tu que son cœur, *contre toute apparence*,
Pour la persuader trouvât tant d'éloquence?
J. RACINE, *Bajazet*, III, 3.

Ainsi, sans te flatter *contre toute apparence*,
En prenant ton congé, tire la révérence.
DESTOUCHES, *le Glorieux*, III, 8.

Malgré les apparences :

Si je n'ai d'autres qualités agréables pour mes bons amis,

au moins ai-je celle-là, que je les justifie toujours *malgré toutes les apparences.*

BUSSY-RABUTIN, *Lettres;* à Mme du Bouchet, 10 novembre 1668.

Sans apparence, sans beaucoup d'apparence, sans nulle apparence, etc. :

Son oultrecuydance, qui, sans raison, sans cause et *sans apparence,* a ausé prescrire, de son authorité privée, quelles choses seroient denotées par les couleurs.

RABELAIS, *Gargantua,* I, 9.

N'est-ce pas une témérité insupportable d'avancer des impostures si noires, non seulement sans la moindre preuve, mais sans la moindre ombre et *sans la moindre apparence?*

PASCAL, *Provinciales,* II.

Il y en avoit qui contoient tout bas, mais *sans beaucoup d'apparence,* que Louis XI avoit eu son fils Charles d'une maîtresse, et qu'il l'avoit supposé par faute d'en avoir pu nourrir de légitimes.

MÉZERAY, *Histoire de France :* Louis XI.

Avez-vous fait des jugements téméraires? lui dit l'Invisible. Ils ne sont pas *sans apparence,* répondit don Carlos.

SCARRON, *Roman comique,* I, 9.

Ce qui me désespère en ma persévérance
Est que l'heure où j'aspire est *sans nulle apparence...*

RACAN, *les Bergeries,* III, 5.

Peut-être, et ce soupçon n'est pas *sans apparence,*
Il rallume en son cœur déjà quelque espérance.

P. CORNEILLE, *Polyeucte,* III, 5.

Hors d'apparence :

La fortune de notre roi a toujours été si grande, qu'il n'y a rien si *hors d'apparence* que l'on ne s'en puisse promettre.

MALHERBE, *Lettres à Peiresc,* 2 février 1610.

Par quelle raison Henri auroit-il attendu à prendre une femme jusqu'à l'aage de trente-neuf ans? Cela me semble *hors d'apparence.*

MÉZERAY, *Histoire de France :* Mathilde, première femme de Henri Ier.

Quelquefois, aux desseins qui sont *hors d'apparence,*
On y réussit mieux lorsque moins on y pense.

RACAN, *les Bergeries,* II, 3.

Loin de l'apparence :

... Je ne puis m'anéantir pour toi,
Et souffrir un discours si *loin de l'apparence.*

MOLIÈRE, *Amphitryon,* I, 2.

Avoir apparence, de l'apparence, beaucoup d'apparence, etc. :

Il faut que vostre prudence et sagesse, gouverneurs des places, sache discerner si cela *a de l'apparence...*

MONTLUC, *Commentaires,* liv. III

C'estoit une chose estrange, les villes qui *n'avoient apparence* de pouvoir estre forcées, trembloient de peur.

LE MÊME, même ouvrage, liv. VII.

Il y a plusieurs faucetés qui sont plus probables et *ont plus d'apparence* que des vérités.

CHARRON, *De la Sagesse.*

Oui, tout ce qu'il m'a dit *a beaucoup d'apparence.*

DESTOUCHES. *le Médisant,* V, 11.

Il y a apparence, quelque apparence à, etc. :

Voilà d'où procèdent aujourd'hui tant de folles opinions, ou plutôt rêveries auxquelles *il n'y a nulle* couleur ni *apparence;* et toutefois sont reçues comme si c'étoient révélations connues du ciel.

CALVIN, *Avertissement contre l'astrologie judiciaire.*

Il me semble que cette dernière mission n'a pas été inutile, et *il y a quelque apparence à* ce que je dis.

BALZAC, *Socrate chrétien,* Disc. V.

Au mystère nouveau que tu me viens conter
Est-il *quelque* ombre *d'apparence?*

MOLIÈRE, *Amphitryon,* II. 1.

Il y a apparence de :

... Il y auroit beaucoup plus grande apparence de nier cela.

H. ESTIENNE, *Précellence du langage françois.*

Ma sœur luy dit qu'*il n'y avoit point d'apparence de* m'envoyer sacrifier comme cela.

MARGUERITE DE VALOIS, *Mémoires,* 1572

La reyne ma mère luy representa qu'*il n'y avoit nulle apparence de* sortir seul comme il estoit pendant la nuict, que l'obscurité couvre toute meschanceté.

LA MÊME, même ouvrage, 1575.

*Il y a grande apparence d'*estimer que, sous le roy Hugues Capet, cette police des douze pairs eust pris son commencement.

EST. PASQUIER, *Recherches de la France,* II, 10.

Elle me pria de trouver bon qu'elle feignist d'aymer Clorian, parce qu'*il y avoit apparence de* mariage entre eux, estant d'une mesme ville et d'une mesme condition.

D'URFÉ, *l'Astrée,* IIe part., liv. IV.

Alexandre commença dès le lendemain à battre aussi cette muraille; parce qu'estant nouvelle faite, *il y avoit apparence de* la renverser plus facilement.

DU RYER, trad. des *Suppléments de Freinshemius sur Quinte-Curce,* II, 10.

Aussi bien *n'y a-t-il guère d'apparence de* mettre la dictature comme une forme de gouvernement, sous laquelle Rome ait vécu un certain temps.

BOSSUET, *Histoire des Variations des églises protestantes,* liv. XIII, n° 32.

Il le pria de considérer qu'*il n'y avoit pas apparence d'en*voyer les hommes qu'il demandoit, sans les choisir extrêmement.

SAINT-RÉAL, *Conjuration des Espagnols contre Venise.*

Ou, en changeant la construction par une inversion élégante :

Tout ce que vous dites seroit bon, Madame (luy repartistes-vous), si Sa Majesté prenoit l'argent en sa bourse : mais *de* lever cela de nouveau sur les marchands, artisans, laboureurs et pasteurs, *il n'y a nulle apparence.*

SULLY, *Œconomies royales,* t. II, c. 25.

De se fier à son frère Cotys qui l'avoit trahy, *il n'y avoit point d'apparence.*

PERROT D'ABLANCOURT, trad. de Tacite, *Annales,* XII, 4.

De se montrer ainsi noire et défigurée à celui dont elle vouloit regagner le cœur, *il n'y avoit pas d'apparence.*

LA FONTAINE, *Psyché,* II.

, Que ferai-je? ajouta-t-il. *De* retourner vers la dame sans lui porter ce qu'elle désire, *il n'y a pas d'apparence.*

LE SAGE, *le Diable boiteux,* c. 8.

Il y a apparence, grande apparence, de l'apparence, bien de l'apparence que :

Est apparence clère et évidente *qu'*ilz le font en faveur des Anglois et pour grever le roy et sa seigneurie.

MONSTRELET, *Chroniques,* c. 174.

Le Destin prit donc congé des comédiennes, et se retira dans sa chambre, où *il y a apparence qu'*il se coucha.

SCARRON, *Roman comique,* I, 13.

Socrate : — « Toutefois, Cébès, tu crois bien qu'*il y a de l'apparence* que les dieux ont soin de nous? »

THÉOPHILE, *l'Immortalité de l'âme.*

Ce n'est pas qu'*il n'y eût bien de l'apparence que* vous disiez vrai.

PASCAL, *Provinciales,* c. 17.

Il y a de l'apparence que nous lui gagnerons son argent.

HAMILTON, *Mémoires de Grammont,* c. 3.

Il (la Boulaye) vint demander d'être mis à la Bastille pour y être condamné ou justifié... *il y a apparence qu'*il ne fît que prévenir ce qui étoit résolu.

SAINT-SIMON, *Mémoires,* 1709.

Si elle (Rome) eût eu dans ce temps-là un territoire moins borné et une puissance plus grande, *il y a apparence que* sa fortune eût été fixée pour jamais.

MONTESQUIEU, *Grandeur des Romains,* c. 1.

Il y a grande apparence que sans Pierre Corneille le génie des prosateurs ne se serait pas développé.

VOLTAIRE, *Siècle de Louis XIV,* c. 32.

*Il y a toute apparence qu'*il (Joseph II) sera un très-bon souverain.

Mᵐᵉ DU DEFFAND, *Lettre* CCLXXVI, à H. Walpole, 27 mai 1777.

Et, avec la même inversion que dans la locution précédente :

Que vous qui estes catholique, et qui estes ma sœur, fussiez entre leurs mains comme ostage de moy, *il n'y a point d'apparence.*

MARGUERITE DE VALOIS, *Mémoires,* 1577.

Il y a; il n'y a pas apparence, etc. :

Pourquoy ne le croiriez vous? Pour ce, distes-vous, *qu'il n'y a nulle apparence.*

RABELAIS, *Gargantua,* I, 6.

Panurge : Or ça, de par Dieu, me doibs je marier? — Trouillogan : *Il y a de l'apparence.*

LE MÊME, *Pantagruel,* III, 36.

Il y a, dist Pantagruel, *de l'apparence* en ce que dictes.

LE MÊME, même ouvrage, IV, 26.

Je le croirois bien; *il y a toutes les apparences du monde.*

MOLIÈRE, *les Précieuses ridicules,* sc. 6.

Quelle apparence de :

*Quelle apparence d'*empoisonner un prince à sa table, et servy par ses officiers, à la vue d'un monde d'assistants?

PERROT D'ABLANCOURT, trad. de Tacite, *Annales,* II, 2.

Quelle apparence de pouvoir remplir tous les goûts si différents des hommes par un seul ouvrage de morale?

LA BRUYÈRE, *Discours sur Théophraste.*

Quelle apparence de dire que je veux envoyer des troupes à Ithaque pour rétablir Télémaque, pendant que Télémaque est engagé dans la guerre contre les Dauniens?

FÉNELON, *Télémaque,* XII.

Quelle apparence que :

*Quelle apparence qu'*il vienne dans une île si éloignée?

FÉNELON, *Télémaque,* XIV.

... Au fond, *quelle apparence,*
Que Lisette, qui dit toujours ce qu'elle pense,
Vous ait parlé d'amour quand elle m'aime, moi?

DUFRESNY, *la Coquette de village,* II, 5.

L'apparence que :

Mais *l'apparence,* ami, *que* vous puissiez lui plaire
Teint du sang de celui qu'elle aime comme un père?

P. CORNEILLE, *Cinna,* II, 2.

*L'apparence qu'*ainsi, sans m'en faire avertir,
A. cet engagement elle eût pu consentir !
MOLIÈRE, l'École des maris, III, 5.

APPARENCE signifie quelquefois, Marque, reste, vestige de quelque chose :

Ils n'ont plus aucune *apparence de* liberté.
- Il ne reste à cette femme aucune *apparence de* beauté.
Dictionnaire de l'Académie, 1835.

A l'adjectif verbal *apparoissant* (voyez plus haut, p. 348) correspondait, dans notre ancienne langue, un synonyme d'APPARENCE,

APPAROISSANCE, APPARISSANCE :

Mais n'est pas certe *aparissance.*
Qu'od eus aiez grant malveillance.
BENOÎT, Chronique des ducs de Normandie, v. 5729.

APPARITION, s. f. (du latin *apparitio,* et, par ce mot, d'*apparere*).

On a dit APPARUTION.

Action d'Apparaître, de se révéler, de se produire, de se montrer.

C'est le mot par lequel on désigne plus particulièrement certaines visions surnaturelles :

Ceste *apparition* miraculeuse.
AMYOT, trad. de Plutarque, Vie de Timoléon, c. 2.

La malice de l'esprit tentateur et son *apparition* sous la forme du serpent.
BOSSUET, Discours sur l'Histoire universelle, I, 1.

Il est du véritable amour comme de l'*apparition* des esprits : tout le monde en parle, mais peu de gens en ont vu.
LA ROCHEFOUCAULD, Maximes, LXXVI.

Notre fumeur ne fut pas autrement ému de cette *apparition;* il tira son épée, s'avança vers l'esprit et lui en déchargea du plat sur la tête un assez rude conp.
LE SAGE, le Diable boiteux, c. 7.

A ces exemples on peut joindre des passages tels que le suivant, où on fait apparaître, par figure, la mort personnifiée :

Au plus haut point de sa gloire, sa joie est troublée par la triste *apparition* de la Mort.

Au moyen âge, la fête de l'Épiphanie s'est appelée *la fête de l'apparition, l'apparition aux rois,* même *l'apparition des trois rois,* ou simplement *l'apparition,* comme on le voit par les exemples suivants, que cite Sainte-Palaye, et d'autres qu'on y peut ajouter :

Epifaine valt altretant cum *apparicions.*
SAINT BERNARD, Sermons françois, mss., p. 198.

Por ceste conissance faisons nos ceste *feste de l'aparicion.*
LE MÊME, même ouvrage, p. 198.

Le dimenche XIIᵉ jour de janvier dernier passé qui fu le jour de *l'apparicion aux rois.*
Registres du Trésor des Chartes, Lettres de Charles VI, février 1415.

La veille et le jour de *l'apparition* prouchene.
Recueil des ordonnances, t. II, p. 466.

Ce fut l'avant vigile de *l'apparition des trois rois.*
FROISSART, Chroniques, liv. I, part. II, c. 160.

On appelait encore APPARITIONS, au moyen âge, les trappes où apparaissaient sur le théâtre les diables, les fantômes, les ombres, dans les représentations des mystères :

Lucifer évoque tous ses démons, qui sortent chacun par une trape ou *apparition.*
Histoire du Théâtre françois, t. II, p. 542 : Mystère de saint Denys.

On désigne encore particulièrement par le mot APPARITION, la Manifestation d'un phénomène :

Les mouvements irréguliers des taches du soleil, aussi bien que leur *apparition* spontanée et leur disparition, démontrent assez que cet astre est liquide.
BUFFON, Époques de la nature.

De cet emploi d'APPARITION est fort voisin celui qui en est fait dans le passage suivant :

Pline cite plusieurs végétaux qui nous sont inconnus aujourd'hui. Nous observerons que ces *apparitions* végétales ont été contemporaines de plusieurs espèces d'oiseaux voyageurs, qui ont pareillement disparu.
BERNARDIN DE SAINT-PIERRE, Études de la nature, XI.

APPARITION se dit, d'une manière générale, en parlant de tout objet qui se rend visible :

A ce premier abord de l'armée romaine et à cette première *apparition* de ses étendards et de ses idoles autour de Jérusalem, on prend la fuite vers les montagnes.
BOSSUET, Méditations sur l'Évangile.

APPARITION est d'un grand usage en parlant de la venue subite, inattendue, passagère d'une personne :

Cette aventure, dis-je, jointe à l'*apparition* d'un héraut qui sembloit comme sorti à point nommé d'une machine, ne marquoit que trop visiblement un dessein formé.

LE CARDINAL DE RETZ, *Mémoires*, II.

Mon apparition au palais pleust si fort à la reine, qu'elle escrivit dès l'après-disnée à Madame la Palatine de me tesmoigner la satisfaction qu'elle en avoit.

LE MÊME, même ouvrage.

Il est impossible de boire des eaux à la fontaine et de ne se pas représenter, lorsqu'on est de retour, les agréables *apparitions* que l'on y a.

Mlle DE MONTPENSIER, *Portraits*, CXXX : Cloris.

Il y a dans les cours des *apparitions de* gens aventuriers et hardis.

LA BRUYÈRE, *Caractères :* De la Cour.

Là-dessus le duc (de la Rochefoucauld) accourt à Marly... cette *apparition* si prompte *d'*un aveugle retiré, et son empressement de parler au roi, fit raisonner le courtisan.

SAINT-SIMON, *Mémoires*, 1709.

A tout hasard poursuivons notre histoire. Nous en sommes à l'*apparition* subite, inopinée de Madame de Miron et de Valville.

MARIVAUX, *la Vie de Marianne*, VIIe part.

J'allai au parloir sur-le-champ. Dieu! quelle *apparition* surprenante! J'y trouvai Manon.

L'ABBÉ PRÉVOST, *Manon Lescaut*, I.

Les Turcs chargés de butin, épouvantés de la subite *apparition du* roi qu'ils étaient accoutumés à respecter, jettent leurs armes, sautent par la fenêtre, ou se retirent jusques dans les caves.

VOLTAIRE, *Histoire de Charles XII*, liv. VI.

Ton apparition sur quoi ton projet roule a fait croire Danis vivant.

DUFRESNY, *le Mariage fait et rompu*, II, 2.

De là des expressions, elles-mêmes fort usitées, *faire une apparition, des apparitions,* etc. Ne faire que se montrer, séjourner très peu de temps dans un lieu :

Dans le figuré, *apparition* est élégant en un certain sens. On diroit d'un homme qui vient rarement à la cour et qui n'y demeure pas longtemps : Il *n'a fait qu'une apparition ;* ou d'une personne qu'il y a longtemps qu'on *n'a veue, et dont la visite nous surprend : C'est une apparition.*

BOUHOURS, *Remarques nouvelles sur la langue françoise.*

III.

L'électeur de Bavière *fit une* légère *apparition* à Fontainebleau.

SAINT-SIMON, *Mémoires*, 1712.

On trouve dans le passage suivant une locution adverbiale, en rapport avec ces manières de parler, *en apparition :*

... Presque jamais à la cour (le marquis d'Efflat), et encore *en apparition*, et ne voyant presque personne de connu.

SAINT-SIMON, *Mémoires*, 1715.

Apparition se dit figurément de la Venue des choses, de leur commencement, de leur naissance. On dit l'*apparition d'une maladie, d'une institution, d'une doctrine*, etc.

Le mot APPARITION a un sens philosophique tout particulier, dans le passage suivant :

Pour juger si nos *apparitions* internes ont quelque réalité dans les choses, et pour passer des pensées aux objets, mon sentiment est qu'il faut considérer si nos perceptions sont bien liées entre elles.

LEIBNIZ, *Théodicée :* Remarques sur le livre de l'origine du mal, § 5.

APPARAT, s. m. (du latin *apparatus*, et, par ce mot, de *parare*).

Éclat ou pompe qui accompagne certaines actions, certains discours :

Il alla à la messe à Saint-Denis le vingt-uniesme juillet, avec tout l'*aparat* que le lieu et le temps permettoient.

AGR. D'AUBIGNÉ, *Histoire universelle*, III, 294.

Les fiançailles (de Mlle de Rohan avec Tallard) se firent dans le cabinet du roi, par l'évêque de Metz, avec tout l'*apparat* possible.

SAINT-SIMON, *Mémoires*, 1713.

De là aussi l'expression, *d'apparat.*

Il aime les choses *d'apparat.*

DANET, *Dictionnaire françois-latin.*

Festin d'apparat; discours, harangue, cause d'apparat, etc., sont encore des expressions fort usitées :

Je ne me propose point... de faire, d'un discours qui ne doit être qu'instructif, un jeu d'invention et d'esprit, ou un *travail d'apparat* et de pompe.

OGIER, *Apologie de M. de Balzac.*

Trajan se prêta avec trop de complaisance à s'entendre

46

Jouer dans un *discours d'apparat* pendant plus de deux heures.

LA HARPE, *Cours de littérature.*

APPARAT se prend quelquefois en mauvaise part, et signifie alors Ostentation :

Il ne dit rien, il ne fait rien qu'avec *apparat.*

Dictionnaire de l'Académie, 1762.

Il met de l'*apparat* dans ses moindres actions. Il y a dans tout ce qu'il fait un air d'*apparat.*

Même ouvrage, 1835.

APPARAT, s. m.

Mot traduit du latin qui désigne certains livres rédigés en forme de dictionnaires ou de catalogues, et propres à faciliter l'étude d'une science, d'une langue, d'un auteur classique. Ainsi on appelle *Apparat de Cicéron,* le dictionnaire des mots et des tours qu'il a employés ; on appelait *Apparat royal* un petit dictionnaire français-latin qui servait à l'étude des commençants.

APPAREILLER, v. a. (de *a* et de *pareil,* venu lui-même du latin *parilis*).

On l'a écrit APAREILLER, et, soit avec deux P, soit avec un seul, APPARAILLER, APPARELLER, APPARILLER, APPARILLIER, etc. (Voyez le *Glossaire* de Sainte-Palaye.)

APPAREILLER qui, d'après son étymologie, signifie Mettre ensemble des choses pareilles, et, par suite, Assortir, arranger, disposer, préparer, a eu dans notre ancienne langue, en ce sens, des applications très diverses.

Par exemple, en parlant d'aliments, de breuvages, de repas, etc. :

Menjoit ce que ses queus li *appareilloient* devant lui.

JOINVILLE, *Histoire de saint Louis.*

Ils le firent advertir qu'il se garde si du poison qu'on luy avoit *appareillé.*

AMYOT, trad. de Plutarque, *Vie de Flaminius,* c. 41.

Pompeius s'esmerveilla grandement comment il estoit possible qu'un souper de si excessive despense eust *été* si promptement *appareillé.*

LE MÊME, même ouvrage, *Vie de Lucullus,* c. 32.

Li mangiers *fu* près et *appareilliez,*
Les napes mises et les vins essaiez.

(Voyez *Histoire littéraire de la France,* t. XXII, p. 304, Chansons de geste : *Aspremont*; ms. de La Vall., anc. n° 2725; nouv. n° 123, f° 2, v°.)

En parlant de vêtements, de parures, etc. :

Les chaussetiers... n'auront pour la façon d'une paire de chaussettes à hommes que six deniers, et à femmes et enfans quatre deniers, et non plus. Ceux qui les *appareillent,* ne prendront pour mettre un avant-pied ou une chausse que deux deniers.

Recueil des Ordonnances, t. II, p. 372.

Faistes vostre fil *appareiller* comme fil d'empereur.

Roman de Doloparthos, ms. du R., n° 7534, f° 294, v°, col. 1. (Cité par Sainte-Palaye.)

Et encor me fit plus grand mal que la dame de tel lieu, et la femme de tel, me dirent devant tous que c'estoit grand'honte que je n'estoye mieux *appareillée.*

Les quinze Joyes de mariage, p. 17.

La dame sa fille *apareille.*

Fabliaux, ms. du R., n° 7615, t. II, f° 174, v°, col. 1. (Cité par Sainte-Palaye.)

En parlant d'un appartement, d'une maison, d'une demeure, d'un tombeau, etc. :

Dieu viendra en toy et te demonstrera sa consolacion, se tu luy *appareilles* digne mansion.

Le Livre de l'Internelle consolacion, I, 1.

Mez si je muir, por Dieu vous quier
Que me faites *appareiller*
Mon sepulcre en ce moustier.

WACE, *Roman de Rou,* Ire part.

Et la tour jey lu *appareille*
Pour sa demourance et manoir.

Le Mistere du siege d'Orleans, v. 8212.

En parlant d'apprêts de toutes sortes, militaires, maritimes, etc. :

L'empereres Alexis *avoit appareillies* grans gens pour assaillir aus trois portes.

VILLEHARDOUIN, *Conqueste de Constantinoble,* LXXXI.

Dit chacun à ses compagnons que sitôt qu'on orroit la trompette tromper, chacun mit ses selles et *appareillât* ses chevaux.

FROISSART, *Chroniques,* I^ro part., c. 37.

Au surplus, vous conseille que vous ne vous hazardez point contre les Turcz, mais que vous mectez en termes de deffense seulement en actendant le grand secours que j'*appareille.*

CHARLES-QUINT, à Ferdinand, son frère, le 30 novembre 1526. (Voyez *Négociations de la France dans le Levant,* t. I, p. 154.)

Gardés demain à l'aube soiés *appareilliez.*

Gui de Bourgogne, v. 28.

Clarembauz et si ome *sont* tuit *appareillié.*

Parise la duchesse, v. 1884.

N'out bon ami ne bon vassal
Qui là ne *fust apareillez.*

Benoît, Chronique des ducs de Normandie, t. I, v. 7036.

Grimm fet niefs *apparailler.*

Lai d'Havelok le Danois. (Cité par J.-J. Ampère, Histoire de la formation de la langue française, p. 346.)

Là et ailleurs desjà on *t'appareille,*
Mystères, jeux, beaux parements de rues.

Cl. Marot, Épttres, XIV.

En parlant des soins donnés aux blessés, des pansements :

Et quand ilz *furent* tous désarmés et aucunement reposés, et messire Enguerrant *appareillé* de sa main, le roy les manda querir.

Ant. de la Sale, l'Hystoyre et plaisante cronicque du petit Jehan de Saintré, c. 37.

Faites vos mors metre en litière.
Et vos navrez *apparillier.*

Athis, ms., f° 52, r°, col. 1. (Cité par Sainte-Palaye.)

Appareiller, avec ce sens général de Préparer, s'est dit aussi dans un sens moral, et construit avec des noms abstraits pour régimes :

Certes qui bien considère la matière dou prologue, il trovera que il n'est por autre chose que par *apareillier* le corage celui à cui tu paroles.

Brunetto Latini, Li Livres dou Tresor, liv. III, part. I, c. 32.

Or doncques, ame crestienne, *appareille* ton cuear à cest espoux.

Le Livre de l'Internelle consolacion, I, 1.

Pour éviter tous ces grans perilz qu'il veoit *appareiller* contre luy.

Commines, Mémoires, IV, 8.

Appareiller s'est pris dans le sens où l'on emploie quelquefois les verbes Accommoder, arranger :

Regardez comme il m'a la face *appareillie.*

Doon de Maïence, v. 4562.

On dit, toujours avec le sens de Préparer, *appareiller à;*
Soit construit avec un nom de chose :

Aparilliez est mes cuers... *as* aversitez, *aparilliez as* prosperitez ; *aparilliez est as* humles choses ; *aparilliez est à*

haltesce ; *apparilliez est à* tot ce ke tu me comanderas.

Saint Bernard, Sermons françois, mss., p. 296. (Cité par Sainte-Palaye.)

Vint e escriad vers cels de Israel, si lur dist : Pur quei estes ci venud e *à* bataille *appareilled?*

Les quatre Livres des Rois, I, xvii, 8.

Le magnanime *aparoille* son arme à haultes choses.

Brunetto Latini, Li Livres dou Tresor, c. 37.

Soit avec un nom de personne :

Quelcun demandera si Dieu se delecte à nous tromper. Car il semble bien avis que c'est une moquerie, de monstrer quelque espérance de félicité à l'homme, l'appeler et exhorter à icelle, promettre qu'elle *lui est appareillée,* et cependant que l'accès soit fermé.

Calvin, Institution chrestienne, liv. II, c. 7.

Il est certain que la ruine *est appareillée à* tous ceux ausquels le Seigneur ne communique point sa grace.

Le même, même ouvrage, c. 8.

Soit, ce qui semble avoir été plus ordinaire, construit avec un verbe à l'infinitif :

Ses peires et sa mère firent un convive à lur voisins, el queil convive chars *estoit appareilhée à* mangier.

Traducteur anonyme de saint Grégoire. (Voyez Histoire littéraire de la France, t. XIII, p. 10.)

Pour ce que tu m'as dit dessus que cellui ne fait pas à reprendre, qui change son conseil en moult de cas, je *suis appareillié à* le changier à ta voulenté.

Le Ménagier de Paris, Ire distinction, 9° art.

Surprendre les ennemis en desarroy, *estans* empeschez à faire leur logis et *appareillez à* souper.

Amyot, trad. de Plutarque, Vie de Timoléon, 16.

Elle *seroit* toute preste et *appareillée à* faire un autre amy.

Bonaventure des Périers, Nouvelle XCII : De l'invention d'un mary pour se venger de sa femme.

Aux monstres, on y voit souvent des gentilshommes en bon équipage qui vont seulement pour exempter leur fief de saisie, et pour dire qu'ils *sont appareillez à* faire service.

La Noue, Discours politiques et militaires, XI.

On a dit aussi *appareiller de;*
Soit construit avec un substantif :

Et *apparellames* nos cors *de* toutes armes, et nous pourveimes de tous instruments et de tous engiens.

Relation anonyme de la prise d'Acre. (Voyez Histoire littéraire de la France, t. XX, p. 94.)

Et de bataille sont tuit *appareillez.*

Chanson de Roland.

Soit, ce qui semble aussi plus ordinaire, avec un verbe à l'infinitif :

Cil les virent venir qui *estoient appareillé d'*assaillir.
          Villehardouin, *Conqueste de Constantinoble.*

Noz sommes *aparellié de* fere droit.
          Beaumanoir, *Coutumes de Beauvoisis,* XXX, 90.

Lui revenu, ils *étoient* tous *appareillés d'*aller à tout leur pouvoir là où il les voudroit mener.
          Froissart, *Chroniques,* liv. I, Iʳᵉ part., c. 114.

S'il vous plaist aucune chose mander, prestz et *appareillez sommes de* obéir selon nostre povoir comme tenus y sommes.
          Monstrelet, *Chronique,* I, 53.

Si *estoit* le peuple prest et *appareillé de* procéder par la pluralité des voix au banissement de l'ostracisme.
          Amyot, trad. de Plutarque, *Vie d'Alcibiade,* c. 20.

... Je seray toujours prêt et *appareillé d'*y répandre mon sang, et d'employer ma vie avec les moyens que Dieu m'a donnés pour maintenir une si juste querelle.
          Henri IV, *Lettres;* 28 juin 1577.

Dieu qui est *appareillé de* vous donner, ou l'un par sa justice ou l'autre par sa miséricorde...
          Saint François de Sales, *Introduction à la vie dévote;* part. I, c. 18.

On a dit aussi *appareiller pour :*

Especialement l'espée temporel doit toz jors estre *appareillié por* garder et deffendre sainte Église toutes les fois que mestiers ert.
          Beaumanoir, *Coutumes du Beauvoisis,* XLVI, 12.

    Appareilliez estoit enfers
    Por l'âme au vilain recevoir.
          Rutebœuf, *le Pet au vilain.* (Voir *Œuvres,* éd. Jubinal, t. I, p. 281.)

On a dit, toujours au même sens, et avec les mêmes formes de construction, *s'appareiller, s'appareiller à, s'appareiller de; S'appareiller :*

Quand il eut un petit reposé sur son lict, il *se* leva et *appareilla;* et quand il fut appareillé, il manda en sa chambre...
          Froissart, *Chroniques,* vol. III, p. 200. (Cité par Sainte-Palaye.)

Les filles du roy *se appareillèrent* et atournèrent au mieulx qu'elles peurent.
          Le chevalier de La Tour-Landry, *le Livre pour l'enseignement de ses filles,* c. 14.

Les Ægyptiens qui *s'appareilloient* pour voguer après eulx...
          Amyot, trad. de Plutarque, *Vie de Pompée,* c. 110.

Le terme vous dirai de *vous apparoillier;*
D'hui c'est jour en un an soiez prest d'ostoier.
          Chanson des Saxons, XVI.

A icele parole *se* vont *aparillier,*
Et chevauchant ensemble sans plus de delaier.
          Gui de Bourgogne, v. 3029.

Menestrel *s'appareillent* pour faire leur mestier.
          Rôman de Berte, XI.

    Lors *te* fauldra *appareiller,*
    Vestir, chausser et atourner.
          Roman de la Rose, v. 2533.

S'appareiller à, s'appareiller de :

L'ennemy ne dort pas jamais, ne la chair n'est pas encores mortifiée; et pour ce tu dois tousjours estre certain de assaulx, car ilz te assauldront, et *te appareille de* y resister.
          Le Livre de l'Internelle consolacion, I, 9.

Si *se appareillerent* le plutôt qu'ils purent *de* venir vers son fils qu'ils vouloient avoir à seigneur.
          Froissart, *Chroniques,* liv. I, Iʳᵉ part., c. 19.

Parquoy remonta Amadis, et apperceut que Angriote estoit ja à cheval, *s'appareillant de* venger l'injure de son frère.
          Herberay des Essarts, *Amadis de Gaule,* I, 19.

Prophète, dit l'oiseau, tu n'as point de raison
De suivre cet amant qui tout seul *s'appareille*
*D'*aller voir ses amours.
          Ronsard, *Amours,* II, 65.

Appareiller n'est guère resté d'usage qu'avec le sens de Joindre à une chose une autre chose qui lui est pareille :

Voilà un beau vase, je m'en vais chercher à l'*appareiller.*
Voilà un beau cheval de carrosse, je voudrois bien trouver à l'*appareiller.*
          Dictionnaire de l'Académie, 1694.

Appareiller des chevaux, des vases, des tableaux, etc. Je n'ai qu'un lé d'étoffe, je voudrais bien trouver à l'*appareiller.*
          Même ouvrage, 1835.

Appareiller s'emploie quelquefois avec le pronom personnel, et signifie, Se joindre avec un pareil à soi :

C'est un frippon *avec* lequel il est bien digne de *s'appareiller.*
          Dictionnaire de l'Académie, 1835.

APPAREILLER est employé, en un sens analogue,, en parlant d'un sot mariage, dans le passage suivant :

> Ils se retirèrent ensuite chez eux aussi contents de l'avoir *appareillé avec* une aventurière, que s'ils eussent fait son mariage avec une princesse.
>
> <div align="right">Le Sage, <i>Gil Blas,</i> VIII, 11.</div>

S'APPAREILLER s'est dit, en parlant des animaux, pour S'accoupler :

> Quand la tourterelle a perdu sa compagne, elle ne *s'appareille plus avec* une autre.
>
> <div align="right">Richelet, <i>Dictionnaire.</i></div>

Il est dit, en un sens moral, de l'union des cœurs, dans les vers suivants :

> Amour entra premier en mon oreille
> D'oyr les biens, vertus et renommée
> De celle seule où mon cœur *s'appareille.*
>
> <div align="right">Olivier de la Marche, <i>le Parement et triomphe des dames d'honneur.</i></div>

Enfin, *s'appareiller à* a eu le sens de S'égaler à :

> Ne set cité qui tant li pleise;
> Car nule *à* li (à Paris) ne *s'apareille.*
>
> Voyez *Histoire littéraire de la France,* t. XXII, p. 874, Poèmes d'aventures : *La Poire.* Bibliothèque nationale, n° 7995, f° 39.

> Lors te vendra en remembrance
> Et la façon et la semblance
> A cui nule ne *s'apareille.*
>
> <div align="right"><i>Roman de la Rose,</i> v. 2447.</div>

APPAREILLER, en termes d'Architecture, c'est Tracer les épures sur un plan, les reporter en grand sur un enduit, et en appliquer les figures et mesures sur toutes les faces des pierres, pour qu'elles soient taillées selon la place que chacune doit occuper :

> Ce qui contribue le plus à la beauté d'un édifice, c'est d'*être* bien *appareillé.* C'est lui qui *a appareillé* toute la face de ce bâtiment. L'art d'*appareiller* est très-difficile.
>
> <div align="right"><i>Dictionnaire de l'Académie,</i> 1835.</div>

APPAREILLER s'est perpétué, en termes de Marine, avec son ancien sens général de Préparer.

APPAREILLER un bâtiment, c'est le Munir de tout ce qui est nécessaire pour le mettre en état de naviguer :

> Il fallait dans ces commencements qu'il vît tout par ses yeux, et qu'il travaillât même de ses mains, comme on l'avait vu auparavant construire des vaisseaux, les *appareiller* et les conduire.
>
> <div align="right">Voltaire, <i>Histoire de Pierre le Grand,</i> IIe part., c. 12.</div>

APPAREILLER, en termes de Marine, s'emploie surtout comme verbe neutre, et signifie Mettre à la voile :

> Le vice-roi, ayant vivres pour quatre mois, *appareilla* le dernier d'octobre.
>
> <div align="right">Agr. d'Aubigné, <i>Histoire universelle,</i> t. I, liv. II, c. 26, p. 116.</div>

> Nous *appareillâmes* le lendemain pour retourner en Angleterre.
>
> <div align="right">Voltaire, <i>Contes :</i> Jenni.</div>

APPAREILLÉ, ÉE, participe.

On l'a employé adjectivement, dans l'ancien sens général du verbe, et avec les mêmes constructions, pour Préparé, prêt, et, en certains cas, Armé, paré, etc.

On dit, dans un sens passif, *un navire appareillé, une escadre appareillée.*

Appareillé a quelquefois, au figuré, le sens d'Accommodé, d'arrangé :

> Des vins avoyent-ilz assez à foison; mais ils estoyent si chaux et si fors que... ceux... qui grand foison d'eaue au boire ne mestoient, s'en trouvoient tellement *appareillés,* qu'ils ne se pouvoyent aider au matin.
>
> <div align="right">Froissart, <i>Chroniques,</i> t. III, p. 204. (Cité par Sainte-Palaye.)</div>

Appareillé à, construit avec un nom indiquant la personne pour laquelle une chose est préparée :

> Il faudroit que nos capitaines rompissent une coustume qui seroit difficile à oster: c'est de tenir leur table *appareillée,* tantost *aux* uns, tantost *aux* autres de leurs soldats.
>
> <div align="right">La Noue, <i>Discours politiques et militaires,</i> XVI.</div>

Appareillé à son service, à son plaisir, à faire sa volonté, etc., sont d'anciennes formules de respect, employées à l'égard d'un suzerain, dont Sainte-Palaye donne des exemples dans son *Glossaire.*

Appareillé de :

Se il ne trouvoient les marchans bien *appareillez* d'armes,
il les occiroient et roberoient touz.

Marc Pol, le Livre, c. 32.

On a dit de même, *appareillé pour* :

Elle s'en vint à Vincelsée, et là, de nuit, entra en une
nef *appareillée pour* li et son fils.

Froissart, Chroniques, liv. I, Ire part., c. 6.

Appareillé est encore pris adjectivement quand
il signifie, dans un sens analogue à l'usage actuel,
Joint à son pareil, pareil :

Arriva le sieur de Loisselench, aussi les chevaliers et escuyers de sa compagnie qui estoient plus de cent cinquante chevaulx, tous vetus de robbes neufves *apareillées*.

Ant. de la Sale, l'Hystoyre et plaisante cronicque du
petit Jehan de Saintré, c. 50.

Que ces deux ombres me semblent mal *appareillées!*
Leurs tailles et leurs allures sont bien différentes...

Le Sage, le Diable boiteux.

APPAREIL, s. m.

Venu d'*appareiller*, qu'on a longtemps employé, cela a été remarqué précédemment, avec
le sens général de Préparer, il a eu lui-même,
autrefois, le sens général de Préparatifs :

On disait *faire son appareil*, pour Faire ses préparatifs :

Le roi d'Angleterre *faisoit son appareil* pour recevoir seigneurs, dames et damoiselles qui à sa fête viendroient.

Froissart, Chroniques, liv. I, part. I, c. 214.

A ce conseil s'accordèrent les Anglois; et *fit chacun son
appareil* du plutôt qu'il put.

Le même, même ouvrage, part. II, c. 19.

Chascun *face son appareil*
Pour y aller presentement.

Le Mistere du siege d'Orleans, v. 1115.

Le jour devant, si *fis mon appareil*
De me couchier, sitost que le soleil
Je vy retrait et sa clarté mussée.

Charles d'Orléans, Ballades.

On disait aussi *l'appareil d'*une personne, *son
appareil*, pour Ses préparatifs :

Son appareil estant prest et ses troupes, dom Henry re-
passa en Espagne suivy de quantité de seigneurs françois.

Mézeray, Histoire de France : Charles V.

Il faut assembler le conseil,
En nostre chambre de la ville,
Pour penser de *nostre appareil*,
Et garder nostre domicille.

Le Mistere du siege d'Orleans, v. 1727.

De là, ainsi que pour *appareiller*, plusieurs applications particulières, autrefois d'usage;

Plus ordinairement en termes de Guerre, où
le mot *appareil*, soit au singulier, soit au pluriel,
servait à désigner des ouvrages, des machines,
des engins, etc. :

Tost après ledit duc fist asseoir ses gros engins devant
les portes de Pontoise, et avec ce fist commencer à faire
plusieurs *apparaulx* pour iceulx subjuguer. Mais quant lesdiz assegez apparceurent lesdiz *apparaulx*, ils commencerent à parlementer.

Monstrelet, Chronique, c. 177.

Nous les suyvions toujours par ce petit chemin contre-
mont à force arquebusades, car nous ne voyons pas l'*appareil* qu'ils nous avoient faict sur le haut de la montagne

Montluc, Mémoires, II.

A cet ancien sens d'appareil semble se rapporter l'emploi qu'on en a fait au sens figuré d'Entreprises, de manœuvres, de machinations, d'intrigues, de menées, etc. :

A ceste fin, comme dit l'Apostre, Jésus-Christ en mourant a vaincu Satan, qui avoit l'empire de mort, et a triomphé de tous ses *appareils*, tellement qu'il ne peut nuire à
l'Église.

Calvin, Institution chrestienne, I, 14, § 18.

Les pages et laquais sçavoient les *appareils* que les huguenots faisoient pour s'eslever.

Montluc, Commentaires, VI.

Que je vois d'*appareils*, Albin, pour ma ruine!

P. Corneille, Othon, III, 5.

Appareil se disait aussi des armes. On désignait, par l'expression *haut appareil*, une Armure
complète :

Hommes d'armes armez à *haut appareil*.

Amyot, trad. de Plutarque, Vie de Lucullus, c. 75.

Il monta sur un bon coursier, et, armé de *haut appareil*,
vint voltiger en la face du duc.

Est. Pasquier, Recherches de la France, VI, 7.

On trouve assez fréquemment, chez Est. Pasquier, cette expression *de haut appareil* employée d'une manière figurée et adverbiale :

Nos premiers écrivains, moines pour la plupart, n'ont jamais entrepris de nous armer un roy *de haut appareil.*

> Est. Pasquier, *Recherches de la France*, I, 2.

Au lieu où, en la faculté de médecine, les jeunes bacheliers ou licentiez n'ont autres conducteurs de leurs ordres que les anciens docteurs; les chirurgiens, *d'un plus haut apareil*, reçoivent cest honneur en leur art par les mains de deux officiers du roy, je veux dire par les deux chirurgiens du roy, jurez du Chastelet de Paris.

> Le même, même ouvrage, IX, 30.

On comprend qu'on se soit servi du même mot en parlant de l'Habillement :

La Pucelle ne fut pas si tost seule, et revenue à son second penser, qu'elle fit pénitence de son abjuration, et reprit son habit d'homme. Le lendemain au matin, visitée, estant trouvée en son ancien *appareil*, et interrogée sur ce changement, elle respond l'avoir faict par le commandement exprès des sainctes.

> Est. Pasquier, *Recherches de la France*, VI, 5.

Belle sans ornement, dans le simple *appareil*
D'une beauté qu'on vient d'arracher au sommeil.

> J. Racine, *Britannicus*, I, 2.

Appareil se disait encore en parlant de l'Apprêt des viandes :

La cuisson et l'*appareil de* la viande.

> *Ordonnances de police*, 1567. (Cité par Falconnet, *Dictionnaire françois moderne*, ms.)

C'est de l'antiquité que nous tenons de cuire le vin, principalement pour en user ainsi préparé, et au boire, et à la confiture de divers fruits, et en cuisine à l'*appareil de* plusieurs viandes.

> Olivier de Serres, *Théâtre d'Agriculture*, IIIe lieu, c. 12.

Il se disait des mets eux-mêmes :

Ces Calvières ne mangent du poisson qui ait sang durant le temps de leurs caresmes, qui est la raison pour quoy il fault qu'ilz vivent d'herbes et autres tels *appareilz* maigres quand ilz jeunent.

> Pierre Belon, *Singularitez et choses memorables de divers pays estranges*, liv. I, c. 48.

Enfin, de l'Ensemble du service, d'une table servie :

Mult fut grande la feste au chastel, quant les chevaliers furent desarmés; car ils estoient assis à l'entour de l'*appareil.*

> *Perceforest*, vol. IV, f° 43, r°, col. 1. (Cité par Sainte-Palaye.)

Cet emploi d'*appareil*, dans le sens général de Préparatifs, a dû s'étendre à toutes choses. Il est dit, dans le passage suivant, d'un Attelage de bœufs :

Chacun des supplians ayans son *appareil* ou charrue de beufs pour labourer.

> *Lettres de rémission de 1466*. (Voyez Du Cange, *Glossaire*, Apparamenta.)

Au sens général d'**appareil** s'est ajoutée de bonne heure l'idée accessoire de Grandeur, de pompe, de solennité, marquée le plus souvent par les épithètes jointes à ce mot, grand, beau, pompeux, riche, superbe, orgueilleux, etc. :

Si fit le roi Philippe, comme le chef de cette emprise, le plus grand et le plus bel *appareil* qui oncques eust été fait pour aller outre-mer.

> Froissart, *Chroniques*, liv. I, part. I, c. 61.

Les autres seigneurs disnoient au palais du dit duc, auquel il y avoit grant *appareil*, et très-excellentement et grandement furent servis.

> Monstrelet, *Chronique*, c. 95.

Le Grec fut aussi joyeux de voir ces troupes délabrées qu'il avoit esté jaloux de les voir en bel équipage, et le receut beaucoup mieux en ce piteux estat, que lorsqu'il passoit dernièrement avec un si riche *appareil*.

> Mézeray, *Histoire de France* : Louis VII.

Les Parisiens, pour donner à qui les voudroit chastier quelque crainte de leur puissance, sortirent trente mille hommes en armes afin de recevoir le roy, qui, ayant suspect cet orgueilleux *appareil*, s'arresta au Bourget.

> Le même, même ouvrage : Charles VI.

On adore non point ta personne, mais l'idole de ta fortune qui paraît dans ce superbe *appareil* par lequel tu éblouis le vulgaire.

> Bossuet, *Sermons :* Sur l'Honneur.

Chrétien, aye dans ta table le nécessaire soutien de ton corps, et non pas cet *appareil* somptueux.

> Le même, *Traité de la Concupiscence*, c. 9.

Cette paix ne rassura pas les Athéniens par rapport au roi de Perse. Les grands préparatifs qu'il faisoit leur donnoient de l'ombrage et leur faisoient craindre que le but de ce formidable *appareil* ne fût d'attaquer la Grèce.

> Rollin, *Histoire ancienne*.

Quand la grande éloquence commença et finit le siècle de Louis XIV, les oraisons funèbres prononcées par les Bossuet et par les Fléchier subjuguaient la France étonnée. Elles étaient les seuls ornements qu'on remarquât au milieu de ces superbes *appareils* funéraires.

VOLTAIRE, *Éloge funèbre de Louis XV.*

Que sert à ces galants ce pompeux *appareil*
Dont ils vont dans la lice éblouir le soleil
Des trésors du Pactole?

RACAN, *Ode*, à Bussey.

Le pompeux *appareil* qui suit ici vos pas
N'est point d'un malheureux qui cherche le trépas.

J. RACINE, *Andromaque*, I, 1.

APPAREIL est très souvent qualifié par des épithètes d'une autre sorte qui en marquent, avec force, le caractère funèbre, lugubre, triste, effrayant, etc. :

Je crois, à la vérité, que ce sont ces mines et *appareils* effroyables, de quoy nous l'entournons (la mort), qui nous font plus de peur qu'elle.

MONTAIGNE, *Essais*, I, 19.

Le roy vint à l'assemblée la douleur peinte sur le front, et toute ça cour de mesme, chacun attendant où aboutiroit tout ce funeste *appareil*.

VAUGELAS, trad. de Quinte-Curce, VI, 9.

Lorsque Drusus approcha du camp, l'armée sortit au-devant de luy comme par honneur, non pas avec l'allégresse accoustumée, ni les aigles et les armes luisantes à l'ordinaire, mais dans un triste *appareil* et cachant sa rébellion sous un morne silence.

PERROT D'ABLANCOURT, trad. de Tacite, *Annales*, liv. I, 1.

On voit les derniers excès de l'orgueil dans les guerres, dans tout leur *appareil* sanguinaire.

BOSSUET, *Traité de la Concupiscence*, c. 16.

Il veut que ma foible voix anime toutes ces tristes représentations et tout cet *appareil* funèbre.

LE MÊME, *Oraison funèbre du prince de Condé.*

On envoya quérir des médecins, un confesseur; enfin un *appareil* très-propre à épouvanter.

Mme DE COULANGES, *Lettres*; à Mme de Sévigné, 20 juillet 1696.

Si l'on ne réveilloit pas ses frayeurs par ces tristes soins et cet *appareil* lugubre qui devancent la mort, il ne la verroit point arriver.

BUFFON, *Histoire naturelle* : Sur la Mort.

... Et vous allez au temple
Y changer l'allégresse en un deuil sans pareil,
La pompe nuptiale en funèbre *appareil*.

P. CORNEILLE, *Rodogune*, V, 4.

Vous-même avez dicté tout ce triste *appareil*.

J. RACINE, *Esther*, III, 1.

Quelquefois l'adjectif joint au mot APPAREIL rappelle simplement, d'une manière générale, les détails par lesquels on en a fait connaître le caractère :

L'Océan, étonné de se voir traversé tant de fois en des *appareils* si divers pour des causes si différentes...

BOSSUET, *Oraison funèbre de la reine d'Angleterre.*

Il (le légat Chigi) vint, dans cet *appareil*, s'humilier lui, Rome et le pape, devant un roi qui n'avait pas encore tiré l'épée.

VOLTAIRE, *Siècle de Louis XIV*, c. 25.

Princesse, quel est donc ce spectacle nouveau?
Pourquoi ce livre saint, ce glaive, ce bandeau?
Depuis que le Seigneur m'a reçu dans son temple,
D'un semblable *appareil* je n'ai point vu d'exemple.

J. RACINE, *Athalie*, IV, 1.

Dans des passages tels que le suivant, APPAREIL peut être encore joint à des épithètes qui en font connaître la nature particulière :

Les sciences employant, dans la recherche des sciences naturelles, des définitions, des principes et des méthodes revêtues d'un grand *appareil* géométrique, semblent par ce prétendu ordre, remettre dans l'ordre ceux qui s'en écartent.

BERNARDIN DE SAINT-PIERRE, *Études de la nature*, IV.

Le caractère, la nature de l'APPAREIL est quelquefois marqué par un complément formé de la préposition *de* et de son régime;
Soit dans un sens physique :

Et firent, par semblant, grand *appareil* de feux et *de* lumières pour donner à entendre qu'ils vouloient le loger la nuit.

FROISSART, *Chroniques*, liv. I, IIe part., c. 88.

Soit dans un sens moral :

Quoi! me réservez-vous à voir une victoire,
Où pour haut *appareil* d'une pompeuse gloire,
Je verrai les lauriers d'un frère ou d'un mari
Fumer encore d'un sang que j'aurai tant chéri?

P. CORNEILLE, *Horace*, II, 6.

On dit *l'appareil* d'une chose, *son appareil.*
Par exemple, cela est très fréquent en parlant d'apprêts de guerre, d'armées, de flottes, etc. :

Quant Xerxès faisoit *ses appareils de* grande armée pour conquérir la Grèce.

La Boétie, Discours de la Servitude volontaire.

... Si de guerre (s'ils parlent de guerre), fault qu'ils me dient à quelle cause et pour quelle occasion elle s'est meue, fault réciter les querelles debatues, les.parlements, les deffiances, *les apareilz* et entreprises, exécutions, moyens et conduites d'icelles.

Langey du Bellay, Mémoires, Prologue.

Ses barons et ses prélats (de Philippe-Auguste), dans les Estats tenus à Soissons, luy offrirent hommes et argent pour cette entreprise (la conquête de l'Angleterre). *L'appareil s'en* dresse à l'embouchure de la Seine.

Mézeray, Histoire de France : Philippe-Auguste.

Les traités de paix ne sont que comme *l'appareil d'*une nouvelle guerre.

Massillon, Oraison funèbre de Louis le Grand.

Je montrai le premier aux peuples du Mexique
L'appareil inouï pour ces mortels nouveaux
De nos châteaux ailés qui volaient sur les eaux.

Voltaire, Alzire, I, 1.

Par exemple encore, en parlant de certaines solennités, de sacrifices, de triomphes, de spectacles, de noces, de festins, etc. :

Si quelqu'un raconte *l'appareil d'*une nopce, ou *d'*un sacrifice, ou *d'*une monstre, le curieux l'escoutera froidement et négligemment.

Amyot, trad. de Plutarque, Œuvres morales : De la Curiosité.

Ce magnifique *appareil des* festins, avec la somptueuse despense et les largesses, qui les a donc introduites sinon une abondance excessive de biens qui devoist bientost faire naistre une extrème pauvreté ?

Coeffeteau, Histoire romaine de L. Florus, III, 13.

Elle étoit née dans une cour où la Majesté se plait à paroître avec tout *son appareil.*

Bossuet, Oraison funèbre de Marie-Thérèse d'Autriche.

Si l'exécution théâtrale... *l'appareil* et la pompe *du* spectacle secondoient le génie du poëte, cette pièce (Sémiramis) renouvelleroit de nos jours tous les terribles effets de la tragédie grecque.

Grimm, Correspondance, 15 septembre 1756.

D'un *appareil d'*hymen couvrant ce sacrifice,
Il veut que ce soit moi qui vous mène au supplice.

J. Racine, Iphigénie, III, 6.

En parlant de mort, de funérailles, etc. :

III.

On fait dresser un *appareil de* pompe funèbre pour satisfaire à chaque point de l'oracle.

La Fontaine, Psyché, I.

Louis, inébranlable au milieu des débris de sa maison, ne vit dans ces lugubres funérailles, que *l'appareil* et le préparatif *des* siennes.

Massillon, Oraison funèbre de Louis le Grand.

Les circonstances et *l'appareil de* sa mort (du duc de Nemours), le partage de ses dépouilles, les cachots où ses jeunes enfants furent enfermés jusqu'à la mort de Louis XI, sont de tristes et intéressants objets de la curiosité.

Voltaire, Essai sur les mœurs, c. 94.

Le tyran règle tout : il semble qu'il apprête
L'appareil du carnage et non pas *d'*une fête.

Voltaire, Mérope, IV, 5.

Le régime de la préposition *de* est, en certains cas, un nom abstrait; *l'appareil de* la royauté, *de* la majesté, *du* triomphe, etc. :

... Bien que premier consul d'une république, il s'appliqua tout cet *appareil de la royauté.*

Mme de Stael, Considérations sur la Révolution française, IVe part., c. 6.

Enfin, on se sert de la même manière de parler pour exprimer un certain caractère de pompe et de solennité dans le langage :

Les empereurs romains envoyoient cet estat (la dignité, le titre de patrice) avec grand *appareil de* langage, dont le formulaire est inséré au sixième de Cassiodore.

Est. Pasquier, Recherches de la France, II, 9.

L'Auvergnac, avecques un grand *appareil de* paroles, commence à desgorger de furie contre luy.

Le même, même ouvrage, IV, 35.

Les causes mouvantes, les ressorts, les succez de cette guerre ont esté plus particulièrement descrits par les autheurs italiens. Ils estalent en cette matière tant de pompe, d'ornement et d'*appareil de* langage, qu'ils semblent triompher d'avoir esté vaincus.

Mézeray, Histoire de France : Charles VIII.

Appareil a été quelquefois construit au moyen de la préposition *de* avec des noms désignant des personnes :

Bien que les Macédoniens fussent plus forts que les ennemis par le courage et par l'habitude qu'ils avoient prise

47

dans les dangers, ils estoient néantmoins pressez par le nombre et par l'*appareil des* Perses.

Du Ryer, trad. des Suppléments de Freinshemius,
sur Quinte-Curce, II, 9.

Quand j'approchai de sa maison (de Heinsius), où j'allai seul, je m'imaginois que j'allois trouver un suisse, des valets de chambre, des secrétaires,... enfin tout le faste et l'*appareil de* nos ministres.

Hénault, Mémoires, c. 5.

Appareil s'emploie quelquefois absolument :

Il faut tant d'*appareil* à nostre gendarmerie que l'occasion se perd tandis qu'on pense à s'équipper.

Matthieu, Histoire des derniers troubles de France, III.

Le siège de Padoue est un des plus mémorables, soit pour l'importance, soit pour l'*appareil* de part et d'autre.

Mézeray, Histoire de France : Louis XII.

C'est un homme en grand deuil ; il a outré l'*appareil,* la queue de son manteau couvre l'antichambre, et le bout de son crêpe est encore sur l'escalier.

Dufresny, Amusements sérieux et comiques, XI.

N'empruntant rien de l'*appareil,* devant tout à lui-même.

Massillon, Oraison funèbre du prince de Conti.

Quand la bienséance exigeoit de lui en certaines occasions de la dépense et de l'*appareil,* il étoit magnifique sans aucun regret et de très-bonne grâce.

Fontenelle, Éloge de Newton.

Je vous exhorte donc, mon cher ami, de ne souffrir d'*appareil* au théâtre que celui qui est noble, décent, nécessaire.

Voltaire, Lettres; 16 décembre 1760.

J'ai moi-même ordonné
La suite et l'appareil qui vous est destiné.

J. Racine, Mithridate, III, 1.

L'appareil que voilà doit assez vous apprendre
Que les clients d'Ésope en ce lieu se vont rendre.

Boursault, Ésope à la ville, II, 2.

De là l'expression *discours d'appareil,* synonyme de cet autre, dont il a été précédemment question, *discours d'apparat :*

Il y a un arrangement plus marqué et plus étudié qui peut convenir aux *discours d'appareil* et de cérémonie, tels que sont ceux du genre démonstratif.

Rollin, Traité des Études, liv. IV, c. 3, art. 2, § 4.

Le mot APPAREIL entre dans un assez grand nombre de locutions adverbiales ; telles sont :

De haut appareil, dont il a été fait mention plus haut ;

De grand, de magnifique appareil :

Il (le pape Clément V) est conduit par la ville d'un *magnifique appareil.*

Est. Pasquier, Recherches de la France, I, iii, 25.

Vous avez fait un dîner *de grand appareil.*

Mme de Sévigné, Lettres; à Mme de Grignan,
11 décembre 1675.

Par grand appareil, que donne Rob. Estienne, dans son dictionnaire français-latin, le traduisant par *apparate.*

En grand appareil, en noble appareil, etc. :

Ainsi, *en noble appareil,* alèrent de leur hostel jusques aux barrières des dictes lices.

Monstrelet, Chronique, I, 14.

Le greffier, les huissiers, les procureurs vinrent chez lui *en grand appareil,* lui rapporter ses quatre cents onces.

Voltaire, Zadig, c. 3.

Avec appareil :

Benadab li reis de Syrie asemblad ost merveillus e fort e fier, trente-dous reis od chevals e od curres et *od grant apareil,* e vint in Israel, asejad Samarie.

Les quatre Livrés des Rois, III, xx, 1.

On sentoit une religion bâtie sur le sable, qui n'avoit pas même de stabilité dans ses confessions de foi, quoique faites avec tant de soin et publiées *avec tant d'appareil.*

Bossuet, Histoire des Variations des églises
protestantes, liv. XII, n° 26.

C'est cet hymen, formé sous les plus heureux auspices, que nous célébrons depuis deux jours *avec tant d'appareil.*

Le Sage, Gil Blas, II, 9.

Jamais la charité n'étala ses tristes devoirs *avec tant d'appareil;* j'avois le cœur noyé dans la honte; et puisque j'y suis, je vous dirai que c'est quelque chose de bien cruel que d'être abandonné au secours de certaines gens.

Marivaux, la Vie de Marianne, Ire part.

La vertu, Monsieur, n'est pas une science qui s'apprenne *avec tant d'appareil.*

J.-J. Rousseau, Lettres; 1758.

Appareil, en termes de Sciences et Arts, se dit des machines, des instruments disposés pour faire quelque expérience, quelque opération. Il reçoit, employé de cette manière, des applications particulières qu'il appartient aux dictionnaires spéciaux de faire connaître. C'est en un sens analogue qu'il semble pris dans le passage suivant :

Dieu continue dans son dessein jusqu'à ce que tout soit accompli. Alors il fait cesser tout l'*appareil*, tous les mouvements, tous les ressorts dont il s'étoit servi pour achever son ouvrage.

ROLLIN, *Traité des Études*, liv. VI, IIᵉ part., c. 2, art. 2.

APPAREIL se dit particulièrement, en chirurgie, des différentes manières de pratiquer la lithotomie ou la taille. *Tailler au grand appareil, au petit appareil*, etc. :

De la manière d'extraire les pierres aux hommes qu'on appelle le *grand et haut appareil*.

A. PARÉ, *Introduction à la cognoissance de la chirurgie*, XV, 45.

Il se dit aussi des médicaments et des bandes, des compresses, etc., qu'on applique sur une plaie. *Mettre, lever le premier appareil :*

Là se trouva une bonne vieille villageoise, qui, entendant que je parlois de ceste brusleure, me conseilla d'y appliquer pour *le premier appareil*... des oignons crus pilez avec un peu de sel.

A. PARÉ, *Introduction à la cognoissance de la chirurgie*, Iᵉʳ discours en tête du liv. II.

Le roy fut porté en son lit, et, les médecins et chirurgiens appelez, luy fut appliqué *le premier appareil*, et la playe jugée non mortelle.

MATTHIEU, *Histoire des derniers troubles de France*, V.

Le sang, arresté par *le premier appareil*, se mit à couler plus fort qu'auparavant.

VAUGELAS, trad. de Quinte-Curce, *Histoire d'Alexandre*, IV.

Quelques pasteurs avisant cette princesse, que l'eau avoit poussée au sable, et jugeant de sa condition par sa beauté, mirent quelque *appareil* à sa playe.

PERROT D'ABLANCOURT, trad. de Tacite, *Annales*, XII, 12.

Il a été fait souvent de cette expression technique un emploi figuré :

Les caresses et les faveurs qu'il reçut, depuis ce temps-là, furent d'inutiles *appareils* sur ce cœur blessé.

BALZAC, *Aristippe*, Discours III.

Édouard s'esloigna croyant que le temps adouciroit son mal et la rigueur de sa dame. Nonobstant son esloignement, sa blessure s'aigrissant de plus en plus, afin d'y trouver quelque *appareil*, il fit publier une grande et solennelle feste.

MÉZERAY, *Histoire de France* : Philippe de Valois.

Elle (la Marans) venoit d'être coupée, mais coupée en vrai fanfan ; elle étoit poudrée, bouclée : *le premier appareil* avoit été levé, il n'y avoit pas un quart d'heure.

Mᵐᵉ DE SÉVIGNÉ, *Lettres* ; à Mᵐᵉ de Grignan, 22 avril 1671.

Ne faut-il pas que votre douceur soit *le premier appareil* des plaies dont vous entreprenez la cure?

BOURDALOUE, *Carême* : Sermon sur le zèle.

Vous m'aiderez à mettre quelque *appareil* sur les blessures de ce cœur malade.

J.-J. ROUSSEAU, *la Nouvelle Héloïse*, II, 2.

... Guarissant leur mal du *premier appareil*,
Je fis dans un escu reluire le soleil.

RÉGNIER, *Satires*, XI.

Tu sais à tous ses maux mettre un prompt *appareil*.

P. CORNEILLE, trad. de l'*Imitation*, III, 57.

L'absence est aussi bien un remède à la haine
    Qu'un *appareil* contre l'amour.

LA FONTAINE, *Fables*, X, 12.

Faute de bon appareil ou autrement est une ancienne locution proverbiale qui signifie : Faute des soins nécessaires ou par quelque autre cause que ce soit :

Le pauvre Monsieur Alibour, *faute de bon appareil ou autrement*, mourut quelques mois après.

SULLY, *OEconomies royales*, c. 58.

APPAREIL se dit également, en termes d'Anatomie, d'un Assemblage d'organes qui concourent à une fonction : *l'appareil circulatoire, l'appareil respiratoire, l'appareil vocal*, etc. On a pu dire, par analogie, en transportant cette expression dans une autre science :

L'*appareil* de la fleur est entièrement destiné à la fécondation du fruit.

BERNARDIN DE SAINT-PIERRE, *Études de la nature*, XI.

APPAREIL, en termes d'Architecture, signifie l'Art ou l'action de tracer les pierres, d'en bien combiner la charge, la poussée et la pose, surtout pour les constructions suspendues, telles que les berceaux, les voûtes, les ponts, les dômes, etc. :

La simplicité générale des plans et des façades de ces édifices (ceux de l'ancienne Égypte), l'exécution monolithe des architraves et de leurs supports, l'absence des arcs et des voûtes dans l'architecture d'alors, y réduisaient le travail de l'*appareil*.

La première civilisation hellénique améliora l'*appareil* par la taille à l'équerre et la pose de niveau.

De nos jours, la géométrie descriptive a fait faire à cette science un si grand progrès, qu'il n'est pas de problème d'*appareil* qu'on ne puisse résoudre.

Dictionnaire de l'Académie des Beaux-Arts, Appareil.

Il se dit aussi de la dimension et de la disposition des assises d'un bâtiment :

Une assise *de bas appareil, de haut appareil*. Ce bâtiment est d'un *bel appareil*.

Dictionnaire de l'Académie, 1835.

Il y a plusieurs espèces d'*appareil* horizontal, qu'on doit distinguer en *petit* et en *grand appareil*.

Les Égyptiens et d'autres peuples de l'antiquité nous ont laissé de vastes édifices construits en *grand appareil* et dont les assises, taillées et posées avec précision, sont formées de blocs énormes.

Dictionnaire de l'Académie des Beaux-Arts, Appareil.

APPARAUX, s. m. plur.

C'est une ancienne forme du pluriel d'*appareil*. Il en a été donné précédemment des exemples dans des passages où il avait le sens d'ouvrages de siège, de machines de guerre.

Il s'est conservé comme terme de Marine, et désigne collectivement les diverses machines funiculaires ou autres nécessaires pour une grande opération :

Le prince, qui ne pouvoit entrer dans le havre, demeura sans artillerie et sans *apparaus.*

AGR. D'AUBIGNÉ, *Histoire universelle*, t. II, liv. III, c. 15.

Ceux qui ont été employés à la construction du vaisseau, ceux qui ont fourni les agrès, les *apparaus*, les vivres, sont aussi ceux qui prennent le principal intérêt à cette pêche (de la baleine).

MONTESQUIEU, *Esprit des Lois*, XX, 6.

APPAREILLEMENT, s. m.

On l'a écrit APAREILLEMENT, APARILLEMENT, APPA-RAILLEMENT, etc.

Voyez le *Glossaire* de Sainte-Palaye.

Il a signifié Action de préparer, préparatifs :

Li *apparillement* des noces.

SAINT BERNARD, *Sermons françois*, mss., p. 239. (Cité par Sainte-Palaye.)

L'emperere meismes fist faire grand *apareillement* en Puille de navie et de vitailles.

Recueil des historiens des Croisades : Historiens occidentaux, t. II, p. 214, Var. D.

Et faisoit grand *appareillement* de passer mer et d'eaus secorre.

Recueil des historiens des Croisades : Historiens occidentaux, t. II, p. 352, Var. C.

Oraces dit : Aies mesure selonc ta borse es grans choses et es petites; et garde toi de taverne et de touz grans *appareillemens* de mangier.

BRUNETTO LATINI, *li Livres dou Tresor*, II, 65.

Tulles dit : Long *appareillement* de batailles fait brief victoire.

Le Ménagier de Paris, Ire distinction, 9° art.

A mult rice *aparillement*
Les mist en mer dès qu'il ot vent.

WACE, *Roman de Brut*, v. 6565.

Quant li dus seuz delaiement
Out fait sun *aparellement*
Et sun convive festival...

BENOÎT, *Chronique des ducs de Normandie*, t. I, v. 7033.

Depuis longtemps APPAREILLEMENT ne désigne plus que l'action d'appareiller deux objets, et encore il ne se dit guère qu'en parlant des Animaux domestiques qu'on appareille, soit pour les faire travailler ensemble, soit pour en propager la race : *l'appareillement des bœufs*, *l'appareillement du mâle et de la femelle*.

APPAREILLEMENT est adverbe dans ces passages d'un de nos vieux historiens :

Et remercia les chefs des seigneurs moult courtoisement quand si *appareillement* ils l'étoient venus servir.

FROISSART, *Chroniques*, liv. I, Ire part., c. 94.

Je ferai, cher Sire, liement et *appareillement* tout ce dont vous me chargez.

LE MÊME, même ouvrage, liv. I, Ire part., c. 94.

APPAREILLEUR, s. m.

Chef ouvrier qui trace le trait, la coupe de la pierre à tous les tailleurs de pierre d'un chantier :

Qu'il ne die (l'architecte) devant qu'achever son œuvre ou quand elle sera parfaite, qu'il l'eust désirée autrement, et que c'est le maistre maçon ou l'*appareilleur* qui en a fait la faute.

PHILIBERT DE L'ORME, *Architecture*, I, 10.

C'est un bon *appareilleur*.

Dictionnaire de l'Académie, 1694.

APPAREILLEUSE, s. f.

Terme injurieux. Il se dit d'une femme qui fait métier de favoriser des amours illicites :

Il y avoit alors à Paris, une femme nommée la Fillon, célèbre *appareilleuse*, par conséquent très-connue de l'abbé Dubois.

DUCLOS, *Mémoires :* Régence, III.

APPARENTER, v. a. (de *a* et de *parent*) quelquefois écrit avec un seul *p*, APARENTER.

Donner à quelqu'un des parents par alliance :

Cette Babou avoit six sœurs... On les appeloit de leur temps les Sept péchés mortels. Voilà ce qui commença à *apparenter* et à mettre dans le monde le grand-père du cardinal d'Estrées.

SAINT-SIMON, *Mémoires*, 1714.

On s'en est encore servi avec le sens de Reconnaître comme parent, traiter de parent :

La troisième affaire dont il vous parla, fut touchant l'archevesque de Glasco, qu'il vous dit estre si bon homme, et avec lequel il avoit de longue main une fort particulière amitié, l'*ayant* mesme toujours *apparenté*, à cause qu'il portoit comme vous le nom de Bethune.

SULLY, *OEconomies royales*, c. 51.

Le feu roi (Louis XIV) n'*apparentoit* personne sans exception que Monsieur et M. le duc d'Orléans.

SAINT-SIMON, *Mémoires*, 1719.

Il s'emploie avec le pronom personnel et signifie Entrer dans une famille, s'allier à quelqu'un ; quelquefois, Se dire parent de quelqu'un ;

Soit construit avec la préposition *à :*

S'*apparenter à* la noblesse, *à* la bourgeoisie.

Dictionnaire de l'Académie, 1798.

Chacun *au* riche s'*aparente*.

MÉON, *Nouveau recueil de fabliaux et contes anciens :* Le Vilain asnier.

Soit pris absolument :

Elle *s'est* bien *apparentée*.

Dictionnaire de l'Académie, 1835.

APPARENTÉ, ÉE, participe.

Il est souvent pris adjectivement et toujours accompagné de quelque adverbe :

Il estoit *fort apparenté*.

COMMINES, *Mémoires*, c. 11.

La dame étoit grande et *grandement apparentée*, et de gens en place et en crédit.

SAINT-SIMON, *Mémoires*, 1700.

Particulièrement des adverbes *bien* et *mal :*

Elle estoit trop *bien apparentée*, pour se joüer ainsi à elle.

LA REINE DE NAVARRE, *Heptaméron*, LIII.

La mère de Cyrcène qui sçavoit que Clorian estoit riche et *bien apparenté*, me remercia de ce bon office.

D'URFÉ, *l'Astrée*, IIe part., liv. IV.

C'est une femme fort à son aise, qui a de bonnes rentes sur la ville, des maisons à Paris ; Lucile est fort *bien apparentée* au moins.

REGNARD, *le Retour imprévu*, I, 2.

Sa femme (de Law) n'étoit point sa femme ; elle étoit de bonne maison d'Angleterre et *bien apparentée*, qui avoit suivi Law par amour.

SAINT-SIMON, *Mémoires*, 1720.

L'épouse est *bien apparentée*,
Et *bien apparenté* l'époux.

CHAPELLE ET BACHAUMONT, *Voyage*.

APPARENTÉ a reçu quelquefois un complément formé de la préposition *de* et de son régime :

Il prit opinion au roy Lothaire second... de répudier la royne Tutbergue, sa femme... Ce qu'il ne pouvoit faire sans scandale, car la royne estoit *apparentée de* plusieurs grands princes.

EST. PASQUIER, *Recherches de la France*, III, 12.

Le mort estoit *apparenté* des plus grands d'entre eux.

D'URFÉ, *l'Astrée*, Ire part., liv. XII.

On lui donne aussi, assez souvent, au moyen de la préposition *dans* et de son régime, un autre complément :

Constantin, sieur de Montrioux... son père, estoit maistre des comptes. Il est fort *apparenté dans* le parlement (de Bretagne).

Notes secrètes des Intendants de provinces à Colbert, fin de 1663. (Voyez *Correspondances administratives sous Louis XIV*, t. II, p. 72.)

L'abbé de Cîteaux se trouvoit lors une fort bonne tête et fort *apparenté dans* la robe.

SAINT-SIMON, *Mémoires*, 1699.

Un jeune insensé, nommé Jean Chatel, fils d'un gros marchand de drap de Paris, et assez *bien apparenté dans* la ville où la famille de sa femme est encore assez nombreuse...

VOLTAIRE, *Histoire du parlement de Paris*, c. 36.

APPARENTÉ est pris substantivement, dans ce passage de date ancienne :

Collatin eust l'honneur de la venue, et logea en son hostel Sexte le fils l'empereur, lequel fut servi de tous les autres et de leurs femmes et *apparentés*.

Le *Ménagier de Paris,* Iʳᵉ distinction, 4ᵉ art.

On trouve, au sens d'APPARENTÉ, le mot de composition analogue, EMPARENTÉ :

Tant com en povreté fut mis,
Sans parenz fu et sans amis,
Et quant en grant bruit fut montez
Amez fu et *emparentez*.

MÉON, *Nouveau recueil de fabliaux et contes anciens :* Le Vilain asnier.

APPARIER, v. a. (de *a* et de *paire,* et, par ce mot, du latin *par*).

Quelquefois écrit avec un seul *p,* APARIER.

Unir par paires, par couples, joindre des choses ou des personnes qui se conviennent, qui sont faites pour aller ensemble ;

Des choses, soit de l'ordre physique, soit de l'ordre moral :

Il y a beaucoup de façons de faire plaisir, et beaucoup de le reconnoître. C'est pourquoi ce sont disparités qu'il n'est pas bien aisé d'*apparier*.

MALHERBE, trad. du *Traité des bienfaits* de Sénèque, liv. III, c. 9.

Amour et foy sont bien *apparyez*.

CL. MAROT, *Rondeaux,* I, xv.

Des personnes, des amants, des époux, des combattants, etc. :

L'amour charnel... en son action... esgale et *apparie* les fols et les sages...

CHARRON, *De la Sagesse,* I, xxii, 1.

Amour les *apparioit*.

ROB. ESTIENNE, *Dictionnaire françois-latin*.

Cyrus... dit à un qui avoit le nez grand et aquilin, qu'il espousast une femme camuse, parce qu'ainsy ils seroient bien *appariez*.

AMYOT, trad. de Plutarque, *Œuvres morales :* Les Propos de table, liv. II, quest. 1.

Berthe fut surnommée au grand pied, parce qu'en effet elle l'avoit tel, et la taille fort avantageuse, non pas toutefois gigantale et monstrueuse, ainsi que la dépeignent quelques-uns pour les *apparier* encore plus mal elle et son mary, qui estoit fort petit.

MÉZERAY, *Histoire de France :* Berthe, femme de Pépin.

C'estoit un homme de belle taille et de bonne mine, que je trouvai qui alloit à la campagne avec sa femme à ses cotez, qui estoit aussi laide qu'il estoit beau... Comme je m'estonnois... que la fortune *eust apparié* deux choses si dissemblables, celuy qui m'accompagnoit en fit ce récit.

PERROT D'ABLANCOURT, trad. de Lucien, *Toxaris*.

Sçais-tu comme on fait pour *apparier* les combattants ?

LE MÊME, même ouvrage, *Hermotime*.

Ce seroit une belle paire
Et Diex doinst qu'amour nous *apuire*.

FROISSART, *Poésies*.

APPARIER est pris au même sens, mais avec un régime qui ne désigne qu'une seule personne, dans des passages tels que le suivant :

Si le diable vous tente et vous veut marier,
Qu'il cherche un autre objet pour vous *apparier*.

REGNARD, *le Légataire universel,* I, 5.

APPARIER est quelquefois joint, par la préposition *avec,* à un régime indirect :

Le roi d'Espagne ayant une fille qu'il ayme infiniment, et qu'il sçait bien ne pouvoir jamais mieux *apparier* qu'avec un roi de France.

SULLY, *Œconomies royales,* c. 41.

On a dit aussi *apparier à,* mais le plus souvent avec le sens de Égaler à, comparer à ;

En parlant des choses :

Ceux qui ont *apparié* nostre vie *à* un songe ont eu de la raison, à l'adventure plus qu'ils ne pensoient.

MONTAIGNE, *Essais,* II, 12.

En parlant des personnes :

N'y en avoit point que nous luy puissions plus raisonnablement *apparier* que Eumenes.

AMYOT, trad. de Plutarque, *Vie de Sertorius,* I.

Encore qu'il regarde particulièrement les anges, si est-ce toutesfois qu'il *apparie* les hommes *à* eux pour ce poinct.

SAINT FRANÇOIS DE SALES, *Traité de l'amour de Dieu,* liv. II, c. 10.

S'apparier s'est dit dans des sens analogues, soit employé absolument ;

En parlant des choses :

Ils travaillent un mois à chercher comme à fils
Pourra s'*apparier* la rime de Memphis.

THÉOPHILE, Élégie à une Dame.

En parlant des personnes :

Les grandeurs et les empires trainent inséparablement ceste contrainte, que jamais on ne s'*aparie* que pour raison d'Estat.

D'URFÉ, l'Astrée, IIᵉ part., liv. XII.

Soit construit, au moyen de la préposition *à*, avec un régime indirect :

Marie Stuart, pour ne pas laisser flestrir sa jeunesse dans un triste vefvage, s'*apparia à* un beau mary, scavoir Henry Stuart comte d'Arley.

MÉZERAY, Histoire de France : Marie Stuart, femme
de François II.

S'apparier à s'est pris aussi dans le sens de S'égaler à, se comparer à :

En parlant des choses :

Rien du nostre ne *se* peut *apparier* ou rapporter en quelque façon que ce soit *à* la nature divine, qui ne la tache et marque d'imperfection.

MONTAIGNE, Essais, II, 12.

Si on veut bien regarder à toutes les batailles qui se sont données depuis celle des Suysses, nulle ne *se* pourra *apparier à* ceste-ci (la bataille de Dreux).

LA NOUE, Discours politiques et militaires, XXVI.

En parlant des personnes :

Puisque l'homme désiroit tant de s'*apparier à* Dieu, il eust mieux fait de ramener à soy les conditions divines, et les attirer çà bas, que d'envoyer là haut sa corruption et sa misère.

MONTAIGNE, Essais, II, 12.

L'évesque d'Alexandrie s'estoit aucunement voulu *apparier à* l'autre (à l'évesque de Rome).

EST. PASQUIER, Recherches de la France, III, 1.

APPARIER, employé autrefois, on vient de le voir, d'une manière si générale, n'est guère resté d'usage que dans des acceptions plus particulières, notamment en parlant d'animaux qu'on accouple pour le travail, de façon que l'un soit égal ou semblable à l'autre ; de certains objets qu'il s'agit d'assortir :

De mesme curieusement aviserez à bien *apparier* les deux jeunes bœufs, tant en grandeur qu'en courage.

OLIVIER DE SERRES, Théâtre d'Agriculture, IVᵉ lieu, c. 9.

Xénocrate étudia sous Platon en même temps qu'Aristote, mais non avec les mêmes talents. Il avoit besoin d'éperon, et l'autre de frein : c'est le jugement qu'en portoit Platon, et il ajoutoit qu'en les commettant ensemble il *apparioit* un cheval *avec* un âne.

ROLLIN, Histoire ancienne.

Apparier des chevaux. On a brouillé tous ces gants : démêlez-les, et les *appariez.*

Dictionnaire de l'Académie, 1694.

APPARIER signifie aussi Mettre ensemble le mâle avec la femelle. Dans ce sens, on ne le dit qu'en parlant de certains animaux : *Apparier des pigeons, des tourterelles.*

Il se dit également, avec le pronom personnel, des Pigeons, des tourterelles, des perdrix, et de quelques autres oiseaux qui s'associent par couples :

Aussi me semble que celles qui se remarient pour la seconde fois, ne font pas grand honneur à leur premier mari... en quoy la tourterelle, qui jamais ne s'*apparie* qu'à un, leur doit faire grand'honte.

JACQUES YVER, le Printemps d'Yver : Seconde histoire.

Au temps que les oiseaux sont en amour et s'*apparient* pour faire génération.

TARDIF, Fauconnerie, c. 2.

Les jeunes oiseaux se réunissent en troupes et ne se quittent plus que pour s'*apparier* et former eux-mêmes de nouvelles familles,

BUFFON, Histoire naturelle : Oiseaux ; le Cygne.

C'est là qu'elles s'*apparient* et qu'elles nichent sur des petites élévations dans des trous tapissés d'herbes sèches.

LE MÊME, même ouvrage : la Bécasse des savanes.

Il semble qu'il ait été fait allusion à cette expression dans les vers suivants :

Quand les gens comme moi veulent se marier,
Il leur faut même espèce à qui s'*apparier.*

BOURSAULT, Ésope à la ville, I, 6.

APPARIÉ, ÉE, participe.

D'APPARIER s'étaient formés plusieurs substantifs :

APPARIATION, s. f.

Action d'apparier :

Notre arrogance nous remet toujours en avant ceste blasphèmeuse *appariation* (de l'homme avec Dieu).

MONTAIGNE, Essais, II, 12.

APPARIEMENT, APPARÎMENT, s. m.
Action d'apparier.
APPARIEUX, APPARIEUSE, s. m., f.

Une marieuse de gens, on appelle cela vulgairement une *apparieuse*, qui se nommoit, disoit-on, dame Bricolleuse, lui proposa un parti de conséquence.
TALLEMANT DES RÉAUX, *Historiettes :* Renevilliers.

APPARITEUR, s. m. (du latin *apparitor*, venu lui-même d'*apparere*).

Dans certains cas, le mot APPARITEUR désigne, comme *apparitor*, qu'il traduit, des officiers subalternes, attachés aux magistrats romains, qui se tenaient près d'eux et à leurs ordres :

Ceste mesme apprehension fut cause qu'il (Domitien) rejetta un honneur que la flatterie du senat inventa; luy offrant qu'à toutes les fois qu'il exerceroit le consulat, il y auroit des chevaliers romains revestus de leurs longues robes et couverts de leurs armes, qui marcheroient devant luy comme ses *appariteurs*.
COEFFETEAU, *Histoire romaine*, liv. VIII.

Coriolan, naturellement fier et hautain, ayant renvoyé l'*appariteur* avec mépris...
VERTOT, *Révolutions romaines.*

En langage moderne, APPARITEUR est une expression générale, de signification analogue :

Ceulx-ci ne sont, proprement parlant, diables d'enfer, ilz en sont *appariteurs* et ministres.
RABELAIS, *Pantagruel*, liv. IV, Ancien prologue.

... s'adressèrent à frère Jean, l'advertissans qu'outre n'eust à passer sans payer le vin des *appariteurs*, selon la taxation des espices faites.
LE MÊME, même ouvrage, V, 15.

APPARITEUR se disait, particulièrement, d'une espèce de Sergent dans les cours ecclésiastiques.
Il se disait aussi des Bedeaux de certaines universités.
Il se dit encore aujourd'hui de certains Huissiers attachés à diverses facultés.

APPAROIR, v. n.
C'est une forme vieillie d'*apparaître*. Il s'est conservé comme terme de Palais avec le sens de être évident, manifeste. Il n'est usité qu'à l'infini-

tif, particulièrement dans cette manière de parler, *faire apparoir de*, et à la troisième personne du singulier de l'indicatif, où il ne s'emploie qu'impersonnellement, et où il fait *appert*, au lieu qu'*apparaître* fait *apparaît*. Il a en été donné des exemples dans l'article APPARAÎTRE. (Voy. pages 344 et 346.)

APPARTEMENT, s. m. (du bas latin *appartamentum*, et, par ce mot, de *ad* et de *partiri*).
Logement composé de plusieurs pièces de suite, de diverses grandeurs et propres à divers usages :

Les *appartements* (de l'hôtel de Prague) en estoient beaux, magnifiques, commodes, les ornements et les meubles representoient le luxe et l'abondance.
SARAZIN, *Conspiration de Valstein.*

Dans la première et la plus petite enceinte, estoit le palais des anciens rois; dans la seconde, les *appartements* de leurs femmes, de leurs enfans et de leurs concubines.
VAUGELAS, trad. de Quinte-Curce, liv. IV.

J'irai coucher demain dans ce joli *appartement*, où vous serez placée sans me déplacer.
Mᵐᵉ DE SÉVIGNÉ, *Lettres;* à Mᵐᵉ de Grignan, 6 mai 1672.

Que faites-vous, Clitiphon, dans cet endroit le plus reculé de votre *appartement?*
LA BRUYÈRE, *Caractères :* Des biens de fortune.

Elle (Madame la Dauphine) passoit sa vie renfermée dans de petits cabinets derrière son *appartement* sans vue et sans air...
Mᵐᵉ DE CAYLUS, *Souvenirs.*

Madame de Langeais mourut le premier de cette année au Luxembourg, où elle avoit un *appartement*.
SAINT-SIMON, *Mémoires*, 1717.

Nous traversâmes de longs *appartements*, et nous arrivâmes dans une salle où se tenoit une troupe de valets.
MARIVAUX, *la Vie de Marianne*, VIᵉ part.

Il me semble que je vous vois déjà en déshabillé dans l'*appartement* de Madame.
LE MÊME, *les Fausses confidences*, I, 2.

Il faut quitter l'*appartement*
Où se cache pompeusement
Sous de la toile d'or le plâtre de ta chambre.
MAYNARD, *Ode :* Alcippe, reviens dans nos bois, etc.

Choisissez-lui, Lépide, un digne *appartement*.
P. CORNEILLE, *Pompée*, III, 4.

Que riche *appartement* est là joliment dit,
Et que la métaphore est mise avec esprit!

Molière, les Femmes savantes, III, 1.

Ce n'est qu'à prix d'argent qu'on dort en cette ville.
Il faudroit dans l'enclos d'un vaste logement
Avoir loin de la rue un autre *appartement*.

Boileau, Satires, VI.

Je l'ai laissé passer dans son *appartement;*
J'ai passé dans le mien...

J. Racine, Britannicus, II, 2.

Si je n'avois en vue un tel engagement,
Il n'auroit pas chez moi pris un *appartement*.

Regnard, le Distrait, I, 1.

Hors de mon cabinet je ne suis plus le même;
Dans l'autre *appartement* toujours contrarié,
Ici je suis garçon, là je suis marié.

Destouches, le Philosophe marié, I, 1.

Mon hôtel sera vaste, et je prendrai grand soin
Que nos *appartements* se regardent de loin.

Le même, le Glorieux, I, 5.

L'aimable Vérité, qui, dans la Normandie,
N'avoit pu jusqu'ici trouver d'*appartement*.

Le Grand, le Mauvais Ménage, sc. 3.

On dit, très fréquemment, *l'appartement de
quelqu'un, son appartement*.

Appartement s'est dit autrefois, dans un sens
particulier, d'un cercle tenu chez le roi :

On se divertit fort à Versailles, et il y a jeu et *appartement* comme l'année passée.

De Trichateau, à Bussy, 30 octobre 1683. (Voyez *Correspondance de Bussy-Rabutin*, lettre 2093.)

L'explication de votre *il y a eu toilette*, me fait deviner ce
que vous avez voulu dire lorsque vous avez dit, en même
jargon : *il y a eu appartement, il y a eu canal*... Je m'imagine
que cela veut dire que la cour s'assembloit les soirs dans
l'*appartement* du roy pour y jouer et pour y prendre les
autres divertissements qui s'y rencontrent, et qu'elle se
promenoit l'après-dîner le long du canal...
Des gens de très-bon goût ont trouvé, dit la dame, que
il y a appartement est une façon de parler fort significative
et fort bien inventée, pour exprimer en peu de mots ce bel
assemblage de divertissements qui se trouvent dans le grand
et magnifique *appartement* de Versailles : la musique, la
collation, les liqueurs, toutes sortes de jeux, la conversation, et surtout cette agréable liberté qu'on y a de changer
de divertissement et d'aller de plaisir en plaisir... Je vous
demande grâce pour cette nouvelle façon de parler, et je
vous conseille de me l'accorder; car, entre nous, elle est

III.

déjà si bien établie qu'il serait fort inutile que vous entre-
prissiez de la détruire.

De Callières, Des Mots à la mode, 1692.

Le soir *il y avoit appartement*, ce qui arrivoit l'hiver trois
fois la semaine, les trois autres jours comédie et le dimanche rien.
Ce qu'on appeloit *appartement* étoit le concours de toute
la cour depuis sept heures du soir jusqu'à dix que le roi se
mettoit à table dans le grand appartement, depuis un des
salons du bout de la grande galerie jusque vers la tribune
de la chapelle.

Saint-Simon, Mémoires, 1692.

Le roi déclara qu'il vouloit qu'*il y eût* à Versailles des
comédies et des *appartements*, même lorsque Monseigneur
seroit à Meudon, contre l'ordinaire.

Le même, même ouvrage, 1710.

Dans un salon du firmament
Où les dieux assemblés *tenoient appartement*,
On vit entrer le dieu Mercure.

Dufresny, Poésies diverses : Étrennes de Mercure.

APPARTENIR, v. n. (de *ad* et de *pertinere*).
On l'a écrit apartenir, appertenir, apertenir, et
même apurtenir. (Voyez le *Glossaire* de Sainte-
Palaye et les exemples ci-après.)
Être la propriété légitime de quelqu'un, soit
que celui à qui est la chose dont on parle la possède, soit qu'il ne la possède pas :

Rien n'i périd de tutes les choses que à lui *apartindrent*.

Les quatre Livres des Rois, I, xxv, 21.

Entre les autres droits du roy, *luy appartenoient* les hommes et femmes de corps qui se disoient avoir esté manu-
mis par les premiers seigneurs.

Est. Pasquier, Recherches de la France, IV, 5.

Sa joie étoit qu'on lui fit des procès, parce qu'en perdant
il (le duc de Mazarin) cessoit de posséder un bien qui ne
lui appartenoit pas

Saint-Simon, Mémoires, 1712.

Si le père laissoit des enfants, la loi salique vouloit que
les filles fussent exclues de la succession à la terre salique,
et qu'elle *appartînt aux* enfants mâles.

Montesquieu, Esprit des Lois, XVIII, 22.

On combattait alors de près, et l'acharnement produi-
sait ces grands massacres dont il y a peu d'exemples depuis
que des troupes réglées combattent pour de l'argent, et
que les peuples oisifs attendent *à* quel vainqueur leurs blés
appartiendront.

Voltaire, Essai sur les mœurs, c. 115.

48

La maison *m'appartient*, je le ferai connoître.

Molière, *Tartufe*, IV, 7.

Deux vrais amis vivoient au Monomotapa :
L'un ne possédoit rien qui *n'appartînt* à l'autre.

La Fontaine, *Fables*, VIII, 11.

A ces exemples on en peut ajouter d'autres, de sens identique, mais dans lesquels la préposition *à* n'a point pour régime un nom de personne :

Cette île (Bellisle) *appartenoit* à l'abbaye de Sainte-Croix.

Saint-Simon, *Mémoires*, 1718.

Les habits de l'ordre de la Toison-d'Or *appartiennent* à l'ordre, qui les fournit en entier aux nouveaux chevaliers.

Le même, même ouvrage, 1722.

L'âne et la chèvre ne demandent pas autant de soin que le cheval et la brebis... ils peuvent mieux se passer du secours de l'homme : moins ils nous *appartiennent* plus ils semblent *appartenir* à la nature.

Buffon, *Histoire naturelle : La Chèvre*.

On l'emploie dans le même sens, mais d'une manière figurée, en parlant de choses, ou même de personnes, qu'on peut regarder comme une sorte de propriété ;

De choses :

Je ne hais pas à être louée, pourvu que les louanges qu'on me donne *m'appartiennent*, car la flatterie me fatigue.

Mlle de Montpensier, *Portraits*, CXLV : Mme de Montatère.

C'est en l'imitant dans sa piété et dans les aimables qualités de son cœur, que vous serez l'héritier de sa véritable gloire, et que son nom que je vous ai transmis *vous appartiendra*.

L. Racine, *Mémoires sur Jean Racine*.

Jaloux (les grands) de la réputation d'autrui, la gloire qui ne *leur appartient* pas est pour eux comme une tache qui les flétrit et qui les déshonore.

Massillon, *Petit Carême*, IIIe dimanche.

Et mon cœur et ma main *t'appartiennent*.

Marivaux, *le Jeu de l'amour et du hasard*, III, 8.

Le minois dont vous parlez est-il fait pour *vous appartenir* en légitime mariage ?

Le même, *l'Épreuve*, sc. 1.

Je fais ce que je peux pour n'avoir au moins que le tiers des sifflets (pour l'opéra de Pandore) ; les deux tiers, pour le moins, *appartiennent* à Sireuil et à Roger.

Voltaire, *Lettres*; 15 octobre 1754.

Chaque jour est un bien que du ciel je reçoi.
Je jouis aujourd'hui de celui qu'il me donne,
Il *n'appartient* pas plus *aux* jeunes gens qu'à moi,
Et celui de demain *n'appartient* à personne.

Maucroix, *Vers composés la veille de sa mort*.

De personnes :

Ma personne ne *m'appartiendra* donc plus.

Marivaux, les *Fausses Confidences*, I, 8.

Vous qui *m'appartenez* par le droit de l'épée.

Voltaire, *la Mort de César*, I, 2.

On peut aussi ajouter à ces exemples des passages où le régime de la préposition *à* n'est point un nom de personne :

Quand des prix sont proposés, ils sont dus et *appartiennent* de droit *au* mérite.

Rollin, *Traité des Études*, liv. VIII, IIe part., c. 1, art. 2.

La gloire du génie *appartient* alors à la seule Italie, ainsi qu'elle avait été le partage de la Grèce.

Voltaire, *Essai sur les mœurs*, c. 121.

Les habits bizarres *appartiennent* de droit à la comédie italienne, ils défigurent le théâtre françois.

Grimm, *Correspondance*, 15 octobre 1753.

Appartenir signifie aussi, Être le droit, le privilège, la prérogative ; ou encore, dans un sens très voisin, le Propre, le caractère particulier de quelqu'un ou de quelque chose ;

De quelqu'un :

Ceste demande de chose tolue par paor ou par force, *apartient as* oyrs et *as* autres qui ont l'eritage.

Le Conseil de Pierre de Fontaines, c. 15, § 84.

Votre roi n'est pas bien conseille, qui se ahert avec nos sujets et se veut faire juge de ce dont à lui *n'appartient* rien.

Froissart, *Chroniques*, liv. I, part. II, c. 257.

Celles (les fonctions) qui, étant dépendantes de la pensée, sont les seules qui *nous appartiennent* en tant qu'hommes.

Descartes, *Discours de la Méthode*, V.

Celui qui règne dans les cieux, et de qui relèvent tous les empires, à qui seul *appartient* la gloire, la majesté et l'indépendance...

Bossuet, *Oraison funèbre de la reine d'Angleterre*.

Il consulta Dieu, à qui *appartient* le conseil et l'équité; et Dieu lui marqua la route qu'il vouloit lui faire suivre.

Fléchier, *Oraison funèbre de M. de Lamoignon*.

Mon Dieu! Monsieur de Sottenville, vous avez des indulgences qui n'*appartiennent* qu'à vous, et vous ne savez pas vous faire rendre par les gens ce qui vous est dû.

MOLIÈRE, *Georges Dandin*, I, 4.

Quelque opinion qu'ait eu l'école jusqu'à présent, je ne conviens pas avec elle que le rire *appartienne à* l'homme privativement au reste des animaux.

LA FONTAINE, *Psyché*, I.

Y a-t-il quelqu'un qui puisse croire qu'un premier ministre parle à son roi de tant de petits détails qui n'*appartiennent* qu'à des commis subalternes.

VOLTAIRE, *Doutes sur le Testament politique de Richelieu*.

Cist mestiers *lor* apartenoit
Quant li rois Artus cort tenoit.

WACE, *Roman de Brut*, v. 10649.

C'est un trait de vertu qui n'*appartient* qu'à vous.

CORNEILLE, *Polyeucte*, IV, 5.

Ce foible n'*appartient* qu'à de petites gens.

LE GRAND, *Plutus*, I, 1.

A quelque chose :

Cil qui s'entremet de baillie garder et justice fere, doit estre sages, ne autrement il ne saroit pas fere ce qui *apartient à* office de bailli.

BEAUMANOIR, *Coutume de Beauvoisis*, c. 1, 2.

Dès lors commença à tenir audience publique et fist tout ce que *à* son office de papalité *appartenoit*.

MONSTRELET, *Chronique*, c. 62.

A cause que nous ne concevons point que le corps pense en aucune façon, nous avons raison de croire que toutes sortes de pensées qui sont en nous *appartiennent à* l'âme.

DESCARTES, *les Passions de l'âme*, part. I, art. 4.

A la vue *appartiennent* la lumière et les couleurs.

BOSSUET, *De la Connoissance de Dieu et de soi-même*, c. 1, art. 1.

Nous regardons les sensations comme choses qui *appartiennent à* notre âme.

LE MÊME, même ouvrage, *ibid.*

Quoique la curiosité et l'ostentation semblent être des branches de l'orgueil, elles *appartiennent* plutôt *à* la vanité.

LE MÊME, *Traité de la Concupiscence*, c. 10.

Le duel qu'Édouard III fit proposer à Philippe de Valois *appartient à* la chevalerie. Philippe de Valois le refusa.

VOLTAIRE, *Essai sur les mœurs*, c. 100.

Il existe dans l'intérieur de la terre une chaleur qui *lui appartient* en propre, et qui est tout à fait indépendante de celle que le soleil peut lui communiquer.

BUFFON, *Époques de la nature*.

Dans une acception très voisine de la précédente, APPARTENIR se dit pour Convenir :

Je le regardai fixement et d'un air sévère, qui m'*appartenoit* peu avec lui.

SAINT-SIMON, *Mémoires*, 1711.

J'y renonce; tant d'honneur ne m'*appartient* point.

MARIVAUX, *les Fausses Confidences*, II, 9.

Il signifie encore, Faire partie de :

Je pense que tu n'*appartiens* en rien à ceulx-cy. (Non esse horum te arbitror.)

ROB. ESTIENNE, *Dictionnaire françois-latin*.

Tout ce qui sert à la logique *lui appartient*.

Logique de Port-Royal, Ier discours.

Vous êtes entre ces deux éternités; vous ne savez *à* laquelle des deux vous *appartiendrez*.

MASSILLON, *Carême* : Sermons sur la Mort.

Rien de ce qui *appartient à* un luxe commode n'était oublié.

VOLTAIRE, *Siècle de Louis XIV*, c. 25.

Un membre séparé du corps *auquel* il *appartient*. On a trouvé le bras qui *appartient à* cette statue mutilée. Cet animal, cette plante *appartiennent à* tel genre.

Dictionnaire de l'Académie, 1835.

APPARTENIR signifie, d'une manière générale, Concerner, regarder, avoir rapport à, se rattacher à, etc. ;

A une personne :

Pource qu'on lui dit (à l'homme) que de soy-mesme il n'a nulle vertu à bien faire, il ne se soucie de s'y appliquer, comme si cela ne *lui appartenoit* de rien.

CALVIN, *Institution chrestienne*, II, 2, § 1.

Je ne vous sçaurois assez humblement remercier pour la promesse qu'il vous plaict me faire d'avoir en recommandation singulière ce qui m'*appartient*.

AMYOT, *Lettre au duc de Nivernoys*, août 1589. (Voyez DE BLIGNIÈRES, *Essai sur Amyot*, p. 350.)

Comment *te* peut-il (un événement heureux ou malheureux) *appartenir*, s'il ne touche ni à ton corps ni à ton âme?

LE MÊME, trad. de Plutarque, *Œuvres morales*.

... Moy, qui me veois, et qui me recherche jusques aux entrailles, qui sçais bien ce qui m'*appartient*.

MONTAIGNE, *Essais*, III, 5.

Les offenses qui sont faites à un prince juste, excitent des ressentiments universels et *appartiennent à* tout le public.

BALZAC, *le Prince*, c. 4.

La considération du bien présent excite en nous de la joie, celle du mal de la tristesse, lorsque c'est un bien où un mal qui nous est représenté comme *nous appartenant*.

> Descartes, *les Passions de l'âme*, part. II, art. 61.

J'enverrai à Madame de Coulanges ce qui *lui appartient* de votre lettre.

> Mᵐᵉ de Sévigné, *Lettres;* à Mᵐᵉ de Grignan, 27 avril 1672.

A une chose :

Elle n'aymoit nulle chose qui *y appartinst* (à la guerre.)

> Comines, *Mémoires*, I, 4.

Ainsi qu'il y a trois vertus en l'âme, qui *appartiennent à* cognoistre et entendre, lesquelles pour ceste cause sont nommées cognitives : assavoir la raison, l'intelligence, et la fantaisie; auxquelles il y en a trois autres correspondantes qui *appartiennent à* appeter : assavoir...

> Calvin, *Institution chrestienne*, I, 15, § 6.

Je m'estois ja obligé à une telle entreprise par mes œuvres précedens, qui *appartiennent à* l'illustration des langues grecque et latine.

> H. Estienne, *Precellence du langage françois :* Épître au Roi.

Depuis mon berceau je me suis trouvé en tant d'occasions, que je ne puis rien ignorer de tout ce qui *appartient à* la conduitte d'une grande armée.

> Cœffeteau, *Histoire romaine*, I.

On peut croire que les Assyriens étoient peu connus du côté de l'Occident, puisqu'un poëte si savant et si curieux d'orner son poëme de tout ce qui *appartenoit à* son sujet (Homère) ne les y fait point paroître.

> Bossuet, *Discours sur l'Histoire universelle*, I.

Ne brûloit-il pas du feu de cette charité puissante qui détache le cœur du monde et de tout ce qui *lui appartient*.

> Fléchier, *Panégyrique de saint François de Paule*.

Les femmes peuvent se passer de certaines connoissances étendues qui *appartiennent à* la politique, à l'art militaire, à la jurisprudence, à la philosophie et à la théologie.

> Fénelon, *De l'Éducation des filles*, c. 1.

La poësie et la musique étoient considérées par les anciens comme des choses sérieuses et importantes, et qui *appartenoient à* la politique et à la religion.

> Fleury, *Discours sur l'Histoire ecclésiastique*, IX, 1.

J'ai cru que la géométrie *appartenoit* davantage *à* l'imagination qu'*aux* sens, quoique les lignes soient quelque chose de sensible.

> Malebranche, *Recherche de la vérité*, I, 4.

Appartenir signifie, dans un sens particulier, Faire partie d'une famille, être en relation de parenté avec quelqu'un. On l'a quelquefois, comme on le verra dans quelques anciens exemples, accompagné de ces mots, *de parenté :*

Aussi est-il bien vray qu'il *lui appartenoit* (Caton à Pompée) *de* quelque *parenté*.

> Amyot, trad. de Plutarque, *Vie de Caton d'Utique*, XX.

Monstrelet adjouste que Savoisy seroit banny et exterminé de la cour du roy, et tous ceux qui *luy appartenoient de parentelle*, et avec ce privé de tous offices royaux.

> Est. Pasquier, *Recherches de la France*, III, 29.

Tous ceux qu'on peut recognoistre *luy appartenir de parenté* furent enrichis d'aumônes et contributions publiques.

> Matthieu, *Histoire des derniers troubles de France*, V.

Ils (les Romains) ne se sont pas contentés de vouloir *appartenir à* Vénus par Énée conducteur des Troyens en Italie.

> Saint-Évremont, *Réflexions sur les divers génies du peuple romain*, c. 1.

Est-ce votre gendre, Monsieur, qui... — Oui : c'est lui-même qui s'en est plaint à moi. — Certes, il peut remercier l'avantage qu'il a de *vous appartenir;* et, sans cela, je lui apprendrois bien à tenir de tels discours d'une personne comme moi!

> Molière, *Georges Dandin*, I, 5.

On sait en Normandie quels sont les Gigault; mais le surprenant est que la mère de ces trois femmes *appartenoit aux* Épaules, bonne et ancienne maison éteinte...

> Saint-Simon, *Mémoires*, 1706.

Par tout cela ma naissance devint impénétrable, et je *n'appartins* plus qu'*à* la charité de tout le monde.

> Marivaux, *la Vie de Marianne*, Iʳᵉ part.

Elles *nous appartient* de très-près : c'est la fille de feu mon frère.

> Sédaine, *la Gageure imprévue*, sc. 29.

Tout comme il vous plaira; mais je vois avec peine
Que vous ne vouliez pas que je *vous appartienne*.

> Piron, *la Métromanie*, III, 7.

Un autre sens particulier d'appartenir, c'est Être attaché à quelqu'un, être à son service :

Tuz ces ki *apartindrent à* la maisun Siba servirnent à Miphiboseth.

> *Les quatre Livres des Rois*, II, ix, 12.

Il jugea que ceux qui *appartenoient à* ce grand homme n'étoient capables de conspirer que pour son service et pour le bien de ses sujets.

> Fléchier, *Oraison funèbre de M. de Lamoignon*.

Ah! puisque vous *appartenez au* seigneur Ordonnez, il faut que vous soyez un garçon de bien et d'honneur.

> Le Sage, *Gil Blas*, II, 1.

Mais quand le roi eut fait porter cet édit au parlement de Toulouse par un gentilhomme nommé Rapin, qui *avait appartenu au* prince de Condé, le parlément de Toulouse, au lieu de faire vérifier l'édit, fit couper la tête à Rapin.

VOLTAIRE, *Histoire du parlement de Paris,* c. 28.

Je veux savoir de toi, traître,
Ce que tu fais, d'où tu viens avant jour,
Où tu vas, à qui tu peux être.
— Je fais le bien et le mal tour à tour ;
Je viens de là, vais là ; j'*appartiens à* mon maître.

MOLIÈRE, *Amphitryon,* I, 2.

A cette acception peut se rapporter l'expression que donne le passage suivant :

Tout ce qu'on a dit pour détourner de cette action, représentée tantôt comme courageuse, tantôt comme lâche, se réduit à ceci : vous *appartenez à* la république, il ne vous est pas permis de quitter votre poste sans son ordre.

VOLTAIRE, *Prix de la Justice,* art. 5 : Du Suicide.

APPARTENIR s'emploie impersonnellement et signifie, Convenir, être de droit, de devoir, de bienséance.

Il appartient à ;
A ayant pour régime un nom de personne :

Et fut enseveli si honorablement que à lui *appartenoit.*

FROISSART, *Chroniques,* liv. I, part. I, c. 47.

Si trouva le duc de Savoie le roy ainsi qu'il vouloit sortir de sa chambre, auquel il fit la reverence telle et si haulte que à si grant et noble prince *appartenoit.*

Le Loyal Serviteur, c. 5.

Il prit du linge blanc plus souvent qu'il *n'appartenoit à* un vieil comédien de campagne.

SCARRON, *Roman comique,* I, 19.

M. de Beaufort estoit brave de sa personne, et plus qu'il *n'appartenoit à* un fanfaron.

LE CARDINAL DE RETZ, *Mémoires.*

Allons, Monsieur Frisquet, mettez-vous dans ce fauteuil. Colombine, encore un carreau à Monsieur Frisquet. Vous me faites bien plus d'honneur qu'à moi *n'appartient,* Mademoiselle.

(Voyez GHÉRARDI, *Théâtre italien,* t. II, p. 187.)

A ayant pour régime un nom de chose :

Tantost après son père mourut, et furent faictes ses funérailles comme à son estat et à homme de tel lieu qu'il estoit *appartenoit.*

Les cent Nouvelles nouvelles, LII.

Afin que toutes choses se puissent faire avecques telle dignité qu'il *appartient à* ma satisfaction et réputation.

HENRI IV, *Lettres ;* 3 octobre 1572.

Il n'appartient à... de...
Il n'appartient qu'à... de...
A ayant pour régime un nom de personne :

Vous voulez estre chevalier et ne sçavez si de droict vous *appartient* de l'estre.

HERBERAY DES ESSARTS, *Amadis de Gaule,* I, 5.

Qui ayme le corps sous la cuirasse, *il ne lui appartient* point *de* se mesler à l'eschole de la guerre.

HENRI IV, *Lettres ;* 5 janvier 1580.

Si les huguenots avoient fait voir à Poitiers qu'ils n'entendoient rien à attaquer les places, ils montrèrent bien à Saint-Jean-d'Angély qu'*il leur appartenoit de* les défendre.

MÉZERAY, *Histoire de France :* Charles IX.

Il n'appartient qu'aux grands hommes d'avoir de grands défauts.

LA ROCHEFOUCAULD, *Maximes,* CXC.

Il veut voir des défauts à tout ce qu'on écrit,
Et pense que louer n'est pas d'un bel esprit,
Que c'est être savant que trouver à redire,
Qu'*il n'appartient qu'aux* sots d'admirer et de rire.

MOLIÈRE, *le Misanthrope,* II, 5.

A ayant pour régime un nom de chose :

C'est proprement à la vérité qu'*il appartient de* rire, parce qu'elle est gaie, et de se jouer de ses ennemis, parce qu'elle est assurée de la victoire.

PASCAL, *Provinciales,* XI.

Tous les philosophes sont d'accord qu'*il n'appartient qu'à* l'entendement seul *de* connoître le vrai et le faux, et de discerner l'un d'avec l'autre.

BOSSUET, *De la Connoissance de Dieu et de soi-même,* c. 1, art. 7.

Il appartient à l'esprit, c'est-à-dire à l'entendement *de* juger de la beauté.

LE MÊME, même ouvrage, *ibid.*

Il n'appartient qu'à l'Égypte *de* dresser des monuments pour la postérité.

LE MÊME, *Discours sur l'Histoire universelle,* III, 3.

La chute de ce ministre (Fouquet), à qui on avait bien moins de reproches à faire qu'au cardinal de Mazarin, fit voir qu'*il n'appartient* pas à tout le monde *de* faire les mêmes fautes.

VOLTAIRE, *Siècle de Louis XIV,* c. 25.

Dans des passages de date ancienne la préposition *de* est sous-entendue :

Meschant fol, *vous appartient il* me tenir telz propous?
RABELAIS, *Pantagruel,* II, 21.

On dit, par manière de reproche, *il vous appartient bien de...*

Il vous appartient bien, après cela, *de* venir accuser les justes.
MASSILLON, *Carême :* Sur l'Injustice du monde envers les gens de bien.

Il appartient a été fort employé, au sens de *il convient,* soit avec quelque complément, comme dans les passages suivants :

Les douze pairs lui conseillèrent qu'*il appartenoit* bien que ledit comte fust mandé et ajourné par suffisans messages.
FROISSART, *Chroniques,* liv. I, part. I, c. 153.

Bien savoit ledit roi quelle chose *il appartenoit à* faire.
LE MÊME, même ouvrage, part. II, c. 343.

Il appartient bien, Æquum est, Consentaneum est.
ROB. ESTIENNE, *Dictionnaire françois-latin.*

Soit pris absolument :

Si fut le roi de France conseillé et informé qu'il mandast ledit roi d'Angleterre à venir faire hommage et féauté, ainsi comme *il appartenoit.*
FROISSART, *Chroniques,* liv. I, part. I, c. 51.

Le comte d'Artois s'en retourna en sa conté, où il chargea faire ses habillemens et provisions pour recevoir sa fiancée ainsi qu'*il appartenoit.*
Le Livre du très chevaleureux comte d'Artois, p. 20.

Il faut, dis-je, venir à sa parole, et nous y renger : là où Dieu nous est droitement monstré et peint au vif en ses œuvres. Car alors elles sont estimées selon qu'*il appartient,* assavoir par la vérité immuable qui en est la reigle, et non pas selon la perversité de nostre jugement.
CALVIN, *Institution chrestienne,* I, 6, § 3.

Cela se fait là où l'on ne vit pas ainsi qu'*il appartient.*
ROB. ESTIENNE, *Dictionnaire françois-latin.*

A cette manière de parler se rapportent certaines formules qui se sont perpétuées au palais et dans le style des ordonnances.

Ainsi qu'il appartiendra, Selon qu'il sera convenable.

Ce qu'il appartiendra, Ce qui sera convenable.

A tous ceux qu'il appartiendra, A tous ceux que la chose dont il est question pourra concerner de quelque manière :

Mande et ordonne Sa Majesté... aux maréchaux de France... chefs et conducteurs de ses gens de guerre, tant de pied que de cheval, françois et étrangers, et tous autres ses officiers qu'*il appartiendra,* que le contenu en la présente ils fassent exécuter...
Déclarations de guerre de Louis XIV contre l'Espagne, 19 octobre 1673. (Voyez *Négociations relatives à la succession d'Espagne,* t. IV, p. 216.)

De là, par une allusion plaisante, dans le langage familier, *aux dépens de qui il appartiendra :*

Quand j'ai vu qu'à toute force ils vouloient que je fusse médecin, je me suis résolu de l'être *aux dépens de qui il appartiendra.*
MOLIÈRE, *le Médecin malgré lui,* III, 1.

Je voudrois bien passer deux ou trois mois avec vous. Nous dirions bien des choses, et je suis assuré que nous ririons quelquefois de bon cœur *aux dépens de qui il appartiendroit.*
CORBINELLI, *Lettres ;* à Bussy, 25 septembre 1669. (Voyez *Correspondance de Bussy-Rabutin,* lettre 197.)

Je suis lasse à mourir de la fadeur des nouvelles ; nous avons bien besoin de quelque événement, comme vous dites, *aux dépens de qui il appartiendra.*
Mme DE SÉVIGNÉ, *Lettres ;* à Mme de Grignan, 11 décembre 1675.

Je pendis au croc une seconde fois mon habit brodé pour en prendre un de mon maître et me donner l'air d'un médecin. Après quoi je me disposai à exercer la médecine *aux dépens de qui il appartiendroit.*
LE SAGE, *Gil Blas,* II, 3.

APPARTENANT, ANTE, devenu adjectif et aujourd'hui désigné comme tel dans les dictionnaires, n'a été longtemps que le participe présent d'APPARTENIR, employé adjectivement, et pouvant, selon l'usage ancien, par son accord avec le nom, prendre la terminaison féminine et l'usage du pluriel.

Il a été employé adjectivement dans tous les sens du verbe ;

Pour Étant la propriété de ; c'est le sens qu'il a maintenant comme adjectif et à peu près le seul où il soit usité :

Il avoit toutes choses *appartenantes à* lui, et étoit servi bien et notablement.
FROISSART, *Chroniques,* liv. I, part. II, c. 21.

Ils l'envoyèrent sommer de leur rendre la ville de Fidenes, comme à eulx *appartenante*.

AMYOT, trad. de Plutarque, *Vie de Romulus*, c. 29.

C'est une petite ville catholique *appartenante à l'évêque d'Auguste*.

MONTAIGNE, *Voyages : Freissen*.

Dom Cesaré son fils naturel, aiant au poing un testament du duc, qui l'ordonnoit son héritier, se saisit de toutes les places *appartenantes au* deffunct.

AGR. D'AUBIGNÉ, *Histoire universelle*, t. III, liv. IV, c. 35.

Monsieur de Nointel, ambassadeur de France, me dit que je fisse mettre son nom et des fleurs de lys sur mes caisses, et qu'il les envoiroit querir comme *appartenantes à* luy.

CHARDIN, *Journal du Voyage en Perse*, 1ro part.

Stanislas saisit huit cents mille ducats *appartenants au* prince Menzikoff, général moscovite.

VOLTAIRE, *Histoire de Charles XII*, liv. III.

Des officiers joignirent bientôt leurs voix à ce cri général; surtout ceux du bataillon de l'Inde, troupe *appartenante* à la Compagnie, furent les plus aigris.

LE MÊME, *Fragments sur l'Inde*, art. 14.

Dans tous ces exemples APPARTENANT est adjectif et se décline; il est participe et indéclinable dans d'autres tels que ceux-ci :

Il (Riperda) y avoit même acquis déjà quelques terres (en Espagne), et une maison *appartenant* autrefois à l'amirauté de Castille.

SAINT-SIMON, *Mémoires*, 1718.

... Fleuri, incertain si le roi n'était pas du complot (M. le duc avait voulu empêcher l'évêque d'assister à un conseil tenu chez la reine), prit incontinent le parti de se retirer au village d'Issi, entre Paris et Versailles, dans une petite maison de campagne *appartenant* à un séminaire. C'était là son refuge, quand il était mécontent ou qu'il feignait de l'être.

VOLTAIRE, *Siècle de Louis XIV et de Louis XV*.

Pour Étant la prérogative, le droit, le propre de :

Pour le temps advenir ne seront si legiers (les princes) ou à pardonner ou à faire quelque libéralité, ou autre chose de grâce, qui toutes sont *appartenantes à* leurs offices.

COMMINES, *Mémoires*, II, 3.

Quand il faisoit aucune chose *appartenante à* l'office de celle presbtrise.

AMYOT, trad. de Plutarque, *Vie de Paul-Émile*, c. 5.

La forme desdites cautions et obligations prescrites par

ledit article estoit nouvelle en France, non seulement en choses *appartenantes au* roy, mais aussi entre les personnes privées.

LE CARDINAL D'OSSAT, *Lettres*; IV, 142.

Pour Faisant partie de, dépendant de :

Si tenoit icellui duc son estat dedens le Louvre, en la chambre Saint-Loys, et ès chambres de dessoubz *appartenans à* icelle.

MONSTRELET, *Chronique*, I, 25.

Pour Regardant, concernant :

Et avoit (il y avoit) en cette neuve ville du roi toutes choses nécessaires *appartenans à* un ost.

FROISSART, *Chroniques*, liv. I, part. I, c. 297.

Les choses *appartenantes au* faict de la guerre.

H. ESTIENNE, *la Precellence du langage françois*.

Car même les poëtes comiques, en leurs comedies mettent bien quelques remontrances serieuses, *appartenantes au* gouvernement de la republique.

AMYOT, trad. de Plutarque, *OEuvres morales*.

... D'autres choses *appartenantes audit* voyage de Ferrare.

LE CARDINAL D'OSSAT, *Lettres*; V, 35.

Pour Attaché à, par des rapports de parenté, de service, etc. :

Hiéu ocist tuz ces ki *apartenant* furent à Achab en Jesrael, les mielz vaillanz e ses privez.

Les quatre Livres des Rois, IV x, 11.

On l'a employé, en ce sens, substantivement :

Et mesmes s'il advenoit que le roy Henry n'eust hoirs vivans dudit mariage, par le moien d'icellui traictié et accord, si demourroit-il héritier de la couronne de France, ou préjudice de tous les royaulx et *appartenans* qui ou temps avenir y povoient ou devoient succéder de droicte lignée.

MONSTRELET, *Chronique*, c. 221.

Qui trouva mort son père ou son eiffant,
Neveu ou oncle, ou son *apartenant*.

Raoul de Cambray, v. 126.

Desfendez vos e vos enfanz
E vos altres *apartenanz*.

WACE, *Roman de Rou*, v. 12441.

Si voel en ma terre envoier
Por ma feme et por mes enfans
Et por altres *apartenans*.

LE MÊME, *Roman de Brut*, t. I, v. 7034.

Pour Convenant à, digne de

Voylà vrayement une parole *appartenante* à Caton. C'estoit un commencement de ce personnage, digne de sa mort.

LA BOÉTIE, *Discours de la Servitude volontaire.*

Pour Convenable, d'une manière absolue :

C'est bien chose *appartenant* que je, tresmechant et inutile pecheur, selon vostre bon plaisir et voulenté, seuffre et porte paciemment ce qu'il vous plaira.

Le Livre de l'Internelle consolacion, II, 18.

Car d'émouvoir guerre au roi d'Angleterre, et de mettre en haine les deux royaumes qui étoient en paix, ce n'étoit pas chose qui fût *appartenante.*

FROISSART, *Chroniques,* liv. I, part. I, c. 8.

On avoit jà informé le prince que les gens du cardinal de Pierregort étoient demeurés sur les champs et eux armés contre lui ce qui n'étoit mie *appartenant* ni droit fait d'armes.

LE MÊME, même ouvrage, part. II, c. 38.

APPARTENANCE, s. f.

On l'a écrit APARTENANCE, et même APURTENANCE. (Voyez le *Glossaire* de Sainte-Palaye et les exemples ci-après.)

Il a répondu, par ses acceptions, à celles du verbe APPARTENIR; et, par exemple, signifié Propriété, non seulement en parlant des particuliers, mais lorsqu'il était question des souverains et des peuples.

Au premier cas se rapportent des exemples tels que les suivants :

Et ces deux frères tindrent du conte Henri touz leur héritages et leur *apartenances.*

JOINVILLE, *Histoire de saint Louis.*

Appartenance d'un chascun, *proprietas.*

ROB. ESTIENNE, *Dictionnaire françois-latin.*

Vous savez, c'est ma substance,
Men manoir et *appartenance*
Et heritage.

Le Mistere du siege d'Orleans, v. 393.

Au second cas, ces autres passages :

Théodore, se voyant assiégé d'affaires de tous sortes, fit accord avec les François, par lequel fut capitulé qu'il mettroit entre leurs mains le demeurant de la Gaule, qui estoit des *appartenances des* Goths.

EST. PASQUIER, *Recherches de la France,* I, 8.

Nos roys faisoient grand estat de Térouenne, pour ce qu'estant très-forte par assiette et par travail, elle leur

servoit de rempart contre les Anglois de Calais; et qu'estant avancée entre Arras et Tournay, villes qui ont esté autrefois de nos *appartenances,* ils tenoient toutes ces contrées en contribution.

MÉZERAY, *Histoire de France :* Henri II.

Nous sommes ceulx qui devons, en tous sens,
Garder le sien contre tous malveillants,
Son heritaige et *son appartenance.*

Le Mistere du siege d'Orleans, v. 928.

Il a aussi marqué, entre les personnes, des Rapports de parenté, de service :

Cet homme est de *nostre appartenance,* c'est à dire de nostre parenté.

NICOT, *Trésor.*

Moult en fu grant le pleur en France
De ceux de leur *apartenance.*

G. GUYART, *Royaus Lignages,* ms., f° 37, v°. (Cité par Sainte-Palaye.)

De quelque cas qu'il ait affaire,
M'y emploieray de ma puissance,
De mes gens et *appartenance.*

Le Mistere du siege d'Orleans, v. 4145.

On s'en est aussi servi dans le sens général de Rapport :

Tout se doit rapporter par quelque *appartenance.*

VAUQUELIN DE LA FRESNAIE, *Art poétique,* I.

Dans son sens le plus ordinaire et qui s'est perpétué, il s'est dit, particulièrement au pluriel, de Ce qui se rattache à une chose, et en fait accessoirement partie, lui appartient, en dépend, de ses *dépendances.* Les deux mots sont à peu près synonymes, et on les trouve quelquefois joints ensemble;

En parlant de Domaines, de terres, d'édifices, etc :

Tutes les choses ki furent Saül, et sun maisnil e tutes les *apurtenances,* tut rend al fiz tun seignur.

Les quatre Livres des Rois, II, IX, 9.

Treze anz mist li reis à faire sun paleis od tutes les *apurtenances.*

Même ouvrage, III, IX, 1.

S'il brise, ou depiece, ou pert aucune coze qui est des *apertenances* du pressoir.

BEAUMANOIR, *Coutumes de Beauvoisis,* XXXVIII, 19.

Dans ce faux-bourg... les Lamberti... avoient une maison spacieuse accompagnée de grands jardins et *apparte-nances.*

AGR. D'AUBIGNÉ, *Histoire universelle,* t. II, liv. II, c. 13.

Si un quart de lieuë quarrée dans un terroir médiocre, y compris l'étenduë de deux maisons nobles et leurs *appartenances* qui ne payent rien, porte quatorze cens livres de dixme ecclésiastique, la lieuë quarrée portera 5,600 livres.

VAUBAN, *Projet d'une Dixme royale,* 1er fonds.

Cette église estoit autrefois avec ses *appartenances* bien plus grande qu'elle n'est à présent.

THÉVENOT, *Voyage du Levant,* c. 16.

Il fallut des cuisines aux princesses et d'autres *appartenances.*

SAINT-SIMON, *Mémoires,* 1710.

En parlant d'États, de provinces, de villes, etc. :

Ils auroient Andrenoble et toutes les *apartenances.*

VILLEHARDOUIN, *Conqueste de Constantinoble,* CLIX.

De léger ils conquerroient et recouvreroient Lille, Douay et Béthune, et toutes les *appartenances* qui doivent être tenues de la comté de Flandre.

FROISSART, *Chroniques,* liv. I, part. I, c. 97.

Seulement luy laissa l'on par pitié le royaume de la Macédoine, avec les *apartenances.*

AMYOT, trad. de Plutarque, *Vie d'Aratus,* c. 64.

La Gaule estoit commandée par quatre diverses nations... la ville de Soissons avecques ses *dépendances* et *appartenances* par le Romain.

EST. PASQUIER, *Recherches de la France,* V, 1.

A Clovis fut donné Soissons avec ses *appartenances,* qui estoient le Vermandois, la Picardie, la Flandre et la Normandie.

MÉZERAY, *Histoire de France :* Childebert, I.

(Les rois de France et d'Espagne) veulent et entendent que la sérénissime infante et les descendants d'icelle demeurent à l'avenir et pour jamais exclus de pouvoir succéder, en aucun temps ni en aucun cas, ès États du pays de Flandre, comté de Bourgogne et de Charolois, leurs *appartenances* et *dépendances.*

Extrait du Contrat de mariage de Louis XIV avec Marie-Thérèse, du 7 novembre 1659; art. 5. (Voyez MIGNET, *Négociations relatives à la succession d'Espagne,* t. I, p. 56.)

APPARTENANCE a été quelquefois employé dans un sens moral en rapport avec cette acception de Dépendance :

L'heur et la béatitude qui reluit en la vertu, remplit toutes *ses appartenances* et avenues, jusques à la première entrée et extrême barrière.

MONTAIGNE, *Essais,* I, 19.

III.

Faire des lois, donner les dispenses sont des *appartenances* également nobles de l'autorité souveraine.

BOSSUET, IIe *sermon :* Sur la Conception de la sainte Vierge.

APPAS, s. m. pl., **APPÂT**, s. m. (de *ad pastum, appastum,* latin du moyen âge).

Ces deux mots, de commune origine et de signification analogue, n'en ont longtemps fait qu'un, qu'on écrivait primitivement APPAST, et qui s'employait au propre en deux sens;

L'un, vieilli de bonne heure et qu'a exprimé depuis, à sa place, le mot, de même famille, PATÉE :

(Fulvius Hirpinus) inventeur des garennes d'escargots... inventa un *apast...* qui estoit fait de vin cuit, farine de bled et de plusieurs autres choses.

DU PINET, trad. de Pline l'Ancien, *Histoire naturelle,* liv. IX, c. 56.

L'autre, toujours subsistant et qui en fait un synonyme d'amorce, APPAST, APPAT, a continué à se dire soit au singulier, soit au pluriel, de la Pâture, de la mangeaille qu'on met, soit à des pièges pour attirer des quadrupèdes ou des oiseaux, soit à des hameçons pour pêcher des poissons :

D'autres fois Psyché se divertissoit à entendre un défi de rossignols, ou à voir un combat naval de cignes, des tournois et des joutes de poissons. Son plus grand plaisir étoit de présenter un *apât* à ces animaux, et après les avoir pris de les rendre à leur élément.

LA FONTAINE, *Psyché,* I.

... Ce blé couvroit d'un lacs
Les menteurs et traitres *appâts.*

LE MÊME, *Fables,* IX, 2.

Et, quand à quelques-uns (poissons) l'*appât* seroit fatal, Mourir des mains d'Annette est un sort que j'envie.

LE MÊME, même ouvrage, X, 11.

Quelquefois aux *appas* d'un hameçon perfide, J'amorce en badinant le poisson trop avide.

BOILEAU, *Épîtres,* VI.

Il s'est dit de bonne heure, par figure, le plus ordinairement avec une intention défavorable, de Tout ce qui attire, qui engage à faire quelque chose :

... Qu'ils desvoyent renvoyer hors de Sparte tout cest or et tout cest argent comme une peste, et un *appast* et amorce attrayante à mal faire.

AMYOT, trad. de Plutarque, *Vie de Lysandre,* c. 6.

La jeunesse, qui aisément mord en ces *apasts*, estant aidée par la coustume et point reprimée par les loix, va de plus en plus irritant son appétit.

La Noue, *Discours militaires et politiques*, I.

Il ne sortit de cette affaire que douze hommes qui ne fussent morts, blessez ou prisonniers, tant l'*appast* estoit bien préparé.

Agr. d'Aubigné, *Histoire universelle*, t. II, liv. III, c. 6.

Clisson s'estoit acquis le duc d'Orléans, esprit volage, et un peu trop amoureux des plaisirs et de la dépence, lequel il amorçoit par des *appasts* convenables à son humeur, faisant que le roy luy donnast ou des terres, ou de l'argent, ou des offices pour ses gens.

Mézeray, *Histoire de France* : Charles VI.

Il estoit destiné que ces malheureux princes (Ludovic Sforze et son frère Ascagne) fussent chastiez de leurs perfidies, et que tous ces succez ne fussent pour ainsi dire que des *appasts* pour les attirer dans le filet.

Le même, même ouvrage : Louis XII.

Se voir exposé aux yeux de toute l'Europe comme sur un grand théâtre; s'y voir par son éloquence dans les premiers rangs, s'y être fait un nom et une autorité qu'on respecte dans un grand parti : Calvin ne s'en peut taire, c'est pour loi un doux *appât*, et c'est celui qui a fait tous les hérésiarques.

Bossuet, *Histoire des Variations des églises protestantes*, liv. IX, n° 77.

La loi agraire avoit dans tous les temps servi d'*appât* et d'amorce aux tribuns pour gagner la populace et pour se l'attacher.

Rollin, *Traité des Études*, liv. I, c. 3, art. 2, § 6.

Voir du pays est un *appât* auquel un Génevois ne résiste guère : je donnai donc mon consentement.

J.-J. Rousseau, *les Confessions*, I, 2.

Les spectacles, les dons, invisibles *appâts*,
Vous attiroient les cœurs du peuple et des soldats.

J. Racine, *Britannicus*, IV, 2.

Je reconnois l'*appât* dont ils m'avoient séduite.

Le même, *Bajazet*, IV, 5.

Le tour du bâton? — Oui. — C'est un certain *appât*...
Un profit clandestin... Vous ne l'ignorez pas.

Boursault, *Ésope à la cour*, IV, 5.

Amusez les rois par des songes,
Flattez-les, payez-les d'agréables mensonges :
Quelque indignation dont leur cœur soit rempli,
Ils goberont l'*appât*; vous serez leur ami.

La Fontaine, *Fables*, VIII, 14.

Ta funeste bonté, qui fait aimer tes fers,
Et qui n'est qu'un *appât* pour tromper l'univers.

Voltaire, *la Mort de César*, II, 5.

Appât, au figuré, reçoit fréquemment un complément formé de la préposition *de* et de son régime, lequel fait connaître la nature de l'*appât* :

Quand une fois on a trouvé le moyen de prendre la multitude par l'*appât* de la liberté, elle suit en aveugle, pourvu qu'elle en entende seulement le nom.

Bossuet, *Oraison funèbre de la reine d'Angleterre*.

Ni la surprise, ni l'intérêt, ni la vanité, ni l'*appât* d'une flatterie délicate ou d'une douce conversation qui souvent épanchant le cœur en fait échapper le secret, n'étoit capable de lui faire découvrir le sien.

Le même, *Oraison funèbre de la duchesse d'Orléans*.

L'esprit humain, depuis qu'il a goûté une fois l'*appât* de la nouveauté, ne cesse de rechercher avec un appétit déréglé cette trompeuse douceur.

Le même, *Histoire des Variations des églises protestantes*, Préface n° 7.

... Et pourtant Trufaldin
Est si bien imprimé de ce conte badin,
Mord si bien à l'*appât* de cette foible ruse,
Qu'il ne veut point souffrir que l'on le désabuse.

Molière, *l'Étourdi*, III, 2.

Mais perdez cette erreur dont l'*appât* vous amorce.

Boileau, *Épîtres*, X.

Quelquefois, dans cette manière de parler, le régime de la préposition *de* désigne l'auteur de l'*appât*. On dit *les appâts de* quelqu'un, *ses appâts* :

C'étoient *les appâts* et les promesses *de* cette nouvelle secte.

Balzac, *Socrate chrétien*, Discours III.

Le roy... luy donne trois cens escus et une pièce de velours, et luy en promet dix fois autant, s'il fait quelque chose pour luy. Le hérault, leurré par *ses appasts*, rapporte le tout à son maître.

Mézeray, *Histoire de France* : Louis XI

Tous les amants savent feindre ;
Nymphes, craignez *leurs appas*.

J.-B. Rousseau, *Cantates*, V.

Quelquefois aussi c'est ce qui est attiré par l'*appât* que désigne ce régime :

Vivez donc content de ce que vous êtes, et surtout que le désir de faire du bien ne vous fasse pas désirer une condition plus relevée, c'est l'*appât* ordinaire *des* ambitieux.

Bossuet, *Sermons* : Contre l'Ambition.

Les voluptés corporelles peuvent-elles sembler désirables, elles que Platon a nommées l'*appât* et l'hameçon *de* tous les maux ?

Le même, *Sermons* : Sur le Danger des plaisirs des sens.

On a dit, soit au propre, soit au figuré, *dresser des appâts* :

> Ayant *dressé ses appaz* (Vulcain),
> Il sort de son domicile.
>
> Joachim du Bellay, *Ode*, au seigneur des Essars.

Tendre des appâts :

> Estes-vous si nouveau que de ne sçavoir pas
> Que c'est pour Alcidor qu'elle *tend ses appas*.
>
> Racan, *les Bergeries*, II, 3.

> Je ne vois sous l'éclat dont il est revêtu
> Que de traîtres *appâts* qu'il *tend* à ma vertu.
>
> Rotrou, *Venceslas*, II, 1.

On trouve aussi ces expressions, *jeter, semer des appâts* :

> Comme la cour est le principe et le centre de toutes les affaires du monde, l'ennemi du genre humain y *jette* tous ses *appâts*, y étale toute sa pompe.
>
> Bossuet, *Sermons* : Sur l'efficacité de la Pénitence.

> C'est trop *semer d'appâts*, et c'est trop inviter
> Par son impunité quelque autre à l'imiter.
>
> P. Corneille, *Cinna*, II, 2.

Par l'appât de est une expression fort usitée :

> Ah! maudite fortune, à quoi me réduis-tu?
> Veux-tu m'humilier *par l'appât* des richesses
> Et n'a-t-on tes faveurs qu'à force de bassesses?
>
> Destouches, *le Glorieux*, IV, 10.

On dit aussi, en certains cas, *sous l'appât de* :

> ... Ce marchand déguisé
> Introduit *sous l'appât* d'un conte supposé.
>
> Molière, *l'Étourdi*, IV, 7.

Sur un appât :

> L'une, de son galant, en adroite femelle,
> Fait fausse confidence à son époux fidèle,
> Qui dort en sûreté *sur un* pareil *appas*,
> Et le plaint, ce galant, des soins qu'il ne perd pas.
>
> Molière, *l'École des femmes*, I, 1.

Le pluriel *appas* est devenu un mot à part, dans la signification duquel n'entre plus l'idée d'Amorce, de piège, mais seulement celle d'Attrait, de charme, d'agrément :

> Et s'il faut affronter les plus cruels supplices,
> Y trouver des *appas*, en faire mes délices...
>
> P. Corneille, *Polyeucte*, I, 1.

> Arbres épais, et vous, prés émaillés,
> La beauté dont l'hiver vous avoit dépouillés,
> Par le printemps vous est rendue;
> Vous reprenez tous vos *appas*.
>
> Molière, *la Princesse d'Élide*, Intermède.

De là ces expressions, *Avoir des appas* :

> Tous les biens de ce monde *ont* pour moi peu *d'appas*.
>
> Molière, *Tartufe*, IV, 1.

> La richesse à vos yeux doit *avoir des appas*.
>
> Boursault, *Ésope à la ville*, I, 2.

> Sans cet amour tant d'objets ravissants,
> Lambris dorés, bois, jardins et fontaines,
> N'*ont* point *d'apas* qui ne soient languissants.
>
> La Fontaine, *Psyché*, I.

> La générosité pour lui n'*a* point *d'appas*.
>
> Destouches, *le Dissipateur*, I, 1.

> Si bien donc que la robe a pour vous peu *d'appas*.
>
> Le même, *l'Irrésolu*, V, 7.

Être sans appas :

> Une maîtresse qui n'auroit pas d'amants *seroit sans appas* pour vous.
>
> Hamilton, *Mémoires de Grammont*, c. 6.

> Une merveille absurde *est* pour moi *sans appas*;
> L'esprit n'est point ému de ce qu'il ne croit pas.
>
> Boileau, *Art poétique*, III.

Le pluriel *appas* se dit principalement des Attraits, des charmes, des agréments extérieurs d'une femme :

> Nous supplions très-humblement ces austères censeurs de considérer que ces mots qui s'établissent dans nos conversations polies et dont on s'est servi dans ces peintures, sont des façons de parler significatives et naturelles, comme par exemple des cheveux bien plantés... dire des inutilités, faire assaut *d'appas*.
>
> Mlle de Montpensier, *Portraits*, Préface de l'édition du 25 janvier 1589.

> Psyché, dis-je, possédoit tous les *apas* que l'imagination peut se figurer.
>
> La Fontaine, *Psyché*, I.

> Le panneau qu'on tendoit à mademoiselle Blague étoit d'une autre espèce. Elle étoit d'une confiance sur ses *appas*, et d'une crédulité sur leurs effets, à donner dans tout ce qu'on vouloit.
>
> Hamilton, *Mémoires de Grammont*, c. 7.

> Vendez ces doux regards, ces attraits, ces *appas*.
> Vous-mesme vendez-vous, mais ne vous livrez pas.
>
> Régnier, *Satires*, XIII.

Je sçay que le matin elle ne manque pas
De prendre dans les eaux conseil de ses *appas*.
RACAN, *les Bergeries*, II, 1.

Mais pour sauver l'honneur de ses foibles *appas*
Elle attache du crime au pouvoir qu'ils n'ont pas.
MOLIÈRE, *le Misanthrope*, II, 3.

Pallas, la barbare Pallas,
Fut jalouse de mes *appas*
Et me rendit affreuse autant que j'étois belle.
QUINAULT, *Persée*, III, 1.

Elle a plus de vertus encore que d'*appas*.
BOURSAULT, *le Mercure galant*, III, 4.

Et quel malheur plus grand que celui d'être belle
Lorsqu'à beaucoup d'*appas* on joint peu de cervelle!
LE MÊME, *Ésope à la ville*, I, 3.

Oui, la seule ressource,
A votre âge, est d'avoir des *appas* dans sa bourse.
DESTOUCHES, *l'Irrésolu*, II, 6.

On s'est quelquefois servi du pluriel *appas*, comme aussi du mot charmes, en parlant d'un homme :

Mais le compère a tant d'*apas*.
POISSON, *le Sot vengé*, sc. 1.

Voyons si nos beautés en seront amoureuses,
Si ses *appas* le mettront en crédit.
LA FONTAINE, *Contes*, I, 1.

On doit rapporter au mot que forme maintenant le pluriel *appas*, des passages où il est employé au singulier, et quelquefois écrit *appât* :

Mon cœur d'un saint zèle enflammé
Ne goûte plus l'*appât* dont il étoit charmé.
P. CORNEILLE, *Polyeucte*, IV, 2.

Quelque *appât* que lui-même il trouve en Laodice.
LE MÊME, *Nicomède*, IV, 2.

Je ne vous dirai pas
Monsieur, que tous vos biens n'ont pour moi nul *appas*.
DESTOUCHES, *l'Ingrat*, II, 5.

La plus rare beauté n'a pour lui nul *appas*.
LE MÊME, *le Philosophe marié*, II, 1.

D'APPÂT se sont formés les verbes APPÂTELER, APPÂTER, mots de sens pareils, mais dont le second seul est resté d'usage. C'est le seul que donne, à dater de 1762, le *Dictionnaire de l'Académie*.

APPÂTELER, v. a., primitivement écrit APPASTELER, a répondu, par ses significations, à celles du substantif *appast*; il a signifié :

1° Repaître, nourrir, particulièrement en parlant des animaux :

Se print Sara à froter son poullain et à luy donner à manger... ne autre œuvre ne faisoit la damoyselle jour et nuyt que de l'*apasteler* de tout ce qu'elle sçavoit que bon luy estoit pour croistre et amender.
Perceforest, vol. II, f° 45, r°, col. 1.

Sera tenu le fermier de *apasteller* les poissons et trouver la pasture à ses couis et frais.
DU CANGE, *Glossaire*, Pastus.

Elle *appastelle* ses petits l'ung après l'autre,
ROB. ESTIENNE, *Dictionnaire françois-latin*.

J'ay en ma maison assez bonne quantité de passereaux, qui font leurs nids en certains pots de terre, et lors que leurs petits sont grandelets, et couverts de plumes, j'en fais dénicher et mettre une cage pour le plaisir de mes amis et de moy, à voir que le père et la mère les viennent *appasteler*.
A. PARÉ, *Introduction à la cognoissance de la chirurgie*, II, 4.

2° Amorcer. A cette signification se rapporte l'emploi figuré qui est fait du mot dans le passage suivant :

.... Une agraphe au bout de leurs robes (il s'agit des jésuites) : enseigne très-manifeste que, tout ainsi que le pescheur prend avec son hameçon garny d'un appas, le poisson, aussi ceux-cy nous *apatellans* de belles promesses, sont destinez pour agrapher tous nos biens.
EST. PASQUIER, *Recherches de la France*, III, 43.

APPÂTER, v. a.

Anciennement écrit APPASTER, APASTER, APATER. Mêmes significations qu'*appâteler*.

1° Repaître, nourrir, surtout en parlant des animaux ;

Pour retourner à l'orge, nos gens se servent ordinairement de sa farine en médecine. Qui plus est, après l'avoir fait sécher et réduire en farine, on en fait de la paste dont on *appaste* à la main les bestes chevalines : en opinion que cest appast les rend plus fortes, et les affermit sur leurs muscles.
DU PINET, trad. de Pline l'Ancien, *Histoire naturelle*, IX, 56.

Nous *appastons* le cheval, dès lors qu'il est nay, pour l'apprivoiser à servir.
LA BOÉTIE, *Discours de la Servitude volontaire*.

Les oyseaux *appastent* leurs petits qui sont encore foibles.

DANET, *Dictionnaire françois-latin.*

La fille du logis le vient tous les matins
Appâter de ses propres mains.

VALINCOURT, *le Rossignol en cage,* Fable.

On s'en est servi, par extension, en parlant de quelqu'un qui ne peut pas se servir de ses mains, et qu'il faut faire manger :

Il le faut *appaster* comme un enfant.

DANET, *Dictionnaire françois-latin.*

APPÂTER, pris au sens de Nourrir, s'est quelquefois construit avec le pronom personnel; on a dit *s'appâter,* pour *se nourrir :*

Il n'y a paysant au contour du lac du Bourget qui ne voulust maintenir que les lavarets, qui sont poissons qu'on vent journellement à Lion, ne *s'appastent* que du fin or.

PIERRE BELON, *Singularitez et choses memorables de divers pays estranges,* I, 52.

C'est le tumbeau, là ou les vers *s'appastent*
Du bon vieillard agréable et heureux,
Dont tu as veu tout le monde amoureux.

CL. MAROT, *Cimetière,* XXXIII.

De là au figuré :

L'un de mes souhaits, pour cette heure, ce seroit de trouver un gendre qui sçeust *appaster* commodement mes vieux ans et les endormir; entre les mains de qui je deposasse en toute souveraineté la conduite et usage de mes biens; qu'il en fist ce que j'en fais et gaignast sur moi ce que j'y gaigne, pourvu qu'il y apportast un courage vraiement reconnoissant et ami.

MONTAIGNE, *Essais,* III, 9.

Appaster (sans saouler) le vicieux du vice,
D'honneurs l'ambition, de presens l'avarice.

AGR. D'AUBIGNÉ, *les Tragiques :* Les Fers, V.

2° Amorcer. Il en a été fait en ce sens un grand usage dans le langage figuré :

Il ne faignit pas de leur jetter à chascun quelque grosse somme d'argent, pour les attraire et les *appaster.*

AMYOT, trad. de Plutarque, *Vie de Phocion,* c. 30.

Qu'on présente deux filles, adjoustoit-il, une aveugle et l'autre muette, on se laissera plustost *appaster* des yeux de la muette, que de la langue de l'aveugle tant soit-elle diserte.

BOUCHET, *Serées,* II, 19.

J'en ay bien *appasté* d'autres qui ne s'en vantent pas et qui ont traicté pour moy à deux fins.

Satire Ménippée : Harangue de Mayenne.

Le Bourguignon (le duc de Bourgogne) s'acquiert les affections du peuple, qu'on *apaste* aisément par un faux zèle et par des bienfaits apparents.

MÉZERAY, *Histoire de France :* Charles VI.

Et tous les arts, dont la vieille rusée
Sçait *appaster* la jeunesse abusée.

JOACH. DU BELLAY, *Jeux rustiques.*

Lorsqu'*apasté* d'une gentille amorce
Je poursuivoy l'effet d'un beau dessein.

OLIVIER DE MAGNY, *Amours.*

On a dit *appâter un hameçon,* pour y attacher un appât.

On a dit aussi *appâter* certaines choses, pour Les couvrir d'un appas, les faire servir d'appât.

Pour le renard, blereau, foine ou putois, suffira d'*appaster* autour des lieux labourez, des rongets de poulaille... ou *appaster* des roties de pain bis fricassées avec graisse.

DU FOUILLOUX, *Vénerie,* f° 121, r°.

APPÂTÉ, ÉE, participe.

APPASTEUX, EUSE, est donné par d'anciens dictionnaires, entre autres celui de Cotgrave, avec le sens de Trompeur.

APPAUVRIR, v. a. (de *à* et de *pauvre,* et, par ce mot, du latin *pauper*).

On l'a écrit APAUVRIR, et, conformément aux anciennes orthographes du mot *pauvre, paouvre, paoure, pouvre, pourre,* etc., APPAOUVRIR, APPAOURIR, APPOUVRIR, APPOURIR, APPOVRIR, etc. On a dit aussi APAURIER, APOURRIER, APOUROIER, APOUVRER. (Voyez les *Dictionnaires* de Rob. Estienne, J. Thierry, Nicot, Cotgrave, etc.; le *Glossaire* de Sainte-Palaye, et quelques-uns des exemples ci-après.)

APPAUVRIR signifie, au propre, Rendre pauvre. C'est le contraire d'*enrichir,* auquel il est souvent opposé :

Si étoit informé le roi Philippe des chevauchées et des conquêts que le comte Derby avoit faits au dessus nommé pays de Gascogne, et comment il *avoit* pris villes, cités et châteaux, et le pays durement foulé et *appovri.*

FROISSART, *Chroniques,* liv. I, Iʳᵉ part., c. 251.

La Flandre *appauvrie* par le traffic perdu, le duc pour

la refraichir impose la dixme de touttes choses mobilières qui se transporteroient.

AGR. D'AUBIGNÉ, *Histoire universelle*, t. I, liv. V, c. 30.

Que sa libéralité (du prince) enrichisse les particuliers, pourvu qu'elle *n'appauvrisse* pas son royaume.

BALZAC, *Aristippe*, VII.

La révocation de l'édit de Nantes,... en nous *appauvrissant* par le transport de tant de millions hors du royaume, faisoit la grandeur du prince d'Orange.

CHOISY, *Mémoires*, V.

Les Salentins, qui se plaignoient de leur pauvreté, commencèrent à sentir combien ils avoient de richesses superflues; mais c'étoit des richesses trompeuses qui les *appauvrissoient*, et ils devenoient effectivement riches à mesure qu'ils avoient le courage de s'en dépouiller.

FÉNELON, *Télémaque*, XII.

Le peuple oublia qu'il (Sixte-Quint) embellissait Rome; il sentit seulement qu'il l'*appauvrissait*, et ce pontife fut plus haï qu'admiré.

VOLTAIRE, *Essai sur les mœurs*, c. 184.

Moult *iert* li regnes descreux,
Apouriez, et decheux
De sa hautesce souveraine,
Puis la mort au roi Kellemaine.

G. GUIART, *Royaux Lignages*, ms., f° 11. (Cité par Sainte-Palaye.)

Vous *serez appauvris* en voulans servir Dieu,
N'estes-vous point venus pauvres en ce bas lieu?

AGR. D'AUBIGNÉ, *Tragiques : Les Jeux*, IV.

Quel bon advis, quelle sagesse abonde
En ton cerveau, *d'apovrir* ce bas monde,
Pour enrichir de noz biens les haultz cieux?

CL. MAROT, *Complaintes*, V.

On peut ajouter à ces exemples et à beaucoup d'autres semblables ce proverbe :

Donner pour Dieu *n'appauvrit* homme.

Dictionnaire de l'Académie, 1694.

APPAUVRIR s'emploie au figuré;

Dans un sens physique : *Appauvrir* un terrain, un sol, c'est l'Épuiser, en diminuer beaucoup la fertilité :

La mauvaise culture *a* fort *appauvri* ce terrain.

Dictionnaire de l'Académie, 1835.

On a pu dire, dans un sens analogue, *appauvrir* un arbre :

Ces plantes parasites... ces guis stériles... ne vivent que de la substance de l'arbre qui les supporte, et qu'*ils appauvrissent*.

J. DE MAISTRE, *Considérations sur la France*, c. 2.

Dans un sens moral :

Souvent trop d'abondance *appauvrit* la matière.

BOILEAU, *Art poétique*, III.

Appauvrir une langue, c'est En retrancher des mots ou des façons de parler, et la rendre ainsi moins abondante :

La délicatesse outrée des critiques *appauvrit* tous les jours la langue.

FURETIÈRE, *Dictionnaire*.

Il faut prendre garde à ne pas *appauvrir* la langue à force de la vouloir polir.

Dictionnaire de l'Académie, 1694.

Notre langue manque d'un grand nombre de mots et de phrases : il me semble même qu'on l'a gênée et *appauvrie* depuis environ cent ans en voulant la purifier.

FÉNELON, *Lettre à l'Académie*.

APPAUVRIR s'emploie avec le pronom personnel et signifie, tant au propre qu'au figuré, Se rendre pauvre, devenir pauvre;

Au propre :

On ne peut compter les exemples ni des riches qui se sont *appauvris* pour aider les pauvres, ni des pauvres qui ont préféré la pauvreté aux richesses.

BOSSUET, *Discours sur l'Histoire universelle*, II, 7.

L'Angleterre s'*est* toujours *appauvrie* par la guerre, même en détruisant les flottes françaises; et le commerce seul l'a enrichie.

VOLTAIRE, *Siècle de Louis XIV*, c. 30.

Et lorsque par l'aumosne on croit qu'ils s'*appauvrissent*, Leurs biens visiblement s'augmentent de moitié.

GODEAU, *Psaumes*, XXXIV.

Au figuré :

Heureux qui *s'appauvrit* ainsi soi-même, qui ne se laisse rien.

BOSSUET, *Sermons :* Sur les Obligations de l'état religieux.

Au lieu de *s'appauvrir*, on a dit, quelquefois, dans un sens neutre, *appauvrir* :

Ce pays *appauvrit* tous les jours.

Dictionnaire de l'Académie, 1694.

Cil qi n'a riens ne peut *apourier.*

Anciennes poésies françoises du Vatican, n° 1490,
f° 145, r°. (Cité par Sainte-Palaye.)

APPAUVRIR et *s'appauvrir* reçoivent quelquefois
un complément formé de la préposition *de* et de
son régime, lequel fait connaître en quoi ce dont
on parle est appauvri :

Et bien furent mort en cele voie quarante chevaliers;
dont li ost *fu* durement afebloiés et *apovris.*

VILLEHARDOIN, *Conqueste de Constantinoble,* CXXII.

... Informez que le roi Charles de France *estoit* tout *apovry de* ses finances par ses officiers et gouverneurs...

MONSTRELET, *Chroniques,* I, 57.

Ne debatons donc point contre Dieu de nostre droict,
comme si nous *estions apovris d'*autant que nous lui attribuons.

CALVIN, *Institution chrestienne,* liv. II, c. 2, § 2.

Il *appauvrit* et espuisa la ville de Rome *d'*or et *d'*argent.

AMYOT, trad. de Plutarque, *Parallèle de Lysandre et de
Sylla,* c. 5.

Quand il vous arrivera des inconvéniens qui vous *appauvriront,* ou *de* beaucoup ou *de* peu, comme font les tempestes, les feux, les inondations.

SAINT FRANÇOIS DE SALES, *Introduction à la vie dévote,*
part. III, c. 15.

Appauvrir notre langue *d'*une diction.

LE VAYER, *Observations sur la composition et la lecture
des livres,* Préface.

De treis cent Francs en *fu* France *apovrie.*

Chanson de Roland.

Est-il un cheven sur ta tête
Dont elle puisse *t'appauvrir* ?

P. CORNEILLE, *l'Imitation,* III, 46.

APPAUVRI IE, participe.

Les circonstances changèrent bientôt, les provinces *appauvries* et presque désertes ne valurent plus la peine d'être pillées.

MABLY, *Observations sur l'Histoire de France,* I, 1.

Li rois vit son frère *apovri,*
Pitous fu molt...

WACE, *Roman de Brut,* v. 3573.

Ce participe s'emploie adjectivement dans des
expressions telles que, *un sol appauvri, une terre
appauvrie, un sang appauvri :*

Ils n'ont pour principe qu'un sang épuisé et *appauvri.*

J.-J. ROUSSEAU, *Émile,* IV.

Il s'emploie aussi dans un sens moral :

L'âme raisonnable née riche par les biens que lui avoit
donnés son auteur, et *appauvrie* volontairement pour s'être
recherchée soi-même.

BOSSUET, *Discours pour la profession de* Mme *de la Vallière.*

APPAUVRISSEMENT, s. m.

On l'a écrit, conformément aux orthographes
diverses du verbe, APPOUVRISSEMENT, APPAURISSE-
MENT, APPOVRISSEMENT.

Action d'appauvrir, de s'appauvrir; état de ce
qui est appauvri

Au propre :

Guerre est *appourissement de* peuple.

J. THIERRY, *Dictionnaire françois-latin.*

Comparez à ce tableau celui de la dégradation progressive en sens contraire qui résultera de la diminution des
valeurs du produit des terres, et de *l'appauvrissement* des
cultivateurs.

TURGOT, *Lettres sur la Liberté du commerce des grains,*
VI°; 27 novembre 1770.

Au figuré, dans un sens physique. Par exemple, *l'appauvrissement du sol,* *l'appauvrissement
du sang,* etc.

Au figuré, dans un sens moral. Par exemple, *l'appauvrissement d'une langue.*

APPEAU, s. m. (d'*appel,* dont il n'est qu'une
ancienne forme, et, par ce mot, du latin *appellare*).

On le trouve employé dans le passage suivant,
de date ancienne, et probablement dans d'autres
semblables, avec le sens général d'Appel :

D'autre costé leurs maryz, qui avoient assez bien beu le
soir, et qui se attendoyent à *l'appeau* de leurs femmes,
dormoient au plus fort à l'eure, car ès autres jours avoient
jà cheminé deux lieues.

Les cent Nouvelles nouvelles, XXX.

Il a eu autrefois, dans la langue du Palais, le
sens particulier attribué depuis à *appel.* On disait
*former un appeau, un juge d'appeaux, un jour
d'appeaux,* etc.

Du temps de Richelet, qui en fait mention dans
son *Dictionnaire,* il y avait encore un greffe qu'on
appelait le *Greffe des appeaux :*

Tant fut le roi de France conseillé et ennorté de ceux de son conseil et soigneusement supplié des Gascons, que un *appeau* fut fait et formé, pour aller en Aquitaine appeler le prince de Galles en parlement à Paris.

FROISSART, *Chroniques*, liv. I, part. II, c. 255.

De deux mille trois cens et neuf sentences par luy données, feut appellé par les parties condemnées en la court souveraine du parlement Myrelingoys en Mirelingues : toutes par arrestz d'icelle ont esté ratifiées, approuvées et confirmées, les *appeaulx* renversez et à neant mis.

RABELAIS, *Pantagruel*, III, 36.

... S'il est vrai que... le samedy fût jour d'*appeaux*.

LE CHANCELIER DE PONTCHARTRAIN, à Pontcarré, premier président du parlement à Rouen, 23 février 1704. (Voyez *Correspondance administrative sous Louis XIV*, t. II, p. 394.)

Opposition ny *appeau*
Ne les sçauroient excuser.

ROGER DE COLLERYE, *Monologue d'une dame fort amoureuse d'ung sien amy*.

On l'a dit d'un Timbre servant à sonner, et pour ainsi dire, à appeler, les quarts et les demi-heures :

Outre les deux monstres des heures, il y a sonnerie laquelle precede aux heures, demies heures, et quarts d'heures, les abbois de quatre limiers, au lieu d'*appeaux*, qui semblent abboyer contre un cerf estant eslevé par dessus les monstres dudit horloge. Et pour autant que la nature du cerf est de frapper du pied quand il entend l'abboy des chiens, on a fait qu'après que lesdits chiens ont fait les *appeaux* des heures, le cerf les frappe du pied, et fait ouyr les heures.

PHILIBERT DE L'ORME, *Architecture*, VIII, 12.

Quand je me veux mettre en devoir d'effectuer la résolution que j'ay prise de vous écrire les règles que je pratique dans mes vers, je suis... comme l'horloge du Pont-Neuf, de qui les *appeaux* durent plus longtemps que l'heure qu'elle veut sonner.

RACAN, *Lettres*; à Chapelain, 25 octobre 1654.

APPEAU n'est resté d'usage que comme désignant une sorte de Sifflet avec lequel on contrefait la voix des oiseaux pour les faire approcher, ou pour les attirer dans quelque piège, les y appeler :

On ne sait pas encore imiter leur chant (des alouettes) d'assez près pour les tromper; c'est par cette raison que les oiseleurs disent qu'elles ne suivent point l'*appeau*.

BUFFON, *Histoire naturelle* : Oiseaux ; l'Alouette.

On le dit également des Oiseaux dont on se sert pour appeler et attirer les autres oiseaux. Selon

nos anciens dictionnaires, le *Dictionnaire* de Richelet, le *Dictionnaire de Trévoux*, etc., *Appelant*, en ce sens, était plus usité :

Pour aller à la pipée, il faut avoir un *apeau* ou un apelant. Le mot d'apelant est plus usité en ce sens que celui d'*apeau*.

RICHELET, *Dictionnaire*.

Ces pinsons aveugles deviennent des chanteurs infatigables, et l'on s'en sert par préférence... comme d'*appeaux* ou d'appelants, pour attirer dans les pièges les pinsons sauvages.

Mercure de France, 15 mars 1779.

APPEAU a été quelquefois employé métaphoriquement en parlant de ce qui est propre à appeler, à attirer :

Il y eut lettres despechées de la part du roy à tous les grands... C'estoit... un subtil *appeau* pour faire venir en cour et prendre tous ensemble, comme dans une tonnelle, le roy de Navarre et son frère, le connestable et ses neveux.

MÉZERAY, *Histoire de France* : François II.

Le jeu leur sembla si beau,
Aussi il fist si bonne mine,
Qu'il fust esleu sans nul *appeau*
Pour estre varlet de cuysine.

VILLON, *les Repues franches*.

Chez La Fontaine, dans une fable dont la moralité est : « Une traîtresse voix bien souvent vous *appelle*, ne vous pressez donc nullement, » le Chapon dit au Faucon qui lui reproche de ne pas répondre à l'appel de son maître :

Et ce beau cuisinier armé d'un grand couteau?
Reviendrois-tu pour cet *appeau*?

LA FONTAINE, *Fables*, VIII, 21.

APPELER, v. a. (du latin *appellare*).
On l'a écrit APPELLER, APELLER, etc.

Il signifie au propre, comme *appellare*, Se servir de la voix ou de quelque signe pour faire venir quelqu'un :

Si *apelad* Giezi sun servant, si li dist : *Apele* mei la dame. Cil l'*apelad*, si vint devant le prophète.

Les quatre Livres des Rois, IV, IV, 12.

... J'allai trouver en même temps don Louis d'Oyanguren, avec qui j'étois bien aise d'avoir occasion de parler sur ce sujet. Mais un valet de chambre du roi entra aussitôt que moi dans son cabinet pour *l'appeler* de la part de Sa Majesté.

L'ARCHEVÊQUE D'EMBRUN, à Louis XIV, 28 février 1665. (Voyez *Négociations relatives à la succession d'Espagne*, t. I, p. 343.)

Comme je m'ébranlois pour sortir comme les autres, M. le duc d'Orléans m'*appela*...

SAINT-SIMON, *Mémoires*, 1718.

Maraut, si j'*appelle* du monde, je vous ferai reconduire un peu vivement.

La Précaution inutile, I, 6. (Voyez GHÉRARDI, *Théâtre Italien*, édit. de 1717, t. I, p. 435.)

Comment ! il faut que je me fatigue la poitrine à vous *appeler* ?

PICARD, *les Ricochets*, sc. 3.

Il *apele* toz ses voisins
Et ses parenz et ses amis.

Roman du Renart, v. 9230.

Que retardez-vous tant ? Hé ! quoy, troupe infidelle,
Ne cognoissez-vous pas la voix qui vous *appelle* ?

RACAN, *les Bergeries*, II, 4.

Une vache étoit là : l'on l'*appelle*, elle vient...
Falloit-il pour si peu, dit-elle, m'*appeler* ?

LA FONTAINE, *Fables*, X, 2.

Il me chasse, il m'*appelle*, il est assis, debout.

DESTOUCHES, *l'Irrésolu*, I, 2.

APPELER, en ce sens, est souvent déterminé par certains compléments ;
On dit *appeler à soi* :

Il *appelle à lui*, d'une voix forte, tous les chefs de l'armée.

FÉNELON, *Télémaque*.

A *sei apele* son fil et les deux reis.

Chanson de Roland.

Son compaignon *apele à soi* :
Amenez-moi mon palefroi,
Biaus compains.

Roman du Renart, v. 2625.

Appeler de la voix, du geste, de la main, des yeux ; appeler à haute voix ; appeler de toute sa force, etc.

Appeler au secours, à l'aide, à son secours, à son aide ; appeler du secours, etc. :

Cognoissant tous les capitaines par leur nom, je les *appelois à m'aider*.

MONTLUC, *Commentaires*, II.

III.

Le Tartare que la Pologne *appelle à son secours* dans son désespoir.

BOSSUET, *Oraison funèbre d'Anne de Gonzague*.

De mon côté, tout en pleurs, j'*appelai à son secours* : elle revint à elle.

MARIVAUX, *la Vie de Marianne*, Iᵣᵉ part.

Quelquefois elle *appelle* Oreste *à son secours*.

J. RACINE, *Andromaque*, I, 1.

Un malheureux *appeloit* tous les jours
La mort *à son secours*.

LA FONTAINE, *Fables*, I, 15.

Figurément, *appeler à son secours* se dit en parlant des moyens extraordinaires que l'on emploie pour venir à bout de quelque chose :

Il *appelle à son secours* le manège et l'intrigue.

Dictionnaire de l'Académie, 1835.

Quelquefois APPELER est dit absolument, sans régime direct ou indirect :

Dès qu'il (le duc d'Orléans) se fut retiré, le duc du Maine, qui étoit dans le cabinet, *fut appelé* (auprès du roi mourant).

SAINT-SIMON, *Mémoires*, 1715.

APPELER s'emploie au même sens en parlant de certains animaux domestiques, *appeler son chien, un cheval*, etc.

Il se dit également du Cri dont les animaux se servent pour faire venir à eux ceux de leur espèce :

Le mâle *appelle* sa femelle. La brebis *appelle* son agneau. La vache *appelle* le taureau. La poule *appelle* ses poussins.

Dictionnaire de l'Académie, 1694.

On dit, dans un sens analogue, *appeler* des oiseaux, en imitant leur cri, etc.

APPELER s'est dit encore, en termes de Chasse, de l'Aboi des chiens sur la piste du gibier. De là, quand ils se trompent, cette expression, *appeler en faux* :

Quelque terrier, dit-il, a sauvé mon galant ;
Mes chiens n'*appellent* point au delà des colonnes
Où sont tant d'honnêtes personnes.

LA FONTAINE, *Fables*, XII, 23.

Un second sens d'APPELER, très voisin du précédent et très usité, c'est Mander, faire venir, inviter à venir :

Quand la bonne dame et roine connut que mourir lui convenoit, elle fit *appeler* le roi son mari.

FROISSART, *Chroniques,* liv. I, part. II, c. 288.

Alexander Severus, très-sage et vertueux empereur de Rome, toutes et quantes fois il avoit à délibérer quelque chose de conséquence, *appelloit* toujours ceulx qui estoyent renommez de sçavoir bien les histoires.

AMYOT, trad. des *Vies de Plutarque,* Aux lecteurs.

Madame *appelle* les prêtres plutôt que les médecins.

BOSSUET, *Oraison funèbre de la duchesse d'Orléans.*

Un sage religieux, qu'il *appelle* exprès, règle les affaires de sa conscience.

LE MÊME, *Oraison funèbre du prince de Condé.*

Le comte (Boniface), maltraité, fit venir d'Espagne Genséric et les Vandales, et se repentit trop tard de les *avoir appelés.*

LE MÊME, *Discours sur l'Histoire universelle,* I, 11.

Ce docteur est si expéditif, qu'il ne donne pas le temps à ses malades d'*appeler* les notaires. Cet homme-là m'a bien soufflé des testaments.

LE SAGE, *Gil Blas,* II, 2.

Je n'ai pas *appelé* de médecin; on meurt sans eux, et on guérit sans eux.

VOLTAIRE, *Lettres;* 25 février 1774.

Se leva li rois Hugues quant solauz fu levez;
Son filleul *apella,* et si l'a fait mander.

Parise la duchesse, p. 219.

Argos nous tend les bras et Sparte nous *appelle.*

J. RACINE, *Phèdre,* V, I.

APPELER, en ce sens, se construit avec les prépositions *à, dans, en, sur, auprès,* avec l'adverbe *où;*

Avec la préposition *à :*

E Ysaï *al* sacrefise *apeleras.*

Les quatre Livres des Rois, I, XVI, 3.

Donc, répondirent les chevaliers qui *furent appelés à* ce conseil, nous le ferons ainsi que vous l'ordonnez.

FROISSART, *Chroniques,* liv. I, part. I, c. 229.

Jacques de Harecourt se monstroit en toutes manières bienveillant et de la partie du duc de Bourgogne, et *estoit* des premiers *appelé à* tous ses privez consaulx.

MONSTRELET, *Chronique,* c. 218.

Les Médicis *appelèrent à* Florence les savants que les Turcs chassaient de Grèce.

VOLTAIRE, *Siècle de Louis XIV,* c. 1

Quant l'antandi Huguez, s'a Antoine *appelé,*
A conseil l'en *appelle :* Beau-frère, ça venez.

Parise la duchesse, p. 212.

Avec les prépositions *dans, en :*

Ils (les Étoliens) *appelèrent dans* la Grèce Antiochus, roi de Syrie, comme ils avoient appelé les Romains.

MONTESQUIEU, *Grandeur des Romains,* c. 5.

L'infidèle *en* nos murs *appelle* l'étranger.

VOLTAIRE, *Tancrède,* II, 4.

Avec les prépositions *sur, après :*

Chère ombre, *appelle*-moi *sur* les rives du Styx.

FÉNELON, *Télémaque.*

Avec l'adverbe *où :*

Il s'est tenu une assemblée en cette ville (Amsterdam) des plus habiles magistrats, *où j'ai* été *appelé.*

M. VAN DEN BOSCH au comte d'Estrades, 18 mars 1678. (Voyez MIGNET, *Négociations relatives à la succession d'Espagne,* t. IV, p. 548.)

Pyrrhus... espéra de contenter son ambition par la conquête de l'Italie, *où il fut appelé* par les Tarentins.

BOSSUET, *Discours sur l'histoire universelle,* I, 8.

Je vais, lui dit ce prince, à Rome, *où* l'on *m'appelle.*

BOILEAU, *Épîtres,* I.

Un rapport tout différent se marque au moyen de la préposition *de :*

La franchise, la bonne foi, la candeur sembloient, du haut de ces superbes tours, *appeler* les marchands *des* terres les plus éloignées.

FÉNELON, *Télémaque.*

J'*appelai de* l'exil, je tirai de l'armée
Et ce même Sénèque, et ce même Burrhus
Qui depuis... Rome alors honoroit leurs vertus.

J. RACINE, *Britannicus,* IV, 2.

Falloit-il pour si peu m'*appeler du* néant?

L. RACINE, *la Religion.*

APPELER signifie particulièrement Citer, faire venir devant le juge.

On a dit autrefois, en ce sens, *appeler de :*

Se alqueus *est apeled de* larecin u *de* robine.

Lois de Guillaume, 4.

S'il *apeloit* son homme *de* murdre ou *de* traïson.

BEAUMANOIR, *Coutumes de Beauvoisis,* XI, 86.

Se nus hom veut *appeller* un autre de murtre.
> *Recueil des Ordonnances*, t. I, p. 112.

Si l'*apele de* felonie.
> *Roman du Renart*, v. 18117.

Bernart, cist preudom vos *apele*
D'une chose qui n'est pas bele.
> *Fabl. ms. de Berne*, n° 354, f° 7, v°., col. 1.

On dit *appeler en justice, en jugement,* etc.; ou, absolument, *appeler :*

Bien savoit que si le prince étoit *appelé en parlement,* ce seroit un mouvement de grand'guerre.
> FROISSART, *Chroniques*, liv. I, part. II, c. 252.

Je ne vis jamais *appeler en jugement* en matière d'injures.
> ROB. ESTIENNE, *Dictionnaire françois-latin.*

Si Rufin n'eût été puni de ses crimes, on alloit *appeler* les dieux *en justice*, comme fauteurs et complices de Rufin.
> BALZAC, *Socrate chrétien*, discours X.

Quelque temps après son retour à Rome, les deux Petilius, tribuns du peuple, *appelèrent* Scipion *en jugement.*
> ROLLIN, *Traité des Études*, liv. VI, III° part., c. 2, art. 2.

On va aujourd'hui dans la maison d'un homme pour l'*appeler en jugement;* cela ne pouvoit se faire chez les Romains.
> MONTESQUIEU, *Esprit des lois*, XXIX, 19.

Un loup disoit que l'on l'avoit volé.
Un renard son voisin, d'assez mauvaise vie,
Pour ce prétendu vol par lui *fut appelé.*
> LA FONTAINE, *Fables*, II, 3.

Appeler en garantie, et, autrefois, *à garant :*

Appeler à garant.
> ROB. ESTIENNE, *Dictionnaire françois-latin.*

Appeler en témoignage :

Je vous *appelleroye* en tesmoignage.
> ROB. ESTIENNE, *Dictionnaire françois-latin.*

Il est fait allusion à cette expression dans des passages tels que celui-ci :

Jésus-Christ *appelle* en témoignage la loi de Moïse, les prophètes et les psaumes, comme des témoins qui déposent tous de la même vérité.
> BOSSUET, *Discours sur l'Histoire universelle.*

On a dit *appeler en témoin :*

Moyse ayant publié la Loy, ne fait point de doute d'*appeler en témoin* le ciel et la terre, qu'il a proposé au peuple d'Israel la vie et la mort, le bien et le mal.
> CALVIN, *Institution chrestienne*, II, 7, § 3.

Appeler à témoin, locution encore d'usage, mais le plus souvent en prenant adverbialement les mots *à témoin :*

Appeler ung ou plusieurs *à tesmoings.*
> ROB. ESTIENNE, *Dictionnaire françois-latin.*

Si je vous ay fasché, j'*appelle à témoin* le même Dieu que vous me jurez, que je me suis fort esloigné de mon intention.
> BALZAC, *Lettres*, VI, 55.

Il *appeloit à témoin* les dieux et les hommes que la république étoit trahie.
> VERTOT, *Révolutions romaines.*

Juste postérité, *à témoin* je t'*appelle.*
> RÉGNIER, *Satires*, II.

On dit aussi *appeler au combat, appeler en duel, appeler sur le terrain,* ou simplement *appeler,* Envoyer défier :

Vous êtes prisonniers; je ne puis avoir nulle honneur de vous *appeler.*
> FROISSART, *Chroniques*, liv. I, part. II, c. 343.

Attichi me pria d'*appeler* pour lui Melbeville, enseigne-colonel des gardes. Nous nous battîmes à l'épée et au pistolet derrière les Minimes du bois de Vincennes.
> CARDINAL DE RETZ, *Mémoires.*

Quand l'édit contre les duels ne seroit pas aussi rigoureux qu'il l'est, Tallart et Varennes méritoient la mort d'avoir *appelé* et *fait appeler en duel* non seulement un officier général, mais encore leur commandant naturel.
> BUSSY-RABUTIN, *Lettres;* 28 octobre 1678.

Le ministre, pour persuader le roi du repentir sincère de son parent, proposa à ce seigneur de *faire appeler en duel* le duc de Bragance.
> VERTOT, *Révolutions de Portugal.*

Je l'irois *appeler* comme mon adversaire.
> RÉGNIER, *Satires*, VI.

Je sais de bonne part qu'on t'a fait *appeler.*
> MOLIÈRE, *les Fâcheux*, III, 4.

Les mêmes expressions sont employées par figure dans des passages tels que les suivants :

J'entends déjà d'ici Linière furieux
Qui m'*appelle au combat* sans prendre un plus long terme.
De l'encre, du papier, dit-il, qu'on nous enferme.
> BOILEAU, *Épîtres*, II.

Quoique vous m'*appelliez* pour vous faire raison,
Je vous laisse le choix du temps, du lieu, des armes.
> DESTOUCHES, *le Philosophe marié*, II, 2.

Appeler sous les drapeaux, ou simplement *appeler*, c'est Sommer de se rendre sous les drapeaux :

Commanda son fil Richart que il *apelast* grant ost.
Chroniques de Saint-Denys. (Voir *Recueil des historiens de France*, t. X, p. 809.)

Appeler le peuple, faire cri et commandement que chascun ait à prendre les armes.
Rob. Estienne, *Dictionnaire françois-latin*.

APPELER a eu quelquefois, comme *appellare*, le sens de S'adresser vivement à quelqu'un :

Je vous *appelle* comme François. Je vous somme que vous ayez pitié de cest État.
Henri IV, *Lettre*, du 4 mars 1589.

Le sens d'Invoquer :

Quand il approchoit de la mort, il *appela* les sains pour lui aidier et secourre.
Joinville, *Histoire de saint Louis*.

Le xvᵉ jour de juing ou dit an, les cardinaulx dessus nommez, *appellans* et invoquans la grâce du Saint-Esperit, entrèrent en conclave et là furent ensemble par l'espace de xxvi jours.
Monstrelet, *Chronique*, I, 52.

Païen lor fax dex *apeloient*,
Et crestien Deu reclamoient.
Wace, *Roman de Brut*, v. 7961.

En sa main ung sautier tenoit,
Et sachiés que moult se penoit
De faire à Dieu prières faintes
Et d'*appeler* et sains et saintes.
Roman de la Rose, v. 423.

Plusieurs des manières de parler qui précèdent sont susceptibles d'un emploi figuré, par exemple quand APPELER a pour régime un nom de chose :

Il (Dieu) *appelle* les eaux, pour ravager la terre couverte de crimes.
Bossuet, *Discours sur l'Histoire universelle*, II, 1.

Ces expressions poétiques... étoient *appelées* par la grandeur même du sujet.
Rollin, *Traité des Études*, liv. III, c. 3, art. 2.

Tous les partis irrévocables font trembler, alors même que le cœur les *appelle*.
Mᵐᵉ de Stael, *Corinne*, XV, 4.

Il semble *appeler* la guerre
Par un fier hennissement.
Sarrazin, *Ode*.

Las enfin d'*appeler* un sommeil qui le fuit.
J. Racine, *Esther*, II, 1.

On dit *appeler sur quelqu'un, sur une famille, sur un pays, les bénédictions du ciel* :

... Sa main, qui ne s'étend que pour bénir, *appeloit* déjà la miséricorde et les lumières célestes *sur* les auteurs de ces livres insensés.
J. de Maistre, *Du Pape*, Conclusion.

Appeler sur quelqu'un le mépris public, la haine de tous.

Appeler l'attention de quelqu'un sur quelque chose.

Appeler à, employé figurément, a souvent pour complément un nom de chose :

Lors on congnoist certainement quel est le personnaige et combien il vault, quand il est *appellé au* maniment des affaires.
Rabelais, *Pantagruel*, III, 18.

Vous, hommes, qu'il a faits à son image, qu'il a éclairés de sa connaissance, qu'il a *appelés à* son royaume, pouvez-vous croire qu'il vous oublie ?
Bossuet, *Sermons :* Sur la Providence.

Il *appelle* les idolâtres *à* la connoissance de Dieu.
Le même, *Discours sur l'Histoire universelle*, II, 7.

Il les *appelle à* la solitude et *à* la retraite, pour les rendre comme invisibles au reste du monde.
Fléchier, *Panégyrique de saint François de Paule*.

Polyeucte m'*appelle à* cet heureux trépas.
P. Corneille, *Polyeucte*, V, 5.

Quoi ! vous à qui Néron doit le jour qu'il respire,
Qui l'avez *appelé* de si loin *à* l'empire.
J. Racine, *Britannicus*, I, 1.

Souvent, dans cette manière de parler, le régime de la préposition *à* est un verbe à l'infinitif :

Il *fut appelé à* siéger dans le conseil du prince. L'important devoir que nous *sommes appelés à* remplir. Il *fut appelé à* lui succéder.
Dictionnaire de l'Académie, 1835.

APPELER se dit particulièrement des inspirations que Dieu nous envoie :

Si tost qu'il *est appelé de* Dieu, il est tiré hors de son pays, arrière de ses parens et amis, et est privé des choses les plus désirables de ce monde.
Calvin, *Institution chrestienne*, liv. II, c. 10, § 2, p. 256.

Le bon père va de bain en bain, et se croit *appelé de* Dieu pour consoler les dames malades qui prennent les eaux.

FLÉCHIER, *Mémoires sur les grands jours de* 1665.

On dit d'un homme qui vient de mourir, que Dieu vient de *l'appeler*, de *l'appeler à lui :*

Quant à moy j'en loue Dieu qui me daigne *appeller*, ainçois que j'aye fait plus de péchies, à luy me rends, et à la mort presente mon corps, viengne quant elle veult.

Les cent Nouvelles nouvelles, XXI.

Nostre bon roy Henri second avoit délibéré de passer le reste de ses jours en tranquillité, et se contenter de la grandeur qui luy estoit restée, laquelle n'estoit pas petite : mais il pleut à Dieu de *l'appeler.*

LA NOUE, *Discours politiques et militaires*, XX.

Je vous escrivis aussi comme Dieu *avoit appellé à soy* Madame l'amiralle de Chastillon.

CARDINAL D'OSSAT, *Lettres;* VI, 39.

Il prétend qu'on peut se tuer quand on est si persécuté, qu'on peut croire que Dieu nous *appelle.*

PASCAL, *Provinciales.*

Je découvre aussi... deux filles de cinquante ans; elles font des vœux au ciel pour qu'il ait la bonté d'*appeler* leur père, qui les tient enfermées comme des mineures.

LE SAGE, *le Diable boiteux*, c. 10.

APPELER, avec des noms de choses pour sujet, se prend figurément dans des sens analogues.

Il se dit, par exemple, de toutes les choses dont le son sert de signal pour se trouver dans quelque lieu, pour vaquer à quelque occupation :

Il (le duc de Bourgogne) étoit fougueux jusqu'à vouloir briser ses pendules lorsqu'elles sonnoient l'heure qui *l'appeloit à* ce qu'il ne vouloit pas.

SAINT-SIMON, *Mémoires*, 1710.

Les religieuses qui m'avoient reçue n'étoient plus avec moi; la cloche les *avoit appelées* au chœur.

MARIVAUX, *la Vie de Marianne*, VI.

Trompes bondonnent, tabours coissent,
Qui les deus oz *de* guerre *appellent.*

G. GUIART, *Royaux Lignages*, t. II, v. 2724.

L'heure à présent m'*appelle* au conseil qui s'assemble.

P. CORNEILLE, *le Cid*, I, 1. (Édit. de 1637.)

Les cloches dans les airs de leurs voix argentines,
Appeloient à grand bruit les chantres à matines.

BOILEAU, *le Lutrin*, IV.

Il se dit aussi de Tout ce qui avertit, qui excite,

soit à se rendre quelque part, soit à faire quelque chose :

Tout homme qui a du courage dédaigne les choses basses et sordides; celles qui sont de belle apparence lui plaisent, et l'*appellent* à les rechercher.

MALHERBE, trad. des *Épîtres de Sénèque*, XXXIV.

Chrétiens, que la mémoire d'une grande reine, fille, femme, mère de rois si puissants, et souveraine de trois royaumes, *appelle* de tous côtés à cette triste cérémonie.

BOSSUET, *Oraison funèbre de la reine d'Angleterre.*

Adieu, ô terre de Lemnos ! laisse-moi partir heureusement, puisque je vais où m'*appelle* la volonté des dieux et de mes amis.

FÉNELON, *Télémaque*, XV.

Les femmes ont peu de retenue dans les monarchies, parce que, la distinction des rangs les *appelant* à la cour, elles y vont prendre cet esprit de liberté qui est à peu près le seul qu'on y tolère.

MONTESQUIEU, *Esprit des lois*, VII, 9.

Cette carrière n'étoit pas celle où mon cœur m'*appeloit.*

J.-J. ROUSSEAU, *les Confessions*, I, 4.

A moins de voir Madame en être importunée,
Rien ne m'*appelle* ailleurs de toute la journée.

MOLIÈRE, *le Misanthrope*, II, 4.

Nos vaisseaux sont tout prêts et le vent nous *appelle.*

J. RACINE, *Andromaque*, III, 1.

Et que m'a fait à moi cette Troie où je cours?
Au pied de ses remparts quel intérêt m'*appelle?*

LE MÊME, *Iphigénie*, IV, 6.

Un vieillard près d'aller où la mort l'*appeloit.*

LA FONTAINE, *Fables*, IV, 18.

Son mari, qu'une affaire *appelle* dans la ville.

BOILEAU, *Satires*, X.

... Mon devoir en d'autres lieux m'*appelle.*

BOURSAULT, *les Mots à la mode*, sc. 15.

Il signifie quelquefois Nécessiter, réclamer, exiger :

Ce crime *appelle* la vengeance des loix. Ces abus *appellent* une réforme. Ce mot ne peut être employé seul, il *appelle* un complément, un régime. Ce grave sujet *appelle* votre attention.

Dictionnaire de l'Académie, 1835.

Si vous ne beuvez guere, par consequent vous ne mangerez pas trop, car le vin *appelle* le manger, pour plus longuement prendre le plaisir de boire.

MONTLUC, *Commentaires*, liv. I.

Les pays que l'industrie des hommes a rendus habitables *appellent* à eux le gouvernement modéré.

Montesquieu, Esprit des lois, XVIII, 6.

Il faut dire aussi qu'il y a dans le caractère même de cette milice évangélique, quelque chose qui défend la confiance et qui *appelle* la défaveur.

J. de Maistre, Du Pape, liv. III, c. 3.

Il se dit, à peu près de même, en parlant des qualités, des talents, des circonstances qui déterminent la vocation, le sort, la condition de quelqu'un :

Elle se fondait sur le droit naturel qui l'*appelait* à l'héritage de son père.

Voltaire, Siècle de Louis XIV.

... Comme à m'épouser sa fortune l'*appelle*,
Je prétends corps pour corps pouvoir répondre d'elle.

Molière, l'École des Maris, I, 2.

Non, à quelques hauts faits que ton destin t'*appelle*,
Sans le secours soigneux d'une muse fidèle,
Pour t'immortaliser tu fais de vains efforts.

Boileau, Épîtres, I.

En troisième lieu Appeler signifie Nommer, dire le nom d'une personne, d'une chose, ou Lui imposer, lui donner un nom :

Il a donc, en ce sens, pour régime des noms de personne, des noms de chose ;

Des noms de personne :

Quant à ce que vous ignorez ou voulez ignorer, que vous ne sçavez si mes dictes lectres se adressent à vous, vostre nom y est, lequel vous printes sur fons et que vostre père et mère vous *appelloient*.

Monstrelet, Chronique, I, 9.

Je ne sais auquel des courtisans la langue a fourché le premier ; ils *appellent* tout bas madame de Maintenon, madame de Maintenant.

Mme de Sévigné, Lettres ; 18 septembre 1680.

... Je suis fort flatté qu'elle (Mme de Simiane) veuille bien m'honorer de quelque nom plus tendre que celui de Monsieur ; j'étois résolu de la supplier de m'*appeler* plutôt Pierrot.

Coulanges, Lettres ; à Mmes de Sévigné et de Grignan, 16 mars 1696.

Lui et son pere bastiserent ;
Clodoé son pere *apelerent*,
Clothaires ot li filz à non.

Méon, Fabliaux et contes anciens, I, 330.

Sire, Enghérant l'*apelent* cele gent d'Outemer,
En sornom Taillefer le suelent apeler.

Chanson d'Antioche, VIII, v. 372.

Des noms de chose, soit de l'ordre physique, par exemple désignant des lieux :

Et se logièrent en une ille que l'on *apele* saint Nicholas.

Villehardouin, Conqueste de Constantinoble, XXX.

Une abbaye blanche qui étoit toute arse, qu'on *appeloit* du temps du roi Artus, la lande blanche.

Froissart, Chroniques, liv. I, part. I, c. 41.

En Armorique trespassa...
Que nos or Bretaigne *apelon*,
D'Armorique a perdu le non.

Wace, Roman de Brut, v. 6473.

Li pré de la bataille *fu* li liex *apelé*,
Encor dure li non, ne fu poix remué.

Le même, Roman de Rou, v. 2263.

Des objets de toutes sortes :

Nithard rapporte qu'en 870 les enfans de Louis-le-Débonnaire signalèrent leur réconciliation par une de ces joutes solennelles, qu'on *appela* depuis tournois.

Voltaire, Essai sur les mœurs, c. 99.

On trouve dans Norden, Pocoke, Niebuhr, et dans les lettres que vient de publier M. Savary, tous les détails sur les bains de Cléopâtre, sur les deux obélisques, sur les catacombes, les citernes, et sur la colonne mal *appelée* de Pompée.

Volney, Voyage en Syrie et en Égypte, c. 1.

Là est la baniere vermeille
Que la gent l'oriflamme *apele*.

G. Guiart, Royaux Lignages, t. II, v. 880.

Soit de l'ordre moral :

Les cours de justice, que les Français ont *appelées* parlements.

Voltaire, Essai sur les mœurs, c. 98.

Quelquefois très caractéristiques, très compréhensifs, ayant comme la valeur d'une définition :

Cette sphere intellectuelle, de laquelle en tous lieux est le centre, et n'ha en lieu aulcun circonference, que nous *appellons* Dieu.

Rabelais, Pantagruel, V, 48.

Cette source originaire de tout esprit, qui est esprit elle-même, et qui est plus excellente que tout esprit, je l'*appelle* Dieu.

La Bruyère, Caractères : Des esprits forts.

Il y a quelquefois dans les personnes et dans les choses un charme invisible, une grâce naturelle qu'on n'a pu définir, et qu'on a été forcé d'*appeler* le je ne sais quoi.

MONTESQUIEU, *Essai sur le Goût.*

On dit *appeler d'un nom :*

Adam *appela*... tous les animaux *d'un nom* qui leur étoit propre.

LE MAISTRE DE SACY, trad. de l'*Ancien Testament,* Genèse, II, 19, 20.

Rome même est *appelée de ce nom* (de Babylone).

BOSSUET, *Discours sur l'Histoire universelle,* III, 1.

Nous *appelions* autrefois la Russie *du nom* de Moscovie, parce que la ville de Moscou, capitale de cet empire, était la résidence des grands-ducs de Russie.

VOLTAIRE, *Histoire de Pierre le Grand,* 1ʳᵉ part., c. 1.

S'il vous souvient pourtant que je suis la première
Qui vous ait *appelé de ce* doux *nom* de père.

ROTROU, *Iphigénie,* IV, 4.

Fille d'Agamemnon, c'est moi qui la première,
Seigneur, vous *appelai de ce* doux *nom* de père.

J. RACINE, *Iphigénie,* IV, 4.

... Je mourrois de dépit
Si quelqu'un m'*appeloit de ce nom* décrépit.

BOURSAULT, *Ésope à la ville,* III, 5.

On dit aussi *appeler* une personne ou une chose *par son nom :*

Appeler aucun *par son nom.*

ROB. ESTIENNE, *Dictionnaire françois-latin.*

Nommer un roi père du peuple, est moins faire son éloge, que l'*appeler par son nom,* ou faire sa définition.

LA BRUYÈRE, *Caractères,* c. 10.

Par son nom de batesme Gestas l'*apeloit-on.*

Chanson d'Antioche, I, v. 139.

Li evesques del Pui, qui faisoit les sermons,
Quant il vit entour lui assemblés les barons,
Doucement les *appelle* uns et uns *par lor nons.*

Même ouvrage, VIII, v. 43.

La peste, puisqu'il faut l'*appeler par son nom.*

LA FONTAINE, *Fables,* VIII, 1.

Proverbialement, *il appelle les choses par leur nom,* se dit d'un Homme qui n'affaiblit point par ses expressions les vérités dures.

On a dit aussi *appeler* quelqu'un *par le nom d'une ville :*

L'ordre des suffrages est tel dans les états (du Langue-

doc), qu'après la proposition faite par le président, un prélat commence l'opinion, ensuite un baron opine, et après deux députés *sont appelés par le nom de leurs villes*

(Voyez DEPPING, *Correspondance administrative sous Louis XIV,* t. I, p. 5.)

Appeler les lettres, c'est Les nommer, les désigner par leur nom :

Appeler les lettres, comme font les petits enfans que aucuns disent eppeler.

ROB. ESTIENNE, *Dictionnaire françois-latin.*

Rien n'est plus désagréable ni plus insupportable qu'une prononciation lente et traînante qui *appelle* pour ainsi *toutes les lettres.*

ROLLIN, *Traité des Études,* liv. VIII, IIᵉ part., c. 2, art. 2.

APPELER signifie, en outre, Prononcer à haute voix les noms de ceux qui doivent se trouver présents en quelque endroit, en faire l'appel :

Les athlètes qui devoient concourir *furent appelés* à midi; ils étoient au nombre de sept.

BARTHÉLEMY, *Voyage d'Anacharsis.*

Au palais, *appeler les causes,* c'est Lire tout haut le nom des parties, afin que leurs avocats viennent plaider pour elles :

Appeler quelques causes qui ne sont pas du rolle.

ROB. ESTIENNE, *Dictionnaire françois-latin.*

APPELER sert à qualifier;
En parlant des personnes :

Icelluy evesque estoit (si ainsi on les peult *appeler* en ce monde) ung des plus sainctz et devotz personnages que l'on sceust.

Le Loyal Serviteur, c. 3.

Hérodote, que les auteurs profanes *appellent* le Père de l'histoire.

BOSSUET, *Discours sur l'Histoire universelle.*

Ceux qui réussissent dans le monde, nous les *appelons* heureux.

MASSILLON, *Sermons :* Le jour de la Pentecôte.

Presque jamais elle (Mᵐᵉ de Maintenon) n'*appeloit* Madame la Dauphine que Mignonne, même en présence du roy.

SAINT-SIMON, *Mémoires,* 1715.

... Il (le czar Pierre) goûta la soupe des soldats (aux Invalides), et, de leur vin, but à leur santé, leur frappant sur l'épaule, et les *appelant* camarades.

LE MÊME, même ouvrage, 1717.

En parlant des choses :

Le théologien d'Orient, saint Grégoire de Nazianze, contemplant la beauté du monde, dans la structure duquel Dieu s'est montré si sage et si magnifique, l'*appelle* élégamment en sa langue, le plaisir et les délices de son créateur.

Bossuet, Sermons : Sur la Providence.

Il n'y a point de particulier qui ne se voie autorisé par cette doctrine à adorer ses inventions, à consacrer ses erreurs, à *appeler* dieu tout ce qu'il pense.

Le même, Oraison funèbre de la reine d'Angleterre.

L'histoire qu'on *appelle* avec raison la sage conseillère des rois.

Le même, Discours sur l'Histoire universelle.

J'ai fait une réponse à M. de Carcassonne, que M. le chevalier a fort approuvée, et qu'il *appelle* un chef-d'œuvre.

Mᵐᵉ de Sévigné, Lettres; 24 janvier 1689.

La mort la plus infâme, ils l'*appellent* martyre.

P. Corneille, Polyeucte, III, 3.

Ils veulent qu'on *appelle*, et n'en sont point confus,
Leurs défauts, qualités, et leurs vices, vertus.

Boursault, Ésope à la ville, III, 4.

J'*appellerai* vertu guerrière
Une vaillance meurtrière
Qui dans mon sang trempe ses mains?

J.-B. Rousseau, Odes.

Appeler signifie pareillement, Désigner une personne ou une chose par une qualité bonne ou mauvaise ;

Une personne :

Certes à bon droit peut *estre appelé* beste, qui se glorifie de ressembler aux bestes en non sçavoir, et se donne louange de son deffault.

A. Chartier, l'Espérance.

Cette Babou (femme du grand-père du cardinal d'Estrées) avoit six sœurs. Elles étoient belles, mariées, intrigantes; on les *appeloit*, de leur temps, les sept péchés mortels.

Saint-Simon, Mémoires, 1714.

Qu'*appelles*-tu un homme d'hier? Je ne t'entends point.

Marivaux, la Méprise, sc. 12.

Les femmes aiment beaucoup qu'on les *appelle* cruelles.

Beaumarchais, le Barbier de Séville, IV, 5.

E Normanz les menacent e de mort les desfient;
Traîtors les *apellent* e de Deu les maldient.

Wace, Roman de Rou, v. 2739.

Je ne puis rien nommer, si ce n'est par son nom :
J'*appelle* un chat, un chat, et Rollet, un fripon.

Boileau, Satires, I.

Une chose :

Voilà les effets de ceste malheureuse guerre : je l'*appelle* ainsy quand je perds mes bons serviteurs.

Henri IV, Lettres; août 1586.

Et nous *appellerons* bonheur de notre vie ce qu'il faut quitter, ce qu'il faut haïr, ce qu'il faut expier à notre mort.

Fléchier, Oraison funèbre de Mᵐᵉ de Montausier.

Après quelque petit débat; qu'entre pareils on *appelleroit* compliments, il (le duc d'Orléans) me proposa la présidence du conseil des finances.

Saint-Simon, Mémoires, 1715.

Qu'*appelles*-tu une ville? Paris c'est le monde, le reste de la terre n'en est que les fauxbourgs.

Marivaux, la Méprise, sc. 13.

Lucas est devenu subitement enflé
D'un mal contagieux qu'on *appelle* finance.

Dufresny, la Coquette du village, III, 2.

Et pour y parvenir j'usay de l'industrie
Que les gens scrupuleux *appellent* fourberie.

Le Grand, Plutus, III, 2.

Appeler, en ce sens, a quelquefois pour complément un verbe à l'infinitif :

Je n'écris qu'à vous, ma chère bonne, car je n'*appellerai* point écrire, deux billets à Madame La Fayette.

Mᵐᵉ de Sévigné, Lettres; à Mᵐᵉ de Grignan, 9 octobre 1687.

Ce que j'appelle..., ce qu'on appelle..., ce qui s'appelle..., sont des manières de parler fort usitées :

Qui est-il ce Styx? dit notre héroïne. Je vous demanderois volontiers s'il est plus puissant que *ce qu'on appelle* beauté.

La Fontaine, Psyché, I.

Après avoir bien *ce qu'on appelle* tourné et viré, je vous trouve la plus agréable femme de France.

Bussy-Rabutin, Lettres; à Mᵐᵉ de Sévigné, 1668.

C'est (l'abbé Testu) un des premiers hommes qui aient fait connaître *ce qu'on appelle* des vapeurs.

Saint-Simon, Mémoires, 1706.

Il (le président de Mesmes) chercha aussi à suppléer à son

ignorance en apprenant bien *ce qu'on appelle* le tran-tran du palais...

Saint-Simon, *Mémoires*, 1712.

... Élevé (Louis XIV) par la reine sa mère dans l'opinion que *ce qu'on appeloit* jansénistes étoit un parti républicain dans l'Église et dans l'État.

Le même, même ouvrage, 1713.

C'étoit un personnage (Beringhen) de *ce qu'on appeloit* alors la vieille cour.

Le même, même ouvrage, 1715.

On remarque en France que, dès qu'un homme entre dans une compagnie, il prend *ce qu'on appelle* l'esprit de corps.

Montesquieu, *Lettres persanes*, LIV.

Voilà *ce que vous appelez* faire une œuvre de charité?

Marivaux, *la Vie de Marianne*, Ire part.

Voilà du moins *ce qu'on appelle* parler, cela.

Le même, *l'Épreuve*, sc. 21.

Le maréchal (de Saxe) aimoit le plaisir à l'excès; il s'ennuyoit dans *ce qu'on appelle* la bonne compagnie.

Grimm, *Correspondance*, 15 janvier 1758.

C'est pourtant *ce qu'on ose appeler* médisance,
Que dire sur chacun librement ce qu'on pense.

Destouches, *le Médisant*, III, 7.

... C'est *ce que j'appelle* être
Grand par soi-même, et voilà mon héros!

J.-B. Rousseau, *Épigrammes*.

Appeler s'emploie, dans ces diverses acceptions, avec le pronom personnel;

Lorsqu'il s'agit d'une personne :

Messire Jean de Hainaut y perdit un chevalier de Hollande qui *s'appeloit* messire Hermant.

Froissart, *Chroniques*, liv. I, Ire part., c. 87.

Le maréchal de Villeroi vous prie de trouver bon que tous ses compliments pour vous, et pour tout ce qui *s'appelle* Grignan, passent par mon canal.

Coulanges, *Lettres*; à Mme de Sévigné, 17 novembre 1694.

Le grand écuyer qui, dédaignant de *s'appeler* M. le Grand, comme son père l'avoit toujours été, se faisoit nommer le prince Charles...

Saint-Simon, *Mémoires*, 1721.

Quel est donc cet homme qui *s'appelle* lui par excellence?

Marivaux, *l'Épreuve*, sc. 9.

Il *s'appeloit* Sévère...

P. Corneille, *Polyeucte*, I, 3.

Lorsqu'il s'agit d'une chose :

III

S'il y a quelque chose qui *s'appelle* science, qui mérite d'estre estimée et recherchée avec soin, c'est l'éloquence.

Racan, *Harangue à l'Académie*, 1635.

Cet état de l'Église, mise sous le joug dans son spirituel et dans son temporel tout ensemble, *s'appelle* la réformation de l'Église !

Bossuet, *Histoire des Variations des églises protestantes*, liv. X, no 21.

Rire pour rien, et porter d'une maison dans l'autre une chose frivole, *s'appelle* science du monde.

Montesquieu, *Pensées diverses*.

La vertu n'étoit point sujette à l'ostracisme,
Et ne *s'appeloit* point alors un jansénisme.

Boileau, *Satires*, XI.

Avec un verbe pour complément :

Cela *s'appelle* sçavoir bien son entregent de guerre.

Brantôme, *Grands Capitaines estrangers* : Le comte Ludovic de Nanzau.

Une gravité trop étudiée devient comique... Cela ne *s'appelle* pas être grave, mais en jouer le personnage.

La Bruyère, *Caractères* : Des Jugements.

Ou même un membre de phrase, une proposition entière :

Cela *s'appelle*, dit dom Juan, qu'il fault donc combattre monsieur de Rommégas.

Brantôme, *Vies des Capitaines illustres*, Discours XLI.

Je ne vais point au Louvre, depuis que le roi m'eut commandé de faire une élégie. Je n'irai qu'elle ne soit faite, cela *s'appelle* jusques à Pâques.

Malherbe, *Lettres*; à Peiresc, 24 mars 1610.

Cela *s'appelle* communément que c'est M. Poncet qui l'a tuée, que les médecins y ont leur part, en ne lui donnant pas l'émétique.

Mme de Sévigné, *Lettres*; à Mme de Grignan, 10 août 1677.

Ce qui s'appelle... est une manière de parler de grand usage :

Vous êtes bien sage, ma fille, d'être demeurée à Grignan; *c'est cela qui s'appelle* avoir consulté son conseil de conscience.

Mme de Sévigné, *Lettres*; à Mme de Grignan, 29 janvier 1690.

L'excès du mépris du prince Eugène pour nos généraux donna lieu à *ce qui se peut appeler* pour la France la délivrance de Denain.

Saint-Simon, *Mémoires*, 1715.

Voilà *ce qui s'appelle* se manquer à soi-même.

Sédaine, *la Gageure imprévue*, sc. 25.

Vous n'avez rien. — Mais rien, *ce qui s'appelle* rien.

DUFRESNY, *la Coquette du village*, III, 5.

Voilà ce qui s'appelle parler, cela s'appelle parler, se dit lorsque quelqu'un fait des propositions plus avantageuses qu'on ne s'y attendait. Ces phrases s'emploient aussi pour louer quelqu'un qui a dit, sur une question longtemps agitée, des choses claires, lumineuses, péremptoires.

S'appeler veut dire quelquefois, Se donner à soi-même un titre :

Darius, qui *s'appeloit* dans ses inscriptions le meilleur et le mieux fait de tous les hommes.

BOSSUET, *Discours sur l'Histoire universelle*.

S'appeler est quelquefois verbe réciproque :

Les mots d'une langue bien faite *s'appellent* l'un l'autre.

LAROMIGUIÈRE, *Leçons de philosophie*.

On a dit *s'entr'appeler :*

Ils *s'entre-appellent* mon bichon, ma bichonne, et ce sont deux dogues qui se montrent les dents.

DUFRESNY, *la Noce interrompue*, sc. 3.

Par amitié *s'entr'apeloient*
Oncle et neveu qant se véoient.

Roman du Renart, v. 169.

APPELER est aussi verbe neutre et signifie, Recourir à un tribunal supérieur pour faire réformer le jugement, la sentence d'un tribunal inférieur. *Appeler d'un jugement, d'une sentence, d'un tribunal à un autre*, etc., ou absolument, *appeler :*

Molt est nécessaires li usages d'*apeler ;* car par ce est amendez la félonie des jugeors et lor non sens.

Le Conseil de Pierre de Fontaines, CXXII, § 14.

Ceux de ton royaume font rebellion contre l'Église romaine en *appelant de* nous contre les constitucions canoniques.

MONSTRELET, *Chronique*, I, 40.

Les anciens canons avoient voulu que, de tous les climats du monde, on peust *appeler au* saint-siége de Rome, mais que nul ne pouvoit *appeler de* luy.

EST. PASQUIER, *Recherches de la France*, III, 2.

Valère... devenu tout populaire, quoique patricien... établit la loi qui permet d'*appeler au* peuple et lui attribue en certains cas le jugement en dernier ressort.

BOSSUET, *Discours sur l'Histoire universelle*, III, 7.

Du pape, au nom duquel on le condamnoit, Cranmer appela au concile général.

BOSSUET, *Histoire des Variations des églises protestantes*, liv. V, n° 103.

Cela fit faire la loi Valérienne, qui permit d'*appeler au* peuple *de* toutes les ordonnances des consuls.

MONTESQUIEU, *Esprit des lois*, XI, 18.

Cuidez-vous que soubs mon cappel
N'y eust tant de philosophie
Comme de dire : J'en *appel ?*

VILLON, *Ballade de son appel*.

Enfin, au bout d'un an, sentence par laquelle
Nous sommes renvoyés hors de cour. J'en *appelle*.

J. RACINE, *les Plaideurs*, I, 7.

Parle, — Je n'ose pas, mon père, *en appeler*.
— Mais j'en *appelle* moi... — Voyez cette écriture :
Vous n'*appellerez* pas *de* votre signature.

LE MÊME, même ouvrage, III, 4.

Appeler comme d'abus, Appeler à une autorité laïque d'un jugement, d'un acte du pouvoir ecclésiastique, qu'on prétend avoir été mal et abusivement rendu et publié.

Il est fait, par allusion, dans des occasions qui n'ont rien de judiciaire, un fréquent usage de ces expressions, *en appeler de, en appeler à, en appeler :*

Je prends ces trois sors à mon grand adventaige. Aultrement j'en *appelle*.

RABELAIS, *Pantagruel*, III, 12.

Pour ce j'*appelleray de* leurs oreilles escoutantes mal, à elles-mêmes, quand elles escouteront bien.

H. ESTIENNE, *la Précellence du langage françois*.

J'en *appelois devant* celuy qui peut tout, qui a reveu le procès, a cassé les arrêts des hommes, m'a remis en mon droict, et crois que ce sera aux dépens de mes ennemys.

HENRI IV, *Lettre*, du 18 mai 1589.

Je vous promets de n'*appeler* jamais *de* vous à un autre.

BALZAC, *Lettres ;* liv. VIII.

Enfin j'en *appelle aux* plus sévères juges des belles choses, si ce que j'ai laissé à dire de Caliste ne vaut pas mieux que ce que j'en ai dit.

Mlle DE MONTPENSIER, *Portraits*, XLII : Mme la marquise d'Humières.

Les hommes sont-ils assez bons, assez fidèles, assez équitables, pour mériter toute notre confiance, et ne nous pas faire désirer du moins que Dieu existât, à qui nous puissions *appeler de* leurs jugements et avoir recours, quand nous en sommes persécutés ou trahis ?

LA BRUYÈRE, *Caractères*, c. 16.

Nous contestons contre les décisions de l'Évangile, comme si l'on pouvoit *en appeler de* Jésus-Christ *à* nous-mêmes.

MASSILLON, *Panégyrique de saint Étienne.*

Par l'histoire, le mérite méconnu pour un temps et la vertu opprimée *appellent au* tribunal incorruptible de la postérité.

ROLLIN, *Traité des Études,* liv. VI, Avant-propos.

On peut sans orgueil *appeler à* soi-même *des* injustices de la fortune; on s'en console par le témoignage légitime qu'on se rend de ne les avoir pas méritées.

FONTENELLE, *Du Bonheur.*

Si quelqu'un pouvoit douter de cette correspondance des angles des montagnes, j'oserois *en appeler aux* yeux de tous les hommes.

BUFFON, *Histoire naturelle :* Théorie de la terre.

S'on dict qu'elle ait rien de layd,
J'*en appelle.*

CL. MAROT, *Étrennes,* XXXI.

Si contre cet arrêt le siècle se rebelle,
A la postérité soudain il *en appelle.*

BOILEAU, *Art poétique,* III.

J'*en appelle* en auteur soumis, mais peu craintif,
Du parterre en tumulte *au* parterre attentif.

PIRON, *la Métromanie,* V, 9.

Figurément et familièrement, *il en a appelé,* se dit d'un Homme revenu d'une grande maladie.

APPELÉ, ÉE, participe.

Et semble audit sieur duc et autres cappitaines pour ce *appelez,* que l'armée et puissance nécessaire pour résister audit Turc ne doibt estre moindre de quatre-vingtz-dix mil combatans.

Avis de l'Électeur Palatin sur la guerre contre les Turcs, 9-15 septembre 1532. (Voyez *Négociations de la France dans le Levant,* t. I, p. 222.)

Maximilien, *appelé* par les Gantois plus que par la princesse, vint conclure ce mariage comme un simple gentilhomme qui fait sa fortune avec une héritière.

VOLTAIRE, *Essai sur les mœurs,* c. 95.

Il s'emploie, dans une acception particulière, en parlant du Mystère de la prédestination, suivant l'expression de l'Écriture, *beaucoup d'appelés et peu d'élus :*

Ainsi les derniers seront les premiers, et les premiers seront les derniers : parce qu'il y en a *beaucoup d'appelés, mais peu d'élus.*

LE MAISTRE DE SACI, trad. du *Nouveau Testament,* Math., XX, 16.

Il a été fait à ce passage de très nombreuses allusions, plus ou moins directes :

Tout est plein de ces *appelés* qui ne veulent pas seulement penser à leur vocation, ni se souvenir qu'ils sont chrétiens.

BOSSUET, *Méditations sur l'Évangile.*

Il est vrai que la grâce est bien triomphante en ces deux filles de la Desœillets ; il faut qu'elles soient *bien appelées.*

Mme DE SÉVIGNÉ, *Lettres;* à Mme de Grignan, 22 avril 1676.

Pendant que je suis sur les lettres, il faut dire un mot de celle de Pauline au coadjuteur. Je vous dis que j'ai peur qu'elle ne fasse honte à ses parents ; je n'ai jamais vu une petite personne si *bien appelée* : en attendant qu'elle nous fasse rougir, je l'aime et l'embrasse de tout mon cœur ; réjouissez-vous de son joli esprit naturel.

LA MÊME, même ouvrage; à Mme de Grignan, 12 janvier 1680.

Ta grâce peut, Seigneur, détourner ce présage.
Mais, hélas! tous l'ayant, tous n'en ont pas l'usage;
De tant de conviés bien peu suivent tes pas,
Et pour être *appelés* tous ne répondent pas.

ROTROU, *Saint Genest,* V, 2.

S'il veut notre salut, pourquoi tant de rebelles?
Entre tant d'*appelés* pourquoi si peu d'élus?

L. RACINE, *la Grâce,* IV.

On a dit quelquefois *un appelé....,* comme on dit *un nommé :*

La confiance que leur donneront d'autres œuvres de Mercier, comme d'avoir chassé l'esprit immonde du corps d'une femme nommée Blondine et d'*une appelée* Picart.

AGR. D'AUBIGNÉ, *Histoire universelle,* t. III, liv. I, c. 9.

Il arriva hier *un appelé* la Bretonnière, serviteur de M. de Nemours.

MALHERBE, *Lettres;* à Peiresc, 23 avril 1610.

APPELANT, ANTE, adj.

On a dit aussi, dans les anciens temps de la langue, APELERES, APELEUR.

Ces mots désignaient primitivement la Personne qui en appelait une autre en justice ou à l'épreuve du combat judiciaire .

Trop est dure chose quant li *apelerres* assaut, se l'en ne sueffre à l'apelé à avoir ses défenses.

PIERRE DE FONTAINES, *Le Conseil,* p. 293.

Se li apiax fu por autre cas que por cas de crieme et li *apeleres* est gentix hons l'amende est de soissante livres, et pert le querele.

BEAUMANOIR, *Coutumes de Beauvoisis,* c. 3.

Quant li tesmoing viennent pour tesmoigner en tel cas, de quelque partie que il viengnent, ou pour *apeleur*, ou pour celui qui est apelés, chil encontre qui il vuelent tesmoigner, puet...

Beaumanoir, Coutumes de Beauvoisis, c. 41.

Ledit messire Guillaume, qui estoit *appelant*, yssi premier de son paveillon et commença à marcher moult fièrement contre son adversaire, lequel pareillement vint contre lui, et quant ilz eurent gecté leurs lances l'un contre l'autre sans eulx entre actaindre, ilz commencèrent à combatre de leurs espée.

Monstrelet, Chronique, I, 52.

Quand un homme appelé pour un crime montroit visiblement que c'étoit l'*appelant* même qui l'avoit commis, il n'y avoit plus de gages de bataille. Si l'*appelant* ou l'appelé avoient moins de quinze ans, il n'y avoit point de combat.

Montesquieu, Esprit des lois, XXVIII, 25.

Plus tard, APPELANT, APPELANTE ne se sont plus dits que de Celui, ou de celle, qui recourt à un juge supérieur et en appelle à lui d'un jugement rendu par un juge subalterne.

De là ces manières de parler, *appelant de, appelant à*, ou, absolument, *appelant, être appelant, se rendre appelant, être reçu appelant*, etc. :

Quand ils auront prononcé ceste sentence, je feray comme celuy qui demanda *d'estre reçu appelant du* roy mal informé, *à* lui-même quand il seroit bien informé.

H. Estienne, la Précellence du langage françois.

Au moyen de quoi, icelle suppliante a appelé et appelle de l'octroi et exécution de ladite commission, requérant *en être reçue appelante*, et de tout ce qui s'en est ensuivi et pourra s'ensuivre.

Voltaire, Histoire du parlement de Paris, c. 30.

Il vient icy pour ung procès,
Il est *appelant des excès*
Qu'on luy a faictz en Lymousin.

Villon, les Franches repues.

Il est fait allusion au sens judiciaire d'APPELANT, dans des passages tels que celui-ci :

Il me semble que pour revenir à combattre des mystères depuis si longtemps et si universellement établis; que pour être, si j'ose m'exprimer ainsi, *reçu appelant de* la soumission de tant de siècles, *des* écrits de tant de grands hommes, *de* tant de victoires que la foi a remportées, *du* consentement de l'univers, en un mot *d'une* prescription si longue et si bien affermie, il faudroit...

Massillon, Carême : Des doutes sur la Religion.

APPELANT est quelquefois substantif :

La cour dit qu'il a esté mal appelé par l'*appelant*, et l'amendera... Faire adjourner l'*appelant* en désertion d'appel.

Rob. Estienne, Dictionnaire françois-latin.

Dans la huitaine de la constitution d'avoué par l'intimé, l'*appelant* signifiera ses griefs contre le jugement. L'intimé répondra dans la semaine suivante.

Code de procédure, 462.

Combien au parlement, et des plus renommés,
Sont pour les *appelants* et pour les intimés.

Boursault, le Mercure galant, V, 7.

Visage d'appelant s'est dit, proverbialement, de Celui qui est triste d'avoir perdu son procès et qui en a appelé; au figuré, de tous Ceux qui ont le visage abattu par quelque maladie ou quelque autre affliction :

Frère Jean achapta deux rares et precieux tableaux : en l'ung desquelz estoit au vif painct *le visage d'ung appellant*.

Rabelais, Pantagruel, IV, 2.

Par une application particulière faite au xviie siècle du mot APPELANT, ce nom a été donné aux évêques et aux prêtres qui avoient interjeté appel au futur concile de la bulle Unigenitus :

Depuis ce temps, tout ce qu'on appelait en France jansénisme, quiétisme, bulles, querelles théologiques, baissa sensiblement. Quelques évêques *appelants* restèrent opiniâtrément attachés à leurs sentiments.

Voltaire, Siècle de Louis XIV, c. 38.

A l'expression *appeler comme d'abus* (voyez plus haut, p. 402) correspondait *appelant comme d'abus* :

En lisant le livre d'Amadeus Guimenius, j'y ay trouvé... que les sujets peuvent ne pas payer les justes tributs... Ceste proposition a esté censurée par la Sorbonne; mais comme elle semble estre autorisée par la dernière bulle du pape, qui déclare la censure de la Sorbonne présomptueuse, scandaleuse et téméraire... j'avois eu la pensée de demander à estre reçeu *appelant comme d'abus* de l'observation de ceste bulle.

Le Camus, Procureur du roy à la cour des aides, à Colbert, dernier juillet 1665. (Voyez Depping, Correspondance administrative sous Louis XIV, t. II, p. 139.)

Il est fait allusion à cette expression dans le passage suivant :

Je me porte pour *appellant* de soif, *comme d'abus.*

RABELAIS, *Gargantua,* I, 5.

APPELANT se dit, substantivement, des Oiseaux qui servent pour appeler les autres et les faire venir dans les filets :

Si l'on veut faire une plus grande chasse, on dispose des filets dont les nappes... peuvent embrasser, en se relevant et en se croisant, la troupe entière des canards sauvages, que les *appelants* domestiques ont attirés.

BUFFON, *Histoire naturelle :* Oiseaux.

On dit, au même sens, APPEAU. (Voyez ce mot.)

APPEL, s. m.

On l'a écrit APEL; on a dit APPEAL, APPEAU (voyez plus haut, p. 391, ce mot), APPIAU, APPIAUS, APPIAX, etc. (Voyez le *Glossaire* de Sainte-Palaye et quelques-uns des exemples ci-après.)

APPEL répond, par ses significations, à la plupart de celles du verbe *appeler.*

C'est, au propre, l'Action d'appeler avec la voix ou autrement :

Il n'a pas entendu votre *appel.* Ce cri est un *appel.* L'*appel* de la femelle pour faire venir le mâle.

Dictionnaire de l'Académie, 1835.

En termes de Chasse et de Manège, *appel de la langue* est l'Action d'appeler, d'exciter un chien ou un cheval en donnant de la langue.

APPEL se dit aussi d'un Signal qui se fait avec le tambour ou la trompette, pour assembler les soldats, *battre l'appel, sonner un appel :*

Par la cit d'Antioche font lor *apel* soner,
Plus de soixante mil se courent adober.

Chanson d'Antioche, V, v. 413.

A cette acception se rapporte l'emploi particulier du verbe *appeler,* que constate ce passage :

La garde suisse prend les armes et *appelle* dans la cour du roi pour le colonel-général quand il passe.

HÉNAULT, *Mémoires,* c. 22.

APPEL s'est dit pareillement du Signal donné par la cloche d'un couvent pour assembler les moines :

... Cascuns l'*apiel*
A fait sonner en son couvent
... A l'*apiel* vinrent

Tout li frere et tot coi se tinrent
Et teurent.

Renart le nouvel, v. 7450.

APPEL, en termes d'Escrime, est une Attaque qui se fait d'un simple battement du pied, à la même place, pour constater l'aplomb.

APPEL se dit particulièrement de l'Appellation à haute voix que l'on fait des personnes qui doivent se trouver à une revue, à une assemblée, etc., afin de s'assurer qu'elles sont présentes. On dit *l'heure de l'appel; faire l'appel; être, se trouver, répondre, manquer à l'appel,* etc.

Dans les assemblées politiques, l'Action d'*appeler* chaque membre à haute voix, pour qu'il exprime son opinion ou donne son vote, se rend par l'expression *appel nominal.*

Au palais, l'*appel d'une cause* est l'Action d'appeler une cause pour qu'elle soit plaidée.

APPEL, en matière de Recrutement, signifie l'Action d'appeler sous les drapeaux. On dit *l'appel d'une classe, répondre à l'appel,* etc. :

Il y a deux sources de l'armée, si je puis m'exprimer ainsi : l'enrôlement volontaire et les *appels* forcés.

ROYER-COLLARD, *Discours :* Loi du Recrutement, 3 février 1818.

En termes de Finance et de Commerce, *faire un appel de fonds,* c'est Demander de nouveaux fonds aux associés ou actionnaires d'une compagnie, d'une entreprise, quand les premières mises n'ont pas suffi pour les dépenses, ou qu'un événement imprévu nécessite des dépenses extraordinaires.

Conformément à un ancien usage du verbe *appeler,* APPEL s'est dit d'une provocation à venir combattre en champ clos ou plaider en justice. Comme on disait *appeler de* meurtre, *de* félonie, etc., on disait aussi *appel de* meurtre, *de* félonie, etc. :

Si est bon que nous en fachons propre capitre, qui enseignera des quix cas on pot apeler et estre apelés, et comment on doit former son *apel.*

BEAUMANOIR, *Coutumes de Beauvoisis,* LXI, 1.

Quiconque veut son seigneur *appeler de* defaute de droit, il doit tout avant requerre son segneur qu'il li face droit en la présence de ses pers. Et se le segneur li vée (le refuse), il a bon *apel de* defaute de droit.

LE MÊME, même ouvrage, 33.

Il ne convient pas que cil qui apele de faus jugement mete delai en son *appel*.

BEAUMANOIR, *Coutumes de Beauvoisis*, LXI, 38.

Tant fut le roi de France conseillé et ennorté de ceux de son conseil et soigneusement supplié des Gascons, que un *appeau* fut fait et formé, pour aller en Aquitaine appeler le prince de Galles en parlement de Paris... Et contenoit ledit *appel* comment sur grands griefs, dont iceux segneurs se plaignoient que le prince de Galles et d'Aquitaine vouloit faire à eux et à leurs terres, ils appeloient et en traoient à ressort au roi de France, lequel, si comme de son droit, ils avoient pris et ordonné pour leur juge.

FROISSART, *Chroniques*, liv. I, part. I, c. 255.

A cet ancien emploi d'APPEL se rattache celui qu'on en a fait depuis en matière de duel ou de procédure.

APPEL a été de très grand usage en parlant du genre de provocation que l'on désigne plus volontiers maintenant par les mots Cartel, défi :

Quand je parle de la vertu, j'entends une vertu pleine de vigueur et de courage, à qui les mains démangent de se battre, et qui prend le moindre ennui qu'on lui fasse pour un *appel*.

MALHERBE, trad. des *Épîtres* de Sénèque, LXXI.

Cherchez si l'on vit un seul *appel*, quand elle (Rome) étoit couverte de héros.

J.-J. ROUSSEAU, *la Nouvelle Héloïse*, I, 57.

Hier nous nous rencontrons; cette ardeur le réveille, Fait de notre embrassade un *appel* à l'oreille.

P. CORNEILLE, *le Menteur*, IV, 1.

On disait *faire, recevoir, refuser un appel* :

Madame de Bonneval, de Limousin, voiant un *appel fait* chez elle, fit atteler sa littière pour séparer, et arriva tout à temps pour jetter le caducée entre les combattants.

AGR. D'AUBIGNÉ, *les Aventures du baron de Fœneste*, liv. I, c. 1.

Je lui fis (au comte d'Harcourt) un *appel* à la comédie; nous nous battîmes le lendemain au matin, au-delà du fauxbourg Saint-Marcel.

LE CARDINAL DE RETZ, *Mémoires*, I.

Sainte-Maure le menace de dire à tout le monde qu'il *a refusé un appel*. « Je ne m'en soucie pas, dit Tréville, on sait assez qui je suis. »

TALLEMANT DES RÉAUX, *Historiettes* : M. de Laval.

J'avois dessein de continuer à la servir malgré son indifférence, mais mon rival, au lieu de prendre le même parti, s'est avisé de me *faire un appel*.

LE SAGE, *le Diable boiteux*, c. 13.

... Les perfections du duel sont de *faire*
Un *appel* sans raison, un meurtre sans colère.

AGR. D'AUBIGNÉ, *Tragiques* : Misères, liv. I.

J'ai poussé Clarimond à lui *faire un appel*.

P. CORNEILLE, *la Suivante*, V, 1.

Je vous crois trop bon sens pour lui *faire un appel*;
Ésope sur le pré seroit un beau spectacle.

BOURSAULT, *Ésope à la ville*, IV, 1.

APPEL, en termes de Procédure, signifie Recours au juge supérieur; action d'appeler d'un juge subalterne à un juge supérieur. De là de nombreuses expressions : *La voie de l'appel; l'appel d'un jugement; le jugement dont est appel; interjeter appel; griefs, causes, moyens d'appel; acte d'appel; appel principal; appel incident; en cause d'appel; par appel; sans appel; cour, tribunal, juge d'appel*, etc. On a vu plus haut, p. 391, des exemples du vieux mot *appeau* employé en ce sens :

Jetez les yeux sur les détours de la justice. Voyez combien d'*appels* et de degrés de juridiction.

MOLIÈRE, *les Fourberies de Scapin*, II, 8.

On l'avertit d'appeler au parlement; il trouva ce retardement inutile, et que c'étoit se jouer de la justice que d'aller de tribunal en tribunal, et ne voulut point consentir à cet *appel*.

FLÉCHIER, *Mémoires sur les grands jours de 1665*.

La loi Valérienne avoit permis les *appels* au peuple.

MONTESQUIEU, *Esprit des lois*, XI, 18.

La nature de la décision par le combat étant de terminer l'affaire pour toujours, et n'étant point compatible avec un nouveau jugement et de nouvelles poursuites; l'*appel*, tel qu'il est établi par les loix romaines et par les loix canoniques, c'est-à-dire à un tribunal supérieur, pour faire réformer le jugement d'un autre, étoit inconnu en France... L'*appel*, chez cette nation, étoit un défi à un combat par armes, qui devoit se déterminer par le sang; et non pas cette invitation à une querelle de plume qu'on ne connut qu'après.

LE MÊME, même ouvrage, XXVIII, 27.

Ils (les maires du Palais) présidèrent ce tribunal suprême où le roi devoit rendre lui-même la justice aux leudes, et juger définitivement les procès qui y étoient portés *par appel*, de toutes les provinces du royaume.

MABLY, *Observations sur l'Histoire de France*, I, 6.

On ne jugea plus nulle part; les crimes demeurèrent impunis par l'inaction des premiers juges qui ne mettoient pas *le juge d'appel* en état de juger.

HÉNAULT, *Mémoires*, CXVIII.

Tout se jugeoit là *sans appel*,
Tant au civil qu'au criminel.

SCARRON, *Virgile travesti*, I.

Vous serez, au contraire, un juge *sans appel*,
Et juge du civil comme du criminel.

J. RACINE, *les Plaideurs*, II, 13.

De l'expression expliquée plus haut, p. 402, *appeler comme d'abus*, est venue cette autre expression, *appel comme d'abus* :

Il y a donc quatre pilliers sur lesquels est fondé l'*appel comme d'abus* : la contravention aux saincts décrets, aux ordonnances royaux, aux arrêts du parlement, et l'entreprise de jurisdiction sur la séculière.

EST. PASQUIER, *Recherches de la France*, III, 34.

La formule d'*appel comme d'abus* ne fut introduite que sur la fin du règne de Louis XII.

VOLTAIRE, *Dictionnaire philosophique*, Abus.

Il (Louis XIV) fut attentif à conserver l'usage de l'*appel comme d'abus* au parlement des ordonnances ecclésiastiques, dans tous les cas où ces ordonnances intéressent la juridiction royale.

LE MÊME, *Siècle de Louis XIV*, c. 35.

APPEL est quelquefois pris figurément, par exemple dans cette expression, *répondre à l'appel* de quelqu'un, du souverain, de la patrie, etc.

C'est surtout au sens judiciaire du mot APPEL que se rapporte les emplois figurés qui en sont faits assez fréquemment :

Contre la mort n'y a nul *appel*.

COTGRAVE, *Dictionnaire*.

Faudroit-il que la raison de chacun lui tînt lieu d'un tribunal souverain au-dessus duquel il n'en reconnût point d'autre, et dont il n'y eût aucun *appel* ?

BOURDALOUE, *Carême* : Sermon sur la Religion et la Probité.

Tout cela se trouve avec beaucoup d'autres choses également édifiantes, dans l'*Appel à la raison*, imprimé en 1762, sous le titre de Bruxelles.

VOLTAIRE, *les Honnêtetés littéraires*, VII.

Sans appel est surtout une expression figurée de grand usage :

Nous nous en sommes rapportés à vous ; votre jugement, quel qu'il soit, sera *sans appel*.

MALHERBE, *Lettres*; à Peiresc, 10 octobre 1613.

Quand le parterre en main tient le sifflet tout prêt,
Et lui va *sans appel* prononcer son arrêt.

REGNARD, *le Tombeau de M* B. D.

En même temps qu'APPEL on a dit APPELLEMENT, APPELLATION. Ce dernier s'est seul conservé, surtout dans un de ses sens, étranger au mot APPEL.

APPELLATION, s. f.

Action d'appeler quelqu'un.

Action de nommer chaque lettre de l'alphabet, *appellation des lettres*.

En termes de Pratique, Appel d'un jugement. Il ne se dit guère que dans les formules des arrêts et des jugements, *la cour a mis l'appellation au néant ; le jugement sera exécuté nonobstant opposition ou appellation quelconque*.

Par plusieurs fois ledit Montagu fut mis en gehaisne et tant que lui, doubtant sa fin, demanda à ung sien confesseur moult diligemment quelle chose il avoit à faire, et il respondi : « Je n'y voy autre remède, fors que vous appellez du prévost de Paris ; » et ainsi en fist-il. Pourquoy ledit prévost ala devers lesdiz seigneurs qui avoient ordonné de le prendre et leur compta l'estat de ladicte *appellacion*.

MONSTRELET, *Chronique*, I, 57.

Les *appellations* des baillifs et seneschaux ressortissoient premièrement au conseil.

EST. PASQUIER, *Recherches de la France*, II, 2.

Une des plus grandes plaies que les fausses décrétales ayent faites à la discipline de l'Église, c'est d'avoir étendu à l'infini les *appellations* au pape.

FLEURY, *Discours sur l'Histoire ecclésiastique*, IV, § 3.

Les plébéiens établirent que ce seroit devant eux que les *appellations* seroient portées.

MONTESQUIEU, *Esprit des lois*, XI, 18.

Le pape Adrien consentit qu'il n'y eût jamais dans l'île de Sicile ni légation, ni *appellation* au saint-siège, que quand le roi le voudrait ainsi.

VOLTAIRE, *Essai sur les mœurs*.

On a dit *appellation comme d'abus*, aussi bien qu'*appel comme d'abus* :

Je ne fais aucun doute que ceux qui auront les aureilles trop délicates ne trouvent estranges ces mots d'*appellations comme d'abus*, régales, oblats et dismes inféodées.

EST. PASQUIER, *Recherches de la France*, III, 35.

APPELLATION, dans le langage ordinaire, est assez souvent employé dans un sens que le mot *appel* n'a pas pris du verbe *appeler*, le sens de Dénomination :

Pourtant t'appellé-je mon père, ne trouvant aucune *appellation* plus vénérable de laquelle je te puisse honorer.

AMYOT, trad. de Plutarque, *Vie de Fabius Maximus*.

Nous commencerons l'énumération de ces *appellations* diverses par les mots latins qui se trouvent tant en l'histoire que jurisprudence.

BERGIER, *Histoire des grands chemins de l'empire romain*, liv. III, c. 54.

Les noms de père et de grand étaient des noms glorieux que personne ne pouvait lui disputer en Europe; celui d'empereur n'était qu'un titre honorifique décerné par l'usage à l'empereur d'Allemagne, comme roi titulaire des Romains; et ces *appellations* demandent du temps pour être formellement usitées dans les chancelleries des cours, où l'étiquette est différente de la gloire.

VOLTAIRE, *Histoire de Pierre le Grand*, IIe part., c. 15.

Hélas! j'ai vu s'animer de mille *appellations* charmantes les arbres, les fontaines, les rochers de ce lieu maintenant si bouleversé, et qui, semblable à un champ de la Grèce, n'offre plus que des ruines et des noms touchants.

BERNARDIN DE SAINT-PIERRE, *Paul et Virginie*.

Personne n'a su marquer les temps et les lieux d'une manière plus touchante que le poëte de Mantoue. Ici c'est un tombeau, là une aventure attendrissante, qui déterminent la limite du pays; une ville nouvelle porte une *appellation* antique; un ruisseau étranger prend le nom d'un fleuve de la patrie.

CHATEAUBRIAND, *Génie du Christianisme*.

APPELLATIF, adj. m. (du latin *appellativus*). Terme de Grammaire. Il ne s'emploie que dans cette locution, *nom appellatif*, nom qui convient à toute une espèce: homme, arbre sont des *noms appellatifs*. On dit plus ordinairement, au même sens, *nom commun*.

A la même famille de mots appartenaient deux autres adjectifs qui ne sont pas restés dans l'usage.

APPELLABLE, Sujet à l'appel, dont on peut appeler. (Voyez *Coutumier général*, t. II, p. 976; *Nouveau Coutumier général*, t. II, p. 101.)

APPELLATOIRE, Qui concerne l'appel.

APPENDRE, v. a. (du simple *pendre*). On l'a écrit APENDRE.

Dans son acception générale, c'est un synonyme de Pendre, de suspendre:

Les autres, disoit-il, se font percer les oreilles pour y mettre des bagues ou pour y *appendre* des rubis ou des perles.

BOUCHET, *Serées*, II, 14.

Il se dit, plus particulièrement, en parlant des Choses que l'on suspend, en signe de reconnaissance et de respect, dans un temple, dans une église, dans quelque lieu consacré, à une voûte, à un pilier, à une muraille, etc.:

Il fut arrêté qu'on planteroit des lauriers devant son palais, et qu'on *appendroit* à leurs branches des couronnes de chesne.

COEFFETEAU, *Histoire romaine*, liv. I.

J'emporterai ses armes dans le haut Ilion, et je les *appendrai au* temple de ce dieu.

Mme DACIER, trad. de l'*Iliade*.

Une vierge chasseresse
Pleurant de laisser les bois,
Append icy son carquois
Ses traits, son arc et sa lesse.

JOACH. DU BELLAY, *Jeux rustiques*.

APPENDRE, en cette acception particulière, a eu quelquefois pour régime indirect un nom de personne:

Après, il dressa un trophée sur la teste de la baleine, qui estoit elle-mesme comme une grande isle, ou plustot comme le continent, et *appendit* à Neptune une des isles des ennemis.

PERROT D'ABLANCOURT, trad. de Lucien, l'*Histoire véritable*, I,

Et de tant de ligueurs par sa dextre vaincus,
Au dieu de la bataille *appendoit* les escus.

RÉGNIER, *Épîtres*, I.

APPENDU, UE, participe.

APPENDRE a été employé dans un sens neutre, qui semble en faire un autre verbe et le rattacher au latin *pendere*. Il a signifié Être attaché à, faire partie de, appartenir, etc.:

Si il encuntresturent et distrent que ço ne *li apendeit* pas à faire, mez as pruveires ki esteient del lignage Aaron, e sacrez furent pur cet servise faire à Nostre-Seigneur.

Les quatre Livres des Rois, IV.

Tuit li autre roi et roiaume dou monde furent aussi comme *apendans à* ces ij.

BRUNETTO LATINI, *li Livres dou Tresor*, liv. I, part. I, c. 19.

Ils s'en partirent et chevauchèrent aussi baudement par devers la cité d'Angoulème qui est belle et forte et y *append* un beau château.

FROISSART, *Chroniques*, liv. I, part. II, c. 350.

Les osts du duc de Lancastre et du comte de Cantebruge son frère étoient moult plantureux de tous vivres; car il leur en venoit foison d'Angleterre et des îles prochaines qui *appendoient* à eux.

FROISSART, Chroniques, liv. II, c. 29.

Uns riches chevaliers estoit
Moult franc, *à* qui il *appendoit*
Assez grant terre et grant honor.

Fabl. ms. du Roi, nᵒ 7615, t. II, fᵒ 178, vᵒ, col. 1. (Cité par Sainte-Palaye.)

De là un ancien synonyme de *dépendance* et d'*appartenance,* avec lequel il se trouve joint quelquefois ;

APPENDANCE :

... Par le commun profit de elles, de leur mestier, des apartenances et *appendances* de nostre seingneur le roy et de tous marcheans...

EST. BOILEAU, le Livre des Mestiers, ordonnances, XVII.

Et leur disoit et faisoit dire, que si il pouvoit venir à son entente de Calais, il leur recouvreroit sans doute Lille et Douay et les *appendances.*

FROISSART, Chroniques, liv. I, part. I, c. 310.

Je suis natif des *appendances* du royaulme de la Grande-Bretaigne.

Perceforest, vol. VI, fᵒ 43, rᵒ, col. 1. (Cité par Sainte-Palaye.)

Sacrement n'est jamais sans que la parole de Dieu precede; mais est à icelle adjousté comme une *appendance* ordonnée pour la signer, la confirmer et de plus fort certifier envers nous.

CALVIN, Institution chrestienne.

A la même origine et à la même famille se rattachent deux mots restés dans l'usage : APPENDICE et APPENTIS.

APPENDICE, s. m. ; chez quelques-uns féminin, conformément à son étymologie (du latin *appendix,* et, par ce mot, de *pendere*).

On l'a quelquefois écrit, comme en latin, *appendix;* d'autres fois *appendisse,* etc. (Voyez le *Glossaire* de Sainte-Palaye.)

Ce mot désigne, d'une manière générale, une chose ajoutée à une autre plus grande, et qui y est comme *appendue,* qui en forme comme une *appendance,* une dépendance, une partie accessoire :

On voit à la Guyane des forêts de palmiers lataniers qui

III.

croissent dans des espèces de marais qu'on appelle des savanes noyées, qui ne sont que des *appendices* de la mer.

BUFFON, Époques de la nature.

Les terres du Spitzberg sont presque entièrement glacées, même en été ; et, par les nouvelles tentatives que l'on a faites pour approcher du pôle de plus près, il paraît qu'on n'a trouvé que des glaces que je regarde comme les *appendices* de la grande glacière qui couvre cette région tout entière.

LE MÊME, même ouvrage.

On a cependant de la peine à s'empêcher de croire que si l'on connoissoit à fond la nature, la structure, et toutes les déterminations de cette mère montagne et de ses *appendices,* on auroit fait un grand pas vers la connoissance des autres.

SAUSSURE, Voyages dans les Alpes : Introduction au voyage autour du Mont-Blanc.

APPENDICE a pu, quelquefois, être employé figurément dans un sens moral :

... Égoïsme systématique, dans lequel on comprend quelquefois sa famille comme un *appendice* de soi-même.

Mᵐᵉ DE STAEL, De l'Allemagne, liv. I, c. 6.

APPENDICE est surtout d'usage dans quelques applications spéciales.

On le dit d'un Supplément mis à la fin d'un ouvrage :

Ces feuilles peuvent être regardées comme un *appendice* de mes confessions.

J.-J. ROUSSEAU, les Rêveries d'un promeneur solitaire, I.

En termes d'Anatomie, de Botanique, de Physique, etc., on le dit de toute partie qui semble être une addition, qui sert de prolongement à une partie principale :

Le porc armé d'un groin fouille les racines des marais, à l'aide des ergots en *appendices* que la nature a placés au-dessus de ses talons pour l'empêcher d'y enfoncer.

BERNARDIN DE SAINT-PIERRE, Études de la nature, I.

Comme d'*appendix* on avait fait, en latin, le diminutif *appendicula,* on a tiré d'APPENDICE,

APPENDICULE.

Ce mot, qui appartient surtout au vocabulaire des Sciences, se trouve employé en un sens moral dans ce passage d'un de nos anciens écrivains :

Le glorieux chef-d'œuvre de l'homme, c'est vivre à pro-

5₂

pos. Toutes autres choses, régner, thésauriser, bâtir n'en sont qu'*appendicules* et adminicules pour le plus.

MONTAIGNE, *Essais*, III, 13.

Le langage des Sciences a encore tiré d'APPENDICE d'autres mots, comme APPENDICULÉ, APPENDICULAIRE, etc.

APPENTIS, s. m. (soit d'*appendix,* comme le mot précédent, soit d'*appendicium.* C'est par *appendix* qu'il est traduit dans les *Dictionnaires* de Rob. Estienne, J. Thierry, Nicot, Danet, etc.).

On l'a écrit APPENDIS, APENTIS, etc.

Il a le sens d'*appendice,* et semble une forme de ce mot dans les passages suivants :

Ce second livre fut premièrement imprimé en l'an 1567, depuis augmenté selon la diversité des impressions, et maintenant, en cette année 1615, je luy donneray ce chapitre par forme de nouvel *appentis.*

EST. PASQUIER, *Recherches de la France,* II, 14 bis.

Boniface VIII, désirant corriger, augmenter et diminuer les décrétales escloses sous l'authorité de Grégoire, meit en lumière un sixième (livre), comme nouvel *apenty* aux cinq de Grégoire : c'est celuy que nous appelons le Sexte.

LE MÊME, même ouvrage, IX, 2.

On entend par APPENTIS un Demi-comble, un toit en manière d'auvent, à un seul égout, appuyé contre une muraille, et soutenu en avant par des piliers ou des poteaux :

Devers le temple ert uns *apentiz* cume encloistres sur columpnes levez.

Les quatre Livres des Rois, III, VI.

Adonc s'émut le roi Philippe, et fit abattre tous les *appentis* de Paris pour chevaucher plus aisément parmi Paris.

FROISSART, *Chroniques,* liv. I, part. I, c. 273.

Et avecque ce, firent abattre plusieurs *appentis* d'aucunes maisons, afin que par les rues on pust plus à plain traire.

MONSTRELET, *Chronique,* liv. I, c. 25.

Il me donna une salle, trois chambres, une cuisine et encore un *apant* pour nos jans, et là dedans huit lits.

MONTAIGNE, *Voyage.*

Pensez, adjoustoit-il, la pitié que c'estoit de voir Bellissaire, lieutenant de l'empereur Justinian, après avoir surmonté les Perses, les Vandalles, chassé les barbares de l'Italie, en un chemin, sous un *appentis,* demander sa vie aux passans.

BOUCHET, *Serées,* II, 19.

La grande maison estant toute en feu, ceux qui d'assaillans estoient venus assaillis, n'eurent en partage qu'un *appenti,* la porte duquel estoit brulée et n'estoit fermée que de deux corps morts brulans l'un sur l'autre.

AGR. D'AUBIGNÉ, *Histoire universelle,* t. II, liv. V, c. 6.

Il est dit que les prêtres (juifs) logeaient dans des *appentis* de bois adossés à la muraille.

VOLTAIRE, *Essai sur les mœurs.*

APPENTIS est employé par extension dans le passage suivant :

Il fait aussi édifier auprès, comme un *appenty* de son théâtre, une autre maison.

AMYOT, trad. de Plutarque, *Vie de Pompée,* c. 57.

APPERT (Il), verbe impersonnel. (Voyez APPAROIR.)

APPESANTIR, v. a. (de *pesant*).
Rendre plus pesant :

On leur donna d'autres habits, parce que les leurs *étoient appesantis* par l'eau qui les avoit pénétrés et qui couloit de toutes parts.

FÉNELON, *Télémaque,* VIII.

APPESANTIR s'emploie souvent, quand on parle du poids que l'envie de dormir, que le sommeil semblent faire peser sur les paupières, sur les yeux :

Le doux sommeil n'avoit pu *appesantir* ses paupières, ni suspendre un moment sa cuisante peine.

FÉNELON, *Télémaque.*

Pour la seconde fois un sommeil gracieux
Avoit sous ses pavots *appesanti* mes yeux.

BOILEAU, *le Lutrin,* IV.

On dit encore, figurément, en parlant des châtiments envoyés par Dieu, qu'il *appesantit son bras, sa main* sur les coupables. On s'exprime de même en parlant de certains actes de la justice humaine, de la puissance souveraine :

Il n'y avoit nul habitant dont jour par jour il (d'Argenson) ne sût la conduite et les habitudes, avec un discernement exquis pour *appesantir* ou alléger *sa main* à chaque affaire qui se présentoit.

SAINT-SIMON, *Mémoires,* 1718.

Dans les vers suivants, d'une de nos vieux poètes, la même expression a été appliquée à la Fortune :

La Fortune n'outrage pas
Volontiers les personnes basses ;
Elle n'*appesantit ses bras*
Que *sur* les plus illustres races.

Rob. Garnier, Porcie, I, v. 166.

Appesantir s'emploie de même, figurément, en parlant d'oppressions, de charges qui rappellent l'idée de joug, de fardeau, de chaîne, etc., et le plus souvent avec ces mots mêmes pour régimes :

Quelle charge, quel fardeau pour un régent, d'avoir à composer une tragédie ! La profession n'est-elle pas assez dure par elle-même, sans en *appesantir* encore le joug par un travail si triste et si ingrat ?

Rollin, Traité des Études, liv. VIII, IIe part., c. 2, art. 2.

Tous les peuples d'Europe ne sont pas également soumis à leurs princes, par exemple l'humeur impatiente des Anglois ne laisse guère à leur roi le temps d'*appesantir* son autorité.

Montesquieu, Lettres persanes, CIV.

La ville de Londres, partagée entre plusieurs factions, se plaignait alors du fardeau de la guerre civile que le parlement *appesantissait* sur elle.

Voltaire, Essai sur les mœurs, c. 160.

Les Corses restèrent asservis aux Génois ; plus ces insulaires avaient voulu secouer leur joug, plus Gênes l'*appesantit*.

Le même, Précis du siècle de Louis XV, c. 40.

... César a-t-il jamais
De son pouvoir sur vous *appesanti* le faix ?

Le même, la Mort de César, III, 8.

Par une figure de grand usage, appesantir se dit en parlant du corps, et signifie, Le rendre moins propre au mouvement, à l'action :

En decrepitude le corps *est* fort *appesanty*, et le jugement et entendement commence à diminuer et à defaillir tellement qu'ils deviennent en enfance, et ne vivent qu'en douleur.

A. Paré, Introduction à la cognoissance de la chirurgie, I, 7.

L'âge, la vieillesse, l'oisiveté, la fainéantise *appesantit* les corps.

Dictionnaire de l'Académie, 1762.

L'âge a beaucoup *appesanti* la main de ce chirurgien.

Même ouvrage, 1835.

Il se dit de même en parlant de l'âme, de l'esprit, de leurs facultés, de leurs fonctions, etc. :

Louys n'eust pas perdu une si belle occasion de faire la guerre à Henry II, après les censures de Rome, si son âge, cassé par les longs travaux de tant de guerres et par les ennuys de tant de desplaisirs n'*eust appesanty* son courage d'ailleurs modéré par la piété chrestienne.

Mézeray, Histoire de France : Louis VII dit le Jeune

Tant de diverses connoissances, cette doctrine si profonde ne lui *avoit* ni *appesanti* l'esprit, ni troublé ou obscurci le jugement.

Patru, Vie de d'Ablancourt.

Le corps qui se corrompt *appesantit* l'âme. (Salom., Sapient., IX, v. 14.)

Bossuet, Traité de la Concupiscence, c. 2.

Gardez-vous bien de charger la mémoire de l'enfant ; car c'est ce qui étonne et *appesantit* le cerveau.

Fénelon, De l'Éducation des filles, c. 5.

On ne peut par ses propres forces résister longtemps au poids du corps qui *appesantit* l'esprit.

Malebranche, Recherche de la vérité, V, 8.

Appesantir se dit de même, au physique et au moral, en parlant de la personne elle-même :

Le vin change les mœurs selon l'object qu'il rencontre : rendant les plus habiles tardifs, et retardant et *appesantissant* les plus mobiles.

Bouchet, Serées, I : Du Vin.

Nul ne veille véritablement, que celui qui est attentif à son salut ; et s'il est ainsi, chrétiens, qu'il y en a dans cet auditoire qu'un profond sommeil *appesantit* !

Bossuet, Sermons : Sur l'importance du Salut.

Le régent, pendant la première heure de son lever, *étoit* si *appesanti*, si offusqué des fumées du vin, qu'on lui auroit fait signer ce qu'on auroit voulu.

Duclos, Mémoires secrets sur Louis XIV : La Régence, etc.

Appesantir s'emploie, dans ses diverses acceptions, avec le pronom personnel ;

Au propre, pour Devenir plus pesant :

J'apperceus deux femmes qui embrassées alloient roulant sur l'eau n'y ayant rien qui les empeschast d'enfoncer, que leurs robes, qui toutes fois peu à peu commençoient de s'*appesantir*.

D'Urfé, l'Astrée, IIe part., liv. XII.

Les ailes des oiseaux ont des plumes avec un duvet qui s'enfle à l'air et qui s'*appesantiroit* dans les eaux.

Fénelon, Traité de l'existence de Dieu.

Au figuré, dans les divers cas remarqués plus haut ;

En parlant de l'envie de dormir, du sommeil :

Ses paupières, ses yeux *s'appesantissent*.
Dictionnaire de l'Académie, 1835.

En parlant des châtiments infligés par la Divinité, de certains actes de la justice humaine, de la puissance souveraine :

Le Seigneur n'est pas loin, et son bras peut-être va bientôt *s'appesantir* sur vous.
BOURDALOUE, *Sermons*, pour les Dimanches : Sur l'Aumône.

Il vit bien (Charles de Valois) que la main de Dieu *s'estoit appesantie* sur luy...
BUSSY, *Discours à ses enfants : Enguerrand de Marigny.*

Ainsi la main du roi *s'appesantissoit* peu à peu en bagatelles, peut-être en attendant occasion de pis.
SAINT-SIMON, *Mémoires*, 1709.

En parlant d'oppressions, de charges assimilées à des jougs, des fardeaux, des chaînes, etc. :

Adrien en tua six cent mille (Juifs) : le joug de ces malheureux *s'appesantit*, et ils furent bannis pour jamais de la Judée.
BOSSUET, *Discours sur l'Histoire universelle*, II, 9.

Les villes de Grèce et d'Asie, voyant que le joug des Romains *s'appesantissoit* tous les jours sur elles, mirent leur confiance dans ce roi barbare (Mithridate) qui les appeloit à la liberté. –
MONTESQUIEU, *Grandeur des Romains*, c. 7.

L'autorité des gens de plume et de finance ne *s'est appesantie* sur nul autre ordre à l'égal du nôtre (la noblesse).
SAINT-SIMON, *Mémoires*, 1717.

En parlant du corps et de ce que lui retirent d'activité et de ressort l'âge, les maladies, les chagrins, etc. :

On diroit que le temps les ménage, que les années ne *s'y sont* point *appesanties*, qu'elles n'y ont fait que glisser; aussi n'y ont-elles laissé que des rides douces et légères.
MARIVAUX, *la Vie de Marianne*, VI.

Les forêts de vos cris moins souvent retentissent,
Chargés d'un feu secret vos yeux *s'appesantissent*.
J. RACINE, *Phèdre*, I, 1.

En parlant de l'âme, de l'esprit, de leurs facultés dont par quelque cause l'activité a été ralentie :

C'est la partie la plus vive et la plus subtile de l'âme qui *s'appesantit* et qui semble vieillir avec le corps.
FLÉCHIER, *Oraison funèbre de M*me* de Montausier.*

Mon imagination *s'appesantit* dans des études qui sont à la poésie ce que des garde-meubles sombres et poudreux sont à une salle de bal bien éclairée.
VOLTAIRE, *Lettres;* 19 juin 1741.

S'appesantir sur un sujet, sur les détails, etc., c'est S'y arrêter, y insister. Il se prend le plus souvent en mauvaise part :

... L'autre (Théophile)... charge ses descriptions, et *s'appesantit sur les détails.*
LA BRUYÈRE, *Caractères :* Des Ouvrages de l'esprit.

Quand vous venez vous *appesantir sur le détail* de mes maux... quand vous venez me confronter avec toute ma misère... voilà ce que vous appelez faire une œuvre de charité?
MARIVAUX, *la Vie de Marianne*, Ire part.

J'ai vu qu'en bonne compagnie on pouvoit s'étendre et *s'appesantir* autant qu'ailleurs, *sur* tous les sujets, pourvu qu'on sçût les choisir.
VAUVENARGUES, *Réflexions et Maximes*, 658.

On ne *s'appesantira* point ici *sur* la foule des bons livres que ce siècle a fait naître.
VOLTAIRE, *Siècle de Louis XIV*, c. 32.

Il ne faut pas se morfondre et *s'appesantir sur* son ouvrage.
LE MÊME, *Lettres;* 6 juillet 1760.

Portés à se reposer et *s'appesantir sur* un même travail, les ministres ne s'en font enfin qu'une routine qui resserre et circonscrit, pour ainsi dire, le génie par l'habitude.
J.-J. ROUSSEAU, *Polysynodie*.

Sans vous *appesantir sur* chaque circonstance,
Racontez la chose en substance.
DELILLE, *la Conversation*, I.

APPESANTIR a été employé comme verbe neutre, au lieu de *s'appesantir* :

Leur nef fut trouée et pertuisée en plusieurs lieux, dont l'eau entroit à grandrandon dedans; ni, pour chose que on entendist à l'épuiser, point ne demeuroit que elle n'*appesantit* toudis.
FROISSART, *Chroniques*, liv. I, IIe part., c. 3.

Faire *appesanter* et eslourdir.
ROB. ESTIENNE, J. THIERRY, NICOT, *Dictionnaire françois-latin.*

L'affection des lettres m'a réduit à me négliger et me

laisser *appesantir*, tellement que pour m'exercer j'ai besoin du ministère d'autrui.

MALHERBE, trad. des *Épîtres de Sénèque*, LXXXIV.

Auguste, se sentant de plus en plus *appesantir* par la vieillesse, voulut sérieusement se despouiller de l'empire.

COEFFETEAU, *Histoire romaine*, liv. I.

On l'a aussi employé sans régime dans un sens actif :

    ... Un docteur est souvent un grand sot.
    L'étude *appesantit*, et n'est point votre lot.

DESTOUCHES, *le Dissipateur*, III, 5.

APPESANTI, IE, participe.

Il se prend adjectivement dans les divers sens du verbe :

Appesantis de leurs corps pour avoir mangé à panse pleine.

AMYOT, trad. de Plutarque, *Vie de Marius*, c. 33.

La Tramblaie, *apesanti* de tout cela sans repaistre, aiant fait cinq lieuës, en entreprit encor autant pour arriver à Guerrande une heure avant jour.

AGR. D'AUBIGNÉ, *Histoire universelle*, t. III, liv. IV, c. 21.

Tout asseiché que je suis et *appesanty*, je sens encores quelques tiédes restes de cette ardeur passée.

MONTAIGNE, *Essais*, III, 5.

Des yeux *appesantis* du sommeil de la mort. (Oculi in morte gravati. OVID.)

DANET, *Dictionnaire françois-latin*.

Enfants des hommes, jusqu'à quand aurez-vous le cœur *appesanti*? (Psalm., IV, v. 3.)

BOSSUET, *Traité de la Concupiscence*, c. 8.

Métellus étoit mou, *appesanti*, incertain, trop vieux et usé; il perdoit les occasions décisives par sa lenteur.

FÉNELON, *Dialogues des morts* : Sertorius et Mercure.

Il faut faire toutes sortes d'efforts pour fléchir la colère de Dieu, et arrêter son bras furieusement *appesanti* sur le roi et le royaume.

LE CARDINAL DE NOAILLES, *Lettres*, CCV ; à Mᵐᵉ de Maintenon.

    Mes os n'ont faict que fondre et s'abaisser;
    Car jour et nuict ta main dure ay sentie
    Par mon péché, sur moy *appesantie*.

CL. MAROT, *Psaumes*, XXII.

    ... La France a senti
De ses fils le couteau sur elle *appesanti*.

AGR. D'AUBIGNÉ, *Tragiques* : Princes, liv. II.

Il semble que de Dieu la main *appesantie*...
Veuille avancer par là son juste châtiment.

P. CORNEILLE, *Héraclius*, II, 2.

    Pendant que votre main sur eux *appesantie*
    A leurs persécuteurs les livroit sans secours,
    Ils conjuroient ce Dieu de veiller sur vos jours.

J. RACINE, *Esther*, III, 4.

    Leurs yeux *appesantis* et vaincus du sommeil
    Attendent pour s'ouvrir le retour du soleil.

MAUCROIX, *les Solitaires*.

Consumé de travaux, *appesanti* par l'âge.

VOLTAIRE, *Alzire*, I, 1.

APPÉTER, v. a. (du latin *appetere*).

Ce mot, longtemps employé dans un sens général, et qui n'est plus guère usité que dans le langage de la physiologie, de la médecine, signifie proprement, Désirer vivement par instinct, par inclination naturelle, indépendamment de la raison :

Le bon roy qui nullement ne *appetoit* vengeance, considera que la victoire qu'il avoit eue, estoit par la puissance et bonté de Dieu.

JOINVILLE, *Histoire de saint Louis*.

Et sont aucuns telx qui ne *appetent* pas les choses des autres.

NICOLE ORESME, *Éthiques*, 110.

Telle malheureté seuffre nature humaine qu'elle *appete* ce qu'elle n'a pas.

ALAIN CHARTIER, *le Curial*, p. 98.

Quant à moy,... seray prest à me mectre en tel devoir, que cognoistrez par effect que ne souhaicte ne desire l'effusion du sang chrestien, ne d'avoir autre chose que le mien, sans *appeter* l'autruy, duquel fauldroit rendre compte à la fin.

FRANÇOIS Iᵉʳ au roi de Navarre, 14 décembre 1515. (Voyez *Négociations de la France dans le Levant*, t. I, p. 130 et 131.)

Vous avez ce que touts humains *appetent* naturellement, et à peu d'iceulx, ou, proprement parlant, à nul n'est octroyé.

RABELAIS, *Pantagruel*, V, 6.

A quel propos Jacob eust-il, avec si grande peine et danger, *appeté* la primogeniture, laquelle ne lui apportoit nul bien et le chassoit hors de la maison de son père, s'il n'eust regardé à une bénédiction plus haute?

CALVIN, *Institution chrestienne*, liv. II, c. 10, § 14.

L'histoire est une règle et instruction certaine qui, par exemples du passé, nous enseigne à juger du présent et à prévoir l'advenir, afin que nous sçachions ce que nous devons suyvre ou *appeter*, et ce qu'il nous faut fuir et éviter.

AMYOT, trad. de Plutarque, *Aux lecteurs*.

Appeter ce qui ne se doit pas vouloir et l'obtenir et avoir, est chose miserable et non pas souhaitable.

> AMYOT, trad. de Plutarque, *Œuvres morales :* Comment il faut lire les poètes.

Tout ainsi comme les animaux *appetent* une chose et les autres une autre, selon la cognoissance qu'ils ont qu'elle leur est convenable ou non.

> SAINT FRANÇOIS DE SALES, *Traité de l'amour de Dieu*, I, 2.

Si cela est, disons en même temps qu'il est plus doux de végéter que de vivre, de ne rien *appéter* que de satisfaire son appétit, de dormir d'un sommeil apathique que d'ouvrir les yeux.

> BUFFON, *Histoire naturelle :* Introduction à l'histoire des animaux carnassiers.

La femelle *appète* le mâle.

> *Dictionnaire de l'Académie*, 1718.

La plus grand'part *appete* grand avoir ;
La moindre part souhaite grand sçavoir.

> CL. MAROT, *Chants divers*, XVII.

On a dit APPÉTER *à*, suivi d'un verbe à l'infinitif :

Se tu as office en court, si t'appareille à y combattre ; car si tu as aucun bien, d'autres *appeteront à* te l'oster.

> ALAIN CHARTIER, *le Curial*, p. 102.

Ung chascun *appete à* gaigner,
Et à voloir son droit aquerre.

> *Le Mistere du siege d'Orleans*, v. 18904.

On a dit aussi APPÉTER *de*, également suivi d'un verbe à l'infinitif :

Ceste perversité est expressement taxée par sainct Paul, quand il dit que les hommes *appetans d'*estre sages ont esté du tout insensez.

> CALVIN, *Institution chrestienne*, liv. I, c. 4, § 1.

Nous ne voyons point que Daniel ait *appeté de* savoir plus que l'astrologie naturelle.

> LE MÊME, *Contre l'Astrologie judiciaire*.

Jeunes gens *appetent de* veoir choses nouvelles.

> *Le Loyal Serviteur*, c. 47.

Par adventure aussi trouverons-nous que les premiers qui ont esté de cette secte des Jésuites auront esté d'une vie si saincte et austère, que tant s'en faut que nous leur fermions nostre porte, qu'au contraire nous *appeterons d'*estre incorporez avec eux.

> EST. PASQUIER, *Recherches de la France*, III, 43.

De là l'expression que donne le passage suivant, *appetant de*, c'est-à-dire, Désireux de :

... Ledit prince (d'Espagne, Philippe, fils de Charles-

Quint), avec peu de fortune et vertu, mainctiendra et accroistra facilement la grandeur du père, qui l'aura introduit, durant sa vie, comme en possession de ses pays et de ses forces, outre lesquels il aura la jeunesse qui se commect plus hardiment au hasard et est *appetante de* gloire.

> MORVILLIERS, à Henri II, 15 et 27 juillet 1548. (Voyez *Négociations de la France dans le Levant*, t. II, p. 65.)

APPÉTER a été quelquefois employé comme verbe neutre :

Les hommes, à raison de l'activité de leur chaleur et résolution plus grande, *appetent* davantage et mangent plus que les femmes.

> A. PARÉ, *Introduction à la cognoissance de la chirurgie*, I, 17.

Qui *appete* peu, ne peut avoir faute de beaucoup.

> BOUCHET, *Serées*, III, 31.

L'office de tempérance est que celuy qui *appete* et désire ne soit surmonté des concupiscences et affections lascives.

> ANTHOINE DU VERDIER, *Les diverses leçons :* De l'Amour.

L'homme doit plus connoître qu'*appéter ;* et l'animal doit plus *appéter* que connoître.

> BUFFON, *Histoire naturelle :* Nature des animaux.

APPÉTER, comme on l'a pu voir par tous les exemples qui précèdent, se dit proprement des personnes, des êtres animés. Mais quelquefois il a pour sujets des mots abstraits ou autres qui les désignent par quelque qualité :

La partie (de l'âme) qui cognoist peut estre appelée sens, et celle qui *appete* est nommée appétit sensitif.

> NICOLE ORESME, *Éthiques*, 32.

Elle (notre nature) s'ennuye et se fasche bientost de ce que naguéres elle *avoit* ardemment *appété*, et va ainsi errant en la témérité de ses appétits.

> AMYOT, trad. de Plutarque, *Aux lecteurs*.

Nostre debilité *appete* plustot choses restauratives que celles qui purgent avec violence.

> DE LA NOUE, *Discours politiques et militaires*, IX.

Il se dit, figurément, des choses inanimées elles-mêmes :

Toutes sciences et ars *appetent* et desirent aucun bien.

> NICOLE ORESME, *Éthiques*, 8.

Les corps graves *appetent* le centre.

> FURETIÈRE, *Dictionnaire*.

L'estomac *appete* les viandes.

> *Dictionnaire de l'Académie*, 1694.

APPÉTÉ, ÉE, participe.

D'APPÉTER se sont formés un assez grand nombre de mots : APPÉTIBLE et APPÉTIBILITÉ ; APPÉTENCE, APPÉTITION, et leur synonyme APPÉTIT, seul resté dans l'usage.

APPÉTIBLE, adj. des deux genres (du latin *appetibilis*).

Qui peut être *appété* :

Telles delectations sont choses *appetibles*.

NICOLE ORESME. (Voyez MEUNIER, *Essai sur Oresme*, p. 163.)

APPÉTIBILITÉ, s. f.

Faculté d'appéter :

Vous voulez peut-être savoir si l'essence du bien est mise dans l'*appetibilité* ou dans la convenance.

MOLIÈRE, *le Mariage forcé*, sc. 4.

APPÉTITION, s. f. (du latin *appetitio*).

Action d'appéter :

Les passions de cette partie de l'âme sont inclinations, consentements, *appétitions*, mouvements.

AMYOT, trad. de Plutarque, *Œuvres morales* : De la Vertu morale, XV.

Cette grande *appétition* du froid et de l'humide est une indication de la chaleur et sécheresse qui est au dedans.

MOLIÈRE, *M. de Pourceaugnac*, I, 8.

APPÉTENCE, s. f. (du latin *appetentia*),

Action d'appéter.

APPÉTIT, s. m. (du latin *appetitus*).

Mouvement naturel qui nous porte à désirer, à rechercher quelque objet, soit dans l'ordre physique, soit dans l'ordre moral.

On dit, absolument, dans un langage philosophique, *l'appétit* :

Ils divisent *l'appétit* en concupiscence et volonté : appelons Volonté, quand le désir de l'homme obtempère à raison ; Concupiscence, quand il se desborde en intempérance, rejettant le joug de modestie.

CALVIN, *Institution chrestienne*, liv. I, c. 14, § 6.

L'on l'appelle irraisonnable (l'entendement), quand le mouvement de *l'appétit* est si puissant qu'il demeure le maistre et poulse l'homme à quelque chose deshoneste.

AMYOT, trad. de Plutarque, *Œuvres morales* : De la Vertu morale.

Nous avons rangé le plaisir et la douleur avec les sensations, et nous mettrons la joie et la tristesse avec les passions de *l'appétit*.

BOSSUET, *De la Connoissance de Dieu et de soi-même*, c. 1, art. 2.

Le langage philosophique a distingué *l'appétit sensitif* et *l'appétit raisonnable; l'appétit concupiscible* et *l'appétit irascible*. *L'appétit concupiscible* est la faculté par laquelle l'âme se porte vers ce qu'elle considère comme un bien ; *l'appétit irascible*, la faculté par laquelle elle se porte à repousser ou à éviter ce qu'elle regarde comme un mal :

Encore appert-il que *l'appétit sensitif* obeist aucunement à raison.

NICOLE ORESME, *Éthiques*, 32.

Or es conjoint à corps humain, pour gouverner la partie végétative despotiquement, et *l'appétit sensitif* par seigneurie royale et politique.

A. CHARTIER, *l'Espérance*.

Les anciens philosophes aiant donné deux *appétits* à la partie sensitive de l'âme ; dans *l'appétit concupiscible* logent les passions simples, et dans *l'appétit irascible* les plus farouches et celles qui sont composées.

CH. LEBRUN, *Conférence tenue en l'Académie de peinture et de sculpture*.

Le mot APPÉTIT, dans le langage ordinaire, est fréquemment déterminé par d'autres épithètes : *sensuel, charnel, brutal, animal, déréglé, désordonné*, etc. :

Sa raison est si puissante et si maistresse chez lui, qu'elle n'eust jamais donné moyen à un *appétit vitieux* seulement de naistre.

MONTAIGNE, *Essais*, II, 11.

Le roy (Robert) revestit Henry, son second fils, des ornements royaux malgré Constance, quoyque par un *appétit dépravé*, elle s'efforçast de faire préférer Robert qui n'estoit que le cadet.

MÉZERAY, *Histoire de France* : Robert.

Il est naturel de nommer *appétit courageux*, celui qui doit surmonter les difficultés.

BOSSUET, *De la Connoissance de Dieu et de soi-même*, c. 1, art. 6.

L'homme seul est sensible aux parfums et à l'éclat des fleurs, indépendamment de tout *appétit animal*.

BERNARDIN DE SAINT-PIERRE, *Études de la nature*, XI.

Tant l'*aveugle appétit* ensorcelle les hommes!

Régnier, *Satires*, VII.

D'autres fois c'est par un complément formé de la préposition *de* et de son régime qu'est déterminé le mot APPÉTIT :

Pour monstrer l'*appétit des* pierreries, que le triomphe de Pompée causa à Rome, je mettrai ici de mot à autre ce qu'on en trouve ès actes et registres de ses triomphes.

Du Pinet, trad. de Pline, *Histoire naturelle*, XXXVII, 2.

Il n'y eut celuy auquel naturelle inclination et *appétit de* gloire et honneur ne fist trouver en un instant son appareil et équippage prest à partir.

G. du Bellay, *Mémoires*.

Outre l'ambition de Drusus, et la jalousie ordinaire entre les frères, il y avoit je ne scay quel *appétit de* vengeance en celuy-cy, parce qu'Agrippine témoignoit plus d'affection à Néron qui estoit l'aisné.

Perrot d'Ablancourt, trad. de Tacite, *Annales*, IV.

Aimez donc la vérité, chrétiens, et elle vous sera annoncée ; ayez *appétit de* ce pain céleste, et il vous sera présenté.

Bossuet, *Sermons : Sur la Parole de Dieu*.

Dans cette manière de parler, le régime de la préposition *de* est très souvent un verbe à l'infinitif :

Brief, il perdit tout *apétit de* boire et *de* mengïer, et ce qu'il veoit aux aultres chanter, rire, danser et mener joye, ne luy estoit que contrariété et desplaisance.

Le Livre du chevaleureux comte d'Artois, p. 143.

Dont il s'ensuit que leur folie n'est point excusable, laquelle procede non seulement de vaine curiosité, mais aussi d'un *appétit* desbordé *de* plus savoir que leur mesure ne porte, joint une fausse présomption dont ils sont pleins.

Calvin, *Institution chrestienne*, I, c. 4, § 1.

Je conseillai au feu roi, votre père et mon frère, de ne point aller faire la guerre aux Scythes, qui en tout leur pays n'ont une seule ville ; toutefois, pour le grand *appétit* qu'il avoit *de* subjuguer ces Scythes nomades, il ne me voulut point croire.

Saliat, trad. d'Hérodote, VII, 10.

Nous connoissons par la raison le péril qui nous fait craindre, et l'injure qui nous met en colère ; mais, au fond, ce n'est pas cette raison qui fait naître cet *appétit* violent *de* fuir ou *de* se venger.

Bossuet, *De la Connoissance de Dieu et de soi-même*, c. 1, art. 19.

Mais il y a un morceau admirable sur le suicide, qui donne *appétit de* mourir.

Voltaire, *Lettres; 26 janvier 1761.

Le voylà frais maintenant
Quand *de* boyre aurez *appétit*.

Sottie des trompeurs. (Voyez Viollet-le-Duc, *Ancien Théâtre françois*, Bibliothèque elzévirienne, t. II, p. 257.)

Et toutes fois j'ay plus grand *appétit*
De pardonner à leur folle fureur,
Qu'à celle-là de mon beau procureur.

Cl. Marot, *Épitres*, I, 9.

Nous avons subjugué Carthage et la Sicile,
Nous avons presque fait tout le monde servile,
Pour le seul *appétit de* commander partout,
Rome et la terre ensemble ayant un mesme bout.

Rob. Garnier, *Cornélie*, act. I, v. 109.

On dit aussi *l'appétit d'*une personne, *son appétit* :

Il convient à entendre et regarder à quelles choses nous sommes par *notre appétit* enclins et de legier mouvables.

Nicole Oresme, *Éthiques*, 54.

Joinct aussy qu'il avoit desja suffisamment assouvi *son appétit de* vengeance.

Amyot, trad. de Plutarque, *Vie de Sylla*, c. 8.

Il ne faut pas que les plaisirs deviennent des fatigues, ni que les chasseurs règlent la vie des dames sur *leur appétit*.

Mᵐᵉ de Sévigné, *Lettres; 4 août 1680.

Le loup est un de ces animaux dont *l'appétit* pour la chair est le plus véhément.

Buffon, *Histoire naturelle : Le Loup*.

Tous biens mondains prisay moins que petit,
L'amour du peuple estoit *mon appétit*.

Cl. Marot, *Jugement de Minos*.

Et soulent du butin *son avare appétit*.

Mairet, *Sophonisbe*, II, 4.

Soumettant à ses loix la partie animale
Dont *l'appétit* grossier aux bêtes nous ravale.

Molière, *les Femmes savantes*, I, 1.

Aussitôt notre vieille...
Allumoit une lampe, et couroit droit au lit
Où, de tout leur pouvoir, de tout *leur appétit*,
Dormoient les deux pauvres servantes.

La Fontaine, *Fables*, V, 6.

On a dit *appétit de femme grosse*, dans le sens où l'on dit maintenant *envie de femme grosse*.

Appétit, en ce sens général, est souvent employé au pluriel, qu'il s'agisse d'un ou de plusieurs appétits ;

Soit avec une épithète qui le détermine :

L'on pardonne plus volontiers, et raison est, as choses qui sont faites par *appétis naturels* que as autres.

NICOLE ORESME, *Éthique,* 206.

Lequel (carême) a esté institué pour macerer la chair, mortifier les *appetits sensuels.*

RABELAIS, *Pantagruel,* V, 29.

Fortifiez-vous contre la chair par les jeûnes; travaillez à rendre plus faciles les victoires des autres *appétits* plus *violents* et plus *dangereux.*

BOSSUET, *Traité de la Concupiscence,* c. 4.

Or, sans me tourmenter de *divers appétits*
Quels ils sont aux plus grands, et quels aux plus petits,
Je te veux discourir comme je trouve estrange,
Le chemin d'où nous vient le blasme et la louange.

RÉGNIER, *Satires,* V, p. 52.

Soit, ce qui est plus ordinaire, avec un complément formé de la préposition *de* et de son régime, lequel peut être ou un nom de personne ou un nom de chose;

Un nom de personne, *les appétits d'*une personne, *ses appétits :*

Les roys qui ne recognoissent aucun supérieur en ce monde, qui se disent estre pardessus les loyx, s'ils ont envie de fourvoyer, qui les redressera? S'ils s'oublient, qui les corrigera? S'ils se laissent aller à *leurs appétits,* qui les en retiendra?

AMYOT, trad. de Plutarque, *Œuvres morales :* Épître dédicatoire à Charles IX.

Cela se peut aussy dire de ceulx qui au gouvernement de la chose publique n'ont d'austre but que s'accommoder aux *appétits* et aux affections *du* commun peuple.

LE MÊME, trad. de Plutarque, *Vies de Agis et de Cléomènes,* c. 1.

La roine (Jeanne de Naples) ayant, ce luy sembloit, vent en poupe, fait voile à *ses désordonnez appétits,* retournant fort aisément à son premier naturel.

EST. PASQUIER, *Recherches de la France,* VI, 26.

La valleur de dom Sebastien (lors roi) retenoit fort *les appetits de* son voisin.

AGR. D'AUBIGNÉ, *Histoire universelle,* t. II, liv. III, c. 18.

Que ne demeurez-vous pour retenir ma jeunesse, qui panche un peu trop vers les voluptez, et pour regler *mes appetits,* qui n'auroient point d'autres bornes que ma fortune.

PERROT D'ABLANCOURT, trad. de Tacite, *Annales,* XIV, 10.

Les perceptions que nous rapportons à notre corps, ou à

III.

quelques-unes de ses parties, sont celles de la faim, de la soif, et de *nos* autres *appétits* naturels.

DESCARTES, *les Passions de l'âme,* part. I, art. 24.

Adam notre premier père, s'étant élevé contre Dieu, perdit aussitôt l'empire naturel qu'il avoit sur *ses appétits.*

BOSSUET, *Sermons :* Sur la Conception de la sainte Vierge.

Ils vivent donc en paix, parce que *leurs appétits* sont simples et modérés, et qu'ils ont assez pour ne se rien envier.

BUFFON, *le Cheval.*

N'y mettez plus *vos appétits;*
Se aucun y a, qu'il s'en oste :
Je parle à grands et à petits.
Au partir faut comter à l'hoste.

G. CRETIN, ou GUILL. ALEXIS, *le Loyer des folles amours* à la suite des *Quinze Joyes de mariage.*

Aussi qu'importe-il de mal ou de bien faire,
Si de nos actions un juge volontaire,
Selon *ses appétits,* les décide et les rend
Dignes de récompense, ou d'un supplice grand?

RÉGNIER, *Satires,* V.

... Sçais-tu, Fréminet, ceux qui me blâmeront?
Ceux qui dedans mes vers leurs vices trouveront;
. . . .
Qui pour Dieu ni pour loi n'ont que *leurs appétits.*

LE MÊME, même ouvrage, XII.

C'étoit assez de biens, mais quoi? Rien ne remplit
Les vastes *appétits d'*un faiseur de conquêtes.

LA FONTAINE, *Fables,* VIII, 27.

Un nom de chose, un nom abstrait :

Comme le corps s'approche ou s'éloigne en se mouvant, ainsi l'âme avec *ses appétits* ou aversions s'unit avec les objets ou s'en sépare.

BOSSUET, *De la Connoissance de Dieu et de soi-même,* c. 1, art. 6.

Vous ne devez plus suivre *les appétits* et les aveugles convoitises *de* la chair.

BOURDALOUE, *Sermons :* Sur le rapport des religieux avec Jésus-Christ ressuscité.

Ainsi l'humanité sottement abusée,
Court à *ses appétits* qui l'aveuglent si bien,
Qu'encor qu'elle ait des yeux, si ne voit-elle rien.

RÉGNIER, *Satires,* IX.

Les *appétits des* sens ne font que des esclaves.

P. CORNEILLE, *l'Imitation,* III, 32.

A l'appétit de, Selon le désir, la passion, le caprice, le goût, etc., de quelqu'un, a été une expression fort usitée :

Les biens ne les honneurs ne se despartent point *à l'appetit de* ceulx qui les demandent.

COMMINES, *Mémoires,* Prologue.

Et se doutoit de quoy il luy avoit ainsi couru sus *à l'appetit d'*aultruy.

LE MÊME, même ouvrage, III, 3.

Le seigneur de Basché... chascun jour estoit adjourné, cité, chicané *à l'appetit* et passe-temps *du* gras prieur de Saint-Louant.

RABELAIS, *Pantagruel,* IV, 12.

Chacun état a son évangile à part, selon qu'ils s'en forgent *à leur appétit,* de sorte qu'il y a aussi grande diversité entre l'évangile de cour, et celui des gens de justice et avocats, et celui des marchands, comme entre les monnoies forgées de coins bien différents.

CALVIN, *Contre l'astrologie judiciaire.*

Retournez dire au comte de Nausse que je n'en feray riens et que *à son appetit* je ne demeureray pas à la boucherie.

Le loyal Serviteur, c. 63.

Pausanias feut luy-mesme blasmé d'avoir trop lasché la bride à l'insolence du peuple... et au contraire feit qu'on donna à Lysandre l'honneur de capitaine qui n'ordonnoit point les affaires *à l'appétit d'*austruy.

AMYOT, trad. de Plutarque, *Vie de Lysandre.*

Au lieu que l'on avoit veu quelquefois les duchés estre eschangez en royaumes, et d'un royaume estre fait après un duché, depuis, par une nouvelle manière, nos roys ont fait de petites villes, bourgades et seigneuries, duchez et comtez *à leur appetit.*

EST. PASQUIER, *Recherches de la France,* II, 13.

Elle (la seigneurie de Chio) faict maintenant son regiment et gouvernement *à son appetit,* et non pas comme ceulx de Genes veulent.

P. BELON, *Singularitez et choses memorables de divers pays estranges,* II, 8.

On l'accusoit de vouloir faire durer la guerre : c'est l'ordinaire, lorsque les choses ne sont pas conduictes *à l'appétit de* ceux qui en parlent à leur aise.

MONTLUC, *Commentaires,* III.

Voulez-vous mourir *à l'appettit de* ces coquins ?

AGR. D'AUBIGNÉ, *Histoire universelle,* t. II, liv. II, c. 10.

... Nul ne doibt requérir de moy qu'*à leur appétit* je force ma conscience.

HENRI IV, *Lettres;* août 1585.

Le dire de messire Anne de Montmorenci connestable de France est remarquable, que le gentil-homme ayant attaint jusqués à cinq cens livres de revenu, ne sçait plus que c'est de faire bonne chère; parce que, voulant trancher du grand,

mange à la salle, *à l'appettit de* son cuisinier; auparadvant prenant ses repas à sa cuisine, se faisoit servir à sa fantaisie.

OLIVIER DE SERRES, *Théâtre d'agriculture,* Ier lieu, c. 5.

Charles VI a tousjours esté hors de luy-mesme, ayant esté en tout temps possédé par ceux qui l'obsédoient, et ferme seulement en un point, qui estoit de se changer *à l'appétit de* tous ceux qui se saisissoient de luy.

MÉZERAY, *Histoire de France :* Charles VI.

> Fortune les choses varie
> A son appétit tous les jours.

P. GRINGORE, *les Faintises du monde,* str. 13.

> L'éléphant étant écouté,
> Tout sage qu'il étoit, dit des choses pareilles :
> Il jugea qu'à son appétit
> Dame baleine étoit trop grosse.

LA FONTAINE, *Fables,* I, 6.

On n'a pas dit seulement *à l'appétit d'*une personne, mais *à l'appétit d'*une chose :

Le médecin ne baille pas à boire au malade *à l'appétit de* sa soif, mais choisit et attent l'eure au prouffit de sa santé.

ALAIN CHARTIER, *l'Espérance.*

Je l'y ay veue nourrir (Mlle de Nevers), et je sais que M. le cardinal (de Guyse) fut le premier moteur de ce mariage (de Mlle de Nevers avec M. de Guyse). Il luy rendit très-mal là *à l'appétit de* sa religion.

BRANTÔME, *Duels.*

Les catholiques dirent qu'il n'y avoit nul propos de les faire geler tous l'espace d'une longue nuict, *à l'appétit d'*un soupçon, peut-estre mal fondé.

LA NOUE, *Discours politiques et militaires;* XXVI.

Tous les gens d'honneur eurent en horreur l'action du duc (de Bourgogne), qui avoit esté si lasche et si infame, que de livrer un homme (le connétable) qui s'estoit jetté entre ses bras, et de fournir à son rival de quoy désaltérer sa colère, *à l'appétit de* la dépouille d'un malheureux.

MÉZERAY, *Histoire de France :* Louis XI.

Les François détestoient la lascheté et la perfidie brutale des Suisses, qui, pour livrer leur allié et leur chef (Ludovic Sforce) *à l'appétit d'*un peu d'argent, avoient souffert de passer entre les piques, et faire en quelque façon une amende honorable.

LE MÊME, même ouvrage : Louis XII.

Le prince d'Orange estant général de nom seulement, les autres chefs ne se soucioient point des interests de l'empereur, et se gouvernoient seulement *à l'appétit de* leur licence et de leurs caprises.

LE MÊME, même ouvrage : François Ier.

Or va, romps-toi la tête, et de jour et de nuit;
Pâlis dessus un livre *à l'appétit d'*un bruit
Qui nous honore après que nous sommes sous terre,
Et *dé* te voir paré de trois brins de lierre.
                              RÉGNIER, *Satires*, IV.

Par quelques-uns de ces exemples s'explique l'acception de la locution *à l'appétit* rapportée par l'Académie, par Le désir de gagner ou de ne pas dépenser; acception que, dans l'édition de 1694, elle déclare « populaire » mais fort usitée, et qu'elle appuie de ces exemples :

*A l'appétit d'*un écu, il a laissé mourir un cheval de cinquante pistoles. *A l'appétit de* cinquante pistoles, il a cédé un bien qui vaut plus de deux mille écus.
                    Dictionnaire de l'Académie, 1694.

On trouve, au lieu de *à l'appétit de*, sous *l'appétit de* :

M. de Lautrecq fit en cela une grande faute, de combattre *soubz l'appétit de* ses soldats.
              BRANTÔME, *Grands Capitaines :* M. de Lautrecq, III.

On a dit au même sens, *selon, suivant son appétit* :

Suivant son appétit il juge toute chose.
                              RÉGNIER, *Satires*, IX.

APPÉTIT, dans le passage suivant, a le sens général de Passion :

Il (l'orateur) s'assujétira l'intellect par la force du raisonnement, et emportera *l'appétit* par la violence des figures.
              BALZAC, *Dissertations critiques*, II.

APPÉTIT se dit particulièrement du Désir de manger :

Le comte d'Artois... se vestit de moult riches habis, et puis seyt à table pour repaistre, comme celluy qui pouvoit avoir son *appétit*, actendu que de la journée il n'avoit beu ne mengié.
              Le Livre du chevaleureux comte d'Artois, p. 78.

Jadis entre les Perses l'heure de prendre refection estoit es roys seulement prescripte : à ung chascun aultre estoit *l'appétit* et le ventre pour horloge.
                    RABELAIS, *Pantagruel*, IV, 64.

Les princes n'ont point d'autre sommeil et d'autre *appétit* que le nostre.
                    MONTAIGNE, *Essais*, I, 42.

Il disoit que la Providence mettoit toujours *l'appétit* d'un côté et l'argent de l'autre.
              TALLEMANT DES RÉAUX, *Historiettes :* Perrot d'Ablancourt.

Où il n'y a point *d'appétit*, la plus saine nourriture est capable de nous nuire, et la plus agréable de nous dégoûter.
              SAINT-ÉVREMONT, *Lettre au comte d'Olonne*.

A la médecine on a fait aussi succéder l'invention des mets délicieux, et de tous les ragoûts qui excitent *l'appétit* des hommes.
              FÉNELON, *Dialogues sur l'Éloquence*, I.

La viande ne plait que selon *l'appétit*.
                              RÉGNIER, *Épitres*, II.

Leur *appétit* fougueux, par l'objet excité,
Parcourt tous les recoins d'un monstrueux pâté.
                    BOILEAU, *le Lutrin*, V.

Bon *appétit* surtout; renards n'en manquent point.
                    LA FONTAINE, *Fables*, I, 18.

Un déjeuné pourtant seroit bien de saison;
Car en fait *d'appétit*, on ne prend point le change,
Et ce n'est point manger que de rêver qu'on mange.
         COLLIN D'HARLEVILLE, *les Châteaux en Espagne*, III, 7.

APPÉTIT, en ce sens, s'emploie quelquefois au pluriel :

On accorde à un homme sain de manger à son appétit; mais il y a des *appétits* de malade qu'il est nécessaire de tenir en bride.
              BOSSUET, *Sermons :* Sur la Providence.

Il (l'homme) va chercher au loin, et jusqu'au milieu des mers, de nouveaux mets; et la nature entière semble suffire à peine à son intempérance et à l'inconstante variété de ses *appétits*.
              BUFFON, *Histoire naturelle :* Aliments de l'homme.

Pour moi, satisfaisant mes *appétits* gloutons,
J'ai dévoré force moutons.
                    LA FONTAINE, *Fables*, VII, 1.

APPÉTIT s'est dit des choses propres à aiguiser l'appétit; de là ces expressions, *chercher ses appétits, prendre ses appétits,* Choisir les viandes, les mets pour lesquels on a le plus d'appétit :

Maintenant on va chercher les *appétis* des friands au fonds de la mer : et ne craint on ni naufrages, ni tormente, pour avoir de toutes sortes d'ouytres.
         DU PINET, trad. de Pline l'Ancien, *Histoire naturelle*, XIX, 4.

Il est même devenu le nom de quelques substances de ce genre, Hareng fumé, ciboule, etc. :

C'est des fueilles qu'on tire la principale commodité des eschalotes, les mangeans crues en salades, et cuites en plusieurs viandes où elles sient très bien, dont portent aussi le nom d'*appétits*.

OLIVIER DE SERRES, *Théâtre d'agriculture*, VIe lieu, c. 5.

Mangez un peu de ce jambon, c'est de l'*appétit*.

Dictionnaire de l'Académie, 1694.

Le mot APPÉTIT entre dans un assez grand nombre de locutions usuelles et proverbiales, et a même donné lieu à plusieurs proverbes.

Avoir appétit, avoir de l'appétit, avoir bon appétit, manière de parler d'un usage fort ordinaire :

Selon le chemin que vous avez fait vous debvriez *avoir bon appétit*.

HERBERAY DES ESSARTS, *Amadis de Gaule*, II, 9.

Il étoit fort tard, et... l'on *avoit bon appétit*, ce qui influe plus qu'on ne se peut imaginer dans les délibérations.

CARDINAL DE RETZ, *Mémoires*, II.

Je n'ai pas grand appétit, poursuivit-il ; je vais me mettre à table pour vous tenir compagnie seulement, et je mangerai quelques morceaux par complaisance.

LE SAGE, *Gil Blas*, I, 2.

> Au fond d'un antre sauvage
> Un satyre et ses enfants
> Alloient manger leur potage
> Et prendre l'écuelle aux dents...
> Ils n'*avoient* tapis ni housse,
> Mais tous *fort bon appétit*.
>
> LA FONTAINE, *Fables*, I, 7.

Tenir son appétit en haleine :

Et, pour *tenir notre appétit en haleine*, nous allâmes dans le verger achever notre dessert avec des cerises.

J.-J. ROUSSEAU, *les Confessions*, I, 4.

Perdre l'appétit :

Amoureux à *perdre l'appétit*.

SCARRON, *Roman comique*, I, 19.

Se remettre l'appétit :

Comment pouvez-vous manger des salades si bon matin?... Nous le faisons, dirent-ils, pour nous *remettre l'appétit*.

THÉOPHILE, *Fragment d'une histoire comique*, c. 4.

Reprendre l'appétit :

> Jupiter, s'il étoit malade,
> *Reprendroit l'appétit* en tâtant d'un tel mets.
>
> LA FONTAINE, *Fables*, XI, 6.

Prendre appétit à :

On dit que le diable estant une fois malade, les médecins luy demandoient à quoy il *prendroit appétit*.

H. ESTIENNE, *Apologie par Hérodote*, I, 6.

Gagner de l'appétit :

Tandis qu'il y préparoit toutes choses, sans oublier les violons, et que Matta chassoit dans la plaine pour *gagner de l'appétit*, le chevalier de Grammont poussoit à l'exécution de son projet.

HAMILTON, *Mémoires de Grammont*, c. 4.

Ouvrir l'appétit :

De bled en herbe vous faictes belle saulce verde, de legiere concoction, de facile digestion : laquelle vous esbanoist le cerveau, esbaudit les esperits animaulx, resjouit la veuë, *ouvre l'appétit*.

RABELAIS, *Pantagruel*, III, 2.

N'ayant pas si matin l'*appétit* bien *ouvert*.

BOURSAULT, *Ésope à la cour*, I, 4.

A son appétit :

Mangeoit, selon la saison, viandes à *son appétit*.

RABELAIS, *Gargantua*, I, 21.

Entrant dans leur chambre, je commençay à faire bonne chère de ce qu'il y avoit, ravy de trouver de la viande à *mon appétit*.

PERROT D'ABLANCOURT, trad. de Lucien, *l'Asne*.

Une personne de haut appétit :

Nos Lucrèces, comme dames *de haut appétit*, se jettent avidement sur les viandes.

LE SAGE, *le Diable boiteux*, c. 8.

Un mets d'appétit :

Il avoit de coustume toutes les fois qu'il trouvoit une viande bonne et *d'appétit*, d'en envoyer une partie à ses amis.

BOUCHET, *Serées*, III, 31.

Bon appétit, souhait qu'on adresse à quelqu'un qui mange ou va manger.

Il n'est chère que d'appétit, proverbe par lequel on fait entendre que la faim assaisonne tous les mets :

Il n'est, mes chers amis, *viande que d'appétit*.

LE GRAND, *le Roy de Cocagne*, I, 3.

Très souvent APPÉTIT et les diverses expressions auxquelles il donne lieu, se prennent au figuré :

Le roy qui n'avoit jamais gousté la douceur de la paix,

y print *appétit*, après avoir essuyé tant d'inquiétudes et d'angoisses de la guerre.

MATTHIEU, *Histoire des derniers troubles de France*, liv. I.

Tout l'or du Pérou n'eust pas été suffisant pour satisfaire l'*appétit* et le luxe de tant de gens.

HARDOUIN DE PÉRÉFIXE, *Histoire de Henri le Grand*, IIIᵉ part., année 1598.

Comines dit que les Parisiens sont fort friands d'offices, mais cet *appétit* s'est communiqué à toutes les autres villes du royaume.

MÉZERAY, *Histoire de France* : Louis XI.

Je suis attachée à des mémoires d'un M. de Pontis... Monsieur le Prince l'a lu d'un bout à l'autre avec le même *appétit*.

Mᵐᵉ DE SÉVIGNÉ, *Lettres* ; à Mᵐᵉ de Grignan, 11 et 12 août 1676.

N'auriez-vous pas sous votre protection quelque bel esprit qui eût un *appétit* égal à son mérite, et qui n'eût point un revenu égal à son *appétit* ?

Mᵐᵉ DE MAINTENON, *Lettres* ; au duc de Noailles, 4 mars. (Voir M. LE DUC DE NOAILLES, *Histoire de Saint-Cyr*, p. 124.)

Tourne encore sur moi cette prunelle friande que tu avois hier, et qui m'a laissé pour toi le plus tendre *appétit* du monde.

MARIVAUX, *la Méprise*, sc. 2.

Il n'est bon courtisan s'il n'a *bon appétit*.

RÉGNIER, *Satires*, XII.

De franchise Monsieur me feroit *appétit*, Il en parle avec goût.

DUFRESNY, *le Faux sincère*, I, 6.

On dit d'un jeune homme à qui tout semble bon, c'est *un cadet de haut appétit* ; d'un homme qui recherche avec avidité l'argent et les places, qui veut toujours ajouter à ce qu'il possède, *c'est un homme qui a bon appétit* :

Soyez persuadée qu'on aura trouvé le neveu *de bon appétit*, et l'oncle ou gouverné, ou ne sachant plus les choses de ce monde.

Mᵐᵉ DE SÉVIGNÉ, *Lettres* ; à Mᵐᵉ de Grignan, 21 janvier 1689.

Il n'y avoit pas d'exemple d'aucun chancelier secrétaire d'État à la fois, mais celui-ci (Voysin) *avoit l'appétit bon*, et il fut l'un et l'autre.

SAINT-SIMON, *Mémoires*, 1714.

Avoir l'appétit ouvert de bon matin, c'est, au figuré, Rechercher prématurément quelque chose d'utile et d'agréable :

Il est trop matin ; *mon appétit de* parler *n'est pas encore ouvert*.

DUFRESNY, *le Jaloux honteux*, I, 2.

Vous avez l'appétit ouvert de bon matin ! D'hier au soir seulement vous êtes dans la ville, Et vous vous ennuyez déjà d'être inutile ! Votre humeur sans emploi ne peut passer un jour ! Et déjà vous cherchez à pratiquer l'amour !

P. CORNEILLE, *le Menteur*, I, 1.

Rester sur son appétit, c'est Ne pas aller aussi loin que nos désirs, que nos goûts pourraient nous porter.

L'appétit vient en mangeant, expression proverbiale employée au propre dans les deux premiers des exemples suivants, est prise au figuré dans les autres :

L'appetit vient en mangeant, disoit Angest on Mans ; la soif s'en va en beuvant.

RABELAIS, *Gargantua*, I, 5.

Pour moy je ne mange jamais trop tard ; *l'appétit me vient en mangeant*, et point autrement. Je n'ai point de faim qu'à table.

MONTAIGNE, *Essais*.

L'apetit leur estant donc venu *en mangeant* et la résolution prise, on s'en va la teste baissée à Fontenoi où commandoit Roussière cul de braie.

AGR. D'AUBIGNÉ, *Histoire universelle*, liv. I, c. 10.

Eh ! quoi, mon maistre, vous disiez que si vous aviez mille écus de rente, vous seriez content. Je crois que vous les avez et plus. — Sire, respondit-il, *l'appétit vient en mangeant*.

DU VERDIER, *Prosopographie*, t. III : Conversation de Charles IX et d'Amyot.

Alexandre, qu'une témérité fortunée mena sur les pas d'Hercule et de Bacchus, n'a pas été seul entaché de ce vice, mais généralement tous ceux à qui la fortune *a fait venir l'appétit en les soûlant*.

MALHERBE, trad. du *Traité des Bienfaits* de Sénèque, liv. VII, c. 3.

Comme *l'appétit vient en mangeant*, il nous a pris une si grande envie d'avoir encore une fois l'honneur et le plaisir de vous revoir dans ce château, que ma fille ne comprend pas qu'ayant de la santé, vous n'ayez point eu la pensée de nous venir voir.

Mᵐᵉ DE SÉVIGNÉ, *Lettres* ; au président de Moulceau, 29 juin 1695.

APPÉTISSANT, ANTE, adjectif.

Qui donne de l'appétit, qui excite l'appétit :

Lait de vache est plus *appétissant*.

Le Ménagier de Paris, II, 5.

La poison donnée avec saulces *appétissantes* est fort dangereuse, d'autant qu'elle est avallée avidement et plus difficilement vomie.

A. Paré, *Introduction à la cognoissance de la chirurgie*, XXI, 7.

Je le veux donner quelque chose d'*appétissant*. Que mangerois-tu bien, par exemple?

Le Sage, *la Tontine*, sc. 6.

Lorsque le moment a été bien choisi, les ortolans sont de petits pelotons de graisse, et d'une graisse délicate, *appétissante*, exquise.

Buffon, *Histoire naturelle : Oiseaux*; Ortolan.

Il ouvrit une petite trappe à côté de sa cuisine, descendit, et revint un moment après avec un bon pain bis de pur froment, un jambon très-*appétissant* quoique entamé.

J.-J. Rousseau, *les Confessions*, I, 4.

On le dit au figuré de Ce qui excite le désir :

Je serai maître de tout, de vos petits yeux éveillés, de votre petit nez frippon, de vos lèvres *appétissantes*.

Molière, *le Mariage forcé*, sc. 2.

Entre nous, la dame est un morceau tout *appétissant*.

Le Sage, *Gil Blas*, III, 5.

Sa fille Cunégonde, âgée de dix-sept ans, était haute en couleur, fraîche, grasse, *appétissante*.

Voltaire, *Candide*, c. 1.

Le diable m'a tenté. J'ai trouvé la suivante
D'un minois revenant, et fort *appétissante*.

Regnard, *les Ménechmes*, II, 6.

Appétitif, ive, adj. (du latin *appetitivus*).

Qui est porté à appéter, à désirer, expression du langage philosophique :

Selon Aristote cinc puissances ou parties de l'ame sont, c'est assavoir la vegetative, la sensitive, l'*appetitive*, l'intellective, la motive.

Nicole Oresme. (Voyez Meunier, *Essai sur Nicole Oresme*, p. 163.)

Sachiez que en chascun cors qui a les membres soffisanz sont iiij vertuz enformées et establies par les iiij elemenz et par leur nature : la première est *apetitive*, la seconde retentive, la tierce digestive, la quarte expulsive.

Brunetto Latini, *li Livres dou Tresor*, liv. I, part. III, c. 103.

Que l'une (faculté) soit nommée *appetitive*, laquelle com-

bien qu'elle n'ait point de raison en soy, toutesfois estant conduite d'ailleurs, obtempère à raison; l'autre soit nommée intellective.

Calvin, *Institution chrestienne*, 129.

Des trois actions de l'ame, l'imaginative, l'*appetitifve* et la consentante, les pyrrhoniens reçoivent les deux premières.

Montaigne, *Essais*, II, 12.

Faculté *appetitive* de l'âme.

Monet, *Dictionnaire*.

APPLAUDIR, v. n. (d'*applaudere*, et, par ce mot, du simple *plaudere*).

Il est employé au sens propre de ces verbes latins dans le passage suivant, où il signifie Flatter, caresser en frappant de la main :

Il doit approcher son limier, l'*applaudissant de la main* et lui donnant quelque friandise, puis l'exciter et parler à lui.

Du Fouilloux, *la Vénerie*, f° 112, v°.

Il signifie plus habituellement, également au sens propre, Battre des mains en signe d'approbation :

Dans un spectacle où l'on n'*applaudit* pas, les âmes seront isolées et le goût toujours indécis.

Marmontel, *Éléments de littérature : Parterre*.

Vos froids raisonnements ne feront qu'attiédir
Un spectateur toujours paresseux d'*applaudir*.

Boileau, *Art poétique*, III.

Dans des passages tels que le suivant, APPLAUDIR, pris en ce sens, est modifié par un complément composé de la préposition *de* et de son régime, *applaudir des mains* :

... Là, de mesme manière
Qu'aux théatres on vid s'eschauffer les Romains,
Ce peuple desbauché *aplaudissoit des mains*.

Agr. d'Aubigné, *Tragiques :* Chambre dorée, liv. III.

APPLAUDIR, toujours en ce sens, reçoit encore un autre complément au moyen de la préposition *à* :

Applaudir à une chose :

A ce discours qui charme les humains,
Tout *applaudit de la* voix et *des* mains.

J.-B. Rousseau, *Allégories*, II, 4 : La Morosophie.

Applaudir à une personne :

Ils font comme les composeurs de tragédies, qui veulent avoir... un théâtre d'hommes avec eux, et qui *leur applaudissent.*

AMYOT, trad. de Plutarque, *Œuvres morales :* Comment on pourra discerner le flatteur d'avec l'amy.

Il y aura... un joueur de comédies... qui gastera tout Menander, tant il aura mauvaise grâce à jouer, et néantmoins le vulgaire *lui applaudira* et le prisera grandement.

LE MÊME, même ouvrage : De la mauvaise honte.

Il (Néron) fit des chevaliers de son ordre, expressément establis pour *luy applaudir* en ces vains exercices.

COEFFETEAU, *Histoire romaine,* V.

C'est Milon Crotoniate, *à qui* la Grèce *applaudit* dans les spectacles, pour luy avoir veu porter un bœuf d'un bout à l'autre de la carrière.

PERROT D'ABLANCOURT, trad. de Lucien, *Caron.*

APPLAUDIR signifie, figurément, Approuver et manifester sa satisfaction en quelque manière que ce soit ;

Soit pris absolument :

Celui qui écoute s'établit juge de celui qui prêche pour condamner ou pour *applaudir.*

LA BRUYÈRE, *Caractères.*

Chacun *applaudit,* et M. Bono, d'un coup de tête réservé, remercia l'auteur de la proposition qu'il avoit faite.

MARIVAUX, *le Paysan parvenu,* VII.

Ainsi dit le renard ; et flatteurs d'*applaudir.*

LA FONTAINE, *Fables,* VII, 1.

Je ne dis pas un mot que chacun n'*applaudisse.*

BOURSAULT, *Ésope à la cour,* I, 3.

S'il parle, j'*applaudis* ; je ris dès qu'il veut rire.

COLLIN D'HARLEVILLE, *Monsieur de Crac,* sc. 4.

Soit construit, au moyen de la préposition *à,* avec un nom de chose, ou avec un nom de personne ;

Avec un nom de chose :

J'offenserois mal à propos tout Paris, si je l'accusois d'avoir pu *applaudir à* une sottise.

MOLIÈRE, *les Précieuses ridicules,* Préface.

Cet esprit de fermeté chrétienne ne se trouve plus dans le monde : c'est pourquoi les vices ne sont pas repris ; ils triomphent, tout *leur applaudit.*

BOSSUET, *Sermons :* Sur le véritable esprit du Christianisme.

Quel fléau pour les grands, que ces hommes nés pour *applaudir à* leurs passions !

MASSILLON, *Petit Carême :* Tentations des grands.

Celui qui a tout pouvoir ne manque jamais de flatteurs et de complaisans prêts à louer ses vues, à *applaudir à* tous ses projets.

SAINT-SIMON, *Mémoires,* 1718.

Que serviroit que l'auditeur fût convaincu de ce qu'on lui dit, et qu'il *applaudît à* l'éloquence de celui qui parle, s'il n'alloit jusqu'à aimer, embrasser, pratiquer les maximes qu'on lui prêche ?

ROLLIN, *Traité des Études,* liv. V, c. 2, art. 1.

Les deux auteurs qui étoient à table, et qui, par une retenue aussi louable que rare, n'avoient rien dit de peur d'être soupçonnés de jalousie, ne purent s'empêcher d'*applaudir* des yeux *au* sentiment du gentilhomme.

LE SAGE, *Gil Blas,* liv. X, c. 5.

Les autres *applaudissoient* ouvertement *à* mes charmes, il me sembloit que celui-ci les sentoit.

MARIVAUX, *la Vie de Marianne,* IIe partie.

La multitude, *à qui* tout air de grandeur impose toujours, *applaudit à* l'action du roi.

VOLTAIRE, *Histoire de Charles XII,* liv. I.

Toutes les belles dames de Babylone *applaudirent à* ce choix ; car depuis la fondation de l'empire, il n'y avait jamais eu de ministre si jeune.

LE MÊME, *Contes :* Zadig, c. 6.

Et lorsque *à* mes désirs elle a feint d'*applaudir,* Elle a voulu le perdre et non pas m'agrandir.

P. CORNEILLE, *Nicomède,* IV, 5.

Va chercher des amis, dont l'estime funeste Honore l'adultère, *applaudisse à* l'inceste.

J. RACINE, *Phèdre,* IV, 2.

On *applaudit aux* traits du méchant qu'on abhorre.

GRESSET, *le Méchant,* IV, 4, 105.

Avec un nom de personne :

D'estimer que les maistres du palais et comtes d'estables fussent tiltres de dignités conformes, comme quelques-uns de nostre temps veulent donner à entendre pour *applaudir aux* grands seigneurs, c'est une chose mal songée.

EST. PASQUIER, *Recherches de la France,* I, 6.

On le suivoit, on l'admiroit, on *lui applaudissoit,* on le recevoit avec des cris de joie.

BOSSUET, *Méditations sur l'Évangile.*

Il s'anéantissoit lui-même, tandis que tout l'univers *lui applaudissoit.*

FLÉCHIER, *Panégyrique de saint François de Paule.*

Saint Augustin dit qu'après avoir parlé quelque temps, ses auditeurs s'écrièrent et *lui applaudirent*.

FÉNELON, *Dialogue sur l'Éloquence*, III.

Gardez-vous bien d'imiter ces personnes qui *applaudissent aux* enfants lorsqu'ils ont marqué de l'esprit par quelque finesse.

LE MÊME, *de l'Éducation des filles*.

APPLAUDIR est aussi verbe actif, tant au propre qu'au figuré;

Au propre, quand il s'agit d'une chose :

Un tel spectacle... ne *seroit* point *applaudi*, mais il saisiroit.

FÉNELON, *Lettre à l'Académie*.

Les succès éclatants de Bossuet portèrent bientôt sa réputation à la cour, où ses sermons *furent applaudis* avec transport.

D'ALEMBERT, *Éloge de Bossuet*.

Quand il s'agit d'une personne :

Laissez dire madame de Fontenai : on parle des plus grands princes du monde; je suis sur le théâtre, il faut bien qu'on me siffle ou qu'on m'*applaudisse*.

Mᵐᵉ DE MAINTENON, *Lettres;* 16 janvier 1683.

Lucrèce, quoiqu'élevée dans les coulisses d'un théâtre, a de la vertu; et, quelque plaisir qu'elle prenne à se voir *applaudir* sur la scène, elle aime encore mieux passer pour honnête fille que pour bonne actrice.

LE SAGE, *Gil Blas*, XII, 3.

Le point n'est pas d'être joué bientôt, mais de réussir. Il vaut mieux *être applaudi* tard que d'être sifflé de bonne heure.

VOLTAIRE, *Lettres;* à M. Berger, 1753.

Ce public aime passionnément à siffler le même rimailleur qu'il *a applaudi*.

LE MÊME, même ouvrage; 27 d'auguste 1761.

Au figuré, lorsqu'il s'agit d'une chose :

Ils veulent bien plus en imposer aux autres ou faire *applaudir* leur talent, que se rendre meilleurs et plus sages.

J.-J. ROUSSEAU, *Émile*.

Lorsqu'il s'agit d'une personne :

Pendant cet âge où l'on *est applaudi*, et où l'on n'a point encore éprouvé la contradiction, on conçoit des espérances chimériques, qui préparent des mécomptes infinis pour toute la vie.

FÉNELON, *De l'Éducation des filles*, c. 3.

Les hommes n'aiment point à vous admirer, ils veulent plaire; ils cherchent moins à être instruits, et même réjouis, qu'à *être* goûtés et *applaudis*.

LA BRUYÈRE, *Caractères*, c. 5.

Il sentoit, et il l'avouoit avec franchise, que la voix indulgente des sociétés qui *l'applaudissoient* n'étoit pas celle du public.

D'ALEMBERT, *Éloge de Trublet*.

J'en sais de contrefaits bien plus que vous ne l'êtes
Que je vois *applaudir* sur leurs tailles bien faites.

BOURSAULT, *Ésope à la ville*, III, 4.

Et pourvu qu'à son but un courtisan arrive,
On *l'applaudit* toujours quelque route qu'il suive.

LE MÊME, *Ésope à la cour*, IV, 3.

Tel vous semble *applaudir*, qui vous raille et vous joue.
Aimez qu'on vous conseille, et non pas qu'on vous loue.

BOILEAU, *Art poétique*, I.

On dit *applaudir* quelqu'un *d'*une chose :

Retournez, retournez vers ce sénat auguste,
Qui vient vous *applaudir de* votre cruauté.

J. RACINE, *Bérénice*, V, 5.

Ce motif est très-juste; et quand vous l'apprendrez,
Bien loin de m'en blâmer, vous m'*en applaudirez*.

DESTOUCHES, *le Glorieux*, V, 2.

APPLAUDIR s'emploie avec le pronom personnel. *S'applaudir*, c'est Se vanter, se glorifier;

Soit pris absolument :

On a quelque honte de se croire, quelque bonne opinion qu'on ait de soi, quand on est seul à s'estimer et à *s'applaudir*.

FLÉCHIER, *Panégyrique de saint François de Paule*.

Albéroni, satisfait de tant de grandes dispositions dont il croyoit le succès infaillible, disoit en *s'applaudissant* que la flotte et l'armée de terre marchoient avec les Fiocci.

SAINT-SIMON, *Mémoires*, 1718.

Psyché dans le milieu voit aussi sa statue;
De ces reines des cœurs pour reine reconnue,
La belle à cet aspect *s'applaudit* en secret.

LA FONTAINE, *Psyché*, I.

Lui-même il *s'applaudit*, et, d'un esprit tranquille,
Prend le pas au Parnasse au-dessus de Virgile.

BOILEAU, *Satires*, IV.

Soit avec des compléments formés au moyen de la préposition *de*, et de la conjonction *que* :

La grande ambition des femmes est, croyez-moi, d'inspirer de l'amour. Tous les soins qu'elles prennent ne sont que pour cela; et l'on n'en voit pas de si fière, qui ne *s'applaudisse*, en son cœur, *des* conquêtes que font ses yeux.

MOLIÈRE, *le Sicilien*, sc. 6.

Il (Louis XIV) *s'applaudissoit de* les conduire (ses généraux) de son cabinet.

SAINT-SIMON, *Mémoires*, 1715.

Faut-il *s'applaudir de* la politique, si son plus grand effort est de faire quelques heureux au prix du repos de tant d'hommes?

VAUVENARGUES, *Réflexions*, 407.

Il m'avoit paru avoir l'âme généreuse, et je *m'applaudissois* d'avance *de* la douleur qu'il auroit d'avoir outragé une fille aussi respectable que moi.

MARIVAUX, *la Vie de Marianne*, III.

Un cœur noble est content de ce qu'il trouve en lui,
Et ne *s'applaudit* point *des* qualités d'autrui.

BOILEAU, *Épîtres*, IX.

Je *m'applaudis qu'*ainsi ma maison soit connue.

PICARD, *les Conjectures*, III, 10.

S'APPLAUDIR c'est, plus ordinairement, Se féliciter de quelque chose :

On verra bientôt combien peu le régent eut lieu de *s'applaudir de* ses égards, c'est trop peu dire, *de* son respect et *de* sa frayeur du parlement.

SAINT-SIMON, *Mémoires*, 1715.

... Qui, si elles vous voient faire une action généreuse, la regardent comme une étourderie dont elles *s'applaudissent de* n'être pas capables, et vous diroient volontiers : J'aime mieux que vous la fassiez que moi.

MARIVAUX, *la Vie de Marianne*, IX.

Rien n'est en effet si doux que de louer les morts; c'est une dette qu'on s'empresse et qu'on *s'applaudit de* leur payer.

D'ALEMBERT, *Éloge de La Chaussée*.

Ma fille qui *s'approche* et court à son trépas,
Qui, loin de soupçonner un arrêt si sévère,
Peut-être *s'applaudit des* bontés de son père.

J. RACINE, *Iphigénie*, I, 1.

Laissez-le *s'applaudir d'un* triomphe frivole.

LE MÊME, *Esther*, III, 2.

Et je *m'applaudissais de* retrouver en vous,
Ainsi que les vertus, les traits de mon époux.

VOLTAIRE, *Œdipe*, IV, 1.

APPLAUDI, IE, participe.

Jamais homme n'a eu dans sa condition un mérite si complet, si généralement reconnu, si hautement, si justement, si sincèrement *applaudi*.

BOURDALOUE, *Oraison funèbre du prince de Condé*.

III.

Mais d'un aveu trompeur voir ma flamme *applaudie*,
C'est une trahison, c'est une perfidie.

MOLIÈRE, *le Misanthrope*, IV, 3.

Il est quelquefois pris à peu près adjectivement :

... Le Dauphin s'enhardit avec le monde qu'il redoutoit du vivant de Monseigneur, parce que, quelque grand qu'il fût, il en essuyoit les brocards *applaudis*.

SAINT-SIMON, *Mémoires*, 1711.

APPLAUDISSEMENT, s. m.

Il participe au sens propre et au sens figuré d'*applaudir*.

Au propre, il se dit des Battements de main, des acclamations par lesquels on manifeste sa satisfaction :

Grégoire XI fut receu par le peuple romain avec une infinité d'*applaudissements* et acclamations publiques.

EST. PASQUIER, *Recherches de la France*, VI, 26.

Là, dans l'assemblée de toute la Grèce, à Pise premièrement, et dans la suite à Élide, se célébroient ces fameux combats où les vainqueurs étoient couronnés avec des *applaudissements* incroyables.

BOSSUET, *Discours sur l'Histoire universelle*, I, 6.

La première pièce que vous donnerez au public fera voir, par le retour de ses *applaudissements*, le recouvrement du bon sens et le rétablissement de la raison.

SAINT-ÉVREMONT, *Réponse à M. Corneille*.

Voyant toujours croître les *applaudissements* de l'assemblée.

FÉNELON, *Télémaque*.

Il donna au Théâtre-Français une comédie intitulée l'Oracle de Delphes, qui fut reçue avec les plus grands *applaudissements*.

D'ALEMBERT, *Éloge de Moncrif*.

Le discours de M. de Buffon, qui vient d'être imprimé, fut interrompu à l'assemblée de l'Académie trois ou quatre fois par les *applaudissements* du public.

GRIMM, *Correspondance*, 1er septembre 1753.

Tandis que ses soldats, de moments en moments,
Vont arracher pour lui les *applaudissements*.

J. RACINE, *Britannicus*, IV, 4.

Et dans un sens figuré, très voisin du sens propre, de Témoignages éclatants d'approbation, d'admiration :

Il y a eu des auteurs qui ont eu de fort grands *applaudissements*, mais qui n'ont pas subsisté au delà de peu d'années, pendant lesquelles l'entêtement des lecteurs et les suffrages de leurs amis les faisoient valoir.

SAINT-ÉVREMONT, *De la Vraie et de la fausse beauté des ouvrages d'esprit,* c. 1.

Je vous croyois encore auprès de Toulouse, mon révérend Père, lorsque j'ai appris par la gazette avec quels *applaudissements* vous avez prêché devant le roi aux Tuileries.

BUSSY-RABUTIN, *Lettres;* au R. P. dom Côme, 25 décembre 1667.

Il est fort extraordinaire qu'une jeune veuve, qui ne manque ni d'agréments, ni de bien, ni d'esprit, s'exile elle-même de Paris et de la cour, où elle auroit des plaisirs et des *applaudissements,* pour ne pas quitter son père exilé.

LE MÊME, même ouvrage; à Mme de Sévigné, 14 octobre 1678.

La cour, qui lui préparoit à son arrivée les *applaudissements* qu'il méritoit, fut surprise de la manière dont il les reçut.

BOSSUET, *Oraison funèbre du prince de Condé.*

Les grands veulent être applaudis; et comme l'imitation est de tous les *applaudissements* le plus flatteur et le moins équivoque, on est sûr de leur plaire dès qu'on s'étudie à leur ressembler.

MASSILLON, *Petit Carême :* Exemples des grands.

La publication de ce livre ne se fit point avec cet éclat d'*applaudissements* qui suivoit celle de tous mes écrits.

J.-J. ROUSSEAU, *les Confessions,* II, 11.

Je connois mal Junie, ou de tels sentiments
Ne mériteront pas ses *applaudissements.*

J. RACINE, *Britannicus,* III, 8.

... J'ai toujours souhaité
Les *applaudissements* des gens de qualité.

BOURSAULT, *le Mercure galant,* I, 2.

Vos *applaudissements* sont fort peu de saison.

DESTOUCHES, *le Philosophe marié,* III, 3.

On l'emploie de même au singulier; mais il est alors pris collectivement et dans une acception plus abstraite;

Au sens propre :

... J'en appelle à Monsieur le cardinal de Richelieu, de l'approbation duquel je fais plus d'estat que de la faveur des peuples et de l'*applaudissement* des théâtres.

BALZAC, *Lettres;* I, 17.

Notre comédie eut l'*applaudissement* de toute l'assemblée.

SCARRON, *Roman comique,* II, 3.

Au sens figuré :

Jamais conseil ne fut receu avec plus de faveur et *applau-*

dissement que celuy de Philippe-le-Bel, lorsqu'il attira dans notre France la papauté.

EST. PASQUIER, *Recherches de la France,* III, 25.

Le peuple de Paris le receut avec un grand *applaudissement.*

AGR. D'AUBIGNÉ, *Histoire universelle,* t. III, liv. II, c. 20.

Vous vous étonnez que je vous conseille de vous séparer de la multitude, et ne chercher autre *applaudissement* que celui de votre conscience.

MALHERBE, trad. des *Épîtres de Sénèque,* VIII.

Les soldats jettans force cris de joye et d'*applaudissement* à leur empereur (Vitellius)... contemploient avec étonnement les monceaux des corps morts étendus sur la plaine.

COEFFETEAU, *Histoire romaine,* liv. VI.

Il (Hérodote) récita son histoire avec tant d'*applaudissement,* qu'on donna le nom de Muses à ses livres.

PERROT D'ABLANCOURT, trad. de Lucien, *Hermotime.*

Ses traductions furent reçues d'abord avec un merveilleux *applaudissement.*

PATRU, *Vie de d'Ablancourt.*

Quelques louanges que je donne à cet excellent auteur (Corneille), je ne dirai pas que ses pièces soient les seules qui méritent de l'*applaudissement* sur notre théâtre.

SAINT-ÉVREMONT, *Œuvres :* Sur les Tragédies.

Quand Monsieur se fut tout à fait esclairci de l'*applaudissement* que sa déclaration avait eu, il ne regarda plus M. d'Elbeuf.

CARDINAL DE RETZ, *Mémoires.*

Il a écrit avec succès, il a parlé en public, même avec *applaudissement.*

FLÉCHIER, *Son portrait par lui-même.*

Sur la fin de ses jours il eut une grande mortification de voir le grand *applaudissement* qu'avoient les lettres de Voiture.

TALLEMANT DES RÉAUX, *Historiettes :* Balzac.

Il (Christiern, roi de Suède) fut reçu dans son royaume avec cet *applaudissement* des peuples qui accompagne toujours une fortune heureuse.

VERTOT, *Révolutions de Suède.*

Tant d'innovations utiles étaient reçues avec *applaudissement* de la plus saine partie de la nation.

VOLTAIRE, *Histoire de Pierre le Grand,* I, c. 10.

Le souris est une marque de bienveillance, d'*applaudissement* et de satisfaction intérieure.

BUFFON, *Histoire naturelle :* De l'Homme.

Applaudissement public, général, universel, sont des expressions fort usitées :

Ainsi receut Charlemagne la couronne de l'empire, et fut sacré empereur par les mains du grand pontife de Rome avecque un *applaudissement général* de toute l'Europe.

Est. Pasquier, *Recherches de la France.*

Il y a beaucoup de personnes qui croyent… que l'*applaudissement général* qu'il (André Doria) recevoit des siens, luy donnoit plustost la pensée de jouir de cette gloire avec tranquillité, que de s'en servir pour des desseins plus élevez.

Le cardinal de Retz, *Conjuration de Fiesque,* p. 17.

L'usage des oiseaux est de prévenir le lever du soleil par leur chant, et de lui rendre le même devoir quand il se couche. Il faut excepter de cette espèce d'*applaudissement général* pour la lumière, les oiseaux de nuit, qui ont une haine déclarée pour elle.

Duguet, *Explication de l'ouvrage des six jours.*

Aussi cet ouvrage a-t-il été reçu avec un *applaudissement universel.*

Fontenelle, *Éloge du marquis de l'Hôpital.*

On trouve, dans Rabelais, applausement, du latin *applausus,* et applausion :

Mais je te prie que entre nous n'y ait debat ny tumulte, et que ne cherchons honneur ny *applausement* des hommes, mais la vérité seule.

Rabelais, *Pantagruel,* II, 18.

Par tout le discours du tournoy precedent feut le bruyt et *applausion* des spectateurs grand en toute circumference.

Le même, *Sciomachie.*

APPLAUDISSEUR, s. m.
Celui qui applaudit.

Burrhus et Sénèque sont diffamez pour luy en avoir laissé tant faire, et pour s'estre rendus eux-mesmes *applaudisseurs* de ses folies.

Coeffeteau, *Histoire romaine,* V.

Les ordinaires rendez-vous…
Des complaisants *applaudisseurs.*

Saint-Amant, *le Poëte crotté.*

Qui de l'Olympe excitant les nausées
Faisoient souvent, en dépit des neuf sœurs,
Transir de froid jusqu'aux *applaudisseurs.*

J.-B. Rousseau, *Épîtres,* I, 6.

Applaudisseur se dit ordinairement de Ceux qui applaudissent sans discernement, ou qui sont payés pour applaudir. *Applaudisseurs payés, applaudisseurs à gages.*

APPLIQUER, v. a. (du latin *applicare,* et, par ce mot, de *plicare*).

Apposer, mettre une chose sur une autre, soit qu'elle y adhère ou s'y imprime, soit qu'elle s'adapte à sa surface, soit qu'elle la touche simplement en quelque partie. De là ces manières de parler, *appliquer sur, appliquer à;*

Appliquer sur :

J'ai vu sa main défaillante chercher encore en tombant de nouvelles forces pour *appliquer sur* ses lèvres ce bienheureux signe de rédemption.

Bossuet, *Oraison funèbre de la duchesse d'Orléans.*

Thrasybule et Tarquin coupant des têtes de pavots, Alexandre *appliquant* son sceau *sur* la bouche de son favori, Diogène marchant devant Zénon, ne parloient-ils pas mieux que s'ils avoient fait de longs discours?

J.-J. Rousseau, *Émile.*

Nous ressemblons à ce tyran de Sicile qui *appliquoit* les passants *sur* son lit de fer…

Bernardin de Saint-Pierre, *Études de la nature,* I.

Toujours ce souvenir m'attendrit et me touche,
Quand lui-même, *appliquant* la flûte *sur* ma bouche,
Riant et m'asseyant sur lui, près de son cœur,
M'appelait son rival et déjà son vainqueur.

A. Chénier, *Fragments d'Idylles,* III.

Appliquer à :

Se garde bien nostre poëte d'user de noms propres latins ou grecz, chose vrayment aussi absurde que si tu *appliquois* une pièce de velours verd *à* une robe de velours rouge.

Du Bellay, *Deffence et illustration de la langue françoise,* II, 6.

Il fit *appliquer* les échelles *aux* murailles. *Appliquer* des éclisses *à* un membre rompu.

Danet, *Dictionnaire françois-latin.*

Nous ne goûtons que ce qui *est* immédiatement *appliqué à* notre langue.

Bossuet, *De la Connoissance de Dieu et de soi-même,* c. 3, art. 3.

Il prit une coupe, l'*appliqua* légèrement *à* ses lèvres et la fit passer de main en main.

Barthélemy, *Voyage d'Anacharsis.*

Ou simplement *appliquer,* sans régime indirect:

Il n'y avoit pas de terre sous les murailles pour *appliquer* les échelles, et Alexandre n'avoit pas de vaisseaux.

Voiture, *Lettre à M. Costar.*

C'est là (dans l'histoire) qu'on découvre que le lustre qui vient de la flatterie est superficiel, et que les fausses couleurs, quelque industrieusement qu'on les *applique*, ne tiennent pas.

BOSSUET, *Oraison funèbre de la duchesse d'Orléans.*

C'est une cire molle où tout ce qu'on *applique* s'écrit.

BOISSY, *le Babillard*, sc. 7.

Au sens propre d'APPLIQUER se rapportent, par extension, des expressions telles que les suivantes ;
Appliquer un baiser :

Il *appliqua* sur cette main *un baiser* que je sentis sur mon cœur.

J.-J. ROUSSEAU, *la Nouvelle Héloïse.*

Appliquer un soufflet, un coup de poing, un coup de bâton, etc. :

M. son fils s'approcha d'elle, comme il faisoit tous les jours, pour lui baiser la main. En ce moment Madame lui *appliqua un soufflet* si sonore qu'il fut entendu de quelques pas, et qui, en présence de toute la cour, couvrit de confusion ce pauvre prince.

SAINT-SIMON, *Mémoires*, 1692.

J'examinois la serrure, je tâchois même de la forcer, lorsque tout-à-coup je me sentis *appliquer* vigoureusement entre les deux épaules cinq ou six *coups de nerfs de bœuf.*

LE SAGE, *Gil Blas.*

Je vous *appliquerai du sceptre* sur le nez.

LE GRAND, *le Roi de Cocagne.*

Appliquer à la torture, à la question, etc. :

... Il luy prenoit envie de la faire *appliquer à la question*, afin de savoir d'elle pourquoy il l'aimoit si fort.

BALZAC, *Lettres; VII*, 37.

Tous deux, sur le point d'estre *appliquez à la torture*, confessèrent tout.

PERROT D'ABLANCOURT, trad. de Tacite, *Annales*, liv. XV.

On dit, dans un sens figuré, *appliquer à* quelque chose *son esprit, sa raison, sa pensée, son attention, son étude*, etc. :

Aucuns louent la response d'un poëte payen, nommé Simonides, lequel estant interrogé par le roy Hieron, que c'estoit de Dieu, demanda terme d'un jour pour y penser. Le lendemain estant de rechef enquis, redoubla le terme : et quand il eut ainsi quelquefois prolongé, en la fin il res-

pondit que d'autant plus qu'il *y appliquoit son sens*, il trouvoit la chose plus obscure.

CALVIN, *Institution chrestienne*, liv. I, c. 5, § 2.

Un théologien ne doit pas *appliquer son estude à* délecter les aureilles en jasant.

LE MÊME, même ouvrage, liv. l, c. 14, § 4.

Homme qui a peur de mourir ne doit jamais aller à la guerre, puisqu'au monde il y a tant d'autres exercices où l'homme peut *appliquer son esprit et son entendement.*

MONTLUC, *Commentaires*, III.

En quelque espèce de poésie *où il* (Ronsard) *ait appliqué son esprit*, en imitant les anciens, il les a ou surmontez, ou, pour le moins, esgalez.

EST. PASQUIER, *Recherches de la France*, VII, 7.

Dieu, qui agit par intelligence et avec une souveraine liberté, *applique sa vertu où* il lui plaît, et autant qu'il lui plaît.

BOSSUET, *Discours sur l'Histoire universelle*, II, 1.

Son esprit il applique
A tes mestiers divers ;
Il honore les vers,
Il chérit la musique.

RONSARD, *Ode*, V, 6.

Ou simplement, sans régime indirect, *les appliquer :*

Ce n'est pas assez d'avoir l'esprit bon, mais le principal est de *l'appliquer* bien.

DESCARTES, *Discours de la Méthode*, I.

Faute de connoître beaucoup de faits, les enfants ne peuvent *appliquer leur raison.*

FÉNELON, *de l'Éducation des filles*, c. 7.

Je ne vous paieray point en solz,
Mais en bel or à la couronne.
— Donc auras-tu ta cause bonne.
Et fust-elle la moitié pire,
Tant mieulx vault et plus tost l'empire,
Quand je veuil *mon sens appliquer.*

Patelin, v. 1125.

Appliquer ses soins, son temps, etc., *à :*

Appliquer et employer toute *sa cure* et *son soing au* profit de la république,

ROB. ESTIENNE, *Dictionnaire françois-latin.*

Comment voulez-vous doncques penser que vous vous puissiez acquiter de la charge que le roy vous a baillée, veu que vous *appliquez votre temps en un' autre chose?

MONTLUC, *Commentaires*, 1.

Déterminé à passer dans l'indépendance et la pauvreté le peu de tems qui me restoit à vivre, *j'appliquai* toutes *les forces de mon âme à* briser les fers de l'opinion, et à faire avec courage tout ce qui me paroissoit bien, sans m'embarrasser aucunement du jugement des hommes.

J.-J. ROUSSEAU, *les Confessions*, II, 8.

A gagner Polyeucte *appliquez* tous *vos soins.*

P. CORNEILLE, *Polyeucte*, III, 4.

Voulez-vous à m'entendre *appliquer votre soin?*

BOURSAULT, *Ésope à la cour*, III, 3.

APPLIQUER signifie encore, figurément, Employer une chose à quelque usage, s'en servir pour un objet déterminé :

Briçonnet, gagné par le pape, sous l'espoir d'un chapeau rouge, sceut si bien retarder les moyens de trouver de l'argent, *appliquant* diverses machines durant ces retardements pour rompre tout à fait l'expédition, qu'il la recula de jour en jour jusqu'à la fin de l'esté.

MÉZERAY, *Histoire de France :* Charles VIII.

Il ne sert de rien de savoir par cœur toutes les maximes de la politique, si on ne les *applique à* quelque usage.

HARDOUIN DE PÉRÉFIXE, *Histoire du roi Henri le Grand.*

Les mains font des couteaux, des scies, et d'autres instruments semblables qu'elles *appliquent* chacun à leur usage.

BOSSUET, *De la Connoissance de Dieu et de soi-même,* c. 2, art. 2.

On voit bien que la volonté humaine n'a rien en elle-même qui *l'applique à* une chose plutôt qu'à l'autre, que sa propre détermination.

LE MÊME, *Traité du Libre arbitre,* c. 10.

Ne devez-vous pas *appliquer* votre pénitence à vous humilier et à vous ennuyer un peu, pour vous éloigner des compagnies contagieuses?

FÉNELON, *Lettres spirituelles,* XXXI.

L'important est *d'appliquer* le travail des mains, non à des ouvrages frivoles, mais à des choses utiles et d'usage.

ROLLIN, *Traité des Études,* c. 2, art. 2, § 5.

Je vois par ces effets et ces métamorphoses
Que le tour du bâton est propre à bien des choses,
Mais je ne conçois pas où l'on peut *l'appliquer.*

BOURSAULT, *Ésope à la cour,* IV, 5.

A l'emploi fait, au sens propre, d'APPLIQUER, quand il s'agit de certains remèdes, répond un emploi figuré du même mot, en parlant de ce qui, au moral, peut être considéré comme remède;

On a dit, par exemple, au sens propre :

Quelles choses il convient *apliquer* à guérir le corps.

NICOLE ORESME, *Éthique,* 170.

Appliquer des ventouses sur les épaules.

DANET, *Dictionnaire françois-latin.*

Je lui viens *d'appliquer* un cataplasme anodin et résolutif.

SCARRON, *Roman comique,* II, 4.

Un autre va chauffer une serviette et vient me *l'appliquer* toute brûlante sur le ventre.

LE SAGE, *Gil Blas,* I, 10.

On a dit, de même au figuré :

C'est tout ne plus ne moins, que si à un qui auroit quelque grosse apostume ou quelque ulcere fistuleux, on venoit avec la lancette à lui raire les cheveulx ou lui rongner les ongles : car ainsi les flatteurs *appliquent* leur liberté de parler aux parties qui ne sont point dolentes, et qui ne font point de mal.

AMYOT, trad. de Plutarque, *Œuvres morales :* Comment on pourra discerner le flatteur d'avec l'amy.

Plusieurs cognoissoient ces entreprises indues; avant que d'y *appliquer* le cautère, on y apporta plusieurs delinimens.

EST. PASQUIER, *Recherches de la France,* III, 32.

Il ne s'est pas contenté de m'enseigner les remèdes, mais les a lui-même *appliqués.*

MALHERBE, trad. du *Traité des Bienfaits* de Sénèque, VI, 16.

Mais, après que tu seras party, dit Cébès (à Socrate), où trouverons-nous un médecin qui nous sçache *appliquer* ces remèdes?

THÉOPHILE, *Immortalité de l'âme.*

Votre plaie invétérée n'est pas en état d'être guérie par des lénitifs; il est temps *d'appliquer* le fer et le feu.

BOSSUET, *Sermons :* Sur la Haine des hommes pour la vérité.

J'applique à mes blessures cruelles la goutte de baume qui me reste: c'est la consolation de m'entretenir avec vous.

VOLTAIRE, *Lettres*; 3 mars 1754.

Quoy que mon discours exécute,
Que feray-je à mon mauvais sort?
Qu'*appliqueray-je* que la mort
Au malheur qui me persécute?

THÉOPHILE, *Au Roy sur son exil.*

N'attendez pas de moi de regrets, ni de larmes;
Un grand cœur à ses maux *applique* d'autres charmes.

P. CORNEILLE, *Pompée,* V, 1.

APPLIQUER se dit, particulièrement, en parlant d'un principe, d'une règle, d'une loi, etc., dont on fait usage dans les cas auxquels ils conviennent ou semblent convenir :

Pour l'utilité que les autres recevroient de la communication de mes pensées, elle ne pourroit être aussi fort grande, d'autant que je ne les ai point encore conduites si loin qu'il ne soit besoin d'y ajouter beaucoup de choses avant que de les *appliquer* à l'usage.

DESCARTES, *Discours de la Méthode*, VI.

Toutes les bonnes maximes sont dans le monde; on ne manque qu'à les *appliquer*.

PASCAL, *Pensées*, Ire part., art. 9.

L'indulgence de la croisade.... *fut* bientôt *appliquée* à toutes les guerres qui paroissoient importantes à la religion.

FLEURY, *Discours sur l'Histoire ecclésiastique*, VI, § 6.

Il s'agit d'*appliquer* les règles de la syntaxe à ce qu'on fera lire aux enfants.

ROLLIN, *Traité des Études*, II, 33.

L'étude et l'usage suffisent pour apprendre les règles, et un degré de conception ordinaire pour les *appliquer*.

D'ALEMBERT, *Éloge de Du Marsais*.

On le dit également pour Transporter d'un sujet à un autre, adapter à une chose ou à une personne une dénomination, une définition, une comparaison, un proverbe, un mot, le sens de quelque passage, etc. :

Il *applique* la diffinicion de vertu *as* autres particulières vertus et passions.

NICOLE ORESME, *Éthiques*, 33.

C'est un poinct bien à noter que tout ce qui avoit esté prédit du Dieu éternel, les apostres l'*appliquent* à Jésus-Christ, disans qu'il a esté accompli en lui, ou le sera.

CALVIN, *Institution chrestienne*, I, 13, § 12.

De fil en aiguille : il me semble que ce proverbe *est ici* fort bien *appliqué*.

SCARRON, *Roman comique*, I, 5.

Il se mocquoit du Père Bauny et *lui appliquoit* ces paroles : « Ecce qui tollit peccata mundi. »

PASCAL, *Provinciales*, IV.

Aussi n'ai-je pas parcouru les livres sacrés pour y trouver quelque texte que je pusse *appliquer à* cette princesse. La faute que nous faisons n'est donc pas de nous être servis de ces noms (la grandeur et la gloire); c'est de les *avoir appliqués à* des objets trop indignes.

BOSSUET, *Oraison funèbre de la duchesse d'Orléans*.

Un jour que l'on prononçoit sur le théâtre un vers d'Eschyle, où ce poëte, en parlant d'Amphiaraüs dit qu'il cherchoit non à paroître juste, mais à l'être, tout le peuple aussitôt jeta les yeux sur Aristide et *lui appliqua* cet éloge si magnifique.

ROLLIN, *Traité des Études*, liv. VI, IIIe part., c. 2. art. 1.

Dans cette longue énumération des infirmités humaines, chacun, reconnaissant sa tribulation particulière, *appliquait à* ses propres besoins quelques-uns de ces cris vers le ciel.

CHATEAUBRIAND, *les Martyrs*, liv. V.

Appliquer un système, une science, c'est Introduire dans la pratique les principes d'un système, d'une science.

On dit de même, *appliquer* une machine :

On peut, par la commodité des machines que l'art invente ou *applique*, suppléer au travail forcé qu'ailleurs on fait faire aux esclaves.

MONTESQUIEU, *Esprit des Lois*, XV, 9.

Appliquer une science à une autre, c'est Faire usage des principes ou des procédés d'une science pour étendre et perfectionner une autre science : *appliquer l'algèbre à la géométrie, l'astronomie à la géographie :*

Voltaire a loué Bossuet d'avoir *appliqué* l'éloquence à l'histoire.

MARMONTEL, *Éléments de littérature : Essai-sur le Goût.*

Nous citerons ici les ouvrages où l'auteur (Lacretelle) *applique* la philosophie à la législation.

M.-J. CHÉNIER, *Tableau historique de la littérature française*, c. 2.

APPLIQUER signifie aussi Affecter, destiner, consacrer à un certain usage. Dans ce sens, on le dit surtout en parlant de l'argent :

Le duc de Lancastre ne se vouloit nullement assentir à traiter de paix ni à composition nulle, si le duc de Bretagne ne r'avoit tout entièrement ce que le roi de France avoit *appliqué* à l'héritage de France et au domaine.

FROISSART, *Chronique*, liv. I, IIe part, c. 379.

Ilz ont *appliqué* et *appliquent* chascun jour à leur singulier proufflt toutes les finances de mon dit seigneur.

MONSTRELET, *Chronique*, c. 180.

Quiconque prend, consume, et *applique à* son usage une chose qui appartient aux dieux, il est sacrilège.

MALHERBE, trad. du *Traité des Bienfaits* de Sénèque, VII, 7.

Toutes les rentes laissées par testament aux consistoires furent *appliquées aux* hôpitaux du royaume.

VOLTAIRE, *Siècle de Louis XIV*, c. 36 : Du Calvinisme.

On dit *appliquer une chose à une personne* à laquelle elle convient :

Savoir bien *appliquer* les emplois *aux personnes,*

Et faire par des choix judicieux et sains
Tomber le ministère en de fidèles mains.

ROTROU, Venceslas, I.

Cette manière de parler est fort usitée dans le langage ecclésiastique :

Les instruments de la nouvelle alliance sont des instruments du saint Esprit qui servent *à nous appliquer* la grâce.

BOSSUET, Doctrine de l'Église, c. 9.

On dit réciproquement *appliquer* une personne *à* une chose :

C'est ainsi qu'ils (Condé et Turenne) se donnèrent mutuellement un repos qui les *appliquoit* chacun tout entier *à* son action.

BOSSUET, Oraison funèbre du prince de Condé.

On l'*appliqua à* l'étude des lettres humaines pour polir son esprit.

FLÉCHIER, Panégyrique de saint Benoît.

Quelques-uns pensoient qu'on ne devoit point *appliquer* les enfants *à* l'étude avant l'âge de sept ans.

ROLLIN, Traité des Études, liv. I, § 1.

Le peuple, par la force du climat, peut devenir si nombreux... qu'il est bon de l'*appliquer* tout entier *à* la culture des terres.

MONTESQUIEU, Esprit des lois, VII, 6.

Quelquefois on a dit *appliquer* une personne *à* une autre personne :

Les hommes n'aimant guères qu'eux-mêmes, ne souffrent qu'avec impatience qu'un autre les *applique à* soi.

Logique de Port-Royal, III, 20.

APPLIQUER signifie quelquefois, Occuper fortement, obliger à un grand effort d'esprit ;

Soit avec un régime direct :

Tout ce qui flatte les sens nous touche extrêmement, et tout ce qui nous touche nous *applique* à proportion qu'il nous touche.

MALEBRANCHE, Recherche de la Vérité, t. II, IIe part., c. 8, § 1.

Quelque important sujet vous gêne et vous *applique.*

DESTOUCHES, le Philosophe marié, IV, 2.

Soit sans régime, employé comme verbe neutre :

La vie de la cour est un jeu sérieux, mélancolique, qui *applique.*

LA BRUYÈRE, Caractères, c. 8.

Un bon ouvrage de littérature instruit et plaît, mais *applique.*

D'ALEMBERT, Éloge de Choisy.

De là l'emploi, comme adjectif, du participe présent APPLIQUANT :

Il ne faut pas... se plaindre s'il (le Traité de l'Entendement) est un peu sec, abstrait et *appliquant.*

MALEBRANCHE, Recherche de la Vérité, liv. III, c. 1, § 1.

Depuis longtemps j'ai quitté la plume et tout travail *appliquant* ; mon état me forceroit à ce sacrifice, quand je n'en aurois pas pris la résolution.

J.-J. ROUSSEAU, Lettres ; 12 décembre 1761.

APPLIQUER s'emploie avec le pronom personnel dans ses diverses acceptions ;

Dans le sens passif de Être appliqué, s'adapter, s'accommoder, au propre et au figuré ;

Au propre :

... Une feuille flexible
Sur les yeux de l'un d'eux en bandeau *s'appliquait*,
Et puis sous le cou se nouait.

FLORIAN, Fables, I, 18 : La Taupe et les Lapins.

Au figuré :

A quoi se peut aussi tirer et *appliquer* le propos de Socrates.

AMYOT, trad. de Plutarque, Œuvres morales : Consolation à Apollonius.

L'image qui ne *s'applique* pas exactement à l'idée qu'elle enveloppe, l'obscurcit au lieu de la rendre sensible.

MARMONTEL, Éléments de littérature : Image.

Malheur à la nation dont la loi, comme la règle de plomb de certains architectes de la Grèce, se ploie pour *s'appliquer* à différentes formes.

CHATEAUBRIAND, Mélanges politiques : De la Monarchie selon la Charte, IIe part., c. 17.

Ceci peut *s'appliquer* à la grandeur royale.

LA FONTAINE, Fables, III, 2.

S'APPLIQUER, dans un sens actif, est d'un ancien et fréquent usage pour Apporter une grande attention à quelque chose, s'en occuper beaucoup, s'y adonner :

La volonté donc, selon qu'elle est liée et tenue captive en servitude de péché, ne se peut aucunement remuer à bien, tant s'en faut qu'elle *s'y applique.*

CALVIN, Institution chrestienne, liv. II, c. 2, § 5.

J'aurois ensuite fait considérer... que, pour chaque homme en particulier, il n'est pas seulement utile de vivre avec ceux qui *s'appliquent à* cette étude (de la philosophie), mais qu'il est incomparablement meilleur de *s'y appliquer* soi-même.

DESCARTES, Les principes de la Philosophie, Préface.

C'est ce qui se rencontre... rarement dans ceux qui *s'appliquent* trop *aux* mots et *aux* embellissements.

Logique de Port-Royal, III, 20.

Ceux qui *s'appliquent* trop *aux* petites choses deviennent ordinairement incapables des grandes.

La Rochefoucauld, *Maximes,* XLI.

Je *me suis appliqué* à la sagesse, et j'ai vu que c'étoit encore une vanité.

Bossuet, *Oraison funèbre de la duchesse d'Orléans.*

Il (le grand-duc de Moscovie) convint d'une trêve de treize années, offrit une ligue contre le Turc, et laissa la Pologne en état de ne *s'appliquer* qu'*à* la seule guerre dont elle étoit menacée.

Le marquis de Pomponne, *Mémoires,* I, c. 7.

Pyrrhon... *s'appliqua* d'abord *à* la peinture, ensuite il fut disciple de Drison, et enfin du philosophe Anaxarchus.

Fénelon, *Vies des anciens philosophes : Pyrrhon.*

Ce n'est point à force d'écouter un langage de perfection qu'on devient parfait. Le grand point est de ne *s'écouter* point soi-même, d'écouter Dieu en silence, de renoncer à toute vanité, et de *s'appliquer aux* vertus réelles.

Fénelon, *Lettres spirituelles,* LXXII.

Souvent, en temps de guerre, ils (les Athéniens) *s'y appliquoient* plus (au théâtre), et y faisoient plus de dépense que pour la guerre même.

Fleury, *Mœurs des Israélites,* § 22.

L'on (La Bruyère) *s'est* plus *appliqué aux* vices de l'esprit, *aux* replis du cœur, et *à* tout l'intérieur de l'homme que n'a fait Théophraste.

La Bruyère, *Discours sur Théophraste.*

Il (Boulainvilliers) possédoit extrêmement les histoires, celle de France surtout, *à* laquelle il *s'étoit* fort *appliqué.*

Saint-Simon, *Mémoires,* 1715.

Dès les premières années du règne d'Élisabeth ils (les Anglais) *s'appliquèrent aux* manufactures.

Voltaire, *Essai sur les mœurs,* c. 167.

Lorsqu'il (Louis XIV) s'attacha à Marie Mancini, il apprit aisément l'italien pour elle, et dans le temps de son mariage, il *s'appliqua à* l'espagnol moins heureusement.

Le même, *Siècle de Louis XIV.*

Cependant, malgré les mauvais exemples, et même malgré les plaisirs, il *s'appliquait à* l'art militaire et *au* gouvernement : on devait déjà reconnaître en lui le germe d'un grand homme.

Le même, *Histoire de Pierre le Grand,* Ire part., c. 6.

... Tout mon cœur *s'applique*
Aux soins de rétablir un jour la république.

P. Corneille, *Sertorius,* III, 2.

Elle *s'applique* toute *aux* choses du ménage.

Molière, *l'École des Maris,* I, 2.

Achille seul, Achille à son amour *s'applique.*

J. Racine, *Iphigénie,* I, 2.

Pendant toutes les nuits il *s'applique à* l'étude.

Destouches, *le Dissipateur,* III, 3.

On dit de même, très ordinairement, *s'appliquer à* faire une chose :

Il faut qu'en ceste manière les saincts se solicitent eux-mesmes, à cause que quelque promptitude qu'ils ayent de *s'appliquer à* bien faire, néantmoins ils sont toujours retardez de la paresse et pesanteur de leur chair.

Calvin, *Institution chrestienne,* liv. II, c. 7, § 12.

Dans les grandes affaires, on doit moins *s'appliquer à* faire naître des occasions, qu'*à* profiter de celles qui se présentent.

La Rochefoucauld, *Maximes,* 453.

Souvent *nous nous appliquons* expressément *à* imaginer quelque chose.

Bossuet, *De la Connoissance de Dieu et de soi-même,* c. 3. art. 9.

Appliquez-vous... *à* multiplier chez vous les richesses naturelles, qui sont les véritables.

Fénelon, *Télémaque,* XIX.

Il (Dangeau) n'avoit rien, ou fort peu de chose ; il *s'appliqua à* savoir parfaitement tous les jeux qu'on jouoit alors...

Saint-Simon, *Mémoires,* 1720.

On peut beaucoup déplaire avec beaucoup d'esprit, lorsqu'on ne *s'applique* qu'*à* chercher les défauts d'autrui, et *à* les exposer au grand jour.

Mme de Lambert, *Avis d'une mère à son fils.*

S'appliquant toujours *à* rendre inutiles les victoires de Charles XII, qu'il n'avait pu empêcher...

Voltaire, *Histoire de Pierre le Grand,* Ire part., c. 15.

A vous remettre bien je me veux *appliquer.*

Molière, *les Femmes savantes,* III, 6.

Jour et nuit l'une et l'autre *à* composer *s'applique*
De pitoyables vers, de mauvaise musique.

Le Grand, *la Famille extravagante,* sc 2.

On a dit *s'appliquer à* une personne pour S'en occuper beaucoup, s'y attacher :

Il *s'applique à* Pompée, et ne bouge d'avec luy (hæret Cn. Pompeio).

Rob. Estienne, *Dictionnaire françois-latin.*

Ils *s'appliquent aux* autres, quand Dieu demande qu'ils ne *s'appliquent* qu'*à* eux-mêmes ; et ils veulent ne *s'appli-*

quer qu'à eux-mêmes, lorsque Dieu veut qu'ils *s'appliquent aux* autres.

NICOLE, Des moyens de conserver la paix avec les hommes, Ire part., c. 12.

Je dirai encore que n'eût été le charme des vertus de Scipion, l'esprit d'égalité, fier et indocile comme il étoit chez les vieux Romains, eût subsisté plus longtemps; un citoyen *se fût* moins *appliqué à* un autre, et cette application n'eût pas produit un assujettissement insensible, qui mène à la ruine de la liberté.

SAINT-ÉVREMOND, Réflexions sur les divers génies du peuple romain, c. 8.

Vous devez vous livrer tout entière à la grâce que Dieu vous fait quelquefois de *vous appliquer* assez intimement à lui, ne craignez point alors de vous perdre de vue... et de vous plonger tout entière dans l'océan de son amour.

FÉNELON, Lettres spirituelles, CIII.

Enfin s'APPLIQUER s'emploie, au même sens, absolument :

Qui a prévu de plus loin, qui *s'est* le plus *appliqué*, qui a duré le plus longtemps dans les grands travaux... à la fin a eu l'avantage.

BOSSUET, Discours sur l'Histoire universelle, III, 2.

La même vivacité qui lui fait comprendre les choses assez promptement lui a ôté le pouvoir de *s'appliquer* suffisamment.

Mlle DE MONTPENSIER, Portraits, XIX : La marquise d'Ervault.

On fit de vains efforts pour l'empêcher de *s'appliquer*, il étoit toujours un livre à la main.

MAIRAN, Éloge de Bignon.

Le duc de Bragance pénétroit aisément les choses auxquelles il *s'appliquoit*; mais il n'aimoit pas à *s'appliquer*.

VERTOT, Révolutions de Portugal.

Dans des passages tels que le suivant, on trouve, *faire appliquer quelqu'un*, pour Le faire s'appliquer :

Il faut étudier le naturel et l'inclination particulière de chaque enfant, pour *le faire appliquer* de lui-même, par le plaisir ou quelque autre motif qui le touche.

FLEURY, Du choix des Études, c. 17.

Souvent s'APPLIQUER a le sens d'*appliquer à soi*. Il se dit de cette manière, soit au propre, soit au figuré;

Au propre, pour Mettre sur soi quelque chose :

Les ennuis... l'avoient tellement changée, qu'elle ne se connoissoit plus elle-même. Il falloit... réparer ces pertes par quelque moyen. Où en trouveroit-elle un meilleur que

celui qu'elle avoit en sa puissance? Que de *s'appliquer* un peu de ce fard qu'elle portoit à Vénus?

LA FONTAINE, Psyché, II.

D'un loup écorché vif *appliquez-vous* la peau
Toute chaude et toute fumante.

LA FONTAINE, Fables, VIII, 3: Le Lion, le Loup et le Renard.

Au figuré, pour Regarder comme s'appliquant à soi, concernant sa personne :

On voit ce qu'il faut faire pour accepter la promesse et se *l'appliquer*.

BOSSUET, Histoire des Variations des Églises protestantes, liv. III, n° 40.

Il vaut mieux lire peu, afin qu'on ait le temps de peser, de goûter, d'aimer et de *s'appliquer* chaque vérité.

FÉNELON, Lettres spirituelles, I.

Ou bien encore pour S'attribuer, s'approprier, prendre pour soi :

Qui *applique* à soy le droict d'autruy.

ROB. ESTIENNE, Dictionnaire françois-latin.

Les États de Suède ordonnèrent que les évêques ne *s'appliqueroient* plus les amendes ni les confiscations qui étoient des droits de la couronne.

VERTOT, Révolutions de Suède.

S'APPLIQUER est enfin verbe réciproque :

Tu sauras donc... que les bons juifs se confessaient quelquefois les uns aux autres. Le confesseur et le confessé, quand ils étaient bien pénitents, *s'appliquaient* tour à tour trente-neuf coups de lanières sur les épaules.

VOLTAIRE, les Honnêtetés littéraires, XXII, n° 15.

APPLIQUÉ, ÉE, participe.

Il se dit adjectivement dans plusieurs des sens du verbe;

Appliqué à :

Quand un orfèvre l'eût examinée, il se trouva que c'étoit une feuille d'or *appliquée à* la dent avec beaucoup d'adresse.

FONTENELLE, Histoire des Oracles, Ire dissertation, c. 4.

Appliqué sur :

Un lit de quatre pieds, à bandes de point de Hongrie *appliquées* fort proprement *sur* un drap de couleur d'olive...

MOLIÈRE, l'Avare, II, 1.

C'étoit (Grimaldo) un fort petit homme blond comme un bassin doré, gros et fort pansu, avec deux petites mains *appliquées sur* son ventre, qui, sans s'en décoller, gesticuloient toujours.

SAINT-SIMON, Mémoires, 1720.

Si jamais volée de bois vert, *appliquée sur* une échine, a dûment redressé la moelle épinière à quelqu'un.

BEAUMARCHAIS, *le Mariage de Figaro*, I.

Tu peux choisir : ou de manger trente aulx
. . . .
Ou de souffrir trente bons coups de gaules,
Bien *appliqués sur* tes larges épaules;
Ou de payer sur-le-champ cent écus.

LA FONTAINE, *Contes :* Le Paysan qui avoit offensé son seigneur.

Il se dit des choses, en parlant du bon ou mauvais usage qui en est fait :

Une médecine foible et mal *appliquée*.

MONTAIGNE, *Essais*, I, 125.

Quel plaisir aurez-vous que je vous fasse voir un mélange de mauvaises couleurs, et encore plus mal *appliquées* pour vous exprimer des traits inimitables?

Mᵗᵉ DE MONTPENSIER, *Portraits*, C : La marquise de Gouville.

La sainte onction des mourants, *appliquée* deux fois en moins d'une année.

FLÉCHIER, *Oraison funèbre de Mᵐᵉ de Montausier*.

Libéralité mal *appliquée* qui prouva seulement la générosité du souverain.

VOLTAIRE, *Siècle de Louis XIV*, c. 25.

Des personnes, en parlant de l'attention suivie et forte, du soin, du travail qu'elles consacrent à ce qui fait leur principale occupation.

On dit, en ce sens, *appliqué à une chose :*

... Je ne fus pas assez habile, ni assez *appliquée à* mes intérêts, pour profiter de ces bons moments.

Mᵐᵉ DE MOTTEVILLE, *Mémoires*.

Vous êtes trop bonne et trop *appliquée à* ma santé.

Mᵐᵉ DE SÉVIGNÉ, *Lettres*; à Mᵐᵉ de Grignan, 28 juin 1675.

Votre marquis (le fils de Mᵐᵉ de Grignan) est tout aimable, tout parfait, tout *appliqué à* ses devoirs, c'est un homme.

LA MÊME, *Lettres*; à Mᵐᵉ de Grignan, 15 mai 1689.

Ce prince (Maximilien de Bavière)... peu *appliqué aux* affaires,... laissoit tout le gouvernement de ses États au prince Egon de Furstenberg, évêque de Strasbourg.

LE MARQUIS DE POMPONNE, *Mémoires*, II : Cologne.

Montrez par des exemples comment on peut sans tromperie être discret, précautionné, *appliqué aux* moyens légitimes de réussir.

FÉNELON, *De l'Éducation des filles*, c. 9.

Saint Grégoire de Nazianze est plus concis et plus poétique (que saint Jean Chrysostome), mais un peu moins *appliqué* à la persuasion.

FÉNELON, *Dialogues sur l'Éloquence*, III.

N'est-il pas honteux qu'un peuple ne se suffise pas à lui-même, et qu'il lui faille un autre peuple *appliqué à* l'agriculture pour le nourrir?

LE MÊME, *Dialogues des morts :* Socrate et Alcibiade.

Une femme plus complaisante pour son mari, plus *appliquée à* sa famille et *à* ses affaires.

LA BRUYÈRE, *Caractères*.

Fréjus, tout *appliqué au* futur, mais au futur de ce monde, ne songeoit qu'à s'attacher le roi.

SAINT-SIMON, *Mémoires*, 1721.

Appliqué sans relâche *au* soin de me punir,
Au comble des douleurs tu m'as fait parvenir.

J. RACINE, *Andromaque*, V, 5.

Mon père, soixante ans *au* travail *appliqué*...

BOILEAU, *Épîtres*, V.

Appliqué à faire une chose :

... Votre fille est à peu près comme lui (son frère), je la trouve plus *appliquée à* se corriger et *à* plaire.

Mᵐᵉ DE MAINTENON, *Lettres*; à M. de Villette, 5 avril 1682.

Moins *appliqués à* dissiper ou grossir leur patrimoine qu'à le maintenir.

LA BRUYÈRE, *Caractères*.

Le cardinal de Richelieu, *appliqué à* découvrir tout ce qu'il y avoit de mérites cachés dans les galetas de Paris, apprit en même temps le nom, les projets, la maladie du jeune historiographe (Mézeray), et sur-le-champ lui envoya cinq cents écus d'or.

D'OLIVET, *Histoire de l'Académie*.

On a dit *appliqué à* une personne, pour Y étant fort attaché, s'en occupant beaucoup :

Je vous remercie de votre sel végétal, je m'en servirai; vous êtes trop bonne et trop *appliquée à* votre pauvre maman.

Mᵐᵉ DE SÉVIGNÉ, *Lettres*; à Mᵐᵉ de Grignan, 22 septembre 1687.

... On jette sans affectation de bonnes maximes, mais pour cela, ma chère fille, il faut être toute *appliquée aux* autres et se compter pour rien.

Mᵐᵉ DE MAINTENON, *Lettres*; à Mᵐᵉ de la Vieuxville, 17 octobre.

Les faces élevées vers leur roi, *à* qui ils semblent avoir tout l'esprit et tout le cœur *appliqués*.

LA BRUYÈRE, *Caractères*.

APPLIQUÉ se dit, absolument, soit des choses, soit des personnes ;

Des choses :

Je trouve que vous êtes bien obligée à Madame de Vaudémont de son souvenir tendre et *appliqué*.

Mme DE SÉVIGNÉ, Lettres, à Mme de Grignan, 1er septembre 1680.

Un génie *appliqué* perce tout, se fait faire place, arrive enfin à son but.

BOSSUET, IIIe Sermon : Pour le jour de la Pentecôte.

Le corps n'est pas un simple instrument *appliqué* par le dehors, ni un vaisseau que l'âme gouverne à la manière d'un pilote.

LE MÊME, De la Connoissance de Dieu et de soi-même, c. 3, art. 20.

Une mère de famille doit être pleinement instruite de la religion, et avoir un esprit mûr, ferme, *appliqué* et expérimenté pour le gouvernement.

FÉNELON, De l'Éducation des filles, c. 11.

Quand l'étude ne serviroit qu'à vaincre l'aversion pour une vie sédentaire et *appliquée*, et pour tout ce qui assujettit et captive, ce seroit déjà un très grand avantage.

ROLLIN, Traité des Études, Discours préliminaire, Ire part.

Il (le cardinal de Noailles) brilla à Châlons avec les mœurs d'un ange, par une résidence continuelle, une sollicitude pastorale, douce, *appliquée*, instructive.

SAINT-SIMON, Mémoires, 1715.

Des personnes :

Il (le fils de Mme de Grignan) est froid, il est hardi, il est *appliqué*.

Mme DE SÉVIGNÉ, Lettres ; à Mme de Grignan, 3 novembre 1688.

Outre qu'ils (les Romains) étoient par eux-mêmes *appliqués* et ingénieux, ils savoient profiter admirablement de tout ce qu'ils voyoient dans les autres peuples de commode… pour faciliter tant l'attaque que la défense.

BOSSUET, Discours sur l'Histoire universelle, III, 6.

Il faut être patient, *appliqué*, égal, plein de défiance dans vos propres lumières.

FÉNELON, Lettres spirituelles, I.

J'avois affaire à une personne fort supérieure, fort clairvoyante, fort *appliquée* (la duchesse d'Orléans).

SAINT-SIMON, Mémoires, 1715.

Les Romains étoient d'un autre caractère : gens solides, sérieux, *appliqués*, qui savoient suivre un principe et prévoir de loin une conséquence.

FONTENELLE, Histoire des Oracles, Ire dissertation, c. 1.

Pendant sa minorité (d'Ascagne), Lavinie, princesse habile et *appliquée*, gouverna l'État avec… succès.

ROLLIN, Histoire romaine, I, 1.

APPLICABLE, adj. des deux genres.

Qui doit ou peut être appliqué.

Il ne se dit qu'au figuré, par exemple :

En parlant d'un procédé susceptible d'être mis en pratique ;

D'un principe, d'une loi qui regarde tel ou tel cas, telles ou telles personnes :

Que seroit-ce de porter une loi si peu *applicable*, si peu généreuse, qu'on ne l'adopteroit qu'en se flattant d'avance qu'elle seroit violée ?

CHATEAUBRIAND, Discours et opinions : Sur la Liberté individuelle.

D'un argent affecté à une certaine destination :

La Levesque a eu bien de la peine à être payée pour ses quinze mille livres et pour les vingt mille livres *applicables* à l'enfant.

TALLEMANT DES RÉAUX, Historiettes : Mme Levesque.

D'un discours, d'un passage, etc., qui peut concerner une chose ou une personne.

APPLICATION, s. f. (du latin *applicatio*).

Action par laquelle on applique une chose sur une autre, comme un enduit sur une muraille, des couleurs sur la toile d'un tableau, un topique sur une partie malade, etc. :

Ce poëte grec qui vouloit cacheter la bouche de sa maistresse, parce qu'elle n'estoit pas assez secrète, devoit avoir un cachet avec celuy-ci, pour estre digne d'une si nouvelle et si délicate *application*.

BALZAC, Lettres, XXIII, 23, à Conrart.

Dans le passage suivant est employé, en ce sens, le mot *applicature :*

On inséroit d'autres cires de diverses couleurs dans les cavitez ou graveures, avec telle industrie que les jointures et *applicatures* ne se pouvoient appercevoir à l'œil.

BERGIER, Histoire des grands chemins de l'empire romain, liv. V, c. 12, 6.

APPLICATION, toujours en ce sens, se dit de la chose appliquée :

On me tint deux jours avec des *applications* dessus (le bras) pour dissiper le mal.

SAINT-SIMON, Mémoires.

Dans le langage industriel, *une application de*

dentelle se dit d'un Morceau de dentelle appliqué à une étoffe.

A l'expression *appliquer un soufflet* correspond celle que donne l'exemple suivant :

> Chien d'homme! Oh! que je suis tenté d'étrange sorte
> De faire sur ce mufle une *application!*
> : MOLIÈRE, *le Dépit amoureux*, II, 7.

APPLICATION se dit figurément de l'Action d'employer une chose dans le cas où son usage convient, de sa mise en usage, en pratique, à exécution :

> Il y avoit très-loin de la velléité à la volonté, de la volonté à la résolution, de la résolution au choix des moyens, du choix des moyens à l'*application*.
> LE CARDINAL DE RETZ, *Mémoires*.

> Dieu veuille inspirer à Vostre Majesté la résolution et l'*application* de ce remède si prompt et si salutaire qui consiste dans son retour à Paris.
> LE MÊME, même ouvrage.

Il signifie, particulièrement, l'Action d'appliquer un principe, une loi, une règle, une doctrine, une maxime, etc. :

> Les juges en faisant l'*application* des lois, entretiennent la sûreté parmi les hommes.
> *Mémoires de Louis XIV écrits par lui-même*, 1666.

> Il faut donc voir s'il y a une coutume qui contienne cette disposition (le droit de dévolution) en faveur des enfants, et si l'*application* qu'on en fait à la reine est juste.
> *Traité des droits de la reine*, 1667. (Voyez MIGNET, *Négociations relatives à la succession d'Espagne*, t. II, p. 79.)

> Ainsi nous découvrirons, suivant la médiocrité de l'esprit humain, en premier lieu les ressorts et les mouvements, et ensuite l'usage et l'*application* de cette sublime politique qui régit le monde.
> BOSSUET, *Sermons :* Sur la Providence; contre l'Ambition.

> Si les lois romaines ont paru si saintes que leur majesté subsiste encore, malgré la ruine de l'empire, c'est que le bon sens, qui est le maître de la vie humaine, y règne partout, et qu'on ne voit nulle part une plus belle *application* des principes de l'équité naturelle.
> LE MÊME, *Discours sur l'Histoire universelle*, III, 6.

> Le grand point est de mettre une personne le plutôt qu'on peut dans l'*application* sensible des règles par un fréquent usage.
> FÉNELON, *Lettre à l'Académie*.

> Si la loi est juste en général, il faut lui passer quelques *applications* malheureuses.
> FONTENELLE, *Éloge de Fagon*.

> Pourquoi, chez tous les peuples du monde, y auroit-il des lois, si elles n'avoient pas leur *application?*
> MONTESQUIEU, *Lettres persanes*, LXVIII.

> Le goût naturel n'est pas une connoissance de théorie; c'est une *application* prompte et exquise des règles mêmes que l'on ne connoit pas.
> LE MÊME, *Essai sur le Goût*.

> Ici, Messieurs, l'*application* feroit plus que la règle : les exemples instruiroient mieux que les préceptes.
> BUFFON, *Discours de réception à l'Académie françoise*.

> La science du gouvernement n'est qu'une science de combinaisons, d'*applications* et d'exceptions selon les temps, les lieux, les circonstances.
> J.-J. ROUSSEAU, *Lettres;* 26 juillet 1767.

> Dans nos institutions, le jury est la garantie constitutionnelle de la juste *application* des lois et de l'impartialité des jugements.
> ROYER-COLLARD, *Discours :* Sur la Presse, 18 décembre 1817.

> La civilisation, qu'on peut définir l'*application* des lois générales de l'ordre à la société humaine...
> DE BONALD, *Législation primitive :* Dissertation sur la Pensée de l'homme.

Il est aussi d'un usage figuré très fréquent, quand il s'agit d'un Apologue, d'un proverbe, d'une parole, etc., qu'on applique à une chose ou à une personne :

> Je say bien qu'on a accoustumé d'alléguer le dire de sainct Augustin, qu'il ne croiroit pas à l'Évangile, si l'authorité de l'Église ne l'y esmouvoit; mais par le fil du texte il est aisé d'appercevoir combien telle *application* est sotte et perverse.
> CALVIN, *Institution chrestienne*, liv. I, c. 7, § 3.

> Votre lettre m'a pleu admirablement. Il y a des *applications* les plus heureuses du monde, et pour mieux dire les plus ingénieuses.
> VOITURE, *Lettres;* à Costar.

> Les chiffres du carquois sont, ce me semble, vos chiffres; et pour l'*application* des devises, comme j'entends mal l'italien et le castillan et peu le françois, je ne sus en venir à bout.
> Mᶫᶫᵉ DE MONTPENSIER, *Portraits*, XXIX : Mᵐᵉ la comtesse d'Esche sous le nom de Diane.

> Il y a des *applications* sur des airs de l'opéra, mais vous ne les savez point.
> Mᵐᵉ DE SÉVIGNÉ, *Lettres;* à Mᵐᵉ de Grignan, 6 mai 1676.

> Je fus hier, avec madame de Coulanges, au Palais-Royal : oh! que je fais de poudre! n'est-ce pas une de vos *applications?* elle est fort juste et fort plaisante.
> LA MÊME, même ouvrage, à la même, 25 juin 1677.

J'ai fermé le temple de Janus; il me semble que voilà qui est fort bien appliqué; ce sont vos Carthages qui m'ont engagé dans cette *application*.

    Mᵐᵉ DE SÉVIGNÉ, *Lettres*; à Mᵐᵉ de Grignan, 31 juillet 1680.

Un sermon où les *applications* de l'Écriture sont fausses.

    FÉNELON, *Dialogues sur l'Éloquence*, I.

Il (Voiture) se sert des plus communs (proverbes) d'une façon extraordinaire, par le tour qu'il leur donne et par l'*application* qu'il en fait.

    BOUHOURS, *Remarques nouvelles sur la langue françoise :* Proverbes, Quolibets.

La malignité des *applications* est l'unique fruit que nous retirons de la peinture que la chaire fait de nos vices.

    MASSILLON, *Carême :* Sermon sur la Parole de Dieu.

La fable est souvent employée par les orateurs, et elle leur fournit quelquefois, par d'heureuses *applications*, des traits fort vifs et fort éloquents.

    ROLLIN, *Traité des Études*, liv. VI, IVᵉ part., c. 1, art. 2.

A chaque couplet, dont la fille du mestre de camp se faisoit l'*application*, elle rioit de tout son cœur.

    LE SAGE, *le Diable boiteux*, c. 7.

Cette phrase m'étoit venue dans la chaleur de la composition, sans aucune *application*, je le jure.

    J.-J. ROUSSEAU, *les Confessions*, II, 10.

Ce qui donne à l'*application* le caractère le plus piquant, c'est lorsqu'on emploie un dicton populaire, un proverbe, à cacher la finesse de la pensée, ou la malice de l'intention, sous l'air de la simplicité.

    MARMONTEL, *Éléments de littérature :* Application.

            ... L'apologue me plaît
Quand l'*application* en est juste. — Elle l'est.

    BOURSAULT, *Ésope à la ville*, I, 6.

Je vous laisse le soin de l'*application*.

    DESTOUCHES, *le Glorieux*, III, 4.

A l'*application* est une manière de parler, autrefois d'usage, par laquelle on invite à appliquer ce qui vient d'être dit :

    A l'*application*, elle est aisée à faire.

    BOURSAULT, *Ésope à la ville*, I, 2.

L'*application des mérites de Jésus-Christ*, c'est, en théologie, le Bienfait par lequel Jésus-Christ transporte aux chrétiens ce qu'il a mérité par sa vie et par sa mort.

L'*application d'une science à une autre science*, c'est l'Usage qu'on fait des principes ou des procédés d'une science pour étendre et perfectionner

une autre science : *L'application de l'algèbre à la géométrie; l'application de la physique à la médecine; les applications de la chimie aux arts industriels.*

L'*application d'une somme à telle ou telle dépense*, c'est l'Emploi spécial que l'on fait ou que l'on doit faire d'une somme pour une dépense déterminée.

APPLICATION se dit enfin d'une Attention sérieuse et suivie donnée à quelque chose que ce soit. De là, dans l'emploi fort divers qui en est fait en ce sens, une grande variété de nuances, le mot devenant synonyme, comme le montreront les exemples, d'Intérêt, de zèle, de soin, d'affection, etc.

Il se construit fréquemment avec la préposition *à*, ayant pour régime un substantif ou un verbe à l'infinitif;

Un substantif :

J'esprouvai en ceste occasion, que l'une des plus grandes incommodités des guerres civiles est qu'il faut encore plus d'*application à* ce que l'on ne devroit pas dire à ses amis, qu'*à* ce qu'on doit faire contre ses ennemis.

    LE CARDINAL DE RETZ, *Mémoires*.

Des comparaisons trop fréquentes détournoient les hommes de l'*application aux* vrais objets par l'amusement des ressemblances.

    SAINT-ÉVREMONT, *Sur les Poëmes des anciens*.

Quand nous ne compterions pas les confessions plus exactes... Son *application* plus forte *à* la piété dans les derniers temps de sa vie...

    BOSSUET, *Oraison funèbre de la duchesse d'Orléans*.

La connoissance des affaires, l'*application à* ses devoirs, l'éloignement de tout intérêt le firent connoître au public.

    FLÉCHIER, *Oraison funèbre de Michel Le Tellier*.

J'ai grande *application à* mes affaires, je m'y attache tout à fait.

    Mᴵᴵᵉ DE MONTPENSIER, *Portraits*, CXVI : Mademoiselle.

Le recueil des lettres de Boileau et de mon père fera connoître l'*application* continuelle qu'ils donnoient *à* l'histoire dont ils étoient chargés.

    L. RACINE, *Mémoires sur la vie de J. Racine*, IIᵉ part.

C'étoit (le cardinal Fabroni) un bourgeois de Pistoia, venu à Rome avec de l'esprit, de la scolastique, du feu, de l'*application au* travail le plus ingrat.

    SAINT-SIMON, *Mémoires*, 1713.

Un verbe à l'infinitif :

Mais cela ne fut pas de longue durée, parce que *l'application* que j'eus à en empêcher les suites, fit assez connoître mon intention.
LE CARDINAL DE RETZ, *Mémoires.*

Le roi a une *application* à divertir Madame, qu'il n'a jamais eue pour l'autre.
Mᵐᵉ DE SÉVIGNÉ, *Lettres;* à Mᵐᵉ de Grignan, 13 janvier 1672.

Soyez assurée que j'ai la dernière *application* à dire et à faire tout ce que je puis imaginer qui peut vous être bon.
LA MÊME, même ouvrage; à la même, 13 novembre 1673.

L'application à lire les livres des anciens, a produit en plusieurs un respect si aveugle qu'ils ont suivi leurs erreurs plutôt que de se donner la liberté d'en juger.
FLEURY, *Du Choix des études,* c. 14.

Imaginez-vous *l'application* d'un enfant à élever un château de cartes, ou à se saisir d'un papillon, c'est celle de Théodote pour une affaire de rien.
LA BRUYÈRE, *Caractères,* c. 8.

J'ai parlé en son temps de *l'application* de Bellisle au service, à plaire, à capter, à se rendre utile aux généraux.
SAINT-SIMON, *Mémoires,* 1718.

Leur grande *application* ayant été de temps immémorial à prêter sur gages, il leur était défendu de prêter... sur des ornements d'églises.
VOLTAIRE, *Essai sur les mœurs,* c. 103 : De l'état des juifs en Europe.

— **Il se construit aussi quelquefois avec la préposition** *pour* **ayant les mêmes sortes de régime :**

Sans capacité ni *application pour* les affaires, il (le duc de Mantoue) est plongé dans une débauche abandonnée.
LE MARQUIS DE POMPONNE, *Mémoires,* II : Mantoue.

Il y a peu de choses impossibles d'elles-mêmes, et *l'application pour* les faire réussir nous manque plus que les moyens.
LA ROCHEFOUCAULD, *Maximes,* CCXLIII.

Je ne vous dis point si j'ai soin de votre chère moitié, si j'ai la dernière *application pour* sa santé.
Mᵐᵉ DE SÉVIGNÉ, *Lettres;* à M. de Grignan, 15 août 1670.

Les intérêts particuliers de chacun pour ce qui se passe à l'armée empêchent la grande *application pour* les malheurs d'autrui.
LA MÊME, même ouvrage; à Mᵐᵉ de Grignan, 3 juillet 1672.

Alberoni redoubloit ses soins et son *application pour* hâter les préparatifs de guerre que le roi d'Espagne faisoit par terre et par mer.
SAINT-SIMON, *Mémoires,* 1718.

APPLICATION est encore déterminé de diverses manières.

Au moyen de la préposition *de* et de son régime ; *application d'esprit, de mémoire,* etc. :

Cela ne se peut faire sans quelque *application de mémoire.*
PASCAL, *Provinciales,* IX.

L'attention et *l'application de l'esprit* aux idées claires et distinctes que nous avons des objets, est la chose du monde la plus nécessaire pour découvrir ce qu'ils sont véritablement.
MALEBRANCHE, *Recherche de la Vérité,* liv. II, c. 18.

Il ne faut jamais abréger ses idées que lorsqu'on se les est rendu très-claires et très-distinctes par une grande *application d'esprit.*
LE MÊME, même ouvrage, liv. V, c. 10.

Application d'une personne, son application :

Dès que le roy (Louis XIV) avoit conçu le dessein d'entrer en Flandre, *sa* première *application* avoit été de fermer le passage de cette rivière (le Rhin) aux secours que l'empereur pourroit envoyer aux Pays-Bas.
LE MARQUIS DE POMPONNE, *Mémoires,* I, 9.

Quelle fut alors *son application!*
FLÉCHIER, *Oraison funèbre de Lamoignon.*

Alasinthe ne songea plus qu'à Zayde, qui méritoit déjà toute *son application.*
Mᵐᵉ DE LA FAYETTE, *Zayde.*

De toutes les choses matérielles, il n'y en a point de plus digne de *l'application des* hommes que la structure de leur corps.
MALEBRANCHE, *Recherche de la Vérité,* liv. II : De l'Imagination, Iʳᵉ part., c. 5.

Retiré dans son diocèse, il (Fénelon) y vécut avec la piété et *l'application d'un* pasteur.
SAINT-SIMON, *Mémoires,* 1715.

L'expérience vous apprendra, et elle vous l'a peut-être déjà appris quoique vous ne soyez pas bien vieux, qu'on ne sait rien si parfaitement que ce que l'on a appris par le seul effort de *son application.*
D'AGUESSEAU, *Instruction à son fils.*

APPLICATION est souvent aussi accompagné de certaines épithètes caractéristiques, telles que, Grande, infinie, sérieuse, inutile, etc. :

Je me creuse la tête à deviner ce que vous m'avez écrit,... cette *application inutile* trouble fort mon repos.
Mᵐᵉ DE SÉVIGNÉ, *Lettres;* à Mᵐᵉ de Grignan, 25 octobre 1673.

Dieu ne trompe jamais ceux qui l'interrogent par une *application sérieuse* et par une conversion entière de leur esprit vers lui, quoiqu'il ne leur fasse pas toujours entendre ses réponses.

MALEBRANCHE, *Recherche de la Vérité*, Préface.

Amusez-vous un peu par les livres, sans *application nuisible* à la santé : cet amusement fera que vous chercherez moins les compagnies dangereuses.

FÉNELON, *Lettres spirituelles*, LVI.

On fait beaucoup plus par une *application douce* et *tranquille* en la présence de Dieu, que par les plus grands empressements et par les industries d'une nature inquiète.

LE MÊME, même ouvrage, LXXXVII.

Une *application infinie* et un désir insatiable d'apprendre lui tenoient lieu de science (Colbert).

CHOISY, *Mémoires*, II.

Une *application* trop *soutenue* nuit à l'esprit qu'elle rebute, et au corps qu'elle accable.

MASSILLON, *Discours :* Sur la conduite des clercs dans le monde.

Il (Isoré d'Hervault, archevêque de Tours) étoit un des prélats de France les plus estimés pour son savoir, sa vertu, sa résidence et son *application épiscopale*.

SAINT-SIMON, *Mémoires*, 1716.

Il est quelquefois déterminé par l'adjectif Principale, ou d'autres de sens analogue :

La *principale application* qu'on devroit avoir seroit de former son jugement, et de le rendre aussi exact qu'il peut l'être.

ARNAULD, *Logique de Port-Royal*, Ier discours.

La *seconde application* de ces Messieurs doit être : premièrement, d'examiner...

VAUBAN, *Projet d'une Dixme royale*, c. 3.

On a pu dire, conséquemment, *des applications :*

Après avoir écrit ponctuellement les choses qui sont arrivées depuis là majorité jusqu'à ce temps-ci, il faut à l'avenir donner une grande partie de mes *applications* à la personne du roi, à ses sentiments et à ses actions...

Mme DE MOTTEVILLE, *Mémoires*.

Le voyage de la Bagnols est assuré; vous serez témoin de ses langueurs, de ses rêveries, qui sont des *applications* à rêver.

Mme DE SÉVIGNÉ, *Lettres*; à Mme de Grignan, 13 août 1677.

La rhétorique et la philosophie... commencèrent toutes deux à peu près en même temps, selon les différentes *applications* des hommes d'esprit.

FLEURY, *Du choix des Études*, c. 2.

Voilà, ce me semble, une assez longue lettre pour un homme à qui l'on défend les longues *applications*.

BOILEAU, *Lettres*; à Racine.

Une des *principales applications* d'un bon maître est d'accoutumer les jeunes gens à penser, à raisonner, à faire des questions, à proposer des difficultés, à parler avec justesse et avec quelque étendue.

ROLLIN, *Traité des Études*, liv. II, c. 3.

APPLICATION se dit aussi absolument :

Rien n'est si insupportable à l'homme que d'être dans un plein repos, sans passion, sans affaire, sans divertissement, sans *application;* il sent alors son néant, son abandon, son insuffisance, sa dépendance, son impuissance, son vide.

PASCAL, *Pensées*.

Son confesseur, qu'elle appela, la trouva sans force, incapable d'*application*.

BOSSUET, *Oraison funèbre d'Anne de Gonzague*.

Cela est naturel; il faut avoir trop d'*application* pour ne le pas faire.

Mme DE SÉVIGNÉ, *Lettres*; à Mme de Grignan, 2 juin 1672.

A mesure que vous avancez en âge vous devez toujours croître aussi en *application*.

D'AGUESSEAU, *Lettres inédites à son fils*.

Trop d'*application* l'a fort incommodé.

DESTOUCHES, *le Dissipateur*, III, 3.

Avec application est une manière de parler fort usitée :

Le cardinal me fist des honnestetés extraordinaires, mais je remarquai qu'il observoit *avec application* la manière dont M. le Prince me traiteroit.

CARDINAL DE RETZ, *Mémoires*.

J'ai vu Sanzei... il n'est plus mousquetaire; il est lieutenant de dragons. Il a parlé au roi, qui lui a dit que s'il servoit *avec application* on auroit soin de lui.

Mme DE SÉVIGNÉ, *Lettres*; à Mme de Grignan, 29 décembre 1688.

Vous ne doutez ni du soin que je prends *avec application* de tâcher à vous servir, ni de mon chagrin quand mes démarches ne sont pas suivies d'un succès aussi prompt que le désire mon estime pour vous.

LE DUC DE SAINT-AIGNAN, *Lettres*; à Bussy, 29 juin 1681.
(Voyez *Correspondance de Bussy-Rabutin*, lettre 1993.)

Ce qui me faisoit le plus de peine, c'étoit de n'entendre point ce qu'elle disoit, et de voir néantmoins à son geste qu'elle parloit de moi *avec application*.

CHARDIN, *Journal du Voyage en Perse*, Ire part.

Il écrit *avec application*, et il y a près de lui une petite figure noire qui lui conduit la main en écrivant.

LE SAGE, *le Diable boiteux*, c. 3.

A la même manière de parler appartiennent des phrases telles que les suivantes :

Avec quelle *application* et quelle tendresse Philippe IV ne l'avoit-il pas élevée !

Bossuet, Oraison funèbre de Marie-Thérèse d'Autriche.

Prenant alors un ton plus bas, des paroles plus mesurées, mais en échange un visage plus significatif, car mes yeux travailloient *avec* autant d'*application* que mes oreilles.

Saint-Simon, Mémoires, 1711.

Moluc rangea lui-même son armée en bataille, et donna tous les ordres *avec* autant de netteté d'esprit et d'*application* que s'il eût été en parfaite santé.

Vertot, Histoire des Révolutions de Portugal.

On dit de même *sans application :*

Je mange fort brusquement, *sans application,* et votre amie, madame de Montglas, vous pourra dire qu'elle m'appeloit quelquefois un brutal de table.

Bussy-Rabutin, Lettres; à Mme de Scudéry,
10 décembre 1670.

L'application est une manière plus absolue encore d'employer ce mot :

... L'ouverture, la confiance, *l'application* sont des espèces de civilité.

Nicole, Essais de morale : Des moyens de conserver la paix
avec les hommes, part. I, c. 14.

C'est plutôt par *l'application* et l'empressement que par la sagesse qu'on parvient à se rendre considérable.

Mme de Motteville, Mémoires.

Il faut les occuper à quelque chose (les enfants), et à quelque chose de difficile, pour les accoutumer à *l'application.*

Fleury, Du choix des Études, c. 15.

La France... gouvernée par un roi infatigable dans *l'application*... avide de gloire, n'avoit qu'à vouloir pour s'agrandir.

Hamilton, Mémoires de Grammont, XIII.

L'application produit la lumière, et la lumière découvre la vérité.

Malebranche, Recherche de la Vérité, liv. V, c. 8.

Les rois ne sont que les conducteurs des peuples : ils ont, à la vérité, ce nom et ce droit par la naissance; mais ils ne le méritent que par les soins et *l'application.*

Massillon, Petit Carême, IIIe dimanche.

A Genève, où l'on ne m'imposoit rien, j'aimois *l'application,* la lecture; c'étoit presque mon seul amusement.

J.-J. Rousseau, les Confessions, I, I.

APPLIQUE, s. f.

Terme d'Arts mécaniques. Il se dit de certaines choses qu'on applique sur d'autres : *Pièces d'applique; or d'applique :*

La porte, qui a douze pieds de hauteur et six de largeur, est de marbre transparent. Les valves ou battants sont tous revêtus d'argent, avec des *appliques* rapportées de vermeil doré, de cizelé et de lisse qui font une mosaïque tout à fait riche et curieuse.

Chardin, Voyage en Perse, Ire part.

L'or, l'argent et autres métaux laminés sont mis en *applique* sur les meubles, sur les moulures d'une corniche, d'un cadre, d'un panneau, etc... Des moulures en bois sont clouées en *applique* sur les portes.

Dictionnaire de l'Académie des beaux-arts, Applique.

Corneille a appelé *jours d'applique* des jours artificiels produits par des appareils lumineux :

Ces belles nuits sans ombre avec leurs *jours d'applique.*

P. Corneille, Au roi, sur sa campagne de 1676.

APPOINTER, v. a. (de notre substantif *point,* autrefois *poinct,* et, par ce mot, du latin *punctum*).

On l'a écrit appointer, et, avec un ou deux *p,* appoincter, appoinctier, etc.

On a dit aussi appointir, appointiser, appointuser, etc.

Ce n'est pas au mot *point,* mais au mot *pointe,* que se rattache un verbe de forme identique, employé dans notre ancienne langue au sens de Façonner en pointe, rendre pointu, aiguiser :

Encores est il allé chez le mareschal soy faire esguiser et *appoincter* les gryphes.

Rabelais, Pantagruel, IV, 47.

Gymnaste *apoinctoit* des curedents de lentisce.

Le même, même ouvrage, IV, 63.

Aucuns refont leurs dars ferrer
Et *apointier* les fers des lances.

G. Guiart, Royaus Lignages, t. II, v. 10540.

Appointer voulait dire encore Diriger vers quelque but la pointe d'un instrument, d'une arme, etc. :

Dido, qui son ami remembre,
Et voit que s'amor est perdue,
L'espée prent et toute nuë
La drece contremont la pointe,

Souz ses deus mameles *l'apointe,*
Sor le glaive se lest chéoir.
Roman de la Rose, v. 13402.

Pris dans un sens neutre, il signifiait Se terminer en pointe. On disait *aller en appointant :*

... L'herbe... toute couverte de petites testes qui *vont en*
appointant.
Pierre Belon, *Singularitez de divers pays estranges,* I, 2.

Cornes droites... crenelées de travers, *allans* toujours *en*
appointant.
Du Pinet, trad. de Pline l'Ancien, *Histoire*
naturelle, XI, 37.

D'autres fois on a tiré *d'appointir* la même manière de parler :

Les maisons estant basties de grasse terre du lieu, ayant
la couverture *en appoinctissant* en façon d'une rusche à
miel, apparoissent de bien loing.
Pierre Belon, *Singularitez de divers pays estranges,* II, 28.

La forme du pied du lièvre... aiguë et faite à la semblance d'une pointe de cousteau... vient toujours *en appoin-*
tissant.
Du Fouilloux, *Vénerie,* fº 66, vº.

Le sens très général du mot *point* avait donné,
au verbe qui s'en est formé, des acceptions diverses presque toutes sorties de l'usage. Nous
rappellerons les principales.

Appointer, c'était, par exemple, Mettre à point,
mettre en état, ajuster, disposer, préparer, etc. ;
et, employé de cette manière, il était susceptible
de beaucoup d'applications diverses ; quand il s'a-
gissait, par exemple, de la préparation des mets :

Icellui Doué... prist le fromage qui *estoit appointié* pour
faire laditte tartre...
Lettres de rémission de 1399. (Voyez Du Cange, *Glossaire,*
Appunctare.)

Il acheta une lamproye qu'à la femme envoya pour
apointer, afin de festoyer son curé.
Les Cent Nouvelles nouvelles, XXXVIII.

Elle dist qu'il ne s'en souciast et qu'ilz auroient assez
à mengier, car elle avoit fait *appointier* et abiller les deux
meilleurs chappons de léans.
Même ouvrage, LIX.

A cet emploi d'Appointer se rapportent certains
passages où on le remplacerait aujourd'hui par le
simple *pointer :*

III.

La tierce pierre *fut* si bien *appointée* qu'elle férit l'engin
parmi la flèche et la rompit en deux moitiés.
Froissart, *Chroniques,* liv. I, Irº part., c. 36.

De l'acception générale de Préparer, le passage
était facile à celle de Décider, ordonner, commander. De là cette locution, *appointer que :*

Le roy avoit *appoincté que* les Templiers feroient l'avant-
garde et le conte d'Artois, son frère, meneroit la seconde
bataille.
Joinville, *Histoire de saint Louis.*

Ainsi *fust-il appointé* et ordonné par le roy, nostre sire.
Monstrelet, *Chronique,* I, 2.

Ici se place l'ancien emploi de ce mot au palais,
comme terme de Pratique. Il se disait quand par
un jugement interlocutoire le juge, pour s'éclairer, ordonnait que les parties écriraient et produiraient sur les *points* de fait ou de droit qui
n'avaient pu être suffisamment éclaircis à l'audience. On disait *appointer une affaire, une cause,*
et les diverses sortes d'Appointements (voyez ce
mot) donnaient lieu à des locutions qu'il appartient aux dictionnaires spéciaux de définir ; *ap-*
pointer au conseil, appointer à écrire et à produire,
appointer à mettre, appointer en droit, etc. :

J'ai faict mon premier coup d'essai à la cour, en une
cause toute publicque qui concernoit la générale reformation du college de Dormans, que l'on appelle de Beauvais,
avec une grande assistance d'escholiers qui désiroient de
savoir quelle fin prendroit ceste affaire ; mais elle *fut*
appoinctée au conseil.
Est. Pasquier, *Lettres ;* I, 15.

La cause *estant* en cette façon plaidée d'une part et d'autre et les parties *appoinctées* à mettre leurs pièces par
devers le roy, le clergé dresse une petite requeste accompagnée d'une protestation.
Le même, *Recherches de la France,* III, 33.

Ce nonobstant, pour la consequence, nous *fusmes ap-*
poinctez au conseil; chacun perdit et gagna sa cause.
Le même, même ouvrage, III, 42.

La cour, portée d'affection envers la religion catholique
et de hayne envers les huguenots, *appointe la cause* et
cependant permet aux pères (jésuites) d'enseigner par provision.
Mézeray, *Histoire de France :* Charles IX.

Tous les juges avoient fait si bon accueil à cette fille
(Mⁱⁱᵉ de Beauvisé), qu'elle n'avoit pas cru qu'on dût hésiter

aux opinions. Cependant l'affaire *fut appointée*, parce que les juges n'avoient pas assez compris tout l'embarras de ce procès.

FLÉCHIER, *Mémoires sur les grands jours de 1665.*

Madame de Coligny, voyant la difficulté des audiences, a fait *appointer* son procès malgré sa partie.

BUSSY-RABUTIN, *Lettres;* 11 juin 1680.

... Sa Majesté veut donc qu'elle (la cause du curé du Louvre) *soit appointée* sans être plaidée, ou qu'elle soit plaidée à huis clos.

LE CHANCELIER DE PONTCHARTRAIN, à M. de Nouvion, président à mortier au parlement de Paris, 16 avril 1704. (Voyez DEPPING, *Correspondance administrative sous Louis XIV,* t. II, p. 396.)

Le dictionnaire de Trévoux, fait en partie par les jésuites, s'exprime ainsi : « Quand les juges veulent favoriser une mauvaise cause, ils sont d'avis de *l'appointer* au lieu de la juger. » Ils espéraient qu'on *appointerait* leur cause dans l'affaire de leur banqueroute qui leur procura leur expulsion. L'avocat qui plaida pour eux trouva heureusement leur explication du mot *appointer;* il en fit part aux juges dans une de ses oraisons. Le parlement, plein de reconnaissance, n'*appointa* pas leur affaire.

VOLTAIRE, *Dictionnaire philosophique,* Appointer, Appointement.

Le rapporteur ne doit point entendre les parties ailleurs que dans son auditoire; il n'y a point d'auditoire pour les procès *appointés* et les causes mises en délibéré.

BEAUMARCHAIS, *Mémoires.*

... Enfin, et toute chose
Demeurant en état, on *appointe* la cause.

J. RACINE, *les Plaideurs,* I, 7.

Il a été fait allusion à l'emploi judiciaire du mot APPOINTER dans des passages tels que les suivants :

Ce serait *appointer au conseil* la vie du roy que d'entretenir parmy nous tels assassins, qui ne désirent rien si ardemment que sa mort.

ARNAULD, *Plaidoyer.*

Avez-vous semoncé le paresseux Thiriot pour qu'il vous donne ses remarques? C'est un juge qui fait bien durer le procès qu'il *a appointé.*

VOLTAIRE, *Lettres;* à M. Berger, février 1786.

APPOINTER avait encore le sens d'Accommoder, en parlant d'un procès, ou des parties engagées dans ce procès :

Cestui homme de bien *appoinctoit* plus de procès qu'il n'en estoit vuidé en tout le palais de Poictiers.

RABELAIS, *Pantagruel,* III, 41.

Car jamais n'*appoinctoit* les parties qu'il ne les feit boyre ensemble.

RABELAIS, *Pantagruel,* III, 41.

... Povres gens sans réfuge
Ne redoubtoient la face de leur juge :
Mais en seurté se sçavoient accointer,
Sans qu'il fallust juge à les *appoincter.*

CL. MAROT, *la Métamorphose,* I, v. 179.

Il se disait de même au sujet de toute espèce de querelle :

Comme le sage medecin guarit son patient sans qu'il en sache rien, aussi le bon amy porte quelque bonne parole qui luy profite, ou luy *appointe* quelque querelle, et fait ses affaires sans qu'il en sache rien.

AMYOT, trad. de Plutarque, *Œuvres morales* : Comment on pourra discerner le flatteur d'avec l'amy.

Les gouverneurs devroyent avoir charge expresse qu'incontinent que quelque querelle surviendroit en leurs gouvernemens, ils mandassent quérir les parties pour essayer de les *apointer.*

LA NOUE, *Discours politiques et militaires,* XII.

On traita en divers lieux d'*apointer* les religions ainsi que les affaires d'Estat.

AGR. D'AUBIGNÉ, *Histoire universelle,* t. III, liv. IV, c. 10.

Faites qu'ils demeurent d'accord de cela, vous *serez* bientost *appointez,* vous bannirez la guerre et le schisme de France.

MATTHIEU, *Histoire des derniers troubles de France,* liv. III.

Samedi dernier, Monsieur le prince et M. de Nevers eurent quelque brouillerie, mais ils *furent* aussitôt *appointés.*

MALHERBE, *Lettres;* à Peiresc, 1607.

Il s'est demandé trois ou quatre combats, mais tout *a été appointé.*

LE MÊME, même ouvrage, 1609.

Nous montons, et montans, d'un c'est mon et d'un voire,
Doucement en riant j'*apointois* noz procez.

REGNIER, *Satires,* XI.

On a dit *appointer avec,* pour Réconcilier avec :

Lui aussi estant apparu au monde a déclaré que la cause de son advenement estoit de nous recueillir de mort à vie, nous *ayans appointez avec* Dieu.

CALVIN, *Institution chrestienne,* liv. II, c. 12, § 4.

S'APPOINTER a été fort d'usage, pour S'accommoder, s'entendre, s'accorder, conclure un traité, etc. On disait *s'appointer avec, s'appointer contre, s'appointer à,* ou, absolument, *s'appointer :*

Dictes au roy que, s'il ne se desclare, *nous nous appoincterons et* déclarerons contre luy.

COMMINES, *Mémoires,* V, 1.

Adonc les Gantois qui en la ville étoient et qui le gouvernement en avoient, en propos que ce Piètre, lui revenu, ils l'occiroient, et puis *au* comte leur seigneur *s'appointeroient* et accorderoient.

> FROISSART, *Chroniques*, II, 96.

Il y a un different perpetuel et qui ne *se* peut *appointer* entre la justice et l'iniquité.

> CALVIN, *Institution chrestienne*, liv. II, c. 16, § 3.

Il y avoit à Rome un temple dédié à une deesse où le mary et la femme *s'appointoient* s'il survenoit entr'eux quelque noise.

> G. BOUCHET, *Serées*, III : Des Femmes et des filles.

André et Philippe Dorie, genevois, furent faits admiraux de mer en Levant, et depuis quitterent son service pour *s'appointer* avec l'empereur Charles V.

> MATTHIEU, *Histoire des derniers troubles de France*, liv. II.

Au lieu de s'APPOINTER on disait, dans un sens neutre, APPOINTER; *appointer avec*, *appointer à* :

Lui sembloit qu'il (le duc de Bourgogne) *appointeroit* mieux *avec* ceste lignée (de Lancastre).

> COMMINES, *Mémoires*, III, 6.

Se voyant deçeu par les trop grandes faveurs et authoritez de sa partie, delibera d'*appointer* avec luy.

> BONAVENTURE DES PÉRIERS, *Contes*, LXXXIX : Des deux playdeurs qui furent plumez à propos par leurs advocats.

Par cette response, les Romains connurent bien qu'il n'y avoit point de moyen d'*appointer* avec Brennus.

> AMYOT, trad. de Plutarque, *Vie de Camille*, 28.

Pour avoir le moyen de destourner et de dissiper ceste tempeste, Marc-Aurelle *appointa avec* les Allemans à des conditions moins honorables que celles qu'il leur eust prescrites si ces mouvemens de la Syrie ne l'eussent point arraché de leurs terres.

> COEFFETEAU, *Histoire romaine*, liv. XI.

Appointer que :

Ils *appointèrent* tous ensemble
Que l'ung d'iceulx on banderoit.

> VILLON, *Repeues franches*, VI : Des Gallands sans soulcy.

Enfin, absolument, *appointer* :

En somme, ses amis estoient si las et si foulez pour l'avoir tant attendu, que le pape *avoit appointé* et les barons du royaume aussi.

> COMMINES, *Mémoires*, VII, 1.

Combien de fois ce Peleïde

Refusa les présens d'Atride
Pour *appointer* !...

> RONSARD, *Odes*, IV, 21.

Enfin, dans un sens ancien, à peu près le seul qui soit resté dans l'usage, APPOINTER vouloit dire Donner un salaire annuel, des appointements. (Voyez ce mot.)

Trois ans seulement fut page, le bon chevalier, en la maison du seigneur de Ligny, lequel l'en mit hors sur l'aage de dix-sept ans et l'*appointa* en sa compaignie.

> *Le Loyal Serviteur*, c. 5.

Je te feray fort bien *appoincter* et si te donneray cinquante ducatz.

> LE MÊME, c. 6.

Ce grand Thémistocle, Athénien, après son bannissement, *fut* fort bien *appointé* du roy de Perse.

> EST. PASQUIER, *Recherches de la France*, VI, 43.

Lui, outre la paye du roy, qui estoit grand seigneur et riche, l'*appoinctoit* fort bien de plus.

> BRANTÔME, *Grands Capitaines* : Le grand maistre de Chaumont.

L'argent qu'il me faudroit donner à plusieurs, je le donne à moins de soldatz, lesquelz j'*appoincte* de ce que je donnerois aux autres; aussi les sçay-je *appoincter* et choisir si bien qu'avec le petit nombre que j'ay, je battray toujours et defferay un' autre compaignie, quelque complette qu'elle soit.

> LE MÊME, même ouvrage : Des Couronnels françois.

Enfin Lorme a esté d'avis qu'on devoit donner sur l'argent de Vostre Majesté augmentation d'estat aux capitaines jusques à cinq cens livres par an, pour *appointer* leurs officiers et meilleurs soldats.

> JEANNIN, *Négociations*, lettre au roy du 10 juin 1609.

Or, ils (les valets) desrobent tous... de cela les maistres sont cause le plus souvent, *appointant* mal et payant pis ceux qui les servent.

> CHAPELAIN, *le Gueux, ou la vie de Guzman d'Alpharache*, Ire part., liv. II.

Dans les troupes, *appointer un homme d'une corvée, d'une garde, d'exercice*, c'est Lui imposer par punition une corvée, une garde hors de tour, ou l'envoyer à l'exercice des recrues quoique son instruction ne l'exige plus.

APPOINTÉ, ÉE, participe.

Il s'est dit adjectivement dans les divers sens du verbe;

Pour Taillé en pointe, aiguisé :

Li sires deffent à porter coutel *apointé* ou aucune armeure molue.

BEAUMANOIR, *Coutumes du Beauvoisis*, XXX, 34.

Ils ont des espées de bois *appointées* par un bout.

MONTAIGNE, *Essais*, I, 229.

Pour Armé, garni de pointes :

Gargantua se refraischissant d'habillemens et se testonnant de son pigne (qui estoit grand de cent cannes, *appoincté* de grandes dents d'elephants toutes entieres), faisoit tomber à chascun coup plus de sept balles de bouletz.

RABELAIS, *Gargantua*, I, 37.

Pour Qui se touche par les pointes, en terme de Blason.

Pour En bonne ou en mauvaise situation, de bonne ou de mauvaise apparence, etc. :

En ce voyage, Henry, comte de Champagne, se trouva très mal *appoincté* parce que, pendant son pèlerinage, Thibaut, son frère, le supplanta de son comté.

EST. PASQUIER, *Recherches de la France*, VI, 25.

Je voy au long de ceste sente
Un homme très bien *apointé*.

Farce nouvelle et fort joyeuse du Pont-aux-Asgnes. (Voyez *Ancien Théâtre françois*, bibliothèque elzévirienne, t. II, p. 41.)

Par Mis aux prises, opposé, non seulement dans une action judiciaire, mais, par allusion à la langue du palais, dans toute contestation, *appointé contraire* :

Est-il vraysemblable qu'ils (les parents) puissent porter patiemment de voir que leurs enfans s'entrehaïssent, qu'ils querellent toujours l'un l'autre, qu'ils mesdisent l'un de l'autre, qu'en toutes entreprises et actions ils soient tousjours *appointés contraires* et tachent à s'entresupplanter l'un et l'autre.

AMYOT, trad. de Plutarque, *Œuvres morales*.

Amour est le mal qui me tourmente... — Nous sommes *appointés contraires*, car amour est la plus douce et sacrée chôse du monde.

LARIVEY, *le Laquais*, I, 2.

La discorde a toujours régné dans l'univers ;
Notre monde en fournit mille exemples divers :
Chez nous cette déesse a plus d'un tributaire.
Commençons par les éléments :
Vous serez étonnés de voir qu'à tous moments
Ils seront *appointés contraire*.

LA FONTAINE, *Fables*, XII, 8.

Appointé que... était une formule dont les juges se servaient quand ils appointaient une cause.

Un appointé, se disait substantivement pour Appointement. *Un appointé en droit, un appointé à mettre, un appointé au conseil*, etc. :

La cour, après avoir veu ces deux champions combattre, leur sonna un holà ! par un *appointé au conseil*.

EST. PASQUIER, *Recherches de la France*, IX, 20.

Enfin, par *appointé* on entendait, comme on l'entend encore, Recevant un salaire annuel. On appelait, un soldat appointé, ou substantivement un appointé, un soldat qui avait la haute-paye ou qui conservait la paye quoique dispensé du service :

Anciennement celuy qui avoit perdu ses chevaux et n'avoit moyen de se remonter, venant se rendre parmi les gens de pied, estoit respecté tant en ce qu'il avoit gages extraordinaires qu'en ce qu'il n'estoit subject à tant de courvées que les autres. Or est-il certain que tout ceci convient à ceux qui sont appelez *soldats appointez*.

H. ESTIENNE, *la Precellence du langage françois*.

... Ceux qui les portoient (les mousquets) les nommoit on mousquetaires, très bien *appointez* et respectez, jusqu'à avoir de grands et forts goujats qui les leur portoient.

BRANTÔME, *Vies des Capitaines illustres*, Discours IV.

L'*appointé* est celuy qui, pour quelque acte remarquable et signalé, a du roy paye et demie ou double paye.

MONTGOMMERY. Cité par DANIEL : *Milice françoise*, liv. IX, c. 10.

Seigneur d'une infinité de grandes terres, connestable de France, *appointé* du roy de quarante-cinq mille florins par an, qui estoit beaucoup en ce temps-là, il (le connestable de Saint-Pol) avoit quatre cens hommes d'armes entretenus et soudoyez.

EST. PASQUIER, *Recherches de la France*, VI, 10.

Un prédicateur *appoincté*... à cent escus pour prescher tout le caresme.

BOUCHET, *Serées*, liv. III.

Un jardin royal des plantes, avec un démonstrateur *appointé*.

J.-J. ROUSSEAU, *les Confessions*, V.

APPOINTEMENT, s. m.

On l'a écrit, avec deux ou un seul *p*, APPOINCTEMENT, APPUNCTEMENT, etc.

Il a reçu d'*appointer* diverses acceptions dont une seule est restée dans l'usage.

C'était un terme de pratique signifiant, comme

il a été dit plus haut, un Jugement interlocutoire par lequel le juge, pour s'éclairer, ordonnait que les parties écriraient et produiraient sur les *points* de fait ou de droit qui n'avaient pu être suffisamment éclairés à l'audience :

Ce procès (des médecins de la faculté de Paris et des chirurgiens) a été appointé pour ne pas être sitôt décidé, et depuis cet *appointement* ils se disputoient par des écrits anonymes.

E.-J.-F. Barbier, *Journal du règne de Louis XV*, t. II, p. 365.

Vous aurez ung *appointement ;*
Mais il faut payer les espices.

Coquillart, *le Plaidoyer*.

On disait, d'une manière analogue aux divers emplois judiciaires du verbe APPOINTER, *appointement au conseil; appointement à écrire, à produire, à mettre,* c'est-à-dire à mettre les pièces sur le bureau pour être jugées sommairement; *appointement en droit,* etc.

Au lieu d'APPOINTEMENT on se sert aujourd'hui des expressions, *instruction par écrit* et *délibéré*.

APPOINTEMENT a été, longtemps aussi, fort usité au sens d'Arrangement, d'accommodement, non seulement en matière de procès, mais par rapport à toutes sortes de contestations, de négociations publiques ou privées.

On disait l'*appointement d'un* différend, *de deux* personnes, *d'un* juge, *d'un* arbitre, etc. :

Se submirent et compromirent du tout ou dit ordenence et *appointement* de nous arbitres.

Charte de 1404. (Voyez Du Cange, *Glossaire*, Appunctamentum.)

Au moins on eust peu trouver aucun bon *appoinctement*

Monstrelet, *Chronique*, I, 47.

L'*appoinctement* de quelques differens d'importance.

Rabelais, *Pantagruel*, IV, 3.

En somme, l'Escriture n'assigne autre fin pour laquelle Jesus Christ ait voulu prendre nostre chair et ait esté envoyé du Pere, sinon afin d'estre fait sacrifice d'*appointement*.

Calvin, *Institution chrestienne*, liv. II, c. 12, § 4.

Le seigneur Jehan Jacques, qui en cest *appoinctement* n'avoit aucunement esté appelé, n'en fut pas trop content.

Le Loyal Serviteur, c. 28.

L'*appointement de* Richard et celuy *de* Tancrede furent une seconde cause de pique entre nos rois.

Mézeray, *Histoire de France :* Philippe-Auguste.

Sforce sollicitoit fort et ferme un *appointement avec* les François, pour les faire repasser les monts.

Le même, même ouvrage : Charles VIII.

Les deux vice-rois, le duc de Nemours et Consalve, eurent plusieurs conférences aimables, et tombèrent d'accord que la douanne demeureroit my-partie et les places entre les mains de qui les tenoit jusqu'à un *appointement* définitif.

Le même, même ouvrage : Louis XII.

L'*appointement des* financiers n'est point encore arrêté.

Malherbe, *Lettres;* à Peiresc, 1607.

J'ai pensé bon *appoinctement*.

Farce de Pathelin.

APPOINTEMENT, en ce sens, donnait lieu à un grand nombre de locutions diverses :

Appointer un appointement :

Le roy print aultre chemin et *appoincta* avec le pape ung *appoinctement* qui ne povoit durer.

Commines, *Mémoires*, VII, 15.

Venir à appointement :

Ils avoient bien exploité et *fussent* venus à paix et à *appointement* envers le comte, si ce diable de chastel n'eut été ars.

Froissart, *Chroniques*, II, 56.

Avoir appointement :

Finalement, tant envoièrent le diz roy d'Angleterre et duc de Bourgogne l'un devers l'autre, qu'ilz vindrent à conclusion d'*avoir* bon *appoinctement* ensemble, ou cas que le roy de France et son conseil en seroient contens.

Monstrelet, *Chronique*, c. 218.

Ils *avoyent appoinctement* avec la maison de Bourgogne de pouvoir courir certains paturages.

Commines, *Mémoires*, III, 6.

Faire appointement, un appointement, son appointement :

Ainsy se retira le duc de Normandie en Bretagne, pauvre et deffait, et abandonné de tous ces chevaliers qui avoient esté au roy Charles, son père, et *avoient fait leur appointement* avec le roy et mieux appointez de luy que jamais n'avoient esté du roy son père.

Commines, *Mémoires*.

Conseilloit, par fortes paroles, *qu'on feit ung appoinctement* avec Grandgousier.

Rabelais, *Gargantua*, I, 47.

Et estoit presque tous les jours de bancquet, de festin de nopces, de commeraige, de relevailles et en la taverne : pour *faire quelque appoinctement...*

RABELAIS, *Pantagruel*, III, 41.

Au bout de quatre mois *feut faict apoinctement* entre eulx par le moyen d'une femme nommée Hippolyte.

AMYOT, trad. de Plutarque, *Vie de Thésée*, c. 7.

Et je te prie, repliqua le drolle, que je *face* ainsy mon *appointement* avec ta femme, car il y a plus de trois mois qu'elle me veut mal.

BOUCHET, *Serées*, III : Des Femmes et des filles.

L'empereur ayant levé le siège de Valenciennes, le transporta devant Gand; mais il fut encore contraint d'en décamper et de *faire appointement*, par lequel il retira Valenciennes, que toutefois il rendit bientost.

MÉZERAY, *Histoire de France* : Robert.

... Autrement,
Nous *ferons cest appointement*.

Farce de Jolyot. (Voyez *Ancien Théâtre françois*, bibliothèque elzévirienne.)

Rompre un appointement :

De quoy Alcibiades estant marry et luy en portant envie, proposa de *rompre l'appoinctement* comment que ce feust.

AMYOT, trad. de Plutarque, *Vie d'Alcibiade*, c. 6.

Traiter appointement :

Il n'en print jamais qu'une seule, qui avoit nom Hersilia, laquelle depuis fut cause de moyenner et *traitter appointement* entre les Sabins et ceulx de Rome.

AMYOT, trad. de Plutarque, *Vie de Romulus*, c. 20.

Parler d'appointement :

Titianus fut d'advis qu'ils envoyassent des ambassadeurs aux ennemis pour leur *parler d'appointement*.

COEFFETEAU, *Histoire romaine*, liv. VI.

Paroles d'appointement :

Mais toutes *paroles d'appoinctement* s'estoyent rompues.

COMMINES, *Mémoires*, c. 21.

Æmylius... les rompit et chassa jusque dans leurs villes, puis leur fait porter *paroles* d'accord et *d'appointement*.

AMYOT, trad. de Plutarque, *Vie de Paul-Émile*.

Enfin, APPOINTEMENT a signifié autrefois et signifie encore, Le salaire annuel attaché à une place, à un emploi, etc.

Il s'est dit, en ce sens, au singulier :

Là-dessus il propose quelque *appointement* fort léger...

et vous estes obligez de vous en contenter, pour ne point contester honteusement sur des gages comme un valet.

PERROT D'ABLANCOURT, trad. de Lucien, *De ceux qui entrent au service des grands*.

Outre que les janissaires qu'on donne aux consuls pour les servir sont exempts de la guerre, ils ont fort bon *appointement*.

TAVERNIER, *Voyages de Perse*, I, 7.

Vous pensez faire assez pour moy de me payer tous les moys mon *appointement*.

CHAPELAIN, *le Gueux, ou la vie de Guzman d'Alpharache*, part. I, liv. II.

Il fut un peu fâché de n'avoir que quatre mille huit cents livres d'*appointement*.

VOLTAIRE, *Lettres*; 14 novembre 1750.

Il m'a donné sa parole d'honneur qu'au cas que ce projet lui réussisse, il me procurera un *appointement* dans la chapelle ou dans la chambre du roi au bout du terme de deux ans le plus tard.

J.-J. ROUSSEAU, *Lettres*; 27 juin 1732.

Quant à l'*appointement*, je vous supplie, Monsieur, de vouloir régler cela vous-même, et je vous proteste d'avance que je m'en tiendrai avec joie à tout ce que vous aurez conclu.

LE MÊME, *Lettres*; 1735.

Il est resté plus d'usage au pluriel :

Il fallut payer ces reistres, qui montoient à plus de huict mille et force lansquenetz, puis au prince Cazimir il luy fallut donner pentions et *appoinctemens* excessifz.

BRANTÔME, *Grands Capitaines estrangers* : Le prince de Cazimir.

L'on trouvoit les finances trop épuisées pour fournir à de si hauts *apointements*.

LE CARDINAL DE RETZ, *Conjuration de Fiesque*.

Mais ce qui lui plut encore, je ne fus pas difficile pour mes *appointements*.

LE CHEVALIER DE MÉRÉ, *Lettres*; à la duchesse de Lesdiguières.

Le roi a donné le gouvernement de Lorraine à Rochefort avec vingt mille écus d'*appointements*. Voilà une fortune cela.

Mme DE MONTMORENCY, *Lettres*; à Bussy, 20 août 1672. (Voyez *Correspondance de Bussy-Rabutin*, t. II, lettre 535.)

Ce que je sais fort bien, c'est que Sa Majesté ne peut pas en conscience refuser les *appointements* d'une grande charge de guerre à un homme de qualité qui l'a exercée treize ans durant et de qui le bien est en décret.

BUSSY, *Lettres*; au comte de Saint-Aignan, 8 juin 1686.

Il est incompréhensible, par exemple, qu'avec des profits et des *appointements* réglés on fasse tout à coup des fortunes semblables à celles dont nous parlons.

> BOURDALOUE, *Carême :* Sermon sur les richesses.

Nous ne touchons pas nos *appointements*, et, qui pis est, nos *appointements* ne sont pas réglés.

> LE SAGE, *Gil Blas,* VIII, 3.

Attila recevoit les *appointements* de général des armées de Rome.

> MONTESQUIEU, *Grandeur des Romains,* 19.

Les magistrats (à Rome) ne tiroient jamais d'*appointements* de leur magistrature.

> LE MÊME, *Esprit des Lois,* V, 8.

S'il n'avait pas ce dessein, il vous payerait régulièrement des *appointements* chétifs qui le dispenseraient de toute reconnaissance.

> VOLTAIRE, *Lettres;* à Thieriot, juillet 1738.

Je me tiendrai toujours dédommagé, selon mon goût, quand on voudra suppléer, par des égards, à la médiocrité des *appointements*.

> J.-J. ROUSSEAU, *Lettres;* à M. d'Eybeus, 1735.

On a dit APUNCTATION, APPOINCTATION, au sens d'Arrangement, d'accommodement, en matière de procès ou autrement :

Il a gardé la ditte ville d'estre pillée, rançonnée, ne composée, qui sera une très bonne *apunctation...*

> LOUIS XII, *Lettre.* (Cité par Sainte-Palaye.)

De là, chez Rabelais, l'expression

Vin d'appoinctation, en parlant du vin bu par des gens qui s'accommodent :

Et disoient les taverniers de Semerve que, soubs luy en ung an, ilz n'avoient tant vendu de *vin d'appoinctation* (ainsi nommoient ilz le bon vin de Legugé) comme ilz faisoient soubs son pere en demie heure.

> RABELAIS, *Pantagruel,* III, 41.

APPOINT, s. m.

Écrit autrefois APPOINCT.

Formé de l'expression adverbiale *à point,* il a signifié Ce qui est à point, ce qui vient au moment favorable, ce qui se présente bien, avantage, commodité, convenance, etc. :

Et le jeune homme voyant son *apoinct* dict à sa mère...

> LA REINE DE NAVARRE, *Heptaméron,* XLIV.

Estans de cette façon rebutez, ils (les jésuites) mirent tout leur faict en surseance, attendant, comme il est à présumer, leur *appoinct*.

> EST. PASQUIER, *Recherches de la France,* III, 43.

Le connetable de Saint-Pol s'agenouilla sur un petit carreau de laine aux armes de la ville, qu'il remua de l'un de ses pieds pour le mettre à son *apoint*.

> EST. PASQUIER, *Recherches de la France,* VI, 10.

> Pardieu, j'estime une grande beste
> Celluy-là qui met en sa teste,
> Et qui arreste en son courage
> Prendre une femme en mariage,
> Car il ne délibère poinct
> Chose qui soit en son *apoinct*.
> Et toy, va-t-en voir si ma cappe,
> Mon grand saie et mon viel pourpoinct
> Sont racoustrez à mon *apoinct*.

> JACQ. GRÉVIN, *les Esbahis,* I, 3.

APPOINT ne se dit plus que de la Monnaie qui se donne pour compléter une somme qu'on ne sauraitparfaire avec les principales espèces employées au payement.

Faire l'appoint, c'est Compléter la somme par un appoint, ou servir d'appoint.

APPOINT est pris figurément dans des passages tels que le suivant :

La curiosité pour les nouvelles ne peut se satisfaire qu'en recevant un *appoint* de mensonges.

> Mme DE STAEL, *Considérations sur la Révolution française,* IVe part., c. 4.

En termes de Commerce, APPOINT se dit de Toute somme qui fait le solde d'un compte.

APPOINTEUR, s. m.

Il s'est dit de Celui qui appointe, qui accommode une querelle, un procès, etc. :

Si se devoyent assembler ces *appointeurs* en une chapelle seant emmy les champs.

> FROISSART, *Chroniques,* c. 64.

Si fust chargé de ceste chose pour aller en Allemagne, pour traiter ce mariage, un moult sage et vaillant chevalier... et estoit nommé ce chevalier Messire Simon Burle, sage et grand *appointeur*.

> LE MÊME, même ouvrage, vol. II, p. 75. (Cité par Sainte-Palaye.)

Et se nommoit en ses tiltres l'*appoincteur* des procés.

> RABELAIS, *Pantagruel,* III, 41.

> Ces plaintes n'étoient rien au prix de l'embarras
> Où se trouva réduit l'*appointeur* de débats :
> Aucun n'étoit content; la sentence arbitrale
> A nul des deux ne convenoit :
> Jamais le juge ne tenoit

A leur gré la balance égale.
De semblables discours rebutoient l'*appointeur*.
La Fontaine, *Fables*, XII, 27.

APPORTER, v. a. (du latin *apportare*).
Porter à quelqu'un ou en quelque lieu.

Apporter à :

Il *apporta* au roy une lettre de defflance, de par le roy d'Angleterre, en beau langaige et en beau stille, et croy que jamais Anglois n'y avoit mis la main.
Commines, *Mémoires*, IV, 5.

Si l'on *m'apporte* de l'argent, que l'on me vienne quérir vite chez le seigneur Géronimo; et si l'on vient m'en demander, qu'on dise que je suis sorti, et que je ne dois revenir de toute la journée.
Molière, *le Mariage forcé*, sc. 1.

Masseï, camerier, confident du pape, vint *apporter* la barette *au* nouveau cardinal (de Bissy).
Saint-Simon, *Mémoires*, 1715.

Quand un enfant desire quelque chose qu'il voit, il vaut mieux porter l'enfant à l'objet que d'*apporter* l'objet *à* l'enfant.
J.-J. Rousseau, *Émile*.

De Saragoce *vous aporte* les clefs.
Chanson de Roland.

Estatius s'escria : M'espée *m'aportés !*
Chanson d'Antioche, c. 2, v. 102.

Obligé d'*apporter à* vos pieds cette épée...
P. Corneille, *le Cid*, V, 5.

Point d'aîné, point de roi, qu'en *m'apportant* sa tête.
Le même, *Rodogune*, II, 3.

Si-tôt qu'un mois commence on *m'apporte* un Mercure.
Boursault, *le Mercure galant*, IV, 3.

A cette manière de parler se rapportait le terme de Pratique *apporter au greffe*, en parlant d'un *apport* de pièces. (Voyez, plus loin, APPORT.)

Avant de les condamner pour leur banqueroute, les chambres assemblées avoient ordonné, dès le 17 avril, qu'ils *apporteraient* leurs constitutions *au greffe*.
Voltaire, *Histoire du parlement de Paris*, c. 68 : De l'Abolissement des jésuites.

Apporter en, apporter dans :

Le roy feit *apporter* son disner *en* la maison des portiers, et feit disner plusieurs gens de bien des Anglois avec luy.
Commines, *Mémoires*, IV, 9.

La cloche l'appela pour souper; quant à moi, on *m'apportoit* encore à manger *dans* ma chambre.
Marivaux, *la Vie de Marianne*, VIIIᵉ part.

Il font les sains *en* la place *aporter*.
Garin le Loherain, t. IV, p. 35.

Quelquefois *apporter* se construit avec un adverbe de lieu :

Et fit *là apporter* le vin et les épices, et en donna il même au roi en signe de très-grand amour.
Froissart, *Chroniques*, liv. I, part. II, c. 46.

J'ai peur que le vent ne vous emporte sur votre terrasse : si je croyois qu'il pût *vous apporter ici* par un tourbillon, je tiendrois toujours mes fenêtres ouvertes.
Mᵐᵉ de Sévigné, *Lettres*; à Mᵐᵉ de Grignan, 21 juin 1671.

Apporter reçoit des compléments analogues au moyen des prépositions *chez, devant*, etc. :

Lui, marchand ! C'est pure médisance; il ne l'a jamais été... Comme il se connoissoit fort bien en étoffes, il en alloit choisir de tous les côtés, les faisoit *apporter chez* lui, et en donnoit à ses amis pour de l'argent.
Molière, *le Bourgeois gentilhomme*, IV, 5.

Lidus a fait s'espée *devant* lui *aporter*.
Parise la duchesse, p. 47.

Apporter de :

J'arrivai à Barcelone avec le reste des richesses que j'*avois apportées* d'Alger.
Le Sage, *Gil Blas*.

Tout le monde sait à Marseille par quelle inadvertance la peste *fut apportée du* Levant, et on s'en préserve.
Voltaire, *Fragments sur l'Histoire*, art. 15.

Apporter de la part de :

Lychas qui lui avait *apporté de la part de* Déjanire cette tunique.
Fénelon, *Télémaque*, XV.

Et anciennement, *apporter de par :*

Cil mesages avoit nom Nicoles Rous... il leur bailla les lettres qu'il *aportoit de par* son seigneur.
Villehardouin, *Conqueste de Constantinoble*, LXV.

Apporter se dit souvent sans mention ni de la personne ni du lieu :

La summe del conseil fu tel que se Diex donoit qu'ils entrassent en la ville à force, que toz li gainz qu'il y seroit fait *seroit aportez* ensemble.
Villehardouin, *Conqueste de Constantinoble*.

Après la bataille de Cannes... tous les ordres, tous les rangs, toutes les conditions s'épuisèrent volontairement : les Romains *apportoient* avec plaisir ce qu'ils avoient de plus précieux et gardoient à regret ce qu'ils étoient obligés de se laisser pour le simple usage.

> SAINT-ÉVREMOND, *Réflexions sur les divers génies du peuple romain*, c. 7.

Et François retournèrent, s'ont grant dolor mené
Por Gosson le vallet qu'on a mort *aporté*.

> *Chanson d'Antioche*, c. 3, v. 358.

Aportes tos mes armes, car trop i demorun.

> *Roman d'Alexandre*, p. 40.

Et, sans les prompts secours qu'on prit soin d'*apporter*,
Il seroit sur son lit peut-être à trembloter.

> BOILEAU, *Satires*, X.

APPORTER est quelquefois employé absolument :

Qui vient est beau, qui *apporte* encore plus beau.

> COTGRAVE, *Dictionnaire*.

Bien venu qui *apporte*.

> *Dictionnaire de l'Académie*, 1694.

La convoitise de la chair, cette sangsue, selon la parole de Salomon, qui crie toujours *apporte*, *apporte*, et qui ne dit jamais c'est assez; voilà ce qui dissipe les biens de la plupart des riches.

> BOURDALOUE, *Sermons : Sur les Richesses*.

APPORTER, toujours au sens propre, a quelquefois pour sujet un nom de chose, *vaisseau, mer, fleuve*, etc. :

Il pleut rarement en Égypte; mais ce fleuve qui l'arrose toute par ses débordements réglés lui *apporte* les pluies et les neiges des autres pays.

> BOSSUET, *Discours sur l'Histoire universelle*, III, 3.

Vous connoissez la Loire par un autre bout que j'honore, quoique moins beau, puisqu'elle m'a *apporté* et m'*apportera* encore cette chère fille qui m'occupe si tendrement.

> Mᵐᵉ DE SÉVIGNÉ, *Lettres*; à Mᵐᵉ de Grignan, 12 mai 1680.

Les galions arrivèrent tout à la fin de cette année 1717, fort richement chargés, et *apportèrent* pour le compte du roi d'Espagne 1,800,000 piastres.

> SAINT-SIMON, *Mémoires*, 1717.

Le flux les *apporta*, le reflux les remporte.

> P. CORNEILLE, *le Cid*, IV, 4.

Le flot qui l'*apporta* recule épouvanté.

> J. RACINE, *Phèdre*, V, 6.

On dit, dans un sens plus ou moins voisin du sens propre, *apporter une nouvelle*, soit d'une personne qui en est en effet porteur, comme par exemple un courrier, soit de toute personne qui annonce quelque chose de nouveau :

III.

Adonc vint un écuyer fort chevauchant par devers le roi et lui dit : Sire, je vous *apporte nouvelles*.

> FROISSART, *Chroniques*, liv. I, part. I, c. 40.

Monsieur, je vous *apporte une nouvelle* qui est fâcheuse pour votre amour.

> MOLIÈRE, *les Fourberies de Scapin*, II, 6.

La maréchale (de Rochefort), inexorable, me tiroit par les bras, me demandant toujours les nouvelles que j'*apportois*.

> SAINT-SIMON, *Mémoires*, 1718.

Males nouveles il *lui aporte* et dit...

> *Chanson de Roland*.

Nouviele vint au roi ki li *fu aportée*.

> *Roman d'Alexandre*, p. 45.

... Li mesaiges trop tost vient
Qui la *male novele aporte*.

> MÉON, *Fabliaux et contes anciens*, IV, 416.

Au lieu de cette expression usuelle, *apporter la nouvelle d'une chose*, on a dit, par une figure plus forte, *apporter la chose elle-même* :

Le même courrier qui a *apporté* la réduction de Namur lui a été renvoyé (au maréchal de Boufflers) pour lui apprendre que le roi le faisoit duc.

> Mᵐᵉ DE COULANGES, *Lettres*; à Mᵐᵉ de Sévigné, 9 septembre 1695.

Lutteau, frère de la maréchale de Besons, *apporta* la prise (de Landau) au roi.

> SAINT-SIMON, *Mémoires*, 1710.

Mon Dieu, Monsieur, s'écria-t-elle (la duchesse d'Orléans), quel visage vous avez ! Que m'*apportez-vous* ?

> LE MÊME, même ouvrage, 1718.

Moult firent grant folie li mès (messagers), ce m'est
Qui tel chose *aporterent* à nous en cest pays.   [avis,]

> *Chanson des Saxons*, XXV.

En est-ce fait, Julie ? et que m'*apportez-vous* ?

> P. CORNEILLE, *Horace*, III, 2.

C'est aussi dans un sens très voisin du sens propre que l'on a pu dire, *apporter un message, des paroles*, etc. :

Si leur signifièrent par leur héraut, avec le héraut de France qui ces paroles *avoit apportées* que...

> FROISSART, *Chroniques*, liv. I, part. II, c. 365.

Et jurer
Que cil seront deshonoré

Qui le message *ont apporté*.
Wace, Roman de Brut, t. II, v. 11992.

Telles sont encore ces expressions,
Apporter la guerre, apporter la paix :

Parlez, *apportez-vous* ou la guerre ou la paix.
Delille, trad. de l'Énéide, VIII.

Apporter une religion, une doctrine, des lois, des institutions, etc. :

Il y avoit encore en France quelque reste de la *politesse* que Catherine de Médicis y *avoit apportée* d'Italie.
Mᵐᵉ ᴅᴇ Motteville, Mémoires.

Cécrops, *apportant des lois* utiles de l'Égypte.
Fénelon, Télémaque, XIX.

Quel bien les Espagnols ne pouvoient-ils pas faire aux Mexicains! Ils avoient à leur donner une religion douce, ils leur *apportèrent une superstition* furieuse.
Montesquieu, Esprit des Lois, X, 4.

Le czar... obtint secrètement qu'on lui envoyât beaucoup d'officiers allemands. Ceux-ci venaient de jour en jour augmenter considérablement ses forces en *apportant* avec eux *la discipline* et l'expérience.
Voltaire, Histoire de Charles XII, liv. III.

Par une figure très ordinaire, apporter se dit de Ce qui motive, de ce qui accompagne, de ce que produit la venue d'une personne, de ce qu'elle vient faire ou dire, de ce qu'annonce sa présence, etc. :

Et de faict, c'estoit bien raison que la présence de Jésus-Christ eust ce privilege *d'apporter* plus ample intelligence des mystères celestes au monde, qu'il n'y avoit eu auparavant.
Calvin, Institution chrestienne, II, 11, § 6.

Leve-toy, Martius, et ayes bon courage : car tu *nous apportes* un grand bien en te donnant à nous.
Amyot, trad. de Plutarque, Vie de Coriolan, c. 36.

Je suis marri que nous n'avons ici quelques nouvelles... Nous sommes à sec si la venue des députés des États ne *nous apporte* quelque chose.
Malherbe, Lettres; à Peiresc, 17 décembre 1606.

Il y a huit jours que les vents m'arrêtent icy (à Douvres), où je serois demeuré avec beaucoup d'ennuy si je n'*avois apporté* de Londres des pensées pour plus de temps que cela.
Voiture, Lettres; 4 décembre 1633.

Madame de Coulanges *apporte* au coin de mon feu les restes de sa petite maladie : je lui portai hier mon mal de genou et mes pantoufles.
Mᵐᵉ ᴅᴇ Sévigné, Lettres; à Mᵐᵉ de Grignan, 10 avril 1676.

Je lui devois (à l'abbé de Coulanges) la douceur et le repos de ma vie; c'est à lui que vous devez la joie que *j'apportois* dans votre société.
La même, même ouvrage; à Bussy-Rabutin, 13 novembre 1687.

Il y eut jeudi un grand bal au palais Royal où tous les masques furent admis; ils y *apportèrent* la confusion ordinaire.
Coulanges, Lettres; à Mᵐᵉ de Sévigné, 27 janvier 1696.

Non, non, dit saint Chrysostome, il ne faudra point de démons, point de spectres pour faire de l'enfer un lieu de tourment. Ce que chacun y *apportera* de crimes, voilà les démons auxquels il sera livré.
Bourdaloue, Carême : Sermon sur l'Enfer.

C'est une grande simplicité que *d'apporter* à la cour la moindre roture et de n'y être pas gentilhomme.
La Bruyère, Caractères, c. 8.

Le respect aussi qu'*apportoit* sa présence (de Louis XIV), en quelque lieu qu'il fût, imposoit un silence et jusqu'à une sorte de frayeur.
Saint-Simon, Mémoires, 1715.

Quoique le monde soit toujours le même, il s'y fait une succession continuelle d'originaux, qui semble y *apporter* quelque changement.
Le Sage, le Diable boiteux, Préface.

La princesse d'Angleterre, belle-sœur du roi, *apporta* à la cour les agréments d'une conversation douce et animée.
Voltaire, Siècle de Louis XIV, c. 25.

Elle nous *apporte* à la fois la gaucherie de la campagne et les ridicules de la province.
Picard, la Manie de briller, I, 3.

On dit bien vray, la mauvaise fortune
Ne vient jamaix qu'*on n'en apporte* une,
Ou deux, ou trois avecques elle, Sire.
Cl. Marot, Épitres, I, 14 : Au Roy pour avoir esté derobé.

Certes je suis toute autre devenue
Que je n'estois; je crains que la venue
De ce Troyen ne m'*apporte* malheur,
Comme en songeant il m'*apporte* douleur.
Ronsard, la Franciade, III.

Chimène à vos genoux *apporte* sa douleur.
P. Corneille, le Cid, II, 8.

J'ai regret de troubler un mystère joyeux
Par le chagrin qu'il faut que j'*apporte* en ces lieux.
Molière, les Femmes savantes, V, 4.

Tu m'*apportois*, cruel, le malheur qui te suit.
J. Racine, Andromaque, V

Combien n'a-t-on point vu de belles aux doux yeux,
Avant le mariage anges si gracieux...
Vrais démons, *apporter* l'enfer dans leurs ménages.

BOILEAU, Satires, X.

Voulez-vous sur la scène étaler des ouvrages,
Où tout Paris en foule *apporte* ses suffrages?

LE MÊME, Art poétique, III.

L'embrasse et bâille, et puis lui dit, Madame,
J'*apporte* ici tout l'ennui de mon âme.

VOLTAIRE, Épître, à Mme Denis.

N'*apporte* point ici l'air de cérémonie.

GRESSET, le Méchant, III, 7.

Apporter en naissant, avec soi, au monde, etc.,
se dit par une manière de s'exprimer analogue,
en parlant de certaines qualités bonnes ou mauvaises avec lesquelles, pour ainsi dire, on vient
au monde :

Il y a des vices que nous ne devons à personne, que nous
apportons en naissant, et que nous fortifions par l'habitude.

LA BRUYÈRE, Caractères, c. 11.

M. le duc d'Orléans *apporta au monde* une facilité, appelons les choses par leur nom, une foiblesse qui gâta sans
cesse tous ses talents.

SAINT-SIMON, Mémoires, 1715.

Tous les hommes *apportent avec eux en naissant* les premiers principes du goût, aussi bien que ceux de la rhétorique et de la logique.

ROLLIN, Traité des Études, Discours préliminaire, IIe part.

C'est dans la même acception figurée assez voisine du sens propre, qu'on a dit en parlant du
cours des années, de l'âge :

Il (le marquis de Canillac) avoit jugé expédient pour
sa santé de se retirer, ayant perdu sa belle humeur passée
par le chagrin et par la pesanteur que l'âge *apporte*.

FLÉCHIER, Mémoires sur les grands jours de 1665.

Elle croissoit au milieu des bénédictions de tous les peuples, et les années ne cessoient de lui *apporter* de nouvelles
grâces.

BOSSUET, Oraison funèbre de la duchesse d'Orléans.

Qu'on a dit en parlant des sens :

Les sens abusent la raison par de fausses apparences ; et
cette même piperie qu'ils *lui apportent*, ils la reçoivent d'elle
à leur tour.

PASCAL, Pensées, part. I, art. 6.

Les sens ne nous *apportent* que leurs propres sensations,

et laissent à l'entendement à juger des dispositions qu'ils
marquent dans les objets.

BOSSUET, De la Connoissance de Dieu et de soi-
même, c. 1, art. 7.

APPORTER est plus complètement figuré dans
d'autres applications.

Il s'emploie au sens de Fournir dans ces expressions fort usitées, *apporter en mariage, en dot,
pour dot, dans la communauté, à la communauté,*
etc. :

Puisque vous dites que les femmes vont de pair avec les
hommes, c'est encore peu de considération à nous de nous
attacher à la cadène et nous captiver de nostre propre et
libéral arbitre sous leur empire, et au bout du compte *apporter* de l'argent *en mariage*.

Les Caquets de l'accouchée, VI.

N'est-ce pas quelque chose de réel que de vous *apporter
en mariage* une grande sobriété ?

MOLIÈRE, l'Avare, II, 6.

Apporterai-je à un mari pour toute dot, une âme préoc-
cupée et un cœur enflammé pour un autre?

MARIVAUX, la Vie de Marianne, XIIe part.

La femme peut stipuler qu'en cas de renonciation à la
communauté, elle reprendra tout ou partie de ce qu'elle *y
aura apporté...*

Code civil, art. 1514.

Ou simplement *apporter :*

Le douaire se règle au bien qu'on vous *apporte*.

MOLIÈRE, l'École des femmes, IV, 2.

Au pis-aller le bien qu'elle m'*apportera*
De tous les accidents me dédommagera.

DESTOUCHES, l'Ingrat, II, 3.

Il est fait allusion à ces manières de parler dans
des passages tels que les suivants :

Qui avec une riche dot *apporte* de riches dispositions à
la consumer.

LA BRUYÈRE, Caractères.

Il (Diderot) augmenta encore son embarras et ses besoins, en épousant une femme qui ne lui *apportoit* que de
la beauté et de l'honnêteté.

LA HARPE, Cours de littérature, liv. IV, c. 2, sect. 1.

Cette convenance de goûts et de caractères qu'il faut
apporter en mariage.

PICARD, les Filles à marier, I, 7.

Et moi, lorsque je songe aux vertus qu'elle *apporte,*
Je trouve que sa dot est encore assez forte.

COLLIN D'HARLEVILLE, l'Optimiste, IV, 8.

APPORTER se dit de même au sens de Fournir, en parlant de la part contributive des membres d'une association :

Apporter au prouffit de la communaulté.

ROB. ESTIENNE, *Dictionnaire françois-latin.*

J'eus l'autre jour le chagrin de refuser une jeune fille, un fort bon sujet, qui se présentoit pour être converse, parce que nous n'en recevons plus, quelque besoin que nous en ayons, et que nous *apportant* peu, elles nous seroient à charge.

MARIVAUX, *la Vie de Marianne,* III⁰ part.

Chaque associé est débiteur envers la société de tout ce qu'il a promis d'y *apporter.*

Code civil, art. 1845.

A l'égard de celui qui n'*a apporté* que son industrie, sa part dans les bénéfices ou dans les pertes est réglée comme si sa mise eût été égale à celle de l'associé qui *a le moins apporté.*

Même ouvrage, art. 1853.

A cette façon de parler appartiennent des passages où, comme dans le suivant, il s'agit d'une sorte d'apport moral :

Il est besoin de savoir que... Mucien n'étoit pas homme à n'*apporter* dans un parti que de belles paroles et de bons désirs.

BALZAC, *Aristippe,* disc. I.

APPORTER est encore, fort souvent, un synonyme des mots Employer, Mettre, lorsqu'il s'agit des qualités morales, des dispositions de l'esprit que l'on applique à quelque chose :

L'ange, la verge de Dieu, leur a ôté le moyen de me nuire. Ce n'est point à moy à qui la gloire de cela appartient. Je n'*y* ay presque rien *apporté* du mien.

HENRI IV, *Lettres;* 4 mars 1589.

L'affaire que le roy me commet importe grandement à sa réputation et à la seureté et repos du royaume; aussi *y apporterai-je,* Dieu aydant, tout le soing et diligence que ceste importance requiert.

CARDINAL D'OSSAT, *Lettres,* IV, 125.

Il est mal aisé d'ouïr de plus beaux parleurs et de voir mieux débattre des opinions... Ils *y apportent* autant d'étude que si le discours étoit la principale fin de la délibération et quelque chose de plus que l'action même.

BALZAC, *Aristippe,* disc. III.

Quoyque la vertu se resjouisse avec moins de tumulte

que le vice, le secret qu'elle *apporte à* sa joye en augmente la douceur.

BALZAC, *Lettres,* V, 16.

Ne croyez pas qu'il vous soit permis d'*apporter* seulement à ce discours des oreilles curieuses.

BOSSUET, *Oraison funèbre d'Anne de Gonzague.*

Ces âmes oisives qui n'*apportent* d'autre préparation à leurs charges que celle de les avoir désirées.

FLÉCHIER, *Oraison funèbre de Le Tellier.*

Depuis plus de quatre ans vous voyez quelle adresse J'*apporte à* rejeter l'hymen de la princesse.

P. CORNEILLE, *Héraclius,* IV, 4.

C'est encore aux mots Employer et Mettre que répond APPORTER, dans les expressions suivantes; *Apporter un remède à une maladie :*

Laissez-moi médicamenter cette affaire; c'est une maladie qui la tient, et je sais le remède qu'il *y* faut *apporter.*

MOLIÈRE, *le Médecin malgré lui,* III, 6.

Et, métaphoriquement, *apporter du remède, apporter remède à* quelque chose de fâcheux, y remédier :

Dites-moy librement ce que vous avez sur le cœur, et pour certain j'*y apporteray remede.*

SULLY, *Œconomies royales,* c. 10.

L'unique remède qu'on *y* peut *apporter,* est de n'avoir pour fin que la vérité.

Logique de Port-Royal, III⁰ part., c. 20.

Apporter police, ordre, règlement, changement, etc. :

Depuis, nostre Charlemagne y voulut *apporter police...*

EST. PASQUIER, *Recherches de la France,* IV, 8.

Sur les plaintes du peuple, de la cherté des vivres, l'empereur *y apporta* quelque *règlement,* et mit le bled à prix raisonnable.

PERROT D'ABLANCOURT, trad. de Tacite, *Annales,* liv. II, XXVII.

M. le premier président *a apporté* un *ordre* dans le parlement, pour empêcher que certains greffiers ne prissent de l'argent pour cette sorte de préférence.

PASCAL, *Provinciales,* VIII.

Dès le commencement de la guerre, les Romains en marquoient les conditions, et nul événement ensuite n'étoit capable d'*y apporter* aucun *changement.*

ROLLIN, *Traité des Études,* liv. VI, III⁰ part., c. 2, art. 2 ; III⁰ morceau de l'Histoire romaine.

Puis nous verrons quel *ordre* on y doit *apporter*.

P. Corneille, Nicomède, II, 2.

*Apporter des facilités, des difficultés, des obsta-
cles*, etc. :

Il avoit sujet de croire que la garnison qui estoit extrêmement foible et ceux qui ne lui estoient pas favorables,
ne pourroient *apporter* aucun *obstacle* à ses desseins.

Cardinal de Retz, Conjuration de Fiesque.

Parmi les *difficultés* que ses intérêts *apportoient* au traité
des Pyrénées, écoutez quels furent ses ordres, et voyez si
jamais un particulier traita si noblement ses intérêts.

Bossuet, Oraison funèbre du prince de Condé.

La ville (Pétersbourg) fut fondée parmi les *obstacles que*
la nature, le génie des peuples et une guerre malheureuse
y *apportaient*.

Voltaire, Histoire de Charles XII, liv. III.

Partez, à vos honneurs j'*apporte* trop d'*obstacles*.

J. Racine, Iphigénie, V, 2.

*Apporter des adoucissements, des tempéraments,
du tempérament, quelque tempérament, quelque
modération*, etc. :

La dernière (lettre) que j'aye receue m'a tellement obligé
que si une fascheuse nouvelle qui me vinst en même temps
n'eust *apporté du tempérament* à ma joye, ma raison n'eust
pas été assez forte pour la modérer.

Balzac, Lettres; II, 8.

Après, on proposa d'*apporter* quelque *modération* à la loy
Papia Poppea.

Perrot d'Ablancourt, trad. de Tacite, Annales, III, 5.

Il faut, me dit le père, *apporter* quelque *tempérament* à
ce que vous dites.

Pascal, Provinciales, VI.

C'est au même ordre d'acceptions qu'appartient
l'emploi fait d'apporter, au sens d'Alléguer, citer,
ou, comme on dit plus ordinairement aujourd'hui,
de Rapporter :

Je vous dis ces raisons familières pour ne vous *aporter*
les autres qui sont plus fortes et plus pressantes.

D'Urfé, l'Astrée, IIᵉ part., liv. VIII.

Je vous *apporterois* d'autres exemples pour vous prouver
que mon désert a esté de tout temps fréquenté par des
hermites illustres.

Balzac, Lettres; I, 15.

J'*apporterai* ces propres paroles, de peur de les énerver
par une foible traduction.

Le même, Dissertations critiques, III.

Ils se mettent peu en peine d'en *apporter* les preuves.

Logique de Port-Royal, IIIᵉ part., c. 20.

L'exemple même d'Isocrate que vous *apportez*, quoiqu'il
soit sur un sujet frivole, ne laisse pas d'être bon.

Fénelon, Dialogues sur l'Éloquence, II.

Enfin apporter équivaut, en bien des cas, aux
verbes Causer, occasionner, produire, procurer,
etc. ;

Le chancelier estimoit, en ce faisant, *apporter* contentement à son maistre.

Est. Pasquier, Recherches de la France, VI, 9.

... Ce maistre Jean Petit prédicateur *apporta* les troubles
sous Charles Sixième en France. Un autre y *apporta* une
bonne partie du repos sous Charles Septième.

Le même, même ouvrage, VI, 38.

Ils sont trop obligez au secret de nature,
Et sçavent plus discrets *apporter* en aymant,
Avecque moins d'esclat, plus de contentement.

Régnier, Satires, XIII.

Et cette liberté, qui lui fait tant chère,
N'est pour Rome, seigneur, qu'un bien imaginaire,
Plus nuisible qu'utile, et qui n'approche pas
De celui qu'un bon prince *apporte* à ses États.

P. Corneille, Cinna, II, 1.

Apporter en ce sens reçoit très souvent pour sujet un nom de chose, un nom abstrait :

La lestre qu'il vous a pleu m'escripre par Frotté et sa
créance m'a *apporté* plus de contentement que je n'en eusse
ousé désirer.

La Reine de Navarre, Lettre 90, à François Iᵉʳ, 1537.

Le corps nous *apporte* infinis... empêchements pour son
entretenement nécessaire.

Amyot, trad. de Plutarque, Œuvres morales : Consolation
à Apollonius.

Telle chose est ici abominable, qui *apporte* recommandation ailleurs.

Montaigne, Essais, II, 12.

Le Nil *apporte* des commodités autant que fleuve qui soit
au monde, et toutefois personne ne lui pense être obligé
du bien qu'il fait.

Malherbe, trad. du Traité des bienfaits de Sénèque, VII, 7.

La bonne conscience *apporte* une grande confiance en
Dieu.

Mich. de Marillac, trad. de l'Imitation de Jésus-Christ.
Édit. de M. de Sacy, p. 6.

Nos soins se doivent étendre plus loin que le temps présent, et... il est bon d'omettre les choses qui *apporteroient* peut-être quelque profit à ceux qui vivent, lorsque c'est à dessein d'en faire d'autres qui en *apportent* davantage à nos neveux.

> Descartes, *Discours de la Méthode*, VI.

La corruption des mœurs, que vos maximes *apportent*, est digne d'une autre considération.

> Pascal, *Provinciales*, XI.

La fameuse victoire de Rocroy donna autant de sûreté au royaume qu'elle lui *apporta* de gloire.

> Cardinal de Retz, *Mémoires*.

Les plus sages veulent presque toujours que leur beauté leur *apporte* de la gloire.

> Mme de Motteville, *Mémoires*.

Des sciences sont nés les arts, qui *ont apporté* tant d'ornement et tant d'utilité à la vie humaine.

> Bossuet, *De la Connoissance de Dieu et de soi-même*, c. 1, art. 15.

Il établissoit un grand commerce; mais les commencements ne lui *apportoient* que des espérances.

> Voltaire, *Histoire de Charles XII*.

J'aprins les noms des quatre partz du monde,
J'aprins les noms des ventz, qui de là sortent,
Leurs qualitez, et quel temps ilz *apportent*.

> Cl. Marot, *Églogue au Roy*.

... Tout ce qui repasse en mon entendement
M'*apporte* de la crainte et de l'étonnement.

> Régnier, *Élégies*, I.

Une morale nue *apporte* de l'ennui;
Le conte fait passer la morale avec lui.

> La Fontaine, *Fables*, VI, 1.

Apporter a voulu dire Produire, et a été pris au sens où l'on emploie maintenant Rapporter, dans une application spéciale, en parlant des fruits :

Toutes bonnes terres n'*apportent* pas bon fruict en quelque sorte que ce soit.

> *Le Loyal Serviteur*, c. 26.

Quelle noblesse et vertu aussi est-ce, de faire bourgeonner des vignes, jetter des fueilles, et puis des fleurs, et en la fin leur faire *apporter* un fruict si excellent?

> Calvin, *Institution chrestienne*, liv. I, c. 16, § 2.

Je t'ai baillé pour exemple les vignes... qui sont entre Saint-Jehan-d'Angely et Nyort, lesquelles vignes *apportent* du vin qui n'est pas moins estimé qu'Hippocras.

> Bernard Palissy, *De la Marne*.

Quel fruict peut *apporter* la terre sans le bénéfice du Ciel?

> Olivier de Serres, *Théâtre d'Agriculture*, Ier lieu, c. 4.

N'iert point la terre lors arée,
Mès si cum Diex l'avoit parée
Par soi-meismes *aportoit*
Ce dont chascuns se confortoit.

> *Roman de la Rose*, v. 8421.

Apporté, ée, participe.

Vainement d'un breuvage, à deux mains *apporté*,
Gilotin avant tout le veut voir humecté.

> Boileau, *le Lutrin*, V.

Ce feu sacré que Prométhée
Osa dérober dans les cieux,
La raison à l'homme *apportée*,
Le rend presque semblable aux dieux.

> J.-B. Rousseau, *Odes*, II, IX.

On dit qu'avant la boîte *apportée* à Pandore
Nous étions tous égaux; nous le sommes encore.

> Voltaire, *Discours sur l'homme*.

D'*apporter*, on a fait APPORTEMENT, action d'apporter; APPORTAGE, action d'apporter, salaire de celui qui apporte; enfin APPORT, resté seul en usage.

APPORT, s. m.

Il a signifié, d'une manière générale, action d'apporter :

Le Scythe boit du sang du premier homme qu'il jette bas, et apporte au roi les têtes de tous ceux qu'il fait mourir en bataille, faisant lequel *apport*, demeure sien tout le butin qu'il peut faire, autrement non.

> Saliat, trad. d'Hérodote, liv. IV, 64.

On l'a dit en parlant des divers services d'un repas :

Pantagruel luy respondit que, sus l'*apport* de la seconde table, Panurge avoit proposé une matiere problematicque, à scavoir s'il se devoit marier ou non.

> Rabelais, *Pantagruel*, III, 35.

Sur l'*apport* du second service, quelqu'un luy vint dire quelque chose à l'oreille.

> Sully, *Œconomies royales*, c. 16.

En parlant des denrées, des marchandises :

Ainsi tout *apport* par eaux estoit clos aux Parisiens.

> Matthieu, *Histoire des derniers troubles de France*, V.

Avec cette flotte il n'y auroit pas beaucoup à craindre ni

les captures des corsaires hollandois, ni l'interruption de l'*apport* du charbon d'Écosse dans Londres.

 COLBERT (de Croissy), à Louis XIV, 29 janvier 1670.
 (Voyez MIGNET, *Négociations relatives à la succession d'Espagne*, t. III, p. 140.)

De là l'emploi du mot APPORT, pour désigner ces denrées, ces marchandises elles-mêmes :

 Et li autre dis demourront
 Por garder nostre nave au port
 Et por recevoir tout l'*aport*
 Que nous là lor aporterons.
     Renart le nouvel, v. 4732.

Le droit qu'elles supportent à leur entrée :

Tant d'*apport*.
     DANET, *Dictionnaire*.

Plus ordinairement, le lieu où elles sont apportées, un Marché :

 La nature l'avoit située (la France) entre trois diverses mers qui luy servoient de bornes, d'*apport* et d'abort de toutes les parties du monde.
  DU VAIR, *Actions et traités oratoires*. (Voyez *Œuvres*, Rouen, 1627, p. 21.)

 A Paris il y a deux *apports* : l'*apport Baudouyer* vers Saint-Gervais, et l'*apport de Paris* au Grand Châtelet.
    FURETIÈRE, *Dictionnaire*.

La place du Châtelet s'est longtemps appelée l'*Apport-Paris*.

De cette dernière signification de Marché, *apport* a passé au sens de Nombreux concours, d'affluence :

 La ville n'est pas grande, mais fort ancienne et bien renommée pour l'*apport* qu'il y a, à cause de l'apparition de certaines déesses qui y sont réclamées et que l'on appelle les Mères.
  AMYOT, trad. de Plutarque, *Vie de Marcellus*.

 Il y avoit un temple et un oracle de Pasiphaé auquel y avoit grant *apport* en la ville de Thalamos.
  LE MÊME, *Vies d'Agis et de Cléomène*, c. 2.

 Un temple auquel il y a grand *apport* de gens (frequentissima Ædes).
  J. THIERRY, NICOT, *Dictionnaires*.

Lieu de grand *apport*.
    MONET, *Dictionnaire*.

Tel est probablement le sens d'APPORT dans le passage suivant :

 D'autant qu'elle avoit été nourrie en maison d'*apport* et qu'elle sçavoit suivre et entretenir toutes sortes de bons propos.
  BONAVENTURE DES PERRIERS, *Contes ou Nouvelles*.

APPORT a encore signifié le Revenu, la rente, qu'apporte, que rapporte un capital :

 Le principal de l'argent avec les *apports*.
    MONET, *Dictionnaire*.

APPORT, en termes de Pratique, se dit en parlant de pièces dont on fait le dépôt, *apport de pièces*.

Acte d'apport est le Récépissé qu'on donne des pièces déposées.

APPORT se dit aussi, en termes de Droit, des Biens qu'un époux apporte dans la communauté conjugale :

 Apport de une fiancée.
    COTGRAVE, *Dictionnaire*.

 En cas de renonciation, la femme pourra reprendre ses *apports* francs et quittes.
    Code civil, art. 1497.

Il se dit également de Ce qu'un associé apporte à la masse sociale :

 Lorsque cet *apport* consiste en un corps certain, et que la société en est évincée, l'associé en est garant envers la société.
    Code civil, art. 1845.

APPOSER, v. a. (du simple *poser*).

On l'a employé avec le sens originel de Poser, placer, mettre auprès, mettre sur, appliquer :

 Phidias, par le conseil et advis de Périclès, avoit tellement *apposé* et appliqué l'or en la composition de l'image dès le commencement que l'on pouvoit oster tout et le peser.
  AMYOT, trad. de Plutarque, *Vie de Périclès*, c. 59.

 ... Sa statue qu'il avoit *apposée* à côté du roy.
  EST. PASQUIER, *Recherches de la France*, VI, 42.

 ... On le peut (le sort) corriger par conseil,
 Et à la playe *apposer* l'appareil.
    RONSARD, *la Franciade*, III.

Apposer un sceau, un cachet, est resté fort usité ;

 Quand il revint à le cacheter et *apposer son sceau*.
  AMYOT, trad. de Plutarque, *Vie de Lysandre*, c. 37.

A quoi faire sont appelées ces personnes de qualité? A quelle fin *apposent-ils leurs cachets?*

MALHERBE, trad. du *Traité des bienfaits* de Sénèque, III, 15.

Aux depesches qu'il faisoit en Europe, il y *apposoit son cachet*, mais en celles d'Asie, il se servoit de l'anneau de Darius.

VAUGELAS, trad. de Quinte-Curce, *Histoire d'Alexandre*, VI.

En foi de quoi ils (les plénipotentiaires) ont signé le présent traité de leur propre main, et à icelui fait *apposer les cachets* de leurs armes.

Traité entre la France, l'Angleterre et les Provinces unies des Pays-Bas, 15 avril 1668. (Voyez MIGNET, *Succession d'Espagne*, t. II, p. 629.)

Le jeune Selictar Ali Coumourgi l'éleva à ce poste glissant, en attendant qu'il pût s'y placer lui-même; et Jussuf, sa créature, n'eut d'autre emploi que d'*apposer les sceaux* de l'empire aux volontés du favori.

VOLTAIRE, *Histoire de Charles XII*, liv. VI.

Apposer le scellé, les scellés, c'est Appliquer juridiquement le sceau de l'officier public à un appartement, à un meuble fermant, etc., afin d'empêcher qu'on n'en tire ce qui y est enfermé :

Si tous les héritiers ne sont pas présents, s'il y a parmi eux des mineurs ou interdits, le *scellé* doit être *apposé* dans le plus bref délai.

Code civil, art. 819.

On a dit aussi fréquemment et l'on a continué de dire, Apposer sa signature, son nom :

Julius Frontinus se demit de sa charge pour en revestir Domitien, dont on *apposoit le nom* aux lettres patentes et aux déclarations, quoyque Mucien eust toute l'autorité.

PERROT D'ABLANCOURT, trad. de Tacite, *Histoire*, IV, 5.

On vit donc cet homme (Robespierre) qui avoit signé pendant plus d'une année un nombre inouï d'arrêts de mort, couché tout sanglant sur la table même où il *apposait son nom* à ces sentences funestes.

Mme DE STAEL, *Considérations sur la Révolution française*, t. II, IIIe part., c. 19, § 6.

Enfin, APPOSER est resté d'usage dans un emploi un peu plus éloigné du sens propre, en parlant de Conditions, de clauses, etc., insérées dans un contrat, dans un traité, etc.

L'exception que Monsieur d'Evreux et moy fismes *apposer* à l'article que nous promismes icy touchant ledit concile, pourvoit assez pour ce regard à la tranquillité du royaume.

LE CARDINAL D'OSSAT, *Lettres*, II, 82.

... Cette fille du second lit qu'il avoit épousée passoit aux droits des enfants du premier lit qui se trouvoient épuisés; et de plein droit le faisoit duc et pair de la date de la première érection ; que la clause en tant que besoin *seroit apposée* aux lettres nouvelles qu'il avoit obtenues aussitôt après son mariage...

SAINT-SIMON, *Mémoires*, 1694.

Odieux soupçon qu'il a répandu, que j'avois pu abuser d'une date et d'une signature en blanc pour y *apposer* un arrêté de compte.

BEAUMARCHAIS, *Mémoires*.

APPOSÉ, ÉE, participe.

Ilz crachoient villainement dedans les platz à fin que les hostes abhorrens leurs infames crachatz et morveaux desistassent manger des viandes *apposées*.

RABELAIS, *Pantagruel*, IV, Ancien prologue.

Il trouvoit les marques par lui *apposées* saines et entières, et le cabinet très-bien clos et fermé.

SALIAT, trad. d'*Hérodote*, II, 121.

... Quand l'empereur envoya sa ratification (de la trêve conclue entre lui et le sultan), M. d'Aramon remontra, par infinies raisons très-urgentes, qu'elle étoit obscure et captieuse pour les conditions y *apposées*.

M. DE MORVILLIERS, à Henri II, 5 mai 1548. (Voyez CHARRIÈRE, *Négociations de la France dans le Levant*, t. II, p. 56.)

... De là peu à peu les secrétaires d'État lui représentèrent (au roi) l'effet confirmatif de leur signature *apposée* aux actes qu'il signoit.

SAINT-SIMON, *Mémoires*, 1713.

APPOSITION, s. f. (du latin *appositio*).
Action d'apposer.

Il s'est employé, comme APPOSER, et s'emploie encore quelquefois dans ce sens général :

Vous, en vostres royaumes, avez quelques roys lesquelz fantasticquement guarissent d'aulcunes maladies, comme scrophules, mal sacré, fiebvres quartes, par seule *apposition* des mains.

RABELAIS, *Pantagruel*, V, 20.

On le dit, en Physique, de la Jonction de certains corps à d'autres de même espèce, de leur simple rapprochement :

Ils verront que sa structure n'indique point une formation lente par une *apposition* successive de lames ou de petits feuillets.

SAUSSURE, *Voyages dans les Alpes*, t. II, c. 14, § 624.

C'est une question de savoir si les minéraux croissent par *apposition*.

Dictionnaire de l'Académie, 1762.

Dans le passage suivant, de date ancienne, APPOSITION est dit de la chose même apposée.

Appositions, sont les matières terrestres entremeslées, lesquelles se mettent entre deux congélations de pierres et métaux, et rendent en cet endroit la masse plus tendre et impure.

BERNARD PALISSY, *Explication des mots les plus difficiles.*

On dit particulièrement l'*apposition du scellé, des scellés, une apposition de scellé :*

Il s'élève des contestations entre les parents et les créanciers pour l'*apposition* du scellé. Montbailli le fils est présent à tout ; il discute tout avec une présence d'esprit imperturbable, une affliction tranquille que n'ont jamais les coupables.

VOLTAIRE, *la Méprise d'Arras :* Procès criminel de Montbailli.

Si tous les héritiers sont présents et majeurs, l'*apposition de scellés* sur les effets de la succession n'est pas nécessaire.

Code civil, art. 819.

Les créanciers peuvent aussi requérir l'*apposition des scellés...*

Même ouvrage, art. 820.

On dit encore l'*apposition d'une signature :*

... L'écriture moderne est plus claire et plus déterminée que l'ancienne... De là l'importance du sceau, qui l'emportoit de beaucoup sur le chirographe, ou l'*apposition* du nom.

J. DE MAISTRE, *Du Pape*, I, 15.

APPOSITION, en termes de Grammaire et de Rhétorique, se dit d'une Figure qui joint un substantif à un autre, sans particule conjonctive et par une sorte d'ellipse, pour exprimer quelque attribut particulier de la chose dont on parle :

Ce que l'on nomme *apposition*, comme *Anna soror, urbs Athenæ*, n'est proprement qu'une ellipse du verbe substantif, pour *Anna ens*, ou, parce que ce participe n'est plus en usage, *quæ es soror; urbs quæ est* ou *quæ dicitur Athenæ...* l'*apposition* ne se fait pas seulement d'un seul mot, mais aussi de plusieurs.

Méthode latine de Port-Royal, Figures de construction, I.

L'*apposition* emploie des substantifs comme épithètes. Louis Racine, poëme de la Religion :

C'est dans un foible objet, imperceptible ouvrage,
Que l'art de l'ouvrier me frappe davantage.

III.

Dans le premier de ces deux vers, *imperceptible ouvrage* est joint par *apposition* à *faible objet :* tour plus hardi et plus vif que si l'auteur eût dit, *faible objet* qui est un *ouvrage imperceptible.*

T.-V. LECLERC, *Nouvelle rhétorique française*, II, 11 : Figures de mots.

Dans le passage suivant *apposition* est employé comme terme de Grammaire, mais en un sens différent, en parlant de L'adjonction d'une lettre dans un mot :

L'hébreu, concis, énergique, presque sans inflexion dans ses verbes, exprimant vingt nuances de la pensée par la seule *apposition* d'une lettre...

CHATEAUBRIAND, *Génie du Christianisme*, V, 3.

APPRÉCIER, v. a. (du latin *appretiare*, et par ce mot, de *pretium*).

Fixer le prix, la valeur d'une chose ; l'évaluer, l'estimer :

Ny plus ny moins qu'un bon lapidaire oppose deux beaux diamantz l'un contre l'autre pour mieux les *aprécier*, de mesme en faictz-je de ces deux grandz capitaines.

BRANTÔME, *Grands Capitaines françois :* L'admiral de Chastillon.

Apprecier à argent. Il l'*apprecia* ung escu.

ROB. ESTIENNE, *Dictionnaire françois-latin.*

Les moissons, cens et rentes foncières en grain, dues à certain jour et lieu, *seront appréciées* au plus haut prix qu'elles ont valu en l'an.

LOYSEL, *Institutes coutumières*, 689.

Il y a plus de rétributions dans les paroisses pour un mariage que pour un baptême, et plus pour un baptême que pour la confession. L'on diroit que ce soit un taux sur les sacrements, qui semblent par là *être appréciés.*

LA BRUYÈRE, *Caractères*, c. 14.

Les lois des Germains *apprécièrent* en argent les satisfactions pour les torts que l'on avoit faits, et pour les peines et les crimes.

MONTESQUIEU, *Esprit des Lois*, XXII, 2.

Ils prennent leurs esbatemens
D'*aprecier* enterremens,
Baptesmes.

GRINGORE, *le Jeu du Prince des sotz :* Moralité.

C'est encore au sens propre qu'APPRÉCIER est pris dans des passages tels que le suivant :

Pour vous, dit Eutiphron, vous êtes riche... dix mille livres de rente, et en fonds de terre, cela est beau... pen-

58

dant que lui, qui parle ainsi, a cinquante mille livres de revenu, et qu'il croit n'avoir que la moitié de ce qu'il mérite. Il vous taxe, il vous *apprécie*, il fixe votre dépense.

LA BRUYÈRE, *Caractères : De la Société.*

Il se prend aussi figurément au sens moral; En parlant des choses :

Aymer ce qui est à aymer, loer ce qu'il vous plaist souverainement, et *aprecier* ce qui vous est precieux.

Le Livre de l'Internelle consolacion, II, 50.

Ils *apprécient* les choses au-dessous de ce qu'elles valent.

LA BRUYÈRE, *Caractères de Théophraste,* X.

Un air respectueux m'ayant fait prendre le bout de la table, je ne pus être auprès de madame de Vambures. Ses yeux me reprochèrent ce défaut d'attention, qu'elle auroit mieux *apprécié* en le traitant de timidité imbécile.

MARIVAUX, *le Paysan parvenu,* VIe part.

Un étranger serait peut-être trop peu propre à *apprécier* le mérite de tous ces hommes illustres.

VOLTAIRE, *Siècle de Louis XIV,* c. 34.

La Motte semble avoir voulu *apprécier* la poésie, comme le géomètre mesure les corps en les dépouillant de toutes les qualités sensibles...

D'ALEMBERT, *Éloge de La Motte.*

L'auteur (Buffon) semble d'un vaste regard embrasser la nature, sans être troublé d'un tel spectacle, bien qu'il en *apprécie* la grandeur.

BARANTE, *De la Littérature française pendant le* XVIIIe *siècle.*

En parlant des personnes :

C'est offenser les hommes que de leur donner des louanges qui marquent les bornes de leur mérite : peu de gens sont assez modestes pour souffrir sans peine qu'on les *apprécie.*

VAUVENARGUES, *Réflexions et Maximes,* LXVI.

Le moyen le plus sûr peut-être d'*apprécier* les rois, c'est de les juger par les hommes à qu'ils accordent leur confiance.

D'ALEMBERT, *Éloge de Bossuet.*

Pourquoi n'ai-je trouvé nulle part un seul être qui m'*appréciât* ce que je vaux !

Mme DE STAEL, *Delphine,* V^e part., lettre IV.

APPRÉCIER, pris dans un sens moral, ne signifie quelquefois que Faire cas :

Souvent, et j'*apprécie* une faveur pareille,
On diroit qu'elle veut me parler à l'oreille.

COLLIN D'HARLEVILLE, *le Vieux Célibataire,* I, 2.

Le réel, le solide est ce que j'*apprécie,*
Et je regarde au drap plus qu'à la broderie.

ANDRIEUX, *le Vieux Fat,* III, 7.

Toujours pris au même sens, APPRÉCIER se construit quelquefois avec le pronom personnel :

On sait s'*apprécier,* et je crois qu'un artiste
Seroit, sans amour-propre, un être froid et triste.

COLLIN D'HARLEVILLE, *les Artistes,* II, 3.

On trouve APPRÉCIER employé absolument, par ellipse de son régime :

Le temps seul *apprécie,* et souvent ce temps est long.

VOLTAIRE, *Remarques sur l'Œdipe de P. Corneille.*

APPRÉCIER a dû être employé au sens où l'on emploie, en termes de Physique, APPRÉCIABLE. (Voyez ce mot.)

APPRÉCIÉ, ÉE, participe.

Il s'emploie quelquefois adjectivement en parlant des choses ou des personnes dont on fait cas.

APPRÉCIATION, s. f.
Estimation de la valeur d'une chose :

Les *apretiations* des grains.

CHARLES VI, *Lettre;* janvier 1398. (Voyez *Recueil des Ordonnances,* t. VIII, p. 312.)

Appréciacions de biens.

HENRI VI, *Lettre;* mai 1425. (Voyez *Recueil des Ordonnances,* t. XIII, p. 98.)

Dans le prêt à intérêt, l'objet de l'*appréciation* est l'usage d'une certaine quantité de valeurs pendant un certain tems.

TURGOT, *Réflexions sur la formation des Richesses,* § 98.

APPRÉCIATION est souvent pris, comme *apprécier,* dans un sens moral.

APPRÉCIATEUR, s. m.
Celui qui apprécie.

Dans un sens correspondant au sens propre du verbe :

Prenant le serment desdits *appréciateurs* de faire bonne et loyalle estimation des meubles.

Coutumes du Berry, I, 44. (Voir *Coutumier général,* III, 938.)

Dans un sens correspondant à son sens moral.
Il ne s'emploie guère alors qu'avec épithète :

Je cessai donc de regarder les comédiens comme d'excellents juges, et je devins un juste *appréciateur* de leur mérite.

LE SAGE, *Gil Blas,* III, 12.

La fleur de la noblesse, attirée à Paris par le cardinal de

Richelieu, formoit la cour du roi jeune, heureux.... juste *appréciateur* du mérite dans les lettres et dans les arts.

MARMONTEL, *Éléments de littérature : Essai sur le Goût.*

On trouve le féminin APPRÉCIATRICE :

... L'Angleterre, très-juste *appréciatrice* des talents et des vertus.

J. DE MAISTRE, *Du Pape*, liv. III, § 2.

APPRÉCIABLE, adj. des deux genres.

Qui peut être apprécié.

En termes de Physique, Qui peut être apprécié par les sens ou avec le secours des procédés physiques; dont on peut évaluer le poids, l'intensité, la durée, etc. :

Cette quantité est si petite qu'elle n'est pas *appréciable*.

Dictionnaire de l'Académie, 1835.

Les sous *appréciables* sont ceux dont on peut trouver ou sentir l'unisson et calculer les intervalles.

J.-J. ROUSSEAU, *Dictionnaire de Musique.*

APPRÉCIATIF, IVE, adj.

Qui marque l'appréciation.

Soit dans un sens correspondant au sens propre du verbe *apprécier :*

Un état *appréciatif* des marchandises.

Dictionnaire de l'Académie, 1835.

Soit dans un sens correspondant à son sens moral :

Amour *appréciatif*, terme de Théologie. Aimer Dieu d'un *amour appréciatif*, c'est l'aimer plus que toute autre chose; et l'*amour appréciatif* est un amour de Dieu sur toutes choses... Le commandement de Dieu nous oblige à l'aimer de cet *amour appréciatif*.

Dictionnaire de Trévoux.

APPRÉHENDER, v. a. (du latin *apprehendere*).

Au propre, Prendre, saisir :

Chascun la refuit (la pauvreté) en tous endroicts plus toust se exposans es naufraiges de mer, plus toust eslisans par feu, par mons, par goulphres passer, que d'icelle *estre apprehendés*.

RABELAIS, *Pantagruel*, IV, 57.

Du temps d'Aristote ce mal (la rage) n'*avoit* pas encore *appréhendé* les hommes.

BOUCHET, *Serées*, I, 7.

Il ne s'est perpétué en ce sens que comme terme de Pratique encore d'usage en parlant des prises de corps; de là cette locution toujours subsistante, *appréhender au corps :*

Nostre grand bailly, comme souverain officier, peut... *apprehender* tous criminels et malfaicteurs... et si le sergent de nostre dit bailly... *apprehende au corps* aucuns malfaicteurs en la terre d'un haut justicier, etc.

Coutume de Haynault. (Voir le *Coutumier général*, t. I, p. 781.)

Elle fut par la justice *appréhendée* et menée devant Cn. Dolabella.

RABELAIS, *Pantagruel*, III, 44.

Quand quelqu'un, soupçonné par signes ou conjectures poignantes d'avoir commis un délit, *estoit appréhendé* par justice, il estoit nourry an et jour en prison au pain et à l'eau.

EST. PASQUIER, *Recherches de la France*, IV, 1.

Si pris et appréhendé peut être, ancienne formule employée dans les sentences et arrêts par contumace.

APPRÉHENDER, avec un nom de chose pour régime, a également signifié Prendre, et donné lieu à des manières de parler depuis longtemps sorties de l'usage.

On a dit, par exemple, *appréhender une succession*, pour L'accepter, la recueillir :

Une succession à laquelle un tuteur a renoncé, peut *être appréhendée* par son pupille quand il est parvenu à sa majorité.

Dictionnaire de Trévoux.

Appréhender une dignité, S'en mettre en possession :

Ils (les rois) désirèrent deux choses auparavant qu'un évesque pust *appréhender* la dignité.

EST. PASQUIER, *Recherches de la France*, III, 36.

On a dit même *appréhender un coup*, pour Le recevoir :

Qui est-ce qui se peut garantir d'*appréhender* ce coup duquel la nature mesme a horreur?

G. DU VAIR, *De la Constance et consolation es calamitez publiques.*

Cet emploi figuré d'APPRÉHENDER se retrouve encore, mais introduit par voie de traduction, dans ce passage de Bossuet :

Il n'a pas pris la nature angélique, mais il a voulu prendre, servons-nous des mots de l'auteur, il a voulu *appréhender* la nature humaine. (Saint Paul, Hebr. II, verset 16 : *Non angelos apprehendit, sed semen Abrahæ apprehendit.*)

BOSSUET, *Sermons :* Sur la bonté et la rigueur de Dieu à l'égard des pécheurs.

APPRÉHENDER, pris dans un sens moral, a signifié Saisir par l'intelligence, comprendre, entendre, concevoir, connaître :

Pourtant, afin que nous *apprehendions* par vraye foy ce qui est expedient de cognoistre de Dieu, il nous est besoin de savoir l'histoire de la création du monde, selon qu'elle a esté brievement exposée par Moyse.

CALVIN, *Institution chrestienne*, I, 14, § 20.

Nous *apprehendons* ce qui est droit, juste, et honneste : ce qui ne se peut faire par nos sens corporels.

LE MÊME, même ouvrage, I, 15, § 2.

Son premier office (de l'entendement)... est de recevoir simplement et *appréhender* les images et espèces des choses.

CHARRON, *De la Sagesse.*

Ainsi, où que nous allions, où que nous soyons, nous trouvons Dieu présent; chacun sçait cette vérité, mais chacun n'est pas attentif à l'*appréhender.*

SAINT FRANÇOIS DE SALES, *Introduction à la vie dévote,* II, 2.

Faute que nous ne nous représentons pas d'où nous sommes partis, mais où nous voudrions bien être, nous n'*appréhendons* jamais notre félicité.

MALHERBE, trad. du *Traité des Bienfaits* de Sénèque, II, 27.

Bien souvent de la très-haute fortune à la très-basse il y a si peu de chemin, qu'il se trouve fait devant que d'*avoir été appréhendé.*

LE MÊME, même ouvrage, VI, 32.

Appréhender sa charge et son devoir.

MONET, *Dictionnaire.*

Du sens de Connaître et de ce qu'il implique, du sens de Prévoir, APPRÉHENDER a passé à sa signification usuelle, Craindre, redouter :

Les innocens mesmes *appréhendent* la justice, parce que ce n'est pas Dieu qui la rend, mais des hommes qui peuvent estre trompez.

LE MAISTRE, *Plaidoyers*, XXV.

Je n'eusse pas manqué de te visiter dans ta disgrâce, si je n'eusse sceu que les malheureux n'*appréhendent* rien tant que le visage de leurs amis, dans leur infortune.

PERROT D'ABLANCOURT, trad. de Lucien, *Timon, ou le Misanthrope.*

APP

L'habitude qui a eu la force en quelques pays d'accoutumer les hommes au feu, nous a endurcis à des choses que nos pères ont *appréhendées* plus que le feu.

LE CARDINAL DE RETZ, *Mémoires.*

Maintenant les plus délicats ne la sauroient plus *appréhender* (la pénitence), après ce que nous avons soutenu dans nos thèses du collège de Clermont.

PASCAL, *Provinciales*, X.

Et si le ciel n'a rien que tu puisses *appréhender*, *appréhende* du moins la colère d'une femme offensée.

MOLIÈRE, *le Festin de Pierre*, I, 3.

La mort n'arrive qu'une fois, et se fait sentir à tous les moments de la vie : il est plus dur de l'*appréhender* que de la souffrir.

LA BRUYÈRE, *Caractères*, c. 11.

Il (Clément XI) se comportoit avec tant de bassesse et de timidité à l'égard de ceux dont il *appréhendoit* la puissance, qu'ils ne lui savoient aucun gré de ce qu'ils en arrachoient par force et par terreur.

SAINT-SIMON, *Mémoires*, 1717.

Cette pauvre fille se livra à des sentiments si tendres et si douloureux, que j'*appréhendai* quelque chose pour sa vie d'une si violente émotion.

L'ABBÉ PRÉVOST, *Manon Lescaut*, II° part.

Elle *apréhenda* moins la mort et le couteau
Que le sale toucher d'un infâme bourreau.

AGR. D'AUBIGNÉ, *Tragiques :* Les Feux, liv. IV.

Qui n'*appréhende* rien présume trop de soi.

P. CORNEILLE, *Polyeucte*, II, 6.

Et n'*appréhendez* point Rome ni sa vengeance.

LE MÊME, *Nicomède*, IV, 2.

J'*appréhende* l'effet d'un pareil entretien.

DESTOUCHES, *le Médisant*, V, 6.

On dit non seulement *appréhender* une chose, mais *appréhender* une personne :

Ce fut lors que M. de Nemours haranguant ses gens et parlant des ces Espaignolz, il dist qu'il ne failloit point *appréhender* ces soldatz espaignolz, qui se vantoient et bravoient tant.

BRANTÔME, *Grands Capitaines françois :* Des Couronnels françois.

Les mendiants nuisent plus qu'ils ne servent dans les émotions populaires, parce que la crainte du pillage les fait *appréhender.*

CARDINAL DE RETZ, *Mémoires.*

On a grand tort de m'*appréhender :* ma colère feroit trop d'honneur, et je suis trop glorieux pour me plaindre.

BUSSY-RABUTIN, *Lettres;* à Mme de Sévigné, 9 juin 1668.

Conserve en me perdant ton rang et ton crédit,
Redoute l'empereur, *appréhende* Sévère.

P. Corneille, Polyeucte, V, 5.

Ce père est un témoin qu'on n'*appréhende* guère.

Palaprat, la Prude, I, 2.

Appréhender, au même sens, se construit encore de diverses manières;

Avec la préposition *de; appréhender de :*

Ils n'ont point *appréhendé de* tomber dans la haine pour éviter le mépris.

Balzac, Aristippe, Disc. II.

Chaque degré de bonne fortune qui nous élève dans le monde nous éloigne davantage de la vérité, parce qu'on *appréhende* plus *de* blesser ceux dont l'affection est plus utile et l'aversion plus dangereuse.

Pascal, Pensées.

Il y en a qui sont braves à coups d'épée, et qui craignent les coups de mousquet; d'autres sont assurés aux coups de mousquet, et *appréhendent de* se battre à coups d'épée.

La Rochefoucauld, Maximes, CCXV.

Il y a des misères sur la terre qui saisissent le cœur : il manque à quelques-uns jusqu'aux aliments, ils redoutent l'hiver, ils *appréhendent de* vivre.

La Bruyère, Caractères, c. 6.

Appréhendera-t-il (le prédicateur), par une fausse délicatesse, *de* redire souvent un texte que le Saint-Esprit et l'Église ont voulu répéter sans cesse tous les ans?

Fénelon, Dialogues sur l'Éloquence, I.

On *appréhende de* donner trop à celui à qui tout n'est pas trop, et à qui on n'a jamais rien donné.

Le même, Lettres spirituelles, XXXII.

Avec la conjonction *que; appréhender que :*

Dans Rome on *appréhenda qu'*il armast sur mer.

Brantôme, Grands Capitaines : Le baron des Adretz.

M'estant hasardé de parler latin, j'*appréhendois que* ma témérité m'eust mal réussi.

Balzac, Lettres; V, ii.

Le peuple étoit si animé, que l'on *appréhenda*, et avec fondement, *qu'*il ne forçât les portes de la grande-chambre.

Cardinal de Retz, Mémoires, IIe part., 1649.

Je viens de recevoir votre lettre, Monsieur. J'avois *appréhendé que* vous ne fussiez malade ou que vous m'eussiez oublié.

Bussy-Rabutin, Lettres; à l'abbé de Choisy, 17 août 1690.

La même justesse d'esprit qui nous fait écrire de bonnes

choses, nous fait *appréhender qu'*elles ne le soient pas assez pour mériter d'être lues.

La Bruyère, Caractères, c. 1.

Le poète... n'exigera point de l'acteur le fard d'un débit pompeux; il *appréhendera* au contraire *que* l'art ne défigure ce naturel qui lui a tant coûté.

Marmontel, Éléments de littérature : Déclamation dramatique.

N'*appréhendez*-vous point *que* je ne sois d'humeur
A dire à mon mari cette galante ardeur?

Molière, Tartufe, III, 3.

Appréhender se prend encore encore dans un sens neutre :

O grand Dieu... la justice de vos jugements me fait *appréhender*, mais votre miséricorde infinie me donne espérance.

Saint François de Sales, Sermons.

Qu'a-t-on fait de mon fils? Hélas! que j'*appréhende!*

Le Grand, l'Amour diable, sc. 9.

Il se construit alors, le plus souvent, avec la préposition *pour; appréhender pour :*

Et comme il est (Jésus-Christ) tout-puissant et ne peut rien craindre pour lui-même, nous devons conclure très-certainement, Messieurs, que c'est *pour* nous qu'il *appréhende.*

Bossuet, Sermons : Contre l'Ambition.

Appréhendé, ée, participe.

Saisi; au propre :

Si est-ce qu'on ne trouve point que ce grand roy exerçast trop rigoureuse justice contre les factionnaires de M. de Bourbon, *appréhendez*, comme il se peut voir par les histoires.

Brantôme, Grands Capitaines : Le grand roy François.

Au figuré :

Deux mariages et un gouvernement de Milan perdirent le connestable de Bourbon : le mariage d'une mère de roy mal à propos refusé, celuy d'une sœur d'empereur *appréhendé* sans propos.

Est. Pasquier, Recherches de la France, IV, 12.

Tant d'autres malheurs que leur singularité rend plus terribles et cependant moins *appréhendés.*

Massillon, Carême : Sermon sur la Mort.

APPRÉHENSION, s. f. (du latin *apprehensio*).

Au propre, Action de prendre, de saisir :

L'action de la main est l'*appréhension.* L'homme a deux mains afin de la mieux faire.

Dionis. (Cité dans le Dictionnaire de Trévoux.)

En termes de Pratique, Prise de corps, arrestation, saisie de biens :

A prendre et lever ladicte somme sur iceulx Liégois, par l'*appréhension de leurs biens et de leurs corps*, en quelque lieu qu'ilz pourront estre trouvez.

MONSTRELET, *Chronique*, t. I, liv. I, c. 47, p. 385.

On lit, dans la coutume du Hainault (voyez *Coutumier général*, t. I, p. 782), au lieu d'APPRÉHENSION dans le sens de Prise de corps, APPREHENDITION.

Dans un sens moral, Faculté de concevoir, conception, intelligence :

Ne craindre quand le cas est evidentemment redoubtable est signe de peu ou faulte d'*apprehension*.

RABELAIS, *Pantagruel*, IV 22.

Je vous prie, quelle correspondance y a-il des sens corporels avec ceste *apprehension* si haute et si noble, de savoir mesurer le ciel, mettre les estoilles en conte...

CALVIN, *Institution chrestienne*, liv. I, c. 5, § 5.

L'entendemant humain, comme il est rempli d'orgueil et temerité, prend l'audace d'imaginer Dieu tel que son *apprehension* le porte : et selon qu'il est lourd et comme accablé d'ignorance brutale, il conçoit au lieu de Dieu toute vanité, et je ne say quels phantosmes.

LE MÊME, même ouvrage, liv. I, c. 11, § 8.

L'imagination est une *apprehension* et reconnoissance des choses et objects qui nous sont representez par les cinq actions sensitives, cy-devant declarées.

A. PARÉ, *Introduction à la cognoissance de la vraie chirurgie*, I, 12.

Ceux qui pour estre d'*appréhension* tardive en sont importuns, facheux et chargeants.

AMYOT, trad. de Plutarque, *Œuvres morales*.

L'*apprehension*, je l'ay lente et embrouillée.

MONTAIGNE, *Essais*, II, 17.

Calvin exclut comme insuffisante toute l'union qu'on peut avoir avec Jésus-Christ, non seulement par l'imagination, mais encore par la pensée, ou par la seule *appréhension* de l'esprit.

BOSSUET, *Histoire des Variations des églises protestantes*, liv. IX, n° 38.

Il (le duc de Beauvilliers) étoit né vif... L'énonciation aisée, agréable, exacte, naturelle ; l'*apprehension* vive.

SAINT-SIMON, *Mémoires*, 1714.

... Un sens si droit et si juste, qu'il (le régent) ne se roit jamais trompé en chaque affaire et en chaque chose, il avoit suivi la première lumière et la première *appréhension* de son esprit.

LE MÊME, même ouvrage, 1718.

De là l'emploi de ce mot, en termes de Logique, pour signifier L'idée même que l'on prend d'abord d'une chose :

Comme sans contredict l'homme a esté creé pour aspirer à la vie celeste, aussi il est certain que le goust et *apprehension* d'icelle a esté imprimée en son ame.

CALVIN, *Institution chrestienne*, I, 15.

Combien qu'apprehendions subitement et facilement, nous sommes legers et muables en nos *apprehensions* et opinions.

A. PARÉ, *Introduction à la cognoissance de la vraie chirurgie*, III, 6.

Les estranges merveilles des enfers, et les descriptions qu'ils (les poëtes) en font, esquelles, par paroles effroyables, ils nous peignent et impriment des *apprehensions* et imaginations de fleuves brulans, de lieux horribles, de tourments épouvantables...

AMYOT, trad. de Plutarque, *Œuvres morales*.

N'ayant jamais eu le sens de la veuë, il ne cognoit point son imperfection : et ainsi vous ne sçauriez loger en son imagination nulle *apprehension* de lumière, de couleur et de veuë.

BOUCHET, *Serées*, II, 19.

Le raisonnement concerté ne nuit point à la première *appréhension* que nous avons de la vérité des choses.

BALZAC, *Aristippe*.

Entendre que Dieu veut dire la première cause, qu'homme veut dire animal raisonnable, qu'éternel veut dire qui n'a ni commencement ni fin, c'est ce qui s'appelle conception, simple *apprehension*.

BOSSUET, *De la Connoissance de Dieu et de soi-même*, c. 1, art. 13.

Les idées simples sont non seulement les premières *appréhensions* qui nous viennent par les sens, mais encore les premières comparaisons que nous faisons de ces *appréhensions*... L'évidence qui nous vient par les sens n'est qu'une *apprehension* nette d'objets ou d'images.

BUFFON, *Histoire naturelle : De l'Homme*.

APPRÉHENSION, dans l'usage ordinaire, signifie Prévoyance craintive, crainte ;

Soit pris absolument :

Pour ce, armé de ses armes, il s'y en va si assurément, bien que les harquebuzades donnassent fort, qu'on ne cognut jamais en luy nul brin d'*apprehention* ny d'estonnement.

BRANTÔME, *Grands Capitaines : M. de Guise*.

La mort est la condition de la vie : quand on nous donne l'une, on nous promet l'autre ; nous en sommes au chemin, c'est folie de l'appréhender. L'*appréhension* est des choses douteuses : la mort est certaine, il la faut attendre.

MALHERBE, trad. des *Épitres* de Sénèque, XXX, 4.

Monseigneur, lorsque je croyois avoir la plus grande affliction du monde, et toute celle dont un esprit est capable, l'*appréhension* que j'ay euë pour V. A. m'a fait voir que je pouvois être plus malheureux que je ne suis.

VOITURE, *Lettres;* à M. le duc d'Enghien.

Elle (Henriette d'Angleterre) ne songeoit plus à la vie, et ne pensoit qu'à souffrir les douleurs avec patience. Elle commença à avoir beaucoup d'*appréhension*.

Mme DE LA FAYETTE, *Histoire d'Henriette d'Angleterre*.

L'*apréhension*, le dépit, la pitié, la colère... tout ce qui porte à commettre quelque forfait.... s'empara du cœur de notre héroïne.

LA FONTAINE, *Psyché*, I.

Soit construit, comme *appréhender,* avec la préposition *de* ou la conjonction *que.*

Avec la préposition *de,* ce qui est le cas le plus ordinaire :

Ce que toutes les menaces et deffenses n'avoient sceu faire, l'*apprehention de* l'honneur taché et vilipendé le fit.

BRANTÔME, *Grands Capitaines :* M. d'Aussun.

J'ay ouy dire que l'*apprehension de* la mort a guéri des maladies.

MONTLUC, *Commentaires*, liv. III.

M. le cardinal de Richelieu a esté si mal, que j'ay esté huict ou dix jours que je n'entrois jamais au chasteau qu'avec *appréhension d'*ouir cette funeste voix : le grand Pan est mort.

MALHERBE, *Lettres;* à Racan, 10 septembre 1625.

Certainement le dernier de tous les maux est celui *duquel* on n'a ni de connoissance, ni d'*appréhension*.

BALZAC, *Lettres*, IV, 18.

Pétus estant de retour, en *apprehension du* chastiment, Néron se contenta de le punir d'une raillerie.

PERROT D'ABLANCOURT, trad. de Tacite, *Annales*, XV, 4.

L'*appréhension* que vous avez eue *de* la justice des hommes vous a fait partager vos décisions, et former deux questions sur ces matières.

PASCAL, *Provinciales*, XIII.

Quiconque ne se soumet à la loi que par la seule *appréhension de* la peine, il s'excommunie lui-même du christianisme, et retourne à la lettre qui tue, et à la captivité de la synagogue.

BOSSUET, *Sermons :* Pour le jour de la Pentecôte.

Et pour toute disposition à la mort, ils n'ont que l'*appréhension* ou la peine *de* mourir.

FLÉCHIER, *Oraison funèbre de Mme de Montausier*.

La crainte est l'*appréhension du* mal à venir, laquelle devance les maux dont nous sommes menacés.

CH. LEBRUN, *Conférence tenue en l'Académie royale de Peinture et Sculpture*, p. 13.

Le seul souvenir de nos maux
Qui jà vers nous ont fait leur tour,
Ou *de* ceux qui viendront un jour
L'*apprehension* incertaine
Empoisonne la vie humaine.

JODELLE, *l'Eugène*, I, 1.

Avec la conjonction *que :*

Le gouverneur estoit déjà en *appréhension qu'*on n'eust pas ajousté foy à ses lettres.

VAUGELAS, trad. de Quinte-Curce, *Histoire d'Alexandre*, III.

Quand Auguste veut donner des bornes à l'Empire, c'est à son avis par une jalouse *appréhension qu'un* autre n'ait la gloire de les étendre.

SAINT-EVREMONT, *Observations sur Salluste et sur Tacite*.

Après avoir loué le courage que ces soldats avoient fait paroître pendant toute la guerre, Sylla leur laissa entrevoir quelque légère *apprehension qu'*ils ne se débandassent sitôt qu'ils se verroient dans leur patrie.

VERTOT, *Révolutions romaines*.

On l'emploie assez souvent, en ses divers sens, au pluriel :

Elle qui avoit des-ja passé les premières *apprehensions* de la crainte de mourir, print cueur.

LA REINE DE NAVARRE, *Heptaméron*, XV.

Telles *apprehentions* certainement ostent souvant les sens, les jugemens et les resolutions aux grandz capitaines qui sont entachez de pareilz crimes.

BRANTÔME, *Grands Capitaines estrangers :* Le maréchal d'Estrozze.

L'humeur de celle-ci est douce, complaisante et d'un très-bon naturel, comme l'on a pu voir dans une maladie de son mari, où ses inquiétudes et ses *apprehensions* firent assez paroître l'amitié qu'elle a pour lui.

Mlle DE MONTPENSIER, *Portraits :* Mme de Nouveau.

Le grand chancelier (de Suède) ne vouloit point se rendre à ces raisons quelques véritables qu'elles fussent, et faisoit à dessein des *apprehensions* qu'il ne vouloit point abandonner.

LE MARQUIS DE POMPONNE, *Mémoires*, I, 6.

L'inflexibilité du pape me jette dans de terribles *apprehensions*.

Mme DE MAINTENON, *Lettres;* à Mme la comtesse de Saint-Géran, 13 mars 1688.

APPRÉHENSIBLE, adj. des deux genres (du latin *apprehensibilis*).

Qui peut être saisi par l'esprit :

Je priay la cour de considérer que cest homme, incapable de se ressouvenir des maisons et des personnes, qui sont objects fort *appréhensibles* à la mémoire, n'estoit pas croyable de se ressouvenir d'un vers qu'il n'est qu'un son, et je le voulus obliger d'en réciter quelqu'un : mais le témoin se trouva muet.
THÉOPHILE, *Apologie au Roy*.

On en a fait le substantif, aujourd'hui hors d'usage,

APPRÉHENSIBILITÉ.

Qualité de ce qui peut être saisi par l'esprit.

APPRÉHENSIF, IVE, adj.

Il a eu des sens analogues à ceux d'*appréhender;* ainsi il a signifié Qui peut appréhender, saisir, soit dans un sens physique, soit dans un sens moral :

La faculté motive est divisée en progressive ou ambulative et *apprehensive*.
A. PARÉ, *Introduction à la cognoissance de la chirurgie*, I, 1.

Il luy fut respondu... que ceste diversité de dormir procedoit de l'empeschement qui est ès sens *apprehensifs*, selon qu'ils sont libres ou empeschez et enveloppez.
BOUCHET, *Serées*, II, 16.

Vaudroit mieux, disoit M. le connestable, aller avec un harquebuz ou une picque en la main, que manquer à son devoir, ny que d'estre ainsy consideratif et *apprehensif* de ses commoditez.
BRANTÔME, *Grands Capitaines françois :* Le connestable Anne de Montmorency.

On l'a surtout employé au sens de Porté à la crainte, craintif, timide :

Je m'estonne de ce qu'on lit aux histoires romaines de ceux qui, avant le jour des batailles assignées, dormoient aussi profondement que si c'estoit le lendemain de leurs nopces. Je n'ay jamais esté si peu *apprehensif*.
MONTLUC, *Commentaires*, IV.

On fit résoudre les plus *apprehensifs* à s'en éclaircir et sçavoir l'intention du roy.
MATTHIEU, *Histoire des derniers troubles de France*, V.

Je pourrois m'enquérir de vous pourquoi cette Anne (dans l'Hérode d'Heinsius), qui est dite prophétesse, est... si *apprehensive* d'un péril qui se pouvoit éviter.
BALZAC, *Dissertations critiques*, III.

Le lièvre est de tous les animaux celui qui est le plus *apprehensif*. La plupart des femmes sont *apprehensives*.
RICHELET, *Dictionnaire*.

Cet adjectif, retiré du *Dictionnaire de l'Académie* en 1762, a été rétabli en 1878.

APPRENDRE, v. a. (du latin *apprehendere*).

On l'a écrit APPREHENDRE (Cotgrave, *Dictionnaire*), APRENDRE, APENRE; APPRANDRE, APRANDRE, APANRE, etc.

De même origine qu'*appréhender*, il se rapproche d'une acception figurée de ce mot par son sens propre : Acquérir une connaissance :

Quoique ces quatre seigneurs et enfans fussent avec le roi leur père, ils étoient pour ce temps encore moult jeunes, mais le roi les y menoit pour *apprendre* les armes.
FROISSART, *Chroniques*, liv. I, part. II, c. 15.

Si *aprist* la noble dame le langaige du pays, assés pour demander ce qu'il luy fut nécessaire, car elle estoit jeusne et de grand engin.
Le Livre du très chevaleureux comte d'Artois, p. 136.

Mourir est la chose que l'on est le plus sûr de faire sans l'*avoir* jamais *apprise*.
MONTAIGNE, *Essais*.

J'étois en l'une des plus célèbres écoles de l'Europe... j'y *avois appris* tout ce que les autres y *apprenoient*.
DESCARTES, *Discours de la Méthode*, I.

Et afin que vous ne croyez pas que ce soit l'or et l'argent qui les meine, sçachez qu'ils n'*ont appris* cette discipline qu'en l'école de la pauvreté.
VAUGELAS, trad. de Quinte-Curce, III.

A chaque sensation, l'âme *apprend* des choses nouvelles.
BOSSUET, *De la Connoissance de Dieu et de soi-même*, c. 3, art. 8, 6º proposition.

Ses plus grands hommes (de la Grèce), un Homère, un Pythagore, un Platon, Lycurgue même et Solon, ces deux grands législateurs... allèrent *apprendre* la sagesse en Égypte.
LE MÊME, *Discours sur l'Histoire universelle*, III, 3.

On suivroit vingt ans bien des prédicateurs, sans *apprendre* la religion comme on doit la savoir.
FÉNELON, *Dialogues sur l'Éloquence*, III.

Les choses que l'on sait le mieux sont celles qu'on n'a pas *apprises*.
VAUVENARGUES, *Réflexions et maximes*, CCCCLXXIX.

Qu'il n'*apprenne* pas la science, qu'il l'invente.
J.-J. ROUSSEAU, *Émile*.

Et il savoit lor parleure,
Car à Rome, entre les ostages,
Avoit apris pluisors langages.
                        WACE, *Roman de Brut*, v. 5001.

Mais qui bien i vorroit entendre
Grand savoir i porroit *apprendre.*
                        Roman du Renart, Supplément, v. 10.

Si *j'apprenois* l'hébreu, les sciences, l'histoire!
Tout cela c'est la mer à boire.
                        LA FONTAINE, *Fables*, VIII, 25.

On a dit fort anciennement, *apprendre à une chose :*

Quant l'anfes ot XV anz et compliz et passez,
Premiers *apris a* letres tant qu'il en sot assez.
                        Parise la duchesse, v. 964.

A qui veez vous que ne despiece
Sa cause, si je m'y vueil mettre?
Et si n'*aprins* oncques *à* lettre
Que ung peu...
                        La Farce de Patelin, v. 20.

On a dit aussi *apprendre assez* d'une chose :

... Par luy *du* fait d'armes assez tu *aprendras.*
                        Doon de Maience, v. 2426.

Et Kallemaines est en Franche retournés,
Et fet Ogier nourrir de bonne volonté
Ou il *aprist* assés *des* eschés *et des* dés.
                        Gaufrey, v. 10, 267.

N'el puet nus *de* largece *aprendre.*
                        Roman de la Rose, v. 13616.

Apprendre à, suivi d'un verbe à l'infinitif, est une manière de parler fort usitée :

Ainsi avec les loups *apprend*-on *à* hurler.
                        BRANTÔME, *Grands Capitaines* : Le roy Charles IX.

Philosopher c'est *apprendre à* mourir.
                        MONTAIGNE, *Essais.*

Les oiseaux *apprennent à* voler en voyant voler leurs mères.
                        BOSSUET, *De la Connoissance de Dieu et de soi-même*, c. 5, art. 1.

N'est-ce pas là (dans le monde) qu'on *apprend à* faire servir à l'ambition, à la grandeur, à la politique, et la vertu, et la religion, et le nom de Dieu?
                        LE MÊME, *Oraison funèbre de la duchesse d'Orléans.*

Il *apprit* par ses propres peines *à* compatir à celles des autres.
                        FLÉCHIER, *Oraison funèbre de Le Tellier.*

III.

On *apprend à* veiller, on *apprend à* prier, on *apprend à* méditer, on *apprend à* macérer sa chair.
                        BOURDALOUE, *Sermons* : Sur le soufflet donné à Jésus-Christ.

Ce n'est que par la souffrance qu'on *apprend à* compatir et à consoler.
                        FÉNELON, *Lettres spirituelles*, XXIV.

Les femmes des Indes croient qu'il est honteux pour elles d'apprendre à lire.
                        MONTESQUIEU, *Esprit des lois*, XIX, 9.

Je disois à madame Du Châtelet : Vous vous empêchez de dormir pour apprendre la philosophie; il faudroit au contraire étudier la philosophie pour *apprendre à* dormir.
                        LE MÊME, *Pensées diverses.*

Il *avoit apris à* chanter,
Et lais et notes à harper.
                        WACE, *Roman de Brut*, v. 9338.

J'apprenois à pleurer devant un grand miroir.
                        BOURSAULT, *le Mercure galant*, IV, 2.

Je dois de vous encore *apprendre à* gouverner.
                        VOLTAIRE, *Alzire*, I, 1.

On a dit, au même sens, *apprendre de* faire une chose :

... Afin que s'ils persistent en leur mal, ils *apprenent d'accuser* leur iniquité comme cause de leur misère, plutost que vituperer Dieu comme trop rigoureux.
                        CALVIN, *Institution chrestienne*, liv. II, c. 5, § 2.

Malaisément pourra commander à autruy celuy qui n'a premierement *apris d'obeir* à la raison.
                        ANTHOINE DUVERDIER, *Les diverses leçons.*

Mais tant y a qu'il nous faudra renger
Dessous les loix d'un vainqueur estranger,
Et desormais en nostre ville *apprendre*
De n'oser plus contre César méprendre.
                        JODELLE, *Cléopâtre*, V.

APPRENDRE se construit encore avec la conjonction *que :*

N'est-ce pas une chose bien consolante pour les ambitieux *d'apprendre qu'ils* peuvent conserver une véritable dévotion avec un amour désordonné pour les grandeurs?
                        PASCAL, *Provinciales.*

L'on dit à la cour du bien de quelqu'un pour deux raisons : la première afin qu'il *apprenne que* nous disons du bien de lui, la seconde afin qu'il en dise de nous.
                        LA BRUYÈRE, *Caractères*, c. 8.

J'ai *appris* dans les affaires *que* s'en mêler n'est beau et agréable qu'au dehors.
                        SAINT-SIMON, *Mémoires*, 1718.

Il est à souhaiter que la dernière postérité *apprenne qu'un* des moins grands souverains de l'Europe a été celui qui a fait le plus de bien à son peuple.

> VOLTAIRE, *Siècle de Louis XIV.*

On sera sans doute un peu étonné *d'apprendre que* Marivaux, si éloigné de la simplicité dans ses comédies, la prêchât si rigoureusement à ses acteurs.

> D'ALEMBERT, *Éloge de Marivaux.*

Mais *apprenez qu'*Auguste est moins tyran que vous.

> P. CORNEILLE, *Cinna*, III, 4.

Apprenez que suivi d'un nom si glorieux
Partout de l'univers j'attacherois les yeux.

> J. RACINE, *Mithridate*, II, 4.

APPRENDRE reçoit divers compléments au moyen des prépositions *de, par, dans, sur;*
De la préposition *de* :

Memoire est tresoriere de toutes choses et garderesce de tout ce que hom trove novelement par engin ou que il *aprent des autres.*

> BRUNETTO LATINI, *li Livres dou Tresor*, liv. I, part. I, c. 16.

Plus *de* toy je deusse *apprendre* que toy *de* moy.

> RABELAIS, *Pantagruel*, II, 18.

Au lieu de déplorer la mort des autres, grand prince, dorénavant je veux *apprendre de* vous à rendre la mienne sainte.

> BOSSUET, *Oraison funèbre du prince de Condé.*

Nous *apprenons de* Pline que Trajan vivoit encore en bon et sociable citoyen dans une aimable familiarité.

> FÉNELON, *Lettre à l'Académie.*

Théodoric... abolit les gladiateurs au v⁰ siècle, non pas en les interdisant par un édit, mais en reprochant aux Romains cet usage barbare, afin qu'ils *apprissent d'*un Goth l'humanité et la politesse.

> VOLTAIRE, *Essai sur les mœurs*, c. 99.

Mais *apprenez de* moi qu'un ouvrage d'éclat
Ennoblit bien autant que le capitoulat.

> PIRON, *la Métromanie*, V, 4.

De la préposition *par* :

Carthage se croyoit forte, parce qu'elle avoit beaucoup de soldats, et n'avoit pu *apprendre par* tant de révoltes arrivées dans les derniers temps, qu'il n'y a rien de plus malheureux qu'un État qui ne se soutient que par les étrangers.

> BOSSUET, *Discours sur l'Histoire universelle*, III, 6.

Nous *apprenions* alors, *par* les voyages des Portugais et des Espagnols, le peu qu'est notre Europe et quelle variété règne sur la terre.

> VOLTAIRE, *Essai sur les mœurs*, c. 145.

Par cette fin terrible et due à ses forfaits,
Apprenez, roi des Juifs, et n'oubliez jamais
Que...

> J. RACINE, *Athalie*, V, 8.

De la préposition *dans* :

Un prince *dans* un livre *apprend* mal son devoir.

> P. CORNEILLE, *le Cid*, I,

De la préposition *sur* :

Apprends sur mon exemple à vaincre ta colère.

> P. CORNEILLE, *Cinna*, V, 3.

APPRENDRE peut être encore modifié par certains adverbes tels que *assez, beaucoup, peu, plus, trop, bien, mal*, etc. :

On ne sçauroit *trop apprendre.*

> RABELAIS, *Pantagruel*, III, 25.

Les enfants apprendront assez vite, s'ils *apprennent* bien.

> ROLLIN, *Traité des Études*, liv. II, c. 3.

Je ne connois les femmes que depuis que je suis ici : j'en ai *plus appris* dans un mois que je n'aurois fait en trente ans dans un sérail.

> MONTESQUIEU, *Lettres persanes*, LXIII.

Mult ad apris ki bien conoist ahan.

> *Chanson de Roland*, v. 2524.

On peut cascum jor *molt aprendre.*

> MÉON, *Fabliaux et contes anciens*, IV, 18.

Et trois sceptres conquis
Font voir à quelle école il en *a tant appris.*

> P. CORNEILLE, *Nicomède*, III, 2.

Une hirondelle en ses voyages
Avoit beaucoup *appris.*

> LA FONTAINE, *Fables*, I, 8.

Quelquefois aussi il s'emploie absolument :

Il peut y avoir de l'intempérance au désir d'*apprendre* et de s'enquérir.

> BALZAC, *Socrate chrétien*, Discours I.

Les animaux reçoivent les uns des autres de nouvelles impressions et dispositions; mais si cela étoit *apprendre*, toute la nature *apprendroit.*

> BOSSUET, *De la Connoissance de Dieu et de soi-même*, c. 5, art. 5.

Il (le duc de Berry) ne sut jamais guère que lire et écrire, et n'apprit jamais rien depuis qu'il fut délivré de la nécessité d'*apprendre.*

> SAINT-SIMON *Mémoires*, 1714.

Les vieillards qui ont étudié dans leur jeunesse n'ont besoin que de se ressouvenir et non d'*apprendre*.

MONTESQUIEU, *Pensées diverses*.

L'esprit ne sauroit jouir deux fois du plaisir d'apprendre la même chose, comme le cœur peut jouir deux fois du plaisir de sentir la même émotion. Le plaisir d'*apprendre* est consommé par le plaisir de savoir.

DUBOS, *Réflexions critiques sur la Poésie et la Peinture*.

Ce goût (pour la botanique) se change insensiblement en une passion d'enfant, ou plutôt en un radotage inutile et vain, car je n'*apprends* aujourd'hui qu'en oubliant ce que j'appris hier; mais n'importe, si je n'ai jamais le plaisir de savoir, j'aurai toujours celui d'*apprendre* et c'est tout ce qu'il me faut.

J.-J. ROUSSEAU, *Lettres;* 20 juillet 1766.

Bele, nous nous entr'amions
Quant à l'escole *apprenions*.

Roman de Flore et Blancheflcur, dans le *Romancero françois*, p. 62, 63.

Droiz dit que cil fait à reprendre
Qui ne set, ne ne vuet *aprendre*.

Fabl. ms. du R., n° 7615, t. I, f° 110, r°, col. 1. (Cité par Sainte-Palaye.)

Seignor, besoing fet moult *aprendre*.

Roman du Renart, v. 13397.

Il a jusqu'à mon nez et jusqu'à ma parole,
Et nous *avons* tous deux *appris* en même école.

P. CORNEILLE, *La suite du Menteur*, I, 3.

Personne ne lit pour *apprendre*,
On ne lit que pour critiquer.

Mme DESHOUILIÈRES, *Épître chagrine*.

APPRENDRE a pu être de plus pris substantivement dans des passages tels que le suivant :

Homs qui aime ne puet bien faire.....
S'il est clers, il pert son *aprendre*.

Roman de la Rose, v. 3056.

APPRENDRE ne signifie pas seulement Acquérir une connaissance, comme dans plusieurs des exemples précédents, mais, par une conséquence naturelle, il signifie encore Se former certaines manières de sentir et de penser, entrer en certaines dispositions, contracter certaines habitudes. C'est un emploi très fréquent du mot.

Soit ayant un nom substantif ou un pronom pour régime :

Grant cruauté seroit que l'en la laissast... desesperer par povreté que elle n'*auroit* pas *aprise*.

BEAUMANOIR, *Coutume du Beauvoisis*, c. 30.

Longuement fut le jeune comte au danger de ceux de Flandre et en prison courtoise; mais il lui ennuyoit, car il n'*avoit* pas ce *appris*.

FROISSART, *Chroniques*, liv. I, 1re part., c. 311.

Il trouva tant de difficulté à corrompre ses domestiques, parce qu'elle *avoit appris* la défiance par ses crimes, qu'il désespéra d'en pouvoir venir à bout.

PERROT D'ABLANCOURT, trad. de Tacite, *Annales*, XIV, 1.

Les nations qui ont envahi l'empire romain y *ont appris* peu à peu la piété chrétienne, qui a adouci leur barbarie.

BOSSUET, *Discours sur l'Histoire universelle*, III, 1.

Ainsi les rois d'Assyrie *apprirent* le chemin de la terre sainte et en résolurent la conquête.

LE MÊME, même ouvrage, I, 7.

Telz noises n'ay-je point *aprins*.

Farce de Patelin, v. 559.

Peuples et roys *apprenez* la justice.

JOACH. DU BELLAY, *Hymne chrestien*.

Soit, ce qui est plus ordinaire, construit au moyen de la préposition *à*, avec un verbe à l'infinitif :

Les Gennevois... n'*avoient* pas *appris à* trouver tels archers que sont ceux d'Angleterre.

FROISSART, *Chroniques*, liv. I, part. I, c. 287.

Il m'est besoing pour son commencement le mettre en la maison de quelque prince ou seigneur, affin qu'il *apprei gne à* se contenir honnestement, et quand il sera ung peu plus grant apprendra le train des armes.

Le Loyal Serviteur, c. 2.

J'*apprenois à* ne rien croire trop fermement de ce qui ne m'avoit été persuadé que par l'exemple et par la coutume.

DESCARTES, *Discours de la Méthode*, I.

Il nous importe peu, chrétiens, de connoître par quelle sagesse nous sommes régis, si nous n'*apprenons* aussi *à* nous conformer à l'ordre de ses conseils.

BOSSUET, *Sermons : Sur la Providence*.

O justesse dans la vie ! O égalité dans les mœurs ! O mesure dans les passions ! riches et véritables ornements de la nature raisonnable, quand est-ce que nous *apprendrons à* vous estimer?

LE MÊME, *Sermons : Sur l'Honneur*.

Le nouveau roi partit lui-même pour aller trouver Charles XII, *apprenant* de bonne heure *à* souffrir des disgrâces.

VOLTAIRE, *Histoire de Charles XII*, III.

Oui, monsieur de Valville, oui, disois-je en le tirant, vous *apprendrez à* me connoître, à penser de moi comme vous le devez.

            Marivaux, *la Vie de Marianne,* III° part.

Apprends à te connoître ét descends en toi-même.

            P. Corneille, *Cinna,* V, 1.

N'*apprendras-tu* jamais, âme basse et grossière,
A voir par d'autres yeux que les yeux du vulgaire?

            Le même, *Rodogune,* II, 2.

L'ingrate, qui mettoit son cœur à si haut prix,
Apprend donc à son tour *à* souffrir des mépris.

            J. Racine, *Andromaque,* II, 1.

Et mon fils avec moi n'*apprendra* qu'à pleurer.

            Le même, *même ouvrage,* III, 4.

Si vous n'avez su vaincre, *apprenez à* servir.
— César, aucun de nous n'*apprendra* qu'à mourir.

            Voltaire, *la Mort de César,* I, 3.

Dans l'exemple suivant, de date ancienne, où *apprendre* est employé de même, la préposition *à* est sous-entendue :

    Tuit *ont apris* aler deschaut (déchaussés).

            Rutebœuf, *la Griesche d'été.*

Apprendre que a la même signification dans ces vers de date ancienne :

    Je n'*ay* point *aprins qu'*on me serve
    De telz motz en mon drap vendant.

            Farce de Patelin, v. 798.

Quelquefois, à cette acception d'apprendre, s'ajoute une intention de reproche ou de menace :

Allez vous promener, madame la comtesse, de venir me proposer de ne vous point écrire; *apprenez que* c'est ma joie, et le plus grand plaisir que j'aie ici.

       Mᵐᵉ de Sévigné, *Lettres;* à Mᵐᵉ de Grignan, 1ᵉʳ juin 1676.

Aprenez, s'il vous plaît, *que* ce n'est pas à vous à vous servir de ce mot-là avec une personne de ma condition.

            Molière, *Georges Dandin,* I, 4.

    ... *Apprenez,* faquin,
Que le mot de Monsieur n'écorche point la bouche.

            Destouches, *le Glorieux,* I, 6.

Enfin apprendre, comme en latin *discere,* s'est dit quelquefois en ce sens, dans le langage poé-

tique, non d'une personne, mais par figure, d'une chose :

    La laine plus n'aura besoing d'*aprendre*
    A fainctement diverses couleurs prendre.

       Cl. Marot, *Sur la naissance du fils du Dauphin,* v. 75.

    Plus tost voudra le diamant *aprendre*
    A s'amolir de son bon gré, ou prendre
    Soubz un burin de plom, diverse forme...

          Joach. du Bellay, *l'Olive,* XXXV.

    Et la laine et la soie, en cent façons nouvelles,
    Apprirent à quitter leurs couleurs naturelles.

            Boileau, *Épîtres,* IX.

Boileau, particulièrement, a beaucoup usé de cette figure :

    C'est donc trop peu, dit-il, que l'Escaut en deux mois
    Ait appris à couler sous de nouvelles lois.

            Boileau, *Épîtres,* IV.

    Les stances avec grâce *apprirent à* tomber,
    Et le vers sur le vers n'osa plus enjamber.

            Le même, *Art poétique,* I.

Apprendre signifie également Être informé, averti de quelque chose;

Soit avec un nom, ou son équivalent, pour régime :

Les seigneurs qui alloient voir le roi et la roine et leur conseil pour festier et pour *apprendre* des nouvelles.

      Froissart, *Chroniques,* liv. I, Iʳᵒ part., c. 32.

J'écris, de temps en temps, à un de mes amis de la campagne ce que j'*apprends* des maximes de vos pères.

            Pascal, *Provinciales,* VII.

M. de Luxembourg accablé de courriers. Hélas! ce pauvre M. de Turenne n'en envoyoit jamais; il gagnoit une bataille, et on l'*apprenoit* par la poste.

      Mᵐᵉ de Sévigné, *Lettres;* à Mᵐᵉ de Grignan, 12 août 1676.

Je suis très-persuadée, Monsieur, que vous ne sauriez *avoir appris* le malheur épouvantable qui m'est arrivé (la mort de Mᵐᵉ de Sévigné) sans répandre des larmes.

        Mᵐᵉ de Grignan, *Lettres;* 28 avril 1696.

Ce début paroît annoncer un roman : ce n'en est pourtant pas un que je raconte; je dis la vérité comme je l'*ai apprise* de ceux qui m'ont élevée.

        Marivaux, *la Vie de Marianne,* Iʳᵒ part.

Ses grands desseins paraissaient couverts d'un secret impénétrable : il se flattait que l'Europe ne les *apprendrait* que par l'exécution.

       Voltaire, *Histoire de Charles XII,* liv. VIII.

A peine *avait*-elle *appris* la nouvelle prison de son mari, qu'un second courrier lui apprend sur le rivage que Warvick vient d'être tué dans un combat, et qu'Édouard IV est vainqueur.

> VOLTAIRE, *Essai sur les mœurs,* c. 116.

Sais-tu novelles, *as*-tu noient *aprins?*

> *Garin le Loherain,* t. II, p. 118.

....*Apprenez, apprenez*
La valeur de ce fils qu'à tort vous condamnez.

> P. CORNEILLE, *Horace,* IV, 2.

Et que vos conjurés entendent publier
Qu'Auguste *a* tout *appris,* et veut tout oublier.

> LE MÊME, *Cinna,* V, 3.

Allons, tout coup vaille, il faut voir,
Et je ne m'en saurois défendre.
La foiblesse humaine est d'avoir
Des curiosités d'*apprendre*
Ce qu'on ne voudroit pas savoir.

> MOLIÈRE, *Amphitryon,* II, 3.

Vous *apprendrez* son sort, j'en instruirai l'armée.

> J. RACINE, *Iphigénie,* IV, 6.

On vit Claude ; et le peuple, étonné de son sort,
Apprit en même temps votre règne et sa mort.

> LE MÊME, *Britannicus,* IV, 2.

... *Apprenez*
Les dons que son bon cœur vous avoit destinés. .

> GRESSET, *le Méchant,* V, 9.

On a dit *apprendre* d'une chose, pour en être informé :

Le roy Henry avoit aussi envoyé les siens (ses coureurs) pour *apprendre de* l'état du prince, où il étoit logé et comment.

> FROISSART, *Chroniques,* liv. I, IIᵉ part., c. 229.

On dit encore, non seulement *apprendre une nouvelle,* mais *apprendre des nouvelles de quelqu'un :*

Si votre père est encore huit jours sans *apprendre de vos nouvelles,* je vous le garantis défunt, ou tout au moins fou à lier.

> DANCOURT, *le Galant jardinier,* sc. 6.

Dans des passages tels que le suivant, APPRENDRE, pris dans le même sens, a pour régime un nom de personne accompagné d'une épithète :

A peine d'Artabase eus-je signé la paix
Que j'*appris* Crassus mort, et les Romains défaits.

> P. CORNEILLE, *Suréna,* III, 1.

Soit construit avec la conjonction *que :*

Il (M. de Corbinelli) vous dira la mort de Madame, c'està-dire l'étonnement où l'on a été en *apprenant qu'*elle a été malade et morte en huit heures.

> Mᵐᵉ DE SÉVIGNÉ, *Lettres;* au comte de Bussy, 6 juillet 1670.

J'ai *appris* avec joie *qu'*enfin je vais être oncle d'un colonel (le jeune marquis de Grignan).

> LE MARQUIS DE SÉVIGNÉ, *Lettres;* 20 novembre 1689.

On *apprit que* le prince Eugène, ayant formé le siège de Belgrade, s'y étoit trouvé assiégé lui-même par une puissante armée de Turcs.

> SAINT-SIMON, *Mémoires,* 1717.

Il *apprend qu'*un héros, conduit par la victoire,
A de ses bords fameux flétri l'antique gloire.

> BOILEAU, *Épîtres,* IV.

APPRENDRE signifie encore Fixer dans sa mémoire :

M. de Tavanes, qui estoit haut à la main et fort impérieux, parla bien aussi à luy, jusques à luy dire qu'il *apprist* sa leçon.

> BRANTÔME, *Grands Capitaines :* M. le mareschal de Biron.

Ce Francisque venoit de faire une sarabande qui charmoit ou désoloit tout le monde ; car toute la guitarerie de la cour se mit à l'*apprendre,* et Dieu sait la raclerie universelle que c'étoit.

> HAMILTON, *Mémoires de Grammont,* IX.

Voici le temps de copier les rôles et de les *apprendre;* il n'y a plus à reculer ni à travailler.

> VOLTAIRE, *Lettres;* 11 février 1767.

L'enfant qui lit ne pense pas, il ne fait que lire ; il ne s'instruit pas, il *apprend* les mots.

> J.-J. ROUSSEAU, *Émile.*

Chantent les sons noviax qu'ils ont *apris.*

> *La Mort de Garin,* v. 2288.

De là cette expression fort usitée, *apprendre par cœur :*

Ayant composé quelques vers, il les *apprit par cœur* pour les prononcer en public.

> AMYOT, trad. de Plutarque, *Vie de Solon,* II.

Ils sont toujours après à lui faire *apprendre par cueur* (ainsi parlent-ils) ce que les livres disent.

> CHARRON, *De la Sagesse,* I, XIII, 8.

Tout le peuple *apprit par cœur* ce divin cantique, par ordre de Dieu et de Moïse.

> BOSSUET, *Discours sur l'Histoire universelle.*

N'osera-t-il (le prédicateur) parler de Dieu à son peuple sans avoir rangé toutes ses paroles et *appris*, en écolier, sa leçon *par cœur*?

> Fénelon, *Dialogues sur l'Éloquence*, III.

Apprendre s'emploie avec le pronom personnel dans ces diverses acceptions, et alors il prend une valeur passive :

Avec quelque talent qu'on puisse être né, l'art d'écrire ne *s'apprend* pas tout d'un coup.

> J.-J. Rousseau, *les Confessions*, II, 8.

Si les vérités d'un certain ordre se reconnoissent au lieu de *s'apprendre*, il doit suffire de les montrer aux hommes pour qu'ils s'y attachent.

> Mᵐᵉ de Staël, *Considérations sur la Révolution française*, IIᵉ part., c. 16.

... J'ai tant d'intérêt de connoître ce fils,
Que j'ose demander ce qui s'en est *appris*.

> P. Corneille, *Don Sanche*, V, 3.

Et ce sont des secrets qui ne *s'apprennent* point.

> Molière, *la Gloire du Val-de-Grâce*.

Dans un ordre d'acceptions différentes, mais corrélatives, et avec des constructions pareilles, apprendre répond non plus au latin *discere*, mais à *docere*, et signifie Communiquer une connaissance, enseigner, instruire.

On a dit anciennement *apprendre une personne :*

Nostre sire son mary respondi *Dominus*, au mieulx qu'il sceut comme le curé l'*avoit aprins*.

> *Les Cent Nouvelles nouvelles*, LXXVIII.

Un prestre vult jadis *aprendre*
Un leu et faire letre entendre.

> Marie de France, *Fables*, LXXXII, 9.

Je vous vouloie un poi *aprendre* et enseignier.

> *Doon de Maience*, v. 9736.

Celui qui l'*aprint* à l'escole
Estoit Normand.

> *Farce de Patelin*, v. 902.

Je n'ai faict ce traicté sinon
Que pour *aprendre* un mien amy.

> *L'art de rhetoricque pour rimer en plusieurs sortes de rimes*. (Voyez *Anciennes poésies françoises*, t. III, p. 128, Bibliothèque elzévirienne.)

On l'a dit avec un second régime direct indiquant, comme en latin, la chose enseignée :

Clergie vint en France par Alcuin... Dui moines Escoz *aprenoient les gens sapience* pour l'amour Nostre Seigneur.

> *Chronique de Saint-Denys*. (Voyez *Recueil des historiens de France*, t. V, p. 263.)

Comme il est contenu en la vie sainte Élisabeth qui nourrissoit les orphelins et *les* faisoit *aprendre aucun mestier*.

> Le Chevalier de la Tour Landry, *le Livre pour l'enseignement de ses filles*.

Pour *aprendre françois leurs filles et leurs fils*.

> *Roman de Berte*, I.

On a dit encore *apprendre une personne à une chose*, former à :

Apprendre une nymphe aux ébas d'amour.

> Baïf, *Œuvres*, f⁰ 85, r⁰.

A faire une chose :

Se tu ais enfans... tu doit... les *apanre à* servir la divine Majesté.

> Saint Bernard, *Lettres*. (Voyez *Bibliothèque* du P. Montfaucon, t. II, col. 2, 1391.)

Si bien qu'on disoit qu'il l'avoit *appris à* jurer ainsi desbordement comme il faisoit.

> Brantôme, *Grands Capitaines* : Le roy Charles IX.

Qui *apprendroit* les hommes à mourir, les *apprendroit à* vivre.

> Montaigne, *Essais*, I, 19.

Cette manière de parler se retrouve dans ce passage d'un écrivain du xviiiᵉ siècle :

Le temps et vos leçons *l'apprendront à* penser.

> Boissy, *les Dehors trompeurs*, I, 7.

Et par ellipse de la préposition *à* :

Et Dedalus voulant *son filz aprendre voller* en l'air...

> Gringore, *Folles Entreprises*.

Apprendre une personne d'une chose :

Qui de tous maus *l'apprendront*.

> *Lucidaires*, ms. de Gibert, f⁰ 24, v⁰. (Cité par Sainte-Palaye.)

De faire une chose :

La douceur de sa grâce, quelque souefre qu'elle soit, *apprend les hommes de* s'esmerveiller avec crainte.

> Calvin, *Institution chrestienne*. (Cité par Sainte-Palaye.)

Apprendre une personne en une chose :

Afin qu'il *l'aprenist* et instruist *en* armes et autres besongnes nécessaires pour mieulz savoir en temps avenir gouverner sa seigneurie quant besoing lui en seroit.

MONSTRELET, Chronique, c. 58.

En songe Dieu ouvre les oreilles des hommes, <i>les apprenant</i> et instruisant <i>en</i> toute bonne discipline.

BOUCHET, Serées, II, 16.

Cet emploi d'APPRENDRE s'est perpétué jusque dans le XVIIe siècle, comme en témoigne l'exemple suivant :

Sa litière est suivie de ses gendarmes et de ses gardes, dont plusieurs portent des branches d'arbres pleines d'oiseaux, <i>qu'</i>ils ont <i>appris</i> à chanter toutes sortes de ramages pour le divertir dans ses plus grandes affaires.

VAUGELAS, trad. de Quinte-Curce, Histoire d'Alexandre, VIII.

APPRENDRE, depuis longtemps, ne prend plus pour régime que le nom de la chose enseignée :

C'est le grand livre du monde qui <i>apprend le bon usage</i> des autres livres, et qui peut faire d'un homme savant un fort honnête homme.

SAINT-ÉVREMONT, De l'Étude et de la conversation.

A ce régime direct se joint ordinairement, au moyen de la préposition <i>à</i>, un régime indirect faisant connaître à quelle personne la chose est enseignée :

Celui qui règne dans les cieux... est aussi le seul qui se glorifie de faire la loi aux rois... il <i>leur apprend leurs devoirs</i> d'une manière souveraine et digne de lui.

BOSSUET, Oraison funèbre de la reine d'Angleterre.

J'avois tellement le jeu dans la tête, que le précepteur et les régents perdoient leur latin en <i>me le</i> voulant <i>apprendre</i>.

HAMILTON, Mémoires de Grammont, c. 3.

Quelque bien qu'on nous dise de nous, on ne <i>nous apprend rien</i> de nouveau.

LA ROCHEFOUCAULD, Maximes, CCCIII.

Il faut qu'il (l'orateur) <i>apprenne aux</i> autres <i>le mépris</i> de la mort, des richesses, des délices.

FÉNELON, Dialogues sur l'Éloquence, I.

Un catéchiste, qui <i>apprend aux</i> enfants <i>les premiers éléments</i> de la religion, ne peut parler trop clairement.

ROLLIN, Traité des Études, liv. V, c. 2, art. 1.

Ce grand ministre (Richelieu), qui.... <i>apprit à la France le secret</i> de ses forces et <i>à l'Espagne celui</i> de sa faiblesse.

MONTESQUIEU, Discours de réception à l'Académie française.

Quand on veut plaire dans le monde, il faut se résoudre à se laisser <i>apprendre beaucoup de choses</i> qu'on sait par des gens qui les ignorent.

CHAMFORT, Maximes et pensées, c. 3.

Vielle, ce dist li rois, à honnir t'entreprist
Qui cette traison <i>t'</i>enseigna et <i>aprist</i>.

*Roman de Berte, p. 124.

Mes exemples un jour ayant fait place aux vôtres,
Ce que je <i>vous apprends</i>, vous <i>l'apprendrez à</i> d'autres.

P. CORNEILLE, Sertorius, III, 2.

Je veux vous rendre honnête, affable,
Et pour y réussir <i>vous apprendre une fable</i>.

BOURSAULT, Ésope à la ville, IV, 4.

On ne <i>m'apprendra</i> pas <i>ma généalogie</i>.

DE BOISSY, le Babillard, sc. 10.

Très souvent le régime direct d'APPRENDRE est remplacé par un complément formé de la préposition <i>à</i> et d'un verbe à l'infinitif, son régime; <i>Apprendre à une personne à faire une chose :</i>

Voylà les beaux commencemens de ceste belle religion : et comme elle <i>apprenoit à</i> vivre.

MONTLUC, Commentaires, V.

On n'<i>apprend</i> pas <i>aux</i> hommes <i>à</i> être honnêtes gens, et on leur <i>apprend</i> tout le reste.

PASCAL, Pensées.

La philosophie ne va pas plus loin qu'à <i>nous apprendre à</i> souffrir les maux ; la religion chrétienne en fait jouir.

SAINT-ÉVREMONT, Réflexions sur la religion.

Le plus renommé des conquérants regardoit Homère comme un maître qui <i>lui apprenoit à</i> bien régner. Ce grand poëte n'<i>apprenoit</i> pas moins <i>à</i> bien obéir, et <i>à</i> être bon citoyen.

BOSSUET, Discours sur l'Histoire universelle, III, 5.

Il faut qu'ils (les grands) <i>apprennent aux</i> peuples <i>à</i> respecter la piété, en respectant eux-mêmes ceux qui la pratiquent.

MASSILLON, Petit Carême, IIe dimanche.

C'était beaucoup de se tenir sur la défensive après un si rude échec; je sais bien, dit-il, que les Suédois seront longtemps supérieurs, mais enfin ils <i>nous apprendront à</i> les vaincre.

VOLTAIRE, Histoire de Pierre le Grand, I, 7.

Ce n'est pas moy, mais c'est mon livre,
Si tu veux, qui <i>t'apprend à</i> vivre.
Mon livre est plus savant que moy.

J.-A. DE BAÏF, les Mimes.

Le maître qui prit soin d'instruire ma jeunesse
Ne <i>m'</i>a jamais <i>appris à</i> faire une bassesse

P. CORNEILLE, Nicomède, II, 3.

Vaugelas n'*apprend* point *à* bien faire un potage.
Molière, *les Femmes savantes*, II, 7.

J'adore le Seigneur, on m'explique sa loi,
Dans son livre divin on m'*apprend* à la lire.
J. Racine, *Athalie*, II, 7.

C'est un étrange cas : faut-il que la jeunesse
Apprenne maintenant à vivre à la vieillesse?
Regnard, *le Distrait*, IV, 11.

On a dit également, mais cette manière de parler ne s'est pas maintenue, *apprendre à une personne de faire une chose :*

Nul d'eux n'a pourtant *apprins de* contourner la parole de Dieu, mais un chacun plus tost en a esté induit à plus grande reverence, comme leurs escrits en rendent clairs tesmoignages.
Calvin, *Institution chrestienne*, liv. I, c. 9, § 1, p. 36.

Il faut *apprendre aux* enfants *de* haïr les vices.
Montaigne, *Essais*, I, 108.

S'ils ont fait de mauvais livres, qu'ils les défassent eux-mêmes. Leurs folies m'*apprennent d*'estre sage.
Théophile, *Apologie au Roy*.

D'autres fois, c'est au moyen de la conjonction *que* qu'APPRENDRE reçoit son complément :

Il faut que je vous rassure, Madame, en *vous apprenant qu*'on fait quelquefois dix campagnes sans tirer une fois l'épée.
Bussy-Rabutin, *Lettres*; à Mme de Sévigné, 26 juin 1672.

Son père Antonin *lui avoit appris qu*'il valoit mieux sauver un seul citoyen que de défaire mille ennemis.
Bossuet, *Discours sur l'Histoire universelle*, I, 10.

Balzac parut un prodige, pour *avoir appris à* son siècle *que* notre prose, comme nos vers, pouvoit être nombreuse et noble.
Marmontel, *Éléments de littérature* : Anapeste.

Va le trouver : dis-lui qu'il *apprenne à* l'ingrat
Qu'on l'immole à ma haine et non pas à l'État.
J. Racine, *Andromaque*, IV, 4.

APPRENDRE reçoit d'autres compléments encore au moyen des mots *quel, comme, comment, combien, si*, etc. :

Que l'Évangile *nous apprenne combien* elle (la Fortune) est trompeuse dans ses faveurs; elle-même nous convaincra combien elle est accablante dans ses revers.
Bossuet, *Sermons* : Contre l'Ambition.

Le roi se mêle depuis peu de faire des vers; Messieurs de Saint-Aignan et Dangeau *lui apprennent comment* il faut s'y prendre.
Mme de Sévigné, *Lettres*; à M. de Pomponne, 1664.

Il apprit ainsi *aux* bergers *quels* sont les charmes de la vie champêtre, quand on sait goûter ce que la simple nature a de gracieux.
Fénelon, *Télémaque*.

Les étranges mémoires du comte de Grammont, écrits par lui-même, *apprennent qu*'elle (la comtesse de Grammont) étoit Hamilton et *comme* il l'épousa en Angleterre.
Saint-Simon, *Mémoires*, 1703.

Il apprit alors *combien* les princes doivent peser leurs paroles.
Voltaire, *Siècle de Louis XIV*.

Nous n'avons aucun monument qui *apprenne si* le duc d'Alençon fut interrogé et répondit devant cette assemblée.
Le même, *Histoire du Parlement de Paris*, c. 7 : De la Condamnation du duc d'Alençon.

Seuls, dans leurs doctes vers, ils pourront vous *apprendre*
Par *quel* art sans bassesse un auteur peut descendre.
Boileau, *Art poétique*, II.

APPRENDRE peut être encore modifié par certains adverbes tels que *beaucoup, peu, plus, tant*, etc. :

Il m'en *apprit tant* la dernière fois, que j'aurai bien de la peine à tout dire.
Pascal; *Provinciales*, VIII.

Je vous appris cet art. Sans moi vous l'ignoriez.
— Vous m'en avez *appris plus* que vous n'en sçaviez
Boursault, *le Mercure galant*, IV, 3.

APPRENDRE ne signifie pas seulement Enseigner, instruire quelqu'un, mais Lui faire prendre de certaines manières de sentir et de penser, le mettre en certaines dispositions, lui faire contracter de certaines habitudes;

Soit avec un nom pour régime :

Mais s'il y a quelques poëtes qui *apprennent* les vices, certainement ils sont très-rares.
Anthoine Duverdier, *Diverses leçons*, c. 17.

Cet homme, qui conserva jusqu'à une extrême vieillesse l'innocence et l'heureuse simplicité des enfants, *apprit* la sagesse aux prudents et aux politiques du siècle.
Fléchier, *Panégyrique de saint François de Paule*.

Chose étrange! on *apprend* la tempérance aux chiens,
Et l'on ne peut l'*apprendre* aux hommes !
La Fontaine, *Fables*, VIII, 7.

Soit construit au moyen de la préposition *à* avec un verbe à l'infinitif :

Il (Alexandre) laissoit des capitaines à qui il *avoit appris à* ne respirer que l'ambition et la guerre.
BOSSUET, *Discours sur l'Histoire universelle*, III, 5.

Elles (les religieuses de Sainte-Marie) élèvent fort bien leurs petites filles; elles ne leur *apprennent* point *à* mentir, ni *à* dissimuler leurs sentiments.
Mᵐᵉ DE SÉVIGNÉ, *Lettres;* à Mᵐᵉ de Grignan, 17 mai 1680.

Quelquefois, à la signification d'APPRENDRE s'ajoute une intention de reproche, de menace :

Il vous faut parler à ceux d'Évreux, vous les êtes venus voir de si près qu'ils vous veulent *apprendre à* eux connoître.
FROISSART, *Chroniques,* liv. I, IIᵉ part., c. 163.

Allons, retirez-vous. Voilà votre argent; prenez ou laissez : Qu'est-ce que cela signifie? Si j'appelle un voisin, on vous *apprendra à* parler aux bourgeois plus honnêtement que vous ne faites.
MARIVAUX, *la Vie de Marianne,* IIᵉ part.

La plupart des gens voient déchirer leur confrère avec une espèce de plaisir; je prétends leur *apprendre à* vivre,
VOLTAIRE, *Lettres;* 7 décembre 1768.

Je veux, je veux *apprendre à* vivre à votre mère.
MOLIÈRE, *les Femmes savantes,* V, 2.

Il n'est pas moins ordinaire que, dans cette manière de parler, par une assez forte ellipse de pensée, le régime de la préposition *à* exprime précisément ce qui est l'objet du reproche, de la menace : *Je vous apprendrai à mentir,* c'est-à-dire, *Ce que l'on gagne à mentir, ce qu'il en coûte de mentir :*

Certes, il peut remercier l'avantage qu'il a de vous appartenir; et, sans cela, je lui *apprendrois* bien *à* tenir de pareils discours d'une personne comme moi.
MOLIÈRE, *Georges Dandin,* I, 5.

Je ne sais plus ce qu'est devenu le mariage de M. de Molac; je suis fort aise qu'ils n'aient pas eu cette petite; ils l'auroient assommée pour lui *apprendre à* devenir la fille d'un disgracié.
Mᵐᵉ DE SÉVIGNÉ, *Lettres;* à Mᵐᵉ de Grignan, 26 juin 1680.

Il (La Vauguyon)... lui dit (à Mᵐᵉ Pelot) qu'il ne savoit ce qui le tenoit qu'il ne lui mit la tête en compote, pour lui *apprendre à* l'appeler poltron.
SAINT-SIMON, *Mémoires,* 1693.

Allez; et si mon sexe avecque bienséance
Se pouvoit emporter à quelque violence,
Je vous *apprendrois* bien *à* me traiter ainsi.
MOLIÈRE, *le Dépit amoureux,* III, 9.

Je t'*apprendrai,* friponne, *à* me morguer en face.
BOURSAULT, *Les mots à la mode,* sc. 12.

APPRENDRE signifie très souvent Informer, avertir de quelque chose :

La plus sûre nouvelle que j'aie *à* vous *apprendre,* c'est que je me suis fort ennuyé depuis que je ne vous ai vus.
BUSSY-RABUTIN, *Lettres;* à M. et Mᵐᵉ de Sévigné, 15 novembre 1648.

Voilà une lettre d'Hacqueville qui vous *apprendra* l'agréable succès de nos affaires de Provence.
Mᵐᵉ DE SÉVIGNÉ, *Lettres;* à Mᵐᵉ de Grignan, 1ᵉʳ janvier 1676.

En effet, je vis arriver un laquais, qui m'*apprit* que le siège de Charleroi étoit levé tout de bon.
LA MÊME, *Lettres;* à Mᵐᵉ de Grignan, 18 août 1677.

Personne n'oseroit leur *apprendre* ce qui se passe dans leur royaume.
MASSILLON, *Petit carême :* Tentations des grands.

Mon père, lui dis-je, pourriez-vous m'*apprendre* à qui ont appartenu ces deux cabanes?
BERNARDIN DE SAINT-PIERRE, *Paul et Virginie.*

... Si vous le savez, je ne vous l'*apprends* pas.
MOLIÈRE, *l'École des Maris,* II, 2.

Et si vous l'ignorez, je veux bien vous l'*apprendre.*
BOURSAULT, *le Mercure galant,* III, 4.

Si tu ne le sais pas, c'est moi qui te l'*apprends.*
DESTOUCHES, *le Glorieux,* III, 8.

Quelquefois le sujet d'APPRENDRE est un nom de chose;
Soit quand il est pris au sens d'Enseigner :

Tant d'humeurs, de sectes, de jugements, d'opinions, de lois et de coutumes, nous *apprennent* à juger sainement des nostres, et *apprennent* notre jugement à reconnoître son imperfection et sa naturelle foiblesse, qui n'est pas un léger apprentissage.
MONTAIGNE, *Essais,* I, 25.

Elle (la philosophie) fait estat de secouer les tempestes de l'ame, et d'*apprendre* la faim et les fievres à rire.
LE MÊME, même ouvrage, *ibid.*

Pour reconnoître leurs terres, tous les ans recouvertes par le débordement du Nil, ils (les Égyptiens) ont été obligés de recourir à l'arpentage, qui leur a bientôt *appris* la géométrie.
BOSSUET, *Discours sur l'Histoire universelle,* III, 3.

Pour comble de malheurs, les guerres d'Asie *ap-*

prennent le luxe aux Romains, et augmentent l'avarice.

BOSSUET, *Discours sur l'Histoire universelle*, III, 7.

La lecture *apprend* aussi, ce me semble, à écrire.

Mme DE SÉVIGNÉ, *Lettres*; à Mme de Grignan, 17 juillet 1689.

Madame de Chaulnes se console de tout avec madame de Saint-Germain; elle ne peut se passer d'elle, et cela *apprend* à se passer de Madame de Chaulnes.

Mme DE COULANGES, *Lettres*; à Mme de Sévigné, 12 août 1695.

Il y a beaucoup de faits vagues qui ne nous *apprennent* que des noms et des dates stériles.

FÉNELON, *Lettre à l'Académie*.

Il y a de petites règles, des devoirs, des bienséances que l'usage *apprend* sans nulle peine.

LA BRUYÈRE, *Caractères*.

Toutes ces morts doivent nous *apprendre* à mourir.

Mme DE MAINTENON, *Lettres*; 18 juin 1684.

L'esprit qui ne nous *apprend* pas à vaincre notre humeur, devient inutile quand il faut ramener les mêmes gens qu'elle a écartés.

Mme DE CAYLUS, *Souvenirs*.

Un long usage m'*avoit appris* à lire dans ses yeux et dans sa contenance quand il (le duc d'Orléans) me parloit vrai ou contre sa pensée.

SAINT-SIMON, *Mémoires*, 1715.

La société nous *apprend* à sentir les ridicules; la retraite nous rend plus propre à sentir les vices.

MONTESQUIEU, *Esprit des Lois*, XIX, 27.

Les golfes de l'Eubée, de Chalcis, d'Argos, de Corinthe, d'Actium, de Messine, *apprennent* aux yeux que la mer s'est fait des passages dans les terres.

VOLTAIRE, *Essai sur les mœurs*, c. 22 : Des Mystères des Égyptiens.

La politesse n'*avoit* point *appris* aux héros d'Homère à se quereller noblement.

MARMONTEL, *Éléments de littérature* : Essai sur le Goût.

L'histoire nous *apprend* qu'en de tels accidents
On fait de pareils dévouements.

LA FONTAINE, *Fables*, VII, 1.

Soit quand il signifie Informer :

Votre lettre m'est venue trouver jusqu'ici, mon cher cousin; elle m'*a appris* la mort de ma pauvre tante.

Mme DE SÉVIGNÉ, *Lettres*; à Bussy-Rabutin, 31 décembre 1684.

La gazette m'*avoit appris* l'arrivée de M. de Grignan à la cour.

BUSSY-RABUTIN, *Lettres*; à Mme de Sévigné, 31 janvier 1692.

APPRENDRE a signifié quelquefois Fixer dans la mémoire de quelqu'un :

Et dit ses oresoens, qu'on *aprises* li a.

Doon de Maience, v. 1461.

On m'*a aprins* tout par cueur ma leçon.

CL. MAROT, *Ballades*, II.

APPRENDRE, construit avec le pronom personnel, signifie S'instruire, s'exercer, s'accoutumer. Cette manière de parler se rattache à l'ancienne locution, remarquée plus haut, *apprendre une personne à faire une chose* :

Et ensemble s'*apprenoient* et s'exercitoient à l'expérience de la marine.

AMYOT, trad. de Plutarque, *Vie de Périclès*, 22.

Ce n'est pas d'aujourd'hui qu'ils méditent ce dessein; ils *se sont appris* à tourmenter les gens sur la bulle ou sur les brefs d'Innocent X.

PASCAL, *Provinciales*, XIX.

Du premier coup le bœuf au joug ne *s'apprend* pas.

JODELLE, *Didon*, III.

S'apprendre est encore verbe réciproque :

En attendant d'être en état de ranger une armée en bataille, il (Monsieur) *s'apprend* à ranger les fauteuils.

DAN. DE COSNAC, *Mémoires*.

Il se trouvoit au milieu d'un peuple dont il étoit aimé, mais sur lequel des hommes dangereux *s'étoient appris* à exercer une domination absolue.

NECKER, *Sur l'administration de M. Necker*.

Par là je m'*appris* à rimer.

P. CORNEILLE, *A Monsieur D. L. T*.

On a dit, au même sens, mais absolument, *s'apprendre* :

Hé bien, Monsieur, *je m'apprends*, comme vous voyez.
— Tu fais des merveilles...

BARON, *l'Homme à bonnes fortunes*, II, 12.

Ne se rencontrer que pour se dire des riens, que pour *s'apprendre* réciproquement des choses dont on est également instruit.

LA BRUYÈRE, *Caractères*.

APPRIS, ISE, participe.
Autrefois APPRINS, APRINS.
Il se prend adjectivement dans les deux acceptions principales du verbe;

Dans celle par laquelle il répond au latin *discere* :

L'art militaire, lequel est plus *apprins* par nature, ou sens naturel, que non pas par pratique.

       BERNARD PALISSY, *Recepte véritable*, Dédicace.

Dans celle par laquelle il répond à *docere*; aujourd'hui dans certaines locutions seulement, qui seront expliquées plus loin, comme *bien appris, mal appris*, mais d'une manière générale dans les anciens temps de la langue où l'on disait *apprendre une personne*, comme, en latin, *docere aliquem* :

Apprins et enseigné.
       ROB. ESTIENNE, *Dictionnaire françois-latin*.

A Caem fu petis portez,
Iluec fu à leitres mis,
Puis fu lunges en France *apris*.
       WACE, *Roman de Rou*, v. 10447.

A toy qui, dès jeunesse, *appris* en son escole,
As adoré l'honneur, d'effet et de parole.
       RÉGNIER, *Satires*, VI.

Ainsi employé, il se construit soit avec la préposition *à*;

Appris à une chose :

Ma main par luy *aux* armes est *aprise*,
Si que du bras un arc d'acier je brise.
       CL. MAROT, *Psaumes*, XVI.

Je n'ai pas la main *apprise*
Au mestier muet de ceux
Qui font une image assise
Sur des piliers paresseux.
       RONSARD, *Odes retranchées* : A René d'Urvoy.

Appris à faire une chose :

Et pour ce que nature leur a donné par douaire d'estre champestre des leur jeune eage, tout ainsi selon leur coustume sont ilz mieux *apris à* se sçavoir bien camper dessoubs les tentes et pavillons.
       P. BELON, *Singularitez et choses memorables de divers pays estranges*, III, 17.

Sa force (de l'or) donte tout; mais elle est languissante
Contre un cœur qui pour l'or n'est *appris à* aymer.
       JOACH. DU BELLAY, *les Amours*, XX.

Cette ancienne manière de parler se retrouve rajeunie dans ce vers de Molière :

... Je suis, pour le ciel, *appris à* tout souffrir.
       MOLIÈRE, *Tartufe*, V, 7.

Il se construisait quelquefois aussi avec la préposition *de, appris d'une chose* :

Ne sommes pas ainsi armez comme sont noz ennemis, lesquels à peu près sont tous... *aprins de* la guerre.
       MONSTRELET, *Chronique*, I, 47.

Bien say de vous, Thibault de Termes,
Que *de* guerre estes *apris*.
       Le Mistere du siege d'Orleans, v. 17892.

Appris de faire une chose :

Belet bien se sot contenir
Et en cloistre et dedenz moustier,
Et ele sot tout son sautier,
Et fu bien *de* chanter *aprise*...
       RUTEBEUF, *De frere Denise*.

On disait aussi, *appris en une chose* :

Cœsar se servoit sagement et heureusement de la dissimulation. Le duc de Guise *y estoit* si bien *appris*, qu'il maizioit ses façons exterieures comme il vouloit pour couvrir les secrets qu'il se reservoit en l'ame.
       MATTHIEU, *Histoire des derniers troubles de France*, liv. IV.

Ou, absolument, *appris* :

Plusieurs sont, pour vous conseillier,
Plus suffisant et plus *apris*
Pour vous conduire et gouverner,
Et plus duisant que je ne suis.
       Le Mistere du siege d'Orleans, v. 4439.

De là les locutions fort usitées, *bien appris, mal appris*, les seules où subsiste encore l'emploi du verbe *apprendre* au sens d'instruire une personne;

Bien appris :

Bien apprins et nourri en enfant de bonne maison.
       ROB. ESTIENNE, *Dictionnaire françois-latin*.

Les filles feurent *bien aprises*, et à tous præsenterent pleins hanatz de vin clementin.
       RABELAIS, *Pantagruel*, IV, 54.

Or estoit la demoyselle saige *bien apprise* et de bonne grace.
       HERBERAY DES ESSARTS, *Amadis de Gaule*, liv. I, c. 16, f° 59, v°.

... Il la pourroit donner (sa fille) à un beau jeune homme, qualifié, gentil, honnête, de noble race et *bien apris*.
       P. LARIVEY, *le Morfondu*, I, 2.

(Le docteur fait des révérences à Colombine.) COLOMBINE :

Voilà un corbeau assez *bien appris*. Est-ce à moi que cet animal-là fait des révérences ?

Le Marchand dupé, II, 2. (Voyez GHERARDI, *Théâtre italien*, t. II, p. 174.)

Bele Isabeaus, pucele *bien aprise*,
Ama Gerart...

AUDEFROY LE BASTARD, *Bele Isabeaus*, etc., *Romancero françois*, p. 5.

Ne cil ne sont *bien appris* ne courtois
Qui m'ont repris se j'ai dit mot d'Artois,
Car je ne fus pas norriz à Pontoise.

QUESNES DE BÉTHUNE, *Chansons.*

Li sires lor salu lor rent
Moult bel et moult cortoisement,
Comme cortois et *bien apris*.

Roman de Renart, v. 22619.

Lors se leva la vierge *bien aprise*.

CL. MAROT, *la Métamorphose*, II.

Elle est mignarde, elle est saffrette,
Fort *bien apprise*, et sur mon Dieu
Elle doit être de bon lieu.

RÉMY BELLAU, *la Reconnue*, I, 2.

Il monte en haut et fait à la donzelle
Son compliment, comme homme *bien appris*.

LA FONTAINE, *Contes*, II, 5.

On l'a dit, par figure, des choses :

Ce Dieu t'a donné encor
Le thresor
De sa langue *bien apprise*.

JOACHIM DU BELLAY, *Au seigneu de Langeac.*

La plume *bien apprise*
Dresse son vol aux cieux.

RONSARD, *Odes*, I, xv.

Mal appris :

Mal apprins et maussade.

ROB. ESTIENNE, *Dictionnaire françois-latin.*

Ainsi sommes en nostre langage, incorrects et *mal apprins*, nous aultres villageois et rustiques.

RABELAIS, *Pantagruel*, V, 7.

On se moque d'elle comme d'une folle très-*mal apprise*.

Mᵐᵉ DE SÉVIGNÉ, *Lettres*; à Mᵐᵉ de Grignan, 11 novembre 1671.

Après que j'ons été si *mal appris*, si brutal !

MARIVAUX, *l'Épreuve*, sc. 2.

On voit bien, *mal appris*, que vous n'êtes habitué de parler qu'à des chevaux.

BEAUMARCHAIS, *le Barbier de Séville*, II, 13.

Mais moy, petit et *mal appris*,
Ayant basse et pauvre la veine,
Je façonne avec grande peine
Des vers qui sont de peu de prix.

RONSARD, *Odes retranchées*, à Frère René Macé.

Si bien que je ne sçay qui me rend plus coulpable
Ou de dire si peu d'un suject si capable,
Ou la honte que j'ay d'estre si *mal appris*,
Ou la témérité de l'avoir entrepris.

RÉGNIER, *Satires*, I.

Si de l'œil du désir une femme j'avise,
Ou soit belle, ou soit laide, ou sage ou *mal aprise*,
Elle aura quelque trait qui de mes sens vainqueur,
Me passant par les yeux me blessera le cœur.

LE MÊME, même ouvrage, VII.

Allez, langue maudite et des plus *mal apprises*.

MOLIÈRE, *l'École des maris*, I, 3.

On l'a dit, ainsi que *bien appris*, par figure, des choses.

Mal appris se dit substantivement dans cette locution, *un mal appris*.

Vous êtes une sotte et *une mal apprise* de traiter de bourgeois un officier du Roi de l'ancien collège.

Le Banqueroutier, scène de Persillet et de Colombine. (Voyez GHERARDI, *Théâtre italien*, t. I, p. 339.)

Il en a été de même de *bien appris :*

Je lui fis à la mode un petit compliment,
Lui comme *un bien appris* le même me sut rendre.

RÉGNIER, *Satires*, VIII.

A ces manières de parler se rapporte celle que donne l'exemple suivant :

Or entre les *mieux appris*
Le chœur des Muses ordonne,
Qu'à Herberay soit le pris
De la plus riche couronne.

JOACHIM DU BELLAY, *Ode au seigneur des Essars.*

APPRENTI, IE, s.

On a longtemps dit, concurremment, APPRENTIF, IVE, de l'adjectif du bas-latin *apprehendivus*.(Voyez le *Dictionnaire de l'Académie*, éditions de 1694, 1718, 1740.)

On a dit fort anciennement aussi, APPRENTIS,

d'où le féminin APPRENTISSE, APPRENTICE, longtemps employé, et dont l'usage était encore recommandé par Richelet.

Celui, celle qui apprend un métier :

Il peut avoir tant d'*apprentis* et de vallés comme il li plaist.
ESTIENNE BOILEAU, *le Livre des métiers*, p. 18.

Nulle filaresse de soie à grans fuiseaus ne puet ne ne doit avoir que trois *apprentices* tant seulement.
LE MÊME, même ouvrage, p. 81.

Car chacun veult estre maistre du mestier, dont nous avons encores peu de bons *apprentis*.
ALAIN CHARTIER, *le Quadrilogue*.

Il n'y a si petit *apprentis* en la pharmacie, qui ne juge que c'est un ignorant du tout.
BERNARD PALISSY, *Abus des médecins*.

Un *apprentif* est docile, il écoute son maître, il profite de ses leçons et il devient maître.
LA BRUYÈRE, *Caractères*, c. 15.

On doit comprendre dans ce dénombrement les compagnons qui travaillent sous les maîtres et même les *apprentifs*, et estimer leur travail pour en fixer la dixme comme dessus.
VAUBAN, *Projet d'une Dixme royale*, IIe fonds.

J'ai des amis en ce pays-là, mon frère est *apprentif*.
REGNARD, *la Sérénade*, sc. 16.

Pour le rendre maître, soyez partout *apprenti*.
J.-J. ROUSSEAU, *Émile*, III.

Il m'auroit fait beau voir avecque des lunettes
Faire, en jeune *apprentif*, ces fonctions secrètes.
REGNARD, *le Légataire universelle*, II, 10.

Il s'emploie adjectivement dans ces manières de parler fort usitées, *un apprenti marchand; un apprenti menuisier*, etc. :

Il fut plaisant qu'un seigneur comptât, et avec raison, sa fortune assurée par les restes, en tout estropiés, d'un *apprenti maçon* (Mansart), en titre, en pouvoir, en appointements, réduits à un tiers.
SAINT-SIMON, *Mémoires*, 1708.

On dit, *l'apprenti d'une personne, son apprenti :*

En Angleterre... il n'y a guère de négociant qui ne répète souvent à ses *apprentis* que...
VOLTAIRE, *Essai sur les mœurs*, c. 166.

C'est où *mon aprentif* joûe admirablement.
POISSON, *le Poëte basque*, sc. 9.

Médecin passé maître, *apprenti* d'Hippocrate.
BOURSAULT, *le Médecin volant*, sc. 7.

On a pu voir dans les exemples qui précèdent qu'*apprenti* est souvent opposé à *maître*. De là ce proverbe :

Apprenti n'est pas maître.

APPRENTI se dit figurément d'Une personne peu habile dans les choses dont elle se mêle.

Ainsi employé, on l'a construit avec la préposition *à* ayant pour régime soit un nom, soit un verbe à l'infinitif;

Un nom :

Le premier de nos roys qui s'engagea à cette querelle (contre l'Italie) fut Charles Huictiesme, poussé d'un bouillon de sa grande jeunesse et de je ne sçay quels mignons *apprentis* au fait de la guerre.
EST. PASQUIER, *Recherches de la France*, VI, 28.

Il marchoit en haste pour aller gaigner le pas de Suze, où il monstra qu'il n'estoit pas *apprenti* à la guerre.
MONTLUC, *Commentaires*, I.

Cela aportera un autre fruict, c'est que les *apprentifs* au faict des armes, sachant qu'ils ne peuvent entrer par la fenêtre, s'estudieront à se faire remarquer et cognoistre à ceux qui leur doivent ouvrir la porte.
LE MÊME, même ouvrage, VII.

Oyant leurs confessions, il détestoit avec une sévérité extraordinaire toutes sortes de défauts, pour petits qu'ils fussent, et solicitoit tellement ces pauvres *apprentifs* à la perfection, qu'à force de les y pousser il les en retiroit.
SAINT FRANÇOIS DE SALES, *Introduction à la vie dévote*, IIIe part., c. 2.

En ce temps là on était *apprentif* aux divisions; en cettui ci tout monde y est maître.
LE DUC DE ROHAN, *Discours sur la mort de Henri le Grand*.

Puisque vous avez les sceaux et que vous scellez toutes les grâces que l'on vous demande, chose à quoi vous ne devez pas être *apprenti*, Gentilitium quippe Caumartinorum munus est, je vous prie de m'en accorder deux.
M. DE MARIGNY, *Lettre* à M. de Caumartin. (Voyez FLÉCHIER, *Mémoires sur les grands jours de 1665*, éd. Gonot, p. 220.)

Aux pleurs qui nous vont baignant
Nous ne sommes *apprentives*.
ROB. GARNIER, *la Troade*, I, v. 155.

Qui soit douce et nicette et qui ne sçache pas,
Apprentive au métier, que valent les appas.
RÉGNIER, *Épîtres*, II.

Un verbe à l'infinitif ;

Si durant la guerre ils (les Pays-Bas) ont su établir les lois en l'ordre nécessaire pour la faire, certes depuis ils ont montré qu'ils étoient *apprentifs à se* conduire durant la paix.

> Le duc de Rohan, *Discours sur les divisions de Hollande,* 1618.

Luy qui n'estoit pas *apprentif à* manier les esprits des gens de guerre, leur dit qu'Hercule luy estoit apparu en songe.

> Vaugelas, trad. de Quinte-Curce, *Histoire d'Alexandre,* liv. IV.

Ils firent la montre et l'exercice tout ensemble, afin de faire voir au roy leur adresse et comme ils n'étoient plus *apprentifs à* manier les armes.

> Le même, même ouvrage, liv. X.

Apprenti s'est quelquefois construit avec la préposition *de,* ayant de même pour régime soit un nom, soit un verbe à l'infinitif :

Pierre de Bayart jeune gentil homme et *apprentif des* armes.

> *Le loyal Serviteur,* c. 10.

Le roy est *aprentif de* guerre, et ne s'en trouvera aujourd'hui nul qui ait esté victorieux l'espée en la main en deux batailles ainsi que lui.

> La Noue, *Discours politiques et militaires,* XX.

> Après, le roi issi hardis
> Li lupars (léopard), ki n'ert *aprentis*
> *De* ses armes porter.
> *Renart le nouvel,* v. 491.

On le trouve encore construit avec la préposition *en,* et, ce qui revient au même, avec les adverbes *y* et *où :*

Nouveau et *apprenti en* quelque chose que ce soit.

> Rob. Estienne, *Dictionnaire françois-latin.*

Il n'est pas *apprenti en* cela ; il n'y est pas nouveau.

> H. Estienne, *la Précellence du langage françois.*

Il sera forcé de confesser nos rois avoir esté maistres, tous les autres n'avoir esté qu'*apprentis en* cest exercice (la chasse).

> Le même, même ouvrage.

Quant à la mort, nous ne la pouvons essayer qu'une fois ; nous *y* sommes tous *apprentifs* quand nous y venons.

> Montaigne, *Essais,* II, 6.

Après Monstreuil parla Boutillier, faisant paroistre qu'il n'estoit *apprenty* ains grand maistre *en* sa profession d'advocat.

> Est. Pasquier, *Recherches de la France,* IX, 42.

Pour ce que cecy servira par adventure à quelqu'un à l'advenir, je le veux escrire. Quelque *apprentis en* nostre mestier y apprendra quelque chose.

> Montluc, *Commentaires,* VII.

Vous vous faschastes contre elle, luy dites qu'elle se meslast de filler sa quenouille et vous laissast disposer des choses qui concernoient les armes *où* vous n'estiez pas *apprentif.*

> Sully, *Œconomies royales,* c. 59

Je vous veux donner conseil, encore que vous ne me le demandiez ; et si vous le suivez, vous verrez bien tost que je ne suis pas *apprentif en* semblables choses.

> D'Urfé, *l'Astrée,* II° part., liv. III.

Agripine... se fit préparer le poison par cette fameuse sorcière qui n'estoit point *apprentive en* ces malefices.

> Coeffeteau, *Histoire romaine,* IV.

Le soldat *apprentif dans* les fortunes de la mer, trouble l'art des matelots par un service inutile.

> Perrot d'Ablancourt, trad. de Tacite, *Annales,* II, 2.

Pour les saïques et autres bastimens propres à charger de la marchandise, ils les font assez bien ; mais pour ceux de guerre, ils *y* sont fort *apprentifs.*

> Thévenot, *Voyage de Levant,* c. 52.

On peut dire, en ce sens, comme au sens propre, *l'apprenti d'une personne, son apprenti :*

Nos sçavans *apprentifs du* faux Machiavel
Ont parmi nous semé la peste du duel.

> Agr. d'Aubigné, *Tragiques :* Misères, liv. I.

À ces exemples on en peut joindre d'autres, où, comme dans les suivants, le régime de la préposition *de* est un nom abstrait, un nom collectif :

Vous donc qui commencez à marcher dans ma voie,
Chers *apprentis de* la vertu.

> P. Corneille, *l'Imitation,* III, 7.

La république de Platon
Ne seroit rien que l'*apprentie*
De cette famille amphibie.

> La Fontaine, *Fables,* X, 1.

Enfin apprenti se dit absolument dans le sens de novice :

Soustenir l'opinion contraire à la mienne est excusable à un jeune escolier *aprenty,* mais non à un cardinal.

> Est. Pasquier, *Recherches de la France,* III, 7.

Soubs un mauvais maistre, on demeure longtemps *apprentis,* et encore après ne sçait-on pas beaucoup.

> Montluc, *Commentaires,* I.

Entrer dans de mauvaises places à la barbe des ennemys, sans munitions, seroit perdre et les hommes et la réputation que j'ay trop chèrement acquise, en me faisant déclarer *apprentif*.

HENRI IV, *Lettres;* 24 mars 1589.

O jeune homme, dit la vieille, que tu es encore *apprentif!* pourquoy veux-tu faire desplaisir à une personne qui t'ayme tant.

D'URFÉ, *l'Astrée,* Ire part., liv. II.

Vouloir enchérir sur un si grand maltre ne me semble pas être de la modestie d'un *apprenti.*

BALZAC, *Socrate chrétien,* Discours VII.

Tu as donné des règles pour un *apprentif,* et il y a longtemps que je sçai toutes ces choses.

PERROT D'ABLANCOURT, trad. de Lucien, *la Louange de Démosthène.*

La pluspart de l'infanterie françoise estoit composée d'*apprentifs* qui ne savoient pas seulement porter leurs armes.

MÉZERAY, *Histoire de France :* François Ier.

La première vue ne vous découvre que des traits informes, et un mélange confus de couleurs qui semblent être ou l'essai de quelque *apprenti,* ou le jeu de quelque enfant, plutôt que l'ouvrage d'une main savante.

BOSSUET, *Sermons :* Sur la Providence.

A peu près comme cet *apprenti* qui, ne pouvant exprimer les charmes et les traits d'Hélène, s'avisa de mettre beaucoup d'or à son tableau; ce qui fit dire à son maltre qu'il l'avoit fait riche ne l'ayant pu faire belle.

BOUHOURS, *Entretiens d'Ariste et d'Eugène,* II.

Les Lope et les Calderon n'étoient que des *apprentis* en comparaison de ce grand maltre de théâtre.

LE SAGE, *Gil Blas,* liv. X, c. 5.

... Hypotyposes rebattues dans toutes les odes de nos *apprentifs* modernes.

J.-B. ROUSSEAU, *Lettres;* 8 novembre 1731.

A chanter furent ententis
Les oyseaulx, non comme *apprentis,*
Ne aussi comme non sachant.

Roman de la Rose, v. 692.

... d'amourettes les services
Sont faictz en termes si très clairs,
Que les *apprentifz* et novices
En sçavent plus que les grans clers.

CL. MAROT, *le Temple de Cupido,* v. 379

J'aime les gens de bien qui ont ce qu'ils méritent,
Qui vers eux, vers le peuple et vers le roy s'acquitent,
Qui au conseil d'Estat ne viennent *apprentis,*
Qui donnent audience aux grands et aux petits.

RONSARD, *le Bocage royal.*

Ronsard en son métier n'étoit qu'un *apprentif.*

RÉGNIER, *Satires,* IX.

Ceux dont la doctrine profonde
Se fait admirer dans le monde
N'y seront que des *apprentis.*

RACAN, *Psaumes,* 18.

Soyez amant, vous serez inventif;
Tour ni détour, ruse ni stratagème
Ne vous faudront; le plus jeune *apprentif*
Est vieux routier dès le moment qu'il aime.

LA FONTAINE, *Contes,* IV, 13.

APPRENTI est employé adjectivement dans des passages tels que les suivants, qui offrent en même temps des exemples de l'ancien féminin APPRENTISSE :

Je ne me prens gueres aux nouveaux livres, pour ce que les anciens me semblent plus pleins et plus roides; ny aux Grecs, parce que mon jugement ne sçait pas faire ses besognes d'une puérile et *apprentisse* intelligence.

MONTAIGNE, *Essais,* II, 10.

Il (Tubalcaïn) fait cent hauts projets et ses mains *apprenJettent* les fondements de cent beaux édifices. [*tisses*].

DU BARTAS, *les Artifices,* Ier jour de la seconde semaine, IVe part.

Ici se retrouve l'emploi comme adjectif d'APPRENTI, remarqué plus haut dans ces locutions usuelles, *apprenti marchand, apprenti menuisier,* etc. :

Je n'oubliai pas d'asséner sur M. d'Espinoy, en passant, le terme d'*apprenti prince.*

SAINT-SIMON, *Mémoires,* 1711.

Apprenez, mon ami, que je suis l'ombre d'un ancien voleur, et que, par droit d'ancienneté, c'est à moi à voler cette bourse, et non pas à vous qui n'êtes encore qu'un *apprentif voleur.*

La Matrone d'Éphèse, scène de l'Ombre. (Voyez GHERARDI, *Théâtre italien,* t. I, p. 20.)

C'était un devoir essentiel à l'auteur du siècle de Louis XIV, historiographe de France, de repousser les injures affreuses vomies contre la mémoire de Louis XIV et de Louis XV par un Français alors réfugié et *apprenti pasteur* à Genève, et indigne également de ses deux patries.

VOLTAIRE, *Fragments sur l'Histoire,* art. 19.

Il se sert d'un valet qui moyennant cent francs
Est *apprentif poète* obligé pour six ans.

POISSON, *le Poëte basque,* sc. 1.

Enfin, bref, je veux être *apprenti courtisan*.

BOURSAULT, *Ésope à la ville*, II, 6.

Tu me verras souvent à te suivre empressé,
Pour monter à cheval rappelant mon audace,
Apprentif cavalier galopper sur ta trace.

BOILEAU, *Épîtres*, VI.

De livres et d'écrits bourgeois admirateur,
Vais-je épouser ici quelque *apprentie auteur*.

LE MÊME, *Satires*, X.

Après avoir été dix-huit mois flibustier,
Un mien parent me fit *apprentif maltotier*.

REGNARD, *les Folies amoureuses*, I, 5.

Apprenti fermier général,
Très savant maître en l'art de plaire.

VOLTAIRE, *Épîtres*, LV : A M. Helvétius.

Quoi ! ce Fulcinius, *apprenti sénateur*,
Descend par habitude au rang de délateur !

M.-J. CHÉNIER, *Tibère*, III, 3.

APPRENTISSAGE, s. m.

L'Action d'apprendre un métier, de se préparer à une profession, à un état. L'État, l'emploi, l'occupation d'un apprenti :

Chaque état veut, mon cher, un long *apprentissage*.

COLLIN D'HARLEVILLE, *les Artistes*, I, 1.

On dit absolument, l'*apprentissage :*

Voilà que c'est, dit Paris, il faut estre apprentif avant estre maistre. Il est vray, respondit Hylas, et le pis, qu'il en faut bien souvent payer l'*apprentissage*.

D'URFÉ, *l'Astrée*, Iᵉ part., liv. VIII.

Le plus ordinairement APPRENTISSAGE, employé soit au propre, soit au figuré, se construit avec la préposition *de* ayant pour régime un nom de chose, un nom de personne ;

Un nom de chose, l'*apprentissage d'*un métier, l'*apprentissage de* la vie, etc. :

Il fut nourry en cest *apprentissage de* la discipline militaire.

AMYOT, trad. de Plutarque, *Vie d'Antoine*, 14.

On charge les hommes dès l'enfance du soin de leur honneur, de leur bien, de leurs amis et encore du bien et de l'honneur de leurs amis. On les accable d'affaires, de l'*apprentissage des* lettres et *des* sciences.

PASCAL, *Pensées*.

Un chrétien n'est jamais vivant sur la terre, parce qu'il y est toujours mortifié, et que la mortification est un essai, un *apprentissage*, un commencement *de* la mort.

BOSSUET, *Oraison funèbre de Marie-Thérèse d'Autriche*.

Prenez une scie, Dioscore, sciez ou bien tournez, ou faites une jante de roue ; vous aurez votre salaire... Il n'a point fait *apprentissage de* tous ces métiers... il veut écrire et faire imprimer.

LA BRUYÈRE, *Caractères*, c. 15.

Votre éducation doit être l'*apprentissage de* votre vie.

FLEURY, *Du choix des Études*, c. 16.

L'*apprentissage de* la dévotion et l'appréhension de sa foiblesse pour les plaisirs le rendirent d'abord sauvage (le duc de Bourgogne).

SAINT-SIMON, *Mémoires*, 1712.

L'éducation des enfants (à Sparte) n'étoit, à proprement parler, qu'un *apprentissage d'*obéissance.

ROLLIN, *Traité des Études*, liv. VI, IIIᵉ part., c. 2, art. 1.

Nous ne sommes pas seulement apprentis ouvriers, nous sommes apprentis hommes, et l'*apprentissage de* ce dernier métier est plus pénible et plus long que l'autre.

J.-J. ROUSSEAU, *Émile*, III.

Un nom de personne, l'*apprentissage d'*une personne, *mon apprentissage*, *son apprentissage :*

Je vis pendant cette guerre, qui dura vingt-deux mois, de très belles choses pour *mon apprentissage*.

MONTLUC, *Commentaires*.

C'estoit un homme vaillant de sa personne, qui avoit acquis beaucoup d'honneur en la profession des armes, tant durant *son* premier *apprentissage* que depuis qu'il fut parvenu aux grandes charges des armées.

COEFFETEAU, *Histoire romaine*, XII.

L'essai et l'*apprentissage d'*un jeune adolescent qui passe de la férule à la pourpre, et dont la consignation a fait un juge, est de décider souverainement des vies et des fortunes des hommes.

LA BRUYÈRE, *Caractères :* De quelques usages.

Chamillart n'avoit garde d'oser penser autrement ; *son apprentissage* dans les projets de guerre étoit nouveau.

SAINT-SIMON, *Mémoires*, 1703.

Sans vanité, voici *mon apprentissage* en fait de refus.

MARIVAUX, *l'Épreuve*, sc. 16.

Puisqu'il ne s'agit que d'un travail des mains, ce choix (d'un métier) n'est rien pour Émile, et *son apprentissage* est déjà plus d'à moitié fait par les exercices dont nous l'avons occupé jusqu'à présent.

J.-J. ROUSSEAU, *Émile*, III.

Ce M. Mussard déterra ma demeure chez le comte de Gouvon, et vint m'y voir avec un autre Genevois appelé Bâcle, dont j'avois été camarade durant *mon apprentissage*.

LE MÊME, *les Confessions*. part. I, liv. III.

La déclamation étoit à Rome l'*apprentissage* des orateurs.

 Marmontel, *Éléments de littérature* : Déclamation.

Mon oncle m'a conté que monstrant à Ronsard
Tes vers estincelants et de lumière et d'art,
Il ne sceut que reprendre en *ton apprentissage*,
Sinon qu'il te jugeoit pour un poëte trop sage.

    Régnier, *Satires*, V (à Bertaut).

Un poëme excellent où tout marche et se suit
N'est point de ces travaux qu'un caprice produit.
Il veut du temps, des soins, et ce pénible ouvrage
Jamais *d'*un écolier ne fut l'*apprentissage*.

    Boileau, *Art poétique*, III.

On dit, *mettre, se mettre en apprentissage; être en apprentissage; faire son apprentissage; entrer en apprentissage; sortir d'apprentissage*, etc. :

 Quand Émile apprendra son métier, je veux l'apprendre avec lui... *Nous nous mettrons* donc tous les deux *en apprentissage*, et nous ne prétendrons point être traités en messieurs, mais en vrais apprentis qui ne le sont pas pour rire.

    J.-J. Rousseau, *Émile*, III.

Apprentissage et les diverses locutions dans lesquelles entre ce mot, sont d'un grand usage au figuré :

 Cela desmontre que toute espece de vertu s'acquiert par discipline et *apprentissage*.

  Amyot, trad. de Plutarque, *Œuvres morales* : Comment il faut lire les poëtes.

Son entendement (de Lucullus) fut si vif, son soing si vigilant et son courage si bon, qu'il n'eut point besoing du long *apprentissage* ny de la grossière discipline d'usage.

    Le même, *Vies de Plutarque*, Aux lecteurs.

L'homme ne sçait ny cheminer, ny parler, ny manger, ny rien que pleurer sans *apprentissage*.

    Montaigne, *Essais*, II, 12.

Ce fut un coup d'*aprentissage* et de chef-d'œuvre tout ensemble, qu'un empereur (Henri IV) qui avoit impéré cinquante ans... eust esté vaincu en une querelle qu'il pensoit très juste par les fulminations d'un seul homme (Grégoire VII).

    Est. Pasquier, *Recherches de la France*, III, 14.

Avant que de venir aux nopces publiques quasi tousjours se font de petites nopces secretes pour *aprentissage*.

    La Noue, *Discours politiques et militaires*, VI.

Apprentissage se construit, comme au propre, diversement;

 III.

Avec la préposition *à; apprentissage à une chose*, et, plus volontiers, *à faire une chose* :

 Ces rechutes, ces agonies fréquentes ne lui servoient-elles pas comme d'*apprentissage à* bien mourir?

  Fléchier, *Oraison funèbre de Mme de Montausier*.

Avec la préposition *pour* :

 Il y a un *apprentissage pour* le vice aussi bien que *pour* la vertu.

  Bourdaloue, *Carême* : Sermon sur la Parfaite observation de la loi.

La chasse même étoit (chez les anciens) l'*apprentissage pour* la guerre.

    Fénelon, *Dialogues sur l'Éloquence*, I.

Dans cette manière de parler, le régime de la préposition *de* est quelquefois un nom de personne; l'*apprentissage d'une personne, son apprentissage* :

Faire l'apprentissage de, soit au propre, soit au figuré :

 Les ordres de la cour obligeoient l'ambassadeur à concerter toutes choses avec l'intendant, à qui la divine Providence faisoit *faire* ce léger *apprentissage des* affaires d'Estat.

  Bossuet, *Oraison funèbre de Michel Le Tellier*.

 Il suffit à l'homme d'esprit de penser qu'il n'a point *fait* l'*apprentissage* d'un certain métier pour se consoler de n'y être point maître.

    La Bruyère, *Caractères*, c. 2.

 Vous auriez vu les premiers fidèles *faire* dans les rigueurs de l'abstinence l'*apprentissage du* martyre.

  Massillon, *Carême*, Mercredi des Cendres : Sur le Jeûne.

 Je ne parus pas neuf dans l'art de faire la cuisine; il est vrai que j'en avois *fait* l'heureux *apprentissage* sous la dame Léonarde, qui pouvoit passer pour une bonne cuisinière.

    Le Sage, *Gil Blas*, liv. II, c. 1.

Voudrois-tu qu'à mon âge
Je *fisse* de l'amour le vil *apprentissage*?

    J. Racine, *Bajazet*, I, 1.

Mais moi qui vois plus loin, qui, par un long usage,
Des maximes du trône *ai fait* l'*apprentissage*.

    Le même, même ouvrage, IV, 7.

De la guerre sous lui j'*ai fait* l'*apprentissage*.

    Voltaire, *Zaïre*, II, 3.

Faire son apprentissage d'une chose est aussi une manière de parler fort en usage :

Aïmpres *avoir faict son premier apprentissage de* guerre soulz Monsieur son frère, au siège de Metz et la bataille de Ranty, où il fit monstre de ce qu'il estoit et qu'il seroit un jour, s'en alla à Malte servir sa religion.

> Brantôme, *Grands Capitaines françois* : M. le Grand prieur de France.

Il *fit son apprentissage des* armes en Angleterre, sous le commandement de Suetonius Paulinus, sage et vaillant capitaine.

> Perrot d'Ablancourt, trad. de Tacite, *Vie d'Agricola.*

Cyrus étoit dans sa seizième année, lorsqu'il *fit son apprentissage de* l'art militaire sous Astyage.

> Rollin, *Traité des Études*, liv. Ier, c. 2, art. 2.

A ces exemples on peut joindre le suivant, qui n'en diffère que par l'ancien emploi de la préposition *à* au lieu de la préposition *de* :

Il a eu cest honneur d'avoir été nommé chevalier par le feu roy Henry, mon bon maistre, qui l'envoya à Malte où il *a faitson apprentissage aux* armes soubs le chevalier Romegas.

> . Montluc, *Commentaires*, VII.

Dans cet autre exemple, où se trouve la préposition *de,* elle exprime un rapport de nature différente :

> Heureux celui qui, pour devenir sage,
> Du mal d'autruy *fait son apprentissage.*
>
> Amyot, trad. de Plutarque, *Vies des Hommes illustres,* Aux lecteurs.

Souvent on dit, simplement, par une ellipse facile à suppléer, *faire son apprentissage :*

Il *avoit faict son apprentissage* aux armées et guerres de là les montz.

> Brantôme, *Grands Capitaines* : M. l'amiral de Bonnivet.

Comment, dit Hylas, voudriez-vous me conseiller de *faire* icy *mon apprentissage ?*

> D'Urfé, *l'Astrée*, IIᵉ partie, liv. XI.

Quand il fut (Sésostris) un peu avancé en âge, il (son père) lui fit *faire son apprentissage* par une guerre contre les Arabes.

> Bossuet, *Discours sur l'Histoire universelle*, III, 3.

... Il (l'avocat Bardon) rendit visite à M. le Président et à M. Talon, et leur persuada qu'il venoit plaider une cause devant eux, afin d'aller se faire recevoir conseiller du grand conseil dès qu'il auroit eu l'honneur de *faire son apprentissage* sous eux.

> Fléchier, *Mémoires sur les grands jours* de 1665.

Quand on *a fait son apprentissage* sous de si grands maitres, on ne doit pas si facilement s'alarmer.

> Le Sage, *Gil Blas*, V, 1.

Dans des passages tels que les suivants, ces diverses expressions présentent surtout le sens de S'essayer à, s'accoutumer à :

Il est temps de voir les effects de tant de cris et de plaintes, les *apprentissages* que *fit* le royaume, pour des souffrances venir au tumulte, de là aux guerres et puis à la destruction.

> Agr. d'Aubigné, *Histoire universelle*, t. I, liv. II, c. 15.

Vous aurez veû le Tybre au bord duquel les Romains *ont fait l'apprentissage de* leurs victoires.

> Balzac, *Lettres*, X.

Voulez-vous *faire* votre *apprentissage de* vieille reine, pour savoir si ce métier vous accommodera? — Pourquoi non?

> Fénelon, *Fables*, I.

Il (le prince de Cellamare) avait auprès de lui le jeune abbé de Porto-Carrero, qui *fesait son apprentissage de* politique et *de* plaisirs.

> Voltaire, *Siècle de Louis XIV*, c. 1.

Ma nièce, qui vous fait les plus tendres compliments, ose écrire qu'elle soutiendra avec moi la vie d'hermite : elle *a fait son apprentissage* à Colmar.

> Le même, *Lettres;* 9 septembre 1754.

> Nous sommes sous un roi si vaillant et si sage,
> Et qui si dignement *a fait l'apprentissage*
> *De* toutes les vertus propres à commander,
> Qu'il semble que cet heur nous impose silence.
>
> Malherbe, *Poésies*, XVIII.

> ... Votre bras au crime est plus fait que le mien ;
> Et qui sur un époux *fit son apprentissage*
> A bien pu sur un fils achever son ouvrage.
>
> P. Corneille, *Rodogune*, V, 4.

> Ce héros si terrible au reste des humains
> Pour elle *de* la crainte *a fait l'apprentissage.*
>
> J. Racine, *Iphigénie*, IV, 4.

> Que diroit-on de voir un homme de mon âge,
> Des airs d'un courtisan *faire l'apprentissage ?*
>
> Regnard, *Démocrite*, III, 4.

> Je vais donc m'enfoncer dans cette solitude,
> Et là, gesticulant et braillant tout le soul,
> *Faire un apprentissage* en vérité bien fou !
>
> Piron, *la Métromanie*, II, 1.

Faire son apprentissage se dit quelquefois de l'Essai que l'on fait de ce qu'on a appris, des épreuves que l'on hasarde :

Lorsqu'ils ont recours aux renegats, dont il y en a tousjours quelques-uns qui font les médecins et *font leur apprentissage* aux dépens de plusieurs.

> Thévenot, *Voyage du Levant*, c. 27.

Il est dangereux qu'un chirurgien ou un médecin *fasse son apprentissage sur nous.*

Furetière, Dictionnaire.

En être à son apprentissage, est une expression analogue fort usitée :

Quelque rude que soit pour vous un coup comme celui-là, vous *n'en êtes pas sur les adversités à votre apprentissage.*

Bussy-Rabutin, Lettres; 14 janvier 1679.

C'étoit un mélange de trouble, de plaisir et de peur; oui, de peur, car une jeune fille qui *en est* là-dessus à *son apprentissage* ne sait point où tout cela la mène.

Marivaux, la Vie de Marianne, IIe part.

Ou je me connois mal à voir votre visage,
Ou vous *n'en êtes pas à votre apprentissage.*

P. Corneille, le Menteur, I, 1.

On s'est servi autrefois, dans des sens analogues à ceux d'apprentissage, des substantifs, de même origine, apprenement, apprenture, apprise, apprisure, desquels Sainte-Palaye, dans son *Glossaire,* donne quelques exemples.

APPRÊTER, v. a. (du simple *prester,* et, par ce mot, du latin *præstare*).

On l'a écrit apprester, aprester, etc.

Préparer, mettre en état :

E li reis e sa cumpaignie portèrent enz l'arche, si l'asistrent honestement el tabernacle que David li *out aprested.*

Les quatre Livres des Rois, II, vi, 18.

Sa dicte sainteté nous a faict *aprester* nostre logis en son palays, et veult nous soit faict gros honneur à nostre entrée.

Villers l'Ile-Adam, au maréchal de Montmorency, 11 août 1523. (Voyez Négociations de la France dans le Levant, t. I, p. 109.)

Le duc fit secretement *apprester* force barques.

Le loyal Serviteur, c. 44.

Monsieur de Strossi me presta une gallere pour me ramener en France, et envoya un sien parent, jeune homme de vingt ans, chevalier de Saint-Jean à Civitavecchia pour *l'apprester.*

Montluc, Commentaires, III.

Artus après aus se hasta;
Chalans, batiax, nés *apresta.*

Wace, Roman de Brut, v. 9684.

Avec un fer maudit, qu'à grand bruit il *apprête,*
De cent coups de marteau me va fendre la tête.

Boileau, Satires, VI.

Apprêter a surtout été et est toujours de grand usage en parlant de la préparation des repas, des aliments, etc. :

Jamais homme ne sceut mieulx prendre, larder, roustir et *aprester,* voire par Dieu demembrer et gourmander poulle que moy.

Rabelais, Gargantua; I, 34.

Si tost qu'ils (les petits enfants) sont sortis du ventre et venus au monde, ils trouvent leur nourriture qui leur *est apprestee* par une providence d'en haut.

Calvin, Institution chrestienne, liv. I, c. 16, § 3.

Il ne se courrouça jamais pour chose qu'il (son serviteur) luy *eust apprestée* à son disner.

Amyot, trad. de Plutarque, Vie de Caton, 3.

Il faut faire comme dans un festin bien *appresté,* où l'on ne sert pas indifféremment toutes sortes de viandes, mais seulement les plus délicates.

Perrot d'Ablancourt, trad. de Lucien, Comme il faut écrire l'histoire.

Courage, Criton! faisons ce qu'il nous dit, et, si le poison est prêt, qu'on me l'apporte; s'il ne l'est pas encore, qu'on le luy fasse *apprester.*

Théophile, Immortalité de l'âme.

Il *apprétoit* lui-même tout ce qu'il devoit manger.

Fénelon, Télémaque.

Elle (la duchesse de Berry) mangeoit avec ses dames de ce que le couvent (des Carmélites) lui *apprétoit.*

Saint-Simon, Mémoires, 1716.

L'hôte, après avoir ainsi fait son éloge, commença d'*apprêter* le souper.

Le Sage, Gil Blas, X, 12.

Et Doolin li preus en la cuisine ala;
Char i treuve et oisiaus, que pour cuire *apresta.*

Doon de Maience, v. 3855.

Moult fu granz li mangiers quant il *fu apresté.*

Parise la duchesse, v. 2885.

Ma foi, vive Mignot et tout ce qu'il *apprête!*

Boileau, Satires, III.

A ces exemples on en peut joindre d'autres où, comme dans le suivant, apprêter est joint à son régime par la préposition *de :*

Dont pensoit le bon Pantagruel que le cœur luy feist mal et commanda qu'on luy *apprestast du vinaigre.*

Rabelais, Pantagruel, II, 26.

Avez-vous du caffé qui soit bon? — Merveilleux. — Prenons-en. Ordonnez que l'on nous *en apprête.*

Il n'est rien de si bon contre le mal de tête.

BOURSAULT, *Ésope à la ville*, I, 2.

APPRÊTER a souvent aussi pour régimes à l'actif, et pour sujets au passif, des mots de nature abstraite :

Voz quers à Deu *apretez*, e a lui sulement servez.

Les quatre Livres des Rois, I, VII, 3.

Il nous est expedient de cognoistre que nous sommes douez de raison et intelligence, afin de tendre au but qui nous est proposé de l'immortalité bien heureuse qui nous *est apprestée* au ciel.

CALVIN, *Institution chrestienne*, liv. II, c. 1, § 1.

Où il y a transgression de la loy, là *est apprestée* malediction de Dieu.

LE MÊME, même ouvrage, liv. II, c. 8, § 58.

La sagesse toute seiche et toute crue fait mal au cœur : il y faut un peu d'assaisonnement; Socrate *l'a apprestée* de la sorte.

BALZAC, *Lettres;* VI, 5.

La mort me semblera bonne de la façon que vous *l'apprêtez.*

VOITURE, *Lettres amoureuses*, XVII.

Si je savois aussi bien *apprêter* des louanges, Madame, je vous en donnerois souvent, parce que vous en méritez et pour m'attirer les vôtres.

BUSSY-RABUTIN, *Lettres;* à Mᵐᵉ de Sévigné, 29 juin 1678.

Seigneur, ce dist la vielle, alez vous atorner,
Et je irai la chose tout à point *aprester.*

Roman de Berte, p. 30.

... César, prends garde à toi :
Ta mort est résolue, on la jure, on *l'apprête.*

P. CORNEILLE, *Pompée*, IV, 4.

Voilà sans doute un bel emploi
Que le grand Jupiter *m'apprête!*

MOLIÈRE, *Amphitryon*, Prologue.

Revêtons-nous d'habillements
Conformes à l'horrible fête
Que l'impie Aman nous *apprête.*

J. RACINE, *Esther*, I, 5.

Entrez, et recevez l'honneur qu'on vous *apprête.*

LE MÊME, même ouvrage, III, 2.

Ne songez qu'aux plaisirs que l'hymen vous *apprête.*

PIRON, *la Métromanie*, V, 9.

APPRÊTER a surtout formé avec les mots *occasion, sujet*, des locutions de grand usage :

Puisque vous avez envie de rire, je vous en vay *apprester l'occasion.*

LA REINE DE NAVARRE, *Heptaméron*, XXXIII.

Quand je nomme ici la fortune, afin que je *n'appreste* à aucuns *occasion* de se scandaliser, j'entends les mystères de Dieu.

EST. PASQUIER, *Recherches de la France*, II, 1.

Leurs souslevemens *apprestèrent* à Tibère un *sujet* de gloire.

COEFFETEAU, *Histoire romaine*, I.

APPRÊTER a eu aussi quelquefois pour régime des noms de personne, ou désignant de quelque manière les personnes :

En tout le cours de sa predication il n'a fait autre chose que *d'apprester* des disciples à Christ.

CALVIN, *Institution chrestienne*, liv. II, c. 9, § 5.

Faites .c. chevaliers *aprester* et garnir.

Gui de Bourgogne, v. 3237.

Li dux a fait son host et sa jent *aprester.*

Parise la duchesse, p. 201.

Or, allez sans plus de langaige
Aprester voz gens, il est temps.

Le Mistere du siege d'Orleans, v. 7780.

APPRÊTER se construit très ordinairement, au moyen de la préposition *à*, avec un verbe à l'infinitif.

Apprêter à dîner, à souper, à manger, à boire, sont des expressions fort usitées :

Janot, Micquel et Verrenet *appresterent* fort bien *à boyre.*

RABELAIS, *Gargantua*, I, 37.

Ainsi leur faisoys bien *apprester à bancqueter*, boire du meilleur et force espiceries.

LE MÊME, *Pantagruel*, II, 17.

Ce sont les femmes qui *apprestent à manger* au roy et qui luy versent du vin.

VAUGELAS, trad. de Quinte-Curce, *Histoire d'Alexandre*, VIII.

Je me suis rendu à Delft, où les États (de Hollande) m'ont fait *apprêter à dîner* suivant l'usage ordinaire.

LE COMTE D'AVAUX, à Louis XIV, 29 septembre 1678. (Voyez MIGNET, *Négociations relatives à la succession d'Espagne*, t. IV, p. 669.)

Le premier des exemples suivants peut faire comprendre comment, de cette manière de parler, a pu venir l'expression, elle-même fort usitée, *apprêter à rire :*

Ilz tombent touts platz comme porcs devant tout le monde, et *apprestent à rire* pour plus de cent francs.

RABELAIS, *Pantagruel*, II, 17.

J'*appresteray à* quelques uns non *à* rire, ains *à* se mocquer de moy, me voyant si curieusement perdre quelques bonnes heures en des chétives recherches.

Est. PASQUIER, *Recherches de la France*, VIII, 47.

Encores que quelqueffois nos desordres nous *aprestent à rire*, si est-ce qu'il y a bien plus d'occasion d'en plorer.

LA NOUE, *Discours politiques et militaires*, XXVI.

Ce discours *appresta* fort *à rire* au roy.

SULLY, *Œconomies royales*, c. 84.

Quand Dieu ne vous a pas donné la connoissance d'une chose, n'*apprétez* point *à rire à* ceux qui vous entendent parler.

MOLIÈRE, *la Critique de l'École des femmes*, sc. V.

N'*apprétons* point *à rire* aux hommes,
En nous disant nos vérités.

LE MÊME, *Amphitryon* : Prologue.

Ajoutons à ces exemples le suivant, qui donne l'expression analogue, *apprêter de quoi rire* :

Ils se reprocherent par escrit tous les vices dont ils estoient soüillez sans s'espargner l'un l'autre, *apprestans* par ce moyen *de quoy rire* à leurs ennemis.

COEFFETEAU, *Histoire romaine*, VI.

On a dit, *apprêter à penser* :

Par deux personnes de mesme nom (Jeanne la Pucelle et Jean, bastard d'Orléans) fut le royaume estably, exemples certes, sinon beaucoup profitables, pour le moins quelque peu délectables et qui nous peuvent *apprester à penser* sur les mystères de Dieu.

Est. PASQUIER, *Recherches de la France*, IV, 26.

Et même, *apprêter à écrire* :

Ceste querelle *appresta* à plusieurs gens de bon esprit *à escrire*, les uns en faveur des François et les autres en faveur des roys d'Angleterre.

Est. PASQUIER, *Recherches de la France*, II, 17.

APPRÊTER, construit avec le pronom personnel, est susceptible de plusieurs sens.

S'APPRÊTER, c'est quelquefois Apprêter à soi :

Quel est mon crime, si ce n'est de vous avoir trop aimés l'un et l'autre, et de *m'être apprêté* ainsi les regrets dont je suis consumé ?

J.-J. ROUSSEAU, *Lettres*; 17 juin 1764.

Moi-même je frémis de ce que tu *t'apprêtes*.

MOLIÈRE, *Amphitryon*, III, 2.

Je sais trop quel tourment je *m'apprête* moi-même.

J. RACINE, *Mithridate*, II, 6.

Je vous connois, je sais tout ce que je *m'apprête*.

LE MÊME, même ouvrage, IV, 4.

Il n'en est pas de même dans ces manières de parler, *s'apprêter à une chose, à faire une chose ; S'apprêter à une chose* :

E David vint à Magala, en l'ost ki *aprestez se fud à* bataille.

Les quatre Livres des Rois, I, XVII, 20.

Luy estant venu quelques advis que les Espagnols démonstroient *s'apprester à* la recouvrance d'Oram et Ungre.

M. DE CODIGNAC, à Henri II, 31 mai 1556. (Voyez *Négociations de la France dans le Levant*, t. II, p. 379.)

Laonice, vois-tu que le peuple *s'apprête*
Au pompeux appareil de cette grande fête.

P. CORNEILLE, *Rodogune*, II, 2.

A combien de chagrins il faut que je *m'apprête*!

J. RACINE, *Britannicus*, II, 2.

S'apprêter à faire une chose :

Quelques héritiers consentent à partager ses dépouilles ; d'autres *s'apprêtent à* les disputer.

VOLTAIRE, *Siècle de Louis XIV*, c. 17 : Traité avec la Savoie.

Le corps des strélitz, à cette nouvelle, *s'apprête à* marcher en armes au couvent de la Trinité.

LE MÊME, *Histoire de Pierre le Grand*, Ire part., c. 5.

Ce grand pouvoir lui pèse, il *s'apprête à* le rendre.

P. CORNEILLE, *Sertorius*, III, 4.

Dieu *s'apprête à* te joindre à la race parjure.

J. RACINE, *Athalie*, III, 5.

A suivre ce grand chef l'un et l'autre *s'apprête*.

BOILEAU, *le Lutrin*, II.

Tandis qu'à le tuer mon villageois *s'apprête*,
La fourmi le pique au talon.

LA FONTAINE, *Fables*, II, 12.

Je prends donc mon fusil : à tirer je *m'apprête*.

COLLIN D'HARLEVILLE, *Monsieur de Crac*, sc. 7.

On a dit aussi, *s'apprêter de faire une chose* :

Ledit captal envoya lettres et messages pardevers les barons, chevaliers et écuyers de Poitou et de Xaintonge qui en leur compagnie n'étoient, et prioit et enjoignoit

étroitement qu'ils *s'apprétassent de* venir au plus efforce-
ment qu'ils pourroient.

> FROISSART, *Chroniques,* liv. I, IIe part., c. 347.

> D'aler à Rome *s'apresta,*
> Archiers et chevaliers menu.

> WACE, *Roman de Brut,* v. 5828.

> Donc *se sunt* li baron *de* ferir *apresté.*
> Fierabras, v. 1392.

On a dit également *s'apprêter pour faire une
chose :*

> Et *s'apprétèrent* assez bien *pour* tenir et garder la cité
> contre tous venans.

> FROISSART, *Chroniques,* liv. I, IIe part., c. 197.

> Et les dicts ambassadeurs allèrent en leurs logis *s'appres-
> ter pour* eux en aller.

> COMMINES, *Mémoires,* c. 27.

> L'Apostole *s'apreste pour* la messe chanter.
> Chanson des Saxons, XIII.

> Pour deffendre lor murs *se furent apresté*
> Encontre les Danois qui venoient armé.
> Doon de Maience, v. 8333.

Enfin on a dit, absolument, *s'apprêter :*

> Il feit cryer que chascun se mist sus : et peu *s'apprestoient*
> car c'estoit au commencement de l'hyver.

> COMMINES, *Mémoires,* III, 2.

> Li *s'appresterent* de bon matin, et s'en allerent jusques
> au nombre de quarante ou cinquante hommes d'armes,
> pour essayer s'ilz feroient quelque bonne chose.

> Le loyal Serviteur, c. 14.

> C'est trop tard *s'apprêter* quand le mal est advenu.
> CHARRON, *De la Sagesse,* II, 7.

> Messeigneurs, qui volez venir,
> *Aprestez-vous* tous sans attendre.
> Au plus matin je vueil partir,
> Chascun vueille en son fait entendre.

> Le Mistere du siege d'Orleans, v. 1682.

> Il veut partir à jeun, il se peigne, il *s'apprête,*
> L'ivoire trop hâté rompt deux fois sur sa tête.
> BOILEAU, le Lutrin, V.

S'apprêter à faire une chose, ou absolument, *s'apprêter,* ne se disent pas seulement des personnes,
mais encore, dans le langage poétique des choses
elles-mêmes :

> Il me suffit, que mon troupeau preserves
> Des loups, des ours, des lyons, des loucerves,

> Et moy du froid, car l'yver, qui *s'appreste,*
> A commencé à neiger sur ma teste.
> CL. MAROT, *Églogue au roy.*

> Conserve aujourd'hui ton ouvrage,
> Et daigne détourner l'orage
> Qui *s'apprête à* fondre sur moi.
> J.-B. ROUSSEAU, *Odes,* I, 13.

S'APPRÊTER, avec un nom de chose pour sujet,
prend quelquefois le sens passif de Être apprêté.

Par exemple (cela répond à des manières de parler expliquées plus haut) lorsqu'il est question
de la préparation des repas, des aliments, etc. :

> Vostre souper fut si long-temps à *s'apprester* que vous
> croyiez qu'il ne viendroit jamais.
> SULLY, *OEconomies royales,* c. 45.

> La chère exquise *s'apprêtoit* (pour les petits soupers du
> régent) dans des endroits faits exprès, de plain-pied, dont
> tous les ustensiles étoient d'argent.
> SAINT-SIMON, *Mémoires,* 1716.

Par exemple encore lorsqu'il s'agit de la conclusion d'un mariage, des préparatifs d'une noce :

> Je m'en vais seule au temple où leur hymen *s'apprête.*
> J. RACINE, *Andromaque,* IV, 3.

> ... Plus notre hymen *s'apprête*
> Et moins je m'applaudis d'une telle conquête.
> DESTOUCHES, *le Médisant,* IV, 6.

> On dresse le contrat et la noce *s'apprête.*
> LE MÊME, *l'Ingrat,* III, 1.

Enfin, dans bien des cas où le sujet du verbe
est un mot de nature abstraite :

> Donc un nouveau labeur à tes armes *s'apprête.*
> MALHERBE, *Ode à Louis XIII.*

> Mon sort est accompli, votre gloire *s'apprête.*
> J. RACINE, *Bérénice,* I, 4.

APPRÊTÉ, ÉE, participe.

Il se prend adjectivement au sens de Préparé,
disposé, prêt, en parlant des choses :

> Tout s'arme contre moi; pour moi de tous côtés
> Je vois coups de bâton et gibets *apprêtés.*
> MOLIÈRE, *le Dépit amoureux,* III, 11.

> De festons odieux ma fille couronnée
> Tend la gorge aux couteaux par son père *apprêtés.*
> J. RACINE, *Iphigénie,* V, 4.

Voudriez-vous tâter dans cette conjoncture,
D'un repas *apprêté* par la seule nature ?

> REGNARD, *Démocrite*, I, 4.

On l'a dit de même, dans les anciens temps de la langue, en parlant des personnes :

... Il (Henri II) est aussi bien ou mieux sur ses pieds que nul de ses prédécesseurs, ayant sa gendarmerie... sur ses frontières de Champagne et Picardie, avec 17 mille Suisses tous *apprestez*.

> *Instructions de Henri II à d'Huyson*, 1547. (Voyez *Négociations de la France dans le Levant*, t. II, p. 32.)

> Gérin trova qui jà fu *aprestez*,
> De riches armes belement adoubez.
>
> *Raoul de Cambray*, CXIV.

On le construisait quelquefois avec la préposition *de* :

> Bien semblent gent *de* bien faire *apresté*.
>
> *Garin le Loherain*, t. II, p. 50.

D'autres fois et plus communément, on a dit *appresté à*, *à* une chose, *à* faire une chose :

> Les oiseaux.....
> *Apprêtés à* chanter dans les bois se réveillent.
>
> MALHERBE, I, 4.

Bien apprêté se dit dans un sens favorable :

Si par quelque occasion, de laquelle vous ne puissiez pas vous bien excuser, il faut aller au bal, prenez garde que votre danse soit *bien apprestée*. Mais comme faut-il qu'elle soit accommodée? De modestie, de dignité et de bonne intention.

> SAINT FRANÇOIS DE SALES, *Introduction à la vie dévote*, III, 33.

Vous me flattez beaucoup en me disant que plus vous devenez délicat, et plus je vous suis nécessaire. Le moyen de n'être pas sensible à cette louange si *bien apprêtée?*

> . Mᵐᵉ DE SÉVIGNÉ, *Lettres*; à Bussy-Rabutin, 24 ou 27 juin 1678.

Employé seul au contraire, APPRÊTÉ sert à désigner un Certain genre d'affectation.

Soit en parlant des choses, par exemple, d'un Air, d'un son, d'un style, d'un langage, de manières qui manquent de naturel :

Leurs offres (des Neufchatelois) exagérées ne tentent point; elles ont toujours je ne sais quel air de formule, je ne sais quoi de sec et d'*apprêté* qui vous invite au refus.

> J.-J. ROUSSEAU, *Lettres*; 20 janvier 1763.

La justice est roide; elle tient ses balances d'une manière *apprêtée*.

> DIDEROT, *Salon de 1667* : Du Rameau.

Fuit d'un style *apprêté* la pénible tournure.

> DELILLE, *la Conversation*, III.

Soit en parlant des personnes :

On s'apercevoit qu'elle (la marquise de Lambert) étoit voisine du temps de l'hôtel de Rambouillet; elle étoit un peu *apprêtée*.

> HÉNAULT, *Mémoires*, c. 10.

D'ailleurs on ne peut s'imaginer qu'un auteur (l'abbé de Saint-Pierre) si peu *apprêté* ne dise la vérité.

> GRIMM, *Correspondance*, 15 février 1758.

APPRÊT, s. m.

On l'a écrit APPREST, APPRESTE.

Préparatif :

Cecy estoit comme ung *appreste* des maulx qui depuis advinrent audit duc de Bourgongne.

> COMMINES, *Mémoires*, IV, 12.

J'estime que vous aurez seu le grand *apprest* de mer que faict le Turc, qui est de trois cent cinquante galères.

> *Avis adressé de Malte, le 4 mars 1532, à l'ambassadeur de France à Rome*. (Voyez *Négociations de la France dans le Levant*, t. I, p. 195.)

Voyant l'*apprest* que font nos voisins de nous faire beaucoup de maulx,... j'ay mandé le seneschal de Bazadois.

> LA REINE DE NAVARRE, *Lettres*; à François Iᵉʳ, été de 1537.

Attila... ayant escoulé quelques années en l'*apprest* de son armée, s'en vint fondre enfin avec cinq cens mille combattans sur la Gaule.

> D'URFÉ, *l'Astrée*, IIᵉ part., liv. XII.

Je remarquai que la mère dit quelques mots à part à l'hôtesse, pour ordonner sans doute quelque *apprêt*.

> MARIVAUX, *le Paysan parvenu*, IVᵉ part.

Les sots veulent, dit-il, mettre un tas de scrupules
Entre la probité solide et l'intérêt,
C'est pour l'homme d'esprit un incommode *apprêt*.

> DUFRESNY, *la Réconciliation normande*, I, 9.

En ce sens, il ne se dit guère qu'au pluriel :

Ledit de Luxembourg s'en retourna en son chastel de Beaurevoir, veoir sa femme et faire ses *aprestes*, pour aler avecques le duc de Bourgongne ou voiage qu'il devoit faire brief ensuivant.

> MONSTRELET, *Chroniques*, CCXVIII.

De tous coustez viennent nouvelles que le Turc fait ses *aprestes* pour venir l'esté prochain en Hongrie et aussi par mer à Naples ou Cécille.

LE COMTE DE HANNART, à Charles-Quint, 13 avril 1524. (Voyez *Négociations de la France dans le Levant*, t. I, p. 149.)

Personne n'y avoit pensé, et les *appréts* des choses nécessaires n'eussent pas été faciles à faire.

AMYOT, trad. de Plutarque, *Vie de Lucullus*, 87.

Comme il (le duc d'Alençon) estoit sur ces *apprests* (du siège de Cambrai) et qu'il commençoit d'avoir une partie des forces qui luy estoient nécessaires, cette guerre des huguenots intervint.

MARGUERITE DE VALOIS, *Mémoires*.

Et pour ce que les *aprets* qu'on faisoit sur l'eau menassoient les assiegez de perdre la correspondance, ce fut lors qu'on inventa la manière d'emporter les pigeons de leurs nids dans les villes de Leiden et Harlem, lesquels on laissoit aller avec des billets pour porter nouvelles.

AGR. D'AUBIGNÉ, *Histoire universelle*, t. II, liv. I, c. 18.

Tout retentit du bruit et des *appréts* de la guerre.

VAUGELAS, trad. de Quinte-Curce, *Histoire d'Alexandre*, liv. IV.

Les *apprets* par mer et les forces par terre n'approchoient pas des forces que le roi d'Espagne pouvoit prévoir qu'il auroit à combattre.

SAINT-SIMON, *Mémoires*, 1718.

Il a passé par la grande place, où les *appréts* du combat des taureaux qui s'est fait aujourd'hui l'ont arrêté.

LE SAGE, *le Diable boiteux*, c. 8.

Le 5 mai, le roi y vint avec la cour, composée de six cents personnes, qui furent défrayées avec leur suite, aussi bien que tous ceux qui servirent aux *appréts* de ces enchantements.

VOLTAIRE, *Siècle de Louis XIV*, c. 25.

Ceste nuyt ont fait leurs *aprestes*
Et ont tout pris et emporté
Leurs harnois, ars et arbalestes.
Le Mistere du siege d'Orleans, v. 14177.

Le Bosphore m'a vu par de nouveaux *appréts*
Ramener la terreur du fond de ses marais.
J. RACINE, *Mithridate*, III, 1.

Vous verrai-je toujours, renonçant à la joie,
Faire de votre mort les funestes *appréts*?
LE MÊME, *Phèdre*, III, 3.

Compère le renard se mit un jour en frais,
Et retint à dîner commère la cicogne.
Le régal fut petit et sans beaucoup d'*appréts*.
LA FONTAINE, *Fables*, I, 18.

Rome de tant d'*appréts* qui s'indigne et se lasse,
N'a point accoutumé les rois à tant d'audace.
CRÉBILLON, *Rhadamiste et Zénobie*, II, 2.

APPRÊT signifie aussi Manière d'apprêter, et se dit principalement de la manière dont on apprête des cuirs, des étoffes, des toiles :

L'*apprest* de ce cuir-là ne vaut rien, on a donné un méchant *apprest* à ce cuir-là... Ce drap-là est mauvais, l'*apprest* n'en vaut rien.

Dictionnaire de l'Académie, 1694.

Il se dit également des substances, des matières qui servent à apprêter, comme dans ces phrases : *Chapeau sans apprêt*, chapeau très bien foulé et dans lequel il n'y a point de gomme ; *il n'y a point d'apprêt dans cette toile*, on n'a employé ni chaux ni colle pour la blanchir.

APPRÊT se dit aussi de l'Assaisonnement des mets :

Lors (si bon sembloit) on continuoit la lecture, ou commenceoient à deviser joyeusement ensemble, parlans pour les premiers moys de la vertus, propriété, efficace et nature de tout ce que leur estoit servy à table; du pain, du vin, de l'eaue, du sel, des viandes, poissons, fruictz, herbes, racines, et de l'*aprest* d'icelles.

RABELAIS, *Gargantua*, I, 23.

APPRÊT se dit encore de La peinture sur verre :

La peinture d'*apprêt* étoit autrefois fort en usage pour les vitraux des églises.

Dictionnaire de l'Académie, 1762.

APPRÊT se dit figurément de l'Esprit, du style, des manières, pour désigner Un peu d'affectation :

Il (Fontenelle) auroit pu affecter moins un certain *apprêt* et une trop grande délicatesse, qui quelquefois diminue la chaleur et la force.

HÉNAULT, *Mémoires*, c. 17.

Cette gaieté précieuse, que Destouches avoit su conserver dans ses pièces... dans celles de ses successeurs n'a, si on l'ose dire, qu'un rire d'*apprêt* et de commande.

D'ALEMBERT, *Éloge de Destouches*.

Personne ne racontoit plus vivement, plus promptement, avec plus de grâce et moins d'*apprêt*.

LE MÊME, *Éloge de Montesquieu*.

Sans apprêt est une locution fort usitée :

C'est dans le particulier, dans l'intérieur, dans le cabinet, dans le domestique, que les grands hommes, les person-

nages célèbres se montrent tels qu'ils sont, sans déguisement, sans *apprêt*.

ROLLIN, *Traité des Études*, liv. VI, IIIᵉ part., c. 1, § 5.

Les spectateurs, attendris ou ennuyés par une tragédie,
consentent volontiers à s'amuser un moment d'une bagatelle sans prétention et sans *apprêt*.

D'ALEMBERT, *Éloge d'Abeille.*

Il règne ici la plus belle harmonie de couleur, une paix,
un silence qui charment; c'est toute la magie secrète de
l'art sans *apprêt*, sans recherche, sans effort.

DIDEROT, *Salon de 1767.*

On a dit, au même sens qu'APPRÊT,

APPRÊTEMENT, s. m.

Lequel feu, par le moyen des *aprestements*, qui subtilement estoient faiz dedens icelle mine, tant continua, que
finablement la plus grant partie de ladicte porte fut con-
fondue et chey tout à plat.

MONSTRELET, *Chronique*, c. 81.

APPRÊTE, s. f.

Mouillette, petite tranche de pain étroite et longue avec laquelle on mange des œufs à la coque.
Il vieillit, on dit plus communément Mouillette :

Il (le duc d'Albuquerque) se fit après des *apprêtes* de son
pain, qu'il trempoit légèrement dans tout ce qu'on servit
de ragoûts à sa portée, desquelles il ne mangeoit que l'extrémité.

SAINT-SIMON, *Mémoires*, 1722.

APPRÊTEUR, s. m.

Terme d'Arts mécaniques. Celui qui apprête,
qui donne l'apprêt, qui fait les préparations.

APPRIVOISER, v. a. (de quelque forme ancienne de notre adjectif *privé*, et, par ce mot, du
latin *privus*).

On l'a écrit APRIVOISER, APPRIVOISIER. (Voyez quelques-uns des exemples ci-après.)

APPRIVOISER se dit au propre, en parlant des
animaux, et signifie Les rendre privés, plus doux,
moins farouches :

On *apprivoise* les bestes sauvages à parler à elles.

ROB. ESTIENNE, *Dictionnaire françois-latin.*

L'un disoit : C'est Orphée; c'est ainsi qu'avec une lyre il
apprivoisoit les bêtes farouches.

FÉNELON, *Télémaque*, VIII.

III.

Il y a des chiens sauvages qui, pour les mœurs, ne diffèrent des loups que par la facilité qu'on trouve à les ap-
privoiser.

BUFFON, *Histoire naturelle : Le Chien.*

On la dompte (la panthère) plutôt qu'on ne l'*apprivoise*;
jamais elle ne perd en entier son caractère féroce.

LE MÊME, même ouvrage : La Panthère.

Il paroît que les nations qui ont le plus anciennement
cultivé la terre, sont celles qui ont trouvé dans leur pays
des espèces d'animaux plus susceptibles d'*être apprivoisés*.

TURGOT, *Réflexions sur la formation des richesses*, § 56.

C'est cil qui por *aprivoisier*
Bat son chat et puis la rapele
Por le lier à sa cordèle.

Roman de la Rose, v. 9770.

C'est un jeune moineau, qu'avec un soin extrême
Je veux pour vous l'offrir *apprivoiser* moi-même.

MOLIÈRE, *Mélicerte*, sc. 3.

Il se dit, par extension, en parlant des sauvages :

Ils (les jésuites) donnèrent tout aux sauvages, qui *furent
apprivoisés* comme les animaux qu'on prend avec un appât.

VOLTAIRE, *Essai sur les mœurs*, c. 154 : Du Paraguay.

On l'a dit, par figure, en parlant des plantes :

Les unes (les plantes) ont prins le nom de celuy qui premier les inventa, congneut, monstra, cultiva, *aprivoisa*
et appropria.

RABELAIS, *Pantagruel*, III, 50.

Mesmes du temps de Virgile les inventions d'enter fruicts
nouveaux estoyent fort advancées : car il fait mention...
des planes entez en pommiers, et des ormes *apprivoisez* en
cerisiers.

DU PINET, trad. de Pline, *Histoire naturelle*, XV, 15.

Manière d'enter dont aucuns se vantent pouvoir non seulement *apprivoiser* les arbres estrangers, ains de marier ensemble toutes plantes, quoique de contraire et extravagant
naturel.

OLIVIER DE SERRES, *Théâtre d'agriculture*, VIᵉ lieu, c. 24.

APPRIVOISER est fort d'usage au figuré pour exprimer une Action exercée sur le caractère et les
dispositions des personnes, et au moyen de laquelle elles sont rendues plus traitables, plus familières, plus favorables, etc. :

La facilité attire la persécution, et vous serez importun.
de nouveau, parce que vous *avez apprivoisé* un importuné.

BALZAC, *Lettres*, X, 25.

Il (Matta) étoit prévenu d'une telle aversion pour son mari, qu'il ne pouvoit se vaincre sur la moindre avance pour *l'apprivoiser*.

HAMILTON, *Mémoires de Grammont*, c. 4.

Il y a des hommes superbes que l'élévation de leurs rivaux humilie et *apprivoise*.

LA BRUYÈRE, *Caractères*, c. 9.

... Mais dans la suite, en *l'apprivoisant* (Colbert), on le trouvoit assez facile, expéditif, et d'une sûreté inébranlable.

CHOISY, *Mémoires*, II.

... D'une santé délicate qu'il ménageoit (le marquis de Canillac), particulier, et, par hauteur, difficile à *apprivoiser*.

SAINT-SIMON, *Mémoires*, 1715.

> Venez avant, dit-il (l'Amour), plaisant beaulté...
> *Apprivoisiez* ce compaignon sauvaige.

CHARLES D'ORLÉANS, *Au temps jadis quand nature me fit*, etc., st. 21.

> ... La fille demeura.
> Tout doucement il vous *l'apprivoisa*.

LA FONTAINE, *Contes*, II, 15.

APPRIVOISER reçoit, en ce sens, pour régime des mots qui s'appliquent collectivement aux personnes, *peuple, nation, public*, etc.

D'*apprivoiser* au milieu de nous une nation estrange, belliqueuse, et convoiteuse de bien et d'honneur, c'est une chose de très-périlleuse conséquence et plus dangereux effet.

EST. PASQUIER, *Recherches de la France*, I, 7.

Le peuple romain étoit naturellement féroce; il falloit l'adoucir, *l'apprivoiser*.

MARMONTEL, *Éléments de littérature* : Délibératif.

Je crains un certain public de Paris, qu'il est plus difficile d'*apprivoiser*.

VOLTAIRE, *Lettres*, 5 avril 1771.

Dans des manières de parler encore plus figurées, APPRIVOISER régit des noms de chose et très souvent des noms de nature abstraite :

L'appliquant (la musique) à l'ame pour l'addoucir, donter et *apprivoiser*.

AMYOT, trad. de Plutarque, *Œuvres morales* : De la vertu morale.

En les maniant et repassant... on les *apprivoise* (ceraines pensées)...

MONTAIGNE, *Essais*, I, 19.

En somme, quelque assiette et qualité de terre tant rebourse soit-elle, par la faveur de l'eau fertile, sera accommodée, et ses aspretez naturelles de beaucoup *apprivoisées*, tant telle eau est de profitable revenu.

OLIVIER DE SERRES, *Théâtre d'agriculture*, I⁰ʳ lieu, c. 2.

Ils sçavoient rire utilement, ils sçavoient *apprivoiser* la plus farouche philosophie.

BALZAC, *Socrate chrétien* : Avant-propos.

Ils veulent *apprivoiser* la rébellion en la caressant.

LE MÊME, *Aristippe*, discours V.

Il... encourageoit les autres à souffrir patiemment les calamitez de la vie, parce qu'eux ou elles ne pouvoient longtemps durer, et que la coûtume adoucissoit les choses les plus rudes, et *apprivoisoit* jusqu'aux maux.

PERROT D'ABLANCOURT, trad. de Lucien : *Démonax*.

Savoir les règles, et entendre le secret de les *apprivoiser* adroitement avec notre théâtre, ce sont deux sciences bien différentes.

P. CORNEILLE, Épître dédicatoire de *la Suivante*.

Je viens d'écrire un billet à Mᵐᵉ de Schomberg..., c'est un mérite que j'*ai apprivoisé* il y a longtemps.

Mᵐᵉ DE SÉVIGNÉ, *Lettres*; à Mᵐᵉ de Grignan, 28 août 1676.

Que faire pour *apprivoiser* une impertinente vertu qui ne vouloit point entendre raison?

HAMILTON, *Mémoires de Grammont*, XI.

Cela choqua d'abord; mais le public s'accoutume à tout, et le temps sait *apprivoiser* la bienséance et même la morale.

LE MÊME, même ouvrage, XIII.

On compta que la fille n'avoit rien et n'auroit jamais grand'chose : ce fut ce qui y détermina, et ce qui, joint au solide du ministère, *apprivoisa* la roguerie de M. de la Rochefoucauld.

SAINT-SIMON, *Mémoires*, 1697.

Un lecteur veut être ménagé. Vous, auteur, voulez-vous mettre sa corruption dans vos intérêts? Allez-y doucement du moins, *apprivoisez*-la, mais ne la poussez pas à bout.

MARIVAUX, *le Paysan parvenu*, IV⁰ part.

Ces choses forcent la nature du gouvernement despotique sans la changer : sa férocité reste; elle *est* pour quelque temps *apprivoisée*.

MONTESQUIEU, *Esprit des Lois*.

Dans le même temps M. de Maupertuis voulut opprimer M. Koenig... M. Koenig avait tâché, ainsi que moi, d'*apprivoiser* son amour-propre par des éloges.

VOLTAIRE, *Supplément au Siècle de Louis XIV* : Lettre à M. Roques.

> ... Au lieu d'*apprivoiser* ses mœurs,
> L'âge n'a fait qu'aigrir ses sauvages humeurs.

DELILLE, *la Conversation*, II.

APPRIVOISER se construit avec diverses prépositions, notamment *à* et *avec;*

Apprivoiser à, à une chose, *à* faire une chose :

Si elle (l'âme) est incorruptible, il faut que tu estimes, qu'il lui prent et advient comme aux petits oiseaux qui sont pris; car si elle a esté longuement nourrie dedans ce corps et qu'elle *soit* accoustumée et *apprivoisée à* cette vie... elle y retourne de rechef.

AMYOT, trad. de Plutarque, *OEuvres morales.*

Nous appastons le cheval, des lors qu'il est nay, pour l'*apprivoiser à* servir.

LA BOÈTIE, *De la Servitude volontaire.*

Marius sceut bien prendre son temps et ne les attaqua qu'après qu'ils furent *apprivoisez à* user de pain et de viande cuite, et à savourer les vins délicieux.

COEFFETEAU, *Histoire romaine de L. Florus,* III, 8.

Vous ne vous marierez peut-être pas pour réformer la langue? — Mais le moyen d'*apprivoiser* ses oreilles à l'entretien d'un mari qui ignore la police du beau langage?

DELOSME DE MONCHENAI, *Mezzetin grand sophy de Perse,* Scène d'Isabelle et de Colombine. (Voyez GHERARDI, *Théâtre italien,* t. II, p. 317.)

Je prête donc attentivement l'oreille, et j'entends une conversation qui n'est convenable qu'avec une femme qu'on n'estime point, mais qu'à force de galanteries on *apprivoise aux* impertinences qu'on lui débite et qu'elle mérite.

MARIVAUX, *le Paysan parvenu,* V° partie.

Apprivoiser avec,
Avec une personne :

Il (Montaigne) avoit, sans y penser, le mouchoir au nez... Quand ils *furent* plus *apprivoisés avec* lui, ils lui dirent que les gens de l'église avoient trouvé cette contenance estrange.

MONTAIGNE, *Voyages :* Lanspergs.

Elle (cette poudre) m'a fait des merveilles de tous les côtés... Ce remède terrible pour tout le monde *est tellement apprivoisé avec* moi... que nous ne cessons de nous donner des marques d'amitié.

Mme DE SÉVIGNÉ, *Lettres;* à Mme de Grignan, 16 septembre 1676.

... Les chrétiens d'Espagne n'*étoient* pas encore *apprivoisés avec* eux (les musulmans) au milieu du neuvième siècle.

FLEURY, *Discours sur l'Histoire ecclésiastique,* VI, § 1.

Avec une chose :

M. de La Feuillade, qui n'*est* pas trop *apprivoisé avec* la douleur, est inconsolable de la mort de son fils aîné.

Mme DE SCUDÉRY, *Lettres;* à Bussy, 13 septembre 1680. (Voyez *Correspondance* de Bussy-Rabutin.)

APPRIVOISER s'emploie fréquemment avec le pronom personnel et signifie Devenir plus doux, plus traitable, s'accoutumer, se familiariser, etc.;

Au propre, en parlant des animaux :

Les taureaux furieux et forcenez approchans des figuiers sauvaiges.... *se apprivoisent,* et restent comme grampes et immobiles.

RABELAIS, *Pantagruel,* IV, 62.

Le chameau est un animal fort domestique, qui s'*apprivoise* facilement.

A. PARÉ, *Introduction à la cognoissance de la vraie chirurgie,* II, 18.

Par figure, en parlant des plantes :

Contre ce qu'on void ès pomiers, poiriers, pruniers, et autres arbres sauvages, lesquels par exquise culture s'*apprivoisent,* la carde, comment qu'on la manie, demeure toujours en son estat, garnie de forts et aigus piquerons.

OLIVIER DE SERRES, *Théâtre d'agriculture,* c. 6.

En parlant des personnes :

Oh bien! votre fille n'est pas si difficile que cela, et elle s'*est apprivoisée* depuis qu'elle est chez moi.

MOLIÈRE, *Georges Dandin,* I, 4.

En parlant des choses :

Jamais les vices ne s'*apprivoisent* de bonne foi; quelque mine qu'ils fassent, ils se tournent toujours vers leur inclination.

MALHERBE, trad. des *Épîtres* de Sénèque, LXXXV, 1.

La perfidie ne s'*apprivoise* pas par les bienfaits.

VAUGELAS, trad. de Quinte-Curce, *Histoire d'Alexandre,* VII.

Cette scène se passait chez un peuple réputé sociable, dans le temps même où le monstre de l'inquisition s'*apprivoisait* ailleurs, et où les anciennes lois des temps barbares s'adoucissaient dans les autres États.

VOLTAIRE, *Fragments sur l'Inde,* art. 19 : Fin du procès criminel contre Lalli.

Le génie est naturellement sauvage; il perd de son énergie et de sa force à mesure qu'il s'*apprivoise.*

GRIMM, *Correspondance,* 1er juin 1755.

Aux locutions *apprivoiser à; apprivoiser avec,* correspondent *s'apprivoiser à, s'apprivoiser avec.*
S'apprivoiser à;
Suivi d'un nom de personne :

J'envie ceux qui sçavent s'*apprivoiser* au moindre de leur suitte, et dresser de l'entretien en leur propre train.

MONTAIGNE, *Essais,* III, 3.

Suivi d'un nom de chose, d'un nom abstrait, ou d'un verbe à l'infinitif :

Il me semble qu'il y a quelques façons de *m'apprivoiser à la mort* et de l'essayer aucunement.

MONTAIGNE, *Essais,* II, 6.

Après qu'on *se fut apprivoisé* à Rome *aux* spectacles des meurtres des animaux, on vint aux hommes et aux gladiateurs.

LE MÊME, même ouvrage, II, 11.

On *s'apprivoise à* toute estrangeté par l'usage et le temps ; mais plus je me hante et me congnois, plus ma difformité m'estonne, moins je m'entens en moy.

LE MÊME, même ouvrage, III, 11.

En ce transmarchement ils (les arbres) perdent leur sauvagine et malice, et *s'apprivoisent à* estre maniez, tout ainsi qu'on apprivoise les bestes sauvages, et signamment quand on les arrache de leurs racines.

DU PINET, trad. de Pline, *Histoire naturelle,* XVII, 10.

On *s'est apprivoisé à* ce mot.

VAUGELAS, *Remarques.*

Ce fut un visage (Madame de Cheverny) *auquel* le roi, qui en étoit fort susceptible, ne put jamais *s'apprivoiser.*

SAINT-SIMON, *Mémoires,* 1710.

Démosthène prononçoit sur le bord de la mer des harangues, pour *s'apprivoiser* par le bruit confus des flots *aux* émeutes du peuple et aux cris tumultueux des assemblées.

ROLLIN. *Traité des Études,* liv. V, c. 1, art. 2.

Je ne pris pas précisément la résolution de me faire catholique; mais voyant ce terme encore éloigné, je pris le temps de *m'apprivoiser à* cette idée.

J.-J. ROUSSEAU, *les Confessions,* part. I, liv. II.

S'apprivoiser avec;
Suivi d'un nom de personne, ou désignant collectivement les personnes :

Il (saint Chrysostome) *s'accommode* mieux à l'usage du bas monde et *s'apprivoise* davantage *avec* les hommes.

BALZAC, *Socrate chrétien,* discours XI.

On dit que, dès qu'ils furent hors des faubourgs, elle *s'apprivoisa avec* lui.

TALLEMANT DES RÉAUX, *Historiettes :* Mlle de Sallenauve.

Il ne faut pas trop *s'apprivoiser avec* les princes, *avec* les personnes d'un haut rang.

Dictionnaire de l'Académie, 1694.

Ma familiarité n'oseroit *s'apprivoiser avec* toi.

MARIVAUX, *le Jeu de l'amour et du hasard,* I, 7.

Suivi d'un nom de chose :

Les grandes choses étonnent, et les petites rebutent; mais *nous nous apprivoisons avec* les unes et les autres par l'habitude.

LA BRUYÈRE, *Caractères,* XII.

J'ai méprisé toute ma vie les fins de non-recevoir, et je ne *m'apprivoiserai* pas *avec* ces formes de palais dans une question si importante.

MIRABEAU, *Discours,* 18 septembre 1789.

Ce qui nous paroissoit terrible et singulier
S'apprivoise avec notre vue...

LA FONTAINE, *Fables,* IV, 10.

On a dit autrefois *s'apprivoiser de ;* dans des sens analogues à ceux de *s'apprivoiser à ;*
Suivi d'un nom de personne :

... Aussi commencèrent-ils (les barbiers) de *s'apprivoiser du* médecin... et en après, d'ajamber petit à petit sur l'estat du chirurgien.

EST. PASQUIER, *Recherches de la France,* IX, 31.

Cettui-ci ainsi depesché arriva à Thoulouze, et entra en la ville, *s'apprivoisant de* ceux de la garde, tellement qu'on ne donna pas avis de lui à Cornusson, gouverneur.

AGR. D'AUBIGNÉ, *Histoire universelle,* t. II, liv. III, c. 7.

Suivi d'un nom de peuple, de pays, de lieu, etc., manière de parler très fréquente chez Estienne Pasquier particulièrement :

Les Normands affligeoient lors par diverses courses nostre France, *dont* ils *s'estoient* trop longtemps *apprivoisez* à nos despens.

EST. PASQUIER, *Recherches de la France,* I, 10.

Les études commencèrent peu après de *s'apprivoiser du* monastère de Saint-Victor.

LE MÊME, même ouvrage, IX, 5.

Suivi d'un nom de chose :

Cette lettre mal legible qui ne *se pouvoit apprivoiser de* mes yeux.

EST. PASQUIER, *Lettres,* XIX, 7.

Suivi d'un verbe à l'infinitif :

Ils *s'apprivoisent de* luy obéir.

LA BOÉTIE, *Discours de la Servitude volontaire.*

APPRIVOISER a pu, comme en général les verbes actifs, être employé absolument sans régime direct ni indirect, dans des passages tels que le suivant :

Jugez de tout ce que cela supposoit d'aimable dans cette maîtresse, et de tout ce qu'il falloit qu'elle fût pour enchanter, pour *apprivoiser* jusque-là.

MARIVAUX, *la Vie de Marianne*, V° part.

APPRIVOISÉ, ÉE, participe.

Il se prend quelquefois adjectivement;

Au propre :

Je vous envoye pareillement trois jeunes unicornes, plus domesticques et *apprivoisées* que ne seroient petits chattons.

RABELAIS, *Pantagruel*, IV, 4.

Dans l'exemple suivant est marqué un des traits de la synonymie des mots, de même origine du reste, *apprivoisé* et *privé :*

Nos bœufs, nos chevaux, nos chiens, nos canards, nos oies, nos pigeons, nos cygnes sont des animaux *privés :* bien qu'ils remontent à des individus qui ont été apprivoisés, ils ne l'ont point été eux-mêmes, ils sont nés dans l'état de domesticité. Les lions et les ours *apprivoisés* ont été eux-mêmes apprivoisés.

BUFFON, *Histoire naturelle.*

Au figuré :

Tu feras bien, lui répliqua Curion (de visiter l'Asie), car tu t'en retourneras un peu plus gay et plus *apprivoisé* que tu n'es.

AMYOT, trad. de Plutarque, *Vie de Caton d'Utique*, 20.

Selon la disposition des esprits plus farouches ou plus *apprivoisés.*

BALZAC, *Socrate chrétien*, discours VIII.

Jà, tout *apprivoisé*, je mangeois sur le poing..

RÉGNIER, *Satires*, X.

Ce tigre, que jamais je n'abordai sans crainte,
Soumis, *apprivoisé*, reconnoît un vainqueur :
Aricie a trouvé le chemin de son cœur.

J. RACINE, *Phèdre*, IV, 6

Mari très-incommode ou très-*apprivoisé.*

DESTOUCHES, *l'Irrésolu*, I, 7.

D'APPRIVOISER se sont formés :

APPRIVOISEUR, s. m., que donne le *Dictionnaire* de Monet;

APPRIVOISEMENT, s. m., qui a été de plus d'usage :

S'appercevant bien (Pythagore) que toutes les parties d'i-celle (l'âme) n'estoient pas obéissantes.... de manière que par la seule raison on les peust retirer de vice, et qu'elles avoient besoing de quelque autre manière d'*apprivoisement* et persuasion.

AMYOT, trad. de Plutarque, *Œuvres morales.*

L'on donne à Lucullus l'*apprivoisement* des ceriziers en Italie.

OLIVIER DE SERRES, *Théâtre d'agriculture*, VI° lieu, c. 26.

L'*apprivoisement* des bêtes les plus féroces s'est fait par l'industrie des hommes.

RICHELET, *Dictionnaire.*

APPROBATEUR, APPROBATIF, APPROBATION. (Voyez APPROUVER.)

APPROCHER, v. a. (de notre mot *proche*).

On l'a écrit, très diversement, APROCHER, et par deux *p*, ou un seul, APPROCHIER, APPROUCHIER, APPROUCHER; APPROCER, APPROICER; APPRUCER, APPRU-CHER, APPRUCHIER, etc. (Voyez le *Glossaire* de Sainte-Palaye, et quelques-uns des exemples ci-après.)

On a dit, concurremment, APPRESSER, APPRESCER, APPRESCHER, etc. (de *près*); APPROISMER, APPROISMIER, etc.; APPROXIMER (de *approximare*). Voyez plus loin les mots APPROXIMATIF, APPROXIMATION, APPROXI-MATIVEMENT.

Les significations actives d'APPROCHER, fort nombreuses et fort variées, peuvent se ranger sous deux chefs principaux, selon qu'il signifie ou Rendre proche, ou Se rendre, devenir, être proche.

I.

Rendre proche, mettre près, avancer auprès : de là bien des passages, où, par une espèce de pléonasme, il est accompagné des mots *près, auprès;*

En parlant des choses; *approcher une chose :*

... Ayant hier au soir rencontré le prince Lobkowitz en carrosse, qui s'en alloit suivre l'empereur, il me fit *approcher* le mien, sous le prétexte de me demander si je ne le suivois pas aussi ; mais c'étoit pour me dire...

LE CHEVALIER DE GREMONVILLE à Louis XIV, 2 août 1667.
(Voyez MIGNET, *Négociations relatives à la succession d'Espagne*, t. II, p. 222.)

Approchons cette table, et vous mettez dessous.

MOLIÈRE, *Tartuffe*, IV, 4.

Calmons le désespoir où la fureur me livre.
Approche ce fauteuil ; va me chercher un livre.

REGNARD, le Joueur, IV, 13.

On dit, par figure, qu'une Lunette *approche* les objets, pour faire entendre qu'elle les fait voir comme étant plus proches. Dans ce sens, comme dans plusieurs autres, RAPPROCHER est aujourd'hui de plus d'usage.

Approcher une chose *d'*une autre chose :

Des perdreaux, cela est commun ; mais il n'est pas commun qu'ils soient tous comme lorsqu'à Paris chacun les *approche de* son nez en faisant une certaine mine, et criant : Ah ! quel fumet !

Mᵐᵉ DE SÉVIGNÉ, Lettres ; à M. de Coulanges,
9 septembre 1694.

La voix U se forme en rapprochant les dents sans les joindre entièrement, et allongeant les deux lèvres en dehors, les *approchant* aussi l'une *de* l'autre, sans les joindre tout à fait : U.

MOLIÈRE, le Bourgeois gentilhomme, II, 6.

Il étoit toujours à me tenir la main, qu'il *approchoit* à chaque instant *de* sa bouche, en me faisant des compliments dont j'étois toute honteuse.

MARIVAUX, la Vie de Marianne, IIIᵉ partie.

Approcher, approcher de, se prennent au figuré, toujours en parlant des choses, dans des acceptions qu'il serait long et difficile de définir et qui s'expliqueront mieux par des exemples.

Approcher :

M. le prince de Conti, prince du sang, par sa qualité concilioit et *approchoit,* pour ainsi parler, tout ce qui paroissoit le plus esloigné à l'esgard des uns et des autres.

CARDINAL DE RETZ, Mémoires.

Ces esprits sont excessifs en toute rencontre : ils relèvent les choses basses ; ils agrandissent les petites ; ils *approchent* les éloignées.

MALEBRANCHE, Recherche de la Vérité, liv. II, IIIᵉ part., c. 1.

J'avois un conte fort joli à faire, mais à mesure que j'ai voulu l'*approcher,* on l'a esquivé, comme si on l'avoit fait exprès.

MONTESQUIEU, Lettres persanes, LIV.

Car tel quide aloignier sa mort
Qui l'*aproche* et aprime fort.

Roman du Renart, v. 16199.

Approcher de :

J'ai *approché de* cette histoire celle de la mort d'Annibal, qui arriva un peu auparavant.

P. CORNEILLE, Nicomède ; Aux lecteurs.

La grande attention de l'esprit *approche* pour ainsi dire les idées *des* objets auxquels on s'applique.

MALEBRANCHE, Recherche de la Vérité, t. III, part. I, c. 4.

Elle est belle, cette religion ! elle *approche* le cœur *de* la justice, elle apaise les folles amours.

CHATEAUBRIAND, les Martyrs, VIII.

On dit de même, soit au propre, soit au figuré, *approcher* une chose *d'*une personne :

Veut-il (le prince) savoir le grand art de régner : qu'il *approche de* lui l'honneur et la vertu.

MONTESQUIEU, Esprit des Lois, XII, 27.

Et, ce qui est plus ordinaire, *approcher* une personne *d'*une chose :

De vray, les hazards et dangiers nous *approchent* peu ou rien *de* nostre fin.

MONTAIGNE, Essais, I, 19.

La royne-mère lui représente que ce changement rendroit sa condition et plus libre et plus asseurée, et plus convenable à sa qualité : que ceste conversion l'*approcheroit des* bonnes graces du roy.

MATTHIEU, Histoire des derniers troubles de France, liv. II.

Le destin, malgré tous les obstacles qu'elle y avoit apportés (Catherine de Médicis), *approchoit* son plus grand ennemi *de* la couronne.

MÉZERAY, Histoire de France : Henri III.

Nous aperçûmes de loin la terre, et le vent nous en *approchoit.*

FÉNELON, Télémaque, VI.

Le premier pas que l'homme fait dans la vie est aussi le premier qui l'*approche du* tombeau.

MASSILLON, Carême; Sermon du jeudi de la IVᵉ semaine :
Sur la Mort.

La guerre de Sept ans nous a *approchés de* la catastrophe (de la Révolution) plus que l'Encyclopédie.

BARANTE, De la Littérature française pendant le XVIIIᵉ siècle.

Le frère rarement laisse jouir ses frères
De l'honneur dangereux d'être sortis d'un sang
Qui les a de trop près *approchés de* son rang.

J. RACINE, Bajazet, I, 1.

On dit encore, *approcher des* personnes :

Quelle douleur, que nous passions notre vie si loin l'une de l'autre, quand notre amitié nous *approche* si tendrement !

Mᵐᵉ DE SÉVIGNÉ, Lettres ; à Mᵐᵉ de Grignan, 19 mai 1676.

Approcher une personne *d*'une autre personne :

Il (Heinsius) se sçait accommoder à l'infirmité humaine, et sa courtoisie *l'approche de* nous, dont son mérite l'avoit séparé.

> Balzac, *Dissertations critiques*, III.

Autant la grandeur de Dieu l'éloigne de nous, autant sa bonté l'*en approche*.

> Bossuet, *I*er *Sermon sur la Nativité de Notre-Seigneur*.

Dieu le destinoit à de plus nobles fonctions, et vouloit *approcher des* rois une tête capable de les servir.

> Fléchier, *Oraison funèbre de Michel Le Tellier*.

Par ces marques d'honneur l'élever jusqu'à nous,
C'est moins nous l'égaler, que l'*approcher de* vous.

> P. Corneille, *Don Sanche d'Aragon*, I, 3.

De tant d'enseignements l'amas prodigieux
Ne t'*approchera* pas *du* monarque des cieux.

> Le même, *l'Imitation*, I, 1.

On dit d'un Prince ou d'un personnage considérable qui admet quelqu'un dans sa familiarité, qui se l'attache par un emploi, qu'il l'*approche de lui, de sa personne :*

> ... Et me semble que l'ung des plus grans sens que puisse monstrer ung seigneur, c'est s'accointer, et *approcher de luy* gens vertueux et honnestes.

> Commines, *Mémoires*, liv. II, c. 3.

Outre cela il aymoit les lettres et les honnestes exercices, et *approchoit de sa personne* les plus célèbres et les plus sçavans hommes qu'il pouvoit rencontrer.

> Coeffeteau, *Histoire romaine*, XIII.

La politique l'obligeoit (la reine) *d'approcher* cette duchesse *de sa personne* afin d'en approcher aussi le roi.

> Mme de la Fayette, *la Princesse de Clèves*, I.

Le nouveau prélat n'avoit pas négligé les prélats qui faisoient le plus de figure, qui de leur côté regardèrent comme une distinction d'*être approchés de lui*.

> Saint-Simon, *Mémoires*, 1695.

De cette manière de parler sont fort voisines celles que donnent des passages tels que les suivants :

> Catherine de Médicis ayant pris ombrage de la trop grande puissance des Guises, et François II estant mort, elle les esloigna et *approcha* l'admiral.

> Mézeray, *Histoire de France :* Catherine de Médicis.

Dans cette vue, on *approcha d'elle* tout ce que l'Espagne avoit de plus vertueux et de plus habile.

> Bossuet, *Oraison funèbre de Marie-Thérèse d'Autriche*.

On lit dans la première édition du *Dictionnaire de l'Académie :*

> Tâcher d'*approcher* deux personnes l'*une de* l'autre.

Essayer de les réconcilier, de les disposer à un raccommodement.

Approcher une personne a eu, dans les anciens temps de la langue, un sens judiciaire que Nicot explique ainsi : Approcher, entre Normans praticiens, c'est convenir ou faire venir aucun pardevant un juge par adjournement. Selon ce ils disent, *faire approcher aucun au bailliage*, c'est le faire adjourner à y comparoître... et *approcher* les tesmoins, les faire adjourner et venir à justice, soit pour déposer et estre confrontez. Lesquels sont dits partant estre *reprochez* par celui contre lequel ils sont *approchez*, quand il les blasme. Si pertinamment, que leur tesmoignage demeure esventé, rejetté, et renvoyé au loing, s'il se peut dire.

> Que nos bailliz, prevoz et autres justiciers, de leur volonté ni de leur office ne puissent aucun *approchier* sans aucun fait, detenir, ne emprisonner.

> *Recueil des Ordonnances*, t. I, p. 562.

> Que aucun ne *soit approchiez* d'office, sans information souffisant.

> Même ouvrage, t. II, p. 407.

> Comme Johan *soit approuchiez* en nostre cour *d'*avoir fait raire et fausser par un clerc et alongner un date de nos lettres.

> Du Cange, *Glossaire :* Appropinquare.

II.

En second lieu, approcher signifie Se rendre proche, devenir, être proche ; et, avec cette signification, il prend pour régimes des noms de lieu, de chose, de personne.

Approcher un lieu a été une manière de parler fort usitée :

> Quand le roi de France, qui se tenoit à Compiègne, entendit ces nouvelles, que le roi anglois *approchoit* Saint-Quentin et étoit logé sur le royaume, si renforça son mandement partout.

> Froissart, *Chroniques*, liv. I, part. I, c. 85.

> Sur le haut du jour *opprochans* l'isle Farousche, Pantagruel de loing apperceut ung grand et monstrueux physetere.

> Rabelais, *Pantagruel*, IV, 33.

Les troupes, qui ne cheminoient que de nuit, n'*aprochoient* aucune parroisse sans tocsin, ni aucun lieu où il y eust canon sans quelque volée.

> AGR. D'AUBIGNÉ, *Histoire universelle*, t. III, liv. III, c. 9.

Ains mon père Pepin, qui poveir ot si grant,
N'en osa *aprechier* chele chité puissant
D'une jornée et plus, s'en retorna fuiant.

> *Doon de Maience*, v. 6390.

On a dit plus longtemps, *approcher* une chose, un fossé, un mur, une porte, etc. :

Chil qui escapé sunt out arier retourné,
Qu'il n'osent *aprechier* le mur ne le fossé.

> *Doon de Maience*, v. 10102.

Je veux savoir où tu vas.
— Me faire ouvrir cette porte.
Pourquoi retiens-tu mes pas?
— Si jusqu'à l'*approcher* tu pousses ton audace,
Je fais sur toi pleuvoir un orage de coups.

> MOLIÈRE, *Amphitryon*, I, 2.

Gardez-vous d'*approcher* le pas de notre porte.

> LE GRAND, *Plutus*, I, 6.

Par une extension naturelle on a dit, *approcher* une certaine époque, un certain âge :

Maintenant que j'*approche* la fin du quatriesme mois, je me trouve si mal, qu'il y a trois jours que j'ay attendu une heure de santé pour vous pouvoir escripre cete lectre.

> LA REINE DE NAVARRE, *Lettres*; à François Ier, février 1542.

Les premières couches d'une femme qui *approche* cinquante ans sont toujours dangereuses.

> BUSSY-RABUTIN, *Lettres*; à Mme de Sévigné, 17 juin 1678.

Dans un sens figuré, *approcher une chose* a voulu dire L'égaler presque :

On ne pourroit mettre en advant ce grand œuvre de l'Escurial du roy d'Espagne, qu'on dit que jamais tous les sept miracles de jadis n'ont *approché*.

> BRANTÔME, *Grands Capitaines* : Le grand roy François.

APPROCHER a pris surtout pour régimes des noms de personne :

... Et tenoient grands, longs et gros leviers de chêne qu'ils avoient pris en la maison d'un charron, et donnoient les horions si grands que nul ne *les* osoit *approcher*.

> FROISSART, *Chroniques*, liv. I, part. 1, c. 31.

Ce nonobstant le roy et ses princes là venus *furent* iceulx

très-puissamment et de près assegez et *approchez* des gens du roy.

> MONSTRELET, *Chronique*, c. 121.

Cambyse, irrité de cette réponse, s'avança vers l'Éthiopie comme un insensé, sans ordre, sans convois, sans discipline, et vit périr son armée faute de vivres, au milieu des sables, avant d'*approcher* l'ennemi.

> BOSSUET, *Discours sur l'Histoire universelle*, III, 3.

Qu'il est rare de savoir être grand et de ne pas faire souffrir de notre grandeur ceux qui *nous approchent*!

> MASSILLON, *Oraison funèbre de la duchesse d'Orléans*.

Mon Dieu! notre gendre, que vous avez peu de civilité, de ne pas saluer les gens quand vous *les approchez*!

> MOLIÈRE, *Georges Dandin*, I, 4.

Tout ce qui *vous approche* doit apprendre de vous le chemin de la gloire et de l'immortalité.

> J.-J. ROUSSEAU, *Lettres*; à Voltaire, 10 septembre 1755.

Que peut-être, *approchant ces amants* trop heureux,
Quelqu'un de mes malheurs se répandroit sur eux.

> J. RACINE, *Iphigénie*, II, 1.

Arrête, a-t-elle dit, et ne *m'approche* pas.

> LE MÊME, même ouvrage, V, 6.

Indigne de vous plaire et de *vous approcher*,
Je ne dois désormais songer qu'à me cacher.

> LE MÊME, *Phèdre*, III, 4.

Dans un sens particulier, *approcher le prince, le ministre,* etc., c'est Avoir un accès libre et facile auprès de lui :

Je sais de la vieille et illustre marquise de... qui eut l'honneur de *l'approcher* familièrement en ce temps-là (Anne d'Autriche)... qu'elle étoit extrêmement belle.

> Mme DE MOTTEVILLE, *Mémoires*.

Monsieur le prince de Conti n'étoit pas capable d'avoir longtemps quelque chose sur le cœur sans que ceux qui avoient l'honneur de *l'approcher* s'en apperçussent.

> CHOISY, *Mémoires*, VI.

Ils savent se rendre accessibles, et aplanir par leur humanité toutes les voies à ceux qui *les approchent*.

> MASSILLON, *Carême* : Sermon sur le Danger des prospérités.

Le jeune prince... dont l'éducation est pour ainsi dire confiée à tous ceux qui ont l'honneur de *l'approcher*.

> LE MÊME, *Petit Carême*, IVe dimanche.

... Et à qui puis-je être soumise qu'à vous, ne voyant dans tout ce qui *m'approche* que respects, adulations et complaisances?

> Mme DE MAINTENON, *Lettres*; à l'abbé Gobelin, 27 juillet 1686.

Aucun d'eux du tyran *n'approche la personne.*
P. Corneille, Héraclius, II, 7.

On peut joindre à ces exemples le suivant, où la personne est désignée par un nom abstrait :

Son caractère (de la vraie grandeur) est noble et facile... on *l'approche* tout ensemble avec liberté et avec retenue.
La Bruyère, Caractères, II.

C'est un homme qu'on ne peut approcher, se dit D'un homme de difficile accès.

Dans certaines phrases où *approcher* est employé figurément, il a pour sujet non plus un nom de personne, mais un nom de chose :

L'amour qui s'attache à ceux qui sont avancez dans l'aage est un feu qui s'esprend dans un bois sec. Aussi-tost qu'il les *approche* il les consume.
Mézeray, Histoire de France : Philippe de Valois.

Les coups semblent perdre de leur force en *l'approchant* et laisser seulement sur lui des marques de son courage et de la protection du ciel.
Bossuet, Oraison funèbre du prince de Condé.

APPROCHER, outre son régime direct, a reçu autrefois, au moyen de la préposition *à*, un régime indirect ; on a dit *approcher une chose à quelqu'autre chose* ou *à quelqu'un, la lui approcher :*

Et·si voiois qu'elle (la colère) s'estanchoit non seulement en respendant de l'eau froide sur celuy qui est courroucé, ainsi comme l'escrit Aristote, mais aussi qu'elle s'estaint en *lui approchant une peur,* voire en lui presentant une soudaine joye.
Amyot, trad. de Plutarque, Œuvres morales : Comment il faut refrener la cholere.

APPROCHER est aussi verbe neutre et signifie Devenir proche, être proche ;
En parlant des choses :

En même temps nous voyons *approcher* les navires des Égyptiens.
Fénelon, Télémaque.

L'onde *approche,* se brise et vomit à nos yeux,
Parmi les flots d'écume, un monstre furieux.
J. Racine, Phèdre, V, 6.

Particulièrement de certains moments de la journée, de l'année, de la vie, de certains événements, de certaines échéances, etc. :

III.

Lors *aprocha* li termes del couronnement.
Villehardouin, Conqueste de Constantinoble, CXI.

Quant le jour du parlement *approcha,* que le roi anglois avoit établi.
Froissart, Chroniques, liv. I, part. I, c. 56.

Ja *approchoit* la nuict quant je arrivay sur le bord de la rivière.
Commines, Mémoires, VIII, 13.

Philisbourg est aux abois en dix jours, malgré l'hiver qui *approche.*
Bossuet, Oraison funèbre du prince de Condé.

Loin d'étendre sa vue sur les espérances trompeuses d'un heureux avenir, elle se dit mille fois : « Le jour du Seigneur *approche.* »
Fléchier, Oraison funèbre de Mme la Dauphine.

Alors vous verrez *approcher* ce dernier moment avec moins de crainte et de saisissement.
Massillon, Carême : Sermon sur la Mort.

Li jours va a declin, si *aproche* la nuit.
Roman de Berte, XXXVI.

Priez pour moy, car mon deffinement
Voy *aprouchier* et le temps de ma bière.
Eust. Deschamps, 50e Ballade (édit. Crapelet, p. 83.)

On ne les sent aussi (les remords) que quand le coup [*approche.*
P. Corneille, Cinna, III, 2.

La mort tardive alors *n'approchoit* qu'à pas lents.
L. Racine, la Religion.

De ce coup décisif l'instant fatal *approche.*
Piron, la Métromanie, IV, 1.

En parlant des personnes :

Sitôt qu'il sçut le comte Derby *approchant,* il fut si effrayé et eut si grand doute de perdre corps et biens qu'il ne se fit point assaillir.
Froissart, Chroniques, liv. I, part. I, c. 235.

Ils (les Parthes) faisoient retirer les peuples à mesure qu'on *approchoit* et ne laissoient dans les places que les garnisons.
Montesquieu, Grandeur des Romains, c. 15.

Oncques mès de si près ne purent *approchier.*
Roman de Berte, p. 34.

J'en voy là plusieurs *approcher*
Armez, abillez comme roys.
Le Mistere du siege d'Orleans, v. 5232.

N'approche pas, ô mort ! ô mort, retire-toi.
La Fontaine, Fables, I, 15.

Grippeminaud leur dit : Mes enfants, *approchez,*

63

Approchez : je suis sourd, les ans en sont la cause.
L'un et l'autre *approcha*...

LA FONTAINE, Fables, VII, 16.

APPROCHER s'est pris substantivement dans cette locution adverbiale, autrefois fort usitée, *à l'approcher :*

Si portoit la bannière du duc de Bourgongne, ung gentil chevalier nommé messire Jaques de Courtramblé, lequel *à l'aproucher* chey à genolz, dont aucuns eurent grant desplaisance, doubtans que ce ne feust signe d'aucun mal à venir.

MONSTRELET, Chronique, I, 47.

... Quand ils furent *à l'approcher*...

EST. PASQUIER, Recherches de la France, VI, 43.

Cette crainte redoubloit *à l'aprocher*, non par faute de courage, mais pour l'amour qu'ils portoient à leur entreprise.

AGR. D'AUBIGNÉ, Histoire universelle, t. III, liv. III, c. 9.

A l'approcher le duc trouva plus de difficultez qu'il n'en avoit imaginées.

MATTHIEU, Histoire des derniers troubles de France, V.

Tel noise font *al aprochier*
Que ciaus de l'ost font esveiller.

Renart le nouvel, v. 1089.

... Assaut moult dur
I ot quant vint *al aprocier*.

Même ouvrage, v. 6134.

A l'approcher de la nouvelle année,
Nouvelle ardeur de composer m'a pris.

CL. MAROT, Épigrammes, II, 9.

On trouve le participe *approchant* pris lui-même substantivement dans ce passage :

Le chemin que prirent les Savoisiens tout le long du Rosne empescha que les sentinelles perdues qu'on avoit dehors en forme de patrouille, ne sentirent rien du bruit des *aprochans*.

AGR. D'AUBIGNÉ, Histoire universelle, t. III, liv. V, c. 12.

APPROCHER se construit fréquemment avec la préposition *de;* ainsi on dit
Approcher d'un lieu :

Approchant de la cité, ce fol peuple saillit au devant d'eulx et aysément fut desconfit, au moins ung bon nombre...

COMMINES, Mémoires, II, 10.

Au lieu d'*approcher* d'une ville où il eût porté l'épou-

vante, il s'en éloigna comme s'il eût voulu la rassurer.

SAINT-ÉVREMONT, Réflexions sur les divers génies du peuple romain, c. 7.

Jamais je ne *suis* sortie qu'avec l'envie de revenir, ni *approchée de* cette maison sans avoir une joie sensible de vous retrouver.

Mme DE SÉVIGNÉ, Lettres ; à Mme de Grignan, 18 octobre 1688.

Plus le chevalier de Grammont *approchoit de* la cour de France, plus il regrettoit celle d'Angleterre.

HAMILTON, Mémoires de Grammont, XIII.

Nous *approchions du* logis pendant que je parlois ainsi et je sentis sur-le-champ qu'elle ralentissoit sa marche pour avoir le temps de me répondre et de me faire expliquer.

J.-J. ROUSSEAU, les Confessions, II, 12.

De ce temple profane osez-vous *approcher ?*

J. RACINE, Athalie, II, 5.

A ces exemples on en peut ajouter d'autres où, comme dans les passages suivants, il ne s'agit pas des personnes, mais de choses abstraites qui sont dites, par figure, *approcher d'un lieu :*

Ni les défiances, ni la crainte, ni les vains désirs n'*approchent* jamais *de* cet heureux séjour de la paix.

FÉNELON, Télémaque, XIX.

Proscrivant la médisance qui n'*approche* pas *de* sa maison (de la duchesse de Luynes)...

HÉNAULT, Mémoires, c. 17.

Aucun soin n'*approchoit de* leur paisible cour,
On reposoit la nuit, on dormoit tout le jour.

BOILEAU, le Lutrin, II.

De cette manière de parler sont très voisins les passages suivants et d'autres semblables :

Jamais sentiment envieux, haineux, vindicatif n'*approcha de* mon cœur.

J.-J. ROUSSEAU, Lettres, 31 janvier 1767.

Approcher d'une chose :

Nous vimes un ancien bain ruiné qui est encore rempli d'eau et qui est si chaude qu'on ne sauroit quasi en *approcher*.

FLÉCHIER, Mémoires sur les grands jours de 1665.

Qui que ce soit n'*approchoit de* l'intérieur indispensable du roi d'Espagne, c'est-à-dire lever, coucher, repas.

SAINT-SIMON, Mémoires, 1717.

Une tourière *approcha du* carrosse où, la tête baissée, je versois un torrent de larmes.

MARIVAUX, la Vie de Marianne, VIe part.

Là-dessus maître rat, plein de belle espérance,
Approche de l'écaille, allonge un peu le cou,
Se sent pris comme aux lacs, car l'huître tout d'un coup
Se referme.

LA FONTAINE, Fables, VIII, 9.

Approcher d'une chose, se dit au figuré dans des cas fort divers. De là, par exemple, ces expressions :

Approcher du trône, approcher du bâton, Être admis près du souverain, être près d'arriver à la dignité de maréchal :

Ce sont les peuples tout seuls qui donnent aux grands le droit qu'ils ont d'*approcher du trône*, et c'est pour les peuples tout seuls que le trône lui-même est élevé.

MASSILLON, Petit Carême, IVe dimanche.

Son père (du général Feuquières) fut tué *approchant fort du bâton* vers lequel il avoit rapidement et vertueusement couru.

SAINT-SIMON, Mémoires, 1711.

Approcher de la sainte table, de l'eucharistie, des sacrements, y participer :

L'humble princesse ne crut pas qu'il lui fût permis d'*approcher d'abord des saints sacrements*.

BOSSUET, Oraison funèbre d'Anne de Gonzague.

Les premiers chrétiens *approchoient* très-fréquemment *de l'Eucharistie*.

ROLLIN, Traité des Études, liv. VIII, IIe part., art. 5.

Le respect que je vous porte et mon devoir, comme votre paroissien, m'oblige, avant d'*approcher de la sainte table*, de vous faire de mes sentiments en matière de foi une déclaration.

J.-J. ROUSSEAU, Lettres, 24 août 1762.

Approcher de ses affaires, S'en occuper :

Je soutiens qu'il faut *approcher de ses affaires*, qu'il faut les connoître, les calculer.

Mme DE SÉVIGNÉ, Lettres ; à Mme de Grignan, 24 janvier 1689.

Approcher d'un certain détail dans la marche d'un récit :

J'*approche* ici d'un événement qui a été l'origine de toutes mes autres aventures, et je vais commencer par là la seconde partie de ma vie.

MARIVAUX, la Vie de Marianne, Ire part.

Approcher d'un danger :

Ainsi s'eschappa nostre ville de ce danger *dont elle approcha de si près*.

AMYOT, trad. de Plutarque, Vie de Sylla, 4.

Approcher du but, N'être pas loin d'atteindre le résultat qu'on se proposait :

Je lui donne bien deux ans à deviner ce que ce peut être ; encore n'*approchera-t-il* pas *du but* de cent lieues.

M. DE LIONNE au chevalier de Gremonville, 24 mars 1668.
(Voyez MIGNET, Négociations relatives à la succession d'Espagne, t. II, p. 478.)

Tout ce qu'on peut faire à force de soins est d'*approcher* plus ou moins *du but*, mais il faut du bonheur pour l'atteindre.

J.-J. ROUSSEAU, Émile, I.

Quelque vif que fût son désir de rattacher le moral au physique, il (Helvétius) n'a pu *approcher du but* où il tendait.

BARANTE, De la littérature française pendant le XVIIIe siècle.

Approcher du but, c'est encore Être près de sa fin :

Approche-t-il *du but*, quitte-t-il ce séjour,
Rien ne trouble sa fin, c'est le soir d'un beau jour.

LA FONTAINE, Philémon et Baucis.

Approcher d'un certain âge :

La plus jeune *aprochoit de* quatorze ans.

LA FONTAINE, Psyché, II.

Approcher de sa mort :

Les cycnes qui sont oiseaulx sacrés à Apollon ne chantent jamais sinon quand ils *approchent de leur mort*.

RABELAIS, Pantagruel, III, 21.

En dernier lieu on dit : *approcher d'une personne :*

J'ai oy reciter que le bon Glaiquin (du Guesclin) disoit que quand il *approchoit de* ses ennemis, toute la poitrine lui élargissoit et se tournoit comme en cueur et en courage.

GERSON, Sermons français : Proposition en 1413.

Il (Mazarin) ne lui trouvoit (à Louis XIV) que trop de génie et ne laissoit *approcher de* lui que des enfants ou des personnes gagnez qui ne parloient jamais d'affaires.

CHOISY, Mémoires, II.

Pour le roi, il (le duc de Berry) le craignoit à un tel point qu'il n'*en* osoit presque *approcher*.

SAINT-SIMON, Mémoires, 1714.

Ces lâches coquins, ajouta-t-il en parlant des archers, ne veulent pas me permettre d'*approcher d'elle*.

L'ABBÉ PRÉVOST, Manon Lescaut, Ire part.

Je trouve de si basses ames
Indignes d'*approcher des rois*.

BOURSAULT, *Ésope à la cour*, I, 3.

APPROCHER se lie encore, au moyen de la préposition *de*, avec un verbe à l'infinitif :

Ensi fu Johannis tot le mois d'avril devant Andrenoble et l'*aprocha si de* prendre qu'il abati grant partie des murs et des tors en deus leus...

Et sachiés que mout tint l'en à grant miracle que Johannis, qui tant estoit riches homs postéis (puissant) laissast la ville qui tant estoit *aprochie du* prendre.

VILLEHARDOUIN, *Conqueste de Constantinoble*, c. 172.

... Comme je l'ai dit en traitant des glaciers en général, ils ne sont praticables que dans les lieux où leur situation *approche d'*être horizontale.

SAUSSURE, *Voyages dans les Alpes*, t. II, c. 15, § 628.

APPROCHER, pris dans un sens figuré, exprime souvent un rapport de convenance, de parité, de ressemblance, soit entre les choses, soit entre les personnes, soit enfin entre une personne et une chose;

Entre les choses :

Rien n'*approche de* l'ennui que donne une passion qui dure trop.

SAINT-ÉVREMONT, *Qu'on ne doit jamais manquer à ses amis*.

Adieu, ma chère enfant; que puis-je vous dire qui *approche de* ce que je sens pour vous?

Mᵐᵉ DE SÉVIGNÉ, *Lettres*; àMᵐᵉde Grignan, 27 septembre 1684.

Pour son style et pour ses ouvrages... la nature y *approche de* l'art et l'art y ressemble à la nature.

FLÉCHIER, *Son portrait par lui-même*.

On y fait d'une sorte de vaisselle de terre qui *approche fort de* la porcelaine et qui paroît aussi belle et aussi fine.

TAVERNIER, *Voyages de Perse*, I, 8.

La distance de Madrid à l'Escurial *approche fort de* celle de Paris à Fontainebleau.

SAINT-SIMON, *Mémoires*, 1721.

Minucius ne cessoit de décrier le dictateur : il le traitoit d'homme irrésolu et timide au lieu de prudent et de circonspect qu'il étoit, donnant à ses vertus le nom des vices qui *en approchoient* le plus.

ROLLIN, *Traité des Études*, liv. VI, IIIᵉ part., c. 2, art. 2.

Voyez cette femme qui a quatre-vingts ans et qui met des rubans couleur de feu ; elle veut faire la jeune et elle y réussit, car cela *approche de* l'enfance.

MONTESQUIEU, *Lettres persanes*, LII.

La pompe et la grandeur des anciens rois de l'Asie n'*approchaient pas de* l'éclat de ce voyage.

VOLTAIRE, *Siècle de Louis XIV*, c. 10.

... Ce que le soldat dans son devoir instruit
Montre d'obéissance au chef qui le conduit,
Le valet à son maître, un enfant à son père,
A son supérieur le moindre petit frère,
N'*approche* point encor *de* la docilité,
Et *de* l'obéissance, et *de* l'humilité,
Et *du* profond respect où la femme doit être
Pour son mari, son chef, son seigneur et son maître.

MOLIÈRE, *l'École des femmes*, III, 2.

Entre les personnes :

Pensent ilz donques... *aprocher* seulement *de* ces auc-teurs en leurs langues.

DU BELLAY, *Deffence et illustration de la langue françoise*, II, 11.

De là viennent ces conséquences que les pères de l'Église ont si souvent tirées, que plus on *approche de* Dieu, plus on est humble.

FLÉCHIER, *Panégyrique de saint François de Paule*.

C'étoit un paresseux (le fils de Maréchal) qui ne promettoit pas d'*approcher de* son père.

SAINT-SIMON, *Mémoires*, 1706.

La sculpture, art plus facile et plus borné, fut celui où les Grecs excellèrent, et la gloire des Italiens est d'*avoir approché de* leurs modèles.

VOLTAIRE, *Essai sur les mœurs*, c. 121 : Usages des XVᵉ et XVIᵉ siècles.

Est-ce assez? dites-moi, n'y suis-je point encore?
Nenni. — M'y voici donc? — Point du tout. — M'y
Vous n'*en approchez* point...   [voilà?

LA FONTAINE, *Fables*, I, 3.

Entre une personne et une chose :

Je veux *approcher de* la vérité selon la souvenance que Dieu m'en a donnée.

MONTLUC, *Commentaires*, II.

Luther étoit content des Bohémiens, à cause qu'ils *approchoient de* ses expressions.

BOSSUET, *Histoire des Variations des églises protestantes*, liv. XI, nᵒ 188.

Eût-elle eu des prétentions pour la gloire de la terre, lorsqu'elle *approchoit si fort de* celle du ciel.

FLÉCHIER, *Oraison funèbre de* Mᵐᵉ *de Montausier*.

Nos ennemis *approchent* plus *de* la vérité dans les jugements qu'ils font de nous que nous n'*en approchons* nous-mêmes.

LA ROCHEFOUCAULD, *Maximes*, CCCCLVIII.

Vous avez un cœur du premier ordre *dont* personne ne peut *approcher.*

> Mᵐᵉ DE SÉVIGNÉ, *Lettres;* à Mᵐᵉ de Grignan, 16 novembre 1689.

As-tu, vieux candidat, chez les quarante élus;
Approché seulement *de* l'honneur du refus.

> VOLTAIRE, *Discours sur l'Envie :* Variantes.

On a dit autrefois, *approcher à,* soit au propre, soit au figuré;

Au propre :

S'il nus dient : Atendez jesque à vus vienium nus, i arresterrum et *a* els n'*aprecerum.*

> *Les quatre Livres des Rois,* I, XIV, 9.

Li et le batel voit qu'*à* la terre *aprecha.*

> *Doon de Maience,* v. 1403.

Et de la cort l'estre espièrent,
Ne porent pas tant espier
Qu'*al* roi peussent *aprochier.*

> WACE, *Roman de Brut,* v. 9206.

Au figuré :

Sire, faictes selon vostre promesse, qui promettez secourir aux tribulez pour l'amour de vous. *Approuchez à* moy et ces pensées toutes devant vostre presence s'enfuyent.

> *Le livre de l'Internelle consolacion,* II, 23.

Si le croyez, vous n'*approchez* ne de pieds, ne de mains à mon opinion.

> RABELAIS, *Gargantua,* I : Prologue de l'auteur.

Si n'*approchoit*-il pas (don Carlos) pourtant jamais en tout *à* Dom Juan d'Austrui.

> BRANTÔME, *Vies des Capitaines illustres:* Discours XLI, art. 3.

On a dit aussi *approcher vers :*

Cume Golias *vers* David *apruçad* David curut encuntre.

> *Les quatre Livres des Rois,* I, XVII, 48.

On a dit *approcher près de,* et aussi *approcher de près :*

Les assaillans *approchèrent* si *près des* murs qu'ils y flrent un grand trou.

> FROISSART, *Chroniques,* liv. I, part. I, c. 178.

Entre toutes les vies qui *approchent* plus *près de* la militaire, en temps de paix c'est la champestre.

> EST. PASQUIER, *Recherches de la France,* II, 16.

C'est (la mort) un spectre qui nous épouvante à une certaine distance et qui disparoît lorsqu'on vient à *en approcher de près.*

> BUFFON, *Histoire naturelle,* De l'homme.

Enfin, APPROCHER s'est construit avec l'adverbe *où :*.

Nostre oil si estoient chacevols et oscur, et cil habiteiveit en une lumière *où* om ne puet *aprochier.*

> SAINT BERNARD, *Sermons français.* (Voyez à la suite des *Quâtre Livres des Rois,* p. 526.)

APPROCHER s'emploie avec le pronom personnel et signifie Devenir proche;

En parlant des personnes :

Et tellement *s'est approché* ledit duc de Bourgogne, qu'il s'est bouté en nostre ville de Saint-Denis en France et icelle détient et occupe contre nostre gré.

> MONSTRELET, *Chronique,* c. 107.

Vous asseurant, Monseigneur, que quant je cuide parler de vous à deux ou trois, sitoust que je nomme le roy, tout le monde *s'approche* pour m'escouter...

> LA REINE DE NAVARRE, *Lettres;* à François Iᵉʳ, 1526.

J'entends alors le malade qui m'appeloit d'une voix faible, et *nous nous approchâmes.*

> MARIVAUX, *la Vie de Marianne,* Xᵉ part.

Le vainqueur lui fit dire qu'il n'avait qu'à *s'approcher* à la tête de ses troupes et venir mettre les armes et les drapeaux devant lui.

> VOLTAIRE, *Histoire de Charles XII,* liv. II.

Approchez-vous, ma fille, un tel nom m'est permis.

> MOLIÈRE, *le Dépit amoureux,* V, 6.

Approchez-vous, Néron, et prenez votre place..

> J. RACINE, *Britannicus,* IV, 2.

Ma fille qui *s'approche* et court à son trépas.

> LE MÊME, *Iphigénie,* I, 1.

En parlant des choses, soit au propre, soit au figuré :

Après ces parolles dictes n'y eut plus de dilation, car l'heure *s'approchoit.*

> *Le Loyal Serviteur,* c. 5.

Il s'agissait de recueillir les dépouilles du roi d'Espagne, dont la mort *s'approchait.*

> VOLTAIRE, *Siècle de Louis XIV.*

Cependant la nuit *s'approchait;* la droite des Moscovites se battait encore.

> LE MÊME, *Histoire de Charles XII,* liv. II.

M. Necker se flattait donc de retarder, du moins encore pendant plusieurs années, par l'ordre dans les finances, la crise qui *s'approchait.*

> Mᵐᵉ DE STAËL, *Considérations sur la Révolution française,* I, 5.

S'APPROCHER se construit souvent avec la préposition *de* ayant pour régime un nom de Lieu, un nom de chose, un nom de personne ;

Un nom de lieu :

Incontinent on *s'approcha du* faulxbourg.

COMMINES, *Mémoires*, II, 10.

Sa cabale (d'André Doria) estant faite, il *s'approcha de* Gênes avec ses galères.

LE CARDINAL DE RETZ, *Conjuration de Fiesque*.

Il (le grand prieur de Malte) fut refusé de voir le roi et de *s'approcher de* Paris.

SAINT-SIMON, *Mémoires*, 1715.

De la cort al roi *s'aprochièrent*.

WACE, *Roman de Brut*, v. 9205.

Un nom de chose :

Quand nous voulons prendre quelque chose, ou nous étendons la main pour nous en saisir, ou nous remuons les pieds et les jambes, et par elles tout le corps, pour nous en *approcher*.

BOSSUET, *De la Connoissance de Dieu et de soi-même*.

Après cela il se préparoit à sortir; mais Sanguisuela, *s'approchant de* son oreille, lui a dit :...

LE SAGE, *le Diable boiteux*, c. 8.

Il faut ou que les corps graves soient portés vers le centre de la terre ou qu'ils en soient mutuellement attirés, et en ce dernier cas, il est évident que plus les corps en tombant *s'approcheront de* la terre, plus fortement ils s'attireront.

VOLTAIRE, *Lettres philosophiques*, XIIe lettre.

Un nom de personne :

Si *s'approcha du* roy et luy dist par manière joyeuse...

Le livre du chevaleureux comte d'Artois, p. 75.

Elle s'avança vers moi qui *m'approchois d'*elle et me regarda d'un air qui sembloit dire : que me veut-elle ?

MARIVAUX, *la Vie de Marianne*, IIe part.

Là *de* mon ennemi je saurai *m'approcher*.

J. RACINE, *Andromaque*, IV, 3.

S'approcher de est, comme *approcher de*, susceptible de beaucoup d'acceptions figurées déjà expliquées, qu'on dise *s'approcher d'une chose*, ou *s'approcher d'une personne;*

S'approcher d'une chose :

Pour en avoir une parfaite intelligence (de l'Évangile), il *s'en* faut *approcher* avec une extrême humilité.

BALZAC, *Socrate chrétien*, discours XI.

La purification extérieure... rend sensible la pureté intérieure avec laquelle on doit *s'approcher des* choses saintes.

FLEURY, *Mœurs des Israélites*, § 13.

On ne peut pas fixer précisément le temps où les jeunes gens doivent *s'approcher du* sacrement de pénitence.

ROLLIN, *Traité des Études*, liv. VIII, IIe part., c. 1, art. 5.

Il seroit aisé de prouver que, dans tous... les États d'Europe, les peines ont diminué ou augmenté à mesure qu'on *s'est* plus *approché* ou plus éloigné de la liberté.

MONTESQUIEU, *Esprit des lois*, VI, 9.

A chaque défaite, ils (les Moscovites) *s'approchoient de* la victoire ; et, perdant au dehors, ils apprenoient à se défendre au dedans.

LE MÊME, même ouvrage, X, 13.

S'approcher d'une personne :

Ores que les chirurgiens ne soient ennombrez au corps de l'université, toutes fois vous verrez combien, dès le commencement, ils taschèrent de *s'en approcher*.

EST. PASQUIER, *Recherches de la France*, IX, 30.

Vous ferez donc sagement de ne *vous approcher* point *de* cette manière de gens, qui se soucient plutôt de dire beaucoup que de dire bien.

MALHERBE, trad. des *Épîtres* de Sénèque, XL.

Je ne puis vous exprimer ma joie, Monseigneur, de voir ce que Dieu fait dans le cœur du roi pour vous. Je m'aperçois qu'il *s'approche de* vous, que la confiance augmente ou, pour parler juste, qu'il se rassure sur vous.

Mme DE MAINTENON, *Lettres*; à M. le cardinal de Noailles, 14 août 1696.

Le charme le plus touchant de ses ouvrages (de Fénelon) est ce sentiment de quiétude et de paix qu'il fait goûter à son lecteur; c'est un ami qui *s'approche de* vous et dont l'âme se répand dans la vôtre.

D'ALEMBERT, *Éloge de Fénelon*.

Le vice est si commun dans le siècle où nous sommes
Que je suis assuré qu'en m'éloignant des hommes
Je *m'approche* de Dieu.

RACAN, *Psaumes*, LIV.

Dans beaucoup de passages figurés de même nature le sujet du verbe est un nom de chose :

L'état où je suis, mon R. P., *s'approche du* désespoir.

BUSSY-RABUTIN, *Lettres*; au P. de la Chaise, 14 juin 1685.

Polignac, qui voyoit la pourpre *s'approcher de* lui de plus en plus, glissa sur tout avec accortise sans céder sur les affaires.

SAINT-SIMON, *Mémoires*, 1713.

Plus elle rioit, plus je poursuivois : petit à petit mes discours augmentoient de force; d'obligeants ils étoient déjà flatteurs, et puis quelque chose de plus vif encore, et puis ils s'approchoient du tendre, et puis, ma foi! c'étoit de l'amour.

MARIVAUX, *le Paysan parvenu*, II* part.

En acquérant une liberté tardive, le barreau s'approcha de la haute éloquence.

M.-J. CHÉNIER, *Tableau historique de la littérature française, c. 4.*

Si m'a mes mestres deffendu,
(Car ge l'ai moult bien entendu),
Que jà mot n'isse de ma boiche
Qui de ribaudie *s'aproiche.*

Roman de la Rose, v. 5737.

On a dit *s'approcher à;*
Au propre :

Lores *se apruchad* Joab od tute s'ost *as* Syriens e flèrement les assaillid.

Les quatre Livres des Rois, II, x, 13.

Li pruveire ki sacrifiouent es munz, ne *se apruchouent* pas *al* altel nostre Seignur en Jérusalem.

Même ouvrage, IV, xxiii, 9.

On a dit *s'approcher vers :*

David *vers* le rei *s'apreschad* e tut priveément un pan de son afubrail colpad (*et præcidit oram chlamydis*).

Les quatre Livres des Rois, I, xxiv, 5.

On a dit *s'approcher près de, auprès de, plus près :*

Comme ils *s'approcherent près* de la ville, l'artillerie commencea à tirer et saillirent des escarmoucheurs à pied et à cheval.

COMMINES, *Mémoires,* IV, 6.

Lors Galaor *s'approcha plus près* et appella, disant : Ouvrez donc la porte.

HERBERAY DES ESSARTS, *Amadis de Gaule,* I, 16.

Comme par une audace egale à sa folie il (Salondicus) se fust une nuict *approché* tout *auprès* du camp du consul, un soldat qui estoit en sentinelle auprès de sa tente l'accueillit d'un coup de javelot et le tua.

COEFFETEAU, *Histoire romaine de L. Florus,* II, 16.

Voyant qu'ils ne le pouvoient offenser de si loin (Galba), ils *s'approchèrent plus près,* luy déchargèrent plusieurs coups d'espée.

LE MÊME, *Histoire romaine,* VI.

S'approcher est encore verbe réciproque :

Quand les seigneurs, barons, chevaliers et écuyers *s'approchèrent* et qu'ils purent des lances et des épées venir ensemble, adonc y eut dure bataille et crueuse.

FROISSART, *Chroniques,* liv. I, I** part., c. 195.

Pourveu que ce qu'on dit ici soit vray, qu'il n'y a plus rien entre le roy et la reyne qui les empesche *de s'approcher.*

BALZAC, *Lettres,* I, 11.

Il y mena peu de suite, Portland encore moins, qui ne *s'approchèrent* point et demeurèrent à cheval chacun de son côté.

SAINT-SIMON, *Mémoires,* 1697.

Les armées du roi et du prince d'Orange *s'approchèrent* si près et si subitement qu'elles se trouvèrent en présence et sans séparation, auprès de la cense d'heurtebise.

LE MÊME, même ouvrage, 1715.

La crainte porteroit les hommes à se fuir; mais les marques d'une crainte réciproque les engageroient bientôt à *s'approcher.*

MONTESQUIEU, *Esprit des Lois,* I, 1.

... Tels, dans le jardin d'Eden, parurent nos premiers parents lorsque, sortant des mains de Dieu, ils se virent, *s'approchèrent* d'abord comme frère et comme sœur.

BERNARDIN DE SAINT-PIERRE, *Paul et Virginie.*

Ils se *sont approchés* à bride abattue : l'officier a tiré; votre fils ensuite.

SEDAINE, *le Philosophe sans le savoir,* V, 6.

Enfin, *s'approcher* a voulu dire quelquefois *approcher à soi :*

Il *s'est approché* de telle sorte ces derniers moments qu'ils n'ont rien de nouveau ni d'étranger pour lui.

M** DE SÉVIGNÉ, *Lettres;* à M** de Grignan, 15 mars 1680.

APPROCHÉ, ÉE, participe.

Il se trouve, dans des textes d'ancienne date, employé à peu près adjectivement, au sens de Proche, soit dans un sens physique, soit dans un sens moral;

Dans un sens physique :

Quant le roy et son conseil oyrent nouvelles qu'ilz estoient si *approuchez,* tantost et hastivement furent envoiez devers eulx le comte de La Marche, l'arcevesque de Reims, l'évesque de Beauvais et le grant-maistre de Rhodes et plusieurs autres, pour traictier avecques eulx.

MONSTRELET, *Chronique,* c. 65.

... Vous pourrés plus commodement me venir voir, estant si *approché* de vous...

HENRI IV, *Lettres,* 14 juillet 1576.

Dans un sens moral :

Si fut cette chose si *approchée* que, droitement la nuit de l'an, la chose fut arrêtée d'être faite, et devoit ledit Aimery délivrer le château de Calais en celle nuit.
FROISSART, *Chroniques*, liv. I, part. I, c. 326.

On fut étonné qu'un homme si marqué et, par sa charge, si fort *approché* du roi, eût pris une commission si triste.
SAINT-SIMON, *Mémoires*, 1710.

APPROCHANT, ANTE, adj.

Dans le passage suivant, il a le sens du participe et signifie Prochain, près d'arriver :

Il faisoit lors un froid plein de rigueur ;
La nuit de plus étoit fort *approchante*.
LA FONTAINE, *Contes*, II, 5.

Son sens, comme adjectif, est Qui a quelque ressemblance, quelque rapport ; particulièrement en parlant des choses ;

Des choses de l'ordre physique :

Il trouvoit aussi la froideur de l'hyver fort *approchante* de celle de Guascogne.
MONTAIGNE, *Voyages*.

Les scares vont à grandes compagnies, comme les salpes, et sont de la couleur *approchante* des rougetz barbez.
P. BELON, *Observations de plusieurs singularitez de divers pays estranges*, I, 8.

Ils ont encore un autre breuvage qu'ils appellent Boza ; il est fait d'orge ou de millet et a un goust *approchant* de celuy de nostre bierre, mais non si agréable.
THÉVENOT, *Voyage du Levant*, c. 24.

Il prouve que ce sont des corps solides qui se meuvent dans la sphère de l'action du soleil et décrivent une ellipse si excentrique et si *approchante* de la parabole que certaines comètes doivent mettre plus de cinq cents ans dans leur révolution.
VOLTAIRE, *Lettres philosophiques*, XXII.

Les paysans de Chamouni ne connoissent point ses vertus (de l'arnica montana), mais comme ils ont observé que ses feuilles ont une odeur *approchante* de celle du tabac, ils les font sécher et s'en servent par économie en guise de tabac à fumer.
SAUSSURE, *Voyage dans les Alpes*, t. II, c. 13, § 618.

Des choses de l'ordre moral :

On voit plusieurs avoir l'honneur de l'antiquité en si grande recommandation et admiration, voire... en estre

tellement zélateurs, qu'ils semblent lui porter une révérence *approchante* fort de superstition.
H. ESTIENNE, *Apologie pour Hérodote*, Ire part. : Préface.

Jamais je n'eusse creu que pour une feinte passion l'on eût peu controuver des parolles et des actions si *approchantes* du vray.
D'URFÉ, *l'Astrée*, IIe part., III.

Néron, âgé de seize ans... pour faire connoistre son esprit et ses estudes, entreprit la cause de ceux d'Ilium et rapporta notre origine à ces peuples et celle des Césars à Énée, avec plusieurs histoires fort *approchantes* de la fable.
PERROT D'ABLANCOURT, trad. de Tacite, *Annales*, XII, 17.

Comme la mémoire ne me fournissoit rien dans l'antiquité qui eût rapport à mon dessein, je fis un passage d'un latin le plus pur et le plus *approchant* des anciens qui fût en mon pouvoir et je formai mon avis en ces termes.
LE CARDINAL DE RETZ, *Mémoires*, liv. III.

Vous ai-je obligée, par mes lettres, à me dire la moindre chose *approchante* de ces rudesses ?
BUSSY-RABUTIN, *Lettres* ; à Mme de Sévigné, 23 juin 1670.

Je serois bien fâché qu'il m'eût rien fait *approchant* de cela.
MOLIÈRE, *les Fourberies de Scapin*, II, 1.

Qu'y a-t-il de plus grand et de plus *approchant* de Dieu que d'être destiné pour la félicité publique et pour le bonheur de tout un empire ?
BOURDALOUE, *Sermons pour les Dimanches*.

C'est la langue (celle des Hébreux) la plus courte que nous connoissons et par conséquent la plus *approchante* du langage des esprits.
FLEURY, *Mœurs des Israélites*, § 35.

J'en avois toujours quelque idée assez tendre et assez *approchante* d'une inclination.
J. RACINE, *Lettres* ; à l'abbé Le Vasseur, 30 avril 1662.

Fénelon, plein de ses idées, laissa entrevoir au roi une partie des maximes qu'il développa ensuite dans les endroits du Télémaque où il traite du gouvernement ; maximes plus *approchantes* de la république de Platon que de la manière dont il faut gouverner les hommes.
VOLTAIRE, *Siècle de Louis XIV*, c. 38 : Du Quiétisme.

On l'a pu dire aussi quelquefois en parlant des personnes :

Au nom de Tamerlan, on s'imagine... un barbare *approchant* de la brute.
VOLTAIRE, *Essai sur les mœurs*, c. 88.

Un sage assez semblable au vieillard de Virgile,
Homme égalant les rois, homme *approchant des* dieux
LA FONTAINE, *Fables*, XII, 20.

Comme on a dit *approcher à, s'approcher à,* on a dit aussi *approchant à :*

Plus *approchans* ou retirans *à* la nature du gland.
> ROB. ESTIENNE, *Dictionnaire françois-latin.*

Je puis dire n'y avoir jamais eu passion plus *approchante à* la manie que celle qui m'occupoit l'entendement en ce temps-là.
> D'URFÉ, *l'Astrée,* II° part., liv. XI.

On a dit, absolument, *approchant :*

Ainsi voyons-nous que la reminiscence arrive par le moyen de ce qui est *approchant* et semblable.
> THÉOPHILE, *De l'Immortalité de l'âme.*

Plus les choses sont *approchantes* et plus on est sujet à les confondre, plus il faut prendre soin de les distinguer.
> BOSSUET, *De la Connoissance de Dieu et de soi-même,* c. 1, n° 2.

... Quoique la plupart des peuples voisins eussent des coutumes *approchantes,* elles n'étoient pas les mêmes.
> FLEURY, *Mœurs des Israélites,* § 13.

Pour rendre ce portrait (de Mᵐᵉ de Mazarin) le plus *approchant* qu'il sera possible, j'ai parcouru le pays des Muses.
> LA FONTAINE, *Lettres;* à Saint-Évremont, 18 décembre 1687.

Il y a peu de pensées synonymes, mais beaucoup d'*approchantes.*
> VAUVENARGUES, *Réflexions et Maximes,* CCCLXXII.

De là *quelque chose d'approchant, rien d'approchant,* locution fort usitée :

On connut Balzac par son premier volume de lettres... Il est certain que nous n'avions *rien vu d'approchant.*
> TALLEMANT DES RÉAUX, *Historiettes* : Balzac.

Je n'ai *rien vu d'approchant* à ce que tu m'as conté.
> MARIVAUX, *les Fausses Confidences,* II, 16.

Ordinairement, qui dit nièce ou sœur de curé de village dit *quelque chose* de bien grossier et *d'approchant* d'une paysanne.
> LE MÊME, *la Vie de Marianne,* Iʳᵉ part.

Jamais *rien d'approchant* ne se fit en ces lieux.
> P. CORNEILLE, *Médée,* II, 5.

APPROCHANT est aussi une espèce de préposition et signifie Environ, à peu près :

Pour ma petite cousine de Fiesque, je ne vous saurois dire combien je l'aime et combien je l'estime; il me semble que c'est *approchant* ce qu'elle mérite, c'est-à-dire infiment.
> BUSSY-RABUTIN, *Lettres;* 16 novembre 1668.

Il paroît donc indubitable qu'il faut en placer le commencement vers la fin de la soixante-seizième olympiade et *approchant* l'année 280 de Rome.
> BOSSUET, *Discours sur l'Histoire universelle,* I, 8.

On dit de même *approchant de :*

Il est *approchant de* huit heures. Il lui a donné *approchant de* cent pistoles.
> *Dictionnaire de l'Académie,* 1694.

Enfin APPROCHANT est quelquefois une sorte d'adverbe :

Il est huit heures ou *approchant.* Il lui a donné cent pistoles ou *approchant.*
> *Dictionnaire de l'Académie,* 1694.

Plusieurs autres prélats font la même chose ou *approchant,* selon les conditions des baux qu'ils passent de leurs dixmes avec ceux qui les afferment.
> VAUBAN, *Projet d'une Dixme royale,* Iᵉʳ fonds.

Je crains fort, pour mon fait, quelque chose *approchant.*
> MOLIÈRE, *Amphitryon,* II, 3.

APPROCHABLE, adj. des deux genres.
On l'a dit pour Dont on peut approcher, dont on approche volontiers :

S'il y a quelque chose de secret, c'est cela qui est formidable, triste, non *approchable,* et où il n'y a pas matière de rire.
> AMYOT, trad. de Plutarque, *Œuvres morales.*

APPROCHE, s. f.
Action de s'approcher.
On le dit des personnes, l'*approche d'*une personne, *son approche :*

L'aventure dont vous vous plaignez a été causée ce matin par la présence d'une vieille tante, qui veut à toute force que la seule *approche* d'un homme déshonore une fille.
> MOLIÈRE, *le Bourgeois gentilhomme,* III, 10.

Toute la séance se leva et se découvrit à l'*approche des* princes.
> SAINT-SIMON, *Mémoires,* 1713.

Et parfois il me prend des mouvements soudains
De fuir dans un désert l'*approche des* humains.
> MOLIÈRE, *le Misanthrope,* I, 1.

Il est de grand usage, dans les récits de guerre :

Sur l'*approche de* nos troupes ils prirent nostre party.
> PERROT D'ABLANCOURT, trad. de Tacite, *Histoire,* IV, 9.

Je marcherai devant toi dans les combats; à *ton appro-che* je mettrai les rois en fuite.

        Bossuet, *Oraison funèbre du prince de Condé.*

C'étoit une de ses maximes qu'il falloit craindre les ennemis de loin pour ne les plus craindre de près, et se réjouir à *leur approche.*

        Le même, même ouvrage.

Sur l'avis de la marche et de *l'approche de* Malboroug, il (Villeroy) fit un mouvement pour l'attendre.

        Saint-Simon, *Mémoires,* 1706.

Quelquefois le régime de la préposition *de* marque soit au propre, soit au figuré, non la personne qui s'approche, mais la chose dont elle s'approche :

L'approche de l'air de la cour a donné à son ridicule de nouveaux agréments.

        Molière, *la Comtesse d'Escarbagnas,* sc. 1.

Il (Bossuet) savoit que, si la vérité ne doit pas redouter *l'approche du* trône, elle ne doit aussi s'en approcher qu'avec cette fermeté prudente qui prépare et assure son triomphe.

        D'Alembert, *Éloge de Bossuet.*

Je ne m'étonne plus de cet ordre cruel
Qui m'avoit interdit *l'approche de* l'autel.

        J. Racine, *Iphigénie,* II, 1.

De là cette locution d'un fréquent usage, *à l'approche de* :

... Il plie ses ailes et humilie sa raison *à l'approche des* choses divines.

        Balzac, *Lettres,* III, 2.

On dit une personne *de difficile approche* :

Ma foi, pour te servir j'ai diablement couru;
Ces notaires sont gens *d'approche difficile.*

        Regnard, *le Légataire universel,* II, 7.

Approche se dit aussi en parlant de tout ce qui avance ou paraît avancer vers nous;
Dans un sens physique :

Le voici. Tout le corps me frissonne *à l'approche*
Du griffonnage affreux qu'il a toujours en poche.

        Piron, *la Métromanie,* I, 3.

Dans un sens moral :

Mais celui de tous à qui cet événement (la mort de Monseigneur) devint le plus sensible fut Fénelon, archevêque

de Cambrai. Quelle préparation ! Quelle *approche d'*un triomphe sûr et complet !

        Saint-Simon, *Mémoires,* 1711.

*L'approche d'*un combat qui le glaçoit d'effroi.

        J. Racine, *les Frères ennemis,* III, 3.

Approche est de grand usage au pluriel, soit, ce qui est peu ordinaire, en parlant des personnes :

Pour elle, vous savez que j'*en* fuis les *approches.*

        P. Corneille, *Médée,* II, 4.

Soit plus ordinairement en parlant des choses :

Les *approches d'*une bonne paix commencèrent de se dresser entre les François et les Bourguignons.

        Est. Pasquier, *Recherches de la France,* VI, 4.

Le malheureux roi d'Angleterre... se trouvoit alors dans *les approches de* sa funeste destinée.

        Mme de Motteville, *Mémoires.*

Je sens avec une joie sensible *les approches de* cette joie extrême.

        Mme de Sévigné, *Lettres ;* à Mme de Grignan, 1er août 1685.

Lorsqu'il (notre esprit)... rencontre quelque objet qui porte la marque du bien, je veux dire qui fait sentir à l'âme par *ses approches* quelque douceur.

        Malebranche, *Recherche de la vérité,* liv. III, part. I, c. 4, § 2.

Tout marquoit les *approches d'*une guerre civile.

        J.-J. Rousseau, *Lettres ;* 20 janvier 1763.

Quand *de* ce triste adieu je prévis les *approches.*

        J. Racine, *Bérénice,* V, 6.

De ce triste entretien détournons les *approches.*

        Le même, *Iphigénie,* III, 7.

Voilà notre couple réduit
A sentir *de* la faim les premières *approches.*

        La Fontaine, *Contes ;* La Fiancée du roy de Garbe.

On dit les *approches d'*une saison, *du* printemps, *de* l'hiver, etc. :

L'automne a été très bien; mais *les approches de* l'hiver me sont cruelles : j'ignore ce que je pourrai vous dire de celles *du* printemps.

        J.-J. Rousseau, *Lettres ;* 23 novembre 1755.

Les approches de la vieillesse :

Les jours sombres et froids de l'automne représentent *les approches de la vieillesse.*

        Vauvenargues, *Réflexions,* DCXXIV.

On dit surtout, très fréquemment, les *approches de la mort* :

Toute considérable qu'est la sagesse, on la trouve d'un foible usage parmi les douleurs et dans *les approches de la mort.*

SAINT-ÉVREMONT, *Sur les plaisirs.*

Il s'affoiblissoit, ce grand prince, mais *la mort* cachoit *ses approches.*

BOSSUET, *Oraison funèbre du prince de Condé.*

Mais mort qui feit de toy si grans *approches*
Jamais ne sceut endurer noz reproches ;
Et t'a rendu, par grand despit, à nous,
Dont devant Dieu nous ployons les genoux.

CL. MAROT, *Épigrammes,* I, 20.

Prouva que de *ma mort,* respectant les *approches,*
Tu ne m'affliges plus par d'injustes reproches.

J. RACINE, *Phèdre,* I, 3.

Comme on dit *à l'approche de,* on dit aussi *aux approches de* :

Quelques-uns disent que c'est de douleur que les cygnes chantent *aux approches de* la mort ; mais je ne trouve point cela probable.

THÉOPHILE, *Immortalité de l'âme.*

Telle est l'heureuse condition des justes : ils sentent *aux approches de* la mort un redoublement d'ardeur et de force.

FLÉCHIER, *Oraison funèbre de Mme d'Aiguillon.*

Ces choses en étoient là *aux approches du* voyage de Fontainebleau.

SAINT-SIMON, *Mémoires,* 1712.

Et même *aux approches de* la vieillesse dans le sein de l'indigence, des maux, des calamités diverses, la sérénité de sa belle âme lui conserva jusqu'à la fin de sa vie toute la gaîté de ses plus beaux jours.

J.-J. ROUSSEAU, *les Confessions,* I, 2.

Approche se dit, soit au singulier, soit au pluriel, du Rapprochement, de l'abord de deux personnes :

A me chercher lui-même attendroit-il si tard,
N'étoit que de son cœur le trop juste reproche
Lui fait peut-être, hélas ! éviter cette *approche.*

J. RACINE, *Bajazet,* III, 3.

De là surtout cette expression, *les premières approches* :

Mon argent fut pour eux le premier criminel,
Et s'en étant saisis *aux premières approches,*
Ces messieurs pour prison lui donnèrent leurs poches.

P. CORNEILLE, *la Suite du Menteur,* I, 1.

Il se dit aussi, dans l'un et dans l'autre nombre, en parlant des animaux, de rapprochements sexuels. *L'approche, les approches* du mâle.

Lorsqu'une fois elle (la tourterelle) a senti le feu des premières *approches,* elle ne cesse de brûler, elle ne quitte plus son mâle.

BUFFON, *Histoire naturelle : Oiseaux ;* la Tourterelle.

On dit, *les approches d'*une armée, *d'*un corps de troupes, *d'*un ennemi, etc., aussi bien que *leur approche* :

Les nouvelles coururent par toute la France *des approches de* ceste grande et horrible armée d'Espagne, qui avoit mouillé l'anchre vers le port de Calais.

MATTHIEU, *Histoire des derniers troubles de France,* liv. III.

Le duc de Mayenne passe en Champagne, qui lui tend les bras, puis à Orléans qui s'estoit déjà révolté et à Chartres, que ses *approches* font aussi soulever.

HARDOUIN DE PÉRÉFIXE, *Histoire de Henri le Grand,* Ire part., année 1589.

Le régiment de Diesbach essuya surtout très longtemps le feu du canon et de la mousqueterie et *les approches de* la cavalerie.

VOLTAIRE, *Siècle de Louis XIV,* c. 33.

Le pluriel APPROCHES, employé absolument, s'est dit quelquefois au sens de Rencontres, engagements, attaques, combats :

Aux *approches* il y eut divers combats où les Romains furent souvent battus.

COEFFETEAU, *Histoire romaine,* VII.

Déjà de tous côtés s'avançoient les *approches ;*
Ici couroit Mimas ; là Typhon se battoit ;
Et là suoit Euryte à détacher les roches
Qu'Encelade jetoit.

MALHERBE, *Odes, pour le roi, allant châtier la rébellion des Rochelois.*

A voir de tels amis, des personnes si proches,
Venir pour leur patrie aux mortelles *approches,*
L'un s'émeut de pitié, l'autre est saisi d'horreur.

P. CORNEILLE, *Horace,* III, 2.

APPROCHES se dit particulièrement, en termes de Guerre, des Travaux que l'on conduit jusqu'au corps d'une place assiégée :

Les assiegez ne laisserent pas former les *aproches* sans parlementer.

AGR. D'AUBIGNÉ, *Histoire universelle,* t. III, liv. III, c. 6.

Le roy fit tendre des peaux et des voiles pour couvrir les ouvriers et élever deux tours à la teste de la chaussée d'où l'on peust empescher les *approches* de l'ennemi.

    Vaugelas, trad. de Quinte-Curce, *Histoire d'Alexandre*, IV.

Sigisbert, accompagné d'une puissante armée et suivy d'une cour magnifique, met le siège devant Tournay. Les *approches* se font; la place est réduite à l'extrémité.

    Mézeray, *Histoire de France* : Cherebert.

Le dauphin, en passant par la Franche-Comté, s'en alla assiéger Montbéliard qui se rendit aux premières *approches*.

    Le même, même ouvrage : Charles VII.

    ... Firent de grans escarmouches
    Sans cesser, presque tous les jours,
    Bastilles, bollevers, *approuches*,
    Affin qu'il n'y entrast secours.

Vigiles de Charles VII, part. I, p. 94. (Cité par Sainte-Palaye.)

Il a été fait de cette expression un emploi figuré dans des passages tels que les suivants :

Le flatteur vient de loing tournant tout à l'entour et puis *fait ses approches* petit à petit sans faire de bruit.

    Amyot, trad. de Plutarque, *OEuvres morales* : Comment discerner le flatteur, XXV.

Son dessein étoit beau et bien entrepris, si la fortune... ne lui eût suscité un rival qui se rendit maître de la place qu'il vouloit prendre, tandis qu'il n'en *faisoit* encore que *les approches*.

    Scarron, *Nouvelles tragi-comiques* : la Précaution inutile.

L'éternel Robarts redoublant de vigilance et d'assiduité à mesure que *les approches se faisoient*, on eut recours à tout ce qui pouvoit le rendre traitable.

    Hamilton, *Mémoires de Grammont*, IX.

    C'est par la complaisance
    Que l'amour *fait les approches* d'un cœur.

    De la Suze, *Recueil de pièces galantes*.

L'approche, les approches se disent de l'Abord, de l'accès d'une place, d'un camp, d'un poste, etc. :

Le feu croisé qui partoit des redoutes du bois de Barri et du village de Fontenoi défendoit toute *approche*.

    Voltaire, *Siècle de Louis XV*.

On dit, en ce sens, qu'une place de guerre est *de difficile approche*.

On appelle *lunette d'approche* un instrument de physique qui agrandit l'angle visuel sous lequel l'œil apercevrait naturellement les objets éloignés, de sorte qu'il semble les rapprocher en les rendant plus visibles :

Si ce n'étoit, dit la Marquise, qu'il n'est point trop agréable de savoir qu'on ne nous peut découvrir de dedans Jupiter, qu'avec des *lunettes d'approche*, je me représenterois avec plaisir ces lunettes de Jupiter dressées vers nous.

    Fontenelle, *les Mondes*, IVᵉ soir.

Dans le passage suivant, cette expression est prise au figuré :

Vous avez su et vous avez vu avec une *lunette d'approche* tout ce qui s'est passé à l'hôtel de Chaulnes.

    Coulanges, *Lettres*; à Mᵐᵉ de Sévigné, 15 avril 1695.

En Agriculture, *greffe en approche* ou *par approche*, Manière de greffer qui consiste ordinairement à rapprocher et à mettre en contact deux branches voisines, de manière qu'elles se soudent et adhèrent l'une à l'autre.

Approche, en termes d'Imprimerie, se dit de la Distance, du blanc qui se trouve entre les lettres, lorsqu'elles sont mises les unes à côté des autres. *Ce caractère est trop large, est trop serré d'approche. La justesse et l'égalité de l'approche, des approches.*

Il signifie aussi la Réunion fautive de deux mots qui devraient être séparés, et la Séparation de deux syllabes, de deux lettres qui devraient se toucher. *Le correcteur a négligé d'indiquer ces approches.*

On a dit autrefois :

Approchée (aprouchée), s. f.

Approchement (approuchement, aprecement), s. m.

On en trouve des exemples dans quelques-uns des sens d'approche qui viennent d'être expliqués.

On a dit l'*approchement* d'une personne :

Quand nous serons advertis du partement et *approchement* de Monsieur du Perron, nous pourvoyrons à son logis.

    Le cardinal d'Ossat, *Lettres*, I, 14.

L'*approchement* d'une personne à une autre personne :

    Ainsi vet de la puvre gent
    Se as rikes unt *aproichement*.

    Marie de France, *Fables*, LXX.

    Ki vuelt avoir *aprochement*
    A Deu...

Poète moral anonyme. (Voyez *Histoire littéraire de la France*, t. XV, p. 481.)

APPROCHEMENT s'est encore dit, soit construit avec la préposition *de* ou le pronom possessif, soit employé absolument, de la rencontre, de l'entrevue de plusieurs personnes :

> Et y eut grands fêtes et grand solennité à *leurs approchemens* et à leurs assemblées.
>
> FROISSART, *Chroniques,* liv. I, part. I, c. 52.

> Un petit devant l'*approchement* et que on vint ensemble, le prince ouvrit les yeux en regardant vers le ciel et joignit ses mains.
>
> LE MÊME, même ouvrage, liv. I, part. II, c. 231.

De là l'expression *approchements d'amour* au sens de Témoignage d'affection :

> De ces nouvelles but le roi Philippe grand'joie et envoya tantôt son connétable et grand'foison de chevaliers devers le roi d'Angleterre, qu'ils trouvèrent à Montreuil sur la mer; et eut grands reconnoissances et *approchements d'amour.*
>
> FROISSART, *Chroniques,* liv. I, part. I, c. 52.

APPROCHEMENT s'est encore dit en parlant de Rapports charnels avec une femme :

> Respundi David : Si de *aprecement* à femme demandes...
>
> *Les quatre Livres des Rois,* I, XXI, 5.

APPROCHEMENT s'est construit au moyen de la préposition *de* non seulement avec des noms de personne, mais avec des noms de chose :

> Comme il a en midi grant terre deserte par l'*aprochement* dou soleil, qui va cele part, en i a il autant vers mie nuit.
>
> BRUNETTO LATINI, *Li Livres dou Tresor,* liv. I, part. III, c. 113.

> Ne vous imaginez pas que l'*approchement de* ma fin me fasse peur.
>
> MALHERBE, trad. des *Épitres* de Sénèque, LIV.

Enfin APPROCHEMENT, soit au singulier, soit au pluriel, a signifié Travaux de siège. Sainte-Palaye, dans son *Glossaire,* en cite les exemples suivants :

> Ils approchèrent contre ceulx de la cité... tellement que on pouvoit jetter une pierre de l'*approchement* d'iceux François, dedans la dicte cité.
>
> A. CHARTIER, *Histoire de Charles VI et Charles VII.*

> Firent leurs *approchements* les François et assortirent canons et bombardes, et firent de grands *approchemens* de jour et de nuit.
>
> LE MÊME, même ouvrage.

> Si furent faits *approuchemens*
> A jetter bombarbes, canons...
>
> *Vigiles de Charles VII,* part. I, p. 182.

On trouve dans le même ouvrage, avec le même sens, APPROUCHÉE :

> Les Anglois, amont et aval,
> Firent des fossez et tranchées,
> Affin que les gens de cheval
> Ne fissent sur eulx *aprouchées.*
>
> *Vigiles de Charles VII,* part. II, p. 86.

APPROCHEMENT, très propre à signifier l'Action d'approcher, a été repris par Voltaire :

> Ce petit *approchement* du soleil rétablit le dérangement que les planètes opèrent les unes sur les autres.
>
> VOLTAIRE, *Éléments de la philosophie de Newton,* III, 8.

APPROFONDIR, v. a. (de *profond* et, par ce mot, du latin *profundus*).

On l'a écrit, par un seul *p, aprofondir.*

On a dit APPARFONDIR de *parfond* (voyez les *Dictionnaires* de J. Thierry, Nicot, Cotgrave).

APPROFONDIR signifie, au propre, Rendre plus profond en creusant plus avant :

> *Approfondir* le mur de quinze pieds de hault.
>
> ROB. ESTIENNE, *Dictionnaire françois-latin.*

> De sorte que l'on ne peut *approfondir* le fossé, n'y retenir l'eaue en aucun endroict, pour le plus que jusques à demy cuisse.
>
> MONTLUC, *Commentaires,* II.

> Les uns y estoient contraints à fendre les rochers, *approfondir* les quarrières, en tirer les pierres et cailloux...
>
> BERGIER, *Histoire des grands chemins de l'empire romain,* liv. I, c. 10, 9.

APPROFONDIR est resté de beaucoup plus d'usage au figuré.

On dit figurément, dans un sens très voisin du sens propre, *approfondir un abîme* :

> Aujourd'hui tous les recueils des académies de l'Europe ne sont pas même un commencement de système : en *approfondissant cet abîme,* il s'est trouvé infini.
>
> VOLTAIRE, *Lettres philosophiques,* XIV.

> Ils étoient plus que rois, ils sont moindres qu'esclaves,
> Et la gloire qui suit vos plus nobles travaux
> Ne fait qu'*approfondir l'abîme* de leurs maux.
>
> P. CORNEILLE, *Sertorius,* III, 2.

APP

Ce malheureux combat ne fit qu'*approfondir*
L'abîme dont Valois voulait en vain sortir.

VOLTAIRE, *la Henriade,* III.

Approfondir une chute :

Les menées de M. le duc du Maine après sa disgrâce, ou plutôt celles de Madame sa femme, aboutirent à la conspiration de Cellamare et vinrent encore *approfondir sa chute.*

SAINT-SIMON, *Mémoires :* Minorité de Louis XV.

On a dit de même *approfondir une disgrâce,* pour La rendre plus profonde :

Le cardinal, par sa conduite, *approfondissoit* de plus en plus *sa disgrâce.*

SAINT-SIMON, *Mémoires,* 1700.

Pénétrer plus avant dans la connaissance d'une chose, est le sens figuré dans lequel APPROFONDIR est le plus ordinairement employé. Les exemples en sont fort nombreux et fort divers :

S'il vous plaist *approfondir* toutes choses à leur vray poinct, vous ne ferez nulle doute qu'à ceste France ne soit denë la restauration générale de l'Église romaine.

EST. PASQUIER, *Recherches de la France,* III, 29.

Le monde se paie de paroles : peu *approfondissent* les choses.

PASCAL, *Provinciales,* II.

Ils ne connoissent des choses que de légères surfaces et n'*approfondissent* rien.

NICOLE, *Essais de morale :* Sur l'Épître du dimanche de la Quinquagésime, VI.

... N'ayant pas assez de vue pour *approfondir* le mystère de cette providence si rigoureuse, ce semble, à l'égard des justes et si libérale envers les impies...

BOURDALOUE, *Sermons,* du IVe dimanche après l'Épiphanie.

Ces paroles me font souvenir de celles du chancelier Bacon qui dit que la philosophie goûtée médiocrement nous éloigne de Dieu, mais qu'elle y ramène ceux qui l'*approfondissent.*

LEIBNITZ, *Théodicée :* De la Bonté de Dieu, IIIe part., § 296.

Vous n'avez considéré uniquement que sa propre satisfaction (de M. de Grignan), qu'il a même cachée longtemps sous ses manières polies : vous l'*avez approfondie,* vous l'avez observée et démêlée.

Mme DE SÉVIGNÉ, *Lettres ;* à Mme de Grignan, 27 septembre 1679.

Le monde perd à *être approfondi ;* il n'a rien de riant que la surface et le premier coup d'œil.

MASSILLON, *Carême :* Sermon sur la Prière.

Il (le P. Daniel) aurait dû *approfondir* les lois, les usages, le commerce, les arts, parler de tout en philosophe.

VOLTAIRE, *Supplément au Siècle de Louis XIV.*

L'esprit éclairé, qui règne aujourd'hui dans les principales nations de l'Europe, demande qu'on *approfondisse* ce que les historiens effleuraient autrefois à peine.

LE MÊME, *Lettres ;* 24 juin 1757.

Rien ne fait mieux voir combien Corneille *avait approfondi* les secrets de son art.

LE MÊME, *Remarques sur Corneille,* Ier discours.

Elle (Mme de Prie) prenoit la superficie pour le fond des choses et elle se persuadoit qu'elle *avoit approfondi* des matières dont elle ne connoissoit tout au plus que les définitions.

HÉNAULT, *Mémoires,* c. 8.

Au lieu d'*approfondir* les sentiments... ils (les imitateurs de Racine) s'attachaient à copier les formes du style de leur maitre.

BARANTE, *De la littérature française pendant le XVIIIe siècle.*

Nous *approfondirons,* ainsi que la physique,
Grammaire, histoire, vers, morale et politique.

MOLIÈRE, *les Femmes savantes,* III, 2.

Et je n'ai feint d'aimer et de nuire à leur flamme
Que pour *approfondir* ce qu'ils avoient dans l'âme.

BOURSAULT, *Ésope à la ville,* V, 5.

On n'osa trop *approfondir*
Du tigre ni de l'ours ni des autres puissances
Les moins pardonnables offenses.

LA FONTAINE, *Fables,* VII, 1.

L'esprit de ce pays n'est qu'en superficie ;
Si-tôt que vous voulez un peu l'*approfondir,*
Vous rencontrez le tuf....

REGNARD, *le Joueur,* II, 4.

APPROFONDIR s'est dit au même sens figuré, même en parlant des personnes :

Pour arriver à ce but, il travailla à persuader Mme de Maintenon de faire entrer Mme Guyon à Saint-Cyr, où elle auroit le temps de la voir et de l'*approfondir* tout autrement que dans de rares et courtes après-dînées.

SAINT-SIMON, *Mémoires,* 1695.

En *approfondissant* les hommes, on rencontre des vérités humiliantes, mais incontestables.

VAUVENARGUES, *Introduction à la Connoissance de l'esprit humain,* liv. II, 31 : De la passion des exercices.

Nous sommes trop inattentifs ou trop occupés de nous-mêmes pour nous *approfondir* les uns les autres.

LE MÊME, *Réflexions et Maximes,* CCCXXX.

Plus on *l'approfondit*, plus il semble profond.

BOURSAULT, *le Médecin volant*, sc. 12.

A ces exemples on en peut ajouter d'autres tels que les suivants, où APPROFONDIR se dit aussi figurément de l'Étude curieuse et pénétrante des personnes :

Il ne faut pas juger des hommes comme d'un tableau ou d'une figure sur une seule et première vue ; il y a un intérieur et un cœur qu'il faut *approfondir*.

LA BRUYÈRE, *Caractères*, c. 3.

L'envie est un aveu que nous nous faisons à nous-mêmes de notre médiocrité. *Approfondissez* votre cœur et vous verrez que tous ceux ou qui vous effacent ou qui brillent trop à vos côtés ont le malheur de vous déplaire.

MASSILLON, *Carême : Sermon sur le Pardon des offenses.*

APPROFONDIR est quelquefois verbe réfléchi. On dit, *s'approfondir* soi-même :

Que l'homme s'examine, s'analyse et *s'approfondisse*, il reconnoîtra bientôt la noblesse de son être.

BUFFON, *Histoire naturelle : Nature des animaux.*

APPROFONDIR, construit avec le pronom personnel, a le plus souvent le sens passif de Être approfondi ;

Soit pris au propre :

Toutes ces excavations *s'approfondissent* de jour en jour ; les gens du pays le témoignent unanimement.

SAUSSURE, *Voyages dans les Alpes*, t. I, c. 17, § 409.

Soit dans un sens figuré :

M. de Lesdiguières, en ayant reçu avis en diligence, craignit que si cette affaire *s'approfondissoit*, sa maîtresse ne fût terriblement embarrassée.

TALLEMANT DES RÉAUX, *Historiettes : Lesdiguières.*

Le ministre, qui ne vouloit pas que cette affaire *s'approfondît*, prit son temps pour en parler au roi.

VERTOT, *Histoire des Révolutions de Portugal.*

APPROFONDIR, dans son sens figuré, s'emploie quelquefois absolument, par ellipse de son régime :

Pour raisonner solidement, il faut toujours *approfondir*, sans se rebuter.

FLEURY, *Discours sur l'Histoire ecclésiastique*, V⁰ discours, § 8.

Il y a quantité d'une certaine sorte d'amis agréables qui

amusent, mais ils n'ont que l'écorce : pour peu qu'on *approfondisse*, on n'y trouveroit pas son compte.

Mᵐᵉ DE SCUDÉRY, *Lettres ; à* Bussy-Rabutin, 11 août 1671. (Voyez *Correspondance de Bussy-Rabutin,* t. II, lettre 404.)

Peut-être le roi sans vouloir *approfondir* davantage vous laissera partir.

FÉNELON, *Télémaque.*

Votre esprit sait d'autant mieux douter qu'il sait mieux *approfondir.*

VOLTAIRE, *Lettres ;* juin 1738.

Il y a du danger à trop *approfondir* ; il faut le plus souvent s'en tenir aux surfaces.

Mᵐᵉ DU DEFFAND, *Lettres ;* à H. Walpole, 10 mars 1775.

C'est en *approfondissant*, comme dit Vauvenargues, plus qu'on ne peut, et qu'on ne doit, qu'on a ouvert un abîme où la raison humaine ne pouvoit que s'engloutir.

LA HARPE, *Cours de littérature*, IIIᵉ part., liv. III, c. 3, sect. 1 : Vauvenargues.

Je veux qu'on se défie et qu'on *approfondisse*.

DUFRESNY, *le Faux sincère*, II, 5.

APPROFONDI, IE, participe.

Au propre :

Plus large et miex *aprofondiz*
Resont li fossé d'environ.

G. GUYART, *Royaux Lignages*, t. I, p. 4198.

Il se prend adjectivement, dans un sens figuré, en parlant de ce qui a été examiné, étudié, pénétré profondément :

Son opinion (de Daguesseau) étoit donc toujours comme mourante sur ses lèvres, et peu capable d'en entraîner d'autres, quoique toujours parfaitement *approfondie* et judicieuse.

SAINT-SIMON, *Mémoires*, 1706.

Après un entretien si long, si confident, si fort *approfondi*, je conçus quelque espérance.

LE MÊME, *même ouvrage*, 1710.

Je lis le mémoire de madame Scaliger : il est bien fort de choses, raisonné à merveille, *approfondi*, et de la critique la plus vraie et la plus fine.

VOLTAIRE, *Lettres ;* 23 septembre 1760.

Il (M. de Paulmy) est préparé dans tous les genres ; on n'a jamais rassemblé tant de connoissances diverses et toutes *approfondies*.

HÉNAULT, *Mémoires*, c. 15.

APPROFONDISSEMENT, s. m.

Ce mot que donnent les anciens lexiques, même

ceux de Richelet et de Furetière, qui le notent comme de peu d'usage, n'a été admis qu'en 1878 dans le *Dictionnaire* de l'Académie française.

Il signifie l'Action d'approfondir, l'état de ce qui est approfondi;

Soit au propre :

Dans six jours vous eustes fait faire un *approfondissement* de huict à neuf pieds de creux en ligne droite dans cette tour.

SULLY, *Œconomies royales*, c. 39.

Soit au figuré :

Il (saint Bernard) ne chercha point à éblouir les esprits par de nouvelles découvertes, ni à se faire honneur de certains *approfondissements* qui flattent par leur singularité.

MASSILLON, *Panégyrique de saint Bernard.*

APPROPRIER, v. a. (soit du bas-latin *appropriare* et, par ce mot, de *proprius,* soit de notre adjectif *propre*).

On l'a écrit par un seul *p,* APROPRIER.

APPROPRIER c'est Rendre *propre,* et il a signifié autrefois Faire d'une chose la *propriété* de quelqu'un :

Et luy alloit conquester tout un pays aussi grand qu'un royaume et le luy *aproprier;* car pour soy il n'en vouloit point.

BRANTÔME, *Grands Capitaines françois :* L'admiral de Chastillon.

Melibée, soy complaignant à Titire, dans la première pastorelle de Virgile, disoit que ses terres et possessions *seroient appropriées à* l'impiteux gendarme, pendant que luy, pauvre et chétif, seroit à tort defraudé.

EST. PASQUIER, *Recherches de la France,* II, 15.

Ou bien encore, La lui attribuer :

Aux enfants de cet Édouard commença la première division de la maison de Lanclastre et d'Yort, sous les enseignes de la Roze rouge que l'on attribua à Lanclastre, et la Roze blanche, que l'on *appropria à* la maison d'Yort.

EST. PASQUIER, *Recherches de la France,* VI, 23.

On a dit, en ce sens, *approprier à soi,* manière de parler remplacée plus tard par la forme pronominale de si grand usage, *s'approprier :*

Et tel damace doit-il bien recevoir, porcequ'il voloit le gaige malvesement *aproprier à* soi.

BEAUMANOIR, *Coutumes du Beauvoisis,* LXVIII, 10.

Pépin, desja allié avec les papes, désirant *approprier à* soy et aux siens non seulement l'effect, mais le nom de la royauté, depescha deux hommes d'esglise par devers Zacharie pape.

EST. PASQUIER, *Recherches de la France,* III, 4.

Au demeurant ne faut-il faire doute qu'ils n'*appropriassent à eux* (les rois) le revenu des eveschez quand ils vacquoient.

LE MÊME, même ouvrage, III, 35.

APPROPRIER, toujours dans le même sens, a pu être employé absolument :

... Ce qui commun ert devant,
Comme le soleil et le vent,
Par convoitise *approprièrent.*

Roman de la Rose, v. 9693.

APPROPRIER a conservé le sens de Rendre propre à une destination, adapter, proportionner, appliquer. Ainsi l'on dit :

Approprier une chose à une autre chose :

Je m'asseure que vous n'oublierez de représenter le festin superbe de la reyne ma mère en l'isle, avec le ballet, et la forme de la salle, qu'il sembloit que la nature *eust appropriée à* cet effet.

MARGUERITE DE VALOIS, *Mémoires;* 1564.

C'est beaucoup de consolation à l'homme chrestien de veoir nos outils mortels et caducques si proprement assortis à nostre foy saincte et divine, que lorsqu'on les employe aux subjects de leur nature mortels et caducques, ils n'*y soient* pas *appropriés* plus uniement ny avec plus de force.

MONTAIGNE, *Essais.*

Soudain qu'un evesque estoit décédé, le pape envoyoit arrester tous ses biens meubles et immeubles, tant propres qu'acquests, et les *approprioit à* son usage.

EST. PASQUIER, *Recherches de la France,* III, 23.

Avant qu'*approprier* les exemples anciens *aux* faits modernes, on doit premier juger de la similitude qu'il y a entre eux.

LA NOUE, *Discours politiques et militaires,* XXVI.

Est nécessaire en cest endroit *aproprier* entièrement le greffé *au* sujet, c'est-à-dire les deux estre d'une mesme mesure, ne pouvant ceste sorte d'enter souffrir l'inégalité.

OLIVIER DE SERRES, *Théâtre d'Agriculture,* VIe lieu, c. 23.

Il sera difficile d'*approprier* ce que j'ai à dire *au* tribunal où je comparois.

J.-J. ROUSSEAU, *Discours :* Si le rétablissement des sciences et des arts a contribué à épurer les mœurs.

Approprier une chose *à* une personne :

Les apostres *approprient à* Jésus-Christ ce qui est dit au pseaume huitième : Qu'est-ce que de l'homme, que tu as souvenance de lui ? Ou le fils de l'homme, que tu le visites ? Par ceste façon de parler la vraye humanité de Jésus-Christ est exprimée.
> Calvin, *Institution chrestienne,* liv. II, c. 12, § 2.

Ce fut une chose commune à nos premiers chrestiens, pour inviter les foibles esprits à nostre religion, de passer par connivence plusieurs coustumes tirees du paganisme ou judaïsme et de les *nous approprier.*
> Est. Pasquier, *Recherches de la France,* IV, 4.

Piaffer, que l'on *approprie à* ceux qui vainement veulent faire les braves, est de nostre siècle.
> Le même, même ouvrage, VIII, 3.

Il faut tellement *approprier* la louange *à* ceux qu'elle regarde, que le plus ombrageux amour-propre ne puisse y trouver de quiproquo.
> J.-J. Rousseau, *les Confessions,* II, 11.

Approprier une personne *à* une chose :

Tracer une constitution, c'est peu de chose ; le grand art est d'*approprier* les hommes *à* la loi qu'ils doivent chérir.
> Mirabeau, *Discours;* 28 octobre 1789.

Approprier a eu, dans les anciens temps de la langue, le sens de Rapprocher une chose d'une autre, de comparer, d'assimiler :

Vouloient les aucuns gens en Angleterre ce fait *approprier à* trahison.
> Froissart, *Chroniques,* t. III, p. 224. (Cité par Sainte-Palaye.)

Le dain et le chevrel... ont cornes, et ycelles representent... couronnes; pour quoy je puis *approprier* ces deux bestes *aux* empereurs et *aux* rois.
> *Modus et Racio,* ms., f° 87, r°. (Cité par Sainte-Palaye.)

... Lesquelles alliances estoient aux Romains appellées sous les noms de patrons et de clients, que plusieurs doctes personnages, entre lesquels Guillaume Budé, honneur de Paris, et après luy Gaze, jurisconsulte insigne, voulurent *approprier aux* vasselages que nous observons maintenant.
> Est. Pasquier, *Recherches de la France,* II, 15.

Enfin, d'un des sens de *propre*, Approprier, quelquefois considéré comme un autre verbe, a reçu la signification de Arranger, adapter, disposer d'une manière convenable, agencer, ajuster, et avec une acception plus particulière, Mettre dans un état de propreté :

III.

Il faut *approprier* cette chambre.
Il *approprie* bien son cabinet.
Il n'y a qu'à lui mettre cette maison entre les mains, il l'*aura* bientôt *appropriée.*
> *Dictionnaire de l'Académie,* 1694.

Mettez ordre à tout (Nausicaa), dépêchez-vous de les laver (vos vêtements), de les *approprier.*
> Fénelon, trad. de l'*Odyssée.*

L'instinct d'*approprier* son domicile et d'y faire un plancher, pour n'être pas incommodée de l'humidité.
> Buffon, *Histoire naturelle :* la Loutre.

Approprier, construit avec le pronom personnel mis pour *à soi*, signifie Se rendre *propre*, faire d'une chose sa *propriété* :

La seconde chose à faire est, que le roy achète et s'*approprie* les fonds de toutes les salines du royaume.
> Vauban, *Projet d'une Dixme royale,* III° fonds.

Mais il lui restait la grande ile de Crète et elle s'*était approprié* celle de Chypre par la donation de la dernière reine, fille de Marco Cornaro, Vénitien.
> Voltaire, *Essai sur les mœurs :* De l'État du pape, de Venise et de Naples, au xv° siècle, c. 106.

Le cordonnier, en faisant des souliers pour le laboureur, s'*approprioit* une partie de la récolte de celui-ci.
> Turgot, *Réflexions sur la formation des richesses,* § 4.

Cela est pris souvent dans un sens moral :

Comme celuy qui se vouloit *approprier* la gloire d'Achilles, plus par imitation de sa vertu, que pour estre issu de son sang.
> Amyot, trad. de Plutarque, *Vie de Pyrrhus,* c. 14.

Je m'*approprie* de telle sorte vos joies et vos déplaisirs, que ce sont les bonnes et les mauvaises nouvelles que je reçois de vous qui font mes biens et mes mauvais jours.
> Balzac, *Lettres;* à Conrart, I, 1.

Je me fusse *approprié* l'amour public, que l'horreur que l'on a d'une action violente concilie toujours infailliblement à celui qu'elle fait souffrir.
> Cardinal de Retz, *Mémoires.*

Le Verbe s'est incarné; celui qui avoit la forme et la nature de Dieu, sans perdre ce qu'il étoit, a pris la forme d'esclave : inaltérable en lui-même, il s'unit et il s'*approprie* une nature étrangère.
> Bossuet, *Discours sur l'histoire universelle,* II, 11.

Ne dites point que tout ce bien que vous vous plaisez à avoir devant les yeux soit à vous : vous n'avez rien en vous-même de quoi le saisir et *vous l'approprier.*
> Le même, *Traité de la Concupiscence,* c. 9.

Selon Luther la foi étoit la condition nécessaire et l'unique moyen que nous eussions pour *nous approprier* Jésus-Christ et sa justice.

> BOSSUET, *Histoire des Variations des Églises protestantes*, liv. I, n° 11.

C'étoit un homme (Feuquières) qui ne servoit jamais dans une armée qu'à dessein de la commander, de s'emparer du général, de *s'approprier* tout.

> SAINT-SIMON, *Mémoires*, 1711.

Plusieurs philosophes rapportent généralement à l'amour-propre toute sorte d'attachements. Ils prétendent qu'on *s'approprie* tout ce que l'on aime.

> VAUVENARGUES, *Introduction à la Connoissance de l'esprit humain*, liv. II, 24 : De l'amour-propre et de l'amour de nous-mêmes.

Il est si naturel aux hommes de tirer à soi et de *s'approprier* tout, qu'ils *s'approprient* jusqu'à la volonté de leurs amis.

> LE MÊME, *Réflexions*, 684.

Le peuple le plus ancien est toujours imité par ceux qui viennent après lui ; ils apprennent sa langue, ils suivent une partie de ses rites, ils *s'approprient* ses antiquités et ses fables, etc.

> VOLTAIRE, *Essai sur les mœurs*, XIII : Des Phéniciens et de Sanchoniathon.

L'Arabe, à l'aide du chameau, a su franchir et même *s'approprier* ces lacunes de la nature.

> BUFFON, *Histoire naturelle :* Mœurs des Arabes.

Appropriez-vous de mes sentiments ce qui vous aura persuadé, rejetez le reste.

> J.-J. ROUSSEAU, *Émile*.

Dans l'exemple suivant, *s'approprier* présente un sens un peu différent. Il signifie Regarder comme provenant de sa personne seule ce qu'en effet on a reçu :

S'il (Dieu) rejette donc nos vertus, c'est quand *nous nous approprions* les dons que sa main nous dispense, que nous arrêtons nos pensées à la possession de ses grâces, sans aller jusqu'à leur principe.

> VAUVENARGUES, *Introduction à la Connoissance de l'esprit humain*, liv. III, 43 : Du bien et du mal moral.

S'approprier est souvent pris en mauvaise part, surtout dans le sens d'Usurper la *propriété* d'autrui :

Les comtes de Champagne tindrent un grand rang par la France, *s'appropriant* plusieurs droits de souveraineté avecques la réserve du baise-main et vaselage envers nos roys.

> EST. PASQUIER, *Recherches de la France*, IV, 7.

C'est une grande erreur parmi les princes, de *s'approprier* certaines choses et certaines personnes, comme si elles étoient à eux, d'une autre façon que le reste de ce qu'ils ont sous leur empire.

> LOUIS XIV, *Mémoires écrits par lui-même*, Ire part., année 1666.

Il y en a d'autres, Madame, qui font du mariage un commerce de pur intérêt, qui ne se marient que pour gagner des douaires, que pour s'enrichir par la mort de ceux qu'elles épousent, et courent sans scrupule de mari en mari, pour *s'approprier* leurs dépouilles.

> [MOLIÈRE, *le Malade imaginaire*, II, 7.

J'avouerai franchement que je fus tenté sur la route de *m'approprier* cet argent, pour commencer mon intendance sous d'heureux auspices.

> LE SAGE, *Gil Blas*, VII, 1.

... Sans mentir, vous êtes fort plaisante
De vouloir m'enlever un cœur comme le sien,
Et *vous approprier* si hardiment mon bien !

> REGNARD, *les Ménechmes*, V, 2.

Il est encore pris en mauvaise part, de manières diverses, dans des phrases telles que les suivantes :

Il (les jeunes magistrats) prennent de la cour ce qu'elle a de pire : ils *s'approprient* la vanité, la mollesse, l'intempérance.

> LA BRUYÈRE, *Caractères*, De la Ville.

Quel moyen encore de s'appeler Pierre, Jean, Jacques, comme le marchand et le laboureur ? Évitons d'avoir rien de commun avec la multitude... qu'elle *s'approprie* les douze apôtres, leurs disciples, les premiers martyrs.

> LE MÊME, même ouvrage : Des Grands.

Ici un mari qui aime sa femme est un homme qui n'a pas assez de mérite pour se faire aimer d'une autre... qui *s'approprie* ce qui ne lui avoit été donné qu'en engagement.

> MONTESQUIEU, *Lettres persanes*, LV.

Les plus honnêtes gens se donnent du relief *S'appropriant* le nom d'une terre, d'un fief.

> DUFRESNY, *le Faux sincère*, V, 9.

S'approprier l'ouvrage d'un autre, c'est Se l'attribuer, s'en dire l'auteur :

Un de ces geais littéraires, qui se paroient si souvent de ses plumes, avoit trouvé moyen de *s'approprier* une comédie manuscrite, dont le plan et l'exécution lui avoient paru promettre le succès.

> D'ALEMBERT, *Éloge de Boissy*.

S'approprier une pensée, une expression, peuvent s'entendre dans un sens meilleur. C'est quelquefois Se les rendre propres par l'heureux emploi qu'on en fait.

S'approprier peut, en certains cas, recevoir pour régime un nom de personne :

Qu'il y ait un homme, nous le voulons bien, qui soit le confident du prince ; mais qu'il n'y ait point d'homme qui obsède jour et nuit le prince, qui se *l'approprie* par une violente usurpation.

BALZAC, *Aristippe,* discours VII.

Cela est bien mal-honnête de *vous approprier* mon enfant.

DUFRESNY, *le Faux Instinct,* II, XI.

J'ignore s'il étoit (le père d'Aubenton) de ceux que les jésuites savent *s'approprier* à Rome, depuis les plus éminents personnages jusqu'aux plus obscurs, par leurs présents.

SAINT-SIMON, *Mémoires,* 1713.

Les plus forts pensèrent qu'au lieu de tuer les plus foibles, on trouveroit du profit à *se les approprier* et à leur faire travailler la terre comme esclaves.

TURGOT, *Réflexions sur la formation des richesses,* § 21.

On a dit autrefois *s'approprier de :*

Plusieurs curez, pour exciter les seigneurs des villages où estoient leurs cures, leur firent présent de leurs dismes pendant leurs vies : *dont* ces gentilshommes et seigneurs *se seroient appropriez* à jamais par un droict de bienséance.

EST. PASQUIER, *Recherches de la France,* III, 41.

Après la guerre d'Allemagne, l'empereur avoit assez manifesté qu'il ne l'avoit pas faicte pour la religion... mais pour spolier les protestants de leurs biens et dignités, et *s'en approprier.*

BRANTÔME, *Discours,* X.

Il s'étoit si bien accommodé et *aproprié de* ceste place, qui n'estoit pas à luy, que depuis il se la tourna toute à soy.

LE MÊME, *Grands Capitaines estrangers :* Le marquis de Marignan.

Prend le plus beau, plume à plume le trie,
Avec le bec ouvrier *s'en approprie,*
Le joint, l'ordonne.

J.-A. DE BAÏF, *le Geai.*

S'approprier peut être encore employé au sens passif de Être approprié :

Il y a beaucoup de telz noms qui ne *se* peuvent appro-

prier en françoys, les uns monosyllabes comme Mars, les autres dissyllabes, comme Vénus.

DU BELLAY, *Deffence et illustration de la langue françoyse,* II, 6.

APPROPRIÉ, ÉE, participe.

Il s'emploie adjectivement dans quelques-uns des sens du verbe ;

Soit construit avec la préposition *d,* ayant pour régime un substantif ou un verbe à l'infinitif :

Coses sacrées, si sont celes qui sont benoites et *appropriées à* fere le service de nostre seigneur.

BEAUMANOIR, *Coutumes du Beauvoisis,* XI, 15.

Les comtes premièrement n'estoient dignitez de telle parure comme nous le voyons aujourd'huy, ains de leur primitive institution estoient mots *appropriez* presque à toutes manières d'Estats qui estoient autour des empereurs de Rome.

EST. PASQUIER, *Recherches de la France,* II, 14.

Je ne sçay pas quelles estrenes
Plus excellentes vous vouldriez,
Que les grâces tant souveraines
Des dons *à* vous *appropriez.*

CL. MAROT, *Étrennes,* LII.

Soit dit absolument :

Il y avoit (au camp du Drap d'Or) quatre corps de logis d'une merveilleuse et sompueuse invention. Ils estoient bastis de pièces de charpenterie qui se plioient toutes par assemblages et liaisons si bien *appropriées* qu'en peu de temps elles pouvoient estre facilement démontées.

MÉZERAY, *Histoire de France :* François Ier.

Nous le trouvâmes dans un petit palais, qu'il a fait bâtir au milieu de ses jardins entre des fontaines et des bois et qui n'est composé que de trois chambres, mais bien peintes et tout à fait *appropriées.*

CHAPELLE et BACHAUMONT, *Voyage.*

D'APPROPRIER se sont formés plusieurs substantifs, APPROPRIANCE, APPROPRIATION, APPROPRIEMENT, dont un seul, le second, est resté d'usage. Voyez sur les deux autres les *Dictionnaires* de Cotgrave, Monet, Richelet, le *Dictionnaire de Trévoux,* et le *Glossaire* de Sainte-Palaye.

APPROPRIATION, s. f.

Adaptation d'une chose :

L'*appropriation* d'une terre.

Dictionnaire de l'Académie, 1762.

Dans un sens moral, Application d'une chose à une autre :

> ... Ils y trouvoient (les Juifs dans l'Écriture) plusieurs sens figurés par des allégories, et par diverses *appropriations*.
>
> FLEURY, *Mœurs des Israélites*, § 23.

En termes d'ancienne Chimie, l'État où sont mis deux corps qui ne peuvent s'unir ensemble que par le concours d'un troisième corps.

APPROUVER, v. a. (du latin *approbare*, venu lui-même de *probare*).

On l'a écrit APROUVER et, avec deux *p* ou un seul, APPROBER, APPROVER, APPROVIER, APPROER, APREUVER, etc. (Voyez le *Glossaire* de Sainte-Palaye et quelques-uns des exemples ci-après.)

APPROUVER a eu autrefois, comme *probare*, le sens d'Éprouver :

> Aucune fois Dieu afflige les humains pour les *approuver*.
>
> *Triomphe de la noble Dame*, f° 277, v°. (Cité par Sainte-Palaye.)

> Je m'avisay pour obvier à si grande despense d'envoyer les drogues que je voulois *approuver* à quelque fourneau de potier.
>
> BERNARD PALISSY, *De l'Art de terre*.

Comme *approbare*, pris quelquefois dans un des sens du simple *probare*, il a signifié Prouver ou quelque chose d'analogue, Établir, reconnaître, vérifier, etc. :

> Et que ce soit voirs, il *est aprovés* par un jugement.
>
> BEAUMANOIR, *Coutumes du Beauvoisis*, XIV, 12.

> Et par ce il *est aprovés* bastart, par l'aparance de lonc tans.
>
> LE MÊME, même ouvrage, XVIII, 5.

> Et ce plusieurs *approuveroient*, s'il estoit besoin.
>
> MONSTRELET, *Chronique*, I, 47.

> Je vous prometz que c'est le chevalier à l'aigle d'or, et ce vous *appreuve-je* par son escu.
>
> *Perceforest*, vol. III, f° 19, r°, col. 1. (Cité par Sainte-Palaye.)

> Je pourroye produire en avant plusieurs choses pour *approuver* que s'il y a un Dieu au ciel, c'est de lui que la loy et les prophéties sont sorties.
>
> CALVIN, *Institution chrestienne*, liv. I, c. 7, § 4.

> Rédigeons la chose sommairement et *approuvons* nostre sentence par témoignages de l'Escriture.
>
> LE MÊME, même ouvrage, liv. II, c. 3, § 8, p. 166.

> Non qu'il eust ainsi soigneusement fait ce procès-verbal de toute son administration pour *approuver* sa foy et faire cognoistre sa loyauté.
>
> AMYOT, trad. de Plutarque, *Vie de Caton d'Utique*, 52.

> Quoy que ce soit, les événemens *approuvoient* ce que disoit cet Ægyptien.
>
> LE MÊME, même ouvrage, *Vie d'Antoine*, 40.

De là l'emploi de *s'approuver* au sens de Se faire reconnaître en une certaine qualité, dans des passages tels que le suivant :

> A grand peine pourra-il rien avoir en quoy il *s'approuve* disciple de Christ.
>
> CALVIN, *Institution chrestienne*, p. 566. (Cité par Littré.)

À l'expression latine *approbare aliquid alicui*, faire admettre quelque chose à quelqu'un, a répondu un semblable emploi d'APPROUVER :

> Si nous voulons *approuver* nostre religion à Dieu, que nostre conscience soit pure de toutes mauvaises cogitations.
>
> CALVIN, *Institution chrestienne*, liv. II, c. 8, § 16.

> Un personnage de dignité *me* voulant *approuver* par authorité cette queste de la pierre philosophale, où il est tout plongé, m'allégua cinq ou six pages de la Bible sur lesquels il disoit s'être fondé.
>
> MONTAIGNE, *Essais*, II, 12.

> Messieurs (du parlement), j'ay toujours fort désiré d'*approuver* mes actions à vos bons jugements.
>
> HENRI IV, *Lettres*; 10 juin 1585.

Dès le dix-septième siècle, APPROUVER s'est restreint aux significations qui vont suivre.

Agréer une chose, y donner son consentement, l'accepter :

> Quoy que ce jeune chevalier ne se fust point donné à Léonide de sa délibération, si consentit-il au don, et l'*appreuva* par les services que depuis il luy rendit.
>
> D'URFÉ, *l'Astrée*, I° part., liv. X.

> Idoménée *approuvera* tout ce que vous jugerez à propos de faire.
>
> FÉNELON, *Télémaque*.

> Le duel... a été *approuvé* par la présence des rois.
>
> LA BRUYÈRE, *Caractères : De la mode*.

> Quand le bill *est* confirmé par les lords et *approuvé* par le roi, alors tout le monde paie, chacun donne, non selon sa qualité (ce qui est absurde), mais selon son revenu.
>
> VOLTAIRE, *Lettres philosophiques*, IX.

Autoriser par un témoignage authentique soit une chose, soit une personne :

L'Église a approuvé l'invocation des saints, les prières pour les morts.

Plusieurs conciles ont approuvé cette doctrine.

C'est le maître du sacré palais qui approuve les livres à Rome.

Ce confesseur a été approuvé par l'ordinaire.

Dictionnaire de Trévoux.

L'offensé doit nommer trois princes arbitres; ils doivent *être approuvés* par les États de l'Empire et juger dans l'année.

Voltaire, *Annales de l'Empire* : Albert II d'Autriche, 1438.

Approuver, dans son sens le plus général et le plus ordinaire, signifie Juger louable, trouver digne d'estime ;

En parlant des choses :

Combien que nostre religion chrestienne n'*approuvast*... tels servages farouches et sauvages, toutesfois après son premier plant ne fut tout d'un coup plantée cette planière liberté qui règne entre les chrestiens.

Est. Pasquier, *Recherches de la France,* IV, 5.

Plusieurs choses..., bien qu'elles nous semblent fort extravagantes et ridicules, ne laissent pas d'*être* communément reçues et approuvées par d'autres grands peuples.

Descartes, *Discours de la Méthode,* 1.

Qu'une même chose soit proposée par une personne de qualité on par un homme de néant, on l'*approuvera* souvent dans la bouche de cette personne de qualité, lorsqu'on ne daignera pas même l'écouter dans celle d'un homme de basse condition.

Logique de Port-Royal, III° part., c. 20.

Je suis bien aise, ma chère cousine, que vous *approuviez* le dessein de mon histoire généalogique.

Bussy-Rabutin, *Lettres;* à Mᵐᵉ de Sévigné, 1ᵉʳ février 1671.

Malheur à nous si nous louons ce que Dieu n'a pas approuvé.

Fléchier, *Oraison funèbre de Marie-Thérèse.*

Dès que je faisois quelque chose qu'il n'*approuvoit* pas, son air triste marquoit assez qu'il me condamnoit.

Fénelon, *Télémaque.*

Si une belle femme *approuve* la beauté d'une autre femme, on peut conclure qu'elle a mieux que ce qu'elle approuve.

La Bruyère, *Caractères,* c. 12.

Trop fier pour nier une entreprise qu'il avait approuvée, et trop sage pour convenir d'un dessein éventé presque

dans sa naissance, il se tint dans un silence dédaigneux avec l'Angleterre et la Hollande.

Voltaire, *Histoire de Charles XII,* liv. VIII.

Et rien n'étoit bien fait qu'ils n'*eussent approuvé.*

Régnier, *Satires,* XIV.

Vous êtes satisfaite et la voilà partie,
Mais je n'*approuve* point une telle sortie.

Molière, *les Femmes savantes,* II, 7.

Éloigné de ses yeux, j'ordonne, je menace,
J'écoute vos conseils, j'ose les *approuver.*

J. Racine, *Britannicus,* II, 2.

J'excuse votre erreur, mais pour *être approuvés*
De semblables desseins veulent être achevés.

Le même, *Mithridate,* III, 1.

Approuvez le respect qui me ferme la bouche.

Le même, *Phèdre,* IV, 2.

J'*approuvois* tout pourtant de la mine et du geste.

Boileau, *Satires,* III.

D'un salon qu'on élève il condamne la face ;
Au vestibule obscur il marque une autre place ;
Approuve l'escalier tourné d'autre façon.

Le même, *Art poétique,* IV.

En parlant des personnes :

Il y a des gens qu'on *approuve* dans le monde qui n'ont pour tout mérite que les vices qui servent au commerce de la vie.

La Rochefoucauld, *Réflexions ou sentences et maximes morales,* CCLXXIII.

Nous n'*approuvons* les autres que par les rapports que nous sentons qu'ils ont avec nous-mêmes.

La Bruyère, *Caractères,* c. 12.

Ce n'est pas que j'*approuve,* en un sujet chrétien,
Un auteur follement idolâtre et payen.

Boileau, *Art poétique,* III.

Approuver s'est construit, au moyen de la préposition *de,* avec un verbe à l'infinitif :

J'*approuve* fort *de* ne mettre autour de mon chiffre que Madame de Sévigné.

Mᵐᵉ de Sévigné, *Lettres;* à Mᵐᵉ de Grignan, 1ᵉʳ octobre 1684.

J'*approuve* bien *de* supprimer les étrennes, c'est de l'argent jeté.

La même, même ouvrage; à la même, 27 décembre 1684.

Approuver que est une construction fort usitée :

J'approuve cependant *que* chacun ait ses dieux.
P. CORNEILLE, *Polyeucte,* V, 6.

J'approuve que mon fils vous marque sa tendresse.
DESTOUCHES, *le Médisant,* V, 2.

Construit avec le pronom personnel, APPROUVER peut être

Ou verbe réfléchi :

J'aime, ne pense pas qu'au moment que je t'aime,
Innocente à mes yeux, je *m'approuve* moi-même!
J. RACINE, *Phèdre,* II, 5.

Ou verbe réciproque :

Les hommes ne se goûtent qu'à peine les uns les autres,
n'ont qu'une foible pente à *s'approuver* réciproquement.
LA BRUYÈRE, *Caractères,* c. 12.

Il peut aussi, comme généralement les verbes actifs, être employé absolument :

Elles *n'approuvent* et ne désapprouvent, ne louent et ne
condamnent qu'après avoir consulté ses yeux et son visage.
LA BRUYÈRE, *Caractères,* c. 3.

Il (le marquis de Canillac) discutoit volontiers les nouvelles, volontiers tournoit tout en mauvaise part, *n'approu-*
voit guère.
SAINT-SIMON, *Mémoires,* 1715.

Aussi les laissoit-elle étudier le leur (leur esprit) tout à
leur aise, et ne les interrompoit-elle le plus souvent que
pour *approuver,* que pour louer, que pour les remettre en
haleine.
MARIVAUX, *la Vie de Marianne,* V.

Apprenez que vous êtes aussi téméraire quand vous *ap-*
prouvez que quand vous critiquez.
VOLTAIRE, *Supplément au Siècle de Louis XIV,* II⁰ part.

Il *approuve,* il condamne, il se tait, il s'explique.
DESTOUCHES, *l'Irrésolu,* I, 2.

L'un *approuve* toujours, l'autre jamais ne blâme.
LE GRAND, *la Foire Saint-Laurent,* sc. 4.

APPROUVÉ, ÉE, participe.
Il se prend quelquefois adjectivement;
En parlant des choses :

Procuration scelée d'arcevesque ou d'évesque, ou de roi,
ou de prince, ou d'aucun autre juge qui ait un scel bien
connu et bien *aprové.*
BEAUMANOIR, *Coutumes du Beauvoisis,* XVIII.

Brief, combien que tous n'ayent point esté plongez en
des idolatries manifestes, il n'y a eu toutes fois nulle religion pure ou *approuvée,* estans seulement fondez sur le
sens commun des hommes.
CALVIN, *Institution chrestienne,* liv. I, c. 5, § 12.

Cette belle veuve, depuis la mort de son mari, s'étoit retirée auprès de son frère, et y avoit vécu d'une façon si
approuvée de tout le monde, qu'à l'âge de vingt ans les
mères la proposoient à leurs filles comme un exemple.
SCARRON, *Roman comique,* Iʳᵉ part., c. 22.

Il se fait tant de friponneries en contrats, que je m'en
rapporte plus aux histoires *approuvées* et à la voix publique
qu'aux faiseurs de généalogies.
BUSSY-RABUTIN, *Lettres;* à Mᵐᵉ de Sévigné, 8 décembre 1668.

Le seigneur Amonio me fait prendre tous les matins
une pilule très *approuvée,* avec un bouillon de bétoine.
Mᵐᵉ DE SÉVIGNÉ, *Lettres;* à Mᵐᵉ de Grignan,
16 septembre 1676.

La fortune la plus *approuvée* et la plus modeste n'a pu
se sauver de cette lâche et maligne passion (l'envie).
FLÉCHIER, *Oraison funèbre de Turenne.*

En parlant des personnes :

C'est la situation de presque tous les hommes et même
des plus sages et des plus *approuvés* dans le monde.
MASSILLON, *Carême :* Sur le petit nombre des élus.

Aucun évêque de Rome ne fut compté ni parmi les pères,
ni même parmi les auteurs *approuvés* pendant plus de six
siècles entiers.
VOLTAIRE, *Fragments sur l'histoire,* art. 21.

Et se donnant ici pour témoins *approuvés*
De tous ces grands combats qu'ils ont lus ou rêvés.
P. CORNEILLE, *le Menteur,* III, 3.

APPROUVÉ s'emploie absolument et par ellipse
au bas d'un acte, d'un état, d'un compte, etc. :
Lu et approuvé. Vu et approuvé. Approuvé. Ap-
prouvé l'écriture ci-dessus.

APPROBATEUR, TRICE, s. (du latin *ap-*
probator).
Celui, celle qui approuve par quelque témoignage d'estime. Il s'emploie surtout au masculin :

Il n'y a point d'absurdités si insupportables qui ne trouvent des *approbateurs.*
ARNAULD, *Logique de Port-Royal,* Iᵉʳ discours.

Dans cette voie commune, on ne vous admirera plus,
vous n'aurez plus d'*approbateurs* gagés pour faire valoir
vos moindres actions.
BOURDALOUE, *Sur la Sévérité évangélique.*

Quand on n'a pour soi d'autre *approbateur* ni d'autre flatteur que soi-même.

FLÉCHIER, *Panégyrique de saint François de Paule.*

Quelle surprise agréable pour les pécheurs de le trouver (le mauvais prêtre) non seulement spectateur tranquille, mais *approbateur* public et complice par ses mœurs de leurs désordres !

MASSILLON, *Conférences :* Sur le bon exemple.

Vingt petits près d'un grand sont vingt *approbateurs.*

BOURSAULT, *Ésope à la ville*, III, 4.

APPROBATEUR est très souvent déterminé au moyen de la préposition *de* et de son régime, lequel est un nom de chose ou un nom de personne ; Un nom de chose :

Que restera-t-il à Dieu, s'il est despouillé de sa vérité ? Il ne sera plus Dieu. Or on l'en despouille en le faisant tesmoin et *approbateur de* fausseté.

CALVIN, *Institution chrestienne*, liv. II, c. 8, § 24.

Les blasphèmes de Wiclef se réduisent à deux chefs, à faire un Dieu dominé par la nécessité, et, ce qui en est une suite, un Dieu auteur et *approbateur de* tous les crimes.

BOSSUET, *Histoire des Variations des églises protestantes,* liv. XI, n° 153.

Cette simplicité séduite par l'hypocrisie ne laissoit pas de faire des *approbateurs*, des fauteurs, des sectateurs *de* l'hérésie.

BOURDALOUE, *Sermons :* Sur l'Hypocrisie.

Un nom de personne ; *l'approbateur d'*une personne, *son approbateur :*

Je vous remets le soin de m'acquitter envers *mes* célèbres *approbateurs.*

PASCAL, *Provinciales*, III.

L'*approbateur du* médisant devient son complice.

FLÉCHIER, *Sermons.*

Le plus mauvais plaisant eut *ses approbateurs.*

BOILEAU, *Art poétique*, I.

APPROBATEUR s'emploie quelquefois adjectivement ; on dit, par exemple, *un geste, un sourire, un signe, un murmure approbateur*, etc.

APPROBATEUR se disait particulièrement d'Un examinateur qui avait donné son approbation publique à un ouvrage, à un livre :

Les *approbateurs de* son livre sont tels et tels docteurs.

Dictionnaire de l'Académie, 1694.

Il a paru icy un livret intitulé le *Chapeau pointu de Me-*

rinde, imprimé l'année passée sur vostre permission du 26 avril... S. M. veut donc sçavoir comment vous vous estes laissé surprendre en donnant cette permission, et qui est l'*approbateur* que vous aviez commis pour examiner ce livre.

LE COMTE DE PONTCHARTRAIN, à d'Argenson, 24 mars 1706 (Voyez *Correspondance administrative sous Louis XIV*, t. II, p. 824.)

APPROBATIF, IVE, adj. (du latin *approbativus*).

Qui contient, ou qui marque approbation : *Sentence approbative, geste, signe approbatif.*

On trouve au même sens ;

APPROBATOIRE :

Est accordé que nous sur les choses dessus dictes et chascune d'icelles, oultre noz lettres patentes séellées de nostre grant séel donrons et ferons à nostre dit filz Henri lectres patentes *approbatoires* et confirmatoires de nostre dicte compaigne.

MONSTRELET, *Chronique*, c. 225.

APPROBATION, s. f. (du latin *approbatio*).

A l'emploi ancien d'*approuver*, au sens d'Éprouver et de Prouver correspondait celui d'APPROBATION au sens d'Épreuve, de Preuve ;

Au sens d'Épreuve :

Si ne vous plaist me donner cette petite affliction pour m'approuver, parce que de telle *approbation* ne suis digne, etc.

Triomphe de la noble Dame, f° 277, v°. (Cité par Sainte-Palaye.)

Au sens de Preuve :

Si retourna icellui saint Basile hastivement à la montaigne dessus dicte, au clergié et au peuple, et leur compta sa vision et comment le corps, l'escu et la lance dudit Mercure n'estoient point en l'église ; et que c'estoit signe et *approbacion* de sa dicte vision.

MONSTRELET, *Chronique*, I, 39.

Aussi seroit-il bien raisonnable que les medecins fussent passez docteurs avant que les laisser practiquer, et leur faire faire *approbation* de leur estude.

BERNARD PALISSY, *Abus des médecins.*

Depuis longtemps il s'est réduit au sens qu'a conservé *approuver ;*

Agrément, consentement qu'on donne à quelque chose :

C'est une affaire faite pourvu que le père èt la mère y veuillent donner leur *approbation*.

Dictionnaire de l'Académie, 1694.

On l'a dit, particulièrement, d'assentiments, de consentements donnés par les conciles, par les papes :

Le xxvie jour de juing, l'an mil quatre cens et neuf, Pierre de Candie, cordelier, natif de Grèce, docteur en théologie, appellé communément cardinal de Milan, en là cité de Pise fut esleu à pape, en bonne concorde, par les cardinaulx, du consentement et *approbacion* du concile général, et le appellèrent Alixandre cinquiesme.

Monstrelet, Chronique, I, 53.

Ces conciles ont besoin d'être autorisés non par l'*approbation* du pape, mais par la puissance séculière.

D'Alembert, Éloge de Dumarsais.

Des pouvoirs qu'un évêque donne à un prêtre de prêcher et de confesser dans son diocèse.

Des recommandations accordées à certains ouvrages par des évêques, des dignitaires ecclésiastiques, des théologiens, en ce qui touche la foi et les mœurs :

Nous ne sommes pas assez connus de nos juges. Je m'assure que si nous l'étions davantage, M. Arnauld mériteroit l'*approbation* de la Sorbonne, et moi la censure de l'Académie.

Pascal, Provinciales, III.

Il (M. de Meaux) ajoute que M. de C... entre dans l'*approbation* qu'il vouloit lui proposer.

Mme de Maintenon, Lettres; au cardinal de Noailles, 2 janvier 1696.

Il était naturel de penser qu'Albani, devenu pape, ferait au moins contre les *approbations* données à Quesnel ce qu'on avait fait contre les *approbations* données à Sfondrate.

Voltaire, Siècle de Louis XIV, c. 37 : Du Jansénisme.

Du consentement donné par des examinateurs officiels à l'impression et à la publication d'un livre ; on disait *un livre imprimé avec approbation et privilège :*

Si l'on ôte de beaucoup d'ouvrages de morale l'avertissement au lecteur, l'épître dédicatoire, la préface, la table, les *approbations*, il reste à peine assez de pages pour mériter le nom de livre.

La Bruyère, Caractères, I.

Il ne faudrait qu'un privilège et une *approbation* pour dé-

crier mon ouvrage. Je n'ai fait ma cour qu'à la vérité, je ne dédie le livre qu'à elle. L'*approbation* qu'il me faut est celle des honnêtes gens et des lecteurs désintéressés.

Voltaire, Lettres; 24 décembre 1751.

Dans son sens le plus général et le plus ordinaire, APPROBATION se dit du jugement favorable qu'on porte de quelque chose ou de quelqu'un, du témoignage d'estime qu'on leur rend :

Monseigneur, je m'imagine que vous avez cru... que je cas qu'il m'a plû de tout temps faire de vous, vous avoit acquis quelque *approbation* dans le monde.

Voiture, Lettre; au cardinal de La Valette.

L'autre (Q. Haterius) de famille de sénateurs et d'une éloquence célèbre durant sa vie. Mais les ouvrages qu'il a laissez n'ont pas la mesme *approbation.*

Perrot d'Ablancourt, trad. de Tacite, Annales, IV, 36.

La complaisance et la flatterie ont beaucoup de part dans l'*approbation* que l'on donne aux actions et aux paroles des personnes de condition.

Logique de Port-Royal, IIIe part., c. 20.

Bien que cette pièce n'eût pas grande *approbation*, quatre ou cinq ans après, la troupe du Marais la remit sur le théâtre avec un succès plus heureux.

P. Corneille, Examen de la Suite du Menteur.

Qui veut bien se rendre approbateur, et ne se soucie pas d'être approuvé, celui-là oblige doublement... de la louange qu'il donne et de l'*approbation* dont il dispense.

Saint-Évremont, Conversation avec le duc de Candale.

Il (M. Begon) avoit deux ou trois choses qui lui donnoient grande *approbation :* son bien, sa conversation enjouée et sa poësie.

Fléchier, Mémoires sur les grands jours de 1665.

Vous pouvez remplir vos lettres de tout ce qu'il vous plaira, et croire que je les lis toujours avec un grand plaisir et une grande *approbation.*

Mme de Sévigné, Lettres; à Mme de Grignan, 12 janvier 1676.

Pour conclusion, on ne doit attendre d'*approbation* que des véritables gens de bien.

Vauban, Projet d'une Dixme royale, c. 8,

Pour moi, je crois qu'un auteur, surtout en traitant de pareils sujets, doit ou aspirer à autre chose qu'à un succès d'*approbation* froide, ou bien se taire.

Grimm, Correspondance, 15 mai 1758

L'*approbation publique, l'approbation générale, l'approbation universelle*, sont des expresssions fort usitées :

Il faudroit être tout à fait ridicule pour prétendre à l'*approbation générale*.

Mˡˡᵉ DE MONTPENSIER, *Portraits*, XCV : Mᵐᵉ la marquise de ***.

C'étoit un saint prêtre (l'abbé Dorsanne) et fort instruit, qui dans la place d'official de Paris avoit mérité l'estime et l'*approbation publique*.

SAINT-SIMON, *Mémoires*, 1715.

L'*approbation universelle* est plus ordinairement pour l'homme médiocre.

MONTESQUIEU, *Lettres persanes*, CXLV.

Un gentilhomme de Bretagne, qui a fait des comédies charmantes, nous a donné des anecdotes très-curieuses sur la ville de Paris et sur l'histoire de France, imprimées avec privilège, et surtout avec celui de l'*approbation publique*.

VOLTAIRE, *les Honnêtetés littéraires*, X.

APPROBATION reçoit fréquemment un complément formé de la préposition *de* et de son régime, lequel fait connaître soit la chose approuvée, soit la personne qui approuve ;

La chose approuvée :

J'ai bien envie de savoir comme vous aurez trouvé le retour de M. de Pomponne dans le ministère... Vous ne sauriez croire l'*approbation* générale *de* ce retour.

Mᵐᵉ DE SÉVIGNÉ, *Lettres* ; à Coulanges, 14 août 1691.

La personne qui approuve : Quelquefois une collection de personnes désignée par des mots tels que *monde, prochain, sénat, académie, parterre*, etc. :

Un homme se retire chez lui avec l'*approbation de* tout le *monde*, qui se trouve le lendemain un sujet de raillerie, sans savoir ce que peut être devenue l'opinion qu'on avoit de son mérite.

SAINT-ÉVREMONT, *Observations sur le Goût et le discernement des François*.

Le *sénat dont l'approbation* tenoit lieu de récompense, savoit louer et blâmer quand il falloit.

BOSSUET, *Discours sur l'Histoire universelle*, III, 6.

Sa persévérance dans la piété faisoit voir qu'elle étoit fondée sur la charité et sur la grâce de Jésus-Christ et non pas sur les jugements et sur l'*approbation des hommes*.

FLÉCHIER, *Oraison funèbre de Marie-Thérèse*.

Je me fierois assez à l'*approbation du parterre*.

MOLIÈRE, *Critique de l'École des femmes*, sc. 6.

Je trouve votre réflexion fort bonne et fort juste sur l'indifférence qu'il veut pour l'*approbation* ou l'improbation du *prochain*.

Mᵐᵉ DE SÉVIGNÉ, *Lettres* ; à Mᵐᵉ de Grignan, 4 novembre 1671.

III.

Apprenez que je n'ai jamais composé de meilleure homélie que celle qui a le malheur de n'avoir pas *votre approbation*.

LE SAGE, *Gil Blas*, VII, 4.

Votre prose, Monsieur, mérite aussi des compliments ; elle vaut bien votre poésie, au moins. — Il est vrai que ma prose a son mérite ; elle est signée et approuvée par quatre fermiers généraux. — Cette *approbation* vaut mieux que celle *de l'Académie*.

LE MÊME, *Turcaret*, I, 6.

Allait-il voir les hautes-lices des Gobelins, les tapis de la Savonnerie, les ateliers des sculpteurs, des peintres, des orfèvres du roi, des fabricateurs d'instruments de mathématiques ; tout ce qui semblait mériter *son approbation* lui était offert de la part du roi.

VOLTAIRE, *Histoire de Pierre le Grand*, IIᵉ part., c. 8.

On a dit quelquefois, en ce sens général, avec élégance, *des approbations* :

Ceulx qui se mescognoissent, se peuvent paistre *de* faulses *approbations*.

MONTAIGNE, *Essais*, III, 5.

Si nous voulons travailler à notre bonheur, tâchons de contenter l'esprit des sages, qui sont, à la vérité, en petit nombre ; mais de qui nous pouvons recevoir de véritables *approbations*.

SAINT-ÉVREMONT, *De l'Usage de la vie*, c. 4.

Je suis ravie que vous ayez approuvé mes lettres ; vos *approbations* et vos louanges sincères me font un plaisir qui surpasse tout ce qui me vient d'ailleurs.

Mᵐᵉ DE SÉVIGNÉ, *Lettres* ; à Mᵐᵉ de Grignan, 22 avril 1671.

J'ai un respect infini pour les choses consacrées par les anciennes *approbations*.

LA MÊME, même ouvrage ; à Mᵐᵉ de Grignan, 28 janvier 1685.

Il est sensible aux *approbations* sincères et désintéressées.

FLÉCHIER, *Son portrait par lui-même*.

Au lieu d'APPROBATION on a dit autrefois :

APPROUVEMENT, s. m.

Voyez les *Dictionnaires* de Rob. Estienne, Nicot, Monet, Cotgrave.

On a dit aussi :

APPROUVE, APPREUVE, au sens d'Épreuve et de Preuve :

... Pour *appreuve*, vous trouverez au duché de Bourgogne, apparence d'une cité ou ville qui se nommoit Alese.

OLIV. DE LA MARCHE, p. 21 et 22. (Cité par Sainte-Palaye.)

APPROVISIONNER, v. a. (de *provision,* et, par ce mot, des mots latins *provisio, providere*).

Ce verbe peu ancien, que ne donnent point les lexiques, avant ceux de Cotgrave, de Nicot, de Monet, et que le *Dictionnaire de l'Académie* n'a admis qu'en 1762, signifie : Munir des provisions nécessaires une place de guerre, une flotte, une armée, etc. :

On fait une loterie, dont le produit soudoie une petite armée de quatre mille hommes. On les arme, on les *approvisionne,* on leur fournit des vaisseaux de transport ; tout cela aux dépens des habitants.

        VOLTAIRE, *Siècle de Louis XV,* c. 28.

L'Angleterre, étant de tous côtés environnée de la mer, peut toujours *être approvisionnée* à peu de frais par le commerce.

        TURGOT, *Lettres sur le commerce des grains.*
          14 novembre 1770.

APPROVISIONNER s'emploie souvent avec le pronom personnel. On dit *s'approvisionner de :*

Tel marchand se borne à *s'approvisionner* d'une ou *de* plusieurs sortes de denrées qu'il vend dans sa boutique à tous ceux qui se présentent.

        TURGOT, *Réflexions sur la formation des richesses,* § 58.

Ou, absolument, *s'approvisionner.*

APPROVISIONNÉ, ÉE, participe.

Il suffit de dire que les Anglais ont pris Louisbourg pour la seconde fois, aussi mal *approvisionnée* que la première.

        VOLTAIRE, *Siècle de Louis XV,* c. 35.

APPROVISIONNEMENT, s. m.

Action de rassembler les choses nécessaires à la subsistance d'une ville, d'une flotte, d'une armée, etc. :

C'est surtout le cri élevé dans les provinces à l'occasion des achats ordonnés pour l'*approvisionnement* de Paris, qui, porté de bouche en bouche dans cette capitale, a excité le cri des Parisiens contre les prétendus monopoles.

        TURGOT, *Lettres sur la liberté du commerce des grains,* I,
          30 octobre 1770.

Le gouvernement désire toujours que les *approvisionnements* suffisent et soient faits à temps.

        LE MÊME, même ouvrage, VII, 2 décembre 1770.

Il se dit aussi de l'Amas des choses rassemblées pour la subsistance d'une ville, d'une flotte, d'une armée, etc. :

Les vainqueurs passèrent le Var au nombre de quarante mille hommes. Les débris de l'armée française se retiraient dans la Provence, manquant de tout, la moitié des officiers à pied ; point d'*approvisionnements,* point d'outils pour rompre les ponts, peu de vivres, etc.

        VOLTAIRE, *Siècle de Louis XV,* c. 19 : Succès de l'infant
          Don Philippe.

APPROVISIONNEUR est donné, en 1787, par Féraud, dans son *Dictionnaire critique,* comme terme de Gazette.

APPROXIMATION, s. f. (de notre ancien verbe *approximer* et, par ce mot, des mots latins *approximare, proximare, proximus*).

Approximer, ancien synonyme d'*approcher,* se rencontre encore dans ce passage d'une célèbre comédie du xviii° siècle :

Si vous faites mine seulement d'*approximer* madame...

        BEAUMARCHAIS, *le Mariage de Figaro,* IV, 5.

APPROXIMATION, qu'on ne voit pas paraître dans le *Dictionnaire de l'Académie* avant 1762, se dit, en termes de Mathématiques, d'une Opération par laquelle on approche de la détermination d'une quantité inconnue, de manière à la renfermer entre certaines limites, sans pouvoir obtenir sa valeur exacte :

Résoudre un problème par *approximation.*

        Dictionnaire de l'Académie, 1762.

Il se dit, dans le langage ordinaire, d'un Calcul, d'une estimation qu'on fait pour avoir une idée de la somme qu'on cherche à connaître, et sans s'attacher à une exactitude rigoureuse :

Un calcul par *approximation.* Ce résultat n'est qu'une *approximation.*

        Dictionnaire de l'Académie, 1798.

On sera obligé de convenir que cette liquidation de dettes, laissant un champ immense aux *approximations,* attaque de plus en plus le positif de l'indemnité.

        CHATEAUBRIAND, *Discours et opinions :* Sur la loi
          d'indemnité, 11 avril 1825.

APPROXIMATION se dit, en général, de toute Estimation faite à peu près :

Les usages sont fondés sur des expériences continuellement répétées, dont les résultats sont des espèces d'approximation du vrai.

    Buffon, *Explications sur les végétaux*, II° mémoire.

APPROXIMATIF, IVE, adj.

Qui est fait par approximation. On dit un *calcul*, un *état approximatif*, une *estimation approximative*, etc. :

Rien n'est plus incertain que les *calculs approximatifs* des dettes.

    Chateaubriand, *Discours et opinions :* Sur la loi d'indemnité, 11 avril 1825.

APPROXIMATIVEMENT, adv.

D'une manière approximative :

Estimer une dépense *approximativement*.

    Dictionnaire de l'Académie, 1835.

APPUYER, v. a. (du bas-latin *appodiare* et, par ce mot, du latin *podium*).

On l'a écrit : APUYER, et, par deux *p* ou un seul, APPOIER, APPOUIER, etc. (Voyez le *Glossaire* de Sainte-Palaye et quelques unes des exemples ci-après.)

Soutenir par le moyen d'un *appui*. (Voyez ce mot.)

L'infanterie, comme estant des plus vieux soldats de France, tira aussi bien que les autres à bout *apuié*.

    Agr. d'Aubigné, *Histoire universelle*, t. I, liv. V, c. 23.

Ses devins lui aians prédit dès sa jeunesse qu'elle seroit accablée des ruines d'un édifice, sur cette crainte elle faisoit *apuier* les maisons et planchez où elle logeoit.

    Le même, même ouvrage, t. III, liv. II, c. 15.

Le flux et le reflux ne laissoient aucune apparence de pouvoir travailler dans le sable, sans l'*appuyer* solidement.

    Sarazin, *Siège de Dunkerque.*

Du vestibule de la mosquée on entre dans le grand dôme de trente-six pas de diamètre, élevé sur douze piliers qui l'*appuyent* par dedans, seize autres le soûtenans par dehors.

    Tavernier, *Voyages de Perse*, I, 4.

Notre corps est comme un bâtiment ruineux, qui a continuellement besoin d'*être* soutenu et *appuyé*, sans quoi il tomberoit et seroit bientôt détruit.

    Rollin, *Traité des Études*, II, 1, art. 3.

APPUYER, outre son régime direct, reçoit des compléments formés au moyen des prépositions *par, de, contre, sur, à*. Ainsi l'on dit,

Appuyer par :

Appuyer une muraille *par* des piliers. *Appuyer* un édifice *par* des arcs-boutants.

    Dictionnaire de l'Académie, 1762.

Appuyer de :

Cete casete est recouverte et *appuiée*, par le dehors en carré, *du* plus riche bastiment, le plus labouré et du plus beau mabre qui se peut voir.

    Montaigne, *Voyages*, Lorette.

Appuyer contre :

Mes voisins pot *apoier* son merien *contre* mon mur qui joint à li.

    Beaumanoir, *Coutumes du Beauvoisis*, XXIV, 22.

Y *fut* occis Arnoux Clerc en fuyant, et féru de deux piques tout parmi le corps, et là *appuyé contre* une haie.

    Froissart, *Chroniques*, liv. II, c. 99.

Son maistre d'hostel survint, qui lui aida à descendre et à l'*appuyer contre* un arbre.

    Brantôme, *Grands Capitaines françois :* M. de Bayard.

Appuyer une maison *contre* une autre, *contre* un coteau, c'est La bâtir contre une autre maison, la bâtir contre un coteau;

Appuyer sur :

Les maisons y sont assez belles (à Clermont), et, ce qui est admirable, toutes soutenues en l'air, la coutume étant de creuser des caves au-dessous des fondements qui ne *sont* *appuyés* que *sur* un peu de terre suspendue.

    Fléchier, *Mémoires sur les grands jours de 1665.*

Elle rêvoit tristement à côté d'une table *sur* laquelle elle étoit *appuyée*.

    Marivaux, *la Vie de Marianne*, VII° part.

J'appuyai la tête *sur* mes deux mains, pour y développer ce qui se passoit dans mon cœur.

    L'Abbé Prévost, *Manon Lescaut*, I° part.

Il se mit à genoux sur le talus intérieur, et *appuyant* ses coudes *sur* le parapet, resta quelque temps à considérer les travailleurs qui continuaient les tranchées à la lueur des étoiles.

    Voltaire, *Histoire de Charles XII*, liv. VIII.

    Puis a un rasor desploié ;
    Si l'a sor l'anclume *apoié*.

Fabl. ms. de Berne, n° 354, f° 158, v°, col. 2. (Cité par Sainte-Palaye.)

Appuyer sur, comme on le voit par quelques-uns des exemples qui précèdent, ne signifie quelquefois que Poser sur.

D'autres fois il a le sens de Faire peser sur, dans des phrases telles que celles-ci :

Il lui *appuya* le genou *sur* la poitrine.
Dictionnaire de l'Académie, 1835.

J'*appuyai* si lourdement le ciseau *sur* la pierre, qui étoit délicate, qu'elle se rompit.
Perrot d'Ablancourt, trad. de Lucien : *le Songe.*

Jamais baiser donné à une belle maîtresse ne fut plus doux que celui que j'*appuyai sur* le gros et vieux visage de ce charmant messager.
Saint-Simon, *Mémoires,* 1718.

Ce discours étoit assez net... je fis semblant d'être distraite pour me dispenser d'y répondre ; mais un baiser qu'il m'*appuyoit sur* l'oreille en me parlant s'attiroit mon attention malgré que j'en eusse et il n'y avoit pas moyen d'être sourde à cela.
Marivaux, *la Vie de Marianne,* Ire part.

A ces exemples on peut joindre le passage suivant où *appuyer sur,* bien qu'employé dans un sens physique, est pris figurément :

Démocrite le philosophe s'estaignit la veuë en fichant et *appuyant* ses yeux *sur* un miroir ardent.
Amyot, trad. de Plutarque, *Œuvres morales* : De la curiosité.

Appuyer a ce sens de Faire peser sur, dans certains cas où il n'est construit qu'avec un régime direct :

Il *appuie* beaucoup le pied en marchant. Vous *appuyez* trop la plume, le crayon.
Dictionnaire de l'Académie, 1835.

Cette manière de parler est employée figurément dans les passages suivants :

Lorsqu'on aura pris la plume, il faudra la conduire successivement sur ce premier trait, sans lui permettre de s'en écarter, sans l'*appuyer* trop inégalement.
Buffon, *Discours de réception.*

Il se croit plus maître à mesure qu'il *appuie* plus rudement la main.
J. de Maistre, *Du Pape,* liv. II, c. 7, art. 3.

Appuyer à :

Sur ces mots, il (Socrate) s'advança sur les bords de la couchette, et, *appuyant* ses pieds à terre, il continua à s'entretenir avec nous.
Théophile, *Immortalité de l'âme.*

Piétons atraînent eschièles,
Et les *apuient* aus murailles.
G. Guiart, *Royaus Lignages,* t. I, v. 1463.

Et pris en ma main mon espié
Qu'à un pin *apoié avoie.*
Fabl. ms. du R., no 7615, t. II, fo 187, ro, col. 2. (Cité par Sainte-Palaye.)

Appuyer une armée, un corps d'armée *à* un bois, *à* un marais, etc., c'est Les disposer de manière qu'ils touchent à un bois, à un marais, etc., et soient protégés de ce côté :

Il était séparé d'eux par un marais. Les ennemis, campés derrière ce marais, *étaient appuyés à* un bois ; ils avaient l'avantage du nombre et du terrain, et on ne pouvait aller à eux qu'en traversant le marécage sous le feu de leur artillerie.
Voltaire, *Histoire de Charles XII,* liv. VII.

Appuyer le mousqueton, le pistolet *à* quelqu'un, c'est Présenter le mousqueton, le pistolet à quelqu'un à bout portant.

On a pu dire, au même sens, *appuyer sur :*

Adonc mit pied à terre messire Oudard et vint sur le chevalier qui là gissoit, et *lui appuya* son épée *sur* la poitrine.
Froissart, *Chroniques,* liv. I, IIe part., c. 43.

En termes de Manège, *appuyer l'éperon à* un cheval, c'est Lui appliquer fortement l'éperon. *Appuyer des deux,* c'est Appliquer les deux éperons en même temps.

En termes d'Escrime, *appuyer la botte,* c'est *appuyer le fleuret* sur le corps de son adversaire, après l'avoir touché. Il signifie aussi, figurément et familièrement, Adresser à quelqu'un un trait qui le presse et l'embarrasse.

Appuyer est souvent pris figurément dans des passages tels que les suivants où il est joint à d'autres mots, exprimant l'idée d'un soutien matériel et qui, par là, se rapprochent de son sens propre :

Il (Nostre Sires) sostient tote la terre, et toz li mundes est à lui *apoiez.*
Saint Bernard, *Sermons,* à la suite des *quatre Livres des Rois,* p. 573.

... En attendant qu'il puisse aller donner ordre à ses affaires, et *appuyer* sa maison, qui sans une telle grace de Sa Majesté est en danger de cheoir à terre.

Cardinal d'Ossat, Lettres, V, 18.

On peut bien *appuyer* sa foiblesse pour un temps; mais à la fin, comme en un vieil édifice de qui l'assemblage se déjoint, et qui tandis qu'on l'étançonne d'une part s'éclate de l'autre, il n'y a plus de remède que d'en sortir.

Malherbe, trad. des Épitres de Sénèque, XXX, 1.

Avec leur froide et leur pesante sagesse, ils peuvent différer la chute, mais ils ne l'évitent pas; ils *appuyent* les ruines qu'ils ne sont pas capables de relever.

Balzac, Aristippe, Discours V.

Louys (le Gros), afin d'*appuyer* sa vieillesse plus cassée que son aage ne portoit, *de* quelque baston qui le soulageast, avoit l'an 1129 fait couronner son fils Philippe.

Mézeray, Histoire de France : Louis le Gros.

Où trouverez-vous des fondements solides qui puissent *appuyer* votre nouvelle grandeur?

Cardinal de Retz, Conjuration de Fiesque.

Peut-on bâtir sur ces ruines? Peut-on *appuyer* quelque grand dessein *sur* ce débris inévitable des choses humaines?

Bossuet, Oraison funèbre de la duchesse d'Orléans.

C'est bâtir sur la boue que d'*appuyer* les fondements de sa fortune *sur* l'affection passagère d'une vile populace.

Vertot, Révolutions romaines, XIV.

Eh! comment, par exemple, concevoir qu'une femme puisse être athée? Qui *appuiera* ce roseau, si la religion n'en soutient la fragilité?

Chateaubriand, Génie du christianisme, part. I, liv. VI, c. 5.

Appuyez donc la France et laissez tomber Rome.

P. Corneille, Attila, I, 2.

Appuyer est d'un grand usage au figuré pour Soutenir, aider, seconder, protéger, favoriser;
En parlant d'une personne :

Ès choses où je n'ay à employer que le jugement, les raisons estrangères peuvent servir à m'*appuyer*, mais peu à me destourner.

Montaigne, Essais, III, 2.

L'empereur Anastase la troubloit (la religion catholique) en Orient; il marcha sur les pas de Zénon, son prédécesseur, et *appuya* les hérétiques.

Bossuet, Discours sur l'Histoire universelle, I, 1.

Un moyen de conserver la discipline et le bon ordre dans un collège, c'est de soutenir avec fermeté et sagesse les maîtres subalternes, de bien établir leur autorité, de les *appuyer* fortement dans l'occasion.

Rollin, Traité des Études, liv. VIII, IIe part., c. 1, art. 3.

Quand on s'est attendu que je brillerois dans une conversation, je ne l'ai jamais fait : j'aimois mieux avoir un homme d'esprit pour m'*appuyer*, que des sots pour m'approuver.

Montesquieu, Pensées diverses.

Elle n'*est* en ces lieux que trop bien *appuyée*.

J. Racine, Andromaque, IV, 6.

Appuyer, ainsi employé, reçoit quelquefois, outre son régime direct, un complément au moyen de quelque préposition;
De la préposition *de*, ayant pour régime un nom de chose :

Les capitaines avisez *estant* mieux *appuyez de* vertu, leurs pertes se font d'une façon plus valeureuse.

La Noue, Discours politiques et militaires, XVIII.

Oui, sans doute, interrompit Belflor pour la troisième fois, je tiendrai la promesse que je vous fais d'*appuyer* votre fils *de* toute ma faveur.

Le Sage, le Diable boiteux, c. 5.

De vos bontés, Monsieur, j'espère *être appuyée.*

Destouches, l'Irrésolu, III, 6.

De la préposition *de*, ayant pour régime un nom de personne :

Plusieurs petits tyrans s'eslevèrent dans la pluspart des villes, ne reconnaissans personne, sinon que les uns *estoyent appuyez du* pape, les autres *de* l'empereur.

La Noue, Discours politiques et militaires.

De la préposition *contre* :

Appuyer l'innocent *contre* l'iniquité.

Boursault, Ésope à la cour, III, 3.

En parlant d'une chose :

Auscuns qui sont près de vous... abusent de vostre authorité, laquelle vous ne sçauriés mieux *appuyer* et fonder qu'en me faisant obéir.

Henri IV, Lettres, 29 mars 1592.

Vous vous souvenez de celuy qui renversa le disné de la reine Marguerite, *appuyant* un argument sur sa table avec trop de violence.

Balzac, Lettres, VI, 17.

Je te conjure de me dire si Socrate se trouva aussi esmeu que les autres pour ces objections, s'il eut des raisons pour bien *appuyer* sa doctrine.

Théophile, Immortalité de l'âme.

Je voulus ouvrir la bouche pour *appuier* ce que disoit le

mareschal : la reine me la ferma en me disant d'un air de moquerie : « Allez vous reposer, Monsieur, vous avez bien travaillé. »

LE CARDINAL DE RETZ, *Mémoires.*

Agréez donc que je vous supplie de présenter ma lettre au roi et d'*appuyer* auprès de Sa Majesté la prière que je lui fais.

BUSSY-RABUTIN, *Lettres*; à M. de Pomponne, 8 décembre 1676.

Théodose... fut la joie et l'admiration de tout l'univers. Il *appuya* la religion ; il fit taire les hérétiques.

BOSSUET, *Discours sur l'Histoire universelle*, I, 11.

Falloit-il *appuyer* une prétention raisonnable.

FLÉCHIER, *Oraison funèbre de Mme de Montausier.*

... Nous ne voulons point nous servir injustement de l'autorité d'un si grand homme, pour *appuyer* notre sentiment.

MALEBRANCHE, *Recherche de la vérité*, liv. III, part. II, c. 6.

(Russel) est trop amoureux lui-même pour *appuyer* les intérêts d'un autre.

HAMILTON, *Mémoires de Grammont*, VIII.

Vous êtes séduisant, monsieur Guillaume, s'écria le grivois : vous me proposez d'*appuyer* une fourberie.

LE SAGE, *le Diable boiteux*, c. 7.

Gaston, duc d'Orléans, frère de Louis XIII, et le prince de Condé *appuyaient* son pouvoir (de la reine) et n'avaient d'émulation que pour servir l'État.

VOLTAIRE, *Siècle de Louis XIV*, c. 4 : Guerre civile.

Et là-dessus on voit Oronte qui murmure
Et tâche méchamment d'*appuyer* l'imposture.

MOLIÈRE, *le Misanthrope*, V, 1.

Et ce qui me la fait redouter davantage,
C'est que vous *appuyez* vous-même son courroux,
Et que vous lui donnez des armes contre vous.

J. RACINE, *Britannicus*, III, 1.

Dans ce cas encore, *appuyer* est souvent modifié par un complément formé au moyen de quelque préposition ;
De la préposition *par* :

Cette passion immodérée qu'avoit le connestable d'*appuyer* sa maison *par* cette alliance, lui ostoit toute autre pensée.

MÉZERAY, *Histoire de France* : Henri II.

La Rancune *appuya* les raisons de Ragotin *par* d'autres aussi ridicules.

SCARRON, *Roman comique*, I, 10.

L'idolâtrie tomba d'elle-même, sitôt qu'elle ne *fut* pas *appuyée par* la puissance publique.

FLEURY, *Discours sur l'Histoire ecclésiastique*, II, § 1.

Rien n'est moins selon Dieu et selon le monde que d'*appuyer* tout ce que l'on dit dans la conversation, jusques aux choses les plus insignifiantes, *par* de longs et fastidieux serments.

LA BRUYÈRE, *Caractères*, c. 5.

Le même abus *était* aussi *appuyé* en Allemagne, en Italie et en Espagne *par* des formes regardées comme essentielles.

VOLTAIRE, *Essai sur les mœurs* : Usages des xv° et xvi° siècles, c. 121.

Le marquis de Bonac, ambassadeur de France à Constantinople, *appuya* habilement *par* ses représentations les menaces des Allemands.

LE MÊME, *Histoire de Pierre le Grand*, II° part., c. 16.

Et, sans connoître ici de lois que son courage,
Il venoit *par* la force *appuyer* son partage.

J. RACINE, *Mithridate*, II, 3.

De la préposition *de* :

Si le royaume est pauvre, il sera mesprisé, et si on le mesprise, plus machinera-t-on à l'encontre. Ce qui doit convier les grands à le bien *appuyer de* conseil et *de* force.

LA NOUE, *Discours politiques et militaires*, XIII.

Le roi fait si bien *appuyer* ses projets *de* tous les secours humains, qu'il peut toujours s'assurer sans miracle de l'exécution.

BUSSY-RABUTIN, *Lettres*; au marquis de Termes, 29 octobre 1688.

La coutume a sur les hommes une force qui n'a nullement besoin d'*être appuyée de* la raison.

FONTENELLE, *Histoire des Oracles*, Ire dissertation, c. 7.

Un pasteur ne manque jamais d'*être* goûté par le peuple, quand il met de l'ordre dans ses discours, qu'il dit des choses solides et touchantes, qu'il les *appuie de* passages tirés de l'Écriture.

ROLLIN, *Traité des Études*, liv. V, c. 2, art. 1.

Dans son Cicéron... il n'y a pas une note de lui, mais toutes sont des meilleurs commentateurs, et chacune *est appuyée d'*un nom illustre.

D'ALEMBERT, *Éloge de d'Olivet.*

Vous faites très sagement d'*appuyer* votre philosophie *de* deux cents écus de rente de plus.

VOLTAIRE, *Lettres*, 14 décembre 1758.

Cependant aucun d'eux à vos yeux ne se montre
Qu'on ne vous voye, en hâte, aller à sa rencontre,
Lui présenter la main, et, d'un baiser flatteur,
Appuyer le serment d'être son serviteur.

MOLIÈRE, *le Misanthrope*, II, 5.

Tu n'as de fils qu'Octave, et nulle adoption
N'a d'un autre César *appuyé* ta maison.

VOLTAIRE, *la Mort de César*, I, 1.

De la préposition *sur* :

Vous n'*appuyez* votre bonheur que *sur* le mensonge.

PASCAL, *Provinciales*, XVII.

Fortifiez mon âme, ô Seigneur, d'une sainte et salutaire
confiance, par laquelle me défiant des plaisirs, me défiant
des honneurs de la terre, me défiant de moi-même, je n'*appuie* mon cœur que *sur* votre miséricorde.

BOSSUET, *Sermons* : Sur la Bonté et la Rigueur de Dieu
à l'égard des pécheurs.

C'eût été affoiblir et évacuer, comme dit saint Paul, la
vertu miraculeuse de la Croix que d'*appuyer* la prédication
de l'Évangile *sur* les secours de la nature.

FÉNELON, *Dialogues sur l'Éloquence*, III.

Un père est toujours père, et *sur* cette assurance
J'ose *appuyer* encore un reste d'espérance.

P. CORNEILLE, *Polyeucte*, V, 3.

De la préposition *en*, régissant un nom :

Nos forces et fermeté ne sont autre chose que de subsister et estre *appuyez en* Dieu.

CALVIN, *Institution chrestienne*, liv. I, c. 1, § 1.

De la préposition *en*, régissant un participe présent :

Hippolyte est heureux qu'aux dépens de vos jours,
Vous-même *en* expirant *appuyiez* ses discours.

J. RACINE, *Phèdre*, III, 3.

APPUYER, soit au propre, soit au figuré, peut de
même se construire avec certains adverbes comme
où et *là* :

Ceux-cy ne portoient pas leur coup en vain, ny ne rouloient pas leurs pierres à l'aventure, mais couroient *où* ils
sentoient battre le mur et *appuyer* les échelles.

PERROT D'ABLANCOURT, trad. de Tacite, *Histoires*, IV, 4.

Dans ces manières de parler, APPUYER peut avoir
à la fois pour sujets et pour régimes des noms de
chose. On dit qu'une chose en *appuie* une autre :

Ce livre n'avoit point d'endroit foible, point de partie

inutile, point de répétition qui ne fît effet, qui n'*appuyât*
la chose établie, qui ne prouvât ou n'achevât de prouver.

BALZAC, *Socrate chrétien*, Avant-propos.

Il a été affermi dans son pouvoir par une force étrangère et qui n'étoit pas de lui, une force qui *appuie* la
foiblesse.

LE MÊME, même ouvrage, Discours VIII.

Chaque vérité est mise en sa place par rapport au tout :
elle prépare, elle amène, elle *appuie* une autre vérité, qui
a besoin de son secours.

FÉNELON, *Lettre à l'Académie*.

Et son trouble *appuyant* la foi de vos discours.

J. RACINE, *Esther*, III, 6.

Un bruit que j'ai pourtant soupçonné de mensonge
Appuyant les avis qu'elle a reçus en songe.

LE MÊME, *Athalie*, III, 4.

Il en est de même dans des phrases telles que
les suivantes où APPUYER est, de plus, construit
avec des prépositions comme *de* et *sur*;

Avec la préposition *de* :

Sans doute que le mariage du dauphin avec la jeune
reyne d'Escosse affermit la puissance de sa maison (du
duc de Guise) pour ce qu'il l'*appuya du* throne et lui donna
l'advantage d'avoir pour neveu l'héritier de la couronne.

MÉZERAY, *Histoire de France* : Henri II.

Et l'orgueil, *d'*un faux titre *appuyant* sa foiblesse,
Maîtrisa les humains sous le nom de noblesse.

BOILEAU, *Satires*, V.

Avec la préposition *sur* :

Il y a... grande différence entre les résolutions qui procèdent de quelque fausse opinion et celles qui ne *sont
appuyées* que *sur* la connoissance de la vérité.

DESCARTES, *les Passions de l'âme*, part. I, art. 49.

Ils ne peuvent goûter les sentiments raisonnables lorsqu'ils *sont appuyés sur* des principes nouveaux.

MALEBRANCHE, *Recherche de la vérité*, liv. II, IIᵉ part., c. 1.

Quintilien ne manque pas de faire remarquer que l'opinion qu'il soutient (de la supériorité des écoles publiques
sur les écoles particulières) *est appuyée sur* un usage presque universel.

ROLLIN, *Traité des Études*, liv. VIII, Avant-propos, art. 2.

Dieu gard le cueur *sus* qui sont *appuyez*
Tous mes desirs.

CL. MAROT, *Épigrammes*, III, 52.

Tout estoit juste alors; la vieillesse et l'enfance
En vain *sur* leur foiblesse *appuyant* leur défense.

J. RACINE, *Andromaque*, I, 2.

En termes de Chasse, *appuyer les chiens* signifie Les animer du cor et de la voix.

APPUYER, comme tous les verbes actifs, peut être employé absolument, par ellipse de son régime :

Personne à la cour ne veut entamer ; on s'offre d'*appuyer* parce que, jugeant des autres par soi-même, on espère que nul n'entamera et qu'on sera ainsi dispensé d'*appuyer*.

LA BRUYÈRE, *Caractères*, c. 8.

APPUYER s'emploie avec le pronom personnel et signifie, Se servir de quelque chose pour appui, pour soutien, s'aider de quelque chose ou de quelqu'un. Il se construit, comme APPUYER, avec les prépositions *de, sur, à ;* on dit,

S'appuyer de :

En marchant il *s'appuyoit de* sa béquille.

CHAPELLE et BACHAUMONT, *Voyages.*

... Il est courbé, et sa main touche encore à la pierre *dont il s'est appuyé* pour se relever.

DIDEROT, *Salon de 1765* : Carles Vanloo.

Si come il pot aler, d'un baston *s'apoua.*

Doon de Maience, v. 1423.

Et *s'appuyant d'*un baston espineux.

RONSARD, *la Franciade,* III.

S'appuyer contre :

S'étant appuyé contre un arbre, il expira.

VAUGELAS, trad. de Quinte-Curce, VIII, 2.

S'appuyer sur ou *dessus :*

Saül *sur* sa lance *s'apuiout.*

Les quatre Livres des Rois, II, 1, 6.

Huict jours après le massacre il vint une grande multitude de corbeaux *s'appuier sur* le pavillon du Louvre.

AGR. D'AUBIGNÉ, *Histoire universelle,* t. II, liv. I, c. 5.

Contrainte de *s'appuyer sur* les nymphes qui l'environnoient.

FÉNELON, *Télémaque.*

Il *s'appuyoit d'*une main *sur* un bâton et de l'autre il tenoit un rosaire à gros grains.

LE SAGE, *Gil Blas,* IV, 9.

Venez, Marianne, *appuyez*-vous *sur* moi ; je vous mènerai jusque-là.

MARIVAUX, *la Vie de Marianne,* III° part.

Il portait au côté une longue épée qui lui avait servi à la bataille de Narva et *sur* le pommeau de laquelle il *s'appuyait* souvent.

VOLTAIRE, *Histoire de Charles XII,* liv. III.

Sor l'ante de l'espié *s'est* li bers *apuiez.*

Floovant, v. 2391.

Quelquefois avec un nom de chose pour sujet :

Jusqu'alors les éléments de l'air et de l'eau... ne pouvoient se séparer ni *s'appuyer sur* la surface brûlante de la terre.

BUFFON, *Époques de la nature,* I.

S'appuyer à :

En ce point que je estoie illec, le roi *se* vint *apuier à* mes espaules et me tint ses deux mains sur la teste.

JOINVILLE, *Histoire de saint Louis.*

Icellui Bourgoing.... se assist emmi le chemin en *soy espuiant* du costé à terre.

Titre de 1381. (Voyez DU CANGE, *Glossaire,* Apodiare.)

Le suppliant cuida tumber à terre et lui convint *soy espuyer* d'un genoil et d'une main à terre.

Titre de 1480. (*Ibidem.*)

Si monta à cheval et aucuns chevaliers de son hostel, et chevaucha jusques aux murs de la cité et trouva Jean de Norvich qui *s'appuyoit aux* créneaux.

FROISSART, *Chroniques,* liv. I, Ire part., c. 255.

Le comte de Flandres et le duc de Bretagne *s'appuyoient* tous deux *à* une fenêtre sous les jardins.

LE MÊME, même ouvrage, liv. II, c. 45.

Quant l'oït Guenes l'espée en a brandie
Vait *s'appuier* suz le pin *à* la tige.

Chanson de Roland, v. 499

Aumanguins *s'apoia à* son bordon ferré.

Parise la duchesse, p. 24.

S'appuyer à, est resté d'usage dans cette manière de parler où il a pour sujet un nom de chose : *La droite, la gauche de l'armée s'appuyait à un bois, à un marais,* etc.

S'appuyer a un sens très voisin du sens propre dans des phrases figurées telles que la suivante :

Il s'informoit principalement *sur* quels fondements la grandeur et la puissance *s'appuyoit* en Perse.

DU RYER, trad. du *Supplément de Freinshemius sur Quinte-Curce,* liv. I, c. 2, p. 22.

On dit, figurément, *s'appuyer sur un roseau,* Mettre son espérance en une personne qui n'a aucun pouvoir, en une chose qui ne peut être d'aucun secours. Le passage suivant, de date très ancienne, fait remonter à l'origine de cette expression figurée :

As-tu espérance en cez de Égypte ki sunt cume bastuns de rosel pescéed *sur* qui si l'um *se apuied*, tost falsed e dépiesced.

> Les quatre Livres des Rois, IV, xviii, 21.

S'appuyer sur quelqu'un est une expression figurée de grand usage :

Ne *vous appuyez* point *sur* vous-mesmes, mais mettez vostre espérance en Dieu.

> Mich. de Marillac, Trad. de l'*Imitation de Jésus-Christ.* (Édit. de M. de Sacy, p. 20.)

Ces gens-là ne *s'appuient* que *sur* vous.

> Voltaire, *Histoire de Pierre le Grand*, IIe part., c. 10.

Sur qui dans son malheur voulez-vous qu'il *s'appuie?*

> J. Racine, *Phèdre*, I, 5.

On dit même fréquemment, au figuré, *s'appuyer sur quelque chose :*

Les fols, dit-il, *s'appuyent sur* leur abondance, et s'enorgueillissent pour leurs grandes richesses.

> Calvin, *Institution chrestienne*, liv. II, c. 10, § 17.

Je *m'appuye sur* mon innocence.

> Henri IV, *Lettres;* 9 février 1585.

Il est étrange comment les hommes peuvent *s'appuyer sur* leur vie comme sur quelque chose de solide.

> Nicole, *Essais de morale.*

Nous ne devons point *nous appuyer sur* le témoignage de notre vue pour juger de la vérité des choses en elles-mêmes.

> Malebranche, *Recherche de la vérité*, liv. I, c. 6.

... Tous ceulx qui le plus fort *s'appuyent*
Sur leurs plaisirs, de leurs plaisirs s'ennuyent.

> Cl. Marot, *Élégies*, I, 19.

Et *sur* quelle parole ose-t-on *s'appuyer*.

> Boursault, *Ésope à la cour*, I, 3.

On dit de même, au figuré, *s'appuyer de quelqu'un*, et, plus ordinairement, *de quelque chose.* *S'appuyer de quelqu'un :*

Gonzague, coulpable de la mort de Louys Farnaise, *s'appuia de* l'empereur.

> Agr. d'Aubigné, *Histoire universelle*, t. I, liv. I, c. 2.

III.

Cependant, cher Osmin, pour *s'appuyer de* moi,
L'un et l'autre ont promis Atalide à ma foi.

> J. Racine, *Bajazet,* I, 1.

A cette manière de parler, appartiennent des passages tels que le suivant où le régime de la préposition *de* désigne une puissance personnifiée :

Il faudroit trouver moyen de faire parler à l'oreille à l'archiduc pour sçavoir s'il voudroit *s'appuyer de* la France pour achever et assurer la paix commencée avec les Estats.

> Villeroy, *Lettre* du 13 juin 1607. (Voir *Négociations de M. Jeannin*, p. 69.)

S'appuyer de quelque chose :

On produisit de part et d'autre les passages de l'Écriture *dont* on prétendoit *s'appuyer*.

> Bossuet, *Histoire des Variations des églises protestantes*, liv. XI, nº 77.

Les hérétiques et les schismatiques... *s'appuyoient du* bras de la chair.

> Fleury, *Discours sur l'Histoire ecclésiastique*, II, § 9.

Il prit l'épée, et, pour *s'appuyer d'*une bonne alliance, il épousa mademoiselle de La Hillière de Touraine.

> Tallemant des Réaux, *Historiettes :* D'Amboise père et fils.

Quoique l'abbé Abeille... pût se flatter d'avoir des protecteurs puissants, il eut toujours la sagesse ou le courage de ne point *s'appuyer de* leurs secours.

> D'Alembert, *Éloge d'Abeille.*

On trouve encore, au figuré, *s'appuyer en, s'appuyer à, s'appuyer avec, s'appuyer par :*

En cui il *se* peussent *apoyer* dou fait de la cité.

> *Recueil des historiens des croisades :* Historiens occidentaux, t. II, p. 68.

S'apuyer au conseil des anciens.

> Rob. Estienne, *Dictionnaire françois-latin.*

Les Espagnols cherchent tousjours de *s'appuyer avec* leurs mensonges.

> Cardinal d'Ossat, *Lettres;* I, 31.

... L'Europe, où tant de princes... cherchent à *s'appuyer par* des traités nouveaux de confédération et d'alliance...

> *Traité entre Louis XIV et Charles II*, 16-26 février 1676. (Voyez Mignet, *Négociations relatives à la succession d'Espagne*, t. IV, p. 383.)

S'appuyer à droit, s'appuyer à jugement ou *en jugement* étaient des termes usités dans l'ancienne langue du Palais, pour Établir, soutenir en droit,

APP

en justice quelque question, quelque demande :

Et puis *s'apoierent à droit* sur ce que cascune partie avoit proposé.
BEAUMANOIR, *Coutumes du Beauvoisis*, LXI, 63.

S'appuyer contre :

Pour *s'appuyer contre* Galérius, il (Maximien) donne à Constantin sa fille Fauste.
BOSSUET, *Discours sur l'Histoire universelle*, I, 10.

Dans ces manières de parler figurées, comme dans les précédentes, le sujet de *s'appuyer* est quelquefois un nom de chose :

Molé montra de l'héroïsme dans une condition qui ne *s'appuie* ordinairement que *sur* d'autres vertus.
MONTESQUIEU, *Pensées diverses.*

Et si nos conjectures... *s'appuient sur* des idées universelles, que leur manque-t-il ?
J. DE MAISTRE, *Considérations sur la France*, c. 3.

Comme APPUYER, *s'appuyer* se construit avec les adverbes *y* et *où;*
Avec l'adverbe *y :*

Souvent nous n'avons pas la science, mais seulement une opinion qui, encore qu'elle penche d'un certain côté, n'ose pas *s'y appuyer* tout à fait et n'est jamais sans quelque crainte.
BOSSUET, *De la Connoissance de Dieu et de soi-même*, c. 1, art. 14.

Je croirai vo conseil, bien m'i veil *apoier.*
Chronique de Bertrand du Guesclin, v. 9832.

Avec l'adverbe *où :*

... Charmé lui-même (le cardinal de Noailles) de son élève (le fils de Mme de Soubise) et le roi plus content encore d'avoir tant *où s'appuyer* pour travestir en justice les inclinations et les penchants de son cœur.
SAINT-SIMON, *Mémoires*, 1713.

Mordret s'enfuit toute la nuit,
Quérant rechef *où* il *s'apuit.*
Roman de Brut, ms. f° 109, r° col. 2. (Cité par Sainte-Palaye.)

S'APPUYER est encore un verbe réciproque :

Ainsi les deux puissances, la spirituelle et la temporelle, s'aidoient et *s'appuyoient* mutuellement.
FLEURY, *Discours sur l'Histoire ecclésiastique*, VII, § 4.

S'APPUYER est quelquefois employé absolument;
Au propre :

Quand il l'eut grand pièce regardée, il alla à une fenêtre pour *s'appuyer* et commença fortement à penser.
FROISSART, *Chroniques*, liv. I, Ire part., c. 165.

Je les voyois tantôt se baisser, *s'appuyer*, se redresser, puis sourire, puis saluer à droite et à gauche, moins par politesse ou par devoir que pour varier les airs de bonne mine et d'importance et se montrer sous différents aspects.
MARIVAUX, *la Vie de Marianne*, IIe part.

Au figuré :

Aprez Clovis, on ajouta à la cérémonie de les élever sur le pavois celle de les mettre sur le trône ou siège royal qui n'avoit ni bras ni dossier, car il faut qu'un roi *s'appuye* et se soutienne de lui-même.
MÉZERAY, *Histoire de France :* Clotaire.

Les partisans du connestable disoient que les princes lorrains, pour *s'appuyer* dans la France, où ils s'estoient introduits par leurs souplesses, avoient contracté intelligence avec l'Espagnol.
LE MÊME, même ouvrage : Henri II.

APPUYER est souvent verbe neutre et signifie Poser, être posé, soutenu :

Les murs *sur* lesquels le plancher *appuie*. Une voûte qui *appuie sur* des colonnes, *sur* des piliers.
Dictionnaire de l'Académie, 1762.

Il signifie aussi Peser sur quelque chose :

Appuyez davantage *sur* le cachet, *sur* le burin. Cela n'est pas bien marqué, on n'a pas assez *appuyé*. Il ne faut pas *appuyer* pour bien écrire.
Dictionnaire de l'Académie, 1694.

En se baissant le diaphragme *appuie sur* les intestins et les presse.
BOSSUET, *De la Connoissance de Dieu et de soi-même*, c. 2, art. 4.

Sur un mince cristal l'hiver conduit leurs pas,
Le précipice est sous la glace;
Telle est de vos plaisirs la trompeuse surface,
Glissez, mortels, n'*appuyez* pas.
ROY, *vers au bas d'une gravure représentant des patineurs.*

En termes de Manège, *Le cheval appuie sur le mors*, Il porte la tête basse et fatigue le cavalier.
Appuyer sur la droite, sur la gauche, ou *appuyer à droite, à gauche*, Se porter vers la droite, vers la gauche. Cela se dit surtout en parlant de plusieurs personnes rangées sur la même ligne, les unes à côté des autres. *Appuyer un peu à droite.*

En musique, *Appuyer sur une note,* Y demeurer plus ou moins longtemps.

Appuyer sur un mot, sur une syllabe, Les prononcer avec une élévation de voix plus ou moins sensible :

> La prononciation doit être claire... Le défaut le plus ordinaire et qu'on doit éviter avec le plus de soin, c'est de ne pas assez *appuyer sur* les dernières syllabes.
>
> ROLLIN, *Traité des Études,* liv. VIII. IIe part., c. 2, art. 2.

APPUYER, neutre, signifie encore figurément, Insister;

Soit construit avec la préposition *sur :*

> Je vous assure que j'ay une raison fondamentale de ne bouger d'icy, *sur* laquelle je n'ose *appuyer.*
>
> VOITURE, *Lettres;* à Mme la Princesse, 5 août 1639.

> Nous ne songeons plus qu'il y ait eu un comte de Guiche; vous vous moquez avec vos longues douleurs; nous n'aurions jamais fait ici si nous voulions *appuyer* autant *sur* chaque nouvelle.
>
> Mme DE SÉVIGNÉ, *Lettres;* à Mme de Grignan, 28 décembre 1673.

> Je n'ose *appuyer sur* les arrangements qui me plaisent, de peur que la providence ne soit pas du même avis.
>
> LA MÊME, même ouvrage, 7 octobre 1687.

> Je ne vous le dis qu'en passant et je n'*appuie* point *là dessus.*
>
> MARIVAUX, *la Vie de Marianne,* VIe part.

> Quand vous verrez mon père, *appuyez* fortement *sur* les perfections de mon premier amant.
>
> BOURSAULT, *Ésope à la ville,* I, 4.

Soit dit absolument :

> En général, si la description est peu importante, touchez légèrement; si elle est essentielle, *appuyez* davantage.
>
> MARMONTEL, *Éléments de littérature :* Description.

APPUYÉ, ÉE, participe.

> Le planter de toutes sortes de vignes *appuyées* ne diffère en rien de celuy des basses.
>
> OLIVIER DE SERRES, *Théâtre d'agriculture,* IIIe lieu, c. 4.

> Il se trouva que les corps des morts n'avoient pas assez d'espace pour estre étendus et demeuroient debout, *appuyez,* comme s'ils eussent été vivants.
>
> MÉZERAY, *Histoire de France :* Clotaire II.

> C'en sera assez pour qu'il sente que les chairs sur les os et les chairs non *appuyées* ne se dessinent pas de la même manière.
>
> DIDEROT, *Salon de 1765 :* Essai sur la peinture.

Il se prend adjectivement au sens de Fortement marqué :

> L'Écrivain sacré eût passé de la création de la matière en général à la production de ses formes particulières et n'auroit pas fait un repos *appuyé,* une pause marquée entre le premier et le second des ouvrages de Dieu.
>
> BUFFON, *Époques de la nature.*

> Me prenant à part, il me dit ces mots d'un ton grave et d'un accent un peu *appuyé.*
>
> J.-J. ROUSSEAU, *Émile.*

Dans le passage suivant, il a le sens de Accompagné, fortifié de preuves :

> Toutes ses réflexions sont justes, profondes et fines; ses raisonnements forts et pressans, bien déduits, clairement exposés, prouvés, *appuyés.*
>
> VOLTAIRE, *Lettres;* 18 juin 1759.

Il s'emploie, tant au propre qu'au figuré, avec diverses prépositions ;

Appuyé à :

> Une grosse perche *appuyée à* deux arbres.
>
> RABELAIS, *Gargantua,* I, 23.

Appuyé de :

> *Appuyé* seulement (Pierre de Médicis) *des* thrésors de son père et *de* ses propres flatteurs.
>
> MÉZERAY, *Histoire de France :* Charles VIII.

> Ainsi la haine contre le ministre, *appuyée de* l'amour du bien public, menaçait la cour d'une révolution.
>
> VOLTAIRE, *Siècle de Louis XIV,* c. 4.

> Quel est ce prince, *appuyé d'*une hache,
> Qui tout son chef ombrage d'un panache ?
>
> RONSARD, *la Franciade,* IV.

> ... Le fils d'Enobarbus
> *Appuyé de* Sénèque et *du* tribun Burrhus.
>
> J. RACINE, *Britannicus,* III, 3.

> Après mille serments *appuyés de* mes larmes.
>
> LE MÊME, *Bérénice,* II, 2.

Appuyé par :

> *Appuyés* en secret *par* des sénateurs mêmes.
>
> DE LA FOSSE, *Manlius,* III, 5.

Appuyé sur :

Or, imitant ces deux lumières de poësie, fondé et *appuyé* *sur* nos vieilles annales, j'ay basty ma Franciade sans me soucier si cela est vray ou non.

> RONSARD, Préface de la *Franciade.*

... M. de Bouillon, qui entra *appuyé*, à cause de sa goutte, *sur* deux gentilshommes.

> CARDINAL DE RETZ, *Mémoires*, liv. II.

Leurs vignes *sont* deçà delà parmy les rochers, *appuyées* *sur* des arbres.

> THÉVENOT, *Voyage du Levant*, c. 60.

Nous aperçûmes le vieux podagre enfoncé dans un fauteuil, un oreiller sous la tête, des coussins sous les bras, et les jambes *appuyées sur* un gros carreau plein de duvet.

> LE SAGE, *Gil Blas*, II, 1.

La première chose qui frappa mes yeux, ce fut la citadelle éclairée du soleil levant ; elle étoit juste en face de moi, de l'autre côté de la plaine, et sembloit *appuyée sur* le mont Hymette, qui faisoit le fond du tableau.

> CHATEAUBRIAND, *Itinéraire de Paris à Jérusalem :* Voyage en Grèce.

Appuyé d'une main *sur* son urne penchante.

> BOILEAU, *Épîtres,* IV.

Sur son jugement seul un grand homme *appuyé* A l'univers séduit oppose son estime.

> VOLTAIRE, *Tancrède*, IV, 5.

Le pauvre paysan, *sur* sa bêche *appuyé*, Peut se croire un moment seigneur de son village.

> COLLIN D'HARLEVILLE, *les Châteaux en Espagne*, III, 7.

APPUYÉ est une forme d'assentiment en usage dans les assemblées lorsqu'on adhère à quelque proposition.

APPUI, s. m.

On l'a écrit encore APPUY, APPOI, APPUYE, APPOYÉE ; on a dit APPUYAL, APPOIAL, APPUAIL, APPUYELLE, AP-PUIELLE. Voyez le *Glossaire* de Sainte-Palaye.

APPUI, c'est au propre Ce qui sert à appuyer, à s'appuyer, à soutenir, à supporter, Un soutien, un support :

Aucuns jardiniers les sement (les pois hyvernaux) trois à trois ensemble joints; esloigné tel assemblage de quatre doigts l'un de l'autre. Cela se faict pour l'espargne des *appuis* supportant la rameure des pois.

> OLIVIER DE SERRES, *Théâtre d'agriculture*, I, VI° lieu, c. 6.

Comme une colonne dont la masse solide paroît le plus ferme *appui* d'un temple ruineux...

> BOSSUET, *Oraison funèbre de la reine d'Angleterre.*

Le propre des os est de tenir le corps en état et de lui servir d'*appui*. Ils font dans l'architecture du corps humain ce que font les pièces de bois dans un bâtiment de charpente.

> LE MÊME, *De la Connoissance de Dieu et de soi-même*, c. 2, art. 7.

Les deux mains doivent tomber négligemment sur la chaire et jamais en dedans, ou tout le long de la personne si on parle debout et sans *appui*.

> ROLLIN, *Traité des Études*, liv. VIII, II° part., c. 2, art. 2.

A l'ombre de ton nom ils trouvent leur asile, Comme on voit dans les champs un arbrisseau débile, Qui, sans l'heureux *appui* qui le tient attaché, Languiroit tristement sur la terre couché.

> BOILEAU, *Discours au Roi.*

On dit *Mettre un appui, des appuis à* un mur, *donner un appui à* un arbre, etc.

L'*appui d'*une fenêtre, *d'*une balustrade, etc., se disent de la partie d'une fenêtre, d'une balustrade, etc., sur laquelle on peut s'appuyer ;

Le dict contre-mur est orné d'une petite corniche ou moulure, ainsi qu'on faict les *appuis* ou garde fols des galeries.

> PHILIBERT DE L'ORME, *Architecture*, IX, 11.

A hauteur d'appui se dit en parlant De ce qui est élevé jusqu'à la hauteur ordinaire du coude, et autant qu'il faut pour qu'on puisse s'appuyer dessus :

On trouve dans leurs chroniques (des Arméniens) qu'environ trois cens ans après la venue de Jésus-Christ on commença à la bastir (une église) et que les murailles estant desja *à hauteur d'appui*, le diable venoit défaire la nuit ce qu'on avoit fait le jour.

> TAVERNIER, *Voyages de Perse*, I, 3.

Pour mon labyrinthe, il est net, il a du tapis vert, et les palissades sont *à hauteur d'appui*.

> Mme DE SÉVIGNÉ, *Lettres*; à Mme de Grignan, 26 juillet 1671.

Cette expression, *à hauteur d'appui*, est employée figurément dans le passage suivant :

Vous êtes bonne encore quand vous dites que vous avez peur des beaux esprits ; hélas ! si vous saviez qu'ils sont petits de près et combien ils sont quelquefois empêchés de leurs personnes, vous les remettriez bientôt à *hauteur d'appui*.

Mme DE SÉVIGNÉ, *Lettres;* à Mme de Grignan, 13 janvier 1672.

Mur d'appui, pilier d'appui, tablette d'appui, etc., sont des expressions usitées :

On montoit sur les toits dans les grandes alarmes; tout cela fait voir la raison de la loy, qui ordonnoit de faire tout autour des toits un *mur d'apuy* de peur que quelqu'un ne se tuât en tombant.

FLEURY, *Mœurs des Israélites*, XI.

Les bras ne lui sont pas donnés (à l'homme) pour servir de *piliers d'appui* à la masse de son corps.

BUFFON, *Histoire naturelle :* L'Homme.

En mécanique, *Le point d'appui* d'un levier, ou simplement *l'appui*, se dit du point du levier qui est fixe, ou censé tel, et autour duquel s'opère sa rotation :

Le paysan le plus ignorant sait partout remuer les plus gros fardeaux par le secours du levier, sans se douter que la puissance faisant équilibre est au poids comme la distance *du point d'appui* à ce poids est à la distance de ce même *point d'appui* à la puissance.

VOLTAIRE, *Essai sur les mœurs*.

Il a été fait, de cette expression, un emploi figuré dans des passages tels que les suivants :

Ils (les vers blancs) n'ont pas non plus l'avantage de donner à la mémoire, dans l'unisson des désinences, des *points d'appui* et comme des signaux qui l'empêchent de s'égarer.

MARMONTEL, *Éléments de littérature :* Vers blancs.

Mon imagination, fatiguée à inventer, vouloit quelque lieu réel qui pût lui servir de *point d'appui* et me faire illusion sur la réalité des habitants que j'y voulois mettre.

J.-J. ROUSSEAU, *Confessions*, II, IX.

La première chose qu'il y auroit à faire sur cette singulière accusation (de corruption), ne seroit-ce pas d'examiner la pièce qui lui sert de *point d'appui?*

BEAUMARCHAIS, *Mémoires*.

APPUI signifie figurément Aide, secours, protection, faveur, etc. :

Le plus certain est de bien mesnager ce qu'on a dans la patrie, pour en faire un *apui;* et puis esperer du dehors ce qu'on en pourra tirer.

LA NOUE, *Discours politiques et militaires*, XI.

Il est étrange à combien de choses l'âme s'attache, et combien il lui faut de petits *appuis* pour la tenir en repos.

NICOLLE, *Essais de Morale :* Traité de la foiblesse de l'homme, c. 12.

La persuasion de son inconstance (la fortune) fait qu'on se donne tout à fait à elle pour trouver des *appuis* contre elle-même.

BOSSUET, *Sermons :* Contre l'Ambition.

On oublia bientôt les maximes que Luther avoit données pour fondement à sa réforme, de ne chercher aucun *appui* dans les armes.

LE MÊME, *Histoire des Variations des églises protestantes*, liv. II, n° 44.

A l'égard de Fabroni, la mince fortune où il est né, celle qu'il a faite, l'*appui* déclaré qu'il a trouvé chez les jésuites dans tous les temps de sa vie... ont pu faire croire qu'il ne leur étoit pas vendu pour rien.

SAINT-SIMON, *Mémoires*, 1713.

On diroit que ces princes (Vespasien et Titus) affectoient de rappeler le souvenir de leur ancien état, tant la grandeur de leur mérite personnel dédaignoit tout *appui* étranger!

ROLLIN, *Traité des Études*, liv. VI, Ire part., § 6.

Il étoit naturel qu'elle prit en affection un jeune homme de quelque espérance, qu'elle avoit incessamment sous les yeux, et qu'elle songeât, se sentant mourir, qu'après elle il auroit besoin de secours et d'*appui*.

J.-J. ROUSSEAU, *les Confessions*, I, 2.

Ainsi, je n'oserois vous promettre pour lui,
Sur un crédit si frêle un bien solide *appui*.

PIRON, *la Métromanie*, IV, 4.

Sans appui est une expression de grand usage :

Il n'est pas vraisemblable qu'étant seul comme je suis, sans force et *sans aucun appui* humain contre un si grand corps, et n'étant soutenu que par la vérité et la sincérité, je me sois exposé à tout perdre, en m'exposant à être convaincu d'imposture.

PASCAL, *Provinciales*, XII.

Un noble, s'il vit chez lui dans sa province, il vit libre, mais *sans appui;* s'il vit à la cour, il est protégé, mais il est esclave, cela se compense.

LA BRUYÈRE, *Caractères*, c. 8.

Me voici dans Paris, seul, étranger, *sans appui*, sans amis, sans parents.

J.-J. ROUSSEAU, *Lettres*, 1771.

Mon travail *sans appui* monte sur le théâtre.

P. CORNEILLE, *Excuse à Ariste*.

APPUI se construit diversement avec la prépo-

sition *de,* dont le régime fait connaître soit ce qui
est appuyé, soit ce qui appuie.

Ce qui est appuyé.

L'appui d'une personne, son appui :

Il se voit peu de personnages en ces républiques-là, qui
se soient poussez en grand crédit sans le secours de l'éloquence. Pompeius, Cesar, Crassus, Lucullus, Lentulus ont
pris de là *leur grand appuy* à se monter à cette grandeur
d'autorité, où ils sont enfin arrivez.

MONTAIGNE, *Essais,* I, 51.

Mettre son appui en quelque personne, ou *en*
quelque chose :

Il n'y a rien sur la terre *où* nous mettions *notre appui,*
qui non seulement ne puisse manquer, mais encore nous
être tourné en une amertume infinie.

BOSSUET, *Sermons :* Sur l'Amour des plaisirs.

Mettre son appui sur quelque chose :

Sur quel roseau fragile a-t-il mis *son appui?*

J. RACINE, *Esther,* II, 1.

Un roi sage, ainsi Dieu l'a prononcé lui-même,
Sur la richesse et l'or ne met point *son appui.*

LE MÊME, *Athalie,* IV, 2.

Ce qui appuie soit une personne, soit une
chose.

L'appui d'une personne, son appui :

Je n'ai que *votre appui,* Madame.

MARIVAUX, *les Fausses Confidences,* II, 13.

Et qui s'honoreroit de *l'appui* d'Agrippine?

J. RACINE, *Britannicus,* I, 2.

C'est *son appui* qu'on cherche, en cherchant *votre appui.*

LE MÊME, même ouvrage, IV, 1.

L'appui d'une chose, son appui :

Elle (la tragédie) a besoin de *son appui* (de l'histoire)
pour les événements qu'elle traite.

P. CORNEILLE, *Épître dédicatoire de D. Sanche.*

Si les couvents étoient institués comme ils devroient
l'être, nous trouverions dans les mêmes lieux et *l'appui du*
ciel et l'assistance des hommes.

SAINT-ÉVREMONT, *De la Retraite.*

Et sans chercher *l'appui* d'une naissance illustre
Un héros de soi-même empruntoit tout son lustre.

BOILEAU, *Satires,* V.

A peine *de* deux mots lui prêtoit-il *l'appui.*

DESTOUCHES, *le Glorieux,* V, 1.

Mettre sous l'appui d'une personne, *d'une* chose
et autres expressions analogues, sont des manières
de parler, consacrées par l'usage, mais dans lesquelles le rapport du sens figuré *d'appui* avec
son sens propre s'est effacé, où ce mot équivaut
à Protection :

Sous un si haut *appui* nos rois humiliés·
N'ont été que sujets sous le nom d'alliés.

P. CORNEILLE, *Sertorius,* II, 1.

Sous quel *appui* tantôt mon cœur s'est-il jeté?

J. RACINE, *Mithridate,* II, 6.

Ah! je le prends déjà, seigneur, *sous mon appui.*

LE MÊME, *Athalie,* V, 2.

Et *sous l'appui des* lois mit la foible innocence.

BOILEAU, *Art poétique,* IV.

On dit absolument l'*appui :*

Car selon l'intérêt, le crédit ou *l'appuy,*
Le crime se condamne et s'absout aujourd'hui.

RÉGNIER, *Satires :* De la vie de la cour.

De là cette manière de parler très ordinaire,
*espérer, chercher, trouver, avoir, donner, prê-
ter,* etc., *de l'appui,* et autres expressions analogues :

S'ils eussent pensé nos advis estre divers, chacun *eust*
cherché de l'apuy pour faire suivre son opinion.

JEANNIN, *Lettre particulière ;* à M. de Villeroy, du 27 juin
1607. (Voyez *Négociations de M. Jeannin,* p. 90.)

Le César Sévère, que Galérius envoya contre Maxence,
le fit trembler dans Rome. Pour *se donner de l'appui* dans
sa frayeur, il rappela son père Maximien.

BOSSUET, *Discours sur l'Histoire universelle,* I, 10.

(Les) pièges... d'une très-vive jeunesse et de l'ambition
sont grands pour un homme qui *a de l'appui,* du talent
et des manières très-agréables.

FÉNELON, *Lettres spirituelles,* IX.

Les femmes ont besoin *d'appui* et rien ne les refroidit
comme la nécessité d'en *donner.*

Mᵐᵉ DE STAEL, *Corinne,* XIV, 18.

D'où peut-il désormais *espérer de l'appuy?*

RACAN, *les Bergeries,* III, 2.

Il en viendroit à bout s'il *avoit de l'appui.*

BOURSAULT, *les Mots à la mode,* sc. 14.

APPUI se dit également des personnes et des choses dont on tire de la protection, du secours ; Des personnes :

Vous... devés estre, selon votre office, les *appuis* de la tranquillité publique.

HENRI IV, *Lettres*; 1ᵉʳ jauvier 1586.

Se voyant donc si caduc, et considérant d'ailleurs qu'il n'avoit point d'enfans qui servissent d'*appuy* à sa vieillesse qu'on commençoit desja à mespriser, il se résolut de nommer un successeur à l'empire qui peust soutenir sa dignité branlante.

COEFFETEAU, *Histoire romaine*, X.

Si Dieu en élève quelques-uns, c'est pour être l'*appui* et la ressource des autres.

MASSILLON, *Petit Carême*, IVᵉ dimanche.

Moins ébloui de l'éclat de ses places qu'attentif à l'établissement durable de sa famille, il (Chamillart) songeoit à lui procurer de solides *appuis*.

SAINT-SIMON, *Mémoires*, 1706.

Tous les yeux étaient tournés sur Cicéron comme sur le plus fort *appui* et le plus ferme défenseur de la liberté.

ROLLIN, *Traité des Études*, liv. VI, IIIᵉ part., 4ᵉ morceau de l'Histoire romaine, c. 2, nᵒ 4.

Pierre était l'*appui* de tous les princes, comme Charles en avait été la terreur.

VOLTAIRE, *Histoire de Pierre le Grand*, IIᵉ part., c. 6.

Le chœur, chez Eschyle, ne se borne plus à chanter des cantiques ; il fait partie du tout ; il est l'*appui* du malheureux, le conseil des rois, l'effroi des tyrans, le confident de tous.

BARTHÉLEMY, *Voyage d'Anacharsis*, c. 8.

... En lui
Votre trône tombant trouveroit un *appui*.

P. CORNEILLE, *Rodogune*, II, 3.

Des choses :

La mort est le seul *appuy* de nostre liberté.

MONTAIGNE, *Essais*, I, 40.

Les villes qui sont comme les *apuis*, non seulement des armées, mais aussi des guerres, doyvent estre puissantes et abondantes.

LA NOUE, *Discours politiques et militaires*, XXVI.

Vostre bonne grâce est l'*appuy* de mon esprit, au choc des afflictions.

HENRI IV, *Lettres*; 8 mars 1588.

Perrin Fregose ne voulut plus se confier à l'inconstance des peuples et des brigues, *appuys* peu asseurez, s'ils ne sont soutenus par quelques autres forces.

MÉZERAY, *Histoire de France* : Charles VII.

Que peut-on, mes frères, espérer de vous, si vous quittez ce qui est la base et l'*appui* de toutes les espérances des hommes ?

BOURDALOUE, *Sermons pour les dimanches* : Sur la Prière.

C'étoit un homme (le maréchal de La Mothe) qui n'avoit d'*appui* que ses actions et l'éclat de son mérite.

SAINT-SIMON, *Mémoires*, 1709.

La justice, plus exactement rendue sous le règne d'Élisabeth que sous aucun de ses prédécesseurs, fut un des fermes *appuis* de son administration.

VOLTAIRE, *Essai sur les mœurs*, c. 168.

Tort ou raison, il me restera deux *appuis* avec lesquels je peux défier l'univers : l'amour, qui fait entreprendre, et la fierté, qui fait supporter.

DIDEROT, *le Père de famille*, II, 13.

Et toy tu as prez, fontaines et puytz,
Boys, champs, chasteaulx, routes et gros *appuys*.

CL. MAROT, *Épigrammes*, V, 17.

Si vous fûtes vaillant, je le suis aujourd'hui,
Et ce bras du royaume est le plus ferme *appui*.

P. CORNEILLE, *le Cid*, I, 3.

Sa mort me laissera pour ma protection
La splendeur de son ombre et l'éclat de son nom.
Sur ces deux grands *appuis* ma couronne affermie
Ne redoutera point de puissance ennemie.

LE MÊME, *Sertorius*, I, 1.

ǀAPPUI, en termes de Manège, signifie La sensation que fait éprouver à la main du cavalier l'action du mors sur les barres du cheval. *Ce cheval a l'appui bon. Il a l'appui lourd*, il pèse trop à la main. *Il n'a point d'appui*, il a la bouche trop sensible. *Appui de main*, sorte d'aide qu'on donne au cheval par la bride.

APPUI se dit aussi Du temps pendant lequel, dans la marche, le pied du cheval pose sur le sol, ce qu'on nomme autrement *Foulée*.

En Grammaire, *l'appui de la voix sur une syllabe*, L'élévation plus ou moins sensible de la voix sur une syllabe :

L'accent tonique marque *un appui de la voix sur la* voyelle qui le porte.

Dictionnaire de l'Académie, 1835.

A L'APPUI. Locution prépositive.
Pour appuyer,
A l'appui de :

Diderot, à *l'appui de* son scepticisme, cite Voltaire, qui se moque de Pascal.

La Harpe, Cours de littérature, liv. IV, c. 3, sect. 2.

Ou, absolument, *à l'appui.* Pièces *à l'appui.*

Au jeu de boule, *Aller à l'appui de la boule,* Jeter sa boule de manière qu'elle pousse celle du joueur avec qui l'on est de moitié et qu'elle l'approche du but.

Il signifie aussi, figurément et familièrement, Seconder celui qui a commencé dans quelque affaire que ce soit, appuyer une proposition qui a été faite, un avis qui a été ouvert :

Faites la proposition, j'irai à *l'appui de la boule.*

Dictionnaire de l'Académie, 1762.

APPUI-MAIN, s. m.

Espèce de baguette dont les peintres se servent pour appuyer la main qui tient le pinceau.

ÂPRE, adj. des deux genres (du latin *asper*).

On l'a longtemps écrit *aspre.* Voyez entre autres, avec les exemples ci-après, les éditions du *Dictionnaire de l'Académie* de 1694 et de 1717.

Il signifie, au propre, Qui a des aspérités, des inégalités dures et incommodes :

Le fons est de roc très-*aspre* et très-dur.

Commines, Mémoires, II, 11.

Le meilleur moillon est celuy qui est le plus dur, plus pesant, plus *aspre,* et se rencontre plus plat, et de hauteur raisonnable.

Philibert de l'Orme, Architecture, I, 14.

C'est une épithète de grand usage en parlant de Rochers escarpés, de montagnes d'un pénible accès, de chemins difficiles :

Montaignes tres haultes et tres *aspres* à l'entour.

Commines, Mémoires, VIII, 5.

Des rochers forts et *aspres* à monter.

Amyot, trad. de Plutarque, Vie de Camille, 44.

Cette sorte de canons a esté inventée pour la commodité du transport, parce qu'ils se peuvent facilement conduire en des montagnes et autres lieux *aspres* et difficiles.

Thévenot, Voyage du Levant, c. 7.

Une chute d'eau bruyante qui se précipite dans une tranquille vallée, ou un *âpre* et noir rocher qui s'élève au milieu d'une plaine de verdure, ajoute à la beauté d'un paysage.

Bernardin de Saint-Pierre, Études de la nature, X.

On peut joindre à ces exemples des passages tels que les suivants, de sens figuré, mais où *âpre* conserve son sens propre :

Soutiens-toi dans le sentier rude et *âpre* de la vertu par la vue de l'avenir.

Fénelon, Télémaque, XIX.

Pourquoi nous avez-vous frayé un chemin *âpre,* désagréable, et tout propre à rebuter notre foiblesse ?

Massillon, Carême : Lundi de la IIIe semaine, sur les élus.

On s'en sert aussi très souvent en parlant de terres arides et stériles :

Aultrement on ne leur sauroit nuyre, tant sont leurs terres *aspres* et povres, et eulx bons combatans.

Commines, Mémoires, VI, 3.

Une ville non guères grandes que Demophoon, fils de Theseus, feit jadis bastir sur la rivière de Cypre,... en païs *aspre* maigre et stérile.

Amyot, trad. de Plutarque, Vie de Solon, c. 12.

Ce sont les peuples pauvres, nourris dans les pays *âpres* et stériles, vivant de leur chasse, et féroces comme les animaux de leur pays, qui désertent ces pays sauvages pour aller attaquer les nations opulentes.

Voltaire, Essai sur les mœurs, c. 159 : De l'Empire ottoman au xvie siècle.

Les peuples qui habitent des contrées *âpres* et rudes, comme les habitants des montagnes, aiment plus leur pays que ceux qui vivent dans des contrées fertiles et dans de beaux climats.

Bernardin de Saint-Pierre, Études de la nature, XII.

Non loin des champs poudreux de l'*âpre* thébaïde.

Maucroix, les Solitaires.

Âpre se dit De ce qui est rude au toucher, de ce qui fait quelque impression désagréable sur l'organe du toucher, et, dans un sens analogue, du froid, de la chaleur, de ce qui les produit. *Âpre au toucher :*

Le soleil estant extrêmement *aspre* sur le midy, et les chaleurs insupportables.

Montaigne, Essais, II, 12.

L'on voit aux forges, que le feu devient plus *aspre* par un peu d'eau qu'on y jette dessus.

Cardinal d'Ossat, Lettres, V, 10.

Ni les *âpres* frimas, ni les grandes chaleurs,
N'y ternissent jamais le bel émail des fleurs.
SEGRAIS, Églogues, VI.

Alors, pour se couvrir durant l'*âpre* saison,
Il fallut aux brebis dérober leur toison.
BOILEAU, Épîtres, III.

Il est employé de cette manière, mais figurément dans ce passage :

Ses yeux creux, pleins d'un feu *âpre* et farouche.
FÉNELON, Télémaque, III.

ÂPRE se dit le plus souvent de ce qui, par une espèce d'âcreté, cause une sensation désagréable au goût, de certains fruits, de certains vins, etc. *Apre à la langue, âpre au goût.*

Il se dit quelquefois de ce qui affecte désagréablement l'organe de l'ouïe. *Une voix âpre, des sons, des inflexions âpres*, etc. :

Le duc de Bourgogne fit humble contenance de corps, mais sa geste et parole estoit *aspre*.
COMMINES, Mémoires.

... Comme Demosthene repondit quelquefois à Eschines, qui l'avoit repris de ce qu'il usoit de motz *aspres* et rudes, de telles choses ne dependre les fortunes de Grece...
DU BELLAY, Deffence et illustration de la langue françoise, II, 2.

Le discours charme et enlève l'auditeur par une douce harmonie, ou le pénètre d'horreur et de saisissement par une cadence dure et *âpre*, selon la différence des sujets qu'il traite.
ROLLIN, Traité des Études, liv. IV, c. 3, art. 2.

La dureté de l'organe a produit les langues *âpres* et rudes.
MARMONTEL, Éléments de littérature : Harmonie du style.

Maudit soit l'auteur dur dont l'*âpre* et rude verve,
Son cerveau tenaillant, rima malgré Minerve.
BOILEAU, Épigrammes, vers en style de Chapelain.

En termes de Grammaire grecque, on a longtemps appelé *esprit aspre*, la marque d'aspiration désignée depuis par l'expression *esprit rude*.

ÂPRE se dit figurément De diverses choses, pour en marquer la rudesse ou la violence.

Par exemple, de certains genres de vie pénibles, de certaines situations, des maladies douloureuses, des tourments, des supplices, etc. :

III.

Il vestent vestement noirs et blans, et dorment sur nates; et font si *aspre* vie que c'est merveilles.
MARC POL, le Livre, c. 74.

Se il dient que en cesti cloistre l'en peut mener *aspre* vie pour l'ame sauver.
JOINVILLE, Histoire de saint Louis.

L'âme est frappée de l'ardeur d'une fiebvre, et atterrée d'une épilepsie, et disloquée par une *aspre* micraine, et enfin étonnée par toutes les maladies qui blessent la masse et les plus nobles parties.
MONTAIGNE, Essais, III, 13.

Ce que la vie a de raboteux, d'*aspre* et de piquant estoit en ce reste d'années que M. vostre frère (le chevalier de Guise) n'a point vues.
MALHERBE, Lettres; à la princesse de Conti.

Et je garde, au milieu de tant d'*âpres* rigueurs,
Mes larmes aux vaincus et ma haine aux vainqueurs.
P. CORNEILLE, Horace, I, 1.

Aux plus *âpres* tourments un chrétien est en butte.
LE MÊME, Polyeucte, I, 1.

De la guerre, des combats, etc. :

Là eut, le terme qu'elle dura, moult forte bataille et moult *aspre*.
FROISSART, Chroniques, liv. I, IIe part., c. 3.

Et tost après ce mariage faist, il eut débat avec son beaupère, et se feirent très *aspre* guerre.
COMMINES, Mémoires, VI, 3.

La bataille feust *aspre*.
RABELAIS, Pantagruel, V, 25.

Et comme ung lyon eschauffé se retourna contre ledit bon chevalier auquel il livra *aspre* assault.
Le loyal Serviteur, c. 19.

Si y eut adonc une fort *aspre* meslée à l'entour de Martius.
AMYOT, trad. de Plutarque, Vie de Coriolan, c. 12.

Le traistre Raimond de Tripoly ayant engagé Guy de Lusignan avec toutes ses forces de la Palestine en une bataille, l'avoit abandonné dans l'ardeur du combat qui avoit esté si *aspre* que tous les chrétiens de marque y estoient demeurez ou faits prisonniers.
MÉZERAY, Histoire de France : Philippe II, dit Auguste.

Dont véissiés *aspre* mellée
Et ferir de lance et d'espée.
WACE, Roman de Brut, v. 295.

Li assaut fut moult fort; ains plus *aspre* ne fu.
Doon de Maience, v. 10660.

De l'esprit, de l'humeur, du caractère, etc. :

68

Quelques-uns pensent que le sénat, redoutant son esprit *aspre* et farouche, l'assassina et le mit en pièces.

CŒFFETEAU, *Histoire romaine de Florus*, I, 1.

Les vieux Romains, possédés seulement d'une *âpre* vertu, n'alloient chercher aux théâtres que des exemples qui pouvoient fortifier leur naturel et entretenir leurs dures et austères habitudes.

SAINT-EVREMONT, *De la Comédie italienne.*

Il y a des enfants qui naissent politiques, cachés... leur souplesse qui cache une volonté *âpre*, paroît une véritable douceur.

FÉNELON, *De l'Éducation des filles*, c. 5.

On vous accuse d'être trop doux : ne croyez pas, Monseigneur, que ce soit là un mauvais office auprès de lui (le roi); il craint les caractères rudes et *âpres* quoiqu'il les veuille fermes.

Mᵐᵉ DE MAINTENON, *Lettres*; à M. le cardinal de Noailles, 14 août 1696.

Aspre et sauvage cueur, trop fière volonté.

PHILIPPE DESPORTES. (Cité par H. Estienne, dans la *Precellence du langage françois*, p. 94, édit. de L. Feugère.)

Mais cette *âpre* vertu ne m'étoit pas connue.

P. CORNEILLE, *Horace*, II, 3.

Des passions, des sentiments, des jugements, des discours, etc. :

Si ceste response est trop *aspre*, l'adoulcirez, et si trop doulce, l'enesgrirez.

CHARLES-QUINT à Ferdinand, son frère, 11 janvier 1530. (Voyez *Négociations de la France dans le Levant*, t. I, p. 177.)

Nous pouvons saisir la vertu de façon qu'elle en deviendra vicieuse, si nous l'embrassons d'un désir trop *aspre* et violent.

MONTAIGNE, *Essais*, I, 29.

La division de la maison de Bourgogne contre celle d'Orléans fut si *aspre* qu'elle attira la guerre des Anglois.

LA NOUE, *Discours politiques et militaires*, I.

Ainsi, après trois cents ans de persécution, la haine des persécuteurs devenoit plus *âpre.*

BOSSUET, *Discours sur l'Histoire universelle*, I, 10.

Nous verrons insensiblement tomber les erreurs, qu'une contradiction trop *âpre* ne feroit que fortifier.

FLEURY, *Discours sur l'Histoire ecclésiastique*, I.

Une *âpre* curiosité l'entraînait.

Mᵐᵉ DE STAEL, *Corinne*, XVII, 9.

D'autant plus dangereux dans leur *âpre* colère
Qu'ils prennent contre nous des armes qu'on révère.

MOLIÈRE, *Tartufe*, 51.

Dans le passage suivant, cette épithète est appliquée à la mer :

Vierge, dit-il, tant peu craintif seray,
Que l'*aspre* mer pour toy je passeray.

CL. MAROT, *Histoire de Leander et Hero.*

ÂPRE, dans son emploi figuré, exprime quelquefois l'idée de difficulté :

Quant Jésus est présent, tout bien y est, ne il n'y a rien qui semble fort ou difficile; mais par le contraire, quant il n'y est, tout est dur et *aspre.*

Le Livre de l'Internelle consolacion, I, 8.

... Et si fut le plus penible voyaige que je veiz oncques jamais en ma vie, et si en ay veu, avec le duc Charles de Bourgongne, de bien *aspres.*

COMMINES, *Mémoires*, VIII, 14.

Le plus *aspre* et difficile mestier du monde, à mon gré, c'est faire dignement le roy.

MONTAIGNE, *Essais*, III, 7.

Obéissez en choses mal-aisées, *aspres* et dures, et ce sera une obéissance parfaite.

SAINT FRANÇOIS DE SALES, *Introduction à la vie dévote*, III, 11.

Quelque grandes difficultés qu'il y ait à se placer à la cour, il est encore plus *âpre* et plus difficile de se rendre digne d'être placé.

LA BRUYÈRE, *Caractères*, c. 8.

ÂPRE se dit de même des personnes rudes, dures, violentes, cruelles, etc., ou simplement austères, sévères :

Ulysses... sentant par les paroles de Telemachus qu'il estoit un peu *aspre* et qu'il haïssoit les mechants, il l'adoucit et le prépare de longue main.

AMYOT, trad. de Plutarque, *Œuvres morales*, Comment il faut lire les poètes.

Dieu voiant des citoiens qui ont besoin de morsure et de chastiement, leur envoye un tyran inhumain, ou un seigneur *aspre* et rigoureux.

LE MÊME, même ouvrage, Pourquoy la justice divine diffère la punition.

Qui ne voit que le monde est un juge inique, gracieux et favorable pour ses enfants; mais *aspre* et rigoureux aux enfants de Dieu?

SAINT FRANÇOIS DE SALES, *Introduction à la vie dévote*, VI, 1.

L'on voyoit sur les degrés du trones d'où l'*âpre* et redoutable Richelieu avoit foudroyé plutost que gouverné les humains, un successeur doux, bening, qui ne vouloit rien.

CARDINAL DE RETZ, *Mémoires*, liv. II.

... Infiniment souple (l'abbé de Tencin), discret,· doux ou *âpre* selon le besoin...

SAINT-SIMON, *Mémoires*, 1719.

Mais je vous conjure de voir que cet argent soit employé selon sa destination, et non pas au profit de parents ou voisins *âpres*, qui souvent obsèdent les vieilles gens.

J.-J. ROUSSEAU, *Lettres*; 29 janvier 1768.

On peut ajouter à ces exemples le passage suivant, où ÂPRE est dit de même d'un animal.

Conchini luy causoit des chagrins, de mesme qu'un moucheron *aspre* et piquant inquiete et agite furieusement un lion.

HARDOUIN DE PÉRÉFIXE, *Histoire de Henri le Grand*.

ÂPRE, ainsi employé, se construit quelquefois avec la préposition *à* :

Comment seroit-il bon... quand il n'est pas *aspre aux* méchants?

AMYOT, trad. de Plutarque, *Œuvres morales*, Comment on pourra discerner le flatteur d'avec l'amy.

Jamais nation ne fut plus *âpre au* christianisme que la Japonoise...

LE PÈRE LE COMTE, *Mémoires concernant la Chine*, t. I, p. 188.

ÂPRE, construit de cette manière, se dit des personnes qui se portent avec trop d'ardeur à quelque chose ;

Soit que la préposition *à* ait pour régime un nom :

Il (le roi) n'estoit pas beau joueur, mais *aspre au* gain.

HARDOUIN DE PÉRÉFIXE, *Histoire de Henri le Grand*, III° part., année 1609.

Fuensaldague fut très content de ma responce qui lui parut... d'un homme qui se croyoit de la force, qui n'estoit pas *aspre à* l'argent et qui avec le temps en pourroit recevoir.

CARDINAL DE RETZ, *Mémoires*, III.

Tout cœur de femme est *aspre à* la vengeance.

RONSARD, *la Franciade*, I.

... La vieille prude, *âpre à* ses intérêts,
·A mis dans le traité des articles secrets.

DESTOUCHES, *le Médisant*, II, 7.

Soit qu'elle régisse un verbe à l'infinitif :

Affin que ceulx qui viendront après luy soient ung peu plus piteux au peuple, et moins *aspres à* pugnir qu'il n'avoit esté...

COMMINES, *Mémoires*, VI, 11.

Si quelqu'un... entrejettoit un peu parmy le reprendre autruy la crainte d'estre repris luy-mesme, il ne seroit à l'adventure pas si *aspre à* condamner les autres pour leurs vices, quand il verroit que luy-mesme auroit tant de besoing de pardon.

AMYOT, trad. de Plutarque, *Œuvres morales*, Comment il faut refrener la cholere.

Le peuple romain fut bien plus *aspre* et plus ardent à venger l'injure faicte à Régulus qu'à poursuivre la victoire.

COEFFETEAU, *Histoire romaine de L. Florus*, II, 2.

Auparavant le Charolois aymoit la paix et le repos : du depuis il devint quereleux, bataillard, ambitieux, *aspre à* entasser dessein sur dessein à droit ou à tort.

MÉZERAY, *Histoire de France* : Louis XI.

... M. le Prince et M. le Duc... tous deux si fertiles en prétentions et si *âpres à* usurper...

SAINT-SIMON, *Mémoires*, 1709.

Au lieu de *aspre à*, on a dit autrefois *aspre de* :

Si fut... *aspre de* s'en vouloir venger.

Perceforest, vol. VI, f° 40, v° col. 2. (Cité par Sainte-Palaye.)

Estre fort *aspre de* courir de costé et d'autre...

ROB. ESTIENNE, *Dictionnaire françois-latin*.

ÂPRE, dit d'une personne et employé soit seul, soit avec la préposition *à*, n'a pas toujours été pris en mauvaise part. Sainte-Palaye remarque, dans son *Glossaire*, en renvoyant à divers passages, que « si les objets pour lesquels on se passionnoit ardemment étoient louables ou regardés comme tels, l'adjectif *aspre* étoit un éloge. Aussi on disoit d'une princesse ardente à l'étude et passionnée pour les sciences, qu'elle étoit *saçans et aspre* ; d'un homme ardent à la chasse et au vol, et passionné pour les oiseaux et pour les chiens, qu'il étoit *aspre* ; d'un valet passionné pour le service de son maître, ardent à le servir, qu'il étoit *aspre*. »

Lyonnel est ung des plus *aspres* chevaliers que l'en saiche.

Lancelot du Lac, t. III, f° 6, v° col. 1. (Cité par Sainte-Palaye.)

Celuy qui leur est voisin, s'il est fort et *aspre*, ils le laissent vivre ; mais, s'il est foible, il ne sçait où se mettre.

COMMINES, *Mémoires*, V, 18.

Martius estoit tel que Caton vouloit que fust l'homme de guerre, non seulement rude et *aspre aux* coups de main, mais aussi effroyable au son de la voix.

AMYOT, trad. de Plutarque, *Vie de Coriolan*, c. 10.

Vois l'*âpre* moissonneur, de la plaine si belle,
Ranger à pleines mains la dépouille en javelle.
SEGRAIS, *Aminte*, IV° églogue.

On a dit de même en parlant d'un cheval :

Monta sur son cheval qui estoit fort et *aspre* où l'on se
devoit bien fier au besoing.
Lancelot du Lac, t. III, f° 30, r° col. 2. (Cité par
Sainte-Palaye.)

Apre à la curée, se dit d'un chien trop avide de
la proie.

La même expression s'applique figurément et
proverbialement à une personne trop avide de
profits, d'argent, de places:

J'avois obtenu de Son Excellence si facilement les quatre
grâces dont je viens de parler, que je ne balançai point à
lui en demander une cinquième. C'étoit le gouvernement
de la ville de Vera, sur la côte de Grenade, pour un chevalier de Calatrava qui m'en offroit mille pistoles. Le ministre se prit à rire en me voyant si *âpre à la curée.*
LE SAGE, *Gil Blas*, VIII, 9.

ÂPREMENT, adv.
Longtemps écrit ASPREMENT. D'une manière
âpre ;
Dans un sens physique :

Il a gelé bien *âprement.*
Dictionnaire de l'Académie, 1694.

Tabours, trompétes et buisines
Sonnent plus *asprement* qu'à nous.
G. GUIART, *Royaus Lignages*, t. II, v. 4667.

Dans un sens moral :

Et croy bien que se n'eust esté la craincte de son dit père,
qui là estoit présent et auquel il adressoit sa parole, qu'il
eust beaucoup plus *asprement* parlé.
COMMINES, *Mémoires*, c. 1.

Arrivé que feut Dionysius en la ville de Corinthe, il n'y
eut homme en toute la Grèce qui n'eust envie d'y aller
pour le voir... et y alloyent comme s'ils eussent foulé aux
pieds celuy que la fortune avoit abbatu, tant ils le hays-
soyent *asprement.*
AMYOT, trad. de Plutarque : *Vie de Timoléon*, c. 6.

Aussi bien ne gaigne-t-on rien prenant les choses *asprement.*
SAINT FRANÇOIS DE SALES, *Introduction à la vie dévote*,
III° part., c. 30.

La femme de Charles de Blois n'ayant pas voulu ratifier
le traité, la guerre continua plus *asprement.*
MÉZERAY, *Histoire de France* : Charles V.

Les mouvements de son cœur.... la portoient à suivre
âprement tout ce qui ne lui paraissoit pas criminel.... et
qui d'ailleurs la pouvoit divertir.
Mᵐᵉ DE MOTTEVILLE, *Mémoires*, c. 55, 1661.

C'est un défaut attaché à la jeunesse... de désirer trop
âprement.
LOUIS XIV, *Mémoires*, II° part.

Nous le fûmes (effrayées) une fois à Fresnes, pour
une fausseté que cette bonne Scudéry avoit prise trop
âprement.
Mᵐᵉ DE SÉVIGNÉ, *Lettres* ; à Mᵐᵉ de Grignan.
21 juin 1680.

A ce terrible récit, M. le duc d'Orléans fut saisi d'une
horreur qui ne se peut décrire, et en même temps d'une
douleur qui ne se peut exprimer d'être déchiré d'une manière si *âprement*, et si singulièrement cruelle.
SAINT-SIMON, *Mémoires*, 1710.

Comme l'adjectif ÂPRE, l'adverbe *âprement*
n'a pas toujours été pris en mauvaise part. Il n'a
quelquefois signifié que Avec passion, avec ardeur :

Onques gens ne se aidièrent plus *asprement* sur mer.
VILLEHARDOUIN, *Conqueste de Constantinoble*, XCVI.

Chevauchèrent si *asprement* que, devant qu'il fust nuyt,
vindrent au chasteau.
Lancelot du Lac, t. II, f° 80, v° col. 1. (Cité par
Sainte-Palaye.)

Le comte de Hainaut et sa bataille se combattirent *asprement* et fièrement à ceux qui s'étoient arrêtés devant le
moûtier.
FROISSART, *Chroniques*, liv. I, part. I, c. 103.

Adonc ledit seigneur de Gamaches, suivant ses gens *asprement*, entra en la ville frayant ès logiz où lesdiz Anglois
estoient logez.
MONSTRELET, *Chroniques*, c. 210.

Il s'attendoit bien que ceulx de dedans saillissent *asprement*, et par ce moyen leur porter quelque dommaige :
toutesfois ilz ne saillirent point.
COMMINES, *Mémoires*, III, 10.

Ce qui feust cause que Pericles combattit celle journée
plus *asprement* que jamais.
AMYOT, trad. de Plutarque : *Vie de Périclès*, c. 4.

Je me tiens plus *asprement* à l'étude et à la bonne chère
qu'à tout le reste.
THÉOPHILE, *Fragment d'une histoire comique*, c. II.

Joab poursuivoit *âprement* l'armée en déroute.

> BOSSUET, *Politique tirée de l'Écriture sainte.*

Je voyois de la tour le choc des deux armées,
L'une et l'autre au combat *âprement* animées.

> ROTROU, *Antigone*, I, 2.

ÂPRETÉ, s. f. (du latin *asperitas*).
Longtemps écrit ASPRETÉ. Qualité de ce qui
est âpre ;
Dans un sens physique :

Les cigognes ont cette naturelle piété envers leurs pères
et mères déjà caduques et vieux, que lorsque l'*âpreté* de
la saison et du temps les contraint à faire passage et retraite en lieu plus chaud, elles les saisissent, s'en chargent
et les portent sur leurs ailes.

> SAINT FRANÇOIS DE SALES, *Sermon* prononcé à Paris
> en 1602, le jour de l'Assomption.

On dissimule leurs désobéissances, parce qu'il est difficile de les réduire, à cause de l'*âpreté*, et de la hauteur de
leurs montagnes.

> CHARDIN, *Journal du voyage en Perse*, Ire part.

Il aima mieux aller conquérir des rochers au milieu des
neiges, dans l'*âpreté* de l'hiver qui tue les animaux en Suède
même, où l'air est moins rigoureux, que d'aller reprendre
ses belles provinces d'Allemagne des mains de ses ennemis.

> VOLTAIRE, *Histoire de Charles XII*, liv. VIII.

... Il ot soif pour l'*aspreté* du chault.

> *Roman de la Rose*, v. 1484.

On peut ajouter à ces exemples des passages
où, comme dans le suivant, de sens figuré,
ÂPRETÉ est employé de la même manière :

Ainsi vous élargirez un peu les voies du ciel, et rétabli-
rez ce chemin que sa hauteur et son *âpreté* rendront toujours assez difficile.

> BOSSUET, *Oraison funèbre de la reine d'Angleterre.*

Dans un sens moral :

Y avoit plusieurs qui, par pauvreté, estoyent contraincts
de vendre leurs enfants... d'abandonner la ville et le païs,
pour l'*aspreté* et la cruauté des créanciers usuriers.

> AMYOT, trad. de Plutarque : *Vie de Solon*, c. 7.

J'aime une sagesse gaye et civile, et fuys l'*aspreté* des
mœurs et l'austérité, ayant pour suspecte toute mine ré-
barbatifve.

> MONTAIGNE, *Essais*, III, 5.

Une *âpreté* de naturel, qui ne se rendoit jamais aux difficultés, établissoit Rome plus fortement, que n'auroient

fait des humeurs douces avec plus de lumière et de
raison.

> SAINT-EVREMOND, *Réflexions sur les divers génies du peuple
> romain*, c. 2.

De là vient dans les maisons qui devroient être pauvres,
une *âpreté* scandaleuse pour l'intérêt.

> BOSSUET, *Sermons :* Sur les obligations de l'état religieux.

Ils souffroient en paix l'*âpreté* de ses corrections.

> FÉNELON, *Sermons :* Pour la fête de saint Bernard.

Comme je disois effectivement la vérité, je ne craignis
pas de la présenter toute nue et dans toute son *âpreté*.

> SAINT-SIMON, *Mémoires*, 1710.

M. D... a des défauts qui sont assez désagréables ; mais
c'est un honnête homme, bon citoyen, qui, sans cagoterie,
a de la religion et des mœurs sans *âpreté*.

> J.-J. ROUSSEAU, *Lettres ;* 14 octobre 1764.

La sévérité, et si l'on ose dire, la roideur et l'*âpreté* de
goût que notre académicien portoit dans ses ouvrages, le
rendoit très difficile sur ceux des autres.

> D'ALEMBERT, *Éloge de d'Olivet.*

Dès que l'abondance et le luxe eurent adouci les mœurs
de Rome, la comédie elle-même perdit de son *âpreté*.

> MARMONTEL, *Éléments de littérature*, Comédie.

La langue anglaise est énergique, et sa force a de l'*âpreté*.

> LE MÊME, même ouvrage. Style.

Qui par les leçons d'Aristippe
De la sagesse de Chrysippe
As su corriger l'*âpreté*.

> J.-B. ROUSSEAU, *Odes*, à La Fare.

Dans le passage suivant, ÂPRETÉ a été employé
au pluriel :

Le bonheur qui l'accompagna (Timoléon), aux *aspretez*
qu'il eut à vaincre en ceste noble besongne, sembla luy
estre envoyé par les dieux conspirants et favorables à sa
justification.

> MONTAIGNE, *Essais*, III, 1.

Comme ÂPRE et ÂPREMENT, ÂPRETÉ a été quelquefois pris en bonne part :

Saint Loys s'opposa courageusement et avec *aspreté* aux
bulles de Rome.

> ANTOINE ARNAULD, *Plaidoyer pour l'Université*, juillet 1594.

Sa délicatesse naturelle (de Mme de la Vallière) avoit infiniment souffert de la sincère *âpreté* de sa pénitence de
corps et d'esprit.

> SAINT-SIMON, *Mémoires*, 1710.

On a dit autrefois, en même temps qu'ASPRETÉ et dans des sens analogues :

ASPRESSE (ASPRESCE).

ASPREUR.

D'ASPRE on avait fait le verbe

ASPRIR.

Rendre âpre (comme en Latin *asperare*) ; et de ce verbe, le substantif :

ASPRISSEMENT.

L'action de rendre âpre.

On disait encore :

ASPROÏER.

On appelait ASPRELLE une plante, à la tige *âpre*, rude au toucher, depuis nommée *prêle*.

Voyez sur ces anciens mots le *Glossaire* de Sainte-Palaye, où ils sont expliqués et accompagnés d'exemples.

Ils se sont maintenus assez longtemps, comme en témoignent ces vers de la fin du XVIᵉ siècle :

> L'*aspreur* de ton desastre est cause que tu jettes
> De ton esprit malsain ces menaces profettes,
> Qui pourtant n'adviendront...
>
> Rob. Garnier, la Troade, I, v. 348.

> Le feu de mon amour par ma frayeur s'*asprit*.
>
> Le même, Antoine, II, v. 214.

APRÈS, prép. (venue des prépositions *à* et *près*).

De *priès*, ancienne forme de *près*, on avait fait APRIÈS.

APROF, APREF, APRUEF, ENPRUEF, etc., s'étaient formés de *prop*, transcrit du latin *propè*.

EMPRÈS, ENPRÈS, s'employait dans le sens d'A-PRÈS aussi bien que dans le sens d'*auprès*.

APRÈS marque, entre les choses et les personnes un rapport de postériorité, quant au temps, quant à l'ordre, quant au lieu ;

1° Un rapport de postériorité quant au temps ;

Soit qu'il régisse un nom de chose, ou le pronom qui le représente :

> Sur les deux heures *après* midy on donna le feu à la mine.
>
> Sarazin, Siège de Dunkerque.

> Qu'il est beau *après* le combat, et le tumulte des armes, de savoir encore goûter ces vertus paisibles !
>
> Bossuet, Oraison funèbre du prince de Condé.

> Le peuple (en Égypte) admiroit le pouvoir des lois, qui s'étendoit jusqu'*après* la mort.
>
> Bossuet, Discours sur l'Histoire universelle, III, 3.

> Quand des chefs-d'œuvre de l'art, comme le Tartuffe, font l'événement de ces fêtes, elles laissent *après* elles une éternelle mémoire.
>
> Voltaire, Siècle de Louis XIV, c. 25.

> Les morts, *après* huit ans, sortent-ils du tombeau ?
>
> J. Racine, Athalie, I, 1.

> Défions-nous du sort, et prenons garde à nous
> *Après* le gain d'une bataille.
>
> La Fontaine, Fables, VII, 13.

Soit qu'il régisse un nom de personne, ou le pronom qui le représente :

> Adonias... fud li secundz des fiz le rei, *après* Absalon.
>
> Les quatre Livres des Rois, III, 1, 6.

> Michiaus li empereres de Constantinoble... l'empire laissa et puis devint moines. *Après* li reçut la dignité de l'empire Leons qui fut filz Bardele patriche.
>
> Chronique de Saint-Denys. (Voyez Recueil des historiens de France, t. V, p. 262.)

> Il fut aussi très-aise quand je luy dis que les seigneurs sus nommez venoient *après* moy, estant bien certain qu'encores plusieurs viendroient *après* eux comme ils feirent.
>
> Montluc, Commentaires, II.

> Ne puis-je pas penser *après* eux (Horace, Despréaux) une chose vraie, et que d'autres encore penseront *après* moi ?
>
> La Bruyère, Caractères, c. 1.

> Qu'il soit le modèle de tous les bons rois et que ce prince pacifique puisse laisser encore *après* lui des princes qui lui ressemblent.
>
> Massillon, Petit Carême : Tentations des grands.

> Il faut prendre son temps en tout genre. Les géomètres qui viennent *après* Newton, et les poètes tragiques qui viennent *après* Racine, sont mal reçus dans ce monde.
>
> Voltaire, Lettres ; à Cideville, 23 janvier 1755.

> O malheureux Phocas ! O trop heureux Maurice !
> Tu recouvres deux fils pour mourir *après* toi,
> Et je n'en puis trouver pour régner *après* moi.
>
> P. Corneille, Héraclius, IV, 3.

> (Mithridate) Meurt et laisse *après* lui pour venger son trépas
> Deux fils infortunés qui ne s'accordent pas.
>
> J. Racine, Mithridate, I, 1.

> Je ne crains que le nom que je laisse *après* moi.
>
> Le même, Phèdre, III, 3.

Avec cette forme *L'un après l'autre* et autres manières de parler analogues :

Messire Aghos osta son chaperon tout jus, et les salua bellement *l'un après l'autre.*

> FROISSART, *Chroniques,* liv. I, part. I, c. 242.

La estoit ledit chancelier d'Orléans auprès ladite duchesse, lequel disoit audit advocat, *mot après autre,* ce qu'elle vouloit qu'il feust divulgué.

> MONSTRELET, *Chronique,* I, 37.

Venant des foires de Lion, arrivèrent *les uns après les autres.*

> G. DU BELLAY, *Mémoires.*

Malheureux bourreau de l'honneur d'autruy, je ne scay qui me tient que je ne te prens par ceste sote barbe, et ne te l'arrache *poil après poil.*

> *Les Facétieuses Nuits de Straparole,* VIII, 3.

Dans des phrases, telles que les suivantes, dans lesquelles le nom de chose, ou le nom de personne, régime d'*après,* est accompagné d'un participe, manière de parler qu'on a quelquefois blâmée à tort :

Après cette paix faite, il retourna en France.

> FROISSART, *Chroniques,* liv. I, part. I, c. 60.

Après graces rendues.

> RABELAIS, *Gargantua,* I, 23.

Cette manière de parler se rencontre sans cesse chez Corneille :

Après son sang pour moi mille fois répandu.

> P. CORNEILLE, *le Cid,* II, 7.

Après mon père mort, je n'ai point à choisir.

> LE MÊME, même ouvrage, IV, 2.

Après la mort du comte et les Maures défaits.

> LE MÊME, même ouvrage, V, 1.

... Peu de généreux vont jusqu'à dédaigner,
Après un sceptre acquis, la douceur de régner.

> LE MÊME, *Cinna,* II, 1.

Après tant d'ennemis à mes pieds abattus.

> LE MÊME, même ouvrage, IV, 3.

Après la flamme éteinte et les pompes finies.

> LE MÊME, même ouvrage, V, 4.

A la circonstance de temps marquée par APRÈS s'ajoute, dans certaines phrases, une intention particulière, *Après* équivalant alors à des expressions telles que *à l'exemple de, en raison de, malgré,* etc. :

Cornélius Népos, auteur ancien et judicieux autant qu'élégant, ne veut pas qu'on doute de cette date *après* l'autorité de Thucydide.

> BOSSUET, *Discours sur l'Histoire universelle,* I, 8.

Lui, votre père? *après* son horrible dessein,
Je ne le connois plus que pour votre assassin.

> J. RACINE, *Iphigénie,* III, 6.

Zamore, tu m'es cher, je t'aime, je le doi,
Mais *après* mes serments, je ne puis être à toi.
Toi, Guzman, dont je suis l'épouse et la victime,
Je ne suis point à toi, cruel, *après* ton crime.

> VOLTAIRE, *Alzire,* III, 5.

Telles que *malgré :*

Après toutes ses rêveries et toutes ses misères, on est échec, quelquefois mat.

> LA BRUYÈRE, *Caractères,* De la Cour.

Après tant de serments Titus m'abandonner!

> J. RACINE, *Bérénice,* III, 3.

Que produira l'auteur *après* tous ces grands cris?

> BOILEAU, *Art poétique,* III.

2° Un rapport de postériorité quant à l'ordre;
Dans un sens physique :

Là marcherent *après* les enfans du college, plusieurs prestres vestus de surpelis.

> AGR. D'AUBIGNÉ, *Histoire universelle,* t. I, liv. II, c. 35.

Les communautez des églises marchoient en teste, *après* elles les deputez du peuple.

> MATTHIEU, *Histoire des derniers troubles de France,* IV.

Une nation entière mange les viandes *après* les fruits, une autre fait tout le contraire.

> LA BRUYÈRE, *Caractères,* De quelques usages.

Dans un sens moral :

Après Dieu les hommes peuvent fort aider aux hommes.

> ROB. ESTIENNE, *Dictionnaire françois-latin.*

Que ferons-nous, disoient les dames et les poureux (car en une ville il y en a d'uns et d'autres), que ferons-nous, si nostre gouverneur meurt? Nous sommes perdus : toute notre fiance *après* Dieu est en luy.

> MONTLUC, *Commentaires,* II.

Aussi avoit-il pour maxime... que dans les grandes actions il faut uniquement songer à bien faire, et laisser venir la gloire *après* la vertu.

BOSSUET, *Oraison funèbre du prince de Condé.*

Après le mérite personnel... ce sont les éminentes dignités et les grands titres dont les hommes tirent plus de distinction.

LA BRUYÈRE, *Caractères*, Du mérite personnel.

Conservez votre santé : c'est le premier des biens *après* la vertu.

Mᵐᵉ DE MAINTENON, *Lettres;* à la comtesse de Saint-Géran, 24 mai 1679.

Vos odes ont un air noble, galant et doux,
Et qui laisse bien loin votre Horace *après* vous.

MOLIÈRE, *les Femmes savantes*, III, 3.

Un seigneur éminent en richesse, en puissance,
Enfin de votre empire *après* vous le premier.

J. RACINE, *Esther*, II, 5.

3° Un rapport de postériorité quant au lieu, à la position, à la situation relative des choses et des personnes, ce que marquent d'ordinaire les mots *derrière, à la suite de,* etc.

Des choses :

Après ce vestibule est un magnifique salon. *Après* le parterre est un boulingrin et *après* le boulingrin une grande pièce d'eau.

Dictionnaire de l'Académie, 1762.

Des personnes :

Et le faisoit ainsi mener par dérision *après* la route et le convoi de la reine.

FROISSART, *Chroniques,* liv. I, part. I, c. 23.

Si commanda tantôt ledit roi que chacun fût prest à mouvoir lendemain, et que on fit toudis les venans aller *après* son ost qu'il avoit grand.

LE MÊME, même ouvrage, liv. I, part. I, c. 163.

Le jour propre que je sortis du lict, relevé de ma grand maladie, je m'acheminay droit à Cahours menant un médecin et une lictière *après* moy.

MONTLUC, *Commentaires*, VI.

J'ai entendu descendre ma femme et je me suis vite habillé pour descendre *après* elle.

MOLIÈRE, *Georges Dandin*, III, 3.

Veiz l'aligant qui *après* tei chevauche.

Chanson de Roland, CCXI.

Themis, quant oï la requeste...
Lor conseilla qu'ils s'en alassent,
Et qu'il *après* lor dos gitassent
Tantost les os de lor grant mère.

Roman de la Rose, v. 17819.

Partout où ce farouche a conduit cette belle
Elle m'a toujours vu comme une ombre *après* elle.

MOLIÈRE, *l'École des maris*, I, 4.

Quels démons, quels serpents traîne-t-elle *après* soi?

J. RACINE, *Andromaque*, V, 5.

Dans les anciens temps de la langue, on a dit :
Après, pour *près de, auprès;*
Auprès d'un lieu :

Et li poples Deu vint encontre, e *après* (*juxta*) la pierre de adjutorie se alogierent.

Les quatre Livres des Rois, I, IV, 1.

Et il chaït morz en la place, *après* (*juxta*) l'arche Nostre Seigneur.

Même ouvrage, II, XI, 7.

Ha! ki me porterad del ewe de la cisterne *après* (*juxta*) la porte de Bathleem.

Même ouvrage, II, XXIII, 15.

Auprès d'une personne :

Et d'autant qu'elle n'avoit plus *après* soy les belles damoyselles qui lui souloient autresfois faire la court, elle en esleut dix autres non moins gracieuses que belles.

Les Facétieuses Nuits de Straparole, préface.

Après cela se dit fréquemment pour Ensuite :

Après cela, il s'agissoit de savoir ce qu'on feroit de moi, et où l'on me mettroit.

MARIVAUX, *la Vie de Marianne*, Iʳᵉ part.

Il signifie aussi, Puisque telle chose a eu lieu, a été faite, ou existe :

Oses-tu bien, *après cela*, paraître devant moi?

MOLIÈRE, *l'Avare*, II, 3.

Malheureux qui se fie à femme *après cela*.

LE MÊME, *l'École des maris*, III, 7.

Après quoi se dit également pour Ensuite :

A l'aide de cette machine
De ce lieu-ci je sortirai;
Après quoi je t'en tirerai.

LA FONTAINE, *Fables*, III, 5.

Après déjeuner, Après dîner, Après souper, se disent, en supprimant l'article, pour Après le déjeuner, après le dîner, après le souper.

On ne doit point tenir pour conseil ce qui se fait *après dîner.*

COMMINES, *Mémoirés,* c. 2.

Quelque jour... Pantagruel se pourmenoit *aprez souper* avecques ses compaignons.

RABELAIS, *Pantagruel,* II, 6.

Prov. *Après la panse, vient la danse,* Après avoir fait bonne chère, on ne songe qu'à se divertir.

Prov. et fig. *Après la pluie, le beau temps,* souvent après un temps fâcheux il en vient un meilleur; La joie succède souvent à la tristesse.

Prov. et fig. *Après lui il faut tirer l'échelle,* se dit d'un homme qui a si bien fait en quelque chose, que personne ne peut faire mieux.

APRÈS se met devant les verbes au passé de l'infinitif.

Appellerai-je homme d'esprit... un musicien... qui *après* m'avoir enchanté par ses accords, semble s'être remis avec son luth dans un étui.

LA BRUYÈRE, *Caractères: Des jugements.*

Après avoir deux fois essayé la menace.

P. CORNEILLE, *Polyeucte,* V, 3.

Mais j'espère...
Qu'*après* avoir aux dieux adressé des prières,
Tous les ordres donnés, on donne le signal.

MOLIÈRE, *Amphitryon,* I, 1.

Après t'être couvert de leur sang et du mien,
Tu te verras forcé de répandre le tien.

J. RACINE, *Britannicus,* V, 6.

Dans cette manière de parler, on sous-entendait quelquefois la préposition:

(*Après*) avoir bien beu et bien repeu, Æditue nous mena en une chambre bien garnie.

RABELAIS, *Pantagruel,* V, 7.

Quoy entendant Cæsarion et (*après*) avoir quelque peu songé, dit...

Les Facétieuses Nuits de Straparole, t. II, p. 274.

Quelquefois aussi la préposition régit le présent de l'infinitif.

Comme on voit un beau songe *après* être éveillé.

BOURSAULT, *Ésope à la cour,* V, 2.

III.

Après boire, pour Après avoir bu, est une locution familière fort usitée:

Sotte discrétion, je voulus faire accroire
Qu'un poète n'est bizarre et fâcheux qu'*après boire.*

RÉGNIER, *Satires,* VIII.

APRÈS se met aussi devant les verbes avec la conjonction *Que:*

En l'an *après que* cis preudoms ot commencié à parler de Dieu.

VILLEHARDOUIN, *Conqueste de Constantinoble,* II.

Après que j'eus employé quelques années à étudier ainsi dans le livre du monde... je pris un jour la résolution d'étudier en moi-même.

DESCARTES, *Discours de la Méthode,* I.

Les hommes... s'engagent dans des professions équivoques... ils les quittent ensuite par une dévotion discrète qui ne leur vient *qu'après qu'*ils ont fait leur récolte, et *qu'*ils jouissent d'une fortune bien établie.

LA BRUYÈRE, *Caractères: Des biens de fortune.*

*Après qu'*entre les morts on ne le put trouver.

P. CORNEILLE, *Polyeucte,* I, 4.

Après que le transport d'un amour plein d'horreur
Jusqu'au lit de ton père a porté ta fureur.

J. RACINE, *Phèdre,* IV, 2.

*Après qu'*il eut brouté, trotté, fait tous ses tours,
Jeannot Lapin retourne aux souterrains séjours.

LA FONTAINE, *Fables,* VII, 16.

Après que ne régit pas seulement le passé, mais aussi quelquefois le futur.

Aprcs que tu seras une fois sorti.

ROB. ESTIENNE, *Dictionnaire françois-latin.*

On disait, dans l'origine, *Après ce que...*

Après ce que le roy fut couronné.

JOINVILLE, *Histoire de saint Louis.*

Chascun de nous la congnoit tard (l'espérance en Dieu), et *après ce que* nous en avons eu besoing.

COMMINES, *Mémoires,* I, 16.

APRÈS exprime fréquemment un rapport de tendance; de là, par exemple, cette expression si usitée *Courir après.*

La roine-mère *court après* son fils accompagnée des princes et premiers officiers de la couronne.

AGR. D'AUBIGNÉ, *Histoire universelle,* t. II, liv. I, c. 16.

Cependant que le Destin *couroit* à tâtons *aprés* ceux qui avoient enlevé Angélique, la Rancune et l'Olive, qui n'avoient pas si à cœur que lui cet enlèvement, ne *coururent* pas si vite que lui *après* les ravisseurs, outre qu'ils étoient à pied.

Scarron, *Roman comique*, IIe part., c. 2.

Tousjours fuyez, et *aprés* vous je *cours.*

Charles d'Orléans, *Chansons,* 57.

Même dans des phrases de sens figuré :

... D'un si fol espoir mon cœur mal défendu
Vole après un amant que Chimène a perdu.

P. Corneille, *le Cid*, II, 5.

Mais quand on la néglige (la rime), elle devient rebelle
Et pour la rattraper le sens *court après* elle.

Boileau, *Art poétique*, I.

Qui ne *court après* la Fortune?

La Fontaine, *Fables*, VII, 11. L'homme qui court après la Fortune.

Après se construit de même dans un sens analogue, avec des verbes tels que *aller, venir, envoyer*, etc.

Par l'art de la guerre les gens de cheval devoient passer outre, et *venir après* nous, ayant opinion que nous nous retirerons de peur.

Montluc, *Commentaires*, liv. VII.

Vous ne laissastes pas *d'envoyer après* ce batteau pour essayer d'apprendre quelque chose du retour de l'autre.

Sully, *Œconomies royales*, c. 33.

Le prince adverty résolut *d'aller après* ce régiment, mais ne le trouvant où il pensoit, se retira à Taillebourg avec les sieurs de Laval, la Boulaye et autres.

Matthieu, *Histoire des derniers troubles de France,* liv. II.

Il s'en alla courant dans le bois, sans vouloir escouter ny attendre Phillis, qui *se mit après* luy, pour luy descouvrir son erreur.

D'Urfé, *l'Astrée*, liv. VIII.

Ils *étoient* une douzaine de possédés *après* mes chausses.

Molière, *M. de Pourceaugnac*, II, 4.

J'ai envie, à tout hasard, de *mettre* quelqu'un *après* mon fils ou *après* son laquais, quelqu'un qui les suive l'un ou l'autre, et qui me découvre où ils vont.

Marivaux, *la Vie de Marianne*, IVe part.

J'allois comme un limier *après* la venaison.

Régnier, *Épîtres*, II.

De crainte qu'*après* moi vous n'*eussiez* envoyé.

P. Corneille, *Cinna*, V, 3.

Qu'on *se mette après* lui, courez tous...

J. Racine, *les Plaideurs*, II, 14.

La plupart de ces expressions et d'autres semblables sont employées au figuré, dans des phrases où elles expriment une tendance morale. Rien de plus ordinaire, par exemple, que ces manières de parler : *Courir après* les emplois, les honneurs. *Courir après* son argent, etc.

Il n'est raisonnable que nous prenons moins de peine *après* les affaires de la république qu'*après* les nostres.

H. Estienne, *la Precellence du langage françois.*

Je me laisse aller *après* mes inclinations naturelles, sans les controller de si près.

Montaigne, *Essais*, III, 9.

Il est meilleur s'arrester à chercher et poursuyvre la vraye pierre philosophale de sapience, que tracasser *après* la fausse des souffleurs.

De la Noue, *Discours politiques et militaires*, XXIII.

Ils (les flatteurs) échauffent les (princes) avares *après* notre bien, et les impudiques *après* nos femmes.

Balzac, *Aristippe*, Discours VII.

Plusieurs médecins ont déjà épuisé leur science *après* elle.

Molière, *le Médecin malgré lui*, I, 5.

Votre mère est en bonne santé, dieu merci, quoiqu'elle ait pris bien de la peine *après* moi pendant ma maladie.

J. Racine, *Lettres;* à son fils.

Aprés le roy mon père si fort li cueurs me tire.

Roman de Berte, LXXXVIII.

Et combien follement nous tourmentons nos cœurs
Après la vanité de ces vaines grandeurs.

Rob. Garnier, *Porcie*, II, v. 205.

Or, sans plus m'amuser *après* le contenu.

Régnier, *Satires*, XI.

Languir, soupirer après une chose sont des expressions de grand usage.

Ma fille de Coligny et moi *soupirons après* vous.

Bussy-Rabutin, *Lettres;* à Corbinelli, du 13 mai 1689.

Que vos tabernacles sont beaux, ô Dieu des armées! mon cœur *languit et soupire après* la maison du Seigneur.

Bossuet, *Sermons :* Sur le Mystère de la sainte Trinité.

Après se trouve quelquefois mis de même avec un participe :

Le peuple mesme *occupé après* les soins de la vie, vint chez luy à diverses fois durant le cours de son mal.

PERROT D'ABLANCOURT, trad. de Tacite : *Vie d'Agricola.*

C'est être bien *endiablé après* mon argent.

MOLIÈRE, *l'Avare,* V, 3.

Tandis que l'ennemi, par ma fuite trompé,
Tenoit *après* son char un vain peuple *occupé.*

J. RACINE, *Mithridate,* III, 1.

Ou même avec un adjectif :

Il savoit bien aussi qu'il y avoit force courtisanes affamées, fort *âpres après* les étrangers.

SCARRON, *Roman comique,* I, 9.

Si j'étois *âpre après* les nouvelles, je me plaindrois de l'ancienneté de vos dates.

Mᵐᵉ DU DEFFAND, *Lettres,* CCCXLV ; à H. Walpole, du 7 juillet 1780.

... Sa haine *obstinée après* cette chimère.

P. CORNEILLE, *Héraclius,* II, 2.

... Comme il est *ardent après* la nouveauté.

LE MÊME, *Pertharite,* IV, 1.

Que Marinette est *sotte après* son Gros-René !

MOLIÈRE, *le Dépit amoureux,* IV, 4.

On dit *être après* une chose, s'en occuper actuellement.

Il estoit homme de grand entendement, et cognoissant très-bien ce qui pouvoit profiter et nuire à l'entreprise *après* laquelle *il estoit.*

CARDINAL D'OSSAT, *Lettres,* I, 12.

J'ai trouvé que mon procureur *étoit après* mes papiers.

Dictionnaire de l'Académie, 1694.

On est venu lui dire, et par mon artifice,
Que les ouvriers qui *sont après* son édifice,
Parmi les fondements qu'ils en jettent encor
Avoient fait par hasard rencontre d'un trésor.

MOLIÈRE, *l'Étourdi,* II, 1.

On a beaucoup dit *Être après à* faire une chose.

... Les géants qui *estoient après à* mettre les plus hautes montagnes les unes sur les autres, pour leur servir d'eschelles à monter au ciel.

H. ESTIENNE, *Apologie pour Hérodote,* liv. I, c. 2, § 4.

Comme il *estoit après à* demander la capitulation de Lusignan, ses soldats se mirent à deviser et se laissèrent surprendre.

AGR. D'AUBIGNÉ, *Histoire universelle,* t. II, liv. II, c. 13.

On *est après à* dresser la forme de l'abjuration et profession de foy, qu'il nous faudra faire icy au nom du roy.

CARDINAL D'OSSAT, *Lettres,* I, 28.

La nature *est* toujours *après à* produire de nouveaux hommes.

MALHERBE, trad. du *Traité des Bienfaits* de Sénèque, I, 1.

... Nous voilà au temps, m'a-t-il dit, que je dois partir pour l'armée. Je *suis après à* m'équiper.

MOLIÈRE, *les Fourberies de Scapin,* II, 8.

On a dit aussi *être après, se mettre après pour* faire une chose.

Et de ce n'en faut douter, et croy que *si me mets après pour* te le prouver, je te le mon̄streray si clairement que tu seras contraint d'accorder mes fins et conclusions.

BERNARD PALISSY, *Des Métaux et Alchimie.*

Lesdicts voleurs ont esté prins, et néanmoins, suivant la façon accoutumée en ce temps de rendre justice à ceulx de la religion, on *est après pour* les sauver.

HENRI IV, *Lettres,* 12 mars 1584.

Enfin on a dit, d'une manière elliptique, *Être après, se mettre après.*

Il leur commanda de leur ordir une pièce de toile ; ces filles *estoient* tout le jour *après.*

AMYOT, trad. de Plutarque : *Vie de Romulus.*

Je ne suis pas résolu d'y aller (au Louvre) que je n'aye fait les vers que le roi m'a commandés ; je *suis après* et ne m'ose présenter à lui que je n'aye satisfait à ce qu'il désire.

MALHERBE, *Lettres à Peiresc,* 23-25 mars 1610.

Être après quelqu'un pour quelque chose, C'est l'en presser.

Je *suis après* mes églises pour leur faire trouver bon d'envoyer une grosse somme de ce qui sera porté à Genève.

HENRI IV, *Lettres,* 1ᵉʳ janvier 1589.

Être après quelqu'un signifie encore S'en occuper, jusqu'à le fatiguer.

Cette mère *est* toujours *après* ses enfants. Cet homme *est* toujours *après* ses valets.

Dictionnaire de l'Académie, 1762.

On dit de même *se mettre après* quelqu'un, pour Le chagriner, le maltraiter.

Ils *se mirent* tous *après* lui.

Dictionnaire de l'Académie, 1835.

Crier après quelqu'un, c'est, au propre, L'appeler, lui adresser la parole à haute voix.

De rechief *criad* Jonathas *après* le vadlet.

Les quatre Livres des Rois, I, xx, 38.

C'est, au figuré, Le maltraiter de paroles, s'emporter contre lui, le blâmer, le quereller, le gronder.

Ce n'est pas tout : les gens d'église, lesquelz *cryoient* le plus *après* les huguenotz et leur guerre, y ont gaigné autant que les autres.

Brantôme, *Grands Capitaines français* : L'admiral
de Châtillon.

Sa Majesté se jouant disoit à Monsieur de Guise, qui sera le premier, qui dira à Montluc ceste nouvelle ? Je ne la luy veus pas dire : ny moy aussi, disoit Monsieur de Guise ; car, comme il l'entendra, il *criera bien après nous.*

Montluc, *Commentaires,* IV.

On dit au même sens *aboyer.*

Nous avons de tous côtés des gens qui *aboyent après nous.*

Molière, *les Fourberies de Scapin,* I, 5.

N'avoir qu'un cri après quelqu'un, se dit Lorsque plusieurs personnes en désirent, en attendent une autre avec beaucoup d'impatience.

On a longtemps attendu après lui, se dit en parlant D'un homme qui s'est fait attendre longtemps. *On n'attend plus qu'après cela pour partir, pour terminer,* etc., se dit en parlant D'une chose sans laquelle on ne peut partir ou achever ce qu'on se propose.

Dans un sens contraire, *n'attendre pas après une chose,* C'est pouvoir s'en passer facilement.

Demander après quelqu'un, C'est s'enquérir de sa présence.

Lors *demanda-t-il après* le roy d'Allemagne son fils et dit : Où est Messire Charles mon fils ?

Froissart, *Chroniques,* I, 1.

Après, précédé de la préposition *de,* exprime un rapport de tendance à imiter une chose qu'on a prise pour modèle, à se conformer à quelque chose, à agir en conséquence.

Ce sont de belles images, mais elles n'ont pas été tirées *d'après* le naturel.

Balzac, *Socrate chrétien* : Discours VII.

J'avois copié mes personnages *d'après* le plus grand peintre de l'antiquité, je veux dire *d'après* Tacite.

J. Racine, *Préface de Britannicus.*

Un auteur né copiste et qui a l'extrême modestie de travailler *d'après* quelqu'un.

La Bruyère, *Caractères :* Des ouvrages de l'esprit.

Un Pamphile... veut être grand, il croit l'être ; il ne l'est pas, il est *d'après* un grand.

Le même, même ouvrage : Des Grands.

Bassesse de dissimulation, point de sentiment à soi et ne penser que *d'après* les autres.

Massillon, *Petit Carême* : Tentations des grands.

C'étoit (le fils de Mme de Sévigné) un bon et honnête homme, mais moins un homme d'esprit que *d'après* un esprit.

Saint-Simon, *Mémoires,* 1713.

(L'Arioste) fut le maître du Tasse. L'Armide est *d'après* l'Alcine.

Voltaire, *Dictionnaire philosophique :* Épopée.

Et quel homme êtes-vous ? — J'aurois peine à le dire,
J'ai fait tant de métiers *d'après* le naturel
Que je puis m'appeler un homme universel.

Regnard, *les Folies amoureuses,* I, 5.

En ce sens, au lieu de *d'après,* on a aussi dit *après.*

... Il (Hérodote) est mis sur les rengs, non seulement par ceux qui l'ont leu en langue estrange, mais par ceux-ci aussi qui ne leurent oncques une seule syllabe de son histoire... Et comment donc en parlent-ils ? *Après des autres,* qui peut-être n'en savent aussi que par ouï-dire.

H. Estienne, *Apologie pour Hérodote,* discours
préliminaire.

La peinture qu'on m'en avoit envoyée n'avoit pas esté tirée *après* le naturel.

Balzac, *Lettres,* XVII, 16.

Les dialogues ne sont donc pas de pures fictions, ce sont des peintures faites *après* nature.

Fleury, *Discours sur Platon,* IV.

Pyrrhon, *après* Homère, comparoit ordinairement les hommes à des feuilles d'arbre qui se succèdent perpétuellement les unes aux autres, et dont les nouvelles prennent la place des vieilles qui tombent.

Fénelon, Vie des anciens philosophes : Pyrrhon.

Mais vous en jugerez après la voix publique.

P. Corneille, le Menteur, I, 2.

O le charmant portrait! l'adorable peinture!
Elle est faite à plaisir. — Après le naturel.

Le même, la Suite du Menteur, II, 6.

Après s'emploie quelquefois adverbialement, par ellipse avec les mêmes sens que la préposition;

1° Marquant, comme elle, un rapport de postériorité quant au temps.

Si détint la ville et le châtel tout l'hiver et l'été après qui fut l'an cinquante neuf.

Froissart, Chroniques, liv. I, part. II, c. 81.

C'estoit la coustume des devins de contempler les entrailles des animaux hors de la présence du roy, et de faire après, leur rapport de ce qu'elles présageoient.

Vaugelas, trad. de Quinte-Curce, Histoire d'Alexandre, VIII.

Nous entrasmes après dans le zodiaque.

Perrot d'Ablancourt, trad. de Lucien, Histoire véritable.

Je veux faire pendre tout le monde, et, si je ne trouve mon argent, je me pendrai moi-même après.

Molière, l'Avare, IV, 7.

... Qu'il dégage sa foi
Et qu'il choisisse après de la mort ou de moi.

P. Corneille, Cinna, III, 5.

Je t'enrichis après des dépouilles d'Antoine.

Le même, même ouvrage, V, 1.

Tu te justifieras après, si tu le peux.

Le même, même ouvrage, ibid.

Lorsque je m'en allai, fut-elle triste après?

Le même, l'École des Femmes, I, 2.

Je vais au rendez-vous: c'en est l'heure à peu près;
Puis je veux m'y trouver, plutôt avant qu'après.

Molière, les Fâcheux, III, 1.

Il me promène après de terrasse en terrasse.

Boileau, Art poétique, 1.

Très souvent, après, pris en ce sens, précède le verbe et même commence la phrase.

Après, par li conseil des Grius et des François, issi l'em-

perérés Alexis à mult grant compaignie de Constantinoble, por l'empire aquirer, et metre en sa volenté.

Villehardouin, Histoire de la conquête de Constantinople.

Après, il mit en la ville de Bouchain trois chevaliers allemands.

Froissart, Chroniques, liv. I, part. I, c. 105.

Abraham étoit sans enfants quand Dieu commença à bénir sa race; Dieu le laissa plusieurs années sans lui en donner. Après, il eut Ismaël, qui devoit être père d'un grand peuple.

Bossuet, Histoire universelle, II, 2.

... Quatre mots seulement :
Après, ne me réponds qu'avecque cette épée.

P. Corneille, le Cid, III, 4.

Quelque temps après, d'abord après, bientôt après, un peu après, sont des manières de parler de grand usage :

Un peu après, la succession d'Attalus, roi de Pergame, qui fit par son testament le peuple romain son héritier, mit la division dans la ville.

Bossuet, Discours sur l'histoire universelle, I, 9.

Et d'abord après, les Allemands à qui on avoit offert des présents, s'en indignèrent.

Montesquieu, Grandeur des Romains, XXVIII.

Bientôt après, les cultivateurs qui avaient payé auparavant des tailles à leurs seigneurs dont ils avaient été serfs, payèrent ce tribut au roi seul dont ils furent sujets.

Voltaire, Essai sur les mœurs : Tailles et monnaies, c. 81.

On dit de même un jour, un mois, un an, etc., après.

Quelques jours après il se parla du mariage du prince de Navarre, qui maintenant est notre brave et magnanime roy, et de moy.

Marguerite de Valois, Mémoires.

... Le cœur tout gonflé d'amertume,
Deux ans encore après j'accouchai d'un posthume.

Regnard, le Légataire universel, III, 6.

Le jour d'après, la semaine d'après, le mois d'après, l'année d'après se disent du jour, de la semaine, du mois, de l'année qui a suivi ou qui suivra immédiatement le jour, la semaine, le mois, l'année dont on vient de parler :

Dix magistrats absolus qu'on créa l'année d'après, sous le nom de décemvirs, rédigèrent les lois des douze tables.

Bossuet, Discours sur l'histoire universelle, I, 8.

Le roi de Suède les rallia *le moment d'après* au milieu de l'eau, aussi aisément que s'il eût fait une revue.

> VOLTAIRE, *Histoire de Charles XII*, l. II.

Quelquefois, dans des phrases de ce genre, au lieu de *d'après* on trouve *après*.

Ce qu'il prononça avec une parolle ferme et assurée, combien qu'il fust fort blessé : aussi mourut-il le *vendredy après*.

> MONTLUC, *Commentaires*, liv. I.

On dit, au jeu, *le coup d'après*, comme dans ces phrases :

Il l'a fait pic, repic et capot *le coup d'après*.
Je céderai la place *le coup d'après*.

Puis après est un pléonasme dont on a usé assez souvent.

Nous disputerons *puis après* si c'est une hérésie.

> H. ESTIENNE, 1ᵉʳ *dialogue du nouveau langage françois italianisé.*

Mais la fortune changea *puis après*.

> BRANTÔME, *Grands Capitaines françois :* Le grand roy François.

Il faut premièrement que vous ayez le fouet pour avoir menti. *Puis après* nous verrons au reste.

> MOLIÈRE, *le Malade imaginaire*, II, 8.

On a dit autrefois *par après, par ci-après, en après*.

Par après :

Ce petit affaire leur apporta *par après* de grands desavantages.

> AGR. D'AUBIGNÉ, *Histoire universelle*, t. II, liv. II, c. 22.

Ainsi Charlemagne se conformant à la loy du royaume, après la mort de Charles son fils aisné, et de Pepin puisné, adjugea la couronne à Loys son troisième fils (qui *par après* fut surnommé le Débonnaire).

> MATTHIEU, *Histoire des derniers troubles de France*, III.

Si nous nous faisions un peu de violence au commencement, nous pourrions *par après* faire toutes choses avec facilité et joye.

> MICH. DE MARILLAC, *Imitation de Jésus-Christ.*

Ceux qui ont été long-temps bons avocats ne sont pas pour cela *par après* meilleurs juges.

> DESCARTES, *Discours de la méthode*, VI.

Et ce premier jour n'eut *par après* que des suites avantageuses et glorieuses à notre France.

> MASCARON, *Oraison funèbre d'Anne d'Autriche*, 2ᵒ part.

J'ai peur si le logis du roi fait ma demeure,
De m'y trouver si bien dès le premier quart d'heure,
Que j'aie peine aussi d'en sortir *par après*.

> MOLIÈRE, *l'Étourdi*, III, 4.

Par ci-après :

Je vous prie... que *par ci-après* vous espargniez davantage mes oreilles.

> H. ESTIENNE, 1ᵉʳ *dialogue du nouveau langage françois italianisé.*

Si j'en use de mesmes avec luy, que j'ay faict avec vous, vous devez croire que j'en feray de mesme avec tous ceux qui *par cy après* le meriteront.

> D'URFÉ, *l'Astrée*, 1ʳᵉ part., liv. IX.

En après :

En après ledit comte remercia très-grandement tous ses hommes pour la bonne volonté dont il les vit.

> FROISSART, *Chroniques*, liv. I, part. I, c. 101.

En après, lendemain du jour Saint-Eloy, le roy, qui avoit recouvré santé, fut en personne audit conseil.

> MONSTRELET, *Chronique.*

Or l'accomplissement... gist en ces deux articles ; que que nous aimions le Seigneur Dieu de tout nostre cœur, de toute nostre âme, et de toutes nos forces : *en après*, nostre prochain comme nous mesmes.

> CALVIN, *Institution chrestienne*, liv. II, c. 8, § 51.

Aussi remeit-on lors l'ancienne dignité de patrice ou pairrie en avant, qui estoit tant respectée premièrement par les empereurs et *en après* par nos roys de la première et seconde lignée.

> EST. PASQUIER, *Recherches de la France*, II, 10.

2ᵒ Marquant un rapport de postériorité quant à l'ordre, dans un sens physique :

Les Doryphores venoient *après*.

> VAUGELAS, trad. de Quinte-Curce, *Histoire d'Alexandre*, liv. III.

Alez devant, g'irai *après* ;
Sachiez je vos sieuré de près.

> *Roman du Renart*, v. 2743.

Ensamble i vunt ne targent mès,
La dame avant è cele *après*.

> MARIE DE FRANCE, *Loi de Gugemer*, v. 293.

Dans un sens moral :

C'est ma vie et mon unique plaisir que le commerce que j'ai avec vous ; toutes choses sont ensuite bien loin *après*.

> Mᵐᵉ DE SÉVIGNÉ, *Lettres* ; à Mᵐᵉ de Grignan, 20 janvier 1672.

Les grands corps s'attachent toujours si fort aux minuties, aux vains usages, que l'essentiel ne va jamais qu'*après*.

MONTESQUIEU, *Lettres persanes*.

3° Marquant un rapport de tendance dans ces
expressions *aller après, courir après,* et autres
analogues ;

Dans un sens physique :

Son seigneur *ala après* et la ramena et luy dist que ma-
lement avoit tenu son commandement.

LE CHEVALIER DE LA TOUR LANDRY, *le Livre pour
l'enseignement de ses filles*, c. 62.

Alors tous gagnarent la porte et se mirent en fuitte crians,
si estounez qu'ils sautoient les degrez sans conter. Je voulois *aller après*, les tuer : mais Monsieur de Burie et son
nepveu me tindrent, que je ne peus eschaper.

MONTLUC, *Commentaires*, liv. V.

Le cardinal (de Bouillon) fit *courre après*, et sut cette
terrible mort (de Turenne).

Mᵐᵉ DE SÉVIGNÉ, *Lettres* ; à Mᵐᵉ de Grignan, 2 août 1675.

Dans un sens moral :

Pardonnez-moy donc si je recherche de nouveau vostre
entretien, comme ceux qui sont mordus des dipsades ont
recours à l'eau, et si je me plonge dans la source. Dieu
veuille qu'elle ne tarisse jamais, et que je ne demeure pas
baillant *après* comme un Tantale.

PERROT D'ABLANCOURT, trad. de Lucien : *Des Dipsades*.

Les honneurs vont chercher l'homme sage qui les mérite
et les fuit, et fuyent l'homme vendu à l'iniquité qui court
après.

MASSILLON, *Petit Carême* : Exemples des Grands.

On a dit familièrement *aller, courir après à*
quelqu'un.

Pensez à cette ingratitude que, Dieu *vous ayant* toujours
couru après pour vous sauver, vous avez toujours fuy devant luy pour vous perdre.

SAINT FRANÇOIS DE SALLES, *Introduction à la vie dévote*.

Il y eut une de ses compagnes qui, me voyant ainsi res-
ver, s'en vint à moy, et me faisant la mouche, me passa
deux ou trois fois la main devant les yeux, et puis se mit à
courre, comme presque me conviant à *luy aller après*.

D'URFÉ, *l'Astrée*, Iᵉʳ part., liv. VIII, p. 402.

APRÈS est aussi, quelquefois, une manière de
questionner, ou d'engager ceux qui suspendent
leur récit à le continuer. En ce sens, il est synonyme de Ensuite.

Qu'est-ce qu'il lui disoit? — Il lui disoit je ne sais combien de choses. — Et quoi encore? — Il lui disoit tout-ci,
tout-çà, qu'il l'aimoit bien, et qu'elle étoit la plus belle du
monde. — *Et puis après?* — Et puis après il se mettoit à
genoux devant elle. — *Et puis après?* — Et puis après il
lui baisoit les mains. — *Et puis après?* — Et puis après,
ma belle-maman est venue à la porte, et il s'est enfui.

MOLIÈRE, *le Malade imaginaire*, II, 11.

APRÈS TOUT, locution adverbiale. On l'emploie
à peu près dans le même sens que Cependant,
Tout bien considéré, En dernier résultat.

Mais cette vieillesse dans Homère, *après tout*, c'est la
vieillesse d'Homère.

BOILEAU, trad. du *Traité du sublime*, VII.

Il est tard, *après tout*, de m'en vouloir dédire.

P. CORNEILLE, *Cinna*, I, 2.

... La reine *après tout*,
Sachant ce que je puis, me pousse trop à bout.

LE MÊME, *Nicomède*, II, 3.

Savez-vous, *après tout*, de quoi je suis capable?

MOLIÈRE, *le Tartufe*, III, 6.

Pensez-vous qu'*après tout* ses mânes en rougissent?

J. RACINE, *Andromaque*, III, 8.

Que m'importe, *après tout*, que Néron plus fidèle
D'une longue vertu laisse un jour le modèle?

LE MÊME, *Britannicus*, I, 1.

APRÈS COUP, locution adverbiale. Trop tard et
après qu'une chose est faite, est arrivée.

Vous voulez produire des pièces quand votre procès est
jugé ; c'est venir *après coup*.

Dictionnaire de l'Académie, 1762.

CI-APRÈS, locution adverbiale. Ensuite, plus
loin. Il s'emploie particulièrement dans un discours, dans un écrit pour indiquer, pour annoncer quelque chose qu'on doit dire dans la
suite.

La parole du chevalier ne fut mie ouïe ni crue bien à
point, dont il leur mésavint, si comme vous orrez *ci-après*.

FROISSART, *Chroniques*, liv. I, Iʳᵉ part., c. 137.

Comme il sera dit *ci-après*.

Dictionnaire de l'Académie, 1694.

Il n'est guère usité que dans le style didactique
et dans la pratique.

APRÈS-DEMAIN, adverbe de temps servant à désigner le second jour, après celui où l'on est :

Aujourd'hui on bat des mains, demain on se refroidit, *après-demain* on lapide.

VOLTAIRE, *Lettres*, 11 mars 1752.

Il s'emploie quelquefois substantivement :

Il doit revenir *après-demain*.

Dictionnaire de l'Académie, 1694.

APRÈS-MIDI, s. f. (plusieurs le font masculin). La partie du jour qui est depuis le midi jusqu'au soir.

Faire *l'après-midi* mille dépenses folles.

BOISSY, *les Dehors trompeurs*, II, 10.

APRÈS-DÎNÉE, s. f. L'espace de temps qui s'écoule depuis le dîner jusqu'au soir :

On vous prie de passer *l'après-dinée* en un tel lieu. Je n'ai point d'affaire cette *après-dinée*.

Dictionnaire de l'Académie, 1694.

Mon père, pour les consolations que vous m'avez données ceste *après-disnée*, voyla deux escuz que je vous donne.

LA REINE DE NAVARRE, *Heptameron*, XV.

Le navire fut desfaict en une *après-dinée*.

BRANTÔME, *Grands Capitaines françois* : Le connétable Anne de Montmorency.

Cette œuvre donc (ses mémoires) d'une *après-disnée* ira vers vous comme le petit ours, lourde masse et difforme, pour y recevoir sa formation.

MARGUERITE DE VALOIS, *Mémoires*.

Ne mettons pas notre félicité dans une chose qui est ce matin à nous, et qui pourra être à notre ennemi cette *après-dinée*.

BALZAC, *Entretiens*, XXII.

Le parlement s'assembloit reglement tous les matins, et quelquefois même les *après-dinées*.

LE CARDINAL DE RETZ, *Mémoires*, II.

L'après-dinée m'a semblé fort longue. — Et moi je l'ai trouvée fort courte.

MOLIÈRE, *la Critique de l'École des femmes*, sc. 1.

Pour les *après-dinées*, je les livrois totalement à mon humeur oiseuse et nonchalante, et à suivre sans règle l'impulsion du moment.

J.-J. ROUSSEAU, *les Confessions*, II, 12.

Plusieurs écrivent *après-dîné* ou *après-dîner*, et font ce mot masculin.

Le reste de *l'après-dîner* se passa en conversation.

SCARRON, *Roman comique*, I, 23.

Je passai dernièrement un *après-dîner* avec la marquise de Saint-Martin.

BUSSY-RABUTIN, *Lettres*; à Mme de Sévigné, 1er mai 1672.

J'ai destiné une partie de cet *après-dîner* à vous écrire.

Mme DE SÉVIGNÉ, *Lettres*; à Mmb de Grignan, 27 avril 1671.

La cour, pleine de créanciers le matin, se remplissoit de carrosses *l'après-dîner*; on soupoit gaiement et on jouoit toute la nuit.

HÉNAULT, *Mémoires*, c. X.

APRÈS-SOUPÉE, s. f. Le temps qui s'écoule depuis le souper jusqu'au coucher.

L'après-soupée se passa en jeu, en conversation.

Mme DE SÉVIGNÉ, *Lettres*; à Mme de Grignan, 6 août 1680.

Si je ne vous croyois l'âme trop occupée,
J'irois parfois chez vous passer *l'après-soupée*.

MOLIÈRE, *l'École des Maris*, I, 4.

Plusieurs écrivent *après-soupé* ou *après-souper*, et font ce mot masculin.

On a résolu qu'elle ne sera point des *après-soupers*.

Mme DE SÉVIGNÉ, *Lettres*; à Bussy, 25 novembre 1655.

A PRIORI. Voyez *Priori*.

A PROPOS. Voyez PROPOS.

APSIDE, ABSIDE, s. f. Terme d'Architecture (du latin *absida* ou *apsis*, et, par ces mots, du grec ἀψίς, voûte).

Dans un sens général, où il est peu usité : voûte, arche, niche, partie circulaire.

Dans un sens particulier, Le sanctuaire d'une église. Cette partie du chœur où le clergé se rangeait autrefois en cercle, à droite et à gauche de l'évêque.

Les prêtres remplirent le demi-cercle de *l'abside*.

CHATEAUBRIAND, *les Martyrs*, 11.

Communément, La partie d'une église située derrière le maître-autel, où les trois nefs sont ordinairement rompues pour faire place à une seule coupole.

APSIDES, s. m. pl. Terme d'Astronomie (du grec ἀψίδες, pluriel de ἀψίς).

Les deux points de l'orbite d'une planète dans lesquels elle se trouve, soit à la plus grande, soit à la plus petite distance du soleil ou de la terre. Les *apsides* de la lune.

APTE, adjectif des deux genres (du latin *aptus*). On l'a écrit, dans les anciens temps de la langue ᴀᴀᴛᴇ, ᴀᴛᴇ. (Voyez le *Glossaire* de Sainte-Palaye.)

ᴀᴘᴛᴇ exprime un rapport de convenance, et se construit, au moyen de la préposition *à*, avec des noms de chose ou de personne et avec des verbes à l'infinitif.

Avec des noms de chose :

Tu me confesseras aisément que toutes cendres sont *aptes* à la buée.

B. Pᴀʟɪssʏ, *Récepte véritable.*

La femme est devant et plustost *apte à* génération que l'homme selon l'opinion des philosophes naturels.

Aɴᴛʜᴏɪɴᴇ Dᴜᴠᴇʀᴅɪᴇʀ, *Les diverses leçons*, c. 34.

Avec des noms de personne :

Restoit seullement trouver habillements *aptes aux* personnages.

Rᴀʙᴇʟᴀɪs, *Pantagruel*, IV, 13.

Avec des verbes à l'infinitif.

Il (le corps) est plus *apte* et plus propre *à* supporter les douleurs et les labeurs que non pas à jouir des délices et voluptés.

Aᴍʏᴏᴛ, trad. de Plutarque, *Œuvres morales.*

Elle (la royne de Navarre) ne sauroit tirer de son païs mille soldats, qui soient *aptes à* combattre.

Mᴏɴᴛʟᴜᴄ, *Mémoires pour les affaires de Gascogne.*

Les langues ne sont nées d'elles-mesmes en façon d'herbes, racines et arbres : les unes infirmes et débiles en leurs espèces, les autres saines et robustes et plus *aptes à* porter le faiz des conceptions humaines.

Dᴜ Bᴇʟʟᴀʏ, *Deffence et illustration de la langue françoyse*, I, 5.

On a dit *apte pour* :

Doncques est-ce chose desnaturelle et contre bonne police quant ceulx qui sont serfs de nature sont faiz esgualz à ceulx qui sont nez et *aptes pour* estre seigneurs.

Oʀᴇsᴍᴇ, *Le premier livre de Politiques*, c. 6, fᵗ XII, v°.

Enfin ᴀᴘᴛᴇ s'est employé quelquefois absolument, dans le sens de Convenable.

III.

Le terme susdict expiré, n'auront lieu tant *apte*, ne arbre tant commode (pour se pendre).

Rᴀʙᴇʟᴀɪs, *Pantagruel*, ancien prologue du l. IV.

Tous les exemples précédemment cités du mot ᴀᴘᴛᴇ sont antérieurs au xviiᵉ siècle. Il est noté comme inusité dans la première édition du *Dictionnaire de l'Académie*, en 1694. Omis dans les éditions de 1718 et 1740, il reparaît dans l'édition de 1762. Il n'a longtemps été usité que dans ces locutions de palais, dont la première a vieilli ; *Apte et idoine, apte à posséder;* c'est à ce titre seulement qu'il figure dans l'édition de 1835, mais il est indiqué dans celle de 1878, comme susceptible d'un sens plus étendu.

APTITUDE, s. f. (du français *apte*).
Disposition naturelle ou acquise à quelque chose.

On dit ᴀᴘᴛɪᴛᴜᴅᴇ à une chose :

Il s'exercita principalement à l'éloquence, surmontant par soing, labeur et diligence, ceulx qui de nature y avoient plus d'*aptitude* que luy.

Aᴍʏᴏᴛ, trad. de Plutarque, *Vie de Crassus*, 5.

On juge des personnes par l'*aptitude* qu'elles peuvent avoir *aux* sciences.

Bᴏᴜʜᴏᴜʀs, *Nouvelles Remarques.*

Le lama ressemble au chameau par la douceur du naturel, par l'esprit de servitude, par la sobriété, par l'*aptitude au* travail.

Bᴜꜰꜰᴏɴ, *Histoire naturelle : Le Lama.*

Aptitude à faire une chose :

... Luy remonstrant que cela sembloit bien un peu estrange de prime face quant à l'opinion des hommes ; mais quant à la nature, qu'il estoit honneste, et utile à la chose publicque, qu'une belle et honneste jeune femme, en la fleur de son aage, ne demeurast point oiseuse, laissant esteindre son *aptitude* naturelle *à* concevoir.

Aᴍʏᴏᴛ, trad. de Plutarque, *Vie de Caton d'Utique*, c. 8.

On appelle génie d'une langue, son *aptitude à* dire, de la manière la plus courte et la plus harmonieuse, ce que les autres langages expriment moins heureusement.

Vᴏʟᴛᴀɪʀᴇ, *Dictionnaire philosophique : Langues.*

Le goût est une *aptitude à* bien juger des objets de sentiment.

Vᴀᴜᴠᴇɴᴀʀɢᴜᴇs, *Introduction à la connoissance de l'esprit humain*, I, 12.

La présence d'esprit se pourroit définir une *aptitude à* profiter des occasions pour parler ou pour agir.

VAUVENARGUES, *Introduction à la connoissance de l'esprit humain*, 1, 19.

Ces matières nous décèlent leur nature commune par leur *aptitude à* se réduire immédiatement en verre.

BUFFON, *Histoire naturelle*.

Nous recevons en naissant une *aptitude* plus ou moins prochaine à devenir vertueux, un penchant plus ou moins fort pour les choses honnêtes.

BARTHÉLEMY, *Voyage d'Anacharsis*.

Aptitude pour une chose :

Quand il ne fut plus, je fus bien forcé de prendre sa place, *pour* laquelle j'avois aussi peu d'*aptitude* que de goût.

J.-J. ROUSSEAU, *les Confessions*, I, 5.

On a dit quelquefois que les Genevois avaient de l'esprit, du mérite, de l'*aptitude pour* les arts et le commerce ; mais il s'en faut bien qu'ils aient la réputation des vertus que M. Rousseau leur suppose.

GRIMM, *Correspondance*, 15 février 1759.

Aptitude pour faire une chose :

L'alouette huppée a une singulière *aptitude pour* apprendre en peu de temps à chanter un air qu'on lui aura montré.

BUFFON, *Histoire naturelle*.

Dans les passages suivants, APTITUDE est construit, au moyen de la préposition *de*, avec un nom, et avec un verbe à l'infinitif ;

Avec un nom :

Son fils (de Chamillart) parut tout consolé, moins sensible à une chute qui le mettoit en poudre qu'à la délivrance d'un travail *dont* il n'avoit ni le goût ni l'*aptitude*.

SAINT-SIMON, *Mémoires*, 1709.

Avec un verbe à l'infinitif :

... Ni étude (l'abbé de Mailly), ni savoir d'aucune espèce, ni *aptitude* ni volonté *d'*en acquérir.

SAINT-SIMON, *Mémoires*, 1719.

APTITUDE se prend quelquefois absolument :

Et pour ce se l'ung est seigneur et l'autre est serf mauvaisement, c'est assavoir contre leur *aptitude* et habilité qu'ilz ont de nature.

ORESME, *Le premier livre de Politiques*, c. 6, f' XII, r°.

C'est le génie, cette *aptitude* que rien ne peut remplacer et qui tient lieu de tout, qui a produit le grand Corneille.

GRIMM, *Correspondance*, 15 janvier 1754.

Dans la détermination de ce droit la Charte ne consi dère évidemment que l'*aptitude* personnelle.

ROYER-COLLARD, *Discours :* Sur la loi des Élections, 26 décembre 1816.

La plupart des objections ne s'adressent qu'à la liberté de la presse... d'autres sont dirigées contre le jury luimême dont elles récusent l'*aptitude*.

LE MÊME, *Discours :* Sur la loi de la Presse, 18 décembre 1817.

Il est à craindre que l'impression que le monde a reçue de la grande dévotion de monseigneur le duc de Bourgogne, ne continue à lui persuader que ce prince ne juge de l'*aptitude*, et de la capacité même, des hommes que par ce qu'il leur croit de piété.

SAINT-SIMON, *Mémoires*, 1710.

Jamais notre variété ne reconnaîtra à un homme, même de génie, deux *aptitudes*.

CHATEAUBRIAND, *Mémoires d'outre-tombe*.

Certificat d'aptitude est une expression usitée dans le langage administratif.

Le mot *aptitude,* d'un usage général aujourd'hui, a suivi la fortune du mot *apte*. Noté comme vieilli, ou omis, dans les anciennes éditions du *Dictionnaire de l'Académie*, il n'est donné dans celle de 1835 qu'avec restriction, comme n'étant guère d'usage qu'en parlant de la disposition aux arts et aux sciences.

On a dit APTEMENT pour Avec aptitude.

Si par ces termes entendez les calumniateurs de mes escripts, plus *aptement* les pourrez vous nommer diables, car en grec calumnie est dite diabole.

RABELAIS, *Pantagruel*, ancien prologue du liv. IV.

APTÈRE, adjectif des deux genres (du grec ἄπτερος, formé de *a* privatif et πτερόν, aile).

Sans ailes.

Il se dit, en termes d'Histoire naturelle, Des insectes sans ailes, tels que les fourmis, les puces, les scorpions, etc. *Les insectes aptères.*

On l'emploie aussi substantivement, l'*ordre des aptères*.

Plusieurs naturalistes classent les insectes en tétraptères, qui ont quatre ailes nues, comme les abeilles ; en diptères ou à deux ailes nues, comme les mouches communes, et en *aptères* ou sans ailes, comme les fourmis.

BERNARDIN DE SAINT-PIERRE, *Études de la nature*, XI.

Aptère est aussi terme d'Archéologie. La Victoire sans ailes, la Victoire *Aptère* avait un temple à Athènes. *Le temple de la Victoire Aptère.*

APURER, v. a.

Terme de Finance. S'assurer, par un examen définitif, que toutes les parties d'un compte rendu sont en règle, qu'il n'y a plus d'articles en souffrance, et que le comptable doit être déclaré quitte.

Le compte de l'Épargne a été rendu et on travaille à l'*apurer ;* ce comptable aura bien de la peine à faire *apurer* ses comptes.
Dictionnaire de l'Académie, 1694.

Il est fait de cette expression un usage figuré dans le passage suivant :

Il croit vous redevoir, pour *apurer son compte,*
L'histoire du départ, des malles, des adieux.
Delille, *la Conversation,* I.

Apuré, ée, participe. *Compte apuré.*

APUREMENT, s. m. (d'*apurer*).

Terme de Finance. Vérification définitive d'un compte rendu, d'après laquelle le comptable est reconnu quitte. *L'apurement d'un compte.*

APYRE, adjectif des deux genres (du grec ἄπυρος, formé de *a* privatif et de πῦρ, feu).

Terme de Minéralogie et de Chimie. Il se dit des substances minérales qui résistent à l'action du feu, qui sont infusibles.

Le cristal de roche est une pierre *apyre*, est *apyre*.
Dictionnaire de l'Académie, 1835.

AQUARELLE, s. f. (de l'italien *acquarella*, lavis, détrempe ; diminutif de *acqua*, et, par ce mot, du latin *aqua*).

Dessin au lavis, dans lequel on emploie différentes couleurs transparentes. *Une jolie aquarelle. Une collection d'aquarelles.*

AQUA-TINTA, s. f. (mot emprunté de l'italien *acqua-tinta*).

Espèce de gravure à l'eau-forte, imitant les dessins au lavis.

On dit aussi quelquefois *aqua-tinte.*

AQUATIQUE, adjectif des deux genres (du latin *aquaticus*).

On a dit aussi aquatil, ale, quatile (du latin *aquatilis*). Voyez les lexiques de Robert Estienne, Nicot, Richelet, etc.

Plein d'eau, marécageux.

Que le lieu ne soit *aquatique*... parce que l'eau pourriroit les greffes.
Olivier de Serres, *Théâtre d'agriculture,* VIᵉ lieu, c. 22.

On l'a dit du Vent qui amène la pluie.

Vent *aquatique* et pluvieux.
Robert Estienne, *Dictionnaire françois-latin.*

AQUATIQUE se dit aussi de ce qui croît, de ce qui se nourrit dans l'eau.

Les animaux, tant terrestres qu'*aquatiques* et volatilles, ont donné aux hommes la cognoissance de la mutation du temps.
A. Paré, *Introduction à la cognoissance de la chirurgie,* II, 2.

Qu'aux lieux plus bas soient les estangs, saussaies, peuplaies, tremblaies, aunaies, auzeraies, et semblables bois *aquatiques.*
Olivier de Serres, *Théâtre d'agriculture,* Iᵉʳ lieu, c. 4.

Des marécages qui, couverts de plantes *aquatiques* et fétides, ne nourrissent que des insectes vénéneux et servent de repaire aux animaux immondes.
Buffon, *Histoire naturelle :* La nature sauvage.

Notre lac ne nourrit que des oiseaux ou de rivage ou tout à fait *aquatiques ;* et non point des oiseaux de marais.
Saussure, *Voyage dans les Alpes,* t. I, Iʳᵉ part., c. 1.

A cet emploi du mot aquatique se rapportent des expressions telles que : *dieux aquatiques, peuple aquatique, république aquatique,* etc., que donnent les exemples suivants :

... Mais nul *dieu aquatique*
A son prier n'a l'oreille inclinée.
Ch. Marot, *Histoire de Leander et Hero.*

On le crut. Le *peuple aquatique*
L'un après l'autre fut porté.
La Fontaine, *Fables,* X, 5 : les Poissons et le Cormoran.

La *république aquatique*
Pourroit bien s'en ressentir.
Le même, *Fables,* XII, 24.

Un jour il contéroit à ses petits-enfants
La beauté de ces lieux, les mœurs des habitants ;
Et le gouvernement de la chose publique
Aquatique......
　　　　　　　LA FONTAINE, *Fables*, IV, 11.

D'AQUATIQUE Scarron a tiré l'adverbe
AQUATIQUEMENT.

Quantité d'oiseaux aquatiques
Sur ces rivages pacifiques
Voloient, nageoient joyeusement,
Et chantoient *aquatiquement*.

AQUEDUC (du latin *aquæductus*, conduit pour les eaux ; formé de *aqua*, eau, et *ductus*, conduit).

On l'a écrit, conformément à l'étymologie, *aqueduct*. Voyez les exemples ci-après. Canal construit de pierre ou de brique pour conduire l'eau d'un lieu à un autre, malgré l'inégalité du terrain.

Aqueducs, sont les conduits d'eau, pour lesquels les antiques faisoyent plusieurs arcades pour conduire les eaux.
　　BERNARD PALISSY, *Explications des mots les plus difficiles*.

Je ne demande point de meilleur tesmoignage que le pont du Gua (Gard), qui est en Languedoc, lequel a esté fait expressément pour porter l'*aqueduc* qui traversoit la vallée entre deux montaignes, afin d'amener l'eau de dix lieües distant de la ville de Nimes.
　　　　　LE MÊME, *Des eaux et fontaines*.

Sur ces colonnes sont de grandes terrasses, ou plateformes pavées de pierres plates ou quarrées, où l'on a jeté force bonne terre qu'on arrose par des pompes et des *aqueducts* secrets.
VAUGELAS, trad. de Quinte-Curce, *Histoire d'Alexandre*, V.

AQUEDUC s'est employé par analogie, dans le langage des anatomistes, pour désigner certains conduits du corps.

Aqueduc de Silvus. Aqueduc du vestibule, du limaçon (parties de l'oreille).

A cet emploi figuré, en même temps que technique, du mot *aqueduc* peut se rapporter celui qui en est fait fréquemment par Bernardin de Saint-Pierre, dans des passages tels que le suivant :

Quand la nature veut rendre les plantes aquatiques

susceptibles de végéter sur les montagnes, elle donne des *aqueducs* à leurs feuilles.
　　BERNARDIN DE SAINT-PIERRE, *Études de la nature*, XI.

AQUEUX, EUSE, adj. (du latin *aquosus*, et par ce mot, de *aqua*).

Qui est de la nature de l'eau.

La cause que le saphir est transparent et diafane, c'est parce qu'il a été formé de matières *aqueuses*, pures et nettes.
　　　　BERNARD PALISSY, *Des Pierres*.

Ceux qui ont le cœur chaud et le sang *aqueux*.
　　　A. PARÉ, *Introduction à la cognoissance de la chirurgie*, II, 10.

Le premier humeur de l'œil est appelé *aqueux*, pour la similitude qu'il a avec l'eau.
　　　　LE MÊME, même ouvrage, IV, 6.

La partie *aqueuse* du sang se dissipe beaucoup par la transpiration.
　　MONTESQUIEU, *Esprit des Lois*, XIV, 10.

L'organe de la vue ordonné principalement pour le soleil est un corps qui lui est opposé, en ce qu'il est presque entièrement *aqueux*.
　　BERNARDIN DE SAINT-PIERRE, *Études de la nature*, X.

AQUEUX se dit aussi de ce qui contient beaucoup d'eau.

Il y a des secours innocents pour soutenir l'estomac contre la fadeur des boissons *aqueuses ;* la sauge, par exemple, et la véronique leur donnent un goût délectable.
　　　　LE SAGE, *Gil Blas*, II, 3.

L'hémisphère austral a été de tout temps, comme il l'est encore aujourd'hui, beaucoup plus *aqueux* et plus froid que le nôtre.
　　　　BUFFON, *Époques de la nature*.

Les fruits *aqueux* et rafraîchissants ne paraissent que pendant la saison des chaleurs.
　　BERNARDIN DE SAINT-PIERRE, *Études de la nature*, X.

AQUILIN, adj. m. (du latin *aquilinus*, et par ce mot, d'*aquila*, aigle).

Il n'est usité que dans cette locution *nez aquilin*, nez courbé en bec d'aigle.

Le nez poinctu et *aquilin*.
　　　　RABELAIS, *Pantagruel*, V, 39.

Gryphos, c'est-à-dire ayant nez *aquilin*.
　　AMYOT, trad. de Plutarque, *Vie de Pyrrhus*, 1.

Outre un teint olivâtre, elle avoit un menton pointu et relevé avec des lèvres fort enfoncées, un grand nez *aquilin* lui descendoit sur la bouche, et ses yeux paroissoient d'un très beau rouge pourpré.

LE SAGE, Gil Blas, I, 4.

AQUILON, s. m. (du latin *aquilo*).
Le vent du nord.

Il le renverse comme le cruel *aquilon* abat les tendres moissons qui dorent les campagnes.

FÉNELON, Télémaque, XV.

D'un souffle l'*aquilon* écarte les nuages,
Et chasse au loin la foudre et les orages.

J. RACINE, Esther, III, 3.

Tout vous est *aquilon*, tout me semble zéphir.

LA FONTAINE, Fables, I, 22.

Poétiquement. Les *aquilons*, se dit de tous les vents froids et orageux.

Cette mélodie est-elle le soupir de la brise que j'entendais dans les savanes des Florides,.... est-ce là plainte lointaine des *aquilons*, qui me berçaient sur l'océan?

CHATEAUBRIAND, Mémoires d'outre-tombe.

Jamais faible vaisseau de-çà de-là porté
Par les fiers *aquilons* ne fut plus agité.

DESPORTES, Élégies.

Les plus fiers *aquilons* se changent en zéphirs.

RACAN, Épigrammes et Chansons : Pour un marinier.

D'haleine en le suivant manquent les *aquilons*.

LA FONTAINE, Adonis.

Sommes-nous, dit-il, en Provence?
Quel amas d'arbres toujours verts
Triomphe ici de l'inclémence
Des *aquilons* et des hivers?

LE MÊME, Psyché, I.

Un rocher........
Défend aux *aquilons* d'en troubler le repos.

VOLTAIRE, Henriade, 1.

L'Aquilon se dit quelquefois pour le Nord.

Ils ont ouvert la porte à tous les barbares : ils ont honteusement acheté la paix, soit des Goths, soit des Vandales, soit des autres peuples de l'*Aquilon*, d'où tout le mal devoit venir dans le monde.

BALZAC, Aristippe, discours V.

Du sud à l'*aquilon*, de l'aurore au couchant.

LAMARTINE, Méditations, I, 1.

Les Dictionnaires de Nicot et de Monet donnent l'adjectif AQUILONIEN, celui de Furetière, l'adjectif AQUILONAIRE.

ARA, s. m.
Terme d'histoire naturelle. Gros perroquet à longue queue, dont le plumage est fort beau, appelé en guarani *Araraca*.

Il n'y a point, aux Antilles, de spectacle plus brillant que de voir des compagnies d'*aras* s'abattre au sommet d'un palmiste.

BERNARDIN DE SAINT-PIERRE, Études de la nature, XI.

ARABE, s. m.
Il signifie quelquefois, dans le langage familier, Un homme qui prête son argent à un intérêt exorbitant, ou qui vend excessivement cher, ou qui exige avec trop de dureté ce qu'on lui doit.

Il y a ici un avocat, banquier en cour de Rome, nommé Cousturier; c'est le plus grand *arabe* du monde, mais il est habile et en réputation.

TALLEMANT DES RÉAUX, Historiettes ; Autres arabes.

J'ai été chez plusieurs de vos confrères; mais tous ceux que j'ai vus jusqu'à présent sont des *arabes*, des juifs, pardonnez-moi le terme... les uns m'ont demandé des remises considérables... d'autres m'ont refusé tout net.

SEDAINE, le Philosophe sans le savoir, V, 4.

Endurcis-toi le cœur, sois *arabe*, corsaire.

BOILEAU, Satires, VIII

De tout le Parlement c'est le plus grand *arabe*.

BOURSAULT, le Mercure galant, V, 7.

Ah! Monsieur, ces commis sont de terribles gens,
Les juifs, tout juifs qu'ils sont, sont moins durs, moins
[*arabes*.

REGNARD, les Ménechmes, I, 11.

ARABE s'emploie comme adjectif des deux genres. *La langue arabe. Cheval arabe. Architecture arabe. Chevaux arabes. Chiffres arabes*, les chiffres en usage dans notre système de numération, c'est-à-dire 0, 1, 2, 3, 4, 5, 6, 7, 8, 9.

ARABESQUE, adj. des deux genres (de l'italien *arabesco*).
Synonyme d'*Arabe*, employé adjectivement.

On a dit *langue arabesque, écriture arabesque,* et, par ellipse *l'arabesque.*

J'avois plus de six ans avant que j'entendisse non plus de françois ou de périgourdin que d'*arabesque.*

MONTAIGNE, *Essais.*

ARABESQUE se dit d'un genre d'architecture que les Arabes introduisirent en Europe au moyen âge, et qui consiste à n'admettre dans les ornements et la décoration que des imitations de plantes et de feuillages, parce que la loi de Mahomet défend toute représentation de figures d'hommes et d'animaux. *Architecture arabesque. Le génie, le style arabesque. Ornements arabesques.*

Cette architecture, que nous nommons gothique, est effectivement *arabesque.*

FLEURY, *Du Choix des études,* c. 14.

ARABESQUES, s. f. pl.

Terme de Peinture et de Sculpture. Sortes d'ornements dont on attribue l'invention aux Arabes, mais qui furent employés par les anciens, et qui consistent en des entrelacements de feuillages, de fruits, de fleurs, d'animaux, etc., assemblés, le plus ordinairement d'une manière fantasque, sans autre dessein que celui de former un enchaînement agréable à l'œil.

Il y a dans son cabinet des armes sur lesquelles il y a des *arabesques* qui sont admirables.

Dictionnaire de l'Académie, 1694.

ARABIQUE, adj. des deux genres.

Qui est d'Arabie, en parlant des choses.

Et le chevetaine de celle court est appelé rays en lor langage *arabic.*

Assises de Jérusalem, I, 26.

Le dit homme apporte lettres escriptes en langaige *arabique,* lesquelles on a envoyé par poste à Romme pour les translater.

HANNART, *Lettre,* 26 avril 1524. (Voy. CHARRIÈRE, *Négociations de la France dans le Levant,* t. I, p. 151.)

Les Français étaient maîtres du fleuve du Sénégal, qui est une branche du Niger; ils y avaient des forts, ils y faisaient un grand commerce de dents d'éléphants, de poudre d'or, de gomme *arabique,* d'ambre gris, et surtout de Nègres.

VOLTAIRE, *Précis du siècle de Louis XV,* c. 35.

ARABLE, adj. des deux genres (du latin *arabilis* et, par ce mot, de *arare*). Labourable.

Les habitants de cette vallée sont très actifs et très industrieux et ils ont besoin de l'être... quoiqu'ils ayent des bois, des pâturages, et même quelques terres *arables.*

SAUSSURE, *Voyages dans les Alpes,* c. 16.

Vignes aussi et les terres *arables*
Moulins tournans, beaux plains à regarder.

EUSTACHE DESCHAMPS, *le Bois de Vincennes.*

On a dit autrefois *araule.*

En cens, en rentes, en terres *araules.*

Charte de 1317. (Voyez DU CANGE, *Glossaire :* Aralia.)

ARATOIRE, adj. des deux genres (du latin *aratorius* et, par ce mot, de *arare*).

Qui sert, qui appartient au labourage : *L'art aratoire. Les instruments aratoires, les travaux aratoires.*

Bœufs *aratoires* et chevaux domptés n'ont point de carnelage (tribut en viande payé par les bouchers au seigneur).

Coutumier général.

Le propriétaire fournit à ses dépens les bestiaux de labour, les charrues et autres outils *aratoires.*

TURGOT, *Réflexions sur la formation des richesses,* § 27.

Au mot latin *arare,* auquel remontent ARABLE et ARATOIRE, se rattachaient encore d'autres mots usités dans notre vieille langue, comme

ARER, labourer.

Hélyes mut d'iloc, e truvad Hélisen, le fiz Saphath, *arant.*

Les quatre Livres des Rois, III, XIX, 19.

ARAIRE, ARERE, AREYRE, AREAU, AYREAU. (Voyez le *Glossaire* de Du Cange.)

Icellui (Dupont) tenant en sa main une petite cognée, dont il appareilloit son *araire.*

Texte du XVe siècle. (Voyez DU CANGE, *Glossaire :* Arar.)

Bien qu'au cours du labourage deux de telles bestes ou davantage, soient mises au coutre, en cest affaire des semences une seulle y suffit, tirant gaiement le soc ou la herce, avec une sorte d'*araire* que les Provençaux, Dauphinois, et ceux de Languedoc appellent Fourquat.

OLIVIER DE SERRES, *Théâtre d'agriculture,* IIe lieu, c. 4.

Le même écrivain donne un mot provincial, voisin du latin *aratrum,* dans le passage suivant :

> Les gens du pays appellent *aratyre courant* le soc ainsi garny de plusieurs bestes de relais.
>
> OLIVIER DE SERRES, *Théâtre d'agriculture,* IIe lieu, c. 2.

On trouve dans le *Glossaire* de Sainte-Palaye des exemples de ARÉE, AIRÉE, labour, sillon, terre labourable.

ARACHNOÏDE [on prononce Araknoïde] (du grec ἀραχνειδής et, par ce mot, d'ἀραχνός, araignée, et de εἶδος, forme).

Terme d'Anatomie. Membrane mince et transparente qui est entre la dure-mère et la pie-mère et qui enveloppe le cerveau.

> La cinquième et dernière tunique de l'œil est nommé *arachnoïde,* pour la consistance qu'elle a semblable à toile d'araignée.
>
> AMBROISE PARÉ, *Introduction à la cognoissance de la chirurgie,* IV, 6.

ARACK ou **RACK**, s. m.

Liqueur spiritueuse qu'on fait aux Indes, et qu'on tire du riz fermenté.

Il se dit aussi d'une liqueur qu'on tire du sucre dans les Indes orientales et qu'on appelle *tafia* en Amérique.

ARAIGNÉE, s. f. (autrefois ARAGNE, ARAIGNE, IRAGNE, IRAIGNE, etc., du latin *aranea*). ·

Genre d'insectes à huit pattes et sans ailes, qui tirent de leur corps un fil auquel ils se suspendent et dont ils forment une toile ou un piège, pour prendre d'autres insectes dont ils se nourrissent.

> La prairie... estoit ourdye et tissue *d'arignes* que avoient ouvré les *araignées,* à la doulceur de la nuyct et de l'aube du jour.
>
> *Roman de Perceforest,* t. V, f° 72. (Cité par Sainte-Palaye.)

> Gardez-vous de faire comme *l'araigne,* qui convertit toutes bonnes viandes en venin.
>
> LA REINE DE NAVARRE, *Heptameron,* XXXVI.

Les *araignes* ourdissent leur toile de diverse façon, et y font un petit trou, dans lequel sont toujours en embus-cade, pour attraper et prendre les mousches et mouscherons.

> A. PARÉ, *Introduction à la cognoissance de la chirurgie,* liv. XXI, c. 34.

Quand une maison est en danger de tomber, on le cognoist lorsque les rats s'enfuyent et que les *araignes* y tombent des planchers avec leurs toiles.

> DU PINET, trad. de Pline, *Histoire naturelle,* III, 28.

Le fait des *araignées,* qui descendent de leur toile et se tiennent suspendues tant que le son des instruments continue, et qui remontent ensuite à leur place ne peut être révoqué en doute.

> BUFFON, *Histoire naturelle :* De l'Ouïe.

> S'ele est preus et bien enseignie,
> Ne laisse entor nulle *iraignie,*
> Qu'el n'arde, ou rée, arrache, ou housse.
>
> *Roman de la Rose,* v. 13542.

> Item, je laisse aux hospitaux
> Mes chassis tissus *d'araignée.*
>
> VILLON, *Petit Testament,* XXX.

> La pauvre *aragne* n'ayant plus
> Que la tête et les pieds, artisans superflus,
> Se vit elle-même enlevée.
> L'hirondelle, en passant, emporta toile et tout,
> Et l'animal pendant au bout.
>
> LA FONTAINE, *Fables,* X, 7.

Par ellipse, *ôter les araignées d'un placard, d'une boiserie,* en ôter *les toiles d'araignée.*

> Que coûte-t-il d'ôter toutes ces *araignées?*
>
> LA FONTAINE, *Fables,* IV, 21.

L'ARAIGNÉE et sa toile ont fourni matière à beaucoup de comparaisons, de métaphores, d'expressions figurées et proverbiales.

> Car nous avons tant, et trestant, par la marine, jeusné, que les *araignes* ont fait leurs toilles sur nos dents.
>
> RABELAIS, *Pantagruel,* IV, 49.

> Il n'y a rien si ennemy de la guerre, que de laisser rouiller le soldat, ou le capitaine. Mettez vostre sallade et vostre cuirasse au crochet; en peu de temps la rouille s'y mettra et les *araignées :* ainsi est-il des gens de guerre, si on les laisse en oisiveté.
>
> MONTLUC, *Commentaires,* VII.

> Ces longues harangues, tant bien agencées, polies et pleines de toutes fleurs, semblent aux toiles des *araignes,* qui ont beaucoup d'artifice, toutesfois sans utilité ne profit.
>
> BOUCHET, *Sérées,* I.

Sa justice ressemble au filet d'une *araigne;* il retient les petits moucherons, mais les grosses mouches le percent et passent à travers.

LARRIVEY, *la Veuve,* 1, 4.

Nous sommes tous égaux en la nécessité de mourir. C'est une loy qui ne reçoit ny dispense ny privilège. Naissons dans la splendeur des palais ou l'obscurité des cabanes, sur le drap d'or ou sur le fumier, parmi les tapisseries ou parmi les *araignées,* nous en sommes aussi peu exempts d'une façon que d'autre.

MALHERBE, *Lettres;* à la Princesse de Conty, 29 juillet 1614.

Je lui ai vu dire des douceurs à notre femme de charge, qui n'étoit ni jeune, ni avenante. La femme de Courbé alla chez lui un jour; il n'y a pas d'*araignée* au monde qui ne soit plus jolie qu'elle; il lui en conta, et après il disoit : « Je vous assure, elle écoute bien. »

TALLEMANT DES RÉAUX, *Historiettes :* Gombault.

Ils se fient dans les choses de néant; ils ont tissu des toiles d'*araignées.*

BOSSUET, *Politique tirée de l'Écriture sainte.*

Après que nous avons bien travaillé, Dieu se plaît à emporter tout notre travail sous nos yeux, comme un coup de balai emporte une toile d'*araignée.*

FÉNELON, *Lettres spirituelles,* CLXXVII.

Nous étions tous... grands compositeurs de riens, pesant gravement des œufs de mouche dans des balances de toile d'*araignée.*

VOLTAIRE, *Lettres,* 27 avril 1761.

Nous sommes des mouches qui prenons le parti des *araignées.*

LE MÊME, même ouvrage, 1er juillet 1771.

    ... Justice est la toile de l'*yraingne*
    Qui ne retient que les poures chetis :
    Les grans larrons laisse aller et aplaine
    En tous Estats et par tous les païs.

EUSTACHE DESCHAMPS, poés. mss., p. 254, col. 3. (Cité par Sainte-Palaye.)

La loy, toile d'*araigne,* est trop foible et ne peut
Le prince envelopper, si luy mesme ne veut
S'en-rêter de bon cœur, la croyant estre faite
De Dieu, et non de l'homme à plaisir contrefaite.

RONSARD, *le Bocage royal.*

Mes armes au crochet se couvrirent d'*araignes,*
Mes soldars par les champs vaguerent sans enseignes.

ROB. GARNIER, *Antoine,* v. 61.

... Au flambet du feu, trois vieilles rechignées
Vinrent à pas contez, comme des *araignées.*

RÉGNIER, *Satires,* XI.

    Ils descendent assurément
    De ces *aragnes* carnassières.

VOLTAIRE, *Lettres en vers,* 82.

Figurément. Familièrement, *des pattes d'araignée,* des doigts longs et maigres.

On trouve encore dans le passage suivant l'adjectif ARAIGNEUX, fort ancien dans la langue, et employé sous des formes très diverses. ARAGNEUX, AIRAIGNEUX, IRAIGNEUX, ARAIGNIER, ARAIGNÈRE. Voyez Cotgrave, Monet, Oudin, etc.

La semence du saule est enveloppée d'une bourre *araigneuse,* que les vents transportent au loin, et qui surnage dans l'eau, sans se mouiller, comme le duvet des canards.

BERNARDIN DE SAINT-PIERRE, *Études de la nature,* XI.

ARASER, v. a. (du français *raser*), signifiait autrefois Raser.

Tantôt ceux de Chartres mirent ouvriers en œuvre, et l'abattirent (le châtel de Camerolles) et *arasèrent.*

FROISSART, *Chroniques,* liv. I, part. II, c. 178.

... Aussitôt que les canons que l'on auroit montez auroient *arasé* les murailles.

SULLY, *Œconomies royales,* c. 96.

Il n'est plus que terme de Maçonnerie et signifie : Mettre de niveau un mur, un bâtiment, en élevant les parties basses à la hauteur de celle qui est la plus élevée.

Ce mur est d'inégale hauteur en plusieurs endroits; il faut l'*araser.* Aussitôt qu'on *aura arasé* les fondations de ce mur, de ce bâtiment, on posera la première assise de pierres de taille.

Dictionnaire de l'Académie, 1762.

ARASEMENT, s. m.

Terme de Maçonnerie et de Menuiserie.

Action de mettre de niveau et à la même hauteur les diverses pièces d'un même ouvrage ; le résultat de ce travail.

ARASES, s. f. pl.

Pierres de bas appareil qui servent à araser un cours d'assises à la hauteur des planchers ou des plinthes d'un bâtiment.

On dit aussi *pierres d'arase.*

ARBALETE, s. f. Autrefois ARBALESTE, AR-BALESTRE (du latin *arcubalista*).

Sorte d'arme de trait, arc d'acier, qui est monté sur un fût, et qui se bande avec un ressort. *Grosse arbalète. L'arc, la corde, le fût, la noix d'une arbalète. Trait d'arbalète.*

Quiconques veut estre archiers à Paris, c'est à savoir feseres de ars, de fleiches et de *arbalestes.*

         EST. BOILEAU, *le Livre des Mestiers*, 260.

Commencèrent Gennevois à traire de leurs *arbalestres* à grand randon, et les archers d'Angleterre aussi sur eux.

         FROISSART, *Chroniques*, I, 1, 195.

Daniel, après tous les autres chroniqueurs, donnait pour raison de la défaite de Créci que les cordes de nos *arbalètes* avaient été mouillées par la pluie pendant la bataille, sans songer que les *arbalètes* anglaises devaient être mouillées aussi.

         VOLTAIRE, *Remarques de l'Essai sur les mœurs*, 1re remarque.

D'une *arbaleste* ne puet traire un quarrel.

         Chanson de Roland, CLXV.

Ainsi fina par le quarrel...
Li roi Richart, qui d'*arbaleste*,
Aporta premier l'us en France.

         G. GUYART, *Royaux Lignages*, v. 2646.

Il portoit l'*arbalestre* au bon roi Charlemagne.

         RÉGNIER, *Satires*, X.

On distinguait plusieurs espèces d'arbalète : *arbalète à tour, à rouet.*

Trois fois nous jetèrent le feu gréjois, celi soir, et le nous lancèrent quatre fois à l'*arbaleste à tour.*

         JOINVILLE, *Histoire de saint Louis.*

Arbalète à jalet, ou *arc à jalet.*
Arbalète avec laquelle on tire de petites boules de terre cuite, ou des balles de plomb.

Quand elle (Catherine de Médicis) s'alloit promener, faisoit porter son *arbaleste à jallet,* et quand elle voyoit quelque beau coup, elle tiroit.

         BRANTÔME, *Dames illustres.*

Prov. *Plus vite qu'un trait d'arbalète,* se dit pour marquer une grande vitesse.

III.

Il n'y a point de *trait d'arbalètre* que je ne surpasse en vitesse quand j'ai le rasoir à la main.

    DELOSME DE MONCHENAI, *la Cause des femmes*, scène du More. (Voyez GHERARDI, *Théâtre italien*, édit. de 1717, t. II, p. 19.)

Un cheval en arbalète, un cheval attaché seul devant les deux chevaux de timon d'une voiture.

Comment ! il est venu à trois chevaux ? — Oui, en *arbalète.*

         DESTOUCHES, *la Fausse Agnès*, I, 6.

D'ARBALESTRE, ARBALÈTRE, on avait fait ARBALESTRÉE, ARBALETRÉE, ARBALETÉE, portée d'une arbalète.

Il n'avoient mie poor de pourchacier viandes quatre *arbalestrées* loing de l'ost.

         VILLEHARDOUIN, *Conqueste de Constantinoble*, LXXIV.

Arrier se trait demie *arbalestrée.*

         Chanson de Roncevaux, p. 66.

Par un sentier s'en est torné,
Au-devant le parc est alé
Largement une *arbalestée.*

         Roman du Renart, v. 22505.

Et furent reculés bien une *arbalestrée.*

         Chronique de Duguesclin, v. 13988.

D'ARBALESTRE on avait fait encore ARBALESTRIÈRE, ARBALESTIÈRE, ARBALESTÈRE, ARBALESTIÈRE, etc., ouverture pour tirer avec l'arbalète, meurtrière.

Une fenestre ou *arbalestrière* par où la clarté leur venoit d'une tour.

     Texte de 1363, cité par DU CANGE, *Glossaire*, Arbalisteria.

Mangoneaus dreient e pereres
E mult firent *arbalesteres,*
Barres, lices, retenemenz.

         CHRONIQUES DE NORMANDIE, t. I, v. 3988.

ARBALÉTRIER, s. m. Autrefois ARBALESTRIER, ARBALETIER, ARBALETRIER, etc. (du latin *arcubalistarius*). Homme de guerre, qui tirait de l'arbalète.

Il avoit moult grant planté de bonne gent et d'archiers et d'*arbalestriers.*

         VILLEHARDOUIN, *Conqueste de Constantinoble*, LXIX.

Nous autres de cheval descendimes à pié en l'ombre des *arbalestriers.*

         JOINVILLE, *Histoire de saint Louis.*

                       7 1

Et avoient *arbalétriers* qui traioient carreaux de forts arbaletres qui moult travailloient les Anglois.

FROISSART, *Chroniques*, l. I, 2° part., c. 3.

Touchant à nos François, aucuns ont dict que le grand maistre des *arballestiers* estoit ce que nous disons aujourd'huy le grand maistre de l'artillerie; et mesmes encor parmy les estatz de nos roys se treuve le maistre artiller, qui est celuy qui se mesle de faire des arballestes, des traitz et des flesches.

BRANTÔME, *Grands Capitaines françois : Des Couronels françois.*

Il faut notter que la trouppe que j'avois, n'estoit que *arbalestiers;* car encores en ce temps-là, il n'y avoit point d'arquebuziers parmy nostre nation.

MONTLUC, *Commentaires*, I.

On voit encor des *arbalestriers* à pied et des harquebutiers à rouët, et autres armez de cotte de maille avec javeline rouillée.

DE LA NOUE, *Discours politiques et militaires*, XI.

ARBALÉTRIER, s. m.

Terme de Charpenterie. Il se dit des pièces de bois qui servent à former le comble d'un bâtiment, et qui sont posées obliquement, de manière à s'assembler par leur extrémité supérieure dans la pièce de bois perpendiculaire qu'on appelle Aiguille ou Poinçon, et par l'autre extrémité dans la poutre horizontale, qu'on nomme Entrait.

La rencontre de deux *arbalétriers* au poinçon forme ordinairement un angle droit.

Dictionnaire de l'Académie, 1835.

ARBITRE, s. m. (du latin *arbiter*).

Celui qui est choisi par une ou plusieurs personnes, pour terminer un différend.

Il est bon que noz parlons en cest capitre qui ensuit, d'une manière de juges c'on apele *arbitre*.

BEAUMANOIR, *Coutumes du Beauvoisis*, XLI, 1.

Levinus feit response que les Romains ne le vouloient point pour *arbitre*, ny ne le craignoient point pour ennemy.

AMYOT, trad. de Plutarque, *Vie de Pyrrhus*, c. 8.

Les duc de Normandie et comte de Flandres estoient *arbitres* de la querelle, tantost d'un party, tantost d'autre, selon que la commodité de leurs affaires les y convioit.

EST. PASQUIER, *Recherches de la France*, II, 10.

Les deux parties conviennent de ces *arbitres*.

BOSSUET, *Sermons :* Sur la satisfaction.

Sa probité le rend l'*arbitre* de tous les États.

FÉNELON, *Télémaque*, V.

Il faut prendre pour *arbitre* un peuple voisin.

LE MÊME, même ouvrage, XXII.

Si Onuphre est nommé *arbitre* dans une querelle de parents ou dans un procès de famille, il est pour les plus riches.

LA BRUYÈRE, *Caractères*, c. 13.

Un nonce fut envoyé à ce congrès, pour être un fantôme d'*arbitre* entre des fantômes de plénipotentiaires.

VOLTAIRE, *Siècle de Louis XIV*, c. 9.

L'Académie des Sciences de Paris fut prise pour juge du différend; et c'étoit l'*arbitre* le plus respectable que pussent choisir les deux rivaux (les frères Bernoulli).

D'ALEMBERT, *Éloge de Bernoulli.*

Le combat entre ces deux pouvoirs (un roi et une Chambre) manque d'*arbitre*, et c'est l'insurrection qui lui en sert.

Mme DE STAEL, *Considérations sur la Révolution française*, IIIe part., c. 6.

... Dois-je sur sa foi
La prendre pour *arbitre* entre son fils et moi?

J. RACINE, *Britannicus*, I, 4.

Des *arbitres*, dis-tu, pourront nous accorder.

BOILEAU, *Satires*, X.

ARBITRE a le même sens dans des passages tels que les suivants, où il s'agit de questions qui se débattent dans l'esprit de chacun et dont il est seul l'arbitre :

... En l'entreprise de mariage chascun doibt estre *arbitre* de ses propres pensées et de sóy même conseil prendre.

RABELAIS, *Pantagruel*, III, 29.

Il n'y a point de loi pour le bienfait; j'en suis l'*arbitre*.

MALHERBE, trad. du *Traité des bienfaits* de Sénèque, VI.

Chacun s'est fait à soi-même un tribunal où il s'est rendu l'*arbitre* de sa croyance.

BOSSUET, *Oraison funèbre de la reine d'Angleterre.*

Allons, Monsieur l'*arbitre* des homélies, me dis-je alors à moi-même, préparez-vous à faire votre office.

LE SAGE, *Gil Blas*, VII, 4.

ARBITRE signifie aussi maître absolu.

Il n'est rien de plus grand ni de plus divin que d'estre soi-même l'auteur et l'*arbitre* de sa fortune.

PERROT D'ABLANCOURT, trad. de Lucien : *le Navire.*

En dominant cette partie où aboutissent les nerfs, l'âme se rend *arbitre* des mouvements, et tient en main, pour ainsi dire, les rênes par où tout le corps est poussé ou retenu.

> Bossuet, *De la Connoissance de Dieu et de soi-même*, c. 3, art. 15.

Telle est l'audace du pécheur, et contre qui ? contre l'auteur même de son être, et le suprême *arbitre* de son sort éternel.

> Bourdaloue, *Sermons :* Sur les remords de la conscience.

Dire qu'un prince est *arbitre* de la vie des hommes, c'est-à-dire seulement que les hommes par leurs crimes deviennent naturellement soumis aux loix et à la justice dont ce prince est dépositaire.

> La Bruyère, *Caractères*, c. 10.

Albéroni, pour lors *arbitre* absolu des sentimens et des décisions de son maître...

> Saint-Simon, *Mémoires*, 1718.

C'est aux convenances à décider de tout et l'art les reconnoît pour les *arbitres* des règles.

> La Motte, *Discours sur la fable.*

Bien loin que le peuple fût *l'arbitre* de la guerre, nous voyons que les consuls ou le sénat la faisoient souvent malgré l'opposition de ses tribuns.

> Montesquieu, *Esprit des Lois*, XI, 17.

La France alors était au comble de la gloire ; il fallait antant de fautes qu'on en fît, pour qu'elle ne fût pas *l'arbitre* de l'Europe.

> Voltaire, *Essai sur les mœurs*, c. 101 : Charles VIII.

Tous ces hommes célèbres l'avaient choisi (Conrart) pour le confident de leurs études, pour le centre de leur commerce, pour *l'arbitre* de leur goût.

> D'Olivet, *Histoire de l'Académie.*

Là se perdent ces noms de maîtres de la terre,
D'*arbitres* de la paix, de foudres de la guerre.

> Malherbe, *Paraphrase du psaume* 145.

Et des jours de son frère *arbitre* souverain.

> J. Racine, *Britannicus*, I, 1.

Arbitre signifie encore Volonté.

Ce qu'est l'usance des tyrans, qui voulent leur *arbitre* tenir lieu de raison.

> Rabelais, *Gargantua*, I, 9.

Ainsy Dieu l'a voulu, lequel nous faict, en telle forme et telle fin, selon son divin *arbitre.*

> Le même, même ouvrage, I, 40.

En Métaphysique, *Libre arbitre, franc arbitre,* faculté par laquelle l'âme se détermine à une chose plutôt qu'à une autre ; puissance que la volonté a de choisir.

Dont j'ay congneu que Dieu éternel l'a laissé au gouvernail de son *franc arbitre* et propre sens qui ne peult qu'estre meschant, si par grâce divine n'est continuellement guidé.

> Rabelais, *Gargantua*, I, 29.

En ceste maniere il ne reste à l'homme autre *libéral arbitre*, que tel qu'il descrit en un autre lieu : c'est qu'il ne se peut convertir à Dieu, ne persister en Dieu, sinon de sa grâce ; et que tout ce qu'il peut, c'est d'icelle.

> Calvin, *Institution chrestienne*, l. II, c. 3, § 14.

Quand il n'y auroit autre chose que cela, c'est assez pour contraindre et forcer mon *libéral arbitre.*

> Larivey, *les Esprits*, IV, 2.

Je ne remarque en nous qu'une seule chose qui nous puisse donner juste raison de nous estimer, à savoir l'usage de notre *libre arbitre* et l'empire que nous avons sur nos volontés ; car il n'y a que les seules actions qui dépendent de ce *libre arbitre* pour lesquelles nous puissions avec raison être loués ou blâmés ; et il nous rend en quelque façon semblables à Dieu, en nous faisant maîtres de nous-mêmes.

> Descartes, *les Passions de l'âme*, part. III, art. 152.

Les contradictions imaginaires que les ennemis de la grâce efficace se figurent entre le pouvoir souverain de la grâce sur le *libre arbitre* et la puissance qu'a le libre arbitre de résister à la grâce.

> Pascal, *Provinciales*, 18.

Nous sommes déterminés par notre nature à vouloir le bien en général ; mais nous avons la liberté de notre choix, à l'égard de tous les biens particuliers. C'est à l'égard de ces biens particuliers que nous avons la liberté de choisir et c'est ce qui s'appelle le *franc arbitre*, ou le *libre arbitre.*

> Bossuet, *De la Connoissance de Dieu et de soi-même*, c. 1, n. 18.

Malheureuse puissance de pécher, que ne puis-je te déraciner tout à fait ! que ne puis-je te retrancher de mon *franc arbitre !*

> Bossuet, 4e *Sermon pour la Circoncision.*

ARBITRER, v. a.

Estimer, régler, décider en qualité de juge ou d'arbitre.

S'en remettant à ce qu'il en *arbitreroit.*

> Amyot, trad. de Plutarque, *Vie de Pyrrhus*, 34.

A l'adventure ne *sera* ce point trop mal *arbitré* ny jugé, si nous donnons au Grec la couronne de l'art militaire et au Romain celle de clémence.

AMYOT, trad. de Plutarque, *Philopemen et Flamininus*, 8.

On se plaint fort des violences qui ont esté commises pendant la guerre; mais je n'ai pas creu me devoir engager à en *arbitrer* la réparation sans un ordre précis, parce que c'est un chapitre fort délicat et qui mériteroit une chambre de justice, si on venoit à l'entamer.

COURTIN à Colbert, 21 mai 1664. (Voyez DEPPING, *Correspondance administrative sous Louis XIV*, t. I, p. 717.)

Ils payeront l'amende qu'il plaira au juge d'*arbitrer*.

Dictionnaire de l'Académie, 1694.

C'est au clergé qu'il faut nous adresser, non pour *arbitrer* ce différend, une nation juge d'elle et de tous ses membres ne peut avoir ni procès, ni arbitre avec eux; mais pour interposer la puissance de la doctrine chrétienne.

MIRABEAU, *Discours*, 14-18 mai 1789.

ARBITRAGE, s. m.

On l'a écrit ARBITRAIGE.

Il a été pris autrefois dans des sens analogues à ceux du mot *arbitre;*

Dans le sens de Choix, de volonté, de puissance absolue, etc. :

Il est dure chose et périlleuse que un homme se commette du tout en l'*arbitrage* et la puissance de ses ennemis.

Le Ménagier de Paris, 1ᵉ distinction, 9ᵉ art.

S'il eust ung peu laissé de la passion et vengeance qu'il désiroit contre ceste maison de Bourgogne, sans point de doubte il tiendroit aujourd'hui toute ceste seigneurie soubz son *arbitraige*.

COMMINES, *Mémoires*, c. V, 12.

A l'exemple de celluy milourt anglois, auquel étant fait commandement pour les crimes desquelz estoit convaincu, de mourir à son *arbitraige*, esleut mourir nayé dedans ung tonneau de malvoisie.

RABELAIS, *Pantagruel*, IV, 33.

Tous ces abbez et religieux ayant réduit leurs républiques dévotes sous l'*arbitrage* du Saint-Siège et les évesques estans à demy réduits dès la seconde lignée de nos roys, les papes attaignirent lors au comble de grandeur sur tous les bénéfices de France.

EST. PASQUIER, *Recherches de la France*, III, 19.

Je remets à vos *arbitrages* de juger lequel des deux fait acte le plus signalé en ce sujet.

PASQUIER, *Recherches*, VI, 14.

Depuis longtemps, ARBITRAGE ne signifie plus que Jugement d'un différend par arbitres;

Soit employé absolument :

Si dirons liquel *arbitrage* valent et liquel non.

BEAUMANOIR, *Coutumes du Beauvoisis*, XLI, 1.

Pacifier par *arbitrage* les querelles et différents.

AMYOT, trad. de Plutarque, *Vie de Pompée*.

C'est trahir son innocence, mettre sa conscience et son droit en compromis et *arbitrage*, que de plaider trop finement.

CHARRON, *De la Sagesse*, l. I, c. 4.

Les choses passeront par *arbitrage*.

MALHERBE, *Lettres;* à Peiresc, 17 août 1609.

Cette guerre finit de cette sorte, peu avant la fin de l'année 1665; et les deux partis, ayant posé les armes, attendirent, ou de la négociation ou de l'*arbitrage*, de n'être plus en nécessité de les reprendre.

LE MARQUIS DE POMPONE, *Mémoires*, I, 1.

Vous voilà déjà à demi procureur, sçachez donc que pour parvenir en fort peu de temps, il faut être dur et impitoyable, principalement à ceux qui ont de grands biens; il ne faut jamais donner les mains à aucun *arbitrage*, jamais ne consentir d'arrêt définitif : c'est la poste des études.

La Matrone d'Éphèse, scène d'un vieux procureur. (Voyez GHERARDI, *Théâtre italien*, 1717, t. I, p. 26.)

Soit construit avec la préposition *de : L'arbitrage d'une personne, son arbitrage:*

Periandre, fils de Cypsèle, trouva moyen d'appointer les Athéniens et Mételinois, qui se soumirent à *son arbitrage*.

SALIAT, trad. d'Hérodote, liv. V, 95.

Le Sénat... ne put souffrir que les Romains eussent démenti leur générosité naturelle, ni qu'ils eussent lâchement trompé l'espérance de leurs voisins qui s'étoient soumis à *leur arbitrage*.

BOSSUET, *Discours sur l'histoire universelle*, III, 6.

C'est le système (la dixme royale) le moins susceptible de corruption de tous, parce qu'il n'est soumis qu'à son tarif, et nullement à l'*arbitrage des* hommes.

VAUBAN, *Projet d'une Dixme royale*, Préface.

D'ARBITRAGE, en ce sens, on a fait le verbe ARBITRAGER, que donne le passage suivant :

Je vais vous *arbitrager* tout seul, comme si j'étois quinze.

DUFRESNY, *le Faux Instinct*, III, 9.

ARBITRAGE se dit aussi d'Un calcul fondé sur le cours du change, de diverses places, et qui sert de régulateur pour les opérations de banque.

ARBITRAL, ALE, adj.

Il n'est guère usité que dans ces deux locutions : *sentence arbitrale, jugement arbitral,* sentence rendue, jugement prononcé par des arbitres.

> Ces plaintes n'étoient rien au prix de l'embarras,
> Où se trouva réduit l'appointeur des débats;
> Aucun n'étoit content, la *sentence arbitrale,*
> A nul des deux ne convenoit :
> Jamais le juge ne tenoit
> A leur gré la balance égale.
>
> <div align="right">La Fontaine, <i>Fables,</i> XII, 28.</div>

ARBITRALEMENT, adv.
Par arbitres.

ARBITRATION, s. f.
Terme de Jurisprudence. Estimation faite en gros et sans entrer dans le détail. Il est peu usité.

On a dit autrefois au sens d'*arbitre :*

Arbitrateur, s. m.

Arbitrateur si est celuy qui de la cause est chargé à sa conscience... et peut les parties appoincter selon que bon lui semble.

Bouteiller, Somme rurale, liv. II, tit. III.

ARBITRAIRE, adj. des deux genres (du latin *arbitrarius*).
Qui n'a de règle que la volonté de l'homme.

Les languaiges sont par institutions *arbitraires* et convenances des peuples.

Rabelais, Pantagruel, III, 19.

Ainsi rien n'a retenu la violence des esprits féconds en erreurs... en sorte que l'ardeur de leurs disputes insensées, et leur religion *arbitraire* est devenue la plus dangereuse de leurs maladies.

Bossuet, Oraison funèbre de la reine d'Angleterre.

La fraternité chrétienne est changée en confédérations *arbitraires* que l'on étend plus ou moins à sa volonté.

Bossuet, Histoire des variations des églises protestantes, liv. XV, ii, 67.

Quelle étoit sa régularité dans les observances de l'Église, qu'elle regardoit non pas comme des coutumes de bienséance ou des institutions d'une discipline *arbitraire,* mais comme des règles et des pratiques de salut !...

Fléchier, Oraison funèbre de Mme la Dauphine.

Si on les considère (les lois) par rapport à leur source, ou elles sont fondées sur des règles naturelles, immuables, éternelles, ou elles n'ont pour principe que la volonté de ceux que Dieu a établis pour gouverner les hommes, et alors on les appelle *arbitraires* ou positives.

D'Aguesseau, Instructions à son fils.

Ainsi la création, qui paroît être un acte *arbitraire,* suppose des règles aussi invariables que la fatalité des athées.

Montesquieu, Esprit des Lois, I, I.

Le minéral n'est qu'une matière brute... laquelle, malgré le nom de métal précieux, n'en est pas moins méprisée par le sage, et ne peut avoir qu'une valeur *arbitraire* et toujours subordonnée à la volonté et dépendant de la convention des hommes.

Buffon, Comparaison des animaux et des végétaux, c. 1.

Voilà donc l'or et l'argent constitués monnoie et monnoie universelle, et cela sans aucune convention *arbitraire* des hommes.

Turgot, Réflexions sur la formation des richesses, § 46.

Qu'on soit juste, il suffit : le reste est *arbitraire.*

Voltaire, la Loi naturelle.

ARBITRAIRE signifie également, Qui dépend de la volonté, du choix de chaque personne.

Il se figure une religion à sa mode, une divinité selon son sens, une providence *arbitraire,* et telle qu'il veut la concevoir.

Bourdaloue, Sermon sur la religion chrétienne.

ARBITRAIRE se dit particulièrement de ce qu'il dépend de la volonté des juges de prononcer, de statuer.

Si aucun par parole ou autrement que dessus est dit... venoit contre notre ordonnance, nous voulons et ordonnons qu'il soit puni d'amende *arbitraire,* telle et si grande qu'il soit exemplaire à tous autres.

Froissart, Chroniques, II, c. 240.

Une justice *arbitraire,* qui, sans règle et sans maxime, se tourne au gré d'un ami puissant.

Bossuet, Oraison funèbre de Michel Le Tellier.

Rien ne rend encore le crime de lèse-majesté plus *arbi-*

traire que quand des paroles indiscrètes en deviennent la matière.

Montesquieu, Esprit des Lois, XII, 11.

Les cas où la loi est observée, et ceux où l'infraction en est tolérée, n'étant pas spécifiés par la loi même, le sort des citoyens est abandonné à une jurisprudence *arbitraire*.

Turgot, Mémoire sur les prêts d'argent, § 14.

Mais, quant ceste peine *arbitraire*
On m'adjugea par tricherie,
Estoit-il lors temps de me taire?

Villon, Ballade de son appel.

Arbitraire signifie aussi, Qui est despotique; qui n'a d'autre règle que la volonté, le caprice du souverain ou de ses agents.

C'est autre chose que le gouvernement soit absolu, autre chose qu'il soit *arbitraire*.

Bossuet, Politique tirée de l'Écriture sainte.

L'époque de la politesse des Romains est la même que celle de l'établissement du pouvoir *arbitraire*.

Montesquieu, Esprit des Lois, XIX, 27.

Auguste ne jouissait pas d'un pouvoir tranquille. La république de Pologne, en reprenant son roi, reprit bientôt ses craintes du pouvoir *arbitraire*.

Voltaire, Histoire de Charles XII.

Ce rigide ennemi du pouvoir *arbitraire*.

Le même, la Mort de César, I, 1.

Arbitraire s'emploie substantivement, au masculin, et se dit, en mauvaise part, De ce qui ne dépend que de la volonté, du caprice des personnes. Ainsi employé, il est particulièrement d'usage en parlant des actes du gouvernement.

Les auteurs ont donné dans *l'arbitraire*...

Montesquieu, Esprit des Lois, X, 3.

Les adversaires d'Homère... s'attachoient trop à juger un ouvrage de génie sur des règles d'où *l'arbitraire* n'est pas tout à fait exclu...

D'Alembert, Éloge de Terrasson.

Les langages, à mon gré, sont comme les gouvernements; les plus parfaits sont ceux où il y a moins d'*arbitraire*.

Voltaire, Lettres, 7 d'auguste 1767.

La tyrannie n'est autre chose que *l'arbitraire* en permanence.

Royer-Collard, Discours : Sur la loi de la Presse, 18 décembre 1817.

ARBITRAIREMENT, adv.
D'une façon arbitraire, despotique.

Les paroles ne sont que des sons, dont on fait *arbitrairement* les figures de nos pensées.

Fénelon, Lettre à l'Académie.

Une société d'hommes gouvernés *arbitrairement* ressemble parfaitement à une troupe de bœufs mis au joug pour le service du maître.

Voltaire, Idées républicaines par un citoyen de Genève.

ARBOUSE, s. f. (du latin *arbutam*). Fruit de l'arbousier.

ARBOUSIER, s. m. (du français *arbouse*; en latin *arbutus*).
On l'a écrit ARBAUSIER. (Voyez l'exemple ci-après.)
Bel arbrisseau du midi de l'Europe, qui produit des fruits fort doux et presque semblables à des fraises par la forme et la couleur.

En ces quartiers-ci de Languedoc, les fleurs de l'orme, du tithymale, du genest, de l'*arbausier*, du bonis, changent la bonté du miel, et aucunes de ces fleurs-là emmaladissent les abeilles.

Olivier de Serres, Théâtre d'agriculture, Vᵉ lieu, c. 24, nᵒ 436.

Le roitelet se plaît dans ces haies de ronces et d'*arbousiers* qui sont pour lui de grandes solitudes.

Chateaubriand, Génie du Christianisme.

Arbousier se dit aussi d'Un arbrisseau traînant et toujours vert qui porte des baies aigrelettes, et qu'on nomme autrement *Raisin-d'ours*.

ARBRE, s. m. (du latin *arbor* et d'après le genre de ce mot, fait quelquefois féminin. Voyez les exemples ci-après.)
On l'a écrit et prononcé ABRE. (Voyez les exemples ci-après.)
On trouve dans d'anciens textes AUBRE, AIRBRE, etc.
Végétal ligneux dont la tige plus ou moins élevée ne se garnit ordinairement de branches et de feuilles qu'à une certaine hauteur.

Les *arbres* des vallées sont trop guais, à cause de l'abondance d'humeur, qui fait qu'ils employent leur temps et force à produire grande quantité de bois et branches.

BERNARD PALISSY, Recepte véritable.

Comme arbre novellement plantée les fault appuyer.

RABELAIS, Pantagruel, III, 1.

Nous n'y vismes rien si rare qu'un abre de buy espandant ses branches en rond, si espois et tondu par art, qu'il semble que ce soit une boule très polie et très massive de la hauteur d'un homme.

MONTAIGNE, Voyages : Meaux.

Il y a aussi un abre le long d'une vigne qu'on nomme l'abre de la pucelle, qui n'a nulle chose à remarquer.

LE MÊME, même ouvrage : Domrémy.

Tout ainsi qu'on cueille le fruit d'un arbre quand il est mûr, ainsi nos péchés mûrissent les punitions de Dieu.

CALVIN, Avertissement contre l'astrologie judiciaire.

Il faut prendre des hommes ce qu'ils donnent, comme des arbres les fruits qu'ils portent : il y a souvent des arbres où l'on ne trouve que des feuilles et des chenilles.

FÉNELON, Lettres spirituelles, CXXV.

L'arbre qui n'a que des feuilles est frappé de malédiction, comme l'arbre mort et déraciné.

MASSILLON, Sermons sur le mauvais riche.

Haut sont li pui et mout haut sont les arbres.

Chanson de Roland, CLXVI.

Lors s'est assis sous l'aubre qui verdie.

Chanson de Roncevaux, p. 154.

Se tu ne te deffens, à 1. arbre ramu
Seras, tu et li tien, tout maintenant pendu.

Doon de Maience, v. 9467.

... L'arbre étant pris pour juge, .
Ce fut bien pis encore. Il servoit de refuge
Contre le chaud, la pluie, et la fureur des vents;
Pour nous seuls il ornoit les jardins et les champs :
L'ombrage n'étoit point le seul bien qu'il sût faire;
Il courboit sous les fruits. Cependant, pour salaire,
Un rustre l'abattoit; c'étoit là son loyer;
Quoique, pendant tout l'an, libéral il nous donne
Ou des fleurs au printemps, ou des fruits en automne;
L'ombre, l'été; l'hiver, les plaisirs du foyer.

LA FONTAINE, Fables, X, 2.

On a dit arbre à fruit, arbre fruitier.

O herbe terrestre! O herbe rampante! oses-tu bien te comparer à l'arbre fruitier?

BOSSUET, Sermons sur la Providence.

Le Scythe l'y trouva qui, la serpe à la main,
De ses arbres à fruit retranchoit l'inutile,
Étranchoit, émondoit...

LA FONTAINE, Fables, XII, 20.

Arbres verts se dit, dans une acception particulière, Des arbres qui conservent leurs feuilles toujours vertes, tels que le houx, le sapin, le cyprès, etc.

ARBRE se prend au figuré pour désigner certains objets de l'ordre physique.

Les paons ont sur la teste comme de petits arbres chevelus.

DU PINET, trad. de Pline l'Ancien, Histoire naturelle, XI, 37.

La veine cave, qui est le principal réceptacle du sang, et comme le tronc de l'arbre dont toutes les autres veines du corps sont les branches.

DESCARTES, Discours de la Méthode, V.

Dans les mines, ces filons principaux qui semblent présenter les troncs des arbres métalliques...

BUFFON, Époques de la nature.

Il se prend aussi, fort souvent au figuré, dans un sens moral.

Hélas! tu as tant amé l'arbre, et si diligemment eslevé en honneur, lequel porta icellui fruit.

MONSTRELET, Chronique, I, 44.

Voyons s'il s'en est fallu beaucoup qu'il n'ait renversé ce grand arbre de la maison d'Autriche, et s'il n'a pas ébranlé jusques aux racines ce tronc, qui de deux branches couvre le septentrion et le couchant.

VOITURE, Lettres, 24 décembre 1636.

Réfugiés dans la Silésie (le roi et la reine de Pologne) où ils manquent des choses les plus nécessaires, il ne leur reste qu'à considérer de quel côté alloit tomber ce grand arbre ébranlé par tant de mains.

BOSSUET, Oraison funèbre d'Anne de Gonzague.

Ne tiendra-t-il qu'à couper une branche, et encore une branche pourrie, pour dire que l'arbre a perdu son unité et sa racine?

LE MÊME, Histoire des variations des églises protestantes,
liv. XV, n. 101.

Il y a un certain arbre qui ne porte que des fruits d'amertume et de mort.

VOLTAIRE, Lettres, 28 janvier 1757.

Sans doute La Fontaine dut beaucoup à la nature qui lui prodigua la sensibilité la plus aimable... sans doute le fablier étoit né pour porter des fables, mais par combien de soins cet arbre si précieux n'avoit-il pas été cultivé?

CHAMFORT, Éloge de La Fontaine.

L'ancienne langue française étoit un arbre qu'il falloit émonder, mais qu'on a mutilé impitoyablement...

MARMONTEL, Éléments de littérature : Marotique.

Je me suis hâté de cueillir le fruit encore vert de l'*arbre* que je cultivois avec tant de constance, avant qu'il fût renversé par les tempêtes.

BERNARDIN DE SAINT-PIERRE, *Études de la nature.*

La tempête révolutionnaire a plus renversé d'*arbres* de notre antique forêt qu'elle n'en a déracinés.

DE BONALD, *Pensées diverses.*

Ainsi doncques sans nul danger
Prins des fruits de Joyeuse attente
Et si bon trouvai le manger
Que plus ne me veulx estranger
De l'*arbre* si belle et patente.

OCT. DE SAINT-GELAIS, *le Séjour d'honneur.*

Le ciel même peut-il réparer les ruines
De cet *arbre* séché jusque dans ses racines?

J. RACINE, *Athalie,* I, 1.

L'arbre de vie et *l'arbre de la science du bien, du mal* désignent, dans l'Écriture, deux arbres qui étaient plantés au milieu du Paradis terrestre.

Salomon a dit que la sapience est l'*arbre de vie* à ceux qui la prendront.

LA NOUE, *Discours politiques et militaires,* XXIII.

L'Arbre de la croix, c'est la croix où Notre-Seigneur fut attaché.

Figurément. *Arbre généalogique,* figure tracée en forme d'arbre, d'où l'on voit sortir comme d'un tronc diverses branches de consanguinité, de parenté. On a dit aussi *arbre de lignée.*

Avoir des salles parées d'*arbres généalogiques.*

LA BRUYÈRE, *Caractères.*

Il est fait allusion à cette expression dans le passage suivant :

Cherchez quelque maison dont le nom soit péri,
Ajoutez une branche à quelque *arbre* pourri.

BOURSAULT, *le Mercure galant,* I, 2.

Arbre généalogique est employé au figuré dans cet autre passage :

Voyez cet *arbre généalogique* des facultés et des sciences humaines, composé par le chancelier Bacon, et qui a servi de fondement à l'encyclopédie.

LA HARPE, *Cours de littérature,* liv. III, c. 1, sect. 4.

Figurément. *Arbre encyclopédique,* tableau systématique des sciences et des arts, disposé de

manière à montrer leurs rapports mutuels et leur enchaînement.

Proverbialement et figurément :

Au premier coup ne chet pas l'*arbre.* (On ne termine pas du premier coup une grande entreprise.)

H. ESTIENNE, *Précellence du langage françois.*

Prov. et fig. *Se tenir au gros de l'arbre,* demeurer attaché à ce qui est le plus ancien ou le plus généralement établi.

Je m'en rapporte à ce que l'Église en a décidé, *je me tiens au gros de l'arbre.*
Dans les brouilleries de la cour, il n'a jamais quitté le service du roi, *il s'est toujours tenu au gros de l'arbre.*

Dictionnaire de l'Académie, 1694.

Cette expression *le gros de l'arbre* se trouve autrement employée dans les passages suivants :

Les Anglois se firent un peu battre dans le chasteau de Limoges, puis se rendirent à composition. *Le gros de l'arbre* estant ainsi emporté, les branches suivirent, comme Saint-Maixent, Fontenay, La Tour de Herpent, et autres places de moindre importance.

MÉZERAY, *Histoire de France :* Charles V.

Si la proposition d'aller de branche en branche venoit d'un fond dont l'on fust moins asseuré que de celui de M. le Prince, elle seroit très suspecte, parce que *le gros de l'arbre* n'est pas encore déraciné.

RETZ, *Mémoires.*

Prov. et fig. *Entre l'arbre et l'écorce il ne faut pas mettre le doigt,* il ne faut pas se mêler dans les débats de famille.

Comme si j'ignorois que *jamais on ne doit
Entre l'arbre et l'écorce aller mettre le doigt.*

LE GRAND, *le Mauvais Ménage,* sc. 10.

On trouve ce proverbe plaisamment altéré dans le passage suivant d'une comédie célèbre :

Vous êtes un impertinent de vous ingérer des affaires d'autrui. Apprenez que Cicéron dit : qu'*entre l'arbre et le doigt il ne faut pas mettre l'écorce.*

MOLIÈRE, *le Médecin malgré lui,* I, 2.

Arbre fourchu, position dans laquelle on se tient sur ses mains, la tête en haut et les pieds en l'air.

A ceste heure fays bien a poinct *l'arbre fourchu*, les pieds à mont, la teste en bas.

RABELAIS, Pantagruel, IV, 19.

Arbre fourchu, terme de poésie française ancienne, sorte de poème où de très petits vers s'entremêlaient régulièrement à de plus grands de manière à former un tronc et des branches.

Le lay, ou *arbre fourchu*, car je les reçoy et te les baille pour mesme chose, se fait en sorte que les uns vers sont plus courts que les autres, d'où lui vient le nom d'*arbre fourchu*.

CHARLES FONTAINE, Art poétique, liv. II, c. 13.

Arbre de Diane ou *arbre philosophique*, cristallisation rameuse et symétrique d'argent pur, que l'on obtient par des procédés chimiques. *Diane*, dans le langage des alchimistes, était le surnom de l'argent. — D'autres produits chimiques ont porté les noms de *arbre de Mars*, *arbre de Jupiter*, *arbre de Saturne*.

Arbre se dit aussi de grosses et longues pièces de bois, qui sont les principales dans certaines machines. L'*arbre* d'un moulin, d'un pressoir, d'une grue, etc.

Plusieurs ne se servent que d'un *arbre pressoir*, toutefois il vaut mieux en avoir deux : car pour s'en servir d'un seul, il faudroit qu'il fût trop grand et trop gros. Et de fait, on ne regarde point tant à l'espesseur et massiveté des *arbres* qu'à leur longueur : car tant plus un *arbre de pressoir* est long, tant mieux il serre.

DU PINET, trad. de Pline l'Ancien, Histoire naturelle,
XVIII, 31.

On leur fait (aux nègres) tourner à bras l'*arbre du* moulin à sucre.

VOLTAIRE, Essai sur les mœurs.

L'*arbre de meistre*, ou le grand mât d'un bâtiment à voiles latines, et l'*arbre de trinquet*, où le mât de misaine ; quelquefois simplement l'*arbre*.

Puis leur fist appareiller xiii nes, lesquelles avoient chacune iiii *arbres*.

MARC POL, le Livre, c. 18.

Pantagruel préalablement avoit imploré l'ayde du grand Dieu servateur, et faicte oraison publicque en fervente devotion, par l'advis du pilot tenoit l'*arbre* fort et ferme.

RABELAIS, Pantagruel, IV, 19.

III.

'Nous ne pouvions pas voir depuis la poupe jusques à l'*arbre de la gallère*.

BRANTÔME, Des Dames : la Reyne d'Écosse.

Ces saïques sont comme de grosses barques ayans le corps tout rond, et l'*arbre de maestre* fort gros et fort haut.

THÉVENOT, Voyage de Levant, c. 70.

ARBRE se dit également de certains axes de bois ou de métal.

L'*arbre* d'un touret de cordier. L'*arbre* d'un volant de tournebroche, de pendule. L'*arbre* de la fusée d'une montre. L'*arbre* d'une presse, d'un tour.

Dictionnaire de l'Académie, 1835.

L'*arbre d'une balance*, la verge de fer à laquelle est suspendu le fléau d'une balance.

D'ARBRE se sont formés un grand nombre de mots qui ne sont pas tous restés dans l'usage :

ARBRET OU ARBROT, ARBREAU, s. m.
Autrefois, petit arbre.

Jupin ne darde son tonnerre
Contre les humides vallons ;
Et les *arbrets* n'ont jamais guerre
Contre les roides aquilons.

ROB. GARNIER, Porcie, act. I, v. 186.

En termes de Chasse, petit arbre dont on a remplacé les branches par des gluaux. De là :

ARBRETER, v. n.

Préparer un *arbret*.

ARBRISSEAU, s. m.

Autrefois ARBRISSEL, cas régime du singulier, nominatif du pluriel, dans notre ancienne langue écrit très diversement :

ARBRISSAU, ARBRESIAU, ARBRINCÉAU, etc.

Il est resté de grand usage au sens de : Petit arbre.

Au mois de février, et un jour choisi, beau et serein, non venteux ne pluvieux, toutefois tendant plus à l'humidité qu'à la sécheresse, les *arbrisseaux* seront arrachés de la pépinière, le plus doucement qu'on pourra, afin que leurs racines en sortent entières si possibles est.

OLIVIER DE SERRES, Théâtre d'Agriculture, VIᵉ lieu, c. 18.

Vous voulez passer pour un *arbrisseau*, vous qui êtes un cèdre du Liban.

VOITURE, Lettres ; à M. d'Avaux.

72

Ces sapins si grands, si beaux quand on est dessous, ne
paroissent au loin que des *arbrisseaux*.

> J.-J. Rousseau, *Lettres*, 28 janvier 1763.

Puis vint avant dessous deux *arbresiaus*.

> *Chanson de Roncevaux*, p. 150.

Desouz un *arbrisel*, delez un petit mur.

> *Roman de Berte*, XLI.

S'en ce printemps que les feuilles et flours
Et *arbrynceaux* percent nouvellement,
Amours vouloit moy faire ce secours...

> Villon, *Ballades*.

L'*arbrisseau* franc qui fleurit et boutonne,
D'en veoir le fruict espérance nous donne.

> C. Marot, à Mgr M. F. de Bourbon.

Faunes, qui vivez sous l'écorce,
Et dans le tronc des *arbrisseaux*.

> Ronsard, *Odes*, IV, 15.

Pendant deux ans entiers, captif en un berceau,
Il souffre... avant d'être arbre, il faut être *arbrisseau*.

> Collin d'Harleville, *l'Optimiste*, III, 9.

Arbrisseau se dit encore d'Un végétal ligneux
tel par exemple que le laurier-rose dont la tige
se divise en rameaux dès sa base.

Il y a des *arbrisseaux* ligneux qui ne viennent pas plus
grands que des herbes; mais ils croissent, pour l'ordinaire
aux lieux âpres et escarpés, et ils donnent aux hommes
la facilité d'y grimper.

> Bernardin de Saint-Pierre, *Études de la nature*, XI.

Un synonyme d'Arbrisseau, d'une étymologie
différente. mais également de grand usage,
est :

ARBUSTE, s. m. (du latin *arbustum*).

Espèce d'arbrisseau qui ne s'élève guère. Les
botanistes le disent proprement Des plantes li-
gneuses dont les branches ne naissent point de
boutons formés l'année précédente.

Tous les arbres, *arbustes* et frutices de forelz.

> Rabelais, *Pantagruel*, XI, 8.

On y voyoit seulement quelques *arbustes* dépouillés et
quelques cyprès funestes.

> Fénelon, *Télémaque*, XVIII.

Vous êtes un chêne et je suis un *arbuste*.

> Voltaire, *Lettres*, 21 mai 1762.

Votre compassion, lui répondit l'*arbuste*,
Part d'un bon naturel...

> La Fontaine, *Fables*, I, 22 : le Chêne et le Roseau.

D'Arbuste on avait fait l'adjectif Arbustif, ive,
que donne le passage suivant :

Quant à la vigne haute, treillée ou *arbustive*, c'est la
liberté du vigneron d'en tenir tant qu'il voudra les fosses
ouvertes, pour les planter.

> Olivier de Serres, *Théâtre d'Agriculture*, IIIe lieu, 4.

Au mot Arbre se rattache encore, dans notre
ancienne langue :

Arbrée, Arbroie, Arbrières, etc., s. f.
Arbres ou arbrisseaux réunis, bocage, bois.
Arbreux, euse, adj. dont on peut citer cet
exemple :

Celuy qui pourroit voir une forest *arbreuse*.

> Vauquelin de la Fresnaie, *Art poétique*, II.

ARBORER, v. a.

Planter, élever quelque chose droit comme
un arbre.

On le dit surtout en parlant d'enseignes, de
drapeaux.

Je n'avois jamais leu *arborer* une enseigne pour la
planter, sinon aux ordonnances que fit l'amiral de
Chastillon, exerçant hors la charge de colonel d'infanterie, mot dont Vigenelle a usé en l'histoire de Villar-
douin.

> Est. Pasquier, *Recherches de la France*, VI, 3.

Ce prince (Léopold d'Autriche) n'avoit pas oublié l'affront que lui avoit fait Richard, au siège d'Acre, en lui
arrachant l'étendard qu'il *avoit arboré* sur le haut d'une
tour pour y planter le sien.

> Hénault, *Abrégé chronologique de l'histoire de France:*
> Philippe-Auguste.

Le général Damnitz, gouverneur de Fribourg, n'*arbora*
le drapeau blanc que le 6 novembre, après deux mois de
tranchée ouverte. Le siège des châteaux ne dura que sept
jours.

> Voltaire, *Précis du siècle de Louis XV*, c. 13.

Et leurs drapeaux déjà sur nos remparts
Sont *arborés* pour marque de victoire.

> Racan, *Psaumes*, LXXIII.

N'*arboreront-ils* point l'étendard de Pompée?

> Corneille, *Sertorius*, I, 1.

On le dit encore de divers autres objets, mis en un lieu élevé et exposés à la vue.

Je ne veux oublier les artifices par lesquels on relevoit les courages des soldats en tous les combats, soit de Sainct-Elme, soit des autres lieux; tantost par des crucifix qu'on *arboroit* à la veüe des combattants, tanstost par des révélations que leurs gens d'Église faisoient proclamer, surtout de la venüe de l'armée.

> AGR. D'AUBIGNÉ, *Histoire universelle*, t. I, liv. IV, c. 19.

C'estoit une ancienne coustume des Perses de ne faire marcher leur armée qu'après que le soleil estoit levé, et alors avec la trompette, le signal estoit donné de la tente du Roy, au-dessus de laquelle *estoit arborée* l'image res-plendissante du soleil enchâssée dans du cristal.

> VAUGELAS, trad. de Quinte-Curce, *Histoire d'Alexandre,* liv. III.

Les Hollandois *ont arboré* au haut de leurs mâts, des râteaux et des verges, comme étant assez puissants pour chasser de la mer tout ce qui les incommode.

> OM. TALON, t. I, p. 117, éd. de M. Rives.

Les deux grosses abbayes furent données : Saint-Remy de Reims au cardinal Gualterio, qui *arbora* les armes de France sur la porte de son palais à Rome.

> SAINT-SIMON, *Mémoires*, 1710.

Dom Sébastien se flattoit d'*arborer* bientôt la croix sur les mosquées de Maroc.

> VERTOT, *Histoire des révolutions de Portugal.*

En termes de Marine, *arborer un pavillon, une flamme*, les hisser et les déployer au vent.

On dit plus généralement *hisser un pavillon.*

La coustume de sultan Soliman avoit tousjours esté de ne faire *arborer* jamais son estendard général de mer, ny faire sortir ses armées que le jour propre de Sainct-George.

> BRANTÔME, *Grands Capitaines françois* : M. Parisot.

Je ne fais aucune difficulté de vous donner encore ce pouvoir, de passer dans les articles secrets un article par lequel il sera dit que celui qui montera le vaisseau où *sera arboré* le pavillon amiral d'Angleterre, commandera celui qui aura le commandement de mes vaisseaux et de mes brûlots.

> LOUIS XIV à M. Colbert, 9 mars 1670. (*Négociations relatives à la succession d'Espagne*, t. III, p. 1001.)

Le prince d'Orange *a arboré* le pavillon royal d'Angleterre, qui est crime, qui seul lui feroit couper la tête s'il étoit pris.

> Mᵐᵉ DE MONTATAIRE, *Lettres;* à Bussy, 11 octobre 1688.

Voyant qu'il s'avançoit presque sous leur canon *sans arborer* aucun pavillon, ils ne doutèrent plus que ce ne fût un corsaire.

> LE SAGE, *le Diable boiteux*, c. 15.

... On a vu dix vaisseaux
De nos vieux ennemis *arborer* les drapeaux.

> P. CORNEILLE, *le Cid*, II, 7.

ARBORER s'emploie figurément :

Les deux rois (Henri roi d'Angleterre et Philippe-Auguste) consacrèrent leurs armes et leurs personnes à une si sainte entreprise (la croisade) et leur ciel avoüant leur dessein, *arbora l'estendard* de cette guerre, faisant voir dans l'air calme et serain une croix qui sembloit partager l'hémisphère en quatre.

> MÉZERAY, *Histoire de France :* Philippe-Auguste.

Ils portèrent son nom devant les rois et devant les princes, et *arborèrent* par tout l'univers l'enseigne de sa croix.

> COËFFETEAU, *Histoire romaine*, II.

Partout il *arbore* l'étendard de la vraie religion.

> BOURDALOUE, *Sermon pour la fête de saint François de Paule.*

On ne se méfie point de moi; je n'ai point *arboré* l'étendard d'historien du roi.

> CHOISY, *Mémoires.*

Quand on se voit en nombre competant pour *arborer* l'étendart de la Bassette, on commence par s'assurer du commissaire du quartier.

> DELOSME DE MONCHENAI, *la Cause des femmes :* scène de Colombine et d'Isabelle. (Voyez GHÉRARDI, *Théâtre italien*, édit. 1717, t. II, p. 17.)

L'impératrice de Russie, le roi de Pologne... bien d'autres princes *arborent* l'étendard de la tolérance, de la philosophie.

> VOLTAIRE, *Lettres*, 26 juin 1765.

La Bassée, Armentière aussitôt sont désertes,
Charleroy qui t'attend, mais à portes ouvertes,
A forts démantelés, à travaux démolis,
Sur le nom de son roi laisse *arborer* tes lys.

> P. CORNEILLE, *les Victoires du roi en Flandre.*

ARBORER signifie aussi Se déclarer ouvertement pour quelque doctrine, pour quelque parti, etc.

Le roi (Henri IV) avoit toutes choses, hormis la libéralité, mais sa qualité *arboroit* des espérances de l'avenir, qui faisoit avaler les duretés du présent.

> D'AUBIGNÉ, *Histoire universelle*, l. III, c. 21.

Charles IV, amoureux de Béatrix de Cusance, veuve du comte de Cantecroix..., se fit annoncer la mort de la duchesse Nicole, sa femme, en *arbora* le plus grand deuil...

SAINT-SIMON, *Mémoires*, 1707.

Jusqu'à quand *arborera-t-on* l'intolérance et le mensonge?

VOLTAIRE, *Un chrétien contre six juifs*, 7° sottise : Sur Ammien Marcellin.

ARBORÉ, ÉE, participe.

Malgré une grêle de flèches et de pierres que les assiégés lançoient contre les assaillants, le grand-maître vit ses étendards *arborés* sur le haut de la brèche.

VERTOT, *Histoire de l'ordre de Malte*, IV.

La ville (de Genève) soustient qu'elle est seulement sujette à l'Empire, dont elle a toujours les aigles *arborés* sur ses portes.

HARDOUIN DE PÉRÉFIXE, *Histoire de Henri le Grand*, III° partie, année 1602,

ARBORESCENT, ENTE, adj. (du latin *arborescere* et, par ce mot, de *arbor*). Qui a le caractère, le port ou la forme d'un arbre.

J'y ay veu le Tithymale *arborescent*, surnommé Dendroïdes, à la hauteur de deux hommes, ayant le tronc de la grosseur de ma cuisse.

PIERRE BELON, *Singularitez de divers pays estranges*, I, 17.

Il est possible que quelque espèce de mousse parvienne à une grandeur *arborescente* dans quelques parties de la zone torride.

BERNARDIN DE SAINT-PIERRE, *Harmonies de la Nature*, l. I.

ARBORESCENCE, s. f.
Qualité, état de ce qui est arborescent.

ARBORICOLE, adj. des deux genres.
Terme de Zoologie. Qui habite les arbres.

ARBORICULTURE, s. f.
La culture des arbres.

ARBORIFORME, adj. des deux genres.
Qui a la forme d'un arbre ou d'un arbrisseau.

ARBORISER, v. a.
Ancienne forme du mot actuel *Herboriser*.
Aller dans les champs recueillir des herbes, des plantes, soit pour apprendre à les connaître

ou pour en former des collections, soit pour les employer aux usages qu'elles ont en médecine.

Passants par quelques prez ou aultres lieux herbus, visitoient les arbres et plantes, les conférants avec les livres des anciens qui en ont escript, comme Theophraste, Dioscorides, Marinus, Pline, Nicander, Macer et Galen, et en emportoient leurs pleines mains au logis; desquelles avoit la charge un jeune paige nommé Rhizotome, ensemble des marrochons, des pioches, cerfouëttes, bêches, tranches et aultres instruments requis à bien *arborizer*.

RABELAIS, *Gargantua*, I, 23.

A Rosny, où vous passiez le temps... à jardiner, *arboriser*, mesnager.

SULLY, *OEconomies royales*, c. 36.

ARBORISÉ, ÉE, adj.
Il se dit de certaines pierres sur la coupe desquelles on voit des représentations d'arbres et de plantes.

Pierres arborisées. Agate arborisée.

On les appelle (ces pierres) herborisées ou *arborisées*, lorsqu'elles ne figurent que de petites plantes.

VOLTAIRE, *Singularités de la nature*, I : Des pierres figurées.

ARBORISATION, s. f.
Dessin naturel imitant des arbres ou des bruyères très ramifiées sur certains minéraux, sur les vitres en hiver.

ARBORISTE, s. m.
Ancienne forme de notre mot actuel *Herboriste*.
Vespasien Robin portait le titre d'*arboriste* du roi Louis XIII.
Celui qui connaît les simples.

Tantost il est philosophe, tantost médecin, *arboriste*, anatomiste et jurisconsulte.

RONSARD, préface sur la *Franciade*.

Chacun à son métier doit toujours s'attacher.
Tu veux faire ici l'*arboriste*,
Et ne fus jamais que boucher.

LA FONTAINE, *Fables*, V, 8.

ARBORISTE se dit quelquefois aujourd'hui, comme *pépiniériste*, de Celui qui élève, qui cultive des arbres.

ARC, s. m. (du latin *arcus*).

On l'a écrit AIRC, ARCH, ARCQ, ARK, ARS, même au singulier, ART, ARZ. (Voyez le *Glossaire* de Sainte-Palaye.)

Sorte d'arme servant à lancer des flèches; elle est formée d'une branche de bois, ou d'une verge soit de métal, soit d'autre matière, courbée avec effort au moyen d'une corde, qui s'attache aux deux extrémités.

Li arcs des forz est surmontez.
> *Les quatre Livres des Rois*, II, 4.

Quant ilz commençoient à avoir barbe, le Souldan les faisoit aprendre à tirer de l'arc par esbat.
> JOINVILLE, *Histoire de saint Louis.*

Les rebelles de Saxe avoient monstré de rechef qu'ils n'avoient ployé que comme les arcs, afin de mieux descocher.
> MÉZERAY, *Histoire de France :* Charlemagne.

Leur roi (des Éthiopiens) voulut aussi faire un présent à sa mode au roi de Perse (Cambyse), et prenant en main un arc qu'un Perse eût à peine soutenu, loin de le pouvoir tirer, il le banda en présence des ambassadeurs et leur dit :... Quand les Perses pourront se servir aussi aisément que je viens de faire d'un arc de cette grandeur et de cette force, qu'ils viennent attaquer les Éthiopiens... Cela dit, il débanda l'arc et le donna aux ambassadeurs.
> BOSSUET, *Discours sur l'histoire universelle,* III, 3.

Tout est prêt au premier signal; et, comme dit le prophète : « Toutes les flèches sont aiguisées, et tous les arcs sont tendus. »
> LE MÊME, *Oraison funèbre du prince de Condé.*

Donnez-moi l'arc que vous tenez au poing.
> *Chanson de Roland*, LX.

La gent a pié fu bien armée.
Chascun porta arc et espée.
> WACE, *Roman de Rou,* v. 12805.

Et li Bretons qui ars avoient
Espessement à als traioient.
> LE MÊME, *Roman de Brut,* v. 9922.

Mon arc, mes javelots, mon char, tout m'importune.
> RACINE, *Phèdre,* II, 2.

De son arc toutefois il bande les ressorts.
> LA FONTAINE, *Fables,* VIII, 27.

Amour fit une gambade
Et le petit scélérat
Me dit : Pauvre camarade,

Mon arc est en bon état,
Mais ton cœur est bien malade.
> LA FONTAINE, *l'Amour mouillé.*

On distinguait autrefois *l'arc à flèches* et *l'arc à jalets,* lequel lançait des pierres; *l'arc à main, de main, mainier,* qu'on pouvait bander facilement avec la main; *l'arc de corps,* qui pour être bandé exigeait un grand effort; *l'arc à baleste,* d'où *arbaleste, arbalete* (voyez ce mot); *l'arc à tour,* arc monté sur un fût et bandé au moyen d'un ressort; *arc turquois, arc anglais,* d'usage chez les Turcs et les Anglais. Sainte-Palaye, dans son *Glossaire,* a donné de ces diverses dénominations des explications et des exemples.

On a dit souvent *un trait d'arc, un jet d'arc,* de la portée de l'arc, de la distance à laquelle il peut lancer une flèche.

Les plus lointains n'étoient mie le trait d'un arc loin.
> FROISSART, *Chroniques,* l. I, II° part., c. 380.

Il y pouvoit avoir trois jects d'arc, de nostre camp jusques où nous cuidions le roy.
> COMMINES, *Mémoires.*

Parce que le sentier estoit fort estroit, ils furent contraints de se mettre à la file, et continuèrent de cette sorte plus d'un trait d'arc.
> D'URFÉ, *l'Astrée,* liv. V, II° part.

Conte de Suffort, vous serez
Comme à ung trait d'arc de l'armée.
> *Le Mistère du siège d'Orléans,* v. 10851.

On disait en ce sens ARCHÉE :

Sa grant banière u l'or resplent
Fait traire arière quinze archées.
> *Chronique de Normandie,* t. II, v. 21750.

Figurément, *Il faut détendre l'arc,* il faut donner du relâche à l'esprit.

Il faut que vous entendiez que ceux qui tiennent un arc en leur possession le tendent quand besoin est et le débandent quand ils s'en sont servis, car si toujours le tenoient bandé, il se romproit.
> SALIAT, trad. d'Hérodote, liv. II, 173.

Il ne faut pas qu'un arc soit tendu trop longtemps.
> COLLIN D'HARLEVILLE, *les Artistes,* I, 2.

Prov. et fig. *Avoir plusieurs cordes à son arc*, avoir plusieurs moyens pour faire ce qu'on se propose.

> Vos intentions sont louables, reprit-il, et je ne doute pas que vous n'ayez *plus d'une corde à votre arc.*
>
> Le Sage, *Gil Blas*, X, c. 10.

> Jamais vous ne réussirez dans votre métier, si vous n'avez un sergent, un notaire et un greffier à votre disposition; mais un procureur qui *a ces trois cordes à son arc*, peut tout risquer et tout entreprendre.
>
> *La Matrone d'Éphèse ou Arlequin Grapignan.* Scène d'un vieux procureur instruisant un jeune praticien. (Voyez Gherardi, *Théâtre italien*, 1717, t. II, p. 24.)

> Nous avons Tourney pour jouer la comédie, et les Délices sont la troisième *corde à notre arc.*
>
> Voltaire, *Lettres;* 25 avril 1760, à d'Alembert.

Prov. et fig. *Débander l'arc ne guérit pas la plaie* (vers de Cl. Marot). Quand on a fait du mal, il ne suffit pas, pour le guérir, pour le réparer, de renoncer aux moyens d'en faire.

Arc de carrosse, se dit de Deux pièces de fer courbées en arc, qui joignent le bout de la flèche à l'essieu des petites roues, et par le moyeu desquelles le carrosse tourne aisément dans ce petit espace.

L'arc du carrosse s'est rompu.

Arc, en termes de Géométrie, signifie Une portion quelconque du cercle, lorsqu'elle est moindre que sa moitié. *Arc de cercle. La corde ou sous-tendante d'un arc,* la ligne droite qui va de l'une de ses extrémités à l'autre.

> Un angle a pour mesure l'*arc* compris entre ses côtés et décrit de son sommet comme centre. Le sinus, le cosinus d'un *arc.*
>
> *Dictionnaire de l'Académie*, 1835.

> Malborough voyoit clairement que Vendôme n'avoit du tout de bon et d'important à faire que ce mouvement (le passage de l'Escaut), ni lui que de tenter de l'empêcher. Pour le faire, Vendôme suivoit *la corde* qui étoit très courte; Malborough avoit à marcher sur l'*arc* fort étendu et courbé, c'est-à-dire vingt-cinq lieues à faire contre Vendôme, six au plus.
>
> Saint-Simon, *Mémoires*, 1708.

> Une échelle dressée porte contre une poutre qui fait *la corde de l'arc* de la voûte.
>
> Diderot, *Salon de 1767 :* Robert.

> Un bras de mer long et étroit baigne cette plaine au midi, et forme comme *la corde de l'arc* des montagnes.
>
> Chateaubriand, *Itinéraire :* Voyage en Grèce.

Arc se dit généralement de toutes les Figures qui sont en ligne courbe.

> En cet endroit le rivage fait un *arc.* Ce port est naturellement fait en *arc.*
>
> *Dictionnaire de l'Académie*, 1694.

> Le port du Pirée décrit un *arc* dont les deux pointes ne laissent qu'un étroit passage.
>
> Chateaubriand, *Itinéraire :* Voyage en Grèce.

En termes d'Astronomie, *arc diurne,* portion de cercle qu'un astre parcourt au-dessus de l'horizon; *arc nocturne,* portion de cercle qu'un astre parcourt au-dessous de l'horizon.

Arc, en Architecture, se dit de la Courbure d'une voûte, formée d'une ou de plusieurs portions de cercle. *L'arc d'une voûte. Arc surhaussé. Arc surbaissé. Arc ogive. Arc rampant.*

> Tout joignant il y un avoit un grand portal de pierre, par lequel dix ou douze hommes eussent peu passer de front, et croy que autresfois il y avoit eu une porte : car l'*arc* y estoit et les marques.
>
> Montluc, *Commentaires,* liv. I.

Arc de triomphe ou *arc triomphal,* monument qui consiste en une grande porte faite en arc, accompagnée quelquefois de deux petites, et ornée de figures de bas-relief et d'inscriptions, pour conserver un grand souvenir.

On a dit autrefois *arc triomphant.*

> *Arcs triomphans* faictz en mémoire de ceulx qui avoyent esté victorieux.
>
> Rob. Estienne, *Dictionnaire françois-latin*, 1539.

> J'en ay prins la forme... en l'*arc triomphal*... de Septimus.
>
> Rabelais, *Pantagruel*, III, 7.

> On ne parloit que de tournois, qui se dressoient en la rue Saint-Anthoine, toute despavée, convertie en lices, ornée de théâtres et *arcs triomphaux.*
>
> Agr. d'Aubigné, *Histoire universelle*, t. I, c. 11.

> Les *arcs,* les ornements de triomphe, les titres illustres et les acclamations des peuples, non plus que les couronnes d'olive et de laurier n'ont d'autre lustre que celui qu'elles empruntent de la gloire qui les accompagne.
>
> Omer Talon, *Discours*, t. I, p. 5, éd. Rives.

A l'imitation de ces vieilles portes, qui ne servoient plus que de marques d'antiquité, on s'advisa d'en faire des nouvelles qu'ils appelaient *arcs de triomphe* : arcs, à cause qu'elles étoient voutées en demy cercle ; *de triomphe*, à cause que tels arcs estoient principalement dressez à l'honneur de ceux à qui le triomphe estoit décerné.

BERGIER, *Histoire des grands chemins de l'Empire romain*, liv. II, c. 11, 2.

Un *arc de triomphe*, que le czar avait dessiné selon sa coutume, fut décoré des emblèmes de toutes ses victoires : les vainqueurs passèrent sous cet *arc triomphal;* l'amiral Apraxin marchait à leur tête.

VOLTAIRE, *Histoire de Pierre le Grand*, IIe partie, c. 5.

Face chasteaux qui voudra et théâtres,
Arcs triumphans, thermes, amphithéâtres...
Tout cela tombe et déchet en ruine.

Les Marguerites de la Marguerite, fo 3, vo.

Tous les *arcs triomphants* que Rome m'a dressés.

ROTROU, *Saint-Genest*, 1, 4.

Le peuple rassemblé sous ces *arcs triomphaux*.

VOLTAIRE, *Brutus*, II, 3.

Au lieu d'*arc de triomphe*, d'*arc triomphal*, on a dit simplement, par abréviation, *arc*.

Les reis soleient anciennement faire lever e voldre *ars* ki fussent signe e à remembrance de lur victorie.

Les quatre Livres des Rois, II, XVIII, 18.

Il travaille aux inscriptions des *arcs* et des pyramides qui doivent orner la capitale un jour d'entrée.

LA BRUYÈRE, *Caractères :* Du souverain.

Vous méritez de passer sous l'*arc* des loyaux amants.

Mme DE MAISONS, *Lettres*. (Voyez *Correspondance de Bussy-Rabutin*, lettre 2582.)

Dans le premier des exemples qui précèdent, on a pu remarquer le verbe VOLDRE, venant sans doute de *volvere, volutare*. De là, dans notre vieille langue, au sens de voûte, *arc volu, voultis*, ou, en un seul mot, *arvolu, arvolis, arvol, arvout;* de là aussi notre mot *voulte, voûte*.

(Voyez le *Glossaire* de Sainte-Palaye.)

Du mot *arc* se sont formés plusieurs mots composés, ARC-BOUTANT, ARC-DOUBLEAU, ARC-EN-CIEL.

ARC-BOUTANT, s. m. (du substantif *arc* et du verbe *bouter*) [on ne prononce pas le C].

On l'a écrit, au pluriel : *arcboutans, arboutans*.

Pilier ou construction de maçonnerie qui finit

en demi-arc, et qui sert à soutenir par dehors une voûte, un mur, etc.

Penses-tu que ces petites concavitez et nervures, qui sont auxdites coquilles, soyent faites seulement par ornement, et beauté? Non, non; il y a quelque chose davantage : cela augmente en telle sorte la force de ladite forteresse, comme feroyent certains *arcboutans* appuyez contre une muraille, pour la consolider.

BERNARD PALISSY, *De la ville de forteresse*.

ARC-BOUTANT se dit également, en Charpenterie, des Pièces de bois employées à des usages analogues, et qu'on nomme autrement *contre-fiches*.

Parquoy (Gargantua) craignant qu'il (Pantagruel) ne se guatast feit faire.... des *arboutans* à son berceau bien ajustez.

RABELAIS, *Pantagruel*, II, 4.

Les arcs-boutants d'un train de carrosse, les verges qui servent à tenir en état les moutons du carrosse.

ARC-BOUTANT se dit, figurément, des Chefs, des principaux soutiens d'un parti, d'une entreprise, etc.

Considérez bien le minois de ces vaillans pilliers, *arboutans* de justice grippeminaudière.

RABELAIS, *Pantagruel*, V, 11.

Plus il y aura d'*arcs-boutans* et d'estançons pour soutenir l'édifice qui panche, plus il sera ferme.

DE LA NOUE, *Discours politiques et militaires*, XI.

Souviene-vous en quelles bouches, ceste année passée, l'affirmative d'icelle (proposition) estoit l'*arc-boutant* d'un party; la négative de quel autre party c'estoit l'*arc-boutant*.

MONTAIGNE, *Essais*.

Quelque peu après meurt Isabelle, veuve du roy Charles sixiesme,... et, quelques mois après, le duc de Bethfort, le plus fort *arcboutant* de Henry.

EST. PASQUIER, *Recherches de la France*, VI, 4.

Nous ne verrions pas Monsieur de Lyon assis près de vous et vous servir d'*arcboutant* pour faire vos pratiques et les siennes à Rome et en Espagne.

Satire Menippée : Harangue de d'Aubry.

Les Parlements qui sont les *arcboutans* de l'Estat et de la maison royale ont toujours eu grand soin d'empescher que ceste auguste qualité de Prince ne fust usurpée par d'autres que par ceux du sang royal.

MÉZERAY, *Histoire de France :* François II.

Ce qui nous faschoit le plus, c'est de voir qu'il estoit l'*arc-boutant* de la tyrannie, et que par ce moyen elle devenoit éternelle.

> Perrot d'Ablancourt, trad. de Lucien : *le Meurtrier du tyran.*

Les gens de bien, ce sont comme gros termes,
Ou forts piliers qui servent d'*arcs-boutants,*
Pour appuyer contre l'effort du temps
Les hauts estats et les maintenir fermes.

> Pibrac, *Quatrains,* CXVI.

Qui de tout assurer, de tout sçavoir se pique,
Un des *arcs-boutants* du portique.

> Autreau, *Démocrite prétendu fou,* II, 8.

ARC-BOUTER, v. a. [on ne prononce pas le C].

Soutenir, appuyer au moyen d'un arc-boutant : *arc-bouter* une voûte, un mur, etc.

On dit aussi qu'Un pilier, un massif *arc-boute* une construction.

ARC-DOUBLEAU, s. m. [on ne prononce pas le C].

Terme d'Architecture. Espèce d'arcade formant une saillie ou plate-bande sur la courbure inférieure d'une voûte, qu'elle semble fortifier et soutenir.

Les *arcs-doubleaux* des voûtes gothiques se nomment nervures.

> *Dictionnaire de l'Académie,* 1835.

ARC-EN-CIEL, s. m. [on prononce *arkanciel,* même au pluriel].

Météore en forme d'arc, offrant diverses couleurs, qui paraît dans l'atmosphère, et qui est causé par les réfractions et réflexions successives des rayons du soleil dans les gouttes de pluie.

Il faut noter qu'on ne voit jamais plus de deux *arcs en ciel* à une fois.

> Du Pinet, trad. de Pline l'Ancien, *Histoire naturelle,* II, 59.

Jusqu'à Antonio de Dominis, l'*arc-en-ciel* avait paru un miracle inexplicable. Ce philosophe devina que c'était un effet nécessaire de la pluie et du soleil.

> Voltaire, *Lettres philosophiques,* xvi° lettre.

On a dit ARC AU CIEL, ARC DU CIEL, ARC CÉLESTE.

Voyez les dictionnaires de Rob. Estienne, Nicot, etc.

Apparoissoient telles couleurs que voyons en l'*arc céleste,* quand le clair soleil touche les nuës pluvieuses.

> Rabelais, *Pantagruel,* X, 41.

Il proposa l'*arc du ciel* à Noé pour signe et enseigne à lui et à sa postérité, qu'il ne perdroit jamais plus la terre par déluge.

> Calvin, *Institution chrestienne.*

On a dit aussi, par allusion à L'alliance faite par Dieu avec les hommes après le déluge, *arc fédéral, arc d'alliance.* (Voyez le *Glossaire* de Sainte-Palaye.)

Quelquefois, par abréviation, on dit simplement ARC.

Dieu dit ensuite :... Je mettrai mon *arc* dans les nuées, afin qu'il soit le signe de l'alliance que j'ai faite avec la terre. Et lorsque j'aurai couvert le ciel de nuages, mon *arc* paroîtra dans les nuées... et il n'y aura plus à l'avenir de déluge.

> Lemaistre de Saci, trad. de l'Ancien Testament : *Genèse,* IX, 13, 14.

Le soleil est réfléchi par les nuages pluvieux où ses rayons refrangés tracent un *arc* nuancé de mille couleurs.

> Bernardin de Saint-Pierre, *Études de la nature.*

Ce grand *arc* qui des cieux traverse l'étendue,
Ce prisme suspendu dont s'embellit la nue.

> Lemierre, *la Peinture.*

Arc-en-ciel est quelquefois pris au figuré.

Je tiens à bon augure de ce que Mademoiselle Paulet qui m'avoit abandonné ces jours passez, a recommencé à m'écrire ; il me semble qu'elle est votre Iris, et c'est comme un *arc-en-ciel* qui paroit après l'orage.

> Voiture, *Lettres ;* à Mⁱˡᵉ de Rambouillet.

Cette princesse d'Harcourt fut une sorte de personnage qu'il est bon de faire connoître... basse comme l'herbe ou sur l'*arc-en-ciel,* selon ceux à qui elle avoit affaire.

> Saint-Simon, *Mémoires,* 1702.

Je voyois un cercle se former autour de moi ; les femmes même faisoient un *arc-en-ciel* nuancé de mille couleurs.

> Montesquieu, *Lettres persanes,* XXX.

Notre air serein, notre climat riant ont inspiré l'Arioste ; c'est l'*arc-en-ciel* qui parut après nos longues guerres.

> Mᵐᵉ de Staël, *Corinne,* II, 3.

S'idolâtre, s'admire et d'un parler de miel,
Se va préconisant cousin de l'*arc-en-ciel*.

Régnier, Satires, X.

Adieu, Gros René, mon désir !
— Adieu, mon astre. — Adieu, beau tison de ma flamme !
— Adieu, chère comète, *arc-en-ciel* de mon âme.

Molière, le Dépit amoureux, I, 2.

Toi que l'on voit porter à l'entour de ton col
Un *arc-en-ciel* nué de cent sortes de soies.

La Fontaine, Fables, II, 17 : Le Paon se plaignant à Junon.

ARCADE, s. f.

On l'a écrit ARCHADE. (Voyez le Dictionnaire de Cotgrave.)

Ouverture en arc. — Il se dit surtout en architecture.

Il y a encores, en certaines vallées entre la ville (de Saintes) et la Source, quelques *arcades* sur lesquelles l'on faisoit passer les eaux de ladite source.

Bernard Palissy, Discours admirables de la nature des eaux et fontaines.

La face de cette grotte est composée, au dehors, de trois *arcades* qui font autant de portes grillées.

La Fontaine, Psyché, I.

Les *arcades* qui entouraient sa table et le théâtre étaient ornées de cinq cents girandoles vert et argent qui portaient des bougies.

Voltaire, Siècle de Louis XIV, 25.

... Plus loin, du même côté une *arcade* tombant de vétusté.

Diderot, Salon de 1767 : Robert.

Je me couchai voluptueusement sur la tablette d'une espèce de niche ou d'*arcade* enfoncée dans un mur de terrasse.

J.-J. Rousseau, les Confessions, I, 4.

On dit, dans un sens analogue, des *arcades de verdure*.

Des lianes s'entrelacent dans les cintres de grandes voûtes de verdure, assurent leurs *arcades* contre les vents et les décorent de la manière la plus agréable.

Bernardin de Saint-Pierre, Études de la nature, V.

Les rameaux épais du figuier de l'Inde, s'élevant vers les cieux et descendant ensuite vers la terre, où ils prennent racine, forment, par leurs nombreuses *arcades*, des palais de verdure.

Le même, même ouvrage, XIII.

Arcade peut se dire encore, par extension ou

III.

par figure, de Tout ce qui est courbé à la manière d'un arc.

Quand il écrit, il fait toujours des *arcades ;* il n'y a pas une ligne droite, et ce n'est que du griffonis.

Tallemant des Réaux, Historiettes : Le cardinal de Retz.

De là la locution proverbiale : *en arcade*.

Qui est-ce qui en ce temps-là pouvoit penser qu'il verroit des mortes-payes espagnoles dans Paris, fouler ces belles et larges rues, les mains *en arcade* sur les costez, l'œil farouche, le front ridé, la démarche lente et grave ?

Antoine Arnauld, Plaidoyer pour l'Université (juillet 1594).

La montagne est tellement escarpée que l'eau se détache net, et tombe *en arcade* assez loin pour qu'on puisse passer entre la cascade et la roche, quelquefois sans être mouillé.

J.-J. Rousseau, les Confessions, I, 4.

Le timbre de la campanule que Tournefort sema au Jardin du Roi, est découpé en cinq parties, dont chacune est taillée *en arcade* gothique comme chaque pan de la fleur.

Bernardin de Saint-Pierre, Études de la nature, XI.

Cou de travers, omoplate *en arcade*,
Un dos cintré propre à la bastonade.

Voltaire, la Crépinade.

Arcade se dit aussi, en termes d'Anatomie, de certaines parties courbées en arc. *Arcade zygomatique* ou *temporale*. *Arcade dentaire*. *Arcade aurale*, etc.

ARCEAU, s. m. (du latin *arcus*).

Terme d'Architecture. La courbure d'une voûte en berceau, la partie cintrée d'une porte ou d'une fenêtre.

J'ay veu quelques fours de thuiliers que les *arceaux* estoyent en quelque sorte liquefiez.

Bernard Palissy, Des terres d'argile.

Telles colonnes se trouveront fort propres pour servir à un portique, avec *arceaux* voûtez par-dessus leurs corniches.

Philibert de l'Orme, Architecture, VII, 13.

Il se dit également de la petite voûte surbaissée d'un ponceau ; et de certaines portes, de certaines fenêtres.

Il se dit encore d'un ornement de sculpture en forme de trèfle.

ARCEAU se dit, en Médecine, des Châssis courbés en arc, qu'on nomme autrement *archets*. (Voyez ce mot.)

ARCHE, s. f. (des mots latins *arcus*, et, dans quelques-unes de ses significations, *arca*).

On l'a écrit ARQUE, ANCHE, ARCE. (Voyez le *Glossaire* de Sainte-Palaye.)

ARCHE s'est dit autrefois dans le sens général d'ARC, *arcade, voûte*, etc.

Le matin (Samuel) en alad vers le Rei (Saül) : et oid la nuvele que le reis fud venuz en Carmel, e qu'il ont fait voldre un *arche* que fut signe e demonstrance de sa victoire et de sa gloire.

> *Les quatre livres des Rois*, I, xv, 12.

Il dit aussi que Democritus inventa la manière de bâtir en *arche*.

> MALHERBE, trad. des *Épitres* de Sénèque, XCVI.

... Plus que Vénus tu marches ;
Plus que les siens tes yeux sont beaux,
Qui flambent sous deux noires *arches*
Comme deux célestes flambeaux.

> RONSARD, *Odes*, II, 8.

Il a eu aussi, venant du latin *arca*, le sens de Coffre, et on en avait fait le diminutif ARCHE-LETTE, petit coffre. (Voyez COTGRAVE, *Dictionnaire*.)

Quant il muerent, il font ardoir les corps, et prennent les os et les mucent en petites *arches*.

> MARC POL, *le Livre*, c. 128.

Arche à garder habillement. Petite *arche* ou coffret.

> ROB. ESTIENNE, *Dictionnaire françois-latin*, 1549.

De là le verbe ARCER, enfermer.

Car après eux (les avares) honteusement
Ils les trainent (les richesses) boutent, et *arcent*.

> *Roman de la Rose*, fol. 32, v°. (Cité par Ménage, *Dictionnaire étymologique*.)

Il a le sens d'*archives* dans des passages tels que les suivants :

Aussi ce bon seigneur voulut-il faire enregistrer tous nos noms dans le grand et principal papier de leur thrésor et le garder là dans les *arches* à perpétuité.

> BRANTÔME, *Grands Capitaines françois* : M. Parisot, grand maistre de Malte.

Outre plus, ce vénérable et généreux grand maistre fit escrire et enroller dans un livre les noms et surnoms de tant de gentilzhommes, soldatz et capitaines qui estoient là, et les fit enregistrer, mettre et enserrer parmy les *arches* de leur religion très précieusement, à perpétuité et mémoire.

> BRANTÔME, *Grands Capitaines françois* : Des couronnels françois.

ARCHE est resté d'usage pour désigner la partie d'un pont, sous laquelle l'eau passe.

Il ne passe plus aucun bateau sous les ponts ; les *arches* du Pont-Neuf sont quasi comblées.

> Mme DE SÉVIGNÉ, *Lettres ;* au comte de Grignan, 16 janvier 1671.

Il ne s'occupait pas à calculer combien de pouces d'eau couloient en une seconde sous les *arches* d'un pont.

> VOLTAIRE, *Contes*.

Avoit un pont basti de grant ancesserie...
Furent faites les *arches* sor l'eaue qui bruie,
Voltes i ot desous chascune bien taillie...

> *Chanson d'Antioche*, IV, v. 316.

Puis y nous convient, d'autre part,
Rompre une *arche* de nostre pont,
Pour nous garder d'aucuns azart.

> *Le Mistere du siege d'Orleans*, v. 2707.

ARCHE est quelquefois employé figurément dans un sens analogue.

Les îles de la mer du Sud forment entre l'Asie et l'Amérique un véritable pont de communication, dont nous ne connaissons que quelques *arches*.

> BERNARDIN DE SAINT-PIERRE, *Études de la nature*, XI.

On arrive au bas du glacier, et l'on voit l'Arveiron en sortir par une *arche* de glace.

> SAUSSURE, *Voyages dans les Alpes*, t. II, c. 13, § 619.

ARCHE se dit particulièrement d'Une sorte de bâtiment, de vaisseau, que Noé fit construire par le commandement de Dieu, pour se sauver du déluge.

Pleust à Dieu qu'un chascun sceust aussi certainement sa généalogie, depuis l'*arche* de Noé jusques à cest eage.

> RABELAIS, *Gargantua*, I, 1.

Les Arméniens apellent cette montagne Mesesoucar, c'est-à-dire montagne de l'*arche*, parce que l'*arche* de Noé s'y arresta lorsque les eaux du déluge s'abaisserent.

> TAVERNIER, *Voyage de Perse*, I, 4.

Quel fut ce jour heureux qu'on la vit sortir, comme la colombe de l'*arche*, de ce petit espace de terre que les flots respecteront éternellement, pour annoncer aux provinces leur félicité.

FLÉCHIER, *Oraison funèbre de Marie-Thérèse.*

Si pesant! me dit-il; apprenez que lorsqu'il s'agit d'enlever le bien d'autrui, j'emporterois l'*arche* de Noë. En achevant ces paroles, il s'approcha du coffre, le mit sans peine sur ses épaules.

LE SAGE, *Gil Blas,* X, 16.

A cet emploi du mot ARCHE se rapporte celui qui en est fait dans le passage suivant :

En 1524 les astrologues prédisirent un déluge universel par la conjonction de Saturne, Jupiter et Mars dans le signe des Poissons. Tout le monde persuadé bâtit des *arches,* quelques-uns même découvrirent leurs maisons pour prendre les matériaux du toit. Le Président Auriol à Toulouse en fit bâtir une si grande que craignant que la Garone ne fût pas assez profonde à Toulouse, il la fit construire sur le port de la pointe, près de Moissac, où le Tarn se jette dans la Garone.

Invasion de la ville du Mans, page 15. — Au Mans, 1667 . in-8°. (Cité par FALCONNET, *Dictionnaire françois moderne,* ms.)

Fig. *Être hors de l'arche,* Être hors de l'Église.

On a comparé l'Église à l'*arche,* hors de laquelle il n'y a point de vie.

NICOLE. (Cité par FURETIÈRE, *Dictionnaire.*)

Prov. et fig. *Arche de Noé,* se dit d'Une maison où sont logés des gens de toute espèce.

Arche de Noé est le nom d'un coquillage.

Les coquillages qui se reposent au sein des madrépores, comme des bateaux sur les chantiers, tels que les *arches de Noé,* sont de la couleur du fond qu'ils habitent, afin d'être moins aperçus de leurs ennemis.

BERNARDIN DE SAINT-PIERRE, *Études de la nature,* I.

Dans l'Ancien Testament, ces expressions l'*Arche du Seigneur,* l'*Arche sainte,* l'*Arche d'alliance,* etc., ou simplement l'*Arche,* désignent Une espèce de coffre fait par le commandement de Dieu, et dans lequel les tables de la loi étaient gardées.

Fachun venir l'*arche Deu* de Sylo.

Les quatre Livres des Rois, I, IV, 3.

Dieu veut que son livre soit dans l'*arche de l'alliance* pour servir à jamais de témoin contre eux (les Juifs).

PASCAL, *Pensées.*

L'*arche d'alliance* bâtie par Moïse, où Dieu reposoit sur les chérubins, et où les deux tables du décalogue étoient gardées n'avoient point de place fixe.

BOSSUET, *Discours sur l'Histoire universelle,* II, 4.

Il y a je ne sais quels traits divins imprimés sur le front du juste, qui font qu'on ne peut lui refuser des hommages secrets : c'est comme un spectacle de religion qu'on ne regarde qu'avec une espèce de culte ; une *arche du Seigneur* et la demeure de sa gloire, qui, même au milieu des Philistins, conserve sa terreur et sa majesté.

MASSILLON, *Carême : Sermon sur le respect humain.*

L'*arche sainte* est muette et ne rend plus d'oracles.

J. RACINE, *Athalie,* I, 1.

Quelques prêtres, ma sœur, ont d'abord proposé
Qu'en un lieu souterrain, par nos pères creusé,
On renfermât du moins notre *arche* précieuse.
« O crainte, a dit mon père, indigne, injurieuse!
L'*arche* qui fit tomber tant de superbes tours,
Et força le Jourdain de rebrousser son cours,
Des dieux des nations tant de fois triomphante,
Fuiroit donc à l'aspect d'une femme insolente! »

LE MÊME, même ouvrage, V, 1.

Il est fait allusion au mot ARCHE, pris en ce sens, dans des passages tels que les suivants :

Cependant tout périssoit peu à peu ou plutôt à vue d'œil... tout en silence, en souffrance ; personne qui osât porter la main à cette *arche* chancelante, et prête à tomber.

SAINT-SIMON, *Mémoires,* 1709.

Que s'ils entendent encore des clameurs autour de l'*arche,* ce ne seroit plus celles qui annoncent les périls et des malheurs nouveaux, mais ses triomphes et sa gloire.

MASSILLON, *Petit Carême :* 2e dimanche.

Prov. et fig. *L'arche du Seigneur, l'arche sainte,* se dit d'une chose dont il est dangereux ou indiscret de parler, qu'il ne faut pas toucher témérairement dans ses discours.

Il gémissoit profondément de voir l'*arche du Seigneur* confiée à des mains si débiles et si indignes de la soutenir.

D'ALEMBERT, *Éloge de Trublet.*

L'idée générale de courbure exprimée par les mots ARCHE, ARCADE, ARC, était encore rendue, dans notre vieille langue, par le substantif ARCEURE, ARCHEURE, ARCURE. (Voyez le *Glossaire* de Sainte-Palaye.)

Le cler Titan passant par les *arcures* du zodiaque, par-devant la maison de la Vierge, jettoit son regard en terre.

> J. Lemaire de Belges, *Illustration des Gaules*, l. I, p. 78. (Cité par Sainte-Palaye.)

L'arcure de ses sourciz noirs.

> Le même, même ouvrage, p. 110.

Le roi passa... et vit escript en l'*arceure*, pardessus les deux huys, lettres d'or.

> *Roman de Perceforest*, vol. II, f° 120, r°. (Cité par Sainte-Palaye.)

ARCHER, s. m.

On l'a écrit ARCHIER.

Dans une acception générale, Celui qui tire de l'arc.

Il n'y a si bon *archer* qui ne faille quelquefois le blanc.

> Malherbe, trad. des *Épîtres* de Sénèque, XXXI.

Un des conjurés, nommé Guillaume Tell, ne salua point le bonnet. Le gouverneur le condamna à être pendu, et ne lui donna sa grâce qu'à condition que le coupable, qui passait pour *archer* adroit, abaltrait d'un coup de flèche une pomme placée sur la tête de son fils.

> Voltaire, *Annales de l'Empire* : Albert Ier d'Autriche, 1307.

Non, un trait de la main du plus adroit *archer*
Fend l'air moins promptement qu'on ne m'a vu marcher.

> Rotrou, *les Sosies*, III.

... Et comme l'on voit un *archer*,
De son arc détendu quand la flèche s'envole,
Suivre de l'œil le trait qu'il vient de décocher.

> Delille, *la Conversation*, II.

Dans des acceptions plus particulières, ARCHER désigne

Soit Un chasseur :

Il sont moult bon *archier* et grant chaceour.

> Marc Pol, *le Livre*, c. 46.

Cependant un sanglier, monstre énorme et superbe, Tente encore notre *archer*.

> La Fontaine, *Fables*, VIII, 27.

Soit Un homme de guerre, combattant avec l'arc :

Li *archier* acuillirent Saül.

> *Les quatre Livres des Rois*, I, xxxi, 2.

Il avait mult grand planté de bonne gent et d'*archiers* et d'arbalestriers.

> Villehardouin, *Conqueste de Constantinoble*, LXXIX.

Mon advis est que la souveraine chose du monde, es batailles, sont les *archiers*, mais qu'ilz soient à milliers.

> Commines, *Mémoires*, I, 3.

Monstrellet appelle aussi les dictz soldatz piétons comm'aussi M. du Bellay en son livre de l'Art militaire. Froissard les appelle soudoyers, quelques fois *archers*.

> Brantôme, *Grands Capitaines françois:* Des couronnels françois.

Agesilaus, se voyant à son grand regret forcé de se partir de l'Asie, dit à ses amis, que le roy de Perse l'en chassoit hors avec trente mille *archers*, pour ce qu'en la monnoie de Perse il y a la figure d'un *archer* imprimée.

> Amyot, trad. de Plutarque, *Vie d'Artaxerce*, 27.

Les uns se disent gens d'armes, les autres *archers :* mais peu sont soldats.

> La Noue, *Discours politiques et militaires*, XI.

Vous servirez d'abord comme simple *archer* parmi les Crétois.

> Chateaubriand, *les Martyrs*.

Ses fossés fait et ses murs redrecier,
Barres et lisses où seront li *archier*.

> *Garin le Loherain*, t. II, p. 41.

Francs-Archers était le nom d'une milice créée par Charles VII.

Le roy Loys mit bien deux mille hommes d'armes en la ville; tous les nobles de Normandie, grande force de *francs-archers*.

> Commines, *Mémoires*.

La milice des *francs-archers* et des taupins sous Charles VIII, étant exempte de la contribution des tailles, prit sans aucune permission le titre de noble et d'écuyer, confirmé depuis par le temps qui établit et qui détruit tous les usages et les privilèges.

> Voltaire, *Essais sur les mœurs :* De la noblesse, c. 98.

ARCHER était encore le nom d'une profession que définit l'exemple suivant :

Quiconques veut estre *archiers* à Paris, c'est à savoir feseres de ars, de fleiches et de arbalestes.

> Est. Boileau, *le Livre des Métiers*.

ARCHER se disait particulièrement, autrefois, de Certains officiers subalternes de justice ou de police, qui portaient des épées, des hallebardes, des armes à feu, soit pour prendre des voleurs, soit pour faire la garde des villes, soit pour exécuter quelque ordre de justice ou de police.

Archers du grand prévôt, archers du guet, archers de ville, de la ville, etc., etc.

Pour ce que les rois et princes souverains, et les prévosts de leurs hostels, pour la garde de leurs personnes ou autrement, se servoient de gens portant arcs, on dit encore aujourd'huy *archers de la garde* et *archers du prévost de l'hotel*, et *archers de telle ville*, jaçoit qu'ils ne portent plus d'arcs, ains des hallebardes au lieu d'icelles.

NICOT, *Thrésor de la langue françoise.*

Un de ses frères, qui se mêloit de faire des convois de faux sel, étoit guetté par les *archers des gabelles*.

SCARRON, *Roman comique*, II, 12.

L'ordre fut donné au premier huissier de prendre avec lui le prévôt d'Auvergne, avec ses *archers*, et de ne lui communiquer ses ordres que lorsqu'il faudroit les exécuter.

FLÉCHIER, *Mémoires sur les grands jours de 1665.*

Enfin un *archer*, revêtu d'une bandoulière et le mousquet sur l'épaule, ayant paru à la porte, je lui fis signe de la main de venir à moi.

PRÉVOST, *Manon Lescaut*, Iʳᵉ part.

En même temps voilà des *archers* ou des sergens, accourus d'une barrière prochaine, qui percent la foule, m'arrachent l'épée que je tenois, et me saisissent.

MARIVAUX, *le Paysan parvenu*, IIIᵉ partie.

Un, qui de la patrouille est l'*archer* le plus brave.

BOURSAULT, *Ésope à la cour*, IV, 5.

A ce sens d'ARCHER répondent les expressions *archers de la mort, archers du diable*, que donnent les passages suivants :

Louys s'imagine qu'on ne l'aborde qu'avec des poignards, et que tous ceux qu'il voit sont des *archers de la mort*.

MÉZERAY, *Histoire de France : Louis XI.*

Dans cette salle d'assemblée étoient quatre ou cinq affreux bandits, mes camarades d'instruction, et qui sembloient plutôt des *archers du diable* que des aspirants à se faire enfants de Dieu.

J.-J. ROUSSEAU, *les Confessions*, I, 2.

ARCHER s'est dit quelquefois de l'Amour, par allusion à l'arc et aux flèches que lui attribue la Fable.

A la fin, sentant le pauvre religieux, que son cœur s'amollissoit, par l'abondance des larmes de s'amie, comme celuy qui voyoit Amour, ce dur *archer*, dont si longue-

ment il avoit porté la douleur, ayant sa flesche dorée preste à luy faire nouvelle et mortelle playe, s'en fuyt de devant l'amour et l'amie.

LA REINE DE NAVARRE, *Heptameron*, LXIV.

Si je dis que dans ses beaux yeux
Cet *archer* qui m'y fait la guerre
Forge des traits qu'il garde pour les dieux,
Méprisant désormais tous les cœurs de la terre...
Qui ne devinera la beauté que je sers?

VOITURE, *Poésies.*

On l'a dit, par une allusion pareille, Des charmes d'une maîtresse, particulièrement de ses yeux.

Et comme il est de coustume, les yeulx d'elle, *archiers* du cœur, descoichèrent tant de flèches en la personne du dit bourgeois que sans prochain remède son cas n'estoit pas moindre que mortel.

Les Cent Nouvelles nouvelles, I.

Si que mes moüelles, qui ardent
Aux douces flammes, que leur dardent
Les yeux *archers* de ma maîtresse,
Te voyant vieille enchanteresse,
Deviennent, je ne scay comment,
Toutes froydes en un moment.

JOACHIM DU BELLAY, *l'Antérotique.*

ARCHEROT, s. m.

Petit *archer*, épithète que les vieux poètes français donnaient autrefois à Cupidon.

Il l'eût pu convertir,
A ce qu'on dit, si l'*archerot* qui vole
Se contentoit seulement de parole;
Ce qu'il ne fait.

PASSERAT, *la Métamorphose d'un homme en coucou.*

Je suis pris dans le doux lien
De l'*archerot* idalien.

SAINT-AMANT, *l'Enamouré.*

Au mot ARCHER se rattachent quelques mots de notre vieille langue :

ARCHOYER, ARCHEER, ARCHEIER, tirer de l'arc.

... Aussi disent-ils (nos ancêtres) *archoyer*, de *arc*, pour tirer de l'*arc*.

H. ESTIENNE, *la Precellence du langage françois.*

ARCHERIE, art de tirer de l'arc.

Or avint que Marc, le filz messire Nicolas, aprist si bien

la coustume des Tartars et leur languages et leur lettres, et leur *archerie*, que ce fut merveilles.

MARC POL, *le Livre*, c. 15.

ARCHIÈRE, carquois et aussi espèce de fenêtre qui se trouvait près des créneaux pour tirer des flèches aux ennemis.

ARCHET, s. m. (diminutif de *arc*, du latin *arcus*).

Sorte de petit arc, ou plutôt de baguette droite, un peu recourbée à son extrémité, qui a pour cordes plusieurs crins de cheval, et dont on se sert pour tirer le son d'une contrebasse, d'une basse, d'un violon, etc.

Nostre langage est tellement ployable à toutes sortes de mignardises que nous en faisons tout ce que nous voulons, adjoustons souvent diminution sur diminution comme *arc*, *archet*, *archelet*.

H. ESTIENNE, *la Précellence du langage françois*.

La scène s'ouvre par un chœur d'anges et Michel parle ainsi... : « Que l'arc-en-ciel soit *l'archet* du violon du firmament... »

VOLTAIRE, *Essai sur la poésie épique*, c. 9.

Phœbus, du milieu de la table,
Pour dérider le front des dieux,
Marioit sa voix délectable
A son *archet* mélodieux.

RONSARD, *Odes*, I, 10.

Qu'un languissant *archet* se traisnant sur la corde
Fasse que la viole à l'espinette accorde
Ses sons tristement doux...

RACAN, *Psaume* 150.

Et l'autre appuyant de son aigre fausset
Semble un violon faux qui jure sous *l'archet*.

BOILEAU, *Satires*, III.

Et le ménétrier, debout sur un tonneau,
Sous un *archet* aigu fait détonner Rameau.

LEMIERRE, *la Peinture*, I.

J'entends au loin *l'archet* de la folie.

BÉRANGER, *Chansons* : le Carnaval.

ARCHET est employé au figuré dans des passages tels que les suivants :

La langue est un *archet* qui, battant sur les dents et sur le palais, en tire des sons exquis.

BOSSUET, *De la Connoissance de Dieu et de soi-même*.

Je ne me lassois pas d'entendre cette vivifiante lecture

dont tous les mots résonnèrent sur mon cœur comme *l'archet* sur un instrument.

SAINT-SIMON, *Mémoires*, 1718.

On dit *un coup d'archet*, *avoir un bon coup d'archet*.

Toutes choses ont leur terme, c'est l'ordre. Ma première surprise eut le sien : *un coup d'archet* me rendit à moi-même, ou, pour mieux dire, saisit tous mes sens, et vint s'emparer de mon âme.

MARIVAUX, *le Paysan parvenu*, VI⁰ partie.

ARCHET se dit aussi d'Une sorte de châssis de bois courbé en arc, que l'on met aux berceaux des enfants, pour soutenir une couverture au-dessus de leur tête.

Elles couvrent la teste de leurs nourriçons couchés dans le berceau d'un *archet* d'osier, et un linge pardessus.

A. PARÉ, *Introduction à la cognoissance de la chirurgie*, XXVIII, 28.

Il se dit pareillement de Châssis courbés en arc dont on se sert pour empêcher que les couvertures du lit ne pèsent sur le corps des malades. On dit également *arceau*.

Si j'avois un torticolis... vous seriez tout étonnée d'entendre dire que je suis sous *l'archet*.

Mᵐᵉ DE SÉVIGNÉ, *Lettres* ; à Mᵐᵉ de Grignan, 5 janvier 1676.

ARCHET, dans certains arts mécaniques, se dit d'Un arc de baleine ou d'acier, qui est courbé plus ou moins au moyen d'une corde attachée aux deux bouts, et dont les ouvriers se servent pour tourner et pour percer.

Les tourneurs en Turquie besongnent estant assis, et n'ont point de perche pendante à tourner leur bois, mais avec un long *archet* tenu de la main gauche, font tourner le bois.

PIERRE BELON, *Singularitez de divers pays estranges*, III, 19.

ARÇON, s. m. (du bas-latin *arcio*, diminutif d'*arcus*).

On a écrit ARSON, ARCHON, etc. (Voyez les exemples ci-après.)

L'une des deux pièces de bois, coupées en cintre, qui servent à faire le corps de la selle d'un cheval, avec deux branches de fer qui les joignent l'une à l'autre. *Arçon de la selle*, est une expression depuis longtemps fort usitée.

> Sus un bas cheval bien fourni seoit : ses renes avoit getées sùr l'*arcon de la selle*, et les tenoit à ses deux mains.
>
> JOINVILLE, *Histoire de saint Louis.*

> ... Luy couperent le poing, dont il tenoit l'*arson de sa selle*.
>
> J. CHARTIER, *Histoire de Charles VII.*

> Monsieur de Strossi avoit mis tous ses gens de pied devant, et sa cavallerie derrière, lequel estoit monté sur un fort petit cheval, ayant sa jambe en escharpe à l'*arson de la selle*.
>
> MONTLUC, *Commentaires*, III.

> Cet homme colère lâcha son pistolet dans le ventre du cheval qui portoit le devant du brancard, et d'un autre pistolet qu'il avoit à l'*arçon de sa selle* donna droit dans la tête d'un des hommes de pied.
>
> SCARRON, *Roman comique*, I, 14.

> Bien le fist aus *arçons de la selle* lier
> Qu'il ne puist nule part verser ne trebuchier.
>
> *Chanson d'Antioche*, V, v. 570.

On dit aussi, simplement, *l'arçon, les arçons.*

> Birague (desja chancelier), Morvilliers et Bellièvre, tous montez sur courciers d'Italie, ou grands chevaux d'Espagne, empoignans des deux mains l'*arçon* et en aussi grande peur de leurs chevaux que des ennemis.
>
> AGR. D'AUBIGNÉ, *Histoire universelle*, t. II, l. II, c. 6.

> Je suis marri que je n'ai du loisir pour bouffonner avec vous de cet ambassadeur don Diégo, de son carrosse tiré par six mules, de leurs malettes sur *les arçons* de devant.
>
> MALHERBE, *Lettres*; à Peiresc, 30 juillet 1608.

> Pleine sa hanste l'abat mort des *arçons*.
>
> *Chanson de Roland*, v. 1229.

> Pour leur chair il la cuit d'une exquise façon :
> Il la trenche et met sous l'*arçon*,
> Sous soy l'estreint, galoppe encore,
> Puis toute dégoutante, en haste il la dévore.
>
> SAINT-AMANT, *la Généreuse.*

On disait autrefois *en arçon.*

> Car jamais por jouster n'averai esperon,
> Ne ne porrai monter son cheval *en arçon*.
>
> *Chanson d'Antioche*, V, v. 352.

> Je sai bien qu'estez fis au plus noble baron
> Qui onques portast armes ne montast *en archon*.
>
> *Gaufrey*, v. 7400.

On dit être ferme *dans les arçons; sur les arçons*, etc., pour Se tenir ferme sur la selle.

> Seignors, fait-il à ces barons,
> *Tenez-vous bien à vos archons.*
>
> *Tristan*, vol. I, p. 181, v. 3778.

On dit aussi *perdre les arçons, vider les arçons*, pour Être renversé, tomber de cheval.

> A peine eut Amadis mis fin à ce propos qu'ilz baisserent les lances, et se rencontrèrent de telle furie que le chevalier rompit la sienne, et Amadis luy feit *perdre les arçons*.
>
> HERBERAY DES ESSARTS, *Amadis de Gaule*, I, 21.

> Clovis se souvient des fières menaces qu'Alaric avoit faites, l'appelle, le cherche, et l'ayant rencontré le choque si rudement qu'il luy fait *vuider les arçons*.
>
> MÉZERAY, *Histoire de France : Clovis.*

> A quatorze Paiens font *les arçons vuidier*.
>
> *Chanson d'Antioche*, V, v. 608.

> Le ménestrel consacrait ses chansons
> A ce vainqueur, dont la terrible lance
> Aux plus vaillants fait *vider les arçons*.
>
> MILLEVOIE, *Charlemagne à Pavie*, III.

On trouve une expression analogue, mais prise au figuré, dans le passage suivant :

> Sa nonchalance le réduit
> Au vray deshabiller d'un page,
> Où le luxe, *mis hors d'arçon*,
> Ne monstre pour tout esquipage
> Qu'un peigne dedans un chausson.
>
> SAINT-AMANT, *la Chambre du desbauché.*

Fig. et *fam.* *Être ferme dans ses arçons, sur ses arçons*, Être ferme dans ses opinions, dans ses principes, et les bien soutenir. *Perdre les arçons*, Être embarrassé dans la discussion, déconcerté dans quelque affaire, et ne savoir plus quelles mesures prendre.

On a aussi employé figurément ces expressions : *jeter hors des arçons*, se remettre *dans les arçons*

> La ville de Bordeaux, étant pleine de Ligueurs et d'esprits aisés à mettre en fougue, menaçoit, à toute heure, de le *jeter hors d'arçons* (le maréchal de Matignon).
>
> MÉZERAY, *Histoire de France : Henri III.*

> Sans cette dernière chose, il se fût encore *remis dans les arçons*.
>
> Mme DE SÉVIGNÉ, *Lettres*; à M. et à Mme de Grignan, 8 décembre 1679.

D'ARÇON s'était formé ARÇONNÉ, assis entre les deux arçons, ferme sur la selle (Voyez le *Dictionnaire* de NICOT.)

Dont il sentit telle douleur que, ne se pouvant tenir *arçonné*, il donna du nez à terre.

HERBERAY DES ESSARTS, *Amadis de Gaule*, II.

De là les composés DÉSARÇONNER, DÉSARÇONNÉ, encore en usage et signifiant, Faire perdre les arçons, qui a perdu les arçons.

ARÇON se dit, dans quelques arts mécaniques, d'Un instrument en forme d'archet.

Les chapeliers battent avec un *arçon* le poil qui sert à fabriquer les feutres.

Dictionnaire de l'Académie, 1835.

ARCANE, s. m. (du latin *arcanus*, secret, et, par ce mot, de *arca*, coffre).

Mot emprunté du latin par les alchimistes pour désigner Quelqu'une de leurs opérations mystérieuses.

Le même manège durant pendant tout le souper, je n'en recueillis autre chose sinon que le héros avait parlé du ciel, des arbres, du *grand arcane*, de Memphis, de l'hiérophante.

LE COMTE BEUGNOT, *Mémoires :* Affaire du collier, p. 61.

On le dit aussi d'Un remède dont on tient la composition secrète, tout en lui attribuant de grandes propriétés.

Il est pris en un sens plus général dans des passages tels que le suivant :

Ils ont fait de la recherche des intentions une affaire majeure, une espèce d'*arcane*, qui suppose, suivant eux, une profonde science et d'immenses travaux.

J. DE MAISTRE, *Soirées de Saint-Pétersbourg*, VIII.

On le trouve employé adjectivement.

Oui, la parole est... un miroir qui nous présente naïvement les secrets les plus *arcanes* de nos individus.

MOLIÈRE, *le Mariage forcé*, sc. 6.

ARCASSE, s. f.

Terme de Marine. La face postérieure d'un bâtiment, le derrière de sa poupe.

Arcasse, en fait de navires, est le derrière du gaillard, autrement appelé culasse du navire.

NICOT, *Thrésor de la langue françoise*.

ARCHAÏSME, s. m. [on prononce *arkaïsme*] (du grec ἀρχαϊσμός).

Il se dit d'Un mot antique, d'un tour de phrase suranné.

L'ode de Malherbe au Roi, qui alloit châtier les Rochellois, est la dernière que ce poète ait faite, et c'est pourquoi il y a moins d'*archaïsmes* que dans les autres.

MÉNAGE, *Observations sur les poésies de Malherbe*.

Le bibliographe anonyme ajoute qu'il (Lucrèce) affecte, presque en toute rencontre, des *archaïsmes* ou des expressions du vieux siècle.

BAILLET, *Jugements des savants*.

Il se dit également de l'Affectation d'un écrivain à faire usage d'archaïsmes.

ARCHAÏQUE, adj. des deux genres (du grec ἀρχαϊκός).

Terme de Grammaire et d'Art. Qui a un air antique, suranné. *Expression archaïque. Style archaïque.*

ARCHAL, s. m. (du latin *aurichalcum*, *orichalcum*, venu lui-même du grec ὀρείχαλκος, et, par ce mot, de ὄρος, montagne, et χαλκός, cuivre, airain).

On l'a écrit ARICHAL (voyez Borel), ARCHAIL, ARCHAUT, ARCHAT, ARKAL (voyez Cotgrave), ORCHAL (voyez un des exemples ci-après), etc.

Métal précieux, sorte de cuivre, Laiton.

Et furent tuit de *orchal*.

Les quatre Livres des Rois, III, VIII, 40.

Quiconques veut estre bateres d'*archal* à Paris, estre le puet, mes qu'il sache fere le mestier.

EST. BOILEAU, *le Livre des Mestiers*, titre XX.

Ainz estoit d'*archal* ou d'yvoire.

Romans de la Violette, v. 1590.

Uns moult rice horloge d'*arkal*.

PHILIPPE MOUSKES, *Chronique rimée*, v. 2561.

ARCHAL n'est, depuis longtemps, usité que dans cette locution, *fil d'archal*.

Et si seront les aubiers tous clissez d'une chemise de *fil d'archal.*

B. PALISSY, *Récepte véritable.*

Pour les costes, les liant avec fil de laiton ou d'ar*chau.*

A. PARÉ, *Introduction à l'étude de la chirurgie,* l. IV, ch. complém.

Je ne parle ici de la volière couverte de *fil d'archal,* dans laquelle l'on enferme grand nombre d'oisillons.

OLIVIER DE SERRES, *Théâtre d'Agriculture,* Vᵉ lieu, c. 10.

... Elle (la duchesse de Shrewsbury) trouva bientôt les coiffures des femmes ridicules, et elles l'étoient en effet; c'étoit un bâtiment de *fil d'archal,* de rubans.

SAINT-SIMON, *Mémoires,* 1713.

Ils (les Russes) ignoraient l'usage des chiffres, se servaient, pour leurs calculs, des petites boules enfilées dans des *fils d'archal.*

VOLTAIRE, *Charles XII,* 1.

'ARCHANGE, s. m. [on prononce *arkange*] (du latin *archangelus,* et par ce mot, du grec ἀρχάγγελος, venu lui-même d'ἄρχειν, commander, et ἄγγελος, messager, ange).

On l'a écrit ARCHANGEL, ARCHANGLE, ARCANGLE, etc. (Voyez le *Glossaire* de Sainte-Palaye.)

ARCHANGE désigne un Ange d'un ordre supérieur.

Cantès *arcangles* Saint Mikieus
Devant Dieu, ma cançon nouvèle.

Anc. poés. fr. mss. du Vatican. (Cité par Sainte-Palaye.)

D'ARCHANGE a pris son nom la ville d'*Archangel.*

Plus haut, en montant vers le nord, est la province d'*Archangel,* pays entièrement nouveau pour les provinces méridionales de l'Europe. Il prit son nom de Saint-Michel l'*Archange,* sous la protection duquel il fut mis, longtemps après que les Russes eurent reçu le christianisme, qu'ils n'ont embrassé qu'au commencement du XIᵉ siècle.

VOLTAIRE, *Histoire de Pierre le Grand,* Avant-propos.

ARCHÉE, s. f. [quelques-uns le font masculin] (du grec ἀρχή).

Principe, commencement. Terme employé par les anciens physiologistes pour désigner le principe de la vie.

L'*Archée* de Van Helmont.

Dictionnaire de l'Académie, 1762.

III.

ARCHÉOLOGIE, s. f. [on prononce *arkéologie*] (du grec ἀρχαιολογία, venu lui-même de ἀρχαῖος, ancien, et de λόγος, discours).
Science des monuments de l'antiquité.

ARCHÉOLOGIQUE, adj. des deux genres [on prononce *arkéologique*] (du grec ἀρχαιολογικός).
Qui appartient, qui a rapport à l'archéologie.

ARCHÉOLOGUE, s. m. [on prononce *arkéologue*] (du grec ἀρχαιολόγος).
Celui qui est versé dans l'archéologie.

ARCHÉTYPE, s. m. [on prononce *arkétype*] (des mots grecs ἀρχή, principe, et τύπος, modèle, exemplaire).
Original, patron, modèle sur lequel on fait un ouvrage.

Ceste imagination est appelée mondes *arquetipes,* ce est à dire mondes en semblance.

BRUNETTO LATINI, *Li livres dou tresor,* liv. I, part. I, c. 6.

Quand aux comédies et tragédies, si les Roys et les Républiques les vouloient restituer en leur ancienne dignité, qu'ont usurpée les farces et moralitez, je seroy bien d'opinion que tu t'y employasses, et si tu le veux faire pour l'ornement de ta langue, tu sçais ou tu en doibs trouver les *archetypes.*

JOACHIM DU BELLAY, *Deffence et illustration de la langue françoise,* II, 4.

L'infini n'a point et ne peut avoir d'*archétype,* ou d'idée distinguée de lui qui le représente.

MALEBRANCHE, *Recherche de la Vérité,* liv. IV, c. 11, § 3.

Ce qui appartient au droit naturel... étant fondé sur cette justice originaire et primitive, est comme le *modèle* et l'*archétype* de toutes les lois.

D'AGUESSEAU, *Instruction à son fils.* (Éd. Pardessus, t. XV, p. 14.)

ARCHÉTYPE est pris quelquefois adjectivement; alors il est des deux genres.

Les notions *archétypes*... sont des modèles fixes dont l'esprit peut acquérir une connoissance si parfaite, qu'il ne lui en restera plus rien à découvrir.

CONDILLAC, *Essai sur l'origine des connoissances humaines,* Iʳᵉ part., sect. 3, § 15.

Ce ne sont pas là des sophismes et des chimères à la Platon. Ce ne sont pas là des idées *archétypes*.

VOLTAIRE, *Commentaires sur Corneille*, 3ᵉ discours.

Platon... imagina son monde *archétype*, c'est-à-dire son monde original, ses idées générales du bien, de l'ordre, du juste.

VOLTAIRE, *Dictionnaire philosophique* : Bien.

ARCHÉTYPE, en termes de Monnayage, L'étalon primitif et général des poids et mesures, sur lequel on étalonne les autres.

Il a vieilli : on dit *étalon*.

ARCHEVÊQUE, s. m. (du latin ecclésiastique *archiepiscopus* et, par ce mot, *d'episcopus*, en grec ἐπίσκοπος, surveillant, évêque).

Prélat métropolitain, qui a un certain nombre d'évêques pour suffragants.

Je vis des commandeurs et des chevaliers de Saint-Jacques et de Calatrava qui sollicitoient des gouvernements et des vice-royautés; des évêques qui, ne se portant pas bien dans leurs diocèses, vouloient seulement changer d'air, devenir *archevêques*.

LE SAGE, *Gil Blas*, VIII, 11.

... Li *archevesque*
Et li abé et li évesque,
El palais le roi coronèrent
Et à l'église le menerent.

WACE, *Roman de Brut*, v. 10637.

ARCHEVÊCHÉ, s. m. [chez quelques-uns fém.] (d'*archevêque*).

L'étendue de pays, le territoire, qui est sous la juridiction, sous l'autorité spirituelle d'un archevêque.

Je lui demandai quelle *archevêché* c'étoit; il dit que c'étoit celle d'Aix.

MALHERBE, *Lettres;* à Peiresc, 19 décembre 1626.

L'*archevêché* de Paris commenceoit à flater mon ambition.

CARDINAL DE RETZ, *Mémoires*.

rançois de Guise et le cardinal de Lorraine son frère, tous deux étrangers, mais tous deux devenus pairs du royaume, l'un par son duché de Guise, l'autre par son *archevêché* de Reims.

VOLTAIRE, *Histoire du Parlement de Paris*, c. 22.

Il se dit également de La ville où est un siège archiépiscopal. *Besançon est un archevêché*.

Il se dit aussi de la dignité d'archevêque ainsi que des droits et des revenus temporels attachés à l'archevêché.

Le cardinal Arias, archevêque de Séville, étant mort, Albéroni fut nommé à ce riche *archevêché*.

SAINT-SIMON, *Mémoires*, 1717.

A peine fut-il hors de la chambre où nous étions, que ces mêmes officiers qui avoient dédaigné ma conversation vinrent la rechercher. Les voilà qui m'environnent, qui me gracieusent et me témoignent de la joie de me voir devenir commensal de l'*archevêché*.

LE SAGE, *Gil Blas*, VII, 11.

ARCHEVÊCHÉ signifie encore La demeure, le palais de l'archevêque.

Tu n'as jamais vu de face si hypocrite quoique tu aies demeuré à l'*archevêché*.

LE SAGE, *Gil Blas*, VII, 7.

ARCHI, préfixe emprunté du grec ἄρχειν, commander, et que l'on joint à quelques mots pour marquer la prééminence, la supériorité, *archichancelier*, *archidiacre*, etc., ou pour marquer un grand excès dans la chose dont on parle; ce dernier mode de formation est très fréquent, et sans enregistrer tous les mots qu'il a produits, il suffira de les représenter ici par quelques exemples.

Ces six *archiligueurs* firent pour le commencement une belle et grande moisson, et comme le courage croissoit avec le nombre, les chefs de la ligue furent bien tost asseurez que ces nouveaux confederez en formeroient d'autres.

MATTHIEU, *Histoire des derniers troubles de France*, liv. I.

On dit d'un avare que c'est un *archivilain;* du sieur N. que c'est un *archidévot;* du docteur V. que c'est un *archipédant;* du petit V. que c'est un *archifou*.

RICHELET, *Dictionnaire*.

Oh! sache, mon ami, que les comédiennes sont nobles, *archinobles* par les alliances qu'elles contractent avec les grands seigneurs.

LE SAGE, *Gil Blas*, III, 9.

Je ne saurois finir cet article sans vous demander comment vous vous trouvez de cet *archi-âne* de Keisser.

J.-J. ROUSSEAU, *Lettres;* 25 février 1745.

J'ai honte que votre art m'occupe,
Et que depuis trente moissons,
On me passe pour l'*archidupe*
Du dieu des luths et des chansons.

MAYNARD, *Ode*.

Ne puis-je au moins savoir de quoi vous vous plaignez,
De vous voir *archifourbe* et des plus raffinés.

TH. CORNEILLE, le Galant double, III, 2.

C'étoient deux vrais tartufs, deux *archipatelins*.

LA FONTAINE, Fables, IX, 14.

ARCHICHANCELIER, s. m. Grand chancelier.

Il (l'électeur de Cologne) prétendoit pouvoir porter l'habit des cardinaux, comme *archichancelier* de l'empire pour l'Allemagne.

SAINT-SIMON, Mémoires, 1706.

Il y avait en France, sous le régime impérial, un *archichancelier* de l'empire et un *archichancelier* d'État.

Dictionnaire de l'Académie, 1835.

ARCHIDIACRE, s. m.

On l'a écrit ARCHEDIACRE, ARCEDIACRE, ARCEDIACNES, etc. (Voyez le *Glossaire* de Sainte-Palaye.)
Ecclésiastique pourvu d'une dignité qui lui donne quelque sorte de juridiction sur les curés de la campagne.

Lors vindrent à Paris les ambaxàdeurs du Roy d'Angleterre, entre lesquels estoit le principal messire Thomas Erpinion, avecques lui ung *arcediacre* et plusieurs autres nobles.

MONSTRELET, Chronique, I, 34.

Les *archidiacres* étoient tenus en certains temps faire les visites (comme encore ils font) sur chaque curé. De ces chevauchées qui, au temps passé, estoient plus fréquentes qu'à ceste heure, est venu à mon jugement que nous disons : Estre crotté en *archidiacre*.

EST. PASQUIER, Recherches de la France, VIII, 33.

A ces discours brillants, saisi d'un saint scrupule, *L'archidiacre* Trublet s'épouvante et recule.

VOLTAIRE, les Deux Siècles.

ARCHIDIACONAT, s. m.
La dignité d'archidiacre.

ARCHIDIACONÉ, s. m.
L'étendue du territoire soumis à la juridiction spirituelle de l'archidiacre.

Il a été aussi un synonyme d'*archidiaconat*.

Champeaux, qui s'estoit acquis tant de bruit dedans l'église de Paris, quitta et son *archidiaconé* et la robe séculière pour espouser une vie monastique.

EST. PASQUIER, Recherches de la France, IX, 5.

ARCHIDUC, s. m.
Titre de dignité qui n'est usité qu'en parlant des princes de la maison d'Autriche.

Et fut icelle paix criée l'année mesme à Lyon entre France, Espaigne et le roy des Rommains par le moyen de l'*archeduc* d'Autriche.

Le Loyal Serviteur, c. 18.

ARCHIDUCHESSE, s. f.
La femme d'un archiduc, ou la princesse qui est revêtue de cette dignité par sa naissance.

Cette fête qui se nomme Wurtchafft se célèbre de cette manière. L'Empereur est l'hôtelier, l'Impératrice l'hôtelière, le Roi des Romains, les archiducs, les *archiduchesses* sont d'ordinaire les aides, et reçoivent dans l'hôtellerie toutes les nations vêtues à la plus ancienne mode de leur pays.

VOLTAIRE, Histoire de Pierre le Grand, Ire part., c. 9.

ARCHIDUCHÉ, s. m.
Seigneurie d'Autriche.

C'est cette année 1453 que l'Autriche est érigée en *archiduché*.

VOLTAIRE, Annales de l'Empire : Frédéric d'Autriche, 1453.

ARCHIDUCAL, ALE, adj.
Qui concerne les archiducs.

Le duc Ulric fut rétabli, mais le duché de Virtemberg fut déclaré fief masculin de l'archiduché d'Autriche; et comme tel il doit retourner, au défaut d'héritiers mâles, à la maison *archiducale*.

VOLTAIRE, Annales de l'Empire : Charles-Quint, 1533.

ARCHIÉPISCOPAL, ALE, adj. [on prononce *arkiépiscopal*].
Appartenant à l'archevêque.

Ce palais *archiépiscopal* (à Tolède) n'est pas grand.

SAINT-SIMON, Mémoires, 1722.

ARCHIÉPISCOPAT, s. m. [on prononce *archiépiscopat*].
Dignité d'archevêque.

Il se prend aussi pour la durée du temps pendant lequel un archevêque a occupé le siège épiscopal.

Il mourut après dix ans d'*archiépiscopat*.

Dictionnaire de l'Académie, 1835.

ARCHIMANDRITE, s. m. (du préfixe *archi* et du grec μάνδρα, étable, grange, cloître, monastère).

On nomme ainsi, particulièrement dans l'Église grecque, l'abbé, le supérieur de quelques monastères.

Leurs supérieurs et abbez (furent appellez) *archimandrites*, c'est-à-dire superintendants de ceux qui habitoient aux grottes et cavernes.

Est. Pasquier, *Recherches de la France*, III, 43.

Un de ses enfants avoit été fait par le roi d'Espagne *archimandrite* de Messine, qui est un bénéfice de 90 000 livres de rente, à la mort d'un frère du duc de Lorraine.

Saint-Simon, *Mémoires*, 1700.

ARCHIMANDRITAT, s. m.

Le bénéfice que possède un archimandrite.

L'*archimandritat* de Messine est d'un revenu considérable.

Dictionnaire de l'Académie, 1762.

ARCHIPEL, s. m. (de l'italien *arcipelago*, venu lui-même des mots grecs ἄρχειν, commander, et πέλαγος, mer).

Au propre, la partie de la Méditerranée parsemée d'îles, qui est située entre la Grèce, la Macédoine et l'Asie, et que les anciens appelaient *Mer Égée*.

Les îles que j'allais traverser étaient, dans l'antiquité, une espèce de pont jeté sur la mer pour joindre la Grèce d'Asie à la véritable Grèce... Tour à tour arrachées au Bas-Empire par les Vénitiens, les Génois, les Catalans, les Napolitains, elles eurent des princes particuliers, et même des ducs qui prirent le titre général de Ducs de l'*Archipel*.

Chateaubriand, *Itinéraire de Paris à Jérusalem*, IIe part.

Par extension, étendue de mer, parsemée, entrecoupée d'îles.

Tandis que toute la surface du globe n'étoit, pour ainsi dire, qu'un *archipel* général, la nature organisée s'établissoit sur les montagnes, elle s'y déployoit même avec une grande énergie.

Buffon, *Époques de la Nature*, 4e époque.

Par la disposition des deux continents, les flots du grand courant oriental de la mer des Indes sont retardés

en partie par les *archipels* des Moluques et des Philippines.

Bernardin de Saint-Pierre, *Études de la nature*, X.

ARCHIPRÊTRE, s. m.

Titre de dignité en vertu duquel les curés de certaines églises ont prééminence sur les autres curés.

Dès qu'un homme est sous-diacre parmi nous, le mariage lui est interdit... Au contraire, sitôt qu'un homme est ordonné sous-diacre en Russie, on l'oblige de prendre une femme, il devient prêtre, *archiprêtre*; mais pour devenir évêque il faut qu'il soit veuf et moine.

Voltaire, *Histoire de Pierre le Grand*, IIe part., c. 14.

ARCHIPRÊTRÉ, s. m.

Étendue de la juridiction d'un archiprêtre dans un certain territoire.

Cet *archiprêtré* est d'une grande étendue. Les cartes de ce diocèse sont faites par *archiprêtrés*.

Dictionnaire de l'Académie, 1762.

ARCHIPRESBYTÉRAL, **ALE**, adj.

Qui concerne l'archiprêtre.

ARCHITECTE, s. m. (du latin *architectus*, en grec ἀρχιτέκτων, venu lui-même des mots ἄρχειν, commander, et τέκτων, ouvrier).

On a dit ARCHITECTON, ARCHITECTEUR. Voyez les exemples ci-après.

Celui qui exerce l'art de l'architecture, l'art de bâtir; artiste qui compose les édifices, en détermine les proportions, les distributions, les décorations, les fait exécuter sous ses ordres, et en règle les dépenses.

Pour ce convient il que le prince ou le seigneur ait vertu morale parfaicte; car son euvre ou office est comme euvre ou office de *architecton*, c'est-à-dire maistre de l'euvre.

Nic. Oresme, trad. d'Aristote, *Le premier livre de Politiques*, XVI.

Le maçon *architecteur*, sentant approcher la fin de sa vie.

Saliat, trad. d'Hérodote, liv. II, 121.

Si dict alors qu'Homère estoit admirable en toutes choses, mais qu'entre austres il estoit tres sçavant *architecte*.

Amyot, trad. de Plutarque, *Vie d'Alexandre*, c. 10.

J'ay ouy dire autresfois à maistre Jacques Androuet dit du Cerceau, l'un des plus grands *architectes* qui se soient jamais trouvés en France, qu'entre tous les bastimens faicts à la moderne, il n'y en avoit point de plus hardy que celuy-là (la Sainte-Chapelle).

EST. PASQUIER, *Recherches de la France*, III, 38.

Par l'esprit, un *architecte* assis conduit la besogne de mille maçons et bâtit les temples et les palais.

BALZAC, *Dissertations politiques*, I.

L'*architecte* a dessiné dans son esprit un palais ou un temple avant que d'en avoir mis le plan sur le papier; et cette idée intérieure de l'*architecte* est le vrai plan et le vrai modèle de ce palais ou de ce temple.

BOSSUET, *De la Connoissance de Dieu et de soi-même*, c. 4, art. 8.

Laissant de Galien la science suspecte,
D'ignorant médecin devint bon *architecte*.

BOILEAU, *Art poétique*, IV.

ARCHITECTE se dit quelquefois, par extension, du Propriétaire qui fait bâtir.

Je suis devenu plus grand cultivateur et plus grand *architecte* que jamais.

VOLTAIRE, *Lettres*, 5 mai 1759.

Je me suis ruiné pour avoir eu l'impertinence d'être *architecte*.

VOLTAIRE, *Lettres*, 5 mai 1759.

ARCHITECTE se construit avec la préposition *de*, ayant pour régime :

Soit le nom de la personne qui emploie l'architecte. L'*architecte* d'*une* personne, *son architecte*.

Le roi... à peu de jours de là, donna les bâtiments à Mansart, *son* premier *architecte*.

SAINT-SIMON, *Mémoires*, 1699.

Soit le nom de l'édifice construit par l'architecte.

Elle fut elle-même l'*architecte* de l'hôtel de Rambouillet, qui étoit la maison de son père.

TALLEMANT DES RÉAUX, *Historiettes :* La marquise de Rambouillet.

Ivre de son château, *dont* il est l'*architecte*.

GRESSET, *le Méchant*, II, 7.

L'*architecte de l'univers, l'architecte éternel, le suprême architecte*, etc., se disent figurément de Dieu.

Qui sera l'homme si ingrat, qui n'adorera *le souverain architecte ?*

B. PALISSY, *De la ville de forteresse.*

Ce grand *architecteur* et facteur de l'Univers, si tost qu'il eut formé Adam, et inspiré en luy la lumière de vie, luy monstra et declara generalement les proprietez de tout ce que la terre produit et nourrit.

AMBROISE PARÉ, *Introduction à la connoissance de la Chirurgie*, préface.

Nous apprenons de Moïse que ce grand *et sage architecte*, diligent contemplateur de son propre ouvrage, à mesure qu'il bâtissoit ce bel édifice du monde, en admiroit toutes les parties.

BOSSUET, 3e *Sermon pour la fête de Tous les Saints.*

Moïse nous a enseigné que ce *puissant architecte*, à qui les choses coûtent si peu, a voulu les faire à plusieurs reprises, et créer l'univers en six jours.

LE MÊME, *Discours sur l'Histoire universelle*, II, 1.

Tout est vrai dans les créatures de Dieu, parce que tout répond à l'idée de cet *architecte éternel*, qui fait tout ce qu'il veut, et comme il veut.

LE MÊME, *De la Connoissance de Dieu et de soi-même*, c. 4, art. 8.

Quel est donc le *puissant architecte* qui a suspendu sur nos têtes la voûte immense des cieux?...

FÉNELON, *Lettres spirituelles*, XXXII.

Les hommes alors ne pouvaient connaître ces rapports de toutes les parties de l'univers, ces moyens et ces fins innombrables qui annonçaient aux sages un *éternel architecte*.

VOLTAIRE, *Essai sur les mœurs.*

ARCHITECTE se dit fréquemment au figuré dans des phrases telles que les suivantes :

Soit dans un sens physique :

De là, ils montèrent à l'habitation du vieillard par des degrés et par des perrons qui n'avoient point eu d'autre *architecte* que la nature.

LA FONTAINE, *Psyché*, 11.

Ce nid, qu'avec tant d'art,
Au même ordre toujours *architecte* fidèle,
A l'aide de son bec maçonne l'hirondelle.

L. RACINE, *la Religion.*

Soit dans un sens moral :

Vous ne serez dit imperit *architecte* de conséquences naturelles.

RABELAIS, *Pantagruel*, III, 32.

Les prédécesseurs de ces *architectes* de volupté, éverseurs d'honnêteté.

    RABELAIS, *même ouvrage, ancien prologue du liv.* IV.

Restoit en France Charles le Simple, autre vray portraict entre les Princes de calamité et misère, dont premièrement son bas aage, puis sa sottise, furent autheurs et *architectes*.

    EST. PASQUIER, *Recherches de la France*, V, 3.

Le succès d'icelles vérifie l'opinion de ceux qui ont tousjours maintenu que les hommes estoient ordinairement les vrays *architectes* de leurs bonnes ou mauvaises fortunes.

    SULLY, *Œconomies royales*, c. 5.

Les Rhodiens conservoient dans les places publiques les images de leurs ancêtres, qu'ils savoient tailler en perfection, et les adoroient comme les dieux tutélaires de l'État, les *architectes* de leur fortune, et les grands maîtres de la discipline militaire.

    OMER TALON, *Discours politiques*, I.

Bucer, le plus grand *architecte* de toutes les subtilités, en donna un petit essai dans la confession de Strasbourg.

    BOSSUET, *Histoire des variations des églises protestantes*, liv. III, nº 12.

Il (le chevalier de Jaucourt) étoit loin de soupçonner, en mettant la main à l'édifice (de l'encyclopédie), quel était le dessin des *architectes*.

    LA HARPE, *Cours de littérature*, liv. III, c. 1ᵉʳ, lect. 4º.

ARCHITECTONIQUE, adj. des deux genres

(du grec ἀρχιτεκτονικός).

Terme didactique. Qui a rapport à l'architecture.

Il se dit proprement de L'art de la construction.

Il s'emploie aussi comme substantif féminin. Enseigner l'*architectonique*.

On le trouve avec un sens figuré dans ces passages d'un écrivain du XIVᵉ siècle :

Entre ces vertus intellectuelles, il y en a une qui est *architectonique* et principale et qui ordonne tout.

    NIC. ORESME, trad. d'Aristote, *Éthiques*.

Science politique est *architectonique*, c'est-à-dire princesse et maîtresse sus tout, l'édifice des Loys et de la policie.

    LE MÊME. (Cité dans la thèse de Meunier.)

ARCHITECTONOGRAPHE, s. m. (d'ἀρχιτέκτων, et de ῥάφω, j'écris).

Celui qui s'occupe de la description et de l'histoire des bâtiments, des édifices.

ARCHITECTONOGRAPHIE, s. m.

Description des bâtiments, des édifices.

ARCHITECTURE, s. f.

L'art de construire, disposer et orner les édifices.

Nos peres, ayeulx, et ancestres de toute memoyre, ont... plus voluntiers érigé trophees et monumens es cueurs des vaincuz par grace que es terres par eulx conquestées par *architecture*.

    RABELAIS, *Gargantua*, 1.

Au regard de l'*architecture*, il faut que j'affirme de cette part que c'est la plus belle ville que j'ai jamais vu.

    SALIAT, trad. d'*Hérodote*, liv. I, 178.

L'*architecture* donne la commodité et la beauté aux édifices publics et particuliers, orne les villes et les fortifie, bâtit des palais aux rois et des temples à Dieu.

    BOSSUET, *De la Connoissance de Dieu et de soi-même*, c. 1, nº 15.

L'*architecture* y montroit partout (en Égypte) cette noble simplicité et cette grandeur qui remplit l'esprit.

    LE MÊME, *Discours sur l'Histoire universelle*, III, 3.

L'*architecture* grecque est bien plus simple ; elle n'admet que des ornements majestueux et naturels.

    FÉNELON, *Dialogue sur l'éloquence*, II.

Le roi se tut et chacun sourit ; et il étoit vrai que ce morceau d'*architecture*, qui n'étoit rien moins qu'une fontaine et qui la vouloit être, étoit fort déplacé dans un jardin.

    SAINT-SIMON, *Mémoires*, 1700.

Si notre vue avoit été plus foible et plus confuse, il auroit fallu moins de moulures et plus d'uniformité dans ses membres de l'*architecture*.

    MONTESQUIEU, *Essai sur le goût*.

On a beau dire qu'on peut ajouter aux beautés de l'*architecture* ancienne : cela n'est pas arrivé encore.

    MARMONTEL, *Éléments de littérature : Anciens*.

Quelques auteurs traitent la morale comme on traite la nouvelle *architecture*, où l'on cherche avant toutes choses la commodité.

    VAUVENARGUES, *Réflexions et Maximes*, XXIX.

Est-il croyable qu'on ait pu songer à détruire le palais de Bourbon... qui fait un effet des plus agréables et par la situation, et par l'ordre d'*architecture* qui y règne?

    GRIMM, *Correspondance*, 1ᵉʳ mars 1754.

C'étoit un riche abbé, fou de l'architecture.
                    Boileau, *Art poétique*, IV.

On dit, par extension :

Architecture militaire, art de fortifier les places.

Architecture navale, art de construire les vaisseaux.

Architecture hydraulique, art de faire des machines pour la conduite des eaux.

Comme j'ai parlé plusieurs fois dans cet ouvrage de
l'attraction des sommets de beaucoup de montagnes, le
lecteur ne trouvera pas mauvais que je lui donne une idée
de cette partie de l'*architecture hydraulique* de la nature.
          Bernardin de Saint-Pierre, *Études de la nature*, XI.

Architecture signifie aussi la disposition et
l'ordonnance d'un bâtiment.

La Sainte-Chapelle de Paris fut bastie par le roy
saint Louys d'une *architecture* admirable, telle que nous
pouvons voir.
          Est. Pasquier, *Recherches de la France*, III, 38.

On y trouve (à la Chine) de la peinture sans ombre, de
la musique sans parties, des palais de bois sans *architecture*.
                    Saint-Évremont, *Lettres*; à M. Justel.

Après que Salomon eut bâti le temple, il bâtit encore
le palais des rois, dont l'*architecture* étoit digne d'un si
grand prince.
          Bossuet, *Discours sur l'histoire universelle*, II, 4.

Sophronyme aperçut une maison simple et médiocre,
mais d'une *architecture* agréable, avec de justes proportions.
                    Fénelon, *les Aventures d'Aristonoüs*.

Comme *architecte*, architecture s'emploie souvent au figuré.

Le propre des os est de tenir le corps en état, et de lui
servir d'appui. Ils font dans l'*architecture* du corps humain
ce que font les pièces de bois dans un bâtiment de charpente.
          Bossuet, *De la Connoissance de Dieu et de soi-même*,
          c. 2, n° 7.

La géométrie va jusqu'à avoir de l'agrément, quand
elle donne de ces sortes de spectacle dont l'ordonnance et
pour ainsi dire l'*architecture* plaisent à l'esprit.
                    Fontenelle, *Éloge de Saurin*.

C'est un petit nombre de principes généraux et féconds
qui a donné la clef de la nature, et qui, par une mécha-
nique simple, explique l'ordre de l'*architecture* divine.
          Le P. Guénard, *Discours sur l'esprit philosophique*.

Qui n'admire du ciel la belle architecture...
                    J. Du Bellay, *Sonnet*.

*Tout est feinte, Monsieur, souvent dans une fille,
Ne vous y fiez pas; l'une paroît gentille,
Pour savoir se servir d'une beauté d'emprunt
Mettre un visage blanc sur un visage brun;
L'autre de faux cheveux compose sa coiffure,
Cette autre de ses dents bâtit l'architecture.*
                    Regnard, *le Bal*, sc. 7.

ARCHITRAVE, s. f., autrefois m. (du préfixe *archi* et du latin *trabs, trabis*, poutre).

Membre d'architecture qui pose immédiatement sur le chapiteau des colonnes et des pilastres, et au-dessus duquel est la frise.

Les dicts ouvriers usent aussi de moules, suivant lesquels ils trassent le pourfil d'une corniche, d'un *architrave*,
d'une basse, ou autre sorte de moulures.
          Philibert de l'Orme, *Architecture*, III, c. 4.

Je ne me puis garder, quand j'oy nos architectes s'enfler
de ces grands mots, pilastres, *architraves*, corniches, que
mon imagination ne se saisisse incontinent du palais d'A-
pollidon, et par effet je trouve que ce sont les chétives
pièces de la porte de ma cuisine.
                    Montaigne, *Essais*, I, 52.

L'*architrave* s'estend d'une colonne à l'autre represen-
tant un gros sommier de pierre ou de charpenterie, assis
de son long sur deux chapiteaux, comme une pièce de
bois portée sur les testes de deux hommes.
          Bergier, *Histoire des grands chemins de l'empire romain*,
          V, 10.

Deux enfans à demi couchez sur l'*architrave* laissoient
pendre à des cordons une médaille à deux têtes.
                    La Fontaine, *Psyché*, II.

ARCHITRICLIN, s. m. (de *architriclinus*,
ἀρχιτρίκλινος, venu d'ἄρχειν, commander, et de
τρίκλινος, salle à manger, ce mot s'étant formé
lui-même de τρεῖς, trois, et κλίνη, lit).

Terme d'Antiquités. Celui qui était chargé de
l'ordonnance du festin.

Il se dit quelquefois, familièrement et par plaisanterie, en parlant de Celui qui arrange un
repas.

Et me auront, puys que compaignon ne peuz estre,
pour *architriclin* loyal, refraischissant à mon petit pouvoir
leur retour des alarmes.
                    Rabelais, *Pantagruel*, III : Prologue.

Architriclin, qui bien sceutes cest art.

VILLON, *Grand Testament,* Ballade et oraison.

Je m'érige, aux repas, en maître *architriclin.*
Je suis le chansonnier et l'âme du festin.

REGNARD, *le Joueur,* III, 9.

Par extension, on donne ce nom à Celui même qui traite, qui régale les convives.

Que ce réduit est agréable!
Mille plaisirs, nulle façon,
L'hôtesse en est toujours aimable,
Et le nom
De notre cher *architriclin*
Rime à bon vin.

CHAULIEU, *Chanson.*

ARCHIVES, s. f. pl. [on le trouvera s. m. sing. dans un des exemples ci-après] (du latin *archium, archivum,* en grec ἀρχεῖον, proprement demeure des magistrats supérieurs, puis dépôt de pièces officielles).

On l'a écrit ARCHIFS. Voyez les exemples ci-après :

Anciens titres, chartes et autres papiers.

O malheur, nous n'avons dedans nos *archifs* aucuns titres et enseignement dont nous puissions sçavoir qui feut le premier autheur et instituteur de ceste université (de Paris).

EST. PASQUIER, *Recherches de la France,* IX, 3.

Les prophéties de moindre étendue, et faites seulement de vive voix, s'enregistroient, selon la coutume, dans les *archives* du temple, avec l'histoire du temps.

BOSSUET, *Discours sur l'Histoire universelle,* I, 6.

Nous passâmes à Spire, dont je ne pus m'empêcher de déplorer la désolation. C'étoit une des plus belles et des plus florissantes villes de l'empire; elle en conservoit les *archives.*

SAINT-SIMON, *Mémoires,* 1694.

Je fais cette histoire sur les *archives* de Pétersbourg, qu'on m'a envoyées.

VOLTAIRE, *Lettres,* 17 septembre 1759.

ARCHIVES se dit également du lieu où l'on garde ces sortes de titres.

Ce titre a été tiré des *archives.*

Dictionnaire de l'Académie, 1694.

Il se dit aussi, dans les administrations publiques, Des anciennes minutes, des pièces et documents que l'on rassemble et que l'on garde pour les consulter au besoin, ainsi que Du lieu où ils sont déposés.

Les *archives* d'un ministère, d'une préfecture.

Dictionnaire de l'Académie, 1835.

ARCHIVES est d'un assez fréquent emploi au figuré :

Les curieux font de leur mémoire un *archive* et registre fort mal plaisant et de fort mauvaise grâce.

AMYOT, trad. de Plutarque, *Œuvres morales :* De la curiosité, XVI.

Psyché ne se contenta pas de la fable; il fallut y joindre l'histoire et l'entretenir des diverses façons d'aimer qui sont en usage chez chaque peuple... et tout ce qui est contenu sur ce point dans les *archives* de l'univers.

LA FONTAINE, *Psyché,* I.

Admire-t-on une vaste et profonde littérature qui aille fouiller dans les *archives* de l'antiquité, pour en retirer des choses ensevelies dans l'oubli ?

LA BRUYÈRE, *Discours de réception.*

On trouve encore ces histoires absurdes dans nos dictionnaires qui ont été longtemps, pour la plupart, des *archives* alphabétiques de mensonge.

VOLTAIRE, *Essai sur les mœurs :* Prise de Constantinople, c. 91.

Comme dans l'histoire civile on consulte les titres, on recherche les médailles, on déchiffre les inscriptions antiques pour déterminer les époques des révolutions humaines et constater les dates des événements moraux, de même, dans l'histoire naturelle, il faut fouiller les *archives* du monde, tirer des entrailles de la terre les vieux monuments, recueillir leurs débris.

BUFFON, *Époques de la nature,* Discours préliminaire.

Au lieu de reculer trop loin les limites de la durée, je les ai rapprochées autant qu'il m'a été possible, sans contredire évidemment les faits consignés dans les *archives* de la nature.

LE MÊME, même ouvrage.

Il naquit de ces deux fruits deux cocotiers qui formoient toutes les *archives* de ces deux familles.

BERNARDIN DE SAINT-PIERRE, *Paul et Virginie.*

Les chants de Pindare forment, avec les ouvrages d'Homère, les brillantes *archives* de la Grèce.

CHATEAUBRIAND, *Itinéraire de Paris à Jérusalem.*

Les langues seront regardées comme les *archives* du genre humain.

DE BONALD, *Législation primitive, dissertation sur la pensée de l'Homme,* note 1ᵣₑ.

Et tous ces vieux recueils de satires naïves,
Des malices du sexe immortelles *archives*.

BOILEAU, Satires, X.

Ce nom qui va du Pinde enrichir *les archives*.

PIRON, la Métromanie, I, 6.

(O Pyramides)... vous êtes à la fois
Les *archives* du temps et le tombeau des rois.

DELILLE, l'Imagination, III.

ARCHIVISTE, s. m.
Garde des archives.

ARCHIVOLTE, s. m. (du bas-latin *archivoltum*, venu lui-même de *voltum* ou *volta*, voûte).

Terme d'Architecture. Bande large qui fait saillie sur le nu du mur, qui suit le cintre d'une arcade, et qui va d'une imposte à l'autre.

Nous avons des architraves et point de trave, des *archivoltes* et point de volte en architecture.

VOLTAIRE, Lettres, 7 d'auguste 1767.

Les *archivoltes* sont ornés des mêmes moulures que l'architrave, et ressemblent à une architrave cintrée.

Dictionnaire de l'Académie, 1762.

ARCHONTE, s. m. [on prononce *arkonte*] (du grec ἄρχων, commandant).

Titre des principaux magistrats des républiques grecques et particulièrement à Athènes.

Les Athéniens abolirent la royauté... Ils créèrent des gouverneurs ou présidents perpétuels, mais sujets à rendre compte de leur administration. Ces magistrats furent appelés *archontes*. Medon, fils de Codrus, fut le premier qui exerça cette magistrature et elle demeura longtemps dans la famille... Après Alcmæon, dernier *archonte perpétuel* des Athéniens, ce peuple, que son humeur conduisoit insensiblement à l'état populaire, diminua le pouvoir de ses magistrats, et réduisit à dix ans l'administration des *archontes*. Le premier de cette sorte fut Charops..., l'état populaire se forma alors parmi les Athéniens, et ils commencèrent à choisir les *archontes annuels*, dont le premier fut Créon.

BOSSUET, Discours sur l'Histoire universelle, I, 5, 6, 7.

Leurs alarmes croissant avec leurs précautions, ils la partagèrent enfin (la dignité d'archonte) entre neuf magistrats annuels, qui portent encore le titre d'*archontes*... le premier... s'appelle éponyme, parce que son nom paraît à la tête des actes et des décrets qui se font pendant l'année de son exercice.

BARTHÉLEMY, Voyage du jeune Anacharsis.

ARCHONTE a été employé au figuré dans le passage suivant :

Mais qu'entends-je de certains personnages qui ont des couronnes, je ne dis pas des comtes ou des marquis, dont la terre fourmille, mais des princes et des souverains? Ils viennent trouver cet homme (Guillaume III), dès qu'il a sifflé... Que fera ce nouvel *archonte* pour payer une si grande soumission?

LA BRUYÈRE, Caractères : Des jugements.

ARCHONTAT, s. m. [on prononce *arkontat*] (d'*archonte*).

Dignité d'archonte, temps d'exercice de cette magistrature.

ARCTIQUE, adj. des deux genres (du latin *arcticus*, en grec ἀρκτικός et, par ce mot, d'ἄρκτος, ours, ourse).

Septentrional.

Il n'est guère usité que dans ces dénominations, *pôle arctique*, *cercle arctique*, *terres arctiques*.

Il serait convenable peut-être d'appeler terres *arctiques* ou terres du nord, tout le pays qui s'étend depuis la mer Baltique jusqu'aux confins de la Chine, comme on donne le nom de terres australes à la partie du monde non moins vaste, située sous le pôle antarctique, et qui fait le contrepoids du globe.

VOLTAIRE, Histoire de Pierre le Grand, Iᵉ part., c. 1.

ARCTURE, s. m. (du latin *arcturus*, en grec ἀρκτοῦρος, et, par ce mot, d'ἄρκτος, ourse, et οὖρος, gardien).

Terme d'Astronomie. Nom d'une étoile fixe de la première grandeur, située dans la constellation du Bouvier, à la queue de la Grande Ourse.

Je suis un des sujets du grand dieu, qui fait trembler la terre et la mer, comme il lui plaît. J'habite dans le palais des immortels, et, comme voyez, je suis une constellation claire et brillante. Je ne manque jamais de paroître ici et au ciel, en certaines saisons de l'année, mon nom est *Arcture*.

Mˡˡᵉ LEFÈVRE (Mᵐᵉ Dacier), l'Heureux Naufrage, prologue; trad. du Rudens de Plaute.

III.

75

Que si vous labourez des guérets moins féconds
Au lever de l'*Arcture*, il vous faut au contraire...

Segrais, trad. de Virgile, Géorgiques, I.

Il faut savoir encore interroger les cieux.
L'*Arcture*, les Chevaux, le Dragon lumineux
Sont pour le laboureur d'aussi fidèles guides
Que pour l'adroit nocher.

Delille, trad. des Géorgiques, I.

ARDÉLION, s. m. (du latin *ardelio*, venu lui-même d'*ardere*).

Homme qui se mêle de tout, qui a l'air toujours affairé. Il est familier et peu usité.

Je trouve, Monsieur, que votre préface est une belle réponse aux *ardélions*.

Voltaire, Lettres; 29 juillet 1765.

Grands prometteurs de soins et de services,
Ardélions sous le masque d'amis,
Sachez de moi que les meilleurs offices
Sont toujours ceux qu'on a le moins promis.

J.-B. Rousseau.

ARDER, v. a. et v. n. (du latin *ardere*).

On a dit ARDRE, ARDEIR, ARDOIR, et au participe passé ARDS, ARS.

Ce mot, depuis longtemps inusité, auquel se rattachent plusieurs mots de grand usage qui vont suivre, signifiait Brûler, et, comme ce verbe, se prenait dans un sens actif et dans un sens neutre ;

Dans un sens actif :

Dunc vint Joab à la maison Absalon, si li dist : Por quei as fait *ardre* mes blez.

Les quatre Livres des Rois, II, xiv, 31.

E li reis Salomon amad nostre seignur, e sewid les amandemenz sun père David, fors tant que il fist ses sacrifices as munz et timiane i fit *ardeir*, cume encens.

Ibid., III, iii, 3.

Et fist tout maintenant occire l'archevêque de la ville, et tous les haus homes fist *ardoir*.

Villehardouin, Conqueste de Constantinoble, CLIV.

Avec les autres villes que li cuens de Champaingne *ardoit*, *ardi-il* Espargnay et Vertuz et Sezenne.

Joinville, Histoire de saint Louis.

Ardit et gasta (Rob. Bruce) grand partie du royaume d'Angleterre.

Froissart, Chroniques, I, 1, 2.

Quand ils *eurent ars* la ville et les faubourgs dudit chatel, ils partirent de là.

Monstrelet, Chronique, c. 15.

Se Dieu m'eust donné rencontrer
Ung autre piteux Alexandre,
Qui m'eust faict en bon heur entrer,
Et lors qui m'eust veu condescendre
A mal, *estre ars* et mis en cendre
Jugé me fusse de ma voix.

Villon, Grand Testament, XXI.

Dans un sens neutre :

En cette fin devers Jorgaus, sachiez que il y a une fontaine qui sourt huile en moult grant quantité..., mais elle n'est pas bonne à mangier ; mais elle est bonne à *ardoir*.

Marc Pol, le Livre, c. 22.

Le feu dura huit jorz, que onque ne pot estre estainz par home, et tenoit bien li front del feu, si com il aloit *ardant*, bien de une liue de terre.

Villehardouin, Conqueste de Constantinoble.

Et à tort quelquefoys vous esbahissez voyans villes conflagrer et *ardre* par fouldre et feu étheré.

Rabelais, Pantagruel, V, 47.

Qui la maison de son voisin voit *ardre*, doit avoir peur de la sienne. Prov.

H. Estienne, la Precellence du langage françois.

Com plus couve le feu, plus *art*.

Rutebeuf, I, 1.

Tel fut l'horrible amour, sanglant et homicide,
Qui glissa dans ton cœur, bel hoste Priamide,
T'embrasant d'un flambeau, qui fist *ardre* depuis
Les Pergames Troyens, par la Grèce destruits.

Rob. Garnier, Antoine, act. II, v. 49.

C'est ce Dieu qui porta la croix,
Et qui fit à ces bois funèbres
Attacher ses pieds et ses mains
Pour délivrer tous les humains
Du feu qui *ard* dans les ténèbres.

Théophile, la Maison de Lydie, ode X.

Comme *brûler*, il s'employait au figuré, soit dans un sens physique, soit dans un sens moral.

Dans un sens physique :

Car cil qui plus en vont bevant,
Ardent plus de soif que devant.

Roman de la Rose, v. 6014.

Bref il en fut à grand'peine au douzième,
Que s'écriant : haro, la gorge m'*ard!*
Tost, tost, dit-il, que l'on m'apporte à boire!

LA FONTAINE, *Conte d'un paysan qui avoit offensé son seigneur.*

Dans un sens moral :

Trop meilleur est soy marier que *ardre* ou feu de concupiscence.

RABELAIS, *Pantagruel*, III, 39.

Il *ardoit* et brusloit du désir qu'il avoit de s'en aller vistement à la guerre.

AMYOT, trad. de Plutarque, *Vie de Marcellus*, 46.

De deuil et de pitié trestous li cueurs m'en *art.*

Roman de Berte, XXII.

Il s'est conservé longtemps dans cette phrase populaire, *Le feu Saint-Antoine vous arde!*

Que Saint-Antoine me *arde* sy ceulx tastent du pyot qui n'auront secouru la vigne!

RABELAIS, *Gargantua*, I, 27.

Que le feu Saint-Antoine les arde! dit la tripotière.

SCARRON, *Roman comique*, Ire part. c. 2.

On l'a quelquefois repris par archaïsme.

J'ai réfuté ce livre qui fait tant de bruit, et que le roi lui-même a ordonné à M. Séguier pour le faire *ardre.*

VOLTAIRE, *Lettres*, 1er novembre 1770.

Soit Anne Dubourg, soit tous ceux qui *furent ars* sous Philippe II.

LE MÊME, *Contes*, Jenni, 2.

Quant à cet amas de sornettes,
Par votre main *ars il sera.*

CHAULIEU, *à la duchesse du Maine.*

ARDENT, ENTE, adj. (du latin *ardens*).
Qui est en feu, qui est allumé, enflammé.

Et pour luy faire retirer le sang au cueur, mettoient des estouppes *ardentes* dedans des ventouses, et les luy passoient en ceste chaleur à l'endroict du cueur.

COMMYNES, *Mémoires*, l. V, c. 5.

Combien que ceux du Châtel se défendissent si bien et si vassalement que on ne pourroit mieux deviser, comme de traire, de jeter pierres, chaux, et feu *ardent* à grand'-foison.

FROISSART, *Chroniques*, liv. I, part. I, c. 155.

Encore que le cœur fût aussi *ardent* qu'un fer embrasé, il ne suffiroit pas pour réchauffer les pieds et les mains

tant qu'il fait, s'il n'y envoyoit continuellement de nouveau sang.

DESCARTES, *Discours de la Méthode*, V.

Quand il (Moïse) vit dans le désert le buisson *ardent.*

BOSSUET, *Discours sur l'Histoire universelle*, I, 3.

Vous devez être une lampe *ardente*, un autre buisson revêtu du feu céleste.

MASSILLON, *Discours de la Communion.*

Les montagnes *ardentes*, qu'on appelle volcans, renferment dans leur sein le soufre, le bitume et les matières qui servent d'aliment au feu souterrain.

BUFFON, *Histoire naturelle : Des Volcans.*

L'évêque, après l'avoir quelque temps montré de ville en ville, comme on fait voir un monstre, le fit tenailler avec des tenailles *ardentes.*

VOLTAIRE, *Essai sur les mœurs :* Suite du luthérianisme, c. 132.

Là sus les attendoit un Turs d'Esclavonie,
Tenant une lanterne *ardant* et esclarcie.

Chanson d'Antioche, VI, v. 826.

En sa main le hanap portant
Puis l'espandi el fu *ardant*
Que il avoit fait alumer
Devant l'image, e ardoir clair.

Roman de Brut, t. I, v. 674.

J'ai vu, ciel, tu le sais par le nombre des âmes
Que j'osai t'envoyer par des chemins de flammes,
Dessus les grils *ardents* et dedans les taureaux
Chanter les condamnés et trembler les bourreaux.

ROTROU, *Saint-Genest*, II, 2.

Dans des ruisseaux de sang Troie *ardente* plongée.

J. RACINE, *Andromaque*, IV, 5.

Le feu toujours *ardent* qui brûle pour nos dieux.

LE MÊME, *Britannicus*, V, 8.

Le soleil irrité
Formoit un poêle *ardent* au milieu de l'été.

BOILEAU, *Satires*, III.

Chapelle ardente, sorte d'appareil funèbre, disposé soit dans un édifice privé, soit dans une église, autour d'un lit de parade, d'un cercueil, d'un cénotaphe, avec un nombreux luminaire.

La salle des Tournelles préparée pour les danses, mascarades et balets, servit de *chapelle ardente* au corps du prince.

AGR. D'AUBIGNÉ, *Histoire universelle*, liv. II, c. 11.

Le mausolée (du chancelier Séguier) étoit orné de plusieurs anges qui soutenoient une *chapelle ardente*, laquelle tenoit à la voûte.

Mᵐᵉ DE SÉVIGNÉ, *Lettres*, 6 mai 1672.

ARDENT signifie aussi Qui enflamme, qui brûle.

Pourquoy, demanda quelqu'un, est-ce que les jours *ardans* sont les plus dangereux, et que communément les chiens enragent, quand la Canicule où Petit Chien sé lève?

BOUCHET, *Serées*, I, 7.

Ils (les Égyptiens) étoient grands observateurs de la nature, qui, dans un air si serein et sous un ciel si *ardent*, étoit forte et féconde parmi eux.

BOSSUET, *Discours sur l'Histoire universelle*, III, 3.

Au plus fort de l'été, lorsque le soleil brûloit toute la campagne, il se rouloit dans des sables *ardents*.

FÉNELON, *Vie des philosophes* : Diogène.

Miroir ardent, se dit D'une sorte de miroir, soit de verre, soit de métal, qui, étant exposé au soleil, en rassemble tellement les rayons dans un point appelé le foyer, qu'il brûle, presque en un moment, ce qui lui est présenté.

On voit, par le passage suivant, que l'eau-de-vie a été aussi appelée *eau ardente*.

Le plus certain remède de ne perdre du tout ses vins gastez, est de les vendre, quoy qu'à petit prix, pour en faire de l'*eau-ardant*, autrement dite l'eau-de-vie.

OLIVIER DE SERRES, *Théâtre d'Agriculture*, IIIᵉ lieu, c. 10.

Chambre ardente s'est dit de Commissions chargées de juger certains accusés.

Du temps de la Voysin et de la Brinvilliers, ce n'étoient qu'empoisonneurs, contre lesquels on fit une chambre expresse qu'on appela *ardente* parce qu'elle les condamnoit au feu.

SAINT-SIMON, *Mémoires*, 1706.

Il est fait, très fréquemment, d'ARDENT un emploi figuré, soit dans un sens physique, soit dans un sens moral;

Et d'abord, dans un sens physique, en parlant de Ce qui offre quelque rapport de ressemblance avec le feu, comme, par exemple, l'éclat de la lumière.

Comme la lune, recevyant du soleil sa lumière, ne nous la communique telle, tant lucide, tant pure, tant vifve et *ardante* comme elle l'a reçue.

RABELAIS, *Pantagruel*, III, 13.

ARDENT, en cette acception figurée, se dit particulièrement de la Couleur rouge du poil, des cheveux.

Si cela vous advient (d'être inconstant en amour) à vous, dis-je, qui avez le cerveau chaud ainsi que vostre teste chauve et vostre poil *ardant* le monstrent, il ne faut que vous fassiez mesme jugement de nous.

D'URFÉ, *l'Astrée*, Iʳᵉ part., liv. VIII.

Elle avoit eu dans sa jeunesse les cheveux d'un blond très *ardent*.

LE SAGE, *Gil Blas*, I, 4.

On le dit, dans un sens figuré analogue, du visage et surtout des yeux.

Ayant esté presentez au Roy Charles, il les reçeut avec un visage farouche et des yeux *ardents* de courroux.

SULLY, *Œconomies royales*, c. 5.

Il est d'une taille fort petite, il a le visage un peu trop vermeil et les yeux un peu trop *ardents*.

FLÉCHIER, *Mémoires sur les grands jours de 1665*.

Un grand homme sec et décharné, qui avoit l'air inquiet et les yeux petits, noirs et *ardents*.

MARIVAUX, *le Paysan parvenu*, IVᵉ partie.

A peine lui eus-je répondu cela, que je vis dans ses yeux quelque chose de si *ardent*, que ce fut un coup de lumière pour moi.

LE MÊME, *la Vie de Marianne*, Iʳᵉ partie.

La couleur a ses nuances dans la colère : si elle enflamme le visage, les yeux sont *ardents*.

DIDEROT, *Salon de 1765* : Essai sur la peinture, c. 11.

Au poinct du jour, comme il alloit en queste,
Il a de front rencontré cette beste
Au dos rebours, aux yeux fiers et *ardents*.
Qui receloit la foudre entre ses dents.

RONSARD, *la Franciade*, III.

ARDENT, dans le même ordre physique d'acceptions figurées, signifie encore Violent. On le dit surtout ainsi de la soif, de la fièvre.

Ces oiseaux avides ne vont jamais dans l'eau plus avant que leur taille ne le leur permet; ils savent jusqu'à quelle profondeur ils peuvent se hasarder; mais la plus *ardente* faim et la proie la plus tentante ne leur font jamais passer ces bornes.

DUGUET, *Explication de l'ouvrage des six jours*.

Toi, qui connois tant de remèdes, n'en as-tu point quelqu'un pour guérir cette fougue, ce bouillon du sang, plus dangereux qu'une fièvre *ardente?*

FÉNELON, *Dialogues des morts :* Chiron et Achille.

Je n'aurois pu en écrire davantage, quand je l'aurois voulu, et deux heures après, j'avois une fièvre si *ardente* que la tête s'embarrassa.

MARIVAUX, *la Vie de Marianne,* VII° partie.

C'est surtout au moral, lorsqu'il est question des affections, des sentiments, des discours, etc., qu'ARDENT, employé figurément, signifie Violent, véhément.

La lettre ne portoit que des prières *ardentes* de tendre à la paix.

AGR. D'AUBIGNÉ, *Histoire universelle,* t. II, liv. III, c. 6.

Les François guindèrent leur artillerie et leur charroi à force de bras et de poulies et les traînèrent de rocher en rocher avec une peine incroyable et un *ardent* travail.

MÉZERAY, *Histoire de France :* François Ier.

Quand on ne s'est encore gâté par aucun grand divertissement, et qu'on n'a fait naître en soi aucune passion *ardente,* on trouve aisément la joie.

FÉNELON, *De l'Éducation des filles,* c. 5.

Ce pape, né avec un grand courage,... avoit un zèle *ardent* de purger l'Église des vices dont il la voyoit infectée.

FLEURY, *Histoire ecclésiastique,* III° discours.

Elle (Mme de Montespan) reçut ensuite les derniers sacrements avec une piété *ardente.*

SAINT-SIMON, *Mémoires,* 1707.

Le rang peu flatteur qu'occupent dans les lettres ceux qui se dévouent à l'ingrat et pénible métier de traducteur, rebute la vanité *ardente* d'un écrivain novice.

D'ALEMBERT, *Éloge de Sacy.*

C'étoient *ardents* soupirs dans un sombre bocage.

DUFRESNY, *le Mariage fait et rompu,* III, 4.

ARDENT signifie encore figurément, Qui se porte avec affection, avec véhémence à quelque chose. En ce sens, il se construit avec la préposition *à,* régissant soit un nom, soit un verbe à l'infinitif;

Soit un nom ou ce qui en tient lieu :

Lamoignon, porté par Chamillart alors tout-puissant,

et par un favori *ardent à* ce qu'il vouloit, tel que M. de la Rochefoucauld...

SAINT-SIMON, *Mémoires,* 1707.

Ceux-là (les franciscains) étaient *ardents à* tout, prédicateurs, théologiens, missionnaires, quêteurs, émissaires, courant d'un bout du monde à l'autre, et en tous lieux ennemis des dominicains.

VOLTAIRE, *Essai sur les mœurs :* Des ordres religieux, c. 139.

Et toy, Junon, dessus la porte assise
Hastois les Grecs *ardans à* l'entreprise.

RONSARD, *la Franciade,* 1.

J'allois te voir en ton noble mesnage,
Où l'on m'a dit qu'*ardent au* jardinage,
Tu ne fais plus que fouyr, que planter.

SAINT-AMANT, *Épistres.*

Tantôt comme une abeille *ardente à* son ouvrage,
Elle (l'ode) s'en va de fleurs dépouiller le rivage.

BOILEAU, *Art poétique,* II.

Mais c'est le fils d'un homme *ardent à* ma ruine.

PIRON, *la Métromanie,* V, 8.

Soit un verbe à l'infinitif :

Vous les verrez toujours *ardents à* vous complaire.

J. RACINE, *Britannicus,* IV, 4.

Aux sources de Pindare *ardent à* s'enivrer,
Sa lyre fait entendre aux Nymphes de la Seine
Les sons audacieux de la lyre thébaine.

A. CHÉNIER, *Épitres,* II, à Lebrun.

On a dit *ardent après.*

... Comme il (le peuple) est *ardent après* la nouveauté.

P. CORNEILLE, *Pertharite,* IV, 1.

Amoureux de la gloire, *ardent après* l'estime.

LE MÊME, *Attila,* I, 2.

On dit *ardent pour* une chose.

Cette facilité de se satisfaire en tout ne fait qu'amollir l'âme, que la rendre *ardente* et passionnée *pour* les moindres commodités.

FÉNELON, *De l'Éducation des filles,* c. 12.

Le duc d'Ormond, nouvellement arrivé à Paris, où il se tenoit caché, prétendoit qu'il y avoit en Angleterre un parti pour le roi Jacques plus *ardent* que jamais *pour* les intérêts de ce prince.

SAINT-SIMON, *Mémoires,* 1718.

Ardent pour faire une chose.

Défenseur intrépide de la foi de l'Église, Bossuet n'étoit pas moins *ardent pour* en soutenir les droits.

D'ALEMBERT, Éloge de Bossuet.

On a dit autrefois *ardent de* faire une chose.

L'homme qui est trop *ardent d'*acquerre richesses.

Le Ménagier de Paris, I, 9.

Le ciel d'amour atteint,
Ardant de voir tant de beautez, l'admire.

RONSARD, Odes retranchées : Du jour natal de Cassandre.

Ardent de, suivi d'un nom, est resté fort usité.

Minutius *ardent du* désir de combattre, sans propos, et faisant de l'audacieux.

AMYOT, trad. de Plutarque : Vie de Fabius Maximus.

Toute la terre fut *ardente de* charité.

PASCAL, Pensées.

Je l'ai vu cette nuit, ce malheureux Sévère,
Sa vengeance à la main, l'œil *ardent de* colère.

P. CORNEILLE, Polyeucte, I, 3.

ARDENT employé absolument, se dit encore, par figure, en parlant des personnes, de leur caractère, de leur esprit, pour Très passionné, d'une très grande activité.

Il estoit naturellement prompt et *ardent.* Quand il disputoit de quelque point de doctrine, ou d'autre chose, c'estoit toujours avec chaleur.

PATRU, Vie de d'Ablancourt.

Luther et Zuingle, *ardents* et extrêmes, mirent les Luthériens et ceux de Zurich dans de semblables dispositions.

BOSSUET, Histoire des variations des Églises protestantes, liv. IV, nº 21.

La puissance est trop dangereuse quand on est jeune et *ardent.*

FÉNELON, Dialogues des morts : Romulus et Numa Pompilius.

Mᵐᵉ de Lévi, qui étoit vive et *ardente*, se seroit mise au feu pour eux (le comte et le chevalier de Bellisle).

SAINT-SIMON, Mémoires, 1715.

Leur opiniâtreté irrita le parlement provençal composé d'esprits *ardents.*

VOLTAIRE, Essai sur les mœurs, c. 188.

On le dit, dans un sens analogue, des animaux :

Au dict lieu de Beaujeu, il receut lettres comme la duchesse d'Autriche estoit morte d'une cheute de cheval; car elle chevaulchoit ung hobin *ardent.*

PH. DE COMMINES, Mémoires, c. 6.

Tandis qu'impétueux, fier, inquiet, *ardent,*
Cet animal guerrier qu'enfanta le trident,
Déploie, en se jouant dans un gras pâturage,
Sa vigueur indomptée et sa grâce sauvage.

DELILLE, les Jardins, I.

Un cheval *trop ardent* est celui qu'on a de la peine à retenir, qui tend toujours à aller plus vite qu'on ne veut; un chien *trop ardent*, celui qui s'emporte après le gibier.

ARDENT est aussi substantif et se dit des exhalaisons enflammées qui paraissent près de terre, ordinairement le long des eaux stagnantes, pendant la saison chaude.

Ces *ardents* ou feux follets qui s'y jouent.

DESCARTES, Météorologie, 7.

ARDENT, employé substantivement, s'est dit autrefois Des malades attaqués d'une espèce d'érésipèle, ou de charbon pestilentiel, qui régna d'une manière épidémique en France au xiiᵉ siècle. De là l'expression proverbiale qui a été rapportée à l'article *arder :* « Que le feu Saint-Antoine te arde ! »

En l'an 1180, il courut une étrange maladie par la ville de Paris et autres lieux circonvoisins, laquelle le vulgaire surnommoit *le feu sacré ou des ardents,* pour la violence intérieure du mal, qui brûloit les entrailles de celui qui en étoit frappé.

P. BONFONS, Antiquités de Paris.

ARDENT employé substantivement, signifiait, dans le langage des précieuses, Une chandelle allumée.

Laquais, mouchez la chandelle. — Inutile, ôtez le superflu de cet *ardent.*

BAUDEAU DE SOMAISE, le Grand Dictionnaire des Précieuses.

ARDEMMENT, adv.
D'une façon ardente, avec ardeur.
Il ne se dit que figurément.

Les joenes sont fait amis legierement et prestement et aiment *ardemment*.

Nic. Oresme, trad. d'Aristote, *Éthiques*.

Et tandis regardoit le roi la gentil dame si *ardemment*, quelle en devenoit toute honteuse et abaubie.

Froissart, *Chroniques*, I, 1, 165.

Le roy Philippe tirant desja à soy par un faste espagnol la connoissance de nos affaires, incitoit *ardemment* le Conseil par son ambassadeur à renouveler la rigueur contre les Huguenots, offrant au Roy pupille l'assistance de ses armes.

Mézeray, *Histoire de France :* Charles IX.

Si les Romains desiroient *ardemment* de posséder la Sicile, les Africains brusloient d'une mesme passion. Et ces deux peuples à mesme temps, avec mesme ardeur, et avec des forces égales, projettoient comment ils pourroient se faire Seigneurs de tout l'Univers.

Coeffeteau, *Histoire romaine de L. Florus*, II, c. 11.

On ne souhaite jamais *ardemment* ce qu'on ne souhaite que par raison.

La Rochefoucauld, *Maximes*, CCCCLXIX.

Il y a de certaines gens qui veulent si *ardemment*... une certaine chose, que de peur de la manquer, ils n'oublient rien de ce qu'il faut faire pour la manquer.

La Bruyère, *Caractères*, c. 4.

Léon X suivit *ardemment* ce beau projet : il fallait beaucoup d'argent, et ses magnificences avaient épuisé son trésor.

Voltaire, *Essai sur les mœurs :* De Léon X et de l'Église, c. 127.

Et tous trois à l'envi s'empresser *ardemment* A qui dévoreroit ce règne d'un moment.

P. Corneille, *Othon*, I, 1.

Je l'avouerai, mon cœur ne veut rien qu'*ardemment*.

Voltaire, *Zaïre*, I, 2.

On a dit au xvie siècle ARDENTEMENT.

Car quant à moy, les raisons sont patentes, Qu'*ardentement* plus ne suis amoureux; Par conséquent moins triste et douloureux.

Cl. Marot, *Épitres*, l. II, 17.

A costé droit, sur ce bord du rivage, Reluit à part l'angélique visage Que trop avare *ardentement* je veux.

Ronsard, *Amours*, I, 80.

... Il aime Par trop *ardentement* la puissance suprême.

Rob. Garnier, *Cornélie*, act. IV, v. 135.

ARDEUR, s. f. fait masculin au xvie siècle en raison de son étymologie (du latin *ardor*).

On l'a écrit ARDEURE, ARDURE. Voyez les exemples ci-après :

Au propre, Chaleur vive, extrême.

L'*ardeur* de l'été y est toujours tempérée par des zéphirs rafraîchissants.

Fénelon, *Télémaque*.

Ces sauvages (de l'Afrique), pour éviter l'*ardeur* du soleil, se retirent dans les forêts.

Montesquieu, *Esprit des Lois*, XXI, 2.

Dès que cette *ardeur* (de la terre incandescente) se fut attiédie, une chaleur bénigne et féconde succéda par degrés au feu dévorant qui s'opposoit à toute production.

Buffon, *Époques de la nature*.

Des puiz d'enfer ist cel *ardurs* Où nos dampnez serront tuz jurs.

Marie de France, *Purgatoire*, v. 1265.

Il se dit aussi de la Chaleur âcre et piquante qu'on éprouve dans de certaines maladies. *Ardeur de la fièvre, ardeur d'entrailles, ardeur d'urine.*

Il est encore pris dans un sens physique, mais bien voisin du sens moral, dans des passages tels que les suivants :

Lorsqu'on est ému de certaines passions, le sang boût dans les artères et dans les veines; l'*ardeur* se répand dans tout le corps.

Malebranche, *Recherche de la vérité*, II, 3, § 2.

... Cette *ardeur* que dans les yeux je porte, Sais-tu que c'est son sang? le sais-tu?...

Corneille, *le Cid*, II, 2.

Ce n'est plus une *ardeur* dans mes veines cachée, C'est Vénus tout entière à sa proie attachée.

J. Racine, *Phèdre*, I, 3.

Ardeur est d'un emploi très fréquent pour exprimer la chaleur du sentiment, de la passion, la vivacité avec laquelle on se porte à quelque chose.

Là eut grand'pitié : car hommes et femmes et enfans se jetoient à genoux devant le prince et crioient : « Mercy, gentil sire! » Mais il étoit si enflammé d'*ardeur* que point n'y entendoit.

Froissart, *Chroniques*, liv. I, IIe part., c. 316.

Les amitiez qui, après avoir été interrompues, viennent à se renouer ont quelque *ardeur* que les constantes et les vieilles amitiez n'ont pas.

> Voiture, *Lettres*; à M. le marquis de Montausier.

Aussitôt qu'il eut porté de rang en rang l'*ardeur* dont il étoit animé...

> Bossuet, *Oraison funèbre du prince de Condé*.

Heureux si, averti par ces cheveux blancs du compte que je dois rendre de mon administration, je réserve au troupeau que je dois nourrir de la parole de vie les restes d'une voix qui tombe et d'une *ardeur* qui s'éteint.

> Le même, même ouvrage.

La modération est la langueur et la paresse de l'âme, comme l'ambition en est l'activité et l'*ardeur*.

> La Rochefoucauld, *Maximes*, CCXCIII.

Mais que vous êtes loin de cette *ardeur* parfaite
Qui vous est nécessaire et que je vous souhaite!

> Corneille, *Polyeucte*, I, 1.

De quelle *ardeur* j'irois reconnoître mon roi!

> J. Racine, *Athalie*, I, 1.

L'onde pour la toucher à longs flots s'entre-pousse;
Et d'une égale *ardeur* chaque flot à son tour
S'en vient baiser les pieds de la mère d'amour.

> La Fontaine, *Psyché*, 1. I.

Avec ardeur est une locution fort usitée.

Dioclétien vengea sa mort et parvint enfin à l'empire qu'il avoit désiré *avec* tant d'*ardeur*.

> Bossuet, *Discours sur l'Histoire universelle*, I, 10.

On ne l'eût point vue s'attirer la gloire *avec* une *ardeur* inquiète et précipitée.

> Le même, *Oraison funèbre de la duchesse d'Orléans*.

Chercher la victoire *avec ardeur* ou l'attendre avec patience.

> Fléchier, *Oraison funèbre de M. de Turenne*.

On dit aussi très fréquemment *sans ardeur*.

Contentez-vous de faire *sans ardeur* le peu qui dépend de vous; que tout le reste soit pour vous comme s'il n'étoit pas.

> Fénelon, *Lettres spirituelles*, LXXIX.

Chaque soldat, épuisé de fatigue et de faim, marchoit *sans ardeur* et sans espérance.

> Voltaire, *Histoire de Charles XII*.

Ardeur se construit avec la préposition *de*

ayant pour régimes soit des noms de personne : *L'ardeur d'une personne, son ardeur.*

L'*ardeur* de Melanchthon s'échauffe; la confiance de Luther l'engage-de plus en plus.

> Bossuet, *Histoire des variations des Églises protestantes*, liv. V, n° 2.

Son courage croissoit avec ses périls, et ses lumières avec *son ardeur*.

> Le même, *Oraison funèbre du prince de Condé*.

Soit d'autres noms, de diverses sortes :

Jeunes gens, il est vrai, vous êtes dans la force; mais votre force n'est que foiblesse, si elle ne se fait paroître que par l'*ardeur* et la violence de vos passions.

> Bossuet, *Traité de la concupiscence*, c. 31.

Cet époux, dans une *ardeur* de gloire qui transporte les jeunes courages, trouve bientôt une honorable mais triste mort sous les murailles d'une ville rebelle.

> Fléchier, *Oraison funèbre de Mme d'Aiguillon*.

Montrez à une jeune personne, le plus sensiblement que vous pourrez, le grand mélange de bien et de mal qu'on trouve dans tout ce qu'on peut aimer et haïr, pour ralentir l'*ardeur* de ses amitiés et de ses aversions.

> Fénelon, *De l'Éducation des filles*, c. 5.

Il s'ensuit manifestement que la véritable piété, et même la véritable félicité, consiste dans l'amour de Dieu, mais dans un amour éclairé, dont l'*ardeur* soit accompagnée de lumière.

> Leibniz, *Théodicée*, préface.

Ce prince (Guillaume) nourrissait sous le flegme hollandais une *ardeur* d'ambition et de gloire, qui éclata toujours depuis dans sa conduite, sans s'échapper jamais dans ses discours.

> Voltaire, *Siècle de Louis XIV*, c. 10.

Soit que l'*ardeur* de la prière
Le tienne devant un autel.

> Malherbe, *Ode sur l'attentat d'Étienne de Lisle*.

Et l'*ardeur* du combat étincelle en ses yeux.

> Boileau, *le Lutrin*.

Soit enfin avec un verbe à l'infinitif :

Elle a aimé en mourant le sauveur Jésus; les bras lui ont manqué plutôt que l'*ardeur* d'embrasser la croix.

> Bossuet, *Oraison funèbre de la duchesse d'Orléans*.

La vaine *ardeur* de paroître et de briller avant le temps est peut-être le caractère le plus distinctif des talents médiocres.

> D'Alembert, *Éloge de La Monnoye*.

C'est celle (la convoitise) qui baille à usure
Et preste par la grant *ardure*
D'avoir, conquerre et assembler,
Rober, tollir et barater.
Roman de la Rose, v. 172.

Si toutefois sans crime et sans m'en indigner
Je puis nommer amour une *ardeur de* régner.
P. CORNEILLE, *D. Sanche*, I, 2.

L'*ardeur de* voir de près un si fameux héros.
P. CORNEILLE, *Sertorius*, III, 1.

L'*ardeur de* se montrer, et non pas *de* médire,
Arma la vérité du vers de la satire.
BOILEAU, *Art poétique*, 11.

De l'*ardeur d'*obéir son âme est dévorée.
VOLTAIRE, *Mahomet*, IV, 1.

Quelle dévotion! qui ne peut corriger
La colère, l'orgueil, l'*ardeur de* se venger!
DESTOUCHES, *le Médisant*, V, 2.

Ardeur se construit de la même manière avec la préposition *à* :

Il faict beau voir l'*ardeur* d un peuple si infini *à* la religion de ces jours-là.
MONTAIGNE, *Voyage* : Rome.

La facilité, la candeur de ses mœurs étoient extrêmes, et encore plus s'il se peut, son *ardeur à* faire plaisir.
FONTENELLE, *Éloge de Bianchini*.

... Pourquoi
Marquez-vous tant d'*ardeur à* l'éloigner de moi?
DESTOUCHES, *le Glorieux*, IV, 7.

Avec la préposition *pour* :

Ce peuple charnel (les Juifs) a eu une *ardeur* extraordinaire *pour* ses prophètes, et a porté à la vue de tout le monde ces livres qui prédisent leur messie.
PASCAL, *Pensées*.

C'est faute de modérer l'empressement. et l'*ardeur* de la volonté *pour* les seules apparences de la vérité, qu'on se trompe.
MALEBRANCHE, *Recherche de la Vérité*, l. I, c. 4, § 1.

Il (le roi de Portugal) remplit les charges de l'État et les emplois les plus considérables, de ceux des conjurés qui en étoient plus capables, et qui avoient marqué plus d'*ardeur pour* son élévation.
VERTOT, *Révolutions de Portugal*.

J'ai connu l'*ardeur* sensée que vous avez *pour* les successions.
DUFRESNY, *le Jaloux honteux*, I, 1.

III.

Cette *ardeur pour* le travail, cette passion de s'enrichir, passe de condition en condition, depuis les artisans jusqu'aux grands.
MONTESQUIEU, *Éloge de Halley*.

Ni les besoins domestiques, ni les douceurs d'un heureux mariage, ne purent diminuer son *ardeur pour* l'étude du ciel et du reste de la nature.
MAIRAN, *Éloge de Halley*.

Jamais personne n'a réuni d'une façon plus remarquable la sagesse des moyens à l'*ardeur pour* le but (Necker).
Mme DE STAEL, *Considérations de la Révolution française*, Ire part., c. 4.

Vous avez même *ardeur pour* l'État, *pour* sa gloire.
LA FOSSE, *Manlius*, I, 3.

ARDEUR se dit particulièrement de la vivacité, du redoublement ou de l'excès d'activité de quelques animaux.

Voyez ce cheval ardent et impétueux pendant que son écuyer le conduit et le dompte : que de mouvements irréguliers! C'est un effet de son *ardeur*, et son *ardeur* vient de sa force, mais d'une force mal réglée.
BOSSUET, *Méditations sur l'Évangile*.

Ce cheval, qui avoit déjà la bouche fort échauffée, prit de l'*ardeur* dès que le prince l'eût un peu poussé.
SAINT-RÉAL, *Don Carlos*.

On augmente l'*ardeur* d'un chien pour la chasse en lui faisant curée.
BUFFON, *Histoire naturelle* : les Sens.

ARDEUR se dit encore, dans un sens particulier, figurément et poétiquement, D'une passion amoureuse.

Je n'imiterai point ceux qui ne témoignent de l'*ardeur* pour leurs maîtresses que durant les fiançailles.
PELLISSON, *Discours de réception*.

C'est le sort d'une *ardeur* trop fidèle et trop pure, de trouver toujours des ingrats.
Mme DE STAAL (Mlle DELAUNAY), *Mémoires*.

Souverains protecteurs des loix de l'hyménée,
Dieux, garants de la foi que Jason m'a donnée,
Vous qu'il prit à témoins d'une immortelle *ardeur*,
Quand par un faux serment il vainquit ma pudeur.
P. CORNEILLE, *Médée*, I, 4.

La friponne pour lui ressent la même *ardeur*.
DESTOUCHES, *l'Irrésolu*, III, 4.

76

Ardeur a été souvent, particulièrement dans le xvii° siècle, employé au pluriel.

Soit dans un sens physique :

Les uns vous conduisent par des lieux agréables, où vous trouvez du frais et de l'ombre; les autres par des déserts et des rochers, où vous estes bruslé des *ardeurs* du soleil, et à demy mort de soif et de lassitude.

Perrot d'Ablancourt, trad. de Lucien, *Hermotime.*

Là jamais on ne ressentit les *ardeurs* de la canicule.

Fénelon, *Télémaque.*

Des contraires saisons le froid ni les *ardeurs*
Ne respectent que les couronnes
Que l'on compose de mes fleurs.

P. Corneille, *l'Immortelle blanche.*

Tout l'été, loin de toi demeurant au village,
J'y passe obstinément les *ardeurs* du lion.

Boileau, *Épître*, VII.

Soit dans un sens moral :

Voilà les raisons qu'accommodoit Annibal à la disposition où il se trouvoit, et qu'il n'eût pas goûtées dans ses premières *ardeurs.*

Saint-Évremont, *Réflexions sur les divers génies du peuple romain,* c. 7.

J'avois toutes les *ardeurs* du monde d'entrer dans votre alliance.

Molière, *Pourceaugnac,* II, 19.

Certaines *ardeurs* qu'on éprouve dans la résolution d'une vie nouvelle.

Massillon, *Sermons :* Jour de Pâques.

Écoutez un peu moins ces *ardeurs* généreuses.

Corneille, *Horace,* III, 6.

Ce pluriel a été surtout de grand usage en parlant de passions amoureuses.

Ces beautés usées qui se donnent à Dieu pensent avoir éteint de vieilles *ardeurs,* qui cherchent secrètement à se rallumer.

Saint-Évremont, *Lettre à une Dame galante.*

Je souhaiterois fort vos *ardeurs* mieux placées.

Molière, *le Misanthrope,* III, 5.

Tant de soins, tant de pleurs, tant d'*ardeurs* inquiètes.

J. Racine, *Andromaque,* I, 4.

Après tant de bontés, de soins, d'*ardeurs* extrêmes,
Tu ne saurois jamais prononcer que tu m'aimes.

Le même, *Bajazet,* IV, 5.

Ah! qu'il eût mieux valu plus sage et plus heureux,
Et repoussant les traits d'un amour dangereux,
Ne pas laisser remplir d'*ardeurs* empoisonnées
Un cœur déjà glacé par le froid des années!

J. Racine, *Mithridate,* IV, 5.

On en a usé en parlant de l'amour de Dieu.

Racontez-nous les *ardeurs* de ce cœur blessé de l'amour divin.

Bossuet, *Oraison funèbre de Marie-Thérèse d'Autriche.*

Voulez-vous donc savoir si la foi dans votre âme
Allume les *ardeurs* d'une sincère flamme,
Consultez-vous vous-même...

Boileau, *Épîtres,* XII.

ARDILLON, s. m.

On l'a écrit hardillon (Lingula de lingua dicitur gallicè *hardilon.* Joh. Garlandia, *Dict.*).

Pointe de fer ou d'autre métal, faisant partie d'une boucle, et servant à arrêter la courroie que l'on passe dans la boucle.

L'escorce d'un chesne, sur laquelle il escrivoit avec l'*ardillon* d'une boucle.

Amyot, trad. de Plutarque, *Vie de Pyrrhus.*

En chevauchant son mulet, un *ardillon* qui avoit percé son bas, lui avoit fait regretter de n'être pas botté.

Scarron, *Roman comique,* II, 11.

Prov. *Il ne manque pas un ardillon à cet équipage.* Il n'y manque rien.

En leur harnois joliz et coings
Ne leur fault *ardillon* ne pièce.

Le Mistère du siège d'Orléans, v. 4543.

ARDOISE, s. f.

Espèce de pierre tendre, et de couleur bleuâtre, qui se sépare par feuilles, et qui est propre à couvrir les maisons.

Quand nous eusmes bien remis l'église clere comme jour et couverte de bise *ardoise.*

Christine de Pisan, *le Dit de Poissy.*

Les maisons de Bigorre sont couvertes d'*ardoises,* comme celles des Ardennes : car elles se prennent communément és pays frais.

Bernard Palissy, *Des pierres.*

Le dessus estoit couvert d'*ardoise* fine.

Rabelais, *Gargantua,* I, 53.

Je veux que vous ne puissiez aller en part où vous ne voyiez toujours luire l'*ardoise* de quelque pavillon qui soit à vous.

MALHERBE, trad. des *Épitres* de Sénèque, LXXXIX.

Voyez-vous bien cette maison couverte d'*ardoise*, dont les fenêtres sont reblanchies depuis peu?

REGNARD, *le Retour imprévu*, I, 12.

Nous avons des monuments tirés du sein de la terre, et particulièrement du fond des minières de charbon et d'*ardoise* qui nous démontrent que quelques-uns des poissons et des végétaux que ces matières contiennent, ne sont pas des espèces actuellement existantes.

BUFFON, *Époques de la nature*.

Quoiqu'une couverture de chaume soit en toute saison la meilleure, je préférerois magnifiquement, non la triste *ardoise*, mais la tuile, parce qu'elle a l'air plus propre et plus gai que le chaume, qu'on ne couvre pas autrement les maisons dans mon pays, et que cela me rappelleroit un peu l'heureux temps de ma jeunesse.

J.-J. ROUSSEAU, *Émile*.

Plus que le marbre dur me plaît l'*ardoise* fine.

JOACH. DU BELLAY, *Sonnets*.

ARDOISÉ, ÉE, adj.

Qui tire sur la couleur d'ardoise. *Une teinte ardoisée.*

Les œufs du bouvreuil sont *ardoisés* comme la chape de son dos.

CHATEAUBRIAND, *Génie du Christianisme*, IV, 6.

ARDOISIÈRE, s. f.

Carrière d'où l'on tire de l'ardoise.

Après avoir campé la nuict aux *ardoisières*, les conseillers du cabinet se mirent à donner des avis vaillants, ce fut de retourner faire les mêmes choses qu'au jour de devant.

AGR. D'AUBIGNÉ, *Histoire universelle*, t. II, liv. V, c. 12.

Les *ardoisières* et les mines de charbon ont été recouvertes par d'autres couches de terres argileuses, que la mer a déposées dans ces temps postérieurs.

BUFFON, *Époques de la nature*.

ARDU, UE, adj. (du latin *arduus*).

Escarpé, de difficile accès. Il n'est guère d'usage qu'au figuré, il se dit des idées auxquelles il est difficile d'atteindre, des questions qu'il est difficile de résoudre.

Les matières sont tant *ardues*, que les parolles humaines ne seroyent suffisantes à les expliquer à mon plaisir.

RABELAIS, *Pantagruel*, l. II, 18.

C'est une science divine et bien *ardue* que de sçavoir jouir loyallement de son estre, se conduire selon le modèle commun et naturel, selon ses propres conditions, sans en chercher d'autres estranges.

CHARRON, *De la Sagesse*.

En affaires tant *ardues* et difficiles et qui tirent après elles tant de bonnes ou mauvaises conséquences, vous auriez besoin d'une plus grande suffisance que la mienne.

SULLY, *Œconomies royales*, c. 38.

D'*Ardu* on a formé le substantif ARDUITÉ, que donne le passage suivant :

L'empereur ayant considéré l'*arduité* de son entreprise dès son arrivée en France...

M. DU BELLAY, *Mémoires*.

ARE, s. m. (du latin *area*, aire, surface).

Nouvelle mesure de superficie pour les terrains, qui contient cent mètres carrés. De là *hectare, centiare*. (Voyez ces mots.)

L'unité des mesures superficielles pour le terrain est un carré dont le côté est de dix mètres; elle se nomme *are*.

LAPLACE, *Exposition du système du monde*, I, 14.

AREC, s. m.

AREQUE, ARECA, dans les *Dictionnaires de Richelet, de Furetière*, dans le *Dictionnaire de Trévoux*.

Terme de Botanique. Genre de palmiers, auquel appartiennent les espèces qui portent les choux-palmistes et celle qui produit le cachou.

ARÈNE, s. f. (du latin *arena*, sable, gravier).

On l'a écrit AREINE, ARAINE, AROINE, etc.

Menu sable, gravier dont la terre est couverte en certains endroits et particulièrement aux rivages de la mer et des rivières.

Il a été primitivement un simple synonyme de sable, de gravier, et, comme ces mots, d'un commun usage.

A deux milles du lieu feurent nos naufs enquarrées parmi les *arènes*.

RABELAIS, *Pantagruel*, V, 17.

Pour l'*arene*, c'est la plus seiche, et néanmoins la plus pesante partie de la terre.

BERGIER, *Histoire des grands chemins de l'empire romain*, II, 11.

Et l'autre bord chargèrent d'*araine* et de gravier.

ALEXANDRE DE PARIS, f° 37 du ms. v° col. 2. (Voyez *Histoire littéraire de France*, t. XV, p. 167.)

On l'a dit ainsi, par extension, en parlant de la gravelle.

Les signes de la pierre engendrée ès reins sont, que le patient jette avec l'urine des *arènes* rouges ou jaunastres.

A. PARÉ, *Introduction à la cognoissance de chirurgie*, XVIII, 35.

ARÈNE n'appartient plus guère, depuis longtemps, qu'au style soutenu et au langage poétique.

Non seulement la soif et la malaisance du chemin travailloit les Romains, mais aussi le desconfort de leur veue qui n'avoit à quoi s'arrester, les decourageoit, à cause qu'ils ne voyoient ni près, ni loing, ny arbre, ny rivière ou ruisseau, ny cousteau de montagne, ny herbe ou plante verdoyante, ains à parler proprement une mer infinie d'*arènes* désertes de tous côtés de leur camp.

AMYOT, trad. de Plutarque, *Vie de Crassus*, 42.

Qui fuit qui l'aime, et suit qui ne le veut aimer laisse la bonne terre pour semer sur l'*arène*.

LARRIVEY, *la Veuve*, I, 5.

Prenez un peu de patience, que j'aye fait revision de ce vieil et grand vaisseau que les orages et tempestes ont jeté sur l'*arène*.

DE LA NOUE, *Discours politiques et militaires*, XX.

D'un rocher qui s'avançoit en mer... nous avions accoustumé de sauter la teste première dans l'eau et allions bien souvent toucher l'*areine* de la main et pour marque en apportions des poignées sur l'eau.

D'URFÉ, *l'Astrée*, II° part., liv. XII.

Nous ne trouverions pas des rochers sur des *arènes* légères.

BUFFON, *Théorie de la Terre*.

Le sol (de la plaine de Saron) est une *arène* fine, blanche et rouge et qui paroit, quoique sablonneuse, d'une extrême fertilité.

CHATEAUBRIAND, *Itinéraire de Paris à Jérusalem*.

Des nopals épineux couvrent une partie de l'*arène* sans bornes (en Égypte).

LE MÊME, *les Martyrs*.

Et le Breton tostans croissoient
Et tant espès a lui venoient
Ne l' peust pas nus hom nombrer
Plus que l'*araine* de la mer.

WACE, *Roman de Brut*, v. 7863.

Maint beuf de mer, et mainte grand' baleine,
Au fons de l'eau gisent mortz sur l'*areine*.

CL. MAROT, *la Métamorphose*, II, v. 507.

Celuy qui volage se fonde
Sur un si douteux fondement,
Semble qu'en l'*arene* inféconde
Il entreprenne un bastiment.

ROB. GARNIER, *Porcie*, act. I, v. 158.

On compteroit plutôt les *arènes* volantes
Que l'Afrique contient dans ses plaines brûlantes,
Que les dons infinis que tu fais aux humains.

GODEAU, *Psaumes*, 133.

J'aime mieux un ruisseau qui, sur la molle *arène*,
Dans un pré plein de fleurs lentement se promène,
Qu'un torrent débordé, qui, d'un cours orageux,
Roule, plein de gravier, sur un terrain fangeux.

BOILEAU, *Art poétique*, I.

ARÈNE signifie quelquefois le terrain de l'amphithéâtre, où se faisaient les combats des gladiateurs et ceux des bêtes féroces. En ce sens, il appartient au langage ordinaire comme au langage poétique.

Le vieux proverbe dit que le gladiateur délibère sur l'*arène*.

MALHERBE, trad. des *Épîtres* de Sénèque, XXII.

Le milieu du cirque étoit une *arène* préparée pour les combattants.

FÉNÉLON, *Télémaque*, V.

Je le poussai avec tant de violence, que ses reins plièrent ; il tomba sur l'*arène* et m'entraîna sur lui.

LE MÊME, même ouvrage, *Ibid.*

ARÈNE s'est dit souvent, par figure, en parlant de Luttes morales.

La littérature est un brigandage ; le théâtre est une *arene* où on est livré aux bêtes.

VOLTAIRE, *Lettres;* 5 février 1758.

J'ai combattu hardiment dans cette *arène*, et je n'ai jamais été l'agresseur.

LE MÊME, même ouvrage, 9 mars 1767.

Le barreau, la tribune, sont une *arène* où la première

loi du combat entre les contendants, est que les armes soient égales.

MARMONTEL, *Éléments de littérature* : Pathétique.

De là la locution *descendre dans l'arène*, s'engager dans une dispute.

ARÈNES, au pluriel, se dit, par extension, Des anciens amphithéâtres romains dont les restes subsistent dans certains lieux de la France.

Ils se pourmenoyent sus le théâtre aux *arènes* (à Arles).

MONTAIGNE, *Essais*.

Comment est-ce que vous nommez à Limoges ce lieu où l'on se promène? — Le cimetière des *Arènes*. — Justement.

MOLIÈRE, *M. de Pourceaugnac*, I, 6.

Les Goths, l'an quatre cent vingt de notre salut, fortifièrent cet amphithéâtre (de Nîmes) et y construisirent un château appelé Château des *Arènes*.

RICHELET. *Dictionnaire*.

Il est fait mention dans les anciennes histoires des *arènes* de Reims, des *arènes* de Périgueux, des *arènes* de Paris qui étoient devant Saint-Victor. Ce nom subsiste même dans quelques villes de France, comme à Bourges, où l'on appelle encore la rue des *Arènes* celle qui conduisoit aux arènes qui subsistoient il n'y a pas encore bien du temps.

Dictionnaire de Trévoux.

D'ARÈNE s'étaient formés :

Le substantif ARENIÈRE, donné par d'anciens lexicographes, Cotgrave, Nicot, Rob. Estienne, Monet, avec le sens de Sablonnière.

ARENEUX, EUSE, adj. (du latin *arenosus*).
Sablonneux,
Il est vieux.

Terre *areneuse* ou sablonneuse.

ROB. ESTIENNE, *Dictionnaire françois-latin*.

La terre y est si maigre que les os (ce sont rocs) luy percent la peau : *areneuse*, stérile, mal saine et mal plaisante.

RABELAIS, *Pantagruel*, V, 10,

A ceste cause, disoit-il, d'autant que la Libie est une terre toute unie et plaine, sans montagnes, *areneuse* et sans eaux, elle conçoit et retient une grande chaleur.

BOUCHET, *Serées*, III, 29.

Nous voyons icy un maistre masson et architecte

mettre une différence spécifique entre les lieux sablonneux et *areneux*.

BERGIER, *Histoire des grands chemins de l'empire romain*, II, 2.

On trouve dans Cotgrave le diminutif ARENULEUX, EUSE (du latin *arenula*).

ARÉOLE, s. f. (d'*areola*, diminutif d'*area*).
Petite aire, petite surface.

Il se dit principalement Du cercle coloré qui entoure le mamelon de la femme ; de celui qui se forme autour des boutons de la petite vérole, de la vaccine, etc.

ARÉOMÈTRE, s. m. (de ἀραιος, rare, subtil, léger, et de μέτρον, mesure).

Terme de Physique. Pèse-liqueur, instrument dont on se sert pour connaître les pesanteurs spécifiquement relatives des fluides.

ARÉOPAGE, s. m. (de *areopagus*, ἀρειόπαγος, et, par ce mot, de Ἄρης, εος, Mars, et de πάγος, colline).

Nom d'un tribunal d'Athènes, célèbre dans l'antiquité par sa réputation de sagesse et placé dans un lieu consacré à Mars.

Ce vénérable sénat d'*aréopage* jugeoit de nuict, de peur que la veue des poursuyvants corrompist sa justice.

MONTAIGNE, *Essais*, II, 12.

Quel plus grave tribunal y eut-il jamais que celui de l'*aréopage*, si révéré dans toute la Grèce, qu'on disoit que les dieux mêmes y avoient comparu ?

BOSSUET, *Discours sur l'Histoire universelle*, III, 5.

Dans l'*aréopage*, nous dit Aristote, on défendoit aux orateurs de rien dire de pathétique et qui pût émouvoir les juges.

MARMONTEL, *Éléments de littérature* : Barreau.

Il est beau que l'*aréopage*, dépouillé de presque toutes ses fonctions, n'ait perdu ni sa réputation ni son intégrité, et que, dans sa disgrâce même, il force encore les hommages du public.

BARTHÉLEMY, *Voyage d'Anacharsis*, c. 17.

Lui seul (Ésope) avoit plus de sagesse
Que tout l'*Aréopage*...

LA FONTAINE, *Fables*, II, 20.

Il se dit figurément, soit par respect, soit en plaisantant, d'Une assemblée de juges, de magistrats, d'hommes d'État, d'hommes de lettres, etc.

Je suis loin actuellement de songer à des comédies; mais faites-moi savoir le titre de la vôtre. J'écrirai un petit mot à l'*aréopage*, et je tâcherai de vous faire avoir votre entrée.

VOLTAIRE, *Lettres;* 26 juillet 1756 (recueil de 1856).

C'est à vous de donner le prix,
Vous êtes mon *aréopage.*

VOLTAIRE, *Contes :* les Trois Manières.

... Un geai s'écria : Victoire à la fauvette!
Ce mot décida sa défaite :
Pour le rossignol aussitôt
L'*aréopage* ailé tout d'une voix s'explique.

FLORIAN, *Fables,* IV, 9 : la Fauvette et le Rossignol.

ARÉOPAGITE, s. m. (d'*areopagita* ou *areopagites,* ἀρειοπαγίτης).

Membre de l'aréopage :

Pour la décision il (Cn. Dolabella) envoya es *aréopagites* en Athènes, entendre quel seroit sur ce leur advis et jugement. Les *aréopagites* feirent response, que cent ans après personellement on leur envoiast les parties contendentes.

RABELAIS, *Pantagruel,* III, 44.

Pourquoi former des partis et des factions dans la république des lettres,... pour maintenir ou pour disputer à Saint-Denis la qualité d'*aréopagite.*

BALZAC, *Socrate chrétien,* discours XI.

Il se fait, tous les sept ans, une procession solennelle de Saint-Denis à Montmartre. Dom Doublet, dans son histoire chronologique pour la vérité de Saint-Denis l'*Aréopagite,* fait naître cette procession septennaire au vɪᵉ siècle.

SAINT-FOIX, *Essais historiques sur Paris :* Abbaye de Saint-Denis.

ARÉOSTYLE, s. m. (de ἀραιόστυλος et, par ce mot, de ἀραιός, rare, et de στύλος, colonne).

Terme d'Architecture. Édifice dont les colonnes sont très éloignées les unes des autres, jusques à quatre diamètres d'entre-colonnement.

ARÉOTECTONIQUE, s. f. (de Ἄρης, εος, Mars, et de τέκτων, ouvrier).

Partie de la science de l'ingénieur, qui concerne l'attaque et la défense des places.

ARÊTE, s. f. (du latin *arista,* barbe de l'épi, et, chez Ausone, arête de poisson).

On l'a écrit ARESTE.

ARÊTE, pris au sens ordinaire d'*arista,* se dit, en termes de Botanique, des Barbes qui accompagnent l'épi de certaines graminées, telles que l'orge, le seigle, etc.; et en général de tout filet sec, grêle, et plus ou moins raide, qui ressemble aux barbes des graminées.

Du froment, receu par nous à la longue, se sont faites des subdivisions en estans recognuës de six à sept espèces qu'on remarque aujourd'huy : dont les aucuns sont barbus; c'est-à-dire, aians des *arestes* en leurs espis, et les autres raz n'en aians aucunes.

OLIVIER DE SERRES, *Théâtre d'agriculture,* IIᵉ lieu, c. 4.

La forme de ces petites briques nous est exprimée par le mot *spicata,* qui ne vient d'ailleurs que de *spicare,* qui se dit proprement des bleds, lorsqu'ils commencent à jetter et pousser leur espy hors du tuyau, lequel estant tout formé n'a pas une seule poincte, mais plusieurs que les Latins appellent *aristas,* d'où vient le mot d'*arestes,* dont se sert l'interprète de Pline sur la matière de ces pavez.

BERGIER, *Histoire des grands chemins de l'empire romain,* II, 20.

De dolor est doloreus pains...
Il est fais d'orge qui est plains
De paille et poignant *areste.*

Miserere du Recl. de Moliens, mss. de Gaignat, fol. 211 rᵒ col. 1. (Cité par SAINTE-PALAYE.)

ARÊTE se dit, surtout, Des os longs, minces et pointus, qui se trouvent dans la chair de certains poissons.

Souvent en mangeant on avalle des *arestes* ou quelques petits os, ou autre chose estrange.

A. PARÉ, *Introduction à la connaissance de la chirurgie,* XVII, 24.

La vive a une *arête* dont la piqûre est plus dangereuse que celle de quelque serpent que ce soit.

FURETIÈRE, *Dictionnaire.*

Il désigne quelquefois le squelette entier du poisson. L'*arête d'une sole, d'une carpe.*

Dans le passage suivant, il signifie, par extension, l'épine du dos, l'échine :

Si quelqu'un se vouloyt cacher entre les sepes plus

espés, a icelluy freussoit toute l'*areste* du douz, et l'esre-
noit comme un chien.

Rabelais, Gargantua, I, 27.

En termes de Géographie, arête est la ligne
courbe ou brisée séparant ordinairement les deux
versants principaux d'une chaîne de montagnes.

Je me trouvais au milieu d'un port plein de vaisseaux,
ayant devant moi une ville charmante, dominée par des
monts dont les *arêtes* étaient couvertes d'oliviers et de
palmiers, de lentisques et de térébinthes.

Chateaubriand, Itinéraire de Paris à Jérusalem : Voyage
dans l'archipel.

Arête est, en termes d'Architecture, l'Angle
saillant que forment deux faces, droites ou
courbes, d'une pierre, d'une pièce de bois, etc.

Cette tablette de marbre a les *arêtes* écornées.

Dictionnaire de l'Académie, 1835.

On dit d'une pièce de bois, d'une poutre, d'une
solive qu'elle *est taillée à vive arête*, qu'elle *est à
vive arête*, pour faire entendre qu'elle est bien
équarrie, que tous les angles en sont bien marqués. On dit de même d'une pièce de fer qu'elle
est à vive arête.

L'*arête* d'une voûte est l'Angle qu'elle forme
avec un mur ou une autre voûte.

Le *Glossaire* de Sainte-Palaye donne l'adjectif
aresteux avec le sens de Plein d'arêtes, d'incommodités, d'embarras.

ARÊTIER, s. m.

Terme d'Architecture. Pièce de charpente,
droite ou courbe dans sa longueur, qui se place
à la partie saillante et rampante d'un comble,
formé par la rencontre de la face avec sa croupe.

ARGANEAU, s. m. Voyez Organeau.

ARGÉMONE, s. f.

Terme de Botanique. Plante aussi nommée
pavot épineux, parce qu'elle est armée d'épines,
et qu'elle ressemble au pavot.

ARGENT, s. m. (du latin *argentum*).

Métal blanc, brillant et très ductile, qui est le
plus précieux après l'or et le platine.

Tute la vaisselle dont l'um serveit a sun convivie... tute
fud de or. A son tems ne fud de nul pris *argent*.

Les quatre livres des Rois, III, X, 21.

Se li iij preudome trouvent un home de leur mestier
qui ovre de mauvès *argent*, et il ne s'en voille chatoier
li iij preudome ameinent celui au prevost de Paris, et
li prevoz le punist.

Est. Boileau, le Livre des mestiers, part. I, titre XI.

Il se trouve moins de mines d'or et d'*argent* dans les
terres septentrionales que dans les contrées du midi.

Buffon, Époques de la nature, 2e époque.

Madame de Mouci, sa digne sœur, voyant sa dépense
et sa table augmentées lui donna, l'autre jour, pour douze
mille francs de vaisselle d'*argent* toute neuve.

Mme de Sévigné, Lettres, 9 octobre 1689.

L'Ambassadeur (de Portugal) a une livrée grise avec des
galons d'*argent* et des veloutés bleus.

Coulanges, Lettres, 26 février 1696.

Li venere prist un cotel
A un manche d'<i>argent</i> moult bel,
Si en a le sengler overt.

Roman du Renart, v. 22527.

Ces gros lingots d'*argent*, qu'à grands coups de marteaux
L'art forme en cent façons de plats et de vaisseaux.

Régnier, Satires, XVI.

Autrefois mes travaux n'estoient point inutiles ;
Ma besogne avoit cours dans les meilleures villes ;
J'en rapportois tousjours, en revenant le soir,
Quelque pièce d'*argent* au coin de mon mouchoir.

Racan, les Bergeries, IV, 2.

Prenez ces cent écus : gardez-les avec soin,
Pour vous en servir au besoin.
Le savetier crut voir tout l'*argent* que la terre
Avoit depuis plus de cent ans
Produit pour l'usage des gens.
Il retourne chez lui : dans sa cave il enserre
L'argent et sa joie à la fois.

La Fontaine, Fables, VIII, 2.

Argent est pris au même sens dans des passages de style figuré, tels que le suivant :

A parler par similitudes, ceux qui ont l'esprit comme
d'or ou d'*argent*, le peuvent bien plus haut eslever que
ceux qui ne l'ont que de cuyvre ou de fer.

La Noue, Discours politiques et militaires, XXV.

Dans le langage vulgaire, on nomme *vif-argent*
ou *argent vif*, le mercure.

L'*argent vif* a esté ainsi nommé parce qu'il représente l'argent en couleur, et aussi pour ce qu'il est quasi en un perpetuel mouvement, et semble qu'il soit vif.

> A. Paré, *Introduction à la cognoissance de la chirurgie,* XXI, 46.

> Car d'*argent vif*, fin or font nestre
> Cil qui d'alquemie sunt mestre;
> Et pois et color li ajoustent
> Par choses qui gaires ne coustent.
>> *Roman de la Rose,* v. 16337.

Argent est souvent pris métaphoriquement, par exemple en parlant de la Lumière de la Lune.

> La lune s'estoit levée avec son croissant d'un *argent* si beau et si vif, que les yeux en étoient charmés.
>> Bossuet, *Traité de la Concupiscence,* c. 32.

> Deux jours s'étoient passés sans qu'aucun vint au puits;.
> Le temps, qui toujours marche, avoit pendant deux nuits
> Échancré, selon l'ordinaire,
> De l'astre au front d'*argent* la face circulaire.
>> La Fontaine, *Fables,* XI, 6,

Ou bien encore pour exprimer l'éclat dont brillent les ruisseaux.

> Tantost il se promène au long de ses fontaines,
> De qui les petits flots font luire dans les plaines
> L'*argent* de leurs ruisseaux parmy l'or des moissons.
>> Racan, *Stances.*

> Les muses ont quitté les fleurs de leur montagne
> Et l'*argent* de leur onde.
>> Maynard, *Poésies.*

> Le vert tapis des prés et l'*argent* des fontaines.
>> La Fontaine, *Adonis.*

Argent, en termes de Blason, désigne un des métaux employés dans les armoiries et qu'on représente par de l'argent ou simplement avec du blanc.

> porte d'*argent* au lion de sable.
>> *Dictionnaire de l'Académie,* 1762.

> L'or, la gueule, l'*argent*, le sinople et l'azur
> Me font mettre en éclat l'homme le plus obscur.
>> Boursault, *les Fables d'Ésope,* III, 4.

Argent s'emploie comme Or, par figure, pour désigner collectivement des objets faits de ces métaux.

Li reis Salomon fist porter el temple l'or et l'*argent* et la vaissele que s'il père David eut saintefied, et tut fist metre ès tresors de la maison nostre seigneur.
> *Les quatre livres des Rois,* III, vii, 51.

Les présents offerts, bien que refusés, donnèrent cependant une secrette vénération pour ceux qui les pouvoient faire; et Curius, si fort honoré pour sa vertu désintéressée, le fut encore davantage, quand il leur fit voir dans son triomphe, de l'or, de l'*argent*, des tableaux et des statues.
> Saint-Évremont, *Réflexions sur les divers génies du peuple romain,* c. 6.

Manger dans de l'argent, c'est-à-dire dans de la vaisselle d'argent, est une expression figurée de grand usage.

> Quand je me vis presque le seul de ma sorte *mangeant dans de l'argent*, j'en envoyai pour un millier de pistoles à la Monnaie, et je fis serrer le reste.
>> Saint-Simon, *Mémoires,* 1709.

Argent se dit particulièrement de la Monnaie faite de ce métal. *Payer en argent, payer en argent blanc.*

> Le comte d'Évreux, qui n'avoit pas encore prêté son serment de colonel général de la cavalerie, le prêta les premiers jours de cette année, et encourut l'indignation des valets de la chambre... Le comte d'Évreux *paya en argent blanc*. Ils s'offensèrent; ils dirent qu'ils ne recevoient qu'en or.
>> Saint-Simon, *Mémoires,* 1708.

Il se dit aussi, en général, de Toute sorte de monnaie d'or, d'argent, ou de quelque métal que ce soit.

> De tout l'*argent* de cette boiste donne en chascun an le jor de Pasques un disner as poures de l'Ostel-Dieu de Paris.
>> Est. Boileau, *le Livre des Mestiers,* partie I, titre XI.

> Tous depensant si largement qu'il sembloit que *argent* leur plût des nues.
>> Froissart, *Chroniques,* Ire partie, c. 66.

> Ledit de Bourbon feit prendre la nuict les principaux et plus riches de la ville, lesquels, avec astrapades et autres inventions de tourmens, il contraignit de bailler *argent*.
>> M. du Bellay, *Mémoires.*

> Que diable! Toujours de l'*argent!* Il semble qu'ils n'aient autre chose à dire, de l'*argent*, de l'*argent*, de l'*argent*. Ils n'ont que ce mot à la bouche, de l'*argent*...
>> Molière, *l'Avare,* III, 1.

Les gens magnifiques pour la plupart sont les véritables pauvres, ils cherchent de l'*argent* de tous côtés avec inquiétude et avec chagrin pour entretenir les plaisirs des autres.

> Saint-Evremond, *Réflexions sur les divers génies du peuple romain*, c. 5.

Secouez le joug du superflu; faites-vous riche sans *argent*, vous êtes dispensée de tout, et heureuse de mépriser pour l'amour de Dieu tout ce qui vous manque.

> Fénelon, *Lettres spirituelles*, c. 11.

Vous souvenez-vous quand nous disions quelquefois : Il n'y a rien qui ruine comme de n'avoir point d'*argent?*

> Mme de Sévigné, *Lettres*, à Mme de Grignan, 27 novembre 1689.

L'*argent* qu'on possède est l'instrument de la liberté; celui qu'on pourchasse est l'instrument de la servitude.

> J.-J. Rousseau, *les Confessions*, I, 1.

Je proposerais donc de donner aux moines... la moitié de leur pension en *argent*-monnaie.

> Mirabeau, *Discours;* 17 février 1790.

Faute d'*argent*, c'est douleur sans pareille.

> Cl. Marot. (Cité par Rabelais, *Pantagruel*, 11, 16.)

Je gaigne assez, et si n'ay point d'*argent*.

> Charles d'Orléans, *Ballades : Je meurs de soif.*

ARGENT se dit, par extension, des Billets euxmêmes, signe représentatif de l'*argent*.

Il faudra donc établir dans la capitale une différence entre l'*argent* de banque, c'est-à-dire les billets, et l'*argent* effectif.

> Mirabeau, *Discours;* 6 novembre 1789.

ARGENT se dit quelquefois, avec une sorte de vague, sans article qui le détermine.

Il y a grande multiplication de bulles... de sorte que c'est... un vray engin et filets à prendre *argent*.

> M. du Bellay, *Mémoires.*

Argent n'est pas pasture pour des gentilshommes comme vous et moy.

> Henri IV, *Lettres;* 23 octobre 1588.

On négocie, ou marchande, *argent* fait tout.

> Mme de Sévigné, *Lettres;* 7 septembre 1689.

Dans les manières de parler que donnent les passages suivants, ARGENT, pris dans un sens plus déterminé, désigne une certaine somme.

Le premier *argent* qu'il reçut d'Espagne avec la permis-

III.

sion du Roi, malgré les nécessités de sa maison épuisée, fut donné à ses amis.

> Bossuet, *Oraison funèbre du prince de Condé.*

Un cordonnier au moins fait des souliers, et ne nourrit sa famille que d'un *argent* gagné en servant le public pour de véritables besoins.

> Fénelon, *Dialogue sur l'éloquence*, 1.

Bon! autre *argent*, qui va pleuvoir dans notre poche.

> Legrand, *l'Aveugle clairvoyant*, sc. 5.

Cet *argent*-là lui pèse : il veut s'en dessaisir.

> Destouches, *le Dissipateur*, I, 1.

De là l'emploi, d'ailleurs fort usité, d'*argent* au pluriel.

Écoutez, Madame, il y a des *argents* heureux. Je veux encore gagner avec le vôtre.

> Dufresny, *le Chevalier joueur*, IV, 5.

On dit absolument *L'argent*, quelquefois par une sorte de personnification de la richesse, de la fortune, de la passion du gain, etc.

Il est serf de l'*argent*.

> H. Estienne, *la Precellence du langage françois.*

L'*argent* est le dieu du riche.

> Bourdaloue, *Carême : Sermon sur les richesses.*

L'*argent* est un esclave fugitif; vous avez beau le charger de fers, il s'enfuira, avec ses chaînes; tenez-le sous la clef et les verrous, donnez-lui des gardes, et ils échapperont de compagnie.

> Maucroix, trad. de S. Jean Chrysostome, homél. 2.

L'*argent* peut inspirer la voix qui les prononce (les orateurs).

> Corneille, *Œdipe*, III, 5.

L'*argent*, l'*argent*, dit-on, sans lui tout est stérile :
La vertu sans l'*argent* est un meuble inutile.
L'*argent* en honnête homme érige un scélérat;
L'*argent* seul au Palais peut faire un magistrat.

> Boileau, *Épîtres*, V.

La noblesse et l'*argent* sont brouillés, ce me semble,
A ne pouvoir jamais se bien remettre ensemble.

> Boursault, *les Fables d'Ésope*, IV, 5.

On se lasse de tout, d'ambition, de gloire,
Des vins les plus exquis, des plus savoureux mets,
De la plus belle femme, et de l'*argent* jamais.

> Le Grand, *Plutus*, I, 4.

L'*argent* est un ami toujours prompt et fidèle.

> Destouches, *le Dissipateur*, III, 5.

77

Du mot ARGENT se sont formés un très grand nombre de locutions.

Quelquefois par le rapprochement de ce mot et du mot *or*.

Il appauvrit et espuisa la ville de Rome *d'or et d'argent*.

AMYOT, trad. de Plutarque, *Sylla et Lysandre*, 5.

D'or e d'argent quatre cenz muls chargiez.
Chanson de Roland, v. 32.

On a dit *grand argent*.

Le roi leur envoyoit grand or et *grand argent* pour payer leurs frais et départir à ces seigneurs d'Allemagne qui ne convoitoient autre chose.

FROISSART, *Chroniques*, liv. I, part. I, c. 66.

Quand on leur demandoit un si grand *argent*, ils se courroussoient et se mutinoient.

AMYOT, trad. de Plutarque, *Vie d'Antoine*, 75.

Ni pour or, ni pour argent, à aucun prix.

A peine, *pour or, ni pour argent*, on ne pouvoit recouvrer de vivres.

FROISSART, *Chroniques*, liv. II, c. 9.

Ne por or, ned argent, ne paramenz.
Cantilène de sainte Eulalie.

Somme d'argent.

Et fit tant (un frère prescheur) que le roy fut content, et si luy fit donner quelque legere *somme d'argent*.

JUVENAL DES URSINS, *Histoire de Charles VI*.

Je suis sûre d'un lot; un physionomiste
A vu, là, sur mon front grosse *somme d'argent*.

DUFRESNY, *la Coquette du Village*, III, 3.

Sac d'argent.

Les *sacs d'argent* chez vous arrivent par milliers.

AUTREAU, *Démocrite prétendu fou*, I, 4.

L'argent de quelqu'un, son argent.

Vous savez combien je ris en voyant les Italiens. Je laisse à la porte ma raison et *mon argent* et je ris après tout mon sou.

LA FONTAINE, *Psyché*, l. I.

Lorsque Sénèque fit ce chapitre éloquent,
Il avoit comme vous perdu tout *son argent*.

REGNARD, *le Joueur*, IV, 13.

Composez avec lui, *votre argent* est-il prêt?

DUFRESNY, *le Dédit*, sc. 8.

Mais aimant *son argent* bien plus que sa personne,
Qu'importe que son cœur ou sa main vous le donne?

DESTOUCHES, *le Dissipateur*, II, 1.

L'argent du roi, du royaume, etc.

La fleur de *l'argent de vostre royaume* fault que s'en aille en pentions aux estrangiers.

MONTLUC, *Conseil donné à Sa Majesté*, 1573.

Tout *l'argent de Crésus* dans vos mains se vient rendre.

BOURSAULT, *les Fables d'Ésope*, I, 2.

Deux mulets cheminoient l'un d'avoine chargé,
L'autre portant *l'argent de la gabelle*.

LA FONTAINE, *Fables*, I, 4.

Argent du jeu, argent gagné au jeu, ou réservé pour le jeu.

MM. Dangeau et Langlée ont eu de grosses paroles, à la rue des Jacobins, sur un payement de *l'argent du jeu*.

Mme DE SÉVIGNÉ, *Lettres*, 5 janvier 1672.

Argent des cartes, argent donné pour les cartes fournies aux joueurs.

Argent mignon, argent qu'on a mis en réserve, et qu'on peut, sans se gêner, employer en dépenses superflues.

Il n'eût pas convenu, pendant qu'elle étoit aux expédients, qu'elle eût su que j'avois de *l'argent mignon*.

J.-J. ROUSSEAU, *Confessions*.

Argent comptant, argent que l'on a entre les mains, qu'on peut compter, livrer à l'instant.

J'ai converti en *argent comptant* tout mon patrimoine qui consistoit en plusieurs héritages considérables.

LE SAGE, *Gil Blas*.

A ce qu'on peut juger de ce discours charmant,
Vous voilà donc en grâce avec *l'argent comptant*.

REGNARD, *le Joueur*, III, 5.

Tout en *argent comptant*, rien à moins de cela.

PALAPRAT, *la Prude*, II, 16.

Être en argent comptant, en argent.

Je suis bien certain que tu tiens sur le bureau plusieurs et grandes entreprises, et que néanmoins tu n'*es en argent* selon tes conceptions.

SALIAT, trad. d'*Hérodote*, liv. III, 122.

Il me mena aussitôt chez un banquier de sa connoissance, qui m'avança cent pistoles sur son billet, car il n'*étoit* rien moins qu'*en argent comptant.*

PRÉVOST, *Manon Lescaut,* 1re part.

Me voilà en *argent comptant.*

PICARD, *les Marionnettes,* II, 6.

Fig. et fam. *Argent comptant* se dit de la réalité des choses. On dit qu'elles *sont* ou ne *sont pas argent comptant.*

Moy faisant à l'un (des créanciers) visaige plus ouvert... le paillard pense avoir sa depesche le premier en date et de mon ris cuyde que *soit argent contant.*

RABELAIS, *Pantagruel,* III.

Tout ce que je vous conte ici n'*est* pas de *l'argent comptant.*

VOITURE, *Nouvelles Lettres.*

Treize pièces de moi, c'est de *l'argent comptant.*

POISSON, *le Poëte basque,* sc. 8.

Fig. et fam. *Prendre quelque chose pour argent comptant,* Croire trop facilement ce qu'on nous dit, faire trop de fond sur de simples apparences.

On ne doit pas toujours *prendre pour argent contant* tout ce qui est escrit aux histoires, pour ce que souvent les causes qui ont produit des effets, sont ignorées ou falsifiées.

LA NOUE, *Discours politiques et militaires,* IV.

Ceste response fut envoyée au Roy, lequel ne la print pour *argent comptant.*

MONTLUC, *Commentaires,* liv. I.

Vous m'avez promis de m'aimer; j'*ai pris cela pour argent comptant.*

LA RONCÈRE, *Lettres,* 6 sept. 1677. (Voyez *Correspondance de Bussy-Rabutin,* lettre 1156.)

Je ne prends pas pour argent comptant les terreurs que l'on cherche à me donner.

J.-J. ROUSSEAU, *Lettres,* 9 mars 1768.

Prendrons-nous tout ceci *pour de l'argent comptant ?*

MOLIÈRE, *Sganarelle,* sc. 22.

... Le stratagème
Que le mari *prit pour argent comptant.*

LA FONTAINE, *Contes :* le Berceau.

On a dit, dans un sens analogue, *Donner pour argent comptant.*

Qui croira que Platon ait voulu *donner* sa République et

ses Idées, Pythagores ses Nombres, Épicure ses Atomes *pour argent comptant ?*

CHARRON, *De la Sagesse,* II, c. 2.

Prendre pour de bon argent est une expression figurée de même signification.

Quoy ! tu *prends pour de bon argent* ce que je viens de dire?

MOLIÈRE, *le Festin de Pierre,* V, 2.

Prov. et fam. *Argent comptant porte médecine,* L'argent comptant est d'un grand secours dans les affaires.

A l'expression *argent comptant* répondait un certain nombre d'anciennes expressions.

Argent en bourse.

On y fait des amis, mais peu *d'argent en bourse.*

RÉGNIER, *Satires,* XIII.

Argent sur table, argent bas, argent sec.

Quoi! douze mille livres *d'argent sec.*

MARIVAUX, *l'Épreuve,* sc. 2.

Tel que vous me voyez, je donne à ma sœur cinq mille livres *d'argent sec.*

La Précaution inutile, III, 1. (Voyez GHERARDI, *Théâtre italien,* t. I, p. 475.)

Garçon ainme joiel noient,
Il ainment plus le *sec argent.*

Chastel de Couci, v. 3123.

Quarante mille écus *d'argent sec* et liquide,
De la succession voilà le plus solide.

REGNARD, *le Légataire universel,* II, 7.

Argent sous corde, expression en usage au jeu de paume, Enjeu déposé sous la corde qui séparait les joueurs.

... Plus, quatre-vingts louis d'or pour une partie de paume ébauchée... il faut *qu'il mette argent sous corde...* mais il nous rendra cela dans la galerie.

DUFRESNY, *le Chevalier joueur,* II, 5.

Pour son argent, en rapport avec le prix qu'on a donné; figurément, *en avoir pour son argent,* être récompensé de sa peine.

La discipline (dans le chapitre de l'évêché de Clermont sous M. d'Arbouze) y est si bien observée, et le service si bien réglé, quoique les prébendes y soient fort peu considérables, qu'on a sujet de dire, quoiqu'avec un peu moins de respect qu'il faudroit, que Dieu ne sauroit être mieux servi *pour son argent.*

FLÉCHIER, *Mémoires sur les grands jours de* 1665.

Mais vous avez assez brillé *pour votre argent.*

DUFRESNY, *la Coquette du Village,* III, 5.

Par argent, en payant.

Que les arrêts du Conseil du Roi soient plus stables et ne se renversent à toute heure *par argent* ou par faveur.

LE DUC DE ROHAN, *Mémoires,* I, 1.

Le plus grand revenu qu'il avoit (le marquis de Canillac) étoit celui de la justice : il faisoit pour la moindre chose emprisonner et juger des misérables, et les obligeoit de racheter leurs peines *par argent.*

FLÉCHIER, *Mémoires sur les grands jours de* 1665.

Mais *par argent* ne s'achette la vie
Quand une fois la Parque l'a ravie.

RONSARD, *la Franciade,* III.

Apre à l'argent.

Il est un peu trop *aspre à l'argent.*

ROB. ESTIENNE, *Dictionnaire françois-latin.*

Puissant de gens et d'argent.

Il estoit assez *puissant de gens et d'argent,* mais il n'avoit point assez de sens ne de malice pour conduire les entreprises.

COMMINES, *Mémoires,* III, 14.

Bourreau d'argent, très prodigue.

On dit proverbialement qu'un homme est un vrai *bourreau d'argent,* pour dire qu'il le ménage mal, qu'il le prodigue sans nécessité.

FURETIÈRE, *Dictionnaire,* 1690.

Bas d'argent, n'en ayant que peu.

L'empereur se trouve fort *bas d'argent* et a imposé sur la ville d'Auguste III° mil florins, dont le peuple est si mal contenu qu'il ne s'y fye guères.

M. DE SELVES à Henri II; 2 et 4 septembre 1552. (Voyez CHARRIÈRE, *Négociations de la France dans le Levant,* t. II, p. 209.)

L'argent est court chez lui.

Tu diras qu'aux coffres du roi
L'argent est court, comme chez moi.

BOISROBERT, *Épîtres.*

De là, cette personnification bouffonne ; *Monsieur D'argent-court.*

Il me semble qu'il y en a assez pour la purgation des bourses de plusieurs courtisans, et de ceux principalement qui sont logés chez *Monsieur D'argent-court.*

H. ESTIENNE, 1er *dialogue du nouveau langage françois italianisé.*

On ne sait de quelle couleur est son argent, On n'a jamais reçu d'argent de lui.

N'épargner ni or ni argent, ne pas regarder à la dépense.

Et *n'épargnoient ni or ni argent,* non plus que s'il leur plût des nues.

FROISSART, *Chroniques,* liv. I, part. I, c. 76.

S'il ne faut que de *l'argent* pour le mettre dans nos intérêts, je ne *l'épargnerai pas.*

MARIVAUX, *les Fausses Confidences,* II, 4.

Ne pas plaindre l'argent, en user largement.

Les Turcs ont les jardinages en aussi grande recommandation que nous, et font grand' diligence de recouvrer des arbres estrangers, et surtout qui portent belles fleurs, et *n'y pleignent l'argent.*

PIERRE BELON, *Singularitez et choses mémorables de divers pays estranges,* liv. III, c. 50.

Dans le même sens, faire litière d'argent.

Ce capitaine *fait litière d'argent;* c'est un marquis de vingt mille livres de rente; il a un équipage de prince.

BRUEYS, *le Grondeur,* III, 11.

Manger de l'argent, le dépenser.

Il avoit de l'esprit, et ne se croyoit point homme de province en nulle manière, venant d'ordinaire, hors de son semestre, *manger* quelque *argent* dans les auberges de Paris.

SCARRON, *Roman comique,* I, 2.

Jeter l'argent par les fenêtres, le prodiguer.

Mettez-moi au fait de votre petit royaume. Quant à celui de France, il me paraît qu'il fait grande fête et bon feu. *Il jette l'argent par les fenêtres.*

VOLTAIRE, *Lettres,* 18 juillet 1757.

Faire valoir son argent.

Les citoyens des villes commerçantes *font valoir leur argent* sur la place, mais dans le plan d'une république fondée sur la vertu, Platon ordonne de prêter sans exiger aucun intérêt.

> BARTHÉLEMY, *Voyage d'Anacharsis*, c. 80.

Placer de l'argent, en faire un emploi productif, en tirer un produit, un intérêt.

J'ai quarante billets à cette loterie. — C'est *placer de l'argent* très prudemment.

> DUFRESNY, *la Coquette du village*, I, 2.

Vendre de l'argent, s'en servir comme d'une marchandise.

On peut *vendre son argent*, et on *le vend* en effet lorsqu'on le donne en échange de toute autre marchandise.

> TURGOT, *Mémoire sur les prêts d'argent*, § XXII.

Commerce d'argent.

Les Romains étoient occupés des lois, de la guerre, de l'agriculture et du *commerce d'argent*.

> FÉNELON, *Lettre à l'Académie*.

Faire de l'argent, s'en procurer par la vente de quelque propriété; *faire argent de tout*.

Choses qui sont pour *faire de l'argent*, ou pour faire son profit.

> ROB. ESTIENNE, *Dictionnaire françois-latin*.

Ayant fait *argent de tous leurs meubles*, qui étoient fort beaux et en quantité, elles étoient parties de Rome.

> SCARRON, *Roman comique*, 1re part., c. 18.

Hé! Quel expédient trouver? Nous *avons fait argent de tout*.

> REGNARD, *le Retour imprévu*, sc. 4.

... Le rustre, en paix chez soi,
Vous *fait argent de tout*, convertit en monnoie
Ses chapons, sa poulaille...

> LA FONTAINE, *Fables*, XI, 3.

Prendre de l'argent de quelqu'un, en recevoir pour prix d'un service.

Deffend aux médecins, que nos maux enrichissent,
De *prendre de l'argent* que de ceux qu'ils guérissent.

> BOURSAULT, *les Fables d'Ésope*, I, 1.

Lever de l'argent, s'en procurer par des contributions.

Il n'a été occupé jusqu'à présent qu'à songer aux moyens de fournir aux frais de la guerre, qu'à *lever de l'argent* et des hommes.

> VOITURE, *Lettres*, 24 décembre 1636.

Valoir beaucoup d'argent, être d'un grand prix, au propre et au figuré.

Ne valoir guère de bon argent, valoir peu de chose, n'être pas bon :

« L'humeur me bande les yeux » *ne vaut guère de bon argent*.

> MALHERBE, *Commentaire sur Des Portes*.

Faire un pont d'argent ou un pont d'or, proposer des conditions avantageuses.

Ouvrez toujours à vos ennemys toutes les portes et chemins, et plus tost leur *faictes un pont d'argent* affin de les renvoyer.

> RABELAIS, *Gargantua*.

Jouer bon jeu, bon argent, avec l'intention de payer sur-le-champ, et, figurément, agir franchement, sérieusement.

Il me semble que vous *jouez bon jeu, bon argent*; vous vous portez bien, vous le dites, vous en riez avec votre mari; comment pourroit-on faire de la fausse monnoie d'un si bon aloi?

> Mme DE SÉVIGNÉ, *Lettres*; à Mme de Grignan, 19 juillet 1677.

Fig. et fam. *Y aller bon jeu, bon argent*, agir tout de bon, sérieusement. On le dit surtout de Personnes qui se battent, qui plaident, qui disputent.

Prov. et fig. *Avoir le drap et l'argent*, retenir la marchandise et le prix. *Avoir le temps et l'argent*, avoir toutes choses à souhait.

Mettre de bon argent contre du mauvais, faire des avances, des frais dans un procès, dans une affaire, où l'on court risque de ne rien retirer.

Prov. et fig. *C'est de l'argent en barre*, se dit D'une marchandise qui est de bon et de prompt débit, ou d'un effet qui vaut autant que l'argent comptant. *C'est argent perdu, autant d'argent perdu*, se dit D'un argent dépensé pour une affaire qu'on ne croit pas devoir réussir. *C'est de l'argent mort*, se dit De l'argent qui ne porte aucun profit, aucun intérêt.

Prov. et fig. *Point d'argent, point de Suisse*, allusion à la solde des troupes suisses servant à l'étranger, signifie qu'On ne fera rien sans être bien assuré du payement, ou qu'On n'aura point le secours des gens dont on parle, si l'on n'est pas en état de les payer.

Il faut qu'il paye, et *point d'argent, point de Suisse.*
VOLTAIRE, *Lettres ;* 25 novembre 1758.

Car chez vous autres grands, *point d'argent, point de* [*suisse.*
BOURSAULT, *les Fables d'Ésope,* II, 6.

On m'avoit fait venir d'Amiens pour être suisse...
Point d'argent, point de Suisse, et ma porte étoit close.
J. RACINE, *les Plaideurs,* I, 1.

ARGENTS, au pluriel, se trouve fréquemment dans nos anciens auteurs :

Ne pouvoit nul ni nulle recouvrer de sel, si ce n'étoit par les ministres du duc de Normandie ; et le faisoient iceux acheter aux gens et livrer à leur ordonnance, pour estordre plus grands *argents.*
FROISSART, *Chroniques,* liv. I, II⁰ part., c. 78.

Je comptai mes *argents* pour en apprendre la somme, et je trouvai pour compte fait, que j'avois argent deux mille talents, et or quatre millions de statères dariques.
SALIAT, trad. d'*Hérodote,* VII, 28.

ARGENTER, v. a.

Appliquer des feuilles d'argent sur des ouvrages de métal, de bois, de cuir, etc., de manière qu'ils paraissent être faits d'argent. *Argenter un vase. Argenter des ornements en relief.*

Je suis un sou de bon aloi,
Mais en secret *argentez-moi,*
Et me voilà fausse monnaie.
BÉRANGER, *Chansons : Refus.*

Il se dit figurément, dans le langage poétique, et signifie, Donner à quelque chose l'éclat, la blancheur de l'argent.

Le matin, au lever de l'aurore, tout est chargé de gouttes de rosée qui *argentent* les flancs des collines et les bords des ruisseaux.
BERNARDIN DE SAINT-PIERRE, *Études de la nature,* V.

Ce grand front chauve et cette barbe épaisse
Que tous les jours *argente* la vieillesse.
MALFILATRE, *Narcisse.*

ARGENTER est construit avec le pronom personnel dans le passage suivant :

L'or remasché de son beau frain
S'*argentoit* d'une fresche escume.
SAINT-AMANT, *Ode héroïque-comique pour Mᵍʳ le Prince.*

ARGENTÉ, ÉE, participe.

Ils avoient les poupes de leurs galères toutes dorées, les rames *argentées.*
AMYOT, trad. de Plutarque, *Vie de Pompée,* 36.

Sous Galien on ne voyait plus que du cuivre *argenté.*
MONTESQUIEU, *Esprit des Lois,* XXII, 13.

Il se dit adjectivement, au figuré, surtout dans le langage poétique, De ce qui rappelle l'éclat et la blancheur de l'argent.

Ses cheveux étoient d'un blond *argenté* qui convenoit entièrement aux belles couleurs de son visage.
Mᵐᵉ DE MOTTEVILLE, *Mémoires.*

C'est une belle et claire source, qui roule ses petits flots *argentez* parmy les cailloux du rivage, avec un murmure très agréable.
PERROT D'ABLANCOURT, trad. de Lucien, *Dial. de Neptune et d'Alphée.*

Les doux rayons de la lune, le frémissement *argenté* dont l'eau brilloit autour de nous.
J.-J. ROUSSEAU, *la Nouvelle Héloïse ;* lettre 23ᵉ.

L'éperlan *argenté* et l'ablette, dont les écailles servent à faire de fausses perles, se jouent sur les grèves de la Seine.
BERNARDIN DE SAINT-PIERRE, *Études de la nature,* X.

Les uns chanteront les œillets
Vermeillets,
Ou du lis la fleur *argentée.*
RONSARD, *Odes.*

Plus blancs que la colombe aux plumes *argentées.*
RACAN, *Psaumes,* LXVII.

Du sein d'un nuage *argenté*
La Lune sort avec mystère.
BAOUR-LORMIAN, *Poésies d'Ossian.*

ARGENTERIE, s. f.

Vaisselles et autres meubles ou ustensiles d'argent.

Que dites-vous de l'exemple que donne le roi de faire fondre toutes ses belles *argenteries ?*
Mᵐᵉ DE SÉVIGNÉ, *Lettres ;* à Mᵐᵉ de Grignan, 18 décembre 1689.

Tout ce qu'il y eut de grand ou de considérable se mit

en huit jours à la fayence, ils en épuisèrent les boutiques... tandis que tout le médiocre continua à se servir de son *argenterie*.

SAINT-SIMON, Mémoires, 1709.

L'orfèvrerie était grossière. Louis XII l'ayant défendue dans son royaume par une loi somptuaire indiscrète, les Français firent voir leur *argenterie* de Venise. Les orfèvres de France furent réduits à la pauvreté, et Louis XII révoqua sagement la loi.

VOLTAIRE, Essai sur les mœurs : Usages des
xve et xvie siècles, c. 121.

ARGENTERIE, dans les églises, se dit de La croix, du bénitier, des chandeliers, et de tous les vases d'argent qui servent pour les cérémonies du culte.

Pour les laïques, les biens de l'Église étoient en proie; l'*argenterie* des sacristies enrichissoit le fisc du prince.

BOSSUET, Histoire des variations des églises protestantes,
liv. VII, n° 96.

ARGENTERIE se disait anciennement, chez le roi, d'Un fonds qui se faisait tous les ans pour subvenir à certaines dépenses de sa maison, telles que habillements des officiers et domestiques de la cour, achats de meubles et de joyaux, fêtes, etc. *Trésorier et contrôleur de l'argenterie.*

ARGENTERIE, comme *argentarie*, s'est dit aussi anciennement de la profession de banquier.

Faire le faict et demener estat d'*argenterie. Argentariam facere, sive exercere.* ·

ROB. ESTIENNE, Dictionnaire françois-latin.

ARGENTEUR, s. m. Ouvrier qui argente les le métaux, bois et autres matières.

ARGENTEUX, EUSE, adj. Qui a beaucoup d'argent.

Encore que tous les jours il ne feist autre chose que confisquer... les plus riches maisons et plus *argenteuses* qui fussent en la ville.

AMYOT, trad. de Plutarque, Sylla et Lysandre, 5.

Premièrement les Lydiens confrontent aux Ioniens, et habitent un bien bon pays, qui est fort *argenteux*.

SALIAT, trad. d'Hérodote, V, 49.

Il ne s'est maintenu que dans le langage populaire.

La bourgeoisie est pu *argenteuse* que bien des gentilhomeries que li a.

DUFRESNY, l'Esprit de contradiction, sc. I.

ARGENTIER, s. m.

Nom qu'on donnait autrefois, chez les princes souverains, à L'officier préposé pour distribuer certains fonds d'argent.

Il y a une grande faulte ès offices de l'*argentier* et de la Chambre aux Deniers.

ENGUERRAN DE MONSTRELET, Chronique, c. 99.

Il y eut un de ses amis, que luy demanda de l'argent : il commanda tout aussi tost à son *argentier* qu'il luy en baillast.

AMYOT, trad. de Plutarque, Vie d'Alexandre.

A mon retour chez moi, je trouvai l'*argentier* de la reine qui me portoit ordre de l'aller trouver à l'heure même.

CARDINAL DE RETZ, Mémoires, IIe partie, 1646.

Lefèvre étoit *argentier* de la maison du roi, et, comme tel, sous la charge des premiers gentilshommes de la chambre.

SAINT-SIMON, Mémoires, 1717.

Dans le passage suivant, de date très ancienne, on trouve ARGENTIÈRE, au sens de Mine d'argent.

Encore voz di qe il ont maintes *argentiéres* là où il font arjent assez.

MARC POL, le Livre, suppl. 218.

ARGENTIN, INE, adj.

Qui a un son clair et retentissant comme celui de l'argent.

Quant est aux cordes de Luc, ilz en fait de toutes sortes et bien fines, et des chanterelles qui montent bien aussi hault que les nostres : mais elles ne sont pas si *argentines*, d'autant qu'elles sont cordées de trois cordelles.

PIERRE BELON, Singularitez de divers pays estranges,
liv. III, c. 28.

La fête étoit faite pour lire un chant du Lutrin de Despréaux, qui le lut, après qu'on eut bien mangé. Quand il vint aux vers où il est parlé des cloches de la sainte chapelle :

Les cloches dans les airs de leurs voix argentines
Appeloient à grand bruit les chantres à matines,

Chapelle, qui se prenoit aisément de vin, lui dit : « Je

ne te passerai point *argentines, argentine* n'est pas un mot français. »

Despréaux continuant de lire sans lui répondre, il reprit : « Je te dis que je ne te passerai point *argentines*, cela ne vaut rien. » Despréaux repartit : « Tais-toi, tu es ivre. » Chapelle répliqua : « Je ne suis pas si ivre de vin que tu es ivre de tes vers. »

Leur dialogue fut plaisant, et M. d'Elbene, qui avoit du goût, prit le parti de Chapelle.

> SEGRAIS, *Segrainiana*.

Et les verres emplis sous les bosquets lointains
Viendront animer l'air, et du sein d'une treille,
De leur voix *argentine* égayer notre oreille.

> A. CHÉNIER, *Élégies*, X.

N'ai-je pas entendu la clochette *argentine*
De la chèvre errant au hasard?...

> MILLEVOIE, *Élégies*, I.

ARGENTIN se dit aussi, dans le langage poétique, des Choses qui ont l'éclat et la blancheur de l'argent.

Fontaine *argentine* et clere comme argent.

> ROB. ESTIENNE, *Dictionnaire françois-latin*.

Nous lui feismes response, que ce nous sembloit bonne et fraische eau de fontaine limpide et *argentine*.

> RABELAIS, *Pantagruel*, V, 43.

Nous cinglons de ce costé-là, et trouvons en arrivant de grands ports, larges et profonds, et des fleuves d'une eau claire et *argentine* qui couloit doucement dans la mer.

> PERROT D'ABLANCOURT, trad. de Lucien, *l'Histoire véritaire*, II.

Les fons du temple estoient une fontaine,
Où decouroit un ruisseau *argentin*.

> CL. MAROT, *Temple du Cupidon*, v. 303.

Je t'asseure, ondelte chere,
Que jamais, ainsi qu'Homère,
Noire ne t'appeleray,
Mais tousjours je te lou'ray
Pour clairé, pour *argentine*,
Pour nette, pour crystalline.

> RONSARD, *Odes*, V, 12.

En peinture, *ton argentin*, certain effet de couleur qui rappelle le blanc de l'argent.

A l'adjectif *argentin, ine*, se rattache le diminutif ARGENTELET, ETTE, que comprend au nombre des diminutifs français Henri Estienne (*Précel-*

lence du Langage françois, édit. Feugère, p. 100), d'après ces vers du *Papillon* de Remi Belleau :

> J'aprendray sur ce ruisselet
> Qui doucement *argentelet*,
> Coule, etc.

ARGENTINE, s. f. (d'*argentin, ine*).

Terme de Botanique. Plante de la famille des Rosacées, qui a le dessous des feuilles d'un blanc luisant et comme argenté.

Argentine, les feuilles de ceste herbe sont comme argentines en leur renvers, d'où est venu le nom de la plante.

> OLIVIER DE SERRES, *Théâtre d'agriculture*, VIe lieu, c. 15.

ARGENTURE, s. f.

Argent en feuilles très minces appliqué sur la superficie de quelque ouvrage.

Ouvrages de dorure et d'*argenture*.

> *Dictionnaire de l'Académie*, 1798.

Il signifie aussi, L'art d'appliquer les feuilles d'argent.

Cet ouvrier entend bien l'*argenture*.

> *Dictionnaire de l'Académie*, 1798.

ARGILE, s. f. (du latin *argilla*, en grec ἄργιλλος).

On l'a longtemps écrit, conformément à son origine, ARGILLE.

D'anciens textes donnent les formes ARDILLE, ARDRILLE, ARZILLE. Voyez les exemples ci-après.

Glaise, terre molle.

J'ay ouy lire quelque livre d'un autheur, lequel en traitant des pierres et terres dit que la terre d'*argile* a pris son nom d'un village qui se nomme Argis... Toutefoys j'ay depuis entendu par quelques latins que cela estoit faux, et que toute terre propre à faire vaisseaux s'appelle *argile*, à cause de son action tenante : et disent qu'*argile* veut dire terre grasse... et tant s'en faut qu'elle soit grasse, car l'on prend de la terre d'*argile* pour desgraisser.

> BERNARD PALISSY, *Des Terres d'argile*.

Ainsy, me disoient-ilz, qu'il faut que d'une race il en sorte des uns et des autres, comme faict un potier, qui d'une mesme terre et *arzille* faict des potz et des vases, les uns pour l'honneur et la beauté, les autres pour l'infamie et la sallauderie.

Brantôme, Grands Capitaines : M. de Montpensier.

Il vous a paru comme une grande statue... La tête de cette statue étoit d'un or très pur... Une partie des pieds étoit de fer, et l'autre d'argile.

Le Maistre de Sacy, trad. de la Bible : Daniel, II, 21, 33.

O homme, qui êtes-vous pour contester avec Dieu? Un vase d'argile dit-il à celui qui l'a fait : Pourquoi m'avez-vous fait ainsi? Le potier n'a-t-il pas le pouvoir de faire de la même masse d'argile un vase destiné à des ouvrages honorables et un autre destiné à des ouvrages vils et honteux?

Le même,même ouvrage : Saint Paul, Épître aux Romains,
IX, 20, 21.

La production des argiles paroît avoir précédé celle des coquillages; car la première opération de l'eau a été de transformer les scories et les poudres de verre en argiles.

Buffon, Époques de la nature.

C'est la terre qui a fourni la pierre, l'argile et le bois dont on a construit les premières maisons.

Turgot, Réflexions sur la formation des richesses.

... Saluez ces pénates d'argile.

La Fontaine, Philémon et Baucis,

Aux regards des héros le rivage est tranquille;
Ils descendent; Hylas prend un vase d'argile.

A. Chénier, Hylas.

Il est fait souvent d'argile un emploi figuré.

Il faut songer qu'on porte le don de Dieu dans un vase d'argile, et surtout se nourrir au dedans par l'amour de Dieu.

Fénelon, Lettres spirituelles, XXXVI.

Lisons l'histoire de notre première institution, comme si nous eussions été l'argile même que Dieu prit en ses mains, et que nous eussions eu dès lors assez de connoissance, non pour interroger l'ouvrier qui nous figuroit, mais pour adorer son dessein à mesure que son exécution nous l'auroit appris.

Duguet, Explication de l'ouvrage des six jours.

La véritable amitié, dit un philosophe, est un sentiment profond et durable qui ne peut ni être gravé dans un cœur de sable, ni se conserver dans une âme d'argile.

D'Alembert, Éloge de Choisy.

La parole est le noble privilège de notre argile animée, comme la raison celui de l'esprit qui nous anime.

La Harpe, Cours de littérature, IIIe partie, liv. IV, c. 2.
Helvétius.

III.

Enfin, le 5, à six heures moins onze minutes du soir, au milieu des vents, de la pluie, et du fracas des flots, Bonaparte rendit à Dieu le plus puissant souffle de vie qui jamais anima l'argile humaine.

Chateaubriand, Mémoires d'outre-tombe.

... Soit, comme je le crois,
Que d'une débonnaire et généreuse argile
On ait pétri mon âme innocente et facile.

A. Chénier, Épîtres, III, à Lebrun.

On trouve ARGILE employé comme substantif masculin dans les passages suivants :

L'argile par mes mains autrefois façonné.

Voltaire, Agathocle, V, 3.

Un argile pétri sous une forme humaine.

Lamartine, la Mort de Socrate.

ARGILEUX, EUSE, adj.

On l'a longtemps écrit ARGILLEUX.

Qui tient de l'argile.

Si's getad en la champaigne del flum Jurdan e en terre argilluse entre Soccho e Sarchan.

Les quatre Livres des Rois, III, vii, 46.

Aupres de Paris il y a de trois sortes de terres argileuses, la plus fine se prend à Gentilly, qui est un village pres dudit lieu.

B. Palissy, Des terres d'argile.

Non seulement les terres noires et fertiles, mais les argileuses et les graveleuses, récompensent l'homme de ses peines.

Fénelon, De l'Existence de Dieu.

L'on sait que la plupart des mines de charbon de terre sont plus ou moins surmontées par des couches de terre argileuses.

Buffon, Époques de la nature.

ARGO, s. m.

Terme d'Astronomie. Constellation de l'hémisphère austral qui a reçu ce nom du navire sur lequel Jason et ses compagnons allèrent en Colchide conquérir la Toison d'or.

ARGONAUTES, s. m. pl.(du grec Ἀργοναύτης, et, par ce mot, de Ἀργώ et ναύτης, nautonier).

Nom des héros grecs qui sous la conduite de Jason s'embarquèrent sur le navire Argo, pour aller en Colchide conquérir la Toison d'or.

78

Le voyage des *argonautes* n'était en comparaison que le passage d'une barque d'un bord de rivière à l'autre.

VOLTAIRE, *Siècle de Louis XIV*.

ARGONAUTE, en Histoire naturelle, est le nom d'un mollusque qu'on appelle autrement *Nautile papyracé*. Voyez NAUTILE.

ARGOT, s. m.

Certain langage des gueux et des voleurs qui n'est intelligible qu'entre eux :

« Le jargon, ou langage de l'*argot* réformé ». (Titre d'un livret anonyme publié en 1630.)

Savoir l'*argot*. Apprendre l'*argot*. Parler l'*argot*.

Dictionnaire de l'Académie, 1762.

Les petits voleurs ont entre eux un dictionnaire qu'ils appellent *argot* : les mots de vol, larcin, rapine, ne s'y trouvent point; ils se servent des termes qui répondent à gagner, reprendre.

VOLTAIRE.

Il se dit quelquefois, par extension, Des mots particuliers qu'adoptent entre eux les gens de certaines professions. *L'argot des coulisses*.

Les Jansénistes appellent leur union l'*ordre*. C'est leur *argot*, chaque communauté, chaque société a le sien.

VOLTAIRE.

ARGOT, s. m.

Terme de Jardinage. Il se dit du Bois qui est au-dessus *de l'œil*.

Argot est l'extrémité d'une branche qui est morte, si bien qu'ôtant cette extrémité morte jusques sur le vif cela s'appelle ôter l'*argot*. Il n'y a rien de plus désagréable dans un arbre que d'y voir de ces *argots*.

LA QUINTINYE, *Instruction pour les jardins fruitiers*.

Voyez ERGOT.

ARGOTER, v. a.

Terme de Jardinage. Couper l'extrémité d'une branche morte.

ARGOTÉ, ÉE, participe.

ARGOULET, ARGOLET, s. m.

Sorte de cavalerie légère fort employée au XVIᵉ siècle.

Or j'avois la puissance de lever des gens, et les commander. Et arrestames de lever deux cents arquebuziers, et cent *argoulets*.

MONTLUC, *Commentaires*, liv. V.

J'ay conu un simple soldat, à sçavoir *argoulet* n'ayant pas cinquante sols de rente, qui avoit si bien mesnagé son petit fait, qu'il avoit huit chevaux de son train, une charrette à trois chevaux, douze serviteurs, et six chiens, qui sont trente bouches en tout.

LA NOUE, *Discours politiques et militaires*, XIV.

Je ne fus pas si tost éventé que voilà trois ou quatre cavalcades de divers lieux pour m'attraper : l'une me joignit à la troisième journée, où je fus chargé par quinze ou vingt gentilshommes masqués, suivis d'une ondée d'*argoulets*.

MONTAIGNE, *Essais*, III, 10.

Le prince part accompagné de mille gentilshommes, de cinq cents *argoulets*, comme on appeloit en ce temps-là.

AGR. D'AUBIGNÉ, *Histoire universelle*, t. I, liv. III, c. 3.

Le paisan de cent ans, dont la teste chenuë,
Est couverte de nege, en suivant sa charruë,
Voi galopper de loin l'*argolet* outrageux,
Qui d'une rude main arrache les cheveux,
L'honneur du vieillard blanc, meu de faim et de rage,
Pour n'avoir peu trouver que piller au village.

LE MÈME, *Tragiques* : Misères.

ARGOULET s'est dit familièrement d'Un homme de néant.

Nombre de pages et valets
Mieux vêtus que des *argoulets*.

LORET, *Gazette burlesque*. (Cité dans le *Dictionnaire de Trévoux*).

ARGOUSIN, s. m. (corruption de l'espagnol *alguazil*, surveillant).

Autrefois *algousan*, *argousil*.

Bas officier des galères; chargé de la garde des forçats.

O le gentil *algousan!*

RABELAIS, *Pantagruel*, IV, 19.

Bien souvent il reprenoit les meilleurs pilottes, comittes, *argouzils* et matellots, ce que j'ay veu moy-mesmes, et les rassuroit et enseignoit.

BRANTÔME, *Grands Capitaines françois* : M. le Grand Prieur de France.

ARGUE, s. f.

Machine servant à dégrossir les lingots d'or,

d'argent ou de cuivre, qui doivent ensuite passer par des filières plus fines.

Il se dit aussi d'Un bureau public où les tireurs d'or portent leurs lingots à dégrossir.

ARGUER, v. a. (du latin *arguere*).

Il a été autrefois fort usité dans les sens du verbe latin sur lequel il s'est formé ;

Particulièrement dans le sens de Convaincre, accuser, blâmer, reprendre, contredire, attaquer, etc.

> Merci ai fait à la maignée Saül tun père à ses frères e à ses amis, e ne n'ai pas tei livred à David, e tu as enquis mal vers mei, pur mei *arguer* por une femme.
>
> *Les quatre Livres des Rois*, II, III, 8.

> Domine, ne in furore tuo argues. Sire, ne me *argue* point en ta fureur.
>
> GERSON, *Sermons français* : Pour la fête de la Purification, en 1394 ou 1395. (Voy. thèse de l'abbé Bonnet, 1858, p. 181.)

> Lyonnel et ses compaignons furent moult dolens de ce que le desloyal traytres les estoit venu *arguer* et moc-quer.
>
> *Perceforest*, vol. IV, f° 29. (Cité par Sainte-Palaye.)

> Et illecques *fut* le dit prévôt des marchands, fortement *argué*, assailli et débouté.
>
> FROISSARD, *Chroniques*, l. I, part. II, c. 73.

> Car puisquns homs ora faict un faulx tour,
> Moustrez sera au doit parmi la rue,
> Et lors ne fait que querir un destour,
> Pour lui mucier ; car son péchié l'*argue*.
>
> EUST. DESCHAMPS, édit. Crapelet, *ballades*, X.

> Et ne te dois nul temps mêler
> D'arguer ne de contredire
> Chose que tu lui oies dire.
>
> BRUYANT, *Chemin de pauvreté et de richesse*. (Voyez le *Ménagier de Paris*, t. II, p. 22.

Dans le sens de Montrer, déclarer, manifester.

> Ses mouvements et ses contenances *arguent* et montrent grande foiblesse et bassesse.
>
> AMYOT, trad. de Plutarque, *Œuvres morales* : Comment refréner sa colère.

Au sens de Convaincre, d'Accuser, il se construisait fréquemment, au moyen de la préposition *de,* avec un régime indirect.

> J'ai péchiet à nostre Signor, ce dist David, quand Nathan l'*arguoit de* adultère.
>
> SAINT BERNARD, *Sermons françois*. Mss., p. 368. (Cité par Sainte-Palaye.)

> En icel temps, disoit Jhesus as torbes des gens, et as princes des prestres : liquel de vos m'*arguerat de* pechié?...
>
> HARMON. *Exposition sur les épîtres et évangiles de la dernière quinzaine de Carême*. (Voyez *Histoire littéraire de la France*, t. XIII, p. 128.)

> Il n'y a plus que à luy (à Dieu) en rendre continuelles louanges, ce que je suis seuré, Monseigneur, vous faites de telle foy et de tel cueur qu'il ne vous *arguera* point *d'*ingratitude.
>
> LA REINE DE NAVARRE, *Lettres*; à François Ier, fin de janvier 1543.

> Si un laboureur ordonne à ses serviteurs autres ouvrages en hyver qu'en esté, nous ne l'*arguerons* pas toutesfois par cela *d'*inconstance et ne dirons pas qu'il se desvoye de la droite voye d'agriculture, laquelle dépend de l'ordre perpétuel de nature.
>
> CALVIN, *Institution chrestienne*, liv. I, 11, § 13.

> Las ! en ta fureur aigue,
> Ne me *argue*
> De mon fait, Dieu tout-puissant
>
> CL. MAROT, *Psaumes.*

A cette manière de parler se rapporte l'expression que donne le passage suivant :

> D'autre costé on l'*argüoit de* sa promesse.
>
> COMMINES, *Mémoires*, II, 1.

Arguer de, pour Accuser, convaincre de, s'est maintenu dans la locution, empruntée au langage du palais, *arguer de faux.*

> Ce mot... donnait pleinement raison à tous les moralistes et prédicateurs chrétiens qui *ont* tant de fois *argué de faux* la prétendue sécurité sur l'avenir.
>
> LA HARPE, *Cours de littérature*, liv. IV, c. 3, sect. 2.

Arguer de semble signifier Convaincre de la nécessité d'une chose dans ces passages.

> Li acevekses de Ruem Heru
> De la pais moult le duc *argue*
> Et il duc vint al parlement.
>
> PH. MOUSK, *Chronique ms.*, p. 382. (Cité par Sainte-Palaye.)

> En l'aage vient qui *de* mourir l'*argue*.
>
> EUSTACHE DESCHAMPS, *Poés. mss.*, p. 388, col. 2.)
> (Cité par Sainte-Palaye.)

Arguer se construisait avec le pronom personnel.

> Chascuns de bien ferir *s'argue*.
>
> WACE, *Roman de Brut*, mss. f° 8, r° col. 1. (Cité par Sainte-Palaye.)

S'arguer était aussi verbe réciproque.

> Elle estoit male et se courrouçoit de légier, et aussy faisoit son mary, et par leur grand ire ils s'entrerechignoient et *arguoient* souvent.
>
> LE CHEVALIER DE LA TOUR DE LANDRY, *le Livre pour l'enseignement de ses filles*, c. 4.

ARGUER a été employé comme verbe neutre dans le sens de Raisonner, contredire, disputer, argumenter.

> Logique qui enseigne *arguer*, et entre le vray et fauls discerner.
>
> CHRISTINE DE PISAN, *Charles V*, III, 2.

> Quant ce bon marchant *eust* à soy mesme longue espace *argué*, subit donna remède et solucion à ses argumens.
>
> *Les Cent Nouvelles nouvelles*, C.

> Les unes *arguent*, les autres répliquent, les autres répliquent et respondent.
>
> *Les Quinze Joyes de mariage*, XV.

> J'ai veu le temps que je faisoys diable de *arguer*.
>
> RABELAIS, *Gargantua*, I, 19.

> Et loue grandement la manière d'*arguer* que has proposés, c'est assavoir par signes sans parler.
>
> LE MÊME, *Pantagruel*, II, 18.

> Cela ressembleroit proprement aux ruses d'Epicharmus, dont a été inventée la manière d'*arguer* des sophistes, qu'ils appellent argument croissant.
>
> AMYOT, trad. de Plutarque, *Œuvres morales*.

Le mot a été repris par Voltaire, dans ce passage du *Temple du goût*.

> Un raisonneur, avec un fausset aigre,
> Criait : « Messieurs, je suis ce juge intègre,
> Qui toujours parle, *argue* et contredit;
> Je viens siffler tout ce qu'on applaudit. »

On disait *arguer contre* :

> Il ne m'appartient pas de *arguer*, ne parler *contre* son plaisir.
>
> COMMINES, *Mémoires*, V, 13.

> Je répondray et *argueray contre* Monsieur l'Angloys.
>
> RABELAIS, *Pantagruel*, II, 18.

On disait *arguer de*, pour Être une preuve de, un argument en faveur de...

> Le régime des choses humaines *argue* si clairement *de* la providence de Dieu qu'on ne la sauroit nier.
>
> CALVIN, *Institution chrestienne*, l. I, c. 5, § 11.

Arguer de signifie aujourd'hui, dans le langage ordinaire, Tirer une conséquence d'un fait, d'un principe.

> Vous *arguez* mal à propos de ce fait.
>
> *Dictionnaire de l'Académie*, 1835.

ARGUÉ, ARGUÉE, participe.

Dans le passage suivant, le participe présent ARGUANT est dit, adjectivement, d'Une personne grondeuse, querelleuse.

> Une vieille, seiche, aigre et *arguant* qui se venge de lui.
>
> *Les Quinze Joies du mariage*, IX.

Dans cet autre passage, on trouve, pour Habile à argumenter, le substantif ARGUEUR.

> On le tenoit pour un grand *argueur* et pour un homme non pareil à subitement interroguer et correctement respondre.
>
> AMYOT, trad. de Plutarque, *les Gracques*, 21.

Au même sens se disait l'adjectif *argut*, venu de l'adjectif latin *argutus*.

> Il est par Dieu sophiste *argut*.
>
> RABELAIS, *Pantagruel*, III, 32.

> Ledit chancelier estoit l'un des plus subtils et prompts advocats et plus *argut* en ses responses qui fût pour lors en Lombardie.
>
> M. DU BELLAY, *Mémoires*.

> Si *arguts* philosophes, que mieux que Cicéron maintenant ils disputent « de inventione », et apprennent à decliner et mourir de faim « per regulas ».
>
> *Satyre Menippée*.

ARGUT se disait aussi des choses.

> Le docte et *argut* énigme recité par Isabelle pleut merveilleusement à l'assistance.
>
> *Les Facétieuses Nuits de Straparole*, IX° nuit, fable III.

A la même famille de mots appartenait le substantif *argu*, pris dans des sens très divers, mais signifiant surtout, Raisonnement subtil, discussion, dispute, querelle, etc.

L'*argu* de ces trois messieurs sus-nommés avec ledit conte fut grand et long sur ce différent.

COMMINES, Mémoires, II, 2.

Mars est le dieu des batailles, et se delecte en occisions, en contentions, en *arguz* et en toutes dissensions.

Perceforest, vol. I, fol. 102, v° col. 2. (Cité par Sainte-Palaye.)

Le maréchal de Saint-André s'estoit... absenté de la cour pour quelques paroles d'*argu* qu'il avoit eu avec le roi de Navarre.

EST. PASQUIER, Lettres, t. I, p. 2 1.

Je feroie par mon *argu*
Ce qui est noir devenir blanc.

EUSTACHE DESCHAMPS, Poésies. (Cité par Sainte-Palaye.)

Mercure adonc s'assit auprès d'Argus,
Tint et passa en propos et *argus*
Le jour coulant, parlant de plusieurs poinctz.

CL. MAROT, la Métamorphose, I, v. 1350.

ARGUMENT, s. m. (du latin *argumentum*).

On l'a écrit, en le dérivant du français *arguer*, ARGUEMENT. (Voy. le *Glossaire* de Sainte-Palaye.)

Terme de Logique. Raisonnement par lequel on tire une conséquence d'une ou de deux propositions.

La seconde (science) est dyaletique, qui nos enseigne à prover nos diz et nos paroles par raison et par tels *argumens* qui donnent foi as paroles que nos avons dites.

BRUNETTO LATINI, Li livres dou tresor, liv. I, part. I, c. 4.

Et serons hors de ces frappements de main que font les badaulx sophistes, quand on argue, alors qu'on est au bon de l'*argument*.

RABELAIS, Pantagruel, II, 18.

Si vraye est la sentence d'Aristote disant *argument* invincible d'un animant, s'il se meut lui-même.

LE MÊME, même ouvrage, V, 26.

J'apprends combien il est plus aisé de parler que de faire, et combien sont foibles les *arguments* de la philosophie à l'escole de la fortune.

DU VAIR, De la constance et consolation ès calamités publiques, liv. Ier.

Tout ce que les uns ont pu dire pour montrer la gran-

deur de l'homme n'a servi que d'un *argument* aux autres pour conclure sa misère.

PASCAL; Pensées.

L'on employe toute sorte d'*arguments* bons et mauvais afin qu'il y en ait pour tout le monde.

Logique de Port-Royal, IIIe partie, c. 20.

La rhétorique donne aux *arguments* nus que la dialectique avoit rassemblés comme des os et des nerfs, de la chair, de l'esprit et du mouvement.

BOSSUET, De l'Institution du Dauphin.

Cet *argument* cloche de tous pieds.

LEIBNIZ, Théodicée : Remarques sur le livre de l'origine du mal, § 18.

Les protestants croient que les catholiques se sauvent dans leur religion, ils l'ont avoué longtemps, et ne l'ont nié depuis que pour se dérober à la force de l'*argument* qui s'en tire contre eux.

SAINT-SIMON, Mémoires, 1706.

Je pourrois, seigneur Alvaro, vous rétorquer l'*argument*.

LE SAGE, Gil Blas, III, 5.

Clément VIII mourut, avant d'avoir pu réduire les *arguments* pour et contre à un sens clair.

VOLTAIRE, Siècle de Louis XIV.

Le bon *argument* de femme en colère !

BEAUMARCHAIS, le Mariage de Figaro, I, 5.

Tel a robe religieuse,
Doncques il est religieux.
Cet *argument* est vicieux,
Et ne vaut une vieille gaine, c.
Car l'habit ne fait pas le moine.

Roman de la Rose.

Tout franc votre *argument* me paroît sans réplique.

DESTOUCHES, le Glorieux, IV, 1.

Argument en forme, argument construit selon les règles de la logique.

L'autre préparoit un *argument en forme*.

HAMILTON, Mémoires du chevalier de Grammont, 4.

Comment ! vostre *argument*, dist un, n'est pas *en forme*.

RÉGNIER, Satires, X.

Argument ad hominem, argument qui tire sa force des circonstances propres ou relatives à la personne même à qui on l'adresse.

Que si les *arguments ad hominem* qu'on objecteroit vous

paroissent peu embarrassants, ils me le paroissent beaucoup à moi.

J.-J. Rousseau, *Lettres*; 15 juillet 1764.

Argument circulaire.

Le rat devoit aussi renvoyer, pour bien faire,
La belle au chat, le chat au chien,
Le chien au loup. Par le moyen
De cet *argument circulaire*,
Pilpay jusqu'au soleil eût enfin remonté.

La Fontaine, *Fables* IX, vii : la Souris métamorphosée en fille.

Argument se dit quelquefois, par figuré, de Ce qui a la valeur d'un raisonnement.

L'expérience m'a toujours paru un *argument* sans réplique.

Marivaux, *le Paysan parvenu*, VIIIᵉ partie.

Dans les cas difficiles à juger, une bourse d'or me paroît toujours un *argument* sans réplique.

Beaumarchais, *le Barbier de Séville*, IV, 1.

Argument signifie aussi Conjecture, indice, preuve.

Or avient aucune foiz es grans crimes, que ils ne puent estre seuz ne provez certainement, mais l'on trueve bien contre celui qui est acusez aucunes enseignes et fors *argumenz* de sospecion.

Brunetto Latini, *li livres dou tresor*, liv. III, part. II, c. 19.

Qui a envie de rendre, attendra la commodité de son bienfaiteur, et la desirera. Qui ne pense qu'à être quitte, ne se souciera pas de quelle façon il y arrive; qui est un *argument* indubitable d'un homme qui n'a rien de bon dans le cœur.

Malherbe, *Traité des bienfaits* de Senèque, VI, 34.

Le sang respandu des fidèles, leurs vies si conformes à leurs paroles, les aveugles éclairez, les morts ressuscitez estoient autant d'*arguments* muets contre qui les plus doctes n'avoient point de response.

Racan, *Lettres*.

Dans ces locutions *donner argument de, avoir, trouver, prendre argument de*, argument a signifié la Raison, l'occasion de penser, de faire une chose.

Donner argument de :

Dieu nous *donne argument* continuel *de* le prier et louer.

Calvin, *Institution chrétienne*.

Le roi prit lors une confiance de ses affaires autant dereglée qu'avoit esté la crainte, et se mit à faire une vie qui *donna argument* aux siens *de* n'en espérer que mal, aux ennemis d'en dire et d'en escrire sans diminuer.

Agr. d'Aubigné, *Histoire universelle*, t. III, liv. II, c. 17.

L'yssue de la conférence que j'ay eue avec mon cousin M. de Montmorency me *donnoit argument de* me resjouir avec vous d'un bon établissement de paix.

Henri IV, *Lettres*; 2 mars 1580.

Avoir argument de :

O Monseigneur, vous *avez* grand *argument de* penser et vous asseurer que Dieu vous a esleu pour faire de grands faicts.

Montluc, *Commentaires*, IV.

Prendre argument de :

Du changement de ce siège impérial, plusieurs nations estrangères *prinrent* sujet et *argument d'*assaillir l'Italie.

Est. Pasquier, *Recherches de la France*, III, 4.

Ceulx de la ligue qui voyent cela s'en accouragent, *prennent* de là *argument de* conforter leurs adhérens.

Henri IV, *Lettres*; mars 1585.

Argument signifie encore Le sujet en abrégé d'un ouvrage.

Je me contenterai d'une harangue que nous lisons en Tacitus, sous le nom d'un nommé Cerealis, l'*argument* de laquelle (afin que tu la puisses mieux entendre) est tel.

H. Estienne, *la Précellence du langage françois*.

Il vouloit dire l'*argument* (de la pièce) : mais parce qu'il a veu sortir ces deux jeunes hommes, il a pensé qu'ils vous le feront entendre; et puis la comédie est l'*argument* d'elle-mesme.

Larivey, *les Jaloux*, prologue.

Il se prend aussi dans le sens absolu de Sujet, d'occasion, de matière.

Furent trouvez aussi chez les dicts Jesuites plusieurs escrits contre le Roy, et quelques thèmes dictez ès classes, dont l'*argument* estoit de souffrir la mort constamment et d'assaillir les tyrans.

Matthieu, *Histoire des derniers troubles de France*, liv. V.

Ma niepce... n'eust jamais osé s'imaginer devoir estre louée en latin, et pouvoir servir d'*argument* au plus grand docteur de nostre siècle.

Balzac, *Lettres*, VI, 58.

Le théâtre jamais ne doit être rempli
D'un *argument* plus long que d'un jour accompli.

Vauquelin de la Fresnaie, *Art poétique*, II.

ARGUMENT est pris en ce sens, mais figurément, dans les passages suivants :

Depuis quatre ans j'ay esté l'*argument* des tragédies de France, les discours de mes voisins, le subject des armes civiles.

Henri IV, Lettres, 4 mars 1589.

Nous étions spectateurs des pièces qui se jouoient par toute l'Europe : Aristippe nous faisoit les *arguments* de celles qui se devoient jouer.

Balzac, Aristippe, avant-propos.

Mon feu s'accroist plus véhément
Quand plus luy manque l'*argument*
Et la matière de se paistre.

Ronsard, Amours, IIe part., Stances.

ARGUMENTER, v. n.

Faire un ou plusieurs arguments.

Je vous proteste, comme j'ai déjà fait plusieurs fois, que je ne me plais point en cette façon d'*argumenter*.

Malherbe, trad. des Épîtres de Sénèque, LXXXV.

On *argumenta* presque toujours sans s'entendre, comme nous avons fait depuis le xiiie siècle, où nous commençâmes à raisonner.

Voltaire, Introduction de l'Essai sur les mœurs, c. 26 : Sectes des Grecs.

L'abbé Le Tellier... venoit *argumenter* à toutes les thèses.

D'Alembert, Éloge de l'abbé de Choisy.

Vous nous *argumentez* dans cinquante-quatre mortelles pages, comme un docteur ès lois, sans vous soucier pas plus de répondre à mes mémoires que s'ils n'existoient pas.

Beaumarchais, Mémoires.

Socrate disputoit jusque dans les festins,
Et tout nud, quelquefois *argumentoit* aux bains.

Rulhière, les Disputes.

Le bonnet de docteur couvre mes cheveux blancs,
Et pour *argumenter* je monte sur les bancs.

Casimir Delavigne, Épître (sur l'Étude).

On dit *argumenter contre* :

Le prince, ou celui qui en a le rang, qui soutient une thèse, a des gants dans ses mains, et son bonnet sur la tête pendant toute l'action, et il est traité de Sérénissime prince tant par ceux qui *argumentent contre* lui, que par celui qui préside à la thèse.

Saint-Simon, Mémoires, 1698.

Personne ne posa jamais l'état de la question, si ce n'est cet Hibernois qui disoit : « Verum est, contra sic argumentor » ; la chose est vraie, voici comme j'*argumente contre*.

Voltaire, Lettres chinoises, III.

On n'*argumente* point *contre* le sentiment.

Collin d'Harleville, Poésies : Le poète et son ami.

Argumenter pour :

Il ne s'y passe point d'acte où il n'aille *argumenter* à outrance *pour* la proposition contraire.

Molière, le Malade imaginaire, II, 5.

Il est fait de cette manière de parler un emploi figuré dans le passage suivant :

Son vin de Frangy, qui me parut excellent, *argumentoit* si victorieusement *pour* lui que j'aurois rougi de fermer la bouche à un si bon hôte.

J.-J. Rousseau, les Confessions, II, 2.

Argumenter d'une chose à une autre.

On peut toujours *argumenter de* l'acte à la puissance; mais non *de* la puissance à l'acte.

Dictionnaire de l'Académie, 1762.

On trouve aussi *argumenter que* :

Quelquefois Bion *argumente que* tous les hommes sont sacrilèges; quelquefois il soutient qu'il n'en est point et qu'il n'y a moyen de l'être.

Malherbe, trad. du Traité des bienfaits de Sénèque, VII, 7.

ARGUMENTER n'est point employé comme verbe neutre dans les passages suivants :

On lit que Sophocles *fut argumenté* suffisant au maniement des choses domestiques, contre l'accusation de son fils, pour avoir veu l'une de ses tragédies.

Montaigne, Essais.

La douceur et foiblesse de cet'eau *s'argumente* de ce qu'elle tourne si facilement en aliment.

Le même, Voyages : Bain della Villa.

ARGUMENTANT, s. m.

Celui qui argumente dans un acte public contre le répondant. *Le premier argumentant. Le second argumentant.*

Je n'ai jamais vu de dispute dans laquelle les *argumentans* sussent bien positivement de quoi il s'agissait.

Voltaire, Lettres chinoises, III.

On a dit au même sens ARGUMENTEUR.

Il alloit souvent disputer à des thèses dans les classes de philosophes, et il brilloit fort par sa qualité de bon *argumenteur*.
    FONTENELLE, *Éloge de Varignon*.

ARGUMENTATEUR, s. m.

Celui qui aime, qui se plaît, qui cherche à argumenter. Il ne se dit qu'en mauvaise part.

S'il y avoit un fin frère, mauvais garçon et subtil *argumentateur* de moines en tout le pays, il falloit l'avoir en l'Église cathédrale.
    BERNARD PALISSY, *Œuvres*.

Il (Le Tellier) se battit à outrance contre l'intrépide *argumentateur*.
    D'ALEMBERT, *Éloge de l'abbé de Choisy*.

Et la sèche âpreté de l'*argumentateur*.
    DELILLE, *la Conversation*, III.

On trouve le féminin ARGUMENTATRICE.

L'Église catholique n'est point *argumentatrice* de sa nature : elle croit sans disputer.
    J. DE MAISTRE, *Du Pape*, l. I, c. 1, § 32.

ARGUMENTATION, s. f.

Action, art d'argumenter.

Un discours où la crudité de l'*argumentation* ne seroit jamais adoucie, rebuteroit son auditoire avant de l'avoir convaincu.
    MARMONTEL, *Éléments de littérature* : Poétique.

Diderot a répandu la chaleur oratoire dans l'*argumentation* du philosophe.
    LA HARPE, *Cours de littérature*, liv. IV, c. 3, sect. 2.

ARGUS [on prononce l'S].

Terme de Mythologie. Nom d'un prince argien à qui Junon confia la garde d'Io changée en vache, et qui avait cent yeux, dont cinquante restaient ouverts pendant le sommeil des cinquante autres. Il se dit, figurément et particulièrement, d'Une personne chargée d'en surveiller, d'en espionner une autre continuellement.

Le maréchal de Villars obtint aussi une pareille pension pour sa sœur, madame de Vaugué, dont il avoit fait la duègne et l'*argus* de sa femme.
    SAINT-SIMON, *Mémoires*, 1713.

Notre intelligence fut secrète pendant deux mois, quoi-

qu'il soit fort difficile que dans un sérail les mystères amoureux échappent longtemps aux *argus*.
    LE SAGE, *Gil Blas*, V, 1.

Je ne sais si ces murs ont des yeux et des oreilles, ou si mon *argus* a un génie malfaisant qui l'instruit à point nommé.
    BEAUMARCHAIS, *le Barbier de Séville*, II, 1.

... J'ai des *argus* aux coteaux d'alentour
Qui feront leur devoir d'y veiller nuit et jour.
    ROTROU, *Antigone*, IV, 1.

Ergaste, le voilà cet *argus* que j'abhorre.
    MOLIÈRE, *l'École des Maris*, I, 5.

Trop bien cet homme à la garder veilloit
De tous ses yeux ; s'il en eût eu dix mille,
Il les eût tous à ce soin occupés :
Amour le rend, quand il veut, inutile ;
Ces *argus*-là sont fort souvent trompés.
    LA FONTAINE, *Contes* : Le Magnifique

Figurément. *Avoir des yeux d'argus*, être fort vigilant, observer tout et ne rien laisser échapper.

ARGUS, en histoire naturelle, est le nom d'une espèce de faisan, de deux espèces de poissons, de plusieurs papillons, d'une coquille du genre porcelaine, etc., en général remarquables par des taches rondes et plus ou moins nombreuses que l'on a comparées à des yeux.

ARGUTIE, s. f. [on prononce *argucie*] (du latin *argutia*).

Raisonnement pointilleux, vaine subtilité.

Je ne veux pas qu'on l'accoutume (l'orateur) aux *arguties* de l'école.
    MARMONTEL, *Éléments de littérature* : Rhétorique.

Le temps se perdit en *arguties*, en refus polis, en difficultés nouvelles.
    Mme DE STAEL, *Considérations sur la Révolution française*, Ire part., c. 17.

ARGYRASPIDES, s. m. pl. (du grec Ἀργυράσπιδες et, par ce mot, d'ἄργυρος, argent, et ἀσπίς, bouclier).

Terme d'Antiquités. Nom d'un corps d'élite de l'armée d'Alexandre, ainsi nommé parce que les soldats dont il était composé portaient un bouclier d'argent.

Après venoit la phalange, puis les *argyraspides*, sous la conduite de Nicanor, fils de Parménion.

VAUGELAS, trad. de Quinte-Curce, *Histoire d'Alexandre*, IV, 13.

ARIDE, adj. des deux genres. Proprement, qui est dépourvu d'humidité, sec.

On n'y sentoit jamais les doux zéphirs, ni les grâces naissantes du printemps, ni les riches dons de l'automne, la terre *aride* y languissoit.

FÉNELON, *Télémaque*, XVIII.

Des sources d'eau vive sortent des veines d'un rocher *aride* à la parole de ce Moïse.

FLÉCHIER, *Panégyrique de saint François de Paule*.

L'Oxus ne va plus à la mer Caspienne, les Tartares l'ont détourné pour des raisons particulières; il se perd dans des sables *arides*.

MONTESQUIEU, *Esprit des lois*, XXI, 6.

Il s'avança au sud-est jusqu'aux déserts *arides* bordés par les montagnes qui séparent les Tartares Nogaïs des Cosaques du Tanaïs.

VOLTAIRE, *Histoire de Pierre le Grand*, 1re part., c. 17.

Les grands télescopes nous la présentent (la lune) comme une masse *aride*, sur laquelle on a cru remarquer les effets et même l'explosion des volcans.

LAPLACE, *Exposition du système du Monde*, I, 4.

Je considérerai de quelle manière toutes les parties de la terre, c'est-à-dire de l'élément *aride*, sont distribués par rapport au soleil.

BERNARDIN DE SAINT-PIERRE, *Études de la nature*, I.

Au centre de ces montagnes se trouve un bassin *aride*, fermé de toutes parts par des sommets jaunes et rocailleux.

CHATEAUBRIAND, *les Martyrs*, XVII.

... Jamais la campagne *aride*
Ne fut des eaux du ciel si justement avide,
Que l'est tout mon esprit des bontés de mon roi.

CORNEILLE, *Psaumes*, CXLII.

Tu fais d'un sable *aride* une terre fertile.

BOILEAU, *Épîtres*, XI; à son jardinet.

D'un *aride* rocher fit sortir des ruisseaux.

J. RACINE, *Athalie*, I, 4.

Est-ce là le mortel qui troubla l'univers...
Sous qui les champs les plus fertiles
Devenoient d'*arides* déserts?

L. RACINE, tiré d'Isaïe.

Pour languir aux déserts de l'*aride* Arabie.

VOLTAIRE, *Zaïre*, III, 1.

III.

Aride est encore pris au propre, en des sens analogues, dans des passages tels que les suivants :

Le patient a une grande seicheresse dans la bouche, et la langue *aride* et seiche.

A. PARÉ, *Introduction à la Cognoissance de la chirurgie*, XXI, 18.

Ah! s'il en étoit de vos crimes passés... comme de ces ossements secs et *arides* dont le prophète Ézéchiel vit les plaines de Babylone couvertes!

MASSILLON, *Carême :* Mercredi de la 1re semaine, sur la rechute.

Aride est souvent pris métaphoriquement.

Si ce bois vert, ce bois vivant, si Jésus-Christ cet arbre fécond qui porte de si beaux fruits n'est pas épargné; pécheur, bois *aride*, bois déraciné qui n'est plus bon que pour le feu éternel, que dois-tu attendre?

BOSSUET, 4e *Sermon sur la Passion de Jésus-Christ*.

Il vient des temps *arides*, des temps de sécheresse et de langueur où l'on fait de fâcheuses réflexions.

SAINT-ÉVREMOND, *Esprit* de Saint-Évremond, p. 205.

Nous nous promettons toujours ici-bas une injuste félicité. Nous courons tous dans cette terre *aride*, comme l'esprit de notre évangile, après un bonheur et un repos que nous ne saurions trouver.

MASSILLON, *Petit Carême :* 3e dimanche.

Elles se parlèrent peu, tout fut *aride*, et elles revinrent de tout point comme elles étoient allées.

SAINT-SIMON, *Mémoires*, 1695.

Il y a quelque chose d'*aride* dans la réalité, que l'on s'efforce en vain de changer.

Mme DE STAEL, *Corinne*, c. 5.

Mes nuits étoient *arides* et pleines de fantômes, mes jours étoient désolés.

CHATEAUBRIAND, *Atala :* Les Laboureurs.

Dernier degré du supplice; un soleil troublé, se montrant entre des nuées *arides*, lui fait sentir des tourments nouveaux.

LE MÊME, *les Martyrs*, VIII.

Les années sont comme les Alpes : à peine a-t-on franchi les premières, qu'on en voit d'autres s'élever. Hélas! ces plus hautes et dernières montagnes sont déshabitées, *arides* et blanchies.

LE MÊME, *Mémoires d'outre-tombe*.

Aride se dit, figurément, d'Une âme sèche, d'un esprit stérile, etc.

Il n'y a rien de plus sec et de plus *aride* que ses bonnes grâces.

> Molière, *l'Avare*, II, 4.

Il (un grand) ne croit rien avoir s'il n'a tout; son âme est toujours *aride* et altérée.

> Massillon, *Petit Carême :* 3e dimanche.

Ils verroient bien souvent, par leur esprit *aride*,
Qu'un noble sans science est un cheval sans bride.

> Boursault, *les Fables d'Ésope*, III, 4.

On le dit, figurément, de la même manière, en parlant du style et de certains ouvrages.

Un style sec et *aride* est odieux dans la jeunesse, par la seule affectation d'une sévérité prématurée.

> D'Aguesseau, *Discours*, éd. Pardessus, t. I, p. 44.

... C'est par où M. Pellisson se distingue de ces écrivains qui ne parlent qu'à l'esprit, et dont l'élégance *aride* n'a rien qui nourrisse l'imagination du lecteur.

> D'Olivet, *Histoire de l'Académie*.

Lamotte traduisit l'Iliade en vers; ou plutôt il divisa en douze chants un ouvrage *aride*, trop court pour une traduction, trop lourd pour un sommaire de l'Iliade.

> M.-J. Chénier, *Tableau historique de la littérature française*, c. 7.

C'est faire de la pureté et de la clarté du discours un mauvais usage, que de les faire servir à une matière *aride*.

> La Bruyère, *Caractères*, c. 1.

Je vous demanderai, comme à Pascal, comment avez-vous fait pour mettre tant d'intérêt et tant de grâce dans un sujet si *aride?*

> Voltaire, *Lettres à D'Alembert;* 26 décembre 1764. ...

Quoique ses études fussent principalement tournées vers des objets de littérature sérieuse et presque *aride*, il se délassoit quelquefois par des occupations plus légères et plus agréables.

> D'Alembert, *Éloge de d'Olivet*.

Quoi de plus odieux que le Tartuffe? de plus *aride* en apparence que le sujet des Femmes savantes? et ce sont les chefs-d'œuvre du théâtre!

> Chamfort, *Éloge de Molière*.

On a dit autrefois ARE, AIRE, AYRE, ARI, etc. (Voyez le *Glossaire* de Sainte-Palaye.)

Ce est ou désert qui est *ares* et ses.

> Trad. du *Psautier* (xiiie siècle), fo 94.

Leurs viandes sont *ares* et aigres, et de peu de substance.

> Du Fouilloux, *Vénerie*, fo 18, ro.

Le vent de galerne est *arre*, froid, desséchant.

> Du Fouilloux, *Vénerie*, fol. 44, vo.

Le pays de Champaigne... est si *ayre* et infertile, qu'à peine les trois parts des terres peuvent porter de l'herbe.

> *Anc. Proc. verb. des Cout. de Troyes.* (Nouv. Cout. général t. III, p. 293.)

Devenir *ari* et sec.

> Rob. Estienne, *Dictionnaire françois-latin*.

Arbre tout *ari* de l'ardeur du soleil.

> Monet, *Dictionnaire*.

Cette forme ARI paraît être le participe passé du verbe ARIR donné par les anciens lexiques avec le double sens de Devenir aride et sec, et de Rendre aride et sec. (Voyez le *Dictionnaire de Monet*.)

ARIDITÉ, s. f.

Sécheresse.

Soit au propre :

L'*aridité* et la difficulté de cette frontière est telle qu'elle étoit demeurée en paix... au milieu de toutes les guerres contre l'Espagne;

> Saint-Simon, *Mémoires*, 1700.

Le foin sur qui le soleil frappe
A moins d'*aridité* que le fond de mon cœur.

> Corneille, *Les sept psaumes de la pénitence*.

Au figuré :

Nous ne saurions trop regretter tant de belles et bonnes choses qui en revenoient (du Comtat), pour rentrer dans la sécheresse et l'*aridité* des revenus.

> Mme de Sévigné, *Lettres;* à Mme de Grignan, 25 septembre 1689.

Les jouissances de l'amour-propre, les illusions de la jeunesse ne se présentent point avec charme à la mémoire; nous y trouvons au contraire de l'*aridité* et de l'amertume.

> Chateaubriand, *Itinéraire de Paris à Jérusalem :* Voyage de Rhodes.

ARIDITÉ, en langage de dévotion, se dit De l'état d'une âme qui ne sent point de consolation dans les exercices de piété.

Que pour quelque *aridité* que tu sens en ton cueur tu ne te négliges, mais mectz peine de toy relever.

> *Le livre de l'internelle consolation*, II, c. 7.

Les plus grands saints essuient souvent des temps d'*aridité*.

Dictionnaire de l'Académie, 1702.

Aridité, en ce sens, a été, le plus souvent, employé au pluriel.

La première source et la plus commune des dégoûts et des *aridités* de nos prières, c'est la tiédeur et l'infidélité de notre vie.

Massillon, Carême : Sur la prière.

L'âme fidèle, au milieu de ses dégoûts et de ses *aridités*, porte du moins une conscience qui ne lui reproche point de crime.

Le même, Petit Carême : Sur la tiédeur.

ARIEN, IENNE, s.

Il se dit des sectateurs d'Arius, hérésiarque célèbre du commencement du IVᵉ siècle, qui niait la consubstantialité.

Constantin y prit séance (au concile de Nicée) et en reçut les décisions comme un oracle du ciel. Les *ariens* cachèrent leurs erreurs, et rentrèrent dans ses bonnes grâces en dissimulant.

Bossuet, Discours sur l'Histoire universelle, I, 11.

M. Cousin donna ensuite en françois l'histoire de Socrate et celle de Sozomène, tous deux *ariens* comme Eusèbe, ou accusés de l'être comme lui.

D'Alembert, Éloge de Cousin.

Il y a ici une petite secte composée d'ecclésiastiques et de quelques séculiers très savants qui ne prennent ni le nom d'*ariens* ni celui de sociniens, mais qui ne sont point du tout de l'avis de saint Athanase sur le chapitre de la Trinité, et qui vous disent nettement que le Père est plus grand que le Fils.

Voltaire, Lettres philosophiques, VII.

Il s'emploie aussi adjectivement :

Elle (Clotilde) étoit catholique zélée, encore que sa famille et sa nation fût *arienne*.

Bossuet, Discours sur l'Histoire universelle, I, 11.

Le plus ferme patron de la doctrine *arienne* est l'illustre docteur Clarke.

Voltaire, Lettres philosophiques, VII.

ARIANISME, s. m.

Hérésie, doctrine des ariens.

Grégoire le Grand confirme en Espagne les Visigoths convertis de l'*arianisme*.

Bossuet, Discours sur l'Histoire universelle, I, 11.

Jamais hérésie n'a été plus généralement embrassée, ni soutenue avec plus d'ardeur que l'*arianisme*.

Fontenelle, Histoire des oracles, c. 3.

On trouve dans le passage suivant le verbe ARIANISER :

Il ne prétend pas avoir fait *arianiser* ces saints docteurs.

Bossuet, Avertissement aux Protestants, 6.

ARIETTE, s. f. (diminutif de l'italien *aria*, air de musique).

Terme de Musique. Air léger, d'un mouvement plus ou moins vif et marqué, qui s'adapte à des paroles et qui se chante avec des accompagnements.

Je ne pourrois souffrir, en Italie, de voir Caton et César chanter des *ariettes* sur le théâtre.

Montesquieu, Essai sur le goût.

L'opéra italien ne vit que d'*ariettes* et de fredons.

Voltaire, Lettres ; 4 novembre 1765.

Ce fut lorsqu'on eut quelque idée de la musique italienne, et qu'on essaya d'en imiter les passages brillants, que du mot *aria* on fit le mot *ariette*.

Marmontel, Éléments de littérature : Ariette.

Voltaire... craignit pour le théâtre national le succès naissant des comédies mêlées d'*ariettes*.

Chénier, Tableau historique de la littérature française, c. 12.

ARISTARQUE, s. m.

Nom propre d'un grammairien célèbre d'Alexandrie, qui publia neuf livres de corrections sur Homère. On l'emploie, figurément, pour désigner un critique judicieux et sévère.

Le versificateur novice (Ch. Perrault) étoit destiné à trouver un jour dans Despréaux un *Aristarque* plus sévère.

D'Alembert, Éloge de Ch. Perrault.

L'abbé Desfontaines, l'*Aristarque* du siècle, en fit un éloge bien flatteur (du Nouvel Abrégé chronologique).

Hénault, Mémoires, c. 5.

Ce faisant, tu tiendras le lieu d'un *Aristarque*,
Et entre les sçavans seras comme un monarque.

J. Dubellay, le Poëte courtisan.

Quelquefois il est ironique.

Il dédaigna de répondre aux critiques de l'abbé Desfontaines, il fit seulement quelques observations légères sur cet *Aristarque* dans une lettre.

D'ALEMBERT, Éloge de d'Olivet.

Grands *Aristarques* de Trévoux,
N'allez point de nouveau faire courir aux armes
Un athlète tout prêt à prendre son congé;
Qui, par vos traits malins au combat engagé,
Peut encore aux rieurs faire verser des larmes.

BOILEAU, Épigrammes, XXVIII.

ARISTOCRATIE, s. f. (du grec ἀριστοκράτεια, le gouvernement des meilleurs, et, par ce mot, d'ἄριστος, très bon, et κράτος, force, puissance). Gouvernement politique où le pouvoir souverain est possédé et exercé par un certain nombre de personnes considérables.

Aristocratie est une espèce de policie selon laquelle un petit nombre de personnes ont princey et domination sus la communauté.

NIC. ORESME, thèse de M. Meunier.

Dyon avoit envoyé querir des Corinthiens, esperant qu'il establiroit mieulx la forme de police qu'il avoit en l'entendement, quand ceulx-là seroyent venus, et avoit eu pensée de rompre et enfreindre la pure democratie... et d'establir une sorte de police... meslée du gouvernement populaire et du royal, qui seroit une *aristocratie*, c'est-à-dire un petit nombre des plus gens de bien.

AMYOT, trad. de Plutarque, Vie de Dion, c. 67.

Que l'on regarde dès ceste genre ce que se faict en Angleterre et en Ecosse, et si ce n'est plustost maniere d'*aristocratie* ou de democracie que non de monarchie.

MONTLUC, les Mémoires et instructions que le sieur de Montluc avoit envoyé au seigneur Charry.

Les seigneurs bretons avoient depuis la mort de Landays formé comme une *aristocratie* de leur duché, dont le maréchal de Rieux estoit le chef.

MÉZERAY, Histoire de France : Charles VIII.

Les histoires nous font voir un grand nombre de républiques dont les unes se gouvernoient par tout le peuple, ce qui s'appelloit démocratie, et les autres par les grands, ce qui s'appelloit *aristocratie*.

BOSSUET, Politique tirée de l'Écriture, liv. II, art. 1.

La part que le sénat prenoit à la puissance exécutrice étoit si grande, que Polybe dit que les étrangers pensoient tous que Rome étoit une *aristocratie*.

MONTESQUIEU, Esprit des Lois, XI, 17.

L'Allemagne fut une grande *aristocratie* composée

d'un roi, des électeurs, des princes et des villes impériales.

VOLTAIRE, Essai sur les mœurs, c. 178 : Des Allemands sous Rodolphe, II.

Le petit conseil (de Genève) tient fortement à la plus dure *aristocratie*.

J.-J. ROUSSEAU, Lettres; 9 février 1768.

ARISTOCRATIE se dit, aussi dans certains gouvernements où les pouvoirs sont balancés, Du pouvoir possédé et exercé par une des chambres législatives, composée d'hommes que la constitution a revêtus de certains privilèges.

Je ne sais s'ils ne pourraient pas répondre qu'il n'existe point d'*aristocratie* légale en France.

MIRABEAU, Discours, 30 janvier 1789.

Une *aristocratie* ancienne et opulente, ayant l'habitude des affaires, n'a qu'un moyen de garder le pouvoir quand il lui échappe : c'est de passer du Capitole au Forum.

CHATEAUBRIAND, Mémoires d'outre-tombe.

Et qu'il me soit permis de remarquer... l'absence d'une *aristocratie* capable de protéger le trône contre les entreprises... du pouvoir populaire.

ROYER-COLLARD, Discours sur la loi des élections, 1815.

ARISTOCRATIE se dit encore, dans une acception plus étendue, De la classe noble.

Dans ce pays, l'*aristocratie* était généralement pauvre et peu éclairée. L'*aristocratie*, pour se populariser, a besoin d'être protectrice et bienfaisante.

Dictionnaire de l'Académie, 1835.

Aristocratie se dit figurément de certaines supériorités.

L'*aristocratie du* talent les révoltoit (les Jacobins) autant que celle *de* la naissance.

Mme DE STAEL, Considérations sur la Révolution française, IIe part., c. 5.

ARISTOCRATE, s. des deux genres. Partisan de l'aristocratie.

Là, vous verriez des séances entières d'un interrogatoire consacrées à demander à un accusé ce qu'il entend par aristocratie, ce que c'est qu'un *aristocrate*.

MIRABEAU, Discours, 26 janvier 1790.

M. Necker a dit de lui (de Mirabeau), dans un de ses

ouvrages, qu'il étoit tribun par calcul et *aristocrate* par goût.

> Mᵐᵉ DE STAEL, *Considérations sur la Révolution française*, IIᵉ part., c. 1.

ARISTOCRATE se disait, à l'époque de la Révolution, des nobles et des privilégiés, de leurs partisans, et, en général, de tous ceux qu'on accusait d'être ennemis de la République.

> Quiconque est en voiture, ou sort de l'Opéra,
> Tient maison, a valets, chevaux et cætera,
> *Aristocrate !...*
> > PONSARD, *Charlotte Corday*, IV, 7.

ARISTOCRATIQUE, adj. des deux genres (d'*aristocratie*).

Qui appartient à l'aristocratie.

> *Aristocratique* est chose appartenant à aristocratie.
> > NIC. ORESME (thèse de Meunier).

> Et ceulx qui se gouvernent selon police *aristocratique* dient que c'est vertu.
> > NIC. ORESME, trad. d'Aristote, *Éthiques*, p. 146.

> Les familles *aristocratiques* doivent... être peuple autant qu'il est possible.
> > MONTESQUIEU, *Esprit des Lois*, II, 3.

> Le gouvernement *aristocratique* a par lui-même une certaine force que la démocratie n'a pas.
> > LE MÊME, même ouvrage, III, 4.

> Il y avait déjà longtemps qu'on pouvait regarder l'Europe chrétienne (à la Russie près) comme une espèce de grande république partagée en plusieurs États, les uns monarchiques, les autres mixtes; ceux-ci aristocratiques, ceux-là populaires.
> > VOLTAIRE, *Siècle de Louis XIV*, c. 11 : Des États de l'Europe avant Louis XIV.

> Aucune révolution, dans un grand pays, ne peut réussir que quand elle commence par la classe *aristocratique*.
> > Mᵐᵉ DE STAEL, *Considération sur la Révolution française*, Iʳᵉ part., c. 10.

ARISTOCRATIQUEMENT, adv. D'une manière aristocratique.

> Cet État est gouverné *aristocratiquement*.
> > *Dictionnaire de l'Académie*, 1762.

On trouve, dans le vieux texte suivant, le verbe ARISTOCRATISER.

> *Aristocratizer* est ouvrer et faire selon aristocratie.
> > NIC. ORESME .(thèse de Meunier).

ARISTOLOCHE, s. f. (du latin *aristolochia*, en grec ἀριστολοχία.)

Terme de Botanique. Genre de plantes grimpantes à fleurs monopétales et irrégulières, en forme de cornet renflé à la base.

> Aultres sont nommées par leurs vertus et opérations, comme *Aristolochia*, qui ayde les femmes en mal d'enfant.
> > RABELAIS, *Pantagruel*, III, c. 48.

> L'*aristolochie* aussi est singulière aux playes de la tête.
> > Du PINET, trad. de Pline, *Histoire naturelle*, XXX, 11.

> Il ordonna de la sarrazine ou de l'*aristoloche* longue.
> > A. PARÉ, *Introduction à la cognoissance de la chirurgie*, XXIII, 44.

ARISTOTÉLICIEN, IENNE, adj.

Conforme à la doctrine d'Aristote.

> La philosophie *aristotélicienne*.
> > *Dictionnaire de l'Académie*, 1798.

Il se dit, substantivement, Des partisans d'Aristote. *Les aristotéliciens.*

ARISTOTÉLIQUE, adj. des deux genres. Qui se rapporte à Aristote ou à sa philosophie.

ARISTOTÉLISME, s. m. La philosophie, la doctrine d'Aristote.

ARITHMÉTIQUE, s. m. (du latin *arithmetica* (ars), en grec ἀριθμητική τέχνη et, par ce mot d'ἀριθμός, nombre, science des nombres). Art de calculer.

> La première de ces iiij sciences est *arismetique*, laquele nos ensaigne à conter et nombrer.
> > BRUNETTO LATINI, *Li livres dou tresor*, I, 3.

> Que si je n'ay déterminé le nombre précis des hommes, ny la quantité des sommes : c'est que l'un et l'autre excède tout ce que l'*arithmétique* plus subtile en pourroit nombrer ou calculer.
> > BERGIER, *Histoire des grands chemins de l'empire romain*, I, 24.

> La machine d'*arithmétique* fait des effets qui approchent plus de la pensée que tout ce que font les animaux, mais

elle ne fait rien qui puisse faire dire qu'elle a de la volonté comme les animaux.

PASCAL, *Pensées.*

Cette digression vous fait oublier qu'il s'agit entre vous et moi d'une petite règle d'*arithmétique.*

REGNARD, *Attendez-moi sous l'orme*, I, 1.

Commençons par maître Joachim, je le crois un parfait fripon, et je ne doute point qu'il n'ait été chassé de l'archevêché pour des fautes d'*arithmétique* qu'il aura faites dans ses mémoires de dépenses.

LE MÊME, *Gil Blas*, X, 7.

Fergusson, Écossais, bon géomètre, se mit à son service : c'est lui qui a établi l'*arithmétique* en Russie, dans les bureaux des finances, où l'on ne se servait auparavant que de la méthode tartare de compter avec des boules enfilées dans un fil d'archal.

VOLTAIRE, *Histoire de Pierre le Grand*, Iᵉ part., c. 9.

Quoiqu'il ne fallût pas à nos opérations une *arithmétique* bien transcendante, il en falloit assez pour m'embarrasser quelquefois.

J.-J. ROUSSEAU, *les Confessions*, I, 5.

Il est donc bien magnanime l'effort de donner une portion de son revenu pour sauver tout ce qu'on possède! Eh! Messieurs, ce n'est là que de la simple *arithmétique.*

MIRABEAU, *Discours sur la contribution du quart*, 1789.

Car ainsinc le dit Athalus,
Qui des eschez controva l'us,
Quand il traitoit d'*arismétique.*

Roman de la Rose, v. 6713.

L'un, c'étoit le marchand, savoit l'*arithmétique :*
A tant par mois, dit-il, j'en donnerai leçon.

LA FONTAINE, *Fables*, X, 16.

ARITHMÉTIQUE, adj. des deux genres (d'*arithmeticus*, ἀριθμητικός).

Qui est fondé sur les nombres, sur les quantités; qui est selon les règles de l'arithmétique. *Calcul arithmétique, proposition arithmétique, Rapport arithmétique de deux quantités*, la différence de ces deux quantités. *Proportion arithmétique*, l'égalité des deux rapports arithmétiques. *Progression arithmétique*, celle où la différence de chaque terme au terme précédent est constante.

Proporcion *arismetique* est quant le grant seurmonte ou

excede le moien autant comme le moien seurmonte le petit.

NIC. ORESME (thèse de Meunier).

ARITHMÉTIQUEMENT, adv. D'une manière arithmétique.

Procéder *arithmétiquement.*

Dictionnaire de l'Académie, 1798.

ARITHMÉTICIEN, s. m. Qui sait l'arithmétique. On a dit *arismetien.*

Et touteffoiz à astrologie nul ne peut parvenir, s'aincoiz n'est philosophe, geometre et *arismetien.*

CHRISTINE DE PISAN, *Charles V*, III, c. 4.

Il y avoit (au siège de Rhodes par Soliman) soixante mille pionniers... que le grand seigneur avoit faictz venir exprez pour prendre la place et s'en ayder plus que de l'artillerie et autres forces, bien qu'il y eust cent pièces de fonte en batterie qui tiroient des balles de bronze et de marbre de onze palmes de tour. Les bons *arithméticiens* en peuvent bien représenter, par la circonférence, la figure.

BRANTÔME, *Grands Capitaines françois :* M. Parisot, grand maistre de Malte.

On a dit aussi ARITHMÉTICIENNE.

J'ai reçu de Hollande une Princesse de Babylone. J'aime mieux les Quarante écus que je ne vous envoie point, parce que vous n'êtes point *arithméticienne*, et que vous ne vous souciez guère de savoir si la France est riche ou pauvre.

VOLTAIRE, *Lettres;* à Mᵐᵉ du Deffand, 30 mars 1768.

ARLEQUIN, s. m. (de l'italien *Arlechino*). Personnage de la comédie italienne, que nous avons introduit sur notre théâtre, et dont le vêtement est formé de pièces de diverses couleurs.

J'écris aujourd'hui comme *Arlequin*, qui répond avant que d'avoir reçu la lettre.

Mᵐᵉ DE SÉVIGNÉ, *Lettres;* à Mᵐᵉ de Grignan, 27 mai 1680.

Le caractère distinctif de l'ancienne comédie italienne est de jouer des ridicules, non pas personnels, mais nationaux... Pantalon est Vénitien... Scapin est Napolitain et *Arlequin* est Bergamesque.

MARMONTEL, *Éléments de littérature :* Arlequin.

Il y a une farce italienne où *Arlequin* dit, à propos des travers de chaque sexe, que nous serions tous parfaits si nous n'étions ni hommes ni femmes.

CHAMFORT, *Caractères et anecdotes.*

On a dit de lui (de Florian) qu'il avoit créé une nouvelle
famille d'*Arlequins* : non, l'auteur de cette famille est
Marivaux... Mais Florian a donné plus de charme à ses
Arlequins qu'aucun de ceux qui l'avoient précédé.

La Harpe, Cours de littérature.

Lui (le renard), qui n'étoit novice au métier d'assiégeant,
Eut recours à son sac de ruses scélérates,
Feignit vouloir gravir, se guinda sur ses pattes,
Puis contrefit le mort, puis le ressuscité.
    Arlequin n'eût exécuté
Tant de différents personnages.

La Fontaine, Fables, XI, 18.

Fig. et fam. *Un habit d'Arlequin*, un tout composé de parties disparates.

Vous me représentez votre cabinet, ma chère fille, à
peu près comme l'*habit d'Arlequin*.

Mme de Sévigné, Lettres; à Mme de Grignan, 24 juillet 1680.

Tout a été fait, surtout dans notre Europe, comme
l'*habit d'Arlequin :* son maître n'avait point de drap; quand
il fallut l'habiller, il prit de vieux lambeaux de toutes couleurs : Arlequin fut ridicule, mais il fut vêtu.

Voltaire, Dictionnaire philosophique : Contradictions.

Ce drame deviendra bientôt l'*habit d'Arlequin.*

Le même, Lettres; 3 décembre 1680.

ARLEQUINADE, s. f.
Bouffonnerie d'Arlequin, soit dans le jeu, soit
dans les paroles.

On le dit aussi d'un genre de pièces de théâtre
où l'Arlequin joue le principal rôle.

Il est fait allusion à ces significations du mot
arlequinade dans des phrases telles que les suivantes :

Tout respire à Rome l'ostentation et la pauvreté, la
superstition et l'*arlequinade.*

Voltaire, Fragment des instructions pour le prince, art. VII.

Il me paraît qu'on a rendu justice à l'*arlequinade* substituée à la dernière scène de l'inimitable tragédie d'Iphigénie. Il y avait beaucoup de témérité à mettre le sujet
d'Ulysse en action. Je ne sais pas quel est le profane qui
a osé toucher aux choses saintes.

Le même, Lettres, 7 d'auguste 1769.

ARME, s. f. (du latin *arma*).
Instrument qui sert à attaquer et à se défendre.

Ceulx qui ont les *armes* en la main ne manquent jamais de prétexte.

Henri IV, Lettres, mai 1588.

On regarde une femme savante comme une belle *arme;*
elle est ciselée artistement, d'une polissure admirable et
d'un travail fort recherché; c'est une pièce de cabinet que
l'on montre aux curieux.

La Bruyère, Caractères : Des Femmes.

Dans la guerre de Marius contre les Cimbres et les
Teutons, on observa que ces barbares portoient sur leurs
armes des figures de bêtes féroces.

Marmontel, Éléments de littérature : Symbole.

Eh bien, trouvez-moi donc quelque *arme,* quelque épée.

J. Racine, Athalie, V, 2.

Des enfants de Japet toujours une moitié
Fournira des *armes* à l'autre.

La Fontaine, Fables, II, 6.

Le mot *arme*, très ancien dans la langue, a
donné lieu à un grand nombre de locutions :
Armes offensives et défensives;
Arme à feu, fusil, pistolet, etc. ;
Arme blanche, épée, sabre, baïonnette;
Arme de trait ou *de jet,* arc, arbalète;
Arme de hast, ayant une hampe; tiré autrefois
du latin *hastile* et que donne encore le *Dictionnaire de l'Académie* en 1694.
Hache d'armes, masse d'armes, marteau d'armes.

Où sont ces âmes guerrières, ces *marteaux d'armes* tant
vantés, et ces arcs qu'on ne vit jamais tendus en vain?

Bossuet, Oraison funèbre d'Anne de Gonzague.

Dans le langage de la Chevalerie, on distinguait les *armes courtoises,* armes sans pointe,
sans tranchant, destinées à l'usage des tournois,
où on ne disputait que d'adresse, et les *armes
esmolues* ou *molues*, armes affilées, aiguisées sur la meule, servant à de véritables combats.

Il me feri de ses *armes esmolues,* et me donna coups et
colées dont cuir creva, et sanc issi.

Recueil des ordonnances, t. I, p. 257.

Armé d'*armes molues,* cest assavoir d'un demy glaive,
d'une espée, et d'un grand coustel.

Texte de 1375. Du Cange, Glossaire : Arma multritoria.

D'*arme molue,* ne doit cascun avoir que deux espées et son glaive.

> BEAUMANOIR, *Coutumes du Beauvoisis,* LXI, 7.

On disait encore *armes de plaisance, armes de paix,* par opposition aux *armes de guerre.*

Armes courtoises s'est perpétué, dans un sens figuré, et se dit De formes modérées et polies dans la discussion.

On a appelé, par figure, les ornements sacer-dotaux *armes Dieu, armes Nostre-Seigneur.*

> 'evesque de Paris estoit revestu des *armes Nostre-eur,* et tout le collège aussi, où moult avoit grand
>
> > FROISSART, *Mémoires,* t. IV p. 41. (Cité par Sainte-Palaye.)
>
> fu li prestres afolés,
> ....nt il fut à l'autel des *armes Dieu* parés.
>
> > *Chanson d'Antioche,* II, v. 411.

En Poésie, les foudres, les tempêtes sont quelquefois appelées *armes de Jupiter, armes célestes.*

> Les animaux périr! Car encor les humains,
> Tout avoit dû tomber sous les *célestes armes.*
>
> > LA FONTAINE, *Philémon et Baucis.*

Hommes d'armes, gens d'armes, se disaient anciennement de Cavaliers armés de toutes pièces.

> Ce comte Henry de Lancastre dessus dit vint à grand compagnie de *gens d'armes.*
>
> > FROISSART, *Chroniques,* liv. I, part. I, c. 19.

> Eu ce temps le pape (Léon X) commença la guerre d'Urbin... et le roy (François Ier) lui envoya pour secours messire Thomas de Foix, avec quelque nombre de *gens d'armes* à cheval et trois mille hommes de pied, soubs la charge du sieur de Chissey.
>
> > LE SECRÉTAIRE DU CHANCELIER DUPRAT. (Voy. CHARRIÈRE, *Négociations de la France dans le Levant,* t. I, p. 30.)

> Le marquis de Livourne... avoit eu permission de récompenser la compagnie des *gens d'armes* écossois, où il servoit avec mérite.
>
> > LE MARQUIS DE POMPONNE, *Mémoires,* II : Savoye.

> Piétons meuvent, cil *d'armes* montent.
>
> > G. GUIART, *Royaux lignages,* mss. fo 100, ro. (Cité par Sainte-Palaye.)

On a dit, fort anciennement, *homme à armes.*

> Il avoit bien quarante mil *homes à armes.*
>
> > VILLEHARDOUIN, *Conqueste de Constantinoble.*

Avec *hommes d'armes,* les anciens lexiques (voyez Rob. Estienne, *Dictionnaire françois-latin*) donnent *cheval d'armes.*

Capitaine d'armes désigne un sous-officier de la marine militaire, dont le grade est analogue à celui de fourrier, et qui a la garde des menues armes du vaisseau.

Salle d'armes, espèce de galerie qui renferme des armes, rangées en bon ordre et bien entretenues. On a dit dans le même sens *cabinet des armes.*

> Un genthomme à lui (du prince de Condé), approchant du château, vit à une fenêtre du *cabinet des armes* un fantôme, c'est-à-dire un homme enseveli.
>
> > Mme DE SÉVIGNÉ, *Lettres;* au président de Moulceau, 13 décembre 1686.

Pour *Salle d'armes,* lieu où l'on enseigne à faire des armes, voyez ci-après.

Place d'armes, place où l'on exerce les troupes dans une ville de guerre, dans une citadelle.

Place d'armes se dit encore De la partie des tranchées dans laquelle on réunit, pendant un siège, les troupes destinées à repousser les sorties.

Place d'armes, se dit aussi De la ville frontière où est le dépôt principal des vivres, des munitions de l'armée, et sous laquelle les troupes peuvent se retirer en cas de besoin.

> Vendredi dernier, premier de ce mois, Don Juan d'Autriche partit de Saragosse accompagné de bonnes troupes de cavalerie et d'infanterie, sa *place d'armes* sera à Pinto, à trois lieues de cette ville.
>
> > *Lettres* de Madrid, 7 janvier 1677. (Voy. MIGNET, *Négociations relatives à la succession d'Espagne,* t. IV, p. 638.)

Port d'armes, droit de porter des armes.

> Les lois dessus dictes qui dient que nul ne doit prendre auctorité de justice fors le Roy ne faire *port d'armes* sans licence du prince, je dy que ces lois furent faictes pour garder l'honneur du Roy, de sa personne et de la chose publique.
>
> > MONSTRELET, *Chronique,* I, 29.

> Nous, à ces causes, vous avons permis et permettons par ces présentes prendre et constituer prisonniers tous ceulx que vous trouverez au dict *port d'armes* et autrement contrevenens audict édict.
>
> > MONTLUC, *Lettres,* 9 septembre 1563.

Je crois que vous savez que la première déclaration qui a été faite de ce règne sur la défense du *port d'armes* est de 1660, et qu'il y eut encore un édit sur la même matière en 1666.

LE COMTE DE PONTCHARTRAIN, secrétaire d'État, à d'Argenson, 23 juin 1700. (Voy. DEPPING, *Corresp. administrative sous Louis XIV*, t. II, p. 322.)

Port d'armes signifie encore l'Action du soldat qui porte les armes.

Porter, présenter les armes, exécuter certains maniements de l'arme qui font partie de l'exercice militaire, et qui sont aussi des signes d'honneur.

Le salut des armes, l'espèce de salut qui consiste en un certain mouvement de l'arme.

Porter les armes, servir, faire la guerre.

Je m'en revins en la rue estant si las que de ma vie je ne m'estois trouvé en tel estat. Et cogneuz bien qu'il ne me falloit plus parler de *porter les armes :* car je cuiday tumber dix fois en la rue.

MONTLUC, *Commentaires*, VII.

Rome savoit par son cens... tout ce qu'elle avoit de citoyens capables de *porter les armes.*

BOSSUET, *Discours sur l'histoire universelle*, III, 6.

Les armées l'avoient épuisée (Venise) d'*armes* et plus encore d'hommes capables de *les porter.*

SAINT-RÉAL, *Conjuration contre Venise.*

Blas de Santillane, mon père, après *avoir* longtemps *porté les armes* pour le service de la monarchie espagnole, se retira dans la ville où il avoit pris naissance.

LE SAGE, *Gil Blas*, I, 1.

Porter les armes reçoit souvent un complément au moyen de la préposition *pour* ou *contre.*

Anciennement Charlemagne, par loy expresse, deffendit à ses sujets de se faire moine sans sa permission, disant que c'estoit, par ce moyen, perdre autant de ses hommes qui, de là en avant, ne *porteroient les armes pour* lui.

EST. PASQUIER, *Recherches de la France*, III, 43.

Il se trouvera que j'ay baillé seureté à plus de quatre mil personnes sous la charge que ilz ne *porteront* jamais *armes contre* le Roy.

MONTLUC, *Lettres;* à la royne, 20 septembre 1562.

Il n'a jamais *porté les armes contre* les Troyens.

FÉNELON, *Télémaque*, I.

On a dit, au même sens, *mener armes.*

III.

Et ne se contenta pas d'*avoir mené les armes* à cheval, mais, voulant et osant tenter tout, il se mit à pied.

BRANTÔME, *Grands Capitaines françois :* Couronnels françois.

Prendre les armes, s'armer soit pour se défendre ou pour attaquer, soit pour rendre honneur à quelqu'un, ou pour faire l'exercice.

A tous mes Tyriens faites *prendre les armes.*

J. RACINE, *Athalie*, II, 6.

Dans un sens voisin du sens propre, mais déjà par figure, *Prendre les armes* est l'Acte d'une puissance qui se décide à la guerre. On dit, de cette manière, *prendre les armes contre, prendre les armes pour.*

Porsenna *prit les armes contre* Rome.

BOSSUET, *Discours sur l'histoire universelle*, I, 8.

Quand même un voisin injuste l'attaqueroit (le sage roi), tous les autres intéressés à sa conservation *prennent* aussitôt les *armes pour* le défendre.

FÉNELON, *Télémaque*, X.

Prendre les armes est tout à fait métaphorique dans les passages suivants et d'autres semblables :

C'est une impiété que de *prendre les armes contre* la mère qui nous a fait naître.

FÉNELON, *Dialogue des morts :* M. Coriolanus et F. Camillus.

L'honneur de contredire a pour lui tant de charmes Qu'il *prend contre* lui-même assez souvent *les armes.*

MOLIÈRE, *le Misanthrope*, II, 4.

De *prendre les armes* est venue cette autre locution, *prise d'armes.*

Voylà donc la religion si haussée, si bien relevée et fortifiée, qu'à ceste *Prise des armes* première tout à coup quasi toutes les meilleures villes de France furent surprises par ceux de la religion.

BRANTÔME, *Grands Capitaines françois :* L'admiral de Chastillon.

Courir aux armes n'est pas moins usité que *prendre les armes.* Il y en a de fort anciens exemples.

Et nostre gent *corurent* maintenant *aus armes.*

VILLEHARDOUIN, *Conqueste de Constantinoble*, LXXII.

Bruiant et Bernart et Baucent
As armes corent maintenant,
Si ont secoréu le Roi.

Roman de Renart, v. 26939.

On a dit : *venir aux armes.*

Il est malaisé que deux si grands princes et si voisins puissent demeurer longuement sans *venir aux armes.*

MONTLUC, *Commentaires*, II.

Mettre la main aux armes.

Cela leur pourroit... faire *mettre la main aux armes.*

MONTLUC, *Commentaires*, III.

Se mettre en armes :

La communaulté de Paris se *mist en armes* en très grant multitude pour resister à la venue du duc d'Orléans.

MONSTRELET, *Chronique*, I, 25.

De là ces locutions, *en armes; être en armes, venir en armes.*

L'Empereur (Léopold Ier) et l'électeur de Brandebourg *étoient* lors *en armes* contre la France.

LE MARQUIS DE POMPONNE, *Mémoires*, II : Mayence.

Viengent à vous grans et petiz
En armes et les plus hardis,
Pour aller Orleans secourir.

Le Mistere du siege d'Orleans, v. 3842.

Le peuple est aux autels, vos soldats *sont en armes.*

VOLTAIRE, *Sémiramis*, V, I.

Aux armes! Cri par lequel on avertit une troupe de prendre les armes.

Plusieurs de la chevalerie et les nobles crient *aux armes*, mais ilz courent à l'argent.

ALAIN CHARTIER, *le Quadriloge.*

Barons françois, as cheval en *as armes!*

Chanson de Roland, CCXII.

Aux armes, citoyens! formez vos bataillons.

ROUGET DE LISLE, *la Marseillaise.*

On a dit très-anciennement aussi, *à l'arme*, d'où est venu le mot *alarme.* (Voyez ce mot.)

Avant le point du jour, on commença en l'ost à crier : « A *l'arme, à l'arme.* »

JOINVILLE, *Histoire de saint Louis.*

Ceux de la cité étoient jà moult effrayés; car on crioit partout : « Trahis! trahis! A *l'arme! à l'arme!* »

FROISSART, *Chroniques*, l. I, IIe part., c. 89.

Ou simplement *Arme!*

Ses soldats oyans crier par les rues *arme! arme!* tue, tue, s'effrayerent.

SULLY, *OEconomies royales*, c. 81.

Poser les armes, quitter les armes, renoncer à combattre, conclure une trêve, faire la paix.

Je devois encore demander que la Suède se joignît pour obliger l'évêque de Munster à *poser des armes* qui étoient contraires aux traités de Westphalie.

LE MARQUIS DE POMPONNE, *Mémoires*, I, c. 1.

Il (Bierenclau) ne la portoit (la Suède) à *quitter les armes* qu'elle étoit sur le point de prendre pour nous, que pour les lui faire reprendre dans la suite en faveur de l'Angleterre.

LE MÊME, même ouvrage, I, c. 7.

Figurément, S'avouer vaincu :

Il faut que notre belle sagesse se rende, et *quitte les armes.*

MONTAIGNE, *Essais*, II, 12.

Mettre les armes bas, même signification au propre et au figuré.

Aussitost que le roy leur accordoit, et à ses partisans, l'exercice de leur religion, le voylà qu'il *mettoit* aussitost *les armes bas,* sans retenir une seule ville pour sa seureté.

BRANTÔME, *Grands Capitaines :* L'admiral de Chastillon.

(Chez les Romains) qui *mettoit bas les armes* devant l'ennemi, qui aimoit mieux se laisser prendre que de mourir glorieusement pour sa patrie, étoit jugé indigne de toute assistance.

BOSSUET, *Discours sur l'histoire universelle*, III, 6.

Je n'ai point cru devoir *mettre les armes bas.*

P. CORNEILLE, *Sertorius*, IV, 3.

Rendre les armes, remettre les armes au vainqueur, et, figurément, s'avouer vaincu.

L'innocente pudeur d'une âme qui a peine à *rendre les armes.*

MOLIÈRE, *le Festin de Pierre*, I, 2.

Leur haine à nos douleurs *auroit rendu les armes.*

P. CORNEILLE, *Rodogune*, III, 5.

Attaqué par vos yeux, je leur *rendis les armes.*

LE MÊME, *le Menteur*, I, 3.

Au mont Ida, l'heureux berger Pâris,
De la beauté vous accordant le prix,
Força Junon de vous *rendre les armes*.

MALFILÂTRE, *Narcisse*, III.

On dit de même *Remettre les armes*.

Vous *remettez les armes* et vous demandez grâce.

MASSILLON, *Sermon sur l'impénitence finale*.

Faire tomber les armes des mains, décourager de faire la guerre.

La créance répandue partout que rien ne leur résistoit (aux Romains), *faisoit tomber les armes des mains à leurs ennemis*.

BOSSUET, *Discours sur l'histoire universelle*, III, 6.

Figurément, *Faire tomber les armes des mains de quelqu'un*, le fléchir, l'adoucir, l'apaiser.

Peut-être elle n'attend qu'un espoir incertain,
Qui *lui fasse tomber les armes de la main*.

J. RACINE, *Bajazet*, II, 5.

Être présent sous les armes, être sous les drapeaux et en état de faire son service.

Être sous les armes, se dit D'une troupe qui a pris les armes pour faire quelque service, ou pour rendre quelque honneur.

On dit de même : *se mettre sous les armes, rester sous les armes*.

On dit : « l'armée demeura toute la nuit *sur les armes*, et « demeura toute la nuit *sous les armes*. » Tous deux sont bons, et également usités pour dire que « l'armée fut toute la nuit *en armes* »; car c'est ainsi que l'on parloit autrefois : on ne laisse pas de le dire encore, et il n'y a pas longtemps qu'on a introduit ces nouveaux termes avec une infinité d'autres que la pratique et l'exercice a mis en usage depuis ces dernières guerres.

VAUGELAS, *Remarques*.

Être sous les armes a quelquefois un sens figuré.

C'est une guerre toujours renaissante (les cabales de théâtre), dans laquelle la méchanceté, le ridicule et la bassesse *sont sans cesse sous les armes*.

VOLTAIRE, *Lettres*; 23 décembre 1760.

Ce prince a tant d'hommes sous les armes, Il a tant d'hommes prêts à combattre.

Être bien sous les armes, Avoir bonne mine, bonne grâce, quand on est armé, quand on se tient avec son arme ou ses armes dans l'attitude convenable.

Blanchi sous les armes, vieilli au service.

Après avoir passé tant et tant de traverses,
Avoir porté le joug de cent beautés diverses,
Avoir, en bon soldat, combattu nuit et jour,
Je dois être routier en la guerre d'amour;
Et comme un vieux guerrier *blanchi dessous les armes*,
Savoir me retirer des plus chaudes alarmes.

RÉGNIER, *Épîtres*, II.

On a dit aussi, comme l'indique la remarque de Vaugelas citée plus haut : *être sur ses armes, sur les armes*.

Il les exhortoit et prioit tous; voire leur commandoit absolument, en tant que besoin en pouvoit estre, de se résoudre à veiller toute cette nuict et de demeurer tousjours *sur leurs armes* aux lieux qu'il leur ordonneroit.

SULLY, *OEconomies royales*, c. 95.

Darius... commanda qu'on tint les chevaux en estat, qu'une grande partie de l'armée *fust sur les armes*, et qu'on renforçast les gardes.

VAUGELAS, trad. de Quinte-Curce, *Histoire d'Alexandre*, l. IV.

Faire passer un soldat par les armes, le faire exécuter par jugement du conseil de guerre.

Condamné à *être passé par les armes*, la sentence fut modérée à estre dégradé des armes et cassé.

AGR. D'AUBIGNÉ, *Mémoires*, LXXXIII.

Il est fait allusion à cette expression dans les passages suivants :

Il est vrai que d'être au poste où étoient les gendarmes au combat de Senef, c'est précisément *être passé par les armes*.

Mme DE SÉVIGNÉ, *Lettres*; à Bussy, 15 octobre 1674.

Les courtisans évitoient de passer sous les fenêtres (de Mme de Montespan), surtout quand le roi y étoit avec elle. Ils disoient que c'étoit *passer par les armes*.

SAINT-SIMON, *Mémoires*, 1715.

Dans les combats singuliers, *Avoir le choix des armes*, avoir le droit de décider avec quelles armes on se battra.

On a dit, en ce sens, par ellipse, *avoir les armes*.

Autrement se faict-il en camps solennels, car si celuy

qui *a les armes* propose à l'autre de se battre en chemise, il faut que cela soit et qu'il passe par là.

BRANTÔME, *Discours sur les duels.*

Armes, au pluriel, s'est pris souvent pour la Guerre, combat, service militaire.

Le jeune roi Édouard qui tant a été heureux et fortuné en *armes.*

FROISSART, *Chroniques*, I, part. I, c. 27.

Or veux-je parler de deux grandes entreprises d'*armes* que messire Gautier de Mauny fit, la propre semaine que le roi de France fut déflé.

LE MÊME, même ouvrage, I, part. I, c. 79.

Le roi d'Angleterre, qui étoit alors en la fleur de sa jeunesse, et qui ne désiroit fors à trouver les *armes* et ses ennemis, s'inclina de grand'volonté aux paroles de messire Godefroy de Harecourt, qu'il appeloit son cousin.

LE MÊME, même ouvrage, c. 265.

Mais par le commandement de Pantagruel, feut sonnée retraicte et cessèrent toutes *armes.*

RABELAIS, *Pantagruel*, IV, 41.

J'ay veu dire souvent qu'elle avoit esmeu les premières *armes*, ou estoit cause de nos guerres civiles.

BRANTÔME, *Des dames :* Catherine de Médicis.

Les bons vieux pères et preud'hommes romains, comme Cincinat et autres personnages de tel calibre, estoient appelés de leur charrue aux *armes*, et des *armes* s'en retournoient à leur charrue.

EST. PASQUIER, *Recherches de la France*, II, 16.

Je n'en dirai pas davantage de peur d'en parler comme un clerc d'*armes*, ou comme un aveugle des couleurs.

MALHERBE. *Lettres;* à Peiresc, 27 octobre 1613.

Je ne remarquay que trois moyens pour aspirer à l'immortalité : les *armes*, les bastiments et les lettres.

RACAN, *Lettres.*

Je me suis acquis dans les *armes* l'honneur de six ans de services.

MOLIÈRE, *le Bourgeois gentilhomme*, III, 12.

Carthage étant établie sur le commerce, Rome fondée sur les *armes*, la première employoit des étrangers pour les guerres, et les citoyens pour son trafic; l'autre se faisoit des citoyens de tout le monde, et de ses citoyens des soldats.

SAINT-ÉVREMOND, *Réflexions sur les divers génies du peuple romain*, c. 6.

Cette monarchie que formèrent les Césars s'étant érigée par les *armes*, il falloit qu'elle fût toute militaire.

BOSSUET, *Discours sur l'histoire universelle*, III, 7.

Le vrai moyen d'éloigner la guerre et de conserver une longue paix, c'est de cultiver les *armes*.

FÉNELON, *Télémaque.*

La gloire dans les *armes* n'est tout au plus que la moitié du brillant qui distingue les héros.

HAMILTON, *Mémoires de Grammont*, c. 4.

Nous sommes, Dieu mercy, puissans,
Et en armes crains et doubtez.

Le Mistere du siege d'Orleans, v. 1017.

Par les armes, Par armes s'est dit pour Au moyen de la guerre, en combattant.

Et le disoit, sur le propos qu'il n'y avoit point raison d'avoir rendu le dict marquizat ny la Corsègue, ny la Toscane, qui appartenoient à quelques petitz princes que le roy eust mangé et avallé avecqu'un grain de sel, par manière de dire, s'ilz eussent songé le moins du monde de les vouloir répéter *par les armes.*

BRANTÔME, *Grands Capitaines françois :* M. de Salvoyson.

S'il faloit obtenir le bien que je regrette par amour, ou *par armes* et non par artifice, ne croyez point que ce meschant osast y aspirer tant que je serois en vie.

D'URFÉ, *l'Astrée*, IIᵉ part., liv. X.

Ceux d'Ardée... indignés d'un jugement si inique, étoient prêts à s'en venger *par les armes.*

BOSSUET, *Discours sur l'histoire universelle*, III, 6.

Ce prince (le czar), piqué de la protection que la Porte avoit accordée au roi de Suède retiré à Bender, en voulut avoir raison *par les armes.*

SAINT-SIMON, *Mémoires*, 1711.

On a dit, au même sens, *par force d'armes.*

Vous avez gens qui par eschelles,
Les vous poursuivront de si près,
Que, maugré les villains rebelles,
Par force d'arme les arez.

Le Mistere du siege d'Orleans, v. 2795.

On dit *le métier, la profession des armes, faire profession des armes.*

Je sçay bien que c'est assez dire qu'on est ignorant et paresseux à escrire que de dire qu'on *fait profession des armes.*

RACAN, *Lettres;* à Malherbe.

Il (Jules Mazarin) prit d'abord *la profession des armes*, et devint capitaine d'infanterie dans l'État de Milan.

L'ABBÉ DE CHOISY, *Mémoires*, I.

Je le destinerois pour le *métier des armes*.

DESTOUCHES, l'Irrésolu, I, 1.

On a dit *armes civiles* pour Guerres civiles.

La fureur des *armes civiles* luy ravit son père, esloigna sa mère de la cour, captiva son oncle, défavorisa ses amis, bannit ses serviteurs, et projetta sa destruction.

SULLY, Œconomies royales (Abrégé des exploicts de Henry
le Grand).

Les *armes civiles* (où plusieurs de tel calibre ont esté employez) les ont rendus tant plus insolents et arrogans, que par la longueur des guerres ont eu plus de loisir de s'habituer en tous vices et désordres.

OLIVIER DE SERRES, Théâtre d'agriculture, Iᵉʳ lieu, c. 6.

Le sort des armes, les résultats heureux ou malheureux de la guerre.

... Elle (S. M. T. C.) lui a témoigné (au roi d'Angleterre) seulement que... elle croyoit pouvoir prétendre avec raison que les choses demeurassent en l'état auquel le *sort des armes* les avoit mises.

LOUIS XIV, Instruction à MM. de Vitry, Colbert et d'A-
vaux, ses plénipotentiaires à Nimègue, 23 octobre 1675.
(Voy. Négociations relatives à la succession d'Espagne,
t. IV, p. 393.)

On a dit encore *avoir les armes* contre quelqu'un.

Il ne comparut à la court que quelques années après que Monsieur eut faict son accord avec le roy, qui *avoit les armes contre* luy.

BRANTÔME, Grands Capitaines françois : Couronnels fran-
çois.

Armes signifie encore Les forces militaires, les entreprises de guerre, les exploits.

Les *armes* de Vespasian n'estoient pas encor alors en leur grande réputation ; mais Antonius ayant gaigné la bataille de Cremone, tout le monde commença à les redouter.

COEFFETEAU, Histoire romaine, VI.

Ce conquérant, sous les *armes* et la puissance duquel la Syrie et la Phénicie venoient de se ranger.

VAUGELAS, trad. de Quinte-Curce, Histoire d'Alexandre, IV.

Malgré le mauvais succès de ses *armes* infortunées, si on a pu le vaincre, on n'a pas pu le forcer... il a toujours rejeté ce qui étoit foible et injuste étant captif.

BOSSUET, Oraison funèbre de la reine d'Angleterre.

En Orient aussi bien qu'en Occident, tous les barbares respectèrent les *armes* romaines.

BOSSUET, Discours sur l'histoire universelle, I, 10.

David, belliqueux et conquérant, subjugue les ennemis du peuple de Dieu, dont il fait craindre les *armes* par tout l'Orient.

LE MÊME, même ouvrage, II, 4.

Rome qui fit tomber tant d'Estats à l'envers,
Qui comme un Océan inonda l'univers
Sous les flots de ses *armes*.

RACAN, Psaumes, 92.

Et si quelque bonheur nos *armes* accompagne,
L'insolent Polynice et ses fiers alliés
Laisseront Thèbes libre, ou mourront à mes pieds.

J. RACINE, la Thébaïde, I, 3.

Il (Achille) doit au sang d'Hector tout l'éclat de ses *armes*
Et vous n'êtes tous deux connus que par mes larmes.

LE MÊME, Andromaque, I, 4.

De mon heureux rival j'accompagnai les *armes*.

LE MÊME, Bérénice, I, 4.

Suspension d'armes, cessation des hostilités convenue, pour un temps, entre deux armées.

Elle (S. M. Louis XIV) fit voir aux médiateurs les raisons qu'elle avoit de ne point perdre par une *suspension d'armes* l'avantage qu'elle avoit d'être prête deux mois devant ses ennemis.

LE MARQUIS DE POMPONNE, Mémoires.

Ils (les Vénitiens) se laissèrent éblouir par ses paroles, jusqu'à convenir avec lui d'une *suspension d'armes*.

SAINT-RÉAL, Conjuration contre Venise.

Faire armes s'est dit autrefois pour Guerroyer, combattre, se signaler par des exploits, des prouesses.

Nous sommes ichi obéissant à un priestre, si ne *faisons riens d'armes*.

Chronique françoise d'outre-mer, 1100-1227. (Voy. Hist.
litt. de la France, t. XXI, p. 681.)

Et puis, par sa tres grant proesse et valleur, *tant fist d'armes* qu'il vint à la bannière d'icelluy Turcq, qu'il porta à terre et tant d'aultres *armes* merveilleuses, que l'escripture seroit longue chose.

ANT. DE LA SALE, l'Hystoire et plaisante Cronicque du
petit Jehan de Saintré, c. 60.

Là eut grand hutin et dur ; et y *fit le chevalier assez d'armes*.

FROISSART, Chroniques, liv. I, IIᵉ part., c. 28.

Toutefois tant se combattirent ces deux vaillans hommes et tant *firent d'armes* que ledit Olivier de Mauny conquit Mgr Jean de Bolleton.

FROISSART, *Chroniques*, c. 57.

A la première conqueste de la duché ne *s'estoit pas fait* grans *armes*.

Le Loyal Serviteur, c. 14.

Or estoient les femmes et les vieillards de l'autre costé de la tranchée, qui voyoient clairement à l'œil les grandes *armes* qu'il *faisoit*.

AMYOT, trad. de Plutarque : *Vie de Pyrrhus*, 64.

Je suis très humble servante de messire Amé de Rabutin, Monsieur ; et si je n'avois raison de vous préférer à lui (qui est que vous vivez et qu'il est mort), je ne sais pas ce qui en arriveroit. C'étoit un très gentil chevalier : il *fit armes* sous Philippe le Bon, duc de Bourgogne, à la passe d'armes de Plours et en bien d'autres tournois.

Mme DE MONTMORENCY, *Lettres* ; à Bussy, 5 mai 1678. (Voyez *Correspondance de Bussy*.)

De là l'expression si usitée de *fait d'armes*.

Là furent faiz les plus beaux *faiz d'armes* qui onques furent faiz ou veage d'oultre mer.

JOINVILLE, *Histoire de saint Louis*.

Ces gens icy sont bien mal exercez en *faict d'armes*.

RABELAIS, *Gargantua*, I, 44.

Il (le duc de Beauvilliers) étoit fils de M. de Saint-Aignan qui, avec de l'honneur et de la valeur, étoit tout romanesque en galanterie, en belles-lettres, en *faits d'armes*.

SAINT-SIMON, *Mémoires*, 1714.

Malherbe a dit en parlant d'Achille : *ce miracle d'armes* :

Je veux du même esprit que ce *miracle d'armes*,
Chercher en quelque part un séjour écarté.

MALHERBE, *Poésies*, CXIII.

On a dit *accomplir ses armes*.

Qnant le Roy eut grandement festié et honnoré à sa court les deux chevaliers dessus diz, ilz se départirent et s'en alèrent eulx deux comme on disoit en Angleterre, en entencion de parfurnir et *accomplir leurs armes*.

MONSTRELET, *Chronique*, c. 52.

Faire ses premières armes, faire sa première campagne, aller à la guerre pour la première fois.

Ils *faisoient* ainsi *leurs premières armes* ; leur apprentissage étoit un chef-d'œuvre.

BALZAC, *le Romain*.

Figurément, Débuter en quoi que ce soit.

Quoiqu'il eût abandonné de bonne heure toute autre étude pour celle de la guerre, nous avons lieu de croire que dès le collége, il avoit *fait ses premières armes* dans les lettres avec succès.

D'ALEMBERT, *Éloge du duc de Villars*.

Au milieu de ses triomphes oratoires, Bossuet *fit* avec distinction *ses premières armes* comme théologien, par la réfutation du catéchisme de Paul Ferry, ministre protestant.

LE MÊME, *Éloge de Bossuet*.

Frères d'armes, compagnons d'armes, ceux qui servent ensemble.

Je viens d'apprendre la mort de notre pauvre ami Tavannes. Monsieur, ce n'est pas pour vous consoler que je me donne l'honneur de vous écrire, c'est pour m'en affliger avec vous. J'y perds un *frère d'armes* et le meilleur ami que j'eusse au monde.

BUSSY-RABUTIN, *Lettres* ; au P. Brulart, 1er janvier 1684.

Il manquait peut-être encore quelque chose à la réconciliation complète des Français ; elle s'achèvera sous la tente : les *compagnons d'armes* sont bientôt amis, et tous les souvenirs se perdent dans la pensée d'une commune gloire.

CHATEAUBRIAND, *Discours et opinions* : Loi de l'emprunt de cent millions, 25 février 1828.

On dit de même *fraternité, société d'armes*.

De rechef, pour plus grande confirmacion de la dicte *fraternité et société d'armes*, portèrent les armes et coliers l'un de l'autre, comme il est tout notoire.

MONSTRELET, *Chronique*, c. 71.

Prov. *Les armes sont journalières*.

Le sort des armes est inégal ; dans la guerre, on est sujet à éprouver la bonne et la mauvaise fortune.

Il se dit figurément dans toutes les occasions où l'on peut bien ou mal réussir, où il arrive qu'on fait tantôt bien, tantôt mal.

On ne gagne pas toujours au jeu, *les armes sont journalières*.
Un orateur ne réussit pas toujours, *les armes sont journalières*.

Dictionnaire de l'Académie, 1762.

Armes, au pluriel, se dit particulièrement en parlant de l'Escrime.

Je vous l'ai déjà dit, tout le secret des *armes* ne consiste qu'en deux choses : à donner et à ne point recevoir.

MOLIÈRE, le Bourgeois gentilhomme, II, 2.

Je louerai, si l'on veut, son train et sa dépense,
Son adresse à cheval, aux *armes*, à la danse.

LE MÊME, le Misanthrope, IV, 1.

Faire des armes, tirer des armes, s'exercer à l'escrime.

Cestuy donc Aubanye avoit demeuré cinq ans à Rome, apprenant ordinairement à *tirer des armes*.

BRANTÔME, Discours sur les duels.

On défend le visage en *faisant des armes*.

SCARRON, Roman comique, II, 9.

De là, *tireur d'armes*.

Il ne le croyoit si bon *tireur d'armes* qu'Autefort.

BRANTÔME, Grands Capitaines : M. d'Aussun.

Maître d'armes ou *maître en fait d'armes*, celui qui enseigne l'escrime.

Monsieur, voilà votre *maître d'armes* qui est là.

MOLIÈRE, le Bourgeois gentilhomme, II, 2.

On a dit aussi *maître tireur d'armes*.

Je voudrois bien savoir ce que vous pensez faire d'un maître à danser, à l'âge que vous avez? — Et d'un grand *maître tireur d'armes*, qui vient, avec ses battements de pied, ébranler toute la maison, et nous déraciner tous les carreaux de notre salle?

MOLIÈRE, le Bourgeois gentilhomme, III, 3.

Salle d'armes, lieu où l'on enseigne publiquement à faire des armes.

En fréquentant les *salles d'armes*, il eut le mérite... de n'en prendre ni le ton ni les mœurs.

D'ALEMBERT, Éloge de Moncrif.

Mettre les armes à la main à un jeune homme, être le premier à lui apprendre l'escrime.

Avoir les armes belles, faire des armes de bonne grâce.

ARMES, au pluriel, s'est dit dans le sens d'Armée, de troupes.

Cette nuée, grosse de foudres et d'éclairs, vient fondre sur la Picardie, qu'elle trouve à découvert, toutes nos *armes* étant occupées ailleurs.

VOITURE, Lettres; 24 décembre 1636.

Il ne manquoit plus à leur grandeur (des favoris de Henri III) que la gloire de commander ses *armes*.

MÉZERAY, Histoire de France : Henri III.

Je vous avois promis, Messieurs, par mes précédentes, de vous marquer plus particulièrement les raisons pour lesquelles il me semble qu'il seroit très-avantageux à cette couronne de consentir à retirer ses *armes* de la Catalogne, et même du comté de Roussillon, pourvu que le roi d'Espagne nous cédât les Pays-Bas et le comté de Bourgogne.

MAZARIN aux plénipotentiaires français à Munster, 20 janvier 1646. (Voyez Négociations relatives à la succession d'Espagne, t. I, pp. 177 et 178.)

ARME se dit aussi Des différentes espèces de troupes qui composent une armée, c'est-à-dire cavalerie, infanterie, artillerie, génie.

Ce détachement étoit composé de différentes *armes*. Il y a des instructions pour les différentes *armes*.

Dictionnaire de l'Académie, 1798.

ARMES, au pluriel, se dit encore pour signifier Toute l'armure d'un homme de guerre.

Le souldan portoit les *armes* de fin or si très reluisant.

JOINVILLE, Histoire de saint Louis.

Moult se fait fier de ses *armes* porter.

Chanson de Roland, LXX.

Tuit garni de leurs *armes*, si com por hostoier.

Chanson des Saxons, VI.

Fig. et fam. *Sous les armes*, se dit D'une femme très-parée.

Le Roi mena l'Électeur de Bavière dans le salon (de Marly). Toutes les dames y étoient *sous les armes*.

SAINT-SIMON, Mémoires, 1709.

C'est là que je vais voir, parés de tous leurs charmes, Tant d'objets séduisants, de beautés *sous les armes*.

COLLIN D'HARLEVILLE, l'Inconstant, IV, 12.

ARME se dit figurément, au sens moral, de Tout ce qui sert à combattre quelqu'un, à détruire une erreur, une passion, etc.

Jamais dignité ne monta si haute grandeur que la Papauté, et jamais dignité ne fut tant combattue en ce monde comme celle-là, non par *armes* matérielles, mais par les spirituelles.

EST. PASQUIER, Recherches de la France, III, 8.

Ce que je nomme ses propres *armes* (de la volonté) sont des jugements fermes et déterminés touchant la connoissance du bien et du mal, suivant lesquels elle a résolu de conduire les actions de sa vie.

Descartes, les Passions de l'âme, part. I, art. 48.

On ne peut voir sans joie, dans cet auteur (Montaigne), la superbe raison si invinciblement froissée par ses propres *armes*.

Pascal, Pensées.

Il ne faut que s'attacher un moment à l'envie et à sa fille la médisance, pour voir tous les hommes pleins de venin et de haine mutuelle, qui fait changer la langue en *armes* offensives, plus tranchantes qu'une épée.

Bossuet, Traité de la concupiscence, c. 16.

Mon humilité apparente lui donna des *armes*, et il ne crut plus devoir me ménager.

Marivaux, le Paysan parvenu, IIIe part.

Le ridicule vient à bout de tout; c'est la plus forte des *armes*.

Voltaire, Lettres; 26 juin 1766.

Il pensoit avec raison qu'un silence noble est *l'arme* la plus efficace qu'on puisse opposer aux traits de l'envie.

D'Alembert, Éloge de La Motte.

La plus forte *arme* de votre sexe, Madame, est la douceur.

Beaumarchais, Mémoires.

Contre un pareil malheur ma constance est sans *armes*.

Molière, Psyché, I, 1.

D'autant plus dangereux dans leur âpre colère,
Qu'ils prennent contre nous des *armes* qu'on révère.

Le même, Tartufe, I, 1.

Je ne veux pas encore, en lui manquant de foi,
Donner à sa vertu *des armes* contre moi.

J. Racine, Britannicus, IV, 4.

Vous ne nous opposez que d'impuissantes *armes*,
Vous avez la raison, et nous avons les charmes.

Destouches, le Philosophe marié, I, 14.

Et sache qu'en amour aussi bien qu'en affaire ,
La langue fut toujours une *arme* nécessaire.

Boissy, le Babillard, sc. 5.

Figurément, *Faire arme de tout*, se servir de toutes sortes de moyens pour réussir dans ses desseins.

Armes, en termes de Blason, se dit Des signes héraldiques peints ou figurés sur l'écu ou sur la cotte d'armes. On dit les *armes* d'une personne, d'une maison, d'un pays.

Ils veirent le logis du comte d'Artois et tost le cogneu-

rent pour ce que *ses armes* y furent haultement assises à l'entrée de l'ostel.

Le livre du chevalereux comte d'Artois, p. 134.

Le vestibule est beau... on y monte par un grand perron; les *armes* de Grignan sont sur la porte.

Mme de Sévigné, Lettres; 9 septembre 1694.

Vous croyez peut-être que la nouvelle comtesse n'avoit plus qu'à se faire présenter à la cour, y prendre rang, et arborer les *armes* d'Oxford? Point du tout.

Hamilton, Mémoires de Grammont, XI.

Henri VIII fit condamner à mort le duc de Norfolk et son fils, sur ce seul prétexte que leur vaisselle était marquée aux *armes* d'Angleterre.

Voltaire, Essai sur les mœurs.

Aus *armes* reconnut Godefroy de Buillon.

Chanson d'Antioche, II, v. 805.

Mais où pour l'apporter a-t-il mis ce présent?
— Dans un coffret scellé des *armes* de mon maître.

Molière, Amphitryon, I, 2.

Armes, en ce sens, a donné lieu à un proverbe, que rapporte et explique le passage suivant :

Ces glorieuses marques n'appartenoient autrefois qu'aux vrais gentilshommes... aujourd'hui tout le monde en porte. Les plus roturiers en sont les plus curieux... ils ont donné sujet de dire qu'*il n'est point de plus belles armes que les armes de vilain.*

Mézeray, Abrégé chronologique de l'histoire de France.

En termes de Blason, *armes pleines*, celles qu'on porte telles qu'elles sont, sans modification, sans addition, et, par opposition, *armes mi-parties, brisées, écartelées, timbrées*. (Voyez ces mots.)

Les mineurs de Ferdinand de Castille, privés de tous secours, furent contraints de renoncer à la succession de leur grand'père, voire mesme aux *armes pleines* qu'ils écartelèrent de celles de France, et se retirèrent par deçà où ils vécurent en hommes privés.

Mézeray, Histoire de France : Philippe le Bel.

Gentilhomme de nom et d'armes.

Jean Schohier, en son traité « de l'état et comportement des armes », estime que ceux-là sont *gentilshommes de nom et d'armes* qui portent le nom de quelque province, ville, bourg...

D'autres tiennent que les *gentilshommes de nom et d'armes* sont ainsi appellez, non à cause des armoiries, mais à cause des armes dont ils font profession; pour les distinguer, disent-ils, des chevaliers en loys, qui sont ceux de la robe.

Du Cange, *Dissertations sur l'histoire de saint Louys.* Dissertation X : Des gentilshommes de nom et d'armes.

Qu'avez-vous fait dans le monde pour être gentilhomme? Pensez-vous qu'il suffise d'en porter le *nom* et les *armes?*

Molière, *le Festin de Pierre,* IV, 6.

Héraut d'armes (voyez Héraut); *roi d'armes,* le chef des hérauts d'armes.

Juge d'armes, celui qui était établi pour juger des armoiries et des titres de noblesse.

Armes fausses ou *armes à enquerre,* armes qui ne sont pas selon les règles du blason, qui offrent, par exemple, métal sur métal ou couleur sur couleur.

Armes parlantes, celles qui expriment en tout ou en partie le nom de la maison. Ainsi les armes du royaume de Castille sont un château; les armes de la maison de Mailly, des maillets; celles de la maison de Créquy, un créquier, etc.

Cri d'armes.

Le cry d'armes n'est autre chose qu'une clameur conceuë en deux ou trois paroles prononcées ou au commencement, ou au fort du combat et de la mêlée, par un chef, ou par tous les soldats ensemble, suivant les rencontres et les occasions, lequel cry d'armes estoit particulier au général de l'armée ou au chef de chaque troupe.

Du Cange, *Dissertations sur l'histoire de saint Louys.* Dissertation XI : Du cry d'armes.

Pas d'armes, terme de Chevalerie, Combat pour la défense d'un pas ou passage.

On peut ranger sous les joutes les *pas d'armes :* car c'étoient des combats particuliers qui s'entreprenoient par un ou plusieurs chevaliers. Ils choisissoient un lieu, pour le plus souvent en pleine campagne, qu'ils proposoient de défendre contre tous venants, comme un pas ou passage, qu'on ne pouvoit traverser qu'avec cette condition de combattre celui ou ceux qui le gardoient... Le tournoi ou la joute où le roi Henri II perdit la vie étoit... un *pas d'armes.*

Du Cange, *Dissertations sur l'histoire de saint Louis,* VII.

On emploie, dans un sens un peu différent, *passe d'armes,* pour désigner une Rencontre entre les combattants dans une joute, dans un tournoi.

III.

Au mot armes se rattachent un assez grand nombre de mots de même origine, qui vont suivre dans leur ordre alphabétique.

ARMADILLE, s. f.

Petite flotte que le roi d'Espagne entretenait autrefois dans le nouveau monde, pour empêcher que les étrangers ne commerçassent dans ses possessions.

Il se disait également Des frégates légères qui faisaient partie de cette flotte.

On avait aussi tiré de l'espagnol *armada* le mot armade.

La sixiesme journée l'*armade* voulut s'aprocher de la coste de France.

Agr. d'Aubigné, *Histoire universelle,* t. III, liv. II, c. 27.

ARMATEUR, s. m.

Celui qui arme, qui équipe à ses frais un ou plusieurs bâtiments, pour les envoyer en course, ou seulement pour commercer.

Le roi m'a honoré d'un emploi d'*armateur* en ces mers, par le don qu'il lui a plu de me faire d'une barque longue tout équippée.

Le Duc de Saint-Aignan, *Lettres;* à Bussy, 23 août 1677. (Voyez *Correspondance de Bussy-Rabutin,* lettre 1142.)

Les flottes ennemies bombardèrent nos côtes de Bretagne et de Normandie; Saint-Malo s'en ressentit peu et Dieppe beaucoup davantage. Nos *armateurs* et nos escadres leur prirent force vaisseaux marchands.

Saint-Simon, *Mémoires,* 1695.

Il (Penautier) donna dans la banque, dans les *armateurs* et devint le plus riche homme de Paris.

Le même, *Mémoires,* 1715.

Il était plus difficile d'avoir une flotte : pour y suppléer on donna des commissions à des *armateurs* qui, moyennant des privilèges excessifs et ruineux pour le pays, équipèrent quelques vaisseaux.

Voltaire, *Histoire de Charles XII,* l. VIII.

Armateur s'est dit Du capitaine commandant un navire armé en course; et, par extension, du navire même.

Armateur ou capitaine est le commandant de quelque vaisseau de guerre, qui est armé pour croiser sur les bâtiments du parti contraire. Ainsi c'est aujourd'hui le nom spécieux que prend un pirate pour adoucir le mot de corsaire. On appelle aussi *armateur* chaque particulier qui est intéressé dans un armement, quoiqu'il ne soit pas à bord du bâtiment.

> GUILLET, *les Arts de l'homme d'épée.*

ARMATURE, s. f.

Assemblage des différentes barres ou liens de métal pour soutenir ou contenir les parties d'un ouvrage de maçonnerie, de charpenterie, de mécanique, d'un modèle de sculpture de terre, d'une figure coulée en bronze, etc.

On trouve *armature* au sens d'arme.

> ... Et sont environ deux cents compris au nombre des douze mille jennizaires, et sont grandz tireux d'arcz et n'usent point d'aultre *armature*.
>
> *Croisière du baron de Saint-Blancard,* 1538. (Voy. CHARRIÈRE, *Négociations de la France dans le Levant,* t. I, p. 377.)

ARMÉE, s. f.

Nombre plus ou moins considérable de troupes assemblées en un corps, sous la conduite d'un général.

> Il ne vient encore nulle *armée* sur nos bras.
>
> HENRI IV, *Lettres;* 19 janvier 1588.

> Le seigneur de Montmorency fut contraint d'abattre une tour qui étoit sur le pont : l'ayant gagnée, la fit remparer et garder, faisant pendre ceux qu'il trouva dedans, pour avoir esté si outrageux d'avoir voulu garder un tel poullier à l'encontre d'une *armée* françoise.
>
> M. DU BELLAY, *Mémoires.*

> Miltiade défit cette *armée* immense dans la plaine de Marathon avec dix mille Athéniens.
>
> BOSSUET, *Discours sur l'histoire universelle,* I, 8.

> En dépouillant le faste de la royauté, il est plus aimable (Louis XIV) et n'est peut-être pas moins grand qu'à la tête de ses *armées.*
>
> CHOISY, *Mémoires,* I.

> Il sembloit de ses mains au combat animées,
> Comme foudre jeter la peur dans les *armées.*
>
> RÉGNIER, *Épîtres,* I.

> J'irai, n'en doutez pas, le montrer à l'*armée.*
>
> J. RACINE, *Britannicus,* I, 2.

> ... Achille furieux
> Épouvantoit l'*armée* et partageoit les dieux.
>
> RACINE, *Iphigénie,* V, 1.

On dit une *armée de siège,* une *armée d'observation,* une *armée de réserve,* une *armée de terre,* une *armée navale.*

> Xerxès attaqua les Grecs avec onze cent mille combattants sans compter son *armée navale :* son *armée de terre* que Mardonius commandoit fut battue.
>
> BOSSUET, *Discours sur l'histoire universelle.*

On a dit aussi Une armée navale pour Une flotte.

> Publius Nasica, sans besoin, leur fit construire une *armée navale.*
>
> MONTESQUIEU, *Grandeur des Romains,* c. 2.

Un *corps d'armée.*

> ... Attendez, le *corps d'armée* a peur.
>
> MOLIÈRE, *Amphitryon,* I, 1.

Lever, mettre sur pied, rassembler une armée.

> Il donna au duc de Guise le temps de revenir, de *rassembler son armée,* de rassurer le royaume.
>
> VOLTAIRE, *Essai sur les mœurs.*

> Vous que mon bras vengeoit dans Lesbos enflammée,
> Avant que vous *eussiez assemblé votre armée.*
>
> J. RACINE, *Iphigénie,* IV, 6.

On a dit au même sens *faire une armée.*

> La paix faicte en Gascogne, comme j'ay dict, mon frère (le duc d'Alençon) s'en retournant en France pour *faire son armée,* le roy mon mari et moy nous nous en retournasmes à Nérac.
>
> MARGUERITE DE VALOIS, *Mémoires.*

D'après une expression de l'Écriture sainte, on appelle Dieu *le Dieu des armées :*

> Béni soit *le Dieu des armées!*
>
> J.-B. ROUSSEAU, I, 8.

ARMÉE se dit, absolument, de Toutes les troupes qu'un État lève et entretient pour sa sûreté.

> On n'achètera une charge à l'*armée* si cher que parce qu'on trouvera insupportable de ne bouger de la ville.
>
> PASCAL, *Pensées.*

> Les différents corps de l'*armée.* Mettre l'*armée* sur le pied de guerre, sur le pied de paix. Entrer dans l'*armée,* dans les rangs de l'*armée.*
>
> *Dictionnaire de l'Académie,* 1835.

L'armée du Nord, l'armée d'Italie, etc., la

partie de l'armée qui est en expédition dans le Nord, en Italie, etc.

On vit les *armées de Syrie* et de *Germanie*, et toutes les autres qui étoient répandues en Orient et en Occident s'entre-choquer.

BOSSUET, *Discours sur l'histoire universelle.*

On sut bientôt le changement qui regardoit le commandement de l'*armée d'Italie* sous M. le duc d'Orléans. Villars n'en voulut point tâter... il répondit tout net que le roi étoit le maître de lui ôter le commandement de l'*armée du Rhin*... mais que d'aller en Italie il ne pouvoit s'y résoudre.

SAINT-SIMON, *Mémoires*, 1706.

Cet officier faisait partie de l'*armée d'Espagne.*

Dictionnaire de l'Académie, 1835.

On a désigné aussi les armées par le nom de leurs généraux. *L'armée de M. le Prince*, le prince de Condé. *L'armée de M. de Turenne.*

On appelait *armée de Condé,* pendant la Révolution, le rassemblement d'émigrés commandé alors par le prince de Condé. On a dit, sous le premier Empire, la *Grande Armée,* pour désigner l'armée que l'empereur commandait en personne.

« Histoire de Napoléon et de la *Grande Armée* pendant l'année 1812 », titre de l'ouvrage de M. le général comte Philippe de Ségur.

Les deux armées se doivent joindre : alors le roi commandera à Monsieur; Monsieur, à Monsieur le Prince; Monsieur le Prince, à M. de Turenne; M. de Turenne, aux deux maréchaux, et même à l'*armée du maréchal de Créquy.*

Mᵐᵉ DE SÉVIGNÉ, *Lettres ;* à Mᵐᵉ de Grignan, 27 avril 1672.

ARMÉE s'emploie quelquefois figurément.

Beaucoup de protestants et de gens du monde s'imaginent que les papes ont inventé toutes ces milices différentes en habit, en chaussure, en nourriture, en occupations, en règles, pour être dans tous les États de la chrétienté les *armées* du Saint-Siége. Il est vrai que les papes les ont mises en usage, mais ils ne les ont point inventées.

VOLTAIRE, *Essai sur les mœurs :* Des ordres religieux, c. 139.

Les partisans éclairés de Crébillon ne manqueront pas de crier que je veux attaquer impudemment avec mes trois bataillons étrangers (*l'Orphelin de la Chine*, tragédie en trois actes) les cinq gros corps d'*armée* romaine (*le Triumvirat* de Crébillon).

LE MÊME, *Lettres*, 6 octobre 1754.

ARMEMENT, s. m.

Préparatifs, appareil de guerre.

Il a toujours entretenu sept ou huict gallères, autant bien armées de gens, de vivres et de toutes choses nécessaires pour un bon *armement* de guerre.

BRANTÔME, *Grands Capitaines estrangers*: Le grand Cosme de Médicis.

En ce temps regnoit en Perse Tekmases contre lequel Rustam se fit donner un' armée sur l'apparence de quelque *armement* de Perses.

AGR. D'AUBIGNÉ, *Histoire universelle*, liv. I, c. 14.

Je répondis à l'abbé de la Rocheposai que j'avois eu de si violents scrupules de ces manières d'*armements* que j'avois autrefois faits à Paris, que j'étois résolu de mourir plutôt mille fois, que de songer à aucune défense.

CARDINAL DE RETZ, *Mémoires.*

Le roi ne fait point le voyage de Champagne, et l'on croit fort la paix malgré notre grand *armement*.

Mᵐᵉ DE SCUDÉRY, *Lettres ;* à Bussy, 4 janvier 1672.

En ce temps-là l'*armement* du roi tenoit tout le monde en jalousie. On armoit aussi dans le Milanois.

TALLEMANT DES RÉAUX, *Historiettes :* La princesse de Condé.

Toutefois les préparatifs de guerre n'étoient jamais ralentis. L'Espagne pressoit son *armement* avec plus de chaleur que jamais.

SAINT-SIMON, *Mémoires*, 1718.

Charles va lui-même en Angleterre précipiter l'*armement* et le départ.

VOLTAIRE, *Essai sur les mœurs :* Charles-Quint et François Iᵉʳ, c. 123.

L'un d'eux voit tout en bien, l'autre voit tout en mal. Dès longtemps il prévoit un *armement* fatal.

DELILLE, *la Conversation*, I.

Il signifie aussi l'Action d'armer, de pourvoir des armes nécessaires ; et quelquefois, l'Ensemble des objets qui servent à armer.

L'*armement* d'un soldat. L'*armement* d'une place de guerre. L'*armement* d'une troupe.

Dictionnaire de l'Académie, 1835.

L'armement d'un vaisseau, d'un navire, l'Action de les équiper et de les tenir prêts à prendre la mer, quelle que soit leur destination.

En suite, Civilis pour faire paroistre sa flote remplit de soldats tous les vaisseaux avec quantité de barques et de

nacelles qu'il avoit prises, lesquelles servoient à l'*armement* de nos galères.

PERROT D'ABLANCOURT, trad. de Tacite, *Histoires*, V, 2.

Ils (les États de Hollande) promirent de lui donner (au
roi de Danemark) six cent mille écus par an pour l'*armement* de quarante vaisseaux.

LE MARQUIS DE POMPONNE, *Mémoires*, I, c. 1.

ARMER, v. a.

*Revêtir, munir d'armes. Armer de toutes pièces,
armer de pied en cap.*

Chascuns *fust armez* de ses armes, et se tenist coi, en
sa herberge, et en son paveillons.

VILLEHARDOUIN, *Conqueste de Constantinoble.*

Il n'a pas besoin d'*armer* cette tête qu'il expose à tant
de périls ; Dieu lui est une armure plus assurée.

BOSSUET, *Oraison funèbre du prince de Condé.*

Il fait ses gens fervestir et *armer.*

Garin le Loherain, t. I, p. 36.

Armer chevalier se dit de la cérémonie par laquelle on conférait l'ordre de la chevalerie.

Les seigneurs de grands fiefs imposaient une taxe sur
leurs sujets pour le jour où ils *armaient* leurs enfants
chevaliers.

VOLTAIRE, *Essai sur les mœurs*, c. 97 : De la chevalerie.

Armer, pourvoir d'armes.

Fust trouvé plus de trente barriques pleines de corselets,
qu'estoit la munition qu'il avoit faict venir d'Allemaigne,
pour *armer* les soldats, qu'il laissoit pour la garde de la
ville.

MONTLUC, *Commentaires*, II.

Le sénat aima mieux *armer* huit mille esclaves que de
racheter huit mille Romains.

BOSSUET, *Discours sur l'histoire universelle*, III.

Il est moins dangereux, dans la monarchie, d'*armer* les
esclaves que dans les républiques.

MONTESQUIEU, *Esprit des Lois*, XV, 14.

Les boyards *arment* leurs vassaux, tous les gentilshommes accourent, une guerre civile sanglante commençait.

VOLTAIRE, *Histoire de Pierre le Grand*, Ire part., c. 5.

Armez, avec vos Grecs, tous ceux qui m'ont suivie.

J. RACINE, *Andromaque*, IV, 3.

ARMER est pris en ce sens, mais figurément,
dans le passage suivant :

On déploïa les habits chamarrés de diamants ; il y
avoit de quoi *armer* un million de belles de toutes pièces.

LA FONTAINE, *Psyché*, l. I.

*Armer une batterie, une place de guerre, une
position militaire*, les garnir de canons.

L'artillerie fut chargée d'établir la défense des hauteurs
de Nice ; elle les *arma* d'une trentaine de bouches à feu.

NAPOLÉON, *Mémoires* : Siège de Toulon.

Armer un bâtiment, l'équiper, le pourvoir de
tous les objets nécessaires pour le mettre en état
de prendre la mer ; *armer un bâtiment en guerre,
en course, pour le commerce.*

Le roy *arma* tout ce qu'il avoit peu finer de navires, et
mit largement gens dedans.

COMMINES, *Mémoires*, III, 5.

Je suis résolu et totallement délibéré avecques le bon
plaisir, ayde et voulloir du roy, d'*armer* à ce printemps
mes gallères et naufz et monter dessus avec tous mes chevaliers pour aller chercher notre bonne aventure.

VILLIERS DE L'ISLE-ADAM, *Lettres*, 1528. (Voy. *Négociations
de la France dans le Levant*, t. I, p. 143.)

Il fallut que l'Angleterre *armât* consécutivement deux
flottes contre ces nouveaux conquérants.

VOLTAIRE, *Fragments sur l'Inde*, art. XII.

ARMER se dit neutralement du Vaisseau lui-
même que l'on arme.

C'était une chose véritablement admirable de voir les
ports de mer, auparavant déserts, ruinés, maintenant...
couverts de navires et de matelots, et contenant déjà près
de soixante grands vaisseaux qui pouvaient *armer* en
guerre.

VOLTAIRE, *Siècle de Louis XIV*, c. 10.

Neutralement encore, *armer sur un vaisseau*,
s'y embarquer pour faire partie de l'équipage.

Je me rendis à Brest, où j'*armai* sur le Terrible.

Dictionnaire de l'Académie, 1835.

ARMER s'emploie absolument pour dire Lever
des soldats, des troupes, faire des préparatifs de
guerre.

Le duc de Florence commence à *armer* et a faict retirer
tout le bestail qui estoit sur ses confins de deçà.

MONTLUC, *Lettres.*

Ce fut l'origine de la guerre, dont l'appareil fut effroyable, à cause qu'il y avoit une si grande multitude de peuples qui *armoient* pour les Tarentins.

Cœffeteau, *Histoire romaine* de L. Florus, I, 18.

Melanchthon avoit écrit au landgrave même qu'il valoit mieux tout endurer que d'*armer* pour la cause de l'Évangile.

Bossuet, *Histoire des variations des églises protestantes*, liv. II, 44.

L'on voyoit avec jalousie que cette couronne (le Danemark), si affoiblie de ses dernières pertes, se mit en état, avec l'argent de la Hollande, d'*armer* puissamment par mer et par terre.

Le marquis de Pomponne, *Mémoires*, I, c. 3.

Après *avoir armé* pour venger cet outrage,
D'une paix mal conçue on m'a faite le gage.

Corneille, *Rodogune*, III, 3.

Armer a ce sens, mais est pris figurément, dans ce passage :

N'est-il pas vrai que les foudres, la gresle et la pluye qui troubloient l'air, estoient partis des yeux et des soupirs de Clotilde ; Dieu *ayant armé* en sa faveur contre ceux qui refusoient de s'accorder à ses justes prières.

Mézeray, *Histoire de France* : Clotilde, reine de France.

Armer, soit employé absolument, soit modifié par des compléments, au moyen des prépositions *de, pour, contre,* est d'un grand usage au figuré, parlant de luttes morales.

Nature, m'ayant désarmé de force, m'*a armé* d'insensibilité.

Montaigne, *Essais*, III, 6.

La philosophie *a* bien *armé* l'homme *pour* la souffrance de tous accidents.

Le même, même ouvrage, III, 12.

Combien de fois avons-nous rougi de bien faire? La croix imprimée sur nos fronts nous *arme* d'une généreuse impudence contre cette lâche pudeur.

Bossuet, *Sermon sur la vertu de la croix de J.-C.*

Pour rompre l'iniquité dans sa source, il *arma* son zèle *contre* les juges qui la commettoient ou qui la souffroient.

Fléchier, *Oraison funèbre de M. Le Tellier.*

Il fut arrêté que les lois portées par le peuple, dans les assemblées par tribus, obligeroient le peuple romain entier; ce qui *arma* les tribuns *d'*une grande autorité.

Rollin, *Traité des Études*, liv. VI, III° part., c. 2, art. 2°, 2° morceau de l'Hist. rom.

Il n'est pas... permis de désarmer, pour ainsi dire, une vérité afin d'en *armer* une autre.

J. de Maistre, *Soirées de Saint-Pétersbourg*, III.

L'ardeur de se montrer, et non pas de médire,
Arma la vanité *du* vers de la satire.

Boileau, *Art poétique*, III.

Et le vieillard adroit, usant de ce détour,
Arme la vérité *pour* combattre l'amour.

Destouches, *le Glorieux*, II, 1.

Dans un autre sens figuré, **armer** signifie Donner occasion de prendre les armes, de faire la guerre.

Une vanité insensée... qui, loin de dompter leurs ennemis, leur en fait de nouveaux et *arme* contre eux leurs voisins et leurs alliés.

Massillon, *Petit Carême* : Tentations des grands.

Le fanatisme *a* souvent *armé* les peuples les uns contre les autres.

Dictionnaire de l'Académie, 1835.

Il signifie aussi figurément Animer, irriter, soulever :

Il y avoit plusieurs esprits gaillards de cette partie (des protestants), qui, par un commun veu, *armèrent* leurs plumes contre luy (Ronsard).

Est. Pasquier, *Recherches de la France*, VII, 7.

Animé à la vengeance par les mouvements qu'on crut inspirés par l'ombre de Tiberius, il (Caïus Gracchus) *arma* tous les citoyens les uns contre les autres ; et à la veille de tout détruire, il périt d'une mort semblable à celle qu'il vouloit venger.

Bossuet, *Discours sur l'histoire universelle*, I, 9.

Le cardinal de Retz se vante d'*avoir* seul *armé* tout Paris dans cette journée.

Voltaire, *Siècle de Louis XIV.*

Son entrée dans le sanctuaire des muses avoit *armé* contre lui la jalousie de quelques gens de lettres qui se croyoient beaucoup plus dignes de cette distinction.

D'Alembert, *Éloge d'Alary.*

Je sais qu'un père mort t'*arme* contre mon crime.

Corneille, *le Cid*, III, 4.

Ma mère en sa faveur *arma* la Grèce entière.

J. Racine, *Andromaque*, V, 2.

Et qu'ont produit mes vers de si pernicieux,
Pour *armer* contre moi tant d'auteurs furieux ?

Boileau, *Satires*, IX.

Armer signifie, par extension, Garnir une chose avec une autre qui la fortifie, qui la met plus en état de servir.

Voyez comment nature voulant les plantes, arbres, arbrisseaulx, herbes et zoophytes, une fois par elle creeez, perpetuer, et durer en toute succession de temps sans jamais desperir les espèces, encore que les individus perissent, curieusement *arma* leurs germes et semences, esquelles consiste icelle perpétuité.

Rabelais, Pantagruel, III, 8.

Par le chemin feist cuillir pres de la saulaye force grands rameaux de cannes et rouzeaux, et en feist *armer* autour leurs charrettes, et chascun des chartiers.

Rabelais, Gargantua, I, 32.

En approchant de la contr'escarpe, ils plongerent plus bas, et *armèrent* les claies de dessus eux de madriers et de sacs de laine.

Agr. d'Aubigné, Histoire universelle, t. II, liv. I, c. 71.

Il (Luxembourg) assemble, une nuit, près de 12,000 fantassins tirés des garnisons voisines. On *arme* leurs souliers de crampons.

Voltaire, Siècle de Louis XIV, c. 11.

Un homme donc avoit belle servante ;
Il la rendit au jeu d'amour savante.
Elle étoit fille à bien *armer* un lit.

La Fontaine, la Servante justifiée.

Armer un fusil, un pistolet, tendre le ressort qui met le chien de la batterie en état de s'abattre.

En Fauconnerie, *armer l'oiseau*, lui attacher des sonnettes.

En Musique, *armer la clef*, mettre à la clef le nombre de dièses ou de bémols convenables pour indiquer le ton dans lequel l'air est écrit.

Armer, avec le pronom personnel, signifie Se munir d'armes, soit offensives, soit défensives.

Al cinquieme jorz après *s'arma* tote l'oz.

Villehardouin, Conqueste de Constantinoble.

Il y en eut aucuns qui entrèrent par derrière en leurs hôtels et *s'armèrent* moult vitement.

Froissart, Chroniques, liv. I, part. I, c. 31.

Que la main des muets *s'arme* pour son supplice !

J. Racine, Bajazet, IV, 5.

Chacun *s'arme* au hasard du livre qu'il rencontre.

Boileau, le Lutrin, V.

S'armer est employé de même, mais figurément, dans les passages suivants :

Il faut attendre tout du ciel, il faut *s'armer* du glaive de la parole de Dieu et ne point compter sur la sienne.

Fénelon, Dialogues sur l'éloquence, III.

Et cependant, aveugle en tes propres effets,
Tout le mal que tu sens, c'est toi qui te le fais,
Tu *t'armes* à ta perte, et ton audace forge
L'estoc dont, furieux, tu te coupes la gorge.

Régnier, Épîtres, I.

S'armer signifie aussi Prendre les armes, faire la guerre.

Et prit ce fait à grand vergogne, et jura que jamais pour le roi d'Angleterre ne *s'armeroit*.

Froissart, Chroniques, liv. II, c. 2.

Les croisades avoient été inventées premièrement quand on *se* vouloit *armer* encontre les infidèles pour conquérir la Terre sainte.

Est. Pasquier, Recherches de la France, III, 14.

Il faut que cette dame se déclare, répliqua le Toládan, qu'elle fasse choix de don Fadrique ou de vous, et que l'amant sacrifié, loin de *s'armer* contre son rival, lui laisse le champ libre.

Le Sage, le Diable boiteux, c. 13.

Ainsi les princes luthériens *s'armèrent* contre l'empereur qui voulait les détruire ; mais François Ier, Henri II, n'avaient chez eux ni princes ni seigneurs à craindre.

Voltaire, Essai sur les mœurs : De la religion en France, c. 138.

S'armer pour la patrie
Contre un sang qu'on voudroit racheter de sa vie.

P. Corneille, Horace, II, 3.

Quand l'aigle abattoit l'aigle, et de chaque côté
Nos légions *s'armoient* contre leur liberté.

Le même, Cinna, I, 2.

Voilà donc quels vengeurs *s'arment* pour ta querelle,
Des prêtres, des enfants ; ô sagesse éternelle !

J. Racine, Athalie, III, 7.

Cette manière de parler est également d'usage au figuré :

L'homme n'est qu'un roseau le plus foible de la nature... Il ne faut pas que l'univers entier *s'arme* pour l'écraser.

Pascal, Pensées.

S'armer, soit employé absolument, soit modifié par des compléments au moyen des prépositions *de* et autres, signifie, au figuré, Se munir, se précautionner contre les choses qui peuvent incommoder, qui peuvent nuire.

S'armer de :

Pour ce il se congnoyssoit et sçavoit son cueur, et *se armoyt* et deffendoit *de* pacience et *de* humilité contre les faulses et maulvaises langues de ceulx qui mesdisoyent de luy.

Le Livre de l'internelle consolacion, II, 36.

Il est besoin que le Roy *s'arme de* la magnanimité de son grand-père, pour efrayer ceux qui osent proposer des desseins ruineux à l'Estat.

La Noue, Discours politiques et militaires, I.

C'est plutôt fait de céder à la nature ou de craindre la mort, que de faire de continuels efforts, *s'armer de* raisons et de réflexions, et être continuellement aux prises avec soi-même, pour ne pas la craindre.

La Bruyère, Caractères, c. 11.

Soyez donc juge, par les choses que je vais vous dire, si je dois *m'armer d'*indolence, ou si je dois prendre des mesures pour m'en garantir.

Hamilton, Mémoires de Grammont, IX.

Il faudra boucher les oreilles, aller son chemin, et *s'armer de* fermeté.

Vauban, Projet d'une Dixme royale, préface.

Jean Calvin changea d'avis, dès qu'il se livra à la fureur de sa haine théologique ; il demandait la tolérance dont il avait besoin pour lui en France, et il *s'armait de* l'intolérance à Genève.

Voltaire, Essai sur les mœurs : De Calvin et de Servet, c. 134.

Armez-vous de constance et montrez-vous ma sœur.

P. Corneille, Horace, XI, 4.

Tout fuit, et sans *s'armer d'*un courage inutile,
Dans le temple voisin chacun cherche un asile.

J. Racine, Phèdre, V, 6.

S'armer que s'employait anciennement dans des cas où nous mettrions *s'armer de ce que :*

Ceux qui trouvent les images bonnes *s'arment qu'*il en a ainsi esté déterminé en un concile.

Calvin, Institution chrestienne, liv. I, c. 11, § 4.

S'armer contre :

Lorsque ce visage cruel et sanglant dont il *s'armoit contre* la pudeur, suffisoit seul à faire pâlir tout le sénat.

Perrot d'Ablancourt, trad. de Tacite, Vie d'Agricola.

Je *m'armai contre* ce dessein ; et je me résolus à ne pas mourir au moins de ceste sorte de mort.

Le cardinal de Retz, Mémoires.

Il (Dieu) *s'armeroit* de toute sa sévérité *contre* le pauvre qu'il avoit toujours affligé !

Massillon, Petit Carême, 2e dimanche.

Le roi, toujours fertile en dangereux détours,
S'armera contre nous de nos moindres discours.

J. Racine, Mithridate, I, 5.

En termes de Manège, *Ce cheval s'arme contre le mors,* il place sa langue de manière à empêcher l'effet du mors. *Il s'arme contre son cavalier,* il résiste aux aides et aux châtiments.

S'armer de s'est dit pour Avoir telles armoiries.

En ce temps-là assez tôt trépassa aussi le vaillant comte de Moret qui étoit le plus gentil et le plus puissant prince d'Escosse, et *s'armoit* d'argent à trois oreillers de gueules.

Froissart, Chroniques, l. I, part. I, c. 47.

Armé, ée, participe.

Muni d'armes, particulièrement, dans les exemples les plus anciens, d'armes défensives, de casques et de cuirasses.

Soit absolument :

Tant tenoient li Grieu nostre gent pres, qu'il ne pooient dormir, ne reposer, ne manger, ne boire, se *armé* non.

Villehardouin, Conqueste de Constantinoble, LXXVI.

Tous n'eussent pu être logés en la cité, tant étoient grand nombre, cent mille têtes *armées* et plus.

Froissart, Chroniques, l. I, part. I, c. 251.

On établit vers le xie siècle des cérémonies religieuses et profanes qui semblaient donner un nouveau caractère au récipiendaire ; il jeûnait, se confessait, communiait, passait une nuit *armé.*

Voltaire, Essai sur les mœurs, c. 97 : De la chevalerie.

Lors fait monter cent chevaliers,
Bien sont fervestu et *armé.*

Roman du Renart, v. 19738.

Soit construit avec la préposition *de* : *armé de.*

Il n'y avoit pas quatre cens *armez de* cuiraces : et si n'avoient pas un seul serviteur armé.

Commines, Mémoires.

L'Empereur marchoit... *armé de* fort belles et riches armes.

Brantôme, Capitaines illustres, disc. 1.

Il arrive par la mer du sud à la hauteur de Quito par delà l'équateur : Atabalipa, fils d'Huescar, régnait alors ; il était vers Quito avec environ quarante mille soldats *armés de* flèches et *de* piques d'or et d'argent.

VOLTAIRE, *Essai sur les mœurs*, c. 148 : Conquête du Pérou.

Ame de bronze, humains, celui-là fut sans doute,
Armé de diamant, qui tenta cette route
Et le premier osa l'abîme défier.

LA FONTAINE, *Fables*, VII, 12.

Comme eux vêtu sans pompe, *armé de fer* comme eux,
Je conduisais aux coups leurs escadrons poudreux.

VOLTAIRE, *la Henriade*, III.

Armé de toutes pièces est une expression ancienne restée de grand usage.

Il n'en mentit point, mais se partit de son conroi, le glaive au poing, la targe au col, *armé de toutes pièces*.

FROISSART, *Chroniques*, liv. II, part. II, c. 314.

Le duc de Berry estoit *armé de toutes pièces*.

COMMINES, *Mémoires*.

On dit de même *armé de pied en cap*.
On a dit *armé en blanc, armé à blanc*.

Et arriva en ceste ville, le lendemain de Noël sur les vingt et trois heures, entra par la porte Saint-Pierre, accompagné de cinquante chevaux-legers, *armez en blanc*, et la lance au poing.

RABELAIS, *Lettres*.

Le marquis de Guast vit les Gruyers qui estoient tous *armez à blanc*.

MONTLUC, *Commentaires*.

D'ARMÉ, au sens propre, se sont formées plusieurs locutions comme *à main armée, les armes à la main*.

Si l'empereur prend la résolution de se défaire de ces troupes pour les envoyer aux Pays-Bas, le temps et le cas seront arrivés auxquels les Hongrois qui ont souvent parlé audit chevalier pourront commencer utilement à se remuer et à poursuivre leurs intérêts avec hauteur et *à main armée*.

LOUIS XIV au chevalier de Grémonville, 13 mai 1667. (Voyez MIGNET, *Négociations relatives à la succession d'Espagne*, t. II, p. 147.)

Puissiez-vous, brave Roi, porter *à main armée*
Vos exploits aussy loing que vostre renommée.

RACAN, *Bergeries*, 1re journée.

... Ce que vous me contez est si prodigieux
Qu'à peine en croirons-nous le rapport de nos yeux,
Et que je m'imagine aller *à main armée*
Attaquer un fantôme, une ombre, une fumée.

ROTROU, *les Sosies*, V, 4.

Comme *force armée*, tout corps de troupes, en tant qu'il peut être requis pour faire exécuter la loi :

Le rassemblement ayant fait résistance, on doit recourir à la *force armée*.

Dictionnaire de l'Académie, 1835.

ARMÉ a été employé substantivement.

Plusieurs *armez* brulans dans leur cuirasse, il fallut lascher le pied.

AGR. D'AUBIGNÉ, *Histoire universelle*, t. II, liv. I, c. 9.

Le chevalier d'Aumale suivi de ses adherans accourut au bruit, fit fermer toutes les portes du palais, et emprisonner les *armez*, deux desquels furent pendus.

MATTHIEU, *Histoire des derniers troubles de la France*, V.

Troupe d'*armés*.

P. CORNEILLE, *la Place royale*, acte IV, sc 1, indication des personnages.

Dans l'édition de 1692, Thomas Corneille a substitué au mot *armés : hommes armés*.

En France mena mil *armez*,
Lances droites, li fer levez.

Roman de la Rose, t. II, v. 14205.

Dont à Brutus tot ses *armés*,
En trois parties divisés.

WACE, *Roman de Brut*, v. 441.

ARMÉ signifie encore, par extension, Disposé pour la guerre, prêt à combattre.

Le premier président fit voir à la reine toute l'horreur de Paris *armé* et enragé.

CARDINAL DE RETZ, *Mémoires*.

Les Anglois et les Hollandois sont *armés*. Quoi qu'il en soit, nous devons être en repos pour ce qu'entreprend le roi.

DU BREUIL, *Lettres* ; à Bussy, 29 mars 1686. (Voyez *Correspondance de Bussy*, lettre 2220.)

Votre parti nombreux et celui du sénat
Sembloient deux camps *armés* résolus au combat.

DE LA FOSSE, *Manlius*, I, 3.

Dans un sens analogue, *armé* se dit d'un bâtiment pour Équipé, prêt à prendre la mer, quelle que soit d'ailleurs sa destination, la guerre ou le commerce.

Onques mais galies ne furent mielz *armées*, ne de meillor genz.

VILLEHARDOUIN, *Conqueste de Constantinoble.*

Si entra en vingt-quatre galées, lesquelles estoient bien furnyes de gens de guerre, et ala combattre sur la mer lesdiz Sarrasins qui avoient vingt-deux galées bien *armées*, qui du tout furent destruites et ceux de dedans mis à mort.

MONSTRELET, *Chronique*, I, 42.

ARMÉ, en ce sens, est quelquefois déterminé par les mots *en guerre*.

Ell' (ceste carraque) estoit plus *armée* en marchandise qu'*en guerre*, et fut menée à la Rochelle et en Brouage.

BRANTÔME, *Grands Capitaines :* M. de Montluc.

ARMÉ s'emploie souvent, par figure, en parlant de luttes, de résistances morales. On le dit en ce sens,

Soit absolument :

Ce monde ici est une guerre continuelle ; il faut être *armé*, mais la paix vaut mieux.

VOLTAIRE, *Lettres ;* 30 décembre 1753.

Soit avec un complément, *armé de :*

Nostre corps n'estoit moindre de mille gentilshommes, qui faisoyent bien quinze cens chevaux de combats, plus *armez de* courage *que de* corcelets.

LA NOUE, *Discours politiques et militaires*, XXVI.

Voilà un vieux capitaine *armé de* tant d'exemples et *de* glorieux exploits de guerre, qui a meury son jugement par tant de pratiques, lequel se voit contrainct de ceder à une petite poignée de gens determinez, mais harassez.

MATTHIEU, *Histoire des derniers troubles de France*, II.

Il poursuivoit le crime *armé du* glaive de la justice, et couvroit l'innocence du bouclier des lois et de l'autorité royale.

FLÉCHIER, *Oraison funèbre de M. Le Tellier.*

On se servoit d'elle (Mlle Bordou, fille d'honneur de la reine d'Angleterre) pour danser avec Flamarens ; et quelquefois, sur la fin d'un bal, *armée de* castagnettes et d'effronterie, elle se mettoit à danser quelque sarabande figurée qui faisoit rire la cour.

HAMILTON, *Mémoires de Grammont.*

Ce désordre (les dépenses de la table) que les lois,

III.

armées de toute la terreur des peines, n'avoient pu réprimer, céda à l'exemple seul de la sobriété et de la simplicité de Vespasien.

ROLLIN, *Traité des études*, liv. VI, Ire part., § 4.

Comment se peut ung' povre cueur desfendre, Quand deux beaulx yeulx le viennent assaillir ? Le cueur est seul, désarmé, nu et tendre, Et les yeulx sont bien *armés de* plaisir.

CHARLES D'ORLÉANS, *Poésies.*

Armé contre :

On ne peut point penser comme vous faites sans être bien *armé* et bien fortifié *contre* les cruelles opiniâtretés de la fortune.

Mme DE SÉVIGNÉ, *Lettres ;* à Bussy-Rabutin, 28 août 1680.

Le monde ne changera jamais de langage ; il faut s'attendre à le trouver toujours de front *armé contre* nous.

MASSILLON, *Discours :* Du zèle contre les scandales.

Je croyois qu'à l'amour son cœur toujours fermé Fût *contre* tout mon sexe également *armé.*

J. RACINE, *Phèdre*, IV, 5.

Armé pour :

Qu'est-ce qu'un magistrat ?... C'est un homme toujours *armé pour* faire triompher la justice, protecteur intrépide de l'innocence, redoutable vengeur de l'iniquité.

D'AGUESSEAU, *Mercuriales.*

Et que n'espérer pas du courage et du zèle De tant d'amis *armés pour* la même querelle.

DELAFOSSE, *Manlius*, I, 1.

On a dit, au même sens, *armé à :*

Si tost que la bonne femme eut aperceu ce jeune rustre, plutost *armé à* mal faire qu'à bien faire, ne sceut qu'elle devint.

Facétieuses Nuits de Straparole, IIe nuit, fable 3.

La fortune le sauva (César) de la moindre égratignure, au milieu de tant de batailles et de tant d'ennemis *armez à* sa ruine, pour après, étant empereur du monde, parmy ses amys desarmez, et au Sénat, le faire percer de trente-deux coups.

VOITURE, *Nouvelles Lettres ;* à Monseigneur...

ARMÉ signifie encore au figuré, en parlant des choses, Préparé, garni, muni, pourvu.

Soit absolument :

Ils virent la grosse embûche qui étoit au-devant du pont *armée* et ordonnée.

FROISSART, *Chroniques*, liv. I, part. I, c. 140.

82

J'essayai d'adord de prendre une pierre d'aimant, *armée* suivant la méthode reçue.

SAUSSURE, *Voyages dans les Alpes*, t. I, p. 377, § 457.

Quelquefois seulement, des nopals épineux couvrent une petite partie de l'arène sans bornes, le vent traverse ces forêts *armées* sans pouvoir courber leurs inflexibles rameaux.

CHATEAUBRIAND, *les Martyrs*, c. 11.

Soit avec un complément, *armé de :*

Les mains s'allongent et se replient par les articles des doigts, *armés* d'ongles.

FÉNELON, *De l'Existence de Dieu.*

Le diadème qui orne le front auguste des rois, n'est souvent *armé* que *de* pointes et *d'*épines qui le déchirent.

MASSILLON, *Petit Carême*, 3ᵉ dimanche.

Les arbres pleins de bitume et de poix seront presque tous *armés de* piquants, au lieu de feuilles; et en conservant leur verdure, ils seront une figure de l'immortalité.

DUGUET, *Explication de l'ouvrage des six jours.*

Son front large est *armé de* cornes menaçantes.

J. RACINE, *Phèdre*, V, 6.

On dit de même *armé, armé de,* en parlant des animaux.

Le vanneau du Sénégal est *armé*, au pli de l'aile, *d'*un petit éperon corné.

BUFFON, *Histoire naturelle :* Oiseaux.

Il y a des abeilles qui, étant destinées à vivre sur des fleurs sans profondeur, telles que les fleurs radiées, sont *armées de* cinq crochets pour ne pas glisser sur leurs pétales.

BERNARDIN DE SAINT-PIERRE, *Études de la Nature*, X.

ARMET, s. m. (placé ici comme se rapportant au mot *arme*, mais qu'on a cru une altération d'*elmet*, diminutif d'*elme*, *helme*, *heaume*, etc., ancien nom du casque).

Petit casque fermé, en usage dans les XIVᵉ, XVᵉ et XVIᵉ siècles.

Ce que nos anciens appellent heaume, on l'appela, sous François Iᵉʳ, *armet*. Nous le nommons maintenant habillement de tête, qui est une vraye sottise de dire par trois paroles ce qu'une seule nous donnoit.

EST. PASQUIER, *Recherches de la France*, VIII, 3.

Ceux qui ont écrit en faveur des Espagnols, de ce que devint Dom Sébastien, veulent qu'on lui ait couppé les courroies de son *armet*, pour lui donner deux coups en la teste et autant en la face.

AGR. D'AUBIGNÉ, *Histoire universelle*, t. II, liv. IV, c. 19.

Quels héros célébrons-nous dans notre histoire? Un Guesclin, un Clisson, un Foix, un Boucicaut, qui tous ont porté l'*armet* et endossé la cuirasse.

LA BRUYÈRE, *Caractères :* De quelques usages.

C'est par une sorte d'anachronisme de langage qu'ARMET est employé pour Casque, dans les passages suivants :

Ha-il l'*armet* de Pluton en teste... pour se rendre invisible?

RABELAIS, *Pantagruel*, V, 8.

Je vis de votre *armet* la visière baissée.

MAIRET, *Sophonisbe*, IV, I.

Ne trouve *armet* si fort ou lame si bien jointe,
Qu'il ne fasse passage au fer qu'il a poussé.

ROTROU, *Antigone*, I, 4.

ARMET n'est plus d'usage qu'en parlant de la chevalerie errante de nos vieux romans, et particulièrement dans cette locution, l'*armet de Mambrin :*

Selon toutes les apparences, le guerrier que je vois là-bas porte sur sa tête l'*armet de Mambrin*, que j'ai juré de conquérir.

FLORIAN, *Don Quichotte*, part. I, 21.

ARMET est dit figurément De la tête, du cerveau, dans ce passage :

Quand l'humeur ou le vin lui barbouillent l'*armet*.

REGNIER, *Satires*, XI.

ARMISTICE, s. m. employé d'abord au féminin (du bas-latin *armistitium*).

Suspension d'armes.

Le comte de Stenbock, général de l'armée de Charles... voyait ses troupes sur le point de se mutiner : et n'ayant à leur donner que des promesses, voyant grossir l'orage autour de lui... il demanda une *armistice*.

VOLTAIRE, *Histoire de Pierre le Grand*, part. II, 4.

Je voudrais bien, en qualité de curieux, et encore plus d'homme pacifique, savoir ce que c'est que cet *armistice* entre M. le maréchal de Contades et M. le prince de Brunswick ; je voudrais un *armistice* éternel entre les hommes.

LE MÊME, *Lettres;* 20 septembre 1758.

ARMOIRE, s. f. (du latin *armarium*).

On a dit ARMARIE, ALMARIE, AUMAIRE, AUMOIRE, etc.

Meuble, ordinairement de bois, fermé par une ou deux portes, garni de tablettes ou de tiroirs, et servant à renfermer toutes sortes de choses.

Un *almarie* ki estoit el porche del temple où l'um metoit les Oblatiums numéement que li reis soleint faire as sabatz et as jurs festivals.

> Les quatre Livres des Rois, IV, 17.

Vostre petit cabinet de derrière aux *ormoires* vertes.

> SULLY, Œconomies royales, c. XV.

Est-ce, Madame, qu'à la cour une *armoire* s'appelle garde-robe ?

> MOLIÈRE, la Comtesse d'Escarbargnas, sc. 2.

Le peuple de Paris dit *ormoire* et *omoire*... Nous dirons en Anjou *ermoire*; il faut dire *armoire*. C'est ainsi que parlent tous les honnêtes gens et à Paris et à la cour.

> MÉNAGE, Observations sur la langue françoise.

Il (le maréchal de Villeroy) portoit sur lui la clef d'une *armoire* où il faisoit mettre le pain et le beurre de la Muette dont le roi mangeoit, avec la même soin et bien plus d'apparat que le garde des sceaux celle de la cassette qui les renferme.

> SAINT-SIMON, Mémoires, 1720.

Il n'y aura rien de perdu dans la succession, et voilà une *armoire* qui étoit pleine de belles et bonnes nippes, où il ne reste plus que la robe et le bonnet carré de Monsieur le Procureur.

> DANCOURT, le Diable boiteux, sc. 4.

J'ai voulu faire changer quelque chose à la disposition du premier appartement, et dans une *armoire*, pratiquée dans l'enfoncement d'un mur, on a trouvé un manuscrit en plusieurs cahiers contenant l'histoire qu'on va lire, et le tout d'une écriture de femme.

> MARIVAUX, Vie de Marianne, Ire partie.

Ceste estore trovons escrite,
Que conter vos voel et retraire,
En uns des livres de l'*aumaire*
Monsignor Saint-Paul à Biouvais.

> CHRESTIEN DE TROYES, Roman de Cligés, in-fol. fonds de Cangé, fol. 188, V. col. 2. (Voyez Histoire littéraire de la France, t. XV, p. 210.)

Baillez moy la clef du celier
Et de l'*aumoyre*.

> Farce très bonne et fort joyeuse. (Voyez Ancien Théâtre français,
> Bibliothèque elzévirienne, t. II, p. 261.)

Puys qu'il n'a sens mais qu'une *aulmoire*.

> VILLON, Petit Testament, XV.

Adieu : je perds le temps; laissez-moi travailler;
Ni mon grenier ni mon *armoire*
Ne se remplit à babiller.

> LA FONTAINE; Fables, IV, 3.

Il dit; du fond poudreux d'une *armoire* sacrée,
Par les mains de Girot, la crécelle est tirée.

> BOILEAU, le Lutrin, IV.

ARMOIRE a été quelquefois pris figurément; soit dans un sens physique :

Les artères, lesquelles de la senestre *armoire* du cœur prenoyent leur origine.

> RABELAIS, Pantagruel, III, 31.

Soit dans un sens moral :

Cist livres est cum *armarie* des secreiz Deu ; plein est de figure et de signefiance.

> Les quatre Livres des Rois, I, 1, 20.

Si quelqu'un, après une espace de temps, venoit à ouvrir l'*armoire* ou l'arrière-boutique et la regardoit au fond, la trouvant toute pleine de choses inutiles, malplaisantes et vaines, à l'adventure luy sembleroit cet amas là bien fascheux, et que celuy qui l'auroit fait, auroit eu bien peu d'affaires.

> AMYOT, trad. de Plutarque, Œuvres morales : De la curiosité.

Monsieur Fichet expert en rhétorique
. . . .
Aventuré me suis soubdain t'escrire
Non pour tes faictz et tes actes prescrire,
. . . .
Ains les sculpter et les mettre en l'*armoire*
De mon esprit.

> ROGER DE COLLERYE, Œuvres. (Voyez édit. de la Bibliothèque elzévirienne, p. 48.)

ARMOIRIES, s. f. pl.

On a dit ARMOIERIES.

Il signifie la même chose qu'*armes*, en termes de Blason.

Là put-on voir grand noblesse de belles armures, de riches *armoiries*, de bannières, de pennons, de belle chevalerie et écuyerie.

> FROISSART, Chroniques, liv. I, IIe part., 30.

Tous ces nobles cuisiniers portoyent en leurs *armoiries*, en champ de gueulle, lardouere de sinople.

> RABELAIS, Pantagruel, IV, 40.

Est mon jugement tel, que les *armoiries* anciennes tant de nos roys que de leurs sujets, estoient devises telles qu'il plaisoit à un chacun de choisir.

> EST. PASQUIER, Recherches de la France, II, 16.

Comme les criminels poursuivis ont recours aux autels et sepulchres des morts, ainsi ceux-ci, destitués de tout mérite, ont recours à la mémoire et *armoiries* de leurs majeurs.

CHARRON, *De la Sagesse*, I, 61.

O siècle vainement superbe, je le dis avec assurance, et la postérité le saura bien dire, que pour connoître ton peu de valeur, et tes dais et tes balustres, et tes couronnes, et tes manteaux, et tes titres, et tes *armoiries*, et les autres ornements de ta vanité, sont des preuves trop convaincantes.

BOSSUET, *Sermons :* Sur nos dispositions à l'égard des nécessités de la vie.

Je déclare que je l'ai fait (ce larcin), afin que quelque mauvais plaisant ne vienne pas me comparer aux voleurs qui, pour vendre impunément une vaisselle qu'ils ont volée, en ôtent les *armoiries*.

LE SAGE, *le Diable boiteux*, préface.

Aussitôt maint esprit, fécond en rêveries,
Inventa le blason, avec les *armoiries*.

BOILEAU, *Satires*, V.

ARMORIAL, s. m.

Livre contenant les armoiries de la noblesse d'un royaume, d'une province ou celles d'une famille, de la maison de Bourbon.

Armorial de France, *armorial* d'Espagne, *armorial* de Normandie, de Bretagne, de Dauphiné, etc.

Dictionnaire de l'Académie, 1694.

ARMORIAL est adjectif, et veut dire Concernant les armoiries, dans le passage suivant :

Sous Charles V, on porta les armoiries blazonnées, c'est-à-dire qu'on les chamarroit de toutes les pièces *armoriales* de son écu.

SAINTE-FOIX, *Essais historiques sur Paris :* De quelques modes et habillements.

ARMORIER, v. a.

Autrefois ARMOIER, ARMOYER.

Mettre, peindre, graver ou appliquer des armoiries sur quelque chose.

Et pour toute vertu fit au dos d'un carrosse
A côté d'une mitre *armorier* sa crosse.

BOILEAU, *le Lutrin*, VI.

ARMORIER a souvent pour régime direct le nom de la chose sur laquelle sont mises les armoiries.

On s'avisa, sous ce règne (sous Charles V), d'*armorier* les

habits; les femmes portoient sur leurs robes l'écu de leur mari, et à gauche le leur; cette mode dura près de cent ans.

SAINTE-FOIX, *Essais historiques sur Paris :* Quai des Célestins.

Bientôt, par la fortune échappant au mépris,
On verra sa beauté, fameuse dans Paris,
Au sein de Paris même, encor plein de sa honte,
Épouser les aïeux d'un marquis ou d'un comte,
Armorier son char de glaives, de drapeaux,
Et se masquer d'un nom porté par des héros.

GILBERT, *Apologie*.

ARMORIÉ, ÉE, participe.

On a dit anciennement, dans le même sens,
ARMOYÉ :

Lors sonnerent les Anglois leurs trompettes et mirent leurs pennons et leurs estraimiers avant, *armoyés de* Saint-George.

FROISSART, *Chroniques*, liv. I, part. I, c. 195.

Ouvrages *armoyés des* armes du Roy.

Vergier d'honneur, p. 71.

ARMORISTE, s. m.

Celui qui fait des armoiries, qui enseigne le blason, ou qui écrit sur le blason.

Il est peu usité.

ARMURE, s. f.

Les armes défensives qui garantissent le corps ou les membres des guerriers, comme la cuirasse, le casque, etc.

On l'a écrit ARMEURE, ARMEÛRE.

En leur dos portent *armeures* de cuir bouli.

MARC POL, *le Livre*, c. 69.

Li Sarrazin, par les convenances qu'ils avoient au roy, devoient garder les malades qui estoient en Damiète, les arbalestres, les *armeures*.

JOINVILLE, *Histoire de saint Louis*.

Si entendirent les dessus dits seigneurs à faire armer et pourvoir d'*armeures* chacun selon son estat.

FROISSART, *Chroniques*, liv. I, part. I, c. 265.

Mult ert od noble vesteúre,
Et mult avoit riche *armeúre*.

WACE, *Roman de Rou*, v. 16068.

On l'a employé au pluriel en parlant des Armes d'une seule personne.

Et avoit le duc de Berry, nonobstant qu'il feust aagé de plus de soixante-dix ans, eśpée, dague et hache d'armes, capeline d'acier en la teste, et ung fermeillet moult riche ou front devant, et dessus ses *armeures* une jaquette de pourpre.

MONSTRELET, *Chronique*, c. 94.

ARMURE s'est dit, par extension, des Armes offensives.

Li sires deffent à porter coutel apointé ou aucune *armeure* molue.

BEAUMANOIR, *Coutumes de Beauvoisis*, XXX, 34.

L'enfant d'un air enjoué,
Ayant un peu secoué
Les pièces de son *armure*...

LA FONTAINE, *l'Amour mouillé*.

Armure s'est dit au pluriel, comme *lances*, des Personnes elles-mêmes, en parlant d'une troupe armée.

Le dit messire Jean de Hainaut eut bien en sa compagnie cinq cents *armures de fer* bien étoffées et richement montées.

FROISSART, *Chroniques*, liv. I, Iʳᵉ part., c. 30.

Sachez qu'on disoit qu'il y avoit bien là huit mille *armures de fer*, chevaliers et écuyers, et trente mille hommes armés, la moitié montés sur petites haquenées, et l'autre moitié sergens à pied en coustilliers.

LE MÊME, même ouvrage, liv. I, Iʳᵉ part., c. 35.

Les défenses naturelles des animaux ont été désignées par le mot ARMURE.

Le tout s'est réduit en pierre avec l'*armure* du poisson, laquelle est demeurée en sa forme.

BERNARD PALISSY, *Des pierres*.

Les bestes ont toutes leurs *armures* naturelles, parquoy elles n'ont besoin d'en faire forger d'autres, ou d'emprunter d'ailleurs comme les hommes.

A. PARÉ, *Introduction à l'étude de la chirurgie*, liv. II, c. 18.

Les poissons saxatiles qui trouvent aisément leur sûreté dans les rochers par leur légèreté à nager, ou par la facilité d'y trouver des retraites dans leurs parties caverneuses, ou de s'y défendre de leurs ennemis par des *armures*, ont tous des couleurs vives et éclatantes.

BERNARDIN DE SAINT-PIERRE, *Études de la nature*, X.

ARMURE est d'un assez grand usage, au figuré, en des sens divers.

De quelle patience faut-il que soyent armées les pauvres oreilles tant martelées de la répétition d'une mesme lettre (dans les terminaisons des mots italiens)? Mais pour le langage françois elles n'ont aucun besoin de telle *armure*.

H. ESTIENNE, *Précellence du langage françois*.

Il n'a pas besoin d'armer cette tête qu'il expose à tant de périls; Dieu lui est une *armure* plus assurée; les coups semblent perdre leur force en l'approchant.

BOSSUET, *Oraison funèbre du prince de Condé*.

La patience est une *armure* impénétrable.

MAUCROIX, trad. de saint Jean Chrysostome, *Homélies*, 1.

Mais à nous il ne se communique que comme notre force, notre bouclier, notre glaive, notre *armure* divine.

MASSILLON, *Discours de la communion*.

Haume ont fait de créance,
L'autre *armeure* d'espérance.

MARIE DE FRANCE, *Purgatoire*, v. 803.

C'est nostre divine *armeure*
Qui devers Dieu nous asseure.

JEAN DE MEUNG, *Testament*, v. 165.

Rien d'humain ne battait sous ton épaisse *armure*.

LAMARTINE, *Méditations* : Bonaparte.

ARMURE se dit, en Physique, des plaques de fer qu'on attache à un aimant et qui en augmentent la force :

Suivant qu'il appuyoit sur tel ou tel point des talons de l'*armure*, l'aimant portoit des poids plus ou moins grands.

SAUSSURE, *Voyages dans les Alpes*, t. I, § 457.

ARMURIER, s. m. (d'*armure*).

On l'a écrit ARMEURIER, ARMORIER, *armoyer*, etc.
On a dit aussi ARMOYEUR. (Voyez le *Glossaire* de Sainte-Palaye.)

Celui qui fabrique ou qui vend des armes, défensives ou offensives.

Lequel Philippe Jossequin estoit natif de Dijon, filz de l'*armurier* de feu le duc Philippe de Bourgogne.

MONSTRELET, *Chronique*, c. 213.

Les armes et dépouilles des ennemis qui étoient attachées pendues es boutiques des *armuriers* fourbisseurs.

AMYOT, trad. de Plutarque, *Vie de Pélopidas*, c. 23.

Il approuvoit fort les corceletz gravez de Milan, et ne trouvoit point que nos *armoriers* parvinssent à la perfection.

BRANTÔME, *Grands Capitaines françois* ; Couronnels françois.

En chacune boutique résidoient certain nombre d'ouvriers, *armuriers* ou fourbisseurs, qu'ils nommoient Fabricenses, à cause qu'ils forgeoient et fabriquoient des armes de toutes façons, pour en fournir les magazins ou arsenaux.

> Berger, *Histoire des grands chemins de l'Empire romain,*
> IV, 20.

C'est avec raison que vous vous croyez autorisé à veiller à ce que les ordonnances qui deffendent les pistolets de poche soient observées exactement dans la ville de Bourges, et à ce que les *armuriers* n'en puissent fabriquer sans une permission expresse du lieutenant de police.

> Le chancelier de Pontchartrain à Lerey, procureur du
> roi à la police à Bourges, 3 avril 1714. (Voyez Dep-
> ping, *Correspondance administrative sous Louis XIV,*
> t. II, p. 871 et 872.)

> Bon paintre pour faire bannière,
> Bon *armurier* fault que l'on quierre.
>
> Eustache Deschamps, *Poés. mss.*, p. 356, vol. IV. (Cité
> par Sainte-Palaye.)

> *Armoier* qui fait haubergons,
> Et harnois doit estre preudoms;
> Car sous la flance de lui,
> Combatent pluseurs à autrui.
>
> Le même, même ouvrage, p. 448.

On a appelé ARMEURERIE, ARMURERIE, une forge, une boutique d'armurier, un magasin d'armes. Voyez les *Lexiques* de Cotgrave, Oudin, Monet, et le *Glossaire* de Sainte-Palaye.

Le même mot a été employé au sens d'Armure, d'Armes.

> Si ce seigneur estoit exquis en belle bibliothèque, il
> l'estoit bien autant en *armurerie* et beau cabinet d'armes.
>
> Brantôme, *Grands Capitaines estrangers :* Le maréchal
> d'Estrozze.

> Voit ses souldars faisans chère marrye,
> Nudz, sans battons, n'aulcune *armeurerie.*
>
> J. Marot, p. 90. (Cité par Sainte-Palaye.)

On a dit aussi pour armure, ARMERIE :

> Si coucha son doy sur l'*armerie* d'un chevalier de Por-
> tugal, en disant...
>
> Froissart, *Chroniques* (vol. III, p. 131. Cité par Sainte-
> Palaye.)

ARMELINE, s. f.
Peau très fine et fort blanche, qui vient de Laponie, et qui appartient à l'hermine.

ARMILLAIRE, adj. f. (du latin *armilla*, bracelet, anneau).

Il n'est usité que dans cette locution, *sphère armillaire;* espèce de machine ronde et mobile composée de divers cercles qui représentent ceux que les astronomes imaginent dans le ciel.

ARMILLES, s. f. pl. (du latin *armilla*, bracelet, anneau).

Petites moulures qui entourent, en façon d'anneau, le chapiteau dorique, immédiatement au-dessous de l'ove.

Armille a été autrefois employé, comme le latin *armilla*, au sens de Bracelet.

> Au departir le duc Richard donna à l'un une *armille*
> de fin or quatre livres pesant.
>
> *Chronique de Saint Denis.* (Voyez *Collection des historiens*
> *de France,* p. 350.)

ARMOISE, s. f. (du latin *artemisia*).

Terme de Botanique. Genre de plantes corymbifères et à fleurs composées, qui renferme un grand nombre d'espèces.

> Les alexitaires et contrepoisons sont, boire du jus de
> betoine, de plantain et d'*armoise.*
>
> A. Paré, *Introduction à la cognoissance de la chirurgie,*
> liv. XXI, 31.

> L'*armoise,* qui croît le long des haies, a ses tiges rou-
> geâtres, par lesquelles elle se distingue aisément des
> arbrisseaux voisins.
>
> Bernardin de Saint-Pierre, *Études de la Nature,* XI.

> Vien viste, enlasse-moy le flanc,
> Non de tym ny de marjolaine,
> Mais bien d'*armoise* et de vervaine.
>
> Ronsard, *Odes,* V, 29.

ARMOISIN, s. m.
Taffetas faible et peu lustré.

ARMON, s. m.
Terme de Carrossier. Une des deux pièces du train d'un carrosse, entre lesquelles le bout du timon est placé. *Les armons d'un carrosse.*

AROMATE, s. m. (du latin *aroma,* en grec ἄρωμα).

Autrefois AROMAS (voyez le *Glossaire* de Sainte-Palaye), AROMAT (voyez le *Dictionnaire* de Furetière).

Il se dit de toute substance qui appartient au genre végétal, et qui exhale une odeur forte et agréable.

Les femmes qui étoient venues de Galilée avec Jésus, ayant suivi Joseph, considèrent le sépulcre et comment le corps de Jésus y avoit été mis... et s'en étant retournées, elles préparèrent des *aromates* et des parfums.

LE MAITRE DE SACY, trad. du *Nouveau Testament*, Saint Luc, XXIII, 55, 56.

Dans cette société voluptueuse, Amazan sentit son cœur s'amollir et se dissoudre, comme les *aromates* de son pays fondent doucement à un feu modéré et s'exhalent en parfums délicieux.

VOLTAIRE, *Contes :* La Princesse de Babylone.

AROMATICITÉ, s. f. (voy. le *Dictionnaire* de Cotgrave). Qualité de ce qui est aromatique.

Afin que par leur *aromaticité* ils corroborent la vertu animale...

A. PARÉ, *Introduction à la cognoissance de la chirurgie*, XXV, 46.

AROMATIQUE, adj. des deux genres (du latin *aromaticus*).

Qui est de la nature des aromates, qui a une odeur forte et agréable.

Plantes aromatiques.

L'air est parfumé, dans un été continuel, de l'odeur des *plantes aromatiques*, que la nature fait croître sans culture.

VOLTAIRE, *Essai sur les mœurs.*

Beaucoup de *plantes aromatiques* croissent sur le bord de l'eau, comme la menthe, la marjolaine, le souchet, le jonc odorant, l'iris, le « calamus aromaticus ».

BERNARDIN DE SAINT-PIERRE, *Études de la Nature*, XI.

Épiceries, huiles aromatiques :

Les Égyptiens avoyent de coustume de saler les corps de leurs roys et princes, ce que nous appelons embaumer. Les histoires disent qu'ils les embaumoyent de nitre et d'*épiceries aromatiques*.

BERNARD PALISSY, *Des sels divers.*

Les lampes desquelles l'*huile* est aromatique, jettent une plus suave odeur quand on esteint leurs flammes : ainsi les vefves, desquelles l'amour a esté pur en leur mariage, respandent un plus grand parfum de vertu et de chasteté.

SAINT FRANÇOIS DE SALES, *Introduction à la vie dévote*, part. III, c. 14.

AROMATIQUEMENT, adv. (Voyez le *Glossaire* de Sainte-Palaye.)

Son corps (de Louis XII) fut *aromatiquement* embaumé.

P. DEFREY, à la suite de MONSTRELET, fol. 118, rº.

AROMATISER, v. a. (du latin *aromatizare*).

On l'a écrit AROMATISIER, AROMATIZER.

Mêler quelque substance aromatique à un remède, à un aliment.

Ces matières serviront pour *aromatiser* un tonneau de vin.

OLIVIER DE SERRES, *Théâtre d'agriculture*, IIIº lieu, c. 10.

AROMATISER a eu autrefois le sens d'Embaumer. AROMATISÉ, part. Il s'est dit pour Embaumé.

Mais à Roen fu sevelez,
Le cors bien *aromatisé*.

BENOIT, *Chronique des ducs de Normandie*, v. 8353.

Le participe présent AROMATISANT a été employé adjectivement, au propre et au figuré, par Rabelais.

Or, « resolutorie loquendo » je diroys, comme vous aultres, Messieurs, qu'il n'est exercice tel, ne plus *aromatisant* en ce monde Palatin, que vuider sacs, feuilleter papiers, quotter cayers, emplir paniers et visiter procès.

RABELAIS, *Pantagruel*, III, 38.

Dedans Amiens... je vous pourrois monstrer plus de quatorze roustisseries antiques et *aromatizantes*.

LE MÊME, même ouvrage, IV, 11.

AROMATISATION, s. f. (d'*aromatiser*). Terme de Pharmacie. Action d'aromatiser.

On trouve chez d'anciens auteurs *Aromatisement*. (Voyez le *Glossaire* de Sainte-Palaye.)

AROME, s. m. (du latin *aroma*, en grec ἄρωμα).

Le principe odorant des fleurs et en général des substances végétales qui ont une odeur agréable. *L'arome des fleurs. L'arome du café.*

ARONDE, s. f. (du latin *hirundo*). On l'a écrit HARONDE. L'hirondelle.

Comme une *aronde* seule ne signifie pas le temps de verne, un seul biau jour ne le fait pas.

Nic. Oresme, Éthiques, X.

Plus est isnels qu'esprever ne *arunde*.

Chanson de Roland, CXV.

Tost fut Progné convertie en *haronde*.

Charles d'Orléans, Ballades.

Sur l'arbre sec s'en complaint Philomèle ;
L'*aronde* en fait cris piteux et tranchans.

Cl. Marot, Complainte sur la mort de Louise de Savoie.

Mais, s'il te plaist de retenir
Ta fuite dispost et legere
Jusqu'au temps qu'on void revenir
L'*aronde*, des fleurs messagère,
De prompte jambe voyagère
Je te suivray...

Ronsard, Odes, V, 9.

Aronde n'est guère usité que dans cette locution, *à queue d'aronde*, qui se dit D'une pièce de bois taillée par un bout en forme de queue d'hirondelle et qu'on assemble avec une autre par le moyen d'une entaille de la même forme.

Aronde, en Histoire naturelle, se dit d'un Genre de mollusques acéphales, auquel appartient le coquillage qui fournit les perles et la nacre.

C'est aussi le nom d'une Espèce de poisson volant.

D'aronde on avait fait arondel, arondeau, arondelet. Le petit de l'hirondelle.

On ne doit entre eux tenir conte de vies d'hommes, n'avoir pitié d'eux, non plus que d'*arondeaux* ou d'alouettes qu'on prend en la saison pour manger.

Froissart, Chroniques (vol. II, p. 128. Cité par Sainte-Palaye).

D'où vient, demanda quelqu'un de la Serée, que les petits *arondeaux* qui ont perdu la veuë, la recouvrent par après?

Bouchet, Serées, II, 19.

Au lieu d'aronde, on employait fréquemment le diminutif arondelle, écrit encore harondelle, herondelle, etc., et d'où est venu hirondelle. Voyez ce mot.

Attend mieulx à la prochaine venue des *arondelles*.

Rabelais, Pantagruel, V, prologue.

Les poules et les *arondelles* mangent les abeilles.

Olivier de Serres, Théâtre d'agriculture, Vᵉ lieu, c. 14.

Ny les rossignols, ny les *arondelles* qu'on feint estre encore en la mémoire de leur désespoir, ne chantent point qu'au temps de leur joye.

Théophile, Immortalité de l'âme.

Sur le printemps de ma jeunesse folle,
Je ressemblois l'*arondelle* qui vole
Puis çà, puis là : l'aage me conduisoit,
Sans paur ne soing, où le cueur me disoit.

Cl. Marot, Églogue au Roy.

Jadis la fille de Tantale
En roch changea la couleur palle
Dessus le sable Phrygien,
Et se changea la fille belle
De Pandion en *arondelle*.

Remy Belleau, les Odes d'Anacréon : Qu'il se voudroit voir transformé en tout ce qui touche sa maistresse.

Pierre d'arondelle, chélidoine.

Qui t'aura, *pierre d'arondelle*?

Remy Belleau, la Pierre d'arondelle, dite chelidonius lapis.

Le mot arondelle avait lui-même son diminutif, arondelette :

Pendant que les *arondelettes*
De leurs gorges mignardelettes
Rappellent le plus beau de l'an.

Remy Belleau, Bergeries, Iʳᵉ journée : May.

On traduisait par arondelière le nom de la plante appelée éclaire ou *chélidoine*, de *chelidonia*, χελιδόνιον, et, par ces mots, de χελιδών, hirondelle.

L'esclaire, que les Grecs appellent chelidonia, c'est-à-dire *arondelière*, print ce nom de ce que les arondelles rendent la veuë à leurs petits avec ceste herbe, encores qu'ils eussent les yeux crevez, ainsi qu'on dit.

Du Pinet, trad. de Pline, Histoire naturelle, XXV, 8.

ARPÈGE ou Arpégement s. m. (de l'italien *arpeggio, arpeggiamento*, et, par ces mots, de *arpa*, harpe).

Terme de Musique. Manière de frapper successivement et rapidement les sons d'un accord, au lieu de les frapper à la fois.

Comme on ne peut tirer qu'autant de sons qu'il y a de cordes, l'*arpège* du violoncelle ne sauroit être composé de plus de quatre sons.

J.-J. Rousseau, Dictionnaire de Musique, Arpège.

ARPÉGER, v. n. (de l'italien *arpeggiare*, signifiant au propre Jouer de la harpe).
Terme de Musique. Faire des arpèges.

ARPENT, s. m. (du latin, d'origine celtique, selon Columelle, AREPENNIS, ARIPENNIS, ARAPENNIS).
Certaine mesure de terre, contenant ordinairement cent perches carrées de superficie, ou cinquante et un ares.

Non plus de mesme mesure est généralement l'*arpent* par toute la France, pour l'inégalité des perches dont il est composé, non pour leur nombre, car tousjours les cent quarrées font l'*arpent*.

> OLIVIER DE SERRES, *Théâtre d'agriculture*, Iᵉʳ lieu, c. 3.

(Les États d'Artois remontrent au roi) qu'à Saint-Venant il se trouve 2 ou 3 mil mesures ou *arpents* inondez ; à Béthune, 100 mesures.

> *Remonstrances très humbles des Estatz d'Arthois au Roi*, 8 juillet 1662. (Voy. DEPPING, *Correspondance administrative sous Louis XIV*, t. I, p. 580.)

> Pour m'agrandir m'irai-je battre ?
> Trois *arpents* sont assez pour moi ;
> Dans trois *arpents* on peut s'ébattre,
> Alcinoüs en avait quatre ;
> Mais Alcinoüs était roi.
> > P. LEBRUN, *la Vallée de Champrosay*.

Arpent de terre a été, de tout temps, une expression de grand usage.

Celui qui n'a rien et qui a un métier, n'est pas plus pauvre que celui qui a dix *arpents de terre* en propre, et qui doit les travailler pour subsister.

> MONTESQUIEU, *Esprit des Lois*, XXIII, 29.

> Engherans de Sainct-Pol ne si vout arester,
> Ainz broche le destrier, si le fait tost aler,
> En un *arpent de terre* le fait trois fois torner.
> > *Chanson d'Antioche*, VIII, 369.

> De terre (Cadmus) ara plus d'ung *arpent*,
> Et sema les denz d'un serpent
> Dont chevalier armé saillirent.
> > *Roman de la Rose*, v. 19937.

> Vous êtes nain (l'oranger) ; mais tel arbre géant
> Qui déclare au soleil la guerre,
> Ne vous vaut pas ;
> Bien qu'il couvre un *arpent de terre*
> Avec ses bras.
> > LA FONTAINE, *Psyché*, I.

On dit de même *un arpent de blé*, *un arpent de vigne*, etc.

> En mettant ce rabat, je mis (c'est être fou)
> Trente-deux bons *arpents de vignoble* à mon cou.
> > POISSON, *le Baron de la Crasse*, sc. II.

> Ah ! le Parnasse a des coteaux,
> Des bosquets, des fleurs, des ruisseaux
> Et pas un seul *arpent de vigne*.
> > DUCIS, *Poésies diverses*.

ARPENT a été autrefois très employé pour indiquer la distance.

> Et leur convenoit jurer que jamais ils ne fuiroient en bataille plus loin de quatre *arpens* à leur avis.
> > FROISSART, *Chroniques*, liv. I, part. IIᵉ, c. 12.

> Einz qu'on alast un sul *arpent de camp*,
> Falt li le coer...
> > *Chanson de Roland*, v. 2230.

> Quant li duï baron se furent desfié,
> Li uns eslonge l'autre .I. *arpent mesuré*.
> > *Gui de Bourgogne*, v. 2374.

ARPENTER, v. a. (d'*arpent*).
Mesurer des terres par arpents, ou parties d'arpent ou autres mesures.

Pour les diverses figures des terres, diversement néantmoins ne veulent-elles estre maniées, ains tout d'une façon convient les *arpenter* ou mesurer, assavoir, en les réduisant en quarré.

> OLIVIER DE SERRES, *Théâtre d'agriculture*, Iᵉʳ lieu, c. 3.

Un seigneur comme monsieur le marquis, continua-t-il, ne doit pas se dessécher le cerveau dans ces vaines études. Si un jour il a besoin d'un géomètre sublime pour lever le plan de ses terres, il les fera *arpenter* pour son argent.

> VOLTAIRE, *Contes* : Jeannot et Colin.

ARPENTER est dit, par figure, des Calculs de la science dans le passage suivant :

> Vous *avez arpenté* quelque faible partie
> Des flancs toujours glacés de la terre aplatie.
> > VOLTAIRE, *Discours en vers*, IV.

Il signifie, quelquefois figurément et familièrement, Parcourir un espace avec vitesse et à grands pas.

Deux heures du jour il s'enfermoit dans son cabinet, feignant faire quelque despesche d'importance : mais

III.

c'estoit pour lire Rolland le Furieux en italien. Son secrétaire mesmes nous le disoit, ce qui nous faisoit despiter,
car cependant nous étions à *arpenter* sa salle ou sa court.

MONTLUC, *Commentaires*, III.

Il fait parfaitement beau dans les allées des Rochers,
je m'en vais bien les *arpenter*.

COULANGES, *Lettres;* à Mme de Grignan, 1er août 1685.
(Voyez *Lettres de Mme de Sévigné*.)

> Notre lièvre n'avoit que quatre pas à faire;
> J'entends de ceux qu'il fait lorsque, près d'être atteint,
> Il s'éloigne des chiens, les renvoie aux calendes
> Et leur fait *arpenter* les landes.

LA FONTAINE, *Fables*, VI, 10.

On l'emploie quelquefois, en ce sens, absolument :

Voyez comme il *arpente*.

Dictionnaire de l'Académie, 1694.

ARPENTAGE, s. m. (d'*arpenter*).
Mesurage de terres par arpent ou parties d'arpent, ou autres mesures.

On me vient de mander, monsieur, que le roi vous
avoit donné une charge d'inspecteur général des *arpentages* de France. Cela est-il vrai et qu'est-ce que cela?

BUSSY RABUTIN, *Lettres;* au duc de Saint-Aignan, 13 août
1686.

La taille réelle fondée sur les *arpentages* est bien moins
sujette à corruption.

VAUBAN, *Projet d'une Dixme royale*, préface.

ARPENTAGE se dit aussi de la Science de mesurer
la terre.

Pour reconnoître leurs terres tous les ans couvertes par
le débordement du Nil, ils (les Égyptiens) ont été obligés
de recourir à l'*arpentage*, qui leur a bientôt appris la
géométrie.

BOSSUET, *Discours sur l'histoire universelle*, III, 3.

Si donc vous souffriez les mathématiciens, ce seroit à
cause des mécaniques, de la navigation, de l'*arpentage*
des terres.

FÉNELON, *Dialogue sur l'éloquence*, I.

On trouve chez Olivier de Serres ARPENTEMENT
et ARPENTERIE, que Rob. Estienne (*Dictionnaire
françois-latin*) définit Mesurement des terres.

Escheant *arpentement* public... gens expers sont députés
pour faire l'évaluation des propriétés.

OLIVIER DE SERRES, *Théâtre d'agriculture*, Ier lieu, c. 3.

Et servira aussi telle recherche au mesnager, dont le
domaine est subject aux charges publiques, de ne se laisser decevoir aux commis ès impositions, lorsqu'ils en
asseent et despartent les deniers, cause principale de
l'invention de l'*arpenterie*.

LE MÊME, même ouvrage, *ibid.*

ARPENTEUR, s. m.
Celui dont le métier ou l'office est de mesurer
et d'arpenter les terres.

Laissant donc aux *arpenteurs* la plus exquise intelligence de bien mesurer, nous en traicterons comme en
passant, autant qu'il suffira pour l'usage du bon mesnager.

OLIVIER DE SERRES, *Théâtre d'agriculture*, Ier lieu, c. 3.

Alexandre le Grand avait Diognetus et Biton, comme
deux *arpenteurs* qui servoient à luy descrire les chemins.

BERGIER, *Histoire des grands chemins de l'empire romain*,
III, VII, 2.

Le sieur de Vergne traita, il y a plusieurs années, de
la charge de grand *arpenteur*; mais n'ayant pas feu
M. Colbert favorable, il ne put entrer en jouissance de
cette charge, quelque personne qu'il employât pour cela.

LE DUC DE SAINT-AIGNAN, *Lettres;* à Bussy, 27 août 1686.
(Voyez *Correspondance de Bussy*.)

Il montre le plan de cette forêt, signé d'un *arpenteur
juré*.

VOLTAIRE, *Précis du procès de M. le comte de Morangiès
contre la famille Verron*, 1772.

Deux ou trois cents hommes tant *arpenteurs* qu'on
appeloit géomètres, qu'écrivains qu'on appeloit secrétaires,
furent employés à cet ouvrage (un cadastre).

J.-J. ROUSSEAU, *les Confessions*, part. Ire, liv. IV.

ARPENTEUR est pris au figuré, et par plaisanterie, dans le passage suivant :

Mon cher *arpenteur* du zodiaque...

VOLTAIRE, *Lettres;* 16 septembre 1752, à La Condamine.

ARPENTEUSE, adj. et s. f.
Terme d'Entomologie. Il se dit De certaines
chenilles dont le corps est très long, et qui, ne
pouvant marcher qu'en pliant et allongeant alternativement leur abdomen, semblent mesurer
l'espace qu'elles parcourent.

Chenille *arpenteuse*. Les *arpenteuses* donnent toutes naissance à des papillons de nuit.

Dictionnaire de l'Académie, 1835.

ARQUEBUSE, s. f. (de l'italien *archibuso*).
On l'a prononcé et écrit, d'après l'étymologie
italienne, ARQUEBOUSE, et aussi HARQUEBUZ, HAR-
QUEBUSE, HARQUEBOUSE, etc.

On s'est servi plus anciennement et on a continué quelque temps de se servir au même sens
d'un mot d'origine différente : HACQUEBUTE, écrit
encore HARQUEBUTTE, ABQUEBUTTE, etc. (Voyez les
Origines de Ménage et le *Glossaire* de Sainte-
Palaye.)
Ancienne arme à feu.

Y avoit bien trois mille janizaires... partie d'eux tenant
arcz ou chopetz longs comme *hacquebutes*.

Journal de la créisière du baron de Saint-Blancard,
1537. (Voy. CHARRIÈRE, Négociations de la France
dans le Levant, t. I, p. 317.)

Pouvans user de la *harquebouze*, ou plustost *haquebute*
contre les bestes rousses (ainsi que font aujourd'hui plusieurs princes d'Allemagne), ils (nos rois) ont mieux
aimé leur faire bonne guerre et telle que faisoyent leurs
prédécesseurs.

H. ESTIENNE, la Précellence du langage françois.

Et lui tirèrent plus de neuf vingt mille et cinq coups de
faulconneaux et *arquebouses*.

RABELAIS, Gargantua, I, 36.

A tous faisoit laisser piques, espées, lances, et *haquebutes*.

LE MÊME, même ouvrage, I, 44.

De cette heure-là (1521) furent inventées les *arquebouzes*
qu'on tiroit sur une fourchette.

M. DU BELLAY, Mémoires.

Il prit un grand *harquebuz* de chasse qu'il avoit, et en
tira tout plein de coups à eux, mais en vain, car l'*harquebuz* ne tiroit si loin.

BRANTÔME, Grands Capitaines : Le roy Charles IX.

Ils donnèrent aussi quelqu'ordre parmi les paysans retirez,
qui se servoient principallement de fondes, d'où vint que
les assiégeans les nommèrent les *harquebuses* de Sancerre.

AGR. D'AUBIGNÉ, Histoire universelle, t. II, liv. I, c. 8.

Notre petite caravane fut attaquée par sept ou huit
vilains hommes, si ivres, qu'ayant fait dessein de tirer en
l'air un coup d'*arquebuze*, pour nous faire peur, j'en fus
toute couverte de dragées.

SCARRON, Roman comique, II, 3.

Les *arquebuses* étaient devenues une arme offensive indispensable contre ces remparts d'acier dont chaque gendarme était couvert.

VOLTAIRE, Essai sur les mœurs : Usages des XVe et
XVIe siècles, c. 121.

Encontre le tambour qui gronde
Le Psalme esleve son doux ton :
Contre l'*arquebouze* la fonde,
Contre la picque le baston.

AGR. D'AUBIGNÉ, Tragiques, préface.

On distinguait diverses sortes d'*arquebuse* :
arquebuse rayée, arquebuse dont le canon était
rayé en dedans; *arquebuse à croc*, grosse et
lourde arquebuse de rempart qu'on tirait en
l'appuyant sur un instrument appelé fourchette ;
arquebuse à rouet, arquebuse légère qui était employée dans la guerre de campagne, et que portèrent d'abord les arquebusiers à cheval. On
disait encore *arquebuse à main*, *arquebuse à
mèche*, *arquebuse à vent*. (Voyez les anciens
Lexiques de Nicot, de Monet, de Furetière, etc.)

L'expression *un jet d'arquebuse* a servi à marquer la distance.

Nous avions dict au lacquay que quand il seroit au
bout de la plaine, il le menast (M. de Saintot) droict au
moulin dudit messer Philibert, qui estoit à *un jet d'arquebuze* de son palais, et que là il se jettast au long du
ruysseau.

MONTLUC, Commentaires, I.

Le jeu de l'arquebuse est Un divertissement de
bourgeois qui s'assemblent à de certains jours
pour tirer de l'arquebuse, ou plutôt du fusil. On
le dit aussi du lieu où ils s'assemblent.

ARQUEBUSER, v. a.
Autrefois ARQUEBOUSER, HARQUEBUSER, HARQUE-
BUZER, frapper, tuer d'un coup d'arquebuse.

Voilà mes crimes, de quoi je me glorifie, puisqu'ils ont
bien condamné Henry le Grand et *arquebusé* son effigie.

LE DUC DE ROHAN, Discours sur les derniers troubles.

Amauzay, gentilhomme qui avoit beaucoup de vertus
morales, lieutenant de la compagnie des gens d'armes
de Dandelot, *fut arquebusé* sur sa porte, tenant une
sienne petite fille par la main.

MÉZERAY, Histoire de France : Charles IX.

L'amiral Byng... fut, d'après ses instructions qui lui
ordonnaient de tout risquer pour faire entrer dans le
port de Mahon un convoi qu'il escortait, condamné par
une cour martiale à *être arquebusé* en vertu d'une ancienne loi portée du temps de Charles II.

VOLTAIRE, Précis du siècle de Louis XV, c. 31.

ARQUEBUSER, employé comme verbe neutre, a signifié Tirer de l'arquebuse.

Nos gens commencent à *arquebuser*, et eux à coups de flèches.

MONTLUC, *Commentaires*, II.

ARQUEBUSADE, s. f.

Autrefois ARQUEBOUSADE, HARQUEBUSADE, HARQUE-BOUSADE, etc.

Coup d'arquebuse.

D'autres disent : un coup d'*harquebuzade* et un coup de canonnade : ce qui est très improprement parlé; car le coup de canon s'appelle canonnade, et le coup d'harquebuz, *harquebuzade*.

BRANTÔME, *Grands Capitaines* : Couronnels françois.

Le capitaine Carbon qui n'estoit point armé, ayant esté auparavant blessé d'une *arquebuzade* au bras gauche, vint à moy me voyant près d'eux, et me dit ces mots : O Montluc mon amy, pousse hardiment, je ne t'abandonneray pas.

MONTLUC, *Commentaires*, I.

Un semblable citoyen n'est pas propre à se battre en duel; il n'iroit pas volontiers en pourpoint aux *arquebusades*.

BALZAC, *Aristippe*, discours V.

ARQUEBUSADE a signifié aussi La portée d'une arquebuse, la blessure faite par une arquebuse. Voyez le *Dictionnaire* de Monet et le *Glossaire* de Sainte-Palaye.

On a appelé *eau d'arquebusade* une Eau composée dont on se servait autrefois principalement contre les coups de feu.

ARQUEBUSIER, s. m.

Autrefois ARQUEBOUSIER, HARQUEBUSIER, HARQUE-BOUSIER, HARQUEBUTTIER, etc.

Nom qu'on donnait à un homme de guerre, armé d'une arquebuse.

Chacun ayant un *arquebouzier* en croppe.

RABELAIS, *Gargantua*, I, 41.

Au devant d'iceluy marchoient quatre compagnies d'*arquebuziers* espagnolz, et autour dudit chariot les *harquebuziers* de la compagnie dudict capitaine Tordezillas.

BRANTÔME, *Grands Capitaines estrangers* : Le comte d'Aiguemont.

ARQUEBUSIER se dit de Celui qui fait partie d'une compagnie de bourgeois formée pour s'amuser et s'exercer au jeu de l'arquebuse.

Il se dit encore de Celui qui fait des arquebuses et toutes sortes d'armes à feu portatives.

ARQUEBUSERIE, s. f.

Autrefois ARQUEBOUSERIE, HARQUEBUSERIE, HARQUEBUTTERIE, etc., nom collectif désignant soit les arquebuses, soit les arquebusiers.

Monsieur le marquis vint au capitaine Artiqueloube, pour le faire lever, d'autant que tous estoient le genouil à terre, parce qu'estant debout l'*arquebouzerie* espagnole les pouvoit voir.

MONTLUC, *Commentaires*, I.

Estoient les maisons de la ville assez près des murailles où les Suisses avoient mis toute leur *arquebutterie* et quelques pièces d'artillerie.

ROB. DE LA MARK, *Mémoires mss.*, p. 174. (Cité par Sainte-Palaye.)

Un grand orage sépara les deux armées. Les Turcs, prests à se retirer, s'avisèrent que ce faix d'eau avoit rendu inutile l'*arquebuserie*, et l'artillerie des chrestiens.

AGR. D'AUBIGNÉ, *Histoire universelle*, t. II, liv. II, c. 21.

L'*harquebuserie* sans picques, ce sont des bras et des jambes sans corps.

LA NOUE, *Discours politiques et militaires*, XIII.

Depuis, ARQUEBUSERIE s'est entendu du Métier d'arquebusier.

ARQUER, v. a. (d'*arc*, et, par ce mot, du latin *arcus*).

Autrefois ARCHOIER, ARCHOYER.

Courber en arc.

Arquer une pièce de bois, une barre de fer.

Il s'emploie aussi avec le pronom personnel.

On a fait marcher cet enfant trop tôt, ses jambes *se sont arquées*.

Il est quelquefois neutre et signifie Fléchir, se courber.

Cette poutre *arque* déjà.

Dictionnaire de l'Académie, 1762.

ARQUÉ, ÉE, participe.

Il y fut pris enfin (le marquis de Villena, au siège de Gaëte) barricadé dans les rues, les armes à la main, indignement traité et mis aux fers par les impériaux,... en sorte qu'il avoit les jambes tout *arquées* de ses fers.

SAINT-SIMON, *Mémoires*, 1721.

Ces vallées sont séparées par des chaînes peu élevées, dont les couches *arquées* montent jusques au haut de la montagne, et descendent ensuite du côté opposé.

SAUSSURE, *Voyages dans les Alpes*, t. I, c. 14, § 338.

ARRACHER, v. a. (du bas-latin *abradicare*, et, dans quelques-unes de ses formes, du latin *exradicare*, venu lui-même de *radix*, racine).

On l'a écrit très diversement ARRACHIER, ARRECHER, ARRESCHER; ARRAGER, ARRAIGIER; ESRACER, ESRACHER, ESRACHIER; ESRAGIER. (Voyez dans le *Glossaire* de Sainte-Palaye quelques-uns des exemples ci-après.)

ARRACHER, c'est, au propre, conformément à l'étymologie de ce mot, Enlever de terre avec les racines, et, par extension, détacher avec effort ce qui tient à quelque chose; ôter de force quelque chose.

Cil qui a l'usaire d'un champ ne doit que restorer les arbres qui sont *errachiez* par force de tempeste.

Anc. trad. du *Digeste*, fol. 99 v°, c. 2.

Bonnes *esracier* et puis rasseir, en autrui desheritant por soi aheritier.

BEAUMANOIR, *Coutumes du Beauvoisis*, XXX, 27.

Pierre l'Hermite, promoteur de cette entreprise, estoit en telle vénération que, passant parmy les rues, le menu peuple *arrachoit* le poil de son mulet.

EST. PASQUIER, *Recherches de la France*, VI, 25.

Domitien, prince timide, fit *arracher* les vignes dans la Gaule, de crainte sans doute que cette liqueur n'y attirât les barbares comme elle les avoit autrefois attirés en Italie.

MONTESQUIEU, *Esprit des Lois*, XX, 15.

A deux heures du matin Charles arrive aux ennemis sans faire le moindre bruit. Ses soldats se disaient les uns aux autres : *Arrachez* les chevaux de frise. Ces paroles furent entendues des sentinelles.

VOLTAIRE, *Histoire de Charles XII*, liv. VIII.

Un des blessés, sur le devant, a une épée passée à travers les flancs, et tente inutilement de l'*arracher.*

DIDEROT, *Salon de 1767* : Loutherbourg.

Il ot un fevre en Normandie
Qui trop bel *arrachoit* les dens.

MÉON, *Fabliaux et Contes anciens*, I, 161.

Tutes ses plumes *araicha*
K'une seule n'en i lessa.

MARIE DE FRANCE, *Fables*, LVIII, 7.

... *Arrachez* brin à brin
Ce qu'a produit ce maudit grain.

LA FONTAINE, *Fables*, I, 8.

ARRACHER reçoit souvent des régimes indirects, au moyen des prépositions *de* et *a;*
De la préposition *de* :

Cet arbre me servira de bourdon et de lance. Et l'*arrachit* facilement *de* terre.

RABELAIS, *Gargantua*, I, 36.

Les ennemis ne desiroient que retrancher les vivres au roy, et l'engager dans la mauvaise saison et dans les pluyes de l'automne, qui rendent le pays si fascheux qu'il est impossible *d'*en *arracher* le charroy.

MÉZERAY, *Histoire de France :* Henri II.

Athalie, accourue au bruit pour dissiper la conjuration, *fut arrachée de* l'enclos du temple, et reçut le traitement que ses crimes méritoient.

BOSSUET, *Discours sur l'Histoire universelle*, I, 6.

La reine (Élisabeth d'Angleterre) défendit à tous ses sujets de garder les images dans leurs maisons : il n'y eut que le crucifix qui s'en sauva : encore ne fut-ce que dans la chapelle royale, *d'*où l'on ne put persuader à la reine de l'*arracher.*

LE MÊME, *Histoire des variations des Églises protestantes*, liv. X, c. 3.

Comme cire on verra se fondre les montagnes,
Et l'or que l'avarice *arrachoit de* leurs flancs,
En torrens précieux rouler dans les campagnes.

RACAN, *Psaumes*, XCVI.

De mes bras tout sanglants il faudra l'*arracher.*

J. RACINE, *Iphigénie*, IV, 4.

... N'attends pas qu'un père furieux
Te fasse avec opprobre *arracher de* ces lieux.

LE MÊME, *Phèdre*, IV, 11.

De la préposition *à* :

Ceux de dedans par force *lui arrachèrent* le bassinet de la tête à tout le camail.

FROISSART, *Chroniques*, liv. II, c. 11.

Il n'y a doute que ceste séparation ne *lui* fust autant comme si on *lui* eust couppé ou *arraché* l'un de ses membres.

CALVIN, *Institution chrestienne*, liv. II, x, 11.

Il (le duc Mazarin) voulut faire *arracher* des dents de devant à ses filles parce qu'elles étoient belles, de peur qu'elles y prissent trop de complaisance.

SAINT-SIMON, *Mémoires*, 1712.

En même temps voilà des archers ou des sergents, accourus d'une barrière prochaine, qui percent la foule, m'*arrachent* l'épée que je tenois, et me saisissent.

MARIVAUX, *le Paysan parvenu*, IIIᵉ part.

Le cruel ne la prend que pour *me l'arracher*.

J. RACINE, *Andromaque*, III, 1.

Veux-tu que je m'*arrache* un côté de cheveux ?

MOLIÈRE, *École des femmes*, V, 4.

Prov. et fig. *Il vaut mieux laisser son enfant morveux que de lui arracher le nez*, Il est de la sagesse de tolérer un petit mal, lorsqu'on risque, en voulant y remédier, d'en causer un plus grand.

Prov. et fig. *Je lui ai arraché une dent*, se dit en parlant D'un avare de qui on a tiré de l'argent.

ARRACHER, toujours au propre, a été quelquefois employé absolument.

Ce qui des racines se treuvera escorcé, froissé ou rompu, provenant du rude *arracher* ou transport, sera rafreschi et osté avec la serpe, avant que loger l'arbre en son dernier lieu.

OLIVIER DE SERRES, *Théâtre d'agriculture*, VIᵉ lieu, c. 19.

Pour lui (Hermippe), s'il faut limer il a une lime, une scie s'il faut scier et des tenailles s'il faut *arracher*.

LA BRUYÈRE, *Caractères*, c. 14.

ARRACHER est encore pris au propre dans des phrases de sens figuré telles que les suivantes :

Quant nostre Sire *erracerad* tuz tes enemis de la terre.

Les quatre Livres des Rois, I, xx, 15.

Mesmes les Escossois et Suysses, qui nous déplorent, paraventure nous *arracheroyent* chacun quelque petite plume.

LA NOUE, *Discours politiques et militaires*, I.

La mémoire de l'Empereur ne sauroit être entièrement lavée du blâme de tant de malheurs (causés par la réforme) puisqu'il n'en *arracha* point les premiers germes ni si promptement ni si fortement qu'il devoit.

MÉZERAY, *Histoire de France* : François Iᵉʳ.

Ils (les Génois) se font présentement un honneur de soumettre par reconnoissance à l'autorité d'André (Doria) la liberté qu'il leur a rendue, et qu'il n'*avoit arrachée* des mains des étrangers que pour en usurper la domination.

CARDINAL DE RETZ, *Conjuration de Fiesque*.

Combien de fois essaya-t-il d'une main impuissante d'*arracher* le bandeau fatal qui fermoit ses yeux à la vérité !

FLÉCHIER, *Oraison funèbre de Turenne*.

Un bon évêque... *arracheroit* les ronces et les épines qui étouffent le grain.

FÉNELON, *Lettres spirituelles*, 1.

On ne pouvoit oublier en cette cour (de Suède) la perte de la bataille de Funen, où les Hollandois, qui étoient venus au secours du Danemarck, *arrachèrent*, en 1659, cette couronne des mains du feu roy de Suède.

LE MARQUIS DE POMPONNE, *Mémoires*, I, c. 1.

Le prince (le duc d'Orléans) étoit entreprenant et quelquefois hasardeux, persuadé qu'un attachement excessif à toutes les précautions *arrache* des mains beaucoup d'occasions glorieuses et utiles.

SAINT-SIMON, *Mémoires*, 1707.

Quand quelque prince avoit fait une conquête, qui souvent l'avoit épuisé, un ambassadeur romain survenoit d'abord qui la lui *arrachoit* des mains.

MONTESQUIEU, *Grandeur des Romains*, c. 6.

Cueillez-vous les fleurs du Parnasse, ou *arrachez*-vous les chardons de la chicane ?

VOLTAIRE, *Lettres ;* à M. de Cideville, 27 mai 1741.

Je ne vois plus en lui les restes de mon sang,
S'il m'*arrache* du trône, et la (Rodogune) met en mon
[rang.

CORNEILLE, *Rodogune*, V, 1.

Et lorsque m'*arrachant* du doux sein de la Grèce
Dans ce climat barbare on traîna ta maîtresse.

J. RACINE, *Mithridate*, V, 2.

Oh ! que de mon esprit triste et mal ordonné,
Ainsi que de ce champ par toi si bien orné,
Ne puis-je faire ôter les ronces, les épines,
Et des défauts sans nombre *arracher* les racines !

BOILEAU, *Épîtres*, XI.

ARRACHER est de grand usage, pour signifier, métaphoriquement, Ôter, enlever avec effort, avec violence ;

Soit sans régime indirect :

On fait de nouvelles et amples informations, et l'on

mène l'affaire si avant, que jugeant du général par quelques particuliers qui se trouvoient coupables, on *ar-racha* et déracina tout l'ordre (des Templiers) par un décret donné dans le Concile de Vienne deux cents ans après qu'il avoit été planté.

> Mézeray, *Histoire de France* : Philippe le Bel.

Le roi d'Angleterre fut contraint d'accorder qu'il remettroit sus les anciennes lois qu'il *avoit arrachées*.

> Mézeray, *Histoire de France* : Saint Louis.

Descendons au fond de nos consciences où nos ennemis sont cachés. Descendons-y le flambeau à une main, le glaive à l'autre : le flambeau, pour rechercher nos péchés par un sérieux examen; le glaive, pour les *arracher* jusqu'à la racine par une vive douleur.

> Bossuet, *Deuxième Sermon :* Sur la conception de la sainte Vierge,

Soit construit avec la préposition *de :*

Voilà comme ces trois villes impériales, Mets, Thoul et Verdun, *furent arrachées de* l'Empire de Germanie, et de rechef soumises à celui des François.

> Mézeray, *Histoire de France* : Henri II.

C'étoient là les forts de l'Église, dont nulle tentation ne pouvoit ébranler la foi, ni les *arracher de* l'unité.

> Bossuet, *Histoire des variations des Églises protestantes*, liv. I, n° 5.

Par eux (les princes favorables à la piété) se forment et sont protégés des ouvriers fidèles destinés à répandre la science du salut, à *arracher* les scandales *du* royaume de Jésus-Christ.

> Massillon, *Petit Carême*, IIe dimanche.

Je restai près d'une demi-heure à genoux dans la petite chambre du Saint-Sépulcre, les regards attachés sur la pierre sans pouvoir les *en arracher*.

> Chateaubriand, *Itinéraire de Paris à Jérusalem,* IVe part.

Un chagrin inquiet l'*arrache* de son lit.

> J. Racine, *Phèdre*, I, 2.

Je ne puis *arracher du* creux de ma cervelle Que des vers plus forcés que ceux de la Pucelle.

> Boileau, *Satires*, VII.

Soit construit avec la préposition *à :*

Notre princesse *est* persécutée avant que de naître, délaissée aussitôt que mise au monde, *arrachée* en naissant *à* la piété d'une mère catholique.

> Bossuet, *Oraison funèbre de la duchesse d'Orléans*.

Nous voulons tout ce qui flatte l'amour-propre... Dieu *nous arrache* le poison et nous pleurons comme un enfant à qui sa mère ôte un joli couteau dont il se perceroit le sein.

> Fénelon, *Lettres spirituelles*, CC.

Quelquefois on tient plus à une bagatelle qu'à un grand intérêt; on aura plus de répugnance à *s'arracher* un amusement qu'à faire une aumône d'une très grande somme.

> Le même, *Sur l'amour de Dieu*, VIII.

Le corps agit avec trop de force sur l'esprit; au lieu de lui représenter ses besoins avec respect, il le tyrannise et l'*arrache à* Dieu, à qui il doit être inséparablement uni.

> Malebranche, *Recherche de la vérité*, l. I, c. 1.

Jaloux (les grands) des grâces qui tombent à côté d'eux, il semble qu'on *leur arrache* celles qui se répandent sur les autres.

> Massillon, *Petit Carême*, IIIe dimanche.

Un peuple opiniâtre à *m'arracher* mon nom Veut que je sois Don Sanche et prince d'Arragon.

> P. Corneille, *Don Sanche d'Arragon*, IV, 2.

Belle sans ornement, dans le simple appareil D'une beauté qu'on vient d'*arracher au* sommeil.

> J. Racine, *Britannicus*, II, 2.

Cet emploi d'arracher a donné lieu à des locutions, la plupart de grand usage :
Arracher le cœur, causer une douleur violente.

Tout ce que nous fîmes les derniers jours, tous les lieux où nous fûmes... tout cela m'*arrache* encore le *cœur*.

> Mme de Sévigné, *Lettres ;* à Mme de Grignan, 7 août 1675.

M. le maréchal de Lorge prit mieux patience que Madame sa femme; c'étoit son *cœur* qui lui *étoit arraché*, une fille (Mme de Lauzun) pour qui elle n'avoit pu cacher ses continuelles préférences.

> Saint-Simon, *Mémoires,* 1096.

Arracher la vie :

O Dieux, ennemis de mon père, vous m'envoyez ces songes funestes, pour arracher toute espérance de mon cœur; c'est m'*arracher la vie*.

> Fénelon, *Télémaque*, XVIII.

Le ciel, dit-il, m'*arrache* une innocente *vie*.

> J. Racine, *Phèdre*, V, 6.

Prov. et fig. *Vous lui arracheriez plutôt la vie,* se dit pour Marquer l'extrême répugnance d'une personne à faire quelque chose, et combien il serait difficile de l'y obliger, de l'y contraindre. On dit de même : *Vous lui arracheriez plutôt le cœur, Ce serait lui arracher l'âme.*

Arracher le jour, même signification.

> ... Faites état de m'*arracher le jour*
> Plutôt que de m'ôter l'objet de mon amour.
>
> MOLIÈRE, *l'École des maris,* III, 17.

Fig. et fam. *Ils sont prêts à s'arracher les yeux, Ils s'arrachent les yeux,* se dit De deux personnes qui ont ensemble une altercation violente.

> Je lis le schisme d'Angleterre, dont je suis extrêmement contente ; et par-dessus tout cela, des livres de furie du père Bouhours et de Ménage, qui *s'arrachent les yeux,* et qui nous divertissent.
>
> Mᵐᵉ DE SÉVIGNÉ, *Lettres;* à Mᵐᵉ de Grignan, 16 septembre 1676.

> Prêts à *s'arracher les yeux* sur des riens, ils ont une ligue offensive et défensive envers et contre tous.
>
> DIDEROT, *le Père de famille,* I, 12.

Familièrement et par une sorte d'exagération, *On se l'arrache,* se dit en parlant D'une chose ou même d'une personne qui est extrêmement recherchée et signifie : On se dispute à qui l'aura.

> Le livre (de M. de Meaux sur le quiétisme) est court, vif et bien fait. On se le prête, *on se l'arrache,* on le dévore.
>
> Mᵐᵉ DE MAINTENON, *Lettres;* à M. le cardinal de Noailles, 29 juin 1698.

> *On s'arrache* le livre (l'anti-Machiavel de Frédéric II) dans toute l'Europe.
>
> VOLTAIRE, *Lettres,* 18 octobre 1740.

Arracher une opinion de l'esprit, de la tête de quelqu'un; arracher de son cœur un sentiment, une passion, un souvenir, etc., l'en détacher, l'y faire renoncer.

> Nul ne s'exerce à fuir et, par manière de dire, *arracher les vices de son âme,* s'il ne les a en haine.
>
> AMYOT, trad. de Plutarque, *Œuvres morales :* Du trop parler.

> *Les erreurs* ne se peuvent jamais *arracher du cœur* des hommes jusques à ce qu'une vraye cognoissance de Dieu y soit plantée.
>
> CALVIN, *Institution chrestienne,* I, VI, 3.

> Tant *cette passion est* difficilement *arrachée* quand elle

a jeté de profondes racines dans un cœur qui n a point d'autre soucy.

> D'URFÉ, *l'Astrée,* IIᵉ part., liv. VIII.

> Il y a *des contes* si agréables et si fort enracinés dans la croyance, que l'on s'exposeroit à la haine du vulgaire, si on vouloit les *arracher.*
>
> MÉZERAY, *Histoire de France :* Pépin.

> Y a-t-il rien qui *arrache* plus aisément *des cœurs* des sujets *la révérence* due au prince, que de les accoutumer à prendre les armes contre son nom?
>
> LE DUC DE ROHAN, *Discours sur le gouvernement de la reine mère en* 1617.

> Demeurons persuadés et de notre liberté et de la Providence qui la dirige, sans que rien *nous* puisse *arracher l'idée* très claire que nous avons de l'une et de l'autre.
>
> BOSSUET, *Traité du Libre arbitre,* c. 4.

> L'intérêt de son amour (de Dom Carlos) *arracha de son âme le repentir* de sa conduite.
>
> SAINT-RÉAL, *Dom Carlos.*

> Il faudroit qu'ils (les Dieux) fissent trop de miracles pour *arracher* à présent *du cœur* de tous les capitaines romains *l'ambition* de régner.
>
> MONTESQUIEU, *Dialogues de Sylla et d'Eucrate.*

> *Arracher* toute *croyance* en Dieu *du cœur* des hommes, c'est y détruire toute vertu.
>
> J.-J. ROUSSEAU, *Lettres;* 15 janvier 1769.

> *Arrache-lui du cœur ce dessein* de mourir.
>
> CORNEILLE, *Cinna,* III, 5.

> Avons-nous pu prévoir cette *haine* cachée,
> Que la foi des traités n'avoit point *arrachée*?
>
> LE MÊME, *Rodogune,* IV, 3.

> ... Vous avez beau prêcher,
> Ce *deuil* enraciné ne se peut *arracher.*
>
> MOLIÈRE, *l'Étourdi,* II, 8.

ARRACHER signifie aussi, figurément, Tirer, obtenir avec peine quelque chose de quelqu'un.

> Il me semble que trois ou quatre *paroles* que je *vous avois arrachées* m'avoient entièrement apaisé.
>
> VOITURE, *Lettres amoureuses,* XXXIII.

> Ils ont quasi toujours *arraché ses bienfaits* (de Mazarin) *de sa foiblesse* plutôt que de sa bonté.
>
> Mᵐᵉ DE MOTTEVILLE, *Mémoires.*

> Les mauvais succès sont les seuls maîtres qui peuvent nous reprendre utilement et *nous arracher cet aveu* d'avoir faibli, qui coûte tant à notre orgueil.
>
> BOSSUET, *Oraison funèbre de la reine d'Angleterre.*

Une femme chananéenne et idolâtre *lui arrache* pour ainsi dire, quoique rebutée, *la guérison* de sa fille.

BOSSUET, *Discours sur l'Histoire universelle*, II, 6.

Quand on marque un désir ardent, et qu'on demande des permissions, on *les arrache.*

FÉNELON, *Lettres spirituelles*, XXXII.

La face de la vérité toute seule *lui arrache* (à Judas) *la confession* de son crime.

MASSILLON, *Carême :* Vendredi saint.

Ah ! parle, si tu veux, et ne *te* fais point, de la sorte, *arracher les mots* de la bouche.

MOLIÈRE, *les Fourberies de Scapin*, I, 1.

Il ne peut digérer les *cinq cents écus* que je *lui arrache.*

LE MÊME, même ouvrage, II, 7.

Le cardinal de Gondi *avoit arraché le consentement* de Louis XIII à l'érection de son évêché de Paris en arche-vêché.

SAINT-SIMON, *Mémoires*, 1711.

Il vient un temps où l'estime *arrache la récompense.*

VOLTAIRE, *Lettres ;* à M. de Maupertuis, janvier 1738.

Le poëte Gacon... harceloit notre patient académicien par de misérables épigrammes dans l'espérance de le forcer à *une réponse* qu'il ne pouvoit *arracher.*

D'ALEMBERT, *Éloge de La Motte.*

Tandis que des soldats de moments en moments Vont *arracher* pour lui *des applaudissements.*

J. RACINE, *Britannicus*, IV, 4.

Peut-être qu'en effet ce que j'ai fait pour vous, Mon orgueil oublié, mon sceptre à vos genoux, Mes bienfaits, mon respect, mes soins, ma confiance, Ont *arraché de* vous *quelque reconnaissance.*

VOLTAIRE, *Zaïre*, IV, 6.

Je suis fine, et je sais *du cœur le plus discret Arracher*, quand je veux, *un amoureux secret.*

DESTOUCHES, *l'Irrésolu*, II, 1.

Fig. *Arracher des larmes, des cris, des soupirs, des plaintes à quelqu'un*, le faire pleurer, crier, etc.

Pourvu que le poëte *arrache* à son lecteur *le témoignage* que son oreille a été agréablement flattée, il croit avoir satisfait aux règles de son art.

BOSSUET, *Traité de la Concupiscence*, c. 18.

Le sublime et le pathétique accablent comme par leur poids; et, au lieu d'applaudissements, *arrachent des pleurs.*

ROLLIN, *Traité des Études*, liv. V, c. 2, art. 1.

III.

Il est à croire que les besoins dictèrent les premiers gestes et que les passions *arrachèrent les premières voix.*

J.-J. ROUSSEAU, *Sur l'origine des langues*, c. 11.

La douleur se rendant la plus forte, Lui fait encore un coup *une plainte arracher.*

MALHERBE, *Poésies*, III.

... Quels malheurs, dans ce billet tracés, Vous *arrachent*, seigneur, *les pleurs* que vous versez?

J. RACINE, *Iphigénie*, I, 1.

ARRACHER, en parlant des personnes, signifie souvent, tant au propre qu'au figuré, Détourner, écarter, éloigner avec effort.

J'avois résolu de vous en dire davantage, mais on m'*arrache de* dessus ma lettre.

BALZAC, *Lettres*, liv. VI.

Il eût souhaité que Mentor l'*eût arraché* malgré lui *de* cette île.

FÉNELON, *Télémaque*, X.

Un simple dépit est souvent toute la raison qui nous *arrache* brusquement *au* siècle, et qui nous précipite dans la retraite.

MASSILLON, *Carême :* mercredi de la IIe semaine. La Vocation.

Je trouvai au bas du degré le duc d'Humières, Louville et toute ma famille jusqu'à ma mère, que la curiosité *arrachoit de* sa chambre, d'où elle n'étoit pas sortie depuis l'entrée de l'hiver.

SAINT-SIMON, *Mémoires*, 1718.

Annibal avoit eu la douleur de voir prendre presque à ses yeux Capoue par les Romains sans que sa marche vers Rome eût pu les *arracher de* ce siège.

ROLLIN, *Traité des Études*, liv. VI, part. III, c. 2, art. 2 : 3e morceau de l'Histoire romaine.

Arracher à se dit pour Délivrer de, préserver de :

L'étude de la Fable apprend aux jeunes gens ce qu'ils doivent à Jésus-Christ leur libérateur qui les *a arrachés à* la puissance des ténèbres.

ROLLIN, *Traité des Études*, liv. VI, part. IV, c. 1, art. 2.

... Hermione l'embrasse : Elle vient l'*arracher au* coup qui le menace.

J. RACINE, *Andromaque*, V, 5.

Ils (les Dieux) les *ont arrachés à la* mer en furie.

VOLTAIRE, *Oreste*, IV, 8.

Arracher à la misère, arracher à la mort, sont des expressions fort usitées.

Du jour que j'*arrachai* cet enfant *à la mort*.
J. RACINE, *Athalie*, I, 2.

ARRACHER s'emploie avec le pronom personnel, régime direct, et signifie Se détacher, s'éloigner avec peine, avec effort.

S'arracher à :

Vous ne pouvez *vous arracher à* la nymphe que vous aimez.
FÉNELON, *Télémaque*, VII.

Il faudra toujours... faire des efforts héroïques, réprimer vos penchants, *vous arracher aux* objets les plus chers.
MASSILLON, *Avent* : Délai de la conversion.

Allons, Monsieur, que cela vous touche, *arrachez-vous à* cette passion extravagante qui vous retient ici.
DANCOURT, *le Galant Jardinier*, sc. 6.

S'arracher de :

Elle (Monime) *s'arracha d'*alentour de la teste son bandeau royal.
AMYOT, trad. de Plutarque, *Vie de Lucullus*, 32.

Je suis résolu de *m'arracher de* Paris dans dix ou douze jours.
VOITURE, *Lettres;* à Mme de Sablé.

*Arrachez-vous d'*un lieu funeste et profané,
Où la vertu respire un air empoisonné.
J. RACINE, *Phèdre*, V, 1.

D'ARRACHE-PIED, loc. adv. et fam. Tout d'une suite, sans intermission.

Toussez icy ung bon coup ou deux, et en beuvez neuf *d'arrache-pied.*
RABELAIS, *Pantagruel*, liv. V, prologue.

Voulez-vous une moquerie, qui rendit un evesque théologien pratic et expérimenté plus en demi-heure, que s'il eust presché cinq caresmes sans discontinuation et *d'arrache-pied?*
DU FAIL, *Contes d'Eutrapel*, 33 : De la Moquerie.

Les éphores, se défiant de l'affaire, vinrent eux-mêmes y prendre garde, et demeurèrent sis entour elle pendant qu'elle rendit l'enfant, lequel fut nommé Doriée. Tantôt après, elle en fit *d'arrache-pied* deux autres, Léonidas

premier, et après Cléombrote, qui étoient, ce dit-on, bessons.
SALIAT, trad. d'*Hérodote*, V, 41.

ARRACHÉ, ÉE, participe.

Je vis par mes soldats mes aigles *arrachées.*
CORNEILLE, *Sertorius*, I, 1.

Les dépouilles des Juifs par vos mains *arrachées.*
J. RACINE, *Bérénice*, III, 1.

Qu'il soit comme le fruit en naissant *arraché,*
Ou qu'un souffle ennemi dans sa fleur a séché.
LE MÊME, *Athalie*, I, 2.

Une femme avait vu par ces cœurs inhumains
Un reste d'aliments *arraché de* ses mains.
VOLTAIRE, *la Henriade*, X.

ARRACHEMENT, s. m.
Action d'arracher.

On a payé tant pour l'*arrachement* des souches.
Dictionnaire de l'Académie, 1798.

On a dit, au même sens, ARRACHURE, ARRACHEURE.

Si mon maistre vous entend, il vous fera payer l'*arracheure* de trois dents.
BOUCHET, *Sérées*, III, 27.

ARRACHEMENT, en termes d'Architecture, se dit Des pierres qu'on arrache d'un mur pour y en mettre d'autres en saillie, qui puissent servir de liaison avec un mur qu'on veut joindre au premier.

Arrachement d'une voûte, les premières retombées d'une voûte liées et engagées dans un mur.

ARRACHEUR, s. m.
Celui qui arrache. Il n'est usité que dans ces locutions : *arracheur de dents, arracheur de cors.*

Les quatre Filz Aymon *arracheurs de dentz.*
RABELAIS, *Pantagruel*, liv. II, 80.

On veoid plusieurs personnes tourmentez d'une extrême douleur de dents, lesquels voyans arriver l'*arracheur* qu'ils avoyent envoyé quérir, de crainte et d'appréhension du mal, différer à une autre fois ou ne sentir plus de douleur, laquelle souvent est du tout perdue.
A. PARÉ, *Introduction à la cognoissance de la chirurgie*, I, 28.

Il avoit un peu la mine d'un *arracheur de dents.*

> Tallemant des Réaux, *Historiettes :* Le président
> Le Cogneux.

Proverbialement, *Il ment comme un arracheur de dents,* se dit D'un homme fort accoutumé à mentir.

On dit en commun proverbe, *Il ment comme un arracheur de dents.*

> Bouchet, *Sérées,* III, 27.

Mais vous autres *mentez en arracheur de dents.*

> Poisson, *le Poète Basque,* sc. 11.

ARRAISONNER, v. a.

Nous avons accru nostre langue de plusieurs dictions tirées de nous-mêmes, comme pour exemple, nos prédécesseurs firent de *raison arraisonner.*

> Est. Pasquier, *Recherches de la France,* VIII, 3.

On l'a écrit, très diversement, ARAISONNER, ARASONER, ARESONER, ARESONIER, AREISUNER, etc.

On a dit aussi ARAISNER, ARAISNIER, ARESNIER ; ARAIGNER, ARAIGNIER, ARAINER, etc. (Voyez le *Glossaire* de Sainte-Palaye.)

ARRAISONNER, de grand usage dans notre ancienne langue, y a été employé en des sens très-divers.

Par exemple, pour Interroger, demander :

Siz mariz Helcana le *areisuna,* si li dist : Pourquoi pleures?

> *Les quatre Livres des Rois,* I, ɪ, 8.

L'Empereur si l'*arraisonna :*
Pourquoi es-tu larron de mer?
L'autre responce luy donna :
Pourquoy larron me faiz nommer?

> Villon, *Grand Testament,* 18.

Pour Accuser :

Qui l'oseroit *araisnier* de ceste chose?

> Saint Bernard, *Sermons françois mss.* (Cité par Sainte-Palaye.)

Pour Demander justice, poursuivre :

Comment on doit *araisonner* son seigneur, avant qu'on ait bon appel contre lui.

> Beaumanoir, *Coutumes de Beauvoisis,* LXII, 1.

Quant je veiz le grant oultraige qu'il me faisoit, si le feiz *arraisonner* devant le Roy.

> *Roman de Lancelot du Lac,* t. II, fᵒ 96.
> (Cité par Sainte-Palaye.)

ARRAISONNER a été plus usité au sens de Converser avec une personne, l'entretenir.

Il estoit singulièrement aimé et bien voulu de la commune, pour une gracieuse façon qu'il avoit de saluer, caresser et *arraisonner* privéement et familièrement tout le monde.

> Amyot, trad. de Plutarque, *Vie de César,* 4.

Cettui-ci arrivé à la porte y trouva neuf mortes-paies, lesquels il *arraisonna,* jusques à ce qu'ils vissent parestre Liramont lui vingtiesme : ce fut lorsque les gardes coururent à leurs armes, mais trop tard.

> Agr. d'Aubigné, *Histoire universelle,* t. II, liv. IV, c. 12.

Li rois puis l'*arraisonne* mout debonnairement.

> *Roman de Berte,* CX.

Ne despoisiez pas poures gens,
Mes *aresniez* les doucement.

> *Fabl. ms. du Roi.* (Cité par Sainte-Palaye.)

Arraisonner quelqu'un *d*'une chose, c'était L'en entretenir, lui en parler.

Lors la royne premier *arraisonna* Saintré *de* sa venue à la court d'Arragon, *de* la chiere que le roy et la royne, les seigneurs, et especiallement les dames luy firent.

> Ant. de la Sale, *l'Hystoyre et plaisante Cronicque du Petit Jehan de Saintré,* c. 46.

Faunus, le prince des bocages... m'ha souvent *arraisonné d*'amours, sans effect de sa prière.

> J. Lemaire de Belges, *Illustration des Gaules,* liv. I.

Mult fièrement Charlun en *araisunet.*

> *Chanson de Roland,* CCLVIII.

De mainte chose i *fut* Berte mout *araisnie.*

> *Roman de Berte,* v. 3536.

Arraisonner quelqu'un *d*'une chose, c'était encore la Lui reprocher, le reprendre à ce sujet.

La dame en *arraysonnoit* de sa femme...

> Le chevalier de la Tour-Landry, *le Livre pour l'enseignement de ses filles,* c. 28.

ARRAISONNER s'est conservé longtemps dans le sens, qu'il porte encore dans les lexiques, de

Chercher à amener quelqu'un à un avis, à une opinion, en lui donnant des raisons pour le déterminer.

Ils entrèrent en sa maison (d'Artevelle), et lui *arraisonnèrent* et remontrèrent comment la bonne ville de Gand estoit en grand nécessité d'avoir un souverain capitaine.

FROISSART, Chroniques, II, 2, 102.

Aussitôt qu'il les *avoit arraisonnez* le moins du monde, ils étoient aussitôt gaignez.

BRANTÔME, Rodomontades espagnolles.

Tandis que *j'arraisonnois* M. le duc d'Orléans comme je viens de l'expliquer, et qu'il se préparoit à en faire usage,... le roi consultoit là-dessus et sa famille et son conseil.

SAINT-SIMON, Mémoires, 1709.

M. du Maine me voulut *arraisonner* sur le lieu où nous étions, sur ce qui pouvoit résulter d'être ainsi sur le pied gauche avec un homme qu'on rencontroit à tous moments.

LE MÊME, même ouvrage, 1713.

> Hors du couvent, l'autre hyer, sous la couldrette,
> Je rencontray mainte nonne proprette,
> Suyvant l'abbesse en grant devotion :
> Si cours après, et par affection
> Vins aborder la plus jeune et tendrette,
> Je *l'arraisonne;* elle plaint et regrette,
> Dont je cogneuz certes que la povrette
> Eust bien voulu autre vocation
> Hors du couvent.

CL. MAROT, Rondeaux, L.

ARRAISONNER s'est construit avec le pronom personnel.

Il défendit à son portier d'ouvrir à qui que ce soit qui demanderoit sa femme. Bois-Robert, qu'elle avoit mandé, y va; le portier dit l'ordre de Monsieur; il *s'arraisonne* avec lui, et comme l'autre n'y songeoit pas, il le pousse, et entre.

TALLEMANT DES RÉAUX, Historiettes : M. d'Emery.

On le trouve aussi employé comme verbe neutre.

J'arraisonnois à part moy, puis qu'il en estoit venu si avant, que celui qui menoit la marchandise, ne s'arresteroit pas là.

MONTLUC, Commentaires, liv. II.

D'ARRAISONNER s'était formé :

ARRAISONNEMENT, s. m. donné par les anciens *Lexiques* de Nicot, de Monet, de Cotgrave, etc., et enfin par Sainte-Palaye, avec le sens de Action de parler, d'adresser la parole, d'entretien, de conversation.

Il est synonyme de Raisonnement dans le passage suivant :

Tous lesquels bons *arraisonnements* n'eurent aucun effet, tant leurs esprits estoient préoccupez des artificieuses promesses de la cour.

SULLY, Œconomies royales, c. 2.

Sainte-Palaye donne encore

ARRAISNEOUR, s. m.
Raisonneur, parleur.

Onques en lor contrée n'ot un *araisneour.*
Roman d'Alexandre. (Cité par Sainte-Palaye.)

ARRAISNÉEMENT, adv.
Avec persistance dans son opinion, dans sa résolution, opiniâtrément.

ARRANGER, v. a. (du simple *ranger*, et, par ce mot, de *rang*).

On l'a écrit ARENGER, AREGER, etc. On a dit : ARRAYER, ARROYER, ARREER, etc. (Voyez le *Glossaire* de Sainte-Palaye.)

Il a été autrefois employé comme synonyme de Ranger.

Chascune bataille si ot son naville par soi, et furent tuit coste à coste *arangiés.*

VILLEHARDOUIN, Conqueste de Constantinoble, II.

L'Ausone, représenté par Élie Vinet, use en deux divers endroits de « minare », pour « mener », mot que *j'arrangerois* volontiers entre les Gaulois.

EST. PASQUIER, Recherche de la France, VIII, 2.

La vérité est que le roy d'Arragon *arrangea* luy mesme ses gens en bataille.

MÉZERAY, Histoire de France : Philippe-Auguste.

> Mors sui, dist Ysengrins; ovrez,
> Renars respont. Or vous soufrez
> Tant que li moine aient mengié
> Qui as tables *sont arangié.*

Roman de Renart, v. 981.

ARRANGER signifie au propre Mettre dans un ordre convenable, dans un certain ordre, et généralement Disposer, régler ;

Il a pour régimes soit des substantifs au pluriel, désignant des objets matériels :

Mlle de La Caverne et Mlle Angélique, sa fille, *arrangeoient* leurs hardes avec une aussi grande tranquillité que s'il n'y eût eu personne dans la chambre.

SCARRON, *Roman comique*, I, 8.

Il (le régent) étoit passé dans sa garde-robe, j'étois debout derrière son bureau, où j'*arrangeois* des papiers, lorsque je vis entrer le cardinal Dubois comme un tourbillon.

SAINT-SIMON, *Mémoires*, 1722.

Je ne ferai qu'*arranger* les pierres de ce grand édifice (l'histoire du czar Pierre premier).

VOLTAIRE, *Lettres*; à M. le comte de Schowalow, 11 août 1757.

Si les fist *arengier* et metre
En une place que je sé.

MÉON, *Nouv. rec. de fabl. et cont. anc.*, t. II, p. 295.

Lorsque le seul puissant, le seul grand, le seul sage
De ce monde en six jours eut achevé l'ouvrage,
Et qu'il *eut arrangé* tous les célestes corps.

VOLTAIRE, *Satires : Les Systèmes*.

Soit, au singulier, des noms collectifs :

Le Dieu dont Moïse nous a écrit les merveilles, n'a pas seulement *arrangé* le monde, il l'a fait tout entier dans sa matière et dans sa forme.

BOSSUET, *Discours sur l'histoire universelle*, II, 1.

Je vois qu'on se trompe, quand on cherche dans la matière un certain bien qui détermine Dieu à l'*arranger* ou à la mouvoir en un sens plutôt qu'en un autre.

LE MÊME, *Traité du Libre arbitre*, c. 2.

Il est donc vrai qu'il y a un être qui *a* produit et *arrangé* tout ce que nous voyons : cet être est ce qu'on nomme Dieu.

FÉNELON, *Lettres spirituelles*, XXXII.

Ce que nous prenons pour des vertus n'est souvent qu'un assemblage de diverses actions et de divers intérêts que la fortune ou notre industrie savent *arranger*.

LA ROCHEFOUCAULD, *Réflexions ou sentences et maximes morales*, 1.

Marlborough, qui remarquait toutes ces fautes, *arrangeait* son armée pour en profiter.

VOLTAIRE, *Siècle de Louis XIV*.

... Ysengrin et Renart,
Devant eus deus un eschequier,
Lor gieu prenent à *arengier*.

Roman du Renart, v. 28920.

Soit, au singulier ou au pluriel, des noms de nature abstraite ou figurée.

Ne pensez pas que je veuille, en interprète téméraire des secrets d'État, discourir sur le voyage d'Angleterre, ni que j'imite ces politiques spéculatifs, qui *arrangent* suivant leurs idées les conseils des rois,

BOSSUET, *Oraison funèbre de la duchesse d'Orléans*.

Comment... seroit-il possible que le hasard, et la rencontre des atômes fût capable d'*arranger* dans tous les hommes et dans tous les animaux tant de ressorts divers ?

MALEBRANCHE, *Recherche de la vérité*, liv. II, c. 4, § 8.

L'auteur entre dans les intérêts de tous les potentats; il fait à chacun leur part; il *arrange* le monde à son gré, et se met à la place de la Providence.

VOLTAIRE, *Examen du testament politique du cardinal Alberoni*.

ARRANGER a donné lieu à un certain nombre de locutions fort usitées.

Arranger une maison, un bien, etc., c'est les Mettre en bon ordre, y faire des réparations, des embellissements, des dispositions nouvelles.

J'étais venu à Colmar pour *arranger* un bien assez considérable que j'ai dans les environs de cette ville.

VOLTAIRE, *Lettres*, 17 février 1754.

Je le lis avec plaisir quand j'ai *arrangé* mon potager.

VOLTAIRE, *Lettres*, 18 mars 1758.

Arranger son bien, disposer de sa fortune d'une certaine manière.

Que Mme Denis vous montre toutes mes lettres; vous n'y verrez que... l'envie d'*arranger* mon bien en sa faveur.

VOLTAIRE, *Lettres*, 10 mars 1754.

Arranger une affaire, la régler, la terminer.

Sans les avoir payés, il ne leur doit plus rien. Voilà ce qui s'appelle *arranger une affaire*.

ANDRIEUX, *le Trésor*, II, 2.

A cette expression se rapportent des manières de parler telles que les suivantes :

Il faudrait que vous eussiez la bonté d'*arranger* avec lui ses appointements.

> VOLTAIRE, *Lettres*, 7 février 1754.

Ce soir pour un hôtel je conclus un marché ;
Demain j'*arrange* un mariage.

> DELILLE, *la Conversation*, II.

Figurément, *arranger ses affaires*, les mettre dans un meilleur ordre, dans un meilleur état.

Il a bien *arrangé ses affaires* depuis quelque temps.

> *Dictionnaire de l'Académie*, 1762.

Arranger un procès, un différend, une querelle, les accommoder, les terminer à l'amiable.

Arranger sa vie, la régler, la disposer.

Arranger son air, son maintien, etc., les composer selon la circonstance.

Il *arrange* son air, son discours, son regard.

> DELILLE, *la Conversation*, 1.

Arranger une parure, la disposer comme il faut.

Les hommes portaient alors des cravates de dentelle, qu'on *arrangeait* avec assez de peine et de temps.

> VOLTAIRE, *Siècle de Louis XIV*, c. 16.

Arranger un meuble, le réparer quand il est en mauvais état.

Je vous avois dit de faire *arranger* mon clavecin.

> SEDAINE, *la Gageure imprévue*, sc. 2.

ARRANGER est très fréquemment employé en parlant de l'ordre, de la disposition des idées, des paroles, des parties d'un ouvrage.

C'est une chose bien remarquable qu'il n'y a point d'hommes si hébétés et si stupides, sans en excepter même les insensés, qu'ils ne soient capables d'*arranger* ensemble diverses paroles, et d'en composer un discours par lequel ils fassent entendre leurs pensées ; et qu'au contraire il n'y a point d'autre animal, tant parfait et tant heureusement né qu'il puisse être, qui fasse le semblable.

> DESCARTES, *Discours de la Méthode*, V.

Certainement la manière dont on *arrange* ordinaire-

ment les trois premières monarchies est visiblement fabuleuse.

> BOSSUET, *Discours sur l'Histoire universelle*, I, 7.

La construction naturelle du raisonnement et celle qui découvre toute sa force, est d'*arranger* trois propositions dont la dernière suive les deux autres.

> BOSSUET, *De la connoissance de Dieu et de soi-même*, c. 1, art. 13.

Que votre disciple ait donc l'esprit droit et net, qu'il raisonne sur de grands principes, et qu'il *arrange* bien ses connoissances.

> FLEURY, *Du choix des études*, c. 21.

J'aime l'ordre, dit-elle, et vous me faites plaisir d'*arranger* mes idées.

> FONTENELLE, *les Mondes*, VIe soir.

Il pille dans ces livres et ces manuscrits ; et quoiqu'il ne fasse qu'*arranger* et lier ces larcins, il a plus de vanité qu'un véritable auteur.

> LE SAGE, *le Diable boiteux*, c. 6.

Vous faites des vers ? Vous le croyez, parce que vous avez appris de Richelet à *arranger* des mots et des syllabes dans un certain ordre et selon certaines conditions données.

> DIDEROT, *Salon de 1767* : Loutherbourg.

On peut reprocher avec plus de raison encore à M. de la Chaussée de n'avoir jamais su faire un plan de comédie raisonnable, de n'avoir su ni *arranger* ni conduire ses pièces.

> GRIMM, *Correspondance*, 1er avril 1754.

En termes de Musique, ARRANGER signifie Mettre à la portée d'un ou de plusieurs instruments ce qui a été composé pour un ou plusieurs instruments d'une nature différente. On dit *arranger* pour le piano une symphonie.

ARRANGER a encore le sens de Convenir, agréer. Cela m'*arrange*, ne m'*arrange* pas, se dit D'une chose qui plaît, dont on s'accommode, ou qui déplaît, qui porte préjudice.

Cela vous plaît à dire et ne m'*arrange* pas.

> GRESSET, *le Méchant*, II, 1.

Familièrement et ironiquement, ARRANGER quelqu'un, le maltraiter, lui causer du dommage.

Il a voulu faire l'insolent, je l'ai *arrangé* de la bonne manière, je l'ai bien *arrangé*, je l'ai *arrangé* comme il faut. Qui vous a *arrangé* ainsi ? La pluie, le vent vous a bien *arrangé*. Comme vous *êtes arrangé* !

> *Dictionnaire de l'Académie*, 1835.

ARRANGER, s'emploie avec le pronom personnel et a quelquefois le sens passif de Être arrangé, rangé.

Quinze cents chambres mêlées. de terrasses *s'arrangeoient* autour de douze salles, et ne laissoient point de sortie à ceux qui s'engageoient à les visiter.

BOSSUET, *Discours sur l'Histoire universelle*, III, 3.

Il signifie, plus ordinairement, Se ranger, se mettre dans un certain ordre.

Ils *s'étoient* tous partis par connétablies et *arrangés* tout autour de la ville.

FROISSART, *Chroniques*, liv. II, c. 212.

Après cela, je montrai comment la plus grande partie de la matière de ce chaos devoit, en suite de ces lois, se disposer et *s'arranger* d'une certaine façon qui la rendoit semblable à nos cieux.

DESCARTES, *Discours de la Méthode*, V.

Je sais seulement, dit-il, que les dieux ne se sont jamais mêlés de rien ; et que le principe de toute chose est dans les atomes, qui *se sont arrangés* d'eux-mêmes, de façon qu'ils ont produit ce monde tel qu'il est.

VOLTAIRE, *Défense de mon oncle*, c. 21.

Qu'il arrive de plaisantes choses dans la vie ! comme tout roule, comme tout *s'arrange* !

LE MÊME, *Lettres*, 23 décembre 1761.

Je pris un valet pour moi, et une servante pour Manon. Notre petite fortune *s'arrangea*.

PRÉVOST, *Manon Lescaut*, IIe part.

L'agitation du reste de ma vie n'a plus laissé aux événements le temps de *s'arranger* dans ma tête.

J.-J. ROUSSEAU, *les Confessions*, part. II, liv. XII.

Sans garder dans ses vers un ordre méthodique
Son sujet de lui-même et *s'arrange* et s'explique.

BOILEAU, *Art poétique*, III.

Tout cela va d'abord *s'arranger* de soi-même.

DUFRESNY, *le Faux sincère*, sc. 2.

Sur sa langue les mots *s'arrangent* à son gré.

BOISSY, *le Babillard*, sc. 5.

Il signifie également Se mettre dans une position, dans une posture commode pour faire quelque chose.

Il *s'arrange* dans son fauteuil pour dormir. *S'arranger* à une table pour écrire commodément.

Dictionnaire de l'Académie.

Je vais *m'arranger* pour vous donner les étrennes que vous me demandez. Ce sont de vraies étrennes, car tout cela n'est que bagatelle. Je ne compte pas faire imprimer si tôt toutes ces petites pièces fugitives.

VOLTAIRE, *Lettres*; à M. de Cideville, 24 déc. 1732.

S'arranger chez soi, dans sa maison, dans son appartement, c'est Mettre ses meubles en ordre, rendre son habitation propre et commode.

Mais j'ai commencé à *m'arranger* dans mon habitation, et je ne saurois en changer avant l'hiver.

J.-J. ROUSSEAU, *Lettres*, août 1762.

S'arranger, c'est encore S'ajuster, se parer, s'habiller.

Mais pour notre séance allons *nous arranger*.

COLLIN D'HARLEVILLE, *les Mœurs du jour*, II, 13.

Figurément, *s'arranger*, se préparer, faire ses dispositions, prendre ses mesures.

J'ai compté là-dessus, moi ; je *me suis arrangé* autrement.

MARIVAUX, *l'Épreuve*, sc. 18.

Comptant sur de la colère, il ne *s'étoit* nullement *arrangé* pour ce sang-froid.

J.-J. ROUSSEAU, *Émile*, II.

Je commençai par *m'arranger* pour mes promenades.

LE MÊME, *les Confessions*, II, 9.

Mon principe est qu'il faut ne donner rien pour rien,
Ne pas perdre un dîner, et *s'arranger* de sorte,
S'il coûte de l'argent, qu'ensuite il en rapporte.

ANDRIEUX, *le Trésor*, III, 3.

Fig. et fam. *Arrangez-vous, vous n'avez qu'à vous arranger comme vous voudrez*, se dit à quelqu'un à qui on laisse entièrement le soin de ses propres affaires.

Tout comme il vous plaira, Monsieur, *arrangez-vous*.

LE GRAND, *l'Aveugle clairvoyant*, sc. 29.

Au reste, *arrange-toi*, fais tes réflexions.

GRESSET, *le Méchant*, I, 1.

S'arranger signifie aussi S'accorder, s'entendre avec une autre personne pour faire quelque chose en commun.

Ils *se sont arrangés* pour partir ensemble. Payez pour vous et pour moi, *nous nous arrangerons* ensemble.
Dictionnaire de l'Académie, 1835.

Je lui demandai quel nouvel ordre elle jugeoit à propos de mettre dans nos affaires. Elle me dit qu'il falloit sur-le-champ sortir du séminaire, et remettre à *nous arranger* dans un lieu plus sûr.
Prévost, *Manon Lescaut,* Ire part.

Il signifie encore Terminer à l'amiable un procès, un différend, une querelle, etc.

Ils n'ont pas voulu *s'arranger,* ils plaideront. Ils *se sont arrangés* et ne se sont point battus. Il *s'est arrangé* avec ses créanciers.
Dictionnaire de l'Académie, 1835.

Il se dit également, dans un sens analogue, de Ce qui est ainsi terminé. Les choses *s'arrangent,* l'affaire *s'arrangera.*

...Tout *s'arrange* avec les bonnes âmes.
Barthe, *les Fausses Infidélités,* sc. 1.

Enfin *s'arranger d'une chose,* se dit pour L'accepter volontiers, s'en accommoder.

L'orgueil humain *s'arrange de* descendre pour remonter.
Chateaubriand, *Mémoires sur le duc de Berry,* liv. I, c. 13.

Arranger a été quelquefois employé sans régime, dans un sens neutre.

Je m'en vais encore pour huit jours à Saint-Martin, après quoi je m'en reviens à Choisy, pour y *arranger,* et y cogner et recogner depuis le matin jusqu'au soir.
Coulange, *Lettres;* à Mme de Sévigné, 10 juin 1695.

Par l'ost se sont armé bien quarante milier;
Dont veissiés nos gens sor le pont *arengier.*
Chanson d'Antioche, c. V, v. 390.

Arrangé, ée, participe.

Si l'on me venoit dire que des caractères d'imprimerie projetés au hasard ont donné l'Énéide toute *arrangée,* je ne daignerois pas faire un pas pour aller vérifier le mensonge.
J.-J. Rousseau, *Émile,* liv. IV.

Il ne pardonne point les endroits négligés;
Il renvoie en leur lieu les vers mal *arrangés.*
Boileau, *Art poétique,* I.

Il se dit, dans un sens particulier, D'une personne pourvue de toutes choses, nécessaires et agréables.

Nous avons enfin ici les bons Chaulnes, tout comme vous les avez jamais vus, et toujours aussi disposés à faire bonne chère à leurs amis; ils sont *arrangés* à merveille dans leur hôtel.
Coulange, *Lettres;* à Mme de Sévigné, 24 janvier 1695.

Il (Vervins) se confina dans une terre en Picardie, sans aucune cause de dégoût ni de déplaisir, sans besoins du côté de ses affaires; il étoit riche, *arrangé,* et ne fut jamais marié.
Saint-Simon, *Mémoires,* 1704.

Il se dit, en mauvaise part, D'une personne qui a de l'apprêt, de la pédanterie, de l'affectation dans son ton, dans ses manières.

Elle a quelque chose de trop *arrangé* pour vous.
Marivaux, *le Legs,* sc. 9.

Du verbe *arranger* s'est formé :

Arrangeur, s. m. Qui arrange.

Il (Malherbe) ne s'épargnoit pas lui-même en l'art où il excelloit, et disoit souvent à Racan : « Voyez-vous, mon cher monsieur, si nos vers vivent après nous, toute la gloire que nous pouvons en espérer, c'est qu'on dira que nous avons été deux excellents *arrangeurs* de syllabes. »
Tallemant des Réaux, *Historiettes:* Malherbe.

On est saisi d'indignation contre le misérable *arrangeur* de vieux mots impropres rimés richement.
Voltaire, *Dictionnaire philosophique:* Figure.

Me prends-tu pour un ouvrier,
Un *arrangeur* de mots que l'on tâte et retâte?
La Motte, lettre à la duchesse du Maine.

Du participe *arrangé* s'est formé :

Arrangéement ou Arengéement, adv., qui s'employait autrefois pour signifier D'une façon bien arrangée :

Gardez donc, belle seur, que vos cheveulx, vostre coiffe, vostre cueuvrechief et vostre chapperon et le surplus de vos atours soient bien *arengéement* et simplement *ordenés*.

Le Ménagier de Paris, Ire distinction, art. 1er. Voyez aussi IIe distinction, 4o art.

ARRANGEMENT, s. m. (*d'arranger*). Action d'arranger.

J'ai peu de résignation pour l'ordre de la Providence dans l'*arrangement* qu'elle a fait de nous.

Mme DE SÉVIGNÉ, *Lettres,* 10 novembre 1673.

Elle (Mlle Hamilton) avoit le front ouvert, blanc et uni, les cheveux bien plantés, et dociles pour cet *arrangement* naturel qui coûte tant à trouver.

HAMILTON, *Mémoires de Grammont,* c. 7.

Il est naturel qu'un jeune homme, épuisé des fatigues que demande l'*arrangement* d'un si grand jour (la bataille de Rocroy), tombe ensuite dans un sommeil plein.

VOLTAIRE, *Siècle de Louis XIV,* c. 3.

État de ce qui est arrangé :

La beauté ne consiste que dans l'ordre, c'est-à-dire dans l'*arrangement* et la proportion.

BOSSUET, *de la Connoissance de Dieu et de soi-même,* c. 1er, art. 7.

Arrangement de l'univers :

En considérant l'*arrangement* de *l'univers* entier.

VOLTAIRE, *Contes,* Memnon.

Lorsque mon âme sera séparée de mon corps, y aura-t-il moins d'ordre et moins d'*arrangement dans l'univers?*

MONTESQUIEU, *Lettres persanes,* 86.

Arrangement des organes :

Ce qui fait raisonner l'homme n'est pas l'*arrangement des organes;* c'est un rayon et une image de l'Esprit divin.

BOSSUET, *de la Connoissance de Dieu et de soi-même,* c. v, art. 12.

Arrangement d'un visage :

La plaisante chose qu'une passion qui dépend de l'*arrangement d'un visage* et du quantième de l'âge !

DUFRESNY, *le Négligent,* I, 6.

ARRANGEMENT, au figuré en parlant des choses morales :

Elle (Pauline de Grignan) est donc, Dieu merci, dans la

fantaisie de la saison, c'est-à-dire de la dévotion de la semaine sainte. Il faut prier Dieu qu'il la conserve dans cet *arrangement* si juste, et si bien placé, car si jamais son imagination déplaçoit quelque chose, il nous semble que cela pourroit aller bien vite.

Mme DE SÉVIGNÉ, *Lettres,* mars 1690.

On est sévère pour les actions extérieures, et on est très-relâché pour l'intérieur. Pendant qu'on est si jaloux de cet *arrangement* superficiel de vertus extérieures, on n'a aucun scrupule de se laisser languir au dedans et de résister secrètement à Dieu.

FÉNELON, *Lettres spirituelles,* 101.

Il se dit aussi de La disposition et de l'ordre qu'on observe dans un discours, en mettant chaque pensée, chaque terme à la place qui lui convient.

Vous voyez, par le peu d'*arrangement* de ce discours, qu'il fut fait sans méditation et sur-le-champ.

CARD. DE RETZ, *Mémoires,* IIe part., décembre 1648.

Arrangement d'un ouvrage, d'une édition :

Content d'avoir grossièrement esquissé mon plan, je revins aux situations de détail que j'avois tracées, et, de l'*arrangement* que je leur donnai, résultèrent les deux premières parties de la Julie.

Je lui remis tous les matériaux de cette édition. J'en fis l'*arrangement* et la distribution.

J.-J. ROUSSEAU, *Confessions,* part. II, liv. 9 et 12.

Arrangement des idées :

Le latin... allie des constructions tout-à-fait contraires, et qui néanmoins paroissent également conformes à l'*arrangement des idées.* Telles sont celles-ci : Alexander vicit Darium ; Darium vicit Alexander.

CONDILLAC, *Essai sur l'origine des connoissances humaines,* IIe part., sect. I, c. 12.

Arrangement des mots, des paroles, des termes, des syllabes :

Avec quel respect tous les *mots* viennent s'offrir à vous et à l'*arrangement* que vous en faites !

Mme DE SÉVIGNÉ, *Lettres,* 24 mai 1690.

Il (Isocrate) n'a eu qu'une idée basse de l'éloquence, et il l'a presque toute mise dans l'*arrangement des mots.*

FÉNELON, *Dialogues sur l'éloquence,* I.

III.

Pour ses ouvrages... il y a de l'*arrangement dans les paroles*, et une heureuse facilité qui est le fruit d'une longue étude.

FLÉCHIER, *Son portrait*, par lui-même.

Le poète, indispensablement obligé de plaire à l'oreille, ne peut y parvenir que par le choix des termes et leur *arrangement nombreux*.

LA HARPE, *Cours de littérature*, IIIᵉ part., liv Iᵉʳ, c. ɪ, sect. ɪɪ. Voltaire.

Elle (la poésie lyrique) exige même dans l'*arrangement des syllabes* une heureuse combinaison de longues et de brèves.

D'ALEMBERT, *Éloge de La Motte*.

ARRANGEMENT, absolument, dans un sens analogue :

Cette manière de conter est d'un homme de qualité et d'un homme de guerre, qui ne doit pas tant chercher l'*arrangement*, qui dit simplement à sa famille ce qu'a fait son maître et ce qu'il pense du mérite de sa vie.

BUSSY-RABUTIN, *Lettres*, au P. Bouhours, 25 nov. 1692.

Sénèque veut qu'un orateur, surtout quand il traite de matières graves et sérieuses, soit moins attentif aux mots et à l'*arrangement*, qu'aux choses et aux pensées.

ROLLIN, *Traité des Études*, Discours préliminaire, IIᵉ part.

Il se dit Des préparatifs qu'on fait, des mesures, des plans auxquels on s'arrête :

Après l'*arrangement* de cette dixme achevé, on s'appercevra bientôt du bon effet qu'elle produira.

VAUBAN, *Projet d'une dixme royale*, c. 3.

Il (l'abbé Bayard) n'étoit plus au monde, et c'étoit à un mort que j'écrivois; je vous avoue que je fis un cri au fond de mon cœur, en apprenant cet *arrangement* de la Providence.

Ce me seroit une grande joie que de vous avoir tous deux... L'offre et la proposition me donnent une véritable reconnoissance de l'*arrangement* que vous aviez fait.

Mᵐᵉ DE SÉVIGNÉ, *Lettres*, 4 oct. 1677 et 29 juin 1686.

Depuis que j'étais sûre que M de Climal m'aimait, j'avais absolument résolu, s'il m'en parlait, de lui dire qu'il était inutile qu'il m'aimât. Après quoi, je prendrais sans scrupule tout ce qu'il voudrait me donner; c'était mon *arrangement*.

MARIVAUX, *la Vie de Marianne*, Iᵉ part.

A la fin d'un si sage *arrangement* je sentois que mon cœur attendoit encore quelque chose.

PRÉVOST, *Manon Lescaut*, 1ʳᵉ part.

Tout le monde gagnait à cet *arrangement*, car chacun, en se livrant à un seul genre de travail, y réussissait beaucoup mieux.

TURGOT, *Réflexions sur la formation des richesses*, IV.

Rien n'est plus naturel que cet *arrangement*.

DUFRESNY, *Faux sincère*, I, 2.

Disposez pour Paris tout votre *arrangement*.

GRESSET, *le Méchant*, I, 5.

Il s'emploie surtout en ce sens au pluriel.

J'admire toujours les jeux et les *arrangements* de la Providence.

Mᵐᵉ DE SÉVIGNÉ, *Lettres*, 22 sept. 1688.

On ne s'égare sous de beaux prétextes de perfection, qu'en recherchant ce qui nous flatte au lieu de contenter Dieu, et qu'en voulant accommoder la piété à nos *arrangements*, au lieu d'assujettir tous nos goûts à la croix de Jésus-Christ.

FÉNELON, *Lettres spirituelles*, 138.

J'ai fait un petit calcul là-dessus, au moyen duquel je trouve que tous vos *arrangements* me dérangent.

MARIVAUX, *le Legs*, sc. 3.

M. de Machault trouva le roi chez madame de Pompadour, et là se firent les *arrangements* qui éclatèrent quelques jours après.

HÉNAULT, *Mémoires*, c. 118.

Je ne dis pas que, si j'eusse été le maître de mes *arrangements*, mon cœur se seroit partagé, j'y sentois un peu de préférence.

J.-J. ROUSSEAU, *Confessions*, part. I, liv. IV.

Heureuse disposition de l'âme où tous les *arrangements* de la vie ont un charme particulier en se rattachant à quelque espérance du cœur.

Mᵐᵉ DE STAEL, *Corinne*, X, c. 6.

Il ne fait point des récits éternels
De ses *arrangements*, de ses soins paternels.

DELILLE, *la Conversation*, III.

Arrangements domestiques, arrangements civils et politiques :

Il (L. Cousin) se destina d'abord à l'état ecclésiastique, ou plutôt il y fut destiné par ses parents et se prêta sans résistance aux *arrangements domestiques* qui réglaient ainsi sa vocation.

D'ALEMBERT, *Éloge de L. Cousin*.

Les vues du commerce le plus étendu venaient à l'appui de ces *arrangements* ou de ces dérangements *politiques*. Le coup de fauconneau qui tua Charles XII renversa tout le projet.

> Voltaire, *Examen du testament politique du cardinal Alberoni*.

C'est la propriété en général, et celle des terres en particulier, qui fait le fondement de la société, de nos gouvernements, de tous nos *arrangements civils et politiques*.

> Grimm, *Correspondance*, 1er juillet 1755.

Faire, prendre, tenir, arrêter des arrangements :

Les propriétaires qui ne travaillent pas eux-mêmes leurs terres peuvent s'y prendre de différentes manières pour les faire cultiver, ou *faire* différents *arrangements* avec ceux qui les cultivent.

> Turgot, *Réflexions sur la formation des richesses*, § 19.

L'exprès leur apprend qu'il faut se réfugier dans la maison d'un pauvre gentilhomme, et que là on verra les *arrangements* que l'on pourra *prendre* pour leur sûreté.

> Voltaire, *Siècle de Louis XV*, 25.

J'ai besoin, Monsieur, d'une réponse sur cette proposition, avant de *prendre les* derniers *arrangements* que mon état rend nécessaires.

> J.-J. Rousseau, *Lettres*, 29 mai 1761.

On jugera si, à moins d'être le dernier... des infâmes, j'ai pu *tenir des arrangements* qu'on a toujours pris soin de rendre ignominieux.

> Le même, *les Confessions*, part. II, l. 12.

Et nos *arrangements* sont *arrêtés*, conclus.

> Collin d'Harleville, *les Querelles des deux frères*, II, 3.

Il s'emploie principalement quand il est question d'affaires, et surtout d'affaires d'argent :

Son *arrangement* (de Monseigneur) étoit extrême pour ses affaires particulières.

> Saint-Simon, *Mémoires*, 1711.

Il (M. de Belle-Isle) reçut les sacrements le samedi, et le dimanche il donna la matinée à l'*arrangement* de ses affaires.

> Hénault, *Mémoires*, c. 22.

Je puis me priver en trois mois de vingt-cinq francs, mais non de cinquante; chacun a son *arrangement*.

> Diderot, *Lettre à L.*

L'*arrangement* de ma fortune ne me permet pas d'aller au delà, et je me trouverai même un peu gêné d'abord pour les ameublements.

> Voltaire, *Lettres*, 18 oct. 1754.

Il signifie quelquefois, Conciliation, accord :

L'*arrangement* d'un procès.

> *Dictionnaire de l'Académie.*

Les troubles de la Perse détruisirent bientôt cet *arrangement*.

> Voltaire, *Histoire de Pierre le Grand*, IIe part., c. 12.

Quant aux belles phrases du récolement, elles ne sont que le fruit d'un commerce habituel avec un savant homme, sans qu'on doive induire ni des visites de la femme, ni des apophthegmes du mari, qu'ils aient eu ensemble aucune communication, *arrangement*, conseil ni préparation relativement au procès.

> Beaumarchais, *Mémoires*, Ire part. Mme Goëzman.

ARRENTER, v. a. (de *à* et *renter*). Donner ou prendre à rente quelque héritage, ou quelque pièce de terre, de vigne, etc.

Fist li rois (Edouard d'Angleterre) fonder et edefier une capelle de Saint Jorge ou dit chastiel de Windesore. Et y establi et mist canonnes pour Dieu servir, et les *arrenta* et aprouvenda largement.

> Froissart, *Chroniques*, liv. I, § 203.

Il y avoit deux laboureurs qui avoyent *arrenté* une terre nouvelle, et, pour icelle clore, ils avoyent fait un fossé par esgale portion.

> Bernard Palissy, *de l'Agriculture*.

Le fermier est le même à qui son maître a *arrenté* Saint-George.

> Racine, *Lettres*, à M. Vitart, 13 juin 1662.

ARRENTEMENT, s. m. (d'*arrenter*). Action de donner ou de prendre à rente.

Si ledit grand Duc n'envoye par delà, et n'advance la somme de cent mille escus, entrant en partie de l'*arrentement* du sel avec luy et autres, il ne sera jamais payé de ce qu'il luy est deub.

> D'Ossat, liv. IV, lettre 153.

Il n'est permis d'en departir (de la terre réservée au

Sultan) sinon audict Soubachi qui tient l'*arrentement* de l'isle, et en paye le tribut au Turc.

BELON, *Observations de plusieurs singularitez de divers pays estranges*, I, c. 23.

Dans l'origine toutes les terres furent, comme jadis parmi nous, aux mains d'un petit nombre de familles. Mais, pour les mettre en valeur, il a fallu que les grands propriétaires fissent des ventes et des *arrentements*.

VOLNEY, *Voyage en Syrie*, c. 24, § 4.

ARRÉRAGES, s. m. p. (de l'ancienne forme *arrère*. Voyez *Arrière*). Ce qui est dû, ce qui est échu d'un revenu, d'une rente, d'un loyer, d'une ferme.

A present, quand les eschevins sortent de charge, ils se font payer cinq ou six mil livres de vieux *arrerages* de rentes sur toutes natures de deniers pour leur derniere main; et, s'ils n'ont point de rentes, ils acheptent des *arrerages* de la vefve et de l'orfelin à six escus pour cent; et se font payer de tout comme ayant droict par transport.

Les Caquets de l'accouchée, 1re journée.

Il mène avec lui des témoins quand il va demander ses *arrérages*, afin qu'il ne prenne pas un jour envie à ses débiteurs de lui dénier sa dette.

LA BRUYÈRE, *Car. de Théophraste*, c. 18.

Le roi d'Angleterre m'ordonna de faire connoître à Votre Majesté... que tout cela lui coûteroit deux cent mille jacobus; qu'il en payeroit à l'avenir quatre-vingt-quatre mille par an pour les *arrérages* de ce qu'il devoit aux banquiers de Londres.

M. COURTIN à Louis XIV, 21 juin 1677. (Voyez Mignet, *Succession d'Espagne*, t. IV, p. 483.)

Il fut obligé de retrancher trois quartiers d'*arrérages* que le roi devait aux rentiers de l'hôtel de ville.

VOLTAIRE, *Histoire du parlement de Paris*, c. 53.

La pension que vous dites m'avoir été retirée, et que vous offrez de me faire rendre, m'a été apportée avec les *arrérages*, ici, dans ma chambre.

J.-J. ROUSSEAU, *Lettres*, 25 juillet 1771.

Elle est d'accord de tout, du temps, des *arrérages*.

REGNARD, *le Joueur*, I, 6.

Arrérage de rentes :

Sa grande application à entrer dans le produit effectif

des revenus du roi, le mit en état de faire payer, dès la première année qu'il fut à la tête des finances, seize millions d'*arrérages des rentes* de la ville, sans préjudice de l'année courante.

FONTENELLE, *Éloge de d'Argenson*.

Les *arrérages de rentes* perpétuelles et viagères.

Code civil, 2277.

Arrérages de la recette, du taillon :

D'aultrement il fault recouvrer les *arreraiges de la recepte* qui sont deubz par delà.

MONTLUC, *Lettre* 90.

M^{rs} les depputez des estats se seroient rendus chez Mgr le surintendant des finances, où estants, il auroit faict sçavoir ausdits sieurs depputtez des estats la dernière volonté de S. M., tant sur la susdite creue de 32^s establie sur le sel, augmentation et *arrerage du taillon*, que pour le droit d'équivalent jouy par la province.

États de Languedoc de 1659. (Voyez Depping, *Corresp. admin. sous Louis XIV*, t. I, p. 26.)

Arrérages de solde :

La chambre des Communes ayant donné à l'armée écossaise deux cent mille livres sterling d'*arrérages* et lui en devant encore autant, le roi cessa dès lors d'être libre.

VOLTAIRE, *Essai sur les mœurs*, c. 180.

Arrérages de blé :

Il s'éleva un cri qui ordonna au président de Bellièvre d'écrire expressément au premier président de n'entendre à aucune proposition... jusques à ce que tous les *arrérages du blé* promis eussent été entièrement fournis et délivrés.

CARD. DE RETZ, *Mémoires*, IIe part., mars 1649.

On s'est servi de ce terme au commencement du XVIIe siècle, en parlant Des correspondances arriérées :

Faites part de ces nouvelles à MM. les présidents du Vair et de la Ceppède. Je ne leur écris point de peur de les charger de trop d'*arrérages*.

Monsieur, il y a six semaines que je n'ai eu de vos lettres; ce sont beaucoup d'*arrérages*; mais pour cela je ne laisserai pas de hasarder encore celle-ci.

MALHERBE, *Lettres à Peiresc*, 1609 et 1611.

Je prends en payement une demie page d'écriture pour tous les *arrérages* que vous me devez et pour lesquels je vous pourrois de droit faire citer au tribunal de l'amitié.

CHAPELAIN, *Lettres;* à M. de Sales, 7 fév. 1634.

Arrérages du plaisir :

Le temps et le lieu nous invitent à rire, et prendre revenge des maux passez sur les *arrérages du plaisir* si longtemps perdu.

JAQUES YVER, *le Printemps d'Yver.*

Des *arrerages de Plaisance,*
Dont trop endebté m'est Espoir,
Se quelque part j'en peusse avoir
Du surplus donnasse quittance.

CHARLES D'ORLÉANS, *Rondel* 148.

Arrérages d'amour :

Vous avez aucunement raison, repliqua ceste bonne femme ; mais les *arrerages d'amour* sont bien difficiles à payer, et principalement par les hommes d'estude.

Caquets de l'accouchée, 8.

Enfin M. de la Fontaine revint en convalescence, et paya tout au long les *arrérages d'amour.*

SOREL, *Francion,* II.

Ah ! si j'avois tardé si longtemps à sentir le véritable amour, qu'alors mon cœur et mes sens lui payèrent bien l'*arrérage!*

J.-J. ROUSSEAU, *Confessions,* II, 9.

Or je metz ung cas qui est tel '
Ung mary en vacation,
Voyant que le temps estoit bel,
S'en alla en commission
Veoir sa belle ente (tante), ce dit-on.
Il demoura bien ès villaiges,
Cinq ou six moys. Assavoir mon
S'il est tenu des *arreraiges*
Quant il revient? Dient aucuns sages
Que le mary, comme j'entens,
En est tenu par tous usaiges,
Veu qu'ilz sont escheuz de son temps.

COQUILLART, *Droits nouveaux.*

On a dit anciennement *arrierage.*

S'il ne se pooit deffendre et par pesible tenure ou pour ce que si devancier avoient bone reson à tenir, il per-

droit ce qu'il en seroit venu et les *arrierages* qu'il aroit levés puis le mort de son devancier.

BEAUMANOIR, *les Coutumes du Beauvoisis,* c. VII, 8.

(Ils) espient ces povres gens au passage, sçavoir est à leur faire payer tous ces *arrierages* de bled alors qu'il est fort cher.

H. ESTIENNE, *Apologie pour Hérodote,* c. 6.

Cette forme, tirée directement d'*arrière,* n'a point prévalu, bien qu'elle ait eu pour elle l'autorité de Nicot et de Cotgrave, qui l'ont préférée dans leurs dictionnaires ; et qu'elle ait conservé, ainsi que l'indique le passage suivant, quelques défenseurs jusque dans la seconde moitié du XVIIe siècle.

Quoiqu'on dise *arrière,* il faut dire *arrérages,* et non *arriérages,* comme a dit Nicot, et comme plusieurs antiquaires le disent encore aujourd'hui.

MÉNAGE, *Observations sur la langue françoise,* 1672.

ARRÉRAGER, v. n. Il se dit des rentes en redevance annuelle qui ne sont pas payées et qui s'accumulent.

Un collecteur, dont le père avoit autrefois emprunté de l'argent d'un receveur des tailles, se trouvant *arréragé* de plus de 2000 l. sur son recouvrement, a bien eu l'audace de lui écrire.

TURGOT, *Mémoire sur les prêts d'argent,* x.

ARRÊTER, v. a. (le verbe de basse latinité *adrestare, arrestare,* a donné *arrester,* puis *arrêter,* par la suppression de l's. Ce mot *adrestare* est formé de la préposition *ad* et du verbe *restare,* d'où est venu *rester,* qui, à la différence d'*arrêter,* a gardé l's du verbe primitif jusque dans le français actuel.)

Empêcher la continuation d'un mouvement.

Et li Venicien, qui plus savoient de la mer, distrent que ... li coranz de l'aigue les enmenroit contreval le Braz, si ne porroient leur vaissiaus *arester.*

VILLEHARDOUIN, *Conquête de Constantinople,* 239.

Si Dieu nous fait la grace de la gaigner [la victoire] (comme ie me tiens asseuré que nous ferons), vous *arresterez* l'empereur et le roy d'Angleterre sur le cul, qui ne sauront quel party prendre.

MONTLUC, *Commentaires,* liv. II.

Pour bien asseurer un estat la raison est requise, ainsi qu'une anchre pour *arrester* un navire.

AMYOT, *Projet de l'éloquence royale.*

En cette grande et dernière bataille navale qu'Antonius perdit contre Auguste, sa galère capitainesse *fut arrestée* au milieu de sa course, par ce petit poisson, que les Latins nomment remora, à cause de cette sienne propriété d'*arrester* toute sorte de vaisseaux auxquels il s'attache.

MONTAIGNE, *Essais,* II, 12.

Cosroës, roi des Perses, entre dans l'empire romain avec une armée formidable; Bélisaire y court à la teste d'un petit corps, et *arreste* le Persan.

BUSSY, *Discours à ses enfants,* Bélisaire.

Nous sentons par le toucher ce qui nous *arrête* ou ce qui nous cède.

BOSSUET, *de la Connoissance de Dieu et de soi-même,* c. I, art. 3.

Celui que les déserts, les fleuves et les montagnes n'étoient pas capables d'*arrêter* (Alexandre), fut contraint de céder à ses soldats rebutés qui lui demandoient du repos.

LE MÊME, *Discours sur l'histoire universelle,* III, 5.

Il semble qu'il se multiplie dans une action (le prince de Condé); ni le fer ni le feu ne l'*arrêtent.*

LE MÊME, *Oraison funèbre du prince de Condé.*

Enfin le courage *arrête* la multitude; l'ennemi s'ébranle et commence à plier.

FLÉCHIER, *Oraison funèbre de M. de Turenne.*

Le maréchal de Villars, par sa bonne conduite, *a arrêté* les ennemis et a changé leurs desseins.

Mᵐᵉ DE MAINTENON, *Lettres,* au duc de Noailles, 28 juil. 1709.

Il avoit (le marquis de Prie) de l'esprit et du savoir; il étoit dans le service, mais la paix l'*arrêtoit* tout court.

SAINT-SIMON, *Mémoires,* 1722.

J'aimois tant la dispute, que j'*arrêtois* les passants, connus ou inconnus, pour leur proposer des arguments.

LE SAGE, *Gil Blas,* I, c. I.

Nul obstacle n'*arrêtait* le vainqueur : s'il se trouvait une rivière entre les ennemis et lui, Charles XII et les Suédois la passaient à la nage.

VOLTAIRE, *Histoire de Charles XII,* liv. III.

Le respect que dans ces temps féroces on avait eu pendant plus de quarante années pour la vertu de ce monarque, avait toujours *arrêté* jusque-là les mains des assassins. Mais, après avoir ainsi massacré le prince de Galles, on respecta moins le roi (Henri VI).

LE MÊME, *Essai sur les mœurs,* c. 116.

Périclès voulait qu'on se bornât à conserver et à assurer les anciennes conquêtes, estimant que c'était beaucoup faire que de contenir et d'*arrêter* les Lacédémoniens.

ROLLIN, *Traité des Études,* liv. VI, 3ᵉ part., art. 1.

Le Pô, le Tésin, l'Adda n'ont pu vous *arrêter* un seul jour.

NAPOLÉON, *Proclamation.* (Voyez *Mémoires,* t. III, p. 217.)

Le destrier broche (Il pique le coursier), n'a soing de
[l'*arester.*
Garin le Loherain, t. I, p. 27.

Un moment à mon tour ne vous puis-je *arréter* ?...

RACINE, *Iphigénie,* II, 1.

Sur le mulet du fisc une troupe se jette,
Le saisit au frein, et l'*arrête.*
LA FONTAINE, *Fables,* I, 4.

Arrêter le soleil, la course du soleil.

Je vous montrerais un Josué qui fait tomber une pluie de pierre sur les habitants d'un village ennemi, à onze heures du matin, et *arrêtant le soleil* et la lune à midi, pour avoir le temps de tuer mieux ses ennemis qui étaient déjà morts.

VOLTAIRE, *de la Paix perpétuelle,* c. 16.

S'il (Dieu) commande au soleil, il *arrête sa course.*

ROTROU, *Saint-Genest,* III, 2.

Arrêter l'écoulement de quelque liqueur, arrêter le sang, les larmes.

On ne lui pouvoit *arrêter le sang,* parce qu'il avoit un gros vaisseau coupé.

SCARRON, *Roman comique,* I, 6,

Maintenant que la France et l'Espagne mêlent leurs larmes, et en versent des torrents, qui pourroit les *arrêter*?

BOSSUET, *Oraison funèbre de Marie-Thérèse d'Autriche.*

Arrêter une rivière, un torrent, tant au propre qu'au figuré :

Il en est des esprits émus et poussés d'un certain côté, à

peu près comme d'une rivière, qu'on peut plus aisément détourner que l'*arrêter* de droit fil.

> Bossuet, *de la Connoissance de Dieu et de soi-même*, c. 3.

Il (le prince d'Orange, lors de l'invasion de la Hollande par Louis XIV) ne put d'abord *arrêter le torrent* qui se débordait sur sa patrie.

> Voltaire, *Siècle de Louis XIV*, c. 10.

Mais qui peut dans sa course *arrêter ce torrent?*
Achille va combattre, et triomphe en courant.

> Racine, *Iphigénie*, I, 1.

Et vouloir faire obstacle à de telles amours,
C'est prétendre *arrêter un torrent* dans son cours.

> Regnard, *le Joueur*, III, 9.

Arrêter d'un seul mot *un torrent* d'éloquence.

> Dufresny, *Mariage fait et rompu*, I, 8.

Arrêter le cours, le courant de quelque chose :

Il est, Sire, de votre devoir d'*arrêter* par une bonne et prompte paix *le cours* de ces profanations abominables qui déshonorent la terre.

> Card. de Retz, *Mémoires*, IIᵉ part. septembre 1652.

M. le premier président a... *arrêté* par là *le cours* d'une corruption publique.

> Pascal, *Provinciales*, VIII.

Ce qu'il y a de plus déplorable, c'est qu'elles (les vanités) *arrêtent le cours* des charités.

> Bossuet, *Sermons*, Sur l'honneur.

Cependant ai-je à peine essuyé mes cheveux,
Et payé dans le port l'offrande de mes vœux,
Que d'un nouveau désir le courant me transporte,
Et n'ai pour *l'arrêter* la raison assez forte.

> Régnier, *Élégies*, 5.

J'*arrêterai le cours* de ce dérèglement.

> Destouches, *le Dissipateur*, act, I, sc. 2.

Arrêter le cours d'une monnaie, d'une valeur de banque :

L'autre sorte de billets dont l'usage devient fort commun, et dont il seroit important d'*arrêter le cours*... sont des billets payables au porteur.

> Vauban, *Projet d'une dixme royale*, 2ᵉ fonds.

Arrêter l'air, les rayons du soleil :

Il (le pays des Juifs) est borné au midi par de grandes montagnes qui *arrêtent l'air* brûlant des déserts d'Arabie.

> Fleury, *Mœurs des Israélites*.

Cependant que mon front, au Caucase pareil,
Non content d'*arrêter les rayons du soleil*,
Brave l'effort de la tempête.

> La Fontaine, *Fables*, I, 22.

Arrêter, Fixer, assurer une chose :

Selon ma coutume de vous importuner, je vous prie me faire le bien de m'envoyer une bouteille d'huile de fleur d'orange : vous savez que les dames s'en servent à frotter les cheveux pour y *arrêter* la poudre.

> Malherbe, *Lettres à Peiresc*, 1607.

Arrêter un point en cousant.

En termes de Chasse :

Qu'importe qu'il ait des chiens qui *arrêtent* bien?

> La Bruyère, *Caractères*, c. 10.

En termes de Manège, *Arrêter et rendre*, Former des demi-temps d'arrêts successifs.

> (*Dictionnaire de l'Académie.*)

En termes de Jardinage, Retrancher les pousses superflues.

Arrêter des melons et des concombres, c'est les tailler lorsqu'ils ont trop de bras ou de branches, ou qu'ils les ont trop longues. Ainsi on dit : Voilà des melons qui ont besoin d'*être arrêtés*, c'est-à-dire qui ont besoin d'être taillés, ou, comme on dit assez vulgairement, d'être châtrés.

> La Quintinye, *Instruction pour les jardins*, Iʳᵉ part., c. 4.

Arrêter, signifie encore, Empêcher quelqu'un d'agir, de faire ce qu'il voulait faire, de continuer ce qu'il avait commencé.

Il (Louis XIV) a *arrêté* par la crainte de la rigueur de la justice, ceux qui n'étoient pas *arrêtés* par la crainte de sa justice de Dieu.

> Pascal, *Provinciales*, XIV.

Vous me parlez de mon départ : ah! ma fille! je languis dans cet espoir charmant : rien ne m'*arrête* que ma tante, qui se meurt de douleur et d'hydropisie.

Enfin, ma fille, soyez très-persuadée que nous ne songeons qu'à partir, et qu'il n'y a rien devant cette envie ni devant ce voyage; le chaud ne m'*arrétera* point.

Mᵐᵉ DE SÉVIGNÉ, *Lettres*, 16 et 23 mars 1672.

Dans l'ordination du sous-diacre, on *arrête* celui qui se présente à cet ordre, pour lui déclarer que jusqu'alors il a été libre.

BOSSUET, *Histoire des variations des églises protestantes*, liv. VII, n. 112.

Qu'y avoit-il dans la règle que je vous avois imposée et que vous aviez embrassée, qui vous étonnât, qui vous rebutât, qui vous *arrétât?*

BOURDALOUE, *Pensées*. De l'état religieux. Jugement du religieux.

Il étoit de sa sagesse (à Louis XIV) d'*arréter* l'Angleterre dans le chemin qu'elle s'étoit ouvert à l'absolue domination de la mer.

LE MARQUIS DE POMPONNE, *Mémoires*, I, c. 1.

Je suis prêt à faire ce que vous souhaitez. Il n'y a plus qu'une petite difficulté qui m'*arrête :* quand je vous aurai rendu le service dont il s'agit, je crains de payer les pots cassés.

LE SAGE, *Le Diable boiteux*, c. 1.

Elle (la Sorbonne) menaçait de cesser ses leçons; et le parlement, qui avait lui-même cessé ses fonctions plus importantes, ordonnait à la faculté de continuer les siennes, il soutenait les libertés de l'Église gallicane, et le roi l'approuvait; mais quand il allait trop loin, le roi l'*arrétait*.

VOLTAIRE, *Précis du siècle de Louis XV*, c. 36.

Ce sont des créanciers, continua-t-il, des héritiers qui nous *arrétent*, qu'il faut mettre d'accord, et qui, suivant toute apparence, ne le seront pas sitôt.

MARIVAUX, *la Vie de Marianne*, 8ᵉ part.

Quelques foibles solliciteurs
Faisoient encore un peu de mine
D'*arréter* mes persécuteurs.

THÉOPHILE, *Requéte au Roi*

Il n'est fort, entre ceux que tu prends par centaines,
Qui ne puisse *arréter* un rimeur six semaines.

BOILEAU, *Épîtres*, IV.

Que d'importunités! — Quoi donc? qui vous *arréte?*

RACINE, *Britannicus*, III, 2.

Et l'embarras du choix ne l'*arréte* jamais.

DESTOUCHES, *l'Irrésolu*, III, 1.

Eh bien! voyons le rang que le destin m'appréte.
Il ne couronne point ceux que la crainte *arréte*.

PIRON, *la Métromanie*, III, 7

ARRÊTER, s'emploie souvent, dans un sens analogue à celui qui précède, avec un nom de chose pour régime, comme on le voit par les exemples suivants, classés par ordre alphabétique : *Arréter une action, une affaire, le carnage*, etc.

Je ne fus pas fâché... de faire un peu de honte aux gens touchant les intérêts particuliers, dans une conjoncture où il est vrai qu'ils *arrétoient* la plus glorieuse, la plus utile et la plus éclatante *action* du monde.

CARD. DE RETZ, *Mémoires*, IIᵉ part., mars 1649.

Un style de déclamateur qui *arréte l'action* ou la fait languir.

LA BRUYÈRE, *Caractères*, c. 1.

Le sieur de Witt m'a encore demandé si j'avois reçu mon pouvoir de traiter; je lui ai dit que cela n'*arréteroit* pas *l'affaire*, et que Votre Majesté me l'enverroit lorsqu'il en seroit temps.

LE COMTE D'ESTRADES à Louis XIV, 5 juil. 1663.(Voyez Mignet, *Succession d'Espagne*, t. I, p. 209.)

Enfin Las Casas obtint de Charles-Quint des lois qui *arrétèrent le carnage* réputé jusqu'alors légitime, attendu que c'était des chrétiens qui massacraient des infidèles.

VOLTAIRE, *Conspirations contre les peuples. Massacres dans le nouveau monde.*

Avec cet œil serein, ce front majestueux,
Tels que dans les combats, mattre de son courage,
Tranquille il *arrétait* ou pressait *le carnage*.

VOLTAIRE, *Henriade*, ch. 2.

Celui qui met un frein à la fureur des flots
Sait aussi des méchants *arréter les complots*.

RACINE, *Athalie*, I, 1.

Les seules divisions de la Grèce *arrétèrent ses conquétes* (d'Agésilas).

BOSSUET, *Discours sur l'histoire universelle*, III, 5.

Peu de gens faillent, notamment aux choses mal-aysées à persuader, d'affirmer qu'ils l'ont veu, ou d'alléguer des tesmoings desquels l'authorité *arreste nostre contradiction*.

MONTAIGNE, *Essais*, liv. III, c. 11.

Tous les *déplaisirs* que vous *arrétâtes* hier sont revenus en foule dans mon esprit.

VOITURE, *Lettres amoureuses*, lettre 25.

Léandre, *arrétons là ce discours* importun.

MOLIÈRE, *l'Étourdi*, III, 3.

Puisque les sens ne peuvent *arrester nostre dispute*,

estant pleins eux-mesmes d'incertitude, il faut que ce soit la raison.

MONTAIGNE, *Essais*, II, c. 12.

Il faut tâcher d'*arrêter les divisions* et les querelles dans leur naissance même.

NICOLE, *Essais de morale*, Des moyens de conserver la paix.

Près de trente mille Suédois sous divers généraux, répandus au nord et à l'orient sur les frontières de la Moscovie, *arrêtaient les efforts* de tout l'empire des Russes; et Charles était à l'occident, à l'autre bout de la Pologne, à la tête de l'élite de ses troupes.

VOLTAIRE, *Histoire de Charles XII*, c. 2.

J'ai un nom, et ce nom *arrête* toutes *les entreprises.*

MONTESQUIEU, *Dialogue de Sylla et d'Eucrate.*

Il faut qu'il (le maître) prenne souvent le caractère qui lui convient le plus, qui est le sérieux... pour *arrêter l'épanchement* de ces jeunes esprits et les faire rentrer en eux-mêmes.

FLEURY, *Du choix des Études*, c. 17.

La débauche a toujours été l'écueil inévitable de l'élévation; et jusques ici les plaisirs ont *arrêté* bien *des espérances* de fortune.

MASSILLON, *Petit Carême.* Tentation des grands.

Mais cependant, mon fils, tu meurs, si je n'*arrête*
Le fer que le cruel tient levé sur ta tête.

RACINE, *Andromaque*, III, 8.

Cette sienne résolution (de Scanderberch) *arresta* tous bout *la furie* de son maistre.

MONTAIGNE, *Essais*, I, 1.

Halicarnasse, qui estoit forte et par sa situation, et par deux bonnes citadelles, leur avoit fait espérer d'*arrester* par ses murailles, comme une puissante digue, l'impétuosité d'Alexandre qui venoit comme un torrent.

DU RYER, *Traduction de Quinte-Curce.* Supplément de Freinshemius, II, 8.

Il disait qu'il se délassait de ses fatigues en *arrêtant les intrigues* de la cour romaine, et qu'on se battait contre elle avec du papier, au lieu qu'il fallait attaquer les autres souverains avec des armes véritables.

VOLTAIRE, *Histoire de Charles XII*, III.

Je vous donne ces vers pour nourrir vos douleurs,
Puisque cette princesse (la duchesse de Nevers) est
[digne de vos pleurs,
Et ne veux point reprendre un dueil si légitime.
Pour elle vos regrets prennent un juste cours,

III.

Et de les *arrêter* je croirois faire un crime
Aussi bien que la mort en *arrêtant ses jours.*

THÉOPHILE, *A mademoiselle de Rohan.*

Sa *langue* est justement un claquet de moulin,
Qu'on ne peut *arrêter* sitôt qu'elle est en train.

DE BOISSY, *le Babillard*, sc. I.

Quel frein pourroit d'un peuple *arrêter la licence*,
Quand les Dieux, nous livrant à son zèle indiscret,
L'affranchissent d'un joug qu'il portoit à regret?
. . . .
. . . .
Quoi! l'horreur de souscrire à cet ordre inhumain
N'a pas, en le traçant, *arrêté votre main?*

RACINE, *Iphigénie*, IV, 4.

La pénitence couvre les plus grands crimes et *arrête les* plus terribles *menaces.*

ROLLIN, *Traité des Études*, liv. VI, IIᵉ part., c. 1, art. 2.

Je voudrois fort prier ces Messieurs... d'*arrêter les mouvements* ridicules de leur vanité, en cessant de composer de si gros volumes sur les matières, qui, de leur propre aveu, leur sont inconnues.

MALEBRANCHE, *Recherche de la Vérité*, liv. I, c. 3.

Il mourut. Mille bruits en courent à ma honte.
J'arrêtai de sa mort *la nouvelle* trop prompte.

RACINE, *Britannicus*, IV, 2.

Quand on cherche à plaire, que prétend-on? N'est-ce pas d'exciter les passions des hommes? Les tient-on dans ses mains pour *les arrêter?*

FÉNELON, *de l'Éducation des filles*, c. 10.

La seule pensée que vous devez mourir corrigera vos erreurs, détruira vos préjugés, *arrêtera vos précipitations*, servira de frein à vos empressements et de contre-poids à vos légèretés.

BOURDALOUE, *Carême.* Sermon sur la pensée de la mort.

Et comme s'il (Pyrrhus) eût été d'intelligence avec les ennemis, il *arrêtoit ses progrès* lui-même.

SAINT-ÉVREMOND, *Réflexions sur les divers génies du peuple romain*, c. 5.

Une *rapidité* que rien n'*arrête* entraîne tout dans les abîmes de l'éternité.

MASSILLON, *Sermon sur la mort.*

Donnez à un cheval fougueux, qui a la bouche extrêmement fine, un écuyer habile et intelligent, il *arrêtera* toutes *ses saillies.*

ROLLIN, *Traité des Études*, liv. VIII, Iʳᵉ part., art. 2

Asdrubal, effrayé des succès rapides de l'armée romaine, crut que l'unique moyen de les *arrêter* était de donner une bataille.

ROLLIN, *Traité des Études*, liv. VI, IIIe part., art. 2.

Quelque bonheur qui seconde tes vœux,
Ils n'*arresteront* pas *le temps* qui toujours vole.

MAINARD, *Odes*.

Tacite dit qu'on faisait toujours de nouvelles fraudes aux lois faites pour *arrêter les usures*.

MONTESQUIEU, *Esprit des lois*, XXII, 22.

L'aile droite n'avoit pas eu un succès si favorable ; les Arabes l'avoient rompue et poussée jusqu'au corps de réserve que commandoit le roi de Léon ; mais ce roi *avoit arrêté leur victoire* et les avoit repoussés jusqu'aux portes d'Almaras.

Mme DE LA FAYETTE, *Zayde*.

Toutes les lumières de la vérité ne peuvent rien pour *arrêter la violence*, et ne font que l'irriter encore plus.

PASCAL, *Provinciales*, XII.

Rien n'*arrête la volubilité* de notre esprit.

LE MÊME, *Pensées*.

Arrêter quelqu'un, le retenir, soit au propre, soit au figuré :

Je vois des foisons de religions en plusieurs endroits du monde, et dans tous les temps. Mais elles n'ont ni la morale qui peut me plaire, ni les preuves qui peuvent m'*arrêter*.

PASCAL, *Pensées*.

Ceux qui voulurent le suivre (Suetonius Paulinus) furent reçus dans ses troupes ; les autres, que l'âge, le sexe ou la douceur du lieu y *arrêtèrent* (à Londres), furent opprimés par les Barbares.

PERROT D'ABLANCOURT. Trad. de Tacite, *Annales*, liv. XIV, 7.

Il y avoit été envoyé (Louis XIV, à Orléans) pour *arrêter* ce peuple sous son obéissance.

Mme DE MOTTEVILLE, *Mémoires*, année 1651.

Nos gens d'affaires sont ici pour un procès qui m'y *arrête*.

Mme DE GRIGNAN, *Lettres*, 13 juin 1684.

Il y a déjà longtemps que vous nous parlez ; j'ai honte de vous *arrêter* davantage.

FÉNELON, *Dialogues sur l'éloquence*, II.

La sagesse éternelle s'est présentée hors de nous d'une

manière sensible, non pour nous *arrêter* hors de nous, mais afin de nous faire rentrer dans nous-mêmes.

MALEBRANCHE, *Recherche de la vérité*, liv. VI, part. I, c. 3.

Lieux que j'aimai toujours, ne pourrai-je jamais,
Loin du monde et du bruit, goûter l'ombre et le frais ?
Oh ! qui m'*arrêtera* sous vos sombres asiles !

LA FONTAINE, *Fables*, XI, 14.

Rien ne doit plus, seigneur, ici nous *arrêter*.

DE LA FOSSE, *Manlius*, I, 6.

Les devoirs les plus chers m'*arrêtent* en ces lieux.

COLLIN D'HARLEVILLE, *les Mœurs du jour*, V, 8.

Arrêter quelqu'un, le captiver par quelque chose d'intéressant, d'attrayant.

Les pompes, les plaisirs, les délices, la curiosité de ceste ville ne me peut *arrester* un iour, pensant que peut-estre ailleurs je pourrois faire service à nostre maistre.

MONTLUC, *Commentaires*, III.

Quant aux Amadis, et telles sortes d'escrits, ils n'ont pas eu le crédit d'*arrester* seulement mon enfance.

MONTAIGNE, *Essais*, II, 10.

Il n'y a point de chat séculier qui soit plus libertin ni plus volontaire que lui. J'espère pourtant que je l'*arrêterai* par le bon traitement que je lui fais ; je ne le nourris que de fromages et de biscuits.

VOITURE, *Lettre à Mme l'abbesse (d'Yères)*.

ARRÊTER, en ce sens, s'emploie particulièrement dans le Langage de l'amour et de la galanterie :

J'aime à changer, c'est ma franchise,
Et mon humeur m'y va portant :
Mais quoy ? si je suis inconstant,
Faut-il pourtant qu'on me mesprise ?
Tant s'en faut, qui m'*arrestera*
Beaucoup plus d'honneur en aura.

D'URFÉ, *l'Astrée*, Ire part., liv. VII. *Villanelle de Hylas*.

Chere Cloris, je vous conjure,
Par les nœuds dont vous m'*arrestez*,
Ne vous troublez point de l'injure,
Des faux bruicts que vous redoutez.

THÉOPHILE, *A Cloris*, ode.

Ah ! si mon cœur osoit encor se renflammer !
Ne sentirai-je plus de charme qui m'*arrête* ?
Ai-je passé le temps d'aimer ?

LA FONTAINE, *Fables*, IX, 2.

Vous ne prétendiez pas m'*arrêter* dans vos fers :
J'ai craint de vous trahir, peut-être je vous sers.
RACINE, *Andromaque*, IV, 5.

Seroit-ce un autre amour qui pourroit l'*arrêter?*
PALAPRAT, *la Prude*, II, 16.

Arrêter les pas :

Quoi! depuis si longtemps la reine Bérénice
Vous arrache, seigneur, du sein de vos États;
Depuis trois ans dans Rome elle *arrête vos pas.*
RACINE, *Bérénice*, I, 2.

Arrêter les regards :

Tout prit au mariage de Louis XIV un caractère plus
grand de magnificence... Paris vit avec une admiration
respectueuse... le roi à cheval... paré de tout ce que l'art
avait pu ajouter à sa beauté mâle et héroïque qui *arrêtait*
tous *les regards.*
VOLTAIRE, *Siècle de Louis XIV*, c. 25.

Arrêter les yeux, les oreilles :

Ces fêtes et ces magnificences et la vue de cet élément
(la mer) qui pour la première fois *arrête* avec quelque admiration *les yeux* et l'esprit de tous ceux qui le voyent, ne
pouvoient divertir Zélide.
VOITURE, *Histoire d'Alcidalis et de Zélide*.

Soit qu'il danse ou qu'il chante, en ses moindres mer-
Il *arrête* sur lui *nos yeux* et *nos oreilles.*   [veilles,
RACAN, *Bergeries*, I, 3.

On vient de voir dans un passage de Voiture
arrêter les yeux et *l'esprit.* L'expression *arrêter
l'esprit, arrêter l'imagination,* se trouve souvent
seule, sans être ainsi amenée et comme préparée
par un autre substantif :

Plus elle nous voit obstinez à l'aymer, plus elle s'opi-
niastre à nous hayr, me faisant bien cognoistre par la
preuve quel Prothee est *l'esprit* d'une jeune femme, et
combien il est difficile de *l'arrester.*
D'URFÉ, *l'Astrée*, IIe part., liv. I.

C'est le naturel de *l'esprit* de rouler toujours en lui-
même par un mouvement éternel, tellement qu'il seroit
toujours dissipé par sa propre agitation, si Dieu n'avoit
mis dans la volonté une certaine vertu qui le fixe et l'*arrête.*
BOSSUET, *Sermons*, Sur le culte de Dieu.

Il faut donner du corps à toutes les instructions qu'on
veut imprimer dans son *esprit* (de l'homme) : il faut des
images qui l'*arrêtent.*
FÉNELON, *Dialogues sur l'Éloquence*, II.

La présence seule du maître contribue beaucoup à rendre
les enfants plus attentifs, en fixant et *arrêtant* leur *imagination.*
ROLLIN, *Traité des Études,* liv. VIII, IIe part., c. 4.

Arrêter les âmes.

Dès la première vue, *arrêter les âmes* les plus résolues
et les moins nées à la servitude, faire naître en elles une
sorte d'amour qui connoisse la raison... ce sont des effets
plus étranges et plus éloignés de la vraisemblance...
que tout ce que nos romans nous content de plus merveilleux.
VOITURE, *Lettres*, à Mme de Saintot, en lui envoyant un
Roland Furieux.

ARRÊTER, Modérer :

Pour qu'on ne puisse abuser du pouvoir, il faut que,
par la disposition des choses, le pouvoir *arrête* le pouvoir.
MONTESQUIEU, *Esprit des lois*, XI, 4.

ARRÊTER, suivi d'un nom de chose pour complément direct, Borner, suspendre.

Soit au propre :

Les astres *arrêtent leur cours* et détournent leurs malignes
influences.
FLÉCHIER, *Panégyrique de saint François de Paule*.

Ce ministre (Albéroni), voyant les affaires du prétendant
tourner mal en Écosse, *arrêta les secours* d'argent qu'il
avoit commencé à lui faire payer.
SAINT-SIMON, *Mémoires,* année 1716.

Je te pry, Nymphe, *arreste un peu tes pas.*
CL. MAROT, *la Métamorphose*, I.

Arreste donc *ces pleurs* vainement respandus.
THÉOPHILE, *Consolation*, A madamoiselle de L.

Soit au figuré :

Toutes les fois que je la considère (Mme de Combalet)
j'*arrête mes souhaits*, et j'ai de la peine à être assez affec-
tionné à mon parti.
VOITURE, *Lettre à Mlle Paulet*

Ange, qui que tu sois, vueille songer à moy,
Et lorsque tu seras de garde auprès du roy
De qui le cœur dévot est tousjours en prière,
Arreste-moy le cours de son inimitié.

THÉOPHILE, *Sonnet sur son exil.*

ARRÊTER, est souvent suivi d'une préposition.
Arrêter en, arrêter à, Retenir, fixer, attacher à :

Adamas qui jugeoit bien que les trop continuelles pensées du berger ne faisoient que *l'arrester* et rafermir davantage *en* sa mélancolie, luy conseilla de passer son temps dans le bocage sacré.

D'URFÉ, *l'Astrée,* II° part., liv. VIII.

J'ai changé tous mes projets et *arrêté en* vous seule cette ambition qui embrassoit toute la terre.

VOITURE, *Lettre à Mlle de Rambouillet sous le nom du roi de Suède.*

La haute vertu a quelque chose de plus touchant et de plus aimable que cette médiocre bonté, capable d'une foiblesse et même d'un crime, *où* nos anciens étoient contraints *d'arrêter* le caractère le plus parfait des rois et des princes dont ils faisoient leurs héros.

P. CORNEILLE, *Examen du Cid.*

C'est ce qui donne le plus grand branle à nos jugements, et qui nous *y arrête* le plus fortement.

Logique de Port-Royal, III° part., c. 20.

Corneille a dit, dans une signification analogue, *arrêter autour :*

Les anciens... *arrêtoient* leurs tragédies *autour* de peu de familles, parce que ces sortes d'actions (tragiques) étoient arrivées en peu de familles.

P. CORNEILLE, 2° *Discours sur l'art dramatique.*

Souvent ARRÊTER a pour complément un nom de choses suivi d'une préposition:

Arrêter sa créance à :

Toutes ces choses-là, comme je les ay rangées, ne sont pas dignes sans doute qu'un homme de bon sens *y arreste* entièrement *sa créance;* toutes fois, estans certains de l'immortalité de nos âmes, nous devons penser que leur habitation en l'autre monde sera quelque chose d'approchant à ce que je vous en ay discouru.

THÉOPHILE, *Immortalité de l'âme.*

Arrêter son envie à :

Ainsi qu'un autre Alcide, en m'arrachant des fers,
Vous m'avez aujourd'hui retiré des enfers;
Et moi dorénavant j'*arrête mon envie*
A ne servir qu'un prince à qui je dois la vie.

CORNEILLE, *Clitandre,* V, 1.

Arrêter sa vue, ses yeux, ses regards sur :

Vous verrez qu'en effet c'est à Dieu qu'il faut s'en prendre, mais avec respect et résignation; et les hommes *sur* qui nous *arrêtons notre vue,* il faut les considérer comme les exécuteurs de ses ordres, dont il sait bien tirer la fin qui lui plait.

Mme DE SÉVIGNÉ, *Lettres,* 25 mai 1680.

Le pharisien se rendoit grâce à lui-même de s'être attiré le don de Dieu, et de s'être seul rendu digne qu'il *arrêtât les yeux sur* lui.

BOSSUET, *Traité de la Concupiscence,* c. 21.

Hélas! nous ne pouvons un moment *arrêter les yeux sur* la gloire de la princesse, sans que la mort s'y mêle aussitôt pour tout offusquer de son ombre.

BOSSUET, *Oraison funèbre de la duchesse d'Orléans.*

Et *sur* qui que ce soit que j'*arrête les yeux,*
Je crois être celui qui vous convient le mieux.

BOURSAULT, *Ésope à la cour,* IV, 2.

Arrêter son choix, son espoir, sa pensée, un soupçon sur :

Grand Dieu, *arrêtez mon choix sur* ce qui sera le plus profitable à cet illustre auditoire.

BOSSUET, *Sermons,* Sur l'amour des plaisirs.

Toy, Israel, *arreste ton espoir*
Sur le Seigneur; c'est ta force et pouvoir,
Bouclier et sauvegarde.

CL. MAROT, *Psaumes,* 43.

Et *sur* la fille alors *arrêtant mon espoir,*
Je laisserai la mère à qui voudra l'avoir.

GRESSET, *le Méchant,* II, 1.

Le choix de mes États ne m'est point une loi;
D'une troupe importune il m'a débarrassée,
Et d'eux tous sur vous trois détourné *ma pensée,*
Mais sans nécessité de l'*arrêter sur* vous.

P. CORNEILLE, *Don Sanche,* I, 3.

Pensez-vous qu'oubliant ma fortune passée,
Sur ma seule grandeur j'*arrête ma pensée?*

RACINE, *Bérénice,* III, 1.

Non, c'est trop *sur Zaïre arrêter un soupçon.*

VOLTAIRE, *Zaïre.*

ARRÊTER, Saisir par voie de justice:

Il fist prendre et *arrester* aucuns des chevaulx et autres bagues dudit Hector.

MONSTRELET, *Chronique*, c. 182.

Combien qu'un evesque peust tester et créer un exécuteur de son testament ; toutesfois soudain qu'il estoit decedé, le Pape envoyoit *arrester* par un collecteur tous ses biens meubles et immeubles.

PASQUIER, *Recherches,* liv. III, c. 23.

Avoir dix mil livres de rente en fonds d'esprit qu'aucun créancier ne peut saisir ny *arrester.* — C'est-à-dire, avoir beaucoup d'esprit.

SOMAIZE, *le Grand Dictionnaire des Prétieuses.*

ARRÊTER, Prendre et retenir prisonnier :

Le baillif retourna à l'Escluse et vint au chevalier du roi mal courtoisement, car il l'*arrêta* de main mise de par le comte.

FROISSART, *Chroniques,* liv. II, c. 45.

Les gouverneurs du roy, c'est assavoir ceulx qui avoient eu le gouvernement des finances, furent fort esmerveillez, et eurent grant doubte qu'ilz ne feussent *arrestez* personnellement.

MONSTRELET, *Chronique,* c. 99.

M. de Barbezieux fut commandé pour se saisir de ses galeres et même pour l'*arrêter* (André Doria) s'il estoit possible.

CARD. DE RETZ, *Conjuration de Fiesque.*

Le maréchal de Créquy a fait comme M. Foucquet, qui ne savoit ce qu'il faisoit les premiers jours qu'on l'*arrêta,* mais qui, après s'être reconnu, fit des merveilles.

BUSSY, *Lettres ;* à Mme de Sévigné, 1er sept. 1675.

La reine mère savoit qu'on *arrêteroit* M. Fouquet... Le roi vouloit l'*arrêter* dans Vaux, mais la reine dit : «.Voulez-vous l'*arrêter* au milieu d'une fête qu'il vous donne? »

RACINE, *Fragments historiques,* 4.

Louvois étoit, quand il mourut, tellement perdu qu'il devoit *être arrêté* le lendemain et conduit à la Bastille.

SAINT-SIMON, *Mémoires,* 1715.

Henri III, dont les gardes *avaient été* désarmés et ar-

rétés, sortit de Paris, et alla tenir les seconds états de Blois.

VOLTAIRE, *Histoire du parlement de Paris,* c. 30. Assassinat des Guise.

On peut juger de la surprise de ce moment. Une princesse étrangère (la seconde femme de Philippe, roi d'Espagne), qui n'a point encore vu le roi qu'elle doit épouser et qui donne l'ordre d'*arrêter* un premier ministre ; car madame des Ursins l'étoit.

HÉNAULT, *Mémoires,* c. 15.

Je m'éloignai de quelques pas, dans la crainte qu'il ne lui prît envie de m'*arrêter* de ses propres mains.

PRÉVOST, *Manon Lescaut,* II° part.

.....Il luy faut rendre
Aujourd'huy ce que j'ay presté,
S'il ne vouloit *estre arresté*
Dedans l'enfer du Chastellet.

JODELLE, *l'Eugène,* IV, 2.

Ordonnez qu'on l'*arrête* en toute diligence.

LE GRAND, *le Mauvais ménage,* sc. 15.

Arrêter un Romain sous de simples soupçons,
C'est agir en tyrans, nous qui les punissons.

VOLTAIRE, *Brutus,* IV.

Arrêter en prison, Mettre en prison :

Édouard (Ier) estant passé luy-mesme à Ortés, le Bearnois (Gaston de Moncade), qui se sentoit trop foible, vint pour luy faire ses excuses; mais, contre la foy donnée, *fut arresté en prison.*

MÉZERAY, *Histoire de France.* Philippe le Hardi.

Qu'est il besoing que soye en liberté
Puis qu'*en prison* mon roy *est arresté?*

CL. MAROT, *l'Enfer,* v. 452.

Figurément : *Arrêter le cœur de quelqu'un en sa prison :*

Je ne veux point la mort de celle qui *arreste*
Mon cœur en sa prison.

RONSARD, *Sonnets pour Hélène,* 63.

Arrêter prisonnier, prisonnière :

... Quand son bras força notre frontière,
Et dans les murs d'Omphis m'*arrêta prisonnière.*

RACINE, *Alexandre,* II, 1.

Souvenez-vous d'*arrêter prisonnier*
Un certain gros coquin qui sert de jardinier.
        Boursault, *les Mots à la mode*, I, 1.

Faire arrêter :

Et véoit bien que s'il avoit jugement contre lui, que le
roi le *feroit arrêter* jusques à ce qu'il auroit tout rendu.
        Froissart, *Chroniques*, Ire part., c. 153.

Sire, pour rendre quitte la dame que vous *avez fait arrester*, je suis venu vers vous : pourtant, puis qu'elle a ac-
comply vostre vouloir, elle sera en liberté desormais, s'il
vous plaist.
        Herberay des Essarts, Traduction d'*Amadis de Gaule*,
        liv. I, c. 16.

Si j'*avois fait arrêter* un homme de grande qualité, officier de ma couronne et capitaine de mes gardes, sur des
soupçons de poison et de sortiléges, je ne le perdrois pas
si les juges le trouvoient innocent, mais je ne m'en servi-
rois jamais.
        Bussy-Rabutin, *Lettres*; à Mme de Sévigné, 4 juillet 1681.

On *fait arrêter* ce duc sous prétexte d'une conspiration
nouvelle, et le lendemain il est trouvé mort dans son lit.
Cette violence rendit le gouvernement de la reine et le
nom du roi odieux.
        Voltaire, *Essai sur les mœurs*. De l'Angleterre et de Mar-
        guerite d'Anjou, c. 115.

Faire arrêter prisonnier :

Il faudroit bien tâcher de vous retirer d'ici, parce que
je guette un certain homme que je veux *faire arrêter prisonnier* ; et s'il venoit à passer, les archers pourroient peut-
être vous blesser.
        Gherardi, *Théâtre italien*, l'Avocat pour et contre, III, 2.

ARRÊTER, signifie S'assurer le service de quelqu'un :

Outre le maître d'armes qui me montre, j'*ai arrêté* encore un maître de philosophie qui doit commencer ce
matin.
        Molière, *le Bourgeois gentilhomme*, I, 2.

D'abord que Fabrice vit que j'*étois arrêté*, il fit une
grande révérence au chanoine, une autre encore plus profonde à la gouvernante.

Je le regardai comme un sujet qui me convenoit, je l'*arrêtai*.
        Le Sage, *Gil Blas*, liv. II, c. 1, et liv. VIII, c. 7.

Si tu veux me servir, je t'*arrête* avec moi.
        Molière, *l'Étourdi*, II, 7.

Au figuré, dans un sens analogue, *s'arrêter
des amants*

Hors *cinq ou six amants* que je veux m'*arrêter*,
J'ai fait vœu désormais de n'en plus écouter.
        Le Grand, *Rue Mercière*, sc. 2.

S'assurer l'usage de quelque chose :

Les comédiens *arrêtèrent* le brancard à un écu, et des
chambres dans l'hôtellerie pour la troupe comique.

Nous *arrêtâmes* trois places dans celui (le carrosse) qui
partoit le lendemain.
        Scarron, *Roman comique*, Ire part., c. 7 et 18.

Avez-vous *arrêté* un logis ?
        Molière, *Pourceaugnac*, I, 3.

Hier au soir, une heure avant votre arrivée, la dame qui
a soupé avec vous vint ici et *arrêta* cet appartement.
        Le Sage, *Gil Blas*, liv. I, c. 16.

J'ai *arrêté* une place pour ne manquer aucun sermon du
carême.
        Fénelon, *Dialogues sur l'Éloquence*, I.

Pour recevoir tout ce monde, chacun de ces officiers *arrêta* seul le plus grand nombre de logements qu'il pouvoit
sans donner de soupçon.
        Saint-Réal, *Conjuration contre Venise*.

C'en est fait : tout est prêt, la place est *arrêtée*.
        Collin d'Harleville, *les Querelles des deux frères*, III, 7.

ARRÊTER, signifie aussi, Résoudre et déterminer quelque chose, demeurer d'accord de faire
quelque chose, en convenir.

Oultre (en outre) luy dict ledict du Bouchage que aultre
chose n'avoit peu faire que la dicte trefve, et qu'il étoit
du chois du Roy de l'*arrester* ou reffuser. Le Roy l'*arresta*.
        Commines, *Mémoires*, VIII, 23.

Sans prendre advis de pas un qui fust là, il (M. de l'Es-
cun) *arresta* la capitulation.
        Brantôme, *Grands capitaines*. M. de l'Escun.

Leurs deux Majestés (Charles IX et Philippe II) *arresteront* ensemble l'ordre qu'il fauldra doresenavant tenir pour

la conservation de la religion crestienne catholicque et de la couronne de nostre roy.

MONTLUC, *Lettres;* à Dom Johan de Bardachin, 27 octobre 1564.

Il me dit (le Pape)... qu'il seroit très-bon de faire une paix ou une tresve entre France et Espagne. Je luy respondis que je croyois que la paix seroit bonne, mais que ces deux Princes avoient tant de choses à démesler ensemble, qu'il falloit des années pour les traitter et *arrester.*

D'OSSAT, *Lettres;* à M. de Villeroy, 17 septembre 1596.

Mucian *ayant arresté* avec luy ce qu'il devoit faire, se retira à Antioche, ville capitale de la Syrie, et Vespasian à Césarée, capitale de Judée.

COEFFETEAU, *Histoire romaine,* liv. VI.

Sa Majesté et lesdits seigneurs Etats, par une prévoyance et une prévention dignes de leur grande prudence, ont estimé à propos de s'unir de nouveau d'une plus étroite liaison, et, afin que leur amitié ne puisse jamais être altérée par aucun incident, régler ensemble et *arrêter* quelle face on tâchera de donner aux affaires dans les dix provinces des Pays-Bas de la domination d'Espagne.

LOUIS XIV aux États-généraux de Hollande, 21 septembre 1663.(Voy. MIGNET, *Succession d'Espagne,* t. I, p. 226.)

J'*arrêtai* ce mariage-là avec son père, qui est mon intime et ancien ami.

MARIVAUX, *Jeu de l'amour et du hasard,* I, 2.

Il ne restoit plus qu'à régler l'ordre de l'exécution, et le marquis de Bedmar, Renault et le capitaine, *arrêtèrent* de concert ce qui suit.

SAINT-RÉAL, *Conjuration contre Venise.*

Et quand j'ai dans ma tête *arrêté* quelque chose,
Je n'en démords jamais qu'à bonne et juste cause.

ANDRIEUX, *la Comédienne,* I, 6.

De même au passif :

Ce propos et conseil *fut arrêté.*

FROISSART, *Chroniques,* liv. I, Ire part., c. 51.

La guerre *fut arrestée* et conclue contre les Romains.

AMYOT, *Vies de Plutarque.* Coriolan, c. 42.

En 1398 *fut arrestée* la première soubstraction de l'obéissance de Benoist XIII par l'Église gallicane.

PASQUIER, *Recherches,* III, c. 28.

Il (Le grand chancelier de Suède) me répondit là-dessus... qu'il n'avoit jamais fait un voyage de huit jours à la

campagne qu'il n'eût trouvé renversé à son retour tout ce qui *avoit été arrêté* en sa présence.

LE MARQUIS DE POMPONNE à Louis XIV, 20 août 1667.(Voy. MIGNET, *Succession d'Espagne,* t. II, p. 315.)

Je continue, non seulement à agréer, mais à le convier (le roi d'Angleterre) qu'il veuille être garant de ce qui *aura été arrêté* dans un traité de paix.

LOUIS XIV à M. Courtin, 3 juillet 1677.(Voy. MIGNET, *Succession d'Espagne,* t. IV, p. 486.)

Le mariage du fils ainé du duc de Villeroy *fut arrêté* avec la fille ainée du prince de Rohan.

SAINT-SIMON, *Mémoires,* 1716.

J'appelle vérités nécessaires celles qui sont immuables par leur nature, et celles qui *ont été arrêtées* par la volonté de Dieu.

MALEBRANCHE, *Recherche de la vérité,* liv. I, c. 3, § 2.

Le mariage termineroit tout, et le vôtre *est comme arrêté.*

MARIVAUX, *Fausses Confidences,* II, 11.

Et nonobstant tes gros tomes divers,
Sans bruict mourras, cela *est arresté.*

CL. MAROT, *Épigrammes,* liv. V, 22.

En ce sens, ARRÊTER est très souvent suivi de la préposition *de.*

Tous d'un même advis *arrestèrent d'*envoyer homme exprès devers vostre Majesté l'offrir l'entière obéissance et fidélité qu'ilz vous doibvent.

MONTLUC, *Lettres;* au Roy, 18 avril 1574.

A l'issue du concile de Constance, il *avoit esté arresté d'*en renouveller un autre en la ville de Pavie à la première commodité.

Trefve de neuf ans est conclue à Vervins, par laquelle il *fut arresté de* la livraison du connestable (de Saint-Pol) ès mains du Roy par le duc (de Bourgogne).

PASQUIER, *Recherches,* III, 27; VI, 10.

Quelque chose qu'on puisse alléguer, ilz ne peuvent sortir des places, *qu'il ne soit arresté de* les remettre, et que les commissaires ne soient venus pour les reprendre.

HENRI IV, *Lettres,* 19 déc. 1583.

Ils *arrestèrent* premierement entre eux *de* combattre, non pour vaincre, mais pour mourir.

COEFFETEAU, *Histoire romaine de L. Florus,* l. II, c. 18.

Ils avoient *arrété de* n'en parler à personne, et cela fut observé fort exactement pendant ce temps-là.

PELLISSON, *Histoire de l'Académie françoise.*

J'ay dit que j'*avois arresté*
De suyvre en tout leur volonté.
R. Belleau, la Reconnue, IV, 1.

Arrêter que :

L'on *avoit arrêté,* le matin, devant que le Roi fût entré, *que* l'on feroit instance auprès de Sa Majesté pour le rétablissement des exilés.
Retz, Mémoires, IIe part. Octobre 1652.

De même au passif :

En la fin il *est arresté* d'un commun accord *que* les Samaritains sont pires que tous les heretiques : mais que ceux qui rejettent les images sont encores pires que les Samaritains.
Calvin, Institution chrestienne, l. I, c. 11, § 16.

Souvenant donc à nostre Boit-l'eau qu'à la precedente Serée *avoit été arresté qu'*on pourroit parler de l'eau... il va dire que l'eau estoit en plus grand usage par tout le monde que le vin.
Bouchet, Serées, l. I, c. 2.

Puisqu'*il est arresté que* ma complaisance pour toi sera éternelle.
Marivaux, Jeu de l'amour et du hasard, II, 12.

Je le connois, Destins, vous *avez arrêté*
*Qu'*aux deux fils de mon roi se partage la terre.
Malherbe, liv. II, sonnet ix.

Arrêter un choix :

Cette apparence de verisimilitude qui fait prendre plus tost à gauche qu'à droite, augmentez la ; cette once de verisimilitude qui incline la balance, multipliez la de cent, de mille onces ; il en adviendra enfin que la balance prendra party tout à faict, et *arrestera un choix* et une vérité entière.
Montaigne, Essais, II, c. 12.

Arrêter un compte, un mémoire :

... Il faict bon asseurer ce qu'on preste,
Brief, *vostre paye,* ainsi que *je l'arreste,*
Est aussi seure, advenant mon trespas,
Comme advenant que je ne meure pas.
Cl. Marot, Épîtres, liv. I, 14.

Qu'un roi sache *arrêter un calcul de finance,*
Parapher un traité, signer une ordonnance,
C'est beaucoup dans le siècle où l'on vit aujourd'hui.
Frédéric II, roi de Prusse. Poésies, épître 28.

Il (l'importun) a partout affaire, il a partout accès,
De vos enfants surveille les progrès ;
Vous offre ses marchands, vous *arrête un mémoire.*
Delille, la Conversation, II.

Arrêter le sujet d'un poëme :

Quand M. Chapelain vit le succès de sa dissertation, il se crut appelé à faire un poëme épique... il *arrêta* donc son sujet.
D'Olivet, Histoire de l'Académie.

Arrêter le plan d'un édifice :

Nous touchons à la plus grande des époques religieuses, où tout homme est tenu d'apporter, s'il en a la force, une pierre pour l'édifice auguste, dont les *plans sont* visiblement *arrêtés.*
Joseph de Maistre, Du Pape. Discours prélimin., 6.

Arrêter de suivi d'un infinitif, Retenir, empêcher de :

Je crois qu'il n'y a pas de honte à moi de n'être pas plus sage dans mes vieux jours, que d'autres ne le sont dans leur jeunesse... je vous avoue pourtant que je n'ai pas laissé d'en être un peu honteux, et cela m'a *arrêté* longtemps *de* vous écrire.
Voiture, Lettres, à M. d'Avaux.

Arrêter à, suivi d'un infinitif, Retenir, occuper à :

Une goutte qui vous prend si à propos et qui vous *arrête* huit jours *à* manger des figues et des melons, m'est un peu suspecte.
Voiture, Lettres; à Costar.

Arrêter, s'emploie souvent avec le pronom personnel, et signifie, Cesser de marcher, d'agir, de parler, etc.

E tuz ces ki passèrent par là ù il gisei *s'aresturent.*
Les quatre Livres des rois, II, ii, 23.

Neporquant n'oserent retenir la cité d'Archadiople, ainz s'en issirent l'endemain et la guerpirent, et s'en revindrent en la cité del Curlot. Enqui *s'arresterent* à grant dote.

VILLEHARDOUIN, *Conquête de Constantinople*, § 339.

Là *s'arrêta* le dit roi, et commanda à toutes ses gens loger.

FROISSART, *Chroniques*, liv. I, Ire part. c. 89.

Nos pères savent si bien *s'arrêter* où il faut.

PASCAL, *Provinciales*, VIII.

Rien ne *s'arrête* pour nous. C'est l'état qui nous est naturel, et toutefois le plus contraire à notre inclination.

LE MÊME, *Pensées.*

C'est ce qui s'appelle époque, d'un mot grec qui signifie *s'arrêter,* parce qu'on *s'arrête* là pour considérer comme d'un lieu de repos tout ce qui est arrivé devant ou après.

BOSSUET, *Discours sur l'Histoire universelle.* Avant-propos.

On ne sait pas être sobre dans la recherche du beau. On ignore l'art de *s'arrêter* tout court en deçà des ornements ambitieux.

FÉNELON, *Lettre à l'Académie.*

Arrêtez-vous, et interrompez votre action dès que vous apercevez qu'elle est trop vive.

FÉNELON, *Lettres spirituelles,* 86.

Les créatures les plus insensibles *s'arrêtent* et se meuvent à la volonté d'un homme mortel.

FLÉCHIER, *Panég. de saint François de Paule.*

Alors Josué parla au Seigneur le jour auquel il avait livré les Amorrhéens entre ses mains, en présence des enfants d'Israël, et il dit en leur présence: Soleil, *arrête-toi* vis-à-vis de Gabaon; lune, n'avance pas contre la vallée d'Aïalon.

VOLTAIRE, *Ancien Testament.* Josué.

Descartes... allait à grands pas dans sa Géométrie jusque vers l'infini; mais il *s'arrêta* sur le bord.

LE MÊME, *Lettres philosophiques,* 17.

Mais enfin on a commencé à ravir à des innocents la liberté et la vie. Quand les premiers coups sont une fois portés, on ne sait plus où l'on *s'arrêtera.*

LE MÊME, *Fragments sur l'Histoire,* art. 24.

J'aime à marcher à mon aise, et *m'arrêter* quand il me plaît.

J.-J. ROUSSEAU, *les Confessions,* part. I, liv. IV.

Sa raison, accoutumée à examiner tant d'objets différents, et à les discuter avec curiosité, *s'arrêtoit* tout court à la vue de ceux de la religion.

FONTENELLE, *Éloge de La Hire.*

III.

Le comble de l'art est de *s'arrêter* où *s'arrêterait* la nature.

MARMONTEL, *Éléments de littérature.* Abondance.

Elle parlait tout haut en marchant, puis elle *s'arrêtait.*

BEAUMARCHAIS, *Mariage de Figaro,* I, 10.

Vous qui alez parmi la voie,
Arestez-vous, et chascuns voie
S'il est dolor tel com la moie (mienne)
Dist sainte Yglise.

RUTEBEUF, *dit de maistre Guillaume de Saint-Amour.*

Biax niés, dist OEdes, par le cors Saint Omer,
Aussi fui jou fors de France getés;
Si renoiai sainte crestiienté.
Chi *m'arestai* et si fui mariés.

Huon de Bordeaux, v. 4263.

Tres parmi la porte est en la vile antrez,
Jusc'au maistre palais ne *s'est* mie aresté.

Parise la duchesse, p. 115.

A tant estes-vos ces garçons
Qui sont desoz l'arbre venu;
Roonel troverent pendu:
Tuit *s'arestent,* ne vont avant.

Roman du Renard, v. 21771.

Arreste toy Lisant,
Cy dessoubz est gisant
Dont le cueur dolent j'ay,
Ce renommé Langeay,
Qui son pareil n'eust pas.

CL. MAROT, *Cimetière,* 14.

Tout beau! charmante Nuit, daignez *vous arrêter.*

MOLIÈRE, *Amphitryon.* Prologue.

Il court, puis il *s'arrête;* il balance, il résout.

DESTOUCHES, *l'Irrésolu,* I, 2.

S'ARRÊTER, s'emploie dans le même sens en parlant des choses.

Soit qu'il s'agisse d'objets matériels:

Et fut le coup d'un glaive qui le prit en chair (Jean Chandos), et *s'arrêta* dessous l'œil, entre le nez et le front.

FROISSART, *Chroniques,* liv. I, IIe part., c. 295.

Quiconque veut faire sa fortune par la voie détournée, il trouve d'autres prétendants qui le contrarient, des rencontres inopinées qui le traversent: un ressort ne joue pas à temps, et la machine *s'arrête.*

BOSSUET, *Sermons:* Sur la Providence.

L'arche, où se sauvèrent les restes du genre humain, a été de tout temps célèbre en Orient, principalement dans les lieux où elle *s'arréta* après le déluge.

> Bossuet, *Histoire universelle*, I, 1.

La flotte de Charles *s'arréta* vis-à-vis Humblebek, à sept milles de Copenhague.

> Voltaire, *Histoire de Charles XII*, liv. XI.

Aussitôt j'entends refermer la porte par laquelle nous étions entrés, et le carrosse *s'arréte* au milieu de la cour.

> Marivaux, *la Vie de Marianne*, VI° partie.

Soit qu'il s'agisse d'êtres immatériels :

L'âme a oublié sa dépendance : *elle s'est* premièrement *arrêtée* et ensuite livrée à elle-même.

> Bossuet, *Traité de la concupiscence*, c. 11.

Les prières et les aumônes ne *s'arrétent* point ici-bas ; elles montent devant Dieu.

> Abbadie, *Sermons*, Sur la mort du juste.

Il ne faut pas que l'esprit *s'arréte* avec les yeux ; car la vue de l'esprit a bien plus d'étendue que celle du corps.

> Malebranche, *Recherche de la vérité*, liv. I, c. 6.

Ma cruauté se lasse et ne peut *s'arréter*.

> Corneille, *Cinna*, IV, 3.

Arréter, avec le pronom personnel, signifie particulièrement, Tarder, s'amuser, rester quelque temps dans un lieu sans en sortir.

Je vous ai fait prier de *vous arréter* ici un moment.

> Sedaine, *la Gageure*, sc. 15.

Je n'ai pas le temps de *m'arréter*; j'ai des affaires sérieuses.

> Marivaux, *Jeu de l'amour et du hasard*, I, 3.

Vous ne me dites pas que je *m'arréte* trop.

> Boursault, *le Mercure galant*, II, 2.

Il a été employé au figuré en ce sens par Chapelain, dans une phrase que Somaize a relevée comme appartenant, selon lui, au style précieux.

L'on ne trouve point de quoi *s'arréter* dans ce livre, se lit en style précieux pour : L'on ne trouve rien de bon dans ce livre.

> Somaize, *Dictionnaire des précieuses*.

Dans cette signification soit propre, soit figu-

rée, il est souvent accompagné d'une préposition.

S'arréter dans, s'arréter chez :

Socrate s'éleva, et montra à ses citoyens égarés que le plaisir, *dans* lequel ils *s'arrétoient,* ne devoit être que le chemin de la vertu.

> Fénelon, *Dialogues sur l'éloquence*, I.

Vous souffrez que *chez* vous un voyageur *s'arréte?*

> Picard, *les Conjectures*, I, 8.

S'arréter en soi, en sa personne, en son mal :

Il me sembloit ne pouvoir faire plus grande faveur à mon esprit, que de le laisser en pleine oysiveté, s'entretenir soy mesmes, et *s'arrester* et rasseoir *en soy.*

> Montaigne, *Essais*, I, 8.

Notre libre arbitre *s'arréte en lui-même,* et croit être quelque chose, quoiqu'il ne soit rien.

> Bossuet, *Traité de la concupiscence*, c. 32.

Redoublez donc, s'il vous plaist, vos soins dans la conservation d'une santé qui ne *s'arreste* pas *en vostre personne.*

> Balzac, *Lettres*, à Conrart, liv. XXIII.

Dittes si *vous vous estes* longuement *arrestée en vostre mal,* d'autant que la longueur du temps accroist pour l'ordinaire de beaucoup le péché.

> Saint François de Sales, *Introduction à la vie dévote*, part. II, c. 19.

S'arréter à, au figuré, est d'un usage fort étendu. Il s'emploie

Soit avant un nom de personne ou de chose ou un pronom :

Ne *nous arrestons* pas... *à* questions curieuses, qui peu proffiteroient à nostre edifficacion.

> Gerson, *Sermons français*, Pour la fête de la Purification, en 1394 ou 1395. (Voy. Thèse de l'abbé Bourret, 1858, p. 173.)

Le roy *s'arresta à* ceste oppinion, qui tenue fut bonne et prouffitable de tous les assistens.

> *Le livre du chevalereux comte d'Artois.*

Vous, messire Jean, et vous, messire Thomas, vous êtes les plus espéciaux de mon conseil et ceux *où* plus *je m'* affie et *arréte.*

> Froissart, *Chroniques*, liv. I, II° part., c. 201.

Maintesfois ay-je ouy de telles opinions : et le font aucunesfois les cappitaines, pour estre estimez de hardyesse, ou pour n'avoir assez de congnoissance de ce qu'ilz ont à faire ; mais, quant les princes sont saiges, ils ne *s'y arrestent* point.

COMINES, *Mémoires,* liv. II, c. 10.

Mais quant tout est dist, le plus est, si vous voyez que votre pacience longue ne les fist parler mieux à votre advantaige, de ne *vous arester* à terre ny à enfant.

LA REINE DE NAVARRE, *Lettres ;* à François Ier, décembre 1525.

Mais pource que vous ay trouvé beau, de bonne grace, et plein de vertu de hardiesse, plus que l'on ne m'avoit dict, et que la peur n'a peu toucher vostre cueur, ny tant soit peu refroidir l'amour que vous me portez, je suis délibérée de *m'arrester à* vous pour la fin de mes jours.

LA MÊME, *Heptaméron,* 16e nouvelle.

Plustost chacun *s'arrestera à* son jugement que de s'assujettir à l'advis d'autruy.

Il nous faut aussi noter cela des anciens Peres, qu'ils ont tellement vescu sous l'Ancien Testament, qu'ils ne *s'y sont* point *arrestez,* mais ont tousjours aspiré au Nouveau : et mesme y ont participé en vraye affection de cœur.

Or, combien que ceste confession soit en la bouche de chacun, on voit d'autre costé une vilaine ignorance, en ce que les hommes ne *se* peuvent *arrester* à un seul Dieu.

CALVIN, *Institution chrestienne,* liv. I, c. 5, § 12 ; c. 11, § 10, et c. 12, § 1.

Tous les autres parloient et disoient que le Roy ne *se* devoit aucunement *arrester à* mes paroles.

MONTLUC, *Mémoires,* liv. II.

Je laisse ce qui est de l'histoire de la Germanie pour *m'arrester à* celle de France.

Les medecins, qui sont depuis arrivez, empruntans leurs beaux discours d'uns Hypocrat ou Gallien *s'arrestent* principalement, en la guérison de leurs malades, *à* la practique des Arabes et spécialement d'Avicenne.

PASQUIER, *Recherches,* II, 10, et VIII, 14.

Ce qui cause en partie cette révolte que nous sentons dans les choses qui nous arrivent, est que nous *nous arrêtons* trop *aux* créatures et que nous leur imputons les événements.

NICOLE, *De la soumission à la volonté de Dieu,* IIe part., c. 1.

Arrêtez-vous au plus proche objet, et jouissez d'aujourd'hui, sans vous tourmenter tant de demain.

BALZAC, *Aristippe,* disc. IV.

J'ai fait sortir mes écrits au public sans être parés, ni avoir aucun des ornements qui peuvent attirer les yeux

du peuple, afin que ceux qui ne *s'arrêtent* qu'à l'extérieur ne les vissent pas, et qu'ils fussent seulement regardés par quelques personnes de bon esprit.

DESCARTES, *Lettres,* à M. Chanut.

Quoi ! mon père, ce n'est donc ici qu'une défense de politique et non pas de religion ? Peu de gens *s'y arrêteront.*

PASCAL, *Provinciales,* VII.

O âme..... iras-tu toujours errant d'objets en objets, sans jamais *t'arrêter au* bien véritable ?

BOSSUET, *Sermons,* Sur l'amour des plaisirs.

A quoi *vous arrêtez-vous,* insensés ? Au monde, à son éclat, à ses plaisirs ? Ne voyez-vous pas que le monde passe ?

LE MÊME, *Traité de la concupiscence,* c. 29.

Comme il est veuf et en âge de se remarier (M. de Fortia), il se pourvut d'abord d'une galanterie, et *s'arrêta à* une demoiselle de bon lieu.

FLÉCHIER, *Mémoires sur les grands jours de* 1665.

Le droit commun du royaume étant le droit civil, il *s'y faut arrêter* lorsqu'il n'y a point dans l'État d'ordonnance contraire.

(*Traité des droits de la reine,* 1667. Voy. Mignet, *Succession d'Espagne,* t. II, p. 73.)

Ne *vous arrêtez à* ce que les poëtes disent de ceux qui aiment : ils leur font passer leur plus bel âge dans les ennuis : les ennuis d'amour ont cela de bon qu'ils n'ennuient jamais.

LA FONTAINE, *Psyché,* liv. II.

Cessons de raisonner en philosophes sur la cause, et *arrêtons-nous* simplement à l'effet.

FÉNELON, *Lettres spirituelles,* 6.

Je ne *m'arrêterai* point à la fameuse journée des Dupes.

Madame la duchesse de Berry a fait tant de bruit dans l'espace d'une très courte vie que, encore que la matière en soit triste, elle est curieuse et mérite qu'on *s'y arrête* un peu.

SAINT-SIMON, *Mémoires,* 1693 et 1717.

Un homme bien amoureux se fait un scrupule de *s'arrêter à* d'autres pensées qu'à celles de l'objet aimé.

HAMILTON, *Mémoires de Grammont,* XIII.

Il y en a qui *se sont arrêtés à* la mythologie et aux autres antiquités curieuses que j'ai marquées.

FLEURY, *Du choix des études,* c. 14.

Mais, ajoute ce Père (saint Basile) en continuant la même

comparaison, les abeilles ne *s'arrêtent* pas *à* toutes sortes de fleurs.

ROLLIN, *Traité des études,* De la poésie, c. 1, art. 3.

On ne *s'arrête* qu'*aux* productions de génie singulières ou neuves qui le caractérisent (le siècle de Louis XIV) et qui le distinguent des autres siècles.

VOLTAIRE, *Siècle de Louis XIV,* c. 32.

Quand je voulais tourner un compliment, le terme propre m'échappait pour en vouloir un plus noble, et, me perdant dans un chaos de synonymes, je *m'arrêtais au* moins convenable de tous.

MARIVAUX, *le Paysan parvenu,* VIIe partie.

Vous savez que communement
Que quant une femme *s'arreste*;
A peu de chose ou autrement
Jamès n'en fera riens qu'à sa teste.

Le mistere du siege d'Orleans, v. 11, 831.

Quoi! *vous vous arrêtez aux* songes d'une femme!
P. CORNEILLE, *Polyeucte,* I, 1.

... Je pourrai bientôt vous montrer, en amie,
Huit chapitres du plan de notre Académie.
Platon *s'est au* projet simplement *arrété,*
Quand de sa République il a fait le traité.

MOLIÈRE, *Femmes savantes,* III, 2.

Moi, je *m'arrêterois à* de vaines menaces?
Et je fuirois l'honneur qui m'attend sur vos traces?
RACINE, *Iphigénie,* I, 2.

Je ne *m'arrêtai* point *à* cette ardeur nouvelle :
Je voulus m'obstiner à vous être fidèle.

LE MÊME, *Andromaque,* IV, 5.

Ce dieu se reposant sous ces voûtes humides
Est assis au milieu d'un chœur de Néréides,
Toutes sont des Vénus de qui l'air gracieux
N'entre point dans son cœur, et *s'arrête à* ses yeux.
Il n'aime que Thétis.....

LA FONTAINE, *Psyché,* liv. I.

Soit devant un verbe à l'infinitif :

L'Escriture *s'arrête* principalement *à* enseigner ce qui peut servir le plus à nostre consolation et à la confirmation de nostre foy.

CALVIN, *Institution chrestienne,* liv. I, c. 14, § 6.

Après la victoire, ils (les capitaines athéniens) avoyent suivy les occasions que la loy de la guerre leur presentoit,

plustost que de *s'arrester à* recueillir et inhumer leurs morts.

MONTAIGNE, *Essais,* I, 3.

Je voy quelquefois que nos seigneurs qui font édifier, *s'arrestent* plus *à* vouloir faire de beaux ornements, enrichis de pilastres, colomnes, corniches, moulures, frises, basse-tailles et incrustations de marbre et autres, qu'à cognoistre la situation et nature du lieu de leurs habitations.

PHILIBERT DE L'ORME, *Architecture,* I, c. 8.

Il *s'arrêtait* de temps en temps *à* me considérer avec une tendresse dont je remarquais toujours l'excès, sans y entendre plus de finesse.

MARIVAUX, *la Vie de Marianne,* Ire partie.

S'arrêter sur.

Soit au propre :

A la vue du saint Viatique, qu'il avait tant désiré, voyez comme il *s'arrête sur* ce doux objet.

BOSSUET, *Oraison funèbre du prince de Condé.*

Sitôt que je parus, tous les yeux *s'arrétèrent sur* moi.
SAINT-SIMON, *Mémoires,* 1718.

Soit au figuré :

La dame *s'arréta sur* cet avis.
FROISSART, *Chroniques,* liv. I, Ire part., c. 12.

Selon l'erreur de Praxea, Jesus-Christ ne pouvoit estre Dieu qu'il ne fust Pere : voilà pourquoy Tertullien *s'arreste* tant *sur* la distinction.

CALVIN, *Institution chrestienne,* liv. I, c. 13, § 28.

Notre imagination, qui se veut mêler dans toutes nos pensées, ne nous permet pas toujours de *nous arrêter sur* une lumière si pure.

BOSSUET, *Discours sur l'histoire universelle,* II, 6.

Nous passâmes légèrement sur le chapitre de toute la cour, mais *nous nous arrêtâmes sur* le vôtre.
BUSSY, *Lettres;* à Mme de Sévigné, 1er mai 1672.

Si sa vie avoit moins d'éclat, *je m'arrêterois sur* la grandeur et la noblesse de sa maison.

FLÉCHIER, *Oraison funèbre de M. de Turenne.*

Despréaux s'élevait au niveau de tant de grands hommes, non point par ses premières satires, car les regards de la postérité ne *s'arréteront* point *sur* les embarras de Paris, et sur les noms des Cassaigne et des Cotin; mais il instrui-sait cette postérité par de belles épîtres, et surtout par son art poétique.

VOLTAIRE, *Siècle de Louis XIV*, c. 32.

S'arrêter l'un l'autre, Se modérer, se tempérer :

Les lois de Rome avaient sagement divisé la puissance publique en un grand nombre de magistratures qui se soutenaient, *s'arrêtaient*, et se tempéraient *l'une l'autre*.

MONTESQUIEU, *Grandeur des Romains*, c. 11.

ARRÊTER, est quelquefois neutre, et signifie, Cesser de marcher, de cheminer, pour faire une station en quelque endroit.

Va t'en d'ici, mar (mal à propos) *y aresteras*.

Les quatre livres des Rois, I, xv, 6.

Quand le roi anglois eut été et séjourné, couru et chevauché la plaine Escosse, et *arrêté* au pays l'espace de six mois et plus...

FROISSART, *Chroniques*, liv. I, 1re partie, c. 58.

Le Roy estoit à Compiengne... Vint de par le Roy le cardinal Ballue, ambassadeur, qui peu y *arresta*.

PH. DE COMINES, *Mémoires*, II, 5.

Or je vous diray, m'amie, je ne puis *arrester* pour maintenant, force est que je m'en aille hastivement devers Monseigneur de Noyon pour une besongne qui lui touche.

Les Cent nouvelles nouvelles, XLII.

Le peché ruine l'amitié en laquelle il se loge : si c'est un peché passager, l'amitié luy donne soudain la fuite par la correction : mais s'il séjourne et *arreste*, tout aussi tost l'amitié périt.

SAINT FRANÇOIS DE SALES, *Introduction à la vie dévote*, part. III, c. 22.

M. de Guyze, après avoir un peu *arresté*, passe outre.

BRANTÔME, *Grands capitaines françois*. M. de Guise.

Mon amy, je vous prie que ung peu vueillez icy *arrester* et me respondre à ce que vous demanderay, et vous ne vous en repentirez point.

RABELAIS, *Pantagruel*, II, c. 9.

Ie *n'arrestay* guieres chez moy. Ie n'haïssois rien tant que ma maison. Et quoy que j'eusse resolu pour le tort qui m'avoit esté faict, de n'aller plus en ce pays-là : si est-ce que je ne peuz m'en empescher.

MONTLUC, *Commentaires*, liv. II.

Pierre Bunel, homme de grande réputation de savoir en son temps, *ayant arresté* quelques jours à Montaigne, en la compagnie de mon père, avec d'autres hommes de la sorte, luy fit présent au desloger d'un livre qui s'intitule *Theologia naturalis*.

MONTAIGNE, *Essais*, II, 12.

Les ducs de Mayenne, de Guise et de Parme se jetterent dedans Rouën, où ils *n'arresterent* que quelques heures.

MATTHIEU, *Histoire des derniers troubles de France*, liv. V.

Ce n'étoit pas seulement les lieux où il *arrétoit* quelque temps, qui se trouvoient mieux de sa présence.

Domaines, possessions, palais magnifiques, beaux châteaux... vous tomberez un jour; ou si vous subsistez, bientôt je ne serai plus moi-même pour vous posséder : adieu, je passe, je vous quitte, je m'en vais, je n'ai pas le loisir *d'arrêter*.

BOSSUET, *Sermons*. Sur Jésus-Christ comme objet de scandale. Sur la tristesse des enfants de Dieu.

A vois escrie : Garins, n'i *arestez*,
Courons lor sus, n'avons que demorer.

Garin le Loherain, t. I, p. 104

Li Reis lui fist le liu mustrer
Où l'Abbeïe volt funder;
Li moines dist k'il ne saveit
Comènt *il i aresterreit*.

MARIE DE FRANCE, *Purgatoire*, v. 1949.

Je m'en revoys la droicte voye,
Mes chiers seigneurs, ne doubtez pas,
Et, tant que devers eulx je soye,
Je *n'aresteray* heure ne pas.

Le mistere du siege d'Orleans, v. 736.

Autant qu'il vous plaira vous pouvez *arrêter*.

MOLIÈRE, *le Misanthrope*, III, 4.

...J'ai certaine affaire
Qui ne me permet pas *d'arrêter* en chemin.

LA FONTAINE, *Fables*, VI, 5.

... Je ne puis *arrêter*   [maine.
Qu'un temps fort court, un mois, peut-être une se-

LA FONTAINE, *Fables*, VII, 6.

Il signifie aussi, en général, Cesser d'aller, d'agir, de parler.

Oncques il ne voulut *arréter* (Grégoire XI) que il ne se mist à chemin.

FROISSART, *Chroniques*, liv. II, ch. 20.

Nul *n'arrestoyt* devant luy qu'il ne ruast par terre.

RABELAIS, *Pantagruel*, II, 29.

J'allois sortir lorsqu'il me pria d'*arrester* pour me dire au vray ce qui l'amusoit là, à condition que je ne m'en mocquerois point.

THÉOPHILE, *Fragments d'une histoire comique*, ch. 6.

Enfin nous nous embarquâmes, Fagon et moi. Comme nous étions encore sous ma porte : « *Arrête, arrête !* » C'était l'abbé Dubois.

SAINT-SIMON, *Mémoires*, 1718.

Le vent d'un revers de main qui m'a frisé la moustache, a forcé le harangueur d'*arrêter* aux deux tiers de sa harangue.

MARIVAUX, *Méprise*, sc. 18.

Arriverons-nous bientôt? lui dis-je; par quel chemin nous conduit donc ce cocher? Par le plus court, et dans un moment nous *arréterons*, me répondit-elle.

MARIVAUX, *La Vie de Marianne*, VI⁰ partie.

Nevers! escrie por sa gent conforter :
Ferez (frappez), seignor, n'aiez soing d'*arester*.

Garin le Loherain, t. I, p. 37.

A*rrête*. Je suis vieux; et voilà qui se passe.

BOURSAULT, *Fables d'Ésope*, II, 6.

Arrêtez. Laissez-moi respirer, je vous prie.

DESTOUCHES, *Glorieux*, IV, 2.

Arrêtons un moment. La pompe de ces lieux,
Je le vois bien, Arsace, est nouvelle à tes yeux.

RACINE, *Bérénice*, I, 1.

Arrêtez : où va-t-il, cet étourdi? Je tremble.

LE GRAND, *Mauvais Ménage*, sc. 22.

Allez la retrouver. Vous, *arrêtez* ici.

PALAPRAT, *Prude*, II, 6.

Faire arrêter :

Nous devons *faire arrêter* notre doute précisément à l'endroit qui nous est obscur, et non le faire rétrograder jusque sur les endroits où nous voyons clair.

BOSSUET, *Traité du libre arbitre*, ch. 4.

Se culchet a tere, si priet damne Deu
Que le soleil pur lui *facet arester.*

La Chanson de Roland, v. 2459.

En une praierie fist sa gent *arester*,
Et cil se sont logié dedens .I. bois ramé,
Ens en .I. val parfont, où une riviere ert (était).

Gui de Bourgogne, v. 1623.

Sans arrêter :

Ils (les Escots) allèrent vingt deux lieues de celui sauvage pays, *sans arrêter*.

FROISSART, *Chroniques*, liv. I, I⁰ partie, ch. 47.

Ce garçon sortit de la chambre, et, *sans arrester* beaucoup, il revint avec celuy qui devoit donner le poison.

THÉOPHILE, *Immortalité de l'âme*.

Sire, vostre plesir feroy *sans arester*.

Doon de Maience, v. 276.

Arrêter à, s'arrêter à, tarder à :

Ils ont voulu que sainte Geneviève, et principalement celle de Paris, le hastast (Dieu) de pleuvoir, quand il *arresteroit* trop *à* ce faire.

HENRI ESTIENNE, *Apologie pour Hérodote*, part. II, ch. 38.

Monsieur, je n'*arresteray* jamais *à* vous advertir de tout ce que je pourray entendre.

MONTLUC, *Lettres*, A M. de Dampville, 5 juillet 1569.

Le chasteau n'*arresta* beaucoup *à* composer et *à* se rendre à sa Maiesté.

MATTHIEU, *Histoire des derniers troubles de France*, liv. V.

Allez-vous-en, je vous supplie, devant que mon mary vienne, car il s'en va tard, et n'*arestera* guéres *à* venir.

STRAPAROLE, *Facétieuses nuits*, V⁰ nuit, fable 4.

Faites vos confesser, gardez n'i *arestez*.

Parise la Duchesse, v. 637.

Mais d'autres n'*arrestant aux* paroles fleuries
Recueillent le beau sens couvert d'allégories.

DE LA FRESNAIE-VAUQUELIN, *Art poétique françois*, II.

N'arrêter de, ne cesser de :

Monsieu de Strossi demeura jusqu'au troisième jour que l'on le tenoit pour mort : toutesfois il n'*arrestoit* pour cela *d'*envoyer capitaines devers la Romanie pour avoir des gens et garnir toutes les places de la marine.

MONTLUC, *Mémoires*, liv. III.

ARRÊTÉ, ARRÊTÉE, participe, Qui a cessé de marcher, d'agir.

On trouve, dans l'ancien français, les formes *arestu, arestue :*

El (en le) cheval est l'espée *arestéue*.

La chanson de Roland, v. 1332.

Dont furent toutes les nés ensemble et toutes les galies de l'ost et tuit li huissier, et assés autres nés de marchéans qui avoec eus estoient à ce port *arestés.*

VILLEHARDOUIN, *Conquête de Constantinople,* § 59.

Adoncques s'armèrent toutes gens et montèrent à cheval et vinrent sur les champs là où les bannières du roi ventiloient et estoient *arrétées.*

FROISSART, *Chroniques,* liv. I, II⁰ part., c. 30.

La France, qui vouloit soutenir le traité de Paris, obligea les Vénitiens à consentir que le duc de Savoye licenciât les troupes qui étoient *arrétées* dans le pays de Vaux.

SAINT-RÉAL, *Conjuration contre Venise.*

Desous un abre est li dus *arestés.*
Garin le Loherain, t. II, p. 231.

Si parton de la vile, n'*i* soit plus *aresté.*
Parise la Duchesse, p. 185.

Mais ne cognois-je point ce berger *arresté,*
Que j'entrevoy de loin dedans l'obscurité ?
RACAN, *Bergerie,* acte II, sc. 3.

Non, je ne reviens pas, car je n'ai pas été,
Et ne vais pas aussi, car je suis *arrêté.*
MOLIÈRE, *le Dépit amoureux,* I, 4.

Arrêté, en parlant de troupes disposées pour un siège, pour un combat.

Ce siége fait et *arrêté* devant la cité de Tournay, si comme vous avez ouï, dura longuement.

Sachez qu'ils sont mis et *arrétés* en trois batailles, bien et faicticement.

FROISSART, *Chroniques,* liv. I, I⁰ part., c. 128 et 280.

Plaisirs arrétés, plaisirs qu'on prend étant arrêté, plaisirs sédentaires qui n'ont pas besoin du mouvement du corps.

Je ne manque pas de vigueur et de disposition pour tous les exercices du corps, dont j'ai quasi toujours fait mon capital, soit que je n'aie pas eu assez d'éducation et d'esprit pour en chercher de plus solide, soit que la chaleur de mon tempérament ne m'ait pas permis de prendre des *plaisirs* plus *arrétés.*

Portraits de Mlle de Montpensier, LVI. M. de la Verrière.

Arrêté, en parlant de la lance placée dans la pièce du harnais appelée *arrêt.*

Alors l'ung contre l'autre, leurs lances *arrestées,* brochèrent leurs destriers.

ANT. DE LA SALE, *l'Hystoyre et plaisante cronicque du petit Jehan de Saintré,* c. 37.

Arrêté, en parlant de quelqu'un qui se trouve empêché de continuer sa route, de mettre à exécution ses projets, de quelque chose qui est intercepté ; en ce sens, il est souvent suivi de la préposition *par* ·

Ils (les Perses) étaient encore *arrêtés* par l'Araxe, rivière profonde qui coule de l'ouest à l'est, et dont on défendait aisément les passages.

MONTESQUIEU, *Grandeur des Romains,* c. 21.

Sa carrière (de Pellisson) ne faisoit que de s'ouvrir, lorsqu'il fut tout à coup *arrêté par* une petite vérole.

D'OLIVET, *Histoire de l'Académie.*

Thisbé consent à tout : elle en donne pour gage
Deux baisers, par le mur *arrétés* au passage.
LA FONTAINE, *Filles de Minée.*

A une époque plus ancienne, *arrêté,* en ce sens, est suivi de la préposition *de :*

Ung peu après veez-cy venir ung sergent à masse au connestable, avec qui j'estois, et lui dist que le Roy estoit *arresté des* Turcs, et en grant dangier de sa personne.

JOINVILLE, *Histoire de saint Loys,* II⁰ partie.

Toutes les bontez et les consolations de la Reyne n'empêchèrent pas que Camille ne fût *arrétée* elle-même d'une maladie qu'elle jugea devoir être le dernier de tous ses maux.

VOITURE, *Histoire d'Alcidalis.*

De même en parlant des choses :

Il s'agit ici de suppléer au défaut de la *transpiration arrétée.*

LE SAGE, *Gil Blas,* liv. II, c. 11.

Non-seulement il verra la fortune de Charles-Quint balancée par la jalousie des nations, mais les *conquêtes* en Europe, de Soliman, son ennemi, *arrétées* par ses guerres avec les Persans.

VOLTAIRE, *Fragments sur l'histoire,* art. 28.

Aucun engagement échu ne se renouvelle, toutes les ntreprises sont *arrêtées*.
TURGOT, *Mémoire sur les prêts d'argent*, § 11.

Arrêté, retenu :

Mais quoique cette maladie ne paroisse point dange-euse, et que madame de Louvois fût beaucoup mieux hier ur le minuit, je n'en serai pas moins *arrêté* ici pendant quelques jours.
M. DE COULANGES, *Lettres;* à Mmes de Sévigné et de Grignan, 20 février 1696.

Éloigné du céleste empire
Et du siége de la clarté,
N'attendez point que je souspire,
Car les faveurs du Roy, dont je suis *arresté*,
Font que mon destin n'est pas pire
Et que j'ay plus d'honneur et plus de liberté.
THÉOPHILE, *Sur le Ballet du Roy*, Apollon en Thessalie.

Dans l'exemple suivant, *arrêté*, employé avec la ignification de *retenu*, est immédiatement suivi lu nom de la fonction qui a retenu, qui a arrêté :

J'aymerois autant le president du Ferrier, si longtemps *rresté* ambassadeur à Venise, qui s'en alloit quelquefois 'aire des leçons publiques aux escolles à Padoue ; ce qui lesrogeoit fort à sa charge et authorité de son roy, qui ae le trouva bon.
BRANTÔME, *Grands Capitaines*. Le grand roy François.

Arrêté dans le lit, au lit :

Moy (Marguerite de Valois), le lendemain du departe-nent de mon frère, les pleurs qui m'avoient accompagné oute la nuict m'esmeurent un si grand rheume sur la moi-ié du visage, que j'en fus, avec une grosse fièvre, *arrestée dans le lict* pour quelques jours, fort malade, et avec beau-coup de douleurs.
MARGUERITE DE VALOIS, *Mémoires*.

Marius Celsus estoit de cet avis, et Annius Gallus aussi, a qui l'on avoit dépesché exprès pour ce sujet, parce qu'il estoit *arresté au lict* pour estre tombé de cheval.
PERROT D'ABLANCOURT, trad. de Tacite, *Histoires*, liv. II, 10.

Arrêté, retenu prisonnier :

Que vois-je durant ce temps! quel trouble!... les re-mèdes de tous côtés plus dangereux que les maux, les princes *arrêtés* avec grand péril et délivrés avec un péril encore plus grand.
BOSSUET, *Oraison funèbre d'Anne de Gonzague*.

Qu'on relâche à l'instant ceux qu'on tient *arrêtés*.
LE GRAND, *l'Amour Diable*, sc. 9.

Arrêté, menacé, comblé d'ignominie,
Son espoir le plus doux est de perdre la vie.
DE LA FOSSE, *Manlius*, IV, 9.

De même au figuré :

Il n'est nulle pire prison que d'ung corps en liberté eslon-gnant les lieux où son cueur est *aresté*.
LA REINE DE NAVARRE, *Lettres;* à François I^or, avant septembre 1531.

Arrêté, suspendu :

Il (le roi de Chypre) prit en grand' déplaisance cette mort du roi de France, pour la cause que son *voyage* en estoit *arrêté*.
FROISSART, *Chroniques*, liv. I, IIe part., c. 169.

Un froid mortel court dans mes veines; sans être éva-noui, je sens tous mes sens *arrêtés*, toutes mes fonctions suspendues.
J.-J. ROUSSEAU, *Émile*.

Arrêté, ferme, fixé, au figuré, en parlant soit des personnes, soit de leur cœur et de leur esprit.

Combien que Dieu ait voulu tousjours que son peuple eslevast son entendement en l'heritage celeste, et y eust son *cœur arresté*, toutesfois pour le mieux entretenir en espérance des choses invisibles, il les lui faisoit contem-pler sous ses benefices terriens, et quasi lui en donnoit quelque goust.
CALVIN, *Institution chrestienne*, liv. II, c. 11, § 1.

En bonne foy, je n'ay maintenant l'*esprit* assez *arresté* pour sçavoir desguiser, ou faindre en leur présence ce que je doibs.
HERBERAY DES ESSARTS, *Amadis de Gaule*, liv. II, c. 10.

Il n'y a rien de ferme ny d'entièrement *arresté* parmi les hommes.
D'URFÉ, *l'Astrée*, IIe part., liv. VI.

Tous ces voyages témoignent un *esprit* mal *arrété*.
MALHERBE, trad. de Sénèque. *Épîtres*, LXIX.

Quelle assurance peut-on avoir de rencontrer un homme si peu *arrêté*, et qui se laisse emporter par tous les vents?
VOITURE, *Nouvelles Lettres;* lettre à M...

Ce prince (Victor-Amédée II), bien qu'âgé seulement de treize ans, donnoit déjà des marques d'un *esprit arrêté* et d'une impatience d'être le maître, ce qui faisoit, et non sans raison, de la peine à la duchesse (de Savoye) sa mère.

Le marquis de Pomponne, Mémoires, II.

Elle étoit si vive (la reine d'Espagne), si active, si décidée, si *arrêtée*, si véhémente dans ses volontés, et ses intérèts lui étoient si à cœur, que rien ne lui coûtoit pour arriver où elle tendoit.

Saint-Simon, Mémoires, 1721.

Et nous, sacré troupeau des Muses, qui ne sommes
Usuriers ny trompeurs ny assassineurs d'hommes,
Qui portons Jesus-Christ dans le cœur *arresté*,
Ne sommes avancez sinon de pauvreté.

Ronsard, le Bocage royal.

Faire aymer une âme barbare,   :
C'est signe de grande beauté,
Et rendre mon *cœur arresté*,
C'est un effet encor plus rare.

D'Urfé, l'Astrée, villanelle de Hylas,
Ire part., liv. VII.

En parlant de choses abstraites :

Par-dessus la raison est l'intelligence, laquelle contemple d'un regard posé et *arresté* toutes choses que raison demeine par ses discours.

Puis que le mesme Apostre testifie ailleurs que c'est une parole fidele et *arrestée*, que Jésus-Christ est venu pour sauver les pecheurs, je m'y repose volontiers.

Calvin, Institution chrestienne, liv. I, c. 15, § 6,
et liv. II, c. 12, § 5.

Le pis que je trouve en nostre Estat, c'est l'instabilité, et que nos loix, non plus que nos vestemens, ne peuvent prendre aucune forme *arrestée*.

Montaigne, Essais, II, 18.

La bonne intention sanctifie toutes les actions de l'âme, comme le regard *arrêté* assure et éclaire tous les pas du corps.

Bossuet, Méditations sur l'Évangile.

Ceux qu'on nomme chercheurs, à cause que dix-sept cents ans après Jésus-Christ, ils cherchent encore la religion, et n'en ont point d'*arrêtée*.

Le même, Oraison funèbre de la reine d'Angleterre.

Tout est vain en nous, excepté le sincère aveu que nous faisons devant Dieu de nos vanités, et le jugement *arrêté* qui nous fait mépriser tout ce que nous sommes.

Le même, Oraison funèbre de la duchesse d'Orléans.

III.

Que mademoiselle votre fille s'applique à se laisser corriger par les personnes sages et affectionnées, jusque dans ses jugements les plus *arrêtés*, et à se taire, laissant parler les autres.

Fénelon, Avis à une dame sur l'éducation de sa fille.

Ils ne regardent jamais d'une vue *arrêtée* les autres faces de leurs sentiments, lesquelles leur en découvriroient la fausseté.

Malebranche, Recherche de la vérité, liv. II, IIe part.,
chap. 7.

M. le duc d'Orléans m'apprit alors le dessein *arrêté* de madame la duchesse de Berry de déclarer le mariage secret qu'elle avait fait avec Rion.

Saint-Simon, Mémoires, 1719.

Ce moine n'avait pas encore de doctrine ferme et *arrêtée*, mais qui jamais en a eu?

Voltaire, Annales de l'Empire.

Ces questions, sur lesquelles presque personne n'avait d'opinion précise ou bien *arrêtée*, et auxquelles le plus grand nombre n'avait jamais pensé, occupèrent bientôt tous les esprits, et chacun prit ou garda l'opinion qu'il crut la plus vraie.

Le même, Essai sur les mœurs. De Léon X et de
l'Église, c. 127.

Tout est dans un flux continuel sur la terre. Rien n'y garde une forme constante et *arrêtée*.

J.-J. Rousseau, les Rêveries du promeneur solitaire,
5e promenade.

En tout le mal vient de ce que les idées ne sont pas fixes et *arrêtées* : il vaut mieux être moins et être ce qu'on est incontestablement.

Chamfort, Maximes et pensées, c. 1.

Napoléon, qui avait beaucoup médité sur les matières de religion, avait à cet égard des idées *arrêtées*.

Napoléon, Mémoires, t. I, p. 118.

Qu'encore j'ai toujours été,
Sur le bord de mon précipice,
D'un *visage* assez *arresté*.

Théophile, Requête en vers au premier président.

Arrêté à, fixé, déterminé à :

Le roi Jean, qui estoit léger à informer, et dur à ôter d'une opinion, puis qu'il y estoit *arrêté*, prit les dessus dits (le roi de Navarre et le comte de Harecourt) en si grand' haine, qu'il dit et jura que jamais n'auroit parfaite joie tant que ils fussent en vie.

Froissart, Chroniques, liv. I, IIe part., c. 20.

De faict, il est facile de conclure par les mots de sainct Jean, que les cœurs des fideles sont gouvernez d'en haut, avec tel effect qu'ils suivent d'une affection, laquelle n'est point pour flechir çà et là, mais est *arrestée à obeir*.

> Calvin, *Institution chrestienne*, liv. II, c. 3, § 10.

Les femmes, et particulièrement celles qui ont beaucoup d'esprit, sont sujettes à être fort *arrétées* à leur sens.

> Nicole, *Des moyens de conserver la paix avec les hommes*, Iʳᵉ part., c. 5.

Nous voilà donc *arrétés* à l'hôtel de Carnavalet; nous ne pouvions mieux faire.

> Mᵐᵉ de Sévigné, *Lettres*, 18 octobre 1679.

Arrêté, en ce sens, pouvait être autrefois suivi de la préposition *de* et d'un infinitif:

Plus voient grand effusion de sang, soit des leurs ou leurs ennemis, tant sont-ils plus chauds et plus *arrestés de combattre*.

> Froissart, *Chroniques*, liv. I, IIᵉ part., c. 370.

Arrêté dans :

Je le vis (le régent) si *arrété dans* ces pensées que je crus inutile de disputer davantage.

> Saint-Simon, *Mémoires*, 1718.

Arrêté sur :

Avec quelle douceur elle leva vers monseigneur ses yeux mourants et ses mains tremblantes: ses yeux, qu'elle avoit toujours *arrétés sur* lui, comme sur l'unique objet de sa tendresse!

> Fléchier, *Oraison funèbre de Mᵐᵉ la Dauphine*.

Arrêté, déterminé, convenu :

Charles Vᵉ, dit le Sage, advoua le livre dit le Vergé, et en latin *Viridarium*, par lequel, sous l'entreparler du cler et du noble, est amplement *arrestée* quelle estoit la puissance du Pape au spirituel, et quelle celle du Roy en son temporel.

> Est. Pasquier, *Recherches de la France*, III, 18.

Il fut repliqué à cecy que c'estoit plustost faute de cœur et pusillanimité, de ne pouvoir vertueusement attendre ce qui nous est *arresté* d'en haut, que courage, de l'avancer.

> Bouchet, *Serées*, liv. II, 14.

Il sera nécessaire que la province de Hollande promette,

aussitôt le traité *arrété* avec le roi, qu'elle ne permettra aucune levée d'argent.

> Le maréchal d'Estrades à M. Van den Bosch, 20 mars 1678. (Voy. Mignet, *Succession d'Espagne*, t. IV, p. 548.)

C'est donc une chose *arrestée*,
Disoit ce pauvre amant plein d'ardeur et de foy,
Que je souffre à jamais pour toy,
Cruelle Pasithée.

> Saint-Amant, *la Plainte de Tirsis*.

Madame, vous prouvez, vous, de votre côté,
Qu'un arrangement seul entre nous *arrété*
Ne peut me rendre ici coupable d'inconstance.

> Dufresny, *le Faux sincère*, III, 3.

Bataille, *journée arrétée*, fixée, préparée d'avance :

Déconfit celui roi et tous les barons d'Angleterre en un lieu en Ecosse qu'on dit Esturmelin par *bataille* rangée et *arrestée*.

> Froissart, *Chroniques*, liv. I, Iʳᵉ part., c. 2.

En y avoit des plus sages qui moult doubtoient de les combattre en *bataille arrestée*.

> Monstrelet, *Chronique*, c. 148.

C'est la première *journée arrestée* où je fusse oncques.

> Froissart, *Chroniques*, liv. I, IIᵉ part., c. 169.

Établissement arrêté :

Ne doit-on pas dire que la puissance se fait mieux connoître par un *établissement arrété*, tel qu'est sans doute celui de la loi, que par une action extraordinaire, comme est celle de la dispense?

> Bossuet, *Sermons*, 2ᵉ sermon sur la conception de la sainte Vierge.

Mariage, *hymen arrêté :*

Vous sentez bien que *mariage arrété* n'est pas mariage fait.

> Voltaire, *Lettres*, 23 janvier 1763.

Çà, je compte déjà notre *hymen arrété*.

> Destouches, *l'Irrésolu*, III, 4.

Signal arrêté :

Il (André Doria) marcha dans la ville suivi de ceux de son party qui avoient pris les armes au *signal arresté*.

> Cardinal de Retz, *Conjuration de Fiesque*.

Temps, jour arrêté, heure arrêtée :

Pour se conformer à cet ordre, ils (les apôtres) demeurent enfermés quarante jours; le Saint-Esprit descend au *temps arrêté*.

Bossuet, *Discours sur l'histoire universelle*, II, 7.

Il est vrai, Dieu ne fait pas encore de discernement entre les bons et les méchants; mais c'est qu'il a choisi son *jour arrêté*, où il le fera paroître tout entier à la face de tout l'univers, quand le nombre des uns et des autres sera complet.

Le même, *Sermons :* Pour le jeudi de la 2ᵉ semaine de carême, Sur la Providence.

Il falloit donc qu'elle eût un séjour affecté,
Un séjour d'où l'on pût en toutes les familles
L'envoyer à *jour arrêté.*

La Fontaine, *Fables,* VI, 20.

Ils partirent à l'*heure arrêtée.*

Scarron, *Roman comique,* II, 12.

Comptes, mémoires arrêtés, parties arrêtées, registres arrêtés :

Il se trouve aujourd'hui que j'ai affaire à des brutaux de marchands qui ont l'effronterie de me demander quarante-cinq mille livres, et si il n'y a guères que quinze ans que leurs *parties* sont *arrêtées.*

Le *Banqueroutier.* (Voyez Gherardi, *Théâtre italien,* t. I, p. 347.)

Les *registres* seront clos et *arrêtés* par l'officier de l'état civil.

Code civil, 43.

Du verbe *arrêter* on a fait :

Arrêteur, s. m. Il semble avoir été formé pour traduire le mot latin *stator,* et n'a guère été employé qu'en parlant de Jupiter.

Ils s'arresterent premièrement à l'endroit où est maintenant le temple de Jupiter Stator, qui vault autant à dire comme *Arresteur.*

Amyot, trad. de Plut., *Vie de Romulus,* c. 28.

Vous le pouvez nommer (dieu), de telle autre façon qu'il vous plaira, Jupiter très-bon, très-grand, tonnant et *arrêteur;* non comme disent nos histoires, pource qu'après un vœu qui lui fut fait, l'armée des Romains qui étoit en fuite s'arrêta, mais pource que par lui toutes choses s'arrêtent et s'affermissent.

Malherbe, trad. de Sénèque, *Traité des bienfaits,* liv. IV, c. 6.

ARRÊTÉ, s. m. Résolution prise dans une compagnie, dans une assemblée délibérante.

Après une longue délibération, le conseil d'État a pris un *arrêté.*

Dictionnaire de l'Académie.

Décision de quelque autorité administrative.

Un *arrêté* du préfet de police.

Dictionnaire de l'Académie.

En termes de finances, *arrêté de compte,* règlement de compte.

Je vous ai envoyé l'*arrêté* que j'ai fait au compte d'Hébert.

Mᵐᵉ de Sévigné, *Lettres,* 25 janvier 1693.

ARRÊTE-BOEUF, s. m., T. de Botanique. Espèce de bugrane, plante légumineuse ainsi nommée parce que ses racines traçantes font souvent obstacle à la charrue.

Arreste-bœuf, herbe cogneuë des laboureurs, par eux ainsi premierement appellée, pour l'empeschement que ses racines lui donnent en labourant, jusques à arrester ses bœufs. Elle est des Grecs dite *Ononis,* à cause que les asnes, appelés *onos,* en ladite langue, se veautrent agréablement sur ses racines.

Olivier de Serres, *Théâtre d'agriculture,* VIᵉ liv., c. 15.

Touchant l'*arreste-bœuf,* c'est aussi une herbe piquante et espineuse... Ceste herbe vient apres les bleds, et si fasche fort les bœufs arans en la charrue, et toutesfois il y a bien à faire d'en depeupler vne place, car elle est fort malaisee à mourir.

Du Pinet, trad. de Pline, liv. XXI, c. 16.

Le vray Melilot odorant croist par les collines herbeuses quasi semblable à l'*arrestebeuf,* qu'on dit Ononis.

Pierre Belon, *Observations de plusieurs singularitez de divers pays estranges,* liv. I, c. 17.

ARRÊT, s. m. (substantif verbal d'*arrêter*). Les divers sens de ce mot correspondent à ceux du verbe dont il est tiré.

Action de s'arrêter.

Au propre :

O singulier exemple de l'inconstance des choses humaines et qui doit nous rendre certains que notre grandeur n'est fondée que sur *l'arrest* d'une boule !

> Est. Pasquier, *Recherches de la France,* liv. VI, c. 43.

Depuis quatre mois j'ai fait trois voyages en Touraine et ne suis rendu à Paris que depuis quinze jours. Le peu d'*arrêt* qui a été dans ma vie pendant tout ce temps-là m'a empêché de vous écrire.

> Rancé, *Lettres,* 19 février 1650.

Au figuré :

Et disoit que en communauté n'avoit nul *arrêt* certain, fors pour tout honnir.

> Froissart, *Chroniques,* liv. I, IIᵉ part., c. 64.

Arrêt est quelquefois suivi de la préposition *de,* accompagnée du nom désignant la chose dont l'action est arrêtée, suspendue, *arrêt de la volonté, arrêt de pensée.*

Ce fut d'abord dans le cœur d'Adam et d'Ève une certaine attention à eux-mêmes qui ne leur étoit point permise, un *arrêt de leur propre volonté,* un amour de leur propre excellence.

> Bossuet, *Traité de la concupiscence,* c. 25.

Ainsi discourt sans *arrêt de pensée*
De trop d'amour la pucelle offensée.

> Ronsard, *la Franciade,* III.

Avoir, se donner un arrêt, un certain arrêt :

J'appliqueray ma principale estude à asseurer les fidèles qui se rendront faciles à receuoir la parole de Dieu afin qu'*ils ayent vn arrest* infaillible.

> Calvin, *Institution chrestienne,* liv. I, c. 13, § 21.

La raison est entraînée par les objets qui se présentent, et emportée, pour ainsi dire, par le premier vent, si elle ne *se donne* à elle-même par son attention un certain poids, une certaine consistance, *un certain arrêt.*

> Bossuet, *Sermons,* Sur la véritable conversion.

N'avoir point d'arrêt, au propre et au figuré :

Ainsi que le pont chéy, les cordes qui le portoient rompirent, car le pont *n'eut point d'arrest* ni de soutenue.

> Froissart, *Chroniques,* liv. II, c. 14.

La condition des hommes *n'a point d'arrest,* la nécessité les pousse et transporte.

> Calvin, *Institution chrestienne,* liv. I, c. 17, § 3.

N'avoir aucun arrêt :

..... Ces jeunes bergers, si beaux et si chéris,
Sont meilleurs pour amants qu'ils ne sont pour maris ;
Ils n'ont aucun arrêt, ce sont esprits volages,
Qui souvent sont tout gris avant que d'être sages.

> Racan, *Bergeries,* Silène, I, 3.

Sans arrêt, sans nul arrêt, sans point d'arrêt, au propre et au figuré :

Il fit une ordonnance dedans la ville de Calais, telle que toutes manières de menues gens, qui pourvéances n'avoient, vuidassent *sans point d'arrest.*

> Froissart, *Chroniques,* liv. I, Iʳᵒ part., c. 297.

Saint-Luc apporta contre cette longueur le remède qu'il falloit, c'est qu'il envoia de jeunes capitaines à ses enfans perdus, pour les faire donner à gauche et à droitte sans ordre et *sans arrest.*

> D'Aubigné, *Histoire,* t. III, liv. I, c. 3.

Tout ainsi que ce grand conseil fut ambulatoire et *sans arrest,* aussi n'eut-il certaine asseurance de ce sujet.

> Est. Pasquier, *Recherches de la France,* liv. II, c. 6.

... Vous devez, *sans arrest,*
Partir dehors de ceste terre.

> *Le Mistere du siege d'Orléans,* v. 205.

Il sont venu *sans nul arrest*
A l'hermitage en la forest.

> *Fabliaux et contes,* Méon, I, 253.

Jamais à table ne seray
Si je ne voy le vin tout prest
Pour boire et verser *sanz arrest.*

> Eust. Deschamps, *Rondeau de table.*

La faveur est bizarre, à traitter indocile,
Sans arrêt, inconstante, et d'humeur difficile.

> Regnier, *Satires,* XIV.

Mais l'homme *sans arrêt* dans sa course insensée,
Voltige incessamment de pensée en pensée.

> Boileau, *Satires,* VIII.

Faire arrêt, s'arrêter :

Et sans tarder ne *faire arrest* refist son lit et d'aultres beaulx draps et frez le rempara, et sa chambre nettoya.

> *Les Cent Nouvelles nouvelles,* 38.

La Royne de Nauarre qui estoit à Duras apres auoir entendu la route de M. de Duras, se retira au chasteau de Caumont (c'estoit auant que ie m'en fusse saisi) où *elle ne fist point d'arrest* : car elle se retira en Bearn.

MONTLUC, *Commentaires*, liv. V.

Il (d'Aubigné) n'eut pas fait quatre cents pas qu'il part du corps-de-garde un homme qui *faisoit les mesmes arrests* et avances que lui, et toutesfois l'outrepassa de peur de lui donner l'allarme.

D'AUBIGNÉ, *Histoire*, t. II, liv. IV, c. 4.

Mettre, retenir en arrêt :

Le prince *mit* la chose *en arrest* jusques à tant qu'ils fussent revenus en Angleterre.

FROISSART, *Chroniques*, liv. I, II° part., c. 51.

Je suspendrai mon esprit, et, *retenant en arrêt* sa mobilité indiscrète et précipitée, je douterai du moins, s'il ne m'est pas permis· de connoître au vrai les choses.

BOSSUET, *Sermons*, 3ᵉ sermon pour la fête de tous les saints.

Arrêt, en termes de danse.

Les passages... estoient si bien dansez, les pas si sagement conductz, et les *arrestz* faictz de si belle sorte, qu'on ne sçavoit que plus admirer, ou la belle façon de danser, ou la majesté de s'arrester.

BRANTÔME, *Des Dames,* Marguerite, reyne de France et de Navarre.

Arrêt, en termes de manège, l'action du cheval quand il s'arrête.

N'est rien où la force d'un cheval se cognoisse plus qu'à faire un *arrêt* rond et net.

MONTAIGNE, *Essais*, liv. I, c. 9.

Action de la main pour ralentir le mouvement sans le faire cesser.

Former l'*arrêt* d'un cheval, c'est l'arrêter sur les hanches.

Je formois l'*arrêt* de mon cheval en trois ou quatre temps.

Venez voir mon Tunis, c'est-à-dire mon Barbe, qui dans sa galopade formera vingt *demi-arrêts*.

GUILLET, *les Arts de l'homme d'épée*.

Temps d'arrêt, se dit en général de courts

intervalles ou repos que l'on observe entre certains mouvements qui doivent s'exécuter avec précision et régularité.

Arrêt, action d'arrêter.

Icelle herbe moyenante (l'herbe Pantagruelion), les substances invisibles visiblement sont arrestées, prinses, detenues et comme en prison. A leur prinse et *arrest* sont les grosses et pesantes moles tournées agillement à insigne proffict de la vie humaine.

RABELAIS, *Pantagruel*, III, 51.

Ce qui arrête, obstacle.

Ils ne trouvoient nul *arrest* de nul côté, ni nulle rencontre.

FROISSART, *Chroniques*, liv. I, II° part., c. 50.

ARRÊT, en termes de Chasse, se dit de L'action du chien couchant, lorsqu'il arrête le gibier.

Ce chien est à l'*arrêt*. Il a fait un bel *arrêt*.

Dictionnaire de l'Académie, 1694.

Lorsque le chien rencontre un râle, on peut le reconnoître à la vivacité de sa quête, au nombre de faux *arrêts*, à l'opiniâtreté avec laquelle l'oiseau tient et se laisse quelquefois serrer de si près qu'il se fait prendre.

BUFFON, *Histoire naturelle.* Oiseaux. Le râle de terre ou de genéts.

On a dit par suite, figurément, l'*œil en arrêt*.

C'est le grand Bertrand, qui depuis une heure est là, le cou tendu, l'*œil en arrêt*, la bouche ouverte, attendant son article, inquiet s'il arrivera.

BEAUMARCHAIS, *Mémoires.*

Arrêt signifie en outre La pièce du harnais où un chevalier appuyait et arrêtait sa lance.

Je ne croy pas que de douze cens hommes d'armes (du comte de Charolois), ou environ, qui y estoient (à Montlhéry) — y en eust cinquante qui eussent sceu coucher une lance en *arrest*.

COMMINES, *Mémoires*, liv. I, c. 3.

Tous avoient lance en *larrest*.

Loyal Serviteur, c. 23.

. Adonc laisserent courre leurs cheuaulx au plustost qu'ilz

peurent, et mettans les lances aux *arrestz*, lesquelles estoient fortes et roides, faulserent leurs escuz et harnois.
Herberay des Essarts, Amadis de Gaule, liv. I, c. 6.

> A tout le moins serons-nous prest
> Pour nous deffendre main à main,
> L'espée et la lance en *arrest*.
Le Mistere du siege d'Orléans, v. 14,081.

On a quelquefois employé cette locution au figuré, en plaisantant, pour dire Être sur le qui-vive.

Ce sera... vers le printemps que selon toutes les apparences humaines je vous verrai, ma très-belle; je crains seulement que dans ce temps-là M. de Grignan ne soit obligé d'être la lance en *arrêt* sur les côtes et que cette circonstance ne m'empêche de le voir autant que je le souhaite.
Charles de Sévigné, Lettres.

Il se dit aussi d'Un petit verrou qui retenait immobile le chien de certaines platines d'armes à feu, ou de certains instruments.

Gaschettes pour tenir ferme un chascun doigt (d'une main artificielle). Estoqueaux ou *arrests* desdites gaschettes.
A. Paré, Œuvres, XVII, 12.

Il se dit également d'Une petite pièce qui empêche que le mouvement d'une horloge n'aille trop vite.

L'*arrêt* d'une horloge.
Dictionnaire de l'Académie.

Arrêt, en termes de Couture et de Lingerie, se dit Des ganses qu'on met à l'extrémité des ouvertures, pour empêcher que le linge ou l'étoffe ne se déchire.

On a oublié de faire un *arrêt* à l'ouverture de cette chemise.
Dictionnaire de l'Académie.

Arrêt, résolution, détermination.

Et pour ce que le certain *arrêt* de la paix venoit et descendoit du roi d'Angleterre, ces lettres qui furent là faites disoient ainsi.
Froissart, Chroniques, liv. I, IIe part., c. 130.

Après la depesche faitte, monsieur du Masses, qui est dernierement mort à Limoges, qui pour lors portoit l'enseigne de monsieur le mareschal de Termes, me dit en presence de tous, que j'avois fort bien fait de prendre ceste resolution : car ils avoyent fait un *arrest* entre eux de me retenir par force.
Montluc, Commentaires, liv. V.

Ledict roy ne tint pas son *arrest* et résolution.
Brantôme, Grands Capitaines. M. le mareschal de
Tavannes.

> ..... Celle qui faict son *arrest*
> D'estre bien sage et point ne l'est,
> Est folle deux foys.
Cl. Marot, 1er Colloque d'Erasme, v. 292.

Jugement d'une cour, d'une justice souveraine, par lequel une question de fait ou de droit est décidée.

Ce sang innocent, qui a été versé par ses ordres et par l'*arrêt* de ses commissaires, le poursuit (Théodoric) jusque dans les lieux privilégiés.
Balzac, Socrate chrétien, discours 8.

Des contraventions qui seront faites aux *arrêts* contradictoirement rendus en la cour des comptes, aides et finances de Montpellier..., la connoissance en sera renvoyée à ladite cour des comptes, pour être lesdits *arrêts* exécutés suivant leur forme et teneur.
États de Languedoc de 1659. (Voy. Depping, Corresp.
administr. sous Louis XIV, t. I, p. 31.)

Ainsi la justice se vengeoit elle-même et faisoit craindre ses *arrêts* à ceux qui avoient autrefois si mal reçu ses ordres.
Fléchier, Mémoires sur les Grands Jours de 1665.

Il a beau faire, je le ferai condamner par *arrêt* à se faire guérir par moi.
Molière, Pourceaugnac, II, 2.

Ils (les Hollandois) ont reçu des témoignages bien sincères de mon amitié dans les passe-ports que j'ai accordés et par l'*arrêt* que j'ai fait publier touchant les impositions sur leurs marchandises.
Louis XIV à MM. d'Estrades, d'Avaux et Colbert, 9 septembre 1678. (Voy. Mignet, Succession d'Espagne,
t. IV, p. 653.)

Le même jour, mardi 26 mars, que le comte d'Horn fut exécuté à Paris, plusieurs Bretons le furent à Nantes par *arrêt* de la commission du conseil.
Saint-Simon, Mémoires, 1720.

Il y avait une ancienne coutume par laquelle on n'exécutait aucun *arrêt* portant peine afflictive, que cet arrêt ne fût signé du souverain. Il en est encore ainsi en Angleterre, comme en beaucoup d'autres États : rien n'est plus humain et plus juste.

Cette catastrophe déplorable (le supplice de Servet) n'arriva qu'en 1553, dix-huit ans après que Genève eut rendu son *arrêt* contre la religion romaine ; mais je la place ici pour mieux faire connaître le caractère de Calvin, qui devint l'apôtre de Genève et des réformés de France.

Voltaire, Essai sur les mœurs. Du Parlement de Paris, c. 85. De Calvin et de Servet, c. 134.

Quelque sensible tort qu'un tel *arrêt* me fasse,
Je me garderai bien de vouloir qu'on le casse.

Molière, le Misanthrope, V, 1.

D'où vous vient aujourd'hui cet air sombre et sévère,
Et ce visage enfin plus pâle qu'un rentier
A l'aspect d'un *arrêt* qui retranche un quartier?

Boileau, Satires, III.

Quoi ! l'on me mènera coucher sans autre forme !
Obtenez un *arrêt* comme il faut que je dorme.

Racine, Plaideurs, I, 4.

Être avéré cocu par *arrêt* de justice.

Le Grand, Rue Mercière, sc. 1.

Je prétends qu'un *arrêt* casse le mariage.

Destouches, Philosophe marié, V, 7.

Toutes de leurs maris par *arrêt* séparées.

Palaprat, Prude, I, 5.

Il s'emploie figurément dans les exemples suivants :

La fin principale de l'historien doibt estre de servir au public, et il est comme un greffier tenant registre des *arrests* de la cour et justice divine.

Le souverain seul représente la chose publique, veu que sa volonté est loy, sa parole *arrest*, et sa vie discipline exemplaire de bien ou de mal faire.

Amyot, trad. de Plutarque, Vies des hommes illustres, Aux lecteurs ; Épitre déd. à Henri II.

C'est notre foi, si jamais nous avons le malheur d'être réprouvés, qui dictera elle-même l'*arrêt* de notre réprobation.

Bourdaloue, Avent, Sermon sur le jugement dernier.

L'abbé Dubos, qui savait que la douleur est la condition de vivre, se soumettait sans murmure à cet *arrêt* irrévocable du sort.

D'Alembert, Éloge de Dubos.

C'est l'*arrest* de nature, et personne en ce monde
Ne sçauroit contrôler sa sagesse profonde

Regnier, Satires, III.

Enfin par vostre *arrêt* vous devez déclarer
Celui de qui l'amour vous semble à préférer.
— Puisqu'à moins d'un *arrêt* je ne m'en puis défaire,
Toutes deux à la fois je vous veux satisfaire.

Molière, les Fâcheux, II, 4.

... Quelque *arrêt* des cieux qu'il me faille subir,
Mon sort est de l'aimer jusqu'au dernier soupir.

Le même, l'École des Maris, II, 9.

Les paroles de Jupiter
Sont des *arrêts* des destinées.

Le même, Amphitryon, III, 11.

Non, ne révoquons point l'*arrêt* de mon courroux.
Qu'il périsse ! aussi bien il ne vit plus pour nous.

Racine, Andromaque, V, 1.

C'est donc ce sénateur, cet Adonis de robe,
Ce docteur en soupers, qui se tait au Palais,
Et sait sur des ragoûts prononcer des *arrêts*.

Regnard, le Joueur, IV, 6.

Voici l'heure fatale où l'*arrêt* se prononce.

Piron, la Métromanie, V, 1.

Arrêt est souvent suivi de la préposition *de* ou de la préposition *sur* et d'un substantif qui indique la nature de l'arrêt.

Arrêt d'attribution :

C'est pour ce motif que les différents particuliers déjà dénoncés... ont présenté à M. le contrôleur général un mémoire qui m'a été renvoyé, et dans lequel ils concluent à ce qu'il me soit donné un *arrêt d'attribution* pour connaître de cette affaire.

Turgot, Mémoire sur les prêts d'argent, § 47.

Arrêt de bannissement :

Monseigneur, après avoir rendu mon innocence claire à tout le monde, encore il a fallu donner à la fureur publique un *arrest de bannissement* contre moy.

Théophile, Au duc de Montmorency.

Arrêt de défense :

Voyant que je suis tourmentée par des gens emportés,
j'ai pris un *arrêt de défense.*
> Le Banqueroutier. (Voyez GHERARDI, *Théâtre italien,*
> t. I, p. 347.)

Quatorze appointements, trente exploits, six instances,
Six-vingts productions, vingt *arrêts de défenses.*
> RACINE, *Plaideurs,* I, 7.

Tu pris quinze cents francs, dont on a tes quittances,
Pour avoir obtenu deux *arrêts de défenses.*
> BOURSAULT, *le Mercure galant,* V, 7.

Arrêt sur requête :

Notre ami Drolichon, qui n'est pas une bête,
Obtient, pour quelque argent, un *arrêt sur requête.*
> RACINE, *Plaideurs,* I, 7.

Arrêt de mort, au propre et au figuré :

Il sembloit que ce fut un *arrêt de mort* qu'on vint de
lire à leur maître (Fouquet).
> Mme DE SÉVIGNÉ, *Lettres,* 22 déc. 1664.

Alors on s'effraie à la vue d'un confesseur, comme s'il
venoit pour prononcer des *arrêts de mort.*
> FLÉCHIER, *Oraison funèbre de Mme de Montausier.*

Dès que ses yeux (de l'homme) s'ouvrent à la lumière,
l'*arrêt de mort* lui est prononcé.
> MASSILLON, *Sermons: Sur la mort.*

Les expressions *mon arrêt, son arrêt,* au
propre et au figuré, s'appliquent surtout à la
personne qui subit l'arrêt, qui en est l'objet.

SOCRATE : J'ay prins le temps de versifier pendant les
festes qui ont retardé l'exécution de *mon arrest.*
> THÉOPHILE, *Immortalité de l'âme.*

Ce matin, à dix heures, on a mené M. Fouquet à la
chapelle de la Bastille. Foucault tenoit *son arrêt* à la main.
> Mme DE SÉVIGNÉ, *Lettres,* 22 déc. 1664.

Fais *ton arrêt* toi-même, et choisis tes supplices.
> CORNEILLE, *Cinna,* V, 1.

Nommez-moi par mon nom, puisque vous le savez;
Dites Héraclius; il n'est plus de Léonce,
Et j'entends *mon arrêt* sans qu'on me le prononce.
> LE MÊME, *Héraclius,* III, 2

Ah ! je lis *mon arrêt* sur votre front sévère.
> PIRON, *la Métromanie,* V, 8.

Votre arrêt est dicté : la mort ou la victoire.
> DELILLE, *l'Énéide,* X.

Quelquefois au contraire, principalement au
figuré, *ton arrêt, votre arrêt,* s'appliquent non à
Celui qui subit l'arrêt, mais à celui qui l'a prononcé.

Et je vous supplierai d'avoir pour agréable
Que je me fasse un peu grâce sur *votre arrêt,*
Et ne me pende pas pour cela, s'il vous plaît.
> MOLIÈRE, *le Misanthrope,* I, 1.

Vous voulez que je vive, et *votre arrêt* me chasse.
> QUINAULT, *Roland,* I, 3.

Voilà de *vos arrêts,* messieurs les gens de goût!
L'ouvrage est peu de chose et le seul nom fait tout.
> PIRON, *la Métromanie,* V, 6.

*Arrêt sur l'étiquette du sac, sans voir le fond
du sac,* se dit, par allusion à la coutume de renfermer les pièces des procès dans des sacs, d'un
Arrêt prononcé à la légère, sans informations suffisantes.

J'espère bien que notre ami (Corbinelli), avec son droit
et sa justesse d'esprit, vous fera voir la conséquence de
ces sortes *d'arrêts sur l'étiquette du sac.*
> Mme DE SÉVIGNÉ, *Lettres,* 28 déc. 1682.

Sans voir le fond du sac ils prononcent l'*arrest*
Et rangent leurs discours au point de l'interest.
> REGNIER, *Satires,* V.

Donner arrêt, donner un arrêt, tant au propre
qu'au figuré :

Je ne mets point icy, comme la bataille fust combattue
ny perdue, pour ce que je n'y estois point, et que aussi il
y avoit de la dispute, qui avoit bien faict ou mal faict.
Cecy est comme un procès, il faut ouyr toutes parties,
avant qu'en *donner arrest.*
> MONTLUC, *Commentaires,* liv. III.

L'on *donna arrêt* par lequel il fut ordonné que la reine
seroit remerciée de la liberté accordée aux prisonniers.

Tantôt il (le Parlement) *donnoit arrêt* pour interroger
les prisonniers d'État qui étoient dans la Bastille.
> CARD. DE RETZ, *Mémoires,* liv. II et III.

Tout le monde avoit cru qu'on ne tenoit les Grands Jours que pour arrêter les oppressions et pour punir les violences de la noblesse, mais on fut bien étonné, quand on ouït dire qu'ils venoient de *donner un arrêt* pour la réformation du clergé.

Quoi qu'il en soit, les Grands Jours font de grands fruits en ce pays... et si les Messieurs *donnent des arrêts* pour régler les affaires, il se trouve une dame (Mme Talon) qui prend le soin d'y régler les mœurs.

> Fléchier, *Mémoires sur les Grands Jours de 1665.*

Vit-on *donner arrêt contre arrêt* et confondre les droits et les espérances des parties par des contradictions scandaleuses?

> Le même, *Oraison funèbre de M. Le Tellier.*

> ... Ainsy la Parque et moy
> *Donnons arrest* que les grands roys de France
> D'un sang meslé prendront un jour naissance
> Conjoinct ensemble au Troyen et Germain.
> Ronsard, *Franciade*, I.

> Rison accroît son bien d'usure et d'intérêts,
> Selon ou plus ou moins, Jean *donne ses arrêts,*
> Et comme au plus offrant débite la justice.
> Regnier, *Satires*, XV.

> Je respecte *l'arrêt* que Madame *a donné.*
> Dufresny, *Mariage fait et rompu*, III, 4.

Prononcer des arrêts, au propre et au figuré :

> Il apprenoit alors à *prononcer des arrêts.*
> Fléchier, *Oraison funèbre de M. Le Tellier.*

> Mais il faut voir... — Ma sœur, *l'arrêt est prononcé.*
> Dufresny, *Mariage fait et rompu*, I, 6.

Rendre des arrêts, au propre et au figuré :

> Ce qui presse, c'est de casser *l'arrêt* si imprudemment *rendu* il y a deux mois par le Parlement de Paris.
> Turgot, *Lettres sur la liberté du commerce des grains*, Ire, 30 oct. 1770.

> J'ai craint pendant quelque temps qu'on ne *rendît quelque arrêt* pour supprimer le nom de philosophie dans la langue française.
> Voltaire, *Lettres*, 16 juillet 1774.

> La cour *rend des arrêts* et ne rend pas de services.
> Séguier, 1er président de la cour royale.

> Autrefois un logis plein de chiens et de chats,
> Par cent *arrêts rendus* en forme solennelle
> Vit terminer tous leurs ébats.
> La Fontaine, *Fables*, XII, 8.

III.

Arrêt, Saisie des biens.

> Si l'interdiction du commerce ou *l'arrêt* du navire arrive pendant le cours du voyage.
> *Code du commerce maritime*, 415.

Saisie-*arrêt.*

> *Code civil*, 1298.

> *Arrêt* sur ce dépôt, monsieur; ne payez rien.
> Dufresny, *le Faux sincère*, II, 1.

Arrêt, arrestation.

> Le quint point en quoy m'ont accusé, est que, combien qu'en *l'arrest* dudict bastard (de Reubenpré) j'ai grandement offensé le roy, toutefois j'ai encore plus mespris, ce dient, en le détenant depuis qu'il s'est renommé serviteur et ayant charge du roy.
> George Chastelain, *Chronique des ducs de Bourgogne*, IIIe partie, ch. 58, année 1463.

> Les imprimeurs sont arrêtés. La loi n'autorise pas cet *arrêt.* Un murmure public s'élève, il faut les relâcher.
> J.-J. Rousseau, *Lettres écrites de la Montagne.*

Maison d'*arrêt.*

> *Code de procédure criminelle*, 91.

Mandat d'*arrêt.*

> *Code criminel*, 104.

> *L'arrêt* de Siroès rompra toutes les brigues.
> Rotrou, *Cosroès*, II, 2.

On disait, en ce sens, *Faire arrêt sur quelqu'un.*

> M. de Bourbon, averty de *l'arrest fait* sur la personne de l'évesque d'Autun, se desespera de trouver grace envers le Roy, parquoy delibera de sauver sa vie.
> Martin du Bellay, *Mémoires*, liv. II, année 1523.

> ..... Mesmes un jour ilz vindrent
> A moy malade, et prisonnier me tindrent,
> *Faisant arrest sus* un homme arresté
> Au lict de mort.
> Cl. Marot, *Épistres*, liv. I, 21.

Arrêts, au pluriel, terme de discipline militaire, se dit de La défense qui est faite à un officier de sortir de chez lui.

Les directeurs les pouvoient voir en campagne (les

troupes), mettre aux *arrêts*, interdire même les briga-
diers de cavalerie ou d'infanterie.
Saint-Simon, Mémoires, 1694.

Il y avait eu des voies de fait, et le vaisseau avait été
mis aux *arrêts*, avec une telle sévérité, que personne, excepté le seul capitaine, n'y pouvait aborder ni en sortir
sans permission.
J.-J. Rousseau, Confessions, part. II, liv. VII.

On disait anciennement *en arrêt*, au lieu de
aux arrêts.

Vous avez plusieurs auteurs qui l'ont permis en mots
propres (de tuer pour des médisances), et entre autres le
Père Hereau dans ses leçons publiques, ensuite desquelles
le roi le fit mettre *en arrêt* en votre maison.
Pascal, Provinciales, 13.

L'abbé Dubois trouva le prince de Galles *en arrêt* dans
son appartement, sans pouvoir être vu que de son plus
nécessaire service.
Saint-Simon, Mémoires, 1717.

On peut rapprocher du mot *arrêt* divers substantifs, appartenant à la même racine, tous inu-
sités aujourd'hui et dont voici la liste par ordre
alphabétique :

ARRESTAGE, s. m. Action de s'arrêter :

Moult par fu preux Gaufrey et de gentil courage
Par la bataille fiert sans point de l'*arrestage*.
Gaufrey, v. 4352.

ARRESTANCE, s. f. Lieu où l'on s'arrête, demeure, domicile :

Mes autrement est de cix qui ne sont pas saisi et vestu,
car s'aucuns le veut acuser du larrecin, il le doit acuser
par devant le segneur desoz qui il est couquans et levans,
s'il a *arrestance*, car s'il n'a point de certain lieu là où il
demeure, si comme moult de gent qui n'ont point d'*arrestance*, cil qui en justice il est arrestés, por li sivir de
vilain cas, en doit avoir le connissance.
Beaumanoir, Coutumes de Beauvoisis, c. xxxi, 14.

ARRESTÉE, s. f. Arrêt, station :

Alés et vistement ; n'i ait ja *arrestée*.
Doon de Maience, v. 542.

Si li mustra dunques le liu
Où el aveit lung-tans manu,
Dedenz une pierre chavée
Là ù fait aveit s'*arrestée*.
Marie de France, Fables, 83.

ARRESTEMENT, s. m. Action de s'arrêter :

Alez-moi dire Ugon, sans point d'*arrestement*,
Qu'en mon père vergier l'atandrai sous l'aiglent.
Le Romancero françois, p. 33.

Action d'arrêter :

On a envoyé Fouqueroles, enseigne des gardes du corps,
en Bretagne, porter la nouvelle de l'*arrêtement* de M. de
Vendôme.
Malherbe, Lettres à Peiresc, 16 février 1614.

ARRESTÉMENT, adv.
D'une manière fixe, arrêtée, permanente.

Et ne savoient pas encore *arrestément* entr'eux quelle
part ils se trairoient, ni où ils prendroient terre.
Froissart, Chroniques, liv. II, c. 28.

ARRÊTISTE, s. m. (formé directement d'*arrêt*
à l'époque où l'*s* de ce mot avait déjà disparu,
et du suffixe *iste*).
Compilateur ou commentateur d'arrêts, de déclarations, etc.

Montholon, Bouguier, Louet, sont des *arrêtistes*.
Dictionnaire de Trévoux, 1771.

On employait plus anciennement dans le
même sens :

ARRESTOGRAPHE, s. m. (Par suite d'une fausse
étymologie du mot *arrêt*, il avait été formé de
ἀρεστόν, arrêt, et de γράφω, j'écris.)
Ce mot a été recueilli par Furetière dans la
première édition de son *Dictionnaire* (1690).

C'est un arrêt sans qualités ; on ne voit pas quelles étaient
les demandes des parties, et nos *arrestographes* ne s'accordent pas sur les questions qu'il a décidées.
D'Aguesseau, 4e plaidoyer.

ARRESTATION, s. f. (du bas-latin *arresta-tio*).

Cette forme *arrestation* se trouve dans les anciens textes provençaux :

Per *arrestation* et caption de lors personas.
Fors de Bearn, p. 1094.

mais elle n'appartient ni à la langue française du moyen âge, ni à celle du dix-septième siècle. Ce mot figure pour la première fois dans le Dictionnaire de l'Académie en l'an VII (5° édition).

Action d'arrêter quelqu'un, de l'empêcher de continuer sa route. Il signifie plus ordinairement l'Action de se saisir d'une personne et de l'emprisonner, en exécution d'un ordre supérieur, d'un jugement.

Il est seulement question de tenir le roi en *état d'arrestation* provisoire.
Rœderer, Séance du 25 juin 1791.

Je suis détenue à l'Abbaye en vertu d'ordres qui ne portent aucun motif de mon *arrestation*.
Mme Roland, *A la Convention*, 1er juin 1793.

Arrestation. On connaît ce mot aujourd'hui en France plus qu'on ne connaissait autrefois les lettres de cachet.
Beffroy de Reigny, dit le Cousin Jacques, *Dict. néologique des hommes et des choses*.

Linguet, qui proscrivoit ce mot, vouloit qu'on se servît de celui d'*arrêtement* ; Linguet avoit tort. On ne doit employer ce mot qu'en parlant des choses ; par exemple, l'*arrêtement* du cours d'un ruisseau, l'*arrêtement* d'une voiture à la porte d'un bâtiment. Le mot *arrestation* ne convient qu'aux personnes arrêtées par ordre d'une autorité constituée. Cependant, lorsqu'on découvrit des preuves de la trahison de Gabriel Mirabeau... Pierre Manuel, après avoir défendu la mémoire de son ami, termina son discours en disant : « Qu'il falloit se borner à mettre cette mémoire *en arrestation*. »
Mercier, *le Nouveau Paris*, ch. 123.

Les coupables qui auront donné ces connaissances ou procuré ces *arrestations*.
Code pénal, 561.

Arrestison, arresteson, arrestoison, anciennes formes de ce mot, expriment l'Action de s'arrêter et non celle d'arrêter quelqu'un.

Fai-le venir avant, dist li Sire au garçon ;
Et cil i est venuz sans plus d'*arestison*.
Fabl. ms. du R., n° 7218, fol° 343, v°, col. 2. (Cité par Sainte-Palaye.)

Bien i ot à mengier a .xxx. compengnun
Et si porta avec du vin à grant foison ;
Puis viennent à la chartre sans point d'*aresteson*.
Gaufrey, v. 7102.

Faites venir les dames sans nule *arestoison*,
Car merveilles desire chascune son baron.
Gui de Bourgogne, v. 3696.

ARRHES, s. f. pl. (du latin *arrha*, *arra*, ou *arrhabo*, venant lui-même du grec ἀρραβών). L'argent qu'un acquéreur ou un locataire donne pour assurance de l'exécution d'un marché verbal, et qu'il perd s'il rompt le marché.

On l'écrivait quelquefois *arres*.

Certains Espaignolz estant allez sur le lac de Garde, pour faire provision d'une bareque équippée à vingt rames, et ayant baillé bonnes *arres* à des mariniers pour l'avoir preste dedans peu de jours, j'ai conjecturé que ce ne fust pour mener à Trente et conduire vers l'empereur les sieurs Rincon et César.
L'évêque de Montpellier à François Ier, 12 juillet 1541. (Voy. Charrière, *Négociations de la France dans le Levant*, t. I, p. 503.)

Il se disait autrefois figurément dans le sens d'Assurance et de gage.

Le sacre et le couronnement sont les *arres* de nos rois.
D'Aubigné, *Histoire*, t. III, liv. II, c. 23.

Bonheur infini, et lequel ne nous a pas seulement été promis, mais nous en avons des *arrhes* au très saint sacrement de l'Eucharistie.
Saint François de Sales, *Traité de l'Amour de Dieu*, liv. III, c. 12.

Je sçay bien qu'elle l'avoit attiré par des artifices et par des esperances de bonne volonté, dont les *arres* n'estoient pour le commencement si petites que plusieurs autres n'y eussent esté deceuz.
D'Urfé, *l'Astrée*, Ire part., liv. IX.

Il faut faire grand état des *arrhes* et des prémices.
Nicole, *Essais de morale*. Sur l'évangile du 6° dimanche après l'Épiphanie, XI.

Tu me mets le marché bien librement à la main ! —

C'est que je ne suis pas comme la plupart de celles qui font de pareils marchés, je ne t'ai point donné d'*arrhes*, et je romprai, si... — Doucement.

REGNARD, *Attendez-moi sous l'orme*, sc. 3.

Au point où vous voilà, vos refus sont bizarres ;
Et pour qu'un marché tienne, il faut donner des *arrhes*.

ANDRIEUX, *les Étourdis*, I, 11.

En ce sens, *arrhes* est souvent accompagné de la préposition *de* suivie d'un substantif.

Aiant donc laissé ses deux frères pour *arres de* ce qu'il avoit promis et receu des assiegez le serment de l'attendre, se deussent-ils entremanger, Chastillon choisit la nuit un corps-de-garde des moins retranchez, le brise, renvoie son escorte, se jette dans les Sevenes.

D'AUBIGNÉ, *Histoire*, t. II, liv. III, c. 18.

Je n'ay poinct aperceu qu'on nous voulust monstrer quelques *arrhes de* bonne volonté.

HENRI IV, *Lettres*, 23 septembre 1586.

Mais qant à moy qui sçay que le grand amy de Dieu Isaac envoya des pendants d'oreilles pour *arrhes de* ses amours à la chaste Rebecca...

SAINT FRANÇOIS DE SALES, *Introduction à la vie dévote*, part. III, c. 38.

Recevez ce que je vous dis pour *arrhes de* ce que je desire faire pour vous.

D'URFÉ, *l'Astrée*, Ire part., liv. VI.

Pour *arres* et pour seau *de* leur conjuration, les complices beurent du sang humain qui leur fut présenté dans des coupes.

En ceste rencontre, il (Octavius César) donna de grandes *arres de* sa valeur.

COEFFETEAU, *Hist. romaine*, de L. Florus, liv. IV, c. 1 et 4.

Ces deux places (Mauléon de Sole et le château de Guiche) étant comme des *arrhes de* toute la Guyenne, le Roi se résolut de la conquêter.

MÉZERAY, *Histoire de France*. Charles VII.

Il (Henri IV) combla d'honneur, de louanges et de remerciements toute la noblesse qui avoit combattu pour lui, partageant avec eux la gloire de la journée, et leur donnant des caresses pour *arrhes des* récompenses qu'ils devoient espérer de lui, lors qu'il seroit au pouvoir.

HARDOUIN DE PÉRÉFIXE, *Histoire de Henri le Grand*, IIe part., année 1590.

Mes premiers services n'étoient aux yeux de ceux qui

les recevoient, que les *arrhes de* ceux qui les devoient suivre.

J.-J. ROUSSEAU, *les Rêveries du promeneur solitaire*, 6e promenade.

Ce seul baiser, qui deux bouches embasme,
Les *arres* sont *du* bien tant espéré.

CL. MAROT, *Rondeaux*, liv. II, 4.

Ayant apres long desir
Pris de ma doulce ennemie
Quelques *arres du* plaisir
Que sa rigueur me denie,
Je t'offre ces beaux œillets.

JOACH. DU BELLAY, *Jeux rustiques*, A Vénus.

Je fais à mes élus deux sortes de visites,
L'une par les assauts et par l'adversité,
L'autre par ces douceurs que ma bénignité
Pour *arrhes de* ma gloire avance à leurs mérites.

CORNEILLE, *Imitation de J.-C.*, liv. III, c. 3.

On lui donne un baiser pour *arrhes de* la grâce
Qu'il demandoit...

LA FONTAINE, *Contes*, le Petit Chien.

Anciennement *arrhe*, au singulier, était d'un usage extrêmement fréquent :

L'Esprit est nommé seau et *arre* pour conferrer nostre foy, d'autant que nos esprits ne font que flotter en doutes et scrupules, jusques à ce qu'ils soyent illuminez.

En la mesme heure qu'il (Jésus-Christ) resuscita, il fit plusieurs des saincts participans de sa résurrection, lesquels on vit en Jerusalem. En quoy il donna une certaine *arre*, que tout ce qu'il avoit fait ou souffert pour acquerir salut au genre humain, n'appartenoit pas moins aux fideles de l'Ancien Testament, qu'à nous.

CALVIN, *Institution chrestienne*, liv. I, c. 7, § 4, et liv. II, c. 10, § 23.

Afin que... nous te révérions et t'adorions en ce sainct sacrement, comme... *arre* et gage certain de nostre résurrection.

AMYOT, *Acte de grâce pour dire après la première communion*, escrit pour le Roy.

J'estime que nos ames sont desnouées à vingt ans ce qu'elles doivent estre, et qu'elles promettent tout ce qu'elles pourront ; jamais ame qui n'ayt donné en cest aage-là *arre* bien evidente de sa force, n'en donna depuis la preuve.

MONTAIGNE, *Essais*, I, 57.

Le Roy d'Escosse non seulement ne s'offensera point de tel monitoire, mais en sera bien aise, comme ayant jà de luy mesme ce desir de remettre en son Royaume la Religion catholique, et donner cet *arre* de sa bonne volonté à sa Saincteté.

D'Ossat, Lettres, liv. II, lettre 43.

La femme est envoyée entre nous comme pour essay et pour *arre* de nostre demeure et habitation céleste.

Bouchet, Serées, liv. I, 3.

Vous sçavez bien que vous avez stipulé et contracté avec Jésus-Christ, que vous acceptiez le sceptre à ceste condition, d'estre défenseur de sa religion catholique, voire qu'en ce solennel jurement, vous avez prins pour *arre* et pour gage son précieux corps et son précieux sang.

Matthieu, Hist. des dern. troubles de France, liv. III.

Pour l'exprimer enfin ce que la grace vaut,
C'est un don spécial du souverain monarque,
Un trait surnaturel des lumières d'en haut,
Le grand sceau des élus et leur céleste marque,
Du salut éternel le gage précieux,
L'*arrhe* du paradis, et l'avant-goût des cieux.

Corneille, Imitation, III, c. 53.

Arrhes a été quelquefois employé pour *erres* :

Pour retourner au propos que j'avoye laissé, et reprendre les *arres* de ma navigation, il fault entendre que nous estions en la mer à l'opposite de la susdicte pointe, appellée Cavo Sancta Maria.

Pierre Belon, Observations de plusieurs singularitez de divers pays estranges, liv. II, c. 7.

Voyez Erres.

La confusion entre ces deux mots a du reste été d'autant plus facile qu'anciennement Arrhes s'est prononcé *eires, erres :*

Eires, arrabo.

G. Briton, Vocabulaire latin français, xive siècle.

Se un home vende un sien aveir à un autre home, et il avient qu'il en resseit *erres* de cele vente simplement, et puis avient que le vendeour se repent, la raison comande que le vendeour doit doubler ces *erres* en double à l'achetor.

Assises de Jérusalem, publiées par le comte Beugnot, Assises de la Cour des bourgeois, c. 27, t. II, p. 34.

Le peuple de Paris a changé *arrhes* en *erres :* des *erres* au coche : donnez-moi des *erres*. De là *errements* et aujourd'hui je vois que, dans les discours les plus graves, le roi a suivi ses derniers *errements* vis-à-vis des rentiers.

Voltaire, Lettres, 5 janv. 1767 (à d'Olivet).

Voyez l'article suivant.

ARRHER, v. a. (de *arrhes*), s'assurer d'un achat ou d'une location en donnant des arrhes.

Deffenses d'acheter les grains en verd ne d'iceux *arrer* avant la cueillette.

Ordonnance de police, 1567.

Il n'y a rien qui puisse faire un plus grand préjudice au publicq que de permettre ou souffrir la liberté d'*arrher* les bleds en verd et avant la récolte.

La Reynie à de Harlay, 29 mars 1693. (Voy. Depping, Correspondance administrative sous Louis XIV, t, II, p. 641.)

On trouve quelquefois, dans le même sens, *errher* ou *errer :*

J'ai erré un copiste que je dois avoir bientôt.

Balzac, Lettres, liv. XXIII.

Les électeurs et le duc de Bavière en avoient *arrhé* (des troupes) deux fois davantage.

Hardouin de Péréfixe, Histoire de Henri le Grand, IIIe part., année 1609.

Il se dit aussi des Personnes pour leur faire prendre des engagements, exiger d'elles des garanties :

Arrher quelqu'un pour le mettre de son parti.

Est. Pasquier, Recherches de la France, XVII, 4.

J'irais avec empressement manger votre soupe et ce que vous appelez votre rogaton, si je n'allais dîner chez madame de Chenonceaux, qui est malade et qui m'a *errhé* depuis deux jours.

J.-J. Rousseau, Lettres, 1770, à M. Dussaulx.

Du verbe *arrher* on avait formé :

ARRHEMENT, s. m. Il a vieilli. On le disait particulièrement, autrefois, de l'Achat de grains en vert et sur pied.

Lesdits marchands ne peuvent faire achats de blez ny *arremens* d'iceux à deux lieues près des villes auxquelles ils habitent.

Henri III, 27 nov. 1577. (Voy. Delamare, Traité de la Police, t. II, p. 6.)

Arrhements, s'est employé souvent pour *erre-ments*.

Jean XIX ordonna que toutes les affaires de la papauté passast par leur consistoire (des cardinaux) : qui estoit aucunement reprendre les *arrhemens* de la primitive esglise, mais non avecques pareille simplicité.

Est. Pasquier, Recherches de la France, IV.

Voyez **Errements**.

ARRIÈRE, adverbe.

Du mot latin *retro* s'est formé *rière*, qui, fort employé dans notre ancienne langue, ne s'est pas conservé jusqu'à nous.

J'espère qu'à vostre faveur nous recouvrerons encores partie de ces nobles reliques, desquelles aussi (à ce que j'ay ouy dire au deffunct) avez bonne quantité *rière* vous...

Antoine du Moulin, à Marguerite de Navarre, en tête
des Œuvres de Bonaventure des Périers.

De *ad retro* s'est formé *arrière*, qui, ancienne-ment, s'est écrit *arier* :

Quens fu e sage e pros, bien sont mal en arier.
Roman de Rou, t. I, v. 2121.

ariers (*Roman de la rose*, édit. Méon, v. 14437 et 14532), et même *arrire* :

Governal vit une charire
En une lande luire arrire.
Tristan, v. 1650.

Arrière, Loin, bien loin. Il n'est guère usité aujourd'hui que dans certaines phrases par les-quelles on enjoint de se retirer, de s'éloigner, et qui marquent l'horreur ou le mépris.

Arriere, arriere, autheurs grecs et latins ! de René Massé naist chose plus belle et grande que l'Iliade.

Geoffroy Tory, Champfleury, 1529, épistre aux
lecteurs de ce présent livre.

Je ne veux plus vivre que pour moi. *Arrière* tous ces noms d'amis, de parents, d'alliés !

Perrot d'Ablancourt, trad. de Lucien, Timon,
ou le Misanthrope.

Arrière rois, et princes revestus
D'or et d'argent, et non pas de vertus !

Théodore de Bèze, Dédicace de la version françoise
de la Bible à l'Église de Notre Seigneur.

Arriere ces désirs rampans dessus la terre !

Bertaut, Stances.

Arrière, vaines chimères
De haines et de rancœurs !
Soupçons de choses amères,
Éloignez-vous de nos cœurs.

Malherbe, Ode au roi sur le voyage de Sedan.

Arrière ces fleurs inutiles
Qu'autrefois nos conceptions,
En graves sujets infertiles,
Cueilloient au champ des fictions !

Racan, Odes.

Arrière ceux dont la bouche
Souffle le chaud et le froid !

La Fontaine, Fables, V, 7.

Arrière, tout seul, a souvent, antérieurement au xviiᵉ siècle, le sens de *En arrière* :

Avoient paor, que quand venroit au besoing, que il (les Grecs) ne se tornassent devers Johannis, qui avoit le Dimot si approchié de prendre com vos avez oï *arrière*.

Ville-Hardouin, Conqueste de Constantinoble, § 226.

Serons ci *arriere* dedans un mois, et vous répondrons si à point (les consaulx de Flandre au roi d'Angleterre) que vous en serez bien contens.

Froissart, Chroniques, liv. I, Iʳᵉ part., c. 247.

Lougarou luy lancea un coup de sa masse, luy voulant rompre la cervelle. Mais Pantagruel feut habille, et eut tousjours bon pied et bon œil. Par ce demarcha du pied gusche ung pas *arrière*.

Rabelais, Pantagruel, II, 29

Aulnerai-je arriere?

La Farce de Pathelin.

Arrière, avec un complément :

Si lui firent les bourgeois de la Rochelle grand'fête *arrière* cœur ; mais ils n'en osèrent autre chose faire.

Froissart, Chroniques, liv. I, IIᵉ part., c. 272.

Arrière de :

Elle se voyoit empétrée, et toute *arrière du* confort et aide qu'elle cuidoit avoir du roi Charles son frère.

Froissart, Chroniques, liv. I, Iʳᵉ part., c. 12.

Je vous prie qu'en servant votre maistresse, vostre léal serviteur ne soit point *arrière du* bien que faire luy povés, qui ne luy est pas maindre chose de à vostre grace et amour parvenir que de gaigner le surplus du monde.

Les Cent Nouvelles nouvelles, XXVIII.

Arrière donc *de* moy ces fables ja moysies,
Et le feint ornement des vieilles poésies !

PIBRAC, *les Plaisirs de la vie rustique.*

En arrière, au propre et au figuré :

Et cha *en arrière* ne vausist pas li testamens qui ne fust escris, s'il ne fust tesmoigniés par cinq persones.

BEAUMANOIR, *Coutumes de Beauvoisis*, c. 12.

Il n'a pas fait une démarche *en arrière* pour cela.

VOITURE, *Lettres*, 24 déc. 1636.

Cellamare laissoit entendre en Espagne que le régent, touché de ses remontrances, pourroit bien faire quelques pas *en arrière* pour sortir des engagements où il s'étoit imprudemment jeté.

SAINT-SIMON, *Mémoires*, 1718.

La coeffure *en arrière,* et que l'on fait exprès
Pour laisser de l'oreille entrevoir les attraits.

BOURSAULT, *Mots à la mode*, sc. 16.

On dit que ton front jaune, et ton teint sans couleur
Perdit en ce moment son antique pâleur,   [rière,
Et que ton corps goutteux, plein d'une ardeur guer-
Pour sauter au plancher fit deux pas *en arrière.*

BOILEAU, *Lutrin*, I.

Arrière, en arrière, opposé à *Avant, en avant* :

Assez i ot paroles dites *avant* et *arierc.*

VILLE-HARDOUIN, *Conquête de Constantinople*, § 42.

Et raconta toute la manière de ce baptisement et luy fist bien certain que mot *avant* ne mot *arrière* n'y eut plus en son baptisement que a celui de son filleul.

Les Cent Nouvelles nouvelles, LXX.

L'Angleterre despeschoit avec les princes d'Allemagne pour soliciter les pacifications, et ceux-là plus privément que les autres pour la continuelle recerche de Monsieur, prétendant d'espouser la reine Elisabeth ; mariage qui n'alloit ni *avant* ni *arrière.*

D'AUBIGNÉ, *Histoire*, t. II, liv. II, c. 20.

Ne vous occupez, mes filles, que de votre perfection, allant toujours *en avant* vers votre patrie, oubliant les choses qui sont *en arrière* pour vous hâter de parvenir jusqu'à Jésus-Christ.

BOSSUET, *Exhortation sur les devoirs de la vie religieuse.*

En la cité entrerent li chevalier vaillant,
Et ont prise la vile et *ariere* et *avant.*

Gui de Bourgogne, v. 3414.

Le mot *Arrière* se joint à plusieurs verbes pour former diverses locutions. Voici des exemples de quelques-unes d'entre elles, classées par ordre alphabétique :

Aller, s'en aller arrière, bien arrière :

Ariére vait la dameisele.

MARIE DE FRANCE, *lai de Gugemer*, v. 285.

Il *s'en va* dehors *bien arrière,*
Et demeure sept ou huit moys.

COQUILLART, *Droits nouveaux.*

Bouter arrière, arrière bouter :

Arriere bouter, pangere.

G. BRITON, *Vocabulaire latin-français* (XIVe siècle).

Quant à ceulx de la partie de Bourgongne, ilz estoient du tout *boutez arrière* et n'avoient quelque audience.

MONSTRELET, *Chronique*, c. 111.

Cheoir, recheoir arrière :

De la pité ke ele en a,
Ariére cheit, si se pauma.

MARIE DE FRANCE, *lai du Frêne*, v. 451.

Bon est de soy confesser ; mais mieulx est depuis la confession de soy garder de y *recheoir arrière.*

Le Livre du chevalier de la Tour-Landry, c. 8.

Déchasser arrière :

..... Faulx Dangier gardoit sur le derrière
Un portail faict d'espines, et chardons,
Et *deschassoit* les pelerins *arriere,*
Quand ilz venoient pour gaigner les pardons.

CL. MAROT, *Temple de Cupido*, v. 189.

Demeurer arrière, en arrière :

Au propre :

Six ou sept navires anglais, *demeurés en arrière* pour attaquer l'arrière-garde espagnole, avoient déjà coulé bas quatre navires.

> SAINT-SIMON, *Mémoires*, 1718.

Au figuré :

Un homme qui a charge est plus asseuré de despendre d'un monsieur, ou d'une madame, ou d'un cardinal, ou d'un mareschal, que non du Roy, de la Royne, ny de Monsieur. Car ils desguiseront tousiours à Leurs Majestez les affaires, comme bon leur semblera, et en seront creuz de tous trois : car ils n'y voyent que par les yeux d'autruy, et n'y oyent que par les oreilles des autres. Cela est mauvais ; mais il est impossible d'y mettre ordre. Et celuy qui aura bien fait *demeurera en arrière.*

> MONTLUC, *Commentaires*, liv. VII.

Mondit frère estoyt *demeuré en arrière* par le moyen de madame d'Estampes, et par le vostre a été employé.

> LE MÊME, *Lettres*, à Mᵍʳ le duc de Guyse, 29 janvier 1550.

Le Pape fut fort occupé pour beaucoup de choses qui estoient *demeurées en arrière* pendant son indisposition.

> D'OSSAT, *Lettres*, liv. I, lettre 13ᵉ.

Envoyer arrière :

Cunseil quistrent cume poussent e deussent l'arche *arière enveier.*

> *Les quatre Livres des Rois*, I, VI, 2.

Être arrière :

Pur ço véez apertement que nient (rien) n'*est arière* de ço que nostre sires parlad encuntre Acab e encuntre les suens, e tut est acumpli ço que nostre sire parlad par sun serf Hélye.

> *Les quatre Livres des Rois*, IV, X, 10.

Fuir arrière :

Par droite force fait les paiens sortir
Plus d'une lance et *arire fuïr.*

> *Aliscans*, v. 179.

Jeter arrière :

S'il luy vient par les mains (au flatteur) quelque faitneant

homme riche... il *jette arriere* la robe longue d'estude.

> AMYOT, trad. de Plutarque, *Œuvres morales*, Comment on pourra discerner le flatteur d'avec l'amy.

Jette donc à ce coup tes vains doutes *arrière.*

> SAINT-AMANT, *Moyse*, Iʳᵉ part.

Laisser arrière, en arrière :

Charles, voyant que ses flatteries ne luy servoient de rien et qu'elle le refusoit tout à plat, ne pouvant plus faire resistence à l'ardeur qui luy brusloit le cœur, comme jeune homme plus furieux que jamais, *laissans* toutes paroles *arriere*, commença à user de force.

> LARIVEY, trad. de Straparole, *Facecieuses nuicts*, II, 3.

Capitaines, sont ce deux choses qu'on doive *laisser en arriere* sans estre mises par escript, la prise de Lans et celle de Courteville ?

> MONTLUC, *Commentaires*, liv. II.

Notre vie est partie en folie, partie en prudence. Qui n'en écrit que révéremment et régulièrement, il en *laisse en arrière* plus de la moitié.

> MONTAIGNE, *Essais*, III, 5.

Voilà ce que j'ay cru devoir ajouter à la fin de ces mémoires, afin de ne rien *laisser en arrière* de ce qui peut servir à l'éclaircissement du système y contenu.

> VAUBAN, *Projet d'une Dixme royale*, c. 11.

Mes occupations me surmontent, et je ne me couche jamais sans *laisser* plusieurs de mes devoirs *en arrière*; un vaste diocèse est un accablant fardeau à soixante-trois ans.

> FÉNELON, *Lettres spirituelles*, CII, 1714.

Ne la *laisons ariés* por paiens mescreanz.

> *Floovant*, v. 1809.

Mettre arrière, en arrière :

Toutes choses doncques delaissées et *arrière mises*, rendz toy plaisant et loyal à ton createur, affin que tu puisses parvenir à la vraye beatitude.

Laisse et *mect arrière* ceste prudence mondaine, et toute propre et humaine plaisance en toy et de toy.

> *Le Livre de l'internelle consolacion*, liv. II, c. 2 et 24.

Le blanc doncques signifie joye, soulas, et liesse : et non à tort le signifie, mais à bon droict et juste tiltre. Ce que

pourrez vérifler si, *arriere mises* voz affections, voulez entendre ce que presentement vous exposeray.
RABELAIS, *Gargantua*, c. 10.

M'estant adressé à ceux-ci (aux Italiens), et leur ayant incontinent faict condamner la vanterie de leurs compagnons... en ce qu'ils ont preferé leur langage non-seulement au latin, mais aussi au grec, je tascheray de les amener peu à peu à une autre confession, laquelle je sçay qu'il sera beaucoup plus malaisé de tirer d'eux : c'est qu'au lieu qu'ils *mettent* nostre langage fort *arriére* par une telle preference, il doit preceder le leur.
H. ESTIENNE, *la Precellence du langage françois*.

Ayant entendu toutes ces méchantes conspirations, je m'en retournai à ma maison au Sampoy : et là je me résolus de *mettre en arriere* toute peur et toute crainte, deliberé de leur vendre bien ma peau.
MONTLUC, *Commentaires*, liv. V.

Le pouvoir et l'instruction que je vous envoye me garderont de vous faire la présente plus longue que pour vous prier... *mettre* toutes excuses et remises *en arriere* pour user de toute la diligence que pourrez.
HENRI IV, *Lettres*, 1er janvier 1589.

Souvent un fait montré par avance, de loin, débrouille tout ce qui le prépare ; souvent un autre fait sera mieux dans son jour, *étant mis en arriere*.
FÉNELON, *Lettre à l'Académie*.

Le païsant lor sunt devant saillis...
Voillent ou non les ont *arrieres mis*.
Garin le Loherain, t. I, p. 230.

Deuil et chagrin *sont mis arriére*
Hors de son cuear...
ROGER DE COLLERYE, *Dialogue de M. de Dela et de M. de Deça*.

Sache pour ton salut *mettre* tout *en arriére*.
CORNEILLE, *Imitation*, II, v. 511.

De grâce parle et *mets* ces mines *en arriere*.
MOLIÈRE, *Mélicerte*, I, 3.

Porter arrière :

Pur ço cumandad David que l'um *portast* l'arche *ariere*, en la cited.
Les quatre Livres des Rois, II, xv, 25.

Reculer arrière, en arrière :

Ils *reculent* si *arrière* leur narration et la chargent de tant de vaines circonstances que, si le conte est bon, ils en estouffent la bonté.
MONTLUC, *Commentaires*, liv. I.

III.

.... Dès qu'on veut tenter cette vaste carrière,
Pégase s'effarouche et *recule en arrière*.
BOILEAU, *Épîtres*, IV.

Regarder en arrière :

Est-ce qu'Annibal, en passant les Alpes, César, en débarquant en Épire et en Afrique, *regardaient en arrière*.
NAPOLÉON, *Mémoires*, t. II, p. 233.

Rester en arrière :

..... Et mon hymen à conclure tout prest
Par votre air indolent va *rester en arrière*.
AUTREAU, *Démocrite prétendu fou*, II, 4.

Se retirer arrière .

Ses seigneurs (de Venise) ont eu lectres de Lince par lesquelles ont entendu que l'exercite du Turcq, qui estoyt là auprès s'estoyt levé, de sorte que l'on présumoyt qu'il *se retiroyt arrière*.
DE BAÏF, à l'évêque d'Auxerre, 26 et 27 sept. 1532.
(Voy. CHARRIÈRE, *Négociations de la France dans le Levant*, t. I, p. 228.)

Retourner arrière, en arrière :

Retourna arriére devers ses compagnons en la montagne.
FROISSART, *Chroniques*, l. I, Ire part., c. 43.

Mais il inventoyt l'art et maniere de faire les boullets retourner *arriere* contre les ennemys.
RABELAIS, *Pantagruel*, IV, 62.

Dame mirifique, je vous prie de cuer contrit, *retournons arrière*.
LE MÊME, même ouvrage, V, 36.

Par les victoires de ce grand homme (Josué), devant qui le Jourdain *retourne en arrière*, les murailles de Jéricho tombent d'elles-mêmes, et le soleil s'arrête au milieu du ciel.
BOSSUET, *Discours sur l'histoire universelle*, II, 3.

Si l'on ne fait tout, on ne fait rien ; marcher lentement, c'est *retourner en arrière*.
LE MÊME, *Sermons*. Sur la ferveur de la pénitence.

N'en veuil or plus dire à ce tor,
Vers les ciex *arrier m'en retor*.
Roman de la Rose, v. 18079.

Les ans coulent sans cesse et jamais leur carrière,
Non plus que des torrens, ne *retourne en arrière*.
RACAN, *les Bergeries*, act. IV, sc. 3.

90

Vous les auriez vus tous (les Romains) *retournant en*
[*arrière,*
Laisser entre eux et nous une large carrière.
RACINE, *Mithridate*, V, 4.

Vous, dès que cette reine, ivre d'un fol orgueil,
De la porte du temple aura passé le seuil,
Qu'elle ne pourra plus *retourner en arrière,*
Prenez soin qu'à l'instant la trompette guerrière
Dans le camp ennemi jette un subit effroi.
LE MÊME, *Athalie,* V, 3.

Retraire arrière, dans notre ancienne langue :

Et leur fit-on savoir par hérauts que, s'ils vouloient passer outre la rivière et venir combattre au plain, on se
retrairoit arrière.
FROISSART, *Chroniques,* liv. I, Ire part., c. 41.

Revenir arrière :

Quand ce roi Edouard étoit *arrière revenu* en Angleterre,
ce preux roi Robert rassembloit gens, quelque part qu'il
les pouvoit trouver.
FROISSART, *Chroniques,* liv. I, Ire part., c. 59.

Huimais devons *arrières* revenir
Et repairer (retourner) au riche roi Pepin.
Garin le Loherain, t. I, p. 291.

N'en voi nus qui *reviegne arrière.*
RUTEBEUF, *Œuvres,* La mort Rustebeuf.

Tirer arrière :

A quoy faire y reculez vous, si vous ne pouvez *tirer
arrière?*
MONTAIGNE, *Essais,* I, 19.

Je me deffens de la temperance, comme j'ai faict autresfois de la volupté : elle me *tire* trop *arrière* et jusques à la
stupidité.
LE MÊME, même ouvrage, III, 5.

Tourner, s'en retourner, arrière, en arrière :

Quant l'empereres Alexis vit ce, si commença ses genz
à retraire ; et quant il ot ses gens raliez, si *s'en retorna
ariere.*
VILLE-HARDOUIN, *Conquête de Constantinople,* § 180.

Comme je les vis a demy montez, j'envoiay au devant
quatre ou cinq arquebuziers, qui leur blessarent un cheval, surquoy *ils tournarent arrière.*
MONTLUC, *Commentaires,* liv. I.

Bien que les plus grands seigneurs de France fussent
à cette presse, leurs drappeaux *tournerent arrière.*
D'AUBIGNÉ, *Histoire,* t. I, liv. V, c. 17.

Tristan l'entent, fist .1. sospir
Et dist : Roine de perrage
Tornon arire à l'ermitage.
Tristan, v. 2247.

Et sans me laisser lieu de *tourner en arrière,*
Sa faveur me couronne entrant dans la carrière.
CORNEILLE, *Polyeucte,* IV, 3.

Traîner arrière :

Deseur.1. cainne le fait haut encrouer
Et les boiaus *avere traîner.*
Aliscans, v. 3447.

Traire, se traire arrière :

Sa grant baniere à l'or resplent.
Fait *traire arriere* quinze archées.
Chroniques de Normandie, v. 21750.

Cil voletent la fosse faire
Mès il les fist *arière traire.*
MARIE DE FRANCE, *lai d'Eliduc,* v. 921.

La fuite aquellent, si *se traient arier.*
Ogier de Danemarche, v. 5358.

Chil *se traient arrier,* que véir voudra ja
Qui en ara le miex et comment il sera.
Doon de Maience, v. 9590.

Dans l'ancien français, le mot *arrière,* joint à
un verbe, exprimait souvent l'idée d'un retour à
l'action ou à l'état exprimé par ce verbe :

Les Romains... après la perte de pluseurs consulz...
devinrent *arrière* victorieus.
Instruction de chevalerie et exercite de guerre.

A cent (ans) après *la conquirent* (Jérusalem)
Arrier Godefroy de Buillon.
EUSTACHE DESCHAMPS, *Poésies mss.,* p. 572, col. 1.

Voyez un assez grand nombre d'autres exemples dans le *Glossaire* de Sainte-Palaye, dont
sont tirés les passages qui précèdent.

ARRIÈRE s'emploie comme substantif masculin,
en termes de Marine, et signifie la Moitié de

la longueur d'un bâtiment, depuis le grand mât jusqu'à la poupe.

Dans notre bord, l'aumônier et l'équipage catholique faisoient la prière à l'*arrière* du vaisseau selon les règlements du roi, parce que c'est le lieu le plus commode, et l'équipage protestant faisoit sa prière à l'avant.

GUILLET, *les Arts de l'homme d'épée*, l'Art de la navigation.

Lorsqu'en effet on voit, dans un temps calme, arriver une troupe de ces petits pétrels à l'*arrière* du vaisseau, voler en même temps dans le sillage, et paroître chercher un abri sous sa poupe, les matelots se hâtent de serrer les manœuvres.

BUFFON, *Histoire naturelle*. Oiseaux; les Pétrels; l'oiseau de tempête, 10° espèce.

Le Saint-Géran parut alors à découvert, avec son pont chargé de monde, ses vergues et ses mâts de hune amenés sur le tillac, son pavillon en berne, quatre câbles sur son avant et un de retenue sur son *arrière*.

BERNARDIN DE SAINT-PIERRE, *Paul et Virginie*.

ARRIÈRE est employé figurément dans le passage suivant où le cygne est comparé à un vaisseau :

Son corps, penché en avant pour cingler, se redresse à l'*arrière* et se relève en poupe, sa queue est un vrai gouvernail, ses pieds sont de larges rames et ses grandes ailes demi-ouvertes au vent et doucement enflées sont les voiles qui poussent le vaisseau vivant, navire et pilote à la fois.

BUFFON, *Histoire naturelle*. Oiseaux; le Cygne.

Vent arrière, vent qui souffle de l'arrière à l'avant.

ARRIÈRE, se joint à certains substantifs, pour marquer, en général, que la chose ou la personne dont il s'agit, est placée derrière une autre, est postérieure à une autre. Voici une liste alphabétique de plusieurs de ces substantifs composés :

ARRIÈRE-ALLIANCE, s. f. Alliance éloignée :

Il n'y avoit pas jusqu'aux Bissy à qui l'ivresse de la faveur de leur évêque de Meaux ne tournât la tête, jusqu'à prétendre la dignité de Pont-de-Vaux, et cinq ou six autres

de même espèce qui, par les tortures prétendues applicables aux duchés femelles, eussent eu lieu, et tombées dans la boue par des alliances et des *arrière-alliances* déjà contractées.

SAINT-SIMON, *Mémoires*, 1711.

ARRIÈRE-BAN, s. m. Convocation qu'un souverain faisait autrefois de tous les nobles de ses États, pour les conduire à la guerre.

Feist crier par son pays ban et *arriereban*, et que ung chascun, sur peine de la hart, convint en armes en la grand place devant le chasteau, à heure de midi.

RABELAIS, *Gargantua*, c. 26.

Prenans trop les aises et bombances de la cour, ilz (les nobles) ne peuvent plus porter la peine de la milice, ny pas mesme se trouver aux *arrierebans*; pourquoy? parce que leurs offices et estaz qu'ils ont chez le Roy les exemptent de tout cela.

Propositions aux Etats de Blois, de 1576. (Voir CAMUSAT, *Meslanges hist.*, p. 59.)

Il se disait, par extension, et plus ordinairement, Du corps même de la noblesse.

Atant se traist li rois Ferranz d'Espaingne à une part, et apela son conseil et leur dist : « Biau seigneur, conseilliez-moi, car je en ai grant mestier... » Par foi, dient si baron et ses consaus touz,... faites mander vostre *arriere ban* de quoi il a asseiz, et mandeiz secors ; et sour avoir et sour fié perdre que nus n'i demeurt ; et qui demourra, il demourra sour la hart.

Récits d'un ménestrel de Reims au treizième siècle, publiés par N. DE WAILLY, p. 64.

Le Roy ne trouvoit point en son conseil qu'il deust tirer oultre jusques ad ce que son frere le conte de Poitiers, que le vent en avoit emmené en Acre, comme j'ay devant dist, fust venu ; pour ce qu'il avoit avecques lui l'*arriereban* de France.

JOINVILLE, *Histoire de saint Loys*, II° part.

Nonobstant tout ce ne demeurera-t-il mie que je ne voise à Gand querre l'*arriere-ban*.

FROISSART, *Chroniques*, liv. II, c. 185.

Avec le Roy estoient les nobles du royaume assemblez par manière d'*arriereban*.

COMMINES, *Mémoires*, liv III, c. 3.

On a tenu si peu de compte des *arrierebans* depuis Charles VII°, qu'on les a comme rejetez des guerres, pour leur abastardissement.

DE LA NOUE, *Discours politiques et militaires*, disc. 11.

90.*

Mon nom est connu à la cour, et j'eus l'honneur, dans ma jeunesse, de me signaler des premiers à l'*arriére-ban* de Nancy.

MOLIÈRE, *Georges Dandin*, I, 5.

Peut-être que l'état des affaires présentes m'attirera plus d'égard que par le passé, car enfin la convocation de l'*arrière-ban* fait croire qu'on a besoin de tout le monde.

BUSSY, *Lettres*, à l'évêque de Verdun, 29 août 1674.

— On n'écrit point plus poliment que cela à Paris.
— A vous dire vrai, l'*arrière-ban* a bien façonné la noblesse.

La Précaution inutile. (Voyez GHERARDI, *Théâtre italien*, éd. de 1717, t. I, p. 460.)

Trestout l'*arriere-ban* de vos terres mandés.
Gaufrey, v. 4031.

Or, dessous cette robe, illustre, vénérable,
Il avoit un jupon, non celui de constable,
Mais un qui pour un temps suivit l'*arrière-ban,*
Quand en première noce il servit de caban
Au chroniqueur Turpin, lorsque par la campagne
Il portoit l'arbalète au bon roi Charlemagne.

REGNIER, *Satires*, X.

Si le Roi les oblige à marcher dans un an,
Comme l'autre noblesse, à quelque *arrière-ban.*

BOURSAULT, *Mots à la mode*, sc. 12.

...Raillez leurs façons, leur langage
Et tout l'*arrière-ban* de notre voisinage.

GRESSET, *Le Méchant*, I, 4.

Anciennement on a dit *rereban*, formé directement sur la forme *riere* ou *rère :*

Il ai fait metenant mander son *rereban.*
Floovant, v. 2012.

ARRIÈRE-BATAILLE, s. f. Dans un sens analogue à celui d'*arrière-garde.*

L'autre bataille des amiraus d'Egypte desconfit l'*arrière-bataille* dou soudanc de Damas.

JOINVILLE, *Histoire de saint Louis*, § 103.

ARRIÈRE-BEC, s. m. T. d'Arch. Angle, Éperon de chaque pile d'un pont, du côté d'aval.

On voit souvent dans les rivières rapides, à la chute de

l'eau, au delà des *arrière-becs* des piles d'un pont, qu'il se forme de ces petits gouffres ou tournoyements d'eau.

BUFFON, *Histoire naturelle.*

ARRIÈRE-BOUCHE, s. f. T. d'Anat. Synonyme de Pharynx.

Sans l'odoration qui s'opère par l'*arrière-bouche*, la sensation du goût serait obtuse.

BRILLAT-SAVARIN, *Physiologie du goût.*

ARRIÈRE-BOUTIQUE, s. f. Pièce placée immédiatement et de plain-pied derrière la boutique.

Je leur demandai si le maître y étoit, et leur dis que j'avois à lui parler de la part du père Alexis. A ce nom respectable on me fit passer dans une *arrière-boutique*, où le marchand feuilletoit un gros registre qui étoit sur son bureau.

LE SAGE, *Gil Blas*, liv. X, c. 11.

Il les prit (les vingt sous) sur-le-champ, secoua l'aune entre les mains de madame Dutour, assez violemment pour l'en arracher, la jeta dans son *arrière-boutique.*

MARIVAUX, *la Vie de Marianne*, IIe partie.

Pour montrer au public, d'une façon galante,
Un libraire, étendu dans sa chaise roulante,
Combien, incognito, de livres défendus
Dans l'*arrière-boutique* ont-ils été vendus !

BOURSAULT, *Fables d'Ésope*, IV, 3.

Au figuré, Arrière-pensée :

J'ai tousjours cognu qu'il vaut mieux se servir de ces gens-là (des gens colères) que d'autres. Car il n'y a poinct d'*arrière-boutique* en eux : et s'ils sont (et ainsi ils sont) plus prompts, plus vaillans que ceux qui veulent avec leur froideur se faire estimer plus sages.

MONTLUC, *Commentaires*, liv. III.

Il se faut réserver une *arrière-boutique* toute nostre, toute franche, en laquelle nous establissons nostre vraye liberté et principale retraicte et solitude.

MONTAIGNE, *Essais*, I, 38.

S. Grégoire parlant pour ceux qui sans *arrière-boutique* se voüoient à Dieu.

EST. PASQUIER, *Recherches de la France*, liv. V, c. 8.

ARRIÈRE-CABINET, s. m. Cabinet placé en arrière.

On la mène donc en toutes les chambres : il n'y a point

de cabinet ni d'*arriere-cabinet* qu'elle ne visite, et où elle ne trouve un nouveau sujet d'admiration.

LA FONTAINE, *Psyché*, I.

Il (le duc d'Orléans) m'emmena aussitôt dans son *arriére-cabinet* obscur, sur la galerie, où la conversation fut d'abord coupée et tumultueuse, comme il arrive d'ordinaire après une longue absence.

SAINT-SIMON, *Mémoires*, 1710.

ARRIÈRE-CADET, s. m. Descendant d'un cadet.

Le marquis de Nelle avoit une sœur... il trouva un *arriére-cadet* de Nassau-Siegen, qui n'avoit pas de chausses, et qui servoit en petite charge subalterne en Flandre.

SAINT-SIMON, *Mémoires*, 1711.

ARRIÈRE-CAMPAGNE, s. f. Campagne qu'on croyait terminée et qui recommence.

Le soldat, dans cette *arriére-campagne,* témoigna hautement son mécontentement.

NAPOLÉON, *Mémoires*, t. V, p. 62.

ARRIÈRE-CHAMBRE, s. f. Chambre placée derrière une autre et qui en dépend.

En ycelluy (le bâtiment de l'abbaye de Thélème) estoient neuf mille troys cens trente et deux chambres : chascune garnie de *arriére-chambre*.

RABELAIS, *Gargantua*, c. 53.

ARRIÈRE-CHARTE, s. f. Charte de renonciation réciproque à des possessions, à des demandes, à des prétentions.

Quand cette *arriére charte* qui s'appelle lettre des renonciations tant d'un roi comme de l'autre, fut écrite, grossée et scellée, on la lut et publia généralement en la chambre du conseil, presens les deux Roys.

FROISSART, *Chroniques*, liv. I, part. II, c. 140.

ARRIÈRE-COIN, s. m. Coin retiré, à l'écart.

L'Empereur Valens... leur octroya (aux Goths) pour demeure un *arriére-coin* de la Thrace.

Clement V fut d'un esprit merveilleusement bizerre et d'une volonté bizerrement absolue, d'avoir quitté ceste grande ville de Rome, premiere de la chrestienté, pour se venir loger, par forme d'emprunt, en un *arriére-coin* de

la France, dedans la ville d'Avignon, nid à corneilles au regard de l'autre.

PASQUIER, *Recherches de la France*, I, 8, et VI, 21.

On a anciennement employé ce mot comme terme de fortification :

Je faisois de vingt pas en vingt pas un *arriére-coin*, tantost à main gauche, et tantost à main droite, et le faisois si large que douze ou quinze soldats y pouvoyent demeurer à chascun avecques arquebuses et hallebardes. Et ceci faisois-ie, afin que si les ennemis me gagnoient la teste de la trenchée, que ceux qui estoyent au *riere coin* les combatissent: car ceux des *arriére-coins* estoient plus maistres de la trenchée, que ceux qui estoyent au long d'icelle.

MONTLUC, *Commentaires*, liv. IV.

On a dit aussi quelquefois : ARRIÈRE-RECOIN.

Pierre Picheret, docteur en théologie, pour bannir de soy toute ambition, s'estoit confiné en un *arriére-recoin* de la Champagne.

PASQUIER, *Recherches de la France*, IV, 27.

ARRIÈRE-COLLATION, s. f. Seconde, nouvelle collation.

Alloient veoir les garses d'entour et petitz banquetz parmy, collations et *arriere-collations*.

RABELAIS, *Gargantua*, c. 22.

ARRIÈRE-COUR, s. f. Petite cour qui, dans un corps de bâtiment, sert à dégager et à éclairer les appartements.

Je ne me souviens pas non plus en quoi consistent la basse-cour, l'avant-cour, les *arriére-cours* (du château de Richelieu).

LA FONTAINE, *Lettres*; à Mme de La Fontaine, 12 septembre 1663

ARRIÈRE-DESSEIN, s. m. Dessein que l'on cache, projet dont on ne parle pas.

Tout cela m'a paru si hors de vraisemblance,
Et faire à l'intérêt si grande violence,
Que j'ai cru bonnement y voir, pour me jouer,
Quelque *arriére-dessein*, je veux bien l'avouer.

J.-B. ROUSSEAU, *la Dupe de lui-même*, I.

ARRIÈRE-FAIX, s. m. Ce qui reste dans la matrice après la sortie du fœtus ; c'est-à-dire, le placenta, le cordon ombilical, et les membranes qui enveloppaient le fœtus.

L'arrière-faix a esté ainsi appellé du vulgaire, parce qu'il vient après l'enfant, et qu'il est un autre faix à la femme : des autres est appellé le Lict, parce que l'enfant y est couché et enveloppé et y demeure : des autres la Delivrance, par-ce qu'estant hors, la femme est entierement delivrée : et autant qu'il y aura d'enfans, autant y aura d'arrière-faix separez l'un de l'autre.

A. PARÉ, Œuvres, liv. XXIV, c. 18.

La superficie extérieure de la peau qu'on nomme l'arrière-faix.

DESCARTES, Fœtus, 5.

ARRIÈRE-FEMME, s. f. Concubine.

Il (Sebastian Castalio) n'a pas pris plaisir aux mots de gueux seulement... mais s'est donné des licences de toutes sortes, appelant arrière-femme, comme on dit arrière-boutique, celle que le mari entretient avec sa femme.

HENRI ESTIENNE, Apologie pour Hérodote, c. 14.

ARRIÈRE-FERMIER, s. m. Celui qui tient une ferme d'un sous-fermier.

Les fermiers, sous-fermiers, et arrière-fermiers.

Conseil d'État, 10 avril 1658.

ARRIÈRE-FIANCE, s. f. Garantie supplémentaire.

Il faut que ce plege ou fiance baille un contreplege, qu'ils appellent arrierefiance : laquelle aussi il faut que celuy qui emprunte l'argent pratique par le moyen d'un present.

HENRI ESTIENNE, Apologie pour Hérodote, c. 16.

ARRIÈRE-FIEF, s. m. Fief mouvant d'un autre fief.

Se li hons d'aucun seigneur fet de son fief ou d'une partie de son fief arrierefief, contre coustume, sans le congié de son segneur : si tost comme li sires le set, il le pot penre comme le sien propre.

BEAUMANOIR, Coutumes de Beauvoisis, c. 2, 21.

Il vouloit aller en la haute Gascogne voir aucuns re-

belles à lui qui étoient des arreres-fiefs de Gascogne et qui ne vouloient obéir au roi de France.

FROISSART, Chroniques, liv. I, IIe part., c. 373.

ARRIÈRE-FILS, s. m. Le fils du fils, le petit-fils.

Par le droict ancien de nostre France,... le fils excluoit l'arriere-fils ès successions des peres et meres.

EST. PASQUIER, Recherches de la France, IV, 20.

De même :

ARRIÈRE-PETIT-FILS, s. m. Le fils du petit-fils, par rapport au bisaïeul.

Cet abbé de Tencin était prêtre et gueux, arrière-petit-fils d'un orfèvre.

SAINT-SIMON, Mémoires, 1719.

Vingt-quatre cardinaux, qui composaient alors tout le collège, élurent Jean de Médicis, arrière-petit-fils du grand Cosme de Médicis, simple négociant, et père de la patrie.

VOLTAIRE, Essai sur les mœurs, c. 127.

Le roi (Louis XV), arrière-petit-fils du monarque défunt, n'ayant que cinq ans, un prince, son oncle, a été déclaré régent du royaume.

MONTESQUIEU, Lettres persanes, 91.

Le fils succédera au père, puis le petit-fils, et ensuite le fils de l'arrière-petit-fils, et ainsi à perpétuité dans leurs descendants.

VERTOT, Histoire des révolutions de Portugal.

ARRIÈRE-FROIDURE, s. f. Froid tardif.

Le temps en est (de faire enraciner les branches des orangers) vers la fin de mars, et plus tard, la saison estant tardive, pour crainte des arrière-froidures.

OLIVIER DE SERRES, Théâtre d'agriculture, liv. VI, c. 26.

ARRIÈRE-GARANT, s. m. T. de Jurispr. Garant du garant.

ARRIÈRE-GARDE, s. f. La partie d'une armée, d'un corps de troupes qui marche la dernière.

Les vit passer à totes lor proies et a toz lor gaains, et les batailles l'une après l'autre tant que l'arière-garde vint. L'arière-garde faisoit Henris, li freres le conte Baldoin de Flandres, li soc gens.

VILLEHARDOUIN, Conquête de Constantinople, § 227.

Si se pensa li rois que ore estoit à point ; si fait escrire ses briés et les fait envoier à tous ses fieveiz ; et leur manda qu'il soient tuit à Biauvais dedenz un mois à armes si comme il doivent. Et il si furent dedenz le mois que nus n'en atarja, et trouverent le roi qui jà estoit venuz. Et fist avantgarde et *arrieregarde* de chevaliers preudommes et d'aubalestriers pour l'ost conduire ; et vinrent à un matin devant Gisors.

> *Récits d'un ménestrel de Reims au treizième siècle,* publiés par N. DE WAILLY, p. 55.

Étoient en cette *arrière-garde* environ quatre mille hommes d'armes et deux mille archers.

> FROISSART, *Chroniques*, liv. I, Ire part., c. 92.

L'*arriereguarde* feut baillée au duc Racquedenare.

> RABELAIS, *Gargantua*, c. 26.

M. le prince de Condé a attaqué notre *arriére-garde* avec bien de la vigueur.

> DE LAUNOY au comte d'Estrade, 14 août 1674. (Voyez MIGNET, *Succession d'Espagne*, t. IV, p. 305.)

M. de Luxembourg fit marcher ses bagages dès les trois heures du matin, et ensuite l'armée marcha, l'*arrière-garde* prenant l'avant-garde.

> Le comte DE LIMOGES, *Lettres*, à Bussy, 12 août 1676. (Voyez *Correspondance de Bussy-Rabutin*.)

Ce changement de dispositions fit que quantité d'équipages qui, sans le savoir, se trouvèrent à l'*arrière-garde*, furent pillés ou perdus la nuit dans la montagne.

> SAINT-SIMON, *Mémoires*, 1706.

Mais, dès qu'il (Chesterfield) eut le dos tourné pour se mettre en marche avec sa prisonnière (sa femme) et l'attirail dont on le flattoit qu'il l'avoit pourvu, Dieu sait comme on donna sur son *arrière-garde*.

> HAMILTON, *Mémoires de Grammont*, c. 10.

Le fait est que le Grand Visir tomba sur l'*arrière-garde* au point du jour. Cette *arriére-garde* était en désordre.

> VOLTAIRE, *Hist. de Pierre le Grand*, IIe part., c. 1er.

L'*arère-guarde* est jugée sur lui.

> *Chanson de Roland*, st. 60, v. 13.

L'*arrière-garde* fist Isorés li gris.

> *Garin le Loherain*, t. I, p. 218.

Nous autres, pour *arriére-garde*,
Fort de près nous vous suyverons.

> *Le Mistere du siege d'Orléans*, v. 5079.

Au figuré :

Je reserveray les composez pour l'*arrière-garde*.

> H. ESTIENNE, *la Précellence du langage françois*.

On a dit anciennement *rère-garde :*

Sa *rere-guarde* lerrat derere sei.

> *La Chanson de Roland*, v. 574.

ARRIÈRE-GERME, s. m. Germe ou bourgeon que la nature tient en réserve.

On a fait éclore jusqu'aux *arrière-germes* de la nature ; on a tiré de son sein toutes les productions ultérieures qu'elle seule et sans aide n'aurait pu amener à la lumière.

> BUFFON, *Histoire naturelle*.

ARRIÈRE-GOÛT, s. m. Goût que laissent dans la bouche certains aliments ou certaines liqueurs, différent de celui qu'on avait éprouvé d'abord. Il se prend le plus souvent en mauvaise part.

ARRIÈRE-JEU, s. m. Dernière partie d'un jeu, d'un amusement ; c'est en particulier, suivant Le Duchat, un terme emprunté du jeu de toutestables. Rabelais l'a employé au figuré en parlant de la fin du repas :

Angleterre, Escosse, les Estrelins seront assez mauvais Pantagruelistes. Aultant sain leur seroit le vin que la biere, pourveu qu'il feust bon et friant. A toutes tables leur espoir sera en l'*arrière-jeu*.

> *Prognostication pantagrueline*, c. 6.

ARRIÈRE-MAIN, s. m. Coup du revers de la main. En ce sens, il n'est guère usité qu'au Jeu de paume :

Coup d'*arrière-main*.

> NICOT et COTGRAVE, *Dictionnaires*.

J'ai gagné la partie par un bel *arrière-main*.

> *Dictionnaire de l'Académie*.

Au figuré :

Il n'y a qu'à voir ces messieurs (les médecins) pour ne vouloir jamais les mettre en possession de son corps : c'est de l'*arrière-main* qu'ils ont tué Beaujeu.

> Mme DE SÉVIGNÉ, *Lettres*, 25e, sept. 1676.

Par suite, ce qui n'arrive point directement, en son temps, ce qui est en retard ou inopportun :

Voyant... que longuement ne pourroient tenir, et secours leur estre en *arrière-main*, se rendirent.
J. D'AUTUN, *Annales de Louis XII,* an. 1499-1501.

ARRIÈRE-MAIN, en termes de Manège et d'Art vétérinaire. La partie postérieure du cheval, par opposition au corps et à l'avant-main.

On a dit anciennement *la main en arrière,* au lieu de *l'arrière-main.* Voyez le *Dictionnaire de Furetière.*

Il est physiquement impossible à un cheval quelconque d'étendre son trot sur un cercle, sans que *l'arrière-main* ou croupe ne soit plus éloignée du point central que les épaules qui le précédent.
MOTTIN DE LA BALME, *Essai sur l'équitation,* 1773.

ARRIÈRE-NEVEU, s. m. Le fils du neveu ou de la nièce, par rapport à l'oncle ou à la tante.

Dans le style soutenu, *Nos arrière-neveux,* nos descendants ; La postérité la plus reculée.

Nos *arrière-neveux,* comme nos premiers pères, Trouveront à jamais un asyle assuré.
RACAN, *Psaumes,* LXXXIX.

Mes *arrière-neveux* me devront cet ombrage.
LA FONTAINE, *Fables,* XI, 8.

ARRIÈRE-PENSÉE, s. f. Pensée que l'on tient secrète ; intention que l'on cache, tandis qu'on en manifeste une autre.

Ceux de la religion excitèrent l'indignation et la haine du Roy contr'eux, parce qu'à leur occasion il fut contraint de se retirer à Paris avec frayeur et vitesse, si bien que depuis il leur garda tousjours une *arrière-pensée.*
DE LA NOUE, *Discours politiques et militaires,* discours 26e.

Les femmes ont toujours quelque *arrière-pensée.*
DESTOUCHES, *le Dissipateur,* V, 9.

Vous supposez aux gens des *arrière-pensées.*
COLLIN D'HARLEVILLE, *les Mœurs du jour,* IV, 11.

ARRIÈRE-PLAN, s. m. Dernier plan d'une vue, d'un tableau, d'un décor.

Ces ouvertures ne laissent voir qu'un *arrière-plan* de rochers aussi aride que les premiers plans.
CHATEAUBRIAND, *Itinéraire de Paris à Jérusalem.*

Fig., il se dit de quelqu'un qu'on laisse ou qui reste volontairement à l'écart, dans une position peu en vue.

Sa modestie le retient à l'*arrière-plan.*
Dictionnaire de l'Académie.

ARRIÈRE-POINT, s. m. Point d'aiguille qui empiète sur celui qu'on vient de faire.

Faire un rang d'*arrière-points.*
Dictionnaire de l'Académie.

Aujourd'hui on dit plutôt *point arrière.*

ARRIÈRE-SAISON, s. f. L'automne, et plus ordinairement La fin de l'automne, ou même Le commencement de l'hiver.

Au plus froid pays de vigne, les raisins ne veulent meurir près de terre, pour sa grande humidité, mesme en l'*arrière-saison* de l'Automne.
OLIVIER DE SERRES, *Théâtre d'agriculture,* IIIe lieu, c. 4.

On dit que les bons vins sont meilleurs en l'*arrière-saison,* quand le temps en a tiré le feu et adoucy la rigueur.
MATHIEU, *Histoire des dern. troubles de France,* liv. II.

Il signifie, au figuré, Le commencement de la vieillesse :

Voilà ce qui me console dans mon *arrière-saison.*
PERROT D'ABLANCOURT, trad. de Lucien, l'*Hercule gaulois.*

Après avoir séjourné seize mois en Bretagne, il étoit temps de vous dépayser. Je crois qu'en toute saison il fait meilleur en Provence, mais particulièrement l'hiver, et surtout pour nous autres gens de rhumatisme, c'est-à-dire gens d'*arrière-saison,* et en un mot qui avons cinquante ans passés.
BUSSY-RABUTIN, *Lettres;* à Mme de Sévigné, 19 nov. 1690.

Sous le nom d'amitié, fruit d'*arrière-saison*,
Il faut masquer l'amour, en jouir et se taire.
DUFRESNY, *Mariage fait et rompu*, I, 7.

Sur l'*arrière-saison* l'art de la pruderie
Convient, et si le cœur se laisse encor blesser,
On peut aimer sous cap, mais il faut financer.
DESTOUCHES, *l'Irrésolu*, II, 6.

Elle devient coquette en l'*arrière-saison*.
DE BOISSY, *le Babillard*, X.

La raison est un fruit de l'*arrière-saison*.
COLLIN D'HARLEVILLE, *les Mœurs du jour*, I, 10.

ARRIÈRE-SENS, s. m. Secret d'une affaire :

Je voy que chacun se mutine, si on luy cache le fonds des affaires auxquels on l'employe, et si on luy en a derobé quelque *arrière-sens*. Pour moy, je suis content qu'on ne m'en die non plus qu'on veut que j'en mette en besogne.
MONTAIGNE, *Essais*, liv. III, c. 1.

ARRIÈRE-VASSAL, s. m. Celui qui relevait d'un seigneur vassal d'un autre seigneur.

Il n'y a point d'*arrière-vassaux* en Pologne : un noble n'y est pas sujet d'un autre noble comme en Allemagne ; il est quelquefois son domestique, mais non son vassal, la Pologne est une république aristocratique où le peuple est esclave.
VOLTAIRE, *Essai sur les mœurs*. Du gouvernement féodal après Louis XI, c. 96.

ARRIÈRE-VOUSSURE, s. f. T. d'Archit. Voûte pratiquée sur l'embrasure d'une porte ou d'une fenêtre pour se raccorder avec d'autres voûtes, et pour donner plus de jour dans l'intérieur.

Les poternes (de la porte Saint-Antoine) sont fort bien proportionnées à la principale porte, et enfin l'œuvre entier si bien conduit, que derrière il est soutenu par de grands arcs boutans, tous bandés et soutenus d'une *arrière-voussure* que tous les savans en la coupe des pierres admirent.
SAUVAL, *Antiquités de Paris*, liv. XIV.

ARRIÉRER (formé sur *arrière*), v. a. Retarder.

Mais il faut encore interrompre ici cette matière qui *arriéreroit* trop sur les autres.
SAINT-SIMON, *Mémoires*, 1700.

III.

Il signifie, plus ordinairement, Ne pas payer aux échéances convenues.

Comme vous nous faictes l'honneur de nous proposer, de la part de S. M., deux expédients, le premier d'une main levée de toutes saisies, nous vous supplions très-humblement de considérer que..... cela ne feroit qu'*arriérer* toujours la ville, et en fin de temps nous accabler de dettes.
Les conseillers-échevins de la ville de Dieppe à Colbert, 5 mars 1664. (Voy. DEPPING, *Correspond. administr. sous Louis XIV*, t. I, p. 703.)

Il s'emploie quelquefois avec le pronom personnel et signifie Demeurer en arrière :

L'infanterie *s'arriéra*.
Dictionnaire de l'Académie.

ARRIÉRÉ, ÉE, part. passé.

Au propre :

Quoique fort *arriéré*, et toutes les rivières gardées, il (le prince Eugène) les passa et devança M. de Vendôme.
SAINT-SIMON, *Mémoires*, 1706.

Au figuré :

S'il (Bonaparte) eût vécu jusqu'en 1830, peut-être nous serait-il revenu ; mais qu'eût-il fait parmi nous ? Il eût semblé caduc et *arriéré* au milieu des idées nouvelles.
CHATEAUBRIAND, *Mémoires d'outre-tombe*.

ARRIÉRÉ s'emploie substantivement, en termes de Finances, pour désigner d'une manière collective Les dettes de l'État ou des particuliers dont le payement est en retard.

Le premier *arriéré* a été reconnu, et le payement en a été déterminé et ordonné.
ROYER-COLLARD, *Discours*, Sur le budget, 1816.

Au figuré :

Il dit, reprend son homme et, s'accrochant à lui, Lui paie, en l'assommant, l'*arriéré* de l'ennui.
DELILLE, *la Conversation*, I.

ARRIMER, ARRUMER ou ARRUNER (du vieux français *rumer*, qui a le même sens et qui vient lui-même de *rum*, cale. Voyez ces mots dans le *Glossaire nautique* de Jal), v. a. T. de Marine. Distribuer, arranger convenablement et placer avec solidité, dans l'intérieur d'un bâtiment, les divers objets qui composent sa charge, sa cargaison.

Comme ou temps passé, les ouvriers du mestier et ouvrage de *arrimer* les vins en l'eau de Sayne (sur les navires que porte la Seine) alans par la mer, se soient entremis de faire ledit labour et ouvrage, sans de ce avoir congié ou licence de nous ou de nostre lieutenant.

> CHARLES VI, *Règlement fait en novembre 1398 pour les arrimeurs de la vicomté de l'eau de Rouen.* (Voy. *Ordonnances des rois de France*, t. VIII, fol. 303.)

ARRIMEUR, s. m. T. de Marine. Celui qui arrime. Voyez l'article précédent.

ARRIMAGE, ou ARRUMAGE, s. m. T. de Marine. Action d'arrimer, ou le Résultat de cette action.

Le mot arrimage se trouve dans le règlement de 1398 cité dans l'article *Arrimer*.

On sait que souvent, en Hollande, de certains genres de marchandises vènus de loin, ne s'y vendent pas plus cher qu'ils n'ont coûté sur les lieux mêmes... Un capitaine qui a besoin de lester son vaisseau, prendra du marbre ; il a besoin de bois pour l'*arrimage*, il en achètera, et pourvu qu'il n'y perde rien, il croira avoir beaucoup fait.

> MONTESQUIEU, *Esprit des Lois*, XX, 6.

ARRISER (de *riser*, amener une voile, qui vient lui-même de *ris*, dont l'origine est incertaine), v. a. T. de Marine. Prendre des ris ; détendre la surface des voiles en les amenant un peu.

La coustume est, passant devant quelque citadelle, de la saluer de quelques coups de canon ; voire les Anglois veulent qu'on abbate le pavillon et qu'on *arrise* le grand hunier.

> FOURNIER, *Hydrographie*, liv. XIV, c. 7.

ARRIVER (de *arripare*, voyez une charte de Saint-Victor de Marseille, de l'année 822. D. Bouquet, *Recueil des historiens des Gaules et de la France*, t. VI, p. 533. Ce mot est formé de *ad*, vers, et *ripa*, rive), v. n. Approcher de la rive.

On a dit fort anciennement, en ce sens, *venir à rive*, *arriver à rive* :

> Mainte grant mer a trespassée
> Et mainte terre avironée.
> En Itaire (Italie) est *venus à rive*.
> WACE, *Roman de Brut*, v. 31.

> *Viennent* les genz le roi *à rive.*
> G. GUIART, *Royaus lignages*, v. 9118.

D'autre part *à la rive* se prent à *ariver.*

> *Fierabras*, v. 4379.

Aborder :

Le roi anglois nagea tant par mer qu'il *arriva* à Londres.

> FROISSART, *Chroniques*, liv. Ier, 1re part., c. 97.

Il y a douze heures vingt-quatre minutes entre la marée qui *arrive* le matin sur nos côtes, et celle qui y *arrive* le soir.

> ROLLIN, *Traité des Études*, liv. VII, art. 3 et 4.

> Le roi Glorians a tant par la mer siglé,
> Qu'en l'isle de Roas sunt tout droit *arivé.*
> *Gaufrey*, v. 1479.

> Gui de Namur et sa galie...
> *Arriver* ala à Bouloigne.
> G. GUIART, *Royaus lignages*, v. 10488.

> Ne sét ù il est *arivez,*
> En mer a esté esgairez.
> WACE, *Roman du Rou*, v, 548.

> Vaspasiens se mist en mer
> Et à Douvre valt *arriver.*
> LE MÊME, *Roman de Brut*, v. 5230.

> Tant ont nagié et governé
> Qu'à cele ille sont *arivé.*
> *Roman de Renart*, v. 23017.

> Si est au governail alé
> Et commença à governer
> Tant que la nef fist *ariver*
> A terre moult bel et moult gent.
> *Roman de Renart*, v. 23044.

Ce fut un promontoire où la fourmis *arrive.*

> LA FONTAINE, *Fables*, XII, 8.

Mithridate lui-même *arrive* dans le port.

> RACINE, *Mithridate*, I, 4.

Il se dit, en termes de Marine, d'un Bâtiment qui se dirige, qui vient àu vent sur un autre.

Van-der-Putten, qui menoit l'avant-garde des Hollandois, *arriva* sur nous de fort bonne grâce, et le vaisseau de sa tête facilita extrêmement l'exécution du dessein que j'avois ; car, au lieu de tenir le vent et de forcer de voiles pour attaquer M. de Relingues, il *arriva* sur moi à toutes voiles.

> Le marquis DE VILLETTE, *Mémoires*, année 1690.

Comme elle (l'escadre hollandoise) m'étoit fort supérieure en nombre et en grosseur, et qu'elle *arrivoit* vent arrière sur moi avec un bon frais.

> JEAN BART, *Rapport*, 5 juillet 1696. Arch: de la Marine, dossier de Jean Bart. (Cité par Jal.)

Arrive, commandement fait au timonier pour qu'il pousse la barre du gouvernail de telle sorte que le navire fasse une arrivée.

Il (le vaisseau) s'approcha de nous, et bientôt nous entendîmes crier : *Arrive! arrive!*

> LE SAGE, *le Diable boiteux*, c. 15.

En termes de Marine, *arriver* est quelquefois actif :

Quant en .1. batel m'ot le traître posé,
Le vent me mena tant que *il m'ot arivé*
En la très grant forest où mon pere ai trouvé.

> *Doon de Maience*, v. 3147.

On le trouve aussi avec le pronom personnel :

Entretant vinrent trois navèles,
A un port vinrent, *s'arivèrent*.

> WACE, *Roman de Brut*, v. 6860.

ARRIVER signifie, plus ordinairement, Parvenir à un lieu où l'on vouloit, où l'on devoit aller.
Arriver à :

Lors que Pantagruel et Panurge *arriverent* à la salle, tous ces grimaulx... commencerent frapper des mains.

> RABELAIS, *Pantagruel*, II, 18.

Mais enfin elle *arrive* à Brest où, après tant de maux, il lui fut permis de respirer un peu.

> BOSSUET, *Oraison funèbre de la reine d'Angleterre*.

Le mardi 21 novembre, le duc de Fronsac *arriva* à Marly portant au roi la nouvelle de la capitulation du château et des forts de Fribourg.

> SAINT-SIMON, *Mémoires*, 1713.

Un Asiatique qui *arriverait* à Madrid le jour d'une telle exécution, ne saurait si c'est une réjouissance, une fête religieuse, un sacrifice ou une boucherie ; et c'est tout cela ensemble.

> VOLTAIRE, *Essai sur les mœurs*. De l'Inquisition, c. 140.

..... Nos gaillards pèlerins,
Par monts, par vaux, et par chemins,
Au gué d'une rivière à la fin *arrivèrent*.

> LA FONTAINE, *Fables*, X, 7.

Nous partîmes cinq cents ; mais, par un prompt renfort,
Nous nous vîmes trois mille en *arrivant* au port.

> CORNEILLE, *le Cid*, IV, 3

La noce se fera
Aussitôt qu'*à* Paris ton père *arrivera*.

> DESTOUCHES, *le Glorieux*, V, 5.

Arriver dans :

Après avoir été ainsi volés par des ignorants, nous *arrivâmes* presque nus *dans* la maison où nous devions souper : elle appartenait à un des plus savants hommes de l'Europe.

> VOLTAIRE, *Timon*.

Ils (les animaux) *arrivèrent dans* un pré
Tout bordé de ruisseaux, de fleurs tout diapré.

> LA FONTAINE, *Fables*, IV, 12.

Arriver chez :

Elle (la duchesse de Bouillon) avait été souvent exilée, et quelquefois long-temps. Malgré cela elle *arrivoit chez* le roi la tête haute.

> SAINT-SIMON, *Mémoires*, 1714.

Si vous voyez une pièce de monnoie, comptez que *vous êtes arrivé chez* une nation policée.

> MONTESQUIEU, *Esprit des Lois*, XVIII, 15.

Pour les Napolitains, toujours faibles et remuants, incapables de se gouverner eux-mêmes, de se donner un roi et de souffrir celui qu'ils avaient, ils étaient au premier qui *arrivait chez* eux avec une armée.

> VOLTAIRE, *Essai sur les mœurs*. De l'État du pape, de Venise et de Naples, au XVe siècle, c. 106.

Ce fut dans cet état que j'*arrivai chez* madame Dutour. Elle était assise, à l'entrée de sa boutique, qui s'impatientait à m'attendre, parce que son dîner était prêt.

> MARIVAUX, *la Vie de Marianne*, IIe partie.

Arriver ici, jusqu'ici :

J'*arrivai ici* (à Bourbilly) lundi au soir, comme je vous l'écrivis sur-le-champ.

Mᵐᵉ DE SÉVIGNÉ, *Lettres;* à Mᵐᵉ de Grignan, 21 octobre 1673.

Comment a-t-il fait pour *arriver jusqu'ici?*

MARIVAUX, *Fausses Confidences,* I, 14.

Arriver de :

J'*arrive* présentement *de* notre expédition de Brie-Comte-Robert, las comme un chien.

BUSSY, *Lettres;* à Mᵐᵉ Sévigné, 1640.

Je m'en vais de ce pas dîner encore avec la duchesse de Chaulnes, car le duc n'*arrivera* que ce soir *de* Versailles.

M. DE COULANGES, *Lettres;* à Mᵐᵉ de Sévigné, 4 mars 1675.

Le duc d'Aumont *arriva de* son ambassade d'Angleterre.

SAINT-SIMON, *Mémoires,* 1713.

Il (Charles de Durazzo) *arrive de* Naples à Bude : il est couronné solennellement, et reconnu roi par Élisabeth elle-même.

VOLTAIRE, *Essai sur les mœurs.* État de l'Europe au XVIᵉ siècle, c. 117.

J'*arrive de* campagne, et, plein d'impatience De te revoir, j'accours.

DESTOUCHES, *le Glorieux,* I, 5.

Il semble, en *arrivant* ici *de* Picardie Ramener à Paris la franchise bannie.

DUFRESNY, *le Faux Sincère,* I, 6.

Arriver, absolument :

Comme le messagier *arriva,* il trouva que tout estoit ja conclud, et les scellez baillez des le soir de devant.

COMMINES, *Mémoires,* liv. III, c. 11.

Madame de Chaulnes *arriva* dimanche, mais savez-vous comment? A beau pied sans lance, entre onze heures et minuit.

Mᵐᵉ DE SÉVIGNÉ, *Lettres;* à Mᵐᵉ de Grignan, 22 juillet 1671.

Soyez bien paresseuse avant que j'*arrive,* afin de n'avoir plus aucune paresse dans le corps quand j'*arriverai.*

LA MÊME, même ouvrage, 8 juillet 1672.

A homme de cœur, courtes paroles; qu'on se batte, j'*arrive.*

MAURICE DE SAXE, billet au marquis de Courtivron. (Voyez VOLTAIRE, *Corresp. gén.,* lettre du 2 janv. 1753.)

Quand on ne veut qu'*arriver,* on peut courir en chaise de poste; mais, quand on veut voyager, il faut aller à pied.

J.-J. ROUSSEAU, *Émile.*

Avant que j'*arrivasse,* en un mot, ces femmes faisaient quelque figure ; elles voulaient plaire et ne perdaient pas leur peine.

MARIVAUX, *la Vie de Marianne,* IIᵉ partie.

Je pars, je cours, j'*arrive,* et fais naufrage au port.

BOURSAULT, *Ésope à la Cour,* III, 7.

Sur mes cinq cœurs portés la dame *arrive* encor Qui me fait justement une quinté major.

MOLIÈRE, *les Fâcheux,* II, 1.

Ce moi, plus tôt que moi, s'est au logis trouvé : Et j'étois venu, je vous jure, Avant que je *fusse arrivé.*

LE MÊME, *Amphitryon,* II, 1.

Vingt carrosses bientôt *arrivant* à la file, Y sont, en moins de rien, suivis de plus de mille.

BOILEAU, *Satires,* VI.

Vous *arrivez,* déjà vous parlez de départ!

COLLIN D'HARLEVILLE, *les Châteaux en Espagne,* II, 3.

Arriver en ce monde, arriver sur la terre, Naître.

Fiefs, terres et châteaux, sur l'aîné tout abonde, Parce qu'un an plus tôt il *arrive en ce monde.*

DUFRESNY, *le Faux Sincère,* V, 2.

Je suis *arrivé* nud sur cette masse immense.

LE GRAND, *Plutus,* III, 2.

Arriver, au figuré :

Pensiez-vous n'*arriver* jamais là où vous alliez sans cesse?

MONTAIGNE, *Essais,* I, 19.

Il convient souvent tourner et obliquement *arriver,* où l'on ne peut à droit fil.

CHARRON, *De la Sagesse,* III, 2.

Vous écrivez comme un ange, je lis vos lettres avec admiration ; cela marche, vous *arrivez.*

Mᵐᵉ DE SÉVIGNÉ, *Lettres;* à Mᵐᵉ de Grignan, 1ᵉʳ décembre 1675.

La France *arrive* tard, mais elle *arrive.*

VOLTAIRE, *Lettres;* à M. Servan, avril 1766.

Il se dit également De toute chose qui parvient à sa destination.

Enfin la lettre de M. Colbert *arriva*, qui acheva de faire connoître les desseins du roi, touchant la prorogation et la présidence.

FLÉCHIER, *Mémoires sur les Grands Jours de 1665.*

Quand les lettres de Provence *arrivent*, c'est une joie parmi tous ceux qui m'aiment.

Dieu conduise cette lettre, et qu'elle *arrive* dans un temps où votre cœur soit un peu à son aise.

Mᵐᵉ DE SÉVIGNÉ, *Lettres;* à Mᵐᵉ de Grignan, 26 juin 1675 et 25 janvier 1690.

Les troupes de renfort, le canon et les munitions étant *arrivés* devant Thorn, on commença le siège le 22 septembre.

VOLTAIRE, *Histoire de Charles XII*, liv. II.

L'eau ne peut *arriver* qu'après avoir parcouru un certain espace dans le courant particulier qui aboutit à cette roue.

BUFFON, *Théorie de la Terre.* Fleuves, art. X.

ARRIVER se prend aussi dans le sens de Venir, d'approcher.

Ils *arrivaient* à cheval, visière baissée, écu au col, glaive au poing, épées et dagues ceintes.

VOLTAIRE, *Essai sur les mœurs.* Des Duels, c. 100.

Tandis que coups de poing trottoient,
Et que nos champions songeoient à se défendre,
Arrive un troisième larron
Qui saisit maître Aliboron.

LA FONTAINE, *Fables*, I, 13.

Il s'emploie figurément dans ce dernier sens.

On le sent *arriver* avec tant de peine (le carême); on s'y prépare par tant d'excès; on le passe avec tant de chagrin.

FLÉCHIER, *Panégyrique de saint François de Paule.*

Mais Dieu ne juge pas comme nous jugeons; le jour de sa paix et de sa miséricorde n'*étoit* pas encore *arrivé*.

FLÉCHIER, *Oraison funèbre de Marie-Thérèse.*

Ce temps te paroît éloigné : hélas! tu te trompes, mon fils; il se hâte, le voilà qui *arrive*.

FÉNELON, *Télémaque*, XIX.

Il se dit, à peu près dans le même sens, en parlant des Mots, des Idées, etc.

Ce que l'on conçoit bien s'énonce clairement,
Et les mots pour le dire *arrivent* aisément.

BOILEAU, *Art poétique*, I.

ARRIVER signifie encore, figurément, Parvenir, atteindre à une chose.

Arriver en, à :

Jamais nostre poesie n'*arriva* et n'*arrivera en* sa perfection, ou si elle *y est arrivée*, c'est en nostre Ronsard qu'il la faut telle recognoistre.

PASQUIER, *Recherches de la France*, VII, 8.

Pourquoy crains-tu ton dernier jour? Il ne confère non plus à ta mort que chascun des autres. Le dernier pas ne faict pas la lassitude : il la declare. Tous les jours vont à la mort : le dernier *y arrive*.

MONTAIGNE, *Essais*, I, 19.

On se croit naturellement bien plus capable d'*arriver au* centre des choses que d'embrasser leur circonférence.

PASCAL, *Pensées.*

Que le docteur de la volupté se fasse un ordinaire de pain et d'eau, pour *arriver au* souverain bonheur de la vie, c'est ce que mon peu d'intelligence ne comprend point.

SAINT-ÉVREMONT, *Sur la Morale d'Épicure.*

Je suis arrivée à un tel excès de délicatesse, que la vue d'un bon dîner me fait malade.

Mᵐᵉ DE COULANGES, *Lettres;* à Mᵐᵉ de Sévigné, 20 juin 1675.

S'il y a un peuple qui *arrive à* l'idée du peuple heureux, représenté dans Télémaque, c'est celui de Mazargues.

Mᵐᵉ DE GRIGNAN, *Lettres;* à Mᵐᵉ de Coulanges. Marseille, 5 février 1703.

Sortis des figures qui passent et des ombres qui disparoissent, *nous arrivons au* règne de la vérité.

BOSSUET, *Oraison funèbre de la Duchesse d'Orléans.*

Par ces révolutions continuelles *nous arrivons,* souvent sans y avoir pensé, *à* ce point fatal où le temps finit et où l'éternité commence.

FLÉCHIER, *Oraison funèbre de Mme d'Aiguillon.*

De temps en temps privez les enfants de ce qu'ils aiment, parce qu'ils ont voulu *y arriver* par la finesse.

FÉNELON, *De l'éducation des filles*, c. 9.

Le grand point est de mettre d'abord le lecteur dans le fond des choses, de lui en découvrir les liaisons, et de se hâter de le faire *arriver au* dénouement.

LE MÊME, *Lettre à l'Académie.*

Les gentils, de tout ce qu'on appeloit le monde connu, *sont arrivés à* la connoissance d'un seul Dieu créateur, et les idoles ne paroissent plus sur la terre.

LE MÊME, *Lettres spirituelles.* Réflexions.

Il (le cardinal de Rohan) avoit passé sa première jeunesse sous la férule, dans le travail, dans toutes sortes de contrainte pour *arriver à* une grande fortune.

Tout ecclésiastique qui *arrive,* de quelque bassesse que ce puisse être, *à* mettre le pied dans les affaires, a pour but d'être cardinal et d'y sacrifier tout sans réserve.

SAINT-SIMON, *Mémoires,* 1713 et 1719.

Les grâces du discours ont gagné l'esprit, et par leur plaisir flatteur ont préparé la voie pour *arriver au cœur.*

ROLLIN, *Traité des Études,* liv. V, c. 2, art. 1.

La nation y viendra peut-être (à l'inoculation) comme à la gravitation; elle *arrive* tard *à* tout.

VOLTAIRE, *Lettres,* 24 nov. 1753.

C'étoit sans doute cette vie simple et laborieuse qui les faisoit *arriver* (les patriarches) *à* une si grande vieillesse.

FLEURY, *Mœurs des Israélites.*

Marivaux, moins confiant et moins heureux que ces charlatans en tout genre, qui *arrivent à* tout sans rien mériter, mérita longtemps sans *arriver à* rien.

D'ALEMBERT, *Éloge de Marivaux.*

L'homme *arrive* novice *à* chaque âge de la vie.

CHAMFORT, *Caractères et anecdotes.*

Mais puisqu'il faut enfin que j'*arrive au* tombeau,
Voudrois-je, de la terre inutile fardeau,
Trop avare d'un sang reçu d'une déesse,
Attendre chez mon père une obscure vieillesse?

RACINE, *Iphigénie,* I, 2.

Arriver, faire arriver jusqu'à, au figuré :

Il ne me répond rien. Ma voix n'*arrive* plus *jusqu'à* son cœur, une passion insensée l'a fermé.

DIDEROT, *le Père de famille,* IV, 1.

Arriver au-dessus de :

Il suffisoit (dans les combats judiciaires) qu'il (le deffendeur) se maintînt sain et sauve, sans estre vaincu jusqu'au raiz de la nuit : car én ce cas il estoit estimé estre *arrivé au-dessus de* la victoire.

PASQUIER, *Recherches de la France,* IV, 1.

Arriver à son but, à ses fins :

Il y en a peu (de femmes) que la vanité et l'intérêt ne gouvernent ; et c'est à qui pourra mieux se servir, elles des galants, et les galants d'elles pour *arriver à leur but.*

SAINT-ÉVREMONT, *Sur nos comédies.*

La plupart des hommes, pour *arriver à leurs fins,* sont plus capables d'un grand effort que d'une longue persévérance.

LA BRUYÈRE, *Caractères,* c. 11.

Et pourvu qu'*à* son *but* un courtisan *arrive,*
On l'applaudit toujours quelque route qu'il suive.

BOURSAULT, *Ésope à la cour,* IV, 3.

ARRIVER s'emploie aussi en parlant Des accidents, des événements de la vie, et signifie Avoir lieu, survenir.

Quasi pareil cas *arriva* en cette dicte année.

RABELAIS, *Pantagruel,* II, 2.

Ne désirez pas les choses fort esloignées, c'est-à-dire qui ne peuvent *arriver* de longtemps.

SAINT FRANÇOIS DE SALES, *Introduction à la vie dévote,* part. III, c. 37.

Je prends beaucoup de part à tous les bons succès qui vous *arrivent.*

VOITURE, *Lettres;* au marquis de Rambouillet, 8 mars 1627.

Il faut donc entièrement rejeter l'opinion vulgaire qu'il y a hors de nous une fortune qui fait que les choses *arrivent* ou n'*arrivent* pas selon son plaisir, et savoir que tout est conduit par la Providence divine.

DESCARTES, *les Passions de l'âme,* part. II, art. 146.

Quand nous voyons un effet *arriver* toujours de même, nous en concluons une nécessité naturelle comme qu'il sera demain jour, etc.; mais souvent la nature nous dément, et ne s'assujettit point à ses propres règles.

PASCAL, *Pensées.*

Je ne sais... s'il ne se pourroit pas rencontrer quelque esprit bizarre qui... ne tirât de vos principes quelque méchante conclusion. Allez, me dit le Père, il ne vous en *arrivera* point de mal, j'en suis garant.

LE MÊME, *Provinciales,* VII, S'il est permis aux Jésuites de persécuter les Jansénistes.

Le cardinal (Mazarin) monta en carrosse avec les ducs de Bouillon et de la Rochefoucauld et me commanda de m'y mettre, ce que je fis. Il se prit d'abord à sourire et dit : « Qui auroit cru, il y a quinze jours, voire huit, que nous aurions été tous quatre aujourd'hui dans un même carrosse? — Tout *arrive* en France, lui repartit le duc de la Rochefoucauld.

LENET, *Mémoires,* liv. VI.

Il (Mazarin) porta le filoutage dans le ministère, ce qui n'est jamais *arrivé* qu'à lui.

CARDINAL DE RETZ, *Mémoires*.

Sa vanité fut punie par une grande confusion qui lui *arriva*.

SCARRON, *Roman comique*, I, 4.

Ordinairement ils (les rois) n'apprennent qu'aux dépens de leurs sujets et de leur propre gloire, à juger des affaires dangereuses qui leur *arrivent*.

BOSSUET, *Discours sur l'histoire universelle*, Avant-propos.

Dans le temps qu'Abraham, Isaac et Jacob avoient habité cette terre, ils y avoient érigé partout des monuments des choses qui leur étoient *arrivées*.

LE MÊME, même ouvrage, II, 8.

La vraie science de l'histoire est de remarquer dans chaque temps ces secrètes dispositions qui ont préparé les grands changements, et les conjonctures importantes qui les ont fait *arriver*.

LE MÊME, même ouvrage, III, 1.

Je ne suis jamais revenu au *logis* que je ne me sois tenu prêt à la colère de mes maîtres, aux réprimandes, aux injures... et ce qui a manqué à m'*arriver,* j'en ai rendu grâce à mon bon destin.

MOLIÈRE, *les Fourberies de Scapin*, II, 8.

Si le cas de la succession *arrive*, et que V. M. n'entre pas pacifiquement en possession des États d'Espagne,.... elle perd nécessairement les Indes occidentales, qui valent mieux aujourd'hui que tous les autres États du roi d'Espagne.

L'ARCHEVÊQUE D'EMBRUN à Louis XIV, 4 mai 1662. (Voy. MIGNET, *Succession d'Espagne*, t. I, p. 138.)

Pour votre enfant, M. le chevalier tâche de lui apprendre à être un homme de tête, lui faisant voir les grands inconvénients qui *arrivent* de n'en pas avoir.

Mme DE SÉVIGNÉ, *Lettres*, 20 décembre 1688.

Les choses les plus souhaitées n'*arrivent* point; ou si elles *arrivent*, ce n'est ni dans le temps, ni dans les circonstances où elles auroient fait un extrême plaisir.

LA BRUYÈRE, *Caractères*, c. 4.

La mort qui prévient la caducité *arrive* plus à propos que celle qui la termine.

LE MÊME, même ouvrage, c. 11.

Il vaut mieux employer notre esprit à supporter les infortunes qui nous *arrivent*, qu'à prévoir celles qui nous peuvent *arriver*.

LA ROCHEFOUCAULD, *Maximes*, 174.

Les deux malheurs ordinaires aux États sous un jeune prince, qui sont d'être divisés en factions, et de voir les ministres gouverner plutôt leur fortune particulière que celle du public, *arrivèrent* à la France sous Charles VIII.

MÉZERAY, *Histoire de France*. Charles VIII.

Il faut non-seulement instruire les auditeurs des faits, mais les leur rendre sensibles, et frapper leurs sens par une représentation parfaite de la manière touchante dont ils sont *arrivés*.

FÉNELON, *Dialogues sur l'éloquence*, II.

Mentor, qui craignoit les maux avant qu'*ils arrivassent*, ne savoit plus ce que c'étoit que de les craindre dès qu'*ils étoient arrivés*.

LE MÊME, *Télémaque*, liv. II.

Il (le maréchal de Villeroy) était l'entremetteur de toutes les petites querelles qui *arrivoient* entre le Roi et Monsieur.

SAINT-SIMON, *Mémoires*, 1698.

Jamais il (Louis XIV) n'a passé devant la moindre coiffe sans soulever son chapeau, je dis aux femmes de chambre, et qu'il connoissoit pour telles, comme cela *arrivoit* souvent à Marly.

LE MÊME, même ouvrage, 1715.

Je veux encore me flatter que les gazettes ne savent ce qu'elles disent : cela leur *arrive* fort souvent.

VOLTAIRE, *Lettres*, décembre 1768.

La vérité ne s'exprime pas toujours avec simplicité ; mais, quand cela lui *arrive*, elle brille alors de tout son éclat.

J.-J. ROUSSEAU, *Lettres*, 16 mars 1770.

Le genre humain est-il assez heureux pour que le grand nombre approuve toujours ce qu'il y a de meilleur, et n'est-ce pas le contraire qu'on voit *arriver* le plus souvent ?

ROLLIN, *Traité des Études*, liv. VIII, Du gouvernement des collèges, Ire partie, art. 1er.

Il peut vous *arriver* de voir quelque jour un grand criminel jouir de votre modération, et vous confonde dans la foule d'un peuple soumis.

MONTESQUIEU, *Dialogue de Sylla et d'Eucrate*.

Dans les choses d'esprit, toute espèce de travers a été érigée en doctrine, et c'est ce qui doit *arriver* chez un peuple vain qui veut être philosophe.

LA HARPE, *Cours de littérature*, IIIe part., liv. IV, c. 2, Helvétius.

... De deux maux, qu'on craint également, Celui qui nous *arrive* est toujours le plus grand.

CORNEILLE, *Attila*, IV, 2.

Ma fille, il faut céder, votre heure *est arrivée*.

RACINE, *Iphigénie*, IV, 4.

Tout doit servir de proie aux tigres, aux vautours,
Et ce jour effroyable *arrive* dans dix jours.
RACINE, Esther, I, 3.

Ce fut dans la ville d'Athènes
Que cette rencontre *arriva*.
Petits et grands, tout approuva
Le partage et le choix...
LA FONTAINE, Fables, II, 20.

Ma commère, dit-elle, un cas *est arrivé* :
N'en dites rien surtout, car vous me feriez battre.
Mon mari vient de pondre un œuf gros comme quatre.
LE MÊME, même ouvrage, VIII, 6.

Dans ma tête un beau jour ce talent se trouva,
Et j'avois cinquante ans quand cela m'*arriva*.
PIRON, la Métromanie, II, 1.

ARRIVER s'emploie souvent comme verbe impersonnel :

Il est évident que, s'*il arrivoit* une nouvelle guerre entre la France et l'Espagne, la considération de l'Angleterre en seroit bien plus grande, si elle ne se trouvoit point liée, que si elle avoit pris ses engagements.
LOUIS XIV à Colbert, 2 août 1668. (Voy. MIGNET, Succession d'Espagne, t. II, p. 31.)

Il *arrive* en une heure ce qui n'*arrive* pas en cent.
BUSSY, Lettres, à Mme de Sévigné, 1670.

Afin de donner une idée plus distincte et plus particulière de l'imagination, il faut savoir que toutes les fois qu'il y a du changement dans la partie du cerveau à laquelle les nerfs aboutissent, il *arrive* aussi du changement dans l'âme.
MALEBRANCHE, De la Recherche de la vérité, liv. II, De l'Imagination, 1re part., c. 1.

Il *arrive* toujours quelque chose à quoi on ne s'attend point, et qui décide de la conduite des hommes.
VOLTAIRE, Lettres, auguste 1760.

Il démontra éloquemment, dans ce livre intitulé : « Tableau des mœurs anglaises, » qu'il était impossible que l'Angleterre ne fût pas abîmée dans deux ans. Qu'*arrivat-il* ? L'Angleterre fut victorieuse dans les quatre parties du monde.
LE MÊME, Un chrétien contre six juifs, XIVe niaiserie.

Quoi qu'*il arrive*, il n'y à point à balancer ; il faut que l'acteur soit vrai, même au péril du poète.
MARMONTEL, Éléments de littérature, Déclamation théâtrale.

...Ne vous moquez point, engeance sans pitié :

Souvent *il* vous *arrive* un sort comme le nôtre.
Des enfants de Japet toujours une moitié
Fournira des armes à l'autre.
LA FONTAINE, Fables, II, 6.

Qu'est-ce donc que ceci ? — C'est un larron d'honneur,
Qui subornoit ma mère et ma sœur et ma fille.
— *Il est arrivé* pis dans plus d'une famille.
LE GRAND, Famille extravagante, sc. 27.

On reçoit donc ici quelquefois des nouvelles ?
Les dernières, monsieur, les sait-on ? — Qui sont-elles ?
Nous *est-il arrivé* quelque chose d'heureux ?
GRESSET, le Méchant, III, 9.

En ce sens, il est souvent suivi de la conjonction *que* :

Il *arrive* presque toujours *qu*'en mourant, nous nous plaignons de n'avoir pas encore vécu.
SAINT-ÉVREMONT, De l'Usage de la vie, c. 6.

Mais si pour s'excuser il (Cinna) nomme sa complice
(Émilie),
S'*il arrive qu*'Auguste avec lui la punisse,
Puis-je lui demander, pour prix de mon rapport,
Celle qui nous oblige à conspirer sa mort ?
CORNEILLE, Cinna, III, 1.

Il *arriva qu*'au temps que la chanvre se sème
Elle (l'hirondelle) vit un manant en couvrir maints
[sillons.
LA-FONTAINE, Fables, I, 8.

...Il s'agit en cette fable,
D'une femme qui dans les flots
Avoit fini ses jours par un sort déplorable.
. . . .
Il *arriva que* sur les bords
Du fleuve auteur de sa disgrâce
Des gens se promenoient ignorant l'accident.
LE MÊME, même ouvrage, III, 16.

Quelquefois il est suivi de la préposition *de* :

Seroit-il *arrivé du* bon goût comme *des* modes qui commencent à s'établir chez les étrangers quand elles se passent à Paris ?
SAINT-ÉVREMONT, Réponse à M. Corneille.

Il *est arrivé de* cette pièce ce qui *arrivera* toujours *des* ouvrages qui auront quelque beauté.
RACINE, 2e préface de Britannicus.

Conduit d'un vain espoir il (Saint-Amant) parut à la
[cour.

Qu'*arriva-t-il* enfin *de* sa muse abusée ?
Il en revint couvert de honte et de risée.
Boileau, *Satires*, I.

On dit aussi, mais dans un sens différent, *il m'arrive de :*

Même *il m'est arrivé* quelquefois *de* manger
Le berger.
La Fontaine, *Fables*, VII, 1.

Parfois il est accompagné de *en :*

Encore qu'à ne regarder que les rencontres particulières, la fortune semble seule décider de l'établissement et de la ruine des empires, à tout prendre, *il en arrive* à peu près comme dans le jeu, où le plus habile l'emporte à la fin.
Bossuet, *Discours sur l'histoire universelle*, III, 2.

La nouvelle entendue
Que ce n'étoit qu'une femme perdue,
Quelque gausseur, de rire s'éclatant,
Va dire : « O Dieu ! qu'*il m'en arrive* autant ! »
Passerat, *la Métamorphose d'un homme en coucou.*

Qui que ce soit, monsieur, qui soit femme d'Ésope,
Il n'est pas malaisé d'en tirer l'horoscope.
— Comment ? — Vous m'entendez. Quel besoin d'a-
[chever ?
— Qu'*en arrivera-t-il ?* — Qu'en peut-il *arriver ?*
Boursault, *Fables d'Esope*, III, 1.

Arrivant, participe présent.

La poultre (jument) au couvent *arrivante* de luy ne portoyt que le pied droit et soulier entortillé.
Rabelais, *Pantagruel*, IV, 13.

Arrivant au Plessis lez Tours, mon frère d'Anjou s'y trouva avec les principaux chefs de son armée, qui étoient la fleur des princes et seigneurs de France.
Marguerite de Valois, *Mémoires.*

Il ne sera pas hors de propos de vous dire qu'elle vit sur les bords du Styx gens de tous états *arrivants* de tous les côtés.
La Fontaine, *Psyché*, liv. II.

Le marquis de Gèvres, depuis duc de Tresmes, prétendit que, le dîner (du roi) commencé, M. de Bouillon *arrivant* ne lui pouvoit ôter le service, et fut condamné.
Saint-Simon, *Mémoires*, 1715.

Trestout droit devant Nique vont au port *arrivant.*
Chanson d'Antioche, v. 878.

III.

Mort vint saisir le mari de Clitie.
Comme ils n'avoient qu'un fils pour tous enfans,
Fils n'ayant pas pour un pouce de vie,
Et que l'époux, dont les biens étoient grands,
Avoit toujours considéré sa femme,
Par testament il déclara la dame
Son héritière, *arrivant* le décès
De l'enfançon.
La Fontaine, *Contes*, III, 5.

En arrivant :

Je fus hier à Bourbilly... *En arrivant*, le soleil, qu'on n'avoit pas vu depuis deux jours, commença de paroître ; et lui et votre fermier firent fort bien l'honneur de la maison.
Bussy-Rabutin, *Lettres;* à Mme de Sévigné, 1666.

J'ai trouvé, *en arrivant* ici, le mariage de mademoiselle de Bagnols avec M. de Poissy sur le côté.
Mme de Coulanges, *Lettres;* à Mme de Sévigné, 20 février 1696.

M. Fabrice, qui était alors auprès de Charles XII, m'a assuré que le duc de Malborough, *en arrivant*, s'adressa secrètement, non pas au comte Piper, premier ministre, mais au baron de Goërtz, qui commençait à partager avec Piper la confiance du roi.
Voltaire, *Histoire de Charles XII*, III.

Arrivant, employé substantivement :

Le chasseur est averti de l'arrivée de ces oiseaux par le sifflement de leurs ailes, et se hâte de tirer les premiers *arrivants.*
Buffon, *Histoire naturelle*. Oiseaux ; le Canard.

L'arrivée de chaque nouvelle bande est célébrée par de grandes acclamations, auxquelles *les arrivantes* répondent.
Le même, même ouvrage, l'Oie.

Rarement j'ai fait un joli projet pour ma journée, sans le voir renverser par quelque *arrivant.*
J.-J. Rousseau, *Confessions*, IIe part., liv. III

Arrivé, ée, part. passé. Parvenu à un lieu.

Arrivé qu'il fut, arrivé qu'il étoit.

Toutes ces façons de parler ne valent rien, quoiqu'une infinité de gens s'en servent en parlant et en écrivant. Au lieu de dire *arrivé qu'il fut, arrivé qu'il étoit*, il faut dire *étant arrivé*, il exprime tous les deux, ou bien *comme il fut arrivé, comme il étoit arrivé.*
Vaugelas, *Remarques.*

Nous voici *arrivés* sans aucune aventure.

> Mᵐᵉ ᴅᴇ Sᴇ́ᴠɪɢɴᴇ́, *Lettres,* 11 septembre 1675.

L'électeur de Cologne, *arrivé* depuis quelques jours à Paris, en magnifique équipage, y avoit été retenu par la goutte.

> Sᴀɪɴᴛ-Sɪᴍᴏɴ, *Mémoires,* 1714.

Êtes-vous le seul ami de mon père *arrivé* aujourd'hui?

> Pɪᴄᴀʀᴅ, *Filles à marier,* II, 13.

J'en cache les deux tiers aussitôt qu'*arrivés,*
Dans le fond des vaisseaux qui lors furent trouvés.

> P. Cᴏʀɴᴇɪʟʟᴇ, *le Cid,* IV. 3.

...L'ours accepte; et d'aller.
Les voilà bons amis avant que d'arriver.
Arrivés, les voilà, se trouvant bien ensemble.

> Lᴀ Fᴏɴᴛᴀɪɴᴇ, *Fables,* VIII, 10.

Bien arrivé s'est dit pour *Arrivé heureusement, sans encombre :*

Me voici *bien arrivé* et bien rendu dans mon aimable appartement, d'où je vous écris.

> M. ᴅᴇ Cᴏᴜʟᴀɴɢᴇs, *Lettres;* à Mᵐᵉ de Sévigné, 17 nov. 1674.

Par suite : *bien arrivé, mal arrivé,* et quelquefois substantivement *le bien arrivé, le mal arrivé,* dans le sens où nous disons *Bien venu, mal venu.*

Sire, fait-il, *mal* estes *arrivés.*

> *Huon de Bordeaux,* v. 4109.

Ha, monseigneur, Dieu vous doint joye.
Vous soyez le *bien arrivé.*

> *Farce de Jenin, filz de Rien.* (Voyez *Ancien Thédtre françois,* t. I, p. 363.)

De riens ne vous congnois encores :
Vous n'estes pas *bien arrivés,*
Puisque de moi n'estes privés.

> *Roman de la Rose,* v. 10110.

Soys, mignon, le *bien arrivé.*

> Cʟ. Mᴀʀᴏᴛ.

On dit, substantivement, *le nouvel arrivé :*

Mais quel est ce jeune homme?... c'est sans doute *le nouvel arrivé.*

> Aɴᴅʀɪᴇᴜx, *la Jeune Créole,* III, 14.

Arrivé, survenu :

La confusion des langues, *arrivée* à la tour de Babel,

premier monument de l'orgueil et de la foiblesse des hommes...

> Bᴏssᴜᴇᴛ, *Discours sur l'histoire universelle,* I, 2.

On lira une lettre du roi par laquelle S. M. remarque que les désordres *arrivés* à son ambassadeur à Rome ayant retardé l'expédition des bulles de M. l'archevêque de Tolose, le roi prie l'assemblée de nommer mondit sieur de Castres pour président.

> Lᴇ ᴍᴀʀQᴜɪs ᴅᴇ Cᴀsᴛʀɪᴇs à Colbert, 29 septembre 1662. (Voy. Dᴇᴘᴘɪɴɢ, *Correspondance administrative sous Louis XIV,* t. I, p. 79.)

Vous mériteriez que votre mari vous fît enfermer dans une tour. Or bien ne raisonnons plus sur une faute *arrivée.*

> Lᴀ Fᴏɴᴛᴀɪɴᴇ, *Psyché,* II.

Une querelle, *arrivée* dans la fin de juin, à un souper chez la duchesse d'Albret, entre le duc d'Estrées et le comte d'Harcourt, fît grand bruit dans le monde.

> Sᴀɪɴᴛ-Sɪᴍᴏɴ, *Mémoires,* 1713.

Après sa mort (de Mathias Corvin), *arrivée* en 1490, la maison d'Autriche voulut toujours ajouter la Hongrie à ses autres États.

> Vᴏʟᴛᴀɪʀᴇ, *Essai sur les mœurs,* c. 119.

Arrivé, réalisé :

Tes souhaits *arrivés,* nous t'en verrions dédire.

> Cᴏʀɴᴇɪʟʟᴇ, *la Veuve,* III, 1.

Aʀʀɪᴠᴇʀ s'est employé anciennement comme substantif.

Disons en nous-mesmes, quelle grace nous fist Dieu, nostre createur, quant il nous deffendit de mort et de péril à l'*ariver* que fismes.

> Jᴏɪɴᴠɪʟʟᴇ, *Histoire de Saint-Loys.*

Les Barbares en tuèrent quelques-uns à l'*arriver.*

> Sᴀʟɪᴀᴛ, *Trad. d'Hérodote,* liv. VII, 233.

Or tost! courez vous tost armer
Deffendre li voel l'*arriver.*

> *Renart le Nouvel,* v. 5673.

Vers Rome s'esmuet la navie.
Tant tost, sanz estre retenuz,
Qu'au port près sont de là venuz ;
A l'*ariver* baissent les voiles.

> G. Gᴜɪᴀʀᴛ, *Royaus lignages,* t. II, v. 1480.

A l'*arriver* de ce grand Empereur.

Qu'annoncera vne fatale horreur,
Je voy trembler le marraiz Scythien.
Du BELLAY, Énéide, liv. VI.

ARRIVÉE, s. f. L'Action d'arriver ; Le moment où une personne arrive en quelque endroit.

Il fault à vostre *arrivée* faire parler de vous.
Loyal serviteur, c. 9.

Comme ils (les Juifs) voyoient ce signe certain de la prochaine *arrivée* de ce nouveau roi, dont l'empire devoit s'étendre sur tous les peuples, ils crurent qu'en effet il alloit paroître.
BOSSUET, *Discours sur l'histoire universelle*, II, 23.

Avant-hier je reçus des nouvelles de l'électeur de Mayence, lequel, avant l'*arrivée* auprès de lui du gentilhomme que je lui ai envoyé, m'a fait savoir que l'empereur lui a dépêché une personne expresse pour lui faire demander le passage dans ses États pour lesdites troupes.
LOUIS XIV à l'archevêque d'Embrun, 19 février 1665.
(Voy. MIGNET, *Succession d'Espagne*, t. I, p. 335.)

Mon petit ami de la poste ne se trouva pas hier à l'arrivée du courrier, de sorte que mon laquais ne rapporta point mes lettres.
Mᵐᵉ DE SÉVIGNÉ, *Lettres*, 23 mai 1672.

Le duc d'Aumont arriva de son ambassade d'Angleterre... Son *arrivée* ne reçut pas de grands applaudissemens.
SAINT-SIMON, *Mémoires*, 1713.

S'ils (les Romains) avoient rapidement conquis toutes les villes voisines, ils se seroient trouvés dans la décadence à l'*arrivée* de Pyrrhus, des Gaulois et d'Annibal.
MONTESQUIEU, *Grandeur des Romains*, c. 1.

Ils (les ambassadeurs de Pierre le Grand) reçurent les premières visites de tous les ambassadeurs plénipotentiaires qui étaient au Congrès de Rysvick, excepté des Français, à qui ils n'avaient pas notifié leur *arrivée*.
VOLTAIRE, *Histoire de Pierre le Grand*, Iʳᵉ part., c. 9.

Il (Chérubin) me priait d'engager Madame à vous demander sa grâce. Votre *arrivée* l'a si fort troublé, qu'il s'est masqué de ce fauteuil.
BEAUMARCHAIS, *Mariage de Figaro*, I, 9.

Mon *arrivée* ici t'alarme et t'importune.
DESTOUCHES, *Glorieux*, V, 6.

D'arrivée, dès l'arrivée, d'abord :

Les Espaignols ne taschoient à autre chose sinon *darrivée* tuer les cheuaulx.
Loyal serviteur, c. 54.

Les batailles des gens de pied commencerent à chocquer les Barbares avec leurs picques baissées, en se serrant les uns contre les autres à ce qu'on ne les peust ouvrir, et les Romains avec leurs javelots qu'ils lancerent *d'arrivée*, et puis tout soudain desguainerent leurs espées.
AMYOT, trad. de Plutarque, *Vie de Sylla*, 41.

Toutes les opinions du monde en sont là, que le plaisir est nostre but, quoy qu'elles en prennent divers moyens ; autrement on les chasseroit *d'arrivée*.
MONTAIGNE, *Essais*, I, 19.

Il n'est rien de quoy je me soye des tousjours plus entretenu que des imaginations de la mort voire en la saison la plus licentieuse de mon aage... Il est impossible que, *d'arrivée*, nous ne sentions des picqueures de telles imaginations.
LE MÊME, même ouvrage, *ibid.*

Son dessein est, comme on a decouvert, de s'en venir avec trente ou quarante galeres, et avec trois ou pour le moins deux mille soldats ; et *d'arrivée* occuper le port.
D'OSSAT, *Lettres*, liv. II, 77.

Il n'y a point de doute qu'en beaucoup de lieux tout ne fuie devant vous, et que *d'arrivée*, vous ne portiez de l'étonnement où vous passerez, comme un torrent nouvellement débordé.
MALHERBE, trad. de Sénèque, *Traité des bienfaits*, VI, 31.

Le noir chucas...
Guette et retient le plus beau du pennage
De tous oiseaux...
Prend le plus beau, plume à plume le trie,
Avec le bec ouvrier s'en approprie,
Le joint, l'ordonne et l'accoustre si bien
Que *d'arrivée* il semble de tout sien.
J.-A. DE BAÏF, *Passetems*, liv. I, *le Chucas*.

Après tous ces propos qu'on se dit *d'arrivée*,
D'un fardeau si pesant ayant l'âme grevée,
Je chauvis de l'oreille, et demeurant pensif,
L'échine j'allongeois comme un âne rétif.
REGNIER, *Satires*, VIII.

De pleine arrivée :

De pleine arrivée, il (le maître de la maison où Panurge était à la broche) tire la broche où j'estoys embroché et tua tout roidde mon rotissseur.
RABELAIS, *Pantagruel*, II, 14.

De première arrivée :

Estant encores fort jeune il (César) tomba entre les mains

de quelques coursaires qui luy demanderent *de premiere arrivée* vingt talents pour sa rançon.

> Mathieu, *Histoire des derniers troubles de France*, liv. IV.

On a dit aussi, anciennement, *De prime arrivée :*

> Le marquis donna à la cittadelle avecques les Espagnolz et Allemans : et ne se trouva par bonne fortune que trois eschelles, qui fussent assez longues : et *de prime arrivée* ils chargearent si fort ces trois là, que l'une se rompist.
> Montluc, *Commentaires*, liv. III.

> Descendans au port, trouvasmes en barbe grand nombre d'archiers et gens de guerre... *De prime arrivée* ils nous feirent quasi peur.
> Rabelais, *Pantagruel*, V, 19.

> Céréalis, chef des forces rommaines en ces quartiers-là, les (les Belges) alla rencontrer près la ville de Confluence... et les deffit *de prime arrivée*.
> H. Estienne, *Précellence du langage françois*.

Outre ce mot Arrivée, il y en avait autrefois plusieurs qui, avec des formes différentes, avaient un sens analogue :

Arrivaison, s. f.

> De cele grant *ariveison*
> Furent en effrei li Breton.
> *Chronique de Normandie*, t. II, v. 28724.

Arrivement, s. m.

> Ce qui n'empêche pas qu'elle (l'admiration) n'ait beaucoup de force, à cause de la surprise, c'est-à-dire de *l'arrivement* subit et inopiné de l'impression qui change le mouvement des esprits.
> Descartes, *les Passions de l'âme*, part. II, art. 72.

ARRIVAGE, s. m. Abord des navires dans un port. Il se dit plus ordinairement Des bateaux de rivière que des bâtiments de mer.

Il signifie aussi, L'arrivée des marchandises par les voitures d'eau.

> Sera tenu ledit preneur de faire à ses dépens sans aucun prouffit tous les *arrivaiges* et chariages qu'il esconviendra faire pour les reparations dudit hostel et ferme.
> *Charte* de 1501 (*Glossaire* de Du Cange, au mot *Arrivagium*).

Il se disait autrefois des Droits perçus sur les arrivages :

> Seront frans et quites..... de passage, d'*arrivage* et de toutes autres coustumes.
> *Charte* de 1320 (*Glossaire* de Du Cange au mot *Adripare*).

ARROBE, s. f. (De l'espagnol *arroba*). Mesure de poids usitée dans les possessions d'Espagne et de Portugal.

> L'*arrobe* est de 11 kilog. 500.
> *Dictionnaire de l'Académie*.

> Un proverbe portugais dit que dans cette vie les plaisirs sont par onces et les chagrins par *arrobes*.
> *Dictionnaire de Trévoux*.

ARROCHE, s. f. Plante potagère, qu'on nomme aussi Belle-Dame ou Bonne-Dame, et dont les feuilles, d'un vert glauque et d'un goût fade, ne se mangent que mêlées avec les épinards, l'oseille, ou toute autre plante.

On a dit aussi *arrache :*

> Bettes semez en mars... bourraches, *arraches*, comme dessus.
> *Le Ménagier de Paris*, distinction II, art. 2.

> Prenez de la décoction de raifort ou de la semence, et semence d'*arroche*, de chacun trois dragmes.
> Ambroise Paré, *Œuvres*, XXIV, 41.

ARROGER, v. a. (De *arrogare*, tiré de *ad* et *rogare*, dans le sens de demander pour soi.)

Il ne s'emploie qu'avec le pronom personnel régime indirect, et signifie, S'attribuer mal à propos quelque chose.

S'arroger l'autorité :

> Noailles, qui sous le titre de président (du conseil des finances) s'en *arrogea* toute l'*autorité* en repaissant le maréchal de Villeroy de toutes sortes de bassesses, avoit hâte de se voir en fonction.
> Saint-Simon, *Mémoires*, 1715.

> Nous sommes, vous et moi, membres de comédie.
> Notre corps n'admet point la méthode hardie
> De s'*arroger* ainsi la pleine *autorité*.
> Piron, *la Métromanie*, III, 7.

S'arroger une charge :

Messieurs les présidents m'ont déjà dit qu'ils ont reçu beaucoup de plaintes contre celui qui veut *s'arroger* une *charge* de mesureur de toiles. Les députés de Morlaix m'ont assuré, monsieur, que ce seroit la ruine de leur commerce.

Le duc de Chaulnes à Colbert, 12 septembre 1677.
(Voy. Depping, Correspondance administrative sous
Louis XIV, t. I, p. 553.)

S'arroger des distinctions, des honneurs :

On ne peut donc pas croire qu'au temps de l'exercice de l'autorité et de la puissance royale qu'il (le duc de Mayenne) exerça en plein dans son parti qui étoit presque toute la France, et Paris surtout, personne de ce parti lui eût osé ni voulu même refuser aucun des *honneurs* et des *distinctions*, même nouvelles, qu'il eût voulu *s'arroger*.

Saint-Simon, Mémoires, 1698.

S'arroger un droit, le droit de, des droits :

Parce qu'on est prêtre, on *s'arroge le droit de* juger de tout.

Bourdaloue, Sermon sur la dignité et les devoirs
des prêtres.

Du temps de Charles le Gros et de Charles le Simple, les grands officiers *s'arrogèrent les droits* régaliens, ainsi que quelques évêques.

Voltaire, Essai sur les mœurs, c. 96.

Mahomet III, fils d'Amurat, méritait plus qu'aucun sultan que ses janissaires usassent contre lui du *droit* qu'ils *s'arrogeaient de* juger leurs maîtres.

Le même, même ouvrage, c. 191.

L'archevêque d'Upsal est en possession de faire la cérémonie du sacre et du couronnement. C'est de tant de *droits* que ses prédécesseurs *s'étaient arrogés*, presque le seul qui lui reste.

Le même, Histoire de Charles XII, liv. I.

Voyant que durant cette visite M. de Montmollin ne me disoit rien sur mes sentiments en matière de foi, je crus qu'il réservoit cet entretien pour un autre temps; et sachant combien ces messieurs sont enclins à *s'arroger le droit* qu'ils n'ont pas *de* juger la foi des chrétiens, je lui déclarai que je n'entendois me soumettre à aucune interrogation.

J.-J. Rousseau, Lettres, 8 août 1765.

Je ne vois nulle part que Pythagore *se soit arrogé* le droit de commander à la nature.

Barthélemy, Voyage d'Anacharsis.

S'arroger des droits politiques sans aucun titre pour les exercer, c'est aussi une usurpation.

Mme de Staël, Considérations sur la Révolution fran-
çaise, IIe part., c. 22.

...C'est la vanité, qui, lasse de l'attente
Et qui flère des *droits* qu'elle sait *s'arroger,*
Croit obtenir l'estime en osant l'exiger.

Destouches, Glorieux, III, 4.

S'arroger le pouvoir, le pouvoir de :

Ce corps en tous les temps avait abusé du *pouvoir* que *s'arroge* nécessairement un premier tribunal, toujours subsistant dans une capitale.

Voltaire, Siècle de Louis XIV, c. 4.

S'arroger des prétentions :

Les magistrats de ces villes ne voulurent point du tout être les serfs d'un comte, d'un baron, ni d'un évêque, encore moins d'un abbé qui *s'arrogeait* les mêmes *prétentions* que ces barons et que ces comtes.

Voltaire, Essai sur les mœurs. De la Noblesse, c. 98.

Dans l'ancienne langue, il s'employait sans le pronom personnel dans le sens de Traiter avec arrogance :

Lequel maistre d'escole... retourna *arroguer* ledit exposant, et le cuida ferir d'un billart qu'il tenoit.

Lettres de rémission de 1397. (Glossaire de Du Cange,
au mot Arrogare.)

ARROGANT, ANTE, adj. Hautain, fier, superbe.

Certaines personnes, et surtout les précieuses, ont cherché à proscrire ce mot, mais sans y pouvoir parvenir. On lit dans les *Nouvelles Observations sur la Langue françoise*, de Marguerite Buffet, publiées en 1668 (p. 42) : « Cette personne est fière, ou cette personne est *arrogante*. Ce mot d'arrogance est rude, il faut dire fière. »

Arrogant s'emploie en parlant des personnes et des choses :

En parlant des personnes :

La quarte particularité est que vous ne soyez *arrogant* ne répliquant contre celluy qui sera vostre mary.

Le Ménagier de Paris, Ire distinction, 6e art.

Mais oultre son ambition, Lysander devint à la fin *arroguant* et cruel.

Amyot, trad. de Plutarque, Vie de Lysander, c. 6.

De quoy Clitus qui estoit desia un peu surprins de vin, avecques ce qu'il estoit de sa nature homme assez rebours, *arroguant* et superbe, se courrouça encore d'avantage.

AMYOT, trad. de Plutarque, *Vie d'Alexandre*, c. 14.

Roy soubz le ciel tant puissant n'est qui passer se puisse d'aultruy, paoure n'*est tant arrogant* qui passer se puisse du riche.

RABELAIS, *Pantagruel*, V, 45.

Ceux aussi (et des plus grandz) qui craignoient ce grand admiral, et qui à teste basse s'inclinoient à lui auparadvant, bravoient et triomphoient très-*arrogans* autour de ce pauvre tronc.

BRANTÔME, *Grands Capitaines françois*. L'admiral de Chastillon.

Il arrive souvent que ceux qui ont l'esprit le plus bas sont les plus *arrogants* et superbes, en même façon que les plus généreux sont les plus modestes et les plus humbles.

DESCARTES, *les Passions de l'âme*, part. III, art. 159.

Ce vice (l'ingratitude) n'appartient qu'aux hommes brutaux et fortement *arrogants*, qui pensent que toutes choses leur sont dues.

LE MÊME, même ouvrage, part. III, art. 194.

Les libraires de Paris sont *arrogants* et durs pour tout homme qui commence.

J.-J. ROUSSEAU, *Confessions*, part. II, liv. VII.

Hélas ! qui dans ce temps auroit pu croire qu'un tel homme (M. Necker) seroit un jour accusé d'être dur, *arrogant* et factieux ?

Mme DE STAEL, *Considérations sur la Révolution française*, Ire part., c. 8.

Juno, deesse *arrogante* et austère,
De longue main sçavoit tout ce mystère.

CL. MAROT, liv. II, *De la Métamorphose*, v. 874.

Sans cordon, jartières ny gans,
Au milieu de dix hallebardes,
Je flattois des gueux *arrogans*
Qu'on m'avoit ordonné pour gardes.

THÉOPHILE, *Reuqeste au Roy*.

C'est un vilain magot,
Franchement.— Quoi, friponne, être assez *arrogante*...
— Si cela vous déplaît, souffrez donc que je mente.

BOURSAULT, *Fables d'Ésope*, I, 1.

Près d'un tartuffe *arrogant*, fastueux,
L'homme sincère, uniment vertueux,

Ne paroîtra, quelque ardeur qui l'inspire,
Qu'un indévot, un mondain, c'est tout dire.

J.-B. ROUSSEAU, *Épîtres*, I, 6.

Joint à un nom abstrait :

Toujours les arroguoit de ses dures et *arrogans* paroles
Lettres de rémission de 1406. (*Glossaire* de Du Cange, au mot *Arrogare*.)

Le nom de Franc-arbitre est tousjours demeuré entre les Latins, comme si l'homme demeuroit encores en son entier. Les Grecs n'ont point eu honte d'usurper un mot plus *arrogant*, par lequel ils signifient que l'homme a puissance de soy-mesme.

CALVIN, *Institution chrestienne*, liv. II, c. 1, § 4.

Si me semble que cela seul rendoit son surnom d'Olympien, c'est-à-dire divin ou céleste, lequel aultrement estoit trop *arrogant* et trop superbe.

AMYOT, trad. de Plutarque, *Vie de Périclès*, c. 13.

J'ay veu son portraict, qui monstroit bien une mine fort *arrogante* et formidable.

BRANTÔME, *Grands Capitaines*. M. de Lautreq.

Baradas, premier écuyer, s'étant rendu insupportable au roi par ses hauteurs et ses humeurs *arrogantes* avec lui, il le chassa et donna sa place à mon père.

SAINT-SIMON, *Mémoires*, 1693.

On sait quelles étaient les richesses et la magnificence du cardinal d'Amboise, qui aspirait à la tiare, et l'hypocrisie *arrogante* de Ximénès, qui levait des armées à ses dépens et qui, vêtu en moine, disait qu'avec son cordon il conduisait les grands d'Espagne.

VOLTAIRE, *Précis du siècle de Louis XV*, c. 3. De l'abbé Dubois.

Rien de plus achevé que la peinture de l'intérieur des deux dévotes, de l'*arrogant* patelinage de monsieur le directeur.

MARIVAUX, *le Paysan parvenu*, Ire partie.

Il s'emploie souvent substantivement :

Pendant qu'on ne fait que rire de l'important, il n'a pas un autre nom : dès qu'on s'en plaint, c'est l'*arrogant*.

LA BRUYÈRE, *Caractères*, c. 12.

L'*arrogant* croit déjà tenir ville gagnée ;
Mais il sera puni de m'avoir dédaignée.

P. CORNEILLE, *l'Illusion comique*, II, 9.

Va contre un *arrogant* éprouver ton courage.

LE MÊME, *le Cid*, I, 5.

L'*arrogante* ! à l'ouïr elle est déjà ma reine.

LE MÊME, *Pompée*, II, 4.

ARROGAMMENT, adv. (*Arroganti mente*, d'une manière arrogante). Avec arrogance.

A huys ouvers furent ouys lesdicts ambassadeurs et par la ledict Morvillier fort *arrogamment*.

> Philippe de Commines, *Mémoires*, liv. I, c. 1.

Les fols ecervellez, qui n'entendent pas comment il se faut comporter en ceste vie humaine, sortent *arrogamment* hors des gonds en prosperité et se resserrent vilement en adversité.

> Amyot, trad. de Plutarque, *Œuvres morales*, De la tranquillité de l'âme.

Eussiez dict que c'estoient des princes (les mousquetaires du duc d'Albe), tant ils estoient rogues et marchoient *arrogamment* et de belle grâce.

> Brantôme, *Grands Capitaines estrangers*. Le grand duc d'Albe.

Vitellius estant party de Lion, et prenant le chemin des Alpes, fut aduerty que plusieurs des ennemis s'estant jettez dans ses troupes semoient beaucoup de propos seditieux, et parloient *arrogamment* de ceste guerre.

> Coeffeteau, *Histoire romaine*, liv. VI.

Arimazes, se confiant en sa forteresse, répondit plusieurs choses *arrogamment*.

> Vaugelas, trad. de Quinte-Curce, liv. VII.

C'est attendre *arrogamment* quelque chose de soi que d'être surpris de se trouver en faute. La surprise ne vient que d'un reste de confiance.

> Fénelon, *Lettres spirituelles*, CLXXVII.

> Pour leur remonstrer leur follie
> Devez leur herault retenir,
> Et en voz prisons detenir,
> Qu'il a parlé *arrogamment*.
>
> *Le mistere du siege d'Orleans*, v. 11385.

> Contraire à ces resveurs, dont la muse insolente,
> Censurant les plus vieux, *arrogamment* se vante
> De reformer les vers...
>
> Regnier, *Satires*, IX.

ARROGANCE, s. f. (D'*arrogantia*, tiré lui-même d'*arrogans*.) Fierté, orgueil, présomption, qui fait qu'on s'attribue un mérite, un droit, une autorité qu'on n'a pas.

Voyez-vous plus grande superbe et *arrogance* que celle de Madame Clairmonde qui depuis un temps s'est faite damoiselle?

> *Caquets de l'accouchée*, VII.

Ce seroit une trop fole *arrogance* à nous de ne point con-ceder à Dieu, qu'il sache les raisons de ses œuvres, lesquelles nous soyent cachees.

> Calvin, *Institution chrestienne*, liv. I, c. 11, § 14.

Nostre Seigneur a esté si jaloux de son nom et de la prérogative de ses disciples, que lorsque quelques hypocrites ambitieux, par une *arrogance* trop grande, ou ignorance trop lourde, voulurent prendre le nom de Jesuite ou d'apostre, il permit que leur entreprise vint de soy-mesme à néant.

> Pasquier, *Recherches de la France*, III, 43.

Tanneguy du Chastel, avec une *arrogance* infinie, abusant de la facilité de son maistre, tua en sa présence et en son conseil le comte dauphin d'Auvergne, l'an 1424.

> Le même, même ouvrage, VI, 4.

Ne fardez pas la desobeissance du nom de zele, ny l'*arrogance* du nom de franchise, ny la lasciveté du nom d'amitié.

> Saint François de Sales, *Introduction à la vie dévote*, III° part., c. 29.

Cette suite des empires, même à la considérer plus humainement, a de grandes utilités, principalement pour les princes, puisque l'*arrogance*, compagne ordinaire d'une condition si éminente, est si fortement rabattue par ce spectacle.

> Bossuet, *Discours sur l'histoire universelle*, III, 1.

Non, Messieurs, je ne puis plus soutenir ces grandes paroles, par lesquelles l'*arrogance* humaine tâche de s'étourdir elle-même, pour ne pas apercevoir son néant.

> Le même, *Oraison funèbre de la duchesse d'Orléans*.

L'on voit des gens enivrés, ensorcelés de la faveur... pressez-les, tordez-les, ils dégouttent l'orgueil, l'*arrogance*, la présomption.

> La Bruyère, *Caractères*, c. 8.

A quelques-uns, l'*arrogance* tient lieu de grandeur, l'inhumanité de fermeté, et la fourberie d'esprit.

> Le même, même ouvrage, c. 11.

Il (Brûlart, évêque de Soissons) joignoit à cela l'*arrogance* et ce rogue des La Rochefoucauld dont étoit sa mère.

> Saint-Simon, *Mémoires*, 1714.

Il s'agissait pour lui (le citoyen romain) de ménager non-seulement l'*arrogance* républicaine et l'orgueil des maîtres du monde, mais l'esprit plus jaloux, plus ombrageux encore des partis et des factions.

> Marmontel, *Éléments de littérature*. Essai sur le goût.

Tout le clergé anglican s'est révolté contre la plupart de ses opinions (de Warburton), et surtout contre l'absurde *arrogance* avec laquelle il les débite dans sa compilation trop pédantesque.

> Voltaire, *Essai sur les mœurs*, Introduction. Des législateurs grecs.

Vous faites un catalogue en deux colonnes de votre superflu et de notre pauvreté; vous mettez d'un côté orgoglio, alterigia, superbia, et de l'autre orgueil tout seul. Cependant, monsieur, nous avons orgueil, superbe, hauteur, fierté, morgue, élévation, dédain, *arrogance*, insolence, gloire, gloriole, présomption, outrecuidance.

> Voltaire, *Lettres*, 24 janvier 1761. A M. Deodati de Tovazzi.

Vous m'assurez qu'un grand nombre de mes lecteurs me traitent d'homme plein d'orgueil, de présomption, d'*arrogance*.

> J.-J. Rousseau, *Lettres*, 2 février 1765.

L'héroïsme espagnol est froid : la fierté, la hauteur, l'*arrogance* tranquille en est le caractère.

> Marmontel, *Éléments de littérature*. Poésie.

Il (d'Alembert)... tolérait... toutes les opinions, et c'est ce qui lui rendait odieuse et insupportable l'*arrogance* des athées.

> La Harpe, *Cours de littérature*, 3e partie, liv. III, c. 1, sect. 4.

Cette séparation des trois ordres n'a donné lieu qu'aux réclamations constantes des nobles pour ne pas payer d'impôts, s'assurer de nouvelles prérogatives, et faire supporter au tiers état toutes les humiliations que l'*arrogance* peut inventer.

> Mme de Stael, *Considérations sur la Révolution française*, Ire part., c. 13.

On pressentait l'*arrogance* du pouvoir dans ces souverains d'un nouveau genre, qui se disaient les dépositaires d'une autorité sans limites, celle du peuple.

> La même, même ouvrage, IIe part., c. 2.

Cum par orgueil et par bobance
E par si estrange *arrogance*
Qu'à riens vivanz ne s'umelie.

> Benoit, *Chronique de Normandie*, v. 20412.

Arroganse que on apele sourquidanche (outrecuidance).

> *Le Mireoir dou monde*, ms. 7363, fol. 202, r., c. 2.

Il y a d'aultre qualité
De sotz, qui tiennent gravité
Et portent *arrogance* fière
Qu'on jugeroit à leur manière
Estre Socrates ou Virgile.

> *Sermon des Foux*. (Voyez *Ancien Théâtre françois*, t. II, p. 209. Bibliothèque elzévirienne.)

Pour compaignon tu meines l'*Arrogance*,
Et ne sçay quelle impudente Espérance
Qui, pour gaigner aucune fois le bien
De ton voisin, te fait perdre le tien.

> Ronsard, *la Franciade*, III.

Et comme un Socrates, par sa docte ignorance,
Des sophistes bavards confondoit l'*arrogance*.

> Pibrac, *Poème sur le lieu de sa naissance*.

J'entre sur ma louange et, bouffi d'*arrogance*,
Si je n'en ai l'esprit, j'en aurai l'insolence.

> Regnier, *Satires*, II.

Assez et trop longtemps l'*arrogance* de Rome
A cru qu'être Romain c'étoit être plus qu'homme.

> Corneille, *Pompée*, I, 1.

Cependant à le voir (un fat) avec tant d'*arrogance*
Vanter le faux éclat de sa haute naissance,
On diroit que le ciel est soumis à sa loi,
Et que Dieu l'a pétri d'autre limon que moi.

> Boileau, *Satires*, V.

Le voilà bien puni, lui qui dans l'opulence
Éclaboussoit le peuple avec tant d'*arrogance*.

> Le Grand, *Plutus*, II, 7.

Savoir tenir ton rang passe ici pour défaut,
Et ces petits bourgeois traiteront d'*arrogance*
Les sentiments qu'inspire une haute naissance.

> Destouches, *le Glorieux*, III, 6.

On a dit, fort anciennement, *des arrogances* pour des Actes d'arrogance, des insultes, des outrages :

Lequel Bernage arroguoit tousjours de injurieuses paroles icellui Houleau; pour lesquelles *arrogances* et injures, etc.

> *Lettres de rémission* de 1411. (Voyez Du Cange, *Glossaire*, Arrogare.)

ARROI, s. m. De *ad* et de l'ancien mot françai roi, avec le sens d'Arrangement, d'Ordre, qu'il a dans le passage suivant :

Lors si véist-l'en biau couvine
De cels qui France ont en sesine,
Où il n'a mesure ne *roi*.

> Rutebeuf, I, v. 108.

Ce mot *roi* joint au préfixe *con* a donné *conroi*, et, au préfixe *des*, *desroi* :

Ils fuient dusc'à lor *conroi*,
Col estendu, tot à *desroi*.

> *Parthenopeus de Blois*, v. 2205.

Plus tard le composé *desroi* a été remplacé par *désarroi*, qui, moins bien formé, contient deux prépositions de sens contradictoire. Voyez ce mot.

On a écrit anciennement : ARROY, AROI, AROY, ARRAY, ERROI, ERROY. Voir le *Glossaire* de Sainte-Palaye et les exemples qui suivent.

Ordre, arrangement, disposition.

> Mais le sire de Vervins se partit, et sa bannière, sans *arroi* et sans ordonnance, et n'osa demeurer.
>> FROISSART, *Chroniques*, I, Ire part., c. 103.

> Onc' enfant ne ressembla mieulx
> A pere. Quel menton forché !
> Vrayment c'estes vous tout poché...
> Car quoy ? qui vous auroit craché
> Tous deux encontre la paroy,
> D'une matiere et d'un *arroy*,
> Si seriez-vous sans différence.
>> *Farce de Pathelin.*

Mettre arroi en, mettre de l'ordre dans, diriger, régler :

> Ayes ung homme avec toy,
> Qui *mecte* en ton desduyt *arroy*.
>> GACE DE LA BIGNE, *des Déduits*, ms. fol. 12, v°. (Cité par Sainte-Palaye.)

> Je te conjur de Dieu le Roi
> Que *en* ton cors *metes* aroi.
>> Fabl. ms. du R., n° 7218, fol. 320, r°, col. 2. (Cité par Sainte-Palaye.)

Il signifie plus habituellement Train, équipage, et quelquefois Tournure, contenance :

> Vint le duc de Brabant en l'ost, moult étoffément et en grand *arroy*.
>> FROISSART, *Chroniques*, liv. I, Ire part., c. 82.

> Si avoit une suer moult grant dame, qui le vint veoir à grant foyson de gens et moult noblement adournée de riches robes et d'atours de perles et de precieuses pierres, et vint en cest devant son frère qui preudomme estoit, et quant le saint homme vit en cest grant *arroy* sa suer, sy se seigna et luy tourna le dos.
>> *Le Livre du chevalier de la Tour Landry*, c. 27.

> Elle trepassa. Si arriva la fille, qui grant dame estoit, et demanda aux gens se sa mère avoit point de chevance pour lui faire son *arroy*.
>> *Même ouvrage*, c. 126.

III.

Il y entra (Sylla dans Athènes) environ a minuit en tres effroyable *arroi*.
>> AMYOT, trad. de Plutarque, *Vie de Sylla*, 31.

Je laisse à nos autres historiographes les conquestes, glorieuses victoires et superbes *arrois* de ceste seconde famille.
>> PASQUIER, *Recherches*, liv. X, c. 25.

> Brichemer est de bel afère ;
> N'est pas uns hom plains de desroi :
> Cortois et douz et debonère
> Le trueve-on, et de bel *aroi*.
>> RUTEBEUF, *Œuvres*, De Brichemer.

> Moult ot le corps et bel et gent
> Et paré de si noble *arroy*
> Qu'elle sembloit bien fille à roy.
>> JEAN BRUYANT, *Chemin de povreté et de richesse* dans le *Ménagier de Paris*, t. II, p. 8.

> On y doit, comme aux Sarrazins
> Y courir et en grant *arroy*.
>> *Le Mistere du siege d'Orleans*, v. 2395.

> ... Jeunesse m'a dit que le verray
> En son estat et gracieux *array*.
>> CHARLES D'ORLÉANS, *Poésies*, I.

> Le lesserez là, le povre Villon ?
> Venez le veoir en ce piteux *arroy*.
>> VILLON, *Épistre en forme de ballade, à ses amis.*

> . . . . c'estoit un serviteur royal,
> Qui fut jadis si prudent et loyal,
> Qu'apres sa mort son vray seigneur et roy
> Luy ordonna ce beau funebre *arroy*.
>> CL. MAROT, *Complaintes*, V. Deploration de Florimond Robertet.

> Or doncques soit Sa Majesté contente
> De me laisser en mon premier *arroy*.
>> LE MÊME, *Épigrammes*, I, 19. Au Roy, pour estre remis en son estat.

> Les vertus et le bien que je veux recevoir,
> C'est le moyen bientôt en armes de pouvoir
> Amener ton Francus avec une grand trope
> D'Arians pour domter la plus part de l'Europe ;
> Mais il te faut payer les frais de son *arroy*,
> Car il ne veut venir qu'en Majesté de roy.
>> RONSARD, *au Roy Henry II,* en tête des *Odes.*

> L'autre qui vient en magnifique *arroy*,
> Qui de maintien représente un grand roi,
> Est-il des miens ? dy-le moy, je te prie.
> — C'est Dagobert, fleur de chevalerie.
>> LE MÊME, *la Franciade*, liv. IV.

Ainsi ce personnage, en magnifique *arroi,*
Marchant pedetentim, s'en vint jusques à moi,
Qui sentis à son nez, à ses lèvres décloses,   [roses.
Qu'il fleuroit bien plus fort, mais non pas mieux que
REGNIER, *Satires,* X.

Et tant purent ses vers (de David) que sans pompeux
Ce berger majestueux de poëte fut roi.   [*arroi*
VAUQUELIN DE LA FRESNAIE, *Art poëtique françois,* III.

Le maire et jurats de la ville,
Nonobstant la guerre civille,
S'en alloient, en fort bel *aroy*
Viziter la Reine et le Roy.
LORET, *Muse historique,* 6 août 1650.

On a dit *Arroi de cuisine* dans le sens où l'on emploie aujourd'hui *batterie de cuisine.* (Voyez JOSEPH SCALIGER, *Testament,* cité dans la *Revue critique,* 9ᵉ année, 1875, 2ᵉ sem., p. 228.)
On employait autrefois dans des sens analogues à ceux d'ARROI :

ARROIANCE, ARRÉANCE, s. f.

Lors n'ot cure de plus targier
Que *l'arroiance* ne pourvoie
Comment tost soit mis à la voie.
Cléomades, ms. de Gaignat, fol. 31, r°, col. 3. (Cité par
Sainte-Palaye.)

Li quint cas, si est quant cil qui les tient est de si fol maintenement qu'il n'a en li ne conseil n'*arreance,* car à tix gens ne doit-on laissier nule garde d'enfant.
BEAUMANOIR, *Coutumes de Beauvoisis,* c. XXI, 16.

ARRÉEMENT, s. m.

Sire, fet ele au Roi, vous veez bien comment
La chose ne vint pas de mon *arréement.*
Berte as grans piés, ms. de Gaignat, fol. 133, v°, col. 2.
(Cité par Sainte-Palaye.)

On se servait aussi d'un verbe, formé sur *arroi* et aujourd'hui entièrement hors d'usage :

ARROYER, v. a. qui avait des formes très variées correspondant à celle d'*arroi.* (Voyez le dictionnaire de Sainte-Palaye.)

Celli qui scet gens d'armes *arroyer...*
EUST. DESCHAMPS, Poés. mss., p. 192, col. 3.

Il s'employait très fréquemment avec le pronom *se :*

Si *se* ordonnèrent et *arroièrent* un jour les seigneurs de France et de Hainaut qui là étoient.
FROISSART, *Chroniques,* liv. I, IIᵉ partie, c. 269.

Elle osta ses riches robes et riches atours et *se arroya* moult simplement.
Le Livre du chevalier de la Tour Landry, c. 27.

ARRONDIR, v. a. (De *à* et *rond,* avec une désinence verbale), Rendre rond ; donner à quelque chose la forme ronde, c'est-à-dire une forme sphérique, cylindrique ou circulaire.

Nul ciseau, nul tour, nul pinceau ne peut approcher de la tendresse avec laquelle la nature tourne et *arrondit* ses sujets.
BOSSUET, *De la Connoissance de Dieu et de soi-même,* c. 4, art. 2.

Maçons, pierres *aréondissent* ;
Poi i lessent boce ni creste.
G. GUIART, *Royaus lignages,* t. I, v. 1345.

J'arrondis la forme grossière
D'un pilastre ou d'un chapiteau.
VOLTAIRE, *Lettres en vers et en prose,* 35, 1735,
à Cideville.

Arrondir les bras, en termes de danse :

Mademoiselle, j'ai beau vous le dire, vous ne faites pas d'oppositions. Détournez donc légèrement la tête, et *arrondissez-moi les bras.*
ALFRED DE MUSSET, *Il ne faut jurer de rien,* I, 2.

Arrondir une terre, des conquêtes, une frontière, ses États, etc. Y faire les augmentations nécessaires pour que cette terre, etc., forme un tout régulier, complet :

J'ai *arrondi* tout d'un coup *la terre* de Ferney par des acquisitions utiles.
VOLTAIRE, *Lettres,* 24 décembre 1758.

Toutes les terres, sur la gauche du grand fleuve Mississipi, leur furent cédées (aux Anglais). L'Espagne, pour *arrondir leurs conquêtes,* leur donna encore la Floride.
LE MÊME, *Précis du siècle de Louis XV,* c. 35. Pertes
des Français.

Son dessein était de prendre quelques places pour *arrondir la frontière* de la Flandre.

NAPOLÉON, *Mémoires*, t. V, p. 73.

Si j'*arrondissois* mes États?
Si je pouvois remplir mes coffres de ducats!
Si j'apprenois l'hébreu, les sciences, l'histoire!
Tout cela c'est la mer à boire.

LA FONTAINE, *Fables*, VIII, 25.

On dit quelquefois, dans un sens analogue, *arrondir sa fortune*, l'augmenter.

C'est lui qui prend son café le matin, qui fait la police au marché, qui pérore dans sa petite famille, qui *arrondit sa fortune*.

DIDEROT, *Salon de 1767*. Vernet.

Arrondir une période, lui donner du nombre, de l'harmonie :

On en voit qui passent leur vie à tourner un vers, à *arrondir une période*.

BOSSUET, *Traité de la concupiscence*, c. 18.

Je trouve qu'il est fort indigne de lui (du prêtre) qu'il passe sa vie dans son cabinet à *arrondir des périodes*, à retoucher des portraits et à inventer des divisions.

FÉNELON, *Dialogue sur l'éloquence*, III.

Un prédicateur est-il excusable de ne s'occuper qu'à faire un vain étalage d'élocution, à chercher des pensées brillantes, à *arrondir des périodes?*

ROLLIN, *Traité des Études*, liv. V, c. 2, art. 1er.

Arrondir la période musicale.

L'art d'*arrondir* et de symétriser *la période musicale* a été jusqu'ici peu connu des Français.

MARMONTEL, *Élements de littérature*. Air.

Madame de Sévigné a dit dans un sens analogue, bien qu'un peu différent : *arrondir la dépêche*, et Voltaire : *arrondir un ouvrage, arrondir un acte* :

Il me semble que vous êtes assez comme moi, et que nous mettons au premier rang les choses qui nous regardent, et le reste vient après pour *arrondir la dépêche*.

Mme DE SÉVIGNÉ, *Lettres*, à Mme de Grignan, 15 novembre 1684.

Mandez-moi comment je dois vous adresser *le troisième acte que j'ai arrondi*, et que j'ai tâché de rendre un peu moins indigne de vos bontés.

VOLTAIRE, *Lettres*, janvier 1755.

J'ai *arrondi ces deux ouvrages* autant que j'ai pu.

LE MÊME, même ouvrage, 12 avril 1756.

En termes de marine, *arrondir un cap, une île*, etc. Naviguer en décrivant une route à peu près circulaire autour d'un cap, d'une île, etc. (Voyez le *Dictionnaire de l'Académie* et le *Glossaire nautique* de Jal.)

ARRONDIR, en termes de peinture, signifie Faire sentir la rondeur des objets, leur saillie et leurs tournants, par l'intelligence du clair obscur.

Ce mélange savant et de lumière et d'ombre
Donne une clarté vive, une teinte plus sombre,
Qui détache, prolonge, *arrondit* les objets.

COLLIN D'HARLEVILLE, *les Artistes*, II, 9.

ARRONDIR s'emploie souvent avec le pronom personnel, et signifie Prendre une forme ronde.

Des globes de feu ne peuvent sortir de ces pierres, puisque jamais les flammes ne *s'arrondissent* en globes, et qu'elles s'élèvent toujours en spirales et en cônes.

VOLTAIRE, *Fragments sur l'histoire*, art. VII.

La lune, tous les mois, décroît et *s'arrondit*.

COLLIN D'HARLEVILLE, *l'Inconstant*, II, sc. 9.

Sa taille s'arrondit, se dit d'une jeune femme devenue enceinte.

ARRONDIR, avec le pronom personnel, signifie aussi, familièrement, Arrondir son champ, son pré, etc., ou Arrondir sa fortune.

Coigny *s'arrondit* plus que n'avoient fait ses pères. Il acheta tout près de son bien la terre de Franquetot de gens de condition en Normandie.

SAINT-SIMON, *Mémoires*, 1717.

Si votre malheur veut qu'un homme en place achète ou bâtisse une maison près de votre chaumière, répondez-vous qu'il ne trouvera pas le moyen, sous quelque prétexte, d'envahir votre héritage pour *s'arrondir?*

J.-J. ROUSSEAU, *Émile*, V.

Je me suis joliment *arrondi* depuis que j'ai quitté Saumur.

PICARD, *Manie de briller*, II. 6.

Ces Tartares ont été et seraient encore des voisins incommodes ; on s'en débarrasse : leur pays est d'une grande convenance, on *s'en arrondit.*

VOLNEY, *Ruines.*

ARRONDI, IE, part. passé.

Au propre :

En cherchant des mines de fer dans des collines de pierres calcaires, j'ai trouvé plusieurs fentes et cavités remplies de fer en grains, mêlées de sable vitrescible et de petits cailloux *arrondis.*

BUFFON, *Époques de la Nature.*

Grosses pierres *aréondies.*

G. GUIART, *Royaus lignages,* t. II, v. 4307.

Là, sur un tapis vert, un essaim étourdi
Pousse contre l'ivoire un ivoire *arrondi.*

DELILLE, *l'Homme des champs,* I.

Au figuré :

Il me semble que, grâce à vos bontés, tout est à présent assez *arrondi.*

VOLTAIRE, *Lettres,* 1er d'octobre 1760.

Une période bien faite est appelée une période *arrondie.*

CONDILLAC, *Art d'écrire.*

La période musicale, le chant mélodieux, dessiné, *arrondi* ... l'air enfin, une fois connu, fera partout, et dans tous les temps, les délices de l'oreille.

MARMONTEL, *Éléments de littérature.* Opéra.

Au gré de l'oreille, comme au gré de l'esprit, la stance la mieux *arrondie* est celle dont le cercle embrasse une pensée unique.

LE MÊME, même ouvrage. Stance.

Il se dit quelquefois simplement de ce qui est devenu ou de ce qui semble rond :

Nous voyons de même les ceps de la vigne entourer de leurs pampres les flancs d'une colline *arrondie.*

BERNARDIN DE SAINT-PIERRE, *Harmonies de la Nature,* liv. Ier. Tableau général des harmonies de la nature.

Le corps d'un homme bien fait doit être carré... dans la femme tout est plus *arrondi.*

BUFFON, *Histoire naturelle.* Description de l'homme.

L'éclat velouté de la campagne, la tiède température de l'air, les contours *arrondis* des montagnes, les molles inflexions des fleuves et des vallées, sont à Naples autant de séductions pour les sens que tout repose et que rien ne blesse.

CHATEAUBRIAND, *Martyrs,* liv. IV.

ARRONDISSEMENT, s. m. Action par laquelle on arrondit, État de ce qui est arrondi.

Aulcune suffisance n'a encores peu atteindre à la cognoissance de cette merveilleuse fabrique de quoy l'alcyon compose le nid pour ses petits, ny en deviner la matiere. Plutarque, qui en a veu et manié plusieurs, pense que ce soit des arrestes de quelque poisson qu'elle conjoinct et lie ensemble, les entrelaceant, les unes de long, les aultres de travers, et adjoustant des courbes et des *arrondissements,* tellement qu'enfin elle en forme un vaissseau rond prest à voguer.

MONTAIGNE, *Essais,* II, 12.

Le sphéroïde de la tête s'amalgame de même avec l'ovale du visage. Il en est ainsi des autres parties, la nature employant, pour les joindre ensemble, les *arrondissements* du front, des joues, du menton et du cou, c'est-à-dire des portions de la plus belle des expressions harmoniques qui est la sphère.

BERNARDIN DE SAINT-PIERRE, étude X. *De la Figure humaine.*

Dans l'ordre gothique ... les pointes contrastent avec les *arrondissements* des cieux et les courbures de l'horizon.

CHATEAUBRIAND, *Génie du Christianisme,* 3e part., liv. IV, c. 4.

Il se dit figurément en parlant des périodes, des phrases.

La mort l'attrapa sur l'*arrondissement* d'une période.

BALZAC, *Socrate chrétien,* disc. X.

Cicéron paraît s'occuper de l'*arrondissement* de ses périodes et de l'harmonie de leur désinence.

MARMONTEL *Éléments de littérature.* Diffus.

Tout ce qui peut troubler l'harmonie et la douceur de la prononciation, Isocrate le rejette ; il s'attache surtout à tourner périodiquement sa phrase, à lui donner un *arrondissement* nombreux, cadencé, presque comme des vers.

L'abbé ARNAUD, *De l'Orateur,* Isocrate.

ARRONDISSEMENT, accroissement, agrandissement.

Il (Guillaume III) songea donc à un partage que l'appât de le recueillir en paix... pût faire accepter au Roi, et qui... ne fût qu'un *arrondissement* léger vers des frontières bien assurées..... Son plan arrêté fut donc de donner... le Guipuscoa à la France... la Lorraine qui étoit un *arrondissement* très-sensible, mais qui ne portoit pas la France au delà d'où elle étoit.

Saint-Simon, Mémoires, 1700.

Arrondissement signifie aussi une Partie du territoire soumise à quelque autorité civile, militaire, ou ecclésiastique. Ce mot désigne d'ordinaire une subdivision d'un département. Il y a aussi des Arrondissements électoraux, forestiers, maritimes, etc.

L'*arrondissement* où l'on est obligé de rapporter les billets ou certificats.
Arrêt sur la gabelle de Franche-Comté, 12 mars 1737.

L'*arrondissement* de la cour royale.
Code civil, 2023.

Des notables d'*arrondissement*.
Bulletin des lois, an IX.

Les lignes qui séparent les *arrondissements* administratifs sont effacés de notre carte politique.
Royer-Collard, Discours, sur la loi des élections, 26 décembre 1816.

Il s'emploie parfois, d'une façon plus générale, dans un sens analogue.

Il est rare que dans une étendue de demi-lieue, on rencontre plus d'un couple de ces oiseaux : ils sont cantonnés dans un certain *arrondissement* qu'ils ne quittent guère.
Buffon, Histoire naturelle.

ARROSER, v. a. (du latin *adrorare,* employé par Marcellus Empiricus, et formé de *ad* et *rorare,* tiré de *ros,* rosée). Les plus anciens textes portent *aroser* ou *aruser.* Voyez les exemples ci-après. Dans un vocabulaire manuscrit du XIIIe siècle (Bibliothèque nationale, n° 7692), *irrogare* et *subrigare* sont traduits par *arrouser, suffusus* par *arrosé, roscidus* par *enrosant* et *enrosé,* formes que quelques jardiniers emploient encore aujourd'hui. Pendant tout le seizième siècle, *arrouser* prévaut. Vaugelas blâme, en 1647, dans ses *Remarques,* l'emploi de cette forme, dont Margue-

rite Buffet constate, en 1678, dans ses *Nouvelles observations sur la langue françoise,* l'abandon à peu près complet.

Humecter, mouiller quelque chose en versant de l'eau dessus **ou** quelque autre liquide.

L'endemain just l'ost en un lieu que en appelle Passepoulain, là où il a de mout beles eaues, de quoy l'on *arose* ce dont li sucres vient.
Joinville, Histoire de saint Louis, 110.

Par l'ardeur du soleil l'en ne doit mie *arroser,* mais au soir et au matin.
Le Ménagier de Paris, distinction II, art. 2.

Cléanthe gagnoit sa vie à tirer de l'eau et *arrouser* les jardins.
Malherbe, trad. de Sénèque, Épîtres, 43.

Cette eau est fort douce et n'a point de mauvais goust, néanmoins les paisans des environs font difficulté d'en boire, et mesme n'en veulent pas *arrouser* leurs terres.
Tavernier, Voyages de Perse, liv. I, c. 5.

Comme j'*arrosois* des orangers dans les jardins, il passa près de moi un eunuque qui, sans s'arrêter ni me rien dire, jeta un billet à mes pieds.
Le Sage, Gil Blas, liv. V, c. 1.

Quand je revenais à l'aube du jour prier Dieu sous ces arbres... la voix de ma sœur se mêlait insensiblement à la mienne. Le soir, lorsque j'*arrosais* mon jardin, elle se promenait quelquefois au soleil couchant.
Xavier de Maistre, Le lépreux de la cité d'Aoste.

Le sage *arrose* doucement,
L'insensé tout de suite inonde.
Florian, Fables, III, 2.

Il s'emploie en parlant des pluies, des nuées, qui arrosent la terre :

Ils (les dieux) envoient les pluies en leur saison pour *arrouser* la terre.
Malherbe, trad. de Sénèque, Traité des Bienfaits, liv. VII, c. 31.

Les nuées, qui sont composées des vapeurs de la mer et des eaux qui *arrosent* la terre, sont destinées pour les pluies et pour restituer ce qu'elles ont pris.
Duguet, Explication de l'ouvrage des six jours.

Il se dit en parlant du sang qui *arrose* le corps.

Il y a une liqueur qui *arrose* tout le corps, et qu'on appelle sang.
Bossuet, De la Connoissance de Dieu et de soi-même, c. 2, art. 9.

Elle (la nourriture) se subtilise et devient du sang : enfin elle coule, et s'insinue par des rameaux innombrables pour arroser tous les membres ; elle se filtre dans les chairs ; elle devient chair elle-même.

FÉNELON, *Traité de l'Existence de Dieu*, Iʳᵉ part., c. 24.

Arroser s'emploie souvent figurément :

S'il y a de la gloire, elle est infuse en moy superficiellement, par la trahison de ma complexion, et n'a point de corps, qui comparoisse à la veue de mon jugement. *J'en suis arrosé*, mais non pas teint.

MONTAIGNE, *Essais*, II, 17.

La charité, en *arrosant* une âme, produit en elle les œuvres vertueuses.

SAINT FRANÇOIS DE SALES, *Introduction à la vie dévote*, III, 1.

Quelque foible et tendre que soit l'inclination qu'il (le prince) a au mal, ils (les courtisans) *l'arrosent* et la cultivent.

BALZAC, *Aristippe*, discours 7ᵉ.

Il dit que la pluie des prospérités *arrouse* en tout temps le jardin de votre famille.

MOLIÈRE, *le Bourgeois gentilhomme*, V, 4.

C'est moi qui ai planté, c'est Apollon qui *a arrosé*, mais c'est Dieu qui a donné l'accroissement... Ainsi celui qui plante n'est rien, ni celui qui *arrose*, mais tout vient de Dieu qui donne l'accroissement.

DE SACY, *la sainte Bible*, Iʳᵉ aux Corinthiens, III, 6-8.

Vous trouvez mauvais que l'homme veuille prévenir l'ordre secret et adorable de la dispensation de vos graces : vous voulez nous faire sentir que nous n'en sommes pas les distributeurs, que celui qui *arrose* n'est rien et que l'accroissement et le changement des cœurs est l'ouvrage de votre miséricorde et de votre puissance.

MASSILLON, *Conférences*.

Vouloir qu'ils (les enfants) acquièrent en peu de jours cette fermeté, c'est vouloir qu'une jeune plante ait, du jour au lendemain, un tronc solide et de profondes racines. Il faut espérer beaucoup du temps, et ne se pas ennuyer de labourer souvent et *d'arroser* tous les jours.

FLEURY, *Du Choix des études*, c. 19.

Chez les dévots je forme des cabales,
Je cours, j'écris, j'invente des scandales,
Pour les combattre et pour me faire un nom,
Pieusement semant la zizanie,
Et *l'arrosant* d'un peu de calomnie.

VOLTAIRE, *Le Pauvre Diable*.

Arroser une salle, une chambre, etc., Y répandre de l'eau çà et là, avant de la balayer. (*Dictionnaire de l'Académie.*)

Arroser un seau, un tonneau, un cuvier pour s'assurer que l'eau ne s'en échappe point.

Çà que je racle un peu de tous côtés
Votre cuvier, et puis que je *l'arrouse* :
Par ce moyen vous verrez s'il tient l'eau.

LA FONTAINE, *Contes*.

Arroser de la viande, du poisson :

Arroser de la viande qui rôtit.

Dictionnaire de l'Académie.

J'eus beau dire que je ne voulois point de sauce, la propre dame, en assurant que la sauce valoit mieux que le poisson, *l'arrosa*, à diverses reprises, avec sa cuiller, qui sortoit toute fraiche de sa belle bouche.

M. DE COULANGES, *Lettres*, à Mᵐᵉ de Sévigné, 4 mars 1695.

Arroser quelqu'un, l'asperger.

Il (Sénèque) se jeta dans un bain d'eau chaude, et, ayant *arrousé* ceux de ses serviteurs qui étoient les plus proches de l'étuve, il dit en mourant qu'il offroit cette liqueur-là à Jupiter le libérateur.

COEFFETEAU, *Histoire romaine*, liv. V.

Arroser, en ce sens, est souvent suivi de la préposition *de* et d'un substantif :

Arroser d'aigreur, d'amertume.

Les prophéties lui promettent encore un breuvage amer dans sa soif, il le demande avec un grand cri ; et après *cette aigreur et cette amertume, dont le juif impitoyable arrose sa langue,* que fait-il ?

BOSSUET, *Panégyrique de sainte Thérèse*.

Arroser d'eau, d'une onde pure.

Il (Sénèque) prit de *l'eau dont il arrousa* les plus proches de ses domestiques, et dit qu'il faisoit ces effusions à Jupiter le libérateur.

PERROT D'ABLANCOURT, trad. de Tacite, *Annales*, liv. XV, 12.

J'ai aussi été lépreuse, moi ; mais lorsque je vis cette femme et avec elle ce petit enfant qui se nomme Jésus, j'*arrosai* mon corps *de l'eau* dont sa mère l'avait lavé, et je fus guérie.

> VOLTAIRE, *Évangile de l'enfance*, c. 21.

Le berger, secouant un humide rameau,
D'une onde salutaire arrosait son troupeau.

> DELILLE, *Imagination*, VIII.

Arroser de larmes, de pleurs.

De mes lermes mun lit aruserai.

> Le livre des Psaumes, d'après les mss. de Cambridge et de Paris, ps. VI, 6.

Si vous saviez, Monsieur, comme tout le monde appréhende son retour (du maréchal de Schulembourg), vous auriez pitié de nous, et vous verriez que nous ne buvons et ne mangeons pas les biens que Dieu nous donne, en repos, et qu'un souvenir de son retour nous et nos enfants *arrousons* tous les jours notre pain *de nos larmes.*

> *Pétition des Bourgeois d'Arras à Colbert,* 8 septembre 1664. (Voyez DEPPING, *Correspondance administrative sous Louis XIV,* t. I, p. 730-731.)

Chastes épouses de Jésus-Christ, gardez religieusement ce dépôt sacré ; *arrosez-le des larmes* de votre pénitence.

> FLÉCHIER, *Oraison funèbre de M. de Montausier,* prononcée dans l'Église des Carmélites.

Mentor prit ce moment pour le départ ; il embrassa Philoctète, qu'*il arrosa de ses larmes* sans pouvoir parler.

> FÉNELON, *Télémaque,* liv. XXIII.

Au sein de la liberté et des plaisirs de la capitale, on aura peine à croire qu'il est encore des Français qui sont de la même condition que le bétail de la terre qu'*ils arrosent de leurs larmes,* et que leur état se règle par les mêmes lois.

> VOLTAIRE, *Extrait d'un mémoire pour l'entière abolition de la servitude en France.*

Mon fils, il y aura bientôt vingt ans que je vous *arrosai des premières larmes* que vous m'ayez fait répandre.

> DIDEROT, *le Père de famille,* II, 11.

La tête couverte d'un pan de sa robe, il *arrosait* les cendres *de ses pleurs.*

> CHATEAUBRIAND, *Martyrs,* liv. I.

Dou cuer del ventre commence à sospirer,
De ses beas oilz commenca à plorer,
L'eve l'en cole fil à fil sor lou nez,
Que ses bliaus en estoit *arousés.*

> Le Charroi de Nismes. (Voyez *Histoire littéraire de la France,* t. XXII, p. 491.)

... Puis mourant dit adieu
A ses enfans, qui sur luy *ont* posee
Ceste epitaphe, et la tumbe *arrosee*
De larmes d'œil par naturel debvoir.

> CL. MAROT, *Cimetière,* XIX. De Jehan Cottereau seigneur de Maintenon.

... Lors d'une froide crainte
En tel danger Francus eut l'ame atteinte,
De larges pleurs arrousa ses beaux yeux,
Et, gemissant, tendit les mains aux cieux.

> RONSARD, *la Franciade,* II.

Arroser de sang :

Depuis tantost seize cents ans que la religion chrestienne *a esté arrosée du sang* du fils de Dieu, et de ses martyrs, on n'a point ouy parler de secte qui ait fait de semblables et si estranges vœux.

> ARNAULD, *Plaidoyers.*

Après la victoire on doibt mettre l'espée bas et ne l'*arrouser* plus *de sang* vaincu, et principallement chrestien.

> BRANTÔME, *Des Dames.* La Reyne d'Escosse.

Julius Cesar même, ayant perdu son armée (pendant la guerre sociale), fut rapporté tout sanglant dans la ville de Rome, et le spectacle de ses funérailles fut d'autant plus pitoyable qu'*il arrousa de son sang* le pavé de la ville.

> COEFFETEAU, *Histoire romaine* de L. Florus, liv. III, c. 18.

Cette année, qui estoit 1446, fut jetée la semence de cette mortelle mais possible immortelle dispute pour le duché de Milannois, qui *a esté arrousée* de tant *de sang.*

> MEZERAY, *Histoire de France.* Charles VII.

Il n'y a plus de Louis XI, surnommé Très-Chrétien ou Phalaris, qui fasse bâtir des oubliettes, qui érige un taurobole dans les halles, et qui *arrose* de jeunes princes souverains *du sang* de leur père.

> VOLTAIRE, *De la Paix perpétuelle,* art. 11.

L'armée piémontaise se hâta donc d'abandonner ces fameuses positions qui *avaient été arrosées* de tant *de sang.*

> NAPOLÉON, *Mémoires,* t. I, p. 48.

L'horreur de tant de maux eust fait tomber à terre
Ce malheureux acier, en enfer aiguisé,
Qui *du sang* de ton prince alloit être *arrousé.*

> BERTAUT, *Complainte sur l'assassinat de Henri III.*

Dût le peuple en fureur pour ses maîtres nouveaux
De mon sang odieux *arroser* leurs tombeaux.

> CORNEILLE, *Rodogune,* V, 1.

Et cependant, *du sang* de la chair immolée,
Les prêtres *arrosoient* l'autel et l'assemblée.

> RACINE, *Athalie,* I, 2.

Arroser de sueurs.

De là l'état de bonheur et d'innocence de l'homme, où la terre, sans *être arrosée de ses sueurs*, ni cultivée par un pénible travail, lui fournissoit tout en abondance.
Rollin, Traité des Études, liv. I, IVe partie, c. 1er, art. 1er.

Madame de Sévigné a dit :
Arroser de souvenirs :

J'ai *arrosé* tous les appartements *de vos souvenirs*, ils ont été reçus et rendus avec empressement.
Mme DE Sévigné, Lettres, à M. de Coulanges, 6 août 1695.

Arroser, signifie, Faire circuler de l'eau dans des terres, par des canaux ou des rigoles, afin de les fertiliser.

Il lui fallut faire (à l'Euphrate) dans tout le pays un nombre infini de canaux, afin qu'il en pût *arroser* les terres, dont la fertilité devenoit incomparable par ce secours.
Bossuet, Discours sur l'histoire universelle, IIIe partie, 4.

Cette année, la sécheresse fut grande ; de manière que les terres qui étoient dans les lieux élevés manquèrent absolument, tandis que celles qui purent *être arrosées* furent très-fertiles.
Montesquieu, Lettres persanes.

Par extension, on dit d'un cours d'eau qui passe dans un pays, qui y coule, qu'il l'arrose :

Ce village est bien ombragé d'ormeaux et noyers, et est *arrosé* d'un ruisseau qui descend de la montaigne.
Pierre Belon. Observations de plusieurs singularitez de divers pays estranges, liv. II, c. 95.

Il pleut rarement en Égypte, mais ce fleuve (le Nil), qui l'*arrose* toute par ses débordements réglés, lui apporte les pluies et les neiges des autres pays.
Bossuet, Discours sur l'histoire universelle, IIIe partie, 3.

Mille petits ruisseaux d'une onde pure *arrosoient* ces beaux lieux, et y faisoient sentir une délicieuse fraîcheur.
Fénelon, Télémaque, liv. XIX.

Il y en avoit d'autres (des terres) qui, dans un terrain bas, *étoient arrosées* de plusieurs ruisseaux.
Montesquieu, Lettres persanes, IX.

La contrée vers la ville anglaise de Calcuta et vers celle

de Vishnapor *est arrosée* des canaux du Gange qui fertilisent la terre.
Voltaire, Lettres chinoises, X.

Mais quant cele mer se retrait
Et li flot arrière revait,
Dont veriés l'eve lever,
Rives corrir et soronder
Et grans ondes en halt voler,
Et chans moillier et *aroser*.
Wace, Roman de Brut, v. 9802.

Riviere de Lignon dont la source éternelle,
Du gracieux Forets va le sein *arrousant*,
Et qui flot dessus flot ne te vas reposant
Que tu ne sois r'entrée en l'onde paternelle.
D'Urfé, l'Astrée, Ire part., liv. II. Sonnet sur l'absence.

Il n'est raison, adresse ni conseil
Qui nous puisse excuser d'aller où le Cocite
Arrose des païs inconnus au soleil.
Mainard, Odes.

Si l'or seul a pour vous d'invincibles appas,
Fuyez ces lieux charmants qu'*arrose* le Permesse :
Ce n'est pas sur ses bords qu'habite la richesse.
Boileau, Art poétique, IV.

Dans ces prés fleuris
Qu'*arrose* la Seine,
Cherchez qui vous mène,
Mes chères brebis.
Mme Deshoulières, Idylles.

Ce mot s'emploie souvent en ce sens, soit dans des comparaisons, soit figurément :

Nos avons de la fontaine de grâce les awes de dévotion por *arroseir* les racines de noz bones oyvres.
Saint Bernard, Sermons. (Voyez Le Roux de Lincy, les Quatre Livres des Rois, p. 539.)

Comme si la sapience de Numa eust esté une vive source de toutes bonnes et honnestes choses, de laquelle plusieurs ruisseaux se fussent dérivez pour *arrouser* toute l'Italie.
Amyot, trad. de Plutarque. Vie de Numa.

Tout ce qui est au monde est concupiscence de la chair, ou concupiscence des yeux, ou orgueil de la vie. Malheureuse la terre de malédiction que ces trois fleuves de feu embrasent plutôt qu'ils n'*arrosent*.
Pascal, Pensées.

Reconnoissez le héros qui, toujours égal à lui-même, sans se hausser pour paroître grand, sans s'abaisser pour être civil et obligeant, se trouve naturellement ce qu'il doit être envers tous les hommes : comme un fleuve majestueux et bienfaisant, qui porte paisiblement dans les villes l'abondance qu'il a répandue dans les campagnes en les *arrosant*, qui se donne à tout le monde, et ne s'élève et ne s'enfle que lorsque avec violence on s'oppose à la douce pente qui le porte à continuer son tranquille cours.

Bossuet, Oraison funèbre du Prince de Condé.

La résistance d'une petite digue est cause bien souvent qu'ils (les grands fleuves) inondent les campagnes qu'ils *arroseroient* avec utilité.

Card. de Retz, Conjuration de Fiesque.

François Ier se vantoit d'avoir amassé en un canal tous les ruisseaux de la doctrine qui étoient épars çà et là, et de les avoir conduits en France pour l'*arrouser*.

Mézeray, Histoire de France. François Ier.

Voulez-vous *arroser* mes angoisses cruelles,
Les voulez-vous nourrir de larmes éternelles,
Mes yeux, et voulez-vous que, faute de tarir
Vos renaissantes pleurs, je ne puisse mourir ?

Garnier, Cornélie, act. II, 1

Sa providence libérale (de Dieu)
Est une source générale
Toujours prête à nous *arroser*.

Malherbe, Poésies, 81. Stances spirituelles.

Fig. et fam., *Arroser* des créanciers. Distribuer à des créanciers quelques sommes qui les apaisent. On dit de même, en parlant de petites libéralités qu'il faut distribuer : Ayez soin d'*arroser* ces gens-là.

Dans un sens analogue, mais un peu différent, *arroser le public*, répandre dans le public un bruit, une nouvelle, l'y accoutumer.

Après que j'eus un peu *arrosé le public,* je m'ouvris avec les particuliers.

Cardinal de Retz, Mémoires.

Arroser s'emploie avec le pronom personnel, dans un sens passif :
S'arroser, être arrosé :

Tous ces arbres, de qui la racine est grande, *se veulent arroser* d'eau de citerne.

Malherbe, trad. de Sénèque, Épîtres, 86.

III.

Arrosé, arrosée, participe.

Les Perses... permettoient à ceux qui amèneroient de l'eau de fontaine en quelque lieu qui n'auroit point été encore *arrosé,* d'en jouir pendant cinq générations.

Montesquieu, Esprit des Lois, XVIII, 7.

La facilité des eaux peut retarder la société des habitants dans les lieux bien *arrosés.* Au contraire, dans les lieux arides, il fallut concourir à creuser des puits, à tirer des canaux, pour abreuver le bétail.

J.-J. Rousseau, Essai sur l'origine des langues, c. 9.

Arrosé est souvent suivi de la préposition *par* ou de la préposition *de.*

Au propre :

Ils alléguoient l'excellente température de leur air, les richesses des campagnes voisines, l'abondance de leur pays, *arrosé de* plusieurs fleuves.

Perrot d'Ablancourt, trad. de Tacite, Annales, liv. IV, c. 24.

Elle (la patrie) étoit, disoient-ils (les Égyptiens)... la mère des hommes et des animaux, que la terre d'Égypte, *arrosée du* Nil, avoit enfantés pendant que le reste de la nature étoit stérile.

Bossuet, Discours sur l'histoire universelle, III, 3.

Les terres les plus belles, les plus fertiles de l'Europe occidentale, toutes les campagnes basses *arrosées par* les fleuves, ont été couvertes des eaux de la mer pendant une prodigieuse multitude de siècles.

Voltaire, Essai sur les mœurs, avant-propos.

Au figuré :

Mesmes le dire de Jesus-Christ que nous avons allégué auparavant, s'estend jusques ici : assavoir qu'il s'est sanctifié à cause de nous : pource qu'estans *arrousez de* sa saincteté, en tant qu'il nous a dediez à Dieu son Pere : combien que nous soyons autrement puants et infects, toutesfois nous ne laissons pas de plaire comme purs et nets, mesmes comme saincts et sacrez.

Calvin, Institution chrestienne, liv. II, c. 15.

Mon ame estoit en songe touchée bien légèrement et comme lechée seulement et *arrousée par* la molle impression des sons.

Montaigne, Essais, liv. II, c. 6.

Cette jeune plante, ainsi *arrosée des* eaux du ciel, ne fut pas long-temps sans porter du fruit.

Fléchier, Oraison funèbre de la duchesse d'Aiguillon.

Ne priant plus, toutes les ressources de la grâce sont taries pour moi, et mon âme, Seigneur, est devant vous comme une terre sèche et aride, qui n'est plus *arrosée des pluies du ciel*.
BOURDALOUE, Sermons pour les dimanches. Sur la prière.

Ils ont prétendu (nos rois), en fondant votre Compagnie, fonder pour l'éloquence... un domicile, une patrie, une citadelle assurée, afin qu'*arrosée des* sources de l'antiquité grecque et latine, elle n'admît jamais le mélange d'une nouveauté séduisante.
ROLLIN, Traité des Études. Dédicace à l'Université.

Aussi ce pays, *arrosé des* plus belles rivières, riche en pâturages, en mines de sel et couvert de moissons, reste pauvre, malgré son abondance, parce que le peuple est esclave et que la noblesse est fière et oisive.
VOLTAIRE, Histoire de Charles XII, liv. II.

> *De* rosée
> *Arrosée,*
> La rose a moins de fraîcheur.
HENRI IV, Chanson qui lui est attribuée.

> La saussaie encor fraîche et *de* pluie *arrosée*.
DELILLE, l'Homme des champs, IV.

Arrosé de pleurs :

> Son courage sensible à vos justes douleurs
> Ne veut pas de lauriers *arrosés de vos pleurs*.
RACINE, Alexandre, II, 1.

Arrosé de sang :

Si nous tournons les yeux sur des actions, non pas plus hardies, mais plus fortunées, que de héros dont les exploits et les noms doivent être sans cesse dans notre bouche ! que de terrains *arrosés du plus beau sang* et célèbres par des triomphes !
VOLTAIRE, Éloge funèbre des officiers morts dans la guerre de 1741.

> Quels lauriers me plairont *de son sang arrosés ?*
RACINE, Iphigénie, IV, 8.

Arrosé de vins :

La grossesse (de la duchesse de Berry) vint à terme, et ce terme mal préparé par les soupers continuels, fort *arrosés de vins* et de liqueurs les plus fortes, devint orageux et promptement dangereux.
SAINT-SIMON, Mémoires, 1719.

Du verbe ARROSER a été formé l'adjectif verbal suivant :

ARROSABLE, adj. des deux genres.

Il signifiait, dans l'ancien français, Propre à arroser :

> *Arrousable* fontaine
> Et délitable et saine.
RUTEBEUF, II, 97.

Plus tard il a pris le sens de Propre à être arrosé :

Desirant avoir grande quantité de fin lin, destinés à le produire le plus fertil terroir qu'aiés, et que si possible est, il soit *arrousable*.
OLIVIER DE SERRES, Théâtre d'agriculture, VIe lieu, c. 29.

ARROSAGE, s. m. Action de conduire l'eau d'une rivière ou d'un ruisseau sur des terres trop sèches.

Les montagnes hydrauliques en plateaux offrent... de vastes amphithéâtres à la végétation en lui présentant des ados, des abris et des *arrosages*.
BERNARDIN DE SAINT-PIERRE, Harmonies de la Nature, liv. IV. Harmonies terrestres de l'eau.

Action d'arroser :

Le balayage, l'*arrosage* de la ville.
Bulletin des lois, an IX.

ARROSEMENT, s. m. Action d'arroser.

Li tierz usaiges des avves est li *arrosemenz*, et de cestui ont mestier les noveles plantesons.
SAINT BERNARD, Sermons. (Voyez LE ROUX DE LINCY, les Quatre Livres des Rois, p. 538.)

Et comme les peuples cesseront d'être dans l'état misérable où ils se trouvent... il sera bien plus facile d'en tirer les secours nécessaires, tant pour les fortifications que pour... les *arrosements* des pays qui en ont besoin.
VAUBAN, Projet d'une Dixme royale, c. 11.

Au figuré,
En parlant de ce qu'on boit :

Rendez moy de non beuvant, beuvant. Perannité de *arrousement* par ces nerveux et secz boyaulz.
RABELAIS, Gargantua, c. 5.

En parlant du sang de Jésus-Christ :

> En l'*arrosement* du sang de Notre-Seigneur, nous avons été remis en une blancheur incomparable et plus excellente que celle de l'innocence.
>
> > SAINT FRANÇOIS DE SALES.

ARROSOIR, s. m. Vase fait pour arroser.

Au seizième siècle, on écrivait *arrousouer*. Ce mot est ainsi orthographié par Palsgrave, dans son *Esclarcissement de la langue françoyse* (p. 287).

> Elle print un chantepleure ou *arrousouer* pour sa devise.
>
> > BRANTÔME, *Des Dames*. Catherine de Médicis.

> *Arrosoir* est un outil de cuivre rouge ou jaune, et ce sont les bons; le rouge vaut mieux; il y en a de fer-blanc et de terre, et ceux-là sont indignes des grands jardins.
>
> > LA QUINTINIE, *Instructions pour les jardins fruitiers*. Explication des termes du jardinage.

> Ensuite elle lui dit : « Va dans le jardin, tu y trouveras six lézards, derrière l'*arrosoir*; apporte-les-moi. »
>
> > CH. PERRAULT, *Contes*, Cendrillon.

> ....Quand du matin au soir
> Chez moi poussant la bêche, ou portant l'*arrosoir*,
> Tu fais d'un sable aride une terre fertile.
>
> > BOILEAU, *Épîtres*, XI.

> Tel l'arbre montagnard dont le sommet mouvant
> Ne boit que la rosée et n'obéit qu'au vent,
> S'en va dans les jardins, oubliant la nature,
> Implorer l'*arrosoir* et subir la culture.
>
> > DELILLE, *l'Imagination*, I.

L'eau du ciel a été quelquefois comparée à celle que répand un arrosoir :

> Quelle main les tient dans ces réservoirs suspendus, et ne leur permet de tomber que goutte à goutte, comme si on les distilloit par un *arrosoir* ?
>
> > FÉNELON, *Traité de l'Existence de Dieu*, Ire part., c. 2.

> Quand il lui a plu de créer un fruit, elle a voulu qu'il pût se reproduire sur les montagnes, dans les plaines, au milieu de rochers, dans les sables, sur les bords des eaux et sous différentes latitudes ; et, pour l'y rendre propre, elle a varié les *arrosoirs*, les miroirs, les ados, les supports, l'attitude et la fourrure du végétal, suivant le soleil, les pluies, les vents et le territoire.
>
> > BERNARDIN DE SAINT-PIERRE, *Études de la Nature*.

ARS, s. m. pl. (Du mot *arc*, par comparaison des deux membres de devant du cheval avec un *arc*.) T. d'Art vétérinaire. Le pli formé par la réunion des membres antérieurs et de la poitrine du cheval.

Le sens de ce mot est bien déterminé dans le passage suivant :

> Il faut... seigner le chien des deux venes qui viennent par le dedans des espaules des jambes de devant qu'on appelle, pour les chevaux, les *arcs*.
>
> > DU FOUILLOUX, *Vénerie*, fol. 80.

On a dit quelquefois les *ars de devant* :

> Attaindirent son cheval es *arcs* de devant.
>
> > *Perceforest*, t. VI, fol. 19. (Cité par Sainte-Palaye.)

De là, probablement, on a conclu qu'on pouvait dire *les ars de derrière* et par suite *les quatre ars*, mais cette locution a été blâmée par les personnes les plus compétentes en ces matières.

> Le vulgaire dit improprement qu'on a saigné un cheval aux quatre *ars*, lorsqu'on l'a saigné aux épaules et au plat des cuisses, ce qui se doit appeler seigner un cheval des quatre membres.
>
> > GUILLET, *les Arts de l'homme d'épée*.

Le *Dictionnaire* de Trévoux, qui admet l'expression critiquée dans le passage qui précède, prétend, pour la justifier, que « ce mot vient du latin *artus*. »

Ars, quoique principalement employé en parlant du cheval, s'est dit quelquefois d'autres animaux :

> Passelion... s'estoit enveloppé de la peau d'un cerf... la vieille luy véoit les *ars de devant* et les cornes.
>
> > *Perceforest*, vol. V, fol. 100. (Cité par Sainte-Palaye.)

> A chacune sorte de galle, il est nécessaire de seigner le chien des deux jarrets de derrière... et des *arcs*.
>
> > CHARLES IX, *De la Chasse*, p. 82. (Cité par Sainte-Palaye.)

ARSENAL, s. m. (De l'italien *Arsenale*, qui a la même signification et qui vient lui-même du vénitien *Arsena* ou *Arsana*, mot qui est tiré de l'arabe Dâr-senâa. (Voyez Dozy et Engelmann, *Gloss. des mots dérivés de l'arabe*, et le supplément du *Dictionnaire* de M. Littré.)

On a hésité longtemps entre les deux formes *Arsenac* et *Arsenal*. Vaugelas s'étant prononcé pour *Arsenal*, Ménage lui a répondu ainsi :

Monsieur Maynard a dit *Arsenal* :

> J'admire le cardinal,
> Il préfère au luth des Muses
> Les flûtes de l'*Arsenal*.

C'est dans une de ses odes à Flote ; et il l'a même préféré à *Arsenac* ; car, ayant dit dans une de ses épigrammes :

> Quand lirai-je dans l'almanach
> Que la paix fera des marmites
> De tout le fer de l'*Arsenac* ?

Il a depuis corrigé cet endroit, et a mis :

> Quand sera-ce, grand cardinal,
> Que la paix fera des marmites
> De tout le fer de l'*Arsenal* ?

. . . .

Je crois... contre l'opinion de M. de Vaugelas, qu'il faut plutôt dire *Arsenac* qu'*Arsenal*, et particulièrement dans le discours familier.

MÉNAGE, *Observations sur la langue françoise*, c. XI. *S'il faut dire* Arsenal *ou* Arsenac, 1672.

Lieu où l'on garde des armes et des munitions de guerre. Il se dit, par extension, des chantiers de construction navale dans les ports de guerre.

Le vendredi vint le duc (le doge de Venise) à nostre alogis avec mile ou mile cinq centz gentilzhommes, et nous mena veoir l'*Arsenac*, où est l'artillerie de la ville, la plus belle et le plus grant nombre que homme vit onques, en huit sales.

JEAN DE CHAMBES, envoyé du roi Charles VII à Venise, lettre du 28 octobre 1459. (Voyez *Bibliothèque de l'École des Chartes*, t. III, p. 189.)

Ils (les Vénitiens) ont en leur *arcenal* ou en mer, avec leur armée, environ nonante et cinq gallères, et après avoir achevé ce qui est de commancé, à quoy l'on besongne ordinairement, ilz en auront près de six vingtz.

L'ÉVÊQUE DE LAVAUR à François Ier, 18 juin 1535. (Voyez CHARRIÈRE, *Nég. de la France dans le Levant*, t. I, p. 267.)

En mon *arcenac* de Thalasse prenez equippage tel que vouldrez.

RABELAIS, *Pantagruel*, III, 48.

Tout le peuple de l'isle estoient charpentiers et tous artizans telz que voyez en l'*Arsenac* de Venise.

LE MÊME, même ouvrage, IV, 25.

Y ayant assis son camp (Lysander à Éphèse), il y attira de toutes parts des navires marchands, et y dressa un *arsenal* ou atelier à bastir gualeres.

AMYOT, trad. de Plutarque. *Vie de Lysander*, c. 2.

Et bien luy prit d'estre brave, vaillant et assuré, car il se retira aussitôt dans son *arsenac*.

BRANTÔME, *Grands Capitaines*. M. le mareschal de Biron.

A la cour, à Paris, à Fontaine-bleau et à l'*Arsenac*, l'on ne voyoit que toutes sortes de galanteries.

SULLY, *Œconomies royales*, c. V.

L'artillerie prinse en l'*Arsenac* y sera remise avec les autres munitions qui en ont été enlevées.

MATTHIEU, *Histoire des derniers troubles de France*, liv. II.

Tel estoit l'*Arcenail* tant renommé que l'empereur Claudius bastit sur le riuage de l'Ocean en la region des Holandois, duquel Hadrianus Junius nous donne la description, *in sua Batavia...* qui peut servir d'exemplaire des anciens *Arcenaux* romains.

BERGIER, *Histoire des grands chemins de l'empire romain*, liv. IV, c. 20.

Le Roi passa vendredi la Seine sur la glace, à l'endroit de l'*Arsenac*.

MALHERBE, *Lettres à Peiresc*, 1608.

J'ai trop bonne opinion de tant de dignes prélats... pour m'imaginer... que dans l'intérêt de leur ordre ils ne se contentassent pas d'employer les foudres du Vatican, mais fissent encore leur possible pour évoquer ceux de l'*Arsenac*.

BALZAC, *Lettres*, liv. VI, 11. A. M. de Monchal, archevêque de Toulouse.

Je sais que vous ne possédez pas moins les vertus paisibles que celles qui font du bruit et qui manient du fer, et que vous êtes homme de bibliothèque aussi bien que d'*arsenal*.

LE MÊME, même ouvrage, liv. VI ; à M. d'Aiguebère, commandant une compagnie en Hollande.

Après que Salomon eût bâti le temple, il bâtit encore le palais des rois... Tout étoit grand dans ces édifices... tout y reluisoit d'or et de pierreries... Le reste répondoit à cette magnificence, les villes, les *arsenaux*, les chevaux, les chariots, la garde du prince.

BOSSUET, *Discours sur l'histoire universelle*, IIe partie, c. 4.

Nous visitâmes l'*arsenal*, ce terrible palais de Mars.
Mon Dieu ! que d'instruments pour abréger nos pauvres
jours !

REGNARD, *Voyage de Normandie*.

C'étoit une fille de beaucoup d'esprit (Mlle d'Outrelaise),
qui se fit beaucoup d'amis qui l'appelèrent la Divine, nom
qu'elle communiqua depuis à madame de Frontenac, avec
qui elle alla demeurer depuis à l'*Arsenal*, et avec qui elle
passa inséparablement sa vie.

SAINT-SIMON, *Mémoires*, 1698.

Des conseils de construction sont établis dans les ports,
pour donner aux vaisseaux la forme la plus avantageuse.
Cinq *arsenaux* de marine sont bâtis à Brest, à Rochefort, à Toulon, à Dunkerque, au Havre-de-Grâce.

VOLTAIRE, *Siècle de Louis XIV*, c. 29.

Va, d'un pas diligent, à l'*Arsenac*, au Louvre.

REGNIER, *Satires*, XVI.

Nul trouble n'émeut son courage,
Lorsque Mars, pour armer sa rage,
Vient démeubler nos *arsenacs*;
Et ne fait point mauvaise mine
Pour la peste ou pour la famine
Que lui chantent les almanachs.

MAYNARD, *Chanson*.

Ton doux accueil, et mille autres merveilles
Qu'on sait de toi, font ici tant de bruit,
Que quand déjà, dans la plus calme nuit,
Tous les canons que l'*arsenac* t'apprête
Célébreroient ta divine conquête,
Et de trois pas nous viendroient éblouir,
Au diable l'un qui les pourroit ouïr !

SAINT-AMANT, *Épître*.

Il s'emploie quelquefois, en plaisantant, pour
désigner l'endroit où un particulier met ses
armes :

J'ai pris ses pistolets, son *arsenal* est vide,
Et j'ai su m'emparer de tout meuble homicide.

GRESSET, *Sidney*, I, 2.

Voltaire a fait de ce mot un emploi spécial
dans le passage suivant :

Quand je te prêchais de la part de Dieu que Samson
avait tué mille Philistins avec une mâchoire d'âne, ta tête,
plus dure que l'*arsenal* dont Samson avait tiré ses armes,
m'a fait connaître, par un léger mouvement de gauche à
droite, que tu n'en croyais rien.

VOLTAIRE, *Dictionnaire philosophique*. Intolérance.

Arsenal a été quelquefois employé au figuré
en parlant d'outils de jardinage, d'instruments
d'astronomie, ou même d'ajustements :

...Hâte-toi de connaître
Ce qui doit composer ton *arsenal* champêtre.

DELILLE, trad. des *Géorgiques*, I.

Cet *arsenac* de globes, d'astrolabes, et d'autres armes de
mathématiques.

BALZAC, *Lettres*.

On déploya les habits chamarrés de diamants..... ses
sœurs soupiroient à la vue de ces objets; c'étoient autant
de serpents qui leur rongeoient l'âme. Au sortir de cet *arsenal*, elles furent menées dans les chambres.

LA FONTAINE, *Psyché*, I.

Arsenal s'emploie aussi au figuré en parlant
des choses de l'esprit :

Philippe... reconnoissoit que Démosthène pouvoit plus
que lui, et avoit coutume de dire que les harangues de cet
orateur renversoient les entreprises des rois, et que sa
rhétorique étoit l'*arsenac* et le magasin d'Athènes.

BALZAC, *Lettres*.

Ce ne sont pas des bijoux, ce sont des armes que vous
m'avez envoyées : votre volume est mon *arsenal*.

LE MÊME, même ouvrage, à Flote.

Je moissonne mes champs, et quelques vérités éparses
dans de mauvais livres; ce sont de vieux *arsenaux* dans
lesquels je trouve des armes rouillées qui ne laisseront
pas d'être aiguisées.

VOLTAIRE, *Lettres*, 13 juillet 1764, à D'Alembert.

C'est une arme (le livre de l'Esprit) qui tiendra son rang
dans l'*arsenal* où nous avons déjà tant de canons qui menacent le fanatisme.

LE MÊME, même ouvrage, 3 juillet 1773.

Platon était presque aussi souvent cité qu'un père de
l'Église : c'était un *arsenal* ennemi où le christianisme venait s'armer, où l'on combattait les fables et la mythologie des Grecs avec l'éloquence des Grecs mêmes.

THOMAS, *Essai sur les Éloges*.

Les livres de l'orateur (de Cicéron) sont comme un *arsenal* où la bonne et la mauvaise foi.... trouvent également
des armes.

MARMONTEL, *Éléments de littérature*. Orateur.

Il faut, mon cher Crispin, tirer de ta cervelle,
Comme d'un *arsenal*, quelque ruse nouvelle.

REGNARD, *le Légataire universel*, II, 6.

Dans mes cloîtres sacrés (de la Piété) la Discorde in-
[troduite,
Y bâtit de mon bien ses plus sûrs *arsenaux*.
Boileau, Lutrin, VI.

ARSENIC. s. m. (Du latin *arsenicum*, venant
lui-même du grec ἀρσενικὸν ou ἀῤῥενικὸν, tiré de
l'adjectif ἀρσενικὸς, mâle, pour exprimer la force, la
puissance de cette substance.) On trouve ce mot
sous les formes *Arcenic, arsigny, alssigny, arsoine*. (Voyez le *Glossaire* de Sainte-Palaye et
les exemples suivants.)

Métal qui a la propriété de se volatiliser au feu
sous la forme d'une fumée dont l'odeur est semblable à celle de l'ail.

L'*arsenic* est un demi-métal, très-anciennement connu,
dont l'oxyde est le plus violent de tous les poisons. A l'état
pur, sous lequel on le trouve le plus souvent, il est
noirâtre, se réduit facilement en poudre, et s'emploie
d'ordinaire pour faire périr les mouches. Exposé au feu, il
se volatilise promptement et répand une forte odeur d'ail.
Delille, les Trois Règnes, V, notes.

Arsenic, se dit aussi de l'acide arsénieux.

Prenez une once de reagal, deux onces fin *arsenic*, un
quarteron gresse de porc.
Ménagier de Paris, II, 3.

Il mourut (Puylaurens)… à cause de l'humidité d'une
chambre voutée, et qui a si peu d'air, que le salpêtre s'y
forme. Madame de Rambouillet disoit plaisamment que
cette chambre valoit son pesant d'*arsenic*, comme on dit
son pesant d'or.
Tallemant des Réaux, Historiettes. Le cardinal
de Richelieu.

En reagal, en *arsenic* rocher,
Soient frittes ces langues venimeuses.
Villon, Grand Testament, ballade.

Un *arsoine* si blanc qu'on le goûta pour sucre.
D'Aubigné, Tragiques. Vengeances.

Le tungstène grisâtre, et l'*arsenic* rongeur,
Qui du cuivre blanchi déguise la rougeur.
Delille, les Trois Règnes, V.

Au figuré :

Rien ne se peut imaginer de plus doux ni de plus tranquille que leur malice. Il entre dans leur poison autant de
sucre que d'*arsenic*.
Balzac, Aristippe, discours V.

Si tu pouvois connoistre, ainsi que je connois,
Combien je voy lier de princes et de rois
Par les venins subtils de la bande hypocrite,
Par l'*arsenic* qu'espand l'engeance loyolite.
D'Aubigné, Tragiques, les Fers, liv. V.

ARSENICAL, ALE, adj. Qui tient des qualités
de l'arsenic, ou Qui contient de l'arsenic.

Je ne parlerai point ici des pyrites cuivreuses ni des
pyrites *arsenicales*.
Buffon, Histoire naturelle.

ART, s. m. (Du latin *ars, artis*.) Ce mot, habituellement féminin dans les plus anciens textes,
conformément à son origine, était encore de
genre douteux au XVIe siècle.

P. Cornelius Scipion, donnant dès son enfance un certain espoir de sa gentile nature et excellente vertu, commença d'estre instruit en *toutes arts* militaires.
Amyot, trad. de Plutarque, Vie de Scipion.

Or je dy que non en la médecine seulement, mais en
plusieurs *arts* plus *certaines,* la fortune y a bonne part.
Nous appelons les médecins heureux, quand ils arrivent à
quelque bonne fin : comme s'il n'y avoit que leur *art*, qui
ne se peust maintenir d'*elle-même* et qui eust les fondements trop frailes pour s'appuyer de sa propre force, et
comme s'il n'y avoit qu'elle qui ayt besoin que la fortune
prête la main à ses opérations.
Montaigne, Essais, I, 23.

L'*art* de médecine n'est pas si *resolue*, que nous soyons
sans authorité, quoy que nous facions. Elle change selon
les climats et selon les lunes.
Le même, même ouvrage, III, 13.

… L'ung s'enfuit à la karole,
L'autre au monstier, l'autre à l'escole,
Li autre a lor marchéandises,
Li autre as *ars* qu'il ont *aprises*,
Roman de la Rose, v. 16127.

Aujourd'hui il est toujours masculin.

Méthode pour faire un ouvrage, pour exécuter ou opérer quelque chose selon certaines
règles :

Et laissoient leurs maisons et leurs granges toutes pleines,
ni ils n'avoient mie *art* ni manière du sauver ni du garder.
Froissart, Chroniques, liv. I, Ire part., c. 270.

Il (Jean Lyon) parloit si belle rhétorique et par si grand *art* que ceux qui l'oyoient étoient tout réjouis de son langage.

FROISSART, *Chroniques*, liv. II, c. 53.

Si elle est quelque jour mise en evidence et manifestée au peuple (la méchanceté des chats fourrés), il n'est et ne feut orateur tant éloquent qui par son *art* le retint... ne magistrat tant puissant qui par force l'empeschat de les faire tous vifs là dedans... felonnement bruler.

RABELAIS, *Pantagruel*, liv. V, 11.

Nous recognoissons assez en la pluspart de leurs ouvrages, combien les animaux ont d'excellence au-dessus de nous, et combien nostre *art* est foible à les imiter.

MONTAIGNE, *Essais*, II, 12.

C'est ce que vous reprochez à l'auteur du Cid, qui, vous avouant qu'il a violé les règles de l'*art*, vous oblige de lui avouer qu'il a un secret qui a mieux réussi que l'*art* même.

BALZAC, *Lettres*, liv. XII.

Ceux-là même qui mettent si haut le but de l'*art* sont injurieux à l'artisan, dont ils ravalent d'autant plus le mérite, qu'ils pensent relever la dignité de sa profession.

CORNEILLE, Épître de la *Suite du Menteur*.

Voilà mes opinions, ou, si vous voulez, mes hérésies touchant les principaux points de l'*art*.

LE MÊME, *Discours des trois unités*.

Je vous supplie très-humblement de ne pas être surprise de trouver si peu d'*art* et au contraire tant de désordre dans ma narration.

CARDINAL DE RETZ, *Mémoires*, liv. I.

Je dis bien que le grand *art* est de plaire, et que cette comédie ayant plu à ceux pour qui elle est faite, je trouve que c'est assez pour elle et qu'elle doit peut se soucier du reste. Mais, avec cela, je soutiens qu'elle ne pèche contre aucune des règles dont vous parlez.

MOLIÈRE, *la Critique de l'École des femmes*, sc. 7.

L'Égypte étoit... le plus beau pays de l'univers, le plus abondant par la nature, le mieux cultivé par l'*art*, le plus riche, le plus commode, et le plus orné par les soins et la magnificence de ses rois.

BOSSUET, *Discours sur l'histoire universelle*, IIIe partie, c. 3.

Tout ce qui montre de l'ordre, des proportions bien prises et des moyens propres à faire de certains effets, montre aussi une fin expresse ; par conséquent, un dessein formé, une intelligence réglée et un *art* parfait.

LE MÊME, *De la Connoissance de Dieu et de soi-même*, c. 4, art. 1er.

La raison nous persuade que ce que les animaux font de

plus industrieux se fait de la même sorte que les fleurs, les arbres et les animaux eux-mêmes, c'est-à-dire avec *art* du côté de Dieu, et sans *art* qui réside en eux.

BOSSUET, *De la Connoissance de Dieu et de soi-même*, c. 5, art. 8.

La supériorité de son génie lui tint lieu d'*art* et d'expérience, et il commença par où les conquérants les plus fameux auroient tenu à gloire de finir.

BOURDALOUE, *Oraison funèbre du prince de Condé*.

Le changement de la religion, du gouvernement, des mœurs... en a fait un si grand dans le monde, qu'il nous faut comme un nouvel *art* pour entrer dans le goût et dans le génie du siècle où nous sommes.

SAINT-ÉVREMONT, *Sur les Poëmes des anciens*.

Toute la nature montre l'*art* infini de son auteur. Quand je parle d'un *art*, je veux dire un assemblage de moyens choisis tout exprès pour parvenir à une fin précise.

FÉNELON, *Traité de l'Existence de Dieu*, I, 1.

L'*art* est grossier et méprisable dès qu'il paroît.

FÉNELON, *Dialogues sur l'éloquence*, II.

N'est-ce pas parmi les grands que la débauche plus affreuse raffine même sur les crimes communs ? Que les dissolutions deviennent un *art*, et que, pour prévenir les dégoûts inséparables du déréglement, on cherche dans le crime des ressources contre le crime même ?

MASSILLON, *Carême*.

Personne n'avoit plus d'esprit que le duc du Maine, ni d'*art* caché sous toutes les sortes de grâces qui peuvent charmer.

SAINT-SIMON, *Mémoires*, 1715.

Ils (les Parthes) brûloient avec *art* tout le pays autour de l'armée ennemie et lui ôtoient jusqu'à l'herbe même.

MONTESQUIEU, *Grandeur des Romains*, c. 15.

L'*art* est un tyran qui se plaît à gêner ses sujets, et qui ne veut pas qu'ils paroissent gênés.

FONTENELLE, *Réflexions sur la poétique*.

Les soins du roi, le génie de Vauban, la vigilance sévère de Louvois, l'expérience et le grand *art* de Turenne, l'active intrépidité du prince de Condé, tout cela ne put réparer la faute qu'on avait faite.

VOLTAIRE, *Siècle de Louis XIV*, c. 6.

La cour, depuis le retour triomphant de Mazarin, s'occupait de jeu, de ballets, de la comédie, qui, à peine née en France, n'était pas encore un *art*, et de la tragédie, qui était devenue un *art* sublime entre les mains de P. Corneille.

LE MÊME, même ouvrage, c. 25.

Le grand *art*, ce me semble, est de passer du familier à l'héroïque, et de descendre avec des nuances délicates.

Voltaire, Lettres, sept. 1744.

Plus on lit Racine, et plus on lui découvre un talent unique, soutenu par toutes les finesses de l'*art*.

Le même, Lettres, 24 mars 1763.

Il ne faut jamais, dans aucun *art*, travailler contre son propre sentiment.

Le même, Lettres, 23 février 1767.

Quand on a la force en main, il n'y a point d'*art* à faire trembler tout le monde et il n'y en a pas même beaucoup à gagner les cœurs.

J.-J. Rousseau, Discours sur l'économie politique.

Le nombre des productions de la nature, quoique prodigieux, ne fait alors que la plus petite partie de notre étonnement; sa mécanique, son *art*, ses ressources, ses désordres même emportent toute notre admiration.

Buffon, Histoire naturelle.

L'*art* n'est que la collection des règles dont nous avons besoin pour apprendre à faire une chose.

Condillac, l'Art d'écrire.

Tous les sons et tous les accords sont dans la nature, sans doute; mais l'*art* est de les réunir et d'en composer un ensemble qui plaise à l'oreille.

Marmontel, Éléments de littérature. Arts libéraux.

A force d'*art*, on peut déguiser en termes figurés ou vagues la bassesse de l'idée sousla noblesse de l'expression.

Le même, même ouvrage. Bas.

Ponts, aqueducs et autres ouvrages d'*art*.

Bulletin des lois, année 1845.

Mais on m'a dit qu'en ceste ville
Y est maistre Jehan des Boillons,
Qui joue d'*art* et si fort habille
Qui soit en nulles regions.

Le Mistère du siège d'Orléans, v. 1417.

Et faire les choses sans *art*
Est l'*art* dont ils font plus d'estime.

Malherbe, Poésies, pour une mascarade, stances.

L'*art*, ennemy de la franchise,
Ne veut point estre recogneu.

Théophile, Ode.

Qu'on fait d'injure à l'*art* de lui voler la fable !
C'est interdire aux vers ce qu'ils ont d'agréable.

Corneille, Défense des fables dans la poésie.

Il faut, même en chansons, du bon sens et de l'*art*.

Boileau, Art poétique, II.

Il n'est point de serpent ni de monstre odieux
Qui par l'*art* imité ne puisse plaire aux yeux.

Boileau, Art poétique, III.

L'*art* est long et trop courts les termes de la vie.

La Fontaine, Poême du Quinquina, 1.

Mais on dit qu'aux auteurs la critique est utile.
La critique est aisée, et l'*art* est difficile.

Destouches, le Glorieux, II.

Les gens de l'art, ceux qui exercent un art.

Les soldats étaient pour beaucoup et *les gens de l'art* pour peu.

Montesquieu, Considérations sur les causes de la grandeur des Romains.

Les maîtres de l'art, ceux qui sont regardés comme les plus habiles, les mieux instruits, dans la matière dont il s'agit.

Les maîtres de l'art avertissent que le geste de la main doit commencer et finir avec le sens.

Rollin, Traité des Études, liv. VIIIe, IIe part., c. 2, art. 2.

La véritable gloire est dans l'approbation des *maîtres de l'art*.

Voltaire, Épître à d'Alembert.

Les règles de l'art, les règles qui le régissent.

Ceux qui possèdent Aristote et Horace voient d'abord, Madame, que cette comédie pèche contre toutes *les règles de l'art*... — Je vous avoue que... je ne sais point *les règles de l'art*.

Molière, la Critique de l'École des femmes, sc. 7.

Les termes de l'art, les termes consacrés dans l'art dont il est question.

J'enrage de voir de ces gens qui... prennent par où ils peuvent *les termes de l'art* qu'ils attrapent, et ne manquent jamais de les estropier.

Molière, Critique de l'École des femmes, sc. 5.

Art se dit en général de l'industrie, de l'habileté, et, parfois, de l'artifice que l'on emploie pour obtenir quelque résultat.

Il faut que le prince, pour couvrir son *art*, fasse profession d'aimer la simplicité.

Charron, De la Sagesse, III, 2.

Quelle autre a mieux pratiqué cet *art* obligeant qui fait
qu'on se rabaisse sans se dégrader?

BOSSUET, *Oraison funèbre de la reine d'Angleterre*.

Deux sortes de gens fleurissent dans les cours, et y do-
minent dans divers temps, les libertins et les hypocrites;
ceux-là gaiment, ouvertement, sans *art* et sans dissimulation ; ceux-ci finement, par des artifices, par la cabale.

LA BRUYÈRE, *Caractères*, c. 16.

Tant qu'ils (les jésuites) ont cru pouvoir gagner sans
paroitre, ils se sont cachés avec *art*, et n'ont agi que par
voies souterraines.

Le chancelier DE PONTCHARTRAIN au président de
Harlay, 11 juin 1706. (Voy. DEPPING, *Correspondance administrative sous Louis XIV*, t. II, p. 435.)

Vous laissez parler vos maux pour vous-même ; vous
faites de votre confusion, de votre humiliation, de votre
silence, tout l'*art* de votre prière.

MASSILLON, *Carême*. Sermon sur la prière.

Si l'artifice est un moyen honteux pour la réputation,
il y a un *art*, et même un *art* honnête qui naît de la prudence, de la sagesse, et qui n'est pas à dédaigner.

DUCLOS, *Considérations sur les mœurs*, c. 4.

G'é l'oï dire à un veillart
Qui sages iert (était) et de grant *art*.

Roman de Renart, v. 19779.

Son faux *art* de clémence (de César), ou plutôt sa folie,
Qui pense gagner Rome en flattant Cornélie,
Leur donnera sans doute un assez libre accès
Pour de ce grand dessein assurer le succès.

CORNEILLE, *Pompée*, IV, 1.

Je hais ces vains auteurs, dont la muse forcée
M'entretient de ses feux, toujours froide et glacée ;
Qui s'affligent par *art*, et fous de sens rassis,
S'érigent pour rimer en amoureux transis.

BOILEAU, *Art poétique*, II.

Licidas est le seul, délicat comme il est,
Qui puisse avec tant d'*art* démêler ce qui plait.

BOURSAULT, *le Mercure galant*, I.

En elle j'aperçois des défauts chaque jour
Qu'elle avoit avec *art* cachés à mon amour.

LE MÊME, *le Philosophe marié*, I, 2.

A vous guérir vous-même employez tout votre *art*.

LE MÊME, *le Dissipateur*, II, 4.

Avec tant d'*art* enfin il sait se contrefaire,
Qu'à force d'être fourbe il leur paroit sincère.

DUFRESNY, *le Faux Sincère*, V, 4.

III.

C'est encor peu de vaincre, il faut savoir séduire,
Flatter l'hydre du peuple, au frein l'accoutumer,
Et pousser l'*art* enfin jusqu'à m'en faire aimer.

VOLTAIRE, *Mérope*, I, 4.

L'*art* n'est pas fait pour toi, tu n'en as pas besoin :
Qu'il ne souille jamais le saint nœud qui nous lie !
L'*art* le plus innocent tient de la perfidie.

LE MÊME, *Zaïre*, IV, 2.

Art s'employait autrefois au pluriel dans ce
sens, ou dans des sens analogues.

Il avoit par ses subtils *arts* boutée la ville de Gand si
avant dans la guerre, qu'il convenoit, voulsissent ou non,
qu'ils guerroyassent.

FROISSART, *Chroniques*, liv. II, c. 56.

Je n'entreprendray guerre, que je n'aye essayé tous les
ars et moyens de paix.

RABELAIS, *Gargantua*, I, 28.

La cour fut gouvernée et gouverna par plus d'artifices,
par des *arts* plus exquis, avec un plus grand silence.

MONTESQUIEU, *Grandeur des Romains*, c. 17.

Forent lor desfense esgardée
E porveue e devisee,
Mandez de par tot chevaliers
E buens serganz e buens archiers,
Pris e donez conseiz e *arz*.

Chroniques de Normandie, v. 18578.

Celui-ci parmi chaque espèce
Manda des médecins : il en est de tous *arts*.

LA FONTAINE, *Fables*, VIII, 3.

Le ciel ne nous donna que la force en partage ;
Nos *arts* sont les combats, détruire est notre ouvrage.

VOLTAIRE, *l'Orphelin de la Chine*, IV, 2.

Faire un art de quelque chose :

Tant de règles, de restrictions, d'extensions, qui multi-
plient les cas particuliers, et semblent *faire un art* de la
raison même.

MONTESQUIEU, *l'Esprit des lois*, VI, 1.

Pour rendre le plaisir de la chasse plus vif et plus piquant, pour ennoblir encore cet exercice, le plus noble de
tous, on en a *fait un art*.

BUFFON, *Histoire naturelle*, le Cerf.

La philosophie n'est que la recherche du vrai, et la
méthode nécessaire pour cette recherche est reconnue et

avouée depuis qu'Aristote *a fait du* raisonnement *un art* que nous appelons la logique.

> La Harpe, *Cours de littérature*, IIIe part., liv. IV, c. 2, Helvétius.

Se faire un art de quelque chose :

Phidippe, déjà vieux, raffine sur la propreté et sur la mollesse... *il s'est fait un art* du boire, du manger, du repos et de l'exercice.

> La Bruyère, *Caractères*, c. 11.

Ils couvrent des apparences de la religion les prétextes d'une vie criminelle et mondaine ; et ne pouvant plus se faire un amusement du vice, *ils se font un art de* la vertu.

> Massillon, *Panégyrique de saint Étienne*.

Quand les troubles de l'État portent avec eux les symptômes d'une anarchie générale, qu'importe de faire des lois, que le faible *se fait un art* d'éluder, et le puissant une gloire de violer?

> Mably, *Observations sur l'histoire de France*, liv. II, c. 2.

Art s'emploie aussi avec *pour* ou *à,* suivi d'un verbe à l'infinitif.

Il y a un *art pour* rendre une république heureuse et florissante : c'est cet art qu'on appelle politique.

> Condillac, *De l' étude de l'histoire*.

Mademoiselle de Chevreuse avoit les plus beaux yeux du monde, et un *art à* les tourner qui étoit admirable, et qui lui étoit particulier.

> Cardinal de Retz, *Mémoires*.

Sans rien demander de positif, elle (Mme Foucquet) eut un *art à* faire voir les horreurs de son état.

> Mme de Sévigné, *Lettres*, 17 mai 1676.

Et j'admire votre *art à* changer de matières,
Par des transitions insensibles, légères.

> De Boissy, *le Babillard*, sc. 7.

Art se dit, au propre et au figuré, par opposition à Nature.

Le lieu estoit fort et par *art* et par *nature* à cause de la situation et assiete.

> Rabelais, *Gargantua*, I, 28.

Et m'affermoyt que si en l'estat monachal ilz n'engraissoyent, ne par *art,* ne par *nature,* jamais n'engraisseroyent.

> Le même, *Pantagruel*, V, 21.

Qu'est-ce autre chose que l'*art,* sinon l'embellissement de la *nature?*

> Bossuet, *Sermons,* Sur la mort.

Il (Louis XIV) se plut à tyranniser la *nature* (à Versailles), à la dompter à force d'*art* et de trésors.

> Saint-Simon, *Mémoires,* 1715.

L'*art* n'a presque jamais rien de mieux à faire que d'imiter la *nature*.

> Mairan, *Éloge de Boulduc*.

Et l'*art* est pris par lui pour la belle *nature*.

> Dufresny, *Coquette de village*, I, 3.

L'*art* s'y cachait sous l'air de la *nature;*
L'œil satisfait embrassait sa structure.

> Voltaire, *le Temple du goût*.

Art et *nature* cessent d'être opposés l'un à l'autre dans cette expression : *l'art de la nature*.

En étudiant ces choses, il y a découvert l'*art de la nature* même, ou plutôt la Providence de Dieu, qui est à la fois si visible et si cachée.

> Bossuet, *De l'Instruction du Dauphin*.

Les passions sont les seuls orateurs qui persuadent toujours, elles sont comme un *art de la nature* dont les règles sont infaillibles.

> La Rochefoucauld, *Maximes*, VIII.

Tout est beau, simple et grand, c'est l'*art de la nature*.

> Delille, *les Jardins*.

En général, *art* est soigneusement distingué de métier.

Nous avons deux mots en françois, *art* et *mestier*, lesquels en quelques endroits peuvent tenir le mesme lieu : mais il y a aussi quelques lieux où l'un ne peut prendre la place de l'autre. Suivant ceci, on disoit autrefois, l'*art de la guerre;* mais les courtisans se sont advisés de dire, le *mestier de la guerre...* je leur dirois que si la guerre est un mestier, par conséquent les gens de guerre peuvent estre appelez gens de mestier... je leur remonstrerois que tout *mestier* peut estre appelé *art* (dont mesme nous voyons que les gens de mestier sont aussi appelez artisans) mais tout *art* ne peut pas estre appelé *mestier*, et qu'autant qu'on fait d'honneur à quelques *mestiers* en les nommant *arts*, autant fait-on de deshonneur à quelques *arts*, en les nommant *mestiers*. Qu'ainsi soit nous disons les *arts mechaniques;* mais qui est celuy qui oseroit dire les *mestiers liberaux?* et mesmement on dit tousiours l'*art militaire*, non pas le *mestier militaire*.

Henri Estienne, *Dialogues du langage françois italianizé*, I.

Je vous trouve tous trois bien impertinents de parler devant moi avec cette arrogance, et de donner impudemment le nom de science à des choses que l'on ne doit pas même honorer du nom d'*art*, et qui ne peuvent être comprises que sous le nom de *métier* misérable de gladiateur, de chanteur et de baladin.

Molière, *le Bourgeois gentilhomme*, II, 4.

Les *arts* règlent les *métiers*. L'architecture commande aux maçons, aux menuisiers et aux autres.

Bossuet, *De la Connoissance de Dieu et de soi-même*, c. 1, nº 15.

J'osai ranimer tout. Ma pénible industrie
Rassembla des colons par la misère épars;
J'appelai les *métiers* qui précèdent les *arts*.

Voltaire, *Épîtres*, CXXI, à Horace.

Quand on veut exprimer l'ensemble des occupations humaines, on dit : *les arts et les métiers :*

Et si nos enseigne (la politique) *toutes les ars et touz les mestiers* qui à vie d'ome sont besoignables.

Brunetto Latini, *li Livres dou tresor*, liv. I, part. I, c. 4.

On dit spécialement *arts et métiers* en parlant des professions qui exigent surtout le travail de la main.

M. l'intendant vous écrit aussi en réponse de votre lettre au sujet de l'affaire des *arts et métiers*, et vous envoye une copie de l'arrêt que vous avez accordé aux députés de la province.

Le cardinal de Bonsy à Colbert, 23 janvier 1675. (Voy. Depping, *Correspondance administrative sous Louis XIV*, t. I, p. 307.)

C'est pourquoy j'estime qu'il se faudroit contenter de régler la dixme des *arts et métiers* sur le pied du trentième.

Vauban, *Projet d'une dixme royale*, 2ᵉ fonds.

Art, employé seul, signifie souvent Talent, industrie, profession et quelquefois métier.

Ils vivent de marchandise et *art*.

Marc Pol, *le Livre*, c. 72.

Ce n'est son *art* aller en guerre, mais ouy bien vuider les flascons.

Rabelais, *Gargantua*, I, 32.

Luy fut trouvé un rolle dans ses chausses de cent dix-sept hommes, qu'il avoit tué, y ayant en escrit un tel prestre, un tel laboureur, un tel moyne, tel marchant, et les consignoit tous de quel *art* ils estoient.

Montluc, *Commentaires*, VI.

Il vaut mieux qu'un homme ou un petit nombre facent leur profit de quelque *art* en vivant honnestement, que non pas si grand nombre d'hommes.

Bernard Palissy, *De l'art de terre*.

Le chirurgien lui parla un quart d'heure durant en termes de son *art*.

Scarron, *Roman comique*, II, 9.

Il n'est pas d'*art* plus souverain que la médecine ; elle ordonne avec autorité tout ce qu'il lui plaît, et menace de mort ceux qui refusent d'obéir à ses ordonnances.

Fléchier, *Mémoires sur les grands jours de 1665*.

Je veux aller trouver ce grand magicien dont tout le monde parle tant et qui par son *art* admirable fait voir tout ce qu'on souhaite.

Molière, *Mariage forcé*, sc. 6.

Je vous assure que je traiterai monsieur méthodiquement et dans toutes les régularités de notre *art*.

Le même, *Pourceaugnac*, I, 7.

Ah ! que j'en veux aux médecins ! quelle forfanterie que leur *art* !

Mᵐᵉ de Sévigné, *Lettres*, 16 septembre 1676.

Ma santé est assez mauvaise ; Carette exerce son *art* très-inutilement sur ma personne.

Mᵐᵉ de Coulanges, *Lettres*, 10 novembre 1694.

L'*art* des arts, l'honneur du sanctuaire, n'est presque plus qu'un trafic honteux d'ambition et de cupidité.

Massillon, *Carême*.

Il serait difficile de donner une idée juste du degré de perfection auquel ce chanteur (Caffarelli) a porté son *art*.

Grimm, *Correspondance*, 1ᵉʳ septembre 1753.

Je suis parfait en tout *art* et affaire.

Les Ditz de maistre Aliborum qui de tout se mesle. (Voyez *Poésies françoises des* xvᵉ *et* xvıᵉ *siècles*, Bibliothèque elzévirienne, t. I, p. 34.)

Je me contenterois d'esgaler en mon *art*
La douceur de Malherbe ou l'ardeur de Ronsard.

Théophile, *Élégie*.

Enfin un médecin, fort expert en son *art*,
Le guérit par adresse ou plutôt par hasard.
Boileau, *Satires*, IV.

L'étude et la visite ont leurs talents à part;
Qui se donne à la cour, se dérobe à son *art*.
Molière, *la Gloire du Val-de-Grâce*.

Savoir ferrer la mule est un *art* où j'excelle.
Boursault, *Mercure galant*, II, 8.

Tant qu'on aura des yeux, tant qu'on chérira Flore,
Les nymphes des jardins loueront incessamment
Cet *art* qui les savoit loger si richement.
La Fontaine, *Psyché*, liv. Ier.

Le nocher dans son *art* s'instruit pendant l'orage.
Piron, *la Métromanie*, V, 2.

Art, dans ses diverses acceptions, est souvent accompagné de la préposition *de* et d'un substantif qui indique la nature ou l'objet de l'art. Les exemples suivants sont classés dans l'ordre alphabétique de ces substantifs :

Quand il n'étoit question que de plaisir, on eût dit qu'il n'avait étudié toute sa vie que l'*art* si difficile, quoique frivole, *des agréments* et du badinage.
Fontenelle, *Éloge de M. d'Argenson*.

Ce est li Rommanz de la Rose,
Où l'*art d'Amors* est tote enclose.
Roman de la Rose, v. 37.

L'*art* touchant *des bienfaits,* l'*art* brillant *du langage.*
Delille, *les Trois Règnes*, V.

Si jamais on a senti à quelle hauteur le mérite du style et l'*art de la composition* pouvoient élever un écrivain, c'est par l'exemple de la Fontaine.
Chamfort, *Éloge de la Fontaine*.

L'*art du dénigrement* s'est perfectionné chez les censeurs de profession, mais les moyens sont restés les mêmes.
M.-J. Chénier, *Tableau de la littérature française*, c. 10.

L'*art de la guerre* était un *art* nouveau qu'il fallait montrer à ses peuples.
Voltaire, *Histoire de Charles XII*.

Le grand *art de la guerre* attend quelquefois l'âge.
Corneille, *Sertorius*, III, 2.

Touchant le jargon, je le laisse à corriger et exposer aux successeurs de Villon en l'*art de la pince et du croc.*
Clément Marot, préface des *Poésies de Villon*.

Il vient de venir ici près
Quelques comédiens de France,
Des troubadours experts dans la haute science,
Dans le premier des arts, le grand *art du plaisir.*
Voltaire, *la Princesse de Navarre*, I, 3.

Tu m'as promis cy devant de m'apprendre l'*art de terre.*
Bernard Palissy, *De l'art de terre*.

L'*art de la tragédie* et *de la comédie* est celui dans lequel les Français se sont distingués davantage.
Voltaire, *Épître dédicatoire du traducteur de l'Écossaise*.

Cesse de m'annoncer sa trompeuse clémence,
Le grand *art* qu'il possède est l'*art de la vengeance.*
Le même, *Mahomet*, I, 1.

C'est en vain qu'au Parnasse un téméraire auteur
Pense de l'*art des vers* atteindre la hauteur.
Boileau, *Art poétique*, I.

Arts d'agrément, le dessin, la musique, la danse, etc., considérés comme de simples amusements, enseignés et appris comme moyens de plaire, d'être agréable. (Voyez Agrément.)

Quelquefois le substantif, qui suit la préposition *de,* au lieu d'indiquer l'art, désigne les personnes qui l'exercent :

C'est le chef-d'œuvre de l'*art des rhéteurs;* c'est néanmoins ce que l'*art des rhéteurs* ne saurait apprendre.
Daguesseau, *Discours*, 1.

Régnez, nous le verrons tous deux avec plaisir;
Et c'est bien la raison que pour tant de puissance
Nous vous rendions du moins un peu d'obéissance,
Et que celui de nous dont le ciel a fait choix
Sous votre illustre exemple apprenne l'*art des rois.*
Corneille, *Rodogune*, II, 3.

Un prince dont les yeux se font jour dans les cœurs,
Et que ne peut tromper tout l'*art des imposteurs.*
Molière, *Tartuffe*, V, 7.

Parfois enfin le *de* est suivi du nom de la divinité qui préside à l'art, de celui de son inventeur, ou de la désignation du lieu où il est particulièrement exercé.

Laisse-moy l'astrologie divinatrice, et l'*art de Lullius* (Raymond Lulle), comme abus et vanités.
Rabelais, *Pantagruel*, II, 8.

Pour la logique, ses syllogismes et la plupart de ses autres instructions servent plutôt à expliquer à autrui les choses qu'on sait, ou même, comme l'*art de Lulle*, à parler sans jugement de celles qu'on ignore, qu'à les apprendre.

> DESCARTES, *Discours de la méthode.*

L'*art de la Thessalie* entre dans cette affaire,
Et quelque main a su sans doute lui former
  Un charme pour se faire aimer.

> MOLIÈRE, *Psyché,* I, 1.

... Cette chère tête
Pour qui l'*art d'Esculape* en vain fît ce qu'il put,
Dut sa perte à ces soins qu'on prit pour son salut.

> LA FONTAINE, *Fables,* VIII, 16.

Très souvent le *de* qui suit le mot *art* est accompagné d'un verbe à l'infinitif. Voici des exemples de cette tournure classés dans l'ordre alphabétique des différents verbes.

Au nom du Pinde et de Cythère,
Gentil Bernard, sois averti
Que l'*Art d'aimer* doit samedi
Venir souper chez l'*Art de plaire.*

> VOLTAIRE, *Poésies mêlées,* CXIII, *Invitation à Bernard.*

Cédons-lui (à Hippolyte) ce pouvoir que je ne puis
Il instruira mon fils dans l'*art de commander.* [garder.

> RACINE, *Phèdre,* III, 1.

C'est dans l'*art de conduire* l'opinion, ou d'y céder à propos, que consiste la science de gouverner dans les temps modernes.

> Mme DE STAEL, *Considérations sur la révolution française,* c. 13.

Mon cœur n'est point nourri dans l'*art de se contraindre.*

> CRÉBILLON, *Sémiramis.*

Un ingrat doit savoir l'*art de se contrefaire.*

> DESTOUCHES, *L'Ingrat,* II, 3.

Il croyoit qu'on ne devoit pas entièrement rejeter l'*art de deviner.*

> FÉNELON, *Vies des philosophes,* Chilon.

C'est un parleur étrange et qui trouve toujours
L'*art de ne vous rien dire* avec de grands discours.

> MOLIÈRE, *Misanthrope,* II, 4.

Bientôt pour subsister, la noblesse sans bien,
Trouva l'*art d'emprunter* et de ne rendre rien.

> BOILEAU, *Satires,* V.

Les Anglois sont persuadés que les libertés qu'on se donne pour mieux plaire, doivent être préférées à des règles exactes, dont un auteur stérile se fait un *art d'ennuyer.*

> SAINT-ÉVREMONT, *De la Comédie angloise.*

La patience est l'*art d'espérer.*

> VAUVENARGUES, *Réflexions et maximes.*

Vous avez trouvé l'*art d'être maître des cœurs.*

> CORNEILLE, *Cinna,* V, 3.

Ce sont, à dire vrai, de très-fâcheux obstacles,
Et je ne sais pas l'*art de faire des miracles.*

> MOLIÈRE, *l'Étourdi,* V, 7.

Ne pourroit-on point découvrir l'*art de se faire aimer* de sa femme?

> LA BRUYÈRE, *Caractères,* c, 3.

Et par mille doux soins j'ai lieu de présumer
Que je pourrai trouver l'*art de me faire aimer.*

> MOLIÈRE, *Femmes savantes,* V, 1.

C'était un homme d'esprit (Barrois), de tête et d'intrigue, qui se fourroit beaucoup, et qui avait l'*art de se faire considérer.*

> SAINT-SIMON, *Mémoires,* 1707.

Dieu donne aux chefs l'autorité et l'*art de se faire en* même temps *craindre et aimer.*

> ROLLIN, *Traité des Études,* VI, IIe part., c. 1, § 2.

En France... l'*art de se faire valoir* donne plus souvent la réputation que ce qu'on vaut.

> SAINT-ÉVREMONT, *Observations sur le goût et le discernement des François.*

Il me suffit de voir que d'autres en font cas.
— C'est qu'ils ont l'*art de feindre*; et moi, je ne l'ai pas.

> MOLIÈRE, *le Misanthrope,* I, 2.

Absente de la cour, je n'ai pas dû penser,
Seigneur, qu'en l'*art de feindre* il fallût m'exercer.

> RACINE, *Britannicus,* II, 3.

L'*art de flatter,* mon cher, est vieux comme le monde.

> COLLIN D'HARLEVILLE, *Monsieur de Crac,* sc. 4.

Il y a un *art de former* les corps aussi bien que les esprits. Cet art, que notre nonchalance nous a fait perdre, étoit bien connu des anciens.

> BOSSUET, *Discours sur l'histoire universelle,* IIIe part., c. 3,

Ce n'est pas toujours le nombre des supplices qui sauve les empires. L'*art de gouverner* les hommes est plus difficile, et la gloire s'y acquiert à un plus haut prix.

> ROYER-COLLARD, *Discours sur la loi d'amnistie.*
> 2 janvier 1816.

Tout ce qui vit n'est fait que pour nous réjouir,
Et se moquer du monde est tout l'*art* d'en *jouir.*
Gresset, le Méchant, II, 3.

Exercé dans la connaissance des hommes et dans l'*art de manier* les esprits, le cardinal d'Estrées en fit un usage heureux dans plusieurs conclaves.
D'Alembert, Éloge du cardinal d'Estrées.

Un secret que j'ai seul : l'*art de bien observer.*
Picard, les Conjectures, I, 1.

La grammaire est l'*art de parler.*
Grammaire générale et raisonnée de Port-Royal.

C'est de lui que nous vient cet *art* ingénieux
De *peindre* la parole et de parler aux yeux.
Brébeuf, traduction de la Pharsale, III.

Une des plus belles fictions d'Homère, c'est celle de cette ceinture qui donnait à Vénus l'*art de plaire.*
Montesquieu, Essai sur le goût

Je confesse mon foible, elle a l'*art de me plaire.*
Molière, le Misanthrope, I, 1.

Naturellement timide et d'un extérieur peu agréable, il ignorait l'*art de se produire.*
D'Alembert, Éloge de Boissy.

Du moins, si je ne sais le secret de lui plaire,
Je sais l'*art de punir* un rival téméraire.
Racine, Britannicus, III, 8.

Le droit des rois consiste à ne rien épargner ;
La timide équité détruit l'*art de régner.*
Corneille, Pompée, I, 1.

Le grand *art de régner* est le premier des arts.
Voltaire, la Police sous Louis XIV.

Le gouvernement... tolérait leurs injustices (aux Français) parce qu'il ignorait l'*art de les réprimer.*
Mably, Observations sur l'histoire de France, liv. I, c. 3.

... Oh ! je vois qu'un versificateur
Entend l'*art de rimer* mieux que le point d'honneur.
Piron, la Métromanie, III, 9.

L'*art de savoir* bien *mettre en œuvre* de médiocres qualités dérobe l'estime, et donne souvent plus de réputation que le véritable mérite.
La Rochefoucauld, Maximes, 162.

... Puisque mes avis ont de quoi vous déplaire,
Je saurai désormais trouver l'*art de me taire.*
Molière, D. Garcie, II, 7.

J'aime mieux des lois simples, dures et sauvages, qu'un

art ingénieux *de troubler le repos* des hommes, et de corrompre le fond des mœurs.
Fénelon, Dialogues des morts. Solon et Justinien.

Peu à peu sont venus les gros navires. L'*art de voler* ne fait encore que de naître, il se perfectionnera, et quelque jour on ira jusqu'à la lune.
Fontenelle, les Mondes, 2ᵉ soirée.

Souvent la nature de l'art est indiquée par une épithète :
Art militaire, art de la guerre :

Ce temps est suivi du règne admirable de Josaphat, où fleurissent la piété, la justice, la navigation et l'*art militaire.*
Bossuet, Discours sur l'histoire universelle, Iʳᵉ part., 6.

De tout temps les hommes, pour quelque morceau de terre de plus ou de moins, sont convenus entre eux de se dépouiller, se brûler, se tuer, s'égorger les uns les autres ; et pour le faire plus ingénieusement, et avec plus de sûreté, ils ont inventé de belles règles qu'on appelle l'*art militaire.*
La Bruyère, Caractères, c. 10.

Les Mamlouks ne connaissent rien de notre *art militaire* ; ils n'ont ni uniformes, ni ordonnance, ni formation, ni discipline, ni même de subordination, leur réunion est un attroupement, leur marche est une cohue, leur combat est un duel, leur guerre est un brigandage.
Volney, Voyage en Égypte.

Nos Espagnols, formés à votre *art militaire,* [à faire.
Achèveront sans eux (les Romains) ce qui nous reste
Corneille, Sertorius, IV, 2.

Art poétique, l'art de la composition poétique.

Il instruisait (Boileau) cette postérité par ses belles épîtres et surtout par son *Art poétique.*
Voltaire, Siècle de Louis XIV, p. 32.

Mon Commentaire pourra être à la fois un *art poétique* et une grammaire.
Le même, Lettres, 23 septembre 1761.

Art sacré, grand art. Noms donnés à la doctrine des philosophes hermétiques ou alchimistes, qui cherchaient la pierre philosophale.

Art théâtral, art de la composition et de la représentation dramatique.

Presque toutes les nations polies de l'Europe sentirent alors le besoin de l'*art théâtral*, qui rassemble les citoyens, adoucit les mœurs, et conduit à la morale par le plaisir.

     Voltaire, *Essai sur les mœurs*, Usages des xve et xvie siècles, c. 121.

Art est quelquefois accompagné d'une épithète défavorable :
Art diabolique.

Il scevent moult d'enchantement et *art dyabolique.*
     Marc Pol, *le Livre*, c. 47.

Mal art ou, au féminin, *male art*, se disait pour artifice, perfidie :

Reis Corsablis il est de l'altre part
Barbarins est e mult de *males arz.*
     La Chanson de Roland, v. 885.

E Horn se trest vers lui, nul mal n'est esperant ;
E li fil de *mal art* trestut en ert desvant
Par desuz sun escu vers sun quor ert butant.
     Roman de Horn, v. 4828.

Fanme sont mult voidouses et pleines de *maul art.*
     Floovant, v. 1502.

On appelle *Beaux-Arts* La Peinture, la Sculpture, l'Architecture, la Musique et la Danse.

Dans tous les *beaux-arts* c'est un supplice assez fâcheux que de se produire à des sots.
     Molière, *Bourgeois gentilhomme*, I, 1.

Babylone sembloit être née pour commander à toute la terre. Ses peuples étoient pleins d'esprit et de courage. De tout temps la philosophie régnoit parmi eux avec les *beaux-arts.*
     Bossuet, *Discours sur l'histoire universelle*, 3e part., c. 4.

Les arts eux-mêmes se classent entre eux comme les sciences, et il y a des *beaux-arts* par la même raison qu'il y a de belles-lettres.
     De Bonald, *Mélanges littéraires*, Des sciences, des lettres et des arts.

Vous jugez bien, Monsieur, qu'embellis de la sorte,
Ils (les billets d'enterrement) feront plus d'honneur à
           [la personne morte ;

Et que les curieux, amateurs des *beaux-arts*,
Au convoi de son corps viendront de toutes parts.
     Boursault, *le Mercure galant*, II, 7.

On comprend quelquefois dans le mot *Beaux-Arts* L'Éloquence et la Poésie.

Quand le roi nous redemandera ce fils si cher, que nous avons tâché, par son commandement, d'instruire dans tous les *beaux-arts*, nous sommes prêt à le remettre entre ses mains pour faire des études plus nécessaires sous de meilleurs maîtres, qui sont le roi même et l'usage du monde et des affaires.
     Bossuet, *De l'Instruction du Dauphin.*

Je voudrais que les gens qui sont si fiers et si rogues sur leurs paillers voyageassent... ils rougiraient et la France ne présenterait plus aux autres nations le spectacle inconcevable de l'atrocité fanatique qui règne d'un côté, et de la douceur, de la politesse, des grâces, de l'enjouement et de la philosophie qui règnent de l'autre ; et tout cela dans une même ville, dans une ville sur laquelle l'Europe n'a les yeux que parce que les *beaux-arts* y ont été cultivés ; car il est très-vrai que ce sont nos *beaux-arts* seuls qui engagent les Russes et les Sarmates à parler notre langue.
     Voltaire, *Lettres*, 5 avril 1767.

C'est le propre du génie de rendre digne des *beaux-arts* la nature commune. Ce qu'il voit existait, mais n'existait que pour lui.
     Chamfort, *Éloge de Molière.*

Arts libéraux, Ceux où l'intelligence a le plus de part.

Les *Arts libéraux* et mécaniques sont distingués en ce que les premiers travaillent de l'esprit plutôt que de la main, et que les autres, dont le succès dépend de la routine et de l'usage plutôt que de la science, travaillent plus de la main que de l'esprit.
     Bossuet, *De la Connoissance de Dieu et de soi-même*, c. 1er, art. 15.

On nomma *libéraux* les arts que l'on estimoit dignes des honnêtes gens, pour les distinguer des métiers bas et serviles.
     Fleury, *Du Choix des études*, c. 13.

Les sept arts libéraux, s'est dit Des sept principales parties de l'enseignement dans l'école d'Alexandrie.

> Après quelque espace de temps qu'il (Pantagruel) y eut demeuré (à Paris) et fort bien estudié en tous *les sept ars liberaulx*, il disoit que c'estoit une bonne ville pour vivre, mais non pour mourir.
>
> RABELAIS, *Pantagruel*, II, c. 7.

> Des *ars liberaux*, geometrie, arithmetique et musique, je t'en donnay quelque goust quand tu estois encore petit.
>
> LE MÊME, même ouvrage, c. 8.

On a dit, dans un sens analogue, *les quatre arts libéraux :*

> Je fus hier à un service de M. le chancelier (Séguier) à l'Oratoire; ce sont les peintres, les sculpteurs, les musiciens et les orateurs qui en ont fait la dépense; en un mot, *les quatre arts libéraux*.
>
> Mᵐᵉ DE SÉVIGNÉ. *Lettres*, 6 mai 1672.

Arts mécaniques, Ceux qui exigent surtout le travail de la main ou l'emploi des machines.

> Les *arts* que nous appelons *méchaniques* estoient ceux qu'ils (les Romains) mesprisoient le moins.
>
> RACAN, *Harangues académiques.*

> Pendant que le commun des hommes est obligé de travailler aux *arts mécaniques*,... les grands et les riches ont le malheur d'être abandonnés à eux-mêmes, à l'ennui inséparable de l'oisiveté.
>
> VOLTAIRE, *Lettres,* 23 décembre 1760.

On a dit quelquefois *Les arts de la main, les arts de l'esprit :*

> Les *arts de la main,* comme la peinture, la sculpture, peuvent ne pas dégénérer, quand ceux qui gouvernent ont, à l'exemple de Louis XIV, l'attention de n'employer que les meilleurs artistes.
>
> VOLTAIRE, *Siècle de Louis XIV,* c. 32.

> Dans les *arts de l'esprit*..... l'âge présent (la régence) avait hérité de quelques hommes que l'autre lui avait transmis, et que la mort avait épargnés.
>
> LA HARPE, *Cours de littérature,* IIIᵉ part., liv. Iᵉʳ, sect. 1ʳᵉ.

On a dit dans un sens analogue, mais beaucoup plus restreint, *Les arts de la marine,* pour l'ensemble des arts qui se rattachent à la marine :

> Il excellait dans tous les *arts de la marine.*
>
> VOLTAIRE, *Histoire de Charles XII.*

ARTS, au pluriel, sans épithète, se dit, dans son sens le plus général, Des arts tant libéraux que mécaniques.

> L'honneur nourist les *ars*, nous sommes tous par la gloire enflammez à l'étude des sciences, et ne s'elevent jamais les choses, qu'on voit estre deprisées de tous.
>
> DU BELLAY, *Deffence et illustration de la langue françoise,* liv. II, c. 5.

> Lui (Homère) et tant d'autres poëtes (grecs), dont les ouvrages ne sont pas moins graves qu'il sont agréables, ne célèbrent que les *arts* utiles à la vie humaine.
>
> BOSSUET, *Discours sur l'histoire universelle,* III, 5.

> L'effet du commerce sont les richesses; la suite des richesses, le luxe ; celle du luxe, la perfection des *arts*.
>
> MONTESQUIEU, *Esprit des Lois,* XXI, 6.

> Le grand secret des *arts* est que toutes les conditions puissent en jouir aisément.
>
> VOLTAIRE, *Mélanges historiques.*

> J'ai aimé la physique, tant qu'elle n'a pas voulu dominer sur la poésie : à présent qu'elle écrase tous les *arts*, je ne veux plus la regarder que comme un tyran de mauvaise compagnie.
>
> LE MÊME, *Lettres,* 22 août 1741.

> Le premier et le plus respectable de tous les *arts* est l'agriculture : je mettrais la forge au second rang, la charpente au troisième, et ainsi de suite.
>
> J.-J. ROUSSEAU, *Émile.*

> J'y fais parler quatre *arts*, fameux dans l'univers, Les Palais, les Tableaux, les Jardins et les Vers.
>
> LA FONTAINE, *Songe de Vaux.*

> Il sait que sur les *arts*, les esprits et les goûts, Le jugement d'un seul n'est point la loi de tous.
>
> GRESSET, *le Méchant,* IV, 4.

ARTS s'emploie aussi seul, par excellence, dans le sens de *Beaux-arts.*

> Nous devrions nous défaire du caprice qui veut régner dans les *arts*, et qui décide impérieusement des productions de l'esprit, sans consulter ni le bon goût, ni la raison.
>
> SAINT-ÉVREMONT, *Observations sur le goût et le discernement des François.*

Dans ce concile (de Constantinople, en 754), non seulement on condamna comme idolâtrie tout l'honneur rendu aux images en mémoire des originaux, mais encore on y condamna la sculpture et la peinture comme des *arts* détestables.

BOSSUET, *Discours sur l'histoire universelle*, III, 5.

Si l'Italie respira par la mort de Mahomet II, les Ottomans n'ont pas moins conservé en Europe un pays plus beau et plus grand que l'Italie entière; la patrie des Miltiade, des Léonidas, des Alexandre, des Sophocle et des Platon, devint bientôt barbare. La langue grecque dès lors se corrompit; il ne resta presque plus de trace des *arts*.

VOLTAIRE, *Essai sur les mœurs*. État de la Grèce sous le joug des Turcs, c. 93.

Le but de tous les *arts* est d'intéresser par l'illusion.

MARMONTEL, *Éléments de littérature*. Déclamation théâtrale.

Les *arts* ne sont que des imitations des procédés de la nature.

BERNARDIN DE SAINT-PIERRE, *Études sur la nature*. Récapitulation.

Les *arts* sont ordinairement distingués des sciences :

Il a en son noble royaume premièrement restitué tous les bons *arts* et sciences en leur ancienne dignité.

DU BELLAY, *Deffence et illustration de la langue françoise*, liv. I, c. 4.

M. Colbert, qui vouloit relever en France les sciences et les *arts*, et qui avoit fait bâtir l'Observatoire, attira par de grosses pensions plusieurs savants étrangers.

SAINT-SIMON, *Mémoires*, 1712.

Les *arts* sont consacrés à peindre les traits de la belle nature; les sciences, à la vérité. Les *arts* et les sciences embrassent tout ce qu'il y a dans la pensée de noble et d'utile.

VAUVENARGUES, *Introduction à la connoissance de l'esprit humain*, liv. II, c. 28. De l'amour des sciences et des lettres.

Arts, au pluriel, se disait cependant autrefois, dans les universités, des humanités et de la philosophie.

Sous le nom des *arts*, on comprenoit la grammaire et les humanités, les mathématiques et la philosophie.

FLEURY, *Du Choix des études*.

Suivant le règlement donné, en 1215, par le cardinal

III.

légat Robert de Courçon, pour enseigner les *arts* à Paris, il falloit être âgé de vingt-un ans et les avoir étudiés au moins six ans; pour enseigner la théologie, il falloit l'avoir étudiée huit ans et en avoir trente-cinq.

FLEURY, 5e *Discours sur l'histoire ecclésiastique*.

Bernart out non, de grant clergie
Des *arz* et de filosofie.

Chronique de Normandie, t. II, v. 29020.

Moult redoit-l'en clerc honorer
Qui bien vuet as *ars* laborer,
Et pense des vertus ensivre
Qu'il voit escrites en son livre.

Roman de la Rose, v. 18911.

De là le nom de *maître ès arts* :

Au regard des pauvres *maistres es ars*, il (Panurge) les persecutoit sur tous aultres.

RABELAIS, *Pantagruel*, II, 16.

Maître ne sais meilleur pour enseigner
Que Cupidon ; l'âme la moins subtile
Sous sa férule apprend plus en un jour
Qu'un *maître ès arts* en dix ans aux écoles.

LA FONTAINE, *Contes*.

ARTIEN, s. m. Est un nom qu'on donnait aussi anciennement aux maîtres ès arts :

Et premierement, en la ruë du Feurre, tint contre tous les regens, *artiens* et orateurs, et les mist tous de cul.

RABELAIS, *Pantagruel*, II, c. 10.

Lors que Pantagruel et Panurge arriverent à la salle tous ces grimaulx, *artiens* et intrans commencerent frapper des mains comme est leur badaude coustume.

LE MÊME, même ouvrage, II, c. 18.

Artiste, s'est dit aussi en ce sens. Voyez ce mot.

Du substantif *art* on a encore formé :

ARTIALISER, v. a. Rendre artificiel. Ce mot se trouve dans le passage suivant de Montaigne, qui en est probablement le créateur :

Les sciences traittent les choses trop finement, d'une mode artificielle et différente de la commune et naturelle... Si j'estois du mestier, je naturaliserois l'art autant comme ils *artialisent* la nature.

MONTAIGNE, *Essais*, III, 5.

96

ARTISAN, s. m. (Du latin *Ars, artis*.) Celui qui exerce un art mécanique, un métier.

Pantagruel [après] avoir entierement conquesté le pays de Dipsodie, en icelluy transporta une colonie de Utopiens... *artizans* de tous mestiers et professeurs de toutes sciences liberales, pour ledict pays refraichir, peupler et orner.
RABELAIS, *Pantagruel*, III, 1.

Je ne suis ne Grec, ne Hébrieu, ne poëte, ne rhétoricien, ains un simple *artisan* bien pauvrement instruit aux lettres.
BERNARD PALISSY, *Recepte véritable* à Mgr le mareschal de Montmorancy.

Tout mestier peut estre appelé art, dont mesme nous voyons que les gens de mestier sont aussi appelés *artisans*.
HENRI ESTIENNE, *Dialogues du Nouveau Langage françois italianizé*, I.

Celui qui ne peut faire son métier, faute d'outil, n'est pas pour cela moins bon *artisan*.
MALHERBE, trad. du *Traité des Bienfaits* de Sénèque, liv, IV, c. 21.

La première chose qu'il est à propos de faire est d'entrer en connoissance de ce qu'un *artisan* peut gagner.
VAUBAN, *Projet d'une Dixme royale*, 2e fonds.

Les plus vils *artisans* sont les plus sujets à la jalousie.
LA BRUYÈRE. *Caractères*, c. 11.

Il donna entrée dans les affaires publiques à tout le peuple, excepté aux *artisans* qui ne vivoient que de leur travail.
FÉNELON, *Vies des philosophes*. Solon.

Le ladre n'a pas voulu me faire crédit de six aunes de drap; cependant il sait bien que je suis un *artisan* solvable.
LE SAGE, *Gil Blas*, liv. VI, c. 1.

Les arts fournissent une infinité d'expériences très-dignes d'attention, inventées quelquefois par d'habiles gens inconnus, assez souvent par des *artisans* grossiers, qui, ne songeant qu'à leur utilité ou à leur commodité, et non à découvrir des phénomènes de physique, en ont découvert de rares et de merveilleux dont ils ne s'apercevoient pas.
FONTENELLE, *Éloge de M. Homberg*.

Prélats et le plus bas clergé, seigneurs et le plus bas peuple, bénéficiers, bourgeois, communautés ensemble, *artisans*, tout se saigna de soi-même jusqu'à la dernière goutte de sa substance.
SAINT-SIMON, *Mémoires*, 1710.

Ce ne fut que dans la corruption de quelques démocraties que les *artisans* parvinrent à être citoyens.
MONTESQUIEU, *l'Esprit des lois*, IV, 8.

Tous les ordres de l'État, tous les *artisans* passèrent en revue, chacun avec les marques de sa profession.
VOLTAIRE, *Essai sur les mœurs*. De Tamerlan, 88.

Rien n'était plus convenable à mon humeur, ni plus propre à me rendre heureux, que l'état tranquille et obscur d'un bon *artisan*.
J.-J. ROUSSEAU, *les Confessions*, part. I, liv. I.

Le nom d'usurier ne se donne presque plus à dans la société qu'aux prêteurs à la petite semaine... à quelques fripiers qui prêtent sur gages aux petits bourgeois et aux *artisans* dans la détresse.
TURGOT, *Mémoire sur les prêts d'argent*, § 31.

Aujourd'huy que les courtisans,
Les bourgeois et les *artisans*,
Et les peuples de la campagne,
Pour noyer les soins du trespas,
Passent les excez d'Allemagne
En leurs voluptueux repas....
Mon jeu, ma dance et mon festin
Se font avec sainct Augustin.
THÉOPHILE, *la Pénitence*.

On a vu des Césars, et même des plus braves,
Qui sortoient d'*artisans*, de bandoliers, d'esclaves;
Le temps et leurs vertus les ont rendus fameux.
CORNEILLE, *Attila*, IV, 3.

On verra les abus par ta main réformés;
La licence et l'orgueil en tous lieux réprimés...
Le soldat dans la paix sage et laborieux;
Nos *artisans* grossiers rendus industrieux.
BOILEAU, *Épîtres*, I.

Mes parents, en un mot, étaient des *artisans*.
— *Artisans*! croyez-vous qu'un riche oisif les vaille?
Le plus homme de bien est celui qui travaille.
COLLIN D'HARLEVILLE, *le Vieux Célibataire*, IV, 3.

Ce mot s'employait autrefois, dans un sens plus relevé, principalement en parlant des industriels, des inventeurs.

De tous les artz il n'y a meilleur juge que les mesmes *artisans* et officiers.
BRANTÔME, *Rodomontades espaignolles*.

Ce n'est pas vous, Monseigneur, à qui on peut en faire accroire; vous savez le juste prix des choses et voyez dans les arts des secrets qui ne sont connus que des *artisans*.
BALZAC, *Lettres*, liv. VI.

Sa conversation étoit un charme, parce qu'il savoit parler à chacun selon ses talents... à l'*artisan*, de ses inventions... aux savants de toutes les sortes, de ce qu'ils avoient trouvé de plus merveilleux.

BOSSUET, *Oraison funèbre de Louis de Bourbon.*

Artisan s'employait aussi dans le sens qu'a aujourd'hui le mot *artiste* : « *Artisan* ou Artiste, artifex, opifex, » dit Nicot dans son Dictionnaire. Il se disait non seulement des architectes, des sculpteurs, des peintres, mais aussi des poètes et des gens de lettres.

Plusieurs croyent que le poëte et l'historien soient d'un mesme mestier; mais ils se trompent beaucoup, car ce sont divers *artisans* qui n'ont rien de commun l'un avec l'autre, sinon les descriptions des choses.

RONSARD, préface sur *la Franciade.*

Peut-être il (le cardinal Mazarin) ne rejetteroit pas la bonne volonté d'un *artisan* qui peut aussi bien que Michel Ange mettre en enfer ou en paradis un cardinal.

BALZAC, *Lettres,* à Chapelain.

Le souverain *artisan* (Aristote dans sa *Rhétorique*) luy descouvrira les différentes avenues du siége de la Raison.

LE MÊME, *Dissertations critiques,* II.

L'industrie de *l'artisan* (Praxitèle) s'étoit efforcée de surmonter sa matière, si bien que la dureté du marbre exprimoit les traits les plus délicats d'un si beau corps.

PERROT D'ABLANCOURT, trad. de Lucien; *les Amours,* Dial. de Lycinus et de Théomneste.

Du Moustier étoit un peintre en crayon de diverses couleurs... Il étoit logé aux galeries du Louvre comme un célèbre *artisan.*

TALLEMANT DES RÉAUX, *Historiettes.* Du Moustier.

Ce n'est qu'une pièce de théâtre (Polyeucte) que je lui présente (à la reine), mais qui l'entretiendra de Dieu : la dignité de la matière est si haute, que l'impuissance de *l'artisan* ne la peut ravaler.

CORNEILLE, Épître de *Polyeucte.*

Les ouvrages de l'art n'ont leur être et leur vérité parfaite que par le rapport qu'ils ont avec l'idée de *l'artisan.* L'architecte a dessiné dans son esprit un palais ou un temple, avant que d'en avoir mis le plan sur le papier.

BOSSUET, *De la Connoissance de Dieu et de soi-même,* c. 4, art. 8.

Ceux d'entre eux qui ont été le plus loin nous ont proposé un Dieu qui, trouvant une matière éternelle et existante par elle-même aussi bien que lui, l'a mise en œuvre, et l'a façonnée comme un *artisan* vulgaire, contraint dans son ouvrage par cette matière et par ses dispositions qu'il n'a pas faites.

LE MÊME, *Discours sur l'histoire universelle,* II, 1.

Ce que j'ai dit est suffisant, je crois, pour vous faire entendre comment je me tirerois d'affaire à l'égard du siècle d'Auguste. Que si, de la comparaison des gens de lettres et des illustres *artisans,* il falloit passer à celle des héros et de grands princes, peut-être en sortirois-je avec encore plus de succès.

BOILEAU, *Lettres,* à M. Perrault.

Pour entendre les règles d'un art, il ne faut que de la lecture et du sens commun : au lieu que, pour être un *artisan* habile, il faut du génie, et un génie propre à ce qu'on veut faire.

D'OLIVET, *Histoire de l'Académie.*

Sous le titre de gens du métier, j'entends non-seulement les *artisans,* mais encore nombre de ceux qui écrivent sur les ouvrages d'esprit.

L'ABBÉ DUBOS, *Réflexions sur la poésie, la musique et la peinture.*

Les *artizans* bien subtilz
Animent de leurs outilz
L'airein, le marbre, le cuyvre.

JOACH. DU BELLAY, *les Deux Marguerites.*

On exposoit une peinture
Où *l'artisan* avoit tracé
Un lion d'immense stature
Par un seul homme terrassé.

LA FONTAINE, *Fables,* III, 10.

L'artisan exprima si bien
Le caractère de l'idole,
Qu'on trouva qu'il ne manquoit rien
A Jupiter que la parole.

LE MÊME, même ouvrage, IX, 6.

Et j'approuve les soins du monarque guerrier
Qui ne pouvoit souffrir qu'un *artisan* grossier
Entreprît de tracer, d'une main criminelle,
Un portrait réservé pour le pinceau d'Apelle.

BOILEAU, *Discours au Roi.*

Balzac a dit figurément :

Les courtisans sont la matière, et le prince *l'artisan,* qui peut bien rendre cette matière plus belle, mais non pas meilleure qu'elle n'est.

BALZAC, *Aristippe,* disc. II.

Artisan s'est dit souvent dans le style élevé, en parlant de Dieu :

Malgré qu'on en ait, un si grand ouvrage parle de son *artisan.*

BOSSUET, *de la Connoissance de Dieu et de soi-même,* c. 4, art. 2.

L'*artisan* qui rangea les astres dans les cieux
A dans leur influence écrit nos destinées
En lettres de lumière invisible à leurs yeux.
Racan, *Psaume* 95.

Réaumur, dont la main si savante et si sûre
A percé tant de fois la nuit de la nature,
M'apprendra-t-il jamais par quels subtils ressorts
L'éternel *artisan* fait végéter les corps ?
Voltaire, 4º *Discours*, à M. Helvétius, sur
la Modération.

Il se dit figurément de Celui qui est l'auteur, la cause de quelque chose.

J'ai leu une fort belle lettre parmy celles de l'Aretin, qu'il luy escrivoit ; le disant le seul brave *artisan*, qui de ses mains propres fait le chapeau de triomphe et la couronne que l'empereur Charles portoit sur sa teste.
Brantôme, *Grands Capitaines estrangers.*
Don Antoine de Leve.

En ce sens, *artisan* est souvent suivi de la préposition *de* et d'un substantif :

Un homme de cette sorte est un savant *artisan de* calomnies.
Balzac, *Aristippe*, disc. 5.

Puisqu'il y a un art de la guerre, Mars n'est-il pas un *artisan de* ruines et de désolation? Et comment appellerez-vous un ingénieur qui aura fait sauter un bastion par une mine?... Ne sera-ce pas un excellent *artisan de* destruction et de ruine?
Le même, *Dissertations critiques*, XXVII.

Cicéron... qui étoit... un grand *artisan de* paroles... se trouvoit empêché, aussi bien que moi, dans de pareilles occasions.
Voiture, *Lettres*, à M. d'Avaux.

Il (Aristippe) entend la sauce et le ragoût : en un mot, c'est un grand *artisan de* la volupté.
Perrot d'Ablancourt, trad. de Lucien, *les Sectes
à l'encan.*

Il y a quelque chose de plus doux à être soi-même l'*artisan de* sa propre grandeur.
Mᶦˡᵉ de Scudéry, *Conversations.* Des Souhaits.

Vous avez dit anathème à Satan et à ses œuvres. Quelles sont ses œuvres? Celles qui composent presque le fil et comme toute la suite de votre vie : les pompes, les jeux, les plaisirs, les spectacles, le mensonge dont il est le père, l'orgueil dont il est le modèle, les jalousies et les contentions *dont* il est l'*artisan.*
Massillon, *Carême*. Sermon sur le petit nombre des élus.

Il (Albéroni) ajoutoit à cet éloge un parallèle peu obligeant pour l'abbé Dubois, qu'il traitoit de nouveau ministre, d'*artisan de* chimères.
Saint-Simon, *Mémoires*, 1718.

Nous sommes presque toujours les *artisans de* nos disgrâces.
Voltaire, *Lettres*, à Frédéric, 5 janvier 1757.

Vous serez très-content du portrait que notre auteur (l'abbé de Saint-Pierre) fait du chancelier Le Tellier, et de la sévérité avec laquelle il traite Louvois, l'*artisan de* tant de maux, dont la France ne se relèvera vraisemblablement jamais.
Grimm, *Correspondance*, 13 février 1758.

Il y a des *artisans de* style qui font toujours leurs constructions de la même manière : ils les jettent toutes au même moule.
Condillac, *l'Art d'écrire.*

Étaient-ils bien sûrs, ces *artisans de* violence, que tout eût fléchi sous l'impétuosité de leurs mouvements?
Mirabeau, 16 juillet 1789.

On ne refuse pas plus le titre d'hommes d'esprit aux Hardouin, aux La Motte, aux Linguet, ces fameux *artisans de* paradoxes littéraires ou politiques, qu'aux écrivains qui ont mis le plus de raison dans leurs écrits.
De Bonald, *Mélanges littéraires*. Réflexions sur l'esprit
et le génie.

Je luy respons : « Tu ne m'es estranger;
Je te cognois, *artisan de* malice!
Malheureux est qui vit à ton service,
Et plus maudit qui te daigne loger. »
Ronsard, *le Bocage royal.*

De Dieu certain ça bas viennent les songes,
Et Dieu n'est pas *artisan de* mensonges!
Le même, *la Franciade*, III.

Chacun est *artisan de* sa bonne fortune.
Regnier, *Satires*, XIII.

Nous sommes *du* bonheur de nous-même *artisans,*
Et fabriquons nos jours ou fâcheux ou plaisants.
Le même, même ouvrage, XIV.

Adorant la vertu, de cœur, d'ame et de foy,
Sans la chercher si loin, chacun l'a dedans soy.
Et peut, comme il lui plaît, lui donner la teinture,
Artisan de sa bonne ou mauvaise aventure.
Le même, même ouvrage, XVI.

... Pour un vieux courtisan,
Vous-même *de* vos maux vous êtes l'*artisan.*
Boursault, *Ésope à la cour*, II, 5.

Stérile *artisan de* paroles,

J'ai honte des lauriers frivoles
Dont moi-même j'ai ceint mon front.
Houdar de la Motte, l'Orgueil poétique, ode.

Je reviens sans Égisthe, et Polyphonte est roi !
Cet heureux *artisan* de fraudes et de crimes,
Cet assassin farouche entouré de victimes,
Qui, nous persécutant de climats en climats,
Sema partout la mort attachée à nos pas,
Il règne, il affermit le trône qu'il profane.
Voltaire, Mérope, III, 1.

On s'est servi anciennement du féminin *artisane*.

Euripide dit que les femmes sont les parfaites ouvrières et *artisanes* de toutes les meschancetez qu'on sçauroit mesme inventer.
Jacques Olivier, Alphabet de l'imperfection des femmes.

Selon l'Écriture, la Sagesse est l'ouvrière et l'*artisane de* toutes choses, sans exception.
Costar, Lettres. Cité par Bouhours. (Remarques
nouvelles, Artisan, ouvrier.)

Puis, demembrant l'univers
En quatre quartiers divers,
Sa main *artisane* et sainte (de la paix)
Les lia de clous d'aimant.
Ronsard, Odes, liv. I, 1.

Certes, c'est aujourd'hui, si jamais aventure
A dû faire éprouver ce que peut la nature,
Que je dois éprouver son extrême pouvoir ;
Et pour le bien sentir il ne faut que vous voir :
Cette grande *artisane* a dans certains visages
Mis de secrets moyens de gagner les courages.
Rotrou, les Deux Pucelles, IV, 9.

En poésie, *artisan* a été quelquefois employé en apposition avec un sens d'adjectif :

Pendant que les arondelettes,
De leurs gorges mignardelettes,
Rappellent le plus beau de l'an,
Et que pour leurs petits façonnent
Une cuvette, qu'ils maçonnent
De leur petit bec *artisan*.
Remy Belleau, Mai.

ARTISTE, s. m. et f. (Du mot *art* et du suffixe *iste*. On trouve *artista* dans le bas-latin.)
Celui qui travaille dans un art où le génie et la main doivent concourir, qui cultive les arts libéraux.

Cet *artiste* (Loutherbourg) a communément le pinceau plus chaud.
Diderot, Salon de 1767.

Nous aurons quelques *artistes*, un concert.
Picard, la Manie de briller, II, 1.

Mercure, le dieu débonnaire,
M'a faict arriver à bon port,
Car le roy, où gist mon support,
A qui les Yndoys sont submis,
M'a cy envoyé et transmis
Pour trouver un très bon *artiste*
Qui soit bien entendu et miste (habile)
Pour luy faire ung palays royal.
Le tiers livre des Actes des Apostres, f. 88, 1re col
Mystère imprimé en 1537.

Qu'il soit soldat, marchand, *artiste* ou laboureur,
A sa profession je veux qu'il fasse honneur.
Picard, les Conjectures, I, 1.

Artiste, en parlant d'un comédien.

Promenant mes *artistes* de bois de ville en village.
Picard, les Marionnettes, I, 1.

Puisque l'art théâtral a tant de quoi vous plaire,
Aux *artistes* comment êtes-vous si contraire ?
Andrieux, la Comédienne, II, 2.

Te voilà donc acteur ! c'est un métier fort triste.
— En nous parlant, mon cher, le mot propre est *artiste*.
Casimir Delavigne, les Comédiens, I, 5.

Artiste, en parlant d'un écrivain, d'un poète :

Il est bien rare qu'un homme puissant, quand il est lui-même *artiste*, protège sincèrement les bons *artistes*.
Voltaire, Siècle de Louis XIV, c. 32.

Vers la fin du règne de Louis XIV deux hommes percèrent la foule des génies médiocres. L'un était La Motte Houdar... l'autre était Rousseau... Il ne s'éleva guère de grands génies depuis les beaux jours de ces *artistes* illustres, et à peu près vers le temps de la mort de Louis XIV la nature sembla se reposer.
Le même, même ouvrage, Ibid.

Il en est des lois pour écrire l'histoire comme de celles de tous les arts pour l'esprit : beaucoup de préceptes et peu de grands *artistes*.
Le même, Dict. philos. Histoire.

Il mettait de grandes pensées et de nobles sentiments en beaux vers, mais il n'était pas ce qu'on peut appeler *artiste*.
Mme de Staël, l'Allemagne.

Artiste vétérinaire, médecin vétérinaire.
Bulletin des lois, an II.

Artiste avait au XVIIᵉ siècle un sens qui a été signalé en ces termes dans le *Dictionnaire de l'Académie* de 1694 : « Il est dit particulièrement de ceux qui font les opérations magiques. »
Il a été employé plus fréquemment en parlant de ceux qui s'occupent d'alchimie, de chimie, d'anatomie et même de typographie :

Il (Boudin) aimoit la chimie, il y étoit savant et aussi bon *artiste;* mais il alla plus loin, il souffla.
SAINT-SIMON, *Mémoires,* 1710.

On l'accuse d'avoir mis dans cet ouvrage des opérations qu'il n'a pas faites lui-même, et dont il s'est trop fié à ses *artistes.*
FONTENELLE, *Éloge de Boerhaave.*

Il est faux que les corps soient transparents quand ils ont des pores larges, et il viendra un homme qui démontrera ces paradoxes, et qui anatomisera un seul rayon de lumière avec plus de dextérité que le plus habile *artiste* ne dissèque le corps humain.
VOLTAIRE, *Lettres philosophiques,* XVI.

Louis XI, qui ne pouvait être méchant quand il ne s'agissait pas de ses intérêts, et dont la raison était supérieure quand elle n'était pas aveuglée par ses passions, ôta la connaissance de cette affaire au Parlement; il ne souffrit pas que la France fût à jamais déshonorée par la proscription de l'imprimerie, et fit payer aux *artistes* de Mayence le prix de leurs livres.
VOLTAIRE, *Essai sur les mœurs,* Usages des XVᵉ et XVIᵉ siècles, c. 121.

Artiste, se disait anciennement pour *maître ès arts;* on se servait aussi du mot *artien.* (Voyez *Art.*)

Quant il (son pourpoint) luy couvroit la boudaine,
Quelque philosophe ou *artiste*
L'eust plainement pris pour la guaine
Ou le fourreau d'ung organiste.
COQUILLART, *Droits nouveaux.*

Vrayement je le nye
Que legistes ou decretistes
Soyent plus sages que les *artistes.*
Farce de Guillerme. Anc. Théâtre françois, t. I, p. 239.

Le mot *artiste* est souvent opposé aux mots *artisan, ouvrier.*

Ces importants qu'on n'appelle pas *artisans,* mais *artistes,* travaillant uniquement pour les oisifs et les riches, mettent un prix arbitraire à leurs babioles.
J.-J. ROUSSEAU, *Émile.*

Ces précepteurs arides, et, pour ainsi dire, morts, dont les règles ne seroient propres qu'à tuer le génie, si le génie daignoit les entendre...., sont aux véritables législateurs en poésie ce que les scolastiques sont aux philosophes, *artistes,* ou plutôt *artisans* malheureux, dont le sort est de refroidir tout ce qu'ils touchent.
D'ALEMBERT, *Éloge de Despréaux.*

L'enthousiasme est rare en tout genre; tant d'*ouvriers* et si peu d'*artistes !*
LEMIERRE, avertissement du poème de *la Peinture.*

Ce mot est quelquefois suivi de la préposition *de* et d'un complément.

Il m'importe fort peu que Rousseau soit ou ne soit pas au nombre des *artistes de* paroles qui ont illustré la France, qu'il ait fait de passables ou de très-ennuyeuses comédies, quelques odes harmonieuses.
VOLTAIRE, *Mélanges littéraires.*

Artiste s'emploie quelquefois comme adjectif.

Semble-t-il pas que ce soit un sort *artiste?*
MONTAIGNE, *Essais,* I, 23.

S'enquiert-on à Zénon ce que c'est que nature? Un feu, dit-il, *artiste,* propre à engendrer, procédant réglément.
LE MÊME, même ouvrage, II, 12.

Brisson.... aimoit mieux paroître savant qu'éloquent; son langage étoit orné et *artiste,* trop rempli d'allégations.
MÉZERAY, *Mémoires historiques et critiques sur divers points de l'histoire de France,* article Avocats.

L'imagination.... est la qualité dominante de l'Allemagne *artiste* et littéraire.
Mᵐᵉ DE STAEL, *De l'Allemagne,* c. II, § 17.

Ha! malheureux serpent que mes *artistes* mains
Ont naguère formé pour servir les humains,
D'instrument de salut tu t'es fait une espée,
Dont le crédule Adam a la gorge coupée.
DU BARTAS, *l'Imposture,* 2ᵉ partie du premier jour de la seconde semaine.

Après, d'un *artiste* burin,
Enchaisnez, et la teste basse,
J'y mettrai Filin et Garasse,
Et le gaillard père Guérin.
THÉOPHILE, *le Tombeau de Théophile.*

Ces dévots des faux dieux qu'on ne vit jamais vivre,
Que l'*artiste* ciseau taille d'or et de cuivre,
Et que ta créature a créez de ses mains.

RACAN, Psaume 15.

Quelquefois la quenouille et l'*artiste* fuseau
Lui délassoient l'esprit, et, pour reprendre haleine,
De ses propres moutons elle filoit la laine.

LA FONTAINE, Captivité de Saint-Malc.

L'emploi abusif du mot *artiste*, à partir du commencement de ce siècle, a provoqué, en 1801, cette boutade de Mercier, dans sa *Néologie* :

Artiste-danseur, *Artiste-comédien*, *Artiste-ventriloque*, *Artiste-violon*; et on a été sur le point de dire aussi l'*Artiste* Montesquieu, l'*Artiste* Buffon : mais le règne du mot *Artiste* vient de finir, depuis le procès des *artistes-poulaillers* de la Flèche, intenté aux *artistes-poulaillers* du Mans.

ARTISTEMENT, adv. (Du mot *artiste* et du suffixe *ment*.) Industrieusement, avec art et industrie :

A ce que la besongne s'acheve bien, il la faut bien commencer, c'est à dire, *artistement* et par ordre.

OLIVIER DE SERRES, Théâtre d'agriculture,
2e lieu, c. 1.

Il n'est pas dit qu'une prairie diversifiée d'une infinité de fleurs que nature produit sans ordre ne soit aussi agréable à l'œil que les parterres *artistement* elabourez par les jardiniers.

PASQUIER, Recherches de la France, VI, 43.

On regarde une femme savante comme on fait une belle arme : elle est ciselée *artistement*.

LA BRUYÈRE, Caractères, c. 3.

Il vous mène à l'arbre, cueille *artistement* cette prune exquise; il l'ouvre, vous en donne une moitié, et prend l'autre.

LE MÊME, même ouvrage, 13.

Dieu, avant de créer l'ame, lui prépara un corps. Il n'a répandu sur nous ce souffle de vie, c'est-à-dire l'ame faite à son image, qu'après qu'il a donné à la boue, qu'il manioit si *artistement* avec ses doigts tout-puissants, la forme du corps humain.

BOSSUET, Méditations sur l'Évangile.

Il faut que je finisse à parler de vous, madame, par la plus belle partie de vous-même, et que je dise que votre âme ressemble à ces riches diamants *artistement* bien tail-

lés et mis en œuvre, qu'on ne se lasse jamais d'admirer, parce que leur beauté n'a pas de prix.

Mlle DE MONTPENSIER, Portraits. Mme d'Uzès.

Que devint l'Infante à cette vue? Jamais on n'avoit rien vu de si *artistement* orné. ✦

CH. PERRAULT, Contes, Peau-d'Ane.

A peine fut-on de retour de Fontainebleau à Versailles que la mine, si *artistement* chargée, joua avec tout l'effet que les mineurs s'en étoient promis.

SAINT-SIMON, Mémoires, 1711.

Il y a, dans sa manière de déclamer (de Talma), Skakespeare et Racine *artistement* combinés.

Mme DE STAEL, De l'Allemagne, IIe part., c. 27.

Et dans le riche tour de son image pavois,
Artistement bordé des devises des rois,
Au milieu, pour la sienne, une aigle figurée,
D'un tiercelet vaincu fait en l'air sa curée.

PIERRE LE MOYNE, Saint Louis, liv. V.

Garni de matras empennez
Très *artistement* façonnez.

SCARRON, Virgile travesti, liv. IV.

On l'a quelquefois employé en parlant de la disposition des objets naturels :

Les roses jaunes des nymphæas flottent sur les lacs et se prêtent aux divers mouvements des vagues sans en être mouillées, au moyen des tiges longues et souples auxquelles elles sont attachées. Les fleurs de la valisnéria sont encore plus *artistement* disposées.

BERNARDIN DE SAINT-PIERRE, Études de la Nature.

ARTISTIQUE, adj. des deux genres. Qui concerne les arts, qui appartient aux arts, aux artistes, qui est fait avec art.

Ce mot n'a été introduit dans le *Dictionnaire de l'Académie* qu'en 1878.

ARTIFICE, s. m. (Du mot latin *artificium*, formé de *ars, artis*, et de *facere*.) Art, industrie.

Éraste avoit baillé... à sa Perfide un diamant et une émeraude entaillés de si grand *artifice* et accouplez si uniment que l'excellence de l'ouvrage surpassoit le prix de la precieuse matiere.

JAQUES YVER, le Printemps d'Yver.

On ne sauroit dire combien fait pour nous un qui nous étançonne une maison ruineuse, et la tient suspendue de tous côtés, sans autre appui que celui de son *artifice* émerveillable.

> Malherbe, trad. de Sénèque, *Traité des Bienfaits,* liv. VI.

Il portoit sur ses sandales des diamans, des esmeraudes, des rubis taillez avec un exquis *artifice.*

> Coeffeteau, *Histoire romaine,* liv. XIV.

Il ne laissoit pas d'y avoir des bains publics d'un *artifice* admirable, où l'on ne brûloit que des fagots de cannelle.

> Perrot d'Ablancourt, trad. de Lucien, *l'Histoire véritable,* liv. II.

Il dormoit peu naturellement, et employoit *l'artifice* pour dormir encore moins.

> Du Ryer, trad. des *Suppléments* de Freinshemius sur Quinte-Curce, *Histoire d'Alexandre,* liv. I, c. 2.

On voit au haut d'une montagne (où est la source des fontaines de Clermont), dont la montée est fort adoucie, deux ou trois rochers d'une hauteur prodigieuse, qui semblent des masses suspendues, et qui, s'entre-suivant à longs espaces, font des grottes naturelles où se rendent toutes les eaux qui se sont formé des canaux sans *artifice* et courent sans confusion.

> Fléchier, *Mémoires sur les grands jours de* 1665.

Nous étudions la force, la suite, le secret impénétrable des conseils du roi, et les ressorts cachés dont *l'artifice* ne se découvre que par les effets qui surprennent toujours.

> Bossuet, *de l'Instruction du Dauphin.*

Vous vous piquez de vous produire avec tout l'avantage et tous les *artifices* d'un luxe affecté.

> Bourdaloue, *Carême,* Sermon sur les tentations.

Il (Dieu) ne leur parle ni d'or ni d'argent.... encore moins des autres richesses plus dépendantes de *l'artifice* et de l'institution des hommes.

> Fleury, *Mœurs des Israélites,* § 8.

.... Les Troyens,
Après dix ans de guerre autour de leurs murailles
Avoient lassé les Grecs, qui, par mille moyens,
Par mille assauts, par cent batailles,
N'avoient pu mettre à bout cette fière cité,
Quand un cheval de bois, par Minerve inventé,
D'un rare et nouvel *artifice,*
Dans ses énormes flancs reçut le sage Ulysse.

> La Fontaine, *Fables,* II, 1.

Artifice, métier, profession :

De telles choses vivent les autres, comme font ceulx qui font les mestiers ou *artifices,* et les marchans et ceulx qui font labeur corporel.

> Oresme, *Politiques,* liv. I, c. 8.

Sur ce que j'ay entendu que les prevost des marchands et eschevins de ma bonne ville de Paris font quelque resistance à Lintlaer Flamant de poser le moulin servant à son *artifice* en la deuxiesme arche du pont neuf du costé du Louvre, sur ce qu'ils pretendent que cela empescheroit la navigation, je vous prie les envoyer querir.

> Henri IV, dans Sully, *Économies royales,* ch. 32.

Artifice, en parlant du corps humain, des corps organisés, de la nature :

L'artifice de la nature est inexplicable à faire que le cerveau reçoive tant d'impressions, sans en être trop ébranlé.

> Bossuet, *De la Connoissance de Dieu et de soi-même,* c. 2, art. 6.

Tout est ménagé dans le corps humain avec un *artifice* merveilleux.

> Le même, même ouvrage, c. 4, art. 2.

Démêlez, si vous le pouvez, *l'artifice* infini qui entre dans la formation des insectes qui rampent à nos yeux.

> Massillon, *Carême.*

M. Bayle lui-même juge avec raison qu'il y a plus *d'artifice* dans l'organisation des animaux que dans le plus beau poëme du monde.

> Leibniz, *Théodicée,* préface.

Ils admirèrent en combien d'espèces une seule espèce d'oiseaux se multiplioit, et louèrent *l'artifice* et les diverses imaginations de la nature, qui se joue dans les animaux, comme elle fait dans les fleurs.

> La Fontaine, *Psyché,* liv. I.

La lumière a, dans sa nature, dans la rapidité de son mouvement, dans sa distribution, dans ses effets, des principes aussi concertés et aussi impénétrables à l'intelligence humaine que *l'artifice* des corps organisés.

> Duguet, *Explication de l'ouvrage des six jours.*

Artifice, en parlant de la peinture, de la sculpture, de la gravure :

Avant que passer plus outre, considérez un peu *l'artifice* de cette peinture.

> D'Urfé, *l'Astrée,* I⁰ part., liv. XI.

En une statue il a fallu qu'il y ait eu de la matière qui reçût l'*artifice,* et un artisan qui donnât un visage à la matière.

MALHERBE, trad. de Sénèque, *Épîtres,* LXV.

Je n'oublierai pas, comme on peut penser, les cabinets et les tables de pierreries, vases singuliers, et par leur matière, et par l'*artifice* de leur gravure; enfin de quoi surpasser en prix l'univers entier.

LA FONTAINE, *Psyché,* I.

Pour m'instruire encore mieux j'ai lu tous les livres qui ont traité de cet art; je m'en suis entretenu avec M. Poussin, et avec d'autres des plus savants peintres. Et lorsque j'allois voir dans Rome ces anciens bâtiments pour en remarquer l'*artifice,* ou que je visitois ces vignes et ces palais remplis de tant de rares statues et de riches tableaux, je prenois un soin particulier que rien n'échappât à mes yeux de tout ce qui méritoit d'être considéré.

FÉLIBIEN, préface des *Entretiens sur la vie et les ouvrages des plus excellents peintres anciens et modernes.*

Je ne vois pas que l'*artifice* du clair-obscur (la peinture en camaïeu) ait été connu de l'École romaine avant Polydore de Caravage, qui l'a trouvée et s'en est fait un principe.

DE PILES, *Éléments de peinture pratique.*

D'un pinceau délicat l'*artifice* agréable
Du plus affreux objet fait un objet aimable.

BOILEAU, *Art poétique,* III.

ARTIFICE, en parlant Des ouvrages de l'esprit, de l'éloquence, du style, et de ce qui s'y rattache :

Il n'y a point de doute, que la grand part de l'*artifice* ne soit contenue en l'imitation.

JOACHIM DU BELLAY, *Illustration de la langue françoise,* c. 8.

Les plus excellens traicts de la poésie sont à bien peindre une naïfveté; vous ferez mieux cela avec un souspir que je ne sçaurois avec tout l'*artifice.*

THÉOPHILE, *Fragm. d'une hist. comique,* c. 6.

Vous vous plaignez que mes lettres n'ont point beaucoup d'*artifice.*

MALHERBE, trad. de Sénèque, *Épîtres,* LXXV.

Il me déplait que tant d'*artifice* et d'éloquence ne me puissent déguiser la vérité.

VOITURE, *Lettres,* à Balzac, 1625.

III.

Il devoit se plaire à l'*artifice* respectueux d'Ésope, et lui pardonner la leçon en faveur de l'adresse et du génie.

LAMOTTE, *Discours sur la fable.*

Les Grecs et les Romains ne se contentoient pas d'avoir appris leur langue naturelle par le simple usage; ils l'étudioient encore dans un âge mûr par la lecture des grammairiens, pour remarquer les règles, les exceptions, les étymologies, les sens figurés, l'*artifice* de toute la langue, et ses variations.

FÉNELON, *Lettre à l'Académie,* II.

Il avoit conçu dans son enfance une passion extraordinaire pour Héliodore; il admiroit son style et l'*artifice* merveilleux avec lequel sa fable est conduite.

L. RACINE, *Mémoires sur la vie de J. Racine.*

Que ne puis-je montrer l'application de ces principes à toutes les comédies de Molière ! On verrait quel *artifice* particulier a présidé à chacun de ses ouvrages; avec quelle hardiesse il élève, dans ses premières scènes, son comique au plus haut degré, et présente au spectateur un vaste lointain.

CHAMFORT, *Éloge de Molière.*

Il y en aura peut-être, quelque jour, qui reconnoîtront son *artifice* et le fonds de son éloquence mieux que l'on ne les connoît à présent.

FLEURY, *Discours sur Platon.*

Socrate, cité devant l'Aréopage, s'interdit tous les *artifices* de l'éloquence pathétique.

MARMONTEL, *Éléments de littérature.* BARREAU.

On peut observer aussi que l'admiration de M. de la Harpe s'attache trop souvent aux *artifices* de composition.

DE BARANTE, *de la Littérature française pendant le XVIIIᵉ siècle.*

ARTIFICE, en parlant de la parure des femmes :

Elles adjoustent l'*artifice* à leur beauté naturelle, car elles se peignent les sourcils et les paupières avec une couleur noirastre appelée surmé.

THÉVENOT, *Voyage du Levant,* c. 42.

Mesdames, en vérité, êtes-vous revêtues de Jésus-Christ? de sa modestie dans votre luxe, de sa sincérité dans vos *artifices,* par lesquels vous détruisez et falsifiez tout, jusqu'à votre visage, jusqu'à vous-mêmes?

BOSSUET, *Abrégé d'un sermon sur la vigilance chrétienne.*

Si les femmes étoient telles naturellement qu'elles le deviennent par *artifice...* elles seroient inconsolables.

LA BRUYÈRE, *Caractères,* c. 3.

97

Sophie est légère et porte les talons bas; elle n'a pas besoin d'*artifice* pour paraître avoir le pied petit.

J.-J. Rousseau, *Émile.*

Rien que le naturel ses grâces accompagne :
Son front, lavé d'eau claire, éclate d'un beau teint,
De roses et de lis la nature l'a peint;
Et, laissant là Mercure et toutes ses malices,
Les nonchalances sont ses plus grands *artifices.*

Regnier, *Satires,* IX.

C'est pour eux qu'elle étale et l'or et le brocart;
Que chez toi se prodigue et le rouge et le fard,
Et qu'une main savante, avec tant d'*artifice,*
Bâtit de ses cheveux le galant édifice.

Boileau, *Satires,* X.

Artifice, soit au singulier, soit au pluriel, signifie souvent : Adresse, habileté, ruse, déguisement, fraude.

Avec tous ses *artifices,* il obtint du roy tout ce qu'il vouloit.

Brantôme, *Grands Capitaines estrangers.*
M. de Savoye.

Le plus bel *artifice* dont je puisse user en ce lieu est de ne point user d'*artifice.*

Pasquier, *Recherches de la France,* III.

D'autant que l'*artifice* inusité fait tenir le juge sur ses gardes, les longues harangues, de tout temps, ont été deffendues ès cours souveraines de France.

Le même, même ouvrage, IV.

Or, pour le regard de ces voix (qu'entendait Jeanne d'Arc), on ne peut dire que ce fust *artifice.*

Le même, même ouvrage, VI.

On s'alarme de tous costés par l'*artifice* et les desseings de ceux qui ne demandent que guerre.

Henri IV, *Lettres,* janvier 1580.

Il faut que le discours soit ferme, que le sens y soit naturel et facile, le langage exprès et signifiant; les affète-
ries ne sont que mollesse et qu'*artifice,* qui ne se trouve jamais sans effort et sans confusion.

Théophile, *Fragm. d'une hist. comique.*

Ne vous imaginez pas pourtant que j'ai eu dessein de faire l'éloge de votre livre; j'y aurois travaillé avec plus de soin; j'ai rendu seulement un témoignage à la vérité, aussi est-il simple et sans *artifice.*

Balzac, *Lettres,* liv. XXVII.

M. de Chateauneuf s'opposa au retour (du cardinal Mazarin) avec cette sorte de liberté qui est toujours aussi inutile qu'elle est odieuse toutes les fois qu'on ne l'emploie qu'au défaut du succès de l'*artifice.*

Card. de Retz, *Mémoires.*

L'humilité n'est souvent qu'une feinte soumission dont on se sert pour soumettre les autres. C'est un *artifice* de l'orgueil qui s'abaisse pour s'élever.

La Rochefoucauld, *Maximes,* 254.

Je crus qu'il seroit nécessaire de trancher par autorité toutes les difficultés que leur *artifice* y eût pu faire naître.

Louis XIV, *Mémoires,* Iʳᵉ part.

Antoine de Crouy, prince de Portian, jeune seigneur agé de vingt-cinq ans, étant mort d'une fièvre chaude, ils (les chefs huguenots) soupçonnèrent qu'on lui avoit avancé ses jours par quelque *artifice.*

Mézeray, *Histoire de France.* Charles IX.

Tous les *artifices* dont les femmes ont coutume de se servir pour tromper leurs maris furent employés par la belle.

La Fontaine, *Psyché,* liv. I.

Les Égyptiens entrèrent en commerce avec les Grecs; et depuis ce temps aussi l'histoire d'Égypte, jusque-là mêlée de fables pompeuses par l'*artifice* des prêtres, commence, selon Hérodote, à avoir de la certitude.

Bossuet, *Discours sur l'histoire universelle,* I, 7.

Les Samaritains irrités traversèrent leur dessein par toutes sortes d'*artifices* et de violences.

Le même, même ouvrage, I, 8.

Luther regarda comme un *artifice* la proposition de fraternité qui lui fut faite par les Zuingliens.

Le même, *Histoire des variations des Églises protestantes,* liv. II, n° 45.

Jésus-Christ venoit de parler des pharisiens et de leur *artifice* à tirer l'argent des veuves.

Le même, *Méditations sur l'Évangile.*

Ils n'épargnent ni le sacré, ni le profane, ni l'*artifice,* ni le mensonge.

Bourdaloue, *Sermon sur le pardon des injures.*

Tous ont agi dans les hauts bancs fort bien, et le par-
terre s'est laissé conduire par le seul respect du nom du roi, et la persuasion qu'il ne veut point d'*artifices* ni de chicanes, comme choses indignes de paroître devant ses yeux.

L'Archevêque de Toulouse à Colbert, 23 décembre 1662.
(Voyez Depping, *Correspondance administrative sous Louis XIV,* t. I, p. 112.)

Aimeroient-ils mieux (les Flamands) demeurer éternellement attachés à l'Espagne, de qui la nature les a entiè-

rement divisés, que de se réunir à la France, dont ils sont les membres naturels, et à qui le ciel les réunit par les liens du sang, après n'en avoir été séparés que par les *artifices* et par la violence?

> *Traité des Droits de la reine*, 1667. (Voyez MIGNET, *Succession d'Espagne*, t. II, p. 88.)

Mais, de tous les lieux du monde, nul autre ne se trouve si disposé que la Suède à se laisser animer par les *artifices* d'Espagne, et à recevoir les fausses impressions contre la France.

> LE MARQUIS DE POMPONNE, *Mémoires*, I, 8.

Il discerne les raisons de la bonne cause d'avec les préventions et les *artifices* de la mauvaise.

> FLÉCHIER, *Oraison funèbre de M. Le Tellier*.

L'on n'exige pas des âmes malignes qu'elles ayent de la douceur et de la souplesse; elle ne leur manque jamais, et elle leur sert de piège pour surprendre les simples et pour faire valoir leurs *artifices*.

> LA BRUYÈRE, *Caractères*, c. 11.

La charité est ingénieuse; elle nous ouvre mille voies nouvelles, mille *artifices* innocents pour ramener ceux qui s'égarent.

> MASSILLON, *Conférences*.

Combien les enfants savent crier ou se taire, pour avoir ce qu'ils souhaitent, combien ils ont déjà *d'artifice* et de jalousie!

> FÉNELON, *de l'Éducation des filles*, c. 3.

Nous disons à Dieu nos défauts que nous voulons corriger, nos devoirs que nous avons besoin de remplir, nos tentations qu'il faut vaincre, les délicatesses et les *artifices* de notre amour-propre qu'il faut réprimer.

> LE MÊME, *Avis à une dame sur l'éducation de sa fille*.

Les agitations se renouveloient parmi nous sur la récusation actuelle du premier président, par toutes les bassesses et les *artifices* qu'il prodiguoit de nouveau pour se conserver le plaisir de demeurer notre juge et parer à la honte de la récusation.

> SAINT-SIMON, *Mémoires*, 1696.

Il (Albéroni) se louoit et se faisoit louer sans cesse, avec tous les *artifices* imaginables, de la sagesse et du secret de son gouvernement.

> LE MÊME, même ouvrage, 1717.

Il n'y eut ni violence, ni *artifice*, ni grandeur, ni courage, ni scélératesse, que César Borgia ne mit en usage.

> VOLTAIRE, *Essai sur les mœurs*, D'Alexandre VI et de Louis XII, c. 111.

Les menaces et les châtiments sont un chemin bien plus court pour donner de l'attention, que cette insinuation et ces *artifices* si doux dont j'ai parlé.

> FLEURY, *Du Choix des études*, c. 17.

Les égards qu'on affecte pour les malheureux ne sont souvent qu'un *artifice* pour s'introduire auprès des gens heureux.

> BARTHÉLEMY, *Voyage d'Anacharsis*, c. 78.

On s'entretint longtemps de la gentillesse de ma figure et de mes heureuses dispositions. On prétendit qu'il y avoit beaucoup à espérer de moi, parce qu'ayant quelque chose dans la physionomie qui sentoit l'honnête homme, personne ne se défieroit de mes *artifices*.

> PRÉVOST, *Manon Lescaut*, Ire part.

Il ne devrait cependant rien coûter aux hommes d'avouer qu'ils ont été trompés, ou qu'ils se sont trompés eux-mêmes, et encore moins aux princes cent fois plus exposés à l'erreur et aux *artifices* des autres.

> GRIMM, *Correspondance*, 15 novembre 1753.

Des arguments spécieux, une foule de raisonnements captieux, de l'art et de l'*artifice*.... font de lui (J.-J. Rousseau) un adversaire très-redoutable pour tout ce qu'il attaquera.

> LE MÊME, même ouvrage, 1er décembre 1758.

Le noir Chucas. . . . .
. . . . Par malice,
Va s'embellir d'un nouvel *artifice*.

> J.-A. DE BAÏF, *le Chucas*.

Il faut un peu d'adresse à bien cueillir les roses,
Il faut bien du mystère à gouverner les gens,
Il faut de l'*artifice* à discerner les choses.

> THÉOPHILE, *Immortalité de l'âme*.

Pour chasser un fâcheux amant,
Promettre est un doux *artifice*.

> D'URFÉ, *Sonnet dans l'Astrée*, IIe part., liv. IV.

Et, quelque empêchement que l'*artifice* apporte,
Toujours la vérité se trouve la plus forte.

> RACAN, *Bergeries*, IV, 5.

Ton élément est l'*artifice*,
Et ta science est de mentir.

> GODEAU, *Psaumes*, LI.

Leur amour importun viendroit avec éclat
Par des cris et des pleurs troubler notre combat;
Et ce qu'elles nous sont feroit qu'avec justice
On nous imputeroit ce mauvais *artifice*.

> P. CORNEILLE, *Horace*, II, 7.

Vous les voulez traiter (l'hypocrisie et la dévotion)
[d'un semblable langage,

Et rendre même honneur au masque qu'au visage ;
Égaler l'*artifice* à la sincérité,
Confondre l'apparence avec la vérité.

Molière, Tartuffe, I, 6.

Je puis croire ces mots un *artifice* honnête
Pour m'obliger à rompre un hymen qui s'apprête.

Le même, même ouvrage, IV, 5.

Et s'il faut, par hasard, qu'un ami vous trahisse,
Que, pour avoir vos biens, on dresse un *artifice*,
Ou qu'on tâche à semer de méchants bruits de vous,
Verrez-vous tout cela sans vous mettre en courroux ?

Le même, le Misanthrope, I, 1.

Seigneur, dans cet aveu dépouillé d'*artifice*,
J'aime à voir que du moins vous vous rendiez justice.

Racine, Andromaque, I, 5.

Ah ! traitez-le, Madame, avec plus de justice :
Un grand roi descend-il jusqu'à cet *artifice* ?
A prendre ce détour qui l'auroit pu forcer ?

Le même, Mithridate, IV, 1.

Tu l'aimes ? Ciel ! Mais non, l'*artifice* est grossier.
Tu te feins criminel pour te justifier.

Le même, Phèdre, IV, 2.

Et moi, pour toute brigue et pour tout *artifice*,
De mes larmes au ciel j'offrois le sacrifice.

Le même, Esther, I, 1.

J'admirois si Mathan, dépouillant l'*artifice*,
Avoit pu de son cœur surmonter l'injustice.

Le même, Athalie, III, 4.

Téméraire en ses vœux (Guise), sage en ses *artifices*,
Brillant par ses vertus, et même par ses vices.

Voltaire, la Henriade, III.

Savez-vous bien, Monsieur, qu'en gardant l'anonyme,
De son propre *artifice* on est souvent victime ?

Collin d'Harleville, les Châteaux en Espagne, V, 2.

L'Artifice se dit quelquefois, en poésie, pour
Les artificieux :

On peut des plus grands rois surprendre la justice,
　Incapables de tromper,
　Ils ont peine à s'échapper
Des pièges de l'*artifice*.

Racine, Esther, III, 9.

Sans artifice :

Il (Socrate) me paroît sans intérêt, sans ambition, *sans artifice*.

Fénelon, Dialogues des morts. Socrate, Alcibiade, Timon.

Il nous resteroit un modèle d'une confiance sans présomption, d'une crainte sans foiblesse, d'une pénitence *sans artifice*.

Fléchier, Oraison funèbre de Turenne.

Vous êtes jeune, et vous manquez d'expérience ; vous êtes née avec un bon cœur, avec un cœur simple et *sans artifice*.

Marivaux, la Vie de Marianne, 8e partie.

Artifice se dit aussi de toute composition de matières aisées à s'enflammer.

Il s'emploie en termes de guerre :

Ils y furent bien estrillez, battuz et grillez d'*artifices* à feu.

Brantôme, Grands Capitaines estrangers. Jeannin de Médicis.

Le capitaine envoya aux officiers qui commandoient ses douze navires en son absence des feux d'*artifice* des plus violents, pour répandre secrètement dans tous les autres vaisseaux de la flotte la veille de l'exécution.

Saint-Réal, Conjuration contre Venise.

Feu d'artifice se dit plus habituellement d'un Ensemble de pièces d'artifice destiné à des réjouissances.

Il (le roi) courut un cerf au clair de la lune ; les lanternes firent des merveilles ; le *feu d'artifice* fut un peu effacé par la clarté de notre amie.

Mme de Sévigné, Lettres, à Mme de Grignan, 24 avril 1671.

Insolence des bourgeois d'Anvers, qui, dans un *feu d'artifice*, représentèrent le Grand-Turc, un prince de l'Europe et le diable, ligués tous trois, qu'on faisoit sauter en l'air.

Racine, Fragments historiques.

J'ai déjà parlé ici de la surprenante beauté des illuminations d'Espagne. Les *feux d'artifice* ne leur y cèdent point.

Saint-Simon, Mémoires, 1722.

Ils (les Chinois) ont inventé la poudre ; mais ils ne s'en servaient que dans des fêtes, dans l'art des *feux d'artifice*, où ils ont surpassé les autres nations.

Voltaire, Essai sur les mœurs.

Quand voirrons-nous comme balles voler
Par *artifice* un grand *feu* dedans l'air ?

Ronsard, le Bocage royal.

Quand ses *feux d'artifice* éclairoient le rivage,
Tu n'eus pas le loisir de le voir au visage?

         CORNEILLE, *le Menteur*, II, 3.

Paris n'a jamais vu de transports si divers,
Tant de *feux d'artifice* et tant de mauvais vers.

         VOLTAIRE, *les Événements de 1744.*

ARTIFICIER, s. m. Celui qui fait des artifices ou des feux d'artifice.

Canonniers-*artificiers*.

         Bulletin des lois, an II.

Souvent son cœur (d'un amant) brûlé tout le
Des feux que son regard allume,   [premier
A le sort de l'*artificier*
     Qu'embrase et que consume
     Le salpêtre avec le bitume
Que ses mains viennent d'employer.

         BOISSY, *les Talents à la mode*, II, 8.

ARTIFICIEL, adj. (Du latin *artificialis*.) Qui se fait par art. Il est opposé à Naturel. Il s'emploie d'ordinaire en parlant d'objets matériels.

Quelquefois je cherchois des cailloux, pour faire de l'émail et des pierres *artificielles* : or après avoir assemblé un grand nombre desdits cailloux, en les voulant piler, j'en trouvay une quantité qui estoyent creux dedans.

         B. PALISSY, *Recepte véritable.*

Le peintre tira ce cheval si au vif, que les chevaux naturels, voyans ce cheval *artificiel*, hannissoient apres luy.

         BOUCHET, *Serée*, liv. I, 9.

L'empereur Galienus traicta bien plus doucement un marchand lapidaire, qui luy avoit vendu de fausses et *artificielles* pierreries, pour de bonnes et naturelles.

         LE MÊME, même ouvrage, II, 13.

Le lendemain matin, il (le cardinal d'Autriche) feit dresser un pont *artificiel* sur la Somme.

         MATTHIEU, *Histoire des derniers troubles de France,*
         liv. V, année 1597.

A deux milles dudit port, on voit vne grotte faicte comme une grande chambre, dans laquelle il y a de l'eau tiede, qui rend tant de chaleur, qu'un bain *artificiel* ne feroit pas tant suer.

         THÉVENOT, *Voyage du Levant*, c. 69.

Sa taille, que vous admirez, est une machine qui a épuisé les mécaniques.... ses hanches sont *artificielles*.

         LE SAGE, *le Diable boiteux*, c. 3.

Il (le roi) s'opiniâtra à chercher des moyens de vaincre tant et de si grands obstacles naturels et *artificiels,* pour lesquels le duc de Savoie n'avoit rien épargné.

         SAINT-SIMON, *Mémoires*, 1693.

L'épouse du roi d'Angleterre George II, en donnant la première cette variole *artificielle* aux princes ses enfants, pour leur épargner la naturelle, fut la première qui sauva l'Europe chrétienne.

         VOLTAIRE, *De la Mort de Louis XV.*

Cette pustule fait dans le bras, où elle est insinuée, l'effet du levain dans un morceau de pâte; elle y fermente, et répand dans la masse du sang les qualités dont elle est empreinte. Les boutons de l'enfant, à qui l'on a donné cette petite vérole *artificielle*, servent à porter la même maladie à d'autres.

         LE MÊME, *Dictionnaire philosophique*. Inoculation.

Les hommes savaient aller au bout du monde; ils savaient détruire des villes avec un tonnerre *artificiel* plus terrible que le tonnerre véritable; mais ils ne connaissaient pas la circulation du sang, la pesanteur de l'air, les lois du mouvement, la lumière, le nombre de nos planètes.

         LE MÊME, *Lettres philosophiques*, XII.

Qui ose lutter pour la vigueur du pinceau, pour l'entente des lumières naturelles et *artificielles*, et les autres qualités du peintre, avec le terrible Vernet?

         DIDEROT, *Salon de 1765*. Loutherbourg.

Les horloges d'eau ont été les premiers instruments qu'on ait imaginés pour se procurer une mesure *artificielle* du temps.

         GOGUET, *Origine des lois*, t. II, p. 108.

Il y a des hommes qui sont marchands de modes, de linge, de gaze, de mousseline, de fleurs *artificielles*.

         BERNARDIN DE SAINT-PIERRE, *Études*
         de la nature, 7.

Nos voluptueux font construire des ruines *artificielles* dans leurs jardins.

         LE MÊME, même ouvrage, 12.

D'après ces conjectures, nous essayâmes, M. Lullin et moi, de produire de l'électricité par le moyen des vapeurs *artificielles*.

         SAUSSURE, *Voyages dans les Alpes*, c. 10, § 294.

Il établit dans ses terres la culture des prairies *artificielles*, production inconnue en France dans sa jeunesse.

         CONDORCET, *Éloge de Duhamel.*

Il s'emploie souvent aussi en parlant d'une façon abstraite et au moral :

Cist ordres est en ij manieres, une qui est naturex, et une autre *artifiel.*

> BRUNETTO LATINI, *li Livres dou tresor,* liv. III, part. I, c. 11.

Je ne puis pourtant entendre comment on vienne à allonger le plaisir de boire outre la soif, et se forger en l'imagination un appétit *artificiel* et contre nature.

> MONTAIGNE, *Essais,* II, 2.

J'ay autrefois esté employé à consoler une dame vrayement affligée. La plupart de leurs deuils sont *artificiels* et ceremonieux.

> LE MÊME, *même ouvrage,* III, 4.

Je n'ay point senty l'émotion que j'ay témoignée, et toute ma colère étoit *artificielle.*

> BALZAC, *Lettres,* liv. IV, 3.

Je sais reconnoitre les tristesses *artificielles.* Jamais homme ne joua mieux que vous le désespéré.

> LE MÊME, *même ouvrage,* liv. IX.

Le génie françois, qui est sincère, ne put supporter ces discours languissants, *artificiels* et embarrassés.

> SAINT-ÉVREMONT, *De la vraie et de la fausse beauté des ouvrages d'esprit,* c. 1.

Cette beauté divine ne montre à vos yeux ni une grâce *artificielle,* ni des ornements empruntés.

> BOSSUET, *Sermons,* 3e, Pour la fête de tous les Saints.

Il y a dans quelques femmes une grandeur *artificielle* attachée au mouvement des yeux, à un air de tête, aux façons de marcher, et qui ne va pas plus loin.

> LA BRUYÈRE, *Caractères,* c. 3.

On n'a pas cru aussi devoir s'arrêter au dégoût de quelques personnes qui ont en horreur certains termes *artificiels* qu'on a formés pour retenir plus facilement les diverses manières de raisonner, comme si c'étoient des mots de magie.

> *Logique de Port-Royal,* Ier discours.

On force la nature, on lui fait un appétit *artificiel* pour toutes les choses contraires à la tempérance.

> FÉNELON, *Dialogues sur l'Éloquence,* I.

On a surtout cultivé le tabac dans cette province et dans le Maryland ; c'est un commerce immense, et un nouveau besoin *artificiel,* qui n'a commencé que fort tard, et qui s'est accru par l'exemple.

> VOLTAIRE, *Essai sur les mœurs.*

On prétend que T... P..., qui avait déjà fait, il y a quelques années, une première banqueroute..., avait su, par ce crédit *artificiel,* se procurer des fonds très considérables.

> TURGOT, *Mémoire sur les prêts d'argent,* § 5.

Ce haussement *artificiel* du prix aurait bien un autre inconvénient, et cet inconvénient serait d'empêcher la Compagnie de rien vendre.

> LE MÊME, *Lettres sur la liberté du commerce des grains,* VIIe, 2 décembre 1770.

L'homme originel s'évanouissant par degrés, la société n'offre plus aux yeux du sage qu'un assemblage d'hommes *artificiels* et de passions factices.

> J.-J. ROUSSEAU, *Discours sur l'origine de l'inégalité.*

J'ai retranché, comme *artificiel,* ce qui était d'un peuple et non pas d'un autre, d'un état et non pas d'un autre ; et n'ai regardé, comme appartenant incontestablement à l'homme, que ce qui était commun à tous.

> LE MÊME, *Émile.*

Achille chante les dieux sur sa lyre et fait cuire un gigot de mouton. Ce dernier trait a fort scandalisé nos écrivains de théâtre, qui se composent des héros *artificiels* qui se dissimulent leurs premiers besoins.

> BERNARDIN DE SAINT-PIERRE, *Études de la nature,* 12.

Qu'est-ce que des signes arbitraires ? Des signes choisis sans raison et par caprice. Ils ne seraient donc pas entendus. Au contraire, des signes *artificiels* sont des signes dont le choix est fondé en raison.

> CONDILLAC, *Grammaire.*

Il faut des grands dans un État, et l'on n'a pas toujours de grands hommes. On a donc imaginé d'élever, au besoin, ceux qu'on ne pouvait agrandir, et cette élévation *artificielle* a pris le nom de grandeur.

> MARMONTEL, *Fragments.*

Il (Buffon) s'indigna contre ceux qui voulaient faire de l'histoire de la nature une simple nomenclature, un recueil de faits, unis entre eux par des liens *artificiels.*

> DE BARANTE, *De la Littérature française pendant le XVIIIe siècle.*

Anciennement *artificiel* a signifié, non seulement *fait par art,* mais *exécuté avec beaucoup d'art, avec un art remarquable.*

Nous ne pouvons contempler d'un regard ce bastiment tout *artificiel* du monde, que nous ne soyons quasi confus d'une lumiere infinie.

> CALVIN, *Institution chrest.,* liv. I, c. 5, § 1.

Le mardy, par une singulière courtoisie des seigneurs de la ville (d'Ausbourg) nous fûmes voir une fausse porte qui est en ladite ville... C'est une des plus *artificielles* choses qui se puisse voir.

MONTAIGNE, *Journal du voyage en Italie, par la Suisse et l'Allemagne.*

Quelquefois il est synonyme d'*artificieux* :

L'homme est l'animal de tous le plus difficile à sonder et connoistre; car c'est le plus double et contrefait, le plus couvert et *artificiel.*

CHARRON, *De la Sagesse,* liv. I, c. 5.

Jour artificiel s'est dit, mais d'une manière peu exacte, pour l'espace de temps compris entre le lever du soleil et son coucher; par opposition au *Jour naturel,* ou mieux *astronomique,* qui est de vingt-quatre heures.

Ainsi comme entre nous gens ruraulx disons le jour depuis l'aube du jour jusques à la nuit, ou du soleil levant jusques à soleil couchant, les clercs, qui prennent plus subtillement, dient que c'est le *jour artificiel;* mais le jour naturel, qui toujours a vint quatre, se commence à mienuit et fine à la mienuit ensuivant.

Le Ménagier de Paris, Ire distinction, art. 1er

Orient est le lieu où se leve le soleil au temps des deux équinoxes, peu devant la my-mars et my-septembre : Occident, où il se couche audit temps : Midy, où il est au milieu de son cour, c'est à dire entre son lever et coucher, qui fait le *jour artificiel.*

PHILIBERT DE L'ORME, *Architecture,* liv. I, c. 7.

Il suppose donc que dans la Judée, au temps de la fête de la Pentecôte, le *jour artificiel* étoit de quinze heures, le soleil se levant environ à quatre heures et se couchant environ à sept, il achevoit le tiers de son tour à neuf heures, la troisième heure chez les Juifs.

L. RACINE, *Remarques sur Athalie.*

Feu artificiel s'est dit autrefois dans le sens qu'on donnait aussi à *feu d'artifice* dans le langage militaire.

Au devant de ladite porte y avoit un petit revellin de pierre, par dedans lequel devoient passer les ennemis, qui fut tout pavé de fricassées et *feux artificiels* couverts de paille.

MARTIN DU BELLAY, *Mémoires.*

Cet assaut opiniastré et très bien deffendu, principalement par les *feux artificiels,* fit en fin quitter la basse court aux Anglois.

D'AUBIGNÉ, *Histoire,* liv. I, c. 12.

Apolophanes, faisant tout devoir d'un grand chef, rallia ses vaisseaux, retourna charger ceux d'Auguste, et, à force de traits et de *feu artificiel,* les mit tout en désordre, et en brusla une grande partie.

COEFFETEAU, *Histoire romaine,* liv. I.

ARTIFICIELLEMENT, adv. Avec art. Il est opposé à Naturellement.

Examinons un peu de plus près ce poinct là, à scavoir si nous n'avons aucune communion de droit et de justice avec les animaux raisonnables, non pas subtilement et *artificiellement,* comme les sophistes en leurs disputes, ains humainement.

AMYOT, trad. de Plutarque, *Œuvres morales.*

S'il est loisible de manger chair.

En l'aultre (poche, Panurge avoit) tout plein de petitz goubeletz, dont il jouoit fort *artificiellement.*

RABELAIS, *Pantagruel,* II, 16.

J'ai ouy conter que dans Naples, une fois dans ceste ville, mesme un jour de Feste-Dieu et en la procession, ainsi qu'il y marchoit, luy fut présenté par un ange, de la part d'une dame, un très-beau bouquet de fleurs, lequel ange comparut *artificiellement* et descendit d'une fenestre.

BRANTÔME, *Grands Capitaines françois.*

M. de Nemours.

Aucuns disent que les enfans d'Israël ayant mis le feu en quelques boys, le feu fut si grand qu'il eschauffa le nitre avec le sable jusques à le faire couler et distiler le long des montagnes, et que deslors on chercha l'invention de faire *artificiellement* ce qui avoit esté fait par accident, pour faire les verres.

BERNARD PALISSY, *De la nature des eaux et fontaines.*

On est bien aise d'avoir une couverture pour cacher son mauvais mesnage, ou feindre *artificiellement* sa pauvreté, comme font les avares.

DE LA NOUE, *Discours politiques et militaires.*

Vous mêlez *artificiellement* le vrai et le faux, pour donner de la vraisemblance à vos histoires malicieuses.

BOSSUET, *Sermons,* Sur le jugement dernier.

Un jour, des élèves de botanique, voulant éprouver le savoir du célèbre Bernard de Jussieu, lui présentèrent une plante qui n'était point dans l'école du Jardin du Roi, en le priant d'en déterminer le genre et l'espèce. Dès qu'il y eut jeté les yeux, il leur dit : « Cette plante est composée *artificiellement;* vous en avez pris les feuilles de celle-ci, la tige de celle-là, et la fleur de cette autre. » C'était la vérité.

    BERNARDIN DE SAINT-PIERRE, *Études de la Nature.*

ARTIFICIEUX, EUSE, adj. Plein d'artifice, de ruse. Il ne se prend guère qu'en mauvaise part.

En parlant des personnes, de leur âme, de leur esprit.

Cette femme *artificieuse* (la reine de Navarre) se servit de l'amour de son mari envers Foceuse, jeune fille de quatorze ans, et du nom de Montmorenci, pour semer en l'esprit de ce prince les resolutions qu'elle y desiroit.

    D'AUBIGNÉ, *Histoire,* t. II, liv. IV, c. 5.

Son esprit (de Séjan) estoit hardy, et sçavoit couvrir ses desseins, *artificieux* à dresser des calomnies ; vain de son naturel, flatteur pour le bien de ses affaires.

    COEFFETEAU, *Histoire romaine,* liv. II.

Elle employa sur une âme crédule les plus subtiles inventions dont est capable une âme *artificieuse.*

    BALZAC, *Aristippe,* Discours III.

Charles V, qui a mérité le titre de Sage, n'a jamais cru que sa puissance fut au-dessus des lois et de son devoir. Louis onzième, plus *artificieux* que prudent, donna sur ce chef, aussi bien que sur tous les autres, atteinte à la bonne foi.

    LE CARDINAL DE RETZ, *Mémoires,* II° partie.

Ce prince (Antiochus l'Illustre) parut alors avec tous les caractères que Daniel avoit marqués : ambitieux, avare, *artificieux,* cruel, insolent, impie, insensé, enflé de ses victoires, et puis irrité de ses pertes.

    BOSSUET, *Discours sur l'histoire universelle,* 2° part., c. 14.

Si elle (la fille du président au présidial) est *artificieuse,* ce n'est que pour être plus engageante et plus aimable.

    FLÉCHIER, *Mémoires sur les grands jours de 1665.*

Toutes ces belles idées de patrie ont été données par des esprits *artificieux* et pleins d'ambition pour nous dominer.

    FÉNELON, *Dialogues des morts.* M. Coriolanus et F. Camillus.

Vous ne savez pas, répondit Idoménée, ce que peuvent les hommes *artificieux* sur un roi faible et inappliqué.

    LE MÊME, *Télémaque.*

Il (M. de Portes) avoit laissé deux filles extrêmement différentes, une Lia et une Rachel. L'aînée étoit également laide, méchante, glorieuse, *artificieuse ;* la cadette, belle et agréable au possible.

    SAINT-SIMON, *Mémoires,* 1693.

Elle (la duchesse de Villars) étoit méchante, adroite, insinuante, intéressée comme une crasse de sa sorte, ambitieuse, avec cela *artificieuse.*

    LE MÊME, même ouvrage, 1716.

Ce Grasset, ce maudit Grasset, est un des plus insignes fripons qui infectent la littérature... Je n'ai jamais vu de plus *artificieux* et de plus effronté coquin.

    VOLTAIRE, *Lettres,* à d'Argental, 29 août 1755.

A l'égard de sa figure (du chevalier de Grammont), Bussy et Saint-Evremond, auteurs plus agréables que fidèles, en ont écrit. Le premier a peint le chevalier de Grammont *artificieux,* volage, et même un peu perfide en amour, infatigable et cruel sur la jalousie.

    HAMILTON, *Mémoires de Grammont,* c. 1.

Rien ne manque au vieux célibataire (de Collin d'Harleville) : le caractère principal est supérieurement dessiné ; l'*artificieuse* gouvernante est d'une vérité parfaite.

    M.-J. CHÉNIER, *Tableau historique de la littérature française,* c. 11.

..... Cuer et corps et finance ruiner,
M'a fait du tout femme *artificieuse.*

    EUST. DESCHAMPS, *Ballades.*

...Non, point capricieuse (Isabelle),
Point coquette, et surtout point *artificieuse ;*
Elle aime tendrement, et de très bonne foi,
Mais cela ne tient pas...

    DESTOUCHES, *Glorieux,* I, 2.

Nul des Liguriens, peuple *artificieux,*
Ne fut ni moins vaillant, ni plus insidieux,

    DELILLE, *l'Énéide,* XI.

En parlant des choses, des actes, des sentiments :

Jamais l'ambition, l'avarice, et les autres maux de l'âme, ne sont plus à craindre que quand le déguisement y est si grand et la simulation si *artificieuse* qu'on ne les aperçoit point.

    MALHERBE, trad. de Sénèque, *Épîtres,* 56.

Je n'aime point toutes ces demandes *artificieuses* qui font confesser une chose qu'on ne croit pas, et serois d'avis que ces subtilités demeurassent en la poussière de l'école.

    LE MÊME, même ouvrage, 82.

Sacrés autels, vous m'êtes témoins que ce n'est pas aujourd'hui, par ces *artificieuses* fictions de l'éloquence, que je lui mets en la bouche ces fortes paroles!

BOSSUET, *Oraison funèbre de Michel Le Tellier.*

Celui-ci, par des soupçons *artificieux*, veut l'animer contre l'innocence de sa partie.

FLÉCHIER, *Oraison funèbre de M. de Lamoignon.*

Je frémis quand je pense que les armes faites par le dieu Vulcain, et que ma mère m'avoit données, ont été la récompense d'un discours *artificieux*.

FÉNELON, *Dialogues des morts.* Ulysse et Achille.

Ses discours ne sont que malédictions, que railleries amères, que mensonges *artificieux*.

MASSILLON, *Paraphrases*, Ps. IX.

On sait assez comment on eut la bassesse *artificieuse* de mettre auprès d'elle un habit d'homme pour la tenter de reprendre cet habit, et avec quelle absurde barbarie on prétexta cette prétendue transgression pour la condamner aux flammes.

VOLTAIRE, *Un Chrétien contre six Juifs*, 18e sottise. Sur Jeanne d'Arc.

On seroit plus près de la vérité, en considérant comme incapable des affaires publiques un homme qui a consacré sa vie au ménagement *artificieux* des circonstances et des personnes.

Mme DE STAEL, *Considérations sur la Révolution française*, Ire part., c. 9, § 3.

Artificieux s'emploie quelquefois en bonne part dans le sens de **Plein** d'art ; fait, composé avec art :

Nature, sage ouvrière, n'a jamais rien fait sans cause et sans une grande, *artificieuse* et admirable industrie.

AMBR. PARÉ, *Œuvres.*

Il passe pour constant que le second acte (d'*Horace*) est un des plus pathétiques qui soient sur la scène, et le troisième un des plus *artificieux*.

CORNEILLE, *Examen d'Horace.*

Le premier président donna dans ce dont je m'étois flatté, et dit au président Lecoigneux, au lever de l'assemblée, que mon avis avoit été fort *artificieux*.

CARD. DE RETZ, *Mémoires.*

Ce même juge équitable ne se lassera point de rendre justice à l'*artificieuse* et fine contexture des tragédies de Racine.

VOLTAIRE, *Dictionnaire philosophique.* Anciens et Modernes.

III.

Artificieux s'emploie quelquefois substantivement :

Le prudent ne marche jamais que par des voies droites et vertueuses ; l'*artificieux*, au contraire, par des voyes obliques et mauvaises.

HARDOUIN DE PÉRÉFIXE, *Histoire de Henri le Grand*, 1590.

ARTIFICIEUSEMENT, adv. D'une manière artificieuse, avec artifice, et, quelquefois, avec art.

Jamais la grâce efficace ne fut plus *artificieusement* attaquée et jamais nous ne l'avons vue si affermie.

PASCAL, *Provinciales*, XVIII.

Qu'ont gagné les philosophes avec leurs discours pompeux, avec leur style sublime, avec leurs raisonnements si *artificieusement* arrangés?

BOSSUET, *Discours sur l'histoire universelle.* II, 25.

Je ne parle pas de vous, homme malin, qui me louez *artificieusement* par un côté pour me montrer mon foible de l'autre.

LE MÊME, *Doctrine spirituelle*, Sur la Vérité cachée.

Les mesures furent si bien prises ; le légat, le cardinal de Pellevé, les commandants espagnols, les Seize, si *artificieusement* trompés, et ensuite si bien contenus, que Henri IV fit son entrée dans sa capitale, sans qu'il y eût presque du sang répandu.

VOLTAIRE, *Essai sur les mœurs*, c. 174. De Henri IV.

Il y a vingt-cinq ans qu'on interroge *artificieusement* les mots et qu'on les tourmente pour leur arracher des mensonges.

ROYER-COLLARD, *Discours sur la loi du budget*, 1816.

ARTILLERIE, s. f. (Du v. *Artiller.* Voyez la fin du présent article.)

Avant l'emploi de la poudre à canon, ce mot a désigné l'Ensemble des armes, des engins de guerre :

En l'*artillerie* est le contrerolleur qui tient par ordre et par escript le controlle de toute la despense faicte et paye de toute la provision de l'*artillerie*, comme d'arcs, flesches, arbalestes, de trait, de baston à main, de cordes et de toute autre chose nécessaire appartenant à iceluy estat.

OLIVIER DE LA MARCHE, *Estat de la maison du duc de Bourgogne.*

Le suppliant... comme leur ami et complice en icelluy

98

cas se feust armé comme eulx de haubergon, chappe-
line, gardebras, arc, *artillerie* et autres armeures inva-
sibles.

> *Lettres de rémission* de 1397. (Voyez Du Cange,
> *Glossaire*, Artillaria.)

Au regard des victuailles, poudres, canons, pavois et
autre *artillerie* qui seroient gaignez sur nos ennemis...

> Charles VI, Ordonnance du 7 décembre 1400.
> (Voy. Fontanon, *Recueil d'édits*, t. III, p. 12.)

Artillerie est le charroi,
Qui par Duc, par Comte, ou par Roy,
Ou par aucun Seigneur de terre,
Est chargié de quarriaus en guerre,
D'arbalestes, de dars, de lances,
Et de targes d'unes semblances,
De tiex harnois là prendre seulent,
Li desgarni qui prendre en veulent,
Cil qui les delivrent, en baillent
A ceus à qui tiex choses faillent.

> Guillaume Guiart, *Royaux lignages*,
> année 1304, v. 11245.

C'est au sens ancien, très général, d'attirail,
d'arsenal, depuis longtemps hors d'usage au
propre, mais plus persistant au figuré, que paraissent se rattacher les expressions suivantes :

Hanaps... tasses, goubelets et telle semblable *artillerie bacchique*.

> Rabelais, *Pantagruel*, V, 34.

Tout ce qu'il y avoit de pain, chair, vin, et autre *artillerie* de gueule, fust desploié, mangé et beu.

> Noël du Fail, *Contes d'Eutrapel*, VIII. Des pages
> et un capitaine.

Bons restaurants, champignons et ragoûts,
Bains et parfums, matelas blancs et mous ;
Vins du coucher, toute l'*artillerie*
De Cupidon...

> La Fontaine, *Contes*, l'Oraison de saint Julien.

J'aime à voir mon épouse en pompeux apparat...
Je prétends en un mot voir sur elle éclater
Tout ce que peut à l'art la nature emprunter...
Paniers, vertugadins, robes, juppes, jupons,
Mouches, perles, pendants, frisures et pompons ;
Et comment sans parler, pourrez-vous, je vous prie,
Régler tout l'attirail de celle *artillerie* ?

> J.-B. Rousseau, l'*Hypocondre*, II, 5.

Dans un sens un peu plus restreint *Artillerie*

s'appliquait particulièrement autrefois aux armes
de trait :

Tant furent en cel état, sans eux mouvoir ni reculer,
que cils archers eurent employé toute leur *artillerie*, et ne
sçavoient mais de quoi traire.

> Froissart, *Chroniques*, liv. I, 2° part., c. 54.

Recueillirent ce jour ceux de Yppre bien la valeur de
deux tonneaux pleins d'*artillerie*, espécialement de sajettes
qui furent traites en la ville.

> Le même, même ouvrage, liv. II, c. 210.

Plus tard, le mot *Artillerie* prit le sens qu'il a
aujourd'hui et désigna la partie du matériel de
guerre qui comprend les canons, les mortiers,
les boulets, les bombes, etc., et aussi l'usage
qu'on en fait.

Son *artillerie* (celle du duc de Bourgogne) tiroit à coup
perdu, par dessus et dedans la ville (d'Amiens).

> Commines, *Mémoires*, III, 3.

Ilz (les Espagnols) n'entendoient point quel exploict faisoit nostre *artillerie*, qui, à la vérité, passe toutes les *artilleries* du monde.

> Le même, même ouvrage, VIII, 23.

Le duc (Charles le Téméraire) fit avancer son *artillerie*
en compagnie de l'infanterie italienne qui estoit pietons
hors de nombre sans estre ordonnés en nulle bataille.

> Jehan Molinet, *Mémoires*, c. 20.

Alloient voir (Gargantua et Ponocrate) comment on
tiroit les metaulx ou comment on fondoit l'*artillerye*.

> Rabelais, *Gargantua*, I, 24.

Ponocrates l'advisa que ce n'estoit aultres mouches que
les grands coups d'*artillerie* que l'on tiroit du chasteau.

> Le même, même ouvrage, I, 36.

Maintenant toutes disciplines sont restituees... les impressions tant elegantes et correctes en usance, qui ont
esté inventees de mon eage, par inspiration divine,
comme à contrefil, l'*artillerie* par suggestion diabolique.

> Le même, *Pantagruel*, II, 8.

Il s'en trouva quelques-unes, à ceste retraitte, qui d'une
incroyable vélocité suivoyent noz galleres en pouppe, et
les molestoyent de leur *artillerie* tres instamment.

> Martin du Bellay, *Mémoires*.

Le mignon s'endormit si pesamment que le bruit des
plus grosses *artilleries* de ce monde ne l'auroit pas réveillé.

> Larivey, trad. de Straparole, *Facétieuses Nuits*,
> II° part., fable II.

Ces deux inventions sont en tout et partout l'une à l'autre contraires : l'*artillerie* estant inventée pour la guerre, l'imprimerie pour la paix : celle-là faisant mourir les hommes illustres qui vivent, et celle-cy leur redonnant la vie après qu'ils sont morts.

> Estienne Pasquier, *Recherches de la France*, IV, 24.

Suivant ce dessein commanda-il à ceux de son Conseil d'assembler quantité d'argent, *artilleries*, armes, munitions de guerre, oustils et autres instrumens propres pour un grand siege.

> Sully, *Œconomies royales*, c. 72.

L'*artillerie* commandée par Cossé, Saint-Martin, Chouppes et Le Bordet, lieutenant, estoit de quinze gros canons, de quelques moyennes et petites pièces, de quelques bombes, et de quantité de grenades dont l'usage est merveilleux pour les attaques des places.

> Sarazin, *Siège de Dunkerque.*

Les courtisans, pendant les campagnes du roi, appelèrent par plaisanterie les bombes et les mortiers du plus gros calibre des cominges, et si bien que ce nom leur est demeuré dans l'*artillerie*.

> Saint-Simon, *Mémoires*, 1712.

Dans cette guerre (du Milanais), François Ier avoit quatre mille chevaux seulement pour son parc d'*artillerie*.

> Hénault, *Abrégé de l'histoire de France*, année 1525.

Il fallait... faire taire l'*artillerie* de ce fort.

> Napoléon, *Mémoires*, t. III, p. 18.

On a fait de nouveau ronfler l'*artillerie*.

> Montfleury, *l'École des jaloux*, II.

Au figuré :

Moi, comme ingénieur, et chef d'*artillerie*,
Je vais voir où je dois placer ma batterie,
Pour battre en brèche Albert, et l'obliger bientôt
A nous rendre la place, ou soutenir l'assaut.

> Regnard, *Folies amoureuses*, I, 8.

Le titre de *Maître de l'artillerie* existait avant l'emploi de la poudre.

L'artillerie se conduit sous un chevalier qui se nomme *maistre de l'artillerie*, lequel a telle autorité qu'il doit estre obey en son estat comme le prince.

> Olivier de la Marche, *Estat de la maison du duc de Bourgogne.*

Voyez ci-après, à la suite du mot *Artilleur,* Artillier, Artiller.

Grand maître de l'artillerie, lieutenant-général de l'artillerie.

Touchant à nos François, aucuns ont dict que le grand maistre des arballestriers estoit ce que nous disons aujourd'huy le *grand-maistre de l'artillerie*.

> Brantôme, *Grands capitaines françois.* Discours sur les couronnels.

Toutes deux étoient parentes de madame d'Angoulême, fille de M. de La Guiche, chevalier de l'ordre et *grand-maître de l'artillerie*.

> Saint-Simon, *Mémoires*, 1693.

Saint-Hilaire, *lieutenant-général de l'artillerie*, en eut le département au conseil de guerre.

> Le même, même ouvrage, 1715.

Officiers d'artillerie.

Il (le logement) ne doit point être fourni à un plus grand nombre d'ingénieurs, *officiers d'artillerie* et autres qu'à celui qui est porté par ledit arrêt de 1704.

> Le duc de Noailles à Voisin, secrétaire d'État, 31 janvier 1710. (Voyez Depping, *Correspond. administrative sous Louis XIV*, t. I, p. 939.)

Ainsi qu'il a été dit plus haut, *Artillerie* est dérivé de :

Artiller, v. a. (Ce mot est en bas-latin *artillare*, dérivé d'*ars*, *artis*.) Munir, armer, équiper.

Le Roy... trouva... les gens d'armes qui estoient malades, à pié et désarmez... Si les habilla, remonta, arma, et *artilla* le Roy au mieulx qu'il peut le faire.

> Al. Chartier, *Histoire de Charles VI et de Charles VII*, p. 112, cité par Sainte-Palaye.

Ces sieurs (les Vénitiens) m'ont accordé et ont fait bien armer et *artiller* en leur arsenal une de leurs meilleures barques longues.

> M. de Selve au connétable de Montmorency, 26 sept. et 26 octobre 1552. (Voy. Charrière, *Négociations de la France dans le Levant*, t. II, p. 236.)

Si les monta et *artilla*
Le feu Roy selon son desir
Et grandement les rabilla.

> Martial d'Auvergne, *Vigilles de Charles VII.*

Artiller s'employait quelquefois avec le pronom réfléchi :

> Les Dames ès cambres *s'artillent*
> De si loing comme venir voient
> Le Chevalier qu'il connissoient.
> *Roman d'Erec*, ms. du R., n° 6987, f° 282,r°, col. 4. (Cité par Sainte-Palaye.)

ARTILLÉ, ÉE, part.

De plus Clermont fit mettre 400 harquebusiers sur 4 navires anglois arrivez de nouveau, et bien *artillez* pour estre marchands.
> D'AUBIGNÉ, *Histoire*, t. II, liv. III, c. 15.

> Nous sommes très bien *artillez*.
> *Le Mistère du siège d'Orléans*, v. 8708.

Il est quelquefois suivi de la préposition *de* :

Le siege de Xaintes estant résolu, ceux qui avoient assiegé Caunac s'y rengerent comme l'armée saisissoit les faux-bourgs, composée de ce que nous avons dit, *artillée de* trois canons amenez par eau et placés au pré l'Abesse.
> D'AUBIGNÉ, *Histoire*, t. I, liv. V, c. 24.

Voyez Borel et Sainte-Palaye.

ARTILLEUR, s. m. (Du vieux verbe *artiller*.) Il a désigné, jusqu'à la fin du siècle dernier, un ingénieur, un maître de l'artillerie.

Jehans de Lyons, *artilleur* du chastel du Louvre institué par le Roy, par lettres données xxvi jour d'avril 1364.
> *Registres de la chambre des comptes de Paris*, f° 411, v°. (Voyez DU CANGE, *Glossaire*, Artillator.)

Un nommé Jacob, natif de Dantzick, dirigeait l'artillerie sous le commandement du général Shein; car on n'avait guère que des étrangers pour principaux *artilleurs*, pour ingénieurs, comme pour pilotes.
> VOLTAIRE, *Histoire de Pierre le Grand*, Iʳᵉ part., c. 8.

Artilleur signifiait aussi arbalétrier, armurier.

Quiconque doresnavant voudra estre *artilleur* et user du mestier d'artillerie en la ville et banlieue de Paris; c'est assavoir faiseur d'arcs, de fleches, d'arbalestes, etc.
> *Ordonnances sur les artisans de Paris*, liv. II, chambre des comptes, f° 120, v°, année 1375. (Voyez DU CANGE, Artillator.)

Il ne se dit plus qu'en parlant d'un militaire employé au service de l'artillerie.

ARTILLIER, ARTILLER, s. m., a été employé jadis dans les mêmes significations qu'Artilleur.

Si tost comme il (les enfants) enforcoient il getoient lour foibles ars en l'artillerie au soudanc et li maistres *artilliers* lour bailloit ars si fors comme il les pooient teser.
> JOINVILLE, *Histoire de S. Louis*, LVI.

Encore parmy les estatz de nos roys se treuve le maistre *artiller*, qui est celuy qui se mesle de faire des arbalestes, des traitz et des flesches que j'ay veu faictes et eslabourées d'eux très-gentiment et proprement marquetées, et aussi se mesle de faire des fuzées.
> BRANTÔME, *Grands capitaines françois*. Discours sur les couronnels.

> Nous sommes de neuf à huit cens
> Tous escuiers et chevalliers,
> Expers et bons combatans
> Et garniz de bons *artilliers*.
> *Le Mistère du siège d'Orléans*, v. 15700.

ARTILLEUS, ARTILLEUSE, adj., très rapproché du substantif *artilleur*, a été d'un usage très fréquent dans le sens d'habile, fin, rusé :

> Contre un autre assault périlleux
> Te fault estre moult *artilleux*.
> JEAN BRUYANT, *Chemin de povreté et de richesse*, à la suite du *Ménagier de Paris*.

> Ge mains avec les orgueilleus
> Les veziés (rusés), les *artilleus*
> Qui mondaines honors convoitent.
> *Roman de la Rose*, v. 1073.

> Ha! feme, come es enginneuse,
> Et decevans, et *artilleuse*.
> *Roman d'Amadas*, ms. du R., n° 6988, f° 329, v°, col. 2.
> (Cité par Sainte-Palaye.)

Voyez Borel, Sainte-Palaye et le *Glossaire* de Du Cange, au mot *Artilus*.

ARTÉMISE, s. f. Nom de la femme du roi Mausole, employé comme nom commun, pour désigner une veuve qui est ou se prétend inconsolable.

Quand M. de Pisieux mourut, elle joua plaisamment la

comédie. Il n'y avoit pas longtemps qu'il lui avoit donné un soufflet. Cependant elle fit l'*Artémise*, et d'une telle force que tout le monde alloit comme à la farce.

TALLEMANT DES RÉAUX, *Historiettes*. Mᵐᵉ de Pisieux.

On ne poussa jamais plus loin la foi promise,
Voilà des sentiments dignes d'une *Artémise*.

REGNARD, *le Légataire*, III, 6.

Les chroniques les plus amples
Des veuves des premiers temps,
Nous fournissent peu d'exemples
D'*Artémises* de vingt ans.

J.-B. ROUSSEAU, *Odes*, II, 7.

ARTÈRE, s. f. (du grec ἀρτηρία.) T. d'Anat.
Vaisseau du corps de l'homme ou de l'animal, qui porte le sang du cœur vers les extrémités.

Soubdain apres tyra son dict braquemart, et en ferut l'archier qui le tenoit à dextre, luy coupant entierement les venes jugulaires, et *arteres* sphagitides du col.

RABELAIS, *Gargantua*, I, 44.

Vray est que ceste vague decumane, laquelle donna de prore en pouppe, m'a un peu l'*artere* alteré.

LE MÊME, *Pantagruel*, IV, 22.

Galien commande inciser les *arteres* des temples pour la fluxion des yeux, et pour une douleur de teste inveterée, ou pour une migraine.

A. PARÉ, *OEuvres*, XVII, c. 66.

Autant de syllabes qu'il prononce en lisant ces articles, autant de fois le cœur bat et palpite en ses *artéres* d'une frayeur extraordinaire.

MATTHIEU, *Histoire des derniers troubles de la France*, liv. II.

Tous ceux que l'autorité des anciens n'a point entièrement aveuglés, et qui ont voulu ouvrir les yeux pour examiner l'opinion d'Hervæus touchant la circulation du sang, ne doutent point que toutes les veines et les *artéres* du corps ne soient comme des ruisseaux par où le sang coule sans cesse fort promptement.

DESCARTES, *les Passions de l'âme*, part. I, art. 7.

M. de Niel tomba, l'autre jour, dans la chambre du Roi; il se fit une contusion; Félix le saigna, et lui coupa l'*artére*; il fallut lui faire à l'instant la grande opération... Je ne sais lequel je plains le plus, ou de celui qui l'a soufferte, ou d'un premier chirurgien du Roi qui pique une *artére*.

Mᵐᵉ DE SÉVIGNÉ, *Lettres*, 12 octobre 1689.

Il y a aux extrémités des *artéres* et des veines de secrètes communications, par où le sang passe continuellement des unes dans les autres. Les *artéres* le reçoivent du cœur, et les veines l'y reportent.

BOSSUET, *De la Connoissance de Dieu et de soi-même*, c. 2, art. VIII.

L'*artère* peut être considérée comme un cœur répandu partout pour battre le sang et le pousser en avant.

LE MÊME, *Ibidem*.

Les autres, contents que l'on réduise les mœurs aux passions, et que l'on explique celles-ci par le mouvement du sang, par celui des fibres et des *artéres*, quittent un auteur de tout le reste.

LA BRUYÈRE, *Discours sur Théophraste*.

On trouve dans le corps humain des rameaux innombrables : les uns portent le sang du centre aux extrémités, et se nomment *artéres*; les autres le rapportent des extrémités au centre, et se nomment veines.

FÉNELON, *Traité de l'Existence de Dieu*, Iʳᵉ part., c. 4.

Mᵐᵉ de Foix s'approche, lui demande ce qu'elle a; l'autre dit qu'elle ne sait, mais que, depuis deux heures qu'elle est au lit, les *artéres* lui battent, la tête lui fend.

SAINT-SIMON, *Mémoires*, 1711.

Mes *artéres* se mirent à battre d'une si grande force, que non-seulement je sentais leur battement, mais que je l'entendais même, et surtout celui des carotides.

J.-J. ROUSSEAU, *Confessions*, liv. VI.

Le sang, comme un torrent rapide, circule par des routes innombrables; il se sépare, il se réunit, porté par les *artéres* aux extrémités de la machine, et ramené, par les veines, des extrémités vers le cœur.

THOMAS, *Éloge de Descartes*.

Ce fin cuir transparent qui trahit sous la peau
Mainte veine en serpent, maint *arthére* nouveau,
Cet œil lousche, brillant, n'est-ce pas l'Inconstance?

D'AUBIGNÉ, *Tragiques*, Chambre dorée, liv. III.

D'un buveur d'eau, comme avez débattu,
Le sang n'est pas de glace revêtu,
Mais si bouillant et si chaud, au contraire,
Que chaque veine en eux est une *artère*
Pleine de sang, de force et de vertu.

VOITURE, *Poésies*, rondeau.

Deux portes sont au cœur; chacune a sa valvule.
Le sang, source de vie, est par l'une introduit;
L'autre huissière permet qu'il sorte et qu'il circule,
Des veines sans cesse aux *artéres* conduit.

LA FONTAINE, *Poëme du Quinquina*, I.

A quoi bon, quand la fièvre en nos *artères* brûle,
Faire de notre mal un secret ridicule?
BOILEAU, *Épîtres*, III.

Auprès d'Antiochus Érasistrate assis,
Interrogeant le pouls de ce prince immobile,
Ne sent battre qu'à peine une *artère* débile.
LEMIERRE, *la Peinture*, III.

Il se dit, au figuré, des Voies de communication et de circulation les plus fréquentées.

Ces deux rues sont les principales *artères* de la ville.
Dictionnaire de l'Académie, 1878.

ARTÉRIEL, ELLE, adj. T. d'Anat. Qui appartient aux artères.

Le sang *artériel* a cela de particulier, que quand l'artère est piquée, on le voit saillir comme par bouillons, et à diverses reprises, ce qui est causé par le battement de l'artère.
BOSSUET, *De la Connoissance de Dieu
et de soi-même*, c. 2, n° 9.

On a dit anciennement, dans le même sens, *artérial.*

Les philosophes et medicins afferment les espritz animaulx sourdre, naistre et practiquer par le sang *arterial* purifié et affiné à perfection dedans le retz admirable qui gist soubs les ventricules du cerveau.
RABELAIS, *Pantagruel*, III, 13.

ARTÉRIEUX, EUSE, adj. qui, dans l'usage, se confond souvent tout à fait avec le précédent, signifie plutôt à la rigueur, Qui tient de la nature de l'artère :

Ceux qui ont tant soit peu ouï parler de la médecine savent... comment le cœur est composé, et comment tout le sang des veines peut facilement couler de la veine cave en son côté droit, et de là passer dans le poumon, par le vaisseau qu'on nomme veine *artérieuse.*
DESCARTES, *les Passions de l'âme*, part. I, art. 7.

ARTÉRIOTOMIE (de ἀρτηρία, artère, et τομή,

action de couper). s. f. T. de Chirurg. Ouverture qu'on fait à une artère avec la lancette, comme on en fait à une veine.

Phlebotomie est incision de veine évacuant le sang avec les autres humeurs, comme l'incision de l'artere est dicte *arteriotomie.*
AMBROISE PARÉ, *Œuvres*, liv. XVII, c. 66.

ARTHRITE (de ἀρθρῖτις, tiré de ἄρθρον, articulation). S. f. T. de Médec. Inflammation des articulations.

Quand on n'avait pas encore francisé ce mot, on se servait d'*arthritis.*

Arthritis, ou goutte.
AMBROISE PARÉ, *Œuvres*, liv. XVIII, c. 1.

Le beau nom d'*ariritis*, dont on a baptisé une goutte fort ordinaire, tout cela nous a paru digne d'un cadre.
CH. DE SÉVIGNÉ, *Lettres*, 28 août 1680.

ARTHRITIQUE (de ἀρθριτικός, dérivé de ἄρθρον, articulation), adj. des deux genres. T. de Médec. Il se dit Des maladies, telles que la goutte, qui attaquent les jointures, et Des médicaments qu'on emploie contre les affections de ce genre.

Douleurs *arthritiques.*
AMBROISE PARÉ, *Œuvres*, XXI, 1.

La maladie *arthritique* vulgairement appelée goute.
LE MÊME, même ouvrage, *ibid.*

On a dit anciennement *arteutique* et *artétique.*

Là trouvèrent-ils le comte Guillaume de Hainaut, qui gissoit si malade de goutes *artétiques* et de gravelle qu'il ne se pouvoit mouvoir.
FROISSART, *Chroniques*, liv. I, Ire part., c. 62.

ARTICHAUT, s. m.

Autres (plantes sont nommées) par métamorphose d'homes et femmes de nom semblable.... Cynara, c'est *artichault.*
RABELAIS, *Pantagruel*, III, 50.

Si, par nécessité, l'on sème l'*artichau*, ce sera en terre deliée, bien fumée, en lieu exposé au soleil, en septem bre ou octobre... Pour...avoir tost le plaisir de l'artichauliere, ce sera par rejets enracinés (si en avons commodité) que nous la dresserons, les prenans au pied des vieux *artichaux.*

OLIVIER DE SERRES, *Théâtre d'agriculture,* VI° lieu, c. 6.

Pline, en plusieurs lieux, et au vingt et uniesme livre, chapitre seiziesme, parlant des chardons faisant difference des *artichaulds* à scolimus, semble qu'il veult entendre que l'*artichauld* soit comme carduus... Galien mesme n'a-il pas parlé du scolimus et du cinara en un mesme chapitre? Parquoy je ne me puis accorder à ceux qui veulent que l'*artichauld* sauvage doive estre nommé carduus et le cultivé scolimus, veu que le sauvage demeure tousjours espineux.

PIERRE BELON, *Observations de plusieurs singularitez de divers pays estranges,* liv. I, c. 18.

Devant moi, l'*artichaut,* sur sa tige dressé,
S'élance, pourpre ou verd, de ses dards hérissé.

LALANNE, *le Potager.*

Il se dit plus communément Du légume que produit cette plante, et qui n'est autre chose que la fleur avant son épanouissement.

Si quelqu'une de nous (des filles de bourgeois) eust mangé des asperges ou des *artichaux,* on l'auroit monstrée au doigt; mais les filles d'aujourd'hui sont presque aussi effrontées que des pages de cour.

FURETIÈRE, *Roman bourgeois,* liv. I.

Le fond d'un *artichaut,* la pointe qui termine le dessous d'une lampe, ne ressemblent pas plus à un cul que des rues sans passage; on dit pourtant toujours cul d'*artichaut,* cul de lampe, parce que le peuple, qui a fait la langue, était alors grossier.

VOLTAIRE, *Dictionnaire philosophique.* Langues.

Quarante-quatre ans après Rabelais, Montaigne trouva les abords du Tibre plantés, et il remarqua que le 16 mars il y avait des roses et des *artichauts* à Rome.

CHATEAUBRIAND, *Mémoires d'outre-tombe.*

Achète des abricôs,
Des pompons, des *artichôs,*
Des fraises et de la crème.

RONSARD, *Odes,* liv. II; XVIII.

Adieu, Monsieur, et, pour nouvelles,
Les Tuileries sont fort belles.
. . . .
Les pois verts sont bientôt passés,
Les *artichaux* fort avancés.

VOITURE, *Réponse pour Mlle de Rambouillet à M. de Montausier.*

La forme de divers objets est quelquefois comparée à celle de l'artichaut ou de ses feuilles :

Si, comme je l'ai dit, quelques-uns de ces pics peuvent être comparés à des artichaux composés de grands feuillets pyramidaux, ce cône seroit le cœur d'un de ces *artichaux.*

SAUSSURE, *Voyage dans les Alpes,* t. II, c. 13.

J'ay veu nostre fou de poëte,
Avec ses yeux de chouette,
Sa barbe en fueille d'*artichaut*
Et son nez en pied de réchaut.

SAINT-AMANT, *Gazette du Pont-Neuf.*

Artichaut se dit aussi d'une pièce de serrurerie, qui est hérissée de plusieurs pointes et de crocs, et dont on garnit une clôture pour empêcher de passer ou d'escalader.

ARTICLE, s. m. (du latin *articulus,* diminutif de *artus,* membre). Jointure des os, dans le corps de l'homme ou de l'animal. Il ne désigne proprement que les articulations mobiles.

Goutte, est une maladie qui afflige et gaste principalement la substance des *articles* d'une matière virulente.

A. PARÉ, *Œuvres,* liv. XVIII, c. 1.

Mon fils est hors de danger, avec une blessure terrible; les os fracassés, trois doigts au-dessus de l'*article,* et, ce qui est admirable, c'est qu'il n'en sera ni estropié, ni incommodé.

LE DUC D'ELBEUF, *Lettres,* à Bussy Rabutin, 8 avril 1678.

Ce qui est de remarquable dans cet animal (le renne), c'est que tous ses os, et particulièrement les *articles* des pieds, craquent comme si on remuoit des noix.

REGNARD, *Voyage de Laponie.*

Les *doigts* même des pieds, avec leurs *articles* et leurs ongles, servent à tâter le terrain sur lequel on marche, à s'appuyer avec plus d'adresse et d'agilité, à garder mieux l'équilibre du corps, à se hausser ou à se pencher.

FÉNELON, *Traité de l'Existence de Dieu,* Ire part., c. 4.

En ce sens il vieillit : on emploie ordinairement le mot générique d'*Articulation.*

On se servait autrefois des formes *arteil,* ar-

teuil, qui ont désigné plus particulièrement les articulations des doigts du pied; et enfin celles du plus gros de ces doigts, qui a pris de là le nom d'*orteil.*

Voyez comme il s'est assis en terre, comme il a lié le commencement de sa corde au gros *arteil.*
D'Urfé, l'Astrée, Ire part., liv. XI.

Lorsque les Turcs y fouillent, ils défigurent toutes les statuës. On peut juger qu'il y en a eu d'une prodigieuse grandeur par un *arteüil* monstrueux, rompu du pied de quelque statuë... Je l'envoyai à Paris à une personne de qualité, qui trouva la chose curieuse. Cet *arteüil* est d'une pierre blanche, dure, et très-bien formé.
Tavernier, Voyages de Perse, liv. I, c. 7.

Article, se dit, figurément, Des petites parties qui forment les divisions ou subdivisions d'un traité :

Toutefois, sur certains *articles* et traités d'accord et de paix, ils procurèrent tant, que un répist fut pris entre ces deux rois et leurs gens.
Froissart. Chroniques, Ire part., c. 349.

Ces *articles* passez et accordez entre eulx, Sylla reprit son chemin par la Thessalie.
Amyot, traduction de Plutarque, Vie de Sylla, c. 11.

La liberté françoise qu'ils ont concédée à leurs peuples fera contrôler les *articles* de cette paix.
Malherbe, Lettres, 26 septembre 1622.

Le premier président (Molé) remarqua que Monsieur ne respondoit pas à l'*article* dans lequel l'archiduc (Léopold Guillaume) lui proposoit de traiter personnellement avec lui.
Cardinal de Retz, Mémoires.

Un simple *article* d'un traité ne peut pas détruire les maximes fondamentales d'une monarchie, ni rompre le lien indissoluble que les lois d'Espagne ont depuis tant de siècles établi entre les rois et leurs sujets, sur le fait de la succession des filles au défaut des mâles.
De Lionne, Narration de la négociation du mariage de la reine Marie-Thérèse. (Voyez Mignet, Succession d'Espagne, t. I, p. 43.)

L'évêque et le chapitre de Liège se sont plaints extrêmement de l'*article* qui regarde Bouillon dans le traité de paix de Nimègue.
Le marquis de Pomponne, Mémoires, II.

La Vrillière dressa donc un projet de règlement avec

M. du Maine, pour le rapporter au roi, en vingt-cinq *articles.*
Saint-Simon, Mémoires, 1713.

Il est vraisemblable que les grands, qui avoient négocié les *articles* de la paix, crurent même avoir rendu les bénéfices héréditaires dans les familles qui les possédèrent.
Mably, Observations sur l'Histoire de France, l. I, c. 4.

Le premier *article* des Droits de l'Homme, en France, c'est la nécessité pour tout Français d'occuper un emploi public.
Mme de Stael, Considérations sur la Révolution française, V^e part., c. 9, § 10.

Article secret, article d'un traité qu'on ne livre point à la publicité ; cette expression s'emploie souvent au figuré :

Combien que la connoissance des temps soit aux hommes un *article secret,* laquelle Dieu s'est réservé à soy-mesme : néantmoins, quand nous venons à considérer tant de choses graves et légères, concurrentes à mesme fin, cela nous doit faire penser à ses jugements.
De la Noue, Discours politiques et militaires, I.

Il n'est pas dit s'il en coûta de l'argent pour cette étrange négociation. D'ordinaire, ce principal *article* de tant de traités demeure *secret.*
Voltaire, Siècle de Louis XIV, c. 8.

La vieille, âpre à ses intérêts,
A mis dans le traité des *articles secrets.*
Destouches, le Médisant, II, 7.

Articles d'un contrat de mariage :

Elle commence par des larmes et par des reproches, et me dit enfin qu'il falloit que je l'épousasse, ou que je lui fisse épouser mon beau-père. « Pour moi, lui dis-je, mes *articles* sont signés il y a long-temps, et ceux de mon beau-père futur le furent avant-hier. »
Tallemant, les Amours de l'auteur.

Les *articles* de votre *mariage* sont tels que vous les avez souhaités, et ils vous sont fort avantageux, à ce qu'il me semble.
Scarron, Roman comique, Ire part., c. 22.

Lorsqu'il a fallu exécuter ses desseins, et signer des *articles de mariage* malgré toutes les oppositions de sa parenté, la pitié l'a plus touchée que l'amour. (La fille d'un président au présidial.)
Fléchier, Mémoires sur les grands jours de 1665.

On veut faire jeter les bans avant que les *articles* soient présentés; jamais il ne s'est vu tant de charrettes devant les bœufs.

Mᵐᵉ DE SÉVIGNÉ, *Lettres*, 10 janvier 1689.

M. de Chaulnes fit l'autre jour un mariage qui me plut, du petit du Guesclin avec une fort jolie fille et fort riche : quand il eut réglé les *articles*, avec beaucoup de peine, il dit : Faisons le contrat. On y consentit; et puis il dit : Mais qui nous empêchera de les marier demain? Chacun dit : Mais des habits, mais une toilette, mais du linge ? Il se moqua de ces sottises.

LA MÊME, même ouvrage, 12 juin 1689.

Dites donc au papa qu'il abrège les formalités; ces *articles*, ce contrat me désespèrent.

REGNARD, *Attendez-moi sous l'orme*, I, 17.

J'ai dessus mon hymen des ordres à donner,
Des *articles* à faire, un contrat à signer.

MONTFLEURY, *La Femme juge et partie*, I.

Sans qu'on ait fait encore *article* ni contrat,
Vous amenez déjà vos parents à la noce.

DUFRESNY, *le Faux Sincère*, III, 6.

Il compte voir ce soir les *articles* signés.

GRESSET, *le Méchant*, II, 3.

Articles d'un compte, d'un mémoire :

Hé quoi! lui répondis-je, ce voleur mettroit effronté-ment, dans un état de dépense, à dix pistoles un poisson qui ne lui en aura coûté que quatre, et tu veux que je lui passe cet *article*-là?

LE SAGE, *Gil Blas*.

Voilà neuf cens écus marqués en deux *articles*.

BOURSAULT, *les Mots à la mode*, sc. 15.

Mon nom est Coquelet, sindic et marguillier.
Si vous avez perdu par malheur la mémoire,
Les *articles* sont tous contenus au mémoire.

REGNARD, *les Ménechmes*, III, 10.

ARTICLE, division d'un écrit :

Ainsi pour conclure cest *article*, me semble que Dieu ne peult envoyer plus grant playe en ung pays, que d'ung prince peu entendu : car de la procedent tous les aultres maulx.

COMMINES, *Mémoires*, liv. II, c. 6.

Le personnage singulier de Mˡˡᵉ de la Vallière pendant plus de deux ans mérite de n'être pas oublié... je veux en faire un *article* dans mes souvenirs.

Mᵐᵉ DE CAYLUS, *Souvenirs*.

III.

Pour terminer l'*article* des nièces de Mᵐᵉ de Montespan, je parlerai succinctement de l'aînée des filles du maréchal de Vivonne son frère.

Mᵐᵉ DE CAYLUS, *Souvenirs*.

Je ne vous ai point parlé de Swift, il mérite un *article* à part.

VOLTAIRE, *Lettre sur Swift*.

Article de journal.

Il (Monseigneur) n'avoit de sa vie lu que l'*article* de Paris de la Gazette de France, pour y voir les morts et les mariages.

SAINT-SIMON, *Mémoires*, 1711.

J'ai lu, Monsieur, l'*article* de la Gazette que vous avez transcrit.

J.-J. ROUSSEAU, *Lettres*, 30 août 1766.

C'est Marin qui fait l'*article*, puisque l'*article* dit du bien de Marin.

BEAUMARCHAIS, *Mémoires*, II.

Il (Napoléon) dictait souvent lui-même des *articles de journaux* qu'on pouvait reconnaître aux saccades violentes du style.

Mᵐᵉ DE STAEL, *Considérations sur la Révolution française*.

Il vaudroit mieux, Monsieur, dans le premier Mercure,
Retrancher quelque fable, ou bien quelque aventure;
Et dans un long *article* avertir les défunts
De ne plus se servir de billets si communs.

BOURSAULT, *Le Mercure galant*, II, 7.

Article de dictionnaire, d'encyclopédie :

Je me suis chargé de quelques *articles* pour le grand Dictionnaire des arts et des sciences qu'on va mettre sous presse.

J.-J. ROUSSEAU, *Lettres*, 17 janvier 1749.

Que ne donnerois-je pas pour avoir pu consulter votre ouvrage ou vos lumières il y a dix ou douze ans, lorsque je travaillois à rassembler les *articles* mal digérés que j'avois faits pour l'Encyclopédie!

LE MÊME, même ouvrage, 28 janvier 1765.

Voyez si les *articles* Alchimiste, Alcoran, Alexandre, qui sont remplis d'historiettes, pourront vous désennuyer un moment.

VOLTAIRE, *Lettres*, 25 mai 1770.

99

Article d'une lettre :

Je trouve vos lettres tous les jours de plus belles en plus belles : je vous prie seulement de m'écrire désormais par *article*, cela fait une plus grande netteté.

> Bussy-Rabutin, *Lettres,* à Mme de Scudéry, 22 juillet 1671.

Le temps et mes tracas ne me permettent pas, Monsieur, de répondre à présent à votre dernière lettre, dont plusieurs *articles* m'ont ému et pénétré.

> J.-J. Rousseau, *Lettres,* 29 novembre 1764.

Répondre *article par article* à un interrogatoire, à une lettre :

J'ai reçu votre dépêche que vous m'avez fait de Nantes, le 3 de ce mois, sur laquelle je vous ferai une réponse précise, *article par article.*

> Colbert à son frère, maître des requêtes et commissaire du roi aux états de Bretagne, 10 août 1663. (Voy. Depping, *Corresp. administr. sous Louis XIV,* t. I, p. 470 et 471.)

Il me demanda d'où je venois, où j'allois, et qui j'étois. A quoi il me fallut répondre *article par article.*

> Le Sage, *Gil Blas,* I, c. 11.

Je reprendrai votre lettre *article par article*; et avec l'âme que je vous connois, vous gémirez de l'avoir écrite.

> J.-J. Rousseau, *Lettres,* 4 octobre 1766.

Il signifie quelquefois, dans une acception plus étendue, sujet, matière :

Mais voici une proposition d'éternelle vérité... qui confirme notre discours, et y ajoute un *article* essentiel.

> Balzac, *Socrate chrétien,* disc. IX.

Voici encore un autre *article* sur quoi je veux que vous me contentiez, s'il vous reste un brin d'amitié pour moi.

> Mme de Sévigné, *Lettres,* à Bussy, 1668.

J'oublie trois ou quatre cens pipes de vin qu'on y boit : mais si je ne comptois pas ce petit *article,* les autres ne l'oublient pas, et c'est le premier.

> La même, même ouvrage, 5 août 1671.

Quelque excuse que j'allègue à Dieu, il me rappellera toujours à cette foi, et il m'obligera à répondre sur autant d'*articles* qu'elle m'aura enseigné de vérités.

> Bourdaloue, 1er *Avent.* Sermon sur le jugement dernier.

Nous sommes enfin forcés à parler de la capitation, qui est un *article* fort délicat en ce pays.

> Le duc de Noailles à Voisin, secrétaire d'État, 31 juillet 1707. (Voy. Depping, *Corresp. admin. sous le règne de Louis XIV,* t. III, p. 332.)

Cet *article* important des finances, qui est la base de tout, qui seul fait naître souvent les révolutions, les prévient et les étouffe, commença bientôt à préparer les séditions.

> Voltaire, *Histoire du Parlement de Paris.*

Ils s'en tinrent toujours aux menaces, du moins pour l'*article* des armes à feu.

> J.-J. Rousseau, *les Confessions,* part. II, liv. XII.

Ne point se marier, fait un *article*; rester fille , en fait un autre.

> Marivaux, *la Méprise,* sc. II.

Pour cet *article*-là, ce que vous m'avez dit
Ne peut... — La vérité passe encor mon récit !

> Molière, *École des femmes,* I, 1.

Sur cet article, sur ces articles :

J'ai trop senti et j'ai été trop vive *sur cet article* pour ne pas entrer dans vos sentiments.

> Mme de Sévigné, 26 janv. 1674. (Voyez t. I, p. 324, supplément Capmas.)

L'athéisme n'est point. Les grands qui en sont le plus soupçonnés, sont trop paresseux pour décider en leur esprit que Dieu n'est pas : leur indolence va jusqu'à les rendre froids et indifférents *sur cet article* si capital, comme sur la nature de leur ame, et sur les conséquences d'une vraie religion : ils ne nient ces choses, ni ne les accordent, ils n'y pensent point.

> La Bruyère, *Caractères,* c. 16.

Ce bon marchand ne doit plus se plaindre d'un vol qui lui a été restitué avec usure, et nous devons tous deux avoir la conscience bien en repos *sur cet article.*

> Le Sage, *Gil Blas,* liv. X, c. 6.

L'irréligion étoit le seul crime auquel il ne pardonnoit point; tout étoit sérieux pour lui *sur cet article.*

> Massillon, *Petit carême,* Vendredi saint, Obstacles que la vérité trouve dans le cœur des grands.

Je garderai le reste de mes jours le silence que je me suis imposé *sur cet article.*

> J.-J. Rousseau, *Lettres,* à M. Davenport, 1766.

Un des moyens les plus sûrs de faire réussir une entreprise est le secret; et Polybe veut qu'un général soit impénétrable *sur cet article.*

> Rollin, *Traité des Études,* liv. VI, IIIe part., c. 2, art. 2.

Nos auteurs varient quelquefois lorsqu'il s'agit de notre ancienne chronologie, ou lorsqu'ils parlent des nations étrangères : nous les abandonnerons, si vous voulez, *sur ces articles.*

BARTHÉLÉMY, *Voyage d'Anacharsis*, c. 65.

Paroissez occupé de ma sœur Pulchérie,
Dites que vous voulez qu'enfin on la marie;
Insistez seulement *sur cet article*-là,
Vous réussirez mieux....

DESTOUCHES, *la Belle-Orgueilleuse*, sc. 2.

Sur l'article, locution générale et familière, dont le sens se trouve d'ordinaire déterminé par ce qui précède.

Qu'il ne s'y joue pas; Monseigneur est brutal *sur l'article.*

BEAUMARCHAIS, *Mariage de Figaro*, I, 9.

En termes de Palais, *Interroger sur faits et articles*, Interroger une personne sur des circonstances et particularités.

Il (Boileau) suivit le barreau et même plaida une cause, dont il se tira fort mal. Comme il étoit près de la commencer, le procureur s'approcha de lui pour lui dire : N'oubliez pas de demander que la partie *soit interrogée sur faits et articles.* — Et pourquoi, lui répondit Boileau, la chose n'est-elle pas déjà faite?

L. RACINE, *Mémoires sur la vie de J. Racine.*

On disait, dans l'ancienne procédure, *Prendre articles contre quelqu'un :*

A ces motz, *prindrent articles contre luy*, luy de l'aultre costé les feist adjourner.

RABELAIS, *Gargantua*, liv. I, c. 20.

ARTICLE se dit, en matière religieuse des différents points d'une doctrine, d'une confession de foi, d'un symbole.

Du Bourg ayant decliné de ses commissaires par le privilege des Conseillers de la Cour et depuis par celuy de Conseiller d'Eglise, fut debouté de l'un et de l'autre et contraint de respondre de poinct en poinct sur tous les *articles* que maintient l'Eglise reformee.

D'AUBIGNÉ, *Histoires*, t. I, liv. II, c. 11.

L'Église apprend, par tant d'expériences, qu'elle n'a pas moins à souffrir sous les empereurs chrétiens qu'elle avoit souffert sous les empereurs infidèles; et qu'elle doit verser du sang pour défendre non-seulement tout le corps de sa doctrine, mais encore chaque *article* particulier.

BOSSUET, *Discours sur l'histoire universelle*, II, c. 20.

Les protestants se glorifioient d'avoir pour eux les saints Pères, principalement dans l'*article* de la justification.

LE MÊME, *Histoire des Variations des églises protestantes*, liv. III, nº 59.

C'est le grand *article* de Wiclef, de trouver du pain dans ce sacrement (celui de l'eucharistie).

LE MÊME, même ouvrage, liv. XI, nº 57.

Nous n'avons point d'exemple qu'en matière de religion, l'Église romaine ait jamais approuvé des équivoques, ou consenti à la suppression des *articles* qu'elle a crus une fois révélés de Dieu.

LE MÊME, même ouvrage, liv. XII, nº 42.

Quand quelquefois on lui demandoit si elle (Mlle de Nemours), disoit le Pater, elle répondoit que oui, mais qu'elle passoit l'*article* du pardon des ennemis sans le dire.

SAINT-SIMON, *Mémoires*, 1707.

Article de la foi, de foi, chaque point de la croyance en matière de religion, chacune des vérités que Dieu a révélées à son Église.

Li sainz roys... disoit que nous deviens croire si fermement les *articles de la foy*, que pour mort ne pour meschief qui avenist au cors, que nous n'aiens nulle volentci d'aler encontre par parole ne par fait.

JOINVILLE, *Histoire de S. Louis*, VIII.

Je ne touche point à une pièce que l'Église ne propose pas comme un *article de foi*, mais qu'elle souffre comme une fantaisie de piété.

BALZAC, *Socrate chrétien*, disc. XI.

Les jésuites triompheront : ce sera leur grâce suffisante en effet, et non pas la vôtre qui ne l'est que de nom, qui passera pour établie, et on fera un *article de foi* du contraire de votre créance.

PASCAL, *Provinciales*, II.

Mais comme ils (les Juifs) ne connoissent plus rien dans les temps qui leur sont marqués par leurs prophéties, et qu'ils ne savent par où sortir de ce labyrinthe, ils ont fait un *article de foi* de cette parole que nous lisons dans le

Talmud : « Tous les termes qui étoient marqués pour la venue du Messie sont passés... »

BOSSUET, *Discours sur l'histoire universelle*, II, c. 23.

Saint Thomas demande si par la succession des temps les *articles de foi* se sont multipliés, et il se déclare pour l'affirmation : c'est-à-dire que les Docteurs renchérissant les uns sur les autres, en savent plus que n'en ont dit les Apôtres et Jésus-Christ.

ROUSSEAU, *Lettre à Beaumont*.

Au figuré :

Grand esprit, de qui tout prend loi,
Et dont les paroles choisies
Sont autant d'*articles de foi*.

SAINT AMANT, *le Contemplateur*.

Je ris de ses discours frivoles :
On sait fort bien que ses paroles
Ne sont pas *articles de foi*.

BOILEAU, *Épigrammes*, Contre un athée (S. Pavin).

Article, circonstance, conjoncture :

Li dist li benoict saint Loys : « Tu m'as apelé, que veus tu ? » Et il respondi : « Sire, que vous me secourez en cest *article*. »

Miracles de S. Louis, p. 468.

A l'article, En l'article de la mort, du décès, Au dernier moment de la vie.

De laquelle sentence nul ne peut estre absolz, fors par le pape, excepté tant seulement *en l'article de la mort*.

ENGUERRAN DE MONSTRELET, *Chronique*, I, c. 40.

J'ay entendu qu'il est *en l'article* et dernier moment *de son décès*.

RABELAIS, *Pantagruel*, III, c. 21.

Ouvre nous *en l'article de la mort*, pour le moins, ce tressacre thesaur de nostre mere saincte Ecclise.

LE MÊME, même ouvrage, IV, c. 53.

Je ne dis pas un mot dont je me puisse repentir *à l'article de la mort*.

CARDINAL DE RETZ, *Mémoires*, part. II, année 1650.

Un vieux conseiller de Bordeaux, nommé d'Andrault, avoit eu toute sa vie une telle passion pour les nouvelles, qu'*à l'article de la mort* il envoya chercher un Portugais, grand nouvelliste, pour savoir de lui ce qu'il avoit appris par le dernier ordinaire.

TALLEMANT DES RÉAUX, *Historiettes*. Contes de mourants.

Pourrait-on penser que Vitelli, en expirant, supplia son assassin d'obtenir pour lui auprès du pape son père une indulgence *à l'article de la mort?* C'est pourtant ce que disent les contemporains.

VOLTAIRE, *Essai sur les mœurs*, etc. D'Alexandre VI et de Louis XII, c. 111.

Je pardonnerai *à l'article de la mort*, et pas plus tôt, à M. l'abbé Terrai, et je ne pardonnerai, ni dans ce monde, ni dans l'autre, à ceux qui voudraient vous contrecarrer.

VOLTAIRE, *Lettres*, à M. le duc de Choiseul, 17 mars 1770.

ARTICLE, se dit en termes de Commerce, Des différents objets qu'un marchand a dans son magasin. Ce terme s'est introduit assez récemment dans les Dictionnaires. On lit dans celui de Furetière (1690) : « *Article* signifie aussi une chose particulière. » Cette définition y est accompagnée des exemples suivants :

On lui a donné un habit, et il demande encore un manteau ; c'est un autre *article*.

Il a retiré les meubles qu'il avoit engagés, mais il en a trouvé à redire plusieurs *articles*.

Tout son bien consiste en un *article*. (Pour dire en une maison ; en une terre.)

On luy donne tous les meubles de cet inventaire en sa garde, qu'on lui a compté *article* par *article*.

C'est probablement d'une extension de ce sens qu'est venu l'emploi d'*Article* en termes de commerce.

Ces *articles* sont d'un très bon débit.

Dictionnaire de l'Académie, 1835.

Article. Dans le langage commercial ce mot désigne l'ensemble des produits qui se fabriquent spécialement dans une ville ou un centre manufacturier. On dit encore les *articles* de luxe, de fantaisie, de goût ; à ce dernier point de vue, on s'occupe plus particulièrement de la fabrication parisienne. Les *articles* de Paris sont en effet célèbres dans le monde entier.

GUILLAUMIN, *Dictionnaire universel de commerce*, 1861.

ARTICLE, en termes de Grammaire, celle des

parties du discours qui précède ordinairement les noms substantifs.

Articles et déclinoisons.
Bataille des sept Arts, p. 42.

Je ne connois d'autre *article* que l'adjectif Le, La, Les ; et d'abord vous voyez que l'*article* est susceptible de genre et de nombre.
CONDILLAC, *Grammaire.*

Le style marotique permet de retrancher les *articles* et les pronoms, comme on les retranchait au temps de Marot, ce qui donne à la phrase un tour plus vif.
LA HARPE, *Cours de littérature.*

Conformément au sens étymologique fort général d'*article*, qui désigne un petit membre, une articulation, on a quelquefois appliqué cette dénomination à d'autres espèces de mots :

Ce que nous appelons ici *articles*, d'autres les appellent prépositions, mais la dispute du nom ne fait rien à la chose.
VAUGELAS, *Remarques.*

Je dirai bien en latin : « decipit et placet; » en italien : « inganna e piace »... parce que ces langues omettent leurs *articles;* mais en françois je suis obligé de dire : « il trompe et il plait. »
BOUHOURS, *Entretiens d'Ariste et d'Eugène*, VI. Les devises.

ARTICULER, v. a.
Prononcer distinctement :
Articuler un son, des sons.

Pour que notre langue puisse *articuler* distinctement tant de *sons* divers, il est aisé de juger de combien de muscles délicats elle a dû être composée.
BOSSUET, *De la Connoissance de Dieu et de soi-même,* c. 5, nᵒ 12.

Les Chinois inventèrent enfin des caractères pour exprimer chaque mot de leur langue. Mais quel peuple inventa l'alphabet qui, en mettant sous les yeux les différents *sons* qu'on peut *articuler*, donne la facilité de combiner par écrit tous les mots possibles?
VOLTAIRE, *Essai sur les mœurs*, c. 20, Langue et symbole des Égyptiens.

Peut-être y en auroit-il un grand nombre d'autres (animaux) auxquels on pourroit, si l'on vouloit s'en donner la peine, faire *articuler* quelques *sons.*
BUFFON, *Histoire naturelle.* L'homme et l'animal.

L'air que l'on respire a beaucoup d'influence sur les *sons* que l'on *articule.*
Mᵐᵉ DE STAEL, *De l'Allemagne.*

Articuler une syllabe :

Plusieurs apoplexies redoublées l'avoient réduit (le maréchal d'Harcourt) à ne pouvoir *articuler une syllabe.*
SAINT-SIMON, *Mémoires,* 1718.

Articuler un mot, des mots, des paroles.

A l'instant, le Pimentel (archidiacre de l'église de Tolède), le chapeau à la main, se leva, s'inclina, me dit *domine* sans m'avoir donné l'instant d'*articuler un seul mot.*
SAINT-SIMON, *Mémoires,* 1722.

On doit cesser d'être surpris de ce que dans toutes les langues et chez tous les peuples les enfans commencent toujours par bégayer Baba, Mama, Papa. Ces *mots* ne sont, pour ainsi dire, que les plus naturels à l'homme, parce qu'ils sont les plus aisés à *articuler.*
BUFFON, *Histoire naturelle.*

Je fus si touchée, si pénétrée, si saisie, qu'il ne me fut pas possible d'*articuler un mot.*
MARIVAUX, *la Vie de Marianne,* IVᵉ partie.

Quand les langues ont commencé à prendre un caractère, et, pour ainsi dire, à dessiner les *mots* en les *articulant,* alors les consonnes s'y sont multipliées.
BERNARDIN DE SAINT-PIERRE, *Harmonies de la nature,* liv. VIII.

Pour moi, j'*articulois mes mots* avant le temps.
DE BOISSY, *le Babillard,* sc. 4.

Je n'*articule* point ce mot-là, je ne puis.
COLLIN D'HARLEVILLE, *les Querelles des deux frères,* III, 12.

Ce mot s'emploie aussi absolument :

Il parle bas dans la conversation, et il *articule* mal... Il est pauvre.
LA BRUYÈRE, *Caractères,* c. 6.

J'ai le don de la parole et de l'intonation, de sorte que j'*articule* et que je chante.
VOLTAIRE, *Lettres de Memmius à Cicéron.*

Il (Condillac) remonte jusqu'au langage d'action, qui dut être celui des premiers hommes avant qu'ils eussent formé des langues, et qui est encore celui des enfants avant qu'ils sachent *articuler* et parler.
LA HARPE, *Cours de littérature,* IIIᵉ part., liv. III, c. 1ᵉʳ.

Leur voix stylée aux tons mâles et fermes
Articuloit sans rien perdre des termes.
GRESSET, *Ververt*, 3.

C'est un êtré qui sait à peine *articuler*;
. . . .
D'aucune impression son ame n'est émue
Et je vais épouser une belle statue.
BOISSY, *les Dehors trompeurs*, I, 7.

On a dit populairement : *Articuler des mâchoires*, agiter les mâchoires, manger.

Aussi tost ces dames commencerent d'escrimer du verre et d'*articuler des machoires* à bon escient.
Recueil général des caquets de l'accouchée,
8° journée.

Il signifie, en termes de Palais, Énoncer par article :

La décision dépend uniquement de l'examen des faits qui sont *articulés* de part et d'autre.
D'AGUESSEAU, *Plaidoyers*, 17.

S'il y a lieu à enquête, le jugement qui l'ordonnera contiendra les faits, sans qu'il soit besoin de les *articuler* préalablement.
Code de procédure criminelle, 407.

Dans le langage ordinaire, il signifie Affirmer positivement et circonstancier quelque chose.

Quand il faudroit subir le hazard d'entrer en lice avec les autres moyens sans cestuy-cy, il faudroit bien rehausser la force et la crainte faite à la Royne pour luy faire espouser le Roy, d'autre façon qu'on ne l'a jusques icy *articulée.*
D'OSSAT, *Lettres*, liv. V, 20.

Ayant ensuite rapporté audit commandeur tout ce qui nous *avoit été articulé* par l'empereur et par le prince (Lobkowitz), le sieur commandeur nous déclara à son tour que si, dans cette circonstance, il avoit semblé à qui que ce fût qu'il agît ou parlât en homme qui a du ressentiment, ç'avoit été tout à fait contre son intention.
*Écrit pour l'accommodement entre le chevalier de Gre-
monville et le prince Lobkowitz*, 18 août 1671. (Voy.
MIGNET, *Succession d'Espagne*, t. III, p. 530.)

Vous y pouvez ajouter des faits que j'ignore, mais tous ceux que je viens d'*articuler* sont essentiels.
VOLTAIRE, *Correspondance générale*, II, 77.

Il ne falloit pas de bien mûres délibérations pour apercevoir cela, car je vous l'avois bien *articulé*, et je m'étois assuré que vous m'entendiez fort bien.
J.-J. ROUSSEAU, *Lettres*, 24 novembre 1770.

La distinction, ou métaphysique, ou réelle, qu'il croyoit *avoir* si prudemment *articulée* entre la poésie et le poème de la Henriade, ne satisfit pas l'auteur sensible de cet immortel ouvrage.
D'ALEMBERT, *Éloge de Trublet.*

Non-seulement il (le peuple athénien) avoit permis à la comédie de censurer les mœurs publiques..... mais d'*articuler* en plein théâtre les faits répréhensibles.
MARMONTEL, *Éléments de littérature*, Satire.

J'*articulai* vivement : La question n'est pas bien posée pour que je réponde oui ou non.
BEAUMARCHAIS, *Mémoires*.

ARTICULER s'emploie avec le pronom personnel, en termes d'Anatomie, et se dit des os qui se joignent, qui s'unissent par articulation.

ARTICULÉ, ÉE, part. passé.

Ce participe s'emploie dans tous les sens qui correspondent à ceux du verbe.

En termes de Zoologie, il se dit des animaux qui ont un squelette extérieur disposé sous la forme d'anneaux qui entourent le corps en s'articulant les uns avec les autres.

Personne n'a encore trouvé qu'un seul os dût être figuré autrement qu'il n'est, ni être *articulé* autre part, ni être emboîté plus commodément.
BOSSUET, *De la Connoissance de Dieu et de soi-même,*
c. 4, n° 2.

Le squelette du daim est composé des mêmes os que celui du cerf, et ces os sont figurés et *articulés* de la même façon.
BUFFON, *Histoire naturelle*. Le Daim.

Son bec fortement *articulé*, et très crochu, est en effet un bec de proie; le croc de la partie supérieure et la gouttière tronquée qui termine l'inférieure, sont de couleur jaunâtre.
LE MÊME, même ouvrage. Le Corbeau.

Il se dit quelquefois figurément en parlant de la liaison du style, de l'enchaînement d'un récit.

Si en conservant celles qui peignent les mœurs, vous fesiez de ce chaos un tableau général et bien *articulé*; si vous cherchiez à démêler dans les événements l'histoire de l'esprit humain, croiriez-vous avoir perdu votre temps?

VOLTAIRE, *Fragments sur l'histoire*, art. 28, à l'occasion du siècle de Louis XIV.

Articulé, prononcé.
Langage articulé.

La vision qu'elle eut de sa sœur, avec laquelle elle logeoit, vint de ce que cette femme eut un mal de mère si furieux, qu'elle parla un *langage articulé* que personne n'entendoit.

TALLEMANT DES RÉAUX, *les Amours de l'auteur*.

Paroles articulées.

Papegaus est uns oisiaus vers, mais ses bès et si piet sont rouges comme sanc, et a plus grant langue et plus liée que nus oisiaus, pourquoi il dit *paroles articulées* en semblance d'ome.

BRUNETTO LATINI, *li Livres dou tresor*, liv. I, part. V, c. 170.

Sons articulés.

Je luy dis du grec, de l'anglois, de l'espagnol et de l'italien; mais à tout cela ce diable ne trouva jamais à répondre un *son articulé*.

THÉOPHILE, *Fragments d'une histoire comique*, c. 3.

Lorsque la vérité jugera les hommes, il ne faut pas croire, ni qu'elle paroisse au dehors, ni qu'elle ait besoin, pour se faire entendre, de *sons* distincts et *articulés* : elle est dans les consciences.

BOSSUET, *Sermons*, Sur la prédication de l'Évangile.

Strabon, en décrivant les raretés de la Thébaïde, parle d'une statue de Memnon, fort célèbre, dont il avoit vû les restes. On dit que cette statue, lorsqu'elle étoit frappée des premiers rayons du soleil levant, rendoit un *son articulé*.

ROLLIN, *Histoire ancienne*, liv. I, Iʳᵉ part., c. 1.

On appelle *sons articulés* ceux qui sont modifiés par le mouvement de la langue, lorsqu'elle frappe contre le palais ou contre les dents, et ceux qui sont modifiés par le mouvement des lèvres lorsqu'elles frappent l'une contre l'autre.

CONDILLAC, *Grammaire*.

Voix articulée.

Telle estoit environ l'an de nostre benoist servateur 1513, Jacobe Rodogine, Italiane,... du ventre de laquelle nous avons souvent ouy... la *voix* de l'esprit immonde, certainement basse, foible et petite, toutes foys bien *articulée*, distincte et intelligible.

RABELAIS, *Pantagruel*, IV, 58.

Mᵐᵉ de Carignan, qui le connoissoit (Vaugelas), le voulut avoir pour gouverneur de ses enfants, dont l'aîné... étoit sourd et muet, et l'autre bègue, de telle sorte qu'il n'a pas la *voix articulée*.

TALLEMANT DES RÉAUX, *Historiettes*. Vaugelas.

L'on voit certains animaux farouches, des mâles et des femelles, répandus par la campagne... Ils ont comme une *voix articulée*, et quand ils se lèvent sur leurs pieds, ils montrent une face humaine.

LA BRUYÈRE, *Caractères*, c. 11.

Articulé, en termes de Palais :

La mission *articulée* comme excuse.

Code civil, 489.

Articulé, affirmé.

Outre ces faits fortement *articulés*, le sel le plus âcre étoit répandu partout.

SAINT-SIMON, *Mémoires*, 1694.

Sur le mot *articulé*, employé dans le sens qu'il a au Palais, on avait fait :

ARTICULÉMENT, adv., d'une manière articulée, catégorique.

Le drapier propose *articulément* sa demande.

PASQUIER, *Recherches de la France*, VIII, 39.

On disait aussi :

ARTICULIÈREMENT, adv.

(Voyez *Glossaire de* DU CANGE, au mot *Articulariter*.)

Et enfin :

ARTICULEUR, s. m. Pour désigner celui qui articule des faits en justice :

Item que semblablement (la taxe pour leurs salaires)

soit obserueit, tant aux sentenchiers comme aux *articu-leurs*, notaires, auditeurs et appariteurs desdites cours.

(Charte de 1403. Voyez DU CANGE, *Glossaire*, Articulus.).

ARTICULATION. s. f. Jonction, jointure des os.

Adoncques Nazdecabre eleva en l'aër la main dextre toute ouuerte, puys mist le poulce d'icelle jusques à la premiere *articulation* entre la tierce joincture du maistre doigt et du doigt medical.

RABELAIS, *Pantagruel*, III, 20.

Les bras et les mains sont en divers endroits divisés par plusieurs *articulations*, qui, jointes à la fermeté des os, leur servent pour faciliter le mouvement et pour serrer les corps grands et petits.

BOSSUET, *De la Connoissance de Dieu et de soi-même*, c. 2, art. 2.

Afin que nos pieds et nos mains ne fussent pas exposés à perdre leur sensibilité par des chocs fréquents, la nature leur a donné beaucoup de souplesse, en les divisant en plusieurs doigts, et ces doigts en plusieurs *articulations*.

BERNARDIN DE SAINT-PIERRE, *Études de la nature*, Étude 12.

Il s'emploie quelquefois figurément en ce sens :

La dialectique est... le squelette de l'éloquence ; et c'est avec ce mécanisme, ces *articulations*... qu'il faut d'abord qu'un esprit jeune et vigoureux s'exerce et se familiarise.

MARMONTEL, *Éléments de littérature*, Rhétorique.

ARTICULATION signifie aussi l'action de prononcer distinctement les syllabes, les mots.

Qui voudra dire que la langue et les lèvres, avec leur prodigieuse mobilité, ne sont pas faites pour former la voix en mille sortes d'*articulations*?

BOSSUET, *De la Connoissance de Dieu et de soi-même*, c. 4, n° 2.

La langue de la plupart des animaux, quelque semblable qu'elle paroisse à la nôtre dans sa masse extérieure, est incapable d'*articulation*.

LE MÊME, même ouvrage, c. 5, n° 12.

Consultez l'ancien tudesque et tous les idiomes du Nord,

vous verrez à peine une chose nécessaire et commune exprimée par plus d'une *articulation*, tout est monosyllabes.

VOLTAIRE, *Essai sur les mœurs*, c. 7.

La force de ses poumons (de Mlle Clairon), une *articulation* très heureuse et la véhémence... ne manquent pas d'éblouir les sots.

GRIMM, *Correspondance*, 15 juillet 1753.

Les accents qui se forment sans aucune *articulation* sont communs aux deux langages ; on a dû les conserver dans les premiers sons articulés dont on s'est servi pour exprimer les sentiments de l'âme ; on n'aura fait que les modifier, en les frappant avec la langue ou avec les lèvres ; et cette *articulation*, qui les marquoit davantage, pouvoit les rendre plus expressifs.

CONDILLAC, *Grammaire*.

De l'*articulation* extrêmement marquée des premiers langages, et de l'expression violente des gestes qui l'accompagnaient, Condillac fait naître la musique et la danse.

LA HARPE, *Cours de littérature*, IIIe part., liv. III, c. 1er, sect. 5.

Dans un chant dont toutes les *articulations* et les intonations sont prescrites et mesurées, vingt voix d'accord n'en feront qu'une.

MARMONTEL, *Éléments de littérature*. Chœur d'opéra.

ARTICULAIRE, adj. des deux genres. T. d'Anat. et de Médec. Qui a rapport aux articulations, aux jointures du corps.

Le theriaque profite aux podagres, et à toutes maladies *articulaires*, parce qu'il obtond, consomme, et seiche la matière virulente des gouttes.

A. PARÉ, *Œuvres*, liv. XVIII, c. 1.

ARTIMON, s. m. (du latin *artemo, artemonis*, tiré du grec ἀρτέμων). T. de Marine. Nom du mât de l'arrière, le plus petit ou le troisième d'un grand bâtiment.

En quelle part que elle (la nef) brize, le seigneur de la terre doit avoir de selle navire l'*artimon* et le timon.

Asises de Jérusalem, c. 46.

Il désigne aussi la voile aurique attachée au mât d'artimon, au-dessus de la poupe.

Frere Jan... feist caller les boulingues... descendre le grand *artemon.*

RABELAIS, *Pantagruel,* IV, 18.

Artimon... petite voile qui s'attache au derrière et est en pointe, là où la grande et les autres sont quarrées : on l'appelle aussi catepleure et aureille de lievre, à cause de sa pointe.

LE P. RENÉ FRANÇOIS, *Merveilles de nature,* 1621, c. 12.

ARTISON. s. m.

Dénomination commune à Tous les insectes qui, comme les teignes, rongent les étoffes, les pelleteries, le bois, etc.

On disait aussi anciennement ARTUISON, ou ARTUSON :

Salemon dit que tout ainsi comme la tigne on l'*artuison,* nuit à la robe et le petit ver au bois, tout ainsi grièfve tristesse au cuer.

Le Ménagier de Paris, Ire distinction, 9e art.

L'esbeurrer, donques, outre l'utilité qu'on tire du beurre, en apporte aussi une autre, qui est, qu'il préserve les fourmages d'estre mangez des bestioles, vers, mouches, moucherons, *artusons,* mittes.

OLIVIER DE SERRES, *Théâtre d'agriculture,* 4e lieu, c. 8.

On employait également ARTRE.

Vne robbe, ou vn drap, qui aura servi en quelques funérailles ne sera jamais mangé d'*artres.*

DU PINET, trad. de Pline l'Ancien, liv. XXVIII, c. 3.

ARTISONNÉ, ÉE, adj. Il se dit De tout ce qui est troué par les insectes appelés ARTISONS.

Seront faits les vaisseaux à vin... de bon bois sec, non punais, rougé, vergé, ne *artisonné,* sans aubour.

Coutume de Tours. (Voyez *Coutumier général,* t. II, p. 5.)

ARUM, s. m. (Mot purement latin, tiré du grec ἄρον.) T. de Botan. Genre de plantes dont les fleurs naissent sur un réceptacle cylindrique et allongé, s'élevant d'une spathe en forme de cornet.

Les fleurs qui participent le plus de la forme conique,

III.

sont celles qui naissent à l'entrée du printemps, comme la fleur d'*arum,* qui est faite en cornet, ou celles qui viennent dans des montagnes élevées, comme l'oreille d'ours des Alpes.

BERNARDIN DE SAINT-PIERRE, *Études de la nature,* étude XI.

ARUSPICE. s. m. (du latin *aruspex* ou *haruspex.*) Ministre de la religion chez les anciens Romains, dont la fonction consistait à chercher des présages dans les mouvements de la victime avant le sacrifice, et dans l'inspection de ses entrailles après qu'elle avait été immolée.

Les *aruspices* consultoient les entrailles qui palpitoient encore.

FÉNELON, *Télémaque,* XI.

L'on a vu des *aruspices* mercenaires fouiller dans les entrailles d'un animal, en enlever des parties intégrantes, et faire recommencer le sacrifice.

BARTHÉLEMY, *Voyage d'Anacharsis,* c. 32.

On a quelquefois employé le mot :
ARUSPICINE, s. f. pour désigner le genre de divination pratiqué par les aruspices.

Voulez-vous en sçavoir par l'art de *Aruspicine.*

RABELAIS, *Pantagruel,* III, 25.

ARVALES, s. m. pl. (d'*arvalis,* tiré d'*arvum,* champ). Chez les anciens Romains, il se disait d'Un collège de douze prêtres qui se perpétua jusqu'au troisième siècle après Jésus-Christ.

Cette femme... (Acca Laurentia) ayant perdu un de ses douze enfants, Romulus s'offrit pour le remplacer, et il se nomma avec eux tous, fratres arvales, frères *arvales.*

L'ABBÉ DE VERTEUIL, trad. d'Aulu-Gelle, *Nuits attiques,* t. I, c. 23, année 1776.

Le plus ancien monument de l'ancienne langue latine est la chanson des frères *arvales,* qui remonte au temps de Romulus.

SCHŒLL, *Hist. de la litt. rom.,* t. I, p. 41.

Il y a loin du chœur des frères *arvales* au langage élégant des écrivains du siècle d'Auguste.

HASE, *Journal des savants,* janvier 1854, p. 35.

100

ARYEN, ENNE, adj. (du sanscrit *ârya*, honorable). Qui tient aux Aryens, qui a rapport aux Aryens. C'est le nom que se donnait à lui-même le peuple de race blanche qui établit anciennement sa domination dans l'Inde et dans la Perse. On dit aussi les *Aryas*, et on écrivit d'abord les *Ariens*.

Je ne doute pas que la croyance à un état primitif de perfection duquel l'homme a graduellement déchu, que l'idée de ces âges fabuleux, qui pour la plupart des anciens peuples remplissent les temps antérieurs aux époques historiques, peut-être même que quelques-uns des nombres exprimant la durée de ces âges, ne soient les débris d'un ancien héritage commun aux *Ariens* et aux Sémites.

Eug. Burnouf, Bhâgavata Purâna, tom. III,
préf., p. xlix.

AS, s. m. (du latin *as, assis*). Un point seul marqué sur un des côtés d'un dé, ou sur une carte.

Elle (la maréchale de Richelieu) avoit les plus beaux yeux du monde, mais d'ailleurs étoit assez laide : ce qui fit dire à Mme la duchesse d'Aumont que ses yeux étoient les deux *as* noirs.

Hénault, Mémoires, c. 10.

Au reversis, elle (Mlle Mélanie de Salignac, aveugle) changeait de signe aux *as*, surtout l'*as* de carreau, et au quinola.

Diderot, Lettre sur les aveugles.

Au piquet je marque les *as*.

Saint-Évremond, à Mme la duchesse de Mazarin,
Stances irrégulières.

Le doux charme pour toy, de voir chaque journée
De nobles champions ta femme environnée
. . . .
S'écrier sur un *as* mal à propos jeté !

Boileau, Satires, X.

Je porte l'*as* de trèfle (admire mon malheur!),
l'*as*, le roi, le valet, le huit et dix de cœur.

Molière, les Fâcheux, II, 2.

Quand vous perdez au jeu, l'on vous donne revanche ;
Même votre homme écarte et ses *as* et ses rois.

La Fontaine, Contes, la Coupe enchantée.

Je sais dans un trictrac, quand il faut un sonnés,
Glisser des dez heureux, ou chargés, ou pipés ;
Et quand mon plein est fait, gardant mes avantages,
J'en substitue aussi d'autres prudents et sages,
Qui n'offrant à mon gré que des *as* à tous coups,
Me font en un instant enfiler douze trous.

Regnard, le Joueur, I, 10.

...Vous croyez, en votre humeur caustique,
En agir avec moi comme avec l'*as* de pique.

Le même, même ouvrage, III, 9.

Nez en as de trèfle, nez camus.

Les hommes et femmes ressemblent aux Poictevins rouges, exceptez que tous, hommes et femmes et petits enfans, ont le nez en figure d'un *as de treuffles*.

Rabelais, Pantagruel, IV, 9.

Le curé qui menoit la danse avec sa robe desvestue en espaule, avoit un *nez en as de trefle*, et les jouës enflées à couleur de gorge de coq d'Inde.

D'Aubigné, Aventures du baron de Fæneste, IV, 13.

As de pique s'emploie populairement pour Mauvaise langue, et, en général, comme terme de mépris.

... O la fine pratique,
Un mari confident! — Taisez-vous, *as de pique*!

Molière, Dépit amoureux, V, 9.

C'est un beau marmouzet, c'est un bel *as de pique*.

Scarron, Jodelet duelliste, II, 4.

Prenez bien garde à ce soldat,
Ou plutôt ce grand *as de pique*.

Le même, la Foire Saint-Germain.

As, chez les anciens Romains, se disait d'Une monnaie de cuivre dont le poids et la valeur varièrent dans les différents temps.

Dans la première guerre punique, l'*as*, qui devoit être de douze onces, n'en pesa plus que deux.

Montesquieu, Esprit des lois, XXII, 11.

Je puis bien jurer que je n'avois aucune idée de la fausse monnoie, et très peu de la véritable. Je savois mieux comment se faisoient les *as* romains que nos pièces de trois sous.

J.-J. Rousseau, Confessions, Ire part., liv. I.

ASBESTE, s.m. (du grec ἄσβεστος, de ἀ privatif et de σβεστός, consumé). Pierre qui est composée de filets moins flexibles que ceux de l'amiante, et qui, comme cette pierre, n'éprouve aucune altération dans le feu.

L'asbeste dur que j'ai employé, vient des montagnes du Grand Saint-Bernard, au-dessus du glacier de la Valsorey : il est d'un beau vert, un peu transparent.

SAUSSURE, Voyages dans les Alpes, t. I, c. 4, § 117.

Au XVIᵉ siècle, on emploie d'ordinaire ce mot sous sa forme grecque, ou tout au moins sous sa forme latinisée.

La pierre dicte ἄσβεστος n'est plus inextinguible que la soif de ma paternité.

RABELAIS, Gargantua, I, 5.

Le Pantagruelion... sera en fin du feu extraict plus beau, plus blanc et plus net que ne l'y aviez jecté. Pour tant est appelé Asbeston.

LE MÊME, Pantagruel, III, 52.

La pierre inextinguible ditte Asbestos.

REMY BELLEAU, titre d'une pièce des Amours et nouveaux eschanges des pierres précieuses.

Rabelais, dans le chapitre de Pantagruel, d'où est tiré l'avant-dernier exemple, a employé adjectivement ASBESTE et ASBESTIN :

Pantagruelion asbeste plus tost y est renouvelé et nettoyé que corrompu et altéré.

Le feu qui tout dévore, tout deguaste et consume, nettoye, purge et blanchist ce seul Pantagruelion Caspasien Asbestin.

ASCARIDE, s. m. (d'ἀσκαρίς, venant d'ἀσκαρίζω, s'agiter). T. d'Hist. nat. Petit ver rond qui ne se trouve que dans les gros intestins.

Par adventure a il des ascarides, lumbriques et vermes dedans le corps.

RABELAIS, Pantagruel, III, 22.

Sont appelés ascarides, pource que tels communément sont sautelans.

AMB. PARÉ, Œuvres, XXII, 4.

ASCENDANT, ANTE, adj. (d'ascendere, monter). Qui va en montant.

La progression est une suite de consonnances ascendantes ou descendantes.

BERNARDIN DE SAINT-PIERRE, Études de la nature, étude Xᵉ.

Il arrive fréquemment... que l'une des pentes chevauche ou surmonte l'autre, et que le point où les couches ascendantes se rencontrent, se trouve au-dessous du sommet comme dans un petit lambda (λ).

SAUSSURE, Voyages dans les Alpes, t. I, c. 16, § 373.

Ces fibres ascendantes s'entre-croisent avec d'autres plans de fibres transverses.

RICHERAND, Nouveaux Éléments de physiologie, § 142.

Il se disait autrefois, en Astrologie, et se dit encore, en Astronomie, Des astres qui montent sur l'horizon.

Je n'ay soucy sous quel astre ascendant
J'aye tiré quelque heureuse influence ;
Ni quels flambeaux, au jour de ma naissance,
De doux aspects s'entr'alloyent regardant.

AMADIS JAMYN, Poésies, fol. 9, rᵒ.

L'astre ascendant sous qui je pris naissance
De son regard ne maistrisoit les cieux
Quand je nasquis : il estoit dans tes yeux,
Futurs tyrans de mon obéissance.

RONSARD, Amours, I, 138.

ASCENDANT, en termes de Jurisprudence et de Généalogie, se dit des personnes dont on descend.

Depuis la multiplication du genre humain, il n'y avoit point d'exemple que Dieu eût permis le mariage de frère à sœur ; ni les autres de cette nature au premier degré, soit ascendant, ou descendant, ou collatéral.

BOSSUET, Histoire des variations des Églises protestantes, liv. VII.

On distingue la ligne directe, en ligne directe descendante et ligne directe ascendante.

Code civil, 736.

ASCENDANT, s. m. Il désigne, en Astronomie, Le point de l'écliptique situé dans l'horizon oriental, c'est-à-dire le point qui se lève.

Un tel signe étoit à *l'ascendant*, quand il s'éleva tempête.

Dictionnaire de l'Académie, 1762.

Il se disait particulièrement, en Astrologie, Du point qui se lève, considéré par rapport à la nativité des personnes.

Lorsque ce gentil jeune roy Charles vint à la couronne, il y eut plusieurs philosophes astrologues, et sur tous Nostradamus, qui, curieux de sonder son *ascendant* et horoscope, trouvarent qu'il seroit un jour un très-grand, vaillant et fortuné prince.

BRANTÔME, *Grands Capitaines.* Le roy Charles IX.

L'an suivant Emir Dineveron, fils de Mohamed-Roudani-Aredi, vice roy de Perse, eut ordre du calife de faire relever la ville plus grande et plus belle qu'auparavant ; et de savoir du celebre astrologue Aboutaher sous quel *ascendant* il y falloit travailler. Il marqua celuy du Scorpion.

CHARDIN, *Journal du Voyage en Perse,* Ire partie.

Au sort d'être cocu son *ascendant* l'expose,
Et ne l'être qu'en herbe est pour lui douce chose.
MOLIÈRE, *École des maris,* III, 10.

. . . . . Si par quelque raison
Vostre *ascendant* à l'hymen vous expose,
N'épousez point d'Honnesta s'il se peut :
N'a pas pourtant une Honnesta qui veut.
LA FONTAINE, *Contes,* Belphégor.

Dans le passage suivant de Rabelais, frère Jean considère les instruments de cuisine comme des astres dont le cours détermine les heures de la journée :

Frere Jean s'estoit en la cuisine transporté : et en *l'ascendant* des broches et horoscope des fricassées consideroit quelle heure lors pouvoit estre.

RABELAIS, *Pantagruel,* IV, 63.

Du sens astrologique *d'ascendant* proviennent différentes expressions figurées, qui furent en grande faveur au XVIIe siècle et que Mlle de Scudéry a passées en revue dans ses *Conversations.*

Faites-moi bien entendre ce que c'est que *l'ascendant,* car j'ai un ami qui met *l'ascendant* à tout. — Comme la belle Dorinice a dit fort agréablement, répliqua Thémiste, que la chevalerie a introduit le mot de manège... l'astrologie judiciaire a fondé celui *d'ascendant...* il est... vrai qu'il y a certains esprits supérieurs aux autres, qui, par je ne sais quelle noble confiance qu'ils ont en leur propre mérite, se rendent maîtres de la conversation partout où ils se trouvent, et qu'ils ont même un *ascendant* universel sur tous ceux avec qui ils ont quelque affaire à traiter. Cela se trouve encore quelquefois être un des grands avantages de la beauté, et j'ai vu dans ma première jeunesse une dame... triompher de toutes les autres beautés blondes et brunes, par cet *ascendant* dont on vient de parler.

Mlle DE SCUDÉRY, *Conversations morales.* De la tyrannie de l'usage.

Les exemples suivants, quoique figurés, sont encore fort voisins du sens propre :

Durant le berceau de ce prince (Henri IV), l'Europe, comme ayant alors pour *ascendant* un astre igné et belliqueux, fut esmeuë et rechauffée de toutes parts par diverses guerres.

D'AUBIGNÉ, *Histoire,* t. I, liv. I, c. 1.

La personne aimée nous a beaucoup plus d'obligation de notre amour, alors qu'elle est toujours l'effet de notre choix et de son mérite, que quand elle vient d'une inclination aveugle, et forcée par quelque *ascendant* de naissance à qui nous ne pouvons résister.

P. CORNEILLE, *Place royale.* Épître.

Il y eut entre le roi et elle (Mme de Montespan) de grosses paroles ; mais son étoile a repris *l'ascendant,* son dernier période n'est pas si proche par ce qui paroit aux gens de la cour.

LE P. RAPIN à Bussy, 12 juillet 1677. (Voyez BUSSY-RABUTIN, *Correspondance,* lettre 1112.)

Vous verrez que ces trois qualités ont été comme les trois astres qui ont fait le brillant de sa couronne, et qui dans leur *ascendant* ont rendu tout le cours de sa vie glorieux.

MASCARON, *Oraison funèbre d'Anne d'Autriche.*

Et de quoi diantre vous plaignez-vous ? Votre père est un Crésus. Vous avez plus d'amants qu'il n'y a d'heures à la journée. Sept ou huit sortes de maitres vous sifflent depuis le matin jusqu'au soir. Tel jour, tel habit. Trois bons laquais après votre queue. Voilà-t-il pas une fille bien malade pour se plaindre ! — Il me semble que mon *ascendant* me promettoit quelque chose de plus.

Le Banqueroutier, scène de la toilette. (Voyez GHERARDI, *Théâtre italien,* t. I, p. 169.)

Or si par fois j'escry suivant mon *ascendant*,
Je vous jure encor est-ce à mon corps deffendant;
L'astre qui de naissance à la muse me lie,
Me fait rompre la teste apres ceste folie.
        REGNIER, *Satires*, XV.

Chère beauté que mon âme ravie
Comme son pôle va regardant,
Quel astre d'ire et d'envie
Quand vous naissiez marquoit votre *ascendant*.
        MALHERBE, *Poésies*, Chanson.

Sa vie (d'Œdipe) à ces forfaits par le ciel condamnée
N'a pu se dégager de cet astre ennemi,
Ni de son *ascendant* s'échapper à demi.
        P. CORNEILLE, *Œdipe*, III, 5.

Il signifiait, par extension et figurément, Penchant honnête ou vicieux qu'on supposait produit par l'influence d'un astre.

Phálante a voué ses talents aux fureurs et au crime... il ne se commet point de meurtres ni de brigandages où son noir *ascendant* ne le fasse tremper.
        VAUVENARGUES, *Caractères*, 40.

Il fallut dérober cette tendre victime
Au fatal *ascendant* qui l'entraînait au crime.
        VOLTAIRE, *Œdipe*, IV, 1.

Tel est le cœur humain, surtout celui des femmes.
Un *ascendant* mutin fait naître dans nos âmes
Pour ce qu'on nous permet un dégoût triomphant,
Et le goût le plus vif pour ce qu'on nous défend.
        PIRON, *la Métromanie*, II, 4.

ASCENDANT signifie aussi, figurément, Une certaine supériorité naturelle, souvent inexplicable, qui fait qu'une personne a toujours avantage sur une autre.

Quel *ascendant!* quelle force! quelle puissance! cela agiroit à mille lieues.
        Mlle DE LESPINASSE, *Lettres*, 62.

Ce vieux plaideur, quoiqu'inflexible et entier presqu'autant que son adversaire, n'a pu résister à l'*ascendant* qui nous a tous subjugués.
        J.-J. ROUSSEAU, *Nouvelle Héloïse*, Vᵉ part.

Ni les places fortes, ni les escadres nombreuses, ni les serments et les devoirs des peuples ne purent soustraire les vaincus à l'*ascendant* et à l'activité du vainqueur.
        NAPOLÉON, *Mémoires*, t. II, p. 24.

Son *ascendant* vainqueur impose à mon génie.
        VOLTAIRE, *Ériphile*, III, 1.

Il signifie plus ordinairement, L'influence, l'autorité, le pouvoir qu'une personne a sur l'esprit, sur la volonté d'une autre.

Avec Mlle Choin, sa vraie confiance (du Dauphin) étoit en Mlle de Lislebonne, et par l'intime union des deux sœurs, avec Mme d'Espinoy... Avec tout cet *ascendant* des deux Lislebonne sur Monseigneur, il est pourtant vrai qu'il n'épousoit pas toutes leurs fantaisies.
        SAINT-SIMON, *Mémoires*, 1711.

Possesseur de l'esprit de son maître, il (l'abbé Dubois) le fut jusqu'à ne lui en laisser pas la liberté et à l'entraîner par un *ascendant* incompréhensible à son avis, à son sentiment, et pour tout dire, à sa volonté.
        LE MÊME, *même ouvrage*, 1718.

Il n'y a pas plus d'inconvénient à brûler un innocent au parlement de Paris, qu'à en rouer un autre au parlement de Toulouse. Il est vrai qu'en général les magistrats du premier de ces corps aiment la justice, et sont toujours équitables et modérés quand un *ascendant* trop fort ne s'y oppose pas; mais si cet *ascendant* agit dans cette affaire comme il est probable, ils n'y résisteront point.
        J.-J. ROUSSEAU, *Lettres*, 7 juin 1762.

Elle (la nature) a donné aux femmes les agréments, et a voulu que leur *ascendant* finît avec ces agréments.
        MONTESQUIEU, *Esprit des lois*, XVI, 2.

L'obscur et simple homme de bien eut toujours sur l'homme riche et puissant cet *ascendant* assuré à la vertu qui ne sait ni flatter ni craindre.
        D'ALEMBERT, *le Cardinal Dubois*.

Tel est de la vertu l'*ascendant* légitime,
L'amour est tout-puissant s'il règne avec l'estime.
        DESTOUCHES, *le Dissipateur*, II, 10.

Je ne souffrirai point, puisqu'il faut vous le dire,
De son fier *ascendant* le dangereux empire.
        VOLTAIRE, *Rome sauvée*, II, 2.

ASCENDANT a été employé par quelques écrivains dans le sens d'Arrogance.

Il y a certains défauts généraux qu'il faut avoir en vue d'éviter... Le premier est l'*ascendant*, c'est-à-dire, une manière impérieuse de dire ses sentiments, que peu de gens peuvent souffrir.
        NICOLE, *Des moyens de conserver la paix avec les hommes*, Iʳᵉ part., c. 9.

C'est par exemple une espèce d'*ascendant* que de faire paroistre du dépit de ce que l'on ne vous croit pas et d'en faire des reproches.

> NICOLE, *Des moyens de conserver la paix avec les hommes*, Ire part., c. 9.

ASCENDANT est quelquefois suivi de la préposition *de*. Mascaron a dit dans son *Oraison funèbre d'Anne d'Autriche* :

Il est une présomption familière aux grands de la terre, qui leur persuade qu'ils ont une souveraineté d'esprit, et un *ascendant de* raison aussi bien que de puissance.

> MASCARON, *Oraison funèbre d'Henriette d'Angleterre.*

Vous avez vécu inconstant... vous laissant décider par votre goût et par l'*ascendant d'*un caractère changeant et léger.

> MASSILLON, *Carême*. Lundi de la 2e semaine. Impénitence finale.

Voilà ce qui répara tant de malheurs, et ce qui soutint la France contre l'*ascendant de* Charles-Quint.

> VOLTAIRE, *Essai sur les mœurs*. Prise de François Ier, c. 124.

Qui n'admire la majesté... de Bossuet?... Qui conçoit, sans étonnement, la profondeur incroyable de Pascal?... L'un éclate comme un tonnerre... l'autre presse, étonne, illumine, fait sentir despotiquement l'*ascendant de* la vérité.

> VAUVENARGUES, *Fragments*, I.

La douceur de ses regards, un air charmant de tristesse en prononçant ces paroles, ou plutôt l'*ascendant de* ma destinée, qui m'entraînoit à ma perte, ne me permirent pas de balancer un moment sur ma réponse.

> PREVOST, *Manon Lescaut*, Ire part.

Il fallait tout l'art de Racine, tout l'*ascendant de* Bossuet, pour risquer au théâtre et dans la chaire d'éloquentes témérités.

> MARMONTEL, *Éléments de littérature*. Usage.

Sa philosophie, ni l'*ascendant de* son esprit sur ses passions, ne purent empêcher l'homme qui a le plus fait rire la France, de succomber à la mélancolie.

> CHAMFORT, *Éloge de Molière.*

Si ce grand homme (Charlemagne) ne rendit pas son gouvernement inébranlable, n'en accusons que l'*ascendant* fatal *des* circonstances sur la prudence humaine.

> MABLY, *Observations sur l'Histoire de France*, liv. II, c. 3.

Thouret explique... comment la constitution primitive des Français... fut altérée bientôt par l'*ascendant des* leudes et *des* prêtres.

> M.-J. CHÉNIER, *Tableau historique de la littérature française*, c. 5.

Tel est l'*ascendant des* écrivains supérieurs : quelques mots hasardés par l'auteur d'*Émile* ont fait concevoir une belle comédie.

> M.-J. CHÉNIER, même ouvrage, c. 11.

L'établissement des administrations provinciales devoit diminuer l'*ascendant de* la capitale sur tous les points du royaume.

> Mme DE STAEL, *Considérations sur la révolution française*, Ire part., c. 6.

La nature est bien la maîtresse de mettre dans la tête et dans le cœur d'un génie et l'*ascendant d'*un Gustave-Adolphe ou d'un Frédéric II.

> J. DE MAISTRE, *Du Pape*, liv. II, c. 6.

On trouve souvent les expressions *Avoir, prendre ascendant, l'ascendant, de l'ascendant :*

... île éternellement mémorable par les conférences de deux grands ministres; où l'on vit développer toutes les adresses et tous les secrets d'une politique si différente ; où l'un se donnoit du poids par sa lenteur, et l'autre *prenoit l'ascendant* par sa pénétration.

> BOSSUET, *Oraison funèbre de Marie-Thérèse d'Autriche.*

Soyez retenu avec le prochain, pour ne *prendre* aucun *ascendant*, pour éviter la dérision et la moquerie.

> FÉNELON, *Lettres spirituelles*, LVII, 4 avril 1701.

Mais avant de voir arriver un homme qui va *prendre un ascendant* si incroyable (M. de Vendôme), et dont jusqu'ici je n'ai parlé qu'en passant, il est bon de le faire connoître davantage.

> SAINT-SIMON, *Mémoires*, 1706.

Thémistocle, qui étoit hardi et entreprenant, trouvoit presque toujours à sa rencontre Aristide, qui se croyoit obligé de s'opposer à ses desseins, quelquefois même lorsqu'ils étoient justes et utiles, pour l'empêcher de *prendre* un *ascendant* et une autorité qui seroit devenue pernicieuse à la République.

> ROLLIN, *Histoire ancienne*, t. IIIe, liv. VIe, c. 1er, paragr. 7°, art. 1er.

Aristote *avait* dans toute l'Europe un tel *ascendant*, qu'il y était presque regardé comme un Père de l'Église.

> LA HARPE, *Cours de littérature.*

Dans ces locutions et d'autres analogues, *Ascendant* est ordinairement accompagné de la préposition *sur :*

Édouard, ayant une si belle preuve que son génie avoit un puissant *ascendant sur* la valeur des François, descendit glorieux au port de l'Escluse.

> MÉZERAY, *Histoire de France*. Philippe de Valois.

Vous avez eu raison, belle Émilie, d'avoir changé de sentiment et d'avoir cru qu'Olympe, vaincue par vos prières, aussi bien que par ce doux *ascendant* que vous avez *sur* elle, satisferoit à vos justes impatiences et vous donneroit enfin sa peinture.

Mlle DE MONTPENSIER, *Portraits*, CXI. Mlle Hubert, sous le nom d'Olympe.

Dans ces avantages, nous leur sommes redevables (aux anciens) de l'*ascendant* que nous avons *sur* eux.

PASCAL, *Pensées.*

La lumière de vérité qui brille en nos âmes, et y condamne les dérèglements que nos frères nous rendent visibles, dans leurs actions criminelles, n'est pas une prérogative qui nous soit donnée pour prendre *ascendant sur* eux.

BOSSUET, *Sermons.* Sur les jugements humains.

Les hommes s'accoutument à tout, quand une fois leurs conducteurs ont pris l'*ascendant sur* leurs esprits, et surtout lorsqu'ils les ont engagés dans une cabale sous prétexte de piété.

LE MÊME, *Histoire des variations des Églises protestantes*, liv. XI, n. 148.

Si cette passion d'intérêt prend une fois l'*ascendant sur* moi, je n'ai plus de charité pour mon prochain.

BOURDALOUE, *Sermons pour les dimanches.* Sur la charité du prochain.

C'est là que ne se réservant de son autorité que cet *ascendant* que lui donnoit *sur* le reste des hommes la facilité de son humeur et la force de son esprit, il communiquoit ses lumières et profitoit de celles des autres.

FLÉCHIER, *Oraison funèbre de Turenne.*

Quelque *ascendant* qu'on eût *sur* lui, on pouvoit le prévenir, mais on ne pouvoit le corrompre.

LE MÊME, *Oraison funèbre de Montausier.*

Il ne faut pas penser à gouverner un homme tout d'un coup... il sentiroit d'abord l'empire et l'*ascendant* qu'on veut prendre *sur* son esprit.

LA BRUYÈRE, *Caractères*, c. 4.

Quelle est l'incurable maladie de Théophile? Il a voulu, il veut, et il voudra gouverner les grands; la mort seule lui ôtera, avec la vie, cette soif d'empire et d'*ascendant sur* les esprits.

LE MÊME, même ouvrage, c. 9.

L'unique soin des enfans est de trouver l'endroit foible de leurs maîtres;... dès qu'ils ont pû les entamer... ils prennent *sur* eux un *ascendant* qu'ils ne perdent plus.

LE MÊME, même ouvrage, c. 11.

Ce prince (le régent) n'aimoit ni les processions ni les cérémonies; il falloit un grand *ascendant sur* son esprit

pour lui persuader de perdre toute une après-dînée à l'ennui de celle-là (du vœu de Louis XIII).

SAINT-SIMON, *Mémoires*, 1716.

L'alguazil nous regarda de travers, et nous imposa silence. Je ne sais pourquoi ces gens-là ont un *ascendant sur* nous.

LE SAGE, *Gil Blas*, liv. V, c. 1.

Me voilà à Lyon... M. de Richelieu a eu l'*ascendant sur* moi de me faire courir cent lieues.

VOLTAIRE, *Lettres*, 20 nov. 1754.

En Orient on a de tout temps multiplié l'usage des femmes, pour leur ôter l'*ascendant* prodigieux qu'elles ont *sur* nous dans ces climats.

MONTESQUIEU, *Grandeur et décadence des Romains*, c. 20.

Je pensois comme lui, je le disois de même, mais je n'avois pas le même *ascendant sur* elle, et mes discours n'en imposoient pas comme les siens.

J.-J. ROUSSEAU, *les Confessions*, Part. I, liv. V.

La religion, décréditée en tout lieu par la philosophie, avoit perdu son *ascendant* jusque *sur* le peuple; les gens d'église, obstinés à l'étayer par son côté faible, avoient laissé miner tout le reste.

LE MÊME, *Lettres écrites de la montagne.*

Quand on va jusqu'à se permettre tout, on doit prendre un prodigieux *ascendant sur* la multitude, et c'est un bien grand malheur pour elle et pour l'écrivain.

LA HARPE, *Cours de littérature*, IIIe part., liv. Ier, sect. 1re, c. 1, Voltaire.

Eux (les Romains), qui pour gouverner sont les premiers des hommes,
. . . .
Veulent *sur* tous les rois un si haut *ascendant*,
Que leur empire seul demeure indépendant.

CORNEILLE, *Nicomède*, V, 1.

. . . . Idamé prit *sur* moi
Un secret *ascendant*, qui m'imposait sa loi.

VOLTAIRE, *l'Orphelin de la Chine*, III, 4.

ASCENDANT, en termes de Jurisprudence et de Généalogie, se dit Des personnes dont on descend.

Quant aux héritages propres, ils ensuivent le tronc et ligne des père et mère, et autres leurs *ascendans* desquels ils sont venus et issus.

Coutumier général, t. I, p. 208.

Biens des *ascendants* d'émigrés.

Bulletin des lois, an IX.

ASC

ASCENSION, s. f. (du latin *ascensio*, tiré lui-même d'*ascendere*, monter).

Action de monter, de s'élever. Il se dit de L'élévation miraculeuse de Notre-Seigneur Jésus-Christ, lorsqu'il monta au ciel.

Certes Jésus-Christ pouvoit aller à son Père sans rendre ses apôtres témoins de son *ascension* triomphante; mais il lui plait de les appeler, afin de leur apprendre à le suivre.

Bossuet, *Sermons : Sur le mystère de l'Ascension de Jésus-Christ.*

Dans la confession de foi de 1551, sous Édouard, on avoit pris avec tant de force le parti contraire à la présence réelle, qu'on la déclara impossible et contraire à l'*ascension* de Notre-Seigneur.

Le même, *Histoire des variations des Églises protestantes.*

Dans l'exemple suivant, cette acception du mot amène un emploi figuré assez particulier.

Il faut honorer l'*ascension* du Fils de Dieu par ces *ascensions* du cœur, et c'est par ce mystère que l'on en obtient la grâce; qui ne s'élève point au-dessus des sens et des choses visibles, n'honore point l'*ascension* de Jésus-Christ.

Nicole, *Sur l'évangile du jour dans l'octave de l'Ascension.*

Il se dit, par extension, Du jour auquel l'Église célèbre ce mystère.

La Fête de l'Ascension, le jour d'Ascension, l'Ascension :

Il fut résolu de concert entre le marquis et ses deux confidents qu'on remettroit l'exécution jusqu'à *la fête de l'Ascension*, qui n'étoit pas éloignée, et qui est la plus grande solennité de Venise.

Saint-Réal, *Conjuration contre Venise.*

El ciel montas au *jor d'Ascension*.
Aliscans, v. 7111.

Diex, pere glorieus, qui le mont estoras,
Le cors saint Lasaron de mort resucitas,
Marie-Madelaine de ses pechiés mondas,
A la Pasque florie en Jhrusalem entras,
Au *jor d'Ascension* sus ou ciel en montas.

Gui de Bourgogne, v. 2556.

Ce siége (de Londondery) est-il un siége ou non?
Il ressemble à l'*Ascension*
Qui n'avance ni ne recule.

La Fontaine, *Lettre au prince de Conti*, 18 août 1689.

Ascension se dit encore de L'action de s'élever dans les airs au moyen d'un aérostat :

L'*ascension* la plus utile aux sciences a été celle de Gay-Lussac, qui s'est élevé à sept mille seize mètres au-dessus du niveau des mers, hauteur la plus grande à laquelle on soit encore parvenu.

Laplace, *Exposition du système du monde*, I, 16.

Il se dit aussi de L'action de gravir une montagne :

L'*ascension* du mont Blanc présente de grandes difficultés.

Dictionnaire de l'Académie, 1878.

Il se dit également De certaines choses qui montent :

Il y avoit deux mille ans au seizième siècle, qu'on cherchoit la cause mécanique de l'*ascension* des liqueurs dans les pompes.

Mairan, *Éloge de l'abbé de Molières.*

Il paraît certain que Galilée soupçonna le premier que le poids de l'air était la cause de l'*ascension* de l'eau dans les pompes.

Delille, *les Trois Règnes*, notes, c. 2.

Je supposai que ces nuages que je voyois ainsi monter, étaient en grande partie ceux de la veille qui, n'ayant pas achevé leur *ascension*, avaient été saisis par l'air froid.

Volney, *Voyage en Syrie.*

En Astronomie, *Ascension d'un astre :*

Il apparoist manifestement qu'au lieu que le Soleil s'advance vers son *ascension*, les affaires des bons catholiques en France tendent à la déclinaison.

Sully, *Œconomies royales*, c. 48.

Ascension droite d'un astre, Le point de l'équateur qui se lève en même temps que cet astre dans la sphère droite; *Ascension oblique d'un astre*, Le point de l'équateur qui se lève en même temps que cet astre dans la sphère oblique.

FIN DU TOME III.

TABLE ALPHABÉTIQUE

DES

ARTICLES CONTENUS DANS CE VOLUME.

(Les mots précédés d'un astérisque ne figurent pas dans le *Dictionnaire de l'Académie* de 1877.)

FIN DE LA TABLE ALPHABÉTIQUE DU TOME III.

www.ingramcontent.com/pod-product-compliance
Lightning Source LLC
Chambersburg PA
CBHW060537280326
41932CB00011B/1319